Dieses neue Wörterbuch ist ein modernes und handliches Nachschlagewerk für jeden, der in seinem Beruf, beim Lernen oder Lehren mit der Deutschen und Englischen Sprache zu tun hat.

Der Inhalt basiert auf den zweisprachigen Wörterbüchern des Verlages Langenscheidt—des bedeutendsten Verlages auf diesem Gebiet. Das Taschenbuch enthält über 50 000 Stichwörter, gibt die Aussprache in beiden Teilen in Internationaler Lautschrift und besitzt besondere Anhänge für Eigennamen, Abkürzungen und Maße und Gewichte.

Über Deklination und Konjugation Deutscher Substantive und Verben gibt der Hauptteil und der Anhang zuverlässig Auskunft.

LANGENSCHEIDTS
DEUTSCH-ENGLISCHES
ENGLISCH-DEUTSCHES
WÖRTERBUCH

Vollständige Neubearbeitung
10.000 neue Stichworter und
Wendungen

Beide Teile in einem Band
Bearbeitet und herausgegeben
von der
LANGENSCHEIDT-REDAKTION

POCKET BOOKS

New York   London   Toronto   Sydney   Tokyo   Singapore

LANGENSCHEIDT'S
GERMAN-ENGLISH
ENGLISH-GERMAN
DICTIONARY

Revised and Updated
with 10,000 New Entries

Two Volumes in One
Edited by
THE LANGENSCHEIDT
EDITORIAL STAFF

POCKET BOOKS

New York   London   Toronto   Sydney   Tokyo   Singapore

An *Original* Publication of POCKET BOOKS

POCKET BOOKS, a division of Simon & Schuster Inc.
1230 Avenue of the Americas, New York, NY 10020

ISBN: 0-671-86419-X

Pocket Books Revised Edition printing April 1993

10 9 8 7 6 5 4 3

Preface

This edition of Langenscheidt's German-English/English-German Dictionary has been completely revised.

Languages are in a constant process of change. To keep you abreast of these changes, Langenscheidt has compiled this new Dictionary. Many words which have entered the German and English languages in the last few years have been included in the vocabulary, e. g. algal bloom, crumple zone, junk mail, ozone hole, wheel clamp; Aktivurlaub, Algenpest, Altlasten, bleifrei, Gentechnologie, Ozonloch, etc.

The Dictionary has been enlarged and the demands for more detailed notes for the user have been met.

The Dictionary also provides clear answers to questions of declension and conjugation in the German noun and verb entries.

Easy-to-read, clearly laid out typography makes for good readability and enables words and expressions and their translations to be found more quickly.

In addition to the vocabulary, this Dictionary contains special quick-reference sections of proper names, German abbreviations, weights and measures, and alphabetical lists of German and English irregular verbs, etc.

Designed for the widest possible variety of uses, this Dictionary, with its more than 50,000 entries and phrases, will be of great value to students, teachers and tourists, and will find a place in home and office libraries alike.

Contents

How to use this dictionary

This dictionary endeavors to do everything it can to help you find the words and translations you are looking for as quickly and as easily as possible.

To enable you to get the most out of your dictionary in the long term, you will be shown exactly where and how to find the information that will help you choose the right translation in every situation – whether at school or at home, in your profession, when writing letters, or in everyday conversation.

How to find a word

When you are looking for a particular word it is important to know that the dictionary entries are arranged in strict **alphabetical order:**

> Aal – ab
> beugen – biegen
> hay – haze

In the German-English section the umlauts *ä ö ü* are treated as *a o u.*

Besides the entry words and their derivatives and compounds, the following are also given as individual entries, in alphabetical order:

a) the various pronoun forms (e.g. **Ihr, ihnen – her, them**)

b) the past tense and past participle of irregular verbs (e.g. **ging, gefunden – came, bitten**)

c) the irregular plural forms of English nouns in the English-German section (e.g. **men**)

d) irregular comparative and superlative forms in the English-German section (e.g. **better, worst**)

Proper names and German abbreviations are given in separate lists at the end of the dictionary.

How then do you go about finding a particular word? Take a look at the words in bold print at the top of each page. These are so-called **catchwords** and they serve as a guide to tracing your word as quickly as possible. The catchword on the top left gives you the first entry word on a page, while that on the top right gives you the last word on this page, e. g.

Beginn – bei

What about entries comprising hyphenated expressions or two or more words, such as **D-Zug, Nord-Süd-Gefälle** or **Frankfurt am Main?** Expressions of this kind are treated in the same way as single words and thus appear in strict alphabetical order. Should you be unable to find a compound in the dictionary, just break it down into its components and look these up separately. In this way the meaning of many compound expressions can be derived indirectly.

When using the dictionary you will notice many 'word families', or groups of words stemming from a common root, which have been collated within one article in order to save space:

Misch|batterie – ~brot – ♀en – ~ling – ~ung
depen|dable – ~dence *etc.*

Spelling

Where American and British spelling of a word differs, the British spelling in the German-English section is given in the following ways:

theat|er, *Brt.* **-re, defen|se,** *Brt.* **-ce**
dialog(ue) *etc.*

In the English-German section the American spelling is given as

theatre, *Am.* **-ter, centre,** *Am.* **-ter**
dialogue, *Am.* **-log** *etc.*

A 'u' or 'l' in parentheses in a word or phrase also indicates variant spellings:

colo(u)red means: American **colored,** British **coloured; travel(l)er** means: American **traveler,** British **traveller.**

Word division in a German word is possible after each syllable, e.g.

ein·hül·len – Fort·be·stand

ck is replaced by double k in words like

Zucker → Zuk·ker – backen → bak·ken

In the English-German section the centered dots within an entry word indicate syllabification breaks.

The different typefaces and their functions

Bold type is used for the German and English entry words and for Arabic numerals separating different parts of speech (nouns, transitive and intransitive verbs, adjectives and adverbs, etc.) and different grammatical forms of a word:

> **bieten** ... **1.** *v/t.* ... **2.** *v/i.* ...
> **humpeln** ... *v/i.* (*ge-*) **1.** (*h*) ... **2.** (*sein*) ...
> **feed** ... **1.** Futter *n*; ... **2.** (*fed*) *v/t.* füttern; *~back* ...

Italics are used for

a) grammatical abbreviations and subject labels:
   v/t., *v/i.*, *adj.*, *adv.*, *econ.*, *pol.* etc.;

b) gender labels (masculine, feminine and neuter): *m*, *f*, *n*;

c) any additional information preceding or following a translation (including dative or accusative objects):

> **bedeutend** ... considerable (*sum, etc.*); distinguished (*author, etc.*)
> **knacken** *v/t. and v/i.* ... crack (*u. fig. code, safe, etc.*); *twig, etc.*: snap; *fire, radio, etc.*: crackle
> **file¹** ... *computer*: Datei *f*
> **page¹** ... Seite *f* (*of book, etc.*)

Boldface italics are used for

a) inflectional forms of German entries:

> **Kind** ... *n* (*-[e]s/-er*) child – **leiten** ... *v/t.* (*ge-, h*) lead

b) phraseology and prepositions taken by the entry word:

> **Lage** ... *in der ~ sein zu* be able to
> **abfahren** ... leave, start, depart (*all: nach* for)
> **line** ... *hold the ~ teleph.* am Apparat bleiben
> **agree** ... sich einigen (*on, upon* über *acc.*)

Normal type is used for translations of the entry words.

Pronunciation

When you have found the entry word you are looking for, you will notice that very often this word is followed by certain symbols enclosed in square brackets. This is the phonetic transcription of the word, which tells you how it is pronounced. And one phonetic alphabet has come to be used internationally, namely that of the International Phonetic Association. This phonetic system is known by the abbreviation **IPA**. The symbols used in this dictionary are listed and illustrated in the following tables.

a) Guide to pronunciation for the German-English section

The length of vowels is indicated by [:] following the vowel symbol, the stress by ['] preceding the stressed syllable. The glottal stop [ʔ] is the forced stop between one word or syllable and a following one beginning with a vowel, as in

unentbehrlich [ʊnʔɛnt'beːrlɪç]

No transcription of compounds is given if the parts appear as separate entries.

A. Vowels

[a] as in French *carte*: **Mann** [man]

[aː] as in *father*: **Wagen** ['vaːgən]

[e] as in *bed*: **Tenor** [te'noːr]

[eː] resembles the sound in *day*: **Weg** [veːk]

[ə] unstressed e as in *ago*: **Bitte** ['bɪtə]

[ɛ] as in *fair*: **männlich** ['mɛnlɪç], **Geld** [gɛlt]

[ɛː] same sound but long: **zählen** ['tsɛːlən]

[ɪ] as in *it*: **Wind** [vɪnt]

[i] short, otherwise like [iː]: **Kapital** [kapi'taːl]

[iː] long, as in *meet*: **Vieh** [fiː]

[ɔ] as in *long*: **Ort** [ɔrt]

[o] as in *molest*: **Moral** [mo'raːl]

[oː] resembles the English sound in *go* [gəʊ] but without the [ʊ]: **Boot** [boːt]

[øː] as in French *feu*. The sound may be acquired by saying [e] through closely rounded lips: **schön** [ʃøːn]

[ø] same sound but short: **ökumenisch** [øku'meːnɪʃ]

[œ] as in French *neuf*. The sound resembles the English vowel in *her*. Lips, however, must be well rounded as for [ɒ]: **öffnen** ['œfnən]

[ʊ] as in *book*: **Mutter** ['mʊtər]

[u] short, otherwise like [uː]: **Musik** [mu'ziːk]

[uː] long, as in *boot*: **Uhr** [uːr]

[ʏ] short, opener than [yː]: **Hütte** ['hʏtə]

[y] almost like the French u as in *sur*. It may be acquired by saying [ɪ] through fairly closely rounded lips: **Büro** [by'roː]

[yː] same sound but long: **führen** ['fyːrən]

B. Diphthongs

[aɪ] as in *like*: **Mai** [maɪ]

[aʊ] as in *mouse*: **Maus** [maʊs]

[ɔʏ] as in *boy*: **Beute** ['bɔʏtə], **Läufer** ['lɔʏfər]

C. Consonants

[b] as in *better*: **besser** ['bɛsər]

[d] as in *dance*: **du** [duː]

[f] as in *find*: **finden** ['fɪndən], **Vater** ['faːtər], **Philosoph** [filo'zoːf]

[g] as in *gold*: **Gold** [gɔlt]

[ʒ] as in *measure*: **Genie** [ʒe'niː]

[h] as in *house* but not aspirated: **Haus** [haʊs]

[ç] an approximation to this sound may be acquired by assuming the mouth-configuration for [ɪ] and emitting a strong current of breath: **Licht** [lɪçt], **Mönch** [mœnç], **lustig** ['lʊstɪç]

[x] as in Scottish *loch*. Whereas [ç] is pronounced at the front of the mouth, [x] is pronounced in the throat: **Loch** [lɔx]

[j] as in *year*: **ja** [jaː]

[k] as in *kick*: **keck** [kɛk], **Tag** [taːk], **Chronist** [kro'nɪst], **Café** [ka'feː]

[l] as in *lump*. Pronounced like English initial "clear l": **lassen** ['lasən]

[m] as in *mouse*: **Maus** [maʊs]

[n] as in *not*: **nein** [naɪn]

[ŋ] as in *sing*, *drink*: **singen** ['zɪŋən], **trinken** ['trɪŋkən]

[p] as in *pass*: **Paß** [pas], **Trieb** [triːp], **obgleich** [ɔp'glaɪç]

[r] as in *rot*. There are two pronunciations: the frontal or lingual r and the uvular r (the latter unknown in England): **rot** [roːt]

[s] as in *miss*. Unvoiced when final, doubled, or next a voiceless consonant: **Glas** [glaːs], **Masse** ['masə], **Mast** [mast], **naß** [nas]

[z] as in *zero*. S voiced when initial in a

word or syllable: **Sohn** [zo:n], **Rose** ['ro:zə]

[ʃ] as in *ship*: **Schiff** [ʃɪf], **Charme** [ʃarm], **Spiel** [ʃpiːl], **Stein** [ʃtaɪn]

[t] as in *tea*: **Tee** [te:], **Thron** [tro:n], **Stadt** [ʃtat], **Bad** [ba:t], **Findling** ['fɪntlɪŋ], **Wind** [vɪnt]

[v] as in *vast*: **Vase** ['va:zə], **Winter** ['vɪntər]

[ã, ɛ̃, õ] are nasalized vowels. Examples: **Ensemble** [ã'sã:bəl], **Terrain** [tɛ'rɛ̃:], **Bonbon** [bõ'bõ:]

b) List of suffixes

The German suffixes are not transcribed unless they are parts of entry words.

-bar	[-ba:r]		-isch	[-ɪʃ]
-chen	[-çən]		-ist	[-ɪst]
-d	[-t]		-keit	[-kaɪt]
-de	[-də]		-lich	[-lɪç]
-ei	[-aɪ]		-ling	[-lɪŋ]
-en	[-ən]		-losigkeit	[-lo:zɪçkaɪt]
-end	[-ənt]		-nis	[-nɪs]
-er	[-ər]		-sal	[-za:l]
-haft	[-haft]		-sam	[-za:m]
-heit	[-haɪt]		-schaft	[-ʃaft]
-icht	[-ɪçt]		-sieren	[-zi:rən]
-ie	[-i:]		-ste	[-stə]
-ieren	[-i:rən]		-tät	[-tɛ:t]
-ig	[-ɪç]		-tum	[-tu:m]
-ik	[-ɪk]		-ung-	[-ʊŋ]
-in	[-ɪn].		-ungs-	[-ʊŋs-]
			-wärts	[-vɛrts]

c) Guide to pronunciation for the English-German section

A. Vowels and Diphthongs

[i:]	see	[si:]		[ə]	consist	[kən'sɪst]
[ɪ]	it	[ɪt]		[ɜ:]	bird	[bɜ:d]
[e]	get	[get]		[eɪ]	day	[deɪ]
[æ]	cat	[kæt]		[əʊ]	go	[gəʊ]
[ɑ:]	father	['fɑ:ðə]		[aɪ]	fly	[flaɪ]
[ɒ]	not	[nɒt]		[aʊ]	how	[haʊ]
[ɔ:]	saw	[sɔ:]		[ɔɪ]	boy	[bɔɪ]
[ʊ]	put	[pʊt]		[ɪə]	sheer	[ʃɪə]
[u:]	too	[tu:]		[ʊə]	tour	[tʊə]
[ʌ]	up	[ʌp]		[eə]	vary	['veərɪ]

The length of a vowel is indicated by the symbol [:], e.g. **ask** [ɑ:sk], **astir** [ə'stɜ:].

B. Consonants

[r]	bright	[braɪt]		[z]	zone	[zəʊn]
[ŋ]	ring	[rɪŋ]		[ʃ]	ship	[ʃɪp]
[ŋk]	ink	[ɪŋk]		[ʒ]	measure	['meʒə]
[j]	yes	[jes]		[tʃ]	chicken	['tʃɪkɪn]
[f]	fat	[fæt]		[dʒ]	judge	[dʒʌdʒ]
[v]	very	['verɪ]		[θ]	thin	[θɪn]
[w]	well	[wel]		[ð]	then	[ðen]
[s]	soul	[səʊl]				

d) Stress

is indicated by ' preceding the stressed syllable:

> **Kabel** ['kaːbəl] – **Kabine** [ka'biːnə]
> '**nachsehen** – **Be'sitz** – **be'sprechen**
> **record** [rɪ'kɔːd] – **record** ['rekɔːd]
> **broadcast** ['brɔːdkɑːst]

If an English entry is followed by a word which has the same stress, no stress accent is given for the second word – it is always stressed in exactly the same way as the word preceding it, e.g.

> **clinic** ['klɪnɪk] – **clinical** [∼l = 'klɪnɪkl]

For the pronunciation of entries consisting of more than one word, each individual word should be looked up, as with

> '**Wandgemälde** (= **Wand** and **Gemälde**)

Symbols and abbreviations

Symbols and abbreviations indicating subject areas are designed to aid the user in choosing the appropriate translation of a word.

a) The pictographic **symbols** indicate the field in which a word is most commonly used.

⏄	*scientific term*, wissenschaftlich	♪	*musical term*, Musik
☙	*botany*, Botanik, Pflanzenkunde	☏	*post and telecommunications*, Postwesen
⊙	*engineering*, Technik; *handicraft*, Handwerk	⌂	*architecture*, Architektur
✕	*mining*, Bergbau	⚡	*electrical engineering*, Elektrotechnik
✕	*military term*, Militärwesen	⚖	*legal term*, Rechtswissenschaft
⚓	*nautical term*, Schiffahrt	⊢	*mathematics*, Mathematik
⊞	*railroad, railway*, Eisenbahn	✔	*agriculture*, Landwirtschaft
✈	*aviation*, Flugwesen	⚗	*chemistry*, Chemie
		✚	*medicine*, Medizin

In addition, the German-English section contains the sign △, which is intended as a warning against typical mistakes:

> **aktuell** ... △ *not actual*
> **bekommen** ... △ *not become*
> **sensibel** ... △ *not sensible*

A square box □ after an English adjective in the English-German section indicates that the adverb is formed regularly:

> **beautiful** □ = *beautifully*
> **acceptable** □ = *acceptably*
> **happy** □ = *happily*

Adverbs which are formed by adding *-ally* to the adjective appear as follows:

> **authentic** ... *(~ally)* = *authentically*

b) List of **abbreviations** of grammatical terms and subject areas

a.	*also*, auch
abbr.	*abbreviation*, Abkürzung
acc.	*accusative (case)*, Akkusativ
adj.	*adjective*, Adjektiv
adv.	*adverb*, Adverb
Am.	*American English*, amerikanisches Englisch
anat.	*anatomy*, Anatomie
appr.	*approximately*, etwa
arch.	*architecture*, Architektur
art.	*article*, Artikel
ast.	*astronomy*, Astronomie
attr.	*attributively*, attributiv
Aust.	*Austrian*, österreichisch
biol.	*biology*, Biologie
Brit.	*British*, britisch
Brt.	*British English*, britisches Englisch
b.s.	*bad sense*, in schlechtem Sinne
cj.	*conjunction*, Konjunktion
co.	*comic(al)*, scherzhaft
coll.	*collectively*, als Sammelwort
comp.	*comparative*, Komparativ
contp.	*contemptuously*, verächtlich
dat.	*dative (case)*, Dativ
dem.	*demonstrative*, hinweisend
ea.	*one another, each other*, einander
eccl.	*ecclesiastical*, kirchlich
econ.	*economics*, Wirtschaft
EDV	*electronic data processing*, elektronische Datenverarbeitung

e-e	*a(n)*, eine
e.g.	*for example*, zum Beispiel
e-m	*to a(n)*, einem
e-n	*a(n)*, einen
e-r	*of a(n), to a(n)*, einer
e-s	*of a(n)*, eines
esp.	*especially*, besonders
et.	*something*, etwas
etc.	*and so on*, und so weiter
etw.	*something*, etwas
F	*familiar, colloquial*, umgangssprachlich
f	*feminine*, weiblich
fig.	*figuratively*, bildlich
gastr.	*gastronomy*, Kochkunst
GB	*Great Britain*, Großbritannien
gen.	*genitive (case)*, Genitiv
geogr.	*geography*, Geographie
geol.	*geology*, Geologie
geom.	*geometry*, Geometrie
ger.	*gerund*, Gerundium
gr.	*grammar*, Grammatik
h	*have*, haben
hist.	*history*, Geschichte
hunt.	*hunting*, Jagdwesen
impers.	*impersonal*, unpersönlich
indef.	*indefinite*, unbestimmt
inf.	*infinitive (mood)*, Infinitiv
int.	*interjection*, Interjektion
interr.	*interrogative*, fragend
iro.	*ironically*, ironisch

irr.	*irregular*, unregelmäßig		*pres.*	*present*, Präsens
ital.	*Italian*, italienisch		*pret.*	*preterit(e)*, Präteritum
			print.	*printing*, Buchdruck
			pron.	*pronoun*, Pronomen
j.	*someone*, jemand		*prp.*	*preposition*, Präposition
j-m	*to s.o.*, jemandem		*psych.*	*psychology*, Psychologie
j-n	*someone*, jemanden			
j-s	*someone's*, jemandes			
			refl.	*reflexive*, reflexiv
			rel.	*relative*, Relativ...
ling.	*linguistics*, Sprachwissenschaft		*rhet.*	*rhetoric*, Rhetorik
lit.	*literary*, nur in der Schriftspra-			
	che vorkommend			
			s.	*see, refer to*, siehe
			s-e	*his, one's*, seine
m	*masculine*, männlich		*sep.*	*separable*, abtrennbar
m-e	*my*, meine		*sg.*	*singular*, Singular
m-r	*of my, to my*, meiner		*sl.*	*slang*, Slang
metall.	*metallurgy*, Metallurgie		*s-m*	*to his, to one's*, seinem
meteor.	*meteorology*, Meteorologie		*s-n*	*his, one's*, seinen
min.	*mineralogy*, Mineralogie		*s.o.*	*someone*, jemand(en)
mot.	*motoring*, Kraftfahrwesen		*s-r*	*of his, of one's, to his, to one's*,
mount.	*mountaineering*, Bergsteigen			seiner
mst	*mostly, usually*, meistens		*s-s*	*of his, of one's*, seines
myth.	*mythology*, Mythologie		*s.th.*	*something*, etwas
			subj.	*subjunctive (mood)*, Konjunktiv
			sup.	*superlative*, Superlativ
n	*neuter*, sächlich		*surv.*	*surveying*, Landvermessung
nom.	*nominative (case)*, Nominativ			
npr.	*proper name*, Eigenname			
			tel.	*telegraphy*, Telegrafie
			teleph.	*telephony*, Fernsprechwesen
od.	*or*, oder		*thea.*	*theater, Brt. -re*, Theater
opt.	*optics*, Optik		*TM*	*trademark*, Warenzeichen
orn.	*ornithology*, Ornithologie		*TV*	*television*, Fernsehen
o.s.	*oneself*, sich		*typ.*	*typography*, Typographie
p.	*person*, Person		*u., u.*	*and*, und
paint.	*painting*, Malerei		*univ.*	*university*, Hochschulwesen,
parl.	*parliamentary term*, parlamen-			Studentensprache
	tarischer Ausdruck			
pass.	*passive voice*, Passiv			
pers.	*personal*, persönlich		*V*	*vulgar*, vulgär, unanständig
pharm.	*pharmacy*, Pharmazie		*v/aux.*	*auxiliary verb*, Hilfsverb
phls.	*philosophy*, Philosophie		*vb.*	*verb*, Verb
phot.	*photography*, Fotografie		*vet.*	*veterinary medicine*, Tiermedi-
phys.	*physics*, Physik			zin
physiol.	*physiology*, Physiologie		*v/i.*	*intransitive verb*, intransitives
pl.	*plural*, Plural			Verb
poet.	*poetry*, Dichtung		*v/refl.*	*reflexive verb*, reflexives
pol.	*politics*, Politik			Verb
poss.	*possessive*, besitzanzeigend		*v/t.*	*transitive verb*, transitives
p.p.	*past participle*, Partizip			Verb
	Perfekt			
p.pr.	*present participle*, Partizip Prä-		*zo.*	*zoology*, Zoologie
	sens		*zs.*	*together*, zusammen
pred.	*predicative*, prädikativ			

c) The tilde (∼)

A symbol you will repeatedly come across in the dictionary articles is the so-called tilde (∼ ℒ), which serves as a replacement mark. For reasons of space, related words are often combined in groups with the help of the tilde. In these cases, the tilde represents either the complete entry word or that part of the word up to a vertical line (|):

> **Ski ... ∼fahrer** (= *Skifahrer*)
> **kleb|en ... ∼rig** (= *klebrig*) **... ℒstoff** (= *Klebstoff*)
> **foot ... ∼ball** (= *football*)
> **happi|ly ... ∼ness** (= *happiness*)

In the case of the phrases in boldface italics, the tilde represents the entry word immediately preceding, which itself may also have been formed with the help of a tilde:

> **kommen ... ∼** (= *kommen*) *lassen*
> **ab|blasen ... ∼bringen** ... *j-n von et.* **∼** (= *abbringen*)
> **please ... ∼d ... ∼** (= *pleased*) *to meet you*

If there is a switch from a small initial letter to a capital or vice versa, the standard tilde (∼) appears with a circle (ℒ):

> **dick ... ℒkopf** (= *Dickkopf*)
> **Geschicht|e ... ℒlich** (= *geschichtlich*)
> **representative ...** *House of* **ℒs** (= *House of Representatives*)

The same procedure has been used in the phonetics. The tilde represents either the complete word or that part of the word which is repeated unchanged. Only the syllables or letters which change are added:

> **bewegen¹** [bə'veːgən] – **bewegen²** [∼]
> **Beweis** [bə'vaɪs] ... **ℒen** [∼zən]
> **chap¹** [tʃæp] – **chap²** [∼] – **chap³** [∼]
> **per|suade** [pə'sweɪd] ... **∼suasion** [∼ʒn]
> **destruc|tion** [dɪ'strʌkʃn] ... **∼tive** [∼tɪv]

Translations and phraseology

After the boldface entry word, its phonetic transcription, its part of speech label, and its grammar, we finally come to the most important part of the entry: **the translation(s).**

It is quite rare for an entry word to be given just one translation. Usually a word will have several related translations, which are separated by a **comma.**

Different senses of a word are indicated by

a) **semicolons:**

> **Fest ...** festival ...; celebration; party
> **balance ...** Waage *f*; Gleichgewicht *n* ...

b) italics for **definitions:**

> **Läufer** ... runner (*a. rug*); *chess*: bishop
> **decathlete** ... *sports*: Zehnkämpfer *m*

c) pictographic **symbols** and **abbreviations** of subject areas (see p. 12 and pp. 13–14):

> **Bug** ... *m* ⚓ bow; ✈ nose
> **Gespräch** ... *n teleph.* call
> **daisy** ⚘ ... Gänseblümchen *n*
> **duck** ... *zo.* Ente *f*

d) Where a word has fundamentally different meanings, it appears as two or more separate entries distinguished by **exponents**, or raised figures:

> **betreten**[1] *v/t.* ... enter (*room, etc.*)   **chap**[1] ... Riß *m*
> **betreten**[2] *adj.* embarrassed   **chap**[2] ... Bursche *m*
> **Tor**[1] *n* ... gate   **chap**[3] ... Kinnbacke *f*
> **Tor**[2] *m* ... fool

This does not apply to senses which have directly evolved from the primary meaning of the word.

e) When an entry word can be several different parts of speech, the various translations are distinguished by boldface **Arabic numerals** (see also the section on pp. 8 and 9 concerning the different typefaces):

> **geräuschlos**   1. *adj.* noiseless (*adjective*)
>   2. *adv.* without a sound (*adverb*)
> **work** ...   1. Arbeit *f* (*noun*)
>   2. *v/i.* arbeiten (*verb*)
> **green** ...   1. grün (*adjective*)
>   2. Grün *n* (*noun*)

In the German-English section boldface Arabic numerals are also used to distinguish transitive, intransitive and reflexive verbs (if this affects their translation) and to show that where there is a change of meaning a verb may be differently conjugated:

> **biegen** (*irr.*, **ge-**) 1. *v/t. and v/refl.* (**h**) bend; 2. *v/i.* (**sein**): **um die Ecke ~** turn round the corner

Boldface Arabic numerals are also used to indicate the different meanings of nouns which can occur in more than one gender and to show that where there is a change of meaning a noun may be differently inflected:

> **Bauer** ... 1. *m* (**-n/-n**) farmer ...; 2. *n, m* (**-s/-**) (bird)cage

If grammatical indications come before the subdivision they refer to all translations following:

> **humpeln** ... *v/i.* (**ge-**) 1. (**h**) ...; 2. (**sein**) ...

f) **Illustrative phrases** in boldface italics are generally given within the respective categories of the dictionary article.

In the dictionary, words which are typically American are marked *Am.* and those which are predominantly used in British English are marked *Brt.*

Grammar

Knowing what to do with the grammatical information available in the dictionary will enable the user to get the most out of this dictionary. If, for instance, an entry (a verb, adjective or noun) is governed by certain prepositions, these are given in boldface italics and in brackets together with their English or German translations and placed next to the appropriate translation. If the German or English preposition is the same for all or several translations, it is given only once before or after the first translation and then also applies to the translations which follow it.

> **abrücken** ... **1.** *v/t.* (*h*) move away (*von* from) ...
> **befestigen** *v/t.* (*no -ge-, h*) fasten (*an dat.* to), fix (to), attach (to) ...
> **dissent** ... anderer Meinung sein (*from* als) ...
> **dissimilar** ... (*to*) unähnlich (*dat.*); verschieden (von) ...

With German prepositions which can take the dative or the accusative, the case is given in brackets:

> **rütteln** ... ~ *an* (*dat.*) rattle at ...

Notes on special grammatical conventions used in the German-English section (see also p. 16):

a) nouns

The inflectional forms (*genitive singular/nominative plural*) follow immediately after the indication of gender. No forms are given for compounds if the parts appear as separate entry words.

The horizontal stroke replaces the part of the word which remains unchanged in the inflexion:

> **Affäre** *f* (*-/-n*) – **Keks** *m, n* (*-[es]/-e*) (= *Keks* or *Kekses/Kekse*)

The sign ~ indicates that an umlaut appears in the inflected form in question:

> **Blatt** *n* (*-[e]s/-er*) (= *Blätter*)

The inflectional forms of German nouns ending in *-in* are given in the following ways:

> **Ärztin** *f* (*-/-nen*)
> **Abenteurer(in)** *m* (*f*) (*-s[-]/-[-nen]*) [= **Abenteurer** *m* (*-s/-*) and
> **Abenteurerin** *f* (*-/-nen*)]

b) **verbs** (see the list of irregular German verbs on p. 663–664)
Verbs have been treated in the following ways:

1. bändigen *v/t.* (ge-, h)

The past participle of this verb is formed by means of the prefix
ge- and the auxiliary verb **haben**: *er hat gebändigt.*

2. abfassen *v/t.* (sep., -ge-, h)

In conjugation the prefix **ab** must be separated from the primary verb **fassen**: *er faßt ab; er hat abgefaßt.*

3. finden *v/t.* (irr., ge-, h)

irr. following the verb means that the principal parts of this
particular word can be found as an individual entry word in the
main part of the German-English section and in the list of
irregular verbs on p. 663–664: *sie fand; sie hat gefunden.*

4. abfallen *v/i.* (irr. fallen, sep., -ge-, sein)

A reference such as *irr.* **fallen** indicates that the compound verb
abfallen is conjugated in exactly the same way as the primary
verb **fallen** as given in the list of irregular verbs: *er fiel ab; er ist
abgefallen.*

5. sieden *v/t. and v/i.* ([irr.,] ge-, h)

The square brackets indicate that **sieden** can be treated as a
regular or irregular verb: *er siedete* or *er sott; er hat gesiedet* or *er
hat gesotten.*

In the English-German section of the Dictionary, grammatical
information can be found in round brackets after the square
brackets for the phonetics.

We hope that this somewhat lengthy introduction has shown
you that this dictionary contains a great deal more than simple
one-to-one translations, and that you are now well-equipped to
make the most of all it has to offer.

PART I

GERMAN-ENGLISH
DICTIONARY

A

Aal zo. [aːl] *m* (-[e]s/-e) eel; **'2en** v/refl. (ge-, h): *sich in der Sonne ~* bask in the sun; **'2glatt** adj. (as) slippery as an eel.

Aas [aːs] *n* (-es/no pl.) carrion, (rotten) carcass; *fig.* beast, V bastard; **'~geler** zo. *m* vulture (*a. fig.*).

ab prp. (dat.) and adv. [ap] off, down, away (*a. in compounds*); *thea.* exit; *econ.* minus; *München ~ 13.55* departure from Munich (at) 1:55 p.m.; *~ 7 Uhr* from 7 o'clock (on); *~ morgen* (*1. März*) starting tomorrow (March 1st); *von jetzt* (*da*) *~* from now (that time) on; *~ und zu* now and then; *ein Film ~ 18* an adult *or* X-rated film; *... ist ~* button, etc.: ... has come off.

ab|ändern ['ap?-] v/t. (sep., -ge-, h) s. *ändern*; **~arbeiten** ['~?-] v/t. (sep., -ge-, h) work out *or* off (*debt*); *sich ~* wear o.s. out.

Abart ['ap?-] *f* variety; **2ig** adj. ['ap?-] abnormal; perverse.

Abbau *m* (-[e]s/no pl.) ⚒ mining; *fig.* overcoming (*of prejudice, etc.*); ⚙ dismantling, *econ.*, ⚗ reduction; *biol.* decomposition; **'2bar** biol. adj. biodegradable; **'2en** v/t. (sep., -ge-, h) ⚒ mine; pull *or* take down; ⚙ dismantle; *fig.* overcome; *econ.*, ⚗ reduce; *sich ~* biol. break down.

ab|beißen v/t. (irr. beißen, sep., -ge-, h) bite off; **'~beizen** v/t. (sep., -ge-, h) remove (paint) with corrosives; **'~bekommen** v/t. (irr. kommen, sep., no -ge-, h) get *s.th.* loose, remove; *s-n Teil or et. ~* get one's share; *et. ~fig.* get hurt *or* damaged; *kann ich et. ~?* can I have some?

ab|berufen v/t. (irr. rufen, sep., no -ge-, h), **'2ung** *f* (-/-en) recall.

ab|bestellen v/t. (sep., no -ge-, h) cancel one's subscription *or* order for; ask *s.o.* not to come; **'2bestellung** *f* cancellation; **'~biegen** v/i. (irr. biegen, sep., -ge-, sein) turn (off); *nach rechts* (*links*) *~* turn right (left).

'ab|bilden v/t. (sep., -ge-, h) show, depict; **'2ung** *f* (-/-en) picture, illustration.

'ab|binden (irr. binden, sep., -ge-, h) 1. v/t. untie; take off; 🗡 tie off (*artery, etc.*); 2. v/i. cement, etc.: set, harden.

'Abbitte *f* (-/no pl.): *j-m ~ leisten wegen* apologize to s. o. for.

'ab|blasen F v/t. (irr. blasen, sep., -ge-,

h) call off, cancel; **'~blättern** v/i. (sep., -ge-, sein) flake off; **'~blenden** (sep., -ge-, h) 1. v/t. dim; 2. v/i. mot. dim (Brt. dip) the headlights; **'2blendlicht** mot. *n* dimmed (Brt. dipped) headlights, low beam; **'~blitzen** F v/i. (sep., -ge-, sein) be given the cold shoulder; **~lassen** give *s.o.* the brush(-off); **'~brechen** (irr. brechen, sep., -ge-) 1. v/t. (h) break off (*a. fig.*); pull down, demolish; strike (*camp, tents*); 2. v/i. (sein) break off; 3. *fig.* v/i. (h) stop; **'~bremsen** v/t. (sep., -ge-, h) slow down; **'~brennen** (irr. brennen, sep., -ge-) 1. v/t. (h) burn down; let *or* set off (*fireworks*); 2. v/i. (sein) burn down; **'~bringen** v/t. (irr. bringen, sep., -ge-, h) get (*lid, etc.*) off; *j-n von et. ~* talk s.o. out of s.th.; *j-n vom Thema ~* get s.o. off a subject; **'~bröckeln** v/i. (sep., -ge-, sein) crumble (*a. fig.*).

'Abbruch *m* breaking off; demolition; *e-r Sache keinen ~ tun* do no harm to s.th., not spoil s.th.; **'2reif** adj. condemned (*building, etc.*).

'ab|buch|en econ. v/t. (sep., -ge-, h): *~ von* charge (*s.o.'s account*); **'2ung** econ. *f* debit.

'ab|bürsten v/t. (sep., -ge-, h) brush (off).

'ab|büßen v/t. (sep., -ge-, h) serve (*a sentence*).

Abc [aːbeːˈtseː] *n* (-/-) ABC, alphabet; **~schütze** F *m* first grader, kindergartner, Brt. school beginner; **~Waffen** ⚔ pl. nuclear, biological and chemical weapons.

'ab|dank|en v/i. (sep., -ge-, h) resign; *ruler*: abdicate; **'2ung** *f* (-/-en) resignation; abdication.

'ab|decken v/t. (sep., -ge-, h) uncover; clear (*table*); cover (up); **'~dichten** v/t. (sep., -ge-, h) make tight, insulate; **'~drängen** v/t. (sep., -ge-, h) push aside; **'~drehen** (sep., -ge-, h) 1. v/t. turn *or* switch off; 2. ⚓, ✈ v/i. change one's course.

'Abdruck *m* (-[e]s/~e) print, mark; **'2en** v/t. (sep., -ge-, h) print.

'ab|drücken v/i. (sep., -ge-, h) fire, pull the trigger.

Abend ['aːbənt] *m* (-s/-e) evening; *am ~* in the evening, at night; *heute abend* tonight; *morgen* (*gestern*) *abend* tomorrow (last) night; *bunter ~* party (with games and entertainment), variety show (*a. TV*); *s.* **essen**; '**~brot** *n*, **~essen** ['~?-] *n* supper, dinner; **2füllend** *adj.* ['~fγlənt] full-length (*film*, *etc.*); '**~kasse** *thea.* f box office; '**~kleid** *n* evening dress *or* gown; '**~kurs** *m* evening classes; '**~land** *n* (-[e]s/no pl.) the West; **2ländisch** *adj.* ['~lɛndɪʃ] Western; '**~mahl** *eccl. n* (-[e]s/-e) (Holy) Communion, Lord's Supper; *das* **~empfangen** receive Communion; '**~rot** *n* evening *or* sunset glow.

abends *adv.* ['a:bənts] in the evening, at night; *dienstags* **~** (on) Tuesday evenings.

'**Abendschule** f evening classes, night school.

Abenteuer ['a:bəntɔγər] *n* (-*s*/-) adventure; **2erlich** *adj.* adventurous; *fig.* risky; fantastic; **~rer(in)** ['~ɔγrər(ɪn)] *m* (f) (-*s*[-]/-[-nen]) adventur|er (-ess).

aber *cj. and adv.* ['a:bər] but; *oder* **~** or else; *Tausende und* **~** *Tausende* thousands upon thousands; **~, ~!** now then!; **~ nein!** not at all!

'**Aber|glaube** *m* superstition; **2gläubisch** *adj.* ['~glɔγbɪʃ] superstitious.

aberkenn|en ['ap?-] *v/t.* (*irr.* **kennen**, *sep.*, *no* -ge-, *h*); j-m et. **~** deprive s.o. of s.th. (*a.* z̑z̑); **2ung** f (-/-en) deprivation (*a.* z̑z̑).

aber|malig *adj.* ['a:bərma:lɪç] repeated; '**~mals** *adv.* ['~ma:ls] once more *or* again.

'**abfahren** (*irr.* **fahren**, *sep.*, -ge-) 1. *v/i.* (**sein**) leave, start, depart (*all*: **nach** for); F: (*voll*) **~ auf** (*acc.*) get (absolutely) turned on by; 2. *v/t.* (**h**) carry *or* cart away; *s.* **abgefahren**.

'**Abfahrt** f departure (**nach** for), start (for); *skiing*: descent; '**~slauf** *m* skiing: downhill race; '**~szeit** f departure (time).

'**Abfall** *m* waste, trash, garbage, refuse, rubbish; *s. a.* **Müll**; '**~beseitigung** f waste disposal; **~eimer** ['~?-] *m* garbage can, *Brt.* dustbin; **2en** *v/i.* (*irr.* **fallen**, *sep.*, -ge-, **sein**) fall (off); slope (down); *fig.* fall away (**von** from); *esp. pol.* secede (from); *vom Glauben* **~** renounce one's faith; **~ gegen** compare badly with.

'**abfällig** 1. *adj.* derogatory (*remark*, *etc.*); 2. *adv.*: **~ von** j-m sprechen run s.o. down.

'**Abfallprodukt** *n* waste product; by-product.

'**abfälschen** *v/t.* (*sep.*, -ge-, *h*) deflect (*a. ball*).

'**ab|fangen** *v/t.* (*irr.* **fangen**, *sep.*, -ge-, *h*) catch, intercept; *mot.*, ✗ right; '**2fangjäger** ✗ ✕ *m* interceptor (plane); '**~färben** *v/i.* (*sep.*, -ge-, *h*):

der Pullover **färbt ab** the dye of the sweater bleeds; *fig.* **~ auf** rub off on.

'**abfassen** *v/t.* (*sep.*, -ge-, *h*) compose, word.

'**abfertig|en** *v/t.* (*sep.*, -ge-, *h*) dispatch; *customs*: clear; check in (*passenger*); serve, attend to (*customer*); *j-n kurz* **~** be short with s.o.; **2ung** f (-/-en) dispatch; clearance; check-in.

'**abfeuern** *v/t.* (*sep.*, -ge-, *h*) fire (off); launch (*rocket*).

'**abfind|en** *v/t.* (*irr.* **finden**, *sep.*, -ge-, *h*) pay off; buy out; compensate; *sich mit et.* **~** put up with s.th.; **2ung** f (-/-en) satisfaction; compensation.

'**ab|flachen** *v/t. and v/refl.* (*sep.*, -ge-, *h*) flatten; '**~flauen** *v/i.* (*sep.*, -ge-, **sein**) *wind, etc.*: drop (*a. fig.*); '**~fliegen** ✗ *v/i.* (*irr.* **fliegen**, *sep.*, -ge-, **sein**) leave, take off, start; '**~fließen** *v/i.* (*irr.* **fließen**, *sep.*, -ge-, **sein**) flow off, drain (off *or* away).

'**Abflug** ✗ *m* takeoff, departure.

'**Abfluß** *m* flowing off; drain; '**~rohr** *n* waste-pipe; ⊕ drain(-pipe).

'**abfragen** *v/t.* (*sep.*, -ge-, *h*) school: quiz *or* question s.o. (**über** *acc.* about); test s.o. orally.

'**abfrieren** *v/i.* (*irr.* **frieren**, *sep.*, -ge-, **sein**) freeze, be killed by frost.

Abfuhr ['apfu:r] f (-/-en) removal; *fig.* *j-m e-e* **~ erteilen** rebuff s.o.; F *defeat*: lick s.o.

'**abführ|en** *v/t.* (*sep.*, -ge-, *h*) lead *or* take away; pay (over) (*money*) (**an** *acc.* to); '**~end** ✗ *adj.*, '**2mittel** ✗ *n* laxative.

'**abfüll|en** *v/t.* (*sep.*, -ge-, *h*) bottle; **2erei** [~ɔ'raɪ] f (-/-en) bottling plant.

'**Abgabe** f sports: pass; rate(s), tax(es); duty; **2nfrei** *adj.* tax-free; **2npflichtig** *adj.* dutiable.

'**Abgang** *m* graduation, *Brt. a.* school-leaving; dropping out (of school); *thea.* exit (*a. fig.*); gymnastics: dismount.

Abgänger ['apgɛŋər] *m* (-*s*/-) graduate, *Brt. a.* school leaver; dropout.

'**Abgangszeugnis** *n* diploma, *Brt.* (school-)leaving certificate.

'**Abgas** *n* waste gas; **~e** *pl.* emission(s); *mot. a.* exhaust fumes; **2frei** *adj.* emission-free; **~sonderuntersuchung** ['~zondər?-] f emissions test, *Brt.* exhaust emission test.

abgearbeitet *adj.* ['apgə?arbaɪtət] worn out.

'**abgeben** *v/t.* (*irr.* **geben**, *sep.*, -ge-, *h*) leave (**bei** with); hand in (*paper*, *etc.*); deposit, leave (*luggage*, *etc.*); hand over (*ticket*, *money*) (**an** *acc.* to); cast (*vote*); pass (*ball*, *etc.*); give off, emit (*heat*, *etc.*); make (*offer*, *statement*, *etc.*); fire (*shot*); F make (*a good wife, etc.*); **j-m et. ~ von et.** share s.th. with s.o.; **sich ~ mit** concern o.s. *or* associate with.

'abge|brannt F *fig. adj.* broke; **~brüht** *fig. adj.* ['~bry:t] hard-boiled); **'~dro-schen** *adj.* hackneyed, trite (*phrase*); **'~fahren** *mot. adj.* tire: worn out; **~feimt** *adj.* ['~faimt] cunning; **'~griffen** *adj.* worn; **~hackt** *fig. adj.* ['~hakt] disjointed; **~härtet** *adj.* ['~hɛrtət] hardened (**gegen** to).

'abgehen *v/i.* (*irr.* **gehen**, *sep.*, *-ge-*, **sein**) leave; go off; *thea.* make one's exit (*a. fig.*); *button, etc.:* come off; *road, etc.:* branch off; **von der Schule ~** leave school; **~ von** drop (*plan, etc.*); **von s-r Meinung ~** change one's mind *or* opinion; **... geht ihm ab** he lacks ...; **gut ~** end well, go well.

abge|hetzt *adj.* ['apgəhetst], **~kämpft** *adj.* ['~kɛmpft] exhausted, worn out; **~kartet** F *adj.* ['~kartət]: **~e Sache** put-up job; **~klärt** *adj.* ['~klɛːrt] detached, F mellow; **'~legen** *adj.* remote, distant; **~macht** *adj.* ['~maxt] fixed; **~!** it's a deal!; **~magert** *adj.* ['~maɡərt] emaciated, **~neigt** *adj.* ['~naikt]: **e-r Sache ~ sein** be averse to s.th.; **ich wäre e-r Sache ~** (*et. zu tun*) **nicht ~** I wouldn't mind (doing s.th.); **~nutzt** *adj.* ['~nʊtst] worn (out).

Abgeordnete ['apɡə'ᵔordnətə] *m, f* (*-n/-n*) representative, congress|man (-woman); *Brt.* Member of Parliament; **'~nhaus** *parl. n* House of Representatives, *Brt.* House of Commons

'abge|packt *adj.* ['apɡəpakt] prepack-(ag)ed; **'~rissen** *fig. adj.* ragged; *speech:* disjointed.

'Abgesandte *m, f* (*-n/-n*) envoy; emissary.

'abgeschieden *adj.* secluded; *life:* solitary; **'2heit** *f* (*-/no pl.*) seclusion.

'abge|schlossen *adj. training, etc.:* completed; **~e Wohnung** apartment, *Brt.* self-contained flat; **~schmackt** *adj.* ['~ʃmakt] tasteless; corny; **~sehen** *adj.:* **~ von** apart from, aside from; **ganz ~ von** not to mention, let alone; **~spannt** *fig. adj.* ['~ʃpant] exhausted, weary; **'~standen** *adj.* stale; **'~storben** *adj.* numb; dead; **~stumpft** *fig. adj.* ['~ʃtumpft] insensitive, indifferent (**gegen** to); **~takelt** *fig. adj.* ['~taːkəlt] seedy; **'~tragen** *adj.*, **~wetzt** *adj.* ['~vetst] worn-out; threadbare, shabby.

'abge|winnen *v/t.* (*irr.* **gewinnen**, *sep.*, *-ge-*, *h*) **e-r Sache ~** acquire a taste for s.th.; **~wirtschaftet** *adj.* ['~virtʃaftət] run-down.

'abgewöhnen *v/t.* (*sep.*, *-ge-*, *h*): **j-m et.**

~ make s.o. give up s.th.; **sich das Rauchen ~** quit smoking; **das werde ich dir ~!** I'll cure you of that!

'Abglanz *m* (pale) reflection.

'abgleiten *v/i.* (*irr.* **gleiten**, *sep.*, *-ge-*, **sein**) slip; *fig.* lapse (*in acc.* into).

'Ab|gott *m* idol (*a. fig.*); **~götterei** [~ɡœtə'rai] *f* (*-/no pl.*) idolatry; **2göt-tisch** *adj.* ['~ɡœtiʃ]: **~ lieben** idolize, adore.

'ab|grasen *v/t.* (*sep.*, *-ge-*, *h*) graze; *fig.* scour; **'~grenzen** *v/t.* (*sep.*, *-ge-*, *h*) mark off; delimit (**gegen** from).

'Ab|grund *m* abyss, chasm, gulf (*all a. fig.*); **am Rande des ~** on the brink of disaster; **2gründig** *adj.* ['apɡryndiç] cryptic; **das 2e** the subconscious, the dark side (*of s.o. or s.th.*).

'abgucken F *v/t.* (*sep.*, *-ge-*, *h*): **j-m et. ~** learn s.th. from (watching) s.o.; *school:* **s. abschreiben.**

'Abguß *m* cast; recast (*sculpture, etc.*).

'ab|haben F *v/t.* (*only inf.*) *s.* **abbe-kommen**; **'~hacken** *v/t.* (*sep.*, *-ge-*, *h*) chop *or* cut off; **'~haken** *fig. v/t.* (*sep.*, *-ge-*, *h*) tick *or* check off; **'~halten** *v/t.* (*irr.* **halten**, *sep.*, *-ge-*, *h*) hold (*meeting, etc.*); **j-n ~ von et. or davon ~** keep s.o. from (doing) s.th.; **'~handeln** *v/t.* (*sep.*, *-ge-*, *h*): **j-m et. ~** make a deal with s.o. for s.th.

abhanden *adv.* [ap'handən]: **~ kommen** get lost.

'Abhandlung *f* treatise (*über acc.* on).

'Abhang *m* slope; *cliff:* precipice.

'abhängen 1. *v/t.* (*sep.*, *-ge-*, *h*) take down (*picture, etc.*); ⚅ *etc.* uncouple; hang (*meat*); *fig.* shake off (*pursuer*) **2.** *v/i.* (*irr.* **hängen**, *sep.*, *-ge-*, *h*): **~ von** depend on; **das hängt davon ab** that depends.

abhängig *adj.* ['aphɛŋiç]: **~ von** dependent on; addicted to (*drugs, etc.*); **2keit** *f* (*-/-en*) dependence (**von** on); addiction (to).

'ab|härten *v/t.* (*sep.*, *-ge-*, *h*): **sich ~** harden o.s. (**gegen** to); **'~hauen** (*irr.* **hauen**, *sep.*, *-ge-*, *h*) **1.** *v/t.* (*h*) cut *or* chop off; **2.** F *v/i.* (**sein**) make off, run away; **hau ab!** *sl.* beat it!; scram!; **'~häuten** *v/t.* (*sep.*, *-ge-*, *h*) skin, flay; **'~heben** (*irr.* **heben**, *sep.*, *-ge-*, *h*) **1.** *v/t.* lift *or* take off; *teleph.* pick up; (with)draw (*money*); **sich ~** stand out (**von** among, from); *fig.* **~a.** contrast (with); **2.** *v/i.* cut (the cards); *teleph.* answer the phone; ✓ take off; **'~heften** *v/t.* (*sep.*, *-ge-*, *h*) file; **'~heilen** *v/i.* (*sep.*, *-ge-*, **sein**) heal (up); **'~helfen** *v/i.* (*irr.* **helfen**, *sep.*, *-ge-*, *h*) remedy, change for the better; **'~hetzen** *v/refl.* (*sep.*, *-ge-*, *h*) wear o.s out.

'**Abhilfe** f remedy; ~ *schaffen* take remedial measures.

Abholdienst ['apho:l-] m pickup service.

'**abhol|en** v/t. (sep., -ge-, h) pick up, collect; *j-n von der Bahn* ~ meet s.o. at the station; '**Qmarkt** m cash and carry.

'**ab|holzen** v/t. (sep., -ge-, h) fell, cut down; deforest; '**~horchen** ₰ v/t. (sep., -ge-, h) auscultate, sound.

Abhör|anlage ['aphø:r²-] f, **~apparat** ['~²-] m F bugging device; '**Qen** v/t. (sep., -ge-, h) listen in on, tap; F bug; *school: s. abfragen.*

Abitur [abi'tu:r] n (-s / no pl.) final examination; diploma (*qualifying for university entrance*).

'**ab|jagen** v/t. (sep., -ge-, h): *j-m et.* ~ recover s.th. from s.o.; '**~kanzeln** F v/t. (sep., -ge-, h) tell s.o. off; '**~kaufen** v/t. (sep., -ge-, h): *j-m et.* ~ buy s.th. (a. fig. story) from s.o.

Abkehr fig. ['apke:r] f (- / no pl.) break (*von* with); '**Qen** v/refl. (sep., -ge-, h): *sich* ~ *von* turn away from.

'**ab|klappern** F v/t. (sep., -ge-, h) scour (*area, etc.*) (*nach* for); '**~klatschen** v/t. (sep., -ge-, h) dancing: cut in on; '**~klingen** v/i. (irr. klingen, sep., -ge-, sein) fade away; *pain, etc.*: ease off; '**~klopfen** ₰ v/t. (sep., -ge-, h) sound out (*by tapping*); '**~knabbern** v/t. (sep., -ge-, h) s. *abnagen*; '**~knallen** F v/t. (sep., -ge-, h) pick off; '**~knicken** v/t. (sep., -ge-, h) snap or break off; bend; '**~knöpfen** F fig. v/t. (sep., -ge-, h) do s.o. out of (*money*); '**~knutschen** F v/t. (sep., -ge-, h) hug and kiss; '**~kochen** v/t. (sep., -ge-, h) boil; scald (*milk*); '**~kommandieren** ⚔ v/t. (sep., no -ge-, h) detail (*zu* for).

'**Abkommen** n (-s / -) agreement, treaty; *ein* ~ *schließen* make an agreement.

'**abkommen** v/i. (irr. kommen, sep., -ge-, sein) get off; *vom Wege* ~ lose one's way.

abkömm|lich adj. ['apkœmlıç] able to get away; '**Qling** m (-s / -e) descendant; '**ab|koppeln** v/t. (sep., -ge-, h) uncouple (*von* from); undock (*spacecraft*); '**~kratzen** (sep., -ge-) 1. v/t. (h) scrape off; 2. F v/i. (sein) kick the bucket; '**~kühlen** v/t. (sep., -ge-, h) cool down (a. fig.); *sich* ~ a. cool off; '**Qkühlung** f cooling; fig. damper (*to relationship, etc.*).

Abkunft ['apkʊnft] f (-/no pl.) descent; origin; *Irischer* (*edler*) ~ of Irish (noble) descent.

'**abkuppeln** v/t. (sep., -ge-, h) s. *abkoppeln*.

'**abkürz|en** v/t. (sep., -ge-, h) shorten; abbreviate; *den Weg* ~ take a short cut;

'**Qung** f (-/-en) abbreviation; short cut.

'**ablad|en** v/t. (irr. laden, sep., -ge-, h) unload; dump (*trash, etc.*).

'**Ablage** f place to put s.th.; shelf; file(s); filing (*of papers*); Swiss: s. a. *Zweigstelle.*

'**ab|lagern** (sep., -ge-) 1. v/t. (h) season (*wood*); let (*wine, etc.*) age; *sich* ~ be deposited; 2. v/i. (sein) season; age; '**Qlagerung** ⚛, geol. f deposit, sediment; '**~lassen** (irr. lassen, sep., -ge-, h) 1. v/t. drain off; let off (*steam*) (a. fig.); drain (*pond, etc.*); 2. v/i.: ~ *von* stop (*doing*) s.th.; leave s.o. alone.

'**Ablauf** m course (*of events, etc.*); process; order of events; expiration; '**Qen** (irr. laufen, sep., -ge-) 1. v/i. (sein) run off; *process:* go, proceed; come to an end, expire; *time, record, tape:* run out; *clock:* run down; *gut* ~ turn out well; 2. v/t. (h) wear out (*shoes*); *sich die Beine* ~ walk one's legs off.

'**Ableben** n (-s / no pl.) demise.

'**ab|lecken** v/t. (sep., -ge-, h) lick (off); '**~legen** (sep., -ge-, h) 1. v/t. take off (*clothes*); file; give up (*habit, etc.*); take (*oath, examination*); *abgelegte Kleider* castoffs; 2. v/i. take off one's (hat and) coat; ⚓ put out, sail.

'**Ableger** ⚘ ['aple:gər] m (-s / -) layer; offshoot (a. fig.).

'**ablehn|en** v/t. (sep., -ge-, h) refuse; turn down (*proposal, etc.*); parl. reject; object to, reject; condemn; '**~end** adj. negative; '**Qung** f (- / -en) refusal; rejection; objection (*gen.* to).

'**ableisten** v/t. (sep., -ge-, h) serve, complete (*one's time, etc.*).

'**ableit|en** v/t. (sep., -ge-, h) divert (*river, etc.*); gr., ⚗ derive (*aus, von* from) (a. fig.); '**Qung** f diversion; gr., ⚗ derivation (a. fig.).

'**ab|lenken** v/t. (sep., -ge-, h) divert (*von* from); turn away; deflect (a. phys., opt.); *j-n von der Arbeit* ~ distract s.o. from his work; *er läßt sich leicht* ~ he is easily diverted; '**Qlenkung** f, '**Qlenkungsmanöver** n diversion; '**~lesen** v/t. (irr. lesen, sep. -ge-, h) read (off) (a. instruments, values); '**~leugnen** v/t. (sep., -ge-, h) deny.

'**abliefer|n** v/t. (sep., -ge-, h) deliver (*bei* to, at); hand over; '**Qung** f delivery.

'**ablösbar** adj. ['aplø:s-] detachable.

'**ablös|en** v/t. (sep., -ge-, h) detach; take off; take the place of; esp. ⚔, etc.: relieve; replace; *sich* ~ take turns (*at work, etc.*); '**Qesumme** ['aplø:zə-] f sports: transfer fee; '**Qung** f relief.

'**abmach|en** v/t. (sep., -ge-, h) remove, take off; settle, arrange (*business, etc.*);

'**ung** f (-/-en) settlement, arrangement, deal.

'**abmager|n** v/i. (sep., -ge-, sein) get thin; '**ung** f (-/-en) emaciation; '**ungskur** f diet (to lose weight).

'**ab|mähen** v/t. (sep., -ge-, h) mow; '**∼malen** v/t. (sep., -ge-, h) copy.

'**Abmarsch** m start; ✕ marching off; '**2eren** v/i. (sep., no -ge-, sein) start; ✕ march off.

'**abmeld|en** v/t. (sep., -ge-, h) cancel the registration of (car, etc.); cancel s.o.'s membership; give notice of s.o.'s withdrawal (from school); **sich ∼** give notice of change of address (to police, etc.); report off duty; hotel: check out; '**2ung** f notice of withdrawal; notice of change of address.

'**abmess|en** v/t. (irr. messen, sep., -ge-, h) measure; '**2ung** f measurement; '**∼en** pl. dimensions.

'**ab|montieren** v/t. (sep., no -ge-, h) take off; dismantle; '**∼mühen** v/refl. (sep., -ge-, h) try hard (to do s.th.); toil; '**∼nagen** v/t. (sep., -ge-, h): **e-n Knochen ∼** gnaw on a bone.

Abnahme ['apna:mə] f (-/no pl.) decrease, reduction; loss (of weight, etc.); ✂ amputation; econ. purchase; ⊙ acceptance, final inspection.

abnehm|bar adj. ['apne:m-] removable; '**∼en** (irr. nehmen, sep., -ge-, h) 1. v/t. take off, remove; teleph. pick up; gather (fruit); ✂ amputate; ⊙ accept (machine, etc.); econ. purchase; j-m et. ∼ take s.th. (away) from s.o.; fig. accept or believe what s.o. says; 2. v/i. decrease, diminish; lose weight; teleph. answer the phone; moon: wane; '**2er** econ. m (-s/-) buyer; customer.

'**Abneigung** f dislike (gegen of); aversion (to).

abnorm adj. [ap'nɔrm] abnormal; **2ität** [∼i'tɛ:t] f (-/-en) abnormality, anomaly.

'**ab|nutzen**, '**∼nützen** v/t. and v/refl. (sep., -ge-, h) wear out; '**2nutzung**, '**2nützung** f (-/-en) wear (and tear) (a. fig.).

Abo F ['abo] n (-s/-s) s. **Abonnement**.

Abonn|ement [abon(ə)'mã:] n (-s/-s) subscription (auf acc. to); '**∼ent** [∼'nɛnt] m (-en/-en) subscriber; thea. season-ticket holder; '**2eren** [∼'ni:rən] v/t. (no -ge-, h) subscribe to.

abordn|en ['ap?-] v/t. (sep., -ge-, h) delegate; '**2ung** f delegation.

Abort [a'bɔrt] m (-s/-e) lavatory, toilet; ✂ miscarriage.

'**ab|passen** v/t. (sep., -ge-, h) watch for, wait for; waylay (a. fig.); '**∼pfeifen** v/t. and v/i. (irr. pfeifen, sep., -ge-, h) sports: stop (the game); blow the final

whistle; '**∼pflücken** v/t. (sep., -ge-, h) pick, gather; '**∼plagen** v/refl. (sep., -ge-, h) struggle (mit with): '**∼prallen** v/i. (sep., -ge-, sein) rebound, bounce (off); ricochet; '**∼putzen** v/t. (sep., -ge-, h) wipe off; clean; wipe (nose, shoes); '**∼raten** v/i. (irr. raten, sep., -ge-, h): j-m ∼ von advise or warn s.o. against.

'**Abraum** ✕ m (-s/no pl.) overburden.

'**ab|räumen** v/t. (sep., -ge-, h) clear (away); '**∼reagieren** v/t. (sep., no -ge-, h) work off (one's anger, etc.) (an j-m on s.o.); **sich ∼** F let off steam.

'**abrechn|en** (sep., -ge-, h) 1. v/t. deduct (amount); claim (expenses); 2. v/i.: **mit j-m ∼** settle accounts (fig. get even) with s.o.; '**2ung** f settlement; deduction (of sums); fig. showdown.

'**Abrede** f: **in ∼ stellen** deny or question.

'**abreib|en** v/t. (irr. reiben, sep., -ge-, h) rub off; rub down (body); polish; '**2ung** f rubdown; F fig. beating.

'**Abreise** f departure (nach for); '**2n** v/i. (sep., -ge-, sein) depart, leave, start, set out (all: nach for).

'**abreiß|en** (irr. reißen, sep., -ge-) 1. v/t. (h) tear or pull off; tear or pull down (building); 2. v/i. (sein) break; button, etc.: come off; '**2kalender** m tear-off calendar.

'**ab|richten** v/t. (sep., -ge-, h) train (animal); break (in) (horse); '**∼riegeln** v/t. (sep., -ge-, h) bolt; block (road); cordon off; '**∼ringen** v/t. (irr. ringen, sep., -ge-, h) wrest (s.th. from s.o.).

'**Abriß** m outline, summary.

'**ab|rollen** (sep., -ge-) 1. v/t. (h) unroll; uncoil; unwind; unreel; 2. v/i. (sein) unroll; fig. happen: pass (off), go; '**∼rücken** (sep., -ge-) 1. v/t. (h) move away (von from); 2. v/i. (sein) draw away (von from); ✕ march off; F s. **abhauen** 2.

'**Abruf** m: **auf ∼** econ. on call; '**2en** v/t. (irr. rufen, sep., -ge-, h) call away; computer: recall, read back (data).

'**ab|runden** v/t. (sep., -ge-, h) round (off); '**∼rupfen** v/t. (sep., -ge-, h) pluck (off).

abrupt adj. [ap'rupt] abrupt.

'**abrüst|en** ✕ v/i. (sep., -ge-, h) disarm; '**2ung** ✕ f disarmament.

'**abrutschen** v/i. (sep., -ge-, sein) slide down; slip (off) (von from).

ABS mot. [a:be:'ɛs] n (-/-) anti-lock braking system.

'**Absage** f refusal; cancellation; '**2n** (sep., -ge-, h) 1. v/t. call off, cancel; 2. v/i. excuse o.s.; j-m ∼ refuse s.o.; cancel one's appointment with s.o.; decline (the invitation).

'**absägen** v/t. (sep., -ge-, h) saw off; fig. oust, sack.

absahnen F *fig.* ['apzaːnən] *v/i.* (*sep.*, *-ge-*, *h*) cash in.

'Absatz *m* paragraph; *econ.* sales; heel (*of shoe*); landing (*of stairs*).

'abschaben *v/t.* (*sep.*, *-ge-*, *h*) scrape off.

'abschaff|en *v/t.* (*sep.*, *-ge-*, *h*) do away with, abolish; repeal (*law*); put an end to; **'2ung** *f* (*-/-en*) abolition; repeal.

'abschalten (*sep.*, *-ge-*, *h*) **1.** *v/t.* switch or turn off; **2.** F *v/i.* relax, switch off.

'abschätz|en *v/t.* (*sep.*, *-ge-*, *h*) estimate; assess; size up; **'~ig** *adj.* contemptuous; derogatory (*remark*).

'Abschaum *m* (*-[e]s/no pl.*) scum (*a. fig.*).

'abscheiden *physiol.* *v/t.* (*sep.*, *-ge-*, *h*) secrete.

'Abscheu *m* (*-[e]s/no pl.*) disgust (*vor dat.*, *gegen at*, for); **e-n ~ haben vor** (*dat.*) abhor, detest; **2erregend** *adj.* ['~?-] revolting, repulsive; **2lich** *adj.* [ap'ɔɾlɪç] abominable, horrid; atrocious; **~lichkeit** *f* (*-/-en*) atrocity.

'abschicken *v/t.* (*sep.*, *-ge-*, *h*) *s.* **absenden.**

'abschieben *v/t.* (*irr.* **schieben**, *sep.*, *-ge-*, *h*) push away (**von** from); get rid of; deport (*aliens, etc.*); *s.* **abwälzen.**

Abschied ['apʃiːt] *m* (*-s/-e*) parting, farewell; **~ nehmen** (**von**) say goodby(e) (to), take leave (of); **s-n ~ nehmen** resign, retire; **'~feier** *f* farewell party; **'~skuß** *m* goodby(e) kiss.

'ab|schießen *v/t.* (*irr.* **schießen**, *sep.*, *-ge-*, *h*) shoot off (✗ down); launch (*rocket*); *hunt.* shoot, kill; F pick off; *fig.* oust; get rid of; **'~schirmen** *v/t.* (*sep.*, *-ge-*, *h*) shield (**gegen** from); *fig.* protect (**gegen** against, from); **'2schirmung** *f* (*-/-en*) shield, screen; protection; **'~schlachten** *v/t.* (*sep.*, *-ge-*, *h*) slaughter (*a. fig.*).

'abschlaffen F *v/i.* (*sep.*, *-ge-*, *sein*) flag; **abgeschlafft sein** be whacked.

'Abschlag *m* golf: tee shot; *soccer:* goal-kick; *econ.* discount; payment on account; **'2en** *v/t.* (*irr.* **schlagen**, *sep.*, *-ge-*, *h*) knock off; cut off (*head*); cut down (*tree*); refuse, turn *s.th.* down.

abschlägig *adj.* ['apʃlɛːgɪç] negative.

'abschleifen *v/t.* (*irr.* **schleifen**, *sep.*, *-ge-*, *h*) grind off; sand, smooth (*wood, etc.*).

'Abschlepp|dienst *mot.* m emergency road (*Brt.* breakdown) service; **'2en** *mot.*, ⚓ *v/t.* (*sep.*, *-ge-*, *h*) (give *s.o.* a) tow; tow away; **'~seil** *n* tow(ing) rope; **'~wagen** *mot.* m tow truck, *Brt.* breakdown lorry.

'abschließen (*irr.* **schließen**, *sep.*, *-ge-*, *h*) **1.** *v/t.* lock (up); close, finish; complete; take out (*insurance*); conclude; **e-n Handel ~** strike a bargain; **sich ~** shut o.s. off; **2.** *v/i.* close, finish; **'~d 1.** *adj.* concluding; final; **2.** *adv.:* **~ sagte er** he concluded by saying.

'Abschluß *m* conclusion, close; sale; ⊚ seal; **'~prüfung** *f* final examination, finals, graduation; **s-e ~ machen** graduate (**an** from); **'~zeugnis** *n* diploma, *Brt.* (school-)leaving certificate.

'abschmecken *v/t.* (*sep.*, *-ge-*, *h*) season (*food*).

'ab|schmieren ⊚ *v/t.* (*sep.*, *-ge-*, *h*) lubricate, grease; **'~schminken** *v/t.* (*sep.*, *-ge-*, *h*): **sich ~** remove one's make-up; F *fig.* forget it; **'~schnallen** *v/t.* (*sep.*, *-ge-*, *h*) undo; take off (*skis*); **sich ~** *mot.*, ✈ unfasten one's seat belt; **'~schneiden** (*irr.* **schneiden**, *sep.*, *-ge-*, *h*) **1.** *v/t.* cut (off) (*a. fig.*); **j-m das Wort ~** cut s.o. short; **2.** *v/i.*: **gut ~** come off well.

'Abschnitt *m* passage, section; paragraph; A, *biol.* segment; *time:* period, stage, phase; coupon, slip, stub; **'2weise** *adv.* section by section.

'ab|schöpfen *v/t.* (*sep.*, *-ge-*, *h*) skim off (*a. fig.*); **'~schotten** *fig.* *v/t.* (*sep.*, *-ge-*, *h*) insulate (**gegen** from); **'~schrauben** *v/t.* (*sep.*, *-ge-*, *h*) unscrew.

'abschreck|en *v/t.* (*sep.*, *-ge-*, *h*) deter (**von** from); douse (*eggs, etc.*) with cold water; **'~end** *adj.* deterrent; **~es Beispiel** warning; **'2ung** *pol. f* (*-/-en*) deterrence.

'abschreib|en *v/t.* (*irr.* **schreiben**, *sep.*, *-ge-*, *h*) copy; *cheat:* F crib; **'2ung** *econ.* *f* (*-/-en*) write-off.

'Abschrift *f* copy, duplicate.

'abschürf|en *v/t.* (*sep.*, *-ge-*, *h*) graze; **'2ung** *f* (*-/-en*) abrasion.

'Abschuß *m* launch(ing) (*of rocket*); ✗ shooting down, downing; kill; **'~basis** ✗ *f* launching base.

abschüssig *adj.* ['apʃʏsɪç] sloping; steep.

'Abschuß|liste *fig. f:* **auf der ~ stehen** be on the hit list; **'~rampe** *f* launching pad.

'ab|schütteln *v/t.* (*sep.*, *-ge-*, *h*) shake off; **'~schwächen** *v/t.* (*sep.*, *-ge-*, *h*) weaken, lessen, diminish; **'~schweifen** *fig.* *v/i.* (*sep.*, *-ge-*, *sein*) digress (**von** from); **'2schweifung** *f* (*-/-en*) digression; **'~schwellen** *v/i.* (*irr.* **schwellen**, *sep.*, *-ge-*, *sein*) go down, deflate, diminish.

'Abschwung *m gymnastics:* dismount.

abseh|bar *adj.* ['apzeːbaːr] foreseeable; predictable; **in ~er Zeit** before long; **'~en** (*irr.* **sehen**, *sep.* *-ge-*, *h*) **1.** *v/t.* foresee; **es ist kein Ende abzusehen**

there is no end in sight; **es abgesehen haben auf** (*acc.*) be after; **2.** *v/i.*: ~ **von** refrain from.

'**abseilen** *v/t.* (*sep.*, *-ge-*, *h*) let *or* lower *s.o.* down on a rope; **sich ~** abseil.

abseits *adv. and prp.* (*gen.*) ['apzaɪts] away *or* remote from; *sports*: ~ **stehen** be offside.

'**absend|en** *v/t.* ([*irr.* **senden**,] *sep.*, *-ge-*, *h*) send (off), dispatch; **⚓** mail, *Brt. a.* post; '**2er ⚓** *m* sender.

'**absetz|bar** *adj.* ['apzɛts-]: *steuerlich* ~ deductible from tax; '**~en** (*sep.*, *-ge-*, *h*) **1.** *v/t.* take off (*hat, glasses, etc.*); set *or* put down; drop (*passenger*); dismiss, impeach; depose (*king, etc.*); *thea., etc.*: take off (*play, film, etc.*); deduct (*sum*); *econ.* sell; **sich ~ ⚓,** *geol.* deposit; **2.** *v/i.*: *ohne abzusetzen* without stopping; '**2ung** *f* (*-/-en*) dismissal, impeachment; deposition; *thea., etc.*: withdrawal (*of play, etc.*).

'**Absicht** *f* (*-/-en*) intention; *mit* ~ on purpose; '**2lich 1.** *adj.* intentional; **2.** *adv.* on purpose.

'**absitzen** (*irr.* **sitzen**, *sep.*, *-ge-*) **1.** *v/i.* (*sein*) dismount; **2.** *v/t.* (*h*) serve (*sentence*); F sit out (*time*).

absolut *adj.* [apzo'luːt] absolute.

Absolv|ent(in) [apzɔl'vɛnt(ɪn)] *m* (*f*) (*-en* [*-*]/*-en* [*-nen*]) graduate; **2eren** [apzɔl'viːrən] *v/t.* (*no -ge-*, *h*) attend; complete, graduate from.

absonder|lich *adj.* [ap'zɔndərlɪç] strange, eccentric; '**~n** *v/t.* (*sep.*, *-ge-*, *h*) separate; *⚓, biol.* secrete; **sich ~** cut o.s. off (*von* from); '**2ung** *f* (*-/-en*) separation; *⚓, biol.* secretion.

absorbieren ⚓, *phys.* [apzɔr'biːrən] *v/t.* (*no -ge-*, *h*) absorb (*a. fig.*).

'**ab|specken** F *fig.* *v/i.* (*sep.*, *-ge-*, *h*) lose weight; '**~speisen** *fig.* *v/t.* (*sep.*, *-ge-*, *h*) put *s.o.* off; **~spenstig** *adj.* ['apʃpɛnstɪç]: *j-m die Freundin ~ machen* steal s.o.'s girlfriend.

'**absperr|en** *v/t.* (*sep.*, *-ge-*, *h*) lock; turn off (*water, etc.*); block off (*road*); cordon off; '**2ung** *f* barrier; cordon; *s. a.* **Sperre.**

'**ab|spielen** *v/t.* (*sep.*, *-ge-*, *h*) play (*record, etc.*); *sports*: pass; **sich ~** happen, take place; '**2sprache** *f* (*-/-en*) agreement; '**~sprechen** *v/t.* (*irr.* **sprechen**, *sep.*, *-ge-*, *h*) agree upon; arrange, fix (*a. sports*: *race, etc.*); *j-m die Fähigkeit etc.* ~ dispute s.o.'s ability, *etc.*; '**~springen** *v/i.* (*irr.* **springen**, *sep.*, *-ge-*, *sein*) jump off; ✈ jump; bail out; *fig.* back out (*von* of).

'**Absprung** *m* jump; *sports*: takeoff.

'**ab|spulen** *v/t.* (*sep.*, *-ge-*, *h*) reel off (*a.*

fig.); '**~spülen** *v/t.* (*sep.*, *-ge-*, *h*) rinse; wash (up) (*dishes*).

'**abstamm|en** *v/i.* (*sep.*, *-ge-*, *sein*) descend (*von* from); **⚓,** *gr.* derive; '**2ung** *f* (*-/-en*) descent; derivation; '**2ungslehre** *f* theory of the origin of species.

'**Abstand** *m* distance (*a. fig.*); interval; *econ.* compensation; ~ *halten* keep one's distance; *fig. mit* ~ by far.

ab|statten ['apʃtatən] *v/t.* (*sep.*, *-ge-*, *h*): *j-m e-n Besuch* ~ pay a visit to s.o.; '**~stauben** *v/t.* (*sep.*, *-ge-*, *h*) dust; *fig.* sponge; swipe; **2staubertor** [-ˈˌbeːtoːr] *n* lucky *or* easy goal, *Brt.* opportunist goal.

'**abstech|en** (*irr.* **stechen**, *sep.*, *-ge-*, *h*) **1.** *v/t.* stick; F stab; cut (*sods*); **2.** *v/i.* contrast (*von* with); **2er** ['apʃtɛçər] *m* (*-s/-*) side-trip; excursion (*a. fig.*).

'**ab|stecken** *v/t.* (*sep.*, *-ge-*, *h*) mark out; pin (*dress*); '**~stehen** *v/i.* (*irr.* **stehen**, *sep.*, *-ge-*, *h*) stand off; stick out, protrude; *s.* **abgestanden**; '**~steigen** *v/i.* (*irr.* **steigen**, *sep.*, *-ge-*, *sein*) get off (*von* from); climb down; stay (*at hotel, etc.*); *sports*: be moved down to a lower division, *Brt.* be relegated; **2steiger** ['apʃtaɪgər] *m* (*-s/-*) *s.* **absteigen**; *Brt.* relegated club; '**~stellen** *v/t.* (*sep.*, *-ge-*, *h*) put down; leave (*with s.o.*); turn off (*gas, etc.*); park; *fig.* put an end to; **2stellraum** ['apʃtɛl-] *m* storeroom; '**~stempeln** *v/t.* (*sep.*, *-ge-*, *h*) stamp (*a. fig. als* as); '**~sterben** *v/i.* (*irr.* **sterben**, *sep.*, *-ge-*, *sein*) die off; go numb.

Abstieg ['apʃtiːk] *m* (*-s/-e*) descent; *fig.* decline; *sports*: *s.* **absteigen**; *Brt.* relegation.

'**abstimm|en** (*sep.*, *-ge-*, *h*) **1.** *v/i.* vote (*über acc.* on); **2.** *v/t.* time, harmonize; '**2ung** *f* vote; *radio*: tuning.

Abstinenzler [apsti'nɛntslər] *m* (*-s/-*) teetotal(l)er.

'**abstoppen** *v/t.* (*sep.*, *-ge-*, *h*) stop; slow down.

'**Abstoß** *m* soccer: goal-kick; '**2en** *v/t.* (*irr.* **stoßen**, *sep.*, *-ge-*, *h*) push off; *fig.* repel; F get rid of; '**2end** *fig. adj.* repulsive.

abstrakt *adj.* [ap'strakt] abstract.

'**ab|streifen** *v/t.* (*sep.*, *-ge-*, *h*) slip off; wipe (*shoes*); *fig.* cast off; '**~streiten** *v/t.* (*irr.* **streiten**, *sep.*, *-ge-*, *h*) deny.

'**Abstrich** *m* ⚕ smear; **~e** *pl. fig.* cuts; reservations; **~e machen** *fig.* take exception; qualify *s.th.*

'**ab|stufen** *v/t.* (*sep.*, *-ge-*, *h*) graduate; gradate; '**~stumpfen** (*sep.*, *-ge-*) **1.** *v/t.* (*h*) blunt, dull (*a. fig.*); **2.** *fig. v/i.* (*sein*) become unfeeling.

'**Absturz** *m* fall; ✈ crash.

'**ab|stürzen** *v/i.* (*sep.*, *-ge-*, *sein*) fall; ✈

crash; '~suchen v/t. (sep., -ge-, h) search (nach for).

absurd adj. [ap'zurt] absurd.

Abszeß ♂ [aps'tsɛs] m (Abszesses/ Abszesse) abscess.

Abt eccl. [apt] m (-[e]s/-e) abbot.

'ab|tasten v/t. (sep., -ge-, h) feel (for); ♂ palpate; frisk; ♂ scan; '~tauen v/t. (sep., -ge-, h) defrost (refrigerator).

Abtei eccl. [ap'tai] f (-/-en) abbey.

Ab|'teil ⚙ n compartment; '2teilen v/t. (sep., -ge-, h) divide; arch. partition off; '~teilung f department (a. econ.); hospital: ward; ✕ detachment; ~'teilungsleiter m head of (a) department.

Äbtissin eccl. [ɛp'tisin] f (-/-nen) abbess.

'ab|töten v/t. (sep., -ge-, h) kill (bacteria, etc.); fig. deaden; '~tragen v/t. (irr. tragen, sep., -ge-, h) wear out (clothes); clear away; pay off (debt).

abträglich adj. ['aptrɛːkliç] (dat.) detrimental to.

'Abtransport m transportation.

'abtreib|en (irr. treiben, sep., -ge-) 1. ♂ v/i. (h) have an abortion; 2. ⚓, ✈ v/i. (sein) be blown off course; 3. ♂ v/t. (h) abort; '2ung ♂ f (-/-en) abortion; e-e ~ vornehmen perform an abortion.

'abtrennen v/t. (sep., -ge-, h) detach; separate, sever.

'abtret|en (irr. treten, sep., -ge-) 1. v/t. (h) wear down (heels); wipe (feet); fig. give up (post, etc.) (an acc. to); 2. v/i. (sein) resign; thea. exit (a. fig.); 2er ['aptreːtər] m (-s/-) doormat.

'ab|trocknen (sep., -ge-) 1. v/t. (h) dry; wipe (dry); 2. v/i. (sein) dry up; '~tropfen v/i. (sep., -ge-, sein): ~ lassen drain.

abtrünnig adj. ['aptrʏniç] unfaithful, disloyal; 2e ['~gə] m, f (-n/-n) renegade, turncoat.

'ab|tun v/t. (irr. tun, sep., -ge-, h) dismiss (als as); '~verlangen v/t. (sep., no -ge-, h) demand; j-m alles ~ take it out of s.o.; '~wägen v/t. (irr. wägen, sep., -ge-, h) consider carefully; '~wälzen v/t. (sep., -ge-, h) shove (Brt. a. shuffle) off (responsibility, etc.) (auf acc. onto); '~wandeln v/t. (sep., -ge-, h) vary, modify; '~wandern v/i. (sep., -ge-, sein) migrate (von from; nach to); '2wanderung f migration.

'Ab|wandlung f modification, variation; '~wärme f waste heat.

'Abwart Swiss m (-[e]s/-e, -e) caretaker, janitor.

'abwarten (sep., -ge-, h) 1. v/t. wait for, await; 2. v/i. wait; warten wir ab! let's wait and see!; wart nur ab! just wait!

abwärts adv. ['apvɛrts] down, downward(s).

'abwasch|bar adj. wipe-clean (wallpaper, etc.); '~en (irr. waschen, sep., -ge-, h) 1. v/t. wash off; 2. v/i. do the dishes, wash up; '2wasser n dishwater (a. fig.).

'Abwasser n (-s/-wässer) waste water, sewage; ~aufbereitung ['~ʔauf-] f (-/-en) sewage treatment.

'abwechseln v/i. (sep., -ge-, h) alternate; sich mit j-m ~ take turns (bei at [doing] s.th.); '~d adv. by turns.

'Abwechs(e)lung f (-/-en) change; zur ~ for a change; '2reich adj. varied; colo(u)rful (program, etc.).

'Abweg m: auf ~e geraten go astray; 2ig adj. ['~gɪç] absurd, unrealistic.

'Abwehr f defen|se, Brt. -ce; warding off (of attack, etc.); save (of ball); '2en v/t. (sep., -ge-, h) ward off; beat back (attack); sports: block; '~fehler m defensive error; '~kräfte ♂ pl. resistance; '~schwäche ♂ f: Erworbene ~ AIDS; '~spieler m defender; '~stoff ♂ m antibody.

'abweich|en v/i. (irr. weichen, sep., -ge-, sein) deviate (von from); digress; '2ung f (-/-en) deviation.

'abweisen v/t. (irr. weisen, sep., -ge-, h) turn away; rebuff; decline, turn down (request, etc.); '~d adj. unfriendly; in compounds: repellent (water, etc.).

'ab|wenden v/t. ([irr. wenden,] sep., -ge-, h) turn away; avert (disaster, etc.); sich ~ turn away (von from); '~werfen v/t. (irr. werfen, sep., -ge-, h) throw off; ✈ drop (bombs); shed (leaves); yield (profit).

'abwert|en v/t. (sep., -ge-, h) econ. devalue; depreciate; '~end adj. disparaging (remark, etc.); '2ung econ. f devaluation.

'abwesen|d adj. ['apveːzənt] absent; '2heit f (-/no pl.) absence.

'ab|wickeln v/t. (sep., -ge-, h) unwind; handle (affair); transact (business); '~wiegen v/t. (irr. wiegen, sep., -ge-, h) weigh (out); '~wischen v/t. (sep., -ge-, h) wipe (off); '2wurf m dropping; soccer: throw-out; '~würgen F v/t. (sep., -ge-, h) mot. stall; stifle (discussion, etc.); '~zahlen v/t. (sep., -ge-, h) make (monthly) payments for; pay off; '~zählen v/t. (sep., -ge-, h) count (off).

'Abzahlung f: et. auf ~ kaufen buy s.th. on the installment plan (Brt. on hire purchase).

'abzapfen v/t. (sep., -ge-, h) tap, draw off.

'Abzeichen n badge; medal.

'ab|zeichnen v/t. (sep., -ge-, h) copy, draw; sign, initial; sich ~ (begin to) show; stand out (gegen against);

'**..ziehen** (*irr. ziehen, sep., -ge-*) **1.** *v/t.* (*h*) take off, remove; ᴀ subtract; strip (*bed*); take out (*key*); *das Fell ~* skin; **2.** *v/i.* (*sein*) go away; ✗ march off; *smoke:* escape; *storm, clouds:* move off.

'**Abzug** *m econ.* deduction; discount; ✗ withdrawal; copy; *phot.* print; *gun, etc.:* trigger; ⊙ outlet; hood (*over stove, etc.*).

abzüglich *prp.* ['aptsy:klɪç] (*gen.*) less, minus.

abzweig|en ['aptsvaɪgən] (*sep., -ge-*) **1.** *v/t.* (*h*) divert (*money*) (*für* to); **2.** *v/i.* (*seln*) branch off; '**2ung** *f* (*-/-en*) (road) junction.

ach *int.* [ax] oh!; *~ je!* oh dear!; *~ so!* I see; *~ was! surprised:* really?; *negative:* of course not!; nonsense!

Achse ['aksə] *f* (*-/-n*) ⊙, *mot.* axle; ᴀ, *etc.* axis; *auf ~ sein* be on the move.

Achsel ['aksəl] *f* (*-/-n*) shoulder; *die ~n zucken* shrug one's shoulders; '**..höhle** *f* armpit.

acht *adj.* [axt] eight; *heute In ~ Tagen* a week from today; (*heute*) *vor ~ Tagen* a week ago (today).

Acht [~] *f* (*-/no pl.*) ban; *außer acht lassen* disregard; *sich in acht nehmen* be careful, look *or* watch out (*vor dat.* for), be on one's guard (against).

'**achtbar** *adj.* respectable.

'**acht|e** *adj.* eighth; *~eckig adj.* ['~?-] octagonal; **2el** ['~əl] *n* (*-s/-*) eighth (part).

'**achten** (*ge-, h*) **1.** *v/t.* respect; **2.** *v/i.: ~ auf* (*acc.*) pay attention to; keep an eye on; watch (*the traffic*); be careful with; *darauf ~, daß* see to it that.

ächten ['ɛçtən] *v/t.* (*ge-, h*) ban; *esp. hist.* outlaw.

'**Achter** *m* (*-s/-*) boat: eight; '**..bahn** *f* roller coaster.

achtern ⚓ *adv.* ['axtərn] aft.

achtfach *adj. and adv.* ['axtfax] eightfold.

'**achtgeben** *v/i.* (*irr. geben, sep., -ge-, h*) be careful; pay attention (*auf acc.* to); take care (*auf Kinder etc.* of children, *etc.*); *gib acht!* look *or* watch out!, be careful!

'**achtlos** *adj.* careless, heedless.

'**Achtung** *f* (*-/no pl.*) respect (*vor dat.* for); *~! look out!;* ✗ *attention!; ~! ~! attention please!;* ~! *Fertig! Los!* On your marks (*Am. a.* Get ready)! Get set! Go!; *~ Stufe!* caution: step!, *Brt.* mind the step!

'**achtzehn** *adj.* eighteen; *~te adj.* ['~tə] cightccnth.

achtzig *adj.* ['axtsɪç] eighty; *die ~er Jahre* the eighties; '**..ste** *adj.* eightieth.

ächzen ['ɛçtsən] *v/i.* (*ge-, h*) groan (*vor dat.* with).

Acker ['akər] *m* (*-s/-*) field; '**..bau** *m* (*-[e]s/no pl.*) agriculture; farming; *~ und Viehzucht* crop and stock farming; '**..land** *n* (*-[e]s/no pl.*) farmland; '**2n** *fig.* (*ge-, h*) toil.

addi|eren [a'di:rən] *v/t.* (*no ge-, h*) add (up); **2tion** [adi'tsio:n] *f* (*-/-en*) addition, adding up.

Adel ['a:dəl] *m* (*-s/no pl.*) aristocracy; '**2n** *v/t.* (*ge-, h*) ennoble (*a. fig.*); *Brt.* knight.

Ader ['a:dər] *f* (*-/-n*) blood vessel, vein (*a.* ✗, *wood, etc.*).

adieu *int.* [a'djø:] good-by(e)!, farewell!, *F* see you (later)!, *Brt. a.* cheerio!

Adjektiv *gr.* ['atjɛkti:f] *n* (*-s/-e*) adjective.

Adjutant ✗ [atjʊ'tant] *m* (*-en/-en*) adjutant.

Adler *zo.* ['a:dlər] *m* (*-s/-*) eagle.

adlig *adj.* ['a:dlɪç] noble; *~ sein* be of noble birth; **2e** ['~gə] *m, f* (*-n/-n*) noble|man, -woman.

Admiral ⚓ [atmi'ra:l] *m* (*-s/-e, -e*) admiral.

adopt|ieren [adɔp'ti:rən] *v/t.* (*no ge-, h*) adopt; **2ivkind** [~'ti:f-] *n* adopted child.

Adressat [adrɛ'sa:t] *m* (*-en/-en*) addressee.

Adreßbuch [a'drɛs-] *n* directory.

Adress|e [a'drɛsə] *f* (*-/-n*) address; **2ieren** [~'si:rən] *v/t.* (*no ge-, h*) address (*an acc.* to).

adrett *adj.* [a'drɛt] neat, proper.

Advent *eccl.* [at'vɛnt] *m* (*-s/no pl.*) season: Advent; Advent Sunday; **..szelt** *f* Advent season.

Adverb *gr.* [at'vɛrp] *n* (*-s/-ien*) adverb.

Advokat [atvo'ka:t] *m* (*-en/-en*) *esp. hist., iro.* lawyer; △ *not advocate.*

Affäre [a'fɛ:rə] *f* (*-/-n*) affair; love affair; *esp. pol.* scandal.

Affe *zo.* ['afə] *m* (*-n/-n*) monkey; ape.

Affekt [a'fɛkt] *m* (*-[e]s/-e*) emotion; *im ~* in the heat of passion (*a.* ✗); **2iert** *adj.* [~'ti:rt] affected; conceited.

Äffin ['ɛfin] *f* (*-/-nen*) female ape *or* monkey.

Afrikan|er [afri'ka:nər] *m* (*-s/-*), **2isch** *adj.* African.

After *anat.* ['aftər] *m* (*-s/-*) anus.

Agent [a'gɛnt] *m* (*-en/-en*) agent; *pol.* (secret) agent; **..ur** [~'tu:r] *f* (*-/-en*) agency.

Aggress|ion [agrɛ'sio:n] *f* (*-/-en*) aggression; **2iv** *adj.* [~'si:f] aggressive.

Agitator [agi'ta:tor] *m* (*-s/-en*) agitator; *contp.* rabble-rouser.

ah *int.* [a:] ah!

äh *int.* [ɛ:] er; *disgust:* ugh!

aha *int.* [a'ha] I see!, oh!; **2-Erlebnis** *psych. n* aha-experience.

Ahn [a:n] *m* (-[e]s, -en/-en) ancestor; **~en** *pl. a.* forefathers.

ahnden ['a:ndən] *v/t.* (ge-, *h*) punish; avenge.

ähneln ['ɛ:nəln] *v/i.* (ge-, *h*) resemble, look like.

ahnen ['a:nən] *v/t.* (ge-, *h*) suspect; foresee, know.

ähnlich *adj.* ['ɛ:nlɪç] similar (*dat.* to); **j-m ~ sehen** look like s.o.; **'2keit** *f* (-/-en) likeness, resemblance, similarity (*mit* to).

Ahnung ['a:nʊŋ] *f* (-/-en) presentiment; foreboding; notion, idea; *ich habe keine ~* I have no idea; *viel (keine) ~ haben (von)* know a lot (nothing) (about); **'2slos** *adj.* unsuspecting; innocent; **'2svoll** *adj.* full of misgivings.

Ahorn ♀ ['a:hɔrn] *m* (-s/-e) maple (tree).

Ähre ♀ ['ɛ:rə] *f* (-/-n) ear; spike.

Aids|-Kranke ['e:ts-] *m, f* AIDS victim; **~'positiv** *adj.* HIV-positive.

Akademi|e [akadə'mi:] *f* (-/-n) academy, college; **~ker(in)** [~'de:mɪkər(ɪn)] *m (f)* (-s[-]/-[-nen]) professional man (woman), university graduate; **2sch** *adj.* [~'de:mɪʃ] academic; *die ~en Berufe* the professions.

Akazie ♀ [a'ka:tsiə] *f* (-/-n) acacia.

akklimatisieren [aklimati'zi:rən] *v/refl.* (no ge-, *h*) acclimatize (*an acc.* to).

Akkord [a'kɔrt] *m* (-[e]s/-e) ♪ chord; *im ~ econ.* by the piece *or* job; **~arbeit** *econ.* [~'?-] *f* piecework; **~arbeiter** [~'?-] *m* pieceworker.

Akkordeon [a'kɔrdeɔn] *n* (-s/-s) accordion.

Ak'kordlohn *econ. m* piecework wages.

Akku F ⊕ ['aku] *m* (-s/-s), **~mulator** ⊕ [~mu'la:tɔr] *m* (-s/-en) (storage) battery, *Brt. a.* accumulator.

akkurat *adj.* [aku'ra:t] accurate.

Akkusativ *gr.* ['akuzati:f] *m* (-s/-e) accusative (case).

Akne ✻ ['aknə] *f* (-/no *pl.*) acne.

Akrobat [akro'ba:t] *m* (-en/-en) acrobat; **2isch** *adj.* [~'tɪʃ] acrobatic.

Akt [akt] *m* (-[e]s/-e) act(ion); *thea.* act; *paint., phot.* nude (*a. in compounds:* model, photography, *etc.*).

Akte ['aktə] *f* (-/-n) file; **~n** *pl.* files, records; *zu den ~n legen* file; **'~ndeckel** *m* folder; **'~nkoffer** *m* attaché case; **'~nmappe** *f* portfolio; briefcase; **'~nordner** ['~n?-] *m* file; **'~ntasche** *f* briefcase; **'~nzeichen** *n* reference (number).

Aktie *econ.* ['aktsiə] *f* (-/-n) stock, share; **'~ngesellschaft** *f* corporation, *Brt.* joint-stock company.

Aktion [ak'tsio:n] *f* (-/-en) campaign,

drive; ✗, *etc.* operation; *in ~* in action; **~är** [~'nɛ:r] *m* (-s/-e) stockholder, shareholder.

aktiv *adj.* [ak'ti:f] active.

Aktiv *gr.* ['akti:f] *n* (-s/no *pl.*) active voice; **~a** *econ.* [~'ti:va] *pl.*: **~ und Passiva** assets and liabilities; **~urlaub** [ak'ti:f?-] *m* active vacation (*Brt.* holiday).

aktuell *adj.* [ak'tʊɛl] current; up-to-date; topical (*text, etc.*); *TV, radio:* **e-e ~e Sendung** a current affairs *or* news feature program(me); △ *not actual.*

Akupunktur [akupʊŋk'tu:r] *f* (-/-en) acupuncture.

Akust|ik [a'kʊstɪk] *f* (-/no *pl.*) acoustics; **2isch** *adj.* acoustic.

akut *adj.* [a'ku:t] urgent (*problem, etc.*); ✻ acute.

Akzent [ak'tsɛnt] *m* (-s/-e) accent; *pronunciation: a.* stress (*a. fig.*).

akzept|abel *adj.* [aktsɛp'ta:bəl] acceptable; reasonable (*price, etc.*); **~ieren** [~'ti:rən] *v/t.* (no ge-, *h*) accept.

Alarm [a'larm] *m* (-[e]s/-e) alarm; **~ schlagen** sound the alarm; **~anlage** [~'?-] *f* alarm system; **'~bereitschaft** *f:* *in ~* on the alert, on standby; **~ieren** [~'mi:rən] *v/t.* (no ge-, *h*) call (*police, etc.*); worry: alarm.

albern *adj.* ['albərn] silly, foolish.

Album ['albʊm] *n* (-s/*Alben*) album.

Alge ♀ ['algə] *f* (-/-n) alga; **'~npest** *f* plague of algae, algal bloom.

Algebra ✎ ['algebra] *f* (-/no *pl.*) algebra.

Alibi ✎ ['ali:bi] *n* (-s/-s) alibi.

Alimente ✎ [ali'mɛntə] *pl.* alimony.

Alkohol ['alkohɔ:l] *m* (-s/-e) alcohol; **'2frei** *adj.* nonalcoholic, soft (*drink*); **'~iker** [~'ho:likər] *m* (-s/-) alcoholic; **2isch** *adj.* [~'ho:lɪʃ] alcoholic; **'~ismus** [~'lɪsmʊs] *m* (-/no *pl.*) alcoholism; **'~test** *mot. m* breath test; **'~verbot** *n* prohibition.

all *indef. pron. and adj.* [al] all; **~es** everything; **~es (beliebige)** anything; **~e (Leute)** everybody; anybody; **~e beide** both of them; *wir ~e* all of us; *vor ~em* above all; **~es in ~em** all in all; **~er Art** of all kinds; *auf ~e Fälle* in any case; **~e drei Tage** every three days; **~es Gute!** good luck!

All [~] *n* (-s/no *pl.*) universe; (outer) space.

'alle *F adj.:* **~ sein** be all gone; *mein Geld ist ~* I'm out of money.

Allee [a'le:] *f* (-/-n) avenue; △ *not alley.*

allein *adj. and adv.* [a'laɪn] alone; lonely; *by o.s.; ganz ~* all alone; *er hat es ganz ~ gemacht* he did it all by himself; *2... in compounds:* sole (*heir, owner, etc.*); solo (*flight, etc.*); **2erziehende**

[~'ertsi:əndə] *m, f* (*-n/-n*) single parent; 2gang *m* solo; 2herrschaft *pol. f* autocracy; ~ig *adj.* sole; 2sein *n* loneliness; being alone; ~stehend *adj.* single.
alle|mal *adv.* ['alə'ma:l] always; ein für ~ once and for all; '~n'falls *adv.* at most; ~nthalben *lit. adv.* ['alənt'halbən] everywhere.
'aller|'beste *adj.: der* (*die, das*) 2e the best of all, the very best; ~dings *adv.* ['~'diŋs] however, though; indeed; ~! certainly!, F sure!; ~erste *adj.* ['~'?-] very first.
Allergie *♂* [aler'gi:] *f* (*-/-n*) allergy (**gegen** to).
'aller|'hand F *adj.* a good deal (of); das ist ja ~! that's a bit too much!; '2'helligen (-/no pl.) All Saints' Day; ~lei *adj.* ['~'laı] all kinds or sorts of; a lot; '~'letzte *adj.* last of all, very last; '~'liebst 1. *adj.* (most) lovely; 2. *adv.*: am ~en mögen like best of all; '~'melste *adj.* (by far the) most; '~'nächste *adj.* very next; in ~r Zeit in the very near future; '~'neu(e)ste *adj.* very latest; '2'seelen *n* (-/no pl.) All Souls' Day; '~'seits *adv.*: Tag ~! hi, everybody!; '~'wenigst *adv.*: am ~en least of all.
'alle'samt *adv.* all together.
'all'gegenwärtig *adj.* ubiquitous.
'allge'mein 1. *adj.* general; common; universal; Im ~en = 2. *adv.* in general, generally; '2bildung *f* general education; '2helt *f* (-/no pl.) general public; '~verständlich *adj.* intelligible (to all), popular; '2wissen *n* general knowledge.
All'hellmittel *n* cure-all (*a. fig.*).
Allianz [a'liants] *f* (*-/-en*) alliance.
Alliierte [ali'i:rtə] *m* (*-n/-n*) ally; die ~n *pl. pol.* the Allies.
'all|'jährlich 1. *adj.* annual; 2. *adv.* every year; '~'mächtig *adj.* omnipotent; almighty (*God*); '2'mählich [~'mɛ:lɪç] 1. *adj.* gradual; 2. *adv.* gradually.
All|radantrieb *mot.* ['alra:t?-] all-wheel drive; '2seitig *adv.* ['alzaıtıç]: ~ interessiert sein have all-round interests; '~tag *m* workday; weekday; *fig.* everyday life; 2'täglich *adj.* daily, everyday; *fig.* ordinary; '2'wissend *adj.* omniscient; '2zu *adv.* all too; '2zu'viel *adv.* too much.
Alm [alm] *f* (*-/-en*) alpine pasture.
Almosen ['almo:zən] *n* (*-s/-*) alms.
Alpdruck ['alp-] *m* (*-s/~e*) nightmare (*a. fig.*).
Alphabet [alfa'be:t] *n* (*-[e]s/-e*) alphabet; 2isch *adj.* alphabetic(al).
alpin [al'pi:n] *adj.* alpine.
'Alptraum *m* nightmare (*a. fig.*).

als *cj.* [als] *past*: when; after; while; *after comp.*: than; in the capacity or role of: as; ~ Ich ankam when I arrived; ~ kleiner Junge as a little boy; älter ~ older than; ~ ob as if or though; nichts ~ nothing but; ~'bald *adv.* very soon.
also *cj.* ['alzo:] so, therefore; hence; F well, you know; ~, Ich ... well, I ...; gut! very well (then)!, all right (then)!; ~ doch so ... after all; du willst ~ ...? so you want to ...?
alt *adj.* [alt] old; *hist.* ancient; classical (*languages, etc.*); second-hand.
Alt *♪* [~] *m* (*-s/-e*) alto (*a. in compounds*).
Altar [al'ta:r] *m* (*-[e]s/~e*) altar.
'Alt|e *m, f* (*-n/-n*): der ~ the old man (*a. fig.*); the boss; die ~ the old woman (*a. fig.*); die ~n *pl.* the old, elderly people; '~enheim *n s.* Altersheim; '~enpfleger(in) *m* (*f*) geriatric nurse.
Alter ['altər] *n* (*-s/-*) age; old age; im ~ von at the age of.
älter *adj.* ['ɛltər] older; mein ~er Bruder my elder brother; ein ~er Herr an elderly gentleman.
altern ['altərn] *v/i.* (ge-, sein) grow old, age.
alternativ *adj.* [alterna'ti:f] alternative (*a. in compounds*), counterculture (*movement, scene, etc.*; *a. in compounds*); *pol.* ecological, green; 2e [~'ti:və] *f* (*-/-n*) alternative; option, choice; 2e *m, f* (*-n/-n*) ecologist, member of the counterculture movement.
'Alters|grenze *f* age limit; retirement age; '~heim *n* old people's home; '~rente *f* old-age pension; '2schwach *adj.* decrepit; '~schwäche *f*: an ~ sterben die of old age; '~versorgung *f* (*Brt.* old age) pension (plan).
Alter|tum ['altərtu:m] *n* (*-s/no pl.*) antiquity; ~tümer [~'ty:mər] *pl.* antiquities, relics (of the past); 2tümlich *adj.* ['~ty:mlıç] ancient (*a. fig.*); old-fashioned.
älteste *adj.* ['ɛltəstə] oldest; earliest; die 2n *pl.* the elders.
Altglascontainer ['altgla:skɔnte:nər] *m* glass recycling bin, *Brt.* bottle bank.
alt|hergebracht *adj.* [alt'he:r-] long-standing, traditional; '~klug *adj.* precocious.
'Alt|lasten *pl.* residual pollution; contaminated soil; '~meister *m* ex-champion; master; F Grand Old Man; '~metall *n* scrap (metal); '2modisch *adj.* old-fashioned; '~öl ['~?-] *n* waste oil; '~papier *n* waste paper; '2sprachlich *adj.*: ~es Gymnasium *appr.* secondary school (*with special emphasis on Latin and Greek*); '~stadt *f* old town; '~stadt-sanierung *f* towncent|er (*Brt.* -re) re-

habilitation; '**2väterlich** *adj.* venerable (old); '**~warenhändler** *m* second-hand dealer; **~'weibersommer** *m* Indian summer; gossamer.

Aluminium 🔧 [alu'mi:niʊm] *n* (-*s/no pl.*) alumin(i)um.

am *prp.* [am] (*dat.*) *short for* **an dem**; at the (*table, beginning, etc.*); in the (*evening, etc.*); on (*Sunday, etc.*); **~ 1. Mai** on May 1st; **~ Tage** during the day; **~ Himmel** in the sky; **~ meisten** most; **~ Leben** alive; *s.a.* **an.**

Amateur [ama'tøːr] *m* (-*s/-e*) amateur; **~funker** *m* radio amateur; F ham radio operator.

Amboß ['ambos] *m* (*Ambosses/ Ambosse*) anvil.

ambulan|t 🔧 *adj. and adv.* [ambu'lant] outpatient ...; **~ behandelt werden** get outpatient treatment; **2z** [~ts] *f* (-*l-en*) outpatient department, ambulatory care; *esp. Swiss:* ambulance.

Ameise *zo.* ['aːmaɪzə] *f* (-*l-n*) ant; '**~nhaufen** *m* anthill.

Amerikan|er [ameri'kaːnər] *m* (-*s/-*), **2isch** *adj.* American.

Ami F ['ami] *m* (-*s/-s*) Yank.

Amme ['amə] *f* (-*l-n*) wet nurse.

Amnestie [amnɛs'tiː] *f* (-*l-n*), **2ren** *v/t.* (*no ge-, h*) amnesty.

Amok ['aːmɔk] *m* (-*s/no pl.*): **~ laufen** run amok.

Amor ['aːmɔr] (-*s/no pl.*) Cupid.

Ampel *mot.* ['ampəl] *f* (-*l-n*) traffic light(s).

Amphibie *zo.* [am'fiːbiə] *f* (-*l-n*) amphibian (*a. fig. and in compounds*).

Ampulle [am'pʊlə] *f* (-*l-n*) amp(o)ule.

Amput|ation 🔧 [amputa'tsioːn] *f* (-*l-en*) amputation; **2ieren** [~'tiːrən] *v/t.* (*no ge-, h*) amputate.

Amsel *zo.* ['amzəl] *f* (-*l-n*) blackbird.

Amt [amt] *n* (-[e]*s/-er*) office, department, bureau; position; duty, function; *teleph.* exchange; operator; **2ieren** [~'tiːrən] *v/i.* (*no ge-, h*) hold office; **~ als** act as; '**2lich** *adj.* official.

Amts|arzt ['amts²-] *m* medical examiner, *Brt.* public health officer; '**~deutsch** F *n* bureaucratic jargon; **~einführung** ['~?-] *f* inauguration; '**~geheimnis** *n* official secret; '**~gericht** 🔧 *n appr.* district court; '**~geschäfte** *pl.* official duties; '**~handlung** *f* official act; '**~schimmel** F *m* red tape; '**~zeichen** *teleph. n* dial(ling) tone; '**~zeit** *f* term (of office).

Amulett [amu'lɛt] *n* (-[e]*s/-e*) amulet, (lucky) charm.

amüs|ant *adj.* [amy'zant] amusing, entertaining; **~ieren** [~'ziːrən] *v/t.* (*no ge-, h*) amuse, entertain; **sich ~** enjoy o.s.,

have a good time; **sich ~ über** (*acc.*) laugh at.

an [an] **1.** *prp.* (*dat.; acc.*) *of place:* **~ der Themse** (*Küste, Wand*) on the Thames (coast, wall); **~ s-m Schreibtisch** at his desk; **~ der Hand** by the hand; **~ der Arbeit** at work; **~ den Hausaufgaben sitzen** sit over one's homework; *et.* **schicken ~** (*acc.*) send s.th. to; **sich lehnen ~** (*acc.*) lean against; **~ die Tür** *etc.* **klopfen** knock at the door, *etc.*; *temporal:* **~ e-m Sonntagmorgen** on a Sunday morning; **~ dem Tag, ~ dem du abreist** on the day you leave; **~ Weihnachten** *etc.* at Christmas, *etc.*; *fig.* **~ seiner Stelle** in his place; **sterben ~** (*dat.*) die of; **erkrankt ~** (*dat.*) ill with; **Mangel ~** (*dat.*) lack of; *s.a.* **am; 2.** *adv.* on (*a. light, etc.*); **von jetzt** (*da, heute*) **~** from now (that time, today) on; **München ~ 16.45** arrival Munich 4:45 p.m.

Anabolika [ana'boːlika] *pl.* anabolic steroids.

Analog... [ana'loːk-] *in compounds:* analog(ue) ...

Analphabet ['an(?)alfa'beːt] *m* (-*en/-en*) illiterate (person).

Analys|e [ana'lyːzə] *f* (-*l-n*) analysis; **2ieren** [~'ziːrən] *v/t.* (*no ge-, h*) analy|ze, *Brt.* -se.

Ananas ['ananas] *f* (-*l-*) pineapple.

Anarchie [anar'çiː] *f* (-*l-n*) anarchy.

Anatom|ie [anato'miː] *f* (-*/no pl.*) anatomy; **2isch** *adj.* [~'toːmɪʃ] anatomical.

'**anbahnen** *v/t.* (*sep., -ge-, h*) pave the way for; **sich ~** be developing; be impending.

'**Anbau** *m* **1.** 🔧 (-[e]*s/no pl.*) cultivation; **2.** *arch.* (-[e]*s/-bauten*) annex, extension; '**~...** *in compounds:* sectional (*furniture, etc.*); '**2en** *v/t.* (*sep., -ge-, h*) 🔧 cultivate, grow; *arch.* add (*an acc.* to).

'**anbehalten** *v/t.* (*irr. halten, sep., no -ge-, h*) keep (*clothes, etc.*) on.

an'bei *econ. adv.* enclosed.

'**an|beißen** (*irr. beißen, sep., -ge-, h*) **1.** *v/t.* take a bite of; **2.** *v/i. fish:* bite; *fig.* take the bait; '**~belangen** *v/t.* (*sep., no -ge-, h*): **was ... anbelangt** as for ...; '**~bellen** *v/t.* (*sep., -ge-, h*) bark at (*a. fig.*); **~beraumen** ['~bəraʊmən] *v/t.* (*sep., no -ge-, h*) fix (*date, etc.*), schedule (*meeting, etc.*); '**~beten** *v/t.* (*sep., -ge-, h*) adore, worship (*a. fig.*).

'**Anbetracht** *m:* **in ~** (*gen.*) (*dessen, daß*) considering (that).

'**anbetteln** *v/t.* (*sep., -ge-, h*): **j-n um et. ~** beg s.o. for s.th.

an|biedern ['anbiːdərn] *v/refl.* (*sep., -ge-, h*) curry favo(u)r (*bei* with); '**~bieten** *v/t.* (*irr. bieten, sep., -ge-, h*) offer; '~binden v/t. (irr. binden, sep., -ge-, h) tie (an dat., acc. to), tie up.

'Anblick m sight; '2en v/t. (sep., -ge-, h) look at; glance at.

'an|bohren v/t. (sep., -ge-, h) drill a hole into; tap; '~brechen (irr. brechen, sep., -ge-) 1. v/t. (h) break into (provisions, etc.); open (bottle, etc.); 2. v/i. (sein) begin; day: break; night: fall; '~brennen v/i. (irr. brennen, sep., -ge-, sein) food: burn (a. ~ lassen); '~bringen v/t. (irr. bringen, sep., -ge-, h) fix (an dat. to); '2bruch m (-[e]s/no pl.) beginning; bei ~ der Nacht at nightfall or dusk.

'anbrüllen v/t. (sep., -ge-, h) roar at.

Andacht ['andaxt] f (-/-en) devotion(s); service.

andächtig adj. ['andɛçtiç] devout; fig. rapt.

'andauern v/i. (sep., -ge-, h) continue, go on, last.

'Andenken n (-s/-) keepsake; souvenir (both: an acc. of); zum ~ an (acc.) in memory of.

andere adj. and indef. pron. ['andərə] other; different; noch ~ Fragen? any more questions?; mit ~n Worten in other words; am ~n Morgen the next morning; et. (nichts) ~s s.th. (nothing) else; nichts ~s als nothing but; die ~n the others; alle ~n everybody else; s. a. anders.

andererseits adv. ['andərər'zaɪts] on the other hand.

ändern ['ɛndərn] v/t. (ge-, h) change; alter (clothes, etc.); ich kann es nicht ~ I can't help it; sich ~ change.

'andernfalls adv. otherwise, or else.

anders adv. ['andərs] different(ly); j. ~ somebody else; ~ werden change; ~ sein (als) be different (from); es geht nicht ~ there is no other way; ~gesinnt adj. ['~?-] different; alien; '~herum 1. adv. the other way round; 2. F adj. queer; '~wo(hin) adv. elsewhere.

anderthalb adj. ['andərt'halp] one and a half.

'Änderung f (-/-en) change; alteration.

anderweitig adj. and adv. ['andər'vaɪtɪç] other, further; elsewhere.

'andeut|en v/t. (sep., -ge-, h) hint (at); suggest; indicate; j-m ~, daß give s.o. a hint that; '2ung f hint, suggestion; '~ungsweise adv. by way of suggestion; in outline.

'andichten v/t. (sep., -ge-, h): j-m et. ~ accuse s.o. (wrongly) of s.th.

'Andrang m crush; demand: rush (nach for), run (zu, nach on).

'andrehen v/t. (sep., -ge-, h) turn on

(light, etc.); F j-m et. ~ fob s.th. off on s.o.

'androhen v/t. (sep., -ge-, h): j-m et. ~ threaten s.o. with s.th.

aneignen ['an?-] v/refl. (sep., -ge-, h) acquire (a. illegally).

aneinander adv. [an?aɪ'nandər] (bind, etc.) together; ~ denken think of each other; ~geraten v/i. (irr. raten, sep., no -ge-, sein) clash (mit with).

anekeln ['an?-] v/t. (sep., -ge-, h) disgust, sicken; es ekelt mich an it makes me sick.

anerkannt adj. ['an?-] acknowledged, recognized.

anerkenn|en ['an?-] v/t. (irr. kennen, sep., no -ge-, h) acknowledge, recognize; appreciate; '~end adj. appreciative; '2ung f (-/-en) acknowledg(e)ment, recognition; appreciation.

anfachen ['anfaxən] v/t. (sep., -ge-, h) fan (flame); fig. a. kindle.

'anfahr|en (irr. fahren, sep., -ge-) 1. v/i. (sein) start; drive up; 2. v/t. (h) run into (car, etc.); hit s.o.; deliver (goods, materials); stop at (place); F: j-n ~ jump on s.o.; '2t f journey, ride; approach'

'Anfall ⚥ m fit, attack; '2en v/t. (irr. fallen, sep., -ge-) 1. v/t. (h) attack, assault; dog: go for; 2. v/i. (sein) come in, turn up.

anfällig adj. ['anfɛlɪç] susceptible (für to); delicate (health, etc.).

'Anfang m beginning, start; am ~ at the beginning; ~ Mai early in May; ~ nächsten Jahres early next year; ~ der neunziger Jahre in the early nineties; er ist ~ 20 he is in his early twenties; s-n ~ nehmen begin, start; von ~ an from the beginning or start; '2en v/t. and v/i. (irr. fangen, sep., -ge-, h) begin, start. Anfäng|er ['anfɛŋər] m (-s/-) beginner; '2lich 1. adj. initial; 2. adv. at first.

anfangs adv. ['anfaŋs] at first; '2-buchstabe m initial (letter); großer ~ capital letter; 2gründe ['~grʏndə] pl. basics.

'anfassen v/t. (sep., -ge-, h) touch; take (hold of); sich ~ take each other by the hands; F: mit ~ lend a hand; F: ... zum 2 everyman's ...

anfecht|bar adj. ['anfɛçtbaːr] contestable; '~en v/t. (irr. fechten, sep., -ge-, h) contest; '2ung f (-/-en) contesting (a decision, etc.); esp. eccl. temptation.

an|fertigen ['anfɛrtɪgən] v/t. (sep., -ge-, h) make, manufacture; '~feuchten v/t. (sep., -ge-, h) moisten; '~feuern fig. v/t. (sep., -ge-, h) sports: cheer; '~flehen v/t. (sep., -ge-, h) implore; '~fliegen ✈ v/t. (irr. fliegen, sep., -ge-, h)

approach; fly (regularly) to; **'Qflug** *m*
✈ approach; *fig.* touch.

'anforder|n *v/t.* (*sep.*, *-ge-*, *h*) demand;
request; **'Qung** *f* demand; request; **~en**
pl. requirements, qualifications.

'Anfrage *f* inquiry; **'Qn** *v/i.* (*sep.*, *-ge-*, *h*)
inquire (*bei j-m nach et.* of s.o. about
s.th.).

an|freunden ['anfrɔʏndən] *v/refl.* (*sep.*,
-ge-, *h*) make friends (*mit* with);
'~fühlen *v/refl.* (*sep.*, *-ge-*, *h*) feel; *es
fühlt sich weich* (*wie Leder*) *an* it feels
soft (like leather).

'anführ|en *v/t.* (*sep.*, *-ge-*, *h*) lead; state
(*name*, *etc.*); fool; **'Qer** *m* leader;
'Qungszeichen *pl.* quotation marks,
inverted commas.

'Angabe *f* statement; indication; F big
talk; *tennis*: service; **~n** *pl.* information,
data; details; ⊕ specifications.

'angeb|en (*irr. geben*, *sep.*, *-ge-*, *h*) **1.**
v/t. give, state (*name*, *etc.*); declare (*value*, *etc.*); name (*witness*, *etc.*); indicate;
quote (*price*, *etc.*); **2.** *v/i.* F *fig.* brag,
show off; *tennis*: serve; **'Qer** F *m* (*-s/-*)
braggart, show-off; **Qe'rel** F *f* bragging, showing off; **~lich** ['~plıç] **1.** *adj.*
alleged; **2.** *adv.* allegedly; **~ ist er ...** he
is said to be ...

'angeboren *adj.* innate, inborn; ✈ con-
genital.

'Angebot *n* offer (*a. econ.*); **~ und
Nachfrage** supply and demand.

'ange|bracht *adj.* appropriate; **'~bun-
den** *adj.*: *kurz* **~** curt; **'~gossen** F *adj.*:
wie **~** *sitzen* fit like a glove; **'~heiratet**
adj. (related) by marriage; **'~heltert**
adj. (slightly) drunk.

'angehen (*irr. gehen*, *sep.*, *-ge-*, *sein*) **1.**
v/i. light, *etc.*: go on; **2.** *v/t.* concern s.o.
or s.th.; *das geht dich nichts an* that is
none of your business; **'~d** *adj.* future,
would-be, ...-to-be.

'angehör|en *v/i.* (*sep.*, *no -ge-*, *h*) (*dat.*)
belong to; **Qige** ['~ɪgə] *m*, *f* (*-n/-n*) relative; member (*of organization, etc.*); *die
nächsten* **~n** *pl.* the next of kin.

Angeklagte ½ ['angəkla:ktə] *m*, *f*
(*-n/-n*) defendant, accused.

Angel ['aŋəl] *f* (*-/-n*) fishing tackle;
(*door*) hinge; *aus den* **~n** *heben* un-
hinge; *fig.* shake s.th. up.

'Angelegenheit *f* matter, affair.

ange|lehnt *adj.* ['angəle:nt] ajar; **~lernt**
adj. ['~lɛrnt] semi-skilled (*worker*).

'Angel|haken *m* fish-hook; **'Qn** (*ge-*, *h*)
1. *v/i.* fish (*nach* for), angle (for) (*both
a. fig.*); **2.** *v/t.* catch, hook; **'~rute** *f*
fishing rod.

'Angel|sachse *m*, **'Qsächsisch** *adj.*
Anglo-Saxon.

'Angel|schein *m* fishing licen|se, *Brt.*

-ce; **'~schnur** *f* fishing line.

'ange|messen *adj.* proper, suitable;
just (*sentence*, *etc.*); reasonable (*price*,
etc.); **'~nehm** *adj.* pleasant, agreeable;
das Qe mit dem Nützlichen verbinden
combine business with pleasure; **~!**
pleased to meet you; **~regt** *adj.* ['~re:kt]
animated; lively (*discussion*, *etc.*);
'~schlagen *adj.* groggy; chipped (*china*, *etc.*); **'~sehen** *adj.* respected.

'Angesicht *lit. n* (*-[e]s/-e[r]*): *von* **~** *zu* **~**
face to face; **'Qs** *prp.* (*gen.*) in view of.

angestammt *adj.* ['angə∫tamt] ancestral
(*right, etc.*); rightful (*place, etc.*).

Angestellte ['angə∫tɛltə] *m*, *f* (*-n/-n*) employee (*bei* of); *die* **~n** *pl.* the staff.

'ange|tan *adj. lit., co.* clad; *ganz* **~** *sein
von* be taken with; **~** *zu* likely to;
'~trunken *adj.* (slightly) drunk; *in* **~em
Zustand** under the influence of alcohol; **~wandt** *adj.* ['~vant] applied;
'~wiesen *adj.*: **~** *sein auf* (*acc.*) be dependent (up)on.

'angewöhnen *v/t.* (*sep.*, *no -ge-*, *h*): *sich
(j-m)* **~**, *et. zu tun* get (s.o.) used to
doing s.th.; *sich das Rauchen* **~** start
smoking.

'Angewohnheit *f* habit.

Angina ⚕ [aŋ'gi:na] *f* (*-/Anginen*) tonsillitis; **~ pectoris** angina.

'angleichen *v/t.* (*irr. gleichen*, *sep.*,
-ge-, *h*) adjust (*an acc.* to).

Angler ['aŋlər] *m* (*-s/-*) angler.

'angliedern *v/t.* (*sep.*, *-ge-*, *h*) affiliate
(*an* to).

Anglist [aŋ'glıst] *m* (*-en/-en*) student of
(*or graduate in*) English.

'angreif|en *v/t.* (*irr. greifen*, *sep.*, *-ge-*,
h) attack (*a. sports, fig.*); affect (*health,
material, etc.*); touch (*resources, etc.*);
'Qer *m* (*-s/-*) attacker, assailant;
offensive player; *esp. pol.* aggressor.

'angrenzend *adj.* adjacent (*an acc.* to),
adjoining (to).

'Angriff *m* attack (*a. sports, fig.*); assault,
charge; *in* **~** *nehmen* set about; **'Qs-
lustig** *adj.* aggressive.

Angst [aŋst] *f* (*-/⁻e*) fear (*vor dat.* of);
haben vor (*dat.*) be afraid or scared of;
j-m **~** *einjagen* frighten *or* scare s.o.;
(*hab*) *keine* **~!** don't be afraid!; **'~hase**
F *m*: *ein* **~** *sein* be chicken.

ängstigen ['ɛŋstıgən] *v/t.* (*ge-*, *h*) fright-
en, alarm; *sich* **~** be afraid (*vor dat.* of);
be worried (*um* about).

ängstlich *adj.* ['ɛŋstlıç] easily frightened,
timid, fearful; *worried*: anxious.

an|gurten *v/t. s.* anschnallen; **'~haben**
v/t. (*irr. haben*, *sep.*, *-ge-*, *h*) wear
(*clothes*), have on (*a. lights, etc.*); *das
kann mir nichts* **~** that can't do me any
harm.

'**anhalten** (*irr. halten, sep., -ge-, h*) 1. *v/t.* stop *s.o.* or *s.th.*; **den Atem ~** hold one's breath; **j-n ~ zu** urge s.o. to *be or do s.th.*; 2. *v/i.* stop, come to a stop *or* halt (*a. mot.*); *weather, anger, etc.*: continue, last; **um j-s Hand ~** propose (marriage) to s.o.; **~d** *adj.* continual.

'**Anhalter** *m* (*-s/-*) hitchhiker; **per ~ fahren** hitchhike.

'**Anhaltspunkt** *m* clue.

anhand *prp.* [an'hant] (*gen.*) by means of.

'**Anhang** *m* appendix (*to book, etc.*); relations, family.

'**anhäng|en** *v/t.* (*sep., -ge-, h*) add (*an acc.* to); hang up (*object*); 🚂, *mot.* couple (*an acc.* to); F: **j-m et. ~** frame s.o. for (*crime, etc.*); '**2er** *m* (*-s/-*) follower, supporter (*a. sports*); pendant (*on necklet, etc.*); label, tag; *mot.* trailer; **~lich** *adj.* ['anhɛŋlɪç] affectionate; *contp.* clinging; '**2lichkeit** *f* (*-/no pl.*) affection; **2sel** ['anhɛŋzəl] *n* (*-s/-*) appendage.

'**anhauchen** *v/t.* (*sep., -ge-, h*) breathe on; **künstlerisch etc. angehaucht sein** have an artistic, *etc.* touch.

'**anhäuf|en** *v/t. and v/refl.* (*sep., -ge-, h*) heap up, accumulate; '**2ung** *f* accumulation.

'**an|heben** *v/t.* (*irr. heben, sep., -ge-, h*) lift, raise (*a. price*); *mot.* jack up; '**~heften** *v/t.* (*sep., -ge-, h*) attach, tack (*both*: **an** *acc.* to).

an'heimstellen *v/t.* (*sep., -ge-, h*): **j-m et. ~** leave s.th. to s.o.

'**anheiz|en** *fig. v/t.* (*sep., -ge-, h*) whip up (*emotions, etc.*); warm up (*audience, etc.*); '**2er** F *m* (*-s/-*) warm-up group *or* band.

'**Anhieb** *m*: **auf ~** on the first try.

'**anhimmeln** F *v/t.* (*sep., -ge-, h*) idolize, worship.

'**Anhöhe** *f* rise, hill, elevation.

'**anhör|en** *v/t.* (*sep., -ge-, h*) listen to; **et. mit ~** overhear s.th.; **es hört sich ... an** it sounds ...; '**2ung** *f* 🏛, *pol. f* hearing.

Animateur [anima'tøːr] *m* (*-s/-e*) guest host.

Animier|dame [ani'miːr-] *f* bar girl; 'hostess'; **2en** [*-ʁən*] *v/t.* (*no ge-, h*) encourage; stimulate.

'**ankämpfen** *v/i.* (*sep., -ge-, h*): **~ gegen** fight *s.th.*

'**Ankauf** *m* purchase.

Anker ['aŋkər] *m* (*-s/-*) anchor; **vor ~ gehen** drop anchor; '**2n** ⚓ *v/i.* (*ge-, h*) anchor.

'**anketten** *v/t.* (*sep., -ge-, h*) chain (**an** to).

'**Anklage** 🏛 *f* accusation, charge (*a. fig.*); '**2n** 🏛 *v/t.* (*sep., -ge-, h*) accuse

(*gen. or* **wegen** of), charge (with) (*both a. fig.*).

'**Ankläger** *m* accuser; 🏛 (public) prosecutor.

'**anklammern** *v/t.* (*sep., -ge-, h*) clip *s.th.* on; **sich ~** cling (**an** to).

'**Anklang** *m*: **~ finden** meet with approval.

'**an|kleben** *v/t.* (*sep., -ge-, h*) stick on (**an** *dat., acc.* to); '**~kleiden** *v/t.* (*sep., -ge-, h*) dress; '**~klopfen** *v/i.* (*sep., -ge-, h*) knock (**an** on); '**~knipsen** *⚡ v/t.* (*sep., -ge-, h*) switch on; '**~knüpfen** *v/t.* (*sep., -ge-, h*) tie (**an** *acc.* to); *fig.* begin; **Beziehungen ~** (**zu**) establish contacts (with); **~ an et.** refer to s.th.; '**~kommen** *v/i.* (*irr. kommen, sep., -ge-, sein*) arrive; **nicht gegen j-n ~** be no match for s.o.; **es kommt (ganz) darauf an** it (all) depends; **es kommt darauf an, daß** what matters is; **darauf kommt es nicht an** that doesn't matter; **es darauf ~ lassen** take a chance; **gut ~** (**bei**) *fig.* go down well (with).

'**ankreuzen** *v/t.* (*sep., -ge-, h*) mark with a cross; check *or* tick (off).

'**ankündig|en** *v/t.* (*sep., -ge-, h*) announce; advertise; '**2ung** *f* announcement; advertisement.

Ankunft ['ankʊnft] *f* (*-/no pl.*) arrival.

'**an|kurbeln** *v/t.* (*sep., -ge-, h*) *mot.* crank up; *fig.* get *s.th.* going; *econ.* step up, boost (*production, etc.*); '**~lächeln**, '**~lachen** *v/t.* (*sep., -ge-, h*) smile at.

'**Anlage** *f* facility, plant; ⚙ system, unit; (*stereo, etc.*) set; construction *or* installation (*of system, etc.*); arrangement, structure; park, garden(s), ground(s) (*a. sports*); *econ.* investment; enclosure (*with letter*); *of a person*: gift, talent; **öffentliche ~n** *pl.* public gardens; **sanitäre ~n** *pl.* sanitary facilities.

'**anlangen** (*sep., -ge-*) 1. *v/i.* (*sein*) arrive; 2. *v/t.* (*h*) *s.* **betreffen**.

Anlaß ['anlas] *m* (*Anlasses/Anlässe*) occasion; cause.

'**anlass|en** *v/t.* (*irr. lassen, sep., -ge-, h*) keep on, leave on (*a. light, etc.*); ⚙, *mot.* start; '**2er** *mot. m* (*-s/-*) starter.

anläßlich *prp.* (*gen.*) ['anleslɪç] on the occasion of.

'**Anlauf** *m sports*: approach, *Brt.* run-up; *fig.* start, try; **~ nehmen** take a run; **mit ~ with** a running start; '**2en** (*irr. laufen, sep., -ge-*) 1. *v/i.* (*sein*) run (up); *fig.* start; *metal.*: tarnish; *glass(es), etc.*: steam up; 2. ⚓ *v/t.* (*h*) call *or* touch at; '**~stelle** *f* walk-in (*Brt.* drop-in) cent|er, *Brt.* -re; shelter.

'**an|legen** (*sep., -ge-, h*) 1. *v/t.* put on (*jewels, etc.*); lay out (*garden*); build (*road*); found, establish, construct; invest (*money*); apply (*standard*, ✱ *dressing*); lay in (*provisions*); aim (*gun*); *fig.* **sich mit j-m ~** pick a quarrel with s.o.; **es ~ auf** aim at; 2. *v/i.* ⚓ land; moor; **~ auf** (*acc.*) aim at; **'2leger** *m* (*-s/-*) *econ.* investor; ⚓ landing stage; **'~lehnen** *v/t.* (*sep.*, *-ge-*, *h*) lean (**an** *acc.* against); leave (*door*) ajar; **sich ~ an** (*acc.*) lean against (*fig.* on).

Anleihe ['anlaiə] *f* (*-/-n*) loan.

'anleit|en *v/t.* (*sep.*, *-ge-*, *h*) guide (**zu** to); instruct; **'2ung** *f* guidance, instruction; instructions (for use, *etc.*).

'Anliegen *n* (*-s/-*) request; message (*of book*, *etc.*).

'anliegen *v/i.* (*irr.* **liegen**, *sep.*, *-ge-*, *h*): **eng ~** dress, *etc.*: fit tight(ly); *fig.* **was liegt an?** business, *etc.*: what's on?; F what's up?; **'~d** *adj.* tight(-fitting), snug; in *letter*: enclosed.

'Anlieger *m* (*-s/-*) resident (*a. mot.*).

'an|locken *v/t.* (*sep.*, *-ge-*, *h*) attract; lure; **'~machen** *v/t.* (*sep.*, *-ge-*, *h*) light (*fire*, *etc.*); turn on (*light, radio*, *etc.*) (*a.* F *fig. stimulate*); dress (*salad*); **j-n ~** *fig.* make a pass at s.o.; accost, heckle, come on (too) strong at s.o.; **'~malen** *v/t.* (*sep.*, *-ge-*, *h*) paint.

'Anmarsch *m*: **im ~** on the way; ✕ advancing.

anmaßen ['anmasən] *v/t.* (*sep.*, *-ge-*, *h*): **sich ~** assume (*role*, *etc.*); claim (*right*); **sich ~, et. zu tun** presume to do s.th.; **'~d** *adj.* arrogant.

'Anmeld|eformular *n* registration form; **'2en** *v/t.* (*sep.*, *-ge-*, *h*) announce (*visit*, *etc.*); register (*car*, *etc.*); declare (*goods*, *etc.*, *for customs*); enrol(l) (in *school*, *etc.*); **sich ~** register; enrol(l); make an appointment (**bei** with); *hotel*: check in; **'~ung** *f* announcement; registration, enrol(l)ment.

'anmerk|en *v/t.* (*sep.*, *-ge-*, *h*): **j-m et. ~** notice sth. in s.o.; **sich et. ~ lassen** let s.th. show; **et. ~ zu** comment on, say s.th. about; **'2ung** *f* (*-/-en*) note; annotation, footnote.

'anmotzen F *v/t.* (*sep.*, *-ge-*, *h*) bawl *s.o.* out.

'Anmut *f* (*-/no pl.*) grace(fulness); **'2ig** *adj.* graceful.

'annähen *v/t.* (*sep.*, *-ge-*, *h*) sew on (**an** to).

annäher|nd *adv.* ['annɛːərnt] approximately; **'2ung** *f* approach (**an** *acc.* to); *pol.* rapprochement; **'2ungsversuche** *pl.* advances; F pass.

Annahme ['annaːmə] *f* (*-/-n*) acceptance (*a. fig.*); assumption.

'annehm|bar *adj.* acceptable; reasonable (*price*, *etc.*); **'~en** *v/t.* (*irr.* **nehmen**, *sep.*, *-ge-*, *h*) accept; suppose, assume;

adopt (*child, name*, *etc.*); *sports*: take (*ball*); take on (*shape*, *etc.*); **sich e-r Sache** *or* **j-s ~** take care of s. th. *or* s. o.; **'2lichkeiten** *pl.* conveniences.

Annonce [a'nõːsə] *f* (*-/-n*) advertisement, classified ad.

annullieren [anu'liːrən] *v/t.* (*no ge-*, *h*) annul; *econ.* cancel.

anöden F ['an?-] *v/t.* (*sep.*, *-ge-*, *h*) bore to death.

anonym *adj.* [ano'nyːm] anonymous; **2ität** [-nymi'tɛːt] *f* (*-/-en*) anonymity.

Anorak ['anorak] *m* (*-s/-s*) anorak.

anordn|en ['an?-] *v/t.* (*sep.*, *-ge-*, *h*) arrange, group; give order(s); order; **2ung** ['~?-] *f* arrangement; direction, order.

anorganisch ⚗ *adj.* ['an(?)-] inorganic.

'anpacken F *fig.* (*sep.*, *-ge-*, *h*) 1. *v/t.* tackle (*problem*, *etc.*); 2. *v/i.*: **mit ~** lend a hand.

'anpass|en *v/t.* (*sep.*, *-ge-*, *h*) adapt (**dat.** *or* **an acc.** to), adjust (*to*); **sich j-m** *or* **e-r Sache ~** adapt *or* adjust o.s. to s.o. *or* s.th.; **'2ung** *f* (*-/-en*) adaptation, adjustment; **'~ungsfähig** *adj.* adaptable; **'2ungsfähigkeit** *f* adaptability.

'an|pfeifen *v/t.* (*irr.* **pfeifen**, *sep.*, *-ge-*, *h*) *sports*: start (*game*); *fig. s.* **anschnauzen**; **'2pfiff** *m* starting whistle; *fig.* dressing-down.

'anpflanz|en *v/t.* (*sep.*, *-ge-*, *h*) cultivate, grow, plant; **'2ung** *f* cultivation.

'an|pflaumen F *v/t.* (*sep.*, *-ge-*, *h*) *s.* **anmotzen**; **'~pöbeln** *v/t.* (*sep.*, *-ge-*, *h*) come on (too) strong at *s.o.*, accost; **2prall** ['anpral] *m* (*-[e]s/no pl.*) impact; **'~prangern** *v/t.* (*sep.*, *-ge-*, *h*) point the finger at *s.th.*; **'~probieren** *v/t.* (*sep.*, *no -ge-*, *h*) try on (*clothes*, *etc.*); **'~pumpen** F *v/t.* (*sep.*, *-ge-*, *h*) put the touch on *s.o.*

Anrainer *Aust.* ['anrainər] *m* (*-s/-*) resident (*a. mot.*).

'an|raten *v/t.* (*irr.* **raten**, *sep.*, *-ge-*, *h*) advise; **'~rechnen** *v/t.* (*sep.*, *-ge-*, *h*) charge (*price*); allow, credit; **hoch ~** appreciate very much; **als Fehler ~** count as a mistake.

'Anrecht *n*: **ein ~ haben auf** be entitled to.

'Anrede *f* address; **'2n** *v/t.* (*sep.*, *-ge-*, *h*) address (**mit Namen** by name).

'anreg|en *v/t.* (*sep.*, *-ge-*, *h*) stimulate; suggest; **'~end** *adj.* stimulating; **'2ung** *f* stimulation; suggestion; **'2ungsmittel** *n* stimulant.

'Anreiz *m* incentive.

'anrennen *v/i.* (*irr.* **rennen**, *sep.*, *-ge-*, *sein*): **~ gegen** *fig.* struggle against; **angerannt kommen** come running.

'anrichten *v/t.* (*sep.*, *-ge-*, *h*) prepare, dress (*food, salad*); cause, do (*damage*).

anrüchig *adj.* ['anryçɪç] disreputable.

'**Anruf** *m* call (*a. teleph.*); '**~beantworter** *teleph. m* (*-s/-*) answering machine; '**2en** *v/t.* (*irr. rufen, sep., -ge-, h*) call *or* ring up, phone.

'**anrühren** *v/t.* (*sep., -ge-, h*) touch; mix (*paint, sauce, etc.*).

ans [ans] *short for* **an das.**

'**Ansage** *f* announcement; '**2n** *v/t.* (*sep., -ge-, h*) announce; '**~r** *m* (*-s/-*) announcer.

'**ansamm|eln** *v/t.* (*sep., -ge-, h*) accumulate (*a. sich ~*); '**2lung** *f* collection, accumulation; crowd.

ansässig *adj.* ['anzɛsɪç] resident.

'**Ansatz** *m* start (*zu* of); attempt (at); approach (*a. in science, etc.*); ⊕ attachment; ⅄ set-up; **Ansätze** *pl.* first signs.

Ansaug... ⊕ ['anzauk-] *in compounds:* *mst* suction ...; intake ...; **2en** ['~zaugən] *v/t.* (*sep., -ge-, h*) suck in.

'**anschaff|en** *v/t.* (*sep., -ge-, h*) get, buy, acquire (*all a. sich ~*); '**2ung** *f* (*-/-en*) purchase, buy.

'**anschalten** ⅄ *v/t.* (*sep., -ge-, h*) switch *or* turn on.

'**anschau|en** *v/t.* (*sep., -ge-, h*) *s.* **ansehen;** '**~lich** *adj.* graphic, descriptive (*style, etc.*).

'**Anschauung** *f* (*-/-en*) view (*von* of), opinion (about, of); '**~smaterial** *n* school, *etc.*: visual aids.

'**Anschein** *m* (*-[e]s/no pl.*) appearance; **allem ~ nach** to all appearances; '**2end** *adv.* apparently.

'**an|schicken** *lit. v/refl.* (*sep., -ge-, h*) proceed (*to do* s.th.); '**~schieben** *v/t.* (*irr. schieben, sep., -ge-, h*) give a push (*a. mot.*).

'**Anschlag** *m* attack (*by terrorists, etc.*), bombing; poster, bill, notice; ⊕ stop; *typing:* stroke; ♪, *swimming:* touch; *of gun:* firing position; **e-n ~ auf j-n verüben** make an attempt on s.o.'s life; '**~brett** *n* bulletin *or* notice board; '**2en** (*irr. schlagen, sep., -ge-, h*) **1.** *v/t.* post (*bill*); ♪ strike; chip (*cup, etc.*); aim (*gun*); **2.** *v/i. dog:* bark; ♯, *measure, etc.:* take (effect); *swimming, etc.:* touch the wall.

'**anschließen** *v/t.* (*irr. schließen, sep., -ge-, h*) ⊕, ⅄ connect; **sich ~** follow; agree with (*opinion, etc.*); **sich j-m** *or* **e-r Sache ~** join s.o. *or* s.th.; '**~d 1.** *adj.* following; **2.** *adv.* then, afterwards.

'**Anschluß** *m* 🕮, ⅄ *teleph., gas, etc.:* connection; **im ~ an** following; **~ suchen** look for company; *iro.* be on the prowl; **~ finden (bei)** make contact *or* friends (with); **~ bekommen** *teleph.* get through.

'**an|schmiegen** *v/refl.* (*sep., -ge-, h*) snuggle up (*an acc.* to); '**~schmiegsam** *adj.* ['~mi:k-] affectionate; '**~schmieren** *v/t.* (*sep., -ge-, h*) (be)smear; *fig.* cheat; '**~schnallen** *v/t.* (*sep., -ge-, h*) strap on, put on (*a. skis*); *sich ~ ✈*, *mot.* fasten one's seat belt; '**~schnauzen** F *v/t.* (*sep., -ge-, h*) tell s.o. off, bawl s.o. out; '**~schneiden** *v/t.* (*irr. schneiden, sep., -ge-, h*) cut; bring up (*subject, etc.*).

'**Anschnitt** *m* first cut *or* slice.

'**an|schrauben** *v/t.* (*sep., -ge-, h*) screw on (*an acc., dat.* to); '**~schreiben** *v/t.* (*irr. schreiben, sep., -ge-, h*) school, *etc.:* write on the (black)board; *j-n ~* write to s.o.; (*et.*) **~ lassen** buy (s.th.) on credit; '**~schreien** *v/t.* (*irr. schreien, sep., -ge-, h*) shout at.

'**Anschrift** *f* address.

'**anschuld|igen** ['an|ʃuldɪgən] *v/t.* (*sep., -ge-, h*) accuse (*gen., wegen* of), charge (with); '**2igung** *f* (*-/-en*) accusation.

'**an|schwärzen** *fig. v/t.* (*sep., -ge-, h*) blow the whistle on s.o.; '**~schwellen** *v/i.* (*irr. schwellen, sep., -ge-, sein*) swell (*a. fig.*).

'**anschwemmen** *v/t.* (*sep., -ge-, h*) wash ashore.

'**ansehen** *v/t.* (*irr. sehen, sep., -ge-, h*) (have *or* take a) look at; watch; see (*all a. sich ~*, *a. film, race, game, etc.*); et. (*j-n*) **~ als** look upon s.th. (s.o.) as; et. **mit ~** watch *or* witness s.th.; **man sieht ihm an, daß** ... one can see that ...

'**Ansehen** *n* (*-s/no pl.*) reputation; prestige, respect, esteem.

ansehnlich *adj.* ['anze:nlɪç] considerable (*sum, etc.*).

'**an|seilen** *mount. v/t. and v/refl.* (*sep., -ge-, h*) rope; '**~setzen** (*sep., -ge-, h*) **1.** *v/t.* put (*an acc.* to); add (to); put on (*weight, etc.*); fix, set (*date, etc.*); **2.** *v/i.:* **~ zu** prepare for (*landing, etc.*).

'**Ansicht** *f* (*-/-en*) sight, view; *fig.* view, opinion; *s.* **Meinung;** **zur ~** *econ.* on approval; '**2ig** *lit. adj.:* **~ werden** (*gen.*) behold; '**~skarte** *f* picture postcard; '**~ssache** *f* matter of opinion.

'**ansied|eln** *v/t. and v/refl.* (*sep., -ge-, h*) settle; '**2ler** *m* settler; '**2lung** *f* settlement.

Ansinnen ['anzɪnən] *n* (*-s/-*) (*often:* unreasonable) demand.

'**anspann|en** *v/t.* (*sep., -ge-, h*) strain; harness (*horse*); '**2ung** *fig. f* strain, exertion.

'**anspiel|en** *v/i.* (*sep., -ge-, h*) *sports:* lead *or* throw *or* kick off; **~ auf** (*acc.*) allude to, hint at; '**2ung** *f* (*-/-en*) allusion, hint.

'**anspitzen** *v/t.* (*sep., -ge-, h*) sharpen (*pencil, etc.*).

'**Ansporn** ['anʃpɔrn] m (-[e]s/no pl.) in-centive; '**2en** v/t. (sep., -ge-, h) encour-age, spur s.o. on.

'**Ansprache** f address, speech; e-e ~ halten deliver an address.

'**ansprech|en** v/t. (irr. sprechen, sep., -ge-, h) address, speak to; fig. appeal to; '~end adj. attractive; '**2partner** m s.o. to talk to; contact.

'**an|springen** (irr. springen, sep., -ge-) 1. v/i. (sein) engine: start; 2. v/t. (h) jump at; '~spritzen v/t. (sep., -ge-, h) splash (j-n mit et. s.o. on s.o.).

'**Anspruch** m claim (auf acc. to) (a. ⅞); ~ haben auf (acc.) be entitled to; ~ erheben auf (acc.) claim; Zeit in ~ nehmen take up time; '**2slos** adj. mod-est; book, music, etc.: light, undemand-ing; contp. trivial; '**2svoll** adj. hard to please; book, etc.: demanding; ⊙, taste: sophisticated, refined.

'**an|spülen** v/t. (sep., -ge-, h) s. anschwemmen; '~stacheln v/t. (sep., -ge-, h) spur (on), incite.

Anstalt ['anʃtalt] f (-/-en) establishment, institution; mental hospital; ~en machen zu get ready for.

'**Anstand** m (-[e]s/no pl.) decency; man-ners.

anständig adj. ['anʃtɛndɪç] decent (a. food, etc.); reasonable (price, etc.); '**2keit** f (-/no pl.) decency.

'**Anstands|dame** f chaperon(e); **2halber** adv. ['~halbər] for the sake of appearance(s); '**2los** adv. unhesitating-ly; without difficulty.

'**anstarren** v/t. (sep., -ge-, h) stare at.

anstatt prp. (gen.) and cj. [an'ʃtat] in-stead of.

'**anstechen** v/t. (irr. stechen, sep., -ge-, h) tap.

'**ansteck|en** v/t. (sep., -ge-, h) stick on; put on (ring); light (candle, etc.); set fire to (house, etc.); ❀ infect; sich bei j-m ~ catch s.th. from s.o.; '~end ⚕ adj. in-fectious (a. fig.); contagious; '**2nadel** f pin, button; '**2ung** ⚕ f (-/rare -en) in-fection; contagion.

'**an|stehen** v/i. (irr. stehen, sep., -ge-, h) stand in line (nach for), esp. Brt. queue (up) (for); event: be expected, be up (zu for); j-m ~ become s.o.; '~steigen v/i. (irr. steigen, sep., -ge-, sein) rise.

'**anstell|en** v/t. (sep., -ge-, h) engage, employ; turn on (TV, etc.); mot. start; make (experiments, investigations, etc.); F be up to (mischief); sich ~ line up (nach for), esp. Brt. queue (up) (for); F make a fuss; sich ~ bei go about s.th.; '~ig adj. handy, clever; '**2ung** f job, position; e-e ~ finden find employment.

Anstieg ['anʃtiːk] m (-[e]s/-e) rise, in-crease.

'**anstift|en** v/t. (sep., -ge-, h) incite; '**2er** m instigator; '**2ung** f incitement.

'**anstimmen** v/t. (sep., -ge-, h) strike up (song).

'**Anstoß** m sports: kickoff (a. fig.); initia-tive, impulse; offen|se, esp. Brt. -ce; ~ erregen give offense (bei to); ~ nehmen an (dat.) take offense at; den ~ zu et. geben start s.th., initiate s.th.; '**2en** (irr. stoßen, sep., -ge-, h) 1. v/t. nudge; 2. v/i. clink glasses; ~ auf (acc.) ~ drink to.

anstößig adj. ['anʃtøːsɪç] offensive.

'**an|strahlen** v/t. (sep., -ge-, h) illumi-nate; beam at s.o.; '~streben v/t. (sep., -ge-, h) aim at, strive for.

'**anstreiche|n** v/t. (irr. streichen, sep., -ge-, h) paint; mark (mistake, etc.); '**2r** m (-s/-) (house)painter.

anstreng|en ['anʃtrɛŋən] (sep., -ge-, h) 1. v/refl. try (hard), make an effort, work hard; 2. v/t. tire; e-n Prozeß ~ gegen bring suit against; es strengt an it is exhausting; '~end adj. strenuous, hard, exhausting; '**2ung** f (-/-en) exer-tion, strain; effort.

'**Anstrich** m (coat of) paint; fig. touch.

'**Ansturm** fig. m (-[e]s/rare ~e) rush (auf acc. for).

'**antasten** v/t. (sep., -ge-, h) touch (a. fig.).

'**Anteil** m share, part; ~ nehmen an (dat.) take an interest in; sympathize with; '**2ig** adj. and adv. proportion-al(ly); '~nahme ['~naːmə] f (-/no pl.) sympathy; interest.

Antenne [an'tɛnə] f (-/-n) antenna, aerial.

Anti|..., **2...** ['anti-] in compounds: anti-...; '~alkoholiker ['~ʔ-] m teetotal(l)er; ~babypille F [anti'beːbipɪlə] f birth-control pill; ~biotikum pharm. [anti-'bioːtikʊm] n (-s/-ka) antibiotic; ~blockiersystem mot. [antiblɔ'kiːr-] n s. ABS.

antik adj. [an'tiːk] antique, hist. a. an-cient; **2e** hist. f (-/no pl.) ancient world.

'**Antikörper** ⚕ m antibody.

Antilope zo. [anti'loːpə] f (-/-n) antelope.

Antipathie [antipa'tiː] f (-/-n) antipathy.

'**antippen** v/t. (sep., -ge-, h) touch (fig. upon).

Antiquar|iat [antikva'riaːt] n (-[e]s/-e) antiquarian or second-hand book|-store, esp. Brt. -shop; **2isch** adj. and adv. ['~kvaːrɪʃ] second-hand.

Antiquität [antikvi'tɛːt] f (-/-en) antique.

Antisemit [antize'miːt] m (-en/-en) an-ti-Semite; **2isch** adj. anti-Semitic; ~ismus m [-mi'tɪsmʊs] m (-/no pl.) an-ti-Semitism.

Antlitz *lit.* ['antlɪts] *n* (-es/no *pl.*) face, countenance.

antörnen F ['antœrnən] *v/t.* (*sep.*, -ge-, h) turn *s.o.* on.

Antrag ['antraːk] *m* (-[e]s/⸚e) application; *parl.* motion; proposal (of marriage); **~ stellen auf** (*acc.*) make an application for; *parl.* move for; **~steller** ['~ʃtɛlɐ] *m* (-s/-) proponent, applicant; *parl.* mover.

'an|treffen *v/t.* (*irr.* **treffen**, *sep.*, -ge-, h) meet, find; **'~treiben** (*irr.* **treiben**, *sep.*, -ge-) 1. *v/t.* (h) drive, power; **zu et. ~** urge (on to); 2. *v/i.* (sein) wash ashore; **'~treten** (*irr.* **treten**, *sep.*, -ge-) 1. *v/t.* (h) take (*office*); enter into (*inheritance*); take up (*position*); set out on (*journey*); 2. *v/i.* (sein) take one's place; ✕ line up.

'Antrieb *m* ⊕ drive (*a. fig.*), propulsion; *fig.* motive, impulse; **aus eigenem ~** of one's own accord.

'Antritt *m* (-[e]s/no *pl.*) start; taking (*office*, etc.).

'antun *v/t.* (*irr.* **tun**, *sep.*, -ge-, h) *j-m et.* **~** do *s.th.* to *s.o.*; harm *s.o.*; **sich et. ~** lay hands on o.s.

'Antwort *f* (-/-en) answer (**auf** *acc.* to), reply (to); **'⸚en** *v/i.* (ge-, h) answer (*j-m s.o.*), reply (to *s.o.*).

'an|vertrauen *v/t.* (*sep.*, no -ge-, h) *j-m et.* **~** (en)trust *s.o.* with *s.th.*; confide *s.th.* to *s.o.*; **'~wachsen** *v/i.* (*irr.* **wachsen**, *sep.*, -ge-, sein) ⚘ take root; grow on (*an dat.* to); *fig.* grow, increase.

An|walt ['anvalt] *m* (-[e]s/Anwälte), **~wältin** ['~vɛltɪn] *f* (-/-nen) ⚖ lawyer, attorney; *fig.* advocate.

'Anwandlung *f* (sudden) fit *or* impulse.

'Anwärter(in) *m* (*f*) candidate (**auf** *acc.* for).

'anweis|en *v/t.* (*irr.* **weisen**, *sep.*, -ge-, h) assign (*place, job, etc.*); instruct; direct, order; remit (*money*); *s.* **angewiesen**; **'⸚ung** *f* instruction; order.

'anwend|en *v/t.* ([*irr.* **wenden**,] *sep.*, -ge-, h) use; apply (*force, rule, medicine, etc.*) (**auf** *acc.* to); *s.* **angewandt**; **'⸚ung** *f* use; application.

'an|werben *v/t.* (*irr.* **werben**, *sep.*, -ge-, h) recruit (*a. fig.*); **'~werfen** *v/t.* (*irr.* **werfen**, *sep.*, -ge-, h) start (up).

'Anwesen *n* estate; property.

'anwesen|d *adj.* present; **'⸚heit** *f* (-/no *pl.*) presence; *school*: attendance; **die ~ feststellen** take roll, call the roll; **'⸚heitsliste** *f* attendance record (*Brt.* list).

'Anzahl *f* (-/no *pl.*) number, quantity.

'anzahl|en *v/t.* (*sep.*, -ge-, h) pay on account; **'⸚ung** *f* down payment.

'anzapfen *v/t.* (*sep.*, -ge-, h) tap.

'Anzeichen *n* symptom (*a.* 🎿), sign.

Anzeige ['antsaɪgə] *f* (-/-n) advertisement; announcement; 🖧 information; ⊕ scale, display.

'anzeigen *v/t.* (*sep.*, -ge-, h) report (*crime, etc.*) to the police; announce; ⊕ *instruments*: indicate, show; *j-n* **~** inform against *s.o.*

'anzetteln *v/t.* (*sep.*, -ge-, h) instigate.

'anziehen (*irr.* **ziehen**, *sep.*, -ge-, h) 1. *v/t.* put on (*clothes, etc.*); dress (*child, etc.*); attract, draw; tighten (*screw, etc.*); pull (*lever, etc.*); **sich ~** dress, get dressed; 2. *v/i.* rise (*a. econ.*); accelerate; **'~d** *adj.* attractive.

'Anziehung|(skraft) *f phys.* attraction; *fig. a.* appeal; **'~spunkt** *m* cent|er (*Brt.* -re) of attraction.

'Anzug *m* (-[e]s/⸚e, *fig. no pl.*) suit (of clothes); *fig.* **im ~ sein** be coming up.

anzüglich *adj.* ['antsyːklɪç] suggestive (*joke, etc.*); personal, offensive (*remark, etc.*).

'anzünden *v/t.* (*sep.*, -ge-, h) light; set on fire.

apart *adj.* [a'part] of face, clothes, etc.: striking, attractive (*in an unusual way*); **⸚ment** [~'mant] *n* (-s/-s) studio (apartment *or* flat).

apathisch *adj.* [a'paːtɪʃ] apathetic.

Apfel ['apfəl] *m* (-s/⸚) apple; **'~kuchen** *m* apple cake (*Brt.* flan); **'~mus** *n* apple sauce; **'~saft** *m* apple juice; **~sine** [~'ziːnə] *f* (-/-n) orange; **'~wein** *m* (hard) cider.

Apostel [a'pɔstəl] *m* (-s/-) apostle.

Apostroph [apo'stroːf] *m* (-s/-e) apostrophe.

Apotheke [apo'teːkə] *f* (-/-n) drugstore, pharmacy, *esp. Brt.* chemist's (shop); **~r** *m* (-s/-) pharmacist, druggist, *esp. Brt.* chemist.

Apparat [apa'raːt] *m* (-[e]s/-e) apparatus; device; *teleph.* (tele)phone; radio; TV set; camera; *fig. pol., etc.*: machine(ry); **am ~!** *teleph.* speaking!; **am ~ bleiben** *teleph.* hold the line.

Appell [a'pɛl] *m* (-s/-e) appeal (**an** *acc.* to); ✕ roll call; inspection; **⸚ieren** [~'liːrən] *v/i.* (no ge-, h) make an appeal (**an** *acc.* to).

Appetit [ape'tiːt] *m* (-[e]s/no *pl.*) appetite (**auf** *acc.* for); **~ auf et. haben** feel like *s.th.*; **guten ~!** enjoy your meal!; **⸚lich** *adj.* appetizing, savo(u)ry; *fig. a.* inviting.

applau|dieren [aplau'diːrən] *v/i.* (no ge-, h) applaud; **⸚s** [a'plaus] *m* (-es/no *pl.*) applause.

Aprikose [apri'koːzə] *f* (-/-n) apricot.

April [a'prɪl] *m* (-[s]/no *pl.*) April; **~l ~l**

April fool!; **~scherz** *m* April fool (joke).

Aquarell [akva'rɛl] *n* (-s/-e) watercolo(u)r.

Aquarium [a'kva:rĭum] *n* (-s/*Aquarien*) aquarium.

Äquator [ɛ'kva:tɔr] *m* (-s/*no pl.*) equator.

Ära ['ɛːra] *f* (-/*rare Ären*) era.

Arab|er ['arabər] *m* (-s/-) Arab; **2isch** *adj.* [a'ra:bɪʃ] Arabian; Arabic (*script, numeral*).

Arbeit ['arbaɪt] *f* (-/-en) work, *econ., pol. a.* labo(u)r; employment, job; (classroom) test; (research) paper; workmanship; *bei der ~* at work; *zur ~ gehen or fahren* go to work; *gute ~ leisten* make a good job of it; *sich an die ~ machen* set to work; F: *(ran) an die ~!* let's go to work!, *Brt.* let's get cracking!; *die ~ niederlegen* stop work; *e-e ~ schreiben school:* take a test; *'2en (ge-, h)* 1. *v/i.* work (*an dat.* at, on); 2. *v/t.* make, craft.

'Arbeiter *m* (-s/-) worker; **'~klasse** *f* working class(es).

'Arbeit|geber *m* (-s/-) employer; **'~nehmer** *m* (-s/-) employee.

'arbeitsam *adj.* hard-working.

Arbeits|amt ['arbaɪts?-] *n* employment office, *Brt. a.* job centre; **~anzug** ['~?-] *m* overalls, working clothes; ✕ fatigues; **'~bescheinigung** *f* certificate of employment; **'~blatt** *n* worksheet; **'2fähig** *adj.* fit for work; **'~gang** *m* operation; **'~gemeinschaft** *f* work *or* study group; workshop; **'~gericht** *n* court dealing with labo(u)r disputes, *Brt.* industrial tribunal; **'~kampf** *m* industrial action; **'~kleidung** *f* working clothes; **'~kraft** *f* working power; worker, employee; *Arbeitskräfte pl. a.* manpower, labo(u)r; **'~lager** *n* work camp; **'2los** *adj.* unemployed, out of work, jobless; **'~lose** *m, f* (-n/-n): *die ~n pl.* the unemployed; **'~losenunterstützung** *f* unemployment benefit; **'~losigkeit** *f* (-/*no pl.*) unemployment; **'~markt** *m* labo(u)r market; **'~minister** *m* Secretary of Labor; *Brt.* Minister of Labour; **'~niederlegung** *f* (-/-en) strike, walkout; **'~pause** *f* break, intermission; **'~platz** *m* place of work; job; workplace; workstation; **'2scheu** *adj.* work-shy; **'~stelle** *f* *s. Arbeitsplatz;* **'~suche** *f* job hunting; *er ist auf ~* he is looking for a job; **'~tag** *m* workday; **2unfähig** *adj.* ['~?-] unfit for work; disabled; **'~weise** *f* method (of working); **'~zeit** *f* working hours; *s. gleitend;* **'~zeitverkürzung** *f* fewer working hours; **'~zimmer** *n* study.

Archäo|loge [arçɛo'lo:gə] *m* (-n/-n) arch(a)eologist; **~logie** [~o'gi:] *f* (-/*no pl.*) arch(a)eology.

Arche ['arçə] *f* (-/-n) ark; *die ~ Noah* Noah's ark.

Architekt [arçi'tɛkt] *m* (-en/-en) architect; **2onisch** *adj.* [~to:nɪʃ] architectural; **~ur** [~'tu:r] *f* (-/-en) architecture.

Archiv [ar'çi:f] *n* (-s/-e) archives; record office.

Areal [are'a:l] *n* (-s/-e) area.

Arena [a're:na] *f* (-/*Arenen*) circus ring, bullring.

arg *adj. and adv.* [ark] bad(ly).

Ärger ['ɛrgər] *m* (-s/*no pl.*) anger (*über acc.* at); *~ haben (machen)* have (give *s.o.*) trouble; **'2lich** *adj.* angry, F mad (*über acc.*, *auf acc.* at *s.th.*; with *s.o.*); annoying; **'2n** *v/t.* (*ge-, h*) annoy, irritate; *sich ~* feel angry (*über acc.* at, about, with); **'~nis** *n* (-ses/-se) nuisance; *~ erregen* give offen|se, *Brt.* -ce.

'arg|listig *adj. lit.* malicious; ⅖ fraudulent; **'~los** *adj.* innocent; **2wohn** ['~vo:n] *m* (-[e]s/*no pl.*) suspicion (*gegen of*); **~wöhnisch** *adj.* ['~vø:nɪʃ] suspicious.

Arie ♪ ['a:rĭə] *f* (-/-n) aria.

Ari|er ['a:rĭər] *m* (-s/-), **2sch** *adj.* Aryan.

Aristokrat [arɪsto'kra:t] *m* (-en/-en) aristocrat; **~ie** [~kra'ti:] *f* (-/-n) aristocracy; **2isch** *adj.* aristocratic.

arm *adj.* [arm] poor; **...~** *in compounds:* *mst* low (in) ...

Arm [~] *m* (-[e]s/-e) arm; branch (*of river, etc.*); F: *j-n auf den ~ nehmen* pull *s.o.*'s leg.

Armatur ⊙ [arma'tu:r] *f* (-/-en): **~en** *pl.* (plumbing) fixtures; instruments; **~enbrett** *mot. n* dashboard.

'Arm|band *n* bracelet; **'~banduhr** ['~bant?-] *f* wrist watch; **'~binde** *f* brassard; ⚔ sling; **'~brust** *f* crossbow.

Armee [ar'me:] *f* (-/-n) armed forces; army.

Ärmel ['ɛrməl] *m* (-s/-) sleeve.

'Armenhaus *hist. n* poorhouse.

'Arm|lehne *f* armrest; **'~leuchter** *m* candelabrum; *fig. contp.* fool.

ärmlich *adj.* ['ɛrmlɪç] poor (*a. fig.*); shabby (*clothes, etc.*).

'Armreif(en) *m* bangle.

'armselig *adj.* wretched, miserable.

Armut ['armu:t] *f* (-/*no pl.*) poverty; *~ an (dat.)* lack of.

Aroma [a'ro:ma] *n* (-s/*Aromen, Aromata, -s*) flavo(u)r; fragrance, aroma.

Arrest [a'rɛst] *m* (-es/-e) arrest; *school:* detention; *~ bekommen* be kept in.

arrogant *adj.* [aro'gant] arrogant, conceited.

Arsch V [arʃ] m (-es/-̈e) ass, Brt. arse; person: bastard, fucker; im ~ fucked up; leck mich am ~! fuck you!; go to hell!; j-m in den ~ kriechen suck up to s.o., kiss s.o.'s ass; '~krieger V m ass-kisser, Brt. arse-licker; '~loch V n asshole, Brt. arsehole; bastard.

Arsen ⚗ [ar'ze:n] n (-s/no pl.) arsenic.

Arsenal [arze'na:l] n (-s/-e) arsenal.

Art [art] f (-/-en) way, manner; kind, sort; biol. species; auf die(se) ~ (in) this way; e-e ... a sort of ...; was für e-e ...? what kind of ...?; Geräte aller ~ all kinds or sorts of tools; '~enschutz m protection of endangered species.

Arterie anat. [ar'te:riə] f (-/-n) artery; ~nverkalkung ⚗ f arteriosclerosis.

artig adj. ['artɪç] good, well-behaved; sei ~! be good!; behave!

Artikel [ar'ti:kəl] m (-s/-) article.

Artillerie ⚔ [artɪlə'ri:] f (-/-n) artillery.

Artist [ar'tɪst] m (-en/-en) acrobat, (circus) performer.

Arznei [a:rts'naɪ] f (-/-en), ~mittel n medicine, drug.

Arzt [a:rtst] m (-es/-̈e) doctor, physician; '~helfer(in) m (f) (-s[-]/-[-nen]) doctor's assistant.

Ärztin ['ɛ:rtstɪn] f (-/-nen) (woman) doctor or physician.

ärztlich ['ɛ:rtstlɪç] 1. adj. medical; 2. adv.: sich ~ behandeln lassen undergo (medical) treatment.

'Arztzimmer n doctor's office.

As [as] n (-ses/-se) ace; ♪ A flat.

Asbest [as'bɛst] m (-[e]s/-e) asbestos.

Asche ['aʃə] f (-/-n) ash(es); '~nbahn f cinder track; mot. dirt track; '~nbecher m ashtray; ~nbrödel ['~nbrø:dəl], ~nputtel ['~nputəl] n (-s/no pl.) Cinderella; ~r'mittwoch m Ash Wednesday.

äsen hunt. ['ɛ:zən] v/i. (ge-, h) feed, browse.

Asiat [a'zia:t] m (-en/-en), 2isch adj. Asian, Asiatic; Oriental.

Asket [as'ke:t] m (-en/-en), 2isch adj. ascetic.

asozial adj. ['azotsia:l] antisocial.

Asphalt [as'falt] m (-[e]s/-e) asphalt; 2ieren [~'ti:rən] v/t. (no -ge-, h) (cover with) asphalt.

Aspik [as'pi:k] m, n (-s/-e): ... in ~ jellied ...

aß [a:s] past of **essen**.

Assistent(in) [asɪs'tɛnt(ɪn)] m (f) (-en[-]/-en[-nen]) assistant.

Assistenz|arzt [asɪs'tɛnts-] m, ~ärztin f (medical) resident; (medical) intern; Brt. houseman.

Ast [ast] m (-es/-̈e) branch.

ästhetisch adj. [ɛs'te:tɪʃ] (a)esthetic(al).

'Ast|loch n knothole; '2rein fig. adj. F fantastic; nicht ~ fishy.

Astro|naut [astro'naʊt] m (-en/-en) astronaut; ~nom [~'no:m] m (-en/-en) astronomer; ~nomie [~no'mi:] f (-/no pl.) astronomy; 2nomisch adj. astronomic(al).

Asyl [a'zy:l] n (-s/-e) asylum (suchen seek); ~ant [~y'lant] m (-en/-en), ~bewerber m refugee (seeking political asylum); ~recht n right of (political) asylum.

Atelier [atə'lie:] n (-s/-s) studio.

Atem ['a:təm] m (-s/no pl.) breath; außer ~ out of breath; (tief) ~ holen take a (deep) breath; '2beraubend adj. breathtaking; '~gerät ⚗ n respirator; '2los adj. breathless; '~not f breathing difficulty; '~pause F f breather; '~zug m breath.

Äther ['ɛ:tər] m (-s/no pl.) ⚗ ether; radio: air.

Athlet [at'le:t] m (-en/-en) athlete; 2isch adj. athletic.

Atlas ['atlas] m (-, -ses/-se, Atlanten) atlas.

atmen ['a:tmən] v/i. and v/t. (ge-, h) breathe.

Atmosphär|e [atmo'sfɛ:rə] f (-/-n) atmosphere; 2isch adj. atmospheric; ~e Störungen ⚗ static.

'Atmung f (-/no pl.) breathing, respiration.

Atom [a'to:m] n (-s/-e) atom; ~... in compounds: nuclear ..., atomic ...; for compounds s.a. Kern...; 2ar adj. [ato'ma:r] atomic, nuclear; ~bombe f atom(ic) bomb; ~gegner m anti-nuclear activist; ~kern m (atomic) nucleus; ~müll m nuclear waste; ~sperrvertrag [~'ʃpɛr-] m nonproliferation treaty; 2waffenfrei pol. adj.: ~e Zone nuclear-free zone.

ätsch F int. [ɛtʃ] gloating: gotcha!, so there!; serves you right!; you lose!, tough!

Attent|at [atɛn'ta:t] n (-[e]s/-e) attempt(ed assassination); Opfer e-s ~s werden be assassinated; ~äter [~'tɛ:tər] m (-s/-) assassin.

At|test [a'tɛst] n (-[e]s/-e) (doctor's) certificate; ~traktion [atrak'tsio:n] f (-/-en) attraction; 2traktiv adj. [~'ti:f] attractive; ~trappe [a'trapə] f (-/-n) dummy; ~tribut gr. [atri'bu:t] n (-[e]s/-e) attribute (a. fig.).

ätzen ['ɛtsən] v/t. (ge-, h) corrode; etch; '~d adj. corrosive, caustic (a. fig.); sl. gross, Brt. crappy; (das ist) echt ~ it's the pits.

au int. [aʊ] ouch!; ~ fein! oh, good!

auch cj. [aʊx] also, too, as well; ich ~ so am (do) I, F me too; ~ nicht not ...

either; **wir ~ nicht** nor are (do) we; **wenn ~** even if; **wo ~ (immer)** wherever; **ist es ~ wahr?** is it really true?; **so ... ~ wieder nicht** not all that ...; **~ das noch!** this is too much!; not again!

Audienz [au'diɛnts] f (**-/-en**) audience (**bei** with).

auf [auf] **1.** prp. (dat.; acc.) and adv. on (the table, road, trip, screen, etc.); in (the picture, street, field, world, etc.); at (the station, office, party, etc.); door, store, eyes, etc.: open; person: up, awake; **~ See** at sea; **~ dem Lande** in the country; **~ der Schule** at school; **~ Urlaub** on vacation or holiday; **~ Besuch** visiting; **~ deutsch** in German; **~ 4 Jahre** for 4 years; **~ j-s Wunsch** at s.o.'s request; **Aussicht** or **Blick ~** (acc.) view of; **warten ~** (acc.) wait for; **zeigen ~** (acc.) point to; **zielen (schließen) ~** (acc.) aim (shoot) at; **die Uhr stellen ~** (acc.) set the watch to; **~ die Sekunde (den Zentimeter) genau** to the second (centimetre); **ist er schon ~?** is he up or awake yet?; **~ und ab** up and down; **~ geht's!** let's go!; **2.** cj.: **~ daß (nicht)** so that (not); **3.** int. **~!** (get) up!; let's go!, come on!

auf|arbeiten ['aufʔ-] v/t. (sep., -ge-, h) catch up on (work, etc.); refurbish (furniture, etc.); **~atmen** fig. ['aufʔ-] v/i. (sep., -ge-, h) have a sigh of relief; **~bahren** ['~baːrən] v/t. (sep., -ge-, h) lay (corpse) out (in state).

'Aufbau m (-[e]s/no pl.) building (up); structure; **2en** v/t. (sep., -ge-, h) build (up) (a. fig.); set up; construct.

auf|bäumen ['aufbɔymən] v/refl. (sep., -ge-, h) horse: rear (up); fig. make a desperate (last) effort; rebel (**gegen** against); **~bauschen** v/t. (sep., -ge-, h) exaggerate; **2bauten** ['~bautən] pl. & superstructure; **~bekommen** v/t. (irr. kommen, sep., no -ge-, h) get s.th. open; be given (task, etc.); **~bereiten** v/t. (sep., no -ge-, h) process, clean, treat; **~bessern** v/t. (sep., -ge-, h) raise (salary); **~bewahren** v/t. (sep., no -ge-, h) keep; store; **~bieten** v/t. (irr. bieten, sep., -ge-, h) muster; **~blasen** (irr. blasen, sep., -ge-, h) blow up; **~bleiben** v/i. (irr. bleiben, sep., -ge-, sein) stay up; door, etc.: remain open; **~blenden** v/i. (sep., -ge-, h) mot. turn the headlights up; phot. open the aperture; **~blicken** v/i. (sep., -ge-, h) look up (**zu** at) (a. fig.); **~blitzen** v/i. (sep., -ge-, h, sein) flash (a. fig.); **~blühen** v/i. (sep., -ge-, sein) bloom, blossom (a. fig.); esp. econ. flourish; **~bocken** v/t. (sep., -ge-, h) jack up (car, etc.).

'aufbrausen v/i. (sep., -ge-, sein) fly into a temper; **'~d** adj. irascible.

'auf|brechen (irr. brechen, sep., -ge-) **1.** v/t. (h) break or force open; **2.** v/i. (sein) burst open; fig. leave (nach for); **'~bringen** v/t. (irr. bringen, sep., -ge-, h) raise (money); muster (courage, etc.); start (fashion, etc.); s. **aufgebracht**; **2bruch** m (-[e]s/~e) departure, start.

'auf|brühen v/t. (sep., -ge-, h) make (coffee, etc.); **'~bürden** v/t. (sep., -ge-, h): **j-m et. ~** burden s.o. with s.th.; **'~decken** v/t. (sep., -ge-, h) uncover; **'~drängen** v/t. (sep., -ge-, h): **j-m et. ~** force s.th. on s.o.; **sich ~** impose (**j-m** on s.o.); idea, etc.: suggest itself; **'~drehen** (sep., -ge-, h) **1.** v/t. turn on; **2.** fig. v/i. open up.

'aufdringlich adj. obtrusive.

'Aufdruck m (-[e]s/-e) imprint; on stamps: overprint, surcharge.

aufeinander [aufʔaiˈnandər] on top of each other; one after another; **2folge** f (-/no pl.) succession; **~folgend** adj. successive.

Aufenthalt ['aufənthalt] m (-[e]s/-e) stay; stop(over); **~sgenehmigung** f residence permit; **~sort** ['~sʔ-] m whereabouts; **~sraum** m lounge, recreation room.

auferlegen ['aufʔɛrleːgən] v/t. (sep., no -ge-, h) impose (**j-m** on s.o.).

aufersteh|en ['aufʔɛrˈʃteːən] v/i. (irr. stehen, sep., no -ge-, sein) rise (from the dead); **2ung** f (-/no pl.) resurrection.

auf|essen ['aufʔ-] v/t. (irr. essen, sep., -ge-, h) eat up; **'~fahren** (irr. fahren, sep., -ge-) **1.** v/i. (sein) mot. tailgate; crash (**auf** acc. into); fig. start up; **2.** fig. v/t. (h) dish up (food, etc.).

'Auffahrt f approach; driveway, drive.

Auffahrunfall mot. ['auffaːrʔ-] m rear-end collision; pileup.

'auf|fallen v/i. (irr. fallen, sep., -ge-, sein) attract attention; **j-m ~** strike s.o.; **'~fallend**, **'~fällig** adj. striking, conspicuous; strange; flashy, showy (clothes, etc.).

'auffangen v/t. (irr. fangen, sep., -ge-, h) catch (a. fig.); pick up (signals, etc.).

'auffass|en v/t. (sep., -ge-, h) understand (**als** as); **2ung** f view; interpretation; **2ungsgabe** f grasp.

'auf|finden v/t. (irr. finden, sep., -ge-, h) find, discover; **'~fliegen** v/i. (irr. fliegen, sep., -ge-, sein) fly up; fig. blow up; be busted.

'aufforder|n v/t. (sep., -ge-, h): **j-n ~, et. zu tun** ask or tell s.o. to do s.th.; **'2ung** f request; demand; summons.

'**auffrischen** v/t. (sep., -ge-, h) freshen up; brush up (knowledge).

'**auffführ|en** v/t. (sep., -ge-, h) thea., etc. perform, present; act; enter (in list, etc.); **sich ~** behave; '**2ung** f thea., etc. performance, show(ing).

'**auffüllen** v/t. (sep., -ge-, h) fill up.

'**Aufgabe** f task, job; duty; school: task, assignment; homework; ⅋ problem; surrender; giving up; **es sich zur ~ machen** make it one's business.

'**aufgabeln** F v/t. (sep., -ge-, h) pick up.

'**Aufgang** m way up; ast. rising.

'**aufgeben** (irr. geben, sep., -ge-, h) **1.** v/t. give up; insert (ad); mail, post, send (letter, etc.); check (luggage, etc.); set, give, assign (homework); place (order); **2.** v/i. give up or in.

'**aufgeblasen** fig. adj. pompous.

'**Aufgebot** n public notice; banns (of marriage); team; force.

'**aufge|bracht** adj. furious; **~donnert** adj. ['aʊfɡədɔnərt] dressed to kill; **~dunsen** adj. ['~dʊnzən] puffed(-up).

'**aufgehen** v/i. (irr. gehen, sep., -ge-, sein) open, come undone; sun, dough, etc.: rise; ⅋ come out even; **in Flammen ~** go up in flames.

'**aufgeilen** V v/t. (sep., -ge-, h) make s.o. horny; **sich ~ an** turn o.s. on with (a. fig.).; get a kick out of.

'**aufge|kratzt** adj. ['aʊfɡəkratst] chipper, cheery; **~legt** adj. ['~le:kt] **zu et. ~ sein** feel like (doing) s.th.; **gut (schlecht) ~** in a good (bad) mood; **~regt** adj. ['~re:kt] excited; nervous; '**~schlossen** fig. adj. open-minded; **~ für** (acc.) open to; '**~schmissen** F adj. stranded, stuck; **~weckt** fig. adj. ['~vɛkt] bright; '**~worfen** adj. s. **wulstig**.

'**auf|greifen** v/t. (irr. greifen, sep., -ge-, h) pick up; '**~haben** F v/t. (irr. haben, sep., -ge-, h) have on, wear; have to do (homework); '**~halten** v/t. (irr. halten, sep., -ge-, h) stop, hold up (a. traffic, thief, etc.); keep open (eyes, door, etc.); **sich ~ (bei j-m)** stay (with s.o.); '**~hängen** v/t. (sep., -ge-, h) hang (up); **j-n ~** hang s.o.; '**2hänger** m (-s/-) tab; fig. peg (for story, etc.).

'**aufheben** v/t. (irr. heben, sep., -ge-, h) pick up; keep; store; abolish; break up (meeting); **sich gegenseitig ~** neutralize each other; s. **aufgehoben**.

'**Aufheb|en** n (-s/no pl.): **viel ~s machen** make a fuss (von about); '**~ung** f (-/-en) abolition; breaking up.

'**auf|heitern** v/t. (sep., -ge-, h) cheer up; **sich ~** clear up; '**~helfen** v/i. (irr. helfen, sep., -ge-, h) help s.o. up; '**~hellen**

v/t. and v/refl. (sep., -ge-, h) brighten.

'**auf|hetzen** v/t. (sep., -ge-, h): **j-n ~ gegen** set s.o. against; '**~holen** (sep., -ge-, h) **1.** v/t. make up for (lost time); **2.** v/i. sports, etc.: catch up (gegen with); '**~horchen** v/i. (sep., -ge-, h) prick (up) one's ears; **~ lassen** fig. make s.o. sit up; '**~hören** v/i. (sep., -ge-, h) stop, end, finish, quit; **mit et. ~** stop (doing) s.th.; **hör(t) auf!** stop it!; '**~kaufen** v/t. (sep., -ge-, h) buy up.

'**aufklär|en** v/t. (sep., -ge-, h) clear up, solve (case, etc.); **j-n ~ über** (acc.) inform s.o. about; **j-n (sexuell) ~** F tell s.o. the facts of life; '**2ung** f (-/no pl.) clearing up, solution; information; sex education; phls. enlightenment; ⚔ reconnaissance.

'**auf|kleben** v/t. (sep., -ge-, h) paste or stick on; '**2kleber** m sticker; '**~knöpfen** v/t. (sep., -ge-, h) unbutton; '**~kommen** v/i. (irr. kommen, sep., -ge-, sein) come up; come into fashion or use; thought, doubts, etc.: arise; **~ für** pay (for) (damage, expense, etc.); '**~kreuzen** F v/i. (sep., -ge-, sein) show up; '**~kriegen** F v/t. (sep., -ge-, h) s. **aufbekommen**; '**~laden** v/t. (irr. laden, sep., -ge-, h) load; ⚡ charge.

'**Auflage** f edition; circulation.

'**auf|lassen** v/t. (irr. lassen, sep., -ge-, h) leave open; keep on (hat, etc.); '**~lauern** v/i. (sep., -ge-, h): **j-m ~** waylay s.o.

'**Auflauf** m crowd; dish: soufflé, pudding; '**2en** v/i. (irr. laufen, sep., -ge-, sein) ⚓ run aground; **~ lassen** fig. snub.

'**auf|leben** v/i. (sep., -ge-, sein) feel up (again); **(wieder) ~ lassen** revive; '**~legen** v/t. (sep., -ge-, h) **1.** v/t. put on, lay on; **2.** teleph. v/i. hang up.

'**auflehn|en** v/t. and v/refl. (sep., -ge-, h) lean (auf on); fig. **sich ~** rebel, revolt (gegen against); '**2ung** f (-/-en) rebellion, revolt.

'**auf|lesen** v/t. (irr. lesen, sep., -ge-, h) pick up (a. fig.); '**~leuchten** v/i. (sep., -ge-, h) flash (up); '**~listen** v/t. (sep., -ge-, h) list; '**~lockern** v/t. (sep., -ge-, h) loosen up; liven up (lesson, etc.).

'**auflös|en** v/t. (sep., -ge-, h) solve (puzzle, equation, etc.); dissolve; disintegrate (both: a. **sich ~**); '**2ung** f (dis)solution; disintegration.

'**aufmach|en** v/t. (sep., -ge-, h) open; **sich ~** set out; '**2ung** f (-/-en) getup.

'**Aufmarsch** m march(ing up); parade.

aufmerksam adj. ['aʊfmɛrkza:m] attentive; thoughtful; **j-n ~ machen auf** (acc.) call s.o.'s attention to; '**2keit** f (-/-en) attention; (kleine) **~** gift, token.

'**auf|möbeln** F ['aufmø:bəln] v/t. (sep., -ge-, h) do up (things); polish up (knowledge); pep or cheer s.o. up; '**~muntern** v/t. (sep., -ge-, h) encourage; cheer up.

Aufnahme ['aufna:mə] f (-/-n) taking up (of work, etc.); reception (a. in hospital, etc.); admission; phot. photo(graph); recording; shooting (a film, etc.); '**2fähig** adj. receptive (für of); '**~gebühr** f admission fee; '**~prüfung** f entrance examination.

'**auf|nehmen** v/t. (irr. nehmen, sep., -ge-, h) take up; pick up; put s.o. up; hold, contain; take in, grasp (intellectually); receive; admit (to club, school, etc.); phot. take a picture or pictures of; record (music, etc.); shoot (film); take (ball, etc.); **es ~ mit** be a match for; take s.o. on.

auf|opfern ['auf⁓-] v/refl. (sep., -ge-, h) sacrifice o.s.; **~päppeln** F ['~pɛpəln] v/t. (sep., -ge-, h) fatten s.o. up; '**~passen** v/i. (sep., -ge-, h) pay attention; take care; **~ auf** (acc.) take care of s.o. or s.th.; look after; keep an eye on; **paß auf!** look out!; '**~polieren** v/t. (sep., no -ge-, h) polish up (a. fig.); '**2prall** m (-[e]s/no pl.) impact; '**~prallen** v/i. (sep., -ge-, sein): **~ auf** (acc.) hit; '**2preis** econ. m surcharge; '**~pumpen** v/t. (sep., -ge-, h) pump up; '**~putschen** v/t. (sep., -ge-, h) pep up; '**2putschmittel** n pep pill; '**~raffen** v/refl. (sep., -ge-, h): **sich ~ zu** bring o.s. to do s.th.; '**~räumen** v/t. (sep., -ge-, h) straighten or tidy up; clear.

'**aufrecht** adj. and adv. upright (a. fig.), **~erhalten** ['~⁓-] v/t. (irr. halten, sep., no -ge-, h) maintain, keep up.

'**aufreg|en** v/t. (sep., -ge-, h) excite, upset; **sich ~** get excited or upset (über acc. about); '**~end** adj. exciting; '**2ung** f excitement; contp. fuss.

'**auf|reiben** fig. v/t. (irr. reiben, sep., -ge-, h) wear down; ✕ wipe out; '**~reißen** v/t. (irr. reißen, sep. -ge-, h) tear open; fling open (door, etc.); open wide (eyes, etc.); F fig. pick up (girl, etc.).

'**aufreizend** adj. provocative.

'**aufrichten** v/t. (sep., -ge-, h) put up, raise; **sich ~** stand up; straighten o.s.; sit up (in bed, etc.).

'**aufrichtig** adj. sincere; frank; '**2keit** f (-/no pl.) sincerity; frankness.

'**Aufriß** arch. m elevation.

'**auf|rollen** v/t. and v/refl. (sep., -ge-, h) roll up (a. ✕); '**~rücken** v/i. (sep., -ge-, sein) move up.

'**Aufruf** m call; appeal (zu for); '**2en** v/t. (irr. rufen, sep., -ge-, h) call on (a. in class).

Aufruhr ['aufru:r] m (-[e]s/no pl.) revolt; riot; turmoil.

'**aufrühr|en** fig. v/t. (sep., -ge-, h) stir up; '**2er** m (-s/-) rebel; rioter; '**~erisch** adj. rebellious.

'**aufrunden** v/t. (sep., -ge-, h) round off.

'**aufrüst|en** ✕ v/t. and v/i. (sep., -ge-, h) (re)arm; '**2ung** ✕ f (re)armament.

'**aufrütteln** fig. v/t. (sep., -ge-, h) shake up, rouse.

aufs [aufs] short for **auf das**.

'**auf|sagen** v/t. (sep., -ge-, h) say; recite (poem, etc.); '**~sammeln** v/t. (sep., -ge-, h) pick up, collect (both a. fig.).

aufsässig adj. ['aufzɛsɪç] rebellious.

'**Aufsatz** m composition; essay; article; ⊖ top.

'**auf|saugen** v/t. ([irr. saugen,] sep., -ge-, h) absorb (a. fig.); '**~scheuchen** v/t. (sep., -ge-, h) scare (away) (a. fig.); '**~scheuern** v/t. (sep., -ge-, h) chafe; '**~schichten** v/t. (sep., -ge-, h) pile up; '**~schieben** v/t. (irr. schieben, sep., -ge-, h) push open; fig. put off, postpone; delay.

'**Aufschlag** m impact; extra charge; lapel (of coat, etc.); cuff (of slacks, etc.); Brt. turnup; tennis: service; '**2en** (irr. schlagen, sep., -ge-, h) 1. v/t. (h) open (book, eyes, etc.); pitch (tent); cut (knee, etc.); ✕ **Seite 30 ~** open at page 30; 2. v/i. (h) tennis: serve; 3. v/i. (sein): **auf dem Boden ~** hit the ground.

'**auf|schließen** (irr. schließen, sep., -ge-, h) 1. v/t. unlock, open; 2. v/i. move or ✕ close up; '**~schlitzen** v/t. (sep., -ge-, h) slit or rip open.

'**Aufschluß** fig. m information (über acc. on); '**2reich** adj. informative; revealing.

'**auf|schnappen** F fig. v/t. (sep., -ge-, h) pick up, overhear; '**~schneiden** (irr. schneiden, sep., -ge-, h) 1. v/t. cut open; cut up (meat, etc.); 2. v/i. brag, boast, talk big.

'**Aufschnitt** m cold cuts, cold meat.

'**auf|schnüren** v/t. (sep., -ge-, h) untie; unlace (shoe, etc.); '**~schrauben** v/t. (sep., -ge-, h) unscrew; '**~schrecken** (sep., -ge-) 1. v/t. (h) startle; 2. v/i. (sein) start (up).

'**Aufschrei** m yell; scream, outcry (a. fig.).

'**auf|schreiben** v/t. (irr. schreiben, sep., -ge-, h) write down; '**~schreien** v/i. (irr. schreien, sep., -ge-, h) cry out, scream.

'**Aufschrift** f inscription.

'**Aufschub** m postponement; delay; adjournment; respite.

'**Aufschwung** m gymnastics: swing-up; esp. econ. recovery, upswing; boom.

'aufsehen v/i. (irr. sehen, sep., -ge-, h) look up (zu at) (a. fig.).

'Aufsehen n (-s/no pl.): ~ erregen attract attention; cause a sensation; 'erregend adj. sensational.

'Aufseher(in) m (f) guard; attendant.

'aufsetz|en v/t. (sep., -ge-, h) put on; draw up (document); ✓ touch down; sich ~ sit up; 'er m sports: bounce shot.

'Aufsicht f (-/-en) supervision, control; ~ führen teacher: be on (break) duty; monitor (test, etc.), Brt. invigilate; '~sbehörde f supervisory board, government agency or commission; '~srat m board of trustees; supervisory board.

'auf|sitzen v/i. (irr. sitzen, sep., -ge-) 1. (sein) rider: mount; 2. (h) sit up; '~spannen v/t. (sep., -ge-, h) stretch; put up (umbrella); spread (sails); '~sparen v/t. (sep., -ge-, h) save; '~sperren v/t. (sep., -ge-, h) unlock; open wide (mouth, etc.); '~spielen v/refl. (sep., -ge-, h) show off; sich ~ als play; '~spießen v/t. (sep., -ge-, h) spear; gore (with horns); '~springen v/i. (irr. springen, sep., -ge-, sein) jump up; door, etc.: fly open; lips, etc.: chap; '~spüren v/t. (sep., -ge-, h) track down; '~stacheln v/t. (sep., -ge-, h) goad (s.o. into doing s.th.); '~stampfen v/i. (sep., -ge-, h) stamp (one's foot).

'Aufstand m revolt, rebellion.

aufständisch adj. ['aufʃtɛndɪʃ] rebellious; 'e m (-n/-n) rebel.

'auf|stapeln v/t. (sep., -ge-, h) pile up; '~stechen v/t. (irr. stechen, sep., -ge-, h) puncture, prick open; ✗ lance; '~stecken v/t. (sep., -ge-, h) pin up (hair); F fig. give up; '~stehen v/i. (irr. stehen, sep., -ge-, sein) get up, rise; '~steigen v/i. (irr. steigen, sep., -ge-, sein) rise; get on (horse, bicycle, etc.); career: be promoted (Brt. a. sports); sports: be moved up to a higher division.

'aufstell|en v/t. (sep., -ge-, h) set up, put up; post (sentries, etc.); set (trap, record, etc.); nominate (candidate, player, etc.); draw up (bill, program[me]); make up (list, etc.); 'ung f putting up, nomination; list; line-up.

'Aufstieg ['aufʃtiːk] m (-[e]s/-e) ascent; fig. a. rise.

'auf|stöbern fig. v/t. (sep., -ge-, h) ferret out; '~stoßen (irr. stoßen, sep., -ge-, h) 1. v/t. push open; 2. v/i. belch; 'auf|stützen v/refl. (sep., -ge-, h) lean (auf acc., dat. on); '~suchen v/t. (sep., -ge-, h) visit; see (doctor, etc.).

'Auftakt m ♪ upbeat; fig. prelude.

'auf|tanken v/t. (sep., -ge-, h) fill up; ✓ refuel; '~tauchen v/i. (sep., -ge-, sein) appear; ♣ surface; '~tauen (sep., -ge-) 1. v/t. (h) thaw; defrost (food); 2. v/i. (sein) thaw (a. fig.); '~teilen v/t. (sep., -ge-, h) divide (up).

Auftrag ['auftraːk] m (-[e]s/-e) instructions, order (a. econ.); pol., ✗ mission; im ~ von on behalf of; 'en ['~gən] v/t. (irr. tragen, sep., -ge-, h) serve (up) (meal); apply (paint, etc.); j-m et. ~ ask or tell s.o. to do s.th.; F dick ~ exaggerate; '~geber m (-s/-) principal; customer.

'auf|treffen v/i. (irr. treffen, sep., -ge-, sein): ~ auf hit; '~treiben F v/t. (irr. treiben, sep., -ge-, h) get hold of; raise (money); '~trennen v/t. (sep., -ge-, h) undo, cut open.

'auftreten v/i. (irr. treten, sep., -ge-, sein) thea., etc. appear (als as); behave, act; occur.

'Auftreten n (-s/no pl.) appearance; behavio(u)r; occurrence.

'Auftrieb m phys. buoyancy (a. fig.); ✓ lift; fig. impetus.

'Auftritt m thea. entrance; appearance (a. fig.); '~sverbot n stage ban.

'auf|trumpfen fig. v/i. (sep., -ge-, h) show everyone up, win in a big way; put one's foot down; '~tun v/refl. (irr. tun, sep., -ge-, h) open (a. fig.); chasm: yawn; '~türmen v/t. (sep., -ge-, h) pile or heap up; sich ~ tower up; fig. pile up; '~wachen v/i. (sep., -ge-, sein) wake up (a. fig.); '~wachsen v/i. (irr. wachsen, sep., -ge-, sein) grow up.

Aufwand ['aufvant] m (-[e]s/no pl.) expenditure (an dat. of), expense; pomp.

'aufwärmen v/t. (sep., -ge-, h) warm up; fig. bring up (again).

aufwärts adv. ['aufvɛrts] upward(s); '~gehen fig. v/i. (irr. gehen, sep., -ge-, sein) improve; 'haken m boxing: uppercut.

Aufwasch F fig. ['aufvaʃ]: in e-m ~ in one turn; 'en v/t. (irr. waschen, sep., -ge-, h) s. abwaschen.

'auf|wecken v/t. (sep., -ge-, h) wake s.o. (up); '~weichen v/t. (sep., -ge-, h) soften; soak (bread, etc.); '~weisen v/t. (irr. weisen, sep., -ge-, h) show, have; '~wenden v/t. ([irr. wenden,] sep., -ge-, h) spend (für on); Mühe ~ take pains; '~wendig adj. costly; extravagant (life, etc.); '~werfen v/t. (irr. werfen, sep., -ge-, h) raise.

'aufwert|en v/t. (sep., -ge-, h) econ. revalue; fig. increase the value of; 'ung econ. f revaluation.

'**aufwickeln** v/t. and v/refl. (sep., -ge-, h) wind up, roll up; put (hair) in curlers.

aufwiege|n ['aufvi:gən] v/t. (sep., -ge-, h) stir up, incite, instigate; '**2ung** f (-/-en) instigation.

'**aufwiegen** fig. v/t. (irr. wiegen, sep., -ge-, h) make up for.

Aufwiegler ['aufvi:glər] m (-s/-) agitator; instigator; '**2isch** adj. seditious.

'**Aufwind** m meteor. upwind; im ~ fig. on the upswing.

'**auf|wirbeln** v/t. (sep., -ge-, h) whirl up; fig. (viel) Staub ~ make (quite) a stir; '~**wischen** v/t. (sep., -ge-, h) wipe up; '~**wühlen** fig. v/t. (sep., -ge-, h) stir, move.

'**aufzähl|en** v/t. (sep., -ge-, h) name (one by one), list; '**2ung** f (-/-en) enumeration, list.

'**aufzeichn|en** v/t. (sep., -ge-, h) TV, radio, etc.: record, tape; draw; write down; '**2ung** f recording; ~en pl. notes.

'**auf|zeigen** v/t. (sep., -ge-, h) show; demonstrate; point out (mistakes, etc.); '~**ziehen** (irr. ziehen, sep., -ge-) 1. v/t. (h) draw or pull up; (pull) open; bring up (child); wind (up) (clock, etc.); mount (picture, tire, etc.); j-n ~ tease s.o., F pull s.o.'s leg; 2. v/i. (sein) storm, etc.: come up.

'**Aufzucht** f breeding, rearing.

'**Aufzug** m elevator, Brt. lift; thea. act; fig. contp. getup.

'**aufzwingen** v/t. (irr. zwingen, sep., -ge-, h): j-m et. ~ force s.th. upon s.o.

Augapfel ['auk?-] m eyeball.

Auge ['augə] n (-s/-n) eye; ein blaues ~ a black eye; mit bloßem ~ with the naked eye; mit verbundenen ~n blindfold; in meinen ~n in my view; mit anderen ~n in a different light; aus den ~n verlieren lose sight of; ein ~ zudrücken turn a blind eye; unter vier ~n in private; s. zutun.

Augen|arzt ['augən?-] m, ~**ärztin** ['~?-] f ophthalmologist, F eye doctor; '~**binde** f eye patch; blindfold; '~**blick** m moment, instant; '**2blicklich 1.** adj. present; immediate; momentary; **2.** adv. at present, at the moment; immediately; '~**braue** f eyebrow; '~**brauenstift** m eyebrow pencil; '~**farbe** f colo(u)r of one's eyes; '~**höhle** f (eye) socket; '~**klappe** f eye patch; '~**licht** n (-[e]s/no pl.) eyesight; '~**lid** n eyelid; '~**maß** n: ein gutes ~ a sure eye; nach dem ~ by the eye; '~**merk** ['~mɛrk] n (-[e]s/no pl.): sein ~ richten auf (acc.) turn one's attention to; fig. a. have in view; '~**ringe** pl. dark circles under one's eyes; '~**schein** m appearance; in ~ nehmen examine, view, inspect; '~-

weide f sight for sore eyes; '~**winkel** m corner of the eye; '~**zeuge** m eyewitness; '**2zwinkernd** adv. with a twinkle in one's eye; fig. (with) tongue in cheek.

...**äuglg** [-ɔygıç] in compounds: -eyed.

August [au'gust] m (-[e]s, -/-e) August.

Auktion [auk'tsio:n] f (-/-en) auction; ~**ator** [~o'na:tɔr] m (-s/-en) auctioneer.

Aula ['aula] f (-/Aulen, -s) auditorium, (assembly) hall.

aus prp. (dat.) and adv. [aus] of place: mst out of, from; material: of; reason: out of; switch, etc.: out, off; over, finished, done with; sports: out; ~ dem Fenster etc. out of the window, etc.; ~ München from Munich; ~ Holz (made) of wood; ~ Mitleid out of pity; ~ Spaß for fun; ~ Versehen by mistake; ~ diesem Grunde for this reason; von hier ~ from here; F: von mir ~! I don't care!; ~ der Mode out of fashion; die Schule (das Spiel) ist ~ school (the game) is over; ein - ~ ☉ on - off.

aus|arbeiten ['aus?-] v/t. (sep., -ge-, h) work out (a. sich ~); prepare; ~**arten** ['~?-] v/i. (sep., -ge-, sein) get out of hand; ~**atmen** ['~?-] v/t. and v/i. (sep., -ge-, h) breathe out; '~**baden** F v/t. (sep., -ge-, h): et. ~ müssen take the rap for s.th.

'**Ausbau** m (-[e]s/-ten) extension; of building, etc.: completion, finish(ing), interior work; ☉ removal (of parts); '**2en** v/t. (sep., -ge-, h) extend; complete, finish; remove; improve (relations, etc.); '**2fähig** adj.: et. ist ~ there is potential for growth or development.

'**ausbedingen** v/t. (irr. bedingen, sep., no -ge-, h): sich et. ~ make s.th. a condition.

'**ausbesser|n** v/t. (sep., -ge-, h) mend, repair, fix; '**2ung** f repair(ing).

'**ausbeulen** v/t. (sep., -ge-, h) bag, bulge; hammer out (dent, etc.); s. ausgebeult.

'**Ausbeut|e** f gain, profit; yield; '**2en** v/t. (sep., -ge-, h) exploit (a. contp.); '~**ung** f (-/no pl.) exploitation.

'**ausbild|en** v/t. (sep., -ge-, h) train, instruct; j-n ~ zu train s.o. to be; '**2er** m (-s/-) instructor; '**2ung** f training, instruction.

'**ausbitten** v/t. (irr. bitten, sep., -ge-, h): sich et. ~ request s.th.; insist on s.th.

'**ausbleiben** v/i. (irr. bleiben, sep., -ge-, sein) fail to come.

'**Ausbleiben** n (-s/no pl.) failure to come; absence.

'**Ausblick** m outlook; s. Aussicht.

'**ausbrech|en** v/i. (irr. brechen, sep., -ge-, sein) break out (a. fig.); in

Tränen ~ burst into tears; '**2er** *m* (-*s*/-) escaped prisoner.

'**ausbreit|en** *v/t.* (*sep.*, -*ge*-, *h*) spread (out); stretch (out) (*arms, wings, etc.*); **sich** ~ spread; '**2ung** *f* (-/*no pl.*) spreading.

'**ausbrennen** (*irr.* brennen, *sep.*, -*ge*-) *v/t.* (*h*) and *v/i.* (**sein**) burn out.

'**Ausbruch** *m* escape, breakout; outbreak; eruption (*of volcano*); (out)burst (*of feelings, etc.*).

'**aus|brüten** *v/t.* (*sep.*, -*ge*-, *h*) hatch (*a. fig.*); '**~bügeln** *v/t.* (*sep.*, -*ge*-, *h*) iron out (*a. fig.*); '**2bund** *m* (-[e]s/*no pl.*) paragon; ~ **an Dummheit** perfect fool; '**~bürgern** *v/t.* (*sep.*, -*ge*-, *h*) expatriate.

'**Ausdauer** *f* perseverance, stamina; staying power; '**2nd** *adj.* persevering; *sports:* tireless.

'**ausdehn|en** *v/t.* and *v/refl.* (*sep.*, -*ge*-, *h*) stretch; *fig.* expand, extend (**auf** *acc.* to); '**2ung** *f* expansion; extension.

'**aus|denken** *v/t.* (*irr.* denken, *sep.*, -*ge*-, *h*): **sich** ~ think *s.th.* out or up; invent (*a. fig.*); imagine; '**~drehen** *v/t.* (*sep.*, -*ge*-, *h*) turn off.

'**Ausdruck** *m* **1.** (-[e]s/-e) expression, term; (*no pl.*) (*facial*) expression, look; **2.** (-[e]s; -e) *computer:* printout; '**2en** *v/t.* (*sep.*, -*ge*-, *h*) *computer, etc.:* print out.

'**ausdrück|en** *v/t.* (*sep.*, -*ge*-, *h*) put out (*cigarette, etc.*); express; **~lich** *adj.* ['~drʏklɪç] express, explicit.

'**ausdrucks|los** *adj.* expressionless; *face, etc.:* a. blank; '**~voll** *adj.* expressive; '**2weise** *f* language, style.

'**Ausdünstung** *f* (-/-en) exhalation; perspiration; odo(u)r, smell.

auseinander *adv.* [aus?aɪˈnandər] apart; separate(d); **~bringen** *v/t.* (*irr.* bringen, *sep.*, -*ge*-, *h*) separate; **~gehen** *v/i.* (*irr.* gehen, *sep.*, -*ge*-, **sein**) meeting, crowd, *etc.:* break up; *opinions:* differ; *friends:* part; *couple, etc.:* separate; **~halten** *v/t.* (*irr.* halten, *sep.*, -*ge*-, *h*) tell apart, tell ... from ...; **~nehmen** *v/t.* (*irr.* nehmen, *sep.*, -*ge*-, *h*) take apart (*a. fig.*); **~setzen** *v/t.* (*sep.*, -*ge*-, *h*) place or seat apart; *fig.* explain; **sich** ~ **mit** deal with *s.th.* or *s.o.*; argue with *s.o.*; **2setzung** *f* (-/-en) argument; *kriegerische* ~ armed conflict.

auser|koren *lit. adj.* ['aus?ərkoːrən] chosen; '**~lesen** *adj.* choice, exquisite; *lit.* chosen; '**~sehen** *lit. adj.* chosen, designated; '**~wählen** *v/t.* (*sep.*, *no* -*ge*-, *h*) choose, select.

'**aus|fahren** (*irr.* fahren, *sep.*, -*ge*-) **1.** *v/i.* (**sein**) go for a drive or ride; **2.** *v/t.* (*h*) take (*baby, etc.*) out; **~** lower (*land-*

ing gear); *mot.* run (*engine*) at top speed; '**2t** *f* drive, ride; ~ **freihalten!** *mot.* do not block exit or drive!

'**Ausfall** *m* ⊙, *mot.*, *sports:* failure; loss; fencing, *etc.:* lunge; *school:* s. **ausfallen**; '**2en** *v/i.* (*irr.* fallen, *sep.*, -*ge*-, **sein**) fall out; not take place, be called off or cancelled (*a. school*); ⊙, *mot.* break down, fail; *result:* turn out, prove; ~ **lassen** cancel.

'**aus|fallend**, '**~fällig** *adj.* rude, insulting.

'**ausfechten** *fig.* *v/t.* (*irr.* fechten, *sep.*, -*ge*-, *h*) fight *it* out.

'**ausfertig|en** *v/t.* draw up (*document*); make out (*bill, etc.*); '**2ung** *f* drawing up; copy; **in doppelter** ~ in two copies.

ausfindig *adj.* ['ausfɪndɪç]: **~ machen** find; discover.

ausflippen F ['ausflɪpən] *v/i.* (*sep.*, -*ge*-, **sein**) freak out.

'**Ausflucht** *f* (-/-e): **Ausflüchte machen** make excuses.

'**Ausflug** *m* trip, excursion, outing.

Ausflügler ['ausfly:klər] *m* (-*s*/-) tourist, day tripper.

Ausflugs|ort ['ausflu:ks?-] *m*, '**~ziel** *n* popular place for excursions.

'**Ausfluß** *m* outlet; ⚕ (*no pl.*) secretion; *fig.* (*no pl.*) product (*of the imagination, etc.*).

'**aus|forschen** *v/t.* (*sep.*, -*ge*-, *h*) investigate; sound *s.o.* out; '**~fragen** *v/t.* (*sep.*, -*ge*-, *h*) question (**über** *acc.* about); sound *s.o.* out; '**~fransen** *v/i.* (*sep.*, -*ge*-, **sein**) fray; '**~fressen** F *fig.* *v/t.* (*irr.* fressen, *sep.*, -*ge*-, *h*): **et.** ~ be up to no good.

Ausfuhr *econ.* ['ausfu:r] *f* (-/-en) export(ation).

ausführ|bar *adj.* ['ausfy:r-] practicable; '**~en** *v/t.* (*sep.*, -*ge*-, *h*) take *s.o.* out; carry out, perform, execute; *econ.* export; explain, say.

ausführlich ['ausfy:r-] **1.** *adj.* detailed; comprehensive; **2.** *adv.* in detail; '**2keit** *f* (-/*no pl.*): **in aller** ~ in great detail.

'**Ausführung** *f* execution, performance; workmanship; type, model, design.

'**ausfüllen** *fig.* *v/t.* (*sep.*, -*ge*-, *h*) fill up; fill in or out, complete (*form, etc.*).

'**Ausgabe** *f* distribution; edition (*of book, etc.*); issue (*of paper, stamp, shares, etc.*); expense, expenditure; *computer:* output.

'**Ausgang** *m* exit, way out; end; result, outcome; ⊙, ⚡ output, outlet; '**~spunkt** *m* starting point; '**~ssperre** *pol.* f curfew.

'**ausgeben** *v/t.* (*irr.* geben, *sep.*, -*ge*-, *h*) give or hand out; spend (*money*); F **j-m e-n** ~ buy *s.o.* a drink; **sich** or **et.** ~ **als** give o.s. or s.th. out to be.

ausge|beult adj. ['ausgəbɔylt] baggy; **'⁓bildet** adj. trained, skilled; **⁓bombt** adj. ['⁓bɔmpt] bombed-out; **'⁓bucht** adj. booked up; **'2burt** f (-l-en) monstrosity; figment (of the imagination); **⁓dehnt** adj. ['⁓de:nt] extensive; **⁓dient** adj. ['⁓di:nt] superannuated; **⁓ haben** fig. have had its day; **'⁓fallen** adj. odd, unusual; **⁓feilt** fig. adj. ['⁓faɪlt] polished (style, etc.); **'⁓glichen** adj. (well-)balanced.

'ausgeh|en v/i. (irr. **gehen**, sep., **-ge-**, **sein**) go out; end; hair: fall out; money, supply, etc.: run out; **⁓ von** come from (s.o. or s.th.); **davon ⁓, daß** assume that; **leer ⁓** get nothing; **ihm ging das Geld aus** he ran out of money; **'2verbot** n curfew.

ausge|kocht fig. adj. ['ausgəkɔxt] cunning, crafty; hardened (criminal), out-and-out (liar, swindler); **'⁓lassen** fig. adj. cheerful; hilarious; **⁓leiert** adj. ['⁓laɪɐt] worn-out (a. fig.); **⁓macht** adj. ['⁓maxt] agreed(-on) (place, etc.); downright (nonsense, etc.); **'⁓nommen** prp. with the exception of; **⁓prägt** adj. ['⁓prɛːkt] marked, pronounced; **⁓rechnet** adv. ['⁓rɛçnət] just; **⁓ er** he of all people; **⁓ heute** today of all days; **⁓reizt** fig. adj. ['⁓raɪtst] subject, etc.: exhausted; **'⁓schlossen** fig. adj. out of the question; **'⁓storben** adj. extinct; **⁓sucht** fig. adj. ['⁓zuxt] select, choice; **'⁓wachsen** adj. full-grown; **⁓wogen** adj. ['⁓vo:gən] (well-)balanced; **⁓zeichnet** fig. adj. ['⁓tsaɪçnət] excellent.

ausgiebig adj. ['ausgi:biç] extensive, thorough; meal: substantial.

'ausgießen v/t. (irr. **gießen**, sep., **-ge-**, **h**) pour out; empty.

Ausgleich ['ausglaɪç] m (-[e]s/-e) compensation; sports: even score; tying point, Brt. equalization; tennis: deuce; **'2en** v/t. and v/i. (irr. **gleichen**, sep., **-ge-**, **h**) equalize (a. Brt. sports); compensate (loss, etc.); econ. balance (account); sports: make the score even; **'⁓sport** m remedial exercises; **'⁓treffer** m sports: tying point, Brt. equalizer.

'aus|gleiten v/i. (irr. **gleiten**, sep., **-ge-**, **sein**) slip, slide; **'⁓graben** v/t. (irr. **graben**, sep., **-ge-**, **h**) dig out or up (a. fig.); **'2grabungen** pl. excavations; **'⁓grenzen** v/t. (sep., **-ge-**, **h**) isolate, exclude s.o.

Ausguck ⚓ ['ausguk] m (-[e]s/-e) lookout.

'Ausguß m (kitchen) sink.

'aus|halten (irr. **halten**, sep., **-ge-**, **h**) **1.** v/t. bear, stand; **nicht auszuhalten**

sein be unbearable; **sich ⁓ lassen von j-m** live on s.o.; **2.** v/i. hold out, last (out); **⁓händigen** ['⁓hɛndɪgən] v/t. (sep., **-ge-**, **h**) hand over.

'Aushang m notice; bulletin.

'aushänge|n v/t. (sep., **-ge-**, **h**) hang out, put up, display; unhinge (door, etc.); **'2schild** fig. n person: figurehead; **als ⁓ benutzen** use as a come-on.

aus|harren ['ausharən] v/i. (sep., **-ge-**, **h**) hold out; **'⁓heben** v/t. (irr. **heben**, sep., **-ge-**, **h**) dig; unhinge (door, etc.); fig. bust, raid (gang of criminals, etc.); **⁓hecken** F ['⁓hɛkən] v/t. (sep., **-ge-**, **h**) cook s.th. up; **'⁓heilen** v/i. (sep., **-ge-**, **sein**) heal up; **'⁓helfen** v/i. (irr. **helfen**, sep., **-ge-**, **h**) help out.

'Aushilf|e f (temporary) help; **als ⁓ arbeiten** help out; **'⁓in** ... in compounds: temporary ...; **'2sweise** adv. temporarily.

'aus|höhlen v/t. (sep., **-ge-**, **h**) hollow out; fig. undermine; **'⁓holen** v/i. (sep., **-ge-**, **h**): **zum Schlag ⁓** swing (to strike); **mit der Axt ⁓** raise the axe; fig. **weit ⁓** go far back; **'⁓horchen** v/t. (sep., **-ge-**, **h**) sound (über acc. on); **'⁓hungern** v/t. (sep., **-ge-**, **h**) starve out; **'⁓kennen** v/refl. (irr. **kennen**, sep., **-ge-**, **h**): **sich ⁓ (in)** know one's way (about); fig. know a lot (about), be at home (in); **'⁓klingen** v/i. (irr. **klingen**, sep., **-ge-**, **sein**) die away; party: draw to a close; **'⁓klopfen** v/t. (sep., **-ge-**, **h**) beat (out); knock out (pipe, etc.); **⁓klügeln** ['⁓kly:gəln] v/t. (sep., **-ge-**, **h**) contrive cleverly; **'⁓knipsen** v/t. (sep., **-ge-**, **h**) switch off; **⁓knöpfbar** adj. ['⁓knœpf-] removable (lining, etc.).

'auskommen v/i. (irr. **kommen**, sep., **-ge-**, **sein**): **⁓ mit** manage with s.th.; get on or along with s.o.

'Auskommen n (-s/no pl.): **sein ⁓ haben** make one's living.

'auskosten fig. v/t. (sep., **-ge-**, **h**) enjoy s.th. to the full; gloat over (one's triumph, s.o.'s defeat, etc.).

'auskugeln v/t. (sep., **-ge-**, **h**) dislocate (shoulder, etc.).

'auskundschaften v/t. (sep., **-ge-**, **h**) explore; ⚔ scout; fig. find out (about).

Auskunft ['auskunft] f (-/-e) information; information desk; teleph. inquiries.

'aus|lachen v/t. (sep., **-ge-**, **h**) laugh at (wegen for); **'⁓laden** v/t. (irr. **laden**, sep., **-ge-**, **h**) unload; F fig. cancel s.o.'s invitation.

'Auslage f window display; **⁓n** pl. expenses.

'auslagern v/t. (sep., **-ge-**, **h**) evacuate; move out.

'Ausland n (-[e]s/no pl.): das ~ foreign countries; ins ~, im ~ abroad.

Ausländ|er ['auslɛndər] m (-s/-) foreigner; **'~erfeindlichkeit** f (-/no pl.) xenophobia, hostility to foreigners; **'2isch** adj. foreign.

'Auslands|gespräch teleph. n international call; **'~korrespondent** m foreign correspondent.

Auslaß ['auslas] m (-lasses/-lässe) outlet (a. fig.).

'auslass|en v/t. (irr. lassen, sep., -ge-, h) leave out; melt (fat, etc.); let out (seam, etc.); s-n Zorn an j-m ~ take it out on s.o.: sich ~ über (acc.) express o.s. on; **'2ung** f (-/-en) omission; **~en** pl. remarks; **'2ungszeichen** gr. n apostrophe.

'auslasten v/t. (sep., -ge-, h) use s.th. to capacity.

'Auslauf m room to move about; dog: exercise; **'2en** v/i. (irr. laufen, sep., -ge-, sein) ♣ leave port; leak; liquid, production, etc.: run out.

'Ausläufer m (-s/-) foothills; fringes.

'Auslaufmodell econ. n close-out (Brt. phase-out) model.

'ausleben v/refl. (sep., -ge-, h) live it up.

'ausleg|en v/t. (sep., -ge-, h) lay out (a. design; carpet (floor); line (with paper, etc.); display (goods, etc.); explain, interpret; advance (money); **'2er** ♣ m (-s/-) outrigger (boat); **'2ung** f (-/-en) interpretation.

'aus|leihen v/t. (irr. leihen, sep., -ge-, h) lend (out), loan; (sich) ~ borrow, check out (book); s. leihen; **'~lernen** v/i. (sep., -ge-, h) complete one's training; man lernt nie aus we live and learn.

'Auslese f (-/-n) choice, selection; fig. pick; **'2n** v/t. (irr. lesen, sep., -ge-, h) pick out, select; finish (book, etc.).

'ausliefer|n v/t. (sep., -ge-, h) hand or turn over, deliver (up); pol. extradite; **'2ung** f delivery; extradition.

'aus|liegen v/i. (irr. liegen, sep., -ge-, h) be laid out; **'~löffeln** v/t. (sep., -ge-, h) spoon out; die Suppe ~ müssen fig. have to face the music; **'~löschen** v/t. (sep., -ge-, h) put out; fig. wipe out; **'~losen** v/t. (sep., -ge-, h) draw (lots) for.

'auslös|en v/t. (sep., -ge-, h) ⊚ release (a. alarm, etc.); redeem (prisoner, pawn, etc.); cause, start (war, feelings, etc.); trigger s.th. off; **'2er** m (-s/-) ⊚ release, trigger; phot. shutter release.

'aus|machen v/t. (sep., -ge-, h) put out (fire, etc.); turn off (light, TV, radio, etc.); arrange (for) (time, place, etc.); agree on (price, etc.); make up (part); sum: amount to; settle (argument, etc.);

sight, spot; macht es Ihnen et. aus (, wenn ...)? do you mind (if ...)?; es macht mir nichts aus I don't mind or care; das macht (gar) nichts aus that doesn't matter (at all); **'~malen** v/t. (sep., -ge-, h) paint; sich et. ~ imagine s.th.

'Ausmaß fig. n extent; **~e** pl. proportions.

aus|merzen ['ausmɛrtsən] v/t. (sep., -ge-, h) eliminate; **'~messen** v/t. (irr. messen, sep., -ge-, h) measure; **'~misten** v/t. (sep., -ge-, h) ♪ muck out (stable); fig. tidy or clean out.

Ausnahm|e ['ausna:mə] f (-/-n) exception; **'~ezustand** pol. m state of emergency; **'2slos** adv. without exception; **'2sweise** adv. by way of exception.

'ausnehmen v/t. (irr. nehmen, sep., -ge-, h) gut (fish, etc.); clean (poultry); except; exempt; F clean s.o. out; **'~d** adv. exceptionally.

'aus|nutzen v/t. (sep., -ge-, h) use, take advantage of (a. contp.); exploit; **'~packen** (sep., -ge-, h) 1. v/t. unpack; 2. v/i. F fig. talk; **'~pfeifen** v/t. (irr. pfeifen, sep., -ge-, h) boo, hiss; **'~plaudern** v/t. (sep., -ge-, h) blab or let out; **'~plündern** v/t. (sep., -ge-, h) plunder, rob; **'~posaunen** F fig. v/t. (sep., no -ge-, h) blab s.th. out; **'~probieren** v/t. (sep., no -ge-, h) try (out), test.

Auspuff mot. ['auspuf] m (-[e]s/-e) exhaust; **~gase** mot. ['~ga:zə] pl. exhaust fumes; **'~rohr** mot. n exhaust pipe; **'~topf** mot. m muffler, esp. Brt. silencer.

'aus|putzen v/t. (sep., -ge-, h) clean; **'2putzer** m (-s/-) soccer: sweeper; **'~quartieren** v/t. (sep., no -ge-, h) move out; **'~radieren** v/t. (sep., no -ge-, h) erase; fig. wipe out; **'~rangieren** v/t. (sep., no -ge-, h) discard; **'~rauben** v/t. (sep., -ge-, h) rob; **'~räumen** v/t. (sep., -ge-, h) empty, clear; remove (furniture, etc.); **'~rechnen** v/t. (sep., -ge-, h) calculate; work out (problem).

'Ausrede f excuse; **'2n** (sep., -ge-, h) 1. v/i. finish speaking; ~ lassen hear s.o. out; lassen Sie mich ~! don't interrupt me!; 2. v/t.: j-m et. ~ talk s.o. out of s.th.

'ausreichen v/i. (sep., -ge-, h) be enough; **'~d** adj. sufficient, enough; school: ≈ D, (barely) passing, weak.

'Ausreise f departure; **'~visum** n exit visa; **'2n** v/i. (sep., -ge-, sein) leave (a od. one's country).

'ausreiß|en (irr. reißen, sep., -ge-) 1. v/t. (h) pull or tear out; 2. F v/i. (sein) run away; **'2er** m (-s/-) runaway.

aus|renken ['ausreŋkən] v/t. (sep., -ge-, h) dislocate; '**richten** v/t. (sep., -ge-, h) deliver (message, etc.); accomplish; arrange (party, etc.); **richte ihr e-n Gruß von mir aus!** give her my regards!; **kann ich et. ~?** can I take a message?; **richte ihm aus, daß ...** let him know that ...

ausrott|en ['ausrɔtən] v/t. (sep., -ge-, h) exterminate; '**2ung** f (-/no pl.) extermination; extinction.

'**ausrücken** v/i. (sep., -ge-, sein) F run away; ✕, etc.: move out.

'**Ausruf** m cry, shout; '**2en** v/t. (irr. rufen, sep., -ge-, h) cry, shout, exclaim; call out (name, etc.); pol. proclaim; '**~ung** pol. f (-/no pl.) proclamation; '**~ungszeichen** n exclamation mark.

'**ausruhen** v/i., v/t. and v/refl. (sep., -ge-, h) rest, relax.

'**ausrüst|en** v/t. (sep., -ge-, h) equip; '**2ung** f equipment.

'**ausrutschen** v/i. (sep., -ge-, sein) slip.

'**Aussage** f statement; ⚖ evidence; fig. message (of book, etc.); '**2n** v/t. (sep., -ge-, h) state, declare; ⚖ testify.

Aussätzige ⚕ ['ausзɛtsɪgə] m, f (-n/-n) leper (a. fig.).

'**aus|saugen** v/t. (sep., -ge-, h) suck (out); '**schalten** v/t. (sep., -ge-, h) switch off; fig. eliminate.

Ausschank ['ausʃaŋk] m (-s/no pl.) sale (of beer, etc.); bar, counter.

'**Ausschau** f (-/no pl.): ~ **halten nach** be on the lookout for, watch for.

'**ausscheid|en** (irr. scheiden, sep., -ge-) 1. v/i. (sein) be ruled out; sports, etc.: drop out (aus of); retire (aus from office, etc.); ~ **aus** leave (firm, etc.); 2. v/t. (h) eliminate; ⚕, etc.: secrete, exude; '**2ung** f elimination (a. sports); ⚕ secretion; '**2ungs...** in compounds: qualifying (match, etc.).

'**aus|schenken** v/t. (sep., -ge-, h) serve, sell (beer, etc.); '**scheren** ['ʃeːrən] v/i. (sep., -ge-, sein) swerve; fig. deviate; '**schimpfen** v/t. (sep., -ge-, h) scold (wegen for); '**schlachten** fig. v/t. (sep., -ge-, h) salvage (car, wreck, etc.); contp. exploit; '**schlafen** (irr. schlafen, sep., -ge-, h) 1. v/i. sleep in; 2. v/t. sleep it off.

'**Ausschlag** m ⚕ rash; deflection (of needle); **den ~ geben** decide it; '**2en** ['-gən] (irr. schlagen, sep., -ge-, h) 1. fig. v/t. refuse, decline; 2. v/i. horse: kick; ⚘ bud; pointer: deflect; '**2gebend** adj. ['-k-] decisive.

'**ausschließ|en** v/t. (irr. schließen, sep., -ge-, h) lock out; fig. exclude; expel; sports: disqualify; '**lich** adj. exclusive.

'**Ausschluß** m exclusion; school, etc.: expulsion; sports: disqualification; **unter ~ der Öffentlichkeit** in closed session.

'**aus|schmücken** v/t. (sep., -ge-, h) adorn, decorate; fig. embellish; '**schneiden** v/t. (irr. schneiden, sep., -ge-, h) cut out.

'**Ausschnitt** m neck (of dress, etc.); (newspaper) clipping, Brt. a. cutting; fig. part; extract; **mit tiefem ~** low-necked.

'**ausschreib|en** v/t. (irr. schreiben, sep., -ge-, h) write out (a. check, etc.); advertise (job opening); '**2ung** f (-/-en) advertisement.

'**Ausschreitungen** pl. riots, violence.

'**Ausschuß** m committee, board; (no pl.) refuse, waste, rejects; ⚔ exit wound.

'**aus|schütten** v/t. (sep., -ge-, h) shake out; '**schütten** v/t. (sep., -ge-, h) pour out (a. fig.); spill; econ. pay; **sich vor Lachen ~** split one's sides.

'**ausschweif|end** adj. dissolute; '**2ung** f (-/-en) debauchery, excess.

'**aussehen** v/i. (irr. sehen, sep., -ge-, h) look; **krank (traurig) ~** look ill (sad); **wie j. (et.) ~** look like s.o. (s.th.); **wie sieht ... aus?** what does ... look like?

'**Aussehen** n (-s/no pl.) look(s), appearance.

'**aussein** v/i. (irr. sein, sep., -ge-, sein) be out or over; ~ **auf** (acc.) be out for; be after (s.o.'s money, etc.).

außen adv. ['ausən] outside; **von ~ her** from (the) outside; **nach ~ (hin)** outward(s); fig. outwardly; ~ **vor lassen** fig. leave s.th. aside; **2aufnahme** ['-?-] f outdoor (shot); **~n** pl. location shots; '**2bahn** f sports: outside lane; '**2bordmotor** m outboard motor.

'**aussenden** v/t. ([irr. senden,] sep., -ge-, h) send out.

'**Außen|dienst** m field service; '**handel** m foreign trade; '**minister** m foreign minister; Secretary of State, Brt. Foreign Secretary; '**ministerium** n foreign ministry; State Department, Brt. Foreign Office; '**politik** f foreign affairs; foreign policy; '**2politisch** adj. foreign-policy; '**seite** f outside; '**~seiter** m (-s/-) outsider; sports: dark horse; '**spiegel** mot. m outside rear-view mirror; '**stände** econ. ['-ʃtɛndə] pl. receivables; '**stelle** f branch; '**stürmer** m sports: wing; '**welt** f outer or outside world.

außer ['ausər] **1.** prp. (dat.) out of (reach, breath, etc.); beside(s), aside from; except; ~ **sich sein** be beside o.s. (vor Freude with joy); **alle ~ e-m** all but one; **2.** cj.: ~ **daß** except that; ~ **wenn** unless; '**dem** cj. besides, moreover.

äußere adj. ['ɔysərə] exterior, outer, outward.

Äußere [.] n (-n/no pl.) exterior, outside; (outward) appearance, looks.

'außer|gewöhnlich adj. unusual, uncommon; **'.halb** prp. (gen.) and adv. outside; out of; beyond; **.irdisch** adj. ['.ˈ.-] extraterrestrial.

äußerlich adj. ['ɔysərlɪç] external, outward; **'2keit** f (-/-en) superficiality; formality.

äußern ['ɔysərn] v/t. (ge-, h) utter, express; **sich ~ zu** or **über** (acc.) express o.s. on, say s.th. about.

außerordentlich adj. ['ausər?-] extraordinary, exceptional.

äußerst ['ɔysərst] 1. adj. outermost; fig. extreme; 2. adv. extremely.

außerstande adj. [ausər'ʃtandə]: **~ sein** be unable.

'Äußerung f (-/-en) utterance, remark.

'aussetzen (sep., -ge-, h) 1. v/t. abandon (child, animal, etc.); expose (dat. to) (sun, danger, etc.); offer (prize, etc.); **et. auszusetzen haben an** (dat.) find fault with; 2. v/i. stop, break off; engine, etc.: fail; sit out (dance).

'Aussicht f (-/-en) view (auf acc. of); fig. prospect (of), chance (of); **~ auf Erfolg** a chance of success; **'2slos** adj. hopeless, desperate; **'.spunkt** m vantage point; **'2sreich** adj. promising, full of promise; **.sturm** m lookout tower.

'aussieben v/t. (sep., -ge-, h) sift out (a. fig.).

'Aussiedler m resettler, evacuee.

'aussitzen v/t. (irr. sitzen, sep., -ge-, h) sit or wait s.th. out.

aussöhn|en ['auszø:nən] v/t. (sep., -ge-, h) reconcile; **sich ~** (mit) become reconciled (with), F make up (with); **'2ung** f (-/-en) reconciliation.

'aus|sondern v/t. (sep., -ge-, h), **'.sortieren** (sep., no -ge-, h) sort out; **'.spannen** (sep., -ge-, h) 1. v/t. unharness (horse, etc.); F fig. steal (j-m die Freundin s.o.'s girlfriend); 2. fig. v/i. (take a) rest, relax.

'aussperr|en v/t. (sep., -ge-, h) shut out; lock out (workers); **'2ung** f (-/-en) lockout.

'aus|spielen (sep., -ge-, h) 1. v/t. play (card); j-n **gegen** j-n play s.o. off against s.o.; 2. v/i. at cards: lead; **er hat ausgespielt** fig. he is done for; **.spionieren** v/t. (sep., no -ge-, h) spy out.

'Aussprache f 1. (no pl.) pronunciation; 2. discussion; heart-to-heart (talk).

'aussprechen v/t. (irr. sprechen, sep., -ge-, h) pronounce; say; express (opinion, etc.); **sich ~ für** (gegen) speak for (against); **sich mit** j-m **gründlich ~** have a heart-to-heart talk with s.o.; s. a. **ausreden.**

'Ausspruch m word(s), saying; remark.

'aus|spucken v/i. and v/t. (sep., -ge-, h) spit out; **.spülen** v/t. (sep., -ge-, h) rinse; **.staffieren** ['ausʃtafi:rən] v/t. (sep., no -ge-, h) fit (out); decorate.

'Ausstand m strike, F walkout.

ausstatt|en ['ausʃtatən] v/t. (sep., -ge-, h) fit (out), equip, furnish; **'2ung** f (-/-en) equipment, furnishings; design.

'aus|stechen v/t. (irr. stechen, sep., -ge-, h) cut out (a. fig.); put out (eye); **.stehen** (irr. stehen, sep., -ge-, h) 1. v/t. stand, bear, endure; F **ich kann ihn (es) nicht ~** I can't stand him (it); 2. v/i. be outstanding or overdue; **.steigen** v/i. (irr. steigen, sep., -ge-, sein) get out (aus of); get off (train, bus, etc.); fig. drop out; pull out; **'2steiger** F m (-s/-) dropout.

'ausstell|en v/t. (sep., -ge-, h) exhibit, display, show; make out (bill, check, Brt. -que, etc.); issue (passport, etc.); **'2er** m (-s/-) exhibitor; issuer; drawer (of check, Brt. -que, etc.); **'2ung** f exhibition, show.

'aussterben v/i. (irr. sterben, sep., -ge-, sein) die out, become extinct (both a. fig.).

'Aussteuer f (-/no pl.) trousseau; dowry.

'aussteuer|n ≠ v/t. (sep., -ge-, h) modulate; **'2ung** ≠ f modulation; level control.

Ausstieg ['ausʃti:k] m (-[e]s/-e) exit; fig. (no pl.) pullout, withdrawal.

'ausstopfen v/t. (sep., -ge-, h) stuff; pad.

'Ausstoß m ⊙, phys. discharge, ejection; output; **2en** v/t. (irr. stoßen, sep., -ge-, h) ⊙, phys. give off, eject, emit; turn out (manufactured goods, etc.); give (cry, sigh); expel; **'.ung** f (-/-en) expulsion.

'aus|strahlen v/t. (sep., -ge-, h) radiate; TV, radio: broadcast, transmit; **'2strahlung** f radiation; transmission; fig. (personal) magnetism, charisma; **'.strecken** v/t. (sep., -ge-, h) stretch (out); **'.streichen** v/t. (irr. streichen, sep., -ge-, h) strike out; **'.strömen** v/i. (sep., -ge-, sein) escape (aus from); **'.suchen** v/t. (sep., -ge-, h) choose, select, pick (out).

'Austausch m (-[e]s/no pl.) exchange (a. in compounds); **'2bar** adj. exchangeable; **'2en** v/t. (sep., -ge-, h) exchange (gegen for).

'austeil|en v/t. (sep., -ge-, h) distribute, hand out; deal (out) (cards, blows, etc.); **'2ung** f distribution; deal(ing).

Auster zo. ['austər] f (-/-n) oyster.

'**austoben** v/refl. (sep., -ge-, h) let off steam; children: romp.

'**austrag|en** v/t. (irr. tragen, sep., -ge-, h) deliver (letters, etc.); settle (argument, etc.); hold (contest, etc.); **ein Kind ~** have a child, not have an abortion; '**2ungsort** m sports: (game) site, venue.

Austral|ier [aus'traliər] m (-s/-), **2isch** adj. Australian.

'**austreib|en** v/t. (irr. treiben, sep., -ge-, h) drive out; exorcise; F: **das werde ich ihm ~!** I'll cure him of that!

'**austreten** (irr. treten, sep., -ge-) **1.** v/t. (h) tread or stamp out (fire); wear out (shoes, etc.); **2.** v/i. (sein) liquid, gas, etc.: escape (aus from); F go to the bathroom (Brt. toilet); **~ aus** drop out of (club, etc.), leave (school, etc.); formal: resign from; '**~trinken** v/t. (irr. trinken, sep., -ge-, h) drink up; empty; '**2tritt** m leaving; resignation; escape; '**~trocknen** (sep., -ge-) v/t. (h) and v/i. (sein) dry up; '**~tüfteln** F v/t. (sep., -ge-, h) puzzle out; contrive cleverly.

ausüb|en ['aus?-] v/t. (sep., -ge-, h) practi|ce, Brt. -se (a profession, sport, etc.); hold (office, etc.); exercise (power); exert (pressure); '**2ung** f (-/no pl.) practice; exercise.

'**Ausverkauf** econ. m (clearance) sale; '**2t** econ., thea. adj. sold out; **vor ~em Haus spielen** play to a full house.

'**Aus|wahl** f (-/no pl.) choice, selection (both a. econ.); sports: (representative) team; '**2wählen** v/t. (sep., -ge-, h) choose, select, pick (out).

'**Auswander|er** m emigrant; '**2n** v/i. (sep., -ge-, sein) emigrate; '**~ung** f emigration; exodus.

auswärt|ig adj. ['ausvεrtiç] out-of-town; pol. foreign; **das Auswärtige Amt** s. **Außenministerium**; **~s** adv. ['~s] out of town; **~ essen** eat out; '**2ssieg** m sports: away victory; '**2sspiel** n sports: away game.

'**auswechs|elbar** adj. exchangeable; replaceable; '**~eln** v/t. (sep., -ge-, h) exchange (gegen for); change (wheel, etc.); replace; sports: **A gegen B ~** substitute B for A; '**2elspieler** m substitute; '**2(e)lung** f (-/-en) exchange; replacement; substitution.

'**Ausweg** m way out; '**2los** adj. hopeless; '**2losigkeit** f (-/no pl.) hopelessness.

'**ausweichen** v/i. (irr. weichen, sep., -ge-, sein) make way (dat. for); fig. dat. avoid (s.o. or s.th.); evade (question, etc.); '**~d** adj. evasive.

'**ausweinen** v/refl. (sep., -ge-, h) have a good cry.

Ausweis ['ausvais] m (-es/-e) identifica-

tion (card), identity card; (membership, etc.) card; **2en** ['~zən] v/t. (irr. weisen, sep., -ge-, h) expel; **sich ~** identify o.s.; '**~papiere** pl. documents; '**~ung** ['~zuŋ] f expulsion.

'**ausweiten** fig. v/t. and v/refl. (sep., -ge-, h) expand; stretch.

'**auswendig** fig. adv. by heart; **et. ~ können** know s.th. by heart; **~ lernen** memorize, learn by heart.

'**aus|werfen** v/t. (irr. werfen, sep., -ge-, h) throw out (a. data); cast (anchor, etc.); ⊙ eject; '**~werten** v/t. (sep., -ge-, h) evaluate, analy|ze, Brt. -se, interpret (data, etc.); utilize, exploit; '**2wertung** f evaluation; utilization; '**~wickeln** v/t. (sep., -ge-, h) unwrap; '**~wirken** v/refl. (sep., -ge-, h): **sich ~ auf** (acc.) affect; **sich positiv ~** have a favo(u)rable effect; '**2wirkung** f effect; '**~wischen** (sep., -ge-, h) wipe out; F fig. **j-m eins ~** do a number on s.o.; '**~wringen** v/t. (irr. wringen, sep., -ge-, h) wring out.

'**Auswuchs** m (-es/-e) excess; outgrowth.

'**auswuchten** ⊙ v/t. (sep., -ge-, h) balance.

'**Auswurf** ℱ m sputum.

'**aus|zahlen** v/t. (sep., -ge-, h) pay (out); pay s.o. off; **sich ~** pay; '**~zählen** v/t. (sep., -ge-, h) count (boxer: out).

'**Auszahlung** f payment; paying off.

'**auszeichn|en** v/t. (sep., -ge-, h) price, mark (goods); **sich ~** distinguish o.s.; **j-n mit et. ~** award s.th. to s.o.; '**2ung** f marking; fig. distinction, hono(u)r; award; decoration.

'**auszieh|bar** adj. expanding (table, etc.); hideaway (sofa); telescopic (antenna); '**~en** (irr. ziehen, sep., -ge-) **1.** v/t. (h) take off (clothes); pull out (table, antenna, etc.); **sich ~** undress; **2.** v/i. (sein) move out.

'**Auszubildende** m, f (-n/-n) apprentice, trainee.

'**Auszug** m move, removal; extract, excerpt (from book, etc.); econ. statement (of account).

authentisch adj. [au'tεntiʃ] authentic, genuine.

Autis|mus psych. [au'tismus] m autism; **2tisch** adj. autistic.

Auto ['auto] n (-s/-s) car, automobile; **~fahren** drive, go by car; '**~bahn** f expressway, superhighway, Brt. motorway; '**~bahndreieck** n interchange; '**~bahngebühr** f toll; '**~bahnkreuz** n interchange; '**~biographie** f autobiography; '**~bombe** f car bomb; '**~bus** m bus, Brt. a. coach; '**~fahrer** m motorist, driver; '**~friedhof** F m auto junkyard, Brt. scrapyard; **2gen** psych. adj.

[~'ge:n]: ~es *Training* relaxation exercises; ~'gramm *n* (-s/-e) autograph; ~'gramm|jäger *m* autograph hunter; '~karte *f* road map; '~kino *n* drive-in (theater, *Brt.* cinema); ~mat [~'ma:t] *m* (-en/-en) slot machine; vending machine; ⊕ machine, robot; △ *not* automat; ~matik ⊙ [~'ma:tɪk] *f* (-/*no pl.*) automatic (system *or* control); *mot.* (*pl.* -en) automatic transmission; ~mation ⊙ [~ma'tsio:n] *f* (-/*no pl.*) automation; 2'matisch *adj.* automatic; '~mechaniker *m* auto (*Brt.* car) mechanic; ~mobil [~mo'bi:l] *n* (-s/-e) s. *Auto*; 2-

nom *adj.* [~'no:m] autonomous; '~nummer *mot. f* licen|se (*Brt.* -ce) number.
Autor ['aʊtɔr] *m* (-s/-en) author.
'**Autoreparaturwerkstatt** *f* car repair shop, garage.
Autorin [aʊ'to:rɪn] *f* (-/-nen) (woman) author, authoress.
autori|sieren [aʊtori'zi:rən] *v/t.* (*no ge-, h*) authorize; ~tär *adj.* [~'tɛ:r] authoritarian; 2'tät *f* (-/-en) authority.
'**Auto|telefon** *n* car phone; '~vermietung *f* car rental (*Brt.* hire) service; '~waschanlage *f* car wash.
Axt [akst] *f* (-/̈-e) ax(e).

B

Bach [bax] *m* (-[e]s/̈-e) brook, creek, stream.
Backblech ['bak-] *n* baking sheet.
'**Backbord** ⚓ *n* port (*a. in compounds*).
Backe ['bakə] *f* (-/-n) cheek.
backen ['bakən] *v/t. and v/i.* (*irr.*, ge-, *h*) bake; fry.
'**Backenzahn** *m* molar (tooth).
Bäcker ['bɛkɔr] *m* (-s/-) baker; *beim* ~ at the baker's; ~ei [~'raɪ] *f* (-/-en) bakery, baker's (shop).
'**Back|form** *f* baking pan *or* tin; ~hendl *Aust.* [~'hendl] *n* (-s/-) fried chicken; ~obst ['~?-] *n* dried fruit; ~ofen ['~?-] *m* oven; '~pflaume *f* prune; '~pulver *n* baking powder; '~stein *m* brick; '~waren *pl.* breads and pastries.
Bad [ba:t] *n* (-[e]s/̈-er) bath; swim; bathroom; health resort; *ein ~ nehmen s. baden 1.*
Bade|anstalt ['ba:də?-] *f* swimming pool, public baths; ~anzug ['~?-] *m* swimsuit; '~hose *f* bathing trunks; '~kappe *f* bathing cap; '~mantel *m* bathrobe; '~meister *m* pool attendant.
baden ['ba:dən] (ge-, *h*) **1.** *v/i.* take *or* have a bath; swim; ~ *gehen* go swimming; **2.** *v/t.* bathe; *Brt. a.* bath (*baby, etc.*).
Bade|ort ['ba:də?-] *m* seaside resort; health resort; '~sachen *pl.* swimming things *or* gear; '~tuch *n* bath towel; '~wanne *f* bathtub; '~zimmer *n* bath(room).
baff F *adj.* [baf] flabbergasted.
Bafög ['ba:fœk] *n* (-[s]/*no pl.*): ~ *erhalten* get a grant.
Bagatell|... [baga'tɛl] *in compounds*: negligible, petty, trivial; ~e [~ə] *f* (-/-n) trifle; 2i'sieren *v/t.* (*no ge-, h*) minimize, play *s.th.* down.

Bagger ['bagɔr] *m* (-s/-) excavator; dredge(r); 2n *v/i.* (ge-, *h*) excavate; dredge.
Bahn [ba:n] *f* (-/-en) ⛟ railroad, *Brt.* railway; train; way, path, course; *mit der ~* by train *or* rail; ~*frei!* make way!; *auf die schiefe ~ geraten fig.* go astray; *for compounds s. a. Eisenbahn*; '2brechend *adj.* path- (*or* trail-)breaking; '~damm *m* railroad (*Brt.* railway) embankment.
'**bahnen** *v/t.* (ge-, *h*): *j-m or e-r Sache den Weg ~* clear the way for s.o. *or* s.th.; *sich e-n Weg ~* force *or* work one's way.
'**Bahn|hof** *m* railroad (*Brt.* railway) station; '~linie *f* railroad (*Brt.* railway) line; ~steig ['~ʃtaɪk] *m* (-[e]s/-e) platform; ~übergang ['~?-] *m* grade (*Brt.* level) crossing.
Bahre ['ba:rə] *f* (-/-n) stretcher; bier.
Baisse *econ.* ['bɛ:s(ə)] *f* (-/-n) fall, slump.
Bajonett ✕ [bajo'nɛt] *n* (-[e]s/-e) bayonet.
Bakterien *biol.* [bak'te:riən] *pl.* germs, bacteria.
balancieren [balã'si:rən] (*no ge-*) *v/t.* (*h*) *and v/i.* (*sein*) balance.
bald *adv.* [balt] soon; F almost, nearly; *so ~ wie möglich s. baldigst*; ~ig *adj.* ['~dɪç] speedy; ~e *Antwort econ.* early reply; *auf (ein) ~es Wiedersehen!* see you again soon!; ~igst *adv.* ['~dɪçst] as soon as possible.
Balg [balk] **1.** *m* (-[e]s/̈-e) skin; **2.** F *m, n* (-[e]s/̈-er) child: brat; 2en ['balgən] *v/refl.* (ge-, *h*) scuffle (*um* for).
Balken ['balkən] *m* (-s/-) beam.
Balkon [bal'kõ:, ~'ko:n] *m* (-s/-s; -s/-e) balcony; ~tür *f* French window.
Ball [bal] *m* (-[e]s/̈-e) ball (*a. dance*); *am ~ sein sports*: have the ball.

Ballade [ba'la:də] f (-/-n) ballad.

Ballast ['balast] m (-[e]s/no pl.) ballast; fig. a. burden; '~stoffe pl. roughage, bulk.

'**ballen** v/t. (ge-, h) clench (fist).

'**Ballen** m (-s/-) bale; anat. ball (of the foot, etc.).

ballern F ['balərn] v/i. (ge-, h) bang (away).

Ballett [ba'lɛt] n (-[e]s/-e) ballet.

Ballon [ba'lɔŋ] m (-s/-s, -e) balloon.

Ballungs|gebiet ['balʊŋs-] n, '~raum m, '~zentrum n congested area, conurbation.

Balsam ['balza:m] m (-s/-e) balm, balsam (both a. fig.).

Balz zo., hunt. [balts] f (-/-en) mating season.

Bambus ['bambʊs] m (-, -ses/-se) bamboo; '~rohr n bamboo (cane).

banal adj. [ba'na:l] banal, trite.

Banane [ba'na:nə] f (-/-n) banana.

Banause [ba'nauzə] m (-n/-n) philistine.

Band [bant] **1.** m (-[e]s/-e) volume; **2.** n (-[e]s/-er) band; ribbon; tape; anat. ligament; auf ~ aufnehmen tape; am laufenden ~ fig. continuously; **3.** fig. n (-[e]s/-e) tie, link, bond.

band [~] past of **binden**.

Bandag|e [ban'da:ʒə] f (-/-n) bandage; **2ieren** [~a'ʒi:rən] v/t. (no ge-, h) (put on a) bandage.

'**Bandbreite** f (-/-n) ⚡ bandwidth; fig. range.

Bande ['bandə] f (-/-n) gang; billiards: cushions; ice hockey: boards; bowling: gutter; '~nkrieg m gang war(fare).

Bänderriß ⚕ ['bɛndər-] m torn ligament.

...**bändig** ['-bendɪç] in compounds: ...-volume (edition).

bändigen ['bendɪgən] v/t. (ge-, h) tame (a. fig.); restrain, control (children, anger, etc.).

Bandit [ban'di:t] m (-en/-en) bandit, outlaw.

'**Band|maß** n tape measure; '~säge f band saw; '~scheibe anat. f (intervertebral) dis|k, Brt. -c; '~scheibenschaden ⚕ m, '~scheibenvorfall m F slipped dis|k, Brt. -c; '~wurm zo. m tapeworm.

bang adj. [baŋ], ~e adj. ['~ə] afraid; anxious; j-m bange machen frighten or scare s.o.; 2e f (-/no pl.): keine ~l (have) no fear!; '~en v/i. (ge-, h) be anxious or worried (um about).

Bank¹ [baŋk] f (-/-e) bench; school: desk; F durch die ~ without exception; auf die lange ~ schieben put off.

Bank² econ. [~] f (-/-en) bank; Geld auf der ~ money in the bank; ~angestellte

[~?-] m, f bank clerk or employee; ~einlage ['~?-] deposit.

Bankett [baŋ'kɛt] n (-[e]s/-e) banquet.

'**Bank|geheimnis** n (-ses/no pl.) of a bank (account): secrecy; banker's discretion; '~geschäfte econ. pl. banking transactions.

Bankier [baŋ'kie:] m (-s/-s) banker.

'**Bank|kaufmann** m banker, bank employee; '~konto n bank account; '~leitzahl f A.B.A. or routing number, Brt. bank code number; '~note f bill, banknote.

bankrott adj. [baŋ'krɔt] bankrupt.

Bankrott [~] m (-[e]s/-e) bankruptcy; ~ machen go bankrupt.

Bann [ban] m (-[e]s/-e) ban; spell (of a witch, etc.) (a. fig.); '2en v/t. (ge-, h) ward off (danger, etc.); eccl. excommunicate; fig. (wie) gebannt spellbound.

Banner ['banər] n (-s/-) banner (a. fig.).

bar adj. [ba:r] econ. (in) cash; bare (head, etc.); pure (gold, etc.); sheer (nonsense, etc.); ~ (gen.) lacking, devoid of; gegen ~ for cash.

Bar [~] f (-/-s) bar; nightclub.

...**bar** [-ba:r] suffix mst ...able, ...ible.

Bär zo. [bɛ:r] m (-en/-en) bear; j-m e-n ~en aufbinden pull s.o.'s leg.

Baracke [ba'rakə] f (-/-n) hut; contp. shack.

Barbar [bar'ba:r] m (-en/-en) barbarian; **2isch** adj. [~'ba:rɪʃ] barbarous; atrocious (crime, etc.).

'**Bardame** f barmaid.

Barett [ba'rɛt] n (-[e]s/-e) beret.

'**barfuß** adj. and adv. barefoot.

barg [bark] past of **bergen**.

'**Bar|geld** n cash; '2geldlos adj. noncash (payment, etc.); '2häuptig adj. and adv. ['~hɔʏptɪç] bareheaded; '~hocker m bar stool.

Bariton ♪ ['ba:ritɔn] m (-s/-e) baritone.

Barkasse ⚓ [bar'kasə] f (-/-n) launch.

barmherzig adj. [barm'hɛrtsɪç] merciful; charitable; 2keit f (-/no pl.) mercy; charity.

'**Barmixer** m barman.

Barockstil [ba'rɔk-] m baroque (style).

Barometer [baro'-] n barometer.

Baron [ba'ro:n] m (-s/-e) baron; ~in f (-/-nen) baroness.

Barren ['barən] m (-s/-n) metall. ingot; gold, silver: bullion; gymnastics: parallel bars.

Barriere [ba'riɛ:rə] f (-/-n) barrier.

Barrikade [bari'ka:də] f (-/-n) barricade.

Barsch zo. [barʃ] m (-es/-e) perch.

barsch adj. [~] rough, gruff, brusque.

'**Barscheck** econ. m (negotiable) check, Brt. open cheque.

barst [barst] past of **bersten**.

Bart [ba:rt] *m* (-[e]s/=e) beard; bit (*of key*); **sich e-n ~ wachsen lassen** grow a beard.

bärtig *adj.* ['bɛːrtɪç] bearded.

'Barzahlung *f* cash payment.

Basar [ba'za:r] *m* (-s/-e) bazaar.

Base ['ba:zə] *f* (-/-n) 🔆 base; (female) cousin.

basieren [ba'zi:rən] *v/i.* (*no ge-, h*): **~ auf** (*dat.*) be based on.

Basis ['ba:zɪs] basis; ✕, *arch.* base.

Baskenmütze ['baskən-] *f* beret.

Baß ♪ [bas] *m* (*Basses/Bässe*) bass (*a. in compounds*).

Bassin [ba'sɛ̃] *n* (-s/-s) basin; (swimming) pool.

Bassist ♪ [ba'sɪst] *m* (-en/-en) bass singer *or* player.

Bast [bast] *m* (-es/-e) for baskets, *etc.*: bast; *zo.* on deer's antlers, *etc.*: velvet.

basta ['basta] *int.*: (**und damit**) **~!** and that's that!

Bastard ['bastart] *m* (-[e]s/-e) *biol.* hybrid; mongrel; V bastard.

bast|eln ['bastəln] (*ge-, h*) **1.** *v/t.* build, make; **2.** *v/i.* make and repair things o.s.; **'2ler** *m* (-s/-) home handyman, do-it-yourselfer.

bat [ba:t] *past of* **bitten**.

Batik ['ba:tɪk] *f* (-/-en) batik.

Batist [ba'tɪst] *m* (-[e]s/-e) cambric.

Batterie ✕, ⚡ [batə'ri:] *f* (-/-n) battery.

Bau [bau] *m* **1.** (-[e]s/*no pl.*) building, construction; build, frame (*of body, etc.*); **beim ~** in construction (work); **im ~** under construction; **2.** (-[e]s/-ten) building, edifice; **3.** (-[e]s/-e) hole (*of rabbit, etc.*); den (*of wild animal*).

Bau|arbeiten ['bau²-] *pl.* construction work(s); **~arbeiter** *m* construction worker; **~art** ['~²-] *f* architecture, style; (method of) construction; *mot., etc.*: type, model.

Bauch [baux] *m* (-[e]s/=e) belly (*a. fig.*); *anat.* abdomen; F tummy; **'2ig** *adj.* big-bellied, bulgy; **'~landung** *f* belly landing; **'~redner** *m* ventriloquist; **'~schmerzen** *pl.* bellyache, stomachache; **'~speicheldrüse** *anat. f* pancreas; **'~tanz** *m* belly dancing; **'~weh** *n* (-s/*no pl.*) *s.* **Bauchschmerzen**.

bauen ['bauən] (*ge-, h*) **1.** *v/t.* build, construct, make; **2.** *fig. v/i.*: **~ auf** (*acc.*) rely *or* count on *s.o.* or *s.th.*

Bauer ['bauər] **1.** *m* (-n/-n) farmer; *chess:* pawn; **2.** *n, m* (-s/-) (bird)cage.

Bäuerin ['bɔʏrɪn] *f* (-/-nen) farmer's wife, farmer.

bäuerlich *adj.* ['bɔʏrlɪç] rural, rustic.

Bauern|fänger *contp.* ['bauərnfɛŋər] *m* (-s/-) trickster, con man; **'~haus** *n* farmhouse; **'~hof** *m* farm; **'~möbel** *pl.* rustic furniture.

'bau|fällig *adj.* dilapidated; **'2firma** *f* builders and contractors; **'2gerüst** *n* scaffold(ing); **'2herr** *m* owner; **'2holz** *n* lumber, timber; **'2ingenieur** *m* civil engineer; **'2jahr** *n* year of construction; **~ 1993** 1993 model (*car, etc.*); **'2kasten** *m* toy: box of building blocks *or* bricks; (*model plane, etc.*) kit, construction set; **'2kastensystem** *n* modular system; **'2leiter** *m* building supervisor; **'~lich** *adj.* structural; **in gutem** *etc.* **~en Zustand** in good, *etc.* repair.

Baum [baum] *m* (-[e]s/=e) tree.

'Baumarkt *m* home improvement center, *Brt.* DIY store.

baumeln ['bauməln] *v/i.* (*ge-, h*) dangle, swing; **mit den Beinen ~** dangle one's legs.

'Baum|krone *f* treetop; **'~schule** *f* (tree) nursery; **'~stamm** *m* trunk; log, **'~wolle** *f* cotton.

'Bau|plan *m* architectural drawing; blueprints; **'~platz** *m* building site.

Bausch [bauʃ] *m* (-es/-e) wad, ball; **in und Bogen** lock, stock and barrel; **'2en** *v/refl.* (*ge-, h*) bulge, billow, swell.

'Bausparkasse *f* building and loan association, *Brt.* building society.

'Bau|stein *m* brick, building stone; toy: (building) block; *fig.* element; **'~stelle** *f* building *or* construction site; *mot.* construction zone, *esp. Brt.* roadworks; **'~stil** *m* (architectural) style; **'~stoff** *m* building material; **'~substanz** *arch. f*: **gute ~ haben** be structurally sound; **alte ~** original construction; **'~techniker** *m* engineer; **'~unternehmer** ['~²-] *m* building contractor; **'~vorschriften** *pl.* building regulations; **'~zaun** *m* hoarding; **'~zeichner** *arch. m* draftsman, *esp. Brt. a.* draughtsman.

Bay|er(in) ['baɪər(ɪn)] *m* (*f*) (-n[-]/-n[-nen]), **'2(e)risch** *adj.* Bavarian.

Bazillus [ba'tsɪlus] *m* (-/Bazillen) bacillus, germ.

beabsichtigen [bə'²apzɪçtɪgən] *v/t.* (*no -ge-, h*) intend, plan; **das war beabsichtigt** that was intentional.

beacht|en [bə'²-] *v/t.* (*no -ge-, h*) pay attention to; **beachten Sie, daß** ... note that ...; **nicht ~** take no notice of, disregard, ignore; **~lich** *adj.* remarkable; considerable (*sum, etc.*); **2ung** *f* attention; consideration; notice; observance.

Beamt|e [bə'²amtə] *m* (-n/-n), **~in** *f* (-/-nen) official, officer; civil servant.

beängstigend *adj.* [bə'²ɛŋstɪgənt] alarming.

beanspruch|en [bə'ʔanʃpruxən] v/t. (no
-ge-, h) claim (right, etc.); take up
(time, room, etc.); strain, put stress on
(a. ⊙); **2ung** f (-/-en) claim; stress,
strain.

bean|standen [bə'ʔanʃtandən] v/t. (no
-ge-, h) object to; **2standung** f (-/-en)
objection, complaint; **~tragen** [bə'ʔan-
tra:gən] v/t. (no -ge-, h) apply for; ⅛⅜,
parl. move (for); propose.

beantwort|en [bə'ʔ-] v/t. (no -ge-, h) an-
swer, reply to; **2ung** f (-/-en) answer(s),
reply.

bearbeit|en [bə'ʔ-] v/t. (no -ge-, h) work;
✗ till; hew (stone); process; ⅛⅜ be in
charge of (case); treat (subject, etc.);
revise (book, etc.); adapt (nach from);
esp. ♪ arrange; j-n ~ work on s.o.; **2ung**
f (-/-en) working; revision (of book,
etc.); thea. etc.: adaptation; esp. ♪ arrangement; processing; ⅞ treatment.

beatmen [bə'ʔ-] v/t. (no -ge-, h) give
artificial respiration to s.o.

beaufsichtig|en [bə'ʔaufzɪçtɪgən] v/t.
(no -ge-, h) supervise; look after (child,
etc.); **2ung** f (-/no pl.) supervision;
looking after.

beauftrag|en [bə'ʔ-] v/t. (no -ge-, h)
commission; instruct; ~ mit put s.o. in
charge of; **2te** [-ktə] m, f (-n/-n) agent;
representative; commissioner.

be'bauen v/t. (no -ge-, h) arch. build on;
✗ cultivate.

beben ['be:bən] v/i. (ge-, h) shake, tremble; shiver (all: vor dat. with); earth:
quake.

be'bildern v/t. (no -ge-, h) illustrate.

Becher ['bɛçər] m (-s/-) cup, mug.

Becken ['bɛkən] n (-s/-) basin, bowl;
pool; ♪ cymbal(s); anat. pelvis.

bedacht [bə'daxt]: darauf ~ sein zu
inf. be anxious to inf.

bedächtig adj. [bə'dɛçtɪç] deliberate;
measured.

be'danken v/refl. (no -ge-, h): sich ~ bei
thank s.o.; sich ~ iro. decline with
thanks.

Bedarf [bə'darf] m (-[e]s/no pl.) need (an
dat. of), want (of); econ. demand (for);
~shaltestelle f bus, etc.: request stop.

bedauerlich adj. [bə'dauərlɪç] regretta-
ble; **~erweise** adv. unfortunately.

be'dauern v/t. (no -ge-, h) feel sorry for
s.o., pity; regret s.th.

Be'dauern n (-s/no pl.) regret (über acc.
at); **2swert** adj. pitiable, deplorable.

be'deck|en v/t. (no -ge-, h) cover; **~t** adj.
weather: overcast.

be'denken v/t. (irr. denken, no -ge-, h)
consider, think s.th. over; et. zu ~
geben draw s.o.'s attention to s.th.

Be'denken pl. doubts; scruples;

objections; **2los** adv. unhesitatingly;
without scruples.

be'denklich adj. doubtful; serious
(situation, etc.); critical (condition,
etc.).

Be'denkzeit f: e-e Stunde ~ one hour to
think it over.

be'deuten v/t. (no -ge-, h) mean; **~d** adj.
important; considerable (sum, etc.);
distinguished (author, etc.).

Be'deutung f meaning, sense; importance; **2slos** adj. insignificant; mean-
ingless; **~sunterschied** [-sʔ-] m difference in meaning; **2svoll** adj. signifi-
cant; meaningful; **~swandel** m change
in meaning.

be'dien|en (no -ge-, h) 1. v/t. serve, wait
on s.o.; ⊙ operate (a. ✗ guns, etc.),
work; answer (the phone); sich ~ help
o.s.; ~ Sie sich! help yourself!; sich
gen. ~ (make) use (of) s.th.; 2. v/i. serve;
wait (at table); cards: follow suit; **2ung**
f (-/-en) service; waiter, waitress; clerk,
esp. Brt. shop assistant; ⊙ operation,
control; **2ungsanleitung** [-sʔ-] f
operating instructions.

beding|en [bə'dɪŋən] v/t. (no -ge-, h) re-
quire; cause; imply; involve; **~t** adj. limited; caused (durch by), due (to); con-
ditioned (reflex); **2ung** f (-/-en) condition; **~en** pl. econ. terms; requirements;
(weather, working, etc.) conditions;
unter e-r (keiner) ~ on one (no) condition; **~ungslos** adj. unconditional.

be'dräng|en v/t. (no -ge-, h) press
(hard), pester; **2nis** f (-/-se) trouble,
distress.

be'droh|en v/t. (no -ge-, h) threaten,
menace; **~lich** adj. threatening; **2ung** f
threat, menace (gen. to).

be'drücken v/t. (no -ge-, h) depress, sad-
den.

be'dürf|en v/i. (irr. dürfen, no -ge-, h)
(gen.) need, want; **2nis** [bə'dyrfnɪs] n
(-ses/-se) need, necessity (für, nach
for); die ~se des Lebens the needs or
necessities of life; sein ~ verrichten
relieve o.s.; **2nisanstalt** [-ʔ-] f public
toilets; **~nislos** adj. frugal (life); **2tig**
adj. needy, poor.

beeil|en [bə'ʔ-] v/refl. (no -ge-, h) hurry
(up).

beeindrucken [bə'ʔaindrukən] v/t. (no
-ge-, h) impress.

beeinfluss|en [bə'ʔainflusən] v/t. (no
-ge-, h) influence; affect; **2ung** f (-/-en)
influence.

beeinträchtigen [bə'ʔaintrɛçtɪgən] v/t.
(no -ge-, h) affect; impair.

beend(ig)en [bə'ʔɛnd(ɪg)ən] v/t. (no
-ge-, h) (bring to an) end, finish, con-
clude, close.

beengt *adj.* [bə'ˀɛŋkt] cramped; ~ **wohnen** live in cramped quarters.

beerben [bə'ˀ-] *v/t.* (*no -ge-, h*): *j-n* ~ be s.o.'s heir.

beerdig|en [bə'ˀeːrdɪgən] *v/t.* (*no -ge-, h*) bury; **Lung** *f* (*-/-en*) burial, funeral; **Lungsinstitut** [~s?-] *n* funeral home, *Brt.* undertakers.

Beere ['beːrə] *f* (*-/-n*) berry; grape.

Beet [beːt] *n* (*-[e]s/-e*) bed, *a.* patch.

be|fähigen [bə'fɛːɪgən] *v/t.* (*no -ge-, h*) enable; qualify (*für, zu* for); ~**fähigt** *adj.* [~çt] (cap)able; *zu et.* ~ fit *or* qualified for s.th.; **Lfähigung** *f* (*-/no pl.*) qualification(s), (cap)ability.

befahl [bə'faːl] *past of* **befehlen.**

befahr|bar *adj.* [bə'faːrbaːr] passable, practicable; ⚓ navigable; ~**en** *v/t.* (*irr. fahren, no -ge-, h*) drive *or* travel on; ⚓ navigate.

be'fallen *v/t.* (*irr. fallen, no -ge-, h*) attack, seize (*a. fig.*).

be'fangen *adj.* inhibited; self-conscious; prejudiced (*a. ⚖️*); ⚖️ bias(s)ed; **Lheit** *f* (*-/no pl.*) inhibitions; self-consciousness; ⚖️ bias, prejudice.

be'fassen *v/refl.* (*no -ge-, h*): *sich* ~ *mit* engage in *or* occupy o.s. with; work on *s.th.*; deal with (*subject, etc.*).

Befehl [bə'feːl] *m* (*-[e]s/-e*) order; command (*über acc.* of); **Len** *v/t.* (*irr., no -ge-, h*) order; command; **Lerisch** *adj.* imperious, F bossy; **Llgen** ✗ [~ʎgən] *v/t.* (*no -ge-, h*) (be in) command (of). **Befehlshaber** *m* (*-s/-*) commander.

be'festig|en *v/t.* (*no -ge-, h*) fasten (*an dat.* to), fix (to), attach (to); ✗ fortify; **Lung** *f* (*-/-en*) fixing, fastening; ✗ fortification.

be'feuchten *v/t.* (*no -ge-, h*) moisten, damp.

be'finden *v/refl.* (*irr. finden, no -ge-, h*) be (situated). **Be'finden** *n* (*-s/no pl.*) (state of) health.

be'flecken *v/t.* (*no -ge-, h*) stain; *fig. a.* sully.

beflissen *adj.* [bə'flɪsən] eager; *contp.* obsequious.

befohlen [bə'foːlən] *p.p. of* **befehlen.**

be'folg|en *v/t.* (*no -ge-, h*) follow, take (*advice, etc.*); observe (*rules, etc.*); *eccl.* keep (*commandments*); **Lung** *f* (*-/no pl.*) following; observance.

be'förder|n *v/t.* (*no -ge-, h*) carry, transport; haul, ship (*goods*); *zum* ... *befördert werden* be promoted (to) ...; **Lung** *f* transport(ation); shipment; promotion; **Lungsmittel** *n* (means of) transport(ation).

be'fragen *v/t.* (*no -ge-, h*) question, interview.

be'frei|en *v/t.* (*no -ge-, h*) free, liberate; rescue; exempt (*von* from *obligation*); **Ler** *m* liberator; rescuer; **Lung** *f* (*-/-en*) liberation; exemption.

Befremd|en [bə'frɛmdən] *n* (*-s/no pl.*) irritation, displeasure; **Let** *adj.* irritated, displeased.

befreund|en [bə'frɔyndən] *v/refl.* (*no -ge-, h*): *sich* ~ *mit* make friends with; *fig.* warm to; ~**et** *adj.* friendly (*nations, etc.*); (*miteinander*) ~ *sein* be friends.

befriedig|en [bə'friːdɪgən] *v/t.* (*no -ge-, h*) satisfy; *sich selbst* ~ masturbate; ~**end** *adj.* satisfactory; *grade: a.* fair, C; ~**t** *adj.* [~dɪçt] satisfied, pleased; **Lung** *f* (*-/no pl.*) satisfaction.

be'fristet *adj.* limited (*auf acc.* to *period*), temporary.

be'frucht|en *v/t.* (*no -ge-, h*) fertilize, inseminate; **Lung** *f* (*-/-en*) fertilization, insemination.

Befug|nis [bə'fuːknɪs] *f* (*-/-se*) authority; *esp.* ⚖️ competence; **Lt** *adj.* authorized; competent.

be'fühlen *v/t.* (*no -ge-, h*) feel, touch. **Be'fund** *m* (*-[e]s/-e*) finding(s) (*a. ⚕️, ⚖️*).

be'fürcht|en *v/t.* (*no -ge-, h*) fear, be afraid of; suspect; **Lung** *f* (*-/-en*) fear, suspicion.

befürwort|en [bə'fyːrvɔrtən] *v/t.* (*no -ge-, h*) advocate, speak *or* plead for; **Ler** *m* (*-s/-*) advocate.

begab|t *adj.* [bə'gaːpt] gifted, talented; **Lung** [~buŋ] *f* (*-/-en*) gift, talent(s).

begann [bə'gan] *past of* **beginnen.**

be'geben *v/refl.* (*irr. geben, no -ge-, h*) *lit.* occur; *sich* ~ *nach lit.* proceed to; *sich* ~ *in* (*acc.*) expose o.s. to (*danger, etc.*); place o.s. under (*treatment, etc.*); *es begab sich* it came to pass; **Lheit** *f* (*-/-en*) incident, event.

begegn|en [bə'geːgnən] *v/i.* (*no -ge-, sein*) (*dat.*) meet (*a. fig. mit* with); **Lung** *f* (*-/-en*) meeting, encounter (*a. sports*).

be'gehen *v/t.* (*irr. gehen, no -ge-, h*) walk (on); celebrate (*birthday, etc.*); commit (*crime, etc.*); make (*mistake, etc.*); *ein Unrecht* ~ do wrong.

begehr|en [bə'geːrən] *v/t.* (*no -ge-, h*) desire; ~**enswert** *adj.* desirable; ~**lich** *adj.* desirous, covetous; ~**t** *adj.* popular, (much) in demand (*a. econ.*).

begeister|n [bə'gaɪstərn] *v/t.* (*no -ge-, h*) fill with enthusiasm; carry away; *sich* ~ *für* be enthusiastic about; ~**t** *adj.* enthusiastic; **Lung** *f* (*-/no pl.*) enthusiasm.

Begier|de [bə'giːrdə] *f* (*-/-n*) desire (*nach* for), appetite (for); **Lig** *adj.* eager (*nach, auf acc.* for), anxious (*to do s.th.*).

be'gießen *v/t.* (*irr. gießen, no -ge-, h*)

water; baste (*meat*); F *fig.* celebrate s.th. (with a drink).

Beginn [bə'gɪn] *m* (-[e]s/*no pl.*) beginning, start; **zu ~** at the beginning; **2en** *v/t. and v/i.* (*irr.*, *no* -ge-, *h*) begin, start.

beglaubig|en [bə'glaubɪgən] *v/t.* (*no* -ge-, *h*) attest, certify; **2ung** *f* (-/-en) attestation, certification.

be'gleichen *econ. v/t.* (*irr.* gleichen, *no* -ge-, *h*) pay, settle.

be'gleit|en *v/t.* (*no* -ge-, *h*) accompany (*a. ♪ auf dat.* on); *j-n nach Hause ~* see s.o. home; **2er** *m* (-s/-) companion; *♪* accompanist; **2erscheinung** [bə'glaɪt?-] *f* accompaniment, side effect; **2schreiben** *n* covering letter; **2ung** *f* (-/-en) company; *esp.* ⚔ escort; *♪* accompaniment.

be'glückwünschen *v/t.* (*no* -ge-, *h*) congratulate (*zu* on).

be'gnadet *adj.* voice: glorious; artist: inspired.

begnadig|en [bə'gna:dɪgən] *v/t.* (*no* -ge-, *h*) pardon; amnesty; **2ung** *f* (-/-en) pardon; amnesty.

begnügen [bə'gny:gən] *v/refl.* (*no* -ge-, *h*): *sich ~ mit* be satisfied with; make do with.

begonnen [bə'gɔnən] *p.p. of* beginnen.

be'graben *v/t.* (*irr.* graben, *no* -ge-, *h*) bury (*a. fig.* hopes, *etc.*); *fig. a.* forget.

Begräbnis [bə'grɛːpnɪs] *n* (-ses/-se) burial; funeral.

begradig|en [bə'gra:dɪgən] *v/t.* (*no* -ge-, *h*) straighten (*fig.* out).

be'greif|en *v/t.* (*irr.* greifen, *no* -ge-, *h*) comprehend, understand; **~lich** *adj.* understandable.

be|'grenzen *fig. v/t.* (*no* -ge-, *h*) limit, restrict (*auf acc.* to); **~t** *adj.* limited; **2grenzung** *f* (-/-en) limitation.

Be'griff *m* idea, notion; byword (*for* quality, *etc.*); term (*a. ℞*); *im ~ sein zu* be about to; F: *schwer von ~* = **2sstutzig** *adj.* slow on the uptake, dense.

be'gründ|en *v/t.* (*no* -ge-, *h*) establish, found; give reasons for; justify; **~et** *adj.* well-founded, justified; **2ung** *f* reasons, arguments.

be'grünen *v/t.* (*no* -ge-, *h*) landscape.

be'grüß|en *v/t.* (*no* -ge-, *h*) greet, welcome; ⚔ salute; **2ung** *f* (-/-en) greeting, welcome; salutation.

begünstig|en [bə'gʏnstɪgən] *v/t.* (*no* -ge-, *h*) favo(u)r; **2ung** *f* (-/-en) favo(u)ring; preferential treatment.

begutachten [bə'gu:t?-] *v/t.* (*no* -ge-, *h*) give an (expert's) opinion on; examine; *~ lassen* obtain expert opinion on.

be|gütert *adj.* [bə'gy:tərt] wealthy; **~'haart** *adj.* hairy; **~häbig** *adj.*

[bə'hɛːbɪç] slow; figure: portly; **~haftet** *adj.*: *mit* afflicted with (*disease*, *etc.*).

Behagen [bə'ha:gən] *n* (-s/*no pl.*) pleasure, enjoyment.

behag|en [~] *v/i.* (*no* -ge-, *h*) (*dat.*) please or suit s.o.; **~lich** *adj.* [~k-] comfortable; co|zy (*Brt.* -sy), snug.

be'halten *v/t.* (*irr.* halten, *no* -ge-, *h*) keep (*für sich* to o.s.); remember, keep s.th. in mind.

Behälter [bə'hɛltər] *m* (-s/-) container, receptacle.

be'hand|eln *v/t.* (*no* -ge-, *h*) treat (*a. ℞*, ⚙); *sich (ärztlich) ~ lassen* undergo (medical) treatment; *schonend ~* handle with care; **2lung** *f* treatment; handling.

be'hängen *v/t.* (*no* -ge-, *h*): *~ mit* hang or drape s.th. with s.th.; *sich ~* load o.s. (*with jewelry etc.*).

beharr|en [bə'harən] *v/i.* (*no* -ge-, *h*) insist (*auf dat.* on); **~lich** *adj.* persistent.

behaupt|en [bə'haʊptən] *v/t.* (*no* -ge-, *h*) claim; pretend; *sich ~* hold one's own (*gegen* with); **2ung** *f* statement, claim.

Behausung [bə'haʊzʊŋ] *f* (-/-en) *mst co.* dwelling.

be'heben *v/t.* (*irr.* heben, *no* -ge-, *h*) repair.

be'helf|en *v/refl.* (*irr.* helfen, *no* -ge-, *h*): *sich ~ mit* make do with; *sich ~ ohne* do without; **2s...** *in compounds: mst* temporary ...

behellligen [bə'hɛlɪgən] *v/t.* (*no* -ge-, *h*) bother, trouble, hurt.

behende *adj.* [bə'hɛndə] nimble, agile.

be'herbergen *v/t.* (*no* -ge-, *h*) accommodate.

be'herrsch|en *v/t.* (*no* -ge-, *h*) rule (over), govern, dominate, control (*situation*, *market*, *etc.*); have (a good) command of (*language*, *etc.*); *sich ~* control o.s.; **2ung** *f* (-/*no pl.*) command, control; *die ~ verlieren* lose one's temper.

be|herzigen [bə'hɛrtsɪgən] *v/t.* (*no* -ge-, *h*) take to heart, mind; **~'herzt** *adj.* courageous; **~'hilflich** *adj.*: *j-m ~ sein* help s.o. (*bei* with, in); **~'hindern** *v/t.* (*no* -ge-, *h*) hinder; obstruct (*view*, *traffic*, *etc.*); **~'hindert** *adj.* handicapped; disabled; **2'hinderung** *f* obstruction; handicap, disability.

Behörde [bə'høːrdə] *f* (-/-n) (public *or* government) authority; board; council.

be'hüten *v/t.* (*no* -ge-, *h*) guard, protect, keep (*vor dat.* from).

behutsam *adj.* [bə'hu:tza:m] careful, gentle.

bei *prp.* [baɪ] (*dat.*) *of place*: near; at; with; by; among (*group*, *etc.*); *temporal*: during; at; *~ München* near

Munich; ~ *der nächsten Kreuzung* at the next crossing; *zu Besuch sein* ~ be staying with; ~ *mir (ihr)* at my (her) place; *arbeiten* ~ work for; *e-e Stelle* ~ a job with; ~ *der Marine* in the navy; ~ *Familie Müller* at the Müller's; ~ *Müller address*: c/o Müller; *ich habe kein Geld* ~ *mir* I have no money with or on me; ~ *e-r Tasse Tee* over a cup of tea; *wir haben Englisch* ~ *Herrn Edler* we have Mr Edler for English; ~ *Licht* by light; ~ *Tag* during the day; ~ *Nacht (Sonnenaufgang)* at night (sunrise); ~ *s-r Geburt* at his birth; ~ *Regen (Gefahr)* in case of rain (danger); ~ *100 Grad* at a hundred degrees; ~ *der Arbeit* at work; ~ *weitem* by far; ~ *Gott (!)* by God (!); *s.a. beim.*

'**beibehalten** *v/t. (irr. halten, sep., no -ge-, h)* keep up, retain.

'**beibringen** *v/t. (irr. bringen, sep., -ge-, h)* teach s.o. s.th.; tell; explain; inflict s.th. *(dat.* on s.o.).

Beicht|e ['baiçtə] *f (-/-n)* confession; '**~en** *v/t. and v/i. (ge-, h)* confess *(a. fig.);* '**~stuhl** *m* confessional.

beid... [bait-] in compounds: *mst* two-...

beide *adj. and pron.* ['baidə] both; *m-e* **~n** *Brüder* my two brothers; *wir* ~ the two of us; both of us; *keiner von* **~n** neither of them; *30* ~ *tennis:* 30 all.

beiderlei *adj.* ['baidərlai]: ~ *Geschlechts* of either sex.

beieinander *adv.* [baiai'nandər] together; F *gut* ~ in good shape.

'**Beifahrer** *m (-s/-)* front(-seat) passenger; co-pilot.

'**Bei|fall** *m (-[e]s/no pl.)* applause; *fig.* approval; '**2fällig** *adj.* approving; '**~fallsruf** *m* cheer; '**~fallssturm** *m* (standing) ovation.

'**beifügen** *v/t. (sep., -ge-, h)* enclose.

beige *adj.* [be:ʃ] tan, beige.

'**beigeben** *(irr. geben, sep., -ge-, h)* **1.** *v/t.* add; **2.** F *v/i.: klein* ~ knuckle under.

'**Bei|geschmack** *m (-[e]s/no pl.)* smack *(von* of) *(a. fig.);* '**2hilfe** *f* aid, allowance; **2's** aiding and abetting.

Beil [bail] *n (-[e]s/-e)* hatchet; ax(e).

'**Beilage** *f* supplement *(to newspaper);* side-dish; vegetables; ... *als* ~ served with ...

'**bei|läufig** *adj.* casual; '**~legen** *v/t. (sep., -ge-, h)* add *(dat.* to); enclose (with *letter, etc.);* settle *(argument, etc.);* '**2legung** *f (-/-en)* settlement.

Beileid ['bailait] *n (-s/no pl.)* condolence, sympathy.

'**beiliegen** *v/i. (irr. liegen, sep., -ge-, h)* be enclosed *(dat.* with).

beim *prp.* [baim] *(dat.) short for bei dem;* ~ *Arzt (Bäcker)* at the doctor's (baker's); ~ *Schlafengehen* on *or* when going to bed; ~ *Sprechen* while speaking; ~ *Spielen* at play; *s.a. bei.*

'**bei|messen** *v/t. (irr. messen, sep., -ge-, h)* attach *(importance, etc.) (dat.* to); '**~mischen** *v/t. (sep., -ge-, h):* e-r *Sache et.* ~ mix s.th. with s.th.

Bein [bain] *n (-[e]s/-e)* leg; bone; *j-m ein* ~ *stellen* trip s.o. up *(a. fig.).*

beinah(e) *adv.* ['baina:(ə)] almost, nearly.

'**Beinbruch** *m* fracture of the leg; *das ist kein* ~*!* it could be worse.

'**beipflichten** *v/i. (sep., -ge-, h)* agree *(dat.* with s.o., to s.th.).

'**Beirat** *m (-[e]s/~e)* counsel(l)or; advisory board.

be'irren *v/t. (no -ge-, h)* confuse.

beisammen *adv.* [bai'zamən] together; **2sein** *n (-s/no pl.):* *geselliges* ~ get-together, social; '**~sitzen** *v/i. (irr. sitzen, sep., -ge-, h)* sit together.

'**Beischlaf** *m* sexual intercourse.

'**Bei|sein** *n* presence; **2seite** *adv.* aside; ~ *schaffen* remove; liquidate; *Spaß* ~ all kidding aside, let's get serious.

'**beisetz|en** *v/t. (sep., -ge-, h)* bury; '**2ung** *f (-/-en)* burial, funeral.

'**Beispiel** *n* example; *zum* ~ for example; '**2haft** *adj.* exemplary; '**2los** *adj.* unprecedented, unparalleled; '**2sweise** *adv.* such as, for example.

'**beißen** ['baisən] *v/t. and v/i. (irr., ge-, h)* bite *(a. fig.);* ~*d adj.* biting, pungent *(both a. fig.).*

'**Bei|stand** *m* assistance; '**2stehen** *v/i. (irr. stehen, sep., -ge-, h): j-m* ~ assist *or* help s.o.; stand by s.o.; '**2steuern** *v/t. (sep., -ge-, h)* contribute *(zu* to).

Beitrag ['baitra:k] *m (-[e]s/~e)* contribution; *(membership, etc.)* dues, *Brt. a.* subscription.

'**bei|treten** *v/i. (irr. treten, sep., -ge-, sein)* join *(club, party, etc.);* '**2tritt** *m* joining.

'**Beiwagen** *mot. m* sidecar.

'**beiwohnen** *v/i. (sep., -ge-, h)* be present at, attend.

be'zeiten *adv.* early, in good time.

beizen ['baitsən] *v/t. (ge-, h)* stain *(wood);* pickle *(meat, etc.).*

bejahen [be'ja:ən] *v/t. (no -ge-, h)* answer in the affirmative, affirm; ~*d adj.* affirmative.

be'jahrt *adj.* aged, elderly.

be'kämpfen *v/t. (no -ge-, h)* fight (against); *fig. a.* oppose.

bekannt *adj.* [bə'kant] (well-)known; familiar; *j-n mit j-m* ~ *machen* introduce s.o. to s.o.; **2e** *m, f (-n/-n)* acquaintance, *mst* friend; **~geben** *v/t.* (*irr.* **geben**, *sep.*, *-ge-*, *h*) announce, make known; **~lich** *adv.* as you know; **2machung** *f* (*-/-en*) (public) announcement; **2schaft** *f* (*-/-en*) acquaintance.

be'kehr|en *v/t.* (*no -ge-*, *h*) convert; **2ung** *f* (*-/-en*) conversion (**zu** to).

be'kenn|en (*irr.* **kennen**, *no -ge-*, *h*) admit; confess; **sich schuldig ~** ध्रेष्ठ plead guilty; **sich ~ zu** declare o.s. for; profess *s.th.*; **2erbrief** *m* letter claiming responsibility; **2nis** *n* (*-ses/-se*) confession; denomination.

be'klagen *v/t.* (*no -ge-*, *h*) deplore; **sich ~** complain (**über** *acc.* of, about); **~swert** *adj.* deplorable; pitiable.

be'|'kleben *v/t.* (*no -ge-*, *h*) glue or stick *s.th.* on *s.th.*; **mit Etiketten ~** label *s.th.*; **e-e Mauer mit Plakaten ~** paste posters on a wall; **~'kleckern** F *v/t.* (*no -ge-*, *h*) stain; **sich ~** soil one's clothes, spill *s.th.* over o.s.

be'kleid|en *fig. v/t.* (*no -ge-*, *h*) hold (*office*); **2ung** *f* clothing, clothes.

be'klemm|en *v/t.* (*no -ge-*, *h*) oppress; **2ung** *f* (*-/-en*) oppression, anxiety.

beklommen *adj.* [bə'klɔmən] anxious, uneasy; **2heit** *f* (*-/no pl.*) uneasiness, anxiety.

be'|kloppt F *adj.* [bə'klɔpt], **~knackt** F *adj.* [~'knakt] crazy; dumb; *pred.* nuts, off one's rocker.

be'kommen (*irr.* **kommen**, *no -ge-*) 1. *v/t.* (*h*) get, receive; catch (*disease, train*); have (*baby*); △ *not* **become**; 2. *v/i.* (*sein*): *j-m* (*gut*) **~** agree with s.o.

bekömmlich *adj.* [bə'kœmlɪç] wholesome.

be'kräftig|en *v/t.* (*no -ge-*, *h*) confirm; **2ung** *f* (*-/-en*) confirmation.

be'|'kreuzigen *v/refl.* (*no -ge-*, *h*) cross o.s.; **~'kümmert** *adj.* worried; **~kunden** [bə'kundən] *v/t.* (*no -ge-*, *h*) show, express (*interest, etc.*); **~'laden** *v/t.* (*irr.* **laden**, *no -ge-*, *h*) load, *fig. a.* burden.

Belag [bə'la:k] *m* (*-[e]s/~e*) covering; ◎ coat(ing); 𝄞 fur (*on tongue*); plaque, tartar; (*sandwich*) spread or filling.

be'lager|n ✗ *v/t.* (*no -ge-*, *h*) besiege (*a. fig.*); **2ung** *f* siege; **2ungszustand** *pol. m* state of siege.

Belang [bə'laŋ] *m* (*-[e]s/no pl.*): (**nichts**) **von ~** (nothing) of importance; **~e** *pl.* interests, concerns; **2en** *v/t.* (*no -ge-*, *h*) hold *s.o.* responsible, sue *s.o.*; **2los** *adj.* irrelevant.

be'last|bar *adj.* resistant to strain or stress; ◎, 𝄞 loadable; **~en** *v/t.* (*no -ge-*, *h*) load; *fig.* burden; worry, oppress; weight; ध्रेष्ठ incriminate; implicate; *econ.* encumber; pollute (*environment*); dam-

age (*reputation, etc.*); *j-s* **Konto ~ mit** *econ.* charge *s.th.* to s.o.'s account.

belästig|en [bə'lɛstɪgən] *v/t.* (*no -ge-*, *h*) molest; annoy; disturb, bother; **2ung** *f* (*-/-en*) molestation; annoyance; disturbance.

Be'lastung *f* (*-/-en*) load (*a. 𝄞, ◎*); *fig.* burden; strain; stress; *econ.* charge (*to account*); encumbrance; pollution; ध्रेष्ठ incrimination; **~sprobe** *f* (*fig.* acid) test; **~szeuge** ध्रेष्ठ *m* witness for the prosecution.

be'|lauf|en *v/refl.* (*irr.* **laufen**, *no -ge-*, *h*): **sich ~ auf** (*acc.*) amount to; **~'lauschen** *v/t.* (*no -ge-*, *h*) eavesdrop on.

be'leb|en *fig. v/t.* (*no -ge-*, *h*) stimulate; **~end** *adj.* stimulating; **~t** *adj.* busy, crowded.

Beleg [bə'le:k] *m* (*-[e]s/-e*) proof; receipt, sales slip; document; **2en** [~gən] *v/t.* (*no -ge-*, *h*) cover; reserve (*seat, etc.*); prove; enrol(l) for, take (*course, etc.*); put *s.th.* on (*sandwich, etc.*); **den ersten etc. Platz ~** take first, *etc.* place; **~schaft** *f* (*-/-en*) staff; **2t** *adj.* seat, *etc.*: taken, occupied; *teleph.* busy; *hotel, etc.*: full; *voice*: husky; *tongue*: coated; **~ mit** covered with; **~es Brot** sandwich.

be'lehren *v/t.* (*no -ge-*, *h*) teach, instruct, inform; **sich ~ lassen** take advice; **~d** *adj.* didactic.

beleibt *adj.* [bə'laɪpt] corpulent, stout.

beleidig|en [bə'laɪdɪgən] *v/t.* (*no -ge-*, *h*) offend (*a. fig.*), insult; **~end** *adj.* offensive, insulting; **2ung** *f* (*-/-en*) offen|se, *Brt.* -ce, insult.

be'lesen *adj.* well-read.

be'leucht|en *v/t.* (*no -ge-*, *h*) light (up), illuminate (*a. fig.*); *fig.* throw light on; **2ung** *f* (*-/-en*) light(ing); illumination.

Belg|ier ['bɛlgiər] *m* (*-s/-*), **2isch** *adj.* Belgian.

be'licht|en *phot. v/t.* (*no -ge-*, *h*) expose; **2ung** *phot. f.* exposure; **2ungsmesser** *phot. m* exposure or light meter.

Be'lieb|en *n* (*-s/no pl.*): **nach ~** at will; **2ig** *adj.* [bə'li:bɪç] any; *number*: optional; *jeder* **~e** anyone; *in* **~er Reihenfolge** in any order (whatever); **2t** *adj.* [bə'li:pt] popular (**bei** with); **~theit** *f* (*-/no pl.*) popularity.

be'liefer|n *v/t.* (*no -ge-*, *h*) supply, furnish (*mit* with); **2ung** *f* (*-/no pl.*) supply.

bellen ['bɛlən] *v/i.* (*ge-*, *h*) bark (*a. fig.*).

be'lohn|en *v/t.* (*no -ge-*, *h*) reward; **2ung** *f* (*-/-en*) reward; **zur ~** as a reward.

be'lügen *v/t.* (*irr.* **lügen**, *no -ge-*, *h*): *j-n* **~** lie to s.o.

belustig|en [bə'lʊstɪgən] *v/t.* (*no -ge-*, *h*) amuse; **~t** *adj.* [~çt] amused; **2ung** *f* (*-/-en*) amusement.

be|mächtigen [bə'mɛçtɪgən] *v/refl.* (*no -ge-, h*) (*gen.*) get hold of, seize; **~'malen** *v/t.* (*no -ge-, h*) paint; **~mängeln** [bə'mɛŋəln] *v/t.* (*no -ge-, h*) find fault with; **~'mannt** ⚓, ✈ *adj.* manned.

be'merk|bar *adj.* noticeable; **sich ~ machen** draw attention to o.s; *effects, etc.*: begin to show; **~en** *v/t.* (*no -ge-, h*) notice; remark, say; **~enswert** *adj.* remarkable (**wegen** for); ℒ**ung** *f* (*-/-en*) remark.

be'messen¹ *v/t.* (*irr. messen, no -ge-, h*) measure, rate, assess.

be'messen² *adj.*: (**knapp**) **~** limited; **großzügig ~** generous.

be'mitleiden *v/t.* (*no -ge-, h*) pity, feel sorry for; **~swert** *adj.* pitiable.

be'mogeln F *v/t.* (*no -ge-, h*) cheat.

be'müh|en *v/refl.* (*no -ge-, h*) try (hard); **sich ~ um** try to get *s.th.*; try to help *s.o.*; **bitte ~ Sie sich nicht!** please don't bother!; ℒ**ung** *f* (*-/-en*) effort; **danke für Ihre ~en!** thank you for your trouble.

be'muttern *v/t.* (*no -ge-, h*) mother *s.o.*

be'nachbart *adj.* neighbo(u)ring; adjacent; nearby.

benachrichtig|en [bə'naːxrɪçtɪgən] *v/t.* (*no -ge-, h*) inform, notify; ℒ**ung** *f* (*-/-en*) information, notification.

benachteilig|en [bə'naːxtaɪlɪgən] *v/t.* (*no -ge-, h*) place at a disadvantage, handicap; discriminate against; **~t** *adj.* [**~çt**] disadvantaged; **die** ℒ**en** the underprivileged; ℒ**ung** *f* (*-/-en*) disadvantage, handicap; discrimination.

be'nehmen *v/refl.* (*irr. nehmen, no -ge-, h*) behave (o.s.).

Be'nehmen *n* (*-s/no pl.*) behavio(u)r, conduct; manners.

be'neiden *v/t.* (*no -ge-, h*): **j-n um et. ~** envy s.o. s.th.; **~swert** *adj.* enviable.

be'nennen *v/t.* (*irr. nennen, no -ge-, h*) name.

Bengel ['bɛŋəl] *m* (*-s/-*) (little) rascal, urchin.

benommen *adj.* [bə'nɔmən] dazed, F dopey.

be'noten *v/t.* (*no -ge-, h*) *school*: mark, grade.

be'nötigen *v/t.* (*no -ge-, h*) need, want, require.

be'nutz|en *v/t.* (*no -ge-, h*) use; make use of; ℒ**er** *m* (*-s/-*) user; **~erfreundlich** *adj.* user-friendly; ℒ**ung** *f* (*-/no pl.*) use.

Benzin [bɛn'tsiːn] *n* (*-s/-e*) gas(oline), *Brt.* petrol, *in compounds*: *mst* fuel.

beobacht|en [bə'ʔoːbaxtən] *v/t.* (*no -ge-, h*) watch; observe; shadow *s.o.*; ℒ**er** *m* (*-s/-*) observer (*a.* ✗, *pol., etc.*); ℒ**ung** *f* (*-/-en*) observation.

beordern [bə'ʔɔrdərn] *v/t.* (*no -ge-, h*) assign *or* order *s.o.* (**nach** to).

be'pflanzen *v/t.* (*no -ge-, h*) plant (**mit** with).

bequem *adj.* [bə'kveːm] comfortable (*chair, shoes, etc.*); easy (*life, etc.*); *person*: lazy; **es sich ~ machen** make o.s. at home; *of behavio(u)r*: take the easy way out; **~en** *v/refl.* (*no -ge-, h*): **sich ~ zu** bring o.s. to *do s.th.*; ℒ**lichkeit** *f* (*-/-en*) comfort; laziness; **alle ~en** all conveniences.

berappen F [bə'rapən] *v/t.* (*no -ge-, h*) shell out (*money*).

be'rat|en *v/t. and v/i.* (*irr. raten, no -ge-, h*) advise *s.o.*; debate, discuss *s.th.*; **sich ~** confer (**mit j-m** with s.o.; **über** et. on *or* about s.th.); ℒ**er** *m* (*-s/-*) adviser, counsel(l)or; consultant; **~schlagen** *v/i.* (*no -ge-, h*) debate, discuss (**über** et. s.th.); ℒ**ung** *f* (*-/-en*) advice (*a.* ✂); debate; consultation, conference; ℒ**ungsstelle** *f* counsel(l)ing (*Brt. a.* advice) cent|er, *Brt.* -re.

be|'rauben *v/t.* (*no -ge-, h*) rob; *fig.* deprive of; **~'rauschend** *adj.* intoxicating; F: **nicht gerade ~!** not so hot!; **~'rauscht** *adj.*: **~ von** drunk with (*a. fig.*).

berech|enbar *adj.* [bə'rɛçənbaːr] calculable; predictable; **~nen** *v/t.* (*no -ge-, h*) calculate; *econ.* charge; **~nend** *adj.* calculating; ℒ**nung** *f* calculation (*a. fig.*).

berechtig|en [bə'rɛçtɪgən] *v/t.* (*no -ge-, h*): **j-n ~ zu** entitle s.o. to; authorize s.o. to; **~t** *adj.* [**~çt**] entitled (**zu** to); authorized (to); legitimate (*claim, etc.*); ℒ**ung** *f* (*-/no pl.*) right (**zu** to); authority; justification; ℒ**ungsschein** *m* permit, licen|se, *Brt.* -ce.

Be|redsamkeit [bə'reːtzaːmkaɪt] *f* (*-/no pl.*) eloquence; ℒ**redt** *adj.* eloquent (*a. fig.*).

Be'reich *m* (*-[e]s/-e*) area; range; *of science, etc.*: field, realm; ℒ**ern** *v/t.* (*no -ge-, h*) enrich; **sich ~** enrich o.s.; **~erung** *f* (*-/-en*) enrichment.

Be'reifung *f* (*-/-en*) (set of) tires (*Brt.* tyres).

be'reinigen *v/t.* (*no -ge-, h*) settle (*problem, etc.*).

be'reisen *v/t.* (*no -ge-, h*) tour; *salesman*: cover (*district*).

bereit *adj.* [bə'raɪt] ready, prepared; **~en** *v/t.* (*no -ge-, h*) prepare; cause (*problems, etc.*); **~halten** *v/t.* (*irr. halten, sep., -ge-, h*) have *s.th.* ready; **sich ~** be ready, stand by (**für** for *s.th.*); **~s** *adv.* already; ℒ**schaft** *f* (*-/no pl.*) readiness; **in ~** on standby; ℒ**schaftsdienst** *m*: **~ haben** doctor, *etc.*: be on call; **~stehen** *v/i.* (*irr. stehen, sep., -ge-, h and sein*) be ready *or* available; **~stellen** *v/t.* (*sep.*, *-ge-*, *h*) make available, provide; **~willig** *adj.* ready, willing.

be'reuen *v/t.* (*no -ge-*, *h*) regret.

Berg [berk] *m* (*-[e]s/-e*) mountain; **~e von** F heaps *or* piles of; *die Haare standen ihm zu ~e* his hair stood on end; F *über den ~* over the worst; **2ab** *adv.* [~'?-] downhill (*a. fig.*); **~akademie** 𝔛 ['~?-] *f* school of mines, Brt. mining college; **~arbeiter** ['~?-] *m* miner; **2auf** *adv.* [~'?-] uphill; **'~bahn** 🚋 (*-/-en*) mountain rail|road, Brt. *-way*; **'~bau** *m* (*-[e]s/no pl.*) mining.

bergen ['bɛrgən] *v/t.* (*irr.*, *ge-*, *h*) rescue, save; recover (*body, etc.*); *lit.* hold, conceal.

'**Bergführer** *m* mountain guide.

bergig *adj.* ['bɛrgɪç] mountainous.

'**Berg|kette** *f* mountain range; **'~mann** 𝔛 *m* (*-[e]s/Bergleute*) miner; **'~predigt** *eccl. f* (*-/no pl.*) the Sermon on the Mount; **'~rutsch** *m* landslide; **'~schuh** *m* climbing boot; **'~spitze** *f* (mountain) peak; **'~steigen** *n* (*-s/no pl.*) mountain climbing; **'~steiger** *m* (*-s/-*) mountain climber.

'**Bergung** *f* (*-/-en*) recovery; rescue; **~sarbeiten** ['~?-] *pl.* salvage operations; rescue work.

'**Berg|wacht** *f* alpine rescue service; **'~werk** *n* mine.

Bericht [bə'rɪçt] *m* (*-[e]s/-e*) report (*über acc.* on), account (of); **2en** (*no -ge-*, *h*) 1. *v/t.* report; *j-m et. ~* inform s.o. of s.th.; tell s.o. about s.th.; 2. *v/i.: über et. ~* report on s.th.; *press, etc.: a.* cover s.th.; **~erstatter** [~'?-] *m* (*-s/-*) reporter; correspondent; **~erstattung** [~'?-] *f* report(ing); coverage.

berichtig|en [bə'rɪçtɪgən] *v/t.* (*no -ge-*, *h*) correct; **2ung** *f* (*-/-en*) correction.

be'rieseln *v/t.* (*no -ge-*, *h*) sprinkle; *sich ~ lassen von* be constantly surrounded by *music, etc.*

Berliner [bɛr'li:nər] *m* (*-s/-*) doughnut.

Bernhardiner *zo.* [bɛrnhar'di:nər] *m* (*-s/-*) St. Bernard.

Bernstein ['bɛrn-] *m* (*-[e]s/no pl.*) amber.

bersten ['bɛrstən] *v/i.* (*irr.*, *ge-*, *sein*) burst (*fig. vor* with).

berüchtigt *adj.* [bə'rʏçtɪçt] infamous, notorious (*wegen, für* for).

berücksichtig|en [bə'rʏksɪçtɪgən] *v/t.* (*no -ge-*, *h*) take into consideration; *nicht ~* disregard; **2ung** *f* (*-/no pl.*) *unter ~ von* in consideration of.

Beruf [bə'ru:f] *m* (*-[e]s/-e*) profession, job; trade; occupation; **2en** *v/t.* (*irr. rufen, no -ge-*, *h*) appoint (*zu* an *office, etc.*); *sich ~ auf* (*acc.*) refer to;

sich ~ fühlen feel called (*zu* to *be or do*); **2lich 1.** *adj.* professional; vocational; **2.** *adv.* on business.

Be'rufs|... *in compounds*: professional ..., career (*diplomat, etc.*); **~ausbildung** [~'?-] *f* vocational *or* professional training; **~beratung** *f* vocational guidance; **~bezeichnung** *f* job designation *or* title; **2bildend** *adj.*: ~*e Schule* vocational school, technical *or* trade school; **~kleidung** *f* work clothes; **~krankheit** *f* occupational disease; **~schule** *f* s. *berufsbildend*; **2tätig** *adj.*: ~ *sein* (be) work(ing); **~tätige** [~gə] *pl.* working people; **~verbot** *n* ban from one's profession; *pol.* 'be'rufsverbot'; **~verkehr** *mot. m* commuter *or* rush-hour traffic.

Be'rufung *f* (*-/-en*) appointment (*zu* to); *⅔* appeal (*bei* to); *unter ~ auf* (*acc.*) with reference to; on the grounds of.

be'ruhen *v/i.* (*no -ge-*, *h*): ~ *auf* be based on; *et. auf sich ~ lassen* let s.th. rest.

beruhig|en [bə'ru:ɡən] *v/t.* (*no -ge-*, *h*) quiet, calm; soothe; reassure; *sich ~* calm down; **~end** *adj.* reassuring; *⚕* sedative; **2ung** *f* (*-/no pl.*) calming (down); soothing; relief; **2ungsmittel** *⚕ n* sedative; tranquil(l)izer.

berühmt *adj.* [bə'ry:mt] famous (*wegen* for); **2heit** *f* (*-/-en*) fame; *person:* celebrity, star.

be'rühr|en *v/t.* (*no -ge-*, *h*) touch (*a. fig.*); *fig. a.* affect; concern (*interests, etc.*); **2ung** *f* (*-/-en*) touch; *in ~ kommen* come into contact.

be|'sagen *v/t.* (*no -ge-*, *h*) say; mean; **2samung** *biol.* [bə'za:muŋ] *f* (*-/no pl.*) insemination; **~sänftigen** [bə'zɛnftɪgən] *v/t.* (*no -ge-*, *h*) appease, calm, soothe.

Be'satz *m* (*-es/~e*) trimming; braid.

Be'satzung *f* ⚓, ✈ crew; 𝔛 (time of) occupation; **~smacht** 𝔛 *f* occupying power; **~struppen** 𝔛 *pl.* occupation forces.

be|'saufen F *v/refl.* (*irr. saufen, no -ge-*, *h*) get drunk; **2säufnis** F [bə'zɔyfnɪs] *n* (*-ses/-se*) drunk, Brt. booze-up.

be'schädig|en *v/t.* (*no -ge-*, *h*), **2ung** *f* damage.

be'schaff|en *v/t.* (*no -ge-*, *h*) provide, get; *formal:* procure; raise (*money*); **2enheit** *f* (*-/no pl.*) state, condition; **2ung** *f* (*-/no pl.*) procurement.

beschäftig|en [bə'ʃɛftɪgən] *v/t.* (*no -ge-*, *h*) employ; keep *s.o.* busy; *sich ~* occupy o.s., be engaged *in or* concerned with; **~tigt** *adj.* busy, occupied; ~ *sein mit et.* be engaged in (doing) s.th.; **2tigte** *m, f* (*-n/-n*) person employed; *alle ~n* the total work force; **2tigung** *f*

(-/-en) employment; occupation; pastime; e-e ~ haben have s.th. to do.

be|'schämen v/t. (no -ge-, h) make s.o. feel ashamed; ~'schämend adj. shameful; humiliating; ~'schämt adj. ashamed (über acc. of); 2'schämung f (-/no pl.) shame; humiliation.

be'schatten v/t. (no -ge-, h) shade; fig. shadow or tail s.o.

be'schaulich adj. peaceful; contemplative.

Bescheid [bə'ʃaɪt] m (-[e]s/-e) answer; ⚖️ descision; information (über acc. on, about); ~ geben (bekommen) send (receive) word; sagen Sie mir ~ let me know; (gut) ~ wissen über (acc.) know all about.

bescheiden adj. [bə'ʃaɪdən] modest (a. fig.); humble; F s. beschissen; 2heit f (-/no pl.) modesty.

bescheinig|en [bə'ʃaɪnɪgən] v/t. (no -ge-, h) certify; den Empfang ~ acknowledge receipt; hiermit wird bescheinigt, daß this is to certify that; 2ung f (-/-en) certification; certificate; receipt; acknowledg(e)ment.

be'scheißen V v/t. (irr. scheißen, no -ge-, h) cheat.

be'schenken v/t. (no-ge-, h): j-n (reich) ~ give s.o. (shower s.o. with) presents.

Bescherung [bə'ʃeːruŋ] f (-/-en) distribution of (Christmas) presents; F: e-e schöne ~ a nice mess.

bescheuert F adj. [bə'ʃɔʏɐt] s. bekloppt.

be'schicht|en ⊙ v/t. (no -ge-, h), 2ung f (-/-en) coat.

be'schicken v/t. (no -ge-, h) ⊕ charge, feed; econ. exhibit at.

be'schieß|en v/t. (irr. schießen, no -ge-, h) fire or shoot at; bombard (a. phys.), shell.

be'schimpf|en v/t. (no -ge-, h) abuse, insult; swear at; 2ung f (-/-en) abuse, insult.

Be|schiß V m (Beschisses/no pl.) s. Betrug; 2'schissen V adj. lousy, rotten, Brt. a. bloody.

Be'schlag m ⊙ metal fitting(s); in ~ nehmen fig. monopolize s.o.; bag s.th.; occupy (room, etc.); 2en¹ (irr. schlagen, no -ge-) 1. v/t. (h) cover; ⊕ fit, mount; shoe (horse); 2. v/i. (sein) window, etc.: steam up; 2en² adj. window, etc.: steamed-up; fig. well versed (auf dat., in dat. in).

Beschlag|nahme [bə'ʃlaːknaːmə] f (-/-n) confiscation; 2nahmen v/t. (no -ge-, h) confiscate.

beschleunig|en [bə'ʃlɔʏnɪgən] v/t. and v/i. (no -ge-, h) accelerate (a. mot., phys., 🔩, etc.); speed up (process, etc.); 2ung f (-/-en) acceleration.

be'schließen v/t. (irr. schließen, no -ge-, h) decide (on); conclude (a. meeting, etc.); pass (law, etc.).

Be'schluß m decision; 2fähig adj.: ~ sein have a quorum.

be|'schmieren v/t. (no -ge-, h) (be)smear; soil; scrawl all over s.th.; cover with graffiti; spread (sandwich, etc.) (mit with butter, etc.); ~'schmutzen v/t. (no -ge-, h) soil (a. fig.), dirty; ~'schneiden v/t. clip, cut (a. fig.); prune (tree); 🔩 circumcise; ~schönigen [~'ʃøːnɪgən] v/t. (no -ge-, h) gloss over.

beschränk|en [bə'ʃrɛŋkən] v/t. (no -ge-, h) confine, limit, restrict; sich ~ auf (acc.) confine o.s. to; ~t adj. limited; fig. feeble-minded; 2ung f (-/-en) limitation, restriction.

be'schreib|en v/t. (irr. schreiben, no -ge-, h) describe; write on (sheet of paper, etc.); 2ung f (-/-en) description.

be'schrift|en v/t. (no -ge-, h) inscribe; mark (with letters); 2ung f (-/-en) inscription; lettering.

beschuldig|en [bə'ʃuldɪgən] v/t. (no -ge-, h) blame s.o.; j-n e-r Sache ~ accuse s.o. of s.th., charge s.o. with s.th. (both a. 🔩); 2ung f (-/-en) accusation, charge.

be'schummeln v/t. (no -ge-, h) cheat.

Be'schuß ✕ m (Beschusses/no pl.): unter ~ under fire (a. fig.).

be'schütze|n v/t. (no -ge-, h) protect, shelter, guard (vor dat. from); 2r m (-s/-) protector.

be'schwatzen v/t. (no -ge-, h): j-n zu et. ~ talk s.o. into (doing) s.th.

Beschwerde [bə'veːrdə] f (-/-n) complaint (über acc. about; bei to); ~n pl. 🔩 complaints, trouble.

beschwer|en [bə'veːrən] v/t. (no -ge-, h) weight s.th.; sich ~ complain (über acc. about, of; bei to s.o.); ~lich adj. arduous, hard.

be|schwichtigen [bə'ʃvɪçtɪgən] v/t. (no -ge-, h) appease (a. pol.), calm; ~'schwindeln v/t. (no -ge-, h) tell s.o. a fib or lie; cheat; ~schwingt adj. [~'ʃvɪŋt] buoyant, peppy; music, etc.: lively, swinging; ~schwipst F adj. [~'ʃvɪpst] tipsy; ~'schwören v/t. (irr. schwören, no -ge-, h) swear to s.th. (a. 🔩); implore s.o.; conjure up (spirit, vision, etc.).

beseitig|en [bə'zaɪtɪgən] v/t. (no -ge-, h) remove; dispose of; eliminate; pol. a. liquidate; 2ung f (-/no pl.) removal; disposal; elimination.

Besen ['beːzən] m (-s/-) broom; ~stiel m broomstick.

besessen adj. [bə'zɛsən] obsessed (von by); wie ~ like mad.

be'setz|en v/t. (no -ge-, h) occupy (a. ✕); fill (position); thea. cast (part); trim (dress, etc.); squat in (house); **~t** adj. occupied; seat: a. taken; bus, train, etc.: full up; teleph. busy, Brt. a. engaged; **2tzeichen** teleph. n busy signal, Brt. engaged tone; **2ung** f (-/-en) thea. cast; ✕ occupation.

besichtig|en [bə'zɪçtɪgən] v/t. (no -ge-, h) visit, see the sights of; inspect; **2ung** f (-/-en) sightseeing; visit (to); inspection.

be'sied|ein v/t. (no -ge-, h) settle, colonize; populate; **~elt** adj.: dicht (dünn) ~ densely (sparsely) populated; **2lung** f colonization, settlement, peopling; population.

be|'siegeln v/t. (no -ge-, h) seal (a. fig.); **~'siegen** v/t. (no -ge-, h) defeat, beat (a. sports); conquer (a. fig.).

be'sinn|en v/refl. (irr. sinnen, no -ge-, h) remember (auf et. s.th.); think (e-s Besseren better of it); **~lich** adj. contemplative.

Be'sinnung f (-/no pl.) consciousness; **zur ~ kommen (bringen)** come to one's (bring s.o. to his) senses; **2slos** adj. unconscious.

Be'sitz m (-es/no pl.) possession; property (a. land); **in ~ nehmen, ~ ergreifen von** take possession of; **2anzeigend** gr. adj. [~?-] possessive; **2en** v/t. (irr. sitzen, no -ge-, h) possess, own; **~er** m (-s/-) possessor, owner; **den ~ wechseln** change hands; **2ergreifend** adj. [~?-] possessive (nature); **~lose** pl. have-nots; **~tum** n (-s/-er), **~ung** f (-/ -en) possession(s), property; estate.

besoffen F adj. [bə'zɔfən] drunk, tight.

be'sohlen v/t. (no -ge-, h) sole; **(neu) ~ lassen** have (re)soled.

Besoldung [bə'zɔldʊŋ] f (-/-en) ✕ pay; salary.

besonder|e adj. [bə'zɔndərə] special, particular; extraordinary, exceptional; peculiar; **2heit** f (-/-en) peculiarity.

be'sonders adv. especially, particularly; chiefly, mainly.

besonnen adj. [bə'zɔnən] prudent, level-headed, calm; **2heit** f (-/no pl.) prudence, calmness; presence of mind.

be'sorg|en v/t. (no -ge-, h) get (o.s. or s.o. s.th.), buy; do; manage (affairs, etc.); **2nis** [~knɪs] f (-/-se) concern, alarm, anxiety (über acc. about, at); **~niserregend** adj. [~knɪs?-] alarming; **~t** adj. [~kt] worried, concerned; **2ung** f (-/-en): **~en machen** go shopping, go on errands.

be'spielen v/t. (no -ge-, h) make a recording on (tape, etc.); **bespieltes Band** (pre-)recorded tape

be'spitzeln v/t. (no -ge-, h) spy on s.o.

be'sprech|en v/t. (irr. sprechen, no -ge-, h) discuss, talk s.th. over; arrange; review (book, etc.); **2ung** f (-/-en) discussion, talk(s); meeting, conference; (book, etc.) review.

besser adj. and adv. ['bɛsər] better; **~ als** better than; **es ist ~, wir fragen ihn** we had better ask him; **immer ~** better and better; **oder ~ (gesagt)** or rather; **ich weiß (kann) es ~** I know (can do) better (than that).

'besser|gehen v/impers. (irr. gehen, sep., -ge-, sein): **es geht ihm besser** he is better; **'~n** v/refl. (ge-, h) improve, get better; **ich werde mich ~** I'll try harder; **'2ung** f (-/-en) improvement; **auf dem Wege der ~** on the way to recovery; **gute ~!** I get better (soon!); get well (quick)!; **2wisser** ['~vɪsər] m (-s/-) know(-it)-all.

Be'stand m (continued) existence; esp. econ. stock; **~ haben** last, be lasting.

be'ständig adj. constant, steady (a. character); weather: settled; **... in compounds:** (heat-, etc.) resistant or proof.

Bestand|saufnahme econ. [bə'ʃtants?-] f (taking) inventory, stocktaking (a. fig.); **~teil** m part, component; ingredient; element.

be'stärken v/t. (no -ge-, h) confirm, strengthen, encourage s.o. (in dat. in).

bestätig|en [bə'ʃtɛːtɪgən] v/t. (no-ge-, h) confirm (a. ✍, econ.); certify; acknowledge (receipt, etc.); **sich ~** prove (to be) true; prediction: come true; **sich bestätigt fühlen** feel affirmed; **2ung** f (-/-en) confirmation; certificate; acknowledg(e)ment; psych. affirmation.

bestatt|en [bə'ʃtatən] v/t. (no -ge-, h) bury; **2ungsinstitut** [bə'ʃtatʊŋs?-] n funeral home, Brt. undertakers.

be|'stäuben & v/t. (no -ge-, h) pollinate; **~'staunen** v/t. (no -ge-, h) marvel or wonder at.

beste adj. and adv. ['bɛstə] best; **am ~n** best; **welches gefällt dir am ~n?** which do you like best?; **es ist das ~ or am ~n ist es, Sie nehmen den Bus** it would be best to take a bus.

'Beste m, f, n (-n/-n) the best; **das ~ geben** do one's best; **das ~ machen aus** make the best of; **(nur) zu deinem ~n** for your own good; **der (die) ~ der Klasse** the best in his (her) class.

be'stech|en v/t. (irr. stechen, no -ge-, h) bribe; fascinate (durch by); **~lich** adj. corrupt; bribery; **2ung** f (-/-en) bribery, corruption; **2ungsgeld** n bribe.

Besteck [bə'ʃtɛk] n (-[e]s/-e) (set of) knife, fork and spoon; cutlery.

be'stehen (irr. stehen, no -ge-, h) **1.** v/t

stand (*test*, *trial*); pass (*exam*); 2. v/i.
be, exist; ~ *auf* (*dat*.) insist on; ~ *aus* (*in dat*.) consist of (in).
Be'stehen n (-s/*no pl*.) existence.
be'stehenbleiben (*irr.* bleiben, *sep.*, -ge-, sein) continue (to exist).
be|'stehlen v/t. (*irr.* stehlen, *no* -ge-, h) steal s.o.'s money, *etc.*; ~'steigen v/t. (*irr.* steigen, *no* -ge-, h) climb (*mountain, etc.*); get on or into (*vehicle*); mount (*horse, etc.*); ascend (*throne*).
be'stell|en v/t. (*no* -ge-, h) order; book; reserve; call (*taxi, etc.*); ask or tell s.o. to come (*nach* to); give, send (*regards, etc.*); cultivate (*soil*); *kann ich et.* ~? can I have et.; *Sie ihm bitte ... please tell him ...; Snummer f* order number; Sschein m order form; Sung f (-/-*en*) order; booking; reservation; *auf* ~ to order.
'besten|falls adv. at best; '~s adv. very well.
be'steuern v/t. (*no* -ge-, h) tax.
bestialisch adj. [bes'tia:lɪʃ] bestial; putrid (*odo*[u]*r*); F beastly (*cold*).
Bestie ['bestiə] f (-/-n) beast; *fig. a.* brute.
be'stimmen v/t. (*no* -ge-, h) determine, decide; define; *j-n für* or *zu et.* ~ designate or intend s.o. for s.th.; *zu* ~ *haben* be in charge, F be the boss; ~ *über* (*acc.*) have at one's disposal; *bestimmt für* meant for, destined for (*a. econ.*).
be'stimmt 1. adj. certain (*things, people, etc.*), special (*reason, etc.*), given (*number, etc.*); voice, manner, *etc.*: decided, determined, firm; ~*er Artikel gr.* definite article; 2. adv. certainly; *ganz* ~ definitely; Sheit f (-/*no pl.*) determination, firmness; certainty.
'Bestleistung f *sports*: (personal) record.
be'straf|en v/t. (*no* -ge-, h) punish; Sung f (-/-*en*) punishment.
be'strahl|en v/t. (*no* -ge-, h) irradiate (*a. ɟ*); Sung f irradiation; ɟ ray treatment; radiotherapy.
Be'streb|en n (-s/*no pl.*) aim; St adj. [~'ʃtreːpt]: ~ sein, *zu* aim at doing s.th.; ~ung f (-/-*en*) effort; attempt.
be|'streichen v/t. (*irr.* streichen, *no* -ge-, h) et. *mit et.* ~ spread s.th. on s.th.; *mit Butter* ~ butter; ~'streiten v/t. (*irr.* streiten, *no* -ge-, h) challenge (*right, etc.*); deny (*truth, etc.*); take care of (*expenses, etc.*); ~'streuen v/t. (*no* -ge-, h) strew, sprinkle (*mit* with); ~'stücken v/t. (*no* -ge-, h) equip, supply with; ~'stürmen v/t. (*no* -ge-, h) urge s.o.; bombard (*with questions, etc.*).

bestürz|t adj. [bə'ʃtʏrtst] dismayed (*über acc.* at), stunned (by); Sung f (-/*no pl.*) consternation, dismay.
Besuch [bə'zuːx] m (-[e]s/-e) visit (*gen., bei, in dat.* to); call; stay; attendance (*gen.* at *school, event, etc.*); ~ *haben* have company or guests; Sen v/t. (*no* -ge-, h) visit; call on, (go to) see; F look up; attend (*school, etc.*); go to (*restaurant, theater, etc.*); ~er m (-s/-) visitor, caller; guest; ~szeit f visiting hours.
be'sucht adj. attended; *place*: popular.
besudeln [bə'zuːdəln] v/t. (*no* -ge-, h) soil, stain (*a. fig.*).
betagt adj. [bə'taːkt] aged, old.
be|'tasten v/t. (*no* -ge-, h) touch, feel, finger; ~'tätigen [~'tɛːtɪgən] v/t. (*no* -ge-, h) ⊕ operate; apply (*brake, etc.*); *sich* ~ be active.
betäub|en [bə'tɔʏbən] v/t. (*no* -ge-, h) stun (*a. fig.*), daze; make unconscious; ɟ an(a)esthetize; Sung f (-/*no pl.*) ɟ an(a)esthetization; an(a)esthesia; *fig.* stupefaction; Sungsmittel ɟ n narcotic; an(a)esthetic.
Bete ɟ ['beːtə] f (-/-n): *rote* ~ beet(root Brt.).
beteil|igen [bə'taɪlɪgən] v/t. (*no* -ge-, h): *j-n* ~ give s.o. a share (*an dat.* in); *sich* ~ take part (*an dat., bei* in), participate (in) (*a. ⁂*); ~igt adj. concerned; ~ *sein an* (*dat.*) be involved in (*accident, crime, etc.*); have a share in (*profits, etc.*); Sigung f (-/-*en*) participation (*a. ⁂, econ.*); involvement; share (*a. econ.*).
beten ['beːtən] v/i. (ge-, h) pray (*um* for), say one's prayers; say grace.
be'teuern v/t. (*no* -ge-, h) protest (*one's innocence*); declare s.th. (solemnly).
be'titeln v/t. (*no* -ge-, h) call s.o. (by the title of); entitle (*book, etc.*).
Beton ⊕ [be'tɔŋ] m (-s/-s) concrete.
be'ton|en v/t. (*no* -ge-, h) stress; *fig. a.* emphasize.
betonieren ⊕ [beto'niːrən] v/t. (*no* ge-, h) cover with or set in concrete.
Be'tonung f (-/-*en*) stress; *fig. a.* emphasis.
betören [bə'tøːrən] v/t. (*no* -ge-, h) infatuate, bewitch.
Betracht [bə'traxt] m (-[e]s/*no pl.*): *in* ~ *ziehen* take into consideration; (*nicht*) *in* ~ *kommen* (not) come into question; Sen v/t. (*no* -ge-, h) look at, view (*a. fig.*); ~ *als* look upon or regard as, consider; ~er m (-s/-) viewer.
beträchtlich adj. [bə'trɛçtlɪç] considerable.
Be'trachtung f (-/-*en*) view; *fig.* reflection, thought; *bei näherer* ~ on closer inspection.

Betrag [bə'traːk] *m* (-[e]s/-e) amount, sum; 2en [-gən] (*irr. tragen, no -ge-, h*) 1. *v/t.* amount to; 2. *v/refl.* behave (o.s.).

Be'tragen *n* (-s/*no pl.*) behavio(u)r, conduct.

be'trauen *v/t.* (*no -ge-, h*) entrust *s.o.* (*mit* with *s.th.*).

Betreff [bə'trɛf] *m* (-[e]s/-e) *mst abbr. Betr. in letters:* re; 2en *v/t.* (*irr. treffen, no -ge-, h*) concern; refer to; **was ... betrifft** as for, as to; **betrifft** (*abbr. Betr.*) re; 2end *adj.* concerning; **die ~en Personen** *etc.* the people, *etc.* concerned; 2s *prp.* (*gen.*) concerning; *esp. econ.* re.

be'treiben *v/t.* (*irr. treiben, no -ge-, h*) operate, run (*business, etc.*); go in for (*sport, hobby*).

Be'treiben *n* (-s/*no pl.*): **auf j-s ~** at s.o.'s instigation.

be'treten[1] *v/t.* (*irr. treten, no -ge-, h*) enter (*room, etc.*); step on *s.th.*

be'treten[2] *adj.* embarrassed.

Be'treten *n* (-s/*no pl.*): **~ (des Rasens) verboten!** keep out (off the grass)!

betreu|en [bə'trɔyən] *v/t.* (*no -ge-, h*) look after, take care of; 2ung *f* (-/*no pl.*) care (*gen.* of, for).

Betrieb [bə'triːp] *m* (-[e]s/-e) business, firm, company; operation, running (*of business, machine, etc.*); rush (*of traffic, etc.*); **in ~ sein (setzen)** be in (put into) operation; **außer ~** out of order; **im Geschäft war viel ~** the shop was very busy; **~samkeit** *f* (-/*no pl.*) activity, hustle and bustle.

Betriebs|anleitung [bə'triːps'-] *f* operating instructions; **~berater** *m* business consultant; **~ferien** *pl.* company holiday, *Brt.* works *or* staff holiday; *sign:* 'on vacation', *Brt.* 'closed for holidays'; **~fest** *n* (annual) party *or* picnic, *Brt.* company fête; **~kapital** *n* working capital; **~klima** *n* working atmosphere; **~kosten** *pl.* operating costs; **~leitung** *f* management; **~rat** *m* works council; 2sicher *adj.* safe to operate; **~störung** *f* breakdown; **~unfall** [~'ʊ-] *m* industrial accident; **~wirtschaft** *econ. f* business administration.

be'trinken *v/refl.* (*irr. trinken, no -ge-, h*) get drunk.

betroffen *adj.* [bə'trɔfən] affected (*von* by), concerned; dismayed; 2heit *f* (-/*no pl.*) concern, dismay, sympathy.

betrübt *adj.* [bə'tryːpt] sad, grieved (*über acc.* at).

Betrug [bə'truːk] *m* (-[e]s/*no pl.*) cheating; *st* fraud; deceit.

be'trüge|n *v/t.* (*irr. trügen, no -ge-, h*) cheat, swindle, trick (**um et.** out of

s.th.); be unfaithful to *s.o.*; 2r *m* (-s/-) swindler, trickster.

be'trunken *adj.* drunk; **ein ~er Mann** a drunk; 2e *m, f* (-n/-n) drunk.

Bett [bɛt] *n* (-[e]s/-en) bed; **am ~** at the bedside; **ins ~ gehen (bringen)** go (put) to bed; '**~bezug** *m* comforter case, *Brt.* duvet cover; '**~decke** *f* blanket; quilt.

betteln ['bɛtəln] *v/i.* (*ge-, h*) beg (**um** for).

'**Bett|gestell** *n* bedstead; '**~kasten** *m* storage box under bed; 2lägerig *adj.* ['~lɛːgərɪç] bedridden; '**~laken** *n* sheet.

Bettler ['bɛtlər] *m* (-s/-) beggar.

Bett|nässer ['bɛtnɛsər] *m* (-s/-) bedwetter; '**~ruhe** *f*: **~ verordnen** order to stay in bed; '**~vorleger** *m* bedside rug; '**~wäsche** *f* bed linen; '**~zeug** *n* bedding, bedclothes.

betucht F *adj.* [bə'tuːxt] affluent.

betulich *adj.* [bə'tuːlɪç] fussy, slow, overmeticulous.

beugen ['bɔygən] *v/t.* (*ge-, h*) bend (*a. knee, etc.*), bow; *gr.* inflect; **sich ~** bend (**vor** *dat.* to), bow (to).

Beule ['bɔylə] *f* (-/-n) bump; dent.

be|unruhigen [bə'ʔʊnruːɪgən] *v/t.* (*no -ge-, h*) disturb, alarm; **~urkunden** [bə'ʔʊrkʊndən] *v/t.* (*no -ge-, h*) attest, certify.

beurlaub|en [bə'ʔʊːrlaʊbən] *v/t.* (*no -ge-, h*) give *s.o.* leave *or* time off; suspend (*from office*); **sich ~ lassen** ask for leave; **~t** *adj.* on leave.

beurteil|en *v/t.* (*no -ge-, h*) judge (**nach** by); rate (*quality, etc.*); 2ung *f* (-/-en) judg(e)ment; evaluation; rating.

Beuschel *Aust.* ['bɔyʃəl] *n* (-s/-) lungs (of an animal).

Beute ['bɔytə] *f* (-/*no pl.*) booty, loot; prey; *hunt.* bag; *fig.* prey, victim (*gen.* to).

Beutel ['bɔytəl] *m* (-s/-) bag; pouch (*a. zo.*); '**~ratte** *zo. f* opossum; '**~tier** *zo. n* marsupial.

bevölk|ern [bə'fœlkərn] *v/t.* (*no -ge-, h*) populate, people; **~ert** *adj.:* **dicht (dünn) ~** densely (thinly) populated); 2erung *f* (-/*no pl.*) population.

bevollmächtigen [bə'fɔlmɛçtɪgən] *v/t.* (*no -ge-, h*) authorize, empower.

be'vor *cj.* before; **~munden** *v/t.* (*no -ge-, h*) patronize *s.o.*; **~stehen** *v/i.* (*irr. stehen, sep., -ge-, h*) be approaching, be near *or* ahead; *danger, etc.:* be imminent; *j-m ~* be in store for *s.o.*, await *s.o.*; **~zugen** [~tsuːgən] *v/t.* (*no -ge-, h*) prefer; favo(u)r; **~zugt** *adj.* [~kt] privileged; 2zugung *f* (-/*no pl.*) preferential treatment.

be'wach|en *v/t.* (*no -ge-, h*) guard, watch over; 2er *m* (-s/-), 2ung *f* (-/*no pl.*) guard.

bewaffn|en [bə'vafnən] v/t. (no -ge-, h) arm (a. fig.); **2ung** f (-/no pl.) armament; arms.

be|'wahren v/t. (no -ge-, h) keep (secret, one's temper, etc.), save (vor from harm, etc.); **~'währen** v/refl. (no -ge-, h) prove successful; **sich ~ als** prove to be; **~'wahrheiten** v/refl. (no -ge-, h) prove to be or come true.

be'währt adj. (well-)tried, proven, reliable; person: experienced.

Be'währung f trial; ᵵᵵ probation (zur on); **Stunde der ~** moment of truth; **~shelfer** ᵵᵵ m probation officer; **~sprobe** f (acid) test.

bewaldet adj. [bə'valdət] wooded, woody.

bewältigen [bə'vɛltigən] v/t. (no -ge-, h) master, manage, cope with; cover (distance).

be'wandert adj. (well-)versed (in dat. in).

Bewandtnis [bə'vantnɪs] f (-/-se): **folgende ~ haben es** as follows.

be'wässer|n v/t. (no -ge-, h) irrigate; **2ung** f (-/-en) irrigation.

bewegen[1] [bə'veːgən] v/t. (irr., no -ge-, h); **j-n zu et. ~** get s.o. to do s.th.

beweg|en[2] [~] v/t. and v/refl. (no -ge-, h) move (a. fig.); **sich ~ zwischen** (dat.) ... **und ...** range from ... to ...; **nicht ~!** don't move!; **2grund** [~k-] m motive; **~lich** adj. [~k-] movable; agile; flexible; parts: moving; **2lichkeit** [~k-] f (-/no pl.) mobility; agility; **~t** adj. [~kt] sea: rough; voice: choked; life: eventful; fig. moved, touched; **2ung** f (-/-en) movement (a. pol.); motion (a. phys.); fig. emotion; **in ~ setzen** set in motion; **körperliche ~** physical exercise; **2ungsfreiheit** f room to move (about); fig. a. freedom of action, scope; **~ungslos** adj. motionless, immobile.

be'wehren v/t. (no -ge-, h) reinforce (concrete).

Beweis [bə'vais] m (-es/-e) proof (für of); **~(e** pl.) evidence (esp. ᵵᵵ); **2en** [~zən] v/t. (irr. weisen, no -ge-, h) prove; show (interest, etc.); **~mittel** n, **~stück** n (piece of) evidence.

be'wenden v/i.: **es dabei ~ lassen** leave it at that.

be'werb|en v/refl. (irr. werben, no -ge-, h): **sich ~ um** apply for; esp. pol. be a candidate for, run for; compete for (prize); court (woman); **2er** m (-s/-) applicant (um for); candidate; competitor; suitor; **2ung** f (-/-en) application; candidature; competition; courtship; **2ungsschreiben** n (letter of) application.

bewerkstelligen [bə'vɛrkʃtɛligən] v/t. (no -ge-, h) manage s.th.

be'wert|en v/t. (no -ge-, h) rate, judge; assess; school: grade; econ. value; **2ung** f rating; valuation; assessment; school: grade(s), mark(s), (grade) points.

bewilligen [bə'vɪligən] v/t. (no -ge-, h) grant, allow.

be'wirken v/t. (no -ge-, h) cause; bring about, effect.

be'wirt|en v/t. (no -ge-, h) entertain; cater for; **~schaften** v/t. (no -ge-, h) manage, run; ✓ farm (land); **2ung** f (-/no pl.) entertaining; restaurant: service; catering; **freundliche ~** kind hospitality.

bewog [bə'voːk] past of **bewegen**[1]; **~en** [~gən] p.p. of **bewegen**[1].

be'wohne|n v/t. (no -ge-, h) inhabit, live in; occupy; **2r** m (-s/-) inhabitant; occupant.

be|'wölken [bə'vœlkən] v/refl. (no -ge-, h) cloud over (a. fig.); **~wölkt** adj. cloudy, overcast; **2'wölkung** f (-/no pl.) clouds.

be'wunder|n v/t. (no -ge-, h) admire (wegen for); **2er** m (-s/-) admirer; **~nswert** adj. admirable; **2ung** f (-/no pl.) admiration.

bewußt adj. [bə'vust] conscious; intentional; **sich e-r Sache ~ sein** (werden) be (become) conscious or aware of s.th., realize s.th.; **~los** adj. unconscious; **~machen** v/t. (sep., -ge-, h): **j-m et.** bring s.th. home to s.o.; **2sein** n (-s/no pl.) consciousness; **bei ~** conscious; **~seinserweiternd** psych. adj. [~s²-] mind-expanding; psychedelic.

be'zahl|en v/t. (no -ge-, h) pay for (a. fig.); pay (s.o., amount, bill, etc.); **2ung** f (-/no pl.) payment (für for; von of); pay.

be'zaubern v/t. (no -ge-, h) charm; enchant; **~d** adj. charming, F sweet, darling.

be'zeichn|en v/t. (no -ge-, h) stand for; **~ als** call, describe as, label (as); **~end** adj. characteristic, typical (für of); **2ung** f name, term.

be|'zeugen v/t. (no -ge-, h) ᵵᵵ testify to, bear witness to (both a. fig.); **~zichtigen** [~'tsɪçtigən] v/t. (no -ge-, h) s. **beschuldigen**; **~ziehen** v/t. (irr. ziehen, no -ge-, h) cover (chair, etc.); change (beds, etc.); move into (house, etc.); receive (pension, etc.); subscribe to (paper, etc.); econ. buy; **~ auf** (acc.) relate to; **sich ~ sky**: cloud over; **sich ~ auf** (acc.) refer to.

Be'ziehung f (-/-en) relation (zu et. to s.th.; zu j-m with s.o.); connection (zu with); relationship; **in jeder (keiner) ~** in every (no) respect; **~en haben** have connections, know the right people;

♀slos *adj.* unrelated, unconnected; **♀swelse** *adv.* respectively; or; or rather.

be'ziffern *v/t.* (*no* -ge-, *h*): ~ *auf* (*acc.*) estimate *s.th.* at.

Bezirk [bə'tsırk] *m* (-[e]s/-e) district, precinct.

Bezug [bə'tsu:k] *m* (-[e]s/-e) cover(ing); case, slip (*a. for pillow, etc.*); *econ.* purchase; moving in(to *house, etc.*); subscription (*gen.* to); *Bezüge pl.* earnings; *in* ♀ *auf* (*acc.*) referring to; ~ *nehmen auf* (*acc.*) refer to.

bezüglich [bə'tsy:klıç] 1. *prp.* (*gen.*) regarding; 2. *gr. adj.* relative (*pronoun, etc.*).

Bezug|nahme [bə'tsu:kna:mə] *f* (-/no *pl.*): *mit* ~ *auf* (*acc.*) with reference *or* regard to; **~sperson** *psych. f* person to relate to, role model; **~spunkt** *m* reference point; **~squelle** *econ. f* source (of supply).

be|'zwecken *v/t.* (*no* -ge-, *h*) aim at, intend; **~'zweifeln** *v/t.* (*no* -ge-, *h*) doubt, question; **~'zwingen** *v/t.* (*irr. zwingen, no* -ge-, *h*) conquer, defeat (*a. sports*).

Bibel ['bi:bəl] *f* (-/-n) Bible.

Bibeli *Swiss* ['bi:bəli] *n* (-/-) pimple; chicken.

Biber *zo.* ['bi:bər] *m* (-s/-) beaver.

Bibliothek [biblio'te:k] *f* (-/-en) library; **~ar(in)** [~te'ka:r(ın)] *m* (*f*) (-s[-]/-e [-nen]) librarian.

biblisch *adj.* ['bi:blıʃ] biblical.

bieder *adj.* ['bi:dər] honest; *contp.* square.

bieg|en ['bi:gən] (*irr.*, ge-) 1. *v/t. and v/refl.* (*h*) bend; 2. *v/i.* (*sein*): *um die Ecke* ~ turn (round) the corner; **~sam** *adj.* ['bi:kza:m] flexible; **♀ung** *f* (-/-en) bend, curve.

Biene *zo.* ['bi:nə] *f* (-/-n) bee; **~nkönigin** *f* queen (bee); **~nkorb** *m* (bee)hive; **~nstich** *m* bee sting; almond-coated pastry; **~nstock** *m* (bee)hive.

Bier [bi:r] *n* (-[e]s/-e) beer; ~ *vom Faß* draft (*Brt.* draught) beer; **~deckel** *m* coaster, *Brt. a.* beer mat; **'~krug** *m* beer mug, stein.

Biest F *fig.* [bi:st] *n* (-es/-er) beast; (*kleines*) ~ brat, little devil, stinker.

bieten ['bi:tən] (*irr.*, ge-, *h*) 1. *v/t.* offer; *sich* ~ *opportunity, etc.*: present itself; 2. *v/i. at auction*: make a) bid.

Bigamie [biga'mi:] *f* (-/-n) bigamy.

Bikini [bi'ki:ni] *m* (-s/-s) bikini.

Bilanz [bi'lants] *f* (-/-en) *econ.* balance; *fig.* result; ~ *ziehen aus fig.* take stock of.

Bild [bılt] *n* (-[e]s/-er) picture; image; *sich ein* ~ *machen von* get an idea of;

~ausfall *TV* ['-ʔ-] *m* blackout; **'~band** *m* picture book; **'~bericht** *m press:* photo(graphic) essay (*Brt.* report).

bilden ['bıldən] *v/t.* (ge-, *h*) form; shape; *fig.* educate, train; be, constitute (*part of s.th., etc.*); *sich* ~ form; *fig.* educate o.s., improve one's mind; **~de Kunst** fine arts.

Bilder|buch ['bıldər-] *n* picture book; **'~schrift** *f* hieroglyphics.

'Bild|fläche *f:* F *auf der* ~ *erscheinen* (*von der* ~ *verschwinden*) appear on (disappear from) the scene; **'♀haft** *adj.* graphic; **'~hauer** ['~hauər] *m* (-s/-) sculptor; **~hauerei** [~'rai] *f* (-/no *pl.*) sculpture; **♀'hübsch** *adj.* pretty as a picture; **'♀lich** *adj.* graphic; word, *etc.:* figurative; **'~nis** *n* (-ses/-se) portrait; **'~platte** *TV f* videodis|k, *Brt.* -c; **'~röhre** *TV f* picture tube.

'Bildschirm *m* (TV) screen; display, monitor; VDT, video display terminal; **'~arbeitsplatz** *m* workstation; **'~text** *m* videotex(t); *TV Brt.* viewdata.

bild'schön *adj.* (just) beautiful.

'Bildung *f* (-/-en) education, training (*both no pl.*); forming, formation (*a. gr. of sentence, etc.*); **~s...** *in compounds:* *mst* educational ...

Billard ['bıljart] *n* (-s/-e) billiards, pool; **'~kugel** *f* billiard ball; **'~stock** *m* cue.

Billet(t) [bıl'jet] *n* (-[e]s/-e) *esp. Swiss:* ticket.

billig *adj.* ['bılıç] cheap (*a. contp.*), inexpensive; *recht und* ~ right and proper; **~en** ['~gən] *v/t.* (ge-, *h*) approve of; **♀ung** ['~guŋ] *f* (-/no *pl.*) approval.

Billion [bı'lio:n] *f* (-/-en) trillion.

bimbam *int.* ['bım'bam] ding-dong.

bimmeln F ['bıməln] *v/i.* (ge-, *h*) jingle; *teleph.* ring.

Bimsstein ['bıms-] *m* pumice (stone).

Binde ['bındə] *f* (-/-n) ♪ bandage; (arm-)sling; *s.* **Damenbinde**; **'~gewebe** *anat. n* connective tissue; **'~glied** *n* (connecting) link; **'~haut** *anat. f* conjunctiva; **'~hautentzündung** ♪ ['~haut?-] *f* conjunctivitis.

'binde|n (*irr.*, ge-, *h*) 1. *v/t.* bind (*a. book, etc.*), tie (*an* acc. to); make (*wreath, etc.*); knot (*tie*); *sich* ~ bind *or* commit o.s.; 2. *v/i.* bind; ⊕ *cement, etc.:* set, harden; *fig.* unite; **♀strich** *m* hyphen; **♀wort** *gr. n* (-[e]s/-er) conjunction.

Bindfaden ['bınt-] *m* string.

'Bindung *f* (-/-en) *fig.* tie, link, bond; (ski) binding; *ohne* ~en free of obligations.

binnen *prp.* ['bınən] within.

'Binnen|hafen *m* inland port; **'~handel** *m* domestic commerce *or* trade; **'~land**

n interior; '**~markt** *m in Europe*: single market; '**~schiffahrt** ♣ *f* inland navigation; '**~see** *m* lake; inland sea; '**~verkehr** *m* inland traffic *or* transport.

Binse ♀ ['bɪnzə] *f (-/-n)* rush; F: *in die ~n gehen* go to pot.

Biochemie [bioçe'mi:] *f (-/no pl.)* biochemistry.

blody'namisch ✧ *adj.* biodynamic.

Biographie [biogra'fi:] *f (-/-n)* biography; ♀sch *adj.* [~'gra:fɪʃ] biographic(al).

Bioladen ['bi:o-] *m* health food store *or* shop.

Biologie [bio'lo:gə] *m (-n/-n)* biologist; **~ie** [~/o'gi:] *f (-/no pl.)* biology; ♀isch *adj.* [~'lo:gɪʃ] biological; ✧, *etc.* organic.

'**Bio|rhythmus** *m* biorhythms; **~top** [~'to:p] *n*, *m (-s/-e)* biotope.

Birke ♀ ['bɪrkə] *f (-/-n)* birch (tree).

Birne ['bɪrnə] *f (-/-n)* pear; ⚡ (light) bulb.

bis *prp. (acc.) and adv. and cj.* [bɪs] *temporal*: till, until, (up) to; *of place*: (up) to, as for as; *von ... ~* from ... to; *(alle) ~ auf einen etc.* all but *or* except one, *etc.*; *~ zu* up to; *~ dann (morgen!)* see you then *or* later (tomorrow!); *~ jetzt* up to now, so far; *~ dahin (Freitag)* by then (Friday); *zwei ~ drei* two or three; *wie weit ist es ~ zum Bahnhof?* how far is it to the station?

Bisamratte zo. ['bizam-] *f* muskrat.

Bischof ['bɪʃɔf] *m (-s/-e)* bishop.

Biscuit *Swiss* ['bɪskü̱i] *n (-s/-s)* cookie, *Brt.* biscuit.

bis'her *adv.* up to now, so far; *wie ~* as before; **~ig** *adj.* previous.

Biskuit [bɪs'kvi:t] *n (-[e]s/-s)* sponge cake (mix).

bis'lang *adv. s.* **bisher.**

biß [bɪs] *past of* **beißen.**

Biß [~] *m (Bisses/Bisse)* bite.

bißchen ['bɪsçən] 1. *adj.*: *ein ~* a little, a (little) bit (of); 2. *adv.*: *ein ~* a little, a (little) bit; *ein ~ schneller* a little *or* a bit faster; *ein ~ schlafen* get some sleep, sleep a bit; *nicht ein ~* not in the least.

Bissen ['bɪsən] *m (-s/-)* bite; *keinen ~* not a thing.

bissig *adj.* ['bɪsɪç] *dog, etc.*: vicious; *fig.* cutting; *ein ~er Hund* a dog that bites; *Vorsicht, ~er Hund!* beware of the dog!

Bistum ['bɪstu:m] *n (-s/-er)* bishopric, diocese.

biswellen *adv.* ['bɪs'vaɪlən] at times, now and then.

Bitte ['bɪtə] *f (-/-n)* request (*um* for; *auf j-s* at s.o.'s); *ich habe e-e ~ (an dich)* I have a favo(u)r to ask of you.

bitte *adv.* [~] please; *~ nicht!* please don't! *~ (schön)!* you're welcome, that's all right, not at all; *handing s.th. to s.o., etc.*: here you are; *(wie) ~?* pardon?; *~ sehr?* can I help you?

'**bitten** *v/t. (irr., ge-, h): j-n um et. ~* ask s.o. for s.th. *or* to do s.th.; *um j-s Namen (Erlaubnis) ~* ask s.o.'s name (permission); *darf ich ~?* may I have this dance?

bitter *adj.* ['bɪtər] bitter (*a. fig.*); biting (cold); **~'kalt** *adj.* bitterly cold; '♀keit *f (-/-en)* bitterness; '**~lich** *adv.* bitterly.

blähen ['blɛ:ən] *(ge-, h)* 1. *v/t. and v/refl.* swell; 2. ⚡ *v/i.* cause flatulence; '♀ungen ⚡ *pl.* flatulence, *Brt.* F wind.

blam|abel *adj.* [bla'ma:bəl] embarrassing; ♀age [~'ma:ʒə] *f (-/-n)* disgrace, shame; ♀ieren [~'mi:rən] *v/t. (no ge-, h): j-n ~* make s.o. look like a fool; *sich ~* make a fool of o.s.; △ *not* **blame.**

blank *adj.* [blaŋk] shining, shiny, bright; polished; F *fig.* broke.

Blanko... *econ.* ['blaŋko-] *in compounds*: blank (*che|ck, Brt. -que, etc.*).

Bläschen ❀ ['blɛ:sçən] *n (-s/-)* vesicle, small blister.

Blase ['bla:zə] *f (-/-n)* bubble; *anat.* bladder; ❀ blister; '**~balg** *m (ein* a pair of*)* bellows.

blasen ['bla:zən] *v/t. and v/i. (irr., ge-, h)* blow (*a. ♪*).

Bläser ['blɛ:zər] *m (-s/-)* blower; *die ~ pl.* ♪ the wind *or* brass (section).

blasiert *adj.* [bla'zi:rt] blasé, smug.

Blas|instrument ♪ ['bla:s?-] *n* wind instrument; '**~kapelle** *f* brass band; '**~rohr** *n* blowpipe.

blaß *adj.* [blas] pale (*vor dat.* with), colo(u)rless (*a. fig.*); *~ werden* turn pale.

Blässe ['blɛsə] *f (-/no pl.)* paleness.

Blatt [blat] *n (-[e]s/-er)* ❀ leaf; piece, sheet (*of paper*) (*a. ♪*); *cards*: hand; (news)paper; blade (*of saw, etc.*).

blätterig *adj.* leaved (*a. in compounds*); flaky.

blättern ['blɛtərn] *v/i. (ge-, h): ~ in (dat.)* leaf through.

'**Blätterteig** *m* puff pastry (dough).

'**Blatt|gold** *n* gold leaf; '**~grün** ❀ *n* chlorophyll; '**~laus** zo. *f* plant louse; '**~pflanze** *f* foliage plant.

blau *adj.* [blau] blue; F *fig.* loaded, stoned; *~es Auge* black eye; F: *mit e-m ~en Auge davonkommen* get off cheaply; *~e Flecken haben* be black and blue; *ins 2e hinein* at random; *Fahrt ins 2e* unplanned pleasure trip; *organized*: mystery tour.

'**Blaubeere** ♀ *f* blueberry; bilberry.

'**blaugrau** *adj.* bluish-gr|ay, *Brt.* -ey.

bläulich adj. ['blɔvlɪç] bluish.

'**Blau|licht** n flashing light(s); '**⁀machen** F v/i. (sep., -ge-, h) stay away from work; play hooky; '**⁀säure** ℟ f (-/no pl.) hydrocyanic or prussic acid.

Blech [blɛç] n (-[e]s/-e) sheet metal; in compounds: tin (roof, etc.); brass (instrument, etc.); '**⁀büchse**, '**⁀dose** f (tin) can, Brt. tin (can).

'**blechen** F v/t. and v/i. (ge-, h) shell out, pay through the nose.

'**Blechschaden** mot. m bodywork dam-.age; dent(s), scratch(es).

blecken ['blɛkən] v/t. (ge-, h) bare (one's teeth).

Blei ℟ [blaɪ] n (-[e]s/-e) lead; **aus ~** leaden.

Bleibe ['blaɪbə] f (-/no pl.) place to stay.

bleiben ['blaɪbən] v/i. (irr., ge-, sein) stay, remain; ruhig ~ keep calm; ~ bei stick to s.th.; bleib(t) sitzen! keep seated!; bitte ~ Sie am Apparat teleph. hold the line, please; '**⁀d** adj. lasting, permanent; '**⁀lassen** v/t. (irr. lassen, sep., no -ge, h) leave s.th. alone, not do s.th.; laß das bleiben! stop or quit that!

bleich adj. [blaɪç] pale (vor dat. with); '**⁀en** v/t. (ge-, h) bleach; '**⁀gesicht** F n paleface.

'**bleiern** adj. (of) lead, leaden (a. fig.).

'**bleifrei** mot. adj. unleaded.

'**Bleistift** m pencil; '**⁀spitzer** m (-s/-) pencil sharpener.

Blende ['blɛndə] f (-/-n) blind; phot. aperture; (bei) ~ 8 (at) f-8.

'**blenden** v/t. (ge-, h) blind, dazzle (both a. fig.); '**⁀end** adj. dazzling (a. fig.); actor, accomplishment, etc.: brilliant; ~ aussehen look great; '**⁀er** contp. m (-s/-) phon(e)y; '**⁀frei** opt. adj. anti-glare.

Blick [blɪk] m (-[e]s/-e) look (auf acc. at); view (of); flüchtiger ~ glance; auf den ersten ~ at first sight; '**⁀en** v/i. (ge-, h) look, glance (auf acc., nach at); '**⁀fang** m eye-catcher; '**⁀feld** n field of vision; fig. = '**⁀punkt** m focal point, focus; '**⁀winkel** fig. m point of view, angle.

blieb [bli:p] past of bleiben.

blies [bli:s] past of blasen.

blind adj. [blɪnt] blind (a. fig.: gegen, für to; vor dat. with); mirror, etc.: dull; **⁀er Alarm** false alarm; **⁀er Passagier** stowaway; auf e-m Auge ~ blind in one eye.

'**Blinddarm** anat. m appendix; **⁀entzündung** ℱ ['.⁀.-] f appendicitis; **⁀operation** ℱ ['.⁀.-] f appendectomy.

'**Blinde** ['blɪndə] m(f) (-n/-n) blind (wo)man.

'**Blinden|heim** n home for the blind; '**⁀hund** m guide dog, seeing-eye dog; '**⁀schrift** f braille.

'**Blind|flug** ✈ m blind flying; **⁀gänger** ['.⁀gɛŋɐ] m (-s/-) dud; '**⁀heit** f (-/no pl.) blindness; **⁀lings** adv. ['.⁀lɪŋs] blindly; **⁀schleiche** zo. ['.⁀ʃlaɪçə] f (-/-n) blindworm.

blink|en ['blɪŋkən] v/i. (ge-, h) sparkle, glitter; twinkle; flash (a signal); mot. indicate, signal; '**⁀er** mot. m (-s/-) turn signal, Brt. indicator.

blinzeln ['blɪntsəln] v/i. (ge-, h) blink (one's eyes).

Blitz [blɪts] m (-es/-e) (flash of) lightning; phot. flash; **⁀ableiter** ['.⁀ʔap-] m (-s/-) lightning rod (Brt. conductor); **⁀²blank** adj. spick and span; **⁀en** v/i. (ge-, h) flash; es blitzt it is lightening; '**⁀gerät** phot. n (electronic) flash; '**⁀lampe** phot. f flashbulb; flash cube; '**⁀licht** phot. n flash; '**⁀schlag** m lightning stroke; **⁀²schnell** adj. and adv. like a flash; split-second (decision, etc.).

Block [blɔk] m (-[e]s/-e) block; pol., econ. bloc; pad (of paper); **⁀ade** ✕, ♱ [.⁀ka:də] f (-/-n) blockade; '**⁀flöte** ♪ f recorder; **⁀²frei** pol. adj. non-aligned (nations); '**⁀haus** n, '**⁀hütte** f log cabin; **⁀²ieren** [.⁀ki:rən] (no ge-, h) 1. v/t. block; 2. v/i. brake, etc.: lock; '**⁀schrift** f block letters.

blöd F adj. [bløːt], '**⁀e** F adj. ['.⁀də] dumb, silly, stupid; '**⁀el...** ['.⁀dəl] in compounds: nonsense; slapstick (show, etc.); '**⁀ein** F v/i. (ge-, h) fool or clown around; '**⁀heit** f (-/-en) stupidity; **⁀²sinn** m (-[e]s/no pl.) rubbish, nonsense; '**⁀sinnig** adj. idiotic, foolish.

blöken ['bløːkən] v/i. (ge-, h) bleat.

blond adj. [blɔnt] blond, fair(-haired); **⁀ine** [.⁀di:nə] f (-/-n) blonde.

bloß [bloːs] 1. adj. bare, naked; mere (words, etc.); 2. adv. only, just, merely.

Blöße ['bløːsə] f (-/-n) nakedness; sich e-e ~ geben lay o.s. open to attack or criticism.

'**bloß|legen** v/t. (sep., -ge-, h) lay bare, expose; '**⁀stellen** v/t. (sep., -ge-, h) expose, compromise, unmask; sich ~ compromise o.s.

Blouson [blu'zõː] n, m (-[s]/-s) bomber jacket.

blühen ['blyːən] v/i. (ge-, h) (be in) bloom or blossom; fig. flourish, thrive, prosper; econ. a. boom.

Blume ['bluːmə] f (-/-n) flower; wine: bouquet; beer: froth.

'**Blumen|beet** n flower bed; '**⁀geschäft** n flower shop, florist('s); '**⁀händler** m florist; '**⁀kohl** m cauliflower; '**⁀stand**

m flower stand; '~strauß *m* bunch of flowers, bouquet; '~topf *m* flowerpot.
Bluse ['blu:zə] *f* (-/-n) blouse.
Blut [blu:t] *n* (-[e]s/no pl.) blood; 2arm *⚥ adj.* ['~?-] an(a)emic (a. fig.); ~armut *⚥* ['~?-] *f* an(a)emia; '~bad *n* massacre; '~bahn *anat. f* bloodstream; '~bank *⚥ f* (-/-en) blood bank; '2bedeckt, '2beschmiert *adj.* bloodstained; '~bild *⚥ n* blood count; '~blase *f* blood blister; '~druck *m* (-[e]s/no pl.) blood pressure; 2dürstig *adj.* ['~dyrstɪç] bloodthirsty.
Blüte ['bly:tə] *f* (-/-n) ⚥ flower; bloom (a. fig. of the nation's youth, etc.); blossom; fig. height, heyday; s. Blütezeit; in (voller) ~ in (full) bloom.
Blutegel zo. ['blu:t?e:gəl] *m* (-s/-) leech (a. fig.).
'**bluten** *v/i.* (ge-, h) bleed (aus from).
'**Blüten|blatt** ⚥ *n* petal; '~staub ⚥ *m* pollen.
'**Bluter** *⚥ m* (-s/-) h(a)emophiliac.
Bluterguß *⚥* ['blu:t?ergus] *m* (-ergusses/-ergüsse) h(a)ematoma; bruise.
'**Blütezeit** *f* prime, heyday.
'**Blut|gefäß** *anat. n* blood vessel; ~gerinnsel *⚥* ['~gərɪnzəl] *n* (-s/-) blood clot; '~gruppe *f* blood group; '~hochdruck *⚥* *m* high blood pressure.
'**blutig** *adj.* bloody; ~er Anfänger rank beginner, F greenhorn.
'**Blut|körperchen** *n* (-s/-) blood corpuscle; '~kreislauf *m* (blood) circulation; '~lache *f* pool of blood; '2leer *adj.* bloodless; '~probe *f* blood test; '~rache *f* vendetta; 2rünstig fig. adj. ['~rynstɪç] blood-curdling, gory; '~sauger *⚥* ['~zaugər] *m* (-s/-) bloodsucker, leech; '~schande *⚥ f* incest; '~spender *m* blood donor; '2stillend *⚥ adj.* styptic; '~sverwandte *pl.* blood relations; ~übertragung *⚥* ['~?-] *f* blood transfusion; '~ung *f* (-/-en) bleeding, h(a)emorrhage; 2unterlaufen *adj.* ['~?-] bloodshot; '~vergießen *n* (-s/no pl.) bloodshed; '~vergiftung *⚥ f* blood poisoning; '~wurst *f* blood sausage, Brt. black pudding.
Bö [bø:] *f* (-/-en) gust, squall.
Bob [lup] *m* (-s/-s) bob(sled); '~bahn *f* bobsled run; '~fahren *n* (-s/no pl.); bobsledding; '~schlitten *m* s. Bob.
Bock [bok] *m* (-[e]s/~e) buck (a. sports); he-goat, F billy-goat; ram; e-n ~ schießen (make a) blunder; sl. ich hab' keinen ~ I'm not into that; null ~ not interested; '2en *v/i.* (ge-, h) horse: buck (a. fig.); of person: be obstinate; sulk; '2ig *adj.* obstinate; sulky; '~springen *n* (-s/no pl.) gymnastics: vaulting; game: leapfrog; '~wurst *f* hot sausage.

Boden ['bo:dən] *m* (-s/~) ground (a. fig.); ⚥ soil; bottom (of sea, vessel, etc.); floor; attic; '~haftung *mot. f* grip (on road); '~kammer *f* garret, attic; ~leger ⚥ ['~le:gər] *m* (-s/-) floorer; '2los *adj.* bottomless; fig. incredible; '~personal *⚥ n* ground personnel or staff; '~reform *f* land reform; ~schätze ['~fetsə] *pl.* mineral resources; '2ständig *adj.* native; rustic; '~station *⚥ f* ground control; '~turnen *n* gymnastics: floor exercises.
bog [bo:k] past of biegen.
Bogen ['bo:gən] *m* (-s/-, ~) bend, curve; ⚥ arc; arch. arch; ski: turn; weapon, of violin, etc.: bow; sheet (of paper, etc.); '~lampe ⚥ *f* arc lamp; '~schießen *n* (-s/no pl.) archery; '~schütze *m* archer.
Bohle ['bo:lə] *f* (-/-n) plank.
Bohne ⚥ ['bo:nə] *f* (-/-n) bean; grüne ~n *pl.* green (Brt. a. French) beans; F blaue ~n bullets, F lead; '~nstange *f* beanpole (a. F fig.).
bohnern ['bo:nərn] *v/t.* (ge-, h) polish, wax (floor, etc.); '2wachs *n* floor polish.
bohren ['bo:rən] *v/t.* (ge-, h) bore, drill (a. dentist); fig. pry, pester; keep at it; '~d fig. adj. piercing (pain, etc.); insistent (questions, etc.).
'**Bohr|er** ⚥ *m* (-s/-) drill; person: (oil, etc.) driller; '~insel ⚥ ['bo:r?-] *f* oil rig; '~loch *n* borehole, well(head); '~maschine ⚥ *f* (electric) drill; '~turm ⚥ *m* derrick; '~ung ⚥ *f* (-/-en) drilling; bore.
'**bölg** *adj.* gusty, squally; ⚥ bumpy.
Boje ⚥ ['bo:jə] *f* (-/-n) buoy.
Böller ['bœlər] *m* (-s/-) mortar, saluting gun.
Bollwerk ['bolvεrk] *n* bulwark (a. fig.).
Bolzen ⚥ ['boltsən] *m* (-s/-) bolt.
bombardieren [bombar'di:rən] *v/t.* (no ge-, h) ⚥ bomb; fig. bombard.
Bombe ['bombə] *f* (-/-n) bomb; fig. bombshell; ~angriff ⚥ ['~n?-] *m* air raid; '~nanschlag ['~n?-] *m* bombing (auf acc. of), bomb attack; '~nerfolg F ['~n?εr'folk] *m* roaring success; thea., etc. smash hit; '~nge'schäft F *n* super deal; ein ~ machen sell like crazy; '2nsicher *adj.* bombproof; fig. dead certain, surefire.
'**Bomb|er** ⚥ *m* (-s/-) bomber (a. fig.); '2ig F *adj.* terrific, super.
Bon econ. [bõ:] *m* (-s/-s) coupon, voucher.
Bonbon [boŋ'boŋ] *m, n* (-s/-s) candy, Brt. sweet.
Bonze F ['bontsə] *m* (big) boss, big shot.
Boot [bo:t] *n* (-[e]s/-e) boat; '~smann ⚥ *m* (-[e]s/Bootsleute) boatswain.

Bord [bɔrt] (-[e]s/-e) **1.** *n* shelf; **2.** ⚓, ✈ *m*: *an ~* on board, aboard; *über ~* overboard; *von ~ gehen* go ashore.

Bordell [bɔr'dɛl] *n* (-s/-e) brothel.

'Bord|funker ⚓, ✈ *m* radio operator; **'~karte** *f* boarding card *or* pass; **'~stein(kante)** *m* (*f*) curb, *Brt.* kerb.

borgen ['bɔrgən] *v/t.* (ge-, *h*) borrow; *sich et. ~ von* borrow s.th. from; *j-m et. ~* lend s.th. to s.o.

Borke ['bɔrkə] *f* (-/-n) bark.

borniert *contp. adj.* [bɔr'niːrt] narrow-minded; **~er Kerl** arrogant fool.

Börse *econ.* ['bœrzə] *f* (-/-n) stock exchange, stockmarket.

'Börsen|bericht *m* market report; **'~kurs** *m* quotation; **'~makler** *m* stockbroker; **'~papiere** *pl.* listed securities; **'~spekulant** *m* stockjobber.

Borst|e ['bɔrstə] *f* (-/-n) bristle; **'2ig** *adj.* bristly.

Borte ['bɔrtə] *f* (-/-n) border (*of rug, etc.*); braid, lace.

bösartig *adj.* ['bøːsʔ-] vicious; ✵ malignant.

Böschung ['bœʃʊŋ] *f* (-/-en) slope, bank; embankment (*a.* 🚉).

böse *adj.* ['bøːzə] bad, evil, wicked; angry (*über acc.* at, about; *auf j-n* with s.o.); *er meint es nicht ~* he means no harm; *der* 2 the Devil; *thea., etc.* the villain.

Böse [~] *n* (-n/no pl.) (the) evil; **~wicht** ['~vɪçt] *m* (-[e]s/-e[r]) mst. iro. villain.

bos|haft *adj.* ['boːshaft] malicious; **'2heit** *f* (-/-en) malice, spite; malicious act *or* remark.

böswillig *adj.* ['bøːs-] malicious, *esp.* ⚖ *a.* wil(l)ful.

bot [boːt] *past of* **bieten.**

Botani|k [bo'taːnɪk] *f* (-/no pl.) botany; **~ker** *m* (-s/-) botanist; **2sch** *adj.* botanical.

Bote ['boːtə] *m* (-n/-n) messenger; **'~ngang** *m*: *Botengänge machen* run errands.

Botschaft ['boːt-] *f* (-/-en) message; *pol.* embassy; **'~er** *pol.* *m* (-s/-) ambassador.

Bottich ['bɔtɪç] *m* (-[e]s/-e) tub, vat.

Bouillon [bul'jɔŋ] *f* (-/-s) consommé, bouillon, broth.

Boulevardzeitung [bulə'vaːr-] *f* popular (paper), tabloid.

Bowle ['boːlə] *f* (-/-n) cup; punch; *vessel*: bowl.

Box [bɔks] *f* (-/-en) box; (loud)speaker.

boxen ['bɔksən] (ge-, *h*) **1.** *v/i.* box; **2.** *v/t.* punch.

Box|en [~] *n* (-s/no pl.) boxing; **'~er** *m* (-s/-) boxer; **'~handschuh** *m* boxing glove; **'~kampf** *m* boxing match, fight; **'~sport** *m* boxing.

Boykott [bɔy'kɔt] *m* (-[e]s/-e), **2ieren** [~'tiːrən] *v/t.* (no ge-, *h*) boycott.

brach [braːx] *past of* **brechen.**

brachliegen ✴ ['braːx-] *v/i.* (irr. liegen, sep., -ge-, *h*) lie fallow (*a. fig.*).

brachte ['braxtə] *past of* **bringen.**

Branche *econ.* ['brãʃə] *f* (-/-n) line (of business), trade; branch (of industry); **'~n(fernsprech)buch** *teleph.* *n* yellow pages.

Brand [brant] *m* (-[e]s/-e) fire; *in ~ geraten* catch fire; *in ~ stecken* set fire to; **'~blase** *f* blister; **'~bombe** *f* incendiary bomb; **2en** ['~dən] *v/i.* (ge-, *h*) surge (*a. fig.*), break (*an acc.*, *gegen* against); **'~fleck** *m* burn; **'~mal** *n* brand; *fig.* stigma; **2marken** *fig.* *v/t.* (ge-, *h*) brand, stigmatize; **'~mauer** *f* fire wall; **'~stätte** *f*, **'~stelle** *f* scene of fire; **'~stifter** *m* arsonist; **'~stiftung** *f* arson; **'~ung** ['~dʊŋ] *f* (-/no pl.) surf, surge, breakers; **'~wunde** *f* burn; scald; **'~zeichen** *n* brand.

brannte ['brantə] *past of* **brennen.**

Branntwein ['brant-] *m* brandy; 🍾, *etc.* spirits.

braten ['braːtən] *v/t. and v/i.* (irr., ge-, *h*) roast (*in oven, etc.*); grill, broil; fry (*in pan*); *am Spieß ~* roast on a spit, barbecue.

Braten [~] *m* (-s/-) roast (meat); joint; **'~fett** *n* drippings; **'~soße** *f* gravy.

Brat|fisch ['braːt-] *m* fried fish; **'~huhn** *n* roast chicken; **'~kartoffeln** *pl.* fried potatoes; **'~pfanne** *f* frying pan; **'~röhre** *f* oven.

Bratsche ♪ ['braːtʃə] *f* (-/-n) viola.

'Bratwurst *f* fried *or* grilled sausage.

Bräu [brɔy] *n* (-s/-e, -s) beer; brewery.

Brauch [braux] *m* (-[e]s/-e) custom, tradition; habit, practice; **'2bar** *adj.* useful.

'brauchen **1.** *v/t.* (ge-, *h*) need; require; take (*time, etc.*); F *s.* **gebrauchen;** *wie lange wird er ~?* how long will it take him?; *du brauchst es nur zu sagen* you only have to say so; *ihr braucht es nicht zu tun* you don't have to do it; *er hätte nicht zu kommen ~* he need not have come; **2.** *p.p. of* **1.**

'Brauchtum *n* (-s/-er) tradition(s); folklore.

Braue ['brauə] *f* (-/-n) eyebrow.

brau|en ['brauən] *v/t.* (ge-, *h*) brew; **2erei** [~'rai] *f* (-/-en) brewery.

braun *adj.* [braun] brown; (sun)tanned; *~ werden* get a tan.

Bräune ['brɔynə] *f* (-/no pl.) brownness; (sun)tan; **'2n** (ge-, *h*) **1.** *v/t.* brown; tan; **2.** *v/i.* (get a) tan.

'Braunkohle *f* brown coal, lignite.

'bräunlich *adj.* brownish.

Brause(bad *n*) ['brauzə(-)] *f* (-*l*-*n*) shower (bath); '~(**limonade** *f*) *f* (-*l*-*n*) *s.* **Limonade**; '**2n** (ge-) 1. *v/i.* (h) wind, water, etc.: roar; *s.* **duschen**; 2. F *v/i.* (sein) *car, etc.*: zoom, buzz; '~**pulver** *n* children's treat: fizz (*Brt.* sherbet) powder.

Braut [braut] *f* (-*l*~e) bride; fiancée.

Bräutigam ['brɔʏtɪgam] *m* (-*s*/-e) (bride)groom; fiancé.

'**Braut|jungfer** *f* bridesmaid; '~**kleld** *n* wedding dress; '~**leute** *pl.*, '~**paar** *n* bride and (bride)groom; engaged couple.

brav *adj.* [bra:f] *esp. child, a. fig.*: good, well-behaved; honest; **sei(d)** ~! be good!; △ *not* **brave**.

Bravour [bra'vu:r] *f* (-*l no pl.*) bravado; brilliancy; **2ös** *adj.* [~vu'rø:s] brilliant; ~**stück** *n* (daring) feat.

brechen ['breçən] (*irr.*, ge-) 1. *v/t. and v/i.* (h) break (*a. 2s, ♂*); throw up, be sick, vomit; **sich** ~ *opt.* be refracted; **sich den Arm** ~ break one's arm; **mit j-m** ~ break with s.o.; 2. *v/i.* (sein) break; '~**d** F *adv.*: ~ **voll** crammed, packed.

Brecher *m* (-*s*/-) breaker.

'**Brech|mittel** *n ♂* emetic; F *contp.* pain in the ass; '~**reiz** *m* nausea; '~**stange ❷** *f* crowbar; '~**ung** *opt. f* (-*l*-*en*) refraction.

Brei [brai] *m* (-(*e*)*s*/-*e*) pulp, mash; pap; porridge; (*rice, etc.*) pudding; '**2ig** *adj.* pulpy, mushy.

breit *adj.* [brait] wide; broad (*a. fig.*); ~**beinig** *adj.* ['~bamɪç] with legs (wide) apart.

'**Breite** *f* (-*l*-*n*) width, breadth; *ast., geogr.* latitude; '**2n** *v/t.* (ge-, h) spread; '~**ngrad** *m* degree of latitude; '~**nkreis** *m* parallel (of latitude).

'**breit|machen** *v/refl.* (*sep.*, -ge-, h) spread o.s., take up room; '~**schlagen** F *v/t.* (*irr.* **schlagen**, *sep.*, -ge-, h): **j-n zu et.** ~ talk s.o. into (doing) s.th.; '**2seite ♨** *f* broadside (*a. fig.*); '~**treten** *fig. v/t.* (*irr.* **treten**, *sep.*, -ge-, h) go on and on about *s.th.*; '**2wand** *f film:* wide screen.

Bremsbelag ❷ ['brɛmʂ-] *m* brake lining.

Bremse ['brɛmzə] *f* (-*l*-*n*) ❷ brake; *zo.* (biting) fly, gadfly; '**2n** (ge-, h) 1. *v/i.* brake, put on the brake(s); slow down; 2. *v/t.* brake; *fig.* curb.

'**Brems|kraftverstärker** *mot. m* brake booster; '~**leuchte** *mot. f* stop light; '~**pedal** *n* brake pedal; '~**spur** *mot. f* skid marks; '~**weg** *m* stopping distance.

brenn|bar *adj.* ['brɛnba:r] combustible; inflammable.

brennen ['brɛnən] (*irr.*, ge-, h) 1. *v/t.* burn; distil(l) (*brandy, etc.*); bake (*brick, etc.*); 2. *v/i.* burn; be on fire; *wound, eye, etc.*: smart, burn; F **darauf** ~, **et. zu tun** be burning to do s.th.; **es brennt!** fire!

'**Brenn|er** *m* (-*s*/-) distiller; ❷ burner; ~**e'rei** *f* (-*l*-*en*) distillery; ~**essel ♧** ['brɛnɛsəl] *f* (stinging) nettle; '~**glas** *n* burning glass; '~**holz** *n* firewood; '~**material** *n* fuel; ~**ofen ❷** ['brɛn?-] *m* kiln; '~**punkt** *m* focus, focal point; '~**spiritus** *m* methylated spirit; '~**stab** *m* fuel rod; '~**stoff** *m* fuel.

brenzlig *adj.* ['brɛntslɪç] smell, etc.: burnt; *fig.* critical.

Bresche ['brɛʃə] *f* (-*l*-*n*) breach (*a. fig.*), gap.

Brett [brɛt] *n* (-(*e*)*s*/-*er*) board; '~**erbude** *f* shack; '~**erzaun** *m* wooden fence; '~**spiel** *n* board game.

Brezel ['bre:tsəl] *f* (-*l*-*n*) pretzel.

Brief [bri:f] *m* (-(*e*)*s*/-*e*) letter; '~**beschwerer** *m* (-*s*/-) paperweight; '~**bogen** *m* sheet of writing paper; '~**freund(in)** *m* (*f*) pen pal, *Brt.* pen friend; '~**karte** *f* correspondence card (with envelope); '~**kasten** *m* mailbox, *Brt.* letterbox; '~**kopf** *m* letterhead; '**2lich** *adj. and adv.* by letter; '~**marke** *f* (postage) stamp; '~**markenautomat** ['~n?-] *m* stamp machine; '~**markensammlung** *f* stamp collection; '~**öffner** ['~?-] *m* letter opener, *Brt. a.* paper knife; '~**papier** *n* stationery; '~**tasche** *f* wallet; '~**taube** *f* carrier pigeon; '~**träger(in)** *m* (*f*) (-*s*[-]/-[-*nen*]) mailman, mailcarrier, post(wo)man; *m* ~**schlag** ['~?-] *m* envelope; '~**wahl** *pol. f* absentee ballot, *Brt.* postal vote; '~**wechsel** *m* correspondence.

briet [bri:t] *past of* **braten**.

Brikett [bri'kɛt] *n* (-(*e*)*s*/-*s*) briquet(te).

brillant *adj.* [brɪl'jant] brilliant.

Brillant [~] *m* (-*en*/-*en*) (cut) diamond; ~**ring** *m* diamond ring.

Brille ['brɪlə] *f* (-*l*-*n*) (pair of) (eye)glasses; goggles; toilet seat; ~**netul** ['~n?-] *n* eyeglass (*Brt.* spectacle) case; '~**nträger** *m*: ~ **sein** wear glasses.

bringen ['brɪŋən] *v/t.* (*irr.*, ge-, h) bring; take; make (*sacrifice, etc.*); yield (*profit*); cause (*trouble, etc.*); **nach Hause** ~ see *or* take *s.o.* home; **in Ordnung** ~ put in order, fix; **j-n auf e-e Idee** ~ put s.th. into s.o.'s head; **das bringt mich auf et.** that reminds me; **j-n dazu** ~, **et. zu tun** make s.o. (*or* get s.o. to) do s.th.; **et. mit sich** ~ involve s.th.; **j-n um et.** ~ deprive s.o. of s.th.; **j-n zum Lachen** ~ make s.o. laugh; **j-n wieder zu sich** (**zur Vernunft**) ~ bring s.o. round (to his senses); *es zu et. (nichts) ~ succeed* (fail) in life; F *es ~* make it, succeed; F *das bringt nichts* it's no use.

brisan|t *adj.* [bri'zant] explosive (*a. fig.*); **2z** [~'zants] *f* (-/*no pl.*) explosiveness.

Brise ['bri:zə] *f* (*-/-n*) breeze.

Brit|e ['brɪtə] *m* (*-n/-n*) Briton; *die Briten pl.* the British; **'2sch** *adj.* British.

bröckeln ['brœkəln] *v/i.* (*ge-, h*) crumble.

Brocken ['brɔkən] *m* (*-s/-*) piece; lump (*of earth, stone, etc.*); chunk (*of meat*); morsel (*of food*); *~ pl.* scraps (*of French, etc.*); F *ein harter ~* a hard nut to crack.

brodeln ['bro:dəln] *v/i.* (*ge-, h*) boil, bubble; *fig.* seethe.

Brombeere ['brɔm-] *f* (*-/-n*) blackberry.

Bronchi|en ['brɔnçiən] *pl.* bronchi(a); **~tis** *f* [~'çi:tɪs] *f* (*-/-tiden*) bronchitis.

Bronze ['brõ:sə] *f* (*-/-n*) bronze; **'~zeit** *hist.* *f* Bronze Age.

Brosche ['brɔʃə] *f* (*-/-n*) brooch, pin.

broschiert *adj.* ['brɔʃi:rt] paperback(ed).

Broschüre [brɔ'ʃy:rə] *f* (*-/-n*) booklet, brochure, pamphlet.

Brösel ['brø:zəl] *m* (*-s/-*) crumb; **'2n** *v/i.* (*ge-, h*) crumble.

Brot [bro:t] *n* (*-[e]s/-e*) bread; sandwich; *ein ~* a loaf (*of bread*); *e-e Scheibe ~* a slice of bread; *sein ~ verdienen* earn one's living; **'~aufstrich** ['~?-] *m* spread.

Brötchen ['brø:tçən] *n* (*-s/-*) roll; '**~geber** F *m* (*-s/-*) employer.

Brot|krumen ['bro:tkru:mən] *pl.* bread crumbs; **'2los** *fig. adj.* without means; unprofitable; **'2rinde** *f* crust; **'~(schneide)maschine** *f* bread cutter.

Bruch [brux] *m* (*-[e]s/~e*) break(ing); 𝒫 fracture (*of bone*); hernia; crack; *geol.* fault; 𝒜 fraction (*of promise, etc.*); violation (*of law, etc.*); *zu ~ gehen* be wrecked (*a. fig.*).

'Bruchbude F *contp. f* dump, hole.

brüchig *adj.* ['brʏçiç] fragile; brittle; cracked.

'Bruch|landung 𝒴 *f* crash landing; '**~rechnung** *f* fractional arithmetic, F fractions; **'2sicher** *adj.* breakproof; '**~strich** 𝒜 *m* fraction bar; '**~stück** *n* fragment (*a. fig.*); '**~teil** *m* fraction; *im ~ e-r Sekunde* in a split second; '**~zahl** *f* fraction(al) number.

Brücke ['brʏkə] *f* (*-/-n*) bridge (*a. fig.*); rug; *e-e ~ über et. schlagen* bridge s.th. (*a. fig.*); '**~npfeiler** *m* pier.

Bruder ['bru:dər] *m* (*-s/~*) brother (*a. eccl.*); '**~krieg** *m* civil war.

brüder|lich ['bry:dərlıç] 1. *adj.* brotherly, fraternal; 2. *adv.: ~ teilen* share and share alike; **'2lichkeit** *f* (-/*no pl.*) brotherhood; **'2schaft** *f* (*-/-en*) broth-

erhood; *~ trinken* agree to use the familiar 'du' over a drink.

Brüh|e ['bry:ə] *f* (*-/-n*) broth; clear soup; F *contp.* slop(s), slush; *drink:* dishwater.

'brüh|en *v/t.* (*ge-, h*) scald, boil; '**~warm** *adj.* soup-warm; *et. ~ weitererzählen* go and tell *s.o.* right away; **'2würfel** *m* beef cube.

brüllen ['brʏlən] *v/i.* (*ge-, h*) roar; *cow:* low; *bull:* bellow; F bawl; *vor Lachen ~* roar with laughter; '**~d** *adj.: ~es Gelächter* roars of laughter.

brumm|en ['brʊmən] *v/i.* (*ge-, h*) growl; *insect, engine, etc.:* hum, buzz; *head:* be throbbing; **'2er** *m* (*-s/-*) *zo.* bluebottle; *fig.* juggernaut; '**~ig** *adj.* grumpy.

brünett *adj.* [bry'nɛt] brunette, dark-haired.

Brunft *hunt.* [brʊnft] *f* (*-/~e*) rut; rutting season.

Brunnen ['brʊnən] *m* (*-s/-*) well; (mineral) spring; fountain; *e-n ~ graben* sink a well.

brünstig *zo. adj.* ['brʏnstıç] rutting; in heat.

Brunstzeit *zo.* ['brʊnst-] *f* rutting season.

brüskieren [brʏs'ki:rən] *v/t.* (*no ge-, h*) snub *s.o.*

Brust [brʊst] *f* (*-/~e*) chest; breast(s), bosom; '**~bein** *anat. n* breastbone; '**~beutel** *m* money bag.

brüsten ['brʏstən] *v/refl.* (*ge-, h*) boast, brag (*mit of*).

'Brust|kasten *m*, '**~korb** *m* chest, *anat.* thorax; '**~schwimmen** *n* (*-s/no pl.*) breaststroke; '**~ton** *fig. m: im ~ der Überzeugung* with the ring of conviction.

Brüstung ['brʏstʊŋ] *f* (*-/-en*) parapet.

'Brustwarze *anat. f* nipple.

Brut [bru:t] *f* (*-/no pl.*) brooding; brood, hatch; fry (*of fish*); F *fig.* brood; *contp.* scum.

brutal *adj.* [bru'ta:l] brutal; **2ität** [~tali'tɛ:t] *f* (*-/-en*) brutality.

Brutapparat *zo.* ['bru:t?-] *m* incubator.

brüt|en ['bry:tən] *v/i.* (*ge-, h*) brood, sit (on eggs), incubate; *~ über (dat.)* brood over; **'2er** ⊛ *m* (*-s/-*) (*nuclear*) breeder (reactor).

'Brutkasten 𝒫 *m* incubator.

brutto *econ. adv.* ['brʊto] gross (*a. in compounds*); **2so'zialprodukt** *econ. n* gross national product; **'2verdienst** *m* gross earnings.

brutzeln F ['brʊtsəln] *v/i. and v/t.* (*ge-, h*) fry, cook; sizzle.

Bube ['bu:bə] *m* (*-n/-n*) boy, lad; *cards:* knave, jack.

Buch [bu:x] *n* (*-[e]s/~er*) book; '**~binder**

m (book)binder; '~drucker *m* printer; ~drucke'rei *f* print shop, printer's.

Buche ❦ ['buːxə] *f* (*-/-n*) beech.

buchen ['buːxən] *v/t.* (*ge-, h*) book (*a. flight, etc.*); enter (*into books*).

Bücher|abteilung ['byːçɔrʔ-] *f* book department; '~bord *n* bookshelf; ~ei [~'rai] *f* (*-/-en*) library; '~regal *n* bookshelf; '~schrank *m* bookcase; '~wurm *m* bookworm.

'Buch|fink *zo. m* chaffinch; '~halter *m* (*-s/-*) bookkeeper; '~haltung *f* bookkeeping; accounts department; '~händler *m* bookseller; '~handlung *f* bookstore, bookshop; '~macher *m* (*-s/-*) bookmaker, F bookie; '~prüfung *f* audit.

Buchse ⚡ ['buksə] *f* (*-/-n*) socket.

Büchse ['byksə] *f* (*-/-n*) box, case; can, *Brt. a.* tin; rifle; ~nfleisch *n* canned (*Brt. a.* tinned) meat; ~nöffner ['~nʔ-] *m* can (*Brt. a.* tin) opener.

Buchstabe ['buːxʃtaːbə] *m* (*-ns/-n*) letter; *print.* type; *großer* (*kleiner*) ~ capital (small) letter; ~ieren [~a'biːrən] *v/t.* (*no ge-, h*) spell.

buchstäblich *adv.* ['buːxʃteːpliç] literally.

'Buchstütze *f* bookend.

Bucht [buxt] *f* (*-/-en*) bay; creek, inlet.

'Buchung *f* (*-/-en*) booking, reservation; entry (*into books*).

Buckel ['bukəl] *m* (*-s/-*) hump(back), hunch(back); e-n ~ *machen* hump or hunch one's back.

bücken ['bykən] *v/refl.* (*ge-, h*) bend (down), stoop.

bucklig *adj.* ['buklıç] humpbacked, hunchbacked; 2e *m*, *f* (*-n/-n*) humpback, hunchback.

Bückling ['byklıŋ] *m* (*-s/-e*) smoked herring, *Brt.* kipper; *fig.* bow.

buddeln F ['budəln] *v/t.* (*ge-, h*) dig.

Buddhismus *eccl.* [bu'dısmus] *m* (*-/no pl.*) Buddhism; ~t, 2tisch *adj.* Buddhist.

Bude ['buːdə] *f* (*-/-n*) stall, booth; hut; F digs, pad; *contp.* dump, hole.

Budget ['byːdʒeː] *n* (*-s/-s*) budget.

Büfett [by'feː] *n* (*-s/-s*) counter, bar, buffet; sideboard, cupboard; *kaltes* (*warmes*) ~ cold (hot) buffet (meal).

Büffel *zo.* ['byfəl] *m* (*-s/-*) buffalo.

'büffeln F *v/i.* (*ge-, h*) grind, cram, swot.

Bug [buːk] *m* (*-[e]s/no pl.*) ❦ bow; ✈ nose; *zo.* shoulder.

Bügel ['byːgəl] *m* (*-s/-*) bow (*of glasses, etc.*); (*clothes*) hanger; '~brett *n* ironing board; '~eisen ['~ʔ-] iron; '~falte *f* crease; '2frei *adj.* permanent press, no-iron (*fabric*).

bügeln ['byːgəln] *v/t. and v/i.* (*ge-, h*) (do the) iron(ing), press.

Buggy ['bagi] *m* (*-s/-s*) beach or dune buggy; stroller, *Brt.* pushchair.

buh *int.* [buː] boo!; '~en *v/i.* (*ge-, h*) boo; '2mann F *m* bogeyman (*a. fig.*).

Bühne ['byːnə] *f* (*-/-n*) stage; *fig. a.* scene; '~nbild *n* (stage) set(ting); ~n-bildner ['~nbıltnər] *m* (*-s/-*) stage designer; '~ndeutsch *n* standard German (pronunciation).

Bulette [bu'letə] *f* (*-/-n*) meatball.

Bull|auge ❦ ['bulʔ-] *n* porthole, bull's eye; '~dogge *zo.* *f* bulldog.

Bulle ['bulə] *m* (*-n/-n*) *zo.* bull (*a. fig.*); *contp.* policeman: cop(per); '2ig *adj.* hefty, beefy.

bum *int.* [bum] bang!, boom!

Bummel F ['buməl] *m* (*-s/-*) stroll; spree; ~elei [~'lai] *f* (*-/no pl.*) dawdling; slackness; ~eln *v/i.* (*ge-*) 1. (*sein*) stroll, saunter; 2. (*h*) dawdle; *econ.* go slow; '~elstreik *m* (work) slowdown, *Brt.* go-slow; '~elzug F *m* slow train; '~ler *m* (*-s/-*) stroller; slowpoke, *Brt.* slowcoach; loafer, bum.

bums *int.* [bums] bang!; ~en ['bumzən] (*ge-, h*) 1. *v/i.* F bang, bump, crash; V bang, screw; 2. V *v/t.* bang, screw; '2lokal F *n* (low) joint, honkytonk.

Bund [bunt] 1. *m* (*-[e]s/-e*) union, federation, alliance; association; (waist)band; *der* ~ *pol.* the Federal Government; F *s. Bundeswehr*; 2. *n* (*-[e]s/-e*) bundle; 3. *m*, *n* (*-[e]s/-e*) bunch (*of keys, etc.*).

Bündel ['byndəl] *n* (*-s/-*) bundle; '2n *v/t.* (*ge-, h*) bundle (up).

Bundes|... ['bundəs] in compounds: Federal ...; '~bahn *f* Federal Railway(s); '~bürger *pol. m* citizen of the Federal Republic; '2deutsch *adj.*, ~deutsche *m*, *f* German; '~genosse *m* ally; '~haus *pol. n* (Federal) Parliament (Buildings); '~kanzler *m* Federal Chancellor; '~land *pol. n appr.* (federal) state, Land; '~liga *f sports*: First Division; '~post *f* Federal Postal Administration; '~präsident *m* Federal President; '~rat *m* Bundesrat, Upper House of the German Parliament; '~republik *f* Federal Republic; '~staat *m* federal state; confederation; '~straße *f* Federal Highway; '~tag *m* Bundestag, Lower House of German Parliament; '~trainer *m* coach of the national team; '~ver'dienstkreuz *n* Federal Service Cross; '~ver'fassungsgericht *n* Federal Constitutional Court; '~wehr *f* (Federal) Armed Forces; '2welt *adv.* nationwide.

bündig *adj.* ['byndɪç] ⊕ flush; *kurz und ~* terse(ly); point-blank.

Bündnis ['byntnɪs] *n* (*-ses/-se*) alliance; pact, agreement.

'Bundweite *f* waist (size).

Bunker ['buŋkər] *m* (*-s/-*) air-raid shelter, bunker (*a.* ✕).

bunt *adj.* [bunt] colo(u)red; multi-colo(u)red; colo(u)rful (*a. fig.*); *fig.* varied (*program[me]*, *etc.*); *s. Abend*; **~ge'mustert** *adj.* with a colo(u)rful pattern; **'2stift** *m* colo(u)red pencil, crayon.

Bürde *fig.* ['byrdə] *f* (*-/-n*) burden (*für j-n* to s.o.).

Burg [burk] *f* (*-/-en*) castle.

Bürge ⚖ ['byrgə] *m* (*-n/-n*) guarantor (*a. fig.*); *immigration*: sponsor; **'2n** *v/i.* (*ge-*, *h*): *für j-n ~* ⚖ stand surety for s.o.; *für et. ~* guarantee s.th.

Bürger ['byrgər] *m* (*-s/-*) citizen; **~ent-scheid** *pol.* ['~ʔɛntʃaɪt] *m* (*-[e]s/-e*) referendum; **~initiative** ['~ʔ-] *f* (citizens' or local) action group; referendum; **~krieg** *m* civil war.

'bürgerlich *adj.* civil; middle-class; *esp. contp.* bourgeois; **~e Küche** plain cooking; **'2e** *m*, *f* (*-n/-n*) commoner.

'Bürger|meister *m* mayor; **'~rechte** *pl.* civil rights; **'~rechtler** ['~rɛçtlər] *m* (*-s/-*) civil rights activist; **'~steig** *m* sidewalk, *Brt.* pavement; **'~tum** *n* (*-s/no pl.*) middle class; bourgeoisie.

Bürgschaft ⚖ ['byrkʃaft] *f* (*-/-en*) surety; bail.

Büro [by'ro:] *n* (*-s/-s*) office; **~ange-stellte** [*~ʔ-*] *m*, *f* clerk, office worker; **~arbeit** [*~ʔ-*] *f* office work; **~klammer** *f* (paper) clip; **~krat** [byro'kra:t] *m* (*-en/*

~en*) bureaucrat; **~kratie [~kra'ti:] *f* (*/-n*) bureaucracy; *contp.* red tape; **~stunden** *pl.* office hours; **~vorsteher** *m* chief clerk.

Bursche ['burʃə] *m* (*-n/-n*) fellow, boy, guy, *esp. Brt.* lad, chap.

burschikos *adj.* [burʃi'ko:s] pert.

Bürste ['byrstə] *f* (*-/-n*) brush; **'2n** *v/t.* (*ge-*, *h*) brush; **'~nschnitt** *m* crew cut.

Bus [bus] *m* (*-ses/-se*) bus; coach.

Busch ⚘ [buʃ] *m* (*-es/-e*) bush, shrub.

Büschel ['byʃəl] *n* (*-s/-*) bunch; tuft (*of hair, grass, etc.*).

'buschig *adj.* bushy; **'2messer** *n* bushknife, machete.

Busen ['bu:zən] *m* (*-s/-*) bosom, breast(s); *fig.* bosom, heart; bay, gulf.

'Bushaltestelle *f* bus stop.

Bussard *zo.* ['busart] *m* (*-[e]s/-e*) buzzard.

Buße ['bu:sə] *f* (*-/-n*) penance; repentance; fine; *~ tun* do penance.

büßen ['by:sən] *v/t. and v/i.* (*ge-*, *h*) *eccl.* repent; pay *or* suffer for *s.th.*; *das sollst du mir ~!* you'll pay for that!

Buß|geld ⚖ ['bu:s-] *n* fine, penalty; **'~tag** *m* day of repentance.

Büste ['bystə] *f* (*-/-n*) bust; **'~nhalter** *m* (*abbr. BH*) brassière, F bra.

Butt *zo.* [but] *m* (*-[e]s/-e*) flounder, plaice; *order*: flatfish.

Bütten ['bytən] *n* (*-s/no pl.*) handmade paper; **'~rede** *f* carnival jester's speech.

Butter ['butər] *f* (*-/no pl.*) butter; **'~blume** ⚘ *f* buttercup; **'~brot** *n* (slice or piece of) bread and butter; sandwich; F: *für ein ~* for a song; **'~brotpapier** *n* greaseproof paper; **'~dose** *f* butter dish; **'~milch** *f* buttermilk; **'2n** *v/i.* (*ge-*, *h*) make butter.

C

Café [ka'fe:] *n* (*-s/-s*) café, coffee-house.

Camping|... ['kempɪŋ] *n* (*-s/no pl.*) *in compounds*: camp (*bed, etc.*); **'~bus** *m* camper; **'~platz** *m* campsite, campground.

Cape [ke:p] *n* (*-s/-s*) cape.

Catcher ['kɛtʃər] *m* (*-s/-*) (all-in) wrestler; △ *not catcher*.

CD-Spieler [tse:'de:-] *m* compact dis|k (*Brt.* -c) player.

Cell|ist ♪ [tʃɛ'lɪst] *m* (*-en/-en*) cellist; **'~o** ♪ ['tʃɛlo] *n* (*-s/-s, Celli*) (violon-)cello.

Celsius ['tsɛlzɪus]: *5 Grad ~* (*abbr. 5° C*) five degrees centigrade *or* Celsius.

Cembalo ♪ ['tʃɛmbalo] *n* (*-s/-s, Cembali*) harpsichord.

Cha-Cha-Cha ['tʃatʃatʃa] *m* (*-/-s*) cha-cha.

Champagner [ʃam'panjər] *m* (*-s/-*) champagne.

Champignon ⚘ ['ʃampɪnjɔŋ] *m* (*-s/-s*) (field) mushroom.

Chance ['ʃaŋs(ə)] *f* (*-/-n*) chance; *die ~n stehen gleich (3 zu 1)* the odds are even (three to one); **~ngleichheit** *f* equal opportunity (*for education, etc.*).

Chao|s ['ka:ɔs] *n* (*-/no pl.*) chaos; **~t(e)** [ka'o:t(ə)] *m* chaotic person; *pol.* anarchist; **2tisch** *adj.* [ka'o:tɪʃ] chaotic.

Charakter [ka'raktər] m (-s/-e) character, nature; *ein Junge etc. mit gutem (schlechtem)* ~ a boy, *etc.* of good (bad) character; ~i'sieren v/t. *(no ge-, h)* characterize, describe *(als* as); ~istik [~'ristik] f *(-/-en)* characterization; 2istisch adj. [~'risti∫] characteristic *or* typical *(für* of); 2lich adj. personal, moral; 2los adj. of bad character; lacking character; ~zug m trait (of character).

charmant adj. [∫ar'mant] charming.

Charme [∫arm] m *(-s/no pl.)* charm, grace.

Chassis ⊙ ['∫asi] n *(-[s]/-[s])* chassis.

Chauffeur [∫ɔ'fø:r] m (-s/-e) chauffeur, driver.

Chaussee [∫o'se:] f *(-/-n)* highway; *in a city:* avenue.

Chauvi contp. ['∫o:vi] m (-s/-s) male chauvinist (pig).

Chef [∫ef] m (-s/-s) boss; head, chief *(a. of police);* ⚠ *not chef;* ... *in compounds:* chief ...; ~arzt ['~?-] m medical director, *Brt.* senior consultant; ~sekretärin f executive *or* director's secretary.

Chem|le [çe'mi:] f *(-/no pl.)* chemistry; ~lefaser f synthetic fib|er, *Brt.* -re; ~ikalien [~i'ka:liən] pl. chemicals; ~iker ['çe:mikər] m (-s/-) (analytical) chemist; 2isch adj. ['çe:mi∫] chemical; ~e Reinigung dry-cleaning; ~otherapie ['çe:mo-] f chemotherapy.

...chen [-çən] *diminutive suffix:* little ..., ...let, ...ling.

Chiffr|e ['∫ifrə] f *(-/-n)* code, cipher; *in advertisement:* box (number); 2ieren [∫i'fri:rən] v/t. *(no ge-, h)* (en)code, (en)cipher.

Chines|e [çi'ne:zə] m (-n/-n), ~in f (-/-nen), 2isch adj. Chinese.

Chinin pharm. [çi'ni:n] n *(-s/no pl.)* quinine.

Chip [t∫ip] m (-s/-s) chip *(a. computer);* ~s pl. potato chips, *Brt.* crisps.

Chirurg [çi'rʊrk] m (-en/-en) surgeon; ~ie [~'gi:] f (-/-n) surgery; 2isch adj. [~gi∫] surgical.

Chlor ⚗ [klo:r] n *(-s/no pl.)* chlorine; 2en v/t. *(ge-, h)* chlorinate.

Cholera ⚕ ['ko:lera] f *(-/no pl.)* cholera.

cholerisch adj. [ko'le:ri∫] choleric, irascible.

Cholesterin ⚗ [koleste'ri:n] n *(-s/no pl.)* cholesterol.

Chor [ko:r] m (-[e]s/~e) choir *(a. arch.);* *im* ~ in chorus; ~al [ko'ra:l] m (-s/~e) chorale, hymn; ~gesang m choral singing.

Christ [krist] m (-en/-en) Christian; ~baum m Christmas tree; ~enheit f *(-/no pl.):* die ~ Christendom; ~entum n *(-s/no pl.)* Christianity; ~in f *(-/-nen)* Christian; ~kind n *(-[e]s/no pl.)* Infant Jesus; 2lich adj. Christian; ~us ['kristus] npr. m *(Christi/no pl.)* Christ; *vor* ~ *or Christi Geburt* B.C.; *nach* ~ *or Christi Geburt* A.D.

Chrom ⚗ [kro:m] n *(-s/no pl.)* chromium; *in compounds mst* chrome.

Chromosom biol. [kromo'zo:m] n (-s/-en) chromosome.

Chron|ik ['kro:nik] f *(-/-en)* chronicle; 2isch ⚕ adj. ['~i∫] chronic *(a. fig.);* 2ologisch adj. [krono'lo:gi∫] chronological.

circa adv. ['tsirka] s. *zirka.*

City ['siti] f (-/-s) (town) cent|er, *Brt.* -re, downtown.

Clique ['klikə] f (-/-n) F group, set; *contp.* clique; ~nwirtschaft f cliquism.

Clou F [klu:] m (-s/-s) highlight, climax; *der* ~ *daran* the whole point of it.

Coiffeur [kŏa'fø:r] m (-s/-e) s. *Friseur.*

Cola F ['ko:la] f cola, coke *(TM).*

Computer [kɔm'pju:tər] m (-s/-) computer; 2gestützt adj. [~gə∫tytst] computer-aided.

Conférencier [kŏferã'sie:] m (-s/-s) master of ceremonies, *Brt.* compère.

Contergankind [kɔntar'ga:n-] n thalidomide child.

Corner Swiss, Aust. ['kɔrnər] m (-s/-[s]) soccer: corner, cornerkick.

Couch [kaʊt∫] f (-/-es) couch.

Coupé mot. [ku'pe:] n (-s/-s) coupé.

Coupon [ku'põ:] m (-s/-s) voucher, coupon.

Cousin [ku'zẽ:] m (-s/-s), ~e [ku'zi:nə] f *(-/-n)* cousin.

Creme [kre:m] f *(-/-s)* cream *(a. fig.).*

Curry ['kœri] m *(-s/no pl.)* curry powder; ~~ *in compounds:* curried *(rice, etc.).*

D

da [da:] **1.** *adv. of place*: there, here; *temporal*: then, at that time; ~ **drüben (draußen, hinten)** over (out; back) there; **von ~ aus** from there; ~ **kommt er** here he comes; ~ **bin ich** here I am; **er ist gleich wieder** ~ he'll be right back; **der (die, das)** ... ~ that ... (there); **ist noch Kaffee** ~? is there any coffee left?; **dafür ist er (es)** ~ that's what he's (it's) here for; **von ~ an** *or* **ab** from then on; **2.** *cj. of reason*: as, since, because.

dabei *adv.* [da'baɪ] there, present; near *or* close by; while doing so, at the same time, as well; included; **er ist gerade** ~(, **es zu tun**) he's just doing it; **es ist nichts** ~ there's nothing to it; there's no harm in it; **was ist schon** ~? (so) what of it?; **lassen wir es** ~ let's leave it at that; **ich habe** ... ~ I have ... with me.

dableiben *v/i.* (*irr.* **bleiben,** *sep.,* **-ge-, sein**) stay.

Dach [dax] *n* (**-[e]s/**~**er**) roof; **unter** ~ **und Fach** *fig.* settled, completed; **'~boden** *m* loft; **'~decker** *m* (**-s/**~) roofer; **'~fenster** *n* dormer window; **'~gepäckträger** *mot. m* (automobile rooftop) luggage rack, *Brt.* roof rack; **'~geschoß** *n* attic; **'~kammer** *f* garret; **'~pappe** *f* roofing felt; **'~rinne** *f* gutter.

Dachs *zo.* [daks] *m* (**-es/**~**e**) badger.

'Dach|schaden F *fig.* (**-s/**~**no pl.**): **er hat e-n** ~ he's not right in the head; **'~stuhl** *m* roof framework.

dachte ['daxtə] *past of* **denken.**

'Dach|verband *econ. m* umbrella organization; **'~ziegel** *m* tile.

Dackel *zo.* ['dakəl] *m* (**-s/**~) dachshund.

dadurch *adv. and cj.* [da'dʊrç] this *or* that way; for this reason, so; ~, **daß** by doing *s.th.*; due to the fact that.

dafür *adv.* [da'fy:r] for it, for that; instead; in return, in exchange; ~ **sein** be in favo(u)r of (doing) *s.th.*; ~, **daß** for doing *s.th.*; **er kann nichts** ~ it is not his fault; ~ **sorgen, daß** see to it that.

Da'fürhalten *n* (**-s/**~**no pl.**): **nach meinem** ~ in my opinion.

dagegen *adv. and cj.* [da'ge:gən] against it; however, on the other hand; ~ **sein** be against (*or* opposed to) it; **haben Sie et.** ~, **daß ich** ...? do you mind if I ...?; **wenn Sie nichts** ~ **haben** if you don't mind; F: **'nichts** ~ nothing in comparison.

daheim *adv.* [da'haɪm] at home.

daher *adv. and cj.* [da'he:r; 'da:he:r] from there; (*come, etc.*) along; *only* ['da:he:r]: therefore, so; that is why.

dahin *adv.* [da'hɪn; 'da:hɪn] there, to that place; (*drive, etc.*) along; (*melt, etc.*) away; *bis* ~ *temporal*: till then; *of place*: up to here; F: **mir steht's bis 'dahin** I've had it up to here; **s. dahinsein;** **~gehen** *fig.* [da'hɪn-] *v/i.* (*irr.* **gehen,** *sep.,* **-ge-, sein**) *time*: pass; *lit. die*: pass away; **'dahingehend, daß** to the effect that; **~gestellt** *adj.* [da'hɪn-]: ~ **sein lassen** *question, etc.*: leave *s.th.* open; **~sein** [da'hɪn-] *v/i.* (*irr.* **sein,** *sep.,* **-ge-, sein**) be over *or* past.

dahinten *adv.* [da'hɪntən] back there.

dahinter *adv.* [da'hɪntər] behind it; **es steckt nichts** ~ there is nothing in it; **~kommen** *v/i.* (*irr.* **kommen,** *sep.,* **-ge-, sein**) find out (about it).

'dalassen *v/t.* (*irr.* **lassen,** *sep.,* **-ge-, h**) leave behind.

dalli F *adv.* ['dali]: ~, **~!, ein bißchen** ~! get a move on!

damalig *adj.* ['da:ma:lɪç] then; at that time.

damals *adv.* ['da:ma:ls] then, at that time, (in) those days.

Damast [da'mast] *m* (**-es/-e**) damask.

Dame ['da:mə] *f* (**-/-n**) lady; *dancing, etc.*: partner; *cards, chess*: queen; *game*: checkers, *Brt.* draughts; **m-e ~n und Herren!** ladies and gentlemen!; **'~n...** *in compounds*: ladies' ...; *sports*: women's ...

'Damen|binde *f* sanitary napkin (*Brt.* towel); **'~haft** *adj.* ladylike; **'~wahl** *f* ladies' choice.

damit 1. *adv.* [da'mɪt] with it *or* that; *of agent or means*: by it, with it; **was will er** ~ **sagen?** what does he mean by it?; **wie steht es** ~? how about it?; ~ **einverstanden sein** agree to it; **2.** *cj.* so that; (in order) that, in order to *inf.*; ~ **nicht** for fear that; so as not to *inf.*

dämlich F *adj.* ['dɛ:mlɪç] dumb, stupid.

Damm [dam] *m* (**-[e]s/**~**e**) dam; embankment.

Dämm... ⊙ ['dɛm-] *in compounds*: insulating ...

dämmer|ig *adj.* ['dɛmərɪç] dim; **'2licht** *n* twilight; **'~n** *v/i.* (**ge-, h**) dawn (*a.* F *fig.*: *j-m* on *s.o.*); get dark *or* dusky; **'2ung** *f* (**-/-en**) dusk; dawn.

Dämon ['dɛ:mɔn] *m* (**-s/-en**) demon; **2isch** *adj.* [dɛ'mo:nɪʃ] demoniac(al).

Dampf [dampf] *m* (**-[e]s/**~**e**) steam, vapo(u)r; ~ **ablassen** let off steam; **'2en** *v/i.* (**ge-, h**) steam.

dämpf|en ['dɛmpfən] *v/t.* (**ge-, h**) deaden (*noise, pain, etc.*); muffle (*voice, etc.*); soften (*light, colour, blow, etc.*); steam (*cloth, food*); damp(en) (*a. spirits, etc.*);

subdue, curb (*emotion, etc.*); '**2er** *m* (-**s**/-) damper (*a. fig.*).

'**Dampf|er** *m* (-**s**/-) steamer, steamship; '**~kochtopf** *m* pressure cooker; '**~maschine** *f* steam engine; '**~walze** *f* steamroller (*a. fig.*).

danach *adv.* [da'na:x] after it *or* that; afterwards; (*look, reach, etc.*) for it; according to it; ***ich fragte ihn ~*** I asked him about it.

Däne ['dɛ:nə] *m* (-**n**/-**n**) Dane.

daneben *adv.* [da'ne:bən] next to it, beside it; besides, as well, at the same time; beside *or* wide of the mark; ***~!*** missed (it)!; **~gehen** F *v/i.* (*irr.* **gehen**, *sep.*, **-ge-**, **sein**) miss (the target); *fig.* go wrong, misfire; **~treffen** *v/i.* (*irr.* **treffen**, *sep.*, **-ge-**, **h**) miss (the target *or* goal).

Dän|in ['dɛ:nɪn] *f* (-**/-nen**) Dane; '**2isch** *adj.* Danish.

Dank [daŋk] *m* (-[**e**]**s**/*no pl.*) thanks; ***vielen*** *or* ***schönen ~!*** many thanks!; ***Gott sei ~!*** thank God!

dank *prp.* [~] (*dat.*) thanks to; '**~bar** *adj.* grateful (***j-m*** to s.o.; ***für*** for); *task, etc.*: rewarding, profitable; '**2barkeit** *f* (-/*no pl.*) gratitude.

'**dank|en** *v/i.* (**ge-**, **h**) thank (***j-m für et.*** s.o. for s.th.); ***danke*** (***schön***) thank you (very much); (***nein,***) ***danke*** no, thank you; ***nichts zu ~*** not at all; '**~enswert** *adj.* commendable; '**~enswerter'weise** *adv.* kindly; '**2schreiben** *n* letter of thanks; *econ.* endorsement.

dann *adv.* [dan] then; ***~ und wann*** (every) now and then.

dannen *lit. adv.* ['danən]: ***von ~*** away, off.

daran *adv.* [da'ran] *of place*: on it; (*think, die, etc.*) of it; (*believe*) in it; (*suffer*) from it; *s.* **liegen.**

darauf *adv.* [da'rauf] *of place*: on (top of) it; *temporal*: after (that); (*listen, react, drink*) to it; (*proud*) of it; (*wait, etc.*) for it; ***am Tage ~*** the day after; ***zwei Jahre ~*** two years later; ***~ kommt es an*** that's what matters; **~hin** *adv.* [~'hɪn] after that; as a result; in answer to it.

daraus *adv.* [da'raus] from (*or* out of it); ***was ist ~ geworden?*** what has become of it?; ***ich mache mir nichts ~*** I don't care for it; ***mach dir nichts ~!*** never mind!; ***~ wird nichts!*** that's out!, *sl.* nothing doing!

darbiet|en ['da:r-] *v/t.* (*irr.* **bieten**, *sep.*, **-ge-**, **h**) present, show; perform; '**2ung** *f* (-/-**en**) presentation, show; performance.

darbringen ['da:r-] *v/t.* (*irr.* **bringen**, *sep.*, **-ge-**, **h**) offer, make (*sacrifice, etc.*).

da|rein *adv.* [da'raɪn] in(to) it *or* that; **~rin** *adv.* [da'rɪn] in it; ***gut ~*** good at it.

darlegen ['da:r-] *v/t.* (*sep.*, **-ge-**, **h**) explain, point out.

Darlehen ['da:rle:ən] *n* (-**s**/-) loan (***geben*** grant).

Darm [darm] *m* (-[**e**]**s**/**¨e**) *anat.* bowel(s), intestine(s), gut(s); (*sausage*) skin; '**~...** ✝ *in compounds*: intestinal ...; '**~grippe** *f* intestinal flu.

darstell|en ['da:r-] *v/t.* (*sep.*, **-ge-**, **h**) represent, show, depict; be, constitute; give an account of, describe; *thea., etc.*: play, do; *geom., etc.*: trace, graph; '**2er(in)** *thea. m* (*f*) (-**s**[-]/-[-**nen**]) performer, ac|tor (-tress); '**2ung** *f* (-/-**en**) representation; description; account; *thea., paint., etc.*: portrayal.

darüber *adv.* [da'ry:bər] over *or* above it; across it; in the meantime; (*write, talk, etc.*) about it; ***... und ~ ...*** and more; ***~ werden Jahre vergehen*** it will take years.

darum *adv. and cj.* [da'rum, *emphatic*: 'da:rum] *of place*: (a)round it; *of reason*: therefore, because of it, that's why; ***ich bat ihn ~*** I asked him for (*or* to do) it; ***'darum geht es (nicht)*** that's (not) the point.

darunter *adv.* [da'runtər] under *or* below it, underneath; among them; including; ***... und ~ ...*** and less; ***was verstehst du ~?*** what do you understand by it?

das [das] *s.* **der.**

dasein ['da:-] *v/i.* (*irr.* **sein**, *sep.*, **-ge-**, **sein**) be there *or* present; exist; ***noch nie dagewesen*** unprecedented, unheard-of.

'**Dasein** *n* (-**s**/*no pl.*) life, existence; '**~sberechtigung** *f* raison d'être, justification.

daß *cj.* [das] that; so (that); ***es sei denn, ~*** unless; ***ohne ~*** without *doing s.th.*; ***nicht ~ ich wüßte*** not that I know of.

'**dastehen** *v/i.* (*irr.* **stehen**, *sep.*, **-ge-**, **h**) stand (there); *fig.* look (like) a fool.

Datei [da'taɪ] *f* (-/-**en**) file; **~verwaltung** *f* file management.

Daten ['da:tən] *pl.* data (*a.* ◉ *and in compounds*), facts; particulars; '**~bank** *f* (-/-**en**) data bank, database; '**~fluß** *m* data flow; '**~flußplan** *m* flow chart; '**~schutz** ⚖ *m* data protection; '**~träger** *m* data storage medium; '**~verarbeitung** *f* data processing.

datieren [da'ti:rən] *v/t. and v/i.* (*no* **ge-**, **h**) date.

Dativ *gr.* ['da:ti:f] *m* (-**s**/-**e**) dative (case).

Dattel ['datəl] *f* (-/-**n**) date.

Datum ['da:tʊm] *n* (*-s/*Daten) date; **ohne ~** undated; **welches ~ haben wir heute?** what's the date today?

Dauer ['dauər] *f* (*-/no pl.*) duration; continuance; **auf die ~** in the long run; **auf ~** permanently; **für die ~ von** for a period *or* term of; **von ~ sein** last; '**~** *in compounds*: mst perma(nent) ..., continuous ...; **~auftrag** *econ.* ['...²-] *m* standing order; '**~frost** *m* permafrost; '**~geschwindigkeit** *mot. etc. f* cruising speed; '**2haft** *adj.* peace, *etc.*: lasting; *material, etc.*: durable; *colo(u)r, etc.*: fast; '**~karte** *f* season ticket; '**~lauf** *m* endurance run; jog(ging); '**~lutscher** *m* lollipop.

dauer|n ['dauərn] *v/i.* (ge-, h) last, take (*time*); **wie lange dauert es (noch)?** how long (how much longer) will it take?; **es dauert nicht lange** it won't take long; '**2welle** *f* perm; '**2wurst** *f* hard smoked sausage, salami; '**2zustand** *m* permanent condition.

Daumen ['daumən] *m* (*-s/-*) thumb; **j-m den ~ halten** keep one's fingers crossed (for s.o.); **am ~ lutschen** suck one's thumb; F **über den ~** roughly (*estimated*).

Daune ['daunə] *f* (*-/-n*) down; '**~ndecke** *f* eiderdown (quilt).

davon *adv.* [da'fɔn] (away) from it; off, away; *of agent or means*: by it; (*tell, know, etc.*) about it; **genug (mehr) ~** enough (more) of it; **drei ~** three of them; **et.** (*nichts*) **~ haben** get s.th. (nothing) out of it; **das kommt ~!** there you are!, that will teach you!; **~** *in compounds*: (*drive, walk, etc.*) off, away; **~kommen** *v/i.* (*irr.* kommen, sep., -ge-, sein) escape, get away *or* off; **~laufen** *v/i.* (*irr.* laufen, sep., -ge-, sein) run away.

davor *adv.* [da'fo:r] before it; in front of it; (*be afraid, warn, etc.*) of it.

dazu *adv.* [da'tsu:] for it, for that purpose; in addition; **noch ~** into the bargain; **~ ist es da** that's what it's there for; ... **Salat ~?** ... a salad with it?; **~ wird es nicht kommen** it won't come to that; **~ kommen** (*es zu tun*) get around to (doing) it; **~ habe ich keine Lust** I don't feel like it; **~gehören** *v/i.* (sep., -ge-, h) belong to it, be part of it; **~gehörig** *adj.* belonging to it; appropriate, proper; **~kommen** *v/i.* (*irr.* kommen, sep., -ge-, sein) join *s.o.*; *things*: be added; **kommt noch et. dazu?** is there anything else (you want)?; **~mal** F *adv.* ['da:tsu:-]: **Anno ~** in the olden times; **2tun** *n* (*-s/no pl.*): **ohne sein ~** without his doing anything.

dazwischen *adv.* [da'tsvɪʃən] *of place*: between (them); among them; *temporal*: in between; **~kommen** *v/i.* (*irr.* kommen, sep., -ge-, sein) event, *etc.*: intervene, happen; **wenn nichts dazwischenkommt** if nothing unexpected happens *or* holds me up.

deal|en F ['di:lən] *v/i.* (ge-, h) deal (in drugs); **2er** *m* (*-s/-*) pusher, dealer.

Debatt|e [de'batə] *f* (*-/-n*) debate; **2ieren** [~'ti:rən] *v/i.* (no ge-, h) debate (*über acc.* on).

Debüt [de'by:] *n* (*-s/-s*) debut (geben make).

dechiffrieren [deʃɪ'fri:rən] *v/t.* (no ge-, h) decipher, decode.

Deck ♫, *etc.* [dɛk] *n* (*-[e]s/-s*) deck.

'**Deck|...** *in compounds*: ♫ deck ...; cover (*address, etc.*); '**~bett** *n* (feather) quilt, duvet; '**~chen** *n* (*-s/-*) doily.

Decke ['dɛkə] *f* (*-/-n*) blanket; quilt; ceiling.

Deckel ['dɛkəl] *m* (*-s/-*) lid, cover, top; F *fig.* head.

'**decken** *v/t. and v/i.* (ge-, h) cover (*a. zo.*); *sports*: mark, cover (up); **den Tisch ~** set (*Brt.* lay) the table; **sich ~** (*mit*) coincide *or* correspond (with).

'**Deckmantel** *fig. m* (*-s/no pl.*) cloak, mask; pretext.

Deckung *f* (*-/no pl.*) cover; *boxing, etc.*: guard; *soccer, etc.*: marking; **in ~ gehen** take cover; **2sgleich** *adj.* congruent.

defekt *adj.* [de'fɛkt] defective, faulty; out of order.

De'fekt *m* (*-[e]s/-e*) defect, fault.

defen|siv *adj.* [defɛn'zi:f], **2sive** [~'zi:və] *f* (*-/-n*) defensive.

defin|ieren [defi'ni:rən] *v/t.* (no ge-, h) define; **2ition** [defini'tsio:n] *f* (*-/-en*) definition.

Defizit ['de:fitsɪt] *n* (*-s/-e*) deficit; deficiency.

deftig F *adj.* ['dɛftɪç] hefty, coarse.

Degen ['de:gən] *m* (*-s/-*) sword; *fencing*: épée.

degradieren [degra'di:rən] *v/t.* (no ge-, h) degrade (*a. fig.*).

dehn|bar *adj.* ['de:nba:r] flexible, elastic (*a. fig.*); **~en** *v/t.* (ge-, h) stretch (*a. fig.*).

Deich [daɪç] *m* (*-[e]s/-e*) dike; '**~bruch** *m* break in a dike.

Deichsel ['daɪksəl] *f* (*-/-n*) pole, shaft; **2n** F *v/t.* (ge-, h) manage, fix *it*.

dein *poss. pron.* [daɪn] your; **~er, ~e, ~(e)s** yours; **die Deinen** *pl.* your family; **~erseits** *adv.* ['~ər'zaɪts] on your part; '**~es'gleichen** *pron.* people such as you; **~etwegen** *adv.* ['~ət-] for your sake; because of you; **~ige** *poss.*

pron. ['ˌɪgə]: *der (die, das)* ~ *or* 2 yours.

Dekan *eccl., univ.* [de'ka:n] *m* (-s/-e) dean.

deklamieren [dekla'mi:rən] *v/t. and v/i.* (*no ge-, h*) recite.

deklassieren [dekla'si:rən] *v/t.* (*no ge-, h*) *esp. sports:* outclass *s.o.*

Deklin|ation *gr.* [deklina'tsio:n] *f* (*-/-en*) declension; **2ieren** *gr.* [~'ni:rən] *v/t.* (*no ge-, h*) decline.

Dekolleté [dekɔl'te:] *n* (-s/-s) (low) neckline.

Dekor [de'ko:r] *n* (-s/-s) ornament, pattern; **~ateur** [dekora'tø:r] *m* (-s/-e) decorator; window dresser; **~ation** [~'tsio:n] *f* (*-/-en*) decoration; (window) display; *thea.* scenery; **2ieren** [~'ri:rən] *v/t.* (*no ge-, h*) decorate; dress (*window, etc.*).

delegieren [dele'gi:rən] *v/t.* (*no ge-, h*) delegate (*an* to).

delikat *adj.* [deli'ka:t] delicious; *problem, etc.:* difficult, F ticklish; **2esse** [delika'tɛsə] *f* (*-/-n*) delicacy (*a. fig.*); **~n** delicatessen; **2essengeschäft** *n* delicatessen, F deli.

Delikt *tↄ* [de'lɪkt] *n* (-[e]s/-e) offen|se, *Brt.* -ce.

Delle ['dɛlə] *f* (*-/-n*) dent.

Delphin [dɛl'fi:n] *m* (-s/-e) *zo.* dolphin; *swimming:* butterfly (stroke).

demaskieren [demas'ki:rən] *v/t.* (*no ge-, h*) unmask (*a. fig.*).

dementieren [demen'ti:rən] *v/t.* (*no ge-, h*) deny (officially).

'dem|ent'sprechend *adj.*, '~ge'mäß *adv.* consequently, accordingly; '~'nach *adv.* therefore; '~'nächst *adv.* soon, shortly, before long.

Demo F ['demo] *f* (*-/-s*) demo.

Demokrat [demo'kra:t] *m* (-en/-en) democrat; **~ie** [~kra'ti:] *f* (*-/-n*) democracy; **2isch** *adj.* democratic.

demolieren [demo'li:rən] *v/t.* (*no ge-, h*) demolish, wreck.

Demonstr|ant [demɔn'strant] *m* (-en/-en) demonstrator; **~ation** [~stra-'tsio:n] *f* (*-/-en*) demonstration; *pol. a.* march; **2ieren** [~'stri:rən] *v/t. and v/i.* (*no ge-, h*) demonstrate; *pol. a.* march.

demontieren [demɔn'ti:rən] *v/t.* (*no ge-, h*) dismantle; *fig.* discredit.

Demoskop [demɔs'ko:p] *m* (-en/-en) pollster.

Demut ['de:mu:t] *f* (-/*no pl.*) humility, humbleness.

demütig *adj.* ['de:my:tɪç] humble; **~en** ['~tɪgən] *v/t.* (*ge-, h*) humiliate; *sich* ~ humble o.s.; **2ung** ['~gʊŋ] *f* (*-/-en*) humiliation.

Denk|anstöße ['dɛŋk'anʃtø:sə] *pl.*: ~

---

gebend thought-provoking; **'2bar** 1. *adj.* conceivable; 2. *adv.:* ~ *einfach* quite simple, as simple as can be.

denk|en ['dɛŋkən] *v/t. and v/i.* (*irr., ge-, h*) think (*an, über* acc. of, about); *ich muß immer an dich* ~ you're always on my mind; *das kann ich mir* ~ I can imagine; *das habe ich mir gedacht* I thought so; *denk daran, zu* ... remember to ...; '2mal *n* monument; memorial; '2schrift *f* memorandum; '2weise *f* way of thinking; mentality; '~würdig *adj.* memorable; '2zettel *fig.* *m* lesson.

denn *cj. and adv.* [dɛn] for, because; *es sei* ~, *daß* unless, except; *wieso* ~? how so?; *mehr* ~ *je* more than ever.

dennoch *cj.* ['dɛnɔx] yet, still, nevertheless.

Denunzi|ant [denun'tsiant] *m* (-en/-en) informer; **2eren** [~'tsi:rən] *v/t.* (*no ge-, h*) inform against, denounce.

Deodorant [de'ʔodo'rant] *n* (*-/-s, -e*) deodorant.

Depesche [de'pɛʃə] *f* (*-/-n*) dispatch.

deplaziert *adj.* [depla'tsi:rt] out of place.

De|ponie [depo'ni:] *f* (*-/-en*) dump, disposal site; **2ponieren** [~'ni:rən] *v/t.* (*no ge-, h*) deposit; **2pot** [de'po:] *n* (-s/-s) depot (*a.* ✗); *of goods: a.* depository; *econ. a.* deposit.

Depp F [dɛp] *m* (-en/-en) dope, idiot.

Depress|ion [depre'sio:n] *f* (*-/-en*) depression (*a. econ.*); **2iv** *adj.* ['~si:f] depressive.

deprimier|en [depri'mi:rən] *v/t.* (*no ge-, h*) depress; **~t** *adj.* depressed.

der [der], **die** [di:], **das** [das] 1. *art.* the; 2. *dem. pron.* that; this; he, she, it; *die pl.* these, those, they; 3. *rel. pron.* who, which, that.

derart *adv.* ['de:r'ʔa:rt] so (much), like that; '~ig *adj.* such (as this).

derb *adj.* [dɛrp] coarse; tough, sturdy.

der|einst *adv.* ['der'ʔ-] some day; **~ge-stalt** *lit. adv.* ['de:r-]: ~, *daß* in such a way that; **~'gleichen** *dem. pron.* such; *und* ~ and the like; *nichts* ~ nothing of the kind.

der- ['de:rjenɪgə], **'die-**, **'dasjenige** *dem. pron.* he, she, that; *diejenigen pl.* those.

dermaßen *adv.* ['de:r'ma:sən] *s. derart.*

der- [der'zɛlbə], **'die-**, **'dasselbe** *dem. pron.* the same; he, she, it.

derzeit *adv.* ['de:r-] at present; '~ig *adj.* present.

Des..., des... [dɛs-] *prefix:* *mst* dis..., de...

Desert|eur [dezɛr'tø:r] *m* (-s/-e) deserter; **2ieren** [~'ti:rən] *v/i.* (*no ge-, sein*) desert.

desgleichen [dɛs'glaıçən] 1. *adv., cj.* likewise, as well; 2. *dem. pron.* the like.

deshalb *cj. and adv.* ['dɛs'halp] therefore, for that reason, that is why, so.

Desin|fektionsmittel [dɛs?ɪnfɛk'tsioːns-] *n* disinfectant; **~fizieren** [~fiˈtsiːrən] *v/t.* (*no ge-, h*) disinfect.

Desinteress|e ['dɛs(?)-] *n* (*-s/no pl.*) indifference; **2iert** *adj.* uninterested, indifferent.

Dessin [dɛ'sɛ̃ː] *n* (*-s/-s*) design, pattern.

destillieren [dɛstɪ'liːrən] *v/t.* (*no ge-, h*) distil(l).

desto *cj. and adv.* ['dɛsto] the; *je mehr ~ besser* the more the better.

des'wegen *cj. and adv. s.* deshalb.

Detail [de'taɪ] *n* (*-s/-s*) detail; **2iert** *adj.* [deta'jiːrt] detailed.

Detektiv [detɛk'tiːf] *m* (*-s/-e*) detective; private investigator.

deuten ['dɔytən] (*ge-, h*) **1.** *v/t.* interpret; read (*stars, dream, etc.*); **2.** *v/i.: ~ auf* (*acc.*) point at.

'deutlich *adj.* clear, distinct, plain.

deutsch *adj.* [dɔytʃ] German (*auf* in); **2e** *m, f* (*-n/-n*) German; **2unterricht** *m* German lessons *or* classes; teaching of German.

Devise [de'viːzə] *f* (*-/-n*) motto; **~n** *pl. econ.* foreign currency.

Dezember [de'tsɛmbər] *m* (*-s/-*) December.

dezent *adj.* [de'tsɛnt] discreet, unobtrusive; *clothes:* classic, not flashy; tasteful; *music:* soft; △ *not decent.*

Dezernat [detsɛr'naːt] *n* (*-[e]s/-e*) department (*of police, etc.*).

Dezimal|... [detsi'maːl] *in compounds:* decimal ...; **~stelle** *f* decimal (place).

dezi'mieren *v/t.* (*no ge-, h*) decimate.

Dia *phot.* ['diːa] *n* (*-s/-s*) slide.

Diagnose [dia'gnoːzə] *f* (*-/-n*) diagnosis.

diagonal *adj.* [diago'naːl]; **2e** *f* (*-/-n*) diagonal.

Dialekt [dia'lɛkt] *m* (*-[e]s/-e*) dialect; **2isch** *phls. adj.* dialectic(al).

Dialog [dia'loːk] *m* (*-[e]s/-e*) dialog(ue).

Diamant [dia'mant] *m* (*-en/-en*) diamond.

'Diaprojektor *phot. m* slide projector.

Diät [di'ɛːt] *f* (*-/-en*) diet; **~ machen** (**2 leben**) be on (keep) a diet.

dich *pers. pron.* [dɪç] you; yourself.

dicht [dɪçt] **1.** *adj.* dense, thick; *window, etc.:* tight (*a. fig.*); F shut, closed; F: *nicht ganz ~* not quite right in the head; **2.** *adv.: ~ an or bei* close to; **2e** *f* (*-/no pl.*) density, thickness.

'dichten¹ *v/t.* (*ge-, h*) make *s.th.* tight, seal.

'dicht|en² *v/t. and v/i.* (*ge-, h*) compose, write (poetry); **2er(in)** *m* (*f*) (*-s[-]/-[-nen]*) poet(ess); writer; **~erisch** *adj.* poetic(al).

'dicht|gedrängt *adj.* closely packed; **~halten** F *v/i.* (*irr. halten, sep., -ge-, h*) keep mum; *nicht ~* talk.

'Dichtkunst *f* poetry.

'dichtmachen F *v/t. and v/i.* (*sep., -ge-, h*) close (up) (*store, etc.*).

'Dichtung¹ ⊙ *f* (*-/-en*) seal(ing).

'Dichtung² *f* (*-/-en*) poetry; literature; (poetic) work.

dick *adj.* [dɪk] thick; fat; *belly:* a. big; *es macht ~* it is fattening; **~e Freunde** buddies, pals; *ein ~er Hund! fig.* that's a bit much!; *es herrscht ~e Luft* you can cut the air with a knife; (there's) trouble brewing; **'2darm** *anat. m* large intestine; **'2e** *f* (*-/no pl.*) thickness; fatness; **'~fellig** *adj.* thick-skinned; **'~flüssig** *adj.* thick; ⊙ viscous; **2icht** ['~ɪçt] *n* (*-[e]s/-e*) thicket; **2kopf** *m* stubborn *or* pigheaded person; **2milch** *f* soured milk.

die [diː] *s. der.*

Dieb [diːp] *m* (*-[e]s/-e*), **~in** ['~bɪn] *f* (*-/-nen*) thief; **2isch** *adj.* ['~bɪʃ] thievish; *fig.* impish; *sich ~ freuen über* gloat over *s.th.*; **'~stahl** *m* (*-[e]s/-e*) theft; **st⁄z** *mst* larceny.

Diele ['diːlə] *f* (*-/-n*) board, plank; hall(way).

dienen ['diːnən] *v/i.* (*ge-, h*) serve (*j-m* s.o.; *als* as; *zu* for; *dazu, zu inf.* to *inf.*).

'Diener *m* (*-s/-*) servant; *fig.* bow (*vor dat.* to); **'~in** *f* (*-/-nen*) maid.

'dienlich *adj.* useful; *~ sein* (*dat.*) promote *or* further *s.th.*

Dienst [diːnst] *m* (*-es/-e*) service; duty; work; *~ haben* be on duty; *im* (*außer*) *~* on (off) duty; *außer ~* civil servant, *etc.:* retired; **'~...** *in compounds:* official ..., company ..., business ...

Dienstag ['diːns-] *m* Tuesday.

Dienst|alter ['diːnst²-] *n* seniority; length of service; **2bereit** *adj.* on duty; **'~eid** ['~²-] *m* oath of office; *den ~ leisten* be sworn in; **2eifrig** *adj.* ['~²-] (*contp.* over-)eager; **'~grad** *m* grade, rank (*a.* ✕); **'~leistung** *f* service; **2lich** *adj.* official; **'~mädchen** *n* maid, help; **'~reise** *f* official *or* business trip; **'~stunden** *pl.* office hours; **2tuend** *adj.* ['~tuːənt] on duty; **'~weg** *m* official channels.

dies [diːs], **~er** ['diːzər], **~e** ['diːzə], **~es** ['diːzəs] *dem. pron.* this; this one; **~e** *pl.* these.

diesig *adj.* ['diːzɪç] hazy; misty.

dies|jährig *adj.* ['diːsjɛːrɪç] this year's; **'~mal** *adv.* this time; **~seits** *prp.* ['~zaɪts] (*gen.*) (on) this side of; **2seits** [~] *n* (*-/no pl.*) this life *or* world.

Dietrich ['diːtrɪç] *m* (*-s/-e*) skeleton key, picklock.

Differenz [dɪfeˈrɛnts] f (-/-en) difference; ~en pl. a. disagreement; **2ieren** [~rɛnˈtsiːrən] v/i. (no ge-, h) distinguish (**zwischen** between).

Digital... [digiˈtaːl-] in compounds: digital ...

Diktat [dɪkˈtaːt] n (-[e]s/-e) dictation (**aufnehmen** take); ~or [~ɔr] m (-s/-en) dictator; **2orisch** [~aˈtoːrɪʃ] dictatorial; ~ur [~aˈtuːr] f (-/-en) dictatorship.

diktieren [dɪkˈtiːrən] v/t. and v/i. (no ge-, h) dictate (a. fig.); **2gerät** n dictaphone.

Dilettant [dileˈtant] m (-en/-en) amateur; **2isch** adj. amateurish.

Ding [dɪŋ] n (-[e]s/-e) thing; **guter** ~e in good spirits; **vor allen** ~en above all; F: **ein** ~ **drehen** pull a job; s. **zugehen**.

Dings F [dɪŋs], ~**bums** F [~bums], ~**da** F n (-/no pl.) thingamajig, whatchamacallit.

Diox|id [diˈɔˈksiːt] n (-[e]s/-e) dioxide (a. in compounds); ~**in** [~ˈksiːn] n (-s/no pl.) dioxin.

Diphtherie [dɪfteˈriː] f (-/-n) diphtheria.

Diplom [diˈploːm] n (-[e]s/-e) diploma, degree, certificate; ~**...** in compounds: appr. qualified ..., graduate (**engineer**, etc.).

Diplomat [diploˈmaːt] m (-en/-en) diplomat; ~**enkoffer** m attaché case; ~**ie** [~aˈtiː] f (-/no pl.) diplomacy; **2isch** adj. [~ˈmaːtɪʃ] diplomatic (a. fig.).

dir pers. pron. [diːr] (to) you; yourself.

direkt [diˈrɛkt] 1. adj. direct; **person**: a. forward; TV live; 2. adv. direct(ly), straight; TV live; ~ **gegenüber** (**von**) right across: **nicht** ~ not exactly or really; **2ion** [dirɛkˈtsioːn] f (-/-en) management; **2or** [diˈrɛktor] m (-s/-en) director, manager; managing director, president; **school**: principal, esp. Brt. headmaster; **2orin** [~ˈtoːrɪn] f (-/-nen) s. **Direktor**; manager(ess); **school**: principal, Brt. headmistress; **2übertragung** TV [~ˈ?-] f live transmission or broadcast.

Dirig|ent [diriˈɡɛnt] m (-en/-en) conductor; **2ieren** [~ˈɡiːrən] v/t. and v/i. (no ge-, h) ♪ conduct; direct (s.o., traffic, etc.).

Dirne [ˈdɪrnə] f (-/-n) prostitute, whore.

Disharmon|ie [dɪsharmoˈniː] f (-/-n) dissonance (a. fig.); **2sch** adj. [~ˈmoːnɪʃ] discordant.

Diskette [dɪsˈkɛtə] f (-/-n) diskette; ~**nlaufwerk** n disk drive.

Diskont econ. [dɪsˈkɔnt] m (-s/-e) discount; ~**satz** m discount rate.

Diskothek [dɪskoˈteːk] f (-/-en) disco(theque).

diskret adj. [dɪsˈkreːt] discreet; **2ion** [~ˈtsioːn] f (-/no pl.) discretion.

diskriminier|en [dɪskrimiˈniːrən] v/t. (no ge-, h) discriminate against; **2rung** f (-/-en) discrimination (**von**, gen. against).

Diskussion [dɪskuˈsioːn] f (-/-en) discussion; debate; ~**sleiter** m moderator, chairman.

Diskuswerfen [ˈdɪskus-] n (-s/no pl.) discus throwing.

diskutieren [dɪskuˈtiːrən] v/t. and v/i. (no ge-, h) discuss (**über** et. s.th.).

disponieren [dɪspoˈniːrən] v/i. (no ge-, h) plan ahead, make arrangements.

Disqualifikation [dɪskvalifikaˈtsioːn] f (-/-en) disqualification (**wegen** for); **2ieren** [~ˈtsiːrən] v/t. (no ge-, h) disqualify.

Distanz [dɪsˈtants] f (-/-en) distance (a. fig.); **2ieren** [~ˈtsiːrən] v/t. (no ge-, h) **sports**, etc.: outdistance s.o.; **sich** ~ **von** distance o.s. from; **2iert** adj. [~ˈtsiːrt] **person**: reserved; **view**, etc.: detached.

Distel ♀ [ˈdɪstəl] f (-/-n) thistle.

Distrikt [dɪsˈtrɪkt] m (-[e]s/-e) district.

Disziplin [dɪstsiˈpliːn] f (-/-en) discipline; **sports**: event; **2iert** adj. [~pliˈniːrt] disciplined.

Dividende econ. [diviˈdɛndə] f (-/-n) dividend.

divid|ieren [diviˈdiːrən] v/t. (no ge-, h) divide (**durch** by); **2sion** A, ✕ [~ˈzioːn] f (-/-en) division.

DNS 🧬 [deːʔɛnˈʔɛs] f (-/-) DNA.

doch cj. and adv. [dɔx] but, however, yet, still; **also** ~ (**noch**) after all; **kommst du nicht** (**mit**)? - ~! aren't you coming? - (oh) yes, I am!; **ich war es nicht** - ~! I didn't do it - yes, you did!, you did too!; **du kommst** ~? you're coming, aren't you?; **kommen Sie** ~ **herein!** why don't you come in?, do come in!; **du weißt** ~, **daß** (I'm sure) you know that; **wenn** ~ ... (**subj.**)! if only ...!

Docht [dɔxt] m (-[e]s/-e) wick.

Dock ⚓ [dɔk] n (-s/-s) dock.

Dogge zo. [ˈdɔɡə] f (-/-n) mastiff; Great Dane.

Dogma [ˈdɔɡma] n (-s/Dogmen) dogma.

Dohle zo. [ˈdoːlə] f (-/-n) (jack)daw.

Doktor [ˈdɔktor] m (-s/-en) doctor; F **doctor's degree**; ~**arbeit** univ. [ˈ~ˈ?-] f doctoral dissertation or thesis.

Dokument [dokuˈmɛnt] n (-[e]s/-e) document; ~**ar...** [~mɛnˈtaːr-] in compounds: documentary (**report**, etc.).

Dolch [dɔlç] m (-[e]s/-e) dagger.

Dolmetsch Aust. [ˈdɔlmɛtʃ] m (-es/-e)

interpreter; '~en v/i. (ge-, h) interpret; '~er m (-s/-) interpreter.

Dom [do:m] m (-[e]s/-e) cathedral; △ not dome.

dominieren [domi'ni:rən] v/i. (no ge-, h) prevail, be (pre)dominant.

Domp|teur [domp'tø:r] m (-s/-e), ~teuse [~'tø:zə] f (-/-n) animal trainer.

Donner ['dɔnər] m (-s/-) thunder; '2n v/i. (ge-, h) thunder (a. fig.); '~stag m Thursday; '~wetter F n row; ~! wow!; wo (warum) zum ~...? where (why) the heck ...?

doof F adj. [do:f] stupid, dumb.

dop|en ['do:pən] v/t. (ge-, h) administer drugs or steroids to (athletes); dope (racehorse, etc.); 2ing ['~ɪŋ] n (-[s]/-s) drug use (by athletes); doping.

Doppel ['dɔpəl] n (-s/-) duplicate; tennis, etc.: doubles; ~... in compounds: double ..., two-, twin ..., dual ...; '~decker m (-s/-) ✈ biplane; double-decker (bus); ~gänger ['~geŋər] m (-s/-) double, look-alike; '~haus n duplex, Brt. semi-detached house(s); '~paß m soccer: wall pass; '~punkt m colon; '~stecker ⚡ m two-way adapter.

'**doppelt** adj. double; ~ so viel (wie) twice as much (as).

'**Doppel|verdiener** pl. two-income family; 2züngig adj. ['~tsynɪç] two-faced.

Dorf [dɔrf] n (-[e]s/~er) village; '~bewohner m villager.

Dorn [dɔrn] m 1. (-[e]s/-en) thorn (a. fig.); 2. (-[e]s/-e) tongue (of buckle); sports: spike; '2ig adj. thorny (a. fig.).

Dorsch zo. [dɔrʃ] m (-es/-e) cod(fish).

dort adv. [dɔrt] there; ~ drüben over there; '~her adv. from there; '~hin adv. there; bis ~ up to there or that point.

Dose ['do:zə] f (-/-n) can, Brt. a. tin; '~n... in compounds: canned ..., Brt. a. tinned ...

dösen ['dø:zən] v/i. (ge-, h) doze.

Dosenöffner ['do:zən?-] m can (Brt. a. tin) opener.

dos|ieren [do'zi:rən] v/t. (no ge-, h), 2is ['do:zɪs] f (-/Dosen) dose (a. fig.).

Dotter ['dɔtər] m, n (-s/-) yolk.

Double ['du:bəl] n (-s/-s) stand-in, stunt man or woman.

Dozent [do'tsɛnt] m (-en/-en) (university) lecturer, assistant professor.

Drache ['draxə] m (-n/-n) dragon; '~n m (-s/-) kite; hang glider; F woman: battle-axe; e-n ~ steigen lassen fly a kite; '~nfliegen n (-s/no pl.) hang gliding.

Dragee pharm. [dra'ʒe:] n (-s/-s) coated pill.

Draht [dra:t] m (-[e]s/~e) wire; '2ig fig. adj. wiry; '2los adj. wireless; '~seil n ⚡ wire cable; tightrope; '~seilbahn f

cableway, ropeway; ~zieher F fig. ['~tsi:ər] m (-s/-) wirepuller.

drall adj. [dral] buxom, strapping.

Drall [~] twist, spin (a. sports).

Drama ['dra:ma] n (-s/Dramen) drama; ~tiker [dra'ma:tɪkər] m (-s/-) dramatist, playwright; 2tisch adj. ['~'ma:tɪʃ] dramatic.

dran F adv. [dran] s. daran; ich bin ~ it's my turn; jetzt ist er ~ he's in for it; '~bleiben F fig. v/i. (irr. bleiben, sep., -ge-, sein) stick to it; teleph. hang on.

Drang [draŋ] m (-[e]s/no pl.) urge, drive (nach for).

drang [~] past of dringen.

dräng|eln F ['drɛŋəln] v/t. and v/i. (ge-, h) push, shove; j-n ~, et. zu tun pester s.o. to do s.th.

drängen ['drɛŋən] v/t. and v/i. (ge-, h) push, shove; press, urge s.o. (to do s.th.); sich ~ press; force one's way (through s.th.); die Zeit drängt time is pressing.

'**drankommen** F v/i. (irr. kommen, sep., -ge-, sein) have one's turn; be called (on); du kommst als erster (nächster) dran you're first (next).

drastisch adj. ['drastɪʃ] drastic; graphic.

drauf F adv. [drauf] s. darauf; ~ und dran sein, et. zu tun be just about to do s.th.; 2gänger ['~geŋər] m (-s/-) daredevil; '~gehen F v/i. (irr. gehen, sep., -ge-, sein) go (down the drain); die, bite the dust; '~los adv. and in compounds: (run, swear, go, rattle, etc.) on or away (like mad); '~machen F v/t. (sep., -ge-, h): e-n ~ do the town.

draus F adv. [draus] s. daraus.

draußen adv. ['drausən] outside; out of doors; da ~ out there; bleib(t) ~! keep out!

drechs|eln ⊚ ['drɛksəln] v/t. (ge-, h) turn (on a lathe); 2ler ['~slər] m (-s/-) turner.

Dreck F [drɛk] m (-[e]s/no pl.) dirt; filth (a. fig.); mud; fig. trash; '2ig F adj. dirty; filthy (both a. fig.).

Dreh F [dre:] m (-[e]s/-s, -e) idea; way (to do s.th.), trick; '~arbeiten ['~'-] pl. (film) shooting; '~bank ⊚ f (-/~e) (turning) lathe; '2bar adj. revolving, rotating; '~bleistift m mechanical (Brt. propelling) pencil; '~buch n (film) script.

dreh|en ['dre:ən] v/t. (ge-, h) turn; shoot (film); roll (cigarette, etc.); sich ~ turn, rotate; spin; worum dreht es sich (eigentlich)? what is it (all) about?; darum dreht es sich (nicht) that's (not) the point; s. Ding; '2er ⊚ m (-s/-) turner; '2kreuz n turnstile; 2orgel ['~?-] f barrel-organ; 2ort ['~?-] m location; '≈strom ⚡ m three-phase (alternating) current; '≈stuhl m swivel chair; '≈tür f revolving door; '≈ung f (-/-en) turn; rotation; '≈zahl ⊖ f (number of) revolutions; '≈zahlmesser mot. m tachometer, rev(olution) counter.

drei adj. [draɪ] three.

Drei [~] f (-/-en) grade: fair, C.

'**drei|beinig** adj. three-legged; ~**dimensional** adj. ['-dimɛnzjonaːl] three-dimensional; ≈**eck** ['~ʔɛk] n (-[e]s/-e) triangle; ~**eckig** adj. ['-ʔ-] triangular; ~**erlei** adj. ['~ərlaɪ] three kinds of; ~**fach** adj. ['-fax] threefold, triple; '≈**fuß** m tripod; '≈**gang**~ ⊖ in compounds: three-speed ...; '≈**kampf** m triathlon; ≈'**käsehoch** F m (-s/-[s]) (young) whippersnapper; '≈**klang** ♩ m triad; ≈'**rad** n tricycle; '≈**satz** ⅍ m rule of three; '~**silbig** adj. trisyllabic; '≈**sprung** m triple jump.

dreißig adj. ['draɪsɪç] thirty; '~**ste** adj. thirtieth.

dreist adj. [draɪst] brazen (lie, etc.), impertinent.

dreistufig adj. ['draɪʃtuːfɪç] three-stage.

'**dreizehn(te)** adj. thirteen(th).

dresch|en ['drɛʃən] v/t. (irr., ge-, h) thresh; F fig. thrash s.o.; '≈**maschine** f threshing machine.

dress|ieren [drɛˈsiːrən] v/t. (no ge-, h) train (animal); fig. drill; ≈**man** f ['drɛsmən] m (-s/Dressmen) (male fashion) model; ≈**ur** [drɛˈsuːr] f (-/-en) training; (circus) act; ≈**urreiten** n dressage.

dribb|eln ['drɪbəln] v/i. (ge-, h), ≈**ling** ['-lɪŋ] n (-s/-s) sports: dribble.

drillen ⚒, ↗ ['drɪlən] v/t. (ge-, h) drill.

Drillinge ['drɪlɪŋə] pl. triplets.

drin F adv. [drɪn] s. darin; **das ist nicht ~** fig. no way; **es ist (noch) alles ~** fig. it's still up in the air; there is still everything to play for.

dring|en ['drɪŋən] v/i. (irr., ge-) 1. (sein): ~ **aus** break forth from; noise, etc.: come from; ~ **durch** force one's way through, penetrate, pierce; ~ **in** (acc.) penetrate into; **an die Öffentlichkeit** ~ leak out; 2. (h): ~ **auf** (acc.) insist on; **darauf** ~, **daß** urge that; '~**end** adj. urgent, pressing; suspicion, advice, reason, etc.: strong; ≈**lichkeit** f (-/no pl.) urgency; priority.

Drink [drɪŋk] m (-s/-s) (alcoholic) drink.

drinnen F adv. ['drɪnən] inside.

dritt|e adj. ['drɪtə] third; **wir sind zu dritt** there are three of us; '≈**el** n (-s/-) third; '~**ens** adv. thirdly; '~**klassig** adj. third-rate; '~**letzte** adj. last but two.

Drog|e ['droːɡə] f (-/-n) drug; s.a. **Rauschgift** and compounds; ≈**enabhängig** adj. ['-n?-], ≈**ensüchtig** adj.

drug-addicted; ~**erie** [droɡəˈriː] f (-/-n) **drugstore**, Brt. chemist's; ~**ist** [droˈɡɪst] m (-en/-en) druggist, esp. Brt. chemist.

drohen ['droːən] v/i. (ge-, h) threaten, menace; **j-m ~ mit** shake (fist, etc.) at s.o.

Drohne zo. ['droːnə] f (-/-n) drone (a. fig.).

dröhnen ['drøːnən] v/i. (ge-, h) engine, voice, etc.: roar, boom; resound.

Drohung ['droːʊŋ] f (-/-en) threat (**gegen** to), menace.

drollig adj. ['drɔlɪç] funny, droll.

Dromedar zo. ['droːmedaːr] n (-s/-e) dromedary.

drosch [drɔʃ] past of dreschen.

Droschke [drɔʃkə] f (-/-n) (hackney) carriage.

Drossel zo. ['drɔsəl] f (-/-n) thrush.

drosseln ['drɔsəln] v/t. (ge-, h) ⊖ throttle (a. fig.); fig. reduce (speed, etc.).

drüben adv. ['dryːbən] over there (a. fig.).

drüber F adv. ['dryːbər] s. darüber.

Druck [drʊk] m 1. (-[e]s/-e) ⊖, phys., fig. pressure; 2. (-[e]s/-e) print; (no pl.) printing; '~**buchstabe** m block letter.

Drückeberger F ['drʏkəbɛrɡər] m (-s/-) shirker, dodger (from responsibility, etc.).

drucken ['drʊkən] v/t. (ge-, h) print; ~ **lassen** have s.th. printed or published.

drücken ['drʏkən] v/t. (ge-, h) press; push (button, etc.); pinch; force down (price, etc.); **j-m die Hand** ~ shake hands with s.o.; F **sich ~ vor et.** shirk (doing) s.th.; F chicken out of s.th.

'**drückend** adj. heavy, oppressive.

'**Drucker** m (-s/-) printer.

'**Drücker** m (-s/-) doorknob; trigger.

Drucke'r|ei f (-/-en) print shop, printer's; '~**schwärze** f printer's ink.

'**Druck|fehler** m misprint; '~**kammer** f pressurized cabin; '~**knopf** m snap fastener, Brt. press-stud, F popper; ⚡ push button; '~**luft** f compressed air; in compounds: air ..., pneumatic ...; '~**sache** (n pl.) ⚒ f printed matter, second-class matter; '~**schrift** f block letters; '~**taste** f push button.

drum F adv., cj. [drʊm] s. darum; **sei's ~!** so what?; **mit allem** ≈ **und Dran** with the whole works.

drunter F adv. ['drʊntər] s. darunter; ~ **und drüber** topsy-turvy.

Drüse anat. ['dryːzə] f (-/-n) gland.

Dschungel m ['dʒʊŋəl] m (-s/-) jungle (a. fig.).

Dschunke ⛵ ['dʒʊŋkə] f (-/-n) junk.

du pers. pron. [duː] you.

Dübel ⊙ ['dy:bəl] *m* (-*s*/-) dowel; **'2n** *v/t.* (*ge*-, *h*) fasten with dowels.

ducken ['dʊkən] *v/refl.* (*ge*-, *h*) duck; *fig.* cringe (*vor dat.* before); crouch (*to jump, etc.*).

Duckmäuser F ['dʊkmɔyzər] *m* (-*s*/-) pussyfooter.

dudel|n F ['du:dəln] *v/i.* (*ge*-, *h*) tootle, blare; **'2sack** ♪ *m* bagpipes.

Duell [du'ɛl] *n* (-*s*/-e) duel; **2leren** [duɛ'li:rən] *v/refl.* (*no ge*-, *h*) (fight a) duel.

Duett ♪ [du'ɛt] *n* (-[e]*s*/-e) duet.

Duft [dʊft] *m* (-[e]*s*/-e) scent, fragrance, smell (*nach* of); **'2en** *v/i.* (*ge*-, *h*) smell, have a scent, be fragrant; **'2end** *adj.* fragrant; **'2ig** *adj.* dainty, gossamer.

duld|en ['dʊldən] *v/t.* (*ge*-, *h*) tolerate, put up with; suffer (*pain, etc.*); **~sam** *adj.* ['~t-] tolerant.

dumm *adj.* [dʊm] stupid, F dumb; **'2helt** *f* (-*I*-en) stupidity; stupid *or* foolish thing (*to do*); ignorance; **'2kopf** *m* fool, blockhead.

dumpf *adj.* [dʊmpf] dull; *feeling, etc.*: vague.

Düne ['dy:nə] *f* (-*I*-n) dune.

Dung [dʊŋ] *m* (-[e]*s*/*no pl.*) dung, manure.

düng|en ['dʏŋən] *v/t.* (*ge*-, *h*) fertilize; manure; **'2er** *m* (-*s*/-) fertilizer; manure.

dunkel *adj.* [dʊŋkəl] dark (*a. fig.*).

Dünkel ['dʏŋkəl] *m* (-*s*/*no pl.*) conceit, arrogance.

'Dunkel|helt *f* (-/*no pl.*) dark(ness); **'~kammer** *phot.* *f* darkroom; **'~ziffer** *f* unknown cases.

dünn *adj.* [dʏn] thin; F skinny; *coffee, etc.*: weak.

Dunst [dʊnst] *m* (-[e]*s*/-e) haze, mist; vapo(u)r; fume(s).

dünsten ['dʏnstən] *v/t.* (*ge*-, *h*) stew, braise.

'dunstig *adj.* hazy; damp.

Dupllkat [dupli'ka:t] *n* (-[e]*s*/-e) duplicate; copy.

Dur ♪ [du:r] *n* (-/*no pl.*) major (key).

durch *prp.* (*acc.*) *and adv.* [dʊrç] through; across (*river, town, etc.*); ℞ divided by; *meat, etc.*: (well) done; *~ j-n or et.* by s.o. *or* s.th.; *~ und ~* through and through.

durcharbeiten ['dʊrç'-] (*sep.*, *-ge*-, *h*) **1.** *v/t.* study thoroughly; *sich ~ durch* work (one's way) through (*book, etc.*); **2.** *v/i.* work without a break.

durchaus *adv.* [dʊrç'?-] absolutely, quite; *~ nicht* by no means.

'durch|blättern *v/t.* (*sep.*, *-ge*-, *h*) leaf or thumb through; **'2blick** *fig. m* grasp *of* s.th.; **'~blicken** *v/i.* (*sep.*, *-ge*-, *h*) look

through; *~ lassen* give to understand; *ich blicke* (*da*) *nicht durch* I don't get it; **~'bluten** *v/t.* (*no -ge*-, *h*) supply with blood; **2'blutung** *f* (-/*no pl.*) (blood) circulation; **~'bohren** *v/t.* (*no -ge*-, *h*) pierce; perforate; *mit Blicken ~* look daggers at; **'~braten** *v/t.* (*irr. braten, sep.*, *-ge*-, *h*) roast thoroughly; **~'brechen** (*irr. brechen*) **1.** ['~] *v/i.* (*sep.*, *-ge*-, *sein*) break (in two); **2.** ['~] *v/t.* (*sep.*, *-ge*-, *h*) break *s.th.* (in two); **3.** [~'-] *v/t.* (*no -ge*-, *h*) break through (*wall, defense, Brt. -ce, etc.*); **~'brennen** *v/i.* (*irr. brennen, sep.*, *-ge*-, *sein*) *⚡ fuse*: blow; *reactor*: melt down; F *fig.* run away; elope; **'~bringen** *v/t.* (*irr. bringen, sep.*, *-ge*-, *h*) get *s.o. or s.th.* through; go through (*money*); pull (*patient*) through; support (*family, etc.*); **'2bruch** *m* breakthrough (*a. fig.*); **~dacht** *adj.* [~'daxt] (well) thought-out; **'~drängen** *v/refl.* (*sep.*, *-ge*-, *h*) force one's way through; **'~drehen** (*sep.*, *-ge*-, *h*) **1.** *v/i.* (*h*) F crack up, flip; freak out; *wheels, etc.*: spin; **2.** *v/t.* grind, mince (*meat, etc.*); **~dringen** (*irr. dringen*) **1.** [~'-] *v/t.* (*no -ge*-, *h*) penetrate; **2.** ['~] *v/i.* (*sep.*, *-ge*-, *sein*) get through (*bis* to); **'~dringend** *adj.* piercing; **~drücken** *v/t.* (*sep.*, *-ge*-, *h*) push *s.th.* through.

Durchei'nander *n* (-*s*/*no pl.*) confusion, mess, muddle.

durchei'nander *adv.*: *~ sein* be confused; *of things, etc.*: be (in) a mess; **~bringen** *v/t.* (*irr. bringen, sep.*, *-ge*-, *h*) confuse, mix up.

durchfahren (*irr. fahren*) **1.** ['dʊrç-] *v/i.* (*sep.*, *-ge*-, *sein*) pass *or* go through (without stopping); **2.** [~'-] *v/t.* (*no -ge*-, *h*) travel through *or* around, tour (*country, etc.*); *fig.* thought, *etc.*: flash through (s.o.'s mind).

'Durchfahrt *f* passage (through); *~ verboten* no thoroughfare.

'Durchfall *m ⚕* diarrh(o)ea; F flop; **'2en** *v/i.* (*irr. fallen, sep.*, *-ge*-, *sein*) fall through; *fig.* fail, F (be) flunk(ed out), *Brt.* fluff exams; *thea., etc.*: (be a) flop; *j-n ~ lassen* fail s.o., F flunk s.o.

'durch|finden *v/refl.* (*irr. finden, sep.*, *-ge*-, *h*) find one's way (through); **~'forschen** *v/t.* (*no -ge*-, *h*) explore (*nach* for); **~'fragen** *v/refl.* (*sep.*, *-ge*-, *h*) ask one's way (*nach, zu* to).

durchführ|bar *adj.* ['dʊrçfy:rba:r] practicable, feasible; **'~en** *fig. v/t.* (*sep.*, *-ge*-, *h*) carry out, do.

'Durchgang *m* (-[e]*s*/-e) passage; *fig.*, *sports*: *mst* round; **'~s...** *in compounds*: through (*traffic, etc.*), transit (*camp, etc.*).

'**durchgebraten** adj. well done.
'**durchgehen** (irr. gehen, sep., -ge-, sein) 1. v/i. go through (a. 😊 and parl.); run away (with money, one's lover, etc.); horse: bolt; 2. v/t. go or look through (list, etc.); '~d 1. adj. continuous; ~er Zug through train; 2. adv.: ~ geöffnet open all day.
'**durchgreifen** fig. v/i. (irr. greifen, sep., -ge-, h) take drastic measures or steps; '~d adj. drastic; radical, sweeping (measures, etc.).
'**durch|halten** (irr. halten, sep., -ge-, h) 1. v/t. keep up (pace, etc.); 2. v/i. hold out; '~hängen v/i. (irr. hängen, sep., -ge-, h) rope, etc.: sag; F fig. a. = '2hänger F m: e-n ~ haben be at a low or in the pits; '~hauen v/t. (irr. hauen, sep., -ge-, h) cut s.th. through; '~kämpfen v/t. (sep., -ge-, h) fight s.th. out; sich ~ fight one's way through; '~kommen v/i. (irr. kommen, sep., -ge-, sein) train, patient, etc.: come through; get through (traffic, difficulties, exam, etc.) get along (with money, language, etc.); get away (with lie, etc.); ~kreuzen v/t. (no -ge-, h) cross, thwart (plan, etc.); '~lassen v/t. (irr. lassen, sep., -ge-, h) let pass, let through.
'**durchlässig** adj. permeable (to); leaky.
durch|laufen (irr. laufen) 1. ['durç-] v/i. (sep., -ge-, sein) run through; 2. ['~] v/t. (sep., -ge-, h) wear (shoes) through; 3. [~'-] v/t. (no -ge-, h) pass through (stages, school, etc.); 2lauferhitzer ['~lauf-] m (instant) water heater; '~lesen v/t. (irr. lesen, sep., -ge-, h) read (through); '~leuchten 1. ['~] v/i. (sep., -ge-, h) shine through; 2. [~'-] v/t. (no -ge-, h) ✗ X-ray; fig. investigate, esp. pol. screen; '~löchern [~'lœçɐn] v/t. (no -ge-, h) perforate, make holes in; '~machen (sep., -ge-, h) 1. v/t. go through (difficult times, etc.); viel ~ suffer a lot; 2. v/i.: (die Nacht) ~ make a night of it.
'**Durchmesser** m (-s/-) diameter.
durch|'nässen v/t. (no -ge-, h) soak; '~nehmen v/t. (irr. nehmen, sep., -ge-, h) esp. school: do, deal with, treat, talk about, go through; '~pausen v/t. (sep., -ge-, h) trace; ~queren [~'kve:rən] v/t. (no -ge-, h) cross; 2reiche ['~raiçə] f (-/-n) hatch.
'**Durch|reise** f transit; ich bin nur auf der ~ I'm only passing through; 2reisen 1. ['~] v/i. (sep., -ge-, sein) travel through; 2. [~'-] v/t. (no -ge-, h) tour (a country, etc.); '~reisende m, f person travel(l)ing through; transit or through passenger; '~reisevisum n transit visa.

'**durch|reißen** (irr. reißen, sep., -ge-) 1. v/i. (sein) tear, break, snap; 2. (h) tear (in two).
durchs prp. [durçs] (acc.) short for durch das.
'**Durch|sage** f announcement; 2schauen 1. ['~] v/i. and v/t. (sep., -ge-, h) look through; 2. fig. [~'-] v/t. (no -ge-, h) see through (s.o., etc.).
'**durchscheinen** v/i. (irr. scheinen, sep., -ge-, h) shine through; '~d adj. transparent.
'**durch|scheuern** v/t. (sep., -ge-, h) chafe (skin); fabric: wear through; '~schlafen v/i. (irr. schlafen, sep., -ge-, h) sleep through.
'**Durchschlag** m (carbon) copy; 2en (irr. schlagen) 1. ['~] v/t. (sep., -ge-, h) cut in two; sich ~ fight one's way through (life), struggle along; 2. ['~] v/i. (sep., -ge-, sein) ⚡ fuse: blow; character: come through; 3. [~'-] v/t. (no -ge-, h) go through, pierce, penetrate; '2end adj. success, etc.: sweeping; measures, etc.: far-reaching, effective; '~papier n carbon paper; '~skraft fig. f (-/no pl.) force, impact.
'**Durchschmelzen** n (-s/no pl.) reactor: meltdown.
'**durchschneiden** v/t. (irr. schneiden, sep., -ge-, h) cut s.th. (through); j-m die Kehle ~ cut s.o.'s throat.
'**Durchschnitt** m average; im ~ on an average; im ~ betragen, verdienen etc. average; '2lich 1. adj. average; ordinary; 2. adv. on an average; normally; '~s... in compounds: average ...
'**Durchschrift** f (carbon) copy.
'**durch|sehen** (irr. sehen, sep., -ge-, h) 1. v/i. see or look through; 2. v/t. look or go through (pupers, etc.); check; '~setzen v/t. (sep., -ge-, h) put (by force: push) through; enforce (law, etc.); seinen Kopf ~ have one's way; sich ~ have or get one's way; be successful; sich ~ können teacher, etc.: have authority (bei over); ~setzt adj. [~'zetst]: ~ mit interspersed with; ~seucht 🌸 adj. [~'zɔʏçt] contaminated.
durchsichtig adj. ['durçzɪçtɪç] transparent (a. fig.); clear; blouse, etc.: see-through.
'**durch|sickern** v/i. (sep., -ge-, sein) seep through; news, etc.: leak (out); ~sieben v/t. 1. ['~] (sep., -ge-, h) sift; 2. [~'-] (no -ge-, h) riddle (with bullets, etc.); '~sprechen v/t. (irr. sprechen, sep., -ge-, h) discuss, talk over; '~starten ✈ v/i. (sep., -ge-, sein) climb and reaccelerate; ~stechen v/t. (irr. stechen) 1. ['~] (sep., -ge-, h) stick s.th. through s.th.; 2. [~'-] (no -ge-, h) pierce

(earlobe, etc.), cut through; '∼**stecken** v/t. (sep., -ge-, h) stick through; '∼**stehen** v/t. (irr. stehen, sep., -ge-, h) go through (hardship, etc.), hold out.

durch|stoßen (irr. stoßen) 1. ['dʊrç-] v/i. (sep., -ge-, sein), 2. [∼'-] v/t. (no -ge-, h) break through (a. ✕ and sports); '∼**streichen** v/t. (irr. streichen, sep., -ge-, h) cross out.

durch'such|en v/t. (no -ge-, h) search (a. ²ts); F frisk; **2ung** f (-/-en) search.

durchtrainiert adj. ['dʊrçtrɛniːrt] in top shape.

'**durchtreten** v/t. (irr. treten, sep., -ge-, h) wear out (shoes); floor (gas pedal); motorcycle: kick (starter).

durchtrieben adj. [dʊrç'triːbən] cunning, sly.

durch'wachsen adj. meat: gristly; bacon: streaky; F fig. so-so.

'**Durch|wahl** teleph. f direct number; **2wählen** v/i. (sep., -ge-, h) dial direct.

durchweg adv. ['dʊrçvɛk] throughout, without exception.

durch|weichen 1. ['dʊrç-] v/i. (sep., -ge-, sein), 2. [∼'-] v/t. (no -ge-, h) soak, drench; '∼**winden** v/refl. (irr. winden, sep., -ge-, h) worm one's way through; ∼**wühlen** 1. fig. ['∼] v/refl. (sep., -ge-, h) work one's way through; 2. [∼'-] fig. (no -ge-, h) ransack, rummage; '∼**wursteln** F v/refl. (sep., -ge-, h) muddle through; '∼**zählen** v/i. and v/t. (sep., -ge-, h) count (off); ∼**ziehen** (irr. ziehen) 1. ['∼] v/i. (sep., -ge-, sein) pass or go through; 2. ['∼] v/t. (sep., -ge-, h) pull s.th. (fig. a. s.o.) through; fig. push (matter, student, etc.) through; 3. [∼'-] v/t. (no -ge-, h) smell, etc.: fill, pervade; run through, streak; ∼**zucken** v/t. (no -ge-, h) flash through.

'**Durchzug** m (-[e]s/no pl.) draft, Brt. draught; passage (a. meteor.).

'**durchzwängen** v/refl. (sep., -ge-, h) squeeze o.s. through.

dürfen[1] ['dʏrfən] v/i. (irr., ge-, h) and v/aux. (irr., no ge-, h) be allowed or

permitted to; **darf ich?** may I?; **ja (,du darfst)** yes, you may; **du darfst nicht** you must not or aren't allowed to; **nach Hause etc. ∼** be allowed to go home, etc.; **das hättest du nicht tun ∼l** you shouldn't have done that!; **dürfte ich ...?** could I ...?; **das dürfte genügen** that should be enough.

dürfen[2] [∼] p.p. of **dürfen**[1] (v./aux.).

durfte ['dʊrftə] past of **dürfen**.

dürftig adj. ['dʏrftɪç] poor; scanty.

dürr adj. [dʏr] dry; soil, etc.: barren, arid; person: skinny; **2e** f (-/-n) drought; barrenness.

Durst [dʊrst] m (-es/no pl.) thirst (auf for); **∼ haben** be thirsty; **2en** v/i. (ge-, h) go thirsty.

dürsten fig. ['dʏrstən] v/i. (ge-, h): ∼ **nach** thirst or long for.

'**durstig** adj. thirsty (auf for).

Dusche ['duːʃə] f (-/-n) shower (bath); **2n** v/refl. and v/i. (ge-, h) have or take a shower.

Düse ['dyːzə] f (-/-n) nozzle, jet; **2n** F v/i. (ge-, sein) whiz(z), zoom; ∼**antrieb** ['∼ʔ-] m jet propulsion; **mit ∼** jet-propelled; '∼**flugzeug** n jet (plane); '∼**jäger** m jet fighter; '∼**triebwerk** ✈ n jet engine.

Dussel F ['dʊsəl] m (-s/-) dope, idiot.

düster adj. ['dyːstər] dark, gloomy (both a. fig.); light: dim; fig. dismal.

Dutzend ['dʊtsənt] n (-s/-e) dozen; '∼**ware** f (-/no pl.) mass-produced article; F cheap stuff; '**2weise** adv. by the dozen, in dozens.

Duvet Swiss ['dyːve] n (-s/-s) blanket, quilt.

duzen ['duːtsən] v/t. (ge-, h) use the familiar 'du' with s.o.; **sich ∼** be on 'du' terms.

Dynami|k [dy'naːmɪk] f (-/no pl.) phys. dynamics; fig. dynamism; **2sch** adj. dynamic.

Dynamit [dyna'miːt] n (-s/no pl.) dynamite.

Dynamo [dy'naːmo] m (-s/-s) dynamo, generator.

D-Zug ☎ ['deː-] m express train.

E

Ebbe ['ɛbə] f (-/-n) ebb; low tide.

eben ['eːbən] 1. adj. even; flat; ⚚ plane; **zu ∼er Erde** on the first (Brt. ground) floor; 2. adv. just; **an ∼ dem Tag** on that very day; **so ist es ∼** that's the way it is; **gerade ∼ so** or **noch** just barely;

'**2bild** n image; ∼**bürtig** adj. ['∼bʏrtɪç]: **j-m ∼ sein** be a match for s.o., be s.o.'s equal.

'**eben|da** adv. just there; in quotes: mst ibid.; '∼**der**, '∼**der'selbe** dem. pron. the very (same); '∼**des'halb**, '∼**des-**

'**wegen** adv. for that very reason; '**~'dies**(er, -e, -es) dem. pron. the very same; '**~'dort** adv. just there.

Ebene ['e:bənə] f (-/-n) plain; Ã· plane; fig. level.

eben|erdig adj. and adv. ['e:bən?-] at street level; on the first (Brt. ground) floor; '**~falls** adv. as well, too; ~ **nicht** not either; **danke,** ~**!** thank you, (the) same to you!; '**Ãholz** n ebony; '**Ãmaß** n symmetry, harmony; regularity (of features); '**~mäßig** adj. symmetrical; harmonious; regular; '**~so** adv. and cj. just as ...; as well; ~ **wie** in the same way as; '**~so'gern**, '**~so'gut** adv. just as well; '**~so'sehr**, '**~so'viel** adv. just as much; '**~so'wenig** adv. just as little or few.

Eber zo. ['e:bər] m (-s/-) boar.

ebnen [e'bnən] v/t. (ge-, h) even, level; fig. smooth.

Echo ['εço] n (-s/-s) echo; fig. response.

echt adj. [εçt] genuine (a. fig.), real; true (friend, etc.); pure; colo(u)r: fast; document, etc.: authentic; '**Ãheit** f (-/no pl.) genuineness; of colo(u)r: fastness; authenticity.

'**Eck|ball** m soccer, etc.: corner (kick).

Eck|e ['εkə] f (-/-n) corner (soccer, etc.: **lange** fur; **kurze** near); edge; s. Eckball; '**Ãig** adj. square, angular; fig. awkward; '**~stein** m cornerstone; '**~stoß** m s. Eckball; '**~zahn** m canine tooth.

edel adj. ['e:dəl] noble; min. precious; vital (organs); '**Ãmann** lit. m (-[e]s/ Edelleute) noble(man); '**Ãmetall** n precious metal; '**Ãstahl** m stainless steel; '**Ãstein** m precious stone; gem.

Efeu Ã· ['e:fɔy] m (-s/no pl.) ivy.

Effekt [ε'fεkt] m (-[e]s/-e) effect; ~**hascherei** [...ha∫ə'rai] f (-/-en) (cheap) showmanship, claptrap; **Ãiv** [εfεk'ti:f] 1. adj. effective; 2. adv. actually; **~ivität** [εfεktivi'tεt] f (-/no pl.) effectiveness; **Ãvoll** adj. effective, striking.

Effet [ε'fe:] m (-s/-s) sports: spin, slice, twist, curve.

egal Ã· adj. [e'ga:l]: ~ **ob** (**warum, wer** etc.) no matter if (why, who, etc.); **das ist** ~ it doesn't matter; **das ist mir** ~ I don't care.

Egge ['εgə] f (-/-n), '**Ãn** v/t. (ge-, h) harrow.

Egois|mus [ego'ısmʊs] m (-/no pl.) ego-(t)ism; **~t** [~'ıst] m (-en/-en) ego(t)ist; **Ãtisch** adj. selfish, ego(t)istic(al).

ehe cj. ['e:ə] before; **nicht,** ~ not until.

Ehe ['e:ə] f (-/-n) marriage (**mit** to); '**~beratung** f marriage counseling (Brt. guidance); '**~brecher**(**in**) m (f) (-s[-]/ -[-nen]) adulter|er (-ess); '**Ãbreche-**

risch adj. adulterous; '**~bruch** m adultery; '**~frau** f wife; '**~gatte** ♀ ♂ m spouse; '**~leute** pl. married couple; '**Ãlich** adj. conjugal; child: legitimate.

ehemal|ig adj. ['e:əma:lıç] former, ex-...; '**~s** adv. formerly.

'**Ehe|mann** m husband; '**~paar** n (married) couple; '**~partner** m spouse.

'**eher** adv. earlier, sooner; **je** ~, **desto lieber** the sooner the better; **nicht** ~ **als** not until or before; ~ ... **als** rather ... than.

ehern fig. adj. ['e:ərn] iron (will, etc.).

'**Ehe|ring** m wedding ring; '**~schließung** lit. f (-/-en) marriage; '**~vermittlungsinstitut** ['~s?-] n dating service, Brt. marriage bureau.

'**ehrbar** adj. respectable.

Ehre ['e:rə] f (-/-n) hono(u)r; **zu** ~**n** (**von**) in hono(u)r of; '**Ãn** v/t. (ge-, h) hono(u)r; respect.

ehren|amtlich adj. ['e:rən?-] honorary; '**Ãbürger** m honorary citizen; '**Ãdoktor** m honorary doctor; '**Ãgast** m guest of hono(u)r; '**Ãkodex** m code of hono(u)r; '**Ãmann** m man of hono(u)r; '**Ãmitglied** n honorary member; '**Ãplatz** m place of hono(u)r; special place (for gift, etc.); '**Ãrechte** pl. civil rights; '**Ãrettung** f rehabilitation; '**~rührig** adj. defamatory; '**Ãrunde** f lap of hono(u)r (after a race, etc.); '**Ãsache** f point of hono(u)r; '**Ãtor** n, '**Ãtreffer** m esp. soccer: consolation goal; '**~voll** adj. hono(u)rable; '**Ãwort** n (-[e]s/-e) word of hono(u)r; F ~**!** upon my word!, honestly!

ehr|erbietig adj. ['e:r?εrbi:tıç] respectful; '**Ãfurcht** f (-/no pl.) respect (**vor** dat. for); awe (of); '**~furchtgebietend** adj. awe-inspiring, awesome; '**~fürchtig** adj. ['~fʏrçtıç] respectful; '**Ãgefühl** n (-[e]s/ no pl.) sense of hono(u)r; '**Ãgeiz** m ambition; '**~geizig** adj. ambitious.

'**ehrlich** adj. honest, frank; fight, etc.: fair; F: ~**!(?)** honestly!(?); '**Ãkeit** f (-/no pl.) honesty; fairness.

'**Ehr|ung** f (-/-en) hono(u)r(ing); '**Ãwürdig** adj. venerable.

ei int. [ai] oh, ah; well; yum(my).

Ei [ai] n (-[e]s/-er) egg; **gekochtes** ~ boiled egg; V an ~: testicles: balls.

Eiche ♀ ['aiçə] f (-/-n) oak(tree); an ['~l] f (-/-n) ♀ acorn; cards: club(s); anat. glans (penis).

eichen[1] ['aiçən] v/t. (ge-, h) ga(u)ge.

eichen[2] adj. [~] oaken, (of) oak.

Eich|hörnchen zo. ['aiçhœrnçən] n (-s/-) squirrel; '**~maß** n standard (measure).

Eid [ait] m (-[e]s/-e) oath; '**Ãbrüchig** adj.: ~ **werden** break one's oath.

Eidechse zo. ['aidεksə] f (-/-n) lizard.

eidesstattlich ⚡ *adj.* ['aɪdəs-]: *~e Erklärung* statutory declaration.

'Eid|genosse *m* Swiss (citizen); **'2ge-nössisch** *adj.* ['.gənœsɪʃ] Swiss.

'Eidotter *m, n* (egg) yolk.

'Eier|becher *m* eggcup; **'~kuchen** *m* pancake; **'~laufen** *n* (*-s/no pl.*) egg-and-spoon race; **'~schale** *f* eggshell; **'~stock** *anat.* *m* ovary; **~uhr** ['.ʔ-] *f* egg timer.

Eifer ['aɪfər] *m* (*-s/no pl.*) zeal, eagerness; *glühender ~* ardo(u)r; **'~sucht** *f* (*-/no pl.*) jealousy; **'2süchtig** *adj.* jealous (*auf acc.* of).

eifrig *adj.* ['aɪfrɪç] eager, zealous; ardent.

'Eigelb *n* (*-[e]s/-*) (egg) yolk.

eigen *adj.* ['aɪgən] own, of one's own; peculiar (*style, etc.*); *of person:* particular, F fussy; *~... in compounds:* ...-owned; **2art** ['.ʔ-] *f* peculiarity; **~artig** ['.ʔ-] *adj.* peculiar; strange; **~artigerweise** *adv.* ['.ʔartɪgər'-] strangely enough; **'2bedarf** *m* personal needs; **'2brötler** F ['.brøːtlər] *m* (*-s/-*) recluse, loner; eccentric; **2gewicht** *n* dead weight; **~händig** ['.hɛndɪç] **1.** *adj.* personal (*signature, etc.*); **2.** *adv.* personally, with one's own hands; *~ geschrieben* in one's own hand; **'2heim** *n* home (of one's own); **'2liebe** *f* self-love; **'2lob** *n* self-praise; **'~mächtig** *adj.* arbitrary; **'2name** *m* proper noun; **~nützig** *adj.* ['.nʏtsɪç] selfish.

'eigens *adv.* (e)specially, expressly.

'Eigenschaft *f* (*-/-en*) quality, ⚙, *phys.* 🔬 property; *in s-r ~ als* in his capacity as; **'~swort** *gr. n* (*-[e]s/~er*) adjective.

'Eigensinn *m* (*-[e]s/no pl.*) stubbornness; **'2ig** *adj.* stubborn, obstinate.

'eigenständig *adj.* independent, autonomous.

eigentlich ['aɪgəntlɪç] **1.** actual, true, real; exact; **2.** *adv.* actually, really; originally.

'Eigentor *n* own goal (*a. fig.*).

'Eigentum *n* (*-s/no pl.*) property.

Eigentüm|er(in) ['.tyːmər(ɪn)] *m* (*-s[-]/-[-nen]*) owner, propriet|or (-ress); **2lich** *adj.* peculiar; strange, odd; **'~lichkeit** *f* (*-/-en*) peculiarity.

'Eigentumswohnung *f* condominium, *Brt.* owner-occupied flat.

'eigenwillig *adj.* wil(l)ful; *style, etc.:* individual, original.

eign|en ['aɪgnən] *v/refl.* (*ge-, h*): *sich ~ für* be suited or fit for; **'2ung** *f* (*-/no pl.*) suitability; *person:* a. aptitude, qualification; **'2ungsprüfung** *f*, **'2ungstest** *m* aptitude test.

'Eil|bote ⊕ *m: durch ~n* by special delivery; **'~brief** ⊕ *m* special delivery (*Brt.* express) letter.

Eil|e ['aɪlə] *f* (*-/no pl.*) haste, hurry; **'2n** *v/i.* (*ge-, sein*) hurry, hasten, rush; *letter, matter, etc.:* be urgent; **2ends** *adv.* ['.ts] hurriedly; **'2ig** *adj.* hurried, hasty; urgent; *es ~ haben* be in a hurry.

'Eilzug 🚂 *m* limited, *Brt.* fast train.

Eimer ['aɪmər] *m* (*-s/-*) bucket, pail.

ein [aɪn] **1.** *adj.* one; **2.** *indef. art.* a, an; **3.** *adv.: „~ - aus"* "on - off"; *~ und aus gehen* come and go; frequent (*s.o.'s home, etc.*); *nicht ~ und aus wissen* be at one's wits' end.

einander *pron.* [aɪ'nandər] each other, one another.

ein|arbeiten ['aɪn-] *v/t.* (*sep., -ge-, h*) train, acquaint *s.o.* with his work, F break *s.o.* in; *sich ~* work o.s. in; **~armig** *adj.* ['.ʔarmɪç] one-armed; **~äschern** ['.ʔɛʃərn] *v/t.* (*sep., -ge-, h*) cremate; **2äscherung** *f* (*-/-en*) cremation; **~atmen** ['.ʔ-] *v/t.* (*sep., -ge-, h*) inhale, breathe (in); **~äugig** *adj.* ['.ʔ-] one-eyed.

'Einbahnstraße *f* one-way street.

'einbalsamieren *v/t.* (*sep., no -ge-, h*) embalm.

'Einband *m* (*-[e]s/-e*) binding, cover.

'Einbau *m* (*-[e]s/-ten*) installation, fitting; *~... in compounds:* built-in ...; **'2en** *v/t.* (*sep., -ge-, h*) build in, install(l) in.

'einbehalten *v/t.* (*irr. behalten, sep., no -ge-, h*) hold back (*money*); detain *s.o.*

'einberuf|en *v/t.* (*irr. rufen, sep., no -ge-, h*) ✗ draft, call up; call (*meeting, etc.*); **2ung** ✗ *f* (*-/-en*) draft (orders), call-up (orders).

'einbetten *v/t.* (*sep., -ge-, h*) embed.

'ein|beziehen *v/t.* (*irr. ziehen, sep., no -ge-, h*) include; **'~biegen** *v/i.* (*irr. biegen, sep., -ge-, sein*): *~ in* (*acc.*) turn into (*street, etc.*).

'einbild|en *v/t.* (*sep., -ge-, h*): *sich ~* imagine; *sich et. ~ auf* (*acc.*) be conceited about; *darauf kannst du dir et. ~* (*brauchst du dir nichts einzubilden*) that's s.th. (nothing) to be proud of; **2ung** *f* imagination, fancy; conceit.

'ein|binden *v/t.* (*irr. binden, sep., -ge-, h*) bind (*book, etc.*); *fig.* include, integrate; **'~blenden** *v/t.* (*sep., -ge-, h*) TV, *etc.:* fade in (*scene, etc.*).

'Einblick *m* insight (*in acc.* into).

'ein|brechen (*irr. brechen, sep., -ge-*) **1.** *v/t.* (*h*) break in (*door, horse, etc.*); **2.** *v/i.* (*sein, h*): *~ in* (*acc.*) or *bei* break into (*house, etc.*); burgle; **3.** *v/i.* (*sein*) roof, *etc.:* collapse; *winter, etc.:* set in; fall through (*ice, etc.*); **'2brecher** *m* burglar; **'~bringen** *v/t.* (*irr. bringen, sep., -ge-, h*) bring in (*harvest, etc.*); yield (*profit, etc.*); *nichts ~* not pay; be no use; *sich ~ in* put a lot (of o.s.) into;

'**_brocken** F v/t. (sep., -ge-, h) let o.s. or s.o. in for (trouble, etc.); '**Qbruch** m burglary; bei ~ der Nacht at nightfall.

einbürgern ['_byrgərn] v/t. (sep., -ge-, h) naturalize; sich ~ fig. come into use; **Qung** f (-/-en) naturalization.

'**Ein|buße** f loss; '**Qbüßen** v/t. (sep., -ge-, h) lose.

ein|dämmen ['aındemən] v/t. (sep., -ge-, h) dam (up) (a. fig.); embank (river, etc.); fig. a. get under control; '**~decken** fig. v/t. (sep., -ge-, h) provide (mit with); '**~deutig** adj. ['_dɔʏtıç] clear; '**~deutschen** v/t. (sep., -ge-, h) Germanize; '**~drehen** v/t. (sep., -ge-, h) put (hair) in curlers.

'**eindring|en** v/i. (irr. dringen, sep., -ge-, sein): ~ in (acc.) enter; intrude into; force one's way into; ✗ invade; '**~lich** adj. urgent; **Qling** ['_lıŋ] m (-s/-e) intruder; ✗ invader.

'**Eindruck** m (-[e]s/-e) impression.

'**ein|drücken** v/t. (sep., -ge-, h) break or push s.th. in; '**~drucksvoll** adj. impressive.

'**einein|halb** adj. one and a half.

einengen ['aın²-] v/t. (sep., -ge-, h) confine, restrict.

ein|er ['aınər], '**~e**, '**~(e)s** indef. pron. one.

Einer [~] m (-s/-) ⚒ unit; rowing: single sculls.

einerlei adj. ['aınər'laı]: ganz ~ all the same; '**~ob** no matter if; ~ Stoff material of the same kind.

Einerlei [~] n (-s/no pl.): dasselbe (tägliche) ~ the same old (daily) routine.

einerseits adv. ['aınər'zaıts] on the one hand.

einfach ['aınfax] 1. adj. simple; easy, plain; ticket: one-way, Brt. single; 2. adv. just, simply; '**Qheit** f (-/no pl.) simplicity.

einfädeln ['aınfɛːdəln] v/t. (sep., -ge-, h) thread; fig. start, set afoot; arrange, contrive.

'**ein|fahren** (irr. fahren, sep., -ge-) 1. v/t. (h) mot. break (car, etc.); bring in (harvest, etc.); 2. v/i. (sein) come in, ⛏ a. pull in; '**Qfahrt** f entrance, way in; drive(way).

'**Einfall** m idea; ✗ invasion; '**Qen** v/i. (irr. fallen, sep., -ge-, sein) fall in; collapse; ♪ join in; ~ in (acc.) ✗ invade; ihm fiel ein, daß it came to his mind that; mir fällt nichts ein I have no ideas; es fällt mir nicht ein I can't think of it; dabei fällt mir ein that reminds me; was fällt dir ein? what's the idea?; '**Qslos** adj. unimaginative, dull; '**Qsreich** adj. imaginative, full of ideas.

ein|fältig adj. ['aınfɛltıç] simple-(minded); stupid; '**Qfamilienhaus** n single family home; '**~farbig** adj. solid (red, etc.), Brt. a. self-coloured; '**~fassen** v/t. (sep., -ge-, h) border; set (diamond, etc.); '**~fetten** v/t. (sep., -ge-, h) grease; '**~finden** v/refl. (irr. finden, sep., -ge-, h) appear, arrive; F show up; '**~flechten** fig. v/t. (irr. flechten, sep., -ge-, h) work in, insert; '**~fliegen** v/t. (irr. fliegen, sep., -ge-, h) fly s.o. or s.th. in; flight-test (plane); '**~fließen** v/i. (irr. fließen, sep., -ge-, sein) flow in; et. ~ lassen fig. slip in (remark, etc.); **~flößen** ['_fløːsən] v/t. (sep., -ge-, h) pour (j-m into s.o.'s mouth); fill s.o. with (respect, etc.).

'**Einfluß** fig. m influence; **Qreich** adj. influential.

ein|förmig adj. ['aınfœrmıç] uniform; **Qfriedung** ['_friːduŋ] f (-/-en) enclosure; '**~frieren** (irr. frieren, sep., -ge-) 1. v/i. (sein) freeze (in); 2. v/t. (h) freeze (food, price, etc.); '**~fügen** v/t. (sep., -ge-, h) put in; fig. insert; sich ~ fit in; adjust (o.s.) (in acc. to) (group, etc.); **~fühlsam** adj. ['_fyːlzaːm] sensitive; '**Qfühlungsvermögen** n empathy.

Einfuhr econ. ['aınfuːr] f (-/-en) import(ation).

'**einführen** v/t. (sep., -ge-, h) introduce; instal(l) (official, etc.); insert; econ. import.

'**Einfuhrstopp** econ. m import ban.

'**Einführung** f introduction; **~s...** in compounds: introductory ...

'**Eingabe** f petition; application; input (of data).

'**Eingang** m entrance, entry; econ. arrival (of goods); receipt (of letter, sum).

'**ein|gängig** adj. catchy (tune, etc.); '**~gangs** adv. at the beginning.

'**eingeben** v/t. (irr. geben, sep., -ge-, h) administer (medicine, etc.) (dat. to); feed (data, etc.) (in acc. into).

'**einge|bildet** adj. imaginary; conceited (auf acc. of); **~er Kranker** hypochondriac; '**Qborene** m, f (-n/-n) native.

Eingebung ['aıngeːbuŋ] f (-/-en) inspiration; impulse.

'**einge|fallen** adj. eyes, cheeks, etc.: sunken, hollow; face: dilapidated; **~fleischt** adj. ['_flaıʃt] confirmed (bachelor, etc.).

'**eingehen** (irr. gehen, sep., -ge-, sein) 1. v/i. mail, goods, etc.: come in, arrive; ♣, animal: die (a. fig. vor of cold, boredom, etc.); fabric: shrink; business: close down; ~ auf (acc.) agree to; go into (details, etc.); react to s.th.; listen to; talk to s.o.; ~ in (acc.) enter into (plan, etc.); 2. v/t. enter into (contract, *etc.*); make (*bet*); take (*risk, etc.*); '~**d** *adj.* thorough.

eingemacht *adj.* ['aɪŋəmaxt] preserved; pickled.

eingemeinden ['aɪŋəmaɪndən] *v/t.* (*sep., no -ge-, h*) incorporate (*into city*).

'**einge|nommen** *adj.* partial (*für* for); prejudiced (*gegen* against); **von sich** ~ conceited; '~**schlossen** *adj.* locked in; included (*in price, etc.*); ~**schnappt** F *fig. adj.* ['~ʃnapt] sulking; ~**schneit** *adj.* ['~ʃnaɪt] snowed in; '~**schrieben** *adj.* registered; ~**spielt** *adj.*: (*gut*) **aufeinander** ~ **sein** play or work well together, be a good team; '~**stehen** *v/t.* (*irr. stehen, sep., -ge-, h*) confess, admit; ~**stellt** *adj.* ['~ʃtelt]: ~ **auf** (*acc.*) prepared for; ~ **gegen** opposed to.

Eingeweide *anat.* ['aɪŋəvaɪdə] *pl.* intestines, bowels, guts.

Eingeweihte ['~vaɪtə] *m, f* (*-n/-n*) insider.

'**einge|wöhnen** *v/refl.* (*sep., no -ge-, h*) of home, school, etc.: settle in.

'**ein|gießen** *v/t.* (*irr. gießen, sep., -ge-, h*) pour; ~**gleisig** *adj.* ['~glaɪzɪç] single-track; *fig. a.* one-track; '~**gliedern** *v/t.* (*sep., -ge-, h*) integrate (*in acc.* into); '~**gliederung** *f* (*-/no pl.*) integration.

'**ein|graben** *v/t.* (*irr. graben, sep., -ge-, h*) dig in; bury; '~**gravieren** *v/t.* (*sep., no -ge-, h*) engrave.

'**eingreifen** *v/i.* (*irr. greifen, sep., -ge-, h*) step in, interfere (*in acc.* with); join in (*discussion, etc.*).

'**Eingriff** *m* intervention, interference; ❧ operation.

'**einhaken** *v/t.* (*sep., -ge-, h*) hook in; *sich* ~ link arms; take s.o.'s arm.

'**Einhalt** *m*: ~ **gebieten** put a stop (*dat.* to); '2**en** (*irr. halten, sep., -ge-, h*) 1. *v/t.* keep (*appointment, promise, rule, etc.*); 2. *v/i.* stop.

'**einhandeln** *fig. v/t.* (*sep., -ge-, h*): *sich* **et.** ~ end up with s.th.

'**ein|hängen** ([*irr. hängen*], *sep., -ge-, h*) 1. *v/t.* hang in (*teleph.* up); *sich* ~ *s.* **einhaken;** 2. *teleph. v/i.* hang up.

'**einheimisch** *adj.* native, local; home, domestic (*industry, etc.*); '2**e** *m, f* (*-n/-n*) local, native.

einheimsen F ['~haɪmzən] *v/t.* (*sep., -ge-, h*) grab, pocket (*money*).

'**Einheit** *f* (*-/-en*) ⚛, *phys.*, ✕, *econ.* unit; *pol., poet.* unity; **als** ~ as a whole; '2**lich** *adj.* uniform; homogeneous; '~**s...** *in compounds:* standard ...

'**einheizen** F *fig. v/i.* (*sep., -ge-, h*): **j-m** (*tüchtig*) ~ give s.o. hell.

einhellig *adj.* ['~hɛlɪç] unanimous.

'**einholen** *v/t.* (*sep., -ge-, h*) catch up

with, overtake; make up for (*lost time, etc.*); make (*inquiries, etc.*) (*über acc.* about); seek (*advice*) (*bei* from); ask for (*permission*); bring in (*harvest, etc.*); strike (*sail*); ~ **gehen** go shopping.

'**Einhorn** *myth. n* unicorn.

'**einhüllen** *v/t.* (*sep., -ge-, h*) wrap (up) (*in acc.* in); *fig.* shroud (*in fog, etc.*).

einig *adj.* ['aɪnɪç] united; ~ **sein** or **werden** agree (*über acc.* on); **nicht** ~ **sein über** disagree or differ on or over or about; ~**e** *indef. pron.* ['~gə] some, a few, several; ~**en** ['~gən] *v/t.* (*ge-, h*) unite; *sich* ~ **über** (*acc.*) agree on; ~**ermaßen** *adv.* ['~gər'ma:sən] somewhat; ~ (*gut*) all right, could be worse; ~**es** *indef. pron.* ['~gəs] some(thing): quite a lot; '2**keit** *f* (*-/no pl.*) unity; agreement; **2ung** ['~gʊŋ] *f* (*-/-en*) agreement, settlement; unification.

ein|impfen *fig.* ['aɪn²-] *v/t.* (*sep., -ge-, h*) hammer *s.th.* into s.o.; ~**jagen** *v/t.* (*sep., -ge-, h*): **j-m Angst** or **e-n Schreck** ~ frighten or scare s.o.

'**einjährig** *adj.* one-year-old; ~**e Tätigkeit** one year's work.

'**einkalkulieren** *v/t.* (*sep., no -ge-, h*) take into account, allow for.

'**Einkauf** *m esp. econ.* purchase; **Einkäufe machen** *s.* **einkaufen** 2; '2**en** (*sep., -ge-, h*) 1. *v/t.* buy, purchase; 2. *v/i.* go shopping, shop; *econ.* buy.

'**Einkäufer** *econ. m* buyer.

'**Einkaufs|...** *in compounds:* shopping (*bag, basket, cent|er, Brt. -re, etc.*); '~**bummel** *m* shopping tour or spree; '~**preis** *econ. m* purchase price; '~**wagen** *m* grocery cart, *Brt.* trolley.

'**ein|kehren** *v/i.* (*sep., -ge-, sein*) stop (for a drink, *etc.*) (*in dat.* at); '~**kerkern** *v/t.* (*sep., -ge-, h*) imprison; '~**kesseln** *v/t.* (*sep., -ge-, h*) ✕, *hunt., etc.*: encircle; '~**klagen** *v/t.* (*sep., -ge-, h*) sue for; '~**klammern** *v/t.* (*sep., -ge-, h*) put in brackets, bracket.

'**Einklang** *m* ♪ unison; *fig.* harmony.

'**ein|kleben** *v/t.* (*sep., -ge-, h*) stick (*photographs, etc.*) in (*album, etc.*); '~**kleiden** *v/t.* (*sep., -ge-, h*) clothe (*a. fig.*); '~**klemmen** *v/t.* (*sep., -ge-, h*) squeeze, jam, catch; **eingeklemmt sein** be stuck or jammed; '~**kochen** (*sep., -ge-*) 1. *v/t.* (*h*) preserve, make (*jam*); 2. *v/i.* (*sein*) boil down.

'**Einkommen** *n* (*-s/-*) income; '~**steuererklärung** *f* income-tax return.

'**einkreisen** *v/t.* (*sep., -ge-, h*) encircle, surround.

Einkünfte ['aɪnkʏnftə] *pl.* income; *econ.* receipts.

'**einlad|en** *v/t.* (*irr. laden, sep., -ge-, h*) invite (*zu* to); load (*goods, etc.*);

'**~end** *adj.* inviting (*a. fig.*); '**2ung** *f* invitation.

'**Einlage** *f econ.* investment; *of shoes:* insole; *thea.*, **♪** interlude, intermezzo.

Einlaß ['aınlas] *m* (*-lasses/-lässe*) admission, admittance; **◉** intake, inlet.

'**einlassen** *v/t.* (*irr.* **lassen**, *sep.*, *-ge-*, *h*) let in, admit; run (*water, bath, etc.*); *sich ~ auf* (*acc.*) get involved in; let o.s. in for *s.th.*; agree to; *sich ~ mit j-m* get mixed up or involved with s.o.

'**Ein|lauf** *m sports:* finish; **⚕** enema; '**2laufen** *v/i. and v/t.* (*irr.* **laufen**, *sep.*, *-ge-*, *sein*) *sports:* come on(to the field); *water:* run in; **⚓** enter port; *fabric:* shrink; break in (*shoes*); *sich ~* warm up; '**2leben** *v/refl.* (*sep.*, *-ge-*, *h*) settle in; *sich ~ in* (*dat.*) *a.* get used to.

'**einlege|n** *v/t.* (*sep.*, *-ge-*, *h*) put in (*a. gear*); set (*hair*); **◉** inlay; pickle (*cucumbers, etc.*); preserve (*fruit in brandy, etc.*); '**2sohle** *f* insole.

'**einleit|en** *v/t.* (*sep.*, *-ge-*, *h*) start; introduce; '**~end** *adj.* introductory; '**2ung** *f* introduction.

'**ein|lenken** *v/i.* (*sep.*, *-ge-*, *h*) come round; '**~leuchten** *v/i.* (*sep.*, *-ge-*, *h*) be evident or obvious; *das leuchtet mir* (*nicht*) *ein* that makes (doesn't make) scnsc to me; '**~liefern** *v/t.* (*sep.*, *-ge-*, *h*) take (*ins Gefängnis* to prison; *in die Klinik* to [the] hospital); '**~lösen** *v/t.* (*sep.*, *-ge-*, *h*) redeem (*pledge, etc.*); cash (*che|ck, Brt. -que*); '**~machen** *v/t.* (*sep.*, *-ge-*, *h*) preserve (*fruit*); pickle (*cucumbers, etc.*); can, *Brt. a.* tin (*food*); *Marmelade ~* make jam.

'**einmal** *adv.* once; *future:* a. some or one day, sometime; *auf ~* suddenly; at the same time, at once; *noch ~* once more or again; *noch ~ so ... (wie)* twice as ... (as); *es war ~* once (upon a time) there was; *haben Sie schon ~ ...?* have you ever ...?; *es schon ~ getan haben* have done it before; *schon ~ dortgewesen sein* have been there before; *erst ~* first (of all); *nicht ~* not even; '**2...** *in compounds:* disposable ...; **2eins** [*~'*-] *n* (*-/no pl.*) multiplication table; *fig.* ABC, basics; '**2ig** *adj.* single; *fig.* unique; F fabulous.

'**Einmarsch** *m* marching in, entry; '**2ieren** *v/i.* (*sep.*, *no -ge-*, *sein*) march in, enter.

'**einmauern** *v/t.* (*sep.*, *-ge-*, *h*) wall in.

'**ein|mengen**, '**~mischen** *v/refl.* (*sep.*, *-ge-*, *h*) meddle (*in acc.* with, in), interfere (with).

'**Einmündung** *f* junction.

einmütig *adj.* ['aınmy:tıç] unanimous; **2keit** *f* (*-/no pl.*) unanimity.

Einnahme ['aınnaːmə] *f* (*-/-n*) taking; **✕**

a. capture; *econ. mst ~n pl.* receipts, *Brt. a.* takings.

'**einnehmen** *v/t.* (*irr.* **nehmen**, *sep.*, *-ge-*, *h*) take (*a.* **✕**); earn, make (*money*); '**~d** *adj.* engaging.

'**ein|nicken** *v/i.* (*sep.*, *-ge-*, *sein*) doze off; '**~nisten** *v/refl.* (*sep.*, *-ge-*, *h*) zo. nest; *fig.* settle in, freeload.

Einöde ['aın?-] *f* (*-/-n*) desert, solitude.

'**ein|ordnen** ['aın?-] *v/t.* (*sep.*, *-ge-*, *h*) put in its proper place; file; *sich* (*links etc.*) *~ mot.* get in(to the left, *etc.*) lane; '**~packen** *v/t.* (*sep.*, *-ge-*, *h*) pack (up); wrap up; '**~parken** *v/t. and v/i.* (*sep.*, *-ge-*, *h*) park (between two cars); '**~pferchen** *v/t.* (*sep.*, *-ge-*, *h*) pen in; coop up; '**~pflanzen** *v/t.* (*sep.*, *-ge-*, *h*) plant; *fig.* implant (*a. ♥*); '**~prägen** *v/t.* (*sep.*, *-ge-*, *h*) impress; *sich et. ~* keep s.th. in mind; memorize s.th.; '**~präg·sam** *adj.* [*~*'prε:kzaːm] *tune, phrase, etc.:* catchy; '**~quartieren** F *v/refl.* (*sep.*, *no -ge-*, *h*): *sich ~ bei* take up quarters with; '**~rahmen** *v/t.* (*sep.*, *-ge-*, *h*) frame; '**~räumen** *v/t.* (*sep.*, *-ge-*, *h*) put away (*things*); furnish (*room*); *fig.* grant, concede; '**~reden** (*sep.*, *-ge-*, *h*) 1. *v/t.:* *j-m et. ~* persuade or talk s.o. into (doing or believing) s.th.; 2. *v/i.:* *auf j-n ~* keep on at s.o.; '**~reiben** *v/t.* (*irr.* **reiben**, *sep.*, *-ge-*, *h*) rub (in); '**~reichen** *v/t.* (*sep.*, *-ge-*, *h*) hand or send in, present; '**~reihen** *v/t.* (*sep.*, *-ge-*, *h*) place (among); *sich ~* take one's place.

einreihig *adj.* ['aınraıç] *suit, etc.:* single-breasted.

'**Einreise** *f* entry (*a. in compounds*); '**2n** *v/i.* (*sep.*, *-ge-*, *sein*) enter (*in ein Land* a country).

'**ein|reißen** (*irr.* **reißen**, *sep.*, *-ge-*) 1. *v/t.* (*h*) tear (down); 2. *v/i.* (*sein*) tear; *esp. contp. custom, practice, etc.:* spread; '**~renken** ['*~*rɛŋkən] *v/t.* (*sep.*, *-ge-*, *h*) **✗** set; *fig.* straighten out.

'**einricht|en** *v/t.* (*sep.*, *-ge-*, *h*) furnish (*room, etc.*), outfit (*office, etc.*); establish (*institution, etc.*); *das läßt sich ~* that can be arranged; *sich ~ auf* (*acc.*) prepare for; '**2ung** *f* furnishings; fittings; **◉** installation(s), facilities; (*public, etc.*) institution, facility.

'**ein|rosten** *v/i.* (*sep.*, *-ge-*, *sein*) rust (in); *fig.* get rusty; '**~rücken** (*sep.*, *-ge-*) 1. **✕** *v/i.* (*sein*) join the forces; *troops:* march in; 2. *v/t.* (*h*) indent (*line, etc.*).

eins *pron. and adj.* [aıns] one; one thing; *es ist alles ~* it's all the same (thing).

Eins [*~*] *f* (*-/-en*) grade: excellent, Λ.

einsam *adj.* ['aınzaːm] lonely, lonesome; *life, place:* solitary; '**2keit** *f* (*-/no pl.*) loneliness; solitude.

'**einsammeln** v/t. (sep., -ge-, h) gather; collect (money, books, etc.) (a. fig. people).

'**Einsatz** m ⊚ inset, insert; gambling, etc.: take(s a. fig.); ♪ entry; effort(s), zeal; use, employment (of things, force, etc.); ✗ action, mission; deployment (of troops, weapons, etc.); den~ **geben** give the cue; im ~ in action; unter ~ des **Lebens** at the risk of one's life; '2be-**reit** adj. ready for action; '2freudig adj. dynamic, zealous.

'**ein|schalten** v/t. (sep., -ge-, h) ∮ switch or turn on; fig. call s.o. in; sich ~ step in; '2schaltquote TV f rating; '~**schärfen** v/t. (sep., -ge-, h) urge (j-m et. s.o. to do s.th.); '~**schätzen** v/t. (sep., -ge-, h) estimate; judge, rate; falsch ~ misjudge; '~**schenken** v/t. (sep., -ge-, h) pour (out); '~**scheren** mot. v/i. (sep., -ge-, sein) cut in; '~**schicken** v/t. (sep., -ge-, h) send in; '~**schieben** v/t. (irr. schieben, sep., -ge-, h) insert; '2schienenbahn ⚙ f monorail; '~**schlafen** v/i. (irr. schla-fen, sep., -ge-, sein) fall asleep, go to sleep; '~**schläfern** ['~ʃlɛːfərn] v/t. (sep., -ge-, h) lull to sleep; put (animal) to sleep.

'**Einschlag** m strike, impact; stroke (of lightning); fig. touch; '2en (irr. schla-gen, sep., -ge-, h) **1.** v/t. knock in (teeth: out); break (in) (door, etc.), smash (a. skull); wrap up (in paper, etc.); take (way, road); turn (wheel, etc.); s. Laufbahn; **2.** v/i. strike; fig. be a success.

einschlägig adj. ['aɪnʃlɛːgɪç] relevant.

'**ein|schleichen** v/refl. (irr. schleichen, sep., -ge-, h) steal or creep in; esp. fig. error, etc.: slip in; '~**schleppen** v/t. (sep., -ge-, h) import (disease, etc.); '~**schleusen** fig. v/t. (sep., -ge-, h) in-filtrate (in into); '~**schließen** v/t. (irr. schließen, sep., -ge-, h) lock in or up; enclose; ✗ surround, encircle; include; '~**schließlich** prp. (gen.) including, in-cluded; '~**schmeicheln** v/refl. (sep., -ge-, h) ingratiate o.s. (bei with), butter s.o. up; '~**schnappen** v/i. (sep., -ge-, sein) snap shut; fig. s. eingeschnappt; '~**schneidend** fig. adj. drastic; far-reaching.

'**Einschnitt** m cut; notch; fig. break.

'**einschnüren** v/t. (sep., -ge-, h) tie up; choke.

einschränk|en ['aɪnʃrɛŋkən] v/t. (sep., -ge-, h) restrict, reduce (auf to); cut down on (smoking, etc.); sich ~ economize; '2ung f (-/-en) restriction, reduction, cut.

'**Einschreiben** ✍ n (-s/-) registered letter.

'**einschreiben** v/t. (irr. schreiben, sep., -ge-, h) enter (in book, etc.); book; en-rol(l) (a. ✗); sich ~ **lassen** (für) en-rol(l) or sign up or register (for).

'**einschreiten** fig. v/i. (irr. schreiten, sep., -ge-, sein) step in; ~ (gegen) in-terfere (with), take (legal) measures (against).

'**ein|schüchtern** v/t. (sep., -ge-, h) in-timidate; bully; '2schüchterung f (-/-en) intimidation; '~**schulen** v/t. (sep., -ge-, h): eingeschult werden start school.

'**Einschuß** m bullet hole.

'**einschweißen** v/t. (sep., -ge-, h) (vacu-um-)seal; shrink-wrap.

'**ein|segnen** eccl. v/t. (sep., -ge-, h) con-secrate; confirm (child); '2segnung eccl. f consecration; confirmation.

'**ein|sehen** v/t. (irr. sehen, sep., -ge-, h) see, realize (error, necessity, etc.); das sehe ich nicht ein I don't see why.

'**Einsehen** n (-s/no pl.): ein ~ haben be understanding.

'**einseifen** v/t. (sep., -ge-, h) soap; lath-er; F fig. take s.o. for a ride.

'**einseitig** adj. one-sided; unbalanced (diet, etc.); ♂, pol., ✗ unilateral.

'**einsend|en** v/t. (irr. senden,) sep., -ge-, h) send in; '2schluß m closing date (for entries).

'**einsetzen** (sep., -ge-, h) **1.** v/t. put s.th. in, insert; appoint s.o.; use, employ (means, arms, etc.); put s.th. into ser-vice; invest, stake (money); bet; risk (life, etc.); sich ~ try hard, make an effort; sich ~ für support, stand up for s.o.; **2.** v/i. set in, start.

'**Einsicht** f (-/-en) insight; understand-ing, realization; zur ~ **kommen** (brin-gen) come to one's (bring s.o. to his) senses; ~ **nehmen** in (acc.) look at, in-spect (file, etc.); '2ig adj. understand-ing; reasonable.

'**Einsiedler** m hermit.

'**einsilbig** adj. monosyllabic; fig. taci-turn; '2keit f (-/no pl.) taciturnity.

'**Einsitzer** ✈, mot. m (-s/-) single-seater.

'**ein|spannen** v/t. (sep., -ge-, h) harness (horse); ⊚ clamp, fix; fig. rope s.o. in; '~**sparen** v/t. (sep., -ge-, h) save, economize on; '~**sperren** v/t. (sep., -ge-, h) lock s.o. or shut (animal) up; '~**spielen** (sep., -ge-, h) **1.** v/refl. ♪, sports: warm up; fig. things: get going; **2.** v/t. bring in (money); TV fade in; '2spielergebnisse pl. box-office re-turns; '~**springen** fig. v/i. (irr. sprin-gen, sep., -ge-, sein): für j-n ~ take s.o.'s place; 2spritz... ['~ʃprɪts-] mot. in compounds: (fuel) injection ...

'**Einspruch** m objection (a. ꞵꞵ), protest; *pol.* veto; ꞵꞵ appeal.

'**einspurig** adj. ꜱ single-track; *mot.* single-lane.

einst adv. [aɪnst] once, at one time; *future*: one or some day.

'**Einstand** m start; *tennis*: deuce.

'**ein|stecken** v/t. (*sep.*, -ge-, h) pocket (a. *fig.*); ⚡ plug in; mail, post (*letter*); *fig.* take (*blow, etc.*); '**~stehen** *fig.* v/i. (*irr. stehen, sep., -ge- sein*): ~ *für* stand up for *s.o. or s.th.*; '**~steigen** v/i. (*irr. steigen, sep., -ge-, sein*) get in; get on, board (*plane, bus, etc.*); *alles ~!* ꜱ all aboard!

'**einstell|en** v/t. (*sep.*, -ge-, h) engage, employ, hire; refrain from (*smoking, etc.*); stop (*work*); tie (*record*); ⊙ adjust (*auf acc.* to); tune (*radio*) in (to); *opt.* focus (on) (a. *fig.*); *die Arbeit ~* (go on) strike, walk out; *das Feuer ~* ⚔ cease fire; *sich ~* set in; appear; *sich ~ auf* (*acc.*) adjust to *s.o. or s.th.*; be prepared for; '**~ig** ⚡ adj. single-digit; '**ung** f attitude (*zu* towards); employment; cessation; ⊙ adjustment; *opt., phot.* focus(s)ing; *film*: take; '**ungsgespräch** n interview (*for job*).

'**Einstieg** m (-[e]s/-e) entrance; *fig.* opening, start; '**~sdroge** f gateway drug.

'**einstig** adj. former, one-time.

'**einstimm|en** ♪ v/i. (*sep.*, -ge-, h) join in; '**~ig** adj. unanimous.

einstöckig adj. ['aɪnʃtœkɪç] one-storied (*Brt.* -storey[ed]).

'**ein|studieren** *thea.* v/t. (*sep., no -ge-, h*) rehearse; '**~stufen** v/t. (*sep.*, -ge-, h) grade, rate; '**~stufig** adj. single-stage (a. *rocket*); '**Stufungstest** m placement test; '**~stürmen** v/i. (*sep.*, -ge-, sein): ~ *auf* rush at; *fig. a.* overwhelm (*with feelings, etc.*); '**Sturz** m, '**~stürzen** v/i. (*sep.*, -ge-, sein) collapse.

einst|weilen adv. ['aɪnst'vaɪlən] for the present; '**~weilig** adj. temporary.

'**Eintagsfliege** f *zo.* mayfly; *fig.* flash in the pan.

'**ein|tauchen** v/i. (*sep.*, -ge-, sein) dive in; ~ *in fig.* immerse o.s. in; '**~tauschen** v/t. (*sep.*, -ge-, h) exchange (*gegen* for); '**~teilen** v/t. (*sep.*, -ge-, h) divide (*in acc.* into); organize (*time, etc.*); *s.a.* einstufen; '**~teilig** adj. one-piece; '**teilung** f division; organization; arrangement.

eintönig adj. ['aɪntøːnɪç] monotonous; '**keit** f (-/no pl.) monotony.

'**Eintopf(gericht)** m (n) stew, casserole.

'**Ein|tracht** f (-/no pl.) harmony, unity; **trächtig** adj. ['~trɛçtɪç] harmonious, peaceful.

Eintrag ['aɪntraːk] m (-[e]s/-e) entry (a. *econ.*), registration; *school:* black mark (*for misbehavio[u]r*); '**en** v/t. (*irr. tragen, sep., -ge-, h*) enter (*in* in books, *etc.*); officially: register (*bei* with); enrol(l) *s.o.* (as a member, *etc.*); earn (*profit, praise, etc.*); *sich ~* register; *hotel:* a. check in.

einträglich adj. ['aɪntrɛːklɪç] profitable.

'**ein|treffen** v/i. (*irr. treffen, sep., -ge-, sein*) arrive; *event:* happen; *prophecy, etc.:* come true; '**~treiben** *fig.* v/t. (*irr. treiben, sep., -ge-, h*) collect (*debts, taxes*); '**~treten** (*irr. treten, sep., -ge-*) 1. v/i. (*sein*) enter; *event:* happen, take place; ~ *für* stand up for, support; ~ *in* join (*club, etc.*); 2. v/t. (*h*) kick in (*door, etc.*); run *s.th.* into one's foot.

'**Eintritt** m entry; admission (a. *fee*); ~ *frei!* admission free!; ~ *verboten!* no admittance!; '**~sgeld** n entrance *or* admission (fee); *sports:* gate (money); '**~skarte** f (admission) ticket; '**~spreis** m s. *Eintrittsgeld*.

'**ein|trocknen** v/i. (*sep.*, -ge-, sein) dry (up); '**~üben** ['~?-] v/t. (*sep.*, -ge-, h) practi|se, -ce; rehearse.

einver|leiben ['aɪnfɛrlaɪbən] v/t. (*sep., no -ge-, h*) incorporate (*dat.* in); annex (*to*); F: *sich et. ~* polish off, make off with; '**nehmen** n (-s/no pl.) agreement, understanding; *ins ~ setzen mit* come to terms with; '**~standen** adj.: ~ *sein* agree (*mit* to); ~! agreed!; '**ständnis** n consent, approval.

'**Einwand** ['aɪnvant] m (-[e]s/-e) objection (*gegen* to).

'**Einwander|er** m (-s/-) immigrant; '**n** v/i. (*sep.*, -ge-, sein) immigrate; '**~ung** f (-/-en) immigration.

'**einwandfrei** adj. perfect, faultless; ~ *feststehen* be absolutely certain.

einwärts adv. ['aɪnvɛrts] inward(s).

'**Einweg**... *in compounds*: nonreturnable ..., disposable ...

'**einweichen** v/t. (*sep.*, -ge-, h) soak.

'**einweih|en** v/t. (*sep.*, -ge-, h) open, dedicate, *Brt.* inaugurate (*building, etc.*); *eccl.* consecrate; *j-n ~ in* (*acc.*) F let s.o. in on (*secret, etc.*); '**ung** f (-/-en) opening, dedication, *Brt.* inauguration; *eccl.* consecration; F housewarming.

'**einweisen** v/t. (*irr. weisen, sep., -ge-, h*): ~ *in* (*acc.*) send to, *esp.* ꞵꞵ commit to (*prison, mental hospital, etc.*); instruct *or* brief *s.o.*

'**einwend|en** v/t. ([*irr. wenden*], *sep.*, -ge-, h) object (*gegen* to); '**ung** f (-/-en) objection.

'**einwerfen** v/t. (*irr. werfen, sep., -ge-, h*) throw in (a. *remark*; *sports a.* v/i.);

break (*window, etc.*); mail, post (*letter*); insert (*coin, etc.*).

'**einwickel|n** v/t. (*sep., -ge-, h*) wrap (up); *fig.* take *s.o.* in; '**2papier** n wrapping paper.

einwillig|en ['aɪnvɪlɪgən] v/i. (*sep., -ge-, h*) consent (*in acc.* to); agree (to); '**2ung** (*-/-en*) consent (*in acc.* to), agreement.

'**einwirk|en** v/i. (*sep., -ge-, h*): ~ **auf** (*acc.*) act (up)on; *fig.* work on *s.o.*; ~ **lassen** allow *s.th.* to take effect; '**2ung** f effect, influence.

Einwohner ['aɪnvoːnər] m (*-s/-*) inhabitant; **~meldeamt** ['~'mɛldə?-] n (residents') registration office.

'**Einwurf** m soccer, *etc.*: throw-in; *fig.* objection; *for letters, coins, etc.*: slot.

'**Einzahl** gr. f (*-/no pl.*) singular; '**2en** v/t. (*sep., -ge-, h*) pay in; '**~ung** f payment, deposit.

einzäunen ['aɪntsɔynən] v/t. (*sep., -ge-, h*) fence in.

Einzel ['aɪntsəl] n (*-s/-*) tennis: singles; '**~... in** compounds: single ...; '**~fall** m special case; '**~gänger** ['~gɛŋər] m (*-s/-*) F loner; '**~haft** f solitary confinement; '**~handel** econ. m retail trade; '**~händler** econ. m retailer; '**~haus** n detached house; '**~heit** f (*-/-en*) detail, particular.

'**einzeln** adj. single; odd (*shoe, etc.*); ~**e** pl. several, some; **der ~e** (**Mensch**) the individual; ~ **eintreten** enter one at a time; ~ **angeben** specify; **im ~en** in detail; **jeder ~e** each and every one.

'**einziehen** (irr. ziehen, sep., -ge-) **1.** v/t. (h) draw in; esp. ✪ retract; duck (*head*); strike (*sail, flag*); ✗ draft, call up; confiscate; withdraw (*license, etc.*); make (*inquiries*); **2.** v/i. (sein) move in to house, *etc.*); come (a. winter, *etc.*); march in, come marching in; *liquid*: soak in.

einzig adj. ['aɪntsɪç] only; single; **kein ~er** ... not a single ...; **das ~e** the only thing; **der ~e** the only one; **~artig** adj. ['~?-] unique, singular.

'**Einzug** m moving in; entry.

'**einzwängen** v/t. (*sep., -ge-, h*) squeeze, jam.

Eis [aɪs] n (*-es/no pl.*) ice; ice cream; '**~bahn** f skating rink; '**~bär** zo. m polar bear; '**~becher** m sundae; '**~bein** n (pickled) pork knuckles; '**~berg** m iceberg; '**~brecher** ♉ m icebreaker; '**~diele** f ice-cream parlo(u)r.

Eisen ['aɪzən] n (*-s/-*) iron; **heißes ~** hot potato; **zum alten ~ gehören** be ready for the scrap heap.

'**Eisenbahn** f railroad, *Brt.* railway; *toy*: train set; *for compounds s. a.* **Bahn**; '**~er** m (*-s/-*) railroad man, *Brt.* rail-

wayman; '**~wagen** m railroad car, coach, *Brt.* a. railway car(riage).

Eisen|erz ['aɪzən?-] n iron ore; '**~gießerei** f iron foundry; '**~hütte** f ironworks; '**~waren** pl. hardware, ironware; '**~warenhandlung** f hardware store, *Brt.* a. ironmonger's.

eisern adj. ['aɪzərn] iron (a. fig.), of iron.

'**eis|gekühlt** adj. iced; '**2hockey** n (ice) hockey; '**~ig** adj. ['aɪzɪç] icy (a. fig.); '**~kalt** adj. ice-cold; '**2kunstlauf** m (*-[e]s/no pl.*) figure skating; '**2kunstläufer** m figure skater; '**2meer** n polar sea; '**2revue** f ice show; '**2schnellauf** m (*-[e]s/no pl.*) speed skating; '**2scholle** f ice floe; '**2schrank** m s. **Kühlschrank**; '**2verkäufer** m iceman; '**2vogel** zo. m kingfisher; '**2würfel** m ice cube; '**2zapfen** m icicle; '**2zeit** geol. f ice age.

eitel adj. ['aɪtəl] vain; '**2keit** f (*-/-en*) vanity.

Eiter ♣ ['aɪtər] m (*-s/no pl.*) pus; '**~beule** ♣ f abscess, boil; '**2n** ♣ v/i. (ge-, h) fester.

eitrig ♣ adj. ['aɪtrɪç] purulent, festering.

'**Eiweiß** n (*-es/rare -e*) white of egg; *biol.* protein; **~arm** (**reich**) **an ~** low (rich) in protein.

'**Eizelle** f egg cell, ovum.

Ekel ['eːkəl] **1.** m (*-s/no pl.*) disgust (**vor** dat. at), nausea (for), loathing (for); **2.** F n (*-s/-*) beast; '**2erregend**, '**2haft**, '**2ig** adj. sickening, disgusting, nauseating, repulsive; '**2n** v/refl. and v/impers. (ge-, h): **ich ekle mich davor**, **es ekelt mich** it makes me sick.

eklig adj. ['eːklɪç] s. **ekelig**.

Elan [e'laːn] m (*-s/no pl.*) vigour.

elastisch adj. [e'lastɪʃ] elastic, flexible.

Elch zo. [ɛlç] m (*-[e]s/-e*) moose.

Elefant zo. [ele'fant] m (*-en/-en*) elephant.

elegan|t adj. [ele'gant] elegant; **2z** [~ts] f (*-/no pl.*) elegance.

Elektri|ker [e'lektrɪkər] m (*-s/-*) electrician; **2sch** adj. electrical; electric (*current, etc.*); **2sieren** [~'ziːrən] v/t. (no ge-, h) electrify (a. fig.).

Elektrizität [elektritsi'tɛːt] f (*-/no pl.*) electricity; **~swerk** n (electric) power station.

Elektro... [e'lektro-] in compounds: electric (*appliance, etc.*), electro(*magnet, etc.*).

Elektron|en... [elɛk'troːnən-] in compounds: electron(ic) ...; **~ik** [~'troːnɪk] f (*-/no pl.*) electronics; **2isch** adj. electronic.

E'lektrotechnik f (*-/no pl.*) electrical engineering; **~er** m electrical engineer.

Element [ele'mɛnt] n (*-[e]s/-e*) element;

2ar adj. [elemɛn'taːr] elementary (a. in compounds).

Elend ['eːlɛnt] n (-[e]s/no pl.) misery.

elend adj. [~] miserable; **'2sviertel** n slum(s).

elf adj. [ɛlf] eleven.

Elfe ['ɛlfə] f (-/-n) elf, fairy. **'Elfenbein** n (-[e]s/no pl.), **'2ern** adj. ivory.

Elf'meter m soccer: penalty (kick). **'elfte** adj. eleventh.

Elite [e'liːtə] f (-/-n) élite.

'Ellbogen anat. m (-s/-) elbow; **'~freiheit** fig. f elbow-room.

Elle ['ɛlə] f (-/-n) yardstick; anat. ulna.

Elsässer ['ɛlzɛsər] m (-s/-), **'2isch** adj. Alsatian.

Elster zo. ['ɛlstər] f (-/-n) magpie.

elterlich adj. ['ɛltərlɪç] parental.

Eltern ['ɛltərn] pl. parents; **'~beirat** m appr. Parent-Teacher Association; **'~haus** n (one's parents') home; **'2los** adj. orphan(ed); **'~teil** m parent; **'~vertretung** f s. Elternbeirat.

Email [e'maɪ(l)] n (-s/-s), **~le** [e'maljə] f (-/-n) enamel.

Emanze F [e'mantsə] f (-/-n) women's libber.

Emanzip|ation [emantsipa'tsĭoːn] f (-/-en) emancipation; Women's Lib(eration Movement); **2ieren** [~'piːrən] v/refl. (no ge-, h) emancipate o.s.

Embargo [ɛm'bargo] n (-s/-s) embargo.

Embolie ♣ [ɛmbo'liː] f (-/-n) embolism.

Embryo biol. ['ɛmbryo] m (-s/-s, -nen) embryo.

Emigra|nt [emi'grant] m (-en/-en) emigrant, esp. pol. refugee, émigré; **~tion** [~gra'tsĭoːn] f (-/-en) emigration; in der ~ in exile.

empfahl [ɛm'pfaːl] past of empfehlen.

Empfang [ɛm'pfaŋ] m (-[e]s/-e) reception (a. radio, hotel); welcome; econ. receipt (nach, bei on); **2en** v/t. (irr. fangen, no -ge-, h) receive; welcome s.o.

Empfäng|er [ɛm'pfɛŋər] m (-s/-) receiver (a. radio); ⊗ addressee; **2lich** adj. susceptible (für to); **~lichkeit** f (-/no pl.) susceptibility; **~nis** ♣ f (-/no pl.) conception; **~nisverhütung** f contraception, birth control; s. Verhütungsmittel.

Em'pfangs|bescheinigung econ. f receipt; **~dame** f receptionist.

empfehl|en [ɛm'pfeːlən] v/t. (irr., no -ge-, h) recommend; sehr zu ~ highly recommended; sich ~ fig. leave; **~enswert** adj. recommendable; advisable (to do s.th.); **2ung** f (-/-en) recommendation; advice.

empfinden [ɛm'pfɪndən] v/t. (irr. finden, no -ge-, h) feel (als ... to be ...).

empfindlich adj. [ɛm'pfɪntlɪç] sensitive (für, gegen to) (a. phot., 🧪); tender, delicate (a. health, balance); touchy; cold, punishment, etc.: severe; **~e Stelle** sore (fig. a. vulnerable) spot; **2keit** f (-/no pl.) sensitivity; phot. speed; delicacy; touchiness; irritability; severity.

empfindsam adj. [ɛm'pfɪntzaːm] sensitive; sentimental; **2keit** f (-/-en) sensitiveness; sentimentality.

Em'pfindung f (-/-en) sensation; perception; feeling, emotion; **2slos** adj. insensible; limb, etc.: numb, dead (both a. fig.).

empfohlen [ɛm'pfoːlən] p.p. of empfehlen.

empor adv. [ɛm'poːr] up, upward(s); for compounds s. a. (hin)auf..., hoch...

empören [ɛm'pøːrən] v/t. (no -ge-, h) incense; shock; sich ~ (über acc.) be outraged or shocked (at); sich ~ gegen rebel against; **~d** adj. shocking, outrageous.

em'por|kommen v/i. (irr. kommen, sep., -ge-, sein) rise or come up in the world; **2kömmling** contp. [~kœmlɪŋ] m (-s/-e) upstart.

em'pör|t adj. indignant (über acc. at), shocked (at); **2ung** f (-/-en) indignation (über acc. at); revolt.

emsig adj. ['ɛmzɪç] busy; **2keit** f(-/no pl.) activity.

End- [ɛnt-] in compounds: mst final ...

Ende ['ɛndə] n (-s/-n) end; film, etc.: ending, the end; am ~ at the end; in the end, finally, eventually; zu ~ over, out; time: up; zu ~ gehen come to an end; et. zu ~ tun finish doing s.th.; er ist ~ zwanzig he is in his late twenties; (am) ~ der achtziger Jahre in the late eighties; **~l** radio message: over.

Endeffekt fig. ['ɛnt'-] m: im ~ in the last or final analysis; when all is said and done.

'enden v/i. (ge-, h) (come to an) end; stop, finish; lit. die; F ~ als end up as.

Endergebnis ['ɛnt'-] n final result.

end|gültig adj. ['ɛnt-] final, definitive; **'2lagerung** f final disposal (of nuclear waste); **'~lich** adv. finally, at last; **'~los** adj. endless; **'2runde** f, **'2spiel** n sports: final(s); **'2station** f ⛟, etc.: terminus, terminal; fig. the end of the line; **'~stufe** f final stage; radio: output (stage); **'2summe** f (sum) total.

Endung ling. ['ɛndʊŋ] f (-/-en) ending.

Endziel ['ɛnt-] n ultimate goal (a. fig.).

Energie [enɛr'giː] f (-/-en) energy; ⊙, ⚡ power; **2geladen** adj. energetic, full of energy; **2los** adj. lacking energy;

~**sparen** n (-s/no pl.) energy saving, conservation of energy; ~**versorgung** f power supply.

e'nergisch adj. energetic, vigorous; firm; ~ **werden** get strict or firm (**mit** with s.o.), put one's foot down.

eng adj. [ɛŋ] narrow; clothes, etc.: tight; contact, friend(ship), etc.: close; cramped (for space); strict (sense, etc.); ~ **beieinander** close(ly) together; etw. **nicht so ~ sehen** not be narrow-minded about s.th.; s. **Sinn.**

Enga|gement [ãgaʒə'mãː] n (-s/-s) thea., etc. engagement; fig., pol. commitment; **2gieren** [~'ʒiːrən] v/t. (no ge-, h) engage; **sich ~** commit o.s. (**für** to); **2giert** adj. author, etc.: committed, dedicated.

Enge ['ɛŋə] f (-/no pl.) narrowness; cramped conditions; **in die ~ treiben** (drive into a) corner.

Engel ['ɛŋəl] m (-s/-) angel.

Engländer ['ɛŋlɛndər] m (-s/-) Englishman; **die ~** pl. the English; '~**in** f (-/-nen) Englishwoman.

englisch adj. ['ɛŋlɪʃ] English (**auf** in); **2unterricht** ['~'~-] m English lesson(s) or class(es); teaching of English.

'Engpaß m bottleneck (a. fig.).

en gros econ. adv. [ã'groː] wholesale.

engstirnig adj. ['ɛŋʃtɪrnɪç] narrow-minded.

Enkel ['ɛŋkəl] m (-s/-) grandson; m-e ~ pl. my grandchildren; '~**in** f (-/-nen) granddaughter; '~**kind** n grandchild.

enorm adj. [e'nɔrm] enormous, immense; F fig. terrific.

Ensemble thea. [ã'sãːbəl] n (-s/-s) company; cast.

entart|en [ɛnt'ʔaːrtən] v/i. (no ~ge-, sein), ~**et** adj. degenerate; **2ung** f (-/-en) degeneration.

entbehr|en [ɛnt'beːrən] v/t. (no ~ge-, h) (must) do without; (have s.th. to) spare; miss (s.o. or s.th. absent); ~**lich** adj. dispensable; superfluous; **2ungen** pl. privations.

ent'bind|en (irr. binden, no -ge-, h) 1. v/t.: ~ **von** (or gen.) relieve s.o. of (obligation, etc.); **entbunden werden von** give birth to; 2. ♀ v/i. give birth to; **2ung** ♀ f delivery; **2ungsstation** f maternity ward.

ent'blößen v/t. (no -ge-, h) bare, uncover.

ent'deck|en v/t. (no -ge-, h) discover, find; **2er** m (-s/-) discoverer; **2ung** f (-/-en) discovery.

Ente f ['ɛntə] f (-/-n) zo. duck; F false report: hoax.

entehren [ɛnt'ʔ-] v/t. (no -ge-, h) dishono(u)r.

enteign|en [ɛnt'ʔ-] v/t. (no -ge-, h) expropriate; dispossess s.o.; **2ung** [ɛnt'ʔ-] f expropriation; dispossession.

enterben [ɛnt'ʔ-] v/t. (no -ge-, h) disinherit.

entern ♣ ['ɛntərn] v/t. (ge-, h) board, grapple.

ent|'fachen v/t. (no -ge-, h) kindle; fig. a. rouse; ~**'fahren** v/i. (irr. fahren, no -ge-, sein) (dat.) remark, etc.: slip out; ~**'fallen** v/i. (irr. fallen, no -ge-, sein) be dropped or cancelled; ~ **auf** (acc.) fall to s.o.('s share); **es ist mir ~** it has slipped my memory; ~**'falten** v/t. (no -ge-, h) unfold; develop (abilities, etc.); display (power, etc.); **sich ~** unfold; fig. develop (**zu** into).

ent'fern|en v/t. (no -ge-, h) remove (a. fig.); **sich ~** leave; ~**t** adj. distant (a. fig.); (miles, far, etc.) away; **weit ~** (**davon**, ...) fig. far from it (from doing s.th.); **2ung** f (-/-en) distance; removal; **2ungsmesser** phot. m (-s/-) rangefinder.

ent|'fesseln v/t. (no -ge-, h) start (war, etc.); unleash (emotions, etc.); ~**'fesselt** adj. raging, furious; ~**'flammbar** adj. (in)flammable; ~**'flammen** (no -ge-) v/t. (h) and v/i. (sein) inflame; ~**'flechten** econ. v/t. (irr. flechten, no -ge-, h) break up (cartel, etc.); ~**'fliehen** v/i. (irr. fliehen, no -ge-, sein) flee, escape (aus or dat. from).

entfremd|en [ɛnt'frɛmdən] v/t. (no -ge-, h) estrange (dat. from s.o. or s.th.); ~**ung** f (-/-en) estrangement, alienation.

ent'führ|en v/t. (no -ge-, h) kidnap; hijack; **2er** m kidnapper; hijacker; **2ung** f kidnapping; hijacking.

ent'gegen prp. (dat.) and adv. contrary to; toward(s); ~**gehen** v/i. (irr. gehen, sep., -ge-, sein) go to meet s.o.; ~**gesetzt** adj. opposite; ~**halten** fig. v/t. (irr. halten, sep., -ge-, h) point s.th. out (dat. in reply to); ~**kommen** v/i. (irr. kommen, sep., -ge-, sein) come to meet s.o.; fig. j-m ~ meet s.o. halfway; **2kommen** n (-s/no pl.) obligingness; ~**kommend** adj. obliging, kind, helpful; ~**laufen** v/i. (irr. laufen, sep., -ge-, sein) run to meet s.o.; fig. run toward(s); ~**nehmen** v/t. (irr. nehmen, sep., -ge-, h) accept, receive; ~**sehen** v/i. (irr. sehen, sep., -ge-, h) (dat.) await; look forward to; ~**setzen** v/t. (sep., -ge-, h): j-m (e-r Sache) **Widerstand ~** put up resistance to s.o. (s.th.); ~**strecken** v/t. (sep., -ge-, h) hold out s.th. (dat. to); ~**treten** v/i. (irr. treten, sep., -ge-, sein) (dat.) meet, step up to s.o.; fig. oppose; face (danger, etc.).

entgegn|en [ɛnt'geːgnən] v/i. (no -ge-, h) reply, answer; retort; **2ung** f (-l-en) reply; retort.

ent'gehen v/i. (irr. gehen, no -ge-, sein) escape; (dat.) miss (word, opportunity, etc.).

entgeistert adj. [ɛnt'gaɪstərt] aghast.

Entgeit [ɛnt'gɛlt] n (-[e]s/no pl.) pay(ment).

ent'giften v/t. (no -ge-, h) decontaminate; detoxify.

entgleis|en [ɛnt'glaɪzən] v/i. (no -ge-, sein) be derailed; fig. blunder; **2ung** f (-l-en) derailment; fig. slip, blunder, faux pas.

ent'gleiten fig. v/i. (irr. gleiten, no -ge-, sein) get out of control.

ent'gräten v/t. (no -ge-, h) (de)bone, fillet (fish).

Ent'haarungsmittel n hair remover.

ent'halt|en v/t. (irr. halten, no -ge-, h) contain, hold, include; sich ~ (gen.) abstain or refrain from; **~sam** adj. abstinent; moderate; **2samkeit** f(-/no pl.) abstinence; moderation; **2ung** f esp. pol. abstention.

ent|'härten v/t. (no -ge-, h) soften (water); **~'haupten** v/t. (no -ge-, h) behead, decapitate; **~'häuten** v/t. (no -ge-, h) skin; peel; **~'heben** v/t. (irr. heben, no -ge-, h) (gen.) relieve s.o. of (duties, etc.).

ent'hüll|en v/t. (no -ge-, h) uncover; unveil; fig. reveal, disclose; **2ung** f(-l-en) uncovering; unveiling; fig. revelation, disclosure.

Enthusias|mus [ɛntu'ziasmʊs] m (-/no pl.) enthusiasm; **~t** [~'ziast] m (-en/-en) enthusiast; F fan; **2tisch** adj. enthusiastic.

ent|'jungfern v/t. (no -ge-, h) deflower (virgin); **2jungferung** f (-/no pl.) defloration; **~'kernen** v/t. (no -ge-, h) pit (fruits), Brt. stone, seed; core (apples); **~'kleiden** v/t. and v/refl. (no -ge-, h) undress, strip (a. fig.); **~'kommen** v/i. (irr. kommen, no -ge-, sein) escape (j-m s.o.; aus from); **~'korken** v/t. (no -ge-, h) uncork, open.

entkräft|en [ɛnt'krɛftən] v/t. (no -ge-, h) weaken (a. fig.); **2ung** f (-/no pl.) weakness, debility.

ent'lad|en v/t. (irr. laden, no -ge-, h) unload; esp. ∮ discharge; sich ~ esp. ∮ discharge; fig. anger, etc.: explode; **2ung** f (-l-en) unloading; esp. ∮ discharge; explosion.

ent'lang prp. and adv. along; hier ~, bitte! this way, please!; **~fahren** v/t. (irr. fahren, sep., -ge-, sein) drive along (street, etc.); **~gehen** v/t. (irr. gehen, sep., -ge-, sein) walk along.

entlarven [ɛnt'larfən] v/t. (no -ge-, h) unmask, expose.

ent'lass|en v/t. (irr. lassen, no -ge-, h) dismiss, F fire, give s.o. the sack; discharge (patient, ✗); release (prisoner); aus der Schule ~ werden leave school; **~er Häftling** ex-convict; **2ung** f (-l-en) dismissal; discharge; release; **2ungsgesuch** n (letter of) resignation.

ent'lasten v/t. (no -ge-, h) relieve s.o. of some of his work; relieve (traffic congestion, etc.); ease (conscience); ∮∮ exonerate, clear s.o. of a charge.

Ent'lastung f (-/no pl.) relief; ∮∮ exoneration; **~szeuge** m witness for the defen|se, Brt. -ce.

ent|lauben [ɛnt'laʊbən] v/t. (no -ge-, h) defoliate; **~laubt** adj. [~'laʊpt] leafless; **~'laufen** v/i. (irr. laufen, no -ge-, sein) run away (dat. from); **~'ledigen** [~'leːdɪgən] v/refl. (no -ge-, h) (gen.) rid o.s. of, get rid of; **~'leeren** v/t. (no -ge-, h) empty.

ent'legen adj. remote, distant.

ent|'lehnen v/t. (no -ge-, h) borrow (dat. from); **~'locken** v/t. (no -ge-, h) draw, elicit (dat. from); **~'lohnen** v/t. (no -ge-, h) pay (off); **~'lüften** v/t. (no -ge-, h) ventilate; **~'machten** v/t. (no -ge-, h) deprive s.o. of his power; **~mannen** [~'manən] v/t. (no -ge-, h) castrate; **~militarisieren** [~militari'ziːrən] v/t. (no -ge-, h) demilitarize; **~mündigen** ∮∮ [~'myndɪgən] v/t. (no -ge-, h) place under disability; **~mutigen** [~'muːtɪgən] v/t. (no -ge-, h) discourage; **~'nehmen** v/t. (irr. nehmen, no -ge-, h) take (dat. from); **~ aus** (with)draw from; fig. gather or learn from; **~nervt** adj. [~'nɛrft] enervated; **~'puppen** v/refl. (no -ge-, h): sich ~ als turn out to be; **~rahmt** adj. [~'raːmt] skim(med) (milk); **~'rätseln** v/t. (no -ge-, h) solve; decipher; **~'reißen** v/t. (irr. reißen, no -ge-, h) snatch (away) (dat. from); **~'richten** v/t. (no -ge-, h) pay; **~'rinnen** v/i. (irr. rinnen, no -ge-, sein) escape (dat. from); **~'rollen** v/t. (no -ge-, h) unroll; **~rümpeln** [~'rympəln] v/t. (no -ge-, h) clear or clean (junk) out (of basement, etc.).

ent'rüst|en v/t. (no -ge-, h) fill with indignation; sich ~ become angry or indignant (über acc. at s.th., with s.o.); **~et** adj. indignant (über acc. at s.th., with s.o.); **2ung** f (-/no pl.) indignation.

Ent|'safter m juice extractor.

ent|'sagen v/i. (no -ge-, h) (dat.) renounce; **2sagung** f (-l-en) privation, sacrifice; **~'salzen** ✿ v/t. (no -ge-, h) desalinate.

ent'schädig|en v/t. (no -ge-, h) compensate; **2ung** f (-/-en) compensation.

ent'schärfen v/t. (no -ge-, h) defuse (bomb, tense situation, etc.); expurgate (book, etc.).

ent'scheid|en v/t. and v/i. and v/refl. (irr. scheiden, no -ge-, h) decide; settle; **sich ~ für (gegen)** decide on or in favo(u)r of (against); **er kann sich nicht ~** he can't make up his mind; **~end** adj. decisive; crucial (problem, etc.); **2ung** f (-/-en) decision.

entschieden adj. [ent'ʃiːdən] decided, determined, resolute; **~ dafür** strongly in favour of it; **2heit** f (-/no pl.) determination.

ent|'schlafen lit. v/i. (irr. schlafen, no -ge-, sein) die: pass away; **~'schleiern** v/t. (no -ge-, h) unveil (a. fig.).

ent'schließ|en v/refl. (irr. schließen, no -ge-, h) decide, determine, make up one's mind (all: zu inf. to do s.th.); **2ung** pol. f (-/-en) resolution.

entschlossen adj. [ent'ʃlɔsən] determined, resolute; **2heit** f (-/no pl.) determination, resoluteness.

ent'schlüpfen v/i. (no -ge-, sein) escape; remark, etc.: slip out.

Ent'schluß m decision, resolution.

entschlüsseln [ent'ʃlʏsəln] v/t. (no -ge-, h) decipher; decode.

entschuldig|en [ent'ʃʊldɪgən] v/t. (no -ge-, h) excuse; **sich ~** apologize (bei to; für for), say sorry; excuse o.s.; **~ Sie!** (I'm) sorry!; excuse me!; **2ung** f (-/-en) excuse; apology; **um ~ bitten** apologize; **~!** (I'm) sorry!; excuse me!

Ent'schwefelung ⊖ f (-/no pl.) desulphurization.

ent'setzen v/t. (no -ge-, h) horrify, shock.

Ent'setz|en n (-s/no pl.) horror, terror; **2lich** adj. horrible, dreadful, terrible; atrocious; **2t** adj. shocked, aghast.

ent|'sichern v/t. (no -ge-, h) release the safety (catch) of (gun); **~'sinnen** v/refl. (irr. sinnen, no -ge-, h) remember, recall.

ent'sorg|en v/t. (no -ge-, h) dispose of (waste) (safely); **2ung** f (-/no pl.) (nuclear, etc.) waste disposal.

ent'spann|en v/t. and v/refl. (no -ge-, h) relax; **sich ~ a.** take it easy; situation, etc.: ease (up); **2ung** f (-/no pl.) relaxation; pol. détente.

ent'spiegelt opt. adj. non-glare (glass, etc.).

ent'sprech|en v/i. (irr. sprechen, no -ge-, h) (dat.) correspond to; answer to (description, etc.); meet (requirements, etc.); **~end** adj. corresponding (dat.

to); appropriate; **2ung** f (-/-en) equivalent.

ent'springen v/i. (irr. springen, no -ge-, sein) escape (dat., aus from); river: rise; s. entstehen.

ent'stammen v/i. (no -ge-, sein) (dat.) come of or from, originate from.

ent'steh|en v/i. (irr. stehen, no -ge-, sein) come into being or existence; arise, come about; gradually: emerge, develop; **~ aus** originate from; **2ung** f (-/no pl.) origin.

ent'stell|en v/t. (no -ge-, h) disfigure, deform, distort; **2ung** f (-/-en) disfigurement, deformation, distortion (a. of facts, etc.).

ent'stört ∉ adj. static free.

ent'täusch|en v/t. (no -ge-, h) disappoint; **2ung** f (-/-en) disappointment.

ent|'thronen v/t. (no -ge-, h) dethrone (a. fig.); **~'völkern** [~'fœlkərn] v/t. (no -ge-, h) depopulate; **~'wachsen** v/i. (irr. wachsen, no -ge-, sein) outgrow s.th.; **~waffnen** [~'vafnən] v/t. (no -ge-, h) disarm (a. fig.); **2'warnung** f (-/no pl.) all(-)clear (signal).

ent'wässer|n v/t. (no -ge-, h) drain; **2ung** f (-/-en) draining; drainage; **⊕** dehydration.

ent'weder cj.: **~ ... oder** either ... or.

ent|'weichen v/i. (irr. weichen, no -ge-, sein) escape (aus from); **~'weihen** v/t. (no -ge-, h) desecrate, profane; **~'wenden** v/t. (no -ge-, h) pilfer, steal; **~'werfen** v/t. (irr. werfen, no -ge-, h) design; draw up (document, etc.).

ent'werten v/t. (no -ge-, h) lower the value of (a. fig.); cancel (ticket, etc.); **2ung** f (-/no pl.) devaluation; cancellation.

ent'wickeln v/t. and v/refl. (no -ge-, h) develop (a. phot.) (zu into).

Entwicklung [ent'vɪklʊŋ] f (-/-en) development, biol. a. evolution; adolescence, age of puberty; **~shelfer** pol. econ. m development aid volunteer; Peace Corps Volunteer; Brt. person in the Voluntary Service Overseas; **~shilfe** f development aid; **~sland** pol. n developing country.

ent|'wirren v/t. (no -ge-, h) disentangle (a. fig.); **~'wischen** v/i. (no -ge-, sein) get away, escape (dat., aus from).

Ent'wurf m outline, (rough) draft, plan; design; sketch.

ent|'wurzeln v/t. (no -ge-, h) uproot; **~'zerren** v/t. (no -ge-, h) phot. rectify; fig. disentangle, straighten out (schedule, etc.); **~'ziehen** (irr. ziehen, no -ge-, h) take away (dat. from); revoke (licen|se, Brt. -ce, etc.); deprive of (*right*); ℜ extract; *sich j-m or e-r Sache* ～ evade s.o. or s.th.; **Ｏziehungs-anstalt** ℱ [～'tsi:ʊŋ ̩-] f substance or drug abuse clinic, drug treatment cent|er, *Brt.* -re; **Ｏziehungskur** ℱ f detoxi(fi)cation (treatment); *alcohol:* a. F drying out; **～ziffern** v/t. (*no -ge-*, *h*) decipher, make out.

ent'zücken v/t. (*no -ge-*, *h*) charm, delight.

Ent'zück|en n (*-s/no pl.*) delight; **Ｏend** adj. delightful, charming, F sweet; **Ｏt** adj. delighted (*über acc.*, *von* at, with); **～ung** f (*-/-en*): *in ～ geraten* go into raptures.

Ent'zug m (*-[e]s/no pl.*) withdrawal; revocation (*of licen|se*, *Brt.* -ce, *etc.*); **～serscheinung** ℱ [～'tsu:ks ̩-] f withdrawal symptom.

entzünd|bar adj. [ɛnt'tsʏntbaːr] (in-)flammable; **～en** v/refl. (*no -ge-*, *h*) catch fire; ℱ become inflamed; **Ｏung** ℱ f (*-/-en*) inflammation.

ent'zwei adv. (*break*, *etc.*) in two, to pieces; **～en** v/refl. (*no -ge-*, *h*) fall out, break (*mit* with *s.o.*); **～gehen** v/i. (*irr. gehen*, *sep.*, *-ge-*, *sein*) break, go to pieces.

Enzian ['ɛntsiaːn] m (*-s/-e*) ❦ gentian; Enzian (schnapps).

Enzyklopädie [ɛntsyklope'di:] f (*-/-n*) (en)cyclop(a)edia.

Epidemie ℱ [epide'mi:] f (*-/-n*) epidemic (disease).

Epilog [epi'loːk] m (*-s/-e*) epilog(ue).

episch adj. ['eːpɪʃ] epic.

Episode [epi'zoːdə] f (*-/-n*) episode.

Epoche [e'pɔxə] f (*-/-n*) epoch.

Epos ['eːpɔs] n (*-/Epen*) epic (poem).

er pers. pron. [eːr] he; thing: it.

erachten [ɛr' ̩-] v/t. (*no -ge-*, *h*) consider, think.

Erachten [～] n (*-s/no pl.*): *meines ～s* in my opinion.

erarbeiten [ɛr' ̩-] v/t. (*no -ge-*, *h*): (*sich*) *et. schwer ～* work hard for s.th.

Erbanlage *biol.* ['ɛrp ̩-] f gene(s), genetic code.

erbarmen [ɛr'barmən] v/refl. (*no -ge-*, *h*): *sich j-s ～* take pity on s.o.

Erbarmen [～] n (*-s/no pl.*) pity, mercy.

erbärmlich adj. [ɛr'bɛrmlɪç] pitiful, pitiable; miserable (*life*, *etc.*); act, *etc.*: mean, wretched.

er'barmungslos adj. pitiless, merciless; relentless (*persecution*, *etc.*).

er'bau|en v/t. (*no -ge-*, *h*) build, construct, raise; **Ｏer** m (*-s/-*) builder, constructor; **～lich** adj. edifying; **Ｏung** fig. f (*-/no pl.*) edification, uplift.

Erbe ['ɛrbə] **1.** m (*-n/-n*) heir; **2.** n (*-s/no pl.*) inheritance, heritage.

er'beben v/i. (*no -ge-*, *sein*) tremble, shake, quake.

'erben v/t. (*ge-*, *h*) inherit.

er'beuten v/t. (*no -ge-*, *h*) capture.

'Erbin f (*-/-nen*) heiress.

er'bitten v/t. (*irr. bitten*, *no -ge-*, *h*) ask for, request.

er'bittert adj. embittered; *battle*, *etc.*: fierce, furious.

Erbkrankheit ℱ ['ɛrp ̩-] f hereditary disease.

er|blassen [ɛr'blasən], **～'bleichen** v/i. (*no -ge-*, *sein*) grow or turn pale.

erblich adj. ['ɛrplɪç] hereditary.

er'blicken *lit.* v/t. (*no -ge-*, *h*) behold, see, catch sight of.

er'blind|en [ɛr'blɪndən] v/i. (*no -ge-*, *sein*) go blind; **Ｏung** f (*-/no pl.*) loss of sight.

Er'brechen ℱ n (*-s/no pl.*) vomiting, sickness.

Erbschaft ['ɛrpʃaft] f (*-/-en*) inheritance, heritage.

Erbse ❦ ['ɛrpsə] f (*-/-n*) pea; (*grüne*) **～n** green peas; **～nsuppe** f pea soup.

Erb|stück ['ɛrp-] n heirloom; **'～sünde** f original sin; **'～teil** n (share in an) inheritance.

Erd|apfel *Aust.* ['eːrt ̩-] m potato; *for compounds s.* Kartoffel**...**; **～arbeiten** [' ̩-?] pl. excavation (work); **'～ball** m globe; **'～beben** n (*-s/-*) earthquake; **'～beere** ❦ f strawberry; **'～boden** m earth, ground; *dem ～ gleichmachen* raze or level to the ground.

Erde ['eːrdə] f (*-/no pl.*) earth; ground, soil; **Ｏn** v/t. (*ge-*, *h*) earth, ground.

er'denklich adj. imaginable.

Erd|erwärmung ['eːrt ̩-] *meteor.* f (*-/no pl.*) global warming; **'～gas** n natural gas; **'～geschoß** n first or (*Brt. only*) ground floor.

er'dicht|en v/t. (*no -ge-*, *h*) invent, make up; **～et** adj. invented, made-up.

erdig adj. ['eːrdɪç] earthy.

Erd|klumpen ['eːrt-] m clod, lump of earth; **'～kruste** f (*-/no pl.*) earth's crust; **'～kugel** f globe; **'～kunde** f geography; **'～leitung** ℱ f ground (*Brt.* earth) connection; underground pipe(line); **'～nuß** f peanut; **'～öl** ['eːrt ̩-?] n (mineral) oil, petroleum; *for compounds s.* Öl**...**; **'～reich** n ground, earth.

er'dreisten v/refl. (*no -ge-*, *h*) F have the nerve (*zu to do s.th.*).

er'drosseln v/t. (*no -ge-*, *h*) strangle, throttle.

er'drücken v/t. (*no -ge-*, *h*) crush (to death); **～d** fig. adj. overwhelming.

Erd|rutsch ['eːrt-] m landslide (*a. pol.*); **'～teil** geogr. m continent.

er'dulden v/t. (*no -ge-*, *h*) suffer, endure.

Erd|umlaufbahn [ˈeːrtʔ-] earth orbit; **~ung** ≠ [ˈ~dʊŋ] f (-/-en) grounding, Brt. earthing; **'~wärme** geol. f geothermal energy.

er|eifern [ɛrˈʔ-] v/refl. (no -ge-, h) get excited; **~eignen** [~ʔ-] v/refl. (no -ge-, h) happen, occur.

Ereignis [ɛrˈʔaɪɡnɪs] n (-ses/-se) event, occurrence; s. **freudig**; **~los** adj. uneventful; **&reich** adj. eventful.

Erektion [erɛkˈtsi̯oːn] f (-/-en) erection.

Eremit [ere'miːt] m (-en/-en) hermit, anchorite.

ererbt adj. [ɛrˈʔɛrpt] inherited.

er'fahren¹ v/t. (irr. fahren, no -ge-, h) hear; learn; experience.

er'fahr|en² adj. experienced; veteran; **&ung** f (-/-en) experience; practice.

Er'fahrungs|austausch m exchange of experience; **&gemäß** adv. as experience shows.

er'fassen v/t. (no -ge-, h) grasp; comprehend; statistics, etc.: record, register; cover, include; **erfaßt werden** be caught or seized; **&** be called up.

er'find|en v/t. (irr. finden, no -ge-, h) invent; **&er** m (-s/-) inventor; **~erisch** adj. inventive; **&ung** f (-/-en) invention.

Erfolg [ɛrˈfɔlk] m (-[e]s/-e) success; result; **viel ~!** good luck!; **&en** [~ɡən] v/i. (no -ge-, sein) happen; **aufgrund von ... ~** be caused by ...; **&los** adj. unsuccessful; futile (effort, etc.); **~losigkeit** f (-/no pl.) lack of success; **&reich** adj. successful; **~serlebnis** [~sʔ-] n sense of achievement; **~smensch** F m go-getter; **&versprechend** adj. promising.

erforder|lich adj. [ɛrˈfɔrdɐlɪç] necessary, required; **~n** v/t. (no -ge-, h) require, demand, call for; take (time); **&nis** n (-ses/-se) requirement, demand.

er'forsch|en v/t. (no -ge-, h) explore; investigate, study; **&er** m explorer; **&ung** f exploration.

er'fragen v/t. (no -ge-, h) ask for; find out.

er'freu|en v/t. (no -ge-, h) please; **sich e-r Sache ~** enjoy s.th.; **~lich** adj. pleasing, pleasant; gratifying.

erfreut adj. [ɛrˈfrɔʏt] pleased (über acc. at, about); **sehr ~!** pleased to meet you.

er'frier|en v/i. (irr. frieren, no -ge-, sein) freeze (to death); **&ung** f (-/-en) frostbite.

er'frisch|en v/t. and v/refl. (no -ge-, h) refresh (o.s.); **&ung** f (-/-en) refreshment.

erfroren adj. [ɛrˈfroːrən] frostbitten; plants: killed by frost.

er'füll|en v/t. (no -ge-, h) fulfil(l) (task, duty, hope, etc.); keep (promise) (serve

(purpose); meet (requirements, etc.); **~ mit** fill with s.th.; **sich ~** be fulfilled, come true; **&ung** f (-/no pl.) fulfil(l)ment; **in ~ gehen** come true.

erfunden adj. [ɛrˈfʊndən] story, etc.: made-up.

ergänz|en [ɛrˈɡɛntsən] v/t. (no -ge-, h) complement (einander each other); supplement, add; **~end** adj. complementary, supplementary; **&ung** f (-/-en) completion; supplement, addition.

er|gattern F [ɛrˈɡatɐn] v/t. (no -ge-, h) get s.th. (with difficulty), snag; **~'gaunern** F v/t. (no -ge-, h) s. **erschwindeln**.

er'geben¹ adj. devoted (dat. to); resigned (in acc. to one's fate, etc.).

er'geben² (irr. geben, no -ge-, h) 1. v/t. amount or come to; 2. v/refl. surrender; difficulty, etc.: arise; **sich ~ aus** result from; **sich ~ in** (acc.) resign o.s. to; **&heit** f (-/no pl.) devotion.

Ergebnis [ɛrˈɡeːpnɪs] n (-ses/-se) result, outcome; sports: result, score; **&los** adj. fruitless, without result.

er'gehen v/i. (irr. gehen, no -ge-, sein) fare, get on; **wie ist es dir ergangen?** how did things go with you?; **so erging es mir auch** the same thing happened to me; **et. über sich ~ lassen** (passively) suffer s.th.

ergiebig adj. [ɛrˈɡiːbɪç] productive, rich; **&keit** f (-/no pl.) (high) yield; productiveness.

er|gießen v/refl. (irr. gießen, no -ge-, h): **sich ~ über** (acc.) pour down on; **~'götzen** lit. v/refl. (no -ge-, h): **sich an** (dat.) esp. contp. take delight in; **~'grauen** v/i. (no -ge-, sein) turn grey.

er'greif|en v/t. (irr. greifen, no -ge-, h) seize, grasp, take hold of; take (possession, opportunity, measures, etc.); take up (profession, etc.); fig. move, touch; **&ung** f (-/no pl.) capture, seizure.

ergriffen adj. [ɛrˈɡrɪfən] moved; **~ von** seized with; **&heit** f (-/no pl.) emotion.

er'gründen v/t. (no -ge-, h) find out, fathom.

er'haben adj. raised, elevated; fig. sublime; **~ sein über** (acc.) be above.

er'halten¹ v/t. (irr. halten, no -ge-, h) get, receive, obtain; keep (order, peace, alive, etc.); support, maintain.

er'halten² adj.: **gut ~** in good condition; **~hältlich** adj. [~ˈhɛltlɪç] obtainable, available; **&haltung** f (-/no pl.) preservation, conservation; maintenance, upkeep; condition.

er|'hängen v/t. and v/refl. (no -ge-, h) hang (o.s.); **~'härten** v/t. (no -ge-, h) harden; fig. a. confirm.

er'heb|en v/t. (irr. heben, no -ge-, h) raise (a. voice), lift; **sich ~** rise (gegen against); **~lich** adj. [~p-] considerable; **2ung** f (-/-en) rise, elevation; survey; revolt.

er|'heitern v/t. (no -ge-, h) cheer up, amuse; **~'hellen** v/t. (no -ge-, h) light up; fig. throw light upon; **~'hitzen** v/t. (no -ge-, h) heat; **sich ~** get hot; **~'hoffen** v/t. (no -ge-, h) hope for.

er'höh|en v/t. (no -ge-, h) raise; fig. a. increase; **2ung** f (-/-en) increase; hill, elevation.

er'hol|en v/refl. (no -ge-, h) recover (from illness, crisis, etc.); relax, rest; **~sam** adj. restful, relaxing; **2ung** f (-/no pl.) recovery; rest, relaxation; **2ungsheim** n rest home.

er'hören v/t. (no -ge-, h) answer (prayers, etc.); esp. co. accept (suitor); say yes.

erinner|n [ɛr'ʔɪnərn] v/t. (no -ge-, h): **j-n ~ an** (acc.) remind s.o. of; **sich ~ an** remember, recall; **2ung** f (-/-en) memory (an acc. of); remembrance, souvenir; keepsake; **zur ~ an** (acc.) in memory of.

er'kalten v/i. (no -ge-, sein) cool down (a. fig.).

erkält|en [ɛr'kɛltən] v/refl. (no -ge-, h): **sich ~** catch (a) cold; **stark erkältet sein** have a bad cold; **2ung** f (-/-en) cold.

er'kennen v/t. (irr. kennen, no -ge-, h) recognize (an dat. by; **sich** each other) know (by); see, realize.

erkennt|lich adj. [ɛr'kɛntlɪç]: **sich (j-m) ~ zeigen** show (s.o.) one's gratitude (through money or gift); **2nis** f (-/-se) realization; discovery; **~se** pl. findings.

Er'kennungs|dienst m crime or forensic lab, (team of) forensic experts or people; **~melodie** ♪ f signature (tune); theme (song); **~ungszeichen** n badge; **✓** markings.

Erker ['ɛrkər] m (-s/-) bay; **'~fenster** n bay window.

er'klär|en v/t. (no -ge-, h) explain (j-m to s.o.); esp. pol., 🖹, etc.: declare; **j-n für ... ~** pronounce s.o. ...; **~end** adj. explanatory (words, etc.); **~lich** adj. explainable; understandable; **~t** adj. professed, declared; **2ung** f (-/-en) explanation; declaration; definition; **e-e ~ abgeben** make a statement.

er'klingen v/i. (irr. klingen, no -ge-, sein) (re)sound, ring (out).

er'krank|en v/i. (no -ge-, sein) fall ill, get sick; **~ an** (dat.) catch, contract; **2ung** f (-/-en) becoming ill; illness, sickness.

er'kunden v/t. (no -ge-, h) explore.

erkundig|en [ɛr'kʊndɪgən] v/refl. (no -ge-, h) inquire (über acc., nach after, about); make inquiries (about); **sich (bei j-m) nach dem Weg ~** ask (s.o.) the way; **2ung** f (-/-en) inquiry.

Er'kundung f (-/-en) exploration; ✗ reconnaissance (a. in compounds).

Erlagschein Aust. [ɛr'la:k-] m money order.

er|'lahmen fig. v/i. (no -ge-, sein) slacken, wane; **~'langen** v/t. (no -ge-, h) gain, obtain, reach.

Er|laß [ɛr'las] m (-lasses/-lasse) rule, regulation, ordinance; remission (of debt, penalty, etc.); **2'lassen** v/t. (irr. lassen, no -ge-, h) issue; enact (law); release or dispense s.o. from.

erlauben [ɛr'laubən] v/t. (no -ge-, h) allow, permit; **sich et. ~** permit o.s. or dare to do s.th.; treat o.s. to s.th.; **er kann sich ... (nicht) ~** he can(not) afford ...

Erlaubnis [ɛr'laupnɪs] f (-/no pl.) permission; authority; **~schein** m permit.

erlaubt adj. [ɛr'laupt] allowed; permissible (load, etc.).

er'läuter|n v/t. (no -ge-, h) explain, illustrate; comment (up)on; **2ung** f (-/-en) explanation; annotation; comment.

Erle 🌳 ['ɛrlə] f (-/-n) alder.

er'leb|en v/t. (no -ge-, h) experience; go through (times, misery, etc.); see, do (things); have (adventure, surprise, fun, etc.); **das werden wir nicht mehr ~** we won't live to see that; **2nis** [~pnɪs] n (-ses/-se) experience; adventure; **~nisreich** adj. eventful.

erledig|en [ɛr'le:dɪgən] v/t. (no -ge-, h) take care of, do, handle; settle (affair, problem, etc.); F finish s.o. (a. sports); do s.o. in; **~t** adj. [~dɪçt] finished, settled; worn out, exhausted; **der ist ~!** he is done for; **2ung** f (-/-en) settlement; **~en** pl. errands; shopping.

er'legen hunt. v/t. (no -ge-, h) shoot, kill, bag.

erleichter|n [ɛr'laiçtərn] v/t. (no -ge-, h) ease, relieve; **~t** adj. relieved; **2ung** f (-/-en) relief (über acc. at).

er|'leiden v/t. (irr. leiden, no -ge-, h) suffer (a. fig.); **~'lernen** v/t. (no -ge-, h) learn.

er'leucht|en v/t. (no -ge-, h) illuminate; fig. enlighten; **2ung** fig. f (-/-en) inspiration.

er'liegen v/i. (irr. liegen, no -ge-, sein) succumb to; die of.

Er'liegen n (-s/no pl.): **zum ~ kommen (bringen)** come (bring) to a standstill.

erlogen adj. [ɛr'lo:gən] false; (be) a lie.

Erlös [ɛr'lø:s] m (-es/-e) proceeds; (net) profit(s).

erlosch [ɛr'lɔʃ] *past of* **erlöschen**; **en 1.**
p.p. of **erlöschen**; **2.** *adj.* extinct.

er'löschen *v/i.* (*irr.*, *no* **-ge-**, *sein*) lights,
etc.: go out; *feelings*: die; गःँ *rights*, *etc.*:
lapse, expire.

er'lös|en *v/t.* (*no* **-ge-**, *h*) deliver, free
(*von* from); **2er** *eccl. m* (*-s/-*) Saviour;
2ung *f* (*-/-en*) *eccl.* salvation; relief.

ermächtig|en [ɛr'mɛçtɪɡən] *v/t.* (*no* **-ge-**,
h) authorize; **2ung** *f* (*-/-en*) author-
ization; authority.

er'mahn|en *v/t.* (*no* **-ge-**, *h*) admonish;
reprove, warn (*a. sports*); **2ung** *f* admo-
nition; warning; *esp. Brt. sports*: (first)
caution.

Er'mangelung *f* (*-/no pl.*): **in ~** (*gen.*) for
want of.

er'mäßig|en *v/t.* (*no* **-ge-**, *h*) reduce, cut;
2ung *f* (*-/-en*) reduction, cut.

Er'mattung *f* (*-/no pl.*) exhaustion; fatigue.

er'messen *v/t.* (*irr.* **messen**, *no* **-ge-**, *h*)
assess, judge.

Er'messen *n* discretion; *nach eigenem*
~ at one's own discretion.

er'mitt|eln (*no* **-ge-**, *h*) **1.** *v/t.* find out;
determine; **2.** *v/i.* *esp.* गःँ investigate;
2ung [~lʊŋ] *f* (*-/-en*) finding; गःँ investigation.

er'möglichen [ɛr'møːklɪçən] *v/t.* (*no*
-ge-, *h*) make possible.

er'mord|en *v/t.* (*no* **-ge-**, *h*) murder; *esp.
pol.* assassinate; **2ung** *f* (*-/-en*) murder;
assassination.

er'müd|en (*no* **-ge-**) *v/t.* (*h*) *and v/i.*
(*sein*) tire, fatigue (*a.* ⊚); **2ung** *f* (*-/no
pl.*) fatigue, tiredness.

er|'muntern *v/t.* (*no* **-ge-**, *h*) encourage;
stimulate; **2'munterung** *f* (*-/-en*) encouragement; incentive; **~mutigen** *v/t.*
(*no* **-ge-**, *h*) encourage; **2'mutigung** *f*
(*-/-en*) encouragement.

er'nähr|en *v/t.* (*no* **-ge-**, *h*) feed; support
(*family, etc.*); *sich ~ von* live on; **2er** *m*
(*-s/-*) breadwinner, supporter; **2ung** *f*
(*-/no pl.*) nutrition, food, diet.

er'nenn|en *v/t.* (*irr.* **nennen**, *no* **-ge-**, *h*):
j-n ~ zu appoint s.o. (to be); **2ung** *f*
(*-/-en*) appointment.

er'neu|ern *v/t.* (*no* **-ge-**, *h*) renew;
2erung *f* renewal.

erneut [ɛr'nɔʏt] **1.** *adj.* (re)new(ed); **2.**
adv. once more.

ernledrig|en [ɛr'niːdrɪɡən] *v/t.* (*no* **-ge-**,
h) humiliate; *sich ~* degrade o.s.; **2ung**
f (*-/-en*) humiliation.

ernst *adj.* [ɛrnst] serious, earnest.

Ernst [~] *m* (*-es/no pl.*) seriousness, ear-
nest; *im ~*(*?*) seriously (*?*); *ist das dein
~?* are you serious?; '**~fall** *m* (case of)
emergency; '**2haft**, '**2lich** *adj. and adv.*
serious(ly).

Ernte ['ɛrntə] *f* (*-/-n*) harvest; crop(s);
~'dankfest *n* Thanksgiving (Day), *Brt.*
harvest festival.

'ernten *v/t.* (**ge-**, *h*) harvest, reap (*a.
fig.*).

er'nüchter|n *v/t.* (*no* **-ge-**, *h*) sober; *fig.
a.* disillusion; **2ung** *f* (*-/-en*) sobering
fact *or* experience; disillusionment.

Erober|er [ɛr''oːbərər] *m* (*-s/-*) conquer-
or; **2n** [~n] *v/t.* (*no* **-ge-**, *h*) conquer;
~ung *f* (*-/-en*) conquest (*a. fig.*).

eröffn|en [ɛr''œ-] *v/t.* (*no* **-ge-**, *h*) open;
dedicate, *Brt.* inaugurate (*building,
etc.*); disclose *s.th.* (*j-m* to s.o.); **2ung** *f*
(*-/-en*) opening; dedication, *Brt.* inau-
guration; disclosure.

erörter|n [ɛr''œrtərn] *v/t.* (*no* **-ge-**, *h*)
discuss; **2ung** *f* (*-/-en*) discussion.

Erot|ik [e'roːtɪk] *f* (*-/no pl.*) eroticism,
sex; **2isch** *adj.* [~tɪʃ] erotic, sexy.

erpicht *adj.* [ɛr'pɪçt]: **~ auf** keen on.

er'press|en *v/t.* (*no* **-ge-**, *h*) blackmail;
extort (*money*), force (*confession*); **2er**
m (*-s/-*) blackmailer; **2ung** *f* (*-/-en*)
blackmail(ing).

er'proben *v/t.* (*no* **-ge-**, *h*) try, test.

erquick|en *lit.* [ɛr'kvɪkən] *v/t.* (*no* **-ge-**,
h) refresh.

er|'raten *v/t.* (*irr.* **raten**, *no* **-ge-**, *h*)
guess; **~'rechnen** *v/t.* (*no* **-ge-**, *h*) calculate.

erregbar *adj.* [ɛr're:kbaːr] excitable; irritable.

er'reg|en *v/t.* (*no* **-ge-**, *h*) excite; upset;
sexually: a. arouse; rouse (*feelings*);
cause (*anxiety, fear, etc.*); *sich ~* get
excited *or* upset; **~end** *adj.* exciting,
thrilling; **2er** ⚥ *m* (*-s/-*) germ, virus;
2ung *f* (*-/-en*) excitement.

er'reichbar *adj.* within reach (*a. fig.*);
s.o.: available; *leicht ~* within easy
reach; *nicht ~* out of reach.

er'reichen *v/t.* (*no* **-ge-**, *h*) reach; catch
(*train, etc.*); (*es*) **..., daß ...** succeed in
doing *s.th.*; *et. ~* get somewhere; *telefonisch zu ~ sein* have a (*Brt.* be on
the) phone.

er'richten *v/t.* (*no* **-ge-**, *h*) set up, erect,
raise; *fig.* establish; **2ung** *f* (*-/no pl.*)
erection (*of building, etc.*); *fig.* establishment.

er|'ringen *v/t.* (*irr.* **ringen**, *no* **-ge-**, *h*)
win, gain; achieve; **~'röten** *v/i.* (*no
-ge-, *sein*) blush.

Errungenschaft [ɛr'rʊŋənʃaft] *f* (*-/-en*)
achievement; acquisition.

Er'satz *m* (*-es/no pl.*) replacement; substitute; *esp. econ.* compensation; damages; *als ~ für* in exchange for; **~dienst**
m s. Zivildienst; **~mann** *m* substitute
(*a. sports*); **~mine** *f* refill (*for pen*); **~-
mittel** *n* substitute, surrogate; **~reifen**

mot. m spare tire (*Brt.* tyre); **~teil** ⊚ *n* spare part; **~teillager** *n* (spare) parts department.

er'schaff|en *v/t.* (*irr.* **schaffen**, *no -ge-*, *h*) create; **2ung** *f* (*-/no pl.*) creation.

er'schallen *v/i.* ([*irr.*] *no -ge-*, *sein*) (re)sound, ring (out).

Er'scheinen *n* (*-s/no pl.*) appearance; *book: a.* publication.

er'schein|en *v/i.* (*irr.* **scheinen**, *no -ge-*, *sein*) appear, F turn up; *book:* be published, appear; **2ung** *f* (*-/-en*) appearance; apparition; (*scientific, social, etc.*) phenomenon.

er|'schließen *v/t.* (*irr.* **schließen**, *no -ge-*, *h*) shoot (dead); ✗ *a.* execute; **~'schlaffen** *v/i.* (*no -ge-*, *sein*) tire; *skin, etc.:* become flabby; *interest, etc.:* slacken; **~'schlagen** *v/t.* (*irr.* **schlagen**, *no -ge-*, *h*) kill, *esp. lit.* slay; **~'schließen** *v/t.* (*irr.* **schließen**, *no -ge-*, *h*) open up; develop (*resources, land, etc.*); **~scholl** *lit.* [**~'ʃɔl**] *past of* **erschallen**; **~schollen** *lit.* [**~'ʃɔlən**] *p.p. of* **erschallen**.

er'schöpf|en *v/t.* (*no -ge-*, *h*) exhaust; **2ung** *f* (*-/no pl.*) exhaustion.

erschrak [ɛr'ʃraːk] *past of* **erschrecken** 2.

er'schrecken 1. *v/t.* (*no -ge-*, *h*) frighten, scare; **2.** *v/i.* (*irr.*, *no -ge-*, *sein*) be frightened (*über acc.* at); **~d** *adj.* alarming; *sight, etc.:* terrible.

erschrocken [ɛr'ʃrɔkən] *p.p. of* **erschrecken** 2.

erschütter|n [ɛr'ʃʏtərn] *v/t.* (*no -ge-*, *h*) shake; *fig. a.* shock; move *s.o.* deeply; **2ung** *f* (*-/-en*) shock; ⊚ vibration.

er'schweren *v/t.* (*no -ge-*, *h*) make more difficult; aggravate.

er'schwindeln *v/t.* (*no -ge-*, *h*) get *s.th.* through swindling; *et. von j-m ~* swindle *s.o.* out of *s.th.*

er'schwing|en *v/t.* (*irr.* **schwingen**, *no -ge-*, *h*) afford; **~lich** *adj.* affordable, within one's means; *das ist für uns nicht ~* we can't afford that.

er|'sehen *v/t.* (*irr.* **sehen**, *no -ge-*, *h*) see, learn, gather (*all: aus* from); **~'sehnen** *v/t.* (*no -ge-*, *h*) long for; **~'setzbar** *adj.* replaceable; rcpa(i)rable; **~'setzen** *v/t.* (*no -ge-*, *h*) replace (*durch* by); compensate for, make up for (*a. loss, damage*).

er'sichtlich *adj.* evident, obvious.

er'sinnen *v/t.* (*irr.* **sinnen**, *no -ge-*, *h*) contrive, devise.

er'spar|en *v/t.* (*no -ge-*, *h*) save; *j-m et. ~* spare *s.o.* *s.th.*; **2nisse** *pl.* savings.

erst *adv.* [eːrst] first; at first; *~ jetzt* (*gestern*) only now (yesterday); *~ nächste Woche* not before *or* until next

week; *es ist ~ neun Uhr* it is only nine o'clock; *eben ~* just (now); *~ recht* all the more; *~ recht nicht* even less.

er'starr|en *v/i.* (*no -ge-*, *sein*) stiffen; go numb; *fig., a.* blood, *smile:* freeze; **~t** *adj.* stiff; numb.

erstatt|en [ɛr'ʃtatən] *v/t.* (*no -ge-*, *h*) refund; make (*report*); *Anzeige ~* report to the police; **2ung** *f* (*-/-en*) refund; reimbursement.

Erstaufführung ['eːrstʔ-] *f thea.* first night *or* performance, premiere; *film: a.* first run.

er'staunen *v/t.* (*no -ge-*, *h*) surprise, astonish, amaze.

Er'staun|en *n* surprise, astonishment; *in ~ setzen* astonish; **2lich** *adj.* surprising, astonishing; **2t** *adj.* astonished (*über acc.* at).

erste *adj.* ['eːrstə] first; *auf den ~n Blick* at first sight; *fürs ~* for the time being; *als ~(r)* first; *zum ~n Mal(e)* for the first time.

er|'stechen *v/t.* (*irr.* **stechen**, *no -ge-*, *h*) stab; **~'stehen** *v/t.* (*irr.* **stehen**, *no -ge-*, *h*) purchase, buy; **~'stellen** *v/t.* (*no -ge-*, *h*) construct; compile (*list, report, etc.*).

erstens *adv.* ['eːrstəns] first(ly), in the first place.

er'stick|en (*no -ge-*) *v/t.* (*h*) *and v/i.* (*sein*) choke, suffocate; **2ung** *f* (*-/-en*) suffocation.

erstklassig *adj.* ['eːrstklasɪç] first-class, F *a.* super.

Erstling ['eːrst-] *m* (*-s/-e*) first-born (child); **~s...** *in compounds:* first (*work, etc.*).

'erst|malig *adv.*, **~mals** *adv.* ['~maːls] for the first time.

er'streben *v/t.* (*no -ge-*, *h*) strive after *or* for; **~swert** *adj.* desirable.

er'strecken *v/refl.* (*no -ge-*, *h*) extend, stretch (*bis, auf acc.* to; *über acc.* over); *sich ~ über* (*acc.*) *a.* cover.

er'suchen *v/t.* (*no -ge-*, *h*) request.

Er'suchen *n* (*-s/-*) request.

er|'tappen *v/t.* (*no -ge-*, *h*) catch, surprise; *s. frisch*; **~'teilen** *v/t.* (*no -ge-*, *h*) give (*advice, permission, etc.*); **~'tönen** *v/i.* (*no -ge-*, *sein*) (re)sound.

Ertrag [ɛr'traːk] *m* (*-[e]s/-e*) yield, produce; ✗ *a.* output; *econ.* proceeds, returns.

er'tragen *v/t.* (*irr.* **tragen**, *no -ge-*, *h*) bear, endure, stand.

erträglich *adj.* [ɛr'trɛːklɪç] bearable, tolerable; F not bad.

er|'tränken *v/t.* (*no -ge-*, *h*) drown; **~'träumen** *v/t.* (*no -ge-*, *h*) dream of; dream *s.th.* up; **~'trinken** *v/i.* (*irr.* **trinken**, *no -ge-*, *sein*) (be) drown(ed);

~übrigen [~'[?]y:brıgən] v/t. (no -ge-, h) (have to) spare; sich ~ be unnecessary; **~'wachen** v/i. (no -ge-, sein) wake (up); esp. fig. feelings, etc.: awake(n).

er'wachsen¹ v/i. (irr. wachsen, no -ge-, sein) arise (aus from).

er'wachsen² adj. grown-up, adult; 2e m, f (-n/-n) adult, grown-up.

er'wägen v/t. (irr. wägen, no -ge-, h) consider, think s.th. over; 2ung f (-/-en) consideration; in ~ ziehen take into consideration.

erwähn|en [ɛr'vɛːnən] v/t. (no -ge-, h) mention; 2ung f (-/-en) mention(ing).

er'wärmen v/t. and v/refl. (no -ge-, h) warm (up); fig. sich ~ für warm to.

er'wart|en v/t. (no -ge-, h) expect; be expecting (child); wait for, await; 2ung f (-/-en) expectation; **~ungsvoll** adj. hopeful, full of expectation.

er'wecken fig. v/t. (no -ge-, h) awaken; arouse (suspicion, feelings); **~'wehren** v/refl. (no -ge-, h) (gen.) keep or ward off; **~'welchen** v/t. (no -ge-, h) soften; fig. a. move; **~'weisen** v/t. (irr. weisen, no -ge-, h) do (favo[u]r, etc.); show (respect, etc.); sich ~ als prove to be.

erweiter|n [ɛr'vaɪtərn] v/t. and v/refl. (no -ge-, h) extend, enlarge; esp. econ. expand; 2ung f (-/-en) extension, enlargement, expansion.

Erwerb [ɛr'vɛrp] m (-[e]s/-e) acquisition; purchase; income; 2en [~bən] v/t. (irr. werben, no -ge-, h) acquire (a. knowledge, etc.); purchase.

er'werbs|los adj. unemployed; **~tätig** adj. (gainfully) employed, working; **~unfähig** adj. [~[?]-] disabled, unable to earn a living; 2zweig m line of business, trade.

Er'werbung f (-/-en) acquisition; purchase.

erwider|n [ɛr'viːdərn] v/t. (no -ge-, h) reply, answer; return (visit, greetings, etc.); 2ung f (-/-en) reply, answer; return.

er'wirken v/t. (no -ge-, h) bring about; esp. ⚖ obtain; **~'wischen** F v/t. (no -ge-, h) catch (a disease, train, etc.), get (hold of); ihn hat's erwischt he's had it.

erwünscht adj. [ɛr'vynʃt] desired; desirable; (nicht) ~ sein (not) be welcome or wanted.

er'würgen v/t. (no -ge-, h) strangle.

Er'würgen n (-s/no pl.) strangling, strangulation.

Erz ⚔ [ɛrts] n (-es/-e) ore; '~... fig. in compounds: arch...

er'zähl|en v/t. (no -ge-, h) tell; esp. poet. narrate; man hat mir erzählt I was

told; 2er m (-s/-) narrator; 2ung f (-/-en) (short) story, tale.

'Erz|bischof eccl. m archbishop; '~bistum eccl. n archbishopric; **~engel** eccl. ['~?-] m archangel.

er'zeug|en v/t. (no -ge-, h) produce (a. fig.); make, manufacture; ⚡ generate; cause, create (feelings, etc.); 2er econ. m (-s/-) producer; 2nis n product (a. fig.); 2ung f (-/no pl.) production.

'Erz|feind m arch-enemy; '~herzog m archduke; '~herzogtum n archduchy.

er'zieh|en v/t. (irr. ziehen, no -ge-, h) bring up, rear, raise; educate; **~** teach s.o. to be or to do s.th.; 2r(in) [ɛr'tsiːər(ın)] m (f) (-s [-]/-[-nen]) educator; teacher; kindergarten or nursery(-school) teacher; **~risch** adj. educational, pedagogic(al).

Er'ziehung f (-/no pl.) upbringing; education; **~sanstalt** [~s?-] f reform school, Brt. borstal; **~sberechtigte** m, f (-n/-n) parent or guardian; **~swesen** n educational system.

er'ziel|en v/t. (no -ge-, h) achieve (result, success, etc.); sports: score (point, etc.); **~zogen** adj. [~'tsoːgən]: gut (schlecht) ~ well-(ill-)mannered; **~zürnt** adj. [~'tsyrnt] angry; furious; **~'zwingen** v/t. (irr. zwingen, no -ge-, h) force.

es pers. pron. [ɛs] it; person, a. animal: he; she; ~ gibt there is, there are; ~ klopft there is a knock; ich bin ~ it's me; ich hoffe ~ I hope so; ich kann ~ I can.

Esche ⚔ ['ɛʃə] f (-/-n) ash (tree).

Esel ['eːzəl] m (-s/-) zo. donkey, ass (a. fig. contp.); fig. fool, idiot; '~sbrücke f mnemonic; '~sohr fig. ['~s?-] n dog-ear.

Eskorte [ɛs'kɔrtə] f (-/-n) ✗ escort; ⚓ a. convoy.

eßbar adj. ['ɛsbaːr] eatable; mushroom, etc.: edible; 2ecke ['~?-] f dinette.

essen ['ɛsən] v/t. and v/i. (irr., no -ge-, h) eat; zu Mittag ~ (have) lunch; zu Abend ~ have supper or dinner; auswärts ~ eat or dine out; et. zu Mittag etc. ~ have s.th. for lunch, etc.

Essen [~] n (-s/-) food; meal; dish; zum ~ einladen invite or take s.o. (out) for dinner or lunch.

Essen|(s)ausgabe ['ɛsən(s)?-] f serving counter; '~(s)marke f meal ticket; '~szeit f lunchtime; dinner or supper time.

Essenz [ɛ'sɛnts] f (-/-en) essence.

'Eßgeschirr n mess kit.

Essig ['ɛsıç] m (-s/-e) vinegar; '~gurke f pickle(d gherkin).

'Eß|löffel m tablespoon; '~tisch m dining table; '~zimmer n dining room.

Estrich ['ɛstrɪç] *m* (*-s/-e*) *arch.* flooring, subfloor; *Swiss:* loft, attic, garret.

etablieren [eta'bliːrən] *v/refl.* (*no ge-, h*) establish o.s.

Etage [e'taːʒə] *f* (*-/-n*) floor, stor(e)y; *auf der ersten ~* on the second (*Brt.* first) floor; *~bett n* bunk bed.

Etappe [e'tapə] *f* (*-/-n*) phase, stage (*a. sports*); ✕ base.

Etat [e'ta:] *m* (*-s/-s*) budget.

etepetete F *adj.* [e:təpe'te:tə] fussy; la-di-da.

Eth|ik ['ɛːtɪk] *f* (*-/no pl.*) ethics; *~isch adj.* ethical.

ethnisch *adj.* ['ɛtnɪʃ] ethnic.

Etikett [eti'kɛt] *n* (*-[e]s/-e[n]*) label (*a. fig.*); (price) tag; *~e f* (*-/-n*) etiquette; *~ieren* [~'tiːrən] *v/t.* (*no ge-, h*) label.

etliche *indef. pron.* ['ɛtlɪçə] several, quite a few.

Etui [ɛt'viː] *n* (*-s/-s*) case.

etwa *adv.* ['ɛtva] approximately, about, around; *in questions:* perhaps, by any chance; *nicht ~* (,*daß*) not that; *~ig adj.* [ɛt'vaːɪç] any (possible).

etwas ['ɛtvas] 1. *indef. pron.* something; anything; 2. *adj.* some; any; a little; 3. *adv.* a little, somewhat.

Etwas [~] *n* (*-/-*): *das gewisse ~* that certain something.

euch *pers. pron.* [ɔʏç] you; yourselves.

euer *poss. pron.* ['ɔʏər] your; *der* (*die, das*) *eu(e)re* yours.

Eule *zo.* ['ɔʏlə] *f* (*-/-n*) owl; *~n nach Athen tragen* carry coals to Newcastle.

euresgleichen *pron.* ['ɔʏrəs'glaɪçən] people like you, the likes of you.

Euro... ['ɔʏro-] *in compounds:* Euro-(*che|ck, Brt. -que, -dollar, etc.*).

Europa... [ɔʏ'roːpa-] *in compounds:* European ...

Europä|er [ɔʏro'pɛːər] *m* (*-s/-*), *~isch adj.* European; *Europäische Gemeinschaft* (*abbr. EG*) European (Economic) Community (*abbr. EEC*).

Eu'roparat *m* (*-[e]s/no pl.*) Council of Europe.

Euter ['ɔʏtər] *n* (*-s/-*) udder.

evakuieren [evaku'iːrən] *v/t.* (*no ge-, h*) evacuate.

evangeli|sch *eccl. adj.* [evaŋ'geːlɪʃ] Protestant; Lutheran; *~um* [~liʊm] *n* (*-s/Evangelien*) gospel.

eventuell [evɛn'tʊɛl] 1. *adj.* possible; 2. *adv.* possibly, perhaps; ⚠ *not eventually*.

ewig *adj.* ['eːvɪç] eternal; F constant, endless; *auf ~* for ever; *2keit f* (*-/-en*) eternity; F *eine ~* (for) ages.

exakt *adj.* [ɛ'ksakt] exact, precise; *2heit f* (*-/no pl.*) exactness, precision.

Examen [ɛ'ksaːmən] *n* (*-s/-, Examina*) examination, exam.

Exekutive *pol.* [ɛkseku'tiːvə] *f* (*-/-n*) executive (power).

Exempel [ɛ'ksɛmpəl] *n* (*-s/-*): *ein ~ statuieren an j-m* make an example of *s.o.*

Exemplar [ɛksɛm'plaːr] *n* (*-s/-e*) specimen; copy (*of book, etc.*).

exerzier|en ✕ [ɛksɛr'tsiːrən] *v/i. and v/t.* (*no ge-, h*) drill; *2platz* ✕ *m* drill ground.

Exil [ɛ'ksiːl] *n* (*-s/-e*) exile.

Existenz [ɛksɪs'tɛnts] *f* (*-/-en*) existence; living, livelihood; *~minimum n* subsistence level or wage.

existieren [ɛksɪs'tiːrən] *v/i.* (*no ge-, h*) exist; subsist (*von* on).

exklusiv *adj.* [ɛksklu'ziːf] exclusive, select.

Exmatrikulation *univ.* [ɛksmatrikula-'tsioːn] *f* (*-/-en*) leaving university, *etc.*

exotisch *adj.* [ɛ'ksoːtɪʃ] exotic.

Expander [ɛks'pandər] *m* (*-s/-*) chest expander.

Expansion [ɛkspan'zioːn] *f* (*-/-en*) expansion.

Expedition [ɛkspedi'tsioːn] *f* (*-/-en*) expedition.

Experiment [ɛksperi'mɛnt] *n* (*-[e]s/-e*), *2ieren* [~'tiːrən] *v/i.* (*no ge-, h*) experiment.

Expert|e [ɛks'pɛrtə] *m* (*-n/-n*), *~in f* (*-/-nen*) expert (*für* on).

explo|dieren [ɛksplo'diːrən] *v/i.* (*no ge-, sein*) explode (*a. fig.*), burst; *2sion* [~'zioːn] *f* (*-/-en*) explosion (*a. fig.*); *~siv adj.* [~'ziːf] explosive.

exponieren [ɛkspo'niːrən] *v/t. and v/refl.* (*no ge-, h*) expose (*dat.*).

Export [ɛks'pɔrt] *m* (*-[e]s/-e*) export(ation); *beer:* lager; *2ieren* [~'tiːrən] (*no ge-, h*) export.

extra *adj. and adv.* ['ɛkstra] extra; separate(ly); F (*do s.th.*) on purpose; *~ für dich* (e)specially for you; *2blatt n* extra (edition).

Extrakt [ɛks'trakt] *m* (*-[e]s/-e*) extract.

extravagant *adj.* ['ɛkstravagant] stylish, sophisticated; unconventional; eccentric.

Extrem [ɛks'treːm] *n* (*-s/-e*), *2 adj.* extreme; *~ist* [ɛkstre'mɪst] *m* (*-en/-en*), *2istisch adj.* extremist, ultra.

extrovertiert *adj.* [ɛkstrover'tiːrt] extrovert (*a. ~er Mensch*).

Exzellenz [ɛkstsɛ'lɛnts] *f* (*-/-en*) Excellency.

exzentrisch *adj.* [ɛks'tsɛntrɪʃ] eccentric.

Exzeß [ɛks'tsɛs] *m* (*Exzesses/Exzesse*) excess.

F

Fabel ['fa:bəl] *f* (*-/-n*) fable (*a. fig.*); **'2haft** *adj.* marvellous, great, terrific.

Fabrik [fa'bri:k] *f* (*-/-en*) factory, works, mill, shop; **~ant** [~i'kant] *m* (*-en/-en*) factory owner; manufacturer; **~arbeiter** [~?~] *m* factory worker; **~at** [~i'ka:t] *n* (*-[e]s/-e*) make, brand; product; **~ation** [~a'tsio:n] manufacturing, production; **~ationsfehler** *m* flaw; **~besitzer** *m* factory owner; **~ware** *f* manufactured product(s).

fabrizieren [fabri'tsi:rən] *v/t.* (*no ge-, h*) manufacture (*a. fig.*).

Facette [fa'sɛtə] *f* (*-/-n*) facet; *fig. a.* aspect.

Fach [fax] *n* (*-[e]s/-er*) compartment, shelf; (open) box, pigeonhole; *school, etc.*: subject; **s. Fachgebiet.**

...fach [-fax] *in compounds:* (*hundred, etc.*)fold, ... times.

Fach|arbeiter ['fax?-] *m* skilled worker; **~arzt** ♂ ['~?~] *m*, **'~ärztin** ['~?~] *f* specialist (*für* in); **~ausbildung** ['~?~] *f* professional training; **~ausdruck** ['~?~] *m* technical term; **'~buch** *n* (specialized) textbook.

Fächer ['fɛçər] *m* (*-s/-*) fan.

'Fach|gebiet *n* line, (special) field *or* subject (area); trade, business; **'~geschäft** *n* specialist store *or* shop; **'~hochschule** *f appr.* (technical) college; *esp. Brt.* polytechnic; **~idiot** F ['~?~] *m* expert with a one-track mind; **'~kenntnisse** *pl.* specialized knowledge; **'2kundig** *adj.* competent, expert; **'2lich** *adj.* professional (*training, etc.*); technical, specialized; **~ gut sein** know one's subject; **'~literatur** *f* specialized literature; **'~mann** *m* (*-[e]s/Fachleute*), **2männisch** *adj.* ['~mɛnɪʃ] expert; **'~schule** *f* technical school *or* college; **'2simpeln** ['~zɪmpəln] *v/i.* (*ge-, h*) talk shop; **'~werk** *arch. n* framework; **'~werkhaus** *n* half-timbered house; **'~zeitschrift** *f* (professional *or* technical) journal.

Fackel ['fakəl] *f* (*-/-n*) torch; **'2n** F *v/i.* (*ge-, h*): *nicht* (*lange*) **~** lose no time; make short work of it; **'~zug** *m* torchlight procession.

fad [fa:t], **~e** ['fa:də] tasteless, flat; stale; dull, boring.

Faden ['fa:dən] *m* (*-s/-*) thread (*a. fig.*); **'~kreuz** *n hunt., phot., etc.* cross hairs; **2scheinig** *adj.* ['~ʃaɪnɪç] threadbare; *excuse, etc.*: flimsy.

Fagott ♪ [fa'gɔt] *n* (*-s/-e*) bassoon.

fähig *adj.* ['fɛ:ɪç] capable (*zu* [of [doing] *s.th.*], able (to *do s.th.*); **'2keit** *f* (*-/-en*) (cap)ability; talent, gift.

fahl *adj.* [fa:l] pale; *face*: a. ashen.

fahnd|en ['fa:ndən] *v/i.* (*ge-, h*) search (*nach* for *criminals, etc.*); **2ung** *f* (*-/-en*) search.

Fahne ['fa:nə] *f* (*-/-n*) flag; *mst fig.* banner; F **e-e ~ haben** reek of alcohol, F smell like a brewery.

'Fahnen|flucht *f* desertion; **'~stange** *f* flagpole, flagstaff.

Fähnrich ⚔ ['fɛ:nrɪç] *m* (*-s/-e*) officer cadet; ⚓ midshipman.

Fahr|bahn ['fa:r-] *f* road(way), pavement; lane; **'2bar** *adj.* mobile; **'2bereit** *mot. adj.* in (good) running condition.

Fähre ['fɛ:rə] *f* (*-/-n*) ferry(boat).

fahren ['fa:rən] (*irr. ge-*) **1.** *v/i.* (*sein*) go; travel; *bus, train, etc.*: run; leave, go; *motorist*: drive; ride (*in or on s.th.*); *mit dem Auto* (*Zug, Bus etc.*) **~** go by car (train, bus, *etc.*); *über e-e Brücke etc.* **~** cross a bridge, *etc.*; *fig. mit der Hand etc. über et.* **~** run one's hand, *etc.* over *s.th.*; *was ist denn in dich gefahren?* what has come over you?; **2.** *v/t.* (*h*) drive; ride (*bike, etc.*); carry (*goods, etc.*); V **e-n ~ lassen** fart.

'Fahrer *m* (*-s/-*) driver; **'~flucht** *f* (*-/no pl.*) hit-and-run offen[se, *Brt.* -ce.

'Fahr|gast *m* passenger; **'~geld** *n* fare; **'~gemeinschaft** *f* car pool; **'~gestell** *n mot.* chassis; **✈ s. Fahrwerk**; **'~karte** *f* ticket; **'~kartenschalter** *m* ticket office *or* counter; **'2lässig** *adj.* careless, reckless (*a. ₰*); *grob* **~** grossly negligent; **'~lehrer** *m* driving instructor; **'~plan** *m* schedule, timetable; **'2planmäßig 1.** *adj.* scheduled; **2.** *adv.* according to schedule; on time; **'~preis** *m* fare; **'~prüfung** *f* driving test; **'~rad** *n* bicycle, F bike; *for compounds s. a. Rad...*; **'~radständer** *m* bicycle stand; **'~rinne** ⚓ *f* channel, navigable water(way); **'~schein** *m* ticket; **'~scheinentwerter** ['~n?-] *m* (*-s/-*) ticket-cancelling machine; **'~schule** *f* driving school; **'~schüler** *m mot.* student driver, *Brt.* learner (driver); *school:* non-local student; **'~spur** *mot. f* lane; **'~stuhl** *m* elevator, *Brt.* lift; **'~stuhlführer** *m* elevator (*Brt.* lift) operator; **'~stunde** *f* driving lesson.

Fahrt *f* [fa:rt] (*-/-en*) ride; *mot. a.* drive; trip, journey; ⚓ voyage, trip, cruise; speed (*a. ⚓*); *in voller* **~** at full speed; *in ~ kommen* get going (*a. fig.*).

Fährte *f* ['fɛ:rtə] (*-/-n*) track (*a. fig.*).

'**Fahrten|messer** n sheath knife; '~**schreiber** mot. m tachograph.

Fahr|unterricht mot. ['fa:r?-] m driver's training, driving lessons; '~**wasser** ✵ n fairway; s. **Fahrrinne**; '~**werk** ✈ n landing gear; '~**zeug** n (-[e]s/-e) vehicle; ✵ vessel.

Faible ['fɛ:bəl] n (-s/-s) weakness (**für** for s.th.).

Fäkalien [fɛ'ka:liən] pl. f(a)eces.

Faktor ['faktɔr] m (-s/-en) factor.

Fakultät univ. [fakul'tɛ:t] f (-/-en) faculty, department.

Falke zo. ['falkə] m (-n/-n) hawk (a. fig. pol.), falcon.

Fall [fal] m (-[e]s/-e) gr., gʀ, ♞ case; (no pl.) fall (a. phys.); **auf jeden (keinen)** ~ in any (no) case, by all (no) means; **für den** ~, **daß** ... in case ...; **gesetzt den** ~, **daß** suppose (that); **zu** ~ **bringen** bring s.o. down; fig. a. defeat, ruin.

Falle ['falə] f (-/-n) trap (a. fig.).

fallen ['falən] v/i. (irr., **ge-**, **sein**) fall, drop (a. ~ **lassen**); ✗ be killed (in action); **ein Tor (Schuß)** **fiel** a goal (shot) was scored (fired).

fällen ['fɛlən] v/t. (**ge-**, h) fell, cut down (tree, etc.); gʀ pass (judgement); make (decision).

'**fallenlassen** v/t. (irr. **lassen**, sep., no **-ge-**, h) drop (plan, etc.).

'**Fallensteller** m (-s/-) trapper.

fällig adj. ['fɛlɪç] due; payable.

Fall|obst ['fal?-] n windfall; '~**rückzieher** m soccer: falling overhead kick.

falls cj. [fals] if, in case; ~ **nicht** unless.

'**Fallschirm** m parachute; '~**jäger** ✗ m paratrooper; '~**springen** n (-s/no pl.) parachuting; skydiving; '~**springer** m parachutist; skydiver.

'**Falltür** f trapdoor.

falsch adj. and adv. [falʃ] wrong; false; forged, counterfeit; fake(d), phon(e)y; ~ **machen** do it wrong; do what is wrong; ~ **gehen** watch, etc.: be wrong; **et.** ~ **aussprechen (schreiben, verstehen** etc.) mispronounce (misspell, misunderstand, etc.) s.th.; ~ **verbunden!** teleph. sorry, wrong number.

fälschen ['fɛlʃən] v/t. (**ge-**, h) forge, fake; counterfeit; '2**r** m (-s/-) forger.

'**Falsch|fahrer** mot. m wrong-way driver; '~**geld** n counterfeit or false money.

fälschlich adv. ['fɛlʃlɪç], '~**erweise** adv. wrongly; by mistake.

'**Falsch|münzer** m (-s/-) counterfeiter; '~**spieler** m cheat(er).

'**Fälschung** f (-/-en) forgery; counterfeit; '2**ssicher** adj. document: forgery-proof.

Falt... ['falt-] in compounds: folding ...

Falte ['faltə] f (-/-n) fold; wrinkle; skirt, etc.: pleat; slacks, etc.: crease; '2**en** v/t. (**ge-**, h) fold; '~**enrock** m pleated skirt; '~**er** zo. m (-s/-) butterfly; '2**ig** adj. wrinkled.

familiär adj. [fami'liɛ:r] informal, personal; △ **not familiar**; ~**e Gründe** family reasons.

Familie [fa'mi:liə] f (-/-n) family (a. biol.).

Familien|angelegenheit [fa'mi:liən?-] f family affair; ~**anschluß** [~ʔ-] m: ~ **haben** live as one of the family; ~**name** m family name, surname, last name; ~**packung** f family size (package); ~**planung** f family planning; ~**stand** m (-[e]s/no pl.) marital status; ~**vater** m family man.

famos F adj. [fa'mo:s] splendid, swell; △ **not famous**.

Fanati|ker [fa'na:tikər] m (-s/-), 2**sch** adj. fanatic; ~**smus** [fana'tɪsmus] m (-/no pl.) fanaticism.

fand [fant] past of **finden**.

Fanfare ♪ [fan'fa:rə] f (-/-n) trumpet; fanfare.

Fang [faŋ] m (-[e]s/-e) catch (a. fig.); **in den Fängen** (gen.) in s.o.'s clutches; ~**arm** zo.[~ʔ-] m tentacle.

fangen ['faŋən] v/t. (irr., **ge-**, h) catch (a. fig.).

Fang|en [~] n (-s/no pl.): ~ **spielen** play tag (Brt. catch); '~**frage** f trick question; '~**zahn** zo. m fang.

Farbband ['farp-] n (-[e]s/-er) (typewriter) ribbon.

Farbe ['farbə] f (-/-n) colo(u)r; paint; complexion; tan; cards: suit; ~ **bekennen** put one's cards on the table; 2**echt** adj. ['farpʔ-] colo(u)r-fast.

färben ['fɛrbən] v/t. (**ge-**, h) dye; esp. fig. colo(u)r; **sich rot** ~ turn red.

'**farben|blind** adj. colo(u)r-blind; '~**froh** adj., '~**prächtig** adj. colo(u)rful.

Farb|fernsehen ['farp-] n colo(u)r television; '~**fernseher** m colo(u)r TV set; '~**film** m colo(u)r film; '~**fotografie** f colo(u)r photography; colo(u)r photo(graph).

farbig adj. ['farbɪç] colo(u)red; glass: stained; fig. colo(u)rful.

Farbige ['farbɪgə] m, f (-n/-n) colo(u)red person or (wo)man; **die** ~**n** (the) colo(u)red people, the Blacks.

farb|los adj. ['farp-] colo(u)rless (a. fig.); '2**photographie** f s. **Farbfotografie**; '2**stift** m colo(u)red pencil, crayon; '2**stoff** m (artificial food) colo(u)ring; ⊙ dye(stuff); '2**ton** m shade, tint.

Färbung ['fɛrbuŋ] f (-/-en) colo(u)ring; dyeing; shade.

Farnkraut ♀ ['farn-] n fern.

Fasan zo. [fa'za:n] m (-[e]s/-e[n]) pheasant.

Fasching ['faʃɪŋ] *m* (-*s*/-*e*, -*s*) carnival, Mardi Gras, *Brt. a.* Shrovetide.

Faschis|mus *pol.* [fa'ʃɪsmus] *m* (-/*no pl.*) fascism; **.t** [.'ʃɪst] *m* (-*en*/-*en*), **Ωtisch** *adj.* fascist.

faseln F ['fa:zəln] *v/i.* (ge-, h) babble, blabber, waffle.

Faser ['fa:zər] *f* (-/-*n*) *anat.*, ♠, *fig.* fib|er, *Brt.* -re; *cotton, etc.*: staple; *wood*: grain; **'Ωig** *adj.* fibrous; **'Ωn** *v/i.* (ge-, h) fray (out).

Faß [fas] *n* (*Fasses*/*Fässer*) cask, barrel; *vom ~* on tap *or* draft (*Brt.* draught).

Fassade *arch.* [fa'sa:də] *f* (-/-*n*) facade, front (*a. fig.*).

'faßbar *adj.* comprehensible.

'Faßbier *n* draft (*Brt.* draught) beer.

fassen ['fasən] (ge-, h) **1.** *v/t.* seize, grasp, take hold of; catch (*criminal, etc.*); hold, take, have a capacity of; seat (*people*); set (*diamond, etc.*); *fig.* comprehend, grasp, understand, believe; pluck up (*courage*); make (*decision*); *sich ~* compose o.s.; *sich kurz ~* be brief; **2.** *v/i.*: ~ *nach* reach for.

'faßlich *adj.* comprehensible.

'Fassung *f* (-/-*en*) setting (*of jewels*); frame (*of glasses*); ⚡ socket; draft(ing) (*of letter, etc.*); wording, version; *of mind*: composure; *die ~ verlieren* lose one's temper; *aus der ~ bringen* upset, shake; **'Ωslos** *adj.* stunned, aghast, speechless; **'.svermögen** *n* capacity (*a. fig.*); comprehension.

fast *adv.* [fast] almost, nearly; ~ *nie* (*nichts*) hardly ever (anything).

fasten ['fastən] *v/i.* (ge-, h) fast; **'Ωzeit** *eccl. f* Lent.

'Fastnacht *f* (-/*no pl.*) *s.* **Fasching.**

faszinieren [fastsi'ni:rən] *v/t.* (*no* ge-, h) fascinate.

fatal *adj.* [fa'ta:l] unfortunate; awkward (*situation, etc.*); disastrous (*consequences, etc.*); △ *not fatal.*

fauchen ['fauxən] *v/i.* (ge-, h) cat, *etc.*: hiss (*a.* F *fig.*).

faul *adj.* [faul] rotten, bad; *fish, meat: a.* spoiled; *fig.* lazy; F fishy (*business, etc.*); **.e** *Ausrede* lame excuse; **'.en** *v/i.* (ge-, h) rot, go bad; decay.

faulenze|n ['faulentsən] *v/i.* (ge-, h) laze, loaf (about); **'Ωr** *m* (-*s*/-) loafer, lazybones.

'Faul|heit *f* (-/*no pl.*) laziness; **'Ωig** *adj.* rotten, putrid.

Fäulnis ['fɔylnɪs] *f* (-/*no pl.*) rottenness, decay (*a. fig.*).

'Faul|pelz *m* s. **Faulenzer**; **'.tier** *zo. n* sloth; *fig. s.* **Faulenzer.**

Faust [faust] *f* (-*/*-*e*) fist; *auf eigene ~* on one's own initiative; **'Ωdick** F *fig. adj.* whopping (*lie*); **'.handschuh** *m*

mitt(en); **'.regel** *f* rule of thumb; **'.schlag** *m* punch, blow (with the fist).

Favorit [favo'ri:t] *m* (-*en*/-*en*) favo(u)r-ite.

Fax [faks] *n* (-/-[*e*]) fax; fax machine; **'Ωen** *v/i. and v/t.* (ge-, h) (send a) fax (to).

Faxen F ['faksən] *pl.* antics; ~ *machen* fool *or* clown around; (*mach*) *keine ~!* don't make any trouble!

Fazit ['fa:tsɪt] *n* (-*s*/-*e*, -*s*) result; *das ~ ziehen aus* sum *s.th.* up.

Feber *Aust.* ['fe:bər] *m* (-*s*/-), **Februar** ['fe:bruar] *m* (-[*s*]/-*e*) February.

fechten ['fɛçtən] *v/i.* (*irr.*, ge-, h) fence; *fig.* fight.

Fechten [.] *n* (-*s*/*no pl.*) fencing.

Feder ['fe:dər] *f* (-/-*n*) feather; plume; (pen-)nib; ⊚ spring; **'.ball** *m* badminton; shuttlecock; **'.bett** *n* eiderdown, quilt, comforter; **'.gewicht** *n* *sports*: featherweight; **'.halter** *m* (-*s*/-) penholder; **'.kernmatratze** *f* inner-spring (*Brt.* spring interior) mattress; **'Ωleicht** *adj.* (as) light as a feather; **'.lesen** *n* (-*s*/*no pl.*): *nicht viel ~s machen mit* make short work of *s.th.* or *s.o.*

feder|n ['fe:dərn] *v/i.* (ge-, h) chair, bed, *etc.*: be springy; bounce; **'.nd** *adj.* springy, elastic; **'Ωstrich** *m* stroke of the pen; **'Ωung** ⊚ *f* (-/-*en*) resilience; *mot.* suspension; **'Ωzeichnung** *f* pen-and-ink (drawing).

Fee [fe:] *f* (-/-*n*) fairy.

Fegefeuer *eccl.* ['fe:gə.] *n* purgatory.

fegen ['fe:gən] (ge-) **1.** *v/t.* (h) sweep (*a. fig.*); **2.** *v/i.* (sein) dash, rush.

Fehde *hist.* ['fe:də] *f* (-/-*n*) feud (*a. fig.*).

fehl *adj.* [fe:l]: ~ *am Platze* out of place.

Fehl *lit.* [.] *m*: *ohne ~ und Tadel* without blemish or blame; **.anzeige** ['.ʔ-] *f* negative report; F: *~! no* go!, nothing doing!; **'Ωbar** *lit. adj.* fallible; **'.betrag** *econ. m* deficit.

fehlen ['fe:lən] *v/i.* (ge-, h) be missing; be absent; *ihm fehlt* (*es an*) he is lacking; *du fehlst uns* we miss you; *was dir fehlt, ist* what you need is; *was fehlt Ihnen?* what's wrong with you?; *es fehlte nicht viel und er wäre ...* he very nearly ...; F: *da fehlte nicht viel!* that was close!; *das fehlte gerade noch!* *iro.* that's all we needed!

Fehlen [.] *n* (-*s*/*no pl.*) absence (*in dat., bei* from); lack (*gen.*, *von* of).

Fehler ['fe:lər] *m* (-*s*/-) mistake, error, F slip; fault; ⊚ *a.* defect, flaw; **'Ωfrei** *adj.* faultless, perfect, flawless; **'Ωhaft** *adj.* faulty, full of mistakes; ⊚ defective; **'Ωlos** *adj. s.* **fehlerfrei.**

'Fehl|geburt *f* miscarriage; **'Ωgehen** *v/i.*

(*irr. gehen, sep., -ge-, sein*) go *or* be wrong; miss; fail; '~griff *fig. m* mistake; wrong choice; '~konstruktion *f* failure, F lemon; '~schlag *fig. m* failure; '2schlagen *fig. v/i.* (*irr. schlagen, sep., -ge-, sein*) fail; '~start *m* false start (*a. fig.*); '~tritt *m* false step, slip; *fig. a.* lapse, wrong; '~verhalten *n* unacceptable *or* wrong behavio(u)r; lapse; misconduct; '~zündung *mot. f* misfire, backfire (*a. ~ haben*).

Feier ['faɪər] *f (-/-n)* celebration; party; ~abend ['~ʔ-] *m* end of day's work; closing time; (free) time after work; evening (at home); ~ **machen** quit work, call it a day; *nach* ~ after work; '~abend(s)... *in compounds:* free-time (*activities, etc.*); '2lich *adj.* solemn; festive; '~lichkeit *f (-/-en)* solemnity; ceremony.

feier|n ['faɪərn] (*ge-, h*) **1.** *v/t.* celebrate (*birthday, event, hero, etc.*); **2.** *v/i.* celebrate; have a party; '2stunde *f* (commemorative) ceremony; '2tag *m* holiday; *fig.* red-letter day.

feig [faɪk], ~e ['~gə] *adj.* cowardly, F chicken; mean (*act*).

Feige ♀ ['faɪgə] *f (-/-n)* fig.

Feig|heit ['faɪk-] *f (-/no pl.)* cowardice; '~ling *m (-[e]s/-e)* coward.

feilbieten *lit.* ['faɪl-] *v/t.* (*irr. bieten, sep., -ge-, h*) *mst contp.* offer for sale.

Feile ['faɪlə] *f (-/-n)* file; '2n *v/t. and v/i.* (*ge-, h*) file; *fig.* polish (*style, etc.*).

feilschen ['faɪlʃən] *v/i.* (*ge-, h*) haggle (*um* about, over).

fein [faɪn] *adj.* fine; *quality: a.* choice, excellent; *senses, etc.:* keen, delicate (*a. material, workmanship*); elegant, fancy, distinguished, F posh; ~! splendid!, great!; *s.* **Kerl.**

Feind [faɪnt] *m (-[e]s/-e)* enemy (*a. ✕*), foe; *~bild pol. n* bogeyman (image), enemy image; '~in ['~dɪn] *f (-/-nen)* enemy; '2lich *adj.* hostile; ✕ enemy (*troops, etc.*); '~schaft *f (-/-en)* hostility; '2selig *adj.* hostile (*gegen* to); '~seligkeit *f (-/-en)* hostility.

'**fein|fühlend** *adj.*, '~fühlig *adj.* ['~fy:lɪç] sensitive; tactful; '2gefühl *n (-[e]s/no pl.)* sensitiveness; tact; ~glied(e)rig *adj.* ['~gli:d(ə)rɪç] fine-boned; '2heit *f (-/no pl.)* fineness; keenness (*of senses*); delicacy; '2heiten *pl.* finer points, niceties; details; '2kostgeschäft *n* delicatessen; '2mechanik *f* precision mechanics; '2mechaniker *m* precision mechanic; '2schmecker *m (-s/-)* gourmet; '2waschmittel *n* mild detergent (for delicate fabrics).

feist *adj.* [faɪst] fat, stout.

Feld [fɛlt] *n (-[e]s/-er)* field (*a. fig.*);

chess, etc.: square; ~arbeit ['~ʔ-] *f* agricultural work; fieldwork; '~bett *n* camp bed; '~flasche *f* canteen, water bottle; '~herr *m* general; '~lazarett ✕ *n* field hospital; '~lerche *zo. f* skylark; '~marschall *m* Field Marshal; '~stecher *m (-s/-)* field glasses; ~webel ['~ve:bəl] *m (-s/-)* sergeant; '~weg *m* (field) path; '~zug ✕ *m* campaign (*a. fig.*).

Felge ['fɛlgə] *f (-/-n)* (wheel) rim; *gymnastics:* circle.

Fell [fɛl] *n (-[e]s/-e)* *zo.* coat; skin, fur; *das* ~ *abziehen* skin (*a. fig.*); *ein dickes* ~ *haben fig.* be thick-skinned.

Fels [fɛls] *m (-ensi-en)* rock; '~block *m,* '~brocken *m* rock, boulder; ~en ['~zən] *m (-s/-)* rock; '2en'fest *fig. adj.* unshak(e)able (*belief, etc.*); ~ *überzeugt sein* be firmly convinced; 2ig *adj.* ['~zɪç] rocky.

femin|in *adj.* ['femi'ni:n] feminine (*a. gr.*); *contp.* effeminate; 2ismus ['~nɪsmʊs] *m (-/no pl.)* feminism; 2istin ['~nɪstɪn] *f (-/-nen)*, ~istisch *adj.* ['~nɪstɪʃ] feminist.

Fenchel ♀ ['fɛnçəl] *m (-s/no pl.)* fennel.

Fenster ['fɛnstər] *n (-s/-)* window; '~brett *n* windowsill; '~flügel *m* casement; '~laden *m* shutter; '~platz *m* window seat; '~rahmen *m* window frame; '~scheibe *f* (window)pane.

Ferien ['fe:rjən] *pl.* vacation, *esp. Brt.* holiday(s); *in* ~ *sein* (*fahren*) be (go) on vacation (*Brt.* holiday); '~haus *n* cottage, (rental) cabin; '~lager *n* (summer) camp; '~land *n* resort area; ~ort ['~ʔ-] *m* resort; '~reise *f* vacation (*Brt.* holiday) trip; '~wohnung *f* vacation rental, *Brt.* holiday flat(let).

Ferkel ['fɛrkəl] *n (-s/-)* piglet; *fig.* pig; ~ei [~'laɪ] *f (-/-en)* obscenity.

fermentieren [fɛrmɛn'ti:rən] *v/t. and v/i.* (*no ge-, h*) ferment.

fern *adj. and adv.* [fɛrn] far(away), far-off, distant (*a. future, etc.*); *von* ~ from a distance.

Fern|amt *teleph.* ['fɛrn?-] *n* long-distance exchange; '~bedienung *f* remote control.

'**fernbleiben** *v/i.* (*irr. bleiben, sep., -ge-, sein*) stay away (*dat.* from).

Ferne ['fɛrnə] *f (-/no pl.)* distance; *aus der* ~ from a distance; from afar; *in der* ~ far away (from home).

'**ferner** *adv.* further(more), in addition, also; ~ *liefen* ... also ran ...

'**Fern|fahrer** *m* long-haul truck driver, F trucker, *Brt.* long-distance lorry driver; 2gelenkt *adj.* ['~gəlɛŋkt] *s.* ferngesteuert; '~gespräch *teleph. n* long-distance call (*führen* make); '2gesteuert *adj.* remote-controlled; guided (*missile, etc.*); '~**glas** n binoculars; '**2halten** v/t. and v/refl. (irr. **halten**, sep., -ge-, h) keep away (**von** from); '~**heizung** f municipal heating system; '~**kopierer** m fax machine; '~**kurs(us)** m correspondence course; '~**laster** F *mot.* m long-haul truck, Brt. long-distance lorry; **~lenk...** ['~lɛŋk-] *in compounds*: guided (*missile, etc.*); '~**lenkung** f remote control; '~**licht** *mot.* n high beam; '**2liegen** v/i. (irr. **liegen**, sep., -ge-, h): **es liegt mir fern** zu far be it from me to; **~melde...** ['~mɛldə-] *in compounds*: (tele)communications ...; '**2mündlich** *adv.* by telephone; **~ost** ['~'?-] m: **in ~** in the Far East; '~**rohr** n telescope; '~**schreiben** n, '~**schreiber** m telex; **~seh...** ['~ze:-] *in compounds*: television ..., TV ...; '~**sehen** n (-s/no pl.) television, TV (**im** on); '**2sehen** v/i. (irr. **sehen**, sep., -ge-, h) watch television; '~**seher** m (-s/-) television or TV set; television viewer, televiewer; pl. coll. television audience; '~**sehschirm** m (TV) screen; '~**sehsendung** f television broadcast or program(me), telecast; '~**sehturm** m television tower; '~**sicht** f (clear) view.

Fernsprech|amt ['fɛrnʃprɛç?-] n telephone exchange; '~**er** m telephone; *for more compounds s.* **Telefon.**

'**Fern|steuerung** f remote control; '~**studium** n correspondence course; '~**verkehr** m long-distance traffic; through traffic; '~**wärme** f s. **Fernheizung;** '~**ziel** *fig.* n ultimate aim; '~**zündung** ⚡ f detonation by remote control.

Ferse ['fɛrzə] f (-/-n) heel (a. fig.).

fertig adj. ['fɛrtıç] ready; work, etc.: finished, done; (**mit et.**) **~ sein** have finished (s.th.); **~ werden mit** cope or deal with (*problem, etc.*), manage; F: **völlig ~** pooped, beat.

'**Fertig...** *in compounds*: ready-made ...; prefabricated ...; instant ...; '**2bringen** v/t. (irr. **bringen**, sep., -ge-, h) bring about, manage; **ich brachte es nicht fertig** I couldn't do it; '**2en** ['fɛrtıgən] v/t. (ge-, h) manufacture; '~**gericht** n pre-packaged or ready-to-eat (Brt. a. instant) meal; '~**haus** arch. n prefab(ricated house); '~**keit** f (-/-en) skill; '**2machen** v/t. (sep., -ge-, h) finish (a. fig. s.o.); get s.th. ready; F fig. give s.o. hell; do s.o. in; **sich ~** get ready; '**2stellen** v/t. (sep., -ge-, h) finish, complete; '~**stellung** f (-/no pl.) completion; '~**ungsstraße** ⚙ f assembly line; '~**waren** pl. finished products.

fesch adj. [fɛʃ] smart, neat, chic.

Fessel ['fɛsəl] f (-/-n) ties; bonds, chains (all a. fig.); anat. ankle; '~**ballon** m tethered (Brt. captive) balloon; '**2n** v/t. (ge-, h) bind, tie (up); fig. fascinate.

fest adj. [fɛst] firm (a. fig.); solid (a. phys.); costs, date, etc.: fixed; fast (hold, etc.); tight (knot, screw, etc.); sound (sleep); steady (boyfriend, etc.); **~ werden** material: set, harden; **~ schlafen** be fast asleep.

Fest [~] n (-[e]s/-e) festival, feast (both a. eccl.); celebration; party; fête; **frohes ~!** happy holiday!

'**fest|binden** v/t. (irr. **binden**, sep., -ge-, h) fasten, tie (**an** dat. to); **2essen** ['~?-] n banquet, feast; '**2fahren** v/refl. (irr. **fahren**, sep., -ge-, h) get stuck; '**2halle** f auditorium, Brt. a. (festival) hall; '~**halten** (irr. **halten**, sep., -ge-, h) **1.** v/i.: **~ an** (dat.) stick to (plan, facts, etc.); **2.** v/t. hold on to; hold s.o. or s.th. tight; **sich ~ an** (dat.) hold on to; **~igen** ['~ıgən] v/t. (ge-, h) strengthen; **sich ~** grow firm or strong; **2igkeit** ['~ıç-] f (-/no pl.) firmness; strength; **2körper** phys. m solid (body); **2land** n mainland; in Europe: Continent; '~**legen** v/t. (sep., -ge-, h) fix, set; **sich auf et. ~** commit o.s. to s.th.; '~**lich** adj. festive; ceremonial; **2lichkeit** f (-/-en) festivity; '~**liegen** v/i. (irr. **liegen**, sep., -ge-, h) be stranded (a. fig.); date, sum, etc.: be fixed; '~**machen** (sep., -ge-, h) **1.** v/t. fasten, fix, attach (**an** dat. to); arrange (definitely); **2.** v/i. ⚓ moor; '**2mahl** n s. **Festessen;** '**2nahme** f (-/-n), '~**nehmen** v/t. (irr. **nehmen**, sep., -ge-, h) arrest; **2platte** f computer: hard disk; **2preis** econ. m fixed price; '**2saal** m (banquet) hall; auditorium; '~**schrauben** v/t. (sep., -ge-, h) screw (on) tight; '~**setzen** v/t. (sep., -ge-, h) fix, set; '~**sitzen** v/i. (irr. **sitzen**, sep., -ge-, h) be stuck (a. fig.); be firmly fixed; '**2spiel** n festival; '~**stehen** v/i. (irr. **stehen**, sep., -ge-, h) stand firm; fig. be certain; plan, date, etc.: be fixed; '~**stehend** adj. fixed, stationary; established (fact, etc.); standing (rule, etc.); **~stellbar** adj. ['~ʃtɛl-] ascertainable; ⚙ lockable; '~**stellen** v/t. (sep., -ge-, h) find (out); establish, determine (facts, etc.); see, notice; state, point out; ⚙ lock, arrest; '**2stellung** f (-/-en) finding; realization; statement, remark; '**2tag** m festive day; holiday; eccl. feast; fig. red-letter day; '**2ung** ✕ f (-/-en) fortress; '**2wagen** m (parade, Brt. pageant) float; '**2wiese** f fairground(s); '**2zug** m pageant, parade.

Fett [fɛt] n (-[e]s/-e) fat; shortening; ⚙ grease.

fett adj. [~] fat (a. fig.); fatty; print. bold; '2fleck m grease spot; ~gedruckt adj. ['~gədrukt] bold-faced, in bold type; '~ig adj. greasy; '% fatty; '2kloß F m s. Fettwanst; 2näpfchen fig. ['~nɛpfçən] n (-s/-): ins ~ treten put one's foot in it; '2sucht % f obesity; '2wanst F m fatty, fatso.

Fetzen ['fɛtsən] m (-s/-) shred; rag; ein ~ Papier a scrap of paper; '2ig F adj. exciting; music: with a really good beat.

feucht adj. [fɔyçt] moist, damp; humid; '2igkeit f (-/no pl.) moisture; dampness; humidity.

feudal adj. [fɔy'da:l] pol. feudal; F fig. posh.

Feuer ['fɔyər] n (-s/-) fire (a. fig.); ~ haben have a light; ~ fangen catch fire; fig. fall for s.o.; ~alarm ['~?-] m fire alarm; '~bestattung f cremation; ~eifer ['~?-] m ardo(u)r; '2fest adj. fireproof, fire-resistant; '~gefahr f danger of fire; '2gefährlich adj. inflammable; '~haken m poker; '~leiter f fire escape; '~löscher m (-s/-) fire extinguisher; '~melder m (-s/-) fire alarm.

'feuer|n v/i. and v/t. (ge-, h) fire (a. fig.); '~rot adj. fiery (red); face, etc.: crimson.

'Feuer|schiff ⚓ n lightship; '~schlucker m fire-eater; '~schutz m fire prevention; × fire support, covering fire; '~stein m flint; '~stoß × m burst of (gun)fire; '~taufe fig. f baptism of fire; '~versicherung f fire insurance (company); '~wache f fire station; '~waffe f firearm, gun; '~wehr f (-/-en) fire brigade, fire department; fire truck, Brt. fire engine; '~wehrmann m fireman; '~werk n fireworks; '~werkskörper m firework, firecracker; '~zange f (fire) tongs; '~zangenbowle f mulled wine or sugar loaf punch; '~zeug n (-[e]s/-e) (cigarette) lighter.

Feuilleton [fœja'tõ:] n (-s/-s) in newspaper: arts and entertainment section; short essay, feature (story); TV, etc. special.

feurig adj. ['fɔyrıç] fiery, ardent.

Fiasko ['fiasko] n (-s/-s) (complete) failure, fiasco, F flop.

Fibel ['fi:bəl] f (-/-n) primer, first reader; hist. fibula.

Fiber ['fi:bər] f (-/-n) fib|er, esp. Brt. -re; '~glas n fib|er (esp. Brt. -re) glass.

Fichte ⚘ ['fıçtə] f (-/-n) spruce, F mst pine or fir (tree); '~nnadel f pine needle.

ficken V ['fıkən] v/i. and v/t. (ge-, h) fuck.

fidel adj. [fi'de:l] cheerful, jolly.

Fieber ['fi:bər] n (-s/no pl.) temperature, fever (a. fig.); ~ haben (messen) have a (take s.o.'s) temperature; '2haft adj. fe-

verish (a. fig.); '2n v/i. (ge-, h) have a temperature; fig. be feverish (vor dat. with); ~ nach yearn for; '~phantasien pl.: ~ haben be delirious (with fever); '2senkend % adj. antipyretic; '~thermometer n fever (Brt. clinical) thermometer.

Fiedel ♪ ['fi:dəl] f (-/-n), '2n v/i. (ge-, h) fiddle.

fiel [fi:l] past of fallen.

fies F adj. [fi:s] mean, nasty.

Figur [fi'gu:r] f (-/-en) figure (a. fig.).

figürlich adj. [fi'gy:rlıç] figurative.

fiktiv adj. [fık'ti:f] fictitious.

Filet [fi'le:] n (-s/-s) fil(l)et.

Filiale econ. [fi'lia:lə] f (-/-n) branch.

Filigran [fili'gra:n] n (-s/-e) filigree (work or pattern).

Film [film] m (-[e]s/-e) film; (motion) picture, movie; der ~ the movies, Brt. the cinema; im ~ on the screen; e-n ~ einlegen phot. load a camera; ~atelier ['~?-] n film studio(s); ~aufnahme ['~?-] f filming, shooting; take, shot; '~emacher m moviemaker; '2en (ge-, h) 1. v/t. film, shoot; 2. v/i. make a film; '~gesellschaft f motion-picture (Brt. film) (production) company; '2isch adj. cinematic; '~kamera f motion-picture (Brt. film) camera; '~kassette f film magazine, cartridge; '~regisseur m film director; '~schauspieler(in) m (f) movie or screen (esp. Brt. film) act|or (-ress); '~streifen m film strip; '~studio n film studio(s); '~theater n s. Kino; '~verleih m film distributors; '~vorstellung f movie or film showing, performance.

Filter ['fıltər] m, esp. ⊙ n (-s/-) filter; '~kaffee m percolated or filter(ed) coffee; '2n v/t. (ge-, h) filter, filtrate; '~zigarette f filter(-tipped) cigarette.

Filz [fılts] m (-s/-e) felt; fig. pol. corruption, bossism; '2en F v/t. (ge-, h) frisk; '~schreiber m, '~stift m felt(-tipped) pen, marker.

Fimmel F ['fıməl] m (-s/-) craze, fad (a. in compounds); e-n ~ haben be nuts.

Finanz|amt ['finants?-] n tax office; Internal (Brt. Inland) Revenue; ~en pl. finances; 2iell adj. [finan'tsiɛl] financial; 2ieren [~'tsi:rən] v/t. (no ge-, h) finance; ~lage f financial position; ~minister m minister of finance; Am. Secretary of the Treasury; Brt. Chancellor of the Exchequer; ~ministerium n ministry of finance; Treasury Department (Am. Board); ~wesen n (-s/no pl.) finances; financial matters.

Findelkind ['fındəl-] n foundling.

finden ['fındən] v/t. (irr., ge-, h) find; think, believe; ich finde ihn nett I think he's nice; *das finde ich gut* that's neat or great; *wie ~ Sie ...?* how do you like ...?; *~ Sie (nicht)?* do (don't) you think so?; *das wird sich ~* we'll see.

'**Finder** *m (-s/-)* finder; '**~lohn** *m* finder's reward.

'**find|ig** *adj.* resourceful, clever; **2ling** ['fintlɪŋ] *m (-s/-e)* foundling; *geol.* boulder, glacial erratic.

Finesse [fi'nɛsə] *f (-/-n)* nicety; ⊦: *mit allen ~n s. Schikane.*

fing [fɪŋ] *past of* **fangen.**

Finger ['fɪŋər] *m (-s/-)* finger; *~ weg!* hands off!; F *lange ~ machen* steal; **~abdruck** ['~?-] *m* fingerprint; '**~fertigkeit** *f* manual skill; '**~hut** *m* thimble; *&* foxglove; '**~spitze** *f* fingertip; '**~spitzengefühl** *fig. n* sure instinct; tact; '**~übung** *J* ['~?-] *f* finger exercise; **~zeig** ['~tsaɪk] *m (-[e]s/-e)* hint, tip, pointer.

fingiert [fɪŋ'giːrt] *adj.* faked, fictitious.

Fink *zo.* [fɪŋk] *m (-en/-en)* finch.

Finn|e ['fɪnə] *m (-n/-n)*, **~in** ['~ɪn] *f (-/-nen)* Finn; '**2isch** *adj.* Finnish.

finster *adj.* ['fɪnstər] dark; gloomy, sombre; *expression, etc.*: grim; *person, affair*: shady; '**2nis** *f (-/-se)* darkness, gloom.

Finte ['fɪntə] *f (-/-n)* feint; trick.

Firlefanz F ['fɪrləfants] *m (-es/-e)* nonsense; *things*: junk; *~ treiben* fool around.

Firma *econ.* ['fɪrma] *f (-/Firmen)* firm, business, company.

Firmament *lit.* [fɪrma'mɛnt] *n (-[e]s/-e)* firmament.

firmen *eccl.* ['fɪrmən] *v/t. (ge-, h)* confirm.

'**Firmenschild** *econ. n* (firm's) nameplate; label.

Firn [fɪrn] *m (-[e]s/-e)* firn, névé.

Firnis ['fɪrnɪs] *m (-ses/-se)* varnish.

First *arch.* [fɪrst] *m (-es/-e)* ridge.

Fisch [fɪʃ] *m (-[e]s/-e)* fish; *~e pl. ast.* Pisces; F: *kleine ~e* nothing (to write home about), peanuts, chickenfeed; '**~dampfer** *m* trawler; '**2en** *v/t. and v/i. (ge-, h)* fish; '**~er** *m (-s/-)* fisherman; '**~erboot** *n* fishing boat; '**~erdorf** *n* fishing village; '**~erei** [~'raɪ] *f (-/-en)*, '**~fang** *m (-[e]s/no pl.)* fishing; '**~gräte** *f* fishbone; '**~grät(enmuster)** *n* herringbone (pattern); '**~gründe** ['~gryndə] *pl.* fishing grounds; '**~händler** *m* fish dealer, *esp. Brt.* fishmonger; '**2ig** *adj.* fishy; '**~kutter** *&* *m* smack; '**~laich** *m* spawn; '**~markt** *m* fish market; '**~mehl** *n* fish meal; '**~otter** *zo.* ['~?-] *m* otter; '**~stäbchen** *n* fish finger; '**~vergiftung** *#* *f* fish poisoning; '**~zucht** *f* fish farming; '**~zug** *m* catch or haul (*both a. fig.*) (of fish).

Fisimatenten F [fizima'tɛntən] *pl.* fuss, trouble; tricks.

Fiskus ['fɪskʊs] *m (-/no pl.)* Treasury; F tax collector, taxman, *the* I.R.S.

Fisole *Aust.* [fi'zoːlə] *f (-/-n)* string bean.

Fistel *&* ['fɪstəl] *f (-/-n)* fistula; '**~stimme** *f* falsetto (*a. J*).

fit *adj.* [fɪt] (*sich halten* keep) fit; **2neß-zenter** ['~nɛssɛntər] *n (-s/-)* fitness cent|er (*Brt. -re*), health club, gym.

Fittiche ['fɪtɪçə] *pl. poet.* wings; F *fig.* (*under s.o.'s*) wing.

fix *adj.* [fɪks] *costs, idea, etc.*: fixed; F quick; smart, bright; *~ und fertig* all ready or set; *fig.* pooped; a nervous wreck; *~en sl. v/i.* (*ge-, h*) shoot, fix; be a junkie; '**2er** *sl. m (-s/-)* junkie; mainliner; **2eren** [fɪ'ksiːrən] *v/t.* (*no ge-, h*) fix (*a. phot.*); stare at; '**2stern** *ast. m* fixed star.

flach *adj.* [flax] flat; level, even, plane; *water, etc.*: shallow (*a. fig.*).

Fläche ['flɛçə] *f (-/-n)* (flat) surface; *&* a. plane; area (*a. geom.*); expanse, space; **2ndeckend** *adj.* ['~ndɛkənt] widespread, extensive; large-scale; '**~ninhalt** *&* ['~n?-] *m* (surface) area; '**~nmaß** *n* square or surface measure.

'**flach|fallen** F *v/i.* (*irr. fallen, sep., -ge-, sein*) *of s.th. planned*: not come off; '**2land** *n* lowland, plain.

Flachs *&* [flaks] *m (-es/no pl.)* flax; '**2en** F *v/i.* (*ge-, h*) kid (around).

flackern ['flakərn] *v/i.* (*ge-, h*) flicker (*a. fig.*).

Fladen ['flaːdən] *m (-s/-)* flat bread or loaf; flat cake.

Flagge ['flagə] *f (-/-n)* flag; '**2n** *v/i.* (*ge-, h*) fly a flag or flags; '**~nstange** *f* flagpole, flagstaff.

Flak *×* [flak] *f (-/-, -s)* anti-aircraft gun.

Flakon [fla'kõː] *n, m (-s/-s)* (perfume) bottle.

flambiert *adj.* [flam'biːrt] flambé.

Flamme ['flamə] *f (-/-n)* flame (*a. fig.*); *auf kleiner ~* over low heat; '**2n** *v/i.* (*ge-, h*) flame, blaze (*both a. fig.*).

Flanell [fla'nɛl] *m (-s/-e)* flannel.

Flank|e ['flaŋkə] *f (-/-n)* flank, side; *soccer*: cross; *gymnastics*: side vault; **2eren** [~'kiːrən] *v/t.* (*no ge-, h*) flank; *econ.* support.

Flasche ['flaʃə] *f (-/-n)* bottle; baby bottle; F *contp.* loser, failure, weakling; '**~nbier** *n* bottled beer; '**~nhals** *m* neck of a bottle; '**~nöffner** ['~n?-] *m* bottle opener; '**~npfand** *n* (bottle) deposit; '**~nzug** *⊕ m* block and tackle, pulley.

flatter|haft *adj.* ['flatərhaft] fickle, flighty; '**~n** *v/i.* (*ge-*) 1. (*sein*) *bird, etc.*: flutter; 2. (*h*) flap (*wings, etc.*); *flag, fig. heart, etc.*: flutter; *wheels, etc.*: wobble.

flau adj. [flaʊ] queasy; feeling, taste, etc.: dull, flat; business, etc.: slack.

Flaum [flaʊm] m (-[e]s/no pl.) down, fluff, fuzz.

Flausch ['flaʊʃ] m (-es/-e) brushed cotton or wool; '**2ig** adj. fluffy.

Flausen F ['flaʊzən] pl. (funny) ideas.

Flaute ['flaʊtə] f (-/-n) ⊕ calm, doldrums (a. fig.); fig. econ. a. slack period.

Flechte ['flɛçtə] f (-/-n) braid, plait; ⊕, ♣ lichen; '**2en** v/t. (irr., ge-, h) braid, plait; weave (basket, etc.); twist (rope, etc.); '**~werk** n wickerwork.

Fleck [flɛk] m (-[e]s/-e) spot, stain, mark; speck; dot; blot(ch); F place, spot; patch (on elbow, of colo[u]r, etc.); heel(tip); blauer ~ bruise; '**~en** m (-s/-) s. Fleck; hist. small (market) town; **~entferner** ['~ʔɛntfɛrnər] m (-s/-) stain remover; '**2enlos** adj. spotless (a. fig.); '**2ig** adj. spotted; stained, soiled.

Fledermaus zo. ['fleːdər-] f bat.

Flegel fig. ['fleːgəl] m (-s/-) lout, boor; '**2haft** adj. rude, ill-mannered, loutish; '**~jahre** pl. awkward age.

flehen ['fleːən] v/i. (ge-, h) beg; pray (um for); '**~tlich** adj. imploring, entreating.

Fleisch [flaɪʃ] n (-es/no pl.) food: meat; (living) flesh (a. fig.); '**~beschau** ['~bəʃaʊ] f (-/no pl.) meat inspection; '**~brühe** f (meat) broth, consommé; '**~er** m (-s/-) butcher; **~e'rei** f (-/-en) butcher's (shop); '**~eslust** poet. f carnal pleasure(s); '**2fressend** adj. carnivorous; '**~hauer** Aust. m (-s/-) butcher; '**2ig** adj. fleshy; meaty; ⊕ pulpy; **~klößchen** ['~kløːsçən] n (-s/-) meatball; '**~konserven** pl. canned (Brt. a. tinned) meat; '**2lich** adj. desires, etc.: carnal, of the flesh; **~e Kost** meat; '**2los** adj. meatless (diet, etc.); '**~salat** m salad made of cold cuts, etc.; '**~vergiftung** f meat poisoning; '**~waren** pl. meat products; Fleisch- und Wurstwaren meats and sausages; '**~wolf** m meat grinder, Brt. mincer; '**~wunde** f flesh wound; '**~wurst** f pork sausage.

Fleiß [flaɪs] m (-es/no pl.) effort, hard work, industry, diligence; '**2ig** adj. hard-working, industrious, diligent; ~ sein or arbeiten work hard.

flektieren gr. [flɛk'tiːrən] v/t. (no ge-, h) inflect.

fletschen ['flɛtʃən] v/t. (ge-, h): die Zähne ~ bare one's teeth.

flexib|el adj. [flɛ'ksiːbəl] flexible; **2ilität** [~ksibiliˈtɛːt] f (-/no pl.) flexibility.

Flexion gr. [flɛ'ksioːn] f (-/-en) inflection.

flicken ['flɪkən] v/t. (ge-, h) mend, repair; patch (up) (a. fig.).

Flick|en ['~] m (-s/-) patch; **~flack** ['flɪk-**flak**] m (-s/-s) gymnastics: flip-flop, backflip; '**~werk** n (-[e]s/no pl.) patchwork (a. fig.); '**~zeug** n (bicycle) repair kit.

Flieder ⊕ ['fliːdər] m (-s/-) lilac.

Fliege ['fliːgə] f (-/-n) zo. fly; fig. bow tie.

fliegen ['fliːgən] (irr., ge-) 1. v/i. (sein) fly; F fig. fall; be fired or kicked out; ~ lassen fly (a kite, etc.); in die Luft ~ blow up; durchs Examen ~ flunk (out), Brt. fluff exams; ~ auf (acc.) go or fall for s.o. or s.th.; 2. v/t. (h) fly (plane, etc.).

Fliegen ['~] n (-s/no pl.) flying; aviation.

Fliegen|fänger ['fliːgənfɛŋər] m (-s/-) fly-paper, fly-strip; '**~fenster** n window screen; '**~gewicht** n sports: flyweight; '**~gitter** n (wire mesh) screening; **~klatsche** ['~klatʃə] f (-/-n) fly swatter; '**~pilz** ♣ m fly agaric.

'**Flieger** m (-s/-) flier, flyer; pilot; ✈ airman; F plane; cycling: sprinter; **~alarm** ✈ ['~ʔ~] m air-raid warning; **~ei** [~ʔəˈraɪ] f (-/no pl.) s. Fliegen; '**~horst** ✈ m air base; '**~in** f (-/-nen) (woman) flier or pilot.

flieh|en ['fliːən] v/i. (irr., ge-, sein) flee, run away (both: vor dat. from); '**2kraft** phys. f centrifugal force.

Fliese ['fliːzə] f (-/-n), '**2n** v/t. (ge-, h) tile; **~nleger** ['~nleːgər] m (-s/-) tiler.

Fließband ['fliːs-] n (-[e]s/-er) assembly line; conveyor belt.

fließ|en ['fliːsən] v/i. (irr., ge-, sein) flow (a. fig.); run; '**~end** 1. adj. flowing; running; speech, etc.: fluent; not fixed, fluid; 2. adv.: er spricht ~ Deutsch he speaks German fluently or fluent German; '**2heck** mot. n fastback.

flimmern ['flɪmərn] v/i. (ge-, h) glimmer, glitter; TV, etc. flicker; es flimmert mir vor den Augen I see stars before my eyes, my head swims.

flink adj. [flɪŋk] quick, nimble; ready (tongue, etc.).

Flinte ['flɪntə] f (-/-n) shotgun; F gun.

Flipper F ['flɪpər] m (-s/-) pinball machine; △ not flipper; '**2n** v/i. (ge-, h) play pinball.

Flirt [flœrt] m (-[e]s/-s) flirtation; '**2en** v/i. (ge-, h) flirt.

Flittchen F ['flɪtçən] n (-s/-) hussy, slut, floozie.

Flitter ['flɪtər] m (-s/no pl.) tinsel (a. fig.), spangles; '**~kram** m cheap finery; '**~wochen** pl. honeymoon.

flitz|en F ['flɪtsən] v/i. (ge-, sein) flit, whiz(z), shoot; '**2er** F m (-s/-) snappy (little) car or (motor)bike.

flocht [flɔxt] past of flechten.

Flock|e ['flɔkə] f (-/-n) flake; '**2ig** adj. fluffy, flaky.

flog [floːk] *past of* **fliegen**.

floh [floː] *past of* **fliehen**.

Floh zo. [~] m (-[e]s/-̈e) flea; '**~markt** m flea market.

Flor [floːr] m (-s/-e) *on fabric*: pile, nap.

Florett [flo'rɛt] n (-[e]s/-e) foil.

florieren [flo'riːrən] v/i. (*no ge-*, h) flourish, prosper.

Floskel ['flɔskəl] f (-/-n) empty *or* cliché(d) phrase.

floß [flɔs] *past of* **fließen**.

Floß [floːs] n (-es/-̈e) raft, float.

Flosse ['flɔsə] f (-/-n) fin; flipper; swimfin.

flöß|en ['flœːsən] v/t. (ge-, h) raft; '**2er** m (-s/-) rafter, raftsman.

Flöt|e ♪ ['fløːtə] f (-/-n) flute; recorder; '**2en** v/t. and v/i. (ge-, h) play the flute *or* recorder; *bird*: warble; F whistle; '**2engehen** F v/i. (*irr. gehen, sep.*, -ge-, sein) go to pot, go down the drain.

flott adj. [flɔt] brisk; lively, peppy; *clothes*: smart; *car*: a. racy; ♣ afloat.

Flotte ['flɔtə] f (-/-n) ♣ fleet; ✕ navy; '**~nstützpunkt** ✕ m naval base.

'**flottmachen** v/t. (sep., -ge-, h) ♣ get (*ship*) afloat; *fig.* get (*car, etc.*) going again.

Flöz geol., ✕ [flœːts] n (-es/-e) seam.

Fluch [fluːx] m (-[e]s/-̈e) curse; swearword; '**2en** v/i. (ge-, h) swear, curse.

Flucht [fluxt] f (-/-en) flight (*vor dat.* from); escape, getaway (*aus* from); *auf der ~* on the run; *die ~ ergreifen* take (to) flight; *in die ~ schlagen* put *s.o.* to flight; '**2artig** adv. ['~?-] hastily.

flüchten ['flʏçtən] (ge-) v/i. (sein) and v/refl. (h) flee (*nach, zu* to), run away; escape, get away.

'**Flucht|helfer** m s.o. who smuggles refugees out of a country, escape agent; '**~hilfe** f (-/no pl.): *j-m ~ leisten* help *or* smuggle s.o. out of a country.

flüchtig adj. ['flʏçtɪç] fugitive (a. fig.), on the run, at large; *fig.* superficial; *work, etc.*: careless; ✕ volatile; '**~er Blick** glance; '**~er Eindruck** glimpse; '**2keitsfehler** m slip (of the pen).

Flüchtling ['flʏçtlɪŋ] m (-s/-e) fugitive; *pol.* refugee; '**~slager** n refugee camp.

Flug [fluːk] m (-[e]s/-̈e) flight; *im ~(e)* fig. rapidly, quickly; '**~abwehrrakete** ['~?-] f anti-aircraft missile; '**~bahn** f trajectory (*of rocket, etc.*); ✈ flight path; '**~ball** m tennis, etc.: volley; '**~begleiter** ✈ m flight attendant; '**~blatt** n handbill, leaflet; '**~boot** ✈ n flying boat, seaplane; '**~dienst** ✈ m air service.

Flügel ['flyːgəl] m (-s/-) wing; *of propeller, etc.*: a. blade; sail (*of windmill, etc.*);

♪ grand piano; '**~mutter** ⊕ f wing nut; '**~schlag** m flap(ping) of wings; '**~schraube** ⊕ f thumb screw; '**~stürmer** m sports: wing forward; '**~tür** arch. f folding door.

'**Fluggast** m (air) passenger.

flügge adj. ['flʏgə] full(y)-fledged.

'**Flug|gesellschaft** f airline (company); '**~hafen** m airport; '**~hafengebäude** n terminal; '**~körper** ✈ m flying object; ✕ missile; '**~linie** f ✈ air route; airline; '**~lotse** m air-traffic controller; '**~plan** ✈ m flight plan; (flight) schedule; '**~platz** m airfield; airport.

flugs adv. [fluks] quickly; at once.

'**Flug|schein** m flight ticket; '**~schreiber** m flight recorder; '**~schrift** f pamphlet; '**~sicherung** f air-traffic control; '**~steig** ✈ m gate; '**~verkehr** m air traffic; air service; '**~zeit** f flying time.

'**Flugzeug** n (-[e]s/-e) aircraft, (air)plane, *esp. Brt.* aeroplane; *mit dem ~* by air *or* plane; '**~absturz** ['~?-] m air *or* plane crash; '**~entführung** ['~?-] f hijacking, skyjacking; '**~halle** f hangar; '**~katastrophe** f air disaster; '**~träger** m aircraft carrier.

Flunder zo. ['flʊndər] f (-/-n) flounder.

flunkern F ['flʊŋkərn] v/i. (ge-, h) fib; brag.

Flunsch F [flʊnʃ] m (-es/-e): *e-n ~ ziehen* make a face.

Fluor ✕ ['fluːɔr] n (-s/no pl.) *element*: fluorine; *agent*: fluoride; '**~kohlenwasserstoffe** pl. CFC's, chlorofluorocarbons.

Flur [fluːr] **1.** m (-[e]s/-e) hall(way); corridor; **2.** lit. f (-/-en) field, plain; '**~garderobe** f coat rack; coat *or* hall closet.

Fluß [flʊs] m (Flusses/Flüsse) river; stream; flow (a. fig.); *im ~* fig. in a state of flux; '**2abwärts** adv. [~?-] downstream; '**2aufwärts** adv. [~?-] upstream; '**~bett** n river bed; '**~dampfer** m steamboat, riverboat.

flüssig adj. ['flʏsɪç] liquid; melted (*butter, etc.*); *style, etc.*: fluent; *money*: available; '**2keit** f (-/-en) liquid; liquidity; fluency.

'**Fluß|lauf** m course of a river; '**~pferd** zo. n hippo(potamus); '**~schiffahrt** f river navigation *or* traffic; '**~ufer** ['~?-] n riverbank, riverside.

flüstern ['flʏstərn] v/i. and v/t. (ge-, h) whisper.

Flut [fluːt] f (-/-en) flood (a. fig.); high tide; *es ist ~* the tide is in; '**2en** (ge-) v/i. (sein) and v/t. (h) flood; '**~licht** ⚡ n floodlight; '**~welle** f tidal wave.

focht [fɔxt] *past of* **fechten**.

Fock ⚓ [fɔk] f (-/-en) foresail.

Fohlen zo. ['foːlən] n (-s/-) foal; colt; filly.

Föhn meteor. [føːn] m (-[e]s/-e) foehn, warm dry wind.

Folge ['fɔlɡə] f (-/-n) result, consequence; effect; succession (of events, etc.); (alphabetical, etc.) order; series (a. TV, etc.); sequel, episode; after-effect(s), aftermath.

'**folgen** v/i. (ge-) 1. (sein) (dat.) follow; obey (order, etc.); **hieraus folgt, daß** from this it follows that; **wie folgt** as follows; 2. (h) child, dog, etc.: obey; '**~d** adj. following, subsequent; **~dermaßen** adv. ['~dər'maːsən] as follows; '**~schwer** adj. of grave consequence, grave.

'**folgerichtig** adj. logical; consistent.

folger|n ['fɔlɡərn] v/t. (ge-, h) conclude (**aus** from); '**2ung** f (-/-en) conclusion (ziehen draw).

'**Folgezeit** f: **in der ~** afterwards; in future.

folglich cj. ['fɔlklɪç] consequently, thus, therefore; '**~sam** adj. obedient.

Folie ['foːliə] f (-/-n) foil; for projection, etc.: transparency; s. **Plastikfolie.**

Folter ['fɔltər] f (-/-n) torture; **auf die ~ spannen** tantalize; '**~bank** f (-/-e) rack; '**2n** v/t. (ge-, h) torture; fig. a. torment.

Fön TM [føːn] m (-[e]s/-e) (hand) hair-dryer.

Fond [fõː] m (-s/-s) back (of the car); stock (for sauce, etc.).

Fonds econ. [fõː] m (-/-) fund(s).

fönen ['føːnən] v/t. (ge-, h) blow-dry (hair).

Fontäne [fɔn'tɛːnə] f (-/-n) jet, spout; gush (of blood).

foppen F ['fɔpən] v/t. (ge-, h) tease; fool.

forcieren [fɔr'siːrən] v/t. (no ge-, h) force (pace, etc.), push s.th.; speed up s.th.

Förder|band ['fœrdər-] n (-[e]s/~er) conveyor belt; '**~er** m (-s/-) supporter; sponsor, patron; '**~korb** ⚒ m cage; '**2lich** adj. (dat.) beneficial (to), useful (to).

fordern ['fɔrdərn] v/t. (ge-, h) demand, require, call for; claim (a. ⚖ victims, etc.); econ. ask, charge.

fördern ['fœrdərn] v/t. (ge-, h) promote, support (a. univ.), sponsor; improve, stimulate; school: tutor, provide remedial classes for; ⚒ mine.

'**Forderung** f (-/-en) demand; claim (a. ⚖); econ. charge; debt (claim).

'**Förderung** f (-/no pl.) promotion, advancement; support, sponsorship; univ., etc. grant; school: tutoring, remedial classes; ⚒ mining; output.

Forelle zo. [fo'rɛlə] f (-/-n) trout.

Forke ['fɔrkə] f (-/-n) (pitch)fork.

Form [fɔrm] f (-/-en) form, shape; sports, etc.: a. condition; ⊕ mo(u)ld; **2al** adj. [~'maːl] formal; **~alität** [~ali'tɛːt] f (-/-en) formality; **~at** [~'maːt] n (-[e]s/-e) size; esp. book, etc.: format, fig. caliber, Brt. -re; **~el** ['~əl] f (-/-n) formula; **2ell** adj. [~'mɛl] formal; '**2en** v/t. (ge-, h) shape, form; mo(u)ld (clay, character, etc.); '**~enlehre** gr. f morphology; '**~fehler** m flaw (a. ⚖, ⊕); faux pas; **2ieren** [~'miːrən] v/t. and v/refl. (no ge-, h) form (up).

...**förmig** [-fœrmɪç] in compounds: ...-shaped, in the form of ...

förmlich ['fœrmlɪç] 1. adj. formal; fig. regular; 2. adv. formally; fig. literally, practically.

'**formlos** adj. shapeless; fig. informal; '**~schön** adj. well-designed.

Formular [fɔrmu'laːr] n (-s/-e) (printed) form, blank.

formu'lier|en v/t. (no ge-, h) word, phrase; formulate (rule, etc.); express; **wie soll ich es ~?** how shall I put it?; **2ung** f (-/-en) wording, phrasing; formulation; expression, phrase.

'**formvollendet** adj. perfect(ly shaped).

forsch adj. [fɔrʃ] brisk, straightforward; brash, self-confident.

forsch|en ['fɔrʃən] v/i. (ge-, h) research, do research work; **~ nach** search for; '**2er** m (-s/-) explorer; (research) scientist; '**2ung** f (-/-en) research (work); **2ungsanstalt** ['~s?-] f, **2ungszentrum** n research cent|er, Brt. -re.

Forst [fɔrst] m (-[e]s/-e[n]) forest.

Förster ['fœrstər] m (-s/-) forester, forest ranger.

'**Forstwirtschaft** f forestry.

Fort ⚔ [foːr] n (-s/-s) fort.

fort adv. [fɔrt] off, away; gone; missing; **ich muß ~** I must be off or going; **in e-m ~** on and on; **und so ~** and so forth; for compounds s.a. **weg.**

'**Fort|bestand** m (-[e]s/no pl.) (continued) existence; survival; **2bestehen** v/i. (irr. stehen, sep., no -ge-, h) continue; **2bewegen** v/refl. (sep., no -ge-, h) move; '**~bewegung** f (-/no pl.) moving; (loco)motion; '**2bilden** v/refl. (sep., -ge-, h) improve one's knowledge or skill; continue one's education or training; '**~bildung** f (-/no pl.) further education or training; in-service training; '**~dauer** f continuance; '**2fahren** v/i. (irr. fahren, sep., -ge-) 1. (sein) leave, go away; mot. a. drive off; 2. (h, sein) continue, go or keep on (**et. zu tun** doing s.th.); '**~fall** m (-[e]s/no pl.) s. **Wegfall**; '**2führen** v/t. (sep., -ge-, h) continue, carry on; '⸚gang m (-[e]s/no pl.) progress; '⸚gehen v/i. (irr. gehen, sep., -ge-, sein) go away, leave; fig. continue; '⸚geschritten adj. advanced; '⸚kommen fig. n (-s/no pl.) (professional) advancement, career; '⸚laufend adj. consecutive, successive; '⸚pflanzen v/refl. (sep., -ge-, h) biol. reproduce; fig. spread; '⸚pflanzung biol. f (-/no pl.) reproduction; '⸚reißen v/t. (irr. reißen, sep., -ge-, h) sweep or carry away (a. fig.); '⸚schaffen v/t. (sep., -ge-, h) remove (a. fig.); '⸚schreiten v/i. (irr. schreiten, sep., -ge-, sein) advance, proceed, progress; '⸚schreitend adj. progressive; increasing; '⸚schritt m progress, advances; '⸚schrittlich adj. progressive; '⸚setzen v/t. (sep., -ge-, h) continue, go on with; '⸚setzung f (-/-en) continuation; sequel (of novel, film, etc.); ⸚ folgt to be continued; '⸚setzungs... in compounds: serial(ized) (novel, etc.); '⸚während 1. adj. continual, constant; 2. adv. all the time; '⸚wünschen v/t. (sep., -ge-, h) wish s.o. or s.th. away.

fossil adj. [fɔ'siːl], ⸚ [⸚] n (-s/-ien) fossil.

Foto ['foːto] n (-s/-s) photo(graph), picture; in compounds: mst photo (album, etc.); ⸚apparat ['⸚'-] m camera; ⸚gen adj. [foto'geːn] photogenic; ⸚graf [foto'graːf] m (-en/-en) photographer; ⸚grafie [fotogra'fiː] f 1. (-/no pl.) photography; 2. (-/-en) photo(graph); ⸚gra'fieren v/t. and v/i. photograph, take a picture or pictures (of); sich ⸚ lassen have one's picture taken; ⸚'grafisch adj. photographic; ⸚kopie [fotoko'piː] f (-/-n) (photo)copy; '⸚modell n model; '⸚termin m photo session.

Fotze V ['fɔtsə] f (-/-n) cunt.

foulen ['faulən] v/t. (ge-, h) sports: foul.

Foyer [fŏa'jeː] n (-s/-s) foyer, lobby, lounge.

Fracht [fraxt] f (-/-en) freight, load, goods; ♧, ✓ a. cargo; cost: freight, Brt. carriage; '⸚brief econ. m consignment note, bill of lading; '⸚er ♧ m (-s/-) freighter.

Frack [frak] m (-[e]s/-e) tails, tailcoat.

Frage ['fraːgə] f (-/-n) question; e-e ⸚ stellen ask a question; in ⸚ stellen question s.th.; put in jeopardy; in ⸚ kommen be possible (person: eligible); nicht in ⸚ kommen be out of the question (not eligible); '⸚bogen m question(n)aire.

fragen ['fraːgən] v/t. and v/i. (ge-, h) ask (nach for; wegen about); nach dem Weg (der Zeit) ⸚ ask the way (time); sich ⸚ wonder; es fragt sich, ob the

question is whether; das fragt sich (noch) that is (still) very doubtful.

'Frage|satz gr. m interrogative sentence or clause; ⸚steller ['⸚ʃtɛlər] m questioner; interviewer; '⸚stellung f (formulation of a) question; '⸚wort gr. n interrogative (word); '⸚zeichen n question mark.

frag|lich adj. ['fraːklɪç] doubtful, uncertain; (the day, etc.) in question; '⸚los adv. undoubtedly, unquestionably.

Fragment [fra'gmɛnt] n (-[e]s/-e) fragment.

fragwürdig adj. ['fraːk-] dubious, F shady.

Fraktion [frak'tsi̯oːn] f (-/-en) (parliamentary) group or party; '⸚sführer parl. m floor leader, Brt. chief whip.

Fraktur [frak'tuːr] f (-/-en) 𝕱 fracture; print. Gothic; F: ⸚ reden talk turkey.

frank adv. [fraŋk]: ⸚ und frei quite frankly.

Franken econ. ['fraŋkən] m (-s/-) (Swiss) franc.

frank|ieren ⚹ [fraŋ'kiːrən] v/t. (no ge-, h) prepay, stamp; frank; ⸚o adv. ['fraŋko] post(age) paid.

Franse ['franzə] f (-/-n) fringe; '⸚ig adj. frayed.

Franz|ose [fran'tsoːzə] m (-n/-n) Frenchman; die ⸚n pl. the French; ⸚ösin [⸚'tsøːzɪn] f (-/-nen) Frenchwoman; ⸚ösisch adj. [⸚'tsøːzɪʃ] French.

frappieren [fra'piːrən] v/t. (no ge-, h) confound.

fräs|en ☉ ['frɛːzən] v/t. (ge-, h) mill; '⸚maschine ['frɛːs-] f milling machine.

fraß [fraːs] past of fressen.

Fraß F [⸚] m (-es/no pl.) sl. grub.

Fratz F [frats] m (-es/-e[n]) brat; süßer ⸚ cute little thing.

Fratze ['fratsə] f (-/-n) grimace; (ugly) face; '⸚nhaft adj. distorted.

Frau [frau] f (-/-en) woman; meine ⸚ my wife; ⸚ X Mrs X.

Frauen|arzt ['frauən'-] m, ⸚ärztin ['⸚'-] f gyn(a)ecologist; ⸚bewegung pol. f (-/no pl.) feminist movement, Women's Lib(eration movement); '⸚emanzipation ['⸚'-] f emancipation of women; '⸚feindlich adj. sexist; '⸚feindlichkeit f (-/no pl.) sexism; '⸚held F m lady-killer; '⸚klinik f gyn(a)ecological hospital; ⸚rechtlerin ['⸚rɛçtlərɪn] f (-/-nen) feminist; '⸚zimmer F n woman, female.

Fräulein ['frɔʏlaɪn] n (-s/ F-s) Miss (a. F teacher, waitress, etc.).

'traulich adj. womanly, feminine.

frech adj. [frɛç] impudent; rude; F

cheeky, fresh; pert, saucy; *lie*, *etc.*: brazen; '♀**dachs** F *m* (little) stinker, *Brt.* cheeky monkey; '♀**heit** *f* (*-/-en*) impudence, F cheek, nerve; brazenness.

frei *adj.* [fraı] free (*von* from, of) (*a. in compounds*); independent (*a. profession, etc.*); *journalist, etc.*: freelance; *seat, room, job, etc.*: vacant (*a. toilet, etc.*), available; *manner, style*: candid, frank; *soccer, etc.*: unmarked; **ein** **~er Tag** a day off; **e-e Woche ~ nehmen** take a week off; **morgen (samstags) haben wir ~** there is no school tomorrow (on Saturdays); **~ werden** ↗ *etc.* be released; **~e Fahrt!** *mot.* resume speed; **so ~ sein, et. zu tun** take the liberty of doing s.th.; **ich bin so ~** thank you, if I may; **ins Freie, im Freien** outdoors; *s.* Fuß.

'**Frei|bad** *n* outdoor swimming pool; '♀**bekommen** *v/t.* (*irr. bekommen, sep., no -ge-, h*) get a day, *etc.* off; '♀**beruflich** *adj.* self-employed; *journalist, etc.*: freelance; '~**brief** *fig. m* licen|se (*esp. Brt.* -ce), excuse; '~**er** *m* (*-s/-*) *lit.* suitor; F (*prostitute's*) customer; '~**exemplar** ['~ʔ-] *n* free copy; '~**gabe** *f* (*-/no pl.*) release; '♀**geben** (*irr. geben, sep., -ge-, h*): **1.** *v/t.* release; **e-n Tag** *etc.* **~** give a day, *etc.* off; **2.** *v/i.*: **j-m ~** give s.o. time off; ♀**gebig** *adj.* ['~ge:bıç] generous, liberal; '**gepäck** ✈ *n* free luggage; '♀**haben** *v/i.* (*irr. haben, sep., -ge-, h*) be off, have a day, *etc.* off; '~**hafen** *m* free port; '♀**halten** *v/t.* (*irr. halten, sep., -ge-, h*) keep (*road, etc.*) clear; save (*s.o. a seat, etc.*); treat s.o. (to s.th.); ♀**händig** *adv.* ['~hεndıç] (*ride a bike, etc.*) with no hands; '~**heit** *f* (*-/-en*) freedom, liberty; '♀**heitlich** *pol. adj.* free, liberal; '~**heitsstrafe** ⚖ *f* prison sentence; '~**herr** *m* baron; '~**karte** *f* free ticket; '~**körperkultur** *f* (*-/no pl.*) nudism; '♀**lassen** *v/t.* (*irr. lassen, sep., -ge-, h*) release, set free; **gegen Kaution ~** ⚖ release on bail; '~**lassung** *f* (*-/no pl.*) release; '~**lauf** *m* freewheel (*a. im ~fahren*); '♀**legen** *v/t.* (*sep., -ge-, h*) lay s.th. open or bare.

'**freilich** *adv.* indeed, of course; however.

'**Frei|licht...** *in compounds*: open-air (*concert, theater, Brt.* -re, *etc.*); '♀-**machen** *v/t.* (*sep., -ge-, h*) 🖂 prepay, stamp; **sich ~** undress; **sich ~ von** free o.s. from; '~**maurer** *m* Freemason; ♀**mütig** *adj.* ['~my:tıç] candid, frank; '♀**schaffend** *adj.* freelance (*artist, etc.*); '♀**schwimmen** *v/refl.* (*irr. schwimmen, sep., -ge-, h*) pass a 15-minute swimming test; *fig.* find one's feet; '♀**setzen** *v/t.* (*sep., -ge-, h*) release, set s.th. free; lay off (*workers*), *Brt. a.*

make redundant; '♀**sprechen** *v/t.* (*irr. sprechen, sep., -ge-, h*) *esp. eccl.* absolve (*von* from); ⚖ acquit (of); release (*apprentice*); '~**spruch** ⚖ *m* acquittal; '~**staat** *pol. m* free state; '♀**stehen** *v/i.* (*irr. stehen, sep., -ge-, h*) *apartment, etc.*: be vacant; *soccer, etc.*: be unmarked; **es steht dir frei zu** you are free to; '♀**stehend** *adj.* *apartment, etc.*: vacant; *house*: detached, freestanding; '♀**stellen** *v/t.* (*sep., -ge-, h*): **j-m ~** exempt s.o. (*von* from) (*a.* ✕); **j-m et. ~** leave s.th. to s.o.; '~**stil** *m sports*: freestyle; '~**stoß** *m soccer*: free kick; '~**stunde** *f school*: free period; '~**tag** *m* Friday; '~**tod** *m* suicide; '~**treppe** *f* outdoor stairs; '~**übungen** ['~ʔ-] *pl.* cal(l)isthenics; '~**wild** *n* fair game; '♀**willig** *adj.* voluntary; **sich ~ melden** volunteer (*zu* for); '~**willige** ['~vılıgə] *m, f* (*-n/-n*) volunteer; '~**zeit** *f* free or spare or leisure time; '~**zeitgestaltung** *f* recreational activities; '~**zeitpark** *m* amusement park; ♀**zügig** *adj.* ['~tsy:-gıç] liberal, tolerant; permissive; *film, etc.*: explicit, frank.

fremd *adj.* [frεmt] strange; foreign; unknown; **ich bin auch ~ hier** I'm a stranger here myself; **~artig** *adj.* ['~ʔ-] strange, exotic.

Fremde¹ ['frεmdə] *f* (*-/no pl.*) foreign places; **in der ~** abroad.

Fremde² [~] *m, f* (*-n/-n*) stranger; foreigner.

'**Fremden|führer** *m* (tourist) guide; '~**heim** *n* boarding house; '~**legion** ✕ *f* Foreign Legion; '~**verkehr** *m* tourism; '~**verkehrsbüro** *n* tourist office; '~**zimmer** *n* guest room; **~ (zu vermieten)** room(s) for rent or to let.

'**fremd|gehen** F *v/i.* (*irr. gehen, sep., -ge-, sein*) be unfaithful (to one's wife or husband), play around; '♀**körper** *m* ✈ foreign body; *fig.* alien element; '♀**sprache** *f* foreign language; '♀**sprachenkorrespondent(in)** *m* (*f*) (*-en[-]/ -en[-nen]*) foreign language secretary; '♀**sprachensekretärin** *f* bilingual secretary; '~**sprachig**, '~**sprachlich** *adj.* foreign-language; '♀**wort** *n* (*-[e]s/ ~er*) foreign word; hard word.

Frequenz *phys.* [fre'kvεnts] *f* (*-/-en*) frequency.

Fresse V ['frεsə] *f* (*-/-n*) big (fat) mouth, kisser.

fressen ['frεsən] *v/t. and v/i.* (*irr., ge-, h*) *animals*: eat, feed (on); F gobble; devour.

Freude ['frɔydə] *f* (*-/-n*) joy, delight; pleasure; **~ haben an** (*dat.*) take pleasure in, enjoy; **j-m (viel) ~ machen** make s.o. happy, give s.o. a lot of pleasure or joy; **j-m e-e ~ machen** do s.th. nice for s.o., give s.o. s.th.; ... **macht ~ ...** is fun.

'Freuden|botschaft f glad tidings, good news; **'~geschrei** n shouts of joy, cheers; **'~haus** F n brothel; **'~tag** m red-letter day; **'~taumel** m raptures.

'freud|estrahlend adj. radiant (with joy); **'~ig** adj. joyful, cheerful; happy, blessed (event, etc.); **~los** adj. ['frɔyt-] joyless, cheerless.

freuen ['frɔyən] v/t. (ge-, h): **es freut mich, daß** I am glad or pleased (that); **sich ~ über** be pleased about or with, be glad or happy about; **sich ~ auf** (acc.) look forward to.

Freund [frɔynt] m (-[e]s/-e) friend; boyfriend; lover (of music, etc.); **~in** ['~dɪn] f (-/-nen) friend; girlfriend; **'2lich** adj. friendly, kind, nice; colo[u]rs, room, etc.: cheerful; s. **Gruß**; **'2licher'weise** adv. kindly; **'~lichkeit** f (-/-en) friendliness, kindness; **'~schaft** f (-/-en) friendship; **~ schließen** make friends; **'2schaftlich** adj. friendly; **'~schaftsspiel** n friendly (game).

Frevel ['fre:fəl] m (-s/-) outrage (an dat., gegen on); sin; crime.

Friede(n) ['fri:də(n)] m (Friedens/Frieden) peace; **im ~** in peacetime; **laß mich in ~!** leave me alone!

'Friedens|bewegung f peace movement; **'~forschung** f peace studies; **'~verhandlungen** pl. peace negotiations or talks; **'~vertrag** m peace treaty.

fried|fertig adj. ['fri:t-] peaceable, peaceful; **'2hof** m cemetery, graveyard (a. fig.); **'~lich** adj. peaceful; **'~liebend** adj. peace-loving.

frieren ['fri:rən] v/i. (irr., ge-) 1. (sein) freeze; 2. (h) be or feel cold; **ich friere, mich friert** I'm cold, F I'm freezing.

Fries arch. [fri:s] m (-es/-e) frieze.

Frikadelle [frika'dɛlə] f (-/-n) meatball.

frisch adj. [frɪʃ] fresh; linen, etc.: clean; **~ gestrichen!** wet or fresh paint!; **~ verheiratet** just married; **auf ~er Tat ertappen** catch s.o. in the act; **'2e** f (-/no pl.) freshness; **'2haltefolie** f plastic wrap, Brt. clingfilm; **'2haltepackung** f vacuum package.

Friseu|r [fri'zø:r] m (-s/-e) hairdresser, hair stylist; barber; **~rsalon** m (ladies' or men's) hairdressing salon, beauty parlor or shop; barbershop, Brt. barber's shop; **~se** [fri'zø:zə] f (-/-en) hairdresser, (ladies') hair stylist, beautician.

frisier|en [fri'zi:rən] v/t. (no ge-, h) do s.o.'s hair; F mot. soup up; **2haube**

[fri'zi:r-] f hood dryer; **2kommode** f dresser, dressing table.

Frist [frɪst] f (-/-en) (prescribed) period, (set) term; time limit, deadline; extension (of time) (a. econ.); **'2en** v/t. (ge-, h): **sein Dasein ~** scrape (out) a living; **~enlösung** f ♯s appr. abortion time limitation; **'2los** adj. (dismissal, etc.) without notice.

Frisur [fri'zu:r] f (-/-en) hairstyle, hairdo.

fritieren [fri'ti:rən] v/t. (no ge-, h) deep-fry.

Fritten F ['frɪtən] pl. French fries.

frivol adj. [fri'vo:l] risqué; indecent.

froh adj. [fro:] glad (über acc. about); cheerful; happy; **~es Fest!** happy holiday!; Merry Christmas!

fröhlich adj. ['frø:lɪç] cheerful, happy; merry; **'2keit** f (-/no pl.) cheerfulness, merriment.

froh|'locken lit. v/i. (no -ge-, h) rejoice; **2sinn** m (-[e]s/no pl.) cheerfulness.

fromm adj. [from] religious, pious; horse: steady; **~er Wunsch** pious hope.

frömmeln ['frœməln] v/i. (ge-, h) be sanctimonious.

Frömmigkeit ['frœmɪç-] f (-/no pl.) religiousness, piety.

Fron hist. [fro:n] f (-/-en), **'~dienst** hist. m forced labo(u)r.

frönen ['frø:nən] v/i. (ge-, h) indulge in.

Fron'leichnam eccl. m (-[e]s/no pl.) Corpus Christi (Day).

fror [fro:r] past of **frieren**.

Front [frɔnt] f (-/-en) arch. front, face; ✗ front, line; fig. front; **in ~ liegen** be ahead; **2al** mot. adj. [~'ta:l] head-on; **~antrieb** mot. ['~ʔ-] m front-wheel drive.

Frosch zo. [frɔʃ] m (-es/-e) frog; **'~mann** m frogman; **'~perspektive** f worm's-eye view; **'~schenkel** pl. frog legs.

Frost [frɔst] m (-es/-e) frost; **'~beule** f chilblain.

frösteln ['frœstəln] v/i. (ge-, h) feel chilly, shiver (a. fig.).

'frostig adj. frosty; fig. a. chilly.

'Frostschutz(mittel) m (n) anti-freeze.

Frottee [frɔ'te:] n, m (-[s]/-s) terry (cloth); **2ieren** [~'ti:rən] v/t. (no ge-, h) rub (body) down.

Frucht [frʊxt] f (-/-e) ♀ fruit (a. fig.); ✓ crop(s); **'2bar** adj. biol. fertile (a. fig.); esp. fig. fruitful; **'~barkeit** f (-/no pl.) fertility; fruitfulness; **'~blase** ♯ f amniotic sac; **'2en** fig. v/i. (ge-, h): **(nichts) ~** be of (no) use; **'2los** adj. fruitless, futile; **'~wasser** ♯ n amniotic fluid.

früh *adj. and adv.* [fry:] early; **zu ~ kommen** be early; **~ genug** soon enough; **heute (morgen) ~** this (tomorrow) morning; **2aufsteher** ['~?-] *m* (-s/-) early riser, F early bird.

Frühle ['fry:ə] *f* (-/no pl.) morning; **in aller ~** (very) early in the morning; '2er **1.** *adj.* time, etc.: earlier, former; previous (owner, etc.); **2.** *adv.* in former times, at one time; **~ oder später** sooner or later; **ich habe ~ (einmal)** ... I used to ...; '2estens *adv.* at the earliest; '~geburt *♂ f* premature birth; premature baby; '~jahr *n* spring; '~jahrsmüdigkeit *f* spring fever; ~ling ['~lɪŋ] *m* (-s/-e) spring (a. fig.); 2'morgens *adv.* early in the morning; 2reif *adj.* precocious; '~schoppen F *m* (Sunday) morning get-together for a drink; '~stück *n* breakfast (zum for); '2stücken (ge-, h) **1.** *v/i.* (have) breakfast; **2.** *v/t* have s.th. for breakfast; '~warnsystem *⚔ n* early warning system; '2zeitig *adj. and adv.* early.

Frust F [frʊst] *m* (-es/no pl.) = ~ration [frʊstra'tsio:n] *f* (-/-en) frustration; 2rieren [~'tri:rən] *v/t.* (no ge-, h) frustrate.

Fuchs [fʊks] *m* (-es/ -e) zo. fox (a. fig.); horse: sorrel.

Füchsin zo. ['fʏksɪn] *f* (-/-nen) vixen.

'Fuchsljagd *f* fox hunt(ing); '~schwanz *⊙ m* hand saw; '2teufels'wild F *adj.* hopping mad.

fuchteln ['fʊxtəln] *v/i.* (ge-, h): **~ mit** wave s.th. about.

Fuder ['fu:dər] *n* (-s/-) (cart-)load; tun (of wine).

Fuge ['fu:gə] *f* (-/-n) ⊙ joint; ♪ fugue; **aus den ~n gehen** go to pieces (a. fig.).

fügen ['fy:gən] *v/refl.* (ge-, h) submit, give in, yield (in et., e-r Sache to s.th.); **~sam** *adj.* ['fy:k:-] obedient, submissive; '2ung *f* (-/-en) providence, fate.

fühlbar *fig. adj.* ['fy:l-] noticeable; considerable.

fühl|en ['fy:lən] *v/t. and v/i. and v/refl.* (ge-, h) feel; sense; **sich wohl ~** feel well; '2er *m* (-s/-) feeler (a. fig.), antenna; '2ung *f* (-/no pl.): **~ aufnehmen (mit)** get in touch (with s.o.).

fuhr [fu:r] *past of* **fahren**.

Fuhre ['fu:rə] *f* (-/-n) (cart)load; taxi: fare.

führen ['fy:rən] (ge-, h) **1.** *v/t.* lead (a. life); guide, conduct (a. negotiations, etc.); take (s.o. somewhere); run, manage (business, household, etc.); sell, deal in (goods, etc.); keep (books, account, etc.); carry on (conversation, etc.); have, bear (name, title, etc.); ⚔ command; **j-n ~ durch** show s.o. round; **mit or bei sich ~** carry, have with or on one; **sich ~** conduct o.s.; **2.** *v/i.* lead (zu to a. fig.); sports, etc.: a. be leading or ahead; '~d *adj.* leading, prominent.

Führer ['fy:rər] *m* (-s/-) leader (a. pol.); guide; head, chief; guide(book); '~schein *mot. m* driver's license, Brt. driving licence; '~scheinentzug ['~ʃaɪn?-] *m* withdrawal of the driver's (Brt. driving) licen|se, Brt. -ce.

'Führung *f* (-/-en) leadership, control; management; (guided) tour; **gute ~** good conduct; **in ~ gehen (sein)** take (be in) the lead; '~skräfte *econ. pl.* (top) executives; '~squalitäten *pl.* leadership abilities; '~sstil *m* leadership (style); '~szeugnis *n* certificate of (good) conduct.

Fuhr|unternehmen ['fu:r?-] *n* trucking company, Brt. haulage contractors; '~werk *n* horse-drawn vehicle.

Fülle ['fʏlə] *f* (-/no pl.) crush; fig. wealth, abundance (of ideas, etc.); body (of wine, hair, etc.).

füllen ['fʏlən] *v/t.* (ge-, h) fill (a. tooth); stuff (pillow, chicken, etc.).

Füllen zo. [~] *n* (-s/-) s. **Fohlen**.

'Füll|er *m* (-s/-), '~feder(halter) *f* (*m*) fountain pen; '~horn *n* cornucopia; '2ig *adj.* stout, portly; '~sel fig. ['fʏlzəl] *n* (-s/-) stopgap; in writings: padding; '~ung *f* (-/-en) filling; stuffing.

fummeln F ['fʊməln] *v/i.* (ge-, h) fumble, fiddle; tinker (all: **an** dat. with, at); sl. make out.

Fund [fʊnt] *m* (-[e]s/-e) finding, discovery; **(make a)** find.

Fundament [fʊnda'mɛnt] *n* (-[e]s/-e) arch. foundation(s); fig. a. basis.

Fund|amt ['fʊnt?-] *n*, '~büro *n* lost and found (department), Brt. lost-property office; '~gegenstand *m* found article; '~grube fig. *f* rich source, mine.

Fundi F pol. ['fʊndi] *m* (-s/-s) radical Green.

fundiert *adj.* [fʊn'di:rt] well-founded, sound.

fündig *adj.* ['fʏndɪç]: **~ werden** find s.th.; strike oil, etc.

fünf *adj.* [fʏnf] five; 2 [~] *f* (-/-en) grade: fail, poor, F, U, Brt. E; **2eck** ['~?-] *n* (-[e]s/-e) pentagon; '~fach *adj.* ['~fax] fivefold, quintuple; '2kampf *m sports*: pentathlon; 2linge ['~lɪŋə] *pl.* quintuplets; '~te *adj.* fifth; '2tel *n* (-s/-) fifth; '~tens *adv.* fifth(ly), in the fifth place; '~zehn(te) *adj.* fifteen(th); '~zig *adj.* ['~tsɪç] fifty; '~zigste *adj.* fiftieth.

fungieren [fʊŋ'gi:rən] *v/i.* (no ge-, h): **~ als** act or function as.

Funk [fʊŋk] m (-s/no pl.) radio (a. in compounds), Brt. a. wireless; **über** or **durch ~** by radio; **~amateur** ['~?~] m amateur radio operator, F ham.

Funke ['fʊŋkə] m (-ns/-n) spark; fig. a. glimmer; **2ln** ['~ln] v/i. (ge-, h) sparkle, glitter; stars: a. twinkle.

funk|en ['fʊŋkən] v/t. (ge-, h) radio, transmit; F: **bei mir hat's gefunkt** I got the message; **2er** m (-s/-) radio operator; **2gerät** n (two-way) radio set; **2haus** n broadcasting cent|er, Brt. -re; **2signal** n radio signal; **2spruch** m radio message; **2streife** f (radio) patrol car; **2telefon** n cellular phone.

Funktion [fʊŋk'tsi̯o:n] f (-/-en) function; **~är** [~o'nɛːr] m (-s/-e) functionary, official (a. sports); **2ieren** [~o'ni:rən] v/i. (no ge-, h) machine, method, etc.: work.

'Funk|turm m radio tower; **'~verkehr** m radio communication(s).

für prp. [fyːr] (acc.) for; in favo(u)r of; instead of; **~ mich** to me, as far as I'm concerned; **~ immer** forever; **Tag ~ Tag** day by day; **jeder ~ sich** work, etc.: everyone by himself; **was ~ ...?** what (kind or sort of) ...?; **das Für und Wider** the pros and cons.

'Fürbitte lit. f (-/-n) intercession, plea.

Furche ['fʊrçə] f (-/-n) furrow; rut; ⊚ groove; **2n** v/t. (ge-, h) furrow; ⊚ groove.

Furcht [fʊrçt] f (-/no pl.) fear, dread (both: **vor** dat. of); **aus** or **vor ~** (, **daß**) for fear (that); **'2bar** adj. terrible, awful.

fürchten ['fʏrçtən] (ge-, h) **1.** v/t. fear, be afraid of; dread; **sich ~** be scared; be afraid (**vor** dat. of); **ich fürchte, ...** I'm afraid ...; **2.** v/i.: **~ für** or **um** fear for.

fürchterlich adj. ['fʏrçtərlɪç] terrible, awful, dreadful.

furcht|erregend adj. ['fʊrçt?~] frightening; **'~los** adj. fearless; **'~sam** adj. timid.

füreinander adv. [fyːr?aɪ'nandər] for each other.

Furie ['fuːri̯ə] f (-/-n) fury.

Furnier ⊚ [fʊr'niːr] n (-s/-e), **2en** v/t. (no ge-, h) veneer.

Furore [fu'roːrə] f (-/no pl.): **~ machen** cause quite a stir; be a hit.

fürs prp. [fyːrs] (acc.) short for **für das**; **~ erste** for the moment.

'Fürsorge f (-/no pl.) care; **öffentliche ~** (public) welfare (work); **~amt** ['~?~] n welfare department; **~empfänger** ['~?~] m welfare recipient; **'~r** m (-s/-) social or welfare worker.

fürsorglich adj. ['fyːrzɔrklɪç] considerate; caring.

'Für|sprache f intercession (**für** for, **bei** with); **~sprech(er)** Swiss ['~ʃprɛç(ər)] m (-s[-s]/-e[-]) lawyer; **'~sprecher** m advocate (a. fig.).

Fürst [fʏrst] m (-en/-en) prince; **'~entum** n (-s/-er) principality; **'~in** f (-/-nen) princess; **2lich** adj. princely, royal (both a. fig.).

Furt [fʊrt] f (-/-en) ford.

Furunkel ✚ [fu'rʊŋkəl] m (-s/-) boil.

'Fürwort gr. n (-[e]s/-er) pronoun.

Furz V [fʊrts] m (-es/-e), **2en** v/i. (ge-, h) fart.

Fusel F ['fuːzəl] m (-s/-) booze; contp. rotgut.

Fusion econ. [fu'zi̯o:n] f (-/-en) merger.

Fuß [fuːs] m (-es/-e) foot; lamp, etc.: base; glass: a. stem; **zu ~** on foot; **zu ~ gehen** walk; **gut zu ~ sein** be a good walker; **~ fassen** become established; **auf freiem ~** at large; **~abdruck** ['~?~] m (-[e]s/-e) footprint; **~abstreifer** ['~?apʃtraɪfər] m (-s/-) doormat; **~angel** ['~?~] f mantrap; **'~ball** m soccer, Brt. a. (association) football; **~ballfan** ['~fɛn] m (-s/-s) soccer (esp. Brt. football) fan; **'~ballfeld** n, **'~ballplatz** m soccer (esp. Brt. football) field; **'~ballrowdy** m (football) hooligan; **'~ballspiel** n soccer game, esp. Brt. football match; **'~ballspieler** m soccer (esp. Brt. football) player; **'~balltoto** n gambling: football pool(s); **'~bank** f (-/-e) footstool, footrest; **'~boden** m floor; flooring; **'~bodenheizung** f underfloor heating; radiant (floor) heating; **'~bremse** mot. f footbrake.

Fussel ['fʊsəl] f (-/-n), m (-s/-[n]) piece of lint (Brt. fluff); **~(n)** pl. lint, Brt. fluff; **2ig** adj. linty, covered in fluff; **2n** v/i. (ge-, h) shed, Brt. moult.

fußen ['fuːsən] v/i. (ge-, h): **~ auf** (dat.) be based on.

Fußgänger ['fuːsgɛnər] m (-s/-) pedestrian; **~überweg** ['~?~] m pedestrian crossing; **~unterführung** ['~?~] f (pedestrian) underpass, Brt. a. subway; **'~zone** f area for pedestrian traffic only, (pedestrian or shopping) mall, Brt. pedestrian precinct.

'Fuß|geher Aust. m s. **Fußgänger**; **'~gelenk** n ankle (joint); **'~note** f footnote; **'~pflege** f pedicure; ✚ chiropody, podiatry; **'~pilz** ✚ m athlete's foot; **'~sohle** f sole (of the foot); **'~spur** f footprint; track; **~stapfen** ['~ʃtapfən] pl.: **in j-s ~ treten** follow in s.o.'s footsteps; **'~tritt** m kick; **'~weg** m footpath; **e-e Stunde ~** an hour's walk.

futsch F adj. [fʊtʃ]: **~ sein** be gone or lost or ruined.

Futter ['fʊtər] n **1.** (-s/no pl.) ✗ feed;

fodder; *for dogs, etc.*: food; F eats, chow; **2.** (-*sl*-) ⊕, *of coat, etc.*: lining.

Futteral [fuˈtaːraːl] *n* (-*sl-e*) case (*for glasses, etc.*); cover.

'Futtermittel *n* feed(ing stuff).

futtern F ['futarn] *v/i. and v/t.* (ge-, h) tuck in(to).

füttern ['fYtarn] *v/t.* (ge-, h) feed (*a. fig.*); line (*dress, etc.*).

'Futter|napf *m* (feeding) bowl; **'Øneidisch** F *adj.* envious, jealous.

'Fütterung *f* (-*l-en*) feeding (time).

Futur *gr.* [fuˈtuːr] *n* (-*slno pl.*) future (tense).

G

gab [gaːp] *past of* **geben**.

Gabe ['gaːbə] *f* (-*l-n*) gift, present; ℱ dose; talent, gift; *milde* ~ alms.

Gabel ['gaːbəl] *f* (-*l-n*) fork; *teleph.* cradle; **'~baum** *m windsurfing:* boom; **'Øn** *v/refl.* (ge-, h) fork, branch; **'~stapler** ⊕ ['~ʃtaːplər] *m* (-*sl-*) forklift (truck); **'~ung** *f* (-*l-en*) fork(ing) (*of road, etc.*).

gackern ['gakərn] *v/i.* (ge-, h) cackle (*a. fig.*).

gaff|en F ['gafən] *v/i.* (ge-, h) gape, stare; **'Øer** F *m* (-*sl-*) rubberneck, *Brt.* nosy parker.

Gage ['gaːʒə] *f* (-*l-n*) *esp. thea., etc.*: salary, pay; fee.

gähnen ['gɛːnən] *v/i.* (ge-, h) yawn (*a. fig.*).

Gala ['gaːla] *f* (-*lno pl.*) gala (*a. in compounds*).

galant *adj.* [gaˈlant] gallant, courteous.

Galaxis [gaˈlaksɪs] *f* (-*l-xien*) galaxy.

Galeere ⚓ [gaˈleːrə] *f* (-*l-n*) galley.

Galerie [galəˈriː] *f* (-*l-n*) gallery.

Galgen ['galgən] *m* (-*sl-*) gallows; **'~frist** *f* last respite; **'~humor** *m* gallows *or* grim humo(u)r; **'~vogel** F *fig. m* jailbird, crook.

Galle *anat.* ['galə] *f* (-*l-n*) gall (*a. fig.*); bile; **'~nblase** *anat.* *f* gall bladder; **'~nstein** ℱ *m* gallstone.

Gallert ['galərt] *n* (-[*e*]*sl-e*), **~e** [~'lɛrtə] *f* (-*l-n*) gelatin(e), jelly.

Galopp [gaˈlɔp] *m* (-*sl-s, -e*), **Øieren** [~'piːrən] *v/i.* (no ge-, sein) gallop.

galt [galt] *past of* **gelten**.

gamm|eln F ['gaməln] *v/i.* (ge-, h) rot; *fig.* loaf (about), bum around; **Øler** ['gamlər] *m* (-*sl-*) loafer, bum.

Gamsbart ['gams-] *m* decorative tuft of chamois hair (*on hat*).

Gang [gaŋ] *m* (-*sl-e*) walk; gait, way *s.o.* walks; passage; aisle; corridor, hall(way); *mot.* gear; course (*of events, of a dinner, etc.*); **et. in** ~ **bringen** get s.th. going, start s.th.; **in** ~ **kommen** get started; **im** ~(*e*) **sein** be (going) on, be in progress; **in vollem** ~(*e*) in full swing.

gang *adj.* [~]: ~ **und gäbe** (nothing un)usual, (quite) common.

Gang|art ['gaŋˀ-] *f* gait, pace; **'Øbar** *adj.* passable, practicable.

gängeln F ['gɛŋəln] *v/t.* (ge-, h) treat like a child, patronize.

gängig *adj.* ['gɛŋɪç] current (*word, etc.*), common; *econ.* sal(e)able.

'Gangschaltung *f* gears; gear stick (*Am. a.* shift, *Brt. a.* lever).

Ganove F [gaˈnoːvə] *m* (-*nl-n*) crook.

Gans *zo.* [gans] *f* (-*l-e*) goose.

Gänse|blümchen ⚘ ['gɛnzəblyːmçən] *n* (-*sl-*) daisy; **'~braten** *m* roast goose; **'~feder** *f* (goose) quill; **'~füßchen** F ['~fyːsçən] *pl.* quotation marks, inverted commas; **'~haut** *fig. f* gooseflesh; **dabei kriege ich** ~~**e** it gives me the creeps; **'~marsch** *m* single *or* Indian file; **'~rich** *zo.* ['~rɪç] *m* (-*sl-e*) gander.

ganz [gants] **1.** *adj.* whole; entire, total; full (*hour, truth, etc.*); F whole, undamaged; **den** ~**en Tag** all day; **die** ~**e Zeit** all the time; **in der** ~**en Welt** all over the world; **sein** ~**es Geld** all his money; ~**e 5 Mark** no more than 5 marks; F **et.** ~ **machen** repair *or* fix s.th.; **2.** *adv.* wholly, completely; entirely, totally; very (*small, poor, etc.*); quite, rather, fairly; just, exactly (*like s.th., s.o., etc.*); ~ **allein** all by oneself; ~ **aus Holz** *etc.* all wood, *etc.*; ~ **und gar** completely, totally; ~ **und gar nicht** not at all, by no means; ~ **wie du willst** just as you like; **nicht** ~ not quite; **im** ~**en** in all, altogether; **im** (**großen und**) ~**en** on the whole, by and large; ~**s. voll**.

'Ganze *n* (-*nlno pl.*) whole; **das** ~ the whole thing, all, the lot; **aufs** ~ **gehen** go all out.

Gänze *Aust.* ['gɛntsə] *f* (-*lno pl.*): **zur** ~ s. **gänzlich**.

'Ganzleinen *print. n:* **in** ~ clothbound (*book*).

gänzlich *adv.* ['gɛntslɪç] completely, entirely.

'ganz|seitig *adj.* full-page (*article, etc.*);

'tägig adj. all-day (meeting, etc.); full-time (job, etc.).

'Ganztags|beschäftigung f full-time job; **~schule** f school with a full day of classes.

gar [ga:r] **1.** adj. food: done; F: *nicht ganz* ~ not quite right in the head; **2.** adv.: ~ *nicht(s)* not(hing) at all; *oder (vielleicht)* ~ or (perhaps) even; ~ *zu* really too (expensive, etc.).

Garage [ga'ra:ʒə] f (-/-n) garage.

Garantie [garan'ti:] f (-/-n) guarantee, esp. econ. warranty; **2ren** v/t. and v/i. (no ge-, h) guarantee (für et. s.th.); **~schein** econ. m warranty (certificate).

Garaus F ['ga:r²aus] m: *j-m den ~ machen* finish s.o. off.

Garbe ['garbə] f (-/-n) sheaf.

Garde ['gardə] f (-/-n) guard; ✕ (the) Guard(s).

Garderobe [gardə'ro:bə] f (-/-n) wardrobe, clothes; checkroom, Brt. cloakroom; thea. dressing-room; coat rack; **~nfrau** f checkroom (Brt. cloakroom) attendant; Am. F a. hatcheck girl; **~nmarke** f coatcheck tag or ticket, Brt. cloakroom ticket; **~nständer** m coat stand or rack.

Gardine [gar'di:nə] f (-/-n) curtain; **~nstange** f curtain rod.

gären ['gɛ:rən] v/i. (irr., ge-, h, sein) ferment (a. fig.), work.

Garn [garn] n (-[e]s/-e) yarn; thread, Brt. a. cotton; hunt. net; *j-m ins ~ gehen* fall into s.o.'s snare.

Garnele zo. [gar'ne:lə] f (-/-n) shrimp; prawn.

garnieren [gar'ni:rən] v/t. (no ge-, h) garnish (a. fig.).

Garnison ✕ [garni'zo:n] f (-/-en) garrison, post.

Garnitur [garni'tu:r] f (-/-en) set, suit (of underwear, etc.); suite (of furniture).

garstig adj. ['garstiç] nasty, F beastly.

'Gärstoff m ferment.

Garten ['gartən] m (-s/~) garden; **~arbeit** ['.²-] f gardening; **~architekt** ['.²-] m landscape gardener; **'~bau** m (-[e]s/no pl.) gardening, horticulture; **~erde** ['.²-] f (garden) mo(u)ld; **'~fest** n garden party; **'~geräte** pl. gardening tools; **'~haus** n summerhouse; **'~laube** f arbo(u)r, bower; **'~lokal** n beer garden; outdoor restaurant; **'~schere** f pruning shears; **'~stadt** f garden city; **'~zwerg** m (garden) gnome.

Gärtner ['gɛrtnər] m (-s/-) gardener; **~ei** [~'rai] f (-/-en) truck (Brt. market) garden; nursery.

Gärung ['gɛ:ruŋ] f (-/-en) fermentation.

Gas [ga:s] n (-es/-e) gas; ~ *geben* mot.

accelerate, F step on the gas; **'~brenner** m gas burner; **2förmig** adj. ['.fœrmiç] gaseous; **'~hahn** m gas valve or cock (Brt. tap); **'~heizung** f gas heating; **'~herd** m gas cooker or stove; **'~kammer** f gas chamber; **'~laterne** f gas (street) lamp; **'~leitung** f gas main; **'~maske** f gas mask; **~ofen** ['.²-] m gas oven; **'~pedal** mot. n accelerator (pedal), gas pedal.

Gasse ['gasə] f (-/-n) lane, alley.

Gast [gast] m (-es/-e) guest; visitor; in restaurant, etc.: customer; **~arbeiter** ['.²-] m foreign worker.

Gäste|buch ['gɛstə-] n visitors' book; **'~zimmer** n guest room, spare (bed-) room.

'gast|freundlich adj. hospitable; **'2-freundschaft** f hospitality; **2geber** ['.ge:bər] m (-s/-) host; **2geberin** f (-/-nen) hostess; **2haus** n, **2hof** m restaurant; hotel; inn; tavern, esp. Brt. pub; **'~hörer** univ. m auditor, Brt. guest student.

gastieren [gas'ti:rən] v/i. (no ge-, h) circus, etc.: give performances; thea. give a guest performance, guest.

'gast|lich adj. hospitable; **2mahl** hist. lit. n feast, banquet; **2mannschaft** f visiting team, visitors; **2rolle** thea. f guest part, cameo (role); **2spiel** n (guest) performance; concert (during tour); **2stätte** f restaurant; **2stube** f taproom; restaurant; **2wirt** m innkeeper, landlord, Brt. a. publican; **'2-wirtschaft** f restaurant; tavern, esp. Brt. pub.

Gas|uhr ['ga:s²-] f gas meter; **'~werk** n gas works; **'~zähler** m gas meter.

Gatte lit. ['gatə] m (-n/-n) husband.

Gatter ['gatər] m (-s/-n) fence; gate.

Gattin lit. ['gatin] f (-/-nen) wife.

Gattung ['gatuŋ] f (-/-en) type, class, sort; biol. genus; species.

GAU abbr. [gau] m (-s/no pl.) worst-case scenario, Brt. MCA (maximum credible accident); nuclear meltdown.

Gau [gau] m (-[e]s/-e) district, province.

Gaudi F ['gaudi] f (-/no pl.) fun.

Gaukler ['gauklər] m (-s/-) esp. hist. itinerant entertainer.

Gaul [gaul] m (-[e]s/-e) (old) nag.

Gaumen anat. ['gaumən] m (-s/-) palate (a. fig.).

Gauner F ['gaunər] m (-s/-) swindler, cheat(er), crook, trickster; **~ei** [~'rai] f (-/-en) cheat(ing), swindle, trick(ery).

Gaze ['ga:zə] f (-/-n) gauze.

Gazelle zo. [ga'tsɛlə] f (-/-n) gazelle.

Geächtete [gə'ɛçtətə] m, f (-n/-n) outlaw, outcast.

geartet adj. [gə'artət]: *anders etc. ~ sein*

have a different, *etc.* nature *or* mentality.

Gebäck [gə'bɛk] *n* (-[e]*s/-e*) pastry; cookies, *Brt.* biscuits.

gebacken [gə'bakən] *p.p. of* **backen.**

Gebälk [gə'bɛlk] *n* (-[e]*s/no pl.*) timberwork, beams.

ge|ballt *adj.* [gə'balt] clenched (*fist*); *fig.* concentrated (*power, etc.*); **~bannt** *adj.* [~'bant] spellbound, fascinated.

gebar [gə'baːr] *past of* **gebären.**

Gebärde [gə'bɛːrdə] *f* (*-/-n*) gesture; **2n** *v/refl.* (*no -ge-, h*) behave, act (*wie* like).

Gebaren [gə'baːrən] *n* (-*s/no pl.*) behavio(u)r.

gebären [gə'bɛːrən] *v/t.* (*irr., no -ge-, h*) give birth to.

Gebäude [gə'bɔydə] *n* (*-s/-*) building, structure.

Ge'beine *pl.* bones, mortal remains.

Gebell [gə'bɛl] *n* (-[e]*s/no pl.*) bark(ing), baying.

geben ['geːbən] *v/t.* (*irr., ge-, h*) give (*j-m et.* s.o. s.th.); hand, pass; deal (*cards*); **sich ~** storm, pain, *etc.*: pass off; *situation*: get better; **von sich ~** utter, let out; **🎵** give off; *j-m die Schuld ~* blame s.o.; *es gibt* there is, there are; *zweimal zwei gibt vier* two times two makes four; *was gibt es?* what's the matter?; what's for lunch, *etc.?*; *TV, etc.* what's on?; *das gibt es nicht* there's no such thing; that's out.

'Geber *m* (*-s/-*) *cards:* dealer; *s.* **Spender.**

Gebet [gə'beːt] *n* (-[e]*s/-e*) prayer.

gebeten [gə'beːtən] *p.p. of* **bitten.**

Gebiet [gə'biːt] *n* (-[e]*s/-e*) region, area; *esp. pol.* territory; *fig.* field.

ge'biet|en *lit.* (*irr. bieten, no -ge-, h*) 1. *v/i.* rule (*über acc.* over); 2. *v/t.* order, command; *fig.* demand, call for; *2er lit. m* (*-s/-*) ruler, master (*über acc.* of); **2erin** *lit. f* (*-/-nen*) mistress; **~erisch** *adj.* imperious.

ge'bietswelse *adv.* regionally; **~ Regen** scattered *or* local showers.

Gebilde [gə'bɪldə] *n* (*-s/-*) thing, object; work, creation; **2t** *adj.* educated; well-read.

Gebirge [gə'bɪrgə] *n* (*-s/-*) mountains; **2ig** *adj.* mountainous; **~ebewohner** mountain-dweller, highlander; **~szug** *m* mountain range.

Ge'biß *n* (*-bisses/-bisse*) (set of) teeth; (set of) false teeth, denture(s); *on bridle:* bit.

gebissen [gə'bɪsən] *p.p. of* **beißen.**

Gebläse ☉ [gə'blɛːzə] *n* (*-s/-*) blower, (*mot.* air) fan.

ge|blasen [gə'blaːzən] *p.p. of* **blasen; ~blieben** [~'bliːbən] *p.p. of* **bleiben.**

ge|blümt *adj.* [gə'blyːmt] flowered, floral (*pattern, etc.*); **2lüt** *lit.* [~'blyːt] *n* (-[e]*s/no pl.*): *von edlem ~* of noble descent *or* blood; **~bogen** 1. *p.p. of* **biegen;** 2. *adj.* bent, curved; **~boren** [~'boːrən] 1. *p.p. of* **bergen;** 2. *adj.* born; *s.* **gebürtig;** **~e Smith** née Smith; *ich bin am ... ~* I was born on the ...

geborgen [gə'bɔrgən] 1. *p.p. of* **bergen;** 2. *adj.* safe, sheltered; **2heit** *f* (*-/no pl.*) safety, security.

geborsten [gə'bɔrstən] *p.p. of* **bersten.**

Gebot [gə'boːt] *n* (-[e]*s/-e*) *eccl.* commandment; *traffic, etc.:* rule; *fig.* necessity; *auction, etc.:* bid.

ge|boten [gə'boːtən] 1. *p.p. of* **bieten;** 2. *adj.* necessary, due (*care, etc.*); **~bracht** [~'braxt] *p.p. of* **bringen;** **~brannt** [~'brant] *p.p. of* **brennen;** **~braten** *p.p. of* **braten.**

Gebrauch *m* 1. (-[e]*s/no pl.*) use; application; 2. (-[e]*s/-e*) (*religious, etc.*) practice; **2en** *v/t.* (*no -ge-, h*) use; apply, employ; *gut* (*nicht*) *zu ~ sein* be useful (useless); *ich könnte ... ~* I could do with ...

gebräuchlich *adj.* [gə'brɔyçlɪç] in use; common, usual; current (*word, etc.*).

Gebrauchs|anweisung [gə'brauxs²-] *f* directions *or* instructions for use; **2fertig** *adj.* ready for use; **~graphik** *f* (*-/no pl.*) commercial art.

ge'braucht *adj.* used; *esp. econ.* second-hand; **2wagen** *mot. m* used *or* second-hand car; **2warenhändler** *m* second-hand dealer.

Ge'brech|en *n* (*-s/-*) defect, handicap; *lit.* disease; **2lich** *adj.* weak, shaky; infirm; **~lichkeit** *f* (*-/no pl.*) weakness, shakiness; infirmity.

gebrochen [gə'brɔxən] 1. *p.p. of* **brechen;** 2. *adj.* broken (*a. fig.* heart, German, *etc.*).

Ge|brüder [gə'bryːdər] *pl.* brothers; **~brüll** [~'brʏl] *n* (-[e]*s/no pl.*) roar(ing); *cattle:* lowing, moo(ing).

Gebühr [gə'byːr] *f* (*-/-en*) charge (*a. teleph.*), fee, dues; **✆** postage; **2en** *lit. v/i.* (*no -ge-, h*): *ihm gebührt ...* he deserves (*respect, etc.*); *wie es sich gebührt* as is fit and proper; **2end** *adj.* due; proper; **2enfrei** *adj.* free of charge; *teleph.* toll-free, *Brt.* non-chargeable; **2enpflichtig** *adj.* subject to charge(s); **~e Straße** toll road; **~e Verwarnung 👮** fine.

gebunden [gə'bʊndən] 1. *p.p. of* **binden;** 2. *adj.* bound; *fig. a.* tied.

Geburt [gə'buːrt] *f* (*-/-en*) birth (*von* by); **~enkontrolle, ~enregelung** *f* (*-/no pl.*)

birth control, family planning; **~en-rückgang** m decline in birthrate; **~en-schwach** adj. (years, etc.) having a low birthrate; **~enstark** adj.: **~e Jahrgänge** F baby boom; **~enziffer** f birthrate.

gebürtig adj. [gə'byrtɪç]: **~ aus** a native of; **~er Deutscher** German by birth.

Geburts|anzeige [gə'buːrts?-] f birth announcement; **~datum** n date of birth; **~fehler** m congenital defect; **~helfer** m obstetrician; **~jahr** n year of birth; **~land** n native country; **~ort** [-?-] m birthplace; **~stadt** f hometown; **~tag** m birthday; **sie hat heute ~** it's her birthday today; **~tagsfeier** f birthday party; **~tagskind** F n birthday boy or girl; **~urkunde** [-?-] f birth certificate; **~zange** ≈ f (obstetric) forceps.

Gebüsch [gə'byʃ] n (-[e]s/-e) bushes, shrubbery.

Geck F [gɛk] m (-en/-en) dude, dandy; **2enhaft** adj. dandyish, conceited.

gedacht [gə'daxt] 1. p.p. of **denken**; 2. adj. imaginary (line, etc.); **~ für** or **als** meant for.

Gedächtnis [gə'dɛçtnɪs] n (-ses/-se) memory; **aus dem ~** from memory; **zum ~ an** (acc.) in memory of; **im ~ behalten** keep in mind, remember; **~feier** f commemoration; **~lücke** f memory lapse; **~schwund** m amnesia; temporary: blackout; **~störungen** pl weak memory; **~stütze** f memory aid; mnemonic (aid).

gedämpft [gə'dɛmpft] subdued, soft (light, music, etc.); food: stewed, steamed.

Gedanke [gə'daŋkə] m (-ns/-n) thought, idea; **was für ein ~!** what an idea!; **in ~n** absorbed in thought; absentmind-ed(ly); **sich ~n machen über** (acc.) think about; be worried or concerned about; **j-s ~n lesen** read s.o.'s mind.

Gedanken|austausch [gə'daŋkən?-] m exchange of ideas; **~gang** m train of thought; **2los** adj. thoughtless; careless; **~sprung** m jump (from one idea to another); **~strich** m dash; **übertragung** [-?-] f telepathy; **2voll** adj. thoughtful, pensive.

gedanklich adj. [gə'daŋklɪç] mental, intellectual.

Ge|därme [gə'dɛrmə] pl. bowels, intestines, guts; **~deck** [-'dɛk] n (-[e]s/-e) restaurant: place (setting).

gedeihen [gə'daɪən] v/i. (irr., no -ge-, sein) thrive, prosper; grow; flourish.

Gedenk... [gə'dɛŋk-] in compounds: commemorative ...; memorial ...

ge'denken v/i. (irr. **denken**, no -ge-, h) (gen.) think of; commemorate; mention; **~ zu** intend to.

Ge'denk|feier f commemoration; **~minute** f a moment's (Brt. minute's) silence; **~stätte** f, **~stein** m memorial; **~tafel** f plaque.

Ge'dicht n (-[e]s/-e) poem.

gediegen adj. [gə'diːɡən] solid (furniture, etc.); tasteful; F strange, funny.

gedieh [gə'diː] past of **gedeihen**; **~en** p.p. of **gedeihen**.

Gedränge [gə'drɛŋə] n (-s/no pl.) crowd, throng, F crush; **2t** adj. crowded, packed, crammed; style: concise.

ge|droschen [gə'drɔʃən] p.p. of **dreschen**; **~drückt** fig. adj. [-'drykt] depressed; **~drungen** [-'drʊŋən] 1. p.p. of **dringen**; 2. adj. squat, stocky; thickset; esp. ☻ compact.

Geduld [gə'dʊlt] f (-/no pl.) patience; **2en** [-dən] v/refl. (no -ge-, h) wait (patiently); **2ig** adj. [-dɪç] patient; **~spiel** n puzzle (a. fig.).

ge|ehrt adj. [gə'?eːrt] hono(u)red; in letters: **Sehr ~er Herr N.!** Dear Sir, Dear Mr N.; **~eignet** adj. [-'?aɪɡnət] suitable; suited, qualified; fit; right (moment, etc.); **~ sein, zu** be apt or likely to.

Gefahr [gə'faːr] f (-/-en) danger, hazard, risk; peril; threat, menace; **auf eigene ~** at one's own risk; **außer ~** out of danger, safe.

gefährden [gə'fɛːrdən] v/t. (no -ge-, h) endanger; risk; jeopardize.

ge'fahren p.p. of **fahren**.

gefährlich adj. [gə'fɛːrlɪç] dangerous, hazardous, risky; perilous.

ge'fahrlos adj. without risk, safe.

Gefährte [gə'fɛːrtə] m (-n/-n), **~in** f (-/-nen) companion.

Gefälle [gə'fɛlə] n (-s/-) fall, slope, descent; gradient (a. phys.).

Ge'fallen[^1] m (-s/-) favo(u)r; **j-n um e-n ~ bitten** ask a favo(u)r of s.o.

Ge'fallen[^2] n (-s/no pl.): **~ finden an** (dat.) take pleasure in s.th.; take (a fancy) to s.o.

ge'fallen[^1] v/i. (irr. **fallen**, no -ge-, h) please; **es gefällt mir (nicht)** I (don't) like it; **wie gefällt dir ...?** how do you like ...?; **sich ~ lassen** put up with.

ge'fallen[^2] p.p. of **fallen**.

Ge'fallene ✕ m (-n/-n) dead soldier.

gefällig adj. [gə'fɛlɪç] looks, etc.: pleasing, agreeable; behavio(u)r: obliging, kind; **j-m ~ sein** do s.o. a favo(u)r; **2keit** f (-/-en) kindness; favo(u)r; **2st** adv. kindly, (if you) please (both a. iro. or rudely).

ge'fangen 1. p.p. of **fangen**; 2. adj. captive; imprisoned; **2e** m, f (-n/-n) prisoner; convict; **2nahme** f (-/no pl.) capture (a. ✕); **~nehmen** v/t. (irr. **nehmen**, *sep.*, *-ge-*, *h*) take *s.o.* prisoner; *fig.* captivate; 2**schaft** *f* (*-/no pl.*) captivity; imprisonment; *in ~ sein* ⚔ be a prisoner of war; **~setzen** *v/t.* (*sep.*, *-ge-*, *h*) put *s.o.* in prison.

Gefängnis [gə'fɛŋnɪs] *n* (*-ses/-se*) prison, jail, *Brt. a.* gaol; *ins ~ kommen* go to jail *or* prison; **~direktor** *m* (prison) warden, *esp. Brt.* governor; **~strafe** *f* (sentence *or* term of) imprisonment; **~wärter(in)** *m* (*f*) prison guard, jailer, *Brt. a.* ward(er (*-ress*).

Gefäß [gə'fɛːs] *n* (*-es/-e*) vessel (*a. anat.*), container.

gefaßt *adj.* [gə'fast] composed; *~ auf* (*acc.*) prepared for.

Ge|fecht ⚔ [gə'fɛçt] *n* (*-[e]s/-e*) combat, action; 2**federt** *adj.* springy; resilient; *gut ~ mot.*, *etc.* having a good suspension; 2**feit** *adj.* [~'faɪt]: *~ gegen* proof against; immune to; **~fieder** [~'fiːdər] *n* (*-s/-*) plumage, feathers; **~flecht** [~'flɛçt] *n* (*-[e]s/-e*) net(work) (*a. fig.*).

ge|fleckt *adj.* [gə'flɛkt] spotted, speckled; **~flochten** [~'flɔxtən] *p.p. of* **flechten**; **~flogen** [~'floːgən] *p.p. of* **fliegen**; **~flohen** [~'floːən] *p.p. of* **fliehen**; **~flossen** [~'flɔsən] *p.p. of* **fließen**.

Ge|flügel *n* (*-s/no pl.*) fowl; poultry; **~salat** *m* chicken salad; 2**t** *adj.* winged; *fig.* household (*word*); **~zucht** *f* poultry farm(ing).

gefochten [gə'fɔxtən] *p.p. of* **fechten**.

Ge|folge *n* (*-s/-*) retinue, train, attendants; **~schaft** [~k-] *f* (*-/-en*) followers.

gefragt *adj.* [gə'fraːkt] in demand.

gefräßig *adj.* [gə'frɛːsɪç] greedy, voracious (*a. zo.*); 2**keit** *f* (*-/no pl.*) greed(iness), voracity.

Gefreite ⚔ [gə'fraɪtə] *m* (*-n/-n*) *army*: private first class, *Brt.* lance corporal.

ge'fressen *p.p. of* **fressen**.

ge'frier|en *v/i.* (*irr.* **frieren**, *no -ge-, sein*) freeze; 2**fach** *n* freezer, freezing compartment; 2**fleisch** *n* frozen meat; **~getrocknet** *adj.* [~gətrɔknət] freeze-dried; 2**punkt** *m* freezing point; 2**schrank** *m* freezer; 2**schutz(mittel)** *m* (*n*) anti-freeze; 2**truhe** *f* freezer, deep-freeze.

gefroren [gə'froːrən] *p.p. of* **frieren**; 2**e** *Aust. n* (*-n/no pl.*) ice cream.

Gefüge *fig.* [gə'fyːgə] *n* (*-s/-*) structure, texture.

ge'fügig *adj.* pliant; 2**keit** *f* (*-/no pl.*) pliancy.

Gefühl [gə'fyːl] *n* (*-[e]s/-e*) feeling; sense (*für* of); sensation; emotion; **~los** *adj.* *esp.* ✱ insensible (*to pain, etc.*), numb; unfeeling, heartless; 2**sbetont** *adj.* (highly) emotional; **~sduselei** F

[~sduː'zəlaɪ] *f* (*-/no pl.*) sentimentalism; 2**voll** *adj.* (full of) feeling; tender; sentimental.

ge|funden [gə'fundən] *p.p. of* **finden**; **~gangen** [~'gaŋən] *p.p. of* **gehen**; **~geben** 1. *p.p. of* **geben**; 2. *adj.* given (*facts, quantity, etc.*); *als ~ voraussetzen* take *s.th.* for granted; *zu ~er Zeit* at the proper time.

ge'gebenenfalls *adv.* if necessary.

gegen *prp.* ['geːgən] (*acc.*) against; 2⚔, *sports*: *a.* versus; *econ.*, *etc.*: (in return) for; (*remedy, etc.*) for; (*nothing, etc.*) compared with; *freundlich ~* friendly to; *~ zehn* around *or* about ten.

'Gegen|... *in compounds*: *mst* counter-...; **~besuch** *m* return visit; **~beweis** 2⚖ *m* counter-evidence; **~bild** *n* counterpart.

Gegend ['geːgənt] *f* (*-/-en*) region, area; countryside; neighbo(u)rhood.

gegeneinander *adv.* [geːgən ʔaɪ'nandər] against one another *or* each other.

'Gegen|fahrbahn *mot. f* opposite *or* oncoming lane; **~gerade** *f* *sports*: backstretch, *esp. Brt.* back straight; **~gewicht** *n* counterweight; *ein ~ bilden zu et.* counterbalance *s.th.*; **~gift** ✱ *n* antidote (*a. fig.*); **~kandidat** *m* rival candidate; **~leistung** *f* quid pro quo; *als ~ in return*; **~licht** *n* back light; *im or bei ~* against the light (*a. phot.*); **~liebe** *fig. f* approval; **~maßnahme** *f* countermeasure; **~mittel** *n* antidote (*a. fig.*); **~partei** *f* other side; *pol.* opposition; *sports*: opposite side; **~probe** *f*: *die ~ machen* cross-check; **~richtung** *f* opposite direction; **~satz** *m* contrast; opposite; *im ~ zu* in contrast with *or* to; *in opposition to*; 2**sätzlich** *adj.* ['~zɛtslɪç] contrary, opposite; **~schlag** *m* counterblast; *esp.* ⚔ *a.* retaliation; **~seite** *f* opposite side; 2**seitig** *adj.* mutual; **~seitigkeit** *f* (*-/no pl.*): *auf ~ beruhen* be mutual; **~spieler** *m* opponent; antagonist; **~sprechanlage** ['~ʃprɛç-] *f* intercom (system); **~stand** *m* object (*a. fig.*); subject (*matter*); 2**ständlich** *adj.* ['~ʃtɛntlɪç] *art, etc.*: figurative; *phls.* objective, concrete; 2**standslos** *adj.* invalid; irrelevant; unfounded; *art, etc.*: abstract; **~stück** *n* counterpart; **~teil** *n* opposite; *im ~* on the contrary; 2**teilig** *adj.* contrary, opposite.

gegenüber *adv. and prp.* (*dat.*) [geːgən ʔ-] opposite, across (from); *fig.* (*attitude, etc.*) toward(s); compared with.

Gegenüber [~] *n* (*-s/-*) person opposite (*at a table, etc.*); neighbo(u)r across the street; 2**stehen** *v/i.* (*irr.* **stehen**, *sep.*,

-ge-, h) face, be faced with; **~stellung** esp. ⚥ f (-/-en) confrontation.

'**Gegen|verkehr** m oncoming traffic; **~wart** ['~vart] f (-/no pl.) present (time); presence; gr. present (tense); **⚥wärtig** ['~vɛrtɪç] **1.** adj. present, current; **2.** adv. at present; '**~wehr** f resistance; '**~wert** m equivalent (value); '**~wind** m head wind; '**~wirkung** f countereffect, reaction; **⚥zeichnen** v/t. (sep., -ge-, h) countersign; '**~zug** m countermove (a. fig.); 🚂 train coming from the opposite direction.

ge|gessen [gə'gɛsən] p.p. of essen; **~glichen** [~'glɪçən] p.p. of gleichen; **~glitten** [~'glɪtən] p.p. of gleiten; **~glommen** [~'glɔmən] p.p. of glimmen.

Gegner ['ge:gnər] m (-s/-) opponent (a. sports), adversary; ✗ enemy; '**⚥isch** adj. opposing; ✗ (of the) enemy, hostile; '**~schaft** f (-/no pl.) opposition.

ge|golten [gə'gɔltən] p.p. of gelten; **~goren** [~'go:rən] p.p. of gären; **~gossen** [~'gɔsən] p.p. of gießen; **~'graben** p.p. of graben; **~griffen** [~'grɪfən] p.p. of greifen.

Gehabe F [gə'ha:bə] n (-s/no pl.) affectation(s); fuss.

gehabt [gə'ha:pt] p.p. of haben.

Gehackte [gə'haktə] n (-n/no pl.) s. Hackfleisch.

Gehalt [gə'halt] **1.** m (-[e]s/-e) content; **2.** n (-[e]s/**~er**) salary.

ge'halten p.p. of halten.

ge'halt|los adj. unsubstantial, empty; **~e Nahrung** junk food; **⚥sempfänger** [~s?-] m salaried employee; **~serhöhung** [~s?-] f raise, Brt. rise in salary; **~voll** adj. substantial; food: a. nutritious.

gehangen [gə'haŋən] p.p. of hängen 1.

gehässig adj. [gə'hɛsɪç] malicious, spiteful; **⚥keit** f (-/-en) malice, spite(-fulness); **~en** pl. nasty remarks.

ge'hauen p.p. of hauen.

Ge|häuse [gə'hɔyzə] n (-s/-) case, box; ⊙ casing; zo. shell; (apple, etc.) core; **~hege** [~'he:gə] n (-s/-) enclosure; (chicken, etc.) pen.

geheim adj. [gə'haɪm] secret; **⚥dienst** m secret service; **~halten** v/t. (irr. halten, sep. -ge-, h) keep s.th. (a.) secret.

Geheimnis n (-ses/-se) secret; mystery; **~krämer** F m s.o. who likes to make a mystery out of things; **⚥voll** adj. mysterious.

Ge'heim|nummer f secret number; teleph. unlisted (Brt. ex-directory) number; **~polizei** f secret police; **~schrift** f code, cipher.

Ge'heiß lit. n (-es/no pl.): **auf j-s ~** at s.o.'s behest.

ge'heißen p.p. of heißen.

gehemmt adj. [gə'hɛmt] inhibited, self-conscious.

gehen ['ge:ən] v/i. (irr., ge-, sein) go; walk; leave; machine, method, etc.: work; econ. goods, etc.: sell; business: run (smoothly, etc.); dough, etc.: rise; of time: take, last; einkaufen (schwimmen) ~ go shopping (swimming); ~ wir! let's go!; wohin geht es? where are you or we going?; wie geht es dir (Ihnen)? how are you?; F: wie geht's? - es geht (so) how are you today? - not too bad; geht's? does it work?; can you do it?; das geht (nicht) that's (im)possible; das geht schon that's o.k.; es geht bis... it lasts or takes till...; ~ in go into (suitcase, etc.); in Urlaub ~ go on vacation (Brt. holiday); ~ nach road, etc.: lead to; window, etc.: face; go or judge by; es geht nichts über there is nothing like; worum geht es? what is it about?; what is at stake?; es geht ihm nur um ... he is only interested in ...; es geht nach ihm he has his way; was geht hier vor sich? what's going on here?; s. gutgehen, nachgehen, schlechtgehen, vorgehen, etc.

Gehen [~] n (-s/no pl.) walking (a. sport); et. zum ~ bringen get s.th. going.

'**gehen|lassen** v/refl. (irr. lassen, sep., no -ge-, h) let o.s. go.

geheuer adj. [gə'hɔyər]: nicht (ganz) ~ eerie, creepy; affair: fishy.

Geheul(e) [gə'hɔyl(ə)] n (-[e]s/no pl.) howling; F bawling.

Ge'hilf|e m (-n/-n), **~in** f (-/-nen) assistant, helper; fig. helpmate.

Ge'hirn n (-[e]s/-e) brain(s); **~erschütterung** ✔ [~?-] f concussion; **~hautentzündung** ✔ [~haut?-] f meningitis; **~schlag** ✔ m stroke; **~wäsche** fig. f brainwashing.

gehoben [gə'ho:bən] **1.** p.p. of heben; **2.** adj. style, etc.: elevated; status, etc.: high(er); **~e Stimmung** high spirits.

Gehöft [gə'hœft] n (-[e]s/-e) farm(-stead).

geholfen [gə'hɔlfən] p.p. of helfen.

Gehölz [gə'hœlts] n (-es/-e) wood(s), Brt. a. coppice, copse.

Gehör [gə'hø:r] n (-[e]s/no pl.) (sense of) hearing; ear; nach dem ~ by ear; j-m ~ schenken lend s.o. an ear; sich ~ verschaffen make o.s. heard.

ge'horchen v/i. (no -ge-, h) obey; nicht ~ disobey.

ge'hör|en v/i. (no -ge-, h) belong (dat. or zu to); gehört dir das? is this yours?; es gehört sich (nicht) it is proper or right (not done); das gehört nicht *hierher* that's not to the point; **~lg 1.** *adj.* due, proper; necessary; thorough, good; *zu et.* ~ belonging to s.th.; **2.** *adv.* really, thoroughly.

ge'hörlos *adj.* deaf; *die* **2en** the deaf.

Gehörn *zo.* [gə'hœrn] *n* (-[e]s/-e) horns.

gehorsam *adj.* [gə'ho:rza:m] obedient.

Gehorsam [~] *m* (-s/*no pl.*) obedience.

Gehrung ⊕ ['ge:ruŋ] *f* (-/-en) mit|er, *Brt.* -re (joint).

Geh|steig ['ge:-] *m*, **~weg** *m* sidewalk, *Brt.* pavement; **~werk** *n* clockwork.

Geler *zo.* ['gaɪər] *m* (-s/-) vulture, *Am. a.* buzzard.

Geifer ['gaɪfər] *m* (-s/*no pl.*), **2n** *v/i.* (ge-, h) drool, F slobber; *fig.* foam (*with rage*).

Geige ♪ ['gaɪgə] *f* (-/-n) violin, F fiddle; (*auf der*) ~ **spielen** play (on) the violin; **~nbogen** ♪ *m* (violin) bow; **~nkasten** ♪ *m* violin case; **~r** *m* (-s/-) violinist.

geil *adj.* [gaɪl] V horny, randy; hot (*auf acc.* for); *contp.* lecherous, lewd; ♀ rank; *sl.* awesome, *Brt.* magic.

Geisel ['gaɪzəl] *f* (-/-n) hostage; *als* ~ **nehmen** (*festhalten*) take (hold) *s.o.* hostage; **~nehmer** *m* (-s/-) kidnap(p)er, hostage-taker.

Geiß *zo.* [gaɪs] *f* (-/-en) (she-, nanny-) goat; **~bock** *zo.* *m* he-goat, billy-goat.

Geißel *fig.* ['gaɪsəl] *f* (-/-n) scourge, plague; **2n** *fig.* *v/t.* (ge-, h) denounce.

Geist [gaɪst] *m* (-es/-er) spirit; soul; mind; intellect; wit; ghost; *der Heilige* ~ the Holy Ghost *or* Spirit; *im* **~e** (*see s.th.*) in one's imagination; (*be with s.o.*) in spirit.

'Geister|bahn *f* tunnel of horror(s), *Brt.* ghost train; **~erscheinung** ['~?-] *f* apparition; **~fahrer** F *mot.* *m* wrong-way driver; **2haft** *adj.* ghostly; **~stunde** *f* witching hour.

geistes|abwesend *adj.* ['gaɪstəs?-] absentminded; **2arbeiter** ['~?-] *m* brainworker; **2blitz** *m* F brainstorm, *Brt.* brainwave; **2gegenwart** *f* presence of mind; **~gegenwärtig** *adj.* alert; quick-witted; **~gestört** *adj.* mentally disturbed; **~krank** *adj.* insane, mentally ill; **2krankheit** *f* insanity, mental illnes; **~schwach** *adj.* feeble-minded, mentally deficient; **2wissenschaften** *pl.* (liberal) arts, *the* humanities; **2zustand** *m* (-[e]s/*no pl.*) state of mind.

'geistig *adj.* mental; *faculties, etc.*: intellectual; *not material*: spiritual; **~e** *Getränke pl.* spirits.

'geistlich *adj.* religious; spiritual; ecclesiastical; *of the clergy*: clerical; **2e** *m* (-n/-n) clergyman; minister; priest; *die*

~n *pl. coll.* the clergy; **2keit** *lit.* *f* (-/*no pl.*) clergy.

'geist|los *adj.* trivial, inane, silly; **~reich**, **~voll** *adj.* witty, clever.

Geiz [gaɪts] *m* (-es/*no pl.*) stinginess; **2en** *v/i.* (ge-, h): ~ *mit* be sparing with s.th.; **~hals** F *m* skinflint, miser; **2ig** *adj.* stingy, miserly; **~kragen** F *m* s. **Geizhals**.

Ge'jammer *n* (-s/*no pl.*) wailing, complaining.

gekannt [gə'kant] *p.p. of kennen*.

Ge|kläff F [gə'klɛf] *n* (-[e]s/*no pl.*) yapping; **~klapper** *n* (-s/*no pl.*) clatter; **~klimper** *n* (-s/*no pl.*) tinkling.

ge|klungen [gə'kluŋən] *p.p. of klingen*; **~knickt** F *adj.* [~'knɪkt] downcast; **~kniffen** [~'knɪfən] *p.p. of kneifen*; **~kocht** *adj.* [~'kɔxt] cooked; boiled (*egg, etc.*); **~kommen** [~'kɔmən] *p.p. of kommen*; **~konnt** [~'kɔnt] **1.** *p.p. of können*; **2.** *adj.* masterly, skil(l)ful; **~kränkt** *adj.* [~'krɛŋkt] hurt, offended.

Ge|kreisch [gə'kraɪʃ] *n* (-[e]s/*no pl.*) screaming; shrieking; **~kritzel** F [~'krɪtsəl] *n* (-s/*no pl.*) scrawl, scribble.

ge|krochen [gə'krɔxən] *p.p. of kriechen*; **~kühlt** *adj.* [~'ky:lt] refrigerated, chilled (*drink, etc.*); ⊕ cooled; **~künstelt** *adj.* [~'kynstəlt] affected; artificial.

Ge'lächter [gə'lɛçtər] *n* (-s/-) laughter, laugh(s).

ge'laden 1. *p.p. of laden*; **2.** *adj.* loaded; ⚡ charged; F furious, mad; ~ *haben* be drunk.

Ge'lage *lit.* *n* (-s/-) drinking bout.

Gelände [gə'lɛndə] *n* (-s/-) area, country, ground; (*building, etc.*) site; *auf dem* ~ on the premises; **~** *in compounds*: cross-country ...

Geländer [gə'lɛndər] *n* (-s/-) banisters; handrail, rail(ing); parapet.

ge'lang *past of gelingen*.

ge'langen *v/i.* (*no ge-, sein*): ~ *an* (*acc.*) *or nach* reach, arrive at, get *or* come to; ~ *in* (*acc.*) get *or* come into; *zu et.* ~ gain *or* win *or* achieve s.th.

gelassen 1. *p.p. of lassen*; **2.** *adj.* calm, composed, cool.

Gelatine [ʒela'ti:nə] *f* (-/-n) gelatin(e).

ge'laufen *p.p. of laufen*.

ge'läufig *adj.* common, current; familiar; **~launt** *adj.* [gə'laʊnt]: *gut* (*schlecht*) ~ *sein* be in a good (bad) mood.

Geläut [gə'lɔʏt] *n* (-[e]s/-e), **~e** *n* (-s/-) ringing (of bells); chimes.

gelb *adj.* [gɛlp] yellow; *traffic light*: *Brt. a.* amber; **'~lich** *adj.* yellowish; **2sucht** ♯ *f* (-/*no pl.*) jaundice.

Geld [gɛlt] *n* (-[e]s/-er) money; *zu ~ machen* turn into cash; F: *in ~ schwim-*

men be rolling in money; '**~...** *in compounds: mst* monetary ..., financial ...; **~angelegenheiten** ['~.?-] *pl.* money *or* financial matters *or* affairs; **~anlage** ['~?-] *f* investment; **~ausgabe** ['~?-] *f* expense; **~automat** ['~.?-] *m* automatic teller (machine), *Brt.* cash dispenser; '**~beutel** *m*, '**~börse** *f* purse, *fig.* pocket (-book); '**~buße** *f* fine, penalty; '**~geber** *m* financial backer; investor; sponsor; '**~geschäfte** *pl.* money transactions; '**2gierig** *adj.* greedy (for money), avaricious; '**~knappheit** *f*, '**~mangel** *m* lack of money; *econ.* (financial) stringency; '**~mittel** *pl.* funds, means, resources; '**~schein** *m* bill, *Brt.* (bank)note; '**~schrank** *m* safe; '**~sendung** *f* remittance; '**~strafe** *f* fine; '**~stück** *n* coin; '**~verlegenheit** *f* financial embarrassment; '**~verschwendung** *f* waste of money; '**~waschanlage** *fig. f* money laundering scheme; '**~wechsel** *m* exchange of money; **~wechsler** ['~vekslar] *m* (-*s*/-) change machine.

Gelee [ʒə'le:] *n*, *m* (-*s*/-*s*) jelly; *cosmetics:* gel.

ge'legen 1. *p.p. of* liegen; 2. *adj.* situated, located; *time, etc.:* convenient, opportune; **2heit** *f* (-/-*en*) occasion; opportunity, chance; **bei ~** occasionally, some time (*in the future*).

Gelegenheits|arbeit [gə'le:gənhaɪts?-] *f* odd job; **~arbeiter** [~?-] *m* odd-job man; **~kauf** *m* bargain.

ge'legentlich *adj.* occasional.

gelehr|ig *adj.* [gə'le:rɪç] docile; **2igkeit** *f* (-/*no pl.*) docility; **2samkeit** [~'le:r-] *f* (-/*no pl.*) learning.

gelehrt *adj.* [gə'le:rt] learned; **2e** *m*, *f* (-*n*/-*n*) scholar, learned man *or* woman.

Ge'leise *n* (-*s*/-) *s.* Gleis.

Geleit [gə'laɪt] *n* (-[*e*]*s*/*no pl.*) escort; **zum ~** *in books:* foreword; **2en** *v/t.* (*no* -*ge*-, *h*) accompany, conduct; escort; **~zug** ⚓ *m* convoy.

Gelenk *anat.*, ⚙, ⚛ [gə'lɛŋk] *n* (-[*e*]*s*/-*e*) joint; **~...** ⚙ *in compounds:* articulated (*bus, etc.*); **2ig** *adj.* flexible (*a.* ⚙), limber, lithe, supple; **~welle** ⚙ *f* universal (joint) shaft.

gelernt *adj.* [gə'lɛrnt] worker, *etc.:* skilled, trained.

ge'lesen *p.p. of* lesen.

geliebt *adj.* [gə'li:pt] (be)loved, dear.

Ge'liebte (-*n*/-*n*) 1. *m* lover; F: **mein ~** my darling; 2. *f* mistress; F darling.

geliehen [gə'li:ən] *p.p. of* leihen.

ge'linde 1. F *adj.* some, quite a; 2. *adv.:* ~ **gesagt** to put it mildly.

gelingen [gə'lɪŋən] *v/i.* (*irr.*, *no* -*ge*-, *sein*) succeed, manage; be successful, turn out well; **es gelang mir, et. zu tun**

I succeeded in doing (managed to do) s.th.

Ge'lingen *n* (-*s*/*no pl.*) success; **gutes ~!** good luck!

gelitten [gə'lɪtən] *p.p. of* leiden.

gell [gɛl] *s.* gelt.

gellen ['gɛlən] *v/i.* (*ge*-, *h*) whistle, voice, *etc.:* ring out; '**~d** *adj.* shrill, piercing.

ge'loben *lit. v/t.* (*no* -*ge*-, *h*) vow; **das Gelobte Land** The Promised Land.

gelogen [gə'lo:gən] *p.p. of* lügen.

gelöst *adj.* [gə'lø:st] relaxed, at ease.

gelt F *int.* [gɛl(t)] isn't it?, *etc.*, eh?, right?

gelt|en ['gɛltən] *v/i. and v/t.* (*irr.*, *ge*-, *h*) ticket, money, *etc.:* be valid; *price, law, etc.:* be effective; *means, etc.:* be allowed *or* accepted; *sports, etc.:* point, *etc.:* count; **~ für** apply to; **j-m ~** be meant for *or* aimed at s.o.; **~ als** be regarded *or* looked upon as, be considered *or* supposed to be; **~ lassen** accept (**als** as); **nicht viel ~** not count for much; **das gilt nicht!** that doesn't count!; that isn't allowed!; **die Wette (der Handel) gilt!** it's a deal!; **jetzt gilt es, zu** (*inf.*) now is the time to (*inf.*); '**~end** *adj.* accepted; established (*law, etc.*); **~ machen** assert (*claim, etc.*); **s-n Einfluß (bei j-m) ~ machen** bring one's influence to bear (on s.o.); '**2ung** *f* (-/*no pl.*) prestige; **~ haben** be accepted *or* acknowledged; have merit *or* worth; apply (**für** to); **zur ~ kommen** show to advantage; '**2ungsbedürfnis** *n* need for recognition *or* admiration.

Gelübde [gə'lypdə] *n* (-*s*/-) vow.

gelungen [gə'luŋən] 1. *p.p. of* gelingen; 2. *adj.* successful, a success.

Gelüst(e) *lit.* [gə'lyst(ə)] *n* (-[*e*]*s*[-*s*]/-*e*[-]) desire; **2en** *v/impers.* (*no* -*ge*-, *h*): **es gelüstet mich nach** I am craving for.

Gemach *lit.* [gə'ma:x] *n* (-[*e*]*s*/-*er*) chamber(s); boudoir.

gemächlich *adj.* [gə'mɛːçlɪç] leisurely (*pace, etc.*).

ge'macht *fig. adj.:* **ein ~er Mann** one who has it made.

Gemahl *lit.* [gə'ma:l] *m* (-[*e*]*s*/-*e*) husband.

ge'mahlen *p.p. of* mahlen.

Ge'mahlin *lit. f* (-/-*nen*) wife.

Gemälde [gə'mɛːldə] *n* (-*s*/-) painting, picture; **~galerie** *f* picture gallery; **~sammlung** *f* collection of paintings.

gemäß *prp.* [gə'mɛːs] (*dat.*) according to; '**~gt** *adj.* moderate; *climate, etc.:* temperate.

gemein *adj.* [gə'maɪn] *contp.* mean; lie, joke, *etc.:* dirty, filthy; ⚛, *zo.*, ⚕ common; **et. ~ haben** (**mit**) have s.th. in common (with).

Gemeinde [gə'maɪndə] f (-/-n) pol. municipality; community; local government; eccl. parish; congregation; ~rat m city (Brt. local) council; person: member of the city (Brt. local) council; ~steuer f local tax (Brt. rate); ~verband pol. m association of municipalities; ~zentrum n community cent|er, Brt. -re.

ge'mein|gefährlich adj.: ~er Mensch public enemy (Brt. danger); 2heit f (-/ -en) meanness; mean thing (to do or say); F dirty trick; ~nützig adj. non-profit(-making); 2platz m commonplace; ~sam adj. common, joint; mutual; et. ~ tun do s.th. together.

Ge'meinschaft f (-/-en) community; 2lich adj. s. gemeinsam.

Ge'meinschafts|... in compounds: communal ..., joint ..., shared ..., party (line, etc.); ~arbeit [~ʔ-] f teamwork; ~kunde f social studies; ~produktion f coproduction; ~raum m recreation room, lounge.

Gemein|sinn m (-[e]s/no pl.) public spirit; (sense of) solidarity; 2verständlich adj. style, etc.: comprehensible, popular; ~wohl n public welfare.

Ge'menge n (-s/-) mixture.

ge'messen 1. p.p. of messen; 2. adj. measured (steps, etc.); formal; grave.

Gemetzel [gə'mɛtsəl] n (-s/-) slaughter, massacre.

gemieden [gə'miːdən] p.p. of meiden.

Gemisch [gə'mɪʃ] n (-es/-e) mixture (a. 🜚); 2t adj. mixed (a. fig. feelings, etc.); ~twarenhandlung f general store, Brt. village shop.

Gemme ['gɛmə] f (-/-n) cameo.

ge|mocht [gə'mɔxt] p.p. of mögen[1]; ~molken [~'mɔlkən] p.p. of melken.

Gemse zo. ['gɛmzə] f (-/-n) chamois.

Gemurmel [gə'mʊrməl] n (-s/no pl.) murmur, mutter.

Gemüse [gə'myːzə] n (-s/-) vegetable(s); greens; ~... in compounds: vegetable (department, stand, soup, etc.); ~händler m retailer of fruit and vegetables, esp. Brt. greengrocer('s).

gemußt [gə'mʊst] p.p. of müssen[1].

ge'mustert adj. fabric: patterned.

Gemüt [gə'myːt] n (-[e]s/-er) mind, soul; heart; nature, mentality; 2lich adj. comfortable, snug, cosy; peaceful, pleasant, relaxed; mach es dir ~ make yourself at home; ~lichkeit f (-/no pl.) snugness, cosiness; cosy or relaxed atmosphere.

Ge'müts|bewegung f emotion; 2krank adj. emotionally disturbed; ~verfassung f, ~zustand m state of mind.

gen lit. prp. [gɛn] (acc.) toward(s).

Gen biol. [geːn] n (-s/-e) gene.

genannt [gə'nant] 1. p.p. of nennen; 2. adj. called, named; (afore)said, abovementioned.

genas [gə'naːs] past of genesen.

genau [gə'nau] 1. adj. exact, precise, accurate; inspection, etc.: careful; close; observance, etc.: strict; 2eres further details; 2. adv. exactly, precisely, etc; ~ um 10 Uhr at 10 o'clock sharp; ~ der ... that very ...; ~ zuhören listen closely; es ~ nehmen (mit et.) be particular or F fussy (about s.th.); F (stimmt) ~! (that's) exactly (right)!; (noch) nichts 2es nothing for sure (yet); ~genommen adv. strictly speaking; in fact, actually; 2igkeit f (-/no pl.) accuracy, precision, exactness; ~so adv. and cj. just like that; s. ebenso and compounds.

genehm lit. adj. [gə'neːm]: j-m ~ sein be convenient for or acceptable to s.o.; ~igen v/t. (no -ge-, h) permit, allow; officially: a. approve; F sich ~ treat o.s. to (a drink, etc.); 2igung f (-/-en) permission; approval; permit; licen|se, Brt. -ce.

geneigt adj. [gə'naɪkt] inclined (a. fig. zu to).

General ✗ [genə'raːl] m (-s/-e, ~e) general; ~direktor m general manager, managing director, president; ~konsul m consul general; ~konsulat n consulate general; ~probe thea. f dress rehearsal; ~sekretär m secretary-general; ~stab ✗ m general staff; ~streik m general strike; ~versammlung f general meeting or assembly; ~vertreter econ. m general agent.

Generation [genəra'tsioːn] f (-/-en) generation; ~enkonflikt m generation gap.

Generator [genə'raːtɔr] m (-s/-en) generator; dynamo.

generell adj. [genə'rɛl] general, universal.

genes|en [gə'neːzən] 1. v/i. (irr., no -ge-, sein) recover (von from), get well; 2. p.p. of 1; 2ung f (-/no pl.) recovery.

Genet|ik biol. [ge'neːtɪk] f (-/no pl.) genetics; 2isch adj. genetic.

genial adj. [ge'niaːl] brilliant, ingenious, of genius; △ not genial; 2ität [~niali'tɛːt] f (-/no pl.) genius.

Genick [gə'nɪk] n (-[e]s/-e) (back or nape of the) neck.

Genie [ʒe'niː] n (-s/-s) genius; △ not genie.

genieren [ʒe'niːrən] v/refl. (no ge-, h) be embarrassed.

genieß|bar adj. [gə'niːs-] edible; drinkable; ~en v/t. (irr., no -ge-, h) enjoy; 2er m (-s/-) gourmet, connoisseur; ~erisch adv. with (great) relish.

Genitiv *gr.* [ge:ni'ti:f] *m* (-s/-e) genitive *or* possessive (case).

genommen [gə'nɔmən] *p.p. of* **nehmen**.

ge'normt *adj.* standardized.

genoß [gə'nɔs] *past of* **genießen**.

Genossle [gə'nɔsə] *m* (-n/-n) *pol.* comrade; F pal, buddy, *Brt.* mate; ...**2e** *in compounds*: fellow ... , ...mate; **2en** *p.p. of* **genießen**; **~enschaft** *econ. f* (-/-en) co(-)operative (society); **~in** *pol. f* (-/-nen) comrade.

'Gentechn|ik *f*, **'...ologie** *f* genetic engineering.

genug *adj.* [gə'nu:k] enough, sufficient.

Genügle [gə'ny:gə] *f* (-/*no pl.*): **zur ~** (well) enough, sufficiently; **2en** *v/i.* (*no* -**ge**-, *h*) be enough *or* sufficient; **das genügt** that will do; **2end** *adj.* enough, sufficient; plenty of; **2sam** *adj.* [~k-] easily satisfied; frugal; modest; **~samkeit** [~k-] *f* (-/*no pl.*) modesty; frugality.

Genugtuung [gə'nu:ktu:ʊŋ] *f* (-/*no pl.*) satisfaction.

Genus *gr.* ['genʊs] *n* (-/**Genera**) gender.

Genuß [gə'nʊs] *m* (**Genusses/Genüsse**) pleasure; consumption (*of food*); **ein ~** a real treat; delicious; **~mittel** *n* excise (tax) item, *Brt.* (semi-)luxury; **2reich** *adj.* delightful, thoroughly enjoyable; **~sucht** *f* (-/*no pl.*), **2süchtig** *adj.* pleasure-seeking.

Geo-Dreieck *geom.* ['ge:o-] *n* protractor, *Brt.* set square.

geöffnet *adj.* [gə'œfnət] open.

Geograph [geo'gra:f] *m* (-en/-en) geographer; **~ie** [~gra'fi:] *f* (-/*no pl.*) geography; **2isch** *adj.* [~'gra:fiʃ] geographic(al).

Geolog|e [geo'lo:gə] *m* (-n/-n) geologist; **~ie** [~lo'gi:] *f* (-/*no pl.*) geology; **2isch** *adj.* [~'lo:gɪʃ] geologic(al).

Geometr|ie [geome'tri:] *f* (-/-n) geometry; **2isch** *adj.* [~'me:trɪʃ] geometric(al).

Gepäck [gə'pɛk] *n* (-[e]s/*no pl.*) luggage, baggage; **~ablage** [~'?-] *f* luggage rack; **~aufbewahrung** [~'?-] *f* (-/-en) baggage room, *Brt.* left-luggage office; **~ausgabe** [~'?-] *f* ✓ baggage (*Brt.* luggage) claim (area); **⊙ ≲ s. Gepäckaufbewahrung; ~kontrolle** *f* baggage check, *Brt.* luggage inspection; **~schalter** *m* luggage counter; **~schein** *m* baggage check (receipt), *Brt.* luggage ticket; **~träger** *m* porter; (luggage) rack; **~wagen ≲ ≲** *m* baggage car, *Brt.* luggage van.

ge'panzert *adj.* armo(u)red.

Gepard *zo.* ['ge:part] *m* (-s/-e) cheetah.

ge|'pfeffert *adj.* peppered; F *price, etc.*: exorbitant; *joke:* spicy; **~pfiffen** [~'pfɪfən] *p.p. of* **pfeifen**; **~pflegt** *adj.*

[~'pfle:kt] well-groomed, neat; *fig.* cultivated.

Gepflogenheit [gə'pflo:gən-] *f* (-/-en) habit, custom.

Ge|plapper [gə'plapər] *n* (-s/*no pl.*) babbling, chatter(ing); **~plauder** [~'plaudər] *n* (-s/*no pl.*) chat(ter); **~polter** [~'pɔltər] *n* (-s/*no pl.*) rumble; **2priesen** [~'pri:zən] *p.p. pf* **preisen**; **~quassel** F [~'kvasəl] *n* (-s/*no pl.*), **~quatsche** F [~'kvatʃə] *n* (-s/*no pl.*) blabber; **2quollen** [~'kvɔlən] *p.p. of* **quellen**.

gerade [gə'ra:də] **1.** *adj.* (*a. fig.*) straight; even (*number, etc.*); direct (*route, etc.*); posture, *etc.*: upright, erect; **2.** *adv.* just; **nicht ~** not exactly; **das ist es ja ~l** that's just it!; **~ deshalb** that's just why; **~ rechtzeitig** just in time; **warum ~ ich?** why me of all people?; **da wir ~ von ... sprechen** speaking of ...

Gerade [~] *f* (-n/-n) ≲ (straight) line; *race course:* straight(away); *boxing:* jab; **2aus** *adv.* [~'?-] straight ahead (*Brt. a.* on); **2he'raus 1.** *adj.* straightforward, frank; **2.** *adv.* frankly, bluntly; **2stehen** *v/i.* (*irr.* **stehen**, *sep.*, -**ge**-, *h*) stand straight; **~ für** answer for; **2wegs** *adv.* [~ve:ks] straight, directly; **2zu** *adv.* simply, downright.

gerannt [gə'rant] *p.p. of* **rennen**.

Gerät [gə're:t] *n* (-[e]s/-e) device; F gadget; (*electrical, household, etc.*) appliance; (*radio, TV, etc.*) set; (piece of) equipment; (*garden, etc.*) tool; (*optical, etc.*) instrument; (kitchen) utensil(s); *gymnastics:* apparatus.

ge'raten 1. *v/i.* (*irr.* **raten**, *no* -**ge**-, *sein*) turn out (*gut* well); **~ an** (*acc.*) come across; **~ in** (*acc.*) get into; **in Brand ~** catch fire; **2.** *p.p. of* **raten**.

Ge'räte|schuppen *m* toolshed; **~turnen** *n* apparatus gymnastics.

Gerate'wohl *n*: **aufs ~** at random.

geräumig *adj.* [gə'rɔʏmɪç] spacious, roomy.

Geräusch [gə'rɔʏʃ] *n* (-[e]s/-e) sound, noise; **~kulisse** *f* background noise *or* music; **2los 1.** *adj.* noiseless (*a.* ⊙); **2.** *adv.* without a sound; **2voll** *adj.* noisy.

gerb|en ['gɛrbən] *v/t.* (**ge**-, *h*) tan; **2erei** [~'raɪ] *f* (-/-en) tannery.

ge'recht *adj.* just, fair; **~ werden** (*dat.*) do justice to; meet (*s.o.'s wishes, etc.*); **2igkeit** *f* (-/*no pl.*) justice.

Ge'rede *n* (-s/*no pl.*) talk; *contp.* gossip.

ge'reichen *lit. v/i.* (*no* -**ge**-, *h*): **~ zu** be to (*s.o.'s credit, advantage, etc.*).

ge'reizt *adj.* irritable; **2heit** *f* (-/*no pl.*) irritability.

Gericht [gə'rɪçt] *n* (-[e]s/-e) dish; ≳≳ court; **vor ~ stehen (stellen)** stand (bring to) trial; **vor ~ gehen** go to court; **2lich** adj. judicial, legal.

Ge'richts|barkeit f (-/no pl.) jurisdiction; **~gebäude** n courthouse; **~hof** m law court; **Oberster ~** Supreme Court; **~medizin** f forensic medicine; **~saal** m courtroom; **~verfahren** n lawsuit; **~verhandlung** f (court) hearing; trial; **~vollzieher** m (-s/-) marshal, Brt. bailiff.

gerieben [gə'ri:bən] 1. p.p. of **reiben**; 2. F adj. s. **gerissen 2**.

Geriesel [gə'ri:zəl] n (-s/no pl.) trickle; drizzle (of rain).

gering adj. [gə'rɪŋ] little, small; slight, minor; low (price, temperature, etc.); **~fügig** [~fy:gɪç] slight, minor; petty (sum, offen|se, Brt. -ce, etc.); **~schätzen** v/t. (sep., -ge-, h) think little of; **~schätzig** adj. contemptuous; 2**schätzung** f (-/no pl.) contempt, disdain; **~st** adj. least; **nicht im ~en** not in the least.

ge'rinnen v/i. (irr. rinnen, no -ge-, sein) coagulate; esp. milk: a. curdle; esp. blood: a. clot.

Ge'ripp|e n (-s/-) skeleton (a. fig.); ⊕ framework; 2**t** adj. ribbed.

ge|rissen [gə'rɪsən] 1. p.p. of **reißen**; 2. fig. adj. cunning, smart, **~ritten** [~'rɪtn] p.p. of **reiten**.

German|e hist. [gɛr'ma:nə] m (-n/-n): **die ~n** pl. the Germanic peoples; 2**isch** adj. [~ɪʃ] Germanic (languages, etc.); **~ist** [gɛrma'nɪst] m (-en/-en) student of (or graduate in) German; ⊞ Germanist.

gern(e) adv. ['gɛrn(ə)] (do s.th., etc.) willingly, gladly, with pleasure; **~ haben** like, be fond of; **et. (sehr) ~ tun** like (love) to do s.th. or doing s.th.; **ich möchte ~** I'd like (to); **ich hätte ~** I'd like (to have); **~ geschehen!** not at all, (you're) welcome, that's all right.

gerochen [gə'rɔxən] p.p. of **riechen**.

Geröll geol. [gə'rœl] n (-[e]s/-e) scree; boulders.

geronnen [gə'rɔnən] p.p. of **(ge)rinnen**.

Gerste ['gɛrstə] f (-/-n) barley; '**~n-korn** ✽ n sty(e).

Gerte ['gɛrtə] f (-/-n) switch, rod, twig.

Geruch [gə'rʊx] m (-[e]s/ ⸚e) smell; odo(u)r; scent; 2**los** adj. odo(u)rless; **~ssinn** m (-[e]s/no pl.) (sense of) smell.

Gerücht [gə'rʏçt] n (-[e]s/-e) rumo(u)r.

ge'rufen 1. p.p. of **rufen**; 2. adj.: **wie kommen** come in the nick of time; s.th.: come in handy.

ge'ruhen lit., iro. v/i. (no -ge-, h): **~ zu** (inf.) condescend or deign to (do s.th.).

gerührt adj. [gə'ry:rt] touched, moved.

geruhsam adj. [gə'ru:-] leisurely.

Gerümpel [gə'rʏmpəl] n (-s/no pl.) lumber, junk.

Gerundium gr. [ge'rʊndĭʊm] n (-s/ Gerundien) gerund.

gerungen [gə'rʊŋən] p.p. of **ringen**.

Gerüst [gə'rʏst] n (-[e]s/-e) frame (-work); scaffold(ing); stage.

ge'salzen 1. p.p. of **salzen**; 2. F adj. exorbitant (prices, etc.).

gesamt adj. [gə'zamt] whole, entire, total, all; 2**...** in compounds: mst total ...; 2**ausgabe** [~'-] f complete edition; **~deutsch** pol. adj. all-German; 2**schule** f comprehensive school.

gesandt [gə'zant] p.p. of **senden 1**; 2**e** pol. [~ə] (-n/-n) envoy; 2**schaft** f (-/-en) legation, mission.

Ge'sang m (-[e]s/-e) singing; song; **~ studieren** study voice; **~buch** eccl. n hymnbook; **~lehrer** m singing teacher; **~verein** m choral society, glee club.

Gesäß anat. [gə'zɛ:s] m (-es/-e) buttocks, bottom.

ge'schaffen p.p. of **schaffen 1**.

Geschäft [gə'ʃɛft] n (-[e]s/-e) business; store, shop; (good) bargain; **~e-macherei** contp. [~əmaxə'raɪ] f (-/no pl.) profiteering; 2**ig** adj. busy, active; 2**igkeit** f (-/no pl.) activity; 2**lich** 1. adj. business ...; commercial; 2. adv. on business.

Ge'schäfts|bedingungen econ. pl. terms (and conditions); **~brief** m business letter; **~frau** f businesswoman; **~freund** m business friend, correspondent; **~führer** m manager; **~führung** f management; **~haus** n office building; firm; **~inhaber(in)** [~'-] m (f) proprietor (-ress); storekeeper, esp. Brt. shopkeeper; **~lage** f business situation (place: location); **~mann** m (-[e]s/-leute) businessman; 2**mäßig** adj. businesslike; **~ordnung** [~'-] f parl. standing orders; rules (of procedure); **~partner** m (business) partner; **~räume** pl. (business) premises; **~reise** f business trip; **~schluß** m closing time; **nach ~ a.** after business hours; **~stelle** f office; branch; **~straße** f shopping street; **~träger** pol. m chargé d'affaires; 2**tüchtig** adj. efficient, smart; **~verbindung** f business connection; **~viertel** n commercial district, business cent|er, Brt. -re; shopping area, Am. a. downtown; **~zeit** f office or business hours; **~zweig** m branch or line (of business).

geschah [gə'ʃa:] past of **geschehen**.

geschehen [gə'ʃe:ən] 1. v/i. (irr., no -ge-, sein) happen, occur, take place; **es muß et. ~** s.th. has to be done; **es geschieht ihm recht** it serves him right; *gern* ~! you're welcome, not at all; **2.** *p.p. of* **1.**

Gesche|**hen** [~] *n* (*-s/-*) events, happenings; **~nis** [~'ʃe:nɪs] *n* (*-ses/-se*) incident; **~se** *pl.* events.

gescheit *adj.* [gə'ʃaɪt] clever, intelligent, bright; F *nicht ganz* ~ out of one's mind.

Geschenk [gə'ʃɛŋk] *n* (*-[e]s/-e*) present, gift; **~packung** *f* gift box.

Geschicht|**e** [gə'ʃɪçtə] *f* **1.** (*-/-n*) story; *fig. a.* business, thing; **2.** (*-/no pl.*) history; **2lich** *adj.* historical; **~schreiber** *m*, **~swissenschaftler** *m* historian.

Ge'schick *n* **1.** (*-[e]s/-e*) fate, destiny; **2.** (*-[e]s/no pl.*) = **~lichkeit** *f* (*-/no pl.*) skill; dexterity; **2t** *adj.* skil(l)ful, skilled; dext(e)rous; clever (*excuse, etc.*).

ge|**schieden** [gə'ʃi:dən] *p.p. of* **scheiden**; **~schienen** [~'ʃi:nən] *p.p. of* **scheinen**.

Geschirr [gə'ʃɪr] *n* (*-[e]s/-e*) dishes; china; kitchen utensils, pots and pans, crockery; *horse:* harness; ~ *spülen* wash *or* do the dishes; **~spüler** [~'ʃpy:lər] *m* (*-s/-*), **~spülmaschine** [~'ʃpy:l-] *f* dishwasher.

ge|**schissen** [gə'ʃɪsən] *p.p. of* **scheißen**; **~schlafen** *p.p. of* **schlafen**; **~schlagen 1.** *p.p. of* **schlagen**; **2.** F *adj.* solid (*hour, etc.*).

Ge'schlecht *n* (*-[e]s/-er*) sex; kind, species; (*old, etc.*) family, line(age); (*future, etc.*) generation; *gr.* gender; **2lich** *adj.* sexual.

Ge'schlechts|**krankheit** *♂ f* venereal disease; **~reife** *f* puberty; **~teile** *anat. pl.* genitals; **~trieb** *m* sexual instinct *or* urge; **~umwandlung** *♂* [~?-] *f* sex change; **~verkehr** *m* (sexual) intercourse; **~wort** *gr. n* (*-[e]s/-er*) article.

ge|**schlichen** [gə'ʃlɪçən] *p.p. of* **schleichen**; **~schliffen** [~'ʃlɪfən] **1.** *p.p. of* **schleifen**; **2.** *adj.* cut (*glass, diamond, etc.*); *fig.* polished (*style, etc.*); **~schlossen** [~'ʃlɔsən] **1.** *p.p. of* **schließen**; **2.** *adj.* closed; ⊙, *fig.* compact; **~e Gesellschaft** private party; ~ *stehen hinter* be solidly behind *s.o.* or *s.th.*; **~schlungen** [~'ʃluŋən] *p.p. of* **schlingen**.

Geschmack [gə'ʃmak] *m* (*-[e]s/-e*, F *-er*) taste (*a. fig.*); flavo(u)r; ~ *finden an* (*dat.*) develop a taste for; **2los** *adj.* tasteless; *fig. a.* in bad taste; **~losigkeit** *f* (*-/-en*) tastelessness; *das war es* ~ that was in bad taste; **~srichtung** *f* taste; *of food, etc.:* flavo(u)r; **~ssache** *f* matter of taste; **2voll** *adj.* tasteful, in good taste.

ge|**schmeidig** *adj.* [gə'ʃmaɪdɪç] supple, pliant; **~schmissen** [~'ʃmɪsən] *p.p. of*

schmeißen; **~schmolzen** [~'ʃmɔltsən] *p.p. of* **schmelzen**.

Geschnatter [gə'ʃnatər] *n* (*-s/no pl.*) cackle; chatter(ing) (*a.* F *fig.*).

ge|**schniegelt** F [gə'ʃni:gəlt] *adj.* spruce(d-up); **~schnitten** [~'ʃnɪtən] *p.p. of* **schneiden**; **~schoben** [~'ʃo:bən] *p.p. of* **schieben**; **~scholten** [~'ʃɔltən] *p.p. of* **schelten**.

Geschöpf [gə'ʃœpf] *n* (*-[e]s/-e*) creature.

geschoren [gə'ʃo:rən] *p.p. of* **scheren**.

Geschoß [gə'ʃɔs] *n* (*Geschosses/Geschosse*) projectile, missile; stor(e)y, floor.

ge|**schossen** [gə'ʃɔsən] *p.p. of* **schießen**; **~schraubt** *fig. adj.* [~'ʃraupt] stilted, pompous (*style, etc.*).

Ge'schrei *n* (*-[e]s/no pl.*) shouting, yelling; screams; *baby:* crying; *fig.* fuss.

ge|**schrieben** [gə'ʃri:bən] *p.p. of* **schreiben**; **~schrie(e)n** [~'ʃri:(ə)n] *p.p. of* **schreien**; **~schritten** [~'ʃrɪtən] *p.p. of* **schreiten**; **~schunden** [~'ʃʊndən] *p.p. of* **schinden**.

Geschütz ✗ [gə'ʃʏts] *n* (*-es/-e*) gun, cannon.

Geschwader ✗ [gə'ʃva:dər] *n* (*-s/-*) ⚓ squadron; ✈ group, *Brt.* wing.

Geschwätz *contp.* [gə'ʃvɛts] *n* (*-es/no pl.*) chatter, babble; gossip; *fig.* nonsense, hot air; **2ig** *adj.* talkative; gossipy.

geschweige *cj.* [gə'ʃvaɪgə]: ~ (*denn*) let alone.

geschwiegen [gə'ʃvi:gən] *p.p. of* **schweigen**.

geschwind *adj.* [gə'ʃvɪnt] quick, swift; **2igkeit** [~ndɪç-] *f* (*-/-en*) speed; quickness; *phys.* velocity; *mit e-r* ~ *von* ... at a speed *or* rate of ...; **2igkeitsbegrenzung** *f* speed limit; **2igkeitsüberschreitung** *mot.* [~s²-] *f* speeding.

Geschwister [gə'ʃvɪstər] *pl.* brother(s) and sister(s), *lit.* siblings.

ge|**schwollen** [gə'ʃvɔlən] **1.** *p.p. of* **schwellen**; **2.** *adj. ♂* swollen; *fig. language, etc.:* bombastic, pretentious, pompous; **~schwommen** [~'ʃvɔmən] *p.p. of* **schwimmen**; **~schworen** [~'ʃvo:rən] *p.p. of* **schwören**.

Ge'schworene ⚖ *m, f* (*-n/-n*) member of a jury; *die* ~*n pl.* the jury; **~ngericht** *n s.* **Schwurgericht**.

Geschwulst *♂* [gə'ʃvʊlst] *f* (*-/-e*) growth, tumo(u)r.

ge|**schwunden** [gə'ʃvʊndən] *p.p. of* **schwinden**; **~schwungen** [~'ʃvʊŋən] *p.p. of* **schwingen**.

Geschwür *♂* [gə'ʃvy:r] *n* (*-[e]s/-e*) abscess, ulcer.

ge'sehen *p.p. of* **sehen**.

Geselchte *Aust.* [gə'zɛlçtə] *n* (-*n*/*no pl.*) smoked meat.

Gesell|e [gə'zɛlə] *m* (-*n*/-*n*) ☺ journeyman, skilled worker; F fellow (*a.* ...♀ *in compounds*); ♀en *v/refl.* (*no -ge-, h*): **sich zu j-m ~** join s.o.; ♀ig *adj. zo., etc.* social; *person:* sociable; *s.* **Beisammensein; ~in** ☺ *f* (-*l*-*nen*) trained woman *hairdresser, etc.*, journeywoman.

Gesellschaft [gə'zɛlʃaft] *f* (-*l*-en) society; (*in s.o.'s, etc.*) company; (*formal*) party; *econ.* company, corporation; *j-m* ~ **leisten** keep s.o. company; **~er** *m* (-*s*/-) *econ.* partner, associate; stockholder, *Brt.* shareholder; **ein guter etc. ~ sein** be pleasant, *etc.* company; **~erin** *f* (-*l*-*nen*) (*old person's*) companion; *econ. s.* **Gesellschafter;** ♀ich *adj.* social.

Ge'sellschafts|... *in compounds:* social (*criticism, science, etc.*); **~ordnung** [~'~-] *f* social order or system; **~reise** *f* package or conducted tour; **~spiel** *n* parlo(u)r game; **~tanz** *m* ballroom dance.

gesessen [gə'zɛsən] *p.p. of* **sitzen.**

Gesetz [gə'zɛts] *n* (-*es*/-e) law; act, statute; *fig.* rule, principle; **~buch** *n* code (*of law*); **~entwurf** [~'~-] *m*, **~esvorlage** *f* bill; ♀gebend *adj.* legislative; **~geber** *m* legislator; **~gebung** *f* (-*l*no *pl.*) legislation; ♀ich **1.** *adj.* legal, lawful; **2.** *adv.*: **~ geschützt** *econ.* ⚖ patented, registered; ♀los *adj.* lawless; ♀mäßig *adj.* legal, lawful.

ge'setzt 1. *adj.* staid, dignified; mature (*age*); *sports:* seeded; **2.** *cj.*: **~ den Fall,** (*daß*) ... supposing (that) ...

ge'setzwidrig *adj.* illegal, unlawful.

Ge'sicht *n* (-[*e*]*s*/-*er*) face; **zu ~ bekommen** catch sight or a glimpse of; **aus dem ~ verlieren** lose sight (*fig. a.* track) of; **das ~ verziehen** make a face; **was machst du für ein ~?** what's that look on your face?; **das zweite ~** second sight, clairvoyance.

Gesichts|ausdruck [gə'zɪçts²-] *m* (-[*e*]*s*/*no pl.*) (facial) expression, look; **~farbe** *f* complexion; **~punkt** *m* point of view, aspect, angle; **~zug** *m* feature.

Gesindel [gə'zɪndəl] *n* (-*s*/*no pl.*) trash, the riff-raff.

ge'sinn|t *adj.* (-)minded, inclined, disposed; **j-m feindlich ~ sein** be ill-disposed towards s.o.; ♀ung [~'zɪnʊŋ] *f* (-*l*-en) mind; attitude; *pol.* conviction(s).

ge'sinnungs|los *adj.* unprincipled; disloyal; **~treu** *adj.* loyal; ♀wechsel *m* aboutface, *Brt.* about-turn.

ge|sittet *adj.* [gə'zɪtət] civilized, well-

mannered; **~soffen** [~'zɔfən] *p.p. of* **saufen; ~sogen** [~'zoːɡən] *p.p. of* **saugen; ~sondert** *adj.* [~'zɔndərt] separate; **~sonnen** [~'zɔnən] **1.** *p.p. of* **sinnen; 2.** *adj. s.* **gesinnt; ~, zu** *inf.* willing or prepared or determined to *inf.*; **~sotten** [~'zɔtən] *p.p. of* **sieden; ~'spalten 1.** *p.p. of* **spalten; 2.** *adj.* split (*a. fig. personality, etc.*); divided (*city, etc.*).

Ge'spann *n* (-[*e*]*s*/-e) team (*of horses, etc.*); *fig. a.* pair, couple.

ge'spannt *adj.* tense (*a. fig.*); *fig.* curious; **~ sein auf** (*acc.*) be looking forward (anxiously) to, be anxious to see; **ich bin ~, ob** (*wie*) I wonder if (how).

Gespenst [gə'ʃpɛnst] *n* (-*es*/-*er*) ghost, *esp. fig.* specter, *Brt.* -re; ♀isch *adj.* ghostly, F spooky.

gespie(e)n [gə'ʃpiː(ə)n] *p.p. of* **speien.**

Ge'spiel|e *lit. m* (-*n*/-n), **~in** *f* (-*l*-*nen*) playmate.

Gespinst [gə'ʃpɪnst] *n* (-*es*/-e) web, tissue (*both a. fig.*).

gesponnen [gə'ʃpɔnən] *p.p. of* **spinnen.**

Gespött [gə'ʃpœt] *n* (-[*e*]*s*/*no pl.*) mockery, ridicule; **j-n zum ~ machen** make a laughingstock of s.o.

Gespräch [gə'ʃprɛːç] *n* (-[*e*]*s*/-e) talk (*a. pol.*); conversation; *teleph.* call; **ins ~ kommen** get to or start talking; *Brt.* get talking; ♀ig *adj.* talkative.

ge|sprochen [gə'ʃprɔxən] *p.p. of* **sprechen; ~'sprossen** *p.p. of* **sprießen; ~sprungen** [~'ʃprʊŋən] *p.p. of* **springen.**

Gespür [gə'ʃpyːr] *n* (-*s*/*no pl.*) flair, F nose, antenna.

Gestade *lit.* [gə'ʃtaːdə] *n* (-*s*/-) shore(s).

Gestalt [gə'ʃtalt] *f* (-*l*-en) shape, form; figure; F (*shady, etc.*) character; ♀en *v/t.* (*no -ge-, h*) arrange (*program[me], etc.*); design (*a. artistically*); **et. ~ zu** turn s. th. into; **sich ~** turn out to be (*difficult, etc.*); **~ung** *f* (-*l*-en) arrangement; design; decoration; presentation.

gestanden [gə'ʃtandən] *p.p. of* **stehen.**

ge'ständ|ig *adj.*: **~ sein** confess; ♀nis [~'ʃtɛntnɪs] *n* (-*ses*/-*se*) confession (*a. fig.*).

Ge'stank *m* (-[*e*]*s*/*no pl.*) stench, stink.

Gestapo *hist.* [gə'staːpo] *f* (-*l*no *pl.*) (*Nazi*) Secret Police.

gestatten [gə'ʃtatən] *v/t.* (*no -ge-, h*) allow, permit.

Geste ['ɡeːstə] *f* (-*l*-n) gesture (*a. fig*).

ge'stehen *v/t. and v/i.* (*irr.* **stehen,** *no -ge-, h*) confess.

Ge|'stein *n* (-[*e*]*s*/-e) rock, stone; **~stell** [~'ʃtɛl] *n* (-[*e*]*s*/-e) stand, base, pedestal; shelves; frame (*of eyeglasses,* *etc.*); 2'**stellt** *adj.* *phot.* posed; *fig.* artificial.

gest|ern *adv.* ['gɛstərn] yesterday; ~ **abend** last night.

gestiegen [gə'ʃtiːɡən] *p.p.* of **steigen**.

Gestik ['ɡɛstik] *f* (-/no *pl.*) gestures; 2**ulieren** [ɡɛstiku'liːrən] *v/i.* (no ge-, h) gesticulate.

Ge'stirn *n* (-[e]s/-e) star; *astr.* constellation; 2**t** *adj.* starry.

ge|stochen [~'ʃtɔxən] *p.p.* of **stechen**; ~**stohlen** [~'ʃtoːlən] *p.p.* of **stehlen**; ~**storben** [~'ʃtɔrbən] *p.p.* of **sterben**; ~**stoßen** [~'ʃtoːsən] *p.p.* of **stoßen**; ~**streift** *adj.* [~'ʃtraift] striped; ~**strichen** [~'ʃtriçən] *p.p.* of **streichen**.

gestrig *adj.* [ˈɡɛstriç] of yesterday, yesterday's ...

gestritten [gə'ʃtritən] *p.p.* of **streiten**.

Gestrüpp [gə'ʃtryp] *n* (-[e]s/-e) brushwood, undergrowth; *fig.* jungle, maze.

gestunken [gə'ʃtuŋkən] *p.p.* of **stinken**.

Gestüt [gə'ʃtyːt] *n* (-[e]s/-e) stud farm; *horses:* stud.

Gesuch [gə'zuːx] *n* (-[e]s/-e) application, request; 2**t** *adj.* wanted; in demand.

gesund *adj.* [gə'zʊnt] healthy; healthful; *fig. a.* sound; ~**er Menschenverstand** common sense; (**wieder**) ~ **werden** get well (again), recover; ~**en** [~dən] *v/i.* (no -ge-, sein) recover (a. *fig. econ.*).

Ge'sundheit *f* (-/no *pl.*) health; **auf j-s** ~ **trinken** drink to s.o.'s health; ~**!** bless you!; 2**lich** 1. *adj. condition:* physical; *institution, etc.:* sanitary; 2. *adv.:* ~ **geht es ihm gut** he is in good health.

Gesundheits|amt [gə'zʊnthaits²-] *n* Public Health Department (*Brt.* Office); ~**lehre** *f*, ~**pflege** *f* hygiene; ~**reform** *f* health care (*Brt.* service) reform; 2**schädlich** *adj.* injurious or harmful to health; *food, etc.:* unhealthy, unwholesome; ~**wesen** *n* (-s/no *pl.*) public health; ~**zustand** *m* state of health, physical condition.

ge|sungen [gə'zʊŋən] *p.p.* of **singen**; ~**sunken** [~'zʊŋkən] *p.p.* of **sinken**; ~**tan** [~'taːn] *p.p.* of **tun**.

Getöse [gə'tøːzə] *n* (-s/no *pl.*) din, (deafening) noise.

ge'tragen 1. *p.p.* of **tragen**; 2. *adj. clothes, etc.:* second-hand; *music, etc.:* solemn.

Getränk [gə'trɛŋk] *n* (-[e]s/-e) drink, beverage; ~**automat** [~²-] *m* soft drink (vending) or soda machine, *esp. Brt.* drinks machine.

ge'trauen *v/refl.* (no -ge-, h) s. **trauen**.

Getreide [gə'traidə] *n* (-s/-) grain, cereals, *Brt. a.* corn; ~**ernte** [~²-] *f* grain harvest; grain crop.

getrennt *adj.* [gə'trɛnt] separate; ~ **sein** or **leben** *couple:* be separated; **mit** ~**er Post** under separate cover.

ge'treten *p.p.* of **treten**.

ge'treu *adj.* true, faithful.

Getriebe [gə'triːbə] *n* (-s/-) ⊙ transmission; *fig.* bustle, rush.

ge'trieben [gə'triːbən] *p.p.* of **treiben**; ~**troffen** [~'trɔfən] *p.p.* of **treffen**; ~**trogen** [~'troːɡən] *p.p.* of **trügen**.

ge'trost *adv.:* **et.** ~ **tun können** be perfectly safe in doing s.th.

getrunken [gə'trʊŋkən] *p.p.* of **trinken**.

Ge|tue F [gə'tuːə] *n* (-s/no *pl.*) fuss; ~**tümmel** [~'tyməl] *n* (-s/no *pl.*) turmoil.

Gewächs [gə'vɛks] *n* (-es/-e) plant; ⚕ growth; vintage, wine.

ge'wachsen 1. *p.p.* of **wachsen**¹; 2. *fig. adj.:* **j-m** ~ **sein** be a match for s.o.; **e-r Sache** ~ **sein** be equal to s.th., be able to cope with s.th.

Ge'wächshaus *n* greenhouse.

ge|wagt *adj.* [gə'vaːkt] daring (*a. fig. film*); *fig.* joke, *etc.:* risqué; ~**wählt** *adj.* [~'vɛːlt] *speech, manners:* refined; ~**'wahr** *adj.:* ~ **werden** (*acc.* or *gen.*) become aware of.

Gewähr [gə'vɛːr] *f* (-/no *pl.*): ~ **übernehmen (für)** guarantee; **ohne** ~ without guarantee; *of prices, etc.:* subject to change; 2**en** *v/t.* (no -ge-, h) grant, allow; yield (*right of way*); 2**leisten** *v/t.* (no -ge-, h) guarantee.

Ge'wahrsam *m* (-s/no *pl.*): **in** ~ **nehmen** take *s.th.* in safekeeping (*s.o.* into custody).

Gewalt [gə'valt] *f* (-/-en) force, violence; *esp. pol., etc.:* power; control (**über** *acc.* over, of); **mit** ~ by force; **höhere** ~ act of God; **in s-e** ~ **bringen** seize by force; **die** ~ **verlieren über** (*acc.*) lose control over; ~**herrschaft** *f* tyranny; 2**ig** *adj.* powerful, mighty; enormous (*sum, efforts, etc.*), colossal (*building, mistake, etc.*); 2**los** *adj.* nonviolent; ~**losigkeit** *f* (-/no *pl.*) nonviolence; 2**sam** 1. *adj.* violent; 2. *adv.* by force; ~ **öffnen** force open; ~**tat** *f* act of violence; 2**tätig** *adj.* violent; ~**verbrechen** *n* violent crime.

Ge'wand *n* (-[e]s/-er) robe, gown; *eccl.* vestment.

gewandt [gə'vant] 1. *p.p.* of **wenden 1**; 2. *adj.* nimble; skil(l)ful; *fig.* clever, easy (*manner, etc.*); articulate; 2**heit** *f* (-/no *pl.*) nimbleness; skill; (*social*) ease.

ge'wann *past* of **gewinnen**.

Gewäsch F [gə'vɛʃ] *n* (-es/no *pl.*) s. **Geschwätz**.

ge'waschen *p.p.* of **waschen**.

Ge|wässer [gə'vɛsər] *n* (-s/-) body of

water; ~ pl. waters; **~webe** [~'ve:bə] n (-s/-) fabric; biol. tissue.

Ge'wehr n (-[e]s/-e) (shoulder) gun; rifle; shotgun; **~kolben** m (rifle) butt; **~lauf** m (rifle or gun) barrel.

Geweih [gə'vaɪ] n (-[e]s/-e) antlers, horns.

Gewerbe [gə'verbə] n (-s/-) trade, business; **~betrieb** m commercial enterprise; **~schein** m trade licen|se, Brt. -ce; **~schule** f vocational or trade school.

gewerb|lich adj. [gə'verp-] commercial, industrial; **~smäßig** adj. professional.

Ge'werkschaft f (-/-en) labor (Brt. trade) union; **~(l)er** m (-s/-) labor (Brt. trade) unionist; **2lich** adj., **~s...** in compounds: (labor, Brt. trade) union ...

ge|wesen [gə've:zən] p.p. of **sein**; **~wichen** [~'vɪçən] p.p. of **weichen**.

Gewicht [gə'vɪçt] n (-[e]s/-e) weight; importance; ~ **legen auf** (acc.) stress, emphasize; **~heben** n (-s/no pl.) weight-lifting; **2ig** adj. weighty (a. fig.).

gewiesen [gə'vi:zən] p.p. of **weisen**.

gewillt adj. [gə'vɪlt] willing, ready.

Ge|wimmel [gə'vɪməl] n (-s/no pl.) throng; **~'winde** ⊙ n (-s/-) thread; ein ~ **bohren in** (acc.) tap.

Gewinn [gə'vɪn] m (-[e]s/-e) econ. profit (a. fig.); gain(s); lottery, etc.: prize; gambling, etc.: winnings; **~beteiligung** f profit sharing; **2bringend** adj. profitable; **2en** v/t. and v/i. (irr., no -ge-, h) win; gain; **2end** adj. manner, smile: winning, engaging; **~er** m (-s/-) winner; **~spanne** econ. f profit margin; **~sucht** f (-/no pl.) greed; **~zahl** f winning number.

Ge'wirr n (-[e]s/-e) tangle; maze.

gewiß [gə'vɪs] 1. adj. certain; ein gewisser Herr N. a certain Mr N.; 2. adv. certainly, surely.

Ge'wissen n (-s/no pl.) conscience; **2haft** adj. conscientious, painstaking; **2los** adj. unscrupulous; **~sbisse** pl. pricks or pangs of conscience; **~sfrage** f question of conscience; **~sgründe** pl.: **aus ~n** for reasons of conscience.

gewissermaßen adv. [gə'vɪsɐ'ma:sən] to a certain extent; as it were.

Ge'wißheit f (-/no pl.) certainty; **mit ~** (say, know, etc.) for certain or sure.

Gewitter [gə'vɪtɐ] n (-s/-) thunderstorm; **~regen** m thundershower; **~wolke** f thundercloud.

ge|witzt F adj. [gə'vɪtst] smart, clever; **~woben** [~'vo:bən] p.p. of **weben**; **~'wogen** 1. p.p. of **wägen** and **wiegen**[1]; 2. lit. adj. (dat.) j-m ~ **sein** be fond of s.o.

gewöhnen [gə'vø:nən] v/t. and v/refl. (no

ge-, h): sich (j-n) ~ an (acc.) get. (s.o.) used to.

Gewohnheit [gə'vo:nhaɪt] f (-/-en) habit (et. zu tun of doing s.th.); **2smäßig** adj. habitual; **~smensch** m creature of habit.

gewöhnlich [gə'vø:nlɪç] 1. adj. common, ordinary, usual; contp. vulgar, common; 2. adv. usually, normally.

gewohnt adj. [gə'vo:nt] usual; et. (zu tun) ~ **sein** be used or accustomed to (doing) s.th.

Gewölb|e [gə'vœlbə] n (-s/-) vault; **2t** adj. [~pt] arched.

ge|wonnen [gə'vɔnən] p.p. of **gewinnen**; **~worben** [~'vɔrbən] p.p. of **werben**; **~worden** [~'vɔrdən] p.p. of **werden**; **~worfen** [~'vɔrfən] p.p. of **werfen**; **~wrungen** [~'vrʊŋən] p.p. of **wringen**.

Gewühl [gə'vy:l] n (-[e]s/no pl.) milling crowd, throng.

gewunden [gə'vʊndən] 1. p.p. of **winden**; 2. adj. road, etc.: winding.

ge'würfelt adj. diced; pattern: check(er)ed. -

Gewürz [gə'vʏrts] n (-es/-e) spice; **~gurke** f pickle(d gherkin).

ge|wußt [gə'vʊst] p.p. of **wissen**; **~zackt** adj. [~'tsakt] jagged; ♣ toothed; ~ **'zeichnet** adj. letter, etc.: signed; fig. face, etc.: marked (by sorrow, etc.).

Ge'zeiten pl. tide(s); **~'zeter** n (-s/no pl.) (shrill) clamo(u)r; nagging; **2ziemen** lit. v/i. (no -ge-, h) s. **ziemen**; **2ziert** adj. affected; **2zogen** [~'tso:gən] p.p. of **ziehen**; **~'zwitscher** n (-s/no pl.) chirp(ing), twitter(ing); **2zwungen** [~'tsvʊŋən] 1. p.p. of **zwingen**; 2. adj. behavio(u)r, etc.: forced, unnatural.

Gicht ♣ [gɪçt] f (-/no pl.) gout.

Giebel ['gi:bəl] m (-s/-) gable (end).

Gier [gi:r] f (-/no pl.) greed(iness) (nach for); **2ig** adj. greedy (nach, auf for, after).

gieß|en ['gi:sən] v/t. and v/i. (irr., ge-, h) pour; ⊙ cast; water (flowers, etc.); **2erei** [~'raɪ] f (-/-en) foundry; **2kanne** f watering can or pot.

Gift [gɪft] n (-[e]s/-e) poison; zo. a. venom (a fig.); △ not gift; **2ig** adj. poisonous; venomous (a. fig.); poisoned; ♣ toxic; **~müll** m toxic waste; **~schlange** f poisonous or venomous snake; **~stoff** m poisonous or toxic substance; pollutant; **~zahn** m poisonous fang.

Gigant [gi'gant] m (-en/-en) giant; **2isch** adj. gigantic.

Gilde esp. hist. ['gɪldə] f (-/-n) guild; brotherhood.

ging [gɪŋ] past of **gehen**.

Gipfel ['gɪpfəl] m (-s/-) top, peak, summit; *fig. a.* height; F: *das ist der ~ !* that's the limit!; '~konferenz *pol. f* summit (meeting *or* conference); '2n *v/i.* (ge-, h) culminate.

Gips [gips] *m* (-es/-e) plaster (of Paris); *in ~ #* in (a) plaster (cast); ~abdruck ['~?-] *m*, ~abguß ['~?-] *m* plaster cast; '~bein *# n* leg in a (plaster) cast; '2en *v/t.* (ge-, h) plaster (a. F *#*); '~er *m* (-s/-) plasterer; '~verband *# m* plaster cast.

Giraffe *zo.* [gi'rafə] *f* (-/-n) giraffe.

Girlande [gɪr'landə] *f* (-/-n) garland, festoon.

Girokonto ['ʒiːro-] *n* checking (*Brt.* current) account.

Gischt [gɪʃt] *m* (-es/no pl.) (sea) spray.

Gitar|re ♪ [gi'tarə] *f* (-/-n) guitar; ~ist [~'rɪst] *m* (-en/-en) guitarist.

Gitter ['gɪtər] *n* (-s/-) lattice; grating; F *hinter ~n* (*sitzen*) (be) behind bars; '~bett *n* crib, *Brt.* cot; '~fenster *n* lattice (window).

Glacéhandschuhe [gla'seː-] *pl.* kid gloves (a. *fig.*).

Glanz [glants] *m* (-es/no pl.) shine, gloss (a. ☉), lust|er, *Brt.* -re, brilliance (a. *fig.*); *fig.* splendo(u)r, glamo(u)r.

glänzen ['glɛntsən] *v/i.* (ge-, h) shine, gleam, glitter, glisten; '~d *adj.* shiny, glossy (a. *phot.*), brilliant (a. *fig. achievement, etc.*); *fig.* excellent, splendid.

'**Glanz|leistung** *f* brilliant achievement; '2los (a. *fig.*); '~stück *n* showpiece; *s. Glanzleistung*; '2voll *adj.* magnificent, splendid; '~zeit *f* heyday.

Glas [glaːs] *n* (-es/-er) glass; ~er ['~zər] *m* (-s/-) glazier.

gläsern ['glɛːzərn] *adj.* (of) glass.

'**Glas|faser** *f* glass (cable: optical) fib|er, *Brt.* -re; '~fasertechnik ☉ *f* fib|er (*Brt.* -re) optics; '~hütte ☉ *f* glassworks.

glasieren [gla'ziːrən] *v/t.* (no ge-, h) glaze; ice, frost (*cake, etc.*); ~ig *adj.* ['glaːzɪç] glassy; ~klar *adj.* ['~s-] crystal-clear (a. *fig.*); 2scheibe ['~s-] *f* (glass) pane; 2ur [~'zuːr] *f* (-/-en) glaze; on cake, *etc.*: icing.

glatt *adj.* [glat] smooth (a. *fig.*); road, *etc.*: slippery; *fig.* clear (*victory, etc.*); downright (*lie, etc.*).

Glätte ['glɛtə] *f* (-/no pl.) smoothness (a. *fig*) slipperiness.

Glatteis ['glat?-] *n* (glare, *Brt.* black) ice; *es herrscht ~* the roads are icy; F j-n aufs ~ führen put s.o. in a jam (*Brt.* on a sticky wicket).

glätten ['glɛtən] *v/t.* (ge-, h) smooth (out); *Swiss: s. bügeln.*

'**glatt|gehen** F *v/i.* (irr. gehen, sep., -ge-, sein) work (out well); go (off) well;

'~rasiert *adj.* clean-shaven; ~weg *adv.* ['~vɛk] (say *s.th., etc.*) straightforwardly, (*refuse, etc.*) flatly; (*forget, etc.*) completely; *~ gelogen* a downright lie.

Glatz|e ['glatsə] *f* (-/-n) bald head; *e-e ~ haben* be bald; 2köpfig *adj.* ['~kœpfɪç] bald(-headed).

Glaube ['glaubə] *m* (-ns/no pl.) belief, esp. eccl. faith (*both: an acc.* in); '2n *v/t. and v/i.* (ge-, h) believe; feel; suppose, think, *Am. a* guess; *~ an* (*acc.*) believe in (a. *eccl.*); F *ich glaub(e) ja or schon* I think so.

'**Glaubens|bekenntnis** *n* creed, profession *or* confession of faith; ~lehre *f*, ~satz *m* dogma, doctrine.

glaubhaft *adj.* ['glaup-] credible, plausible.

gläubig *adj.* ['glɔybɪç] religious; devout; *die 2en* the faithful.

Gläubiger *econ.* ['glɔybɪgər] *m* (-s/-) creditor.

glaubwürdig *adj.* ['glaup-] credible; reliable.

gleich [glaɪç] **1.** *adj.* same, equal (*rights, pay, etc.*); *auf die ~e Art* (in) the same way; *zur ~en Zeit* at the same time; *das ist mir ~* it doesn't make any difference to me; *ganz ~, wann etc.* no matter when, *etc.*; *das ~e* the same; (*ist*) *~ A* equals, is; **2.** *adv.* equally, alike; *temporal:* at once, right away; in a moment *or* minute; *~ groß* (*alt*) of the same size (age); *~ nach* (*neben*) right after (next to); *~ gegenüber* just opposite *or* across the street; *~ um die Ecke* right around the corner; *es ist ~ 5* it's almost 5 o'clock; *~ aussehen* (*gekleidet*) look (dressed) alike; *bis ~!* see you soon *or* later!; ~altrig *adj.* ['~altrɪç] (of) the same age; '~bedeutend *adj.*: *~ mit* synonymous with; equivalent *or* tantamount to; '~berechtigt *adj.* equal, having equal rights; '2berechtigung *f* (-/no pl.) equal rights; '~bleibend *adj.* constant, steady; *~ sein v/i.* (irr., ge-, h) (*dat.*) be *or* look like; ~ermaßen *adv.* ['~ərmaːsən] equally; likewise.

'**gleich|falls** *adv.* also, likewise, as well; *danke, ~!* (thanks), the same to you!; '~förmig *adj.* uniform; '~gesinnt *adj.* like-minded; '2gewicht *n* balance (a. *fig.*); '~gültig *adj.* indifferent (*gegen* to); careless; *das (er) ist mir ~* I don't care (for him); '2gültigkeit *f* (-/no pl.) indifference; '2heit *f* (-/no pl.) equality; '~kommen *v/i.* (irr. kommen, sep., -ge-, sein) (*dat.*) amount to *s.th.*; equal *s.o.* (*an* in); '~laufend *adj.* parallel (*mit* to, with); ☉ synchronous; '~lautend *adj.* identical; '~machen *v/t.* (sep., -ge-, h)

equalize; s. **Erdboden**; '~mäßig adj.
regular; *temperature, etc.*: constant;
destribution, etc.: even; '~namig adj.
['~na:mɪç] of the same name; '2nis n
(-ses/-se) parable; '2richter ⚡ m recti-
fier; '~sam adv. as it were, so to speak;
~schenklig Ⅎ adj. ['~ʃɛŋklɪç] isosceles;
'2schritt ✕ m (-[e]s/no pl.): im ~ (marching) in step; ~seltig Ⅎ adj. equilate-
ral; '~setzen v/t. (sep., -ge-, h), ~stel-
len v/t. (sep., -ge-, h) equate (dat. to,
with); put s.o. on an equal footing
(with); '2strom ⚡ m direct current,
abbr. DC; '~tun v/t. (irr. tun, sep., -ge-,
h) (dat.) emulate s.o. (an or in dat. in
s.th.); '2ung Ⅎ f (-/-en) equation;
~wertig adj. equally good; j-m ~ sein
be a match for s.o. (a. sports); ~'wohl
cj. and adv. nevertheless, all the same;
'~zeitig 1. adj. simultaneous; 2. adv. at
the same time; ~ziehen v/i. (irr. ziehen, sep., -ge-, h) catch up (mit with);
esp. sports: even the score.

Gleis 🚆 [glaɪs] n (-es/-e) rail(s), track(s)
(a. fig.); line; platform (number), gate.
gleit|en ['glaɪtən] v/i. (irr., ge- sein) gli-
de, slide; '~end adj.: ~e Arbeitszeit flexible working hours, flexitime; '2flug
m glide; '2schirm m paraglider;
2schirmfliegen n (-s/no pl.) paragli-
ding; '2schutz... in compounds: anti-
skid ..., nonskid...; '2zeit f flexible working hours, flexitime.

Gletscher ['glɛtʃər] m (-s/-) glacier;
~spalte f crevasse.

glich [glɪç] past of **gleichen**.

Glied [gli:t] n (-[e]s/-er) anat. limb;
penis; (connecting) link; 2ern ['~dərn]
v/t. (ge-, h) structure; divide (in acc.
into); '~erung f (-/-en) structure, arrangement; outline (of essay, etc.);
~maßen ['~ma:sən] pl. limbs, extremities.

glimm|en ['glɪmən] v/i. ([irr.,] ge-, h)
glow; smo(u)lder; 2stengel F ['glɪm-]
m cancer stick.

glimpflich ['glɪmpflɪç] 1. adj. punishment, etc.: lenient, mild; 2. adv.: ~ davonkommen get off lightly.

glitschig adj. ['glɪtʃɪç] slippery.

glitt [glɪt] past of **gleiten**.

glitzern ['glɪtsərn] v/i. (ge-, h) glitter,
sparkle, glint.

glob|al adj. [glo'ba:l] global; 2us ['glo:-
bus] m (-[ses]/Globen, -se) globe.

Glöckchen ['glœkçən] n (-s/-) little bell.

Glocke ['glɔkə] f (-/-n) bell; '~nblume Ⅎ f
bluebell; '~nspiel n chimes; '~nturm m
bell tower, belfry.

Glöckner ['glœknər] m (-s/-) bell ringer;
sexton.

glomm [glɔm] past of **glimmen**.

glorreich adj. ['glo:r-] glorious.

Glotze F *TV* ['glɔtsə] f (-/-n) the tube,
Brt. (goggle-)box; '2n F v/i. (ge-, h)
goggle, gape, stare.

Glück [glyk] n (-[e]s/no pl.) luck, fortune; happiness; ~ haben be lucky; zum
~ fortunately; et. auf gut ~ tun take a
chance; viel ~! good luck!; '2bringend
adj. lucky.

Glucke zo. ['glʊkə] f (-/-n) sitting hen;
fig. hen.

'**glücken** v/i. (ge-, sein) s. **gelingen**.

gluckern ['glʊkərn] v/i. (ge-, h) water,
etc.: gurgle.

'**glücklich** adj. happy; ~er Zufall lucky
chance; ~er'weise adv. fortunately.

'**Glücksbringer** m (-s/-) lucky charm.

glück'selig adj. overjoyed; 2keit lit. f
(-/no pl.) bliss.

glucksen ['glʊksən] v/i. (ge-, h) water,
etc.: gurgle; F chuckle.

'**Glücks|fall** m lucky chance; '~pfennig
m lucky penny; '~pilz m lucky fellow;
'~spiel n game of chance; coll. gambling; fig. gamble; '~spieler m gambler;
'~tag m red-letter day; lucky day.

'**glück|strahlend** adj. radiant; '2-
wunsch m congratulation(s); herzlichen ~! congratulations!; happy birthday!; '2wunschkarte f greeting card.

Glüh|birne ⚡ ['gly:-] f light bulb; '2en
v/i. (ge-, h) glow (a. fig.); '2end adj.
glowing; iron: red-hot; fig. burning
(heat, etc.); passionate (love, etc.);
'2end'heiß adj. blazing hot; '~wein m
mulled wine; ~würmchen zo. ['~vyrm-
çən] n (-s/-) glow-worm; firefly.

Glut [glu:t] f (-/-en) (glowing) fire; em-
bers; live coals; fig. blazing heat;
ardo(u)r.

Glykol 🧪 [gly'ko:l] n (-s/-e) glycol.

GmbH econ. abbr. [ge?ɛmbe'ha:] f (-/-s)
close corporation, Brt. limited company.

Gnade ['gna:də] f (-/no pl.) mercy, esp.
eccl. a. grace; favo(u)r; '~nbrot fig. n
(-[e]s/no pl.) (bread of) charity; das ~
geben put (horse) out to pasture;
'~nfrist f reprieve; '~ngesuch ⚖ n petition for mercy; '2nlos adj. merciless;
'~nstoß m coup de grace, deathblow.

gnädig adj. ['gnɛ:dɪç] gracious; esp. eccl.
merciful; ~e Frau ma'am, madam.

Gnom [gno:m] m (-en/-en) gnome.

Goal Aust., Swiss [go:l; Swiss gɔl] n (-s/
-s) sports: goal.

Gold [gɔlt] n (-[e]s/no pl.) gold; '~barren
m gold bar or ingot; coll. bullion; 2en
adj. ['~dən] gold; fig. golden; '~fisch m
goldfish; '2gelb adj. golden (yellow);
~gräber ['~grɛ:bər] m (-s/-) gold dig-
ger; '~grube fig. f gold mine, bonanza;

~ig *fig. adj.* ['~dɪç] sweet, lovely, cute; **'~mine** *f* gold mine; **'~münze** *f* gold coin; **'~schmied** *m* goldsmith; **'~schnitt** *print. m:* **mit ~** gilt-edged; **'~stück** *n* gold coin; **'~sucher** *m* gold prospector.

Golf¹ *geogr.* [gɔlf] *m* (-[e]s/-e) gulf.

Golf² [~] *n* (-s/no pl.) golf; **'~platz** *m* golf course; **'~schläger** *m* golf club; **'~spieler** *m* golfer.

Gondel ['gɔndəl] *f* (-/-n) gondola; *cable railway, etc.:* a. cabin.

Gong [gɔŋ] *m* (-s/-s) gong; **'~schlag** *m* sound of the gong.

gönn|en ['gœnən] *v/t.* (ge-, h): *j-m et.* **~** not (be)grudge s.o. s.th.; *j-m et. nicht* **~** (be)grudge s.o. s.th.; *sich et.* **~** allow o.s. s.th., treat o.s. to s.th.; **2er** *m* (-s/-) patron, benefactor; **'~erhaft** *adj.* patronizing.

gor [goːr] *past of* **gären**.

Gorilla *zo.* [go'rɪla] *m* (-s/-s) gorilla.

goß [gɔs] *past of* **gießen**.

Gosse ['gɔsə] *f* (-/-n) gutter (a. fig.).

Got|ik *arch. hist.* ['goːtɪk] *f* (-/no pl.) Gothic style *or* period; **'2isch** *adj.* Gothic.

Gott [gɔt] *m* (-es/**~er**) God, Lord; *myth.* god; **~ sei Dank**(*!*) thank God(!); *um* **~es Willen!** for heaven's sake!; **2er-geben** *adj.* ['~?-] resigned (to one's fate).

'Gottes|dienst *eccl. m* (worship, *Brt.* divine) service; mass; **2fürchtig** *adj.* ['~fʏrçtɪç] God-fearing; **'~lästerer** *m* (-s/-) blasphemer; **'~lästerung** *f* (-/-en) blasphemy; **~urteil** *hist.* ['~?-] *n* ordeal (by fire, etc.).

'Gottheit *f* (-/-en) deity, divinity.

Gött|in ['gœtɪn] *f* (-/-nen) goddess; **2lich** *adj.* ['~lɪç] divine; *fig.* heavenly (sight, etc.).

gott|'lob *int.* thank God *or* goodness!; **'~los** *adj.* godless, wicked; **'~ver-lassen** F *adj.* godforsaken; **'2ver-trauen** *n* trust in God.

Götze ['gœtsə] *m* (-n/-n), **'~nbild** *n* idol; **'~ndienst** *m* idolatry.

Gouverneur [guvɛr'nøːr] *m* (-s/-e) governor.

Grab [graːp] *n* (-[e]s/**~er**) grave; tomb.

Graben ['graːbən] *m* (-s/**~**) ditch; ✕ trench.

graben [~] *v/t. and v/i.* (irr., ge-, h) dig; *animal:* a. burrow.

'Grab|gewölbe *n* vault, tomb; **'~hügel** *m* burial mound; **'~mal** *n* (-[e]s/**~er**, *lit.* -e) monument; tomb, sepulch|er, *Brt.* -re; **'~rede** *f* funeral address; **'~schrift** *f* epitaph; **'~stätte** *f* burial place; grave, tomb; **'~stein** *m* tombstone, gravestone.

Grad [graːt] *m* (-[e]s/-e) degree; ✕, *etc.* rank, grade; **15 ~ Kälte** 15 degrees below zero; **~einteilung** ['~?-] *f* graduation; **'~messer** *fig. m* (-s/-) yardstick; **2uell** *adj.* [gra'dɥɛl] *difference, etc.:* in degree; *change, etc.:* gradual; **2uiert** *adj.* [~du'iːrt] graduate, *Brt.* qualified (engineer, etc.).

Graf [graːf] *m* (-en/-en) count; *Brt.* earl.

Gräfin ['grɛːfɪn] *f* (-/-nen) countess.

'Grafschaft *f* (-/-en) county.

Gram *lit.* [graːm] *m* (-[e]s/no pl.) s. **Kummer, Trauer.**

Gramm [gram] *n* (-s/-e,-) gram.

Grammati|k [gra'matɪk] *f* (-/-en) grammar; **2sch** *adj.* grammatical.

Granat *min.* [gra'naːt] *m* (-[e]s/-e) garnet; **~e** ✕ [gra'naːtə] *f* (-/-n) shell; *fig. soccer, etc.:* cannonball; **~splitter** ✕ *m* shell splinter; **~ pl.** shrapnel; **~werfer** ✕ *m* (-s/-) mortar.

grandios *adj.* [gran'dioːs] magnificent, grand.

Granit *min.* [gra'niːt] *m* (-s/-e) granite.

Graphi|k ['graːfɪk] *f* (-/-en) *coll.* graphic arts; print; △, ⊙, *etc.* graph, diagram; *print.* art(work), illustrations; **~ker** *m* (-s/-) graphic artist; **2sch** *adj.* graphic.

Graphologie [grafolo'giː] *f* (-/no pl.) graphology.

Gras ♦ [graːs] *n* (-es/**~er**) grass; F *ins* **~ beißen** bite the dust; **2en** ['graːzən] *v/i.* (ge-, h) graze; **'~halm** *m* blade of grass; **'~hüpfer** *zo.* ['~hʏpfər] *m* (-s/-) grasshopper; **'~narbe** *f* sod, turf.

grassieren [gra'siːrən] *v/i.* (no ge-, h) *ills, etc.:* prevail, abound.

gräßlich *adj.* ['grɛslɪç] hideous, atrocious.

Grat [graːt] *m* (-[e]s/-e) ridge, crest.

Gräte ['grɛːtə] *f* (-/-n) (fish)bone.

Gratifikation [gratifika'tsioːn] *f* (-/-en) gratuity, bonus.

gratis *adv.* ['graːtɪs] free (of charge).

Grätsche ['grɛːtʃə] *f* (-/-n), **'2n** *v/i. and v/t.* (ge-, h) straddle.

Gratulant [gratu'lant] *m* (-en/-en) congratulator; **~ation** [~la'tsioːn] *f* (-/-en) congratulation; **2ieren** [~'liːrən] *v/i.* (no ge-, h) congratulate (*j-m zu et.* s.o. on s.th.); *j-m zum Geburtstag* **~** wish s.o. many happy returns (of the day).

grau *adj.* [grau] gray, *esp. Brt.* grey; **'2brot** *n* rye bread.

'grauen¹ *v/i.* (ge-, h) *day:* dawn.

'grauen² *v/i.* (ge-, h): *mir graut es vor* (dat.) I dread (the thought of).

'Grauen *n* (-s/no pl.) horror; **'2haft** *adj.*, **'2voll** *adj.* horrible, horrifying.

gräulich *adj.* ['grɔylɪç] greyish, grayish.

Graupel *meteor.* ['graupəl] *f* (-/-n) sleet.

'grausam *adj.* cruel; '2keit *f (-/-en)* cruelty; *act:* atrocity.

grausen ['grauzən] *v/i.* (ge-, h) *s.* grauen².

Grausen [~] *n (-s/no pl.)* horror; '2ig *adj. s.* grauenhaft.

Grav|eur [gra'vøːr] *m (-s/-e)* engraver; 2ieren [~'viːrən] *v/t.* (no ge-, h) engrave; 2ierend *fig. adj.* serious; ~ur [~'vuːr] *f (-/-en)* engraving.

Graz|ie ['graːtsiə] *f (-/no pl.)* grace; 2ös *adj.* [gra'tsiøːs] graceful; △ *not* gracious.

Greif [graif] *m (-es, -en/-e[n])* griffin.

greifbar *adj.* ['graif-] at hand; *fig.* tangible *(results,etc.);* ~ nahe within reach.

greifen ['graifən] *(irr., ge-, h)* 1. *v/t.* seize, grasp, grab, take *or* catch hold of; 2. *v/i.:* ~ nach reach for; grasp at; ~ an *(acc.)* touch *s.th.*

Greis [grais] *m (-es/-e)* (very) old man; 2enhaft *adj.* ['~ən-] senile *(a. ♂);* ~in ['~zin] *f (-/-nen)* (very) old woman.

grell *adj.* [grɛl] glaring; *sound:* shrill.

Gremium ['greːmiʊm] *n (-s/Gremien)* committee.

Grenze ['grɛntsə] *f (-/-n)* border; boundary; *fig.* limit; '2n *v/i.* (ge-, h): ~ an *(acc.)* border on; '2nlos *adj.* boundless.

'Grenz|fall *m* borderline case; '~land *n* borderland, frontier; '~linie *f* borderline, *pol.* demarcation line; '~stein *m* boundary stone; '~übergang ['~?-] *m* border crossing (point), checkpoint.

Greu|el ['grɔyəl] *m (-s/-)* horror; '~eltat *f* atrocity; 2lich *adj.* ['grɔylɪç] *s.* gräßlich.

Griech|e ['griːçə] *m (-n/-n)*, ~in ['~çin] *f (-/-nen)*, '2isch *adj.* Greek.

griesgrämig F *adj.* ['griːsgrɛːmɪç] grumpy, grouchy.

Grieß [griːs] *m (-es/-e)* semolina.

Griff [grif] *past of* greifen.

Griff [~] *m (-es/-e)* grip, grasp, hold; handle *(of door, knife, etc.);* '2bereit *adj.* at hand, handy.

Grill [gril] *m (-s/-s)* grill.

Grille *zo.* ['grilə] *f (-/-n)* cricket.

'grill|en *v/t.* (ge-, h) grill, barbecue; '2fest *m* barbecue.

Grimasse [gri'masə] *f (-/-n)* grimace; ~n schneiden make faces.

grimmig *adj.* ['grimiç] grim.

grinsen ['grinzən] *v/i.* (ge-, h) grin *(über acc.* at); sneer (at).

Grinsen [~] *n (-s/no pl.)* grin; sneer.

Grippe ♂ [gripə] *f (-/-n)* influenza, flu.

Grips F [grips] *m (-es/-e)* brains.

grob [groːp] 1. *adj.* coarse *(a. fig.); error, etc.:* gross; *behaviour, etc.:* crude; rude; *surface, draft, estimate, etc.:* rough; 2.

adv.: ~ geschätzt at a rough estimate; '2heit *f (-/-en)* coarseness; roughness; rudeness; rude remark *or* act; 2ian F ['~biaːn] *m (-s/-e)* boor, ruffian.

grölen F ['grøːlən] *v/i. and v/t.* (ge-, h) bawl.

Groll [grɔl] *m (-[e]s/no pl.)* grudge, ill will; '2en *v/i.* (ge-, h) *thunder, etc.:* rumble; *j-m* ~ bear s.o. ill will *or* a grudge.

Gros¹ [groː] *n (-/-) the* major part.

Gros² [grɔs] *n (-ses/-se)* gross, twelve dozen.

Groschen ['grɔʃən] *m (-s/-)* ten-pfennig piece; *fig.* penny; '~roman *m* dime novel, *Brt.* penny dreadful.

groß *adj.* [groːs] big; large; tall; grown-up; F big *(brother, etc.); fig.* great *(fun, artist, number, etc.);* capital *(letter);* größer als bigger, *etc.* than; ~es Geld paper money; F big money; ~e Ferien summer vacation *(esp. Brt.* holiday[s]); ~ und klein young and old; im ~en (und) ganzen on the whole, by and large; F: ~ in et. sein be great at (doing) s.th.; kein ~er Tänzer *etc.* not much of a dancer, *etc.;* wie ~ ist es? what size is it?; wie ~ bist du? how tall are you?; *s.* größer.

'Groß... *in compounds:* grand *(uncle, etc.);* great- *(grandson, etc.);* 2artig *adj.* ['~?-] great, F á terrific; '~aufnahme ['~?-] *f* close-up.

Größe ['grøːsə] *f (-/-n)* size *(a. clothes, etc.);* height; *esp. Å* quantity; *fig.* greatness; *person:* celebrity; *film, etc.:* star.

Großeltern ['groːs?-] *pl.* grandparents.

Größenordnung ['grøːsən?-] *f* scale; order (of magnitude).

'großenteils *adv.* to a large *or* great extent, largely.

'Größenwahn *m* megalomania.

größer *adj.* ['grøːsər] major, considerable; *s.* groß.

'Groß|familie *f* extended family; '~grundbesitzer *m* big landowner; '~handel *econ. m* wholesale (trade); '~händler *econ. m* wholesale dealer, wholesaler; '~handlung *econ. f* wholesale business; '~industrie ['~?-] *f* big industry; big business; '~industrielle ['~?-] *m* big industrialist, F tycoon.

Großist *econ.* [grɔ'sist] *m (-en/-en)* wholesaler.

'groß|jährig *adj. s.* volljährig; '2macht *pol. f* Great Power; '2markt *m* wholesale market; large supermarket, *Brt. a.* hypermarket; '2maul F *n* braggart; '2mut *f (-/no pl.)* generosity; '2mutter *f* grandmother; '2raum *pol. econ. m* metropolitan area, mega(lo)polis; conurbation; der ~ München Greater

Munich, the Greater Munich area; '2-**raumflugzeug** ✈ *n*, '2**raumjet** ['...dʒɛt] *m* (-*s*/-*s*) jumbo jet; airbus; '2**schreibung** *f* (use of) capitalization; '2**segel** ⚓ *n* mainsail; '...**sprecherisch** *adj.* boastful; ...**spurig** *adj.* ['...ʃpuːrɪç] arrogant; '2**stadt** *f* big city; '...**städtisch** *adj.* of or in a big city, urban; '2**teil** *n* major part; *ein ~* (*gen.*) much of; *der ~* (*gen.*) most of.

größtenteils *adv.* mostly, mainly; '...**möglich** *adj.* biggest (*or* highest, *etc.*) possible.

'**groß|tun** *v/i.* (*irr. tun, sep.*, -*ge*-, *h*) show off; *sich mit et. ~* boast *or* brag of *or* about s.th.; '2**vater** *m* grandfather; '2**verdiener** *m* big earner; '2**wild** *n* big game; '...**ziehen** *v/t.* (*irr. ziehen, sep.*, -*ge*-, *h*) raise, rear; bring up (*child*); '...**zügig** *adj.* generous, liberal (*a. education, etc.*); *plans, etc.*: *a.* on a large scale; '2**zügigkeit** *f* (-/*no pl.*) generosity, liberality; *of house, etc.*: spaciousness.

grotesk *adj.* [gro'tɛsk] grotesque.

Grotte ['grɔtə] *f* (-*l*-*n*) grotto.

grub [gruːp] *past of* **graben**.

Grübchen ['gryːpçən] *n* (-*s*/-) dimple.

Grube ['gruːbə] *f* (-/-*n*) pit (*a.* ⚒); mine.

Grübel|ei [gryːbə'laɪ] *f* (-/-*en*) pondering, musing; 2*n* ['...ln] *v/i.* (*ge*-, *h*) ponder, muse (*über acc.* on, over).

grüezi *Swiss. int.* ['gryːətsi] hello!

Gruft [gruft] *f* (-/-*e*) tomb, vault.

grün *adj.* [gryːn] green (*a. pol.*); *fig. pol.* environmentalist, ecologist; *~ und blau schlagen* beat black and blue.

Grün [...] *n* (-*s*/*no pl.*) green; *im ...en* in the country; *...anlage* ['...ʔ-] *f* (public) park *or* gardens; *s.* **Grünfläche**.

Grund [grunt] *m* (-*l*-*e*) reason; cause; ground; ✓ *a.* soil; (*sea, etc.*) bottom; *~ und Boden* property,land; *aus diesem ...e* for this reason; *auf ~* (*gen.*) because of; *von ~ auf* entirely; *im ...e* (*genommen*) actually, basically; *....* in compounds: *mst* basic (*principle, amount, vocabulary, etc.*); *...ausbildung* ['...ʔ-] *f* ✗, *etc.* basic training; '...**begriffe** *pl.* basics, fundamentals; '...**besitz** *m* land(ed) property; '...**besitzer** *m* landowner; '...**buch** ⚒ *n* land record (*Brt.* register).

gründ|en ['gryndən] *v/t.* (*ge*-, *h*) found (*a. family*), set up, establish; *sich ~ auf* (*acc.*) be based *or* founded on; '2**er** *m* (-*s*/-) founder.

'**grund|falsch** *adj.* absolutely wrong; '2**fläche** *f* ✗ base; *of a room, etc.*: area; '2**gedanke** *m* basic idea; '2**geschwindigkeit** ✓ *f* ground speed; '2**gesetz** *pol. n* (*es*-/*no pl.*) constitution; ...**leren**

[...'diːrən] *v/t.* (*no ge*-, *h*) prime (*wood, etc.*); *paint.* ground; '2**kapital** *econ. n* capital stock, *Brt.* nominal capital; '2**lage** *f* foundation; *fig. a.* basis; *...n pl.* (basic) elements; '...**legend** *adj.* fundamental, basic.

gründlich *adj.* ['gryntlɪç] thorough (*a. fig.*).

'**Grund|linie** *f* ⚓, *sports, etc.*: base line; *fig.* (main) outline; '2**los** *fig. adj.* groundless, unfounded; '...**mauer** *f* foundation; '...**nahrungsmittel** *n* basic food(stuff) *or* diet.

Grün|donnerstag *eccl. m* Maundy *or* Holy Thursday.

Grund|ordnung *pol.* ['grunt'-] *f* constitution; '...**rechnungsart** ⚓ *f*: *die 4 ...en* the four fundamental operations of arithmetic; '...**riß** *arch. m* ground plan; '...**satz** *m* principle; 2**sätzlich** ['...zɛtslɪç] **1.** *adj.* fundamental; **2.** *adv.*: *ich bin ~ dagegen* I am against it on principle; '...**schule** *f* primary *or* elementary (*Am. a.* grade) school; '...**stein** *m arch.* foundation stone; *fig.* foundations; '...**stück** *n* plot (of land), lot; (building) site; premises; '...**stücksmakler** *m* (real) estate agent, realtor; '...**ton** *m* ♪ keynote (*a. fig.*); *paint.* ground shade.

Gründung ['gryndʊŋ] *f* (-/-*en*) foundation, establishment, setting up.

'**grund|verschieden** *adj.* totally different; '2**wasser** *n* groundwater; '2**zahl** *f* cardinal number; '2**zug** *m* main feature, characteristic; *Grundzüge pl.* fundamentals, essentials.

'**Grüne** *m, f* (-*n*/-*n*) *esp. pol.* environmentalist, Green; *die ...n pl.* party: the Greens.

'**Grün|fläche** *f* open space, lawn; park area; '2**lich** *adj.* greenish; '...**schnabel** F *m* greenhorn; '...**span** *m* (-[*e*]*s*/*no pl.*) verdigris.

grunzen ['gruntsən] *v/i. and v/t.* (*ge*-, *h*) grunt.

Gruppe ['grupə] *f* (-/-*n*) group; 2**leren** [...'piːrən] *v/t.* (*no ge*-, *h*) group, arrange in groups; *sich ~* form groups.

Grusel|... ['gruːzəl] *in compounds:* horror (*story, etc.*); '2**ig** *adj.* eerie, creepy, spooky; '2*n* *v/t. and v/refl.* (*ge*-, *h*): *es gruselt mich* it makes my flesh creep, F it gives me the creeps.

Gruß [gruːs] *m* (-*es*/-*e*) greeting(s) (*aus dat.* from); ✗ salute; *viele or schöne Grüße an Heidi* give my regards (*familiar:* love) to Heidi; *in letters:* *mit freundlichem ~* yours sincerely; *herzliche Grüße* best wishes; love.

grüßen ['gryːsən] *v/t.* (*ge*-, *h*) greet, F say hello to; *esp.* ✗ salute; *j-n* (*schön*) *~ lassen* send one's regards *or* love to s.o.; *grüß dich!* hi!, hello!; ~ *Gott!* hello!, good morning, *etc.!*

Grütze ['grʏtsə] *f (-/-n)* grits, groats; F ~ *im Kopf* brains.

guck|en F ['gʊkən, F *mst* 'kʊ-] *v/i. (ge-, h)* look; peep, peer; **'2loch** *n* peep- or spyhole.

Güggeli *Swiss* ['gy:kəli] *n (-/-)* chicken.

Gulasch ['gu:laʃ] *n (-[e]s/no pl.)* goulash; **'~suppe** *f* goulash soup.

gültig *adj.* ['gʏltɪç] valid; *money:* a. current; **'2keit** *f (-/no pl.)* validity; currency; *s-e ~ verlieren* expire.

Gummi ['gʊmi] *n, m (-s/-s)* rubber; *s. Radiergummi;* **~** *in compounds: mst* rubber (*ball, gloves, sole, boots, etc.*); **'~band** *n* rubber (*esp. Brt.* a. elastic) band; **~bärchen** ['~bɛːrçən] *pl.* gummy bears; **'~baum** ♀ *m* rubber tree (plant); **'~bonbon** *m, n* gumdrop; **'~boot** *n* rubber raft (*Brt.* dinghy).

gum'mieren *v/t. (no ge-, h)* gum.

'Gummi|knüppel *m* truncheon, billy (club); **'~zelle** F *f* padded cell; **'~zug** *m* elastic.

Gunst [gʊnst] *f (-/no pl.)* favo(u)r, goodwill; *zu ~en von* or *(gen.)* in favo(u)r of.

günst|ig *adj.* ['gʏnstɪç] favo(u)rable (*für* to); *time, etc.:* convenient; *price:* reasonable; **~e** *Gelegenheit* chance; *im ~sten Fall* at best; **2ling** ['~lɪŋ] *m (-s/-e)* favo(u)rite, protégé.

Gurgel ['gʊrgəl] *f (-/-n): j-m an die ~ springen* go for s.o.'s throat; **'2n** *v/i. (ge-, h)* ♀ gargle; *water, etc.:* gurgle.

Gurke ['gʊrkə] *f (-/-n)* cucumber; pickle(d gherkin); **'~nsalat** *m* cucumber salad.

gurren ['gʊrən] *v/i. (ge-, h)* coo.

Gurt [gʊrt] *m (-[e]s/-e)* belt (*a. mot.*, ✈); strap.

Gürtel ['gʏrtəl] *m (-s/-)* belt; ⚠ *not girdle;* **'~reifen** *mot. m* radial (tire, *Brt.* tyre).

Guß [gʊs] *m (Gusses/Güsse)* downpour (*of rain, etc.*); ⊙ casting; *cake, etc.:* icing; *fig. aus e-m ~* of a piece; **~eisen** ['~?-] *n* cast iron; **2eisern** *adj.* ['~?-] cast-iron.

gut [gu:t] **1.** *adj.* good; *weather, etc.:* a. fine; F neat, great; *ganz ~* not bad; *also ~!* all right (then)!; *schon ~!* I never mind!; *(wieder) ~ werden* be all right, *Brt.* a. come right (again); **~e** *Reise!* have a nice trip! *sei bitte so ~ und ...* would you be so good as to or good enough to ...; *in et. ~ sein* be good at (doing) s.th.; **2.** *adv.* well; *look, taste, sound, etc.:* good; *du hast es ~* you are lucky; *es ist ~ möglich* it may well be; *es gefällt mir ~* I (do) like it; ~ *gemacht!* well done!; *mach's ~!* bye!,

take care (of yourself)!, so long!; *s. gutgehen, erhalten 1.*

Gut [~] *n (-[e]s/~er)* estate; *Güter pl.* goods; **...2** *in compounds; mst ...* goods, ... material; *s. Hab.*

Gut|achten ['gu:t?axtən] *n (-s/-)* (expert) opinion; (*medical, etc.*) certificate; **~achter** ['~?-] *m (-s/-)* expert; **2artig** *adj.* ['~?-] good-natured; ♂ benign; **2aussehend** *adj.* ['~?-] good-looking; **~dünken** ['~dʏŋkən] *n (-s/no pl.): nach ~* at s.o.'s discretion or pleasure, at will.

'Gute *n (-/no pl.)* good; *das ~ und das Böse* good and evil; *es hat alles seine ~s* there is a good side to everything; *das ~ daran ist* the good thing about it is; *~s tun* do good; *alles ~!* all the best!, good luck!

Güte ['gy:tə] *f (-/no pl.)* goodness, kindness; *econ.* quality; F: *meine ~!* good gracious!

Gute'nachtgeschichte *f* bedtime story.

Güter|bahnhof ['gy:tər-] *m* freight depot, *Brt.* goods station; **'~gemeinschaft** ⅍ *f* community of property; **'~trennung** ⅍ *f* separation of property; **'~verkehr** *m* freight (*Brt.* goods) traffic; **'~wagen** *m* freight car, *Brt.* (goods) waggon; **'~zug** *m* freight (*Brt.* goods) train.

'gut|gebaut *adj.* well-built; **'~gehen** *v/i. (irr. gehen, sep., -ge-, sein)* go (off) well, work out well or all right; *wenn alles gutgeht* if nothing goes wrong; *mir geht es gut* I'm fine; I'm doing well; **'~gelaunt** *adj.* cheerful; *s. gelaunt;* **'~gläubig** *adj.* credulous; **'~haben** *v/t. (irr. haben, sep., -ge-, h) econ.* have s.th. to one's credit; *du hast noch ... gut* I still owe you ...; **'2haben** *econ. n (-s/-)* credit (balance); **'~heißen** *v/t. (irr. heißen, sep., -ge-, h)* approve (of); **'~herzig** *adj.* kind(hearted).

gütig *adj.* ['gy:tɪç] good, kind(ly).

gütlich *adv.* ['gy:tlɪç]: *sich ~ einigen* come to an amicable settlement; *sich ~ tun an (dat.)* treat o.s. to.

'gut|machen *v/t. (sep., -ge-, h)* make up for, repay; **~mütig** *adj.* ['~my:tɪç] good-natured; **2mütigkeit** *f (-/no pl.)* good nature.

Gutsbesitzer *m* estate owner.

'Gut|schein *m* coupon, *esp. Brt.* voucher; **'2schreiben** *v/t. (irr. schreiben, sep., -ge-, h): j-m et. ~* credit s.o. with amount, *etc.*; **'~schrift** *econ. f* credit(ing).

'Guts|haus *n* manor (house); **'~herr** *m* estate owner; **'~hof** *m* estate manor; **'~verwalter** *m* farm or estate manager.

'guttun *v/i. (irr. tun, sep., -ge-, h) (dat.)* do s.o. good, be good for s.o. or s.th.

'**gutwillig** adj. willing.

Gymnasium [gym'na:zĭum] n (-s/
-nasien) (German) secondary school,
Brt. appr. grammar school; △ not
gymnasium.

Gymnasti|k [gym'nastık] f (-/no pl.)
gymnastics; callisthenics, (daily, etc.)
exercises; sch adj. gymnastic.

Gynäkologe ⚥ [gynɛko'lo:gə] m (-n/-n)
gyn(a)ecologist.

H

Haar [ha:r] n (-[e]s/-e) hair; sich die e
kämmen comb one's hair; sich die e
schneiden lassen have one's hair cut;
aufs to a T, exactly; um ein by a
hair's breadth; ausfall ['?-] m loss of
hair; 'bürste f hairbrush; 'en v/i.
and v/refl. (ge-, h) animal: lose its hair;
fur, etc.: shed hairs; 'esbreite f: um
by a hair's breadth; '2'fein adj. hairline
(crack, etc.); fig subtle; festiger ['-
festigər] m (-s/-) hair (setting) spray;
'gefäß anat. n capillary (vessel); '2-
ge'nau f adv. precisely; (stimmt) l
dead right!; '2ig adj. hairy; fig. a. ticklish (situation, etc.); in compounds:
...-haired; '2'klein f adv. to the last
detail; 'klemme f bobby pin, Brt. hair
clip; 'nadel f hairpin; 'nadelkurve f
hairpin curve (Brt. bend); 'netz n hair
net; '2'scharf F adv. by a hair's
breadth; 'schnitt m haircut; 'spalte'rei f (-/-en) hairsplitting; 'spange
f barrette, Brt. (hair) slide; '2sträu-
bend adj. hair-raising, shocking; 'teil
n hairpiece; 'trockner m hair dryer;
'wäsche f, 'waschmittel n shampoo; 'wasser n hair tonic; 'wuchs m
growth of hair; starken haben have
a lot of hair; 'wuchsmittel n hair
restorer.

Hab [ha:p] f (-/no pl.): und Gut (one's)
belongings.

Habe lit. ['ha:bə] f (-/no pl.) (personal)
belongings.

haben ['ha:bən] v/t. (irr., ge-, h) have
(got); Hunger (Durst) be hungry
(thirsty); Ferien (Urlaub) be on vacation (Brt. holiday); er hat Geburtstag
it's his birthday; welches Datum wir
heute? what's the date today?; welche
Farbe hat ...? what colo(u)r is ...?
hättest du ...? would you have (time,
etc., done s.th., etc.)?; zu goods, etc.:
available; F: er ist noch zu he's still
single; F: sich make a fuss; F: was
hast du? what's the matter with you?;
F: da wir's! there (we are)!; s.
gern(e).

Haben econ. [] n (-s/-) credit (side); s.
Soll.

'**Habenichts** m (-[es]/-e) have-not.

Habgier ['ha:p-] f greed(iness); '2ig adj.
greedy.

habhaft adj. ['ha:phaft]: werden (gen.)
get hold of; seize.

Habicht zo. ['ha:bıçt] m (-[e]s/-e)
(gos)hawk.

Habili|tation univ. [habilita'tsĭo:n] f (-/
-en) accreditation for university teaching; 2'tieren v/refl. (no ge-, h) qualify
o.s. as teacher in a university.

Hab|seligkeiten ['ha:p-] pl. belongings;
'sucht f greed(iness); '2süchtig adj.
greedy.

Hacke ['hakə] f (-/-n) hoe, mattock;
(pick)axe; anat., shoe: heel; die n
zusammenschlagen click one's heels.

hack|en ['hakən] v/t. (ge-, h) hack,
chop; hoe; bird: peck; '2er F m (-s/-)
computer: hacker; '2fleisch n ground
(Brt. minced) meat; 2ordnung ['?-] f
pecking order (a. fig.).

hadern lit. ['ha:dərn] v/i. (ge-, h) quarrel
(with one's fate, etc.).

Hafen ['ha:fən] m (-s/-) harbo(u)r, port;
'amt ['?-] n port authority; anlagen
['?-] pl. docks; arbeiter ['?-] m
docker, longshoreman; 'rundfahrt f
harbo(u)r tour; 'stadt f (sea)port;
'viertel n waterfront, Brt. dockland.

Hafer ['ha:fər] m (-s/-) oats; '2brei m
oatmeal (porridge); 'flocken pl.
(rolled) oats; 'schleim m gruel.

Haft 🏛 [haft] f (-/no pl.) confinement,
imprisonment; in under arrest; '2bar
adj. responsible, 🏛 liable (für for);
'befehl m warrant of arrest; '2en v/i.
(ge-, h) stick, adhere (an dat. to); für
🏛 answer for, be liable for.

Häftling ['hɛftlıŋ] m (-s/-e) prisoner,
convict.

'**Haftpflicht** 🏛 f liability; 'versicherung f liability insurance; mot. third-
party insurance.

'**Haftung** f (-/no pl.) responsibility, 🏛
liability; mit beschränkter limited.

Hagel ['ha:gəl] m (-s/no pl.) hail; fig. a.
shower, volley; 'korn n hailstone; '2n
v/i. (ge-, h) hail (a. fig.); 'schauer m
hail shower.

hager *adj.* ['ha:gər] lean, gaunt, haggard.

Hahn [ha:n] *m* (-[e]s/ =e) zo. cock; rooster; ⊙ (water) tap, faucet.

Hähnchen ['hɛ:nçən] *n* (-s/-) chicken.

'**Hahnenschrei** *m* cockcrow.

Hai(fisch) zo. ['hai(-)] *m* (-[e]s/-e) shark.

Hain poet. [hain] *m* (-[e]s/-e) grove.

häkeln ['hɛːkəln] *v/t.* and *v/i.* crochet.

Haken ['ha:kən] *m* (-s/-) hook (*a. boxing*); on list, etc.: check, Brt. tick; *fig.* snag, catch; '**~kreuz** *n* swastika; '**~nase** *f* hooked nose.

halb *adj.* and *adv.* [halp] half; *e-e ~e Stunde* half an hour; *~ elf* half past ten, 10.30; F *um ~* at half past; *ein ~es Pfund* half a pound; *zum ~en Preis* at half-price; *auf ~em Wege (entgegenkommen)* (meet) halfway; *~ so viel* half as much; F: *(mit j-m) ~e-~e machen* go halves *or* fifty-fifty (with s.o.).

'**Halb|...,** 2... *in compounds:* half(-ripe, etc.), semi(final, etc.); medium(-length, etc.); '**~blut** *n* half-breed; '**~bruder** *m* half-brother; '**~dunkel** *n* semi-darkness; 2er *prp.* ['halbər] (gen.) s. wegen, um... willen; ...er ['-bər] *in compounds:* for the sake of ...; owing *or* due to ...; '2fett *adj.* medium-fat (*cheese, etc.*); *print.* (semi)bold; '**~finale** ['-fi:na:lə] *n* semifinal; '2gar *adj.* underdone; *fig.* half-baked (*idea, etc.*); '**~gott** *m* demigod (*a. fig.*).

halbieren [hal'bi:rən] *v/t.* (*no ge-*, *h*) halve; *A* bisect.

Halb|insel ['halp?-] *f* peninsula; '**~jahr** *n* six months; *school:* (half-year) term; '2jährig *adj.* six-month; '2jährlich 1. *adj.* half-yearly; 2. *adv.* half-yearly, twice a year; '**~kreis** *m* semicircle; '**~kugel** *f* hemisphere; '2laut 1. *adj.* low, subdued; 2. *adv.* in an undertone; '**~leiter** ∮ *m* (-s/-) semiconductor; 2'links *adv.* inside left; '2mast *adv.* (at) half-mast; '**~mond** *m* half moon, crescent (*a. shape*); '**~pension** *f* hotel, etc.: room plus one main meal, Brt. half board; 2'rechts *adv.* inside right; '**~schlaf** *m* doze; '**~schuh** *m* (Oxford) shoe; '**~schwergewicht** *n* light-heavyweight; '**~schwester** *f* halfsister; '**~tags...** *in compounds:* part-time ..., half day ...; '2wegs *adv.* ['-'veːks] halfway; *fig.* reasonably (*good condition, etc.*); more or less (*finished, etc.*); '**~wertszeit** *phys.* ['-veːrts-] *f* half life; 2wüchsig *adj.* ['-vy:ksiç] adolescent; '**~zeit** *f* sports: half(time).

Halde ['haldə] *f* (-/-n) slope; ☆ dump.

half [half] *past of* helfen.

Hälfte ['helftə] *f* (-/-n) half; *die ~ von* half of.

Halfter ['halftər] 1. *m, n* (-s/-) halter; 2. *n* (-s/-), *f* (-/-n) holster.

Halle ['halə] *f* (-/-n) hall; (*hotel, etc.*) lounge; *in der ~* sports, etc.: indoors.

hallen ['halən] *v/i.* (*ge-*, *h*) resound, reverberate.

'**Hallen|bad** *n* indoor swimmingpool; '**~fußball** *m* five-a-side soccer (Brt. football); '**~turnier** *n* indoor tournament.

hallo *int.* ['halo, ha'loː] hello, hi; *~ du!* hey you!; *es gab ein großes 2* there was great excitement.

Halm ∮ [halm] *m* (-[e]s/-e) blade (*of grass, etc.*); stalk, stem; straw.

Hals [hals] *m* (-es/ =e) neck; throat; *~ über Kopf* helter-skelter; *~ schaffen* get rid of; *es hängt mir zum ~(e) (he)raus* I'm fed up with it; *~ und Beinbruch!* break a leg!; '**~abschneider** F ['-?-] *m* (-s/-) shark, crook; '**~band** *n* necklace; (*dog, etc.*) collar; 2brecherisch *adj.* ['-brɛçərɪʃ] breakneck (*speed, etc.*); '**~entzündung** ∮ ['-?-] *f* sore throat; '**~kette** *f* necklace; '**~Nasen-'Ohren-Arzt** *m* ear-nose-and-throat doctor; '**~schlagader** *anat.* *f* carotid artery; '**~schmerzen** *pl.:* *~ haben* have a sore throat; '2starrig *adj.* ['-ʃtarɪç] stubborn, obstinate; '**~tuch** *n* scarf, neckerchief.

Halt [halt] *m* (-[e]s/-e) hold; support (*a. fig. mental*); stop, halt; *fig. a.* stability; *ohne ~* (*travel, etc.*) nonstop.

halt *int.* [~] stop!; ✗ halt!

'**haltbar** *adj.* durable, lasting; *food, etc.:* nonperishable; *colo(u)r:* fast; *argument, etc.:* tenable; '2keitsdatum *n* s. Verfallsdatum.

halten ['halten] (*irr.*, *ge-*, *h*) 1. *v/t.* hold; keep (*promise, animal, etc.*); make (*speech, etc.*); give (*lecture, etc.*); take (Brt. a. in) (*newspaper, etc.*); *soccer, etc.:* of goalkeeper: save (*ball*); *~ für* regard as; (mis)take for; *viel (wenig) ~ von* think highly (little) of; *sich ~ food, etc.:* keep; *weather, etc.:* last; *s.o.:* keep (*warm, fit, etc.*); *sich gut ~* do well (*at school, etc.*); *sich rechts etc. ~* keep to the right, *etc.*; *sich ~ an* (*acc.*) keep to (*subject, rules, etc.*); 2. *v/i.* hold, last; *vehicle, etc.:* stop, halt; *ice:* bear; *rope, etc.:* hold; *~ zu* stand by, F stick to s.o.

'**Halter** *m* (-s/-) owner; *for utensils, etc.:* holder, stand, rack; '**~stelle** *f* stop; ☆ *a.* station; '**~verbot** *mot.* *n* no stopping (area).

...**haltig** ['-haltıç] *in compounds:* containing ...

'**halt|los** *adj.* unsteady; *accusation, etc.:* baseless; '**~machen** *v/i.* (*sep.*, *-ge-*, *h*) stop, halt; *vor nichts ~* stop at nothing;

'Sung f (-/-en) posture; pol., etc. attitude (zu towards).

Halunke F [ha'luŋkə] m (-n/-n) crook; bastard.

hämisch adj. ['hɛːmɪʃ] grin, remark, etc.: malicious, sneering.

Hammel zo. ['haməl] m (-s/-) wether; '**~fleisch** n mutton.

Hammer ['hamər] m (-s/-) hammer (a. sports); **unter den ~ kommen** come under the hammer; F: **das ist ein ~!** I'll be darn(ed)!

hämmern ['hɛmərn] v/i. and v/t. (ge-, h) hammer.

Hämorrhoiden ⚕ [hɛmoro'iːdən] pl. h(a)emorrhoids, piles.

Hampelmann ['hampəl-] m toy: jumping jack; F contp. clown, sucker.

Hamster zo. ['hamstər] m (-s/-) hamster; '**2n** v/t. and v/i. (ge-, h) hoard.

Hand [hant] f (-/-e) hand; **von (mit der) ~** by hand; **an ~ von** by means of; **zur ~** at hand; **aus erster (zweiter) ~** firsthand (secondhand); **unter der ~** in secret; privately; **an die ~ nehmen** take by the hand; **sich die ~ geben, j-m die ~ drücken** shake hands (with s.o.); **aus der ~ legen** lay aside; **aus der ~ lesen** read s.o.'s palm; **~ anlegen, j-m zur ~ gehen** lend (s.o.) a (helping) hand; **~ und Fuß haben** hold water, make sense; **(klar) auf der ~ liegen** be obvious or as plain as can be; **zu Händen von** (abbr. z. Hd.) **Herrn Dr. V.** in letters: care of or c/o Dr V.; **Hände hoch (weg)!** hands up (off)!; '**~arbeit** ['~?-] f manual labo(u)r; needlework (a. classes); **es ist ~** it is handmade; '**~ball** m (European) handball; '**~betrieb** ⊕ m manual operation; '**~breit** (-/-) hand's breadth; '**~bremse** mot. f handbrake; '**~buch** n manual, handbook.

Hände|druck ['hɛndə-] m (-[e]s/-e) handshake; '**~klatschen** n (-s/no pl.) (hand-)clapping; applause.

Handel ['handəl] m (-s/no pl.) commerce, business; trade; market; transaction, deal, bargain; **~ treiben** econ. trade (mit with s.o.); '**2n** v/i. (ge-, h) act, take action; bargain (um for), haggle (over); **mit j-m ~** econ. trade with s.o.; **mit Waren ~** econ. trade or deal in goods; **~ von** story, etc.: deal with, be about; **es handelt sich um** it concerns, it is about, it is a matter of.

Handels|abkommen ['handəls?-] n trade agreement; '**~bank** f (-/-en) commercial bank; '**~bilanz** econ. f (aktive favo[u]rable) balance of trade; **2einig** adj. ['~?-]: **~ werden** come to terms; '**~gesellschaft** f (trading) company; '**~kammer** f Chamber of Commerce;

'**~schiff** n merchant ship; '**~schule** f commercial school; **2üblich** adj. ['~?-] of commercial practices: usual, customary; '**~ware** f commercial articles, merchandise.

Hand|feger ['hantfeːgər] m (-s/-) handbrush; '**~fertigkeit** f manual skill; '**2fest** fig. adj. solid; '**~fläche** f palm; '**2gearbeitet** adj. handmade; '**~gelenk** n wrist; **aus dem ~** fig. offhand; '**~gemenge** n (-s/-) scuffle; '**~gepäck** n hand luggage; '**~granate** ⚔ f hand grenade; **2greiflich** adj. ['~graiflɪç]: **~ werden** turn violent, get tough; '**~griff** m handle; movement (of the hand); '**~habe** f (-/-n): **e-e (keine) ~ gegen j-n haben** have a (no) hold on s.o.; '**2haben** v/t. (ge-, h) handle, manage; operate (machine, etc.); '**~kantenschlag** m (backhand) chop; '**~langer** ['~laŋər] m (-s/-) helper, handyman; fig. contp. henchman.

Händler ['hɛndlər] m (-s/-) dealer, trader.

handlich adj. ['hantlɪç] handy, manageable.

Handlung ['handluŋ] f (-/-en) film, etc.: story, plot, action(s); behavio(u)r: act, action, deed; econ. esp. in compounds: store, shop.

'Handlungs|reisende m travel(l)ing salesman; '**~weise** f behavio(u)r, conduct.

'Hand|pflege f care of the hands; manicure; '**~rücken** m back of the hand; '**~schellen** pl. handcuffs; **j-m ~ anlegen** handcuff s.o.; '**~schlag** m handshake; **keinen ~ tun** not lift a finger; '**~schrift** f hand(writing); '**2schriftlich** adj. handwritten; '**~schuh** m glove; '**~stand** m handstand; '**~streich** esp. ⚔ m surprise attack; '**~tasche** f handbag, purse; '**~tuch** n towel; **~umdrehen** fig. ['~?-] n: **im ~** in no time; '**~voll** f (-/-) handful; '**~wagen** m handcart; '**~werk** n (handi)craft, trade; F **j-m ins ~ pfuschen** meddle; '**~werker** m (-s/-) craftsman, artisan; workman; '**~werkszeug** n (kit of) tools; '**~wurzel** f wrist.

Hanf ♀ [hanf] m (-[e]s/no pl.) hemp.

Hang [haŋ] m (-[e]s/-e) slope; fig. inclination (zu for), tendency (towards).

Hänge|brücke arch. ['hɛŋə-] f suspension bridge; '**~lampe** f hanging lamp; '**~matte** f hammock.

hängen ['hɛŋən] 1. v/i. (irr., ge-, h) hang (an dat. on wall, etc., from ceiling, etc.); **~ an** (dat.) be fond of; be devoted to; **alles, woran ich hänge** everything that is dear to me; 2. v/t. (ge-, h) hang (a. s.o.); '**~bleiben** v/i. (irr. bleiben, sep., -ge-, sein) get stuck (a. fig.); **an et. ~**

get caught on s.th; F *fig. s.* **sitzen-bleiben.**

'Hänger *m* (*-s/-*) (*loose-fitting*) coat; F *mot.* trailer; F *fig. s.* **Durchhänger.**

hänseln ['hɛnzəln] *v/t.* (*ge-*, *h*) tease (**wegen** about).

Hansestadt *pol.* ['hanzə-] *f* Hanseatic city.

Hanswurst *fig.* [hans'vʊrst] *m* (*-es/-e*) fool, clown.

Hant|el ['hantəl] *f* (*-/-n*) dumbbell; **2ie-ren** [~'tiːrən] *v/i.* (*no ge-*, *h*): ~ **mit** handle; ~ **an** (*dat.*) fiddle (around) with.

hapern F ['haːpərn] *v/impers.* (*ge-*, *h*): **es hapert an** (*dat.*) *or* **mit** there is s.th. wrong with *or* a lack of; *s.o.'s* weak point is.

Häppchen ['hɛpçən] *n* (*-s/-*) tidbit, *Brt.* titbit; *fig. a.* bit, piece.

Happ|en ['hapən] *m* (*-s/-*) morsel, bite; snack; **2ig** F *adj.* ['hapɪç]: **ganz schön ~** *price, etc.*: a bit steep.

Härchen ['hɛːrçən] *n* (*-s/-*) tiny hair.

Hardware ['haːdwɛə] *f* (*-/no pl.*) (computer, *etc.*) hardware.

Harfe ♪ ['harfə] *f* (*-/-n*) harp; **~nist** *m* (*-en/-en*) harpist.

Harke ♪ ['harkə] *f* (*-/-n*), **2n** *v/t.* (*ge-*, *h*) rake.

harmlos *adj.* ['harmloːs] harmless.

Harmon|ie [harmo'niː] *f* (*-/-n*) harmony (*a.* ♪); **2ieren** *v/i.* (*no ge-*, *h*) harmonize (**mit** with); **2isch** *adj.* [~'moːnɪʃ] harmonious.

Harn [harn] *m* (*-[e]s/-e*) urine; **~blase** *anat.* *f* (urinary) bladder.

Harnisch ['harnɪʃ] *m* (*-es/-e*) *hist.* (suit of) armo(u)r; F *in* ~ **geraten** fly into a rage.

'Harn|leiter *anat.* *m* ureter; **~röhre** *anat.* *f* urethra.

Harpun|e [har'puːnə] *f* (*-/-n*), **2ieren** [~u'niːrən] *v/t.* (*no ge-*, *h*) harpoon.

harren *lit.* ['harən] *v/i.* (*ge-*, *h*) (*gen.*) wait for.

Harsch [harʃ] *m* (*-es/no pl.*) crusted snow.

hart [hart] **1.** *adj.* hard, F *a.* tough; *sports*: rough; *winter, punishment, etc.*: severe; **2.** *adv.* (*work, etc.*) hard.

Härte ['hɛrtə] *f* (*-/-n*) hardness; toughness; roughness; severity; *esp.* ⚖ hardship; **~fall** *m* case of hardship; **'2n** *v/t. and v/i.* (*ge-*, *h*) harden.

'Hart|faserplatte *f* hardboard, fiberboard, *Brt.* fibreboard; **'2gekocht** *adj.* hard-boiled; **~geld** *n* coin(s); **'2gesotten** *fig. adj.* hard-boiled; **~gummi** *m*, *n* hard rubber; **'2herzig** *adj.* hardhearted; **2näckig** *adj.* ['~nɛkɪç] stubborn, obstinate; persistent; ♪ refracto-

ry; **~platz** *m* tennis: hard court; *soccer, etc.*: clay pitch.

Harz [haːrts] *n* (*-es/-e*) resin; rosin; **2ig** *adj.* resinous.

haschen F ['haʃən] *v/t. and v/i.* (*ge-*, *h*) catch; **2 spielen** play tag (*Brt.* catch).

haschen² F [~] *v/i.* (*ge-*, *h*) smoke pot.

Haschisch ['haʃɪʃ] *n* (*-/no pl.*) hashish, cannabis, *sl.* pot.

Hase *zo.* ['haːzə] *m* (*-n/-n*) hare; F: **alter** ~ old hand.

Haselnuß ♀ ['haːzəl-] *f* hazelnut.

'Hasen|fuß F *m* coward; **~scharte** ♪ *f* harelip.

Haß [has] *m* (*Hasses/no pl.*) hatred, hate.

'hassen *v/t.* (*ge-*, *h*) hate.

häßlich *adj.* ['hɛslɪç] ugly; *fig. a.* nasty, filthy.

Hast [hast] *f* (*-/no pl.*) hurry, haste; rush; **'2en** *v/i.* (*ge-*, *sein*) hurry, hasten, rush; **'2ig** *adj.* hasty, hurried.

hätscheln ['hɛtʃəln] *v/t.* (*ge-*, *h*) fondle; *contp.* pamper.

hatte ['hatə] *past of* **haben.**

hätte ['hɛtə] *past subj. of* **haben.**

Haube ['haʊbə] *f* (*-/-n*) bonnet; (*nurse's, etc.*) cap; *zo.* crest; *mot.* hood, *Brt.* bonnet.

Hauch [haʊx] *m* (*-[e]s/no pl.*) breath; whiff; *fig. a.* touch, trace; **'2dünn** *adj.* very thin; *fabric:* flimsy; *fig.* very slim (*chance, etc.*); **'2en** *v/i. and v/t.* (*ge-*, *h*) breathe; whisper.

Hau|e F ['haʊə] *f* (*-/no pl.*) hiding, spanking; **'2en** *v/t.* (*irr.*, *ge-*, *h*) hit, beat, thrash, spank; ⊙ hew; **sich ~** (have a) fight; **'~er** *m* (*-s/-*) *zo.* tusk; ⚒ miner, face worker.

Haufen ['haʊfən] *m* (*-s/-*) heap, pile; F *fig.* heaps (*of money, etc.*), piles (*of work, etc.*); crowd; bunch, gang; (*dog*) droppings *or* F shit; **über den ~ rennen** *or* **fahren** (**schießen**) knock *s.o.* *or* s.th. (shoot *s.o.*) down; **über den ~ werfen** upset (*plans, etc.*).

häuf|en ['hɔyfən] *v/t.* (*ge-*, *h*) heap (up), pile (up), accumulate; **sich ~** pile up, accumulate; *fig.* become more frequent, increase; **'~ig 1.** *adj.* frequent; **2.** *adv.* frequently, often; **'2igkeit** *f* (*-/no pl.*) frequency; **'2ung** *f* (*-/-en*) accumulation; increasing frequency.

Haupt [haʊpt] *n* (*-[e]s/-¨er*) *lit.* head, *fig. a.* leader; **'~ ... *in compounds:* mst** main ..., chief ..., head ..., principal ..., primary ..., major ..., central ...; **~bahnhof** *m* main *or* central station; **'2beruflich** *adj.* main *or* full-time (*occupation*); **~arbeiten** work full-time; **~beschäftigung** *f* chief occupation; **~bestandteil** *m* main *or* chief ingredient; **~dar-**

steller(in) m (f) leading act|or (-ress), star, lead(ing man [lady]).

Häuptelsalat *Aust.* ['hɔʏptəl-] m lettuce.

'Haupt|fach n *univ. etc.* major (subject), *Brt.* main subject; '~figur f main character; '~film m feature (film); '~gewinn m first prize; '~grund m main reason.

Häuptling ['hɔʏptlɪŋ] m (-s/-e) chief (-tain).

'Haupt|mahlzeit f main meal (of the day); '~mann ✕ m (-[e]s/-leute) captain; '~merkmal n chief characteristic; '~nenner ⅋ m common denominator; '~person f central figure *or* character; *mst contp.* cent|er (*Brt.* -re) of attention; '~quartier n headquarters; '~rolle f *thea., etc.* lead(ing part); die ~ spielen *fig.* be most important; '~sache f main thing *or* point; '⁀sächlich *adj.* main, chief, principal; '~satz *gr.* m main clause; '~stadt f capital; '~straße f main street; main road; '~verkehrsstraße f main road *or* artery; '~verkehrszeit f rush hour(s), peak hour(s); '~versammlung f general meeting; '~wort *gr.* n (-[e]s/-⁀er) noun.

Haus [haus] n (-es/-⁀er) house; building; *parl.* House; zu ~e at home, in; nach ~e kommen (gehen, bringen) come *or* get (go, take) home; '~angestellte ['⁓⁓-] m, f (-[n]/-[n]) domestic (servant); ~apotheke ['⁓⁓-] f (family) medicine cabinet; ~arbeit ['⁓⁓-] f housework; *univ., etc.* (research) paper, *Brt.* paper; ~arzt ['⁓⁓-] m family doctor; ~aufgaben ['⁓⁓-] pl. homework, assignment; ~ machen do one's homework; '~bar liquor cabinet; bar; '~besetzer m (-s/-) squatter; '~besetzung f squatting; '~besitzer(in) m (f) (-s[-]/-[-nen]) home owner; owner (of the house), land|lord (-lady); ~einweihung ['⁓⁓-] f house-warming (party).

hausen ['hauzən] v/i. (ge-, h) *esp. contp., co.* live; *fig.* play havoc.

Häuserblock ['hɔʏzɐr-] m block (of buildings).

'Haus|flur m (entrance) hall, hallway; '~frau f housewife; '~freund iro. m s.o. who has an affair with his friend's wife, F (gentle)man, friend; '~friedensbruch ⅋⅋ m (-[e]s/⁀e) trespass; '~gebrauch m domestic use; für den ~ F *fig.* (enough, etc.) to get by; '⁀gemacht *adj.* home-made (a. *fig.*); '~halt m household; *econ. pol.* budget; (j-m) den ~ führen keep house (for s.o.); '⁀halten v/i. (*irr. halten, sep., -ge-, h*) economize (mit on s.th.); '~hälterin ['⁓hɛltərɪn] f (-/-nen) housekeeper; '~haltsgeld n money for household expenses, house-

keeping money; '~haltsjahr n fiscal year; '~haltsplan *econ.* m budget; '~haltswaren pl. household articles; '~herr(in) m (f) land|lord (-lady); host(ess); '⁀hoch *adj.* huge; smashing (*victory*).

hausiere|n [hau'zi:rən] v/i. (*no ge-, h*) peddle, hawk (mit et. s.th.) (*a. fig. news, etc.*); ⁀r m (-s/-) pedlar, hawker.

'Hauskleid n house dress.

häuslich *adj.* ['hɔʏslɪç] domestic; home-loving.

'Haus|mädchen n (house)maid; '~mann F m house husband; '~mannskost f plain food *or* fare; '~meister m caretaker, janitor; '~mittel n household remedy; '~nummer f street *or* house number; '~ordnung ['⁓⁓-] f house rules; '~rat m household effects; '~schlüssel m front-door key; '~schuh m slipper.

Hausse *econ.* ['ho:s(ə)] f (-/-n) rise, boom.

'Haus|stand m household; e-n ~ gründen set up house(keeping); '~suchung ⅋⅋ ['⁓zu:xuŋ] f (-/-en) house search; '~tier n domestic animal; '~tür f front door; '~verwaltung f property management; '~wirt(in) m (f) land|lord (-lady).

'Hauswirtschaft f (-/no pl.) housekeeping; '~lehre f home economics, *Brt. mst* domestic science; '~schule f home economics (*Brt. mst* domestic science) school.

Haut [haut] f (-/⁀e) skin; complexion; bis auf die ~ durchnäßt soaked to the skin; aus der ~ fahren hit the ceiling; unter die ~ gehen get under one's skin; '~abschürfung ⅋ ['⁓⁓-] f abrasion; '~arzt ['⁓⁓-] m dermatologist; '~ausschlag ⅋ ['⁓⁓-] m rash.

Häut|chen ['hɔʏtçən] n (-s/-) pellicle, cuticle, membrane; ⁀en ['⁓tən] v/t. (ge-, h) skin (*animal, etc.*); sich ~ cast *or* shed one's skin.

haut|eng *adj.* ['⁓⁓-] skin-tight; '⁀farbe f colo(u)r of the skin; complexion; '⁀krankheit f skin disease; '⁀pflege f skin care; '⁀schere f cuticle scissors; ⁀unreinheit ['⁓⁓-] f skin blemish; '⁀verpflanzung ⅋ f skin grafting.

Havarie [hava'ri:] f (-/-n) accident; ⚓, ⅋⅋ average.

H-Bombe ✕ ['ha:-] f H-bomb.

he *int.* [he:] hey!

Hebamme ['he:p⁀amə] f (-/-n) f midwife.

Hebebühne *mot.* ['he:bə-] f car hoist.

Hebel ⊙ ['he:bəl] m (-s/-) lever.

heben ['he:bən] v/t. (*irr., ge-, h*) lift (*a. mot., ⚓, sports*); raise (*a. fig.*); heave (*heavy load*); hoist; *fig. a.* improve (quality, standard, etc.); **sich ~** rise, go up.

hebräisch [he'brɛːɪʃ] Hebrew.

Hebung ['heːbʊŋ] f (-/-en) rise, increase; improvement; stress(ed syllable).

Hecht zo. [hɛçt] m (-[e]s/-e) pike; **'2en** v/i. (ge-, sein) dive (nach for ball, etc.).

Heck [hɛk] n (-[e]s/-e, -s) ♣ stern; ✗ tail; mot. rear (a. window, engine, etc.).

Hecke ⚹ ['hɛkə] f (-/-n) hedge; **'~nrose** ⚹ f dogrose; **'~nschütze** m sniper.

Heer [heːr] n (-[e]s/-e) ✗ army; fig. a. multitude, host.

Hefe ['heːfə] f (-/-n) yeast (a. in compounds: dough, etc.).

Heft [hɛft] n (-[e]s/-) notebook; Brt. school: a. copy-book, exercise book; booklet; issue, number (of magazine, etc.); hilt (of sword, etc.); **'~chen** n (-s/-) book(let) (a. of tickets, stamps, etc.); comic (book); pulp (magazine).

'heft|en v/t. (ge-, h) fix, fasten, attach (an acc. to); pin (to); tack, baste (seam, etc.); stitch (book, etc.); **'2er** m (-s/-) stapler; file.

'heftig adj. violent, fierce; rain, etc.: heavy.

'Heft|klammer f staple; **'~pflaster** n band aid, Brt. adhesive plaster; **'~zwecke** ['~tsvɛkə] f (-/-n) tumbtack, Brt. drawing pin.

hegen ['heːgən] v/t. (ge-, h) preserve, protect; fig. have (doubts, etc.); **~ und pflegen** lavish care on s.th.

Hehl [heːl] n, m (-[e]s/no pl.): **kein(en) machen aus** make no secret of s.th.; **'~er** m (-s/-) receiver of stolen goods, sl. fence; **'~erei** f (-/-en) receiving stolen goods.

Heide¹ ['haidə] m (-n/-n) heathen.

Heide² [~] f (-/-n) heath(land); **'~kraut** ⚹ n heather, heath.

Heidelbeere ⚹ ['haidəl-] f s. Blaubeere.

Heiden|angst F ['haidən?-] f: **e-e ~ haben** be scared stiff; **'~geld** F n: **ein ~** a fortune; **'~lärm** F m: **ein ~** a hell of a noise; **'~spaß** F m: **e-n ~ haben** have a ball.

'Heid|entum n (-s/no pl.) heathenism; **'~in, 2nisch** adj. ['haidnɪʃ] heathen.

heikel adj. ['haikəl] delicate, tricky; tender (spot, subject, etc.); F person: fussy.

heil adj. [hail] safe, unhurt; undamaged, whole, intact.

Heil [~] n (-[e]s/no pl.) eccl. grace; **sein ~ versuchen** try one's luck; **~ (dat.)!** hail to ...!

Helland eccl. ['hailant] m (-[e]s/no pl.) Savio(u)r, Redeemer.

Heil|anstalt ['hail?-] f sanatorium, Am. a. sanitarium; mental hospital; **'~bad** n

health resort, spa; **'2bar** adj. curable; **'~butt** zo. m halibut.

'heil|en (ge-) **1.** v/t. (h) cure; **2.** v/i. (sein) heal (up); **'2gymnastik** f physical therapy, Brt. physiotherapy.

heilig adj. ['hailiç] holy; sacred (a. fig.); **der ~e Paulus** Saint Paul; **2abend** [~'?-] m Christmas Eve; **2e** [~'ligə] m, f (-n/-n) saint; **~en** ['~ligən] v/t. (ge-, h) sanctify (a. fig.), hallow; **'2keit** f (-/no pl.) holiness, sacredness, sanctity; **S-e ~** His Holiness; **'~sprechen** v/t. (irr. sprechen, sep., -ge-, h) canonize; **'2tum** n (-[e]s/-er) sanctuary, shrine.

'Heil|kraft f healing or curative power; **'2kräftig** adj. curative; **'~kraut** n medicinal herb; **'2los** fig. adj. utter, hopeless (confusion, etc.); **'~mittel** n remedy, cure (both a. fig.); **'~praktiker** m nonmedical practitioner; **'~quelle** f (medicinal) mineral spring; **'2sam** fig. adj. wholesome.

Heilsarmee ⚹ [hails?-] f Salvation Army.

'Heilung f (-/-en) cure; healing (of wound, etc.).

heim adv. [haim] home.

Heim [~] n (-[e]s/-e) home; (youth, etc.) hostel.

Heim... in compounds: home (team, victory, game, computer, etc.).

Heimat ['haimaːt] f (-/no pl.) home, native country; home town; **in der (meiner) ~** at home; **'2lich** adj. homelike, hom(e)y; native (soil, etc.); **'2los** adj. homeless; **'~ort** [~'?-] m home town; native village; **'~vertriebene** m, f s. Vertriebene.

'Heim|fahrt f journey home; **auf der ~** on the way home; **'~gang** lit. m (-[e]s/no pl.) decease.

'heimisch adj. home, domestic (industry, etc.); ⚹, zo., etc. native, indigenous; feeling, etc.: homelike, hom(e)y; **sich ~ fühlen** feel at home.

Heim|kehr ['~keːr] f (-/no pl.) return (home); **'2kehren** v/i. (sep, -ge-, sein), **'2kommen** v/i. (irr. kommen, sep., -ge-, sein) return home, come back.

'heimlich adj. secret; **'2keit** f (-/-en) secrecy; **'~en** pl. secrets.

'Heim|reise f s. Heimfahrt; **'2suchen** v/t. (sep., -ge-, h) disaster, etc.: strike; ghost, fears, etc.: haunt; **'2tücklsch** adj. insidious (a. disease); crime, etc.: treacherous; **2wärts** adv. ['~verts] homeward(s); **'~weg** m way home; **'~weh** n homesickness; **~ haben** be homesick; **'~werker** ['~verkər] m (-s/-) home mechanic, do-it-yourselfer; **'~werkergeschäft** n do-it-yourself store or shop; **'2zahlen** v/t. (sep., -ge-, h): **j-m et. ~** pay s.o. back for s.th., get even with s.o.

Heinzelmännchen ['haintsəl-] *n* brownie; *pl. a.* little people, fairies.

Heirat ['haira:t] *f* (*-/-en*) marriage; '**2en** (**ge-**, **h**) **1.** *v/t.* marry, get married to; **2.** *v/i.* get married.

Heirats|antrag ['haira:ts?-] *m* proposal (of marriage); *j-m e-n ~ machen* propose to s.o.; '**2fähig** *adj.* marriageable (*age, etc.*); '**~schwindler** *m* man who promises to marry a woman in order to get money out of her; **~urkunde** ['-?-] *f* marriage certificate; '**~vermittlung** *f s.* **Ehevermittlungsinstitut.**

heiser *adj.* ['haizər] hoarse, husky; '**2keit** *f* (*-/no pl.*) hoarseness.

heiß *adj.* [hais] hot; *fig. a.* passionate, ardent; *mir ist ~* I am *or* feel hot.

heißen ['haisən] (*irr.*, **ge-**, **h**) **1.** *v/i.* be called; mean; *wie ~ Sie?* what is your name?; *wie heißt das?* what do you call this?; *was heißt ... auf englisch?* what is ... in English?; *was soll das ~?* what's that supposed to mean?; what's the idea?; *es heißt (im Text)* it says (in the text); *das heißt* that is (*abbr. d.h.* i.e.); *was es heißt zu ...* what it's like to ...; **2.** *v/t. lit.* call; *s.* **willkommen.**

'**heißgeliebt** *adj.* beloved.

heiter *adj.* ['haitər] cheerful; *story, etc.*: humorous; *meteor.* fair; *fig. aus ~em Himmel* out of the blue; '**2keit** *f* (*-/no pl.*) cheerfulness; amusement.

heizbar ⊙ *adj.* ['haits-] *pool, wind\shield, Brt. -screen, etc.*: heated.

heiz|en ['haitsən] *v/t. and v/i.* (**ge-**, **h**) heat; *mit Kohlen ~* burn coal; '**2er** ⚓, 🚂 *m* (*-s/-*) stoker; **2kessel** ['haits-] *m* boiler; '**2kissen** *n* heating pad; '**2körper** *m* radiator; '**2kraftwerk** *n* thermal power station; '**2material** *n* fuel; **2öl** ['-?-] *n* fuel oil; '**2platte** *f* hot plate; '**2ung** *f* (*-/-en*) heating.

hektisch *adj.* ['hɛktiʃ] hectic.

Held [hɛlt] *m* (*-en/-en*) hero.

helden|haft *adj.* ['hɛldən-] heroic; '**2mut** *m* heroism, valo(u)r; '**2tat** *f* heroic deed; '**2tod** *m* heroic death; '**2tum** *n* (*-[e]s/no pl.*) heroism.

Heldin ['hɛldɪn] *f* (*-/-nen*) heroine.

helfen ['hɛlfən] *v/i.* (*irr.*, **ge-**, **h**) help, aid; assist; *j-m bei et. ~* help s.o. with *or* in (doing) s.th.; *~ gegen* remedy, *etc.*: be good for; *er weiß sich zu ~* he can manage *or* cope; *es hilft nichts* it's no use.

'**Helfer** *m* (*-s/-*) helper, assistant; '**~s-helfer** *m* accomplice.

hell *adj.* [hɛl] light, *etc.*: bright; *colo(u)r*: light; *dress, etc.*: light-colo(u)red; *sound, etc.*: clear; *beer*: pale, *Brt. a.* light; *fig.* bright, clever; sheer (*madness, etc.*); *es wird schon ~* it's getting light already; *ein 2es* a (glass of) beer, *Brt.* a pint, *etc.* of lager; '**~blau** *adj.* light-blue; '**~blond** *adj.* very fair.

Heller *fig.* ['hɛlər] *m* (*-s/-*): *keinen roten ~ wert* not worth a (red) cent (*Brt.* farthing).

'**hell|hörig** *adj. arch.* poorly soundproofed; *~ sein* have a sharp ear; *~ werden* prick up one's ears; '**2sehen** *n* (*-s/no pl.*) clairvoyance; '**2seher(in)** *m* (*f*) clairvoyant(e); '**~'wach** *adj.* wide-awake.

Helm [hɛlm] *m* (*-[e]s/-e*) helmet.

Hemd [hɛmt] *n* (*-[e]s/-en*) shirt; vest, undershirt; slip; '**~bluse** *f* (*woman's*) shirt.

Hemisphäre [hemi'sfɛ:rə] *f* (*-/-n*) hemisphere.

hemm|en ['hɛmən] *v/t.* (**ge-**, **h**) check, stop (*movement, etc.*); hamper, hinder; *s. gehemmt*; '**2nis** *n* (*-ses/-se*) hindrance, obstacle; '**2schuh** F *fig. m* drag (*für* on); '**2ung** *psych. f* (*-/-en*) inhibition; scruple; '**~ungslos** *adj.* unrestrained; unscrupulous.

Hengst *zo.* [hɛŋst] *m* (*-[e]s/-e*) stallion.

Henkel ['hɛŋkəl] *m* (*-s/-*) handle.

Henker ['hɛŋkər] *m* (*-s/-*) hangman, executioner; F: *was etc. zum ~ ...?* what, *etc.* the hell ...?

Henne *zo.* ['hɛnə] *f* (*-/-n*) hen.

her *adv.* [he:r] (*come, look, etc.*) here; *wo bist du ~?* where are you from?; *wo hast du das ~?* where did you get that?; *fig.* who told you that?; *~ damit!* give (it to me)!, hand it over!; *das ist lange (jetzt 20 Jahre) ~* that was a long time ago (20 years ago today); *von ... her fig.* from the ... point of view; *s. hin.*

herab *adv.* [hɛ'rap] down; *~lassen fig. v/refl.* (*irr. lassen, sep., -ge-, h*) condescend; *~lassend adj.* condescending; *~sehen fig. v/i.* (*irr. sehen, sep., -ge-, h*): *~ auf* (*acc.*) look down upon; *~setzen v/t.* (*sep., -ge-, h*) reduce (*price, etc.*); *fig.* disparage.

heran *adv.* [hɛ'ran] close, near; *~ an* (*acc.*) up *or* near to; *~gehen v/i.* (*irr. gehen, sep., -ge-, sein*): *~ an* (*acc.*) walk up to; *fig.* set about (*task, etc.*), tackle *s.th.*; *~kommen v/i.* (*irr. kommen, sep., -ge-, sein*) come near *or* close to (*a. fig. record, etc.*); *~wachsen v/i.* (*irr. wachsen, sep., -ge-, sein*) grow (up) (*zu* into); **2wachsende** *m, f* (*-n/-n*) adolescent; *~ziehen fig. v/t.* (*irr. ziehen, sep., -ge-, h*) call in, see (*doctor, etc.*); bring in (*experts, etc.*).

herauf *adv.* [hɛ'rauf] up (here); (*come, etc.*) upstairs; *~beschwören v/t.* (*irr. schwören, sep., no -ge-, h*) call up (*spirits, etc.*); bring on, provoke (*troub-*

le, etc.); ~ziehen (irr. ziehen, sep., -ge-) 1. v/t. (h) pull up (shades, etc.); 2. v/i. (sein) storm, etc.: come up.

heraus adv. [hɛˈraʊs] (come, etc.) out; fig. aus ... out of (necessity, etc.); ~ sein be known; be published; be out of or over s.th.; zum Fenster ~ out of the window; ~ mit der Sprache! speak out!, out with it!; ~bekommen v/t. (irr. kommen, sep., no -ge-, h) get out (nail, stain, etc.); get back (change, etc.); fig. find out; s. herausbringen; ~bringen v/t. (irr. bringen, sep., -ge-, h) bring out; thea. stage; fig. find out; sie brachte kein Wort heraus she could not say a word; ~finden (irr. finden, sep., -ge-, h) 1. v/t. find; fig. find out, discover; 2. v/i. find one's way out; 2forderer m (-s/-) challenger; ~fordern v/t. (sep., -ge-, h) challenge s.o., etc.; provoke s.th., ask for it; 2forderung f challenge; provocation; ~geben v/t. (irr. geben, sep., -ge-, h) give s.th. back; give up s.th. or s.o.; surrender; publish (book, etc.); issue (regulations, etc.); give change (auf acc. for); 2geber m (-s/-) editor; publisher; ~kommen v/i. (irr. kommen, sep., -ge-, sein) come out; fig.: a. appear; be published; ~ aus get out of; F: groß ~ make it (big), make a hit; ~lesen v/t. (irr. lesen, sep., -ge-, h): ~ aus gather from; read s.th. into s.th.; ~machen F v/t. (sep., -ge-, h) remove (stains, etc.); sich ~ turn out or develop well, make (good) progress; ~nehmen v/t. (irr. nehmen, sep., -ge-, h) take out; take s.o. off the team; fig. sich et. ~ take liberties, go too far; ~platzen F v/i. (sep., -ge-, sein) burst out laughing; ~ mit blurt out (secret, etc.); ~putzen v/t. and v/refl. (sep., -ge-, h) spruce (o.s.) up; ~reden v/refl. (sep., -ge-, h) make excuses; talk one's way out; ~rücken F v/i. (sep., -ge-, sein): ~ mit come out with (truth, etc.); hand s.th. over; ~stellen v/t. (sep., -ge-, h) put out (of doors, etc.); fig. emphasize; sich ~ als turn out or prove to be; ~strecken v/t. (sep., -ge-, h) stick out (head, tongue, etc.); ~streichen fig. v/t. (irr. streichen, sep., -ge-, h) stress (fact, etc.); praise; ~suchen v/t. (sep. -ge-, h) pick out; j-m et. ~ find s.o. s.th.; ~treten v/i. (irr. treten, sep., -ge-, sein) come or step out; eyes, etc.: protrude, bulge.

herb adj. [hɛrp] taste, etc.: tart; wine, etc.: dry; fig. harsh; bitter.

herbei adv. [hɛrˈbaɪ] (come, etc.) up, over, here; ~eilen [~ʔ~] v/i. (sep., -ge-, sein) come running up; ~führen fig. v/t. (sep., -ge-, h) cause, bring about;

~sehnen v/t. (sep., -ge-, h) long for.

Herberge [ˈhɛrbɛrgə] f (-/-n) inn; hostel; lodging, place to stay; ~svater [ˈ~rks-] m (youth hostel) manager, Brt. warden.

Herbst [hɛrpst] m (-es/-e) autumn, fall; 2lich adj. autumn(al), fall.

Herd [hɛrt] m (-[e]s/-e) stove, Brt. cooker; fig. poet. hearth, home; fig. cent|er, Brt. -re; ⚕ focus, seat.

Herde [ˈhɛrdə] f (-/-n) herd (a. fig. contp.); flock (of sheep, etc.).

herein adv. [hɛˈraɪn] in (here); ~! come in!; ~brechen fig. v/i. (irr. brechen, sep., -ge-, sein) night: fall; ~ über misfortune, etc.: befall; ~fallen fig. v/i. (irr. fallen, sep., -ge-, sein) be taken in (auf acc. by s.o. or s.th.); ~legen v/t. (sep., -ge-, h) take s.o. in, fool.

her|fallen v/i. (irr. fallen, sep., -ge-, sein): ~ über attack (a. fig.), assail; F fig. pull s.o. to pieces; 2gang m (-[e]s/no pl.): j-m den ~ schildern tell s.o. what or how it happened; ~geben v/t. (irr. geben, sep., -ge-, h) give up, part with; sich ~ zu lend o.s. to; ~halten fig. v/i. (irr. halten, sep., -ge-, h): ~ müssen (für) have to pay (for s.th.); be the scapegoat; ~hören F v/i. (inf. only): alle mal ~! listen everybody!

Hering zo. [ˈheːrɪŋ] m (-s/-e) herring; F: wie die ~e like sardines.

her|kommen v/i. (irr. kommen, sep., -ge-, sein) come (here); ~ von come from; fig. a. be caused by; ~kömmlich adj. [ˈ~kœmlɪç] conventional (a. ✕); 2kunft [ˈ~kʊnft] f (-/no pl.) origin; birth, descent; 2leiten v/t. and v/refl. (sep., -ge-, h) (be) derive(d) (von from); ~machen F (sep., -ge-, h) 1. v/refl. set about (task, etc.), tackle; s. herfallen; 2. v/t.: et. ~ look good, make an effect; ~nehmen v/t. (irr. nehmen, sep., -ge-, h): wo soll ich ...? where am I supposed to get ... from?

Heroin [heroˈiːn] n (-s/no pl.) heroin.

Herr [hɛr] m (-n/-en) gentleman; master; eccl. the Lord; ~ Brown Mr Brown; ~ der Lage master of the situation; s. Dame; 2chen F n (-s/-) (dog's) master.

Herren|bekleidung f men's wear; ~einzel [ˈ~ʔ~] n tennis: men's singles; 2los adj. ownerless; mot. driverless.

Herrgott m (-[e]s/no pl.) the Lord, God; F: ~ (noch mal)! good God!

herrichten [ˈhɛr-] v/t. (sep., -ge-, h) get ready, F fix.

Herrin f (-/-nen) (dog's, etc.) mistress.

herrisch adj. imperious, peremptory.

herrlich adj. marvel(l)ous, wonderful, F fantastic; 2keit f (-/-en) glory.

Herrschaft f 1. (-/no pl.) rule, power,

control (*a. fig.*) (*über acc.* over); **die ~ verlieren über** (*acc.*) lose control of; **2.** (*-l-en*): (**m-e**) **~en!** (ladies and) gentlemen!; F folks!

herrsch|en ['hɛrʃən] *v/i.* (**ge-**, *h*) rule; **es herrschte ...** *mst* there was (*peace, etc.*); **'2er** *m* (**-s/-**) ruler; sovereign, monarch; **'~süchtig** *adj.* despotic, F bossy.

'her|rühren *v/i.* (**sep.**, **-ge-**, *h*): **~ von** come from, be due to; **'~stellen** *v/t.* (**sep.**, **-ge-**, *h*) make, manufacture, produce; *fig.* establish; **'2stellung** *f* (**-/no pl.**) manufacture, production; *fig.* establishment.

herüber *adv.* [hɛ'ry:bər] (*come, etc.*) over (here), across.

herum *adv.* [hɛ'rʊm] (a)round (*a. in compounds*); **~albern** F [~ʔ-] *v/i.* (**sep.**, **-ge-**, *h*) fool around; **~bringen** *v/t.* (*irr.* **bringen**, **sep.**, **-ge-**, *h*) pass, kill (*time, etc.*); **~fahren** *v/i.* (*irr.* **fahren**, **sep.**, **-ge-**, **sein**) drive around; ride *or* travel around; *fig.* wheel (a)round (*suddenly*); **~führen** *v/t.* (**sep.**, **-ge-**, *h*): (**in der Stadt** *etc.*) **~** show *s.o.* (a)round (the town, *etc.*); **~hacken** F *v/i.* (**sep.**, **-ge-**, *h*): **~ auf** (*dat.*) pick on *s.o.*; bitch at *or* about *s.th.*, rub *s.th.* in; **~kommen** *v/i.* (*irr.* **kommen**, **sep.**, **-ge-**, **sein**): **~ um** get around (*s.th. unpleasant*); **~kriegen** F *v/t.* (**sep.**, **-ge-**, *h*): **j-n zu et. ~** get *s.o.* to do *s.th.*; **~laufen** *v/i.* (*irr.* **laufen**, **sep.**, **-ge-**, **sein**) run around; **frei ~** *criminal*, *etc.*: be at large; *dog*, *etc.*: run free; **~lungern** *v/i.* (**sep.**, **-ge-**, *h*) loaf *or* hang around; **~reichen** *v/t.* (**sep.**, **-ge-**, *h*) pass *or* hand round; **~reiten** *fig. v/i.* (*irr.* **reiten**, **sep.**, **-ge-**, **sein**): **~ auf** (*dat.*) go on and on about *s.th.*, rub *s.th.* in; **~spielen** *v/i.* (**sep.**, **-ge-**, *h*) play around; **~ an** (*dat.*) *or* **mit** fumble *or* fiddle (around) with; **~sprechen** *v/refl.* (*irr.* **sprechen**, **sep.**, **-ge-**, *h*) news, *etc.*: get (a)round, spread; **~treiben** *v/refl.* (*irr.* **treiben**, **sep.**, **-ge-**, *h*) gad *or* knock about; **2treiber** *m* (**-s/-**) tramp, loafer.

herunter *adv.* [hɛ'rʊntər] (*come, take, etc.*) down (*a. in compounds*); **~gekommen** *adj.* run-down; **~hauen** F *v/t.* (*irr.* **hauen**, **sep.**, **-ge-**, *h*): **j-m e-e ~** smack *or* slap *s.o.*('s face); **~kommen** *v/i.* (*irr.* **kommen**, **sep.**, **-ge-**, **sein**) come *or* get down(stairs); *fig.* get run-down; **~lassen** *v/t.* (*irr.* **lassen**, **sep.**, **-ge-**, *h*) let *s.th.* down, lower; **~machen** F *fig. v/t.* (**sep.**, **-ge-**, *h*) run down, discredit; **~putzen** F *v/t.* (**sep.**, **-ge-**, *h*) tell *s.o.* off, bawl *s.o.* out; **~sein** F *v/i.* (*irr.* **sein**, **sep.**, **-ge-**, **sein**): **mit den Nerven ~** be a

nervous wreck; **~spielen** F *fig. v/t.* (**sep.**, **-ge-**, *h*) play *s.th.* down; **~wirtschaften** *v/t.* (**sep.**, **-ge-**, *h*) ruin (*business, etc.*) by mismanagement.

hervor *adv.* [hɛr'fo:r] (*come, etc.*) out of *or* from, forth; **~bringen** *v/t.* (*irr.* **bringen**, **sep.**, **-ge-**, *h*) bring out, produce (*a. fig.*); yield (*fruit, etc.*); utter (*words, etc.*); **~gehen** *fig. v/i.* (*irr.* **gehen**, **sep.**, **-ge-**, **sein**): **~ aus** follow from; **als Sieger ~** come off victorious; **~heben** *fig. v/t.* (*irr.* **heben**, **sep.**, **-ge-**, *h*) stress, emphasize; **~holen** *v/t.* (**sep.**, **-ge-**, *h*) get out (**aus** of *pocket, etc.*), produce (from); **~ragend** *fig. adj.* outstanding, excellent, superior; *role, personality*: prominent, eminent; **~rufen** *fig. v/t.* (*irr.* **rufen**, **sep.**, **-ge-**, *h*) cause, bring about; create (*problem, etc.*); **~stechend** *fig. adj.* striking (*feature, etc.*); **~tretend** *adj.* prominent; *eyes, etc.*: protruding, bulging; **~tun** *v/refl.* (*irr.* **tun**, **sep.**, **-ge-**, *h*) distinguish o.s. (**als** as).

Herweg ['he:rwe:k] *m*: **auf dem ~** on the way here.

Herz [hɛrts] *n* (**-ens/-en**) *anat.* heart (*a. fig.*); *cards*: heart(s); **sich ein ~ fassen** take heart; **mit ganzem ~en** wholeheartedly; **sich et. zu ~en nehmen** take *s.th.* to heart; **es nicht übers ~ bringen zu** not have the heart to; **et. auf dem ~en haben** have *s.th.* on one's mind; **ins ~ schließen** take to one's heart; **~anfall** ['~ʔ-] *m* heart attack.

herzen ['hɛrtsən] *v/t.* (**sep.**, **-ge-**, *h*) cuddle, fondle; **sich ~ und küssen** hug and kiss.

'herzens|gut *adj.* kindhearted; **'2lust** *f*: **nach ~** to one's heart's content; **'2wunsch** *m* heart's desire, dearest wish.

herz|ergreifend *fig. adj.* ['hɛrts'ʔ-] deeply moving; **'2fehler** ♂ *m* heart defect; **'~haft** *adj.* hearty; *not sweet*: savo(u)ry; **'~ig** *adj.* sweet, lovely, cute; **2infarkt** ['~ʔinfarkt] *m* (**-(e)s/-e**) cardiac infarct(ion), F *mst* heart attack, coronary; **'2klopfen** ♂ *n* (**-s/no pl.**) palpitation; **er hatte ~** (**vor**) his heart was throbbing (with); **'~krank** *adj.* suffering from (a) heart disease; **'~lich 1.** *adj.* cordial, hearty; warm, friendly (*welcome, smile, etc.*); *s.* **Gruß; 2.** *adv.*: **~ gern** with pleasure; **'~los** *adj.* heartless, unfeeling.

Herzog ['hɛrtso:k] *m* (**-(e)s/ ̈-e, -e**) duke; **~in** ['~gɪn] *f* (**-/-nen**) duchess.

'Herz|schlag *m* heartbeat; ♂ heart failure; **'~schrittmacher** ♂ *m* (cardiac) pacemaker; **'~verpflanzung** ♂ *f* heart transplant; **'2zerreißend** *adj.* heartrending.

Hetz|e ['hɛtsə] f (-/no pl.) hurry, rush; pol., etc. agitation, campaign(ing) (**gegen** against); ~ **gegen die Juden** Jew-baiting; '2**en** (ge-) **1.** v/t. (h) hunt, chase; fig. hurry, rush; e-n **Hund auf j-n** ~ set a dog on s.o.; **2.** v/i. (**sein**) hurry, rush; **3.** v/i. (h) bitch, stir up trouble; ~ **gegen** s. **schlechtmachen**; esp. pol., etc. agitate against, sling mud at; ~**er m** (-s/-) troublemaker; esp. pol. agitator, rabble-rouser; '2**erisch** adj. virulent, inflammatory; '~**jagd** f hunt(ing), chase (a. fig.); fig. rush, hurry; '~**kampagne** f virulent campaign.

Heu [hɔy] n (-s/no pl.) hay; '~**boden** m hayloft.

Heuch|elei [hɔyçə'laɪ] f (-/-en) hypocrisy; cant; '2**eln** v/i. and v/t. (ge-, h) feign, pretend, simulate; '~**ler** m (-s/-) hypocrite, F phon(e)y; '2**lerisch** adj. hypocritical, sham.

Heuer ⚓ ['hɔyər] f (-/-n) pay.

heuer esp. Aust. adv. [~] this year.

'**heuern** v/t. (ge-, h) hire; ⚓ a. sign on.

heulen ['hɔylən] v/i. (ge-, h) howl; F contp. bawl; mot. roar; siren: whine.

Heurige Aust. ['hɔyrɪgə] m (-n/-n) this year's or new wine.

'**Heu|schnupfen** ⚕ m hay fever; '~**schober** m haystack; ~**schrecke** zo. ['~ʃrɛkə] f (-/-n) grasshopper; locust.

heut|e adv. ['hɔytə] today; ~ **abend** this evening, tonight; ~ **früh**, ~ **morgen** this morning; ~ **in acht Tagen** a week from now; ~ **vor acht Tagen** a week ago today; '~**ig** adj. today's; of today, present(-day); ~**zutage** adv. ['hɔyttsuːtaːgə] nowadays, these days.

Hexe ['hɛksə] f (-/-n) witch (a. fig.), sorceress; **alte** ~ (old) hag; '2**en** v/i. (ge-, h) practice witchcraft; F fig. work miracles; '~**nkessel** fig. m inferno; '~**nmeister** m sorcerer, wizard; '~**nschuß** ⚕ m (-schusses/no pl.) lumbago; ~'**rei** f (-/-en) witchcraft, sorcery; magic.

hieb [hiːp] past of **hauen**.

Hieb [~] m (-[e]s/-e) blow, stroke; punch; lash (of whip, etc.); fencing: cut; ~**e** pl. beating, thrashing; 2~ **und** '**stichfest** fig. argument, etc.: watertight.

hielt [hiːlt] past of **halten**.

hier adv. [hiːr] here, in this place; at meeting, etc.: present; ~ **entlang!** this way!

hier|an adv. ['hiːran] (tell, see, etc.) from or by this; (fasten s.th., etc.) to this; ~**auf** adv. [hiːraʊf] (put s.th., etc.) on it or this; temporal: after this or that, then; ~**aus** adv. ['hiːraʊs] from or out of it or this; '~**bei** adv. here, in this case; on this occasion; while doing this;

'~**durch** adv. by this, hereby, this way; '~**für** adv. for it or this; '~**her** adv. (come, move, etc.) here, this way; **bis** ~ up to here, this far; '~**he'rum** adv. around here; '~**hin** adv. here, to this place; ~**in** adv. ['hiːrɪn] in this; '~**mit** adv. with this; lit. herewith; '~**nach** adv. after it or this; according to this; ~**über** fig. adv. ['hiːryːbər] about this (subject); ~**unter** adv. ['hiːrʊntər] under it or this; among these; (understand) by this or that; '~**von** adv. of or from it or this; (depend) on this; (talk, etc.) about this; '~**zu** adv. for this; (add, etc.) to this.

hiesig adj. ['hiːzɪç] local; **ein** 2**er** one of the natives (Brit. locals).

hieß [hiːs] past of **heißen**.

Hilfe ['hɪlfə] f (-/-n) help; aid (a. econ.); assistance (a. ⚒); relief (für to); **Erste** ~ first aid; **um** ~ **rufen** cry for help; **mit** ~ **von** with the help of; fig. a. by means of; ~**!** help!; ~**leistung** f (esp. act of) help, assistance; esp. econ. aid; '~**ruf** m cry for help; '~**stellung** f gymnastics: support (a. fig.).

'**hilf|los** adj. helpless; '~**reich** adj. helpful.

Hilfs|... ['hɪlfs-] in compounds: mst auxiliary (troops, device, etc.); '~**aktion** ['~'~] f (famine, etc.) relief (effort); campaign (to help the needy, etc.); '~**arbeiter** ['~'~] m unskilled worker; '2**bedürftig** adj. needy; '2**bereit** adj. helpful, ready to help; '~**bereitschaft** f readiness to help, helpfulness; '~**dienst** m (rescue or emergency) service; '~**mittel** n aid; ⊕ a. device; ~**organisation** ['~'~] f relief organization; '~**schule** f s. **Sonderschule**; '~**verb** gr. n auxiliary (verb); '~**werk** n welfare organization.

Himbeere ⚘ ['hɪm-] f raspberry.

Himmel ['hɪməl] m (-s/poet. -) sky; eccl., fig. heaven; **um** ~s **willen** for Heaven's sake; **in den** ~ **heben** praise s.th. to the skies; s. **heiter**; 2**angst** adj. ['~'~]: **mir war** ~ I was scared to death; '~**bett** n canopy bed; '2**blau** adj. sky-blue; '~**fahrt** eccl. f (-/no pl.) Ascension (Day); '~**fahrtskommando** F n suicide mission; '~**reich** n (-[e]s/no pl.) (kingdom of) heaven; '2**schreiend** adj. outrageous (injustice, etc.); blatant (lies, etc.).

'**Himmels|körper** m celestial body; '~**richtung** f direction; compass: cardinal point.

himmlisch adj. ['hɪmlɪʃ] heavenly; fig. a. marvel(l)ous.

hin [hɪn] **1.** adv. (go, get, etc.) there; **bis** ~ **zu** as far as; **noch lange** ~ still a long way off; **auf s-e Bitte** (**s-n Rat**) ~ at his request (advice); ~ *und her* to and fro, back and forth; ~ *und wieder* now and then; ~ *und zurück* there and back; *ticket*: round trip, *Brt.* return (ticket); **2.** F *pred. adj.* ruined; done for; gone.

hinab *adv.* [hɪ'nap] *s.* **hinunter**.

hinarbeiten ['hɪn²-] *v/i.* (*sep.*, *-ge-*, *h*): ~ *auf* (*acc.*) work for *or* towards.

hinauf *adv.* [hɪ'nauf] (*go, etc.*) up (there); upstairs; *die Straße etc.*~ up the street, *etc.*; **~gehen** *v/i.* (*irr.* gehen, *sep.*, *-ge-*, *sein*) go up; *fig. a.* rise; **~steigen** *v/i.* (*irr.* steigen, *sep.*, *-ge-*, *sein*) climb up (to the top).

hinaus *adv.* [hɪ'naus] (*go, etc.*) out; *aus ... ~* out of ...; *in* (*acc.*) ... ~ out into ...; ~ (*mit dir!*) (get) out!, out you go!; **~gehen** *v/i.* (*irr.* gehen, *sep.*, *-ge-*, *sein*) go out(side); ~ *über* (*acc.*) go beyond; ~ *auf* (*acc.*) window, *etc.*: look out on; **~laufen** *v/i.* (*irr.* laufen, *sep.*, *-ge-*, *sein*) run out(side); ~ *auf* (*acc.*) come *or* amount to; **~schieben** *fig. v/t.* (*irr.* schieben, *sep.*, *-ge-*, *h*) put off, postpone; **~stellen** *v/t.* (*sep.*, *-ge-*, *h*) *sports*: send to the showers, send off (the field); **~werfen** *v/t.* (*irr.* werfen, *sep.*, *-ge-*, *h*) throw out (*aus of*); *fig. a.* kick out; (give *s.o.* the) sack, fire; **~wollen** *fig. v/i.* (*irr.* wollen, *sep.*, *-ge-*, *h*): *auf et.* ~ aim *or* drive *or* get at *s.th.*; **~ziehen** (*irr.* ziehen, *sep.*, *-ge-*) **1.** *fig. v/t.* (*h*) draw *or* drag *s.th.* out; *sich* ~ drag on, take longer than expected; **2.** *v/i.* (*sein*) go *or* march out.

'Hin|blick *m*: *im* ~ *auf* (*acc.*) in view of, with regard to; **'2bringen** *v/t.* (*irr.* bringen, *sep.*, *-ge-*, *h*) take there; pass (*time*); manage *s.th.*

hinder|lich *adj.* ['hɪndər-] hindering, impeding; *j-m* ~ *sein* be in *s.o.'s* way; **'~n** *v/t.* (*ge-*, *h*) hinder, hamper (*an dat.*, *bei* in); ~ *an* (*dat.*) prevent *s.o.* from (*doing s.th.*); **'2nis** *n* (*-ses/-se*) obstacle (*a. fig.*); **'2nisrennen** *n* steeplechase.

'hindeuten *v/i.* (*sep.*, *-ge-*, *h*): *alles deutet darauf hin* there is every indication (*of, that*).

hin'durch *adv.* through; across; *das ganze Jahr etc.*~ throughout the year, *etc.*

hinein *adv.* [hɪ'naɪn] (*go, etc.*) in; ~ *mit dir!* in you go!; **~gehen** *v/i.* (*irr.* gehen, *sep.*, *-ge-*, *sein*) go in(side); ~ *in* (*acc.*) *fig.* go into (*suitcase, etc.*); **~leben** *v/i.* (*sep.*, *-ge-*, *h*): *in den Tag* ~ live for the day *or* moment; **~reichen** *v/i.* (*sep.*, *-ge-*, *h*): ~ *in* (*acc.*) reach into.

'Hin|fahrt *f*: *auf der* ~ on the way there; **'2fallen** *v/i.* (*irr.* fallen, *sep.*, *-ge-*, *sein*) fall (down); **'2fällig** *adj.* frail, infirm; *claim, etc.*: invalid.

hing [hɪŋ] *past of* **hängen 1.**

'Hin|gabe *f* (*-/no pl.*) devotion (*an acc.* to); **'2geben** *v/t.* (*irr.* geben, *sep.*, *-ge-*, *h*) give *s.th.* (up) (*a. one's life*); *sich* ~ (*dat.*) give *o.s.* to; *esp. sexually*: yield to *s.o.*; devote *o.s.* to *s.th.*; **2'gegen** *adv.* however; then again; **'2halten** *v/t.* (*irr.* halten, *sep.*, *-ge-*, *h*) hold out (*j-m et.* s.th. to s.o.); *fig.* stall, put *s.o.* off.

hinken ['hɪŋkən] *v/i.* (*ge-*) **1.** (*h*) (walk with a) limp; *fig. comparison, etc.*: be lame; **2.** (*sein*) limp *or* hobble (*somewhere*).

'hin|kommen *v/i.* (*irr.* kommen, *sep.*, *-ge-*, *sein*) get there; **'~kriegen** F *v/t.* (*sep.*, *-ge-*, *h*) manage; **'~länglich** *adj.* sufficient; **'~legen** *v/t.* (*sep.*, *-ge-*, *h*) lay *or* put down; *sich* ~ lie down; **'~nehmen** *v/t.* (*irr.* nehmen, *sep.*, *-ge-*, *h*) put up with; **'~reißen** *fig. v/t.* (*irr.* reißen, *sep.*, *-ge-*, *h*) carry away; electrify; **'~reißend** *adj.* entrancing; *beauty, etc.*: breathtaking; **'~richten** *v/t.* (*sep.*, *-ge-*, *h*) execute, put *s.o.* to death; **'2richtung** *f* execution; **'~schmeißen** F *v/t.* (*irr.* schmeißen, *sep.*, *-ge-*, *h*) *s.* **hinwerfen**; **'~setzen** *v/t.* (*sep.*, *-ge-*, *h*) set *or* put down; *sich* ~ sit down; **'2sicht** *f* respect; *in gewisser* ~ in a way; **'~sichtlich** *prp.* (*gen.*) with respect *or* regard to; **'~stellen** *v/t.* (*sep.*, *-ge-*, *h*) put *or* set (down); ~ *als* make *s.o. or s.th.* appear to be.

hintanstellen [hɪnt²'an-] *v/t.* (*sep.*, *-ge-*, *h*) set (*feelings, etc.*) aside.

hinten *adv.* ['hɪntən] at the back; (*sit, etc.*) in the back *or* rear; *von* ~ from behind.

hinter *prp.* ['hɪntər] (*dat.*; *acc.*) behind; ~ (*dat.*) *her sein* be after *s.o. or s.th.*; *et.* ~ *sich bringen* get s.th. over, get through with s.th.; cover (*distance, etc.*); ~ *et. kommen* find out about *s.th.*; **'2... in** *compounds*: rear (*axle, entrance, wheel, etc.*); **2bein** *n* hind leg; **2bliebenen** [~'bliːbənən] *pl.* survivors; *lit.* the bereaved; **~drein** *adv.* [~'draɪn] *s.* **hinterher**; **'~e** *adj.* rear, back (*part, etc.*); **~einander** *adv.* [~ʔaɪ'nandər] one after the other; *dreimal* ~ three times in a row; **'2gedanke** *m* ulterior motive; **~'gehen** *v/t.* (*irr.* gehen, *no ge-*, *h*) deceive; **'2grund** *m* background (*a. fig.*); **'2halt** *m* ambush; **~hältig** *adj.* ['~hɛltɪç] insidious, underhand(ed); **'2haus** *n* rear building; **'~her** *adv.* (*run, etc.*) behind, after; *temporal*: afterwards; **'2hof** *m* backyard; **'2kopf** *m* back of the head; **'~lassen** *v/t.* (*irr.* lassen, *no -ge-*, *h*) leave (*message, inheritance, will, etc.*); leave behind (*debts, traces, etc.*); **2'lassenschaft** *f*

(-*l-en*) property (left), estate; *fig.* heritage; **~legen** *v/t.* (*no* -ge-, *h*) deposit (*bei* with); **'Olist** *f* (-/*no pl.*) deceit(fulness); (underhanded) trick; **'~listig** *adj.* deceitful; underhand(ed); **'Omann** *m* person (*mot.* car, *etc.*) behind (one); *fig. mst pl.* person behind the scenes, brain, mastermind.

'Hinter|n F *m* (-*s*/-) bottom, backside, behind, butt; **Orücks** *adv.* ['~ryks] (*shoot s.o.*, *etc.*) from behind.

hinters ['hıntərs] (*acc.*) *short for* **hinter das.**

'Hinter|seite *f* back; **'~teil** *n* back *or* rear (part); F *s.* **Hintern;** **'~treffen** *fig. n: ins ~ geraten* fall *or* get behind; **'~treppe** *f* back stairs; **'~tür** *f* back door; **~wäldler** F ['~veltlər] *m* (-*s*/-) backwoodsman, hillbilly; **O'ziehen** **战** *v/t.* (*irr. ziehen*, *no* -ge-, *h*) evade (*taxes*, *etc.*); **'~zimmer** *n* back room.

hinüber *adv.* [hı'ny:bər] over, across (*both a. in compounds*: get, look, *etc.*); **~sein** F *v/i.* (*irr. sein*, *sep.*, -ge-, *sein*) *dress*, *etc.*: be ruined; *meat*, *etc.*: be spoilt.

hinunter *adv.* [hı'nʊntər] (go, look, *etc.*) down; downstairs; *den (die, das)* ... ~ down the ...

'Hinweg *m: auf dem ~* on the way there.

hinweg *adv.* [hın'vɛk] **über et. (j-n)** over s.th. (s.o.'s head); **über et. ~ sein** be past s.th.; have got(ten) over (*disappointment*, *etc.*); **~kommen** *v/i.* (*irr. kommen*, *sep.*, -ge-, *sein*): **~ über** get over s.th.; **~sehen** *v/i.* (*irr. sehen*, *sep.*, -ge-, *h*): **~ über** (*acc.*) see *or* look over; *fig.* overlook, ignore; **~setzen** *v/refl.* (*sep.*, -ge-, *h*): *sich ~ über* (*acc.*) ignore, disregard.

Hin|weis ['hınvaıs] *m* (-*es*/-*e*) reference (*auf acc.* to); hint, tip (as to, regarding); indication (of), clue (as to); **'Oweisen** (*irr. weisen*, *sep.*, -ge-, *h*) **1.** *v/t.: j-n ~ auf* (*acc.*) draw *or* call s.o.'s attention to; **2.** *v/i.: ~ auf* (*acc.*) point at *or* to, indicate; *fig.* point out, indicate; hint at; **'~weisschild** *n,* **'~weistafel** *f* sign(board), notice; **'Owerfen** (*irr. werfen*, *sep.*, -ge-, *h*) throw down; F: *alles ~* chuck it, quit; **'Oziehen** (*irr. ziehen*, *sep.*, -ge-, *h*) **1.** *v/t.* draw, attract; **2.** *v/refl. area*, *etc.*: extend (*bis zu* to), stretch (to); *time*, *etc.*: drag on.

hin'zu *adv.* in addition; *for compounds s. a. dazu;* **~fügen** *v/t.* (*sep.*, -ge-, *h*) add (*zu* to) (*a. fig.*); **~kommen** *v/i.* (*irr. kommen*, *sep.*, -ge-, *sein*) be added; *hinzu kommt, daß* add to this, ... and what is more, ...; **~ziehen** *v/t.* (*irr. ziehen*, *sep.*, -ge-, *h*) call in, consult (*doctor*, expert, *etc.*).

Hirn [hırn] *n* (-[*e*]*s*/-*e*) *anat.* brain; *fig.* brain(s), mind; *for compounds s. a.* **Gehirn;** **'~gespinst** *n: ein reines ~* mere fantasy; **'Orissig, 'Overbrannt** F *adj.* crazy, crackpot (*ideas*, *etc.*).

Hirsch *zo.* [hırʃ] *m* (-*es*/-*e*) stag; red deer; **'~geweih** *n* antlers; **'~kuh** *f* hind.

Hirse **※** ['hırzə] *f* (-/*no pl.*) millet; sorghum.

Hirt(e) ['hırt(ə)] *m* (-[*e*]*n*/-[*e*]*n*) herdsman; shepherd (*a. fig. eccl.*); **'~enbrief** *eccl. m* pastoral (letter).

hissen ['hısən] *v/t.* (*ge-*, *h*) hoist (*flag*, sail).

Histori|ker [hıs'to:rıkər] *m* (-*s*/-) historian; **Osch** *adj.* historical; *event*, *etc.*: historic.

Hitliste ['hıt-] *f pop music*: charts, Top 40, *etc*; △ *not hit list.*

Hitze ['hıtsə] *f* (-/*no pl.*) heat (*a. zo.*); *bei der ~* in this heat; **'~welle** *f* heat wave, hot spell.

'hitz|ig *adj.* hot-tempered; *debate*, *etc.*: heated; **'Okopf** *m* hothead; **'Oschlag** **戈** *m* heatstroke.

hm *int.* [hm] ahem; hum(ph), h'm; yum(my).

H-Milch ['ha:-] *f esp. Brt.* long-life milk.

hob [ho:p] *past of* **heben.**

Hobby ['hɔbi] *n* (-*s*/-*s*) hobby, pastime; **'~... in compounds:** amateur (*photographer*, pilot, *etc.*); (*home repair*, *etc.*) hobbyist; Sunday (*painter*, *etc.*); recreational (*sports*); **'~raum** *m* hobby room.

Hobel **⊙** ['ho:bəl] *m* (-*s*/-) plane; **~bank** *f* (-/-**e**) woodworker's bench; **'On** *v/t.* (*ge-*, *h*) plane.

hoch *adj.* [ho:x] high; *tree*, *building*, *etc.*: tall; *punishment*: heavy, severe; *guest*, *etc.*: distinguished; *age*: great, old; *snow*: deep; **A ~ *zwei*** squared; **~ *drei*** cubed; **3000 Meter ~** (*fly*, *etc.*) at a height of 3,000 metres; *die Treppe* **~** up the stairs; **~ *verschuldet*** deeply in debt; **~ *gewinnen*** win high; **~ *verlieren*** get trounced; *in hohem Maße* highly, greatly; *das ist mir zu ~* that's above me; *hohes Gericht!* **戈** Your Honor (*Brt.* Lordship)!; Members of the Jury!; **~ *lebe ...!*** long live ...!; **~ *soll er leben!*** three cheers for him!

Hoch [~] *n* (-*s*/-*s*) *meteor.* high; *fig. a.* peak; *ein dreifaches ~* three cheers.

Hoch|achtung ['ho:x?-] *f* (deep) respect (*vor dat.* for); **Oachtungsvoll** *adv.* ['~?-] *in letters*: Yours sincerely; **~amt** *eccl* ['~?-] *n* High Mass; **Oarbeiten** ['~?-] *v/refl.* (*sep.*, -ge-, *h*) work one's way up; **Oauflösend** *TV adj.* ['~?-] high-definition; **'~bau** **⊙** *m* (-[*e*]*s*/*no pl.*): *Hoch- und Tiefbau* structural and civil engineering; **2beinig** adj. ['.-bamıç] long-legged; '**.betrieb** m (-[e]s/no pl.) rush; '**2bringen** v/t. (irr. **bringen**, sep., -ge-, h) bring or take up(stairs); fig. make a success of (business, etc.); F put s.o.'s back up; '**.burg** fig. f stronghold; '**2deutsch** adj. High or standard German; '**.druck** m high pressure (a. fig.); **.ebene** ['.-?-] f plateau, tableland; '**.form** f: **in** ~ in top form or shape; '**.frequenz** ∮ f high frequency (a. in compounds); '**.gebirge** n high mountains pl.; '**.gefühl** n elation; **2gehen** v/i. (irr. **gehen**, sep. -ge-, sein) go up; rise; F blow up; be busted; ~ lassen blow up; bust; '**.genuß** m (real) treat; '**.geschwindigkeits...** in compounds train, etc.: high-speed ...; '**2gestellt** adj. high-ranking; **2gezüchtet** adj. ['.-gətsyçtət] zo., ⊙ highbred; ⊙ a. sophisticated; mot. tuned-up; F souped-up; '**.glanz** m high gloss; **auf .bringen** fig. make spic(k)-and-span; **2hackig** adj. high-heeled; '**.haus** n high-rise (building), tower block; **2kant** adv. ['.-kant] ⊙ on end or edge; F: ~ **rausfliegen** be tossed out; '**2kommen** v/i. (irr. **kommen**, sep., -ge-, sein) (**wieder-**) get (back) on one's feet (a. fig.); **es kommt mir hoch** it makes me sick; '**.konjunktur** econ. f boom; '**2kriegen** V v/t. (sep., ge-, h): **e-n** ~ get a hard-on; '**.land** n highlands; '**.leistungs...** in compounds: high-performance ...; heavy-duty ...; '**.mut** m arrogance; **2mütig** adj. ['.-my:tıç], **2näsig** adj. ['.-nɛ:zıç] arrogant; **.ofen** ⊙ ['.?-] m blast furnace; **2prozentig** adj. liquor, etc.: high-proof, hard; solution: highly concentrated; '**.ruf** m cheer; '**.saison** f season; **.schule** f university; college; academy; △ **nicht** high school; '**2schwanger** adj. ✿ near the end of term, F very pregnant; '**.seefischerei** f deep-sea fishing; '**.sommer** m midsummer; '**.spannung** ∮ f high tension (a. fig.) or voltage; **2spielen** v/t. (sep., ge-, h) play up (qualities, etc.); '**.sprache** f standard language or speech; '**.sprung** m high jump.

höchst [hø:çst] **1.** adj. highest; fig. a.: supreme; extreme; **2.** adv. highly, most, extremely.

Höchst... ['~] in compounds: mst maximum or top ...

Hochstapler ['.-ʃta:plər] m (-s/-) impost|er, Brt. -or, swindler.

höchstens adv. ['hø:çstəns] at (the) most, at best.

'**Höchst|form** f top form or shape; '**.geschwindigkeit** f top speed (mit at);

zulässige ~ speed limit; '**.leistung** f record (performance); ⊙ maximum output; '**.maß** n maximum (**an** dat. of); '**2wahrscheinlich** adv. most likely or probably.

'**Hoch|technologie** f hi(gh) tech(nology); '**2trabend** fig. adj. pompous; '**2verdient** adj. well-deserved (victory, etc.); person: of great merit; '**.verrat** m high treason; '**.wald** m mountain forest; '**.wasser** n high tide; flood; **2wertig** adj. high-grade, high-class; '**.würden** eccl. address: Reverend.

Hochzeit ['hɔx-] f (-/-en) wedding; marriage; '**.s...** in compounds: wedding (gift, dress, night, coach, etc.); '**.sreise** f honeymoon (trip); '**.stag** m wedding day; wedding anniversary.

'**hochziehen** v/t. (irr. **ziehen**, sep., -ge-, h) pull or draw s.th. up; raise (eyebrows); **die Nase** ~ sniff(le).

Hocke ['hɔkə] f (-/-n) crouch, squat; '**2n** v/i. (ge-, h) squat, crouch; F sit; '**.r** m (-s/-) stool.

Höcker ['hœkər] m (-s/-) hump (of camel, etc.).

Hockey ['hɔke:] n (-s/no pl.) field hockey, Brt. hockey.

Hoden anat. ['ho:dən] m (-s/-) testicle.

Hof [ho:f] m (-[e]s/-e) yard; ✿ farm; court(yard); (royal, etc.) court; '**.dame** f lady-in-waiting.

hoffen ['hɔfən] v/i. and v/t. (ge-, h) hope (**auf** acc. for); trust (in); **das Beste** ~ hope for the best; **ich hoffe es** I hope so; **ich hoffe nicht, ich will es nicht** ~ I hope not; '**.tlich** adv. I hope, let's hope, F hopefully.

Hoffnung ['hɔfnʊŋ] f (-/-en) hope (**auf** acc. of); **sich .en machen** have hopes; **die ~ aufgeben** lose hope; **guter ~ sein** fig. be expecting; '**2slos** adj. hopeless; '**2svoll** adj. hopeful; promising (start, young man, etc.); '**.sschimmer** m, '**.sstrahl** m glimmer or ray of hope.

'**Hofhund** m watchdog.

höf|isch adj. ['hø:fıʃ] courtly; **.lich** adj. ['.-lıç] polite, courteous (**zu** to); '**2lichkeit** f (-/-en) politeness, courtesy.

'**Hofnarr** hist. m court jester.

Höhe ['hø:ə] f (-/-n) height; ✿, ⋏, ast., geogr. altitude; hill; peak (a. fig.); of sum, etc.: amount; size; level; extent (of damage, etc.); ♩ pitch; **auf gleicher ~ mit** on a level with; **in die** ~ up; **ich bin nicht ganz auf der** ~ I'm not feeling up to par; **das ist die .!** that's the limit!

Hoheit ['ho:haɪt] f (-/-en) pol. sovereignty; title: Highness; '**.sgebiet** n territory; '**.sgewässer** pl. territorial waters; '**.szeichen** n national emblem.

Höhen|angst ['hø:ən?-] f (-/no pl.) fear of

high places; '~luft f mountain air; '~messer m altimeter; '~ruder ✗ n elevator; '~sonne ☀ f sunlamp; '~zug m mountain chain.

'Höhepunkt m climax (a. thea. and sexual), culmination, height, peak; highlight (of event, etc.).

hohl adj. [ho:l] hollow (a. fig.).

Höhle ['hø:lə] f (-/-n) cave, cavern; zo. hole, burrow; den, lair (both a. fig.); '~nmensch m caveman.

'Hohl|maß n measure of capacity; '~raum m hollow, cavity; '~spiegel m concave mirror; '~weg m defile.

Hohn [ho:n] m (-s/no pl.) mockery, derision, scorn; '~gelächter n jeering laughter, jeers.

höhnisch adj. ['hø:nɪʃ] scornful; ~es Lächeln, ~e Bemerkung sneer, jeer.

holen ['ho:lən] v/t. (ge-, h) (go and) get, fetch, go for; draw (breath); call (police, s.o. to the phone, etc.); ~ aus get s.th. or s.o. out of; ~ lassen send for; sich ~ catch, get, pick up (disease, etc.); seek (advice, etc.).

Holländer(in) ['hɔlɛndər(ɪn)] m (f) (-s[-]/-[-nen]) Dutch|man (-woman); Ձisch ['~dɪʃ] Dutch.

Hölle ['hœlə] f (-/in compounds -n) hell; in die ~ kommen go to hell; j-m die ~ heiß machen give s.o. hell; '~nlärm m a hell of a noise; '~nmaschine f time bomb.

Holler ☆ Aust. ['hɔlər] m (-s/no pl.) elder.

'höllisch adj. infernal, hellish.

Holm [hɔlm] m (-[e]s/-e) bar; ✗ spar; oar: grip; ladder: side.

Hologramm [holo'gram] n (-s/-e) hologram.

holperig adj. ['hɔlpərɪç] bumpy (a. fig.), rough, uneven; style, etc.: clumsy; '~n v/i. (ge-) 1. (sein) vehicle: jolt or bump (along); 2. (h) be bumpy (a. fig.).

Holunder ☆ [ho'lundər] m (-s/-) elder.

Holz [hɔlts] n (-es/⸚er) wood; timber; lumber; aus ~ (made) of wood, wooden; ~hacken chop wood; '~bearbeitung f woodwork(ing); '~blasinstrument ♪ n woodwind (instrument).

hölzern adj. ['hœltsərn] wooden; fig. a. clumsy.

'Holz|fäller m (-s/-), ~hacker m (-s/-) woodcutter, lumberjack; '~hammer m mallet; fig. sledge-hammer (a. in compounds: method, etc.); '~handlung f lumberyard; 'Ձig adj. woody, vegetable: stringy; '~kohle f charcoal; '~schnitt m woodcut; '~schnitzer m woodcarver; '~schnitzerei f wood carving; '~schuh m wooden shoe, clog; '~stoß m pile or stack of wood; '~weg fig. m: auf dem ~ sein be on the wrong track; '~wolle f wood shavings.

homöopathisch adj. [homøo'pa:tɪʃ] homeopathic.

homosexuell adj. [homozɛ'ksŭɛl], Ձe m, f (-n/-n) homosexual; lesbian.

Honig ['ho:nɪç] m (-s/-e) honey; '~wabe f honeycomb.

Honor|ar [hono'ra:r] n (-s/-e) fee; salary, pay; ~atioren [~ra'tsio:rən] pl. notabilities; Ձieren [~'ri:rən] v/t. (no ge-, h) pay (a fee to); fig. appreciate, reward.

Hopfen ['hɔpfən] m (-s/no pl.) ☆ hop; brewing: hops.

hopp int. [hɔp] jump or hop to it!

hoppla int. ['hɔpla] (wh)oops!

hops F [hɔps] s. hopp; ~ gehen die: bite the dust; ~ nehmen nab s.o.; '~en F v/i. (ge-, sein) hop, jump; 'Ձer m (-s/-) hop.

Hör|apparat ['hø:r⸚] m hearing aid; 'Ձbar adj. audible.

horche|n ['hɔrçən] v/i. (ge-, h) listen (auf acc. to); eavesdrop; 'Ձr m (-s/-) eavesdropper.

Horde ['hɔrdə] f (-/-n) horde (a. zo.); F bunch; contp. a. mob, gang.

hör|en ['hø:rən] v/i. and v/t. hear; listen to; obey, listen; ~ auf (acc.) listen to; ~ von hear from s.o.; hear about s.th. or s.o.; er hört schwer his hearing is bad; hör(t) mal! listen!; look (here)!; nun or also hör(t) mal! wait a minute!; now look or listen here!; 'Ձer m (-s/-) listener; teleph. receiver; 'Ձehler ♂ m hearing defect; 'Ձgerät n hearing aid; '~ig adj.: j-m ~ sein be s.o.'s slave.

Horizont [hori'tsɔnt] m (-[e]s/-e) horizon (a. fig.); s-n ~ erweitern broaden one's mind; das geht über meinen ~ that's beyond me; Ձal adj. [~'ta:l] horizontal.

Hormon [hɔr'mo:n] n (-s/-e) hormone.

Horn [hɔrn] n (-[e]s/⸚er) horn; ♪ (French) horn.

Hörnchen ['hœrnçən] n (-s/-) crescent (roll); elbow macaroni; zo. squirrel.

'Hornhaut f horny skin; eye: cornea.

Hornisse zo. [hɔr'nɪsə] f (-/-n) hornet.

Hornochse F ['hɔrn⸚] m idiot, clod.

Horoskop [horo'sko:p] n (-s/-e) horoscope.

'Hör|rohr ♂ n stethoscope; '~saal m lecture hall; '~spiel n radio play.

Horst [hɔrst] m (-es/-e) nest.

Hort [hɔrt] m (-[e]s/-e) day nursery; poet. treasure; stronghold.

'Hörweite f (-/no pl.): in ~ within earshot.

Höschen ['hø:sçən] n (-s/-) (baby) pants; panties.

Hose ['ho:zə] f (-/-n) (e-e ~ a pair of) pants or esp. Brt. trousers; slacks;

kurze ~*(n)* shorts; ~**nanzug** ['~nʔ] *m* pants (*Brt.* trouser) suit; '~**nrock** *m* culotte(s); '~**nschlitz** *m on trousers:* fly; '~**nträger** *pl.* (a pair of) suspenders *or Brt.* braces.

Hospit|al [hɔspiˈtaːl] *n* (-*s/*~*er*, -e) hospital; **2leren** [~ˈtiːrən] *v/i.* (*no ge*-, *h*) *univ.* audit (*course, etc.*), *Brt.* attend lectures as a guest student; *teacher training:* sit in on classes.

Hostess [hɔsˈtes] *f* (-*/*-*en*) escort, hostess; *often* prostitute.

Hostie *eccl.* ['hɔstiə] *f* (-*/*-*n*) host.

Hotel [hoˈtel] *n* (-*s/*-*s*) hotel; ~**direktor** *m* hotel manager; ~**fach** *n*, ~**gewerbe** *n* hotel business; ~**zimmer** *n* hotel room.

hu *int.* [huː] *to scare s.o.:* boo!; *expressing cold:* brrr!; *expressing exhaustion, relief, etc.:* whew!

hü *int.* [hyː] giddy up!

Hubraum *mot.* ['huːp-] *m* cubic capacity.

hübsch *adj.* [hypʃ] pretty, nice(-looking), cute; nice, lovely (*gift, etc.*).

Hubschrauber ✈ ['~ʃraʊbər] *m* (-*s/*-) helicopter.

huch *int.* [huːx] eek!, ooh!

huckepack F *adv.* ['hʊkəpak] (*carry, etc.*) piggyback.

Huf [huːf] *m* (-*[e]s/*-*e*) hoof; '~**eisen** ['~ʔ-] *n* horseshoe; '~**schlag** *m* hoofbeat; kick.

Hüft|e *anat.* ['hyftə] *f* (-*/*-*n*) hip; '~**gelenk** *n* hip joint; '~**gürtel** *m*, '~**halter** *m* girdle.

Hügel ['hyːgəl] *m* (-*s/*-) hill(ock); **2ig** *adj.* hilly.

Huhn *zo.* [huːn] *n* (-*[e]s/*~*er*) chicken; hen.

Hühnchen *zo.* ['hyːnçən] *n* (-*s/*-) chicken; *ein* ~ *zu rupfen haben* have a bone to pick.

Hühner|auge ✻ ['hyːnərʔ-] *n* corn; '~**brühe** *f* chicken broth; ~**ei** ['~ʔ-] *n* hen's egg; '~**farm** *f* poultry *or* chicken farm; '~**hof** *m* poultry *or* chicken yard; '~**hund** *zo.* *m* pointer, setter; '~**leiter** *f* chicken ladder; '~**stall** *m* henhouse.

huldigen ['hʊldɪgən] *v/i.* (*ge*-, *h*) (*dat.*) pay homage to; indulge in (*vice, etc.*).

Hülle ['hylə] *f* (-*/*-*n*) cover(ing), wrap(ping); jacket (*of book, etc.*), *Brt. a.* sleeve (*of record, etc.*); *... in* ~ *und Fülle* an abundance of ..., ... galore; **2n** *v/t.* (*ge*-, *h*) wrap, cover, envelop (*a. fig.*).

Hülse ['hylzə] *f* (-*/*-*n*) ♣ pod; husk; ☺ case; (shell *or* cartridge) case; ~**früchte** ['~fryçtə] *pl.* pulse.

human *adj.* [huˈmaːn] humane; ~**istisch** *adj.* [humaˈnɪstɪʃ] classical (*education, etc.*); *s.* **altsprachlich**; ~**itär** *adj.* [hu-

mani'tɛːr] humanitarian; **2ität** [~'tɛːt] *f* (-*/no pl.*) humanitarianism.

Hummel *zo.* ['hʊməl] *f* (-*/*-*n*) bumble-bee.

Hummer *zo.* ['hʊmər] *m* (-*s/*-) lobster.

Humor [huˈmoːr] *m* (-*s/no pl.*) humo(u)r; *(keinen)* ~ *haben* have a (no) sense of humo(u)r; ~**ist** [~oˈrɪst] *m* (-*en/*-*en*) humorist; **2istisch** *adj.* [~oˈrɪstɪʃ] humorous; **2los** *adj.:* ~ *sein* have no sense of humo(u)r; **2voll** *adj.* humorous.

humpeln ['hʊmpəln] *v/i.* (*ge*-) **1.** (*h*) (have *or* walk with a) limp; **2.** (*sein*) limp *or* hobble (along).

Humus ['huːmʊs] *m* (-*/no pl.*) humus, (rich) soil.

Hund [hʊnt] *m* (-*[e]s/*-*e*) *zo.* dog; ⚒ tub; *contp.* bastard; *vor die* ~*e gehen* go to the dogs; *s.* **bissig**, **dick**.

Hunde|haufen ['hʊndə-] *m* dog droppings *or* F shit; '~**hütte** *f* doghouse, kennel; '~**kuchen** *m* dog biscuit; '~**leine** *f* (dog) lead *or* leash; '~**marke** *f* dog tag; '**2müde** *adj.* dog-tired.

hundert ['hʊndərt] *a or one* hundred; *zu* **2en** by the hundreds; *drei von* ~ three per cent; '~**fach** *adj.* hundredfold; **2'jahrfeier** *f* centenary, centennial; '~**jährig** *adj.* a hundred years old; of (*or* lasting) a hundred years; '~**ste** *adj.*, **2stel** *n* (-*s/*-) hundredth.

Hündin *zo.* ['hyndɪn] *f* (-*/*-*nen*) bitch, female (dog); '**2sch** *fig. adj.* doglike, slavish.

hunds|miserabel F *adj.* ['hʊntsmizəˈraːbəl] rotten, lousy; **2tage** ['~taːgə] *pl.* dog days.

Hüne ['hyːnə] *m* (-*n/*-*n*) giant; '~**ngrab** *hist. n* dolmen.

Hunger ['hʊŋər] *m* (-*s/no pl.*) hunger (*a. fig.*) (*auf acc.* for); ~ *bekommen* get hungry; ~ *haben* be *or* feel hungry; *vor* ~ *sterben* die of hunger, starve to death; '~**lohn** *m* starvation wages; '**2n** *v/i.* (*ge*-, *h*) go hungry; starve; fast; ~ *nach fig.* hunger for; *j-n* ~ *lassen* starve s.o.; '~**snot** *f* famine; '~**streik** *m* hunger strike; '~**tod** *m* (death from) starvation; '~**tuch** *fig. n: am* ~ *nagen* go hungry; live in poverty.

hungrig *adj.* ['hʊŋrɪç] hungry (*nach, auf acc.* for).

Hupe *mot.* ['huːpə] *f* (-*/*-*n*) horn; '**2n** *v/i.* (*ge*-, *h*) sound one's horn, hoot, honk.

hüpfen ['hypfən] *v/i.* (*ge*-, *sein*) hop, skip; *ball, etc.:* bounce.

Hürde ['hyrdə] *f* (-*/*-*n*) hurdle; *fig. a.* obstacle; ✎ fold, pen; '~**nlauf** *m* hurdle race; *event:* hurdles; '~**nläufer** *m* hurdler.

Hure ['huːrə] *f* (-*/*-*n*) whore, prostitute; '~**nsohn** V *m* son of a bitch.

hurra *int.* [hu'ra:] hooray!; *mit großem* ♀ with cheers.

Husar ⚔ [hu'za:r] *m* (*-en*/*-en*) hussar.

husch *int.* [huʃ] shoo!; ~, ~ quick(ly); '~en *v/i.* (*ge-, sein*) flit (*a. fig.*), dart.

hüsteln ['hy:stəln] *v/i.* (*ge-, h*) cough slightly.

husten ['hu:stən] *v/i. and v/t.* (*ge-, h*) cough; F: *ich werde dir was ~* you have another guess coming.

Husten [~] *m* (*-s*/-) cough; '~bonbon *m, n* cough drop; '~saft *m* cough syrup.

Hut¹ [hu:t] *m* (*-[e]s*/~e) hat; *den ~ auf- setzen* (*abnehmen*) put on (take off) one's hat; F *s-n ~ nehmen* (*müssen*) *pol., etc.*: (have to) resign *or* quit.

Hut² [~] *f* (*-/no pl.*): *auf der ~ sein* be on one's guard (*vor dat.* against).

hüten ['hy:tən] *v/t.* guard, protect, watch over; herd (*animals*); look after (*chil- dren, house, etc.*); *das Haus ~ a.* housesit; *das Bett ~* be confined to (onc's) bed; *sich ~ vor* (*dat.*) beware of; *sich ~, et. zu tun* be careful not to do s.th.; F: *ich werde mich ~!* not on your life!, like hell I will!

'Hutkrempe *f* brim (of a hat).

hutschen *Aust.* ['hutʃən] *v/i. and v/t.* (*ge-, h*) *s.* **schaukeln.**

Hütte ['hytə] *f* (*-/-n*) hut, shack, cottage, cabin; mountain lodge, chalet; ⊚ met- allurgical plant.

Hyäne *zo.* [hy'ɛ:nə] *f* (*-/-n*) hy(a)ena.

Hyazinthe ♀ [hya'tsintə] *f* (*-/-n*) hya- cinth.

Hydrant [hy'drant] *m* (*-en*/*-en*) hydrant.

hydraulisch *adj.* [hy'drauhʃ] hydraulic.

Hydrokultur ♪ ['hy:dro-] ʃ hydroponics.

Hygien|e [hy'gie:nə] *f* (*-/no pl.*) hygiene; ♀isch *adj.* [~gie:niʃ] hygienic(al).

Hymne ['hymnə] *f* (*-/-n*) hymn; *s.* **Nationalhymne.**

Hypno|se [hyp'no:zə] *f* (*-/-n*) hypnosis; ~tiseur [~noti'zø:r] *m* (*-s*/-e) hypnotist; ♀tisieren [~noti'zi:rən] *v/t.* hypnotize.

Hypotenuse ₳ [hypote'nu:zə] *f* (*-/-n*) hypotenuse.

Hypothek [hypo'te:k] *f* (*-/-en*) mort- gage; *e-e ~ aufnehmen* take out a mortgage.

Hypothe|se [hypo'te:zə] *f* (*-/-n*) hypoth- esis; ♀tisch *adj.* hypothetical.

Hyster|ie [hyste'ri:] *f* (*-/-n*) hysteria; ♀isch *adj.* [~'te:riʃ] hysterical.

I

ICE 🚅 [i:tse:'ʔe:] *m* (*-[s]*/*-s*) intercity ex- press (train), (*German*) high-speed train.

ich *pers. pron.* [ɪç] I; ~ *selbst* (I) myself; F: *ich bin's* it's me.

Ich [~] *n* (*-[s]*/*-[s]*): *j-s ~* s.o.'s self *or* psych. ego; *mein anderes ~* my alter ego; ♀bezogen *adj.* ['~bətso:gən] ego- centric, self-cent|ered, *Brt.* -red.

Ideal [ide'a:l] *n* (*-s*/-e), ♀ *adj.* ideal; ~ismus [~a'lısmus] *m* (*-/no pl.*) ideal- ism; ~ist [~a'lıst] *m* (*-en*/*-en*) idealist; ♀istisch *adj.* [~a'lıstıʃ] idealistic.

Idee [i'de:] *f* (*-/-n*) idea, notion; *wie kamst du auf die ~?* what gave you that idea?, what made you do that?

ideell *adj.* [ide'ɛl] idealistic (*motive, etc.*); sentimental (*value, etc.*).

identi|fizieren [identifi'tsi:rən] *v/t.* (*no ge-, h*) identify; *sich ~* identify o.s. (*mit* with); ~sch *adj.* [i'dɛntıʃ] identical; ♀tät [~'tɛ:t] *f* (*-/no pl.*) identity; ♀'tätskarte *Aust. f* identity card.

Ideolog|e [ideo'lo:gə] *m* (*-n*/-n) ideol- ogist; ~ie [~lo'gi:] *f* (*-/-n*) ideology; ♀isch *adj.* [~'lo:gɪʃ] ideological.

idiomatisch *ling. adj.* [idio'ma:tɪʃ] idio- matic; ~er *Ausdruck* idiom.

idiot [i'dio:t] *m* (*-en*/*-en*) idiot; ~ie [~o'ti:] *f* (*-/-n*) idiocy; ♀isch *adj.* idiotic.

idol [i'do:l] *n* (*-s*/-e) idol.

idyll [i'dyl] *n* (*-s*/-e), ~e *f* (*-/-n*) idyl(l); ♀isch *adj.* idyllic.

igel *zo.* ['i:gəl] *m* (*-s*/-) hedgehog.

ignor|ant [ɪgno'rant] *m* (*-en*/*-en*) igno- rant person, ignoramus; ~anz [~ts] *f* (*-/no pl.*) ignorance; ♀ieren *v/t.* (*no ge-, h*) ignore, take no notice of.

ihm *pers. pron.* [i:m] (to) him; *thing*: (to) it.

ihn *pers. pron.* [i:n] him; *thing*: it.

'ihnen *pers. pron.* (to) them; *Ihnen sg. and pl.* (to) you.

ihr [i:r] **1.** *pers. pron.*: *pl.* you; *sg.* (to) her; *thing*: (to) it; ~ *drei* (*alle*) the three (all) of you; *ein Freund von* ~ a friend of hers; **2.** *poss. pron.* her; *pl.* their; *Ihr sg. and pl.* your; *der* (*die, das*) ~e hers; theirs; *der* (*die, das*) *Ihre sg. and pl.* yours; ~erseits *adv.* ['~ɔr'zaɪts] on her (*pl.* their) part; '~es'gleichen *indef. pron.* her (*pl.* their) equals, people like herself (*pl.* themselves); '~et'wegen *adv.* for her (*pl.* their) sake; ~ige *poss. pron.* ['~ɪgə]: *der* (*die, das*) ~ hers; theirs; *der* (*die, das*) *Ihrige* yours.

illeg|al adj. ['ɪlegaːl] illegal; **~itim** adj. [~i'tiːm] illegitimate.

Illus|ion [ɪlu'zioːn] f (**-l-en**) illusion; **2orisch** adj. [~'zoːrɪʃ] illusory.

Illu|stration [ɪlustra'tsioːn] f (**-l-en**) illustration; **2strieren** [~'striːrən] v/t. (no ge-, h) illustrate; **~strierte** [~'striːrtə] f (**-nl-n**) magazine.

Iltis zo. ['ɪltɪs] m (**-sesl-se**) European polecat, appr. ferret.

Im prep. [ɪm] (dat.) in the; **~ Bett** in bed; **~ Kino** etc. at the cinema, etc.; **~ Erdgeschoß** on the ground floor; **~ Mai** in May; **~ Jahre 1989** in (the year) 1989; **~ Stehen** etc. (while) standing up, etc.; s. in.

imaginär adj. [imagi'nɛːr] imaginary.

Imbiß ['ɪmbɪs] m (**Imbissesl Imbisse**) snack; **~stube** f snack bar.

imitieren [imi'tiːrən] v/t. (no ge-, h) imitate, copy; impersonate; fake.

Imker ['ɪmkər] m (**-sl-**) beekeeper.

immatrikulieren univ. [imatriku'liːrən] v/t. (no ge-, h): **sich ~** enrol(l).

immens adj. ['ɪmɛns] immense.

immer adv. ['ɪmər] always, all the time; **~ mehr** more and more; **~ wieder** again and again; **für ~** for ever, for good; **wer (was** etc.) **(auch) ~** whoever, what(so)ever; etc., s. Ruhe; **'2grün ⚘** n evergreen; **'~'hin** adv. after all; at least; **'~'zu** adv. all the time, constantly.

Immigrant [imi'grant] m (**-enl-en**) immigrant.

Immobilien [imo'biːliən] pl. real estate; **~makler** m (real) estate agent.

immun adj. [ɪ'muːn] immune (**gegen** to, against, from); **2ität** [imuni'tɛt] f (**-l no** pl.) immunity; **2schwäche** ⚕ f immunodeficiency; **Erworbene ~** AIDS.

Imperativ gr. ['ɪmperatiːf] m (**-sl-e**) imperative (mood).

Imperfekt gr. ['ɪmperfɛkt] n (**-sl-e**) past (tense).

Imperialis|mus [imperia'lɪsmʊs] m (**-l no** pl.) imperialism; **~t** m (**-enl-en**), **2tisch** adj. imperialist.

Impf|en ⚕ ['ɪmpfən] v/t. (ge-, h) inoculate; vaccinate; **'2paß** m, **'2schein** m certificate of vaccination; **'2stoff** ⚕ m vaccine, serum; **'2ung** f (**-l-en**) inoculation; vaccination.

Imponier|en [impo'niːrən] v/i. (no ge-, h): **j-m ~** impress s.o.; **2gehabe** psych. [~'niːrgəhaːbə] n (**-sl no** pl.) display (behavio[u]r).

Import [im'pɔrt] m (**-[e]sl-e**) import(ation); **~eur** [~'tøːr] m (**-sl-e**) importer; **2ieren** [~'tiːrən] v/t. (no ge-, h) import.

imposant adj. [impo'zant] impressive, imposing.

impotent adj. ['ɪmpotɛnt] impotent.

Imprägnier|en [imprɛ'gniːrən] v/t. (no ge-, h), **~t** adj. waterproof.

Impressum print. [im'prɛsʊm] n (**-sl Impressen**) imprint; masthead.

improvisieren [improvi'ziːrən] v/t. and v/i. (no ge-, h) improvise.

Impuls [im'pʊls] m (**-esl-e**) impulse; stimulus; **2iv** adj. [~'ziːf] impulsive.

imstande adj. [im'ʃtandə]: **~ sein** be able (**zu** to do s.th.), be capable (of [doing] s.th.).

In prp. [ɪn] (dat.; acc.) **1.** of place: (dat.) in, at; within, inside; (acc.) into, in, to; **überall ~** all over; **~ der Stadt** in town; **~ der Schule** at school; **~ die Schule** to school; **~s Kino** to the cinema; **~s Bett** to bed; **~s Deutsche** (translate, etc.) into German; **warst du schon mal ~ ...?** have you ever been to ...?; s. **im**; **2.** temporal (dat.): in, at; during; **~ dieser** (**der nächsten**) **Woche** this (next) week; **~ diesem Alter** (**Augenblick**) at this age (moment); **~ der Nacht** at night; **heute ~ acht Tagen** a week from now; **heute ~ e-m Jahr** this time next year; s. **im**; **3.** modal, etc. (dat.): in, at; **gut sein ~** be good at (doing) s.th.; **~ Eile** in a hurry; **~ Behandlung** (**Reparatur**) under treatment (being repaired); s. **im**.

'Inbegriff m (**-[e]sl no** pl.) epitome; perfect example, paragon (all: gen. of) **'2en** adj. included.

'Inbrünstig lit. adj. fervent, ardent (love, etc.).

In'dem cj. while, as; by doing s.th.

Inder ['ɪndər] m (**-sl-**) Indian.

in'des(sen) lit. adv. meanwhile; however, yet.

Indian Aust. ['ɪndiaːn] m (**-sl-e**) turkey.

Indianer [ɪn'diaːnər] m (**-sl-**) (American) Indian.

Indikation ⚕ [ɪndika'tsioːn] f (**-l-en**) indication; **soziale** (**medizinische** etc.) **~** social (medical, etc.) grounds for abortion.

Indikativ gr. ['ɪndikatiːf] m (**-sl-e**) indicative (mood).

Indio ['ɪndio] m (**-sl-s**) (Latin American) Indian.

indirekt adj. [ɪndi'rɛkt] indirect; gr. a. reported (speech).

indisch adj. ['ɪndɪʃ] Indian.

'Indiskret adj. indiscreet; **'2ion** f (**-l-en**) indiscretion.

indiskutabel adj. ['ɪndɪskuta:bəl] out of the question.

individu|ell adj. [indivi'dŭɛl] individual; **2um** [~'viːduʊm] n (**-sl-duen**) individual; contp. (shady, etc.) character.

Indizien z's [ɪn'diːtsɪən] *pl.* circumstantial evidence.

Industrialisier|en [ɪndustriali'ziːrən] *v/t.* (*no ge-, h*) industrialize; **2ung** [.-'ziːruŋ] *f* (-/no *pl.*) industrialization.

Industrie [ɪndus'triː] *f* (-/-*n*) industry; **..** in compounds: *mst* industrial (*city, etc.*); **..abfälle** [.-'-] *pl.* industrial waste; **..gebiet** *n* industrial area.

Industriell *adj.* [ɪndustri'ɛl] industrial; **2e** [.-'ɛlə] *m* (-*n*/-*n*) industrialist.

Industriestaat *m* industrial(ized) country *or* nation.

ineinander *adv.* [ɪn'ʔaɪ'nandər] into one another; **~** *verliebt* in love with each other; **..greifen** ⊙ *v/i.* (*irr. greifen, sep., -ge-, h*) mesh (with), interlock (*a. fig.*); **..passen** *v/i.* (*sep., -ge-, h*) parts, *etc.*; fit together, dovetail.

infam *adj.* [ɪn'faːm] disgraceful.

Infanter|ie ✕ [ɪnfantə'riː] *f* (-/-*n*) infantry; **..ist** ✕ *m* (-*en*/-*en*) infantryman.

Infekt ✸ [ɪn'fɛkt] *m* (-[*e*]*s*/-*e*), **..ion** ✸ [.-k'tsɪoːn] *f* (-/-*en*) infection; **..ionskrankheit** ✸ *f* infectious disease.

Infinitiv *gr.* ['ɪnfinitiːf] *m* (-*s*/-*e*) infinitive (mood).

infizieren [ɪnfi'tsiːrən] *v/t.* (*no ge-, h*) infect; *sich* **~** be *or* get infected, catch (*disease, etc.*).

Inflation [ɪnfla'tsɪoːn] *f* (-/-*en*) inflation.

in'folge *prp.* (*gen.*) owing *or* due to; **..'dessen** *adv.* consequently.

Inform|atik [ɪnfɔr'maːtɪk] *f* (-/no *pl.*) computer science; **..atiker** *m* (-*s*/-) computer scientist; **..ation** [.-ma'tsɪoːn] *f* (-/-*en*) information; *die neuesten* **..en** *pl.* the latest information; *e-e interessante* **..** an interesting piece of information; **..ations...** *in compounds*: *mst* information (*technology, etc.*); **2ieren** [.-'miːrən] *v/t.* (*no ge-, h*) inform; *falsch* **..** misinform.

infra|rot *phys. adj.* ['ɪnfra-] infra-red; **'2struktur** *f* infrastructure.

Ingenieur [ɪnʒe'nɪøːr] *m* (-*s*/-*e*) engineer.

Ingwer ['ɪŋvər] *m* (-*s*/no *pl.*) ginger.

Inhaber(in) ['ɪnhaːbər(ɪn)] *m* (*f*) (-*s*[-]/-[-*nen*]) owner, proprietor (-ress); occupant (*of apartment, etc.*); keeper (*of store, etc.*); (*office, etc.*) holder.

in|haftieren [ɪnhaf'tiːrən] *v/t.* (*no ge-, h*) arrest; **..halieren** [.-ha'liːrən] *v/t.* (*no ge-, h*) inhale.

'Inhalt *m* (-[*e*]*s*/-*e*) contents; volume, capacity; *fig.* meaning (*of life, etc.*).

Inhalts|angabe ['ɪnhalts'-] *f* summary; **..verzeichnis** *n* table of contents.

Initiative [initsɪa'tiːvə] *f* (-/-*n*) initiative; *die* **..** *ergreifen* take the initiative.

Injektion [ɪnjɛk'tsɪoːn] *f* (-/-*en*) injection; **..snadel** ✸ *f* hypodermic needle.

injizieren [ɪnjitsi'rən] *v/t.* (*no ge-, h*) inject.

inklusive *prp.* [ɪnklu'ziːvə] including.

'inkonsequen|t *adj.* inconsistent; **2z** *f* (-/-*en*) inconsistency.

in'krafttreten *n* (-*s*/no *pl.*) coming into force, taking effect.

'inland *n* (-[*e*]*s*/no *pl.*) home (country); inland.

inländisch *adj.* ['ɪnlɛndɪʃ] domestic, home(-made).

Inlett ['ɪnlɛt] *n* (-[*e*]*s*/-*e*) (bed) tick(ing).

in'mitten *prp.* (*gen.*) in the midst of, amid(st).

innehaben ['ɪnə-] *v/t.* (*irr. haben, sep., -ge-, h*) hold (*office, patent, etc.*).

innen *adv.* ['ɪnən] inside, within; indoors; *nach* **..** inwards.

'innen|... *in compounds*: *mst* interior ..., inner ..., internal ...; **..architekt** ['.-'-] *m* interior designer; **..architektur** ['.-'-] *f* interior design *or* decorating; **..leben** *n* inner life, mind, soul; F innards (*of mechanism, etc.*); **..minister** *m* minister of the interior; *Am.* Secretary of the Interior, *Brt.* Home Secretary; **..ministerium** *n* ministry of the interior; *Am.* Department of the Interior, *Brt.* Home Office; **..politik** *f* domestic politics; domestic policy; **..raum** *m* interior; **..seite** *f*: *auf der* **..** (on the) inside; **..spiegel** *mot. m* inside (rear-view) mirror; **..stadt** *f* (city) center, *Brt.* -re, downtown.

inner *adj.* ['ɪnər]; ✸, *pol.* internal; ⅋ *a.* interior; **'2e** *n* (-*n*/no *pl.*) interior, inside; **2ien** [.-'raɪən] *pl.* offal; *fish:* guts; **..halb** *prp.* (*gen.*) within; **..lich** *adj.* internal (*a.* ✸).

innerst *adj.* ['ɪnərst] in(ner)most; **'2e** *n* (-*n*/no *pl.*) innermost *or* most central part, heart (*a. fig.*).

innert *Swiss prp.* ['ɪnərt] (*gen., dat.*) within.

innig *adj.* ['ɪnɪç] tender, affectionate.

Innung ['ɪnʊŋ] *f* (-/-*en*) guild, corporation.

inoffiziell *adj.* ['ɪn'-] unofficial.

ins *prep.* [ɪns] (*acc.*) *s.* **in**.

Insasse ['ɪnzasə] *m* (-*n*/-*n*) occupant, passenger; inmate (*of prison, etc.*).

insbe'sondere *adv.* particularly, especially.

'Inschrift *f* inscription, legend.

Insekt *zo.* [ɪn'zɛkt] *n* (-[*e*]*s*/-*en*) insect; **..enstich** *m* insect bite.

Insel ['ɪnzəl] *f* (-/-*n*) island; **..bewohner** *m* islander.

Inser|at [ɪnze'raːt] *n* (-[*e*]*s*/-*e*) advertisement, *ad*; **2ieren** [.-'riːrən] *v/t. and v/i.* (*no ge-, h*) advertise.

insge|'heim *adv.* secretly; **..'samt** *adv.* altogether, in all.

'**Inso|fern**, '**~'welt** *adv. and cj.* in that respect; **~ als** in so far as.

Inspek|tion [ɪnspɛk'tsɪoːn] *f* (*-/-en*) inspection; *mot. a.* servicing; **~tor** [~'spɛktɔr] *m* (*-s/-en*) (civil service) officer; (police) inspector.

inspi|rieren [ɪnspi'riːrən] *v/t.* (*no ge-, h*) inspire; **~zieren** [~'tsiːrən] *v/t.* (*no ge-, h*) inspect.

install|ateur [ɪnstala'tøːr] *m* plumber; (gas *or* electrical) fitter; **2ieren** [~'liːrən] *v/t.* (*no ge-, h*) instal(l).

instand *adv.* [ɪn'ʃtant]: **~ halten** keep in good order; ⊕ maintain; **~ setzen** repair; **2haltung** *f* (*-/no pl.*) maintenance.

'**Inständig** *adv.*: **j-n ~ bitten** implore *or* beseech s.o.

Instanz [ɪn'stants] *f* (*-/-en*) authority; **z͞z** instance.

Instinkt [ɪn'stɪŋkt] *m* (*-[e]s/-e*) instinct; **2iv** *adv.* [~'tiːf] instinctively, by instinct.

Institut [ɪnsti'tuːt] *n* (*-[e]s/-e*) institute; **~ion** [~tu'tsɪoːn] *f* (*-/-en*) institution.

Instrument [ɪnstru'mɛnt] *n* (*-[e]s/-e*) instrument.

Insulaner [ɪnzu'laːnər] *m* (*-s/-*) islander.

inszenier|en [ɪnstse'niːrən] *v/t.* (*no ge-, h*) (put on the) stage; direct (*film*); *fig.* stage, arrange, put up; **2ung** *thea. f* (*-/-en*) production, staging (*a. fig.*).

Inte|gration [ɪntegra'tsɪoːn] *f* (*-/-en*) integration; **2grieren** [~'griːrən] *v/t.* (*no ge-, h*) integrate (*in acc.* into, within).

intellektuell *adj.* [ɪntɛlɛk'tŭɛl], **2e** *m, f* (*-n/-n*) intellectual, F highbrow.

intelligen|t *adj.* [ɪntɛli'gɛnt] intelligent; **2z** [~ts] *f* (*-/-en*) intelligence; **2zquotient** *m* I.Q.

Intendant *thea.* [ɪntɛn'dant] *m* (*-en/-en*) director.

intensiv *adj.* [ɪntɛn'ziːf] intensive; strong (*smell, etc.*); intense (*pain, etc.*); **~...** *in compounds*: (*wage-, etc.*)intensive; **2kurs** *m* crash course; **2station** **z͞** *f* intensive care unit.

Intercity 🚆 [ɪntər'-] *m* (*-s/-s*) inter-city train.

interessant *adj.* [ɪntərɛ'sant] interesting.

Interesse [ɪntə'rɛsə] *n* (*-s/-n*) interest (*an dat., für* in); **~ haben** be interested (*an dat.* in); **2los** *adj.* uninterested, indifferent; **~losigkeit** *f* (*-/no pl.*) indifference; **~ngebiet** *n* field of interest; **~ngemeinschaft** *f* community of interests; *econ.* combine, pool; **~ngruppe** *pol. f* pressure group, lobby; **~nt** [~'sɛnt] *m* (*-en/-en*) interested person *or* party; *econ.* prospective buyer, prospect; **~n** *pl.* those interested.

interessieren [ɪntərɛ'siːrən] *v/t.* (*no ge-, h*) interest (*für* in); **sich ~ für** take an interest in; be interested in.

intern *adj.* [ɪn'tɛrn] internal; **2at** [ɪntɛr'naːt] *n* (*-[e]s/-e*) boarding school.

inter|national *adj.* ['ɪntər-] international; **~nieren** *pol.* [~'niːrən] *v/t.* (*no ge-, h*) intern; **2nist** ⚕ [~'nɪst] *m* (*-en/-en*) internist.

Inter|pretation [ɪntərpreta'tsɪoːn] *f* (*-/-en*) interpretation; analysis (*of literature, etc.*); **2pretieren** [~'tiːrən] *v/t.* (*no ge-, h*) interpret, analy|ze, *Brt.* -se; **~punktion** [~pʊŋk'tsɪoːn] *f* (*-/no pl.*) punctuation; **~vall** [~'val] *n* (*-s/-e*) interval; **2venieren** [~ve'niːrən] *v/i.* (*no ge-, h*) intervene; **~view** [~'vjuː] *n* (*-s/-s*), **2viewen** [~'vjuːən] *v/t.* (*no ge-, h*) interview.

intim *adj.* [ɪn'tiːm] intimate (*mit* with) (*a. sexually*); **2ität** [~imi'tɛːt] *f* (*-/-n*) intimacy; **2sphäre** *f* privacy.

'**intoleran|t** *adj.* intolerant (*gegen* of); '**2z** *f* (*-/-en*) intolerance.

'**intransitiv** *gr. adj.* intransitive.

intrig|ant [ɪntri'gant] *m* (*-en/-en*) plotter, schemer; **~e** [~'triːgə] *f* (*-/-n*) intrigue, scheme; **2ieren** [~'giːrən] *v/i.* (*no ge-, h*) scheme, plot.

introvertiert *adj.* [ɪntrovɛr'tiːrt] introvert(ed).

invalid|e [ɪnva'liːdə] *m* (*-n/-n*) invalid, disabled person; **~enrente** *f* disability pension; **~ität** [~lidi'tɛːt] *f* (*-/no pl.*) disablement, disability.

In|vasion ✕ [ɪnva'zɪoːn] *f* (*-/-en*) invasion (*a. fig.*); **~ventar** [~vɛn'taːr] *n* (*-s/-e*) inventory, stock; **~ventur** *econ.* [~vɛn'tuːr] *f* (*-/-en*) (taking of) inventory, *esp. Brt. a.* stocktaking.

invest|ieren *econ.* [ɪnvɛs'tiːrən] *v/t.* (*no ge-, h*) invest (*a. fig.*); **2ition** *econ.* [~ti'tsɪoːn] *f* (*-/-en*) investment.

inwie'fern *cj. and adv.* in what respect *or* way; **~'weit** *cj. and adv.* how far, to what extent.

'**Inzucht** *biol. f* (*-/no pl.*) inbreeding (*a. fig.*).

in'zwischen *adv.* meanwhile, in the meantime; by now.

Ionen... *phys.* [i'oːnən-] *in compounds*: ion(ic) ...

irdisch *adj.* ['ɪrdɪʃ] earthly, wordly, terrestrial.

Ire ['iːrə] *m* (*-n/-n*) Irishman; **die ~n** *pl.* the Irish.

irgend *adv.* ['ɪrgənt] *in compounds*: some...; any...; **wenn ~ möglich** if at all possible; **wenn du ~ kannst** if you possibly can; F **~ so ein** some, this; **~ et.** something; anything; **~ jemand** someone, somebody; anyone, anybody; **~ein(e)** *indef. pron.* ['~'?-] some(one); any(one); **~ein(e)s** *indef. pron.* ['~'?-] some; any; '**~'wann** *adv.* sometime (or other); (at) any time; '~'**wie** adv. somehow (or other); F kind of; '~'**wo** adv. somewhere; anywhere.

Ir|in ['ɪːrɪn] f (-*i-nen*) Irishwoman; '**2isch** adj. Irish.

Iron|ie [iro'niː] f (-*i-n*) irony; **2isch** adj. [i'roːnɪʃ] ironic(al), tongue-in-cheek.

irre adj. ['ɪrə] mad, crazy, insane; F awesome, Brt. magic; F: (**ganz**) **~ werden** get (all) mixed up.

Irre¹ [~] m, f (-*ni-n*) mad|man (-woman), lunatic; **wie ein ~** like mad or a maniac.

Irre² [~] f (-*i/no pl.*): **In die ~ führen** = '**2führen** esp. fig. v/t. (sep., -ge-, h) mislead, lead astray; '**2führend** adj. misleading; '**2gehen** v/i. (irr. gehen, sep., -ge-, sein) go astray; fig. a. be wrong; '**2machen** v/t. (sep., -ge-, h) confuse s.o.

'**irren** (ge-) 1. v/refl. (h) be wrong or mistaken; **sich in et. ~** get s.th. wrong; 2. v/i. (sein) wander, stray; (h): err; **Sie ~** you are wrong.

Irren|anstalt ✚ ['ɪrən?-] f, '~**haus** F n mental hospital; F fig. madhouse.

'**Irrfahrt** f wandering, odyssey.

'**irrig** adj. erroneous (belief, etc.).

irritieren [ɪrɪ'tiːrən] v/t. (no ge-, h) irritate; F confuse, put s.o. off.

'**Irr|licht** n will-o'-the-wisp (a. fig.); '~**sinn** m (-[e]*s/no pl.*) insanity, madness (a. fig.); '**2sinnig** adj. insane, mad (a. fig.); F fig. a. terrific (speed, party, etc.); '~**tum** m (-*s/-er*) error, mistake; **im ~ sein** be mistaken; **2tümlich** ['~tyːmlɪç] 1. adj. erroneous; 2. adv. = '**2tümlicher'weise** adv. by mistake; '~**weg** esp. fig. m wrong way or track.

Ischias ✚ ['ɪʃias] f, F a. n, m (-/no pl.) sciatica, lumbago.

Islam [ɪs'laːm] m (-*s/no pl.*) Islam.

Isländ|er ['iːslɛndər] m (-*s/-*) Icelander; '**2isch** adj. Icelandic.

Isolation [izola'tsi̯oːn] f (-*i-en*) s. Isolierung; ~**shaft** f solitary confinement.

Isolier|band ✚ [izo'liːr-] n insulating tape; **2en** v/t. (no ge-, h) isolate; ⚡, ⊙ insulate; ~**material** ⊙ n insulating material; ~**station** ✚ f isolation ward; ~**ung** f (-*i-en*) isolation; ⚡, ⊙ insulation.

Israeli [ɪsra'eːli] m, f (-[s]*/-s*), **2isch** adj. Israeli.

Ist- ['ɪst-] in compounds: actual (costs, etc.).

Italien|er [ita'li̯eːnər] m (-*s/-*), **2isch** adj. Italian.

i-Tüpfelchen ['iːtypfəlçən] n (-*s/no pl.*): **bis aufs ~** to a T.

J

ja adv. [ja] yes, F a. yeah; ⚓ aye, parl. yea, Brt. aye; **wenn ~** if so; **da ist er ~!** well, there he is!; **Ich sagte es Ihnen ~** I told you (so); **Ich bin ~ (schließlich)** ... after all, I am ...; **tut es ~ nicht!** don't you dare do it!; **sei ~ vorsichtig!** do be careful!; **vergessen Sie es ~ nicht!** be sure not to forget it!; **~, weißt du nicht?** why, don't you know?; **du kommst doch, ~?** you're coming, aren't you?; **hier, da - ~ überall** here, there - in fact everywhere.

Jacht ⚓ [jaxt] f (-*i-en*) yacht.

Jacke ['jakə] f (-*i-n*) jacket; of suit, etc.: coat; '~**tt** [ja'kɛt] n (-*s/-s*) jacket, coat.

Jagd [jaːkt] f (-*i-en*) hunt(ing) (a. fig.); esp. Brt. a. shoot(ing); esp. fig. chase; s. Jagdrevier; **auf (die) ~ gehen** go hunting or shooting; **~ machen auf** (acc.) hunt (for); chase s.o.; ~**aufseher** ['~?-] m gamekeeper; '~**bomber** ✖ m fighter-bomber; '~**flieger** ✖ m fighter pilot; '~**flugzeug** ✖ n fighter (plane); ~**gründe** myth. F ['~grʏndə] pl.: **die ewigen ~** the happy hunting grounds;

'~**hund** m hound; '~**hütte** f (hunting) lodge; '~**revier** n hunting ground; '~**schein** m hunting or shooting licen|se, Brt. -ce.

jagen ['jaːgən] 1. v/t. and v/i. (ge-, h) hunt; shoot; fig. hunt, chase; **aus dem Haus** etc. ~ drive or chase out of the house, etc.; **In die Luft ~** blow up; 2. v/i. fig. (ge-, sein) race, dash.

Jäger ['jɛːgər] m (-*s/-*) hunter (a. fig.); ✖ fighter; '~**latein** F n (hunter's) yarn, fish story.

Jaguar zo. ['jaːgŭaːr] m (-*s/-e*) jaguar.

jäh adj. [jɛː] sudden, steep (precipice).

Jahr [jaːr] n (-[e]*s/-e*) year; **ein dreiviertel ~** nine months; **einmal im ~** once a year; **Im ~ 1989** in (the year) 1989; **ein 20 ~e altes Auto** a twenty-year-old car; **mit 18 ~en, im Alter von 18 ~en** at (the age of) eighteen; **heute vor e-m ~** a year ago today; **die 80er ~e** the eighties; **2aus** adv. [~?-]: ~, **jahrein** year in, year out; year after year; '~**buch** n yearbook, annual; **2ein** adv. [~?-] s. jahraus.

'jahrelang 1. *adj.* long-standing, (many) years of (*experience*, *etc.*); **2.** *adv.* for (many) years.

jähren ['jɛːrən] *v/refl.* (**ge-**, *h*): **heute jährt sich (zum 10. Male)** it was a year (10 years) ago today that ...

'Jahres|... *in compounds*: annual (*report*, *meeting*, *etc.*); **∼anfang** ['⌣ʔ-] *m* beginning of the year; **'∼tag** *m* anniversary; **'∼wechsel** *m*, **'∼wende** *f* turn of the year; **'∼zahl** *f* date, year; **'∼zeit** *f* season, time of (the) year.

'Jahrgang *m* age group; *school*, *etc.*: year; *of wine*: vintage; ∼ **1992** class of '92; **sie ist ∼ 1970 (mein ∼)** she was born in 1970 (is my age).

Jahr'hundert *n* (**-s/-e**) century; age; **∼wende** *f* turn of the century.

...jährig [-jɛːrɪç] *in compounds*: ...-year-old.

jährlich ['jɛːrlɪç] **1.** *adj.* annual, yearly; **2.** *adv.* every year, yearly, once a year.

'Jahr|markt *m* fair; **'∼tausend** *n* (**-s/-e**) millennium; **∼e** *pl.* thousands of years; **'∼zehnt** *n* (**-[e]s/-e**) decade.

'Jähzorn *m* violent (fit of) temper; **'ℨig** *adj.* hot-tempered.

Jalousie [ʒalu'ziː] *f* (**-/-n**) (venetian) blind.

Jammer ['jamər] *m* (**-s/**no *pl.*) misery; **es ist ein ∼** it is a shame.

jämmerlich *adj.* ['jɛmərlɪç] miserable, wretched; *sight*, *etc.*: *a.* pitiful, sorry; ∼ **versagen** fail miserably.

jammer|n ['jamərn] *v/i.* (**ge-**, *h*) moan, lament (*über acc.* over, about); complain (of, about); **'∼schade** *adj.*: **es ist** ∼ it is a (great) pity or shame.

Janker *Aust.* ['jaŋkər] *m* (**-s/-**) jacket.

Jänner *Aust.* ['jɛnər] *m* (**-s/-**), **Januar** ['januaːr] *m* (**-[s]/-e**) January.

Japan|er [ja'paːnər] *m* (**-s/-**), **ℨisch** *adj.* Japanese.

Jargon [ʒar'gõː] *m* (**-s/-s**) jargon; slang.

Jasager *contp.* ['jaːzaːgər] *m* (**-s/-**) yes-man.

'Jastimme *parl.* *f* yea, *Brt.* aye.

jäten ['jɛːtən] *v/t.* and *v/i.* (**ge-**, *h*) weed (*a. Unkraut ∼*).

Jauche ['jauxə] *f* (**-/-n**) liquid manure; F *fig.* muck.

jauchzen ['jauxtsən] *v/i.* (**ge-**, *h*) shout for or with joy; *esp. lit.* exult, rejoice.

jaulen ['jaulən] *v/i.* (**ge-**, *h*) howl, yowl.

Jause *Aust.* ['jauzə] *f* (**-/-n**) snack.

jawohl *adv.* [ja'-] ✕, F yes, sir!; (that's) right, (yes), indeed.

Jawort ['jaː-] *n* (**-[e]s/**rare **-e**) consent; **(j-m) sein ∼ geben** say yes (to s.o.'s proposal).

je [jeː] **1.** *adv.* ever; each; per; **der beste Film, den ich ∼ gesehen habe**

the best film I have ever seen; ∼ **zwei (Pfund)** two (pounds) each; **drei Mark ∼ Kilo** three marks per kilo; ∼ **nach Größe (Geschmack)** according to size (taste); ∼ **nachdem (, wie)** it depends (on how); ∼ **...**, **desto ...** the ... the ...; **2.** *int.*: (**o** or **ach**) **∼!** oh dear!, gee!

jede|(r, -s) *indef. pron.* ['jeːdə(r, -s)] every; any; each; everyone, everybody; anyone, anybody; each (*of you*, *etc.*); either (*of two*); **jeder weiß (das)** everybody knows; **du kannst jeden fragen** (you can) ask anyone; **jeder von uns (euch)** each of us (you); **jeder, der** whoever; **jeden zweiten Tag** every other day; **jeden Augenblick** any moment now; **'∼nfalls** *adv.* in any case, anyhow; **'∼rmann** *indef. pron.* everyone, everybody; **'∼rzeit** *adv.* always, (at) any time; **'∼smal** *adv.* each or every time; ∼ **wenn** whenever.

jedoch *cj.* [je'dɔx] however, yet; though.

jegliche(r, -s) *indef. pron.* ['jeːklɪçə(r, ' -s)] *s.* **jede**.

jeher *adv.* ['jeːheːr]: **von ∼** at all times, always.

jein *co.* *adv.* [jain] yes and no.

jemals *adv.* ['jeːmaːls] ever; *s.* **je**.

jemand *indef. pron.* ['jeːmant] someone, somebody; anyone, anybody.

jene(r, -s) *dem. pron.* ['jeːnə(r, -s)] that (one); **jene** *pl.* those; **dies und jenes** this and that; **dieser oder jener** someone or other.

jenseitig *adj.* ['jeːnzaɪtɪç] opposite.

jenseits *adv.* and *prp.* (*gen.*) ['jeːnzaɪts] on the other side (of), beyond (*a. fig.*).

Jenseits [∼] *n* (**-/**no *pl.*) next world, hereafter; F: **ins ∼ befördern** send to kingdom come.

jetzig *adj.* ['jɛtsɪç] present; existing.

jetzt *adv.* [jɛtst] now, at present; **bis ∼** up to now, so far; **eben ∼** just now; **erst ∼** only now; ∼ **gleich** right now or away; **für ∼** for the present; **noch ∼** even now; **von ∼ an** from now on.

jeweil|ig *adj.* ['jeːvaɪlɪç] respective; **∼s** *adv.* ['∼s] (*ten minutes*, *etc.*) each; (*two*, *etc.*) at a time.

jobben F ['dʒɔbən] *v/i.* (**ge-**, *h*) *esp. of teenagers*: work (part-time); have a summer job.

Joch [jɔx] *n* (**-[e]s/-e**) yoke (*a. fig.*); *geol.* pass, saddle(back); **'∼bein** *anat.* *n* cheekbone.

Jockel ['dʒɔke:] *m* (**-s/-s**) jockey.

Jod 🜍 [joːt] *n* (**-[e]s/**no *pl.*) iodine.

jodeln ['joːdəln] *v/i.* (**ge-**, *h*) yodel.

Joga ['joːga] *m*, *n* (**-(s)/**no *pl.*) yoga.

jogg|en ['dʒɔgən] *v/i.* (**ge-**, *h*) jog; **'ℨen** *n* (**-s/**no *pl.*) jogging; **'ℨer** *m* (**-s/-**) jogger.

Joghurt ['jo:gʊrt] *m, n* (-[s]/-[s]) yog(h)urt.

Johannisbeere & [jo'hanıs-] *f: rote (schwarze)* ~ red (black) currant.

johlen ['jo:lən] *v/i.* (*ge-, h*) howl, yell.

Jolle ⚓ ['jɔlə] *f* (*-/-n*) jolly (boat), yawl.

Jongl|eur [ʒõ'glø:r] *m* (*-s/-e*) juggler; **⁀ieren** [ˌ'gli:rən] *v/t. and v/i.* (*no ge-, h*) juggle.

Journal|ismus [ʒʊrna'lısmus] *m* (*-/no pl.*) journalism; **⁀ist** [ˌ'lıst] *m* (*-en/-en*) journalist.

Jubel ['ju:bəl] *m* (*-s/no pl.*) jubilation, (great) joy; cheering, cheers; **⁀n** *v/i.* (*ge-, h*) cheer, shout with joy; *lit.* rejoice.

Jubiläum [jubi'lɛːʊm] *n* (*-s/-läen*) anniversary; *50jähriges* ~ fiftieth anniversary, (golden) jubilee.

jucken ['jʊkən] *v/t. and v/i.* (*ge-, h*) itch; *es juckt mich am ...* my ... itches; F: *es juckt mich (in den Fingern), zu inf.* I'm itching to *do. s.th.*; *das juckt mich nicht* I don't give a damn.

Jude ['ju:də] *m* (*-n/-n*) Jew; '**⁀nstern** *m* Star of David; '**⁀ntum** *n* (*-s/no pl.*) *eccl.* Judaism; *das* ~ *coll.* the Jews; '**⁀n-verfolgung** *f* persecution of Jews; pogrom; holocaust.

Jüd|in ['jy:dın] *f* (*-/-nen*) Jewess; **⁀isch** *adj.* Jewish.

Jugend ['ju:gənt] *f* (*-/no pl.*) youth, *the young* (people); **⁀amt** ['ˌʔ-] *n* youth welfare office; **⁀arbeitslosigkeit** ['ˌʔ-] *f* youth unemployment; '**⁀frei** *adj. film:* G(*Brt.* U)(-rated); *nicht* ~ X-rated; '**⁀gericht** *n* juvenile court; '**⁀herberge** *f* youth hostel; '**⁀herbergsausweis** [ˈˌks²-] *m* Youth Hostel Federation membership card; '**⁀kriminalität** *f* juvenile delinquency; **⁀lich** *adj.* youthful, young; '**⁀liche** *m, f* (*-n/-n*) youth, juvenile, teenager; '**⁀stil** *m* Art Nouveau; '**⁀strafanstalt** *f* detention cent|er, *Brt.* -re, reformatory, *Brt. a.* Borstal; '**⁀sünde** *fig. f* folly (of one's youth); '**⁀verbot** *n* for adults only; *s. jugendfrei;* '**⁀weihe** *f* youth initiation ceremony.

Jugoslaw|e [jugo'sla:və] *m*, **⁀in** [ˌvın] *f* (*-/-nen*), **⁀isch** *adj.* Yugoslav(ian).

Juli ['ju:li] *m* (*-[s]/-s*) July.

jung *adj.* [jʊŋ] young; ~ *verheiratet* newly married; *s. jungverheiratet.*

Junge ['jʊŋə] **1.** *m* (*-n/-n*) boy, youngster, F kid, *esp. Brt.* lad; *cards:* jack, knave; **2.** *zo. n* (*-n/-n*) young (one); pup(py); kitten; cub; ~ *bekommen or werfen* have young (ones), litter; '**⁀nhaft** *adj.* boyish.

jünger *adj.* ['jʏŋər] younger, junior; youngish; ~ *als ich* my junior; *ein(e) ...* **⁀en Datums** a (more) recent ...

Jünger *eccl.* [ˌ] *m* (*-s/-*) disciple (*a. fig.*).

Jungfer ['jʊŋfər] *f* (*-/-n*): *alte* ~ old maid.

'**Jungfern...** *in compounds:* maiden (*trip, flight, speech, etc.*); '**⁀häutchen** *anat. n* (*-s/-*) hymen.

'**Jungfrau** *f* virgin; *ast.* Virgo; **⁀fräulich** *lit. adj.* ['ˌfrɔʏlıç] virgin (*a. fig. snow, etc.*); '**⁀geselle** *m* bachelor, single (man); '**⁀gesellin** *f* bachelor girl, single (woman); spinster.

Jüngling *lit., iro.* ['jʏŋlıŋ] *m* (*-s/-e*) youth, young man.

Jungs F [jʊŋs] *pl. of Junge 1.*

jüngst [jʏŋst] **1.** *adj.* youngest; *events, etc.:* latest; *in ⁀er Zeit* lately, recently; *das* **2*e** *Gericht, der* **2*e** *Tag* the Last Judg(e)ment, Doomsday; **2.** *adv.* recently.

'**jungverheiratet** *adj.* newly-wed.

Juni ['ju:ni] *m* (*-[s]/-s*) June.

junior *adj.* ['ju:nɪɔr], **2** *m* (*-s/-en*) junior (*a. sports*).

Jupe *Swiss* [ʒy:p] *f* (*-/-s*) skirt.

Jura ['ju:ra] *pl.:* ~ *studieren* study (the) law, go to law school; '**⁀student(in)** *m* (*f*) law student.

juridisch *Aust. adj.* [ju'ri:dıʃ] *s. juristisch.*

Jurist [ju'rıst] *m* (*-en/-en*) lawyer; law student; **2isch** *adj.* legal; **⁀e Person** person in a legal sense, legal entity.

Jurorenkomitee *Aust.* [ju:ro:rən-] *n* = **Jury** ['ʒy:ri] *f* (*-/-s*) jury.

just *adv.* [jʊst] just, exactly.

justieren ⊕ [jʊs'ti:rən] *v/t.* (*no ge-, h*) adjust, set.

Justiz [jʊs'ti:ts] *f* (*-/no pl.*) (administration of) justice, (the) law; **⁀beamte** *m* judicial officer; **⁀irrtum** [ˌʔ-] *m* error of justice; **⁀minister** *m* minister of justice; *Am.* Attorney General, *Brt.* Lord Chancellor; **⁀ministerium** *n* ministry of justice; *Am.* Department of Justice.

Jute ['ju:tə] *f* (*-/no pl.*) & jute; burlap.

Juwel [ju've:l] *n, m* (*-s/-en*) jewel, gem (*both a. fig.*); **⁀en** *pl.* jewel(le)ry; **⁀ier** [juve'li:r] *m* (*-s/-e*) jewel(l)er.

Jux F [jʊks] *m* (*-es/-e*) joke; hoax; *aus lauter* ~ just for fun *or* kicks.

K

Kabarett [kaba'rɛt] *n* (-*s/-s, -e*) political satirical revue.

Kabel ['ka:bəl] *n* (-*s/-*) cable; '**.fernsehen** *n* cable TV.

Kabeljau *zo.* ['ka:bəljau] *m* (-*s/-e, -s*) cod(fish).

'**kabeln** *v/t. and v/i.* (*ge-, h*) cable.

Kabine [ka'bi:nə] *f* (-*/-n*) cabin; *cable railway, etc.:* a. gondola; *teleph.* booth; *sports:* locker room; (*shower, etc.*) cubicle; '**.nbahn** *f* cableway.

Kabinett *pol.* [kabi'nɛt] *n* (-*s/-e*) cabinet.

Kabis *Swiss* ['ka:bɪs] *m* (-*/no pl.*) green cabbage.

Kabriolett *mot.* [kabrio'lɛ:] *n* (-*s/-s*) convertible.

Kachel ['kaxəl] *f* (-*/-n*), '**.n** *v/t.* (*ge-, h*) tile; '**.ofen** ['.ʔ-] *m* tiled stove.

Kacke V ['kakə] *f* (-*/no pl.*), '**.n** V *v/i.* (*ge-, h*) shit, crap.

Kadaver [ka'da:vər] *m* (-*s/-*) carcass.

Kader ['ka:dər] *m* (-*s/-*) cadre.

Kadett [ka'dɛt] *m* (-*en/-en*) cadet.

Käfer *zo.* ['kɛ:fər] *m* (-*s/-*) beetle, bug.

Kaff F [kaf] *n* (-*s/-s*) hick *or* one-horse town.

Kaffee ['kafe] *m* (-*s/no pl.*) coffee (*kochen* make); '**.bohne** *f* coffee bean; '**.haus** *esp. Aust.* [ka'fe:] *n* café; '**.kanne** *f* coffeepot; '**.klatsch** F *m* (-*es/no pl.*) coffee klatch (*Brt.* party); '**.maschine** *f* coffee maker, percolator; '**.mühle** *f* coffee mill.

Käfig ['kɛ:fɪç] *m* (-*s/-e*) cage (*a. fig.*).

kahl *adj.* [ka:l] bald; *tree, landscape, etc.*: bare, naked.

Kahn [ka:n] *m* (-*[e]s/-*e) boat; barge; ~ **fahren** go boating.

Kai [kaɪ] *m* (-*s/-s, -e*) quay, wharf.

Kaiser ['kaɪzər] *m* (-*s/-*) emperor; '**.in** (-*/-nen*) empress; '**.reich** *n* empire; '**.schnitt** ✚ *m* C(a)esarean.

Kajüte ⚓ [ka'jy:tə] *f* (-*/-n*) cabin.

Kakao [ka'kau] *m* (-*s/-s*) cocoa; (hot) chocolate; chocolate milk; F: *durch den ~ ziehen* pull *s.o.'s* leg, kid *s.o.*

Kakerlak *zo.* ['ka:kərlak] *m* (-*s/-en*) cockroach.

Kaktee ⚘ [kak'te:(ə)] *f* (-*/-n*), **.us** ⚘ ['kaktus] *m* (-*/Kakteen*) cactus.

Kalauer ['ka:lauər] *m* (-*s/-*) pun; stale joke.

Kalb *zo.* [kalp] *n* (-*[e]s/-*er) calf; **.en** ['kalbən] *v/i.* (*ge-, h*) calve; '**.fleisch** *n* veal; '**.sbraten** *m* roast veal; '**.s-schnitzel** *n* veal cutlet.

Kalender [ka'lɛndər] *m* (-*s/-*) calendar (*a. in compounds: year, etc.*).

Kali ⚗ ['ka:li] *n* (-*s/-s*) potash.

Kaliber [ka'li:bər] *n* (-*s/-*) calibre, *Brt.* -re (*a. fig.*).

Kalium ⚗ ['ka:lium] *n* (-*s/no pl.*) potassium.

Kalk [kalk] *m* (-*[e]s/-e*) lime; *geol.* limestone, chalk; ✚ calcium; '**.en** *v/t.* (*ge-, h*) whitewash; ✚**.lime**; '**.ig** *adj.* limy; '**.stein** *m* (-*[e]s/no pl.*) limestone.

kalkulieren [kalku'li:rən] *v/i. and v/t.* (*no ge-, h*) calculate; *fig. a.* figure, reckon.

Kalorie [kalo'ri:] *f* (-*/-n*) calorie; **.narm** *adj.* [.n?-] low-calorie; **.nreich** *adj.* high-calorie, rich (in calories).

kalt *adj.* [kalt] cold; *mir ist ~* I'm cold; *es (mir) wird ~* it's (I'm) getting cold; *das läßt mich ~* that leaves me cold; *s. Platte*; '**.bleiben** *fig. v/i.* (*irr. bleiben, sep. -ge-, sein*) keep (one's) cool; **.blütig** *adj.* ['.bly:tɪç] cold-blooded (*a. fig.*); ~ *ermorden* kill *s.o.* in cold blood.

Kälte ['kɛltə] *f* (-*/no pl.*) coldness, chilliness (*both a. fig.*); *temperature:* a. cold, chill (*a. fig.*); *vor ~ zittern* shiver with cold; *fünf Grad ~* five degrees below freezing; '**.grad** *meteor. m* degree below freezing; '**.periode** *f* cold spell.

'**kalt|machen** F *v/t.* (*sep., -ge-, h*) rub *or* wipe *s.o.* out, do *s.o.* in; **.schnäuzig** *adj.* ['.ʃnɔytsɪç] callous, cold; as cool a cucumber; '**.stellen** *fig. v/t.* (*sep., -ge-, h*) put *s.o.* out of harm's way, neutralize *s.o.*

kam [ka:m] *past of kommen.*

Kamel [ka'me:l] *n* (-*[e]s/-e*) *zo.* camel; F fool; '**.haar** *n* camelhair.

Kamera ['kamera] *f* (-*/-s*) camera.

Kamerad [kamə'ra:t] *m* (-*en/-en*) friend, companion, comrade, fellow, F pal, buddy; ✕ *a.* fellow-soldier; **.en** *pl.* ✕ comrades in arms; **.schaft** *f* (-*/-en*) (good) fellowship, comradeship; **.schaftlich** *adj. and adv.* like a good friend, comradely.

'**Kameramann** *m* cameraman.

Kamille ⚘ [ka'mɪlə] *f* (-*/-n*) camomile.

Kamin [ka'mi:n] *m* (-*s/-e*) fireplace; chimney (*a. mount.*); *am ~* by the fire(side); **.sims** *m,n* mantelpiece.

Kamm [kam] *m* (-*[e]s/-*e) comb; *zo. a.* crest (*a. fig.*)

kämmen ['kɛmən] *v/t.* (*ge-, h*) comb; *sich (die Haare) ~* comb one's hair.

Kammer ['kamər] *f* (-*/-n*) (small) room; store-room, closet; garret; *pol., econ.* chamber; ♫ division; '**.musik** chamber music.

'**Kammgarn** *n* worsted (yarn).

Kampagne [kam'panjə] *f* (-*/-n*) campaign.

Kampf [kampf] *m* (-[e]s/⁓e) fight (*a. fig.*); struggle (*a. fig.*); ✗ combat; battle (*a. fig.*); *sports, etc.*: contest, match; *boxing, etc.*: fight, bout; *fig.* conflict; **'2bereit** *adj.* ready for battle (✗ combat).

kämpfen ['kɛmpfən] *v/i.* (**ge-**, *h*) fight (**gegen** against; *mit* with; *um* for) (*a. fig.*); struggle (*a. fig.*); *fig.* contend, wrestle.

Kampfer ['kampfər] *m* (-s/*no pl.*) camphor.

Kämpfer ['kɛmpfər] *m* (-s/-) fighter (*a. fig.*); **'2isch** *adj.* fighting, aggressive (*a. sports*); *pol.* militant.

'Kampf|flugzeug *n* combat aircraft; **'⁓geist** *m* (-[e]s/*no pl.*) fighting spirit, morale; **'⁓hund** *m* fighting dog; **'⁓kraft** *f* fighting strength; **'⁓richter** *m* judge; *s. Schiedsrichter;* **'⁓schwimmer** ✗ *m* frogman; **'⁓sport** *m* martial art(s); **'⁓stoff** ✗ *m* (warfare) agent, weapon; **2unfähig** *adj.* ['⁓ʔ-] disabled; unable to fight.

Kanal [ka'na:l] *m* (-s/⁓e) canal; channel (*a. TV*, ⊕, *fig.*); (English) Channel; sewer, drain; **⁓isation** [kanaliza'tsio:n] *f* (-/-en) sewerage, drainage; canalization (*of river*); **2isieren** [⁓'zi:rən] *v/t.* (*no* **ge-**, *h*) provide (*city, etc.*) with a sewerage (system); canalize (*river, a. fig.* efforts, *etc.*); *fig. a.* channel.

Kanapee ['kanape] *n* (-s/-s) sofa.

Kanarienvogel *zo.* [ka'na:riən-] *m* canary.

Kandid|at [kandi'da:t] *m* (-en/-en) candidate; applicant; **⁓atur** [⁓a'tu:r] *f* (-/-en) candidature, candidacy; **2ieren** [⁓'di:rən] *v/i.* (*no* **ge-**, *h*) be a candidate, run, *Brt.* stand (*für* for).

Kandis ['kandis] *m* (-/*no pl.*) rock candy.

Känguruh *zo.* ['kɛŋguru] *n* (-s/-s) kangaroo.

Kaninchen *zo.* [ka'ni:nçən] *n* (-s/-) rabbit.

Kanister [ka'nistər] *m* (-s/-) can; fuel can, *Brt.* jerrican.

Kännchen ['kɛnçən] *n* (-s/-) (small) pot, jug; **⁓ Kaffee** pot of coffee.

Kanne ['kanə] *f* (-/-n) (*tea, coffee, etc.*) pot; (*milk, oil, etc.*) can.

Kannibale [kani'ba:lə] *m* (-n/-n) cannibal.

kannte ['kantə] *past of* **kennen**.

Kanon ['ka:nɔn] *m* (-s/-s) canon, ♪ *a.* round.

Kanone [ka'no:nə] *f* (-/-n) cannon, gun; *fig.* ace; *esp. sports*: *a.* crack.

Kant|e ['kantə] *f* (-/-n) edge; **⁓en** *m* (-s/-) (bread) crust; **'2en** *v/t.* (**ge-**, *h*) set on edge, tilt; edge (*ski*); **'2ig** *adj.* angular, square(d).

Kantine [kan'ti:nə] *f* (-/-n) cafeteria, *Brt. a.* canteen.

Kanton *pol.* [kan'to:n] *m* (-s/-e) (*Swiss*) canton.

Kanu ['ka:nu] *n* (-s/-s) canoe.

Kanüle ⚕ [ka'ny:lə] *f* (-/-n) cannula, (drain) tube.

Kanzel ['kantsəl] *f* (-/-n) *eccl.* pulpit; ✈ cockpit.

Kanzlei [kants'lai] *f* (-/-en) office.

Kanzler ['kantslər] *m* (-s/-) chancellor.

Kap *geogr.* [kap] *n* (-s/-s) cape, headland.

Kapazität [kapatsi'tɛ:t] *f* (-/-en) capacity; *fig.* authority.

Kapell|e [ka'pɛlə] *f* (-/-n) *eccl.* chapel; ♪ band; **⁓meister** [⁓'pɛl-] *m* conductor.

kapern ['ka:pərn] *v/t.* (**ge-**, *h*) ⚓ capture, seize; *fig.* grab.

kapieren F [ka'pi:rən] *v/t.* (*no* **ge-**, *h*) understand, get; *kapiert?* got it?

Kapital [kapi'ta:l] *n* (-s/-e, -ien) capital, funds; **⁓anlage** [⁓'-] *f* investment; **⁓ismus** [⁓ta'lismus] *m* (-/*no pl.*) capitalism; **⁓ist** [⁓ta'list] *m* (-en/-en), **2istisch** *adj.* capitalist; **⁓verbrechen** *n* capital crime.

Kapitän [kapi'tɛ:n] *m* (-s/-e) captain (*a. sports*).

Kapitel [ka'pitəl] *n* (-s/-) chapter (*a. fig.*); F *fig.* story.

Kapitell *arch.* [kapi'tɛl] *n* (-s/-e) capital.

Kapitul|ation [kapitula'tsio:n] *f* (-/-en) capitulation, surrender (*a. fig.*); **2ieren** [⁓'li:rən] *v/i.* (*no* **ge-**, *h*) capitulate, surrender (*a. fig.*).

Kaplan *eccl.* [ka'pla:n] *m* (-s/⁓e) curate.

Kappe ['kapə] *f* (-/-n) cap; ⊕ *a.* top, hood; *et. auf s-e* ⁓ *nehmen* take the responsibility *or* blame for s.th.; **'2n** *v/t.* (**ge-**, *h*) cut (rope, *etc.*); lop, top (tree).

Kapsel ['kapsəl] *f* (-/-n) capsule; (*space, etc.*) module; case, box.

kaputt *adj.* [ka'pʊt] broken; out of order; *fig. person:* worn out, (absolutely) beat; *health, reputation, etc.*: ruined; broken (*home, etc.*); **⁓gehen** *v/i.* (*irr. gehen, sep., -ge-, sein*); *mot., etc.* break down; *marriage, etc.*: break up; *person:* crack (up), go to pieces; **⁓lachen** F *v/refl.* (*sep., -ge-, h*) laugh one's head off; **⁓machen** *v/t.* (*sep., -ge-, h*) break, wreck (*a. fig.*), ruin (*a. fig.*).

Kapuze [ka'pu:tsə] *f* (-/-n) hood; *eccl.* cowl.

Karabiner [kara'bi:nər] *m* (-s/-) carbine; **⁓haken** ⊕ *m* snap hook.

Karaffe [ka'rafə] *f* (-/-n) decanter, carafe.

Karambolage [karambo'la:ʒə] *f* (-/-n) collision, crash.

Karat [ka'ra:t] n (-[e]s/-e) carat.

Karate [ka'ra:tə] n (-[s]/no pl.) karate.

Karawane [kara'va:nə] f (-/-n) caravan.

Kardinal eccl. [kardi'na:l] m (-s/ ⁓e) cardinal.

Karfiol Aust. [kar'fio:l] m (-s/no pl.) cauliflower.

Karfreitag eccl. [ka:r'-] m Good Friday.

karg adj. [kark], **kärglich** adj. ['kɛrklɪç] meag|er, Brt. -re, scanty: life, food: a. frugal; soil: poor.

kariert adj. [ka'ri:rt] check(ed), checkered; paper: squared.

Karies ⚕ ['ka:ries] f (-/no pl.) dental caries.

Karik|atur [karika'tu:r] f (-/-en) cartoon; caricature (a. fig.); ⁓aturist [⁓u'rɪst] m (-en/-en) cartoonist; ⁓ieren [⁓'ki:rən] v/t. (no ge-, h) caricature.

Karneval ['karnəval] m (-s/-s, -e) carnival, Mardi Gras, Brt. a. Shrovetide; '⁓szug m carnival parade.

Karnickel F [kar'nɪkəl] n (-s/-) zo. rabbit; F fig. idiot.

Karo ['ka:ro] n (-s/-s) square, check; cards: diamonds.

Karosserie mot. [karɔsə'ri:] f (-/-n) body.

Karotte ⚘ [ka'rɔtə] f (-/-n) carrot.

Karpfen zo. ['karpfən] m (-s/-) carp.

Karre ['karə] f (-/-n), '⁓n m (-s/-) cart; wheelbarrow; F car: jalopy.

Karriere [ka'ri:rə] f (-/-n) career; ⁓ machen work one's way up, get to the top.

Karte ['kartə] f (-/-n) card; map; (theat|er, Brt. -re, bus, etc.) ticket; menu; (wine) list; gute ⁓n a good hand.

Kartei [kar'tai] f (-/-en) card index; ⁓karte f index or file card; ⁓kasten m box for card file.

'**Karten|haus** n house of cards (a. fig.); ♣ chartroom; '⁓legen n (-s/no pl.) card-reading, fortune-telling; '⁓spiel n card-playing; card game; pack or deck of cards; '⁓telefon n cardphone.

Kartoffel [kar'tɔfəl] f (-/-n) potato; ⁓brei m mashed potatoes; ⁓chips [⁓tʃɪps] pl. (potato) chips, Brt. crisps; ⁓kloß m, ⁓knödel m potato dumpling; ⁓puffer m potato fritter or pancake; ⁓salat m potato salad; ⁓schalen pl. potato peelings; ⁓schäler m potato peeler.

Karton [kar'tɔŋ] m (-s/-s) cardboard; pasteboard; cardboard box, carton; 2iert print. adj. [⁓o'ni:rt] paper-back(ed) (book).

Karussell [karu'sɛl] n (-s/-s, -e) merry-go-round, carrousel.

Karwoche eccl. ['ka:r-] f Holy or Passion Week.

Kaschmir ['kaʃmɪr] m (-s/-e) cashmere.

Käse ['kɛ:zə] m (-s/-) cheese; F: ⁓! baloney!; ⁓kuchen m cheesecake.

Kaserne ✕ [ka'zɛrnə] f (-/-n) barracks; ⁓nhof m parade ground.

'**käsig** adj. cheesy; face: pasty; pale.

Kasino [ka'zi:no] n (-s/-s) casino; ✕ (officers') mess.

Kaskoversicherung econ. ['kasko-] f comprehensive insurance.

Kasper(le) ['kaspər(lə)] n, m (-s/-) Punch; '⁓theater n Punch and Judy show.

Kassa Aust. ['kasa] f (-/Kassen), **Kasse** ['kasə] f (-/-n) cashier('s window or counter), esp. Brt. cash or pay desk; supermarket: checkout; cash register; drawer: till; thea., etc. box office; strong-box; gambling: pool; F knapp bei ⁓ sein be short of cash.

Kasseler ['kasələr] n (-s/no pl.) smoked pork.

'**Kassen|beleg** m, '⁓bon m sales check (Brt. slip), receipt; ⁓erfolg ['⁓'-] m thea., etc.: box-office success, hit; '⁓patient ⚕ m patient covered by national health insurance; '⁓wart m club, etc.: treasurer; '⁓zettel m s. Kassenbeleg.

Kassette [ka'sɛtə] f (-/-n) box, case; ♪, TV, phot., etc. cassette; ⁓n... in compounds: cassette (recorder, etc.).

kassier|en [ka'si:rən] v/t. and v/i. (no ge-, h) collect, take (the money); F make (money), cash in; withdraw (licen|se, Brt. -ce); 2r m (-s/-) cashier; bank: a. teller; collector (of dues, etc.).

Kastanie ⚘ [kas'ta:niə] f (-/-n) chestnut.

Kästchen ['kɛstçən] n (-s/-) (small) box; square (on game board, paper, etc.).

Kaste ['kastə] f (-/-n) caste, fig. a. class.

Kasten ['kastən] m (-s/⁓) box (a. fig. for TV set, house, goal, etc.); (violin, etc.) case; crate; chest.

kastrieren ⚕, vet. [kas'tri:rən] v/t. (no ge-, h) castrate.

Kasus gr. ['ka:zus] m (-/-) case.

Katalog [kata'lo:k] m (-[e]s/-e) catalog(ue).

Katalysator [kataly'za:tɔr] m (-s/-en) ⚙ catalyst; mot. catalytic converter.

Katapult [kata'pult] m, n (-[e]s/-e), 2ieren [⁓pul'ti:rən] v/t. (no ge-, h) catapult.

katastroph|al adj. [katastro'fa:l] disastrous (a. fig.); 2e [⁓'stro:fə] f (-/-n) catastrophe, disaster (a. fig.); 2engebiet n disaster area; 2enschutz m disaster control.

Katechismus eccl. [katɛ'çɪsmʊs] m (-/-Ismen) catechism.

Kategorie [katego'ri:] f (-/-n) category.

Kater ['ka:tər] m (-s/-) zo. male cat, tomcat; fig. hangover.

Kathe|der [ka'te:dər] n (-s/-) (lecturing) desk; **~drale** [kate'dra:lə] f (-/-n) cathedral.

Katholi|k [kato'li:k] m (-en/-en), **2sch** adj. [~'to:lɪʃ] (Roman) Catholic.

Kätzchen ['kɛtsçən] n (-s/-) kitten, pussy (a. ⚄); ⚄ catkin.

Katze zo. ['katsə] f (-/-n) cat; kitten; F: **alles für die Katz** a waste of time, for the birds; **2nfreundlich** F adj. overfriendly, honeyed; **~njammer** F m hangover; **~nsprung** F fig. m: **nur ein ~** only a stone's throw.

Kauderwelsch ['kaʊdərvɛlʃ] n (-[s]/no pl.) gibberish.

kauen ['kaʊən] v/i. and v/t. (ge-, h) chew; s. **Nagel**.

kauern ['kaʊərn] v/i. and v/refl. (ge-, h) crouch, squat.

Kauf [kaʊf] m (-[e]s/-e) buying, purchase (a. econ.); **ein guter ~** a good buy or bargain; **zum ~** for sale; **in ~ nehmen** put up with s.th.; **2en** v/t. (ge-, h) buy (a. fig.), purchase.

Käufer ['kɔyfər] m (-s/-) buyer; customer.

'Kauf|haus n department store; **~kraft** econ. f (-/no pl.) purchasing power.

käuflich adj. ['kɔyflɪç] for sale; fig. venal, corrupt.

Kauf|mann m (-[e]s/-leute) businessman; dealer, trader, merchant; storekeeper, Brt. mst shopkeeper; grocer; **2männisch** adj. ['~mɛnɪʃ] commercial, business; **~er Angestellter** clerk; **~vertrag** m contract of sale; **~zwang** m: **kein ~** no obligation (to buy).

Kaugummi ['kaʊ-] m chewing gum.

Kaulquappe zo. ['kaʊlkvapə] f (-/-n) tadpole.

kaum adv. [kaʊm] hardly, scarcely, barely; **~ zu glauben** hard to believe.

Kaution [kaʊ'tsio:n] f econ. security; ⚖ bail.

Kautschuk ['kaʊtʃʊk] m (-s/-e) (india)rubber.

Kauz [kaʊts] m (-es/-e) zo. owl; F fig. (strange, etc.) character.

Kavaller [kava'li:r] m (-s/-e) gentleman; **~sdelikt** n: **als ~ ansehen** consider s.th. just a minor offen|se, Brt. -ce.

Kavallerie ⚔ [kavalə'ri:] f (-/-n) cavalry.

Kaviar ['ka:viar] m (-s/-e) caviar(e).

keck adj. [kɛk] pert, saucy, brash.

Kegel ['ke:gəl] m (-s/-) bowling: pin; ⚄, ⚙ cone; **~bahn** f bowling (Brt. skittle) alley; **2förmig** adj. conic(al), coneshaped; **~kugel** f bowling (Brt. skittle) ball; **2n** v/i. (ge-, h) bowl, go bowling, esp. Brt. play (at) skittles or ninepins.

Kehl|e ['ke:lə] f (-/-n) throat; **~kopf** anat. m larynx.

Kehre ['ke:rə] f (-/-n) (sharp) bend or turn; **2n** v/t. (ge-, h) sweep (the floor); **j-m den Rücken ~** turn one's back on s.o.

'Kehrselte f reverse; F fig. back(side); **die ~ der Medaille** the other side of the coin.

kehrtmachen ['ke:rt-] v/i. (sep., -ge-, h) turn back.

keifen ['kaifən] v/i. (ge-, h) scold, nag.

Keil [kail] m (-[e]s/-e) wedge; gusset; **~e** F f (-/no pl.) thrashing, hiding; **~er** zo. m (-s/-) wild boar; **~erei** F f (-/-en) brawl, fight; **2förmig** adj. wedgeshaped, cuneiform; **~kissen** n wedgeshaped bolster; **~riemen** ⚙ m V-belt.

Keim [kaim] m (-[e]s/-e) biol., 🌱 germ; bud; sprout; fig. seeds; **im ~ ersticken** fig. nip in the bud; **2en** v/i. (ge-, h) germinate; sprout, fig. burgeon; **2frei** adj. sterile; **2tötend** adj. germicidal; **~zelle** f germ cell; fig. seed(bed), origin.

kein indef. pron. **1.** as adj.: **~(e)** no, not any; **~ anderer** no one else; **~(e) ... mehr** not any more ...; **2e (viel Geld** Zeit) **mehr** no money (time) left; **~ Kind mehr** no longer a child; **2.** as noun: **~er**, **~e**, **~(e)s** none, no one, nobody; **~er von beiden** neither (of the two); **~er von uns** none of us; **~erlei** adj. ['~ər'lai] no ... of any kind; no ... whatsoever; **~es'falls** adv. by no means, under no circumstances; **~eswegs** adv. ['~əs've:ks] by no means, not in the least; **~mal** adv. not once, not a single time.

Keks [ke:ks] m, n (-[es]/-e) cookie, Brt. biscuit; cracker.

Kelch [kɛlç] m (-[e]s/-e) cup (a. ⚄, fig.), goblet; eccl. chalice.

Kelle ['kɛlə] f (-/-n) scoop, ladle; trowel.

Keller ['kɛlər] m (-s/-) cellar, basement (a. ~geschoß); **~wohnung** f basement (flat).

Kellner ['kɛlnər] m (-s/-) waiter; **~in** f (-/-nen) waitress.

Kelter ['kɛltər] f (-/-n) (wine)press; **2n** v/t. (ge-, h) press (grapes, etc.).

kennen| ['kɛnən] v/t. (irr., ge-, h) know, be acquainted with; **~enlernen** v/t. (sep., -ge-, h) get to know, become acquainted with; meet s.o.; **als ich ihn kennenlernte** when I first met him; **du sollst mich ~!** I'll teach you!; **2er** m (-s/-) expert; connoisseur; **2ermiene** f (-/no pl.): **mit ~** with the air of an expert; **~tlich** adj. ['kɛntlɪç] recognizable (an dat. by); **~ machen** mark; label; **2tnis** f (-/-se) knowledge; **~ nehmen von** take not(ic)e of; **gute ~se in** a good knowledge of; **2wort** n (-[e]s/-er) ⚔, etc. password, code word (both a. computer); in *advertisements*: box (number); '**2zeichen** n mark, sign; *mot.* license (*Brt.* registration) number; '~ **zeichnen** v/t. (**ge-, h**) mark; *fig.* characterize; '**2ziffer** f (index *or* code *or* reference) number.

kentern ⚓ ['kɛntərn] v/i. (**ge-, sein**) capsize, overturn.

Keramik [ke'ra:mɪk] f (**-/-en**) ceramic(s), (piece of) pottery.

Kerbe ['kɛrbə] f (**-/-n**) notch.

Kerker ['kɛrkər] m (**-s/-**) jail, prison; *hist.* dungeon.

Kerl F [kɛrl] m (**-s/-s,** F **-s**) fellow, guy, *esp. Brt.* lad, chap; F *ganzer ~* real man; *feiner ~* great guy; *übler ~* bad character.

Kern [kɛrn] m (**-[e]s/-e**) seed, kernel, stone (*of fruit*), pit (*of cherry, etc.*); ⊗ core (*a. of nuclear reactor*); *phys.* nucleus; *fig.* core, heart, bottom; **~...** *in compounds*: nuclear (*energy, research, physics, weapons, etc.*); '**~fach** n basic (*Brt. appr.* set) subject; *pl. coll.* core curriculum; '**~gehäuse** ⚛ n core; '**2ge'sund** adj. thoroughly healthy, F (as) sound as a bell; '**2ig** adj. full of seeds; *fig.* robust; '**~kraft** f (**-/no pl.**) nuclear power; '**~kraftgegner** m anti-nuclear activist; '**~kraftwerk** n nuclear power station *or* plant; '**2los** adj. seedless; '**~spaltung** f nuclear fission; '**~verschmelzung** f (**-/no pl.**) nuclear fusion.

Kerze ['kɛrtsə] f (**-/-n**) candle; *mot.* spark(ing) plug; *gymnastics:* shoulder stand; '**2nge'rade** adj. and adv. bolt upright.

keß F adj. [kɛs] pert, saucy, jaunty.

Kessel ['kɛsəl] m (**-s/-**) kettle; boiler; tank.

Kette ['kɛtə] f (**-/-n**) chain (*a. fig.*); necklace; *e-e ~ bilden* form a line; '**~n...** *in compounds*: mst chain (*drive, reaction, smoker, etc.*); '**2n** v/t. (**ge-, h**) chain (**an** *acc.* to); '**~nfahrzeug** n tracked vehicle, tank.

Ketzer ['kɛtsər] m (**-s/-**) heretic; **~ei** [~'raɪ] f (**-/-en**) heresy.

keuchen ['kɔʏçən] (**ge-, h**) pant, gasp; '**2husten** ⚕ m whooping cough.

Keule ['kɔʏlə] f (**-/-n**) club; *hist., fig.* (*chemical*) mace; leg (*of lamb, etc.*).

keusch adj. [kɔʏʃ] chaste; '**2heit** f (**-/no pl.**) chastity.

kichern ['kɪçərn] v/i. (**ge-, h**) giggle, titter.

Kicker ['kɪkər] m (**-s/-**) soccer player.

Kiebitz ['ki:bɪts] m (**-es/-e**) zo. lapwing; *fig.* kibitzer.

Kiefer¹ ['ki:fər] m (**-s/-**) jaw(bone).

Kiefer² ⚘ [~] f (**-/-n**) pine, fir.

Kiel [ki:l] m (**-[e]s/-e**) ⚓ keel; '**~flosse** f tail fin; '**~raum** m bilge; '**~wasser** n wake (*a. fig.*).

Kieme zo. ['ki:mə] f (**-/-n**) gill.

Kies [ki:s] m (**-es/-e**) gravel; *sl. money:* dough; '**~el** ['ki:zəl] m (**-s/-**) pebble; '**~weg** m gravel path.

kikeriki int. [kikəri'ki:] cock-a-doodle-doo.

Kilo ['ki:lo] n (**-s/-s**), **~gramm** [kilo'-] n kilogram; **~hertz** [~'hɛrts] n (**-/-**) kilohertz; **~meter** m kilomet|er, *Brt.* -re; **~watt** n kilowatt.

Kimme ['kɪmə] f (**-/-n**) notch; **~ und Korn** sights (*of gun*).

Kind [kɪnt] n (**-[e]s/-er**) child, F kid; baby; *ein ~ erwarten (bekommen)* be expecting (have) a baby; **~er, ~erl** my, my!, oh boy!

Kinder|arzt ['kɪndər²-] m, **~ärztin** ['~²-] f p(a)ediatrician; '**~garten** m kindergarten, nursery school; '**~gärtnerin** f nursery-school *or* kindergarten teacher; '**~geld** n allowance for a dependent; '**~heim** n children's home; '**~hort** m, '**~krippe** f day nursery; '**~lähmung** ⚕ f polio(myelitis); '**2leicht** F adv. mere child's play, as easy as can be; '**2lieb** adj. fond of children; '**2los** adj. childless; '**~mädchen** n nurse(maid); '**~reim** m nursery rhyme; '**~spiel** n children's game; *ein ~ fig.* child's play; '**~stube** fig. f manners, upbringing; '**~wagen** m baby carriage *or* buggy, *Brt.* pram, perambulator; s. *Sportwagen*; '**~zimmer** n children's room, nursery.

Kindes|alter ['kɪndəs²-] n childhood; infancy; '**~beine** pl.: *von ~n an* from early childhood; **~entführung** ['~²-] f kidnap(p)ing; '**~mißhandlung** ⚖ f child abuse.

'**Kind|heit** f (**-/no pl.**) childhood; '**2isch** adj. ['kɪndɪʃ] childish; '**2lich** adj. childlike.

Kinkerlitzchen F ['kɪŋkərlɪtsçən] pl. knickknacks, shenanigans.

Kinn [kɪn] n (**-[e]s/-e**) chin; '**~backe** f, '**~backen** m (**-s/-**) jaw(bone); '**~haken** m *boxing:* hook to the chin, uppercut.

Kino ['ki:no] n (**-s/-s**) cinema, motion pictures, F the pictures, F the movies; movie theater, *esp. Brt.* cinema; '**~besucher** m, **~gänger** ['~gɛŋər] m (**-s/-**) moviegoer, *Brt.* filmgoer; '**~vorstellung** f s. *Filmvorstellung*.

Kiosk ['ki:ɔsk] m (**-[e]s/-e**) newsstand; kiosk; booth, stand, stall.

Kipfel ['kɪpfəl] n (**-s/-**) crescent (roll).

Kippe ['kɪpə] f (**-/-n**) F (*cigarette*) butt, stub; *gymnastics:* spring; *auf der ~ stehen* be uncertain; be touch and go;

er steht auf der ~ it's touch and go with him; *s.* **Müllkippe**; **'2n 1.** *v/i.* (*ge-, sein*) tip *or* topple (over); F fall (over); **2.** *v/t.* (*ge-, h*) tilt, tip over *or* up; dump (*sand, etc.*); pour (*liquid*); F: **e-n ~** have a quick one.

Kirche ['kɪrçə] *f* (*-/-n*) church.

'Kirchen|besuch *m* church attendance; **'~buch** *n* parish register; **'~diener** *m* verger, sexton; **'~gemeinde** *f* parish; **'~jahr** *n* Church *or* ecclesiastical year; **'~lied** *n* hymn; **'~musik** *f* sacred *or* church music; **'~schiff** *arch. n* nave; **'~steuer** *f Brt.* church rate *or* tax; **'~tag** *m* church congress; **'~stuhl** *m* pew.

'Kirch|gang *m* churchgoing; **~gänger** ['~gɛŋər] *m* (*-s/-*) churchgoer; **'~hof** *m* churchyard; **'2lich** *adj.* church, ecclesiastical; **'~turm** *m* steeple; spire; church tower.

Kirsche ['kɪrʃə] *f* (*-/-n*) cherry.

Kissen ['kɪsən] *n* (*-s/-*) pillow; cushion; **'~bezug** *m*, **'~hülle** *f* pillowcase, pillowslip.

Kiste ['kɪstə] *f* (*-e/-n*) box, chest; crate; F *fig.* car: jalopy; *TV set:* box.

Kitsch [kɪtʃ] *m* (*-es/no pl.*) trash, kitsch; (sentimental) slush; **'2ig** *adj.* trashy, shoddy, kitschy; slushy, corny.

Kitt [kɪt] *m* (*-[e]s/-e*) cement; putty.

Kittchen F ['kɪtçən] *n* (*-s/-*) clink.

Kittel ['kɪtəl] *m* (*-s/-*) smock; overall; (*doctor's*) (white) coat.

'kitten *v/t.* (*ge-, h*) cement; putty; F *fig.* patch up.

Kitz|el ['kɪtsəl] *m* (*-s/no pl.*) tickle, *fig. a.* thrill, kick; **'2eln** *v/i. and v/t.* (*ge-, h*) tickle (*j-n am Fuß* s.o.'s foot); **~ler** *anat.* ['kɪtslər] *m* (*-s/-*) clitoris; **'2lig** *adj.* ticklish (*a. fig.*).

kläffen ['klɛfən] *v/i.* (*ge-, h*) yap, yelp.

klaffend *adj.* ['klafənt] gaping (*wound, etc.*); yawning (*chasm, etc.*).

Klage ['klaːgə] *f* (*-/-n*) complaint; lament; ⚖ action, (law)suit; **'2n** (*ge-, h*) **1.** complain (*über acc.* of, about; *bei* to); lament; ⚖ go to court; *gegen j-n ~* sue s.o.; **2.** *v/t.:* *j-m sein Leid ~* pour out one's troubles to s.o.

Kläger ⚖ ['klɛːgər] *m* (*-s/-*) plaintiff.

kläglich *adj.* ['klɛːklɪç] *s.* **jämmerlich**.

klaglos *adv.* ['klaːk-] uncomplainingly.

Klamauk [kla'maʊk] *m* (*-s/no pl.*) racket; *thea., etc.* slapstick.

klamm *adj.* [klam] numb (with cold); *room:* clammy.

Klammer ['klamər] *f* (*-/-n*) ⊙ cramp, clamp; (*hair, paper, etc.*) clip; clothespin (*Brt.* -peg); brace (*for teeth*); ⚡, *print.* bracket(s); **'2n** (*ge-, h*) **1.** *v/t.* fasten *or* clip together; *sich ~ an* (*acc.*) cling to (*a. fig.*); **2.** *v/i. boxing:* clinch.

'klamm'heimlich F *adj. and adv.* secret (-ly), on the q.t.

Klamotten F [kla'mɔtən] *pl.* clothes; things, stuff.

klang [klaŋ] *past of* **klingen**.

Klang [~] *m* (*-[e]s/-e*) sound; tone; clink; ringing (*of bells, etc.*); **'~treue** *f* fidelity; **'2voll** *adj.* sonorous; *fig.* illustrious (*name, etc.*):

Klappe ['klapə] *f* (*-/-n*) flap; hinged lid; *on vehicle:* tailgate; ⊙, ⚕, *anat.* valve; F *mouth:* trap; *halt die ~!* shut up!; **'2n** (*ge-, h*) **1.** *v/t.:* *nach oben ~* lift up, raise; put *or* fold up; *nach unten ~* lower, put down; *es läßt sich (nach hinten) ~* it folds (backward); **2.** *v/i.* clap, clack; *fig.* work, work out (well); *das klappt (prima)* that works (out fine).

Klapper ['klapər] *f* (*-/-n*) rattle; **'2n** *v/i.* (*ge-, h*) clatter, rattle (*mit et. s.th.*); *er klapperte vor Kälte mit den Zähnen* his teeth were chattering with cold; **'~schlange** *zo. f* rattlesnake; **'~storch** F *m the* Stork (who brings babies).

Klapp|fahrrad ['klap-] *n* fold-up bicycle; **'~fenster** *n* top-hung window; **'~messer** *n* clasp-knife, jackknife; **'2rig** *adj. car, etc.:* rattly, ramshackle; *furniture:* rickety; *person:* shaky; **'~sitz** *m* folding *or* tip-up seat; **'~stuhl** *m* folding chair; **'~tisch** *m* folding table.

Klaps [klaps] *m* (*-es/-e*) slap, pat; smack; F: **e-n ~ haben (kriegen)** be (go) nuts; **'~mühle** F *f* nuthouse, loony bin.

klar *adj.* [klaːr] clear (*a. fig.*); *~ zum ...* ready for (*takeoff, etc.*); *ist dir ..., daß ...?* do you realize that ...? *das ist mir (nicht ganz) ~* I (don't quite) understand; F: *das geht ~* that'll be all right, will do!; sure thing!; *(na) ~!* of course!; *alles ~?* everything okay?

Klär|anlage ['klɛːr?-] *f* sewage works; **2en** ['klɛːrən] *v/t.* (*ge-, h*) ⊙ purify; treat (*water, etc.*); *fig.* clear up (*case, etc.*); settle.

'Klarheit *f* (*-/no pl.*) clearness; *fig. a.* clarity.

Klarinette ♪ [klari'nɛtə] *f* (*-/-n*) clarinet.

'klar|kommen F *v/i.* (*irr.* **kommen**, *sep.,* *-ge-, sein*) get by, manage; get along (*mit* with s.o.); **'~legen** *v/t.* (*sep., -ge-, h*), **'~machen** *v/t.* (*sep., -ge-, h*) make s.th. clear, point out; **'2sicht ... in compounds:** transparent ...; **'~stellen** *v/t.* (*sep., -ge-, h*) get s.th. straight, make s.th. clear.

Klasse ['klasə] *f* (*-/-n*) class (*a. pol.*); *school: a.* grade, *Brt. a.* form; classroom; F super, fantastic; *erster (zweiter) ~* (*travel*) first (second) (class).

Klassen|arbeit ['klasən?-] f (classroom) test; **~ausflug** ['-ʔ-] m (class) field trip, Brt. outing; **'~buch** (teacher's) class book, Brt. (class) register; **'~kamerad** m classmate; **'~lehrer(in)** m (f) class teacher, homeroom teacher, Brt. a. form master (mistress); **'~sprecher** m class president (Brt. representative), Brt. a. form captain; **'~treffen** n class reunion; **'~zimmer** n classroom.

klassifizier|en [klasifi'tsi:rən] v/t. (no ge-, h) classify; **2ung** f (-/-en) classification.

Klassi|k ['klasɪk] f (-/no pl.) classical period; **'~ker** m (-s/-) classic; **'2sch** adj. classic(al).

Klatsch ♪ fig. [klatʃ] m (-es/no pl.), **'~base** f gossip; **'2en** v/i. and v/t. (ge-, h) clap, applaud; F slap or bang s.th. (an, auf acc. against, on); splash (on, into); F fig. gossip; **in die Hände ~** clap one's hands; **'2haft** adj. gossipy; **'~maul** F n (old) gossip; **'2naß** F adj. soaking wet.

klauben Aust. ['klaubən] v/t. (ge-, h) pick; gather.

Klaue ['klauə] f (-/-n) claw; F fig. scrawl; **in j-s ~n** fig. in s.o.'s clutches.

klauen F ['klauən] v/t. (ge-, h) pinch, lift, steal (a. fig.).

Klausel ⅜⅜ ['klauzəl] f (-/-n) clause; condition.

Klausur [klau'zu:r] f (-/-en) test (paper), exam(ination); seclusion (no pl.).

Klaviatur [klavia'tu:r] f (-/-en) keyboard.

Klavier ♪ [kla'vi:r] n (-s/-e) piano; **~ spielen (können)** play the piano; **~auszug** ♪ [-ʔ-] m piano score; **~konzert** n piano concerto; piano recital.

Klebeband ['kle:bə-] n adhesive tape.

kleb|en ['kle:bən] (ge-, h) 1. v/t. glue, paste, stick (all: an acc. to); F **j-m e-e ~** slap s.o.('s face), hit s.o.; 2. v/i. stick, cling (an dat. to) (a. fig.); be sticky; **'2er** m (-s/-) adhesive; **2streifen** ['kle:p-] m adhesive tape; **'~rig** adj. ['kle:brɪç] sticky; **2stoff** ['kle:p-] m adhesive; glue.

kleck|ern F ['klɛkərn] (ge-) 1. v/i. (h) make a mess; (sein) spill, drip (down); 2. v/t. (h) spill.

Klecks F [klɛks] m (-es/-e) (ink)blot; blob; **'2en** F v/i. (ge-, h) blot, make blots.

Klee ♀ [kle:] m (-s/no pl.) clover; **'~blatt** n cloverleaf; (Irish) shamrock.

Kleid [klaɪt] n (-es/-er) dress; **~er** pl. clothes; **2en** ['-dən] v/t. (ge-, h) dress, clothe; **j-n gut ~** suit or become s.o.; **sich (gut) ~** dress (well).

Kleider|bügel ['klaɪdər-] m (coat) hang-er; **'~bürste** f clothes brush; **'~haken** m (clothes) hook or peg; **'~schrank** m wardrobe; **'~ständer** m hat (and coat) stand; **'~stoff** m dress material.

kleidsam adj. ['klaɪt-] becoming.

Kleidung ['klaɪduŋ] f (-/no pl.) clothes, clothing; **'~sstück** n article of clothing, garment.

Kiele ['kli:ə] f (-/-n) bran.

klein adj. [klaɪn] small, little (a. finger, brother, etc.); of s.o.'s height: short; **~ere** minor (sum, etc.), slight (injury, etc.); **von ~ auf** from an early age; **ein ~ wenig** a little bit; **groß und ~** young and old; **der (die) 2e** the little boy (girl); **die 2en** the little ones; short people; **mein 2es, m-e 2e** darling; **he, 2er** hey, Shorty!; **2anzeige** ['-ʔ-] f classified ad; **2arbeit** ['-ʔ-] f (-/no pl.) detailed work; details; **'2bildkamera** f 35 mm camera; **'~bürgerlich** adj. lower middle-class; petit-bourgeois; **'~familie** f nuclear family; **'2geld** n (small) change; fig. cash; **'2hirn** anat. n cerebellum; **'2holz** chopped (fire)wood; fig. (make) mincemeat (of s.o.); **'2igkeit** f (-/-en) little thing, trifle; gift: little something; **e-e ~** nothing, child's play; **'2kind** n infant; **'2kram** F m odds and ends; **'~laut** adj. subdued; **'~lich** adj. narrow-minded; mean, stingy; pedantic, fussy; **2od** ['klaɪno:t] n (-[e]s/-ien) jewel, gem; **'~schneiden** v/t. (irr. schneiden, sep., -ge-, h) cut into small pieces; **~st** [klaɪnst] smallest (a. in compounds: possible, etc.); **2...** in compounds: mini(ature) ...; **'2stadt** f small town; **'~städtisch** adj. small-town, provincial; **'2wagen** m (sub)compact car, Brt. mini, runabout.

Kleister ['klaɪstər] m (-s/-) paste; **'2n** v/t. (ge-, h) paste.

Klemme ['klɛmə] f (-/-n) ⊙ clamp; ⚡ terminal; bobby pin, Brt. hairgrip; F **in der ~ sitzen** be in a jam or fix or tight spot; **'2n** v/i. and v/t. (ge-, h) jam, squeeze; stick; door, etc.: be stuck or jammed; **sich ~** jam one's finger or hand; squeeze o.s. (in acc. into); stick; **~ hinter** (acc.) fig. get down to (one's work, etc.).

Klempner ['klɛmpnər] m (-s/-) plumber.

Klerus ['kle:rus] m (-/no pl.) clergy.

Klette ['klɛtə] f (-/-n) ♀ bur(r); fig. leech.

Kletter|gerät ['klɛtər-] n jungle gym, Brt. climbing frame; mount. climbing equipment; **'2n** v/i. (ge-, sein) climb (auf e-n Baum [up] a tree); **'~pflanze** f climber.

Klient [kli'ɛnt] m (-en(-en) client.

Klima ['kli:ma] n (-s/-s, -te) climate; fig. a. atmosphere; **~anlage** ['-ʔ-] f air-conditioning (system); **2tisch** adj. [kli-'ma:tɪʃ] climatic; **2tisieren** [klimati'zi:-rən] v/t. (no -ge-, h) air-condition.

Klimbim F [klɪm'bɪm] m (-s/no pl.) junk; fuss, to-do; **der ganze ~** the whole kit and caboodle.

Klimmzug ['klɪm-] m chin-up.

klimpern ['klɪmpərn] v/i. (ge-, h) jingle, chink (mit et. s.th.); ♪ F strum (away) (auf dat. on).

Klinge ['klɪŋə] f (-/-n) blade.

Klingel ['klɪŋəl] f (-/-n) bell; **~beutel** eccl. m collection or offering bag; **~knopf** m bell push; **2n** v/i. (ge-, h) ring (the bell); **es klingelt** the (door)bell is ringing.

klingen ['klɪŋən] v/i. (irr., ge-, h) sound; bell, metal, etc.: ring; glasses, etc.: clink.

Klinik ['kli:nɪk] f (-/-en) hospital, clinic; **2sch** adj. clinical.

Klinke ['klɪŋkə] f (-/-n) (door) handle.

Klippe ['klɪpə] f (-/-n) cliff, rock(s); fig. obstacle.

klirren ['klɪrən] v/i. (ge-, h) window, chain, etc.: rattle; glasses, etc.: clink; broken glass, etc.: tinkle; metal, etc.: clash, clatter; coins, keys, etc.: jingle.

Klischee fig. [klɪ'ʃe:] n (-s/-s) cliché.

Klo F [klo:] n (-s/-s) john, toilet, Brt. loo; for compounds s. **Klosett**.

Kloake [klo'a:kə] f (-/-n) sewer, cesspool; zo. cloaca.

klobig adj. ['klo:bɪç] bulky, clumsy (a. fig.).

klopfen ['klɔpfən] (ge-, h) 1. v/i. heart, pulse: beat; throb; knock (an door, etc.); tap (on shoulder, etc.); pat; **es klopft** there's a knock at the door; 2. v/t. beat; knock, drive (nail, etc.).

Klöppel ['klœpəl] m (-s/-) clapper (of bell, etc.); **2n** v/i. (ge-, h) make bobbin lace.

Klops [klɔps] m (-es/-e) meatball.

Klosett [klo'zɛt] n (-s/-s) toilet; **~brille** f toilet seat; **~papier** n toilet paper.

Kloß [klo:s] m (-es/-e) clod, lump (a. fig. in one's throat); dumpling.

Kloster ['klo:stər] n (-s/-) monastery; convent.

Klotz [klɔts] m (-es/-e) block; log; F: **j-m ein ~ am Bein sein** be a drag on s.o.

Klub [klʊp] m (-s/-s) club; **~sessel** m lounge chair.

Kluft [klʊft] f (-/-e) gap (a. fig.); abyss.

klug adj. [klu:k] intelligent, clever, F bright, smart; wise (decision, etc.); **daraus (aus ihm) werde ich nicht ~** I don't know what to make of it (him); s. **Schaden**; **2heit** f (-/no pl.) intelligence, cleverness, F brains; good sense; knowledge.

Klump|en ['klʊmpən] m (-s/-) lump; clod (of earth, etc.); (gold, etc.) nugget; **~fuß** m clubfoot; **2ig** adj. lumpy, cloddish.

knabbern ['knabərn] v/t. and v./i. (ge-, h) nibble, gnaw.

Knabe lit. ['kna:bə] m (-n/-n) boy; **2n-haft** adj. boyish.

knack int. [knak] crack, snap.

Knäckebrot ['knɛkə-] n crispbread.

knacken v/t. and v/i. (ge-, h) crack (a. fig. code, safe, etc.); twig, etc.: snap; fire, radio, etc.: crackle; **an et. zu ~ haben** have s.th. to chew on.

Knackpunkt F m sticking point.

Knacks [knaks] m (-es/-e) crack; F defect; **e-n ~ bekommen** be (badly) shaken; crack up.

Knall [knal] m (-[e]s/-e) bang; shot, etc.: a. crack, report; crack (of whip, etc.); pop (of cork); F: **e-n ~ haben** be nuts; **~ und Fall** suddenly without warning, slam-bang; **~bonbon** m, n (party) cracker; **~effekt** fig. ['~ʔ-] m sensation, bomb(shell); **2en** v/i. and v/t. (ge-, h) bang; door, etc.: slam; crack; pop; F crash (gegen into); F **j-m e-e ~** slap s.o.('s face); **2hart** F adj. hard(-hitting or -line), tough; **2ig** F adj. colo(u)rs, etc.: loud, flashy; **~körper** m firecracker; **2rot** F adj. glaring red; face: scarlet.

knapp adj. [knap] scarce; food, pay, etc.: scanty, meag(e)r, Brt. -re; bare (majority, etc.); time, resource, etc.: limited; victory, escape: narrow, bare; dress, etc.: tight; information, note, etc.: brief; **e-e ~e Stunde (Meile)** barely or just an hour (a mile); **~ an Geld (Zeit** etc.) short of money (time, etc.); **mit ~er Not** only just, barely; **2e ⚔ ~m** (-/-n) miner; **~halten** v/t. (irr. halten, sep., -ge-, h) keep s.o. short; **2heit** f (-/no pl.) scarcity, shortage.

Knarre ['knarə] f (-/-n) rattle; F gun; **2n** v/i. (ge-, h) creak.

Knast F [knast] m (-[e]s/no pl.) clink, jail; **~bruder** F m jailbird.

knattern ['knatərn] v/i. (ge-, h) crackle; mot. roar.

Knäuel ['knɔʏəl] m, n (-s/-) ball (of wool, etc.); confused: tangle.

Knauf [knauf] m (-[e]s/-e) knob; pommel (of sword).

knaus(e)rig F adj. ['knauzə(ə)rɪç] stingy.

knautsch|en ['knautʃən] v/t. and v/i. (ge-, h) crumple, crease; **2zone** mot. f crumple zone (designed to absorb impact).

Knebel ['kne:bəl] m (-s/-), **2n** v/t. (ge-, h) gag (a fig.).

Knecht [knɛçt] m (-[e]s/-e) farmhand; fig. slave; **~schaft** f (-/no pl.) slavery.

kneif|en ['knaɪfən] v/t. and v/i. (irr., ge-, h) pinch (j-m in den Arm s.o.'s arm); F fig. chicken out; '2zange f pincers.

Kneipe F ['knaɪpə] f (-/-n) saloon, bar, esp. Brt. pub.

knet|en ['kne:tən] v/t. (ge-, h) knead; mo(u)ld; '2gummi ['kne:t-] m, n, '2masse f pla(y)-dough, Brt. plasticine.

Knick [knɪk] m (-[e]s/-e) fold, crease; bend (in road, etc.); '2en v/t. (ge-, h) fold, crease; bend; break (twig); nicht ~! do not bend!; s. geknickt.

Knicks [knɪks] m (-es/-e) curtsy; e-n ~ machen = '2en v/i. (ge-, h) (drop a) curtsy (vor dat. to).

Knie [kni:] n (-s/-) knee; auf die ~ fallen go down on one's knees; '~fall m prostration; genuflection; '2frei adj. fashion: above-the-knee; '~kehle f hollow of the knee; 2n v/i. (ge-, h) kneel, be on one's knees (vor dat. before); '~scheibe f kneecap; '~schützer ['~ʃytsər] m (-s/-) sports: kneepad; '~strumpf m knee(-length) sock.

kniff [knɪf] past of kneifen.

Kniff [~] m (-[e]s/-e) crease, fold; pinch; fig. trick, knack; 2(e)lig adj. ['~(e)lɪç] tricky, ticklish.

knipsen ['knɪpsən] v/t. and v/i. (ge-, h) F phot. take a picture (of); punch, clip (ticket, etc.); snap (one's fingers); s. anknipsen.

Knirps F [knɪrps] m (-es/-e) little guy; contp. shrimp; fig. s. Taschenschirm.

knirschen ['knɪrʃən] v/i. (ge-, h) crunch; mit den Zähnen ~ grind or gnash one's teeth.

knistern ['knɪstərn] v/i. (ge-, h) crackle; paper, etc.: rustle.

knittern ['knɪtərn] v/t. and v/i. (ge-, h) crumple, crease, wrinkle.

knobeln ['kno:bəln] v/i. (ge-, h) play dice; F ~ an (dat.) puzzle over s.th.

Knoblauch ['kno:plaʊx] m (-[e]s/no pl.) garlic; '~zehe f clove of garlic.

Knöchel ['knœçəl] m (-s/-) ankle; knuckle.

Knoch|en ['knɔxən] m (-s/-) bone; Fleisch mit (ohne) ~ meat on (off) the bone; '~enbruch m fracture; '2ig adj. bony.

Knödel ['knø:dəl] m (-s/-) dumpling.

Knolle ['knɔlə] f (-/-n) tuber; bulb; '~nnase f bulbous nose.

Knopf [knɔpf] m (-[e]s/-e) button.

knöpfen ['knœpfən] v/t. (ge-, h) button. 'Knopfloch n buttonhole.

Knorpel ['knɔrpəl] m (-s/-) gristle; anat. cartilage.

knorrig adj. ['knɔrɪç] gnarled, knotted.

Knospe ['knɔspə] f (-/-n), '2n v/i. (ge-, h) bud.

knoten ['kno:tən] v/t. (ge-, h) knot, make a knot in.

Knoten [~] m (-s/-) knot (a. fig., ♪); '~punkt m center|er, Brt. -re; ⚭ junction.

knüllen ['knʏlən] v/t. and v/i. (ge-, h) crumple, crease.

'Knüller F m (-s/-) smash (hit); press: scoop.

knüpfen ['knʏpfən] v/t. (ge-, h) tie; knot; make, weave (rug, etc.); fig. attach (an acc. to).

Knüppel ['knʏpəl] m (-s/-) stick, cudgel; billy (club), Brt. truncheon; '~schaltung mot. f floor (gear) shift, stick shift.

knurren ['knʊrən] v/i. (ge-, h) growl, snarl; fig. grumble (über acc. at, about); stomach: rumble.

knusp(e)rig adj. ['knʊsp(ə)rɪç] crisp, crunchy.

knutsch|en F ['knu:tʃən] v/i. (ge-, h) pet, neck, smooch; '2fleck F m hickey, Brt. love bite.

k.o. adj. (pred.) [ka:'ʔo:] knocked out; fig. beat, worn out.

Koalition pol. [ko°ali'tsio:n] f (-/-en) coalition.

Kobold ['ko:bɔlt] m (-[e]s/-e) (hob)-goblin, imp (a. fig.).

Koch [kɔx] m (-[e]s/-e) cook; chef; '~buch n cookbook, Brt. a. cookery book; '2en v/t. (ge-, h) boil (water, eggs, etc.); make (tea, coffee, etc.); wash in hot water; 2. v/i. cook, do the cooking; liquid: boil (a. fig.); gut ~ be a good cook; vor Wut ~ boil with rage; '2end|heiß adj. boiling hot; '~er m (-s/-) cooker.

Köcher ['kœçər] m (-s/-) quiver.

Köchin ['kœçɪn] f (-/-nen) cook.

'Koch|löffel m (wooden) spoon; '~nische f kitchenette; '~platte f hotplate; '~salz n (common) table salt; '~topf m saucepan, pot.

Köder ['kø:dər] m (-s/-) bait (a. fig.), lure; '2n v/t. (ge-, h) bait, decoy (both a. fig.).

Kodex ['ko:dɛks] m (-es, -/-e, Kodizes) code.

Koffein [kɔfe'i:n] m (-s/no pl.) caffeine; 2frei adj. decaffeinated.

Koffer ['kɔfər] m (-s/-) (suit)case; trunk; '~kuli ⚏ m luggage cart (Brt. trolley); '~radio n portable (radio); '~raum mot. m trunk, Brt. boot.

Kognak ['kɔnjak] m (-s/-s) cognac; F (any) brandy.

Kohl ['ko:l] m (-[e]s/-e) cabbage.

Kohle ['ko:lə] f (-/-n) coal; ♪, ⚡ carbon; F money: dough; '~hydrat [~hydra:t] n (-[e]s/-e) carbohydrate.

'Kohlen... ♪ in compounds: carbon (dioxide, etc.); '~bergwerk n coal mine; ~ofen ['~?-] m coal-burning stove; '~säure f ⚗ carbonic acid; in drinks: fizz; 2säurehaltig adj. carbonated, fizzy, sparkling; '~stoff ⚗ m (-[e]s/no pl.) carbon; ~'wasserstoff ⚗ m hydrocarbon.

'Kohle|papier n carbon (paper); '~zeichnung f charcoal drawing.

'Kohl|kopf ♀ m (head of) cabbage; ~rabi ♀ [~'ra:bi] m (-[s]/-[s]) kohlrabi.

Koje ⚓ ['ko:jə] f (-/-n) berth, bunk.

Kokain [koka'i:n] n (-s/no pl.) cocaine.

kokett adj. [ko'kɛt] coquettish; ~ieren [~'ti:rən] v/i. (no ge-, h) flirt; fig. toy (with idea, etc.).

Kokosnuß ♀ ['ko:kos-] f coconut.

Koks [ko:ks] m (-es/-e) (gas) coke; F (no pl.) money: dough; sl. cocaine: coke, snow.

Kolben ['kɔlbən] m (-s/-) (rifle, etc.) butt; ⊙ piston; '~stange f piston rod.

Kolchose [kɔl'çoːzə] f (-/-n) collective farm.

Kolibri zo. ['ko:libri] f (-s/-s) humming-bird.

Kolik ♀ ['ko:lik, ko'li:k] f (-/-en) colic.

Kolleg [kɔ'le:k] n (-s/-s, -ien) univ. course (of lectures); special secondary school for adults; s. Fachschule; ~e [kɔ'le:gə] m (-n/-n), ~in [~'le:gin] f (-/-nen) fellow worker (teacher, doctor, etc.), colleague; ~ium [~'le:giʊm] n (-s/Kollegien) teaching staff, faculty.

Kollekt|e eccl. [kɔ'lɛktə] f (-/-n) collection; ~ion econ. [~'tsio:n] f (-/-en) (fashion designer's, etc.) collection; range (of articles); ~iv [~'ti:f] n (-s/-e), 2iv adj. [~] collective (a. in compounds).

Koller f fig. ['kɔlər] m (-s/-) fit; rage.

kollidieren [kɔli'di:rən] v/i. (no ge-, sein) collide; fig. a. clash.

Kollier [kɔ'lie:] n (-s/-s) necklace.

Kollision [kɔli'zio:n] f (-/-en) collision; fig. a. clash, conflict.

Kölnischwasser [kœlnif'-] n (eau de) cologne.

Kolonialwaren [kolo'nia:l-] pl. s. Lebensmittel.

Kolonie [kolo'ni:] f (-/-n) colony; 2sieren [~ni'zi:rən] v/i. (no ge-, h) colonize; ~sierung f (-/no pl.) colonization.

Kolonne [ko'lɔnə] f (-/-n) line, row, Brt. a. queue; column (a. & of figures, ✕ of soldiers); convoy (a. ✕, of trucks, etc.); gang, crew (of workers).

Koloß [ko'lɔs] m (-losses/-losse) colossus; fig. a. giant (of a man).

kolossal adj. [kolo'sa:l] colossal, enormous (a. fig.).

Kolpor|tage [kɔlpor'ta:ʒə] f (-/-n) trashy or sensational book or report; 2'tieren

v/t. (no ge-, h) peddle, spread (rumo[u]rs, etc.).

Kombi mot. ['kɔmbi] m (-s/-s) estate (car); ~nation [~na'tsio:n] f combination; set (of clothes); overalls, coverall(s), jumpsuit; soccer, etc.: combined move; 2nieren [~'ni:rən] (no ge-, h) 1. v/t. combine; 2. v/i. reason.

Kombüse ⚓ [kɔm'by:zə] f (-/-n) galley, caboose.

Komet ast. [ko'me:t] m (-en/-en) comet.

Komfort [kɔm'fo:r] m (-s/no pl.) luxury; (modern) conveniences or amenities; 2abel adj. [~ɔr'ta:bəl] luxurious; well-appointed.

Komik ['ko:mik] f (-/no pl.) humo(u)r; comic effect; '~er(in) m (f) (-s[-]/ -[-nen]) comedian; comedienne.

komisch adj. ['ko:mif] comic(al), funny; fig. funny, strange, odd.

Komitee [komi'te:] n (-s/-s) committee.

Komma ['kɔma] n (-s/-s, -ta) comma; & decimal point; sechs ~ vier six point four.

Kommand|ant ✕ [kɔman'dant] m (-en/ -en), ~eur ✕ [~'dø:r] m (-s/-e) commander, commanding officer; 2ieren [~'di:rən] v/i. and v/t. (no ge-, h) (be in) command (of).

Kommando [kɔ'mando] n (-s/-s) command; order; ✕ a. commando; ~brücke ⚓ f (navigating) bridge.

kommen ['kɔmən] v/i. (irr., ge-, sein) come; arrive; get (somewhere, etc.); reach (bis as far as, to); zu spät ~ be late; weit ~ get far; zur Schule ~ start school; ins Gefängnis ~ go to jail; lassen send for, call s.o.; order s.th.; ~ auf (acc.) think of, hit upon; remember; hinter et. ~ find s.th. out; um et. ~ lose s.th.; miss s.th.; zu et. ~ come by s.th.; wieder zu sich ~ come round or to; wohin kommt ...? where does ... go?; daher kommt es, daß that's why; woher kommt es, daß ...? why is it that ...?, F how come ...?

Kommen|tar [kɔmɛn'ta:r] m (-s/-e) comment(ary); ~ator [~'ta:tor] m (-s/-en) commentator; 2ieren [~'ti:rən] v/t. (no ge-, h) comment (on).

kommerziell adj. [kɔmɛr'tsiel] commercial.

Kommilitone univ. [kɔmili'to:nə] m (-n/-n) fellow student.

Kommissar [kɔmɪ'sa:r] m (-s/-e) commissioner; police: captain, Brt. superintendent.

Kommission [kɔmɪ'sio:n] f (-/-en) committee.

Kommode [kɔ'mo:də] f (-/-n) chest (of drawers), bureau.

Kommun|al... [kɔmu'na:l-] in com-

pounds: local (*politics, etc.*); ~e [ʌ'muːnə] *f* (*-/-n*) commune; *s.* **Gemeinde**; ~kation [ika'tsioːn] *f* (*-/-en*) communication; ~ion *eccl.* [ʌ'nioːn] *f* (*-/-en*) (Holy) Communion; ~ismus [ʌ'nɪsmʊs] *m* (*-/no pl.*) communism; ~ist *m* (*-en/-en*), 2istisch *adj.* communist; 2izieren [ʌi'tsiːrən] *v/i.* (*no ge-, h*) communicate.

Komödie [ko'møːdiə] *f* (*-/-n*) comedy; ~ spielen put on an act.

Kompagnon *econ.* ['kɔmpanjɔŋ] *m* (*-s/-s*) (business) partner, associate.

Kompanie ⚔ [kɔmpa'niː] *f* (*-/-n*) company.

Komparse [kɔm'parzə] *m* (*-n/-n*) *s.* **Statist.**

Kompaß ['kɔmpas] *m* (*-passes/-passe*) compass.

kompatibel *adj.* [kɔmpa'tiːbəl] compatible (*a. computer*).

Kompetenz [kɔmpe'tɛnts] *f* (*-/-en*) competence; authority; ⚖ *mst* jurisdiction.

komplett *adj.* [kɔm'plɛt] complete.

Komplex [kɔm'plɛks] *m* (*-es/-e*) complex (*a. psych.*).

Kompliment [kɔmpli'mɛnt] compliment; *j-m ein* ~ *machen* pay s.o. a compliment.

Komplize [kɔm'pliːtsə] *m* (*-n/-n*) accomplice.

komplizier|en [kɔmpli'tsiːrən] *v/t.* (*no ge-, h*) complicate; ~t *adj.* complicated, complex; ~er Bruch ⚕ compound fracture.

Komplott [kɔm'plɔt] *n* (*-[e]s/-e*) plot, conspiracy.

kompo|nieren ♪ [kɔmpo'niːrən] *v/t. and v/i.* (*no ge-, h*) compose; write (*song, etc.*); 2'nist *m* (*-en/-en*) composer; 2sition [ʌzi'tsioːn] *f* (*-/-en*) composition.

Kompost ⚘ [kɔm'pɔst] *m* (*-es/-e*) compost.

Kompott [kɔm'pɔt] *n* (*-[e]s/-e*) compote, stewed fruit, (*apple, etc.*) sauce.

komprimieren [kɔmpri'miːrən] *v/t.* (*no ge-, h*) compress.

Kompromiß [kɔmpro'mɪs] *m* (*-misses/-misse*) compromise; 2los *adj.* uncompromising; 2ttieren [ʌ'tiːrən] *v/t.* (*no ge-, h*) compromise s.o.

Kondens|ator [kɔndɛn'zaːtɔr] *m* (*-s/-en*) 𝄢 capacitor; ⊙ condenser; 2ieren [ʌ'ziːrən] *v/t.* (*no ge-, h*) condense.

Kondens|milch [kɔn'dɛns-] *f* condensed milk; ~streifen ✈ *m* condensation or vapo(u)r trail; ~wasser *n* condensation water.

Kondition [kɔndi'tsioːn] *f* (*-/-en*) condition; *sports*: a. shape, form; *gute* ~ (great) stamina; 2al *gr. adj.* [ʌo'naːl]

conditional; ~straining *n* fitness training.

Konditor [kɔn'diːtɔr] *m* (*-s/-en*) confectioner, pastry cook; ~ei [ʌito'raɪ] *f* (*-/-en*) confectionery; café, tearoom; ~eiwaren *pl.* confectionery.

Kondom ⚕ [kɔn'doːm] *n, m* (*-s/-e*) condom.

Kondukteur *Swiss* [kɔnduk'tøːr] *m* (*-s/-e*) *s.* **Schaffner.**

Konfekt [kɔn'fɛkt] *n* (*-[e]s/-e*) sweets, (soft) candy, chocolates.

Konfektion [kɔnfɛk'tsioːn] *f* (*-/-en*) ready-made clothing; ~s... *in compounds*: ready-made ...

Konferenz [kɔnfe'rɛnts] *f* (*-/-en*) conference.

Konfession [kɔnfɛ'sioːn] *f* (*-/-en*) religion, denomination; 2ell *adj.* [ʌo'nɛl] confessional, denominational; ~sschule [ʌ'sioːns-] *f* denominational school.

Konfirm|and *eccl.* [kɔnfɪr'mant] *m* (*-en/-en*) candidate for confirmation; ~ation [ʌ'tsioːn] *f* (*-/-en*) confirmation; 2ieren [ʌ'miːrən] *v/t.* (*no ge-, h*) confirm.

konfiszieren ⚖ [kɔnfɪs'tsiːrən] *v/t.* (*no ge-, h*) confiscate, seize.

Konfitüre [kɔnfi'tyːrə] *f* (*-/-n*) preserve(s), jam.

Konflikt [kɔn'flɪkt] *m* (*-[e]s/-e*) conflict.

konfrontieren [kɔnfrɔn'tiːrən] *v/t.* (*no ge-, h*) confront (*mit* with).

konfus *adj.* [kɔn'fuːs] confused, mixed-up; muddled.

Kongreß [kɔn'grɛs] *m* (*-gresses/-gresse*) congress, conference, convention.

König ['køːnɪç] *m* (*-s/-e*) king; ~in ['ʌɪgɪn] *f* (*-/-nen*) queen; 2lich *adj.* ['ʌk-] royal; ~reich ['ʌk-] *n* kingdom.

Konjug|ation *gr.* [kɔnjuga'tsioːn] *f* (*-/-en*) conjugation; 2ieren [ʌ'giːrən] *v/t.* (*no ge-, h*) conjugate.

Konjunkt|ion *ling.* [kɔnjʊŋk'tsioːn] *f* (*-/-en*) conjunction; ~iv *gr.* ['ʌːtiːf] *m* (*-s/-e*) subjunctive (mood); ~ur *econ.* [ʌ'tuːr] *f* (*-/-en*) economic situation.

konkret *adj.* [kɔn'kreːt] concrete.

Konkurrent [kɔnkʊ'rɛnt] *m* (*-en/-en*) competitor, rival.

Konkurrenz [kɔnkʊ'rɛnts] *f* (*-/-en*) competition; *sports, etc.*: a. event, contest; *die* ~ *econ.* (*no pl.*) one's competitor(s); *außer* ~ not competing; *s.* **konkurrenzlos;** 2fähig *adj.* competitive; ~kampf *m* competition; 2los *adj.* without competition, unrival(l)ed.

konkur'rieren *v/i.* (*no ge-, h*) compete (*mit* with; *um* for).

Konkurs *econ.,* ⚖ [kɔn'kurs] *m* (*-es/-e*)

bankruptcy; *in ~ gehen* go bankrupt; **~masse** ⚖ *f* bankrupt company's assets.

können¹ ['kœnən] (*irr.*) *v/aux.* (*no ge-, h*), *v/t. and v/i.* (*ge-, h*) can, be able to; may, be allowed to; know (how to); understand, speak (*language, etc.*); *kann ich ...?* can *or* may I ...?; *du kannst nicht* you cannot *or* can't; *(nicht) hinein etc. ~* (not) be able *or* allowed to get inside, *etc.*; *ich kann nicht mehr* I can't go on; I can't manage *or* eat any more; *es kann sein* it may be; *ich kann nichts dafür* it's not my fault; F *(es) mit j-m (gut) ~* get along (well) with s.o., know how to handle s.o.; F: *du kannst mich mal!* go to hell!

können² [~] *p.p. of können¹* (*v/aux.*).

Könn|en [~] *n* (*-s/no pl.*) ability, skill; **'~er** *m* (*-s/-*) master, expert; *esp. sports*: ace, crack.

konnte ['kɔntə] *past of können¹*.

konsequen|t *adj.* [kɔnze'kvɛnt] consistent; **2z** [~ts] *f* (*-/-en*) *of behavio(u)r, etc.*: consistency; *result*: consequence; *die ~en ziehen* draw one's conclusions (*aus* from); *fig.* act accordingly, do what one has to do.

konservativ *adj.* ['kɔnzɛrvatiːf] conservative.

Konserven [kɔn'zɛrvən] *pl.* canned (*Brt. a.* tinned) foods; **~büchse** *f*, **~dose** *f* can, *Brt. a.* tin; **~fabrik** *f* cannery, *Brt.* canning factory.

konservier|en [kɔnzɛr'viːrən] *v/t.* (*no ge-, h*) preserve; **2ungsstoff** *m* preservative.

Konsonant *gr.* [kɔnzo'nant] *m* (*-en/-en*) consonant.

konstant *adj.* [kɔn'stant] constant; *amount, etc.*: fixed.

konstruieren [kɔnstru'iːrən] *v/t.* (*no ge-, h*) construct; design.

Konstruk|teur ⚙ [kɔnstruk'tøːr] *m* (*-s/-e*) designer; **~tion** ⚙ [~'tsioːn] *f* (*-/-en*) construction; **~'tionsfehler** ⚙ *m* construction(al) defect.

Konsul *pol.* ['kɔnzʊl] *m* (*-s/-n*) consul; **~at** *pol.* [~u'laːt] *n* (*-[e]s/-e*) consulate; **2tieren** [~'tiːrən] *v/t.* (*no ge-, h*) consult.

Konsum¹ [kɔn'zuːm] *m* (*-s/no pl.*) consumption.

Konsum² *econ.* ['kɔnzum] *m* (*-s/-s*) cooperative (society *or* store), F co-op; **~ent** [~u'mɛnt] *m* (*-en/-en*) consumer; **2ieren** [~u'miːrən] *v/t.* (*no ge-, h*) consume.

Kontakt [kɔn'takt] *m* (*-[e]s/-e*) contact (*a. ⚡*); **~ aufnehmen** get in touch; **~ haben** *or* **in ~ stehen mit** be in contact

or touch with; **~ verlieren** lose touch; **2freudig** *adj.* sociable; **~ sein** be a good mixer; **~linsen** *opt. pl.* contact lenses.

Konter ['kɔntər] *m* (*-s/-*) counter (*a. sports and in compounds*: -revolution, *etc.*); **'2n** *v/i.* (*ge-, h*) counter (*a. fig.*).

Kontinent ['kɔntinɛnt] *m* (*-[e]s/-e*) continent; (*European*) Continent.

Konto *econ.* ['kɔnto] *n* (*-s/-ten, -ti, -s*) account; **~auszug** ['~ʔ-] *m* statement of account.

Kontor [kɔn'toːr] *n* (*-s/-e*) (branch) office.

'Kontostand *econ. m* balance (of account).

kontra *prp.* (*acc.*) *and adv.* ['kɔntra] against; versus; *s. Pro*; **2hent** [~'hɛnt] *m* (*-en/-en*) opponent, rival; **2punkt** ♪ *m* (*-[e]s/no pl.*) counterpoint.

konträr *adj.* [kɔn'trɛːr] contrary, opposite.

Kontrast [kɔn'trast] *m* (*-[e]s/-e*) contrast (*a. phot., TV, etc.*).

Kontrollabschnitt [kɔn'trɔlʔ-] *m* stub (*of ticket, etc.*).

Kontroll|e [kɔn'trɔlə] *f* (*-/-n*) control; supervision; check(up), inspection; **~leuchte** ⚡ *f* warning light; **~eur** [~'løːr] *m* (*-s/-e*) (*ticket, etc.*) inspector; **⚙** *a.* conductor; **2ieren** [~'liːrən] *v/t.* (*no ge-, h*) check; check up on *s.o.*; control (*market, etc.*); *esp.* ⚙ *a.* monitor; *aus kontrolliertem Anbau* certified organic; **~punkt** *m*, **~stelle** *f* checkpoint.

Kontroverse [kɔntro'vɛrzə] *f* (*-/-n*) controversy.

Kontur [kɔn'tuːr] *f* (*-/-en*) outline, contour.

konventionell *adj.* [kɔnvɛntsio'nɛl] conventional.

Konversation [kɔnvɛrza'tsioːn] *f* (*-/-en*) conversation; **~slexikon** *n* encyclop(a)edia.

konvertieren [kɔnvɛr'tiːrən] (*no ge-*) *v/t.* (*h*) *and v/i.* (*sein*) convert.

Konzentr|ation [kɔntsɛntra'tsioːn] *f* (*-/-en*) concentration; **~ationslager** *n* concentration camp; **2ieren** [~'triːrən] *v/t. and v/refl.* (*no ge-, h*) concentrate.

Konzept [kɔn'tsɛpt] *n* (*-[e]s/-e*) (rough) draft; (*speaker's*) notes; conception; *j-n aus dem ~ bringen* put s.o. out; **~ion** [~p'tsioːn] *f* (*-/-en*) scheme, design, plan.

Konzern *econ.* [kɔn'tsɛrn] *m* (*-s/-e*) combine, group.

Konzert ♪ [kɔn'tsɛrt] *n* (*-[e]s/-e*) concert; (*piano, etc.*) concerto; **~saal** *m* concert hall.

Konzession [kɔntse'sioːn] *f* (*-/-en*) concession; licen|se, *Brt.* -ce.

Konzil *eccl.* [kɔn'tsi:l] *n* (-s/-e, -ien) council.

konzipieren [kɔntsi'pi:rən] *v/t.* (*no ge-, h*) design (*for special use, etc.*).

koordinieren [ko'ɔrdi'ni:rən] *v/t.* (*no ge-, h*) coordinate.

Kopf [kɔpf] *m* (-es/-e) head (*a. fig.*); *of things, etc.*: *a.* top; *fig.* brains, mind; ~ **hoch!** chin up!; *j-m* **über den ~ wachsen** outgrow s.o.; *fig.* be too much for s.o.; **sich den ~ zerbrechen** (*über acc.*) rack one's brains (over); **sich et. aus dem ~ schlagen** put s.th. out of one's mind; ~ **an** ~ neck and neck; '~ball *m* soccer: header; headed goal; '~bedeckung *f* headgear; *ohne* ~ uncovered.

köpfen ['kœpfən] *v/t.* (*ge-, h*) behead, decapitate; *soccer:* head (*ball*) (**ins Tor** home).

Kopf|ende ['kɔpf'-] *n* head, top; '~haut *f* scalp; '~hörer *m* headphone(s).

...köpfig ['-kœpfiç] *in compounds*: ...-headed; (*group, band, etc.*) of (*ten, etc.*).

'Kopf|jäger *m* headhunter; '~kissen *n* pillow; '2los *adj.* headless; *fig.* panicky; '~rechnen *n* mental arithmetic; '~salat *m* (head) lettuce; '~schmerzen *pl.* headache; '~sprung *m* header, dive; '~stand *m* headstand; '~tuch *n* (head-)scarf; '~über *adv.* ['-'-] head first, headlong; '~weh *n* (-[e]s/*no pl.*) headache; '~zerbrechen *n:* *j-m* ~ **machen** give s.o. a headache.

Kopie [ko'pi:] *f* (-/-n), **2ren** *v/t.* (*no ge-, h*) copy; ~**rer** *m* (-s/-), ~**gerät** *n* copier; ~**rladen** *m* copy cent|er (*Brt.* -re) or shop; ~**rstift** *m* indelible pencil.

Koppel[1] ['kɔpəl] *f* (-/-n) paddock.

Koppel[2] ✕ [~] *n* (-s/-) belt.

'koppeln *v/t.* (*ge-, h*) couple; dock (*spaceship*).

Koralle [ko'ralə] *f* (-/-n) coral.

Korb [kɔrp] *m* (-[e]s/-e) basket; F *j-m* **e-n** ~ **geben** turn s.o. down; '~möbel *pl.* wicker furniture.

Kord [kɔrt] *m* (-[e]s/-e) corduroy; ~**el** ['kɔrdəl] *f* (-/-n) cord; '~hose *f* corduroys.

Korinthe [ko'rɪntə] *f* (-/-n) currant.

Kork [kɔrk] *m* (-[e]s/-e), '~en *m* (-s/-) cork; ~**enzieher** ['~ən'tsi:ər] *m* (-s/-) corkscrew.

Korn [kɔrn] **1.** *n* (-[e]s/-er) grain; seed; **2.** *n* (-[e]s/*no pl.*) grain, cereals, *Brt. a.* corn; front sight (*of gun*); **aufs** ~ **nehmen** take aim at; *fig.* pick on s.o.; **3.** *m* (-[e]s/-) (German) grain whisk(e)y.

körnig *adj.* ['kœrniç] grainy; *in compounds*: ...-grained.

Körper ['kœrpər] *m* (-s/-) body (*a. phys.*, ✷), *geom. a.* solid; '~bau *m* ([e]s/*no pl.*) build, physique; '2behindert *adj.* (physically) handicapped, disabled; '~geruch *m* body odo(u)r; '~größe *f* height; '~kraft *f* physical strength; '2lich *adj.* physical; '~pflege *f* care of the body, hygiene; '~schaft *f* (-/-en) corporation, (corporate) body; '~sprache *psych. f* body language; '~teil *m* part of the body; '~verletzung ✟✟ *f* bodily injury.

korrekt *adj.* [kɔ'rɛkt] correct; **2ur** [~'tu:r] *f* (-/-en) correction; *school, etc.:* grading, marking; *print.* proof(reading); **2urzeichen** *n* mark (of correction); *print.* proofreaders' mark.

Korrespond|ent [kɔrɛspɔn'dɛnt] *m* (-en/-en) correspondent; ~**enz** [~ts] *f* (-/-en) correspondence; **2ieren** [~'di:rən] *v/i.* (*no ge-, h*) correspond (*mit* with).

Korridor [kɔri'do:r] *m* (-s/-e) corridor; hall.

korrigieren [kɔri'gi:rən] *v/t.* (*no ge-, h*) correct; grade, mark (*papers, etc.*).

korrupt *adj.* [kɔ'rupt] corrupt(ed); **2ion** [~p'tsio:n] *f* (-/-en) corruption.

Korsett [kɔr'sɛt] *n* (-[e]s/-s, -e) corset (*a. fig.*).

Kosename ['ko:zə-] *m* pet name.

Kosmetik [kɔs'me:tik] *f* (-/*no pl.*) beauty culture; cosmetics; ~**erin** *f* (-/-nen) beautician, cosmetician.

Kost [kɔst] *f* (-/*no pl.*) food, diet; board; '2bar *adj.* precious, valuable; costly; '~barkeit *f* (-/-en) precious object, treasure (*a. fig.*).

'kosten[1] *v/t.* (*ge-, h*) try, (have a) taste (of), sample.

'kosten[2] *v/t.* (*ge-, h*) cost; *fig. a.* take (*time, etc.*) **was** or **wieviel kostet ...?** how much is ...?

'Kosten *pl.* cost(s); price; expenses; charges; **auf** *j-s* ~ at s.o.'s expense; **auf** **s-e** ~ **kommen** get one's money's worth; '2los **1.** *adj.* free; **2.** *adv.* free of charge; ~**voranschlag** *econ.* ['~'fo:r'-] *m* (rough) estimate of cost.

köstlich *adj.* ['kœstliç] delicious; *fig.* priceless; **sich** ~ **amüsieren** have a very good time (F a ball).

'Kost|probe *f* taste, sample (*a. fig.*); **2spielig** *adj.* ['~ʃpi:liç] expensive, costly.

Kostüm [kɔs'ty:m] *n* (-s/-e) costume, dress; (woman's) suit; ~**fest** *n* fancy-dress ball; **2ieren** [~y'mi:rən] *v/refl.* (*no ge-, h*) dress up (**als** as).

Kot [ko:t] *m* (-[e]s/*no pl.*) excrement; droppings (*of animal*).

Kotelett [ko'tlɛt] *n* (-[e]s/-s) chop; ~**en** *pl.* sideburns.

Köter F ['kø:tər] *m* (-s/-) dog: mutt, cur.

'**Kotflügel** *mot. m* fender, *Brt.* mudguard.

kotzen V ['kɔtsən] *v/i.* (ge-, h) puke; *das ist zum 2! it's* enough to make you sick!

Krabbe *zo.* ['krabə] *f (-/-n)* shrimp; prawn.

krabbeln ['krabəln] *v/i.* (ge-, sein) crawl.

Krach [krax] *m (-[e]s/⁓e, -s)* crash (*a. fig. econ.*), bang; noise; quarrel, fight; '2en *v/i.* 1. (ge-, h) crack, bang, crash; 2. F (ge-, sein) crash (*into or against s.th.*); '⁓er *m (-s/-)* (fire)cracker.

krächzen ['krɛçtsən] *v/t. and v/i.* (ge-, h) croak.

kraft *prp.* [kraft] (*gen.*) by virtue of.

Kraft [⁓] *f (-/⁓e)* strength, force (*a. fig., pol.*), power (*a. ⚡, ☉, pol.*), In ⁓ sein (setzen, treten) be in (put into, come into) force; ⁓akt *fig.* ['⁓ʔ-] *m* tour de force, show of strength; ⁓anstrengung ['⁓ʔ-] *f* exertion; ⁓ausdruck ['⁓ʔ-] *m* four-letter word; '⁓brühe *f* consommé, clear soup; '⁓fahrer *m* driver, motorist; '⁓fahrzeug *n* motor vehicle.

kräftig *adj.* ['krɛftıç] strong (*a. fig.*), powerful; *food, etc.*: substantial; good (*beating, swig, etc.*); '⁓en *v/t.* (ge-, h) strengthen.

'**kraftlos** *adj.* weak, feeble; '2probe *f* test of strength; '2sport *m* weightlifting and contact sports; bodybuilding; '2stoff *mot. m* fuel; 2übertragung ['⁓ʔ-] *f* (power) transmission; '2verschwendung *f* waste of energy; '2werk ⚡ *n* power station.

Kragen ['kra:gən] *m (-s/-)* collar.

Krähe *zo.* ['krɛ:ə] *f (-/-n)*, '2n *v/i.* (ge-, h) crow.

Krake *zo.* ['kra:kə] *m (-n/-n)* octopus.

Kralle ['kralə] *f (-/-n)* claw (*a. fig.*); '2n *v/refl.* (ge- h) cling (*an acc.* on), clutch (at).

Kram F [kra:m] *m (-[e]s/no pl.)* stuff, junk, rummage; (one's) things; *der ganze* ⁓ *fig.* the whole business; '2en F *v/i.* (ge-, h) rummage (around).

Krämer *hist.* ['krɛ:mər] *m (-s/-)* grocer; retailer.

Krampf ⚕ [krampf] *m (-[e]s/⁓e)* cramp; spasm, convulsion; F *fig.* fuss, humbug; ⁓ader ⚕ ['⁓ʔ-] *f* varicose vein; '2haft *fig. adj.* forced (*smile, etc.*); desperate (*attempt, etc.*).

Kran ☉ [kra:n] *m (-[e]s/⁓e)* crane.

Kranich *zo.* ['kra:nıç] *m (-s/-e)* crane.

krank *adj.* [kraŋk] sick, ill; *j-n* ⁓ *schreiben of doctor:* excuse absence (due to illness), *Brt.* give s.o. a sick note; ⁓ *geschrieben sein* be on sick leave; '2e *m, f (-n/-n)* sick person, patient; *die* ⁓en *pl.* the sick.

kränkeln ['krɛŋkəln] *v/i.* (ge-, h) be sickly.

'**kranken** *fig. v/i.* (ge-, h): ⁓ an (dat.) suffer from.

kränken ['krɛŋkən] *v/t.* (ge-, h) hurt (*s.o.'s* feelings), offend.

'**Kranken|bett** *n* sickbed; '⁓geld *n* sickpay; '⁓gymnastik *f* physiotherapy; '⁓haus *n* hospital; *ins* ⁓ *kommen or eingeliefert werden* be hospitalized; '⁓kasse *f* health insurance (fund); *in e-r* ⁓ *sein* be a member of a health insurance plan or scheme; '⁓pflege *f* nursing; '⁓pfleger *m* male nurse; '⁓schein *m* health insurance certificate; '⁓schwester *f* nurse; '⁓versicherung *f* health insurance; '⁓wagen *m* ambulance; '⁓zimmer *n* sickroom.

'**krankhaft** *adj.* morbid (*a. fig.*).

'**Krankheit** *f (-/-en)* illness, sickness; disease; ⁓erreger ⚕ ['⁓ʔ-] *m* germ.

kränklich *adj.* ['krɛŋklıç] sickly, ailing.

Kränkung ['krɛŋkʊŋ] *f (-/-en)* insult, offen|se, *Brt.* -ce, injury.

Kranz [krants] *m (-es/⁓e)* wreath; *fig.* ring, circle.

Krapfen ['krapfən] *m (-s/-)* doughnut.

kraß *adj.* [kras] crass, gross; *words:* blunt.

Krater ['kra:tər] *m (-s/-)* crater.

Kratzbürste F *fig.* ['krats-] *f* bitch.

kratz|en ['kratsən] *v/i. and v/refl.* (ge-, h) scratch (o.s.); scrape (*von* off); '2er *m (-s/-)* scratch (*a. fig. wound*); scraper.

kraulen ['kraʊlən] (ge-) 1. *v/t.* (h) scratch (gently); 2. *v/i.* (sein) *swimming:* crawl.

kraus *adj.* [kraʊs] *hair:* curly; *forehead, fabric:* wrinkled; 2e ['kraʊzə] *f (-/-n)* ruff; *hair:* friz(z).

kräuseln ['krɔʏzəln] *v/t. and v/refl.* (ge-, h) curl, friz(z); *water:* ripple.

Kraut ⚕ [kraʊt] *n* 1. (-[e]s/⁓er) herb; 2. (-[e]s/no pl.) tops, leaves; cabbage; sauerkraut; weed (*a.* F *tobacco*).

Krawall [kra'val] *m (-s/-e)* riot; F row, racket; ⁓macher *m* rabble rouser; rowdy, hooligan.

Krawatte [kra'vatə] *f (-/-n)* (neck)tie.

kreativ *adj.* [krea'ti:f] creative; 2ivität [⁓ivi'tɛ:t] *f (-/no pl.)* creativity; 2ur [⁓'tu:r] *f (-/-en)* creature.

Krebs [kre:ps] *m (-es/-e)* zo. crayfish; crab; ⚕ cancer; *ast.* Cancer; '⁓... ⚕ *in compounds:* cancerous (*growth, etc.*); 2erregend ⚕ *adj.* ['⁓ʔ-] carcinogenic (*substance, etc.*).

Kredit *econ.* [kre'di:t] *m (-[e]s/-e)* credit; loan; ⁓hai *contp. m* loan shark; ⁓karte *f* credit card.

Kreide ['kraɪdə] *f (-/-n)* chalk; *paint. a.* crayon.

kreieren [kre'i:rən] v/t. (no ge-, h) create (fashion, etc.).

Kreis [kraıs] m (-es/-e) circle (a. fig.); pol. district, Am. a. county; ⚡ circuit; '~bahn ast. f orbit.

kreischen ['kraıʃən] v/i. and v/t. (ge-, h) screech, scream, shriek.

Kreisel ['kraızəl] m (-s/-) (whipping) top; phys. gyro(scope); '2n v/i. (ge-, h) spin or whirl around.

kreisen ['kraızən] v/i. (ge-, h) (move in a) circle, revolve, rotate; blood, etc.: circulate.

'kreis|förmig adj. circular; '2lauf m ⚡, econ., etc.: circulation; biol., fig. cycle; ⊙, ⚡ a. circuit; '2laufstörungen ⚡ pl. circulatory trouble; '~rund adj. circular; '2säge ⊙ f circular saw.

Kreißsaal ⚡ f [kraıs-] m delivery room.

'Kreisverkehr mot. m traffic circle, Brt. roundabout (traffic).

Krempe ['krɛmpə] f (-/-n) brim.

Krempel F ['krɛmpəl] m (-s/no pl.) s. Kram; '2n v/t. (ge-, h) turn or roll up (sleeves, etc.).

Kren Aust. [kre:n] m (-[e]s/no pl.) horseradish.

krepieren [kre'pi:rən] v/i. (no ge-, sein) ⚔ shell: burst, explode; sl. kick the bucket; zo. die, perish.

Krepp [krɛp] m (-s/-s, -e) crepe (a. in compounds: paper, etc.).

Kreuz [krɔyts] n (-es/-e) cross (a. fig.); crucifix; anat. small (of the) back; cards: club(s); ♪ sharp; über ~ crosswise; j-n aufs ~ legen take s.o. in; 2 s. quer.

'kreuzen (ge-, h) 1. v/t. and v/refl. cross; plans, etc.: clash; 2. ⚓ v/i. cruise.

'Kreuzer ⚓ m (-s/-) cruiser.

'Kreuz|fahrer hist. m crusader; '~fahrt ⚓ f cruise; 2igen ['~ıgən] v/t. (ge-, h) crucify; '2igung f (-/-en) crucifixion; ~otter zo. ['~ʔ-] f adder; '~ritter hist. m crusader; '~schiff ⚓ n cruise ship; '~schmerzen pl. backache; '~ung f (-/-en) ⚡, mot. crossing, junction; crossroads, intersection; biol. cross(breed)ing; product: cross(breed); fig. cross; '~verhör ⚡⚡ n cross-examination; ins ~ nehmen cross-examine; '2weise adv. crosswise, crossways; '~worträtsel n crossword (puzzle); '~zug m crusade.

kribb(e)lig F adj. ['krıb(ə)lıç] fidgety, jumpy.

kriechen ['kri:çən] v/i. (irr., ge-, sein) creep, crawl (fig. vor j-m to s.o.); '2er contp. m (-s/-) brown nose, esp. Brt. toady; '2spur mot. f slow lane; '2tier zo. n reptile.

Krieg [kri:k] m (-[e]s/-e) war; ~ führen (gegen) be at war (with), wage war (against).

kriegen ['kri:gən] v/t. (ge-, h) s. bekommen.

Krieg|er ['kri:gər] m (-s/-) warrior, brave; '~erdenkmal n war memorial; '2erisch adj. warlike, martial; '2führend adj. belligerent; '~führung f warfare.

'Kriegs|beil fig. n: das ~ ausgraben (begraben) dig up (bury) the hatchet; ~bemalung ['~bəma:lʊŋ] f (-/no pl.) war paint (a. fig.); '~dienstverweigerer m (-s/-) conscientious objector; ~erklärung ['~ʔ-] f declaration of war; '~fuß m: auf dem ~ stehen mit be no good at s.th.; be at loggerheads with s.o.; '~gefangene m prisoner of war, P.O.W.; '~gefangenschaft f captivity; '~gericht n court martial; vor ein ~ stellen court-martial s.o.; '~recht ⚡⚡ n martial law; '~schauplatz m theat(er (Brt. -re) of war; '~schiff n warship; '~teilnehmer m (war) veteran; '~treiber pol. m warmonger; '~verbrecher m war criminal.

Krimi F ['kri:mi] m (-[s]/-s) (crime) thriller, (murder) mystery, F whodunit; detective story or novel.

Kriminal|beamte [krimi'na:l-] m detective, plainclothesman, Brt. a. C.I.D. officer; ~ität [~ali'tɛːt] f (-/no pl.) crime; ~polizei f criminal investigation division (Brt. department); ~roman m s. Krimi.

kriminell adj. [krimi'nɛl], 2e m, f (-n/-n) criminal.

Kripo F ['kri:po] f (-/no pl.) s. Kriminalpolizei.

Krippe ['krıpə] f (-/-n) crib, manger (a. eccl.); Christmas: crèche, Brt. crib.

Krise ['kri:zə] f (-/-n) crisis; 2ln ['~zəln] v/imp.: es kriselt there is a crisis (brewing); '~nherd m trouble spot.

Kristall [krıs'tal] 1. m (-[e]s/-e) crystal; 2. n (-[e]s/no pl.) crystal (glass); 2isieren [~i'zi:rən] v/i. and v/refl. (no ge-, h) crystal(l)ize.

Kriterium [kri'te:rıʊm] n (-s/-terien) criterion (für of).

Krit|ik [kri'ti:k] f (-/-en) criticism; thea., ♪, etc.: review; gute ~en a good press; ~ üben an (dat.) criticize; ~iker ['kri:tikər] m (-s/-) critic; 2iklos adj. uncritical; 2isch adj. ['kri:tıʃ] critical (a. fig.) (gegenüber of); 2isieren [~i'zi:rən] v/t. (no ge-, h) criticize.

kritzeln ['krıtsəln] v/t. and v/i. (ge-, h) scrawl, scribble.

kroch [krɔx] past of kriechen.

Krokodil zo. [kroko'di:l] n (-s/-e) crocodile.

Krone ['kro:nə] f (-/-n) crown; coronet.
krönen ['krø:nən] v/t. (ge-, h) crown (zum König king).
'**Kronenkorken** m crown cap.
Kron|leuchter ['kro:n-] m chandelier; '~prinz m crown prince; '~prinzessin f crown princess.
Krönung ['krø:noŋ] f (-/-en) coronation; fig. crowning event, climax, high point.
'**Kronzeuge** ⚥ m: als ~ aussagen turn State's (Brt. Queen's) evidence.
Kropf [kropf] m (-[e]s/-e) ⚕ goit|er, Brt. -re; zo. crop.
Kröte zo. ['krø:tə] f (-/-n) toad.
Krück|e ['krykə] f (-/-n) crutch; '~stock m walking stick.
Krug [kru:k] m (-[e]s/-e) jug, pitcher; (beer) mug, stein; tankard.
Krümel ['kry:məl] m (-s/-) crumb; '2ig adj. crumbly; '2n v/t. and v/i. (ge-, h) crumble; be crumbly.
krumm adj. [krum] crooked (a. fig. dealings, etc.), bent (a. back); ~beinig adj. ['~bainiç] bow-legged.
krümmen ['krymən] v/t. (ge-, h) bend (a. ⊙), crook (a. finger); sich ~ bend; writhe (with pain).
'**krummnehmen** F v/t. (irr. nehmen, sep., -ge-, h) s. übelnehmen.
'**Krümmung** f (-/-en) bend (a. of road, river, etc.), curve (a. arch.); geogr. ⚭, ⚙ curvature.
Krüppel ['krypəl] m (-s/-) cripple (a. zum ~ machen).
Kruste ['krustə] f (-/-n) crust.
Kübel ['ky:bəl] m (-s/-) tub; pail, bucket.
Kubik|meter [ku'bi:k-] n, m cubic met|er, Brt. -re; ~wurzel A f cube root.
Küche ['kyçə] f (-/-n) kitchen; cooking, cuisine; kalte (warme) ~ cold (hot) meals.
Kuchen ['ku:xən] m (-s/-) cake; tart, pie; '~blech n baking sheet; '~form f cake pan.
'**küchen|fertig** adj. ready(-)to(-)cook, instant (food); '2chef m chef (de cuisine); '2dienst m: ~ haben have kitchen duty, have to do the kitchen chores, do k.p.; '2geräte pl. kitchen utensils or appliances; '2geschirr n kitchen crockery, kitchenware; '2herd m (cooking-)stove, esp. Brt. cooker; '2maschine f mixer; kitchen appliance; '2schrank m (kitchen) cupboard.
Kuckuck zo. ['kukuk] m (-s/-e) cuckoo; F: wo zum ~ ...? where the heck ...?
Kufe ['ku:fə] f (-/-n) sleigh, etc.: runner; ✈ (helicopter, etc.) skid.
Kugel ['ku:gəl] f (-/-n) ball; bullet; A, geogr. sphere; shot put: shot; '2förmig adj. ball-shaped; esp. ast., A spher-

ic(al); '~gelenk ⊙, anat. n ball (and socket) joint; '~lager ⊙ n ball bearing; '2n (ge-) v/i. (sein) and v/t. (h) and v/refl. (h) roll; sich ~ (vor Lachen) split one's sides from laughter; '~regen fig. m hail of bullets; '2rund adj. round (as a ball); F fig. roly-poly; '~schreiber m ball(point) pen; '2sicher adj. bulletproof; '~stoßen n (-s/no pl.) shot put(ting); '~stoßer m (-s/-) shot-putter.
Kuh zo. [ku:] f (-/-e) cow; '~dorf F n s. Kaff; '~fladen m cowpat; '~haut F fig. f: das geht auf keine ~ it's beyond description.
kühl adj. [ky:l] cool; fig. a. calm; '2box f cold box, ice box; '2e f (-/no pl.) cool(ness); '~en v/t. (ge-, h) cool, chill, refrigerate; '2er mot. m (-s/-) radiator; '2erhaube mot. f hood, Brt. bonnet; '2mittel n coolant; '2raum m cold-storage room, cooler; '2schrank m refrigerator, fridge; '2truhe f s. Gefriertruhe.
kühn adj. [ky:n] bold; '2heit f (-/no pl.) boldness; daring.
'**Kuhstall** m cowshed.
Küken zo. ['ky:kən] n (-s/-) chick (a. fig. girl).
Kukuruz Aust. ['kukuruts] m (-es/no pl.) s. Mais.
kulan|t econ. adj. [ku'lant] accommodating; offer, etc.: fair; 2z econ. [~ts] f (-/no pl.) generosity; auf or aus ~ gratis, ex gratia (payment, etc.).
Kuli ['ku:li] m (-s/-s) hist. coolie; F ball(point) pen.
Kulisse [ku'lisə] f (-/-n) thea.: ~n pl. wings; scenery; fig. background; (false) front; hinter den ~n behind the scenes.
kullern F ['kulərn] v/i. (ge-, sein) roll.
Kult [kult] m (-[e]s/-e) cult; rite, ritual (act); 2ivieren [~i'vi:rən] v/t. (no ge-, h) cultivate.
Kultur [kul'tu:r] f (-/-en) culture (a. biol.), civilization; ✿ cultivation; ~beutel m toilet kit (Brt. bag); 2ell adj. [~u'rel] cultural; ~geschichte f history of civilization; cultural history; ~volk n civilized people; ~zentrum n cultural cent|er, Brt. -re.
Kultusminister ['kultus-] m minister of culture and education.
Kümmel ['kyməl] m (-s/no pl.) caraway (seeds); caraway-flavo(u)red liquor.
Kummer ['kumər] m (-s/no pl.) grief, sorrow; trouble, worry; ~ haben mit have trouble or problems with.
kümmer|lich adj. ['kymərliç] miserable; poor, scanty; ~n ['kymərn] v/refl. and v/t. (ge-, h): sich ~ um look after, take care of, mind; care or worry about, be

interested in; **was kümmert's mich?** what do I care?

Kumpel ['kumpəl] m (-s/-,-s) ⚒ miner; F fellow (worker), Brt. workmate; F pal, buddy, esp. Brt. mate.

Kunde[1] lit. ['kundə] f (-/-n) news, tidings; ...⚒ in compounds: science of ..., ... studies.

Kunde[2] [~] m (-n/-n) customer, client; '**~ndienst** m service department; serviceman; servicing.

Kundgebung ['kuntge:buŋ] f (-/-en) meeting, rally, demonstration.

kundig adj. ['kundıç] (gen.) knowledgeable (about); able to inf.; **~~** in compounds: well-versed in ...

kündig|en ['kyndıgən] v/i. and v/t. (ge-, h) cancel (contract, subscription, etc.); j-m ~ give s.o. his or one's notice; dismiss s.o., F sack or fire s.o.; '**Qung** f (-/-en) (period of) notice; cancel(l)ation; '**Qungsfrist** f period of notice.

Kundschaft ['kunt-] f (-/no pl.) customers, clients; '**~er** m (-s/-) scout; spy.

Kunst [kunst] f (-/-e) art; skill; F **das ist keine ~** that's easy; **~~** in compounds: artificial (heart, light, etc.); **~akademie** ['~?-] f academy of arts; **~ausstellung** ['~?-] f art exhibition; **~dünger** m (artificial) fertilizer; **~erziehung** ['~?-] f art (education); '**~faser** f synthetic fib(er), Brt. -re; '**~fehler** m professional blunder; '**~fliegen** ✈ n stunt flying, aerobatics; '**~gegenstand** m art object; '**~geschichte** f history of art; '**~gewerbe** n (-s/no pl.) arts and crafts, handicraft; '**~griff** m trick; '**~handwerk** n s. Kunstgewerbe.

Künstler ['kynstlər] m (-s/-) artist; ♪, thea. a. performer; '**Qisch** adj. artistic.

künstlich adj. ['kynstlıç] artificial; false (teeth, etc.); synthetic.

Kunst|schätze ['~ʃɛtsə] pl. art treasures; '**~schütze** m marksman; '**~schwimmen** n water ballet; '**~seide** f rayon, artificial silk; '**~springen** n springboard diving; '**~stoff** m synthetic (material), plastic(s); in compounds: mst plastic ...; '**~stück** n trick, stunt; esp. fig. feat; '**~turnen** n gymnastics; '**~turner** m gymnast; '**Qvoll** adj. artistic, elaborate; '**~werk** n work of art.

Kupfer ['kupfər] n (-s/-), '**Qn** adj. copper; '**~stich** m copperplate (engraving).

Kuppe ['kupə] f (-/-n) (rounded) hilltop; head (of nail, etc.).

Kuppel arch. ['kupəl] f (-/-n) dome; cupola; **~ei** ⚖ [~'lai] f (-/-en) procuring; '**Qn** (ge-, h) 1. v/t. couple; 2. mot. v/i. put the clutch in or out

Kupplung ['kupluŋ] f (-/-en) ⚙ coupling; mot. clutch.

Kur [ku:r] f (-/-en) course of treatment, cure; stay at a health resort.

Kür [ky:r] f (-/-en) free skating; gymnastics: free exercise(s).

Kurbel ⚙ ['kurbəl] f (-/-n) crank, handle; '**Qn** v/i. and v/t. (ge-, h) crank; wind (up, etc.); turn (the steering wheel, etc.); F shoot (film, etc.); '**~welle** ⚙ f crankshaft.

Kürbis ♣ ['kyrbıs] m (-ses/-se) pumpkin, gourd, squash.

'**Kur|gast** m visitor (to a resort); F tourist; '**~haus** n at spa or resort: building for use of visitors; pump room.

kurieren ✎ [ku'ri:rən] v/t. (no ge-, h) cure (von of).

Kurier [ku'ri:r] m (-s/-e) courier, messenger.

kurios adj. [ku'rio:s] curious, odd, strange.

Kur|ort ['ku:r?-] m health resort, spa; '**~pfuscher** m quack (doctor).

Kurs [kurs] m (-es/-e) ⚓, ✈, fig. course; class(es); econ. (exchange) rate; (stock) price; **hoch im ~ stehen** fig. rate high (bei with s.o.); '**Qbuch** 🚂 n railroad (Brt. railway) timetable.

Kürschner ['kyrʃnər] m (-s/-) furrier.

kurs|ieren [kur'zi:rən] v/i. (no ge-, h) money, rumo(u)r, etc.: circulate; **~iv** print. adv. [~'zi:f] in italics; **Qus** ['~zus] m (-/Kurse) course, class(es); '**Qwechsel** pol. m change of policy.

Kurve ['kurvə] f (-/-n) curve (a. ✎ and fig.); road, etc.: a. bend, turn; **Qnreich** adj. winding, full of bends; fig. woman: curvaceous.

kurz adj. [kurts] short; temporal: a. brief; **~e Hose(n)** shorts; (**bis**) **vor ~em** (until) recently; (**erst**) **seit ~em** (only) for a short time; **~ vorher** (darauf) shortly before (after[wards]); **~ vor uns** just ahead of us; **~ nacheinander** in quick succession; **~ fortgehen** etc. go away, etc. for a short time or a moment; **sich ~ fassen** be brief, put it briefly; **~ gesagt** in short; **zu ~ kommen** go short; **~ angebunden** curt; s. Prozeß; **Qarbeit** econ. ['~?-] f (-/no pl.) reduced (working) hours, Brt. short time; '**Qatmig** adj. ['~?a:tmıç] short of breath.

Kürze ['kyrtsə] f (-/no pl.) shortness; temporal: a. brevity; **in ~** soon, shortly, before long; '**Qn** v/t. (ge-, h) shorten (um by); abridge (book, etc.); cut, reduce (expenses, etc.) (a ✎).

'**kurz|erhand** adv. without hesitation, on the spot; '**Qfassung** f abridged version; '**Qfilm** m short (film); '**Qform** ling.

f gr. contraction; *die ~ von* short for; **'~fristig 1.** *adj.* short-term; **2.** *adv.* at short notice; **'2geschichte** *f* short story; **~lebig** *adj.* ['~le:bɪç] short-lived.

kürzlich *adv.* ['kʏrtslɪç] recently, not long ago.

'Kurz|nachrichten *pl.* news summary; **'~schluß** *⚡ m* short circuit, F short; **'~schrift** *f* shorthand; **2sichtig** *adj.* ['~zɪçtɪç] shortsighted, nearsighted; **'~strecke** *f* short distance; **'~strecken...** *in compounds:* short-range (*missile, etc.*).

kurzum *adv.* [~'?-] in short, in a word.

Kürzung ['kʏrtsʊŋ] *f* (*-/-en*) cut, reduction (*a. ⚡*).

'Kurz|waren *pl* notions, *Brt.* haberdashery; **2weilig** *adj.* ['~vaɪlɪç] entertaining; **'~welle** *⚡ f* short(-)wave (band).

kuschel|ig F *adj.* ['kʊʃəlɪç] cosy, cuddly; **~n** ['~ln] *v/refl.* (*ge-, h*) snuggle, cuddle (*an acc.* up to *s.o.*; *in acc.* in).

kuschen F ['kʊʃən] *v/i.* (*ge-, h*) knuckle under (*vor dat.* to *s.o.*).

Kusine [ku'zi:nə] *f* (*-/-n*) (*female*) cousin.

Kuß [kʊs] *m* (*Kusses/Küsse*) kiss; **2echt** *adj.* ['~?-] kissproof.

küssen ['kʏsən] *v/t.* (*ge-, h*) kiss.

'Kußhand *f: j-m e-e ~ zuwerfen* blow *s.o.* a kiss; F: *mit ~* (*do or take s.th.*) only too gladly.

Küste ['kʏstə] *f* (*-/-n*) coast, shore; *an der ~* on the coast; *an die ~* ashore; **'~n...** *in compounds:* coastal (*waters, etc.*); **'~nschutz** *m,* **'~nwache** *f* coast guard.

Küster *eccl.* ['kʏstər] *m* (*-s/-*) verger, sexton.

Kutsch|e ['kʊtʃə] *f* (*-/-n*) carriage, coach; **'~er** *m* (*-s/-*) coachman; **2ieren** F [~'tʃi:rən] (*no ge-*) **1.** *v/t.* (*h*) drive *s.o.* (*around*); **2.** *v/i.* (*sein*) drive *or* ride (*around*).

Kutte ['kʊtə] *f* (*-/-n*) cowl, (monk's) habit.

Kutteln ['kʊtəln] *pl.* tripe.

Kutter ⚓ ['kʊtər] *m* (*-s/-*) cutter.

Kuvert [ku've:r] *n* (*-s/-s*) envelope.

Kybernetik [kybɛr'ne:tɪk] *f* (*-/no pl.*) cybernetics.

L

laben ['la:bən] *v/refl.* (*ge-, h*): *sich ~ an* (*dat.*) relish *s.th.*

labil *adj.* [la'bi:l] unstable.

Labor [la'bo:r] *n* laboratory, F lab; **~ant(in)** [~o'rant(ɪn)] *m* (*f*) (*-en[-]/-en* [*-nen*]) laboratory technician; **~atorium** [~ora'to:rɪʊm] *n* (*-s/-rien*) *s. Labor;* **2ieren** [~o'ri:rən] *v/i.* (*no ge-, h*): *~ an* (*dat.*) suffer from.

Labyrinth [laby'rɪnt] *n* (*-[e]s/-e*) labyrinth, maze (*both a. fig.*).

Lache[1] ['la:xə] *f* (*-/-n*) pool, puddle.

Lache[2] F ['laxə] *f* (*-/-n*) laugh; way *s.o.* laughs.

lächeln ['lɛçəln] *v/i.* (*ge-, h*), *2* [~] *n* (*-s/no pl.*) smile; sneer (*both: über acc.* at).

lachen ['laxən] *v/i.* (*ge-, h*) laugh (*über acc.* at).

Lachen [~] *n* (*-s/no pl.*) laugh(ter); *j-n zum ~ bringen* make *s.o.* laugh.

lächerlich *adj.* ['lɛçərlɪç] ridiculous; *~ machen* ridicule, make fun of; *sich ~ machen* make a fool of o.s.

lach|haft *adj.* ['lax-] ridiculous; **'2krampf** *m* fit of laughter.

Lachs *zo.* [laks] *m* (*-es/-e*) salmon; **'~schinken** *m* mild lean smoked ham.

Lack [lak] *m* (*-[e]s/-e*) varnish; lacquer; *mot.* paint(work); **2ieren** [la'ki:rən] *v/t.* (*no ge-, h*) varnish; lacquer; *mot.,* nails: paint; **'~schuhe** *pl.* patent-leather shoes.

Lade|fläche ['la:də-] *f* loading space; **'~gerät** *⚡ n* battery charger; **'~hemmung** *f: ~ haben* gun: jam.

laden ['la:dən] *v/t.* (*irr., ge-, h*) load; *⚡* charge; *auf sich ~* burden o.s. with; *s. geladen.*

Laden [~] *m* (*-s/-*) store, shop; (window) shutter; F *fig.* place, shop, business; *den ~ schmeißen* run the show; swing it; **'~dieb** *m* shoplifter; **'~diebstahl** *m* shoplifting; **'~hüter** F ['~hy:tər] *m* (*-s/-*) drug on the market, white elephant; **'~inhaber** ['~?-] *m* storekeeper, *Brt.* shopkeeper; **'~kasse** *f* cash register; drawer; till; **'~schluß** *m* closing time; *nach ~* after hours; **'~tisch** *m* (*fig. unter dem* under the) counter.

'Lade|rampe *f* loading platform *or* ramp; **'~raum** *m* loading space; ⚓ hold.

Ladung ['la:dʊŋ] *f* (*-/-en*) load, freight; ⚓, ✈ cargo; *⚡, ✕* charge; *e-e ~ ...* a load of ...

lag [la:k] *past of liegen.*

Lage ['la:gə] *f* (*-/-n*) situation, position (*both a. fig.*); site, location; layer (*a. geol.*); round (*of beer, etc.*); *in schöner (ruhiger) ~* beautifully (peacefully) situated; *in der ~ sein zu* be able to, be in a position to.

Lager ['la:gər] *n* (*-s/-*) camp (*a. fig. pol.*); *econ.* stock, store; bed; *geol. a.* deposit; ⊙ bearing; *et. auf ~ haben* have s.th. in store (*a. fig. for s.o.*); '~**fähigkeit** *f* shelf life; '~**feuer** *n* campfire; '~**haus** *n* warehouse, depot; '~**ist** [~'rɪst] *m* (*-en/ -en*) stockkeeper (*in warehouse*); '2**n** (*ge-, h*) **1.** *v/i.* camp; *econ.* be stored; wine, *etc.*: age; **2.** *v/t.* store, keep in a place; lay (rest, place) in position; '~**platz** *m* resting place; *econ.* yard, dump; '~**raum** *m* storeroom; '~**stätte** *geol.*, ⚒ *f* deposit; '~**ung** *f* (*-/no pl.*) storage.

Lagune [la'gu:nə] *f* (*-/-n*) lagoon.

lahm *adj.* [la:m] lame; '~**en** *v/i.* (*ge-,h*) be lame (*auf dat.* in).

lähmen ['lɛ:mən] *v/t.* (*ge-, h*), '**lahm-legen** *v/t.* (*sep., -ge-, h*) paraly|ze, *Brt.* -se; bring (*traffic, etc.*) to a standstill.

Lähmung ⚕ *f* (*-/-en*) paralysis.

Laib [laɪp] *m* (*-[e]s/-e*) loaf.

Laich [laɪç] *m* (*-[e]s/-e*), '2**en** *v/i.* (*ge-, h*) spawn.

Laie ['laɪə] *m* (*-n/-n*) layman; amateur; '2**nhaft** *adj.* amateurish; '~**nspiel** *n* amateur play; amateur dramatic group.

Laken ['la:kən] *n* (*-s/-*) bed: sheet; bath towel.

Lakritze [la'krɪtsə] *f* (*-/-n*) liquorice (*a. in compounds*).

lallen ['lalən] *v/i. and v/t.* (*ge-, h*) speak drunkenly, slur; *baby*: babble.

lamentieren [lamɛn'ti:rən] *v/i.* (*no ge-, h*) complain (*über acc.* about).

Lametta [la'mɛta] *n* (*-s/no pl.*) tinsel.

Lamm *zo.* [lam] *n* (*-[e]s/-er*) lamb (*a. meat*); '~**fell** *n* lambskin; '2**fromm** F *adj.* gentle (as a lamb).

Lampe ['lampə] *f* (*-/-n*) lamp, light; bulb.

'**Lampen|fieber** *n* stage fright; '~**schirm** *m* lampshade.

Lampion [lam'pɪɔŋ] *m* (*-s/-s*) Chinese lantern.

Land [lant] *n* (*-[e]s/-er, poet. -e*) land (*a. poet.*); *pol.* country, state; *in Germany*: (Federal) Land; ground, soil; *econ.* land, property; *an ~ gehen* go ashore; *auf dem ~e* in the country; *aufs ~ fahren* go into the country; *außer ~es gehen* go abroad; *aus aller Herren Länder* from all over the world; ~**arbeiter** ['~ʔ-] *m* farmhand; peasant; '~**bevölkerung** *f* rural population.

Lande|bahn ✈ ['landə-] *f* runway; ~**erlaubnis** ✈ ['~ʔ-] *f* permission to land.

landeinwärts *adv.* [lant'ʔaɪnvɛrts] up-country, inland.

landen ['landən] (*ge-*) *v/i.* (*sein*) and

v/t. (*h*) land; *fig. ~ in* (*dat.*) end up in.

Landenge ['lant'ʔ-] *f* (*-/-n*) neck of land, isthmus.

'**Landeplatz** *m* ✈ landing field; ⚓ landing (place).

Länder|eien [lɛndə'raɪən] *pl.* lands, property; '~**spiel** *n* sports: international game or match.

'**Landes|grenze** *f* national or state border; '~**herr** *hist. m* sovereign; ~**innere** ['~ʔ-] *n* interior; '~**regierung** *f* government of a (German) Land or (Austrian) Province; '~**sprache** *f* national language; 2**üblich** *adj.* ['~ʔ-] customary; '~**vater** *m hist.* sovereign; F (state) governor; '~**verrat** *m* treason; '~**verräter** *m* traitor (to one's country); '~**verteidigung** *f* national defen|se, *Brt.* -ce.

'**Land|flucht** *f* rural exodus; '~**friedensbruch** ⚖ *m* breach of the public peace; '~**gericht** *n appr.* regional superior court; '~**gewinnung** *f* (*-/-en*) reclamation of land; '~**haus** *n* country house, cottage; '~**karte** *f* map; '~**kreis** *m* district; '2**läufig** *adj.* customary, current, common.

ländlich *adj.* ['lɛntlɪç] rural; rustic.

'**Land|maschinen** ✈ *pl.* agricultural machinery; '~**plage** *f* (*-/no pl.*) pest, nuisance; '~**rat** *m* (*-[e]s/-e*) *appr. in Germany*: District Administrator; '~**ratte** ⚓ F *f* landlubber.

'**Landschaft** *f* (*-/-en*) countryside; scenery; *esp. paint.* landscape; 2**lich** *adj.* scenic; '~**sgestaltung** *f* landscaping; '~**sschutzgebiet** *n* nature preserve (*Brt.* reserve).

'**Lands|knecht** *hist. m* mercenary (soldier); '~**mann** *m* (*-[e]s/-leute*) (fellow) countryman.

'**Land|straße** *f* (secondary or country) road; '~**streicher** *m* (*-s/-*) tramp, hobo; '~**streitkräfte** *pl.* land forces; '~**strich** *m* tract (of land), region; '~**tag** *m* (German) Land parliament.

Landung ['landʊŋ] *f* (*-/-en*) landing, ✈ *a.* touchdown; '~**ssteg** ⚓ *m* gangway.

'**Land|vermesser** *m* land surveyor; '~**vermessung** *f* land surveying; '~**weg** *m*: *auf dem ~e* by land; '~**wirt** *m* farmer; '~**wirtschaft** *f* agriculture, farming; 2**wirtschaftlich** *adj.* agricultural; ~**e Maschinen** *pl.* agricultural machinery; '~**zunge** *geogr. f* spit (of land).

lang *adj. and adv.* [laŋ] long; F *person*: tall; *drei Jahre* (*einige Zeit*) *~* for three years (some time); *den ganzen Tag ~* all day long; *seit ~em* for a long time; *vor ~er Zeit* (a) long (time) ago; *über kurz oder ~* sooner or later; *s. Finger*; ~**atmig** *adj.* ['~ʔa:tmɪç] long-winded.

lange *adv.* ['laŋə] (for a) long (time); *es*

ist schon ~ her(, seit) it has been a long time (since); *(noch) nicht ~ her* not long ago; *noch ~ hin* still a long way off; *es dauert nicht ~* it won't take long; *ich bleibe nicht ~ fort* I won't be long; *wie ~ noch?* how much longer?

Länge ['lɛŋə] *f (-/-n)* length; *geogr.* longitude; *der ~ nach* (at) full length; *(sich) in die ~ ziehen* stretch *(a. fig.)*.

langen F ['laŋən] *v/i. (ge-, h)* reach *(nach* for); be enough; *mir langt es* I've had enough; I'm sick of it; *j-m e-e ~* hit s.o. in the face.

'Längen|grad *m* degree of longitude; **'~maß** *n* linear measure.

länger *adj. and adv.* ['lɛŋər] longer; *~e Zeit* (for) some time *or* quite a while; *je ~, je lieber* the longer the better.

lang|ersehnt *adj.* ['laŋʔɛrzeːnt] long-hoped-for; **~erwartet** *adj.* ['-ʔ-] long-awaited.

'Langeweile *f (-/no pl.)* boredom; *~ haben* be bored; *aus ~* to pass the time.

'lang|fristig *adj.* long-term; **'~jährig** *adj.* longstanding; **~e Erfahrung** many years of experience; **'2lauf** *m* cross-country (skiing); **~lebig** *adj.* ['-leːbɪç] long-lived *(a. fig.)*; **2lebigkeit** *f (-/no pl.)* longevity; *fig. a.* durability; **'~legen** *v/refl. (sep., -ge-, h)* lie down; take a nap.

länglich *adj.* ['lɛŋlɪç] longish, oblong.

längs [lɛŋs] **1.** *prp. (gen., dat.)* along(side); **2.** *adv.* lengthwise.

'lang|sam *adj. and adv.* slow(ly); gradually; **~er werden** *or* **fahren** slow down; **nun mal** *or* **immer ~!** take it easy!; **2schläfer** ['-ʃlɛːfər] *m (-s/-)* late riser, F sleepyhead; **'2spielplatte** *f* long-playing record, *mst* LP.

längst *adv.* [lɛŋst] long ago *or* before; *~ vorbei* long past; *ich weiß es ~* I have known it for a long time; **'~ens** *adv.* at (the) most.

'Langstrecken... in compounds: long-distance...; ✈, ✗ long-range ...

Languste *zo.* [laŋˈɡustə] *f (-/-n)* spiny *or* rock lobster, crayfish.

'lang|weilen *v/t. (ge-, h)* bore; *sich ~* be bored; **2weiler** F *m (-s/-)* bore; **'~weilig** *adj.* boring, dull; **~e Person** bore; **'2welle** *f* long wave; **'~wierig** *adj.* ['-viːrɪç] lengthy, protracted *(a. ✝)*.

Lanze ['lantsə] *f (-/-n)* lance, spear.

Lappalie [la'paːliə] *f (-/-n)* trifle.

Lapp|en ['lapən] *m (-s/-)* (piece of) cloth; rag *(a. fig.)*; duster; *anat., biol.* lobe; **2ig** *adj.* fabric, *etc.*: limp.

läppisch *adj.* ['lɛpɪʃ] silly; *sum, etc.*: ridiculous.

Lärche ⚘ ['lɛrçə] *f (-/-n)* larch.

Lärm [lɛrm] *m (-[e]s/no pl.)* noise; **'~belästigung** *f* noise pollution; **'2en** *v/i. (ge-, h)* be noisy; **'2end** *adj.* noisy; **'~schutz** *m* noise prevention; *device:* noise barrier.

Larve ['larfə] *f (-/-n)* mask; *zo.* larva.

las [laːs] *past of lesen.*

lasch F *adj.* [laʃ] slack, lax *(both a. fig.)*; *handshake, etc.:* limp.

Lasche ['laʃə] *f (-/-n)* flap; strap; tongue *(of shoe).*

lassen[1] ['lasən] *(irr., h)* **1.** *v/aux. (no ge-)* let; *j-n et. tun ~* let s.o. do s.th.; allow s.o. to do s.th.; make s.o. do s.th.; *et. tun (machen) ~* have s.th. done (made); *sich die Haare schneiden ~* have *or* get one's hair cut; *j-n grüßen ~* send one's regards *(familiar:* love) to s.o.; *rufen or kommen ~* send for, call in; *es läßt sich machen* it can be done; **2.** *v/t. (ge-)* leave, let; *j-n (et.) zu Hause ~* leave s.o. (s.th.) at home; *j-n allein (in Ruhe) ~* leave s.o. alone; *sein Leben ~ (für)* lose (give) one's life (for); *laß mir ...* let me have *or* keep ...; *laß alles so, wie (wo) es ist* leave everything as (where) it is; *er kann das Rauchen etc. nicht ~* he can't stop smoking, *etc.*; *laß das!* stop *or* quit it!, cut it out!; *laß mich!* leave me alone!; *s. Zeit.*

lassen[2] [~] *p.p. of lassen[1] 1.*

lässig *adj.* ['lɛsɪç] casual, easygoing; careless.

Last [last] *f (-/-en)* load *(a. fig.)*; burden *(a. fig.)*; weight *(a. fig.)*; *j-m zur ~ fallen* be a burden to s.o.; *j-m et. zur ~ legen* charge s.o. with s.th.

'lasten *v/i. (ge-, h): ~ auf (dat.)* weigh *or* rest (up)on *(both a. fig.)*; **2aufzug** ['-ʔ-] *m* freight elevator, *Brt.* goods lift.

'Laster[1] *mot. m (-s/-) s. Lastwagen.*

'Laster[2] *n (-s/-)* vice; **2haft** *lit. adj.* wicked, depraved.

lästern ['lɛstərn] *v/t. and v/i. (ge-, h) lit.* blaspheme, abuse; F: *~ über (acc.)* run s.o. down.

lästig *adj.* ['lɛstɪç] troublesome, annoying; *(j-m) ~ sein* be a nuisance (to s.o.).

'Last|kahn *m* barge; **'~schrift** *econ. f* debit entry; **'~tier** *n* pack animal; **'~wagen** *m* truck, *Brt. a.* lorry; **'~wagenfahrer** *m* truck *(Brit.* lorry) driver, trucker; **'~zug** *m* truck *(Brt. a.* lorry) with trailer; semi(trailer), *Brt.* articulated lorry.

Lasur ⚙, *paint.* [la'zuːr] *f (-/-en)* glaze.

Latein [la'taɪn] *n (-s/no pl.)*; **2isch** *adj.* Latin.

Laterne [la'tɛrnə] *f (-/-n)* lantern; streetlight; **~npfahl** *m* lamppost.

Latschen F [la:tʃən] *pl.* slippers; *fig.* worn-out shoes.

latschen F [~] *v/i.* (ge-, *sein*) shuffle (along); trot.

Latte ['latə] *f* (-/-*n*) lath; pale; *high jump, etc.*: bar; *soccer, etc.*: crossbar; '~n-zaun *m* paling, picket fence.

Latz [lats] *m* (-*es*/-*e*) bib; flap.

Lätzchen ['lɛtsçən] *n* (-*s*/-) (baby's) bib.

'Latzhose *f* (bib) overalls, *Brt.* dungarees.

lau *adj.* [lau] lukewarm; mild.

Laub [laup] *n* (-[*e*]*s*/ *no pl.*) foliage, leaves; '~baum *m* deciduous tree.

Laube ['laubə] *f* (-/-*n*) arbo(u)r, bower.

'Laub|frosch *zo.* *m* tree frog; '~säge *f* fret saw.

Lauch ♀ [laux] *m* (-[*e*]*s*/-*e*) leek.

Lauer ['lauər] *f* (-/*no pl.*): **auf der ~ liegen** *or* **sein** lie in wait; '~n *v/i.* (ge-, *h*) lurk; **~ auf** (*acc.*) lie in wait for.

Lauf [lauf] (-[*e*]*s*/-*e*) run; course; way(s) (*of the world*); (*gun*) barrel; *im* ~(*e*) *der Zeit* in the course of time; '~bahn *f* career; *e-e ~ einschlagen* enter *medicine, the law, politics, etc.*; '~bursche *m mst fig.* errand boy; '~disziplin *f* track event.

'laufen (*irr.*, ge-) *v/i.* (*sein*) *and v/t.* (*sein, h*) run (*a.* ⊙, *mot.*, *econ.*, *fig.*); F walk, go on foot; go (well), work; F: *da läuft nichts!* nothing doing!; '~d *1. adj.* present, current (*a. econ.*); continual; *auf dem ~en sein* be up to date; *2. adv.* continuously; regularly; always; '~lassen *v/t.* (*irr. lassen, sep., no -ge-, pass.* -ge-, *h*) let *s.o.* go *or* off; *die Dinge ~ let* things take their course.

Läufer ['lɔyfər] *m* (-*s*/-) runner (*a. rug*); *chess:* bishop.

Laufe'rei F *f* (-/-*en*) running (around), footwork.

'Lauf|feuer *fig. n: wie ein ~* like wildfire; '~gitter *n* playpen.

läufig *zo. adj.* ['lɔyfiç] in heat.

'Lauf|kundschaft *f* drop-in customers *or* trade; '~masche *f* run, *Brt. a.* ladder (*in stockings or hose*); '~paß F *m: den ~ geben* give *s.o.* the sack *or* the brush-off; '~schritt *m: im ~* on the double; '~steg *m* footbridge; catwalk, runway; ♣ gangway; '~werk *n* ⊙ works; *computer, etc.*: (disk) drive; '~zelt *f econ.* term (*of loan, etc.*); ⊙, *film, etc.*: running time.

Lauge ['laugə] *f* (-/-*n*) ♀ lye; suds.

Laun|e ['launə] *f* (-/-*n*) mood, temper; *gute (schlechte) ~ haben* be in a good (bad) mood; '2enhaft *adj.*, '2isch *adj.* moody.

Laus *zo.* [laus] *f* (-/-*e*) louse; ~bub F ['~bu:p] *m* (-*en*/-*en*) (young) rascal *or* scamp.

Lauschangriff ['lauʃ-] *m* bugging operation.

lausch|en ['lauʃən] *v/i.* (ge-, *h*) listen (*dat.* to); eavesdrop; *s. abhören*; '~ig *adj.* snug, cosy.

lausig F *adj.* ['lauziç] lousy; beastly (*cold, etc.*).

laut[1] *adj.* [laut] loud; noisy; ~ *vorlesen* read (out) aloud; *heraus* (*say, laugh, etc.*) out loud; *~er stellen* turn (the volume) up; (*sprich*) *~er, bitte!* speak up, please!

laut[2] *prp.* [~] (*gen., dat.*) according to.

Laut [~] *m* (-[*e*]*s*/-*e*) sound, noise; '2en *v/i.* (ge-, *h*) words, *etc.*: read; *name*: be.

läuten ['lɔytən] *v/i. and v/t.* (ge-, *h*) bells: ring; *es läutet* (*an der Tür*) the (door-) bell is ringing.

'lauter *adv.* sheer (*nonsense, etc.*); nothing but; ~ *nette Leute etc.* (so) many nice people, *etc.*

'Laut|lehre *ling. f* phonetics; phonology; '2los *adj.* silent, soundless; hushed (*silence*); ~male'rei *f* onomatopoeia; '~schrift *f* phonetic transcription; '~sprecher *m* (loud)speaker; '~stärke *f* loudness; *fig.* (sound) volume; *mit voller ~* (at) full blast; '~stärkeregler *m* volume control.

'lauwarm *adj.* lukewarm (*a. fig.*).

Lava *geol.* ['la:va] *f* (-/-*ven*) lava.

Lavabo *Swiss* ['la:vabo] *n* (-/-) *s. Waschbecken.*

Lavendel ♀ [la'vɛndəl] *m* (-*s*/-) lavender.

Lawine [la'vi:nə] *f* (-/-*n*) avalanche (*a. fig.*).

Lazarett [latsa'rɛt] *n* (-[*e*]*s*/-*e*) (military) hospital.

...le [-lə] *diminutive suffix: s. ...chen.*

leasen ['li:sən] *v/t.* (ge-, *h*) lease.

leben ['le:bən] (ge-, *h*) *1. v/i.* live; be alive; *von et. ~* live on s.th.; *2. v/t.* live (*one's life*).

Leben [~] *n* (-*s*/-) life; *am ~ bleiben* stay alive; survive; *am ~ sein* be alive; *ums ~ bringen* kill; *sich das ~ nehmen* take one's (own) life, commit suicide; *ums ~ kommen* lose one's life, be killed; *um sein ~ laufen* (*kämpfen*) run (fight) for one's life; *das tägliche ~* everyday life; *mein ~ lang* all my life; '2d *adj.* living; live; 2*dig adj.* [le'bɛndiç] living, alive; *fig.* lively, vivid.

Lebens|abend ['le:bəns?-] *m* old age, the last years of one's life; '~art ['~s?-] *f* (-/*no pl.*) way of life; *fig.* manners, breeding; '~bedingungen *pl.* living conditions; '~dauer *f* life span; ⊙ (service) life; ~erfahrung ['~s?-] *f* experience of life; ~erwartung ['~s?-] *f* life expectancy; '2fähig *adj.* ♣ viable (*a. fig.*); '~gefahr *f* (-/*no pl.*) mortal danger; *in* (*unter*) *~* in danger (at the risk) of one's life; '2gefährlich *adj.* dangerous (to life), perilous; '~gefährte m, '~gefährtin f partner; boy- or girl-friend, live-in companion; esp. ⚥ spouse; '~größe f: e-e Statue in ~ a life-size(d) statue; '~haltungskosten pl. cost of living; '~künstler fig. m: ein ~ sein know how to live; '~länglich adj. for life, lifelong; '~lauf m personal record, curriculum vitae; '~lustig adj. fond of life, F swinging; '~mittel pl. food(stuffs); groceries; '~mittelge-schäft n grocery store, esp. Brt. gro-cer's (shop); '~müde adj. tired of life; '~notwendigkeit f vital necessity; '~retter m lifesaver, rescuer; '~standard m standard of living; '~unterhalt ['~ə'] m livelihood; s-n ~ verdienen earn one's living (als as; mit out of, by); '~versicherung f life insurance; '~weise f way of life; '2wichtig adj. vital (a. ⚕ organs), essential; '~zeichen n sign of life; '~zeit f lifetime; auf ~ for life.

Leber anat. ['le:bər] f (-/-n) liver; '~fleck m mole; '~käse m kind of meatloaf; '~tran m cod-liver oil; '~wurst f liver-wurst, Brt. liver sausage.

Lebe|wesen ['le:bə-] n living being, creature; ~'wohl n (-[e]s/-e, -s) fare-well.

leb|haft adj. ['le:p-] lively, vivid (imagi-nation, etc.); heavy (traffic); '2kuchen m gingerbread; '~los adj. lifeless (a. fig.); '2tag F m: mein ~ nicht never in my life; '2zeiten pl.: zu s-n ~ in his lifetime.

lechzen ['lɛçtsən] v/i. (ge-, h): ~ nach thirst for (a. fig.).

leck adj. [lɛk] leaking, leaky.

Leck [~] n (-[e]s/-e) leak.

'lecken¹ v/i. (ge-, h) leak.

'lecken² v/t. and v/i. (ge-, h) lick (an dat. on, at).

lecker adj. ['lɛkər] delicious, tasty, F yummy; '2bissen m delicacy, treat (a. fig.); 2eien F [~'raiən] pl. goodies; '2maul F n: ein ~ sein be a gourmet; have a sweet tooth.

Leder ['le:dər] n (-s/-) leather; '2n adj. leather; '~waren pl. leather goods.

ledig adj. ['le:dɪç] single, unmarried; ~ (gen.) free of; '~lich adv. ['~klɪç] only, merely, solely.

Lee [le:] f (-/no pl.) lee; nach ~ leeward.

leer adj. [le:r] 1. adj. empty (a. fig.); room, etc.: a. vacant; page, etc.: blank; bat-tery: dead; 2. adv.: ~ laufen ⊕ idle; '2e f (-/no pl.) emptiness (a. fig.); '~en v/t. and v/refl. (ge-, h) empty; drain; '2gut n (-[e]s/no pl.) empties; '2lauf m (-[e]s/ no pl.) ⊕ idling; neutral (gear); fig. run-ning on the spot; '~stehend adj. apart-

ment, etc.: unoccupied, vacant; '2ung ⚥ f (-/-en) mail pick-up (time), Brt. collection (time).

legal adj. [le'ga:l] legal, lawful; '~isieren [~ali'zi:rən] v/t. (no ge-, h) legalize; 2i'sierung f (-/-en) legalization.

Legasthen|ie psych. [legaste'ni:] f (-/-n) appr. dyslexia; '~iker [~'te:nɪkər] m (-s/-) appr. dyslexic.

legen ['le:gən] v/t. and v/i. (ge-, h) lay (a. eggs, etc.); place, put; set (hair); sich ~ lie down; fig. calm down; pain, etc.: wear off; s. Wert.

legen|där adj. [legɛn'dɛːr] legendary; 2de [~'gɛndə] f (-/-n) legend (a. fig.).

leger adj. [le'ʒeːr] casual, informal.

Legierung metall. [le'gi:rʊŋ] f (-/-en) al-loy.

Legislative [legɪsla'ti:və] f (-/-n) legisla-tive power.

legitim adj. [legi'ti:m] legitimate; 2ation [~ima'tsio:n] f (-/-en) authority; justifi-cation; identification; ~ieren [~i'mi:-rən] v/t. (no ge-, h) legitimate, legiti-mize, authorize; sich ~ prove one's identity.

Lehm [le:m] m (-[e]s/-e) loam; clay; 2ig adj. loamy, F muddy.

Lehn|e ['le:nə] f (-/-n) back(rest); arm(rest); '2en (ge-, h) 1. v/i. lean (an dat. against), rest (against, on); 2. v/t. lean, rest (both: an acc., gegen against; auf acc. on); sich aus dem Fenster ~ lean out of the window; '~sessel m, '~stuhl m armchair, easy chair; '~wort ling. n (-[e]s/-er) borrowed word, loan-word.

Lehr|amt ['le:rʔ-] n teaching (profes-sion); '~buch n textbook; schoolbook.

Lehre ['le:rə] f (-/-n) science; theory; eccl., pol. teachings, doctrine; moral (of story, etc.); lesson, warning; appren-ticeship; in der ~ sein be apprenticed (bei to); das wird ihm eine ~ sein that will teach him a lesson; '2n v/t. (ge-, h) teach, instruct; fig. a. show.

'Lehrer m (-s/-) teacher, instructor; ~ausbildung ['~ʔ-] f teacher training; '~in f (-/-nen) teacher; '~kollegium n faculty, (teaching) staff; '~zimmer n staff or teachers' lounge, Brt. staff-room.

'Lehr|gang m course (of instruction or study); (training) course; workshop; '~geld fig. n: ~ zahlen (müssen) learn the hard way; '~herr m master; '~jahr n year (of apprenticeship); '~körper m faculty, (teaching) staff; '~ling m (-s/ -e) apprentice, trainee; '~meister m master; fig. teacher; '~mittel pl. teach-ing aids; '~pfad m (self-guided) nature trail; '~plan m curriculum, syllabus;

'~probe f teacher training: demonstration or trial lesson; 2reich adj. informative; instructive; '~satz ⚏ m doctrine; theorem; dogma; '~stelle f apprenticeship; vacancy for an apprentice; '~stuhl m professorship, chair; '~tochter Swiss f (female) apprentice; '~vertrag m indenture(s); '~zeit apprenticeship.

Leib [laıp] m (-[e]s/-er) body (a. eccl.); belly, abdomen; stomach; bei lebendigem ~ alive; mit ~ und Seele (with) heart and soul; F: sich (j-m) j-n vom ~e halten keep s.o. at arm's length (out of s.o.'s sight).

Leibes|erziehung ['laıbəs?-] f physical education; ~kräfte [~'krɛftə] pl.: aus ~n with all one's might; ~übungen ['~?-] pl. physical education; ~visitation ['~vizitatsio:n] f (-/-en) body search, F frisk(ing).

Leib|garde f bodyguard; '~gericht n favo(u)rite dish; 2haftig adj. [~'haftıç] real, true; der ~e Teufel the devil incarnate; ~es Ebenbild spitting image; ich sehe ihn noch ~ vor mir I can see him (before me) now; '2lich adj. physical; own (son, etc.); '~rente f life annuity; '~wache f, '~wächter m bodyguard; '~wäsche f underwear.

Leiche ['laıçə] f (-/-n) (dead) body, corpse.

'**leichen|blaß** adj. deadly pale; '2halle f mortuary; '2schauhaus n morgue; 2starre ⚥ ['~ʃtarə] f (-/no pl.) rigor mortis; '2tuch n shroud; '2verbrennung f cremation; '2wagen m hearse; '2zug m funeral procession.

Leichnam lit. ['laıçna:m] m (-[e]s/-e) corpse, (dead) body.

leicht adj. [laıçt] light (a. fig. music, etc.); easy, simple; mistake, injury, etc.: slight, minor; ⊕ light(weight); ~ möglich quite possible; ~ gekränkt easily offended; das ist ~ gesagt it's not as easy as that; es geht ~ kaputt it breaks easily; '~athlet ['~?-] m (track-and-field) athlete; 2athletik ['~?atle:tık] f (-/no pl.) track and field (events), athletics; '2bauweise ⊕ f lightweight construction; '~fallen v/i. (irr. fallen, sep., -ge-, sein): es fällt mir (nicht) leicht (zu) I find it easy (difficult) (to); '~fertig adj. s. leichtsinnig; '2gewicht n lightweight (a. fig. and in compounds); '~gläubig adj. credulous; '~hin adv. (say s.th.) lightly; 2igkeit fig. ['~ıç-] f (-/no pl.) ease; with ease; '~lebig adj. ['~le:bıç] easygoing, happy-golucky; '2metall n light metal; '~nehmen v/t. (irr. nehmen, sep., -ge-, h) not worry (about); make light of (prob-

lems, etc.); nimm's leicht! never mind!, don't worry about it!; △ not take it easy!; '2sinn m (-[e]s/no pl.) carelessness; recklessness; '~sinnig adj. careless, reckless; happy-go-lucky; '~verständlich adj. comprehensible.

Leid [laıt] n (-[e]s/no pl.) sorrow, grief; pain; ihr ist kein ~ geschehen she came to no harm; s. klagen 2.

leid adj. [~]: es tut mir ~ I'm sorry (um for; wegen about; daß ich zu spät komme for being late); ich bin es ~ (et. zu tun) I'm tired of it (of doing s.th.); 2eform gr. ['laıdə-] f (-/no pl.) passive (voice); ~en ['laıdən] v/t. and v/i. (irr., ge-, h) suffer (an dat., unter dat. from); ich kann or mag ... nicht ~ I don't like ...; I can't stand ...

Leiden [~] n (-s/-) suffering(s); 🞤 disease, complaint.

'**Leidenschaft** f (-/-en) passion; 2lich adj. passionate; vehement; et. ~ gern tun enjoy doing s.th. tremendously.

'**Leidensgeno|sse** m, '~in f fellow sufferer.

'**Leidensweg** m ordeal, (life of) suffering; eccl. way of the Cross.

leid|er adv. ['laıdər] unfortunately; I'm sorry (to say); ~ ja (nein) I'm afraid so (not); ~ig adj. ['laıdıç] unpleasant; F: wenn das ~e Geld etc. nicht wäre if only it weren't for (the) blasted money, etc.; ~lich adj. ['laıt-] passable, F so-so; 2tragende ['laıttra:gəndə] m, f (-n/-n) mourner; er ist der ~ dabei he is the one who suffers for it; 2wesen ['laıt-] n (-s/no pl.): zu meinem ~ to my regret.

Leierkasten ['laıər-] m barrel organ; '~mann m organ grinder.

leiern ['laıərn] v/i. and v/t. (ge-, h) crank (up); fig. drone.

Leih|bibliothek ['laı-] f, '~bücherei f public library; 2en ['laıən] v/t. (irr., ge-, h) lend; econ. rent (Brt. hire) out; (sich) ~ borrow (von from); econ. rent, hire; '~gebühr f rental (fee); '~haus n pawnshop, pawnbroker's (shop); '~mutter F f surrogate mother; '~wagen mot. m rented (esp. Brt. hired) car; '2weise adv. on loan.

Leim [laım] m (-[e]s/-e) glue; aus dem ~ gehen come or fall apart; j-m auf den ~ gehen be taken in by s.o.; 2en v/t. (ge-, h) glue; F take s.o. in.

...lein [-laın] diminutive suffix: s. ...chen.

Leine ['laınə] f (-/-n) line; (dog) lead, leash.

Lein|en ['laınən] n (-s/-) linen; canvas; in ~ gebunden cloth-bound; '~enschuh m canvas shoe; '~samen ⚭ m linseed; '~tuch n (linen) sheet; '~wand f linen;

paint., *etc.* canvas; (*movie*, *Brt. film*, *etc.*) screen.

leise *adj.* ['laɪzə] quiet; *voice*, *etc.*: *a.* low, soft (*a. music*); *fig.* idea, hope, *etc.*: slight, faint; **~ stellen** turn (the volume) down.

Leiste ['laɪstə] *f* (*-/-n*) ledge; *anat.* groin.

leisten ['laɪstən] *v/t.* (**ge-**, *h*) do, work; achieve, accomplish; render (*service*, *help*, *etc.*); take (*oath*, *etc.*); **gute Arbeit ~** do a good job; **sich et. ~** treat o.s. to s.th.; **ich kann es mir (nicht) ~** I can('t) afford it (*a. fig.*).

'Leistenbruch *m* hernia.

'Leistung *f* (*-/-en*) performance; achievement; *school*, *etc.*: *a.* (piece of) work, result; ⊕ *a.* output; *econ.* service; (*social*, *financial*, *etc.*) benefit; **~sdruck** *psych. m* (*-s/no pl.*) pressure (to produce results), stress; **2sfähig** *adj.* efficient; (physically) fit; **~sfähigkeit** *f* efficiency (*a.* ⊕, *econ.*); fitness; **~sgesellschaft** *f* meritocracy; **~skontrolle** *f* (achievement *or* proficiency) test; **~skurs** *m* secondary school: *appr.* honors (course), *Brt.* special subject; **~sprinzip** *n* merit system; **~ssport** *m* competitive sport(s).

Leit|... [laɪt-] *in compounds*: guide..., lead(ing) ...; **~artikel** ['~ˀ-] *m* editorial, *esp. Brt.* leader, leading article; **~bild** *n* role model.

leiten ['laɪtən] *v/t.* (**ge-**, *h*) lead, guide (*a. fig.*), conduct (*a. phys.*, ♪); run, be in charge of, manage; *TV*, *etc.* direct; host; **~d** *adj.* leading, chief, head; *phys.* conductive; **~ Stellung** key position; **~er Angestellter** executive.

Leiter¹ ['laɪtər] *f* (*-/-n*) ladder (*a. fig.*).

Leiter² [~] *m* (*-s/-*) leader, chief, person in charge; conductor (*a. phys.*, ♪); *econ.* head, manager; chairman; *s.* **Schulleiter;** **~in** *f* (*-/-nen*) leader; head; (woman) manager; ♪ (woman) conductor; chairwoman.

'Leit|faden *m* manual, guide; **'~fähigkeit** *phys. f* conductivity; **~motiv** ♪ *n* leitmotif; **~planke** *mot. f* guardrail, *Brt.* crash barrier; **~spruch** *m* motto.

'Leitung *f* (*-/-en*) *econ.* management; head office; administration; chairmanship; organization (*of event*, *etc.*); direction; ⊕ (*water*, *etc.*) main; pipe(s); ⚡, *teleph.* line; **die ~ haben** be in charge; **unter der ~ von** ♪ conducted by; **~srohr** *n* pipe; **~swasser** *n* tap water.

'Leit|werk ✈ *n* tail assembly; **~zahl** *f* code number; *phot.* guide number.

Lekt|ion [lɛkˈtsɪoːn] *f* (*-/-en*) lesson (*a. fig.*); **~or** ['~tɔr] *m* (*-s/-en*) *univ.* instructor; *publishing*: reader; **~üre** [~'tyːrə] *f*

(*-/-n*) reading (matter); *school*: reader.

Lende ['lɛndə] *f* (*-/-n*) loin; sirloin; **~schurz** ['~ʃʊrts] *m* (*-es/-e*) loincloth.

lenk|en ['lɛŋkən] *v/t.* (**ge-**, *h*) steer, drive; guide (*child*, *etc.*); direct (*traffic*, *attention*, *etc.*); **2er** *m* (*-s/-*) handlebars; *mot.* driver; **2rad** *mot. n* steering wheel; **2säule** *mot. f* steering column; **2stange** *f s.* **Lenker; 2ung** *mot. f* (*-/-en*) steering (system).

Leopard *zo.* [leo'part] *m* (*-en/-en*) leopard.

Lepra ⚕ ['leːpra] *f* (*-/no pl.*) leprosy.

Lerche *zo.* ['lɛrçə] *f* (*-/-n*) lark.

lernen ['lɛrnən] *v/t. and v/i.* (**ge-**, *h*) learn; study; learn a trade; **er lernt leicht** he is a quick learner; **schnell ~** pick it up very fast; **schwimmen etc. ~** learn (how) to swim, *etc.*; *s.* **auswendig.**

'Lernmittelfreiheit *f* books, *etc.* furnished by the school.

lesbar *adj.* ['leːs-] readable; *s.* **leserlich.**

Lesb|ierin ['lɛsbiərɪn] *f* (*-/-nen*), **2isch** *adj.* lesbian.

Lese ✿ ['leːzə] *f* vintage, harvest.

Lese|... *in compounds*: reading (*lamp*, *etc.*); **~buch** *n* reader.

lesen ['leːzən] *v/i. and v/t.* (*irr.*, **ge-**, *h*) read; *univ.* teach, lecture (on); ✿ harvest; **das liest sich wie** it reads like; **~swert** *adj.* worth reading.

'Lese|r *m* (*-s/-*) reader; **~ratte** F *f* bookworm; **~rbrief** *m* letter to the editor; **2rlich** *adj.* legible; **~saal** *m* reading room; **~rschaft** *f* (*-/no pl.*) readers; readership (*of paper*, *etc.*); **~stoff** *m* reading matter; **~zeichen** *n* bookmark.

'Lesung *f* (*-/-en*) reading (*a. parl.*).

Letzt [lɛtst]: **zu guter ~** in the end.

letzt|e *adj.* ['lɛtstə] last; latest (*news*, *etc.*); **zum ~ Mal(e)** for the last time; **in ~ Zeit** recently; **als ~r ankommen** *etc.* arrive, *etc.* last; **2r sein** be last (*a. sports*); **sein 2s (her)geben** do one's utmost; F *fig.* **das 2** the limit; the pits; **~ens** *adv.* ['~əns] finally; **erst ~** just recently; **~ere** *adj.* ['~ərə]: **der (die, das) ~** the latter; **~genannt** *adj.* latter, last-mentioned; **~lich** *adv.* in the end.

Leucht|anzeige ⚡ ['lɔʏçtˀ-] *f* luminous display; **~e** *f* (*-/-n*) light, lamp; F: **er ist keine ~** he's no genius; **2en** *v/i.* (**ge-**, *h*) shine; glow; **~en** *n* (*-s/no pl.*) shining; glow; **2end** *adj.* shining (*a. fig.*); luminous; *colo(u)r*, *etc.*: bright; **~er** *m* (*-s/-*) candlestick; *s.* **Kronleuchter; ~farbe** *f* luminous paint; **~reklame** *f* neon sign(s); **~(stoff)röhre** ⚡ *f* fluorescent lamp; **~turm** *m* lighthouse; **~ziffer** *f* luminous digit.

leugnen ['lɔygnən] v/t. and v/i. (ge-, h) deny (et. getan zu haben having done s.th.).

Leumund lit. ['lɔymunt] m (-[e]s/no pl.) reputation, repute; character reference.

Leute ['lɔytə] pl. people, F folks; staff.

Leutnant ✕ ['lɔytnant] m (-s/-s) second lieutenant.

Lexikon ['lɛksikɔn] n (-s/-ka) encyclop(a)edia; dictionary.

Libelle zo. [li'bɛlə] f (-/-n) dragonfly.

liberal adj. [libe'raːl] liberal.

Libero ['liːbero] m (-s/-s) soccer: sweeper.

licht adj. [lɪçt] bright; fig. lucid.

Licht [∼] n (-[e]s/-er) light; brightness; ~ machen switch or turn on the light(s); '∼bild n lit. photo(graph); slide; '∼bildervortrag m slide presentation (Brt. lecture); '∼blick fig. m ray of hope; bright moment; 2empfindlich adj. ['∼?-] sensitive to light; phot. sensitive.

'**lichten** v/t. (ge-, h) clear (forest); den Anker ~ ⚓ weigh anchor; sich ~ hair, etc.: get thin(ner); fig. be thinning (out).

lichterloh adv. ['lɪçtɐloː]: ~ brennen be ablaze.

'**Licht|geschwindigkeit** f speed of light; '∼hupe mot. f: die ~ benutzen blink or flash one's lights (at s.o.); '∼jahr n light year; '∼maschine mot. f generator; ∼orgel ['∼?-] f colo(u)r organ; '∼pause f blueprint; '∼schacht m well; '∼schalter m (light) switch; '2scheu fig. adj. shady (characters); '∼schutzfaktor m sun protection factor, SPF; '∼spiel... in compounds: s. Film, Kino; '2stark phot. adj. fast, high-speed; '∼strahl m ray or beam of light (a. fig.).

'**Lichtung** f (-/-en) clearing, glade.

Lid [liːt] n (-[e]s/-er) (eye)lid; '∼schatten m eyeshadow.

lieb adj. [liːp] dear; sweet; nice, kind; child: good; in letters: ~ Jeanie dear Jeanie; sei so ~ und ... do me a favo(u)r and ...; '∼äugeln F ['∼?ɔygəln] v/i. (no -ge-, h): ~ mit toy with (the idea of doing) s.th.

Liebe ['liːbə] f (-/no pl.) love (zu of, for); aus ~ zu out of love for; ~ auf den ersten Blick love at first sight; '2n v/t. and v/i. (ge-, h) love; be in love (with); make love (to); sich ~ (be in) love (with) each other; make love; ∼nde ['∼ndə] pl. lovers.

'**liebens|wert** adj. lovable, charming, sweet; '∼würdig adj. kind; '2würdigkeit f (-/-en) kindness; compliment.

lieber adv. ['liːbər] rather, sooner; ~ haben prefer, like better; ich möchte ~ (nicht) ... I'd rather (not) ...; du solltest ~ (nicht) ... you had better (not) ...

'**Liebes|brief** m love letter; ∼erklärung ['∼?-] f: j-m e-e ~ machen declare one's love to s.o.; '∼kummer m: ~ haben be lovesick; '∼paar n lovers.

'**liebevoll** adj. loving, affectionate.

lieb|gewinnen ['liːp-] v/t. (irr. gewinnen, sep., no -ge-, h) get fond of; '∼haben v/t. (irr. haben, sep., -ge-, h) love, be fond of; '2haber m (-s/-) lover (a. fig.); '2haber... in compounds: collector's (item, etc.); 2haberei f (-/-en) hobby, pastime; '∼kosen [∼'koːzən] v/t. (no -ge-, h) caress, fondle; '∼lich adj. lovely, charming, sweet (a. wine).

Liebling ['liːplɪŋ] m (-s/-e) darling; favo(u)rite; esp. child, animal: pet; addressing s.o.: darling, honey; '∼s... in compounds: mst favo(u)rite (dish, occupation, etc.).,

lieb|los adj. ['liːp-] unloving, cold; unkind (words, etc.); treatment, etc.: careless; '2schaft f (-/-en) (love) affair; '∼ste adj. dearest; favo(u)rite; am ∼n haben (tun) like (doing s.th.) best of all; '2ste m,f (-n/-n) lover, sweetheart.

Lied [liːt] n (-[e]s/-er) song; tune.

liederlich adj. ['liːdərlɪç] slovenly, sloppy.

Liedermacher ['liːdər-] m singer-songwriter.

lief [liːf] past of laufen.

Lieferant econ. [liːfə'rant] m (-en/-en) supplier.

liefer|bar adj. ['liːfər-] available; '2frist f delivery term or period; '∼n v/t. (ge-, h) deliver; j-m et. ~ supply s.o. with s.th.; '2schein econ. m receipt (for delivery); '2ung f (-/-en) delivery; supply, shipment; 2wagen m (delivery) van.

Liege ['liːgə] f (-/-n) couch; cot, (camp-)bed.

liegen ['liːgən] v/i. (irr., ge-, h) lie; be (located or situated) ; fig. (dat.) suit or fit s.o., appeal to s.o.; (krank) im Bett ~ be (sick, Brt. ill) in bed; nach Osten (der Straße) ~ face east (the street); daran liegt es (daß) that's (the reason) why; es (er) liegt mir nicht it (he) is not my cup of tea; mir liegt viel (wenig) daran it means a lot (doesn't mean much) to me; '∼bleiben v/i. (irr. bleiben, sep., -ge-, sein) not get up; stay in bed; of things: be left behind; mot., etc. break down, get stranded; work, etc.: be left undone; '∼lassen v/t. (irr. lassen, sep., [no] -ge-, h) leave (behind), forget; leave (work, etc.) undone; j-n links ~ ignore s.o., give s.o. the cold shoulder; '2schaften pl. real estate.

'Liege|sitz m reclining seat; '~stuhl m deck chair; ~stütz ['~ʃtʏts] m (-es/-e) push-up, Brt. press-up; '~wagen ⚄ m sleeper (coach), Brt. couchette.

lleh [li:] past of leihen.

lieB [li:s] past of lassen.

Lift [lɪft] m (-[e]s/-e, -s) elevator, Brt. lift; (ski) lift; ~boy ['~bɔʏ] m (-s/-s) elevator operator, Brt. liftman; 2en 1. v/i. (ge-, sein) take the ski lift; 2. v/t. (ge-, h): sich ~ lassen have a facelift.

Liga ['li:ga] f (-/Ligen) league; sports: a. division.

Likör [li'kø:r] m (-s/-e) liqueur.

lila adj. ['li:la] purple, violet.

Lille ⚘ ['li:lia] f (-/-n) lily.

Liliputaner [lilipu'ta:nər] m (-s/-) midget.

Limonade [limo'na:də] f (-/-n) (soda) pop; (lemon) soda, Brt. lemonade.

Limousine mot. [limu'zi:nə] f (-/-n) sedan, Brt. saloon car.

Linde ⚘ ['lɪndə] f (-/-n) lime tree, linden.

linder|n ['lɪndərn] v/t. (ge-, h) relieve, ease, alleviate; '2ung f (-/-en) relief, alleviation.

Lineal [line'a:l] n (-s/-e) ruler.

Linie ['li:niə] f (-/-n) line; auf s-e ~ achten watch one's weight; in erster ~ first and foremost, first of all; '~nflug ✈ m scheduled flight; '~nrichter m soccer, tennis, etc.: linesman; 2ntreu pol. adj.: ~ sein follow the party line.

lin(i)ieren [li'ni:rən; lini'i:rən] v/t. (no ge-, h) rule, line (paper, etc.).

linke adj. ['lɪŋkə] left (a. pol.); auf der ~n Seite on the left(-hand side).

Linke [~] (-n/-n) 1. f left (hand); pol. the left (wing); zu m-r ~ on my left; 2. pol. m, f leftist, left-winger.

linkisch adj. awkward, clumsy.

links adv. [lɪŋks] on the left (a. pol.); on the wrong side, inside out; nach ~ (to the) left; ~ von to the left of; s. liegen-lassen; 2... in compounds: left-hand (traffic, etc.); 2händer ['~hɛndər] m (-s/-) left-hander; 2radikale pol. m, f (-n/-n) left-wing extremist.

Linse ['lɪnzə] f (-/-n) ⚘ lentil; opt. lens.

Lippe ['lɪpə] f (-/-n) lip; '~nstift m lipstick.

liquidieren [likvi'di:rən] v/t. (no ge-, h) liquidate (a. pol.).

lispeln ['lɪspəln] v/i. and v/t. (ge-, h) (have a) lisp.

List [lɪst] f (-/-en) trick; cunning, craft; s. Tücke.

Liste ['lɪstə] f (-/-n) list; roll (of names, etc.), register.

listig adj. cunning, tricky, sly.

Liter ['li:tər] m, n (-s/-) lit|er, Brt. -re.

litera|risch adj. [lite'ra:rɪʃ] literary; 2tur [~a'tu:r] f (-/-en) literature; 2tur... in compounds: literary (criticism, etc.).

LitfaBsäule ['lɪtfas-] f advertising column or pillar.

litt [lɪt] past of leiden.

Lizenz [li'tsɛnts] f (-/-en) licen|se, Brt. -ce.

Lob [lo:p] n (-[e]s/no pl.), 2en ['lo:bən] v/t. (ge-, h) praise; 2enswert adj. ['lo:bəns-] praiseworthy, laudable.

Loch [lɔx] n (-[e]s/⁻er) hole (a. fig.); mot. s. Reifenpanne; 2en v/t. (ge-, h) punch (ticket, etc.) (a. ⊙); ~er m (-s/-) punch; '~karte f punch(ed) card.

löcherig adj. ['lœçərɪç] full of holes (a. fig.).

'Lochstreifen m punch(ed) tape.

Locke ['lɔkə] f (-/-n) curl; lock (of hair).

'locken¹ v/t. and v/refl. (ge-, h) curl.

'locken² v/t. (ge-, h) lure, entice; fig. a. attract, tempt.

'Locken|kopf m curly head; ~wickler ['~vɪklər] m (-s/-) curler.

locker adj. ['lɔkər] loose; rope, etc.: a. slack; fig. relaxed, F laid-back; '~n v/t. (ge-, h) loosen, slacken; relax (a. fig.); sich ~ loosen, (be)come loose; sports: limber up; fig. relax.

'lockig adj. curly, curled.

'Lock|mittel n s. Köder; '~vogel m decoy, stool pigeon (both a. fig.).

lodern ['lo:dərn] v/i. (ge-, h) blaze, flare.

Löffel ['lœfəl] m (-s/-) spoon; ladle; '2n v/t. (ge-, h) spoon up; '~voll m (-/-) spoonful.

log [lo:k] past of lügen.

Logarithmentafel ⚕ [loga'rɪtmən-] f tables of logarithms, Brt. log tables.

Logbuch ⚓, ✈ ['lɔk-] n log.

Loge ['lo:ʒə] f (-/-n) thea. box; (Masonic, etc.) lodge.

Log|ik ['lo:gɪk] f (-/no pl.) logic; 2isch adj. logical; 2ischer'weise adv. logically, obviously.

Lohn [lo:n] m (-[e]s/⁻e) wages, pay(ment); fig. reward; ~empfänger ['~?-] m wage earner; 2en v/refl. (ge-, h) be worth(while), pay; es (die Mühe) lohnt sich it's worth it (the trouble); das Buch (der Film) lohnt sich the book (film) is worth reading (seeing); '2end adj. paying; fig. worthwhile, rewarding; ~erhöhung ['~?-] f increase in wages, raise, Brt. rise; '~steuer f income tax, Brt. PAYE; '~stopp m wage freeze; '~tüte f paycheck, Brt. pay packet.

Loipe ['lɔʏpə] f (-/-n) (cross-country) course.

Lok ⚄ [lɔk] f (-/-s) engine.

lokal adj. [lo'ka:l] local.

Lokal [~] n (-[e]s/-e) restaurant, café;

bar, *esp. Am.* saloon, *esp. Brt.* pub; **~...** *in compounds:* mst local ...

Lok|omotive 🚂 [lokomo'ti:və] *f (-/-n)* engine; **~führer** 🚂 ['lɔk-] *m* engineer, *Brt.* train driver.

Lokus F ['lo:kus] *m (-, -ses/-se)* toilet, john, *Brt.* loo.

Lorbeer ♣ ['lɔrbe:r] *m (-s/-en)* laurel(s *fig.*); bay leaf (*a.* **~blatt**).

Lore ['lo:rə] *f (-/-n)* 🚂, *etc.* tipcart; 🚂 open freight car (*Brt.* goods wagon).

Los [lo:s] *n (-es/-e)* lot; *fig. a.* fate; (lottery) ticket, number; **~e ziehen** draw lots; **das Große ~ ziehen** *fig.* hit the jackpot.

los *adj. and adv.* [~] off (*a.* in compounds: march, *etc.*); (break, set, *etc.*) loose; **~ sein** be rid of; **was ist ~?** what's the matter?, F what's up?; what's going on (here)?; **hier ist nicht viel ~** there's nothing much going on here; F **da ist was ~!** that's where the action is!; F: **mit ihm** (**damit**) **ist nicht viel ~** he (it) isn't up to much; F **~!** hurry up!, get a move on!; F **also ~!** okay, let's go!

...los [-lo:s] *in compounds:* mst ...less.

los|... ['lo:s-] *in compounds:* un..., ... off *or* loose; start (working, *etc.*).

lösbar *adj.* ['lø:sba:r] solvable.

'los|binden *v/t. (irr.* **binden**, sep., -ge-, h) untie; **~brechen** (*irr.* **brechen**, sep., -ge-) **1.** *v/t.* (h) break *s.th.* off; **2.** *v/i.* (sein) break loose.

Lösch|blatt ['lœʃ-] *n* blotting paper; **2en** *v/t.* (ge-, h) extinguish, put out; quench (thirst); blot (ink); wipe *s.th.* off; erase (data, recording, *etc.*); cancel, delete; slake (lime); ⚓ unload; **~papier** *n* blotting paper; **~taste** *f* erase (computer: delete) key; **~zug** *m s.* **Feuerwehr**.

lose *adj.* ['lo:zə] loose (*a. fig.* tongue, *etc.*).

Lösegeld ['lø:zə-] *n* ransom.

loseisen F ['lo:s'ʔaızən] *v/t. and v/refl.* (sep., -ge-, h) get (s.o.) away from *s.o. or s.th.*; get (money, *etc.*) out of *s.o.*

losen ['lo:zən] *v/i.* (ge-, h) draw lots (**um** for).

lösen ['lø:zən] *v/t.* (ge-, h) loosen, relax; undo (knot, *etc.*); release (brake, *etc.*); take *s.th.* off, remove; solve (puzzle, problem, case, *etc.*); settle (conflict, *etc.*); buy, get (ticket, *etc.*); dissolve (*a.* 🧪); **sich ~** come loose *or* undone; 🧪, *etc.*: dissolve; *fig.* free o.s. (**von** from); problem, *etc.*: solve itself; things: work out, be all right.

'los|fahren *v/i. (irr.* **fahren**, sep. -ge-, sein) leave; drive off; **~gehen** *v/i. (irr.* **gehen**, sep. -ge-, sein) leave; start, begin; gun, *etc.*: go off; **auf j-n ~** go for *s.o.*; **ich gehe jetzt los** I'm off now;

~kaufen *v/t.* (sep., -ge-, h) ransom; **~ketten** *v/t.* (sep., -ge-, h) unchain; **~kommen** *v/i. (irr.* **kommen**, sep., -ge-, sein) get away (**von** from); **~lassen** *v/t. (irr.* **lassen**, sep., -ge-, h) let go; **den Hund ~ auf** (acc.) set the dog on; **~laufen** *v/i. (irr.* **laufen**, sep., -ge-, sein) start running; **~legen** F *v/i.* (sep., -ge-, h) set to work, get cracking; fire away; let fly.

löslich 🧪 *adj.* ['lø:slıç] soluble.

'los|lösen, **~machen** *v/t.* (sep., -ge-, h) s. **lösen**; **~reißen** *v/t.* (irr. **reißen**, sep., -ge-, h) tear off; **sich ~** break away; *esp. fig.* tear o.s. away (both: **von** from); **~sagen** *v/refl.* (sep., -ge-, h): **sich ~ von** break with, renounce; **~schlagen** *v/i. (irr.* **schlagen**, sep., -ge-, h) strike (**auf j-n** out at *s.o.*); **~schnallen** *v/t.* (sep. -ge-, h) unbuckle; **sich ~** mot., ✈ unfasten one's seat belt; **~schrauben** *v/t.* (sep., -ge-, h) unscrew; **~sprechen** *v/t. (irr.* **sprechen**, sep., -ge-, h) absolve (**von** from, of); release (apprentice); **~steuern** *v/i.* (sep., -ge-, sein): **~ auf** (acc.) head for; **~stürzen** *v/i.* (sep., -ge-, sein): **~ auf** (acc.) rush at.

Losung ['lo:zʊŋ] *f (-/-en)* ✕ password; *fig.* slogan ; motto.

Lösung ['lø:zʊŋ] *f (-/-en)* solution (*a. fig.*); settlement (of conflict, *etc.*); **~smittel** *n* solvent.

'los|werden *v/t. (irr.* **werden**, sep., -ge-, sein) get rid of; of money, *etc.*: spend; lose; **~ziehen** *v/i. (irr.* **ziehen**, sep., -ge-, sein) set out, take off, march away.

Lot [lo:t] *n (-[e]s/-e)* plumb(line); **im** (**aus dem**) **~** *fig.* in (out of) order.

löt|en ['lø:tən] *v/t.* (ge-, h) solder; **2-kolben** ⚙ *m* soldering iron; **2lampe** ⚙ *f* blowtorch.

Lotse ['lo:tsə] *m (-n/-n)* zo. pilot; mot. guide; **2n** *v/t.* (ge-, h) pilot; *fig. a.* guide.

Lotterie [lɔtə'ri:] *f (-/-n)* lottery; **~gewinn** *m* prize; **~los** *n* lottery ticket.

Lotto ['lɔto] *n (-s/-s)* lotto, bingo; *in Germany:* Lotto; (**im**) **~ spielen** play Lotto; **~schein** *m* Lotto coupon; **~ziehung** *f* Lotto draw(ing).

Löw|e ['lø:və] *m (-n/-n)* zo. lion; ast. Leo; **~enzahn** ♣ *m (-[e]s/no pl.)* dandelion; **~in** zo. *f (-/-nen)* lioness.

loyal *adj.* [lŏa'ja:l] loyal, faithful.

Luchs zo. [luks] *m (-es/-e)* lynx.

Lücke ['lykə] *f (-/-n)* gap (*a. fig.*); **~nbüßer** ['~nby:sər] *m (-s/-)* stopgap; **2nhaft** *adj.* full of gaps; *fig.* incomplete; **2nlos** *adj.* without a gap; *fig.* complete; **~ntest** *m* completion *or* fill in (the blanks) test.

lud [luːt] *past of* laden.

Luder F ['luːdər] *n* (*-s/-*) *contp.* beast, bastard; bitch; *armes ~* poor thing; *freches ~ s.* Frechdachs.

Luft [luft] *f* (*-/-̈e*) air; *an der frischen ~* (out) in the fresh air; *(frische) ~ schöpfen* get a breath of fresh air; *die ~ anhalten* catch (*esp. fig. a.* hold) one's breath; *tief ~ holen* take a deep breath; *in die ~ fliegen* (*sprengen*) blow up; *s. dick.*

Luft|angriff ['luftʔ-] *m* air raid; *'~ballon* *m* balloon; *'~bild* *n* aerial photograph; *'~blase* *f* (air) bubble; *'~brücke* *f* airlift.

Lüftchen ['lyftçən] *n* (*-s/-*) (gentle) breeze.

'luft|dicht *adj.* airtight; *'2druck phys.,* ⊕ *m* (*-[e]s/no pl.*) air pressure.

lüften ['lyftən] *v/t. and v/i.* (*ge-, h*) air, ventilate; raise, lift (*lid, etc.*); *fig.* reveal, disclose (*secret, etc.*).

'Luft|fahrt *f* (*-/no pl.*) aviation, aeronautics; *'~feuchtigkeit* *f* humidity; *'~gewehr* *n* airgun; *'2ig adj.* airy; breezy; *dress, etc.*: light; *'~kissen* ⊕ *n* air cushion; *'~kissenfahrzeug* *n* hovercraft; *'~krankheit* *f* airsickness; *'~krieg* *m* air warfare; *'~kurort* *m* health resort; *'2leer adj.:* er *Raum* vacuum; *'~linie* *f: 50 km ~* 50 km as the crow flies; *'~loch* *n* air vent; ⚡ air pocket; *'~matratze* *f* air mattress; *'~pirat* *m* hijacker, skyjacker; *'~post* *f* air mail; *'~pumpe* *f* air pump; bicycle pump; *'~raum* *m* atmosphere; air space; *'~röhre anat.* *f* windpipe, trachea; *'~sack mot.* *m* air bag; *'~schiff* *n* airship; *'~schlange* *f* streamer; *'~schloß* *n* castle in the air; *'~schutz... in compounds:* air-raid (*shelter, etc.*); *'~sprünge* ['~ʃprʏŋə] *pl.:* *~ machen vor Freude* jump for joy.

'Lüftung *f* (*-/-en*) airing; ⊕ ventilation.

'Luft|veränderung *f* change of air; *'~verkehr* *m* air traffic; *'~verschmutzung* *f* air pollution; *'~waffe* ✕ *f* air force; *'~weg m: auf dem ~* by air; *~e pl. anat.* respiratory system; *'~zug* *m* (*-[e]s/no pl.*) draft, *Brt.* draught.

Lug [luːk] *m: ~ und Trug* fraud and deceit, lies and deception.

Lüge ['lyːɡə] *f* (*-/-n*) lie, falsehood; *'2n v/i.* (*irr., ge-, h*) lie, tell a lie *or* lies; *das ist gelogen* that's a lie; *'~ngeschichte* *f* cock-and-bull story, tall tale.

Lügner ['lyːɡnər] *m* (*-s/-*) liar; *'2isch adj.* false, untrue.

Luke ['luːkə] *f* (*-/-n*) hatch; skylight.

Lümmel ['lʏməl] *m* (*-s/-*) rascal; *'2n v/refl.* (*ge-, h*) slouch.

Lump F [lump] *m* (*-en/-en*) scoundrel.

lumpen F ['lumpən] *v/t.* (*no ge-, h*): *sich nicht ~ lassen* be generous, not be stingy.

Lump|en [~] *m* (*-s/-*) rag; *in ~* in rags; *'~enpack* F *n* rabble, riffraff; *sl.* bastards; *'2ig fig. adj.: für ~e zwei Mark* for a paltry two marks.

Lunchpaket ['lanʃ-] *n* box (*Brt.* packed) lunch.

Lunge *anat.* ['luŋə] *f* (*-/-n*) lung(s); *(auf) ~ rauchen* inhale (smoke); *'~nentzündung* ⚕ *f* pneumonia; *'~nflügel anat.* *m* lung; *'~nzug m: e-n ~ machen* inhale.

lungern ['luŋərn] *v/i.* (*ge-, h*) loaf *or* hang around.

Lupe ['luːpə] *f* (*-/-n*) magnifying glass; *unter die ~ nehmen* scrutinize (closely).

Lust [lust] *f* (*-/-̈e*) desire, interest; lust; pleasure, delight; *~ haben auf et.* (*et. zu tun*) feel like (doing) s.th.; *hättest du ~ auszugehen?* would you like to go out?, how about going out?; *ich habe keine ~* I don't feel like it, I'm not in the mood for it; *die ~ an et. verlieren* (*j-m die ~ an et. nehmen*) (make s.o.) lose all interest in s.th.

lüstern *adj.* ['lʏstərn] greedy (*nach et.* for s.th.).

'lustig *adj.* funny; cheerful; *er ist sehr ~* he is full of fun; *es war sehr ~* it was great fun; *sich ~ machen über* (*acc.*) make fun of, ridicule.

Lüstling ['lʏstlɪŋ] *m* (*-s/-e*) lecher.

'lust|los *adj.* listless, indifferent; *'2mord* *m* sex murder; *'2spiel* *n* comedy.

lutsch|en ['lutʃən] *v/i. and v/t.* (*ge-, h*) suck; *'2er* *m* (*-s/-*) lollipop, lolly; *s.* Schnuller.

Luv ⚓ [luːf] *f* (*-/no pl.*) windward, weather side.

luxuriös *adj.* [luksu'riøːs] luxurious.

Luxus ['luksus] *m* (*-/no pl.*) luxury (*a. fig.*); *'~... in compounds:* luxury (*car, etc.*), deluxe, *Brt.* de luxe (*model, etc.*); *~artikel* ['~ʔ-] *m* luxury.

Lymphdrüse *anat.* ['lʏmf-] *f* lymph gland.

lynchen ['lʏnçən] *v/t.* (*ge-, h*) lynch.

Lyr|ik ['lyːrɪk] *f* (*-/no pl.*) poetry; *'~iker* ['~rikər] *m* (*-s/-*) (lyric) poet; *'2isch adj.* lyrical (*a. fig.*).

Lyzeum [ly'tseːum] *n* (*-s/Lyzeen*) girls' secondary school.

M

machbar *adj.* ['max-] feasible.
Mache F ['maxə] *f* (-/*no pl.*) make-believe, sham; *in der ~* in the making; *in die ~ nehmen* give *s.o.* hell.
machen ['maxən] *v/t.* (*ge-, h*) do; make, produce; prepare (*meal, etc.*); fix (*a. fig.*), repair; be, come to, amount to (*sum, etc.*); take, pass (*exam, etc.*); make, be *or* go on (*trip, etc.*); *Hausaufgaben ~* do one's homework; *was macht er?* what's he doing?; what does he do (for a living)?; *da(gegen) kann man nichts ~* it can't be helped; *nichts zu ~!* nothing doing!, no go!; *(das) ~ wir!, wird gemacht!* will do!; *mach, was du willst!* do what(ever) you want!; *(nun) mach mal or schon!* hurry up!, come on *or* along now!; *mach's gut!* take care (of yourself)!; good luck!; *(das) macht nichts* it doesn't matter; *mach dir nichts d(a)raus!* never mind!, don't worry!; *das macht mir nichts aus* I don't mind *or* care; *was or wieviel macht das?* how much is it?; *sich et.* (*nichts*) *~ aus* (not) care about; (not) care for.
'Machenschaften *pl.* machinations, wheeling and dealing.
'Macher *m* (-*s*/-) doer; technocrat; '...*Ⴈ in compounds:* mst (*movie, etc.*) maker.
Macho *contp.* ['matʃo] *m* (-*s*/-*s*) macho.
Macht [maxt] *f* (-/⁻e) power (*über acc.* of); *an der ~ pol.* in power; *mit aller ~* with all one's might; *~haber pol.* ['~ha:bər] *m* (-*s*/-) ruler.
mächtig *adj.* ['mɛçtɪç] powerful, mighty (*a. fig.*); enormous, huge; *~* (*gen.*) *lit.* having command of (*language, etc.*); F: *~ klug (stolz)* mighty clever (proud).
'Macht|kampf *m* struggle for power; **2los** *adj.* powerless; **~politik** *f* power politics; **~übernahme** *pol.* ['~ⁿ-] *f* takeover; **~wechsel** *pol. m* transition of power; **~wort** *n* (-[e]*s*/⁻e): *ein ~ sprechen* put one's foot down.
'Machwerk *n* sorry piece of work, bad job.
Macke F ['makə] dent, crack; *e-e ~ haben fig.* be off one's rocker.
Mädchen ['mɛːtçən] *n* (-*s*/-) girl; maid; **2haft** *adj.* girlish; '**~name** *m* girl's name; maiden name.
Made *zo.* ['maːdə] *f* (-/-n) maggot; *in fruit, etc.:* worm.
Mädel ['mɛːdəl] *n* (-*s*/-) girl.
madig *adj.* ['maːdɪç] *fruit:* wormeaten; F *j-m ... ~ machen* put *s.o.* off *s.th. or s.o.*
Magazin [maga'tsiːn] *n* (-*s*/-e) magazine; store(room), warehouse, esp. ✕

magazine, depot; *TV, radio:* program(me) in a magazine format, review.
Magd ⚲ [maːkt] *f* (-/⁻e) (female) farmhand; (milk)maid.
Magen ['maːgən] *m* (-*s*/⁻, -) stomach, F tummy; *s. nüchtern; ~ ⚕ in compounds:* mst gastric (*acid, etc.*); '**~beschwerden** *pl.* stomach trouble; '**~Darm-Infektion** ⚕ *f* gastroenteritis; '**~geschwür** ⚕ *n* (stomach) ulcer; '**~grube** *f* pit of the stomach, solar plexus; '**~schleimhautentzündung** *f* ['~ʃlaimhaut⁹-] *f* gastritis; '**~schmerzen** *pl.* stomach-ache; '**~verstimmung** *f* upset stomach.
mager *adj.* ['maːgər] lean (*a. meat*), thin, skinny; *cheese, etc.:* low-fat, *milk:* a. skim; *fig.* meagler, *Brt.* -re; **2sucht** ⚕ *f* (-/*no pl.*) anorexia.
Magi|e [ma'giː] *f* (-/*no pl.*) magic; **~er** ['maːgiər] *m* (-*s*/-) magician; **2sch** *adj.* ['maːgɪʃ] magic(al).
Magister [ma'gɪstər] *m* (-*s*/-) *univ.* Master of Arts *or* Science; *Aust. s.* **Apotheker.**
Magistrat [magɪs'traːt] *m* (-[e]*s*/-e) city *or* municipal council.
Magnet [ma'gneːt] *m* (-[e]*s*, -en/-e[n]) magnet (*a. fig.*); **~... in compounds:** mst magnetic ...; **2isch** *adj.* magnetic (*a. fig.*); **2isieren** [~eti'ziːrən] *v/t.* (*no ge-, h*) magnetize.
Mahagoni [maha'goːni] *n* (-*s*/*no pl.*) mahogany.
Mähdrescher ⚲ ['mɛːdrɛʃər] *m* (-*s*/-) combine (harvester).
mähen ['mɛːən] *v/t.* (*ge-, h*) mow (*lawn*); cut (*grass*); reap.
Mahl *lit.* [maːl] *n* (-[e]*s*/-e) meal; banquet.
mahlen ['maːlən] *v/t.* (*irr., ge-, h*) grind.
'Mahlzeit *f* (-/-en) meal; *baby:* feed(ing).
Mähne ['mɛːnə] *f* (-/-n) mane.
mahn|en ['maːnən] *v/t. and v/i.* (*ge-, h*) remind, warn; admonish; *econ.* demand payment; **2mal** *n* (-[e]*s*/-e) memorial; **2ung** *f* (-/-en) warning; *econ.* reminder.
Mai [mai] *m* (-[e]*s*, -/-e) May; *der Erste ~* May Day; '**~baum** *m* maypole; '**~glöckchen** ⚘ *n* lily of the valley; '**~käfer** *zo. m* cockchafer, June bug.
Mais ⚘ [mais] *m* (-*es*/-e) corn, *Brt.* maize; '**~kolben** *m* corncob; corn on the cob.
Majestät [maje'stɛːt] *f* (-/-en): *Seine (Ihre, Eure) ~* His (Her, Your) Majesty; **2isch** *adj.* majestic.

Major ✕ [ma'joːr] m (-s/-e) major.
makaber adj. [ma'kaːbər] macabre.
Makel ['maːkəl] m (-s/-) blemish (a. fig.).
mäkelig F adj. ['mɛːk(ə)liç] fussy, choos(e)y, picky.
'**makellos** adj. immaculate (a. fig.).
mäkeln F ['mɛːkəln] v/i. (ge-, h) carp, pick, nag (an dat. at).
Makler econ. ['maːklər] m (-s/-) (real) estate agent; broker; '**~gebühr** econ. f fee, commission.
mal adv. [maːl] Ⱥ times, multiplied by; measurements: by; F s. **einmal; 12 ~ 5 ist (gleich) 60** 12 times or multiplied by 5 is or equals 60; **ein 7 Meter ~ 4 Meter großes Zimmer** a room 7 metres by 4 metres.
...mal in compounds: ... times, ...fold.
Mal[^1] [~] n (-[e]s/-e) time; **zum ersten (letzten) ~(e)** for the first (last) time; **mit e-m ~(e)** all of a sudden; at the same time; **ein für alle ~(e)** once and for all.
Mal[^2] [~] n (-[e]s/-e, ~er) mark; s. **Muttermal.**
Malbuch ['maːl-] n colo(u)ring book.
malen ['maːlən] v/t. (ge-, h) paint.
'**Maler** m (-s/-) painter; **~ei** [~ə'raɪ] f (-/no pl.) painting; '**~in** f (-/-nen) (woman) painter; '**Qisch** fig. adj. picturesque.
...malig in compounds: (done) ... times.
'**Malkasten** m paint box.
'**malnehmen** Ⱥ v/t. (irr. nehmen, sep., -ge-, h) multiply (mit by).
Malz [malts] n (-es/no pl.) malt; '**~bier** n malt beer.
Mama F ['mama, ma'maː] f (-/-s) mom(my), mum(my).
Mammut zo. ['mamʊt] n (-s/-s, -e) mammoth (a. fig. and in compounds).
man indef. pron. [man] you, one; they, people; **wie schreibt ~ das?** how do you spell it?; **~ sagt, daß** they or people say (that); **~ hat mir gesagt** I was told; **das tut ~ nicht** it's not done.
Manager ['mɛnɪdʒər] m (-s/-) executive; sports: manager.
manch [manç], '**~er**, '**~e**, '**~es** indef. pron. (mst pl.) some; quite a few; many; '**~er'lei** adj. all kinds of, various; as noun: all kinds of things; '**~mal** adv. sometimes.
Mandant ⅔ [man'dant] m (-en/-en) client.
Mandarine ⅋ [manda'riːnə] f (-/-n) tangerine.
Mandat pol. [man'daːt] n (-[e]s/-e) mandate; parl. seat; **~ar** Aust. [~a'taːr] m (-s/-e) s. **Abgeordnete.**
Mandel ['mandəl] f (-/-n) ⅋ almond;

anat. tonsil; **~entzündung** ⅜ ['~ʔ-] f tonsillitis.
Manege [ma'neːʒə] f (-/-n) (circus) ring.
Mangel[^1] ['maŋəl] m 1. (-s/no pl.) lack (an dat. of); shortage; ⅜ (vitamin, etc.) deficiency; **aus ~ an** (dat.) for lack of; 2. (-s/~) defect, fault (both a. ⊝); shortcoming, weakness; school, etc.: a. error, mistake.
Mangel[^2] [~] f (-/-n) mangle.
'**mangelhaft** adj. quality: poor; work, goods, etc.: defective, inadequate; grade: poor, unsatisfactory, failing.
'**mangeln**[^1] v/i. (ge-, h) be lacking or wanting (an dat. in); **es mangelt ihm an nichts** he lacks for nothing.
'**mangeln**[^2] v/t. (ge-, h) press (sheets, etc.) with a mangle.
'**mangels** prp. (gen.) for lack of.
'**Mangelware** f: ~ **sein** be scarce.
Manie [ma'niː] f (-/-n) mania (a. fig.).
Manier|**en** [ma'niːrən] pl. manners; **Qlich** adv.: **sich ~ betragen** behave (decently).
Manifest [mani'fɛst] n (-es/-e) manifesto.
Maniküre [mani'kyːrə] f (-/-n) manicure; manicurist.
manipulieren [manipu'liːrən] v/t. (no ge-, h) manipulate.
Manko ['maŋko] n (-s/-s) drawback; econ. deficit.
Mann [man] m (-[e]s/~er) man; husband; **pro ~** per head.
Männchen ['mɛnçən] n (-s/-) little man; zo. male.
Mannequin ['manəkɛ̃] n (-s/-s) (female) (fashion) model.
mannig|**fach** adj. ['maniç-], '**~faltig** adj. many and various; '**Qfaltigkeit** f (-/- no pl.) variety, diversity.
männlich adj. ['mɛnliç] biol. male; gr., looks, etc.: masculine (a. fig.); behavio(u)r, etc.: manly.
Mannschaft f (-/-en) team (a. fig.); ⚓, ✈ crew; ✕ **~en** pl. troops; '**~führer** m sports: captain.
mannstoll F adj. ['mans-] oversexed, nymphomaniac.
'**Mannweib** contp. n mannish woman.
Manöv|**er** [ma'nøːvər] n (-s/-), **Qrieren** [~ø'vriːrən] v/i. (no ge-, h) maneuver, Brt. manoeuvre.
Mansarde [man'zardə] f (-/-n) room in the attic; **~nfenster** n dormer (window).
Manschette [man'ʃɛtə] f (-/-n) cuff; ⊝ gasket; (paper) frill; **~nknopf** m cufflink.
Mantel ['mantəl] m (-s/~) coat; tire (Brt. tyre) cover, casing; ⊝ jacket, shell.

Manuskript [manu'skrɪpt] n (-[e]s/-e) manuscript; *print.* copy.

Mäppchen ['mɛpçən] n (-s/-) pencil case.

Mappe ['mapə] f (-/-n) briefcase; school bag; portfolio; folder; △ *not* **map.**

Marathonlauf ['ma:raton-] m marathon (race).

Märchen ['mɛːrçən] n (-s/-) fairy tale (a. fig.); ~ **erzählen** fig. tell (tall) stories or fibs; **~haft** adj. fantastic, fabulous; **~land** n fairyland (a. fig.).

Marder zo. ['mardər] m (-s/-) marten.

Margarine [marga'ri:nə] f (-/no pl.) margarine.

Margerite ♀ [margə'ri:tə] f (-/-n) marguerite.

Marien... eccl. [ma'ri:ən-] in compounds: mst ... of the Virgin Mary, St. Mary's ...; **~käfer** zo. m lady bug, Brt. ladybird.

Marihuana [mari'hŏa:na] n (-s/no pl.) marijuana, sl. grass; **~zigarette** f sl. reefer, joint.

Marille Aust. [ma'rɪlə] f (-/-n) apricot.

Marine ⚓ [ma'ri:nə] f (-/-n) navy; △ *not* **marine.** **~infanterie** ✗ [~?-] f marines.

Marionette [mario'nɛtə] f (-/-n) puppet (a. fig.). **~ntheater** n puppet show.

Mark¹ econ. [mark] f (-/-) (German) mark.

Mark² [~] n (-[e]s/no pl.) marrow; pulp; **bis ins ~** to the core; **durch ~ und Bein gehen** go right through s.o.

markant adj. [mar'kant] prominent (position, etc.); striking (features, etc.); bold (handwriting, etc.).

Marke ['markə] f (-/-n) econ. brand; make; trademark (a. fig.); (postal, etc.) stamp; coupon, voucher, chit; badge; tag; mark, sign.

markier|en [mar'ki:rən] v/t. (no ge-, h) mark (a. sports); label; F fig. act, pretend; **2ung** f (-/-en) mark(ing).

Markise [mar'ki:zə] f (-/-n) awning, sun blind.

'Markstein m landmark (a. fig.).

Markt econ. [markt] m (-[e]s/-e) market; **auf den ~ bringen** econ. put on the market; **'~platz** m marketplace, market square; **'~wirtschaft** f: **freie ~** free enterprise or market (economy).

Marmelade [marmə'la:də] f (-/-n) jam; marmalade.

Marmor ['marmɔr] m (-s/-e) marble.

Marone ♀ [ma'ro:nə] f (-/-n) (sweet) chestnut.

Marotte F [ma'rɔtə] f (-/-n) whim.

marsch int. [marʃ] F (be) off!; ✗ march!; **~, ~!** hurry up!, on the double!

Marsch¹ [~] m (-[e]s/-e) march (a. ♪).

Marsch² [~] f (-/-en) marsh, fen.

Marschall ['marʃal] m (-s/-schälle) marshal.

'Marsch|befehl ✗ m marching orders; **'~flugkörper** ✗ m cruise missile; **2ieren** [~'ʃi:rən] v/i. (no ge-, sein) march; **'~musik** f military marches.

Marsmensch ['mars-] f Martian.

Marter ['martər] f (-/-n), **2n** v/t. (ge-, h) torture, torment; **'~pfahl** m stake.

Martinshorn ['marti:ns-] n (police, etc.) siren.

Märtyrer ['mɛrtyrər] m (-s/-) martyr (a. fig.).

Marxis|mus pol. [mar'ksɪsmus] m (-/no pl.) Marxism; **~t** pol. [~'ksɪst] m (-en/-en), **2tisch** adj. Marxist.

März [mɛrts] m (-[es]/-e) March.

Marzipan ['martsipa:n] n, m (-s/-e) marzipan.

Masche ['maʃə] f (-/-n) mesh; knitting: stitch; F fig. trick; fad, craze; **'~ndraht** m wire netting.

Maschine [ma'ʃi:nə] f (-/-n) machine; engine; ✈ plane; motorcycle, machine; **2ll** adj. [~i'nɛl] mechanical.

Ma'schinen|bau ⊙ m (-[e]s/no pl.) mechanical engineering; **~gewehr** n machinegun; **~öl** [~?-] n engine oil; **~pistole** f submachine gun; **~schaden** m engine trouble or failure; **~schlosser** m (engine) fitter.

Maschinerie [maʃinə'ri:] f (-/-n) machinery (a. fig. pol., etc.).

ma'schineschreiben v/i. (schreibt Maschine, schrieb Maschine, hat maschinegeschrieben) type.

Masern ✼ ['ma:zərn] pl. measles.

Maserung ['ma:zəruŋ] f (-/-en) wood, etc.: grain.

Mask|e ['maskə] f (-/-n) mask (a. fig.); **'~enball** m fancy-dress ball; **~enbildner** ['~nbɪltnər] m (-s/-) make-up artist; **2ieren** [~'ki:rən] v/t. (no ge-, h) mask; **sich ~** put on a mask; s. **verkleiden.**

Maskottchen [mas'kɔtçən] n (-s/-) mascot.

maskulin adj. ['maskuli:n] masculine (a. gr.).

Maß [ma:s] 1. n (-es/-e) measure (für of); of room, etc.: dimensions, measurements, size; fig. extent, degree; **~e und Gewichte** weights and measures; **nach ~ (gemacht)** made to measure; **in gewissem (hohem) ~e** to a certain (high) degree; **in zunehmendem ~e** increasingly; 2. f (-/-[e]) lit|er (Brt. -re) of beer.

maß [~] past of **messen.**

Maß... in compounds: tailor-made (suit, etc.).

Massage [ma'sa:ʒə] f (-/-n) massage.

Massaker [ma'sa:kər] n (-s/-) massacre.
Masse ['masə] f (-/-n) mass; substance; (thick) paste, mixture; crowd(s); F: **e-e ~ loads** or **heaps** of (money, etc.); **die (breite) ~,** pol. **die ~n** pl. the masses.
Maßeinheit ['ma:s?-] f unit of measure(ment).
'Massen|... in compounds: mst mass (media, production, etc.); **~andrang** ['~?-] m crush; **'~haft** F adv. masses or loads of; **'~karambolage** mot. f pile-up.
Masseu|r [ma'sø:r] m (-s/-e) masseur; **~se** [~'sø:zə] f (-/-n) masseuse.
'maß|gebend adj., **~geblich** adj. ['~ge:plɪç] authoritative; part, share, etc.: substantial, considerable; **'~halten** v/i. (irr. **halten**, sep., -ge-, h) be moderate (in dat. in); economize.
massieren [ma'si:rən] v/t. (no ge-, h) massage; **sich ~** concentrate.
massig adj. ['masɪç] massive, bulky.
mäßig adj. ['me:sɪç] moderate; quality, etc.: poor; **~...** in compounds: ...like; ...wise; according to ...; **~en** ['~gən] v/t. and v/refl. (-ge-, h) moderate; **'2ung** f (-/no pl.) moderation; restraint.
massiv adj. [ma'si:f] solid.
Massiv geol. [~] n (-s/-e) massif.
'Maß|krug m beer mug, stein; **'2los** adj. immoderate; heat, etc.: extreme; exaggeration, etc.: gross; **~nahme** ['~na:mə] f (-/-n) measure, step; **'~regel** f rule; **'2regeln** v/t. (ge-, h) reprimand; discipline; **'~stab** m scale; fig. standard; **im ~ 1:50 000** on the scale of 1:50 000; **'2stabgetreu** adj. true to scale; **'2voll** adj. moderate.
Mast¹ ⚓ [mast] m (-[e]s/-e[n]) mast.
Mast² ⚓ [~] f (-/-en) fattening (of hogs, etc.); food: mast; **'~darm** anat. m rectum.
mästen ['mestən] v/t. (ge-, h) fatten; F stuff s.o.
masturbieren [mastur'bi:rən] v/i. (no ge-, h) masturbate.
Match Aust. [metʃ] n (-[e]s/-s, -e) sports: game, Brt. match; **'~ball** m tennis: match point.
Material [mate'rɪa:l] n (-s/-ien) material (a. fig.); equipment, materials, **~ismus** phls. [~a'lɪsmʊs] m (-/no pl.) materialism; **~ist** [~a'lɪst] m (-en/-en) materialist; **2istisch** adj. [~a'lɪstɪʃ] materialistic.
Materie [ma'te:rɪə] f (-/-n) matter (a. fig.); subject (matter); **2ll** adj. [~e'rɪɛl] material.
Mathe F ['matə] f (-/no pl.) math(s).
Mathemati|k [matema'ti:k] f (-/no pl.) mathematics; **~ker** [~'ma:tikər] m (-s/-) mathematician; **2sch** adj. [~'ma:tɪʃ] mathematical.

Matinee thea., ♪ [mati'ne:] f (-/-n) morning performance; △ not **matinee**.
Matratze [ma'tratsə] f (-/-n) mattress.
Matrize [ma'tri:tsə] f (-/-n) stencil; **auf ~ schreiben** stencil.
Matrone F [ma'tro:nə] f (-/-n) matronly woman.
Matrose ⚓ [ma'tro:zə] m (-n/-n) sailor, seaman.
Matsch [matʃ] m (-[e]s/no pl.) sludge, mud; slush; **'2ig** adj. muddy, slushy; fruit: squashy, mushy.
matt adj. [mat] weak; colo(u)r, etc.: dull, pale; phot. matt(e); glass, etc.: frosted; chess: checkmate.
Matte ['matə] f (-/-n) mat.
'Mattigkeit f (-/no pl.) exhaustion, weakness.
'Mattscheibe f phot. focus(s)ing screen; TV screen; F (boob) tube, Brt. telly, box; F fig. blackout.
Matura Aust., Swiss [ma'tu:ra] (-/no pl.) s. **Abitur**.
Mätzchen F ['mɛtsçən] pl. tricks, shenanigans.
Mauer ['mauər] f (-/-n) wall; **~blümchen** fig. ['~bly:mçən] n (-s/-) wallflower; **'2n** (ge-, h) 1. v/i. lay bricks; fig. act or play defensively; stall; 2. v/t. build s.th. (in brick); **'~werk** n masonry, brickwork.
Maul [maul] n (-[e]s/~er) mouth; sl.: **halt's ~!** shut up!; **'2en** F v/i. (ge-, h) grumble, sulk, pout; **'2faul** F adj. too lazy to talk; **'~korb** m muzzle (a. fig.); **'~tier** zo. n mule; **'~wurf** zo. m mole; **'~wurfshaufen, ~wurfshügel** m molehill.
Maurer ['maurər] m (-s/-) bricklayer; **'~kelle** f trowel; **'~meister** m master bricklayer; **'~polier** m foreman bricklayer.
Maus [maus] f (-/~e) mouse (a. computer, etc.).
Mäuschen F ['mɔysçən] n (-s/-) little mouse; fig. honey, darling.
Mausefalle f ['mauzə-] f mousetrap.
Mauser ['mauzər] f (-/no pl.) mo(u)lt (-ing); **in der ~ sein = 2n** v/refl. (ge-, h) zo. be mo(u)lting; F fig. shape up nicely.
Maut [maut] f (-/-en) toll; **'~straße** f tollroad, Am. a. turnpike.
maxi|mal [maksi'ma:l] 1. adj. maximum (a. in compounds); 2. adv. at (the) most; **2mum** ['~mʊm] n (-s/-xima) maximum.
Mayonnaise [majo'nɛ:zə] f (-/-n) mayonnaise.
Mäzen [mɛ'tse:n] m (-s/-e) patron; sponsor.
Mechani|k [me'ça:nɪk] f (-/-en) phys. (no

pl.) mechanics; ⊙ mechanism; ~ker *m* (-*s*/-) mechanic; **2sch** *adj.* mechanical; **2sieren** [~ani'zi:rən] *v/t.* (*no ge-, h*) mechanize; ~sierung *f* (-/*no pl.*) mechanization; ~smus ⊙ [~a'nısmʊs] *m* (-/-nismen) mechanism; clock, *etc.*: works.

meckern ['mɛkərn] *v/i.* (ge-, h) *goat, etc.*: bleat; *fig.* grumble, grouch, bitch (**über** *acc.* at, about).

Medaille [me'daljə] *f* (-/-n) medal; *s.* **Kehrseite**; '~engewinner *m* medal(l)ist; ~on [~'jō:] *n* (-*s*/-s) locket.

Medien ['me:diən] *pl.* (mass) media; teaching aids; audio-visual aids; '~zentrum *n* multimedia information center, *Brt.* -re.

Medikament [medika'ment] *n* (-[e]*s*/-e) drug; medicine, medication.

meditieren [medi'ti:rən] *v/i.* (*no ge-, h*) meditate (**über** *acc.* on).

Medizin [medi'tsi:n] *f* **1.** (-/*no pl.*) (science of) medicine; **2.** (-/-en) medicine, remedy (**gegen** for); ~assistent [~i'na:l?-] *m appr.* intern, *Brt.* houseman; ~er *m* (-*s*/-) (medical) doctor; medical student; **2isch** *adj.* medical; **2isch-technische(r) Assistent(in)** (*abbr.* **MTA**) *m* (*f*) medical technologist, *Brt.* medical laboratory assistant; ~mann *m* witchdoctor; medicine man.

Meer [me:r] *n* (-[e]*s*/-e) sea (*a. fig.*), ocean; '~busen *m* gulf, bay; ~enge ['~?-] *f* (-/-n) straits; ~es... *in compounds:* *mst* marine ...; sea ...; ~esboden *m* seabed; ~esfrüchte ['~ɔsfryçtə] *pl.* seafood; '~esspiegel *m* sea level; '~rettich *m* horseradish; '~schweinchen *zo. n* guinea pig.

Mehl [me:l] *n* (-[e]*s*/-e) flour; meal; '**2ig** *adj.* mealy; '~speise *f* starch(y food); *Aust.* sweet dish, pastry; '~tau ♂ *m* mildew.

mehr *indef. pron. and adv.* [me:r] more; ~ **als** more than; **immer** ~ more and more; **nicht** ~ no or not any more or longer; **noch** ~ even more; **es ist kein** ... ~ **da** there isn't any ... left.

Mehr... *in compounds:* *mst* extra (*costs, etc.*), additional ...

mehr|... *in compounds:* *mst* multi(-colo[u]red, *etc.*); ~**deutig** *adj.* ['~dɔytɪç] ambiguous; '~en *v/t.* (ge-, h) increase, multiply; **sich** ~ *a.* grow; '~ere *adj. and indef. pron.* several; '~fach **1.** *adj.* multiple (*a. in compounds*); **2.** *adv.* several times; '**2heit** *f* (-/-en) majority; '~malig *adj.* repeated; ~mals *adv.* ['~ma:ls] several times; ~silbig *ling. adj.* ['~zɪlbɪç] polysyllabic; ~sprachig *adj.* ['~ʃpra:xɪç] multilingual; '~stimmig ♪ *adj.* polyphonic, for several voices;

2weg... ['~ve:k-] *in compounds:* returnable (bottle, *etc.*); reusable ...; '**2wertsteuer** *econ. f* value-added tax (*abbr.* VAT); '**2zahl** *f* (-/*no pl.*) majority; *gr.* plural (form); '**2zweck...** *in compounds:* *mst* multipurpose ...

meiden ['maɪdən] *v/t.* (*irr.*, ge-, h) avoid.

Meile ['maɪlə] *f* (-/-n) mile; '**2nwelt** *adv.* (for) miles; ~ **entfernt von** *fig.* a far cry from.

mein *poss. pron. and adj.* [maɪn] my; **der** (**die, das**) ~e mine (*a. pl.*); **das ist** ~er (-e, -[e]s) that's mine; **das 2e** my share; **die 2en** my loved ones.

Meineid *tʃ* ['maɪn?-] *m* perjury.

meinen ['maɪnən] *v/t.* (ge-, h) think, believe, be of (the) opinion; mean, speak of; say, suggest; ~ **Sie** (**wirklich**)? do you (really) think so?; **wie** ~ **Sie das?** what do you mean by that?; **sie** ~ **es gut** they mean well; **ich habe es nicht so gemeint** I didn't mean it; **wie** ~ **Sie?** (I beg your) pardon?

meinerseits *adv.* ['maɪnər'zaɪts] for my part.

meinetwegen *adv.* ['maɪnət'-] for my sake; because of me; *in answers:* I don't mind or care.

meinige *poss. pron.* ['maɪnɪgə]: **der** (**die, das**) ~ mine.

'**Meinung** *f* (-/-en) opinion (**über** *acc.*, **von** about, of); △ *not* **meaning**; **meiner** ~ **nach** in my opinion; **der** ~ **sein, daß** be of the opinion that, feel or believe that; **s-e** ~ **äußern** express one's opinion; **offen s-e** ~ **sagen** speak one's mind; **s-e** ~ **ändern** change one's mind; **ich bin ihrer** (**anderer**) ~ I (don't) agree with you; ~**saustausch** ['~ʃ?-] *m* exchange of views (**über** *acc.* on); '~**sforscher** *m* F pollster; ~**sfreiheit** *f* freedom of speech or opinion; ~**sumfrage** ['~ʃ?-] *f* opinion poll; '~**sverschiedenheit** *f* disagreement (**über** *acc.* about).

Meise ['maɪzə] *f* (-/-n) *zo.* titmouse; F *fig. s.* **Macke**.

Meißel ['maɪsəl] *m* (-*s*/-) chisel; '**2n** *v/t. and v/i.* (ge-, h) chisel, carve.

meist [maɪst] **1.** *adj.* most; **das** ~e (**davon**) most of it; **die** ~en (**von ihnen**) most of them; **die** ~en **Leute** most people; **die** ~e **Zeit** most of the time; **2.** *adv.:* *s.* **meistens**; **am** ~en most (of all); **2bietende** ['~bi:təndə] *m* (-*n*/-n) highest bidder; ~**ens** *adv.* [~əns] mostly, usually, most of the time.

Meister ['maɪstər] *m* (-*s*/-) master (*a.* craftsman); *sports:* champion, F champ; F *addressing s.o.:* bud(y), mac, *Brt.* guv; '**2haft 1.** *adj.* masterly; **2.** *adv.* in a masterly manner or way; '**2in** *f*

(*-l-nen*) master craftswoman; *s. Meister*; '2lich *adj. and adv. s.* meisterhaft; '2n *v/t.* (ge-, h) master, cope with; '\schaft *f* 1. (*-/no pl.*) mastery; 2. (*-l-en*) championship, cup; title; '\stück *n*, '\werk *n* masterpiece.

Melancholi|e [melaŋko'liː] *f* (*-l-n*) melancholy; 2sch *adj.* [\'koːlɪʃ] melancholy; \ *sein* feel depressed, F have the blues.

Melange *Aust.* [me'lãːʒə] *f* (*-l-n*) coffee with milk.

Melanom ✻ [mela'noːm] *n* (*-s/-e*): (*malignes*) \ melanoma.

Melde... [mɛldə-] *in compounds*: mst registration (*form, etc.*).

meld|en [mɛldən] (ge-, h) 1. *v/t.* report *s.th. or s.o.* (*bei* to); press, radio, *etc.*: announce, report; *officially*: notify *s.o.* (*of s.th.*); 2. *v/refl.*: sich \ report (*bei* to; *für, zu* for); register (*bei* with); *school, etc.*: raise one's hand; *teleph.* answer the phone; enter (*für, zu* for) (*contest, exam, etc.*); volunteer (*für, zu* for); '\epflichtig *adj.* disease, *etc.*: reportable, Brt. notifiable; '2ung *f* (*-l-en*) report, news, announcement; information, notice; notification; report; registration (*bei* with); entry (*für, zu* for).

melken ['mɛlkən] *v/t.* (*irr., ge-, h*) milk.

Melodi|e ♪ [melo'diː] *f* (*-l-n*) melody, tune; 2sch *adj.* [\'loːdɪʃ] melodious, tuneful.

Melone [me'loːnə] *f* (*-l-n*) 🍈 melon; F hat: derby, Brt. bowler (hat).

Memoiren [me'mŏaːrən] *pl.* memoirs.

Menge ['mɛŋə] *f* (*-l-n*) quantity, amount; crowd; A: set; F: *e-e* \ *Geld* plenty or lots of money; '2n *v/t.* (ge-, h) *s. mischen*; '\nlehre A *f* set theory; *school*: new math(ematics); '\nrabatt *econ.* m bulk discount.

Mensa *univ.* ['mɛnza] *f* (*-l-s, -sen*) cafeteria.

Mensch [mɛnʃ] *m* (*-en/-en*) human being; person, individual; *die* \ *en pl.* people; *der* \ man, mankind; *kein* \ nobody.

Menschen|affe *zo.* ['mɛnʃən?-] *m* ape; \alter ['\?-] *n* generation; '\fresser *m* (*-s/-*) cannibal, man-eater; '\freund *m* philanthropist; '\gedenken *n* (*-s/no pl.*): *seit* \ from time immemorial; '\handel *m* slave trade; '\kenntnis *f* (*-/no pl.*): \ *haben* know human nature; '\leben *n* human life; '2leer *adj.* deserted; '\menge *f* crowd; '\raub *m* kidnap(p)ing, esp. 🕮 abduction; '\rechte *pl.* human rights; '\rechtler ['\rɛçtlər] *m* (*-s/-*) human rights activist; '\schlag *m* (*-[e]s/no pl.*)

breed; race; '\seele *f*: keine \ not a (living) soul; \s'kind(er) F *int.* goodness gracious!, for crying out loud!; 2unwürdig *adj.* ['\?-] degrading; *housing, etc.*: unfit for human beings; '\verstand *m*: gesunder \ common sense; '\würde *f* human dignity.

'**Mensch|heit** *f* (*-/no pl.*): *die* \ mankind, the human race; '2lich *adj.* human; humane; '\lichkeit *f* (*-/no pl.*) humanity; \werdung *eccl.* ['\verduŋ] *f* (*-/no pl.*) incarnation.

Menstruation ✻ [mɛnstruaˈtsi̯oːn] *f* (*-l-en*) menstruation.

mental *adj.* [mɛnˈtaːl] mental; 2ität [\-aliˈtɛːt] *f* (*-l-en*) mentality.

Menü [me'nyː] *n* (*-s/-s*) complete meal (consisting of several courses); table d'hôte, Brt. a. set lunch, *etc.*; *computer*: menu.

Meridian *geogr., ast.* [meriˈdi̯aːn] *m* (*-s/-e*) meridian.

merk|bar *adj.* ['mɛrk-] marked, distinct; noticeable; '2blatt *n* leaflet; '\en *v/t.* (ge-, h) notice; realize, see; feel; find (out), discover; sich et. \ remember s.th., keep or bear s.th. in mind; '\lich *adj. s.* merkbar; '2mal *n* (*-[e]s/-e*) sign; feature, trait; symptom.

'**merkwürdig** *adj.* strange, odd, curious; \erweise *adv.* ['\gər'-] strangely enough.

Meß|... [mɛs-] *in compounds*: mst measuring (*cup, instrument, etc.*); *eccl.* Mass ...; '2bar *adj.* measurable.

Messe ['mɛsə] *f* (*-l-n*) *econ.* fair; *eccl.* mass; ✕, ⚓ mess.

messen ['mɛsən] *v/t.* (*irr., ge-, h*) measure; take (*temperature, etc.*); *sich nicht* \ *können mit* be no match for *s.o.*; not stand comparison with *s.th.*; *gemessen an* (*dat.*) compared with.

Messer ['mɛsər] *n* (*-s/-*) knife; *bis aufs* \ (*fight, etc.*) to the finish; *auf des* \s *Schneide stehen* be on a razor-edge; ...2 ⊙ *in compounds*: mst. ...meter, ...ga(u)ge; '\steche'rei *f* (*-l-en*) knifing; '\stich *m* stab (with a knife).

Messing ['mɛsɪŋ] *n* (*-s/no pl.*) brass.

'**Messung** *f* (*-l-en*) measuring; reading.

Metall [me'tal] *n* (*-s/-e*) metal (*a. aus* \); \bearbeitung *f* metalwork; 2en, 2isch *adj.* metal; metallic; \waren *pl.* hardware.

Metapher *ling.* [me'tafər] *f* (*-l-n*) metaphor.

Metastase ✻ [meta'staːzə] *f* (*-l-n*) metastasis.

Meteor|(it) *ast.* [mete'oːr (\o'riːt)] *m* (*-s/-e*) meteor(ite); \ologe [\oro'loːgə] *m* (*-n/-n*) meteorologist; \ologie [\oro-lo'giː] *f* (*-/no pl.*) meteorology.

Meter ['me:tər] *n, m* (*-s/-*) met|er, *Brt.* -re; '**_maß** *n* tape measure.

Method|e [me'to:də] *f* (*-l-n*) method, way; ⊙ *a.* technique; **_ik** [_dɪk] *f* (*-l-en*) methodology; teaching techniques; **2isch** *adj.* methodical; methodological.

metrisch *adj.* ['me:trɪʃ] metric (*system, etc.*); *poet.,* ♪ metrical.

Metropole [metro'po:lə] *f* (*-l-n*) metropolis.

Metrum *poet.* ['me:trʊm] *n* (*-s/Metren*) met|er, *Brt.* -re.

Mettwurst ['mɛt-] *f* soft (pork) sausage; salami.

Metzger ['mɛtsgər] *m* (*-s/-*) butcher; **_ei** [_'raɪ] *f* (*-l-en*) butcher's (shop).

Meute ['mɔʏtə] *f* (*-l-n*) pack (of hounds); *fig.* mob, pack; **_rei** [_'raɪ] *f* (*-l-en*) mutiny; '**_rer** *m* (*-s/-*) mutineer; '2rn *v/i.* (*ge-, h*) mutiny (*gegen* against); *F fig.* grumble, complain.

miau *int.* [mi'aʊ] me(o)w, miaow; **_en** *v/i.* (*no ge-, h*) me(o)w.

mich *pers. pron.* [mɪç] me; **~** (*selbst*) myself.

mick(e)rig F *adj.* ['mɪk(ə)rɪç] paltry; puny.

mied [mi:t] *past of* meiden.

Mieder ['mi:dər] *n* (*-s/-*) bodice; '**~höschen** *n* pantie girdle; '**_waren** *pl.* foundation garments, corsetry.

Mief F [mi:f] *m* (*-[e]s/no pl.*) stuffy air (*fig.* atmosphere); stink.

Miene ['mi:nə] *f* (*-l-n*) expression, look, air; *gute* **~** *zum bösen Spiel machen* grin and bear it.

mies F *adj.* [mi:s] rotten, lousy.

Miet|... [mi:t-] *in compounds: mst* rent(al) ..., rented ...; '**_e** *f* (*-l-n*) rent; rental, hire charge; *zur* **~** *wohnen* be a tenant; lodge (*bei* with); '2en *v/t.* (*ge-, h*) rent, hire; (take on) lease; ⚓, ✈ charter; '**_er** *m* (*-s/-*) tenant; lodger; '**_shaus** *n* apartment building, *Brt.* block of flats; tenement house; '**_vertrag** *m* lease (contract); '**_wagen** *m* rented (*Brt.* hired) car; '**_wohnung** *f* apartment, *Brt.* (rented) flat.

Mieze F ['mi:tsə] *f* (*-l-n*) pussy(cat); *fig.* babe, chick, *Brt.* bird.

Migräne ✻ [mi'grɛ:nə] *f* (*-l-n*) migraine.

Mikro... ['mi:kro-] *in compounds: mst* micro(*electronics, -wave, -film, etc.*).

Mikro|phon [mikro'fo:n] *n* (*-s/-e*) microphone; **_skop** [_'sko:p] *n* (*-s/-e*) microscope; 2'**skopisch** *adj.* microscopic(al).

Milbe *zo.* ['mɪlbə] *f* (*-l-n*) mite.

Milch [mɪlç] *f* (*-/no pl.*) milk; '**_glas** *n* frosted glass; '2ig *adj.* milky; '**_kaffee** *m* coffee with cream *or* milk; '**_kanne** *f* milk can; '**_mädchenrechnung** F *fig. f* oversimplification; '**_mann** F *m* milkman; '**_mixgetränk** *n* milk shake; '**_produkte** *pl.* dairy products; '**_pulver** *n* powdered milk; '**_reis** *m* rice pudding; '**_straße** *ast. f* Milky Way, Galaxy; '**_tüte** *f* milk carton; '**_(waren)geschäft** *n* dairy, creamery; '**_wirtschaft** *f* dairy farm(ing); '**_zahn** *m* baby *or* milk tooth.

mild *adj.* [mɪlt] mild, soft, gentle; *s.* Gabe.

milde *adv.* ['mɪldə] mildly; **~** *ausgedrückt* to put it mildly.

Milde [_] *f* (*-/no pl.*) mildness, gentleness; leniency, mercy; **~** *walten lassen* be merciful.

mildern *v/t.* (*ge-, h*) lessen, soften; '**_d** *adj.:* **_e** *Umstände* ⚖ mitigating circumstances.

mildtätig *adj.* charitable.

Milieu [mi'liø:] *n* (*-s/-s*) environment; social background; 2**geschädigt** *adj.* [_gəʃɛ:dɪçt] deprived, maladjusted.

Militär [mili'tɛ:r] *n* (*-s/no pl.*) *the* military, armed forces; army.

Militär|... *in compounds: mst* military (*service, government, etc.*); **_gericht** *n* court martial; 2**isch** *adj.* military.

Milita|rismus [milita'rɪsmʊs] *m* (*-/no pl.*) militarism; **_rist** [_'rɪst] militarist; 2'**ristisch** *adj.* militaristic.

Milliarde [mɪ'liardə] *f* (*-l-n*) billion, *Brt. a.* a thousand million(s).

Millimeter ['mɪli-] *n, m* millimet|er, *Brt.* -re; '**_papier** *n* graph paper.

Million [mɪ'lio:n] *f* (*-l-en*) million; **_är(in)** [_o'nɛ:r(ɪn)] *m* (*f*) (*-s[-]/-e* [*-nen*]) millionaire(ss).

Milz *anat.* [mɪlts] *f* (*-l-en*) spleen.

mim|en F ['mi:mən] *v/t.* (*ge-, h*) act, play, pretend to be; 2**ik** [_ɪk] *f* (*-/no pl.*) facial expression; △ *not* mimic.

minder ['mɪndər] **1.** *adj.* inferior (*quality, etc.*); **2.** *adj.* less; *nicht* **~** no less; **_bemittelt** *adj.* ['_bəmɪtəlt] low-income (*family, etc.*); F feebleminded; 2**heit** *f* (*-l-en*) minority; 2**jährig** *adj.:* **~** *sein* be under age *or* a minor; 2**jährige** ['_ɪgə] *m, f* (*-l-n*) minor; 2**jährigkeit** *f* (*-/no pl.*) being under age, minority.

minder|n *v/t.* (*ge-, h*) reduce (*a. value*), lower (*speed, etc.*); 2**ung** *f* (*-l-en*) reduction (*econ.* of the purchase price).

minderwertig *adj.* inferior, of inferior quality; 2**keit** *f* (*-/no pl.*) inferiority; *econ.* inferior quality; 2**keitskomplex** *m* inferiority complex.

mindest *adj.* ['mɪndəst] least; *das* **_e** the (very) least; *nicht im* **_en** not in the least, by no means; 2**...** *in compounds:*

minimum (*age, income, etc.*); '~ens *adj.* at least; '2maß *n* minimum; *auf ein* ~ *herabsetzen* minimize.

Mine ['mi:nə] *f* (*-/-n*) ⚔, ✕, ⚓ mine; *pencil*: lead; *pen*: refill; ~n'suchboot ✕ *n* minesweeper.

Mineral [mine'ra:l] *n* (*-s/-e, -ien*) mineral; ~ogie [~o'gi:] *f* (*-/no pl.*) mineralogy; ~öl [~'?-] *n* mineral oil; ~wasser *n* mineral water.

Miniatur [minia'tu:r] *f* (*-/-en*) miniature.

mini|mal [mini'ma:l] **1.** *adj.* minimal; negligible; **2.** *adj.* at least; 2'mal ... *in compounds*: minimum (*requirements, etc.*); 2mum ['mi:nimom] *n* (*-s/-ma*) minimum.

Minirock ['mi:ni-] *m* miniskirt.

Minister *pol.* [mi'nistər] *m* (*-s/-*) minister, secretary; ~ium [~'te:riom] *n* (*-s/-terien*) ministry, department, *Brt.* a. office; ~präsident *m mst* president; *Am.* (state) governor; *Brt.* prime minister; *in Germany*: minister-president.

Ministrant *eccl.* [minis'trant] *m* (*-en/-en*) acolyte.

minus *adj.* ['mi:nos] Å minus; *bei 10 Grad* ~ at 10 degrees below zero.

Minus [~] *n* (*-/-*) Å minus (sign); *econ.* deficit; overdraft; *fig.* drawback, minus.

Minute [mi'nu:tə] *f* (*-/-n*) minute; ~zeiger *m* minute hand.

...minütig [-mi'ny:tiç] *in compounds*: of ... minutes, ...-minute (*break, etc.*).

mir *pers. pron.* [mi:r] (*to*) me; *s. von*.

Mirabelle ⚘ [mira'belə] *f* (*-/-n*) yellow plum.

Misch|batterie ['miʃ-] *f* mixing faucet, *Brt.* mixer tap; '~brot *n* wheat and rye bread; '2en *v/t.* (*ge-, h*) mix; blend (*tea, tobacco, etc.*); shuffle (*cards*); *sich unters Volk* ~ mingle with the crowd; '~ling *m* (*-s/-e*) half-caste; half-breed; ⚘, *zo.* hybrid; *dog*: mongrel; ~masch *f* ['~maʃ] *m* (*-[e]s/-e*) hotchpotch, jumble; '~pult *n* sound mixer; *TV* video mixer; '~ung *f* (*-/-en*) mixture; blend; alloy; '~wald *m* mixed forest.

miserabel F *adj.* [mize'ra:bəl] lousy, rotten.

Miß|... [mis-], 2... *in compounds*: mis..., dis..., de..., mal..., ill-...; 2achten [~'?-] *v/t.* (*no -ge-, h*) disregard, ignore; despise; ~achtung ['~'?-] *f* disregard; contempt; neglect; '~behagen *n* uneasiness; discontent; '~bildung *f* deformity, malformation; 2'billigen *v/t.* (*no -ge-, h*) disapprove of; '~brauch *m* abuse (*a. fig.*); misuse; 2'brauchen *v/t.* (*no -ge-, h*) abuse; misuse; 2'deuten *v/t.* (*no -ge-, h*) misinterpret.

missen ['misən] *v/t.* (*ge-, h*) miss; do

without; *ich möchte das nicht* ~ I wouldn't (like to) miss it.

Miß|erfolg ['mis?-] *m* failure; F flop; ~ernte ['~?-] *f* bad harvest, crop failure.

Misse|tat *iro., poet.* ['misə-] *f* misdeed; '~täter *m* wrongdoer, culprit.

miß'fallen *v/i.* (*irr. fallen, no -ge-, h*): *j-m* ~ be displeased with; 2fallen *n* (*-s/no pl.*) displeasure, dislike; '~gebildet *adj.* deformed, malformed; 2geburt *f* deformed child *or* animal; freak (*of nature*); '2geschick *n* mishap; ~'glücken *v/i.* (*no -ge-, sein*) fail; not work *or* turn out; ~'gönnen *v/t.* (*no -ge-, h*): *j-m et.* ~ begrudge s.o. s.th.; '2griff *m* mistake; '2gunst *f* envy; ill will; ~'handeln *v/t.* (*no -ge-, h*) ill-treat, maltreat (*a. fig.*); beat (up), batter; 2'handlung *f* ill-treatment, maltreatment; *esp.* ⚖ assault and battery.

Mission [mi'sio:n] *f* (*-/-en*) mission (*a. pol. and fig.*); ~ar [~o'na:r] *m* (*-s/-e*) missionary.

'Miß|klang *m* dissonance, discord (*both a. fig.*); '~kredit *m* discredit; 2'lang *past of mißlingen*; 2'lich *adj.* situation, *etc.*: difficult, awkward; 2liebig *adj.* ['~li:biç]: *sich* ~ *machen* fall out of favo(u)r (*bei with s.o.*); 2'lingen [~'liŋən] *v/i.* (*irr., no -ge-, sein*) fail, turn out badly; *das ist mir mißlungen* I've bungled it; 2lungen [~'luŋən] *p.p. of mißlingen*; '2mutig *adj.* ill-humo(u)red; discontented; 2'raten **1.** *v/i.* (*irr. raten, no -ge-, sein*) fail; turn out badly; **2.** *adj.* spoiled; ~es *Kind* wayward child; delinquent; '~stand *m* bad state of affairs; grievance; 2'trauen *v/i.* (*no -ge-, h*) distrust; '~trauen *n* (*-s/no pl.*) distrust, suspicion (*both: gegenüber of*); ~trauensantrag *parl.* ['~s?-] *m* motion of no confidence; '~trauensvotum *parl. n* vote of no confidence; 2'trauisch *adj.* distrustful, suspicious; '~verhältnis *n* disproportion; '~verständnis *n* (*-ses/-se*) misunderstanding; '2verstehen *v/t.* (*irr. stehen, no -ge-, h*) misunderstand; '~wahl *f* beauty contest *or* competition; '~wirtschaft *f* mismanagement.

Mist [mist] *m* (*-[e]s/no pl.*) dung, manure; F *fig.* trash, junk; F: ~ *machen* mess it up; horse around; (*so ein*) ~! darn it!; △ *not mist*; '~beet ✿ *n* hotbed.

Mistel ⚘ ['mistəl] *f* (*-/-n*) mistletoe.

'Mist|gabel *f* dung fork; '~haufen *m* manure heap.

mit *prp.* (*dat.*) *and adv.* [mit] with; ~ *Gewalt* by force; ~ *Absicht* on purpose; ~ *dem Auto* (*der Bahn etc.*) by car (train, *etc.*); **~ 20 Jahren** at (the age of) 20; **~ 100 Stundenkilometern** at 100 kilometres per hour; **~ lauter Stimme** in a loud voice; **~ anderen Worten** in other words; **ein Mann ~ dem Namen** a man by the name of; **j-n ~ Namen kennen** know s.o. by name; **~ der Grund dafür, daß** one of the reasons why; **~ der Beste** one of the best; *s.* **Mal¹**.

mit... *in compound verbs:* (run, *etc.*) along; (do *s.th.*) with s.o., help s.o. (do *s.th.*), join in (doing *s.th.*).

Mit|... *in compounds: mst* fellow..., co...; **~arbeit** ['~ʔ-] *f* (-/no pl.) cooperation; assistance; *school:* activity, class participation; **~arbeiter** ['~ʔ-] *m* colleague, co-worker; employee; *pl.* staff; assistant; *freier ~* free-lancer; **'2bekommen** F *fig. v/t.* (irr. kommen, *sep.*, *no -ge-, h*) get, understand; catch, pick up (words, *etc.*); **'2benutzen** *v/t.* (*sep.*, *no -ge-, h*) share (bathroom, *etc.*); **'2bestimmen** *v/i.* (*sep.*, *no -ge-, h*) *s.* mitreden; *econ. of workers:* participate in the management; **'~bestimmungsrecht** *econ. n.* (workers') right of co-determination; **'~bewerber** *m* (rival *or* other) competitor; fellow applicant; **'2bringen** *v/t.* (irr. bringen, *sep.*, *-ge-, h*) bring *s.th. or* s.o. with one; *j-m et. ~* bring s.o. s.th.; **~bringsel** F ['~brɪŋzəl] *n* (-s/-) little present; souvenir; **'~bürger** *m* fellow citizen; **2einander** *adv.* [~ʔaɪˈnandɐ] with each other *or* one another; together, jointly; **2empfinden** ['~ʔ-] *v/t.* (irr. finden, *sep.*, *no -ge-, h*) share (s.o.'s feelings, *etc.*); **2erleben** ['~ʔ-] *v/t.* (*sep.*, *no -ge-, h*) live to see; **~esser** ℱ ['~ʔɛsɐ] *m* (-s/-) blackhead; **'2fahren** *v/i.* (irr. fahren, *sep.*, *-ge-, h; sein): mit j-m ~* drive *or* go with s.o.; *j-n ~ lassen* give s.o. a ride *or* lift; **~fahrgelegenheit** ['~faːr-] *f* (opportunity for a) ride, *Brt.* lift; **~ gesucht nach ...** ride (*Brt.* lift) wanted to ...; **'~fahrzentrale** *f* car pool(ing) service; **'2fühlen** *v/i.* (*sep.*, *-ge-, h*): **~ mit** feel with *or* for s.o.; **'2fühlend** *adj.* sympathetic; **'2geben** *v/t.* (irr. geben, *sep.*, *-ge-, h*): *j-m et. ~* give s.o. s.th. (to take along); **'~gefühl** *n* (-[e]s/no pl.) sympathy; **'2gehen** *v/i.* (irr. gehen, *sep.*, *-ge-, h; sein): mit j-m ~* go with s.o.; **'~gift** *f* (-/-en) dowry.

'Mitglied *n* member (bei of); **'~sbeitrag** *m* membership dues (*Brt.* fee); **'~schaft** *f* (-/no pl.) membership.

'mit|haben *v/t.* (irr. haben, *sep.*, *-ge-, h*): *ich habe kein Geld mit* I haven't got any money with me *or* on me; **'~halten** *v/i.* (irr. halten, *sep.*, *-ge-, h*)

keep up *or* pace (mit with s.o. *or* s.th.); **'~helfen** *v/i.* (irr. helfen, *sep.*, *-ge-, h*) help, assist, lend a hand; **'2hilfe** *f* (-/no pl.) assistance, help, cooperation (bei in; von of); **'~hören** (*sep.*, *-ge-, h*) **1.** *v/t.* listen in on; overhear; **2.** *v/i.* listen in.

Mit|inhaber ['mɪtʔ] *m* co-partner; **'~kämpfer** *m* (fellow) combatant; **'2kommen** *v/i.* (irr. kommen, *sep.*, *-ge-, sein*) come along (mit with); *fig.* keep pace (mit with), follow, understand; *school, etc.:* get on, keep up (with the class); **'~läufer** *fig. m contp.* hanger-on; *in Nazi Germany, etc.:* tacit supporter, non-resister; **'~laut** *m* consonant.

'Mitleid *n* (-[e]s/no pl.) pity (mit for); **aus ~** out of pity; **~ haben mit** feel sorry for; **'~enschaft** *f* (-/no pl.): *in ~ ziehen* affect; damage; **2ig** *adj.* ['~laɪdɪç] compassionate, sympathetic; **'2slos** *adj.* pitiless.

'mit|machen (*sep.*, *-ge-, h*) **1.** *v/i.* participate, join in; **2.** *v/t.* take part in; follow (fashion, *etc.*); go through (hardships, *etc.*); **'2mensch** *m* fellow-man *or* -being; **'~nehmen** *v/t.* (irr. nehmen, *sep.*, *-ge-, h*) take *s.th. or* s.o. with one *or* along; *j-n (im Auto) ~* give s.o. a lift *or* ride; **'2rauchen** *n* passive smoking; **'~reden** *v/i.* (*sep.*, *-ge-, h*): *et. (nichts) mitzureden haben (bei)* have a say (no say) (in); **'2reisende** *m, f* (-n/-n) fellow passenger; **'~reißen** *v/t.* (irr. reißen, *sep.*, *-ge-, h*) drag along; *fig.* carry away (mst pass.); **'~reißend** *adj.* speech, music, *etc.:* electrifying; **'~samt** *prp.* (dat.) together with, including; **'~schneiden** *v/t.* (irr. schneiden, *sep.*, *-ge-, h*) tape, record; **'~schreiben** (irr. schreiben, *sep.*, *-ge-, h*) **1.** *v/t.* take down; take (test, *etc.*); **2.** *v/i.* take notes.

'Mitschuld *f* partial responsibility; **'2ig** *adj.*: *~ sein* be partly to blame (an dat. for).

Mitschüler(in) *m* (*f*) class *or* schoolmate, fellow student.

'mitspiele|n (*sep.*, *-ge-, h*) ♪, thea., sports, *etc.:* play; join in (game, *etc.*); *in e-m Film etc. ~* be *or* appear in a film, *etc.*; **'2r** *m* participant; partner, *sports:* a. team-mate.

'Mit|spracherecht *n* (-[e]s/no pl.): *ein (kein) ~ haben s. mitreden;* **'2sprechen** *v/t.* (irr. sprechen, *sep.*, *-ge-, h*) say *s.th.* together; *s.* mitreden.

Mittag ['mɪtaːk] *m* (-[e]s/-e) noon, midday; *heute* **2** at noon today; *zu ~ essen* (have) lunch; **~essen** ['~ʔ-] *n* lunch; *was gibt es zum ~?* what's for lunch?;

'**2s** *adv.* at noon; *12 Uhr ~* 12 o'clock noon.

'**Mittags|pause** *f* lunch break; '**~ruhe** *f* midday rest; '**~schlaf** *m* after-dinner nap, siesta; '**~tisch** *m in restaurants:* (we serve) lunch(eons); '**~zeit** *f* lunchtime; noon time.

'**Mittäter** g'z *m* accomplice; '**~schaft** *f* (*-/no pl.*) complicity.

Mitte ['mɪtə] *f* (*-/-n*) middle; cent|er, *Brt.* -re (*a. pol.*); *fig.* mean (**zwischen** *dat.* between); *~ Juli* in the middle of July; *~ Dreißig* in one's middle thirties; *~ irgendwo in der ~ fig.* somewhere in between; *in (aus) unserer ~* in (from) our midst.

'**mitteil|en** *v/t.* (*sep., -ge-, h*): *j-m et. ~* inform s.o. of s.th.; '**~sam** *adj.* communicative; talkative; '**~ung** *f* (*-/-en*) report, information, message.

Mittel ['mɪtəl] *n* (*-s/-*) means, way; measure; remedy (**gegen** for) (*a. fig.*); average; ⅋ mean; *phys.* medium; *~ pl.* means, money; *ein ~ zum Zweck* a means to an end; *letztes ~* last resort; *s. Weg.*

Mittel|..., ⅋**...** *in compounds:* medium-..., middle-..., intermediate-...; central ...; average ...; '**~alter** [*'-ˀ-*] *n* (*-s/no pl.*) Middle Ages; ⅋**alterlich** *adj.* [*'-ˀ-*] medi(a)eval; '⅋**bar** *adj.* indirect; '**~ding** *n* cross (**zwischen** *dat.* between); '**~feld** *n sports:* midfield; ⅋**fristig** *adj.* ['*~* frɪstɪç] medium-term; '**~gebirge** *n* highlands; '**~gewicht** *n sports:* middle-weight (class); ⅋**groß** *adj.* of medium height; *thing:* medium-sized; '**~klasse** *f* middle class; '**~klassewagen** *m* mot. *m* economy *or* compact (*Brt.* medium-range) car; '⅋**los** *adj.* without means; '**~maß** *n* (happy) medium, balance (**zwischen** *dat.* between); '⅋**mäßig** *adj.* average; mediocre; ⅋**prächtig** F *adj.* so-so; '**~punkt** *m* cent|er, *Brt.* -re (*a. fig.*); '⅋**s** *prp.* (*gen.*) by (means of), through; '**~schule** *f s. Realschule*; '**~smann** *m* (*-[e]s/-er, -leute*) mediator, go-between; '**~stand** *m* middle class(es); '**~strecke** *f sports:* middle distance; '**~streckenrakete** ✕ *f* intermediate-range missile; '**~streifen** *mot. m* median strip, *Brt.* central reservation; '**~stufe** *f* intermediate stage; *school: appr.* middle school; '**~stürmer** *m sports:* cent|er (*Brt.* -re) forward; '**~weg** *fig. m* middle course, compromise; '**~welle** *f radio:* medium wave (*abbr.* AM); '**~wort** *gr. n* (*-[e]s/-er*) participle.

mitten *adv.* ['mɪtən]: *~ in (auf, unter)* (*dat.*): in the midst *or* middle of; (*acc.*): right in(to) (on, under); *~'drin* F *adv.*

right in the middle; *~'durch* F *adv.* right through (the middle); right in two.

Mitternacht ['mɪtər-] *f* (*-/no pl.*) midnight.

Mittler ['mɪtlər] *m* (*-s/-*) mediator.

mittler|e *adj.* ['mɪtlərə] middle, central; average, medium, intermediate; *~ Bildungsabschluß, ~ Reife* intermediate secondary school certificate, *Brt. appr.* O-levels (GCE) standard; **~'weile** *adv.* meanwhile, (in the) meantime.

Mittwoch ['mɪtvɔx] *m* (*-[e]s/-e*) Wednesday.

mit|unter *adv.* [mɪt'ˀ-] now and then; '**~verantwortlich** *adj.* jointly or partly responsible; ⅋**verantwortung** *f* share of the responsibility; ⅋**welt** *f* (*-/no pl.*) (our, *etc.*) contemporaries.

'**mitwirk|en** *v/i.* (*sep., -ge-, h*) take part (**bei** in); ⅋**ende** *m, f* (*-n/-n*) *thea., ♪* performer; *die ~n pl. thea.* the cast; '⅋**ung** *f* (*-/no pl.*) participation.

Mitwisser ['-vɪsər] *m* (*-s/-*) s.o. in the know; g'z accessory.

Mix|becher ['mɪks-] *m* shaker; '⅋**en** *v/t.* (*ge-, h*) mix; '**~er** *m* (*-s/-*) mixer; '**~getränk** *n* mixed drink, cocktail, shake.

Möbel ['møːbəl] *pl.* furniture; '**~spedition** *f* moving and storage company, *Brt.* removal firm; '**~stück** *n* piece of furniture; '**~wagen** *m* moving (*Brt.* furniture) van.

mobil *adj.* [mo'biːl] mobile; *~ machen* ✕ mobilize; ⅋**iar** [*~*'liaːr] *n* (*-s/no pl.*) furniture; **~isieren** [*~ili'ziːrən*] *v/t.* (*no ge-, h*) mobilize, muster (up); ⅋**machung** ✕ [*~'biː·lmaxʊŋ*] *f* (*-/-en*) mobilization.

möblieren [mø'bliːrən] *v/t.* (*no ge-, h*) furnish.

mochte ['mɔxtə] *past of mögen'.*

möchte ['mœçtə] *past subj. of mögen'.*

Mode ['moːdə] *f* (*-/-n*) fashion, vogue, style; *die neueste ~* the latest fashion *or* style; *mit der ~ gehen* follow the fashion; *in ~ kommen* come into fashion, become popular; *aus der ~ (kommen)* (go) out of fashion *or* style.

Modell [mo'dɛl] *n* (*-s/-e*) model; *j-m ~ stehen or sitzen* pose *or* sit for s.o.; **~bau** *m* model-making; **~baukasten** *m* model construction kit; **~eisenbahn** [*~ˀ-*] *f* model railroad (*Brt.* railway); ⅋**ieren** [*~e'liːrən*] *v/t.* (*no ge-, h*) model, mo(u)ld (*in* clay, *etc.*).

'**Modenschau** *f* fashion show.

Moderator *TV, etc.* [mode'raːtoːr] *m* (*-s/-en*), **~in** [*~a'toːrɪn*] *f* (*-/-nen*) presenter, host, anchor(wo)man.

Modergeruch ['moːdər-] *m* musty odo(u)r.

moderieren *TV, etc.* [mode'ri:rən] *v/t.* (no ge-, h) present, host.

'moderig *adj.* musty, mo(u)ldy.

modern¹ ['mo:dərn] *v/i.* (ge-, h) mo(u)ld, rot, decay.

modern² *adj.* [mo'dɛrn] modern; fashionable; **~isieren** [~i'zi:rən] *v/t.* (no ge-, h) modernize, bring up to date.

'Mode|schmuck *m* costume jewel(le)ry; **'~schöpfer** *m* fashion designer, couturier; **'~waren** *pl.* fashionwear; **'~wort** *n* (-[e]s/-er) vogue word; buzzword; **'~zeichner** *m* fashion designer; **'~zeitschrift** *f* fashion magazine.

modifizieren [modifi'tsi:rən] *v/t.* (no ge-, h) modify.

modisch *adj.* ['mo:dɪʃ] fashionable, stylish.

Modul *≨* [mo'du:l] *n* (-s/-e) module; **~bauweise** *f* modular design.

Modus ['mo:dʊs] *m* (-/-di) way, method; *gr.* mood; *computer:* mode.

Mofa ['mo:fa] *n* (-s/-s) moped.

mogeln F ['mo:gəln] *v/i.* (ge-, h) cheat; crib.

mögen [mø:gən] (irr., h) **1.** *v/i. and v/t.* (ge-) like; *er mag sie (nicht)* he likes (doesn't like) her; *lieber ~* like better, prefer; *nicht ~* dislike; *ich möchte ...* I would like ..., I want ...; *was möchten Sie?* what would you like?; **2.** *v/aux.* (no ge-) may; (would) like; want; *es mag sein, (daß)* it may (or could) be (that); *ich möchte, daß du ...* I'd like (or want) you to ...; *ich möchte lieber ...* I'd rather (do s.th.); I'd rather have (s.th.); *Sie möchten bitte ...* (would you) please (do s.th.); *er möchte bitte ...* please tell him to ...; *lit. möge er ...!* may he (succeed, etc.)!

mögen² [~] *p.p. of* mögen 2.

möglich ['mø:klɪç] **1.** *adj.* possible; *alle ~en* all sorts of ...; *alles ~e* all sorts of things; *alles 2e* all possibilities; *sein ~stes tun* do what one can; do one's utmost; *nicht ~!* you don't say!, F no kidding!; *so bald (schnell, oft) wie ~* as soon (quickly, often) as possible; **2.** *adv.:* *~st bald* as soon as, *etc.* as possible; *~er'weise adv.* possibly; **'2keit** *f* (-/-en) possibility; opportunity; chance; *pl. a.* facilities; *econ.* means; *nach ~* if possible; **'~st** *adv. s.* möglich 2.

Mohammedan|er [mohame'da:nər] *m* (-s/-), **2isch** *adj.* Muslim, Mohammedan.

Mohn ⚘ [mo:n] *m* (-[e]s/-e) poppy (seeds).

Möhre ⚘ ['mø:rə], **Mohrrübe** ['mo:r-] *f* (-/-n) carrot.

Mokka ['mɔka] *m* (-s/-s) mocha; strong coffee; **'~tasse** *f* demitasse.

Molch *zo.* [mɔlç] *m* (-[e]s/-e) salamander, newt.

Mole ⚓ ['mo:lə] *f* (-/-n) mole, jetty.

Molekül [mole'ky:l] *n* (-s/-e) molecule.

molk [mɔlk] *past of* melken.

Molkerei [mɔlkə'raɪ] *f* (-/-en) dairy.

Moll ♪ [mɔl] *n* (-/no pl.) minor (key); *a-Moll* A minor.

mollig F *adj.* ['mɔlɪç] snug, cosy; plump, chubby.

Molotowcocktail ['mɔlotɔf-] *m* (-s/-s) Molotov cocktail.

Moment [mo'mɛnt] *m* (-[e]s/-e) moment; *(e-n) ~ bitte!* just a moment please!; *im ~ =2an adv.* [~'ta:n] at the moment; **~aufnahme** *phot.* [~?-] *f* snapshot.

Monarch [mo'narç] *m* (-en/-en) monarch; **~ie** [~çi:] *f* (-/-n) monarchy; **~ist** [~'çɪst] *m* (-en/-en) monarchist.

Monat ['mo:nat] *m* (-[e]s/-e) month; *zweimal im (pro) ~* twice a month; **'2elang** *adv.* for months; **'2lich** *adj. and adv.* monthly.

'Monats|binde *f* sanitary napkin (*Brt.* towel); **'~karte** *f* (monthly) commuter ticket, *Brt.* monthly (season) ticket.

Mönch ['mœnç] *m* (-[e]s/-e) monk; friar.

Mond [mo:nt] *m* (-[e]s/-e) moon; **~... in** *compounds:* *a.* lunar ...

mondän *adj.* [mɔn'dɛ:n] chic, smart, F posh; **~e Welt** jet set.

'Mond|fahrzeug *n* lunar rover; **'~finsternis** *f* lunar eclipse; **'2hell** *adj.* moonlit; **'~landefähre** *f* lunar module; **'~landung** *f* moon landing; **~oberfläche** ['~?-] *f* lunar surface; **~phase** *f* phase of the moon; **~schein** *m* (-[e]s/no pl.) moonlight; **'~sichel** *f* crescent; **'2süchtig** *adj.:* **~ sein** be a sleepwalker or somnambulist; **~umkreisung** ['~?-], **~umlaufbahn** ['~?-] *f* lunar orbit.

Moneten F [mo'ne:tən] *pl.* dough.

monieren [mo'ni:rən] *v/t.* (no ge-, h) complain (about); find fault with.

Monitor *TV* ['mo:nitɔr] *m* (-s/-en, -e) monitor, video screen.

Mono|log [mono'lo:k] *m* (-s/-e) monolog(ue); **~pol** *econ.* [~'po:l] *n* (-s/-e) monopoly; **2ton** *adj.* [~'to:n] monotonous, **~tonie** [~to'ni:] *f* (-/-n) monotony.

Monoxid ⚗ [mono'ksi:t] *n* (-[e]s/-e) monoxide.

Monst|er ['mɔnstər] *n* (-s/-[s]) monster (*a. fig. and in compounds*); **~rum** F ['~strʊm] *n* (-s/-stren) monstrosity.

Montag ['mo:n-] *m* (-[e]s/-e) Monday.

Montage ⚙ [mɔn'ta:ʒə] *f* (-/-n) assembly; installation; *auf ~ sein* be away on a field job; **~band** *n* assembly line; **~halle** *f* assembly shop.

'montags *adv.* (on) Mondays.
Montan... [mɔn'taː-n-] *in compounds*: coal and steel ...; mining ...
Mont|eur ☉ [mɔn'tøːr] *m (-s/-e)* fitter; *mot.*, ✈ mechanic; **2ieren** *v/t. (no ge-, h)* assemble; fit, attach; instal(l); **~ur** [~'tuːr] *f (-/-en)* uniform; overalls.
Moor [moːr] *n (-[e]s/-e)* bog, swamp, moor(land); **'2ig** *adj.* boggy, marshy.
Moos ᛥ [moːs] *n (-es/-e)* moss; F *fig.* dough; **2ig** *adj.* ['~ɪç] mossy.
Mop [mɔp] *m (-s/-s)* mop.
Moped *mot.* ['moːpɛt] *n (-s/-s)* moped.
Mops *zo.* [mɔps] *m (-es/⁀e)* pug(dog); F *fig.* fatty; **'2en** F *v/t. (ge-, h)* swipe, pinch; *sich ~* be bored.
Moral [mo'raːl] *f (-/no pl.)* morals, moral standards; moral *(of story, etc.)*; ✕, *etc.* morale; **2isch** *adj.* moral, ethical; **2isieren** [~ali'ziːrən] *v/i. (no ge-, h)* moralize.
Morast [mo'rast] *m (-[e]s/-e,⁀e)* morass; **2ig** *adj.* muddy.
Mord [mɔrt] *m (-[e]s/-e)* murder *(an dat.* of); *e-n ~ begehen* commit (a) murder; **~anschlag** ['~ʔ-] *m esp. pol.* assassination attempt; **2en** ['~dən] *v/i. (ge-, h)* murder, kill.
Mörder ['mœrdər] *m (-s/-)* murderer; △ *not murder;* (hired) killer; assassin; **'~in** *f (-/-nen)* murderess; **'2isch** *adj.* murderous; *fig. a.* hellish, terrible.
'Mord|kommission *f* homicide division, *Brt.* murder squad; **'~prozeß** ᵗᵗ *m* murder trial.
Mords|... F [mɔrts-] *in compounds*: huge; awful, terrible; terrific, fantastic; **~angst** F ['~ʔ-] *f: e-e ~ haben* be scared stiff; **'~glück** F *n* stupendous luck; **'~kerl** F *m* hell of a fellow; **'~wut** F *f: e-e ~ haben* be in a hell of a rage.
'Mord|verdacht *m* suspicion of murder; **'~versuch** *m* attempted murder.
morgen *adv.* ['mɔrgən] tomorrow; *~ abend (früh)* tomorrow night (morning); *~ mittag* at noon tomorrow; *~ in e-r Woche* a week from tomorrow; *~ um diese Zeit* this time tomorrow; *heute (gestern) ~* this (yesterday) morning.
Morgen ['~] *m (-s/-)* morning; *measure:* acre; *am (frühen) ~* (early) in the morning; *am nächsten ~* the next morning; **2lich** *adj.* ['~l-] of the morning; **'~essen** *Swiss* ['~ʔ-] *n* breakfast; **'~grauen** *n (-s/no pl.)* dawn *(im, bei* at); **'~gymnastik** *f: s-e ~ machen* do one's morning exercises; **'~land** *n (-[e]s/no pl.)* Orient; **'~rock** *m* dressing gown; **'~rot** *n (-s/no pl.),* **'~röte** *f* red morning sky; *fig.* dawn.

'morgens *adv.* in the morning; *von ~ bis abends* from morning till night.
morgig *adj.* ['mɔrgɪç]: *die ~en Ereignisse* tomorrow's events.
Morphium *pharm.* ['mɔrfiʊm] *n (-s/no pl.)* morphine.
morsch *adj.* [mɔrʃ] *wood, etc.:* rotten; *~ werden* rot.
Morse|alphabet *tel.* ['mɔrzəʔ-] *n* Morse code; **'~zeichen** *n* Morse signal.
Mörser ['mœrzər] *m (-s/-)* mortar *(a. ✕).*
Mörtel ['mœrtəl] *m (-s/-)* mortar.
Mosaik [moza'iːk] *n (-s/-en)* mosaic.
Moschee [mɔ'ʃeː] *f (-/-n)* mosque.
Moskito *zo.* [mɔs'kiːto] *m (-s/-s)* mosquito; **~netz** *n* mosquito net.
Moslem ['mɔslɛm] *m (-s/-s)* Muslim, Moslem, Mohammedan.
Most [mɔst] *m (-[e]s/-e)* grapejuice; cider.
Mostrich ['mɔstrɪç] *m (-[e]s/no pl.)* mustard.
Motiv [mo'tiːf] *n (-s/-e)* motive; *paint.,* ♪ motif; **2ieren** [~i'viːrən] *v/t. (no ge-, h)* motivate.
Motor ['moːtɔr, mo'toːr] *m (-s/-en)* motor, engine; **'~boot** *n* motorboat; **'~haube** *f* hood, *Brt.* bonnet; **'~2ig** [-mo'toːrɪç] *in compounds: mst (twin, etc.)*-engined; **2isieren** [motori'ziːrən] *v/t. (no ge-, h)* motorize; **2i'siert** *adj.* motor, mobile; *~ sein* have a car, *etc.*; **'~leistung** *f* (engine) performance; **'~rad** *n* motorcycle, motorbike; *~ fahren* ride a motorcycle; **'~radfahrer** *m* motorcyclist; **'~roller** *m* (motor) scooter; **'~säge** *f* power saw; **'~schaden** *m* engine trouble or failure.
Motte *zo.* ['mɔtə] *f (-/-n)* moth; **'~nkugel** *f* mothball; **'2nzerfressen** *adj.* motheaten.
Motto ['mɔto] *n (-s/-s)* motto.
motzen F ['mɔtsən] *v/i. (ge-, h) s. meckern fig.*
Möwe *zo.* ['møːvə] *f (-/-n)* (sea)gull.
Mücke *zo.* ['mykə] *f (-/-n)* gnat, midge, mosquito; *aus e-r ~ e-n Elefanten machen* make a mountain out of a molehill.
Mucken F ['mukən] *pl.* moods; *engine, etc.:* bugs.
'Mückenstich *m* mosquito bite.
Mucks F ['muks] *m (-es/-e): keinen ~* not a sound; **'2en** F *v/i. and v/refl. (ge-, h): ohne (sich) zu ~* without a sound or move; *passively:* **'2mäuschen'still** F *adj. (pred.)* as quiet as a mouse or the grave.
müd|e *adj.* ['myːdə] tired; weary; sleepy; *~ sein (werden)* be (get) tired *(fig. gen.* of *s.th.);* **'2igkeit** *f (-/no pl.)* tiredness.
Muff [muf] *m* **1.** *(-[e]s/-e)* muff; **2.** F

(-[e]s/no pl.) mo(u)ldy or musty smell; **~e** ⊙ f (-/-n) sleeve, socket.

Muffel F ['mʊfəl] m (-s/-) sourpuss; **er ist ein ...** he doesn't go for..., he isn't into ...; **'2ig** F adj. sulky; **'2n** F v/i. (ge-, h) sulk, grumble.

'muffig adj. musty (air, etc.); fig. sulky.

Mühe ['myːə] f (-/-n) trouble, pains; effort; difficulty (**mit** with s th.); (**nicht**) **der ~ wert** (not) worth the trouble; **j-m ~ machen** give s.o. trouble; **sich ~ geben** try hard, make an effort, take pains; **sich die ~ sparen** save o.s. the trouble; **mit ~ und Not** (just) barely; **'2los** adv. without difficulty.

muhen ['muːən] v/i. (ge-, h) moo, low.

'mühe|n v/refl. (ge-, h) struggle, work hard; **'~voll** adj. laborious.

Mühle ['myːlə] f (-/-n) mill.

'Müh|sal f (-/-e) toil; **'2sam, '2selig** 1. adj. toilsome; 2. adv. with difficulty.

Mulat|te [mu'latə] m (-n/-n), **~tin** f (-/-nen) mulatto.

Mulde ['mʊldə] f (-/-n) hollow; ⊙ container; trough.

Muli zo. ['muːli] n (-s/-s) mule.

Mull [mʊl] m (-[e]s/-e) gauze.

Müll [myl] m (-s/no pl.) garbage, trash, refuse, rubbish; **'~abfuhr** ['~ʔ-] f garbage (Brt. refuse) collection or disposal; **'~abfuhrmann** m garbage man, Brt. dustman; **~abladeplatz** ['~ʔaplade-] m dump; **'~beutel** m garbage (Brt. refuse) bag; **~deponie** f dump; **~eimer** ['~ʔ-] m garbage can, Brt. dustbin.

Müller ['mylər] m (-s/-) miller.

'Müll|haufen m garbage (Brt. rubbish) heap; **'~kippe** f, **'~platz** m dump; **'~schaufel** f dustpan; **~schlucker** ['~ʃlʊkər] m (-s/-) garbage (Brt. rubbish) chute; **'~tonne** f s. **Mülleimer**; **'~trennung** f separation of waste (for recycling); **~verbrennungsanlage** ['~s?-] f waste incineration plant; **'~wagen** m garbage truck, Brt. dustcart.

mulmig F adj. ['mʊlmiç] situation, etc.: ticklish; **sich ~ fühlen** be uneasy or scared.

Multi F ['mʊlti] m (-s/-s) multinational (corporation); **2kulturell** adj. multicultural (society, etc.).

Multipli|kation ⚕ [mʊltiplika'tsjoːn] f (-/-en) multiplication; **2zieren** ⚕ [~'tsiːrən] v/t. (no ge-, h) multiply (**mit** by).

Mumie ['muːmiə] f (-/-n) mummy.

Mumm F [mʊm] m (-s/no pl.) grit, guts.

Mumps ⚕ [mʊmps] m, F f (-/no pl.) mumps.

Mund [mʊnt] m (-[e]s/ ~er) mouth; **den ~ voll nehmen** talk big; **über den ~ fahren** cut s.o. short; **nicht auf den ~ gefallen** never at a loss for words; **halt den ~!** shut up!; **~art** ['~ʔ-] f dialect; **'~dusche** f TM water pic.

munden lit. ['mʊndən] v/i. (ge-, h) taste good; fig. (dat.) please.

münden ['myndən]: **~ in** flow into; of street, etc.: run or lead into.

'Mund|geruch m bad breath; **~harmonika** ♪ ['~harmoːnika] f (-/-s) mouth organ, harmonica.

münd|ig adj. ['myndiç] of age; fig. emancipated; **~ (werden)** ⚖ (come) of age; **~lich** adj. ['~t-] oral, verbal; **~e Prüfung** oral exam(ination).

'Mund|stück n mouthpiece; tip (of cigarette, etc.); **'2tot** adj.: **~ machen** silence, gag, muzzle.

'Mündung f (-/-en) mouth (of river); muzzle (of gun).

'Mund|voll m (-/-): **ein paar ~** a few mouthfuls (of); **'~wasser** n (-s/~) mouthwash; **'~werk** F fig. n (-[e]s/no pl.) (big) lip or mouth; **ein loses ~** a loose tongue; **'~winkel** m corner of the mouth; **'~zu-'~Beatmung** ⚕ f (-/no pl.) mouth-to-mouth resuscitation, F kiss of life.

Munition [muni'tsjoːn] f (-/no pl.) ammunition (a. fig.).

munkeln F ['mʊŋkəln] v/t. (ge-, h): **man munkelt, daß** rumo(u)r has it that.

Münster ['mynstər] n (-s/-) cathedral; minster.

munter adj. ['mʊntər] awake; lively; cheerful.

Münz|e ['myntsə] f (-/-n) coin; medal; mint; **~einwurf** ['mynts?-] m (coin) slot; **~ensammler** m collector of coins, numismatist; **'~fernsprecher** teleph. m pay phone; **'~tank(automat)** m coin-operated (filling station) pump; **~wechsler** ['~vɛkslər] m (-s/-) change machine.

mürb|e adj. ['myrbə] meat, etc.: tender; pastry, etc.: crisp; bones, etc.: brittle; fig. unnerved, demoralized; **2teig** ['~p-] m short pastry; shortcake.

Murks F [mʊrks] m (-es/no pl.) s. **Pfusch**; **2en** F v/i. (ge-, h) tinker or mess around.

Murmel ['mʊrməl] f (-/-n) marble; **'2n** v/t. and v/i. (ge-, h) murmur; **'~tier** zo. n marmot.

murren ['mʊrən] v/i. (ge-, h) complain, grumble (**über** acc. about).

mürrisch adj. ['myriʃ] sullen; grumpy.

Mus [muːs] n (-es/-e) pulp, mush; stewed fruit, puree.

Muschel ['mʊʃəl] f (-/-n) zo. mussel; shell; teleph. earpiece.

Muschi F ['mʊʃi] f (-/-s) pussy (a. V fig.).

Muse *myth.* ['mu:zə] *f (-/-n)* Muse (*a. fig.*).

Museum [mu'ze:ʊm] *n (-s/Museen)* museum.

Musik [mu'zi:k] *f (-/no pl.)* music; **~a̱lisch** *adj.* [~i'ka:lɪʃ] musical; **~anlage** [~ʔ-] *f* hi-fi *or* stereo set; **~automat** [~ʔ-] *m,* **~box** *f* juke box; **~er** ['mu:zikər] *m (-s/-)* musician; **~hochschule** *f* conservat|ory, *Brt.* -oire; **~instrument** [~ʔ-] *n* musical instrument; **~kapelle** *f* band; **~kassette** *f (Brt.* musi)cassette; **~lehrer** *m* music teacher; **~stunde** *f* music lesson.

musisch *adv.* ['mu:zɪʃ]: **~ interessiert (begabt)** fond of (gifted in) fine arts and music.

musizieren [muzi'tsi:rən] *v/i. (no ge-, h)* make music.

Muskat [mʊs'ka:t] *m (-[e]s/-e),* **~nuß** ℞ *f* nutmeg.

Muskel ['mʊskəl] *m (-s/-n)* muscle; **~kater** F *m* aching muscles; **~zerrung** ℞ *f* pulled muscle.

muskulös *adj.* [mʊsku'løːs] muscular.

Müsli ['my:sli] *n (-s/no pl.)* granola, *Brt.* muesli; **~riegel** *m* granola (*Brt.* cereal) bar.

Muß [mʊs] *n (-/no pl.)* necessity; F must.

Muße ['mu:sə] *f (-/no pl.)* leisure; spare time.

Mußehe F [mʊsʔ-] *f* shotgun wedding.

müssen¹ ['mysən] (*irr.,* h) **1.** *v/i.* (ge-) must, have (got) to; *ich muß zur Arbeit (ins Bett, etc.)* I must *or* have (got) to go to work (bed, *etc.*); F *ich muß mal* I have to go to the bathroom; **2.** *v/aux.* (no ge-) must, have (got) to; *ich mußte (einfach) lachen* I couldn't help laughing, *etc.; es mußte so kommen* it was bound to happen; *du mußt es nicht (tun)* you don't have to (do it); △ *not must not; das müßtest du (doch) wissen* you ought to know (that); *sie müßte zu Hause sein* she should (ought to be (at) home; *das müßte schön sein!* that would be nice!; *du hättest ihm helfen* ~ you ought to have helped him.

müssen² [~] *p.p. of* **müssen¹** 2.

müßig *adj.* ['my:sɪç] idle; useless.

mußte ['mʊstə] *past of* **müssen¹**.

müßte ['mystə] *past subj. of* **müssen¹**.

Muster ['mʊstər] *n (-s/-)* pattern; *econ., etc.:* sample; model (*a.* in compounds: student, *etc.*); **~beispiel** *n,* **~exemplar**

[~ʔ-] *n* perfect example, model; **~gültig, ~haft** *adj.* exemplary; *sich* ~ *benehmen* behave perfectly; **~haus** *arch. n* showhouse, model (home); **~knabe** *m iro.* paragon (of virtue); *contp.* sissy; **~n** *v/t.* (ge-, h) eye *s.o.;* size *s.o.* up; ✕ *gemustert werden* F have one's medical; **~prozeß** ℞ *m* test case; **~ung** ✕ *f (-/-en)* medical (examination for military service).

Mut [mu:t] *m (-[e]s/no pl.)* courage; ~ *machen* encourage *s.o.; den* ~ *verlieren* lose courage *or* heart; ~ *schöpfen* take heart; **~ig** *adj.* courageous, brave.

...mütig [-my:tɪç] *in compounds:* mst ...-minded.

mut|los *adj.* discouraged; **~maßen** ['~ma:sən] *v/t.* (ge-, h) speculate; **~maßlich** *adj.* presumed; **~maßung** *f (-/-en):* bloße **~en** *pl.* mere guesswork; **~probe** *f* test of courage.

Mutter ['mʊtər] *f* **1.** (-/-) mother; **2.** ⚙ (-/-n) nut.

Mutter|... in compounds: econ. parent (company, *etc.*); master (tape, *etc.*); **~boden** ✓ *m* topsoil.

Mütterchen F ['mʏtərçən] *n (-s/-)* Mother dear; *fig.* little old woman.

Muttererde ✓ ['~ʔ-] *f* topsoil; **~leib** *m* womb.

mütterlich *adj.* motherly; **~erseits** *adv.* ['~ər'zaits]: *Onkel etc.* ~ maternal uncle, *etc.*

'Mutter|liebe *f* motherly love; **~los** *adj.* motherless; **~mal** *n* birthmark, mole; **~milch** *f* mother's milk; **~schaftsurlaub** ['~ʃafts?-] *m* maternity leave; **~schutz** ℞ *m* legal protection of expectant and nursing mothers; **~seelenallein** *adj.* (pred.) ['~ze:lən'a'lain] all alone; desolate; **~söhnchen** *contp.* ['~zø:nçən] *n (-s/-)* mamma's (*Brt.* mummy's) boy; sissy; **~sprache** *f* mother tongue; **~sprachler** ['~ʃpra:xlər] *m (-s/-)* native speaker; **~tag** *m* Mother's Day.

Mutti F ['mʊti] *f (-/-s)* mom(my), *esp. Brt.* mum(my).

'mutwillig *adj.* wanton, wilful.

Mütze ['mʏtsə] *f (-/-n)* cap.

myst|eriös *adj.* [mʏste'riøːs] mysterious; **~ik** ['~ɪk] *f (-/no pl.)* mysticism; **~isch** *adj.* mystic(al).

myth|isch *adj.* ['my:tɪʃ] mythical; **~ologie** [mytolo'gi:] *f (-/-n)* mythology; **~os, ~us** [~tʊs], **~us** *m (-/Mythen)* myth.

N

na *int.* [na] well; **~ und?** so what?; **~ gut!** all right then; **~ ja** (oh) well; **~ (,~)!** come on!, come now!; don't (you dare)!; **~ so (et)was!** what do you know!, *esp. Brt.* fancy that!; **~, dann nicht!** oh, forget it!; **~ also!** there you are!; **~, warte!** just you wait!

Nabe ⊙ ['naːbə] *f* (**-/-n**) hub.

Nabel *anat.* ['naːbəl] *m* (**-s/-**) navel.

nach *prp.* (*dat.*) and *adv.* [naːx] *of place:* to, toward(s), for; *succession:* after; *temporal:* after, past; *manner, etc.:* according to, by; **~ Hause** home; **abfahren ~** leave for; **~ rechts (Süden)** to the right (south); **~ oben** up(stairs); **~ unten** down(stairs); **~ vorn (hinten)** to the front (back); (*immer) der Reihe **~** one after the other; *s-e Uhr ~ dem Radio stellen* set one's watch by the radio; **~ m-r Uhr** by my watch; *suchen (fragen)* **~** look (ask) for; **~ Gewicht (Zeit)** by weight (the hour); *riechen (schmecken)* **~** smell (taste) of; **~ und ~** gradually; **~ wie vor** as before, still.

nach|äffen ['naːxʔɛfən] *v/t.* (*sep., -ge-, h*) ape, copy; **~ahmen** ['~ʔaːmən] *v/t.* (*sep. -ge-, h*) imitate, copy; do a takeoff on *s.o.;* counterfeit (*money, etc.*); **2ahmung** ['~ʔ-] *f* (**-/-en**) imitation; counterfeit.

Nachbar ['naxbaːr] *m* (**-n, -s/-n**) neighbo(u)r; **~... in compounds:** *mst* neighbo(u)ring (*country, etc.*), adjacent (*room, etc.*); **~in** *f* (**-/-nen**) neighbo(u)r; **~schaft** *f* (**-/no pl.**) neighbo(u)rhood, vicinity; neighbo(u)rs.

'Nachbau ⊙ *m* reproduction; **2en** *v/t.* (*sep., -ge-, h*) copy, reproduce.

'Nach|behandlung *♂ f* aftercare; **~bestellung** *f* repeat *or* additional order; **2beten** F *fig. v/t.* (*sep., -ge-, h*) echo, parrot; **~bildung** *f* (**-/-en**) copy, imitation; replica; dummy; **2blicken** *v/i.* (*sep., -ge-, h*) (*dat.*) look after, follow *s.o. or s.th.* with one's eyes.

nachdem *cj.* [naːx'deːm] after, when; *je ~ wie* depending on how.

'nachdenk|en *v/i.* (*irr. denken, sep., -ge-, h*) think; **~ über** (*acc.*) think about, think *s.th.* over; *s. scharf;* **2en** *n* (**-s/no pl.**) thinking, thought; *Zeit zum ~* time to think (about *s.th.*); **~lich** *adj.* thoughtful; *es macht e-n ~* it makes you think.

'Nachdruck *m* **1.** (**-[e]s/no pl**) emphasis, stress; **2.** *print.* (**-[e]s/-e**) reprint; **2en** *v/t.* (*sep., -ge-, h*) reprint.

nachdrücklich *adj.* ['naːxdrʏklɪç] emphatic; *demand, etc.:* forceful; **~ raten**

(empfehlen) advise (recommend) strongly.

nachhelfen ['naːxʔ-] *v/i.* (*sep., -ge-, h*) (*dat.*) emulate.

nacheinander *adv.* ['naːxʔ-] one after the other, in *or* by turns.

nachempfinden ['naːxʔ-] *v/t.* (*irr. empfinden, sep., no -ge-, h*) s. **nachfühlen.**

nacherzähl|en ['naːxʔ-] *v/t.* (*sep., no -ge-, h*) retell; **2ung** ['~ʔ-] *f* reproduction (*of story*).

'Nachfolge *f* (**-/no pl.**) succession; *j-s ~ antreten* succeed *s.o.;* **2n** *v/i.* (*sep., -ge-, h*) (*dat.*) follow; succeed *s.o.;* **~r** *m* (**-s/-**) successor.

'nachforsch|en *v/i.* (*sep., -ge-, h*) investigate; **2ung** *f* investigation, inquiry.

'Nachfrage *f* inquiry; *econ.* demand; **2n** *v/i.* (*sep., -ge-, h*) inquire, ask.

'nach|fühlen *v/t.* (*sep., -ge-, h*): *j-m et. ~* understand how *s.o.* feels; **~füllen** *v/t.* (*sep., -ge-, h*) refill; **~geben** *v/i.* (*irr. geben, sep., -ge-, h*) give (way); *fig.* give in; **2gebühr** ⚿ *f* surcharge; **~gehen** *v/i.* (*irr. gehen, sep., -ge-, sein*) follow (*a. fig.*); *watch:* be slow; investigate *s.th.;* *s-r Arbeit ~* go about one's work; *es geht ihm nach* he can't get over it; **2geschmack** *m* (**-[e]s/no pl.**) aftertaste (*a. fig.*); **~gewiesener'maßen** *adv.* as has been proved *or* shown.

nachgiebig *adj.* ['naːxgiːbɪç] yielding, soft (*both a. fig.*); *fig.* indulgent (*parents, etc.*); **2keit** *f* (**-/no pl.**) flexibility, give; *fig.* indulgence.

nach|haltig *adj.* ['naːxhaltɪç] lasting, enduring; **~hängen** *v/i.* (*irr. hängen, sep., -ge-, h*) (*dat.*) give in to (*thought, etc.*); F lag behind; **~helfen** *v/i.* (*irr. helfen, sep., -ge-, h*) (*dat.*) help *s.o.* (*a. fig. matters, etc.*) along; refresh (*s.o.'s memory*).

nachher *adv.* [naːx'heːr, '~] afterwards; *vorher und ~* before and after; *bis ~!* see you later!, so long!

'Nachhilfe *f* help, assistance; F = '~ stunden *pl.*, ~unterricht ['~ʔ-] *m* private lesson(s), coaching, tutoring.

'nachhinken *fig. v/i.* (*sep., -ge-, sein*) lag behind.

Nachhol|bedarf ['naːxhoːl-] *m* (**-[e]s/no pl.**) backlog (of demands); **2en** *v/t.* (*sep., -ge-, h*) make up for, catch up on.

'Nach|hut ✕ *f* (**-/-en**) rearguard (*a. fig.*); **2jagen** *v/i.* (*sep., -ge-, sein*) (*dat.*) chase (after), pursue; **~klang** *fig. m* reminiscence; after-effect.

Nachkomme ['naːxkɔmə] *m* (**-n/-n**) descendant; ~n *pl. esp.* ⚏ issue; '2n *v/i.* (*irr.* **kommen,** *sep.,* -*ge*-, **sein**) follow, come later; comply with (*wish, etc.*).

'**Nachkriegs...** *in compounds:* postwar (*generation, etc.*).

Nachlaß ['naːxlas] *m* (-*lasses/-lasse,* -*lässe*) *econ.* reduction, discount; ⚏ estate.

'**nachlassen** (*irr.* **lassen,** *sep.,* -*ge*-, **h**) **1.** *v/i.* decrease, diminish, go down; *pain, effect, etc.:* wear off; *student, etc.:* stop trying; fall off (*in quality, one's work, etc.*); go off; **2.** *econ. v/t.:* **et.** ~ allow a discount.

'**nachlässig** *adj.* careless, negligent.

'**nach|laufen** *v/i.* (*irr.* **laufen,** *sep.,* -*ge*-, **sein**) (*dat.*) run after (*a. fig.*); '~**lesen** *v/t.* (*irr.* **lesen,** *sep.,* -*ge*-, **h**) look *s.th.* up; '~**machen** *v/t.* (*sep.,* -*ge*-, **h**) imitate, copy; counterfeit, forge.

'**Nachmittag** *m* afternoon; *heute* ~ this afternoon; '2s *adv.* in the afternoon.

Nach|nahme ⚏ ['naːxnaːmə] *f* (-/-n) C.O.D. (parcel); '~**name** *m* surname, last *or* family name; '~**porto** ⚏ *n* surcharge.

'**nach|prüfen** *v/t.* (*sep.,* -*ge*-, **h**) check (up), make sure (of), verify; '~**rechnen** *v/t.* (*sep.,* -*ge*-, **h**) check (*sum, etc.*).

'**Nachrede** ⚏ *f* (-/*no pl.*): **üble** ~ slander; libel.

Nachricht ['naːxrɪçt] *f* (-/-**en**) (piece of) news; message; report; information, notice; *e-e gute* (*schlechte*) ~ good (bad) news; '~**en** *pl.* news, news report, newscast; ~~ ✕ *in compounds:* intelligence ...; *Sie hören* ~ here is the news; '~**endienst** *m* news service; ✕ intelligence service; '~**ensatellit** *m* communications satellite; '~**ensprecher** *m* newscaster, *Brt.* newsreader; '~**entechnik** *f* telecommunications; '~**enwesen** *n* (-*s/no pl.*) communications.

'**nach|rücken** *v/i.* (*sep.,* -*ge*-, **sein**) move up (*a.* ✕); '2**ruf** *m* obituary; '~**rüsten** *pol.* ✕ *v/i.* (*sep.,* -*ge*-, **h**) close the armament *or* missile gap; '~**sagen** *v/t.* (*sep.,* -*ge*-, **h**): *j-m Schlechtes* ~ speak badly of *s.o.*; *man sagt ihm nach, daß er* he is said to *inf.*; '2**saison** *f* off(-peak) season; *in der* ~ out of season; '2**schlag** *m* second helping.

'**nachschlage|n** (*irr.* **schlagen,** *sep.,* -*ge*-, **h**) **1.** *v/t.* look *s.th.* up; **2.** *v/i.:* ~ *in* (*dat.*) consult (*books, etc.*); '2**werk** *n* reference (book).

'**Nach|schlüssel** *m* duplicate (key); skeleton key; '~**schrift** *f* postscript; *lit. school:* dictation; '~**schub** *m* ✕ supplies; *fig. a.* fresh supply.

'**nach|sehen** (*irr.* **sehen,** *sep.,* -*ge*-, **h**) **1.** *v/i.* follow with one's eyes; (have a)

look; ~ **ob** (go and) see if; **2.** *v/t.* look *or* go over *or* through; correct, grade, *Brt.* mark (*exam papers, etc.*); check (*a.* ⊙); overlook, excuse (*s.o.'s faults, etc.*); '~**senden** *v/t.* ([*irr.* **senden,**] *sep.,* -*ge*-, **h**) send on, forward; *bitte ~l* ⚏ please forward!

'**Nachsicht** *f* indulgence; (*ask for, etc.*) forgiveness; '2**ig** *adj.* indulgent (*parent, etc.*).

'**Nach|silbe** *gr. f* suffix; '2**sitzen** *v/i.* (*irr.* **sitzen,** *sep.,* -*ge*-, **h**) stay in (after school), be kept in; ~ **lassen** keep in, detain; '~**speise** *f* dessert; '~**spiel** *fig. n* sequel (⚏ in court), consequences; afterplay; '2**spielen** *v/i.* (*sep.,* -*ge*-, **h**) *sports:* ~ **lassen** allow (*5 minutes, etc.*) for injury time; '2**spionieren** *v/i.* (*sep.,* *no* -*ge*-, **h**) (*dat.*) spy (up)on; '2**sprechen** *v/t.* (*irr.* **sprechen,** *sep.,* -*ge*-, **h**): *j-m et.* ~ say *or* repeat *s.th.* after *s.o.*

nächst|... [nɛːçst-] *in compounds:* mst next ...; '2**beste** *adj. of order:* first (*person, etc.*) one comes across; *of quality:* next-best, second-best; '~**e** *adj.* next; *of distance, relation, etc.:* nearest; *in den ~n Tagen* (*Jahren*) in the next few days (years); *in ~r Zeit* in the near future; *was kommt als ~s?* what comes next?; *der* ~ *bitte!* next please!; '2**e** *lit. m* (-*n/-n*) fellow man, neighbo(u)r.

'**nachstehen** *v/i.* (*irr.* **stehen,** *sep.,* -*ge*-, **h**): *j-m in nichts* ~ be in no way inferior to *s.o.*

'**nachstell|en** (*sep.,* -*ge*-, **h**) **1.** *v/t.* put back (*watch, etc.*); ⊙ (re)adjust; **2.** *v/i.:* *j-m* ~ be after *or* persecute *or* chase *s.o.*; '2**ung** *fig. f* persecution.

'**Nächst|enliebe** *f* charity; '2**ens** *adv.* soon; F next time; '~**liegende** *n* (-*n/no pl.*) the most obvious thing.

Nacht [naxt] *f* (-/-**e**) night; *Tag und* ~ night and day; *die ganze* ~ all night (long); *heute* 2 last night; tonight; '~**dienst** *m* night duty.

'**Nachteil** *m* disadvantage, drawback; *im* ~ *sein* be handicapped; '2**ig** *adj.* disadvantageous.

Nacht|essen *Swiss* ['naxt?-] *n s.* **Abendbrot;** '~**falter** *zo. m* moth; '~**hemd** *n* nightgown, *Brt.* nightdress, F nightie; *for men:* nightshirt.

Nachtigall *zo.* ['naxtigal] *f* (-/-**en**) nightingale.

Nachtisch ['naːx-] *m* dessert.

nächtlich *adj.* ['nɛçtlɪç] nightly, nocturnal; at *or* by night.

'**Nachtlokal** *n* nightclub.

Nachtrag ['naːxtraːk] *m* (-[**e**]*s/-e*) supplement; '2**en** *v/t.* (*irr.* **tragen,** *sep.,* -*ge*-, **h**) add; *fig. j-m et.* ~ bear *s.o.* a grudge; '2**end** *adj.* unforgiving.

nach|träglich *adj.* ['-treːklɪç] additional; later; *apology, etc.*: belated; '**~trauern** *v/i. (sep., -ge-, h) (dat.)* miss *s.o. or s.th.* badly.

nachts *adv.* [naxts] at *or* by night.

'**Nacht|schicht** *f* night shift; '**~schlafend** *adj.*: **zu ~er Zeit** in the middle of the night; '**~tisch** *m* bedside table; '**~topf** *m* chamber pot.

nachtun ['naːx-] *v/t. (irr. tun, sep., -ge-, h) (dat.)* follow *s.o.'s* example.

'**Nacht|wächter** *m* (night) watchman; **~wandler** ['~vandlər] *m (-s/-)* sleepwalker.

'**nach|wachsen** *v/i. (irr. wachsen, sep., -ge-, sein)* grow again; '**Qwahl** *parl. f* special election, *Brt.* by-election; '**Qwehen** *pl. ✗* afterpains; *fig.* aftermath; '**~weinen** *v/i. (sep., -ge-, h) (dat.)* s. **nachtrauern.**

Nachweis ['naːxvaɪs] *m (-es/-e)* proof, evidence; *esp.* **Qbar** *adj.* demonstrable; *esp.* ✗, *etc.* detectable; **Qen** ['~zən] *v/t. (irr. weisen, sep., -ge-, h)* prove; *esp.* ✗, *etc.*: detect; '**Qlich** *adv.* as can be proved.

'**Nach|welt** *f (-/no pl.)* posterity; '**~wirkung** *f* after-effect; **~en** *pl. a.* aftermath; '**~wort** *n (-[e]s/-e)* epilog(ue); '**~wuchs** *m (-es/no pl.)* young talent, F new blood; F offspring; F **~ erwarten** expect a baby, F await the blessed event; '**~wuchs...** *in compounds*: talented *or* promising young ..., up-and-coming ...

'**nach|zahlen** *v/t. (sep., -ge-, h)* pay extra; '**~zählen** *v/t. (sep., -ge-, h)* count over (again), (re)check; '**Qzahlung** *f* additional *or* extra payment; '**~ziehen** *(irr. ziehen, sep., -ge-)* **1.** *v/t. (h)* pull (behind one), drag *(one's leg)*; trace *(line, etc.)*; tighten *(screw, etc.)*; **2.** *v/i. (sein)* follow *s.o.*; follow suit.

Nachzügler ['naːxtsyːglər] *m (-s/-)* straggler, latecomer.

Nackedei F. ['nakədaɪ] *m (-[e]s/-e, -s)* naked child; nudie.

Nacken ['nakən] *m (-s/-)* (back *or* nape of the) neck; '**~stütze** *f* headrest.

nackt *adj.* [nakt] naked; nude; *(swim, paint s.o., etc.)* in the nude; bare *(a. wall, etc.)*; plain *(truth)*; **völlig ~** stark naked; **sich ~ ausziehen** strip.

Nadel ['naːdəl] *f (-/-n)* needle; pin; brooch; '**~baum** ♣ *m* conifer(ous tree); '**~öhr** ['~ʔ-] *n* eye of a needle; '**~stich** *m (fig.* pin)prick; stitch; '**~streifen** *m* pinstripe.

Nagel *anat.,* ⊙ ['naːgəl] *m (-s/-)* nail; **an den Nägeln kauen** bite one's nails; **den Beruf** *(Sport, etc.)* **an den ~ hängen** quit, call it a day, *Am. a.* hang it up;

'**~haut** *anat. f* cuticle; '**~lack** *m* nail polish *(Brt.* varnish); '**Qn** *v/t. (ge-, h)* nail *(an, auf acc.* to); '**Qneu** F *adj.* brand-new; '**~pflege** *f* nail care; manicure.

nage|n ['naːgən] *v/i. and v/t. (ge-, h)* gnaw *(an dat.* at); **an e-m Knochen ~** pick a bone; '**Qtier** *zo. n* rodent.

nah *adj.* [naː] near, close *(bei* to); nearby; **~e daran** close to *(a. fig.* doing *s.th.)*; **j-m zu ~e treten** hurt *s.o.'s* feelings.

Nah|aufnahme *phot.* ['naːʔ-] *f* close-up; '**~bereich** *m* vicinity.

nahe ['naːə] *s.* **nah.**

Nähe ['nɛːə] *f (-/no pl.)* nearness; neighbo(u)rhood, vicinity; **in der ~ des Bahnhofs** *etc.* near the station, *etc.*; **ganz in der ~** quite near, close by; **in deiner ~** near you.

'**nahe|bringen** *v/t. (irr. bringen, sep., -ge-, h)* bring *s.th.* home to *s.o.*; '**~gehen** *v/i. (irr. gehen, sep., -ge-, sein) (dat.)* affect *s.o.* deeply; '**~kommen** *v/i. (irr. kommen, sep., -ge-, sein) (dat.)* come close to *(a. fig. truth, etc.)*; '**~legen** *v/t. (sep., -ge-, h)* suggest; '**~liegen** *v/i. (irr. liegen, sep., -ge-, h)* seem likely; be obvious; '**~liegend** *adj.* likely; obvious; *s.* **Nächstliegende.**

nahen ['naːən] *v/i. (ge-, sein)* approach.

nähen ['nɛːən] *v/t. and v/i. (ge-, h)* sew; make *(dress, etc.)*.

näher *adj.* ['nɛːər] nearer, closer; further *(information, etc.)*; **~e Umgebung** vicinity; **Qes** details, particulars.

'**Näherin** *f (-/-nen)* seamstress.

'**näherkommen** *fig. v/i. (irr. kommen, sep., -ge-, sein) (dat.)* get closer to **(sich** *or* **einander** each other); **e-r Sache ~** get somewhere.

'**nähern** *v/refl. (ge-, h)* approach, get near(er) *or* close(r) *(dat.* to).

'**nahestehen** *fig. v/i. (irr. stehen, sep., -ge-, h)* be close to *s.o.*; have close links with; **sich ~** be (very) close.

'**nahe'zu** *adv.* nearly, almost.

'**Nähgarn** *n* thread, *Brt. a.* (sewing) cotton.

'**Nahkampf** ✗ *m* close combat.

nahm [naːm] *past of* **nehmen.**

'**Näh|kurs** *m* dress-making class; '**~maschine** *f* sewing machine.

Nähr|boden ['nɛːr-] *m biol.* culture medium; *fig.* hotbed; '**Qen** *v/t. (ge-, h)* nourish *(a. fig.)*, feed; nurse, (breast-)feed *(child)*.

nahrhaft *adj.* ['naːrhaft] nutritious, nourishing.

'**Nährstoff** *m* nutrient.

Nahrung ['naːruŋ] *f (-/no pl.)* food, nourishment; diet; feed; '**~smittel** *pl.*

food (a. in compounds: chemistry, etc.), foodstuffs.

'**Nährwert** m nutritional value.

Naht [na:t] f (-/-e) seam; ✻ suture.

'**Nahverkehr** m local traffic.

'**Nähzeug** n sewing kit.

naiv adj. [na'i:f] naive; **2ität** [naivi'tɛːt] f (-/no pl.) naivety.

Name ['na:mə] m (-ns/-n) name; im ⁓n (gen.) on behalf of; (nur) dem ⁓n nach by name (only).

'**namen|los** adj. nameless (a. fig.); fig. a. unspeakable; '⁓s adv. by (the) name of, called.

'**Namens|tag** m name day; '⁓vetter m namesake; '⁓zug m signature.

namentlich adj. and adv. ['na:məntlıç] by name; lit. in particular.

'**namhaft** adj. renowned.

nämlich adv. ['nɛ:mlıç] that is (to say), namely; you see or know, for.

nannte ['nantə] past of nennen.

nanu F int. [na'nu:] surprised: hey!, gee!

Napf [napf] m (-[e]s/⁓e) bowl, basin.

Narb|e ['narbə] f (-/-n) scar; '2ig adj. scarred.

Narkose ✻ [nar'ko:zə] f (-/-n) an(a)esthesia; in ⁓ under an an(a)esthetic.

Narr [nar] m (-en/-en) fool; zum ⁓en halten fool; **2ensicher** adj. foolproof.

närrisch adj. ['nɛrıʃ] foolish; ⁓ vor Freude mad with joy; ⁓ auf (acc.) crazy about.

Narzisse ♣ [nar'tsısə] f (-/-n) narcissus; gelbe ⁓ daffodil.

nasal adj. [na'za:l] nasal.

nasch|en ['naʃən] (ge-, h) 1. v/i. nibble (an dat., von at); gern ⁓ have a sweet tooth; 2. v/t. nibble; **2erei** [⁓ə'raıən] pl. goodies, sweets; '⁓haft adj. sweet-toothed.

Nase ['na:zə] f (-/-n) nose (a. fig.); sich die ⁓ putzen blow or wipe one's nose; j-m die ⁓ putzen wipe s.o.'s nose; in der ⁓ bohren pick one's nose; die ⁓ voll haben (von) be fed up (with); auf der ⁓ liegen be laid up; '2(n)lang F adv.: alle ⁓ again and again; constantly.

näseln ['nɛːzəln] v/i. (ge-, h) speak through one's nose or with a nasal twang.

'**Nasen|bluten** n (-s/no pl.) nosebleed; '⁓loch n nostril; '⁓spitze f tip of the nose.

Nashorn zo. ['na:s-] n rhinoceros.

naß adj. [nas] wet; triefend ⁓ soaking (wet).

Nässe ['nɛsə] f (-/no pl.) wet(ness); '2n (ge-, h) 1. v/t. wet; 2. ✻ v/i. weep.

'**naßkalt** adj. damp and cold, raw.

Nation [na'tsʲo:n] f (-/-en) nation.

national adj. [natsʲo'na:l] national; **2-**

hymne f national anthem; **2ismus** [⁓a'lısmʊs] m (-/-men) nationalism; **2ität** [⁓ali'tɛːt] f (-/-en) nationality; **2mannschaft** f national team; **2sozialismus** m National Socialism, Nazism; **2sozialist** m, **⁓sozialistisch** adj. National Socialist, Nazi.

Natr|ium ⚗ ['na:trium] n (-s/no pl.) sodium; **⁓on** ⚗ ['⁓ɔn] n (-s/no pl.) sodium bicarbonate, baking soda.

Natter zo. ['natər] f (-/-n) zo. adder, viper (a. fig.).

Natur [na'tu:r] f (-/no pl.) nature; fig. a. character, disposition, mentality; von ⁓ (aus) by nature.

Natur|alien [natu'ra:lʲən] pl. natural products; in ⁓ (pay) in kind; **⁓alismus** [⁓a'lısmʊs] m (-/no pl.) naturalism; **⁓ell** [⁓'rɛl] n (-s/-e) s. Natur fig.

Natur|ereignis [na'tu:r²-] n, **⁓erscheinung** ['⁓²-] f natural phenomenon; **⁓forscher** m naturalist; **⁓geschichte** f natural history; **⁓gesetz** n law of nature; **2getreu** adj. true to life; life-like; **⁓heilkunde** ✻ f naturopathy; **⁓katastrophe** f (natural) catastrophe or disaster, act of God.

natürlich [na'ty:rlıç] 1. adj. natural; 2. adv. naturally, of course.

Na'tur|schutz m nature conservation; unter ⁓ protected; **⁓schützer** [⁓'ʃytsər] m (-s/-) conservationist; **⁓schutzgebiet** n nature or wildlife preserve (Brt. reserve); national park; **⁓volk** n primitive race; **⁓wissenschaft** f (natural) science; **⁓zustand** m (in a) state of nature.

nautisch ⚓ adj. ['naʊtıʃ] nautical.

Nebel ['ne:bəl] m (-s/-) mist; fog; haze; ✕ smoke; ast. nebula; '⁓horn n foghorn; '⁓(schluß)leuchte mot. f (rear) foglamp.

neben prp. ['ne:bən] (dat.; acc.) beside, next to; besides, apart from; compared with; ⁓ anderem among other things; setz dich ⁓ mich sit by me or by my side.

Neben... in compounds: mst side (exit, dish, etc.); secondary ...; additional ...

neben|an adv. [ne:ban²'an] next door; **2anschluß** teleph. ['⁓²-] extension; '2bedeutung f secondary meaning, connotation; **⁓bei** adv. in addition, at the same time; on the side; ⁓ (gesagt) by the way; '2beruf m second job, sideline; '⁓beruflich adv. as a sideline; '2beschäftigung f sideline; 2buhler ['⁓bu:lər] m (-s/-) rival; **⁓einander** adv. ['⁓²-] side by side; next (door) to each other; **⁓bestehen** coexist; 2einkünfte, 2einnahmen ['⁓²-] pl. extra money or income; '2fach n minor (subject), Brt.

subsidiary subject; '2fluß m branch, tributary; '2gebäude n next-door or adjoining building; annex(e); '2gleis n 🚂 siding; fig. sideline(s); '2haus n house next door; ~her adv. (walk, etc.) beside; s. nebenbei; '2kosten pl. extras; '2mann m neighbo(u)r; '2produkt n by-product; '2rolle thea. f supporting role, minor part (a. fig.); '2sache f minor matter; das ist ~ that's of little or no importance; '~sächlich adj. unimportant; '2satz gr. m dependent or subordinate clause; '2stelle f branch; teleph. extension; '2straße f side street; minor road; '2strecke 🚂 f branch line; '2tisch m next table; '2verdienst m extra income; sideline; '2wirkung f side effect; '2zimmer n adjoining room; in restaurants: room (at the back, etc.) (for private parties, etc.).

neblig adj. ['ne:blɪç] foggy; misty; hazy.

nebst prp. [ne:pst] (dat.) together or along with; including.

Necessaire [nesɛ'sɛːr] n (-s/-s) (travel, etc.) kit, set; case, bag.

neck|en ['nɛkən] v/t. (ge-, h) tease, F kid; 2e'rei [~'raɪ] f (-/-en) teasing, F kidding; '~isch adj. saucy, cheeky.

nee F adv. [ne:] nope, no.

Neffe ['nɛfə] m (-n/-n) nephew.

negativ adj. ['ne:gati:f] negative.

Negativ [~] n (-s/-e) negative (a. in compounds).

Neger F, contp. ['ne:gər] m (-s/-) Negro; s. Schwarze.

nehmen ['ne:mən] v/t. (irr., ge-, h) take (a. sich ~, an sich ~); sich et. ~ a. help o.s. to s.th.; j-m et. ~ take s.th. (away) from s.o. (a. fig.); auf sich ~ take s.th. upon o.s.; zu sich ~ have s.th. to eat; take s.o. in(to one's house); j-n zu ~ wissen know how to handle s.o.; sich et. nicht ~ lassen insist (on doing s.th.); F wie man's nimmt it all depends; I'm not so sure; s. frei, Hand, Leben, etc.

Neid [naɪt] m (-[e]s/no pl.) envy; reiner ~ sheer envy; 2isch adj. ['~dɪʃ] envious (auf acc. of); s. beneiden; '2los adv.: et. ~ anerkennen hand it to s.o. for (doing) s.th.

Neige ['naɪgə] f (-/-n): zur ~ gehen draw to its close; supplies, etc.: run out; '2n (ge-, h) 1. v/t. and refl. bend, incline; 2. v/i.: zu et. ~ tend to (do) s.th.

'Neigung f (-/-en) inclination (a. fig.), slope, incline; fig. a. tendency.

nein adv. [naɪn] no; F fig. my, well; ach ~! better not!; iro. you don't say!; '2stimme parl. f nay, no.

Nektar ['nɛktar] m (-s/no pl.) nectar.

Nelke ⚘ ['nɛlkə] f (-/-n) carnation, pink; spice: clove.

nennen ['nɛnən] v/t. (irr., ge-, h) name, call; mention; sich ~ call o.s., be called; man nennt ihn (es) he (it) is called; das nenne ich ...! that's what I call ...!; '~swert adj. worth mentioning.

'Nenn|er 🕔 m (-s/-) denominator; '~wert econ. m nominal or face value; zum ~ at par.

Neo..., neo... [neo-] in compounds: neo(fascist, etc.).

Neon 🕔 ['ne:ɔn] n (-s/no pl.) neon (a. in compounds: tube, light, sign, etc.).

Nepp F [nɛp] m (-s/no pl.) rip-off; '2en F v/t. (ge-, h) fleece, rip off; '~lokal F n clip joint.

Nerv [nɛrf] m (-s/-en) nerve; j-m auf die ~en fallen or gehen get on s.o.'s nerves; die ~en behalten (verlieren) keep (lose) one's head; '2en F v/t. and v/i. (ge-, h) get on s.o.'s nerves, be a pain in the neck (to s.o.).

Nerven|arzt ['nɛrfən?-] m neurologist; 2aufreibend adj. ['~?-] nerve-racking; '~belastung f nervous strain; '~bündel F n nervous wreck, bundle of nerves; '~heilanstalt f mental hospital; '~kitzel m thrill, F kick(s); '2krank adj. mentally ill; '~säge F f pain in the neck; '~system n nervous system; '~zusammenbruch m nervous breakdown, F crack-up.

'nerv|ig adj. sinewy; '~lich adj. nervous (strain, etc.); ~ös adj. [~'vøːs] nervous; 2osität [~vozi'tɛːt] f (-/no pl.) nervousness.

Nerz zo. [nɛrts] m (-[e]s/-e) mink (a. coat).

Nessel ⚘ ['nɛsəl] f (-/-n) nettle; F: sich in die ~n setzen get into hot water.

Nest [nɛst] n (-es/-er) nest; F fig. little place; contp. dump, hick town.

nett adj. [nɛt] nice; kind; so ~ sein und et. (or et. zu) tun be so kind as to do s.th.; sei so ~ und ... do me a favo(u)r and ...

netto econ. adv. ['nɛto] net (a. in compounds).

Netz [nɛts] n (-es/-e) net; fig. network (a. ⊕, teleph.); ⚡ power (supply), Brt. a. mains (both a. in compounds); '~haut anat. f retina; '~karte f (rail, etc.) pass (for unlimited travel in an area); '~werk n network.

neu adj. [nɔy] new; fresh; modern; ~ere Sprachen modern languages; ~este Nachrichten (Mode) latest news (fashion); von ~em anew, afresh; seit ~(st)em since (only) recently; viel 2es a lot of new things; was gibt es 2es? what's the news?, what's new?

Neu|ankömmling ['nɔy(?)ankœmlɪŋ] *m* (-s/-e) newcomer; **2artig** *adj.* ['nɔy(?)-] novel, new (kind of); '**⁓bau** *m* (-[e]s/ -ten) new building; '**⁓baugebiet** *n* new housing estate; '**⁓bearbeitung** *f* revision (*of book, etc.*); **2erdings** *adv.* ['⁓ar'dɪŋs] lately, recently; '**⁓erer** *m* (-s/-) innovator; **⁓erscheinung** ['⁓(?)-] *f* new publication; '**⁓erung** *f* (-/-en) innovation; **2estens** *adv.* ['⁓əstəns] most recently; '**⁓fassung** *f* new or revised version; '**⁓gestaltung** *f* reorganization, reformation; **⁓gier(de)** ['⁓giːr(də)] *f* (-/no pl.) curiosity; **2gierig** *adj.* curious (**auf** *acc.* about); F nos(e)y; **ich bin ⁓, ob** I wonder if; **⁓gierige** *contp.* ['⁓gə] *pl.* curiosity seekers, *Brt.* nosy parkers; '**⁓heit** *f* (-/-en) novelty; '**⁓igkeit** *f* (-/-en) (piece of) news; '**⁓jahr** *n* New Year('s Day); *Prost ⁓!* Happy New Year!; **2lich** *adv.* the other day; '**⁓ling** *m* (-s/-e) newcomer, F greenhorn; **2modisch** *contp. adj.* newfangled; '**⁓mond** *m* (-[e]s/no pl.) new moon.

neun *adj.* [nɔyn] nine; '**⁓te** *adj.* ninth; **2tel** *n* (-s/-) ninth (part); '**⁓tens** *adv.* ninthly; '**⁓zehn** *adj.* nineteen; '**⁓zehnte** *adj.* nineteenth; **⁓zig** *adj.* ['⁓tsɪç] ninety; '**⁓zigste** *adj.* ninetieth.

Neu|ordnung ['nɔy(?)-] *f* reorganization.

Neuro|se ⁂ [nɔy'roːzə] *f* (-/-n) neurosis; **2tisch** *adj.* [⁓tɪʃ] neurotic.

'**neusprachlich** *adj.* (attr.) modern-language.

neutr|al *adj.* [nɔy'traːl] neutral; **2alität** [⁓ali'tɛːt] *f* (-/no pl.) neutrality; **2on** *phys.* ['nɔytrɔn] *n* (-s/-en) neutron; **2onen...** *phys.* [⁓'troːnən-] *in compounds:* neutron (*bomb, etc.*); **2um** *gr.* ['⁓trʊm] *n* (-s/-tra, tren) neuter.

'**Neu|verfilmung** *f* remake; **2wertig** *adj.* as good as new; '**⁓zeit** *f* (-/no pl.) modern history.

nicht *adv.* [nɪçt] not; **überhaupt ⁓** not at all; **⁓ (ein)mal, gar ⁓** erst not even; **⁓ mehr** not any more *or* longer; **sie ist nett (wohnt hier), ⁓ (wahr)?** she's nice (lives here), isn't (doesn't) she?; **⁓ so ... wie** not as ... as; **noch ⁓** not yet; **⁓ besser** *etc.* (**als**) no (*or* not any) better, *etc.* (than); **ich (auch) ⁓** I don't *or* I'm not (either); **⁓ doch!, (bitte) ⁓!** (please) don't!

'**Nicht|...** *in compounds:* mst non(*member, smoker, etc.*); **⁓achtung** ['⁓?-] *f* disregard, *sn* angriffspakt *pol.* [⁓?-] *m* nonaggression pact; '**⁓beachtung** *f* disregard, nonobservance, violation (*of regulations, etc.*).

Nichte ['nɪçtə] *f* (-/-n) niece.

'**nichtig** *adj.* trivial; *sˈs* void, invalid; **für ⁓ erklären** nullify.

nichtöffentlich *adj.* ['nɪçt?-] closed to the public, private.

nichts *indef. pron.* [nɪçts] nothing, not anything; **⁓ (anderes) als** nothing but; **gar ⁓** nothing at all; F: **das ist ⁓** that's no good.

Nichts [⁓] *n* (-/no pl.) nothing(ness); **aus dem ⁓** (*appear, etc.*) from nowhere; (**build up**) from nothing.

'**nichts|desto'weniger** *adv.* nevertheless; **2können** *m* bungler, F botcher, failure; **⁓nutzig** *adj.* ['⁓nʊtsɪç] good-for-nothing, worthless; '**⁓sagend** *adj.* meaningless; **2tuer** ['⁓tuːər] *m* (-s/-) do-nothing, F drone.

'**Nichtzutreffende** *n* (-n/no pl.): **⁓s streichen!** delete where inapplicable!

nick|en ['nɪkən] *v/i.* (ge-, h) nod (one's head); **2erchen** F ['⁓ərçən] *n* (-s/-): **ein ⁓ machen** take a nap.

nie *adv.* [niː] never, at no time; **fast ⁓** hardly ever; **⁓ und nimmer** never ever.

nieder ['niːdər] **1.** *adj.* low; *s.* niedrig; **2.** *adv.* down (*a. in compounds*).

'**Nieder|gang** *m* (-[e]s/no pl.) decline; **2geschlagen** *adj.* depressed, F (feeling) down; **⁓kunft** ['⁓kʊnft] *f* (-/-e) confinement, childbirth; '**⁓lage** *f* defeat, F beating; **⁓länder** ['⁓lɛndər] *m* (-s/-) Dutchman; '**2ländisch** *adj.* Dutch; '**2lassen** *v/refl.* (irr. **lassen**, *sep., -ge-, h*) settle (down); *econ.* set up (**als** as); '**⁓lassung** *f* (-/-en) establishment; branch; '**2legen** *v/t.* (*sep., -ge-, h*) lay down (*a. arms, office, etc.*); **die Arbeit ⁓** (go on) strike, F walk out; **sich ⁓** lie down; go to bed; **2machen** *v/t.* (*sep., -ge-, h*), **2metzeln** *v/t.* (*sep., -ge-, h*) massacre, butcher; '**⁓schlag** *m* *meteor.* rain(fall) (*radioactive*) fallout; ⁂ precipitate; *boxing:* knockdown; '**2schlagen** *v/t.* (irr. **schlagen**, *sep., -ge-, h*) knock down; cast down (*eyes*); put down (*rebellion, etc.*); *sˈs* quash; **sich ⁓** ⁂ precipitate, deposit; '**2schmettern** *fig. v/t.* (*sep., -ge-, h*) shatter, crush; '**2trächtig** *adj.* base, mean; '**⁓ung** *f* (-/-en) lowland(s); '**⁓volt...** ⁄ *in compounds:* low-voltage ...

niedlich *adj.* ['niːtlɪç] pretty, sweet, cute.

niedrig *adj.* ['niːdrɪç] low (*a. fig.*); *punishment, etc.:* light.

niemals *adv.* ['niːmaːls] *s.* nie.

niemand *indef. pron.* ['niːmant] nobody, no one, not anybody; **⁓ von ihnen** none of them; '**2sland** *n* (-[e]s/no pl.) no-man's-land.

Niere ['niːrə] *f* (-/-n) kidney; F **an die ⁓n gehen** get under *s.o.*'s skin.

nieseln ['niːzəln] *v/i.* (ge-, h) drizzle.

nies|en ['ni:zən] *v/i.* (*ge-*, *h*) sneeze; **2pulver** ['ni:s-] *n* sneezing powder.

Niet ⊙ [ni:t] *m* (-[e]s/-e) rivet; **~e** *f* (-/-n) lottery, *etc.*: blank; *fig.* failure; **2en** ⊙ *v/t.* (*ge-*, *h*) rivet.

Nikolaustag ['ni:kolaus-] *m* St. Nicholas' Day.

Nikotin ↗ [niko'ti:n] *n* (-s/no *pl.*) nicotine; **2arm** *adj.* [~°-] low in nicotine.

Nilpferd *zo.* ['ni:l-] *n* hippopotamus, F hippo.

nimmer *adv.* ['nimər]: *nie und* **~** never (ever); **~mehr** *lit. adv.* nevermore.

Nippel ['nipəl] *m* (-s/-) nipple.

nippen ['nipən] *v/i.* (*ge-*, *h*) sip (*an dat.* at).

nirgend|s ['nirgənts], **'~wo** *adv.* nowhere.

Nische ['ni:ʃə] *f* (-/-n) niche (*a. fig.*), recess.

nist|en ['nistən] *v/i.* (*ge-*, *h*) nest; **2platz** *m* nesting place.

Niveau [ni'vo:] *n* (-s/-s) level; *fig. a.* standard; F: **~ haben** have class.

nix F *indef. pron.* [niks] nothing.

Nixe ['niksə] *f* (-/-n) water nymph, mermaid.

nobel F *adj.* ['no:bəl] generous; posh.

noch *adv.* [nɔx] still; **~ nicht(s)** not(hing) yet; **~ nie** never before; **nur ~ zwei** ... only two more ...; only two ... left; **wer** (*was*) **~?** who (what) else?; (*sonst*) *et.?* anything else?; *ich möchte* **~** *et.* (*Tee*) I'd like some more (tea); **~ ein(er)** one more, another; **~** (*ein*)*mal* once more *or* again; **~ zwei Stunden** another two hours, two hours to go; **~ besser** (*schlimmer*) even better (worse); **~ gestern** only yesterday; *und wenn es* (*auch*) **~** *so ... ist* however (*or* no matter how) ... it may be; **'~malig** *adj.* (re)new(ed); **~mals** *adv.* ['~ma:ls] once more *or* again.

Nockerl *Aust.* ['nɔkərl] *n* (-s/-n) small dumpling.

Nomade [no'ma:də] *m* (-n/-n) nomad.

Nominativ *gr.* ['no:minati:f] *m* (-s/-e) nominative (case).

nominieren [nomi'ni:rən] *v/t.* (*no ge-*, *h*) nominate.

Nonne ['nɔnə] *f* (-/-n) nun; **'~nkloster** *n* convent.

Noppe ⊙ *f* (-/-n) stud (*of shoe, etc.*); nub; knob, knot (*in fabric, etc.*);

Nord *geogr.* [nɔrt], **~en** ['~dən] *m* (-s/no *pl.*) north; *nach Norden* north(wards); **2isch** *adj.* ['~diʃ] northern; Scandinavian; **~e Kombination** *skiing*: Nordic Combined.

nördlich *adj.* ['nœrtliç] north(ern); northerly; **~ von** north of.

'Nord|licht *n* *meteor.* northern lights, aurora borealis; F *fig.* Northerner; **~ost(en** *m*) [~°-] northeast; **'~pol** *m* North Pole; **~'Süd-Gefälle** *pol. n* north-south divide; **'~west(en** *m*) northwest.

nörg|eln ['nœrgəln] *v/i.* (*ge-*, *h*) nag (*an dat.* at), carp (at); **2ler** ['~lər] *m* (-s/-) faultfinder, F bitch(er).

Norm [nɔrm] *f* (-/-en) standard, norm.

normal *adj.* [nɔr'ma:l] normal; F: *nicht ganz* **~** not quite right (in the head).

Nor'mal|... *in compounds*: *esp.* ⊙ standard (*measure, time, etc.*); average (*consumer, etc.*); **~benzin** *mot. n* regular (grade) gas (*Brt.* petrol); **2erweise** *adv.* normally, usually; **2isieren** [~ali'zi:rən] *v/refl.* (*no ge-*, *h*) return to normal.

norm|en ['nɔrmən] *v/t.* (*ge-*, *h*), **~ieren** [~'mi:rən] *v/t.* (*no -ge-*, *h*) standardize.

Norweg|er ['nɔrve:gər] *m* (-s/-), **2isch** *adj.* Norwegian.

Not [no:t] *f* (-/-e) *allg.* need; want; poverty; hardship; misery; difficulty, trouble, problem; distress; *in* **~** *sein* be in need *or* distress *or* trouble; *in s-r, etc.* **~** (*do s.th*) in desperation; *mit knapper* **~** (*make it, escape, etc.*) barely, narrowly; *zur* **~** if need be, if necessary; *es tut not* it is necessary *or* essential.

Notar [no'ta:r] *m* (-s/-e) notary (public).

Not|arzt ['no:t°-] *m* doctor on emergency duty *or* call; (emergency) ambulance; **~ausgang** ['~°-] *m* emergency exit; **'~behelf** *m* makeshift, expedient; **'~bremse** *f* emergency brake; **'~dienst** *m* emergency duty; **~durft** ['~durft] *f* (-/no *pl.*): *s-e* **verrichten** relieve o.s.; **2dürftig** *adj.* scanty; temporary; **~ reparieren** patch *s.th.* up.

Note ['no:tə] *f* (-/-n) note (*a.* ♪ *and pol.*); bill, (bank)note; *school, etc.*: grade, mark; **~n** *pl.* ♪ (sheet) music; **~n lesen** read music.

Noten|büchlein ['no:tənby:çlain] *n* (-s/-) (*teacher's*) grade book; **'~durchschnitt** *m* *school, etc.*: average; **'~ständer** *m* music stand.

'Not|fall *m* emergency; **2falls** *adv.* if necessary; **2gedrungen** *adv.*: *et.* **~ tun** be forced to do s.th.

notieren [no'ti:rən] *v/t.* (*no ge-*, *h*) make a note of, note *or* jot down; *econ.* quote.

nötig *adj.* ['nø:tiç] necessary; **~ haben** need; **~ brauchen** need badly; *das* **2ste** the (bare) necessities *or* essentials; **~en** ['~gən] *v/t.* (*ge-*, *h*) force, compel; press, urge; *sich nicht* **~ lassen** not wait to be asked; help o.s.; **'~en'falls**

adv. if necessary; **'_ung** *f* (*-/no pl.*) coercion; ⚖ intimidation.

Notiz [no'ti:ts] *f* (*-l-en*) note, memo; **~ nehmen von** take notice of, pay attention to; **keine ~ nehmen von** *a.* ignore; **sich _en machen** take notes; **'_block** *m* (memo *f*) pad; **'_buch** *n* notebook.

'Not|lage *f* distress; (*financial, etc.*) difficulties; emergency; **'2landen** ✓ *v/i.* (*-ge-, sein*) make an emergency landing; **'_landung** ✓ *f* emergency landing; **'2leidend** *adj.* needy, destitute; **'_lösung** *f* stopgap; expedient; **'_lüge** *f* white lie.

notorisch *adj.* [no'to:rɪʃ] notorious.

'Not|ruf *teleph.* *m* emergency call; **'_rufsäule** *f* call box, *Brt.* emergency phone; **'_rutsche** ✓ *f* (emergency) escape chute; **'_signal** *n* emergency *or* distress signal; **'_stand** *pol. m* state of (national) emergency; **'_standsgebiet** *n econ.* depressed area; disaster area; **'_standsgesetze** *pl.* emergency laws; **'_verband** ✚ *m* first-aid dressing; **'_wehr** *f* self-defen|se, *Brt.* -ce; **'2wendig** *adj.* necessary; **'_wendigkeit** *f* (*-/no pl.*) necessity; **'_zucht** ⚖ *f* (*-/no pl.*) rape.

Novelle [no'vɛlə] *f* (*-l-n*) novella; *parl.* amendment.

November [no'vɛmbər] *m* (*-s/-*) November.

Novum ['no:vʊm] *n* (*-s/-va*) s.th. new, novelty.

Nu [nu:] *m*: *im* **~** in no time.

Nuance [nyã:sə] *f* (*-l-n*) shade.

nüchtern *adj.* ['nʏçtərn] sober (*a. fig.*); *style, etc.*: matter-of-fact; **auf _en Magen** on an empty stomach; **~ werden (machen)** sober up; **'2heit** *f* (*-/no pl.*) sobriety.

Nuckel F ['nʊkəl] *m* (*-s/-*) pacifier, *Brt.* dummy; **'2n** *v/i.* (*ge-, h*): **~ an** (*dat.*) suck.

Nudel ['nu:dəl] *f* (*-l-n*) noodle; **_n** *pl. coll.* pasta; F: **komische ~** funny guy *or* girl; **'2n** *v/t.* cram (*a. fig.*).

nuklear *adj.*[nukle'a:r] nuclear; *for compounds s.* **Atom...**.

null *adj.* [nʊl] zero, nought, *teleph.* O; *sports:* nil, nothing; *tennis:* love; **~ Grad** zero degrees; **~ Fehler** no mistakes; **~ Ahnung haben** *sl.* not know beans; **~ und nichtig** null and void; **~ Bock**.

Null [~] *f* (*-l-en*) *s.* **null**; *fig.* a nobody; **gleich ~ sein** chances, *etc.*: be nil; **'_diät** *f*: **auf ~ sein** go without food, fast; **'_ösung** *pol. f* zero option; **'_punkt** *m* zero (point *or* fig. level); **'_tarif** *m* free fare(s); **zum ~** free (of charge).

nume|rieren [nume'ri:rən] *v/t.* (*no ge-, h*) number; **2rus clausus** *univ.*

['nu:merʊs 'klaʊzʊs] *m* (*-/no pl.*) restricted admission(s).

Nummer ['nʊmər] *f* (*-l-n*) number; *of paper, etc.: a.* issue; size (*of shoe, etc.*); F *fig.* act, show; V *coitus:* lay, screw; **nur e-e ~** *fig.* just a number, a nobody, a cog in the wheel; **auf ~ Sicher gehen** play (it) safe; **'_nschild** *mot. n* license (*Brt.* number) plate.

nun *adv.* [nu:n] now; *introducing statement, opinion, etc.:* well; **~?** well?; **wenn er (es) ~ ...?** what if he (it) ...?; *s.* **jetzt, na**; **'_mehr** *adv.* (from) now (on).

nur *adv. and cj.* [nu:r] only, just; merely; nothing but; **~ daß** except that; **wenn er ~ ...!** if only he ...!; **wie (warum) ~ ...?** how (why) on earth ...?; **was will er ~?** I wonder what he wants; **er tut ~ so** he's just pretending; **~ so (zum Spaß)** just for fun; F: **~ 'so** just because; **warte ~!** just you wait!; **mach ~!, ~ zu!** go ahead!; **~ nicht** *inf.!* I just don't *inf.!*; **don't you** *inf.!*; **~ für Erwachsene** (for) adults only; **soviel du ~ kannst** as much as you possibly can; *s.* **noch**.

nuscheln F ['nʊʃəln] *v/i.* (*-ge-, h*) mumble.

Nuß [nʊs] *f* (*-lNüsse*) nut; **'_baum** ⚙ *m* (*-[e]s/no pl.*) *wood:* walnut; **'_knacker** *m* (*-s/-*) nutcracker; **'_schale** *f* nutshell.

Nüstern ['nʏstərn] *pl.* nostrils.

Nutte V ['nʊtə] *f* (*-l-n*) whore, *sl.* hooker, tart, hustler.

nutz *adj.* [nʊts] *s.* **nütze**.

Nutz|anwendung ['nʊts?-] *f* practical application; **'2bar** *adj.* usable, ✓ *a.* arable; **~ machen** utilize, harness; exploit (*resources, etc.*); **'2bringend** *adj.* profitable, useful.

nütze *adj.* ['nʏtsə] useful; **zu nichts ~ sein** be (of) no use; be good for nothing.

Nutzen ['nʊtsən] *m* (*-s/no pl.*) use; profit, gain; advantage; **~ ziehen aus** benefit *or* profit from *or* by; **zum ~ von** for the benefit of.

'nutzen, nützen ['nʏtsən] (*ge-, h*) **1.** *v/i.*: **zu et.** ~ be of use *or* useful for s.th.; **j-m** ~ be of use to s.o.; **es nützt nichts (, es zu tun)** it's no use (doing it); **2.** *v/t.* use, make use of, take advantage of.

'Nutz|fahrzeug *n* commercial vehicle; **'_garten** *m* vegetable (*Brt.* kitchen) garden; **'_holz** *n* lumber; timber; **'_last** *f* payload; **'_leistung** ⚙ *f* output, efficiency.

nützlich *adj.* ['nʏtslɪç] useful, helpful, of use; F handy; advantageous; **sich ~ machen** make o.s. useful, be handy.

'nutzlos *adj.* useless, (of) no use.

'Nutzung *f* (*-/no pl.*) use, utilization.

Nymphe ['nʏmfə] *f* (*-l-n*) nymph.

O

o *int.* [oː] oh!; **~ weh!** oh dear!
Oase [o'aːzə] *f* (**-/-n**) oasis (*a. fig.*).
ob *cj.* [ɔp] whether, if; **als ~** as if, as though; **und ~!** and how!, you bet!
Obacht ['oːbaxt] *f* (**-/*no pl.***): **~ geben auf** (*acc.*) pay attention to; **(gib) ~!** look *or* watch out!
Obdach ['ɔp-] *n* (**-[e]s/*no pl.***) shelter, lodging; '**2los** *adj.* homeless, without shelter; **~lose** ['~loːzə] *m*, *f* (**-n/-n**) homeless person; **~losenasyl** ['~nʔ-] *n* shelter (for the homeless).
Obdu|ktion ⚕ [ɔpdʊk'tsĭoːn] *f* (**-/-en**) autopsy; **2zieren** ⚕ [~u'tsiːrən] *v/t.* (*no* **ge-, h**) perform an autopsy on.
oben *adv.* ['oːbən] above, up; on (the) top; at the top (*a. fig.*); on the surface; upstairs; **da ~** up there; **von ~ bis unten** from top to bottom *or* toe; **links ~** (at the) top left; **siehe ~** see above; F **~ ohne** topless; **von ~ herab** *fig.* patronizing(ly), condescending(ly); **~an** *adv.* ['~'ʔ-] at the top; **~auf** *adv.* ['~'ʔ-] on the top; on the surface; F *fig.* feeling great; **~drein** *adv.* ['~'draɪn] besides, into the bargain, at that; **~erwähnt** ['~ʔɛrvɛːnt], '**~genannt** *adj.* above-mentioned; '**~'hin** *adv.* superficially.
Ober ['oːbər] *m* (**-s/-**) (head)waiter.
Ober|... *in compounds*: upper (*arm, lip, limit, etc.*); chief (*inspector, etc.*); head(*waiter, etc.*); high (*priest, etc.*); **~arzt** ['~ʔ-] *m* assistant medical director; '**~befehl** ⚔ *m* (**-[e]s/*no pl.***) supreme command; '**~befehlshaber** ⚔ *m* commander in chief; '**~bekleidung** *f* outerwear; '**~begriff** *n* generic term; heading; '**~bürgermeister** *m* (*Brt.* Lord) Mayor.
ober|e *adj.* ['oːbərə] upper, top; *fig. a.* superior; '**2fläche** *f* surface (*a. fig.*) (**an** *dat.* on); **~flächlich** *adj.* ['~flɛçlɪç] superficial; '**2geschoß** *n* upper floor; **zweites ~** third (*Brt.* second) floor; '**~halb** *prp.* (*gen.*) above; '**2hand** *fig. f* (**-/*no pl.***): **die ~ gewinnen** (**über** *acc.*) get the upper hand (of); '**2haupt** *n* head, chief; '**2haus** *parl. n* Upper House; '**2hemd** *n* (dress) shirt; '**2herrschaft** *f* supremacy.
'**Oberin** *f* (**-/-nen**) *eccl.* Mother Superior; *s.* **Oberschwester.**
ober|irdisch *adj.* ['oːbərʔ-] aboveground, *Brt.* overground; ⚡ overhead; '**2kiefer** *m* upper jaw; '**2kommando** ⚔ *n* general headquarters; supreme command; '**2körper** *m* upper part of the body; **den ~ freimachen** strip to the waist; '**2leder** *n* upper (*of shoe*); '**2leitung** *f* chief management; ⚡ overhead wires; '**2licht** *arch. n* skylight.
Obers *Aust.* ['oːbərs] *n* (**-/*no pl.***) cream.
'**Ober|schenkel** *m* thigh; '**~schicht** *f* upper class(es), F upper crust; '**~schule** *f s.* **Gymnasium**; '**~schwester** *f* head-nurse, *Brt.* senior nursing officer, matron.
Oberst ⚔ ['oːbərst] *m* (**-en, -s/-en**) colonel.
'**oberste** *adj.* up(per)most, top(most); highest; chief, first.
'**Ober|stufe** *f appr.* senior highschool, *Brt. appr.* Sixth Form; '**~teil** *n*, *m* top; '**~wasser** *fig. n*: **~ bekommen** get the upper hand; '**~weite** *f* bust size.
ob'gleich *cj.* (al)though.
'**Obhut** *f* (**-/*no pl.***) care, charge; **in s-e ~ nehmen** take care *or* charge of.
obig *adj.* ['oːbɪç] above(-mentioned).
Objekt [ɔp'jɛkt] *n* (**-[e]s/-e**) object (*a. gr.*); *arch.* project; **~iv** *phot.* [~'tiːf] *n* (**-s/-e**) lens.
objek'tiv *adj.* objective; impartial, unbias(s)ed; **2ität** [~ivi'tɛːt] *f* (**-/*no pl.***) objectivity; impartiality.
Oblate [o'blaːtə] *f* (**-/-n**) wafer; *eccl.* host.
ob'liegen *lit. v/i.* (*irr.* **liegen, -ge-, h**) (*dat.*) be incumbent on *s.o.*
obligat F *adj.* [obli'gaːt] inevitable; **~orisch** *adj.* [~a'toːrɪʃ] compulsory.
Obo|e ♪ [o'boːə] *f* (**-/-n**) oboe; **~ist** [~o'ɪst] *m* (**-en/-en**) oboist.
Obrigkeit ['oːbrɪçkaɪt] *f* (**-/-en**) authorities; government.
ob'schon *cj.* (al)though.
Observatorium *ast.* [ɔpzɛrva'toːrĭum] *n* (**-s/-rien**) observatory.
Obst [oːpst] *n* (**-[e]s/*no pl.***) fruit; '**~garten** *m* orchard; '**~laden** *m* fruit market, *Brt.* fruiterer's (shop); '**~torte** *f* fruit cake *or* pie (*Brt.* tart *or* flan).
obszön *adj.* [ɔps'tsøːn] obscene, filthy.
ob'wohl *cj.* (al)though.
Occasion *Swiss* ['ɔkasĭoːn] *f* (**-/-en**) bargain, good buy.
Ochse ['ɔksə] *m* (**-n/-n**) *zo.* ox; *fig.* blockhead; '**2n** F *v/i.* (**ge-, h**) cram; '**~nschwanzsuppe** *f* oxtail soup.
öde *adj.* ['øːdə] deserted, desolate; waste (*land*); *fig.* dull, dreary, tedious.
oder *cj.* ['oːdər] or; **~ aber** or else, otherwise; **~ vielmehr** or rather; **~ so** or s.th. like that; *with numbers*: or so; **er kommt doch, ~?** he's coming, isn't he?; **du kennst ihn ja nicht, ~ (doch)?** you don't know him, (or) do you?
Ofen ['oːfən] *m* (**-s/⸚**) stove; oven; ⚙

furnace; '~heizung f stove heating; '~rohr n stovepipe.

offen ['ɔfən] 1. adj. open (a. fig.); job: a. vacant; frank, honest; 2. adv.: ~ gesagt frankly (speaking); ~ s-e Meinung sagen speak one's mind (freely).

'offen|'bar 1. adj. obvious, evident; apparent; 2. adv. apparently, evidently; ~baren [~'baːrən] v/t. (no ge-, h) reveal, disclose, show; 2'barung f (-/-en) revelation (a. F fig. and eccl.). 'Offenheit fig. f (-/no pl.) openness, frankness.

'offen|herzig adj. open, frank, candid; F dress, etc.: revealing; '~kundig adj. evident, obvious; notorious; '~lassen v/t. (irr. lassen, sep., -ge-, h) leave s.th. open (fig. a. undecided); '~'sichtlich adj. and adv. obvious(ly), clear(ly).

offensiv adj. [ɔfən'ziːf], 2e [~və] f (-/-n) offensive.

'offenstehen v/i. (irr. stehen, sep., -ge-, h) stand or be (a. fig.) open (j-m to s.o.); bill, etc.: be unpaid; es steht ihnen offen zu you are free to.

öffentlich adj. ['œfəntlɪç] public; ~ Verkehrsmittel pl. public transport(ation); ~e Schulen pl. public (Brt. state) schools; ~rechtlich public (institution); ~ auftreten appear in public; '2keit f (-/no pl.) the public; in aller ~ in public, openly; an die ~ bringen make public; 2keitsarbeit ['~ς²-] f (-/no pl.) public relations.

offiziell adj. [ɔfi'tsiɛl] official.

Offizier [ɔfi'tsiːr] m (-s/-e) (commissioned) officer.

öffn|en ['œfnən] v/t. and v/i. and v/refl. (ge-, h) open; '2er m (-s/-) opener; '2ung f (-/-en) opening; '2ungszeiten pl. opening or business or office hours.

oft adv.[ɔft] often, frequently.

öfter adv. ['œftər] a. des ~en, F ~s several times; quite often.

oftmals adv. ['ɔftmaːls] s. oft.

oh int. [oː] o(h)!

ohne prp. (acc.) and cj. ['oːnə] without; ~ mich! count me out!; ~ ein Wort (zu sagen) without (saying) a word; s. weitere; ~'dem, ~'dies adv. s. ohnehin; ~'gleichen adv. unequal(l)ed, unparalleled; ~'hin adv. anyhow, anyway.

Ohn|macht ['oːn-] f (-/-en) unconsciousness; helplessness; in ~ fallen faint, F pass out; '2mächtig adj. unconscious; helpless; ~ werden faint, F pass out.

Ohr [oːr] n (-[e]s/-en) ear; F sich aus ~ legen take a nap; F j-n übers ~ hauen cheat s.o.; bis über die ~en up to one's ears (in work, etc.); head over heels (in love, etc.).

Öhr [øːr] n (-[e]s/-e) eye (of needle).

Ohren|arzt ['oːrən²-] m ear-nose-and-throat doctor; '2betäubend adj. deafening; '~leiden n ear trouble; '~sausen n (-s/no pl.) ringing in the ears; '~schmerzen pl. earache; '~schützer pl. earmuffs; '~zeuge m earwitness.

'Ohr|feige f slap in the face (a. fig.); '2feigen v/t. (ge-, h): j-n ~ slap s.o.'s face; '~läppchen ['~lɛpçən] n (-s/-) ear lobe; '~ring m earring.

oje int. [o'jeː] oh dear!, good gracious!

Öko|... ['øːko-] in compounds: eco(catastrophe, etc.); organic (farming, etc.); '~laden m healthfood store or shop; '~loge [øko'loːgə] m (-n/-n) ecologist; '~logie [økolo'giː] f (-/no pl.) ecology; 2logisch adj. [øko'loːgɪʃ] ecological; ~nomie [økono'miː] f (-/-n) economy, thrift; econ. economics; 2nomisch adj. [øko'noːmɪʃ] economical; econ. economic; '~system n ecosystem.

Oktave ♪ [ɔk'taːvə] f (-/-n) octave.

Oktober [ɔk'toːbər] m (-s/-) October.

ökumenisch eccl. adj. [øku'meːnɪʃ] ecumenical.

Öl [øːl] n (-[e]s/-e) oil; petroleum; paint. oils; nach ~ suchen (bohren) search (drill) for oil; auf ~ stoßen strike oil; '~baum ♀ m olive (tree).

Oldtimer mot. ['ɔːltʔtaɪmər] m (-s/-) classic or vintage (Brt. a. veteran) car.

'ölen v/t. (ge-, h) oil; ⊕ a. lubricate.

'Öl|farbe f oil paint; oil colo(u)r(s); '~förderung f oil production; '~gemälde n oil painting; '~heizung f oil heating; '2ig adj. oily, greasy (both a. fig.).

oliv adj. [o'liːf], 2e ♀ [~və] f (-/-n) olive.

'Öl|leitung f (oil) pipeline; '~malerei f oil painting; '~pest f oil pollution (of sea and beaches); '~quelle f oil well; gusher; '~schiefer geol. m oil shale; '~teppich m oil slick; '~stand m oil level; den ~ prüfen mot. check the oil; '~unfall ['~ς²-] m oil spill; '~ung f (-/-en) oiling; ⊕ a. lubrication; Letzte ~ eccl. extreme unction; '~verschmutzung f oil pollution; '~vorkommen n oil resources; oilfield.

Olympia|... [o'lʏmpia-] in compounds: Olympic (team, medal, etc.); ~de [~'pia:də] f (-/-n) Olympic Games, Olympics; interval: Olympiad.

Oma F ['oːma] f (-/-s) grandma.

Omen ['oːmən] n (-s/-, Omina) (bad, etc.) omen.

Omi F ['oːmi] f (-/-s) granny.

ominös adj. [omi'nøːs] ominous; fig. dubious, shady.

Omnibus ['ɔmnibus] m (-ses/-se) s. Bus.

onanieren [ona'niːrən] v/i. (no ge-, h) masturbate.

Onkel ['ɔŋkəl] m (-s/-) uncle.

Opa F ['oːpa] m (-s/-s) grandpa.

Oper ['oːpər] f (-/-n) ♪ opera; opera house.

Operation [opera'tsɪoːn] f (-/-en) operation (a. ✕, etc.) (vornehmen perform); ♪ a. surgery; **~saal** ♪ m operating room (Brt. a. theatre).

operativ adj. [opera'tiːf] surgical; **~er Eingriff** surgery, operation.

Operette ♪ [ope'rɛtə] f (-/-n) operetta.

operieren [ope'riːrən] v/t. and v/i. (no ge-, h) operate (j-n on s.o.; wegen for); **operiert werden, sich ~ lassen** have an operation, undergo surgery (an dat. on).

'Opernsänger m opera singer.

Opfer ['ɔpfər] n (-s/-) sacrifice; offering; victim (a. of crime); **ein ~ bringen** make a sacrifice; **zum ~ fallen** fall victim to; **'2n** (ge-, h) 1. v/t. sacrifice (sich o.s.); 2. v/i. (make a) sacrifice (dat. to); **'~ung** f (-/no pl.) sacrifice.

Opium ['oːpiʊm] n (-s/no pl.) opium; fig. opiate.

Opposition [ɔpozi'tsɪoːn] f (-/-en) opposition (a. parl.).

Optik ['ɔptɪk] f (-/-en) optics; phot. optical system; **'~er** m (-s/-) optician.

opti|mal adj. [ɔpti'maːl] optimum, best; **2mismus** [~'mɪsmʊs] m (-/no pl.) optimism; **2mist** m (-en/-en) optimist; **~mistisch** adj. optimistic.

'optisch adj. optic(al); visual.

Orange [o'rãːʒə] f (-/-n) orange (a. colo[u]r).

Orchester ♪ [ɔr'kɛstər] n (-s/-) orchestra.

Orchidee ❀ [ɔrçi'deːə] f (-/-n) orchid.

Orden ['ɔrdən] m (-s/-) eccl., etc. order; medal, decoration.

'Ordensschwester eccl. f sister, nun.

ordentlich ['ɔrdəntlɪç] 1. adj. person, room, household, etc.: tidy, neat, orderly; means, way, etc.: proper; thorough (a. F fig.); people: a. respectable; member, professor: full; court: ordinary; achievement: reasonable; F good, sound (beating, etc.); 2. adv.: **s-e Sache ~ machen** do a good job; **sich ~ benehmen (anziehen)** behave (dress) properly or decently.

ordinär adj. [ɔrdi'nɛːr] vulgar; common.

ordn|en ['ɔrdnən] v/t. (ge-, h) put in order; arrange, sort (out); file (documents, etc.); settle (affairs, etc.); **'2er** m (-s/-) attendant, guard, F bouncer; steward, usher; for papers, etc.: file; folder; **'2ung** f (-/-en) order; order(liness), tidiness; rules, regula-

tions; arrangement; system, set-up; class, rank, category; **in ~** all right; ⊙, etc. in (good) order; **in ~ bringen** put right (a. fig.); tidy up (room, etc.); repair, fix (a. fig.); **(in) ~ halten** keep (in) order; **et. ist nicht in ~ (mit)** there is s.th. wrong (with); F **(das) geht in ~** that's all right (with me); we'll take care of it, F will do.

'ordnungs|gemäß, '~mäßig 1. adj. correct, regular; **2.** adv. duly, properly; **'2strafe** f fine, penalty; **'~widrig** adj. illegal, against the regulations; **'2-widrigkeit** ⅍ f (-/-en) (traffic, etc.) offen|se, Brt. -ce; **'2zahl** f ordinal number.

Organ [ɔr'gaːn] n (-s/-e) organ; fig. sense (**für** of); F voice; **~empfänger** ♪ [~'~-] m organ recipient; **~handel** m sale of (transplant) organs.

Organi|sation [ɔrganiza'tsɪoːn] f (-/-en) organization; **~sator** [~'zaːtɔr] m (-s/-en) organizer; **2satorisch** adj. [~'toː-rɪʃ] organizational.

or'ganisch adj. organic.

organi'sier|en [ɔrgani'ziːrən] v/t. (no ge-, h) organize; F get (hold of); **sich ~** organize; unionize; **~t** adj. organized; unionized.

Organismus [ɔrga'nɪsmʊs] m (-/-men) organism.

Organist [ɔrga'nɪst] m (-en/-en) organist.

Or'gan|spender ♪ m (organ) donor; **~verpflanzung** ♪ f (organ) transplant.

Orgasmus [ɔr'gasmʊs] m (-/-men) orgasm.

Orgel ♪ ['ɔrgəl] f (-/-n) organ; **'~pfeife** f organ pipe.

Orgie ['ɔrgɪə] f (-/-n) orgy.

Oriental|e [orɪɛn'taːlə] m (-n/-n), **2isch** adj. oriental.

orientier|en [orɪɛn'tiːrən] v/t. (no ge-, h) inform s.o. (**über** acc. about), brief (on); **sich ~** orient o.s. (a. fig.) (nach, an dat. by); inform s.o.; **2ung** f (-/no pl.) orientation; fig. a. information; **die ~ verlieren** lose one's bearings; **~ungslos** adj. disoriented (a. fig.); **2ungssinn** m sense of direction.

original adj. [origi'naːl] original; real, genuine; TV live.

Original [~] n (-s/-e) original; fig. real (or quite a) character; **~...** in compounds: mst original ...; **~übertragung** [~'~-] f live broadcast or program(me).

originell adj. [origi'nɛl] original; idea, etc.: a. ingenious; style, etc.: witty.

Orkan [ɔr'kaːn] m (-[e]s/-e) hurricane; **2artig** [~'~-] storm: violent; fig. thunderous.

Ort [ɔrt] m (-[e]s/-e) place; village, (small) town; spot, point; scene (of

event); *vor* ~ ✕ at the (coal)face, underground; *fig.* in the field, on the spot; '2en *v/t.* (ge-, h) locate, F spot.
ortho|dox *adj.* [ɔrto'dɔks] orthodox; 2graphie [~gra'fi:] *f* (-/-n) orthography; 2päde ✚ [~'pɛ:də] *m* (-n/-n) orthopedic doctor.
örtlich *adj.* ['œrtlıç] local; '2kelten *pl.* scene, locale.
Orts|angabe ['ɔrts?-] *f* indication of place; '~bestimmung *f* ✚, ⚓ location; *gr.* adverb of place.
'Ortschaft *f* (-/-en) *s.* Ort.
'Orts|gespräch *teleph.* *n* local call; '~kenntnis *f*: ~ besitzen know a place; '2kundig *adj.*: ~ sein know one's way around; '~name *m* place name; '~netz *teleph.* *n* local exchange; '~schild *n* city limit(s) marker, *Brt.* place-name sign; '~zeit *f* local time.
Öse ['ø:zə] *f* (-/-n) eye; *shoe, etc.*: eyelet.
Ost *geogr.* [ɔst] east; '~block *hist.* *m* East(ern) Bloc; '~en *m* (-s/no *pl.*) east; *geogr., pol.* the East.

Oster|ei ['o:stər?-] *n* Easter egg; '~hase *m* Easter bunny or rabbit; '~n *n* (-/-) Easter (zu, an at); frohe ~! Happy Easter!
Österreich|er ['ø:stəraıçər] *m* (-s/-), '2isch *adj.* Austrian.
östlich *adj.* ['œstlıç] east(ern); easterly; ~ von (to the) east of.
ost|wärts *adv.* ['ɔstvɛrts] east(wards); '2wind *m* east(erly) wind.
Otter *zo.* ['ɔtər] 1. *m* (-s/-) otter; 2. *f* (-/-n) adder, viper.
Ouvertüre ♪ [uver'ty:rə] *f* (-/-n) overture.
oval *adj.* [o'va:l], 2 [~] *n* (-s/-e) oval.
Oxyd 🜍 [ɔ'ksy:t] *n* (-[e]s/-e) oxide; 2ieren [~y'di:rən] *v/t.* and *v/i.* (no ge-, h) oxidize.
Ozean ['o:tsea:n] *m* (-s/-e) ocean, sea.
Ozon 🜍 [o'tso:n] *n*, F *m* (-s/no *pl.*) ozone (*a.* F *fresh air*); ~loch *meteor.* *n* hole in the ozone (layer); ~schicht *meteor.* *f* ozone layer; Abbau der ~ ozone depletion; ~werte *pl.* ozone levels.

P

paar *indef. pron.* [pa:r]: ein ~ a few, some, F a couple of.
Paar [~] *n* (-[e]s/-e) pair; couple; ein ~ (neue) ... a (new) pair of (*shoes, etc.*); 10 ~ *pl.* 10 pairs; '2en *v/t.* and *v/refl.* (ge-, h) mate (*animals*); *fig.* combine; '~lauf *m* pair skating; '2mal *adv.*: ein ~ a few times; '~ung *f* (-/-en) mating, copulation; *sports*: matching; '2weise *adv.* in pairs or twos, two by two.
Pacht [paxt] *f* (-/-en) lease; *payment*: rent; '2en *v/t.* (ge-, h) (take on) lease.
Pächter ['pɛçtər] *m* (-s/-) leaseholder; ⚹ tenant.
'Pacht|vertrag *m* lease; '~zins *m* rent.
Pack¹ [pak] *m* (-[e]s/-e, ⸚e) *s.* Packen.
Pack² *contp.* [~] *n* (-[e]s/no *pl.*) rabble.
Päckchen ['pɛkçən] *n* (-s/-) small parcel; pack(et) *of cigarettes, etc.*).
packen ['pakən] *v/t.* and *v/i.* (ge-, h) pack; make up (*parcel, etc.*); grab, seize (an *dat.* by); *fig.* grip, thrill; F: es ~ make it.
Pack|en [~] *m* (-s/-) pack, stack, pile (*a. fig.*); '~er *m* (-s/-) packer; (furniture) mover, *Brt.* removal man; '~papier *n* packing or brown paper; '~ung *f* (-/-en) package, box; pack(et) (*a. of cigarettes, etc.*).
Pädagog|e [pɛda'go:gə] *m* (-n/-n) teacher; educator, *esp. Brt.* education(al)ist;

~ik *f* (-/no *pl.*) pedagogics; 2isch *adj.* educational; ~e Hochschule *appr.* teachers college, *Brt.* college of education.
Paddel ['padəl] *n* (-s/-) paddle; '~boot *n* canoe; '2n (ge-) *v/i.* (sein) and *v/t.* (h) paddle, canoe.
paffen F ['pafən] *v/i.* and *v/t.* (ge-, h) smoke, puff.
Page ['pa:ʒə] *m* (-n/-n) page(boy).
Paket [pa'ke:t] *n* (-[e]s/-e) package, *esp.* ✉ parcel; ~annahme ✉ [~?-] *f* parcel counter; ~dienst *m* parcel service; ~karte ✉ *f* parcel post slip or receipt, *Brt.* (parcel) mailing form; ~post *f* parcel post; ~schalter ✉ *m* package or parcel window or counter; ~zustellung ✉ *f* parcel delivery.
Pakt *pol.* [pakt] *m* (-[e]s/-e) pact.
Palast [pa'last] *m* (-[e]s/⸚e) palace.
Palette [pa'lɛtə] *f* (-n/-n) paint. palette; ⊙ pallet; *fig.* range, selection.
Palme ⚘ ['palmə] *f* (-/-n) palm (tree); ~'sonntag *eccl. m* Palm Sunday.
Pampelmuse ⚘ [pampəl'mu:zə] *f* (-/-n) grapefruit.
Pamphlet *contp.* [pam'fle:t] *n* (-[e]s/-e) libel(!)ous essay or book, lampoon.
päng *int.* [pɛŋ] bang!
paniert *adj.* [pa'ni:rt] breaded.
Pani|k ['pa:nık] *f* (-/-en) panic; in ~

geraten (versetzen) panic; in ~ panic-stricken, F panicky; '2sch adj.: ~e Angst mortal terror.

Panne ['panə] f (-/-n) breakdown; fig. mishap; '~nhilfe mot. f emergency road service, Brt. breakdown service.

Panoptikum [pa'nɔptikum] n (-s/-tiken) wax museum, waxworks.

panschen F ['panʃən] v/t. (ge-, h) adulterate (wine, etc.).

Panther zo. ['pantər] m (-s/-) panther.

Pantoffel [pan'tɔfəl] m (-s/-n) slipper; unter dem ~ stehen be henpecked; ~held F m henpecked husband.

Pantomim|e thea. [panto'mi:mə] 1. f (-/-n) pantomime, Brt. mime, dumb show; 2. m (-n/-n) mime, pantomimist; 2isch adj. pantomimic.

Panzer zo. ['pantsər] m (-s/-) armo(u)r (a. fig.); ✕ tank; zo. shell; '~faust ✕ f bazooka; '~glas n bulletproof glass; '~kreuzer ⚓ m battle cruiser; '2n v/t. (ge-, h) armo(u)r; '~schrank m safe; '~ung f (-/-en) armo(u)r (plating); '~wagen m armo(u)red car.

Papa F ['papa, pa'pa:] m (-s/-s) dad(dy), pa.

Papagei zo. [papa'gaɪ] m (-s, -en/-en) parrot.

Papeterie Swiss [papetə'ri:] f (-/-n) stationer('s shop).

Papier [pa'pi:r] n (-s/-e) paper (a. in compounds: money, napkin, bag, towel, etc.); ~e pl. papers, documents; identification (paper); ~korb m waste(paper) basket; ~krieg fig. m red tape; ~schnitzel pl. scraps of paper; ~waren pl. stationery; ~warenhandlung f stationer('s store, ~Brt. shop).

Papp... [pap-] in compounds: mst cardboard ..., paper (cup, plate, etc.).

Pappe ['papə] f (-/-n) cardboard, pasteboard.

Pappel ⚘ ['papəl] f (-/-n) poplar.

'Papp|karton m cardboard box, carton; ~maché ['~ma'ʃe:] n (-s/-s) papier mâché; ~schnee m wet snow.

Paprika ⚘ ['paprika] m (-s/-s) vegetable: green or sweet pepper; powder: paprika; gefüllter ~ stuffed peppers.

Papst [pa:pst] m (-es/-e) eccl. pope; fig. high priest.

päpstlich adj. ['pɛ:pstlıç] papal.

Parabel [pa'ra:bəl] f (-/-n) parable; & parabola.

Parade [pa'ra:də] f (-/-n) parade; soccer, etc.: save; fencing, etc.: parry.

Paradeiser Aust. [para'daɪzər] m (-s/-) tomato.

Paradies [para'di:s] n (-es/-e) paradise; 2isch fig. adj. [~'di:zıʃ] heavenly, like paradise.

paradox adj. [para'dɔks] paradoxical.

Paragraph [para'gra:f] m (-en, -s/-en) ⚖ article, section; print. paragraph; section mark (§).

parallel adj. [para'le:l], 2e f (-/-n) parallel (a. in compounds).

Parasit [para'zi:t] m (-en/-en) parasite.

parat adj. [pa'ra:t] (have, etc.) ready.

pardon int. [par'dɔŋ] pardon (me), sorry; kein(en) 2 geben give no quarter.

Parfüm [par'fy:m] n (-s/-e, -s) perfume, Brt. a. scent; ~erie [~ymə'ri:] f (-/-n) perfume store or shop; 2ieren [~fy'mi:rən] v/t. (no ge-, h) perfume, scent; sich ~ put on perfume.

parieren [pa'ri:rən] v/t. and v/i. (no ge-, h) parry (blow, etc.); fig. a. counter (mit with); pull up (horse); F knuckle under, obey.

paritätisch econ., pol. adj. [pari'tɛ:tıʃ] with equal representation.

Park [park] m (-s/-s, -e) park; '2en v/i. and v/t. (ge-, h) park; Parken verboten! no parking!

Parkett [par'kɛt] n (-s/-e) parquet (floor); thea. orchestra (seats), Brt. stalls; dance floor.

'Park|gebühren pl. parking fees; '~haus n parking garage, Brt. multi-storey car park; 2ieren Swiss [~'ki:rən] v/t. and v/i. (no ge-, h) s. parken; '~lücke f parking space; '~platz m parking space; (public) parking lot, Brt. car park; '~scheibe f parking dis|k, Brt. -c; '~sünder m parking offender; '~uhr mot. ['~'-] f parking meter; '~verbot n no parking; '~wächter m park keeper; mot. parking lot (Brt. car park) attendant.

Parlament [parla'mɛnt] n (-[e]s/-e) parliament; 2arisch adj. [~'ta:rıʃ] parliamentary.

Parodie [paro'di:] f (-/-n) parody, take-off (auf acc. on, of); 2ren v/t. (no ge-, h) parody, do a takeoff on s.o.

Parole [pa'ro:lə] f (-/-n) ✕ password; fig. watchword, pol. a. slogan.

Partei [par'taɪ] f (-/-en) party (a. pol.); j-s ~ ergreifen take sides or side with s.o.; 2isch, 2lich adj. partial (für to); prejudiced (gegen against); 2los pol. adj. independent; ~mitglied pol. n party member; ~programm pol. n platform; ~tag pol. m convention, Brt. party conference; ~zugehörigkeit pol. f party membership or affiliation.

Parterre [par'tɛr] n (-s/-s) first (Brt. ground) floor; ~akrobat [~'-] m (floor) acrobat.

Partie [par'ti:] f (-/-n) game (of chess, etc.); sports: a. match; part, passage (a. ♪); F (good) match; e-e gute ~

machen make a good match, marry well.

partiell *adj.* [par'tsĭɛl] partial.

Partikel [par'tiːkəl] *f (-l-n)* particle.

Parti|san [parti'zaːn] *m (-s, -en/-en)* partisan, guerilla; **~tur** *♪* [~'tuːr] *f (-l-en)* score; **~zip** *gr.* [~'tsiːp] *n (-s/-ien)* participle.

Partner ['partnər] *m (-s/-)* partner; *s.* **Lebensgefährte**; **~schaft** *f (-/no pl.)* partnership; **~stadt** *f* sister city, *Brt.* twin town.

paschen *Aust.* ['paʃən] *v/t. and v/i. (ge-, h)* smuggle; **~er** *Aust. m (-s/-)* smuggler.

Paß [pas] *m (Passes/Pässe)* passport; *sports, mountains:* pass.

passabel F *adj.* [pa'saːbəl] tolerable.

Passage [pa'saːʒə] *f (-l-n)* passage; (shopping) arcade.

Passagier [pasa'ʒiːr] *m (-s/-e)* passenger; *s.* **blind**; **~flugzeug** *n* passenger plane; airliner.

Passah ['pasa] *n (-s/no pl.)*, **'~fest** *n* Passover.

Passant [pa'sant] *m (-en/-en)* passerby.

'Paßbild *n* passport photo(graph).

passen ['pasən] *(ge-, h)* **1.** *v/i.* fit *(j-m s.o.; auf acc. or für or zu et. s.th.)*; suit *(j-m s.o.)*, be convenient; *cards, sports:* pass; **~ in** *(acc.)* go into *(suitcase, etc.)*; **~ zu** go with, match (with); *gut zueinander ~ of couple:* be well suited (to each other); *paßt es ihnen morgen?* would tomorrow suit you *or* be all right (with you)?; *das (er) paßt mir gar nicht* I don't like that (him) at all; *das paßt (nicht) zu ihm* that's just like him (not like him, not his style); **2.** *v/refl.* be right *or* proper; **~d** *adj.* fitting; matching; suitable, right, proper; *es ~ haben* have the exact change.

passier|bar *adj.* [pa'siːrbaːr] passable; **~en** *(no ge-)* **1.** *v/i.* *(sein)* happen; **2.** *v/t. (h)* pass (through); **2schein** *m* pass, permit.

Passion [pa'sĭoːn] *f (-l-en)* passion; *eccl.* Passion; **2iert** *adj.* [~o'niːrt] enthusiastic.

passiv *adj.* ['pasiːf] passive; *s.* **Wahlrecht.**

Passiv *gr.* [~] *n (-s/-e)* passive (voice); **'~rauchen** *n* passive smoking.

'Paßkontrolle *f* passport inspection; *place:* Passport Control, Customs.

Paste ['pastə] *f (-l-n)* paste.

Pastell [pas'tɛl] *n (-[e]s/-e)* pastel.

Pastete [pas'teːtə] *f (-l-n)* pie; *(liver, etc.)* pâté.

Pastille *pharm.* [pas'tɪlə] *f (-l-n)* lozenge.

Pastor *eccl.* ['pastor] *m (-s/-en)* minister, pastor.

Pate ['paːtə] *m (-n/-n)* godfather; godchild; **'~nkind** *n* godchild; **'~nschaft** *f (-l-en)* sponsorship.

patent F *adj.* [pa'tɛnt] handy, clever; **~er Kerl** great guy.

Patent [~] *n (-[e]s/-e)* patent; **✕** commission; **~amt** [~ʔ-] *n* patent office; **~anwalt** [~ʔ-] *m* patent attorney *(Brt.* agent); **2ieren** [~'tiːrən] *v/t. (no ge-, h)* patent; *et. ~ lassen* take out a patent for s.th.; **~inhaber** [~ʔ-] *m* patentee; **~rezept** *fig. n* panacea, nostrum, patent medicine.

Pater *eccl.* ['paːtər] *m (-s/-, Patres)* father, padre.

pathetisch *adj.* [pa'teːtiʃ] pompous; ⚠ *not pathetic.*

Patient [pa'tsĭɛnt] *m (-en/-en)* patient.

Patin ['paːtɪn] *f (-l-nen)* godmother.

Patriot [patri'oːt] *m (-en/-en)* patriot; **~ismus** [~o'tɪsmʊs] *m (-/no pl.)* patriotism.

Patron [pa'troːn] *m (-s/-e)* patron (saint); F *(strange, etc.)* customer; **~at** [~o'naːt] *n (-[e]s/-e)* patronage.

Patrone ✕, ⊙, *phot.* [pa'troːnə] *f (-l-n)* cartridge.

Patrouil|le [pa'trʊljə] *f (-l-n)*, **2ieren** [~'jiːrən] *v/i. (no ge-, h)* patrol.

Patsch|e F *fig.* ['patʃə] *f (-/no pl.)*: *in der ~ sitzen* be in a fix *or* jam; **'2en** F *v/i. (ge-, h)* (s)plash; **'2naß** *adj.* soaking wet.

patz|en F ['patsən] *v/i. (ge-, h)*, **'2er** F *m (-s/-)* blunder; **'~ig** F *adj.* rude.

Pauke *♪* ['paukə] *f (-l-n)* bass drum; kettledrum; **'2n** F *fig. v/i. and v/t. (ge-, h)* cram.

pausbackig F *adj.* ['pausbakɪç] chubby-cheeked.

pauschal *adj.* [pau'ʃaːl] general(ized), sweeping *(statement, etc.)*; **2e** *f (-l-n)* lump sum; **2gebühr** *f* flat rate; **2reise** *f* package tour; **2urteil** [~ʔ-] *n* sweeping judg(e)ment.

Pause ['pauzə] *f (-l-en)* break, recess; *esp. thea., sports:* intermission, *Brt.* interval; pause *(in speech, etc.)*; rest *(a. ♪)*; ⊙ tracing; *e-e ~ machen* take a break; (make a) pause; stop, rest; **'2n** *v/t. (ge-, h)* trace; **'2nlos** *adj.* uninterrupted, nonstop; **'~nzeichen** *n* radio: interval signal; *school:* bell.

pau·sieren *v/i. (no ge-, h)* pause, rest.

Pavian *zo.* ['paːvĭaːn] *m (-s/-e)* baboon.

Pavillon ['pavɪljõ] *m (-s/-s)* pavilion.

Pazifis|mus [patsi'fɪsmʊs] *m (-/no pl.)* pacifism; **~t** [~'fɪst] *m (-en/-en)*, **2tisch** *adj.* pacifist.

Pech [pɛç] *n (-s/-e)* pitch; F *fig. (no pl.)* bad luck; **'~strähne** F *f* streak of bad luck; **'~vogel** F *m* unlucky guy.

Pedal [pe'da:l] n (-s/-e) pedal.
pedantisch adj. [pe'dantɪʃ] pedantic, fussy.
Pegel ['pe:gəl] m (-s/-) level (a. fig.).
peilen ['paɪlən] v/i. and v/t. (ge-, h) take the bearing(s) (of); sound (depth); F **über den Daumen** ~ estimate roughly.
peinige|n ['paɪnɪgən] v/t. (ge-, h) torment; **2r** m (-s/-) tormentor.
peinlich adj. ['paɪnlɪç] embarrassing; ~ **genau** meticulous (**bei, in** dat. in); **es war mir** ~ I was or felt embarrassed.
Peitsche ['paɪtʃə] f (-/-n), **2n** v/t. (ge-, h) whip; '**~hieb** m lash.
Pel|le ['pɛlə] f (-/-n) skin (of potato, sausage, etc.); peel; **2en** v/t. (ge-, h) peel; '**~kartoffeln** pl. potatoes (boiled) in their jackets.
Pelz [pɛlts] m (-es/-e) fur (a. coat), skin; '**2gefüttert** adj. fur-lined; '**~geschäft** n fur(rier's) store (Brt. shop); '**2ig** adj. furry; ✳ tongue: coated, Brt. furred; '**~mantel** m fur coat; '**~tiere** pl. furred animals, furs.
Pend|el ['pɛndəl] n (-s/-) pendulum; '**2eln** v/i. (ge-, h) swing; bus, ferry, etc.: shuttle; person: commute; '**~eltür** f swinging (Brt. swing) door; '**~elverkehr** m shuttle service; commuter traffic; '**~ler** ['~dlər] m (-s/-) commuter.
penetrant adj. [pene'trant] obtrusive.
Penne F ['pɛnə] f (-/-n) school; '**2n** F v/i. (ge-, h) sleep; '**~r** F m (-s/-) bum, tramp.
Pension [pã'zĭoːn, pɛn-] f (-/-en) (old-age) pension; boarding house, private hotel; **in** ~ **sein** be retired; **~är** [~o'nɛːr] m (-s/-e) pensioner, retiree; esp. Swiss boarder; **~at** [~o'naːt] n (-[e]s/-e) (girls') boarding school; **2ieren** [~o'niːrən] v/t. (no ge-, h) pension (off); **sich** ~ **lassen** retire; **~ierung** [~o'niːrʊŋ] f (-/-en) retirement; **~sgast** m guest, boarder.
Pensum ['pɛnzʊm] n (-s/-sen, -sa) allotted task or work.
per prp. [pɛr] by (train, mail, etc.); ~ **du sein** be on 'du' terms.
perfekt adj. [pɛr'fɛkt] perfect; ~ **machen** settle (deal, etc.).
Perfekt gr. ['pɛrfɛkt] n (-[e]s/-e) present perfect.
Pergament [pɛrga'mɛnt] n (-[e]s/-e) parchment.
Period|e [pe'rĭoːdə] f (-/-n) (a. menstrual) period; **2isch** adj. periodic(al).
Peripherie [perife'riː] f (-/-n) ✳ circumference; outskirts (of city).
Perle ['pɛrlə] f (-/-n) pearl; bead; '**2n** v/i. (ge-, h) champagne, etc.: sparkle, bubble; '**~nkette** f pearl necklace.
'**Perl|muschel** zo. f pearl oyster; **~mutt**

[~'mʊt] m (-s/no pl.) mother-of-pearl.
Perron 🕭 Swiss [pɛ'rõː] m (-s/-s) platform.
Pers|er ['pɛrzər] m (-s/-) Persian, Iranian; oriental rug; '**2isch** adj. Persian, Iranian.
Person [pɛr'zoːn] f (-/-en) person; thea., etc. a. character; **ein Tisch für drei** ~**en** a table for three; **für m-e** ~ for my part.
Personal [pɛrzo'naːl] n (-s/no pl.) staff, personnel; **zuwenig** ~ **haben** be understaffed; **~abteilung** [~ʔ-] f personnel department; **~ausweis** [~ʔ-] m identity card; **~chef** m staff manager; **~ien** [~lĭən] pl. particulars, personal data; **~pronomen** gr. n personal pronoun.
Per'sonen|kontrolle f security check; search, F frisk; **~(kraft)wagen** (abbr. **PKW**) m (Brt. a. motor) car, auto(mobile); **~zug** 🕭 m passenger train; local or commuter train.
personifizieren [pɛrzonifi'tsiːrən] v/t. (no ge-, h) personify.
persönlich [pɛr'zøːnlɪç] **1.** adj. personal; private; **2.** adv. personally; in person; **2keit** f (-/-en) personality.
Perücke [pe'rʏkə] f (-/-n) wig.
pervers adj. [pɛr'vɛrs] perverted; **ein 2er** a pervert.
pessimistisch adj. [pesi'mɪstɪʃ] pessimistic.
Pest ✳ [pɛst] f (-/no pl.) plague; ⚠ **not pest**.
Petersilie ♞ [pe:tər'ziːlĭə] f (-/-n) parsley.
Petroleum [pe'troːleʊm] n (-s/no pl.) kerosene, paraffin or lamp oil; **~lampe** f kerosene (Brt. paraffin) lamp.
petzen F ['pɛtsən] v/i. (ge-, h) tell on s.o., blab, Brt. a. sneak.
Pfad [pfaːt] m (-[e]s/-e) path, track; '**~finder** m boy scout; '**~finderin** f (-/-nen) girl scout (Brt. guide).
Pfaffe contp. ['pfafə] m (-n/-n) priest.
Pfahl [pfaːl] m (-[e]s/-e) stake; post; pole.
Pfälz|er geogr. ['pfɛltsər] m (-s/-), '**2isch** adj. Palatine.
Pfand [pfant] n (-[e]s/-er) security; pawn, pledge; deposit (on bottle, etc.); in game: forfeit; '**~brief** econ. m mortgage bond.
pfänden ⚖ ['pfɛndən] v/t. (ge-, h) seize, attach (property because of unpaid debt, etc.).
'**Pfand|flasche** f returnable bottle; **keine** ~ no deposit no return; '**~haus** n s. **Leihhaus**; '**~leiher** m (-s/-) pawnbroker; '**~schein** m pawn ticket.
'**Pfändung** ⚖ f (-/-en) seizure, attachment (of property).
Pfann|e ['pfanə] f (-/-n) (frying) pan; F:

j-n in die ~ *hauen* give s.o. hell; take s.o. apart; '~kuchen *m* pancake.

Pfarr|bezirk ['pfar-] *m* parish; '~er *m* (-*s*/-) minister, parson, vicar; pastor; priest; '~gemeinde *f* parish; '~haus *n* parsonage; rectory, vicarage; '~kirche *f* parish church.

Pfau *zo.* [pfaʊ] *m* (-[e]*s*/-en) peacock.

Pfeffer ['pfɛfər] *m* (-*s*/-) pepper; *fig.* spice; '~kuchen *m* gingerbread; '~minze ♀ ['~mintsə] *f* (-/no *pl.*) (pepper)mint; '2n *v/t.* (ge-, *h*) pepper; F *fig.* fling; sock; '~streuer *m* pepperbox, *Brt.* pepper pot.

Pfeife ['pfaɪfə] *f* (-/-n) whistle; (*organ, tobacco*) pipe; '2n *v/i.* and *v/t.* (irr., ge-, *h*) whistle (*dat.* to *s.o.*); F: ~ *auf* (*acc.*) not give a damn about; '~kopf *m* pipe bowl; '~nstiel *m* pipestem.

Pfeil ['pfaɪl] *m* (-[e]*s*/-e) arrow; ~ *und Bogen* bow and arrow.

Pfeiler ['pfaɪlər] *m* (-*s*/-) pillar; pier.

Pfennig ['pfɛnɪç] *m* (-[e]*s*/-e) German *coin:* pfennig; *fig.* penny.

Pferch [pfɛrç] *m* (-[e]*s*/-e) fold, pen (*for sheep, etc.*); '2en *v/t.* (ge-, *h*) cram, pack (*in acc.* into).

Pferd [pfe:rt] *n* (-[e]*s*/-e) horse (*a. gymnastics*); *zu* ~*e* on horseback; *aufs* ~ *steigen* mount a horse.

Pferde|apfel F ['pfe:rdə?-] *m* horse dung; '~fuß *fig. m* (*devil's*) cloven foot; F snag, catch; '~geschirr *n* harness; '~koppel *f* (-/-n) paddock; '~länge *f sports:* (by one, *etc.*) length; '~rennen *n* horserace; '~stall *m* stable; '~stärke ⊕ *f* horsepower; '~wagen *m* (horse-drawn) carriage.

pfiff [pfɪf] *past of* **pfeifen**.

Pfiff [~] *m* (-[e]*s*/-e) whistle; *fig.* trick; extra touch; ~erling ['~ərlɪŋ] *m* (-*s*/-e) ♀ chanterelle, F mushroom; F *fig.* (*not worth a*) penny; '2ig *adj.* smart.

Pfingst|en *eccl.* ['pfɪŋstən] *n* (-/-) (*zu, an* at) Pentecost, *esp. Brt.* Whitsun; '~montag *eccl. m* Whit Monday; '~rose ♀ *f* peony; '~sonntag *eccl. m* Pentecost, *esp. Brt.* Whit Sunday.

Pfirsich ['pfɪrzɪç] *m* (-*s*/-e) peach.

Pflanz|e ['pflantsə] *f* (-/-n) plant; '2en *v/t.* (ge-, *h*) plant, set; pot; '~enfett *n* vegetable oil; '2enfressend *adj.* herbivorous; '~er *m* (-*s*/-) planter; '2lich *adj.* vegetable, plant; '~ung *f* (-/-en) plantation; planting.

Pflaster ['pflastər] *n* (-*s*/-) ✚ band-aid, *Brt.* (sticking) plaster; pavement; F *teures* (*heißes*) ~ expensive (dangerous) place; '2n *v/t.* (ge-, *h*) pave; '~stein *m* paving stone.

Pflaume ['pflaʊmə] *f* (-/-n) plum; prune.

Pflege ['pfle:gə] *f* (-/-n) care; ✚ nursing;

cultivation (*a. fig. of friendship, etc.*); ⊕ maintenance; *in* ~ *nehmen* foster, look after; ~... *in compounds:* foster (*parents, etc.*); '2bedürftig *adj.* needing care; '~fall *m* constant-care patient; '~heim ✚ *n* nursing home; '2leicht *adj.* wash-and-wear, easy-care.

'pflege|n *v/t.* (ge-, *h*) care for, after; nurse; ⊕ maintain; cultivate (*friendship, etc.*); keep up (*custom, etc.*); *sie pflegte zu sagen* she used to *or* would say; '2r *m* (-*s*/-) ✚ male nurse; ✚ guardian; '2rin ✚ *f* (-/-nen) nurse; '2stelle *f* day-care cent|er (*Brt.* -re); foster home; '2versicherung *f* (mandatory) insurance for nursing care.

pfleg|lich *adj.* ['pfle:klɪç] careful (*handling, etc.*); '2schaft ✚ *f* (-/-en) guardianship.

Pflicht [pflɪçt] *f* (-/-en) duty (*gegen* to); *sports:* compulsory event(s); '2bewußt *adj.* conscientious; '~bewußtsein *n* sense of duty; ~erfüllung ['~?-] *f* performance of one's duty; '~fach *n* compulsory subject; '2gemäß, '2getreu *adj.* dutiful.

...pflichtig *in compounds:* subject *or* liable to ...

'pflicht|vergessen *adv.:* ~ *handeln* neglect one's duty; '2versicherung *f* compulsory insurance.

Pflock [pflɔk] *m* (-[e]*s*/-e) peg, pin; plug.

pflücken ['pflʏkən] *v/t.* (ge-, *h*) pick, gather (*flowers, fruit, etc.*).

Pflug [pflu:k] *m* (-[e]*s*/-e) plow, *Brt.* plough.

pflügen ['pfly:gən] *v/t.* and *v/i.* (ge-, *h*) plow, *Brt.* plough.

'Pflugschar *f* plowshare, *Brt.* plough-share.

Pforte ['pfɔrtə] *f* (-/-n) gate, door, entrance.

Pförtner ['pfœrtnər] *m* (-*s*/-) doorman, porter.

Pfosten ['pfɔstən] *m* (-*s*/-) post; *sports:* goalpost.

Pfote ['pfo:tə] *f* (-/-n) paw (*a. fig.*).

Pfropfen ['pfrɔpfən] *m* (-*s*/-) stopper; cork; plug; ✚ clot.

pfropfen [~] *v/t.* (ge-, *h*) stopper; cork; plug; ✚ graft; *fig.* cram, stuff.

pfui *int.* [pfʊɪ] ugh!; fie!; boo!

Pfund [pfʊnt] *n* (-[e]*s*/-e) pound; *10* ~ ten pounds.

...pfünd|er [-pfʏndər] *m* (-*s*/-) *in compounds:* ...-pounder; '~ig *in compounds:* (weighing) ... pound(s).

Pfunds... F *in compounds:* great (*guy, etc.*).

'pfundweise *adv.* by the pound.

Pfusch F [pfʊʃ] *m* (-[e]*s*/no *pl.*) botched(-up) *or* bungled job, mess;

'2en F v/i. (ge-, h) bungle, mess it up; s. Handwerk; ~e'rei f (-/-en) s. Pfusch.

Pfütze ['pfʏtsə] f (-/-n) puddle, pool.

Phänomen [fɛno'meːn] n (-s/-e) phenomenon; 2al adj. [~e'naːl] phenomenal.

Phantasie [fanta'ziː] f (-/-n) imagination; fantasy; 2los adj. unimaginative; 2ren v/i. (no ge-, h) day-dream; ✵ be delirious; F talk nonsense; 2voll adj. imaginative.

Phantast [fan'tast] m (-en/-en) dreamer; 2isch adj. fantastic; F a. great, terrific.

Phantom [fan'toːm] n (-s/-e) phantom; ~bild n composite picture, identikit or Photofit (TM) picture.

pharmazeutisch adj. [farma'tsɔʏtiʃ] pharmaceutic(al).

Phase ['faːzə] f (-/-n) phase (a. ⚡), stage.

Philologe [filo'loːgə] m (-n/-n) teacher or student of language and literature.

Philosoph [filo'zoːf] m (-en/-en) philosopher; ~ie [~o'fiː] f (-/-n) philosophy; 2ieren [~o'fiːrən] v/i. (no ge-, h) philosophize (über acc. on); 2isch adj. [~'zoːfiʃ] philosophical; esp. F metaphysical.

phlegmatisch adj. [fle'gmaːtiʃ] phlegmatic.

phonetisch adj. [fo'neːtiʃ] phonetic; ~stark adj. ['foːn-] loudspeaker, etc.: powerful; '2stärke ⚡ f decibel level.

Phosphat 🜍 [fɔs'faːt] n (-[e]s/-e) phosphate (a. in compounds).

Phosphor 🜍 ['fɔsfɔr] m (-s/no pl.) phosphorus.

Photo(...) ['foto(-)] s. Foto(...); '~zelle ⚡ f photoelectric cell.

Phrase contp. ['fraːzə] f (-/-n) cliché (phrase).

Physik [fy'ziːk] f (-/no pl.) physics; 2alisch adj. [~i'kaːliʃ] physical; ~er ['fyːzikər] m (-s/-) physicist.

physisch adj. ['fyːziʃ] physical.

Pianist [pia'nist] m (-en/-en) pianist; ~o ['piaːno] n (-s/-s, -ni) piano.

Picke ⊕ ['pikə] f (-/-n), '~l¹ m (-s/-) pick(ax[e]).

Pickel² ✷ ['pikəl] m (-s/-) pimple; '2ig ✷ adj. pimpled, pimply.

picken ['pikən] v/i. and v/t. (ge-, h) peck, pick.

Picknick ['piknik] n (-s/-e, -s) picnic; '2en v/i. (ge-, h) (have a) picnic; '~platz m picnic area.

piekfein ['piːk'-] smart, posh; '~sauber F adj. spick and span.

piep(s)en ['piːp(s)ən] v/i. (ge-, h) chirp, cheep; ⚡ bleep; F: bei dir piept's wohl! you must be crazy!; zum Piepen a scream; '2ser ⚡ m (-s/-) bleeper.

Pietät [pie'tɛːt] f (-/no pl.) reverence;

piety; 2los adj. irreverent; 2voll adj. reverent.

Pik [piːk] 1. n (-s/-s) cards: spade(s); 2. F m (-s/-e): e-n ~ haben auf have it in for s.o.

pikant adj. [pi'kant] piquant, spicy (both a. fig.); joke, etc.: a. risqué.

Pike ['piːkə] f (-/-n) hist. weapon: pike; von der ~ auf dienen rise from the ranks; start at the bottom.

pik(s)en F ['piːk(s)ən] v/t. and v/i. (ge-, h) prick, sting.

Pilger ['pilgər] m (-s/-) pilgrim; '~fahrt f pilgrimage; '2n v/i. (ge-, sein) (go on a) pilgrimage; F make one's way.

Pille ['pilə] f (-/-n) pill; F: die ~ nehmen be on the pill; '~knick m drop in birthrate (through contraceptive pill).

Pilot [pi'loːt] m (-en/-en) pilot (a. fig. and in compounds).

Pilz 🍄 [pilts] m (-es/-e) mushroom (a. fig.); toadstool; 🞖, ✷ fungus; ~e suchen (gehen) go mushrooming.

Pimmel F ['piməl] m (-s/-) weenie, Brt. willy; V cock, prick.

pingelig F ['piŋəliç] fussy.

Pinguin zo. ['piŋguiːn] m (-s/-e) penguin.

pinkeln F ['piŋkəln] v/i. (ge-, h) (take a) pee, piddle.

Pinsel ['pinzəl] m (-s/-) (paint)brush; '2n v/t. and v/i. (ge-, h) daub, paint (a. ✷); '~strich m brushstroke.

Pinzette [pin'tsɛtə] f (-/-n) tweezers; ✷ forceps.

Pionier [pio'niːr] m (-s/-e) pioneer; fig. a. trailblazer; ✕ a. engineer.

Pipi F [pi'piː] n (-s/no pl.): ~ machen pee(-pee), wee-wee.

Pirat [pi'raːt] m (-en/-en) pirate; ~ensender m pirate radio station.

Pisse V ['pisə] f (-/no pl.), '2n v/i. (ge-, h) piss.

Piste ['pistə] f (-/-n) course; ✈ runway.

Pistole [pis'toːlə] f (-/-n) pistol, gun; ~ntasche f holster.

Plache Aust. ['plaxə] f (-/-n) awning, tarpaulin.

placieren [pla'tsiːrən] v/t. (no ge-, h) place; sich ~ sports: be placed; 2ung f (-/-en) place, placing.

plädieren [plɛ'diːrən] v/i. (no ge-, h) plead (für for).

Plädoyer 🜏 [plɛdoa'jeː] n (-s/-s) (final) summation, Brt. summing up.

Plage ['plaːgə] f (-/-n) trouble, misery; plague (of insects, etc.); nuisance, F pest; '2n v/t. (ge-, h) trouble; bother; pester; sich ~ toil, drudge.

Plakat [pla'kaːt] n (-[e]s/-e) poster, placard, bill.

Plakette [pla'kɛtə] f (-/-n) plaque, badge.

Plan [pla:n] *m* (-[e]s/, -e) plan; intention; scheme.

Plane ['pla:nə] *f* (-/-n) awning, tarpaulin.

'**planen** *v/t.* (ge-, h) plan, make plans for; intend; project.

Planet [pla'ne:t] *m* (-en/-en) planet.

pianieren ⊙ [pla'ni:rən] *v/t.* (no ge-, h) level, plane, grade.

Planke ['plaŋkə] *f* (-/-n) plank, (thick) board.

plänkeln ['plɛŋkəln] *v/i.* (ge-, h) skirmish.

'**plan|los** *adj.* without plan; aimless; '**~mäßig 1.** *adj.* arrival, *etc.*: scheduled; methodical; **2.** *adv.* according to plan.

Plansch|becken ['planʃ-] *n* paddling pool; '**2en** *v/i.* (ge-, h) paddle, splash.

Piantage [plan'ta:ʒə] *f* (-/-n) plantation.

'**Plan|ung** *f* (-/-en) planning; '**2voll** *adj.* methodical, systematic; '**~wagen** *m* covered wagon.

Plapper|maul F ['plapər-] *n* chatterbox; '**2n** F *v/i.* (ge-, h) chatter, prattle, babble.

plärren F ['plɛrən] *v/i.* (ge-, h) bawl; *radio*: blare.

Plastik¹ ['plastik] *f* (-/-en) sculpture.

Plastik² [~] *n* (-s/-s) plastic(s); '**~k... in** *compounds*: plastic (bag, wrap, *etc.*); '**2sch** *adj.* plastic; three-dimensional; *fig.* graphic (style).

Platin ['pla:ti:n] *n* (-s/no pl.) platinum.

plätschern ['plɛtʃərn] *v/i.* (ge-, h) ripple (a. *fig.*), splash.

platt *adj.* [plat] flat, level, even; *fig.* trite; F *fig.* flabbergasted; '**~deutsch** *adj.* Low German.

Platte ['platə] *f* (-/-n) metal, glass, *etc.*: sheet, plate; *stone, etc.*: slab; paving stone; *wood*: board; panel; record, disk (a. *computer*); dish, platter; F bald pate; **kalte ~** plate of cold cuts (*Brt.* meats).

plätten ['plɛtən] *v/t.* (ge-, h) iron, press.

'**Platten|spieler** *m* record player; '**~teller** *m* turntable.

'**Platt|form** *f* platform; '**~fuß** *m* ⚕ flat foot; F *mot.* flat; '**~heit** *fig.* *f* (-/-en) triviality; platitude.

Plättli *Swiss* ['plɛtli] *n* (-/-) tile.

Platz [plats] *m* (-es/-e) place, spot; site; room, space; (city, *etc.*) square; *thea.*, *etc.*: seat; *sports*: field; court; course; **es ist (nicht) genug ~** there is (isn't) enough room; **~ machen für** make room *or* way for; **~ nehmen** take a seat, sit down; △ *not take place*; **ist dieser ~ noch frei?** is this seat taken?; *sports*: **vom ~ stellen** *s.* hinausstellen; **auf eigenem ~** at home; **auf die Plätze(, fertig, los)!** on your mark(s *Brt.*) (, get set, go)!; **~angst** ['~ʔ-] *f* (-/no pl.) claus-

trophobia; ⚕ agoraphobia; '**~anweiser(in)** ['~ʔ-] *m* (f) (-s[-]/-[-nen]) usher(ette).

Plätzchen ['plɛtsçən] *n* (-s/-) (little) place, spot; cookie, *Brt.* biscuit.

platzen ['platsən] *v/i.* (ge-, sein) burst (a. *fig.*); crack, split; explode (a. *fig.*) (**vor** *dat.* with), blow up; F *fig.* come to grief *or* nothing, fall through, blow up; **friendship, etc.**: break up.

'**Platzkarte** ⚙ *f* reserved-seat ticket.

Plätzli *Swiss* ['plɛtsli] *n* (-/-) cutlet; steak.

'**Platz|patrone** *f* blank (cartridge); '**~regen** *m* downpour; '**~reservierung** *f* seat reservation (a. ⚙); '**~verweis** *m*: *sports*: **e-n ~ erhalten** be sent off.

Plauder|ei [plaudə'raɪ] *f* (-/-en) chat; '**2n** *v/i.* (ge-, h) (have a) chat.

plauschen *Aust.* ['plauʃən] *v/i.* (ge-, h) (have a) chat.

Pleite F ['plaɪtə] *f* (-/-n) bankruptcy; *fig.* flop.

pleite F *adj.* [~] broke; **~ gehen** go broke.

Plen|arsitzung *pol.* [ple'na:r-] *f*, **~um** ['ple:num] *n* (-s/no pl.) plenary session, general assembly.

Pleuel ⊙ ['plɔyəl] *m* (-s/-), '**~stange** *f* connecting rod.

Plombe ['plɔmbə] *f* (-/-n) seal; *tooth*: filling; **2ieren** [~'bi:rən] *v/t.* (no ge-, h) seal; fill.

plötzlich ['plœtslıç] **1.** *adj.* sudden; **2.** *adv.* suddenly, all of a sudden.

plump *adj.* [plʊmp] clumsy; **~s** *int.* [~s] thud, plop; '**~sen** *v/i.* (ge-, sein) thud, plop, flop; fall plop *or* with a thud.

Plunder F ['plʊndər] *m* (-s/no pl.) trash, junk.

Plünder|er ['plʏndərər] *m* (-s/-) looter, plunderer; '**2n** *v/i.* and *v/t.* (ge-, h) plunder, loot.

Plural *gr.* ['plu:ra:l] *m* (-s/-e) plural.

plus *adv.* [plʊs] plus; *meteor.* above zero; **2** *n* (-/-) plus; *fig. a.* advantage; **im ~** *econ.* in the black; **2quamperfekt** *gr.* ['~kvamperfɛkt] *n* (-s/-e) past perfect (tense).

Pneu *Swiss* [pnøː] *m* (-/-) tire, *Brt.* tyre.

Po F [po:] *m* (-s/-s) bottom, behind.

Pöbel ['pø:bəl] *m* (-s/no pl.) mob, rabble.

pochen ['pɔxən] *v/i.* (ge-, h) knock, rap (**an** *acc.* at); *heart*: pound; **auf et. ~** insist on s.th.

Pocke ⚕ ['pɔkə] *f* (-/-n) pock; '**~n** ⚕ *pl.* smallpox; '**~nimpfung** ⚕ ['~ʔ-] *f* smallpox vaccination.

Podest [po'dɛst] *n, m* (-[e]s/-e) platform; *fig.* pedestal.

Podium ['po:diʊm] *n* (-s/-dien) podium, platform; '**~sdiskussion** *f* panel discussion.

Poesie [poe'zi:] f (-/-n) poetry.

Poet [po'e:t] m (-en/-en) poet; **2sch** adj. poetic(al).

Pointe ['põɛ̃:tə] f (-/-n) point, punch line.

Pokal [po'ka:l] m (-s/-e) goblet; sports: cup; **~endspiel** ['~ʔ-] n soccer, etc.: Cup Final; **~spiel** n soccer, etc.: cup tie.

pökeln ['pø:kəln] v/t. (ge-, h) pickle, salt.

Pol [po:l] m (-s/-e) pole; **2ar** adj. [po'la:r] polar (a. ⚡).

Pole ['po:lə] m (-n/-n) Pole.

Polemi|k [po'le:mɪk] f (-/-en) polemic(s); **2sch** adj. polemic(al); **2sieren** [~emi'zi:rən] v/i. (no ge-, h) polemize, polemicize.

Police [po'li:sə] f (-/-n) (insurance) policy; △ not police.

Poller ⊚ [po'li:r] m (-s/-e) foreman; **2en** v/t. (no ge-, h) polish; **~mittel** n polish.

Politi|k [poli'ti:k] f (-/no pl.) politics; policy; **~ker** [~'li:tikər] m (-s/-) politician; **2sch** adj. [~'li:tɪʃ] political; **2-sieren** [~iti'zi:rən] v/i. (no ge-, h) talk politics.

Polizei [poli'tsai] f (-/no pl.) police; **~beamte** m police officer; **2lich** adj. (of or by the) police; **~präsidium** n police headquarters; **~revier** n police station; district, precinct; **~schutz** m: unter ~ under police protection; **~spitzel** m police informer, stoolpigeon; **~streife** f police patrol; **~stunde** f (legal) closing time; **~wache** f police station.

Polizist [poli'tsɪst] m (-en/-en) policeman; **~in** f (-/-nen) policewoman.

polnisch adj. ['pɔlnɪʃ] Polish.

Polster ['pɔlstər] n (-s/-) pad; cushion; bolster; s. **Polsterung**; **~garnitur** f (upholstered) living-room suite; '**~möbel** pl. upholstered furniture; '**2n** v/t. (ge-, h) upholster, stuff; pad (a. ⊚), wad; '**~sessel**, '**~stuhl** m upholstered chair; '**~ung** f (-/-en) padding, stuffing; upholstery.

Polter|abend ['pɔltər?-] m eve of the wedding (party); Am. party: rehearsal dinner; stag party; '**2n** v/i. (ge-, h) crash; rumble; fig. bawl, roar.

Pommes frites [pɔm'frit] pl. potatoes: french-fries, Brt. chips.

Pomp [pɔmp] m (-[e]s/no pl.) pomp; **2ös** adj. [~'pø:s] showy, ostentatious.

Pony[1] zo. ['pɔni] n (-s/-s) pony.

Pony[2] [~] m (-s/-s) hair: bangs, Brt. fringe.

Popo F [po'po:] m (-s/-s) s. **Po**.

popul|är adj. [popu'lɛ:r] popular; **2a-rität** [~lari'tɛ:t] f (-/no pl.) popularity.

Por|e ['po:rə] f (-/-n) pore; '**2ig** adj. porous.

Porno... ['pɔrno-] in compounds: porno(graphic) ...

porös adj. [po'rø:s] porous.

Porree ᚦ ['pɔre] m (-s/-s) leek.

Portemonnaie [pɔrtmɔ'ne:] n (-s/-s) (change) purse; larger: wallet; esp. fig. pocket book.

Portier [pɔr'tie:] m (-s/-s) doorman, porter.

Portion [pɔr'tsjo:n] f (-/-en) portion, share; helping, serving.

Porto ['pɔrto] n (-s/-s, -ti) postage.

Porträt [pɔr'trɛ:] n (-s/-s) portrait; **2ie-ren** [~ɛ'ti:rən] v/t. (no ge-, h) portray.

Portugies|e [pɔrtu'gi:zə] m (-n/-n), **~in** f (-/-nen), **2isch** adj. Portuguese.

Porzellan [pɔrtse'la:n] n (-s/-e) china, porcelain.

Posaune [po'zaunə] f (-/-n) ♪ trombone; fig. trumpet.

Pose ['po:zə] f (-/-n) pose, attitude.

Position [pozi'tsjo:n] f (-/-en) position (a. fig.).

positiv adj. ['po:ziti:f] positive.

possessiv gr. adj. [pose'si:f] possessive (a. in compounds).

possierlich adj. [po'si:rlɪç] droll, funny.

Post [pɔst] f (-/no pl.) post, mail; letters; mit der ~ by mail or post; **~amt** ['~ʔ-] n post office; **~anweisung** ['~ʔ-] f money order; '**~beamte** m postal (Brt. post-office) clerk; '**~bote** m mailman, postman.

Posten ['pɔstən] m (-s/-) post; job; position; ✕ sentry; econ. item; goods: lot, parcel.

'**Postfach** n (PO) box.

pos'tieren v/t. (no ge-, h) post, station, place; sich ~ station o.s.

'**Post|karte** f postcard; '**~kutsche** f stagecoach; '**2lagernd** adj. general delivery, Brt. poste restante; '**~leitzahl** f zip code, Brt. postcode; '**~minister** m Postmaster General; '**~moderne** f arch., etc. post-modernism; '**~scheck** m postal che|ck, Brt. -que; '**~scheck-konto** n postal check (Brt. post office giro) account; '**~sparbuch** n postal (Brt. post office) savings book; '**~stempel** m postmark; '**2wendend** adv. by return mail (Brt. of post); '**~wertzeichen** n (postage) stamp; '**~zu-stellung** f postal or mail delivery.

Potenz [po'tɛnts] f (-/-en) ✎ potency; A, fig. power; **2ieren** [~'tsi:rən] v/t. (no ge-, h) intensify; A: raise to a power.

Pracht [praxt] f (-/no pl.) splendo(u)r, magnificence; **~exemplar** ['~ʔ-] n perfect specimen; showpiece.

prächtig adj. ['prɛçtɪç] splendid, magnificent; fig. a. great, super.

'**Pracht|kerl** F m great guy; '**~stück** n beauty, showpiece; '**2voll** adj. s. **prächtig**; fig. a. priceless.

Prädikat [predi'ka:t] *n* (-[e]s/-e) *gr.* predicate; (high) rating; *univ.* hono(u)rs.

prägen ['prɛːgən] *v/t.* (ge-, h) mint, coin (*both a. fig.* word, *etc.*); stamp; *fig. a.* shape (*character, etc.*).

prägnant *adj.* [prɛ'gnant] pithy, succinct.

prahlen ['praːlən] *v/i.* (ge-, h) brag, boast (*both: mit* of), talk big, show off.

'Prahler *m* (-s/-) boaster, braggart; **~ei** [~ə'raɪ] *f* (-/-en) boasting, bragging; **'2isch** *adj.* boastful; showy.

Prakti|kant [prakti'kant] *m* (-en/-en) trainee, *Am. a.* intern; **~ken** ['~kən] *pl.* practices; **~ker** ['~ikər] *m* (-s/-) practical man; practitioner; *ein (guter)* ~ *sein* know one's job, be skilled *or* experienced; **~kum** ['~ikʊm] *n* (-s/-ka) practical (training *or* studies), in-service training, *Am. a.* internship; **'2sch 1.** *adj.* practical; useful, handy; convenient; **~er Arzt** general practitioner; **2.** *adv.* virtually, practically, as good as; **2zieren** *,* **2** [~'tsiːrən] *v/i. and v/t.* (*no ge-*, h) practi|ce (*Brt.* -se) medicine *or* the law.

Prälat *eccl.* [prɛ'laːt] *m* (-en/-en) prelate.

Praline [pra'liːnə] *f* (-/-n) chocolate.

prall *adj.* [pral] tight; *muscles, wallet, etc.*: bulging; *breasts, etc.*: well-rounded; *sun*: blazing; **~en** *v/i.* (ge-, sein) *ball, etc.*: bounce; **~ gegen** hit, crash *or* bump into.

Prämi|e ['prɛːmiə] *f* (-/-n) premium; prize; bonus; **2eren** [prɛ'miːrən] *v/t.* (*no ge-*, h) award a prize to.

Pranger ['praŋər] *m* (-s/-) *hist.* pillory (*a. fig.* **an den ~ stellen**).

Pranke ['praŋkə] *f* (-/-n) paw.

Präpa|rat [prɛpa'raːt] *n* (-[e]s/-e) preparation; **2ieren** [~'riːrən] *v/t.* (*no ge-*, h) prepare; *+, bot., zo.* dissect.

Präposition *gr.* [prɛpozi'tsi̯oːn] *f* (-/-en) preposition.

Prärie [prɛ'riː] *f* (-/-n) prairie.

Präs|ens *gr.* ['prɛːzɛns] *n* (-/-sentia) present (tense); **~ent** *lit.* [prɛ'zɛnt] *n* (-s/-e) present, gift; **2entieren** [~'tiːrən] *v/t.* (*no ge-*, h) present (*a.* ✕ arms), offer; **~en|tierteller** F *fig. m: auf dem** ~ in full view.

Präservativ [prɛzɛrva'tiːf] *n* (-s/-e) condom; △ *not preservative*.

Präsi|dent [prɛzi'dɛnt] *m* (-en/-en) president; chairman; **2dieren** [~'diːrən] *v/i.* (*no ge-*, h) preside (*in dat.* over); **~dium** [~'ziːdi̯ʊm] *n* (-s/-dien) presidency.

prasseln ['prasəln] *v/i.* (ge-, h) *rain, etc.*: patter; *fire:* crackle; **~der Beifall** thunderous applause.

prassen ['prasən] *v/i.* (ge-, h) *lit.* feast, carouse; F live it up.

Präteritum *gr.* [prɛ'teːritʊm] *n* (-s/-rita) past (tense).

Praxis ['praksɪs] *f* (-/Praxen) practice (*a.* ✻, ✽); ✽ doctor's office, *Brt.* surgery.

Präzedenzfall [prɛtse'dɛnts-] *m* precedent.

präzis *adj.* [prɛ'tsiːs], **~e** *adj.* [~zə] *adj.* precise; **2ion** [~i'zi̯oːn] *f* (-/no pl.) precision.

predig|en ['preːdigən] *v/i. and v/t.* (ge-, h) preach; **2er** *m* (-s/-) preacher; **2t** ['~dɪçt] *f* (-/-en) sermon.

Preis [praɪs] *m* (-es/-e) price (*a. fig.*); cost (*a. fig.*); prize; award; reward; *um jeden* ~ at all costs; **~ausschreiben** ['~?-] *n* (-s/-) competition.

Preiselbeere ✻ ['praɪzəl-] *f* cranberry.

preisen ['praɪzən] *v/t.* (irr., ge-, h) praise; *fig.* call (*s.o.* lucky, *etc.*).

Preis|erhöhung ['praɪs?-] *f* rise *or* increase in price(s); **'~frage** *f* prize question; *econ.* matter of price; *fig.* 64-thousand-dollar question; **'2geben** *v/t.* (irr. **geben**, sep., **-ge-**, h) abandon; reveal; give away (secret); **2gekrönt** *adj.* prize(-winning); **2gericht** *n* jury; **2günstig** *adj. s.* **preiswert**; **'~klasse** *econ. f* price category; **'~lage** *f* price range; **'~-Leistungs-Verhältnis** *n:* *gutes* ~ value for money; **'~liste** *f* price list; **'~nachlaß** *m* discount; **'~rätsel** *n* competition puzzle; **'~richter** *m* judge; **'~schild** *n* price tag; **'~stopp** *m* price freeze; **'~träger** *m* prizewinner; **2wert** *adj.* cheap, reasonable; ~ *sein a.* be a good value *or* bargain.

prell|en ['prɛlən] *v/t.* (ge-, h) *fig.* cheat (*um* out of); *sich et.* ~ bruise s.th.; **'2ung** ✻ *f* (-/-en) contusion, bruise.

Premier|e *thea., etc.* [prə'mi̯eːrə] *f* (-/-n) first night, première; **~minister** [~'mi̯eː-] *m* prime minister.

Presse ['prɛsə] *f* **1.** (-/no pl.) *the* press; **2.** ⊕, *print.* (-/-n) press; (*juice, etc.*) squeezer; **~ ... in compounds:** press (*agency, conference, etc.*); **'~freiheit** *f* freedom of the press; **'~meldung** *f* news item; **'2n** *v/t.* (ge-, h) press; squeeze; **'~vertreter** *m* reporter; public relations officer.

Preßluft ['prɛs-] *f* (-/no pl.) compressed air; **~ ... in compounds:** *mst* pneumatic (*drill, hammer, etc.*).

'Pressung *f* (-/-en) pressing.

Prestige [prɛs'tiːʒ] *n* (-s/no pl.) prestige, status; **~verlust** *m* loss of prestige *or* face.

Preuß|e ['prɔysə] *m* (-n/-n), **'2isch** *adj.* Prussian.

prickeln ['prikəln] v/i. (ge-, h) sparkle; *finger, etc.*: tingle; '~d *fig.* thrilling.

pries [pri:s] *past of* **preisen**.

Priester|(in) ['pri:stər(ın)] m (f) (-s[-]/ -[-nen]) priest(ess); '~lich adj. priestly.

prim|a F adj. ['pri:ma] great, super; **~är** [pri'mɛ:r] **1.** adj. primary (a. in compounds); **2.** adv. primarily.

Primar|arzt Aust. [pri'ma:r?-] m s. **Chefarzt**; **~schule** Swiss f s. **Volksschule**.

Primel & ['pri:məl] f (-/-n) primrose.

primitiv adj. [primi'ti:f] primitive.

Prinz [prints] m (-en/-en) prince; **~essin** [~'tsesɪn] f (-/-nen) princess; '~gemahl m prince consort.

Prinzip [prɪn'tsi:p] n (-s/-zipien) principle (aus on; im in); **2iell** adv. [~i'piɛl] as a matter of principle.

Priorität [priori'tɛ:t] f (-/-en) priority.

Prise ['pri:zə] f (-/-n) pinch (of salt, etc.).

Prisma ['prɪsma] n (-s/-men) prism.

Pritsche ['prɪtʃə] f (-/-n) plank bed; mot. platform.

privat adj. [pri'va:t] private; personal; **2...** in compounds: mst private (life, school, detective, etc.); **2angelegenheit** [~?-] f personal or private matter or affair; **das ist m-e ~** that's my own business.

Privileg [privi'le:k] n (-[e]s/-ien, -e) privilege.

pro prp. [pro:] (acc.) per; **DM 20 ~ Woche** (**Stück**) 20 marks a week (each).

Pro [~] n (-/no pl.): **das ~ und Kontra** the pros and cons.

Probe ['pro:bə] f (-/-n) trial, test, tryout; sample (a. econ.); thea. rehearsal; & proof; auf ~ on probation; auf die ~ **stellen** put to the test; **~abzug** phot., print. ['~?-] m proof; **~alarm** ['~?-] m test alarm, fire drill; **~aufnahmen** ['~?-] pl. screen test; '~fahrt f test drive; '~flug m test flight; '~lauf m trial run; '2n thea. v/i. and v/t. (ge-, h) rehearse; '2weise adv. on trial or probation; '~zeit f (time of) probation.

probieren [pro'bi:rən] v/t. (no ge-, h) try; taste (food, etc.).

Problem [pro'ble:m] n (-s/-e) problem; **2atisch** adj. [~e'ma:tɪʃ] problematic(al), difficult.

Produkt [pro'dʊkt] m (-[e]s/-e) product (a. &); result; **~ion** [~'tsio:n] f (-/-en) production; output; **~ionsmittel** pl. means of production; **2iv** adj. [~'ti:f] productive.

Produz|ent [produ'tsɛnt] m (-en/-en) producer; **2ieren** [~'tsi:rən] v/t. (no ge-, h) produce.

profan adj. [pro'fa:n] trivial; secular (art, etc.).

professionell adj. [profɛsio'nɛl] professional.

Profess|or [pro'fɛsɔr] m (-s/-en) professor; **~ur** [~'su:r] f (-/-en) professorship, chair.

Profi ['pro:fi] m (-s/-s) pro(fessional); **~...** in compounds: professional (boxing, etc.).

Profil [pro'fi:l] n (-s/-e) profile; mot. tread; **2ieren** [~i'li:rən] v/refl. (no ge-, h) distinguish o.s.

Profit [pro'fi:t] m (-[e]s/-e) profit; **~gier** f greed; **2ieren** [~i'ti:rən] v/i. (no ge-, h) profit (von or bei et. from or by s.th.); **~sucht** f greed; profiteering.

Prognose [pro'gno:zə] f (-/-n) prediction; (weather) forecast; & prognosis.

Programm [pro'gram] n (-s/-e) program(me); computer: program; pol. a. platform; ⊙ a. cycle; TV a. channel; **2ieren** [~'mi:rən] v/t. (no ge-, h) program; fig. a. condition s.o. (auf acc. to); **~ierer** m (-s/-) program(m)er; **~vorschau** TV, etc. f preview(s), trailer(s).

Projekt [pro'jɛkt] n (-[e]s/-e) project; **~ion** [~'tsio:n] f (-/-en) projection; **~or** phot., etc. [~ɔr] m (-s/-en) projector.

proklamieren [prokla'mi:rən] v/t. (no ge-, h) proclaim.

Prokurist [proku'rɪst] m (-en/-en) authorized signatory.

Prolet contp. [pro'le:t] m (-en/-en) prole, pleb; **~arier** [~e'ta:riər] m (-s/-), **2arisch** adj. [~e'ta:rɪʃ] proletarian.

Prolog [pro'lo:k] m (-[e]s/-e) prologue.

Promillegrenze & [pro'mɪlə-] f (blood) alcohol limit.

prominen|t adj. [promi'nɛnt] prominent; **2z** [~ts] f (-/no pl.) notables, VIPs; high society.

Promo|tion univ. [promo'tsio:n] f (-/-en) (obtaining of a) doctorate; **2vieren** [~'vi:rən] v/i. (no ge-, h) take one's (doctor's) degree.

prompt [prompt] **1.** adj. prompt; answer: a. quick; **2.** F adv. sure enough; straightaway.

Pronomen gr. [pro'no:mən] n (-s/-, **Pronomina**) pronoun.

Propaganda [propa'ganda] f (-/no pl.) propaganda, publicity.

Propeller [pro'pɛlər] m (-s/-) propeller, (air)screw, rotor.

Prophe|t [pro'fe:t] m (-en/-en) prophet; **2tisch** adj. prophetic; **2zeien** [~e'tsaıən] v/t. (no ge-, h) prophesy, predict, foretell; **~'zeiung** f (-/-en) prophecy, prediction.

Prop|ortion [proportsio:n] f (-/-en) proportion; **~orz** [~'ports] m (-es/-e) proportional representation.

Prosa ['pro:za] f (-/no pl.) prose.

prosit *int.* ['proːzɪt] *s.* **prost.**

Prospekt [pro'spɛkt] *m* (-[e]s/-e) prospectus; (*travel, etc.*) brochure, pamphlet; △ *not* prospect.

prost *int.* [proːst] cheers!; your health!; *s.* **Neujahr.**

Prostituierte [prostitu'iːrtə] *f* (-n/-n) prostitute.

Protest [pro'tɛst] *m* (-[e]s/-e) protest; **aus** ~ **as** *a or* in protest; ~**ant** [~s'tant] *m* (-en/-en), **Sant⌐sch** *adj.* [~s'tantɪʃ] Protestant; **Sieren** [~s'tiːrən] *v/i.* (*no ge-, h*) protest.

Prothese ⚕ [pro'teːzə] *f* (-/-n) artificial limb; denture(s).

Protokoll [proto'kɔl] *n* (-s/-e) record, minutes; (*diplomatic, etc.*) protocol; ~**führer** *m* keeper of the minutes; **Sieren** [~o'liːrən] *v/t. and v/i.* (*no ge-, h*) keep a record *or* the minutes (of).

protzjen F ['prɔtsən] *v/i.* (*ge-, h*) show off (*mit et.* s.th.); ~**ig** *adj.* showy, flashy, showoffy.

Proviant [pro'viant] *m* (-s/*no pl.*) provisions, food.

Provinz [pro'vɪnts] *f* (-/-en) province; *fig.* country, F backwoods, *Am. a.* boondocks; **Siell** *adj.* [~'tsiɛl] provincial (*a. fig. contp.*).

Provisjion *econ.* [provi'zioːn] *f* (-/-en) commission; **Sorisch** *adj.* [~'zoːrɪʃ] provisional, temporary; makeshift.

provozieren [provo'tsiːrən] *v/t.* (*no ge-, h*) provoke; ~**d** *adj.* provocative.

Prozedur [protse'duːr] *f* (-/-en) procedure; *esp.* F (awesome) task, ordeal; ritual.

Prozent [pro'tsɛnt] *n* (-[e]s/-e, -) per cent; F ~**e** *pl.* discount; ~**satz** *m* percentage; **Sual** *adj.* [~'tŭaːl] proportional; ~**er Anteil** percentage.

Prozeß [pro'tsɛs] *m* (-zesses/-zesse) process (*a.* ☉, ⚛, *etc.*); ⚖ action; lawsuit, case; trial; **j-m den** ~ **machen** try s.o., put s.o. on trial; **e-n** ~ **gewinnen** (**verlieren**) win (lose) a case; F: **kurzen** ~ **machen mit** make short work of.

prozessieren [protse'siːrən] *v/i.* (*no ge-, h*): **mit j-m** ~ sue s.o. (**wegen** for).

Prozession [protse'sioːn] *f* (-/-en) procession.

prüde *adj.* ['pryːdə] prudish; ~ **sein** be a prude.

prüfjen ['pryːfən] *v/t.* (*ge-, h*) examine, test; *school, etc.: a.* quiz; check; inspect (*a.* ☺); consider (*proposal, etc.*); ~**end** *adj.* searching (*look, etc.*); **Ser** *m* (-s/-) examiner; *esp.* ☺ tester; **Sling** *m* (-s/-e) candidate; **Sstein** *m* touchstone; **Sung** *f* (-/-en) exam(ination), test; check(-up), inspection; **e-e** ~ **machen** (**bestehen, nicht bestehen**) take (pass,

fail) an exam(ination); **Sungsarbeit** ['~s²-] *f* examination *or* test paper.

Prügel F ['pryːgəl] *pl.*: (-e Tracht) ~ **bekommen** get a (good) beating *or* spanking; ~**ei** F [~ə'laɪ] *f* (-/-en) fight; '~**knabe** *m* scapegoat; '**Sn** F *v/t.* (*ge-, h*) beat, clobber; *school*: flog, cane, *Am. a.* paddle; ~ **sich** ~ (have a) fight; '~**strafe** *f* corporal punishment; *school: a.* caning, *Am. a.* paddling.

Prunk [prʊŋk] *m* (-[e]s/*no pl.*) splendo(u)r, pomp; '**Svoll** *adj.* splendid, magnificent.

Psalm *eccl.* [psalm] *m* (-s/-en) psalm.

Pseudonym [psɔydo'nyːm] *n* (-s/-e) pseudonym.

pst *int.* [pst] *quiet:* sh!, ssh!; *hey:* psst!

Psyche [psyːçə] *f* (-/-n) mind, psyche.

Psychiatjer [psyçi'aːtər] *m* (-s/-) psychiatrist; **Srisch** *adj.* [~'aːtrɪʃ] psychiatric.

psychisch *adj.* ['psyːçɪʃ] mental.

Psychojanalyse [psyço²-] *f* psychoanalysis; ~**loge** [~'loːgə] *m* (-n/-n) psychologist (*a. fig.*); ~**logie** [~lo'giː] *f* (-/*no pl.*) psychology; **Slogisch** *adj.* psychological; ~**se** [~'çoːzə] *f* (-/-n) psychosis; **Ssomatisch** *adj.* [~ço'maːtɪʃ] psychosomatic; '~**terror** *m* psychological warfare.

Pubertät [pubɛr'tɛːt] *f* (-/*no pl.*) puberty; **in die** ~ **kommen** reach puberty.

publik *adj.* [pu'bliːk] (**make** s.th., *etc.*) known.

Publikum ['puːblikʊm] *n* (-s/*no pl.*) audience; *TV a.* viewers; *radio: a.* listeners; *sports, etc.:* crowd, spectators; customers; visitors; *the* public; '~**sgeschmack** *m* public taste.

publizieren [publi'tsiːrən] *v/t.* (*no ge-, h*) publish; **Szist** *m* (-en/-en) journalist, author.

Pudding ['pʊdɪŋ] *m* (-s/-s, -e) pudding, *esp. Brt.* blancmange, custard.

Pudel *zo.* ['puːdəl] *m* (-s/-) poodle; *bowling:* gutter ball; '~**mütze** *f* knit cap (with pom-pom), *Brt.* bobble hat.

Puder ['puːdər] *m* (-s/-) powder; '~**dose** *f* compact; '**Sn** *v/t.* (*ge-, h*) powder; '~**zucker** *m* powdered sugar.

Puff F [pʊf] *m* **1.** (-s/-s) whorehouse; **2.** (-[e]s/-e) poke; '**Sen** *v/i.* (*ge-, h*) puff (*a.* 🚂), pop; '~**er** *m* (-s/-) buffer (*a. fig.*); '~**mais** *m* popcorn; '~**reis** *m* puffed rice.

Pulli ['pʊli] *m* (-s/-s) (light) sweater, *Brt. a.* jumper; ~**over** [pʊ'loːvər] *m* (-s/-) sweater, pullover; ~**under** [pʊ'lʊndər] *m* (-s/-) sleeveless sweater.

Puls [pʊls] *m* (-es/-e) pulse; ⚕ pulse rate; ~**ader** *anat.* ['~²-] *f* artery; **Sieren** [~'ziːrən] *v/i.* (*no ge-, h*) pulsate (*a. fig.*), throb; '~**schlag** ⚕ *m* pulsation.

Pult [pʊlt] n (-[e]s/-e) desk.

Pulver ['pʊlvər, -fər] n (-s/-) powder; gunpowder; F *fig.* cash, *sl.* dough; *s.* **verschießen**; **'2(e)rig** *adj.* powdery; **2erisieren** [~vəri'ziːrən] *v/t.* (*no ge-, h*) pulverize; **'~erkaffee** m instant coffee; **'~erschnee** m powdery snow.

pumm(e)lig F *adj.* ['pʊm(ə)lɪç] chubby, plump, tubby.

Pumpe ['pʊmpə] f (-/-n) pump; **'2n** *v/i.* and *v/t.* (*ge-, h*) ☉ pump; F lend; borrow.

Pumps [pœmps] *pl.* hig-heeled shoes, *Am. a.* pumps, *Brt. a.* court shoes.

Punker F ['paŋkər] m (-s/-) punk.

Punkt [pʊŋkt] m (-[e]s/-e) point (*a. fig.*); dot; period, *Brt.* full stop; spot, place; **um ~ zehn** (*Uhr*) at ten (o'clock) sharp; **nach ~en** (*win, etc.*) on points; **toter ~** deadlock; exhaustion; **der springende ~** the crux of the matter, the point; *s.* **wund**; **'2en** *v/i.* (*ge-, h*) *sports:* score; **2ieren** [~'tiːrən] *v/t.* (*no ge-, h*) dot; ✚ puncture.

pünktlich *adj.* ['pʏŋktlɪç] punctual; **~ sein** be on time; **'2keit** f (-/*no pl.*) punctuality.

'Punkt|sieger m winner on points; **'~spiel** n league game; **'~zahl** f score.

Punsch [pʊnʃ] m (-[e]s/-e) punch.

Pup F [puːp] m (-[e]s/-e), **'2en** F *v/i.* (*ge-, h*) fart.

Pupille *anat.* [pu'pɪlə] f (-/-n) pupil.

Puppe ['pʊpə] f (-/-n) doll; F *girl:* chick, broad; *thea., fig.* puppet; ✕, *mot.* dummy; *zo.* chrysalis, pupa; **'~nspiel** n puppet show; **'~nstube** f doll's house;

'~nwagen m doll carriage, *Brt.* doll's pram.

pur *adj.* [puːr] pure (*a. fig.*); *whisky, etc.:* straight.

Püree [py'reː] n (-s/-s) puree; mashed potatoes.

Purpur ['pʊrpʊr] m (-s/*no pl.*) crimson; *hist., fig.* purple; **'2rot** *adj.* crimson.

Purzel|baum ['pʊrtsəl-] m somersault; **e-n ~ schlagen** turn a somersault; **'2n** *v/i.* (*ge-, sein*) tumble.

Puste F ['puːstə] f (-/*no pl.*) breath; **aus der ~** out of breath; **'2n** F *v/i.* (*ge-, h*) blow; puff.

Pute *zo.* ['puːtə] f (-/-n) turkey (hen); **'~r** *zo.* m (-s/-) turkey (cock).

Putsch [pʊtʃ] m (-[e]s/-e) coup (d'état), putsch; **'2en** *v/i.* (*ge-, h*) revolt, make a coup (d'état).

Putz [pʊts] m (-es/*no pl.*) arch. plaster(ing); **unter ~** concealed; **auf den ~ hauen** do the town; put one's foot down; **~ machen** *sl.* cut loose; run riot; **'2en** (*ge-, h*) 1. *v/t.* clean; polish; wipe; **sich die Nase (Zähne) ~** blow one's nose (brush one's teeth); 2. *v/i.* do the cleaning; **~ (gehen)** work as a cleaning woman; **'~frau** f cleaning woman *or* lady, *Brt. a.* cleaner; **'2ig** *adj.* droll, funny, cute; **'~lappen** m cleaning rag; **'~mittel** n clean(s)er; polish.

Puzzle ['pazl] n (-s/-s) jigsaw (puzzle).

Pyjama [py'(d)ʒaːma] m (-s/-s) pajamas, *Brt.* pyjamas.

Pyramide [pyra'miːdə] f (-/-n) pyramid (*a. Å*).

Q

Quacksalber ['kvakzalbər] m (-s/-) quack (doctor).

Qua|der ['kvaːdər] m (-s/-) Å parallelepiped; *arch.* square(d) stone; **~drat** [kva'draːt] n (-[e]s/-e) square (*a. in compounds:* mile, root, etc.); **ins ~ erheben** square; **2'dratisch** *adj.* square; Å quadratic (*equation*).

quaken ['kvaːkən] *v/i.* (*ge-, h*) *duck:* quack; *frog:* croak.

quäken F ['kvɛːkən] *v/i.* (*ge-, h*) squawk, bawl.

Qual [kvaːl] f (-/-en) pain, torment, agony; anguish; *s.* **Wahl**.

quäl|en ['kvɛːlən] *v/t.* (*ge-, h*) torment (*a. fig.*); be cruel to (*a. animal*), torture; *fig.* pester, plague; **sich ~** struggle (*mit* with); **'2geist** F

(-[e]s/-er) pest, nuisance.

Qualifi|kation [kvalifika'tsi̯oːn] f (-/-en) qualification; **~kations...** *in compounds:* qualifying (*game, etc.*); **2zieren** [~'tsiːrən] *v/t.* and *v/refl.* (*no ge-, h*) qualify.

Qualität [kvali'tɛːt] f (-/-en) quality; **2ativ** *adj. and adv.* [~ta'tiːf] *difference, etc.*) in quality.

Quali'täts|... *in compounds:* mst high-quality (*work, product, etc.*); **~bezeichnung** *econ.* f quality designation.

Qualle *zo.* ['kvalə] f (-/-n) jellyfish.

Qualm [kvalm] m (-[e]s/*no pl.*) (thick) smoke; **'2en** *v/i.* (*ge-, h*) smoke; F be a heavy smoker.

'qualvoll *adj.* very painful; *pain:* agonizing (*a. mental*).

Quantit|ät [kvanti'tɛːt] *f* (*-/-en*) quantity; **2ativ** *adj. and adv.* [~ta'tiːf] (*difference, etc.*) in quantity.

Quantum ['kvantɔm] *n* (*-s/-ten*) amount; *fig. a.* share, quota.

Quarantäne [karan'tɛːnə] *f* (*-/-n*) quarantine.

Quark [kvark] *m* (*-s/no pl.*) cottage cheese; curd(s).

Quartal [kvar'taːl] *n* (*-s/-e*) quarter (of a year); *univ.* term.

Quartett [kvar'tɛt] *n* (*-[e]s/-e*) ♩ quartet(te); children's card game (*similar to 'Authors' or Brt. 'Happy Families'*).

Quartier [kvar'tiːr] *n* (*-s/-e*) accommodation; *Swiss* quarter.

Quarz *min.* [kvarts] *m* (*-es/-e*) quartz (*a. in compounds*).

quasseln F ['kvasəln] *v/i.* (**ge-**, **h**) s. **quatschen.**

Quaste ['kvastə] *f* (*-/-n*) tassel.

Quatsch F *m* (*-es/no pl.*) nonsense, rubbish, *sl.* rot, crap, bullshit; **~ machen** fool around; joke, F kid; **2en** F *v/i.* (**ge-**, **h**) talk nonsense, babble, twaddle; chat.

Quecksilber ⚛ ['kvɛk-] *n* mercury, quicksilver (*a. fig.*).

Quelle ['kvɛlə] *f* (*-/-n*) spring, source (*a. fig.*), (oil) well; *fig. a.* origin; **2n** *v/i.* (*irr.*, **ge-**, **sein**) pour, stream (*both: aus* from); *eyes:* bulge (*from their sockets*); **~ lassen** soak (*beans, etc.*); simmer *s.th.* until thick; **~nangabe** ['~nʔ-] *f* reference; **~nsteuer** *econ. f* withholding tax.

quengel|n F ['kvɛŋəln] *v/i.* (**ge-**, **h**) whine; **~ig** *adj.* pestering.

quer *adv.* [kveːr] across; (*put s.th., etc.*) *a.* crosswise; **kreuz und ~** crisscross; **kreuz und ~ durch Deutschland** etc. *fahren* travel all over Germany, *etc.*

Quer|e ['kveːrə] *f* (*-/no pl.*): F **j-m in die ~ kommen** get in s.o.'s way; **~feldein...** [~fɛlt'ʔain-] *in compounds:* cross-country ...; **~flöte** ♩ *f* flute; **~schläger** ✗ *m* ricochet; **~schnitt** *m* cross-section (*a. fig.*); **2schnitt(s)gelähmt** ✚ *adj.* paraplegic; **~straße** *f* intersecting road *or* street; **zweite ~ rechts** second turning on the right.

Querulant [kveru'lant] *m* (*-en/-en*) complainer, troublemaker.

quetsch|en ['kvɛtʃən] *v/t. and v/refl.* (**ge-**, **h**) squeeze; ✚ bruise (o.s.); **2ung** ✚ *f* (*-/-en*) bruise.

quicklebendig F *adj.* [kvik-] lively; very much alive.

quiek(s)en ['kviːk(s)ən] *v/i.* (**ge-**, **h**) squeak, squeal.

quietschen ['kviːtʃən] *v/i.* (**ge-**, **h**) squeal; *brakes, etc.: a.* screech; *door, bed, etc.:* squeak, creak.

Quirl [kvirl] *m* (*-[e]s/-e*) *appr.* whisk, beater; **2ig** *fig. adj.* bubbly.

quitt *adj.* [kvit]: **mit j-m ~ sein** be even (finished *or* through) with s.o.

quitt|ieren [kvi'tiːrən] *v/t.* (**no ge-**, **h**) *econ.* (give a) receipt (for); **den Dienst ~** resign; **2ung** *f* (*-/-en*) receipt, sales check *or* slip; *fig.* answer.

quoll [kvɔl] *past of* **quellen.**

Quot|e ['kvoːtə] *f* (*-/-n*) quota; share; rate; **~enregelung** *pol. f* quota system; **~ient** ♈ [kvo'tsiənt] *m* (*-en/-en*) quotient.

R

Rabatt *econ.* [ra'bat] *m* (*-[e]s/-e*) discount; **~marke** *f* trading stamp.

Rabauke [ra'baukə] *m* (*-n/-n*) rowdy.

Rabbiner [ra'biːnər] *m* (*-s/-*) rabbi.

Rabe *zo.* ['raːbə] *m* (*-n/-n*) raven; **~n...** F *in compounds:* cruel (*mother, etc.*); **2nschwarz** F *adj.* pitch-black; *fig.* prospects, *etc.:* very black.

rabiat *adj.* [ra'biaːt] rough, tough.

Rache ['raxə] *f* (*-/no pl.*) revenge, vengeance.

Rachen ['raxən] *m* (*-s/-*) *anat.* throat, pharynx; *fig.* jaws.

rächen ['rɛçən] *v/t.* (**ge-**, **h**) avenge *s.th.*; revenge *s.o.*; **sich an j-m für et. ~** revenge o.s. *or* take revenge on s.o. for s.th.

'Rächer *m* (*-s/-*) avenger.

'rachsüchtig *adj.* revengeful, vindictive.

Rad [raːt] *n* (*-[e]s/-er*) wheel; bicycle, F bike; **ein ~ schlagen** peacock: spread its tail; *sports:* turn a (cart)wheel.

Radar [ra'daːr] *m*, *n* (*-s/no pl.*) radar; **~falle** *mot. f* speed trap; **~kontrolle** *mot. f* radar speed check; **~schirm** *m* radar screen.

Radau F [ra'dau] *m* (*-s/no pl.*) row, racket; noise.

Rädchen ['rɛːtçən] *n* (*-s/-*) small wheel; castor; *fig.* cog (in the wheel).

'Raddampfer ⚓ *m* river boat, side-wheeler; *Brt.* paddle steamer.

radeln F ['raːdəln] *v/i.* (**ge-**, **sein**) cycle, pedal, bike.

Rädelsführer ['rɛːdəls-] m ringleader.

Räderwerk ['rɛːdər-] n ⚙ wheel or gear mechanism; fig. machinery.

'**rad|fahren** v/i. (fährt Rad, fuhr Rad, ist radgefahren) cycle, ride a bicycle, F bike; '**fahrer** m cyclist; F fig. apple polisher, Brt. toady.

radier|en [ra'diːrən] v/t. (no ge-, h) erase, rub out; art. etch; **gummi** m eraser, Brt. a. rubber; **ung** f (-/-en) etching.

Radieschen ⚘ [ra'diːsçən] n (-s/-) (red) radish.

radikal adj. [radi'kaːl], **e** m (-n/-n) radical; **ismus** [ˌa'lɪsmʊs] m (-/-lismen) radicalism.

Radio ['raːdi̯o] n (-s/-s) radio; im ~ on the radio; ~ hören listen to the radio; **aktiv** phys. adj. [ˌo'ak'tiːf] radioactive; **er Niederschlag** fallout; **aktivi'tät** f (-/no pl.) radioactivity; '**wecker** m clock radio.

Radius ⚕ ['raːdi̯ʊs] m (-/-dien) radius.

'**Rad|kappe** f hubcap; '**rennbahn** f cycling track; '**rennen** n (bi)cycle race; '**sport** m cycling; '**sportler** m cyclist; '**spur** f rut; mot. tire (Brt. tyre) track; '**tour** f bicycle tour; '**weg** m bike path or route, Brt. cycle track.

raffen ['rafən] v/t. (ge-, h) gather up; an sich ~ grab, amass.

Raffi|nerie ⚗ [rafinə'riː] f (-/-n) refinery; **nesse** [ˌ'nɛsə] f (-/-n) shrewdness; refinement; **niert** adj. [ˌ'niːrt] refined (a. fig.); shrewd, clever.

ragen ['raːgən] v/i. (ge-, h) tower (up), rise (high).

Ragout [ra'guː] n (-s/-s) ragout, stew.

Rahe ⚓ ['raːə] f (-/-n) yard.

Rahm [raːm] m (-[e]s/no pl.) cream.

rahmen ['raːmən] v/t. (ge-, h) frame; mount (slides).

Rahmen [ˌ] m (-s/-) frame; framework; setting; scope; im ~ (gen.) in the course of; within the limits of; aus dem ~ fallen be out of the ordinary.

Rakete [ra'keːtə] f (-/-n) rocket, ✗ a. missile; ferngelenkte ~ guided missile; e-e ~ abfeuern (starten) launch a rocket or missile; dreistufige ~ three-stage rocket; '**nabwehr...** [ˌn˘-] in compounds: antiballistic ...; **nantrieb** [ˌn˘-] m rocket propulsion; mit ~ rocket-propelled; **nbasis** ✗ f rocket or missile base or site.

rammen ['ramən] v/t. (ge-, h) ram; mot., etc. hit, collide with.

Rampe ['rampə] f (-/-n) (loading) ramp; '**nlicht** n footlights; fig. limelight.

Ramsch [ramʃ] m (-[e]s/no pl.) junk, trash.

ran F [ran] **1.** adv. s. daran, heran; **2.**

int.: **~!** (let's) go!; go at it!; s. **Arbeit**.

Rand [rant] m (-[e]s/⸚er) edge, border; fringe(s); brink (a. fig.); rim (of plate, eyeglasses, etc.); brim (of hat, glass, etc.); margin (of page); (e-n) ~ lassen leave a margin; am ~(e) (gen.) on the brink of (ruin, war, etc.); zu ~e kommen get on or along (mit with); außer ~ und Band harum-scarum, wild; completely out of control.

Randa|le sl. [ran'daːlə] f (-/no pl.) (machen go on the) rampage, (run) riot; **lieren** [ˌa'liːrən] v/i. (no ge-, h) kick up a row; run riot; **~lierer** m (-s/-) rioter; rowdy, hooligan.

'**Rand|bemerkung** f marginal note; fig. comment; '**gruppe** f fringe group; '**los** adj. rimless (glasses, etc.); '**streifen** mot. m (Brt. hard) shoulder.

rang [ran] past of ringen.

Rang [ˌ] m (-[e]s/⸚e) position, rank (a. ✗); thea. balcony, Brt. circle; Ränge pl. in stadium: stand(s), Brt. terraces; ersten ~es first-rate.

rangieren [rã'ʒiːrən] (no ge-, h) **1.** ⚊ v/t. switch, Brt. shunt; **2.** fig. v/i. rank (vor j-m before s.o.).

Rangordnung ['ran˘-] f hierarchy.

Ranke ⚘ ['rankə] f (-/-n) tendril; '**2n** v/refl. (ge-, h) creep, climb.

rann [ran] past of rinnen.

rannte ['rantə] past of rennen.

Ranzen ['rantsən] m (-s/-) knapsack; satchel, school bag.

ranzig adj. ['rantsɪç] rancid, rank.

Rappe zo. ['rapə] m (-n/-n) black horse.

Raps ⚘ [raps] m (-es/-e) rape.

rar adj. [raːr] rare, scarce; **ität** [rari'tɛːt] f (-/-en) curiosity; rarity.

rasant adj. [ra'zant] terrific; speedy.

rasch adj. [raʃ] quick, swift; prompt.

rascheln ['raʃəln] v/i. (ge-, h) rustle.

Rasen ['raːzən] m (-s/-) lawn, grass; sports: a. field, Brt. pitch.

rasen [ˌ] v/i. (ge-) **1.** (sein) race, shoot, speed; **2.** (h) storm, etc.: rage; be furious; ~ vor Begeisterung roar with enthusiasm; '**d** adj. breakneck (speed); raging; pain, etc.: agonizing; splitting (headache); thunderous (applause); ~ werden (machen) go (drive) mad.

'**Rasen|mäher** m (-s/-) lawn mower; '**platz** m lawn; tennis: grass court.

'**Raser** F mot. m (-s/-) speed(st)er, reckless driver; **ei** [ˌə'raɪ] f (-/no pl.) frenzied rage; frenzy, madness; F mot. reckless driving; j-n zur ~ bringen drive s.o. mad.

Rasier|... [ra'ziːr-] in compounds: mst shaving (brush, cream, soap, etc.); **apparat** [ˌ˘-] m (safety) razor; electric razor; **2en** v/t. and v/refl. (no ge-, h) shave; ~klinge f razor blade; ~messer n (straight) razor; ~wasser n after-shave (lotion).

raspeln ['raspəln] v/t. (ge-, h) ⊗ rasp; grate (cheese, etc.).

Rasse ['rasə] f (-/-n) race; zo. breed; fig. class; ~... zo. in compounds: pedigreed (dog, etc.); thoroughbred (horse, etc.).

Rassel ['rasəl] f (-/-n) rattle; '2n v/i. (ge-) 1. (h) rattle; '2n v/i. (ge-) 1. (h) rattle; 2. F (sein): ~ durch flunk, Brt. fluff (exams, etc.).

'Rassen|... in compounds: mst racial (conflict, discrimination, etc.); '~trennung pol. f (racial) segregation; South Africa: apartheid; ~unruhen ['~ʔ-] pl. race riots.

'rasserein adj. s. reinrassig.

'rass|ig adj. features, etc.: striking; woman: exotic, strikingly beautiful; car: racy, sporty; '~isch adj. racial; 2ismus pol. [~'sismus] m (-/no pl.) racism; 2ist [~'sist] m (-en/-en), ~istisch adj. [~'sisti]] racist.

Rast [rast] f (-/no pl.) rest, stop; break; '2en v/i. (ge-, h) rest, stop, take a break; '~los adj. restless; '~platz m resting place; mot. rest area, Brt. lay-by; '~stätte mot. f service area.

Rasur [ra'zu:r] f (-/-en) shave.

Rat [ra:t] m 1. (-[e]s/Ratschläge) (piece of) advice; lit. counsel; j-n um ~ fragen (j-s ~ befolgen) ask (take) s.o.'s advice; zu ~e ziehen consult; (sich) keinen ~ (mehr) wissen be at one's wits end; know no way out; 2. (-[e]s/-e) esp. pol. council, board; council(l)or.

Rate ['ra:tə] f (-/-n) econ. instal(l)ment; (mortality, etc.) rate; auf ~n (buy, etc.) by instal(l)ments.

'raten v/t. and v/i. (irr. ge-, h) advise; guess; solve (puzzle); j-m zu et. ~ advise s.o. to do s.th.; rate mal! (have a) guess!

'Ratenzahlung econ. f s. Abzahlung.

'Ratespiel TV, etc. n game show, quiz (show), Brt. a. panel game.

'Rat|geber m (-s/-) adviser, counsel(l)or; '~haus n city (Brt. town) hall.

ratifizieren [ratifi'tsi:rən] v/t. (no ge-, h) ratify.

Ration [ra'tsio:n] f (-/-en) ration; 2al adj. [~o'na:l] rational; 2alisieren econ. [~tsionali-] v/t. (no ge-, h) reorganize, Brt. rationalize; 2ell adj. [~o'nɛl] efficient; economical; 2ieren [~o'ni:rən] v/t. (no ge-, h) ration.

'rat|los adj. at a loss; '2losigkeit f (-/no pl.); es herrscht ~ (bei ihnen) they are at their wits' end; '~sam adj. advisable, wise; '2schlag m piece of advice; gute Ratschläge (some) good advice.

Rätsel ['rɛ:tsəl] n (-s/-) puzzle; riddle (both a. fig.); mystery; '2haft adj. puzzling; mysterious; '2n v/i. (ge-, h) puzzle, rack one's brain; '~raten n (s/no pl.) speculation(s); guesswork.

'Ratskeller m city-(Brt. town-)hall basement restaurant, Am. rathskeller.

Ratte zo. ['ratə] f (-/-n) rat (a. fig. contp.).

rattern ['ratərn] v/i. (ge-, h, sein) rattle, clatter.

Raub [raup] m (-[e]s/no pl.) robbery, holdup; kidnap(p)ing; loot, booty; prey; '~bau m (-[e]s/no pl.) ruinous exploitation (an of); '~druck m pirated edition; 2en ['~bən] v/t. (ge-, h) rob, take by force; kidnap; j-m et. ~ rob s.o. of s.th. (a. fig.).

Räuber ['rɔybər] m (-s/-) robber, holdup man.

'Raub|fisch m predatory fish; '~mord m murder with robbery; '~mörder m murderer and robber; '~pressung f bootleg (record); '~tier n beast of prey; '~überfall ['~ʔ-] m holdup, (armed) robbery, mugging; '~vogel m bird of prey; '~zug m raid.

Rauch [raux] m (-[e]s/no pl.) smoke; 🎋, etc. fume; '2en v/i. and v/t. (ge-, h) smoke; 🎋, etc. fume; '~en n (-s/no pl.) smoking; ~ verboten no smoking; '~er m (-s/-) smoker (a. 🚂); starker ~ heavy smoker.

Räucher|... ['rɔyçər-] in compounds: smoked (bacon, fish, etc.); '2n v/t. (ge-, h) smoke; '~stäbchen n joss stick.

'Rauch|fahne f trail of smoke; '2frei adj. non-smoking; '~gas n flue gas; '~gasentschwefelung f flue gas desulphurization; '2ig adj. smoky; '~melder m (-s/-) smoke detector; '~verbot n ban on smoking; '~/ 'no smoking'; '~waren pl. tobacco products; furs; '~zeichen n smoke signal.

Räud|e vet. ['rɔydə] f (-/-n) mange, scabies; '2ig adj. mangy, scabby.

rauf F adv. [rauf] s. herauf, hinauf.

rauf|en ['raufən] v/t. 1. v/t.: sich die Haare ~ tear one's hair (out); 2. v/i. fight, scuffle, 2erei [~ə'rai] f (-/-en) fight, scuffle.

rauh adj. [rau] rough, rugged (both a. fig.); climate, voice, etc.: a. harsh; hands, lips, etc.: chapped; throat: sore; '~haarig zo., etc. adj. wire-haired; '2reif m (-[e]s/no pl.) hoarfrost.

Raum [raum] m (-[e]s/-e) room; space; area; (outer) space; ~anzug ['~ʔ-] m spacesuit; '~deckung f sports: zone defen|sc, Brt. -ce.

räumen ['rɔymən] v/t. (ge-, h) quit, leave, move out of (room, etc.); clear (road, stock, etc.) (von of); evacuate (a.

✕); s-e **Sachen in** (acc.) ~ put one's things (away) in ...; s. **Weg.**

'**Raum|fahrt** f space travel or flight; space science, astronautics; '**~fahrt... in** compounds: space (technology, etc.); '**~fähre** f space shuttle; '**~flug** m space flight; '**~inhalt** ['-ˑʔ-] m volume; '**~kapsel** f space capsule.

räumlich adj. ['rɔymlɪç] three-dimensional; ~ **getrennt** separate.

'**Raum|schiff** n spacecraft; spaceship; '**~sonde** f space probe; '**~station** f space station.

'**Räumung** f (-/-en) clearance (a. econ.); evacuation (a. ✕); ⁂ eviction; '**~s-verkauf** econ. m clearance sale.

raunen ['raʊnən] v/i. (ge-, h) whisper, murmur.

Raupe ['raʊpə] f (-/-n) zo., ⊙ caterpillar, ⊙ a. track; '**~nschlepper** m TM caterpillar tractor.

raus F [raʊs] **1.** adv. s. **heraus, hinaus**; **2.** int.: ~! get out (of here)!

Rausch ['raʊʃ] m (-[e]s/-e) drunkenness, intoxication; fig. ecstasy; e-n ~ **haben** (**bekommen**) be (get) drunk; s-n ~ **ausschlafen** sleep it off; '2**en** v/i. (ge-) **1.** (h) wind, water, etc.: rush; brook: murmur; **2.** fig. (sein) of person: sweep or sail (through, etc.); '2**end** adj. thunderous (applause); '**~gift** n drug(s coll.), narcotic(s coll.), F dope; '**~gift-handel** m drug traffic(king); '**~gift-händler** m drug dealer, sl. pusher.

räuspern ['rɔyspərn] v/refl. (ge-, h) clear one's throat.

'**raus|schmeißen** F v/t. (irr. schmeißen, sep., -ge-, h) s. **hinauswerfen**; '2**-schmeißer** F m (-s/-) bouncer; '2**-schmiß** F m firing (from job), sack; boot (out the door).

Raute ['raʊtə] f (-/-n) shape: diamond.

Razzia ['ratsia] f (-/Razzien) (police) raid, roundup.

Reagenzglas [re'a'gɛnts-] n test tube.

reagieren [re'a'giːrən] v/i. (no ge-, h) react (**auf** acc. to) (a. ⚕, ⚗); respond (to) (a. ⚗).

Reaktion [re'a'ktsioːn] f (-/-en) reaction (**auf** acc. to) (a. ⚗); '2**är** [~o'nɛːr] m (-s/-e), 2**är** adj. [~] reactionary.

Reaktor phys. [re'a'ʔaktɔr] m (-s/-en) reactor (a. in compounds: block, core, safety, etc.).

real adj. [re'aːl] real; concrete; **~isieren** [reali'ziːrən] v/t. (no ge-, h) realize; 2**ismus** [rea'lɪsmʊs] m (-/no pl.) realism; 2**ist** [rea'lɪst] m (-en/-en) realist; **~istisch** adj. [rea'lɪstɪʃ] realistic; 2**ität** [reali'tɛːt] f (-/-en) reality; 2**o** F pol. [re'aːlo] m (-s/-s) pragmatic Green; 2-

schule f (German) secondary school (grades 5-10) (leading to intermediate qualification).

Rebe ⚘ ['reːbə] f (-/-n) vine.

Rebell [re'bɛl] m (-en/-en) rebel; 2**ieren** [~'liːrən] v/i. (no ge-, h) rebel, revolt, rise (all: **gegen** against); 2**isch** adj. rebellious.

Reb|huhn zo. ['reːp-] n partridge; '**~laus** zo. f phylloxera; '**~stock** ⚘ m vine.

Rechen ⚒ ['rɛçən] m (-s/-), '2 v/t. (ge-, h) rake.

Rechen|aufgabe ['rɛçən-] f (arithmetic) problem; ~ **im lösen** F do sums; '**~fehler** m error (in arithmetic), miscalculation; '**~maschine** f calculator; computer; '**~schaft** f (-/no pl.): ~ **ablegen über** (acc.) account for; **zur** ~ **ziehen** call to account (**wegen** for); '**~schieber** ⚗ m slide-rule; '**~zentrum** n computing cent|er, Brt. -re.

Rechnen ['rɛçnən] n (-s/no pl.) arithmetic; calculation.

rechne|n [~] v/i. and v/t. (ge-, h) calculate, reckon; work out, do (problems); count; ~ **mit** expect: count on; **mit mir kannst du nicht ~!** count me out!; '2**r** (-s/-) calculator; computer; **ein guter** ~ good at numbers; '**~risch** adj. arithmetical.

'**Rechnung** f (-/-en) calculation; problem, sum; econ. bill, check; invoice; account (a. fig.); econ. **die** ~ **bitte!** can I have the bill (Am. mst check), please?; **das geht auf m-e** ~ that's on me; **auf s-e** ~ **kommen** fig. get one's money's worth; **e-r Sache** ~ **tragen**, et. **in** ~ **stellen** fig. take s.th. into account; **j-m e-n Strich durch die** ~ **machen** thwart s.o.'s plans; '**~sjahr** n fiscal year; '**~s-wesen** n (-s/no pl.) accounting.

recht [rɛçt] **1.** adj. right (a. ⚖); correct; pol. right-wing; **das ist mir** ~ that's all right with me, I don't mind; et. (nichts) 2**es** s.th. (nothing) decent or to write home about; **nach dem** 2**en sehen** look after things; s. **zugehen**; **2.** adv. right(ly), correctly; rather, quite, F pretty; et. ~ **machen** do a good job; **ich weiß nicht** ~ I don't really know; **es geschieht ihm** ~ it serves him right; **erst** ~ all the more; **erst** ~ **nicht** even less; **gerade** ~ **kommen** come in handy; **du kommst gerade** ~ (**zu**) you're just in time (for); **es allen** ~ **machen** want to please everybody; s. **schlecht.**

Recht [~] n (-[e]s/-e) right; claim (both: **auf** acc. to); law; justice; **gleiches** ~ equal rights; **im** ~ **sein** be in the right; 2 **haben** be right; **j-m** 2 **geben** agree with s.o.; **er hat es mit** (**vollem**) ~ **getan** he was (perfectly) right to do so; *ein ~ auf et. haben* be entitled to s.th.

'**Rechte** (*-n/-n*) 1. *f* right (hand); *pol. the* right (wing); *zu m-r ~n* on my right; 2. *pol. m, f* right-winger.

Rechteck ['rɛçt'ʔɛk] *n* (*-s/-e*) rectangle; ²**Ig** *adj.* ['~ʔ-] rectangular.

'**recht|fertigen** *v/t.* (*ge-, h*) justify; ²**fertigung** *f* (*-/-en*) justification; ²**haber** F ['~ha:bər] *m* (*-s/-*) know-all; '~**lich** *adj.* legal; '~**los** *adj.* without rights; outcast; ²**lose** *m* (*-n/-n*) outcast; '~**mäßig** *adj.* lawful; legitimate; legal; ²**mäßigkeit** *f* (*-/no pl.*) lawfulness, legitimacy.

rechts *adv.* [rɛçts] on the right(-hand side); *pol.* right(ist); *nach ~ to* the right.

'**Rechts|**... *in compounds:* ⚖ legal ...; *pol. mst* right-wing ...; ~**anspruch** ['~ʔ-] *m* legal claim (*auf acc.* to); ~**anwalt** ['~ʔ-] *m*, ~**anwältin** ['~ʔ-] *f* lawyer, attorney; ~**ausleger** ['~ʔ-] *m* boxing: southpaw.

'**recht|schaffen** *adj.* honest; law-abiding; F ~ *müde* tired out; ²**schreibfehler** ['~fraip-] *m* spelling mistake; ²**schreibung** *f* (*-/no pl.*) spelling, orthography.

'**Rechts|fall** *m* (law) case; ~**händer** ['~hɛndər] *m* (*-s/-*) right-hander; *er ist ~* he is right-handed; ²**herum** *adv.* clockwise, to the right.

Rechtsprechung ['rɛçtʃprɛçʊŋ] *f* (*-/-en*) jurisdiction.

'**rechts|radikal** *pol. adj.* extreme right-wing; ²**schutz** *m* legal protection; ²**schutzversicherung** *f* legal costs insurance; ²**staat** *m* constitutional state; *mst* democracy, free country; ²**verkehr** *mot. m* driving on the right; ²**weg** ⚖ *m* (due) process of law; *auf dem ~* by legal procedure; '~**widrig** *adj.* illegal, unlawful; ²**wissenschaft** *f* jurisprudence, law.

'**recht|wink(e)lig** *adj.* rectangular; '~**zeitig** 1. *adj.* punctual; 2. *adv.* in time (*zu* for).

Reck [rɛk] *n* (*-[e]s/-e*) horizontal bar.

recken ['rɛkən] *v/t.* (*ge-, h*) stretch; *sich ~* stretch o.s.

Redakt|eur [redak'tø:r] *m* (*-s/-e*) editor; ~**ion** [~'tsio:n] *f* (*-/-en*) editing; editorial staff, editors; editorial (*TV* production) office; ²**onell** *adj.* [~tsio'nɛl] editorial; ~**ionsschluß** *m* (editorial) deadline.

Rede ['re:də] *f* (*-/-n*) speech (*a. gr. direct, etc.*), address; talk, rumo(u)r (*both: von* of); *e-e ~ halten* make a speech; *davon kann keine ~ sein* that's out of the question; *~ und Antwort stehen* explain o.s. (*j-m* to s.o.); answer *or* account *for* s.th.; *zur ~ stellen* take *s.o.* to task; *nicht der ~ wert* not worth mentioning; ²**gewandt** *adj.* eloquent; '~**kunst** *f* rhetoric.

reden ['re:dən] *v/i. and v/t.* (*ge-, h*) talk, speak (*both: mit* to; *über acc.* about, of); *ich möchte mit dir ~* I'd like to talk to you; *die Leute ~* people will talk; *j-n zum ² bringen* make s.o. talk; (*gar*) *nicht zu ~ von* to say nothing of; let alone; *mit sich ~ lassen* listen to reason; *viel von sich ~ machen* become much talked about; *du hast gut ~!* look who's talking!

Red|ensart ['re:dəns?-] *f* saying, phrase; '~**eweise** *f: s-e ~* the way he talks; ²**lich** *adj.* ['~re:t] upright, honest; *sich ~(e) Mühe geben* do one's best; ~**ner** ['re:dnər] *m* (*-s/-*) speaker; '~**nerpult** *m* speaker's desk; ²**selig** *adj.* ['re:t-] talkative.

reduzieren [redu'tsi:rən] *v/t.* (*no ge-, h*) reduce (*auf acc.* to); *sich ~* decrease.

Reede ⚓ ['re:də] *f* (*-/-n*): *auf ~* in the roads; '~**r** *m* (*-s/-*) shipowner; ~**rei** *f* (*-/-en*) shipping company.

reell *adj.* [re'ɛl] price, *etc.*: reasonable, fair; *chance:* real; *firm:* solid.

Refer|at [refe'ra:t] *n* (*-[e]s/-e*) (research) paper; report; lecture; *pol.* department; *ein ~ halten* read a paper; ~**endar** [~rɛn'da:r] *m* (*-s/-e*) *school:* probationary teacher; ⚖ junior lawyer; ~**ent** [~'rɛnt] *m* (*-en/-en*) speaker; ~**enz** [~'rɛnts] *f* (*-/-en*) reference; ²**ieren** [~'ri:rən] *v/i.* (*no ge-, h*) (give a) report *or* lecture (*über acc.* on).

reflektieren [reflɛk'ti:rən] *v/t. and v/i.* (*no ge-, h*) reflect (*fig. über acc.* [up]on); *~ auf* (*acc.*) be interested in.

Reflex [re'flɛks] *m* (*-es/-e*) reflex (*a. in compounds:* action, *etc.*); ²**iv** *gr. adj.* [~'ksi:f] reflexive.

Reform [re'form] *f* (*-/-en*) reform; ~**ator** [~'ma:tɔr] *m* (*-s/-en*), ~**er** *m* (*-s/-*) reformer; ~**haus** *n* health food store *or* shop; ²**ieren** [~'mi:rən] *v/t.* (*no ge-, h*) reform.

Refrain [rə'frɛː] *m* (*-s/-s*) refrain, chorus.

Regal [re'ga:l] *n* (*-s/-e*) shelf (unit), shelves.

Regatta ⚓ [re'gata] *f* (*-/-gatten*) regatta, boat race, cup (race).

rege *adj.* ['re:gə] lively; *traffic, etc.:* busy; (*mentally, physically*) active.

Regel ['re:gəl] *f* (*-/-n*) rule; ♀ period, menstruation; *in der ~* as a rule; ²**mäßig** *adj.* regular; '~**mäßigkeit** *f* (*-/no pl.*) regularity; ²**n** *v/t.* (*ge-, h*) regulate; ⊙ *a.* adjust; settle (*affairs, claim, etc.*), take care of s.th.; ²**recht** *adj.* regular (*a.* F *fig.*); '~**technik** *f* control engineering; '~**ung** *f* (*-/-en*) regulation; adjustment; settlement; control;

'**~widrig** *adj.* against the rule(s); *sports:* a. unfair; **~es Spiel** foul play.

regen ['re:gən] *v/t. and v/refl.* (ge-, h) move, stir.

Regen [~] *m (-s/-)* rain; **starker ~** heavy rain(fall); '**~bogen** *m* rainbow; '**~bogenhaut** *anat. f* iris; '**~guß** *m* (heavy) shower, downpour; '**~mantel** *m* raincoat; '**~schauer** *m* shower; '**~schirm** *m* umbrella; '**~tag** *m* rainy day; '**~tropfen** *m* raindrop; '**~wald** *geogr. m* (tropical) rain forest; '**~wasser** *n* rainwater; '**~wetter** *n* rainy weather; '**~wurm** *zo. m* earthworm; '**~zeit** *f* rainy season; *tropics:* the rains.

Regie [re'ʒi:] *f (-/-n)* *thea., film:* direction; **unter der ~ von** directed by; **~anweisung** *thea.* [~'-] *f* stage direction.

regier|en [re'gi:rən] *(no ge-, h)* 1. *v/i.* reign; 2. *v/t.* govern (*a. gr.*), rule; **2ung** *f (-/-en)* government, administration; reign.

Re'gierungs|... *in compounds: mst* government(al) *(building, crisis, etc.)*; **~bezirk** *m* administrative district; **~chef** *m* head of government; **~wechsel** *m* change of government.

Regime *pol.* [re'ʒi:m] *n (-[s]/-)* regime; **~kritiker** *m* dissident.

Regiment [regi'mɛnt] *n (-[e]s/-e; ✕ -er)* rule (*a. fig.*); ✕ regiment.

Region [re'gio:n] *f (-/-en)* region; **2al** *adj.* [~o'na:l] regional.

Regisseur [reʒɪ'sø:r] *m (-s/-e)* director.

Regist|er [re'gɪstər] *n (-s/-)* register (*a. ♪*), record; *in books:* index; **2rieren** [~'stri:rən] *v/t.* (no ge-, h) register, record; *fig.* note; **~rierkasse** *f* cash register.

Reglement [reglə'mã:] *n (-s/-s)* regulations, rules; *Swiss* regulation, order, rule.

Regler ⊚ ['re:glər] *m (-s/-)* control.

reglos *adj.* ['re:k-] motionless.

regne|n ['re:gnən] *v/i.* (ge-, h) rain (*a. fig.*); **es regnet in Strömen** it is pouring down rain; '**~risch** *adj.* rainy.

Regreß *econ.*, ⚖ [re'grɛs] *m (-gresses/-gresse)* (liable, etc. to) recourse.

regulär *adj.* [regu'lɛ:r] regular; normal, ordinary.

regulier|bar *adj.* [regu'li:rba:r] adjustable; controllable; **~en** *v/t.* (no ge-, h) regulate, adjust; control.

Regung ['re:gʊŋ] *f (-/-en)* movement, motion; emotion; (sudden, etc.) impulse; '**2slos** *adj.* motionless.

Reh *zo.* [re:] *n (-[e]s/-e)* deer, roe; doe; *food:* venison.

Rehabili|tationszentrum [rehabilita-'tsi̯o:ns-] *n* rehabilitation cent|er, *Brt.* -re; **2tieren** [~'ti:rən] *v/t. and v/refl.* (no ge-, h) rehabilitate (o.s.).

'**Reh|bock** *zo. m* (roe)buck; '**~keule** *f* leg of venison; '**~kitz** *zo.* ['~kɪts] *n (-es/-e)* fawn.

Reib|e ['raɪbə] *f (-/-n)*, **~eisen** ['raɪp?-] *n* grater, rasp.

reib|en ['raɪbən] *v/i. and v/t.* (irr., ge-, h) rub; grate, grind; **sich die Augen (Hände) ~** rub one's eyes (hands); **2ereien** *fig.* [~ə'raɪən] *pl.* clashes, friction; '**2ung** ⊚ *f (-/-en)* friction; '**~ungslos** *adj.* frictionless; *fig.* smooth.

reich *adj.* [raɪç] rich (an dat. in), wealthy; *crop, supplies, etc.:* rich, abundant; **...reich** *in compounds: mst* rich in ..., high-(protein, etc.).

Reich [~] *n (-[e]s/-e)* empire, kingdom (*a. eccl., ⚛, zo.*); *fig.* world.

reichen ['raɪçən] (ge-, h) 1. *v/t.* reach; hand, pass; give, hold out (one's hand, etc.); 2. *v/i.* last, do, be enough; **~ bis** reach or come up to; **~ nach** reach (out) for; **das reicht** that will do; **mir reicht's!** I've had enough.

'**reich|haltig** *adj.* rich; substantial (meal, etc.); '**~lich** 1. *adj.* rich, plentiful; plenty of (time, money, etc.); 2. *adv.* rather (fast, a lot, etc.); (bargains, etc.) galore; (give, etc.) generously; '**2tum** *m (-s/-er)* wealth (an dat. of); riches (both a. fig.); '**2weite** *f* reach; ✈, ✕, radio, etc.: range; *in* (außer) (jds) ~ within (out of) (s.o.'s) reach.

Reif [raɪf] *m* 1. (-[e]s/no pl.) (hoar)frost; 2. (-[e]s/-e) bracelet; *lit.* ring.

reif *adj.* [~] ripe (a. fig. for s.th.), mature; **~ für** a. ready for; '**2e** *f (-/no pl.)* ripeness, esp. fig. maturity; s. Abitur; '**~en** *v/i.* (ge-, sein) ripen, mature (both a. fig.).

'**Reifen** *m (-s/-)* hoop; *mot., etc.* tire, *Brt.* tyre; '**~panne** *mot. f* flat, puncture.

'**Reifeprüfung** *f* s. Abitur.

'**reiflich** *adj.* careful (consideration, etc.).

Reihe ['raɪə] *f (-/-n)* line, row; series, set; **e-e ~ von** a number of (years, etc.); **der ~ nach** in turn, one after the other; **außer der ~** out of turn; **du bist an der** (kommt gleich an die) **~** it's your turn (you're next); '**2n** *v/t.* (ge-, h): **~ an** (acc.) add s.th. to; **sich ~ an** (acc.) event, etc.: follow s.th.

'**Reihen|folge** *f* order; '**~haus** *n* row house, *Brt.* terraced house; '**2weise** *adv.* in rows; F *fig.* by the dozen.

Reiher *zo.* ['raɪər] *m (-s/-)* heron.

Reim [raɪm] *m (-[e]s/-e)* rhyme; '**2en** *v/t. and v/refl.* (ge-, h) rhyme (auf acc. with).

rein¹ F *adv.* [raɪn] s. **herein, hinein.**

rein² [~] **1.** *adj.* pure (*a. fig.*); clean; clear (*skin, conscience*); plain (*truth, etc.*); mere, sheer, nothing but; **ins ~e kommen** come to terms (**mit** with); **ins ~e schreiben** make a clean (*Brt. a.* fair) copy of; **2.** *adv.* purely, strictly; absolutely (*everything, impossible, etc.*); **'2fall** *F m* flop; letdown; **'2gewinn** *m* net profit; **'~hauen** *F* (*irr. hauen, sep.,* **-ge-,** *h*) **1.** *v/i.* tuck in; **2.** *v/t.:* **j-m e-e ~** punch s.o. in the nose; **'2heit** *f* (-/*no pl.*) purity (*a. fig.*); cleanness; **2heitsgebot** *n* (beer) purity law.

'reinig|en *v/t.* (ge-, *h*) clean; cleanse (*a. F*); dry-clean; *fig.* purify; **2ung** *f* (-/-en) clean(s)ing; *fig.* purification; (dry) cleaners; **chemische ~** dry cleaning; **'2ungsmittel** *n* detergent, clean(s)er.

'rein|legen *v/t. s.* **hereinlegen; '~lich** *adj.* clean; cleanly; **'2machefrau** *f s.* **Putzfrau; '~rassig** *adj.* full-blooded; *zo.* thoroughbred; pedigree; **'~reden** *F v/i.* (*sep.,* **-ge-,** *h*): **~ in** (*acc.*) meddle in or with *s.th.;* **'2schrift** *f* clean (*Brt. a.* fair) copy; **2straum** ⊙ ['raɪnst-] *m* clean room; **~weg** *adv.* ['~vɛk] absolutely (*impossible, etc.*); (*refuse, etc.*) point-blank.

Reis ♀ [raɪs] *m* (-es/*no pl.*) rice.

Reise ['raɪzə] *f* (-/-n) trip; journey; ⚓ voyage; tour; **s-e ~n** his travels; **auf ~n sein** be travel(l)ing; **e-e ~ machen** take a trip; **gute ~!** have a nice trip!; **~andenken** ['~ʔ-] *n* souvenir; **'~büro** *n* travel agency; **'~führer** *m* guide(book); **'~gesellschaft** *f* tour group, *Brt.* tourist party; **'~kosten** *pl.* travel(l)ing expenses; **'~leiter** *m* tour guide or manager, *Brt.* courier; **'2lustig** *adj.* fond of travel(l)ing; **'2n** *v/i.* (ge-, *sein*) travel; **durch Frankreich ~** tour France; **ins Ausland ~** go abroad; **'~nde** *m, f* (-n/-n) travel(l)er; tourist; passenger; **'~paß** *m* passport; **'~plan** *m* itinerary; **'~route** *f* itinerary; route; **'~scheck** *m* travel(l)er's check (*Brt.* cheque); **'~tasche** *f* travel(l)ing bag, carryall, *Brt.* holdall; **'~veranstalter** *m* tour operator; **'~ziel** *n* destination.

Reisig ['raɪzɪç] *n* (-s/*no pl.*) brushwood.

Reißbrett ['raɪs-] *n* drawing board.

reißen ['raɪsən] (*irr.*, ge-) **1.** *v/t.* (*h*) tear, rip (*both:* **in Stücke** to pieces); pull, drag; *zo.* kill (*prey*); *F* crack (*jokes*); *sports:* knock down (*bar*); *weightlifting:* snatch; **an sich ~** seize, snatch, grab; **sich ~ um** scramble for (or to get) *s.th.;* be crazy or wild about; **2.** *v/i.* (*sein*) tear, be torn, rip (open); split; *chain, rope, etc.:* break; **'~d** *adj.* torrential; **~en Absatz finden** sell like hot cakes.

'Reißer *F m* (-s/-) thriller; (smash) hit; **'2isch** *adj.* sensational, loud.

'Reiß|verschluß *m* zipper, *Brt.* zip; **den ~ an et. öffnen (schließen)** unzip (zip up) s.th.; **'~zwecke** *f* thumbtack, *Brt.* drawing pin.

reiten ['raɪtən] (*irr.*, ge-) **1.** *v/i.* (*sein*) ride (**on** *animal*), go on horseback; **2.** *v/t.* (*h*) ride (*horse*).

Reit|en [~] *n* (-s/*no pl.*) (horseback) riding; **'~er** *m* (*f*) (-s[-]/-[-nen]) rider, horse|man (-woman); **'~pferd** *n* saddle or riding horse; **'~schule** *f* riding academy or school; **'~weg** *m* bridle path.

Reiz [raɪts] *m* (-es/-e) charm, attraction, appeal; thrill, tickle; ✷, *psych.* stimulus; ✷ irritation; **(für j-n) den ~ verlieren** lose charm or appeal (to or for s.o.); **'2bar** *adj.* irritable, excitable; **'2en** (ge-, *h*) **1.** *v/t.* irritate (*a.* ✷); annoy; bait (*animal*); provoke; appeal to, attract; tempt; *task, etc.:* challenge; **2.** *v/i. cards:* bid; **'2end** *adj.* charming, delightful; lovely, sweet, cute; **'2los** *adj.* unattractive; **~überflutung** ['~ʔ-] *f* (-/*no pl.*) overstimulation; **~ung** *f* (-/-en) irritation; **'2voll** *adj.* attractive; *task, etc.:* challenging; **'~wäsche** *F f* sexy underwear; **'~wort** *n* emotive word.

rekeln *F* ['reːkəln] *v/refl.* (ge-, *h*) stretch; sprawl, loll, lounge.

Reklamation [reklama'tsɪoːn] *f* (-/-en) complaint.

Reklame [re'klaːmə] *f* (-/-n) advertising, publicity; advertisement, *F* ad; commercial(s); **~ machen für** advertise, promote; *s. a.* **Werbung.**

rekla'mieren *v/i. and v/t.* (no ge-, *h*) complain (**wegen** about), protest (against).

Rekord [re'kɔrt] *m* (-[e]s/-e) record; **e-n ~ aufstellen** set a record.

Rekrut ✕ [re'kruːt] *m* (-en/-en), **2ieren** [~u'tiːrən] *v/t.* (no ge-, *h*) recruit.

Rektor ['rɛktoːr] *m* (-s/-en), **~in** [~'toːrɪn] *f* (-/-nen) (*school*) principal, *Brt.* head|master (-mistress); *univ.* president, *Brt.* vice-chancellor.

Relais ⚡ [rə'lɛː] *n* (-/-) relay.

relativ *adj.* ['relatiːf], **'2... in** *compounds:* relative.

Relief [re'liɛf] *n* (-s/-s) *art:* relief.

Religi|on [reli'gioːn] *f* (-/-en) religion; confession, denomination; *school:* religious instruction or education; **2ös** *adj.* [~'giøːs] religious.

Reling ⚓ ['reːlɪŋ] *f* (-/-s) rail.

Reliquie [re'liːkviə] *f* (-/-n) relic.

Remis [rə'miː] *n* (-/-) *chess, etc.:* draw.

Rempel|ei *F* [rɛmpə'laɪ] *f* (-/-en), **'2n** *v/t.* (ge-, *h*) jostle.

Renn|bahn ['rɛn-] f racecourse, race-track; cycling track; '**~boot** n racing boat; speedboat.
rennen ['rɛnən] (irr., ge-) v/i. (sein) and v/t. (h) run; s. **Haufen**.
Rennen [~] n (-s/-) race (a. fig.); heat.
'**Renner** F m (-s/-) (big) hit, best-seller.
'**Renn|fahrer** m mot. racing driver; racing cyclist; '**~läufer** m ski racer; '**~pferd** n racehorse, racer; '**~rad** n racing bicycle, racer; '**~sport** m racing; '**~stall** m racing stable; '**~wagen** m racing car, racer.
renommiert adj. [reno'miːrt] renowned, of (high) repute.
renovieren [reno'viːrən] v/t. (no ge-, h) renovate, F do up; redecorate.
rentabel adj. [rɛn'taːbəl] profitable, paying.
Rente ['rɛntə] f (-/-n) (old-age) pension; annuity.
Rentier zo. ['rɛn-] n reindeer.
rentieren [rɛn'tiːrən] v/refl. (no ge-, h) pay; fig. be worth it.
Rentner(in) ['rɛntnər(in)] m (f) (-s[-]/-[-nen]) senior citizen, pensioner, retiree.
Reparatur [repara'tuːr] f (-/-en) repair; **~werkstatt** f repair shop; mot. a. garage.
repa'rieren v/t. (no ge-, h) repair, mend, fix.
Report|age [repor'taːʒə] f (-/-n) report; TV etc. a. (running) commentary; **~er** [re'portər] m (-s/-) reporter.
Repräsent|ant [reprɛzɛn'tant] m (-en/-en) representative; **~antenhaus** Am. parl. n House of Representatives; **~ativ** adj. [~ta'tiːf] representative; fig. decorative; **2ieren** [~'tiːrən] (no ge-, h) 1. v/t. represent; 2. v/i. represent at social or public functions; **viel ~ müssen** F have to do a lot of ribbon cutting(s).
Repressalie [reprɛ'saːliə] f (-/-n) reprisal.
Reproduk|tion [reprodʊk'tsioːn] f (-/-en) reproduction, print; **2ieren** [~u'tsiːrən] v/t. (no ge-, h) reproduce.
Reptil zo. [rɛp'tiːl] n (-s/-ien) reptile.
Republik [repu'bliːk] f (-/-en) republic; **~aner** [~i'kaːnər] m (-s/-), **2anisch** adj. [~i'kaːnɪʃ] republican.
Requisiten thea. [rekvi'ziːtən] pl. (stage) props.
Reservat [rezɛr'vaːt] n (-[e]s/-e) (wildlife) preserve, Brt. reserve; (Indian) reservation.
Reserv|e [re'zɛrvə] f (-/-n) reserve (a. ✕); **~e... in compounds:** spare (can, wheel, etc.); **2ieren** [~'viːrən] v/t. (no ge-, h) reserve (a. ~ lassen); j-m e-n Platz ~ keep or save a seat for s.o.; **2iert**

adj. [~'viːrt] reserved (a. fig.); **~ierung** [~'viːrʊŋ] f (-/-en) reservation.
Residenz [rezi'dɛnts] f (-/-en) (official) residence.
Re|signation [rezɪgna'tsioːn] f (-/no pl.) resignation; **2signieren** [~'gniːrən] v/i. (no ge-, h) give up; **2si'gniert** adj. resigned; **~sozialisierung** [rezotsiali'ziːrʊŋ] f (-/-en) rehabilitation (of criminals, etc.).
Respekt [rɛs'pɛkt] m (-[e]s/no pl.) respect (**vor** dat. for); **2ieren** [~'tiːrən] v/t. (no ge-, h) respect; **2los** adj. irreverent, disrespectful; **2voll** adj. respectful.
Ressort [rɛ'soːr] n (-s/-s) department, province, field.
Rest [rɛst] m (-[e]s/-e) rest; **~e** pl. remains, remnants (a. econ.); food: leftover(s); **das gab ihm den ~** that finished him (off).
Restaurant [rɛsto'rãː] n (-s/-s) restaurant.
restaurieren [rɛstau'riːrən] v/t. (no ge-, h) restore.
'**Rest|betrag** m remainder; **2lich** adj. remaining; **2los** adv. completely; perfectly (happy, etc.).
Resultat [rezʊl'taːt] n (-[e]s/-e) result, outcome; sports: a. score.
Retorte [re'tortə] f (-/-n) (aus der out of a) test tube; **~nbaby** F [~nbe:bi] n (-s/-s) test-tube baby.
rett|en ['rɛtən] v/t. (ge-, h) save, rescue (both: **aus, vor** dat. from); '**2er** m (-s/-) rescuer.
Rettich ♀ ['rɛtɪç] m (-s/-e) radish.
'**Rettung** f (-/-en) rescue (**aus, vor** dat. from); **das war s-e ~** that saved him.
'**Rettungs|boot** n lifeboat; **2los** adj. hopeless (situation, etc.); ~ **verloren** past hope, lost; '**~mannschaft** f rescue party; '**~ring** m life preserver (Brt. belt); '**~schwimmer** m lifeguard.
Reu|e ['rɔyə] f (-/no pl.) remorse, repentance (both: **über** acc. for); **ohne ~** without regret; '**2evoll** adj., **2mütig** adj. ['~my:tɪç] repentant; apologetic (smile, etc.).
Revanch|e [re'vãː.ʃ(ə)] f (-/-n) revenge; sports: a. return match, etc.; **2ieren** [~ã'ʃiːrən] v/refl. (no ge-, h) have one's revenge (**bei, an** dat. on); make it up (**bei** to s.o.), repay (s.o. for) s.th.; **~ismus** pol. [~ã'ʃismʊs] m (-/no pl.) policy of revenge, revanchism.
Revers [re'vɛːr] n, m (-/-) lapel.
revidieren [revi'diːrən] v/t. (no ge-, h) revise (opinion, etc.); econ. audit.
Revier [re'viːr] n (-s/-e) district; zo., fig. territory; s. **Polizeirevier**.
Revision [revi'zioːn] f (-/-en) econ. audit; ⚖ appeal; revision.

Revolt|e [re'vɔltə] f (-/-n), **Sieren** [~'ti:rən] v/i. (no ge-, h) revolt.

Revolution [revolu'tsio:n] f (-/-en) revolution; **Sär** adj. [~o'nɛːr], **~är** [~] m (-s/-e) revolutionary.

Revolver [re'vɔlvər] m (-s/-) revolver, F gun.

Revue thea. [rə'vy:] f (-/-n) (musical) show, revue.

Rezension [retsen'zio:n] f (-/-en) (book, etc.) review.

Rezept [re'tsɛpt] n (-[e]s/-e) ⚕ prescription; recipe (a. fig.).

Rhabarber ♀ [ra'barbər] m (-s/no pl.) rhubarb.

rhetorisch adj. [re'to:rɪʃ] rhetorical.

Rheuma ⚕ ['rɔyma] n (-s/no pl.) rheumatism.

rhythm|isch adj. ['rytmɪʃ] rhythmic(al); **Sus** ['~ʊs] m (-/-men) rhythm.

Ribisel Aust. ['ri:bi:zəl] f (-/-n) s. **Johannisbeere**.

richten ['rɪçtən] v/t. (ge-, h) fix; get s.th. ready, prepare; do (hair, rooms, etc.); ⚖ judge (a. fig.); (sich) ~ an (acc.) address (o.s.) to; put (question, etc.) to; ~ auf (acc.) (gegen) direct or turn to (against); point or aim (gun, camera, etc.) at; sich ~ nach go by, act according to; follow (fashion, example, etc.); depend on (weather, etc.); ich richte mich ganz nach dir I leave it to you, you decide.

Richter m (-s/-) judge; **Slich** adj. judicial.

'Richtgeschwindigkeit mot. f recommended speed.

'richtig 1. adj. right; correct, proper; true; real; **2.** adv.: ~ nett (böse) really nice (angry); et. ~ machen do s.th. right; m-e Uhr geht ~ my watch is right; F: und ~, ... and sure enough, ...; s. ordentlich, tüchtig; **Skeit** f (-/no pl.) correctness; truth; **'~stellen** v/t. (sep., -ge-, h) put od. set right.

'Richt|linien pl. guidelines; **'~preis** econ. m recommended price; **'~schnur** fig. f (-/no pl.) guideline.

'Richtung f (-/-en) direction; pol. leaning; paint., etc. style; **Slos** adj. aimless, disoriented; **Sweisend** fig. adj. pioneering.

rieb [ri:p] past of **reiben**.

riechen ['ri:çən] v/i. and v/t. (irr., ge-, h) smell (nach of); ~ an (dat.) a. sniff at.

rief [ri:f] past of **rufen**.

Riege ['ri:gə] f (-/-n) esp. sports: squad, team.

Riegel ['ri:gəl] m (-s/-) bolt, bar (a. of chocolate, etc.).

Riemen ['ri:mən] m (-s/-) strap; belt (a. ⊙); ⛵ oar.

Riese ['ri:zə] m (-n/-n) giant (a. fig.).

rieseln ['ri:zəln] v/i. (ge-) **1.** (sein) trickle, run (a. fig.); brook, etc.: babble; snow: fall gently; **2.** (h) drizzle.

'Riesen|... in compounds: mst giant ..., gigantic ..., enormous ..., tremendous ...; **~erfolg** ['~'ʔɛr'fɔlk] m smash(ing) success; smash hit; **'Sgroß, 'Shaft** adj. s. riesig; **'~kräfte** pl. Herculean strength; **'~rad** n Ferris wheel; **'~schlange** zo. f boa constrictor; python; **'~welle** f gymnastics: giant swing.

'ries|ig adj. enormous, huge, gigantic, giant, tremendous (a. F fig. very good); sich ~ freuen be tickled to death; **Sin** f (-/-nen) giantess.

riet [ri:t] past of **raten**.

Riff [rɪf] n (-[e]s/-e) reef.

Rill|e ['rɪlə] f (-/-n) groove; **Sig** adj. grooved.

Rind zo. [rɪnt] n (-[e]s/-er) cow; meat: beef; ~er pl. cattle.

Rinde ['rɪndə] f (-/-n) ♀ bark; rind (of cheese, etc.); crust (of bread).

Rinder|braten ['rɪndər-] m roast beef; **'~herde** f herd of cattle.

'Rind|fleisch n beef; **'~s)leder** n cowhide; **'~vieh** n (-[e]s/ F -viecher) cattle; F idiot.

Ring [rɪŋ] m (-[e]s/-e) ring (a. fig.); mot. ring road; subway, Brt. underground, etc.: circle (line); **'~buch** n loose-leaf or ring binder.

ringel|n ['rɪŋəln] v/refl. (ge-, h) curl, coil (a. snake); **Snatter** zo. f grass or ring snake; **Sspiel** Aust. n s. **Karussell**.

ringen ['rɪŋən] (irr., ge-, h) **1.** v/i. wrestle (mit with); fig. a. struggle (against, with; um for); nach Atem ~ gasp for breath); **2.** v/t. wring (hands).

Ring|en [~] n (-s/no pl.) wrestling; **'~er** m (-s/-) wrestler.

'ring|förmig adj. circular; **Skampf** m wrestling match; **Srichter** m referee.

rings adv. [rɪŋs]: ~ um around; **'~he'rum, ~um** ['~ʔ-], **~umher** ['~ʔom-'he:r] adv. all around; everywhere.

Rinn|e ['rɪnə] f (-/-n) groove, channel; gutter (a. of roof); **Sen** v/i. (irr., ge-, sein) run (a. sweat, etc.); flow, stream; **~sal** ['~za:l] n (-[e]s/-e) trickle; streamlet; **'~stein** m gutter.

Ripp|chen ['rɪpçən] n (-s/-) (smoked) pork chop; (spare)rib; **~e** ['rɪpə] f (-/-n) rib; **'~enfell** anat. n (-[e]s/no pl.) pleura; **'~enfellentzündung** ⚕ ['rɪpənfɛlʔ-] f pleurisy; **'~enstoß** m nudge in the ribs.

Risiko ['ri:ziko] n (-s/Risiken) risk; ein (kein) ~ eingehen take a risk (no risks); auf eigenes ~ at one's own risk.

risk|ant *adj.* [rɪs'kant] risky; **~ieren** *v/t.* (*no ge-, h*) risk.

riß [rɪs] *past of* **reißen.**

Riß [~] *m* (*Risses/Risse*) tear, rip, split (*a. fig.*); crack; *in skin:* chap; laceration.

rissig *adj.* ['rɪsɪç] full of tears; cracked; *skin, etc.:* chapped.

Rist [rɪst] *m* (*-es/-e*) instep; back of the hand.

ritt [rɪt] *past of* **reiten.**

Ritt [~] *m* (*-[e]s/-e*) ride (on horseback).

'Ritter *m* (*-s/-*) knight; *zum ~ schlagen* (dub [as] a) knight; **2lich** *fig. adj.* chivalrous.

rittlings *adv.* ['rɪtlɪŋs] (*sit*) astride.

Ritz [rɪts] *m* (*-es/-e*), **~e** *f* (*-/-n*) crack, chink; scratch; gap; **2en** *v/t.* (*ge-, h*) scratch; carve, cut.

Rival|e [ri'va:lə] *m* (*-n/-n*), **~in** *f* (*-/-nen*) rival; **2isieren** [~ali'zi:rən] *v/i.* (*no ge-, h*) rival (*mit j-m s.o.*); **~ität** [~ali'tɛːt] *f* (*-/-en*) rivalry.

Robbe *zo.* ['rɔbə] *f* (*-/-n*) seal; **2n** *v/i.* (*ge-, sein*) crawl.

Robe ['ro:bə] *f* (*-/-n*) robe, gown.

Roboter ['rɔbɔtər] *m* (*-s/-*) robot.

robust *adj.* [ro'bust] robust, strong, tough.

roch [rɔx] *past of* **riechen.**

röcheln ['rœçəln] (*ge-, h*) 1. *v/i.* breathe noisily (⚕ stertorously); wheeze; 2. *v/t.* gasp (*words*).

Rock [rɔk] *m* (*-[e]s/⁀e*) skirt.

Rodel|bahn ['ro:dəl-] *f* toboggan run; **2n** *v/i.* (*ge-, h, sein*) sled(ge), coast; *sports:* toboggan; **~schlitten** *m* sled(ge); toboggan.

roden ['ro:dən] *v/t.* (*ge-, h*) clear (*land*); pull up *or* out (*roots*).

Rogen *zo.* ['ro:gən] *m* (*-s/-*) roe.

Roggen 🌾 ['rɔgən] *m* (*-s/-*) rye.

roh *adj.* [ro:] raw; rough; brutal; *mit ~er Gewalt* with brute force; **2bau** *m* (*-[e]s/-ten*) frame(work), shell; **2eisen** ['~ʔ-] *n* pig iron.

'Roheit *fig. f* (*-/-en*) brutality, brutal act.

'Roh|kost *f* raw vegetables; crudités, F rabbit food; **~ling** *m* (*-s/-e*) brute; ⊙ blank; **~material** *n* raw material; **~milch** *f* unpasteurized milk; **~öl** ['~ʔ-] *n* crude (oil).

Rohr [ro:r] *n* (*-[e]s/-e*) pipe, tube; duct; 🌾 reed; cane; **~bruch** ⊙ *m* burst pipe.

Röhre ['rø:rə] *f* (*-/-n*) pipe, tube (*a. TV*), *esp. Brt. TV:* valve.

'Rohr|leitung *f* duct, pipe(s); plumbing; pipeline; **~stock** *m* cane; **~zucker** *m* cane sugar.

'Rohstoff *m* raw material.

Rolladen ['rɔl-] *m* rolling shutter.

'Rollbahn ✈ *f* taxiway, taxi strip.

Rolle ['rɔlə] *f* (*-/-n*) roll (*a. gymnastics*); ⊙ *a.* roller; coil (*of rope, etc.*); caster; *thea.* part, role (*both a. fig.*); **~ Garn** spool of thread, *Brt.* reel of cotton; *das spielt keine ~* that doesn't matter, that makes no difference; *aus der ~ fallen* forget o.s.

'rollen (*ge-*) *v/i.* (*sein*) *and v/t.* (*h*) roll; *ins ~ kommen fig.* get going.

'Roller *m* (*-s/-*) (*mot.* motor) scooter.

'Roll|film *phot. m* roll film; **~kragen** *m* turtleneck, *Brt.* polo neck (*a. in compounds*); **~mops** *m* rolled pickled herring.

Rollo ['rɔlo] *n* (*-s/-s*) (roller) blind.

'Rollschuh *m* roller skate; **~ fahren** roller-skate; **~bahn** *f* roller-skating rink; **~läufer** *m* roller skater.

'Roll|stuhl *m* wheelchair; **~stuhlfahrer** *m* wheelchair user; **~treppe** *f* escalator.

Roman [ro'maːn] *m* (*-s/-e*) novel; **~ik** *arch. hist.* [~ɪk] *f* (*-/no pl.*) Romanesque (style *or* period); **2isch** *adj. ling.* Romance; *arch.* Romanesque; **~ist** [~a'nɪst] *m* (*-en/-en*) student of (*or* graduate in) Romance languages; **~schriftsteller** *m* novelist.

Romant|ik [ro'mantɪk] *f* (*-/no pl.*) romance; *hist.* Romanticism; **2sch** *adj.* romantic.

Röm|er ['rø:mər] *m* (*-s/-*) Roman; *fig.* (large) wine glass; **'2isch** *adj.* Roman.

Rommé ['rome] *n* (*-s/-s*) rummy.

röntgen ['rœntgən] *v/t.* (*ge-, h*) X-ray; **2apparat** ['~ʔ-] *m* X-ray machine; **2arzt** ['~ʔ-] *m* radiologist; **2aufnahme** ['~ʔ-] *f*, **2bild** *n* X-ray; **2strahlen** *pl.* X-rays.

rosa *adj.* ['ro:za] pink; *fig.* rose-colo(u)red.

Rose 🌾 ['ro:zə] *f* (*-/-n*) rose; **~nkohl** 🌾 *m* Brussels sprouts; **~nkranz** *eccl. m* rosary.

'rosig *adj.* rosy (*a. fig.*).

Rosine [ro'zi:nə] *f* (*-/-n*) raisin; F currant.

Roß [rɔs] *n* (*Rosses/Rosse*) horse; *poet.* steed; F *fig.* fool; **~haar** *n* horsehair.

Rost [rɔst] *m* 1. (*-[e]s/no pl.*) rust; 2. (*-[e]s/-e*) ⊙ grate; grid(iron), grill; **2en** *v/i.* (*ge-, sein, h*) rust.

rösten ['rœstən] *v/t.* (*ge-, h*) roast (*a.* F *fig.*); toast; fry (*potatoes, etc.*).

'Rost|fleck *m* rust stain; **'2frei** *adj.* rustproof, stainless; **'2ig** *adj.* rusty (*a. fig.*); **~schutz** *m* rust protection; **~schutzmittel** *n* anti-rust agent; **~stelle** *f* patch of rust.

rot *adj.* [ro:t] red; *fig. pol., etc.* Red; *~ werden* blush; *in den ~en Zahlen* in the red.

Rot [~] n (-s/ F -s) red; *die Ampel steht auf ~* the lights are red; '**²blond** adj. strawberry blond.

Röte ['røːtə] f (-/no pl.) redness, red (colo[u]r); flush; **²n** *s²* ['~ln] pl. German measles, rubella; '**²n** v/t. and v/refl. (ge-, h) redden; *face, etc.: a.* flush.

'**rot|glühend** adj. red-hot; '**~haarig** adj. red-haired; '**²haarige** ['~gə] m, f (-n/-n) redhead; '**²haut** f redskin.

rotieren [ro'tiːrən] v/i. (no ge-, h) rotate, revolve; F fig. be in a flap.

Rot|käppchen ['roːtkɛpçən] n (-s/-) (Little) Red Riding Hood; **~kehlchen** zo. ['~keːlçən] n (-s/-) robin; '**~kohl** m red cabbage.

rötlich adj. ['røːtlıç] reddish.

'**Rot|stift** m red crayon or pencil; '**~wein** m red wine; '**~wild** zo. n (red) deer.

Rotte ['rɔtə] f (-/-n) gang, pack (a. zo.).

Rotz V [rɔts] m (-es/no pl.) snot; '**²en** V v/i. (ge-, h) spit; **²'frech** F adj. snotty; '**~nase** F f snotty nose.

Route ['ruːtə] f (-/-n) route.

Routin|e [ru'tiːnə] f (-/no pl.) routine; experience; **~esache** f routine (matter); **²iert** adj. [~'niːrt] experienced.

Rowdy ['raudi] m (-s/-s, -dies) hooligan, hood(lum); '**~tum** n (-s/no pl.) hooliganism, rowdyism.

Rübe ['ryːbə] f (-/-n) 🥕 turnip; (sugar) beet; F fig. head: noggin, noodle.

rüber F adv. ['ryːbər] s. herüber, hinüber; '**~bringen** F fig. v/t. (irr. bringen, sep., -ge-, h) put (message, etc.) across; '**~kommen** F v/i. (irr. kommen, sep., -ge-, sein) message, point, etc.: come through or across.

Rubin [ru'biːn] m (-s/-e) ruby.

Rübli Swiss ['ryːbli] n (-/-) carrot.

Rubrik [ru'briːk] f (-/-en) in newspaper, etc.: heading; column; fig. class, category.

ruck F int. [ruk]: **~, zuck!** quick as a flash.

Ruck [~] m (-[e]s/-e) jerk, jolt, start; fig. pol. swing.

Rück... [ryk-] in compounds: mst back ..., rear ...; return ..., re-...; s. a. zurück ...

ruckartig adj. ['ruk²-] jerky, abrupt.

'**rück|bezüglich** gr. adj. reflexive; '**²blende** f flashback (auf acc. to); '**²blick** m review (auf acc. of); **e-n ~ werfen auf** (acc.) look back on.

rücken ['rykən] (ge-) 1. v/t. (h) move, shift, push; 2. v/i. (sein) move; move over; **näher ~** approach.

Rücken [~] m (-s/-) back (a. fig.); '**~deckung** f (-/no pl.) ✕ rear cover; fig. backing, support; '**~lehne** f back(rest); '**~mark** anat. n spinal cord; '**~schmer-**

~zen pl. backache; '**~schwimmen** n (-s/ no pl.) backstroke; '**~wind** m tailwind; '**~wirbel** anat. m dorsal vertebra.

Rück|erstattung econ. ['ryk²-] f refund; '**~fahrkarte** f return (ticket), Am. a. round-trip ticket; '**~fahrt** f return trip; **auf der ~** on the way back; '**~fall** m relapse; '**²fällig** adj.: **~ werden** relapse; '**~flug** m return flight; '**~frage** f further question or inquiry; '**~gabe** f return; '**~gang** fig. m drop, fall; econ. recession; '**²gängig** adj.: **~ machen** cancel; '**~gewinnung** f recovery; '**~grat** n anat. spine, backbone (both a. fig.); '**~halt** m support; '**²haltlos** adj. unreserved, wholehearted; '**~hand** f (-/no pl.) backhand(er); '**~kauf** m repurchase; '**~kehr** ['~keːr] f (-/no pl.) return; '**~kopplung** f ['~kɔpluŋ] f (-/-en) feedback (a. fig.); '**~lage** f reserve(s); savings; '**~lauf** m rewind (of tape); '**²läufig** adj. falling, downward; '**~licht** mot. n rear light, taillight; **²lings** adv. ['~lıŋs] backward(s); from behind; '**~porto** ✎ n return postage; '**~reise** f s. Rückfahrt; '**~ruf** m teleph. (return) call, calling s.o. back; econ. recall.

'**Rucksack** m rucksack, backpack; '**~tourismus** m backpacking; '**~tourist** m backpacker.

'**Rück|schau** f retrospect(ive); s. Rückblick; '**~schlag** m recoil (of gun, etc.); fig. setback; '**~schluß** m conclusion; '**~schritt** m step back(ward); '**~seite** f back; coin, etc.: reverse; record: flip side; '**~sendung** f return; '**~sicht** f consideration; regard; **aus (ohne) ~ auf** (acc.) out of (without any) consideration or regard for; **~ nehmen auf** (acc.) show consideration for; '**²sichtslos** adj. inconsiderate (gegen of), thoughtless (of); ruthless; reckless (driving, etc.); '**²sichtsvoll** adj. considerate (gegen of), thoughtful; '**~sitz** mot. m back seat; '**~spiegel** m rear-view mirror; '**~spiel** n return game or match; '**²spulen** v/t. (only inf. and p.p., -ge-, h) rewind; '**~stand** m 🧪 residue; esp. econ. arrears; **im ~ sein mit** be behind with or in (one's work, rent, etc.); sports: be down by (... points, etc.); '**²ständig** adj. fig. backward; country: a. underdeveloped (of rent, etc.: in arrears; '**~stoß** m recoil (of gun, etc.); '**~tritt** m resignation; withdrawal (from contract, etc.); '**~trittbremse** f bicycle: coaster (Brt. backpedal) brake; **²wärts** adv. ['~vɛrts] backward(s); **~ aus ...** (in acc.) fahren or gehen back out of ... (into ...); '**~wärtsgang** mot. m reverse (gear); '**~weg** m way back.

'**ruckweise** adv. jerkily, in jerks.

'**rück|wirkend** *adj.* retroactive; '**⚲wir-kung** *f* repercussion; retroactive effect; '**⚲zahlung** *f* repayment; **⚲zieher** ['⚲tsi:ər] *m* (-*sl*-) *soccer*: overhead kick; F: *e-n ~ machen* back *or* chicken out (*von* of).

ruckzuck F *adv.* ['rʊk'tsʊk] *s.* **ruck.**

Rüde *zo.* ['ry:də] *m* (-*nl-n*) male (dog, *etc.*).

Rudel ['ru:dəl] *n* (-*sl-*) pack; herd (*of deer*, *etc.*).

Ruder ['ru:dər] *n* (-*sl-*) ♣ ✔ rudder; oar; *am ~* at the helm (*a. fig.*); '**⚲boot** *n* rowboat, *Brt.* rowing boat; '**⚲er** *m* (-*sl-*) rower, oarsman; '**⚲n** (ge-) *v/i.* (h, sein) *and v/t.* (h) row; '**⚲sport** *m* rowing.

Ruf [ru:f] *m* (-[*e*]*sl-e*) call (*a. fig.*, *univ.*); cry, shout; reputation; '**⚲en** *v/i. and v/t.* (*irr.*, ge-, h) call (*a. doctor*, *etc.*); cry, shout; *~ nach* call for (*a. fig.*); *~ lassen* send for; *um Hilfe ~* call *or* cry for help; '**⚲mord** *m* character assassination; '**⚲nummer** *f* telephone number; '**⚲wei-te** *f: in* (*außer*) *~* within (beyond) shouting distance.

Rüge ['ry:gə] *f* (-*l-n*) reproof, reproach (*both*: *wegen* for); '**⚲n** *v/t.* (ge-, h) reprove, reproach.

Ruhe ['ru:ə] *f* (-*lno pl.*) quiet, calm; silence; rest (*a. phys.*); peace; peace of mind; peace and quiet; calmness; *zur ~ kommen* come to rest; *j-n in ~ lassen* leave s.o. in peace; *gib endlich ~!* give it a rest, will you!; *laß mich in ~!* leave me alone!; *et. in ~ tun* take one's time (doing s.th.); *die ~ behalten* F keep (one's) cool, play it cool; *immer mit der ~!* (take it) easy (now)!; *sich zur ~ setzen* retire; *~, bitte!* (be) quiet, please!; '**⚲los** *adj.* restless; '**⚲n** *v/i.* (ge-, h) rest (*auf dat.* on); '**⚲pause** *f* break; '**⚲stand** *m* (-[*e*]*slno pl.*) retirement; *in den ~ gehen* (*versetzen*) retire (*s.o.*); '**⚲stät-te** *f* (*grave: a. last*) resting-place; '**⚲stö-rung** *f* disturbance (of the peace); '**⚲tag** *m* a day's rest; *Montag ~ haben* be closed on Mondays.

'**ruhig** *adj.* quiet; silent; calm; cool; ⚙ smooth; *~ bleiben* F keep (one's) cool; *du kannst ~ inf.* you're welcome to *inf.*, it's all right for you to *inf.*; you might as well *inf.*, why don't you *inf.*

Ruhm [ru:m] *m* (-[*e*]*slno pl.*) fame; *esp. pol.*, ✗, *etc.* glory.

rühm|en ['ry:mən] *v/t.* (ge-, h) praise (*wegen* for); *sich e-r Sache ~* boast of s.th.; '**⚲lich** *adj.* laudable, praiseworthy.

'**ruhm|los** *adj.* inglorious; '**⚲reich**, '**⚲voll** *adj.* glorious.

Ruhr ✗ [ru:r] *f* (-*lno pl.*) dysentery.

Rühr|eier ['ry:r⚲-] *pl.* scrambled eggs; '**⚲en** *v/t.* (ge-, h) stir; move (*both a. sich ~*); *fig.* move, touch, affect; *an et. ~* touch (upon) s.th.; *das rührt mich gar nicht* that leaves me cold; *rührt euch!* ✗ (stand) at ease!; '**⚲end** *adj.* touching, moving; pathetic; '**⚲ig** *adj.* active, busy; **⚲selig** *adj.* sentimental; '**⚲ung** *f* (-*lno pl.*) emotion, feeling.

Ruin [ru'i:n] *m* (-*slno pl.*) ruin; *~e f* (-*l-n*) ruin(s); *fig. a.* wreck; **⚲ieren** [⚲i'ni:rən] *v/t.* (no ge-, h) ruin, wreck, spoil; *sich ~* ruin o.s.

rülps|en ['rʏlpsən] *v/i.* (ge-, h), '**⚲er** F *m* (-*sl-*) belch.

rum F *adv.* [rʊm] *s.* **herum.**

Rumän|e [ru'mɛ:nə] *m* (-*nl-n*), **⚲isch** *adj.* Romanian.

Rummel F ['rʊməl] *m* (-*slno pl.*) (hustle and) bustle; F ballyhoo: *großen ~ machen um* make a big fuss *or* to-do about; '**⚲platz** *m* amusement park, fairground.

rumoren [ru'mo:rən] *v/i.* (no ge-, h) rumble (*a. stomach*).

Rumpel|kammer F ['rʊmpəl-] *f* junk (*Brt.* lumber) room; '**⚲n** F *v/i.* (ge-, h, sein) rumble.

Rumpf [rʊmpf] *m* (-[*e*]*sl~e*) *anat.* trunk; ♣ hull; ✔ fuselage.

rümpfen ['rʏmpfən] *v/t.* (ge-, h): *die Nase ~* turn up one's nose (*über acc.* at), sneer (at).

rund [rʊnt] **1.** *adj.* round (*a. fig.*); **2.** *adv.* about, approximately; *~ um* (a)round (*the world*, *etc.*); '**⚲blick** *m* panorama; '**⚲brief** *m s.* **Rundschreiben; ⚲e** ['rʊndə] *f* (-*l-n*) round (*a. fig. and sports*); racing: lap; *die ~ machen* make the rounds (*a. fig. gossip*, *etc.*), *Brt.* do one's rounds; *fig.* go the rounds; *~en* [~'dən] *v/v/refl.* (ge-, h) (get *or* grow) round; '**⚲fahrt** *f* tour (*durch* round).

'**Rundfunk** *m* radio; broadcasting corporation; *im ~* on the radio; *im ~ übertragen or senden* broadcast; '**⚲hörer** *m* listener; *~ pl. a.* (radio) audience; '**⚲sender** *m* broadcasting *or* radio station.

'**Rund|gang** *m* tour (*durch* of); '**⚲he'raus** *adv.* frankly, plainly; '**⚲he'rum** *adv.* all around; '**⚲lich** *adj.* plump, chubby; '**⚲reise** *f* tour, sightseeing trip, round trip; '**⚲schau** *f* review; '**⚲schreiben** *n* circular; circulating memo; '**⚲spruch** *Swiss m* (-[*e*]*slno pl.*) *s.* **Rundfunk; ⚲ung** ['⚲dʊŋ] *f* (-*l-en*) curve; **⚲weg** *adv.* ['⚲vɛk] flatly, plainly.

runter F *adv. s.* **herunter, hinunter.**

Runz|el ['rontsəl] *f* (*-/-n*) wrinkle; **'2(e)lig** *adj.* wrinkled; **'2eln** *v/t.* (**ge-**, **h**): **die Stirn ~** frown (*über acc.* at).

Rüpel ['ry:pəl] *m* (*-s/-*) lout; **'2haft** *adj.* rude.

rupfen ['ropfən] *v/t.* (**ge-**, **h**) pluck (*fowl*); *fig. sl.* clean *s.o.* out (*a. fig.*).

Rüsche ['ry:ʃə] *f* (*-/-n*) frill, ruffle.

Ruß [ru:s] *m* (*-es/no pl.*) soot.

Russe ['rosə] *m* (*-n/-n*) Russian.

Rüssel ['rysəl] *m* (*-s/-*) trunk; snout (*of pig*).

'ruß|en *v/i.* (**ge-**, **h**) *candle:* smoke; form soot; **'~ig** *adj.* sooty.

'Russ|in *f* (*-/-nen*), **'2isch** *adj.* Russian.

rüsten ['rystən] (**ge-**, **h**) 1. *v/t. mil.* arm (**zum Krieg** for war); 2. *v/refl.* get ready, prepare (**zu**, **für** for); arm o.s. (**gegen** for).

rüstig *adj.* ['rystiç] vigorous; **'2keit** *f* (*-/no pl.*) vigo(u)r.

rustikal *adj.* [rosti'ka:l] rustic.

'Rüstung *f* 1. (*-/no pl.*) ✕ armament; 2. (*-/-en*) (suit of) armo(u)r; **~sindustrie** ['~s?-] *f* armament industry; **'~skon-trolle** *pol. f* arms control; **'~swettlauf** *m* arms race.

'Rüstzeug *fig. n* equipment.

Rute ['ru:tə] *f* (*-/-n*) rod (*a. fig.*), switch.

Rutsch [rotʃ] *m* (*-[e]s/-e*) *esp. in compounds:* slide; F **guten ~!** Happy New Year!; **'~bahn** *f*, **~e** *f* (*-/-n*) slide, chute; **'2en** *v/i.* (**ge-**, **sein**) slide, slip; glide; *mot., etc.* skid; **'2ig** *adj.* slippery; **'2sicher** *adj.* non-skid.

rütteln ['rytəln] (**ge-**, **h**) 1. *v/t.* shake; 2. *v/i.* jolt; **~ an** (*dat.*) rattle at; *fig.* question *s.th.*; **daran ist nicht zu ~** that's a fact; that's final.

S

Saal [za:l] *m* (*-[e]s/ Säle*) hall.

Saat ✔ [za:t] *f* (*-/-en*) sowing; seed(s) (*a. fig.*); crop(s).

Sabbat ['zabat] *m* (*-s/-e*) sabbath (day).

sab|beln F ['zabəln], **~bern** ['~ərn] *v/i.* (**ge-**, **h**) slobber (*a. fig. contp.*).

Säbel ['zɛ:bəl] *m* (*-s/-*) sab|er, *Brt.* -re (*a. sports*), sword; **'2n** F *v/t.* (**ge-**, **h**) cut, hack.

Sabot|age [zabo'ta:ʒə] *f* (*-/-n*) sabotage; **~eur** [~'tø:r] *m* (*-s/-e*) saboteur; **2ieren** [~'ti:rən] *v/t.* (**no ge-**, **h**) sabotage; *fig. a.* torpedo.

Sach|bearbeiter ['zax-] *m* (*-s/-*) specialist; official in charge; case worker; **'~beschädigung** *f* damage to property; **'~buch** *n* nonfiction book; *pl. coll.* nonfiction; **'2dienlich** *adj.:* **~e Hin-weise** relevant information.

Sache ['zaxə] *f* (*-/-n*) thing; matter, business; issue, problem, question; point, subject; (*good, etc.*) cause; ⚏ matter, case; **~n** *pl.* things; clothes; **zur ~ kommen** (**bei der ~ bleiben**) come (keep) to the point; **nicht zur ~ gehö-ren** be irrelevant; **nicht bei der ~ sein** be absentminded; **zur ~!** come to the point!, *parl.* question!

'sach|gemäß, **'~gerecht** *adj.* proper; **'2kenntnis** *f* expert knowledge; **'~kun-dig** *adj.* expert; (well-)informed; **sich ~ machen** inform o.s., get the facts; **'2lage** *f* state of affairs, situation; **'~lich** *adj.* matter-of-fact, businesslike; unbias(s)ed, objective; *reasons, etc.*:

practical, technical; **~ richtig** factually correct.

sächlich *gr. adj.* ['zɛçlıç] neuter.

'Sach|register *n* (subject) index; **'~schaden** *m* damage to property.

Sachse ['zaksə] *m* (*-n/-n*), **sächsisch** *adj.* ['zɛksıʃ] Saxon.

sacht *adj.* [zaxt] soft, gentle; slow; F: (*immer*) **~e!** (take it) easy!

Sach|verhalt ['zaxfɛrhalt] *m* (*-[e]s/-e*) facts (of the case); **'~verstand** *m* know-how; **'~verständige** *m, f* (*-n/-n*) expert; expert witness; **'~wert** *m* real value; **~zwänge** ['~tsvɛŋə] *pl.* pressures or necessities inherent in a system or situation.

Sack [zak] *m* (*-[e]s/-e*) sack, bag; V balls, nuts; *sl. contp.* (*lazy, etc.*) bum, *Brt.* bugger; **mit ~ und Pack** bag and baggage; **'2en** F *v/i.* (**ge-**, **sein**) sink; **'~gasse** *f* blind alley (*a. fig.*), cul-de-sac, impasse (*a. fig.*), dead end (street) (*a. fig.*); *fig. a.* deadlock; **'~hüpfen** *n* (*-s/no pl.*) sack race.

Sadis|mus [za'dısmos] *m* (*-/no pl.*) sadism; **~t** *m* (*-en/-en*) sadist; **2tisch** *adj.* sadistic.

säen ['zɛ:ən] *v/t. and v/i.* (**ge-**, **h**) sow (*a. fig.*).

Saft [zaft] *m* (*-[e]s/-e*) juice; sap (*both a. fig.*); **'2ig** *adj.* juicy (*a. joke*); *meadow, etc.*: lush; *price:* fancy; **'2los** *adj.* juiceless, sapless (*a. fig.*).

Sage ['za:gə] *f* (*-/-n*) legend, myth (*a. fig.*).

Säge ['zɛːɡə] f (-/-n) saw; **~bock** m sawbuck; sawhorse; **~mehl** n sawdust.

sagen ['zaːɡən] v/i. and v/t. (ge-, h) say; tell (s.o. s.th., the truth, etc.); **er läßt dir ~** he asked me to tell you; **~ wir** (let's) say; **man sagt, er sei** he is said to be; **er läßt sich nichts ~** he will not listen to reason; **das hat nichts zu ~** it doesn't matter; et. (nichts) **zu ~ haben (bei)** have a say (no say) (in); **~ wollen mit** mean by; **das sagt mir nichts** it doesn't mean anything to me; **unter uns gesagt** between you and me; **gesagt, getan** no sooner said than done.

'sägen v/t. and v/i. (ge-, h) saw.

'sagenhaft adj. legendary; F fig. fabulous, incredible, fantastic.

Säge|späne ['zɛːɡəʃpɛːnə] pl. sawdust; **~werk** n sawmill.

sah [zaː] past of **sehen.**

Sahne ['zaːnə] f (-/no pl.) cream; **~torte** f layer cake with (whipped) cream (filling), Brt. cream gateau.

Saison [zɛˈzõː] f (-/-s) season; **in der ~** in season; **2bedingt** adj. seasonal.

Saite ['zaɪtə] f (-/-n) string, chord (a. fig.); **~ninstrument** ['~nʔ-] n string(ed) instrument.

Sakko ['zako] m, n (-s/-s) sport(s) coat or jacket.

Sakristei [zakrɪsˈtaɪ] f (-/-en) vestry, sacristy.

Salat [zaˈlaːt] m (-[e]s/-e) 🌿 lettuce; dish: salad; fig. (fine) mess; **grüner ~** tossed or green salad; **~platte** f, **~teller** m (mixed vegetable) salad platter; **~sauce** f salad dressing.

Salb|e ['zalbə] f (-/-n) ointment, salve; **~ung** f (-/no pl.) unction; **2ungsvoll** fig. adj. unctuous.

Saldo econ. ['zaldo] m (-s/Saldi, -dos, -den) balance.

Salmiak 🧪 [zalˈmiak] m, n (-s/no pl.) ammonium chloride; **~geist** m liquid ammonia.

Salmonellenvergiftung 🎗 [zalmoˈnɛlən-] f salmonella poisoning.

Salon [zaˈlɔ̃] m (-s/-s) salon; ⚓, etc. saloon; esp. hist. drawing room; **2fähig** adj.: **nicht ~** joke, etc.: off-colo(u)r, indecent.

salopp adj. [zaˈlɔp] casual, informal; contp. sloppy.

Salpeter 🧪 [zalˈpeːtər] m (-s/no pl.) saltpet|er, Brt. -re, nit|er, Brt. -re.

Salto ['zalto] m (-s/-s, Salti) somersault (a. fig.).

Salut [zaˈluːt] m (-[e]s/-e) salute; **~ schießen** fire a salute; **2ieren** [~uˈtiːrən] v/i. (no ge-, h) (give a) salute.

Salve ['zalvə] f (-/-n) volley (a. fig.); salute.

Salz [zalts] n (-es/-e) salt; **~bergwerk** n salt mine; **2en** v/t. ([irr..] ge-, h) salt; s. **gesalzen; ~hering** m pickled herring; **2ig** adj. salty; **~kartoffeln** pl. boiled potatoes; **~korn** n grain of salt; **~säure** 🧪 f hydrochloric acid; **~stange** f pretzel (Brt. salt) stick; **~streuer** m salt shaker, Brt. saltcellar; **~wasser** n salt water; brine; **~werk** n saltworks.

Same ['zaːmə] m (-ns/-n), **~n** m (-s/-) 🌿 seed (a. fig.); biol. sperm, semen; **~n...** in compounds: sperm (bank, donor, etc.); **~nzelle** biol. f sperm(atozoon).

Sammel|... ['zaməl-] in compounds: collective (noun, order, account, etc.); **~becken** n reservoir; fig. a. magnet; dumping ground, cesspool; **~büchse** f collecting box; **2n** v/t. (ge-, h) collect; gather (mushrooms, etc.); accumulate; **sich ~** assemble; fig. compose o.s.; **~platz** m meeting place.

Sammler ['zamlər] m (-s/-) collector; **~ung** f (-/-en) collection.

Samstag ['zams-] m Saturday.

samt [zamt] 1. prp. (dat.) together or along with; 2. adv.: **~ und sonders** the whole lot (of them, etc.).

Samt [~] m (-[e]s/-e) velvet.

sämtlich adj. ['zɛmtlɪç] **~e** pl. all the; the complete (works, etc.).

Sanatorium [zanaˈtoːriʊm] n (-s/-rien) sanatorium, sanitarium.

Sand [zant] m (-[e]s/-e) sand(s); **im ~e verlaufen** fig. come to nothing.

Sandale [zanˈdaːlə] f (-/-n) sandal.

'Sand|bahn f sports: dirt track; **~bank** f sandbank; **~boden** m sandy soil; **~burg** f sandcastle; **2ig** adj. ['~dɪç] sandy; **~kasten** m sand|box, Brt. -pit; ✗ sand table; **~korn** n grain of sand; **~mann** m (-[e]s/no pl.) sandman; **~papier** n sandpaper; **~sack** m sand bag; **~stein** m sandstone; **~strahl** ⚙ m sandblast; **~strand** m sandy beach.

sandte ['zantə] past of **senden 1.**

'Sand|torte f sponge cake, angel food cake, Brt. Madeira cake; **~uhr** ['~ʔ-] f hourglass.

sanft [zanft] gentle, soft; mild; easy (death); **ruhe ~** rest in peace, abbr. R.I.P.

Sänfte ['zɛnftə] f (-/-n) sedan (chair).

sanftmütig adj. gentle, mild.

sang [zaŋ] past of **singen.**

Sänger ['zɛŋər] m (-s/-) singer.

'sang- und 'klanglos adv. quietly; **~ verschwinden** disappear without a trace or never to be heard from again, fall into oblivion.

sanier|en [zaˈniːrən] v/t. (no ge-, h) redevelop (a. econ.), renovate, rehabilitate (a. environment); **2ung** f (-/-en)

redevelopment, renovation, rehabilita-
tion; **2ungsgebiet** *n* redevelopment
area.

sani|tär *adj.* [zani'tɛːr] sanitary; **2täter**
[~'tɛːtər] *m* (-*s*/-) paramedic, *Brt. appr.*
ambulance *or* first-aid man; ✕ medic,
corpsman, *Brt.* medical orderly; **2-
täts...** [~'tɛːts-] *in compounds*: *mst* medical *or* ambulance ...

sank [zaŋk] *past of* **sinken.**

sann [zan] *past of* **sinnen.**

Sankt [zaŋkt] Saint, *abbr.* St.

Sard|elle *zo.* [zar'dɛlə] *f* (-*/-n*) anchovy;
~ine *zo.*[~'diːnə] *f* (-*/-n*) sardine.

Sarg [zark] *m* (-[*e*]*s*/*⁀e*) coffin, casket.

Sarkas|mus [zar'kasmʊs] *m* (-*/-kas-
men*) sarcasm; **2tisch** *adj.* [~tɪʃ] sarcas-
tic.

saß [zaːs] *past of* **sitzen.**

Satan ['zaːtan] *m* (-*s*/-*e*) Satan; *fig.* devil.

Satellit [zate'liːt] *m* (-*en*/-*en*) satellite (*a.
fig.*); **~en...** *in compounds*: satellite ...

Satin [za'tɛ̃ː] *m* (-*s*/-*s*) satin; sateen.

Satir|e [za'tiːrə] *f* (-*/-n*) satire (*auf acc.*
upon); **~iker** [~'riːkər] *m* (-*s*/-) satirist;
2isch *adj.* satiric(al).

satt *adj.* [zat] F full (up); *colo(u)r*: rich,
deep; *ich bin ~* I've had enough, F I'm
full (up); *sich ~ essen* eat one's fill (*an
dat.* of); *~ zu essen haben* have
enough to eat; *~ haben (bekommen)*
be (get) tired *or* F sick of, be (get) fed up
with.

Sattel ['zatəl] *m* (-*s*/-⁀) saddle; **'~gurt** *m*
girth; **'2n** *v/t.* (*ge-*, *h*) saddle; **'~schlep-
per** *mot. m* semitrailer truck; **'~tasche**
f saddlebag.

sättig|en ['zɛtɪɡən] (*ge-*, *h*) 1. *v/t.* satisfy,
satiate; feed; ⚛, *phys.* saturate; 2. *v/i.*
food: be substantial *or* filling; **'2ung** *f*
(-*/no pl.*) *lit.* repletion; feeding; ⚛,
econ. saturation.

Sattler ['zatlər] *m* (-*s*/-) saddler.

'sattsam *adv.* (*known*) only too well.

Satz [zats] *m* (-*es*/-⁀e) *gr.* sentence,
clause; (*single*, *etc.*) leap; *tennis*, *of
tools, etc.*: set; *econ.* rate; ♪ movement;
print. (type)setting, composition; ⚛,
etc. sediment; *science, etc.*: theorem,
law; **'~aussage** *gr.* [~'?-] *f* predicate;
'~bau *gr. m* (-[*e*]*s/no pl.*) syntax; (*sentence*) construction; **'~gegenstand** *gr.
m* subject; **'~teil** *n* part of a sentence.

'Satzung *f* (-*/-en*) statute, by-law.

'Satzzeichen *gr. n* punctuation mark.

Sau [zaʊ] *f* 1. (-*/-⁀e*) *zo.* sow; V *fig. s.
Schwein*; 2. *hunt.* (-*/-en*) wild sow; **2...**
F *in compounds*: damn(ed) (*cold, etc.*).

sauber *adj.* ['zaʊbər] clean (*a.* F *fig.*);
air, *etc.*: *a.* pure, unpolluted; neat (*a.
fig.*), tidy; *of behavio(u)r, etc.*: decent;

iro. fine, nice; **'~halten** *v/t.* (*irr.* **halten,**
sep., *-ge-*, *h*) keep clean (*sich* o.s.);
'2keit *f* (-*/no pl.*) clean(li)ness; tidiness,
neatness; purity; decency.

säuberlich *adv.* ['zɔybərlɪç] (*write, etc.*)
neatly.

'saubermachen *v/t. and v/i.* (*sep.*, *-ge-*,
h) clean (up).

säuber|n ['zɔybərn] *v/t.* (*ge-*, *h*) clean
(up); cleanse (*a.*⚘); *~ von* clear (*pol. fig.
a.* purge) of; *pol.* purge (*a.* F (-*/-en*), **2ungs-
aktion** ['~ʔ-] *f* cleanup; *pol.* purge.

Sauce ['zoːsə] *f* (-*/-n*) *s.* **Soße.**

sauer *adj.* ['zaʊər] sour (*a. fig. face*), acid
(*a.* ⚛); pickled (*vegetable*); mad (*auf
acc.* at), cross (with); *~ werden* turn
sour; *fig.* get mad; *saurer Regen* acid
rain; **'2braten** *m* sauerbraten, oven- *or*
pot-roasted marinated beef; **2ei** F
[~'rai] *f* (-*/-en*) *s.* **Schweinerei**; **2kraut**
n (-[*e*]*s/no pl.*) sauerkraut.

säuerlich *adj.* ['zɔyərlɪç] *taste, etc.*:
sharp, acidulous (*a. fig.*); F *fig.* wry
(*smile, etc.*).

'Sauer|stoff ⚛ *m* (-[*e*]*s/no pl.*) oxygen
(*a. in compounds*); **'~stoffgerät** ⚕ *n* re-
suscitator; **'~teig** *m* leaven, sourdough.

saufen ['zaʊfən] *v/t. and v/i.* (*irr.*, *ge-*, *h*)
zo. drink; F booze.

Säufer F ['zɔyfər] *m* (-*s*/-) drunkard, F
boozer.

Saug... ⊚ [zaʊk-] *in compounds*: suction
(*pump, etc.*).

saugen ['zaʊɡən] *v/i. and v/t.* ([*irr.*,] *ge-*,
h) suck (*an dat.* [at] *s.th.*); vacu-
um(-clean); F *sich et. aus den Fingern
~* make s.th. up.

säuge|n ['zɔyɡən] *v/t.* (*ge-*, *h*) suckle;
nurse; **'2r** *m* (-*s*/-), **'2tier** *n* mammal.

'saugfähig *adj.* absorbent.

Säugling ['zɔyklɪŋ] *m* (-*s*/-*e*) baby, infant; **'~sheim** *n* (baby) nursery; **'~s-
pflege** *f* infant care; **'~ssterblichkeit** *f*
infant mortality (rate).

Saugnapf ['zaʊk-] *m* sucker (*a. zo.*).

Säule ['zɔylə] *f* (-*/-n*) column; pillar (*a.
fig.*); **'~ngang** *m* colonnade.

Saum [zaʊm] *m* (-[*e*]*s/-⁀e*) hem(line);
seam.

'saumäßig F *adj.* lousy, rotten; **'~es
Glück haben** be damn(ed) lucky; *sich ~
freuen* be tickled to death.

säumen ['zɔymən] *v/t.* (*ge-*, *h*) hem; border, edge; line (*the streets, etc.*).

'säum|ig *econ. adj.* defaulting; **'2nis**
econ. f (-*/-se*), *n* (-*ses/-se*) delay; default.

Sauna ['zaʊna] *f* (-*/-s*, *-nen*) sauna.

Säure ⚛ ['zɔyrə] *f* (-*/-n*) acid.

Sauregurkenzeit F *f* slack season; *news
media*: silly season.

'säurehaltig *adj.* acid.

Saures F *fig. n*: *gib ihm ~!* let him have it!

Saus F [zaʊs] *m*: *in ~ und Braus leben* live high (on the hog).

säuseln ['zɔʏzəln] (ge-, h) **1.** *v/i.* wind: whisper, sigh; **2.** *v/t.* F say s.th. in a (sickeningly) sweet way, purr.

sausen ['zaʊzən] *v/i.* (ge-) **1.** F (*sein*) rush; dash; **2.** (h) ears: ring; wind: howl.

'Sau|stall *m* pigsty (*a. fig.*); '~**wetter** F *n* lousy weather; '**2'wohl** F *adj.* (*pred.*) (*feel*) like a million dollars.

Saxophon ♪ [zakso'foːn] *n* (-s/-e) saxophone, F sax.

S-Bahn ['ɛs-] *f* suburban fast train, *Am. a.* commmuter train.

Schabe *zo.* ['ʃaːbə] *f* (-/-n) cockroach; '**2n** *v/t.* (ge-, h) scrape (*a.* ⊙) (*von* from).

Schabernack ['ʃaːbərnak] *m* (-[e]s/-e) prank, practical joke.

schäbig *adj.* ['ʃɛːbɪç] shabby; *fig. a.* mean, stingy.

Schablone [ʃa'bloːnə] *f* (-/-n) stencil; *fig.* stereotype.

Schach [ʃax] *n* (-s/-s) chess; *~!* check!; *~ und matt!* checkmate!; *in ~ halten* keep s.o. in check; '~**brett** *n* chessboard; '~**feld** *n* square; '~**figur** *f* chessman, piece; '**2matt** *adj. fig.* all worn out, beat; *j-n ~ setzen chess:* checkmate s.o.; '~**spiel** *n* (game of) chess; chessboard and men.

Schacht [ʃaxt] *m* (-[e]s/-e) shaft; ⚒ *a.* pit.

Schachtel ['ʃaxtəl] *f* (-/-n) box; carton; pack(et) (*of cigarettes, etc.*); F *alte ~* old frump or hag.

'Schachzug *m* move (*a. fig.*).

schade *pred. adj.* ['ʃaːdə] a pity, F too bad; *wie ~!* what a pity or shame!; *zu ~ für* too good for.

Schädel ['ʃɛːdəl] *m* (-s/-) skull, F head; '~**bruch** ⚕ *m* fracture of the skull.

schaden ['ʃaːdən] *v/i.* (ge-, h) (do) damage (to), harm, hurt; *der Gesundheit ~* be bad for one's health; *das schadet nichts* it doesn't matter; *es könnte ihm nicht ~* it wouldn't hurt him.

Schaden [~] *m* (-s/-) damage (*an dat.* to); *esp.* ⊙ trouble, defect (*a.* ⚡); disadvantage; *econ.* loss; *j-m ~ zufügen* do s.o. harm; *~ nehmen* suffer; *durch ~ klug werden* learn the hard way; '~**ersatz** ['~?-] *m* damages; *~ leisten* pay damages; '~**freude** *f* (-/no pl.): ~ *empfinden über* (*acc.*) gloat over; '**2froh** *adv.* gloatingly.

schadhaft *adj.* ['ʃaːthaft] damaged; defective, faulty; out of repair; pipe, *etc.*: leaking; *teeth:* decayed.

schädig|en ['ʃɛːdɪgən] *v/t.* (ge-, h), '**2ung** *f* (-/-en) damage, harm.

schädlich *adj.* ['ʃɛːtlɪç] harmful, injurious; bad (for your health).

Schädling ['ʃɛːtlɪŋ] *m* (-s/-e) *zo.* pest; *person:* parasite; ~*e pl.* vermin (*a. fig.*); '~**sbekämpfung** *f* pest control; '~**sbekämpfungsmittel** *n* pesticide.

schad|los *adj.* ['ʃaːt-]: *sich ~ halten an* (*dat.*) make s.o. pay for s.th.; make up for s.th. with s.th.; '**2stoff** *m* harmful substance; pollutant; '~**stoffarm** *adj.* ['~ʃtɔf-] low-emission; "clean".

Schaf *zo.* [ʃaːf] *n* (-[e]s/-e) sheep; '~**bock** *zo. m* ram.

Schäfer ['ʃɛːfər] *m* (-s/-) shepherd; '~**hund** *m* sheepdog; *deutscher ~* Alsatian, German shepherd (dog).

Schaffell ['ʃaːf-] *n* sheepskin; fleece.

schaffen ['ʃafən] (ge-, h) **1.** *v/t.* (*irr.*) create; cause, bring about; *wie geschaffen für* cut out for (*profession, etc.*); **2.** *v/t.* manage, get s.th. done; take (*s.th. somewhere*); *es ~* make it; succeed; *das wäre geschafft* we've done or made it; **3.** *v/i.* work; *et. zu ~ haben mit* have s.th. to do with; *j-m zu ~ machen* cause s.o. trouble; *sich zu ~ machen an* (*dat.*) tamper with.

Schaffner(in) ['ʃafnər(ɪn)] *m* (*f*) (-s[-]/ -[-nen]) 🚃, *etc.* conduct|or (-ress); *Brt.* 🚃 guard.

'Schafhirt(e) *m* shepherd.

Schafott [ʃa'fɔt] *n* (-[e]s/-e) scaffold.

Schaft [ʃaft] *m* (-[e]s/-e) shaft; stock (*of gun*); shank (*of tool, etc.*); '~**stiefel** *m* high boot.

'Schaf|wolle *f* sheep's wool; '~**zucht** *f* sheep breeding or farming.

Schakal *zo.* [ʃa'kaːl] *m* (-s/-e) jackal.

schäkern ['ʃɛːkərn] *v/i.* (ge-, h) joke; flirt.

schal *adj.* [ʃaːl] stale, flat; *fig. a.* empty.

Schal [~] *m* (-s/-e, -s) scarf; *Brt. a.* comforter.

Schale ['ʃaːlə] *f* (-/-n) bowl, dish; shell (*of egg, nut, etc.*); peel, skin (*of fruit, potato, etc.*); *Kartoffel* 2*n pl.* peelings; F: *sich in ~ werfen* doll or spruce up.

schälen ['ʃɛːlən] *v/t.* (ge-, h) peel, pare; *sich ~* skin, *etc.:* peel or come off.

'Schaltier *zo. n* shellfish, crustacean.

Schall [ʃal] *m* (-[e]s/no pl.) sound; '~**dämpfer** *m* silencer, *mot. Am.* muffler; '**2dicht** *adj.* soundproof; '**2en** *v/i.* (ge-, h) sound; ring (out); '**2end** *adj.*: *~es Gelächter* roars of laughter; '~**geschwindigkeit** *f* speed of sound; (*mit*) *doppelte(r) ~* (at) Mach two; **2isolieren** ['~?-] *v/t.* (*only inf. and p.p.*, no -ge-, h) soundproof; '~**mauer** *f* sound barrier; '~**platte** *f* record; '~**welle** *f* sound wave.

schalt [ʃalt] *past of* **schelten**.

'**Schaltbrett** *n* control panel.

schalt|en ['ʃaltən] *v/i. and v/t.* (ge-, h) switch, turn; *mot.* shift *or* change gear; *fig.* get it *or* the idea; react; **~ und walten können** have a free hand (to manage things); '**2er** *m* (-s/-) 🚋 ticket counter; 🖳, *bank, etc.*: counter; 🖳 switch; '**2hebel** *m mot.* gear lever; ⚙, ✈ control lever; ⚡ switch lever; *fig.* controls; '**2jahr** *n* leap year; '**2kreis** ⚡ *m* circuit; '**2plan** ⚡ *m* wiring diagram; '**2tafel** ⚡ *f* switchboard, control panel; **2uhr** ['-ʔ-] *f* timer, *Brt. a.* time switch; '**2ung** *f* (-/-en) *mot.* gearshift; ⚡ circuit.

Scham [ʃaːm] *f* (-/no pl.) (**vor** in, for) shame.

schämen ['ʃɛːmən] *v/refl.* (ge-, h) be *or* feel ashamed (*gen.*, **wegen** of); **du solltest dich** (**was**) *~!* you ought to be ashamed of yourself!

'**Scham|gefühl** *n* sense of shame; '**~haare** *pl.* pubic hair; '**2haft** *adj.* bashful; '**2los** *adj.* shameless; indecent; '**~losigkeit** *f* (-/-en) shamelessness; indecency; '**2rot** *adj.*: **~ werden** blush.

Schande ['ʃandə] *f* (-/no pl.) shame, disgrace; F: **ach, du ~!** oh, darn!, cripes!

schänden ['ʃɛndən] *v/t.* (ge-, h) disgrace; desecrate; rape.

Schandfleck ['ʃant-] *m* stain, taint; disgrace (*a. person*); eyesore.

schänd|lich *adj.* ['ʃɛntliç] disgraceful; **2ung** ['-dʊŋ] *f* (-/-en) desecration; rape.

'**Schandtat** *f* atrocity.

Schank|erlaubnis ['ʃankʔ-] *f* licen|se (*Brt.* -ce) to sell alcohol; '**~tisch** *m* bar.

Schanze ['ʃantsə] *f* (-/-n) ski-jump; *hist.* rampart.

Schar [ʃaːr] *f* (-/-en) group, crowd; F horde; flock (*of geese, etc.*); '**2en** *v/t.* (ge-, h): **um sich ~** gather (*people, etc.*) round one; **sich ~ um** gather round *s.o., etc.*

scharf *adj.* [ʃarf] sharp (*a. fig.*); *phot. a.* in focus; *picture*: clear; *glasses, etc.*: strong; hard, severe; *dog*: savage, fierce; *ammunition*: live; *bomb, etc.*: armed; *food*: hot (*a.* F excited); F **exciting**: hot, sexy; **~ sein auf** (*acc.*) be crazy *or* wild about; be hot for *s.o.*; **~ (ein)stellen** *phot.* focus; **~ nachdenken** think hard; F **~e Sachen** hard liquo(u)r.

Schärfe ['ʃɛrfə] *f* (-/-n) sharpness (*a. phot.*); severity, fierceness; '**2n** *v/t.* (ge-, h) sharpen.

'**scharf|machen** *v/t.* (sep., -ge-, h) stir up, incite; F turn *s.o.* on; '**2macher** *pol. m* agitator, demagog(ue); '**2richter** *m* executioner; '**2schütze** *m* sharpshoot-

er, sniper; marksman; '**~sichtig** *adj.* sharp-sighted; *fig.* clear-sighted; '**2sinn** *m* (-[-e]s/no pl.) acumen; '**~sinnig** *adj.* sharp-witted, shrewd.

Scharlach ['ʃarlax] *m* (-s/-e) scarlet; 🌡 (*no pl.*) scarlet fever; '**2rot** *adj.* scarlet.

Scharlatan ['ʃarlatan] *m* (-s/-e) charlatan, fraud; quack.

Scharnier ⊙ [ʃar'niːr] *n* (-s/-e) hinge.

Schärpe ['ʃɛrpə] *f* (-/-n) sash.

scharren ['ʃarən] *v/i.* (ge-, h) scrape, scratch; *horse*: paw.

Schart|e ['ʃartə] *f* (-/-n) notch, nick; '**2ig** *adj.* jagged, notchy.

Schaschlik ['ʃaʃlɪk] *m, n* (-s/-s) shish kebab.

Schatten ['ʃatən] *m* (-s/-) shadow (*a. fig.*); shade; **im ~** in the shade; **in den ~ stellen** *fig.* surpass, F put in the shade; '**2haft** *adj.* shadowy; '**~seite** *f* shady side; *fig.* dark side; **die ~n** *pl.* the disadvantages.

Schattierung [ʃa'tiːrʊŋ] *f* (-/-en) shade (*of colo[u]r*) (*a. fig.*).

'**schattig** *adj.* shady (*tree, etc.*).

Schatz [ʃats] *m* (-es/-e) treasure; *fig.* darling; **~amt** *pol.* ['-ʔ-] *n* Treasury (Department).

schätzen ['ʃɛtsən] *v/t.* (ge-, h) estimate; value (*both*: **auf** *acc.* at); appreciate; think highly of; F reckon, guess; '**~swert** *adj.* laudable, estimable.

'**Schatz|kammer** *f* treasury (*a. fig.*); '**~kanzler** *m appr.* Secretary of the Treasury, *Brt.* Chancellor of the Exchequer; '**~meister** *m* treasurer (*of club, etc.*).

'**Schätzung** *f* (-/-en) estimate; valuation; '**2sweise** *adv.* roughly.

Schau [ʃau] *f* (-/-en) show, exhibition; **zur ~ stellen** exhibit, display; F **e-e** (**große**) **~ abziehen** put *s.th.* on for show; F: **e-e ~** super, terrific; '**~bild** *n* diagram, chart.

Schauder ['ʃaudər] *m* (-s/-) *s.* **Schauer**; '**2haft** *adj.* horrible, dreadful; '**2n** *v/i.* (ge-, h) shudder, shiver (*both*: **vor** *dat.* with).

schauen ['ʃauən] *v/i.* (ge-, h) look (**auf** *acc.* at); *s.* **sehen**.

Schauer ['ʃauər] *m* (-s/-) (*rain, etc.*) shower; shudder, shiver, F *pl.* the creeps; '**~geschichte** *f* horror story (*a. fig.*); '**2lich** *adj.* dreadful, horrible.

Schaufel ['ʃaufəl] *f* (-/-n) shovel; dustpan; ⊙ blade, paddle; *zo.* palm; '**2n** *v/t.* (ge-, h) shovel; dig.

'**Schaufenster** *n* shop window, display window; '**~bummel** *m*: **e-n ~ machen** go window-shopping; '**~dekoration** *f* window dressing *or* display.

'**Schaukampf** *m sports*: exhibition fight.

Schaukel ['ʃaʊkəl] f (-/-n) swing; **'2n** (ge-, h) 1. v/i. swing; boat, etc.: rock; 2. v/t. rock; **'~pferd** n rocking horse; **'~stuhl** m rocking chair, rocker.

Schaulustige ['ʃaʊlʊstɪgə] pl. s. **Neugierige.**

Schaum [ʃaʊm] m (-[e]s/-e) foam; beer, etc.: froth, head; soap: lather; (sea-) spray; **'~bad** n bubble bath.

schäumen ['ʃɔʏmən] v/i. (ge-, h) foam (a. fig. with rage), froth; soap: lather; wine, etc.: sparkle.

'Schaum|gummi n, m foam rubber; **'2ig** adj. foamy, frothy; **'~kronen** pl. white-caps; **'~stoff** m foam rubber; **'~wein** m sparkling wine.

'Schau|platz m scene; **'~prozeß** ʒ‡ m show trial.

schaurig adj. ['ʃaʊrɪç] creepy; horrible.

'Schauspiel n thea. stage play, drama; fig. spectacle; **'~er(in)** m (f) act|or (-ress); **2erisch** adj. acting (talent, etc.); **~e Leistung** performance, acting; **2ern** v/i. (ge-, h) act; fig. a. play-act; **'~haus** n theat|er, Brt. -re, playhouse; **'~kunst** f dramatic art; **'~schule** f drama school.

Schausteller ['-ʃtɛlər] m (-s/-) travel(l)ing showman, Am. a. carn(e)y, carnie.

Scheck econ. [ʃɛk] m (-s/-s) check, Brt. cheque; **'~formular** n check (Brt. cheque) blank or form; **'~heft** n checkbook, Brt. chequebook.

'scheckig adj. spotty; horse: dappled.

'Scheckkarte f check cashing card, Brt. cheque or banker's card.

scheel adj. [ʃeːl] squint-eyed (look).

scheffeln ['ʃɛfəln] v/t. (ge-, h) amass (money, etc.).

Scheibe ['ʃaɪbə] f (-/-n) disc, disk; slice (of bread, etc.); (window) pane; target; **'~nbremse** mot. f disk (Brt. disc) brake; **'~nwischer** mot. m windshield (Brt. windscreen) wiper.

Scheich [ʃaɪç] m (-s/-e, -s) sheik(h).

Scheide ['ʃaɪdə] f (-/-n) sheath; scabbard; anat. vagina; **'2n** (irr., ge-) 1. v/t. (h) separate, part (both: **von** from); divorce; **sich ~ lassen** get a divorce; divorce s.o.; 2. v/i. (sein): **~ aus** retire from (office, etc.); **aus dem Leben ~** take one's life; **'~weg** fig. m: **am ~ at** the crossroads.

'Scheidung f (-/-en) divorce; **'~sklage** ʒ‡ f divorce suit.

Schein [ʃaɪn] m (-[e]s/-e) certificate; (printed) form, blank; bill, banknote.

Schein² [~] m (-[e]s/no pl.) light; fig. appearance; et. (nur) **zum ~ tun** (only) pretend to do s.th.; **'2bar** adj. seeming, apparent; **'2en** v/i. (irr., ge-, h) shine;

fig. seem, appear, look; **'2heilig** adj. hypocritical; F **~ tun** act (the) innocent; **'~tod** ʒ‡ m apparent death; **'~welt** f world of illusion; **~werfer** ['~vɛrfər] m (-s/-) searchlight; mot. headlight; thea. spotlight.

Scheiß... V [ʃaɪs-] in compounds: (god-)damn ..., esp. Brt. a. bloody ...; **'~e** V f (-/no pl.) shit, crap; **~ bauen** screw it up; **2egal** V adj. ['~ʔeˈgaːl]: **das ist mir ~** I don't give a shit; **'2en** V v/i. (irr., ge-, h) shit, crap.

Scheit [ʃaɪt] n (-[e]s/-e) piece of wood.

Scheitel ['ʃaɪtəl] m (-s/-) hair: part, Brt. parting; fig. summit, peak; **e-n ~ ziehen** part one's hair; **'2n** v/t. (ge-, h) part (hair); **'~punkt** m Ⓐ apex, vertex; fig. summit.

'Scheiterhaufen m pyre; hist. stake.

scheitern fig. ['ʃaɪtərn] v/i. (ge-, sein) fail, go wrong.

Schelle ['ʃɛlə] f (-/-n) (little) bell; ⊙ clamp, clip; **'2n** v/i. (ge-, h) ring.

Schellfisch zo. ['ʃɛl-] m haddock; ⚠ not shellfish.

Schelm fig. [ʃɛlm] m (-[e]s/-e) rascal; **'2isch** adj. impish.

schelten v/i. (irr., ge-, h) scold.

Schema ['ʃeːma] n (-s/-s, -ta) pattern, framework (both a. fig.); **2tisch** adj. [ʃeˈmaːtɪʃ] schematic; work, etc.: mechanical.

Schemel ['ʃeːməl] m (-s/-) stool.

schemenhaft adj. ['ʃeːmən-] blurred, shadowy.

Schenke ['ʃɛŋkə] f (-/-n) esp. hist. tavern.

Schenkel ['ʃɛŋkəl] m (-s/-) thigh; shank; Ⓐ leg.

schenk|en ['ʃɛŋkən] v/t. (ge-, h) give (as a present) (**zu** for); esp. in compounds: pour (drink); (fast) **geschenkt** dirt cheap; F: **das kannst du dir ~** you can skip that or forget the whole thing; **'2ung** ʒ‡ f (-/-en) donation.

scheppern F ['ʃɛpərn] v/i. (ge-, h) rattle, clatter, crash.

Scherbe ['ʃɛrbə] f (-/-n), **'~n** m (-s/-) (broken) piece, fragment; potsherd; **'~nhaufen** fig. m shambles, mess.

Schere ['ʃeːrə] f (-/-n) scissors (a. fig.); shears (a. ⊙); zo. claw (of crab, etc.).

'scheren¹ v/t. (irr., ge-, h) shear, clip, cut.

scheren² v/refl. (ge-, h): **sich ~ um** bother or care about; F: **scher dich zum Teufel!** go to hell!

Schereien [ʃeːrəˈraɪən] pl. trouble, bother.

Schermaus zo. Aust. ['ʃeːr-] f mole.

Scherz [ʃɛrts] m (-es/-e) joke; im (zum) **~ for** fun; **'2en** v/i. (ge-, h) joke (über *acc.* at); '2haft *adj.* joking; ~ *gemeint* meant as a joke.

scheu *adj.* [ʃɔy] shy (*a.* horse); bashful; ~ *machen* frighten.

Scheu [~] *f* (-/no *pl.*) shyness; awe.

scheuchen ['ʃɔyçən] *v/t.* (ge-, h) chase away.

'scheuen (ge-, h) 1. *v/i.* horse, *etc.*: shy (*vor dat.* at), take fright (at); 2. *v/t.* shy away from, shun, avoid; fear; *sich ~, et. zu tun* be afraid of doing s.th.

scheuer|n ['ʃɔyərn] *v/t. and v/i.* (ge-, h) scrub, scour; chafe; '2tuch *n* floor-cloth.

'Scheuklappen *pl.* blinkers, blinders (*both a.* fig.).

Scheune ['ʃɔynə] *f* (-/-n) barn.

Scheusal ['ʃɔyzaːl] *n* (-s/-e) monster; *fig. a.* brute.

scheußlich *adj.* ['ʃɔyslɪç] horrible (*a.* F weather, *etc.*); crime, *etc.*: *a.* atrocious; '2keit *f* (-/-en) atrocity.

Schicht [ʃɪçt] *f* (-/-en) layer; paint, *etc.*: coat; film; work: shift; (social) class; ~arbeiter ['~ʔ~] *m* shift worker; '2en *v/t.* (ge-, h) arrange in layers, pile up; ...2ig *in compounds:* ...-layered; ...-ply; '2weise *adv.* in layers.

schick *adj.* [ʃɪk] smart, chic, stylish.

Schick [~] *m* (-[e]s/no *pl.*) smartness, chic, style; ~ *haben* have style, be elegant.

schick|en ['ʃɪkən] *v/t.* (ge-, h) send (*nach, zu* to); *das schickt sich nicht* it's not done.

Schickeria F [ʃɪkə'riːa] *f* (-/no *pl.*) smart or jet set, beautiful people.

Schickimicki *contp.* [ʃɪki'mɪki] *m* (-s/-s) trendy.

'schicklich *adj.* decent, proper.

'Schicksal *n* fate, destiny; lot; '~s-schlag *m* blow, calamity.

Schiebe|... ['ʃiːbə-] *in compounds:* sliding (*door, etc.*); '~dach *mot. n* sunroof; '~fenster *n* sash window.

'schieb|en *v/t. and v/i.* (irr., ge-, h) push, shove; '2er *m* (-s/-) ⊙ slide; bolt; *fig.* (black market) profiteer; racketeer; 2e'rei *f* (-/-en) traffic(king) (*in drugs, arms, etc.*), F swap.

'Schiebung F *f* (-/-en) swindle, fix, put-up job.

schied [ʃiːt] *past of* scheiden.

Schiedsrichter ['ʃiːts-] *m* judge, *esp. pl. a.* jury; *sports:* referee, umpire.

schief *adj.* [ʃiːf] crooked, not straight; sloping, oblique (*a.* Å); leaning (*tower, etc.*); *fig.* false (*picture, analogy, etc.*); *j-n ~ ansehen* look askance at s.o.

Schiefer *geol.* ['ʃiːfər] *m* (-s/-) slate, shale; '~tafel *f* slate.

'schiefgehen *v/i.* (irr. gehen, sep., -ge-, sein) go wrong.

schielen ['ʃiːlən] *v/i.* (ge-, h) squint, be cross-eyed.

schien [ʃiːn] *past of* scheinen.

Schienbein ['ʃiːn-] *n* shin(bone).

Schiene ['ʃiːnə] *f* (-/-n) 🚋, *etc.* rail; ⚕ splint; *fig.* (beaten) track, groove; '2n ⚕ *v/t.* (ge-, h) splint.

schier [ʃiːr] 1. *adj.* sheer, pure; *meat, etc.*: lean; 2. F *adv.* nearly, next to (*impossible, etc.*).

Schieß|bude ['ʃiːs-] *f* shooting gallery; '2en (*irr.,* ge-) 1. *v/i. and v/t.* (h) shoot (*a. fig. phot.*), fire (*both:* auf *acc.* at); score (*goal*); *gut ~ (können)* be a good shot; F: *zum ~* a scream; 2. *v/i.* (sein) shoot, rush, dash; *liquid:* gush; ~e'rei *f* (-/-en) shooting; gunfight; '~pulver *n* gunpowder; '~scharte ✕ *f* loophole, embrasure; '~scheibe ✕ *f* target; '~stand *m* rifle *or* shooting range. ⚓

Schiff [ʃɪf] *n* (-[e]s/-e) ⚓ ship, boat; *arch.* nave; *mit dem ~* by boat.

'Schiffahrt *f* (-/no *pl.*) shipping (*a. ~s... in compounds*), navigation.

'schiff|bar *adj.* navigable; '2bau *m* (-[e]s/no *pl.*) shipbuilding; '2bruch *m* shipwreck (*a. fig.*); ~ *erleiden* be shipwrecked; *fig.* plans, *etc.*: fail; '~brüchig *adj.* shipwrecked; '~en V *v/i.* (ge-, h) piss; *es schifft* it's pouring (down rain); '2er *m* (-s/-) sailor; skipper; '2schaukel *f at fair:* boat-shaped swing, Brt. swingboat(s).

'Schiffs|junge *m* ship's boy; '~ladung *f* shipload; cargo; '~makler *m* shipbroker; '~schraube *f* propeller; '~werft *f* shipyard.

Schikan|e [ʃi'kaːnə] *f* (-/-n) spite, malice; (*aus reiner*) ~ (out of) sheer spite; F: *mit allen ~n* with the whole works; 2ieren [~a'niːrən] *v/t.* (no ge-, h) push around; bully.

Schild [ʃɪlt] 1. *n* (-[e]s/-er) sign (*a. mot.*); (*name, etc.*) plate; 2. *m* (-[e]s/-e) shield; *et. im ~e führen* be up to s.th.; '~drüse *anat. f* thyroid (gland).

'schilder|n *v/t.* (ge-, h) describe; depict, portray; '2ung *f* (-/-en) description, portrayal; account.

'Schildkröte *zo. f* turtle; tortoise.

Schilf ♣ [ʃɪlf] *n* (-[e]s/-e) reed(s); '~rohr *n* reed.

schillern ['ʃɪlərn] *v/i.* (ge-, h) change colo(u)r, be iridescent; '~d *adj.* iridescent; *fig.* dubious.

Schimm|el ['ʃɪməl] *m* 1. *zo.* (-s/-) white horse; 2. ♣ (-s/no *pl.*) mo(u)ld; '2lig *adj.* mo(u)ldy, musty; '2eln *v/i.* (ge-, h) go mo(u)ldy.

Schimmer ['ʃɪmər] *m* (-s/-) glimmer (*a.*

fig.), gleam; *fig. a.* trace, touch; F **keinen (blassen) ~ haben** not have the slightest idea; not know the first thing about it; **'2n** *v/i.* (**ge-, h**) shimmer, glimmer, gleam.

Schimpanse *zo.* [ʃɪm'panzə] *m* (**-n/-n**) chimpanzee.

Schimpf [ʃɪmpf] *m* (**-[e]s/no pl.**): (**mit**) **~ und Schande** (in) disgrace; **'2en** *v/i.* (**ge-, h**) scold (**mit j-m** s.o.); F tell *s.o.* off, bawl *s.o.* out; **~ über** (acc.) complain about, grumble at; **'~wort** *n* (**-[e]s/-e, -er**) swearword, invective.

Schindel ['ʃɪndəl] *f* (**-/-n**) shingle.

schind|en ['ʃɪndən] *v/t.* (*irr.*, **ge-, h**) maltreat; slave-drive; **sich ~** drudge, slave, sweat; F: **Zeit ~** stall, play for time; **Eindruck ~** curry favo(u)r (**bei j-m** with s.o.); **Zeilen ~** pad (out) one's writing; **'2er** *m* (**-s/-**) knacker; *fig.* slave-driver; **2e'rei** *f* (**-/no pl.**) grind, drudgery.

Schinken ['ʃɪŋkən] *m* (**-s/-**) ham.

Schippe ['ʃɪpə] *f* (**-/-n**) shovel; F: **auf die ~ nehmen** pull s.o.'s leg; poke fun at *s.o.* or *s.th.*; **'2n** *v/t.* (**ge-, h**) shovel.

Schirm [ʃɪrm] *m* (**-[e]s/-e**) umbrella; parasol, sunshade; screen (*a. TV, etc.*); (lamp)shade; peak (*of cap*); visor; **'~bild** *n* X-ray; **'~herr** *m* patron, sponsor; **'~herrschaft** *f* patronage, sponsorship; **unter der ~ von** under the auspices of; **'~mütze** *f* peaked cap; **'~ständer** *m* umbrella stand.

schiß [ʃɪs] *past of* **scheißen**.

Schiß *sl.* [~] *m* (**Schisses/no pl.**): **~ haben (kriegen)** be (get) scared (stiff).

Schlacht ⚔ [ʃlaxt] *f* (**-/-en**) battle (**bei** of); **'2en** *v/t.* (**ge-, h**) slaughter, kill, butcher; **'~enbummler** F *m sports*: fan, supporter; **'~er** *m* (**-s/-**) butcher.

Schlächter *esp. fig. contp.* ['ʃlɛçtər] *m* (**-s/-**) butcher, slaughterer.

'Schlacht|feld ⚔ *n* battlefield, battleground; **'~haus** *n*, **~hof** *m* slaughterhouse; **'~plan** *m* ⚔ plan of action (*a. fig.*); **'~ruf** *m* battle cry; **'~schiff** *n* battleship.

Schlacke ['ʃlakə] *f* (**-/-n**) cinders; *geol.*, *metall.* slag.

Schlaf [ʃlaːf] *m* (**-[e]s/no pl.**) sleep; **e-n leichten (festen) ~ haben** be a light (sound) sleeper; F *fig.* **im ~ (do s.th.)** in one's sleep *or* blindfold(ed); **~anzug** ['~ʔ-] *m* pajamas, *Brt.* pyjamas.

Schläfe ['ʃlɛːfə] *f* (**-/-n**) temple.

'schlafen *v/i.* (*irr.*, **ge-, h**) sleep (*a. fig.*); **~ gehen, sich ~ legen** go to bed; **fest ~** be fast asleep; **~ legen** put *s.o.* to bed *or* sleep; **'2zeit** *f* (**-/no pl.**) bedtime.

Schläfer ['ʃlɛːfər] *m* (**-s/-**) sleeper.

schlaff *adj.* [ʃlaf] slack (*a. fig.*); skin, muscles, *etc.*: flabby; limp; soft (*a. fig.*).

'Schlaf|gelegenheit *f* sleeping accommodation; **'~krankheit** ✍ *f* sleeping sickness; **'~lied** *n* lullaby; **'2los** *adj.* sleepless; **'~losigkeit** *f* (**-/no pl.**) sleeplessness, ✍ insomnia; **'~mittel** ✍ *n* sleeping pills *or* medication (*Brt.* drug); F *fig.* drag, bore, yawn, s.th. which puts one to sleep; **'~mütze** *fig. f* sleepyhead; slowpoke, *Brt.* slowcoach.

schläfrig *adj.* ['ʃlɛːfrɪç] sleepy, drowsy.

'Schlaf|saal *m* dormitory; **'~sack** *m* sleeping bag; **'~sofa** *n* sofa bed; **'~tablette** ✍ *f* sleeping pill; **'2trunken** *adj.* (very) drowsy; **'~wagen** 🚋 *m* sleeping car, sleeper; **'~wandler** ['~vandlər] *m* (**-s/-**) sleepwalker, somnambulist; **'~zimmer** *n* bedroom.

Schlag [ʃlaːk] *m* (**-[e]s/-e**) blow (*a. fig.*); slap, pat, tap; punch; stroke (*a. ✍, sports, of clock, lightning, etc.*); ⚡ shock (*a. fig.*); beat (*of heart, pulse*); *fig.* breed, race; kind, sort; **Schläge** *pl.* beating; **~ 12** on the stroke of 12; **vom gleichen ~** (two, *etc.*) of a kind; **~ader** *anat.* ['~ʔ-] *f* artery; **~anfall** ✍ *m* ['~ʔ-] *n* (apoplectic) stroke; **2artig** ['~ʔ-] **1.** *adj.* sudden, abrupt; **2.** *adv.* all of a sudden, abruptly; **'~baum** *m* (toll)gate, barrier; **'~bohrer** *m* percussion drill.

schlagen ['ʃlaːgən] (*irr.*, **ge-**) **1.** *v/t.* (**h**) hit, beat (*a. eggs, etc.*); whip (*cream, etc.*); ✗, *sports, etc.*: *a.* defeat; strike (*a. the hour*), knock; fell, cut (down) (*tree*); **zu Boden ~** knock *s.o.* down; **sich ~** fight (**um** over); **sich tapfer ~** stand one's ground; **sich auf j-s Seite ~** (take) side(s) with s.o.; **sich geschlagen geben** admit defeat; *s.* **Flucht, Wurzel**, **2.** *v/i.* (**h**) hit, beat (*a. heart, etc.*) (**mit den Flügeln** its wings), strike (*a. clock, lightning*), knock; slap; **um sich ~** lash out; **3.** *v/i.* (**sein**): **an** *or* **gegen et. ~** hit s.th., bump *or* crash into s.th.; **~ nach** *fig.* take after (*one's mother, etc.*); **'~d** *adj.* convincing, striking; *s.* **Verbindung**.

Schlager ['ʃlaːgər] *m* (**-s/-**) hit (*a. fig.*), (pop) song.

Schläger ['ʃlɛːgər] *m* (**-s/-**) bat; *tennis, etc.*: racket; *golf*: club; putter; *hockey*: stick; F *contp.* rough, tough, hooligan; **~ei** [~'raɪ] *f* (**-/-en**) fight, brawl.

'schlag|fertig *fig. adj.* quick-witted; **~e Antwort** (witty) repartee; **'~fest** ☉ *adj.* shockproof; **'2instrument** ['~ʔ-] *n* percussion instrument; **'2kraft** *f* (**-/no pl.**) striking power (*a.* ✗); **'~kräftig** *adj.* powerful, strong (*a. fig.* argument, *etc.*); **'2loch** *n* pothole; **'2obers** *Aust.* ['~ʔ-] *n* whipped cream; **'2ring** *m* knuckleduster, brass knuckles; **'2sahne** *f* whipped cream; **'2seite** *f* 🚢 list, (lean)ing; **~ haben** ⚓ be listing; F *fig.* not be able to walk *or* stand straight; **'2stock** *m* baton, truncheon, billy (club); **'2wort** *n* catchword, slogan; buzzword; **2wortkatalog** *m* subject catalog(ue); **'2zelle** *f* headline; **'2zeug** ♪ *n* (-[e]s/-e) drums; **2zeuger** ♪ ['~tsɔγɡər] *m* (-s/-) drummer, percussionist.

schlaksig *adj.* ['ʃlaːksıç] lanky, gangling.

Schlamassel F [ʃla'masəl] *m, n* (-s/-) mess; jam, fix; **der ganze ~** the whole kit and caboodle.

Schlamm [ʃlam] *m* (-[e]s/no *pl.*) mud; **'2ig** *adj.* muddy.

Schlamp|e F ['ʃlampə] *f* (-/-n) slut; **~e-'rei** F *f* (-/-en) sloppiness; mess(ed-up job); **'2ig** *adj.* sloppy; messy.

schlang [ʃlaŋ] *past of* **schlingen.**

Schlange ['ʃlaŋə] *f* (-/-n) zo. snake, *lit.* serpent (*a. fig.*); line, *Brt. a.* queue; **~ stehen** line (*Brt.* queue) up (**nach** for).

schlängeln ['ʃlɛŋəln] *v/refl.* (ge-, h) twist and turn, wriggle, wind *or* snake *or* worm one's way *or* o.s.

'Schlangenlinie *f* serpentine line; **in ~n fahren** weave.

schlank *adj.* [ʃlaŋk] slim, slender; **~ machen** dress, *etc.*: make s.o. look slim; **'2heitskur** *f*: e-e **~ machen** be *or* go on a diet, be slimming.

schlapp F *adj.* [ʃlap] worn out; weak; **'2e** F *f* (-/-n) beating; **'2en** F *m* (-s/-) slipper; *fig.* shoe; **'~machen** F *v/i.* (*sep.*, -ge-, h) give up; break down; **'2schwanz** F *m* weakling.

Schlaraffenland [ʃla'rafən-] *n* (-[e]s/no *pl.*) land of milk and honey.

schlau *adj.* [ʃlaʊ] clever, smart, bright; sly, cunning, crafty; **2berger** F ['~bergər] *m* (-s/-) smart aleck.

Schlauch [ʃlaʊx] *m* (-[e]s/-e) tube; hose; **'~boot** *n* rubber (life) raft (*Brt. a.* dinghy).

'schlauchen F *v/t.* (ge-, h) wear s.o. out.

Schlaufe ['ʃlaʊfə] *f* (-/-n) loop.

'Schlau|kopf F *m*, **~meier** F ['~maıər] *m* (-s/-) smart aleck.

schlecht *adj.* [ʃlɛçt] bad; poor; **mir ist (wird) ~** I feel (I'm getting) sick (*Am.* to my stomach); **~ aussehen** look ill; **sich ~ fühlen** feel bad; **~ werden** meat, *etc.*: go bad; **~ und recht** after a fashion; **'~gehen** *v/i.* (irr. gehen, *sep.*, -ge-, sein): **es geht ihm sehr schlecht** he has a hard time, he is in a bad way; **'~gelaunt** *adj.* badtempered, F grouchy; *s.* **gelaunt**; **'~machen** *v/t.* (*sep.*, -ge-, h) run s.o. down, *Am. a.* badmouth s.o.

schleck|en F ['ʃlɛkən] *v/t. and v/i.* (ge-,

h) lick (up); **'2ermaul** F *n s.* **Leckermaul.**

schleich|en ['ʃlaıçən] *v/i.* (irr., ge-, sein) creep (*a. fig.*), sneak; **'~end** *adj.* creeping (*a. fig.*); *fig.* insidious (*disease, etc.*); **'2er** F *contp. m* (s-/-) creep, toady; **'2weg** *m* secret path *or* route; **'2werbung** *f* plugging; **für et. ~ machen** plug s.th.

Schleier ['ʃlaıər] *m* (-s/-) veil (*a. fig.*); haze; **'2haft** *fig. adj.*: **es ist mir (völlig) ~** it's a (complete) mystery to me.

Schleife ['ʃlaıfə] *f* (-/-n) bow; *of river,* &, ⚙: loop.

'schleifen¹ *v/t. and v/i.* (ge-, h) drag (along); rub (*an dat.* on).

schleif|en² *v/t.* (irr., ge-, h) grind (*a.* ⚙), sharpen; sand(paper); cut (*glass, gem, etc.*); F *fig.* drill s.o. hard; **'2er** ⚙ *m* (-s/-), **'2maschine** *f* grinder; **'2papier** *n* sandpaper; **'2stein** *m* grindstone; whetstone.

Schleim [ʃlaım] *m* (-[e]s/-e) slime; ✿ mucus; **'~haut** *anat. f* mucous membrane; **'2ig** *adj.* slimy (*a. fig.*); mucous.

schlemme|n ['ʃlɛmən] *v/i.* (ge-, h) feast, gormandize; **'2r** *m* (-s/-) gourmet; **2'rei** *f* feast(ing), gormandizing; **'2rlokal** *n* gourmet restaurant.

schlendern ['ʃlɛndərn] *v/i.* (ge-, sein) stroll, saunter.

Schlendrian ['ʃlɛndriaːn] *m* (-[e]s/no *pl.*) carelessness, sloppiness, letting s.th. slip *or* slide.

schlenkern ['ʃlɛŋkərn] *v/i. and v/t.* (ge-, h) dangle, swing (**mit den Armen** one's arms); *vehicle, etc.*: swerve.

Schleppe ['ʃlɛpə] *f* (-/-n) train (*of dress*).

'schlepp|en *v/t.* (ge-, h) drag (*a. fig.*); *mot.,* ⚓ tow; **sich ~** drag (on); **'~end** *adj.* dragging; *speech:* drawling; **'2er** *m* (-s/-) ⚓ tug; *mot.* tractor; *fig.* tout; **'2-lift** *m* ski tow; **'2netz** *n* drag- *or* trawling net; **'2tau** *n* towrope; **im (ins) ~ in** tow (*a. fig.*).

Schleuder ['ʃlɔydər] *f* (-/-n) catapult, slingshot; spin drier; **'2n** (ge-) **1.** *v/t.* (h) fling, hurl (*both a. fig.*); spin-dry; **2.** *mot. v/i.* (sein) skid; **'~preis** *econ. m* cut-rate price; **zu ~n verkaufen** sell dirt cheap, dump; **'~sitz** *m* ✈ ejection seat; *fig.* hot seat.

schleunigst *adv.* ['ʃlɔynıçst] immediately, right now *or* away.

Schleuse ['ʃlɔyzə] *f* (-/-n) sluice; canal: lock; **'2n** *fig. v/t.* (ge-, h) maneuver, *Brt.* manoeuvre (*into, out of, etc.*), smuggle.

schlich [ʃlıç] *past of* **schleichen.**

'Schliche F *pl.* tricks; **j-m auf die ~ kommen** find s.o. out.

schlicht *adj.* [ʃlıçt] plain, simple; **'~en**

v/t. (*ge-, h*) settle (by arbitration); '**~er** *m* (*-s/-*) mediator; arbitrator; '**~ung** *f* (*-/no pl.*) settlement; arbitration.

schlief [ʃliːf] *past of* **schlafen**.

schließ|en ['ʃliːsən] *v/t. and v/i.* (*irr., ge-, h*) shut, close (down); close, finish; make (*deal, peace, etc.*); **~ aus** conclude from; **nach ... zu ~** judging by ...; *s.* **Herz**; '**2fach** *n* **⚡**, *etc.* (luggage) locker; *bank*: safe-deposit box; *s.* **Postfach**; '**~lich** *adv.* finally; eventually, in the end; after all.

schliff [ʃlɪf] *past of* **schleifen**³.

Schliff [~] *m* (*-[e]s/-e*) glass, gem, *etc.*: cut; polish (*a. fig.*).

schlimm *adj.* [ʃlɪm] bad; awful; *das ist nicht so or halb so ~* it's not as bad as that; F **~ d(a)ran sein** be in a bad way, have a hard time; *das* **2e daran** the bad thing about it; '**~stenfalls** *adv.* at (the) worst.

Schling|e ['ʃlɪŋə] *f* (*-/-n*) loop; noose; *hunt.* snare (*a. fig.*); **⚡** sling; '**~el** F *m* (*-s/-*) rascal; '**2en** *v/t.* (*irr., ge-, h*) wind, twist; tie; wrap (*arms, scarf, etc.*) (*um* [a]round); gobble (*food*); *sich um et. ~* wind (a)round; **2ern** ['~ərn] *v/i.* (*ge-, h*) **⚓** roll; *mot., fig.* lurch; '**~pflanze** **♣** *f* creeper, climber.

Schlips [ʃlɪps] *m* (*-es/-e*) (neck)tie.

schlitt|eln *Swiss* ['ʃlɪtəln] *v/i.* (*ge-, h*) *s.* **Schlitten fahren**; '**2en** *m* (*-s/-*) sled(ge); sleigh; toboggan; F car; **~ fahren** go sledding (*esp. Brt.* sledging) *or* tobogganing; F: *mit j-m ~ fahren* give s.o. hell; '**~ern** ['~ərn] *v/i.* (*ge-, sein*) slide (*a. fig. into s.th.*); car, *etc.*: skid.

'**Schlittschuh** *m* (ice) skate; **~ laufen** (ice-)skate; '**~läufer** *m* skater.

Schlitz [ʃlɪts] *m* (*-es/-e*) slit; slot (*zip, etc.*) fly; slot; **~augen** ['~ʔ-] *pl.*: **~ haben** be slit-eyed; '**2en** *v/t.* (*ge-, h*) slit, slash; '**~ohr** F ['~ʔ-] *n* sly dog; cheat.

schloß [ʃlɔs] *past of* **schließen**.

Schloß [~] *n* (*Schlosses/Schlösser*) lock (*of door, gun, etc.*); castle; palace; *ins ~ fallen* slam shut; *hinter ~ und Riegel* locked up, under lock and key.

Schlosser ['ʃlɔsər] *m* (*-s/-*) mechanic, fitter; locksmith; **~ei** ['~'raɪ] *f* (*-/-en*) metalwork shop.

Schlot [ʃloːt] *m* (*-[e]s/-e*) smokestack; F: *rauchen wie ein ~* smoke like a chimney.

schlott|erig F *adj.* ['ʃlɔtərɪç] shaky; baggy (*clothes*); '**~ern** F *v/i.* (*ge-, h*) shake, tremble (*both: vor dat.* with); *clothes*: bag.

Schlucht [ʃluxt] *f* (*-/-en*) gorge, ravine, canyon.

schluch|zen ['ʃluxtsən] *v/i.* (*ge-, h*), '**2er** *m* (*-s/-*) sob.

Schluck [ʃlʊk] *m* (*-[e]s/-e*) swallow; sip; gulp; drink (*of water, et~.*); **~auf** ['~ʔ-] *m* (*-s/no pl.*): **~ haben** have the hiccups; '**2en** *v/t. and v/i.* (*ge-, h*) swallow (*a. fig.*); '**~er** F *m* (*-s/-*): *armer ~* poor devil; **~impfung** **⚕** ['~ʔ-] *f* oral vaccination.

schludern F ['ʃluːdərn] *v/i.* (*ge-, h*) botch a job, do shoddy work.

schlug [ʃluːk] *past of* **schlagen**.

Schlummer ['ʃlʊmər] *m* (*-s/no pl.*) slumber; '**2n** *v/i.* (*ge-, h*) lie sleeping; *poet., fig.* slumber.

Schlund [ʃlʊnt] *m* (*-[e]s/-e*) *anat.* pharynx; *fig.* abyss.

schlüpf|en ['ʃlʏpfən] *v/i.* (*ge-, sein*) slip, slide; *zo.* hatch (out); *in die (aus der) Kleidung ~* slip on or into (off or out of) one's clothes; '**2er** *m* (*-s/-*) briefs; panties; *Am. a.* shorts, *Brt.* pants.

Schlupfloch ['ʃlʊpf-] *n* loophole.

schlüpfrig *adj.* ['ʃlʏpfrɪç] slippery; *fig.* risqué.

'**Schlupfwinkel** *m* hiding place.

schlurfen ['ʃlʊrfən] *v/i.* (*ge-, sein*) shuffle (along).

schlürfen ['ʃlʏrfən] *v/t. and v/i.* (*ge-, h*) slurp; *fig.* drink *s.th.* with relish.

Schluß [ʃlus] *m* (*Schlusses/Schlüsse*) end(ing), close; conclusion; **~ machen** finish; *couple*: break up; kill o.s.; **~ machen mit** stop, put an end to *s.th.*; *zum ~* finally; (*ganz*) *bis zum ~* to the (very) end; *für heute!* that's all for today!; *s.* **vorellig**; **~... in** compounds: *mst* final ..., last ...

Schlüssel ['ʃlʏsəl] *m* (*-s/-*) key (*a. fig. and in* compounds) (*für, zu* to); '**~bein** *anat. n* collarbone; '**~bund** *m, n* (*-[e]s/-e*) bunch of keys; '**2fertig** *adj. home*: ready for occupancy; turnkey (*project, etc.*); '**~loch** *n* keyhole; '**~wort** *n* (*-[e]s/-er*) keyword; *computer: a.* password.

'**Schluß|folgerung** *f* conclusion; '**~formel** *f* correspondence: (complimentary) close.

schlüssig *adj.* ['ʃlʏsɪç] proof, argument, *etc.*: conclusive; *sich ~ werden* make up one's mind (*über acc.* about).

'**Schluß|licht** *n mot., etc.* taillight; *fig.* tail-ender; *das ~ bilden* bring up the rear; '**~pfiff** *m sports*: final whistle; '**~phase** *f* final stage(s); '**~verkauf** *econ. m* (end-of-season) sale(s).

Schmach [ʃmaːx] *f* (*-/no pl.*) disgrace, shame.

schmachten ['ʃmaxtən] *v/i.* (*ge-, h*) swelter; languish (*nach* after, for), pine (for); **~ nach** *a.* long for.

schmächtig *adj.* ['ʃmɛçtɪç] slight, thin, frail.

schmackhaft *adj.* ['ʃmak-] tasty.

schmäh|en *lit.* ['ʃmɛːən] *v/t.* abuse; **'~lich** *adj.* miserable, wretched; **~ im Stich lassen** leave *s.o.* in the lurch.

schmal *adj.* [ʃmaːl] narrow; *figure:* thin, slender (*a. fig.*).

schmälern *fig.* ['ʃmɛːlərn] *v/t.* (**ge-**, *h*) reduce; detract from.

Schmal|film *phot. m* (8 mm) film; **'~spur** ⛌ *f* narrow ga(u)ge; **'~spur...** *fig. in compounds:* small-time ...

Schmalz [ʃmalts] *n* (**-es**/*no pl.*) grease; lard; *fig.* mush, schmal(t)z; **'2ig** *fig. adj.* mushy, soapy.

schmarotze|n F [ʃma'rɔtsən] *v/i.* (*no ge-*, *h*) sponge (**bei** on); **'2r** *m* (**-s**/-) ⛌, *zo.* parasite; *fig. a.* sponger.

schmatzen ['ʃmatsən] *v/i.* (**ge-**, *h*) smack (one's lips), eat noisily.

Schmaus [ʃmaus] *m* (**-es**/**~e**) feast; *fig. a.* treat; **2en** ['~zən] *v/i.* (**ge-**, *h*) feast, munch.

schmecken ['ʃmɛkən] *v/i.* and *v/t.* (**ge-**, *h*) taste (**nach** of); **gut** (**schlecht**) **~** taste good (bad); (**wie**) **schmeckt dir ...?** (how) do you like ...? (*a. fig.*); **es schmeckt süß** (**nach nichts**) it has a sweet (no) taste.

Schmeich|elei [ʃmaɪçə'laɪ] *f* (**-/-en**) flattery; **'2elhaft** *adj.* flattering; **'~ein** *v/i.* (**ge-**, *h*) (*dat.*) flatter *s.o.*; **~ler** ['~lər] *m* (**-s/-**) flatterer; **'2lerisch** *adj.* flattering.

schmeiß|en F ['ʃmaɪsən] *v/t.* and *v/i.* (*irr.*, **ge-**, *h*) throw, chuck; slam (*door, etc.*); *fig.* manage; *thea.* fluff (*one's lines*); **mit Geld um sich ~** throw one's money about; **den Laden ~** run the show; **'2fliege** *zo.* f blowfly, bluebottle.

schmelz|en ['ʃmɛltsən] (*irr.*, **ge-**) *v/i.* (*sein*) and *v/t.* (*h*) melt; *snow: a.* thaw; *metall.* smelt; **'2käse** *m* soft cheese, cheese spread; **2ofen** ['ʃmɛlts?-] *m* (s)melting furnace; **'2tiegel** *m* melting pot (*a. fig.*).

Schmerz [ʃmɛrts] *m* (**-es**/**-en**) pain (*a. fig.*), ache; *fig.* grief, sorrow; **'2en** *v/i.* and *v/t.* (**ge-**, *h*) hurt (*a. fig.*), ache; *esp. fig.* pain; **'~ensgeld** ⚖ *n* punitive damages (for pain and suffering); **'2frei** *adj.* without pain; **'2haft** *adj.* painful; **'2lich** *adj.* painful, sad; **'2los** *adj.* painless; **'~mittel** *n* painkiller; **'2stillend** *adj.* pain-relieving.

Schmetter|ball ['ʃmɛtər-] *m tennis, etc.:* smash; **~ling** *zo.* ['~lɪŋ] *m* (**-s/-e**) butterfly (*a. fig. stroke*); **'2n** *v/i.* (**ge-**, *h*) **1.** dash, smash (*a. tennis*) (**zu Boden** to the ground; **in Stücke** to pieces); **2.** *v/i.* crash, slam; *trumpet, etc.:* blare.

Schmied [ʃmiːt] *m* (**-[e]s/-e**) (black-)smith; **~e** ['~də] *f* (**-/-n**) forge, smithy; **~eeisen** ['~də?-] *n* (**-s**/*no pl.*) wrought iron; **'~ehammer** *m* blacksmith's or forge hammer; **2en** ['~dən] *v/t.* (**ge-**, *h*) forge; *fig.* make (*plans, etc.*).

schmieg|en ['ʃmiːgən] *v/refl.* (**ge-**, *h*): **sich ~ an** snuggle up to; *shirt, etc.:* cling to (*body, etc.*); **~sam** *adj.* ['ʃmiːk-] flexible, supple.

Schmier|... [ʃmiːr-] ⛌ *in compounds:* lubricating (*oil, nipple, etc.*); **'~e** *f* (**-/-n**) grease, lubricant; F ooze, goo; *thea. contp.* cheap theat|er, *Brt.* -re; hamming it up; F: **~ stehen** *crime:* be the lookout (man); **'2en** *v/t.* (**ge-**, *h*) smear; ⛌ grease, oil, lubricate; spread (*butter, etc.*); make, fill (*sandwiches*); F scribble, scrawl; F grease *s.o.'s* palm; F *j-m* **e-e ~** *s.* **kleben**; **wie geschmiert** like clockwork; **~enkomödiant** *thea.* ['~n-komøːdiant] *m* (**-en**/-en) ham (actor), barnstormer; **~erei** *f* (**-/-en**) scrawl, scribble; graffiti; **'~geld** *n* bribe (money); **'2ig** *adj.* greasy; dirty; filthy (*a. joke, etc.*); F slimy; **'~mittel** ⛌ *n* lubricant.

Schminke ['ʃmɪŋkə] *f* (**-/-n**) makeup (*a. thea.*); **'2n** *v/t.* (**ge-**, *h*) make *s.o.* up; **sich ~** make o.s. or one's face up.

Schmirgel|papier ['ʃmɪrgəl-] sandpaper; **'2n** ⛌ *v/t.* (**ge-**, *h*) rub with emery, sandpaper.

schmiß [ʃmɪs] *past of* **schmeißen**.

Schmiß [~] *m* (**Schmisses/-sse**) duel(l)ing scar.

schmissig F *adj.* ['ʃmɪsɪç] lively, peppy.

Schmöker F ['ʃmøːkər] *m* (**-s/-**) book; *a* good read; *contp.* trashy novel; fat tome; **'2n** F *v/i.* (**ge-**, *h*) read, be buried in a book.

schmollen ['ʃmɔlən] *v/i.* (**ge-**, *h*) sulk, be sulky, pout.

schmolz [ʃmɔlts] *past of* **schmelzen**.

Schmor|braten ['ʃmoːr-] *m* pot roast; **'2en** *v/t.* and *v/i.* (**ge-**, *h*) braise, stew (*a. fig.*).

Schmuck [ʃmʊk] *m* (**-[e]s**/*no pl.*) jewel|el(le)ry, jewels; decoration(s), ornament(s).

schmuck F *adj.* [~] natty, smart, neat.

schmücken ['ʃmʏkən] *v/t.* (**ge-**, *h*) decorate.

'schmuck|los *adj.* unadorned; plain; **'2stück** *n* piece of jewel(le)ry; *fig.* gem.

schmuddelig F *adj.* ['ʃmʊdəlɪç] grubby, sloppy.

Schmuggel ['ʃmʊgəl] *m* (**-s**/*no pl.*), **~ei** [~'laɪ] *f* (**-/-en**) smuggling; **'2n** *v/t.* and *v/i.* (**ge-**, *h*) smuggle; **'~ware** *f* smuggled goods, contraband.

Schmuggler ['ʃmʊglər] *m* (**-s/-**) smuggler.

schmunzeln ['ʃmʊntsəln] *v/i.* (**ge-**, *h*) smile (amusedly).

schmusen F ['ʃmuːzən] v/i. (ge-, h) cuddle; smooch, neck, pet.

Schmutz [ʃmʊts] m (-es/no pl.) dirt, filth; fig. a. smut; '~fink F fig. m pig; '~fleck m smudge, stain; '2ig adj. dirty (a. fig.); filthy (a. fig.); ~ werden, sich ~ machen get dirty; '~wasser n waste water, sewage.

Schnabel ['ʃnaːbəl] m (-s/~) bill, beak; F: halt den ~! shut up!

Schnalle ['ʃnalə] f (-/-n) buckle; '2n v/t. (ge-, h) buckle; et. ~ an (acc.) strap s.th. to; sl. et. ~ get it.

schnalzen ['ʃnaltsən] v/i. (ge-, h) snap one's fingers; click one's tongue.

schnapp|en ['ʃnapən] (ge-, h) 1. v/i. snap, snatch (both: nach at); nach Luft ~ gasp for air, catch one's breath; 2. F v/t. catch; '2schloß n spring lock; '2schuß phot. m snapshot.

Schnaps [ʃnaps] m (-es/~e) brandy, gin, whisky, etc.: coll. hard liquor, spirits, F booze; '~idee F ['~ʔ-] f nutty idea.

schnarchen ['ʃnarçən] v/i. (ge-, h) snore.

schnarren ['ʃnarən] v/i. (ge-, h) rattle; voice: rasp.

schnattern ['ʃnatərn] v/i. (ge-, h) cackle; chatter (a. F fig.).

schnauben ['ʃnaʊbən] v/i. and v/t. (ge-, h) snort; fume (with rage); sich die Nase ~ blow one's nose.

schnaufen ['ʃnaʊfən] v/i. (ge-, h) breathe hard, pant, puff.

Schnauz|bart ['ʃnaʊts-] m m(o)ustache; '~e f (-/-n) zo. snout, mouth; muzzle (of dog); F ⚡, mot. nose; spout (of teapot, etc.); V trap, kisser; die ~ halten keep one's trap shut; '~er zo. m (-s/-) schnauzer.

Schnecke ['ʃnɛkə] f (-/-n) zo. snail, slug; fig. spiral; '~nhaus n snail shell; '~ntempo n: im ~ at a snail's pace.

Schnee [ʃneː] m (-s/no pl.) snow (a. sl. cocaine); ~ räumen remove snow; '~ball m snowball (a. fig. in compounds: system, etc.); '~ballschlacht f snowball fight; '2bedeckt adj. snowcovered, snowcapped; '~besen m whisk, eggbeater; '~fall m snowfall; '~flocke f snowflake; '~gestöber ['~gəʃtøːbər] n (-s/-) snow flurry; heavy: snowstorm; '~glöckchen ⚘ n snowdrop; '~grenze f snowline; '~mann m snowman; '~matsch m slush; '~pflug m snowplow (Brt. -plough) (a. fig. skiing); '~regen m sleet; '~schmelze meteor. ['~ʃmɛltsə] f (-/no pl.) thaw; '~treiben n s. Schneegestöber; '~sturm m snowstorm, blizzard; '~verwehung f (-/-en), '~wehe f (-/-n) snowdrift; '2weiß adj. snowwhite; fig. as white as a sheet; ~

wittchen [~'vɪtçən] n (-s/no pl.) Snow White.

Schneid F [ʃnaɪt] m (-[e]s/no pl.) grit, guts; '~brenner ⊙ m cutting torch.

Schneid|e ['ʃnaɪdə] f (-/-n) edge; s. Messer; '2en v/t. and v/i. (irr., ge-, h) cut (a. fig. mot.), carve; edit (film, etc.); slice (ball); fig. cut s.o. dead; s. Grimasse; '~er m (-s/-) tailor; '~e'rei f (-/-en) tailoring, dressmaking; tailor's or dressmaker's shop; '~erin f (-/-nen) dressmaker; '2ern v/i. and v/t. (ge-, h) do dressmaking; make (dress, etc.), sew; '~ezahn m incisor; '2ig adj. dashing; smart.

schneien ['ʃnaɪən] v/i. (ge-, h) snow.

Schneise ['ʃnaɪzə] f (-/-n) in forest: firebreak, lane.

schnell adj. [ʃnɛl] fast, quick; prompt; rapid (a. pulse, rise, etc.); es geht ~ it won't take long; (mach[t]) ~! hurry up!; 2... in compounds: mst express (parcel, service, train, etc.); '2bahn f s. S-Bahn; '2boot ⚓ n speedboat; ⚡ torpedo boat; '2e f (-/no pl.): F et. auf die ~ a quickie; '~en (ge-) v/t. (h) and v/i. (sein) shoot, spring; in die Höhe ~ fig. soar; '2gaststätte f fast food restaurant; '2hefter m folder; '2igkeit f (-/no pl.) speed; quickness, rapidity; 2imbiß ['~ʔ-] m snack bar; '~stens adv. ['~ʃtəns] as quick(ly) or soon as possible; '2straße mot. f expressway, Brt. motorway.

schnetzeln esp. Swiss ['ʃnɛtsəln] v/t. (ge-, h) chop up (meat, etc.).

schneuzen ['ʃnɔʏtsən] v/refl. (ge-, h): sich (die Nase) ~ blow one's nose.

schniegeln F ['ʃniːgəln] v/refl. (ge-, h) spruce (o.s.).

Schnipp|chen ['ʃnɪpçən] n (-s/-): F j-m ein ~ schlagen outwit s.o.; '2en v/i. (ge-, h) snap one's fingers; '2isch adj. pert, saucy, sassy.

schnips|en ['ʃnɪpsən] v/i. (ge-, h) s. schnippen; '2el m, n (-s/-) bit, scrap (of paper, etc.).

schnitt [ʃnɪt] past of schneiden.

Schnitt [~] m (-[e]s/-e) cut (a. fig.); average; editing (of film, etc.); '~blumen pl. cut flowers; '~chen n (-s/-) thin slice; small sandwich; '~e f (-/-n) slice (of bread, etc.); (open-faced, Brt. open) sandwich; '~fläche f (surface of) ⚹ intersection or ⊙ cut; '2ig adj. stylish; boat, car: sleek; '~lauch ⚘ m chive(s); '~muster n (dress, etc.) pattern; '~punkt m (point of) intersection; '~stelle f computer: interface; '~wunde f cut.

Schnitzel ['ʃnɪtsəl] (-s/-) 1. n cutlet; schnitzel; 2. n, m chip, scrap.

schnitz|en ['ʃnɪtsən] v/t. (ge-, h) carve, cut (in wood); '**2er** m (-s/-) (wood) carver; F fig. blunder; boner; **2e'rei** f (-/-en) (wood) carving.

schnodd(e)rig F adj. ['ʃnɔd(ə)rɪç] brash, snotty.

Schnorchel ['ʃnɔrçəl] m (-s/-) snorkel (a. ♣ ✕).

Schnörkel ['ʃnœrkəl] m (-s/-) flourish; arch. scroll.

schnorr|en F ['ʃnɔrən] v/t. (ge-, h) sponge, cadge; '**2er** m (-s/-) sponger, cadger.

Schnösel contp. ['ʃnøːzəl] m (-s/-) lout, wise guy.

schnüffel|n ['ʃnyfəln] v/i. (ge-, h) sniff (**an** dat. at); F fig. snoop (about or around); '**2er** F fig. m (-s/-) snoop(er); sleuth.

Schnuller ['ʃnʊlər] m (-s/-) pacifier, Brt. dummy.

Schnulz|e F ['ʃnʊltsə] f (-/-n) tearjerker, trashy film or song; '**~ensänger** m crooner; '**2ig** adj. schmal(t)zy, soapy.

schnupfen ['ʃnʊpfən] v/i. and v/t. (ge-, h) take snuff; sniff (drug).

Schnupf|en [~] m (-s/-) cold; **e-n ~ haben (bekommen)** have a (catch [a]) cold; '**~tabak** m snuff.

schnuppe F adj. ['ʃnʊpə]: **das ist mir ~** I don't care or give a damn; '**2rn** v/i. (ge-, h) sniff (**an** et. [at] s.th.).

Schnur [ʃnuːr] f (-/-e, -en) string, cord; ⚡ cord, Brt. a. flex.

Schnür|chen ['ʃnyːrçən] fig. n: **wie am ~** like clockwork; '**2en** v/t. (ge-, h) lace (up); tie up.

'**schnur|ge'rade** adj. and adv. straight (as an arrow); '**~los** adj. cordless (phone, etc.).

Schnürlsamt Aust. ['ʃnyːrl-] m corduroy.

Schnurr|bart ['ʃnʊr-] m m(o)ustache; '**2en** v/i. (ge-, h) purr.

'**Schnür|schuh** m laced shoe; **~senkel** ['~zɛŋkəl] m (-s/-) shoelace or -string.

schnurstracks adv. ['ʃnuːr'ʃtraks] direct(ly), straight; right away.

schob [ʃoːp] past of schieben.

Schober ['ʃoːbər] m (-s/-) rick, stack.

Schock ⚕ [ʃɔk] m (-[e]s/-s) shock; **unter ~ stehen** be in (a state of) shock; '**2en** v/t. (ge-, h), **2ieren** [~'kiːrən] v/t. (no ge-, h) shock.

Schöffe ⚖ ['ʃœfə] m (-n/-n) lay judge.

Schoko|lade [ʃoko'laːdə] f (-/-n) chocolate; **e-e Tafel ~** a bar of chocolate; **~riegel** [~'ko-] m chocolate (Am. a. candy) bar.

Scholle ['ʃɔlə] f (-/-n) clod (of earth) (ice) floe; fig. (native) soil; zo. flounder, plaice.

schon adv. [ʃoːn] already; ever; even; **~ damals** even then; **~ 1968** as early as 1968; **(nicht)** '**~ wieder!** (not) again!; **~ der Gedanke** the very idea or mere thought; **ist sie ~ da** (zurück)? has she come (is she back) yet?; **habt (seid) ihr ~ ...?** have you ... yet?; **hast (bist) du ~ einmal ...?** have you ever ...?; **ich bin (wohne) hier ~ seit zwei Jahren** I've been (living) here for two years now; **ich kenne ihn ~, aber** I do know him, but; **er macht das ~** he'll do it all right; **~ gut!** never mind!, all right!

schön [ʃøːn] 1. adj. beautiful, lovely; weather: a. fine, fair; fine, nice (both a. iro.); **en Tag noch!** have a nice day!; **(na,)** ~ all right; s. Dank, danken, Gruß, grüßen; 2. adv.: **~ warm (kühl)** nice and warm (cool); **ganz ~ teuer (schnell)** pretty expensive (fast); **j-n ganz ~ erschrecken (überraschen)** give s.o. quite a start (surprise).

schon|en ['ʃoːnən] v/t. (ge-, h) take care of, go easy on (a. ☺), save; spare (s.o.['s life]); **sich ~** take it easy; save o.s. or one's strength; '**~end** 1. adj. gentle; cleaner, etc.: a. mild; 2. adv.: **~ umgehen mit** take (good) care of; handle with care; go easy on; '**2er** m (-s/-) (protective) cover; antimacassar; ♣ schooner.

Schönfärbe'rei fig. f gloss(ing over).

'**Schönheit** f (-/-en) beauty; '**~schirurg** m cosmetic surgeon; '**~schirurgie** f cosmetic surgery; '**~sfehler** m blemish, flaw (both a. fig.); '**~soperation** ['~s?-] f cosmetic procedure; cosmetic surgery; '**~spflege** f beauty care.

'**Schonung** f 1. (-/no pl.) (good) care; rest; preservation, saving; 2. (-/-en) tree nursery; '**2slos** adj. relentless, brutal.

'**Schonzeit** hunt. f close(d) season.

Schopf [ʃɔpf] m (-[e]s/-e) (mop of) hair; tuft.

schöpf|en ['ʃœpfən] v/t. (ge-, h) scoop, ladle; draw (from well, a. fig. on s.th.); s. Luft, Mut, Verdacht, voll; '**2er** m (-s/-) creator; '**2erisch** adj. creative; '**2kelle** f, '**2löffel** m ladle, scoop; '**2ung** f (-/-en) creation; genesis.

Schoppen ['ʃɔpən] m (-s/-) glass of wine; esp. in compounds: drink; baby: bottle.

schor [ʃoːr] past of scheren¹.

Schorf ⚕ [ʃɔrf] m (-[e]s/-e) scab.

Schornstein ['ʃɔrn-] m chimney; smokestack; ♣, 🚢 funnel; '**~feger** m chimneysweep(cr).

schoß [ʃɔs] past of schießen.

Schoß [ʃoːs] m (-es/-e) lap (a. fig.); womb; fig. a. fold; **die Hände in den ~ legen** do nothing (about s.th.).

Schößling ✗ ['ʃøːs-] m (-s/-e) shoot, sprout, sapling.

Schote ♀ ['ʃoːtə] f (-/-n) pod, husk, shell.

Schotte ['ʃɔtə] m (-n/-n) Scot(sman); *die ~n pl.* the Scots or Scottish.

Schotter ['ʃɔtər] m (-s/-) gravel, road metal.

'**Schott|in** f (-/-nen) Scotswoman; '**2isch** adj. Scottish, Scots; *esp. products, etc.*: Scotch.

schraffieren [ʃraˈfiːrən] v/t. (no ge-, h) hatch (*surface, etc.*).

schräg [ʃrɛːk] 1. adj. slanting, sloping, oblique (a. ♠); diagonal (*line, etc.*); 2. adv.: ~ **gegenüber** diagonally opposite; **2e** ['~gə] f (-/-n) slant, slope.

Schramme ['ʃramə] f (-/-n), '**2n** (ge-) v/t. (h) and v/i. (sein) scratch.

Schrank [ʃraŋk] m (-[e]s/-e) cupboard, Am. a. closet; wardrobe.

'**Schranke** f (-/-n) barrier (a. fig.); ♠ a. gate; **2ż** bar; **~n** pl. limits, bounds; '**2nlos** fig. adj. boundless; unbridled; '**~nwärter** m gatekeeper.

'**Schrank|koffer** m wardrobe trunk; '**~wand** f wall units.

Schraub... [ʃraʊp-] in compounds: screw (*top, etc.*).

Schraube ['ʃraʊbə] f (-/-n) screw; '**2n** v/t. (ge-, h) screw; *in die Höhe ~* raise; *fig. a.* push up.

'**Schrauben|schlüssel** ⊕ m spanner, wrench; '**~zieher** ⊕ m screwdriver.

'**Schraubstock** ⊕ m vise, Brt. vice.

Schrebergarten ['ʃreːbar-] m garden plot, Brt. allotment.

Schreck [ʃrɛk] m (-[e]s/-e) fright, shock; *j-m e-n ~ einjagen* give s.o. a fright, scare s.o.; '**~en** m (-s/-) terror, fright; horror(s); '**~ens...** in compounds: dreadful (*news, etc.*); (*reign, night, etc.*) of terror or horror(s); '**2haft** adj. jumpy; *esp. horse*: skittish; '**2lich** adj. awful, terrible; horrible; dreadful; *murder, etc.*: a. atrocious; '**~schuß** m warning shot; '**~schuß...** in compounds: blank (*cartridge, etc.*); '**~sekunde** f reaction time.

Schrei [ʃraɪ] m (-[e]s/-e) cry; shout, yell; scream (*all: um, nach* for); *der letzte ~ fig.* the latest fashion.

Schreib... [ʃraɪp-] in compounds: mst writing (*pad, paper, etc.*).

schreiben [ʃraɪbən] v/t. and v/i. (irr., ge-, h) write (*j-m* to s.o.); *über acc.* about); type; spell; *groß ~* capitalize; *falsch ~* misspell *s.th.*; *wie schreibt man ...?* how do you spell ...?

Schreib|en [~] n (-s/-) letter; writing; '**~er** m (-s/-) writer, author; F and in compounds: pen.

schreib|faul adj. ['ʃraɪp-]: ~ **sein** be a poor correspondent; '**2fehler** m spelling mistake; '**2heft** n school, etc.: (note)book, Brt. exercise book; '**2kraft** f typist; '**2maschine** f typewriter; '**2material** n stationery, writing materials; '**2schrift** f script; '**2tisch** m desk; **2ung** ['~bʊŋ] f (-/-en) spelling; '**2unterlage** ['~?-] f desk mat, blotter; '**2waren** pl. stationery; '**2warengeschäft** n stationer; '**2weise** f spelling.

'**schreien** v/i. and v/t. (irr., ge-, h) cry; shout, yell; scream (*all: um, nach* [out] for); ~ **vor Schmerz (Angst)** cry out with pain (in terror); *es war zum 2* it was a scream; '**~d** adj. colo(u)rs: loud; crying, flagrant.

Schrei|hals F m crybaby; '**~krampf** m crying fit (F jag).

Schrein [ʃraɪn] m (-[e]s/-e) shrine; reliquary.

Schreiner ['ʃraɪnər] m (-s/-) s. Tischler.

schreiten ['ʃraɪtən] v/i. (irr., ge-, sein) stride; ~ **zu** fig. proceed to (*do*) *s.th.*

schrie [ʃriː] past of schreien.

schrieb [ʃriːp] past of schreiben.

Schrift [ʃrɪft] f (-/-en) (hand)writing, hand; print. type(face); character, letter; ~**en** pl. works, writings; *die Heilige ~ eccl.* the Scriptures; '**~art** ['~?-] f script; print. type(face); '**~deutsch** n (-en/no pl.) standard German; '**~führer** m club, etc.: secretary; '**2lich** adj. written; ~ **übersetzen** etc. translate, etc. in writing; '**~steller(in)** ['~ʃtɛlər(ɪn)] m (f) (-s[-]/-[nen]) author(ess), writer; '**~verkehr**, '**~wechsel** m correspondence; '**~zeichen** n character, letter.

schrill adj. [ʃrɪl] shrill, piercing.

schritt [ʃrɪt] past of schreiten.

Schritt [~] m (-[e]s/-e) step (a. fig.), footstep; pace; *pants, etc.*: crotch; ~**e unternehmen** take steps; '**~macher** m pacemaker (a. ♥); '**2weise** adv. step by step, gradually.

schroff adj. [ʃrɔf] steep; jagged; fig. gruff; contrast, etc.: sharp, glaring.

Schrot [ʃroːt] m, n (-[e]s/-e) coarse meal; hunt. (small) shot; pellet(s); '**~flinte** f shotgun.

Schrott [ʃrɔt] m (-[e]s/-e) scrap(iron or metal); '**~platz** m junkyard, Brt. scrapyard.

schrubben [ʃrʊbən] v/t. (ge-, h) scrub, scour.

schrump|elig F adj. ['ʃrʊmpəlɪç] shrivel(l)ed, wrinkled; '**~en** ['~pfən] v/i. (ge-, sein) shrink. ~

Schub [ʃuːp] m (-[e]s/-e) phase; ✈ attack; *in Schüben* intermittent; s. Schubkraft; '**~fach** n drawer; '**~karre(n)** f (m) wheelbarrow; '**~kasten** m drawer; '~kraft *phys.*, ⊕ *f* thrust; '~lade *f* (*-l-n*) drawer.

Schubs F [ʃups] *m* (*-esl-e*), '2en F *v/t.* (ge-, *h*) push, shove.

schüchtern *adj.* ['ʃʏçtərn] shy, bashful; '2heit *f* (*-/no pl.*) shyness, bashfulness.

schuf [ʃuːf] *past of* **schaffen 1.**

Schuft [ʃoft] *m* (*-[e]sl-e*) F *contp.* bastard; *thea., etc.* villain; '2en F *v/i.* (ge-, *h*) work like a dog.

Schuh [ʃuː] *m* (*-[e]sl-e*) shoe; boot; *j-m et. in die ~e schieben* put the blame for s.th. on s.o.; **~anzieher** ['~ʔantsiːər] *m* (*-sl-*) shoehorn; '~band *n s. Schnürsenkel*; '~creme *f* shoe polish; '~geschäft *n* shoe store (*Brt.* shop); '~löffel *m* shoehorn; '~macher *m* shoemaker('s); shoe repair shop; '~plattler ['~platlər] *m* (*-sl-*) Bavarian folk dance; '~putzer *m* (*-sl-*) shoeshine boy, bootblack; '~werk *n* (*-[e]sl no pl.*) shoes, boots.

Schul|abgänger ['ʃuːl?-] *m s. Abgänger*; **~amt** ['~?-] *n* school board, *Brt.* education authority; **~arbeit** ['~?-] *f* schoolwork; *pl.* homework; '~bank *f* (*-l-e*) desk; F (*noch einmal*) *die* ~ *drücken* go (back) to school; '~besuch *m* (*-[e]sl no pl.*) (school) attendance; '~bildung *f* education; '~buch *n* textbook, schoolbook.

schuld *adj.* ['ʃolt]: ~ *sein* be to blame; *du bist* ~ it's your fault.

Schuld [~] *f* 1. (*-/no pl.*) guilt; *esp. eccl.* sin; *j-m die* ~ (*an et.*) *geben* blame s.o. (for s.th.); *es ist (nicht) deine* ~ it is(n't) your fault; 2. (*-l-en*) debt; **~en haben** (*machen*) be in (run into) debt; '2bewußt *adj.: ~e Miene* guilty look; 2en ['~dən] *v/t.* (ge-, *h*); *j-m et.* ~ owe s.o. s.th.; '2haft ⚖ *adj.* culpable.

schuldig *adj.* ['ʃoldıç] *esp.* ⚖ guilty (*an dat.* of); responsible *or* to blame (for); *j-m et.* ~ *sein* owe s.o. s.th.; **2e** ['~gə] *m, f* (*-nl-n*) ⚖ guilty person; person, *etc.* responsible *or* to blame, offender; '2keit *f* (*-/no pl.*) duty.

'schuld|los *adj.* innocent; '2ner ['ʃoldnər] *m* (*-sl-*) debtor; '2schein *m* promissory note, IOU; '2spruch ⚖ *m* verdict (of guilty); '2zuweisung *f* charge, accusation; *gegenseitige* ~ (mutual) recrimination.

Schule ['ʃuːlə] *f* (*-l-n*) school (*a. fig.*); *höhere* ~ secondary school, *Am. appr.* (senior) high school; *auf or in der* ~ in *or* at school; *in die* (*zur*) ~ *gehen* (*kommen*) go to (start) school; *die* ~ *fängt an um* school begins at; ~ *machen fig.* become accepted, come into use; *die hohe* ~ (*gen.*) the art of;

Hohe ~ *riding*: haute école; '2n *v/t.* (ge-, *h*) train, school.

Schüler ['ʃyːlər] *m* (*-sl-*) student; schoolkid, schoolboy, pupil; **~austausch** ['~?-] *m* student exchange (program[me]); '~in *f* (*-l-nen*) student; schoolkid, schoolgirl, pupil; '2lotse *m* school crossing guard; '~vertretung *f appr.* student government *or* council.

'Schul|ferien *pl.* vacation, *Brt.* holidays; '~fernsehen *n* educational TV; '2frei *adj.: ~er Tag* (school) holiday; *heute ist* ~ there is no school today; '~funk *m* schools programmes; '~gebäude *n* school (building); '~geld *n* school fee(s), tuition; '~heft *n s. Schreibheft*; '~hof *m* school yard *or* playground; '~kamerad *m* schoolfellow *or* -mate; '~leiter(in) *m* (*f*) principal, *Brt.* head|master (-mistress); '~mappe *f* schoolbag; '~meister F *m* schoolmaster; *contp.* pedant; '~ordnung ['~?-] *f* school rules; '2pflichtig *adj.: ~es Kind* school-age child; '~ranzen *m* schoolbag; satchel; '~rat *m* school supervisor (*Brt.* inspector); '~schiff *n* training ship; '~schluß *m* end of school; end of term; *nach* ~ after school; '~schwänzer *m* (*-sl-*) truant; '~stunde *f* lesson, class, period; '~tasche *f* schoolbag.

Schulter ['ʃoltər] *f* (*-l-n*) shoulder; '~blatt *n* shoulder blade; '2frei *adj. dress, etc.*: strapless; '2n *v/t.* (ge-, *h*) shoulder; '~sieg *m* wrestling: win by a fall; '~zucken *n* (*-sl no pl.*) shrug(ging).

'Schul|ung *f* (*-l-en*) training, instruction; *pol.* indoctrination; '~weg *m* way to school; '~wesen *n* education(al system).

schummeln F ['ʃoməln] *v/i.* (ge-, *h*) cheat.

schummerig F *adj.* ['ʃoməriç] dusky, gloomy; dim (*light, etc.*).

schund [ʃont] *past of* **schinden.**

Schund [~] *m* (*-[e]sl no pl.*) trash, rubbish, junk.

schunkeln ['ʃoŋkəln] *v/i.* (ge-, *h*) link arms and sway with the music.

Schupp|e ['ʃopə] *f* (*-l-n*) scale; ~n *pl.* dandruff; '~en *m* (*-sl-*) shed, *esp. fig.* shack; '2ig *adj.* scaly; full of dandruff.

schüren ['ʃyːrən] *v/t.* (ge-, *h*) stir up (*fire*) (*a. fig.*).

schürf|en ✕ ['ʃʏrfən] *v/i.* (ge-, *h*) prospect (*nach* for); '2wunde *f* graze, abrasion.

Schurke ['ʃorkə] *m* (*-nl-n*) *esp. thea., etc.* villain.

Schurwolle ['ʃuːr-] *f* virgin wool.

Schürze ['ʃʏrtsə] *f* (*-l-n*) apron; '~njäger F *m* womanizer, Romeo.

Schuß [ʃus] m (Schusses/Schüsse) shot (a. sports); round (of ammunition); dash (of liquid); skiing: schuss (a. ~ fahren); sl. shot, fix; in ~ sein (halten) be (keep s.th.) in (good) shape; F weit vom ~ outside the range of fire; well out of harm's way.

Schüssel ['ʃysəl] f (-/-n) bowl, dish; (water, etc.) basin; tureen.

'Schuß|waffe f firearm; **'~weite** f (firing) range; **'~wunde** f gunshot or bullet wound.

Schuster ['ʃuːstər] m (-s/-) shoemaker.

Schutt [ʃut] m (-[e]s/no pl.) rubble, debris; ~ abladen dump; **~abladeplatz** ['~ʔ-] m dump.

Schüttel|frost ⚕ ['ʃytəl-] m chill(s); **'2n** v/t. (ge-, h) shake (den Kopf one's head); **'~reim** m spoonerism.

schütten ['ʃytən] v/t. (ge-, h) pour (a. fig. rain); throw.

Schutz [ʃuts] m (-es/no pl.) protection (gegen, vor dat. against), defen|se, Brt. -ce (against, from); shelter (from); safeguard (against); cover; **'~blech** n fender, Brt. mudguard; **'~brille** f goggles.

Schütze ['ʃytsə] m (-n/-n) private; sports: scorer (of goal); ast. Sagittarius; guter ~ good shot; **'2n** v/t. (ge-, h) protect (gegen, vor dat. against, from), defend (against, from), guard (against, from); shelter (from weather, etc.); safeguard.

Schutzengel ['ʃuts-] m guardian angel.

'Schützen|graben ✕ m trench; **'~könig** m champion marksman.

'Schutz|haft 🕮 f protective custody; **'~heilige** m, f patron (saint); **~impfung** ⚕ ['~ʔ-] f inoculation; vaccination; **'~kleidung** f protective clothing.

'Schützling m (-s/-e) protégé(e f).

'schutz|los adj. unprotected; defen|seless, Brt. -celess; **'2maßnahme** f safety measure; **'2patron** m patron (saint); **2umschlag** ['~ʔ-] m dust cover; **'2zoll** m protective tariff or duty.

Schwabe ['ʃvaːbə] m (-n/-n), **Schwäb|in** ['ʃveːbin] f (-/-nen), **2isch** adj. Swabian.

schwach adj. [ʃvax] weak (a. fig.); performance, eyes, health, etc.: a. poor; sound, hope, memory, etc.: faint; delicate, frail; schwächer werden grow weak; decline.

Schwäch|e ['ʃveçə] f (-/-n) weakness (a. fig.); infirmity; drawback, shortcoming; e-e ~ haben für be partial to; **'2en** v/t. (ge-, h) weaken (a. fig.), lessen; **'2lich** adj. weakly, feeble; delicate, frail; **'~ling** m (-s/-e) weakling (a. fig.), softy, sissy.

'schwach|sinnig adj. feebleminded; **'2strom** ⚡ m low-voltage current.

Schwaden ['ʃvaːdən] m (-s/-) cloud (of smoke); vapo(u)r, fume(s).

schwafeln F ['ʃvaːfəln] v/i. (ge-, h) s. faseln.

Schwager ['ʃvaːgər] m (-s/~) brother-in-law.

Schwägerin ['ʃveːgərin] f (-/-nen) sister-in-law.

Schwalbe zo. ['ʃvalbə] f (-/-n) swallow.

Schwall [ʃval] m (-[e]s/-e) gush, esp. fig. a. torrent.

schwamm ['ʃvam] past of schwimmen.

Schwamm [~] m (-[e]s/-e) sponge; ⚕ fungus; dry rot; F: ~ d(a)rüber! forget it!; **~eri** ⚕ Aust. ['~ərl] n (-s/-[n]) mushroom; **'2ig** adj. spongy; face, etc.: puffy; idea, etc.: hazy, misty.

Schwan zo. [ʃvaːn] m (-[e]s/=e) swan.

schwand [ʃvant] past of schwinden.

schwang [ʃvaŋ] past of schwingen.

schwanger adj. ['ʃvaŋər] pregnant.

schwängern [ʃveŋərn] v/t. (ge-, h) make s.o. pregnant; geschwängert fig. esp. in compounds: filled with (smoke, etc.).

'Schwangerschaft f (-/-en) pregnancy; **~sabbruch** ['~sʔ-] m abortion.

Schwank [ʃvaŋk] m (-[e]s/=e) thea. farce; F (funny) story.

schwank|en ['ʃvaŋkən] v/i. (ge-) 1. (h) sway, roll (a. ship, drunk); stagger, reel; fig. ~ zwischen ... und ... vary between ... and ..., range from ... to ...; 2. (sein) stagger; **'2ung** f (-/-en) change, variation (a. econ.).

Schwanz [ʃvants] m (-es/=e) tail (a. ✈, ast.); V cock, pecker; F: kein ~ not one lousy bastard.

schwänzeln ['ʃventsəln] v/i. (ge-, sein): um j-n (herum)~ fawn on s.o.; **'~en** v/i. and v/t. (ge-, h): (die Schule) ~ play hooky or truant, skip school.

schwappen ['ʃvapən] v/i. (ge-) 1. (h) slosh; 2. (sein) slop, spill.

Schwarm [ʃvarm] m (-[e]s/=e) swarm; crowd, F bunch; shoal, school (of fish); F dream; idol; du bist ihr ~ she's got a crush on you.

schwärmen ['ʃvermən] v/i. (ge-) 1. (h, sein) bees, etc.: swarm; 2. (h): ~ für be mad about; dream about; adore, worship (s.o.); have a crush on (s.o.); ~ von rave about.

'Schwärmer m (-s/-) dreamer; fanatic; **~ei** [~'rai] f (-/-en) enthusiasm (für for); worship(ping) (of); raving (about); in ~ geraten get carried away; **'2isch** adj. enthusiastic; raving.

Schwarte ['ʃvartə] f (-/-n) rind; F fig. (old) tome.

schwarz adj. [ʃvarts] black (a. fig. market, etc.); fig. a. illicit, bootleg(ged); **2es Brett** bulletin board, notice board; ~ **auf weiß** in black and white; **2arbeit** ['~?-] f illicit work, F moonlighting; **2brenner** m moonshiner, bootlegger; **2brot** n rye bread.

'**Schwarze** m, f (-n/-n) black ([wo]man); **die ~n** pl. the Blacks.

schwärzen ['ʃvɛrtsən] v/t. (ge-, h) blacken.

'**Schwarz|fahrer** m fare dodger; '~**händler** m black marketeer.

'**schwärzlich** adj. blackish, darkish.

'**Schwarz|markt** m black market; '~**pressung** f pirate(d) record(ing), esp. Brt. a. bootleg record; '~**seher** m pessimist; pirate TV viewer, (TV) licen|se (Brt. -ce) dodger; '~**weiß...** in compounds: black-and-white (movie, TV, etc.).

schwatzen ['ʃvatsən], **schwätzen** ['ʃvɛtsən] v/i. (ge-, h) chatter; chat; school: talk.

'**Schwätzer** m (-s/-) loudmouth, big mouth.

'**schwatzhaft** adj. chatty.

Schwebe ['ʃveːbə] f (-/no pl.): **in der ~ sein** be undecided; be pending; '~**bahn** f cableway, ropeway; '~**balken** m beam; '**2n** v/i. (ge-) 1. (h) be suspended; bird, ✈: hover (a. fig.); esp. ⅔ be pending; **in Gefahr ~** be in danger; 2. (sein) glide, float, sail.

Schwed|e ['ʃveːdə] m (-n/-n), '~**in** f (-/-nen) Swede; '**2isch** adj. Swedish.

Schwefel ⚗ ['ʃveːfəl] m (-s/no pl.) sulfur, sulphur; '~**säure** ⚗ f sulfuric or sulphuric acid.

Schweif [ʃvaɪf] m (-[e]s/-e) tail (a. ast.); '**2en** v/i. (ge-, sein) wander (a. fig.), roam.

Schweigegeld ['ʃvaɪgə-] n hush money.

'**Schweigen** n (-s/no pl.) silence.

'**schweig|en** v/i. (irr., ge-, h) be silent; **ganz zu ~ von** let alone, not to mention; '~**end** adj. silent; '**2epflicht** f (-/no pl.) professional discretion, confidentiality; ~**sam** adj. ['ʃvaɪkza:m] quiet, reticent.

Schwein n zo. pig, hog; V fig. pig, (filthy) swine, bastard; F ~ **haben** be lucky.

'**Schweine|braten** m roast pork; '~**fleisch** n pork; '~**hund** F contp. m bastard; ~'**rei** F f (-/-en) mess; dirty trick; dirty or crying shame; filth(y story or joke); '~**stall** m pigsty (a. fig.).

'**schweinisch** fig. adj. filthy, obscene.

'**Schweinsleder** n pigskin.

Schweiß [ʃvaɪs] m (-es/-e) sweat, perspiration; '**2en** v/t. (ge-, h) weld; '~**er** ⚙ m (-s/-) welder; '~**füße** ['~fy:sə] pl. sweaty or smelly feet; **2gebadet** adj.

['~gəba:dət] soaked in sweat; '~**geruch** m body odo(u)r.

Schweizer ['ʃvaɪtsər] m (-s/-) and adj. Swiss.

schwelen ['ʃveːlən] v/i. (ge-, h) smo(u)lder (a. fig.).

schwelgen ['ʃvɛlgən] v/i. (ge-, h) live in luxury; carouse; ~ **in** (dat.) fig. revel in.

Schwell|e ['ʃvɛlə] f (-/-n) threshold (a. fig.); 🚂 tie, Brt. sleeper; '**2en** (ge-) v/i. (irr., sein) and v/t. (h) swell; '~**ung** f (-/-en) swelling.

Schwemm|e econ. ['ʃvɛmə] f (-/-n) glut, oversupply; '**2en** v/t. (ge-, h): **an Land ~** wash ashore.

Schwengel ['ʃvɛŋəl] m (-s/-) clapper (of bell); handle (of pump).

schwenken ['ʃvɛŋkən] (ge-) v/t. (h) and v/i. (sein) swing (a. ⊕); wave (flag, etc.); ⊕ a. swivel.

schwer [ʃveːr] 1. adj. heavy; difficult, hard; wine, cigar, etc.: strong; food: rich; illness, mistake, accident, damage, etc.: serious; punishment, etc.: severe; heavy, violent; **~e Zeiten** hard times; **es ~ haben** have a bad time; **100 Pfund ~ sein** weigh a hundred pounds; 2. adv. (work, etc.) hard; badly, seriously; F awfully, mighty (disappointed, etc.); s. **hören; 2athletik** ['~?atle:tɪk] f (-/no pl.) weightlifting and contact sports; '~**behindert** adj., '~**beschädigt** adj. (seriously) disabled; '**2e** f (-/no pl.) weight (a. fig.); fig. seriousness; '~**elos** adj. weightless; '~**fallen** v/i. (irr. fallen, sep., -ge-, sein) be difficult (dat. for); **es fällt ihm schwer zu ...** he finds it difficult to ...; '~**fällig** adj. awkward, clumsy, '**2gewicht** n heavyweight; fig. (main) emphasis; '~**hörig** adj. hard of hearing, deaf; **2industrie** ['~?-] f heavy industry; '**2kraft** phys. f gravity; '~**lich** adv. hardly; '**2metall** n heavy metal; '~**mütig** adj. melancholy; ~ **sein** have the blues; '~**nehmen** v/t. (irr. nehmen, sep., -ge-, h) take s.th. hard; '**2punkt** m center (Brt. -re) of gravity; fig. (main) emphasis.

Schwert [ʃveːrt] n (-[e]s/-er) sword.

'**schwer|tun** v/refl. (irr. tun, sep., -ge-, h): **sich ~ mit** find it difficult to do s.th., have trouble with; '**2verbrecher** m dangerous criminal, ⅔ felon; '~**verdaulich** adj. indigestible, heavy (both a. fig.); '~**verständlich** adj. difficult or hard to understand; '~**verwundet** adj. seriously wounded; '~**wiegend** fig. adj. weighty, serious.

Schwester ['ʃvɛstər] f (-/-n) sister; nun; nurse.

schwieg [ʃviːk] past of **schweigen**.

Schwieger... ['ʃviːgər-] in compounds: (mother, etc.)-in-law.

Schwiel|e ['ʃviːlə] f (-/-n) callus; **'2ig** adj. horny (hands, etc.).

schwierig adj. ['ʃviːrɪç] difficult, hard; **'2keit** f (-/-en) difficulty, trouble; **in ~en geraten** get into trouble; **~en haben, et. zu tun** have difficulty in or problems doing s.th.

Schwimm|bad ['ʃvɪm-] n swimming pool; **'2en** v/i. and v/t. (irr., ge-, sein, h) swim; boat, etc.: float; **~ gehen** go swimming; F: **im Geld ~** be rolling in money; **ins 2 kommen** fig. (start) flounder(ing); **'.flosse** f swimfin, Brt. flipper; **'.flügel** pl. water wings; **'.gürtel** m life belt; **'.haut** zo. f web; **'.lehrer** m swimming instructor; **'.weste** f life jacket or vest.

Schwindel ['ʃvɪndəl] m (-s/no pl.) ⚕ giddiness, dizziness; fig. swindle, fraud; hoax; **~anfall** ⚕ ['.-] m dizzy spell; **2erregend** adj. ['.-] dizzy; **'2frei** adj.: **~ sein** have no fear of heights; **'2n** v/i. (ge-, h) fib, lie; **mir schwindelt (der Kopf)** I feel dizzy; **das ist geschwindelt** that's a lie.

schwinden ['ʃvɪndən] v/i. (irr., ge-, sein) dwindle, decline.

'Schwindl|er m (-s/-) swindler, crook; liar; **'2ig** ⚕ adj. dizzy, giddy; **mir ist ~** I feel dizzy.

Schwing|e ['ʃvɪŋə] f (-/-n) wing; **'2en** v/i. and v/t. (irr., ge-, h) swing; wave (flag, etc.); ⊕ oscillate; vibrate; **sich ~** swing (o.s.); jump; **'.er** m (-s/-) boxing, etc.: swing, blow; **'.ung** f (-/-en) oscillation; vibration.

Schwips F [ʃvɪps] m (-es/-e): **e-n haben** be tipsy.

schwirren ['ʃvɪrən] v/i. (ge-) **1.** (sein) whirr, whizz; buzz (a. fig.); **2.** (h): **mir schwirrt der Kopf** my head is buzzing.

schwitz|en ['ʃvɪtsən] v/i. (ge-, h) sweat (stark profusely; vor Angst with fear), perspire; **'2kasten** m: **j-n in den ~ nehmen** put a headlock on s.o.

schwoll [ʃvɔl] past of **schwellen.**

schwor [ʃvoːr] past of **schwören.**

schwören ['ʃvøːrən] v/t. and v/i. (irr., ge-, h) swear (e-n Eid an oath) (bei, fig. auf acc. by).

schwul F adj. [ʃvuːl] gay; contp. queer; **die 2en** pl. the gay community; **'2en...** in compounds: gay (bar, etc.).

schwül adj. [ʃvyːl] sultry (a. fig.), close, humid.

Schwulst [ʃvʊlst] m (-[e]s/no pl.) bombast.

schwülstig adj. ['ʃvʏlstɪç] bombastic, pompous.

Schwund [ʃvʊnt] m (-[e]s/no pl.) esp. in compounds: drop in ...; loss of ...; ⚕ atrophy.

Schwung [ʃvʊŋ] m (-[e]s/-̈e) swing; fig. verve, zest, F vim, pep; drive, energy; **in ~ kommen** get (s.th.) going; **'2haft** econ. adj. flourishing; **'.rad** ⊕ n flywheel; **'2voll** adj. full of energy or verve; music: upbeat, swinging; style: racy.

Schwur [ʃvuːr] m (-[e]s/-̈e) oath; **'~gericht** ⚖ n appr. jury court.

sechs adj. [zɛks] six; **2** [-] f (-/-en) grade: F, Brt. a. poor; **2eck** ['.-ʔɛk] n (-[e]s/-e) hexagon; **'~eckig** adj. ['.-ʔ-] hexagonal; **'.fach** adj. sixfold, sextuple; **'.mal** adv. six times; **'2tagerennen** n six-day race; **'.tägig** adj. lasting or of six days.

sechste adj. ['zɛkstə] sixth; **'2l** n (-s/-) sixth (part); **'.ns** adv. sixthly, in the sixth place.

sech|zehn(te) adj. ['zɛç-] sixteen(th); **~zig** adj. ['.-tsɪç] sixty; **'.zigste** adj. sixtieth.

See [zeː] **1.** m (-s/-n) lake; **2.** f (-/no pl.) sea, ocean; **auf ~** at sea; **auf hoher ~** on the high seas; **an der ~** at the seaside; **zur ~ gehen (fahren)** go to sea (be a sailor); **in ~ stechen** put to sea; **'.bad** n seaside resort; **'2fahrend** adj. seafaring (nation, etc.); **'.fahrt** f navigation; s. **Seereise; '2fest** adj. s. **seetüchtig; '.gang** m: **schwerer ~** heavy sea; **'~hafen** m seaport; **'.hund** zo. m seal; **'.jungfrau** myth. f mermaid; **'.karte** f nautical chart; **'2krank** adj. seasick; **'.krankheit** f (-/no pl.) seasickness.

Seel|e ['zeːlə] f (-/-n) soul (a. fig.); mind; fig. a. heart; **'2enfriede(n)** m peace of mind; **'.enheil** n salvation; **'2enlos** adj. soulless; **'.enruhe** f coolness; **in aller 'Seelen'ruhe** ['.-] adv. coolly and calmly; **'.enwanderung** f reincarnation; **'2isch** adj. mental; **~ krank** mentally ill; **'.sorge** f (-/no pl.) pastoral care; **'.sorger** m (-s/-) pastor.

'See|macht f sea power; **'.mann** m (-[e]s/**Seeleute**) seaman, sailor; **'.meile** f nautical mile; **'.not** f (-/no pl.) distress (at sea); **'.notkreuzer** m rescue cruiser; **'.räuber** m pirate; **'.räube'rei** f (-/-en) piracy; **'.reise** f voyage, cruise; **'.rose** ♣ f water lily; **'.sack** m duffle bag; **'.schlacht** f naval battle; **'.streitkräfte** pl. naval forces, navy; **'2tüchtig** adj. seaworthy; seagoing; F: **~ (nicht) ~ sein** be a good (bad) sailor; **'.warte** f naval observatory; **'.weg** m sea route; **auf dem ~** by sea; **'.zeichen** ♪ n seamark; **'.zunge** zo. f (Brt. Dover) sole.

Segel ['zeːgəl] n (-s/-) sail; **'.boot** n sailboat, Brt. sailing boat; **'.fliegen** n gliding; '**~flugzeug** n glider; '**2n** (**ge-**) v/i. (**h, sein**) and v/t. (**h**) sail; sports: a. yacht; '**~schiff** n sailing ship; '**~sport** m yachting, sailing; '**~tuch** n canvas, sailcloth.

Segen ['ze:gən] m (**-s/-**) blessing (a. fig.).

Segler(in) ['ze:glər(ın)] m (f) (**-s[-]/ -[-nen]**) yachts|man (-woman).

segn|en ['ze:gnən] v/t. (**ge-**, **h**) bless; '**2ung** f (**-/-en**) blessing.

sehen ['ze:ən] v/t. and v/i. (irr., **ge-**, **h**) see; look; watch (game, program[me], etc.); notice; **gut** (**schlecht**) **~** have good (poor) eyesight; **~ nach** look after; look for; **sich ~ lassen** show up; **das sieht man** (**kaum**) it (hardly) shows; **siehst du** (you) see; I told you; **siehe oben** (**unten, Seite ...**) see above (below, page ...); (**wir wollen**) **mal ~** let's see; fig. we'll see (about that); **sieh mal!** look (here)!; '**~swert** adj. worth seeing; '**2swürdigkeit** f (**-/-en**) place of interest; **~en** pl. sights.

Seher(in) ['ze:ər(ın)] m (f) (**-s[-]/-[-nen]**) prophet(ess), seer, visionary.

'**Sehkraft** f eyesight, vision.

Sehne ['ze:nə] f (**-/-n**) anat. sinew; string (of bow).

'**sehnen** v/refl. (**ge-**, **h**) long (**nach** for); yearn (for); **sich danach ~ zu** inf. be longing to inf.

'**Sehnerv** m optic nerve.

'**sehnig** adj. sinewy; meat: a. stringy.

'**sehn|lichst** adj. dearest (wish, etc.); '**2sucht** f, '**~süchtig, ~suchtsvoll** adj. longing; yearning.

sehr adv. ['ze:r] before adj. and adv.: very, most; with verbs: (very) much, greatly.

'**Seh|rohr** ⚓ n periscope; '**~schwäche** f weak sight; '**~test** m vision test; '**~ weite** f range of vision.

sei [zaı] pres. subj. of **sein**.

seicht adj. [zaıçt] shallow (a. fig.).

Seid|e ['zaıdə] f (**-/-n**), '**2en** adj. silk; '**~enpapier** n tissue (paper); '**~enraupe** zo. f silkworm; '**2ig** adj. silky.

Seif|e ['zaıfə] f (**-/-n**) soap; '**~enblase** f soap bubble; '**~enlauge** f (soap)suds; **~enoper** TV ['~n?-] f soap opera; '**~enschale** f soap dish; '**~enschaum** m lather; '**2ig** adj. soapy.

seihen ['zaıən] v/t. (**ge-**, **h**) strain, filter.

Seil [zaıl] n (**-[e]s/-e**) rope; '**~bahn** f cableway, ropeway; '**~hüpfen** n, '**~ springen** n (**-s/no** pl.) jumping rope, Brt. skipping.

Sein [zaın] n (**-s/no** pl.) being; existence.

sein¹ [~] (irr., **ge-**, **sein**) 1. v/i. be; exist; '**ich bin's** it's me; **ich war es nicht** I didn't do it; 2. v/aux. have (been, etc.).

sein² poss. pron. [~] his; her; its; **der** (**die,**

das) **~e** his; hers; its; **die Seinen** pl. his family or people.

seiner|seits adv. ['zaınər'zaıts] for his part; '**~zeit** adv. then, in those days.

'**seines'gleichen** pron. his equals or peers; **j-n wie ~ behandeln** treat s.o. as one's equal.

'**seinet'wegen** adv. cf. **meinetwegen**.

'**seinlassen** v/t. (irr. **lassen**, sep., no **-ge-**, **h**): **et. ~** stop or quit (doing) s.th.; **das würde ich ~** you'd better not (do it).

seit prp. (dat.) and cj. since; **~ 1986** since 1986; **~ drei Jahren** for three years (now); **~ langem** (**kurzem**) for a long (short) time; **~dem** [~'de:m] 1. adv. since then or that time, (ever) since; 2. cj. since.

Seite ['zaıtə] f (**-/-n**) side (a. fig.); page; fig. **auf der e-n** (**anderen**) **~** on the one (other) hand; **von 2n** s. **seitens**; s. **linke**.

Seiten|ansicht ['zaıtən?-] f side view, profile; '**~blick** m sidelong glance; '**~hieb** fig. m sideswipe; '**2lang** 1. adj. (letter, etc.) of several or many pages; 2. adv. (go on, etc.) for pages (and pages).

'**seitens** prp. (gen.) on the part of, by.

'**Seiten|schiff** arch. n (side) aisle; '**~ sprung** F m: **e-n ~ machen** cheat (on one's wife or husband); '**~stechen** n (**-s/no** pl.) stitches; '**~wind** m crosswind.

seit'her adv. s. **seitdem** 1.

...seitig ['-zaıtıç] in compounds: of ... pages; ...-sided.

'**seit|lich** adj. lateral, side...; at the side(s); '**~wärts** adv. ['~vɛrts] sideways, to the side.

Sekret|är [zekre'tɛ:r] m (**-s/-e**) secretary; furniture: bureau; **~ariat** [~ta'rıa:t] n (**-[e]s/-e**) secretary's office; administration; **~ärin** f (**-/-nen**) secretary.

Sekt [zɛkt] m (**-[e]s/-e**) champagne.

Sekt|e ['zɛktə] f (**-/-n**) sect; **~ion** [~'tsio:n] f (**-/-en**) section; ⚕ dissection; autopsy; **~or** ['~tɔr] m (**-s/-en**) sector; fig. field.

sekundär adj. [zekun'dɛ:r] (of) secondary (importance).

Sekunde [ze'kundə] f (**-/-n**) second; **auf die ~** to the second; **~nbruchteil** m split second; **~nzeiger** m second(s) hand.

selbe adj. ['zɛlbə] same; '**~r** pron. s. **selbst 1**.

selbst [zɛlpst] 1. pron.: **ich** (**du etc.**) **~** I (you, etc.) myself (yourself, etc.); **mach es ~** do it yourself; **et. ~ tun** do s.th. (by) oneself; **von ~** by itself; 2. adv. even.

Selbst|... in compounds: mst self-...; '**~achtung** ['~?-] f self-respect.

selbständig adj. ['zɛlp-] independent; self-employed; **sich ~ machen** found one's own business; F fig. get lost or out of control; '**2keit** f (-/no pl.) independence.

'**Selbst|bedienung(sladen** m) f self-service (store, Brt. shop); '**~befriedigung** f masturbation; '**~beherrschung** f self-control; '**~bestimmung** f self-determination; '**2bewußt** adj. self-confident; △ not **self-conscious**; '**~bewußtsein** n self-confidence; △ not **self-consciousness**; '**~bildnis** n self-portrait; '**~erhaltun(s-)]** f (m) survival instinct; **~erkenntnis** ['~ʔ-] f self-knowledge; '**2gefällig** adj. complacent, smug; '**2gemacht** adj. homemade; '**2gerecht** adj. self-righteous; '**~gespräch** n thea. monolog(ue); F **~e führen** talk to o.s.; '**2herrlich** adj. overbearing; unauthorized; '**~hilfe** f self-help (a. in compounds: group, etc.); '**~kostenpreis** econ. m: **zum ~** at cost (price); '**2kritisch** adj. self-critical; '**~laut** gr. m vowel; '**2los** adj. unselfish; '**~mord** m, '**~mörder(in)** m (f) suicide; '**2mörderisch** adj. suicidal; '**2sicher** adj. self-confident, self-assured; '**~studium** n self-study; '**2süchtig** adj. selfish, ego(t)istic(al); '**2tätig** ☉ adj. automatic; '**~täuschung** f self-deception; '**~versorger** m (s/-): **~ sein** be self-sufficient; '**~versorgung** f self-sufficiency; self-catering; '**~verständlich 1.** adj. natural; **das ist ~** that's a matter of course; **2.** adv. of course, naturally; **~! a.** by all means!; '**~verständlichkeit** f (-/-en) matter of course; '**~verteidigung** f self-defen|se, Brt. -ce; '**~vertrauen** n self-confidence, self-reliance; '**~verwaltung** f self-government, autonomy; '**~wähldienst** teleph. m automatic long-distance dial(l)ing service; '**2zufrieden** adj. self-satisfied; '**~zweck** m (-[e]s/no pl.) end in itself.

selchen Aust. ['zɛlçən] v/t. (ge-, h) smoke.

selig adj. ['ze:lɪç] eccl. blessed; late, deceased; fig. overjoyed; '**2keit** f (-/-en) bliss, glee; **2sprechung** eccl. ['~ʃprɛçʊŋ] f (-/-en) beatification.

Sellerie ♣ ['zɛləri] m (-s/-[s]), f (-/-n) celery.

selten ['zɛltən] **1.** adj. rare, scarce; **2.** adv. rarely, seldom; '**2heit** f (-/-en) rarity.

Selters ['zɛltərs] f, n (-/-), '**~wasser** n mineral water.

seltsam adj. ['zɛltza:m] strange, odd, F funny.

Semester univ. [ze'mɛstər] n (-s/-) term, Am. a. semester.

Semikolon [zemi'ko:lɔn] n (-s/-s) semicolon.

Seminar [zemi'na:r] n (-s/-e) univ. department; seminar; eccl. seminary; teacher training college; (management, etc.) workshop.

Semmel ['zɛməl] f (-/-n) (bread) roll.

Senat [ze'na:t] m (-[e]s/-e) senate; **~or** [~ɔr] m (-s/-en) senator.

sende|n ['zɛndən] **(ge-, h) 1.** v/t. (irr.) send (mit der Post by mail or post); **2.** v/t. and v/i. broadcast, transmit; TV a. televise; '**2r** m (-s/-) radio or television station; ☉ transmitter; '**2reihe** f TV or radio series; '**2schluß** m sign-off; '**2zeichen** n call sign; '**2zeit** f air or broadcasting time.

'**Sendung** f (-/-en) broadcast, program(me); TV a. telecast; econ. consignment, shipment; ✿ piece of mail; fig. pol., etc. mission; **auf ~ sein** be on the air.

Senf [zɛnf] m (-[e]s/-e) mustard (a. ♣).

sengen ['zɛŋən] v/t. and v/i. (ge-, h) singe, scorch.

senil adj. [ze'ni:l] senile; **2ität** [~ili'tɛ:t] f (-/no pl.) senility.

Senior ['ze:niɔr] m (-s/-en) Senior; sports: senior player; **~en** pl. senior citizens; **~enheim** [ze'nio:rən-] n senior citizens' residence, etc., Brt. retirement home; '**~enpaß** ✿ m senior citizen's rail pass.

Senk|e geogr. ['zɛŋkə] f (-/-n) depression, hollow; '**2en** v/t. (ge-, h) lower (a. voice); bow (head, etc.); reduce, cut (costs, prices, etc.); **sich ~** drop, go or come down; **~füße** ['~fy:sə] pl. flat feet; '**2recht** adj. vertical; **~ nach oben** (unten) straight up (down); '**~rechtstarter** ['~ʃtartər] m (-s/-) ✈ vertical takeoff aircraft; fig. high-flier, whiz(z) kid.

Sensation [zɛnza'tsio:n] f (-/-en) sensation; **2ell** [~o'nɛl], **~s...** in compounds: sensational (...); **~slust** contp. f, **~smache** contp. f sensationalism.

Sense ['zɛnzə] f (-/-n) scythe.

sensib|el adj. [zɛn'zi:bəl] sensitive; touchy; △ not **sensible**; **~ilisieren** [~ibili'zi:rən] v/t. (no ge-, h) sensitize (für to).

sentimental adj. [zɛntimɛn'ta:l] sentimental; **2ität** [~ali'tɛ:t] f (-/-en) sentimentality.

September [zɛp'tɛmbər] m (-s/-) September.

Serenade ♪ [zere'na:də] f (-/-n) serenade.

Serie ['ze:riə] f (-/-n) series; TV, etc. a. serial; set; **in ~ bauen** mass-produce;

'**2nmäßig 1.** *adj.* mass-produced; standard (*equipment*, *etc.*); **2.** *adv.:* ~ **herstellen** mass-produce; '~**nnummer** *f* serial number; '~**nwagen** *mot. m* (standard) production model (car), stock car.

seriös *adj.* [ze'riø:s] respectable; honest; serious, quality (*paper*, *etc.*).

Serum ['ze:rʊm] *n* (*-s/Seren, Sera*) serum.

Service¹ [zɛr'vi:s] *n* (*-[s]/-*) set; (*tea, etc.*) service.

Service² ['sœrvɪs] *m, n* (*-/-s*) service.

servieren [zɛr'vi:rən] *v/t.* (*no ge-, h*) serve; **2erin** *f* (*-/-nen*) waitress; **2tocher** *Swiss f* waitress.

Serviette [zɛr'vɪetə] *f* (*-/-n*) napkin.

Servo... *mot.* ['zɛrvo-] *in compounds:* power (*brakes, steering, etc.*).

Servus *int.* ['zɛrvʊs] hi, hello!; by(e)!

Sessel ['zɛsəl] *m* (*-s/-*) armchair, easy chair; '~**lift** *m* chair lift.

seßhaft *adj.* ['zɛshaft]: ~ **werden** settle.

Set [zɛt] *n, m* (*-[s]/-s*) place mat; set.

setzen ['zɛtsən] (*ge-*) **1.** *v/t. and v/i.* (*h*) put, set (*a. print.*, ✍, sail, *etc.*), place; seat *s.o.*; ✍ *a.* plant; *sports:* seed; ~ **auf** (*acc.*) bet on, back; **sich** ~ sit down; ⊙, *etc.* settle; **sich** ~ **auf** (*acc.*) get on, mount (*horse, bike, etc.*); **sich** ~ **in** (*acc.*) get into (*car, etc.*); **sich zu j-m** ~ sit beside *or* with *s.o.*; ~ **Sie sich bitte!** take *or* have a seat!; **2.** *v/i.* (*sein, h*): ~ **über** (*acc.*) jump over; cross (*river, etc.*).

'**Setz|er** *print. m* (*-s/-*) compositor, typesetter; ~**e'rei** *print. f* (*-/-en*) composing room; '~**kasten** *print. m* typecase.

Seuche ['zɔʏçə] *f* (*-/-n*) epidemic (disease).

seufze|n ['zɔʏftsən] *v/i.* (*ge-, h*), '**2r** *m* (*-s/-*) sigh.

Sex [sɛks, zɛks] *m* (*-[es]/no pl.*) sex; '~**bombe** F *f* (*-/-n*) sexpot, sex kitten; sex goddess; ~**ismus** [zɛ'ksɪsmʊs] *m* (*-/no pl.*) sexism; ~**ist** [zɛ'ksɪst] *m*, **2istisch** *adj.* [zɛ'ksɪstɪʃ] sexist.

Sexual... [zɛ'ksŭa:l-] *in compounds:* sex(ual) (*education, life, drive, etc.*); ~**objekt** [~'ʔ-] *n* sex object; ~**verbrechen** [~'ʔ-] *n* sex crime.

sex|uell *adj.* [zɛ'ksŭɛl] sexual; ~**y** *adj.* ['sɛksi] sexy.

sezieren ✍ [ze'tsi:rən] *v/t.* (*no ge-, h*) dissect (*a. fig.*); perform an autopsy on.

Showmaster *TV* ['ʃo:ma:stər] *m* (*-s/-*) host, presenter, M.C.

sich *refl. pron.* [zɪç] oneself; *sg.* himself, herself, itself; *pl.* themselves; *sg.* yourself, *pl.* yourselves; ~ **ansehen** look at *o.s.* (*in mirror, etc.*); look at each other;

an (*und für*) ~ in itself, as such; actually; *s. auch.*

Sichel ['zɪçəl] *f* (*-/-n*) sickle; *moon, fig.:* crescent.

sicher ['zɪçər] **1.** *adj.* safe (*vor dat.* from), secure (from); *esp.* ⊙ proof (*gegen* against); *in compounds:* mst ...proof; certain, sure; reliable; (**sich**) ~ **sein** be sure (*e-r Sache* of s.th.; *daß* that); **2.** *adv.* (*drive, etc.*) safely; of course, sure(ly); certainly; probably; **du hast (bist)** ~ ... you must have (be) ...

'**Sicherheit** *f* (*-/-en*) security (*a.* ✕, *pol., econ.*); safety (*a.* ⊙); certainty; skill; (**sich**) *in* ~ **bringen** get to safety; '~**s**... *esp.* ⊙ *in compounds:* safety (*glass, lock, etc.*); ~**sabstand** *mot.* [~'s²-] *m* safe distance; ~**sgurt** *m* seat *or* safety belt; '~**snadel** *f* safety pin; ~**süberprüfung** [~'s²-] *f* security (*esp.* ⊙ safety) check; screening.

'**sicher|lich** *adv. s.* **sicher** 2; '~**n** *v/t.* (*ge-, h*) secure (*a.* ✕, ⊙) *gun:* put safety on; protect, safeguard; **sich** ~ secure *o.s.* (**gegen, vor** *dat.* against, from); '~**stellen** *v/t.* (*sep-, -ge-, h*) secure, guarantee; take *s.th.* into custody; ~, *daß* make sure that; '**2ung** *f* (*-/-en*) securing; safeguard(ing); ⊙ safety device; ✍ fuse; *gun:* safety (catch).

Sicht [zɪçt] *f* (*-/no pl.*) visibility; view; *in* ~ **kommen** come into sight *or* view; *auf lange* ~ in the long run; *aus m-r* ~ from my point of view; '**2bar** *adj.* visible; '**2en** *v/t.* (*ge-, h*) sight; *fig.* sort (through *or* out); '~**karte** *f* (non-transferable) season ticket; '**2lich** *adj.* obvious; '~**vermerk** *m* visa; '~**weite** *f:* *in (außer)* ~ within (out of) sight.

sickern ['zɪkərn] *v/i.* (*ge-, sein*) trickle, ooze, seep.

sie *pers. pron.* [zi:] she; it; *pl.* they; **Sie** *sg. and pl.* you; *s.* **siezen**.

Sieb [zi:p] *n* (*-[e]s/-e*) sieve; (*tea, etc.*) strainer.

sieben¹ ['zi:bən] *v/t.* (*ge-, h*) sieve, sift; *fig.* weed out.

sieben² *adj.* [~] seven; '**2meter** *m* penalty shot *or* throw.

sieb|te *adj.* ['zi:ptə], '**2tel** *n* (*-s/-*) seventh; '~**zehn(te)** *adj.* seventeen(th); ~**zig** *adj.* ['~tsɪç] seventy; '~**zigste** *adj.* seventieth.

Siechtum *lit.* ['zi:çtu:m] *n* (*-s/no pl.*) lingering illness.

siedeln ['zi:dəln] *v/i.* (*ge-, h*) settle.

siede|n ['zi:dən] *v/t. and v/i.* ([*irr.,*] *ge-, h*) boil, simmer; '**2punkt** *m* boiling point (*a. fig.*).

Siedl|er ['zi:dlər] *m* (*-s/-*) settler; '~**ung** *f* (*-/-en*) settlement; housing development (*Brt.* estate).

Sieg [zi:k] *m* (-[e]s/-e) victory; *sports*: a. win.

Siegel ['zi:gəl] *n* (-s/-) seal (*a. fig.*), signet; '**~lack** *m* sealing wax; '**~n** *v/t.* (ge-, h) seal; '**~ring** *m* signet ring.

sieg|en ['zi:gən] *v/i.* (ge-, h) win; '**2er** *m* (-s/-) winner, **~reich** *adj.* ['zi:k-] winning; victorious (*a. pol.*, ✕).

siezen ['zi:tsən] *v/t.* (ge-, h) use the formal 'Sie' with *s.o.*; *sich* ~ be on 'Sie' terms.

Signal [zɪ'gna:l] *n* (-s/-e), **2isieren** [~ali-'zi:rən] *v/t.* (no ge-, h) signal.

signieren [zɪ'gni:rən] *v/t.* (no ge-, h) sign; autograph (*book, etc.*).

Silbe ['zɪlbə] *f* (-/-n) syllable; *keine* ~ *fig.* not a word; '**~ntrennung** *f* syllabi(fi)cation.

Silber ['zɪlbər] *n* (-s/no pl.) silver; cutlery, table silver; '**2grau** *adj.* silver-gray (*esp. Brt.* -grey); '**~hochzeit** *f* silver wedding (anniversary); '**2n** *adj.* silver.

...silbig [-zɪlbɪç] *in compounds:* of ... syllables.

Silhouette [zi'lŭɛtə] *f* (-/-n) silhouette; skyline.

Sili|clum ✿ [zi'li:tsĭom] *n* (-s/no pl.) silicon; **~kon** [~i'ko:n] *n* (-s/-e) silicone.

Silvester [zɪl'vɛstər] *n* (-s/-) New Year's Eve.

Sims [zɪms] *m, n* (-es/-e) ledge.

Simul|ant [zimu'lant] *m* (-en/-en) malingerer; **2ieren** [~'li:rən] *v/t. and v/i.* (no ge-, h) ⚕, *etc.* simulate; fake, malinger; **2tan** *adj.* [~ol'ta:n] simultaneous.

Sinfonie ♪ [zɪnfo'ni:] *f* (-/-n) symphony.

singen ['zɪŋən] *v/t. and v/i.* (irr., ge-, h) sing (*richtig* [*falsch*] in [out of] tune).

Singular *gr.* ['zɪŋgula:r] *m* (-s/-e) singular.

Singvogel ['zɪŋ-] *m* songbird, songster.

sinken ['zɪŋkən] *v/i.* (irr., ge-, sein) sink (*a. fig. person*), go down (*a. prices, etc.*); *sun*: a. set; prices, *etc.*: a. fall, drop; ~ *lassen* hang (*one's head*); lose (*courage*).

Sinn [zɪn] *m* (-[e]s/-e) sense (*für* of); mind; *of word, etc.*: sense, meaning, point, idea; *im weiteren* (*engeren*) ~(e) in a broader (narrower) sense; *im* ~ *haben* have in mind; *es hat keinen* ~ (*zu warten etc.*) it's no use or good (waiting, *etc.*); *von* ~*en* out of one's mind; '**~bild** *n* symbol.

'**sinnen** *lit. v/i.* (irr., ge-, h): ~ *auf* (*acc.*) think of, plot (*revenge, etc.*).

sinnentstellend *adj.* ['zɪn?-] distorting.

Sinnes|eindruck ['zɪnəs?-] *m* sensation; sensory perception; **~organ** ['~?-] *n* sense organ; '**~täuschung** *f* hallucination; '**~wandel** *m* change of mind.

'**sinn|gemäß** *adv.* analogously; *et.* ~ *wiedergeben* (**verstehen**) give (get) the gist of s.th.; '**~lich** *adj.* sensuous; sensory (*perception, etc.*); sensual (*pleasures, etc.*); '**2lichkeit** *f* (-/no pl.) sensuality; '**~los** *adj.* senseless; useless; '**2losigkeit** *f* (-/no pl.) senselessness; uselessness; '**~verwandt** *adj.* synonymous; '**~voll** *adj.* meaningful; useful (*advice, etc.*); wise, sensible.

Sintflut ['zɪnt-] *f* (-/no pl.) the Deluge.

Sippe ['zɪpə] *f* (-/-n) (extended) family, clan.

Sirene [zi're:nə] *f* (-/-n) siren.

Sirup ['zi:rop] *m* (-s/-e) syrup; treacle, molasses.

Sitte ['zɪtə] *f* (-/-n) custom, tradition; ~*n pl.* morals; manners.

Sitten|losigkeit ['zɪtənlo:zɪçkaɪt] *f* (-/no pl.) immorality; '**~polizei** *f* vice squad; '**2streng** *adj.* (morally) strict, puritanic(al); '**2widrig** *adj.* immoral (*a. ⚖*).

'**sittlich** *adj.* moral; decent; '**2keitsverbrechen** *n* sex(ual) crime.

'**sittsam** *adj.* modest; well-behaved.

Situ|ation [zitŭa'tsĭo:n] *f* (-/-en) situation; position; *~iert* [~u'i:rt] *in compounds: gut~* well-to-do.

Sitz [zɪts] *m* (-es/-e) seat; fit (*of dress, etc.*); '**~blockade** *pol. f* sit-in or sit-down (demonstration).

sitzen ['zɪtsən] *v/i.* (irr., ge-, h) sit (*an dat.* at *table, etc.; auf dat.* on *chair, etc.*); F live; be (located or situated); be stuck; *dress, etc.:* fit; F do time (*in jail*); *blow, remark:* hit home; F *es sitzt* (*bei ihm*) he knows it (off) pat; ~ *bleiben* remain seated; *fig.* = '**~bleiben** *v/i.* (irr. *bleiben, sep., -ge-, sein*) *school:* have to repeat a year; F be left on the shelf; ~ *auf* (*dat.*) be left with; '**~lassen** *v/t.* (irr. *lassen, sep., [no] -ge-, h*) leave *s.o.* in the lurch, let *s.o.* down.

'**Sitz|gelegenheit** *f* seat; *genug* ~*en pl.* enough seating (room); '**~ordnung** ['~?-] *f*, '**~plan** *m* seating plan; '**~platz** *m* seat; '**~streik** *m* sit-down (strike); '**~ung** *f* (-/-en) session (*a. parl.*), meeting, conference.

Skala ['ska:la] *f* (-/-s, **Skalen**) scale; *fig. a.* range.

Skalp [skalp] *m* (-s/-e), **2ieren** [~'pi:rən] *v/t.* (no ge-, h) scalp.

Skandal [skan'da:l] *m* (-s/-e) scandal; **2ös** *adj.* [~a'lø:s] scandalous, shocking.

Skelett [ske'lɛt] *n* (-[e]s/-e) skeleton (*a. ⚕*).

Skep|sis ['skɛpsɪs] *f* (-/no pl.) skepticism, *Brt.* scepticism; **~tiker** ['~tikər] *m* (-s/-) skeptic, *Brt.* sceptic; **2tisch** *adj.* skeptical, *Brt.* sceptical.

Ski [ʃi:] *m* (-s/-er, -) ski; ~ *laufen or*

fahren ski; '~fahrer *m* skier; '~fliegen *n* ski flying; '~lift *m* ski lift; '~schuh *m* ski boot; '~sport *m* skiing; '~springen *n* (-*s*/no pl.) ski jumping.

Skizz|e ['skɪtsə] *f* (-/-n), 2eren [~'tsi:-rən] *v/t.* (no ge-, h) sketch.

Sklav|e ['skla:və] *m* (-n/-n) slave (a. fig.); '~enhandel *m* slave trade; ~e'rei *f* (-/no pl.) slavery (a. fig.); 2isch adj. slavish (a. fig.).

Skonto *econ.* ['skɔnto] *m, n* (-*s*/-*s*) (cash) discount.

Skorpion [skɔr'pio:n] *m* (-*s*/-e) zo. scorpion; *ast.* Scorpio.

Skrupel ['skru:pəl] *m* (-*s*/-) scruple, qualm; '2los adj. unscrupulous.

Skulptur [skulp'tu:r] *f* (-/-en) sculpture.

Slalom ['sla:lɔm] *m* (-*s*/-*s*) slalom.

Slaw|e ['sla:və] *m* (-n/-n), '~in *f* (-/-nen) Slav; 2isch adj. Slav(on)ic.

Slip [slɪp] *m* (-*s*/-*s*) briefs, shorts; panties; △ *not slip*; ~per ['~ər] *m* (-*s*/-) loafer, *Brt.* slip-on; △ *not slipper*.

Smaragd [sma'rakt] *m* (-[e]*s*/-e), 2grün adj. emerald.

Smogalarm ['smɔk'~] *m* smog alert.

Smoking ['smo:kɪŋ] *m* (-*s*/-*s*) dinner jacket, *Am. a.* tuxedo, F tux.

Snob [snɔp] *m* (-*s*/-*s*) snob; ~ismus [sno'bɪsmus] *m* (-/-men) snobbery; 2istisch adj. [sno'bɪstɪʃ] snobbish.

so [zo:] 1. adv. so; F this, that (*late, much, etc.*); like this or that, this or that way; thus; such; (*nicht*) ~ groß wie (not) as big as; ~ ein(e) such a, this or that kind of; F this; F what (*nonsense, etc.*); *s. Mist*; ~ sehr so (F that) much; '~ schlimm (*spät, etc.*) as bad (late, *etc.*) as that, that bad (late, *etc.*); und ~ weiter and so on; oder ~ et. or s.th. like that; oder ~ or something (like that); or so; ~, fangen wir an! well or all right, let's begin!; ~? really?, is that so?, oh?; *s. na, nur*; 2. cj. so, therefore; ~ daß so that; 3. *int.*: ~! all right!, o.k.!; now!; that's it!; ach ~! I see; ~bald cj. [zo'~] as soon as.

Socke ['zɔkə] *f* (-/-n) sock.

Sockel ['zɔkəl] *m* (-*s*/-) base; pedestal (a. fig.); socket (of light bulb).

sodann adv. [zo'~] then, after that.

Sodbrennen ♯ ['zo:t-] *n* (-*s*/no pl.) heartburn.

soeben adv. [zo'~] just (now).

Sofa ['zo:fa] *n* (-*s*/-*s*) sofa, *Am. a.* davenport.

sofern cj. [zo'~] if, provided that; ~ nicht unless.

soff [zɔf] past of saufen.

sofort adv. [zo'~] at once, immediately, right away; 2bildkamera phot. *f* instant *or* Polaroid (*TM*) camera; ~ig adj. immediate.

Software ['sɔftwe:r] *f* (-/-*s*) computer, *etc.*: software.

sog [zo:k] past of saugen.

Sog [~] *m* (-[e]*s*/-e) suction, wake (a. fig.).

so|gar adv. [zo'~] even; ~genannt adj. ['zo:-] so-called; ~gleich adv. [zo'~] s. sofort.

Sohle ['zo:lə] *f* (-/-n) sole; bottom (of valley, *etc.*); ✕ floor.

Sohn [zo:n] *m* (-[e]*s*/-e) son.

Sojabohne ♀ ['zo:ja-] *f* soybean.

solange cj. [~] as long as.

Solar|... [zo'la:r-] in compounds: solar (cell, *etc.*); ~ium [~ium] *n* (-*s*/-rien) solarium.

solch dem. pron. [zɔlç] such, like this or that; ~e, die those that.

Sold ✕ [zɔlt] *m* (-[e]*s*/-e) pay; ~at [~'da:t] *m* (-en/-en) soldier.

Söldner ['zœltnər] *m* (-*s*/-) mercenary.

Sole ['zo:lə] *f* (-/-n) brine, salt water.

solidarisch adj. [zoli'da:rɪʃ]: sich erklären mit declare one's solidarity with.

solide adj. [zo'li:də] solid; *fig. a.* sound (a. econ.); price, *etc.*: reasonable; person: steady; respectable.

Solist [zo'lɪst] *m* (-en/-en) soloist.

Soll [zɔl] *n* (-[*s*]/-[*s*]) econ. debit; target, quota; ~ und Haben debit and credit; sein ~ erfüllen reach one's target; *fig.* do one's bit; '~ in compounds: estimated (costs, *etc.*); *cf.* Ist.

'sollen' (h) 1. v/aux. (irr., no ge-) be (supposed) to; (was) soll ich ...? (what) shall I ...?; du solltest (nicht) you were(n't) supposed to; you should(n't); you ought(n't) to; 2. v/i. (ge-) be supposed to be or do; was soll das? what's the idea?; what's that good for?

sollen² *p.p.* of sollen' 1.

Solo ['zo:lo] *n* (-*s*/-*s*, Soll) solo; sports, *etc.*: solo attempt, *etc.*

'somit cj. thus, so, consequently.

Sommer ['zɔmər] *m* (-*s*/-) summer; 2lich adj. summerlike, summer(ly); '~sprosse *f* freckle; '2sprossig adj. freckled; '~zeit *f* summertime; daylight saving time.

Sonate ♪ [zo'na:tə] *f* (-/-n) sonata.

Sonde ['zɔndə] *f* (-/-n) probe (a. ♪).

Sonder|... ['zɔndər-] in compounds: mst special (edition, flight, offer, price, train, *etc.*); '2bar adj. strange, F funny; '~kommando ✕, *etc. n* special unit; task force; '2lich adv.: nicht ~ not particularly; '~ling *m* (-*s*/-e) eccentric, F crank, sl. weirdo; '~müll *m* hazardous waste.

'**sondern** *cj.* but; *nicht nur ..., ~ auch* not only ... but also.

'**Sonder|recht** *n* privilege; '**~schule** *f* special school (for the handicapped, *etc.*).

Sonnabend ['zɔn(ʔ)-] *m (-s/-e)* Saturday.

Sonne ['zɔnə] *f (-/-n)* sun; '**~n...** *in compounds:* sun ..., solar ...; '**2n** *v/refl.* (*ge-, h*) sunbathe; *fig.* bask (*in s.th.*).

Sonnen|aufgang ['zɔnən?-] *m* sunrise; '**~bad** *n* sunbath; '**~bank** *f* tanning bed, *Brt.* sunbed; '**~blende** *f mot.* sun visor; *phot.* lens hood; '**~blume** *& f* sunflower; '**~brand** *m* sunburn; '**~brille** *f* sunglasses; '**~dach** *n* sunshade; *mot.* sunroof; '**~energie** ['~ʔ-] *f* solar energy; '**~finsternis** *f* solar eclipse; '**2~klar** *fig. adj.* as clear as day(light); '**~kollektor** ['~kɔlɛktɔr] *m (-s/-en)* solar panel; '**~licht** *n (-[e]s/no pl.)* sunlight; '**~schein** *m (-[e]s/no pl.)* sunshine (*a. fig.*); '**~schirm** *m* sunshade, parasol; '**~schutz** *m* suntan lotion; protection against the sun; '**~seite** *f* sunny side (*a. fig.*); '**~stich** *& m* sunstroke; '**~strahl** *m* sunbeam; '**~uhr** ['~ʔ-] *f* sundial; '**~untergang** ['~ʔ-] *f* sunset.

'**sonnig** *adj.* sunny (*a. fig.*).

'**Sonntag** *m* Sunday.

'**Sonntags|fahrer** *mot. contp. m* Sunday driver; '**~rückfahrkarte** ⑤ *f* weekend ticket.

sonst *adv.* [zɔnst] else; otherwise, or (else); normally, usually; **~ noch et.** (*j.*)? anything (anyone) else?; **~ noch Fragen?** any other questions?; **~ nichts** nothing else, that's all; *alles wie* ~ everything as usual; *nichts (alles) ist wie* ~ nothing (all) is as it used to be; '**~... F** *in compounds* (*was, wer, wie, wo, etc.*): who *or* God knows (*what, who, how, where, etc.*); '**~ig** *adj.* other.

sooft *cj.* [zoˈʔɔft] whenever; as often as.

Sopran ♪ [zoˈpraːn] *m (-s/-e),* '**~istin** ♪ [~aˈnɪstɪn] *f (-/-nen)* soprano.

Sorge ['zɔrgə] *f (-/-n)* worry (*um* about, over); problem; sorrow; trouble; care; *sich ~n machen (um)* worry *or* be worried (about); *keine ~!* don't worry!

'**sorgen** (*ge-, h*) **1.** *v/i.:* **~ für** care for, take care of; provide for; *dafür ~, daß* see (to it) that; **2.** *v/refl.:* *sich ~ um* worry (or be worried about; '**2kind** *n* problem child; handicapped child.

Sorg|falt ['zɔrkfalt] *f (-/no pl.)* care; **2fältig** *adj.* ['~fɛltɪç] careful; '**2los** *adj.* carefree; careless; '**~losigkeit** *f (-/no pl.)* carelessness; '**2sam** *adv.* with care.

Sort|e ['zɔrtə] *f (-/-n)* sort, kind, type; *econ.* foreign currency; **2ieren** [~ˈtiː-rən] *v/t.* (*no ge-, h*) sort; arrange; **~i-**

ment [~iˈmɛnt] *n (-[e]s/-e)* range, assortment.

Soße ['zoːsə] *f (-/-n)* sauce; gravy.

sott [zɔt] *past of sieden.*

Souffl|eur [zuˈfløːr] *m (-s/-e),* '**~euse** [~zə] *f (-/-n)* prompter; **2ieren** [~ˈfliː-rən] *v/i.* (*no ge-, h*) prompt (*j-m* s.o.).

souverän *adj. pol.* [zuvəˈrɛːn] sovereign; *fig.* superior; **2ität** [~niˈtɛːt] *f (-/no pl.)* sovereignty; *fig.* superior style.

so|viel [zoˈ-] **1.** *cj.* as far as (*I know, etc.*); **2.** *adv.: doppelt* ~ twice as much; ~ *wie möglich* as much as possible; **~'welt 1.** *cj.* as far as; **2.** *adv.* so far; ~ *sein* be ready; *es ist* ~ it is time; **~'wie** *cj.* as well as, and ... as well; as soon as; **~wieso** [~viˈzoː] anyway, anyhow, in any case.

Sowjet *hist.* ['zɔvjet] *m (-s/-s),* **2isch** *adj.* [~ˈvjɛtɪʃ] Soviet.

sowohl *cj.* [zoˈ-]: ~ *Lehrer als (auch) Schüler* both teachers and students.

sozial *adj.* [zoˈtsjaːl] social; **2...** *in compounds:* social (*criticism, democrat, worker, etc.*); **2abgaben** [~ʔ-] *pl.* social security tax (*Brt.* contributions); **2für-sorge** *f,* **2hilfe** *f* social security, welfare; **~isieren** [~aliˈziːrən] *v/t.* (*no ge-, h*) nationalize (*business, etc.*); **2ismus** [~aˈlɪsmʊs] *m (-/no pl.)* socialism; **2ist** [~aˈlɪst] *m (-en/-en),* **~istisch** *adj.* [~aˈlɪstɪʃ] socialist; **2kunde** *f* social studies; **2staat** *m* welfare state; **2ver-sicherung** *f* social security; **2woh-nung** *f appr.* public housing unit, *Brt.* council flat *or* house.

Soziolog|e [zotsioˈloːgə] *m (-n/-n)* sociologist; **~ie** [~oˈgiː] *f (-/no pl.)* sociology.

Sozius ['zoːtsjʊs] *m (-/-se)* *econ.* partner; *motorcycle:* pillion, passenger seat; (pillion) passenger.

sozusagen *adv.* ['zoːtsu'-] so to speak, as it were.

Spachtel ['ʃpaxtəl] *m (-s/-),* *f (-/-n)* putty knife; *paint.* palette knife; *⚒* spatula; *material:* filler.

Spagat [ʃpaˈgaːt] *m, n (-[e]s/-e):* ~ *machen* do the splits.

spähen ['ʃpɛːən] *v/i.* (*ge-, h*) look out (*nach* for); **2er** *m (-s/-)* scout.

Spalier [ʃpaˈliːr] *n (-s/-e)* espalier; *⚒, etc.* lane.

Spalt [ʃpalt] *m (-[e]s/-e)* crack, gap; '**~e** *f (-/-n)* s. **Spalt**; *print.* column; **2en** *v/t.* (*irr.,] ge-, h*) split (*a. fig. hairs, etc.*); divide (*state, etc.*); *sich ~* split (up); '**~ung** *f (-/-en)* split(ting); *phys.* fission; *fig.* split(-up); *pol., etc.* division.

Span [ʃpaːn] *m (-[e]s/-e)* chip; *⊚ Späne pl.* shavings; '**~ferkel** *n* suckling (*Brt.* sucking) pig.

Spange ['ʃpaŋə] f (-/-n) clasp; s. **Haarspange**.

Spani|er ['ʃpaːnɪər] m (-s/-) Spaniard; **'2sch** adj. Spanish; F: das kommt mir ~ vor there's s.th. fishy about that.

spann [ʃpan] past of **spinnen**.

Spann [~] m (-[e]s/-e) instep; '~e f (-/-n) span; **'2en** (ge-, h) 1. v/t. stretch, tighten; put up (line, etc.); cock (gun); draw, bend (bow, etc.); 2. v/i. be (too) tight; **'2end** adj. exciting, thrilling, gripping; '~er m (-s/-) press (for racket, skis, etc.); F contp. Peeping Tom; '~kraft f (-/no pl.) clasticity; fig. vigo(u)r; '~ung f (-/-en) tension (a. ⊙, pol., psych.); ⚡ voltage; fig. suspense, excitement; '~weite f span; fig. a. range.

Spar|buch ['ʃpaːr-] n savings book; '~büchse f moneybox, F piggy bank; **'2en** v/i. and v/t. (ge-, h) save; spare (o.s. s.th.); ~ mit (an dat.) economize on; '~er m (-s/-) saver.

Spargel ⚘ ['ʃpargəl] m (-s/-) asparagus.

'Spar|kasse f savings bank; '~konto n savings account.

spärlich adj. ['ʃpɛːrlɪç] sparse, scant; scanty; attendance, etc.: poor.

'sparsam adj. economical (mit of); thrifty; ~ leben lead a frugal life; ~ umgehen mit use sparingly; **'2keit** f (-/no pl.) economy; thriftiness.

Spaß [ʃpaːs] m (-es/-e) fun; joke; aus (nur zum) ~ (just) for fun; es macht viel (keinen) ~ it's a lot of (no) fun; j-m den ~ verderben spoil s.o.'s fun; er macht nur (keinen) ~ he is only (not) joking (F kidding); keinen ~ verstehen have no sense of humo(u)r; viel ~! have fun!; **'2en** v/i. (ge-, h) joke; **'2ig** adj. funny; '~macher m joker, comedian; clown; '~verderber m (-s/-) spoilsport; '~vogel m joker, comedian.

Spast|iker ⚕ ['ʃpastɪkər] m (-s/-), **'2sch** adj. spastic.

spät adj. and adv. [ʃpɛːt] late; am ~en Nachmittag late in the afternoon; wie ~ ist es? what time is it?; früher oder ~er sooner or later; von früh bis ~ from morning till night; (fünf Minuten) zu ~ kommen be (five minutes) late; bis ~er! see you (later)!

Spaten ['ʃpaːtən] m (-s/-) spade.

spätestens adv. ['ʃpɛːtəstəns] at the latest, no later than.

Spatz [ʃpats] m (-en, -es/-en) zo. sparrow; F darling.

spazieren|fahren [ʃpaˈtsiːrən-] (irr. fahren, sep., -ge-) 1. v/i. (sein) go for a drive or ride; 2. v/t. (h) take s.o. for a drive or ride; take out (baby, etc.); ~gehen v/i. (irr. gehen, sep., -ge-, sein) go for or take a walk.

Spa'zier|fahrt f drive, ride; ~gang m walk; e-n ~ machen go for a walk; ~gänger m (-s/-) walker, stroller; ~weg m walk.

Specht zo. [ʃpɛçt] m (-[e]s/-e) woodpecker.

Speck [ʃpɛk] m (-[e]s/-e) bacon; **'2ig** fig. adj. greasy.

Spedit|eur [ʃpediˈtøːr] m (-s/-e) shipping agent; (furniture) (re)mover; ~ion [~'tsioːn] f (-/-en) shipping agency; moving (Brt. removal) firm.

Speer [ʃpeːr] m (-[e]s/-e) spear; javelin.

Speiche ['ʃpaɪçə] f (-/-n) spoke.

Speichel ['ʃpaɪçəl] m (-s/no pl.) spit(tle), saliva.

Speicher ['ʃpaɪçər] m (-s/-) storehouse; (water) tank, reservoir; attic; computer: memory; ~einheit ['~ʔ-] f computer: storage device; **2n** v/t. (ge-, h) store (up).

speien ['ʃpaɪən] v/t. (irr., ge-, h) spit; spout (water); volcano, etc.: belch.

Speise ['ʃpaɪzə] f (-/-n) food; dish; ~eis ['~ʔ-] n ice cream; '~kammer f larder, pantry; '~karte f menu; '2n (ge-, h) 1. v/i. dine; 2. v/t. feed (a. ⚡, etc.); '~röhre anat. f gullet; '~saal m dining hall; '~wagen ⏚ m dining car, diner.

Spekta|kel [ʃpɛkˈtaːkəl] (-s/-) 1. F m noise; fuss; 2. n spectacle; **2kulär** adj. [~akuˈlɛːr] spectacular.

Spekul|ant [ʃpekuˈlant] m (-en/-en) speculator; ~ation [~aˈtsioːn] f (-/-en) speculation; econ. a. venture; **2ieren** [~'liːrən] v/i. (no ge-, h) speculate (auf acc. on; mit in).

Spende ['ʃpɛndə] f (-/-n) gift; contribution; donation; **2n** v/t. (ge-, h) give (a. shade, etc.); donate (a. organ); '~r (-s/-) giver; donor; (soap, etc.) dispenser.

spen'dieren v/t. (no ge-, h): j-m et. ~ treat s.o. to s.th.; buy s.o. a drink.

Spengler ['ʃpɛŋlər] m (-s/-) s. **Klempner**.

Sperling zo. ['ʃpɛrlɪŋ] m (-s/-e) sparrow.

Sperr|e ['ʃpɛrə] f (-/-n) barrier; ⏚ a. gate; fig. stop; ⊙ lock(ing device); barricade; ban (on), prohibition (of), sports: suspension; psych. mental block; econ. embargo; **'2en** v/t. (ge-, h) close; econ. embargo; cut off (electricity, etc.); stop (account, etc.); sports: suspend; obstruct; ~ in (acc.) lock (up) in; '~holz n plywood; '2ig adj. bulky; ~müllabfuhr ['~mʏlʔ-] f heavy trash removal, Brt. bulk(y) waste pickup; '~stunde f (legal) closing time; curfew; '~ung f (-/-en) closing; mot., econ. stoppage; '~zeit f s. **Sperrstunde**.

Spesen econ. ['ʃpeːzən] pl. expenses.

Spezi *Aust., Swiss* ['ʃpe:tsi] *m* (-si-[s]) pal, chum, buddy.

Spezial|ausbildung [ʃpe'tsĭa:l?-] *f* special training; **~gebiet** *n* special field, special(i)ty; **~geschäft** *f* specialty (*Brt.* specialist) shop *or* store; **2isieren** [~ali'zi:rən] *v/refl.* (*no ge-, h*) specialize (**auf** *acc.* in); **~ist** [~a'lɪst] *m* (-en/-en) specialist; **~ität** [~ali'tε:t] *f* (-/-en) special(i)ty.

speziell *adj.* [ʃpe'tsĭεl] specific, particular; special (*case, request, etc.*).

spezifisch *adj.* [ʃpe'tsi:fɪʃ] specific; **~es Gewicht** specific gravity.

Sphäre ['sfε:rə] *f* (-/-n) sphere (*a. fig.*).

spick|en ['ʃpɪkən] (*ge-, h*) 1. *v/t.* lard (*a. fig. with phrases*); 2. F *fig. v/i.* crib; **2zettel** F *m* cheat sheet.

spie [ʃpi:] *past of* **speien**.

Spiegel ['ʃpi:gəl] *m* (-s/-) mirror (*a. fig.*); ♀, ♂ (*sugar, etc.*) level; **~bild** *n* reflection (*a. fig.*); **2blank** *adj.* glossy, mirror-like; spick-and-span; *road:* icy; **~ei** ['~?-] *n* fried egg; **2glatt** *adj.* water, *etc.:* smooth as glass; *road:* icy; *floor:* slippery; **2n** *v/i. and v/t.* (*ge-, h*) reflect (*a. fig.*); shine; *fig. a.* mirror; **sich ~ be** reflected (*a. fig.*); **~ung** *f* (-/-en) reflection.

Spiel [ʃpi:l] *n* (-[e]s/-e) game; match; play (*a. thea., etc.*); gambling; *fig.* game, gamble; **auf dem ~ stehen** be at stake; **aufs ~ setzen** risk; **~automat** ['~?-] *m* slot machine; pinball machine; **~bank** *f* (-/-en) casino; **~dose** *f* music (*Brt.* musical) box; **2en** *v/i. and v/t.* (*ge-, h*) play (*a. fig.*) (**um** for); act (*a. fig.*); perform; gamble; **Klavier** *etc.* ~ play the piano, *etc.*; **2end** *fig. adv.* easily, without really trying; **~er** *m* (-s/-) player; gambler; **~e'rei** *f* (-/-en) fooling around; pastime, hobby; flirtation; (*mere*) child's play; **2erisch** 1. *adj.* playing (*skill, etc.*); effortless; 2. *adv.* playfully; **~feld** *n* playing field, *Brt. a.* pitch; **~film** *m* feature film; **~halle** *f* amusement arcade, game room; **~hölle** *f* gambling den; **~kamerad** *m* playmate; **~karte** *f* playing card; **~kasino** *n* casino; **~marke** *f* chip; **~plan** *m thea., etc.* program(me); **~platz** *m* playground; **~raum** *fig. m* play, scope; **~regel** *f* rule (*of the game*); **~sachen** *pl.* toys; **~schuld** *f* gambling debt; **~stand** *m* score; **~uhr** ['~?-] *f s.* **Spieldose**; **~verderber** *m* (-s/-) spoilsport; **~waren** *pl.* toys; **~zeit** *f thea., sports:* season; playing *or* running time; **~zeug** *n* toy(s); **zeug...** *in compounds:* toy (*gun, etc.*).

Spieß [ʃpi:s] *m* (-es/-e) spear, pike; spit; skewer; F **den ~ umdrehen** turn the tables (**gegen** on *s.o.*); **~bürger** *m s.* **Spießer**; **2en** *v/t.* (*ge-, h*) skewer; **~er** *contp. m* (-s/-) bourgeois, philistine; **2ig** *adj.* narrow-minded, stuffy; **~ruten** *pl.:* ~ **laufen** run the gauntlet.

Spinat ♀ [ʃpi'na:t] *m* (-[e]s/-e) spinach.

Spind [ʃpɪnt] *n, m* (-[e]s/-e) locker.

Spindel ['ʃpɪndəl] *f* (-/-n) spindle; **2-dürr** F *adj.* nothing but skin and bones.

Spinn|e *zo.* ['ʃpɪnə] *f* (-/-n) spider; **2en** (*irr., ge-, h*) 1. *v/t.* spin (*a. fig.*); 2. F *fig. v/i.* be nuts; talk nonsense; **~ennetz** *n* spider web, cobweb; **~er** *m* (-s/-) spinner; F *fig.* nut, crackpot; braggart, big mouth; **~rad** *n* spinning wheel; **~webe** *f* (-/-n) cobweb.

Spion [ʃpi'o:n] *m* (-s/-e) spy; **~age** [~o'na:ʒə] *f* (-/*no pl.*) espionage; **2ieren** [~o'ni:rən] *v/i.* (*no ge-, h*) spy; F snoop.

Spirale [ʃpi'ra:lə] *f* (-/-n), **2förmig** *adj.* spiral.

Spirituosen [ʃpiri'tŭo:zən] *pl.* spirits, liquor.

Spiritus ['ʃpi:ritʊs] *m* (-/-se) spirit (*a. in compounds*).

Spital [ʃpi'ta:l] *n* (-s/-er) hospital.

spitz *adj.* [ʃpɪts] pointed (*a. fig.*); ♣ acute (*angle*); **~e Zunge** sharp tongue; **2-bogen** *arch. m* pointed arch; **2e** *f* (-/-n) point; tip (*of nose, finger, etc.*); *arch.* spire; top (*of tree, mountain, etc.*); head (*of arrow, fig. enterprise, etc.*); (*bobbin, etc.*) lace(work); F *mot.* top speed; F super, (the) tops; **an der ~** at the top (*a. fig.*); *sports, etc.: a.* in the lead; **auf die ~ treiben** *fig.* go to extremes *or* too far; **2el** *m* (-s/-) informer, stoolpigeon; **~en** *v/t.* (*ge-, h*) point, sharpen (*pencil, etc.*); purse (*lips*); prick up (*ears*).

'Spitzen|... *in compounds:* top (*team, quality, etc.*); **~technologie** *f* hi(gh) tech(nology).

Spitzer *m* (-s/-) pencil sharpener.

'spitz|findig *adj.* quibbling; **2findigkeit** *f* (-/-en) subtlety; **2hacke** *f* pickax(e), pick; **2name** *m* nickname.

Splitter ['ʃplɪtɐ] *m* (-s/-), **2n** *v/i.* (*ge-, h, sein*) splinter; **2nackt** F *adj.* stark naked.

sponsern ['ʃpɔnzɐn] *v/t.* (*ge-, h*), **2or** ['~ɔr] *m* (-s/-en) sponsor.

spontan *adj.* [ʃpɔn'ta:n] spontaneous.

Sporen ['ʃpo:rən] *pl.* spurs (*a. zo.*); *biol.* spores.

Sport [ʃpɔrt] *m* (-[e]s/*no pl.*) sport(s); physical education; ~ **treiben** do *or* play sports.

Sport|... *in compounds: mst* sports (*event, department, shirt, club, etc.*); **~art** ['~?-] *f* (kind *or* type of) sport; **~kleidung** *f* sportswear; **~ler** ['~lɐ] *m* (-s/-) athlete;

'⊇lich adj. athletic; behavio(u)r: fair; clothes, etc.: casual, sporty; **'⊾nachrichten** pl. sports news; **'⊾platz** m sports field; stadium; **'⊾wagen** m mot. sports car; stroller, Brt. pushchair.

Spott [ʃpɔt] m (-[e]s/no pl.) mockery; derision; scorn; **'⊇billig** F adj. dirt cheap.

'spotten v/i. (ge-, h) mock (über acc. at), scoff (at); make fun (of), ridicule.

Spött|er ['ʃpœtər] m (-s/-) mocker, scoffer; **⊇isch** adj. mocking, derisive.

'Spottpreis m: für e-n ⊾ dirt cheap.

sprach [ʃpraːx] past of sprechen.

'Sprache f (-/-n) language (a. fig.); speech; (baby, etc.) talk; zur ⊾ kommen (bringen) come (bring s.th.) up.

'Sprach|fehler ⊯ m speech defect; **'⊾gebrauch** m (-[e]s/no pl.) usage; **'⊾gefühl** n (-[e]s/no pl.) feeling for (the or one's) language; **'⊾labor** n language lab; **'⊾lehre** f grammar; **'⊾lehrer(in)** m (f) language teacher; **'⊇lich** 1. adj. language, linguistic; 2. adv.: ⊾ richtig grammatically correct; idiomatic; **'⊇los** adj. speechless; **'⊾rohr** fig. n mouthpiece; **'⊾unterricht** ['⊾ʔ-] m language teaching; **'⊾wissenschaft** f philology, linguistics.

sprang [ʃpraŋ] past of springen.

Spraydose ['spreː-] f spray can.

Sprech|anlage ['ʃprɛç?-] f intercom; **'⊾blase** f cartoon, etc.: balloon; **'⊾chor** m (shouted) chorus; im ⊾ a. in unison.

sprechen ['ʃprɛçən] v/t. and v/i. (irr., ge-, h) speak (j-n, mit j-m to s.o.); talk (to) (both: über acc., von about, of), make a speech, lecture (über acc. on); say (prayer, etc.); recite (poem, etc.); nicht zu ⊾ sein be busy; **'⊇er** m (-s/-) speaker; announcer; spokesman; **'⊾funkgerät** n walkie-talkie; **'⊇stunde** f office hours; ⊯ office (Brt. consulting) hours; **'⊇stundenhilfe** f (doctor's) receptionist; **'⊇zimmer** n consulting room, Am. a. office.

spreizen ['ʃpraɪtsən] v/t. (ge-, h) spread (out) (legs, etc.).

sprengen ['ʃprɛŋən] v/t. (ge-, h) blow up; blast (rock, etc.); sprinkle (water); water (lawn, etc.); break up (meeting, etc.); **'⊇kopf** ✕ m warhead; **'⊇körper** m, **'⊇stoff** m explosive; **'⊇ung** f (-/-en) blasting; blowing up.

sprenkeln ['ʃprɛŋkəln] v/t. (ge-, h) speck(le), spot, dot.

Spreu [ʃprɔy] f (-/no pl.) chaff (a. fig.).

Sprich|wort ['ʃprɪç-] n (-[e]s/-er) proverb, saying; **'⊇wörtlich** adj. proverbial (a. fig.).

sprießen ['ʃpriːsən] v/i. (irr., ge-, sein) sprout; fig. burgeon.

Spring|brunnen ['ʃprɪŋ-] m fountain; **'⊇en** v/i. (irr., ge-, sein) jump, leap; ball, etc.: bounce; swimming: dive; glass, etc.: crack; break; burst; in die Höhe (zur Seite) ⊾ jump up (aside); **'⊾er** m (-s/-) jumper; diver; chess: knight; **'⊾flut** f spring tide; **'⊾reiten** n show jumping.

Sprit F [ʃprɪt] m (-[e]s/-e) alcohol; mot. fuel, F juice.

Spritze ['ʃprɪtsə] f (-/-n) 🕮 injection, F shot; syringe (a. 🖉); ⊯ a. hypodermic needle; **'⊇n** (ge-) v/i. (sein, h) and v/t. (h) splash; spray (a. ⊙, 🖉); ⊯ inject; give s.o. an injection of; grease: spatter; blood: gush (aus from); **'⊾r** m (-s/-) splash; dash (of soda, etc.).

'Spritz|mittel n spray, insecticide, etc.; **'⊾pistole** ⊙ f spray gun; **'⊾tour** F f spin, (joy)ride.

spröde adj. ['ʃprøːdə] brittle (a. fig.); skin: rough.

sproß [ʃprɔs] past of sprießen.

Sproß ⊛ [⊾] m (Sprosses/-sse) shoot, scion (a. fig.).

Sprosse ['ʃprɔsə] f (-/-n) rung, step.

Sprößling ['ʃprœslɪŋ] m (-s/-e) ⊛ s. Sproß; F offspring, Junior.

Spruch [ʃprʊx] m (-[e]s/-e) saying, words; 🕮, etc. decision; **'⊾band** n (-[e]s/-er) banner; **'⊇reif** adj.: noch nicht ⊾ matter: undecided, still open.

Sprudel ['ʃpruːdəl] m (-s/-) mineral water; (lemon) soda, Brt. lemonade; **'⊇n** v/i. (ge-, sein, h) bubble (a. fig.).

Sprüh|dose ['ʃpryː-] f spray or aerosol can; **'⊇en** (ge-) v/t. (h) and v/i. (sein) spray; throw out (sparks); **'⊾regen** m drizzle.

Sprung [ʃprʊŋ] m (-[e]s/-e) jump, leap; swimming: dive; crack, fissure; **'⊾brett** n diving board; springboard; fig. stepping stone; **'⊾schanze** f ski jump.

Spucke F ['ʃpʊkə] f (-/no pl.) spit(tle); F mir blieb die ⊾ weg I was dumbfounded; **'⊇n** v/i. and v/t. (ge-, h) spit; F throw up.

Spuk [ʃpuːk] m (-[e]s/no pl.) apparition, spect|er, Brt. -re; **'⊇en** v/i. (ge-, h): ⊾ in (dat.) haunt; hier spukt es this place is haunted.

Spule ['ʃpuːlə] f (-/-n) spool, reel; bobbin; ⊾ coil.

Spüle ['ʃpyːlə] f (-/-n) kitchen sink.

'spulen v/t. (ge-, h) spool, wind, reel.

'spül|en v/t. and v/i. (ge-, h) wash up (the dishes); rinse; flush the toilet; wash (ashore, etc.); **'⊇maschine** f dishwasher; **'⊾mittel** n liquid detergent; **'⊇ung** f (-/-en) rinse; ⊯ irrigation; douche; toilet: flush; cistern; **'⊇wasser** n dishwater (a. fig.).

Spundloch ['ʃpʊnt-] n bunghole.

Spur [ʃpuːr] f (-/-en) trace (a. 🐾 and fig.); track(s) (foot, etc.)print; mot. lane; track (on tape); fig. a. touch; dash; **j-m auf der ~ sein** be on s.o.'s trail; **e-e ~ zu ... fig.** a wee bit too ...; F: **keine ~** not a bit.

spür|bar adj. ['ʃpyːrbaːr] noticeable; distinct, marked (difference, etc.); **~ sein** be evident; **'~en** v/t. (ge-, h) feel; sense; notice, perceive.

Spurensicherung f s. **Erkennungsdienst.**

'spurlos adv. without leaving a trace.

'Spür|nase F f good nose (for s.th.); **'~sinn** m (-[e]s/no pl.) scent; fig. a. (good) nose (for s.th.).

'Spurweite f 🚂 ga(u)ge; mot. track.

Staat [ʃtaːt] m (-[e]s/-en) state; government; **'~enbund** m confederacy, confederation; **'2enlos** adj. stateless; **'2lich 1.** adj. state; public, national; **2. adv.: ~ geprüft** qualified, registered.

Staats|angehörige ['ʃtaːts?-] m, f citizen, subject, national; **~angehörigkeit** ['~?-] f (-/-en) nationality, citizenship; **~anwalt** ⚖ ['~?-] m district attorney, Brt. (public) prosecutor; **'~besuch** m official or state visit; **'~bürger** m citizen, national; **'~bürgerschaft** f (-/-en) s. **Staatsangehörigkeit**; **'~chef** m head of state; **'~dienst** m civil (Am. a. public) service; **2eigen** adj. ['~?-] state-owned; **'~feind** m public enemy; **'2feindlich** adj. subversive; **'~haushalt** m budget; **'~kasse** f treasury; **'~mann** m statesman; **~oberhaupt** ['~?-] n head of (the) state; **'~recht** ⚖ n (-[e]s/no pl.) public law; constitutional law; **'~sekretär** m undersecretary of state; **'~streich** m coup d'état; **'~vertrag** m treaty; **'~wissenschaft** f political science.

Stab [ʃtaːp] m (-[e]s/-e) staff (a. fig.); bar (of metal, wood, etc.); baton; pole vault: pole.

Stäbchen ['ʃtɛːpçən] pl. chopsticks.

'Stabhochsprung m (-[e]s/no pl.) pole vault.

stabil adj. [ʃta'biːl] stable (a. econ., pol.); solid, strong; health, etc.: sound; **~sieren** [~ili'ziːrən] v/t. (no ge-, h) stabilize; **2ität** [~ili'tɛːt] f (-/no pl.) stability.

stach [ʃtaːx] past of **stechen.**

Stachel ['ʃtaxəl] m (-s/-) 🐝, zo. spine, prick; sting (of insect); **'~beere** 🐝 f gooseberry; **'~draht** m barbed wire; **'2ig** adj. prickly; **'~schwein** zo. n porcupine.

Stad(e)l Aust., Swiss ['ʃtaːdəl] m (-s/-) barn.

Stadion ['ʃtaːdiɔn] n (-s/Stadien) stadi-

um; **~um** ['~ʊm] n (-s/Stadien) stage, phase.

Stadt [ʃtat] f (-/-e) town; city (both a. in compounds: wall, gate, government, etc.); in compounds: a. urban, municipal; **die ~ Berlin** the city of Berlin; **in die ~ gehen** or **fahren** go (in)to town, esp. Am. a. go downtown; **'~autobahn** ['~?-] f city freeway (Brt. motorway); **'~bahn** f s. **S-Bahn.**

Städt|chen ['ʃtɛːtçən] n (-s/-) small town; **'~ebau** m (-[e]s/no pl.) city planning; **'~er** m (-s/-) city dweller, urbanite, F city slicker.

'Stadt|gebiet n urban area; **'~gespräch** fig. n talk of the town; **'~grenze** f city limits.

städtisch adj. ['ʃtɛːtiʃ] urban; pol. municipal.

'Stadt|plan m city map; **'~rand** m outskirts; **'~rat** m (-[e]s/-e) city (Brt. town) council; person: city council|man (-woman), Brt. town council(l)or; **'~rundfahrt** f city (sightseeing) tour; **'~teil** m, **'~viertel** n district, area, neighbo(u)rhood, quarter.

Staffel ['ʃtafəl] f (-/-n) relay race or team; ✕, ✈ squadron; **~ei** paint. [~'lai] f (-/-en) easel; **'2n** v/t. (ge-, h) grade, scale.

stahl [ʃtaːl] past of **stehlen.**

Stahl [~] m (-[e]s/-e, -e) steel (a. in compounds: helmet, wool, etc.).

stählern adj. ['ʃtɛːlərn] (of or like) steel.

'Stahl|kammer f bank vault; **'~rohr...** in compounds: tubular (metal) (furniture, etc.); **'~werk** n steelworks.

stak [ʃtaːk] past of **stecken 2.**

Stall [ʃtal] m (-[e]s/-e) stable; s. **Kuh2, Schweine2**; **'~knecht** m stableboy.

Stamm [ʃtam] m (-[e]s/-e) 🌳 stem (a. gr.), trunk; ling. root; tribe; stock; regulars (of firm, team, etc.); **~... in compounds:** regular (customer, player, etc.); **'~baum** m family tree; zo. pedigree; **2eln** v/t. (ge-, h) stammer; **'2en** v/i. (ge-, h): **~ aus** (von) come from (country, etc.); be or date from; **~ von** be by (artist, etc.); **'~formen** gr. pl. principal parts, mst tenses.

stämmig adj. ['ʃtɛmiç] sturdy; stout.

...stämmig in compounds: (German, etc.)-born; of ... ancestry.

'Stamm|kneipe F f (favo[u]rite) hangout, Brt. a. local; **'~tisch** m table reserved for regular patrons; fig. the regular group (in bar, etc.).

stampfen ['ʃtampfən] (ge-) 1. v/t. (h) mash; 2. v/i. (h) stamp (mit dem Fuß one's foot); 3. v/i. (sein) stamp, tramp(le).

stand [ʃtant] past of **stehen.**

Stand [~] m (-[e]s/-e) stand(ing), standing or upright position; footing, foothold; (taxi, etc.) stand; market, etc.: stand, stall; ast. position; height, level (a. fig.); reading (of thermometer, etc.); social standing, status; class; profession; sports: score; competition: standings; state (of affairs, etc.); condition; **auf den neuesten ~ bringen** bring up to date; **e-n schweren ~ haben** have a hard time (of it).

Standard ['ʃtandart] m (-s/-s) standard (a. in compounds).

'Standbild n statue.

Ständchen ['ʃtɛntçən] n (-s/-) serenade.

Ständer ['ʃtɛndər] m (-s/-) stand; (clothes, etc.) rack; V hard-on.

Standes|amt ['ʃtandəsʔ-] n marriage license bureau, Brt. registry office; **2amtlich** adj. ['~ʔ-]: **~e Trauung** civil marriage; **'~beamte** m civil magistrate, Brt. registrar; **2gemäß** adj. and adv. according to one's rank or status; **~unterschied** ['~ʔ-] m class distinction.

'stand|fest adj. stable, steady; **'~haft** adj. steadfast, firm; **~ bleiben** resist temptation; **2haftigkeit** f (-/no pl.) steadfastness, firmness; **'~halten** v/i. (irr. **halten**, sep., -ge-, h) (dat.) withstand, resist.

ständig ['ʃtɛndɪç] **1.** adj. constant; permanent (address, etc.); fixed (income, etc.); **2.** adv. constantly, etc., all the time.

'Stand|licht mot. n parking light; **~ort** ['~ʔ-] m position; location, site; ✕ post, garrison; **'~pauke** F f lecture, bawling-out; **'~photo** n still; **'~platz** m stand; **'~punkt** fig. m (point of) view, standpoint; **'~recht** ✕ n (-[e]s/no pl.) martial law; **'~uhr** ['~ʔ-] f grandfather clock.

Stange ['ʃtaŋə] f (-/-n) pole; staff; rod, bar; carton (of cigarettes); **von der ~** clothes: ready-made, off the rack.

stank [ʃtaŋk] past of **stinken**.

stänkern F ['ʃtɛŋkərn] v/i. (ge-, h) stir up trouble.

Stanniol [ʃtaˈnjoːl] n (-s/-e) tin foil.

Stanze ⊙ ['ʃtantsə] f (-/-n), **2n** v/t. (ge-, h) punch.

Stapel ['ʃtaːpəl] m (-s/-) pile, stack; heap; **vom ~ lassen** ⚓ launch (a. fig.); **vom ~ laufen** ⚓ be launched; **'~lauf** ⚓ m launch (of ship); **'2n** v/t. (ge-, h) pile (up), stack.

stapfen ['ʃtapfən] v/i. (ge-, sein) trudge, plod.

Star¹ [ʃtaːr] m (-[e]s/-e) zo. starling; ✿ cataract; **grüner ~** glaucoma.

Star² [staːr, ʃtaːr] m (-s/-s) (film, etc.) star.

starb [ʃtarp] past of **sterben**.

stark [ʃtark] **1.** adj. strong (a. fig. coffee, beer, tobacco, etc.); powerful; heavy (smoker, rain, cold, traffic, etc.); F neat, great; F: **ein ~es Stück** a bit thick; **2.** adv.: **~ beeindruckt** etc. very much or greatly impressed, etc.; **~ beschädigt** etc. badly damaged, etc.

Stärke ['ʃtɛrkə] f (-/-n) strength, power (both a. fig.); intensity; degree; ✿ starch; **'2n** v/t. (ge-, h) strengthen (a. fig.); starch; **sich ~** take some refreshment, have a bite to eat or a drink.

'Starkstrom ⚡ m heavy current.

'Stärkung f (-/-en) strengthening; refreshment; **'~smittel** n tonic.

starr adj. [ʃtar] stiff; rigid (a. ⊙); face, etc.: a. frozen; eyes: glassy; **~er Blick** (fixed) stare; **~ vor Kälte (Entsetzen)** frozen (scared) stiff; **'~en** v/i. (ge-, h) stare (**auf** acc. at); **'~köpfig** adj. stubborn, obstinate; **2sinn** m (-[e]s/no pl.) stubbornness, obstinacy.

Start [ʃtart] m (-[e]s/-s) start (a. fig.); ✈ takeoff; liftoff, launch(ing); **~automatik** mot. ['~ʔ-] f automatic choke; **'~bahn** ✈ f runway; **'2bereit** adj. ready to start; ✈ ready for takeoff; **'2en** (ge-) v/i. (sein) and v/t. (h) start (a. F fig.); ✈ take off; lift off; launch (a. fig. business, etc.); **~erlaubnis** ✈ ['~ʔ-] f takeoff clearance; **'~platz** m start(ing-place); ✈ takeoff point; launch site.

Stasi hist. pol. ['ʃtaːzi] f, m (-/no pl.) state security, Stasi.

Statik ['ʃtaːtɪk] f (-/no pl.) statics.

Station [ʃtaˈtsjoːn] f (-/-en) station; (hospital) ward; fig. stage; **2är** adj. [~oˈnɛːr] in-patient (treatment, etc.); **2ieren** ✕ [~oˈniːrən] v/t. (no ge-, h) station; deploy (missiles, etc.); **~schwester** ✚ f charge nurse; **~svorsteher** 🚂 m stationmaster.

statisch adj. ['ʃtaːtɪʃ] static.

Statist [ʃtaˈtɪst] m (-en/-en) supernumerary, mst F super, extra; **~ik** f (-/-en) statistics; **~iker** m (-s/-) statistician; **2isch** adj. statistical.

Stativ [ʃtaˈtiːf] n (-s/-e) stand; phot. mst tripod.

statt prp. [ʃtat] (gen., F dat.) instead of; **~ dessen** instead, etc.; **~ zu tun** instead of doing s.th.; **an s-r ~** in his place; **an Kindes 2 annehmen** adopt s.o.

Stätte ['ʃtɛtə] f (-/-n) place; scene (of event).

'statt|finden v/i. (irr. **finden**, sep., -ge-, h) take place; happen; **'~haft** adj. permissible; **'~lich** adj. imposing; handsome (sum, etc.).

Stat|ue ['ʃtaːtuə] f (-/-n) statue; **2uieren** [ʃtatuˈiːrən] v/t. (no ge-, h): s. Exempel;

~ur [ʃta'tuːr] f (-/-en) build, figure, stature (a. *fig.*); **~us** ['~ʊs] m (-/-) state; (*social*) status; **~ussymbol** n status symbol; **~ut** [ʃta'tuːt] n (-[e]s/-en) s. **Satzung.**

Stau [ʃtaʊ] m (-[e]s/-s) (traffic) jam, congestion a. *fig.*; damming up.

Staub [ʃtaʊp] m (-[e]s/⊙ -e, ⁀e) dust (a. **~ wischen**).

'**Staubecken** n reservoir.

stauben ['ʃtaʊbən] v/i. (ge-, h) give off or make dust; be dusty.

stäuben ['ʃtɔybən] v/i. and v/t. (ge-, h) dust; spray.

Staub|fänger F ['ʃtaʊpfɛŋər] m (-s/-) dust trap; **2ig** adj. [-ˌbɪç] dusty; **2saugen** v/i. and v/t. (no sep., -ge-, h) vacuum(-clean), F *Brt.* hoover; **~sauger** ['~zaʊgər] m (-s/-) vacuum cleaner, F *Brt.* hoover; **~tuch** n (-[e]s/⁀er) duster; **~wedel** ['~veːdəl] m (-s/-) feather duster.

stauchen ⚡ ['ʃtaʊxən] v/t. (ge-, h) sprain.

'**Staudamm** m dam.

Staude ⚘ ['ʃtaʊdə] f (-/-n) perennial (plant).

stauen ['ʃtaʊən] v/t. (ge-, h) dam up (river, *etc.*); **sich ~** *mot.*, *etc.* be stacked up; ⚡ congest.

staunen ['ʃtaʊnən] v/i. (ge-, h) be astonished or surprised (**über** acc. at).

Staunen [-] n (-s/no pl.) astonishment, amazement; **2swert** adj. astonishing.

Staupe vet. ['ʃtaʊpə] f (-/-n) distemper.

'**Stausee** m reservoir.

'**Stauung** f (-/-en) s. **Stau.**

stech|en ['ʃtɛçən] v/t. and v/i. (irr., ge-, h) prick (*in den Finger* one's finger); bee, *etc.*: sting; mosquito, *etc.*: bite; stab; pierce; **mit et. ~ in** (acc.) stick s.th. in(to); **sich ~** prick o.s.; **j-m ins Auge ~** *fig.* have one's eye(s) on s.th.; **2en** n (-s/no pl.) sharp pain; sports: run-off, play-off; riding: jump-off; **~end** adj. piercing (look, *etc.*); stabbing (pain, *etc.*); **2karte** f time (*Brt.* clock) card; **2uhr** ['~ˀ-] f time clock.

Steck|brief ⚖ ['ʃtɛk-] m "wanted" poster; **2brieflich** ⚖ adv.: **er wird ~ gesucht** a warrant is out against him; **~dose** ⚡ f (wall) socket.

steck|en ['ʃtɛkən] **1.** v/t. (ge-, h) stick; put; esp. ⊙ insert (*in* acc. into); pin (*an* acc. to, on); ⚘ set, plant; **2.** v/i. ([irr.,] ge-, h) be; stick, be stuck; **tief in Schulden ~** be deeply in debt; F: **wo steckst du?** where have you been (hiding)?; **~enbleiben** v/i. (irr. bleiben, sep., -ge-, sein) get stuck (a. *fig.*); **2enpferd** n hobbyhorse; *fig.* hobby; **2er** ⚡ m (-s/-), **2kontakt** ⚡ m plug; **2nadel** f pin.

Steg [ʃteːk] m (-[e]s/-e) footbridge; plank.

'**Stegreif** m: **aus dem ~** extempore, F ad lib; **aus dem ~ sprechen, spielen** *etc.* extemporize, F ad-lib.

stehen ['ʃteːən] v/i. (irr., ge-, h) stand; be (located or situated); be stand(ing) up; **es steht ihr** she looks good in it; **wie(viel) steht es?** what's the score?; **es steht ...** the score is ...; **hier steht, daß** it says here that; **wo steht das?** where does it say so or that?; **sich gut (schlecht) ~** be well (badly) off; **sich ~ mit** get along with s.o.; **wie steht es mit ...?** what about ...?; F: **darauf stehe ich (nicht)** it turns me on (I'm not into that); V **e-n ~ haben** have a hard-on; **~bleiben** v/i. (irr. bleiben, sep., -ge-, sein) stop; come to a standstill; be left (behind); **~lassen** v/t. (irr. lassen, sep., [no] -ge-, h) leave (food, *etc.*: untouched); leave s.th. as it is; leave behind; leave s.o. standing; grow (beard).

'**Steh|kragen** m stand-up collar; **~lampe** f floor (*Brt.* standard) lamp; **~leiter** f stepladder.

stehlen ['ʃteːlən] v/t. and v/i. (irr., ge-, h) steal (a. *fig.* **sich ~**).

'**Stehplatz** m standing room.

steif adj. [ʃtaɪf] stiff (a. *fig.*) (**vor Kälte** with cold).

Steig [ʃtaɪk] m (-[e]s/-e) (foot)path; **~bügel** m stirrup.

steigen ['ʃtaɪgən] v/i. (irr., ge-, sein) go, step; climb (a. ⚡), rise, go up; **~ in** (auf) (acc.) get into (on) (vehicle, *etc.*); **~ aus** (von) get off or out of (bed, *etc.*).

steiger|n ['ʃtaɪgərn] v/t. (ge-, h) raise, increase; heighten; improve; gr. compare; **sich ~** person: improve, get better; **2ung** f (-/-en) rise, increase; heightening; improvement; gr. comparison.

Steigung ['ʃtaɪgʊŋ] f (-/-en) gradient; slope, ascent.

steil adj. [ʃtaɪl] steep (a. *fig.*).

Stein [ʃtaɪn] m (-[e]s/-e) stone (a. ⚙, ⚘), rock; s. **Edel2**; **~bock** m zo. ibex; *Am. appr.* mountain goat; ast. Capricorn; **~bruch** m quarry; **2ern** adj. (of) stone; *fig.* stony; **~gut** n (-[e]s/-e) earthenware; **2ig** adj. stony; **2igen** ['~ɪgən] v/t. (ge-, h) stone; **~kohle** f (hard) coal; **~metz** ['~mɛts] m (-en/-en) stonemason; **2reich** F adj. rolling in money; **~schlag** m rockfall; falling rocks; **~wurf** *fig.* m stone's throw; **~zeit** f (-/no pl.) Stone Age.

Steißbein anat. ['ʃtaɪs-] n base of the spine, coccyx.

Stellage [ʃtɛ'laːʒə] f (-/-n) stand, rack, shelf.

Stelle ['ʃtɛlə] f (-/-n) place; spot; point; job, position; authority; A figure; *freie* ~ vacancy, opening; *auf der (zur)* ~ on the spot; *an erster* ~ *stehen (kommen)* be (come) first; *an j-s* ~ in s.o.'s place; *ich an deiner* ~ if I were you.

'**stellen** v/t. (ge-, h) put, place, set (a. *watch, task, trap,* etc.); turn (*on, off, down,* etc.); ask (*question*); provide, supply; corner, hunt down (*criminal,* etc.); *sich* ~ give o.s. up, turn o.s. in; *sich* ~ *gegen (hinter acc.) fig.* oppose (back); *sich schlafend etc.* ~ pretend to be asleep, etc.; *stell dich dorthin!* (go and) stand over there!

Stellen|angebot ['ʃtɛlən?-] n vacancy; *ich habe ein* ~ I was offered a job; '~*gesuch* n application for a job; 'Ǝ*weise* adv. partly, in places.

...**stellig** [-tɛlɪç] in compounds: ...-digit (*number,* etc.).

'**Stellung** f (-/-en) position; post, job; ~ *nehmen zu* comment on, give one's opinion on; ~*nahme* ['~na:mə] f (-/-n) comment, opinion (*both: zu* on); 'Ǝ*slos* adj. unemployed, jobless.

'**stellvertret|end** adj. acting, deputy, vice-...; 'Ǝ*er* m representative; deputy.

Stelze ['ʃtɛltsə] f (-/-n) stilt; 'Ǝn v/i. (ge-, *sein*) stalk.

Stemmeisen ⊙ ['ʃtɛm?-] n chisel; *s.* **Brechstange.**

'**stemmen** v/t. (ge-, h) lift (*weight*); *sich* ~ *gegen* press o.s. against; *fig.* resist or oppose *s.th.*

Stempel ['ʃtɛmpəl] m (-s/-) (rubber) stamp; ⧫ postmark; hallmark; ⚭ pistil; '~*kissen* n ink pad; 'Ǝn (ge-, h) 1. v/t. stamp; cancel (*postage, stamp*); hallmark; 2. v/i. F: ~ *gehen* be on welfare (*Brt.* on the dole).

Stengel ⚘ ['ʃtɛŋəl] m (-s/-) stalk, stem.

Steno F ['ʃteːno] f (-/no pl.) shorthand.

Steno|gramm [ʃteno'-] n (-s/-e) shorthand notes; ~*graph* [~'graːf] m (-en/-en) stenographer; ~*graphie* [~gra'fiː] f (-/-n) shorthand; Ǝ*gra'phieren* v/t. (no ge-, h) take down in shorthand; ~*typistin* [~ty'pɪstɪn] f (-/-nen) shorthand typist.

Steppdecke ['ʃtɛp-] f quilt.

Steppe geogr. ['ʃtɛpə] f (-/-n) steppe(s); prairie; pampas; savanna(h).

steppen ['ʃtɛpən] (ge-, h) 1. v/t. quilt; stitch (*seam*); 2. v/i. tap-dance.

Sterbe|bett ['ʃtɛrbə-] n deathbed; '~*hilfe* ✚ f euthanasia, mercy killing.

'**sterben** v/i. (*irr., ge-, sein*) die (*an dat.* of) (*a. fig.*); *im* Ǝ *liegen* be dying.

sterblich adj. ['ʃtɛrplɪç] mortal; 'Ǝ*keit* f (-/no pl.) mortality.

Stereo ['ʃteːreo] n (-s/-s) stereo (*a.* in compounds).

steril adj. [ʃte'riːl] sterile; Ǝ*isation* [~iliza'tsioːn] f (-/-en) sterilization; ~*isieren* [~ili'ziːrən] v/t. (no ge-, h) sterilize.

Stern [ʃtɛrn] m (-[e]s/-e) star (*a. fig.*); '~*bild* ast. n constellation; sign of the zodiac; '~*chen* print. n (-s/-) asterisk; '~*deutung* f (-/no pl.) astrology; '~en-*banner* n Star-Spangled Banner, Stars and Stripes; '~(en)*himmel* m starry sky; '~*fahrt* f (motor) rally; 'Ǝ*hagel*-*voll* F adj. plastered; 'Ǝ*klar* adj. starry; '~*kunde* f (-/no pl.) astronomy; '~-*schnuppe* f (-/-n) shooting or falling star; '~*stunde* fig. f historic moment or event; '~*system* ast. n galaxy; '~*warte* f observatory.

stet|(ig) adj. ['ʃteːt(ɪç)] continual, constant; steady (*growth,* etc.); '~s adv. always.

Steuer[1] ['ʃtɔyər] n (-s/-) mot. (steering) wheel; ⚓ helm, rudder.

Steuer[2] [~] f (-/-n) tax (*auf acc., dat.* on); '~*beamte* m revenue officer; '~*berater* m tax adviser; '~*bord* ⚓ n (-[e]s/-e) starboard; '~*erklärung* [~?~-] f tax return; '~*ermäßigung* ['~?-] f tax allowance; 'Ǝ*frei* adj. tax-free; duty-free; '~-*hinterziehung* f tax evasion; '~*knüppel* m ✈ control column or stick, joystick (*a. computer,* etc.); '~*mann* m (-[e]s/-er, -leute) ⚓ helmsman; coxswain.

'**steuer|n** (ge-) v/t. (h) and v/i. (h, sein) steer; ⚓, ✈ a. navigate, pilot; mot. a. drive; ⊙ control; fig. direct, control; '~*pflichtig* adj. taxable; dutiable; 'Ǝ*rad* n steering wheel; 'Ǝ*ruder* ⚓ n helm, rudder; 'Ǝ*senkung* f tax reduction; 'Ǝ*ung* f (-/-en) steering (system); ⊙, ✈ control (*a. fig.*); 'Ǝ*zahler* m taxpayer.

stibitzen F [ʃti'bɪtsən] v/t. (no ge-, h) snitch, swipe.

Stich m prick (*by pin,* etc.); sting (*mosquito,* etc.); bite; stab (*of knife,* etc.); stitch; *cards:* trick; engraving; *im* ~ *lassen* let s.o. down; abandon (*a.* ⚓), desert; F: *e-n* ~ *haben* be off one's rocker.

Stich|elei fig. [ʃtɪçə'laɪ] f (-/-en) dig, taunt; 'Ǝn fig. v/i. (ge-, h) make digs (*gegen* at), taunt.

'**Stich|flamme** f darting flame; 'Ǝ*haltig* adj. valid, sound; watertight (*argument,* etc.); *nicht* ~ *sein* not hold water; '~*probe* f spot check; ~ *machen* spot-check (*bei et.* s th.); '~*tag* m fixed day; '~*wahl* f runoff election, *Brt.* second ballot; '~*wort* n 1. (-[e]s/-er) (*dictionary*) entry, *Brt. a.* headword; 2.

(-[e]s/-e) *thea.* cue; ~e *pl.* notes; *das
Wichtigste in ~en* an outline of the
main points; '~wortverzeichnis *n* index; '~wunde *f* stab.
stick|en ['ʃtɪkən] *v/t. and v/i.* (ge-, h)
embroider; 2e'rei *f* embroidery; '~ig
adj. stuffy; 2oxid 🜍 ['~ɔksi:t] *n*
(-[e]s/-e) nitrogen oxide; 2stoff 🜍 *m*
(-[e]s/*no pl.*) nitrogen.
Stief... ['ʃti:f-] *in compounds:* step(mother, *etc.*).
Stiefel ['ʃti:fəl] *m* (-s/-) boot.
'Stiefmütter|chen ⚘ *n* pansy; 2lich *fig.
adv.*: ~ *behandeln* treat badly; neglect.
stieg [ʃti:k] *past of* steigen.
Stiege *Aust.* ['ʃti:gə] *f* (-/-n) *s.* Treppe.
Stiel [ʃti:l] *m* (-[e]s/-e) handle; stick (*of
broom, etc.*); stem (*of glass, pipe, flower, etc.*); ⚘ stalk.
Stier [ʃti:r] *m* (-[e]s/-e) *zo.* bull; *ast.* Tau-
rus; 2en *v/i.* (ge-, h) stare (*auf acc.* at);
'~kampf *m* bullfight.
stieß [ʃti:s] *past of* stoßen.
Stift¹ [ʃtɪft] *m* (-[e]s/-e) pen; pencil; cray-
on; ⊙ pin; peg; *deodorant, etc.*: stick; F
fig. apprentice; *s.* Knirps.
Stift² [~] *n* (-[e]s/-e) charitable institution; convent; old people's home.
'stift|en *v/t.* (ge-, h) donate; found; *fig.*
cause (*unrest, trouble, etc.*); 2er *m* (-s/-)
founder; donor; sponsor; 2ung *f*
(-/-en) foundation; donation.
Stil [ʃti:l] *m* (-[e]s/-e) style (*a. fig.*); *in
großem* ~ in (grand) style; *fig.* on a
large scale; 2istisch *adj.* [ʃti'lɪstɪʃ] sty-
listic.
still *adj.* [ʃtɪl] quiet, silent; still; *sei(d)* ~!
be quiet!; *sich ~ verhalten* keep quiet
or still; 2e *f* (-/*no pl.*) silence, quiet
(-ness), *lit.* still; *in aller* ~ quietly; *fig.*
secretly.
Stilleben *paint.* ['ʃtɪl-] *n* (-s/-) still life.
stillegen ['ʃtɪl-] *v/t.* (sep., -ge-, h) close
down (*factory, etc.*); bring to a standstill.
'stillen *v/t.* (ge-, h) nurse, breastfeed;
relieve (*pain, etc.*); satisfy (*hunger, curiosity, etc.*); quench (*thirst*).
'stillhalten *v/i.* (irr. halten, sep., -ge-, h)
keep still.
stilliegen ['ʃtɪl-] *v/i.* (irr. liegen, sep.,
-ge-, h) be at a standstill; lie idle.
stillos *adj.* ['ʃti:l-] lacking style, tasteless.
'Still|schweigen *n* silence; secrecy; 2-
schweigend *fig. adj.* tacit; 2sitzen
v/i. (irr. sitzen, sep., -ge-, h) sit still;
'~stand *m* (-[e]s/*no pl.*) standstill, stop;
fig. a. stagnation (*a. econ.*); deadlock;
2stehen *v/i.* (irr. stehen, sep., -ge-, h)
(have) stop(ped), (have) come to a
standstill.

'Stil|möbel *pl.* period furniture; 2voll
adj. stylish; ~ *sein* have style.
Stimm|band *anat.* ['ʃtɪm-] *n* (-[e]s/-er)
vocal cord; 2berechtigt *adj.* entitled
to vote; '~bruch *m* (-[e]s/*no pl.*) of
boys: voice change, cracking of voice.
'Stimm|e *f* (-/-n) voice; *pol.* vote; *sich
der ~ enthalten* abstain; 2en (ge-, h)
1. *v/i.* be right or true or correct; *pol.*
vote (*für* for; *gegen* against); *es
stimmt et. nicht* (*damit or mit ihm*)
there's s.th. wrong (with it or him); 2.
v/t. ♪ tune; *fig.* make *s.o.* (feel) (sad,
etc.); '~enthaltung ['~ʔ-] *f* abstention;
'~gabel ♪ *f* tuning fork; 2haft *ling. adj.*
voiced; ...2ig ♪ *in compounds:* for ...
voices; 2los *ling. adj.* voiceless; '~-
recht *n* right to vote; '~ung *f* (-/-en)
mood; atmosphere; (*general, etc.*) feeling; *alle waren in* ~ everybody was
having fun; 2ungsvoll *adj.* atmospheric; '~zettel *m* ballot.
stink|en ['ʃtɪŋkən] *v/i.* (irr., ge-, h) stink
(*a. fig.*) (*nach* of); *et. stinkt daran fig.*
there's s.th. fishy about it; F: *das* (*er
etc.*) *stinkt mir* I'm sick of or fed up
with it (him, *etc.*); '~faul F *adj.* bone-
lazy; '~langweilig F *adj.*: ~ *sein* be
(such) a bore or drag; '~reich F *adj.*
stinking rich; 2tier *zo. n* skunk.
Stipendium *univ.* [ʃti'pɛndiʊm] *n*
(-s/-dien) scholarship.
stipp|en ['ʃtɪpən] *v/t.* (ge-, h) dip;
'2visite F *f* flying visit.
Stirn [ʃtɪrn] *f* (-/-en) forehead; *die ~
runzeln* frown; *die ~ haben* have the
gall; '~runzeln *n* (-s/*no pl.*) frown.
stöbern F ['ʃtø:bərn] *v/i.* (ge-, h) rum-
mage (about).
stochern ['ʃtɔxərn] *v/i.* (ge-, h): *im
Feuer ~* poke the fire; *im Essen* (*in den
Zähnen*) ~ pick at one's food (one's
teeth).
Stock [ʃtɔk] *m* 1. (-[e]s/-e) stick; cane;
2. (-[e]s/-[werke]) stor(e)y, floor; *im
ersten ~* on the second (*Brt.* first)
floor.
Stock|..., 2... F *in compounds:* mst thor-
ough(ly) ..., very ...; ultra(*conservative,
etc.*); '2dunkel F *adj.* pitch-black.
Stöckelschuh ['ʃtœkəl-] *m* high-heel(ed)
shoe), stiletto.
'stocken *v/i.* (ge-, h) stop (short); falter;
traffic: be jammed; *ins 2 kommen* (begin to) falter, flag, slacken; '~d *adj.*
voice, etc.: halting; ~ *lesen or sprechen* stumble through a text or speech.
'stock|'finster F *adj.* pitch-black; '2fleck
m mo(u)ld stain.
...stöckig ['-ʃtœkɪç] *in compounds:*
...-story, ...-storied, *Brt.* ...-storey(ed).
'stock|'nüchtern F *adj.* cold sober; '~-

'**sauer** F *adj.* pissed-off; '**≈ung** *f* (*-/-en*) holdup, delay; '**≈werk** *n* stor(e)y, floor.

Stoff [ʃtɔf] *m* (*-[e]s/-e*) material, stuff (*a. sl. fig.*); fabric, textile; cloth; **☜**, *phys., etc.* substance; *fig.* subject (matter); **~ sammeln** collect material; '**≈lich** *adj.* material; '**~tier** *n* stuffed (toy) animal; '**~wechsel** *physiol. m* metabolism.

stöhnen ['ʃtøːnən] *v/i.* (*ge-, h*) groan, moan (*a. fig.*).

Stoll|e ['ʃtɔlə] *f* (*-/-n*) *s.* **Stollen 2**; '**~en** *m* (*-s/-*) **1.** **☜** tunnel, gallery; *on shoe*: cleat, *Brt. a.* stud; **2.** *appr.* fruit (*Brt.* Christmas) cake.

stolpern ['ʃtɔlpərn] *v/i.* (*ge-, sein*) stumble (*über acc.* over), trip (over) (*both a. fig.*).

stolz *adj.* [ʃtɔlts] proud (*auf acc.* of).

Stolz [~] *m* (*-es/no pl.*) pride (*auf acc.* in); **≈ieren** [~'tsiːrən] *v/i.* (*no ge-, sein*) strut, stalk.

Stopf|... [ʃtɔpf-] *in compounds*: darning (*needle, etc.*); '**≈en** (*ge-, h*) **1.** *v/t.* darn, mend (*hole, socks, etc.*); stuff, fill (*a pipe*); **2.** *v/i. of food*: be filling *or* constipating.

Stopp [ʃtɔp] *m* (*-s/-s*) stop; *econ., etc.* freeze; ban.

Stoppel ['ʃtɔpəl] *f* (*-/-n*) stubble; '**~bart** F *m* stubbly beard; '**≈ig** *adj.* stubbly; '**~zieher** *Aust.* ['~tsiːər] *m* (*-s/-*) corkscrew.

'**stopp|en** *v/i. and v/t.* (*ge-, h*) stop (*a. fig.*); time (*race, etc.*); '**≈licht** *mot. n* stoplight; '**≈schild** *mot. n* stop sign; **≈uhr** ['~ʔuːʔ] *f* stopwatch, chronograph.

Stöpsel ['ʃtøpsəl] *m* (*-s/-*) stopper, cork, plug (*a. ⚡*).

Storch *zo.* [ʃtɔrç] *m* (*-[e]s/⁀e*) stork.

stör|en ['ʃtøːrən] *v/t. and v/i.* (*ge-, h*) disturb; trouble; bother, annoy; interfere with; *radio*: jam; cause interference; be in the way; **☜**, *etc.* jam; *lassen Sie sich nicht ~!* don't let me bother you; *ich möchte nicht ~* I hate to bother you; *darf ich Sie kurz ~?* may I trouble you for a minute?; *es (er) stört mich nicht* it (he) doesn't bother me, I don't mind (him); *stört es Sie (wenn ich rauche)?* do you mind (if I smoke)?; **≈enfried** ['~friːt] *m* (*-[e]s/-e*) troublemaker; intruder; '**≈fall ⚡** *m* safety incident.

störrisch *adj.* ['ʃtœrɪʃ] stubborn, obstinate.

'**Störung** *f* (*-/-en*) disturbance; trouble (*a. ⚙*); breakdown; *mot.* holdup, delay; *TV, radio, etc.*: interference.

Stoß [ʃtoːs] *m* (*-es/⁀e*) push, shove; thrust, stroke (*a. swimming*); *billiards*: shot; kick; butt; blow, knock; shock; jolt; bump, *esp. ⚙, phys.* impact; pile,

stack (*of wood, books, etc.*); '**~dämpfer** *mot. m* shock absorber; '**≈en** (*irr., ge-*) **1.** *v/t. and v/i.* (*h*) push, shove; thrust; kick; butt; knock, strike; pound; *sich den Kopf ~* (*an dat.*) knock one's head (against); **2.** *v/i.* (*sein*): **~ gegen** *or* **an** (*acc.*) bump *or* run into *or* against; **~ auf** (*acc.*) *fig.* come across; meet with (*difficulties, etc.*); strike (*oil, etc.*); *zu j-m ~* join s.o.; '**≈gesichert** *adj.* shockproof *or* -resistant; '**~stange** *mot. f* bumper; '**~trupp ✕** *m* assault party; '**~zahn** *m* tusk; '**~zeit** *f* rush hour, peak hours.

stottern ['ʃtɔtərn] *v/i. and v/t.* (*ge-, h*) stutter (*a. fig. mot.*), stammer.

Straf|anstalt ['ʃtraːf-] *f* prison, penitentiary; **~arbeit** ['~ʔ-] *f school punishment*: extra work; '**≈bar** *adj.* punishable, penal; *sich ~ machen* commit an offen|se (*Brt.* -ce).

'**Strafe** *f* (*-/-n*) punishment; **☜**, *econ., sports, fig.*: penalty; fine; *20 Mark ~ zahlen müssen* be fined 20 marks; *zur ~* as a punishment; '**≈n** *v/t.* (*ge-, h*) punish.

straff *adj.* [ʃtraf] tight; *fig.* strict.

straf|fällig *adj.* ['ʃtraːf-]: **~ werden** break the law; '**≈frei** *adj.*: **~ ausgehen** go unpunished; '**≈gefangene** *m, f* prisoner, convict; '**≈gesetz** *n* criminal law.

sträf|lich ['ʃtrɛːflɪç] **1.** *adj.* inexcusable; **2.** *adv.*: **~ vernachlässigen** neglect badly; '**≈ling** *m* (*-s/-e*) convict.

'**Straf|minute** *f sports*: penalty minute; '**~porto ✉** *n* surcharge; '**~prozeß** *m* criminal action, trial; '**~raum** *m soccer, etc.*: penalty area; '**~stoß** *m* penalty kick; '**~tat ☜** *f* criminal offen|se, *Brt.* -ce; crime; '**~verfahren** *n* criminal proceedings; '**~zettel** *m* (parking) ticket.

Strahl [ʃtraːl] *m* (*-[e]s/-en*) ray (*a. fig.*); beam; flash (*of lightning, etc.*); jet (*of water, etc.*); '**≈en** *v/i.* (*ge-, h*) radiate; *sun, etc.*: shine (brightly); *fig.* beam (*vor dat.* with); '**~en...** *phys. in compounds*: radiation (*sickness, protection, etc.*); '**~er** *m* (*-s/-*) spotlight; '**~ung** *f* (*-/-en*) radiation, rays.

Strähne ['ʃtrɛːnə] *f* (*-/-n*) strand (*of hair*); streak (*of grey, etc.*).

stramm *adj.* [ʃtram] tight; '**~stehen ✕** *v/i.* (*irr. stehen, sep., -ge-, h*) stand to attention.

strampeln ['ʃtrampəln] *v/i.* (*ge-, h*) baby, *etc.*: kick; F *fig.* pedal.

Strand [ʃtrant] *m* (*-[e]s/⁀e*) beach; *am ~* on the beach; **≈en** ['~dən] *v/i.* (*ge-, sein*) ♣ strand; *fig.* fail; '**~gut** *n* (*-[e]s/no pl.*) flotsam and jetsam (*a. fig.*); '**~korb** *m* roofed wicker beach chair.

Strang [ʃtraŋ] m (-[e]s/-̈e) rope (a. ⚡ hanging); esp. anat. cord.

Strapaz|e [ʃtra'pa:tsə] f (-/-n) strain, exertion, hardship; **2ieren** [ˌ⁀a'tsi:rən] v/t. (no ge-, h) wear s.o. or s.th. out, be hard on; **2ierfähig** adj. [ˌ⁀a'tsi:r-] durable, esp. Brt. a. hardwearing; **2iös** adj. [ˌ⁀a'tsiø:s] exhausting, strenuous.

Straße [ˈʃtra:sə] f (-/-n) road, highway; street; strait(s); **auf der ~** on the road; on (esp. Brt. in) the street.

Straßen|arbeiten [ˈʃtra:sən⁀-] pl. road construction or repair(s); **'~bahn** f streetcar, tram(car); **'~benutzungsgebühr** mot. f highway or road usage fee; **'~café** n sidewalk (Brt. street) café; **'~junge** m street urchin; **~kehrer** [ˈ⁀ke:rər] m (-s/-) street sweeper; **'~kreuzer** F mot. m big (American) car, F heap; **'~kreuzung** f crossing, crossroads; intersection; **'~lage** mot. f roadholding ability; **'~rand** m roadside, curb, Brt. kerb; **'~reinigung** f street cleaning; **'~seite** f side of the street or road; **'~sperre** f roadblock; **'~verkehr** m (road or street) traffic; **'~verkehrsordnung** f traffic regulations, Brt. Highway Code.

strategisch adj. [ʃtra'te:gɪʃ] strategic.

sträuben [ˈʃtrɔybən] v/t. and v/refl. (ge-, h) feathers: ruffle (up); hair, etc.: bristle (up), stand on edge; **sich ~ gegen** struggle against.

Strauch [ʃtraux] m (-[e]s/-̈er) shrub, bush.

straucheln [ˈʃtrauxəln] v/i. (ge-, sein) stumble; fig. go astray.

Strauß [ʃtraus] m 1. zo. (-es/-e) ostrich; 2. (-es/-̈e) bunch (of flowers), bouquet.

Strebe [ˈʃtre:bə] f (-/-n) prop, stay (a. ✈, ⚓).

'streben v/i. (ge-) 1. (h) strive (nach for, after); 2. (sein): **~ zu** (dat.), nach move towards, head for.

'Streb|en n (-s/no pl.) striving; aim; **~ nach Glück** etc. pursuit of happiness, etc.; **'~er** contp. m (-s/-) pusher; school, etc.: grind, teacher's pet, Brt. swot; **2sam** adj. [ˈʃtre:p-] ambitious.

Strecke [ˈʃtrɛkə] f (-/-n) distance (a. sports, ⚡), way; route; ⚡ line; course, track; stretch; **zur ~ bringen** kill; esp. fig. hunt down; **auf der ~ bleiben** fig. come to grief.

'strecken v/t. (ge-, h) stretch (out), extend; school, etc.: raise one's hand.

Streich fig. [ʃtraiç] m (-[e]s/-e) trick, prank, practical joke; lit. blow, stroke; **j-m e-n ~ spielen** play a trick on s.o.; **auf e-n ~** F at one fell swoop; **2eln** [ˈ⁀əln] v/t. (ge-, h) stroke, caress; **'2en** (irr., ge-) 1. v/t. and v/i. (h) paint;

spread (butter, etc.); cross out; cancel (order, etc.); drop (plan, etc.); ⚡ strike (sail, etc.); ♪ bow; **mit der Hand ~ über** run one's hand over; 2. v/i. (sein) roam (durch die the streets, etc.), prowl (um around); **'~er** ♪ pl. strings; **'~holz** n match; **'~holzschachtel** f matchbox; book of matches; **'~instrument** ♪ [ˈ⁀-] n string instrument; **die ~e** pl. the strings; **~orchester** [ˈ⁀-] n string orchestra; **'~ung** f (-/-en) cancellation; econ., thea., etc. cut.

Streife [ˈʃtraifə] f (-/-n) patrol; patrolman; beat, rounds.

'streifen (ge-) 1. v/t. (h) stripe; touch, brush (against); bullet, car, etc.: graze; slip (ring, etc.) (von off); touch on (subject); 2. v/i. (sein): **~ durch** roam acc., wander through or over.

Streif|en [ˌ⁀] m (-/-) stripe; strip (of paper, etc.); **'~enwagen** m police (squad or patrol) car; **'~schuß** n graze (of bullet); **'~zug** m tour (durch of).

Streik [ʃtraik] m (-[e]s/-s) strike, walkout; **wilder ~** wildcat strike; **'~brecher** m strikebreaker; F scab, Brt. a. blackleg; **'2en** v/i. (ge-, h) (go or be on) strike; F fig. refuse (to work, etc.); engine, etc.: stall; **~ende** [ˈ⁀əndə] m, f (-n/-n) striker; **'~posten** m picket (a. ~ stehen, ~ aufstellen).

Streit [ʃtrait] m (-[e]s/-e) quarrel; argument; fight; pol., etc. dispute; **~ anfangen** pick a fight or quarrel; **~ suchen** be looking for trouble; **'2bar** adj. militant; **'2en** v/i. and v/refl. (irr., ge-, h) quarrel, argue, fight (all: wegen, über acc. about, over); **sich um** fight for; **'~frage** f (point at) issue; **'2ig** adj.: **j-m et. ~ machen** dispute s.o.'s right to s.th.; **~kräfte** ⚔ [ˈ⁀krɛftə] pl. (armed) forces; **2lustig** adj. quarrelsome, F scrappy; **'~punkt** m s. Streitfrage; **'2süchtig** adj. quarrelsome.

streng [ʃtrɛŋ] 1. adj. strict, severe; harsh; rigid; 2. adv.: **~ verboten** (vertraulich) strictly prohibited (confidential); **'2e** f (-/no pl.) strictness; severity; harshness; rigidity; **'~genommen** adv. strictly speaking; **'~gläubig** adj. orthodox.

Streß [ʃtres] m (Stresses/-sse) stress; **im ~** under stress.

stress|en [ˈʃtresən] (ge-, h) 1. v/t. put s.o. under stress; 2. v/i. cause stress; **'~ig** F adj. stressful.

Streu [ʃtrɔy] f (-/-en) litter; **2en** v/t. and v/i. (ge-, h) scatter (a. phys.); spread (sand, etc.); sprinkle (salt, etc.); sand or salt, Brt. a. grit (roads, etc.).

streunen [ˈʃtrɔynən] v/i. (ge-, sein), **'~d** adj. stray.

strich [ʃtrɪç] *past of* streichen.

Strich [~] *m* (-[e]s/-e) stroke; line; *econ., etc.* cut; F red-light district; F **auf den ~ gehen** walk the streets; F **j-m gegen den ~ gehen** go against the grain for s.o.; *s.* **Rechnung**; **~code** ['~ko:t] *m* (-s/-s) bar code; '**~junge** F *m* male prostitute; '**~mädchen** F *n* streetwalker; '**~punkt** *m* semicolon; '**Qweise** *adv.*: **~ Regen** scattered showers.

Strick [ʃtrɪk] *m* (-[e]s/-e) cord; rope (*a. of hangman*); **~... in compounds**: knitting (*needle, etc.*); knit(ted) ...; '**Qen** *v/t. and v/i.* (ge-, h) knit; '**~jacke** *f* cardigan; '**~leiter** *f* ropeladder; '**~waren** *pl.* knitwear; '**~zeug** *n* knitting (things).

Striemen ['ʃtri:mən] *m* (-s/-) welt, weal (*on skin*).

Strippe ['ʃtrɪpə] *f* (-/-n) string, cord; F **an der ~** on the phone.

stritt [ʃtrɪt] *past of* streiten.

strittig *adj.* ['ʃtrɪtɪç] controversial; **~er Punkt** point at issue.

Stroh [ʃtro:] *n* (-[e]s/no *pl.*) straw; *on roof:* thatch; '**~dach** *n* thatch(ed) roof; '**~halm** *m* straw; '**~mann** *fig. m* front, figurehead; *cards:* dummy; '**~sack** *m* straw mattress; F: **heiliger ~!** holy mackerel!; '**~witwe(r)** F *f* (*m*) grass widow(er).

Strolch F [ʃtrɔlç] *m* (-[e]s/-e) rascal; '**Qen** *v/i.* (ge-, sein) bum around; prowl (*um* around).

Strom [ʃtro:m] *m* (-[e]s/-e) (large) river; current (*a. ⚡*); **ein ~ von** a stream of (*a. fig.*); **es gießt in Strömen** it's pouring (with rain); **Qab(wärts)** *adv.* [~'~-] downstream; **Qauf(wärts)** *adv.* [~'~-] upstream; **~ausfall** ⚡ ['~'~-] *m* power failure; blackout.

strömen ['ʃtrø:mən] *v/i.* (ge-, sein) stream (*a. fig.*), flow, run; *rain, people, etc.*: pour.

'**Strom|kreis** ⚡ *m* circuit; '**Qlinienförmig** *adj.* streamlined; '**~schnelle** *f* (-/-n) rapid; '**~stärke** ⚡ *f* amperage.

'**Strömung** *f* (-/-en) current; *fig. a.* trend.

Strophe ['ʃtro:fə] *f* (-/-n) stanza, verse.

strotzen ['ʃtrɔtsən] *v/i.* (ge-, h): **~ von** abound with; **~ vor** (*dat.*) be bursting with.

Strudel ['ʃtru:dəl] *m* (-s/-) whirlpool (*a. fig.*), eddy; strudel.

Struktur [ʃtrʊk'tu:r] *f* (-/-en) structure, pattern; **Qieren** [~u'ri:rən] *v/t.* (no ge-, h) structure.

Strumpf [ʃtrʊmpf] *m* (-[e]s/-e) stocking; '**~hose** *f* tights, pantie hose.

struppig *adj.* ['ʃtrʊpɪç] shaggy; *beard:* bristly.

Stube ['ʃtu:bə] *f* (-/-n) room; **Qnrein** *adj.* of pet: house|broken *or* -trained; **nicht**

~ *fig.* joke, *etc.*: off colo(u)r, risqué.

Stuck [ʃtʊk] *m* (-[e]s/no *pl.*) stucco.

Stück [ʃtʏk] *n* (-[e]s/-e; *with numbers:* -) piece; part; lump (*of sugar, etc.*); head (*of cattle, etc.*); *thea.* play; **2 Mark das ~** 2 marks each; **im** *or* **am ~** in one piece; **in ~e schlagen (reißen)** smash (tear) to pieces; **~ stark**; '**~chen** *n* (-s/-) piece (*of cake, etc.*); part (*of the way, etc.*); short distance; '**Qweise** *adv.* bit by bit (*a. fig.*); *econ.* by the piece; '**~werk** *fig. n* (-[e]s/no *pl.*) patchwork.

Student(in) [ʃtu'dɛnt(ɪn)] *m* (*f*) (-en[-]/-en[-nen]) (*university, etc.*) student.

Studie ['ʃtu:diə] *f* (-/-n) study (**über** *acc.* of); '**~nplatz** *univ. m* admission (as a student in college, *etc.*), opening (*in med school, etc.*), *esp. Brt.* place at university, *etc.* or to study *medicine, etc.*; '**~nrat** *m* (-[e]s/-e), '**~nrätin** ['~nrɛ:tɪn] *f* (-/-nen) teacher (*with university degree*) at secondary school; '**~nreise** *f* field trip.

studieren [ʃtu'di:rən] *v/t. and v/i.* (no ge-, h) study, be a student (of) (**an** *dat.* at), go to college, *etc.*

Studium ['ʃtu:diʊm] *n* (-s/Studien) studies; **das ~ der Medizin** *etc.* studying medicine, *etc.*, going to medical school, *etc.*

Stufe ['ʃtu:fə] *f* (-/-n) step; level; stage (*a. of rocket*); '**~nbarren** *m* uneven parallel bars; '**Qnweise** *adv.* step by step, gradually.

Stuhl [ʃtu:l] *m* (-[e]s/-e) chair; ⚕ (*no pl.*) stool (specimen); '**~gang** ⚕ *m* (-[e]s/no *pl.*) (bowel) movement; '**~lehne** *f* back of a chair.

Stulle F ['ʃtʊlə] *f* (-/-n) bread and butter; sandwich.

stülpen ['ʃtʏlpən] *v/t.* (ge-, h) put (**auf** *acc.*, **über** *acc.* over, on).

stumm *adj.* [ʃtʊm] dumb, mute; *fig.* silent.

Stummel ['ʃtʊməl] *m* (-s/-) stub, stump, butt.

'**Stummfilm** *m* silent movie *or* film.

Stümper F ['ʃtʏmpər] *m* (-s/-) bungler.

Stumpf [ʃtʊmpf] *m* (-[e]s/-e) stump, stub.

stumpf *adj.* [~] blunt, dull (*a. fig.*) (*both a.* **~ machen**); **~sinnig** *adj.* ['~zɪnɪç] dull; *work, etc.: a.* monotonous.

Stunde ['ʃtʊndə] *f* (-/-n) hour; *school: a.* class, lesson; (*first, etc.*) period; '**Qn** *econ. v/t.* (ge-, h) allow time to pay.

'**Stunden|kilometer** *m* kilomet|er (*Brt.* -re) per hour, *abbr.* kmph; '**Qlang 1.** *adj.:* **nach ~em Warten** after hours of waiting; **2.** *adv.* for hours (and hours); '**~lohn** *m* hourly wage; **im ~** by the hour; '~plan m school: schedule, Brt. timetable; '2weise adv. by the hour; '~zeiger m hour hand.

...stündig ['-ʃtvndɪç] in compounds: of ... hours, ...-hour (meeting, etc.).

stündlich ['ʃtvntlɪç] 1. adj. hourly; 2. adv. hourly, every hour.

Stunk F [ʃtʊŋk] m (-s/no pl.) stink; trouble.

Stups F [ʃtʊps] m (-es/-e), '2en F v/t. (ge-, h) nudge; '~nase F f snub or pug nose.

stur F adj. [ʃtuːr] pigheaded.

Sturm [ʃtʊrm] m (-[e]s/-e) storm (a. fig.); ✗ assault.

stürm|en ['ʃtvrmən] (ge-) 1. v/t. and v/i. (h) storm; ✗ a. (make an) assault; sports: attack; es stürmt it is stormy (weather); 2. v/i. (sein) rush, dash; '2er m (-s/-) sports: forward; esp. soccer: striker; '~isch adj. stormy; fig. wild, vehement; passionate.

Sturz [ʃtʊrts] m (-es/-e) fall (a. fig.); pol. a. overthrow.

stürzen ['ʃtvrtsən] (ge-) 1. v/i. (sein) (have a) fall; crash; rush, dash; 2. v/t. (h) throw; overthrow (government, etc.); j-n ins Unglück ~ ruin s.o.; sich stürzen aus (auf acc., etc.) throw o.s. out of (at, etc.).

'Sturz|flug ✗ m nosedive; '~helm m crash helmet.

Stute zo. ['ʃtuːtə] f (-/-n) mare.

Stütze ['ʃtvtsə] f (-/-n) support, prop; fig. a. help(er).

stutzen ['ʃtʊtsən] (ge-, h) 1. v/t. trim, clip (a. wings); 2. v/i. stop short; (begin to) wonder.

'stützen v/t. (ge-, h) support (a. fig.); sich ~ auf (acc.) lean on; fig. be based on.

stutzig adj. ['ʃtʊtsɪç]: j-n machen make s.o. wonder or suspicious.

'Stütz|pfeiler arch. m supporting column; '~punkt ✗ m base (a. fig.).

Styropor TM [ʃtvro'poːr] n (-s/no pl.) styrofoam (TM), polystyrene.

Subjekt [zʊp'jɛkt] n (-[e]s/-e) gr. subject; contp. character; 2iv adj. [~'tiːf] subjective; ~ivität [~ivi'tɛːt] f (-/no pl.) subjectivity.

Sub|stantiv gr. ['zʊpstantiːf] n (-s/-e) noun; ~stanz [~'stants] f (-/-en) substance (a. fig.); 2till adj. [~'tiːl] subtle; 2trahieren A [~tra'hiːrən] v/t. (no ge-, h) subtract; ~traktion A [~trak'tsi̯oːn] f (-/-en) subtraction; 2ventionieren [~vɛntsi̯o'niːrən] v/t. (no ge-, h) subsidize.

Suche ['zuːxə] f (-/no pl.) search (nach for); auf der ~ nach in search of; '2n v/t. and v/i. (ge-, h) look for; search for;

gesucht: ... wanted: ...; was hat er hier zu ~? what's he doing here?; er hat hier nichts zu ~ he has no business (being) here; '~r m (-s/-) phot. viewfinder; ⊙ detector.

Sucht [zʊxt] f (-/-e) addiction (a. in compounds) (nach to); mania (for).

süchtig adj. ['zvçtɪç]: ~ sein be addicted to drugs, etc., be a drug, etc. addict; ~ machen be addictive; 2e ['~ɡə] m, f (-n/-n) addict.

Süd geogr. [zyːt], ~en ['~dən] m (-s/no pl.) south; nach ~ fahrend etc. southbound; '~früchte ['~frvçtə] pl. citrus fruits, tropical fruits; '2lich 1. adj. south(ern); southerly (wind, etc.); 2. adv.: ~ von (to the) south of; ~ost(en m) [~'ʔ-] southeast; 2östlich adj. [~'ʔ-] southeast(ern); '~pol geogr. m (-s/no pl.) South Pole; 2wärts adv. ['~vɛrts] southward(s); ~'west(en m) southwest; 2'westlich adj. southwest(ern); '~wind m south wind.

Suff F [zʊf] m (-[e]s/no pl.) (hitting) the bottle; im ~ while drunk.

süffig adj. ['zvfɪç] wine, etc.: pleasant (to drink).

sugg|erieren [zʊɡə'riːrən] v/t. (no ge-, h) be suggestive of s.th.; j-m et. ... insinuate s.o. into s.th.; 2estivfrage [~ɛs-'tiːf-] f leading question.

Sühne ['zyːnə] f (-/-n) atonement (für of); punishment (for); '2n v/t. (ge-, h) atone for; pay for (crime, etc.).

Sülze ['zvltsə] f (-/-n) jellied meat.

Summe ['zʊmə] f (-/-n) sum (a. fig.); amount; (sum) total.

summ|en ['zʊmən] v/i. and v/t. (ge-, h) buzz, hum (a. song, etc.); '2er ⚡ m (-s/-) buzzer.

summieren [zʊ'miːrən] v/refl. (no ge-, h) add up (auf acc. to).

Sumpf [zʊmpf] m (-[e]s/-e) swamp, bog; ~... in compounds: mst marsh (plant, etc.); '2ig adj. swampy, marshy.

Sünd|e ['zvndə] f (-/-n) sin (a. fig.); '~enbock F m scapegoat; '~enfall eccl. m the Fall; '~er m (-s/-) sinner; 2haft ['zvnt-] 1. adj. sinful; 2. F adv.: ~ teuer exorbitant; '2ig adj. sinful; '2igen v/i. (ge-, h) (commit a) sin.

Super|... [zuː-pər-] in compounds: mst super(power, etc.); '~(benzin) n super or premium (gasoline), Brt. four-star (petrol); ~lativ gr. ['~lati:f] m (-s/-e) superlative (a. fig.); '~markt m supermarket.

Suppe ['zʊpə] f (-/-n) soup; '~n... in compounds: mst soup (plate, etc.); '~nkelle f soup ladle; '~nschüssel f tureen.

Supraleitung phys. ['zuː-pra-] f superconductivity.

Surf|brett ['sœrf-] n surfboard; **'2en** v/i. **(ge-, h)** go surfing.
surren ['zʊrən] v/i. **(ge-, h)** whirr; insect: buzz.
süß adj. [zy:s] sweet (a. fig.); fig. a. cute, darling; **2e** f (-/no pl.) sweetness; **'~en** v/t. **(ge-, h)** sweeten; **'2Igkeiten** pl. sweets, candy; **'~lich** adj. sweetish, sugary (a. fig.); fig. a. mawkish; **'~sauer** adj. sweet-and-sour; **'2stoff** m sweetener; **'2wasser** n (-s/no pl.) fresh water; in compounds: freshwater.
Symbol [zym'bo:l] n (-s/-e) symbol; **~ik** f (-/no pl.) symbolism; **2isch** adj. symbolic(al).
Symmetri|e [zyme'tri:] f (-/-n) symmetry; **2sch** adj. [~'me:trɪʃ] symmetric(al).
Sympathi|e [zympa'ti:] f (-/-n) liking (**für** for); sympathy; **~sant** [~i'zant] m (-en/-en) sympathizer; **2sch** adj. [~'pa:tɪʃ] nice, likable, congenial; △ not sympathetic; **er ist mir ~** I like him.
Symphonie ♪ [zymfo'ni:] f (-/-n) symphony; **~orchester** [~'?-] n symphony orchestra.

Symptom [zymp'to:m] n (-s/-e) symptom.
Synagoge [zyna'go:gə] f (-/-n) synagogue.
synchron ☉ adj. [zyn'kro:n] synchronous (a. in compounds); **~isieren** [~oni'zi:rən] v/t. (no ge-, h) synchronize; dub (film).
Synkope ♪ [zyn'ko:pə] f (-/-n) syncopation.
synonym adj. [zyno'ny:m] synonymous.
Synonym [~] n (-s/-e) synonym.
Synthe|se [zyn'te:zə] f (-/-n) synthesis; **~tik** ☉ [~tɪk] n (-s/-s) synthetic(s); **2tisch** adj. synthetic, artificial.
System [zys'te:m] n (-s/-e) system; **~analyse** [~'?-] f systems analysis; **~analytiker** [~'?analy:tıkər] m (-s/-) systems analyst; **2atisch** adj. [~e'ma:tɪʃ] systematic, methodical.
Szene ['stse:nə] f (-/-n) scene (a. fig.); (j-m) e-e ~ **machen** make a scene; **~rie** [stsenə'ri:] f (-/-n) scenery; thea. mst set.

T

Tabak ['ta:bak] m (-s/-e) tobacco; **'~geschäft** n tobacco(nist's) shop, cigar store; **'~beutel** m tobacco pouch; **'~waren** pl tobacco products, F smokes.
Tabelle [ta'bɛlə] f (-/-n) table (a. ﷼), chart, list; sports: standings, rankings, Brt. table; **~nkalkulation** f computer: spreadsheet; **~nplatz** m position.
Tablett [ta'blɛt] n (-[e]s/-s, -e) tray; **~e** pharm. f (-/-n) tablet, pill.
Tabu [ta'bu:] n (-s/-s), **2** adj. taboo.
Tachometer mot. [taxo'me:tər] m, n (-s/-) speedometer.
Tadel ['ta:dəl] m (-s/-) blame; censure, reproof, rebuke; **'2los** adj. faultless; blameless; quality, etc.: excellent; fit, condition, etc.: perfect; **'2n** v/t. (ge-, h) criticize, blame; censure, reprove, rebuke (all: **wegen** for).
Tafel ['ta:fəl] f (-/-n) school, etc.: blackboard; (bulletin, esp. Brt. notice) board; sign; tablet, plaque; diagram, chart; lit. dining table; in compounds: table (wine, service, etc.); bar (of chocolate, etc.); **die ~ putzen** wipe or clean the board; **an die ~ schreiben** write on the board; **~dienst** m school: ~ **haben** be in charge of the board; **'~lappen** m (blackboard) eraser, Brt. duster.
'tafeln lit. and co. v/i. (ge-, h) dine; feast.

täfe|ln ['tɛ:fəln] v/t. (ge-, h) panel; **2ung** f (-/-en) panel(l)ing.
Taft [taft] m (-[e]s/-e) taffeta.
Tag [ta:k] m (-[e]s/-e) day; daylight; **welchen ~ haben wir heute?** what's (the date) today?; **alle zwei (paar) ~** every other day (few days); **heute (morgen) in 14 ~en** two weeks from today (tomorrow); **eines ~es** one or some day; **den ganzen ~** all day; **am ~e** during the day, in the daytime; **~ und Nacht** night and day; **am hellichten ~** in broad daylight; **ein freier ~** a day off; **guten ~!**, F ~! hello!, hi!; first meeting: a. how do you do?; (j-m) **guten ~ sagen** say hello (to s.o.); welcome (guests, etc.); F **sie hat ihre ~e** she has her period; **unter ~e** ⚒ underground; s. **Tür**.
tagaus, tagein adv. [ta:k'?- ~'?-] day in day out.
Tage|bau ⚒ ['ta:gə-] m (-[e]s/-e) strip (Brt. opencast) mining; **'~buch** n diary; ~ **führen** keep a diary; **~lang** adv. for days; **~löhner** hist. ['~lø:nər] m (-s/-) day labo(u)rer.
'tagen v/i. (ge-, h) meet, hold a meeting; ⅋ be in session; lit. dawn.
Tages|anbruch ['ta:gəs?-] m: **bei ~** at daybreak or dawn; **~ausflug** ['~'?-] m

(one-)day trip; '**~gericht** n dish: (to)day's special, table d'hôte; '**~gespräch** n topic of the day; '**~licht** n (-[e]s/no pl.) daylight; '**~lichtprojektor** m overhead projector; '**~mutter** f child care worker, Brt. childminder; **~ordnung** ['~?-] f agenda; '**~presse** f daily press; '**~reise** f day's journey; day trip or tour; '**~suppe** f soup of the day; '**~tour** f s. Tagesreise; '**~zeit** f time of day; zu jeder ~ at any hour; '**~zeitung** f daily (paper).

'**tageweise** adv. by the day; '**²werk** n one's daily work; sein ~ verrichten do one's job.

...**tägig** [-tɛːgɪç] in compounds: of ... days, ...-day (trip, etc.).

täglich adj. and adv. ['tɛːklɪç] daily.

...**täglich** in compounds: every ... days.

tags adv. [taːks]: ~ darauf (zuvor) the following (previous) day.

'**Tageschicht** f day shift.

tagsüber adv. ['taːks?-] during the day.

Tagung ['taːgʊŋ] f (-/-en) convention, conference, meeting.

Taifun meteor. [taiˈfuːn] m (-s/-e) typhoon.

Taille ['taljə] f (-/-n) waist; waistline; **²iert** adj. [~'jiːrt] tapered; dress: darted.

Takelage ⚓ [takə'laːʒə] f (-/-n) rigging.

Takt [takt] m 1. (-[e]s/-e) ♩ time, measure, beat; bar; mot. stroke; den ~ halten ♩ keep time; den ~ schlagen ♩ beat time; 2. (-[e]s/no pl.) tact; '**~ik** f (-/-en) tactics; '**~iker** m (-s/-) tactician; '**²isch** adj. tactical; '**²los** adj. tactless; '**~stock** ♩ m baton; '**~strich** ♩ m bar; '**²voll** adj. tactful, discreet.

Tal [taːl] n (-[e]s/-er) valley.

Talar [ta'laːr] m (-s/-e) robe, gown.

Talent [ta'lɛnt] n (-[e]s/-e) talent (a. person), gift; **²iert** adj. [~'tiːrt] talented, gifted.

'**Talfahrt** f descent, downhill run or drive; econ. decline.

Talg [talk] m (-[e]s/-e) suet; tallow.

Talisman ['taːlɪsman] m (-s/-e) talisman, charm.

'**Talsperre** f dam.

Tampon ♂ ['tampɔn] m (-s/-s) tampon.

Tamtam F [tam'tam] n (-s/no pl.) fuss, ballyhoo.

Tandler Aust. ['tandlər] m (-s/-) s. Trödler.

Tang ⚓ [taŋ] m (-[e]s/-e) seaweed.

tangieren [taŋ'giːrən] v/t. (no ge-, h) affect, concern, touch (a. ♠).

Tank [taŋk] m (-[e]s/-s) tank; '**²en** v/i. and v/t. (ge-, h) get (some) gas (Brt. petrol); fill up (with); (re)fuel; Bleifrei ~ use unleaded; '**~er** ⚓ m (-s/-) tanker; '**~lastzug** mot. m tank truck, tanker;

'**~stelle** f service or filling station, gas (Brt. petrol) station; '**~wart** m service, etc. station attendant.

Tanne ♀ ['tanə] f (-/-n) fir tree; '**~nbaum** m Christmas tree; '**~nzapfen** m fir cone.

Tante ['tantə] f (-/-n) aunt; ~ Lindy Aunt Lindy.

Tantiemen [tãˈtiːɛmən] pl. royalties.

Tanz [tants] m (-es/-e) dance; in compounds: a. dancing (partner, etc.).

tänzeln ['tɛntsəln] v/i. (ge-, h, sein) skip, prance (a. horse), dance.

'**tanzen** (ge-) v/i. (h, sein) and v/t. (h) dance.

Tänzer(in) ['tɛntsər(ɪn)] m (f) (-s[-]/ -[-nen]) dancer.

'**Tanzfläche** f dance floor; '**~kurs** m dancing lessons; '**~musik** f dance music; '**~saal** m dance hall, ballroom; '**~schule** f dancing school; dancing lessons; '**~stunde** f (-/no pl.) dancing lessons (esp. for young people).

Tapete [ta'peːtə] f (-/-n), **²zieren** [~e'tsiːrən] v/t. (no ge-, h) wallpaper; **~zierer** m (-s/-) paperhanger.

tapfer adj. ['tapfər] brave; courageous; '**²keit** f (-/no pl.) bravery; courage.

tappen ['tapən] v/i. (ge-) 1. (sein) grope one's way; 2. (h): ~ nach grope or fumble for; im dunkeln ~ fig. be in the dark.

Tarif [ta'riːf] m (-s/-e) rate(s), tariff; (wage) scale; **~lohn** m agreed (minimum) wage; '**~verhandlungen** pl. collective bargaining.

tarnen ['tarnən] v/t. (ge-, h) camouflage; fig. disguise; **²ung** f (-/-en) camouflage; fig. disguise, front.

Tasche ['taʃə] f (-/-n) bag; pocket.

'**Taschenbuch** n paperback; '**~dieb** m pickpocket; '**~geld** n pocket money, allowance; '**~lampe** f torch, Am. mst flashlight; '**~messer** n pocket knife; jackknife; '**~rechner** m pocket calculator; '**~schirm** m collapsible (Brt. telescopic) umbrella; '**~tuch** n handkerchief; **~uhr** ['~?-] f pocket watch.

Tasse ['tasə] f (-/-n) cup (Tee etc. of tea, etc.).

Tastatur [tasta'tuːr] f (-/-en) keyboard, keys.

Taste ['tastə] f (-/-n) key; △ not taste; '**²en** (ge-, h) 1. v/i. grope (nach for), feel (for); fumble (for); 2. v/t. touch, feel; sich ~ feel or grope (a. fig.) one's way; '**~entelefon** n pushbutton phone; '**~sinn** m (-[e]s/no pl.) sense of touch.

tat [taːt] past of tun.

Tat [~] f (-/-en) act, deed, action; offen|se, Brt. -ce; j-n auf frischer ~ ertappen catch s.o. in the act; in der ~ indeed, really; in die ~ umsetzen put into practice, carry out; '~bestand *m* facts (of the case); '2enlos *adj.* inactive, passive.

Täter ['tɛːtər] *m* (-s/-) person responsible for the crime, *etc.*; ♀'s culprit, offender.

tätig *adj.* ['tɛːtɪç] active; busy; ~ sein bei be employed with; ~ werden act, take action; ~en ['~gən] *v/t.* (ge-, h) *esp. econ.* effect, transact; '2keit *f* (-/-en) activity; work; occupation, job; *in ~* in action.

'Tat|kraft *f* (-/no pl.) energy; '2kräftig *adj.* energetic, active.

tätlich *adj.* ['tɛːtlɪç] violent; ~ werden gegen assault; '2keiten *pl.* (acts of) violence; ♀'s assault (and battery).

Tatort ♀'s ['taːtʔ-] *m* scene of the crime.

tätowier|en [tɛtoˈviːrən] *v/t.* (no ge-, h), 2ung *f* (-/-en) tattoo.

'Tat|sache *f* (-/-en) fact; '~sachen... *in compounds:* documentary (*film, etc.*); '2sächlich 1. *adj.* actual, real; 2. *adv.* actually, in fact; really.

tätscheln ['tɛtʃəln] *v/t.* (ge-, h) pat, pet.

Tatterich F ['tatərɪç] *m* (-s/-e) the shakes.

Tatze ['tatsə] *f* (-/-n) paw (*a. fig.*).

Tau¹ [tau] *n* (-[e]s/-e) rope.

Tau² [~] *m* (-[e]s/no pl.) dew.

taub *adj.* [taup] deaf (*fig.* gegen to); *finger, etc.:* (be)numb(ed); *nut:* empty, hollow.

Taube *zo.* ['taubə] *f* (-/-n) pigeon; *esp. poet., fig., pol.* dove; '~nschlag *m* pigeonhouse.

'Taub|heit *f* (-/no pl.) deafness; numbness; '2stumm *adj.* deaf and dumb; '~stumme *m, f* (-/-n) deaf mute.

tauch|en ['tauxən] (ge-) 1. *v/i.* (h, sein) dive (nach for); skin-dive; *submarine:* submerge; stay underwater; 2. *v/t.* (h) dip (*in* acc. into); duck *s.o.*; '2er *m* (-s/-) (skin) diver; '2sport *m* skin diving.

tauen ['tauən] (ge-) *v/i.* (h, sein) and *v/t.* (h) thaw, melt.

Taufe ['taufə] *f* (-/-n) baptism, christening; '2n *v/t.* (ge-, h) baptize, christen.

'Tauf|pate *m* godfather; '~patin *f* godmother; '~schein *m* certificate of baptism.

taug|en ['taugən] *v/i.* (ge-, h) be good *or* fit *or* of use *or* suited (all: zu, für for); *nichts ~* be no good; F taugt es was? is it any good?; '2enichts *m* (-, -es/-e) good-for-nothing; '~lich *esp.* ⚔ *adj.* ['tauk-] fit (for service).

Taumel ['tauməl] *m* (-s/no pl.) dizziness; rapture, ecstasy; '2ig *adj.* dizzy; *walk, etc.:* staggering; '2n *v/i.* (ge-, sein) stagger, reel.

Tausch [tauʃ] *m* (-[e]s/-e) exchange,

trade; '2en *v/t.* and *v/i.* (ge-, h) exchange, trade, F swap (*all:* gegen for); switch (positions, roles, etc.); change (money, etc.); *ich möchte nicht mit ihm ~* I wouldn't like to be in his place.

täuschen ['tɔyʃən] *v/t.* (ge-, h) deceive, fool; mislead, delude; cheat; *sports, etc.:* feint; sich ~ be wrong *or* mistaken; sich ~ lassen von be taken in by; '~d *adj.* striking (similarity, etc.).

'Tauschhandel *econ. m* (-s/no pl.) barter.

'Täuschung *f* (-/-en) deception; ♀'s deceit; *school, etc.:* cheating; delusion; '~smanöver *n* feint.

tausend *adj.* ['tauzənt] a thousand; 2üßler *zo.* ['~fyːslər] *m* (-s/-) millipede; *mst* centipede; '~st *adj.* thousandth; '2stel *n* (-s/-) thousandth (part).

'Tau|tropfen *m* dew drop; '~wetter *n* thaw (*a. fig.*); '~ziehen *n* (-s/no pl.) tug-of-war (*a. fig.*).

Taxe ['taksə] *f* (-/-n) *econ.* rate, fee; *mot.* = ~i ['~i] *n* (-s/-s) taxi, cab; 2ieren [~ˈksiːrən] *v/t.* (no ge-, h) rate, estimate (*auf* acc. at); '~istand *m* taxi stand (*Brt.* rank).

Technik ['tɛçnɪk] *f* (-/-en) technology; engineering; technique (*a. sports, art*); ♪ execution; '~er *m* (-s/-) engineer; technician (*a. fig.*).

'technisch *adj.* technical (*a. data, drawing, reasons, etc.*); technological (*a. progress, age, etc.*); ~e Hochschule school, *etc.* of technology.

Technolog|ie [tɛçnoloˈgiː] *f* (-/-n) technology; ~ietransfer *m* technology transfer; 2isch *adj.* [~ˈloːgɪʃ] technological.

Tee [teː] *m* (-s/-s) tea; '~beutel *m* tea bag; '~kanne *f* teapot; '~kessel *m* (tea)kettle; '~löffel *m* teaspoon.

Teer [teːr] *m* (-[e]s/-e), '2en *v/t.* (ge-, h) tar.

'Tee|sieb *n* tea strainer; '~tasse *f* teacup; '~wagen *m* tea wagon (*Brt.* trolley).

Teich [taɪç] *m* (-[e]s/-e) pool, pond.

Teig [taɪk] *m* (-[e]s/-e) dough, paste; 2ig *adj.* ['~gɪç] doughy, pasty (*both a. fig.*); '~waren *pl.* noodles; pasta.

Teil [taɪl] *m, n* (-[e]s/-e) part; portion, share; component; zum ~ partly, in part; zum größten ~ for the most part, mostly; ~... *in compounds:* partial (success, etc.); '2bar *adj.* divisible; '~chen *n* (-s/-) particle; '2en *v/t.* (ge-, h) divide; share (*a. sich ~*); '2haben *v/i.* (irr. haben, sep-, -ge-, h): ~ an (dat.) (have a) share in; '~haber *econ. m* (-s/-) partner.

...teilig *in compounds:* ...-piece (set, etc.).

Teil|nahme ['taɪlnaːmə] *f* (-/*no pl.*) participation (*an dat.* in); *fig.* interest (in); sympathy (for); **2nahmslos** *adj.* ['~naːms-] indifferent; *esp.* 🗲 apathetic; **~nahmslosigkeit** *f* (-/*no pl.*) indifference; apathy; **2nahmsvoll** *adj.* sympathetic; **2nehmen** *v/i.* (*irr. nehmen, sep., -ge-, h*): **~ an** (*dat.*) take part or participate in, share (in) (*sorrow, joy, etc.*); **~nehmer** *m* (-*s/*-) participant; *univ. student; sports, etc.*: competitor.

teil|s *adv.* [taɪls] partly; F: **~, ~** kind or sort of, so-so; **2strecke** *f* of trip, race, *etc.*: stage, leg; **2ung** *f* (-/-*en*) division; **~weise** *adv.* partly, in part; **2zahlung** *f s.* **Abzahlung, Rate; 2zeit...** *in compounds*: part-time ...

Teint [tɛː] *m* (-*s/*-*s*) complexion.

Tele|brief 🗺 ['teːlə-] *m appr.* Mailgram (*TM*), (postal) fax; **~fax** ['~faks] *n s.* **Fax.**

Telefon [tele'foːn] *n* (-*s/*-*e*) (tele)phone; **am ~** on the (tele)phone; **~ haben** have a (*Brt.* be on the) (tele)phone; **~anschluß** [~ˀ-] *m* telephone connection; **~buch** *n* telephone directory, phone book; **~gebühr** *f* telephone charge; **~gespräch** *n* (tele)phone call (*führen* make); **2ieren** [~o'niːrən] *v/i.* (*no ge-, h*) (tele)phone (*mit j-m* s.o.); be on the phone, be making a phone call; **2isch** *adj. and adv.* by (tele)phone; **~ist(in)** [~o'nɪst(ɪn)] *m* (*f*) (-*en*[-]/-*en* [-*nen*]) (telephone) operator; **~karte** *f* phonecard; **~leitung** *f* telephone line; **~netz** *n* telephone network; **~nummer** *f* (tele)phone number; **~seelsorge** *f appr.* help line, crisis line, *in Britain: a. the* Samaritans; **~terror** *m* telephone harassment; **~überwachung** [~ˀ-] *f* (phone) tapping; **~zelle** *f* (tele)phone booth (*Brt. a.* box), *Brt. a.* call box; **~zentrale** *f* (telephone) exchange.

Telegraf [tele'graːf] *m* (-*en*/-*en*) telegraph; **~enamt** [~ˀnˀ-] *n* telegraph office; **2ieren** [~a'fiːrən] *v/t. and v/i.* (*no ge-, h*) telegraph, wire; cable; **2isch** *adj. and adv.* by telegraph or wire; by cable.

Tele|gramm *n* (-*s/*-*e*) telegram, wire; cablegram; **~graph** [tele'graːf] *m* (-*en*/-*en*) *etc. s.* **Telegraf, etc.**

Tele|kolleg *TV* ['teːlə-] *n* (-*s/*-*s*) adult education by TV, *Brt. appr.* Open University; **~objektiv** *phot.* ['~ˀ-] *n* telephoto lens.

Telephon *etc. s.* **Telefon, etc.**

Telex ['teːlɛks] *n* (-/*no pl.*), **2en** *v/t.* (*ge-, h*) telex.

Teller ['tɛlər] *m* (-*s/*-) plate; **~voll** *m* (-*s/*-) plateful; **~wäscher** ['~vɛʃər] *m* (-*s/*-) *person:* dishwasher.

Tempel ['tɛmpəl] *m* (-*s/*-) temple.

Temperament [tempera'mɛnt] *n* (-[*e*]*s/* -*e*) temper(ament); life, 🗲 pep; **2los** *adj.* lifeless, dull; **2voll** *adj.* full of life or 🗲 pep.

Tempe|ratur [tempera'tuːr] *f* (-/-*en*) temperature; *j-s* **~ messen** take s.o.'s temperature; **2rieren** *v/t.* (*no ge-, h*) heat or cool (*room, wine, etc.*) (to proper temperature).

Tempo ['tɛmpo] *n* (-*s/*-*s*, 🎵 *Tempi*) speed, pace; 🎵 time, tempo; *mit* **~ ...** at a speed of ... an hour; *in rasendem* **~** at breakneck speed; **~-30-Zone** 30 kmph zone; **~limit** *mot. n* (nationwide) speed limit.

Tempus *gr.* ['tɛmpʊs] *n* (-/-*pora*) tense.

Tendenz [tɛn'dɛnts] *f* (-/-*en*) tendency, trend; *pol., etc. a.* leaning; **2lös** *adj.* [~'tsiøːs] tendentious.

tendieren [tɛn'diːrən] *v/i.* (*no ge-, h*) tend (*zu* towards; *dazu, et. zu tun* to do s.th.).

Tennis ['tɛnɪs] *n* (-/*no pl.*) tennis; **~platz** *m* tennis court; **~schläger** *m* (tennis) racket; **~spieler** *m* tennis player.

Tenor [te'noːr] *m* (-*s/*-*e*) tenor.

Teppich ['tɛpɪç] *m* (-*s/*-*e*) carpet, rug; **~boden** *m* (wall-to-wall) carpeting.

Termin [tɛr'miːn] *m* (-*s/*-*e*) date; deadline; appointment, engagement; *e-n* **~ vereinbaren** (*einhalten, absagen*) make (keep, cancel) an appointment; **~ierung** [~'niːrʊŋ] *f* (-/-*en*) scheduling; deadline; **~kalender** *m* appointment book, engagement calendar.

Terrasse [tɛ'rasə] *f* (-/-*n*) terrace; **2n-förmig** *adj.* terraced, in terraces.

Terrine [tɛ'riːnə] *f* (-/-*n*) tureen.

Territorium [tɛri'toːrĭʊm] *n* (-*s/* -*rien*) territory.

Terror ['tɛrɔr] *m* (-*s/no pl.*) terror; **~anschlag** ['~ˀ-] *m* terrorist attack; **2isieren** [~ori'ziːrən] *v/t.* (*no ge-, h*) terrorize; **~ismus** [~o'rɪsmʊs] *m* (-/*no pl.*) terrorism; **~ist** [~o'rɪst] *m* (-*ent* -*en*), **2istisch** [~o'rɪstɪʃ] terrorist.

Terzett 🎵 [tɛr'tsɛt] *n* (-[*e*]*s/*-*e*) trio.

Tesafilm *TM* ['tɛːza-] *m* (-*s/no pl.*) scotch tape (*TM*), *Brt.* sellotape (*TM*).

Test [tɛst] *m* (-[*e*]*s/*-*s*, -*e*) test; *school: a.* quiz; **~bild** *TV n* test pattern (*Brt.* card).

Testament [tɛsta'mɛnt] *n* (-[*e*]*s/*-*e*) (last) will, (last will and) testament; *eccl.* Testament; **2arisch** *adv.* [~'taːrɪʃ] by will; **~svollstrecker** *m* executor.

'testen *v/t.* (*ge-, h*) test; **'2** *n* (-*s/no pl.*) testing.

teuer *adj.* ['tɔyər] expensive; *esp. Brt. a.* dear; *wie* **~ ist es?** how much is it?; **2ung** *f* (-/-*en*) (general) price increase.

Teufel ['tɔyfəl] m (-s/-) devil (a. fig.); **wer (wo, was) zum ~ ...?** who (where, what) the hell ...?; **'~skerl** F m devil of a fellow; **'~skreis** m vicious circle.
'teuflisch adj. devilish, diabolic(al).
Text [tɛkst] m (-[e]s/-e) text; caption; of song, etc.: words, lyrics; **~aufgabe** ['~ʔ-] f comprehension test; ♣ problem; **'2en** v/t. (ge-, h) write (words or lyrics for); copywrite; **'~er** m (-s/-) ♪ lyric writer; s. **Werbetexter.**
Textil|... [tɛks'tiːl-] in compounds: textile ...; **~ien** [~'tiːliən] pl. textiles.
'Textverarbeitung f word processing.
Theater [te'aːtər] n (-s/-) theat|er, Brt. -re; stage; F fig. **~ machen (um)** make a fuss (about); **~besucher** m theater-goer, Brt. theatregoer, playgoer; **~karte** f theat|er (Brt. -re) ticket; **~kasse** f box office; **~stück** n (stage) play, drama.
theatralisch adj. [tea'traːlɪʃ] theatrical, stagy.
Theke ['teːkə] f (-/-n) bar, counter.
Thema ['teːma] n (-s/Themen, -ta) subject, topic; theme (a. ♪); **das ~ wechseln** change the subject.
Theolog|e [teo'loːgə] m (-n/-n) theologian; **~ie** [~o'giː] f (-/-n) theology; **2isch** adj. theological.
Theo|retiker [teo'reːtikər] m (-s/-) theorist; **2'retisch** adj. theoretical; **~'rie** f (-/-n) theory.
Thera|peut [tera'pɔyt] m (-en/-en) therapist; **~'pie** f (-/-n) therapy.
Therm|albad [tɛr'maːl-] n hot springs, thermal spa; **~ometer** [~mo'meːtər] n (-s/-) thermometer; **~osflasche** ['tɛrmɔs-] f thermos bottle (Brt. flask).
These ['teːzə] f (-/-n) thesis.
Thon Swiss zo. [toːn] m (-/-fische) tuna.
Thrombose ♣ [trɔm'boːzə] f (-/-n) thrombosis.
Thron [troːn] m (-[e]s/-e) throne; **~folger** [~'fɔlgər] m (-s/-) successor to the throne.
Thunfisch zo. ['tuːn-] m tuna.
Tick F [tɪk] m (-s/-s) kink; ♣ tic; **e-n ~ haben** be a weirdo or nut; **'2en** v/i. (ge-, h) tick; F: **nicht richtig ~** not be all there.
tief [tiːf] 1. adj. deep (a. fig.); low (a. neckline); 2. adv.: **~ schlafen** be fast asleep.
Tief [~] n (-s/-s) meteor. depression (a. psych.), low (a. econ., fig.); **'~bau** ⊕ m (-[e]s/no pl.) civil engineering; **'~-druckgebiet** meteor. n s. Tief; **'~e** f (-/-n) depth (a. fig.); **~ebene** ['~ʔ-] f lowland(s); **~enschärfe** phot. f depth of focus; **'~flug** m low-level flight; **'~gang** m ♦ draft, Brt. draught; fig. depth; **'~garage** f parking or under-

ground garage, Brt. underground car park; **'2gekühlt** adj. deep-frozen; **'2-greifend** adj. far-reaching; radical (change, etc.); **'~kühlschrank** m, **'~-kühltruhe** f freezer, deepfreeze; **'~land** geogr. n lowland(s); **'2liegend** adj. sunken (eyes, etc.); **'~punkt** m (absoluter all-time) low; **e-n ~ haben** psych. be down in the dumps; **'~schlag** m boxing: hit below the belt (a. fig.); **'~see** f deep sea; **'2sinnig** adj. profound (remark, etc.); **'~stand** m (-[e]s/no pl.) low (level).
Tiegel ['tiːgəl] m (-s/-) jar, pot.
Tier [tiːr] n (-[e]s/-e) animal; fig. a. brute; **großes** or **hohes ~** V.I.P., contp. big shot; **~arzt** ['~ʔ-] m vet(erinarian), Brt. vet(erinary surgeon); **~garten** m s. Zoo; **'~heim** n animal home; **'2isch** adj. animal; fig. bestial, brutish; sl. crazy; **~ kalt** beastly cold; **sich ~ freuen** be tickled to death; **'~kreis** ast. m (-es/no pl.) zodiac; **'~kreiszeichen** ast. n sign of the zodiac; **'~medizin** f veterinary medicine; **~quälerei** [~kvɛːlə'raɪ] f (-/-en) cruelty to animals; **'~reich** n animal kingdom; **'~schutz** m protection of animals; **'~schutzverein** m Society for the Prevention of Cruelty to Animals; **'~versuch** ♣ m animal experiment(ation).
Tiger zo. ['tiːgər] m (-s/-) tiger; **'~in** zo. f (-/-nen) tigress.
tilgen ['tɪlgən] v/t. (ge-, h) erase, delete; econ. pay off (debt).
Tinte ['tɪntə] f (-/-n) ink; **'~nfisch** zo. m squid; octopus; **'~nfleck** m ink stain; **'~nkiller** m ink eradicator, Brt. correction pen.
Tip [tɪp] m (-s/-s) hint, piece of advice, tip; tip-off; **j-m e-n ~ geben** tip off (police, etc.).
tipp|en ['tɪpən] v/i. and v/t. (ge-, h) type; tap (**sich an die Stirn** one's forehead; **j-m auf die Schulter** [on] s.o.'s shoulder); play Lotto, etc.; do the pools; F (take [Brt. have] a) guess; **'2fehler** m typing error.
Tisch [tɪʃ] m (-[e]s/-e) table; **am ~ sitzen** sit at the table; **bei ~** at table; **zu ~!** dinner is served; **am grünen ~** fig. theoretical (decision, etc.); **reinen ~ machen** make a clean sweep (of it); s. **decken;** **'~decke** f tablecloth; **'~gebet** n: **das ~ sprechen** say grace.
Tischler ['tɪʃlər] m (-s/-) cabinetmaker, carpenter, esp. Brt. a. joiner.
'Tisch|platte f tabletop; **'~tennis** n table tennis; **'~zeit** f lunch break; s. **Essenszeit.**
Titan [ti'taːn] 1. m (-en/-en) titan, giant; 2. 🕎 n (-s/no pl.) titanium.

Titel ['ti:təl] *m* (*-s/-*) title (*a. in compounds*: fight, role, *etc.*); **~bild** *n* cover (picture); **~blatt** *n* cover, front page.

Toast [to:st] *m* (*-[e]s/-e, -s*), **2en** *v/t. and v/i.* (*ge-, h*) toast (*a. fig.*).

tob|en ['to:bən] *v/i.* (*ge-, h*) rage (*a. fig.*); *children*: romp; **2sucht ✞** ['to:p-] *f* (*-/no pl.*) raving madness, frenzy; **~süchtig** *adj.* ['to:p] raving mad, frantic; **2süchtige** ['to:pzʏçtɪgə] *m, f* (*-n/-n*) maniac.

Tochter ['tɔxtər] *f* (*-/⁻*) daughter; *Swiss a.* maid; waitress; '**~gesellschaft** *econ. f* subsidiary (company).

Tod [to:t] *m* (*-[e]s/-esfälle, lit. -e*) death (*a. fig.*) (*durch* from); *zu(m)* **~e** to death (*a. fig.*); **2...** F *in compounds*: dead (*certain, serious, tired, etc.*).

Todes|ängste ['to:dəs⁻ɛŋstə] *pl.*: **~ ausstehen** be scared to death; **~anzeige** ['~⁻] *f* obituary (notice); **~fall** *m* (*case of*) death; '**~kampf** *m* (*-[e]s/no pl.*) agony; **~opfer** ['~⁻] *n* casualty, fatality; '**~schuß** *m*: **gezielter ~** shooting to kill; '**~strafe** ✞ *f* capital punishment; death penalty; '**~tag** *m* day *or* date *or* anniversary of s.o.'s death; **~ursache** ['~⁻] *f* cause of death; **~urteil** ✞ ['~⁻] *n* death sentence.

Tod|feind *m* deadly enemy; **2geweiht** *adj.* ['~gəvaɪt] doomed; '**2krank** *adj.* mortally ill.

tödlich *adj.* ['tø:tlɪç] fatal; deadly; *esp. fig.* mortal.

'**tod|schick** F *adj.* dressed (fit) to kill; '**2sünde** *f* mortal *or* deadly sin.

Toilette [tŏa'lɛtə] *f* (*-/-n*) toilet, bathroom, *esp. Brt. a.* lavatory; **~n** *pl.* ladies' *or* men's rooms, rest rooms; **~n...** *in compounds*: toilet (*paper, soap, etc.*); **~nartikel** [~n'-] *pl.* toiletries.

toi, toi, toi F *int.* ['tɔy'~'~] knock on (*esp. Brt. touch*) wood!; good luck!

toler|ant *adj.* [tole'rant] tolerant (*gegen* of, towards); **2anz** [~ts] *f* (*-/☺ -en*) tolerance (*a. ☺*); **~ieren** [~'ri:rən] *v/t.* (*no ge-, h*) tolerate.

toll *adj.* mad, wild (*a. with anger, etc.*); *esp. hist.* insane; F great, fantastic, terrific, super; *woman*: *a.* gorgeous; *ein* **~er Keri (Wagen** *etc.*) a hell of a fellow (good car, *etc.*); *wie* **~** like mad; '**~en** *v/i.* (*ge-, h, sein*) *children*: romp; '**~kühn** *adj.* daredevil; '**2wut** *vet. f* rabies; **~wütig** *vet. adj.* ['~vy:tɪç] rabid.

Tolpatsch F ['tɔlpatʃ] *m* (*-[e]s/-e*) awkward *or* clumsy fellow; '**2ig** F *adj.* awkward, clumsy.

Tölpel ['tœlpəl] *m* (*-s/-*) blockhead; yokel; clumsy oaf.

Tomate ✿ [to'ma:tə] *f* (*-/-n*) tomato; **~n...** *in compounds*: tomato (*salad, soup, etc.*).

Ton¹ *min.* [to:n] *m* (*-[e]s/-e*) clay.

Ton² [~] *m* (*-[e]s/⁻e*) tone (*a. ♪, paint., fig., voice*); sound (*a. TV, film*); ♪ note; *phonetics*: stress; shade (*of colo[u]r*); *der gute* **~** good form; *kein* **~** not a word; *den* **~** *angeben* ♪ give the pitch; *fig.* set the trend; *in a group*: dominate, be the boss; *große Töne spucken* talk big; *hast du Töne!* can you beat that!, I'll be (darned)!; **~abnehmer ♪** ['~⁻] *m* pickup; **2angebend** *adj.* ['~⁻] dominant; trendsetting; **~arm ♪** ['~⁻] *m* tone arm; **~art ♪** ['~⁻] *f* key; '**~band** *n* (recording) tape; '**~bandgerät** *n* tape recorder.

tönen ['tø:nən] (*ge-, h*) **1.** *v/i.* sound, ring; F *contp.* brag; hold forth, *Am. a.* spout off; **2.** *v/t.* tinge, tint (*a. hair*); *drawing*: shade.

'**Ton|fall** *m* (*-[e]s/no pl.*) tone (of voice); accent; '**~film** *m* sound film; '**~kopf ♪** *m* (magnetic) head; '**~lage ♪** *f* pitch; '**~leiter ♪** *f* scale.

Tonne ['tɔnə] *f* (*-/-n*) ☺, ⚓ ton; barrel.

'**Ton|spur** *f* sound track; '**~taubenschießen** *n* (*-s/no pl.*) trapshooting; '**~techniker** *m* sound engineer.

'**Tönung** *f* (*-/-en*) tint (*a. hair*), tinge, shade.

Topf [tɔpf] *m* (*-[e]s/⁻e*) pot; saucepan.

'**Topfen** *Aust. m* (*-s/no pl.*) curd(s).

Töpfer ['tœpfər] *m* (*-s/-*) potter; **~ei** [~'raɪ] *f* (*-/-en*) pottery; '**~scheibe** *f* potter's wheel; '**~ware** *f* pottery, earthenware, crockery.

'**Topflappen** *m* pot holder.

Tor¹ [to:r] *n* (*-[e]s/-e*) gate (*a. ski*); *soccer, etc.*: goal; *ein* **~** *schießen* score (a goal); *im* **~** *stehen* keep goal.

Tor² *lit. m* (*-en/-en*) fool.

'**Toresschluß** *fig. m*: *kurz vor* **~** at the eleventh hour.

Torf [tɔrf] *m* (*-[e]s/no pl.*) peat; '**~mull** *m* peat dust.

'**Torheit** *f* (*-/-en*) folly, foolishness.

töricht *adj.* ['tø:rɪçt] foolish.

torkeln ['tɔrkəln] *v/i.* (*ge-, sein*) reel, stagger, totter.

'**Tor|latte** *f sports*: crossbar; '**~linie** *f* goal line.

Tornister [tɔr'nɪstər] *m* (*-s/-*) knapsack; satchel; ✕ field pack.

torped|ieren ⚓, *fig.* [tɔrpe'di:rən] *v/i.* (*no ge-, h*), **2o ⚓** [~'pe:do] *m* (*-s/-s*) torpedo.

'**Tor|pfosten** *m sports*: goalpost; '**~schlußpanik** *fig. f* (*-/no pl.*) panic at the last minute; fear of being left in the lurch; '**~schuß** *m* shot at the goal; '**~schütze** *m sports*: scorer.

Torte ['tɔrtə] *f* (*-/-n*) flan, pie; cream cake, gateau.

'**Tor|wart** m goalkeeper; '**~weg** m gateway.

tosen ['to:zən] v/i. (ge-, h) roar; thunder; '**~d** adj. thunderous (applause, etc.).

tot adj. [to:t] dead (a. fig.); late (husband, etc.); ~ **umfallen** drop dead; **~er Winkel** blind spot; **~e Hose** sl. nothing doing or happening; s. **Punkt**.

total adj. [to'ta:l] total, complete; **~itär** pol. adj. [~ali'tɛːr] totalitarian; **2-schaden** mot. m total loss, Brt. write-off.

totarbeiten ['to:t?-] v/refl. (sep., -ge-, h) work o.s. to death.

'**Tote** m, f (-n/-n) dead man or woman; (dead) body, corpse; ~ pl. casualties, fatalities; **die ~n** pl. the dead.

töten ['tø:tən] v/t. (ge-, h) kill.

'**Toten|bett** n deathbed; '**2blaß** adj. deadly pale; **~gräber** ['~grɛːbər] m (-s/-) gravedigger; '**~kopf** m skull; symbol: skull and crossbones; '**~maske** f death mask; '**~messe** eccl. f mass for the dead, requiem (a. ♪); '**~schädel** m skull; '**~schein** m death certificate; '**2still** adj. deathly still; '**~stille** f dead(ly) silence.

'**Tot|geburt** f stillbirth; '**2lachen** F v/refl. (sep., -ge-, h) nearly die with laughter; **zum 2** a real scream.

Toto ['to:to] n, m (-s/-s) football pool(s).

'**tot|schießen** v/t. (irr. schießen, sep., -ge-, h) shoot dead, shoot and kill; '**2schlag** ✠ m manslaughter, homicide; '**~schlagen** v/t. (irr. schlagen, sep., -ge-, h) kill (fig. die Zeit time), slay; '**~schweigen** v/t. (irr. schweigen, sep., -ge-, h) hush up (information, etc.); '**~stellen** v/refl. (sep., -ge-, h) feign death.

'**Tötung** f (-/no pl.) killing; ✠ manslaughter.

Toup|et [tu'pe:] n (-s/-s) toupee, hairpiece; **2ieren** [~'pi:rən] v/t. (no ge-, h) backcomb (hair).

Tour [tu:r] f (-/-en) tour (durch of), trip; excursion; ⊕ turn, revolution; F fig. way, approach; **auf ~en kommen** mot. pick up speed; fig. get going; **krumme ~en** underhanded methods; **in e-r ~** constantly, without stopping; '**~en...** in compounds: touring (car, etc.).

Touris|mus [tu'rɪsmus] m (-/no pl.) tourism; **~t** [~'rɪst] m (-en/-en) tourist; **2tisch** adj. touristic.

Tournee [tur'ne:] f (-/-n, -s) tour; **auf ~ (gehen)** (go) on tour.

Trab [tra:p] m (-[e]s/no pl.) trot; **auf ~** fig. on the move.

Trabant [tra'bant] m (-en/-en) satellite (a. **~en...** in compounds).

trab|en ['tra:bən] v/i. (ge-, sein) trot;

'**2er** m (-s/-) horse: trotter; **2rennen** ['tra:p-] n harness race.

Tracht [traxt] f (-/-en) (folk or national) costume; (nurse's, etc.) uniform; (official) dress; **e-e ~ Prügel** a beating or whipping.

trachten lit. v/i. (ge-, h): **danach ~ zu** strive to, aim at (doing s.th.); **j-m nach dem Leben ~** be after s.o.'s life.

trächtig zo. adj. ['trɛçtɪç] pregnant.

Tradition [tradi'tsio:n] f (-/-en) tradition; **2ell** adj. [~o'nɛl] traditional.

traf [tra:f] past of **treffen**.

Trafik Aust. [tra'fɪk] f (-/-en) s. **Tabakgeschäft**; **~ant** Aust. [~i'kant] m (-en/-en) tobacconist.

Trag|bahre ['tra:k-] f stretcher; '**2bar** adj. portable; clothes: wearable; fig. bearable; person: acceptable; **~e** ['tra:gə] f (-/-n) stretcher.

träge adj. ['trɛːgə] lazy, indolent; phys. inert.

tragen ['tra:gən] (irr., ge-, h) 1. v/t. carry (a. weapon, etc.); wear (clothes, etc.); bear (a. fruit, consequences, responsibility, name, etc.); sich ~ business, etc.: pay (its way); **sich gut ~** wear well; **sich mit der Absicht** etc. **~, zu** consider doing s.th., intend to do s.th.; 2. v/i. bear fruit; ice, etc.: hold, bear weight; **zum 2 kommen** take effect; show to advantage; be brought to bear; **zum 2 bringen** bring to bear; '**~d** adj. arch. supporting; thea. leading.

Träger ['trɛːgər] m (-s/-) carrier; porter; stretcher-bearer; (shoulder) strap; ⊕ support; arch. girder; fig. bearer; institution, sponsor; **2los** adj. dress, etc.: strapless; '**~rakete** f booster rocket.

Trag|fähigkeit ['tra:k-] f (-/no pl.) load-carrying capacity; ♦ tonnage; '**~fläche** ✈ f wing; '**~flügelboot** n hydrofoil.

Trägheit ['trɛːk-] f (-/no pl.) laziness, indolence; phys. inertia.

Trag|ik ['tra:gɪk] f (-/no pl.) tragedy; '**2isch** adj. tragic; '**~ödie** thea. [tra'gø:diə] f (-/-n) tragedy (a. fig.).

Trag|riemen ['tra:k-] m strap; sling (of gun); '**~tasche** f, '**~tüte** f carrier (bag); '**~weite** f (-/no pl.) range; fig. importance.

Train|er ['trɛːnər] m (-s/-) coach; **2ieren** [~'ni:rən] (no ge-, h) 1. v/i. practi|ce, Brt. -se, train; 2. v/t. coach (team, etc.); train (dog, etc.); practi|ce, Brt. -se (skill, etc.); '**~ing** ['~ɪŋ] n (-s/-s) practi|se, Brt. -ce, training; '**~ingsanzug** ['~ɪŋs?-] m track suit.

traktieren [trak'ti:rən] v/t. (no ge-, h) treat (badly), give s.o. a rough time; badger (with questions, etc.).

Traktor ⊙ ['traktɔr] *m* (-s/-en) tractor.
trällern ['trɛlərn] *v/t.* and *v/i.* (ge-, h) warble, trill.
Tram [tram] *Aust. f* (-/-s), *Swiss n* (-s/-s) streetcar, *Brt.* tram.
trampel|n ['trampəln] *v/i.* and *v/t.* (ge-, h) trample, stamp; '2**pfad** *m* beaten track.
tramp|en ['trɛmpən] *v/i.* (ge-, sein) hitchhike; '2**er** *m* (-s/-) hitchhiker.
Tran [tra:n] *m* (-[e]s/-e) fish oil; F *im ~* half asleep.
Träne ['trɛ:nə] *f* (-/-n) tear; *in ~n ausbrechen* burst into tears; '2**n** *v/i.* (ge-, h) *eyes:* water; '~**ngas** *n* tear gas.
trank [traŋk] *past of* **trinken.**
Trank *lit.* [~] *m* (-[e]s/-e) po(ta)tion, drink.
Tränke ['trɛŋkə] *f* (-/-n) watering place; '2**n** *v/t.* (ge-, h) water (*animals*); soak, drench.
Trans|fer [trans'fe:r] *m* (-s/-s) transfer; ~**formator** ⚡ [~fɔr'ma:tɔr] *m* (-s/-en) transformer; ~**fusion** ⚕ [~fu'zio:n] *f* (-/-en) transfusion.
Transistor ⚡ [tran'zɪstɔr] *m* (-s/-en) transistor (*a. in compounds*).
Transit [tran'zi:t] *m* (-s/-e) transit (*a. in compounds*); 2**iv** *gr. adj.* ['~iti:f] transitive.
transparent *adj.* [transpa'rɛnt] transparent.
Transparent [~] *n* (-[e]s/-e) banner, placard.
transpirieren [transpi'ri:rən] *v/i.* (no ge-, h) perspire.
Transplant|ation ⚕ [transplanta'tsio:n] *f* (-/-en), 2**ieren** ⚕ [~'ti:rən] *v/t.* (no ge-, h) transplant.
Transport [trans'pɔrt] *m* (-[e]s/-e) transport(ation); shipment; 2**abel** *adj.* [~'ta:bəl] transportable; ~**er** *mot. m* (-s/-) transporter; van; 2**fähig** *adj.* fit for transportation; 2**ieren** [~'ti:rən] *v/i.* (no ge-, h) transport, ship, carry; haul; ~**mittel** *n* (means of) transport(ation); ~**unternehmen** [~?-] *n* carrier, haul(i)er.
Trapez [tra'pe:ts] *n* (-es/-e) *A* trapezoid, *Brt.* trapezium; *gymnastics:* trapeze.
trappeln ['trapəln] *v/i.* (ge-, sein) clatter; *child, etc.:* toddle, patter.
Trasse ⊙ ['trasə] *f* (-/-n) projected route.
trat [tra:t] *past of* **treten.**
Traube ['traubə] *f* (-/-n) bunch of grapes; grape; *fig.* cluster; ~**n** *pl.* grapes; '~**nsaft** *m* grape juice; '~**nzucker** *m* glucose, dextrose.
trauen ['trauən] (ge-, h) 1. *v/t.* marry; *sich ~ lassen* get married; 2. *v/i.* trust (*j-m* s.o.); *sich ~ et. zu tun* dare (to) do s.th.; *ich traute meinen Ohren*

(*Augen*) *nicht* I could not believe my ears (eyes).
Trauer ['trauər] *f* (-/no pl.) grief, sorrow; mourning; *in ~* in mourning (*a. clothes*); '~**fall** *m* death (in the family); '~**feier** *f* funeral (service *or* rites); '~**flor** *m* crape; '~**marsch** *m* funeral march; '2**n** *v/i.* (ge-, h) mourn (*um* for); '~**nachricht** *f* sad news; '~**spiel** *n thea.* tragedy; F (*no pl.*) sorry affair, shame; '~**weide** ♣ *f* weeping willow; '~**zug** *m* funeral procession.
Traufe ['traufə] *f* (-/-n) eaves; *vom Regen in die ~* out of the frying pan into the fire.
träufeln ['trɔyfəln] *v/t.* (ge-, h) drip, trickle.
traulich *adj.* ['traulɪç] cozy, *Brt.* cosy, homelike, intimate.
Traum [traum] *m* (-[e]s/-e) dream (*a. fig.*); ~ *in compounds:* a. ... of one's dreams; ~**deutung** ['~dɔytʊŋ] *f* (-/-en) interpretation of dreams.
träum|en ['trɔymən] *v/i.* and *v/t.* (ge-, h) dream (*a. fig.*) (*von* about, of); *schlecht ~* have bad dreams; '2**er** *m* (-s/-) dreamer (*a. fig.*); 2**e'rei** *fig. f* (-/-en) (day)dream(s), reverie (*a. ♪*); '~**erisch** *adj.* dreamy.
'**traumhaft** *adj.* dreamlike; F a real dream of a ... , like a dream.
traurig *adj.* ['trauriç] sad (*über acc.*, *wegen* about); *das 2e daran* the sad thing about it; '2**keit** *f* (-/no pl.) sadness, sorrow.
'**Trau|ring** *m* wedding ring; '~**schein** *m* marriage certificate.
traut *lit. adj.* [traut] intimate; ~**es Heim, Glück allein** home sweet home.
'**Trau|ung** *f* (-/-en) marriage, wedding; '~**zeuge** *m*, ~**zeugin** *f* witness to a marriage.
Trecker ⊙ ['trɛkər] *m* (-s/-) tractor.
Treff F [trɛf] *m* (-s/-s) meeting (place).
'**treffen** *v/t.* and *v/i.* (irr., ge-, h) hit (*a. fig.*); meet (*a. sports*); *fig.* hurt (s.o.'s feelings); make (*arrangements, decision, etc.*); take (*measures, precautions, etc.*); *nicht ~* miss; *sich ~* (*mit j-m*) meet (s.o.); *gut ~ phot., etc.:* capture well; *das trifft sich* (*gut*) that is convenient *or* comes in handy.
'**Treffen** [~] *n* (-s/-) meeting; '2**d** 1. *adj.* apt (*remark, etc.*); 2. *adv.:* ~ *gesagt* well put.
'**Treff|er** *m* (-s/-) hit (*a. fig.*); *sports:* score, point(s), goal; *lottery, etc.:* win; '~**punkt** *m* meeting place.
Treibeis ['traip?-] *n* drift ice.
treiben ['traibən] (irr., ge-) 1. *v/t.* and *v/i.* (h) drive (*a.* ⊙ *and fig.*); do, go in for (*sports, etc.*); push, press, urge; ♣ send

out (*leaves, etc.*); ⚓ shoot (up); F do, be up to; F es (*mit j-m*) ~ have sex (with s.o.), make love (to s.o.); *et. zu weit* ~ go too far; *was treibst du (da)?* what are you doing (there)?; **2.** *v/i.* (*sein*) drift (*a. fig.*), float; *sich ~ lassen* drift along (*a. fig.*).

Treiben [~] *n* (*-s/no pl.*) doings; goings-on; *geschäftiges* ~ bustle; '2d *adj.*: ~e Kraft driving force.

Treib|gas ['traip-] *n* (*-es/no pl.*) propellant; '~haus *n* hothouse, grenhouse; ~hauseffekt *meteor.* ['~haus²-] *n* greenhouse effect; '~holz *n* (*-es/no pl.*) driftwood; '~jagd *f hunt.* drive, Brt. battue; *fig.* hunt; '~riemen ⊙ *m* belt (*for transferring power, etc.*); '~sand *m* quicksand; '~stoff *m* fuel.

trenn|en ['trɛnən] *v/t.* (*ge-, h*) separate; part; sever; divide (*country, groups, word, etc.*); segregate; *teleph.* disconnect; *sich* ~ separate (*von* from *s.o.*), part (*a. fig.*); *sich ~ von* part with *s.th.*; leave *s.o.*; '2schärfe *f radio*: selectivity; '2ung *f (-/-en)* separation; breakup (*of marriage, etc.*); division; segregation; '2(ungs)strich *m* hyphen; *e-n ~ ziehen fig.* draw a line; '2(ungs)wand *f* partition (wall).

Treppe ['trɛpə] *f (-/-n)* staircase, stairs.
Treppen|absatz ['trɛpən²-] *m* landing; '~geländer *n* banisters; '~haus *n* staircase; hall.

Tresor [tre'zoːr] *m* (*-s/-e*) safe; bank vault.

treten ['treːtən] (*irr., ge-*) **1.** *v/i. and v/t.* (*h*) kick; tread (*a. water*); pedal (*away*); ~ *auf* (*acc.*) step on (*a. gas, brake, etc.*); **2.** *v/i.* (*sein*) step (*aus* out of, *in* acc. into, *auf* acc. on[to]); ~ *in* enter (*a. fig.*); *an die Stelle ~ von* take the place of, replace; *s. Kraft, nah.*

treu *adj.* [trɔy] faithful (*a. fig.*); loyal; devoted; '2bruch *m* breach of faith; '2e *f* (*-/no pl.*) fidelity, faithfulness, loyalty; '2hand ⚡ *f* (*-/no pl.*) trust; '2hand(anstalt) *pol. f* trusteeship, 'Treuhand'; 2händer ['~hɛndər] *m* (*-s/-*) trustee; '~herzig *adj.* innocent, trusting; '~los *adj.* faithless, disloyal, unfaithful (*all: gegen* to).

Tribüne [tri'byːnə] *f (-/-n)* platform; *sports, etc.*: (grand)stand.

Trichter ['trɪçtər] *m* (*-s/-*) funnel; crater; F: *auf den ~ kommen* catch on.

Trick [trɪk] *m* (*-s/-s*) trick; '~aufnahmen ['~²-] *pl.* special effects; '~betrüger *m* con man, member of a con gang.

trieb [triːp] *past of* treiben.

Trieb [~] *m* (*-[e]s/-e*) ⚓ (young) shoot, sprout; impulse, drive; instinct; sex urge; '~feder *f* mainspring (*a. fig.*);

'~kraft *fig. f* driving force; '~täter *m* sex offender; '~wagen ⛟ *m* rail car; '~werk ⊙ *n* engine.

triefen ['triːfən] *v/i.* ([*lit. irr.,*] *ge-, h*) drip, be dripping (*von* with); *nose*: run; *eyes*: *a.* water.

triezen F ['triːtsən] *v/t.* (*ge-, h*) *s. traktieren.*

triftig *adj.* ['trɪftɪç] valid, weighty; good (*reason*).

Trikot [tri'koː] *n* (*-s/-s*) *sports*: shirt, jersey; *ballet, etc.*: leotard, tights.

Triller ♪ ['trɪlər] *m* (*-s/-*) trill; '2n *j v/i. and v/t.* (*ge-, h*) trill; *bird*: *a.* warble; '~pfeife *f* whistle.

trimm|en ['trɪmən] *v/t.* (*ge-, h*) trim, clip; ~ *auf* (*acc.*) *fig.* make *s.th.* look like *s.th.*; drill *s.th.* into *s.o.*; *sich* ~ keep fit; '2pfad *m* fitness trail.

trink|bar *adj.* ['trɪnk-] drinkable; '~en *v/t. and v/i.* (*irr., ge-, h*) drink (*auf* acc. to *s.o. or s.th.*; *zu* with *s.th.*); have (*tea, etc.*); *et. zu ~* a drink; '2er *m* (*-s/-*) drinker, alcoholic; '~fest F *adj.*: ~ *sein* hold one's liquor (well); '2geld *n* tip; *j-m* (*e-e Mark*) ~ *geben* tip s.o. (one mark); '2halm *m* straw; '2spruch *m* toast; '2wasser *n* drinking water.

Trio ['triːo] *n* (*-s/-s*) trio.

trippeln ['trɪpəln] *v/i.* (*ge-, sein*) trip; mince.

Tripper ⚡ ['trɪpər] *m* (*-s/-*) gonorrh(o)ea.

trist *adj.* [trɪst] dreary, gloomy.

Tritt [trɪt] *m* (*-[e]s/-e*) kick; step; '~brett *n* step; *mot.* running board; '~leiter *f* stepladder, steps.

Triumph [tri'umf] *m* (*-[e]s/-e*) triumph; 2al *adj.* [~'faːl] triumphant; 2ieren [~'fiːrən] *v/i.* (*no ge-, h*) triumph (*über* acc. over).

trocken *adj.* ['trɔkən] dry (*a. fig.*); F *auf dem ~en sitzen fig.* be stranded *or* on the rocks; 2... *in compounds*: dried ...; drying ...; '2haube *f* (hood) hair dryer; '2heit *f* (*-/no pl.*) dryness; drought; '~legen *v/t.* (*sep., -ge-, h*) drain (*swamp, etc.*); change (diaper [*Brt.* nappy] *on baby*); '2schleuder *f* spin dryer; 2übung ['~²-] *f* dry run.

trockn|en ['trɔknən] (*ge-*) *v/i.* (*sein*) *and v/t.* (*h*) dry; '2er *m* (*-s/-*) dryer.

Troddel ['trɔdəl] *f (-/-n)* tassel.

Tröd|el ['trøːdəl] *m* (*-s/no pl.*) junk, second-hand articles *pl.*; '2eln *v/i.* (*ge-, h*) dawdle; '~ler *m* ['~dlər] *m* (*-s/-*) second-hand *or* junk dealer; dawdler.

troff [trɔf] *past of* triefen.

trog [troːk] *past of* trügen.

Trog [~] *m* (*-[e]s/-e*) trough.

Trommel ['trɔməl] *f (-/-n)* drum (*a.* ⊙); '~fell *anat. n* eardrum; '2n *v/i. and v/t.*

(ge-, h) drum; *fig. a.* bang; '~wirbel *m* drum roll.

Trommler ['trɔmlər] *m* (-s/-) drummer.

Trompete [trɔm'pe:tə] *f* (-/-n) trumpet; **2n** *v/i.* and *v/t.* (*no* ge-, h) trumpet (*a. zo.*); ~r *m* (-s/-) trumpeter.

Tropen ['tro:pən]: *die* ~ *pl.* the tropics; ~... *in compounds:* tropical ...

Tropf [trɔpf] *m* (-[e]s/-e): F: *armer* ~ poor devil; *am* ~ (*no pl.*) *hängen* be on a drip.

Tröpf|chen ['trœpfçən] *n* (-s/-) droplet; **2eln** ['~əln] (ge-) 1. *v/i.* and *v/t.* (h) drip; *es tröpfelt* it is drizzling; 2. *v/i.* (*sein*) *liquid:* drip, trickle.

tropfen ['trɔpfən] (ge-) 1. *v/i.* and *v/t.* (h) drip, drop; *nose:* run; 2. *v/i.* (*sein*) drip (*a. sweat, etc.*), (fall in) drop(s).

Tropfen [~] *m* (-s/-) drop (*a. fig.*); *ein guter* ~ a fine (vintage) wine; *ein* ~ *auf den heißen Stein* a drop in the bucket; **2weise** *adv.* by *or* in drops.

'Tropfsteinhöhle *geol. f* stalactite cave.

Trophäe [tro'fɛːə] *f* (-/-n) trophy (*a.fig.*).

tropisch *adj.* ['tro:pɪʃ] tropical.

Trosse ['trɔsə] *f* (-/-n) cable; ⚓ *a.* hawser.

Trost [tro:st] *m* (-es/*no pl.*) comfort, consolation; *schwacher* ~ cold comfort; *du bist wohl nicht (recht) bei* ~*!* F you must be out of your mind!

tröst|en ['trø:stən] *v/t.* (ge-, h) comfort, console; *sich* ~ console o.s. (*mit* with), take comfort (from); '~lich *adj.* comforting.

'trost|los *adj.* miserable; desolate; **2losigkeit** *f* (-/*no pl.*) misery; desolation; **2preis** *m* consolation prize; '~reich *adj.* consoling (*words, etc.*) of comfort.

Trott [trɔt] *m* (-[e]s/-e) trot; F: *der alte* ~ the old routine; '~el *f m* (-s/-) idiot, knucklehead; **2elig** F *adj.* stupid, dopey; '~inett *Swiss* ['~inet] *n* (-s/-s) scooter; '~oir *n* (-s/-s) esp. *Swiss* sidewalk, *Brt.* pavement; **2en** *v/i.* (ge-, *sein*) trot.

Trotz [trɔts] *m* (-es/*no pl.*) defiance; *aus reinem* ~ out of sheer spite.

trotz *prp.* [~] (*gen.*) in spite of, despite; '~dem *adv.* ['~de:m] in spite of it, nevertheless, F anyhow, anyway; '~en *v/i.* (ge-, h) (*dat.*) defy, brave (*danger, etc.*); sulk; '~ig *adj.* defiant; sulky; **2kopf** F *m* sulky child; **2phase** *f* stubborn phase.

trüb *adj.* [try:p], ~e *adj.* ['~bə] cloudy; *water: a.* muddy; *light, etc.:* dim; *sky, colo(u)rs, etc.:* dull; *mood, day, etc.: a.* gloomy.

Trubel ['tru:bəl] *m* (-s/*no pl.*) (hustle and) bustle.

trüben *fig.* ['try:bən] *v/t.* (ge-, h) spoil, mar (*happiness, etc.*); disturb.

Trüb|sal ['try:pza:l] *f* (-/-e): ~ *blasen* mope; **2selig** *adj.* sad, gloomy; *day, etc.: a.* dreary; '~sinn *m* (-[e]s/*no pl.*) melancholy, gloom, low spirits; '2sinnig *adj.* melancholy, gloomy.

trudeln ✈ ['tru:dəln] *v/i.* (ge-, *sein*) spin.

Trug [tru:k] *past of tragen*.

Trug [~] *m: s. Lug*; '~bild *n* illusion, hallucination.

trüg|en ['try:gən] (*irr.*, ge-, h) 1. *v/t.* deceive; 2. *v/i.* be deceptive; '~erisch *adj.* deceptive.

'Trugschluß *m* fallacy.

Truhe ['tru:ə] *f* (-/-n) (*cedar, etc.*) chest.

Trümmer ['trymər] *pl.* ruins; debris; pieces, bits; '~haufen *m* heap of rubble.

Trumpf [trumpf] *m* trump(s) (*a. fig.*); ~ *sein* be trumps; *fig.* be in; *s-n* ~ *ausspielen* play one's trump card.

Trunk [truŋk] *m* (-[e]s/~e) *lit.* drink; (*no pl.*) alcoholism; **2en** *lit. adj.* drunk (*vor dat.* with *joy, etc.*); '~enbold *contp.* ['~ənbɔlt] *m* (-[e]s/-e) drunkard; '~enheit ⚖ *f* (-/*no pl.*): *~ am Steuer* drunk driving; '~sucht *f* (-/*no pl.*) alcoholism; '2süchtig *adj.* alcoholic.

Trupp [trup] *m* (-s/-s) band, party; group.

'Truppe *f* (-/-n) ✕ troops; *thea.* company, troupe; ~n *pl.* ✕ troops, forces; '~ngattung ✕ *f* branch (of service); ~nübungsplatz ✕ ['~nⁿ-] *m* training area.

Truthahn *zo.* ['tru:t-] *m* turkey.

Tschechoslowak|e [tʃeçoslo'va:kə] *m* (-n/-n) Czechoslovak; **2isch** *adj.* Czechoslovak(ian).

tschüs *int.* ['tʃy:s] bye(-bye), see you.

Tube ['tu:bə] *f* (-/-n) tube (*Zahnpasta* of toothpaste); F: *auf die* ~ *drücken* step on it.

Tuberkulose 𝒮 [tuberku'lo:zə] *f* (-/-n) tuberculosis.

Tuch [tu:x] *n* 1. (-[e]s/-e) cloth, fabric; 2. (-[e]s/~er) (*table, etc.*) cloth; scarf; shawl; rag, dust cloth, *Brt.* duster; towel; '~fühlung *fig. f: in* ~ (in close) touch.

tüchtig ['tyçtɪç] 1. *adj.* (cap)able, competent; skil(l)ful; efficient; F *fig.* good (*beating, etc.*); 2. F *adv.* (*work, etc.*) hard; (*do s.th.*) well, thoroughly; **2keit** *f* (-/*no pl.*) (cap)ability, qualities; skill; efficiency.

Tück|e ['tykə] *f* (-/-n) malice; insidiousness; intricacy; *s-e* ~n *haben* be tricky *or* treacherous; *mit List und* ~ slyly, using every trick in the book; '2isch *adj.* malicious; insidious; treacherous.

tüft|eln F ['tyftəln] *v/i.* (ge-, h) puzzle (*an*

dat. over); tinker (with); **2ler** F ['̬lər] *m* (-*s/*-) s.o. who is always tinkering; whiz(z) (at solving problems).

Tugend ['tu:gənt] *f* (-*/*-en) virtue (*a. fig.*).

Tüll [tYl] *m* (-*s/*-e) tulle; '̬e *f* (-*/*-n) spout.

Tulpe ♣ ['tʊlpə] *f* (-*/*-n) tulip.

...tum [-tu:m] *collective suffix: often* ...dom, ...hood, ...kind, ...ship.

tummeln ['tʊməln] *v/refl.* (ge-, h) romp *or* jump around; *fig.* hurry.

Tümmler *zo.* ['tʏmlər] *m* (-*s/*-) porpoise.

Tumor ♣ ['tu:mɔr] *m* (-*s/*-en) tumo(u)r.

Tümpel ['tʏmpəl] *m* (-*s/*-) pond.

Tumult [tu'mʊlt] *m* (-[e]*s/*-e) tumult, uproar; riot.

tun [tu:n] *v/t. and v/i.* (*irr.,* ge-, h) do; take (*steps, a swig, etc.*); F put, move, set, place, lay (*esp. s.th. in or on s.th.*); **j-m et. ~** do s.th. to s.o., harm *or* hurt s.o.; **zu ~ haben** have work to do; be busy; **(es) zu ~ haben mit** be dealing with; *ich weiß (nicht), was ich ~ soll or muß* I (don't) know what to do; *so ~, als ob* pretend to be, *etc.*; F *es tut sich et. (nichts)* there is s.th. (nothing) going on; *ah, das tut gut!* ah, that's better!

Tun [̬] *n* (-*s/no pl.*) doing(s); act(ion)s, activities.

Tünche ['tʏnçə] *f* (-*/*-n), **2n** *v/t.* (ge-, h) whitewash.

Tunke ['tʊŋkə] *f* (-*/*-n) sauce; **2n** *v/t.* (ge-, h) dip.

Tunnel ['tʊnəl] *m* (-*s/*-) tunnel.

Tunt|e F *contp.* ['tʊntə] *f* (-*/*-n) fairy, *sl.* fag, *Brt. a.* poof; bitch, witch; **2ig** F *adj.* old-maidish; prissy, sissy.

Tüpfel ['tʏpfəl] *m, n* (-*s/*-), **2n** *v/t.* (ge-, h) dot, spot.

tupfen ['tʊpfən] *v/t.* (ge-, h) dab; *s. tüpfeln.*

Tupf|en [̬] *m* (-*s/*-) dot, spot; '̬er *m* (-*s/*-) ⚕ swab; dot, spot.

Tür [ty:r] *f* (-*/*-en) door (*a. fig.*); *die ~(en) knallen* slam the door(s); *vor die ~ setzen* throw s.o. out; *Tag der offenen ~* open house.

Turbine ⊙ [tʊr'bi:nə] *f* (-*/*-n) turbine.

Turbolader *mot.* ['tʊrbola:dər] *m* (-*s/*-) turbo(charger).

'**Tür|flügel** *m* leaf (of a door); '̬griff *m* door handle; doorknob.

Türk|e ['tʏrkə] *m* (-*n/*-n) Turk; '̬in *f* (-*/*-nen) Turk(ish woman); '̬is *min.* [̬'ki:s] *m* (-*es/*-e) turquoise (*a. colo[u]r*); '2isch *adj.* Turkish.

'**Türklinke** *f* door handle.

Turm [tʊrm] *m* (-[e]*s/*-e) tower; steeple; *chess:* rook.

Türmchen ['tʏrmçən] *n* (-*s/*-) turret.

türmen ['tʏrmən] (ge-) **1.** *v/t.* (h) pile up; *sich ~* tower; **2.** F *v/i.* (sein) bolt, run away.

'**Turm|spitze** *f* spire; '̬springen *n* (-*s/no pl.*) high diving.

Turn... ['tʊrn-] *in compounds:* gym (*bag, things, etc.*).

turnen ['tʊrnən] *v/i.* (ge-, h) do gymnastics; **~ an** (*dat.*) do exercises on.

Turnen [̬] *n* (-*s/no pl.*) gymnastics; physical education, *abbr.* PE.

'**Turn|er** *m* (-*s/*-) gymnast; '̬gerät *n* gymnastic apparatus; '̬halle *f* gym (-nasium); '̬hemd *n* gym shirt; '̬hose *f* (gym) shorts.

Turnier [tʊr'ni:r] *n* (-*s/*-e) tournament; '̬tanz *m* ballroom dancing.

'**Turn|lehrer(in)** *m* (*f*) gym(nastics) *or* PE teacher; '̬schuh *m* gym shoe; tennis shoe, sneaker, *Brt. a.* plimsoll, trainer; '̬verein *m* athletic (*esp. Brt.* gymnastics) club; '̬zeug F *n* gym clothes.

Türöffner ['ty:r?-] *m* door opener; '̬pfosten *m* doorpost; '̬rahmen *m* doorcase *or* -frame; '̬schild *n* nameplate (on door).

Tusch|e ['tʊʃə] *f* (-*/*-n) India(n *Brt.*) *or* Chinese ink; drawing ink; **2eln** ['̬əln] *v/i.* (ge-, h) whisper; *fig.* rumo(u)r; '̬farbe *f* watercolo(u)r; '̬kasten *m* paintbox.

Tüte *f* (-*/*-n) (paper *or* plastic) bag; *e-e ~ ... a bag of ...*

tuten ['tu:tən] *v/i.* (ge-, h) toot, hoot; *mot.* honk.

TÜV *abbr.* [tʏf] *m* (-*/no pl.*) compulsory (car) inspection; *Brt. appr.* MOT (test); *(nicht) durch den ~ kommen* pass (fail) its *or* one's MOT.

Twen F [tvɛn] *m* (-[s]*/*-s) young man in his twenties.

Typ [ty:p] *m* (-*s/*-en) type; model; F fellow, guy, *Brt. a.* chap; '̬e *f* (-*/*-n) ⊙ type; F *fig.* (*strange, etc.*) character.

Typhus ♣ ['ty:fʊs] *m* (-*/no pl.*) typhoid (fever).

'**typisch** *adj.* typical (*für* of).

Tyrann [ty'ran] *m* (-*en/*-en) tyrant; **~ei** [̬'nai] *f* (-*/*-en) tyranny; **2isch** *adj.* tyrannical; **2isieren** [̬i'zi:rən] *v/t.* (*no* ge-, h) tyrannize (over); *fig. a.* bully.

U

U-Bahn ['u:-] f subway, *Brt.* underground, F Tube.

übel *adj.* ['y:bəl] bad; *mir ist (wird)* ~ I'm feeling (getting) sick (*Am.* to my stomach); ~... in compounds: mst ill-(*tempered, etc.*).

Übel [~] n (*-s/-*) (*necessary, lesser, etc.*) evil; **von** ~ no good, harmful; '~**keit** f (*-/no pl.*) nausea; **2nehmen** *v/t.* (*irr. nehmen, sep., -ge-, h*) be offended by, take offen|se (*Brt.* -ce) at; **2riechend** *adj.* foul(-smelling); **2schmeckend** *adj.* bad-tasting; '~**täter** m culprit.

üben ['y:bən] *v/t. and v/i.* (*ge-, h*) practi|ce, *Brt.* -se (*Klavier etc.* the piano, *etc.*); train, drill; take (*revenge*); show (*fairness*).

über ['y:bər] **1.** *prp.* (*dat.: acc.*) *and adv.* over; above (*a. fig.*); number, *etc.*: *a.* more than; ~ (*acc.*) across (*a. street, river, etc.*); (*talk, think, etc.*) about, of; (*lecture, etc.*) on; (*glad, sad, etc.*) about; (*be angry*) at, about, with; (*laugh, etc.*) at *s.th.* or *s.o.*; **den ganzen Tag** ~ all day long; ~ **kurz oder lang** sooner or later; ~ **Nacht bleiben** stay overnight; ~ **München nach Rom** to Rome via Munich; ~ **und** ~ **bedeckt mit ...** (covered) with ... all over; **Fehler** ~ **Fehler** mistake after mistake; **es geht nichts** ~ (*acc.*) there's nothing like ...; **2.** F *adj. s. übrig.*

Über..., 2... *in compounds: mst* over(*supply, etc.*); (*pour, etc.*) over; super(*abundant, etc.*).

überall *adv.* [y:bər'?al] everywhere; ~ **in** (*dat.*) throughout ..., all over ...; ~**'her** *adv.* from everywhere; ~**'hin** *adv.* everywhere.

über|anstrengen [y:bər'?-] *v/t. and v/refl.* (*no -ge-, h*) overstrain (o.s.); ~**arbeiten** [~?] *v/t.* (*no -ge-, h*) revise (*book, etc.*); **sich** ~ overwork o.s.

überaus *adv.* ['y:bər?-] most, extremely.

über|'backen 1. *v/t.* (*irr. backen, no -ge-, h*) bake until crust is brown(ed); **2.** *adj.* au gratin; ~**belichten** *phot. v/t.* (*no -ge-, h*) overexpose; ~**bieten** *v/t.* (*irr. bieten, no -ge-, h*) outbid (*um* by); *fig.* beat, outdo; **2bleibsel** ['~blaipsəl] n (*-s/-*) remains; *food: a.* leftover(s); **2blick** *fig. m* survey (*über acc.* of); general idea; **den** ~ **verlieren** (*über acc.*) lose track (of *things*); ~**blicken** *v/t.* (*no -ge-, h*) overlook; *fig.* see; ~**'bringen** *v/t.* (*irr. bringen, no -ge-, h*) bring, deliver; **2bringer** *econ. m* (*-s/-*) bearer; ~**'brücken** *v/t.* (*no -ge-, h*) bridge (*a. fig.*); ~**dacht** *adj.* [~'daxt]

roofed, covered; ~**'dauern** *v/t.* (*no -ge-, h*) outlast, survive; ~**'decken** *v/t.* (*no -ge-, h*) cover; ~**'denken** *v/t.* (*irr. denken, no -ge-, h*) think *s. th.* over.

über'dies *adv.* besides, moreover.

über|dimensional *adj.* ['~dimɛnzȷ̃onaːl] oversized; **2dosis** ? f overdose.

über|dreht *fig. adj.* [~'dre:t] overexcited; **'2druck** m **1.** ⊙ (*-[e]s/~e*) overpressure; **2.** ⌘ (*-[e]s/-e*) overprint; **2druß** ['~drus] m (*-sses/no pl.*) weariness; ~**drüssig** *adj.* ['~drysɪç] (*gen.*) disgusted with, weary or tired of; '~**durchschnittlich** *adj.* above(-)average; ~**elfrig** *adj.* ['~?-] overzealous.

übereil|en [y:bər'?-] *v/t.* (*no -ge-, h*) rush; **nichts** ~ I don't rush things!; ~**t** *adj.* rash, overhasty.

übereinander *adv.* [y:bər'aɪ'nandər] on top of each other; (*talk, etc.*) about each other; ~**schlagen** *v/t.* (*irr. schlagen, sep., -ge-, h*) fold (*arms*); cross (*legs*).

überein|kommen [y:bər'?ain-] *v/i.* (*irr. kommen, sep., -ge-, sein*) agree; **2kommen** [~] n (*-s/-*), **2kunft** [~kunft] f (*-/⁀e*) agreement; ~**stimmen** *v/i.* (*sep., -ge-, h*) agree (*mit* with *s.o.*); correspond (*with s.th.*); be identical (with); **2stimmung** f agreement; correspondence; **in** ~ **mit** in accordance with.

über|'fahr|en *v/t.* (*irr. fahren, no -ge-, h*) run over; go through, jump (*red light, etc.*); *fig.* bulldoze *s.o.*; '**2fahrt** f crossing, passage.

'Überfall m assault (*auf acc.* [up]on); holdup (on, of); mugging (of); ✕ raid ([up]on); invasion (of).

über'fallen *v/t.* (*irr. fallen, no -ge-, h*) attack, assault; hold up; mug; ✕ raid; invade.

'überfällig *adj.* overdue.

über'flieg|en *v/t.* (*irr. fliegen, no -ge-, h*) fly over or across; *fig.* glance over, skim (through); **2er** *sl. m* high-flier.

'über|fließen *v/i.* (*irr. fließen, sep. -ge-, sein*) overflow; ~**'flügeln** *v/t.* (*no -ge-, h*) outstrip, leave behind (*both a. fig.*); '**2fluß** m (*-sses/no pl.*) abundance (*an dat.* of); affluence; **im** ~ **haben** abound in; '~**flüssig** *adj.* superfluous; unnecessary; ~**'fluten** *v/t.* (*no -ge-, h*) flood (*a. fig.*); ~**'fordern** *v/t.* (*no -ge-, h*) overtax (*s.o.'s strength, patience, etc.*); ~**fragt** *adj.* [~'fraːkt]: F: **da bin ich** ~ you've got me there; ~**'fremdung** *pol. f* excessive foreign infiltration (*econ.* control).

über'führ|en *v/t.* (*no -ge-, h*) transport; ⚖ convict (*e-r Tat* of a crime); **2ung** f

1. (-/no pl.) transfer; ₰ conviction; **2.** (-/-en) mot. overpass, Brt. a. flyover; footbridge.

'**Überfülle** f (super)abundance (an dat. of); ⚕ adj. [~'fylt] overcrowded, packed.

über'füttern v/t. (no -ge-, h) overfeed, cram (a. fig.).

'**Übergabe** f (-/no pl.) delivery; presentation; ⚔ surrender.

'**Übergang** m crossing; fig. transition (a. ♪); ~sstadium n transition(al) stage.

über|geben v/t. (irr. geben, no -ge-, h) hand over; ⚔ surrender; sich ~ vomit, throw up, esp. Brt. a. be sick; ~gehen 1. ['~] v/i. (irr. gehen, sep., -ge-, sein) pass (zu on to); ~ in (acc.) change or turn (in)to; merge with; 2. [~'-] v/t. (irr. gehen, no -ge-, h) pass over; ignore (s.o., remark, etc.); skip.

'**Übergewicht** n (-[e]s/no pl.) (~ haben) (be) overweight; fig. predominance; (get, etc.) the upper hand.

'**überglücklich** adj. overjoyed.

'**über|greifen** fig. v/i. (irr. greifen, sep., -ge-, h): ~ auf spread to; ineinander ~ overlap; ⚕griff m infringement (auf acc. of); (act of) violence; ⚕größe f oversize; ~haben F v/t. (irr. haben, sep., -ge-, h) be fed up with.

über'handnehmen v/i. (irr. nehmen, sep., -ge-, h) be rampant.

über'häufen v/t. (no -ge-, h) swamp (with work, etc.); shower (with gifts, etc.).

über'haupt adv. (nothing, etc.) at all; anyway; wenn ~ if any.

überheblich adj. [y:bər'he:pliç] arrogant; manner, etc.: a. superior; ⚕keit f (-/no pl.) priggishness, arrogance.

über|hitzen v/t. (no -ge-, h) overheat (a. fig.); ~höht adj. [~'hø:t] excessive; ~holen v/t. (no -ge-, h) pass, overtake (a. sports); ⊙ overhaul, service; ~holt adj. [~'ho:lt] outdated, antiquated; ~hören v/t. (no -ge-, h) miss, not catch or get; ignore; △ not overhear.

überirdisch adj. ['y:bər?-] supernatural.

über|kleben v/t. (no -ge-, h) paste up, cover; ⚕kochen v/i. (sep., -ge-, sein) boil over; ~kommen v/t. (irr. kommen, no -ge-, h): ... überkam ihn he was seized with or overcome by ...; ~laden v/t. (irr. laden, no -ge-, h) overload (a. ⚡); fig. clutter.

'**Überland...** in compounds: mst intercity ..., long-distance ...

über|lassen v/t. (irr. lassen, no -ge-, h) j-m et. ~ let s.o. have s.th., leave s.th. to s.o. (a. fig.); j-n sich selbst (s-m Schicksal) ~ leave s.o. to himself (his fate); das ist dir ~ that's up to you;

~lasten v/t. (no -ge-, h) overload; fig. overburden.

überlaufen 1. ['y:bər-] v/i. (irr. laufen, sep., -ge-, sein) run or flow over; ⚔ desert; 2. [~'-] v/t. (irr. laufen, no -ge-, h): es überlief mich heiß und kalt it gave me the creeps; s.a. überkommen; 3. adj. [~'-] overcrowded.

'**Überläufer** m ⚔ deserter; pol. defector.

über'leben v/t. and v/i. (no -ge-, h) survive (a. fig.); live through s.th.; ⚕de m, f (-/-n) survivor; '~sgroß adj. larger than life.

über'legen v/t. and v/i. (no -ge-, h) think about s.th., think s.th. over; consider; lassen Sie mich ~ let me think; ich habe es mir (anders) überlegt I've made up (changed) my mind.

über'leg|en² adj. superior (dat. to; an dat. in); ⚕enheit f (-/no pl.) superiority; ~t adj. [~'le:kt] deliberate; prudent; ⚕ung [~'le:guŋ] f (-/-en) thought, consideration, reflection.

'**über|leiten** v/i. (sep., -ge-, h): ~ zu lead up or over to; ⚕leitung f (-/-en) transition (a. ♪); ~liefern v/t. (no -ge-, h) hand down, pass on; ⚕lieferung f (-/-en) tradition; ~listen v/t. (no -ge-, h) outwit.

'**Über|macht** f (-/no pl.) superiority; esp. ⚔ superior forces; in der ~ sein be superior in numbers; ⚕mächtig adj. superior; fig. overpowering.

übermannen [~'manən] v/t. (no -ge-, h) overcome.

'**Über|maß** n (-es/no pl.) excess (an dat. of); ⚕mäßig adj. excessive; ⚕menschlich adj. superhuman.

über'mitt|eln v/t. (no -ge-, h) send, transmit (a. ⚡, econ.); ⚕lung f (-/no pl.) transmission.

'**übermorgen** adv. the day after tomorrow.

über'müd|et adj. overtired; ⚕ung f (-/no pl.) (over)fatigue.

'**Über|mut** m (aus out of) overenthusiasm; ⚕mütig adj. overenthusiastic.

'**übernächst** adj. the one after next; ~e Woche the week after next.

über'nacht|en v/i. (no -ge-, h) stay overnight (bei j-m at s.o.'s [house], with s.o.), spend the night (at, with); ⚕ung f (-/-en) night; e-e ~ one overnight stay; ~ und Frühstück bed and breakfast.

Übernahme ['y:bərna:mə] f (-/-n) taking (over); adoption (of idea, etc.).

'**übernatürlich** adj. supernatural.

über'nehmen v/t. (irr. nehmen, no -ge-, h) take over; adopt (idea, custom, name, etc.); take (lead, risk, responsibil-

ity, task, etc.); take care of (*a. bill, etc.*); **sich ~** take on more than one can handle; overtax o.s.; go beyond one's means; overeat.

'über'parteilich *adj.* non-partisan.

über'prüf|en *v/t.* (*no -ge-, h*) check, examine, inspect; verify; *esp. pol.* screen; **2ung** *f* checkup, examination, inspection; verification; screening.

'über|quellen *v/i.* (*irr. quellen, sep. -ge-, sein*) overflow (*a. fig.*); **~'queren** *v/t.* (*no -ge-, h*) cross, **~'ragen** *v/t.* (*no -ge-, h*) tower above (*a. fig.*); **~'ragend** *adj.* superior.

überrasch|en [y·bər'raʃən] *v/t.* (*no -ge-, h*) surprise; *j-n bei et.* **~ a.** catch s.o. doing s.th.; **2ung** *f* (*-/-en*) surprise.

über'red|en *v/t.* (*no -ge-, h*) persuade (*et. zu tun* to do s.th.), talk into (doing s.th.); **2ung** *f* (*-/no pl.*) persuasion.

'überregional *adj.* national (*press, etc.*).

über'reich|en *v/t.* (*no -ge-, h*) present, hand s.th. over (*dat.* to); **2ung** *f* (*-/no pl.*) presentation.

über'reiz|en *v/t.* (*no -ge-, h*) overexcite; **~t** *adj.* overwrought, F on edge.

'Überrest *m* rest, remainder, **~e** *pl.* remains.

über'rollen *v/t.* (*no -ge-, h*) run over; ✗ overrun; *fig. a.* steamroller.

über'rump|eln *v/t.* (*no -ge-, h*) (take by) surprise; **2(e)lung** *f* (*-/no pl.*) surprise.

über'runden *v/t.* (*no -ge-, h*) *sports:* lap; *fig.* get ahead of, leave behind.

übers ['y·bərs] *short for* **über das.**

über|sät *adj.* [y·bər'zɛːt] covered; *fig.* studded; **~sättigt** *adj.* [~'zɛtɪçt] surfeited; **~säuert** *adj.* [~'zɔyərt] (overly) acid(ic).

'Überschall... *in compounds:* supersonic...

über|'schatten *v/t.* (*no -ge-, h*) overshadow (*a. fig.*); **~'schätzen** *v/t.* (*no -ge-, h*) overrate, overestimate; **~'schaubar** *adj.* clear, easy to assess; **~'schlafen** F *v/t.* (*irr. schlafen, no -ge-, h*) sleep on it; △ *not* **oversleep.**

'Überschlag *m* (*-[e]s/-e*) somersault; ✈ loop; ⚡ flashover; *econ.* estimate, rough calculation.

überschlagen (*irr. schlagen*) **1.** ['y·bər-] *v/t.* (*sep., -ge-, h*) cross (*legs*); **2.** [~'~] *v/t.* (*no -ge-, h*) make a rough estimate of; skip, leave out; **3.** ['~] *v/i.* (*sep., -ge-, sein*): **~ in** (*acc.*) turn into; **4.** [~'~] *v/refl.* (*no -ge-, h*) *car, etc.*: turn (right) over; *person:* go head over heels; *voice:* break.

'über'schnappen F *v/i.* (*sep. -ge-, sein*) crack up; **~'schneiden** *v/refl.* (*irr. schneiden, no -ge-, h*) overlap (*a. fig.*); *lines:* intersect; **~'schreiben** *v/t.* (*irr.*

schreiben, *no -ge-, h*) make (*property*) over (*dat.* to); **~'schreiten**, *no -ge-, h*) cross (*border, etc.*); *fig.* go beyond (*one's means, etc.*); exceed, break (*speed limit, etc.*); violate (*regulations, etc.*).

'Überschrift *f* heading, title; headline.

'Über|schuß *m,* **2schüssig** *adj.* ['~ʃʏsɪç] surplus.

über'schütten *v/t.* (*no -ge-, h*): **~ mit** cover with; shower with (*gifts, etc.*); heap (*praise, etc.*) on *s.o.*

Überschwang ['y·bərʃvaŋ] *m* (*-[e]s/no pl.*) exuberance.

über'schwemm|en *v/t.* (*no -ge-, h*), **2ung** *f* (*-/-en*) flood (*a. fig.*).

überschwenglich *adj.* ['y·bərʃvɛŋlɪç] effusive.

'Übersee: *nach* **~** *gehen* go overseas; **'~... in** *compounds:* overseas ..., intercontinental ...

über|'sehen' *v/t.* (*irr. sehen, no -ge-, h*) overlook; ignore; **'~sehen²** *v/t.* (*irr. sehen, sep., -ge-, h*): *sich et.* **~** get tired of (seeing) s.th.

über'senden *v/t.* ([*irr. senden,*] *no -ge-, h*) send; consign (*goods, etc.*).

'übersetzen' (*sep., -ge-*) **1.** *v/i.* (*h, sein*) cross (*über e-n Fluß* a river); **2.** *v/t.* (*h*) take over.

über'setz|en² *v/t.* (*no -ge-, h*) translate (*in acc.* into); ⊕ transmit; **2er** *m* (*-s/-*) translator; **2ung** *f* (*-/-en*) translation (*aus* from; *in acc.* into); ⊕ transmission ratio.

'Übersicht *f* (*-/-en*) general idea *or* view (*über acc.* of); outline, summary; *die* **~** *verlieren* lose track *or* control (*über acc.* of); **2lich** *adj.* clear(ly arranged).

über|'siedeln *v/i.* (*no -ge-, sein*) (re)move (*nach* to); **2sied(e)lung** *f* (*-/no pl.*) move, removal.

'übersinnlich *adj.* supernatural, magic(al), occult; psychic (*a.* **~** *veranlagt*).

über'spann|en *v/t.* (*no -ge-, h*) (over-)strain; *bridge:* span (*valley, etc.*); **~t** *adj.* *person:* eccentric; *ideas, etc.:* exaggerated.

über'spielen *v/t.* (*no -ge-, h*) record; tape; *fig.* cover up (*weakness, etc.*).

über'spitzt *adj.* exaggerated.

über'springen *v/t.* (*irr. springen, no -ge-, h*) jump (over); *esp. sports:* a. clear; skip, leave out.

überstehen (*irr. stehen*) **1.** [y·bər'-] *v/t.* (*no -ge-, h*) get over (*illness, etc.*); survive (*a. fig.*), live through; **2.** ['~] *v/i.* (*sep., -ge-, h*) jut out.

über|'steigen *fig. v/t.* (*irr. steigen, no -ge-, h*) exceed; **~'stimmen** *v/t.* (*no -ge-, h*) outvote, vote down; **~'strah-**

len *esp. fig. v/t. (no -ge-, h)* outshine, eclipse.

'**über|streifen** *v/t. (sep., -ge-, h)* slip (*garment, covering, etc.*) on(to *s.o. or s.th.*); '~**strömen** *v/i. (sep., -ge-, sein)* overflow (*a. fig. vor dat. with gratitude, etc.*).

'**Überstunden** *pl.* overtime; ~ **machen** work overtime.

über'stürz|en *v/t. (no -ge-, h)*: et. ~ rush things; **sich** ~ *events:* follow in rapid succession; ~**t** *adj.* (over)hasty; *decision, etc.:* rash.

über|'teuer *adj.* overexpensive; ~'**tölpeln** *v/t. (no -ge-, h)* take *s.o.* in, deceive; ~**tönen** *v/t. (no -ge-, h)* drown.

Über|trag *econ.* ['y:bərtra:k] *m* (-[e]s/-e) amount brought forward; ~**tragbar** *adj.* transferable; ~ contagious.

über'tragen *ling. adj.* figurative.

über'trag|en² *v/t. (irr. tragen, no -ge-, h)* broadcast, transmit (*a. ⊕*); *TV a.* televise; record; tape; translate; ~ transmit, pass on; transfuse (*blood*); transplant (*organ, etc.*); ⚗, *econ.* transfer (*a. drawing, fig. knowledge, etc.*); delegate (*power, etc.*); ~**ung** *f (-/-en)* radio *or* TV broadcast; recording; transmission; transfusion; transfer; delegation.

über'treffen *v/t. (irr. treffen, no -ge-, h)* outdo, be better, *etc.* than, surpass, F beat.

über'treib|en *v/t. and v/t. (irr. treiben, no -ge-, h)* exaggerate; overdo; ~**ung** *f (-/-en)* exaggeration.

übertret|en *(irr. treten)* 1. ['y:bər-] *v/i. (sep., -ge-, sein) sports:* step over (line), go *or* step out of bounds; ~ **zu** go over (*eccl.* convert) to; 2. [~'-] *v/t. (no -ge-, h)* break, violate (*law, etc.*); ~**ung** [~'tre:tuŋ] *f (-/-en)* violation; ⚗ *a.* offen|se, *Brt.* -ce.

'**Übertritt** *m* change (**zu** to); *eccl., pol.* conversion (to).

über|völkert *adj.* [y:bər'fœlkərt] overpopulated; ~'**völkerung** *f (-/no pl.)* overpopulation.

über'vorteilen *v/t. (no -ge-, h)* overreach, cheat.

über'wach|en *v/t. (no -ge-, h)* supervise, oversee; control (*a. ⊕*); monitor (*a. ⚡*); keep under observance *or* surveillance, shadow; ~**ung** *f (-/no pl)* supervision, control; monitoring; observance, surveillance.

überwältigen [y:bər'vɛltɪgən] *v/t. (no -ge-, h)* overwhelm, overpower; *fig. a.* overcome; ~**d** *fig. adj.* overwhelming, F smashing.

über'weis|en *v/t. (irr. weisen, no -ge-, h)* remit (**an** *acc.* to); ⚗, ⚡ refer (to);

~**ung** *f (-/-en) econ.* remittance; ⚡ referral.

überwerfen *(irr. werfen)* 1. ['y:bər-] *v/t. (sep., -ge-, h)* slip (*garment, etc.*) on; 2. [~'-] *v/refl. (no -ge-, h): sich ~* (**mit** *j-m*) fall out with each other (with *s.o.*).

über|'wiegen *(irr. wiegen, no -ge-, h)* 1. *v/t.* outweigh; 2. *v/i.* prevail, predominate; ~'**wiegend** 1. *adj.* predominant, vast (*majority*); 2. *adv.* mainly, for the most part; ~'**winden** *v/t. (irr. winden, no -ge-, h)* overcome (*a. fig.*); defeat; **sich ~ zu** *inf.* bring o.s. to *inf.*; ~'**wintern** *v/t. (nu-ge-, h)* (spend the) winter; ~'**wuchern** *v/t. (no -ge-, h)* overgrow.

'**Über|wurf** *m* wrap; '~**zahl** *f (-/no pl.): in der ~* **sein** be in the majority; ⚗**zahlig** *adj.* ['~tse:lɪç] supernumerary; *econ.* surplus; ⚗'**zahlt** *adj.* overpaid.

über|'zeugen *v/t. (no -ge-, h)* convince (**von** of), persuade; **sich ~ von** (, **daß**) make sure of (that); ~ *Sie sich (selbst)* go and see for yourself; ~**zeugt** *adj.* [~'tsɔykt] *adj.* convinced; ~ **sein** *a.* be or feel (quite) sure; ⚗'**zeugung** *f (-/no pl.)* conviction; ⚗'**zeugungskraft** *f (-/no pl.)* power of persuasion; ~ **haben** be persuasive.

überzieh|en *v/t. (irr. ziehen)* 1. ['y:bər-] *(sep. -ge-, h)* put *s.th.* on; 2. [~'-] *(no -ge-, h) ⊕, etc.* cover; change (*bed*); overdraw (*account*); overdo *s.th.; TV, etc. die Sendezeit etc.* ~ run overtime; **sich ~ sky:** become overcast; ⚗**ung** *econ.* [~'-] *f (-/no pl.)* overrun; ~**skredit** *econ.* [~'-] *m* (overdraft) credit limit.

'**überzogen** [y:bər'tso:gən] *gastr.* coated; *account:* overdrawn; exaggerated.

überzüchtet [y:bər'tsyçtət] *biol.* overbred; ⊕, *fig.* oversophisticated.

'**Überzug** *m* cover; coat(ing).

üblich *adj.* ['y:plɪç] usual, normal, common, customary; *es ist* ~ it's the custom; *wie* ~ as usual.

U-Boot ⚓, ⚔ ['u:-] *n* submarine.

übrig *adj.* ['y:brɪç] remaining; *die ~en pl.* the others, the rest; ~ **sein** (*haben*) be (have) left; *et.* ~ **haben für** be fond of; *nichts* (*wenig*) ~ **haben für** not care (much) for; *im ~en* for the rest; besides; '~**bleiben** *v/i. (irr. bleiben, sep., -ge-, sein)* be left, remain; *es bleibt mir nichts anderes übrig (als zu)* there is nothing else I can do (but *do s.th.*); ~**ens** *adv.* ['~gəns] by the way, incidentally; '~**lassen** *v/t. (irr. lassen, sep., -ge-, h)* leave; (*viel*) *zu wünschen* ~ leave a lot to be desired.

Übung ['y:buŋ] *f (-/-en)* exercise; practice; drill; training; *in* (*aus der*) ~ in (out of) practice; ~ *macht den Meister* practice makes perfect; '**sbuch** *n* school, etc.: workbook; book of exercises; '**sgelände** ✗ *n* training ground.

Ufer ['u:fər] *n* (-*s*/-) shore; bank (*of river*); **ans** ~ashore; '**2los** *fig. adj.* endless; **ins** ~e ad infinitum; beyond all bounds.

Uhr [uːr] *f* (-*/-en*) clock; watch; **um vier** ~ at four o'clock; **wieviel** ~ **ist es?** what time is it?; **um wieviel** ~ ...? (at) what time ...? '**armband** ['ʊ**?-**] *n* watchstrap; '**macher** *m* watchmaker; '**werk** *n* clockwork; '**zeiger** *m* hand; '**zeigersinn** *m*: **im** ~ clockwise; **entgegen dem** ~ counterclockwise.

Uhu *zo.* ['uːhu] *m* (-*s*/-*s*) eagle owl.

Ulk [ʊlk] *m* (-[*e*]*s*/-*e*) joke; hoax; '**2ig** *adj.* funny, droll.

Ulme ♀ ['ʊlmə] *f* (-*/-n*) elm.

Ultimatum [ulti'maːtʊm] *n* (-*s/-maten*) ultimatum; *j-m ein* ~ *stellen* give s.o. an ultimatum.

Ultra..., **2...** [ʊltra-] *in compounds*: *mst* ultra(*sound*, *-violet*, *etc.*); infra(*red*).

um *prp.* (*acc.*) *and cj. and adv.* [ʊm] of place: ~(a)round; *temporal*: at; *of number*, *etc.*: about, around; *s.* **umsein**, *etc.*; ~ ... **herum** around ...; **bitten** ~ ask for; **sich Sorgen machen** ~ worry about; ~ **Geld** for money; ~ **e-e Stunde** (10 cm) by an hour (10 cm); *je* ... ~ *so* the ... the; ~ *so besser (schlimmer)* that's even better (worse); ~ (*gen.*) *willen* for ...'s sake, for the sake of ...; ~ *zu* (in order) to; *s.* **Leben, Preis, Uhr, Wette,** *etc.*

Um..., **2...** *in compounds*: *often* ...(a)round; (*turn*, *etc.*) over; re(*educate*, *etc.*).

umarm|en [ʊm**?-**] *v/t.* (*no ge-, h*) embrace (*a. sich* ~), hug; **2ung** *f* (-*/-en*) embrace, hug.

'**Umbau** *m* (-[*e*]*s/-ten*, -*e*) rebuilding, reconstruction; '**2en** *v/t.* (*sep.*, -*ge-, h*) rebuild, reconstruct; ~ *in* (*acc.*) turn into.

'**um|bilden** *v/t.* (*sep.*, -*ge-, h*) change, reorganize; reshuffle (*cabinet*, *etc.*); '**binden** *v/t.* (*irr. binden, sep.*, -*ge-, h*) put on (*tie, apron, etc.*); '**blättern** *v/i.* (*sep.*, -*ge-, h*) turn (over) the page; '**bringen** *v/t.* (*irr. bringen, sep.*, -*ge-, h*) kill; **sich** ~ kill o.s. (*a. fig.*); '**denken** *v/i.* (*irr. denken, sep.*, -*ge-, h*) change one's way of thinking; '**disponieren** *v/i.* (*sep.*, *no ge-, h*) change one's plans.

'**umdreh|en** *v/t. and v/refl.* (*sep.*, -*ge-, h*) turn (a)round; **2ung** [~'-] *f* turn; *phys.*, ⊙ rotation, revolution.

um|einander [ʊm**?**aɪ'nandər] (*care, etc.*) about *or* for each other; '**fahren**

(*irr. fahren*) 1. ['~] *v/t.* (*sep.*, -*ge-, h*) run down; 2. [~'-] *v/t.* (*no ge-, h*) drive (⚓ sail) round; '**fallen** *v/i.* (*irr. fallen, sep.*, -*ge-, sein*) fall; tip over; collapse; *tot* ~ drop dead.

'**Umfang** *m* (-[*e*]*s/no pl.*) circumference; size (*of book, etc.*); (*waist, etc.*) measurement; *fig.* extent, volume; *in großem* ~ on a large scale; '**2reich** *adj.* extensive; voluminous.

um'fassen *v/t.* (*no ge-, h*) have one's arm around *s.o.*; *fig.* cover, comprise, include; **d** *adj.* comprehensive; complete.

'**umform|en** *v/t.* (*sep.*, -*ge-, h*) turn, change; *ℰ, gr., ℛ a.* transform, convert (*all: in acc.* [in]to); '**2r** *ℰ m* (-*s/-*) converter.

'**Umfrage** *f* opinion poll.

'**umfunktionieren** *v/t.* (*sep.*, *no -ge-, h*) convert (*zu* into); ~ *in* (*acc.*) *or* *zu a.* turn into.

'**Umgang** *m* (-*s/no pl.*) company; ~ *haben mit* associate with; *beim* ~ *mit* when dealing with.

umgänglich *adj.* ['ʊmgɛŋlɪç] sociable.

'**Umgangs|formen** *pl.* manners; '**sprache** *f* colloquial speech; *die englische* ~ colloquial English.

um'geben *v/t.* (*irr. geben, no -ge-, h*) surround (*mit* with).

um'geb|en[2] *adj.* surrounded (*von* by); **2ung** *f* (-*/-en*) surroundings; vicinity; environment.

umgeh|en (*irr. gehen*) 1. ['ʊm-] *v/i.* (*sep.*, -*ge-, sein*) go (a)round; ~ *mit* deal with, handle, treat, behave towards; ~ *können mit* have a way with (*people, etc.*); be handy with *s.th.*; ~ *in* (*dat.*) ghost, *etc.*: haunt (*place*); 2. [~'-] *v/t.* (*no -ge-, h*) avoid, get (a)round; bypass; '**end** *adj.* immediate, prompt; **2ungsstraße** [~'gɛːʊŋs-] *f* bypass.

umgekehrt ['ʊmgəkɛːrt] 1. *adj.* reverse, opposite; (*gerade*) ~ (just) the other way round; 2. *adv.* the other way round; *und* ~ and vice versa.

'**umgraben** *v/t.* (*irr. graben, sep.*, -*ge-, h*) dig (up), break up.

'**um|haben** F *v/t.* (*irr. haben, sep.*, -*ge-, h*) have *s.th.* on, wear; '**2hang** *m* cape; '**hängen** *v/t.* (*sep.*, -*ge-, h*) put around *or* over s.o.'s shoulders, *etc.*; rehang (*pictures, etc.*); '**hauen** *v/t.* (*irr. hauen, sep.*, -*ge-, h*) fell, cut down; F *fig.* knock out.

um'her *adv.* (a)round; about; *for compounds s.a. herum*; '**streifen** *v/i.* (*sep.*, -*ge-, sein*) roam *or* wander around.

um'hinkönnen *v/i.* (*irr. können, sep.*, -*ge-, h*): *ich kann nicht umhin zu inf.* I cannot help *doing s.th.*

'**umhören** v/refl. (sep., -ge-, h) keep one's ears open, ask around.

Umkehr ['umke:r] f (-/no pl.): **zur ~ zwingen** force s.o. to turn back; **es gibt keine ~** there is no turning back; **2en** (sep., -ge-) 1. v/i. (**sein**) turn back; 2. v/t. (h) reverse; s. **umdrehen**; '**~ung** f (-/no pl.) reversal (a. fig.).

'**umkippen** (sep., -ge-) 1. v/t. (h) tip over, upset; 2. v/i. (sein) s. **umfallen**.

um'klammer|n v/t. (no -ge-, h), **2ung** f (-/no pl.) clasp, clutch, clench.

'**umkleide|n** v/refl. (sep. -ge-, h) change (one's clothes); '**2kabine** f (individual) dressing room; '**2raum** m changing or locker room.

'**umkommen** v/i. (irr. kommen, sep., -ge-, sein) be killed (**bei** in), die (in); F **~ vor** (dat.) be dying with.

'**Umkreis** m (-es/no pl.) vicinity; **im ~ von** within a radius of.

um'kreisen v/t. (no -ge-, h) circle; ast. revolve around; satellite, etc.: orbit.

'**umkrempeln** v/t. (sep., -ge-, h) roll up (sleeves, etc.); F fig. turn upside down or inside out; revamp (system, etc.).

'**Umlauf** m circulation; phys., ⚙ rotation; circular (letter); **im (in) ~ sein** (**bringen**) be (put into) circulation, circulate; '**~bahn** f orbit; '**2en** v/i. (irr. laufen, sep., -ge-, sein) circulate.

'**Umlaut** ling. m umlaut (as in ä).

'**umlegen** v/t. (sep., -ge-, h) put on (scarf, etc.); move (a. patient, troops, etc.); share (costs); pull (lever, etc.); change (date, etc.); sl. kill: do s.o. in, bump s.o. off; V lay (girl).

'**umleit|en** v/t. (sep., -ge-, h) divert; '**2ung** f (-/-en) diversion, Am. mot. detour.

'**umlernen** v/i. (sep., -ge-, h) change one's attitude or behavio(u)r or methods.

'**umliegend** adj. surrounding.

um'nachtet adj.: **geistig ~** demented.

um|orientieren ['um?-] v/refl. (sep., no -ge-, h) reorient o.s.; '**2packen** v/t. (sep., -ge-, h) repack; '**~pflanzen** v/t. (sep., -ge-, h) replant; repot (plants).

um'rahmen v/t. (no -ge-, h) frame; **musikalisch ~** put into a musical setting.

umrand|en [um'randən] v/t. (no -ge-, h), **2ung** f (-/-en) edge, border, rim (a. eyeglasses).

um'ranken v/t. (no -ge-, h) twine around; '**~räumen** v/t. (sep., -ge-, h) rearrange (room); move (to another place).

'**umrechn|en** v/t. (sep., -ge-, h) convert (in acc. into); '**2ung** f (-/no pl.) conversion; '**2ungskurs** m exchange rate.

um|reißen v/t. (irr. reißen) 1. ['um-] (sep., -ge-, h) tear s.th. or knock s.o. down; 2. [~'-] (no -ge-, h) outline (plan, etc.); **~'ringen** v/t. (no -ge-, h) surround.

'**Um|riß** m outline (a. fig.), contour; '**2rühren** v/t. (sep., -ge-, h) stir; '**2rüsten** ⚙ v/t. (sep., -ge-, h) convert (**auf** acc. to); '**2satteln** F fig. v/i. (sep., -ge-, h) change jobs; **~ von ... auf** (acc.) switch from ... to; '**2satz** econ. m sales (a. in compounds: tax, etc.).

'**umschalten** v/t. and v/i. (sep., -ge-, h) switch (over) (**auf** acc. to) (a. fig.).

'**Umschau** f (-/no pl.): **~ halten nach** look out for, be on the lookout for; '**2en** v/refl. (sep., -ge-, h) s. **umsehen**.

'**umschicht|ig** adv. in turn(s), alternately; '**2ung** fig. f (-/-en) shift(s).

'**Umschlag** m envelope; cover, wrapper; jacket (of book); cuff, Brt. turn-up; ⚕ compress; econ. handling; fig. change (a. of weather); '**2en** (irr. schlagen, sep., -ge-) 1. v/t. (h) cut down, fell; turn up (sleeves, etc.); turn down (collar); econ. handle; 2. v/i. (sein) boat, etc.: turn over, (be) upset; fig. weather, etc.: change; '**~platz** m trade cent|er (Brt. -re), market.

um|schlungen adj. [um'ʃluŋən] with their arms (a)round each other; '**~schnallen** v/t. (sep., -ge-, h) buckle on.

umschreib|en v/t. (irr. schreiben) 1. ['um-] (sep., -ge-, h) rewrite; **~ auf** (acc.) econ. transfer to; 2. [~'-] (no -ge-, h) paraphrase; **2ung** [~'ʃraibuŋ] f (-/-en) paraphrase.

'**Umschrift** f (phonetic) transcription.

'**um|schulen** v/t. (sep., -ge-, h) retrain; transfer (student) to another school; '**~schütten** v/t. (sep., -ge-, h) spill; pour into another container; **~schwärmt** fig. adj. [~'ʃvɛrmt] worshipped, idolized.

Um|schweife ['um|ʃvaifə] pl.: **ohne ~** (say) right or straight out; (do, etc.) right or straight away or off; '**2-schwenken** fig. v/i. (sep., -ge-, sein) change one's mind or policy; '**~schwung** m (drastic) change; esp. pol. a. swing.

um'segel|n v/t. (no -ge-, h) sail round; round (cape, etc.); circumnavigate (earth, etc.); **2(e)lung** f (-/-en) sailing round; circumnavigation.

'**um|sehen** v/refl. (irr. sehen, sep., -ge-, h) look around (**in e-m Laden** a shop; **nach** for); look back (**nach** at); **sich ~ nach** be looking for; '**~sein** v/i. (irr. sein, sep., -ge-, sein) be over; **die Zeit ist um** time's up; '**~setzen** v/t. (sep., -ge-, h) move (a. student in classroom);

econ. sell; ~ **in** (*acc.*) convert (in)to; **in
die Tat** ~ put into action; **sich** ~ change
places.

'**umsichtig** *adj.* circumspect, prudent.
'**umsied|eln** (*sep.*, *-ge-*) *v/i.* (**sein**) *and*
v/t. (**h**) resettle; *s.* **umziehen 1**; '**2er** *m*
resettler; '**2(e)lung** *f* (*-/no pl.*) resettle-
ment; move (**nach** to).

um'sonst *adv.* free (of charge), for nothing, F for free; in vain.

umspanne|n *v/t.* **1.** [ˈʊm¹-] (*no -ge-, h*)
span (*a. fig.*); **2.** ⚡ [ˈ~] (*sep.*, *-ge-, h*)
transform; '**2r** ⚡ *m* (*-s/-*) transform-
er.

'**umspringen** *v/i.* (*irr.* **springen**, *sep.*,
-ge-, **sein**) shift, change (suddenly) (*a.
fig.*); ~ **mit** treat (badly).

'**Umstand** *m* circumstance; fact; detail;
unter diesen (keinen) Umständen under the (no) circumstances; **unter
Umständen** possibly; **j-m (sich) keine
Umstände machen** not cause s.o. (go
to) any trouble; **in anderen Umständen sein** be expecting.

umständlich *adj.* [ˈʊmʃtɛntlɪç] awkward; complicated; *style, etc.*: long-
winded; **das ist (mir) viel zu** ~ that's far
too much trouble (for me).

'**Umstands|kleid** *n* maternity dress;
'**~wort** *gr.* *n* (*-[e]s/~er*) adverb.

'**umstehend** *adv.* on the next page,
overleaf; **2en** [ˈ~dən] *pl.* the bystanders.

'**umsteigen** *v/i.* (*irr.* **steigen**, *sep.*, *-ge-*,
sein) change (**nach** for); 🚂 *a.* change
trains (for).

umstell|en *v/t.* **1.** [ˈʊm-] (*sep.*, *-ge-, h*)
change (**auf** *acc.* to), make a change *or*
changes in; *esp.* ⊖ *a.* switch (over) (to),
convert (to); adjust (to); rearrange (*a.
furniture*), reorganize; reset (*watch,
etc.*); **sich** ~ **auf** (*acc.*) change *or* switch
(over) to; adjust (o.s.) to, get used to
(*climate, situation, etc.*); **2.** [~ˈ-] (*no
-ge-, h*) surround (*a.* ✕); '**2ung** *f*
(*-/-en*) change; switch, conversion; adjustment; rearrangement, reorganiza-
tion.

'**um|stimmen** *v/t.* (*sep.*, *-ge-, h*): **j-n** ~
change s.o.'s mind; '**~stoßen** *v/t.* (*irr.*
stoßen, *sep.*, *-ge-, h*) knock over; upset
(*a. fig. plans*).

umstritten *adj.* [ʊmˈʃtrɪtən] controversial.

'**Um|sturz** *m* overthrow; '**2stürzen** *v/i.*
(*sep.*, *-ge-*, **sein**) upset, overturn, fall
over; '**2stürzlerisch** *adj.* [ˈ~ʃtyrtslərɪʃ]
subversive.

'**Umtausch** *m*, '**2en** *v/t.* (*sep.*, *-ge-, h*)
exchange (**gegen** for).

Umtriebe *pol.* [ˈʊmtriːbə] *pl.* (**staats-
feindliche** subversive) activities.

'**umtun** F *v/t.* (*irr.* **tun**, *sep.*, *-ge-, h*) put

on (*tie, etc.*); **sich** ~ look around (**in**
dat. a place; **nach** for).

'**umwälz|end** *adj.* revolutionary; '**2ung**
f (*-/-en*) radical change.

'**umwand|eln** *v/t.* (*sep.*, *-ge-, h*) turn (**in**
acc. into), transform (into); *esp.* 🔨 ⚡,
phys. a. convert ([in]to); '**2ler** *m* (*-s/-*)
converter; '**2lung** *f* (*-/-en*) transforma-
tion, conversion

'**Umweg** *m* roundabout route *or* way (*a.
fig.*); *esp. mot. a.* detour; **ein** ~ **von 10
Minuten** ten minutes out of the way;
fig. **auf** ~**en** in a roundabout way, indirectly.

'**Umwelt** *f* (*-/no pl.*) environment; ~ **in**
compounds: *mst* environmental ...;
'**~forscher** *m* ecologist; '**~forschung** *f*
ecology; '**2freundlich** *adj.* non-pollut-
ing; *material*: *a.* biodegradable; recy-
clable; '**2schädlich** *adj.* harmful, nox-
ious, polluting; '**~schutz** *m* environmental protection, pollution control;
'**~schützer** *m* (*-s/-*) environmentalist;
'**~(schutz)papier** *n* recycled paper;
'**~sünder** *m*, '**~verschmutzer** *m* (*-s/-*)
polluter, offender; '**~verschmutzung** *f*
(environmental) pollution; '**~zerstö-
rung** *f* ecocide.

um'werben *v/t.* (*irr.* **werben**, *no -ge-, h*)
court (*a. fig. customers, etc.*).

'**umwerfen** *v/t.* (*irr.* **werfen**, *sep.*, *-ge-*,
h) knock over *or* down (F *fig. a.* out);
upset (*things*); ~**d sein** be a knockout.

um'wickeln *v/t.* (*no -ge-, h*): ~ **mit** wind
or wrap *s.th.* around *s.th.*; '**~zäunen**
[~ˈtsɔynən] *v/t.* (*no -ge-, h*) fence (in).

'**umziehen** (*irr.* **ziehen**, *sep.*, *-ge-*) **1.** *v/i.*
(**sein**) move (**nach** to); **2.** *v/refl.* (**h**)
change (one's clothes).

umzingeln [ʊmˈtsɪŋəln] *v/t.* (*no -ge-, h*)
esp. ✕, *etc.* surround, encircle.

'**Umzug** *m* move (**nach** to), removal (to);
parade; procession.

un... [ʊn-] *in compounds: mst* un..., im...,
in..., dis..., non..., il..., ir...

unab|hängig *adj.* [ˈʊn²-] independent
(**von** of); ~ **davon ob (was)** regardless
of whether (what); '**2hängigkeit** *f* (*-/no
pl.*) independence (**von** from); '**~lässig**
adj. and adv. incessant(ly); '**~sichtlich**
adj. unintentional; **et.** ~ **tun** do s.th. by
mistake; '**~wendbar** *adj.* [ˌ~ˈapˈvɛnt-
baːr] inevitable, inescapable.

unachtsam *adj.* [ˈʊn²axtzaːm] careless,
negligent; '**2keit** *f* (*-/no pl.*) carelessness, negligence.

unan|fechtbar *adj.* [ʊnˈan¹-] indisputa-
ble; '**~gebracht** *adj.* inappropriate; ~
sein be out of place; '**~gemessen** *adj.*
unreasonable; inadequate; '**~genehm**
adj. unpleasant; embarrassing; ~
'**nehmbar** *adj.* unacceptable; '**2nehm-**

lichkeiten pl. trouble, difficulties; '~sehnlich adj. unsightly; '~ständig adj. indecent, obscene; '2ständigkeit f (-/-en) indecency; obscenity; ~tastbar adj. unimpeachable, untouchable.

unappetitlich adj. ['ʊnʔ-] unappetizing, F nasty (a. fig.).

Unart ['ʊnʔ-] f bad habit; '2ig adj. naughty, bad.

unauf|dringlich adj. ['ʊnʔaʊf-] unobtrusive; '~fällig adj. inconspicuous, unobtrusive; ~findbar adj. [~'fɪntbaːr] undiscoverable, untraceable; ~gefordert adv. ['~gəfɔrdərt] without being asked, of one's own accord; ~haltsam adj. [~'haltzaːm] irresistible; relentless; ~hörlich adj. [~'høːrlɪç] continuous, incessant; '~merksam adj. inattentive; '2merksamkeit f (-/no pl.) inattention, inattentiveness; '~richtig adj. insincere; ~schiebbar adj. [~'ʃiːpbaːr] not postponable.

unaus|bleiblich adj. [ʊn'aʊs'blaɪplɪç] inevitable, bound to happen; ~führbar adj. [~'fyːrbaːr] impracticable, unfeasible; ~'löschlich adj. indelible; ~'sprechlich adj. unpronounceable; fig. unspeakable; ~'stehlich adj. unbearable.

'**unbändig** adj. wild, uncontrolled.

'**unbarmherzig** adj. merciless.

unbe|absichtigt adj. ['ʊnbə?-] unintentional; ~achtet adj. ['~?-] unnoticed; ~aufsichtigt adj. ['~?-] unattended; '~baut adj. undeveloped; '~dacht adj. thoughtless; '~denklich 1. adj. safe; 2. adv. without hesitation; '~deutend adj. insignificant; minor; '~dingt 1. adj. unconditional, absolute; 2. adv. by all means, absolutely; (need, etc.) badly; ~fahrbar adj. impassable; '~fangen adj. unprejudiced, unbias(s)ed; unaffected, natural; '~fleckt eccl. adj. Immaculate (Conception); '~friedigend adj. unsatisfactory; '~friedigt adj. dissatisfied; disappointed; '~fugt adj. unauthorized; '~gabt adj. untalented; ~'greiflich adj. inconceivable, incomprehensible; '~grenzt adj. unlimited, boundless; '~gründet adj. unfounded; '2hagen n uneasiness, discomfort; '~haglich adj. uneasy, uncomfortable; '~handelt adj. food products: natural, containing no preservatives; ~heiligt adj. [~'heliçt] unmolested; '~herrscht adj. uncontrolled, lacking self-control; ~holfen adj. ['~hɔlfən] clumsy, awkward; ~irrt adj. [~'?irt] unwavering; '~kannt adj. unknown; '~kümmert adj. lighthearted, cheerful; '~lastet adj. ⊚ unloaded; fig. carefree; pollution-free; econ. unencumbered; ⅟₂ cleared

of (all) charges, F in the clear (a. pol.); '~lebt adj. inanimate; area, etc.: quiet; ~'lehrbar adj.: er ist ~ he'll never learn; '~liebt adj. unpopular; er ist überall ~ nobody likes him; '~mannt adj. unmanned; '~merkt adj. unnoticed; ~nommen adj. [~'nɔmən]: es bleibt Ihnen ~ zu you are free to inf.; '~nutzt adj. unused; '~quem adj. uncomfortable; inconvenient; ~be'rechenbar adj. unpredictable; '~rechtigt adj. unauthorized; unjustified; ~'rührbar adj. untouchable; ~'rührt adj. untouched; fig. girl, snow, etc.: virgin; '~schädigt adj. [~'ʃɛːdɪçt] undamaged; '~scheiden adj. immodest; '~schränkt adj. unlimited; power, etc.: a. absolute; ~schreiblich adj. [~'ʃraɪplɪç] indescribable; ~schwert adj. ['~ʃveːrt] fig. carefree; scale(s), etc.: unweighted; ~'sehen adv. unseen; ~'siegbar adj. invincible; '~sonnen adj. thoughtless, imprudent; rash; ~'sorgt adj.: sei ~ don't worry; '~ständig adj. unstable; weather: changeable, unsettled; ~stätigt adj. ['~tɛːtɪçt] unconfirmed; '~stechlich adj. incorruptible; fig. unerring; ~'stimmt adj. indefinite (a. gr.); uncertain; feeling, etc.: vague; ~'streitbar adj. indisputable; ~stritten adj. ['~ʃtritən] undisputed; '~teiligt adj. not involved; attitude: indifferent; ~tont adj. ['~toːnt] unstressed.

unbeugsam adj. [ʊn'bɔykzaːm] unbending (will, etc.).

'**unbe|wacht** adj. unwatched, unguarded (a. fig.); '~waffnet adj. unarmed; '~weglich adj. immovable; motionless; ~'wohnbar adj. uninhabitable; '~wohnt adj. uninhabited; building, etc.: unoccupied, vacant; '~wußt adj. unconscious; das 2e the subconscious; ~'zahlbar fig. adj. invaluable, priceless (a. fig. funny).

Unbilden lit. ['ʊnbɪldən] pl. inclemency (of weather).

'**un|blutig** 1. adj. bloodless; 2. adv. without bloodshed; '~brauchbar adj. useless, F no good.

und cj. [ʊnt] and; F na ~? so what?

'**undankbar** adj. ungrateful (gegen to); task: thankless; '2keit f ingratitude, ungratefulness.

un|defi'nierbar adj. nondescript; ~'denkbar adj. unthinkable; ~'denklich adj.: seit ~en Zeiten from time immemorial; '~deutlich adj. indistinct; speech: a. inarticulate; fig. vague; '~dicht adj. leaky; '2ding n: ein ~ (zu inf.) absurd (to inf.).

'**unduldsam** adj. intolerant; '2keit f (-/no pl.) intolerance.

undurch|'dringlich *adj.* impenetrable; **~'führbar** *adj.* impracticable, unfeasible; **'~lässig** *adj.* impervious, impermeable; **'~sichtig** *adj.* opaque; *fig.* mysterious, obscure.

uneben *adj.* ['ʊnʔ-] uneven; **'2heit** *f* (*-/-en*) unevenness; bump (*in road, etc.*).

un|echt *adj.* ['ʊnʔ-] false; artificial; imitation; F *contp.* fake, phon(e)y; **~ehelich** *adj.* ['~ʔ-] illegitimate; **~ehrenhaft** *adj.* ['~ʔ-] dishono(u)rable; **~ehrlich** *adj.* ['~ʔ-] dishonest; **~eigennützig** *adj.* ['~ʔ-] unselfish.

uneinig *adj.* ['ʊnʔ-]: (*sich*) **~ sein** disagree (*über acc.* on); **'2keit** *f* (*-/no pl.*) disagreement.

un|einnehmbar *adj.* [ʊnʔaɪn'ne:mbaːr] impregnable; **~eins** *adj.* ['~ʔ-] *s.* uneinig; **~empfänglich** *adj.* ['~ʔ-] insusceptible (*für* to); **~empfindlich** *adj.* ['~ʔ-] insensitive (*gegen* to); *material:* durable.

unendlich *adj.* [ʊnʔ'] infinite; endless, never-ending; **2keit** *f* (*-/no pl.*) infinity (*a. fig.*).

unent|behrlich *adj.* [ʊnʔɛnt'-] indispensable; **~'geltlich** *adj.* gratuitous, free (of charge); **~schieden** *adj.* undecided; **~ enden** end in a draw *or* tie; **es steht ~** the score is even; **'2schieden** *n* (*-s/-*) draw, tie; **'~schlossen** *adj.* irresolute; **'~schuldbar** *adj.* inexcusable; **~wegt** *adv.* [~'ve:kt] untiringly; continuously; **2wegte** *m, f* (*-n/-n*) stalwart.

uner|bittlich *adj.* [ʊnʔɛr'bɪtlɪç] inexorable, merciless; *fig.* hard (*fact, etc.*); **'~fahren** *adj.* inexperienced; **'~findlich** *adj.* [~'fɪntlɪç] unintelligible; **es ist mir ~** it's a mystery to me; **~forschlich** *adj.* inscrutable; **'~freulich** *adj.* unpleasant; **'~füllt** *adj.* unfulfilled; **'~giebig** *adj.* unproductive; **~gründlich** *adj.* unfathomable; **~heblich** *adj.* irrelevant (*für* to); insignificant; **~hört** *adj.* [~'hø:rt] outrageous; **~kannt** *adj.* ['~kant] unrecognized; **~klärlich** *adj.* [~'klɛːrlɪç] inexplicable; **~läßlich** *adj.* [~'lɛslɪç] essential; **'~laubt** *adj.* unallowable; unauthorized; **'~ledigt** *adj.* unsettled (*a. econ.*); **~meßlich** *adj.* [~'mɛslɪç] immeasurable, immense; **~müdlich** *adj.* [~'my:tlɪç] indefatigable, untiring (*a. efforts, etc.*); **~'reichbar** *adj.* inaccessible; *esp. fig.* unattainable; **~'reicht** *adj.* unequal(l)ed; **~sättlich** *adj.* [~'zɛtlɪç] insatiable; **~schlossen** *adj.* ['~ʃlɔsən] undeveloped; **~schöpflich** *adj.* [~'ʃœpflɪç] inexhaustible (*a. fig.*); **~ schrocken** *lit. adj.* fearless, daring; **~'schütterlich** *adj.* unshak(e)able; **~ 'schwinglich** *adj.* price, *etc.:* exorbi-

tant; **für j-n ~ sein** be beyond s.o.'s means; **~'setzlich** *adj.* irreplaceable; *damage, etc.:* irreparable; **~'träglich** *adj.* unbearable; **'~wartet** *adj.* unexpected; **'~wünscht** *adj.* undesirable; not welcome; **Rauchen ~** thank you for not smoking.

'unfähig *adj.* incapable (*zu tun* of doing), incompetent; unable (to *inf.*); **'2keit** *f* (*-/no pl.*) incompetence; inability.

unfair *adj.* ['ʊnfɛːr] unfair; **~es Spiel** fouling.

'Unfall *m* accident; crash; **'~flucht** *mot. f* *s.* Fahrerflucht; **~opfer** ['~ʔ-] *n* casualty; **'~stelle** *f* scene of the accident.

un|'faßbar *adj.* amazing; outrageous; **es ist ~** I can't believe it; **'~fehlbar** *adj.* infallible (*a. eccl.*); *instinct, etc.:* unfailing; **'~förmig** *adj.* shapeless; misshapen; monstrous; **'~frankiert** *adj.* unstamped; **'~frei** *adj.* unfree; **&** unpaid; **'~freiwillig** *adj.* involuntary; *humo(u)r:* unintentional; **'~freundlich** *adj.* unfriendly (*zu* to); *room, day, etc.:* cheerless; **'2frieden** *m* discord; **~ stiften** make mischief.

'unfruchtbar *adj.* infertile; **'2keit** *f* (*-/no pl.*) infertility.

Unfug ['ʊnfuːk] *m* (*-[e]s/no pl.*) nonsense; **~ treiben** be up to no good, fool around.

...ung [-ʊŋ] *suffix:* mst ...ing, ...ment, ...ation.

Ungar ['ʊŋar] *m* (*-n/-n*), **'2isch** *adj.* Hungarian.

'ungastlich *adj.* inhospitable.

unge|achtet *prp.* ['ʊŋǝʔaxtǝt] (*gen.*) regardless of; despite; **~ahnt** *adj.* ['~ʔaːnt] unthought-of; **'~beten** *adj.* uninvited; unasked; **~er Gast** intruder; **'~bildet** *adj.* uneducated; **'~boren** *adj.* unborn; **'~bräuchlich** *adj.* uncommon, unusual; **'~bührlich** *adj.* unseemly; **'~bunden** *fig. adj.* free, independent; **frei und ~** footloose and fancy-free; **'~deckt** *adj.* *table:* unset, *Brt.* unlaid; *sports*, **✕**, *econ.* uncovered.

'Ungeduld *f* impatience; **'2ig** *adj.* impatient.

ungeeignet *adj.* ['ʊngǝʔ-] unfit; *person: a.* unqualified.

ungefähr ['ʊngǝfɛːr] **1.** *adj.* approximate; rough (*idea, etc.*); **2.** *adv.* approximately, roughly, about, around, ... or so; **so ~** (just) about like that; **'~lich** *adj.* harmless; safe.

'unge|halten *adj.* annoyed, irritated; rude; **'~hemmt** *adj.* uninhibited; unhampered.

'Ungeheuer *n* (*-s/-*) monster (*a. fig.*).

'ungeheuer 1. *adj.* enormous (*a. fig.*),

huge, vast; **2.** *adv.:* **~ reich** *etc.*
enormously rich, *etc.;* **~lich** *adj.*
[**~'hɔʏərlıç**] monstrous; outrageous.

'unge|hindert *adj. and adv.* unhindered;
'~hobelt *fig. adj.* uncouth, rough;
'~hörig *adj.* improper, unseemly.

'ungehorsam *adj.* disobedient.

'Ungehorsam *m* disobedience.

unge|klärt *adj.* ['ʊngəklɛːrt] *case, etc.:*
unsolved; **'~künstelt** *adj.* unaffected;
~kürzt *adj.* ['~kʏrtst] unabridged.

'ungelegen *adj.* inconvenient; **j-m ~
kommen** be inconvenient for s.o.;
'2heiten *pl.* inconvenience, trouble.

'unge|lenk *adj.* awkward, clumsy; **'~
lernt** *adj.* unskilled; **~'logen** F *adv.*
honestly, F no kidding; **~'mein** *adv. s.*
überaus; **'~mütlich** *adj.* uncomfortable; *fig.* disagreeable; F: **~ werden** get
nasty.

'ungenau *adj.* inaccurate; *fig.* vague;
'2igkeit *f* (**-/-en**) inaccuracy.

'ungeniert *adj.* informal, easygoing,
(free and) easy.

'unge|nießbar *adj.* uneatable; undrinkable; F *person:* unbearable; **'~nügend**
adj. insufficient; *work, etc.: a.* poor,
unsatisfactory; *grade: a.* F; **'~pflegt**
adj. unkempt, untidy; **'~rade** *adj.* uneven; odd; **'~raten** *adj. s.th. or s.o.*
turned out bad.

'ungerecht *adj.* unfair, unjust; **'2igkeit** *f*
(**-/-en**) injustice, unfairness.

ungereimt *fig. adj.* ['ʊngəraımt] without
rhyme or reason; **~es Zeug** nonsense.

'un|gern *adv.* unwillingly; **~ tun** dislike
doing *s.th.*; **ich tue (sage) es ~** I hate to
do (say) this; **'~geschehen** *adj.:* **~
machen** undo.

'unge|schickt *adj.* awkward, clumsy;
'~schliffen *adj.* diamond, *etc.:* uncut;
marble, behavio(u)r, etc.: unpolished;
'~schminkt *adj.* without makeup; *fig.*
unvarnished, plain (*truth, etc.*); **'~setz-
lich** *adj.* illegal, unlawful; **'~spritzt** ✔
adj. organic(ally) grown) (*vegetables,
etc.*); **'~stört** *adj.* undisturbed, uninterrupted; **'~straft** *adj.:* **~ davonkommen**
get off unpunished or scot-free; **'~sund**
adj. unhealthy (*a. fig.*); **'~teilt** *adj.* undivided (*a. fig.*); **'~trübt** *fig. adj.* ['~try:pt]
unspoiled (*relationship, etc.*); clear (*view, etc.*); unalloyed (*pleasure, etc.*); clear (*view, etc.*);
2tüm ['~ty:m] *n* (**-[e]s/e**) monster; *fig.
a.* monstrosity; **'~übt** *adj.* ['~'y:pt] unpracti|ced, *Brt.* -sed.

'ungewiß *adj.* uncertain; **j-n im ungewissen** keep s.o. in the dark
(**über** *acc.* about); **'2heit** *f* (**-/no pl.**)
uncertainty.

'unge|wöhnlich *adj.* unusual; **'~wohnt**
adj. strange, unfamiliar; unusual; **2zle-**

fer ['~tsi:fər] *n* (**-s/no pl.**) pests; vermin;
'~zogen *adj. child:* spoilt, *Brt.* spoilt;
naughty, bad; **'~zwungen** *adj.* relaxed,
informal; *person: a.* easygoing.

'ungläubig *adj.* incredulous, unbelieving (*a. eccl.*); infidel.

unglaub|lich *adj.* [ʊn'glaʊblıç] incredible, unbelievable; **'~würdig** *adj.* untrustworthy; *esp. pol. a.* not credible;
story, excuse, etc.: incredible.

'ungleich 1. *adj.* unequal, different; unlike; **2.** *adv.* far, much (*more important,
etc.*); **'~mäßig** *adj.* uneven; irregular.

'Unglück *n* (**-[e]s/-e**) bad luck, misfortune; accident; disaster; misery; **'2lich**
adj. unhappy; unfortunate (*a. circumstances, etc.*); **2licher'weise** *adv.* unfortunately; **'~selig** *adj.* unfortunate;
disastrous; **'~srabe** F *m* unlucky guy.

'Ungnade *f* (**-/no pl.**): **in ~ fallen** fall out
of favo(u)r (**bei** with *s.o.*).

'ungültig *adj.* invalid, F no good; **für ~
erklären** invalidate; *esp.* ✕ nullify.

'Un|gunst *f:* **zu j-s ~en** to s.o.'s disadvantage; **'2günstig** *adj.* unfavo(u)rable; disadvantageous.

'un|gut *adj.:* **~es Gefühl** misgivings (**bei
et.** about s.th.); **nichts für ~!** no
offen|se, *Brt.* -ce!; **'~haltbar** *fig. adj.*
untenable; *sports:* unstoppable (*shot*);
'~handlich *adj.* unwieldy, bulky.

'Unheil *n* evil; disaster; **~ anrichten**
wreak havoc; **'2bar** *adj.* incurable; **'2-
voll** *adj.* disastrous; sinister (*look, etc.*).

'unheimlich 1. *adj.* creeepy, spooky, eerie; F *fig.* tremendous; **2.** F *adv.:* **~ gut**
terrific, fantastic.

'unhöflich *adj.* impolite; rude; **'2keit** *f*
(**-/no pl.**) impoliteness; rudeness.

Unhold ['ʊnhɔlt] *m* (**-[e]s/-e**) monster.

un|'hörbar *adj.* inaudible; **'~hygienisch**
adj. insanitary.

Uni F ['u:ni] *f* (**-/-s**) university.

uni *adj.* [y'ni:] *s.* **einfarbig.**

Unikum ['u:nikʊm] *n* (**-s/-s, Unika**)
unique thing; F (quite a) character, one
of a kind.

Uniform [uni'fɔrm] *f* (**-/-en**) uniform.

uninteress|ant *adj.* ['ʊn?-] uninteresting; **~iert** *adj.* ['~?-] uninterested (**an**
dat. in).

Universität [univerzi'tɛːt] *f* (**-/-en**) university.

Universum [uni'vɛrzʊm] *n* (**-s/no pl.**)
universe.

Unke ['ʊŋkə] *f* (**-/-n**) *zo.* toad; F *fig.*
croaker; **'2n** F *v/i.* (*ge-, h*) croak.

'unkennt|lich *adj.* unrecognizable; **~
machen** disguise (*voice, etc.*); **'2nis** *f*
(**-/no pl.**) ignorance.

'unklar *adj.* unclear; uncertain; confused, muddled; **im ~en sein (lassen)**

be (leave *s.o.*) in the dark; '2**heit** *f* (*-l-en*) lack of clarity; uncertainty; open question.

'**unklug** *adj.* imprudent, unwise.

'**Unkosten** *pl.* expenses, costs; *sich (j-n) in ~ stürzen* go (put *s.o.*) to expense.

'**Unkraut** *n* weed(s); ~ *jäten* weed (the garden); '**~vertilgungsmittel** *n* weed-killer, herbicide.

un|kündbar *adj.* ['ʊnkʏntbaːr] *position*: permanent; '**~kundig** *lit. adj.* (*gen.*) unable to *inf.*; '**~längst** *adv.* recently; '**~lauter** *adj.* unfair (*competition, etc.*); '**~leserlich** *adj.* illegible; '**~leugbar** *adj.* ['~lɔʏkbaːr] undeniable; '**~liebsam** *adj.* ['~liːpzaːm] unpleasant; '**~logisch** *adj.* illogical; '**~lösbar** *adj.*, **~löslich** *adj.* insoluble; '2**lust** *f* (*-lno pl.*) listlessness; reluctance; '**~männlich** *adj.* unmanly, effeminate; '**~maßgeblich** *adj.* not authoritative; F: *nach m-r ~en Meinung* in my humble opinion; '**~mäßig** *adj.* excessive; '2**menge** *f* vast quantity *or* number(s) (*von* of), F loads (of), tons (of).

'**Unmensch** *m* monster, brute; F *sei kein ~!* have a heart!; '2**lich** *adj.* inhuman, cruel; '**~lichkeit** *f* inhumanity, cruelty.

un|merklich *adj.* imperceptible; '**~miß-verständlich** *adj.* unmistakable; '**~mittelbar 1.** *adj.* immediate, direct; **2.** *adv.*: ~ *nach* (*hinter*) right after (behind); '**~möbliert** *adj.* unfurnished; '**~modern** *adj.* out of fashion *or* style; '**~möglich 1.** *adj.* impossible; **2.** *adv.*: *ich kann es ~ tun* I can't possibly do it; '**~moralisch** *adj.* immoral; '**~mündig** *adj.* under age; '**~musikalisch** *adj.* unmusical; '2**mut** *m* annoyance, irritation; **~nachahmlich** *adj.* ['ʊnnaːx²-] inimitable; '**~nachgiebig** *adj.* unyielding; adamant; '**~nachsichtig** *adj.* strict, severe; **~'nahbar** *adj.* standoffish, cold; '**~natürlich** *adj.* unnatural (*a. fig.*); affected; '**~nötig** *adj.* unnecessary, needless; '**~nütz** *adj.* useless; **~ordentlich** *adj.* ['ʊn²-] untidy; ~ *sein room, etc.*: *a.* be (in) a mess; 2**ordnung** ['ʊn²-] *f* (*-lno pl.*) disorder, mess; '**~parteiisch** *adj.* impartial, unbias(s)ed; '**~passend** *adj.* unsuitable; improper; inappropriate; '**~pas'sierbar** *adj.* impassable; '**~päßlich** *adj.* ['~pɛslɪç] indisposed, unwell; '**~persönlich** *adj.* impersonal (*a. gr.*); '**~politisch** *adj.* apolitical; '**~praktisch** *adj.* impractical; '**~pünktlich** *adj.* unpunctual; not on time, late; '2**rast** *f* restlessness; '2**rat** *m* (*-[e]slno pl.*) *lit. s. Abfall*; ~ *wittern fig.* smell a rat.

'**unrecht** *adj.* wrong.

'**Unrecht** *n* (*-[e]slno pl.*) injustice, wrong; *zu ~* wrong(ful)ly; *im ~ sein* be in the wrong; 2 *haben* (*tun*) (do *s.o.*) wrong; '2**mäßig** *adj.* unlawful.

'**unregelmäßig** *adj.* irregular (*a. gr.*); '2**keit** *f* (*-l-en*) irregularity.

'**unreif** *adj.* unripe; *fig.* immature; '2**e** *fig. f* (*-lno pl.*) immaturity.

'**unrein** *adj.* unclean; impure (*a. water, eccl., etc.*); dirty, polluted; **~e Haut** bad complexion; '2**heit** *f* (*-l-en*) impurity (*a. fig.*); blemish.

un|'rettbar *adv.*: ~ *verloren* irretrievably lost; '**~richtig** *adj.* incorrect, wrong.

Unruh ['ʊnruː] *f* (*-l-en*) balance wheel (*of watch, etc.*).

'**Unruh|e** *f* (*-l-n*) restlessness, unrest (*a. pol.*); anxiety, alarm; **~n** *pl.* disturbances; riots; '**~estifter** *m* troublemaker; '2**ig** *adj.* restless; uneasy; worried, alarmed; *sea*: rough; *street*: busy.

uns *pers. and refl. pron.* [ʊns] (to) us; each other; ~ (*selbst*) (to) ourselves; *ein Freund von ~* a friend of ours.

'**un|sachgemäß** *adj.* improper; '**~sachlich** *adj.* not objective; personal (*remark, etc.*); '**~sagbar** *adj.* [~'zaːkbaːr], **~säglich** *adj.* [~'zɛːklɪç] unspeakable; '**~sanft** *adj.* not gentle; rude, rough; '**~sauber** *adj.* unclean; *esp. fig. a.* impure; *sports*: unfair; *methods, etc.*: underhanded; '**~schädlich** *adj.* harmless; ~ *machen fig.* eliminate; '**~scharf** *adj.* blurred, out of focus; **~'schätzbar** *adj.* inestimable, invaluable; '**~scheinbar** *adj.* inconspicuous; plain; '**~schicklich** *adj.* indecent; **~'schlagbar** *adj.* unbeatable; '**~schlüssig** *adj.* undecided; '**~schön** *adj.* unsightly; *fig.* unpleasant.

'**Unschuld** *f* (*-lno pl.*) innocence; *fig.* virginity; '2**ig** *adj.* innocent (*an dat.* of); (*noch*) ~ *sein* be (still) a virgin.

'**unschwer** *adv.* easily.

'**unselbständig** *adj.* dependent on others; '2**keit** *f* (*-lno pl.*) lack of independence, dependence on others.

'**unselig** *adj.* unfortunate, cursed.

unser *poss. pron.* ['ʊnzər] our; *der* (*die, das*) **~e** ours; *die* 2**en** *pl.* our people; *das* 2**e** our own.

'**unsicher** *adj.* unsafe, insecure (*a. psych.*); self-conscious; uncertain; '2**heit** *f* (*-lno pl.*) insecurity, unsafeness; self-consciousness; uncertainty.

'**unsichtbar** *adj.* invisible.

'**Unsinn** *m* (*-[e]slno pl.*) nonsense; *mach keinen ~!* don't do anything foolish!; be good!; behave!; no funny ideas *or* tricks!; '2**ig** *adj.* nonsensical, stupid; absurd.

'**Unsitt|e** f bad habit; abuse; '**♀lich** adj. immoral, indecent.

'**un|sozial** adj. unsocial; '**~sportlich** adj. unfair; unathletic.

un'sterblich 1. adj. immortal (a. fig.); **2.** adv.: **~ verliebt** madly in love (**in** acc. with); **♀keit** f immortality.

'**un|stet** adj. unsteady; restless; changeable; **~'stillbar** adj. insatiable (desire, etc.); **♀stimmigkeit** ['~ʃtɪmɪçkat] f (-/-en) discrepancy; **~en** pl. disagreements; '**♀summe** f enormous sum; '**~sympathisch** adj. disagreeable; **er (es) ist mir ~** I don't like him (it); '**♀tat** f atrocity; '**~tätig** adj. inactive; idle; '**♀tätigkeit** f (-/no pl.) inactivity; '**~tauglich** adj. unfit (a. ✕); incompetent; **~'teilbar** adj. indivisible.

unten adv. ['ʊntən] (down) below, down (a. **nach ~**); downstairs; **~ auf** (dat.) at the bottom of (page ..., etc.); **siehe ~** see below; **von oben bis ~** from top to bottom.

unter prp. (dat.; acc.) and adv. ['ʊntər] under (in compounds a. sub..., lower ...); below; less than; among; **~ der Woche** during the week; **~ anderem** among other things; **(ganz) ~ uns** just between us or among ourselves; **~ uns (gesagt)** between you and me; **was versteht man ~** (dat.)? what is meant by ...?

Unter|arm ['ʊntər?-] m forearm; '**♀belichtet** adj. phot. underexposed; F fig. dim(-witted); '**~bewußtsein** n subconscious; **im ~** subconsciously; **♀bezahlt** adj. ['~bətsa:lt] underpaid.

unter|bieten v/t. (irr. bieten, no -ge-, h) underbid; lower (record); **~'binden** fig. v/t. (irr. binden, no -ge-, h) stop, put an end to; **~'bleiben** v/i. (irr. bleiben, no -ge-, sein) be left undone; fail to happen; **das hat zu ~!** that has to stop!

'**Unterbodenschutz** mot. m underseal.

unter'brech|en v/t. (irr. brechen, no -ge-, h) interrupt; break (both a. ⚡); **♀ung** f (-/-en) interruption.

'**unterbring|en** v/t. (irr. bringen, sep., -ge-, h) accommodate, put s.o. up; find a place for, put (**in** dat. into); **♀ung** f (-/no pl.) accommodation.

unterdessen adv. [ʊntər'dɛsən] (in the) meantime, meanwhile.

'**Unterdruck** m (-[e]s/-e) low (blood) pressure; '**~ ...** ⊙ in compounds: mst vacuum ...

unter'drück|en v/t. (no -ge-, h) oppress; suppress (feeling, etc.); **♀er** m (-s/-) oppressor; **♀ung** f (-/-no pl.) oppression.

untere adj. ['ʊntərə] lower (a. fig.).

untereinander adv. [ʊntər?aɪ'nandər] one under the other; between or among each other.

unter|entwickelt adj. ['ʊntər?-] under-developed; **~ernährt** adj. ['~?-] under-nourished, underfed; **♀ernährung** ['~?-] f (-/no pl.) undernourishment, malnutrition.

Unter'führung f underpass, Brt. a. subway; '**~gang** m ast. setting; ⚓ sinking; fig. fall, destruction; **~'gebene** m, f (-n/-n) subordinate; **♀gehen** v/i. (irr. gehen, sep., -ge-, sein) go down (a. fig.); sun, etc.: a. set; ⚓ a. sink.

untergeordnet adj. ['ʊntərgə?ɔrdnət] subordinate, inferior; secondary (matter, etc.); **♀schoß** n basement (level); '**♀wicht** n (-[e]s/no pl.), '**~wichtig** adj. underweight.

unter'gliedern v/t. (no -ge-, h) subdivide; **~'graben** fig. v/t. (irr. graben, no -ge-, h) undermine.

'**Untergrund** m (-[e]s/no pl.) subsoil; pol., etc. underground (a. in compounds); '**~bahn** f s. U-Bahn.

'**unterhalb** prp. (gen.) below, underneath.

'**Unterhalt** m (-[e]s/no pl.) maintenance, support (a. payments).

unter'halt|en v/t. (irr. halten, no -ge-, h) entertain; support (family, etc.); keep, run (business, etc.); **sich ~ (mit)** talk (to, with); **sich (gut)** ~ enjoy o.s., have a good time; **~sam** adj. entertaining; **♀ung** f (-/-en) talk, conversation; entertainment (a. TV, etc.); upkeep; **♀ungsbranche** f show business.

'**Unter|händler** m negotiator; '**~haus** parl. n (-es/no pl.) lower house, Brt. House of Commons; '**~hemd** n undershirt, Brt. vest; '**~holz** n (-es/no pl.) undergrowth; '**~hose** f underpants, Brt. a. pants; shorts, Brt. briefs; long johns; **♀irdisch** adj. ['~?-] underground; **♀'jochen** v/t. (no -ge-, h) subjugate; '**~kiefer** m lower jaw; '**~kleid** n lingerie: slip.

'**unter'kommen** v/i. (irr. kommen, sep., -ge-, sein) find accommodation; find work or a job (**bei** with); '**~kriegen** F v/t. (sep., -ge-, h): **sich nicht ~ lassen** not give up, never say die.

Unter|kunft ['ʊntərkʊnft] f (-/-e) accommodation, lodging(s); ✕ quarters; **~ und Verpflegung** room and board; '**~lage** f ⊙ base; desk pad or blotter; **~n** pl. documents; data.

Unterlaß ['ʊntərlas] m: **ohne ~** without (a) letup.

unter'lass|en v/t. (irr. lassen, no -ge-, h) fail to do s.th.; stop or quit doing s.th.; **♀ung** f (-/-en) omission (a. ⚖).

unter'laufen¹ (irr. laufen, no -ge-) v/i.

(**sein**) *and v/t.* (**h**) *mistake, etc.*: slip in; dodge, avoid (*obstacle, etc.*).

unter'laufen² *adj. esp. in compounds*: (*blood*)shot.

unter'legen¹ *v/t.* (*no -ge-, h*) underlay.

unter'legen² *adj.* inferior (*dat.* to); 2e *m, f (-n/-n)* loser; underdog; 2heit *f (-/no pl.)* inferiority.

'Unter|leib *m* abdomen, belly; 2'liegen *v/i.* (*irr.* liegen, *no -ge-, sein*) (*dat.*) be defeated (*j-m* by s.o.), lose (*to s.o.*); *fig.* be subject to; '~lippe *f* lower lip; 2'malen *fig. v/t.* (*no -ge-, h*): mit Musik ~ provide s.th. with a musical background; 2'mauern *v/t.* (*no -ge-, h*) underpin (*a. fig.*); '~mieter *m* lodger, subtenant, *Am. a.* roomer; 2minieren [~mi'ni:rən] *v/t.* (*no -ge-, h*) undermine.

unter'nehmen *v/t.* (*irr.* nehmen, *no -ge-, h*) make, take, go on (*trip, etc.*); *et.* ~ do s.th. (*gegen* about s.th.), take action (against *s.o.*).

Unter'nehm|en *n (-s/-)* firm, business; undertaking, enterprise; ✕ operation; gewagtes ~ venture, risky undertaking; ~ensberater *m* management consultant; ~er *m (-s/-)* business owner, entrepreneur; employer; contractor; 2ungslustig *adj.* active, dynamic; adventurous.

Unter|offizier ✕ ['ʊntər?-] *m* noncommissioned officer; 2ordnen ['~?-] *v/t. and v/refl.* (*sep., -ge-, h*) subordinate (*o.s.*) (*dat.* to).

Unter'redung *f (-/-en)* talk(s).

Unterricht ['ʊntərrɪçt] *m (-[e]s/no pl.)* instruction; teaching; school, classes, lessons; ~ geben teach, give lessons.

unter'richten *v/i. and v/t.* (*no -ge-, h*) teach, be a teacher; give lessons; inform (*über acc.* of).

'Unterrock *m* lingerie: slip.

unters ['ʊntərs] *short for* unter das.

unter'sagen *v/t.* (*no -ge-, h*) prohibit.

'Untersatz *m* stand; ⊙ support, rest.

unter'schätzen *v/t.* (*no -ge-, h*) underestimate; underrate; ~'scheiden *v/t. and v/i.* (*irr.* scheiden, *no -ge-, h*) distinguish (*zwischen dat.* between; von from); tell apart; sich ~ differ (von from; in *dat.* in; durch by); 2'scheidung *f* distinction; '2schenkel *anat. m* lower leg, shank; '~schieben *fig. v/t.* (*irr.* schieben, *sep., -ge-, h*): j-m et. ~ impute s.th. to s.o.; F plant s.th. on s.o.

Unterschied ['ʊntərʃi:t] *m (-[e]s/-e)* difference; distinction; im ~ zu unlike, as opposed to; '2lich *adj.* different; varying.

unter'schlag|en *v/t.* (*irr.* schlagen, *no -ge-, h*) embezzle (*money*); *fig.* hold back (*fact, etc.*); 2ung *f (-/-en)* embezzlement.

'Unterschlupf *m (-[e]s/-e)* hiding place.

unter'schreiben *v/t. and v/i.* (*irr.* schreiben, *no -ge-, h*) sign; '2schrift *f* signature; caption.

'Unterseeboot ⊕, ✕ *n* submarine.

'Unter|seite *f* underside; ~setzer ['~zɛtsər] *m (-s/-)* coaster; 2'setzt *adj.* thickset, stocky.

'Unterstand *m* shelter, ✕ *a.* dugout.

unter|'stehen (*irr.* stehen, *no -ge-, h*) 1. *v/i.* (*dat.*) be under (the control of); 2. *v/refl.* dare; ~ Sie sich (et. zu tun)! don't you dare ([to] do s.th.)!; ~stellen *v/t.* 1. ['~] (*sep., -ge-, h*) put s.th. in (*warehouse, garage, etc.*), store; sich ~ take shelter; 2. [~'~] (*no -ge-, h*) assume; put *s.o. or s.th.* under the command *or* charge of; j-m ~, daß er ... insinuate *or* suggest s.o. ...; 2'stellung *f* imputation, allegation; ~'streichen *v/t.* (*irr.* streichen, *no -ge-, h*) underline (*a. fig.*); *fig. a.* emphasize, stress.

unter'stütz|en *v/t.* (*no -ge-, h*) support; back (up); 2ung *f (-/-en)* support; (*esp. government, etc.*) aid, benefit(s); welfare (payments).

unter'such|en *v/t.* (*no -ge-, h*) examine (*a.* ✚), investigate (*a.* ⚖); inspect, search (*luggage, etc.*); ⚗ analyze; 2ung *f (-/-en)* examination (*a.* ✚), investigation (*a.* ⚖); inspection; ✚ (medical) checkup; ⚗ analysis.

Untersuchungs|ausschuß [ʊntər'zu:xʊŋs?-] *m* fact-finding committee; ~gefangene *m, f* prisoner in custody pending trial; ~haft *f* custody, pending trial; in ~ sein be held without bail; ~richter *m* judge at inquest, *Brt.* examining magistrate.

Unter|tan ['ʊntərta:n] *m (-s, -en/-en)* subject; 2tänig *adj.* ['~tɛ:nɪç] subservient; '~tasse *f* saucer; '2tauchen (*sep., -ge-, h*) 1. *v/i.* (*sein*) dive, submerge (*a. submarine*); *fig.* disappear; *esp. pol.* go underground; 2. *v/t.* (*h*) duck *s.o.*; '~teil *n, m* lower part, bottom.

unter'teil|en *v/t.* (*no -ge-, h*) subdivide; 2ung *f* subdivision.

'Unter|titel *m, 2'titeln* *v/t.* (*no -ge-, h*) subtitle; '~ton *m (-[e]s/-e)* undertone; 2'treiben *v/t. and v/i.* (*irr.* treiben, *no -ge-, h*) understate, play down; ~'treibung *f (-/-en)* understatement; '2vermieten *v/t.* (*only inf. and p.p., no -ge-, h*) sublet; 2'wandern *pol. v/t.* (*no -ge-, h*) infiltrate; '~wäsche *f* underwear; '~wasser... *in compounds*: underwater...; 2wegs *adv.* [~'ve:ks] on the *or* one's way (nach to); viel ~ sein be away a lot.

unter'weis|en v/t. (irr. **weisen**, no -ge-, h) instruct; **2ung** f (-l-en) instruction.

'Unterwelt f (-lno pl.) underworld (a. fig.).

unter'werf|en v/t. (irr. **werfen**, no -ge-, h) subject (dat. to); **sich ~** submit (to); **2ung** f(-lno pl.) subjection; submission (unter acc. to).

unterworfen adj. [ʊntərˈvɔrfən]: (dat.) **~ sein** be subject to s.th.

unterwürfig adj. [ˈʊntərvyrfiç] servile; **2keit** f (-lno pl.) servility.

unter'zeichn|en v/t. (no -ge-, h) sign; **2ete** m, f(-nl-n) the undersigned; **2ung** f (-lno pl.) signing.

unterziehen v/t. (irr. **ziehen**) **1.** [ˈʊntər-] (sep., -ge-, h) put s.th. on underneath; **2.** [~ˈ-] (no -ge-, h): **sich** (dat.) **~** undergo (treatment, etc.); take (exam, etc.).

'Untier n monster (a. fig.).

'Untiefe f shallow, shoal.

un|'tragbar adj. unbearable, intolerable; **~'trennbar** adj. inseparable; **~'treu** adj. unfaithful (dat. to); **'2treue** f unfaithfulness; infidelity; **~'tröstlich** adj. inconsolable; **~'trüglich** adj. [ˈ~try:kliç] unmistakable; unerring (instinct, etc.).

'Untugend f vice, bad habit.

unüber|legt adj. [ˈʊnˀy:bər-] thoughtless; **~sehbar** adj. [~ˈze:baːr] immeasurable; incalculable; mistake, etc.: obvious; **'~sichtlich** adj. blind (intersection, etc.); fig. confusing; intricate (matter, etc.); **~'trefflich** adj. unsurpassable, matchless; **~windlich** adj. [~ˈvɪntliç] insuperable (a. fig.).

unum|'gänglich adj. [ʊnˀʊm'-] inevitable; **~schränkt** adj. [~ˈʃrɛŋkt] absolute, unlimited; **~wunden** adv. [ˈ~vʊndən] frankly, straight out.

ununterbrochen adj. [ˈʊnˀʊntərbrɔxən] uninterrupted; continuous.

unver|änderlich adj. [ʊnfɛrˀ-] unchanging; **~antwortlich** adj. [ˈ~ˀ-] irresponsible; **~'besserlich** adj. incorrigible; **'~bindlich** adj. esp. econ not binding; manner, etc.: noncommittal; **~blümt** adj. [~ˈbly:mt] blunt; **'~daulich** adj. indigestible (a. fig.); **'~dient** adj. undeserved; **'~dorben** adj. unspoiled; fig. a. uncorrupted; pure, innocent; **'~drossen** adj. undaunted; **~dünnt** adj. [~ˈdʏnt] undiluted; liquor, etc.: straight; **~'einbar** adj. incompatible; **'~fälscht** adj. unadulterated; fig. genuine; **'~fänglich** adj. harmless; **~froren** adj. [ˈ~froːrən] brazen, impertinent; **'~gänglich** adj. immortal, eternal; **~'geßlich** adj. unforgettable; **~'gleichlich** adj. incomparable; **'~hältnismäßig** adv. disproportionately; **~ hoch** ex-

cessive; **'~heiratet** adj. unmarried, single; **~hofft** adj. [ˈ~hɔft] unhoped-for; unexpected; **~hohlen** adj. [ˈ~hoːlən] unconcealed; **'~käuflich** adj. not for sale; unsalable; **~'kennbar** adj. unmistakable; **'~letzlich** adj. inviolable; **~letzt** adj. [ˈ~lɛtst] unhurt; **~meidlich** adj. [~ˈmaɪtliç] inevitable; **~mindert** adj. undiminished; **'~mittelt** adj. and adv. abrupt(ly), without warning.

'Unvermögen n (-slno pl.) inability, incapacity; **'2d** adj. without means.

'unver|mutet adj. unexpected; **'~nünftig** adj. unreasonable; foolish; **'~richteterdinge** adv. unsuccessfully, without having achieved anything.

'unverschämt adj. rude, impertinent, F cheeky; F: **~ werden** get fresh; **'2heit** f (-l-en) impertinence (a. remark); **die ~ haben zu** have the nerve to.

'unver|schuldet adj. through no fault of one's own; **'~sehens** adv. unexpectedly, all of a sudden; **'~sehrt** adj. unharmed, unhurt; undamaged; **~'söhnlich** adj. irreconcilable (a. fig.); **'~sorgt** adj. unprovided for; **'~standen** adj. (sich fühlen feel) misunderstood; **'~ständlich** adj. unintelligible; **es ist mir ~** I can't see how or why, F it beats me; **~sucht** adj. [ˈ~zu:xt]: nichts ~ lassen leave nothing undone; **'~träglich** adj. quarrelsome, F bitchy; food: indigestible; **'2träglichkeit** f f (-lno pl.) intolerance (to drug, etc.); **'~wandt** adj. fixed, intent (stare, etc.); **'~wechselbar** adj. unmistakable; **~wundbar** adj. invulnerable; **~wüstlich** adj. [~ˈvy:stliç] indestructible; **~'zeihlich** adj. inexcusable; **~züglich** adj. [~ˈtsy:kliç] **1.** adj. immediate, prompt; **2.** adv. immediately, without delay.

'unvollendet adj. unfinished.

'unvollkommen adj. imperfect; **'2heit** f (-lno pl.) imperfection.

'unvollständig adj. incomplete.

'unvor|bereitet adj. unprepared; **'~eingenommen** adj. unbias(s)ed, unprejudiced; **'~hergesehen** adj. unforeseen; **'~hersehbar** adj. unforeseeable; **'~sichtig** adj. careless; **'2sichtigkeit** f (-lno pl.) carelessness; **~'stellbar** adj. inconceivable; unthinkable; **'~teilhaft** adj. unprofitable; dress, etc.: unbecoming.

'unwahr adj. untrue; **'2heit** f untruth; **'~scheinlich** adj. improbable, unlikely; F fantastic; **~ schnell** etc. incredibly fast, etc.

un|wegsam adj. [ˈʊnveːkzaːm] pathless; **~weigerlich** adv. [~ˈvaɪgərliç] inevitably; **'~weit** prp. (gen.) not far from; **'~wert** adj. unworthy (life, etc.); **'2-**

wesen n (-s/no pl.) bad state of affairs; **sein ~ treiben in** (dat.) wreak havoc in; terrorize; **'~wesentlich** adj. irrelevant; negligible; **'2wetter** n (-s/-) (destructive) (thunder)storm; **'~wichtig** adj. unimportant.

unwider|legbar adj. [ʊnviːdərˈleːkbaːr] irrefutable; **~'ruflich** adj. irrevocable; **~stehlich** [~ˈʃteːlɪç] irresistible.

unwiederbringlich adj. [ʊnviːdərˈbrɪŋlɪç] irretrievable.

'Unwill|e m (-ns/no pl.) indignation (über acc. at); **2ig** adj. indignant (über acc. at); unwilling, reluctant; **'2kürlich** adj. involuntary; instinctive; **et. ~ tun** do s.th. automatically.

'unwirk|lich adj. unreal; **'~sam** adj. ineffective; etc. inoperative.

unwirsch adj. [ˈʊnvɪrʃ] surly, gruff.

'unwirt|lich adj. inhospitable, desolate; **'~schaftlich** adj. uneconomic(al).

unwissen|d adj. ignorant; **'2heit** f (-/no pl.) ignorance; **'~tlich** adv. unwittingly.

un|wohl adj. unwell; uneasy; **'~würdig** adj. unworthy (gen. of); **~zählig** adj. [~ˈtsɛːlɪç] innumerable, countless.

Unze [ˈʊntsə] f (-/-n) ounce.

'unzeitgemäß adj. anachronistic.

unzer|'brechlich adj. unbreakable; **~'reißbar** adj. untearable; **~'störbar** adj. indestructible; **~'trennlich** adj. inseparable.

'Un|zucht f (-/no pl.) sexual offen|se, Brt. -ce; **2züchtig** adj. indecent; obscene.

'unzufrieden adj. discontent(ed) (mit with), dissatisfied (with); **'2heit** f (-/no pl.) discontent, dissatisfaction.

'unzu|gänglich adj. inaccessible; fig. reserved, aloof; **'~länglich** adj. inadequate; **'~lässig** adj. inadmissible; **'~mutbar** adj. unacceptable.

'unzurechnungsfähig adj. mentally incompetent, not responsible for one's actions; **2keit** f mental incompetence, unsound(ness) of mind.

'unzu|reichend adj. insufficient; **'~sammenhängend** adj. incoherent; **'~verlässig** adj. unreliable; method, etc.: uncertain.

üppig adj. [ˈʏpɪç] luxuriant (a. style, etc.), lush (both a. fig. life, etc.); figure: a. voluptuous, luscious; plump; buxom; meal: opulent; food: rich.

Ur... [uːr-] in compounds: original ...; primeval ..., primitive ...

ur... F [~] in compounds: mst very ...

Ur|ahn [ˈuːrʔ-] m ancestor; **2alt** adj. [ˈ~ʔ-] ancient (a. fig. iro.).

Uran [uˈraːn] n (-s/no pl.) uranium.

Ur|aufführung [ˈuːrʔ-] f première, first performance or showing; **'2bar** adj. arable; **~ machen** reclaim; **'~bevölkerung** f, **~einwohner** [ˈ~ʔ-] pl. aboriginals; Australia: Aborigines; **~enkel(in)** [ˈ~ʔ-] m (f) great-grand|son (-daughter); **~geschichte** f prehistory; **'~groß...** in compounds: great-grand-(mother, etc.); **~heber** [ˈ~heːbər] m (-s/-) author, originator; person responsible; **'~heberrechte** pl. copyright (an dat. of, on, for).

urig F adj. [ˈuːrɪç] rustic, earthy, ethnic; cozy, Brt. cosy, homey.

Urin [uˈriːn] m (-s/-e) urine; **2ieren** [~iˈraˑn] v/i. (no ge-, h) urinate.

Urknall phys. [ˈuːrknal] m (-[e]s/no pl.) big bang.

'Urkunde f document; diploma; **'~fälschung** f forgery of documents.

Urlaub [ˈuːrlaʊp] m (-[e]s/-e) vacation, esp. Brt. holiday(s); esp. ✕, etc. leave; **in ~ sein (gehen)** be (go) on vacation (Brt. holiday); **e-n Tag (ein paar Tage) ~ nehmen** take a day (a few days) off; **~er** [ˈ~bər] m (-s/-) vacationist, vacationer, Brt. holidaymaker; **'~s...** in compounds: mst vacation ..., Brt. holiday (season, etc.); **'2sreif** F adj. ready for a vacation (Brt. holiday); **'~stag** m day off.

Urne [ˈʊrnə] f (-/-n) urn; ballot box.

Ur|oma F [ˈuːrʔ-] f great-granny; **~opa** F [ˈ~ʔ-] m great-granddad.

Ur|sache [ˈuːr-] f (-/-n) cause; reason; **keine ~!** not at all, you are welcome; **'~sprung** m origin; **germanischen ~s** of Germanic origin; **2sprünglich** adj. and adv. [ˈ~ʃprʏŋlɪç] original(ly).

Urteil [ˈʊrtaɪl] n (-s/-e) judg(e)ment, verdict; a. sentence; **sich ein ~ bilden** form a judg(e)ment (über acc. about); **'2en** v/i. (ge-, h) judge (über j-n s.o.; über et. [of] s.th.; nach by, from); **'~skraft** f (-/no pl.), **'~svermögen** n (-s/no pl.) power of judg(e)ment, discernment.

Urur... [ˈuːrʔ~-] in compounds: great-great(-grandparents, etc.).

'Ur|volk n primitive people; **'~wald** m primeval forest; jungle; **'2weltlich** adj. primeval; **2wüchsig** adj. [ˈ~vyːksɪç] coarse, earthy; **'~zeit** f prehistoric times; **F seit ~en** for ages.

Utensilien [utɛnˈziːli̯ən] pl. utensils.

Utop|ie [utoˈpiː] f (-/-n) illusion; phls. utopia; **2isch** adj. [uˈtoːpɪʃ] utopian; plan, etc.: fantastic.

V

Vagabund [vaga'bʊnt] *m* (-en/-en) vagabond, tramp, *Am. sl.* hobo, bum.

vage *adj.* ['va:gə] vague.

Vakuum ['va:kuʊm] *n* (-s/-kua, -kuen) vacuum (*a. in compounds: -packed*, *etc.*).

Vampir *zo.* ['vampi:r] *m* (-s/-e) vampire (*a. fig.*).

Vandalismus *m s.* **Wandalismus.**

Vanille [va'nɪlə] *f* (-/no pl.) vanilla (*a. in compounds*).

variabel *adj.* [va'ria:bəl] variable.

Varia|nte [va'riantə] *f* (-/-n) variant; **~tion** [~a'tsio:n] *f* (-/-en) variation.

Varieté [varie'te:] *n* (-s/-s) vaudeville (theater), variety theat|er (*Brt.* -re), *Brt. a.* music hall.

variieren [vari'i:rən] *v/t. and v/i.* (no ge-, h) vary.

Vase ['va:zə] *f* (-/-n) vase.

Vater ['fa:tər] *m* (-s/-) father; **'~land** *n* native country, mother country; **'~landsliebe** *f* patriotism.

väterlich *adj.* ['fɛ:tərlɪç] fatherly, paternal; **~erseits** *adv.* ['~ərzaɪts]: **Onkel** etc. **~** paternal uncle, *etc.*

'Vater|schaftsklage * st f* paternity suit; **'~tag** *m* Father's Day; **~unser** *eccl.* [~'?-] *n* (-s/-) Lord's Prayer.

Vati F ['fa:ti] *m* (-s/-s) dad(dy).

V-Ausschnitt ['fau'?-] *m* V-neck.

Veget|arier [vege'ta:riər] *m* (-s/-), **2arisch** *adj.* vegetarian; **~ation** [~a'tsio:n] *f* (-/-en) vegetation; **2ieren** [~'ti:rən] *v/i.* (no ge-, h) vegetate.

Veilchen ♣ ['faɪlçən] *n* (-s/-) violet.

Velo *Swiss* ['ve:lo] *n* (-s/-s) bicycle.

Vene *anat.* ['ve:nə] *f* (-/-n) vein.

Ventil [vɛn'ti:l] *n* (-s/-e) valve; *fig.* vent, outlet; **~ation** [~ila'tsio:n] *f* (-/-en) ventilation; **~ator** [~i'la:tor] *m* (-s/-en) fan.

verab|reden [fɛr'?ap-] *v/t.* (no ge-, h) agree (up)on, arrange; appoint, fix (*time, place, etc.*); *sich* **~** make a date or an appointment (*mit* with); *wie verabredet* as agreed; **2redung** *f* (-/-en) appointment; date; **~reichen** *v/t.* (no -ge-, h) give; *st* administer; **~scheuen** *v/t.* (no -ge-, h) loathe, detest; **~scheuenswert**, **~scheuenswürdig** *adj.* detestable, abominable; **~schieden** *v/t.* (no -ge-, h) say goodbye to (*a. sich* **~** *von*); dismiss, retire *s.o.*; pass (*law*); **2schiedung** *f* (-/no pl.) dismissal; *parl.* passing (*of law, etc.*).

ver|achten [fɛr'?-] *v/t.* (no -ge-, h) despise; **~ächtlich** *adj.* [~'?ɛçtlɪç] contemptuous; **2achtung** [~'?-] *f* (-/no pl.) contempt; **~albern** [~'?-] *v/t.* (no -ge-,

h) kid, fool; **~allgemeinern** [~'?algə'maɪnərn] *v/t.* (no -ge-, h) generalize; **2allge'meinerung** *f* (-/-en) generalization; **~altet** *adj.* [~'?altət] antiquated, obsolete, out of date.

Veranda [ve'randa] *f* (-/-den) porch, veranda.

veränder|lich *adj.* [fɛr'?ɛndərlɪç] changeable (*a. weather*), variable (*a. ♣, gr.*); **~n** *v/t. and v/refl.* (no -ge-, h), **2ung** *f* change.

verängstigt *adj.* [fɛr'?ɛŋstɪçt] frightened, scared.

verankert *adj.* [fɛr'?aŋkərt] ⚓ moored; ⊙ anchored; *fig.* (deep-)rooted.

veranlag|en [fɛr'?-] *v/t.* (no -ge-, h) assess; **~t** *adj.* [~kt] inclined (*zu, für* to); *künstlerisch (musikalisch)* **~** *sein* have a gift or bent for art (music); **2ung** [~gʊŋ] *f* (-/-en) (pre)disposition (*a. ♣*); talent, gift; (*tax*) assessment.

veranlass|en [fɛr'?-] *v/t.* (no -ge-, h) make arrangements or arrange for *s.th.*; *j-n zu et.* **~** make s.o. do s.th.; **2ung** *f* (-/no pl.) cause, reason (*zu* for); *auf* **~** *von* or *gen.* at *s.o.'s* instigation

ver|anschaulichen [fɛr'?-] *v/t.* (no -ge-, h) illustrate; **~'anschlagen** *v/t.* (no -ge-, h) estimate (*auf acc.* at).

veranstalt|en [fɛr'?-] *v/t.* (no -ge-, h) arrange, organize; give (*concert, etc.*); **2er** *m* (-s/-) organizer; promoter, sponsor; **2ung** *f* (-/-en) event; *sports:* *a.* meet(ing); *univ., etc.* seminar, class.

verantwort|en [fɛr'?-] *v/t.* (no -ge-, h) take the responsibility for, answer or account for; *sich* **~** *lich adj.* responsible; *j-n* **~ machen für** hold s.o. responsible for; **2lichkeit** *f* (-/no pl.) responsibility; liability.

Verantwortung [fɛr'?-] *f* (-/no pl.) responsibility; *auf eigene* **~** at one's own risk; *zur* **~** *ziehen* call to account; **~sbewußtsein** *n*, **~sgefühl** *n* sense of responsibility; **2slos** *adj.* irresponsible; **2svoll** *adj.* responsible (*a. job, etc.*).

veräppeln F [fɛr'?ɛpəln] *v/t.* (no -ge-, h) kid *s.o.*, have *s.o.* on.

ver|arbeiten [fɛr'?-] *v/t.* (no -ge-, h) ⊙ process (*a. data*); *fig.* digest; *et.* **~** *zu* manufacture or make s.th. into; **2'arbeitung** *f* (-/no pl.) processing (*good, etc.*) workmanship, quality; **~argen** [~'?argən] *v/t.* (no -ge-, h): *ich kann es ihm nicht* — I can't blame him; **~ärgern** [~'?-] *v/t.* (no -ge-, h) make s.o. angry, annoy; **~armen** [~'?-] *v/i.* (no -ge-, *sein*) grow poor, become impoverished (*a. fig.*); **~armt** *adj.* [~'?armt] impoverished; **~arschen** F [~'ᵊarʃən] v/t. (no -ge-, h) make a fool of s.o.; make a sucker out of s.o.; **~ästeln** [~'ᵊestəln] v/refl. (no -ge-, h) branch out or off; **2'ästelung** f (-/-en) ramification; **~ausgaben** [~'ᵊ-] v/refl. (no -ge-, h) overspend; fig. exhaust o.s.; **~äußern** lit. [~'ᵊ-] v/t. (no -ge-, h) sell.

Verb gr. [vɛrp] n (-s/-en) verb.

Ver'band m (-[e]s/-e) ⚕ dressing, bandage; association, union; ✂ formation, unit; **~(s)kasten** m first-aid kit; **~(s)zeug** n dressing material, bandaging.

ver'bann|en v/t. (no -ge-, h) banish (a. fig.), exile; **2ung** f (-/-en) banishment, exile.

ver|barrikadieren [fɛrbarika'diːrən] v/t. (no -ge-, h) barricade; bar; block (off or up); **~'bauen** v/t. (no -ge-, h) build up (area); block up, bar, obstruct (view, way, a. fig.); fig. a. ruin (chances, etc.); **~'beißen** v/t. (irr. beißen, no -ge-, h): **sich ~** fig. hold back, suppress (smile, feeling, etc.); **sich ~ in** (dat.) dog, etc.: not let go of (arm, etc.); fig. s. a. **verbohren**; **~'bergen** v/t. (irr. bergen, no -ge-, h) hide (a. sich ~), conceal.

ver'besser|n v/t. (no -ge-, h) improve; correct (mistake, etc.); **2ung** f (-/-en) improvement; correction.

ver'beug|en v/refl. (no -ge-, h), **2ung** f (-/-en) bow (vor dat. to).

ver|'biegen v/t. (irr. biegen, no -ge-, h) twist; **~'bieten** v/t. (irr. bieten, no -ge-, h) forbid; prohibit; **~'billigen** v/t. (no -ge-, h) reduce in price; **~'billigt** adj. (at) reduced (prices).

ver'bind|en v/t. (irr. binden, no -ge-, h) ⚕ dress, bind (up); bandage (up); connect (a. ⊕, teleph.), join (a. ⚹), link (up); combine (a. 🜍 sich ~); unite (a. in purpose, etc.); associate (mit with); j-m die Augen ~ blindfold s.o.; s. verbunden; **~lich** adj. [~tlıç] obligatory, compulsory (a. subject, etc.); obliging; **2lichkeit** f (-/-en) civility; pl. econ. liabilities.

Ver'bindung f (-/-en) connection; combination; 🜍 compound; ⊕ joint, junction; univ. ([nicht]schlagende [non]duel[l]ing) fraternity; sorority, Brt. students' society; **sich in ~ setzen mit** get in touch with; **in ~ stehen (bleiben)** be (keep) in touch; **~s... in compounds:** mst connecting (cable, etc.).

ver|'bissen adj. dogged; **~'bitten** v/t. (irr. bitten, no -ge-, h): **das verbitte ich mir!** I won't stand for that!

ver'bitter|t adj. bitter, embittered; **2ung** f (-/no pl.) embitterment, bitterness.

ver'blassen [fɛr'blasən] v/i. (no -ge-, sein) fade (a. fig.).

Ver'bleib [fɛr'blaıp] m (-[e]s/no pl.) whereabouts.

ver'bleiben v/i. (irr. bleiben, no -ge-, sein) remain; **wir sind so verblieben, daß ...** we agreed that ...

verbleit 🜍 adj. [fɛr'blaıt] leaded.

ver'blend|et fig. adj. blind; **2ung** f (-/-en) fig. blindness; arch. facing.

ver|blichen adj. [fɛr'blıçən] faded; **~blöden** F [~'bløːdən] v/i. (no -ge-, sein) go gaga; **~'blödet** adj. demented; senile; F fig. gaga.

verblüff|en [fɛr'blʏfən] v/t. (no -ge-, h) amaze, baffle, F flabbergast; **2ung** f (-/no pl.) amazement, bafflement.

ver|'blühen v/i. (no -ge-, sein) fade, wither (both a. fig.); **~'bluten** v/i. (no -ge-, sein) bleed to death.

ver'bohren fig. v/refl. (no -ge-, h): **sich ~ in** (acc.) become obsessed with (idea, etc.), stick doggedly to s.th.

ver'borgen adj. hidden, concealed; **im ~en** in secret.

Ver'bot [fɛr'boːt] n (-[e]s/-e) prohibition, ban (on s.th.); **2en** adj. prohibited; **Rauchen ~** no smoking.

Ver'brauch m (-[e]s/no pl.) consumption (an dat. of); **2en** v/t. (no -ge-, h) consume, use up; **~er** m (-s/-) consumer; **~erschutz** m consumer protection; **~erzentrale** f consumer information (Brt. advice) cent|er, Brt. -re; **2t** adj. used(-)up (a. fig.).

ver'brechen v/t. (irr. brechen, no -ge-, h): **et. ~** commit a crime; **nichts verbrochen haben** have done nothing wrong.

Ver'brech|en n (-s/-) crime; **ein ~ begehen** commit a crime; **~er** m (-s/-), **2erisch** adj. criminal.

ver'breit|en v/t. and v/refl. (no -ge-, h) spread (in dat., über acc. over, through); circulate (news, etc.); **~ern** v/t. and v/refl. (no -ge-, h) widen, broaden; **~et** adj. common, widespread; widely used, etc.; **2ung** f (-/no pl.) spread(ing); circulation.

ver'brenn|en (irr. brennen, no -ge-) v/i. (sein) and v/t. (h) burn (up); incinerate; cremate; **2ung** f (-/-en) burning; ⊕ combustion; incineration; cremation; ⚕ burn; **2ungsmotor** m internal combustion engine.

ver'bringen v/t. (irr. bringen, no -ge-, h) spend, pass.

verbrüder|n [fɛr'bryːdərn] v/refl. (no -ge-, h) fraternize; **2ung** f (-/-en) fraternization.

ver|'brühen v/t. (no -ge-, h) scald; **sich ~** scald o.s.; **~'buchen** v/t. (no -ge-, *h)* enter in the books; *fig.* score (*success*).

Ver'bund *m* (-[e]s/*no pl.*) *esp. in compounds*: network, integrated system.

verbunden *adj.* [fɛr'bʊndən] connected, *etc.*; *s.* **verbinden**; **mit ~en Augen** blindfold; *fig.* **~ sein mit** involve *s.th.*; be friendly with *or* attached to *s.o.*; *j-m* (**sehr**) **~ sein** be (much) obliged to *s.o.*; **falsch ~ !** wrong number!

verbünden [fɛr'byndən] *v/refl.* (*no -ge-, h*) ally o.s. (**mit** to, with).

Ver'bundenheit *f* (-/*no pl.*) ties; friendship, attachment; solidarity.

Ver'bündete *m, f* (-*n*/-*n*) ally, confederate; **die ~n** *pl.* the allies.

ver'bürgen *v/t.* (*no -ge-, h*) guarantee, warrant; **sich ~ für** answer for; **~büßen** *v/t.* (*no -ge-, h*): **e-e Strafe ~** serve a sentence *or* serve time; **~chromt** *adj.* chrome-plated.

Verdacht [fɛr'daxt] *m* (-[e]s/*no pl.*) suspicion; **~ schöpfen** become suspicious; **im ~ stehen, et. zu tun** be suspected of doing s.th.

verdächtig *adj.* [fɛr'dɛçtɪç] suspicious, suspect (*gen.* of *s.th.*); **2e** [~gə] *m, f* (-*n*/-*n*) suspect; **~en** [~gən] *v/t.* (*no -ge-, h*) suspect (*j-n e-r Tat* s.o. of [doing] s.th.); **2ung** [~gʊŋ] *f* (-/-*en*) suspicion; insinuation.

verdamm|en [fɛr'damən] *v/t.* (*no -ge-, h*) condemn (**zu** to), damn (*a. eccl.*); **2nis** *f* (-/*no pl.*) damnation; **~t 1.** *adj.* damned, *F a.* damn, darn(ed), *Brt. a.* bloody; *F:* **~** (**noch mal**)*!* damn (it)!; **2.** *adv.:* **~ gut** *etc.* damn (*Brt. a.* bloody) good, *etc.*; **2ung** *f* (-/*no pl.*) condemnation, damnation.

ver'dampfen (*no -ge-*) *v/t.* (h) and *v/i.* (**sein**) evaporate; **~danken** *v/t.* (*no -ge-, h*): *j-m* (*e-m Umstand etc.*) et. **~** owe s.th. to s.o. (s.th.).

ver|darb [fɛr'darp] *past of* **verderben**; **~dattert** *F adj.* [~'datərt] all mixed up.

verdau|en [fɛr'dauən] *v/t.* (*no -ge-, h*) digest (*a. fig.*); **~lich** *adj.* digestible; **leicht** (**schwer**) **~** easy (hard) to digest; **2ung** *f* (-/*no pl.*) digestion; **2ungsstörungen** *pl.* constipation.

Ver'deck *n* (-[e]s/-*e*) top; **⚓** deck; **2en** *v/t.* (*no -ge-, h*) cover (up) (*a. fig.*).

ver'denken *v/t.* (*irr.* **denken**, *no -ge-, h*): **ich kann es ihm nicht ~(, daß)** I can't blame him (if).

Verderben [fɛr'dɛrbən] *n* (-*s*/*no pl.*) ruin, downfall; disaster.

verderb|en [~] (*irr., no -ge-*) **1.** *v/i.* (**sein**) spoil (*a. fig.*); *meat, etc.*: go bad; **2.** *v/t.* (h) spoil (*a. fun, appetite, etc.*), ruin (*a. eyes*); **sich den Magen ~** upset one's stomach; **~lich** *adj.* [~plɪç] perishable;

fig. pernicious; **~e Waren** perishables.

ver|'deutlichen *v/t.* (*no -ge-, h*) make s.th. clear; **~'dichten** *v/t.* (*no -ge-, h*) compress, condense; **sich ~** condense; *fig.* grow stronger; **~'dicken** *v/t.* and *v/refl.* (*no -ge-, h*) thicken; **~'dienen** *v/t.* (*no -ge-, h*) earn, make (*money, etc.*); deserve (*praise, punishment, etc.*); **2'diener** *m* (-*s/-*) earner; breadwinner.

Ver'dienst (-[e]s/-*e*) **1.** *m* earnings; gain, profit; **2.** *n* merit; **es ist sein ~, daß** it is thanks to him that; **~spanne** *f* profit margin; **2voll** *adj.* meritorious.

ver|dient *adj.* [fɛr'diːnt] *punishment, etc.:* (well-)deserved; (*man, etc.*) of merit; **sich ~ machen um** render outstanding service to, serve (*country, cause, etc.*) well; **~'donnern** *F v/t.* (*no -ge-, h*): **~ zu** send s.o. to jail for (*three years, etc.*); fine s.o. (*$ 200, etc.*); **dazu ~, zu** *inf.* make s.o. do s.th. (as a punishment); **~'doppeln** *v/t.* and *v/refl.* (*no -ge-, h*) double.

verdorben [fɛr'dɔrbən] **1.** *p.p. of* **verderben; 2.** *adj.* spoiled (*a. fig.*); *character, food, etc.:* a. bad, rotten; *stomach:* upset.

ver|dorren [fɛr'dɔrən] *v/i.* (*no -ge-, sein*) wither (up); **~'drängen** *v/t.* (*no -ge-, h*) supplant, supersede (*a. method, etc.*); replace; *phys.* displace; *psych.* repress; suppress; **~'dreckt** *adj.* filthy; **~'drehen** *v/t.* (*no -ge-, h*) twist; *fig. a.* distort; roll (*eyes*); *F: j-m den Kopf ~* turn s.o.'s head; **~'dreht** *F adj. adj.* [~'dreːt] mixed up; **~'dreifachen** *v/t.* and *v/refl.* (*no -ge-, h*) triple; **~'dreschen** *F v/t.* (*irr.* **dreschen**, *no -ge-, h*) beat s.o. up.

ver|drießen [fɛr'driːsən] *v/t.* (*irr., no -ge-, h*) annoy; **~'drießlich** *adj.* morose, sullen; **~droß** [~'drɔs] *past of* **verdrießen; ~drossen** [~'drɔsən] **1.** *p.p. of* **verdrießen; 2.** *adj.* morose, sullen; listless.

ver|'drucken *v/t.* (*no -ge-, h*) misprint; **~'drücken** *F v/t.* (*no -ge-, h*) polish off (*food*); **sich ~** sneak away; *s.* **abhauen 2.**

Verdruß [fɛr'drʊs] *m* (-*drusses/no pl.*) displeasure; trouble.

ver'duften *F v/i.* (*no -ge-, sein*) *s.* **abhauen 2.**

ver'dummen (*no -ge-*) **1.** *v/t.* (h) make stupid, stultify; **2.** *v/i.* (**sein**) become stupid.

verdunk|eln *v/t.* and *v/refl.* (*no -ge-, h*) darken; black out; *fig.* obscure; **2(e)lung** *f* (-/*no pl.*) darkening; blackout; **⚖** collusion.

ver|'dünnen *v/t.* (*no -ge-, h*) thin (down), dilute (*a.* ⚗); **~'dunsten** *v/i.* (*no -ge-, sein*) evaporate; **~'dursten**

v/i. (*no -ge-, sein*) die of thirst; **~dutzt** *adj.* [~'dʊtst] puzzled.

vered|eln [fɛr'ʔ] *v/t.* (*no -ge-, h*) ⚭ graft; ⊕ process; refine; **2(e)lung** *f* (*-/no pl.*) ⚭ graft; ⊕ processing, refinement.

verehr|en [fɛr'ʔ] *v/t.* (*no -ge-, h*) admire; adore, worship (*a. fig.*); *esp. eccl. a.* revere, venerate; **2er** *m* (*-s/-*) admirer; fan; **~t** *adj.* [~'ʔɛːrt] esteemed; **~o(r)** ... *addressing s.o.:* dear ...; **2ung** *f* (*-/no pl.*) admiration; adoration, worship; reverence, veneration.

vereidigen [fɛr'ʔaɪdɪɡən] *v/t.* (*no -ge-, h*) swear *s.o.* in; ⚖ put *s.o.* under an oath.

Verein [fɛr'ʔaɪn] *m* (*-[e]s/-e*) club; society, association.

vereinbar *adj.* [fɛr'ʔ-] compatible (*mit* with); **~en** *v/t.* (*no -ge-, h*) agree (up)on, arrange; **2ung** *f* (*-/-en*) agreement, arrangement, deal.

vereinen [fɛr'ʔ-] *v/t.* (*no -ge-, h*) *s.* **vereinigen.**

vereinfach|en [fɛr'ʔ-] *v/t.* (*no -ge-, h*) simplify; **2ung** *f* (*-/-en*) simplification.

vereinheitlichen [fɛr'ʔ-] *v/t.* (*no -ge-, h*) standardize.

vereinig|en [fɛr'ʔ-] *v/t. and v/refl.* (*no -ge-, h*) unite (*zu* into); combine, join; **2ung** *f* (*-/-en*) union; combination; alliance; *act:* unification.

verein|samen [fɛr'ʔ-] *v/i.* (*no -ge-, sein*) become lonely or isolated; **~zelt** [fɛr'ʔ-] *adj.* occasional, odd; **~ Regen** scattered showers.

ver|eisen [fɛr'ʔaɪzən] (*no -ge-*) **1.** *v/i.* (*sein*) ice or freeze up; **2.** ⚕ *v/t.* (*h*) freeze; **~eiteln** [~'ʔ-] *v/t.* (*no -ge-, h*) prevent; frustrate (*plan, etc.*); **~eitert** ⚕ *adj.* [~'ʔaɪtərt] festering, septic; **~enden** *v/i.* (*no -ge-, sein*) *animal:* die, perish; **~enge(r)n** [~'ʔɛŋə(r)n] *v/t. and v/refl.* (*no -ge-, h*) narrow.

vererb|en [fɛr'ʔ-] *v/t.* (*no -ge-, h*): *j-m et.* **~** leave (⚭ transmit) s.th. to *s.o.*; **sich ~** (*auf acc.*) be passed on or down (to) (*a. ⚭ and fig.*); **2ung** *biol. f* (*-/no pl.*) heredity; **2ungslehre** *f* genetics.

verewigen [fɛr'ʔeːvɪɡən] *v/t.* (*no -ge-, h*) immortalize.

ver'fahren¹ (*irr. fahren, no -ge-*) **1.** *v/i.* (*sein*) proceed; **~ mit** deal with; **2.** *v/refl.* (*h*) get lost, lose one's way.

ver'fahren² *adj.:* **~e Situation** *etc.* muddle, mess.

Ver'fahren *n* (*-s/-*) procedure, method; *esp.* ⊕ *a.* process, technique, way; ⚖ (legal) proceedings (*gegen* against).

Ver'fall *m* (*-[e]s/no pl.*) decay (*a. fig.*); dilapidation; decline; *econ., etc.* expiration, termination, *Brt. a.* expiry; **2en¹** *v/i.* (*irr. fallen, no -ge-, sein*) decay (*a. fig.*); *esp. fig. a.* decline; *house,*

etc.: a. dilapidate; *econ., permit, etc.:* expire; *sick person:* waste away; (*dat.*) become addicted to; (**wieder**) **~ in** (*acc.*) fall (back) into (*habit, etc.*); **~ auf** (*acc.*) hit (up)on (*idea, etc.*).

ver'fall|en² *adj.* decayed; *house: a.* dilapidated; (*dat.*) addicted to *s.th.*; *j-m* **~ sein** be s.o.'s slave; **2datum** *n* expiration (*Brt. a.* expiry) date; best-(if-used-)by or best-before or sell-by date, *Am. a.* pull date.

ver'fälschen *v/t.* (*no -ge-, h*) falsify; distort (*facts, etc.*); adulterate (*wine, etc.*); **~fangen** *v/refl.* (*irr. fangen, no -ge-, h*): **sich ~ in** (*dat.*) get caught or entangled in; **~fänglich** *adj.* [~'fɛŋlɪç] question, *etc.:* delicate, tricky; *situation, etc.:* embarrassing, compromising; **~färben** *v/refl.* (*no -ge-, h*) discolo(u)r.

ver'fass|en *v/t.* (*no -ge-, h*) write; **2er(in)** *m (f)* (*-s[-]/-[-nen]*) author(ess).

Ver'fassung *f* state (of health or mind), condition; *pol.* constitution; **2smäßig** *adj.* constitutional; **2swidrig** *adj.* unconstitutional.

ver'faulen *v/i.* (*no -ge-, sein*) rot, decay; **~fechten** *v/t.* (*irr. fechten, no -ge-, h*), **2fechter** *m* (*-s/-*) advocate.

ver'fehl|en *v/t.* (*no -ge-, h*) miss (**sich** each other); **2ung** *f* (*-/-en*) offen|se, *Brt.* -ce.

ver'feinden [fɛr'faɪndən] *v/refl.* (*no -ge-, h*) become enemies; **~feindet** *adj.* hostile; **~feinern** [~'faɪnərn] *v/t. and v/refl.* (*no -ge-, h*) refine.

ver'film|en *v/t.* (*no -ge-, h*) film, adapt for the screen; **2ung** *f* filming; film version.

ver'filzen *v/i.* (*no -ge-, sein*) felt; *hair, etc.:* get matted; *s.* **Filz** *fig.*

ver'flachen *v/i.* (*no -ge-, sein*) become shallow; **~flechten** *v/t.* (*irr. flechten, no -ge-, h*) intertwine (*a. sich ~*); *econ.* interlock; **2flechtung** *f* (*-/-en*) intertwining; *econ.* interlocking; **~ in** involvement in; **~fliegen** (*irr. fliegen, no -ge-*) **1.** *v/i.* (*sein*) evaporate (*a. fig.*); *smell, etc.:* waft away; *fig.* wear off; **2.** *v/refl.* (*h*) *pilot, etc.:* lose one's way; **~flixt** F *adj.* [~'flɪkst] darn; **~! darn it!**; **~flossen** *adj.* [~'flɔsən] *time:* past; F: *mein* **2er** my ex-husband.

ver'fluch|en *v/t.* (*no -ge-, h*) curse; **~t** *adj. s.* **verdammt.**

ver'flüchtigen ⚗ [fɛr'flʏçtɪɡən] *v/refl.* (*no -ge-, h*) volatilize; **2lüssigung** [~'flʏsɪɡʊŋ] *f* (*-/no pl.*) liquefaction.

ver'folg|en *v/t.* (*no -ge-, h*) pursue (*a. fig.*); chase, hunt; *pol., eccl.* persecute; follow (*tracks*); *thoughts, dream, etc.:* haunt; **gerichtlich ~** prosecute; **2er** *m*

(-s/-) pursuer; persecutor; **2ung** *f* (*/-en*) pursuit (*a. cycling*); chase, hunt; persecution; **gerichtliche ~** prosecution; **2ungsjagd** *f* hot pursuit; car chase; **2ungswahn** *m* paranoia.

ver'frachten *v/t.* (*no -ge-, h*) ship (by freight); F put *s.o.* (**ins Bett** *etc.* to bed, *etc.*); **~fremden** [~'frɛmdən] *v/t.* (*no -ge-, h*) art, *etc.*: (make) abstract, stylize; **2fremdungseffekt** *thea.* [~'frɛmduŋs?-] *m* alienation *or* distancing effect; **~früht** *adj.* [~'fry:t] premature; (too) early.

verfüg|bar *adj.* [fɛr'fy:kbaːr] available; **~en** [~gən] (*no -ge-, h*) 1. *v/t.* decree, order; 2. *v/i.*: **~ über** (*acc.*) have at one's disposal; **2ung** [~guŋ] *f* (*/-en*) decree, order; disposal; *j-m* **zur ~ stehen** (**stellen**) be (place) at s.o.'s disposal.

ver'führ|en *v/t.* (*no -ge-, h*) seduce (*et. zu tun* into doing s.th.); **2er** *m* (*-s/-*) seducer; **2erin** *f* (*/-nen*) seductress; **~erisch** *adj.* seductive; tempting; **2ung** *f* (*/-en*) seduction.

ver'gammeln F *v/i.* (*no -ge-, sein*) rot; *fig.* go to the dogs.

vergangen *adj.* [fɛr'gaŋən] gone, past; *im* **~en Jahr** last year; **2heit** *f* (*-/no pl.*) past (*gr.* tense); **2heitsbewältigung** *f* (*-/no pl.*) coming to terms with the past.

vergänglich *adj.* [fɛr'gɛŋlɪç] transitory, transient.

vergas|en [fɛr'gaːzən] *v/t.* (*no -ge-, h*) gasify; *kill*: gas; **2er** *mot.* *m* (*-s/-*) carburet(t)or.

vergaß [fɛr'gaːs] *past of* **vergessen** 1.

ver'geb|en *v/t.* (*irr.* **geben**, *no -ge-, h*) give away (*a. chance*); award (*prize, etc.*); forgive (*j-m* s.o.); **~ens** *adv.* [~s] in vain; **~lich** [~p`lɪç] 1. *adj.* vain, futile, useless; 2. *adv.* in vain; **2ung** [~buŋ] *f* (*-/no pl.*) forgiveness, pardon.

vergegenwärtigen [fɛrge:gən'vɛrtɪgən] *v/t.* (*no -ge-, h*): **sich** *et.* **~** visualize s.th.

ver'gehen (*irr.* **gehen**, *no -ge-*) 1. *v/i.* (**sein**) time, *etc.*: go by, pass; *pain, etc.*: wear off; **~ vor** (*dat.*) be dying with; **wie die Zeit vergeht!** how time flies!; 2. *v/refl.* (**h**): **sich ~ an** (*dat.*) violate; rape.

Ver'gehen *n* (*-s/-*) offen|se, *Brt.* -ce.

ver'gelt|en *v/t.* (*irr.* **gelten**, *no -ge-, h*) repay; reward; F **vergelt's Gott!** thank you; **2ung** *f* (*-/no pl.*) retaliation (*a.* ⨂); **~ üben** retaliate (**an** *dat.* [up]on, against); **2ungs...** *in compounds*: retaliatory (*measure, etc.*), counter(*blow, etc.*).

verge'sellschaften *econ.* *v/t.* (*no -ge-, h*) nationalize.

vergessen [fɛr'gɛsən] 1. *v/t.* (*irr.,* *no*

-ge-, h) forget; leave (behind); 2. *p.p. of* 1; **2heit** *f* (*-/no pl.*): **in ~ geraten** sink *or* fall into oblivion.

vergeßlich *adj.* [fɛr'gɛslɪç] forgetful.

vergeud|en [fɛr'gɔydən] *v/t.* (*no -ge-, h*), **2ung** *f* (*-/no pl.*) waste.

vergewaltig|en [fɛrgə'valtɪgən] *v/t.* (*no -ge-, h*) rape; *lit., fig.* violate; **2er** *m* (*-s/-*) rapist; **2ung** *f* (*-/-en*) rape; violation.

ver|gewissern [fɛrgə'vɪsərn] *v/refl.* (*no -ge-, h*) make sure (**e-r Sache** of s.th.; *ob* whether; *daß* that); **~'gießen** *v/t.* (*irr.* **gießen**, *no -ge-, h*) shed (*tears, blood*); spill.

ver'gift|en *v/t.* (*no -ge-, h*) poison (*a. fig.*); contaminate (*environment*); **2ung** *f* (*-/-en*) poisoning; contamination.

verglbt *adj.* [fɛr'gɪlpt] *paper, etc.*: yellowed.

Vergißmeinnicht ⚘ [fɛr'gɪsmaɪnnɪçt] *n* (*-[e]s/-[e]*) forget-me-not.

ver'gittern *v/t.* (*no -ge-, h*) grate, bar.

Vergleich [fɛr'glaɪç] *m* (*-[e]s/-e*) comparison; ⚖ compromise; **2bar** *adj.* comparable (**mit** to, with); **2en** *v/t.* (*irr.* **gleichen**, *no -ge-, h*) compare (**mit** with; to); **ist nicht zu ~** mit cannot be compared to; cannot compare with; **verglichen mit** compared to *or* with; **2end** *adj.* comparative (*literature, etc.*); **2weise** *adv.* comparatively.

ver'glühen *v/i.* (*no -ge-, sein*) burn out (*rocket, etc.*: up).

Vergnügen [fɛr'gny:gən] *n* (*-s/-*) pleasure, enjoyment; fun; *mit* **~** with pleasure; *viel* **~!** I have fun *or* a good time!

vergnüg|en [~] *v/refl.* (*no -ge-, h*) enjoy o.s. (**mit et.** doing s.th.); **~t** *adj.* [~kt] cheerful; **2ung** *f* (*-/-en*) pleasure, amusement, entertainment; **2ungspark** *m* amusement park, *esp. Brt. a.* funfair; **~ungssüchtig** *adj.* pleasure-seeking; **2ungsviertel** *n* entertainment(s) district; red-light district.

ver|'golden *v/t.* (*no -ge-, h*) gild; gold-plate; **~göttern** [~'gœtərn] *v/t.* (*no -ge-, h*) idolize, adore; **~'graben** *v/t.* (*irr.* **graben**, *no -ge-, h*) bury (*a. fig.*); **sich ~** bury o.s.; **~'greifen** *v/refl.* (*irr.* **greifen**, *no -ge-, h*): **sich** (*im Ton*) **~** strike the wrong note; **sich ~ an** (*dat.*) lay hands on; assault; **~greisen** [~'graɪzən] *v/i.* (*no -ge-, sein*) become senile; *population*: (increase in average) age; **~griffen** *adj.* [~'grɪfən] unavailable; *book*: out of print.

ver'größer|n *v/t.* (*no -ge-, h*) enlarge (*a. phot.*); increase (*number, etc.*); *opt.* magnify; **sich ~** increase, grow, expand; **2ung** *f* (*-/-en*) *phot.* enlargement;

opt. magnification; increase; **≈ungs-glas** *n* magnifying glass.

Vergünstigung [fɛr'gʏnstɪɡʊŋ] *f (-/-en)* privilege; *econ.* reduction.

vergüt|en [fɛr'ɡyːtən] *v/t. (no -ge-, h)* reimburse, pay (for); **≈ung** *f (-/-en)* reimbursement.

ver'haft|en *v/t. (no -ge-, h),* **≈ung** *f (-/-en)* arrest.

ver'halten¹ *v/refl. (irr. halten, no -ge-, h)* behave; conduct o.s., act; **sich ruhig ≈ keep quiet;** *wenn es sich so verhält* if *≈* that is so *or* the case; *A verhält sich zu B wie C zu D* & A is to B as C is to D.

ver'halten² *adj.* restrained; *tone, voice, etc.:* subdued.

Ver'halten *n (-s/no pl.)* behavio(u)r, conduct; **≈sforschung** *psych. f* behavio(u)ral science; **≈sgestört** *adj.* disturbed, maladjusted.

Verhältnis [fɛr'hɛltnɪs] *n (-ses/-se)* relationship (*mit, zu* with), relations; attitude (*zu* to[wards]); proportion; relation, *esp.* & ratio; *ein ≈ haben (mit)* have an affair (with *s.o.*); **≈se** *pl.* circumstances, conditions; (social) background; *über j-s ≈se* beyond *s.o.'s* means; *aus kleinen ≈en stammen* come from humble stock; **≈mäßig** *adv.* comparatively, relatively; **≈mäßigkeit** *f (-/no pl.) (principle of, etc.)* reasonableness; **≈wahl** *pol. f* proportional representation; **≈wort** *gr. n (-[e]s/-er)* preposition.

ver'hand|eln *(no -ge-, h)* 1. *v/i.* negotiate; 2. *v/t.* & hear *(case)*; **≈lung** *f* negotiation, talk; & hearing; trial; **≈lungsbasis** *econ. f* asking price.

ver'häng|en *v/t. (no -ge-, h)* cover *(mit* with); impose *(fine, tax, etc.) (über acc.* on); **≈nis** *n (-ses/-se)* fate; disaster; **≈nisvoll** *adj.* fatal, disastrous.

ver|harmlosen [fɛr'harmloːzən] *v/t. (no -ge-, h)* play *s.th.* down; **≈härmt** *adj.* [~'hɛrmt] careworn; **≈harren** *v/i. (no -ge-, h, sein)* remain in one's *or* its position; **≈härtet** *adj.* [~'hast] hated; hateful *(job, etc.)*; **≈hätscheln** *v/t. (no -ge-, h)* coddle, pamper, spoil; **≈hauen** *v/t. (irr. hauen, no -ge-, h)* beat *s.o.* up; spank *(child)*; **≈heddern** F [~'hedərn] *v/refl. (no -ge-, h)* get tangled up *(a. fig.)*; **≈heerend** *adj.* [~'heːrənt] disastrous, devastating; **≈hehlen** [~'heːlən] *v/t. (no-ge-, h)* hide, conceal; **≈heilen** *v/i. (no -ge-, sein)* heal (over *or* up).

ver'heimlich|en *v/t. (no -ge-, h)* hide, conceal; **≈ung** *f (-/no pl.)* concealment.

ver'heirat|en *v/t. (no -ge-, h)* marry *(s.o.* off) *(mit* to); *sich ≈* get married; **≈et** *adj.* married; F: *frisch ≈* just married.

ver'heiß|en *v/t. (irr. heißen, no -ge-, h),* **≈ung** *f (-/-en)* promise; **≈ungsvoll** *adj.* promising.

ver|'heizen *v/t. (no -ge-, h)* burn *(coal, etc.)*; *fig.* exploit *s.o.* ruthlessly; send *(soldiers)* to slaughter; **≈'helfen** *v/i. (irr. helfen, no -ge-, h):* **j-m zu et. ≈** help *s.o.* to *s.th.*

ver'herrlich|en *v/t. (no -ge-, h)* glorify; *contp. a.* idolize; **≈ung** *f (-/no pl.)* glorification.

ver'hexen *v/t. (no -ge-, h)* bewitch; *es ist wie verhext* there's a jinx on it.

ver'hinder|n *v/t. (no -ge-, h)* prevent *(daß j. et. tut* s.o. from doing s.th.); **≈t** *adj.* unable to come; *ein ≈er Künstler* a would-be artist; **≈ung** *f (-/no pl.)* prevention.

ver'höhn|en *v/t. (no -ge-, h)* deride, mock (at), jeer (at); **≈ung** *f (-/-en)* derision.

Verhör & [fɛr'høːr] *n (-[e]s/-e)* interrogation; **≈en** *(no -ge-, h)* 1. *v/t.* interrogate, question; 2. *v/refl.* get it wrong.

ver|'hüllen *v/t. (no -ge-, h)* cover, veil *(a. fig.)*; **≈'hungern** *v/i. (no -ge-, sein)* die of hunger, starve (to death); **≈'hungern** *n (-s/no pl.)* starvation, death from hunger; **≈'hüten** *v/t. (no -ge-, h)* prevent; **≈'hütung** *f (-/no pl.)* prevention; contraception; **≈'hütungsmittel** & *n* contraceptive; **≈'innerlichen** [~'ʔ-] *v/t. (no -ge-, h)* internalize.

ver|irr|en [fɛr'ʔ-] *v/refl. (no -ge-, h)* get lost, lose one's way, go astray *(a. fig.)*; **≈ung** *fig. f (-/-en)* aberration.

ver'jagen *v/t. (no -ge-, h)* chase *or* drive away.

ver'jähr|en & [fɛr'jɛːrən] *v/i. (no -ge-, sein)* come under the statute of limitation; **≈t** *adj.* barred by law *or* statute.

ver|'jubeln F *v/t. (no -ge-, h)* blow *(money)*; **≈'jüngen** [~'jʏŋən] *v/t. (no -ge-, h)* make *s.o.* (look) younger, rejuvenate; *sich ≈ arch., etc.* taper (off).

ver'kabeln ⚡ *v/t. (no -ge-, h)* cable.

ver'kalkt [fɛr'kalkt] calcified; & sclerotic; F *fig.* senile; **≈kannt** *adj.* [~'kant] unappreciated, misunderstood; **≈kappt** *adj.* [~'kapt] in disguise; **≈katert** F *adj.* [~'kaːtərt] hung(-)over; **≈ sein** have a hangover.

Ver'kauf *m* sale; **≈en** *v/t. (no -ge-, h)* sell; *zu ≈* for sale; *sich gut ≈* sell well.

Ver'käuf|er *m* seller, salesman; (sales) clerk, *Brt.* (shop) assistant; **≈erin** *f (-/-nen)* saleswoman, saleslady; (sales) clerk, *Brt.* (shop) assistant; **≈lich** *adj.* for *or* on sale; *leicht (schwer) ≈* easy (hard) to sell.

Ver'kaufs... *in compounds: mst* sales *(department, manager, etc.).*

Verkehr [fɛr'keːr] m (-s/no pl.) traffic; transport(ation); dealings, intercourse (a. sexual); esp. econ. circulation; **starker (schwacher)** ~ heavy (light) traffic; **2en** (no -ge-, h) **1.** v/i. bus, etc.: run; ~ **in** (dat.) frequent; ~ **mit** associate or mix with; have (sexual) intercourse with; **2.** v/t. turn (**in** acc. into); **ins Gegenteil** ~ reverse.

Verkehrs|ader [fɛr'keːrsʔ-] f arterial road; **~ampel** [~ʔ-] f traffic light; **~behinderung** f holdup, delay; ⚓ obstruction of traffic; **~beruhigung** f traffic reduction; **~büro** n tourist office; ~ **flugzeug** n airliner; **~insel** [~ʔ-] f traffic island; **~minister** m minister of transport(ation); **~ministerium** n ministry of transport(ation); **~mittel** n means of transport(ation); **öffentliche** ~ pl. public transport(ation); **~opfer** [~ʔ-] n traffic death, Brt. road casualty; **~ordnung** [~ʔ-] f traffic regulations; **~polizei** f traffic police; **~schild** n traffic sign; **2sicher** mot. adj. roadworthy; **~sicherheit** f (-/no pl.) road safety; roadworthiness (of car, etc.); **~stau** m, **~störungen** pl. traffic jam or congestion; **~sünder** F m traffic offender; road hog; **~teilnehmer** m road user; **~unfall** [~ʔ-] m traffic accident; (car) crash; **~unterricht** [~ʔ-] m road safety training; defensive driving classes; ~ **verbund** m linked transport system; **2widrig** adj. contrary to traffic regulations; **~zeichen** n traffic sign.

ver'kehrt adj. and adv. wrong; ~ (**herum**) upside down; inside out; **~kennen** v/t. (irr. kennen, no -ge-, h) mistake, misjudge.

Ver'kettung f (-/-en) chain(ing together) (gen. of s.th.); series (unglücklicher Umstände of misfortunes).

ver'klagen ⚓ v/t. (no -ge-, h) sue (**auf** acc., **wegen** for); **~klappen** v/t. (no -ge-, h) dump (waste) in the ocean; **~kleben** v/t. (no -ge-, h) glue (together); **sich** ~ stick together; clot.

ver'kleiden v/t. (no -ge-, h) disguise (**als** as), dress s.o. up (as); ⊙ cover, (en)case; panel; **sich** ~ disguise o.s., dress (o.s.) up; **2ung** f (-/-en) disguise; ⊙ cover, encasement; panel(l)ing; panel, fairing.

verkleinern [fɛr'klaɪnərn] v/t. (no -ge-, h) make smaller, reduce, diminish; **2ung** f (-/-en) reduction, diminution; **2ungsform** ling. f diminutive.

ver'klingen v/i. (irr. klingen, no -ge-, sein) music, etc.: die away; **~knacken** F v/t. (no -ge-, h) throw s.o. in jail; **~knallt** F adj. [~'knalt]: **~ sein in** (acc.) be madly in love with, have a crush on;

2knappung [~'knapʊŋ] f (-/no pl.) shortage (**an** dat. of); **~kneifen** F v/t. (irr. kneifen, no -ge-, h): **sich** ~ hold back, suppress (smile, remark, etc.); **ich konnte es mir nicht** ~ I couldn't resist saying it; **~kniffen** adj. pinched (face); **~knoten** v/t. (no -ge-, h) knot; ~ **'knüpfen** v/t. (no -ge-, h) knot together; fig. connect, combine; **~kohlen** (no -ge-) **1.** v/t. (h) carbonize, char; F: **j-n** ~ pull s.o.'s leg; **2.** v/i. (sein) char; **~kommen¹** v/i. (irr. kommen, no -ge-, sein) house, etc.: become run-down or dilapidated; person: go to the dogs; food, etc.: go bad; **~kommen²** adj. run-down; dilapidated; neglected; person: depraved, rotten (to the core); **~korken** v/t. (no -ge-, h) cork (up); **~korksen** F [~'kɔrksən] v/t. (no -ge-, h) mess up, ruin; upset (one's stomach).

ver'körper|n v/t. (no -ge-, h) personify; embody; esp. thea. impersonate; **2ung** f (-/-en) personification, embodiment; thea. impersonation.

ver|'krachen F v/refl. (no -ge-, h) fall out (**mit** with); **~kraften** F v/t. (no -ge-, h) bear, stand, get over s.th.; **~'krampft** adj. cramped, clenched; fig. tense(d up); **~kriechen** v/refl. (irr. kriechen, no -ge-, h) hide; **~krümeln** F v/refl. (no -ge-, h) take off, disappear; **~krümmt** adj. [~'krʏmt] crooked, curved (a. ✿); **~krüppelt** adj. crippled; **~krustet** adj. [~'krʊstət] encrusted, caked; fig. rigid, inflexible; **~'kühlen** v/refl. (no -ge-, h) catch a chill.

ver'kümmer|n v/i. (no -ge-, sein) become stunted, atrophy (a. fig.); **2ung** f (-/no pl.) degeneration, wasting (away), atrophy.

verkünd|en [fɛr'kʏndən], **~igen** v/t. (no -ge-, h) announce; proclaim; pronounce (judg[e]ment); eccl. preach (the gospel); **2igung** f, **2ung** f (-/no pl.) announcement; proclamation; pronouncement; eccl. preaching; **Mariä** ~ the Annunciation.

ver|'kuppeln contp. v/t. (no -ge-, h) procure (woman); F marry s.o. off (**an** acc. to); **~'kürzen** v/t. (no -ge-, h) shorten; reduce (a. working hours); **2'kürzung** f (-/-en) shortening; reduction, cut; **~laden** v/t. (irr. laden, no -ge-, h) load, ship; F fig. s. **verschaukeln.**

Verlag [fɛr'laːk] m (-[e]s/-e) publishing house or company, publisher(s).

ver'lagern v/t. and v/refl. (no -ge-, h) shift (**auf** acc. to).

ver'langen v/t. (no -ge-, h) ask for; demand; claim; charge (price); take, call for, require.

Ver'langen n (-s/no pl.) desire (**nach**

for); longing (for), yearning (for); *auf ~* by request; *econ.* on demand.

verlänger|n [fɛr'lɛŋərn] *v/t.* (*no -ge-, h*) lengthen, make longer; *esp. fig.* prolong (*a. life*), extend (*a. econ.*); **2ung** *f* (*-/-en*) lengthening; prolongation, extension; *sports*: extra time; **2ungs-schnur** *f* extension cord.

ver'langsamen *v/t. and v/refl.* (*no -ge-, h*) slacken, slow down.

Verlaß [fɛr'las] *m* (*-lasses/no pl.*): *auf ihn ist (kein) ~* you can(not) rely on him.

ver'lassen (*irr. lassen, no -ge-, h*) 1. *v/t.* leave; abandon, desert; 2. *v/refl.: sich ~ auf (acc.)* rely *or* depend on.

verläßlich *adj.* [fɛr'lɛslɪç] reliable, dependable.

Ver'laub *iro. m: mit ~* if I may say so.

Ver'lauf *m* course (*of time, events, river, etc.*); *e-n (un)günstigen ~ nehmen* turn out well (badly); **2en** (*irr. laufen, no -ge-*) 1. *v/i.* (*sein*) line, river, *etc.*: run; *things, etc.:* go, develop; end (up); 2. *v/refl.* (*h*) get lost, lose one's way.

ver'lauten *v/i.* (*no -ge-, sein*): *~ lassen* give to understand; *wie verlautet* as reported.

ver'leben *v/t.* (*no -ge-, h*) spend, pass, have (*a good time, etc.*); *~lebt adj.* [*~'le:pt*] dissipated.

ver'leg|en¹ *v/t.* (*no -ge-, h*) move (*location, etc.*); mislay (*glasses, etc.*); ⊙ lay (*tiles, etc.*); put off, postpone (*meeting, etc.*); publish (*book, etc.*); *sich ~ auf (acc.)* take *or* turn to doing s.th.; resort to (*lying, etc.*); *~en² adj.* embarrassed; **2enheit** *f* (*-/-en*) embarrassment; embarrassing situation, F fix; **2er** *m* (*-s/-*) publisher; **2ung** *f* (*-/no pl.*) removal; laying; postponement.

ver'leiden *v/t.* (*no -ge-, h*) spoil (*j-m et.* s.th. for s.o.).

Verleih [fɛr'laɪ] *m* (*-s/-e*) rental (service), *Brt.* hire company; (*film*) distributor(s); **2en** *v/t.* (*irr. leihen, no -ge-, h*) lend, *Am. a.* loan; rent (*Brt.* hire) out (*cars, etc.*); award (*prize, etc.*); grant (*right, etc.*); *~ung f* (*-/no pl.*) award-(ing), presentation; grant(ing).

ver'leiten *v/t.* (*no -ge-, h*): *j-n zu et. ~* mislead s.o. into doing s.th.; *~'lernen v/t.* (*no -ge-, h*) forget (how to); *~'lesen* (*irr. lesen, no -ge-, h*) 1. *v/t.* read *or* call out; *fig.* pick, sort out; 2. *v/refl.* make a slip (in reading); misread *s.th.*

verletz|bar *adj.* [fɛr'lɛtsbaːr] vulnerable; *fig. a.* easily hurt; *~en v/t.* (*no -ge-, h*) hurt, injure; *fig. a.* offend; *sich ~* hurt o.s., get hurt; *~end adj.* offensive; *~lich adj. s. verletzbar;* **2te** [*~tə*] *m, f* (*-n/-n*) injured person; *die ~n pl.* the injured;

2ung *f* (*-/-en*) injury; *fig.,* $\frac{r}{s}$ violation.

ver'leugnen *v/t.* (*no -ge-, h*) deny; renounce (*faith, etc.*).

verleumd|en [fɛr'lɔʏmdən] *v/t.* (*no -ge-, h*) defame; $\frac{r}{s}$ slander; libel; *~erisch adj.* slanderous, libel(l)ous; **2ung** $\frac{r}{s}$ *f* (*-/-en*) slander; libel.

ver'lieb|en *v/refl.* (*no -ge-, h*) fall in love (*in acc.* with); *~t adj.* [*~pt*] in love (*in acc.* with); amorous (*look, etc.*); **2te** [*~ptə*] *m, f* (*-n/-n*) woman *or* girl (man *or* boy) in love, lover.

verlier|en [fɛr'liːrən] *v/t. and v/i.* (*irr., no -ge-, h*) lose; *fig. a.* waste (*words, etc.*); *kein Wort ~ über (acc.)* not say a word about; *s. Auge;* **2er** *m* (*-s/-*) loser.

Verlies [fɛr'liːs] *n* (*-es/-e*) dungeon.

ver'lob|en *v/refl.* (*no -ge-, h*) get engaged (*mit* to); **2te** [*~ptə*] *m, f* (*-n/-n*) fiancé(e); **2ung** *f* (*-/-en*) engagement.

ver'lock|en *v/t.* (*no -ge-, h*) tempt; *~end adj.* tempting; **2ung** *f* (*-/-en*) temptation.

verlogen *adj.* [fɛr'loːgən] untruthful, lying; **2heit** *f* (*-/no pl.*) untruthfulness, dishonesty.

verlor [fɛr'loːr] *past of* verlieren; *~en* 1. *p.p. of* verlieren; 2. *adj.* lost; *time, etc.: a.* wasted; *~engehen v/i.* (*irr. gehen, sep., -ge-, sein*) be *or* get lost.

ver'los|en *v/t.* (*no -ge-, h*) raffle, draw lots for; **2ung** *f* (*-/-en*) raffle, lottery.

Ver'lust *m* (*-[e]s/-e*) loss (*a. fig.*); *~e pl. esp.* ✕ casualties.

ver'machen *v/t.* (*no -ge-, h*) leave (*legacy, etc.*), will (*dat.* to).

Vermächtnis [fɛr'mɛçtnɪs] *n* (*-ses/-se*) legacy (*a. fig.*).

ver'mählen *lit.* [fɛr'mɛːlən] *v/t.* (*no -ge-, h*) marry (*mit* to); *sich ~* get married.

ver'markt|en *v/t.* (*no -ge-, h*) market; *esp. contp.* commercialize; **2ung** *f* (*-/-no pl.*) marketing; commercialization.

ver'masseln F [fɛr'masəln] *v/t.* (*no -ge-, h*) mess up, ruin; **2massung** [*~'masʊŋ*] *f* (*-/no pl.*) loss of individuality.

ver'mehr|en *v/t. and v/refl.* (*no -ge-, h*) increase (*um* by), multiply (by) (*a. biol.*); *biol.* reproduce, *esp. zo. a.* breed; **2ung** *f* (*-/no pl.*) increase; *biol.* reproduction.

vermeid|bar *adj.* [fɛr'maɪtbaːr] avoidable; *~en* [*~dən*] *v/t.* (*irr. meiden, no -ge-, h*) avoid; **2ung** *f* (*-/no pl.*) avoidance.

ver'meintlich *adj.* [fɛr'maɪntlɪç] supposed; *~'mengen v/t.* (*no -ge-, h*) mix, mingle, blend.

Vermerk [fɛr'mɛrk] *m* (*-[e]s/-e*) note, entry; **2en** *v/t.* (*no -ge-, h*) note down, make a note of, record.

ver'mess|en *v/t.* (*irr. messen, no -ge-,*

h) measure; survey (*land*); ~en² *adj.* presumptuous; 2enheit *f* (-/*no pl.*) presumption; 2ung *f* (-/-en) measuring; survey(ing).

ver'mieten *v/t.* (*no* -ge-, *h*) rent (out), *Brt. a.* hire out; zu ~ for rent, *esp. Brt.* to let, for hire; 2r(in) *m* (*f*) (-s[-]/ -[-nen]) land|lord (-lady); 2ung *f* (-/ -en) renting (out); rental; *Brt. a.* hiring (out); *s. Verleih.*

ver'mindern *v/t.* (*no* -ge-, *h*) *s. verringern;* ~'minen ⚒ [fɛr'miːnən] *v/t.* (*no* -ge-, *h*) mine.

ver'mischen *v/t. and v/refl.* (*no* -ge-, *h*) mix, mingle, blend (*mit* with); ~t *adj.* mixed; miscellaneous; 2es miscellaneous (items); 2ung *f* (-/*no pl.*) mixture; mixing, blending.

ver'missen *v/t.* (*no* -ge-, *h*) miss; ~2t *adj.* [~'mɪst] missing (⚒ in action); *die* 2en *pl.* the missing.

ver'mitt|eln (*no* -ge-, *h*) 1. *v/t.* arrange; *j-m et.* ~ get *or* find s.o. s.th., fix s.o. up with s.th; 2. *v/i.* mediate (*zwischen dat.* between); ~els *prp.* (*gen.*) by means of, through; 2ler *m* (-s/-) mediator, go-between; *econ.* agent, broker; 2lung *f* (-/ -en) mediation; arrangement; agency, office; *teleph.* exchange; operator; 2lungsgebühr *f* commission, brokerage.

ver'modern *v/i.* (*no* -ge-, *sein*) rot, decay, mo(u)lder.

ver'mögen *lit. v/t.* (*irr. mögen, no* -ge-, *h*): ~ zu *inf.* be able to *inf. or* capable of *doing s.th.;* be in a position to *inf.*

Ver'mögen *n* (-s/-) fortune (*a.* F *fig.*); property, possessions; (*no pl.*) ability, capacity; power; 2d *adj.* well-to-do, well-off.

vermumm|en [fɛr'mʊmən] *v/refl.* (*no* -ge-, *h*) mask o.s., disguise o.s.; 2ungs-verbot *pol. n* ban on wearing masks at demonstrations.

vermut|en [fɛr'muːtən] *v/t.* (*no* -ge-, *h*) suppose, expect, think, guess; ~lich *adv.* probably, presumably; 2ung *f* (-/-en) supposition; speculation.

vernachlässig|en [fɛr'naːxlɛsɪgən] *v/t.* (*no* -ge-, *h*), 2ung *f* (-/*no pl.*) neglect.

ver|narben *v/i.* (*no* -ge-, *sein*) scar over; *fig.* heal; ~narrt *adj.* [~'nart]: ~ in (*acc.*) mad *or* crazy about; *s. verknallt;* ~'naschen *v/t.* (*no* -ge-, *h*) spend (*money*) on sweets; F *fig.* lay *s.o.,* do it with *s.o.;* *vernascht sein* have a sweet tooth; ~'nebeln *v/t.* (*no* -ge-, *h*) ⚒ cover with a smoke screen; *fig.* obscure.

ver'nehm|en *v/t.* (*irr. nehmen, no* -ge-, *h*) *lit.* hear, learn; ⚖ question, interrogate; ~lich *adj.* clear, distinct; 2ung ⚖ *f* (-/-en) interrogation, examination.

ver'neig|en *v/refl.* (*no* -ge-, *h*), 2ung *f* (-/-en) bow (*vor dat.* to) (*a. fig.*).

vernein|en [fɛr'naɪnən] (*no* -ge-, *h*) 1. *v/t.* deny; 2. *v/i.* say no, answer in the negative; ~end *adj.* negative; 2ung *f* (-/-en) denial, negative (*a. gr.*).

Vernetzung [fɛr'nɛtsʊŋ] *f* (-/-en) network(ing).

vernicht|en [fɛr'nɪçtən] *v/t.* (*no* -ge-, *h*) destroy, crush; ~end *adj.* devastating (*a. fig.*); crushing (*blow, defeat, etc.*); 2ung *f* (-/*no pl.*) destruction; *esp.* ⚒ *a.* annihilation; extermination.

Vernunft [fɛr'nʊnft] *f* (-/*no pl.*) reason; ~ *annehmen* listen to reason; *j-n zur* ~ *bringen* bring s.o. to reason.

vernünftig *adj.* [fɛr'nʏnftɪç] sensible, reasonable (*a. price, etc.*), wise; F decent.

veröden [fɛr'ˀøːdən] *v/i.* (*no* -ge-, *sein*) become desolate.

veröffentlich|en [fɛr'ˀ-] *v/t.* (*nö* -ge-, *h*) publish; 2ung *f* (-/-en) publication.

verordn|en [fɛr'ˀ-] *v/t.* (*no* -ge-, *h*) order; ⚕ *a.* prescribe (*gegen* for); 2ung *f* order; prescription.

ver'pachten *v/t.* (*no* -ge-, *h*) lease; 2'pächter *m* lessor.

ver'pack|en *v/t.* (*no* -ge-, *h*) pack (up); ⊙ package; wrap up; 2ung *f* (-/-en) pack(ag)ing; wrapping.

ver'passen *v/t.* (*no* -ge-, *h*) miss (*train, etc.*); F *j-m et.* ~ fit *or* equip s.o. with s.th.; F *j-m e-e* ~ flap s.o.('s face); ~'patzen F *v/t.* (*no* -ge-, *h*) mess up, spoil; ~'pesten *v/t.* (*no* -ge-, *h*) pollute, foul, contaminate; F stink up (*Brt.* out); ~'petzen F *v/t.* (*no* -ge-, *h*): *j-n* ~ tell on s.o. (*bei* to); ~'pfänden *v/t.* (*no* -ge-, *h*) pawn, pledge (*a. fig.*); mortgage (*house*); ~'pfeifen F *v/t.* (*irr. pfeifen, no* -ge-, *h*) squeal *or* rat on *s.o.*

ver'pflanz|en *v/t.* (*no* -ge-, *h*), 2ung *f* (-/-en) transplant (*a.* ⚘).

ver'pfleg|en *v/t.* (*no* -ge-, *h*) board, feed; 2ung *f* (-/*no pl.*) board, food.

ver'pflicht|en *v/t.* (*no* -ge-, *h*) oblige, bind; engage, sign (*employee, etc.*); *sich* ~, *et. zu tun* undertake (*econ.* agree) to do s.th.; *~t adj.:* ~ *sein* (*sich* ~ *fühlen*) *zu et.* be (feel) obliged to do s.th.; *j-m zu Dank* ~ *sein* be indebted to s.o.; 2ung *f* (-/-en) obligation; duty; *econ.* ⚖ liability; engagement, commitment.

ver|'pfuschen F *v/t.* (*no* -ge-, *h*) make a mess of, ruin; ~'plappern *v/refl.* (*no* -ge-, *h*) blab; ~pönt *adj.* [~'pøːnt] taboo; ~'prügeln F *v/t.* (*no* -ge-, *h*) beat *s.o.* up; ~'puffen *fig. v/i.* (*no* -ge-, *sein*) fizzle out; ~'pulvern F *v/t.* (*no* -ge-, *h*) *s. verjubeln.*

Ver'putz *arch. m* (-*es*/-*e*) plaster(work); **2en** *v/t.* (*no* -ge-, *h*) plaster; F *fig.* polish off (*food*).

ver|quickt *adj.* [fɛr'kvɪkt] interrelated; **~quollen** *adj.* [~'kvɔlən] *wood*: warped; *face, etc.*: puffy, swollen; **~rammeln** [~'raməln] *v/t.* (*no* -ge-, *h*) bar or block (up) (*door, etc.*); **~'ramschen** F *v/t.* (*no* -ge-, *h*) sell (off) dirt cheap; **~rannt** *adj.* [~'rant]: **~ sein in** (*acc.*) be stuck on or obsessed with.

Ver'rat *m* (-[e]s/*no pl.*) betrayal (**an** *dat.* of); treachery (to); **st** treason (to); **2en** *v/t.* (*irr.* raten, *no* -ge-, *h*) betray, give away (*both a. fig.*); **sich ~** betray o.s., give o.s. away.

Verräter [fɛr'rɛːtər] *m* (-*s*/-) traitor; **2isch** *adj.* treacherous; *fig.* revealing, telltale.

ver|'rauchen *fig. v/i.* (*no* -ge-, *sein*) anger, *etc.*: cool off; **~'räuchern** *v/t.* (*no* -ge-, *h*) fill with smoke, smoke up.

ver|'rechnen (*no* -ge-, *h*) **1.** *v/t.* set off (*mit* against). **2.** *v/refl.* miscalculate, make a mistake (*a. fig.*); **sich um e-e Mark ~** be one mark off (*Brt.* out); **2ung** *f* (-/*no pl.*) setting off; **2ungs-scheck** *m* check for deposit only, *Brt.* crossed cheque.

ver|'recken *v/i.* (*no* -ge-, *sein*) *s.* krepieren; **~'regnet** *adj.* rainy, wet.

ver|'reis|en *v/i.* (*no* -ge-, *sein*) go away (on business); **~t** *adj.* out of town; (*geschäftlich*) **~** away (on business).

verrenk|en [fɛr'rɛŋkən] *v/t.* (*no* -ge-, *h*) **st** dislocate; **sich et. ~ st** dislocate s.th.; F *fig.* **sich den Hals ~** crane one's neck; **2ung** *f* (-/-*en*) dislocation; contortion (*a. fig.*).

ver|'richten *v/t.* (*no* -ge-, *h*) do, perform, carry out; **~'riegeln** *v/t.* (*no* -ge-, *h*) bolt, bar.

verringer|n [fɛr'rɪŋərn] *v/t.* (*no* -ge-, *h*) decrease, lessen (**sich a.** sich ~), reduce, cut down; **2ung** *f* (-/-*en*) reduction, decrease.

ver|'rosten *v/i.* (*no* -ge-, *sein*) rust, get rusty (*a. fig.*); **~rotten** [~'rɔtən] *v/i.* (*no* -ge-, *sein*) rot; **~'rottet** *adj.* rotten.

ver|'rück|en *v/t.* (*no* -ge-, *h*) move, shift; **~t** *adj.* mad, crazy (*both a. fig.*: *nach* about); **wie ~** like mad; **~ werden** go mad or crazy; **j-n ~ machen** drive s.o. mad; **2te** *m, f* (-*n*/-*n*) mad|man (-woman), lunatic, maniac (*all a.* F *fig.*); **2theit** *f* (-/-*en*) madness, craziness; craze; crazy thing.

Ver'ruf *m*: **in ~ bringen** discredit; bring discredit (up)on; **2en** *adj.* notorious.

ver'rutschen *v/i.* (*no* -ge-, *sein*) slip, get out of place.

Vers [fɛrs] *m* (-*es*/-*e*) verse; line.

ver'sacken F *v/i.* (*no* -ge-, *sein*) get bogged down; *ship*: sink; *fig.* stay out (all night) drinking.

ver'sagen (*no* -ge-, *h*) **1.** *v/i.* fail (*a.* **st**); *mot., etc. a.* break down; *gun*: misfire; **2.** *v/t.* deny, refuse.

Ver'sag|en *n* (-*s*/*no pl.*) failure; **~er** *m* (-*s*/-) failure; **st** misfire.

ver'salzen *v/t.* ([*irr.* salzen,] *no* -ge-, *h*) oversalt; F *fig.* spoil.

ver'samm|eln *v/t.* (*no* -ge-, *h*) gather, assemble; **sich ~ a.** meet; **2lung** *f* (-/-*en*) assembly, meeting.

Versand [fɛr'zant] *m* (-[e]s/*no pl.*) dispatch, shipment; **~... in** *compounds*: mail-order ...

ver'säum|en *v/t.* (*no* -ge-, *h*) miss (*train, school, etc.*); neglect (*duty*); **et. zu tun ~** fail to do s.th.; **2nis** *n* (-*ses*/-*se*) omission; absence (from school or work).

ver|schachern *contp.* [fɛr'ʃaxərn] *v/t.* (*no* -ge-, *h*) sell s.th. off; **~'schaffen** *v/t.* (*no* -ge-, *h*) get, find; **sich ~ a.** obtain, gain; **~schämt** *adj.* [~'ʃɛːmt] bashful; **~'schanzen** *v/refl.* (*no* -ge-, *h*) entrench o.s. (*a. fig. hinter* dat. behind); **~'schärfen** *v/t.* (*no* -ge-, *h*) aggravate; tighten up (*control, etc.*); increase (*pace, etc.*); **sich ~** get worse; **~'schaukeln** F *v/t.* (*no* -ge-, *h*) make a fool of, make a sucker out of, rip off; **~'schelden** *lit. v/i.* (*irr.* scheiden, *no* -ge-, *sein*) pass away; **~'schenken** *v/t.* (*no* -ge-, *h*) give away (*a. fig.*); **~'scherzen** *v/t.* (*no* -ge-, *h*): **sich ~** forfeit; **~'scheuchen** *v/t.* (*no* -ge-, *h*) scare off, chase away (*a. fig.*); **~'schicken** *v/t.* (*no* -ge-, *h*) send off; *esp. econ a.* dispatch.

ver'schieb|en *v/t.* (*irr.* schieben, *no* -ge-, *h*) move, shift (*a. sich* ~); postpone, put off; **2ung** *f* (-/-*en*) shift(ing); postponement.

verschieden *adj.* [fɛr'ʃiːdən] different (*von* from); **~e** *pl.* various, several; **2es** miscellaneous; *on agenda*: **a.** other business or items; **~artig** *adj.* [~'-] different; various; **~erlei** *adj.* [~ərlaɪ] various (kinds of); **2heit** *f* (-/-*en*) difference; **~tlich** *adv.* repeatedly; at times.

ver'schieß|en *v/t.* (*irr.* schießen, *no* -ge-, *h*) shoot; use up (*ammunition*); **sein Pulver verschossen haben** *fig.* have shot one's wad (*Brt.* bolt); *s.* verschossen.

ver'schiff|en *v/t.* (*no* -ge-, *h*) ship; **2ung** *f* (-/*no pl.*) shipment.

ver'schimmeln *v/i.* (*no* -ge-, *sein*) get mo(u)ldy.

ver'schlafen¹ (*irr.* schlafen, *no* -ge-, *h*) **1.** *v/i.* oversleep; **2.** *v/t.* sleep through s.th.

ver'schlafen² adj. sleepy (a. fig.).
Ver'schlag m shed.
ver'schlagen¹ fig. v/t. (irr. **schlagen**, no -ge-, h) take away (s.o.'s breath); j-m **die Sprache ~** leave s.o. speechless; **es hat ihn nach X ~** he ended up in X.
ver'schlagen² adj. sly, cunning.
verschlampt F adj. [fɛr'ʃlampt] neglected, seedy; sloppy.
verschlechter|n [fɛr'ʃlɛçtərn] v/t. and v/refl. (no -ge-, h) make (refl. get) worse, worsen, deteriorate; ⁀ung f (-/no pl.) deterioration; change for the worse.
ver'schleiern v/t. (no-ge-, h) veil; fig. a. cover up.
Verschleiß [fɛr'ʃlaɪs] m (-es/-e) wear (and tear); ⁀en v/t. ([irr..] no -ge-, h) wear out.
ver|schleppen v/t. (no-ge-, h) carry off, kidnap; pol. displace; fig. draw out, delay; neglect (illness); ~'schleudern v/t. (no -ge-, h) waste; econ. sell dirt cheap; ~'schließen v/t. (irr. **schließen**, no -ge-, h) close (a. fig. one's eyes); lock (up); **sich ~** (dat.) turn a deaf ear to, ignore; s. **verschlossen**; ~schlimmern [~'ʃlɪmərn] v/t. and v/refl. (no -ge-, h) s. verschlechtern; ~'schlingen v/t. (irr. **schlingen**, no -ge-, h) devour (a. fig.); gulp down (food); **sich ~** intertwine, get entangled.
ver|schliß [fɛr'ʃlɪs] past of verschleißen; ~schlissen [~'ʃlɪsən] 1. p.p. of verschleißen; 2. adj. worn (out), threadbare.
verschlossen adj. [fɛr'ʃlɔsən] closed; locked up; fig. aloof, reserved; ⁀heit f (-/no pl.) aloofness, reserve.
ver'schlucken (no -ge-, h) 1. v/t. swallow (fig. up); 2. v/refl. choke; **ich habe mich verschluckt** it went down the wrong way.
verschlungen adj. [fɛr'ʃluŋən] path, etc.: winding; fig. intricate.
Verschluß m fastener; clasp; catch; lock; cover, lid; (screw, etc.) cap, top; phot. shutter; **unter ~** under lock and key.
ver|'schlüsseln v/t. (no -ge-, h) (en)code, (en)cipher; ⁀'schlußlaut ling. m stop, plosive; ⁀'schlußzeit phot. f shutter speed; ~'schmachten v/i. (no -ge-, sein) s. schmachten; ~'schmähen v/t. (no -ge-, h) disdain, scorn.
ver'schmelz|en (irr. **schmelzen**, no -ge-) v/t. (h) and v/i. (sein) merge, fuse (both a. econ., pol., etc.), melt; ⁀ung f (-/-en) fusion (a. fig.).
ver|'schmerzen v/t. (no-ge-, h) get over (loss, etc.); ~'schmieren v/t. (no -ge-, h) smear, smudge; ~schmitzt adj.

[~'ʃmɪtst] mischievous, impish; ~'schmutzen (no -ge-) 1. v/t. (h) soil, dirty; pollute; 2. v/i. (sein) get dirty; get polluted; ~'schnaufen F v/i. and v/refl. (no -ge-, h) stop for breath; ~'schneiden v/t. (irr. **schneiden**, no -ge-, h) cut (clothes) badly; blend (liquor, etc.); ~schneit adj. [~'ʃnaɪt] snow-covered, snowy.
Ver'schnitt m (-[e]s/no pl.) blend; waste (pieces), scraps.
verschnupft adj. [fɛr'ʃnʊpft]: ~ sein F have a cold; F fig. be peeved.
ver|'schnüren v/t. (no -ge-, h) tie up; ~schollen adj. missing; ⁀⁀ presumed dead; ~schonen v/t. (no -ge-, h) spare; j-n mit et. ~ spare s.o. s.th.
verschöne|(r)n [fɛr'ʃøːnə(r)n] v/t. (no -ge-, h) embellish, beautify; ⁀ung f (-/-en) embellishment.
ver|schossen adj. [fɛr'ʃɔsən] colo(u)r: faded; F: ~ sein in (acc.) have a crush on; ~schränken [~'ʃrɛŋkən] v/t. (no -ge-, h) fold (arms); cross (legs); ~'schrauben v/t. (no -ge-, h) screw on or up or together.
ver'schreib|en (irr. **schreiben**, no -ge-, h) 1. v/t. ⁀⁀ prescribe (gegen for); 2. v/refl. make a slip of the pen; **sich e-r Sache ~** devote o.s. to s.th.; ~ungspflichtig pharm. adj. available by prescription only.
ver|schrien adj. [fɛr'ʃriːən] notorious (für for); ~schroben adj. [~'ʃroːbən] eccentric, odd; ~'schrotten v/t. (no -ge-, h) scrap; ~schüchtert adj. [~'ʃʏçtərt] intimidated.
Verschulden n (-s/no pl.): ohne eigenes ~ through no fault of one's own.
ver'schulde|n v/t. (no -ge-, h) be responsible for, cause, be the cause of; **sich ~** get into debt; ~t adj. in debt.
ver|'schütten v/t. (no -ge-, h) spill (liquid); **verschüttet werden** be buried (alive) (von by avalanche, etc.); ~schwägert adj. [~'ʃvɛːgərt] related by marriage; ~'schweigen v/t. (irr. **schweigen**, no -ge-, h) hide, say nothing about.
verschwend|en [fɛr'ʃvɛndən] v/t. (no -ge-, h) waste; ⁀er m (-s/-) spendthrift; ~erisch adj. wasteful, extravagant; lavish; ⁀ung f (-/no pl.) waste.
verschwiegen adj. [fɛr'ʃviːgən] discreet; place: hidden, secret; ⁀heit f (-/no pl.) secrecy, discretion.
ver|'schwimmen v/i. (irr. **schwimmen**, no -ge-, sein) become blurred; ~'schwinden v/i. (irr. **schwinden**, no -ge-, sein) disappear, vanish; ~ lassen dispose of s.th. or s.o.; F mal ~ go to the bathroom; F: **verschwinde!** beat it!;

2'**schwinden** n (-s/no pl.) disappearance; ~**schwistert** adj. [~'ʃvɪstərt]: ~ **sein** be brother and sister; fig. be associated; ~'**schwitzen** v/t. (no -ge-, h) soak (shirt, etc.) with sweat; F fig. forget all about s.th.; ~**schwommen** adj. [~'ʃvɔmən] blurred (a. phot.); fig. a. vague, hazy.

ver'schwör|en v/refl. (irr. schwören, no -ge-, h) conspire, plot; 2**er** m (-s/-) conspirator; 2**ung** f (-/-en) conspiracy, plot.

verschwunden adj. [fɛr'ʃvʊndən] missing; s. verschwinden.

ver'sehen[1] (irr. sehen, no -ge-, h) 1. v/t. take care of (household, etc.); ~ mit provide with; 2. v/refl. make a mistake; ehe man sich('s) versieht before you know it.

ver'sehen[2] adj.: ~ mit provided or equipped with.

Ver'sehen n (-s/-) mistake, error; aus ~ = 2tlich adv. by mistake, unintentionally.

Versehrte [fɛr'zeːrtə] m, f (-n/-n) disabled person.

ver'senden v/t. ([irr. senden,]no -ge-, h) send, dispatch.

ver|'sengen v/t. (no -ge-, h) singe, scorch; ~'**senken** v/t. (no -ge-, h) sink; sich ~ in (acc.) become absorbed in; 2**senkung** f (-/no pl.) sinking; F in der ~ verschwinden s. sang- und klanglos; ~**sessen** adj. [~'zɛsən]: ~ auf (acc.) mad or crazy about.

ver'setz|en v/t. (no -ge-, h) move, shift (to another place); transfer (employee, etc.); promote (student), Brt. move s.o. up; give (blow, etc.); pawn (watch, etc.); lit. reply, retort; ~ transplant; et. ~ mit mix s.th. with; F j-n ~ stand s.o. up; in die Lage ~, zu put in a position to, enable to; sich in j-s Lage ~ put o.s. in s.o.'s place; s. Ruhestand, Wut; 2**ung** f (-/-en) transfer; school: promotion, Brt. moving up.

ver'seuch|en v/t. (no -ge-, h) contaminate; 2**ung** f (-/no pl.) contamination.

Ver'sicher|er m (-s/-) insurer; underwriter; 2**n** v/t. (no -ge-, h) econ. insure (bei with); assure (j-m et. s.o. of s.th), assert; sich ~ insure o.s.; make sure (daß that); ~**te** m, f (-n/-n) the insured; ~**ung** f (-/-en) insurance (company); assurance, assertion.

Ver'sicherungs|gesellschaft f insurance company; ~**nehmer** [~neːmər] m (-s/-) the insured; ~**police** f, ~**schein** m insurance policy.

ver|'sickern v/i. (no -ge-, sein) trickle away; ~'**siegeln** v/t. (no -ge-, h) seal; ~'**siegen** v/i. (no -ge-, sein) dry up, run

dry; ~'**silbern** v/t. (no -ge-, h) silver-plate; F fig. turn into cash; ~'**sinken** v/i. (irr. sinken, no -ge-, sein) sink; s. versunken; ~'**sinnbildlichen** v/t. (no -ge-, h) symbolize.

Version [vɛr'zioːn] f (-/-en) version.

ver'sklaven v/t. (no -ge-, h) enslave.

'**Versmaß** n met|er, Brt. -re.

ver|soffen F adj. [fɛr'zɔfən]: ~ sein be a drunk; ~'**sohlen** F v/t. (no -ge-, h) spank (child).

versöhn|en [fɛr'zøːnən] v/t. (no -ge-, h) reconcile; sich (wieder) ~ make up (mit with); ~**lich** adj. conciliatory; 2**ung** f (-/-en) reconciliation; esp. pol. appeasement.

ver'sonnen adj. lost in thought, dreamy.

ver'sorg|en v/t. (no -ge-, h) provide (mit with), supply (with); support (family, etc.); take care of, look after (house, children, animals, etc.); 2**ung** f (-/no pl.) supply (mit with); support; care.

verspannt adj. [fɛr'ʃpant] tense (muscles, etc.).

ver'spät|en v/refl. (no -ge-, h) be late; ~**et** adj. belated, late, tardy; flight, etc.: a. delayed; 2**ung** f (-/-en) being or coming late; tardiness; tardy; flight, etc.: delay; 20 Minuten ~ haben be 20 minutes late.

ver|'speisen v/t. (no -ge-, h) eat (up); ~'**sperren** v/t. (no -ge-, h) bar, block (up), obstruct (a. view); lock (door, etc.); ~'**spielen** v/t. (no -ge-, h) lose (in gambling); er hat bei mir verspielt I'm through with him; ~'**spielt** adj. playful; ~**sponnen** adj. [~'ʃpɔnən]: ~ sein have one's head in the clouds; ~'**spotten** v/t. (no -ge-, h) make fun of, ridicule; ~'**sprechen** (irr. sprechen, no -ge-, h) 1. v/t. promise (a. fig.); sich zuviel ~ (von) expect too much (of); 2. v/refl. make a mistake or slip (of the tongue); 2'**sprechen** n (-s/-) promise; ein ~ geben (halten, brechen) make (keep, break) a promise; 2'**sprecher** F m (-s/-) slip (of the tongue); 2'**sprechungen** pl. (often contp. empty) promises; ~'**sprühen** v/t. (no -ge-, h) spray; fig. sparkle with (wit, etc.); ~'**spüren** v/t. (no -ge-, h) feel (Lust, zu inf. like doing s.th.).

ver'staatlich|en v/t. (no -ge-, h) nationalize; 2**ung** f (-/no pl.) nationalization.

Verstädterung [fɛr'ʃtɛːtərʊŋ] f (-/no pl.) urbanization.

Ver'stand m (-[e]s/no pl.) mind, intellect; reason, (common) sense; intelligence, brains; nicht bei ~ out of one's mind, not in one's right mind; den ~ verlieren go out of one's mind; mehr

Glück als ~ haben have more luck than sense; **♀esmäßig** *adj.* [~dəs-] rational.

ver'ständ|ig *adj.* reasonable, sensible; **~igen** [~ıgən] *v/t. (no -ge-, h)* inform (*von* of), notify (of); call (*doctor, police, etc.*); *sich ~* communicate; come to an agreement (*über acc.* on); **♀igung** [~ıgυŋ] *f (-/no pl.)* communication (*a. teleph.*); agreement; **~lich** *adj.* [~tlıç] intelligible; comprehensible; understandable; audible; *schwer (leicht) ~* difficult (easy) to understand; *j-m et. ~ machen* make s.th clear to s.o.; *sich ~ machen* make o.s. understood.

Verständnis [fɛr'ʃtɛntnıs] *n (-ses/no pl.)* comprehension, understanding (*a. human*); sympathy; (*viel) ~ haben* be (very) understanding; *~ haben für* understand; appreciate; **♀los** *adj.* unappreciative; *look, etc.*: blank; **♀voll** *adj.* understanding, sympathetic; *look, etc.*: knowing.

ver'stärk|en *v/t. (no -ge-, h)* reinforce (*a. ⊕, ⚔*); *in number, etc.*: strengthen (*a. ⊛*); *radio, phys.*: amplify; intensify (*effect, etc.*); **♀er** *m (-s/-)* amplifier; **♀ung** *f (-/-en)* strengthening; reinforcement(s ⚔); amplification; intensification.

ver'stauben *v/i. (no -ge-, sein)* get dusty.

ver'stauch|en ⚕ *v/t. (no -ge-, h)*, **♀ung** ⚕ *f (-/-en)* sprain.

ver'stauen *v/t. (no -ge-, h)* stow away.

Versteck [fɛr'ʃtɛk] *n (-[e]s/-e)* hiding place, F hideout, hideaway; *~ spielen* play hide-and-seek; **♀en** *v/t. and v/refl. (no -ge-, h)* hide (*a. fig.*); **2** *adj.* hidden; *fig. a.* covert, secret; *TV* candid (*camera*).

ver'stehen *v/t. (irr. stehen, no -ge-, h)* understand, F get; catch (*words*); see, realize; know (*one's trade, etc.*); *es ~ zu* know how to; *zu ~ geben* give s.o. to understand, suggest; *~ Sie(?)* you know *or* see; you see?; *ich verstehe!* I see!; *falsch ~* misunderstand; *was ~ Sie unter (dat.)?* what do you mean *or* understand by ...?; *sich (gut) ~* get along (well) (*mit* with); *es versteht sich von selbst* it goes without saying.

ver'steifen *(no -ge-, h)* 1. *v/t.* stiffen (*a. sich ~*); ⊕ strut, brace; 2. *v/refl.: sich auf et. ~* insist on (doing) s.th.

ver'steiger|n *v/t. (no -ge-, h)* (sell by) auction; **♀ung** *f* auction (sale).

ver'steinern *v/i. (no -ge-, sein)* petrify (*a. fig.*).

ver'stell|bar *adj.* adjustable; **~en** *v/t. (no -ge-, h)* block (*way, etc.*); move (*furniture, etc.*); set s.th. wrong *or* the

wrong way; ⊕ adjust, regulate; disguise (*voice, etc.*); *sich ~* pretend, put on an act; hide one's feelings; **♀ung** *fig. f (-/no pl.)* disguise, make-believe, (false) act.

ver'steuern *v/t. (no -ge-, h)* pay tax on; **~stiegen** *fig. adj.* [~'ʃtiːgən] high-flown (*ideas, etc.*).

ver'stimm|en *v/t. (no -ge-, h)* put out of tune; *fig.* irritate; **~t** *adj.* out of tune; *stomach*: upset; annoyed, F cross; **♀ung** *f* annoyance.

ver|stockt *adj.* [fɛr'ʃtɔkt] stubborn, obstinate; **~stohlen** *adj.* [~'ʃtoːlən] furtive, stealthy.

ver'stopf|en *v/t. (no -ge-, h)* plug (up); block, jam; ⚕ constipate; *~t adj. nose*: stuffy, *Brt.* stuffed up; ⚕ constipated; **♀ung** *f (-/-en)* block(age); ⚕ constipation.

verstorben *adj.* [fɛr'ʃtɔrbən] late, deceased; **♀e** *m, f (-n/-n)* the deceased; *die ~n pl. a.* the dead.

verstört *adj.* [fɛr'ʃtøːrt] upset; dismayed; *look, etc.*: a. wild.

Ver'stoß *m offen|se, Brt. -ce (gegen* against), violation (of); **♀en** *(irr. stoßen, no -ge-, h)* 1. *v/t.* expel (*aus* from); repudiate, disown (*wife, child, etc.*); 2. *v/i.: ~ gegen* offend against, violate.

ver|strahlt *adj.* [fɛr'ʃtraːlt] contaminated (by radioactivity); **~'streichen** *(irr. streichen, no -ge-)* 1. *v/i. (sein) time*: pass, go by; *period*: expire; 2. *v/t. (h)* spread (*butter, paint, etc.*); **~'streuen** *v/t. (no -ge-, h)* scatter.

verstümmel|n [fɛr'ʃtʏməln] *v/t. (no -ge-, h)* mutilate; garble (*text, etc.*); **♀ung** *f (-/-en)* mutilation.

ver'stummen *v/i. (no -ge-, sein)* grow silent; *talking, etc.*: stop; die down.

Versuch [fɛr'zuːx] *m (-[e]s/-e)* attempt, try; trial, test; *phys., etc.* experiment; *mit et. (j-m) e-n ~ machen* give s.th. (s.o.) a trial; **♀en** *v/t. (no -ge-, h)* try, attempt; try, taste (*food, etc.*); *eccl.* tempt; *es ~* give it a try.

Ver'suchs|... *in compounds: mst* test *or* trial (*drilling, etc.*); **~kaninchen *fig. n* guinea pig; **~stadium** *n* experimental stage; **~tier** *n* laboratory animal; **♀weise** *adv.* on trial.

Ver'suchung *f (-/-en)* temptation; *j-n in ~ führen* tempt s.o.

ver|sumpfen *v/i. (no -ge-, sein)* become marshy; F *fig. s. versacken;* **~'sündigen** *v/refl. (no -ge-, h)* sin (*an dat.* against); **~sunken** *adj.* [~'zʊŋkən] sunken (*ship, etc.*); *~ in (acc.)* absorbed *or* lost in (*thought, book, etc.*); **~'süßen** *v/t. (no -ge-, h)* sweeten.

ver'tag|en *v/t. and v/refl.* (*no -ge-, h*) adjourn; **2ung** *f* (*-/no pl.*) adjournment.

ver'tauschen *v/t.* (*no -ge-, h*) exchange (*mit* for).

verteidig|en [fɛr'taidɪɡən] *v/t.* (*no -ge-, h*) defend (*sich* o.s.); **2er** *m* (*-s/-*) defender; *sports:* a. back; *fig.* advocate; **2ung** *f* (*-/no pl.*) defen|se, *Brt.* -ce.

Ver'teidigungs|... *in compounds: mst* defen|se (*Brt.* -ce) (*policy, etc.*); defensive (*war, etc.*); **~minister** *m* Secretary of Defense, *Brt.* Minister of Defence; **~ministerium** *n* Department of Defense, *Brt.* Ministry of Defence.

ver'teil|en *v/t.* (*no -ge-, h*) distribute; hand out; *sich* ~ spread (out), disperse, scatter; **2er** *m* (*-s/-*) distributor; **~t** *adj.:* **mit ~en Rollen lesen** read (*play, etc.*) aloud (in class, *etc.*); **2ung** *f* (*-/no pl.*) distribution.

ver|'teuern *v/t.* (*no -ge-, h*) increase the price of; *sich* ~ become more expensive; **~'teufeln** *v/t.* (*no -ge-, h*) demonize *s.th.*; make a bogeyman of *s.o.*

ver'tief|en *v/t. and v/refl.* (*no -ge-, h*) deepen (*a. fig.*); *sich* ~ **in** (*acc.*) become absorbed in; **2ung** *f* (*-/-en*) hollow, depression, dent; *fig.* reinforcement (*of knowledge, etc.*).

vertikal *adj.* [vɛrtiˈkaːl], **2e** *f* (*-/-n*) vertical.

ver'tilg|en *v/t.* (*no -ge-, h*) exterminate; F consume; **2ung** *f* (*-/no pl.*) extermination.

ver|'tippen *v/refl.* (*no -ge-, h*) make a typing error; F guess wrong; **~'tonen** ♪ *v/t.* (*no -ge-, h*) set to music.

Vertrag [fɛr'traːk] *m* (*-[e]s/-e*) contract; *pol.* treaty.

ver'tragen *v/t.* (*irr. tragen, no -ge-, h*) endure, bear, stand; *ich kann ... nicht ~ of food, liquor, etc.:* ... doesn't agree with me; I can't stand (*noise, person, etc.*); *er kann viel ~* he can take a lot *or* a joke; he can hold his liquor; F: *ich (es) könnte ... ~* I (it) could do with ...; *sich (gut)* ~ get along (well) (*mit* with); *sich wieder* ~ make up.

ver'traglich *adv.* (*bound, etc.*) by contract.

verträglich *adj.* [fɛr'trɛːklɪç] easy to get along with; *food:* (easily) digestible.

ver'tragsbrüchig *adj.:* ~ *werden* commit a breach of contract.

vertrauen *v/i.* (*no -ge-, h*) trust (*auf acc.* in).

Ver'trauen *n* (*-s/no pl.*) confidence, trust, faith; *ins* ~ *ziehen* take *s.o.* into one's confidence; *im* ~ (*gesagt*) between you and me; **2erweckend** *adj.* [~ʔɛrvɛkənt] inspiring confidence; *wenig* ~ suspicious.

Ver'trauens|bruch *m* breach of confidence; **~frage** *parl. f: die* ~ *stellen* ask for a vote of confidence; **~lehrer** *m* teacher who acts as an intermediary between staff and students (*Brt.* a. pupils); **~sache** *f: das ist* ~ that is a matter of confidence; **~stellung** *f* position of trust; **2voll** *adj.* trustful, trusting; **~votum** *parl. n* vote of confidence; **2würdig** *adj.* trustworthy.

ver'traulich *adj.* confidential; *contp.* familiar; **2keit** *f* (*-/-en*) confidence; familiarity; *sich* ~*en herausnehmen* take liberties.

ver'träum|en *v/t.* (*no -ge-, h*) dream (*hours, etc.*) away; **~t** *adj.* dreamy; *fig.* a. sleepy (*village, etc.*).

ver'traut *adj.* familiar; close (*friend, etc.*); intimate; **2heit** *f* (*-/ no pl.*) familiarity.

ver'treib|en *v/t.* (*irr. treiben, no -ge-, h*) drive *or* chase away (*a. fig.*); pass (*time*); *econ.* sell; ~ *aus* drive out of; **2ung** *f* (*-/no pl.*) expulsion (*aus* from).

ver'tret|en *v/t.* (*irr. treten, no -ge-, h*) substitute for, replace, stand in for; support, advocate *s.th.*; *pol., econ.* represent; *parl. Brt.* a. sit for; **2's** act for *s.o.*; *j-s Sache* ~ **2's** plead *s.o.*'s cause; *die Ansicht* ~, *daß* argue that; *sich den Fuß* ~ sprain one's ankle; F: *sich die Beine* ~ stretch one's legs; **2er** *m* (*-s/-*) substitute, deputy; supporter, advocate (*gen. of s.th.*); *pol., econ.* representative; *econ.* a. agent; (*esp. Am.* travel[l]ing) salesman; **2ung** *f* (*-/-en*) substitution, replacement; *person:* substitute, stand-in; *school: Brt.* a. supply teacher; *econ., pol.* representation.

Ver'trieb *econ. m* (*-[e]s/no pl.*) sale, distribution.

Vertriebene [fɛr'triːbənə] *m, f* (*-n/-n*) *s.o.* expelled from their native country, refugee; displaced person.

ver|'trimmen F *v/t.* (*no -ge-, h*) beat *s.o.* up; **~'trinken** *v/t.* (*irr. trinken, no -ge-, h*) spend (*money*) on liquor; **~'trocknen** *v/i.* (*no -ge-, sein*) dry up; **~'trödeln** F *v/t.* (*no -ge-, h*) dawdle away, waste; **~'trösten** *v/t.* (*no -ge-, h*) put off; **~'tun** *v/t.* (*irr. tun, no -ge-, h*) waste (*time, etc.*); give away (*chance*); F *sich* ~ make a mistake; **~'tuschen** F *v/t.* (*no -ge-, h*) cover up; **~übeln** [~ʔyːbəln] *v/t.* take offen|se (*Brt.* -ce) at; *j-m et. nicht* ~ not blame *s.o.* for *s.th.*; **~üben** [~ʔ-] *v/t.* (*no -ge-, h*) commit.

verun|glimpfen [fɛr'ʔʊnɡlɪmpfən] *v/t.* (*no -ge-, h*) defame; **~glücken** *v/i.* (*no -ge-, sein*) have (*tödlich* die in) an accident; *fig.* go wrong, fail; **2glückte** *m, f* (*-n/-n*) casualty, victim; **~reinigen** *v/t.*

(no -ge-, h) s. **verschmutzen 1**; **~si-chern** v/t. (no -ge-, h) unnerve, make s.o. feel insecure or uncertain, F rattle s.o.; **~stalten** [~ʃtaltən] v/t. (no -ge-, h) deface (wall, etc.); mar, disfigure (face, etc.); **~treuen** v/t. (no -ge-, h) embezzle.

verursach|en [fɛr'ʔuːrzaxən] v/t. (no -ge-, h) cause, bring about; **2er** m (-s/-) offender; polluter; cause; **2erprinzip** n (-s/no pl.) polluter pays principle.

verurteil|en [fɛr'ʔ-] v/t. (no -ge-, h) condemn (zu to) (a. fig.), sentence (to), convict (wegen of); **2ung** f (-/-en) condemnation (a. fig.); conviction.

verviel|fachen [fɛr'fiːlfaxən] v/t. (no -ge-, h) multiply; **~fältigen** [~fɛltɪɡən] v/t. (no -ge-, h) copy, duplicate; **2fälti-gung** f (-/-en) duplication; (photo-) copy.

vervoll|kommnen [fɛr'fɔlkɔmnən] v/t. (no -ge-, h) perfect; improve; **~ständi-gen** (no -ge-, h) v/t. complete.

ver|'wachsen adj. deformed, crippled; fig. **~ mit** deeply rooted in, bound up with; **~'wackeln** phot. v/t. (no -ge-, h) blur; **~'wählen** teleph. v/refl. (no -ge-, h) dial the wrong number.

ver'wahr|en v/t. (no -ge-, h) keep (in a safe place); **sich ~ gegen** protest against; **~losen** [~loːzən] v/i. (no -ge-, sein) become neglected, run wild; go to seed, degenerate; **~lost** adj. [~loːst] uncared-for, neglected; seedy; **2ung** f (-/-en) custody (a. ✍); safekeeping.

verwaist adj. [fɛr'vaɪst] orphan(ed); fig. deserted.

ver'walt|en v/t. (no -ge-, h) manage; esp. pol. a. administer; **2er** m (-s/-) manager; administrator; **2ung** f (-/-en) administration, management; **2ungs...** in compounds: mst administrative (court, costs, etc.).

verwand|eln v/t. (no -ge-, h) change, turn (both a. sich ~); esp. phys., ✟ a. transform, convert (all: in acc. into); **2lung** f(-/-en) change, transformation; conversion.

verwandt adj. [fɛr'vant] related (mit to); **2e** m, f (-n/-n) relative; (alle) m-e **~n** (all) my relatives or relations or F folks; **der nächste ~** the next of kin; **2schaft** f (-/-en) relationship; relations, F folks.

ver'warn|en v/t. (no -ge-, h) admonish, (give a) warn(ing to); fine, esp. Brt. caution, F book (a. sports); **2ung** f (-/-en) warning, admonition; ticket, fine, esp. Brt. caution, F booking.

ver|'waschen adj. washed-out; **~'wäs-sern** v/t. (no -ge-, h) water down (a. fig.).

ver'wechs|eln v/t. (no -ge-, h) confuse (mit with), mix up (with), mistake (for); **zum 2 ähnlich** as alike as two peas; **2(e)lung** f (-/-en) mistake; confusion.

ver'wegen adj. daring, bold; **2heit** f (-/no pl.) boldness, daring, audacity.

ver|'wehen v/t. (no -ge-, h) wind: blow (leaves, etc.) away; cover up (tracks, etc.); **vom Winde verweht** gone with the wind; **~'wehren** v/t. (no -ge-, h) refuse s.o. s.th.; keep s.o. from doing s.th.; **~'weichlicht** adj. [~'vaɪçlɪçt] soft.

ver'weiger|n v/t. (no -ge-, h) refuse; disobey (order); **den Kriegsdienst ~** be a conscientious objector; **2ung** f (-/no pl.) denial, refusal.

ver|'weilen v/i. (no -ge-, h) stay; fig. eyes: rest; **~weint** adj. [~'vaɪnt] eyes: red from crying.

Verweis [fɛr'vaɪs] m (-es/-e) reprimand, reproof; reference (auf acc. to); **2en** [~zən] v/t. (irr. weisen, no -ge-, h) refer (auf acc., an acc. to); expel (gen. from school, etc.).

ver'welken v/i. (no -ge-, h) wither; fig. a. fade.

verwend|bar adj. [fɛr'ventbaːr] usable; **vielseitig ~** versatile, all-round; **~en** [~dən] v/t. (no -ge-, h) use; spend (time, etc.) (auf acc. on); **2ung** [~dʊŋ] f (-/no pl.) use; **keine ~ haben für** have no use for.

ver'werf|en v/t. (irr. werfen, no -ge-, h) drop, give up (plan, etc.); reject (proposal, etc.); **~lich** adj. abject; **2ung** geol. f (-/-en) fault.

ver'werten v/t. (no -ge-, h) (make) use (of), utilize.

verwes|en [fɛr'veːzən] v/i. (no -ge-, sein) rot, decay; **2ung** f (-/no pl.) decay.

ver'wick|eln fig. v/t. (no -ge-, h) involve; **sich ~ in** (acc.) get caught in; **~elt** fig. adj. complicated; **~ sein (werden) in** be (get) involved or mixed up in; **2lung** fig. f (-/-en) involvement; complication.

ver'wilder|n v/i. (no -ge-, sein) grow (child, etc.: run) wild; **~t** adj. garden, etc.: wild (a. fig.), overgrown.

ver'winden v/t. (irr. winden, no -ge-, h) get over s.th.

ver'wirklich|en v/t. (no -ge-, h) realize (plan, etc.); **sich ~** come true; **2ung** f (-/no pl.) realization.

ver'wirr|en v/t. (no -ge-, h) confuse, mix up; tangle (thread, etc.) (a. fig.); **~t** fig. adj. confused; **2ung** fig. f (-/-en) confusion.

ver'wischen v/t. (no -ge-, h) blur (a. fig.); cover (tracks).

ver'witter|n v/i. (no -ge-, sein) weather; **~t** adj. weather-beaten (a. fig.).

ver'witwet adj. widowed.

verwöhn|en [fɛr'vøːnən] v/t. (no -ge-, h) spoil, pamper; **~t** adj. spoiled, Brt. -t.

verworren adj. [fɛr'vɔrən] confused, muddled; situation: complicated.

verwund|bar adj. [fɛr'vʊntbaːr] vulnerable (a. fig.); **~en** [~dən] v/t. (no -ge-, h) wound.

ver'wunder|lich adj. surprising; **2ung** f (-/no pl.) surprise.

Ver'wund|ete m, f (-n/-n) wounded (person), casualty; **~ung** f (-/-en) wound, injury.

verwunschen adj. [fɛr'vʊnʃən] enchanted.

ver'wünsch|en v/t. (no -ge-, h) curse; put a spell on; **2ung** f (-/-en) curse.

ver'wurzelt adj. rooted (in dat. in).

ver'wüst|en v/t. (no -ge-, h) lay waste, devastate, ravage; **2ung** f (-/-en) devastation, ravage.

ver|zagen [fɛr'tsaːgən] v/i. (no -ge-, h) give up hope; **~zagt** adj. [~'tsaːkt] despondent; **~'zählen** v/refl. (no -ge-, h) miscount; **~'zärteln** [~'tsɛrtəln] v/t. (no -ge-, h) coddle, pamper; **~'zaubern** v/t. (no -ge-, h) enchant, fig. a. charm; **~ in** (acc.) turn into; **2zehr** [~'tseːr] m (-[e]s/no pl.) consumption; **~'zehren** v/t. (no -ge-, h) consume (a. fig.).

ver'zeichn|en v/t. (no -ge-, h) record, keep a record of, list; fig. achieve (success, etc.); suffer (loss, etc.); **2is** n (-ses/-se) list, catalog(ue); record, register; index.

verzeih|en [fɛr'tsaɪən] v/t. and v/i. (irr., no -ge-, h) forgive s.o.; pardon, excuse s.th.; **~lich** adj. pardonable; **2ung** f (-/no pl.) pardon; **(j-n) um ~ bitten** apologize (to s.o.); **~!** (I'm) sorry!; excuse me!

ver'zerr|en v/t. (no -ge-, h) distort (a. fig.); **sich ~** become distorted; **2ung** f (-/-en) distortion.

ver'zetteln v/refl. (no -ge-, h) fritter away one's time.

Verzicht [fɛr'tsɪçt] m (-[e]s/-e) renunciation (auf acc. of); giving up, doing without, etc.; **2en** v/i. (no -ge-, h): **~ auf** (acc.) do or go without; give up, F cut out; renounce (a. z̄g).

verzieh [fɛr'tsiː] past of verzeihen.

ver'zieh|en (irr. ziehen, no -ge-) 1. v/i. (sein) move (nach to). 2. v/t. (h) spoil (child, etc.); **das Gesicht ~** make a face; **sich ~** wood: warp; storm, etc.: pass (over); F disappear; F: **verzieh dich!** get lost!

ver'ziehen² p.p. of verzeihen.

ver'zier|en v/t. (no -ge-, h) decorate; **2ung** f (-/-en) decoration, ornament.

ver'zins|en v/t. (no -ge-, h) pay interest on; **sich ~** yield interest; **~lich** adj.

[~'tsɪnslɪç] bearing interest; **2ung** f (-/no pl.) interest.

verzogen adj. [fɛr'tsoːgən] child: spoil|ed (Brt. -t).

ver'zöger|n v/t. (no -ge-, h) delay; **sich ~** be delayed; **2ung** f (-/-en) delay.

ver'zollen v/t. (no -ge-, h) pay duty on; **et. (nichts) zu ~** s.th. (nothing) to declare.

verzück|t adj. [fɛr'tsʏkt] ecstatic; **2ung** f (-/no pl.) ecstasy; **in ~ geraten** go into raptures (wegen, über acc. over).

Ver'zug m (-[e]s/no pl.) delay; **im ~ sein** (in ~ geraten) econ. be in (come into) default.

ver'zweif|eln v/i. (no -ge-, sein) despair (an dat. of); **F es ist zum 2!** it's enough to drive you mad!; **~elt** adj. desperate; **2ung** f (-/no pl.) despair; **j-n zur ~ bringen** drive s.o. to despair.

verzweig|en [fɛr'tsvaɪgən] v/refl. (no -ge-, h) branch (out); **~t** fig. adj. [~kt] complex; **2ung** f (-/-en) ramification (a. fig.).

verzwickt F adj. [fɛr'tsvɪkt] intricate, tricky.

Vesper ['fɛspər] f (-/-n) snack.

Veteran ✕ [vete'raːn] m (-en/-en) veteran (a. fig.).

Veterinär [veteri'nɛːr] m (-s/-e) s. Tierarzt.

Veto ['veːto] n (-s/-s) veto (a. **~ einlegen gegen**).

Vetter ['fɛtər] m (-s/-n) (male) cousin; **'~nwirtschaft** f (-/no pl.) nepotism.

Vibr|ation [vibra'tsioːn] f (-/-en) vibration; **2ieren** [~'briːrən] v/i. (no ge-, h) vibrate.

Video ['viːdeo] n (-s/-s) video (a. in compounds: cassette, recording, etc.); **auf ~ aufnehmen** videotape; **'~band** n (-[e]s/-er) videotape; **~recorder** ['~rekɔrdər] m (-s/-) video recorder, VCR; **'~text** TV m (-[e]s/no pl.) system providing written information by TV, Brt. teletext; **~thek** [~'teːk] f (-/-en) video store (Brt. shop).

Viecher F ['fiːçər] pl. bugs, Brt. insects; critters.

Vieh [fiː] n (-[e]s/no pl.) cattle; F contp. animal, brute; **20 Stück ~** 20 head of cattle; **'~händler** m cattle dealer; **'~hof** m stockyard; **'2isch** adj. bestial, beastly, brutal; **'~zucht** f cattle breeding, stock farming; **'~züchter** m cattle breeder, farmer.

viel adj. and adv. [fiːl] a lot (of), plenty (of), F lots of; (too, how, etc.) much; **~e** pl. a lot (of), many, plenty (of), F lots of; **das ~e Geld** all that money; **ziemlich ~** quite a lot (of); **ziemlich ~e** quite a few; **~ besser (teurer)** much better (more expensive); ~ **zuviel(e)** far too much (many); ~ **zu wenig** not nearly enough; ~ **lieber** much rather. **'viel|beschäftigt** adj. very busy; **~deutig** adj. ['~dɔʏtɪç] ambiguous; **~erlei** adj. ['~ər'laɪ] all kinds or sorts of; '~ **fach 1.** adj. multiple; **2.** adv. in many cases, (very) often; **2falt** ['~falt] f (-/no pl.) (great) variety (gen. of); **~fältig** adj. ['~fɛltɪç] manifold, various; '~**farbig** adj. multicolo(u)red; **~leicht** adv. [fi'laɪçt] perhaps, maybe; ~ **ist er** ... he may or might be ...; **~mals** adv. ['~maːls]: **(ich) danke (Ihnen)** ~ thank you very much; **entschuldigen Sie** ~ I'm very sorry, I do apologize; '~**mehr** cj. rather; '~**sagend** adj. meaningful (look, etc.); '~**seitig** adj. versatile; **'2-seitigkeit** f (-/no pl.) versatility; '~**versprechend** adj. promising.

vier adj. [fiːr] four; **zu ~t sein** be four; **auf allen** ~ on all fours; **unter** ~ **Augen** in private, privately; **2** [~] f (-/-en) grade: D, poor, below average; **2beiner** ['~baɪnər] m (-s/-) quadruped; '~**beinig** adj. four-legged; **2eck** ['~?-] n quadrangle; **~eckig** adj. ['~?-] quadrangular; rectangular; square; **'2er** m (-s/-) rowing: four-man crew with (**ohne** without) a coxswain; F grade: s. **Vier**; **~erlei** adj. ['~ərlaɪ] four (different) kinds or sorts of; '~**fach** adj. fourfold; **~e Ausfertigung** four copies; '~**füßig** adj. ['~fyːsɪç] four-footed; **2-füßler** zo. ['~fyːslər] m (-s/-) quadruped; '~**händig** ♪ adj. ['~hɛndɪç] for four hands; '**2jährig** adj. four-year-old, of four; '**2linge** ['~lɪŋə] pl. quadruplets; '~**mal** adv. four times; '~**seitig** adj. four-sided, tetragonal; '**2sitzer** m (-s/-) mot., etc. four-seater; '~**spurig** adj. ['~ʃpuːrɪç] four-lane(d); tape: four-track; '~**stöckig** adj. four-stor|ied (Brt. -eyed); ~ **t** s. **vier**; '**2taktmotor** mot. m four-stroke engine; '~**te** adj. fourth; **Viertel** ['fɪrtəl] n (-s/-) fourth (part); quarter (a. of city); neighbo(u)rhood, area; time: (**ein**) ~ **vor** (**nach**) (a) quarter to (past); '~**jahr** n quarter (of a year), three months; '**2jährlich 1.** adj. quarterly; **2.** adv. every three months, quarterly; '**2n** v/t. (ge-, h) quarter; '~**note** ♪ f quarter note, esp. Brt. crotchet; '~**pfund** n quarter (of a) pound; '~**stunde** f quarter of an hour.

vier|tens adv. ['fɪrtəns] fourthly; **2'vier-teltakt** ♪ m four-four or common time. **vierzehn** adj. ['fɪrtseːn] fourteen; ~ **Tage** pl. two weeks, esp. Brt. a. a fortnight; '~**te** adj. fourteenth.

vierzig adj. ['fɪrtsɪç] forty; '~**ste** adj. fortieth.

Vikar eccl. [vi'kaːr] m (-s/-e) clergyman (of the lowest rank).

Villa ['vɪla] f (-/**Villen**) villa, residence.

violett adj. [vio'lɛt] violet, purple.

Violine ♪ [vio'liːnə] f (-/-n) violin.

virtuos adj. [vɪr'tŭoːs] masterly; △ not **virtuous**; **2e** [~zə] m (-n/-n), **2in** [~zɪn] f (-/-nen) virtuoso; **2ität** [~ozi'tɛːt] f (-/no pl.) virtuosity.

Virus ♂ ['viːrʊs] n, m (-/**Viren**) virus.

Visage contp. [vi'zaːʒə] f (-/-n) repulsive face, sl. mug, puss; △ not **visage**.

Visier [vi'ziːr] n (-s/-e) sights (of gun, etc.); visor (of helmet).

Vision [vi'zioːn] f (-/-en) vision.

Visite ♂ [vi'ziːtə] f (-/-n) (doctor's) round(s); **~nkarte** f (calling, Brt. business) card.

visuell adj. [vi'zŭɛl] visual.

Visum ['viːzʊm] n (-s/**Visa**) visa (a. **mit e-m** ~ **versehen**).

vital adj. [vi'taːl] vigorous, energetic; **2ität** [~ali'tɛːt] f (-/no pl.) vigo(u)r, vitality.

Vitamin [vita'miːn] n (-s/-e) vitamin.

Vitrine [vi'triːnə] f (-/-n) (glass) cabinet; showcase.

Vize... ['fiːtsə-] in compounds: mst vice- (president, etc.).

Vogel ['foːgəl] m (-s/~) bird (a. fig. ♂); ~ **Strauß** ostrich; F: **e-n** ~ **haben** be off one's rocker; **den** ~ **abschießen** hit the jackpot; **j-m den** ~ **zeigen** tap one's forehead (to indicate that s.o. is stupid), appr. give s.o. the finger (Brt. the V-sign); '~**bauer** n, m (-s/-) birdcage; '**2frei** adj. outlawed; '~**freund** m bird fancier; birdwatcher; '~**futter** n bird-seed; '~**kunde** f ornithology.

vögeln V ['føːgəln] v/t. and v/i. (ge-, h) screw, bang.

'Vogel|nest n bird's nest; '~**perspektive** f (-/no pl.), '~**schau** f (-/no pl.) bird's-eye view; '~**scheuche** f scarecrow (a. fig.); '~**schutzgebiet** n bird sanctuary; '~**'Strauß-Politik** f burying one's head in the sand; '~**warte** f ornithological station; '~**zug** m bird migration.

Vokab|el [vo'kaːbəl] f (-/-n) word; **~n** pl. = **~ular** [~abu'laːr] n (-s/-e) vocabulary.

Vokal ling. [vo'kaːl] m (-s/-e) vowel.

Volant Aust. [vo'lãː] m (-s/-s) steering wheel.

Volk [fɔlk] n (-[e]s/**~er**) people, nation; the people; swarm (of bees); **ein Mann aus dem** ~ a man of the people.

Völker|kunde ['fœlkər-] f (-/no pl.) ethnology; '~**mord** m genocide; '~**recht** n international law; '~**verständigung** f international understanding; '~wanderung f hist. migration of peoples; fig. exodus.

'volkreich adj. populous.

Volks|... in compounds: national (income, etc.), public (ownership, etc.), people's (republic, etc.); popular (poetry, etc.), folk (music, etc.); '~abstimmung pol. ['~?-] f referendum; '~bücherei f public library; '~deutsche m, f German national; 2eigen hist. GDR adj. ['~?-] state-owned; '~fest n festival; (fun)fair; '~gruppe f ethnic group; '~hochschule f adult evening classes; '~kunde f folklore; '~lied n folk song; '~schule f elementary or primary (Am. a. grade) school; '~sport m popular sport; '~sprache f vernacular; '~stamm m tribe, race; '~tanz m folk dance; '~tracht f national costume; '~trauertag m Day of National Mourning; 2tümlich adj. ['~ty:mlıç] popular, folk ...; traditional; '~versammlung f public meeting; '~vertreter pol. m elected representative of the people; '~wirt m economist; '~wirtschaft(slehre) f economics; '~zählung f census.

voll [fɔl] 1. adj. full (a. fig.), filled; full up; F plastered; hair: thick, rich; ~(er) (gen.) full of; filled with; covered with; aus dem 2en schöpfen tap abundant resources; 2. adv. fully; (pay, etc.) in full, the full price; ~ und ganz fully, completely, totally, wholly; (understand, etc.) perfectly; F full, straight, right; (nicht) für ~ nehmen (not) take seriously.

voll|auf adv. ['fɔl?-] perfectly (satisfied, etc.), quite (enough, etc.); ~automatisch adj. ['~?-] fully automatic; '2bart m full beard; '2beschäftigung econ. f full employment; '2besitz m: im ~ s-r ... in full possession of one's (strength, etc.); (a. fig.); '2blut... in compounds: fullblooded (a. fig.); '2blut(pferd) zo. n thoroughbred (horse); '~bringen v/t. (irr. bringen, no -ge-, h) accomplish, achieve; perform (miracles); '~busig adj. ['~bu:zıç] buxom, bosomy; '2dampf m full steam; F mit ~ (at) full blast; '~enden [~?-, fə'lɛndən] v/t. (no -ge-, h) finish, complete; '~endet adj. completed; gr., fig. perfect; '~ends adv. ['fɔlɛnts] completely; 2'endung f (-/no pl.) finishing, completion; fig. perfection; ~entwickelt adj. ['~?-] fully developed; '~er adj. s. voll.

Völlerei [fœlə'raı] f (-/no pl.) gluttony.

voll|'führen v/t. (no -ge-, h) perform; '~füllen v/t. (sep., -ge-, h) fill (up); '2gas mot. n full throttle; ~ geben F

step on it; '~gießen v/t. (irr. gießen, sep., -ge-, h) fill (up).

völlig ['fœlıç] 1. adj. complete, absolute, total; 2. adv.: ~ nackt (verrückt) stark naked (mad).

'volljährig adj.: ~ sein (werden) be (come) of age; nicht ~ sein be under age, be a minor; '2jährigkeit f (-/no pl.) majority; ~'kommen adj. perfect; fig. s. völlig; 2'kommenheit f (-/no pl.) perfection; '2korn... in compounds: whole grain, whole wheat, Brt. a. wholemeal (bread, etc.); '~machen v/t. (sep., -ge-, h) fill (up); F soil, dirty; und um das Unglück vollzumachen and to crown it all; '2macht f (-/-en) full power(s), authority; ½s power of attorney; ~ haben be authorized; '2milch f whole (Brt. a. full-cream) milk; '2mond m full moon; '~packen v/t. (sep., -ge-, h) load (mit with) (a. fig.); '2pension f full board, room plus meals; '~saftig adj. very juicy, succulent; '~schenken v/t. (sep., -ge-, h) fill (up) (glass, etc.); '~schlagen (irr. schlagen, sep., -ge-) 1. ♦ v/i. (sein) swamp; 2. F v/t. (h): sich den Bauch ~ stuff o.s.; '~schlank adj. (on the) plump (side); '~ständig adj. complete; fig. s. völlig; '~stopfen v/t. (sep., -ge-, h) stuff; fig. a. cram, pack (all: mit with); ~'strecken v/t. (no -ge-, h) execute; 2'streckung f (-/-en) execution; '~tanken v/t. (sep., -ge-, h): bitte ~! fill her up, please!; ~'transistorisiert ⚡ adj. solid-state; '2treffer m direct hit; bull's eye (a. fig.); '~trunken adj. dead drunk; '2versammlung f plenary session; '2waise f orphan; '~wertig adj. full; food: whole; '2wertkost f high nutrition food, whole food(s); '~zählig adj. ['~tsɛ:lıç] complete; sind wir ~? is everybody present?; ~'ziehen v/t. (irr. ziehen, no -ge-, h) execute; perform (marriage); sich ~ take place; 2'ziehung f (-/no pl.), 2'zug m (-[e]s/no pl.) execution; 2zugsanstalt ['~tsu:ks?-] f prison, penitentiary.

Volontär [volɔn'tɛːr] m (-s/-e) (unpaid) trainee; △ not volunteer.

Volt ⚡ [vɔlt] n (-, -[e]s/-) volt; '~zahl ⚡ f voltage.

Volumen [vo'lu:mən] n (-s/-, -mina) volume; size.

von prp. [fɔn] (dat.) from; instead of gen.: of; authorship, passive: by; (talk, etc.) about (s.o. or s.th.); südlich ~ south of; weit ~ far from; ~ Hamburg from Hamburg; ~ nun an from now on; ein Freund ~ mir a friend of mine; die Freunde ~ Heidi Heidi's friends; ein Brief (Geschenk) ~ Peter a letter (gift) from Peter; *ein Buch (Bild)* ~ *Walser (Klee)* a book (painting) by Walser (Klee); *der König (Bürgermeister etc.)* ~ the King (Mayor, *etc.*) of; *ein Kind* ~ *10 Jahren* a child of ten; *müde* ~ *der Arbeit (come home, etc.)* tired from work; *es war nett (gemein)* ~ *dir* it was nice (mean) of you; *reden (hören)* ~ talk (hear) about *or* of; ~ *Beruf (Geburt)* by profession (birth); ~ *selbst* by itself, automatically; ~ *mir aus!* I don't mind *or* care; **~einander** *adv.* [~'ʔaɪ'nandər] from *or* of *or* about each other; **~statten** *adv.* [~'ʃtatən]: ~ *gehen* go, come off.

vor [foːr] **1.** *prp.* (*dat.*) in front of; outside (*a. the door, house, etc.*); *of time, order*: before; (*a year, etc.*) ago; *because of*: with, for (*fear, etc.*); ~ *der Klasse* in front of the class; ~ *der Schule* in front of *or* outside the school; before school; ~ *kurzem* (*e-r Stunde*) a short time (an hour) ago; **5 Minuten** ~ **12** five (minutes) to twelve; ~ *j-m liegen* be ahead of s.o. (*a. fig. and sports*); *sicher* ~ safe from; ~ *Kälte (Angst)* with cold (for fear); ~ *allem* above all; ~ *sich gehen* go on, happen; **2.** *prp.* (*acc.*) (*put, step, etc.*) in front of, before; (*bis*) ~ up to, as far as; ~ *sich hin* (*smile, etc.*) to o.s.; **3.** *adv.* forward(s).

Vor..., **2...** *in compounds*: *a.* ante..., fore..., pre..., previous ...; **2ab** *adv.* [~'ʔap] in advance; first (of all).

Vor|abend ['foːr?-] *m* eve (*a. fig.*); **~ahnung** ['~?-] *f* presentiment, foreboding.

voran *adv.* [fo'ran] at the head (*dat.* of), in front (of), before; *Kopf* ~ head first; **~gehen** *v/i.* (*irr. gehen, sep.*, -*ge-, sein*) go in front *or* first; *esp. fig.* lead the way; **~kommen** *v/i.* (*irr. kommen, sep.*, -*ge-, sein*) get on *or* along (*a. fig.*).

Voran|kündigung ['foːr?an-] *f* (-/*no pl.*): *ohne* ~ without previous notice; **'~zeige** *f* (-*/-en*) preannouncement; *film*: trailer, preview.

vorarbeite|n ['foːr?-] *v/i.* (*sep.*, -*ge-, h*) work beforehand; *fig.* pave the way; **'2r** *m* foreman.

voraus *adv* [fo'raus] ahead (*dat.* of), *im* ~ in advance, beforehand; **~gehen** *v/i.* (*irr. gehen, sep.*, -*ge-, sein*) precede; *s. vorangehen*; **~gesetzt** *cj.* [~gəzɛtst]: ~, *daß* provided that; ~, *daß nicht* unless; **2sage** *f* (-*/-n*) prediction, forecast; **~sagen** *v/t.* (*sep.*, -*ge-, h*) predict; **~schicken** *v/t.* (*sep.*, -*ge-, h*) send on ahead; *lassen Sie mich* ~ let me first mention; **~sehen** *v/t.* (*irr. sehen, sep.*, -*ge-, h*) foresee, see *s.th.* coming; **~setzen** *v/t.* (*sep.*, -*ge-, h*) assume; take

s.th. for granted; **2setzung** *f* (-*/-en*) assumption; prerequisite, must; *die* **~en erfüllen** meet the requirements; **2sicht** *f* foresight; *aller* ~ *nach* in all probability; **~sichtlich 1.** *adj.* expected; **2.** *adv.* probably; *er kommt* ~ *morgen* he is expected to arrive tomorrow; **2zahlung** *f* advance payment.

'Vorbau *m* (-[e]*s/-ten*) *arch.* front section (*of building*), porch; F *fig.* (big) boobs.

'vorbe|dacht *adj.* premeditated; **'2deutung** *f* (-*/-en*) omen (*haben* be); **2dingung** *f* (-*/-en*) prerequisite; **2halt** ['~bəhalt] *m* (-[e]*s/-e*) reservation; **'~halten¹** *v/t.* (*irr. halten, sep.*, *no* -*ge-, h*): *sich (das Recht)* ~ *zu* reserve the right to; **'~halten²** *adj.* rights, *etc.*: reserved; subject to (*change, etc.*); **'~haltlos** *adj.* unconditional.

vorbei *adv.* [foːr'baɪ] *of time*: over; *winter, week, etc.*: *a. past*; finished; gone; (*move, etc.*) past, by; *jetzt ist alles* ~ it's all over now; ~*i of shot, etc.*: missed!

vor'bei... *in compounds*: *mst* (*flow, march, run, etc.*) past, by; **~fahren** *v/i.* (*irr. fahren, sep.*, -*ge-, sein*) go (*mot.* drive) past (*an dat. s.o. or s.th.*), pass (*s.o. or s.th.*); **~führen** *v/i.* (*sep.*, -*ge-, h*): ~ *an* (*dat.*) *road, etc.*: go past, pass (by) *s.th.*; **~gehen** *v/i.* (*irr. gehen, sep.*, -*ge-, sein*) walk past; *a. fig. time, etc.*: go by, pass; *shot, etc.*: miss; **~kommen** *v/i.* (*irr. kommen, sep.*, -*ge-, sein*) come by, pass (*an et. s.th.*); get past (*obstacle, etc.*); *fig.* avoid (*problem, etc.*); F *visit*: come by, drop in (*bei j-m* on s.o.); **~lassen** *v/t.* (*irr. lassen, sep.*, -*ge-, h*) let s.o. pass; **~schlängeln** *v/refl.* (*sep.*, -*ge-, h*) wind by *or* past.

'Vorbe|merkung *f* preliminary note *or* remark; **'2reiten** *v/t. and v/refl.* (*sep.*, *no* -*ge-, h*) prepare (*auf acc.*, *für* for); **'~reitung** *f* (-*/-en*) preparation (*auf acc.*, *für* for); **'2stellen** *v/t.* (*sep.*, *no* -*ge-, h*) book *or* order in advance; reserve (*room, seat, table, etc.*); **'~stellung** *f* (-*/-en*) advance booking, reservation; **2straft** *adj.* ['~bəʃtraːft]: ~ *sein* have a police record.

'vorbeug|en (*sep.*, -*ge-, h*) **1.** *v/t.* prevent (*e-r Sache* s.th.); **2.** *v/t. and v/refl.* bend forward; **'~end** *adj.* preventive; *ℱ a.* prophylactic; **'2ung** *f* prevention; prophyl...

'Vorbild *n* model, pa... *sein* set an example... *zum* ~ *nehmen* follo... **'2lich** *adj.* exemplar... (-*/no pl.*) education(a... **Vorkenntnisse.**

'vor|bringen v/t. (irr. **bringen**, sep., **-ge-**, h) bring forward (matter, evidence, etc.); say, state; **'∼datieren** v/t. (sep., no **-ge-**, h) antedate.

Vorder|... ['fɔrdər-] in compounds: mst front (door, seat, wheel, axle, tooth, view, etc.); **'2e** adj. front; esp. ◎ a. fore; **'∼grund** m (-[e]s/no pl.) foreground (a. fig.); **'∼lader** ['∼la:dər] m (-s/-) muzzle-loader; **'∼mann** m (-es/-er): **mein ∼** the person (mot. driver or car) in front of me; F: **auf ∼ bringen** whip s.o. or s.th. into shape; **'∼seite** f front (side); head (of coin).

'vor|dräng(e|)n v/refl. (sep., **-ge-**, h) cut into line, butt in, Brt. jump the queue; **'∼dringen** v/i. (irr. **dringen**, sep., **-ge-**, sein) advance; **∼ (bis) zu** work one's way through to (a. fig.); **∼dringlich** adj. ['∼drɪŋlɪç] (most) urgent; **∼ sein** be a first or top priority; **'2druck** m (-[e]s/-e) form, Am. a. blank.

vor|ehelich adj. ['fo:r?-] premarital; **∼eilig** adj. ['∼?-] hasty, rash, precipitate; **∼e Schlüsse ziehen** jump to conclusions.

voreingenommen adj. ['fo:r?-] prejudiced, bias(s)ed; **'2heit** f (-/no pl.) prejudice, bias.

vor|enthalten ['fo:r?-] v/t. (irr. **halten**, sep., no **-ge-**, h) keep back, withhold (both: **j-m et.** s.th. from s.o.); **2entscheidung** ['∼?-] f preliminary decision; **∼erst** adv. ['∼?-] for the present or time being.

Vorfahr ['fo:rfa:r] m (-en/-en) ancestor. **'vorfahr|en** v/i. (irr. **fahren**, sep., **-ge-**, sein) drive up or on; **'2t(srecht** n) f right of way, priority; **die Vorfahrt achten** yield (right of way), Brt. give way; **'2t(s)straße** f road or street which has the right of way.

'Vorfall m incident, occurrence, event; **⚕** prolapse; **'2en** v/i. (irr. **fallen**, sep., **-ge-**, sein) happen, occur.

'Vorfeld n **∼** apron; fig. **im ∼** (gen.) during the period before (Brt. run-up to) (elections, etc.).

'vorfinden v/t. (irr. **finden**, sep., **-ge-**, h) find.

'Vorfreude f anticipation.

'vorfühlen F fig. v/i. (sep., **-ge-**, h) put out feelers.

'vorführ|en v/t. (sep., **-ge-**, h) show, present; model (clothes); perform (trick, etc.); demonstrate (machine, method, etc.); **⚖** bring (j-m before s.o.); **'2er** m (-s/-) cinema: projectionist; **'2ung** f (-/-en) presentation, show(-⚡): performance; demonstration; **⚖** uction; **'2wagen** mot. m demon- ⚊. Brt. demonstration car.

'Vor|gabe f sports: handicap; **'∼gang** m event, occurrence, happening; file, record(s); biol., ◎ process; **e-n ∼ schildern** give an account of what happened; **∼gänger** ['∼gɛŋər] m (-s/-) predecessor; **'∼garten** m front yard (Brt. garden).

vor|gaukeln ['fo:rgaʊkəln] v/t. (sep., **-ge-**, h): **j-m et. ∼** pull the wool over s.o.'s eyes; **'∼geben** v/t. (irr. **geben**, sep., **-ge-**, h) sports: give (a start of); fig. use s.th. as a pretext.

'Vorge|birge n foothills; **'2faßt** adj. preconceived (opinion, etc.); **2fertigt** adj. ['∼fertɪçt] prefabricated; preconceived (opinion, etc.); **'∼fühl** n presentiment.

'vorgehen v/i. (irr. **gehen**, sep., **-ge-**, sein) go (up) to the front; event, etc.: go on, happen; come first, have priority; proceed, act; **⚖** sue (**gegen** j-n s.o.); watch, etc.: be fast; **geh du schon vor** you go on ahead; **was geht hier vor?** what's going on here?

'Vorgehen n (-s/no pl.) procedure.

'Vorgeschichte f (-/no pl.) hist. prehistory; **⚕**, fig., etc. case history; **'2lich** adj. prehistoric.

'Vorge|schmack m (-[e]s/no pl.) foretaste (**auf** acc., **von** of); **'∼setzte** m, f (-n/-n) superior, F boss.

'vorgestern adv. the day before yesterday.

'vor|greifen v/i. (irr. **greifen**, sep., **-ge-**, h) (dat.) anticipate s.o. or s.th.; **'∼haben** v/t. (irr. **haben**, sep., **-ge-**, h) plan, intend; **hast du heute abend et. vor?** are you doing anything tonight?; **was hat er jetzt wieder vor?** what is he up to now?

'Vorhaben n (-s/-) plan(s), intention, ◎, econ. a. project.

'Vorhalle f (entrance) hall, lobby.

'vorhalt|en v/t. (irr. **halten**, sep., **-ge-**, h) 1. v/t.: **j-m et. ∼** hold s.th. in front of s.o.; fig. blame s.o. for (doing) s.th.; s. **Waffe**; 2. v/i. resources, etc.: last; **'2ungen** pl. reproaches; **j-m ∼ machen** (**für et.**) reproach s.o. (with s.th., for being ...).

'Vorhand f (-/no pl.) forehand (a. tennis).

vorhanden adj. [fo:r'handən] in existence; econ. available; **∼ sein** exist; **es ist ... ∼** there is ...; **2sein** n existence, presence.

'Vor|hang m curtain; **der Eiserne ∼** the Iron Curtain; **'∼hängeschloß** n padlock; **'∼haut** anat. f foreskin.

'vorher adv. before, earlier; in advance, beforehand.

vor'her|bestimmen v/t. (sep., no **-ge-**, h) predetermine; **2bestimmung** f (-/no pl.) predetermination; **∼gehen** v/i. (irr.

gehen, *sep.*, *-ge-*, *sein*) precede; **~ge- hend** *adj.*, **~ig** *adj.* preceding, previous.

'Vorherr|schaft *f* predominance; **'2- schen** *v/i.* (*sep.*, *-ge-*, *h*) predominate, prevail; **'2schend** *adj.* predominant, prevailing.

Vor'her|sage *f s.* **Voraussage**; **2sagen** *v/t.* (*sep.*, *-ge-*, *h*) *s.* **voraussagen**; **2sehbar** *adj.* foreseeable.

vor'hin *adv.* a (little) while ago; **~ein** *adv.* ['fo:r²-]: *im* **~** beforehand.

'Vor|hof *m* forecourt; *anat.* auricle; **'~- hut** ✕ *f* (*-/-en*) vanguard.

vor|ige *adj.* ['fo:rɪgə] last (*week*, *etc.*); previous (*owner*, *etc.*); **'2jahr** *n* preceding year; **'~jährig** *adj.* of last year, last year's.

'Vor|kampf *m sports:* preliminary heat or bout; **'~kämpfer** *m* champion, pioneer; **'~kaufsrecht** *econ. n* right of preemption; **~kehrungen** ['ke:rʊŋən] *pl.:* **~** *treffen* take measures or precautions; **'~kenntnisse** *pl.* previous knowledge (*in dat.* of) or experience (in).

'vorkommen *v/i.* (*irr.* **kommen**, *sep.*, *-ge-*, *sein*) be found, occur; happen; *sich* **~** feel (*silly*, *grand*, *etc.*); *es kommt mir* **~** *vor* it seems ... to me.

'Vorkomm|en *n* (*-s/-*) ✕ deposit(s); *s.* **Vorkommnis**; **~nis** *n* (*-ses/-se*) occurrence, incident, event.

'Vorkriegs... *in compounds:* prewar ...

'vorlad|en ﬦ *v/t.* (*irr.* **laden**, *sep.*, *-ge-*, *h*) summon; **'2ung** ﬦ *f* summons.

'Vorlage *f* model; pattern; copy; presentation (*of document*, *etc.*); *parl.* bill; *sports:* pass.

'vorlassen *v/t.* (*irr.* **lassen**, *sep.*, *-ge-*, *h*) let *s.o.* go first; let *s.o.* pass; *vorgelassen werden* be admitted (*bei* to).

'Vorlauf *m sports:* (preliminary) heat; *tape:* fast forward.

'Vorläuf|er *m* forerunner, precursor; **'2ig 1.** *adj.* provisional, temporary; **2.** *adv.* for the present, for the time being.

'vorlaut *adj.* forward, pert, cheeky.

'Vorleben *n* (*-s/no pl.*) former life, past.

'vorlege|n *v/t.* (*sep.*, *-ge-*, *h*) present; produce (*document*, *etc.*); show; serve (*food*); pass (*ball*); score (*points*, *goal*, *etc.*); ask (*question*); *ein schnelles Tempo* **~** speed (it) up, step on it; *sich* **~** lean forward; **'2r** *m* (*-s/-*) rug, mat.

'vorles|en *v/t.* (*irr.* **lesen**, *sep.*, *-ge-*, *h*) read out (aloud); *j-m et.* **~** read s.th. to s.o.; **'2ung** *f* (*-/-en*) lecture (*über acc.* on; *vor dat.* to); *e-e* **~** *halten* (give a) lecture; **'2ungsverzeichnis** *univ. n* catalog(ue), *Brt.* calendar.

'vorletzte *adj.* one before last, next to last, *Brt. a.* last but one; **~** *Nacht*

(*Woche*) the night (week) before last.

'Vorlieb|e *f* (*-/-n*) preference, special liking; **2nehmen** [~'li:p-] *v/i.* (*irr.* **nehmen**, *sep.*, *-ge-*, *h*): **~** *mit* make do with.

'vorliegen *v/i.* (*irr.* **liegen**, *sep.*, *-ge-*, *h*) exist, be (present); *es liegen (keine)* ... *vor* there are (no) ...; *mir liegt* ... *vor* I have here ...; *was liegt gegen ihn vor?* what is he charged with?; **'~d** *adj.* present, in question.

'vor|lügen *v/t.* (*irr.* **lügen**, *sep.*, *-ge-*, *h*): *j-m et.* **~** tell s.o. lies; **'~machen** *v/t.* (*sep.*, *-ge-*, *h*): *j-m et.* **~** show s.th. to s.o., show s.o. how to do s.th.; *fig.* fool s.o.; **'2macht(stellung)** *f* (*-/no pl.*) supremacy; **~malige** *adj.* ['~ma:lɪgə] former; **~mals** *adv.* ['~ma:ls] formerly; **2marsch** ✕ *m* advance (*a. fig.*); **'~merken** *v/t.* (*sep.*, *-ge-*, *h*) put *s.o.*('s *name*) down (*für* for *s.th.*); make a note of (*date*, *etc.*); *sich* **~** *lassen für* put in for *s.th.*

'Vormittag *m* morning, forenoon; *heute* **2** this morning; **'2s** *adv.* in the morning; *sonntags* **~** (on) Sunday mornings.

'Vormund *m* (*-[e]s/-e*, *-er*) guardian; **'~schaft** *f* (*-/no pl.*) guardianship.

vorn *adv.* [fɔrn] in front; *nach* **~** forward, to the front; *da* **~**(*e*) (over) there; *von* **~** from the front; from the beginning; *j-n von* **~**(*e*) *sehen* see s.o.'s face; *noch einmal von* **~**(*e*) (*anfangen*) (start) all over again.

'Vorname *m* first or Christian name, forename.

vornehm *adj.* ['fo:rne:m] distinguished; noble; smart, fashionable, exclusive, F posh; *die* **~e** *Gesellschaft* (high) society, the upper crust; **~** *tun* put on airs; **'~en** *v/t.* (*irr.* **nehmen**, *sep.*, *-ge-*, *h*) carry out, do; make (*changes*, *etc.*); *sich* **~** get down to (doing) *s.th.*; F take *s.o.* to task (*wegen* about, for); *sich et.* **~** decide or resolve to do s.th.; make plans for s.th.; *sich fest vorgenommen haben*, *zu* have a firm intention to, be determined to; *sich zuviel* **~** take on too much; **'~lich** *adv.* particularly.

'vorn|herein *adv.:* *von* **~** from the start or beginning; **~weg** *adv.* [~'vɛk] in front.

Vorort ['fo:r²-] *m* suburb; **'~(s)zug** *m* suburban or local or commuter train.

'Vor|platz *m* (*station*, *etc.*) forecourt, square; **'~posten** *m* outpost (*a.* ✕); **'2programmieren** *v/t.* (*sep.*, *no -ge-*, *h*) (pre)program; *fig. a.* condition; **'~rang** *m* (*-[e]s/no pl.*) precedence (*vor dat.* over), priority (over); **'~rat** *m* (*-[e]s/*-e) store, stock, supply (*all: an dat.* of); provisions; resources, reserves (*a. money*); **2rätig** *adj.* ['~rɛ:tɪç] available; *econ.* in stock; '**⁀rats...** *in compounds*: store..., storage ...; '**⁀ratskammer** *f*, '**⁀ratsschrank** *m* pantry, larder; '**⁀raum** *m* anteroom; '**2rechnen** *fig. v/t. (sep., -ge-, h)*: j-m et. ⁀ enumerate s.th. to s.o.; '**⁀recht** *n* privilege; '**⁀redner** *m* previous speaker; '**⁀reiter** *fig. m* pioneer, trailblazer; '**⁀richtung** ⊖ *f* device; '**2rücken** *(sep., -ge-)* 1. *v/t. (h)* move s.th. forward; 2. *v/i. (sein)* advance; '**⁀runde** *f sports*: preliminary round.

vors [foːrs] *short for* vor das.

'**vor|sagen** *v/i. (sep., -ge-, h)*: j-m ⁀ prompt s.o.; '**2saison** *f* off(-peak) season; '**2satz** *m* resolution; intention; **z̆s** intent; **⁀sätzlich** *adj.* ['⁀ɛtslıç] intentional; *esp.* **z̆s** wil(l)ful; '**2schau** *f* preview *(auf acc.* of); *TV, etc. a.* trailer; '**2schein** *m (-s/no pl.)*: zum ⁀ bringen produce; *fig.* bring out; zum ⁀ kommen appear, come out; '**⁀schieben** *v/t. (irr.* schieben, *sep., -ge-, h)* push *s.th.* forward; slip *(bolt, etc.); fig.* use as a pretext; '**⁀schießen** *v/t. (irr.* schießen, *sep., -ge-, h)* advance *(money)*; '**2schiff** ⚓ *n* forecastle.

'**Vorschlag** *m* suggestion, proposal *(a. parl., etc.)*; den ⁀ machen = 2en ['⁀gən] *v/t. (irr.* schlagen, *sep., -ge-, h)* suggest, propose.

'**Vor|schlußrunde** *f sports*: semifinal; '**2schnell** *adj.* hasty, rash; '**2schreiben** *fig. v/t. (irr.* schreiben, *sep., -ge-, h)* prescribe; tell; *ich lasse mir nichts ⁀* nobody tells me what to do.

'**Vorschrift** *f* **z̆s**, *etc.* rule, regulation; **z̆s**, ⊖ instruction, direction; *Dienst nach ⁀ machen* work to rule; '**2smäßig** *adj.* correct, proper; '**2swidrig** *adj. and adv.* contrary to regulations.

'**Vor|schub** *m*: ⁀ leisten favo(u)r; **z̆s** aid and abet; '**⁀schul...** *in compounds*: preschool ...; '**⁀schule** *f* preschool, kindergarten, *Brt.* infant school; '**⁀schuß** *m* advance *(of pay)*; '**2schützen** *v/t. (sep., -ge-, h)* use *s.th.* as a pretext; '**2schweben** *v/i. (sep., -ge-, h)*: mir schwebt et. vor I have s.th. in mind.

'**vorseh|en** *(irr.* sehen, *sep., -ge-, h)* 1. *v/t.* plan; **z̆s** provide; ⁀ für intend *or* designate for; 2. *v/refl.* be careful, take care, look *or* watch out *(vor dat.* for), be on the watch (for), be on one's guard (against); '**2ung** *f (-/no pl.)* providence.

'**vorsetzen** *v/t. (sep., -ge-, h)*: j-m et. ⁀ put s.th. before s.o.; offer s.o. s.th; *fig.* dish up s.th. to s.o.

'**Vorsicht** *f (-/no pl.)* caution, care; **⁀!** look *or* watch out!, (be) careful!; **⁀,** *Glas!* Glass. Handle with care!; **⁀,**

Stufe! caution: step!, *Brt.* mind the step!; '**2ig** *adj.* careful, cautious; **⁀l** *a.* watch it!, look out!

'**vorsichts|halber** *adv.* to be on the safe side; '**2maßnahme** *f*, '**2maßregel** *f* precaution(ary measure); **⁀n treffen** take precautions.

'**Vorsilbe** *gr. f* prefix.

'**vorsingen** *v/t. and v/i. (irr.* singen, *sep., -ge-, h)* sing *(j-m et.* s.th. to s.o.), (have an) audition.

'**Vorsitz** *m (-es/no pl.)* chair(manship), presidency; den ⁀ haben (übernehmen) be in (take) the chair, preside *(bei* over, at); '**⁀ende** *m, f (-n/-n)* chairperson, president.

'**Vorsorg|e** *f (-/no pl.)* precaution; **z̆s** preventive (cancer) checkup, screening; ⁀ treffen take precautions; '**2lich** ['⁀zɔrklıç] 1. *adj.* precautionary; 2. *adv.* as a precaution.

'**Vor|spann** *m (-[e]s/-e) film, etc.*: credit titles, credits; '**⁀speise** *f* hors d'oeuvre, appetizer, *Brt. a.* starter.

'**vorspiegel|n** *v/t. (sep., -ge-, h)* pretend, make believe; '**2(e)lung** *f (-/-en)* preten|se, *Brt.* -ce.

'**Vorspiel** *n* ♪ prelude *(a. fig.)*; foreplay; *fig.* beginning; '**2en** *v/t. (sep., -ge-, h)*: j-m et. ⁀ play s.th. for *or* to s.o.; (have an) audition; *fig.* put on an act.

'**vor|sprechen** *(irr.* sprechen, *sep., -ge-, h)* 1. *v/t.* pronounce *(j-m* for s.o.); 2. *v/i.* call *(bei* at); *thea.* (have an) audition; '**⁀springen** *fig. v/i. (irr.* springen, *sep., -ge-, sein)* project, protrude *(both a. arch.)*; '**2sprung** *m arch.* projection; *sports, etc.*: lead; e-n ⁀ haben be leading *(von* by); *esp. fig. a.* be *(von 2 Jahren* two years) ahead; '**2stadt** *f* suburb; '**2stand** *m* board (of directors); managing committee.

'**vorsteh|en** *v/i. (irr.* stehen, *sep., -ge-, h)* project, protrude; *fig. (dat.)* manage, be the head of, be in charge of; '**2erdrüse** *anat. f* prostate gland.

'**vorstell|bar** *adj.* imaginable; '**⁀en** *v/t. (sep., -ge-, h)* introduce *(sich* o.s.; j-n j-m s.o. to s.o.); put *(watch, etc.)* forward *(um* by); *sich et. (j-n als ...)* ⁀ imagine s.th. (s.o. as ...); *was haben Sie sich vorgestellt?* what did you have in mind?; *so stelle ich mir ... vor* that's my idea of ...; F: *stell dir vor!* (just) imagine!; *sich ⁀ bei* have an interview with *(employer, etc.)*; *was soll das ⁀?* what's that supposed to be?; '**2ung** *f (-/-en) thea.* performance; (picture) show; idea, notion; expectation; mind, imagination; introduction; interview; '**2ungsvermögen** *n (-s/no pl.)* imagination.

Vor|stopper ['fo:rʃtɔpər] m (-s/-) soccer: cent|er (Brt. -re) half; '~stoß m ✗ advance; fig. attempt; '~strafe f previous conviction; ~n pl. = '~strafenregister n police record; '2strecken v/t. (sep., -ge-, h) put out (hand, etc.); advance (money); '~stufe f preliminary stage; '2täuschen v/t. (sep., -ge-, h) feign, fake; simulate; pretend.

Vorteil ['fɔr-] m advantage (a. tennis, etc.); benefit, profit; die ~e und Nachteile the pros and cons; '2haft adj. advantageous, profitable.

Vortrag ['fo:rtra:k] m (-[e]s/~e) talk; lecture; (piano, etc.) recital; recitation; e-n ~ halten give a talk or lecture (vor dat. to); 2en ['~gən] v/t. (irr. tragen, sep., -ge-, h) express, state (view, etc.); ♪, etc. perform, play; recite (poem, etc.).

vor|'trefflich adj. splendid; '~treten v/i. (irr. treten, sep., -ge-, sein) step forward; fig. protrude (a. eyes, etc.), stick out; '2tritt m (-[e]s/no pl.) precedence; j-m den ~ lassen let s.o. go first or ahead.

vorüber adv. [fo'ry:bər]: ~ sein be over or gone; ~gehen v/i. (irr. gehen, sep., -ge-, sein) pass, go by; ~gehend adj. temporary.

Vor|übung ['fo:r?-] f preparatory exercise; ~untersuchung ♂♂, ♂ ['~?-] f preliminary examination.

Vorurteil ['fo:r?-] n prejudice; 2slos adj. unprejudiced, unbias(s)ed.

Vor|verkauf thea. m advance booking; '2verlegen v/t. (sep., no -ge-, h) advance; '~wahl f teleph. area code, Brt. STD code; pol. primary, Brt. preliminary election; '~wand m (-[e]s/~e) pretext, preten|se, Brt. -ce; excuse.

vorwärts adv. ['fo:rvɛrts] forward, on(ward), ahead; ~! come on!, let's go!; '~kommen v/i. (irr. kommen, sep., -ge-, sein) (make) progress; fig. make one's way, get on or somewhere.

vorweg adv. [fo:r'vɛk] beforehand; ahead, in front; ~nehmen v/t. (irr. nehmen, sep., -ge-, h) anticipate.

'vor|weisen v/t. (irr. weisen, sep., -ge-, h) produce, show; et. ~ können boast s.th.; '~werfen fig. v/t. (irr. werfen, sep., -ge-, h): j-m et. ~ reproach s.o. with s.th.; accuse s.o. of s.th.; '~wiegend adv. predominantly, chiefly, mainly, mostly; '2wissen n s. Vorkenntnisse; '~witzig adj. brash.

'Vor|wort n (-[e]s/-e) preface; foreword; '~wurf m reproach; j-m Vorwürfe machen (wegen) reproach s.o. (for); '2wurfsvoll adj. reproachful; '~zeichen n omen, sign (a. ♀); ♪ accidental; '2zeigen v/t. (sep., -ge-, h) show, present, produce (ticket, etc.).

'Vorzeit f (-/no pl.): der Mensch etc. der ~ prehistoric man, etc.; '2ig adj. premature, early.

'vor|ziehen v/t. (irr. ziehen, sep., -ge-, h) draw (curtains, etc.); fig. prefer, favo(u)r; '2zimmer n outer office, antechamber, anteroom; waiting room; '2zug fig. m priority; (give, etc.) preference (vor dat. over); advantage; merit; ~züglich adj. [-'tsy:klıç] excellent, superior, exquisite; '2zugspreis m special price; '~zugsweise adv. preferably.

vot|ieren [vo'ti:rən] v/i. (no, ge-, h), 2um ['vo:tʊm] n (-s/-ten, -ta) vote.

vulgär adj. [vʊl'gɛːr] vulgar.

Vulkan [vʊl'ka:n] m (-s/-e) volcano; ~ausbruch [~?-] m volcanic eruption; 2isch adj. volcanic.

W

Waag|e ['va:gə] f (-/-n) scale(s Brt.); balance; ast. Libra; sich die ~ halten balance each other; '2erecht adj., 2recht adj. ['va:k-] horizontal; ~schale ['va:k-] f scale; in die ~ werfen bring s.th. to bear; auf die ~ legen take (s.o.'s words) literally.

wabb(e)lig F adj. ['vab(ə)lıç] flabby, wobbly.

Wabe ['va:bə] f (-/-n) honeycomb (a. fig. ⊕).

wach adj. [vax] awake; ~ werden wake (up); esp. fig. awake; '2ablösung ['~?-] f changing of the guard; '2e f (-/-n) guard (a. ✗); sentry; ♠, etc. watch; police station; auf ~ on guard (duty); ~ haben be on guard (♠ watch); ~ halten keep watch; '~en v/i. (ge-, h) (keep) watch (über acc. over); lit. be awake; sit up (bei with s.o.); '~habend adj. on duty; '~halten v/t. (irr. halten, sep., -ge-, h) keep awake (fig. a. alive); '2hund m watchdog (a. fig.); '2mann m guard, (night) watchman; Aust. s. Polizist.

Wacholder ♀ [va'xɔldər] m (-s/-) juniper.

'Wach|posten m guard, sentry; '2rufen fig. v/t. (irr. rufen, sep., -ge-, h) call up, evoke; '2**rütteln** *v/t.* (*sep.*, -**ge**-, *h*) rouse; *fig. a.* shake up.

Wachs [vaks] *n* (-*es*/-*e*) wax.

'**wachsam** *adj.* watchful, on one's guard, vigilant; '2**keit** *f* (-/*no pl.*) watchfulness, vigilance.

wachsen[1] ['vaksən] *v/i.* (*irr.*, *ge*-, *sein*) grow; *fig. a.* increase (*both*: **an** *dat.* in); *sich e-n Bart ~ lassen* grow a beard.

wachsen[2] [~] *v/t.* (*ge*-, *h*) wax.

wächsern *adj.* ['veksərn] waxy.

'**Wachs|figurenkabinett** *n* waxworks; '~**tuch** *n* oilcloth.

Wachstum ['vakstu:m] *n* (-*s*/*no pl.*) growth; *fig. a.* increase.

'**wachs'weich** *fig. adj.* wishy-washy.

Wacht *poet.* [vaxt] *f* (-/-*en*) *s.* **Wache**.

Wachtel *zo.* ['vaxtəl] *f* (-/-*n*) quail.

Wächter ['vɛçtər] *m* (-*s*/-) guard.

'**Wacht|meister** *m* patrolman, *Brt.* (police) constable; *addressing one:* officer; '~**turm** *m* watchtower.

wackelig *adj.* ['vakəlɪç] shaky (*a. fig.*); *tooth, etc.:* loose; '2**kontakt** ⚡ *m* loose contact; '~n *v/i.* (*ge*-, *h*) shake; *table, etc.:* wobble; *tooth, etc.:* be loose; *phot.* move; *~ mit* wag; *mit den Hüften ~* wiggle.

wacker *co. adj.* ['vakər] brave; honest.

wacklig *adj.* ['vaklɪç] *s.* **wackelig**.

Wade *anat.* ['va:də] *f* (-/-*n*) calf.

Waffe ['vafə] *f* (-/-*n*) weapon (*a. fig.*); ✕ branch of service; ~*n pl. a.* arms; *zu den ~n greifen* take up arms; *die ~n strecken* surrender (*a. fig.*); *mit vorgehaltener ~* at gunpoint.

Waffel ['vafəl] *f* (-/-*n*) waffle; wafer.

'**Waffen|gattung** ✕ *f* branch of service, arm; '~**gewalt** *f* (-/*no pl.*): *mit ~* by force of arms; '~**lager** *n* arsenal; ✕ *a.* ordnance depot; '~**schein** *m* gun licen|se, *Brt.* -ce; '~**schmuggel** *m* gun-running; '~**stillstand** *m* armistice (*a. fig.*); truce.

Wagemut ['va:gə~] *m*, '2**ig** *adj.* daring.

wagen ['va:gən] *v/t.* (*ge*-, *h*) dare; risk; *sich aus dem Haus etc. ~* venture out of doors, *etc.*

Wagen [~] *m* (-*s*/-) car; truck, *Brt. a.* lorry; van; wag(g)on, cart, carriage, coach; *der Große ~ast.* the Big Dipper.

wägen *esp. fig. lit.* ['vɛ:gən] *v/t.* (*irr.*, *ge*-, *h*) weigh (*one's words, etc.*).

Wagen|heber ['va:gənhe:bər] *m* (-*s*/-) jack; '~**ladung** *f* carload; *fig.* cartload; '~**pflege** *f* car care *or* maintenance; '~**rad** *n* cartwheel; '~**spur** *f* (wheel) track; '~**wäsche** *f* car wash.

Waggon 🚃 [va'gɔŋ] *m* (-*s*/-*s*) car, *Brt.* wag(g)on.

wag|halsig *adj.* ['va:khalzɪç] daring; '2**nis** *n* (-*ses*/-*se*) venture, risk.

Wahl [va:l] *f* (-/-*en*) choice; option; alternative; selection; *pol.* election; voting, poll; vote; *die ~ haben* (*s-e ~ treffen*) have the (make one's) choice; *keine* (*andere*) *~ haben* have no choice *or* alternative; *wer die ~ hat, hat die Qual* the wider the choice, the greater the trouble.

Wahl... *pol.* in compounds: *mst* election (*year, etc.*), electoral (*system, fraud, etc.*).

wählbar *adj.* ['vɛ:lba:r] eligible.

'**wahl|berechtigt** *adj.* entitled to vote; '2**beteiligung** *f* (**hohe** [**niedrige**]) heavy [light]) voter turnout.

wählen ['vɛ:lən] *v/t. and v/i.* (*ge*-, *h*) choose, pick, select; *pol.* vote (*acc.* for *s.o. or s.th.*); elect; *teleph.* dial.

Wahlergebnis ['va:l?~] *n* election returns.

'**Wähler** *m* (-*s*/-) voter; '2**isch** *adj.* particular, fussy, choos(e)y (*all: in dat.* about); '~**schaft** *f* (-/*no pl.*) electorate, voting population.

'**Wahl|fach** *n school:* elective (subject), optional subject; '~**gang** *m* (*first, etc.*) ballot; '~**kabine** *f* polling booth; '~**kampf** *m* election campaign; '~**kreis** *m* electoral district, *Brt.* constituency; '~**lokal** *n* polling station; '2**los** *adj. and adv.* indiscriminate(ly), (at) random; '~**programm** *n* election platform; '~**recht** *n* (-[*e*]*s*/*no pl.*) (right to) vote, suffrage, franchise; *passives ~* eligibility; '~**rede** *f* campaign speech.

'**Wählscheibe** *teleph. f* dial.

'**Wahl|spruch** *m* motto; '~**urne** ['~?-] *f* ballot box; '~**versammlung** *f* election rally; '~**zettel** *m* ballot, voting paper.

Wahn [va:n] *m* (-[*e*]*s*/*no pl.*) delusion; mania.

wähnen *lit.* ['vɛ:nən] *v/t.* (*ge*-, *h*) believe (to be).

'**Wahn|sinn** *m* (-[*e*]*s*/*no pl.*) madness (*a. fig.*), insanity; '2**sinnig 1.** *adj.* mad (*a. fig.*), insane; F *fig. a.* crazy; awful, terrible (*pain, etc.*); **2.** F *fig. adv.* terribly, awfully; madly (*in love, etc.*); ~**sinnige** ['~gə] *m*, *f* (-*n*/-*n*) mad|man (-woman), maniac, lunatic; '~**vorstellung** *f* delusion, hallucination; '2**witzig** *adj.* mad, crazy.

wahr *adj.* [va:r] true; real; genuine; *ist et. 2es d(a)ran?* is there any truth in it?; F: *das* (*einzig*) *2e* just the thing (to do); *s. nicht;* '~**en** *v/t.* (*ge*-, *h*) keep (*secret, etc.*); protect (*one's interests, etc.*); *den Schein ~* keep up appearances.

währen *lit.* ['vɛ:rən] *v/i.* (*ge*-, *h*) last.

'**während 1.** *prp.* (*gen.*, F *dat.*) during; **2.** *cj.* while; whereas.

'**wahr|haben** *v/t.*: *et. nicht ~ wollen* refuse to admit *or* believe s.th.; '~haft, ~'haftig 1. *adj.* truthful; real, true; 2. *adv.* really, truly; certainly.

'Wahrheit *f* (-/-en) truth; '2sgemäß, '2sgetreu *adj.* and *adv.* truthful(ly), faithful(ly); '~sliebe *f* truthfulness, love of truth; '2sliebend *adj.* truthful.

'wahr|lich *adv.* really, certainly; '~nehmbar *adj.* noticeable, perceptible; '~nehmen *v/t.* (irr. nehmen, sep., -ge-, h) perceive, notice; perform (*duties, etc.*); seize (*opportunity, etc.*), take (*advantage, etc.*); look after (*interests, etc.*); '2nehmung *f* (-/-en) perception; performance (*of duties, etc.*); safeguarding (*of rights*); '~sagen *v/i.* (sep., -ge-, h): *j-m ~* tell s.o.'s fortune; *sich ~ lassen* have one's fortune told; 2sager(in) ['~za:gər(in)] *m* (f) (-s[-]/-[-nen]) fortune-teller; ~'scheinlich 1. *adj.* probable, likely; 2. *adv.* probably, (very *or* most) likely; *~ gewinnt er (nicht)* he is (not) likely to win; 2'scheinlichkeit *f* (-/-en) probability, likelihood; *aller ~ nach* in all probability.

Währung ['vɛːrʊŋ] *f* (-/-en) currency; '~s... *in compounds*: monetary (*policy, reform, etc.*).

'Wahrung *f* (-/no *pl.*) protection; safeguarding (*of interests*).

'Wahrzeichen *n* landmark.

Waise ['vaizə] *f* (-/-n) orphan; '~nhaus *n* orphanage.

Wal *zo.* [va:l] *m* (-[e]s/-e) whale.

Wald [valt] *m* (-[e]s/-er) wood(s), forest; '~brand *m* forest fire; '2ig *adj.*, '2reich *adj.* wooded; '~sterben *n* (-s/no *pl.*) acid rain damage (to forests), waldsterben, the dying-forest syndrome; ~ungen ['~dʊŋən] *pl* forests.

'Wal|fang *m* (-[e]s/no *pl.*) whaling; ~fänger ['~fɛŋər] *m* (-s/-) whaler.

Wall [val] *m* (-[e]s/-e) dam, embankment; ✕ rampart.

Wallach *zo.* ['valax] *m* (-[e]s/-e) gelding.

wallen ['valən] *v/i.* (ge-, h) flow (*a. fig. hair, etc.*); *blood:* boil.

'Wallfahr|er *m* pilgrim; '~t *f* pilgrimage.

'Wallung *fig. f* (-/-en): *j-n in ~ bringen* make s.o.'s blood boil.

'Wal|nuß ['val-] *f* walnut; '~roß *zo. n* (-sses/-sse) walrus.

walten *lit.* ['valtən] *v/i.* (ge-, h) rule; *~ lassen* show (*mercy, etc.*); *s.* schalten.

Walze ['valtsə] *f* (-/-n) roller, cylinder (*both a. print.*); ⊙, ♪ barrel; '2n *v/t.* (ge-, h) roll (*a.* ⊙).

wälzen ['vɛltsən] *v/t.* (ge-, h) roll (*a. sich ~*); *fig.* pore over (*books, etc.*); turn s.th. over in one's mind.

Walzer ['valtsər] *m* (-s/-) waltz (*a. ~ tanzen*).

Wälzer *F m* (-s/-) thick book, tome.

Wampe *F* ['vampə] *f* (-/-n) pot(belly).

wand [vant] *past of* winden.

Wand [~] *f* (-/-e) wall; *fig. a.* barrier; *mount.* (rock) face.

Wandalismus [vanda'lɪsmʊs] *m* (-/no *pl.*) vandalism.

Wandel ['vandəl] *m* (-s/no *pl.*) change; '2bar *adj.* changeable; '~n (ge-) 1. *v/t.* and *v/refl.* (h) change; 2. *poet. v/i.* (sein) saunter, stroll; '2nd *adj.* walking (*encyclop[a]edia, etc.*).

Wander|er ['vandərər] *m* (-s/-) hiker; '2n *v/i.* (ge-, sein) hike; ramble (about), roam, wander (*a. fig.*); '~preis *m* challenge trophy; '~schaft *f* (-/no *pl.*) travels; '~tag *m* (school) field trip (*Brt.* outing *or* excursion); '~ung *f* (-/-en) walking tour, hike; migration (*a. zo.*); '~weg *m* (hiking) trail.

'Wand|gemälde *n* mural (painting); '~kalender *m* wall calendar; '~lung ['vandlʊŋ] *f* (-/-en) change, transformation; *eccl.* transubstantiation; *econ.* cancel(l)ation (of sale); '~schrank *m* closet, *Brt.* built-in cupboard; '~tafel *f* blackboard.

wandte ['vantə] *past of* wenden 1.

'Wand|teppich *m* tapestry; '~uhr ['~ʔ-] *f* wall clock.

Wange ['vaŋə] *f* (-/-n) cheek.

Wankelmotor ['vaŋkəl-] *m* rotary piston *or* Wankel engine.

'wankelmütig *adj.* fickle, inconstant.

wanken ['vaŋkən] *v/i.* (ge-) 1. (h) stagger, reel; *ground, etc.:* rock; *fig.* falter, waver; 2. (sein) stagger, roll.

wann *interr. adv.* [van] when, (at) what time; *seit ~?* (for) how long?, since when?

Wanne ['vanə] *f* (-/-n) tub; bathtub.

Wanst *F* [vanst] *m* (-es/-e) belly.

Wanze ['vantsə] *f* (-/-n) *zo.* bedbug; *F fig.* bug, wiretap.

Wappen ['vapən] *n* (-s/-) (coat of) arms; '~kunde *f* (-/no *pl.*) heraldry; '~tier *n* heraldic animal.

wappnen *fig.* ['vapnən] *v/refl.* (ge-, h): *sich ~ gegen* arm o.s. against; *sich ~ mit* muster up.

war [va:r] *past of* sein'.

warb [varp] *past of* werben.

Ware ['va:rə] *f* (-/-n) *coll. mst* goods; article; product; '~n *pl. in compounds:* a. ...ware.

'Waren|haus *n* department store; △ *not* warehouse; '~lager *n* stock; '~probe *f* sample; '~zeichen *n* trade mark.

warf [varf] *past of* werfen.

warm *adj.* [varm] warm (*a. fig.*); *meal, drink:* hot; *schön ~* nice and warm; *~ halten (stellen)* keep warm; *~ machen* warm (up); *sich ~ laufen* warm up; *ich kann mit ... nicht ~ werden* I can't warm to ...

Wärme ['vɛrmə] *f (-/no pl.)* warmth; *phys.* heat; *in compounds: a.* thermal *(energy, etc.)*; **~eisolierung** ['~ʔ-] *f* heat insulation; **2en** *v/t. (ge-, h)* warm (up); *sich die Füße ~* warm one's feet; **~epumpe** *f* heat pump; **~flasche** *f* hot-water bottle.

'warm|halten *F fig. v/t. (irr. halten, sep., -ge-, h): sich j-n ~* keep in with s.o.; **2halteplatte** *f* hot plate; **~herzig** *adj.* warmhearted; **~laufen** *v/i. (irr. laufen, sep., -ge-, sein): ~ lassen* warm *(engine, etc.)* up.

Warm'wasser|bereiter *m (-s/-)* water heater; **~versorgung** *f* hot-water supply.

Warn|... [varn-] *in compounds: mst* warning *(light, system, etc.)*; **~blinkanlage** *mot.* ['~blɪŋk²-] *f* warning flasher; **~dreieck** *mot. n* triangular highway emergency warning sign, *Brt.* warning triangle.

warn|en *v/t. (ge-, h)* warn *(vor dat.* of, against), caution (against); *j-n davor ~ et. zu tun* warn s.o. not to do s.th.; **2schild** *n* danger sign; **2signal** *n* warning (signal); **2streik** *m* token strike; **2ung** *f (-/-en)* warning, caution; *s. zur.*

...wart [-vart] *m (-[e]s/-e) in compounds: mst* ... attendant; ... manager.

Warte ['vartə] *f (-/-n)* point of view; level; *s. Sternwarte, Vogelwarte.*

warten¹ ['vartən] *v/i. (ge-, h)* wait *(auf acc.* for); **~ auf** *(acc.)* a. await *(both a. fig.); j-n ~ lassen* keep s.o. waiting.

'warten² ⊙ *v/t. (ge-, h)* service, maintain.

Wärter *m (-s/-) museum, etc.:* attendant; *zoo, etc.:* keeper; *s. Gefängniswärter.*

'Warte|saal *m,* **'~zimmer** *n* waiting room.

...wärts [-vɛrts] *in compounds: (west, etc.)*ward(s).

'Wartung ⊙ *f (-/no pl.)* maintenance.

warum *adv.* [va'rʊm] why, F what (...) for, how come.

Warze ['vartsə] *f (-/-n)* wart.

was [vas] **1.** *interr. pron.* what; *~ gibt's?* what is it?, F what's up?; what's for lunch, *etc.*?; *~ soll's?* so what?; *~ machen Sie?* what are you doing?; what do you do (for a living)?; *~ kostet ... ?* how much is ...?; *~ für ...?* what kind or sort of ...?; *~ für eine Farbe (Größe)?* what colo(u)r (size)?; *~ für ein Unsinn (e-e gute Idee)!* what nonsense (a good idea)!; *~ haben wir gelacht!* what a good laugh we had!;

schön, ~? nice, isn't it?; *s. ach*; **2.** *rel. pron.* what; *~ (auch) immer (für ein)* whatever; *alles, ~ ich habe (brauche)* all I have (need); *ich weiß nicht, ~ ich tun (sagen) soll* I don't know what to do (say); *..., ~ mich ärgerte ...,* which made me angry; **3.** F *indef. pron. s. etwas; ist ~?* anything wrong?; *s. na.*

Wasch|anlage *mot.* ['vaʃ²-] *f* car wash; windshield *(Brt.* windscreen) washer; **2bar** *adj.* washable; **~bär** *zo. m* rac(c)oon; **~becken** *n* washbowl, washbasin.

Wäsche ['vɛʃə] *f (-/no pl.)* wash(ing), laundry; linen(s); underwear; *in der ~* in the wash; *~ aufhängen* hang out the wash(ing); *schmutzige ~ waschen* wash one's dirty linen (in public).

waschecht *adj.* ['vaʃ²-] washable; *colo(u)rs:* fast; *fig.* true, genuine.

'Wäsche|klammer *f* clothes pin *(Brt.* peg); **~leine** *f* clothesline.

'waschen *v/t. and v/refl. (irr., ge-, h)* wash *(die Haare [Hände]* one's hair [hands]); *sich gut ~ (lassen)* wash well; **~ und Legen** a shampoo and set.

Wäsche'rei *f* laundry; *s. Waschsalon.*

'Wasch|korb *m* laundry basket, *Am. a.* hamper; **~küche** *f* utility room; **~lappen** *m* washcloth, *Brt.* flannel, facecloth; **~maschine** *f* washing machine, washer; **2maschinenfest** *adj.* machine-washable; **~mittel** *n,* **~pulver** *n* detergent, washing powder; **~raum** *m* lavatory, washroom; **~salon** *m* laundromat, *esp. Brt.* laund(e)rette; **~straße** *mot. f* car wash; **~zettel** *m* blurb *(of book).*

Wasser ['vasər] *n (-s/-)* water; *&* (o)edema; *unter ~* underwater; flooded; *zu ~ lassen* launch *(boat, etc.); ~ lassen* urinate; *ins ~ gehen fig.* drown o.s.; *mir läuft das ~ im Mund zusammen* it makes my mouth water; *mit allen ~n gewaschen sein* know all the tricks of the trade; **~ball** *m* beach ball; *sport (no pl.):* water polo; **~behälter** *m* reservoir, water tank; **~dampf** *m* steam; **2dicht** *adj.* waterproof; *esp. ⚓* watertight *(a. fig.);* **~fall** *m* waterfall; falls; **~farbe** *f* watercolo(u)r; **~flugzeug** *n* seaplane; **~graben** *m* ditch; **~hahn** *m* tap, *Am. a.* faucet.

wässerig *adj.* ['vɛsərɪç] watery; *j-m den Mund ~ machen* make s.o.'s mouth water.

'Wasser|kessel *m* kettle; **~klosett** *n* (flush) toilet, W.C.; **~kraft** *f* waterpower; **~kraftwerk** *n* hydroelectric power station; **~lauf** *m* watercourse; **~leitung** *f* waterpipe(s); **~mangel** *m* water shortage; **'～mann** *ast. m* (-[e]s/ *no pl.*) Aquarius.

'wassern *v/i.* (ge-, h) ✈ land on water; *spacecraft:* splash down.

wässern ['vɛsərn] (ge-, h) **1.** *v/t.* soak; water (*lawn, etc.*); **2.** *v/i. eyes, etc.:* water.

'Wasser|ratte *f zo.* water rat (*a.* F *fig.*); *fig.* s.o. who loves the water; **'～rohr** *n* water pipe; **'～rose** ♣ *f* water lily; **'2scheu** *adj.* afraid of water; **'～schutzpolizei** *f* harbo(u)r *or* river police; **'～ski** *m* water ski(ing); **'～laufen** water-ski; **～speler** *arch.* '～ʃpaɪɐ] *m* (-s/-) gargoyle; **'～spiegel** *m* water level; **'～sport** *m* water sports, aquatics; **'～spülung** *f* (-/-en) flush; cistern; *Toilette mit ～* (flush) toilet, W.C.; **'～stand** *m* water level; **'～standsanzeiger** ['～ʃtants²-] *m* water ga(u)ge; **'～stiefel** *pl.* waders, wading boots; **'～stoff** ♠ *m* (-[e]s/*no pl.*) hydrogen; **'～stoffbombe** *f* hydrogen bomb, H-bomb; **'～strahl** *m* jet of water; **'～straße** *f* waterway; **'～tier** *n* aquatic animal; **'～verdrängung** *f* (-/*no pl.*) displacement; **'～verschmutzung** *f* water pollution; **'～versorgung** *f* water supply; **'～vogel** *m* water bird, *esp. pl.* waterfowl; **'～waage** *f* spirit level, water level; **'～weg** *m* waterway; *auf dem ～* by water; **'～welle** *f* water wave; **'～werfer** *m* (-s/-) water cannon; **'～werk** *n* waterworks; **'～zeichen** *n* watermark.

wäßrig *adj.* ['vɛsrɪç] *s.* **wässerig.**

waten ['va:tən] *v/i.* (ge-, sein) wade.

watscheln ['va:tʃəln] *v/i.* (ge-, sein) waddle.

Watt¹ ⚡ [vat] *n* (-[e]s/-) watt.

Watt² *geogr.* [～] *n* (-[e]s/-en) mud flats.

Watt|e ['vatə] *f* (-/-en) cottton (wool); padding; **'～ebausch** *m* cotton pad; **'～enmeer** *geogr. n s.* **Watt²**; **'～estäbchen** *n* Q-Tip; **'2iert** *adj.* [～'ti:rt] padded; quilted.

wau *int.* [vaʊ] woof!; **～, ～!** bowwow!; **'2wau** F *m* (-s/-s) doggie.

web|en ['ve:bən] *v/t. and v/i.* ([irr.,] ge-, h) weave; **'2er** *m* (-s/-) weaver; **2e'rei** *f* (-/-en) textile mill, *craft:* weaving; **'2stuhl** ['ve:p-] *m* loom.

Wechsel ['vɛksəl] *m* (-s/-) change; *econ.* exchange; bill of exchange; (*monthly*) allowance; alternation, rotation; **'～beziehung** *f* correlation; **'～geld** *n* (small) change; **'2haft** *adj.* changeable; **'～jahre** = *pl.* change of life, menopause; **'～kurs** *m* exchange rate; **'2n** *v/t. and v/i.* (ge-, h) change, switch; exchange; vary; alternate; **'2nd** *adj.* varying; **'2seitig** *adj.* mutual, reciprocal; **'～strom** ⚡ *m* alternating current, *abbr.* A.C.; **'～stube** *f*

currency exchange (office); **'2weise** *adv.* alternately, by turns; **'～wirkung** *f* interaction.

wecke|n ['vɛkən] *v/t.* (ge-, h) wake s.o. (up), waken; *esp. fig.* awaken, (a)rouse; **'2r** *m* (-s/-) alarm (clock).

wedeln ['ve:dəln] *v/i.* (ge-, h) wave (*mit et. s.th.*); *skiing:* wedel; *mit dem Schwanz ～* wag its tail.

weder *cj.* ['ve:dər] **～ ... noch** neither ... nor.

Weg [ve:k] *m* (-[e]s/-e) way (*a. fig.*); road (*a. fig.*); path; route; walk; *Mittel und ～e* ways and means; *auf diesem ～* this way, thus; *sich auf den ～ machen* set out, start (*nach* for); *auf dem besten ～e sein zu* be well on the way to; *auf halbem ～* (*entgegenkommen*) (meet s.o.) halfway (*a. fig.*); *auf friedlichem (legalem) ～e* by peaceful (legal) means; *j-m aus dem ～ gehen* get (*fig.* keep) out of s.o.'s way; *aus dem ～ räumen* put s.o. out of the way; *vom ～(e) abkommen* lose one's way, go astray (*a. fig.*); *in die ～e leiten* initiate s.th.; *pave the way for s.th.*

weg *adv.* [vɛk] away; gone; off; F out (cold); F in raptures (*von* over, about); *welt ～* (*von*) far away (from); *darf ich ～?* may I go out?; *ich kann (hier) nicht ～* I have to stay (here); F: *ich bin ganz ～* I'm all shook up; *Finger ～!* (keep your) hands off!; **～** (*hier*)*!* get out of here!; *sl.* beat it!; *bloß or schnell ～ hier!* let's get out of here fast!; *s.* **fort, hinweg,** *and compounds*; **'～bleiben** F *v/i.* (*irr.* **bleiben,** *sep.,* -ge-, *sein*) stay away, fail to come; be left out; **'～bringen** *v/t.* (*irr.* **bringen,** *sep.,* -ge-, h) take away; **'～von** get s.o. away from; **'～denken** *v/t.* (*irr.* **denken,** *sep.,* -ge-, h): ... *ist aus dem Leben nicht mehr wegzudenken* life would be unthinkable without ...; **'～diskutieren** *v/t.* (*sep., no ge-, h)*: ... *läßt sich nicht ～* you can't change *or* just have to face (*the fact, etc.*).

wegen *prp.* ['ve:gən] (*gen.,* F *dat.*) because of, on account of, for; *for s.o.'s or s.th.'s* sake, for the sake of; due *or* owing to; ⚖ on a charge of, for (*crime*).

weg|fahren ['vɛk-] (*irr.* **fahren,** *sep.,* -ge-) **1.** *v/i.* (*sein*) leave, go away; *mot. a.* drive away *or* off; **2.** *v/t.* (h) take away, remove; **'2fall** *m* (-[e]s/*no pl.*) abolition, cessation, omission; *in ～ kommen* lit. = **'～fallen** *v/i.* (*irr.* **fallen,** *sep.,* -ge-, *sein*) be dropped; stop, be stopped; *die ... werden ～* there will be no more ...; **'2gang** *m* (-[e]s/*no pl.*) going away, leaving; **'～geblasen** F *adj.:* *wie ～ of* pain, *fear, etc.:* vanished, all gone; **'～gehen** *v/i.* (*irr.* **gehen,** *sep.,*

-ge-, sein) go away (a. fig. pain, etc.),
leave; stain, etc.: come out; goods, etc.:
sell (F: **wie warme Semmeln** like hot
cakes); '**~getreten** F fig. adj. day-
dreaming; not all there; '**~jagen** v/t.
(sep., -ge-, h) drive or chase away;
'**~kommen** F v/i. (irr. **kommen**, sep.,
-ge-, sein) get away; thing: get lost; **gut**
(**schlooht**) ~ come off well (hadly) (**bei**
in, at); **mach, daß du wegkommstl** get
out of here!, sl. get lost!; '**~lassen** v/t.
(irr. **lassen**, sep., -ge-, h) let s.o. go;
leave out, skip; '**~laufen** v/i. (irr.
laufen, sep., -ge-, sein) run away ([**vor**]
j-m from s.o.) (a. fig.); '**~legen** v/t.
(sep., -ge-, h) put away; '**~machen** F
v/t. (sep., -ge-, h) get out (stain, etc.);
sich ~ lassen have (wart, etc.) re-
moved; get rid of (baby); '**~müssen** F
v/i. (irr. **müssen**, sep., -ge-, h) have to
go (a. fig.); **ich muß jetzt weg** I must be
off now; '**~nehmen** v/t. (irr. **nehmen**,
sep., -ge-, h) take away (**von** from);
take up (space, time, etc.); steal (a. fig.
s.o.'s wife, etc.); **j-m et. ~** take s.th.
(away) from s.o.
Wegrand ['ve:k-] m (am by the) way-
side.
weg|räumen ['vek-] v/t. (sep., -ge-, h)
clear away, remove; '**~schaffen** v/t.
(sep., -ge-, h) remove; '**~schicken** v/t.
(sep., -ge-, h) send away or off; '**~-
schmeißen** F v/t. (irr. **schmeißen**,
sep., -ge-, h) throw away; '**~schnap-
pen** F v/t. (sep., -ge-, h): **j-m et. or j-n ~**
snatch s.th. or s.o. away from s.o., steal
(s.o.'s girlfriend, etc.), beat s.o. to it;
'**~sehen** v/i. (irr. **sehen**, sep., -ge-, h)
look away; '**~setzen** v/t. (sep., -ge-, h)
move (a. s.o.); s. **hinwegsetzen**; '**~tre-
ten** v/i. (irr. **treten**, sep., -ge-, sein)
step aside; ~ **lassen** ✕ dismiss; s. **weg-
getreten**; '**~tun** F v/i. (irr. **tun**, sep.,
-ge-, h) put away.
Wegweiser ['ve:kvaɪzər] m (-s/-) sign-
post; directory; fig. guide.
Wegwerf|... ['vekverf-] in compounds:
throw-away ...; disposable ...; '**2en** v/t.
(irr. **werfen**, sep., -ge-, h) throw away
(a. fig.).
weg|wischen ['vek-] v/t. (sep., -ge-, h)
wipe off; fig. brush aside (objection,
etc.); '**~ziehen** (irr. **ziehen**, sep., -ge-)
1. v/i. (sein) move away; **2.** v/t. (h) pull
away.
weh adv. [ve:]: ~ **tun** hurt (**j-m** s.o.; fig. a.
s.o.'s feelings); head, etc.: a. be aching;
sich (**am Finger**) ~ **tun** hurt o.s. (hurt
one's finger).
...weh n (-s/no pl.) in compounds: ...ache.
wehe int. ['ve:ə]: ~ (**dir**)**l** don't you
dare!

'**Wehen** ✍ pl. labo(u)r.
'**wehen** v/i. and v/t. (ge-, h) blow; hair,
etc.: wave.
.'**Weh|klagen** lit. n (-s/no pl.) la-
ment(ation); '**2leidig** adj. hypochon-
driac; voice: whining; '**~mut** f (-/no pl.)
nostalgia; '**2mütig** adj. nostalgic (feeling, etc.); wistful (smile).
Wehr [ve:r] **1.** f: **sich zur ~ setzen** s.
wehren; 2. n (-[e]s/-e) weir; '**~dienst**
✕ m (-[e]s/no pl.) military service;
'**~dienstverweigerer** ✕ m (-s/-) conscientious objector; '**2en** v/refl. (ge-, h)
defend o.s. (**gegen** against), fight (a.
fig. **gegen** et. s.th.); '**2los** adj.
defenseless, Brt. defenceless; fig. help-
less; '**~pflicht** ✕ f (-/no pl.) compulsory
military service; '**2pflichtig** ✕ adj. eligible for the draft, Brt. liable to military service; '**~pflichtige** ['~ɪgə] m
(-n/-n) draftee, Brt. conscript.
Weib [vaɪp] n (-[e]s/-er) esp. iro., contp.
woman; hist., co. wife; contp. a. bitch;
'**~chen** n (-s/-) zo. female; contp. dumb
female; '**2isch** adj. ['vaɪbɪʃ] effeminate,
F sissy; '**2lich** adj. female; gr., voice,
etc.: feminine.
weich adj. [vaɪç] soft (a. fig.), tender;
vegetables, etc.: done; egg: soft-boiled;
~ **werden** soften; fig. give in.
Weiche ['vaɪçə] f (-/-n) ⛭ switch, Brt.
points; anat. zo. flank, side.
'**weichen** v/i. (irr., ge-, sein) give way
(dat. to), yield (to); go (away); **nicht
von der Stelle ~** not budge an inch;
nicht von j-s Seite ~ not leave s.o.'s
side.
'**weich|lich** adj. soft, effeminate, F sissy;
'**2ling** m (-s/-e) weakling, F softy, sissy;
'**~machen** F fig. v/t. (sep., -ge-, h) soften s.o. up; '**2macher** ⊕ m (-s/-), '**2-
spüler** m (-s/-) (fabric) softener; '**2tier**
zo. n mollus|k, Brt. -c.
Weide¹ ♀ ['vaɪdə] f (-/-n) willow.
Weide² [~] f (-/-n) pasture; **auf die ~**
out to pasture; '**~land** n pasture (land),
Am. a. range; '**2n** v/t. and v/i. (ge-, h)
graze, pasture; **sich ~ an** (dat.) feast on;
contp. gloat over.
'**Weidenkorb** m wicker basket.
weid|lich adv. ['vaɪtlɪç] thoroughly; ~
ausnutzen take full advantage of;
'**~männisch** hunt. adj. ['~menɪʃ] of a
hunter: sportsmanlike.
weiger|n ['vaɪgərn] v/refl. (ge-, h) re-
fuse; '**2ung** f (-/-en)refusal.
Weihe eccl. ['vaɪə] f (-/-n) consecration;
ordination; '**2n** eccl. v/t. (ge-, h) conse-
crate; **j-n zum Priester ~** ordain s.o.
priest.
Weiher ['vaɪər] m (-s/-) pond.
Weihnachten ['vaɪnaxtən] n (-/-) Christ-

mas (**zu** at, for); *frohe or fröhliche ~l* merry Christmas!

Weihnachts|abend ['vainaxts?-] *m* Christmas Eve; '~**baum** *m* Christmas tree; ~**einkäufe** ['~?ainkoyfə] *pl.* Christmas shopping; '~**geschenk** *n* Christmas present; '~**lied** *n* (Christmas) carol; '~**mann** *m* Santa (Claus), Father Christmas; '~**markt** *m* Christmas fair; '~**tag** *m* Christmas Day; *zweiter* ~ day after Christmas, *Brt.* Boxing Day; '~**zeit** *f* (-/no pl.) Christmas season.

'**Weih|rauch** *m* incense; '~**wasser** *eccl. n* (-s/no pl.) holy water.

weil *cj.* [vail] because; since, as; △ *not while*.

Weil|chen ['vailçən] *n* (-s/no pl.): *ein* ~ a little while; '~**e** *f* (-/no pl.): *e-e* ~ a while; '**2en** *lit. v/i.* (ge-, *h*) stay, be.

Wein [vain] *m* (-[e]s/-e) wine (*a. in compounds*); ✿ vine; '~**bau** *m* (-[e]s/no pl.) winegrowing (*a. in compounds*: region, etc.); '~**bauer** *m s.* Winzer; '~**beere** *f* grape; '~**berg** *m* vineyard; '~**brand** *m* brandy.

weine|n ['vainən] *v/i.* (ge-, *h*) cry (*vor dat.* with; *nach* for; *wegen* about, over); weep (*um* for, over; *über acc.* at; *vor dat.* for, with); *zum* 2 *sein* be a crying shame; '~**rlich** *adj.* tearful; *voice:* whining.

Wein|ernte ['vain?-] *f* vintage; '~**faß** *n* wine cask *or* barrel; '~**flasche** *f* winebottle; '~**gut** *n* winery; '~**händler** *m* wine merchant; '~**hauer** *Aust. m s.* Winzer; '~**jahr** *n* vintage year; '~**karte** *f* wine list; '~**keller** *m* wine cellar; '~**kellerei** *f* winery; '~**kenner** *m* wine connoisseur.

'**Weinkrampf** *m* crying fit.

'**Wein|lese** *f* vintage; '~**presse** *f* winepress; '~**probe** *f* wine tasting; '~**rebe** *f* vine; '**2rot** *adj.* claret; '~**stock** *m* (grape)vine; '~**traube** *f s.* Traube.

weise *adj.* ['vaizə] wise.

'**Weise¹** [~] *m* (-n/-n) wise man, *lit.* sage.

'**Weise²** [~] *f* (-/-n) way, manner; ♪ tune; *auf diese (die gleiche)* ~ this (the same) way; *auf m-e (s-e)* ~ my (his) way.

...weise *in compounds:* (*month, etc.*)ly; (*strange, etc.*)ly enough; by way of (*trial, etc.*); by the (*dozen, hour, etc.*).

weisen ['vaizən] *v/t. and v/i.* (irr., ge-, *h*) show (*the way, etc.*); ~ *aus or von* expel *s.o.* from, F kick *s.o.* out of; ~ *auf* point *to or* at; *et. von sich* ~ repudiate s.th.

Weis|heit ['vaishait] *f* (-/-en) wisdom; wise saying; *mit s-r* ~ *am Ende* at one's wit's end; *s-e* ~*en für sich behalten*

mind one's own business; '~**heitszahn** *m* wisdom tooth; '**2machen** F *v/t.* (*sep.*, -ge-, *h*): *j-m* ~, *daß* make s.o. believe that; *du kannst mir nichts* ~ you can't fool me.

weiß *adj.* [vais] white.

Weissagung ['vaisza:gʊŋ] *f* (-/-en) prophecy.

'**Weiß|bier** *n* beer made from wheat; '~**blech** *n* tin(plate); '~**brot** *n* white bread.

'**Weiß|e** *m, f* white (man *or* woman); *die* ~*n pl.* the whites, the white man; '**2en** *v/t.* (ge-, *h*) whitewash; '**2glühend** *adj.* -whitehot; '~**glut** *f* white heat; F *zur* ~ *bringen* make *s.o.* furious; '~**kohl** *m*, '~**kraut** *n* (-[e]s/no pl.) green (*Brt.* white) cabbage; '**2lich** *adj.* whitish; '~**wein** *m* white wine.

Weisung ['vaizʊŋ] *f* (-/-en) instruction, directive.

weit [vait] **1.** *adj.* wide; *clothes:* a. big; *distance, etc.:* long; broad (*outlook, term, etc.*); **2.** *adv.* far, a long way (*a. temporal and fig.*); ~ *weg* far away (*von* from); *von* ~*em* from a distance; ~ *und breit* far and wide; ~ *offen* wide open; *bei* ~*em* by far; *bei* ~*em nicht so* not nearly as; ~ *über* well over; ~ *besser* far *or* much better; *zu* ~ *gehen* go too far; *es* ~ *bringen* go far, F go places; *wir haben es* ~ *gebracht* we have come a long way; *das* 2*e suchen* take to one's heels.

weit|ab *adv.* ['vait?-] far away (*von* from); '~**aus** *adv.* (by) far, much; '**2blick** *m* (-[e]s/no pl.) farsightedness.

'**Weit|e** *f* (-/-n) vastness, expanse; *sports:* distance; *of clothes:* width, waist; '**2en** *v/t. and v/refl.* (ge-, *h*) widen.

'**weiter** *adv.* on, further; (*mach*) ~*l* go on!; (*geh*) ~*l* move on!; *und so* ~ and so on *or* forth, et cetera; *nichts* ~ nothing else; nothing special; *wenn es* ~ *nichts ist* if that's all (the trouble) there is; *nicht* ~ *tragisch* nothing to worry about.

weiter|... *in compounds:* keep (on) (*running, talking, working, etc.*); (*sleep, drive, etc.*) on; continue to (*exist, etc.*); (*develop, etc.*) further; (*think, etc.*) ahead; '~**bilden** *v/refl.* (*sep.*, -ge-, *h*) improve one's knowledge; continue one's education *or* training; '**2bildung** *f* (-/no pl.) further education *or* training; '~**bringen** *v/t.* (irr. bringen, *sep.*, -ge-, *h*) further, advance; *das bringt uns nicht weiter* that won't get us anywhere.

'**weitere** *adj.* another, further, additional; *bis auf* ~*s* until further notice; *ohne* ~*s* easily; **2s** more, (further) details;

alles Ձ the rest; *des* Ձn in addition, moreover; *s. Sinn.*

weiter|erzählen ['vaɪtər?-] *v/t.* (*sep., no* -ge-, *h*) tell *s.th.* (*a.* secret) to others; continue (with) (*story, etc.*); *nicht ~l* keep that to yourself!; '**~führen** *v/t.* (*sep.*, -ge-, *h*) carry on (*business, etc.*); '**~geben** *v/t.* (*irr. geben, sep.*, -ge-, *h*) pass (*dat., an acc.* to) (*a. fig.*); '**~gehen** *v/i.* (*irr. gehen, sep.*, -ge-, *sein*) move on; *fig.* continue, go on; '**~hin** *adv.* further(more); *et. ~ tun* go on doing *s.th.*, continue to do *s.th.*; '**~kommen** *v/i.* (*irr. kommen, sep.*, -ge-, *sein*) get on (*fig.* in life); '**~können** *v/i.* (*irr. können, sep.*, -ge-, *h*) be able to go on; '**~leben** *v/i.* (*sep.*, -ge-, *h*) live on; *fig. a.* survive; '**Ձleben** *n* (*-s/no pl.*) life after death; '**~machen** *v/t. and v/i.* (*sep.*, -ge-, *h*) go or carry on, continue; '**Ձverkauf** *m* (*-[e]s/no pl.*) resale.

'**welt|gehend 1.** *adj.* considerable; **2.** *adv.* largely; '**~gereist** *adj.* ['~gəraɪst] widely travel(l)ed; '**~greifend** *adj.* far-reaching; '**~her** *adv.*: (*von*) *~* from far away; '**~hergeholt** *adj.* [~'he:rgə-ho:lt] farfetched; '**~hin** *adv.* widely (*known, etc.*); largely; '**~läufig** *adj.* ['~lɔyfɪç] *house, etc.*: spacious; distant (*relations*); '**~reichend** *adj.* far-reaching; '**~schweifig** *adj.* ['~ʃvaɪfɪç] long-winded; '**~sichtig** *ጿ adj.* farsighted (*a. fig.*), *esp. Brt.* longsighted; '**Ձsprung** *m* broad (*Brt.* long) jump; '**~tragend** *adj.* ✕ long-range; *fig.* far-reaching; '**~verbreitet** *adj.* widespread; '**Ձwinkel** *phot. m* wide-angle lens.

Welzen ጿ ['vaɪtsən] *m* (*-s/-*) wheat.

welch [vɛlç] **1.** *interr. pron.* what, which; **~e(r)?** which one?; **~e(r)** von beiden? which of the two?; **~** (*ein*) *Anblick!* what a sight!; **2.** *rel. pron.*: **~e(r)**, **~es** who, that; which, that; **3.** F *indef. pron.* some, any; *of stamps, money, etc.*: *hast du ~e(s)?, kannst du mir ~e(s) geben?* have you got any?, can you give me some?; *es gibt ~e, die ...* there are some who ...

welk *adj.* [vɛlk] faded, withered; *skin:* flabby; '**~en** *v/i.* (*ge-, sein*) fade, wither.

Weißblech ['vel-] *n* corrugated iron.

Welle ['vɛlə] *f* (*-/-n*) wave (*a. phys., fig.*); ⊚ shaft; **~n schlagen** *fig.* cause a stir.

'**wellen** *v/t. and v/refl.* (*ge-, h*) wave; '**Ձbereich** ጿ *m* wave range; '**Ձlänge** *f ጿ* wavelength; *die gleiche ~ haben* be on the same wavelength; '**Ձlinie** *f* wavy line; '**Ձslttich** *zo.* ['~zɪtɪç] *m* (*-s/-e*) budgerigar, F budgie, *Am. mst* parakeet.

'**wellig** *adj.* wavy.

'**Wellpappe** *f* corrugated cardboard.

Welt [vɛlt] *f* (*-/-en*) world; *die ganze ~* the whole world; *auf der ganzen ~* all over *or* throughout the world; *das beste etc. ... der ~* the best, *etc. ...* in the world, the world's best, *etc. ...*; *zur ~ kommen* be born; *zur ~ bringen* give birth to; *in die ~ setzen fig.* start (*rumo[u]r, etc.*); *aus der ~ schaffen* settle, solve; *das ist der Lauf der ~* such is life.

Welt|all ['vɛlt?-] *n* universe, cosmos; (outer) space; '**Ձanschaulich** *adj.* ['~?-] ideological; '**~anschauung** ['~?-] *f* (*-/-en*) philosophy (of life); ideology; '**~ausstellung** ['~?-] *f* world's fair; '**Ձberühmt** *adj.* world-famous; '**Ձbewegend** *adj.* earthshattering (*event, etc.*); F: *nichts Ձs* nothing to write home about; '**~enbummler** *m* globetrotter.

Weltergewicht ['vɛltər-] *n*, **~er** ['~lər] *m* (*-s/-*) welterweight.

'**welt|fremd** *adj.* naive, unworldly; '**Ձfriede(n)** *m* universal peace; '**Ձgeschichte** *f* (*-/no pl.*) world history; '**Ձkrieg** *m* world war; *der Zweite ~* World War II; '**Ձkugel** *f* globe; '**Ձlage** *f* international situation; '**~lich** *adj.* worldly; secular; '**Ձliteratur** *f* world literature; '**Ձmacht** *f* world power; '**~männisch** *adj.* ['~mɛnɪʃ] sophisticated, urbane; '**Ձmarkt** *m* world market; '**Ձmeer** *n* ocean; '**Ձmeister** *m* world champion; '**Ձmeisterschaft** *f* world championship; *esp. soccer:* World Cup; '**Ձranglinste** *f sports:* world rankings; *Nummer 3 auf der ~ sein* be ranked third in the world; '**Ձraum** *m* (*-[e]s/no pl.*) (outer) space; '**Ձraum... in** *compounds: s. Raum...*; '**Ձreich** *n* empire; '**Ձreise** *f* world trip *or* tour; '**Ձrekord** *m* world record; '**Ձruf** *m* (*-[e]s/no pl.*) worldwide reputation; '**Ձruhm** *m* worldwide fame; '**Ձschmerz** *m* world-weariness; F: **~ haben** have the blues; '**Ձsicherheitsrat** *pol. m* (*-[e]s/no pl.*) Security Council; '**Ձsprache** *f* world language; '**Ձstadt** *f* metropolis; '**Ձuntergang** ['~?-] *m* end of the world; '**~weit** *adj.* worldwide; '**Ձwunder** *n* wonder of the world.

Wende ['vɛndə] *f* (*-/-n*) turn (*a.* swimming); change; turning point; *die ~ pol. hist.* the opening of the (Berlin) Wall; the fall of Communism; '**~hals** F *pol. m* turncoat; '**~jacke** *f* reversible jacket *or* coat; '**~kreis** *m geogr.* tropic; *mot.* turning circle.

Wendeltreppe ['vɛndəl-] *f* spiral staircase.

'**wende|n 1.** *v/t. and v/refl.* ([*irr.*] *ge-, h*)

turn (**nach** to; **gegen** against; **an j-n um Hilfe** to s.o. for help); **sich ~ gegen** *fig.* object (strongly) to; **sich ~ an j-n a.** address s.o., talk to s.o.; **2.** *v/t. and v/i. and v/refl.* (**ge-, h**) car, *etc.*: turn (around); make a U-turn; turn over (*a. cooking*); **sich ~** change (*a. weather*) (**zum Guten** [**Schlechten**] for the better [the worse]); **bitte ~** please turn over; '**⃝punkt** *m* turning point.

'**wend|ig** *adj. mot.,* ⚓ maneuverable, *Brt.* manoeuvrable; *fig.* nimble; versatile; '**⃝ung** *f* (**-/-en**) turn (*a. fig.*); *fig. a.* change; *ling.* expression, phrase.

wenig *indef. pron. and adv.* ['veːnɪç] little; *pl.* few; *adv. a.* seldom, rarely; **die ~sten wissen das** very few people know; **am ~sten** least of all; **er spricht ~** he doesn't talk much; **~ erfreulich** not at all pleasant; (**nur**) **ein** (**klein**) **~** (just) a little (bit); *s.* **bißchen; ~e** *indef. pron. pl.* ['ˌɡə] few; **nur ~** only *or* just a few; '**~er** *indef. pron. and adv.* ['ˌɡər] less; *pl. a.* fewer; **A** minus; **in ~ als** in less than; '**⃝keit** *co. f* (**-/no pl.**): **m-e ~** yours truly, your humble servant; '**~stens** *adv.* at least.

wenn *cj.* when; if; **~ ... nicht** if ... not, unless; **~ auch** (al)though, even though; **auch ~** even if; **jedesmal** *or* **immer ~** every time, whenever; **wie** *or* **als ~** as though, as if; **~ ich nur ... wäre!** if only I were ...!; **~ auch noch so ...** no matter how ...; **und ~ ... nun ...?** what if ...?

wenn|'gleich *cj.* although; '**~schon** F *adv.:* **na ~!** so what?, who cares?; **~, dennschon!** (let's) go ahead and do it right while you (we) are at it.

wer [veːr] **1.** *interr. pron.* who, which; **~ von euch?** which of you?; **2.** *rel. pron.* who; *lit.* he who; **~ auch** (**immer**) who(so)ever; **~ dafür ist, ...** those in favo(u)r of it, ...; **3.** F *indef. pron.* somebody, anybody.

Werbe|... [vɛrbə-] *in compounds:* mst advertising ..., promotion ...; '**~abteilung** ['ˌ⃝-] *f* publicity department; '**~agentur** ['ˌ⃝-] *f* advertising agency; '**~feldzug** *m* advertising campaign; '**~fernsehen** *n* (TV) commercials, *Brt. a.* TV adverts; '**~film** *m* promotion(al) film; commercial; '**~funk** *m* radio commercials (*Brt.* adverts); '**⃝n** (*irr.,* **ge-, h**) **1.** *v/t.* advertise (**für et.** s.th.), promote (s.th.), give *s.th. or s.o.* publicity; *pol.* do political advertising (**für** for), *esp. Brt.* canvass (for); **~ um** court; **2.** *v/t.* recruit; canvass, solicit; '**~sendung** *f*, '**~spot** ['ˌspɔt] *m* (**-s/-s**) (TV) commercial, *Brt. a.* TV advert; '**⃝wirksam** *adj.* effective; **~ sein** have a good promotional effect.

'**Werbung** *f* (**-/no pl.**) advertising, (sales) promotion; *a. pol., etc.* publicity, propaganda; recruitment; **~ machen für et.** advertise s.th.

Werdegang ['veːrdə-] *m* career.

werden ['veːrdən] *v/i. and v/aux.* (*irr.,* **ge-, sein**) become; get, turn (*white, bad, etc.*), go (*blind, mad, etc.*), grow (*old, taller, etc.*); turn out (*a success, etc.*); **gr. future: wir ~** we will (*lit.* shall), we are going to; *gr. passive:* **geliebt ~** be loved (**von** by); **ich würde** *inf.* I would *inf.*; **was willst du ~?** what do you want to be?; **mir wird schlecht** I'm going to be sick; **daraus wird nichts** it won't work (out), F nothing doing, no go; **es wird schon wieder (~)** it'll be all right; **im ⃝** in the making; '**~d** *adj.* expectant (*mother*); *lit.* nascent.

werfen ['vɛrfən] *v/i. and v/t.* (*irr.,* **ge-, h**) throw (*a. zo. young*) ([**mit**] *et.* **nach** s.th. at); ⚹ drop (*bombs*); cast (*shadow, etc.*); **sich ~** throw o.s.; *sports:* dive (**nach** for *ball, etc.*).

Werft ⚓ [vɛrft] *f* (**-/-en**) shipyard.

Werk [vɛrk] *n* (**-[e]s/-e**) works; (*good*) deed; *esp. contp.* (*s.o.'s*) doing; ⚙ mechanism; works, factory; **ans ~ gehen** set *or* go to work; **zu ~e gehen** go about it; '**~bank** ⚙ *f* workbench; '**~en** *n* (**-s/no pl.**) *school:* industrial arts; *Brt.* handicraft(s); '**~meister** *m* foreman; '**~statt** *f* (**-/-en**), '**~stätte** *f* (work)shop; repair shop; '**~stoff** *m* material; '**~tag** *m* workday; '**⃝täglg** *adj.* working; '**~zeug** *n* (**-[e]s/-e**) tool (*a. fig.*); *coll.* tools; instrument; '**~zeugmacher** *m* toolmaker.

Wermut ['veːrmuːt] *m* (**-[e]s/no pl.**) vermouth; '**~stropfen** *fig. m* drop of bitterness.

wert *adj.* [veːrt] worth; **~ ...** *in compounds:* worth (*seeing, etc.*); **die Mühe** (**e-n Versuch**) **~** worth the trouble (a try); *fig.* **nichts ~** no good; *s.* **Rede.**

Wert [~] *m* (**-[e]s/-e**) value; *esp. fig. and in compounds: a.* worth; **~e** *pl.* data, figures; *econ.* assets; **im ~(e) von 200 Dollar ...** to the value of $200, 200 dollars worth of (*goods, etc.*); (**großen**) **~ legen auf** (*acc.*) attach great importance to; emphasize; insist on; **keinen** (**besonderen**) **~ legen auf** (*acc.*) not (particularly) care for; **es hat keinen ~** (**, es zu tun**) it's no use (doing it).

Wert|angabe ['veːrt?-] *f* declaration of value; '**⃝beständig** *adj.* of lasting value; stable (*currency, etc.*); '**~brief** ✉ *m* insured letter.

'**wert|en** *v/t.* (**ge-, h**) value; rate (**als** as), judge; '**⃝gegenstand** *m* article of value; *pl.* valuables.

...wertig in compounds: of ... value or quality; **℞** ...valent.

'Wertigkeit ℞ f (-/no pl.) valence.

'wert|los adj. worthless; **'℞papiere** pl. securities; **'℞sachen** pl. valuables; **'℞ung** f (-/-en) valuation; a. sports: rating, judging; score, points; **'℞voll** adj. valuable.

Wesen [ve:zən] n (-s/-) being, creature; essence, substance; nature, character; viel **℞s machen** um make a fuss about; **...℞** n (-s/no pl.) in compounds: (tax, educational, etc.) system; **'℞fremd** adj. alien to one's nature; **'℞tlich** adj. essential; considerable; im **℞en** on the whole.

weshalb [vɛs'halp] 1. adv. s. warum; 2. cj. and that is why.

Wespe zo. ['vɛspə] f (-/-n) wasp.

West geogr. [vɛst] west (a. in compounds: wind, etc.).

Weste ['vɛstə] f (-/-n) vest, Brt. waistcoat; e-e reine **℞** a clean slate.

West|en m (-s/no pl.) west; pol. West; der Wilde **℞** the Wild West; **'℞lich** adj. western; wind, etc.: a. west(erly); pol. West(ern); **℞** von west of; **℞mächte** pol. ['-mɛçtə] pl. Western Powers.

weswegen adv. and cj. [vɛs'-] s. weshalb.

Wett|... [vɛt-] in compounds: betting ...; ... competition; **℞bewerb** ['-bəvɛrp] m (-[e]s/-e) competition (a. econ.), contest; **'℞bewerbsfähig** econ. adj. competitive; **'℞büro** n betting office; **'℞e** f (-/-n) bet; die **℞** gilt it's a deal!; e-e **℞** schließen make a bet; um die **℞** laufen etc. race (mit j-m s.o.); et. um die **℞** tun = **℞eifern** ['-'aıfərn] v/i. (ge-, h) compete (mit with; um for); **'℞en** v/i. and v/t. (ge-, h) bet (mit j-m um 10 Mark s.o. ten marks); **℞** auf (acc.) bet on, back; F: **℞**, daß? (you) wanna bet?

Wetter ['vɛtər] n (-s/-) weather; **'℞bericht** m weather report; **'℞fest** adj. weatherproof; **'℞karte** f weather chart; **'℞kunde** f (-/no pl.) meteorology; **'℞lage** f weather situation; **'℞leuchten** n (-s/no pl.) sheet lightning; **'℞vorhersage** f weather forecast or prediction(s); **'℞warte** f weather station.

'Wett|fahrt f race; **'℞kampf** m competition, contest; **'℞kämpfer** m contestant, competitor; athlete; **'℞lauf** m race (a. fig. mit against death, etc.); **'℞läufer** m runner; **'℞machen** v/t. (sep., -ge-, h) make up for; **'℞rennen** n race; **'℞rüsten** n (-s/no pl.) arms race; **'℞streit** m contest, competition.

wetzen ['vɛtsən] (ge-) 1. v/t. (h) whet, sharpen; 2. F v/i. (sein) run like mad.

wich [vıç] past of weichen.

Wichs|e ['vıksə] f (-/-n) shoe polish; F

(no pl.) beating; **'℞en** (ge-, h) 1. v/t. polish; 2. V v/i. jerk off; **'℞er** V m (-s/-) fucker.

Wicht [vıçt] m (-[e]s/-e) s. Knirps; myth. = **'℞el(männchen)** m (n) (-s/-) s. Heinzelmännchen.

wichtig adj. ['vıçtıç] important; et. **℞** nehmen take s.th. seriously; **℞ tun, sich ℞ machen** be self-important or a phon(e)y; **'℞keit** f importance; **℞tuer** ['-tu:ər] m (-s/-) phon(e)y, pompous ass.

Wickel ['vıkəl] m (-s/-) **⚕** compress; **⚙** reel; F am **℞** nehmen grab s.o. by the scruff of the neck; fig. a. collar s.o.; **'℞kommode** f changing unit (for baby); **'℞n** v/t. (ge-, h) wind; curl (hair); change (baby); **℞** in (acc.) or um wrap s.th. in or (a)round.

Widder ['vıdər] m (-s/-) zo. ram; ast. Aries.

wider prp. ['vi:dər] (acc.): **℞** Willen against one's will; **℞ Erwarten** contrary to expectation; **'℞borstig** F adj. s. widerspenstig; **'℞fahren** lit. v/i. (irr. fahren, no -ge-, sein) (dat.) befall, happen to; **'℞haken** m barb; **'℞hall** ['-hal] m (-[e]s/-e) echo, reverberation; fig. response; **'℞hallen** v/i. (sep., -ge-, h) resound (von with); **'℞legen** v/t. (no -ge-, h) refute, disprove; **'℞lich** adj. sickening, disgusting; **'℞natürlich** adj. unnatural, perverted; **'℞rechtlich** adj. illegal, unlawful; **'℞rede** f (-/-n) contradiction; keine **℞!** no arguing!, don't talk back!; **'℞ruf** m (-[e]s/-e) **⚖** revocation; withdrawal (of statement, etc.); bis auf **℞** until further notice; **'℞rufen** v/t. (irr. rufen, no -ge-, h) revoke; withdraw; **℞sacher** ['-zaxər] m (-s/-) adversary, rival; **'℞schein** m (-[e]s/no pl.) reflection; **'℞setzen** v/refl. (no -ge-, h) oppose, resist (e-r Sache s.th.); **'℞sinnig** adj. absurd; **℞spenstig** adj. ['-ʃpɛnstıç] unruly (a. hair, etc.), stubborn; **'℞spiegeln** v/t. (sep., -ge-, h) reflect (a. fig.); sich **℞** in (dat.) be reflected in; **'℞sprechen** v/i. (irr. sprechen, no -ge-, h) contradict; **'℞spruch** m contradiction (in sich in terms); **'℞sprüchlich** adj. ['-ʃprýçlıç] contradictory; **'℞spruchslos** adv. without contradiction; **'℞stand** m resistance (a. **⚡**), opposition; **℞ leisten** offer resistance (dat. to); den Weg des geringsten **℞s** gehen take the way or line of least resistance; **'℞standsfähig** adj. resistant (a. **⚙**); **'℞stehen** v/i. (irr. stehen, no -ge-, h) (dat.) resist; **'℞streben** v/i. (no -ge-, h): es widerstrebt mir, dies zu tun I hate doing or to do this; **'℞strebend** adv. reluctantly; **'℞streit** m

(-[e]s/no pl.): **im ~ der Gefühle** with conflicting emotions; **~wärtig** adj. ['~vɛrtɪç] disgusting; **'2wille** m aversion (**gegen** to, for, from), dislike (to, of, for); disgust (at, for); **'~willig** adv. reluctantly, unwillingly.

widm|en ['vɪtmən] v/t. (ge-, h) dedicate (dat. to); **sich ~** (dat.) a. devote o.s. to; **'2ung** f (-/-en) dedication.

widrig adj. ['viːdrɪç] adverse, unfavo(u)rable; **~** in compounds: contrary to ..., in..., im..., un..., etc.; **2keiten** pl. adversities, difficulties.

wie [viː] **1.** interr. adv. how; F: **wie geht's?** how are you today?; **~ geht es Heidi?** how is Heidi?; **~ ist er?** what is he like?; **~ ist das Wetter?** what's the weather like?; **~ heißen Sie?** what's your name?; **~ nennt man ...?** what do you call ...?; **~ wäre (ist, steht) es mit ...?** what or how about ...?; s. **teuer; 2.** cj. like; as; **~ neu (verrückt)** like new (mad); **(genau)so** ... as ... as; **doppelt so** ... twice as ... as; **~ (zum Beispiel)** such as, like; **~ üblich** as usual; **~ er sagte** as he said; **ich zeige (sage) dir, ~ (...)** I'll show (tell) you how (...).

wieder adv. ['viːdər] again; **~** in compounds: a. re...; **immer ~** again and again; s. **hin, schon.**

Wiederauf|bau [viːdər'?-] m (-[e]s/no pl.) reconstruction, rebuilding; **2bauen** v/t. (sep., -ge-, h) reconstruct; **~bereitung** f (-/-en) recycling, reprocessing; **~bereitungsanlage** [~bəraɪ- tʊŋs?-] f (nuclear fuel) reprocessing plant; **2leben** v/i. (sep., -ge-, sein) come back to life; **~leben** n (-s/no pl.) revival; **~nahme** f (-/no pl.) resumption; **z̄t** a. reopening (of case); **2nehmen** v/t. (irr. nehmen, sep., -ge-, h) resume.

'Wieder|beginn m reopening; **'2bekommen** v/t. (irr. kommen, sep., no -ge-, h) get s.th. back; **'2beleben** v/t. (sep., no -ge-, h) resuscitate, revive (a. fig.); **'~belebungsversuch** m attempt at resuscitation; **'~bewaffnung** f rearmament; **'2bringen** v/t. (irr. bringen, sep., -ge-, h) bring back; return; **~einführung** [~?-] f reintroduction; **~eingliederung** [~?-] f reintegration; rehabilitation; **2einstellen** [~?-] v/t. (sep., -ge-, h) re-engage, re-employ; **sich ~** return; **~entdeckung** [~?-] f (-/no pl.) rediscovery; **2erkennen** ['~?-] v/t. (irr. kennen, sep., no -ge-, h) recognize (**an** dat. by); **'2finden** v/t. (irr. finden, sep., -ge-, h) find (what one has lost); fig. regain; **sich ~** find each other again; **sich ~ in** (dat.) find o.s. in; **'~gabe** f

(-/no pl.) account (of events, etc.); **⊙** reproduction, playback; **2geben** v/t. (irr. geben, sep., -ge-, h) give back, return; describe; **⊙** play back, reproduce; **'~geburt** f (-/no pl.) rebirth (a. fig.); reincarnation; **2gewinnen** v/t. (irr. gewinnen, sep., -ge-, h) regain, recover; **2'gutmachen** v/t. (sep., -ge-, h) make up for; **nicht wiedergutzumachen(d)** irreparable; **~'gutmachung** f (-/no pl.) reparation; **2'herstellen** v/t. (sep., -ge-, h) restore; **2holen** v/t. (h) **1.** [~'-] (no -ge-) repeat; school, etc.: revise, review; **sich ~** repeat o.s.; **2.** [~-] (sep., -ge-) (go and) get s.th. or s.o. back; **2holt** adv. [~'hoːlt] repeatedly, several times; **~holung** f (-/-en) repetition; school, etc.: revision, review; refresher course; TV, etc. rerun; (instant) replay; **'~hören** n: (auf) **~! teleph.**, etc. good-bye!; **2käuen** ['~kɔyən] v/i. and v/t. (sep., -ge-, h) zo. ruminate; fig. rehash; **~kehr** ['~keːr] f (-/no pl.) return; recurrence; **2kehren** v/i. (sep., -ge-, sein) return; recur; **2kommen** v/i. (irr. kommen, sep., -ge-, sein) come back, return; **2sehen** v/t. (irr. sehen, sep., -ge-, h) see (**sich, einander** each other) or meet again; **'~sehen** n (-s/-) seeing s.o. again; reunion; **auf ~!** good-bye!; **2tun** v/t. (irr. tun, sep., -ge-, h) do s.th. again; **2um** adv. ['viːdərʊm] again; on the other hand; **~vereinigung** f (-/no pl.) reunion; esp. pol. a. reunification; **'~verkäufer** econ. m retailer; **'~verwendung** **⊙** f reuse; **'~verwertung** f (-/no pl.) recycling; **~wahl** f (-/no pl.) re-election; **2wählen** v/t. (sep., -ge-, h) re-elect.

Wiege ['viːgə] f (-/-n) cradle.

'wiegen¹ v/t. and v/i. (irr., -ge-, h) weigh.

'wiegen² v/t. (ge-, h) rock (**in den Schlaf** to sleep), sway; **2lied** n lullaby.

wiehern ['viːərn] v/i. (ge-, h) neigh; F fig. guffaw.

Wiener ['viːnər] m (-s/-), **2isch** adj. Viennese.

wies [viːs] past of weisen.

Wiese ['viːzə] f (-/-n) meadow.

Wiesel zo. ['viːzəl] n (-s/-) weasel.

wie'so interr. adv. s. warum.

wie'viel adv. how much; **~, wie viele** pl. how many; s. **Uhr; ~te** adv. [~tə]: **den 2n haben wir heute?** what's the date today?

wild adj. [vɪlt] wild (a. fig.) (F **auf** acc. about); violent; **~er Streik** wildcat strike; **~e Ehe** living together without being married.

Wild [~] n (-[e]s/no pl.) hunt. game; food: mst venison; **~ ~**, zo. in compounds:

mst wild ...; '~**bach** *m* mountain stream, torrent; '~**dieb** *m* poacher.

Wild|e ['vɪldə] *m, f (-n/-n)* savage; F: *wie ein ~r* like mad; **~erer** ['~ərər] *m (-s/-)* poacher; '**2ern** *v/i.* (ge-, *h*) poach.

wild|'fremd F *adj.* completely strange; *ein 2er* a perfect stranger; '**2hüter** *m* gamekeeper, ranger; '**2leder** *n* suede; '**2nis** *f (-s/-se)* wilderness; '**2schwein** *zo. n* wild boar; '**2wasserfahren** *n (-s/no pl.)* white-water canoeing; **2'westfilm** *m,* **2'westroman** *m* western.

Wille ['vɪlə] *m (-ns/no pl.)* will; intention; *s-n ~n durchsetzen* have *or* get one's own way; *j-m s-n ~n lassen* let s.o. have his (own) way; *~ wider*; '**2n** *prp.:* *um gen. ~ for ...'s* sake, for the sake of ...; '**2nlos** *adj.* passive, weak; '**2ns** *adj. (pred.):* **(nicht) ~ sein zu** *inf.* be (not) willing to *inf.*

'**Willens|freiheit** *f (-/no pl.)* free(dom of the) will; '~**kraft** *f (-/no pl.)* willpower; '**2schwach** *adj.* lacking willpower; '**2stark** *adj.* strong-willed.

'**willig** *adj.* willing; ~**kommen** *adj.* welcome; *j-n ~ heißen* welcome s.o. (*in dat.* to); '**2kür** *f (-/no pl.)* arbitrariness; '~**kürlich 1.** *adj.* arbitrary; random; **2.** *adv.* at random.

wimmeln ['vɪməln] *v/i.* (ge-, *h*) swarm (*von* with); be teeming (with) (*fish, mistakes, etc.*).

wimmern ['vɪmərn] *v/i.* (ge-, *h*) whimper.

Wimpel ['vɪmpəl] *m (-s/-)* pennant.

Wimper ['vɪmpər] *f (-/-n)* eyelash; F: *ohne mit der ~ zu zucken* without batting an eyelid; '~**ntusche** *f* mascara.

Wind [vɪnt] *m (-[e]s/-e)* wind; '~**beutel** *m* cream puff.

Winde ⊙ ['vɪndə] *f (-/-n)* windlass, winch; hoist.

Windel ['vɪndəl] *f (-/-n)* diaper, *Brt.* nappy; *die ~n wechseln* change baby's diaper (*Brt.* nappy); '**2weich** *adj.:* ~ *schlagen* beat s.o. to a pulp.

'**winden** *v/t.* (irr., ge-, *h*) wind; ⊙ *a.* hoist; *sich ~* wind (one's way); writhe (*vor dat.* with pain, *etc.*).

'**Windhund** *m zo.* greyhound; F *fig.* freewheeler.

'**windig** *adj.* windy; *fig.* shady; fishy.

'**Wind|kanal** ⊙ *m* wind tunnel; '~**licht** *n* hurricane lamp; '~**mühle** *f* windmill; *Am. toy:* pinwheel; '~**pocken** ✕ *pl.* chicken pox; '~**richtung** *f* direction of the wind; '~**schatten** *m (-s/no pl.)* lee; *im ~* leeward; '~**schutzscheibe** *f* windshield, *Brt.* windscreen; '~**stärke** *f* wind force; *bei ~ 9* at force 9 on the

Beaufort scale; '**2still** *adj.,* '~**stille** *f* calm; '~**stoß** *m* gust; '~**surfen** *n (-s/no pl.)* windsurfing.

'**Windung** *f (-/-en)* bend, turn (*a.* ⊙).

Wink [vɪŋk] *m (-[e]s/-e)* sign; *fig.* hint, warning; F ~ *mit dem Zaunpfahl* broad hint.

Winkel ['vɪŋkəl] *m (-s/-)* & angle; corner; *s. tot;* '**2ig** *adj.* angular; *street:* crooked.

'**winken** *v/i.* (ge-, *h*) wave (one's hand, *etc.*), signal; hail (*taxi*); beckon *s.o.*

winseln ['vɪnzəln] *v/i.* (ge-, *h*) whimper, whine.

Winter ['vɪntər] *m (-s/-)* winter; ~**ausrüstung** *mot.,* ✕ ['~-] *f* winter equipment; '**2fest** ♣ *adj.* hardy; '**2lich** *adj.* wintry; '~**reifen** *mot. m* snow tire (*Brt.* tyre); '~**schlaf** *m* hibernation; '~**halten** hibernate; '~**spiele** *pl.* Winter Olympics; '~**sport** *m* winter sports; '~**sportler** *m* skier, (ice) skater, *etc.*

Winzer ['vɪntsər] *m (-s/-)* winegrower.

winzig *adj.* ['vɪntsɪç] tiny, diminutive.

Wipfel ['vɪpfəl] *m (-s/-)* (tree)top.

Wippe ['vɪpə] *f (-/-n),* '**2n** *v/i.* (ge-, *h*) seesaw.

wir *pers. pron.* [viːr] we; ~ *drei* the three of us; F: '~ *sind's!* it's us!

Wirbel ['vɪrbəl] *m (-s/-)* whirl (*a. fig.*); *anat.* vertebra; cow-lick; (*viel*) ~ *machen* cause quite a stir; make a (big) fuss (*um* about); '**2n** *v/i.* (ge-, *h*) whirl; '~**säule** *anat. f* spinal column, spine; '~**sturm** *m* cyclone, tornado; '~**tier** *n* vertebrate; '~**wind** *m* whirlwind (*a. fig.*).

wirk|en ['vɪrkən] (ge-, *h*) **1.** *v/t.* weave; work (*wonders*); **2.** *v/i.* work; be effective (*gegen* against); have an impact; look, seem; *anregend etc.* ~ have a stimulating, *etc.* effect (*auf acc.* [up]on); ~ *als* act as; *sein 2 als* his work *or* activities as; '~**lich 1.** *adj.* real, actual; true, genuine; **2.** *adv.* really, truly, indeed, in reality, actually; '**2lichkeit** *f (-/no pl.)* reality; *in ~* in reality, actually; '~**sam** *adj.* effective; '**2stoff** *m* active ingredient, agent; '**2ung** *f (-/-en)* effect; impact; consequence.

'**Wirkungs|grad** ⊙ *m* efficiency; '**2los** *adj.* ineffective; '**2voll** *adj.* effective.

wirr *adj.* [vɪr] confused, mixed-up; *hair:* tousled; '**2en** *pl.* disorder, confusion; '**2kopf** *m* member of the lunatic fringe; **2warr** ['~var] *m (-s/no pl.)* confusion, mess, chaos.

Wirt [vɪrt] *m (-[e]s/-e)* landlord; '~**in** *f (-/-nen)* landlady.

'**Wirtschaft** *f econ. pol.* economy; business; *s. Gastwirtschaft;* '**2en** *v/i.* (ge-, *h*) keep house; manage one's money *or* affairs *or* business; economize; *gut* (**schlecht**) ~ be a good (bad) manager; '~**erin** f (-l-nen) housekeeper; '~**ler** m (-s/-) economist; '**2lich** adj. economic; economical; '~**lichkeit** f (-/no pl.) profitability; economy; '~**s**... econ. in compounds: economic (community; crisis, miracle, system, etc.); '~**sgeld** n s. **Haushaltsgeld;** '~**skriminalität** f white-collar crime; '~**sprüfer** m certified public accountant, Brt. chartered accountant.

'**Wirtshaus** n s. **Gastwirtschaft.**

Wisch contp. [vɪʃ] m (-[e]s/-e) piece of shit (Brt. a. bumf).

wischen ['vɪʃən] v/t. (ge-, h) wipe; Staub ~ dust; F fig. s. kleben.

wispern ['vɪspərn] v/t. and v/i. (ge-, h) whisper.

wißbegierig adj. ['vɪs-] curious.

wissen ['vɪsən] v/t. and v/i. (irr., ge-, h) know; ich möchte ~ I'd like to know, I wonder; soviel ich weiß as far as I know; weißt du you know; weißt du noch? (do you) remember?; woher weißt du (das)? how do you know?; man kann nie ~ you never know; ich will davon (von ihm) nichts ~ I want nothing to do with it (him).

Wissen [~] n (-s/no pl.) knowledge; know-how; meines ~s as far as I know.

'**Wissenschaft** f (-l-en) science; '~**ler** m (-s/-) scientist; '**2lich** adj. scientific.

'**Wissens|drang** m (-[e]s/no pl.), '~**durst** m thirst for knowledge, curiosity; '**2wert** adj. worth knowing; **2es** useful facts; alles **2e** (über acc.) all you need to know (about).

witter|n ['vɪtərn] v/t. (ge-, h) scent, smell (both a. fig.); '**2ung** f (-/no pl.) weather (conditions); hunt. scent (a. fig.).

Witwe ['vɪtvə] f (-l-n) widow; '~**r** m (-s/-) widower.

Witz [vɪts] m (-es/-e) joke; fig. laugh; (no pl.) wit; ~**e reißen** crack jokes; '~**bold** F ['~bɔlt] m (-[e]s/-e) joker; wise guy; '**2ig** adj. funny; witty.

wo adv. and cj. [vo:] where; ~ auch or immer or nur wherever; ~ nicht if not; ~ ... doch when, although; ach or i ~! not a bit!; ~**anders** adv. [vo'~], '~**anders-hin** adv. somewhere or anywhere else.

wob [vo:p] past of **weben.**

wobei adv. [vo'-] 1. interr. how?; when?; where?; ~ bist du? what are you doing or working at?; 2. rel. in or of which; and in or while doing so; ~ mir einfällt which reminds me.

Woche ['vɔxə] f (-l-n) week; heute in e-r ~ a week from now; s. unter; '~**n**... in compounds: weekly (market, paper, pay, etc.); '~**nbett** ✝ n confinement, postnatal period; ~**nende** ['~n?-] n

(-s/-n) weekend; am ~ on (Brt. at) weekends; '**2nlang** 1. adj.: ~**es Warten** (many) weeks of waiting; 2. adv. for weeks; '~**nschau** f newsreel; '~**ntag** m weekday.

wöchentlich ['vœçəntlɪç] 1. adj. weekly; 2. adv. weekly, every week; einmal ~ once a week.

...**wöchig** [-vœçɪç] in compounds: of ... weeks, ...-week (trip, etc.).

Wöchnerin ✝ ['vœçnərɪn] f (-l-nen) woman in childbirth or confinement.

wo|durch adv. [vo'-] 1. interr. how?, by what means?; 2. rel. through which; ~**für** adv. 1. interr. what (...) for?; 2. rel. for which.

wog [vo:k] past of **wägen** and **wiegen¹.**

Woge ['vo:gə] f (-l-n) wave; fig. a. surge; breaker.

wogegen adv. [vo'-] 1. interr. adv. what ... against?; 2. rel. adv. which ... against; 3. cj. whereas, while.

'**wogen** (ge-, h) surge (a. fig.), heave (a. fig. bosom).

wo|her adv. [vo'-] where ... from; ~ weißt du (das)? how do you know?; ~**hin** adv. where (... to); ~**hin'gegen** cj. whereas, while.

wohl adv. and cj. [vo:l] well; probably, I suppose; sich ~ fühlen be well; feel good; feel comfortable or at home (bei with); ~ kaum hardly; ~ oder übel willy-nilly; ich kenne ihn ~, aber I do know him (I know him all right), but; ich kenne sie nicht - du kennst sie ~! I don't know her - yes, you do!, Am. a. you do too!

wohl... in compounds: mst well (-known, etc.).

Wohl [~] n (-[e]s/no pl.) well-being; welfare, good; auf j-s ~ trinken drink to s.o.('s health); zum ~! your health!; F cheers!; **2auf** adj. (pred.) [~'~-] well, in good health; '~**befinden** n well-being, good health; '~**behagen** n comfort, ease; '**2behalten** adv. (arrive, etc.) safely; '~**fahrt** f (-/no pl.) welfare; '~**fahrts**... in compounds: welfare ...; '~**gefallen** n (-s/no pl.) pleasure; F: sich in ~ auflösen go up in smoke; come apart; '**2gemerkt** int. mind you; '**2genährt** adj. well-fed; '~**geruch** m fragrance, pleasant smell; '**2gesinnt** adj. well-disposed (j-m towards s.o.); '**2habend** adj. well-off, well-to-do; '**2ig** adj. cosy, snug; '~**klang** m (-[e]s/no pl.) pleasant sound; '**2schmeckend** adj. tasty; '~**sein** n: zum ~! s. **Wohl;** '~**stand** m (-[e]s/no pl.) prosperity, affluence; '~**standsgesellschaft** f affluent society; '~**tat** fig. f pleasure; relief; blessing; '~**täter** m benefactor; '**2tätig**

adj. charitable, beneficent; '~**tätigkeit** *f* charity; '~**tätigkeits...** *in compounds*: charitable (*institution, etc.*); benefit (*concert, etc.*); **2tuend** *adj.* ['~tu:ənt] pleasant; relieving; '**2tun** *v/i.* (*irr.* tun, *sep., -ge-, h*) (*dat.*) do *s.o. or s.th.* good; '**2verdient** *adj.* (well-)deserved; **2weislich** *adv.* ['~vaislıç] prudently, wisely; '~**wollen** *n* (*-s/no pl.*) goodwill, benevolence; (*win s.o.'s*) favo(u)r; '**2wollend** *adj.* benevolent.

Wohnblock ['vo:n-] *m* (*-[e]s/-s*) apartment house, *Brt.* block of flats.

'**wohn|en** *v/i.* (*ge-, h*) live (*in dat.* in; *bei j-m* with s.o.); stay (at; with); '**2gebiet** *n* residential area; neighbo(u)rhood; '**2gemeinschaft** *f*: (*mit j-m*) *in e-r* ~ *leben* share an apartment (*Brt.* flat) *or* house (with s.o.); '~**haft** *lit. adj.*: ~ *in* (*dat.*) resident in; '**2heim** *n* lodging *or* rooming house, hostel; *univ.* dormitory; faculty house; '~**lich** *adj.* comfortable, cosy, snug; '**2mobil** *n* (*-s/-e*) camper, motorhome, RV; '**2sitz** *m* residence; *ohne festen* ~ of no fixed abode; '**2ung** *f* (*-/-en*) apartment, *Brt.* flat; *m-e etc.* ~ my, *etc.* place.

Wohnungs|amt ['vo:nʊŋs?-] *n* housing office; '~**bau** *m* (*-[e]s/no pl.*) housing construction; '~**not** *f* housing shortage; '~**suche** *f* house hunting.

'**Wohn|viertel** *n s.* Wohngebiet; '~**wagen** *m* trailer, *Brt.* caravan; mobile home; '~**zimmer** living *or* sitting room, *Brt. a.* lounge.

wölb|en ['vœlbən] *v/refl.* (ge-, h), '**2ung** *f* (*-/-en*) vault, arch.

Wolf [vɔlf] *m* (*-[e]s/=e*) *zo.* wolf; meat grinder.

Wolk|e ['vɔlkə] *f* (*-/-n*) cloud; F: *aus allen* ~*n fallen* be flabbergasted; '~**enbruch** *m* cloudburst; '~**endecke** *f* (*-/no pl.*) cloud cover; overcast sky; '~**enkratzer** *m* skyscraper; '**2enlos** *adj.* cloudless; '**2ig** *adj.* cloudy, clouded.

Woll|... [vɔl-] *in compounds*: wool(l)en (blanket, scarf, *etc.*); '~**e** *f* (*-/-n*) wool.

wollen[1] ['vɔlən] (*h*) 1. *v/aux.* (*irr., no ge-*) want (to); ~ *wir* (*gehen etc.*)? shall we (go, *etc.*)?; ~ *Sie bitte* ... will *or* would you please ...; *er* (*es*) *will* (*einfach*) *nicht inf.* he (it) (just) won't *inf.*; *das will nichts heißen* that doesn't mean a thing; 2. *v/t. and v/i.* (ge-) want (to have); *lieber* ~ prefer; *er will einfach nicht* he just doesn't want to; *wie* (*was, wann*) *du willst* as (whatever, whenever) you like; *ich will nach Hause* (*ins Ausland etc.*) I want to go home (abroad, *etc.*); *sie will, daß ich komme etc.* she wants me to come, *etc.*; *ich wollte, ich wäre* (*hätte*) ... I wish I were

(had) ...; *du hast es so gewollt* you asked for it.

'**wollen[2]** *p.p. of* wollen[1].

'**wollen[3]** *adj.* wool(l)en.

Woll|ust ['vɔlʊst] *f* (*-/no pl.*) lust; **2üstig** *adj.* ['~ʏstıç] voluptuous.

wo|mit *adv.* [vo'-] 1. *interr.* what ... with?; 2. *rel.* which *or* that ... with; ~'**möglich** *adv.* perhaps; if possible; ~'**nach** *adv.* 1. *interr.* what ... for *or* about *or* of?; 2. *rel.* what *or* which ... about *or* for; according to which.

Wonne ['vɔnə] *f* (*-/-n*) joy, delight.

wor|an *adv.* [vo'ran] 1. *interr.*: ~ *denkst du?* what are you thinking of?; ~ *liegt es, daß* ...? how is it that ...?; ~ *sieht man, welche* (*ob*) ...? how can you tell which (if) ...?; 2. *rel.* which (... of); ~**auf** *adv.* [~'rauf] 1. *interr.* what ... on?; ~ *wartest du?* what are you waiting for?; 2. *rel. temporal*: after which; *of place*: on which; ~**aus** *adv.* [~'raus] 1. *interr.*: ~ *ist es?* what is it made of?; 2. *rel.* which *or* that ... from; ~**in** *adv.* [~'rın] 1. *interr.* where?; 2. *rel.* in which.

Wort [vɔrt] *n* 1. (*-[e]s/=er*) word; 2. (*-[e]s/-e*) word(s); saying; quotation; *mit anderen ~en* in other words; *aufs* ~ to the letter; *in ~en* in writing; *sein* ~ *geben* (*halten, brechen*) give (keep, break) one's word; *j-n beim* ~ *nehmen* take s.o. at his word; *ein gutes* ~ *einlegen für* put in a good word for; *j-m das* ~ *erteilen* invite s.o. to speak *or* take the floor; *das* ~ *ergreifen* (begin to) speak; *parl.* take the floor; *j-m ins* ~ *fallen* cut s.o. short; F: *hast du* ~*e!* can you beat that!, I'll be (darned)!; *s. verlieren*; ~**art** *gr.* ['~?-] *f* word class, part of speech; ~**be'deutungslehre** *ling. f* (*-/no pl.*) semantics; '~**bildung** *ling. f* word formation; '**2brüchig** *adj.*: ~ *werden* break one's word.

Wörter|buch ['vœrtər-] *n* dictionary; '~**verzeichnis** *n* vocabulary, list of words.

'**Wort|feld** *ling. n* semantic field; '~**führer** *m* spokesman; '**2karg** *adj.* taciturn; ~**klauberei** [~klaubə'rai] *f* (*-/no pl.*) hairsplitting; '~**laut** *m* (*-[e]s/no pl.*) (exact) wording.

wörtlich ['vœrtlıç] *adj.* literal; ~*e Rede* direct speech.

'**wort|los** *adv.* without a word *or* words; '**2schatz** *m* (*-es/no pl.*) vocabulary; '**2spiel** *n* play on words; pun; '**2stellung** *gr. f* word order; '**2wechsel** *m* argument.

wo|rüber *adv.* [vo'-] 1. *interr.*: ~ *lachen Sie?* what are you laughing at *or* about?; 2. *rel.* (that) ... about, about which; ~'**rum** *adv.* 1. *interr.*: ~ *handelt*

es sich? what is it about?; **2.** *rel.* (which *or* that) ... for *or* about; **~'runter** *adv.* **1.** *interr.:* what ... under?; **2.** *rel.* among which; of *or* under which; **~'von** *adv.* **1.** *interr.:* **~ redest du?** what are you talking about?; **2.** *rel.* (which *or* that) ... about; **~'vor** *adv.* **1.** *interr.:* **~ hast du Angst?** what are you afraid of?; **2.** *rel.* (which *or* that) ... of; **~'zu** *adv.* **1.** *interr.:* what (...) for?; why?; **2.** *rel.:* **~ er mir rät** what he advised me to do.

Wrack [vrak] *n* (-[e]s/-s) wreck (*a. fig.*).

wrang [vraŋ] *past of* wringen.

wringen ['vriŋən] *v/t.* (*irr.*, ge-, h) wring.

Wucher ['vu:xər] *m* (-s/*no pl.*) profiteering; usury; gross overcharge; **~... in** *compounds:* (*price, etc.*) gouging ...; usurious ..., exorbitant (*price, rate of interest, etc.*); **~er** *m* (-s/-) loan shark, usurer; **'2n** *v/i.* (ge-, h) grow (*fig.* be) rampant; **'~ung** *f* (-/-en) growth.

wuchs [vu:ks] *past of* wachsen.

Wuchs [~] *m* (-es/*no pl.*) growth; build, physique.

Wucht [vuxt] *f* (-/*no pl.*) force; impact; **'2en** *v/t.* (ge-, h) heave; **'2ig** *adj.* massive; powerful.

Wühl|arbeit *fig.* ['vy:l?-] *f* subversive activity; **'2en** *v/i.* dig; *pig:* root; rummage (*in dat.* in, through).

Wulst [volst] *m* (-[e]s/**~e), *f* (-/-e) bulge; roll (*of fat*); **'2ig** *adj.* bulging; *lips:* thick.

wund *adj.* [vont] sore; **~e Stelle** sore; **~er Punkt** sore point; **2e** ['~də] *f* (-/-n) wound.

Wunder ['vondər] *n* (-s/-) miracle; *fig. a.* wonder, marvel (*both:* **an** *dat.* of); **~ wirken** work wonders (*bei* in); **(es ist) kein ~,** **daß du müde bist** no wonder you are tired; **'2bar** *adj. fig.* wonderful, marvel(l)ous; *eccl., etc.* miraculous; **~heiler** ['~hailər] *m* (-s/-) faith healer; **'~kind** *n* infant prodigy; **'~knabe** *m* boy wonder; **'2lich** *adj.* funny, odd; *old person: a.* senile.

'wunder|n (ge-, h) **1.** *v/refl.* be surprised *or* astonished (*über acc.* at); **2.** *v/t.:* **das wundert mich** I'm surprised (at that); **'~schön** *adj.* lovely; **'~voll** *adj.* wonderful; **2werk** *n* marvel, wonder.

'wund|liegen *v/refl.* (*irr.* liegen, sep., -ge-, h) get bedsores; **'2mal** *eccl. n* (-[e]s/-e) stigma; **'2starrkrampf** *m* tetanus.

Wunsch [von∫] *m* (-[e]s/**~e**) wish, desire; request; **auf j-s (eigenen) ~** at s.o.'s (own) request; **nach ~** as desired; **'~denken** *n* (-s/*no pl.*) wishful thinking.

Wünschelrute ['vyn∫əl-] *f* divining *or* dowsing rod.

wünschen ['vyn∫ən] *v/t.* (ge-, h) wish, desire; **sich et. (zu Weihnachten etc.) ~** want s.th. (for Christmas, *etc.*); **das habe ich mir (schon immer) ge-wünscht** that's what I (always) wanted; **alles, was man sich nur ~ kann** everything one could wish for; **ich wünschte, ich wäre (hätte)** I wish I were (had); **Sie ~?** can I help you? **'~swert** *adj.* desirable.

'Wunsch|konzert *n radio, etc.:* request program(me); **'2los** *adv.:* **~ glücklich** perfectly happy; **'~traum** *m* dearest wish; pipe dream; **'~zettel** *m* at Christmas: *appr.* letter to Santa.

wurde ['vordə] *past of* werden.

würde ['vyrdə] *past subj. of* werden.

Würde [~] *f* (-/-n) dignity; rank, title, office; *unter aller ~* beneath contempt; **'2los** *adj.* undignified; **'~nträger** *m* dignitary; **'2voll** *adj.* dignified.

'würdig *adj.* worthy (*gen.* of); dignified; **~en** ['~igən] *v/t.* (ge-, h) appreciate; hono(u)r, pay tribute to; **j-n keines Blickes ~** ignore s.o. completely; **2ung** *f* (-/-en) appreciation.

Wurf [vorf] *m* (-[e]s/**~e**) throw; *zo.* litter.

Würfel ['vyrfəl] *m* (-s/-) cube (*a. A*); dice; **die ~ sind gefallen** the die is cast; **'~becher** *m* dicebox; **'2n** *v/i. and v/t.* (ge-, h) (play) dice; *cooking:* dice, cube; **e-e Sechs ~** throw a six; **'~spiel** *n* (game of) dice; **'~zucker** *m* lump sugar.

'Wurfgeschoß *n* missile (*a. bottle, etc.*).

würgen ['vyrgən] *v/i. and v/t.* (ge-, h) choke; throttle.

Wurm *zo.* [vorm] *m* (-[e]s/**~er**) worm; **'2en** F *v/t.* (ge-, h) gall; **'2stichig** *adj.* wormeaten.

Wurst [vorst] *f* (-/-e) sausage; F **es geht um die ~** now it's do or die; **das ist mir (völlig) ~** I couldn't care less.

Würstchen ['vyrst∫ən] *n* (-s/-) small sausage, frankfurter, wiener; hot dog; F: **armes ~** poor devil; **'~bude** *f* sausage stand.

wursteln F ['vorstəln] *v/i.* (ge-, h) muddle along.

Würze ['vyrtsə] *f* (-/-n) spice (*a. fig.*).

Wurzel ['vortsəl] *f* (-/-n) root (*a. gr., A*); **~n schlagen** strike *or* take root (*a. fig.*); **'2n** *v/i.* (ge-, h): **~ in** (*dat.*) be rooted in (*a. fig.*).

'würz|en *v/t.* (ge-, h) spice, season, flavo(u)r; **'~ig** *adj.* spicy, well-seasoned, aromatic.

wusch [vu:∫] *past of* waschen.

wuschelig F *adj.* ['vu∫əliç] fuzzy, fluffy.

wußte ['vustə] *past of wissen.*

Wust F [vuːst] *m* (-[e]s/*no pl.*) tangled mass; mess, jumble.

wüst *adj.* [vyːst] desert, waste; confused; wild, dissolute; messy; *guy:* tough; **'2e** *f* (-/-*n*) desert.

Wut [vuːt] *f* (-/*no pl.*) rage, fury; e-e ~ **haben** be furious (*auf acc.* with); *in* ~ **versetzen** infuriate; **'~anfall** ['-ʔ-] *m* fit of rage.

wüten ['vyːtən] *v/i.* (ge-, h) rage (*a. fig.*); **'~d** *adj.* furious (*auf acc.* with; *über acc.* at), F mad (at).

'wutschnaubend *adj.* fuming.

X, Y

X-Beine ['iks-] *pl.* knock-knees; **'X-beinig** *adj.* knock-kneed.

x-be'liebig *adj.: jede(r, -s) ~e ...* any (... you like).

'x-mal F *adv.* umpteen times.

x-te *adj.* ['ikstə]: *zum ~n Male* for the umpteenth time; ~ *Potenz* A: nth power.

Xylophon ♪ [ksylo'foːn] *n* (-*s*/-*e*) xylophone.

Yacht ⚓ [jaxt] *f* (-/-*en*) yacht.

Z

zack *int.* [tsak] pow!, sock!; ~, ~! on the double!

Zack F [~] *m: auf* ~ *sein* be on the ball.

Zack|e ['tsakə] *f* (-/-*n*), **'~en** *m* (-*s*/-) (sharp) point; tooth (*of comb, saw, stamp, etc.*); **'2en** *v/t.* (ge-, h) notch; tooth; jag; **'2ig** *adj.* pointed; serrated; *line, rock, etc.:* jagged; *fig.* smart.

zaghaft *adj.* ['tsaːkhaft] timid; **'2igkeit** *f* (-/*no pl.*) timidity.

zäh *adj.* [tsɛː] tough (*a. fig.*); **'~flüssig** *adj.* thick, viscous; *traffic:* slow-moving; **'2igkeit** *f* (-/*no pl.*) toughness; *fig. a.* stamina.

Zahl [tsaːl] *f* (-/-*en*) number; figure; *an der* ~ in number; **'2bar** *adj.* payable (*an acc.* to; *bei* at).

zählbar *adj.* ['tsɛːlbaːr] countable.

'zahlen *v/i. and v/t.* (ge-, h) pay; ~, *bitte!* the bill (*Am. a.* check), please!

zählen ['tsɛːlən] *v/t. and v/i.* (ge-, h) count (*bis* up to; *fig. auf acc.* on); *lit.* number; ~ *zu* rank with (*the best, etc.*).

'zahlenmäßig 1. *adj.* numerical; **2.** *adv.: j-m* ~ *überlegen sein* outnumber s.o.

'Zähler *m* (-*s*/-) counter (*a.* ⊙); A: numerator; *for gas, ⚡, etc.:* meter.

'Zahl|karte ✉ *f* deposit (*Brt.* paying-in) slip; **'2los** *adj.* countless; **'~meister** *m* ✕ paymaster; ⚓ purser; **'2reich 1.** *adj.* numerous; **2.** *adv.* in great number; **'~tag** *m* payday; **'~ung** *f* (-/-*en*) payment.

'Zählung *f* (-/-*en*) count; census.

Zahlungs|anweisung ['tsaːluŋs-ʔ-] *f* order to pay; **~aufforderung** ['-ʔ-] *f* request for payment; **'~bedingungen** *pl.* terms of payment; **'~befehl** ⚖ *m* order for payment of debt; **'~bilanz** *f* balance of payments; **'2fähig** *adj.* solvent; **'~frist** *f* term of payment; **'~mittel** *n* currency; *gesetzliches* ~ legal tender; **'~schwierigkeiten** *pl.* financial difficulties; **'~termin** *m* date of payment; **2unfähig** *adj.* ['-ʔ-] insolvent.

'Zählwerk ⊙ *n* meter, counter.

'Zahlwort *gr. n* (-[e]s/-*er*) numeral.

zahm *adj.* [tsaːm] tame (*a. fig.*).

zähm|en ['tsɛːmən] *v/t.* (ge-, h) tame (*a. fig.*); **'2ung** *f* (-/*no pl.*) taming (*a. fig.*).

Zahn [tsaːn] *m* (-[e]s/-*e*) tooth; ⊙ *a.* cog; *mit den Zähnen knirschen* grind one's teeth (*a. fig.*); F *j-m auf den* ~ *fühlen* sound s.o. out; put s.o. to the test; F: *e-n* ~ *zulegen* step on it; *s. zusammenbeißen;* **'~arzt** ['-ʔ-] *m*, **'~ärztin** ['-ʔ-] *f* dentist, dental surgeon; **'~bürste** *f* toothbrush; **'~creme** *f* toothpaste.

zähneknirschend *fig. adv.* ['tsɛːnə-] gnashing *or* grinding one's teeth, grudgingly.

'zahnen *v/i.* (ge-, h) cut one's teeth, teethe.

Zahn|ersatz ['tsaːnʔ-] *m* denture(s); **'~fleisch** *n* gums; **'2los** *adj.* toothless; **'~lücke** *f* gap between the teeth; **'~medizin** *f* dentistry; **~pasta** ['-pasta] *f* (-/-*pasten*), **'~paste** *f* toothpaste;

'**⁓pflege** *f* dental care; '**⁓rad** ⊙ *n* gearwheel, cogwheel; '**⁓radbahn** *f* rack *or* cog railway; '**⁓schmelz** *m* enamel; '**⁓schmerzen** *pl.* toothache; '**⁓spange** *f* brace; '**⁓stein** ⚕ *m* (-[e]s/*no pl.*) tartar; **⁓stocher** ['⁓ʃtɔxər] *m* (-s/-) toothpick; '**⁓techniker** *m* dental technician.

Zange ['tsaŋə] *f* (-/-n) ⊙ pliers; pincers; tongs; ⚒ forceps; *zo.* pincer; *in die ⁓ nehmen* put the screws on *s.o.*, corner *or* collar *s.o.*

Zank|apfel *fig.* ['tsaŋk?-] *m* (-s/*no pl.*) bone of contention; '**2en** *v/refl.* (ge-, *h*) quarrel (*wegen* about; *um* over), fight, argue (about; over).

zänkisch *adj.* ['tsɛŋkɪʃ] quarrelsome.

Zäpfchen ['tsɛpfçən] *n* (-s/-) *anat.* uvula; *pharm.* suppository.

Zapf|en ['tsapfən] *m* (-s/-) *of barrel:* faucet, *Brt.* tap; ⊙ peg, pin; bung; tenon; pivot; ♣ cone; '**2en** *v/t.* (ge-, *h*) tap; '**⁓enstreich** ✕ *m* tattoo, *Am. a.* taps; '**⁓hahn** *m* faucet, *Brt.* tap; *mot.* nozzle; '**⁓säule** *mot.* *f* gasoline (*Brt.* petrol) pump.

zappel|ig *adj.* ['tsapəlɪç] fidgety; '**⁓n** *v/i.* (ge-, *h*) fidget, wriggle.

zart *adj.* [tsart] tender; gentle; '**⁓fühlend** *adj.* delicate; '**2gefühl** *n* (-[e]s/*no pl.*) delicacy (of feeling), tact.

zärtlich *adj.* ['tsɛrtlɪç] tender, affectionate (*zu* with); '**2keit** *f* (-/-en) tenderness, affection; caress; **⁓en** *pl. a.* lovemaking.

Zaster F ['tsastər] *m* (-s/*no pl.*) dough.

Zäsur [tsɛ'zu:r] *f* (-/-en) ♪, *poet.* c(a)esura; *fig.* turning point.

Zauber ['tsaʊbər] *m* (-s/-) magic (*a. in compounds*: *flute*, *etc.*), spell, charm (*all a. fig.*); **⁓ei** [⁓'raɪ] *f* (-/*no pl.*) magic, witchcraft; '**⁓er** *m* (-s/-) sorcerer, wizard (*a. fig.*), magician; '**⁓formel** *f* spell; '**2haft** *fig. adj.* enchanting, charming; '**⁓in** *f* (-/-nen) sorceress; '**⁓kraft** *f* magic power; '**⁓künstler** *m* illusionist, conjurer; '**⁓kunststück** *n* conjuring trick; '**⁓lehrling** *m* sorcerer's apprentice.

'**zauber|n** (ge-, *h*) **1.** *v/i.* practi|ce (*Brt.* -se) magic; do conjuring tricks; *fig.* work miracles; **2.** *v/t.* conjure (up); '**2spruch** *m* spell; '**2stab** *m* (magic) wand; '**2trank** *m* magic potion; '**2wort** *n* magic word, spell.

zaudern ['tsaʊdərn] *v/i.* (ge-, *h*) hesitate.

Zaum [tsaʊm] *m* (-[e]s/⁓e) bridle; *im ⁓ halten* control (*sich* o.s.), keep in check.

zäumen ['tsɔʏmən] *v/t.* (ge-, *h*) bridle.

'**Zaumzeug** *n* (-[e]s/-e) bridle.

Zaun [tsaʊn] *m* (-[e]s/⁓e) fence; *vom ⁓ brechen* pick (*quarrel*); '**⁓gast** *fig. m*

onlooker; '**⁓pfahl** *m* pale; *s. Wink.*

Zebra *zo.* ['tse:bra] *n* (-s/-s) zebra; '**⁓streifen** *m* zebra crossing.

Zech|e ['tsɛçə] *f* (-/-n) bill; ✕ (coal) mine, pit; *die ⁓ zahlen* pay (F *and fig.* foot) the bill; '**2en** *lit.*, F (ge-, *h*) carouse, F booze; '**⁓er** *m* (-s/-) *s.o.* who walks out of restaurant without paying.

Zecke *zo.* ['tsɛkə] *f* (-/-n) tick.

Zeder ♣ ['tse:dər] *f* (-/-n) cedar.

Zeh [tse:] *m* (-s/-en), '**⁓e** *f* (-/-n) toe; *große (kleine) ⁓* big (little) toe; '**⁓enspitze** *f* tip of the toe; *auf ⁓n gehen* (walk on) tiptoe.

zehn *adj.* [tse:n] ten; '**⁓fach** *adj.* ['⁓fax] tenfold; '**⁓jährig** *adj.* ten-year-old, of ten (years); '**2kampf** *m* decathlon; '**⁓mal** *adv.* ten times; **⁓te** *adj.* ['⁓tə] tenth; **2tel** ['⁓təl] *n* (-s/-) tenth (part); **⁓tens** *adv.* ['⁓təns] tenthly, in the tenth place.

zehren ['tse:rən] *v/i.* (ge-, *h*) be debilitating; *⁓ an* (*dat.*) weaken, impair; *⁓ von* live off *or* on (*a. one's reputation*, *etc.*).

Zeichen ['tsaɪçən] *n* (-s/-) sign; mark; signal; punctuation mark; *zum ⁓* (*gen.*) as a token of; '**⁓block** *m* drawing block; '**⁓brett** *n* drawing board; '**⁓lehrer(in)** *m* (*f*) art teacher; '**⁓papier** *n* drawing paper; '**⁓setzung** *gr. f* (-/*no pl.*) punctuation; '**⁓sprache** *f* sign language; '**⁓trickfilm** *m* (animated) cartoon.

zeichnen ['tsaɪçnən] *v/i. and v/t.* (ge-, *h*) draw; mark; sign; *fig.* mark, leave its mark on *s.o.*

Zeichn|en [⁓] *n* (-s/*no pl.*) drawing; *school subject:* art; '**⁓er(in)** *m* (*f*) (-s[-]/-[-nen]) *mst* artist; drafts|man (-woman), *Brt.* draughts|man (-woman); '**2erisch** *adj.* graphic; **⁓es Talent** *etc.* talent, *etc.* for drawing; '**⁓ung** *f* (-/-en) drawing; ⊙ diagram, chart; *zo.* marking; '**2ungsberechtigt** *adj.* having signatory power.

Zeige|finger ['tsaɪgə-] *m* forefinger, index finger; '**2n** (ge-, *h*) **1.** *v/t.* show; *sich ⁓ a.* appear; *es zeigte sich, daß* it turned out that; *es wird sich ⁓* we'll see; **2.** *v/i.: ⁓ auf* (*acc.*) *or nach* point to; (*mit dem Finger*) *⁓ auf* (*acc.*) point (one's finger) at; '**⁓r** *m* (-s/-) hand (*of clock*, *etc.*); ⊙ pointer, needle; '**⁓stock** *m* pointer.

Zeile ['tsaɪlə] *f* (-/-n) line (*a. TV*); *j-m ein paar ⁓n schreiben* drop *s.o.* a line.

Zeit [tsaɪt] *f* (-/-en) time; age, era; *gr.* tense; *vor einiger ⁓* some time *or* a while ago; *zur ⁓* at the moment; at present; *in letzter ⁓* lately, recently; *mit*

der ~ in the course of time; *auf* ~ temporary; *in der or zur* ~ *(gen.)* in the days of; *... aller* ~*en* ... of all time; *die* ~ *ist um* time's up; *sich* ~ *lassen* take one's time; *es wird* ~, *daß* ... it is time to *inf.*; *das waren noch* ~*en* those were the days; *die* ~ *totschlagen* kill time; F: *(ach,) du liebe* ~*!* good heavens!
zeit *prp.* [~] *(gen.):* ~ *s-s Lebens* all his life.
Zeit|abschnitt ['tsaɪt-ʔ-] *m* period (of time); ~**alter** ['~ʔ-] *n (-s/-)* age, epoch; ~**ansage** ['~ʔ-] *f teleph., radio:* correct time (service *or* announcement), *Brt. teleph.* speaking clock; *radio:* time check; ~**arbeit** ['~ʔ-] *f (-/no pl.)* temporary work, working as a temp; ~**aufnahme** *phot.* ['~ʔ-] *f* time exposure; ~**aufwand** ['~ʔ-] *m* time expenditure, time spent on s.th.; **2aufwendig** *adj.* ['~ʔ-] time-consuming; ~**bombe** *f* time bomb (*a. fig.*); ~**druck** *m (-[e]s/no pl.)* (time) pressure; *unter* ~ *stehen* be pressed for time; ~**einteilung** ['~ʔ-] *f* schedule; timing; ~**enfolge** *gr. f (-/no pl.)* sequence of tenses; ~**enwende** *f: vor der* ~ B.C.; *nach der* ~ A.D.; ~**fahren** *n (-s/no pl.) cycling:* time trials; **2gemäß** *adj.* modern, up-to-date; ~**genosse** *m*, **2genössisch** *adj.* ['~ʔœsɪʃ] contemporary; ~**geschehen** *n (-s/no pl.)* current affairs; ~**geschichte** *f (-/no pl.)* contemporary history; ~**gewinn** *m* gain of time.
zeitig *adj. and adv.* early.
Zeit|karte *f* season ticket; ~**lang** *f: e-e* ~ for some time, for a while; **2lebens** *adv.* all one's life; **2lich 1.** *adj.* time ...; **2.** *adv. (limited, etc.)* in time; *et.* ~ *planen or abstimmen* time s.th.; **2los** *adj.* timeless; *style, clothes, etc.: a.* classic; ~**lupe** *f (-/no pl.)* slow motion; ~**not** *f s. Zeitdruck;* ~**punkt** *m* moment; date, (point of) time; ~**raffer** *phot. m (-s/-)* time-lapse photography; **2raubend** *adj.* time-consuming; ~**raum** *m* period or space (of time); ~**rechnung** *f* chronology; *unsere* ~ our time; ~**schalter** *m*, ~**schaltuhr** *f s. Schaltuhr;* ~**schrift** *f* magazine; periodical; ~**spanne** *f* span, stretch (of time).
Zeitung *f (-/-en)* (news)paper, journal.
Zeitungs|abonnement ['tsaɪtʊŋs-ʔ-] *n* subscription to a paper; ~**artikel** ['~ʔ-] *m* newspaper article; ~**ausschnitt** ['~ʔ-] *m* (newspaper) clipping (*Brt.* cutting); scrap; ~**junge** *m* paperboy; ~**kiosk** *m* newsstand; ~**notiz** *f* press item; ~**papier** *n* newsprint; *(wrap, etc. in)* newspaper; ~**verkäufer** *m* newsdealer, *Brt.* news vendor.

Zeit|verlust *m* loss of time; ~**verschiebung** *f* time lag; ~**verschwendung** *f* waste of time; ~**vertreib** ['~fɛrtraɪp] *m (-[e]s/-e)* pastime; *zum* ~ to pass the time; ~**vorsprung** *m* head start (*gegenüber, vor dat.* on, over *s.o.*); **2weilig** *adj.* ['~vaɪlɪç] temporary; **2weise** *adv.* at times, occasionally; ~**wert** *econ. m* current value; ~**wort** *gr. n (-[e]s/-er)* verb; ~**zeichen** *n* time signal; ~**zünder** *m* time fuse.
Zell|e ['tsɛlə] *f (-/-n)* cell; *teleph.* booth; ~**kern** *biol. m* nucleus; ~**stoff** *m*, ~**ulose** ⊙ [~u'lozə] *f (-/no pl.)* cellulose.
Zelt [tsɛlt] *n (-[e]s/-e)* tent; **2en** *v/i. (ge-, h)* camp (out); ~**lager** *n* camp; ~**platz** *m* campground, campsite.
Zement [tse'mɛnt] *m (-[e]s/-e)*, **2ieren** [~'tiːrən] *v/t. (no ge-, h)* cement.
Zenit [tse'niːt] *m (-[e]s/no pl.)* zenith (*a. fig.*).
zens|ieren [tsɛn'ziːrən] *v/t. (no ge-, h)* censor; *school:* grade, mark; **2or** ['~ɔr] *m (-s/-en)* censor; **2ur** [~'zuːr] *f (-/-en)* grade, mark; *(no pl.)* censorship.
Zentimeter [tsɛnti'-] *n*, *m (-s/-)* centimet|er, *Brt.* -re.
Zentner ['tsɛntnər] *m (-s/-)* 50 kilograms, *appr.* 100 lbs., *Brt.* hundredweight, *abbr.* cwt.
zentral *adj.* [tsɛn'traːl] central; **2e** *f (-/-n)* central office, headquarters; *teleph.* (telephone) exchange; switchboard; ⊙ control room; **2einheit** [~ʔ-] *f computer:* central processing unit, CPU; **2heizung** *f* central heating; **2verriegelung** *mot. f* central locking.
Zentrum ['tsɛntrom] *n (-s/-tren)* cent|er *Brt.* -re.
Zepter ['tsɛptər] *n (-s/-)* scept|er, *Brt.* -re.
zerbeißen [tsɛr'-] *v/t. (irr. beißen, no -ge-, h)* chew (to pieces).
zer'brech|en *(irr. brechen, no -ge-) v/i. (sein) and v/t. (h)* break (into pieces *or* in two); *s. Kopf;* ~**lich** *adj.* fragile.
zer|'bröckeln *(no -ge-) v/i. (h) and v/i. (sein)* crumble; ~**'drücken** *v/t. (no -ge-, h)* crush.
Zeremon|ie [tseremo'niː] *f (-/-n)* ceremony; **2iell** *adj.* [~'nɪɛl], ~**iell** *n (-s/-e)* ceremonial.
Zer'fall *m (-[e]s/no pl.)* disintegration, decay; **2en** *v/i. (irr. fallen, no -ge-, sein)* disintegrate, decay; ~ *in (acc.)* break up into.
zer|'fetzen *v/t. (no -ge-, h)*, ~**'fleischen** *v/t. (no -ge-, h)* tear to pieces; ~**'fließen** *v/i. (irr. fließen, no -ge-, sein)* melt (*a. fig.*); *colo(u)rs, etc.:* run; ~**'fressen** *v/t. (irr. fressen, no -ge-, h)* eat through *or* holes in; 🜍 corrode; ~**'gehen** *v/i. (irr. gehen, no -ge-, sein)* melt, dissolve;

~'**hacken** v/t. (no -ge-, h) cut or chop up; ⚡ chop; ~'**kauen** v/t. (no -ge-, h) chew; ~'**kleinern** v/t. (no -ge-, h) cut or chop up; grind; ~**klüftet** adj. [~'klʏftət] jagged.
zer'knirsch|t adj. remorseful; 2ung f (-/no pl.) remorse.
zer|'knittern v/t. (no -ge-, h) (c)rumple, crease; ~'**knüllen** v/t. (no -ge-, h) crumple up; ~'**kratzen** v/t. (no -ge-, h) scratch; ~'**krümeln** v/t. (no -ge-, h) crumble; ~'**lassen** v/t. (irr. lassen, no -ge-, h) melt; ~'**legen** v/t. (no -ge-, h) take apart or to pieces; knock down; carve (meat); ⚗, gr., fig. analy|ze, Brt. -se; ~'**lesen** adj. well-thumbed (book, etc.); ~'**lumpt** adj. ragged, tattered; ~'**mahlen** v/t. (irr. mahlen, no -ge-, h) grind; ~**malmen** [~'malmən] v/t. (no -ge-, h) crush; ~**mürben** [~'mʏrbən] v/t. (no -ge-, h) wear s.o. out or down; ~'**platzen** v/i. (no -ge-, sein) burst; explode; ~'**quetschen** v/t. (no -ge-, h) crush.
Zerrbild ['tsɛr-] n caricature.
zer|'reiben v/t. (irr. reiben, no -ge-, h) rub to powder, pulverize; ~'**reißen** (irr. reißen, no -ge-) 1. v/t. (h) tear up or to pieces; break (s.o.'s heart); **sich die Hose** etc. ~ tear or rip one's pants, etc.; **sich** ~ fig. bend over backwards; 2. v/i. (sein) tear; rope, etc.: break.
zerren ['tsɛrən] (ge-, h) 1. v/t. drag, haul; ⚡ strain; 2. v/i.: ~ **an**(dat.) tug or strain at.
zer|'rinnen v/i. (irr. rinnen, no -ge-, sein) melt away (a. fig.); ~**rissen** adj. [~'rɪsn] torn (a. fig.).
'**Zerrung** ⚡ f (-/-en) strain.
zer|'rütten [tsɛr'rʏtən] v/t. (no -ge-, h) ruin; ~'**rüttet** adj. broken (marriage); ~**e Verhältnisse** a broken home; ~'**sägen** v/t. (no -ge-, h) saw up; ~'**schellen** v/i. (no -ge-, sein) be smashed, smash (up); ⚡ a. crash; ~'**schlagen** v/t. (irr. schlagen, no -ge-, h) break or smash (to pieces); fig. bust (gang, etc.); **sich** ~ come to nothing; **sich** ~ **fühlen** be (all) worn out; ~'**schmettern** v/t. (no -ge-, h) smash (to pieces), shatter (a. fig.); ~'**schneiden** v/t. (irr. schneiden, no -ge-, h) cut (up or into pieces).
zer'setz|en v/t. (no -ge-, h) ⚡ decompose (a. sich ~); fig. corrupt, undermine; 2ung f (-/no pl.) decomposition; corruption.
zer|'splittern (no -ge-) v/t. (h) and v/i. (sein) split (up), splinter; ~'**springen** v/i. (irr. springen, no -ge-, sein) burst; glass, etc.: crack; ~'**stampfen** v/t. (no -ge-, h) pound, crush.

zerstäub|en v/t. (no -ge-, h) spray; 2er m (-s/-) atomizer, sprayer.
zer'stechen v/t. (irr. stechen, no -ge-, h) of insects: bite s.o. all over; prick (finger, etc.).
zer'stör|en v/t. (no -ge-,h) destroy, ruin (both a. fig.); 2er m (-s/-) destroyer (a. ⚓); ~**erisch** adj. destructive; 2ung f (-/-en) destruction; 2ungswut f vandalism.
zer'streu|en v/t. and v/refl. (no -ge-, h) scatter, disperse; break up (crowd); fig. take s.o.'s (refl. one's) mind off things; ~**t** fig. adj. absentminded; 2theit f (-/no pl.) absentmindedness; 2ung fig. f (-/-en) distraction.
zer|stückeln [tsɛr'ʃtʏkəln] v/t. (no -ge-, h) cut up or (in)to pieces; dismember; ~'**teilen** v/t. and v/refl. (no -ge-, h) divide (in acc. into); carve (meat); ~'**treten** v/t. (irr. treten, no -ge-, h) crush (a. fig.); ~'**trümmern** v/t. (no -ge-, h) smash; ~'**wühlen** v/t. (no -ge-, h) tousle (hair), rumple (sheets, etc.); 2**würfnis** [~'vʏrfnɪs] n (-ses/-se) breakup (of relationship); ~**zaust** adj. [~'tsaʊst] tousled, dishevel(l)ed.
zetern F ['tseːtərn] v/i. (ge-, h) bitch; wail.
Zettel ['tsɛtəl] m (-s/-) slip (of paper); note; label, sticker.
Zeug [tsɔʏk] n (-[e]s/no pl.) stuff (a. fig. contp.); things (a. in compounds); **er hat das** ~ **dazu** he's got what it takes; **dummes** ~ nonsense, sl. bullshit.
Zeuge ['tsɔʏgə] m (-n/-n) witness; '2n (ge-, h) 1. v/t. ⚡ give (fig. be) evidence (für for; fig. von of); 2. v/t. biol. procreate; become the father of (child), esp. lit. father (son).
Zeugen|aussage ⚡ ['tsɔʏgən?-] f testimony, evidence; '~**bank** f, '~**stand** m witness stand (Brt. box).
Zeugin ['tsɔʏgɪn] f (-/-nen) (female) witness.
Zeugnis ['tsɔʏknɪs] n (-ses/-se) report card, Brt. school report; certificate, diploma; from employer, etc.: reference; ~**se** pl. credentials.
'**Zeugung** biol. f (-/-en) procreation; 2**unfähig** adj. ['~s?-] impotent, sterile.
Zick|e ['tsɪkə] f (-/-n) s. **Ziege**; '~**n** F pl. s. **Mätzchen**; '2**ig** contp. adj. prim, prudish; bitchy; '~**lein** zo. n (-s/-) kid.
Zickzack ['tsɪk-] m (-[e]s/-e) zigzag; **im** ~ **fahren** etc. (go in a) zigzag, weave.
Ziege zo. ['tsiːgə] f (-/-n) (she-)goat; F contp. witch, bitch.
Ziegel ['tsiːgəl] m (-s/-) brick; on roof: tile; '~**dach** n tiled roof; ~**ei** [~'laɪ] f (-/-en) brickyard, Brt. brickfield; '~**stein** m brick.

'**Ziegen|bock** zo. m he-goat, billy goat; '**~leder** n kid; **~peter** ⚕ ['~pe:tər] m (-s/no pl.) mumps.

ziehen ['tsi:ən] (irr., ge-) 1. v/t. (h) pull (a. brake, etc.), draw (a. line, card, lots, gun, conclusion, etc.); pull or take out (aus of); extract (tooth); grow (flowers, etc.); build (wall, fence, etc.); dig (ditch, etc.); make (a face, etc.); **den Hut ~** take off one's hat (vor dat. to) (a. fig.); F: **den kürzeren ~** get the worst of it, lose; **j-n ~ an** dat. pull s.o. by or at; **auf sich ~** attract (attention, eyes, etc.); **es zieht mich nach** or **zu** I feel drawn to; **sich ~** run; stretch; s. Bilanz, Erwägung, Länge, Nutzen, Vertrauen; 2. v/i. (h) pull (an dat. at); (take a) puff (at pipe, etc.); chess, etc.: move; tea, etc.: infuse; of back, etc.: ache; fig. have a strong appeal (bei for s.o.), F catch on; arguments, etc.: weigh (bei with s.o.); **es zieht** there is a draft (Brt. draught); F: **das zieht bei mir nicht** that leaves me cold; 3. v/i. (sein) move (nach, in acc. to); go (abroad, etc.); travel (durch across); wander, roam (durch die Straßen the streets); people, birds, etc.: migrate.

'**Zieh|harmonika** ♪ f accordion; '**~ung** f (-/-en) lottery, etc.: draw.

Ziel [tsi:l] n (-[e]s/-e) aim, target, mark (all a fig.); fig. a. goal, objective; destination: sports: finish; **sich ein ~ setzen** (sein ~ erreichen) set o.s. a (reach one's) goal; **sich zum ~ gesetzt haben, et. zu tun** aim to do or at doing s.th.; '**~band** n sports: tape; '**2bewußt** adj. s. **zielstrebig**; '**2en** v/i. (ge-, h) (take) aim (auf acc. at); '**~fernrohr** n telescopic sight; '**~gerade** f home stretch (Brt. straight); '**~linie** f finish(ing) line; '**2los** adj. aimless; '**~photo** n race: photo of the finish; '**~scheibe** f target; fig. a. object; **~setzung** ['~zɛtsʊŋ] f (-/-en) aim, objective; '**2sicher** adj. steady, unerring; '**~sprache** f target language; '**2strebig** adj. ['~ʃtre:bɪç] purposeful, determined.

ziemen lit. ['tsi:mən] v/refl. (ge-, h): **sich ~** be proper or decent.

'**ziemlich** 1. adj. quite a; 2. adv. rather, fairly, quite, F pretty; **~ viele** quite a few.

Zier poet. [tsi:r] f (-/no pl.) s. Zierde; **~...** in compounds: mst ornamental ...; **~de** ['~də] f (-/-n) (zur as a) decoration; fig. credit (für to); '**2en** v/t. (ge-, h) decorate; **sich ~** make a fuss; **zier dich nicht!** don't be coy!; '**2lich** adj. dainty; woman: a. petite; '**~pflanze** f ornamental plant.

Ziffer ['tsɪfər] f (-/-n) figure, numeral; '**~blatt** n dial, face.

(-)**zig** F adj. [tsɪç] umpteen (times, etc.).

Zigarette [tsiga'rɛtə] f (-/-n) cigarette; **~automat** [~n?-] m cigarette machine; **~stummel** m cigarette end, stub, butt.

Zigarre [tsi'garə] f (-/-n) cigar.

Zigeuner [tsi'gɔʏnər] m (-s/-) gypsy, Brt. gipsy.

Zimmer ['tsɪmər] n (-s/-) room; **~einrichtung** ['~?-] f furniture; '**~er** m (-s/-) carpenter; '**~mädchen** n (chamber-)maid; '**~mann** m (-[e]s/-leute) carpenter; '**2n** v/t. (ge-, h) build, make; carpenter (roof, etc.); '**~nachweis** m s. **Zimmervermittlung**; '**~pflanze** f houseplant; '**~schlüssel** m room key; '**~suche** f: **auf ~ sein** be looking or hunting for a room; '**~vermittlung** f accommodation (rental) agency or service.

zimperlich adj. ['tsɪmpərlɪç] prudish; soft, F sissy; **nicht gerade ~** (treat, etc.) none too gently.

Zimt [tsɪmt] m (-[e]s/-e) cinnamon.

Zink 🜍 [tsɪŋk] n (-[e]s/no pl.) zinc; '**~e** f (-/-n) tooth (of comb); prong; '**~en** F m (-s/-) (sch)nozzle; '**2en** v/t. (ge-, h) mark (playing cards).

Zinn [tsɪn] n (-[e]s/no pl.) 🜍 tin; pewter.

Zinnen arch. ['tsɪnən] pl. battlements.

Zins econ. [tsɪns] m (-es/-en) interest (a. **~en** pl.); **3% ~en bringen** or **tragen** bear interest at 3%; '**~eszins** m ['~zəs-] m compound interest; '**~satz** m interest rate.

Zipfel ['tsɪpfəl] m (-s/-) corner (of table-cloth, etc.); tip, point (of hat, etc.); tail (of shirt); end (of sausage); '**~mütze** f pointed or tassel(l)ed cap or hat.

zirk|a adv. ['tsɪrka] about, approximately; **2el** ['~əl] m (-s/-) ⚙ compasses; circle (a. fig.); **~ulieren** [~u'li:rən] v/i. (no ge-, h) circulate; **2us** ['~ʊs] m (-/-se) circus.

zirpen ['tsɪrpən] v/i. (ge-, h) chirp.

zisch|en ['tsɪʃən] v/i. and v/t. (ge-, h) hiss; sizzle; fig. whiz(z); '**2laut** ling. m sibilant.

ziselieren [tsize'li:rən] v/t. (no ge-, h) engrave.

Zit|at [tsi'ta:t] n (-[e]s/-e) quotation; **2ieren** [~'ti:rən] v/t. (no ge-, h) quote (from), cite (a. ⚖); **falsch ~** misquote.

Zitrone [tsi'tro:nə] f (-/-n) lemon; lemon-ade, Brt. lemon squash; '**~limonade** f lemon soda or pop, Brt. (fizzy) lemon-ade; '**~npresse** f lemon squeezer; '**~n-schale** f lemon peel.

zitt|erig adj. ['tsɪtərɪç] shaky; **~ern** ['~ərn] v/i. (ge-, h) tremble, shake (both: vor dat. with).

Zitze zo. ['tsɪtsə] f (-/-n) teat.

Zivi F ['tsi:vi] m (-s/-s) s. **Zivildienstleistende**.

zivil adj. [tsi'vi:l] civil, civilian; price: reasonable.

Zivil [~] n (-s/no pl.) civilian clothes; **Polizist in ~** plain-clothes policeman; **~bevölkerung** f civilians; **~courage** [~kura:ʒə] f (-/no pl.) courage of one's (own) convictions; **~dienst** m alternative national service (for conscientious objectors); **~dienstleistende** m (-n/-n) conscientious objector in the alternative national service; **~isation** [~iliza-'tsio:n] f (-/no pl.) civilization; **2isieren** [~ili'zi:rən] v/t. (no ge-, h) civilize; **~ist** [~i'list] m (-en/-en) civilian; **~recht** ⚹ n (-[e]s/no pl.) civil law; **~schutz** m civil defen|se, Brt. -ce.

Znüni Swiss ['tsny:ni] m, n (-s/no pl.) mid-morning snack, tea or coffee break.

Zobel zo. ['tso:bəl] m (-s/-) sable.

zock|en sl. ['tsɔkən] v/i. (ge-, h) gamble; **'2er** sl. m (-s/-) (illegal) gambler.

Zofe hist. ['tso:fə] f (-/-n) lady's maid.

Zoff sl. [tsɔf] m (-s/no pl.) trouble.

zog [tso:k] past of **ziehen**.

zögern ['tsø:gərn] v/i. (ge-, h) hesitate.

Zögern [~] n (-s/no pl.) hesitation.

Zögling ['tsø:klɪŋ] m (-s/-e) pupil.

Zölibat eccl. [tsøli'ba:t] n, m (-[e]s/no pl.) celibacy.

Zoll [tsɔl] m 1. (-[e]s/-e) customs; duty; 2. (-[e]s/-) inch; **~abfertigung** ['~?-] f customs clearance; **~beamte** m customs officer; **'2en** lit. v/t. (ge-, h) show, express (gratitude, admiration, etc.) (dat. [to] s.o.); **~erklärung** ['~?-] f customs declaration; **'2frei** adj. duty-free; **~kontrolle** f customs examination.

Zöllner [tsœlnər] m (-s/-) customs officer.

'zollpflichtig adj. liable to duty; **'2stock** m (folding) rule.

Zone ['tso:nə] f (-/-n) zone.

Zoo [tso:] m (-s/-s) zoo; **'~handlung** f pet shop.

Zoolog|e [tsoo'lo:gə] m (-n/-n) zoologist; **~ie** [~o'gi:] f (-/no pl.) zoology; **2isch** adj. [~'lo:gɪʃ] zoological.

Zopf [tsɔpf] m (-[e]s/-e) plait; pigtail; F **alter ~** outdated idea or custom.

Zorn [tsɔrn] m (-[e]s/no pl.) anger; **'2ig** adj. angry.

Zote ['tso:tə] f (-/-n) filthy joke, obscenity.

zott(el)ig adj. ['tsɔt(əl)ɪç] shaggy.

zu [tsu:] 1. prp. (dat.) direction: to, toward(s); of place: at, on; of time: mst at; of purpose, occasion: for; **~ Fuß (Pferd)** on foot (horseback); **~ Hause (Ostern etc.)** at home (Easter, etc.); **~ Weih-**

nachten (give s.o. s.th., etc.) for Christmas; **Tür (Schlüssel) ~ ...** door (key) to ...; **~ m-r Überraschung** to my surprise; **wir sind ~ dritt** there are three of us; **~ zweien** two by two; **~ e-r Mark** at or for one mark; **1 ~ 1** one all; **2 ~ 1 gewinnen** win two to one (esp. Brt. two one or by two goals, etc. to one); s. **zum, zur,** for compounds a. **dazu; 2.** adv. too; F (pred.) door, shop, eyes, etc.: closed, shut; **ein ~ heißer Tag** too hot a day; F **nur ~!** go ahead!; **mach ~!** hurry up!; s. **zugeben, zusein; 3.** cj. to; **es ist ~ erwarten** it is to be expected; **~allererst** adv. ['~?alər'?-] first of all; **2behör** ['tsu:bəhø:r] n (-[e]s/-e) accessories.

'zu|beißen v/i. (irr. beißen, sep., -ge-, h) bite, snap; richtig **~** take a real or good bite; **'~bekommen** v/t. (irr. kommen, sep., no -ge-, h) get (door, etc.) shut.

'zubereit|en v/t. (sep., no -ge-, h) prepare (meal, etc.); **2ung** f (-/no pl.) preparation.

'zu|billigen v/t. (sep., -ge-, h) grant (j-m et. s.o. s.th.); **~binden** v/t. (irr. binden, sep., -ge-, h) tie (up); **~bleiben** v/i. (irr. bleiben, sep., -ge-, sein) stay shut; **~blinzeln** v/i. (sep., -ge-, h) wink at; **~bringen** v/t. (irr. bringen, sep., -ge-, h) spend (time); **'2bringer** mot. m (-s/-) feeder (road); **2bringerdienst** m shuttle service.

Zucht [tsʊxt] f 1. (-/no pl.) zo. breeding; ⚹ cultivation; fig. discipline; 2. (-/-en) breed; **'~bulle** m breeding bull.

züchten ['tsʏçtən] v/t. (ge-, h) zo. breed, raise; ⚹ grow, cultivate; **'2er** m (-s/-) breeder; grower.

'Zucht|haus n prison, Am. a. penitentiary; punishment: imprisonment, confinement; **~häusler** ['~hɔyslər] m (-s/-) convict; **'~perle** f culture(d) pearl.

züchtig lit. ['tsʏçtɪç] chaste; decent; **~en** lit. ['~gən] v/t. (ge-, h) flog.

'Zuchtlosigkeit lit. f (-/no pl.) lack of discipline; loose morals.

'Züchtung zo. f (-/-en) breed.

zucken ['tsʊkən] v/i. (ge-, h) jerk; twitch (mit et. s.th.); shrug (shoulders); wince; lightning: flash.

zücken ['tsʏkən] v/t. (ge-, h) draw (weapon); F fig. pull out (wallet, etc.).

Zucker ['tsʊkər] m (-s/no pl.) sugar; **'~dose** f sugar bowl; **'~guß** m icing, frosting; **'~hut** m sugar loaf; **'2krank** adj., **'~kranke** m, f diabetic; **'~krankheit** f diabetes; **'~lecken** F n: kein ~ no picnic; **'2n** v/t. (ge-, h) sugar; **'~rohr** n sugarcane; **'~rübe** ⚹ f sugar beet; **'2süß** adj. (as) sweet as sugar; **'~wasser** n sugared water; F contp.

sugary wine; '**~watte** *f* cotton candy; *Brt.* candy floss; '**~zange** *f* sugar tongs.

zuckrig *adj.* ['tsʊkrɪç] sugary.

'**Zuckung** *f* (*-/-en*) twitch(ing); tic; convulsion, spasm.

'**zudecken** *v/t.* (*sep., -ge-, h*) cover (up).

zudem *adv.* [tsu'de:m] besides, moreover.

'**zu|drehen** *v/t.* (*sep., -ge-, h*) turn off; *j-m den Rücken* ~ turn one's back on s.o.; **~dringlich** *adj.* ['~drɪŋlɪç]: ~ *werden* F get fresh (*zu, gegenüber* with); '**~drücken** (*sep., -ge-, h*) **1.** *v/t.* close, push *s.th.* shut; *s. Auge;* **2.** *v/i.:* *fest* ~ press hard.

zueinander *adv.* [tsu'aɪ'nandər] (*a. in compounds: belong, etc.*) to each other, together.

zuerkennen ['tsu:'?-] *v/t.* (*irr. kennen, sep., no -ge-, h*) award (*j-m et. s.o. s.th.*), confer (*s.th. on s.o.*).

zuerst *adv.* [tsu'?-] first; at first; first (of all), to begin with.

'**zufahren** *v/i.* (*irr. fahren, sep., -ge-, sein*) drive on; ~ *auf* (*acc.*) drive toward(s), head for.

'**Zufahrt** *f* approach; drive(way); '**~straße** *f* access road.

'**Zufall** *m* chance; coincidence; *durch* ~ by chance, by accident.

'**zufallen** *v/i.* (*irr. fallen, sep., -ge-, sein*) slam (shut); *fig. task, property, etc.:* fall to *s.o.; skill, etc.:* come naturally to *s.o.; mir fallen die Augen zu* I can't keep my eyes open.

'**zufällig** **1.** *adj.* accidental; *attr. a.* chance; **2.** *adv.* by accident, by chance; ~ *et tun* happen to do *s.th.;* **~erweise** *adv.* ['~gər'-] *s. zufällig 2.*

Zufalls... *in compounds:* mst chance (*hit, etc.*).

'**zufassen** *fig. v/i.* (*sep., -ge-, h*) give (s.o.) a hand (*bei* with).

'**Zu|flucht** *f* (*-/no pl.*): ~ *suchen* (*finden*) look for (find) refuge *or* shelter (*vor dat.* from; *bei* with); (*s-e*) ~ *nehmen zu* resort to; '**~flüstern** *v/t.* (*sep., -ge-, h*): *j-m et.* ~ whisper *s.th.* to s.o.

zufolge *prp.* [tsu'-] (*dat.*) according to.

zufrieden *adj.* [tsu'-] content(ed), satisfied; pleased; **~geben** *v/refl.* (*irr. geben, sep., -ge-, h*): *sich* ~ *mit* content o.s. with, make do with; **2heit** *f* (*-/no pl.*) contentment, satisfaction; **~lassen** *v/t.* (*irr. lassen, sep., -ge-, h*) leave *s.o.* alone; **~stellen** *v/t.* (*sep., -ge-, h*) satisfy; **~stellend** *adj.* satisfactory.

'**zu|frieren** *v/i.* (*irr. frieren, sep., -ge-, sein*) freeze up *or* over; '**~fügen** *v/t.* (*sep., -ge-, h*) do, cause; *j-m Schaden* ~ *a.* harm s.o.; '**2fuhr** *f* (*-/-en*) supply;

'**~führen** *v/t.* (*sep., -ge-, h*) supply *s.o. or s.th.* with.

Zug [tsu:k] *m* (*-[e]s/~e*) 🚂 train; procession, line; parade; (*facial, etc.*) feature; trait; tendency (*zu* to[wards]); *chess, etc.:* move (*a. fig.*); *swimming:* stroke; pull (*a. ⊙, phys.*), tug, jerk; *phys. a.* tension; puff (*at cigarette, etc.*); draft, *Brt.* draught; *of beer, etc.:* a. gulp; *school:* track, *Brt.* stream; ✕ platoon; *im ~e gen.* in the course of; *in e-m* ~ at one gulp (*fig.* stroke); ~ *um* ~ step by step; *in groben Zügen* in broad outlines; *in vollen Zügen* (*enjoy, etc.*) to the full; *nicht zum ~e kommen* not get a chance (*Brt. a.* look-in), not get a word in edgewise.

'**Zu|gabe** *f* addition; extra, bonus; *thea.* encore; '**~gang** *m* access (*a. fig.*); **2gänglich** *adj.* ['~gɛŋlɪç] accessible (*für* to) (*a. fig.*).

'**Zugbrücke** *f* drawbridge.

'**zu|geben** *v/t.* (*irr. geben, sep., -ge-, h*) add; *fig.* admit; '**~gedacht** *adj.: j-m* ~ *sein* be meant *or* intended for s.o.

zugegen *lit.* [tsu'-] *adj.* (*pred.*) present.

'**zugehen** *v/i.* (*irr. gehen, sep., -ge-, sein*) door, *etc.:* close, shut; happen; *es geht lustig zu* we have a lot of fun; *das kann nicht mit rechten Dingen* ~ there is *s.th.* fishy about that; ~ *auf* (*acc.*) walk up to, approach (*a. fig.*); *j-m et.* ~ *lassen* send *s.th.* to s.o.

'**zugehörig** *adj.* (*dat.*) belonging to; '**2keit** *f* (*-/no pl.*) membership.

Zügel ['tsy:gəl] *m* (*-s/-*) rein (*a. fig.*).

'**zugelassen** *adj.* allowed; licen|sed, *Brt.* -ced; registered.

'**zügel|los** *fig. adj.* uncontrolled (*passion, etc.*); '**~n** (*sep., -ge-*) **1.** *v/t.* (*h*) rein in; *fig.* curb, control, check; **2.** *Swiss v/i.* (*sein*) move (to a new house).

Zugereiste F ['tsu:gəraɪstə] *m, f* (*-n/-n*) newcomer.

'**Zuge|ständnis** *n* concession; '**2stehen** *v/t.* (*irr. stehen, sep., -ge-, h*) concede, grant.

'**zugetan** *adj.* attached (*dat.* to).

'**Zugführer** *m* 🚂 chief conductor (*Brt.* guard); ✕ platoon leader.

zugleich *adv.* [tsu'-] at the same time.

'**Zug|luft** *f* (*-/no pl.*) draft, *Brt.* draught; '**~maschine** *f* tractor; '**~mittel** *fig. n* draw, attraction; '**~nummer** *fig. f* main attraction.

'**zu|greifen** *v/i.* (*irr. greifen, sep., -ge-,*

h) grab it (*fig.* the opportunity); **greifen Sie zu!** help yourself!; buy now!; *s.* **zufassen**; **'Qgriff** *m* (-[e]s/-e) grasp; access (*a. computer*); **sich j-s ~ entziehen** escape the clutches of s.o.

zugrunde *adv.* [tsu'grʊndə]: **~ gehen** (**an** *dat.*) perish (of); **e-r Sache et. ~ legen** base s.th. on s.th.; **~ richten** ruin.

'Zugtier *n* draft (*Brt.* draught) animal.

zu|gunsten *prp.* [tsu'gʊnstən] (*gen.*) in favo(u)r of; **~'gute** *adv.*: **j-m et. ~ halten** make allowances *or* allow for s.o.'s ...; **~ kommen** be for the benefit (*dat.* of).

'Zugvogel *m* migratory bird.

'zu|haben (*irr.* **haben**, *sep.*, *-ge-*, *h*) **1.** *v/i.* be closed; **2.** *v/t.* have s.th. closed; **'~halten** *v/t.* (*irr.* **halten**, *sep.*, *-ge-*, *h*) keep s.th. shut; **sich die Ohren** (**Augen**) **~** cover one's ears (eyes) with one's hands; **sich die Nase ~** hold one's nose; **Qhälter** ['~hɛltər] *m* (-s/-) pimp.

Zuhause [tsu'haʊzə] *n* (-/*no pl.*) home.

'zuhör|en *v/i.* (*sep.*, *-ge-*, *h*) listen (*dat.* to *s.o.* or s.th.); **'Qer** *m* listener; *pl. coll. a.* audience.

'zu|jubeln *v/i.* (*sep.*, *-ge-*, *h*) (*dat.*) cheer *s.o.*; **'~kleben** *v/t.* (*sep.*, *-ge-*, *h*) seal (*envelope*); **'~knallen** *v/t.* (*sep.*, *-ge-*, *h*) slam (*door, etc.*); **'~knöpfen** *v/t.* (*sep.*, *-ge-*, *h*) button (up); **'~kommen** *v/i.* (*irr.* **kommen**, *sep.*, *-ge-*, **sein**): **~ auf** (*acc.*) come up to, approach *s.o.* or *s.th.*; *fig.* be ahead of *s.o.*; **j-m et. ~ lassen** send *s.o.* (*or* let s.o. have) s.th.; **die Dinge auf sich ~ lassen** wait and see.

Zu|kunft ['tsu:kʊnft] *f* (-/*no pl.*) future (*a. gr.*); **'Qkünftig 1.** *adj.* future; **2.** *adv.* in future; **'~kunfts...** in compounds: science fiction (*novel, etc.*); **'~kunftsforschung** *f* futurology; **'~kunftsmusik** F *f* pie in the sky.

'zu|lächeln *v/i.* (*sep.*, *-ge-*, *h*) smile at *s.o.*; **'Qlage** *f* bonus; **~lande** *adv.* [tsu'landə]: **bei uns ~** in this country; **'~langen** *v/i.* (*sep.*, *-ge-*, *h*) at table, *etc.*: help o.s. (*a. fig.*); **'~lassen** *v/t.* (*irr.* **lassen**, *sep.*, *-ge-*, *h*) keep s.th. closed; allow; ⚡, *mot.*, *etc.* license, register; **j-n zu et. ~** admit s.o. to s.th.; **'~lässig** *adj.* admissible (*a.* ⚡); **~ sein** be allowed; **'Qlassung** *f* (-/-en) admission; *mot.*, *etc.* license, *Brt.* -ce; **'Qlassungsprüfung** *f* entrance exam.

'Zulauf *m* ([e]s/*no pl.*): **großen ~ haben** be much in demand, draw crowds; **'Qen** *v/i.* (*irr.* **laufen**, *sep.*, *-ge-*, **sein**): **~ auf** (*acc.*) run up to; **e-n zugelaufenen Hund behalten** take in a stray dog; **spitz ~** taper off.

'zulegen *v/t.* (*sep.*, *-ge-*, *h*) add.; F: **sich**

~ get o.s. *s.th.*; catch (*a cold, etc.*); adopt (*name*); *s.* **Zahn**.

zuleide *adv.* [tsu'laɪdə]: **j-m et. ~ tun** harm *or* hurt s.o.

'zuleiten *v/t.* (*sep.*, *-ge-*, *h*) direct, pass on (*dat.* to); **'Qung** *f* (-/-en) ⚡ lead; ⊙ supply; feed (pipe).

zu|letzt *adv.* [tsu'lɛtst] in the end; (*come, etc.*) last; finally; **wann hast du ihn ~ gesehen?** when did you last see him?; **nicht ~ fig.** not least; **und nicht ~** and last but not least; **~'liebe** *adv.*: **j-m ~** for s.o.'s sake.

Zulieferer *econ.* ['tsu:li:fərər] *m* (-s/-) subcontractor.

zum *prp.* [tsʊm] (*dat.*) *short for* **zu dem**; **~ ersten Mal** for the first time; **~ Frühstück** for breakfast; **~ Essen** *s.th.* to eat; (*wine, etc.*) with one's meal; **~ Schwimmen** *etc.* **gehen** go swimming, *etc.*; **es ist ~ ...** it's enough to make you ...

'zumachen (*sep.*, *-ge-*, *h*) **1.** *v/t.* close, shut, button (up); **2.** *v/i.* hurry up.

zumal *cj.* [tsu'-] especially since.

'zumauern *v/t.* (*sep.*, *-ge-*, *h*) brick *or* wall up.

zumindest *adv.* [tsu'-] at least.

'zu|mutbar *adj.* demand, *etc.*: reasonable; **~mute** *adv.* [tsu'mu:tə]: **mir ist ... ~** I feel ...; **~muten** ['~mu:tən] *v/t.* (*sep.*, *-ge-*, *h*): **j-m et. ~** expect s.th. of s.o.; **sich zuviel ~** overtax o.s.; **'Qmutung** *f* (-/-en) unreasonable demand; **das ist e-e ~** that's asking a bit much.

zunächst *adv.* [tsu'-] *s.* **zuerst**.

'zu|nageln *v/t.* (*sep.*, *-ge-*, *h*) nail up; **'~nähen** *v/t.* (*sep.*, *-ge-*, *h*) sew up; **Qnahme** ['~na:mə] *f* (-/-n) increase, growth; **'Qname** *m* surname.

zünd|en ['tsʏndən] (*ge-*, *h*) **1.** *v/i.* kindle; ⚡, *mot.* ignite, fire; *fig.* catch on; **2.** *v/t.* ignite, fire; **~end** *fig. adj.* stirring, electrifying; **'Qer** ✗ *m* (-s/-) fuse.

Zünd|holz ['tsʏnt-] *n* match; **'~kerze** *mot.* *f* spark (*Brt.* sparking) plug; **'~schlüssel** *mot.* *m* ignition key; **'~schnur** *f* fuse; **'~stoff** *fig. m* (-[e]s/*no pl.*) dynamite.

'Zündung *f* (-/*no pl.*) ignition.

'zunehmen *v/i.* (*irr.* **nehmen**, *sep.*, *-ge-*, *h*) increase (**an** *dat.* in); *person:* put on weight; *moon:* wax; *days:* grow longer.

'zuneig|en *v/refl.* (*sep.*, *-ge-*, *h*): **sich dem Ende ~** draw to a close; **Qung** *f* (-/*no pl.*) affection.

Zunft *hist.* [tsʊnft] *f* (-/-e) guild.

zünftig *adj.* ['tsʏnftɪç] proper, good, right (*for the occasion*).

Zunge ['tsʊŋə] *f* (-/-n) tongue (*a. poet. language*); **es liegt mir auf der ~** it's on the tip of my tongue; *e-e feine ~ haben* be a gourmet, have a fine palate.

züngeln ['tsyŋəln] *v/i. (ge-, h) flame*: lick, flicker; *snake, etc.*: dart its tongue in and out.

'Zungen|brecher *m* tongue twister; **'~spitze** *f* tip of the tongue.

zunichte *adv.* [tsu'nɪçtə]: *~ machen* shatter *(hopes, etc.)*.

'zunicken *v/i. (sep., -ge-, h)* nod to or at.

zunutze *adv.* [tsu'nʊtsə]: *sich et. ~ machen* utilize s.th., make use of s.th.

zuoberst *adv.* [tsu'ʔ-] at the (very) top.

zu|ordnen ['tsu:'ʔ-] *v/t. (sep., -ge-, h)* class *(dat.* with), relate (to); **'~packen** F *v/i. (sep., -ge-, h)* work hard; *s. zufassen, zugreifen*.

zupfen ['tsʊpfən] *v/t. and v/i. (ge-, h)* pull *(an dat.* at), pick, pluck (at) *(a. ♪)*.

zur *prp.* [tsu:r] *(dat.) short for zu der; ~ Schule (Kirche) gehen* go to school (church); *~ Hälfte* half of it or them; *~ Belohnung (Warnung etc.)* as a reward (warning, *etc.*).

'zurechnen *v/t. (sep., -ge-, h) (dat.)* class with; attribute to; **'~ungsfähig** *adj.* of sound mind; responsible (for one's actions); **'○ungsfähigkeit** *f (-/no pl.)* soundness of mind; responsibility.

zurecht|finden [tsu'-] *v/refl. (irr. finden, sep., -ge-, h)* find one's way; *fig.* get along or by; **~kommen** *v/i. (irr. kommen, sep., -ge-, sein)* get along *(mit* with); manage or cope (with); **~legen** *v/t. (sep., -ge-, h)* arrange; *fig. sich et. ~* think s.th. out; **~machen** F *v/t. (sep., -ge-, h)* get ready, prepare, *Am. a.* fix; *sich ~* fix *(Brit.* do) o.s. up; **~rücken** *v/t. (sep., -ge-, h)* put *s.th.* straight *(a. fig.)*; **~weisen** *v/t. (irr. weisen, sep., -ge-, h)*, **○weisung** *f* reprimand.

'zu|reden *v/i. (sep., -ge-, h)*: *j-m ~* encourage s.o.; **'~reiten** *v/t. (irr. reiten, sep., -ge-, h)* break in; **'~richten** F *fig. v/t. (sep., -ge-, h)*: *übel ~* batter; beat up badly; make a mess of, ruin.

Zur'schaustellung *f (-/no pl.)* display, exhibition *(a. contp.)*.

zurück *adv.* [tsu'rʏk] back; behind *(a. fig.)*; *~ sein* be back; *fig.* be or lag behind; *er darf (nicht) ~* he is (not) allowed to go back!; *~! go back!*; stand back!; *es gibt kein ○* there's no going back; *s. hin;* **~... in compounds:** *(bring, drive, look, walk, write, take)* re-*(conquer, etc.)*; *s. a. Rück..., rück...;* **~behalten** *v/t. (irr. halten, sep., no -ge-, h)* keep back, retain; **~bekommen** *v/t. (irr. kommen, sep., no -ge-, h)* get *s.th.* back; **~bleiben** *v/i. (irr. bleiben, sep., -ge-, sein)* stay behind, be left behind; fall behind *(a. at school,*

etc.); *s. zurückgeblieben;* **~blicken** *v/i. (sep., -ge-, h)* look back *(auf acc.* at; *fig.* on); **~datieren** *v/t. (sep., no -ge-, h)* antedate, date back *(auf acc.* to); **~fallen** *fig. v/i. (irr. fallen, sep., -ge-, sein)* fall behind; *sports: a.* drop back; **'~finden** *v/i. (irr. finden, sep., -ge-, h)* find one's way back *(nach, zu* to); *fig.* return (to); **~fordern** *v/t. (sep., -ge-, h)* reclaim; **~führen** *v/t. (sep., -ge-, h)* lead back; *~ auf (acc.)* attribute to; **~geben** *v/t. (irr. geben, sep., -ge-, h)* give back, return; **~geblieben** *fig. adj.* backward; retarded; **~gehen** *v/i. (irr. gehen, sep., -ge-, sein)* decrease; go down, drop; *~ auf (acc.)* originate from; date back to; **~gezogen** *adj.* secluded *(life)*; **~greifen** *fig. v/i. (irr. greifen, sep., -ge-, h)*: *~ auf (acc.)* fall back (up)on *(resources, etc.)*; **~halten** *v/t. (irr. halten, sep., -ge-, h)* **1.** *v/t.* hold back; **2.** *v/refl.* control o.s.; be careful *(with food, remarks, etc.)*; **~haltend** *adj.* reserved; **○haltung** *f (-/no pl.)* reserve; **~kehren** *v/i. (sep., -ge-, sein)* return; **~kommen** *v/i. (irr. kommen, sep., -ge-, sein)* come back, return *(both: fig. auf acc.* to); **~können** F *v/i. (irr. können, sep., -ge-, h)* be able to go back; **~lassen** *v/t. (irr. lassen, sep., -ge-, h)* leave (behind); **~legen** *v/t. (sep., -ge-, h)* put back; *of money, etc.:* put aside, save; cover, do *(distance)*; **~liegen** *v/i. (irr. liegen, sep., -ge-, h) sports, etc.:* be behind *(2 Punkte etc.* by 2 points, *etc.)*; *es liegt lange (5 Jahre) ~* it happened a long time (5 years) ago; **~müssen** F *v/i.* ([*irr. müssen*], *sep.,* [*-ge-,*] *h)* have to go back; **~nehmen** *v/t. (irr. nehmen, sep., -ge-, h)* take back *(a. fig. words, etc.)*; **~rufen** *(irr. rufen, sep., -ge-, h)* **1.** *v/t.* call back *(a. teleph.)*; recall *(unsafe cars, etc.)*; *ins Gedächtnis ~* recall *(event, etc.)*; **2.** *v/i. teleph.* call back; **~schlagen** *(irr. schlagen, sep., -ge-, h)* **1.** *v/t.* beat back *(attack, etc.)*; *tennis:* return; fold back *(blanket, hood, etc.)*; **2.** *v/i.* hit back; *fig.,* ✗ retaliate; **~schrecken** *(irr. schrecken,* [*sep.,*] *-ge-, sein)*: *~ vor dat.* shrink from; *vor nichts ~* stop at nothing; **~sehnen** *v/refl. (sep., -ge-, h)*: *sich ~ nach* be homesick for; be longing for or to be back in; **~setzen** *v/t. (sep., -ge-, h) mot.* back (up); *fig.* neglect s.o.; **~stecken** *fig. v/i. (sep., -ge-, h)* cut down (on spending, *etc.)*, climb down; **~stehen** *fig. v/i. (irr. stehen, sep., -ge-, h, sein)* stand aside; **~stellen** *v/t. (sep., -ge-, h)* put back; set back *(watch, etc.)*; *fig.* put aside; ✗ defer; **~strahlen** *v/t. (sep., -ge-, h)* reflect; **~treten** *v/i. (irr. treten,* *sep.*, **-ge-**, *sein*) step *or* stand back; resign (**von** *e-m Amt etc.* one's office, *etc.*); *econ.* withdraw (**von** from); ~**verfolgen** *fig. v/t.* (*sep.*, *no* **-ge-**, *h*) trace back; ~**versetzen** *fig. v/t.* (*sep.*, *no* **-ge-**, *h*) take *s.o.* back (**in** *acc.* to *one's childhood, etc.*); **in** *s-n alten Zustand* ~ put *s.th.* back into its original state, restore; ~**welchen** *v/i.* (*irr.* **weichen**, *sep.*, **-ge-**, *sein*) fall back (*a.* ✕); ~**weisen** *v/t.* (*irr.* **weisen**, *sep.*, **-ge-**, *h*) turn down; ✂ dismiss; ~**werfen** *v/t.* (*irr.* **werfen**, *sep.*, **-ge-**, *h*) throw back; reflect (*rays, etc.*); *fig.* set (*s.o., development, etc.*) back (**um** by); ~**zahlen** *v/t.* (*sep.*, **-ge-**, *h*) pay back (*a. fig.*); ~**ziehen** *v/t.* (*irr.* **ziehen**, *sep.*, **-ge-**, *h*) draw back; *fig.* withdraw; *sich* ~ retire, withdraw (*a.* ✕); ✕ *a.* retreat.

'**Zuruf** *m* shout; '**2en** *v/t.* (*irr.* **rufen**, *sep.*, **-ge-**, *h*): **j-m et.** ~ shout *s.th.* to *s.o.*

'**Zusage** *f* promise; assent, acceptance (*of invitation*); '**2n** *v/i. and v/t.* (*sep.*, **-ge-**, *h*) accept (an invitation); agree; promise (*one's support, etc.*); **j-m** ~ *date, etc.*: suit *s.o.*; *das sagt mir nicht zu* it doesn't appeal to me.

zusammen *adv.* [tsu'zamən] together; *alles* ~ (all) in all; *das macht* ~ *...* that makes *...* altogether; ~**...** *in compounds*: *mst* (*belong, sit, etc.*) together; **2arbeit** [~ʔ-] *f* (**-**/*no pl.*) cooperation; **in** ~ **mit** in collaboration with; ~**arbeiten** [~ʔ-] *v/i.* (*sep.*, **-ge-**, *h*) cooperate, collaborate; ~**ballen** *v/refl.* (*sep.*, **-ge-**, *h*) conglomerate; *fig. disaster, etc.*: be looming (**über** *dat.* over); ~**beißen** *v/t.* (*irr.* **beißen**, *sep.*, **-ge-**, *h*): *die Zähne* ~ clench (*fig.* grit) one's teeth; *fig. a.* grin and bear it; ~**brauen** *v/t.* (*sep.*, **-ge-**, *h*) F concoct; *sich* ~ *storm, mischief*: be brewing; ~**brechen** *v/i.* (*irr.* **brechen**, *sep.*, **-ge-**, *sein*) break down, collapse (*both a. fig.*); **2bruch** *m* breakdown, collapse; ~**fallen** *v/i.* (*irr.* **fallen**, *sep.*, **-ge-**, *sein*) collapse; *events*: coincide; ~**falten** *v/t.* (*sep.*, **-ge-**, *h*) fold up; ~**fassen** *v/t.* (*sep.*, **-ge-**, *h*) summarize, sum up; **2fassung** *f* summary; ~**finden** *v/i.* (*irr.* **finden**, *sep.*, **-ge-**, *h*) couple, *etc.*: find each other; *sich* ~ meet; ~**fügen** *v/t.* (*sep.*, **-ge-**, *h*) join (together); ~**geraten** *fig. v/i.* (*irr.* **raten**, *sep.*, **-ge-**, *sein*) clash, collide; ~**gesetzt** *adj.* compound; composite; ~ *aus* made up of; ~**gewürfelt** *fig. adj.* motley; ~**halten** *v/i. and v/t.* (*irr.* **halten**, *sep.*, **-ge-**, *h*) hold together (*a. fig.*); F *fig.* stick together; **2hang** *m* connection; context; **im** ~ *stehen* (**mit**) be connected (with); ~**hängen** *v/i.* (*irr.* **hängen**, *sep.*, **-ge-**, *h*) be connected; ~**hängend** *adj.*

coherent; ~**hang(s)los** *adj.* incoherent, disconnected; ~**klappen** (*sep.*, **-ge-**) **1.** ⊙ *v/t.* (*h*) fold up; **2.** F *fig. v/i.* (*sein*) break down; ~**kommen** *v/i.* (*irr.* **kommen**, *sep.*, **-ge-**, *sein*) meet; *fig.* combine, mount up; **2kunft** [~kʊnft] *f* (**-/**~*e*) meeting; ~**legen** (*sep.*, **-ge-**, *h*) **1.** *v/t.* combine, join, unite; fold up (*sheets, etc.*); **2.** *v/i. of money*: pool (*Brt.* club) together; ~**nehmen** *fig. v/t.* (*irr.* **nehmen**, *sep.*, **-ge-**, *h*) muster (up) (*courage, strength, etc.*); *sich* ~ pull o.s. together; *alles zusammengenommen* all in all; ~**packen** *v/t.* (*sep.*, **-ge-**, *h*) pack up; ~**passen** *v/i.* (*sep.*, **-ge-**, *h*) harmonize; *things, colo(u)rs*: *a.* match; ~**prallen** *v/i.* (*sep.*, **-ge-**, *sein*) collide; *esp. fig.* clash; ~**raffen** *v/t.* (*sep.*, **-ge-**, *h*) gather up; *fig.* amass; ~**reimen** *fig. v/t.* (*sep.*, **-ge-**, *h*): *sich et.* ~ put two and two together; ~**rechnen** *v/t.* (*sep.*, **-ge-**, *h*) add up; ~**reißen** F *v/refl.* (*irr.* **reißen**, *sep.*, **-ge-**, *h*) pull o.s. together; ~**rollen** *v/t. and v/refl.* (*sep.*, **-ge-**, *h*) coil (up); ~**rotten** *v/refl.* (*sep.*, **-ge-**, *h*) band together; ~**rücken** (*sep.*, **-ge-**) **1.** *v/t.* (*h*) move (*things*) closer together; **2.** *v/i.* (*sein*) move up; ~**schlagen** *v/t.* (*irr.* **schlagen**, *sep.*, **-ge-**, *h*) clap (*hands*); click (*heels*); beat *s.o.* up; smash (up); *die Hände über dem Kopf* ~ throw up one's hands in despair, *etc*); ~**schließen** *v/refl.* (*irr.* **schließen**, *sep.*, **-ge-**, *h*) join, unite; **2schluß** *m* union; ~**schreiben** *v/t.* (*irr.* **schreiben**, *sep.*, **-ge-**, *h*) write *s.th.* as one word; ~**schrumpfen** *v/i.* (*sep.*, **-ge-**, *sein*) shrivel (up), shrink (*a. fig.*); ~**setzen** *v/t.* (*sep.*, **-ge-**, *h*) put together; ⊙ assemble; *sich* ~ get together (*to discuss s.th.*); *sich* ~ *aus* consist of, be composed of; **2setzung** *f* (**-/-en**) composition; ⊙ assembly; ✎ *ling.* compound; ~**stauchen** F *v/t.* (*sep.*, **-ge-**, *h*) bawl *s.o.* out; ~**stellen** *v/t.* (*sep.*, **-ge-**, *h*) put together; arrange; **2stoß** *m* collision (*a. fig.*), crash; impact; *fig.* clash; ~**stoßen** *v/i.* (*irr.* **stoßen**, *sep.*, **-ge-**, *sein*) collide (*a. fig.*); *fig.* clash; ~ *mit* run *or* bump into; *fig.* have a clash with; ~**stürzen** *v/i.* (*sep.*, **-ge-**, *sein*) collapse, fall in; ~**tragen** *v/t.* (*irr.* **tragen**, *sep.*, **-ge-**, *h*) collect; ~**treffen** *v/i.* (*irr.* **treffen**, *sep.*, **-ge-**, *sein*) meet; *events, etc.*: coincide; **2treffen** *n* (**-s/**no *pl.*) meeting; coincidence; encounter; ~**treiben** *v/t.* (*irr.* **treiben**, *sep.*, **-ge-**, *h*) round up; ~**treten** *v/i.* (*irr.* **treten**, *sep.*, **-ge-**, *sein*) meet; ~**tun** *v/refl.* (*irr.* **tun**, *sep.*, **-ge-**, *h*) join (forces), F team up; ~**wirken** *v/i.* (*sep.*, **-ge-**, *h*) forces, *etc.*: combine; **2wirken** *n* (**-s/**no *pl.*) combination;

~zählen v/t. (sep., -ge-, h) add up; **~ziehen** (irr. ziehen, sep., -ge-) 1. v/t. (h) contract; add (up); sich ~ contract; fig. be brewing; 2. v/i. (sein): mit j-m ~ move in with s.o.; **~zucken** v/i. (sep., -ge-, sein) wince, flinch.

'**Zusatz** m addition; additive; **~..** in compounds: mst additional ..., supplementary ...; auxiliary ...

zusätzlich adj. ['tsu:zɛtslıç] additional, extra.

'**zuschau|en** v/i. (sep., -ge-, h) look on (bei et. at s.th.); j-m ~ watch s.o. (bei et. doing s.th.); '**2er** m (-s/-) spectator, TV viewer; die ~ pl. a. the audience; '**2erraum** thea. m auditorium.

'**zu|schicken** v/t. (sep., -ge-, h) send (dat. to); '**~schieben** v/t. (irr. schieben, sep., -ge-, h) close (drawer, etc.); fig. push or shove s.th. (off) on s.o.; lay (the blame, etc.) on s.th.

'**Zuschlag** m extra charge, surcharge; Brt. 🚂, etc. excess fare; bonus; at auction: knocking down; '**2en** ['~gən] (irr. schlagen, sep., -ge-) 1. v/t. and v/t. (h) slam (door, etc.) shut; boxer, etc.: hit, strike (a blow); fig. act; j-m et. ~ at auction: knock s.th. down to s.o.; 2. v/i. (sein) door, etc.: slam shut.

'**zu|schließen** v/t. (irr. schließen, sep., -ge-, h) lock (up); '**~schnallen** v/t. (sep., -ge-, h) buckle (up); '**~schnappen** v/i. (sep., -ge-) 1. (h) dog: snap; 2. (sein) door, etc.: snap shut; '**~schneiden** v/t. (irr. schneiden, sep., -ge-, h) cut out (dress, etc.); cut (wood, etc.) (to size); '**~schnüren** v/t. (sep., -ge-, h) tie or lace up; '**~schrauben** v/t. (sep., -ge-, h) screw shut; '**~schreiben** v/t. (irr. schreiben, sep., -ge-, h) ascribe or attribute (dat. to); '**2schrift** f letter.

zuschulden adv. ['tsu'-]: sich et. (nichts) ~ kommen lassen do s.th. (nothing) wrong.

'**Zu|schuß** m allowance; subsidy; '**2schütten** v/t. (sep., -ge-, h) fill up (hole, etc.); F add (liquid, etc.); '**2sehen** v/i. (irr. sehen, sep., -ge-, h) s. zuschauen; ~, daß see (to it) that, take care to inf.; **2sehends** adv. ['~ts] noticeably; rapidly; '**2sein** v/i. (irr. sein, sep., -ge-, sein) be closed; '**2senden** v/t. ([irr. senden] sep., -ge-, h) send (dat. to); '**2setzen** (sep., -ge-, h) 1. v/t. add; lose (money in a deal); 2. v/i. lose money; j-m ~ press s.o. (hard).

'**zusicher|n** v/t. (sep., -ge-, h), '**2ung** f promise.

'**zu|spielen** v/t. (sep., -ge-, h) pass (ball, etc.) (dat. to); j-m et. ~ fig. pass (information, etc.) on to s.o. (secretly); '**~spitzen** v/t. (sep., -ge-, h) point; sich ~ become critical; '**~sprechen** v/t. (irr. sprechen, sep., -ge-, h): j-m Trost (Mut) ~ comfort (encourage) s.o.; j-m et. ~ award s.o. s.th. (a. 🚂); '**2spruch** m (-[e]s/no pl.) encouragement; words of comfort; viel ~ finden be very popular or much in demand; '**2stand** m condition, state, F shape.

zustande adv. [tsu'ʃtandə]: ~ bringen bring about, ~manage (to do); ~ kommen come about; es kam nicht ~ it didn't come off.

'**zuständig** adj. responsible (für for), in charge (of).

'**zustehen** v/i. (irr. stehen, sep., -ge-, h): j-m steht et. (zu tun) zu s.o. is entitled to (do) s.th.

'**zustell|en** v/t. (sep., -ge-, h) deliver; '**2ung** f (-/no pl.) delivery.

'**zustimm|en** v/i. (sep., -ge-, h) agree (dat. to s.th.; with s.o.); '**2ung** f (-/no pl.) approval, consent; (j-s) ~ finden meet with (s.o.'s) approval.

'**zustoßen** v/i. (irr. stoßen, sep., -ge-, sein): j-m ~ happen to s.o.

'**Zustrom** m (-[e]s/no pl.) inflow, influx.

zutage adv. [tsu'ta:gə]: ~ bringen (kommen) bring (come) to light.

Zutaten ['tsu:ta:tən] pl. ingredients.

zuteil lit. adv. ['tsu'-]: j-m ~ werden be given s.th., meet with s.th.

'**zuteil|en** v/t. (sep., -ge-, h) assign, allot; '**2ung** f allotment; ration.

'**zutragen** v/t. (irr. tragen, sep., -ge-, h): j-m et. ~ inform s.o. of s.th.; sich ~ happen.

zuträglich adj. ['tsu:tre:klıç] wholesome (dat. for); advantageous (for).

'**zutrauen** v/t. (sep., -ge-, h): j-m et. ~ credit s.o. with s.th.; sich zuviel ~ overrate o.s.

'**Zutrauen** n (-s/no pl.) confidence (zu in).

'**zutraulich** adj. trusting; dog, etc.: friendly.

'**zutreffen** v/i. (irr. treffen, sep., -ge-, h) be true; ~ auf (acc.) apply to, go for; '**~d** adj. true, correct.

'**zutrinken** v/i. (irr. trinken, sep., -ge-, h): j-m ~ drink to s.o.

'**Zutritt** m (-[e]s/no pl.) admission; access; ~ verboten! no admittance!, keep out!

'**zutun** v/t. (irr. tun, sep., -ge-, h): kein Auge ~ not sleep a wink.

'**Zutun** n (-s/no pl.): ohne mein ~ without my doing anything.

zuverlässig adj. ['tsu:fɛrlɛsıç] reliable, dependable; safe; '**2keit** f (-/no pl.) reliability, dependability.

Zuversicht ['tsu:fɛrzıçt] f (-/no pl.) confidence; '**2lich** adj. confident, optimistic.

zuviel *adv.* [tsu'-] too much; too many; *e-r ~* one too many; F *~ kriegen* get fed up.

zuvor *adv.* [tsu'-] before, previously; first; *~kommen v/i.* (*irr. kommen, sep., -ge-, sein*) anticipate *s.o. or s.th.*; prevent *s.th.*; *j-m ~ a.* F beat s.o. to it; *~kommend adj.* obliging; polite.

Zuwachs ['tsu:vaks] *m* (-es/no pl.) increase, growth; F *auf ~ kaufen* buy *s.th.* big enough to allow for growth; *'2en v/i.* (*irr. wachsen, sep., -ge-, sein*) become overgrown; *wound:* close.

zu|wege *adv.* [tsu've:gə]: *et. ~ bringen* manage to do s.th., succeed in doing s.th.; *'~wellen adv.* occasionally, now and then; *'~weisen v/t.* (*irr. weisen, sep., -ge-, h*) assign, allot.

'zuwend|en *v/t.* (*[irr. wenden,] sep., -ge-, h*) turn (*face, etc.*) to; *sich ~* turn to (*a. fig. topic, etc.*); *'2ung f* (*-/-en*) payment; *fig.* attention; *for child, etc.*: *a.* (loving) care, love, affection.

zuwenig *adv.* [tsu'-] too little (*pl.* few); (*do, etc.*) not enough.

'zuwerfen *v/t.* (*irr. werfen, sep., -ge-, h*) slam (shut); *j-m ~* throw (to) s.o.; cast (*a glance, etc.*) at s.o.

zuwider [tsu'-] **1.** *adj.* (*pred.*): *... ist mir ~* I hate *or* detest ...; **2.** *prp.* (*dat.*) against, contrary to; *~handeln v/i.* (*sep., -ge-, h*) act contrary to; violate (*regulations, etc.*).

'zu|winken *v/i.* (*sep., -ge-, h*) wave to; signal to; *'~zahlen v/t.* (*sep., -ge-, h*) pay extra; *'~ziehen* (*irr. ziehen, sep., -ge-*) **1.** *v/t.* (*h*) draw (*curtain, etc.*); pull (*noose, etc.*) tight; consult (*doctor, etc.*); *sich ~ Ɱ* catch; **2.** *v/i.* (*sein*) move in; *~züglich prp.* ['~tsy:klɪç] (*gen.*) plus.

Zvieri *Swiss* ['tsfiːɛri] afternoon snack, tea *or* coffee break.

zwang [tsvaŋ] *past of* **zwingen.**

Zwang [~] *m* (-[e]s/*~e*) compulsion (*a. psych.*); constraint; coercion; force; *~ sein* be compulsory; *sich keinen ~ antun* behave naturally, relax; speak one's mind.

zwängen ['tsvɛŋən] *v/t.* (*ge-, h*) press, squeeze, force.

'zwanglos *adj.* informal; *esp. clothes:* *a.* casual; *'2igkeit f* (*-/no pl.*) informality.

Zwangs|arbeit Ɱ ['tsvaŋs?-] *f* (*-/no pl.*) forced (Ɱ hard) labo(u)r; *2ernähren* ['~?-] *v/t.* (*no -ge-, h*) force-feed; *'~herrschaft f* despotism, tyranny; *'~jacke f* straitjacket (*a. fig.*); *'~lage f* predicament; *'2läufig adv.* inevitably; *'~maßnahme f* sanction; *'~vollstreckung* Ɱ *f* execution; *'~vorstellung* Ɱ *f* obsession; *'2weise adv.* by force.

zwanzig *adj.* ['tsvantsɪç] twenty; *~ste adj.* ['~stə] twentieth.

zwar *adv.* [tsvaːr]: *ich kenne ihn ~, aber ...* I do know him, but ..., I know him all right, but ...; *und ~* that is (to say), namely.

Zweck [tsvɛk] *m* (-[e]s/-e) purpose, aim; *s-n ~ erfüllen* serve its purpose; *es hat keinen ~* (*zu warten etc.*) it's no use (waiting, *etc.*); *für e-n guten ~* for a good cause; *s. Mittel*; *'2dienlich adj.* helpful; relevant; *2entfremden* ['~?-] *v/t.* (*only inf. and p.p., no -ge-, h*), *~entfremdung* ['~?-] *f* (*-/no pl.*) misuse; *'2los adj.* useless; *'2mäßig adj.* practical; wise; ☉, *arch.* functional; *'~mäßigkeit f* (*-/no pl.*) practicality, functionality.

zwecks *prp.* (*gen.*) for the purpose of.

zwei *adj.* [tsvai] two; *2* [~] *f* (*-/-en*) grade: B, good; *2beiner zo., co.* ['~baɪnər] *m* (*-s/-*) biped; *'~beinig adj.* two-legged; *~deutig adj.* ['~dɔytɪç] ambiguous; *joke, etc.:* off-colo(u)r; *'2er m* (*-s/-*) rowing: pair (*mit* with coxswain); F grade: B, good; *~erlei adj.* ['~ər'laɪ] two kinds of; *~fach adj.* ['~fax] double, twofold; *'2familienhaus n* two-family house, duplex; *'~farbig adj.* two-tone(d).

Zweifel ['tsvaɪfəl] *m* (*-s/-*) doubt; *in ~ ziehen* doubt, question; *'2haft adj.* doubtful, dubious; *'2los adv.* undoubtedly, no *or* without doubt; *'2n v/i.* (*ge-, h*): *~ an dat.* doubt s.th. *or* s.o., have one's doubts about; *'~sfall m: im ~* in case of doubt.

Zweifler ['tsvaɪflər] *m* (*-s/-*) skeptic, *Brt.* sceptic.

Zweig [tsvaik] *m* (-[e]s/-e) branch (*a. fig.*); twig; *'~geschäft n, '~niederlassung f, '~stelle f* branch.

Zwei|hundert'jahrfeier *f* bicentennial; *'2jährig adj.* two-year-old, of two (years); *'~kampf m* duel; *'2mal adv.* twice; *'2malig adj.* (twice) repeated; *2motorig adj.* ['~motoːrɪç] twin-engined; *2reihig adj.* ['~raɪɪç] *suit:* double-breasted; *'2schneidig adj.* double- *or* two-edged (*both a. fig.*); *'2seitig adj.* two-sided; *pol.* bilateral; *fabric, etc.:* reversible; *'~sitzer m* (*-s/-*) twoseater; *2sprachig adj.* ['~ʃpraːxɪç] bilingual; *'2stimmig adj.* for two voices; *2stöckig adj.* ['~ʃtœkɪç] two-storied (*Brt.* -storeyed); *2stufig ☉ adj.* ['~ʃtuːfɪç] two-stage; *2stündig adj.* ['~ʃtʏndɪç] two-hour.

zweit *adj.* [tsvait] second; *ein ~er* another; *jede(r, -s) ~e ...* every other ...; *aus ~er Hand* second-hand; *wir sind zu ~* there are two of us.

Zweit... *in compounds*: *mst* second (*car, home*, etc.).

Zweitakter *mot.* ['tsvaɪtaktər] *m* (*-s/-*) two-stroke engine.

'zweit'beste *adj.* second-best.

zweiteilig *adj.* ['tsvaɪtaɪlɪç] two-piece (*suit*, etc.).

zweitens *adv.* ['tsvaɪtəns] secondly.

Zwerchfell *anat.* ['tsvɛrç-] *n* diaphragm.

Zwerg [tsvɛrk] *m* (*-[e]s/-e*) dwarf; *myth. a.* gnome; midget; **~...** *in compounds*: ⚕ dwarf ...; *zo.* pygmy ...

Zwetsch(g)e ['tsvɛtʃ(g)ə] *f* (*-/-n*) plum.

Zwickel ['tsvɪkəl] *m* (*-s/-*) gusset.

zwick|en ['tsvɪkən] *v/t. and v/i.* (*ge-, h*) pinch, nip; **'2er** *m* (*-s/-*) pince-nez; **'2mühle** *fig. f*: **in der ~** in a fix.

Zwieback ['tsvi:bak] *m* (*-[e]s/-e*, **~e**) rusk, zwieback.

Zwiebel ['tsvi:bəl] *f* (*-/-n*) onion; (*tulip*, etc.) bulb; **'~turm** *m* onion dome.

Zwie|gespräch ['tsvi:-] *n* dialog(ue); **'~licht** *n* (*-[e]s/no pl.*) twilight; **'2lichtig** *fig. adj.* dubious, F shady; **'~spalt** *m* (*-[e]s/no pl.*) conflict; **2spältig** *adj.* ['~ʃpɛltɪç] conflicting; mixed (*feelings*, etc.); **'~tracht** *f* (*-/no pl.*) discord.

Zwilling|e ['tsvɪlɪŋə] *pl.* twins; *ast.* Gemini; **'~sbruder** *m* twin brother; **'~s-schwester** *f* twin sister.

Zwinge ⊙ ['tsvɪŋə] *f* (*-/-n*) clamp, vi|se, *Brt.* -ce; **'2n** *v/t.* (*irr., ge-, h*) force; **'2nd** *adj.* cogent, compelling; **'~r** *m* (*-s/-*) (*dog*) kennels; *hist.* dungeon.

zwinkern ['tsvɪŋkərn] *v/i.* (*ge-, h*) wink, blink.

Zwirn [tsvɪrn] *m* (*-[e]s/-e*) thread, yarn, twist.

zwischen *prp.* ['tsvɪʃən] (*dat.; acc.*) between; among; **2..** *in compounds*: *often* intermediate (*exam, trade*, etc.); interim (*report, solution*, etc.); **'2bemer-**

kung *f* interjection; **'2deck** ⚓ *n* 'tween deck; **'2ding** *n* cross, mixture; **~'durch** F *adv.* in between; **2ergebnis** ['~ʔ-] *n* intermediate result; **'2fall** *m* incident; **'2händler** *econ. m* middleman; **'2landung** ✈ *f* stop(over); (*Flug*) **ohne ~** non-stop (flight); **'2pause** *f* break, intermission; **'2raum** *m* space, interval; **'2ruf** *m* (loud) interruption; **~e** *pl.* heckling; **'2rufer** *m* (*-s/-*) heckler; **'2spiel** *n* interlude; **'2station** *f* stop(over); **~ machen** (*in*) stop over *or* off (at, in); **'2stecker** ⚡ *m* adapter; **'2stück** ⊙ *n* connection; **'2stufe** *f* intermediate stage; **'2wand** *f* partition (wall); **'2zeit** *f* (*-/no pl.*): **in der ~** (in the) meantime, meanwhile.

Zwist [tsvɪst] *m* (*-[e]s/-e*), **'~igkeiten** *pl.* discord; quarrel.

zwitschern ['tsvɪtʃərn] *v/i. and v/t.* (*ge-, h*) twitter, chirp; F: **e-n ~** have a quick one.

Zwitter *biol.* ['tsvɪtər] *m* (*-s/-*) hermaphrodite.

zwo F *adj.* [tsvo:] two.

zwölf *adj.* [tsvœlf] twelve; **um ~ (Uhr)** at twelve (o'clock); at noon; at midnight; **2fingerdarm** *anat. m* duodenum; **~te** *adj.* ['~tə] twelfth.

Zyankali [tsyan'ka:li] *n* (*-s/no pl.*) potassium cyanide.

Zyklus ['tsy:klus] *m* (*-/Zyklen*) cycle; series, course.

Zylind|er [tsi'lɪndər] *m* (*-s/-*) top hat; ⚓, ⊙ cylinder; **2risch** *adj.* [~'lɪndrɪʃ] cylindrical.

Zyni|ker ['tsy:nikər] *m* (*-s/-*) cynic; **'2sch** *adj.* cynical; **~smus** [tsy'nɪsmus] *m* (*-/-nismen*) cynicism; cynical remark. ²

Zypresse ⚘ [tsy'prɛsə] *f* (*-/-n*) cypress.

Zyste ⚘ ['tsystə] *f* (*-/-n*) cyst.

PART II

ENGLISH-GERMAN
DICTIONARY

A

a [ə, eɪ], *before vowel*: **an** [ən, æn] *indef. art.*: ein(e); per, pro, je; *not* **a(n)** kein(e); *all of a size* alle gleich groß; *£l/$10 a year* zehn Pfund/Dollar im Jahr; *twice a week* zweimal die *or* in der Woche.

A 1 F ['eɪ'wʌn] Ia, prima.

a·back [ə'bæk]: *taken ~ fig.* überrascht, verblüfft; bestürzt.

a·ban·don [ə'bændən] auf-, preisgeben; verlassen; überlassen; **~ed**: *be found ~* verlassen aufgefunden werden (*car, etc.*).

a·base [ə'beɪs] erniedrigen, demütigen; **~ment** Erniedrigung *f*, Demütigung *f*.

a·bashed [ə'bæʃt] verlegen.

a·bate [ə'beɪt] *v/t.* verringern; *nuisance*: abstellen; *v/i.* abnehmen, nachlassen; **~ment** Verminderung *f*; Abschaffung *f*.

ab·at·toir ['æbətwuː] *Brt.* Schlachthof *m*.

ab·bess ['æbɪs] Äbtissin *f*.

ab·bey ['æbɪ] Kloster *n*; Abtei *f*.

ab·bot ['æbət] Abt *m*.

ab·bre·vi·ate [ə'briːvɪeɪt] (ab)kürzen; **~a·tion** [əbriːvɪ'eɪʃn] Abkürzung *f*, Kurzform *f*.

ABC ['eɪbiː'siː] Abc *n*, Alphabet *n*; **~ weap·ons** *pl.* ABC-Waffen *pl.*

ab·di·cate ['æbdɪkeɪt] *position, right, claim, etc.*: aufgeben, verzichten auf (*acc.*); **~** (*from*) *the throne* abdanken; **~ca·tion** [æbdɪ'keɪʃn] Verzicht *m*; Abdankung *f*.

ab·do·men *anat.* ['æbdəmən] Unterleib *m*; **ab·dom·i·nal** *anat.* [æb'dɒmɪnl] Unterleibs...

ab·duct *g* [æb'dʌkt] entführen.

a·bet [ə'bet] (-*tt*-): *aid and ~* *g*'*z* Beihilfe leisten (*dat.*); begünstigen; **~tor** Anstifter *m*; (Helfers)Helfer *m*.

a·bey·ance [ə'beɪəns]: *in ~ g*'*z* in der Schwebe, (zeitweilig) außer Kraft.

ab·hor [əb'hɔː] (-*rr*-) verabscheuen; **~rence** [əb'hɒrəns] Abscheu *m* (*of* vor *dat.*); **~rent** □ zuwider (*to dat.*); abstoßend.

a·bide [ə'baɪd] *v/i.*: *~ by the law/rules* sich an das Gesetz/die (Spiel)Regeln halten; *v/t.*: *I can't ~ him* ich kann ihn nicht ausstehen.

a·bil·i·ty [ə'bɪlətɪ] Fähigkeit *f*.

ab·ject □ ['æbdʒekt] verächtlich, erbärmlich; *in ~ poverty* in äußerster Armut.

ab·jure [əb'dʒʊə] abschwören (*dat.*); entsagen (*dat.*).

a·blaze [ə'bleɪz] in Flammen; *fig.* glänzend, funkelnd (*with* vor *dat.*).

a·ble □ ['eɪbl] fähig; geschickt; *be ~ to do* imstande sein zu tun; tun können; **~bod·ied** kräftig; **~ seaman** Vollmatrose *m*.

ab·nor·mal □ [æb'nɔːml] abnorm, ungewöhnlich; anomal.

a·board [ə'bɔːd] an Bord; *all ~! ⚓* alle Mann *or* Reisenden an Bord!; *⚓* alles einsteigen!; *~ a bus* in e-m Bus; *go ~ a train* in e-n Zug einsteigen.

a·bode [ə'bəʊd] *a. place of ~* Aufenthaltsort *m*, Wohnsitz *m*; *of* (*or with*) *no fixed ~* ohne festen Wohnsitz.

a·bol·ish [ə'bɒlɪʃ] abschaffen, aufheben.

ab·o·li·tion [æbə'lɪʃn] Abschaffung *f*, Aufhebung *f*; **~ist** *hist.* [ˌ~ʃənɪst] Gegner *m* der Sklaverei.

A-bomb ['eɪbɒm] *= atom(ic) bomb.*

a·bom·i·na·ble □ [ə'bɒmɪnəbl] abscheulich, scheußlich; **~nate** [ˌ~neɪt] verabscheuen; **~na·tion** [əbɒmɪ'neɪʃn] Abscheu *m*.

ab·o·rig·i·nal [æbə'rɪdʒənl] **1.** □ eingeboren, Ur...; **2.** Ureinwohner *m*; **~ne** [ˌ~nɪ] Ureinwohner *m* (*esp. in Australia*).

a·bort [ə'bɔːt] *⚕* e-e Fehlgeburt herbeiführen *or* haben; *space flight, etc.*: abbrechen; *fig.* fehlschlagen, scheitern; **a·bor·tion** *⚕* [ˌ~ʃn] Fehlgeburt *f*; Schwangerschaftsunterbrechung *f*, -abbruch *m*, Abtreibung *f*; *have an ~* abtreiben (lassen); **a·bor·tive** □ *fig.* [ˌ~ɪv] mißlungen, erfolglos.

a·bound [ə'baʊnd] reichlich vorhanden sein; Überfluß haben, reich sein (*in* an *dat.*); voll sein (*with* von).

a·bout [ə'baʊt] **1.** *prp.* um (... herum); bei (*dat.*); (irgendwo) herum in (*dat.*); um, gegen, etwa; über (*acc.*); *I had no money ~ me* ich hatte kein Geld bei mir; *what are you ~?* was macht ihr da?; **2.** *adv.* herum, umher; in der Nähe; etwa, ungefähr; im Begriff, dabei; *be ~ to* im Begriff sein zu, *Am. et.* vorhaben; *it's ~ to rain* es wird gleich regnen.

a·bove [ə'bʌv] **1.** *prp.* über, oberhalb; *fig.* über, erhaben über; *~ all* vor allem; **2.** *adv.* oben; darüber; **3.** *adj.* obig, obenerwähnt.

a·breast [ə'brest] nebeneinander; *keep or be ~ of fig.* Schritt halten mit.

a·bridge [ə'brɪdʒ] (ab-, ver)kürzen;
a·bridg(e)·ment Kürzung f; Kurzfassung f; of book: Abriß m.

a·broad [ə'brɔːd] im or ins Ausland;
überall(hin); *the news soon spread ~*
die Nachricht verbreitete sich rasch.

a·brupt □ [ə'brʌpt] abrupt; jäh; zusammenhanglos; schroff.

ab·scess ♂ ['æbsɪs] Abszeß m.

ab·scond [əb'skɒnd] sich davonmachen.

ab·sence ['æbsəns] Abwesenheit f;
Mangel m.

ab·sent 1. □ ['æbsənt] abwesend; fehlend; nicht vorhanden; *be ~* fehlen
(*from school* in der Schule; *from work*
am Arbeitsplatz); **2.** [æb'sent]: *~ o.s.*
from fernbleiben (*dat.*) or von;
~mind·ed □ zerstreut, geistesabwesend.

ab·so·lute □ ['æbsəluːt] absolut; unumschränkt; vollkommen; ♀ rein, unvermischt; unbedingt; *~ly* [.lɪ, æbsə'luːtlɪ]
absolut; *refuse:* strikt; *necessary:* unbedingt; *~!* genau!, so ist es!

ab·so·lu·tion [æbsə'kʊʃn] Absolution f.

ab·solve [əb'zɒlv] frei-, lossprechen.

ab·sorb [əb'sɔːb] absorbieren, auf-, einsaugen; *fig.* ganz in Anspruch nehmen;
~ing fig. fesselnd, packend.

ab·sorp·tion [əb'sɔːpʃn] Absorption f;
fig. Vertieftsein n.

ab·stain [əb'steɪn] sich enthalten (*from*
gen.).

ab·ste·mi·ous □ [æb'stiːmɪəs] enthaltsam; mäßig.

ab·sten·tion [əb'stenʃn] Enthaltung f;
pol. Stimmenthaltung f.

ab·sti|nence ['æbstɪnəns] Abstinenz f,
Enthaltsamkeit f; *~nent* □ abstinent,
enthaltsam.

ab·stract 1. □ ['æbstrækt] abstrakt; **2.**
[~] *das* Abstrakte; Zusammenfassung f,
Auszug m; **3.** [æb'strækt] abstrahieren;
entwenden; *main points from a book,*
etc.: herausziehen; *~ed* □ fig. zerstreut; **ab·strac·tion** [.kʃn] Abstraktion f; abstrakter Begriff.

ab·struse □ [æb'struːs] dunkel, schwer
verständlich.

ab·surd □ [əb'sɜːd] absurd; lächerlich.

a·bun|dance [ə'bʌndəns] Überfluß m;
Fülle f; Überschwang m; *~dant* □
reich(lich).

a·buse 1. [ə'bjuːs] Mißbrauch m; Beschimpfung f; **2.** [~z] mißbrauchen; beschimpfen; **a·bu·sive** □ ausfallend,
Schimpf...

a·but [ə'bʌt] (*-tt-*) (an)grenzen (*on* an
acc.).

a·byss [ə'bɪs] Abgrund m (*a. fig.*).

ac·a·dem·ic [ækə'demɪk] **1.** Hochschullehrer m; **2.** (*~ally*) akademisch; **a·cad-**

e·mi·cian [əkædə'mɪʃn] Akademiemitglied n; **a·cad·e·my** [ə'kædəmɪ]
Akademie f; *~ of music* Musikhochschule f.

ac·cede [æk'siːd]: *~ to* zustimmen (*dat.*);
office: antreten; *throne:* besteigen.

ac·cel·e|rate [ək'seləreɪt] v/t. beschleunigen; v/i. schneller werden, *mot.* a. beschleunigen, Gas geben; *~ra·tion* Beschleunigung f; *~ra·tor* Gaspedal n.

ac·cent 1. ['æksənt] Akzent m (*a. gr.*); **2.**
[æk'sent] = **ac·cen·tu·ate** [æk'sentjʊeɪt] akzentuieren, betonen.

ac·cept [ək'sept] annehmen; akzeptieren; hinnehmen; **ac·cep·ta·ble** □ annehmbar, akzeptabel; *~ance* Annahme f; Aufnahme f; *approval:* a. Akzeptanz f.

ac·cess ['ækses] Zugang m (*to* zu), *for*
cars, etc.: Einfahrt f; fig. Zutritt m (*to*
bei, zu); *easy of ~* zugänglich (*person*);
~ road Zufahrtsstraße f; (Autobahn)Zubringerstraße f.

ac·ces·sa·ry ♂♂ [ək'sesərɪ] s. accessory
2 ♂♂.

ac·ces|si·ble □ [ək'sesəbl] (leicht) zugänglich; *~sion* Zuwachs m, Zunahme
f; Antritt m (*to an office*); *~ to power*
Machtübernahme f; *~ to the throne*
Thronbesteigung f.

ac·ces·so·ry [ək'sesərɪ] **1.** zusätzlich; **2.**
♂♂ Kompli|ze m, -zin f, Mitschuldige(r
m) f; mst **accessories** pl. Zubehör n,
fashion: a. Accessoires pl.; ⊕ Zubehör(teile pl.) n.

ac·ci|dent ['æksɪdənt] Zufall m; Un-
(glücks)fall m; *by ~* zufällig; *~den·tal*
□ [æksɪ'dentl] zufällig; versehentlich.

ac·claim [ə'kleɪm] freudig begrüßen.

ac·cla·ma·tion [æklə'meɪʃn] lauter Beifall; Lob n.

ac·cli·ma·tize [ə'klaɪmətaɪz] (sich) akklimatisieren or eingewöhnen.

ac·com·mo|date [ə'kɒmədeɪt] (sich) anpassen (*to dat.* or an *acc.*); unterbringen, beherbergen; Platz haben für; *j-m*
aushelfen (*with money, etc.* mit);
~da·tion [əkɒmə'deɪʃn] Anpassung f;
Unterbringung f, (Platz m für) Unterkunft f, Quartier n.

ac·com·pa|ni·ment ♪ [ə'kʌmpənɪmənt]
Begleitung f; *~ny* [ə'kʌmpənɪ] begleiten
(*a. ♪*); *accompanied with* verbunden
mit.

ac·com·plice [ə'kʌmplɪs] Kompli|ze m,
-zin f.

ac·com·plish [ə'kʌmplɪʃ] vollenden;
ausführen; *aim, purpose:* erreichen; *~ed*
vollendet, perfekt; *~ment* Vollendung
f, Ausführung f; *skill:* Fähigkeit f, Talent n.

ac·cord [ə'kɔːd] **1.** Übereinstimmung f;

of one's own ~ aus eigenem Antrieb;
with one ~ einstimmig; 2. *v/i.* übereinstimmen; *v/t.* gewähren; **~ance** Übereinstimmung *f; in* ~ *with* laut (*gen.*), gemäß (*dat.*); **~ant** übereinstimmend; **~ing:** ~ *to* gemäß (*dat.*), nach; ~ *to how* je nachdem wie; **~ing·ly** (dem)entsprechend.

ac·cost [ə'kɒst] *person, esp. stranger:* ansprechen, F anquatschen.

ac·count [ə'kaunt] 1. *econ.* Rechnung *f,* Berechnung *f; econ.* Konto *n;* Rechenschaft *f;* Bericht *m; by all* ~*s* nach allem, was man so hört; *of no* ~ ohne Bedeutung; *on no* ~ auf keinen Fall; *on* ~ *of* wegen; *take into* ~, *take* ~ *of* in Betracht *or* Erwägung ziehen, berücksichtigen; *turn s.th. to (good)* ~ et. (gut) ausnutzen; *keep* ~*s* die Bücher führen; *call to* ~ zur Rechenschaft ziehen; *give (an)* ~ *of* Rechenschaft ablegen über (*acc.*); *give an* ~ *of* Bericht erstatten über (*acc.*); 2. *v/i.:* ~ *for* Rechenschaft über *et.* ablegen; (sich) erklären; **ac·count·a·ble** □ verantwortlich; erklärlich; **ac·count·ant** Buchhalter *m;* **~ing** Buchführung *f.*

ac·cu·mu|late [ə'kju:mjuleit] (sich) (an)häufen *or* ansammeln; **~la·tion** [əkju:mju'leiʃn] Ansammlung *f.*

ac·cu|ra·cy ['ækjʊrəsi] Genauigkeit *f;* **~rate** [~rət] genau; richtig.

ac·cu·sa·tion [ækju:'zeiʃn] Anklage *f;* An-, Beschuldigung *f.*

ac·cu·sa·tive *gr.* [ə'kju:zətiv] *a.* ~ *case* Akkusativ *m.*

ac·cuse [ə'kju:z] anklagen; beschuldigen; *the* ~*d* der *or* die Angeklagte, die Angeklagten; **ac·cus·er** Ankläger(in); **ac·cus·ing** □ anklagend, vorwurfsvoll.

ac·cus·tom [ə'kʌstəm] gewöhnen (*to an acc.*); **~ed** gewohnt, üblich; gewöhnt (*to an acc., zu inf.*).

ace [eis] As *n (a. fig.); have an* ~ *up one's sleeve, Am. have an* ~ *in the hole fig.* (noch) e-n Trumpf in der Hand haben; *within an* ~ um ein Haar.

ache [eik] 1. schmerzen, weh tun; 2. Schmerz *m.*

a·chieve [ə'tʃi:v] zustande bringen; *aim:* erreichen; **~ment** [~mənt] Zustandebringen *n,* Ausführung *f;* Leistung *f.*

ac·id ['æsid] 1. sauer; *fig.* beißend, bissig; ~ *rain* saurer Regen; 2. 🧪 Säure *f;* **a·cid·i·ty** [ə'sidəti] Säure *f;* 🧪 Säuregrad *m.*

ac·knowl|edge [ək'nɒlidʒ] anerkennen; zugeben; *receipt:* bestätigen; **~edg(e)·ment** Anerkennung *f,* (Empfangs)Bestätigung *f;* Eingeständnis *n; in* ~ *of* in Anerkennung (*gen.*).

a·corn 🌱 ['eikɔ:n] Eichel *f.*

a·cous·tics [ə'ku:stiks] *pl.* Akustik *f (of a room, hall, etc.).*

ac·quaint [ə'kweint] ~ *s.o. with s.th.* j-m et. mitteilen; *be* ~*ed with* kennen; **~ance** Bekanntschaft *f;* Bekannte(r *m*) *f.*

ac·qui·esce [ækwi'es] (*in*) hinnehmen (*acc.*); einwilligen (in *acc.*).

ac·quire [ə'kwaiə] erwerben; sich aneignen (*a. knowledge, etc.*).

ac·qui·si·tion [ækwi'ziʃn] Erwerb *m;* Erwerbung *f;* Errungenschaft *f.*

ac·quit [ə'kwit] (-*tt-*) ⚖ *j-n* freisprechen (*of a charge* von e-r Anklage); ~ *o.s. of duty:* erfüllen; ~ *o.s. well* s-e Sache gut machen; **~tal** ⚖ Freispruch *m.*

a·cre ['eikə] Acre *m (4047 m² = 0.4 hectare).*

ac·rid ['ækrid] scharf, beißend.

a·cross [ə'krɒs] 1. *adv.* (quer) hin- *or* herüber; querdurch; drüben, auf der anderen Seite; über Kreuz; 2. *prp.* (quer) über (*acc.*); (quer) durch; auf der anderen Seite von (*or gen.*), jenseits (*gen.*); über (*dat.*); *come* ~, *run* ~ stoßen auf (*acc.*).

act [ækt] 1. *v/i.* handeln; sich benehmen; wirken; funktionieren; (Theater) spielen (*a. fig.*), auftreten; *v/t. thea.* spielen (*a. fig.*), *play:* aufführen; ~ *out* szenisch darstellen, vorspielen; 2. Handlung *f,* Tat *f,* Maßnahme *f,* Akt *m; thea.* Akt *m;* ⚖ Gesetz *n,* Beschluß *m;* Urkunde *f,* Vertrag *m;* **~ing** 1. Handeln *n; thea.* Spiel(en) *n;* 2. tätig; amtierend.

ac·tion ['ækʃn] Handlung *f (a. thea.),* Tat *f;* Action *f (in a film, etc.);* Aktion *f;* Tätigkeit *f,* Funktion *f;* (Ein)Wirkung *f;* ⚖ Klage *f,* Prozeß *m;* ✕ Gefecht *n,* Kampfhandlung *f;* ⚙ Mechanismus *m; take* ~ Schritte unternehmen, handeln; *out of* ~ *machine:* außer Betrieb.

ac·tive ['æktiv] aktiv; tätig, rührig; lebhaft, rege; wirksam; *econ.* lebhaft; ~ *voice gr.* Aktiv *n;* **ac·tiv·ist** Aktivist(in); **ac·tiv·i·ty** [æk'tivəti] Tätigkeit *f;* Aktivität *f;* Betriebsamkeit *f; esp. econ.* Lebhaftigkeit *f.*

ac·tor ['æktə] Schauspieler *m;* **ac·tress** [~tris] Schauspielerin *f.*

ac·tu·al □ ['æktʃʊəl] wirklich, tatsächlich, eigentlich; **~ly** [~i] *in fact:* eigentlich; *by the way:* übrigens; *really:* tatsächlich.

a·cute □ [ə'kju:t] (~*r,* ~*st*) spitz; scharf (-sinnig); brennend (*question, problem*); 🩺 akut.

ad F [æd] = *advertisement.*

ad·a·mant □ *fig.* ['ædəmənt] unerbittlich; hartnäckig.

a·dapt [ə'dæpt] anpassen (*to dat. or an*

acc.); *text*: bearbeiten (*from* nach); ⊚ umstellen (*to* auf *acc.*); umbauen (*to* für); **ad·ap·ta·tion** [ædæp'teɪʃn] Anpassung *f*; Bearbeitung *f*; **a·dapt·er**, **a·dapt·or** ⚡ Adapter *m*.

add [æd] *v/t.* hinzufügen; ~ *up* zusammenzählen, addieren; *v/i.*: ~ *to* vermehren, beitragen zu, hinzukommen zu; ~ *up fig.* F e-n Sinn ergeben.

ad·dict ['ædɪkt] Süchtige(r *m*) *f*; *alcohol/ drug/TV* ~ Alkohol-/Drogen- *or* Rauschgift-/Fernsehsüchtige(r *m*) *f*; *sports*, *etc.*: Fanatiker(in); *film*, *etc.*: Narr *m*; ~ed [ə'dɪktɪd] süchtig, abhängig (*to* von); *be* ~ *to alcohol* (*drugs*, *television*, *etc.*) alkohol- (drogen-, fernseh-, *etc.*)süchtig sein; **ad·dic·tion** [~ʃn] Sucht *f*, Süchtigkeit *f*.

ad·di·tion [ə'dɪʃn] Hinzufügen *n*; Zusatz *m*; Zuwachs *m*; Anbau *m*; Ⓐ Addition *f*; *in* ~ außerdem; *in* ~ *to* außer (*dat.*); ~al [~l] zusätzlich.

ad·dress [ə'dres] **1.** *words*: richten (*to* an *acc.*), *j-n* anreden *or* ansprechen; **2.** Adresse *f*, Anschrift *f*; Rede *f*; Ansprache *f*, ~ee [ædre'si:] Empfänger(in).

ad·ept ['ædept] **1.** erfahren, geschickt (*at*, *in* in *dat.*); **2.** Meister *m*, Experte *m* (*at*, *in* in *dat.*).

ad·e·qua·cy ['ædɪkwəsɪ] Angemessenheit *f*; ~quate [~kwət] angemessen.

ad·here [əd'hɪə] (*to*) kleben, haften (an *dat.*); *fig.* festhalten (an *dat.*); **ad·her·ence** [~rəns] Anhaften *n*; *fig.* Festhalten *n*; **ad·her·ent** [~rənt] Anhänger(in).

ad·he·sive [əd'hi:sɪv] **1.** □ klebend; ~ *plaster* Heftpflaster *n*; ~ *tape* Klebestreifen *m*; *Am.* Heftpflaster *n*; **2.** Klebstoff *m*.

ad·ja·cent □ [ə'dʒeɪsnt] angrenzend, anstoßend (*to* an *acc.*); benachbart.

ad·jec·tive *gr.* ['ædʒɪktɪv] Adjektiv *n*, Eigenschaftswort *n*.

ad·join [ə'dʒɔɪn] (an)grenzen an (*acc.*).

ad·journ [ə'dʒɜːn] verschieben, (*v/i.* sich) vertagen; ~ment Vertagung *f*, Verschiebung *f*.

ad·just [ə'dʒʌst] anpassen; in Ordnung bringen; *conflict*: beilegen; *mechanism and fig.*: einstellen (*to* auf *acc.*); ~ment Anpassung *f*; Ordnung *f*; ⊚ Einstellung *f*; Beilegung *f*.

ad·min·is·ter [əd'mɪnɪstə] verwalten; spenden; *medicine*: geben, verabreichen; ~ *justice* Recht sprechen; ~tra·tion [ədmɪnɪ'streɪʃn] Verwaltung *f*; *pol. esp. Am.* Regierung *f*; *esp. Am.* Amtsperiode *f* (*of a President*); ~tra·tive □ [əd'mɪnɪstrətɪv] Verwaltungs...; ~trator [~reɪtə] Verwaltungsbeamte(r) *m*.

ad·mi·ra·ble □ ['ædmərəbl] bewundernswert; großartig.

ad·mi·ral ['ædmərəl] Admiral *m*.

ad·mi·ra·tion [ædmə'reɪʃn] Bewunderung *f*.

ad·mire [əd'maɪə] bewundern; verehren; **ad·mir·er** Bewunderer *m*, Verehrer(in) *m*.

ad·mis·si·ble □ [əd'mɪsəbl] zulässig; ~sion [~ʃn] Zutritt *m*, Zulassung *f*; Eintritt(sgeld *n*) *m*; *confession*: Eingeständnis *n*; ~ *free* Eintritt frei.

ad·mit [əd'mɪt] (-tt-) (her)einlassen (*to*, *into* in *acc.*), eintreten lassen; zulassen (*to* zu); *confess*: zugeben; ~tance Einlaß *m*, Ein-, Zutritt *m*; *no* ~ Zutritt verboten.

ad·mix·ture [æd'mɪkstʃə] Beimischung *f*, Zusatz *m*.

ad·mon·ish [əd'mɒnɪʃ] ermahnen; warnen (*of*, *against* vor *dat.*); **ad·mo·ni·tion** [ædmə'nɪʃn] Ermahnung *f*; Warnung *f*.

a·do [ə'du:] (*pl.* -dos) Getue *n*, Lärm *m*; *without much or more or further* ~ ohne weitere Umstände.

ad·o·les·cence [ædə'lesns] Adoleszenz *f*, Reifezeit *f*; ~cent **1.** jugendlich, heranwachsend; **2.** Jugendliche(r *m*) *f*.

a·dopt [ə'dɒpt] adoptieren; sich zu eigen machen, übernehmen; ~ed *child* Adoptivkind *n*; **a·dop·tion** [~pʃn] *of child*: Adoption *f*; *of idea*, *etc.*: Übernahme *f*; **a·dop·tive** □ Adoptiv...; angenommen; ~ *child* Adoptivkind *n*; ~ *parents pl.* Adoptiveltern *pl.*

a·dor·a·ble □ [ə'dɔːrəbl] anbetungswürdig; F entzückend; **ad·o·ra·tion** [ædə'reɪʃn] Anbetung *f*, Verehrung *f*; **a·dore** [ə'dɔː] anbeten, verehren.

a·dorn [ə'dɔːn] schmücken, zieren; ~ment Schmuck *m*.

a·droit □ [ə'drɔɪt] geschickt.

ad·ult ['ædʌlt] **1.** erwachsen; **2.** Erwachsene(r *m*) *f*; ~ *education* Erwachsenenbildung *f*.

a·dul·ter·ate [ə'dʌltəreɪt] verfälschen; ~er Ehebrecher *m*; ~ess Ehebrecherin *f*; ~ous □ ehebrecherisch; ~y Ehebruch *m*.

ad·vance [əd'vɑːns] **1.** *v/i.* vorrücken, -dringen; vorrücken (*time*); steigen; Fortschritte machen; *v/t.* vorrücken; *opinion*, *etc.*: vorbringen; *money*: vorauszahlen; vorschießen; (be)fördern; *price*: erhöhen; beschleunigen; **2.** Vorrücken *n*, Vorstoß *m* (*a. fig.*); Fortschritt *m*; Vorschuß *m*; Erhöhung *f*; *in* ~ im voraus; ~d fortgeschritten; ~ *for one's years* weit *or* reif für sein Alter; ~ment Förderung *f*; Fortschritt *m*; ~ pay·ment *econ.* Vorauszahlung *f*.

ad·van|tage [əd'vɑːntidʒ] Vorteil m; Überlegenheit f; Gewinn m; **take ~ of** ausnutzen; **~·ta·geous** □ [ædvən-'teidʒəs] vorteilhaft.

ad·ven|ture [əd'ventʃə] Abenteuer n, Wagnis n; Spekulation f; **~·tur·er** Abenteurer m; Spekulant m; **~·tur·ess** Abenteu(r)erin f; **~·tur·ous** □ abenteuerlich; verwegen, kühn.

ad·verb gr. ['ædvɜːb] Adverb n.

ad·ver·sa·ry ['ædvəsəri] Gegner(in), Feind(in); **ad·verse** □ ['ædvɜːs] widrig; ungünstig, nachteilig (**to** für); **ad·ver·si·ty** [əd'vɜːsəti] Unglück n.

ad·vert F ['ædvɜːt] = **advertisement**.

ad·ver|tise ['ædvətaiz] Werbung or Reklame machen (für), werben (für), inserieren; ankündigen, bekanntmachen; **~·tise·ment** [əd'vɜːtismənt] Anzeige f, Ankündigung f, Inserat n; Reklame f; **~·tis·ing** 1. Reklame f, Werbung f; 2. Anzeigen..., Reklame..., Werbe...; **~ agency** Anzeigenannahme f; Werbeagentur f.

ad·vice [əd'vais] Rat(schlag) m; Nachricht f, Bescheid m; **take medical ~** e-n Arzt zu Rate ziehen; **take my ~** hör auf mich; **a piece of ~** cin Rat(schlag).

ad·vi·sab·le □ [əd'vaizəbl] ratsam; **ad·vise** v/t. j-n beraten; j-m raten; esp. econ. benachrichtigen; avisieren; v/i. sich beraten; **ad·vis·er**, Am. a. **ad·vi·sor** Berater m; **ad·vi·so·ry** beratend.

ad·vo·cate 1. ['ædvəkət] Anwalt m; Verfechter m; Befürworter m; **2.** [~keit] verteidigen, befürworten.

aer·i·al ['eəriəl] **1.** □ luftig; Luft...; **view** Luftaufnahme f; **2.** Antenne f.

aer·o- ['eərə(u)] Aero..., Luft...; **~·bics** [eə'rəubiks] sg. sports: Aerobic n; **~·dy·nam·ic** (**~·ally**) aerodynamisch; **~·dy·nam·ics** sg. Aerodynamik f; **~·nau·tics** sg. Luftfahrt f; **~·plane** Brt. Flugzeug n; **~·sol** Spray n; container: Spraydose f.

aes·thet·ic [iːs'θetik] ästhetisch; **~s** sg. Ästhetik f.

a·far [ə'fɑː] fern, weit (weg).

af·fa·ble □ ['æfəbl] leutselig.

af·fair [ə'feə] Geschäft n, Angelegenheit f, Sache f; F Ding n; Liebesaffäre f, Verhältnis n.

af·fect [ə'fekt] (ein- or sich aus)wirken auf (acc.); rühren; health: angreifen; lieben, vorziehen; nachahmen; vortäuschen; **af·fec·ta·tion** [æfek'teiʃn] Vorliebe f; Affektiertheit f; Verstellung f; **~·ed** □ gerührt; befallen (by illness); angegriffen (eyes, etc.); geziert, affektiert.

af·fec·tion [ə'fekʃn] Zuneigung f; **~·ate** □ liebevoll.

af·fil·i·ate [ə'filieit] (sich) angliedern; **~d company** econ. Tochtergesellschaft f.

af·fin·i·ty [ə'finəti] (geistige) Verwandtschaft; **🕆** Affinität f; Neigung f (for, to zu).

af·firm [ə'fɜːm] versichern; beteuern; bestätigen; **af·fir·ma·tion** [æfə'meiʃn] Versicherung f; Beteuerung f; Bestätigung f; **af·fir·ma·tive** [ə'fɜːmətiv] **1.** □ bejahend; **2. answer in the ~** bejahen.

af·fix [ə'fiks] (**to**) anheften, -kleben (an acc.), befestigen (an dat.); bei-, hinzufügen (dat.).

af·flict [ə'flikt] betrüben, heimsuchen, plagen; **af·flic·tion** Betrübnis f; Gebrechen n; Elend n, Not f.

af·flu|ence ['æfluəns] Überfluß m; Wohlstand m; **~·ent 1.** □ reich(lich); **~ society** Wohlstandsgesellschaft f; **2.** Nebenfluß m, of lake: Zufluß m.

af·ford [ə'fɔːd] sich leisten; gewähren, bieten; **I can ~ it** ich kann es mir leisten.

af·front [ə'frʌnt] **1.** beleidigen; **2.** Beleidigung f.

a·field [ə'fiːld] im Feld; (weit) weg.

a·float [ə'fləut] ⚓ and fig. flott; schwimmend; auf See; **set ~** ⚓ flottmachen; in Umlauf bringen.

a·fraid [ə'freid]: **be ~ of** sich fürchten or Angst haben vor (dat.); **I'm ~ she won't come** ich fürchte, sie wird nicht kommen; **I'm ~ I must go now** ich muß jetzt leider gehen.

a·fresh [ə'freʃ] von neuem.

Af·ri·can ['æfrikən] **1.** afrikanisch; **2.** Afrikaner(in); Am. a. Neger(in).

af·ter ['ɑːftə] **1.** adv. hinterher, nachher, danach; **2.** prp. nach; hinter (dat.) (... her); **~ all** schließlich (doch); **3.** cj. nachdem; **4.** adj. später; Nach...; **~·birth** ⚕ Nachgeburt f; **~·ef·fect** ⚕ Nachwirkung f (a. fig.); fig. Folge f; **~·math** Nachwirkungen pl., Folgen pl.; **~·noon** Nachmittag m; **this ~** heute nachmittag; **good ~!** guten Tag!; **~s** pl. Brt. F Nachtisch m; **~·taste** Nachgeschmack m; **~·thought** nachträgliche Idee; **~·ward(s)** nachher, später.

a·gain [ə'gen] wieder(um); ferner; **~ and ~, time and ~** immer wieder; **as much ~** noch cinmal soviel.

a·gainst [ə'genst] gegen; of place: gegen, an, vor (dat. or acc.); fig. im Hinblick auf (acc.); **as ~** verglichen mit; **he was ~ it** er war dagegen.

age [eidʒ] **1.** (Lebens)Alter n; Zeit(alter n) f; Menschenalter n; (**old**) ~ (hohes) Alter; (**come**) **of ~** mündig or volljährig (werden); **be over ~** die Altersgrenze überschritten haben; **under ~** minderjährig; unmündig; **wait for ~s** F e-e Ewigkeit warten; **2.** alt werden or ma-

chen; **~d** ['eɪdʒɪd] alt, betagt; [eɪdʒd]: **~
twenty** zwanzig Jahre alt; **~less** zeit-
los; ewig jung.

a·gen·cy ['eɪdʒənsɪ] Tätigkeit f; Vermittlung f; Agentur f, Büro n.

a·gen·da [ə'dʒendə] Tagesordnung f.

a·gent ['eɪdʒənt] Handelnde(r m) f;
(Stell)Vertreter(in), Agent(in) (a. pol.);
Wirkstoff m, Mittel n, Agens n.

ag·glom·er·ate [ə'glɒməreɪt] (sich) zu-
sammenballen; (sich) (an)häufen.

ag·gra·vate ['ægrəveɪt] erschweren, verschlimmern; F ärgern; **~vat·ing** ärgerlich, lästig.

ag·gre·gate 1. ['ægrɪɡeɪt] (sich) anhäufen; vereinigen (**to** mit); sich belaufen
auf (acc.); **2.** □ [~gət] (an)gehäuft; gesamt; **3.** [~] Anhäufung f; Gesamt-
menge f, Summe f; Aggregat n.

ag·gres·sion [ə'greʃn] Angriff m, Ag-
gression f; **~sive** □ aggressiv, Angriffs...; fig. energisch; **~sor** Angreifer
m, Aggressor m (esp. pol.).

ag·grieved [ə'griːvd] gekränkt.

a·ghast [ə'ɡɑːst] entgeistert, entsetzt.

ag·ile □ ['ædʒaɪl] flink, behend;
a·gil·i·ty [ə'dʒɪlətɪ] Behendigkeit f.

ag·i·tate ['ædʒɪteɪt] v/t. hin- und herbe-
wegen; fig. aufregen; v/i. agitieren;
~ta·tion [ædʒɪ'teɪʃn] fig. Erschütterung
f; Aufregung f; Agitation f; **~ta·tor**
['ædʒɪteɪtə] Agitator m, Aufwiegler m.

a·glow [ə'ɡləʊ] glühend; **be ~** strahlen
(**with** vor dat.).

a·go [ə'ɡəʊ]: **a year ~** vor e-m Jahr.

a·go·nize ['ægənaɪz] (sich) quälen.

ag·o·ny ['ægənɪ] heftiger Schmerz, a. of
mind: Qual f; Pein f; Agonie f; Todes-
kampf m.

a·grar·i·an [ə'ɡreərɪən] Agrar...

a·gree [ə'ɡriː]: übereinstimmen; sich vertragen; einig werden, sich einigen (**on,
upon** über acc.); übereinkommen; **~ to**
zustimmen (dat.), einverstanden sein
mit; **I ~** stimmt!, richtig!; **~d!** einverstanden!; **~a·ble** □ (**to**) angenehm
(für) übereinstimmend (mit); **~ment**
Übereinstimmung f; Vereinbarung f;
Abkommen n; Vertrag m; **be in ~ about**
sich einig sein über (dat.); **come to an or
reach an ~** Einigung erzielen.

ag·ri·cul·tur·al [ægrɪ'kʌltʃərəl] landwirtschaftlich; **~e** ['ægrɪkʌltʃə] Landwirtschaft f; **~ist** Landwirt m, Landwirt-
schaftsexperte m.

a·ground ⏚ [ə'ɡraʊnd] gestrandet; **run ~**
stranden, auf Grund laufen.

a·head [ə'hed] vorwärts, voraus; vorn;
go ~! nur zu!, mach nur!; **straight ~**
geradeaus.

aid [eɪd] **1.** helfen (dat.; **in s.th.** bei et.);
fördern; **2.** Hilfe f, Unterstützung f.

AIDS ⚕ [eɪdz] Aids n (mst no art.), Erworbene Abwehrschwäche.

ail [eɪl] v/i. kränkeln; v/t. schmerzen, weh
tun (dat.); **what ~s him?** was fehlt ihm?;
~ing leidend; **~ment** Leiden n.

aim [eɪm] **1.** v/i. zielen (**at** auf acc., nach);
~ at fig. beabsichtigen; **be ~ing to do
s.th.** vorhaben, et. zu tun; v/t. **~ at** weapon, etc.: richten auf (acc.) or gegen; **2.**
Ziel n (a. fig.); Absicht f; **take ~ at** zielen
auf (acc.) or nach; **~less** □ ziellos.

air¹ [eə] **1.** Luft f; Luftzug m; Miene f,
Aussehen n; **by ~** auf dem Luftwege; **in
the open ~** im Freien; **on the ~** im
Rundfunk or Fernsehen; **be on the ~**
senden (radio station, etc.); in Betrieb
sein (radio station, etc.); **go off the ~** die
Sendung beenden (person); sein Programm beenden (radio station, etc.);
give o.s. ~s, put on ~s vornehm tun; **~
go or travel by ~** fliegen, mit dem Flugzeug reisen; **2.** (aus)lüften; fig. an die
Öffentlichkeit bringen; erörtern.

air² ♪ [~] Weise f, Melodie f.

air|bag mot. ['eəbæɡ] Prallsack m; **~bed**
Luftmatratze f; **~borne** ✈ in der Luft;
✕ Luftlande...; **~brake** ⊚ Druckluft-
bremse f; **~con·di·tioned** mit Klimaanlage; **~con·di·tion·er** Klimaanlage
f; **~craft** (pl. **~craft**) Flugzeug n; **~car-
rier** Flugzeugträger m; **~field** Flug-
platz m; **~force** ✕ Luftwaffe f; **~
host·ess** ✈ Stewardeß f; **~jack·et**
Schwimmweste f; **~lift** ✈ Luftbrücke f;
~line ✈ Fluggesellschaft f; **~lin·er**
Verkehrsflugzeug n; **~mail** Luftpost f;
by ~ mit Luftpost; **~plane** Am. Flugzeug n; **~pock·et** ✈ Luftloch n; **~
pol·lu·tion** Luftverschmutzung f;
~port Flughafen m; **~raid** ✕ Luftan-
griff m; **~route** ✈ Flugroute f; **~sick**
luftkrank; **~space** Luftraum m;
~strip (behelfsmäßige) Start- und Landebahn; **~ter·mi·nal** ✈ Abfertigungs-
gebäude n; **~tight** luftdicht; **~traf·fic**
Flugverkehr m; **~traf·fic con·trol** ✈
Flugsicherung f; **~traf·fic con·trol·ler**
✈ Fluglotse m; **~way** ✈ Fluggesellschaft f; **~wor·thy** flugtüchtig.

air·y □ ['eərɪ] (**-ier, -iest**) luftig; contp.
überspannt.

aisle arch. [aɪl] Seitenschiff n; Gang m.

a·jar [ə'dʒɑː] halb offen, angelehnt.

a·kin [ə'kɪn] verwandt (**to** mit).

a·lac·ri·ty [ə'lækrɪtɪ] Munterkeit f; Bereitwilligkeit f, Eifer m.

a·larm [ə'lɑːm] **1.** Alarm(zeichen n) m;
Wecker m; Angst f; **2.** alarmieren; beunruhigen; **~clock** Wecker m.

al·bum ['ælbəm] Album n.

al·co·hol ['ælkəhɒl] Alkohol m; **~ic**
[ælkə'hɒlɪk] **1.** alkoholisch; **2.** Alkoho-

liker(in); **~is·m** ['ælkəhɒlɪzəm] Alkoholismus m.

al·cove ['ælkəʊv] Nische f; Laube f.

al·der·man ['ɔːldəmən] (pl. **-men**) Ratsherr m, Stadtrat m.

ale [eɪl] Ale n.

a·lert [ə'lɜːt] **1.** □ wachsam; munter; **2.** Alarm(bereitschaft f) m; **on the ~** auf der Hut; in Alarmbereitschaft; **3.** warnen (**to** vor dat.), alarmieren.

al·gae biol. ['ældʒiː, 'ælgaɪ] pl. Algen pl.; **plague of ~** Algenpest f; s. **prolifera·tion**; **al·gal** ['ælgəl] Algen...; **~ bloom** Algenblüte f, a. Algenpest f.

al·i·bi ['ælɪbaɪ] Alibi n; F Entschuldigung f, Ausrede f.

a·li·en ['eɪljən] **1.** fremd; ausländisch; **2.** Fremde(r m) f, Ausländer(in); **~ate** property; entfremden.

a·light [ə'laɪt] **1.** in Flammen; erhellt; **2.** ab-, aussteigen; sich niederlassen (**on**, **upon** auf dat. or acc.).

a·lign [ə'laɪn] (sich) ausrichten (**with** nach); **~ o.s. with** sich anschließen an (acc.).

a·like [ə'laɪk] **1.** adj. gleich; **2.** adv. gleich, ebenso.

al·i·men·ta·ry [ælɪ'mentərɪ] nahrhaft; **~ canal** Verdauungskanal m.

al·i·mo·ny ['ælɪmənɪ] Unterhalt m.

a·live [ə'laɪv] lebendig; (noch) am Leben; lebhaft; belebt (**with** von).

all [ɔːl] **1.** adj. all; ganz; jede(r, -s) **2.** pron. alles; alle pl.; **3.** adv. ganz, völlig; **~ at once** auf einmal; **~ the better** desto besser; **~ but** beinahe, fast; **~ in** F fertig, ganz erledigt; **~ in ~** alles in allem; **~ right** (alles) in Ordnung; **for ~ that** dessenungeachtet, trotzdem; **for ~ (that) I care** meinetwegen; **for ~ I know** soviel ich weiß; **at ~** überhaupt; **not at ~** überhaupt nicht; **the score was two ~** das Spiel stand zwei zu zwei.

all-A·mer·i·can ['ɔːlə'merɪkən] rein amerikanisch; die ganzen USA vertretend.

al·lay [ə'leɪ] beruhigen; lindern.

al·le·ga·tion [ælɪ'geɪʃn] (unbewiesene) Behauptung.

al·lege [ə'ledʒ] behaupten; **~d** □ angeblich.

al·le·giance [ə'liːdʒəns] (Untertanen-)Treue f.

al·ler|gic [ə'lɜːdʒɪk] allergisch (**to** gegen); **~gy** ['ælədʒɪ] Allergie f.

al·le·vi·ate [ə'liːvɪeɪt] lindern, vermindern.

al·ley ['ælɪ] (enge or schmale) Gasse; Garten-, Parkweg m; bowling: Bahn f.

al·li·ance [ə'laɪəns] Bündnis n, Allianz f.

al·lo|cate ['æləkeɪt] zuteilen, anweisen; **~ca·tion** [ælə'keɪʃn] Zuteilung f.

al·lot [ə'lɒt] (**-tt-**) zuteilen, an-, zuweisen; **~ment** Zuteilung f; Parzelle f.

al·low [ə'laʊ] erlauben, bewilligen, gewähren; zugeben; ab-, anrechnen, vergüten; **~ for** berücksichtigen (acc.); **~a·ble** □ erlaubt, zulässig; **~ance** Erlaubnis f; Bewilligung f; Taschengeld n; Vergütung f; econ. Freibetrag m; fig. Nachsicht f; **make ~(s) for s.th.** et. in Betracht ziehen.

al·loy 1. ['ælɔɪ] Legierung f; **2.** [ə'lɔɪ] legieren.

all-round ['ɔːlraʊnd] vielseitig; **~er** [ɔːl'raʊndə] Alleskönner m; sports: Allroundsportler(in), -spieler(in).

al·lude [ə'luːd] anspielen (**to** auf acc.).

al·lure [ə'ljʊə] (an-, ver)locken; **~ment** Verlockung f.

al·lu·sion [ə'luːʒn] Anspielung f.

al·ly 1. [ə'laɪ] (sich) vereinigen, verbünden (**to**, **with** mit); **2.** ['ælaɪ] Verbündete(r m) f, Bundesgenosse m, -in f; **the Allies** pl. die Alliierten pl.

al·ma·nac ['ɔːlmənæk] Almanach m.

al·might·y [ɔːl'maɪtɪ] allmächtig; **the ♀** der Allmächtige.

al·mond ♀ ['ɑːmənd] Mandel f.

al·mon·er Brt. ['ɑːmənə] Sozialarbeiter(in) im Krankenhaus.

al·most ['ɔːlməʊst] fast, beinah(e).

alms [ɑːmz] pl. Almosen n.

a·loft [ə'lɒft] (hoch) (dr)oben.

a·lone [ə'ləʊn] allein; **let or leave ~** in Ruhe lassen, bleibenlassen; **let ~ ... ...** abgesehen von ...

a·long [ə'lɒŋ] **1.** adv. weiter, vorwärts; da; dahin; **all ~** die ganze Zeit; **~ with** (zusammen) mit; **come ~** mitkommen, -gehen; **get ~** vorwärts-, weiterkommen; auskommen, sich vertragen (**with** s.o. mit j-m); **take ~** mitnehmen; **2.** prp. entlang, längs; **~side 1.** adv. Seite an Seite; **2.** prp. neben.

a·loof [ə'luːf] abseits; reserviert, zurückhaltend.

a·loud [ə'laʊd] laut.

al·pha·bet ['ælfəbɪt] Alphabet n.

al·pine ['ælpaɪn] alpin, (Hoch)Gebirgs...

al·read·y [ɔːl'redɪ] bereits, schon.

al·right [ɔːl'raɪt] = **all right**.

al·so ['ɔːlsəʊ] auch, ferner.

al·tar ['ɔːltə] Altar m.

al·ter ['ɔːltə] (sich) (ver)ändern; ab-, umändern; **~a·tion** [ɔːltə'reɪʃn] Änderung f (**to** an dat.), Veränderung f.

al·ter|nate 1. ['ɔːltəneɪt] abwechseln (lassen); **alternating current ⚡** Wechselstrom m; **2.** □ [ɔːl'tɜːnət] abwechselnd; **3.** Am. [~] Stellvertreter(in), **~na·tion** [ɔːltə'neɪʃn] Abwechslung f; Wechsel m; **~na·tive** [ɔːl'tɜːnətɪv] **1.** □ alternativ, wahlweise; **~ society** alternative Gesellschaft; **2.** Alternative *f*, Wahl *f*, Möglichkeit *f*.

al·though [ɔːlˈðəʊ] obwohl, obgleich.

al·ti·tude [ˈæltɪtjuːd] Höhe *f*; *at an ~ of* in e-r Höhe von.

al·to·geth·er [ɔːltəˈgeðə] im ganzen, insgesamt; ganz (und gar), völlig.

a·lu·min·i·um [æljʊˈmɪnjəm], *Am.* **a·lu·mi·num** [əˈluːmɪnəm] Aluminium *n*.

al·ways [ˈɔːlweɪz] immer, stets.

am [æm; əm] *1. sg. pres. of be.*

a·mal·gam·ate [əˈmælgəmeɪt] amalgamieren; verschmelzen.

a·mass [əˈmæs] an-, aufhäufen.

am·a·teur [ˈæmətə] Amateur *m*; *contp.* Dilettant(in); *~·is·m* Amateursport *m*; *status:* Amateurstatus *m*.

a·maze [əˈmeɪz] in Erstaunen setzen, verblüffen; *~ment* Staunen *n*, Verblüffung *f*; **a·maz·ing** □ erstaunlich, verblüffend.

am·bas·sa·dor *pol.* [æmˈbæsədə] Botschafter *m* (*to a country* in *dat.*); Gesandte(r) *m*; *~·dress pol.* Botschafterin *f* (*to a country* in *dat.*).

am·ber *min.* [ˈæmbə] Bernstein *m*.

am·bi·gu·i·ty [æmbɪˈgjuːɪtɪ] Zwei-, Mehrdeutigkeit *f*; **am·big·u·ous** □ [æmˈbɪgjʊəs] zwei-, vieldeutig; doppelsinnig.

am·bi·tion [æmˈbɪʃn] Ehrgeiz *m*; Streben *n*; *~·tious* □ ehrgeizig; begierig (*of* nach).

am·ble [ˈæmbl] **1.** Paßgang *m*; **2.** im Paßgang gehen *or* reiten; schlendern.

am·bu·lance [ˈæmbjʊləns] Krankenwagen *m*; ✗ Feldlazarett *n*.

am·bush [ˈæmbʊʃ] **1.** Hinterhalt *m*; *be or lie in ~ for s.o.* j-m auflauern; **2.** auflauern (*dat.*); überfallen.

a·men *int.* [ɑːˈmen, eɪˈmen] amen.

a·mend [əˈmend] verbessern, berichtigen; *law:* abändern, ergänzen; *~ment* Besserung *f*; Verbesserung *f*; *parl.* Abänderungs-, Ergänzungsantrag *m* (*to a law*); *Am.* Zusatzartikel *m* zur Verfassung; *~s pl.* (Schaden)Ersatz *m*; *make ~* Schadenersatz leisten; *make ~ to s.o. for s.th.* j-n für et. entschädigen.

a·men·i·ty [əˈmiːnətɪ] *often amenities pl.* Annehmlichkeiten *pl.*, *of a town:* Kultur- und Freizeitangebot *n*.

A·mer·i·can [əˈmerɪkən] **1.** amerikanisch; *~football* Football *m*; *~ plan Am.* Vollpension *f*; **2.** Amerikaner(in); *~·is·m* Amerikanismus *m*; *~·ize* (sich) amerikanisieren.

a·mi·a·ble □ [ˈeɪmjəbl] liebenswürdig, freundlich.

am·i·ca·ble □ [ˈæmɪkəbl] freundschaftlich; gütlich.

a·mid(st) [əˈmɪd(st)] inmitten (*gen.*), (mitten) in *or* unter.

a·miss [əˈmɪs] verkehrt, falsch, übel; *take ~* übelnehmen.

am·mo·ni·a 🜄 [əˈməʊnɪə] Ammoniak *n*.

am·mu·ni·tion [æmjʊˈnɪʃn] Munition *f*.

am·ne·sia [æmˈniːzɪə] Gedächtnisschwund *m*.

am·nes·ty [ˈæmnɪstɪ] **1.** Amnestie *f*; **2.** begnadigen.

a·mok [əˈmɒk]: *run ~* Amok laufen.

a·mong(st) [əˈmʌŋ(st)] (mitten) unter, zwischen; *~ other things* unter anderem.

am·o·rous □ [ˈæmərəs] *looks, etc.:* verliebt; *~ advances* Annäherungsversuche.

a·mount [əˈmaʊnt] **1.** (*to*) sich belaufen (auf *acc.*); hinauslaufen (auf *acc.*); **2.** Betrag *m*, (Gesamt)Summe *f*; Menge *f*.

am·ple □ [ˈæmpl] (*~r, ~st*) weit, groß, geräumig; reich(lich), beträchtlich.

am·pli·fi·er ✏ [ˈæmplɪfaɪə] Verstärker *m*; *~·fy* erweitern; ✏ verstärken; weiter ausführen; *~tude* Umfang *m*, Weite *f*, Fülle *f*.

am·pu·tate [ˈæmpjʊteɪt] amputieren.

a·muck [əˈmʌk] = *amok*.

a·muse [əˈmjuːz] (*o.s.* sich) amüsieren, unterhalten, belustigen; *~ment* Unterhaltung *f*, Vergnügen *n*, Zeitvertreib *m*; *~ arcade* Spielhalle *f*; *~ park* Freizeitpark *m*; **a·mus·ing** □ amüsant, unterhaltend.

an [æn, ən] *indef. art. before vowel:* ein(e).

a·nae·mi·a ✚ [əˈniːmɪə] Blutarmut *f*, Anämie *f*.

an·aes·thet·ic [ænɪsˈθetɪk] **1.** (*~ally*) betäubend, Narkose...; **2.** Betäubungsmittel *n*; *local ~* örtliche Betäubung; *general ~* Vollnarkose *f*.

a·nal *anat.* [ˈeɪnl] anal, Anal...

a·nal·o·gous □ [əˈnæləgəs] analog, entsprechend; *~·gy* [~dʒɪ] Analogie *f*, Entsprechung *f*.

an·a·lyse *esp. Brt., Am.* **-lyze** [ˈænəlaɪz] analysieren; zerlegen; **an·al·y·sis** [əˈnæləsɪs] (*pl. -ses*) Analyse *f*.

an·arch·y [ˈænəkɪ] Anarchie *f*, Gesetzlosigkeit *f*; Chaos *n*.

a·nat·o·mize [əˈnætəmaɪz] ✏ zerlegen, sezieren; zergliedern; *~·my* Anatomie *f*; Zergliederung *f*, Analyse *f*.

an·ces·tor [ˈænsestə] Vorfahr *m*, Ahn *m*; *~tral* angestammt; *~tress* Ahne *f*; *~try* Abstammung *f*; Ahnen *pl.*

an·chor [ˈæŋkə] **1.** Anker *m*; *at ~* vor Anker; **2.** verankern; *~age* Ankerplatz *m*.

an·cho·vy *zo.* [ˈæntʃəvɪ] An(s)chovis *f*, Sardelle *f*.

an·cient ['eɪnʃənt] **1.** alt, antik; uralt; **2.** *the* ~s *pl. hist.* die Alten, die antiken Klassiker.

and [ænd, ənd] und.

a·ne·mi·a *Am.* = *anaemia.*

an·es·thet·ic *Am.* = *anaesthetic.*

a·new [ə'njuː] von neuem.

an·gel ['eɪndʒəl] Engel *m.*

an·ger ['æŋgə] **1.** Zorn *m*, Ärger *m (at* über *acc.);* **2.** erzürnen, (ver)ärgern.

an·gi·na ✵ [æn'dʒaɪnə]: *a.* ~ *pectoris* Angina pectoris *f.*

an·gle ['æŋgl] **1.** Winkel *m; fig.* Standpunkt *m;* **2.** angeln *(for* nach); ~*r* Angler(in).

An·gli·can ['æŋglɪkən] **1.** *eccl.* anglikanisch; *Am.* britisch, englisch; **2.** *eccl.* Anglikaner(in).

An·glo-Sax·on ['æŋgləʊ'sæksən] **1.** angelsächsisch; **2.** Angelsachse *m; ling.* Altenglisch *n.*

an·gry □ ['æŋgrɪ] *(-ier, -iest)* zornig, verärgert, böse *(at, with* über *acc.,* mit).

an·guish ['æŋgwɪʃ] (Seelen)Qual *f*, Schmerz *m;* ~**ed** qualvoll.

an·gu·lar □ ['æŋgjʊlə] winkelig, Winkel...; knochig.

an·i·mal ['ænɪml] **1.** Tier *n; coll.* Lebewesen *n;* **2.** tierisch.

an·i·|mate ['ænɪmeɪt] beleben, beseelen; aufmuntern, anregen; ~**ma·ted** lebendig; lebhaft, angeregt; ~ *cartoon* Zeichentrickfilm *m;* ~**ma·tion** [ænɪ'meɪʃn] Leben *n*, Lebhaftigkeit *f*, Feuer *n;* Animation *f*, Herstellung *f* von (Zeichen-) Trickfilmen; (Zeichen)Trickfilm *m.*

an·i·mos·i·ty [ænɪ'mɒsətɪ] Animosität *f*, Feindseligkeit *f.*

an·kle *anat.* ['æŋkl] (Fuß)Knöchel *m.*

an·nals ['ænlz] *pl.* Jahrbücher *pl.*

an·nex 1. [ə'neks] anhängen; annektieren; **2.** ['æneks] Anhang *m;* Anbau *m;* ~**a·tion** [ænek'seɪʃn] Annexion *f*, Einverleibung *f.*

an·ni·hi·late [ə'naɪəleɪt] vernichten.

an·ni·ver·sa·ry [ænɪ'vɜːsərɪ] Jahrestag *m;* Jahresfeier *f.*

an·no·|tate ['ænəʊteɪt] mit Anmerkungen versehen; kommentieren; ~**ta·tion** Kommentieren *n;* Anmerkung *f.*

an·nounce [ə'naʊns] ankündigen; bekanntgeben; *radio, TV:* ansagen; durchsagen; ~**ment** Ankündigung *f;* Bekanntgabe *f; radio, TV:* Ansage *f;* Durchsage *f;* **an·nounc·er** *radio, TV:* Ansager(in), Sprecher(in).

an·noy [ə'nɔɪ] ärgern; belästigen; ~**ance** Störung *f*, Belästigung *f;* Ärgernis *n;* ~**ing** ärgerlich, lästig.

an·nu·al ['ænjʊəl] **1.** □ jährlich, Jahres...; **2.** ✿ einjährige Pflanze; Jahrbuch *n.*

an·nu·i·ty [ə'njuːɪtɪ] (Jahres)Rente *f.*

an·nul [ə'nʌl] *(-ll-)* für ungültig erklären, annullieren; ~**ment** Annullierung *f*, Aufhebung *f.*

an·o·dyne ✵ ['ænəʊdaɪn] **1.** schmerzstillend; **2.** schmerzstillendes Mittel.

a·noint [ə'nɔɪnt] salben.

a·nom·a·lous □ [ə'nɒmələs] anomal, abnorm, regelwidrig.

a·non·y·mous □ [ə'nɒnɪməs] anonym, ungenannt.

an·o·rak ['ænəræk] Anorak *m.*

an·o·rex·i·a ✵ [ænə'reksɪə]: *a.* ~ *nervosa* Magersucht *f.*

an·oth·er [ə'nʌðə] ein anderer; ein zweiter; noch eine(r, -s); *tell me* ~*!* F du kannst mir viel erzählen!

an·swer ['ɑːnsə] **1.** *v/t. et.* beantworten; *j-m* antworten; entsprechen *(dat.); purpose:* erfüllen; ⊙ *steering wheel:* gehorchen; *summons:* Folge leisten; *to a description:* entsprechen; ~ *the bell or door* (die Haustür) aufmachen; ~ *the (tele)phone* ans Telefon gehen; *v/i.* antworten *(to auf acc.);* entsprechen *(to dat.);* ~ *back* freche Antworten geben; widersprechen; ~ *for* einstehen für; **2.** Antwort *f (to auf acc.);* ~**a·ble** verantwortlich.

ant *zo.* [ænt] Ameise *f.*

an·tag·o|nis·m [æn'tægənɪzəm] Widerstreit *m;* Widerstand *m;* Feindschaft *f;* ~**nist** Gegner(in); Kontrahent(in); ~**nize** ankämpfen gegen; sich *j-n* zum Feind machen.

an·te·ced·ent [æntɪ'siːdənt] **1.** □ vorhergehend, früher *(to* als); **2.** ~*s pl.* Vorgeschichte *f;* Vorleben *n.*

an·te·date ['æntɪdeɪt] *letter, etc.:* zurückdatieren; *event, etc.:* vorausgehen.

an·te·lope *zo.* ['æntɪləʊp] Antilope *f.*

an·ten·na¹ *zo.* [æn'tenə] *(pl. -nae)* Fühler *m.*

an·ten·na² *Am.* [~] Antenne *f.*

an·te·room ['æntɪrʊm] Vorzimmer *n;* Warteizimmer *n.*

an·them ♪ ['ænθəm] Hymne *f.*

an·ti- ['æntɪ] Gegen..., gegen ... eingestellt *or* wirkend, Anti..., anti...; ~**air·craft** ✕ Flieger-, Flugabwehr...; ~**bi·ot·ic** [~baɪ'ɒtɪk] Antibiotikum *n.*

an·tic·i·|pate [æn'tɪsɪpeɪt] vorwegnehmen; zuvorkommen *(dat.);* voraussehen, (-)ahnen; erwarten; ~**pa·tion** [æntɪsɪ'peɪʃn] Vorwegnahme *f;* Zuvorkommen *n;* Voraussicht *f;* Erwartung *f; in* ~ im voraus.

an·ti·clock·wise *Brt.* [æntɪ'klɒkwaɪz] entgegen dem Uhrzeigersinn.

an·tics ['æntɪks] *pl.* Gekasper *n;* Mätzchen *pl.*

an·ti·|dote ['æntɪdəʊt] Gegengift *n,* -mittel *n*; **~freeze** Frostschutzmittel *n*; **~mis-sile** ✗ Raketenabwehr...; **~nu-cle-ar** Anti-Atomkraft...

an-tip-a-thy [æn'tɪpəθɪ] Abneigung *f*.

an-ti-quat-ed ['æntɪkweɪtd] veraltet, alt-modisch, überholt.

an-tique [æn'ti:k] **1.** antik, alt; **2.** Anti-quität *f*; **~** *dealer* Antiquitätenhänd-ler(in); **~** *shop*, *esp. Am.* **~** *store* Anti-quitätenladen *m*; **an-tiq-ui-ty** [æn'tɪk-wətɪ] Altertum *n*, Vorzeit *f*.

an-ti-sep-tic [æntɪ'septɪk] **1.** antisep-tisch; **2.** antiseptisches Mittel.

ant-lers ['æntləz] *pl.* Geweih *n*.

a-nus *anat.* ['eɪnəs] After *m*.

an-vil ['ænvɪl] Amboß *m*.

anx-i-e-ty [æŋ'zaɪətɪ] Angst *f*; Sorge *f* (*for* um); ✱ Beklemmung *f*.

anx-ious □ ['æŋkʃəs] besorgt, beunru-higt (*about* wegen); begierig, gespannt (*for* auf *acc.*); bestrebt (*to do* zu tun).

an-y ['enɪ] **1.** *adj. and pron.* (irgend)ei-ne(r, -s), (irgend)welche(r, -s); (irgend) etwas; jede(r, -s) (beliebige); einige *pl.*, welche *pl.*; *not* **~** keiner; **2.** *adv.* ir-gend(wie), ein wenig, etwas, (noch) et-was; **~body** (irgend) jemand; jeder; **~how** irgendwie; trotzdem, jedenfalls; wie dem auch sei; **~one** = *anybody*; **~thing** (irgend) etwas; alles; **~** *but* alles andere als; **~** *else?* sonst noch etwas?; *not* **~** nichts; **~way** = *anyhow*; **~where** irgendwo(hin); überall.

a-part [ə'pɑːt] einzeln, getrennt, für sich; beiseite; **~** *from* abgesehen von.

a-part-heid [ə'pɑːtheɪt] Apartheid *f*, Poli-tik *f* der Rassentrennung.

a-part-ment [ə'pɑːtmənt] Zimmer *n*; *Am.* Wohnung *f*; *esp. Brt.* (möblierte) (Miet-, Ferien)Wohnung *f*; **~** *house* *Am.* Mietshaus *n*.

ap-a|thet-ic [æpə'θetɪk] (**~ally**) apa-thisch, teilnahmslos, gleichgültig; **~thy** ['æpəθɪ] Apathie *f*, Teilnahmslosigkeit *f*, Gleichgültigkeit *f*.

ape [eɪp] **1.** *zo.* (Menschen)Affe *m*; **2.** nachäffen.

a-pe-ri-ent [ə'pɪərɪənt] Abführmittel *n*.

a-per-i-tif [əperɪ'ti:f] Aperitif *m*.

ap-er-ture ['æpətʃə] Öffnung *f*.

a-pi-a-ry ['eɪpɪərɪ] Bienenhaus *n*.

a-piece [ə'piːs] für jedes *or* pro Stück, je.

a-po-lit-i-cal [eɪpə'lɪtɪkəl] unpolitisch.

a-pol-o|get-ic [əpɒlə'dʒetɪk] (**~ally**) ver-teidigend; rechtfertigend; entschuldi-gend; **~gize** [ə'pɒlədʒaɪz] sich ent-schuldigen (*for* für; *to* bei); **~gy** Ent-schuldigung *f*; Rechtfertigung *f*; *make or offer s.o. an* **~** (*for s.th.*) sich bei j-m (für et.) entschuldigen.

ap-o-plex-y ✱ ['æpəpleksɪ] Schlag(an-fall) *m*.

a-pos-tle [ə'pɒsl] Apostel *m*.

a-pos-tro-phe *ling.* [ə'pɒstrəfɪ] Apo-stroph *m*.

ap-pal|(l) [ə'pɔːl] (**-ll-**) erschrecken, ent-setzen; **~ling** □ erschreckend, entsetz-lich, schrecklich.

ap-pa-ra-tus [æpə'reɪtəs] Apparat *m*, Vorrichtung *f*, Gerät *n*.

ap-par-ent □ [ə'pærənt] sichtbar; an-scheinend; offenbar.

ap-pa-ri-tion [æpə'rɪʃn] Erscheinung *f*, Gespenst *n*.

ap-peal [ə'piːl] **1.** ✚ Berufung *or* Revi-sion einlegen, Einspruch erheben, Beschwerde einlegen; appellieren, sich wenden (*to an acc.*); **~** *to* gefallen (*dat.*), zusagen (*dat.*), wirken auf (*acc.*); *j-n* dringend bitten (*for* um); **2.** ✚ Revision *f*, Berufung *f*; Beschwerde *f*; Einspruch *m*; Appell *m* (*to an acc.*), Aufruf *m*; Wirkung *f*, Reiz *m*; Bitte *f* (*to an acc.*; *for* um); **~** *for mercy* ✚ Gnadengesuch *n*; **~ing** □ flehend; ansprechend.

ap-pear [ə'pɪə] (er)scheinen; sich zeigen; *actor, etc.*: auftreten; sich ergeben *or* herausstellen; **~ance** Erscheinen *n*; Auftreten *n*; Äußere(s) *n*, Erscheinung *f*, Aussehen *n*; Anschein *m*, äußerer Schein; *to all* **~(s)** allem Anschein nach.

ap-pease [ə'piːz] beruhigen; beschwich-tigen; stillen; mildern; beilegen.

ap-pend [ə'pend] an-, hinzu-, beifügen; **~age** Anhang *m*, Anhängsel *n*, Zube-hör *n*.

ap-pen|di-ci-tis ✱ [əpendɪ'saɪtɪs] Blind-darmentzündung *f*; **~dix** [ə'pendɪks] (*pl.* **-dixes**, **-dices** [-dɪsiːz]) Anhang *m*; *a. vermiform* **~** ✱ Wurmfortsatz *m*, Blinddarm *m*.

ap-pe|tite ['æpɪtaɪt] (*for*) Appetit *m* (auf *acc.*); *fig.* Verlangen *n* (nach); **~tiz-er** Appetithappen *m*, pikante Vorspeise; **~tiz-ing** □ appetitanregend.

ap-plaud [ə'plɔːd] applaudieren, Beifall spenden; loben; **ap-plause** [~z] Ap-plaus *m*, Beifall *m*.

ap-ple ✿ ['æpl] Apfel *m*; **~cart**: *upset s.o.'s* **~** F j-s Pläne über den Haufen werfen; **~** *pie* gedeckter Apfelkuchen; *in* **~** *order* F in schönster Ordnung; **~** *sauce* Apfelmus *n*; *Am.* F Schmus *m*, Quatsch *m*.

ap-pli-ance [ə'plaɪəns] Vorrichtung *f*; Gerät *n*; Mittel *n*.

ap-plic-a-ble □ ['æplɪkəbl] anwendbar (*to* auf *acc.*).

ap-pli|cant ['æplɪkənt] Antragsteller(in), Bewerber(in) (*for* um); **~ca-tion** meth-od, *etc.*: Anwendung *f* (*to* auf *acc.*); *diligence*: Fleiß *m*; *request*: Gesuch *n* (*for* um); *for job*: Bewerbung *f* (*for* um); **~** *form* Antragsformular *n*.

ap·ply [ə'plaɪ] *v/t.* **(to)** (auf)legen, auftragen (auf *acc.*); anwenden (auf *acc.*); verwenden (für); ~ *o.s. to* sich widmen (*dat.*); *v/i.* **(to)** passen, zutreffen, sich anwenden lassen (auf *acc.*); gelten (für); sich wenden (an *acc.*); sich bewerben (*for* um), beantragen (*for acc.*).

ap·point [ə'pɔɪnt] bestimmen, festsetzen; verabreden; ernennen (**s.o.** *minister, etc.* j-n zum ...); berufen (*to a post auf acc.*); ~**ment** Bestimmung *f*; Verabredung *f*; Termin *m* (*with doctor, hairdresser, etc.*); Ernennung *f*, Berufung *f*; Stelle *f*; ~ **book** Terminkalender *m*.

ap·por·tion [ə'pɔːʃn] ver-, zuteilen; ~**ment** Ver-, Zuteilung *f*.

ap·prais·al [ə'preɪzl] (Ab)Schätzung *f*; ~**e** (ab)schätzen, taxieren.

ap·pre·cia·ble [ə'priːʃəbl] nennenswert, spürbar; ~**ci·ate** [~ʃieɪt] *v/t.* schätzen, würdigen; dankbar sein für; *v/i.* im Wert steigen; ~**ci·a·tion** Schätzung *f*, Würdigung *f*; Anerkennung *f*; Verständnis *n* (*of* für); Einsicht *f*; Dankbarkeit *f*; *econ.* Wertsteigerung *f*.

ap·pre·hend [æprɪ'hend] ergreifen, fassen; begreifen; befürchten; ~**hen·sion** Ergreifung *f*, Festnahme *f*; Besorgnis *f*; ~**hen·sive** □ ängstlich, besorgt (*for* um; *that* daß).

ap·pren·tice [ə'prentɪs] **1.** Auszubildende(r *m*) *f*, Lehrling *m*, F Azubi *m*, *f*; **2.** in die Lehre geben; ~**ship** Lehrzeit *f*, Lehre *f*, Ausbildung *f*.

ap·proach [ə'prəʊtʃ] **1.** *v/i.* näher kommen, sich nähern; *thunderstorm, etc.*: aufziehen; *v/t.* sich nähern (*dat.*); herangehen or herantreten an (*acc.*); *make advances*: sich heranmachen an (*acc.*); **2.** (Heran)Nahen *n*; Ein-, Zu-, Auffahrt *f*; Annäherung *f*; Methode *f*; ~ **road** Zufahrtsstraße *f*; *to motorway*: (Autobahn)Zubringer *m*.

ap·pro·ba·tion [æprə'beɪʃn] Billigung *f*, Beifall *m*.

ap·pro·pri·ate 1. [ə'prəʊprɪeɪt] sich aneignen; *parl.* bewilligen; **2.** □ [~ɪt] (*for, to*) angemessen (*dat.*), passend (für, zu).

ap·prov·al [ə'pruːvl] Billigung *f*, Anerkennung *f*, Beifall *m*; *meet with* ~ Beifall *or* Zustimmung finden; ~**e** billigen, anerkennen; ~**ed** bewährt.

ap·prox·i·mate 1. [ə'prɒksɪmeɪt] sich nähern; **2.** □ [~mət] annähernd, ungefähr.

a·pri·cot ♀ ['eɪprɪkɒt] Aprikose *f*.

A·pril ['eɪprəl] April *m*; ~ **fool: make an ~ of s.o.** j-n in den April schicken; ~*!* April!, April!

a·pron ['eɪprən] Schürze *f*; ~**string** Schürzenband *n*; *be tied to one's wife's (mother's) ~s fig.* unterm Pantoffel stehen (der Mutter am Schürzenzipfel hängen).

apt □ [æpt] geeignet, passend; treffend; begabt; ~ *to* geneigt zu; **ap·ti·tude** Begabung *f* (*for* für), Befähigung *f* (für), Talent *n* (zu); ~ *test* Eignungsprüfung *f*.

aq·ua·lung ['ækwəlʌŋ] Tauchgerät *n*.

a·quar·i·um [ə'kweərɪəm] Aquarium *n*.

a·quat·ic [ə'kwætɪk] Wassertier *n*, -pflanze *f*; ~**s** *sg.* Wassersport *m*.

aq·ue·duct ['ækwɪdʌkt] Aquädukt *m*.

aq·ui·line ['ækwɪlaɪn] Adler...; gebogen; ~ *nose* Adlernase *f*.

Ar·ab ['ærəb] Araber(in); **Ar·a·bic 1.** arabisch; **2.** *ling.* Arabisch *n*.

ar·a·ble ['ærəbl] anbaufähig; Acker...

ar·bi·tra·ry □ ['ɑːbɪtrərɪ] willkürlich, eigenmächtig; ~ *rule* Willkürherrschaft *f*; ~**trate** entscheiden, schlichten; ~**tra·tion** Schlichtung *f*; ~**tra·tor**, ~**tra·tor** Schiedsrichter *m*; Schlichter *m*.

ar·bo(u)r ['ɑːbə] Laube *f*.

arc [ɑːk] (♀ Licht)Bogen *m*.

ar·cade [ɑː'keɪd] Arkade *f*; Bogen-, Laubengang *m*; Durchgang *m*, Passage *f*.

arch¹ [ɑːtʃ] **1.** Bogen *m*; Gewölbe *n*; *anat. of foot*: Rist *m*, Spann *m*; **2.** (sich) wölben; krümmen; ~ *over* überwölben.

arch² [ɑːtʃ, ɑːk] erste(r, -s), oberste(r, -s), Erz..., Haupt...

arch³ □ [~] schelmisch.

ar·cha·ic [ɑː'keɪɪk] (~*ally*) veraltet.

arch|an·gel ['ɑːkeɪndʒəl] Erzengel *m*; ~**bish·op** ['tʃbɪʃəp] Erzbischof *m*.

ar·cher ['ɑːtʃə] Bogenschütze *m*; ~**y** Bogenschießen *n*.

ar·chi·tect ['ɑːkɪtekt] Architekt *m*; Urheber(in), Schöpfer(in); ~**tec·ture** Architektur *f*, Baukunst *f*.

ar·chives ['ɑːkaɪvz] *pl.* Archiv *n*.

arch·way ['ɑːtʃweɪ] (Bogen)Gang *m*.

arc·tic ['ɑːktɪk] **1.** arktisch, nördlich, Nord...; Polar...; ~ *circle* nördlicher Polarkreis; **2.** *Am.* hoher Überschuh.

ar·dent □ ['ɑːdənt] heiß, glühend; *fig.* leidenschaftlich, heftig; eifrig.

ar·do(u)r *fig.* ['ɑːdə] Leidenschaft(lichkeit) *f*, Heftigkeit *f*, Feuer *n*; Eifer *m*.

ar·du·ous □ ['ɑːdjʊəs] mühsam; zäh.

are [ɑː, ə] *pres. pl. and 2. sg. of* **be**.

ar·e·a ['eərɪə] Areal *n*; (Boden)Fläche *f*, Flächenraum *m*; Gegend *f*, Gebiet *n*, Zone *f*; Bereich *m*; *in the Munich* ~ im Raum München; ~ *code Am. teleph.* Vorwählnummer *f*, Vorwahl *f*.

a·re·na [ə'riːnə] Arena *f*.

Ar·gen·tine ['ɑːdʒəntaɪn] **1.** argentinisch; **2.** Argentinier(in).

ar·gu·a·ble ['ɑːgjʊəbl] fraglich, zweifelhaft; *it's ~ that ...* man kann (durchaus) die Meinung vertreten, daß ...

ar·gue ['ɑːgjuː] v/t. (das Für und Wider gen.) erörtern, diskutieren; v/i. streiten; argumentieren, Gründe (für und wider) anführen, Einwendungen machen.

ar·gu·ment ['ɑːgjʊmənt] Argument n, Beweis(grund) m; Streit m, Wortwechsel m, Auseinandersetzung f.

ar·id □ ['ærɪd] dürr, trocken (a. fig.).

a·rise [ə'raɪz] (arose, arisen) entstehen; auftauchen, -treten, -kommen; **a·ris·en** p.p. of **arise.**

ar·is|toc·ra·cy [ærɪ'stɒkrəsɪ] Aristokratie f, Adel m; **~to·crat** ['ærɪstəkræt] Aristokrat(in); **~to·crat·ic** (**~ally**) aristokratisch.

a·rith·me·tic [ə'rɪθmətɪk] Rechnen n.

ark [ɑːk] Arche f.

arm[1] [ɑːm] Arm m; Armlehne f; **keep s.o. at ~'s length** sich j-n vom Leibe halten; **infant in ~s** Säugling m.

arm[2] [~] 1. mst ~s pl. Waffen pl.; Waffengattung f; **~s control** Rüstungskontrolle f; **~s race** Wettrüsten n, Rüstungswettlauf m; **up in ~s** kampfbereit; fig. in Harnisch; 2. (sich) bewaffnen; (sich) wappnen or rüsten.

ar·ma·da [ɑː'mɑːdə] Kriegsflotte f.

ar·ma·ment ['ɑːməmənt] (Kriegsaus-) Rüstung f, Aufrüstung f.

ar·ma·ture ⚡ ['ɑːmətjʊə] Anker m.

arm·chair ['ɑːmtʃeə] Lehnstuhl m, Sessel m.

ar·mi·stice ['ɑːmɪstɪs] Waffenstillstand m (a. fig.).

ar·mo(u)r ['ɑːmə] 1. ✕ Rüstung f, Panzer m (a. fig., zo.); 2. panzern; **~ed car** gepanzertes Fahrzeug; **~y** Waffenkammer f; Waffenfabrik f.

arm·pit ['ɑːmpɪt] Achselhöhle f.

ar·my ['ɑːmɪ] Heer n, Armee f; fig. Menge f; **~ chaplain** Militärgeistliche(r) m.

a·ro·ma [ə'rəʊmə] Aroma n, Duft m; **ar·o·mat·ic** [ærə'mætɪk] (**~ally**) aromatisch, würzig.

a·rose [ə'rəʊz] past of **arise.**

a·round [ə'raʊnd] 1. adv. (rings)herum, (rund)herum, ringsumher, überall; umher, herum; in der Nähe; da; 2. prp. um, um ... herum, rund um; in (dat.) ... herum; ungefähr, etwa.

a·rouse [ə'raʊz] (auf)wecken; fig. aufrütteln, erregen.

ar·range [ə'reɪndʒ] (an)ordnen; arrangieren; vereinbaren, ausmachen; ♩ arrangieren, bearbeiten (a. thea.); **~ment** Anordnung f, Zusammenstellung f, Verteilung f; Vereinbarung f, Absprache f; ♩ Arrangement n, Bearbeitung f (a. thea.); **make ~s** Vorkehrungen or Vorbereitungen treffen.

ar·ray [ə'reɪ] ✕ Schlachtordnung f; Schar f, Aufgebot n.

ar·rear [ə'rɪə] mst ~s pl. Rückstand m, Rückstände pl.; Schulden pl.

ar·rest [ə'rest] 1. ⚖️ Verhaftung f, Festnahme f; 2. ⚖️ verhaften, festnehmen; an-, aufhalten; fig. fesseln.

ar·riv·al [ə'raɪvl] Ankunft f; Erscheinen n; Ankömmling m, **~s** pl. ankommende Züge pl. or Schiffe pl. or Flugzeuge pl.;

ar·rive (an)kommen, eintreffen, erscheinen; **~ at** fig. erreichen (acc.).

ar·ro|gance ['ærəgəns] Arroganz f, Anmaßung f, Überheblichkeit f; **~gant** □ arrogant, anmaßend, überheblich.

ar·row ['ærəʊ] Pfeil m; **~head** Pfeilspitze f.

arse [ɑːs] V Arsch m; **be a pain in the ~** F e-m auf den Geist (or V auf die Eier) gehen; **~hole** V Arschloch n

ar·se·nal ['ɑːsənl] Arsenal n (a. fig.).

ar·se·nic 🜍 ['ɑːsnɪk] Arsen n.

ar·son ⚖️ ['ɑːsn] Brandstiftung f.

art [ɑːt] Kunst f; fig. List f; Kniff m; **~s** pl. Geisteswissenschaften pl.; **Faculty of ~s, Am. ~s Department** philosophische Fakultät f.

ar·te·ri·al [ɑː'tɪərɪəl] anat. Schlagader...; **~ road** Hauptverkehrsstraße f, Ausfallstraße f; **ar·te·ry** [ɑː'təri] anat. Arterie f, Schlag-, Pulsader f; fig. Verkehrsader f.

art·ful □ ['ɑːtfl] schlau, verschmitzt.

art gallery [ɑː'tgælərɪ] Kunstgalerie f.

ar·ti·cle ['ɑːtɪkl] Artikel m (a. gr.).

ar·tic·u|late 1. [ɑː'tɪkjʊleɪt] deutlich (aus)sprechen; zusammenfügen; 2. □ [~lət] deutlich; ⚕, zo. gegliedert; **~la·tion** [ɑːtɪkjʊ'leɪʃn] (deutliche) Aussprache; anat. Gelenk(verbindung f) n.

ar·ti|fice ['ɑːtɪfɪs] Kunstgriff m, List f; **~fi·cial** □ [ɑːtɪ'fɪʃl] künstlich, Kunst...; **~ person** juristische Person.

ar·til·le·ry [ɑː'tɪlərɪ] Artillerie f.

ar·ti·san [ɑːtɪ'zæn] (Kunst)Handwerker(in).

art·ist ['ɑːtɪst] Künstler(in); **variety ~** Artist(in); **ar·tis·tic** (**~ally**) künstlerisch, Kunst...

art·less □ ['ɑːtlɪs] ungekünstelt, schlicht; arglos.

as [æz, əz] 1. adv. so, ebenso; wie; (in a certain function) als; 2. cj. with degree: (gerade) wie, so wie; ebenso wie; while: als, während; though: obwohl, obgleich; da, weil; ~ ... ~ (eben)so ... wie; ~ for, ~ to was ... (an)betrifft; ~ from now/ tomorrow von heute/morgen an, ab heute/morgen; ~ it were sozusagen; ~ Hamlet als Hamlet.

as·cend [ə'send] v/i. (auf-, empor-, hinauf)steigen; v/t. ~s, ersteigen; river, etc.: hinauffahren.

as·cen|dan·cy, ~den·cy [ə'sendənsɪ] Überlegenheit f, Einfluß m; **~sion** Auf-

steigen n (esp. ast.); Aufstieg m (of balloon, etc.); ♀ (Day) Himmelfahrt(stag m) f; ⚹t Aufstieg m; Steigung f.
as-cer-tain [æsə'teɪn] ermitteln.
as-cet-ic [ə'setɪk] (~ally) asketisch.
as-cribe [ə'skraɪb] zuschreiben (to dat.).
a-sep-tic ⚹ [æ'septɪk] 1. aseptisch, keimfrei; 2. aseptisches Mittel.
ash¹ [æʃ] ⚹ Esche f; Eschenholz n.
ash² [~] a. ~es pl. Asche f; Ash Wednesday Aschermittwoch m.
a-shamed [ə'ʃeɪmd] beschämt; be ~ of sich schämen für (or gen.).
ash can Am. ['æʃkæn] = dustbin.
ash-en ['æʃn] Aschen...; aschfahl.
a-shore [ə'ʃɔː] am or ans Ufer or Land; run ~ stranden.
ash|tray ['æʃtreɪ] Aschenbecher m; ~y (-ier, -iest) = ashen.
A-sian ['eɪʃn, 'eɪʒn], **A-si-at-ic** [eɪʃɪ'ætɪk] 1. asiatisch; 2. Asiat(in).
a-side [ə'saɪd] beiseite (a. thea.), seitwärts; ~ from Am. abgesehen von.
ask [ɑːsk] v/t. fragen (s.th. nach et.); verlangen (of, from s.o. von j-m); bitten (s.o. [for] s.th. j-n um et.; that darum, daß); erbitten; ~ (s.o.) a question (j-m) e-e Frage stellen; if you ~ me wenn du mich fragst; v/i.: ~ for bitten um; fragen nach; he ~ed for it or for trouble er wollte es ja so haben; to be had for the ~ing umsonst zu haben ist.
a-skance [ə'skæns]: look ~ at s.o. j-n von der Seite ansehen; j-n schief or mißtrauisch ansehen.
a-skew [ə'skjuː] schief.
a-sleep [ə'sliːp] schlafend; be (fast, sound) ~ (fest) schlafen; fall ~ einschlafen.
as-par-a-gus ⚹ [ə'spærəgəs] Spargel m.
as-pect ['æspekt] Lage f; Aspekt m, Seite f, Gesichtspunkt m.
as-phalt ['æsfælt] 1. Asphalt m; 2. asphaltieren.
as-pic ['æspɪk] Aspik m, Gelee n.
as-pi|rant [ə'spaɪərənt] Bewerber(in); ~ra-tion [æspə'reɪʃn] Ambition f, Bestrebung f.
as-pire [ə'spaɪə] streben, trachten (to, after nach).
as-pi-rin ['æspərɪn] Kopfschmerztablette f, Aspirin n (TM).
ass zo. [æs] Esel m (F a. to a person); Am. = arse.
as-sail [ə'seɪl] angreifen; be ~ed with doubts von Zweifeln befallen werden;
as-sail-ant Angreifer(in).
as-sas-sin [ə'sæsɪn] Mörder(in) (aus politischen Gründen), Attentäter(in); ~ate esp. pol. ermorden; be ~d e-m Attentat or Mordanschlag zum Opfer fallen; ~a-tion esp. politischer Mord

(of an dat.), Ermordung f (gen.), (geglücktes) Attentat (auf acc.).
as-sault [ə'sɔːlt] 1. Angriff m; 2. angreifen, überfallen; ⚹⚹ tätlich angreifen or beleidigen.
as-say [ə'seɪ] 1. (Erz-, Metall)Probe f; 2. v/t. prüfen, untersuchen.
as-sem|blage [ə'semblɪdʒ] (An)Sammlung f; ⊙ Montage f; ~ble (sich) versammeln; ⊙ montieren; ~bly Versammlung f, Gesellschaft f; ⊙ Montage f; ~ line ⊙ Fließband n.
as-sent [ə'sent] 1. Zustimmung f; 2. (to) zustimmen (dat.); billigen.
as-sert [ə'sɜːt] behaupten; geltend machen; ~ o.s. sich behaupten or durchsetzen; **as-ser-tion** [ə'sɜːʃn] Behauptung f; Erklärung f; Geltendmachung f.
as-sess [ə'ses] cost, etc.: festsetzen; income: (zur Steuer) veranlagen (at mit); fig. abschätzen, beurteilen; ~ment Festsetzung f, of tax: (Steuer)Veranlagung f; fig. Einschätzung f.
as-set ['æset] econ. Aktivposten m; fig. Plus n, Gewinn m; ~s pl. Vermögen n; econ. Aktiva pl.; ⚹⚹ Konkursmasse f.
as-sid-u-ous □ [ə'sɪdjʊəs] emsig, fleißig; aufmerksam.
as-sign [ə'saɪn] an-, zuweisen; bestimmen; zuschreiben; **as-sig-na-tion** [æsɪg'neɪʃn] Zuteilung f, Zuweisung f; (esp. of lovers): heimliches Treffen, Stelldichein n; a. = ~ment An-, Zuweisung f; Aufgabe f; Auftrag m; ⚹⚹ Übertragung f.
as-sim-i-late [ə'sɪmɪleɪt] (sich) angleichen or anpassen (to, with dat.); ~la-tion [əsɪmɪ'leɪʃn] Assimilation f, Angleichung f, Anpassung f.
as-sist [ə'sɪst] j-m beistehen, helfen, assistieren; unterstützen; ~ s.o. with s.th. j-m bei et. helfen; ~ance Beistand m, Hilfe f; be of ~ behilflich sein; **as-sis-tant** 1. stellvertretend, Hilfs...; 2. Assistent(in), Mitarbeiter(in); shop ~ Brt. Verkäufer(in).
as-so-ci|ate 1. [ə'səʊʃieɪt] vereinigen, -binden; assoziieren; ~ with verkehren mit; 2. [~ʃiət] verbunden; ~ member außerordentliches Mitglied; 3. [~ʃiət] Kollegle m, -in f; Teilhaber(in); ~a-tion [əsəʊsi'eɪʃn] Vereinigung f, Verbindung f; Verein m; Assoziation f.
as-sort [ə'sɔːt] sortieren, aussuchen, zusammenstellen; ~ment Sortieren n; econ. Sortiment n, Auswahl f.
as-sume [ə'sjuːm] annehmen; vorgeben; übernehmen; **assuming that ...** vorausgesetzt, daß ...; **as-sump-tion** [ə'sʌmpʃn] Annahme f; Übernahme f; (going) on the ~ that ... vorausgesetzt, daß ...; ♀ (Day) eccl. Mariä Himmelfahrt f.

as·sur|ance [əˈʃuərəns] Zu-, Versicherung f; Zuversicht f; Sicherheit f, Gewißheit f; Selbstsicherheit f; (*life*) ~ *esp. Brt.* (Lebens)Versicherung f; ~e [əˈʃuə] versichern; *esp. Brt., s.o.'s life*: versichern; ~ed 1. (*adv.* ~ly) sicher; 2. Versicherte(r m) f.

asth·ma ✻ [ˈæsmə] Asthma n.

a·stir [əˈstɜː] auf(gestanden); auf den Beinen; voller *or* in Aufregung.

as·ton·ish [əˈstɒnɪʃ] erstaunen, in Erstaunen setzen; *be* ~ed erstaunt sein (*at* über *acc.*); ~ing □ erstaunlich; ~ment (Er)Staunen n, Verwunderung f; *to one's* ~ zu s-r Verwunderung.

as·tound [əˈstaʊnd] verblüffen.

a·stray [əˈstreɪ]: *go* ~ vom Weg abkommen; *fig.* auf Abwege geraten; irregehen; *lead* ~ *fig.* irreführen, verleiten; vom rechten Weg abbringen.

a·stride [əˈstraɪd] rittlings (*of* auf *dat.*).

as·trin·gent ✻ [əˈstrɪndʒənt] 1. □ blutstillend; 2. blutstillendes Mittel.

as·trol·o·gy [əˈstrɒlədʒɪ] Astrologie f.

as·tro·naut [ˈæstrənɔːt] Astronaut m, (Welt)Raumfahrer m.

as·tron·o·mer [əˈstrɒnəmə] Astronom m; ~my Astronomie f.

as·tute □ [əˈstjuːt] scharfsinnig; schlau; ~ness Scharfsinn m.

a·sun·der [əˈsʌndə] auseinander; entzwei.

a·sy·lum [əˈsaɪləm] Asyl n; *ask for* ~ um Asyl bitten; *give s.o.* ~ j-m Asyl gewähren; ~ *seeker* Asylbewerber(in), Asylant(in).

at [æt, ət] *prp.* an; auf; aus; bei; für; in; mit; nach; über; um; von; vor; zu; ~ *school* in der Schule; ~ *the age of* im Alter von.

ate [et] *past of eat* 1.

a·the|is·m [ˈeɪθɪɪzəm] Atheismus m; ~ist Atheist(in).

ath|lete [ˈæθliːt] (*esp.* Leicht)Athlet(in); ~'s foot ✻ Fußpilz m; ~let·ic [æθˈletɪk] (~ally) athletisch; ~let·ics *sg. or pl.* (*esp.* Leicht)Athletik f.

At·lan·tic [ətˈlæntɪk] 1. atlantisch; 2. *a.* ~ *Ocean* Atlantik m.

at·mo|sphere [ˈætməsfɪə] Atmosphäre f (*a. fig.*); ~·spher·ic [ætməsˈferɪk] (~ally) atmosphärisch.

at·om [ˈætəm] Atom n (*a. fig.*); ~ *bomb* Atombombe f.

a·tom·ic [əˈtɒmɪk] (~ally) atomar, Atom...; ~ *age* Atomzeitalter n; ~ *bomb* Atombombe f; ~ *energy* Atomenergie f; ~ *pile* Atomreaktor m; ~ *power* Atomkraft f; ~*powered* atomgetrieben; ~ *waste* Atommüll.

at·om|ize [ˈætəmaɪz] in Atome auflösen; atomisieren; zerstäuben; ~·iz·er Zerstäuber m.

a·tone [əˈtəʊn]: ~ *for et.* wiedergutmachen; ~ment Buße f, Sühne f.

a·tro·cious □ [əˈtrəʊʃəs] scheußlich, gräßlich; grausam; **a·troc·i·ty** [əˈtrɒsɪt] Scheußlichkeit f, Gräßlichkeit f; Greueltat f, Greuel m.

at·tach [əˈtætʃ] (*to*) anheften, ankleben (an *acc.*), befestigen, anbringen (an *dat.*); *value, importance, etc.*: beimessen (*dat.*); ~ *o.s.* to sich anschließen (*dat.*, an *acc.*); ~ed zugetan; ~ment Befestigung f; ~ *for*, ~ *to* Bindung f an (*acc.*); Anhänglichkeit f an (*acc.*), Neigung f zu.

at·tack [əˈtæk] 1. angreifen (*a. fig.*); befallen (*disease*); *job, task, etc.*: in Angriff nehmen; 2. Angriff m; ✻ Anfall m; Inangriffnahme f.

at·tain [əˈteɪn] *aim, rank, etc.*: erreichen, erlangen; ~ment Erreichung f; Erlangen n; ~s *pl.* Kenntnisse *pl.*, Fertigkeiten *pl.*

at·tempt [əˈtempt] 1. versuchen; 2. Versuch m; Attentat n.

at·tend [əˈtend] *v/t.* begleiten; bedienen; pflegen; ✻ behandeln; anwesend sein bei, teilnehmen an, *school, etc.*: besuchen; *lecture, etc.*: hören; *v/i.* aufpassen; achten, hören (*to* auf *acc.*); ~ *to* erledigen; ~ance Begleitung f; Dienst m; Pflege f; ✻ Behandlung f; Anwesenheit f (*at* bei); Besuch m (*of school, etc.*); Besucher(zahl f) *pl.*; ~ant Aufseher(in); Bedienungsperson f.

at·ten|tion [əˈtenʃn] Aufmerksamkeit f (*a. fig.*); ~·tive □ [~tɪv] aufmerksam.

at·tic [ˈætɪk] Dachboden m; Dachstube f; Mansarde f.

at·tire [əˈtaɪə] 1. kleiden; 2. Kleidung f.

at·ti·tude [ˈætɪtjuːd] (Ein)Stellung f; Haltung f.

at·tor·ney [əˈtɜːnɪ] Bevollmächtigte(r) m; *Am.* Rechtsanwalt m; *power of* ~ Vollmacht f; ♀ *General Brt.* erster Kronanwalt; *Am.* Justizminister m.

at·tract [əˈtrækt] anziehen, *attention*: erregen; *fig.* reizen; **at·trac·tion** Anziehung(skraft) f, Reiz m; Attraktion f, *thea., etc.*: Zugnummer f, -stück n; **at·trac·tive** anziehend; attraktiv; reizvoll (*a. fig.*); **at·trac·tive·ness** Reiz m, Attraktivität f.

at·trib·ute¹ [əˈtrɪbjuːt] beimessen, zuschreiben; zurückführen (*to* auf *acc.*).

at·tri·bute² [ˈætrɪbjuːt] Attribut n (*a. gr.*), Eigenschaft f; Merkmal n.

at·tune [əˈtjuːn]: ~ *to fig.* einstellen auf (*acc.*).

au·burn [ˈɔːbən] kastanienbraun.

auc|tion [ˈɔːkʃn] 1. Auktion f; *sell by* (*Am.* **at**) ~ versteigern; *put up for* (*Am.* **at**) ~ zur Versteigerung anbieten; 2. *mst*

~ **off** versteigern; **~tio-neer** [ɔ:kʃə'nıə] Auktionator m.

au-da-cious □ [ɔ:'deıʃəs] kühn; dreist; **au-dac-i-ty** [ɔ:'dæsətı] Kühnheit f; Dreistigkeit f.

au-di-ble □ ['ɔ:dəbl] hörbar.

au-di-ence ['ɔ:djəns] Publikum n, Zuhörer(schaft f) pl., Zuschauer pl., Besucher pl., Leser(kreis m) pl.; Audienz f; **give ~ to** Gehör schenken (dat.).

au-di-o|cas-sette ['ɔ:dıəʊkə'set] Text-, Tonkassette f; **~vis-u-al** [ɔ:dıəʊ-'vızʊəl]: ~ **aids** pl. audiovisuelle Unterrichtsmittel pl.

au-dit econ. ['ɔ:dıt] **1.** Bücherrevision f; **2.** accounts: prüfen; **au-di-tion 1.** thea. Vorsprechen n; singing: Vorsingen n; **2.** vorsprechen, -singen; **au-di-tor** (Zu-)Hörer(in); econ. Bücherrevisor m, -prüfer m; **au-di-to-ri-um** Zuschauerraum m; Am. Vortrags-, Konzertsaal m.

au-ger ⊙ ['ɔ:gə] (großer) Bohrer.

aught [ɔ:t] (irgend) etwas; for ~ **I care** meinetwegen; for ~ **I know** soviel ich weiß.

aug-ment [ɔ:g'ment] vergrößern.

au-gur ['ɔ:gə]: ~ **ill (well)** ein schlechtes (gutes) Zeichen or Omen sein (for für).

Au-gust¹ ['ɔ:gəst] August m.

au-gust² □ [ɔ:'gʌst] erhaben.

aunt [ɑ:nt] Tante f; **~ie, ~y** Tantchen n.

au pair [əʊ'peə]: a. ~ **girl** Au-pair-Mädchen n.

aus|pic-es ['ɔ:spısız] pl. Schirmherrschaft f; prospects: Vorzeichen pl.; **~pi-cious** □ [ɔ:'spıʃəs] günstig.

aus|tere □ [ɒ'stıə] streng; herb; hart; einfach; **~ter-i-ty** [ɒ'sterətı] Strenge f; Härte f; Einfachheit f; econ., pol.: ~ **program(me)** Sparprogramm n.

Aus-tra-li-an [ɒ'streıljən] **1.** australisch; **2.** Australier(in).

Aus-tri-an ['ɒstrıən] **1.** österreichisch; **2.** Österreicher(in).

au-then-tic [ɔ:'θentık] (**~ally**) authentisch; zuverlässig; echt.

au-thor ['ɔ:θə] Urheber(in); Autor(in), Verfasser(in); **~i-ta-tive** □ [ɔ:'θɒrıtətıv] maßgebend; gebieterisch; zuverlässig; **~i-ty** [~rətı] Autorität f; (Amts-)Gewalt f; Nachdruck m, Gewicht n; Vollmacht f; Einfluß m (over auf acc.); Ansehen n; Quelle f; Fachmann m; mst authorities pl. Behörde f; **~ize** ['ɔ:θəraız] j-n autorisieren, ermächtigen, bevollmächtigen, berechtigen; et. gutheißen; **~ship** [~ʃıp] Urheberschaft f.

au-to-graph ['ɔ:təgrɑ:f] Autogramm n.

au-to-mat TM ['ɔ:təmæt] Automatenrestaurant n (esp. in the USA).

au-to|mate ['ɔ:təmeıt] automatisieren; **~mat-ic** [ɔ:tə'mætık] (**~ally**) **1.** automa-

tisch; **2.** Selbstladepistole f, -gewehr n; mot. Auto n mit Automatik; **~ma-tion** [~'meıʃn] Automation f; **au-tom-a-ton** fig. [ɔ:'tɒmətən] (pl. **-ta** [-tə], **-tons**) Roboter m.

au-to-mo-bile esp. Am. ['ɔ:təməbi:l] Auto n, Automobil n.

au-ton-o-my [ɔ:'tɒnəmı] Autonomie f.

au-tumn ['ɔ:təm] Herbst m; **au-tum-nal** □ [ɔ:'tʌmnəl] herbstlich, Herbst...

aux-il-i-a-ry [ɔ:g'zıljərı] helfend, Hilfs...

a-vail [ə'veıl] **1.** ~ **o.s. of** sich e-r Sache bedienen, et. nutzen; **2.** Nutzen m; of or **to no** ~ nutzlos; **a-vai-la-ble** □ verfügbar, vorhanden; erreichbar; econ. lieferbar, vorrätig, erhältlich.

av-a-lanche ['ævəlɑ:nʃ] Lawine f.

av-a|rice ['ævərıs] Habsucht f; **~ri-cious** □ habgierig, -süchtig.

a-venge [ə'vendʒ] rächen; **a-veng-er** [~ə] Rächer(in).

av-e-nue ['ævənju:] Allee f; Boulevard m, Prachtstraße f.

a-ver [ə'vɜ:] (-rr-) behaupten.

av-e-rage ['ævərıdʒ] **1.** Durchschnitt m; ♣ Havarie f; on (the or an) ~ im Durchschnitt, durchschnittlich; **2.** □ durchschnittlich, Durchschnitts...; **3.** durchschnittlich betragen (ausmachen, haben, leisten, erreichen, etc.); a. ~ **out** den Durchschnitt ermitteln von.

a-verse [ə'vɜ:s] abgeneigt (to dat.); **a-ver-sion** Widerwille m, Abneigung f.

a-vert [ə'vɜ:t] abwenden (a. fig.).

a-vi-a-ry ['eıvıərı] Vogelhaus n, Voliere f.

a-vi-a|tion ✈ [eıvı'eıʃn] Luftfahrt f; **~tor** ['eıvıeıtə] Flieger m.

av-id □ ['ævıd] gierig (for nach); begeistert, passioniert.

a-void [ə'vɔıd] (ver)meiden; ausweichen; **~ance** Vermeidung f.

a-vow [ə'vaʊ] bekennen, (ein)gestehen; anerkennen; **~al** Bekenntnis n, (Ein-)Geständnis n; **~ed-ly** eingestandenermaßen.

a-wait [ə'weıt] erwarten.

a-wake [ə'weık] **1.** wach, munter; **be ~ to** sich e-r Sache (voll) bewußt sein; **2.** a. **a-wak-en** (awoke or awaked, awaked or awoken) v/t. (auf)wecken; ~ **s.o. to** s.th. j-m et. zum Bewußtsein bringen; v/i. auf-, erwachen; **a-wak-en-ing** Erwachen n.

a-ward [ə'wɔ:d] **1.** Belohnung f; Preis m, Auszeichnung f; **2.** zuerkennen, prize, etc.: verleihen.

a-ware [ə'weə]: **be ~ of s.th.** von et. wissen, sich e-r Sache bewußt sein; **be-come ~ of s.th.** et. (gen.) gewahr werden or merken.

a-way [ə'weı] (hin)weg, fort; entfernt; immer weiter, d(a)rauflos; sports: aus-

wärts; ~ **(game)** Auswärtsspiel *n*; ~ **(win)** Auswärtssieg *m*.
awe [ɔː] **1.** Ehrfurcht *f*, Scheu *f*, Furcht *f*; **2.** (Ehr)Furcht einflößen *(dat.)*.
aw·ful □ ['ɔːfl] furchtbar, schrecklich.
a·while [ə'waɪl] e-e Weile.
awk·ward □ ['ɔːkwəd] ungeschickt, unbeholfen, linkisch; unangenehm; *inconvenient*: dumm, ungünstig.
awl [ɔːl] Ahle *f*, Pfriem *m*.
aw·ning ['ɔːnɪŋ] Plane *f*; Markise *f*.

a·woke [ə'wəuk] *past of* **awake** 2; *a.* **a·wok·en** [~ən] *p.p. of* **awake** 2.
a·wry [ə'raɪ] schief; *fig.* verkehrt.
ax(e) [æks] Axt *f*, Beil *n*.
ax·is ['æksɪs] *(pl. -es [-siːz])* Achse *f*.
ax·le ⊙ ['æksl] *a.* **~tree** (Rad)Achse *f*, Welle *f*.
ay(e) [aɪ] Ja *n*; *parl.* Jastimme *f*; **the ~s have it** der Antrag ist angenommen.
az·ure ['æʒə] azur-, himmelblau.

B

bab·ble ['bæbl] **1.** stammeln; plappern, schwatzen; *of streams, etc.*: plätschern; **2.** Geplapper *n*, Geschwätz *n*.
babe [beɪb] kleines Kind, Baby *n*; *Am. (young woman)* F Puppe *f*, Schatz *m*.
ba·boon *zo.* [bə'buːn] Pavian *m*.
ba·by ['beɪbɪ] **1.** Säugling *m*, kleines Kind, Baby *n*; *Am. (young woman)* F Puppe *f*, Schatz *m*, Liebling *m*; **(be going to) have a ~** ein Kind bekommen; **throw the ~ out with the bath water** das Kind mit dem Bade ausschütten; **2.** Baby..., Kinder...; klein; ~**car·riage** *Am.* Kinderwagen *m*; ~**hood** frühe Kindheit, Säuglingsalter *n*; ~**mind·er** *Brt.* Tagesmutter *f*; ~**sit** *(-tt-; -sat)* babysitten; ~**sit·ter** Babysitter(in).
bach·e·lor ['bætʃələ] Junggeselle *m*; *univ. degree*: Bakkalaureus *m*.
back [bæk] **1.** Rücken *m*; Rückseite *f*; Rücklehne *f*; Hinterende *n*; *soccer*: Verteidiger *m*; **2.** *adj.* Hinter..., Rück..., hintere(r, -s), rückwärtig; entlegen; rückläufig; rückständig; *magazine*, *newspaper*: alt, zurückliegend; **3.** *adv.* zurück; rückwärts; **4.** *v/t.* mit e-m Rücken versehen; *(a. ~ up)* unterstützen; hinten grenzen an *(acc.)*; zurückbewegen, zurückstoßen mit *(car)*; wetten *or* setzen auf *(acc.)*; *econ. cheque*: indossieren; *v/i.* sich rückwärts bewegen, zurückgehen *or* -treten *or* -fahren, *mot. a.* zurückstoßen; ~**al·ley** *Am.* finstere Seitengasse; ~**bite** *(-bit, -bitten)* verleumden; ~**bone** Rückgrat *n*; ~**break·ing** *of work*: erschöpfend, mörderisch; ~**comb** *hair*: toupieren; ~**er** Unterstützer(in); Wetter(in); ~**fire** **1.** *mot.* Früh-, Fehlzündung *f*; **2.** *mot.* fehlzünden; *fig.* F ins Auge gehen; ~**ground** Hintergrund *m*; ~**hand** *sports*: Rückhand *f*; ~**ing** Unterstützung *f*; ⊙ Verstärkung *f*; ♪ Begleitung *f*; ~**num·ber**

alte Nummer *(of magazine, newspaper)*; ~**seat** Rücksitz *m*; ~**side** Gesäß *n*, F Hintern *m*, Po *m*; ~**stairs** Hintertreppe *f*; ~**street** Seitenstraße *f*; ~**stroke** *sports*: Rückenschwimmen *n*; ~**talk** *Am.* F freche Antwort(en *pl.*); ~**track** *fig.* e-n Rückzieher machen; ~**ward 1.** *adj.* Rück(wärts)...; langsam; zurückgeblieben; rückständig; zurückhaltend; **2.** *adv.* (*a.* ~**wards**) rückwärts, zurück; ~**yard** *Brt.* Hinterhof *m*; *Am.* Garten *m* hinter dem Haus.
ba·con ['beɪkən] Speck *m*; **bring home the ~** F *co.* die Brötchen verdienen.
bac·te·ri·a *biol.* [bæk'tɪərɪə] *pl.* Bakterien *pl.*
bad □ [bæd] **(worse, worst)** schlecht, böse, schlimm; **go ~** schlecht werden; verderben; **he is in a ~ way** es geht ihm schlecht, er ist übel dran; **he is ~ly off** es geht ihm sehr schlecht; ~**ly wounded** schwerverwundet; **want ~ly** F dringend brauchen.
bade [beɪd] *past of* **bid** 1.
badge [bædʒ] Abzeichen *n*; Dienstmarke *f*.
bad·ger ['bædʒə] **1.** *zo.* Dachs *m*; **2.** plagen, *j-m* zusetzen.
bad·lands ['bædlændz] *pl.* Ödland *n*.
baf·fle ['bæfl] *j-n* verwirren; *plan, etc.*: vereiteln, durchkreuzen.
bag [bæg] **1.** Beutel *m*, Sack *m*; Tüte *f*; Tasche *f*; ~ **and baggage** (mit) Sack und Pack; **2.** *(-gg-)* *v/t.* in e-n Beutel *etc.* tun; in e-n Beutel verpacken *or* abfüllen; *hunt.* zur Strecke bringen; *v/i.* (sich) bauschen.
bag·gage *esp. Am.* ['bægɪdʒ] (Reise)Gepäck *n*; ~ **car** ⊞ Gepäckwagen *m*; ~ **check** *Am.* Gepäckschein *m*; ~ **room** *Am.* Gepäckaufbewahrung *f*.
bag·gy F ['bægɪ] *(-ier, -iest)* sackartig; schlaff (herunterhängend); *of trousers*: ausgebeult.

bag·pipes ['bægpaips] *pl.* Dudelsack *m*.

bail [beil] **1.** Bürge *m*; Bürgschaft *f*; Kaution *f*; *admit to* ~ 🕮 gegen Kaution freilassen; *go or stand* ~ *for s.o.* 🕮 für j-n Kaution stellen; **2.** ~ *out* 🕮 j-n gegen Kaution freibekommen; *Am.* ✔ (mit dem Fallschirm) abspringen.

bai·liff ['beilif] 🕮 *Brit.* Gerichtsvollzieher *m*, *Am.* Gerichtsdiener; (Guts)Verwalter *m*.

bait [beit] **1.** Köder *m* (*a. fig.*); **2.** mit e-m Köder versehen; *fig.* ködern; *fig.* quälen, piesacken.

bake [beik] *v/t.* backen, im (Back)Ofen braten; *bricks:* brennen; dörren; ~*d beans pl.* Bohnen *pl.* in Tomatensoße; ~*d potatoes pl.* ungeschälte, im Ofen gebackene Kartoffeln; Folienkartoffeln *pl.*; *v/i.* gebacken werden; F *fig. it's baking in here* hier drin erstickt man; **bak·er** Bäcker *m*; **bak·er·y** Bäckerei *f*; **bak·ing-pow·der** Backpulver *n*.

bal·ance ['bæləns] **1.** Waage *f*; Gleichgewicht *n* (*a. fig.*); Harmonie *f*; *econ.* Bilanz *f*; *econ.* Saldo *m*, Kontostand *m*, Guthaben *n*; F Rest *m*; *keep* (*lose*) *one's* ~ das Gleichgewicht halten (verlieren, *fig.* die Fassung verlieren); ~ *of payments econ.* Zahlungsbilanz *f*; ~ *of power pol.* Kräftegleichgewicht *n*; ~ *of trade* (Außen)Handelsbilanz *f*; **2.** *v/t.* (ab-, er)wägen; im Gleichgewicht halten, balancieren; ausgleichen; *v/i.* balancieren, sich ausgleichen.

bal·co·ny ['bælkəni] Balkon *m* (*a. thea.*).

bald □ [bɔːld] kahl; *fig.* dürftig; *fig.* unverblümt.

bale¹ *econ.* [beil] Ballen *m*.

bale² *Brt.* ✔ [~] : ~ *out* (mit dem Fallschirm) abspringen.

bale·ful □ ['beilfl] verderblich; unheilvoll; *of look:* haßerfüllt.

balk [bɔːk] **1.** Balken *m*; Hindernis *n*; **2.** *v/t.* (ver)hindern, vereiteln; *v/i.* stutzen; scheuen.

ball¹ [bɔːl] **1.** Ball *m*; Kugel *f*; *anat.* (Hand-, Fuß)Ballen *m*; Knäuel *m*, *n*; Kloß *m*; ~*s pl.* V Eier *pl.*; *be on the* ~ F auf Draht sein; *keep the* ~ *rolling* das Gespräch *or* die Sache in Gang halten; *play* ~ F mitmachen; **2.** (sich) (zusammen)ballen.

ball² [~] Ball *m*, Tanzveranstaltung *f*.

bal·lad ['bæləd] Ballade *f*; Lied *n*.

bal·last ['bæləst] **1.** Ballast *m*; Schotter *m*; **2.** mit Ballast beladen; beschottern.

ball-bear·ing ⊚ [bɔːl'beəriŋ] Kugellager *n*.

bal·let ['bælei] Ballett *n*.

ball game ['bɔːlgeim] Ballspiel *n*; *Am.* Baseballspiel *n*; F *fig.* Sache *f*, Chose *f*; *a whole new* ~ F et. völlig neues.

bal·lis·tics 🕮, *phys.* [bə'listiks] *sg.* Ballistik *f*.

bal·loon [bə'luːn] **1.** Ballon *m*; **2.** im Ballon aufsteigen; sich blähen.

bal·lot ['bælət] **1.** Wahl-, Stimmzettel *m*; geheime Wahl; **2.** (geheim) abstimmen; ~ *for* losen um; ~*box* Wahlurne *f*.

ball-point (pen) ['bɔːlpoint('pen)] Kugelschreiber *m*.

ball-room ['bɔːlrum] Ball-, Tanzsaal *m*.

balm [baːm] Balsam *m* (*a. fig.*).

balm·y □ ['baːmi] (*-ier, -iest*) *of weather:* lind, mild; *esp. Am. sl.* bekloppt, verrückt.

ba·lo·ney *Am. sl.* [bə'ləuni] Quatsch *m*.

bal·us·trade [bælə'streid] Balustrade *f*, Brüstung *f*, Geländer *n*.

bam·boo 🌿 [bæm'buː] (*pl. -boos*) Bambus(rohr *n*) *m*.

bam·boo·zle F [bæm'buːzl] betrügen, übers Ohr hauen.

ban [bæn] **1.** (amtliches) Verbot, Sperre *f*; *eccl.* Bann *m*; **2.** (*-nn-*) verbieten.

ba·nal [bə'naːl] banal, abgedroschen.

ba·na·na 🌿 [bə'naːnə] Banane *f*; ~*s* F beknackt, bescheuert; *go* ~ F durchdrehen, ausflippen.

band [bænd] **1.** Band *n*; Streifen *m*; Schar *f*, Gruppe *f*; *esp. robbers:* Bande *f*; ♪ Kapelle *f*, (Tanz-, Unterhaltungs-)Orchester *n*, (Jazz-, Rock)Band *f*; **2.** ~ *together* sich zusammentun *or* zusammenrotten.

band·age ['bændidʒ] **1.** Binde *f*; Verband *m*; **2.** bandagieren; verbinden.

ban·dit ['bændit] Bandit *m*.

band·mas·ter ['bændmɑːstə] Kapellmeister *m*; ~*stand* Musikpavillon *m*, -podium *n*; ~*wa·gon* *Am.* Wagen *m* mit Musikkapelle; *jump on the* ~ *fig.* auf den fahrenden Zug aufspringen.

ban·dy¹ ['bændi] : ~ *words* (*with s.o.*) sich (mit j-m) streiten; ~ *about rumours*, *etc.:* in Umlauf setzen *or* weitererzählen.

ban·dy² [~] (*-ier, -iest*) krumm; ~*legged* säbel-, O-beinig.

bane [bein] Ruin *m*, Fluch *m*; ~*ful* □ ['beinfl] verderblich.

bang [bæŋ] **1.** heftiger Schlag; Knall *m*; *mst* ~*s pl.* Ponyfrisur *f*; **2.** dröhnend (zu)schlagen; *sl. have sex:* F bumsen.

ban·ish ['bæniʃ] verbannen; ~*ment* Verbannung *f*.

ban·is·ter ['bænistə] *a.* ~*s pl.* Treppengeländer *n*.

bank [bæŋk] **1.** Damm *m*; Ufer *n*; *of rock, sand, clouds:* Bank *f*; *econ.* ♣ Bank(haus *n*) *f*; ~ *of issue* Notenbank *f*; **2.** *v/t.* eindämmen; *econ. money:* auf e-r Bank einzahlen; ♣ *blood, etc.:* konservieren u. aufbewahren; *v/i. econ.* Bank-

bank bill — 374 — **batch**

geschäfte machen; *econ.* ein Bankkonto haben; **~ on** sich verlassen auf (*acc.*); **~ bill** *Brt.* Bankwechsel *m*; *Am.* = **banknote**; **~book** Kontobuch *n*, *a.* Sparbuch *n*; **~card** Scheckkarte *f*; **~er** [-ə] Bankier *m*, F Banker *m*; **~ hol·i·day** gesetzlicher Feiertag; **~ing** Bankgeschäft *n*, Bankwesen *n*; *attr.* Bank...; **~note** Banknote *f*, Geldschein *m*; **~ rate** Diskontsatz *m*.

bank·rupt *ᵗs* ['bæŋkrʌpt] 1. Zahlungsunfähige(r *m*) *f*; 2. bankrott, zahlungsunfähig; **go ~** in Konkurs gehen, Bankrott machen; 3. bankrott machen; **~cy** *ᵗs* Bankrott *m*, Konkurs *m*.

ban·ner ['bænə] Banner *n*; Fahne *f*.

banns [bænz] *pl.* Aufgebot *n*.

ban·quet ['bæŋkwɪt] Bankett *n*, Festessen *n*.

ban·ter ['bæntə] necken.

bap·tis·m ['bæptɪzəm] Taufe *f*; **~tize** [bæp'taɪz] taufen.

bar [bɑː] 1. Stange *f*, Stab *m*; Barren *m*; Riegel *m*; Schranke *f*; Sandbank *f*; (Ordens)Spange *f*; ♪ Takt(strich) *m*; dicker Strich; *ᵗ&* (Gerichts)Schranke *f*; *ᵗ&* Anwaltschaft *f*; Bar *f* (*in hotel, etc.*); *fig.* Hindernis *n*; 2. (*-rr-*) zu-, verriegeln; versperren; einsperren; (ver)hindern; ausschließen.

barb [bɑːb] Widerhaken *m*.

bar·bar·i·an [bɑː'beərɪən] 1. barbarisch; 2. Barbar(in).

bar·be·cue ['bɑːbɪkjuː] 1. Bratrost *m*, Grill *m*; Grillfleisch *n*; Grillparty *f*; 2. auf dem Rost braten, grillen.

barbed wire [bɑːbd 'waɪə] Stacheldraht *m*.

bar·ber ['bɑːbə] (Herren)Friseur *m*.

bare [beə] 1. (*~r, ~st*) nackt, bloß; kahl; bar, leer; *facts, truth:* ungeschminkt; 2. entblößen; **~faced** [beə'feɪst] frech; **~foot, ~foot·ed** barfuß; **~head·ed** barhäuptig; **~ly** kaum.

bar·gain ['bɑːgɪn] 1. Vertrag *m*, Abmachung *f*; Geschäft *n*, Handel *m*, Kauf *m*; vorteilhafter Kauf; **strike a ~** sich einigen; **it's a ~!** abgemacht!; **into the ~** obendrein; 2. (ver)handeln; übereinkommen; **~ sale** Ausverkauf *m*.

barge [bɑːdʒ] 1. Flußboot *n*, Lastkahn *m*; Hausboot *n*; 2. **~ in(to)** hereinplatzen (in *acc.*).

bark¹ [bɑːk] 1. ♀ Borke *f*, Rinde *f*; 2. abrinden; *Knie* abschürfen.

bark² [~] 1. bellen; **~ up the wrong tree** F auf dem Holzweg sein; an der falschen Adresse sein; 2. Bellen *n*.

bar·ley ♀ ['bɑːlɪ] Gerste *f*; Graupe *f*.

barn [bɑːn] Scheune *f*; (Vieh)Stall *m*; **~storm** *of actor:* (herum)tingeln; *Am.*

pol. herumreisen u. (Wahl)Reden halten.

ba·rom·e·ter [bə'rɒmɪtə] Barometer *n*.

bar·on ['bærən] Baron *m*; Freiherr *m*; **~ess** Baronin *f*; Freifrau *f*.

bar·racks ['bærəks] *sg.* ✕ Kaserne *f*; *contp.* Mietskaserne *f*.

bar·rage ['bærɑːʒ] Staudamm *m*; ✕ Sperrfeuer *n*; *fig.* Hagel *m*, (Wort-, Rede)Schwall *m*.

bar·rel ['bærəl] 1. Faß *n*, Tonne *f*; *of gun:* Lauf *m*; ⊕ Trommel *f*, Walze *f*; 2. in Fässer füllen; **~or·gan** ♪ Drehorgel *f*.

bar·ren □ ['bærən] unfruchtbar; dürr, trocken; *discussion:* fruchtlos.

bar·ri·cade [bærɪ'keɪd] 1. Barrikade *f*; 2. verbarrikadieren; sperren.

bar·ri·er ['bærɪə] Schranke *f* (*a. fig.*), Barriere *f*, Sperre *f*; Hindernis *n*.

bar·ris·ter *Brt.* ['bærɪstə] Rechtsanwalt *m*, -anwältin *f*, Barrister *m*.

bar·row ['bærəʊ] Karre *f*.

bar·ter ['bɑːtə] 1. Tausch(handel) *m*; 2. tauschen (*for* gegen).

base¹ □ [beɪs] (*~r, ~st*) gemein.

base² [~] 1. Basis *f*; Grundlage *f*; Fundament *n*; Fuß *m*; ⚗ Base *f*; ✕ Standort *m*; ✕ Stützpunkt *m*; 2. gründen, stützen (**on, upon** auf *acc.*).

base·ball ['beɪsbɔːl] Baseball(spiel *n*) *m*; **~less** grundlos; **~line** *sports:* Grundlinie *f*; **~ment** Fundament *n*; Kellergeschoß *n*.

base·ness ['beɪsnɪs] Gemeinheit *f*.

bash·ful □ ['bæʃfl] schüchtern.

ba·sic¹ ['beɪsɪk] 1. grundlegend, wesentlich, Grund..., Haupt...; ⚗ basisch; 2. **~s** *pl.* Grundlagen *pl.*

BA·SIC² [~] *computer:* BASIC *n*.

ba·sic·al·ly ['beɪsɪklɪ] im Grunde.

ba·sin ['beɪsn] Becken *n*, Schale *f*, Schüssel *f*; Tal-, Wasser-, Hafenbecken *n*.

ba·sis ['beɪsɪs] (*pl.* **-ses** [-siːz]) Basis *f*; Grundlage *f*.

bask [bɑːsk] sich sonnen (*a. fig.*).

bas·ket ['bɑːskɪt] Korb *m*; **~ball** Basketball(spiel *n*) *m*.

bass¹ ♪ [beɪs] Baß *m*.

bass² *zo.* [bæs] (Fluß-, See)Barsch *m*.

bas·tard ['bɑːstəd] 1. □ unehelich; unecht; Bastard...; 2. Bastard *m*.

baste¹ [beɪst] *meat, etc.:* mit Fett begießen.

baste² [~] (an)heften.

bat¹ [bæt] *zo.* Fledermaus *f*; **as blind as a ~** stockblind.

bat² [~] *sports:* 1. Schlagholz *n*, Schläger *m*; 2. (*-tt-*) schlagen; am Schlagen or dran sein.

batch [bætʃ] Schub *m* (*of loaves*); Stoß *m*, Stapel *m* (*letters, work, etc.*).

bate [beɪt] **1.**: **with ~d breath** mit angehaltenem Atem.

bath [bɑːθ] **1.** (*pl.* **baths** [~ðz]) (Wannen)Bad *n*; **have a ~** *Brt.*, **take a ~** *Am.* baden, ein Bad nehmen; **~s** *pl.* Bad *n*; Badeanstalt *f*; Badeort *m*; **2.** *Brt.* v/t. *child, etc.*: baden; v/i. baden, ein Bad nehmen.

bathe [beɪð] v/t. wound, *etc.*: baden (*esp. Am. a. child, etc.*); v/i. baden; schwimmen; *esp. Am.* baden, ein Bad nehmen.

bath·ing ['beɪðɪŋ] Baden *n*; *attr.* Bade...; **~suit** Badeanzug *m*.

bath|robe ['bɑːθrəʊb] Bademantel *m*; *Am.* Morgen-, Schlafrock *m*; **~room** Badezimmer *n*; **~tow·el** Badetuch *n*; **~tub** Badewanne *f*.

bat·on ['bætən] Stab *m*; ♩ Taktstock *m*; Schlagstock *m*, Gummiknüppel *m*.

bat·tal·i·on ✕ [bə'tæljən] Bataillon *n*.

bat·ten ['bætn] Latte *f*.

bat·ter ['bætə] **1.** *sports*: Schläger *m*; *cooking*: Rührteig *m*; **2.** heftig schlagen; *wife, child, etc.*: mißhandeln; verbeulen; **~ down** *or* **in door**: einschlagen.

bat·ter·y ['bætəri] Batterie *f*; **assault and ~** ⚖ tätlicher Angriff; **~op·e·rat·ed** batteriebetrieben.

bat·tle ['bætl] **1.** Schlacht *f* (**of** bei); **2.** streiten, kämpfen; **~ax(e)** Streitaxt *f*; F *woman*: alter Drachen; **~field**, **~ground** Schlachtfeld *n*; **~ments** *pl.* Zinnen *pl.*; **~plane** ✕ Kampfflugzeug *n*; **~ship** ✕ Schlachtschiff *n*.

baulk [bɔːk] = **balk**.

Ba·var·i·an [bə'veərɪən] **1.** bay(e)risch; **2.** Bayer(in).

bawd·y ['bɔːdɪ] (**-ier, -iest**) obszön.

bawl [bɔːl] brüllen, schreien, grölen; **~ out order, etc.**: brüllen.

bay¹ [beɪ] **1.** rotbraun; **2.** Braune(r) *m* (*horse*).

bay² [~] Bai *f*, Bucht *f*; Erker *m*.

bay³ ♀ [~] *a.* **~ tree** Lorbeer(baum) *m*.

bay⁴ [~] **1.** *of dog*: bellen, Laut geben; **2.** **hold** *or* **keep at ~** *s.o.*: in Schach halten; *s.th.*: von sich fernhalten.

bay·o·net ✕ ['beɪənɪt] Bajonett *n*.

bay·ou *Am.* ['baɪuː] sumpfiger Flußarm.

bay win·dow [beɪ'wɪndəʊ] Erkerfenster *n*.

ba·za(a)r [bə'zɑː] Basar *m*.

be [biː, bɪ] (**was** *or* **were, been**) sein; *used to form the passive voice*: werden; *stattfinden*; *become*: werden; **he wants to ~ ...** er möchte ... werden; **how much are the shoes?** was kosten die Schuhe?; **~ reading** beim Lesen sein, gerade lesen; **there is, there are** es gibt.

beach [biːtʃ] **1.** Strand *m*; **2.** ⏚ *boat, etc.*: auf den Strand setzen *or* ziehen; **~ ball** Wasserball *m*; **~ bug·gy** *mot.* Strandbuggy *m*; **~comb·er** *fig.* ['biːtʃkəʊmə] Nichtstuer *m*.

bea·con ['biːkən] Leuchtfeuer *n*; Funkfeuer *n*.

bead [biːd] (Glas-, *etc.*)Perle *f*; Tropfen *m*; **~s** *pl. a.* Rosenkranz *m*; **~y** ['biːdɪ] (**-ier, -iest**) klein, rund u. glänzend (*eyes*).

beak [biːk] Schnabel *m*; ⊙ Tülle *f*.

bea·ker ['biːkə] Becher *m*.

beam [biːm] **1.** Balken *m*; Waagebalken *m*; Strahl *m*; ⚡ (Funk)Leit-, Richtstrahl *m*; **2.** ausstrahlen; strahlen (*a. fig.* **with** vor *dat.*).

bean [biːn] ♀ Bohne *f*; **be full of ~s** F voller Leben(skraft) stecken.

bear¹ *zo.* [beə] Bär *m*.

bear² [~] (**bore, borne** *or pass.* **born**) v/t. tragen; gebären; *hatred, anger, etc.*: hegen; *pain, etc.*: ertragen, aushalten; *mst in negatives*: ausstehen, leiden; **~ down** überwinden, bewältigen; **~ out** bestätigen; **be born** geboren werden; v/i. tragen; *zo.* trächtig sein; **~·a·ble** □ ['beərəbl] erträglich.

beard [bɪəd] Bart *m*; ♀ Grannen *pl.*; **~ed** ['bɪədɪd] bärtig.

bear·er ['beərə] Träger(in); *econ.* Überbringer(in), (*of cheque, etc.*:) Inhaber(in).

bear·ing ['beərɪŋ] (Er)Tragen *n*; Betragen *n*; *fig.* Beziehung *f*; Lage *f*, Richtung *f*, Orientierung *f*; ⊙ Lager *n*; **take one's ~s** sich orientieren; **lose one's ~s** die Orientierung verlieren.

beast [biːst] Vieh *n*, Tier *n*; Bestie *f*; **~·ly** ['biːstlɪ] (**-ier, -iest**) scheußlich.

beat [biːt] **1.** (**beat, beaten** *or* **beat**) v/t. schlagen; (ver)prügeln; besiegen; übertreffen; **~ it!** F hau ab!; **that ~s all!** das ist doch der Gipfel *or* die Höhe!; **that ~s me** das ist mir zu hoch; **~ down** *econ. price*: drücken, herunterhandeln; **~ out** *rhythm, etc.*: trommeln; *fire, flames*: ausschlagen; **~ up** *j-n* zusammenschlagen; v/i. schlagen; **~ about the bush** wie die Katze um den heißen Brei herumschleichen; **2.** Schlag *m*; ♩ Takt(schlag) *m*; *jazz*: Beat *m*; Pulsschlag *m*; *of policeman*: Runde *f*, Revier *n*; **3.** (**dead**) **~** F wie erschlagen, fix u. fertig; **~·en** ['biːtn] *p.p. of* **beat** 1; *path, etc.*: vielbegangen, ausgetreten; **off the ~ track** abgelegen; *fig.* ungewohnt.

beau·ti|cian [bjuː'tɪʃn] Kosmetikerin *f*; **~·ful** □ ['bjuːtəfl] schön; **~·fy** [~faɪ] schön(er) machen, verschönern.

beau·ty ['bjuːtɪ] Schönheit *f*; **Sleeping ♀** Dornröschen *n*; **~ parlo(u)r, ~ shop** Schönheitssalon *m*.

bea·ver ['biːvə] *zo.* Biber *m* (*a. fur*).

be·came [bɪ'keɪm] *past of* **become**.

be·cause [bɪˈkɒz] weil; ~ *of* wegen.
beck·on [ˈbekən] (zu)winken.
be·come [bɪˈkʌm] (-came, -come) *v/i.* werden (*of* aus); *v/t.* sich schicken für; *j-m* stehen, *j-n* kleiden; **be·com·ing** □ [~ɪŋ] passend; schicklich; kleidsam.
bed [bed] 1. Bett *n; of animal:* Lager *n;* ♪ Beet *n;* Unterlage *f;* ~ *and breakfast* Zimmer *n or* Übernachtung *f* mit Frühstück; 2. (-dd-): ~ *down* sein Nachtlager aufschlagen; ~**clothes** [ˈbedkləʊðz] *pl.* passend; schicklich; kleidsam.
Bettzeug *n;* Streu *f.*
bed·lam [ˈbedləm] Tollhaus *n.*
bed·rid·den [ˈbedrɪdn] bettlägerig; ~**room** Schlafzimmer *n;* ~**side:** *at the* ~ am (Kranken)Bett; ~ *lamp* Nachttischlampe *f;* ~**sit·ter,** ~**sit·ting room** *Brt.* möbliertes Zimmer; Einzimmerappartement *n;* ~**spread** Tagesdecke *f;* ~**stead** Bettgestell *n;* ~**time** Schlafenszeit *f.*
bee [biː] *zo.* Biene *f; have a* ~ *in one's bonnet* F e-n Tick haben.
beech ♀ [biːtʃ] Buche *f;* ~**nut** Buchecker *f.*
beef [biːf] 1. Rindfleisch *n;* 2. F meckern (*about* über *acc.*); ~**burg·er** Hamburger *m;* ~ *tea* Fleischbrühe *f;* ~**y** [ˈbiːfɪ] (-*ier*, -*iest*) fleischig; bullig.
bee·hive [ˈbiːhaɪv] Bienenkorb *m,* -stock *m;* ~**keep·er** Bienenzüchter(in), Imker(in); ~**line** kürzester Weg; *make a* ~ *for* schnurstracks losgehen auf (*acc.*).
been [biːn, bɪn] *p.p. of* be.
beer [bɪə] Bier *n;* ~**bel·ly** F Bierbauch *m;* ~ *gar·den* Biergarten *m;* ~**mat** Bierdeckel *m.*
beet ♀ [biːt] Rübe *f,* Beete *f; a.* ~*root.*
bee·tle [ˈbiːtl] Käfer *m.*
beet·root ♀ [ˈbiːtruːt] Rote Beete *or* Rübe.
be·fall [bɪˈfɔːl] (-*fell, -fallen*) *v/t. j-m* zustoßen; *v/i.* sich ereignen.
be·fit [bɪˈfɪt] (-*tt-*) sich schicken für.
be·fore [bɪˈfɔː] 1. *adv. of place:* vorn, voran; *temporal:* vorher, früher, schon (früher); *cf. a. yesterday;* 2. *cj.* bevor, ehe, bis; 3. *prp.* vor; ~**hand** zuvor, (im) voraus.
be·friend [bɪˈfrend] sich *j-s* annehmen; sich anfreunden mit.
beg [beg] (-*gg-*) *v/t.* erbetteln; erbitten (*of* von), bitten um; *s.o.* bitten; *v/i.* betteln; bitten, flehen; betteln gehen; sich erlauben.
be·gan [bɪˈgæn] *past of* begin.
beg·gar [ˈbegə] 1. Bettler(in); F Kerl *m;* 2. arm machen; *fig.* übertreffen; *it* ~*s all description* es spottet jeder Beschreibung.

be·gin [bɪˈgɪn] (-*nn-; began, begun*) beginnen, anfangen; ~**ner** [~ə] Anfänger(in); ~**ning** Beginn *m,* Anfang *m; at the* ~ anfänglich, zuerst.
be·gone *int.* [bɪˈgɒn] fort!
be·grudge [bɪˈgrʌdʒ] mißgönnen.
be·guile [bɪˈgaɪl] täuschen; betrügen (*of, out of* um); sich die Zeit vertreiben.
be·gun [bɪˈgʌn] *p.p. of* begin.
be·half [bɪˈhɑːf]: *on* (*Am. a. in*) ~ *of* im Namen von (*or gen.*).
be·have [bɪˈheɪv] sich (gut) benehmen.
be·hav·io(u)r [bɪˈheɪvjə] Benehmen *n,* Betragen *n,* Verhalten *n;* ~**al** *psych.* [~rəl] Verhaltens...
be·head [bɪˈhed] enthaupten.
be·hind [bɪˈhaɪnd] 1. *adv.* hinten, dahinter; zurück; 2. *prp.* hinter; 3. F Hinterteil *n,* Hintern *m;* ~**hand** im Rückstand.
be·ing [ˈbiːɪŋ] (Da)Sein *n;* Wesen *n; in* ~ wirklich (vorhanden); *come into* ~ entstehen.
be·lat·ed [bɪˈleɪtɪd] verspätet.
belch [beltʃ] 1. aufstoßen, rülpsen; ausspeien; 2. Rülpser *m.*
be·lea·guer [bɪˈliːgə] belagern.
bel·fry [ˈbelfrɪ] Glockenturm *m,* -stuhl *m.*
Bel·gian [ˈbeldʒən] 1. belgisch; 2. Belgier(in).
be·lie [bɪˈlaɪ] Lügen strafen; *hopes, etc.:* enttäuschen.
be·lief [bɪˈliːf] Glaube *m* (*in* an *acc.*).
be·lie·va·ble □ [bɪˈliːvəbl] glaubhaft.
be·lieve [bɪˈliːv] glauben (*in* an *acc.*); ~ *it or not* ob du's glaubst oder nicht; **be·liev·er** *eccl.* [~ə] Gläubige(r *m*) *f.*
be·lit·tle [bɪˈlɪtl] *fig.* herabsetzen.
bell [bel] Glocke *f;* Klingel *f;* ~**boy** *Am.* [ˈbelbɔɪ] (Hotel)Page *m.*
belle [bel] Schöne *f,* Schönheit *f.*
bell·hop *Am.* [ˈbelhɒp] (Hotel)Page *m.*
-bel·lied [ˈbelɪd] ...bäuchig.
bel·lig·er·ent [bɪˈlɪdʒərənt] 1. kriegführend; streit-, kampflustig; aggressiv; 2. kriegführendes Land.
bel·low [ˈbeləʊ] 1. brüllen; 2. Gebrüll *n;* ~**s** *pl.* Blasebalg *m.*
bel·ly [ˈbelɪ] 1. Bauch *m;* 2. sich bauchen; (an)schwellen; bauschen; ~**ache** F Bauchweh *n;* ~**land·ing** ✈ [ˈbelɪlændɪŋ] Bauchlandung *f.*
be·long [bɪˈlɒŋ] gehören; ~ *to* gehören *dat. or* zu; ~**ings** [~ɪŋz] *pl.* Habseligkeiten *pl.*
be·loved [bɪˈlʌvd] 1. (innig) geliebt; 2. Geliebte(r *m*) *f.*
be·low [bɪˈləʊ] 1. *adv.* unten; 2. *prp.* unter.
belt [belt] 1. Gürtel *m;* ⚔ Koppel *n;* Zone *f,* Gebiet *n;* ⊙ Treibriemen *m;* 2.

a. ~ **up** den Gürtel (*gen.*) zumachen; ~ed ['beltɪd] mit e-m Gürtel.

be·moan [bɪ'məʊn] betrauern, beklagen.

bench [bentʃ] (Sitz)Bank *f*; Richterbank *f*; Richter *m or pl.*; Werkbank *f*.

bend [bend] 1. Biegung *f*, Kurve *f*; **drive s.o. round the** ~ F j-n (noch) wahnsinnig machen; 2. (*bent*) (sich) biegen; *mind, etc.*: richten (**to, on** auf *acc.*); (sich) beugen; sich neigen.

be·neath [bɪ'ni:θ] = *below*.

ben·e·dic·tion [benɪ'dɪkʃn] Segen *m*.

ben·e·fac|tor ['benɪfæktə] Wohltäter *m*, Gönner *m*; ~**tress** [~trɪs] Wohltäterin *f*, Gönnerin *f*.

be·nef·i·cent □ [bɪ'nefɪsnt] wohltätig.

ben·e·fi·cial □ [benɪ'fɪʃl] wohltuend, zuträglich, nützlich.

ben·e·fit ['benɪfɪt] 1. Nutzen *m*, Vorteil *m*; Wohltätigkeitsveranstaltung *f*; *social security, etc.*: Sozial-, Versicherungsleistung *f*; Rente *f*; Unterstützung *f*; 2. nützen; begünstigen; ~ **by or from** Vorteil haben von or durch, Nutzen ziehen aus.

be·nev·o|lence [bɪ'nevələns] Wohlwollen *n*; ~**lent** □ [~t] wohlwollend; gütig, mildtätig.

be·nign □ [bɪ'naɪn] freundlich, gütig; *#* gutartig; *of climate*: mild.

bent [bent] 1. *past and p.p. of bend* 2; **be ~ on doing** entschlossen sein zu tun; 2. *fig.* Hang *m*, Neigung *f*; Veranlagung *f*.

ben·zene ⚗ ['benzi:n] Benzol *n*.

ben·zine ⚗ ['benzi:n] Leichtbenzin *n*.

be·queath ⚖ [bɪ'kwi:ð] vermachen.

be·quest ⚖ [bɪ'kwest] Vermächtnis *n*.

be·reave [bɪ'ri:v] (*bereaved or bereft*) berauben.

be·reft [bɪ'reft] *past and p.p. of bereave.*

be·ret ['bereɪ] Baskenmütze *f*.

berk [bɜ:k] F Idiot *m*, Trottel *m*.

ber·ry ♀ ['berɪ] Beere *f*.

ber·serk [bə'sɜ:k] wild; **go** ~ wild werden, F durchdrehen, F ausflippen.

berth [bɜ:θ] 1. ⚓ Liege-, Ankerplatz *m*; ⚓ Koje *f*; ⚓ (Schlafwagen)Bett *n*; 2. *v/t.* ⚓ vor Anker legen; *v/i.* ⚓ anlegen.

be·seech [bɪ'si:tʃ] (*besought or beseeched*) (inständig) bitten (um); anflehen.

be·set [bɪ'set] (-*tt*-; *beset*) heimsuchen, bedrängen; ~ **with difficulties** mit vielen Schwierigkeiten verbunden.

be·side *prp.* [bɪ'saɪd] neben; ~ **o.s.** außer sich (**with** vor *dat.*); ~ **the point,** ~ **the question** nicht zur Sache gehörig; ~**s** [~z] 1. *adv.* außerdem; 2. *prp.* abgesehen von, außer.

be·siege [bɪ'si:dʒ] belagern.

be·smear [bɪ'smɪə] beschmieren.

be·sought [bɪ'sɔ:t] *past and p.p. of beseech.*

be·spat·ter [bɪ'spætə] bespritzen.

best [best] 1. *adj.* (*sup. of good* 1) beste(r, -s), höchste(r, -s), größte(r, -s), meiste; ~ **man** Trauzeuge *m* (*of bridegroom*); 2. *adv.* (*sup. of well²* 1) am besten; 3. *der, die, das* Beste; **All the** ~! Alles Gute!, Viel Glück!; **to the** ~ **of** ... nach bestem ...; **make the** ~ **of** das Beste machen aus; **at** ~ bestenfalls; **be at one's** ~ in Hoch- or Höchstform sein.

bes·ti·al □ ['bestjəl] tierisch, viehisch.

be·stow [bɪ'stəʊ] geben, schenken, verleihen (**on, upon** *dat.*).

best·sell·er [best'selə] Bestseller *m*, Verkaufsschlager *m*.

bet [bet] 1. Wette *f*; 2. (-*tt*-; *bet or betted*) wetten; **you** ~! F und ob!

be·tray [bɪ'treɪ] verraten (*a. fig.*); ~**al** [~əl] Verrat *m*; ~**er** [~ə] Verräter(in).

bet·ter ['betə] 1. *adj.* (*comp. of good* 1) besser; **he is** ~ es geht ihm besser; 2. *das* Bessere; ~**s** *pl.* Höherstehende *pl.*, Vorgesetzte *pl.*; **get the** ~ **of** die Oberhand gewinnen über (*acc.*); *s.th.* überwinden; 3. *adv.* (*comp. of well²* 1) besser; mehr; **so much the** ~ desto besser; **you had** ~ (F **you** ~) **go** es wäre besser, wenn du gingest; 4. *v/t.* verbessern; *v/i.* sich bessern.

be·tween [bɪ'twi:n] 1. *adv.* dazwischen; **few and far** ~ F (ganz) vereinzelt; 2. *prp.* zwischen; unter; ~ **you and me** unter uns or im Vertrauen (gesagt); **that's just** ~ **ourselves** das bleibt aber unter uns.

bev·el ['bevl] (*esp. Brt.* -*ll*-, *Am.* -*l*-) abkanten, abschrägen.

bev·er·age ['bevərɪdʒ] Getränk *n*.

bev·y ['bevɪ] Schwarm *m*, Schar *f*.

be·wail [bɪ'weɪl] be-, wehklagen.

be·ware [bɪ'weə] (**of**) sich in acht nehmen (vor *dat.*), sich hüten (vor *dat.*); ~ **of the dog!** Warnung vor dem Hunde!

be·wil·der [bɪ'wɪldə] verwirren, irremachen; ~**ment** [~mənt] Verwirrung *f*.

be·witch [bɪ'wɪtʃ] bezaubern, behexen.

be·yond [bɪ'jɒnd] 1. *adv.* darüber hinaus; 2. *prp.* jenseits; über ... (*acc.*) hinaus; 3. Jenseits *n*.

bi- [baɪ] zwei(fach, -mal).

bi·as ['baɪəs] 1. *adj. and adv.* schief, schräg; 2. Neigung *f*; Vorurteil *n*; 3. (-*s*-, -*ss*-) *report, etc.*: einseitig darstellen; *person*: beeinflussen; ~(**s)ed** *esp.* ⚖ befangen, voreingenommen (**against** gegen, gegenüber).

bi·ath|lete [baɪ'æθli:t] *sports*: Biathlet(in); ~**lon** [~ən] *sports*: Biathlon *n*.

bib [bɪb] Latz *m*, (F Sabber)Lätzchen *n*.

Bi·ble ['baɪbl] Bibel *f*.

bib·li·cal □ ['bɪblɪkl] biblisch, Bibel...

bib·li·og·ra·phy [bɪblɪ'ɒgrəfɪ] Bibliographie f.

bi·car·bon·ate [baɪ'kɑːbənɪt] 🜛 a. ~ of soda doppeltkohlensaures Natrium; cookery: Natron n.

bi·cen|te·na·ry [baɪsen'tiːnərɪ], Am. ~ten·ni·al [~'tenɪəl] Zweihundertjahrfeier f, zweihundertjähriges Jubiläum.

bi·ceps anat. ['baɪseps] Bizeps m.

bick·er ['bɪkə] (sich) zanken (about or over um).

bi·cy·cle ['baɪsɪkl] 1. Fahrrad n; 2. radfahren, radeln.

bid [bɪd] 1. (-dd-; bid or bade, bid or bidden) at auction, cards: bieten; in card games: reizen; greetings: wünschen; ~ farewell Lebewohl sagen; 2. econ. Gebot n, Angebot n; in card games: Reizen n; ~den ['bɪdn] p.p. of bid 1.

bide [baɪd] (bode or bided, bided): ~ one's time den rechten Augenblick abwarten.

bi·det ['biːdeɪ, bi'deɪ] Bidet n.

bi·en·ni·al □ [baɪ'enɪəl] zweijährlich; zweijährig (plants); ~ly [~lɪ] alle zwei Jahre.

bier [bɪə] (Toten)Bahre f.

big [bɪg] (-gg-) groß; erwachsen; (hoch)schwanger; F wichtig(tuerisch); ~ bang ast. Urknall m; ~ business Großunternehmertum n; ~ shot F hohes Tier; ~ talk F Angeberei f; talk ~ den Mund vollnehmen.

big·a·my ['bɪgəmɪ] Bigamie f.

big·ot ['bɪgət] selbstgerechte or intolerante or bigotte Person; ~ed selbstgerecht, intolerant, bigott.

big·wig F ['bɪgwɪg] hohes Tier.

bike [baɪk] (Fahr)Rad n.

bi·lat·er·al □ [baɪ'lætərəl] bilateral.

bile 🜛 [baɪl] Galle f (a. fig.).

bi·lin·gual [baɪ'lɪŋgwəl] zweisprachig.

bil·i·ous ['bɪljəs] gallig; fig. gereizt.

bill¹ [bɪl] Schnabel m; Spitze f.

bill² [~] 1. Rechnung f; pol. Gesetzentwurf m; 🜛 Klageschrift f; a. ~ of exchange econ. Wechsel m; Plakat n; Am. Banknote f, Geldschein m; ~ of fare Speisekarte f; ~ of lading Seefrachtbrief m, Konnossement n; ~ of sale 🜛 Verkaufsurkunde f; 2. (durch Anschlag) ankündigen.

bill·board Am. ['bɪlbɔːd] Reklametafel f.

bill·fold Am. ['bɪlfəʊld] Brieftasche f.

bil·li·ards ['bɪljədz] sg. Billiard(spiel) n.

bil·li·on ['bɪljən] Milliarde f.

bil·low ['bɪləʊ] Woge f; of smoke, etc.: Schwade f; ~y [~ɪ] wogend; in Schwaden ziehend; gebläht, gebauscht.

bil·ly anat. ['bɪlɪ] (Gummi)Knüppel m; ~goat zo. Ziegenbock m.

bin [bɪn] (großer) Behälter; s. dustbin.

---

bind [baɪnd] (bound) v/t. (an-, ein-, um-, auf-, fest-, ver)binden; a. vertraglich binden, verpflichten; edge, hem: einfassen; v/i. binden; ~er ['baɪndə] (esp. Buch)Binder(in); Einband m, (Akten)Deckel m, Hefter m; ~ing [~ɪŋ] 1. bindend, verbindlich; 2. (Buch)Einband m; Einfassung f, Borte f.

bi·noc·u·lars [bɪ'nɒkjʊləz] pl. Feldstecher m, Fern-, Opernglas n.

bi·o·chem·is·try [baɪəʊ'kemɪstrɪ] Biochemie f.

bio·de·grad·able [baɪəʊdɪ'greɪdəbl] biologisch abbaubar.

bi·og·ra·pher [baɪ'ɒgrəfə] Biograph m; ~phy [~ɪ] Biographie f.

bi·o·log·i·cal □ [baɪəʊ'lɒdʒɪkl] biologisch; **bi·ol·o·gy** [baɪ'ɒlədʒɪ] Biologie f.

bi·ped zo. ['baɪped] Zweifüßer m.

birch [bɜːtʃ] 1. 🜛 Birke f; (Birken)Rute f; 2. (mit der Rute) züchtigen.

bird [bɜːd] Vogel m; ~ of prey Raubvogel m; ~ sanctuary Vogelschutzgebiet n; ~'s-eye ['bɜːdzaɪ]: ~ view Vogelperspektive f.

bi·ro TM ['baɪrəʊ] (pl. -ros) Kugelschreiber m.

birth [bɜːθ] Geburt f; Ursprung m, Entstehung f; Herkunft f; give ~ to gebären, zur Welt bringen; ~ con·trol Geburtenregelung f, -kontrolle f; ~day ['bɜːθdeɪ] Geburtstag m; ~mark Muttermal n; ~place Geburtsort m; ~ rate Geburtenziffer f.

bis·cuit Brt. ['bɪskɪt] Keks m, n, Plätzchen n.

bish·op ['bɪʃəp] Bischof m; in chess: Läufer m; ~ric [~rɪk] Bistum n.

bi·son zo. ['baɪsn] Bison m, in America: Büffel m; in Europe: Wisent m.

bit [bɪt] 1. Bißchen n, Stück(chen) n; of bridle: Gebiß n; (Schlüssel)Bart m; computer: Bit n; a (little) ~ ein (kleines) bißchen; 2. past of bite 2.

bitch [bɪtʃ] zo. Hündin f; contp. Miststück n, -weib n.

bite [baɪt] 1. Beißen n; Biß m; Bissen m, Happen m; (Insekten)Stich m, -biß m; 2. (bit, bitten) (an)beißen; of insect: stechen; of pepper, etc.: brennen; of cold, etc.: schneiden; of smoke, etc.: beißen; of screw, drill, etc.: fassen; fig. verletzen.

bit·ten ['bɪtn] p.p. of bite 2.

bit·ter ['bɪtə] 1. □ bitter; fig. verbittert; 2. ~s pl. Magenbitter m.

biz F [bɪz] = business.

blab F [blæb] (-bb-) (aus)schwatzen.

black [blæk] 1. □ schwarz; dunkel; finster; ~ eye blaues Auge; have s.th. in ~ and white et. schwarz auf weiß haben or besitzen; be ~ and blue blaue

Flecken haben; *beat s.o. ~ and blue* j-n grün u. blau schlagen; 2. schwärzen; *~ out* verdunkeln; 3. Schwarz *n*; Schwärze *f*; Schwarze(r *m*) *f*, Neger(in); *~ber-ry* ♣ ['blækberɪ] Brombeere *f*; *~bird zo.* Amsel *f*; *~board* (Schul-, Wand)Tafel *f*; *~en* [ˌən] *v/t.* schwärzen; *fig.* an-schwärzen; *v/i.* schwarz werden; *~guard* ['blægɑːd] 1. Lump *m*, Schuft *m*; 2. □ gemein, schuftig; *~head* ♣ Mitesser *m*; ~ **ice** Glatteis *n*; *~ish* □ [ˌɪʃ] schwärzlich; *~jack esp. Am.* Tot-schläger *m*; *~leg Brt.* Streikbrecher *m*; *~let-ter print.* Fraktur *f*; *~mail* 1. Er-pressung *f*; 2. j-n erpressen; *~mail-er* [ˌə] Erpresser(in); *~mar-ket* schwarzer Markt; *~ness* [ˌnɪs] Schwärze *f*; *~out* Verdunkelung *f*; *thea.*, ♠, *etc.*: Black-out *m*; ♠ Ohnmacht *f*; *(news)* ~ Nach-richtensperre *f*; *~pud-ding* Blutwurst *f*; ~ **sheep** *fig.* schwarzes Schaf; *~smith* Grobschmied *m*.

blad-der *anat.* ['blædə] Blase *f*.

blade [bleɪd] *of knife, etc.*: Klinge *f*; ♣ Blatt *n*, Halm *m*; *of saw, oar, etc.*: Blatt *n*; *of propeller, etc.*: Flügel *m*.

blame [bleɪm] 1. Tadel *m*; Schuld *f*; 2. tadeln; *be to ~ for* schuld sein an *(dat.)*; *~less* □ [ˌlɪs] untadelig.

blanch [blɑːntʃ] bleichen; erbleichen (lassen); *cookery*: blanchieren, brühen.

blanc-mange [bləˈmɒnʒ] Pudding *m*.

bland □ [blænd] mild, sanft.

blank [blæŋk] 1. □ leer; unausgefüllt, unbeschrieben; *econ.* Blanko...; ver-dutzt; ~ **cartridge** ✗ Platzpatrone *f*; ~ **cheque** *(Am. check) econ.* Blanko-scheck *m*; 2. Leere *f*; leerer Raum, Lük-ke *f*; unbeschriebenes Blatt, Formular *n*; *in lottery:* Niete *f*.

blan-ket ['blæŋkɪt] 1. (Woll)Decke *f*; *wet ~* Spielverderber *m*; 2. zudecken.

blare [bleə] brüllen, *of radio, etc.*: plär-ren, *of trumpet, etc.*: schmettern.

blas|pheme [blæsˈfiːm] lästern; *~phe-my* ['blæsfəmɪ] Gotteslästerung *f*.

blast [blɑːst] 1. Windstoß *m*; *of brass instrument, etc.*: Ton *m*; ⊕ Gebläse(luft *f*) *n*; Druckwelle *f*; ♣ Mehltau *m*; 2. *v/t.* vernichten; sprengen; ~ *off (into space) spacecraft, astronauts:* in den Welt-raum schießen; *v/i.:* ~ *off of spacecraft, etc.:* abheben, starten; *~! verdammt!;* *~fur-nace* ⊕ ['blɑːstfɑːnɪs] Hochofen *m*; *~off of spacecraft, etc.*: Start *m*.

bla-tant □ ['bleɪtənt] lärmend; kraß; un-verhohlen.

blaze [bleɪz] 1. Flamme(n *pl.*) *f*, Feuer *n*; heller Schein; *fig.* Ausbruch *m*; *go to ~s!* F zum Teufel mit dir!; 2. brennen, flammen, lodern; leuchten.

blaz-er ['bleɪzə] Blazer *m*.

bla-zon ['bleɪzn] Wappen *n*.

bleach [bliːtʃ] bleichen.

bleak □ [bliːk] öde, kahl; rauh; *fig.* trüb, freudlos, finster.

blear-y □ ['blɪərɪ] *(-ier, -iest)* trübe, ver-schwommen; *~eyed* mit trüben Au-gen; verschlafen.

bleat [bliːt] 1. Blöken *n*; 2. blöken.

bled [bled] *past and p.p. of* **bleed.**

bleed [bliːd] *(bled) v/i.* bluten; *v/t.* ♣ zur Ader lassen; *fig.* F schröpfen; *~ing* ['bliːdɪŋ] 1. ♣ Bluten *n*, Blutung *f*; ♣ Aderlaß *m*; 2. *sl.* verflixt.

bleep [bliːp] 1. Piepton *m*; 2. *v/t. with bleeper:* j-n anpiepsen; *v/i.* piepen; *~er* ['bliːpə] Funkrufempfänger *m*, F Piep-ser *m*.

blem-ish ['blemɪʃ] 1. *(a.* Schönheits-*)* Fehler *m*; Makel *m*; 2. entstellen.

blend [blend] 1. (sich) (ver)mischen; *wine, etc.*: verschneiden; 2. Mischung *f*; *econ.* Verschnitt *m*; *~er* ['blendə] Mixer *m*, Mixgerät *n*.

bless [bles] *(blessed or blest)* segnen; preisen; *be ~ed with* gesegnet sein mit; *(God) ~ you!* alles Gute!; Gesundheit!; ~ *me!*, ~ *my heart!*, ~ *my soul!* F du meine Güte!; *~ed adj.* □ ['blesɪd] glückselig, gesegnet; *~ing* [ˌɪŋ] Segen *m*.

blest [blest] *past and p.p. of* **bless.**

blew [bluː] *past of* **blow¹** 1.

blight [blaɪt] 1. ♣ Mehltau *m*; *fig.* Gift-hauch *m*; 2. vernichten.

blind □ [blaɪnd] 1. blind *(fig. to* ge-gen[über]); verborgen, geheim; schwer-erkennbar; *~ alley* Sackgasse *f*; *~ly fig.* blindlings; *turn a ~ eye (to)* F ein Auge zudrücken (bei); 2. Rouleau *n*, Rollo *n*; *the ~ pl.* die Blinden *pl.*; 3. blenden; *fig.* blind machen *(to* für, gegen); *~ers Am.* ['blaɪndəz] *pl.* Scheuklappen *pl.*; *~fold* 1. blindlings; 2. j-m die Augen verbin-den; 3. Augenbinde *f*; *~worm zo.* Blindschleiche *f*.

blink [blɪŋk] 1. Blinzeln *n*; Schimmer *m*; 2. *v/i.* blinzeln, zwinkern; blinken; schimmern; *v/t. fig.* ignorieren; *~ers* ['blɪŋkəz] *pl.* Scheuklappen *pl.*

bliss [blɪs] Seligkeit *f*, Wonne *f*.

blis-ter ['blɪstə] 1. *of skin, paint, etc.*: Blase *f*; ♣ Zugpflaster *n*; 2. Blasen her-vorrufen auf *(dat.)*; Blasen ziehen.

blitz [blɪts] 1. heftiger (Luft)Angriff; 2. schwer bombardieren.

bliz-zard ['blɪzəd] Schneesturm *m*.

bloat|ed ['bləʊtɪd] (an)geschwollen, (auf)gedunsen; *fig.* aufgeblasen; *~er* [ˌə] Bückling *m*.

block [blɒk] 1. Block *m*, Klotz *m*; Bau-stein *m*; Verstopfung *f*, (Verkehrs-) Stockung *f*; *a. ~ of flats Brt.* Wohn-,

Mietshaus n; Am. (Häuser)Block m; 2. formen; verhindern; a. ~ up (ab-, ver)sperren, blockieren.

block·ade [blɔˈkeɪd] 1. Blockade f; 2. blockieren.

block|head [ˈblɔkhed] Dummkopf m; ~let·ters pl. Blockschrift f.

bloke Brt. F [bləʊk] Kerl m.

blond [blɔnd] 1. Blonde(r) m; 2. blond; of skin: hell; ~e [~] 1. blond; 2. Blondine f.

blood [blʌd] Blut n; fig. Blut n; Abstammung f; attr. Blut...; in cold ~ kaltblütig; ~cur·dling grauenhaft; ~ do·nor Blutspender(in); ~shed Blutvergießen n; ~shot blutunterlaufen; ~thirst·y ☐ blutdürstig; ~ves·sel anat. Blutgefäß n; ~y ☐ [~] (-ier, -iest) blutig; Brt. F verdammt, verflucht; ~fool F Vollidiot m; ~minded F Brt. stur, querköpfig.

bloom [bluːm] 1. poet. Blume f, Blüte f; fig. Blüte(zeit) f; 2. blühen; fig. (er)strahlen.

blos·som [ˈblɔsəm] 1. Blüte f; 2. blühen.

blot [blɔt] 1. Klecks m; fig. Makel m; 2. (-tt-) v/t. beklecksen, beflecken; (ab)löschen; ausstreichen; v/i. klecksen.

blotch [blɔtʃ] Klecks m; Hautfleck m; ~y [ˈblɔtʃɪ] (-ier, -iest) of skin: fleckig.

blot|ter [ˈblɔtə] (Tinten)Löscher m; Am. Eintragungsbuch n; ~ting-pa·per [~ɪŋpeɪpə] Löschpapier n.

blouse [blaʊz] Bluse f.

blow¹ [bləʊ] Schlag m, Stoß m.

blow² [~] 1. (blew, blown) v/i. blasen, wehen; schnaufen; of tyre: platzen; ⚡ of fuse: durchbrennen; ~ up in die Luft fliegen; v/t. blasen, wehen; ~ one's nose sich die Nase putzen; ~ one's top F an die Decke gehen; ~ out ausblasen; ~ up sprengen; phot. vergrößern; 2. Blasen n, Wehen n; ~dry [ˈbləʊdraɪ] fönen; ~fly zo. Schmeißfliege f; ~n [bləʊn] p.p. of blow² 1; ~pipe [ˈbləʊpaɪp] ⊙ Lötrohr n; Blasrohr n; ~up Explosion f; phot. Vergrößerung f.

blud·geon [ˈblʌdʒən] Knüppel m.

blue [bluː] 1. blau; F melancholisch, traurig, schwermütig; 2. Blau n; out of the ~ fig. aus heiterem Himmel; ~ber·ry ⚘ [ˈbluːbərɪ] Blau-, Heidelbeere f; ~bot·tle zo. Schmeißfliege f; ~col·lar work·er (Fabrik)Arbeiter(in).

blues [bluːz] pl. or sg. ♪ Blues m; F Melancholie f; have the ~ F den Moralischen haben.

bluff [blʌf] 1. ☐ schroff, steil; derb; 2. Steilufer n; Bluff m; 3. bluffen.

blu·ish [ˈbluːɪʃ] bläulich.

blun·der [ˈblʌndə] 1. Fehler m, Schnitzer m; 2. e-n (groben) Fehler machen; stolpern; verpfuschen.

blunt [blʌnt] 1. ☐ stumpf (a. fig.); grob, rauh; 2. abstumpfen; ~ly [ˈblʌntlɪ] frei heraus.

blur [blɜː] 1. Fleck m; undeutlicher Eindruck, verschwommene Vorstellung; 2. (-rr-) beflecken; verwischen, -schmieren; phot., TV verwackeln, -zerren; senses: trüben.

blurt [blɜːt]: ~ out herausplatzen mit.

blush [blʌʃ] 1. Schamröte f; Erröten n; 2. erröten, rot werden.

blus·ter [ˈblʌstə] 1. Brausen n, Toben n (a. fig.); 2. Poltern n; 2. brausen; fig. poltern, toben.

boar zo. [bɔː] Eber m; Keiler m.

board [bɔːd] 1. Brett n; (Anschlag)Brett n; Konferenztisch m; Ausschuß m, Kommission f; Behörde f; Verpflegung f; Pappe f, Karton m; sports: (Surf-) Board n; on ~ a train in e-m Zug; ~ of directors econ. Verwaltungsrat m; 2 of Trade Brt. Handelsministerium n, Am. Handelskammer f; 2. v/t. beköstigen; an Bord (gen.) gehen; ⚓ entern; einsteigen (in) (into vehicle or aircraft); v/i. in Kost sein, wohnen; ~er [ˈbɔːdə] Kostgänger(in); Pensionsgast m; Internatsschüler(in); ~ing-house [~ɪŋhaʊs] Pension f, Fremdenheim n; ~ing-school [~ɪŋskuːl] Internat n; ~walk esp. Am. Strandpromenade f.

boast [bəʊst] 1. Prahlerei f; 2. (of, about) sich rühmen (gen.), prahlen (mit); ~ful ☐ [ˈbəʊstfʊl] prahlerisch.

boat [bəʊt] Boot n; Schiff n; ~ing [ˈbəʊtɪŋ] Bootsfahrt f.

bob [bɒb] 1. Quaste f; Ruck m; Knicks m; kurzer Haarschnitt; Brt. F hist. Schilling m; 2. (-bb-) v/t. hair: kurz schneiden; ~bed hair Bubikopf m; v/i. springen, tanzen; knicksen.

bob·bin [ˈbɒbɪn] Spule f (a. ⚡).

bob·by Brt. F [ˈbɒbɪ] Bobby m (policeman).

bob·sleigh [ˈbɒbsleɪ] sports: Bob m.

bode [bəʊd] past of bide.

bod·ice [ˈbɒdɪs] Mieder n; of dress: Oberteil n.

bod·i·ly [ˈbɒdɪlɪ] körperlich.

bod·y [ˈbɒdɪ] Körper m, Leib m; Leiche f; Körperschaft f; Hauptteil m; mot. Karosserie f; ⚡ Truppenverband m; ~guard Leibwache f; Leibwächter m; ~work mot. Karosserie f.

Boer [ˈbəʊə] Bure m; attr. Buren...

bog [bɒg] 1. Sumpf m, Moor n; 2. (-gg-): get ~ged down fig. sich festfahren.

bo·gus [ˈbəʊgəs] falsch; Schwindel...

boil¹ ⚕ [bɔɪl] Geschwür n, Furunkel m.

boil² [~] 1. kochen, sieden; 2. Sieden n, Kochen n; ~er [ˈbɔɪlə] (Dampf)Kessel m; Boiler m; ~er suit Overall m; ~ing

[~ɪŋ] kochend, siedend; **~ing-point** Siedepunkt *m* (*a. fig.*).

bois·ter·ous □ ['bɔɪstərəs] ungestüm; heftig, laut; lärmend.

bold □ [bəʊld] kühn; keck, dreist, unverschämt; steil; *as ~ as brass* F frech wie Oskar; **~ness** ['bəʊldnɪs] Kühnheit *f*; Keckheit *f*; Dreistigkeit *f*.

bol·ster ['bəʊlstə] **1.** Keilkissen *n*; Nakkenrolle *f*; **2.** *~ up fig.* (unter)stützen, *j-m* Mut machen.

bolt [bəʊlt] **1.** Bolzen *m*; Riegel *m*; Blitz(strahl) *m*; plötzlicher Satz, Fluchtversuch *m*; **2.** *adv.* *~ upright* kerzengerade; **3.** *v/t.* verriegeln; F hinunterschlingen; *v/i.* davonlaufen, ausreißen; *of horse:* scheuen, durchgehen.

bomb [bɒm] **1.** Bombe *f*; *the ~* die Atombombe; **2.** bombardieren; **bom·bard** [bɒm'bɑːd] bombardieren (*a. fig.*).

bomb·proof ['bɒmpruːf] bombensicher; **~shell** Bombe *f* (*a. fig.*).

bond [bɒnd] *econ.* Schuldverschreibung *f*, Obligation *f*; ⊚ Haftfestigkeit *f*; **~s** *pl. of friendship, etc.*: Bande *pl.*; *in ~ econ.* unter Zollverschluß; **~age** *lit.* ['bɒndɪdʒ] Hörigkeit *f*; Knechtschaft *f*.

bone [bəʊn] **1.** Knochen *m*; Gräte *f*; **~s** *pl. a.* Gebeine *pl.*; **~ of contention** Zankapfel *m*; *have a ~ to pick with s.o.* F mit *j-m* ein Hühnchen zu rupfen haben; *chilled to the ~* völlig durchgefroren; *make no ~s about* F nicht lange fackeln mit; keine Skrupel haben hinsichtlich (*gen.*); **2.** die Knochen auslösen (aus); entgräten.

bon·fire ['bɒnfaɪə] Feuer *n* im Freien; Freudenfeuer *n*.

bonk [bɒŋk] *Brit. sl.* hauen; *have sex:* bumsen.

bon·kers ['bɒŋkəz] *sl.* übergeschnappt; *go ~* durchdrehen, überschnappen.

bon·net ['bɒnɪt] Haube *f*; *Brt.* Motorhaube *f*.

bon·ny *esp. Scottish* ['bɒnɪ] (*-ier, -iest*) hübsch; *of baby:* rosig; gesund.

bo·nus *econ.* ['bəʊnəs] Bonus *m*, Prämie *f*; Gratifikation *f*.

bon·y ['bəʊnɪ] (*-ier, -iest*) knöchern; knochig.

boob *sl.* [buːb] Blödmann *m*; *Brt.* (grober) Fehler; **~s** *pl.* F Titten *pl.*

boo·by ['buːbɪ] Trottel *m*; **~ hatch** *Am. sl.* Klapsmühle *f*; **~ trap** Falle *f*, übler Scherz; *bomb:* versteckte Bombe.

book [bʊk] **1.** Buch *n*; Heft *n*; Liste *f*; Block *m*; **2.** buchen; eintragen; *ticket, etc.*: lösen; *place, seat, etc.*: (vor)bestellen, reservieren lassen; *soccer, etc.*: verwarnen; *~ in* *Brt. at a hotel:* sich eintragen; *~ in at* absteigen in (*dat.*); **~ed up** ausgebucht, -verkauft, *of hotel:*

belegt; **~case** ['bʊkkeɪs] Bücherschrank *m*; **~ing** [~ɪŋ] Buchen *n*, (Vor)Bestellung *f*; *in soccer, etc.*: Verwarnung *f*; **~ing-clerk** Schalterbeamt|e(r) *m*, -in *f*; **~ing-of·fice** Fahrkartenausgabe *f*, -schalter *m*; *thea.* Kasse *f*; **~keep·er** Buchhalter(in); **~keep·ing** Buchhaltung *f*, -führung *f*; **~let** [~lɪt] Büchlein *n*, Broschüre *f*; **~mark(·er)** Lesezeichen *n*; **~sell·er** Buchhändler(in); **~shop**, *Am.* **~store** Buchhandlung *f*.

boom¹ [buːm] **1.** *econ.* Boom *m*, Aufschwung *m*, Hochkonjunktur *f*, Hausse *f*; **2.** in die Höhe treiben *or* gehen.

boom² [~] dröhnen, donnern.

boon [buːn] Segen *m*, Wohltat *f*.

boor *fig.* [bʊə] Bauer *m*, Lümmel *m*; **~ish** □ [~rɪʃ] bäuerisch, ungehobelt.

boost [buːst] hochschieben; *prices:* in die Höhe treiben; *economy:* ankurbeln; verstärken (*a. ⚡*); *fig.* fördern, Auftrieb geben (*dat.*).

boot¹ [buːt] Stiefel *m*; *Brt. mot.* Kofferraum *m*.

boot² [~] *computer:* booten, starten, hochfahren.

boot³ [~]: *to ~* obendrein.

boot·ee ['buːtiː] *of women:* Halbstiefel *m*, Stiefelette *f*; *of babies:* Babyschuh *m*.

booth [buːð] *market:* Bude *f*; *exhibition:* (Messe)Stand *m*; *pol.* (Wahl)Kabine *f*; *teleph.* (Fernsprech)Zelle *f*.

boot·lace ['buːtleɪs] Schnürsenkel *m*.

boot·y ['buːtɪ] Beute *f*, Raub *m*.

booze F [buːz] **1.** saufen; **2.** Alkohol *m*; Sauferei *f*.

bop·per ['bɒpə] = *teeny-bopper.*

bor·der ['bɔːdə] **1.** Rand *m*, Saum *m*, Einfassung *f*; Rabatte *f*; Grenze *f*; **2.** einfassen; (um)säumen; grenzen (*on*, *upon* an *acc.*).

bore¹ [bɔː] **1.** Bohrloch *n*; Kaliber *n*; *fig.* langweiliger Mensch; langweilige Sache; *Brt.* F lästige Sache; **2.** bohren; langweilen (*a. ⚡*) lästig sein.

bore² [~] *past of bear¹.*

bor·ing □ ['bɔːrɪŋ] langweilig.

born [bɔːn] *p.p. of bear¹* gebären.

borne [bɔːn] *p.p. of bear¹* tragen.

bor·ough ['bʌrə] Stadtteil *m*; Stadtgemeinde *f*; Stadtbezirk *m*.

bor·row ['bɒrəʊ] (sich) *et.* borgen *or* (aus)leihen.

bos·om ['bʊzəm] Busen *m*; *fig.* Schoß *m*.

boss F [bɒs] **1.** Boss *m*, Chef *m*; *esp. Am. pol.* (Partei-, Gewerkschafts)Bonze *m*; **2.** *a. ~ about*, *~ around* herumkommandieren; **~y** F ['bɒsɪ] (*-ier, -iest*) herrisch.

bo·tan·i·cal □ [bə'tænɪkl] botanisch; **bot·a·ny** ['bɒtənɪ] Botanik *f*.

botch [bɒtʃ] 1. Pfusch(arbeit f) m; 2. verpfuschen.

both [bəʊθ] beide(s); ~ ... *and* sowohl ... als (auch).

both·er ['bɒðə] 1. Belästigung f, Störung f, Plage f, Mühe f; 2. belästigen, stören, plagen; Popo m; **be at the ~ of s.th.** hinter et. stecken; **get to the ~ of s.th.** e-r Sache auf den Grund gehen.

bot·tle ['bɒtl] 1. Flasche f; 2. in Flaschen abfüllen; **~neck** Flaschenhals m, *of road:* Engpaß m (a. fig.).

bot·tom ['bɒtəm] unterster Teil, Boden m, Fuß m, Unterseite f; Grund m; F Hintern m, Popo m; **be at the ~ of s.th.** hinter et. stecken; **get to the ~ of s.th.** e-r Sache auf den Grund gehen.

bough [baʊ] Ast m, Zweig m.

bought [bɔːt] *past and p.p. of* buy.

boul·der ['bəʊldə] Geröllblock m, Findling m.

bounce [baʊns] 1. *of ball, etc.:* Aufprall(en n) m, Aufspringen n; *vigour:* Schwung m; 2. *ball, etc.:* aufprallen *or* springen (lassen); F *cheque:* platzen; **he ~d the baby on his knee** er ließ das Kind auf den Knien reiten; **bounc·er** ['~ə] F *of bar, etc.:* Rausschmeißer m; **bounc·ing** ['~ɪŋ] *baby:* stramm, kräftig.

bound[1] [baʊnd] 1. *past and p.p. of* bind; 2. *adj.* verpflichtet; bestimmt, unterwegs (**for** nach); sehr wahrscheinlich, sicher; **it's ~ to rain soon** es muß bald regnen.

bound[2] [~] *mst* ~s *pl.* Grenze f, *fig. a.* Schranke f.

bound[3] [~] 1. Sprung m; 2. (hoch)springen; auf-, abprallen.

bound·a·ry ['baʊndərɪ] Grenze f.

bound·less □ ['baʊndlɪs] grenzenlos.

boun·te·ous □ ['baʊntɪəs], **~ti·ful** □ [~fl] freigebig, reichlich.

boun·ty ['baʊntɪ] Prämie f, Kopfgeld n; Freigebigkeit f; Spende f.

bou·quet [bʊ'keɪ] Bukett n, Strauß m; *of wine:* Blume f.

bout [baʊt] *in boxing, etc.:* Kampf m; ⚕ Anfall m; *drinking* ~ Saufgelage n.

bou·tique [buː'tiːk] Boutique f.

bow[1] [baʊ] 1. Verbeugung f; 2. *v/i.* sich verbeugen, verneigen (**to** vor *dat.*); *fig.* sich beugen *or* unterwerfen (**to** *dat.*); *v/t.* biegen; beugen, neigen.

bow[2] ⚓ [~] Bug m.

bow[3] [bəʊ] 1. Bogen m; Schleife f; 2. geigen; **~legged** O-beinig.

bow·els ['baʊəlz] *pl. anat.* Eingeweide *pl.; das* Innere.

bowl[1] [bəʊl] Schale f, Schüssel f, Napf m; (Pfeifen)Kopf m; *geogr.* Becken n; *Am.* Stadion n.

bowl[2] [~] 1. *in bowling, skittles:* Kugel f; 2. *v/t.* rollen; *in bowling, cricket:* werfen; *v/i.* bowlen, Bowling spielen; ke-

geln; *cricket:* werfen; **~ing** ['bəʊlɪŋ] Bowling n; Kegeln n.

box[1] [bɒks] 1. Kasten m, Kiste f; Büchse f; Schachtel f; ⚙ Gehäuse n; *thea.* Loge f; Box f; 2. in Kästen *etc.* tun.

box[2] [~] 1. *sports:* boxen; ~ **s.o.'s ears** j-n ohrfeigen; 2. ~ **on the ear** Ohrfeige f.

box[3] [~] ♣ Buchsbaum m.

box·er ['bɒksə] Boxer m; **~ing** [~ɪŋ] Boxen n, Boxsport m; **⚙ing Day** *Brt.* der zweite Weihnachtsfeiertag; **~ num·ber** *in newspaper:* Chiffre f; *post office:* Postfach n; **~of·fice** Theaterkasse f.

boy [bɔɪ] Junge m, F a. Sohn m; **~friend** Freund m; ~ **scout** Pfadfinder m.

boy·cott ['bɔɪkɒt] boykottieren.

boy|hood ['bɔɪhʊd] Knabenalter n, Kindheit f, Jugend(zeit) f; **~ish** □ ['bɔɪʃ] jungenhaft.

bra [brɑː] BH m (– *abbr. for* Büstenhal-ter).

brace [breɪs] 1. ⚙ Strebe f, Stützbalken m; Klammer f; *esp. of game birds:* Paar n; (a. **a pair of**) ~s *pl. Brt.* Hosenträger *pl.*; 2. verstreben, -steifen, stützen; spannen; *fig.* stärken.

brace·let ['breɪslɪt] Armband n.

brack·et ['brækɪt] 1. ⚙ Träger m, Halter m, Stütze f; *of lamp:* (Wand)Arm m; *arch.* Konsole f; *print.* (eckige) Klammer; *esp. of group:* Alters-, Steuerklasse f; **lower income** ~ niedrige Einkommensgruppe; 2. einklammern; *fig.* gleichstellen.

brack·ish ['brækɪʃ] brackig, salzig.

brag [bræg] 1. Prahlerei f; 2. (-gg-) prahlen (**about,** *of* mit).

brag·gart ['brægət] 1. Prahler m; 2. prahlerisch.

braid [breɪd] 1. (Haar)Flechte f, Zopf m; Borte f, Tresse f; 2. flechten; mit Borte besetzen.

braille [breɪl] Blindenschrift f.

brain [breɪn] *anat.* Gehirn n; *often* ~s *pl. fig.* Gehirn n, Verstand m, Intelligenz f, Kopf m; **~s trust** *Brt., Am.* ~ **trust** ['breɪn(z)trʌst] Braintrust m, Expertengruppe f; **~wash** j-n e-r Gehirnwäsche unterziehen; **~wash·ing** Gehirnwäsche f; **~wave** F Geistesblitz m.

brake [breɪk] 1. ⚙ Bremse f; 2. bremsen.

bram·ble ♣ ['bræmbl] Brombeerstrauch m.

bran [bræn] Kleie f.

branch [brɑːntʃ] 1. Ast m, Zweig m; Fach n; *of family:* Linie f; *econ.* Zweigstelle f; 2. sich verzweigen; abzweigen.

brand [brænd] 1. *econ.* (Handels-, Schutz)Marke f, Warenzeichen n; *of goods:* Sorte f, Klasse f; Brandmal n; ~ **name** Markenbezeichnung f, Markenname m; 2. einbrennen; brandmarken.

bran-dish ['brændɪʃ] schwingen.

brand-new [brænd'njuː] nagelneu.

bran-dy ['brændɪ] Kognak m, Weinbrand m.

brass [brɑːs] Messing n; F Unverschämtheit f; **~ band** Blaskapelle f; **~ knuckles** pl. Am. Schlagring m.

bras-sière ['bræsɪə] Büstenhalter m.

brat [bræt] contp. for child: Balg m, n, Gör n.

brave [breɪv] 1. □ (**~r, ~st**) tapfer, mutig, unerschrocken; 2. trotzen; mutig begegnen (dat.); **brav-er-y** ['breɪvərɪ] Tapferkeit f.

brawl [brɔːl] 1. Krawall m; Rauferei f; 2. Krawall machen; raufen.

brawn-y ['brɔːnɪ] (**-ier, -iest**) muskulös.

bray [breɪ] 1. Eselsschrei m; 2. schreien; schmettern; dröhnen.

bra-zen □ ['breɪzn] unverschämt, unverfroren, frech.

Bra-zil-i-an [brə'zɪljən] 1. brasilianisch; 2. Brasilianer(in).

breach [briːtʃ] 1. Bruch m; fig. Verletzung f; Bresche f; fig. Riß m; 2. e-e Bresche schlagen in (acc.).

bread [bred] Brot n; **~ and butter** Butterbrot n, fig. tägliches Brot; **brown ~** Schwarzbrot n; **know which side one's ~ is buttered** F s-n Vorteil (er)kennen.

breadth [bredθ] Breite f, Weite f; fig. Größe f; of fabric: Bahn f.

break¹ [breɪk] Bruch m; Lücke f; Pause f; Unterbrechung f; econ.: Preis-, Kurssturz m; (Tages)Anbruch m; fig. Zäsur f, Einschnitt m; **bad ~** F Pech n; **lucky ~** F Dusel m, Schwein n; **without a ~** ununterbrochen.

break² (broke, broken) 1. v/t. ab-, auf-, durchbrechen; (zer)brechen; unterbrechen; übertreten; animal: abrichten; horse: zureiten; (at casino) bank: sprengen; supplies: anbrechen; news: (schonend) mitteilen; ruinieren; 2. v/i. brechen; eindringen, einbrechen (into in acc.); (zer)brechen; aus-, los-, an-, aufbrechen; of weather: umschlagen; with adverbs: **~ away** ab-, losbrechen; sich losmachen or losreißen; **~ down** ein-, niederreißen, house: abbrechen; zusammenbrechen (a. fig.); versagen; **~ in** einbrechen, -dringen; **~ off** abbrechen; fig. a. Schluß machen mit; **~ out** ausbrechen; **~ through** durchbrechen; fig. den Durchbruch schaffen; **~ up** abbrechen, beendigen, schließen; (sich) auflösen; relationship, etc.: zerbrechen, auseinandergehen.

break-a-ble ['breɪkəbl] zerbrechlich; **~age** [~ɪdʒ] Bruch m; **~a-way** Trennung f, Bruch m; Brt. Splitter...; **~down** Zusammenbruch m (a. fig.); ⊙

Maschinenschaden m; mot. Panne f.

break-fast ['brekfəst] 1. Frühstück n; 2. frühstücken.

break|through fig. ['breɪkθruː] Durchbruch m; **~-up** Auflösung f; Zerfall m; Zerrüttung f; Zusammenbruch m.

breast [brest] Brust f; Busen m; fig. Herz n; **make a clean ~ of s.th.** et. offen gestehen; **~stroke** ['breststrəʊk] sports: Brustschwimmen n.

breath [breθ] Atem(zug) m; Hauch m; **waste one's ~** s-e Worte verschwenden.

breath-a|lyse, Am. **-lyze** ['breθəlaɪz] driver: (ins Röhrchen) blasen or pusten lassen; **~lys-er**, Am. **-lyz-er** [~ə] Alkoholtestgerät n, F Röhrchen n.

breathe [briːð] v/i. atmen; leben; v/t. (aus-, ein)atmen; hauchen, flüstern.

breath|less □ ['breθlɪs] atemlos; **~tak-ing** atemberaubend.

bred [bred] past and p.p. of breed 2.

breech-es ['brɪtʃɪz] pl. Knie-, Reithosen pl.

breed [briːd] 1. Zucht f, Rasse f; (Menschen)Schlag m; 2. (bred) v/t. erzeugen; auf-, erziehen; züchten; v/i. sich fortpflanzen; **~er** ['briːdə] Züchter(in); Zuchttier n; **~ing** [~ɪŋ] (Tier)Zucht f; Erziehung f; (gutes) Benehmen.

breeze [briːz] Brise f; **breez-y** ['briːzɪ] (-ier, -iest) windig, luftig; heiter, unbeschwert.

breth-ren eccl. ['breðrən] pl. Brüder pl.

brev-i-ty ['brevɪtɪ] Kürze f.

brew [bruː] 1. v/t. and v/i. brauen; zubereiten; fig. aushecken; 2. Gebräu n; **~er** ['bruːə] (Bier)Brauer m; **~er-y** ['bruːərɪ] Brauerei f.

bri-ar ['braɪə] = **brier**.

bribe [braɪb] 1. Bestechung f, Bestechungsgeld n; 2. bestechen; **brib-er-y** ['braɪbərɪ] Bestechung f.

brick [brɪk] 1. Ziegel(stein) m; **drop a ~** Brt. F ins Fettnäpfchen treten; 2. **~ up** or **in** zumauern; **~lay-er** ['brɪkleɪə] Maurer m; **~works** sg. Ziegelei f.

brid-al □ ['braɪdl] Braut...

bride [braɪd] Braut f; **~groom** ['braɪdgrom] Bräutigam m; **~s-maid** [~zmeɪd] Brautjungfer f.

bridge [brɪdʒ] 1. Brücke f; 2. e-e Brücke schlagen über (acc.); fig. überbrücken.

bri-dle ['braɪdl] 1. Zaum m; Zügel m; 2. v/t. (auf)zäumen; zügeln; v/i. a. **~ up** den Kopf zurückwerfen; **~path** Reitweg m.

brief [briːf] 1. □ kurz, bündig; 2. ⅔ schriftliche Instruktion; 3. kurz zusammenfassen; instruieren; **~case** ['briːfkeɪs] Aktenmappe f.

briefs [briːfs] pl. (a pair of ~ ein) Slip m, kurze Unterhose.

bri·er ♣ ['braɪə] Dorn-, Hagebuttenstrauch m; Wilde Rose.

bri·gade ✕ [brɪ'geɪd] Brigade f.

bright □ [braɪt] hell, glänzend; klar; heiter; lebhaft; gescheit; **~en** ['braɪtn] v/t. auf-, erhellen; polieren; aufheitern; v/i. sich aufhellen; **~ness** [~nɪs] Helligkeit f; Glanz m; Klarheit f; Heiterkeit f; Aufgewecktheit f, Intelligenz f.

bril·liance, **~lian·cy** ['brɪljəns, ~ɪ] Helligkeit f; Glanz m; durchdringender Verstand; **~liant** ['brɪljənt] 1. □ glänzend; hervorragend, brillant; 2. Brillant m.

brim [brɪm] 1. Rand m; Krempe f; 2. (-mm-) bis zum Rande füllen or voll sein; **~ful(l)** [brɪm'fʊl] randvoll.

brine [braɪn] Salzwasser n; Sole f.

bring [brɪŋ] (brought) (mit-, her)bringen; j-n veranlassen; charge: erheben (against gegen); what ~s you here? was führt Sie zu mir?; **~ about** zustande bringen; bewirken; **~ back** zurückbringen; **~ forth** hervorbringen; **~ forward** plan, reason, etc.: vorbringen; **~ s.th. home** to j-m et. klarmachen; **~ in** (her)einbringen; ⚖ judgement: fällen; **~ off** et. fertigbringen, schaffen; **~ on** verursachen; **~ out** herausbringen; **~ round** wieder zu Bewußtsein bringen; **~ up** auf-, großziehen; erziehen; zur Sprache bringen; esp. Brt. et. (er)brechen.

brink [brɪŋk] Rand m (a. fig.).

brisk □ [brɪsk] lebhaft, munter; frisch; flink; belebend.

bris·tle ['brɪsl] 1. Borste f; 2. (sich) sträuben; hochfahren, zornig werden; **~ with** fig. starren von; **~tly** [~ɪ] (-ler, -lest) stopp(e)lig, Stoppel...

Brit·ish ['brɪtɪʃ] britisch; the ~ pl. die Briten pl.

brit·tle ['brɪtl] zerbrechlich, spröde.

broach [brəʊtʃ] topic, etc.: anschneiden.

broad □ [brɔːd] breit; weit; day: hell; hint, etc.: deutlich; humour, etc.: derb; allgemein; weitherzig; liberal.

broad·cast ['brɔːdkɑːst] 1. (-cast or -casted) fig. news: verbreiten; im Rundfunk or Fernsehen bringen, ausstrahlen, übertragen; senden; im Rundfunk or Fernsehen sprechen or auftreten; 2. Rundfunk-, Fernsehsendung f; **~er** [~ə] Rundfunk-, Fernsehsprecher(in).

broad·en [~dn] verbreitern, erweitern; **~ jump** Am. sports: Weitsprung m; **~mind·ed** liberal.

bro·cade [brə'keɪd] Brokat m.

bro·chure ['brəʊʃə] Broschüre f, Prospekt m.

brogue¹ [brəʊg] fester Straßenschuh.

brogue² [~] (esp. irischer) Akzent.

broil esp. Am. [brɔɪl] = grill 1.

broke [brəʊk] 1. past of break²; 2. F pleite, abgebrannt; **bro·ken** ['brəʊkən] 1. p.p. of break²; 2. **~ health** zerrüttete Gesundheit; **~hearted** verzweifelt, untröstlich.

bro·ker econ. ['brəʊkə] Makler m.

bron·co Am. ['brɒŋkəʊ] (pl. -cos) (halb)wildes Pferd.

bronze [brɒnz] 1. Bronze f; 2. bronzen, Bronze...; 3. bronzieren.

brooch [brəʊtʃ] Brosche f, Spange f.

brood [bruːd] 1. Brut f; attr. Brut...; 2. brüten (a. fig.); **~er** ['bruːdə] Brutkasten m.

brook [brʊk] Bach m.

broom [brʊm] Besen m; ♣ Ginster m; **~stick** ['brʊmstɪk] Besenstiel m.

broth [brɒθ] Fleischbrühe f.

broth·el ['brɒθl] Bordell n.

broth·er ['brʌðə] Bruder m; **~(s) and sister(s)** Geschwister pl.; **~hood** [~hʊd] Bruderschaft f; Brüderlichkeit f; **~-in-law** [~rɪnlɔː] Schwager m; **~ly** [~lɪ] brüderlich.

brought [brɔːt] past and p.p. of bring.

brow [braʊ] (Augen)Braue f; Stirn f; of cliff: Rand m; of hill: Kuppe f; **~beat** ['braʊbiːt] (-beat, -beaten) einschüchtern; tyrannisieren.

brown [braʊn] 1. braun; 2. Braun n; 3. bräunen; braun werden.

browse [braʊz] 1. Grasen n; fig. Schmökern n; 2. grasen, weiden; **~ through** book, etc.: schmökern in (dat.).

bruise [bruːz] 1. ✚ Quetschung f, Prellung f, Bluterguß m, blauer Fleck, (on thigh a.) F Pferdekuß m; 2. (zer)quetschen; j-n grün u. blau schlagen.

brunch F [brʌntʃ] Brunch m.

brunt [brʌnt]: **bear the ~ of** die Hauptlast von et. tragen.

brush [brʌʃ] 1. Bürste f; Pinsel m; of fox: Rute f; Scharmützel n; Unterholz n; 2. bürsten; fegen; streifen; **~ against** s.o. j-n streifen; **~ away**, **~ off** wegbürsten, abwischen; **~ aside**, **~ away** fig. et. abtun; **~ up** knowledge, etc.: aufpolieren, -frischen; **~ up one's German a ~-s-e** Deutschkenntnisse aufpolieren; **~wood** Gestrüpp n, Unterholz n.

brusque □ [brʊsk] brüsk, barsch.

Brus·sels sprouts ♣ [brʌsl'sprauts] pl. Rosenkohl m.

bru·tal □ ['bruːtl] viehisch; brutal, roh; **~i·ty** [bruː'tælətɪ] Brutalität f, Roheit f.

brute [bruːt] 1. tierisch; brutal, roh; 2. Vieh n; F Untier m, Scheusal n.

bub·ble ['bʌbl] 1. Blase f; fig. Schwindel m; 2. sprudeln.

buc·ca·neer [bʌkə'nɪə] Seeräuber m.

buck [bʌk] **1.** zo. Bock m; Am. sl. Dollar m; **2.** v/i. bocken; ~ up! Kopf hoch!; v/t. ~ off rider: (durch Bocken) abwerfen.

buck-et ['bʌkɪt] Eimer m, Kübel m; kick the ~ F abkratzen, den Löffel abgeben.

buck-le ['bʌkl] **1.** Schnalle f, Spange f; **2.** v/t. a. ~ up zu-, festschnallen; ~ on anschnallen; v/i. ⊙ sich (ver)biegen; ~ down to a task F sich hinter e-e Aufgabe klemmen.

buck|shot hunt. ['bʌkʃɒt] Rehposten m, grober Schrot; ~skin Wildleder n.

bud [bʌd] **1.** ⚘ Knospe f; fig. Keim m; **2.** (-dd-) v/i. knospen, keimen; a ~ding lawyer ein angehender Jurist.

bud-dy Am. F ['bʌdɪ] Kamerad m.

budge [bʌdʒ] (sich) bewegen.

bud-ger-i-gar zo. ['bʌdʒərɪgɑː] Wellensittich m.

bud-get ['bʌdʒɪt] Vorrat m; Staatshaushalt m; Etat m, Finanzen pl.

bud-gie zo. F ['bʌdʒɪ] = budgerigar.

buff¹ [bʌf] **1.** Ochsenleder n; Lederfarbe f; **2.** lederfarben.

buff² F [~] film ~, music ~, etc.: Fan m.

buf-fa-lo zo. ['bʌfələʊ] (pl. -loes, -los) Büffel m.

buff-er ['bʌfə] ⊙ Puffer m; Prellbock m (a. fig.).

buf-fet¹ ['bʌfɪt] **1.** (Faust)Schlag m; **2.** schlagen; ~ about durchschütteln.

buf-fet² ['bʊfeɪ] Büfett n, Anrichte f, Theke f; food: (kaltes) Büfett.

buf-foon [bə'fuːn] Possenreißer m.

bug [bʌg] **1.** zo. Wanze f; Am. zo. Insekt n; F Bazillus m; F Abhörvorrichtung f, Wanze f; computer: (Programm)Fehler m; **2.** (-gg-) F conversation: abhören; F Wanzen anbringen in (dat.); Am. F ärgern, wütend machen.

bug-gy ['bʌgɪ] mot. Buggy m; Kinderwagen m, Buggy m.

bu-gle ['bjuːgl] Wald-, Signalhorn n.

build [bɪld] **1.** (built) (er)bauen, errichten; **2.** Körperbau m, Figur f; ~er ['bɪldə] Erbauer m, Baumeister m; Bauunternehmer m; ~ing [~ɪŋ] (Er)Bauen n; Bau m, Gebäude n; attr. Bau...

built [bɪlt] past and p.p. of build 1.

bulb [bʌlb] ⚘ Zwiebel f, Knolle f; ⚡ (Glüh)Birne f.

bulge [bʌldʒ] **1.** (Aus)Bauchung f; Anschwellung f; **2.** sich (aus)bauchen; hervorquellen.

bulk [bʌlk] Umfang m; Masse f; Hauptteil m; ♠ Ladung f; in ~ econ. lose; in großer Menge; ~y ['bʌlkɪ] (-ier, -iest) umfangreich; unhandlich, sperrig.

bull¹ zo. [bʊl] Bulle m, Stier m.

bull² [~] eccl. Bulle f.

bull-dog zo. ['bʊldɒg] Bulldogge f.

bull|doze F ['bʊldəʊz] terrorisieren;

~doz-er ⊙ [~ə] Bulldozer m, Planierraupe f.

bul-let ['bʊlɪt] Kugel f; ~proof kugelsicher.

bul-le-tin ['bʊlɪtɪn] Bulletin n, Tagesbericht m; ~ board Am. Schwarzes Brett.

bul-lion ['bʊljən] Gold-, Silberbarren m; Gold-, Silberlitze f.

bul-ly ['bʊlɪ] **1.** Maulheld m; Tyrann m; **2.** einschüchtern, tyrannisieren.

bul-wark ['bʊlwək] Bollwerk n (a. fig.).

bum F [bʌm] **1.** Hintern m; person: Nichtstuer m, Herumtreiber m, Gammler m; **2.** (-mm-) schnorren; ~ around herumgammeln.

bum-ble-bee zo. ['bʌmblbiː] Hummel f.

bump [bʌmp] **1.** heftiger Schlag or Stoß; Beule f; **2.** stoßen; zusammenstoßen (mit), rammen; ~ into fig. j-n zufällig treffen; ~ off F j-n umlegen, umbringen.

bum-per¹ ['bʌmpə] riesig, Riesen...; ~ crop Rekordernte f.

bum-per² mot. [~] Stoßstange f; ~-to-Stoßstange an Stoßstange.

bump-y ['bʌmpɪ] (-ier, -iest) holp(e)rig.

bun [bʌn] süßes Brötchen; (Haar)Knoten m.

bunch [bʌntʃ] **1.** Bund n, Büschel n; Haufen m; ~ of grapes Weintraube f; **2.** a. ~ up bündeln.

bun-dle ['bʌndl] **1.** Bündel n (a. fig.), Bund n; **2.** v/t. a. ~ up bündeln.

bung [bʌŋ] Spund m.

bun-ga-low ['bʌŋgələʊ] Bungalow m.

bun-gle ['bʌŋgl] **1.** Stümperei f, Pfusch(arbeit f) m; **2.** verpfuschen.

bunk [bʌŋk] Schlafkoje f; (a. ~ bed) Stockbett n.

bun-ny ['bʌnɪ] Häschen n.

buoy [bɔɪ] **1.** ♣ Boje f; **2.** ~ed up fig. von neuem Mut erfüllt; ~ant □ ['bɔɪənt] schwimmfähig; of water: tragend; fig. heiter.

bur-den ['bɜːdn] **1.** Last f; Bürde f; ♣ Tragfähigkeit f; **2.** belasten; ~some [~səm] lästig, drückend.

bu-reau ['bjʊərəʊ] (pl. -reaux, -reaus) Büro n, Geschäftszimmer n; Brt. Schreibtisch m; -pult n; Am. (esp. Spiegel)Kommode f; ~cra-cy [bjʊə'rɒkrəsɪ] Bürokratie f.

bur-glar ['bɜːglə] Einbrecher m; ~ize Am. [~raɪz] = burgle; ~y [~rɪ] Einbruch(sdiebstahl) m; **bur-gle** [~gl] einbrechen (in acc.).

bur-i-al ['berɪəl] Begräbnis n.

bur-ly ['bɜːlɪ] (-ier, -iest) stämmig, kräftig.

burn [bɜːn] **1.** ⚕ Brandwunde f; verbrannte Stelle; **2.** (burnt or burned) (ver-, an)brennen; ~ down ab-, niederbrennen; ~ out ausbrennen; ~ up auflo-

dern; verbrennen; *meteor*, *etc*.: verglühen; **~ing** ['bɜːnɪŋ] brennend (*a. fig.*).
bur·nish ['bɜːnɪʃ] polieren.
burnt [bɜːnt] *past and p.p. of burn* 2.
burp F [bɜːp] rülpsen, aufstoßen; *of baby*: ein Bäuerchen machen (lassen).
bur·row ['bʌrəʊ] **1.** Höhle *f*, Bau *m*; **2.** (sich ein-, ver)graben.
burst [bɜːst] **1.** Bersten *n*; Riß *m*; *fig.* Ausbruch *m*; **2.** (*burst*) *v/i.* bersten, platzen; zerspringen; explodieren; ~ *from* sich losreißen von; ~ *in on or upon* hereinplatzen bei *j-m*; ~ *into tears* in Tränen ausbrechen; ~ *out* herausplatzen; *v/t.* (auf)sprengen.
bur·y ['berɪ] be-, vergraben; beerdigen.
bus [bʌs] (*pl. -es, -ses*) (Omni)Bus *m*.
bush [bʊʃ] Busch *m*; Gebüsch *n*.
bush·el ['bʊʃl] Scheffel *m* (*Brt. 36,37 l, Am. 35,24 l*).
bush·y ['bʊʃɪ] (*-ier, -iest*) buschig.
busi·ness ['bɪznɪs] Geschäft *n*; Beschäftigung *f*; Beruf *m*; Angelegenheit *f*; Aufgabe *f*; *econ.* Handel *m*; ~ *of the day* Tagesordnung *f*; *on* ~ geschäftlich; *you have no* ~ *doing* (*or to do*) *that* Sie haben kein Recht, das zu tun; *this is none of your* ~ das geht Sie nichts an; *s. mind* 2; ~ *hours pl.* Geschäftszeit *f*, Öffnungszeiten *pl.*; **~·like** geschäftsmäßig, sachlich; **~·man** Geschäftsmann *m*; ~ *trip* Geschäftsreise *f*; **~·wom·an** Geschäftsfrau *f*.
bus| sta·tion ['bʌsteɪʃn] Busbahnhof *m*; ~ **stop** ['bʌsstɒp] Bushaltestelle *f*.
bust¹ [bʌst] Büste *f*.
bust² [bʌst] **1.** *Am.* [~] Pleite *f*; **2.** zerbrechen, kaputtmachen; F *arrest*: einlochen, einbuchten.
bus·tle ['bʌsl] **1.** Geschäftigkeit *f*; geschäftiges Treiben; **2.** ~ *about* geschäftig hin u. her eilen.
bus·y □ ['bɪzɪ] **1.** (*-ier, -iest*) beschäftigt; geschäftig; fleißig (*at* bei, *an dat.*); lebhaft; *teleph.* besetzt; **2.** (*mst* ~ *o.s.*) sich beschäftigen (*with* mit); **~·bod·y** Wichtiguer *m*, F Gschaftlhuber *m*.
but [bʌt, bət] **1.** *cj.* aber, jedoch, sondern; außer, als; ohne daß; dennoch; *a.* ~ *that* daß nicht; *she could not* ~ *laugh* sie mußte einfach lachen; **2.** *prp.* außer; *all* ~ *her* alle außer ihr; *the last* ~ *one* der vorletzte; *the next* ~ *one* der übernächste; *nothing* ~ nichts als; ~ *for* wenn nicht ... gewesen wäre, ohne; **3.** *rel. pron.* (*after a negative*:) der (die *or* das) nicht; *there is no one* ~ *knows* es gibt niemand, der es nicht weiß; **4.** *adv.* nur; erst, gerade; *all* ~ fast, beinahe.
butch·er ['bʊtʃə] **1.** Fleischer *m*, Metzger *m*; **2.** (*fig.* ab-, hin)schlachten; **~·y** [~rɪ] Schlachthaus *n*; *fig.* Gemetzel *n*.

but·ler ['bʌtlə] Butler *m*.
butt¹ [bʌt] **1.** Stoß *m*; (dickes) Ende, *of gun*: Kolben *m*; *of cigarette*: Stummel *m*, Kippe *f*; F *buttocks*: V Arsch *m*, F Hintern *m*; Schießstand *m*; *fig.* Zielscheibe *f*; **2.** (mit dem Kopf) stoßen; ~ *in* F sich einmischen (*on* in *acc.*).
butt² [~] Wein-, Bierfaß *n*; Regentonne *f*.
but·ter ['bʌtə] **1.** Butter *f*; F Schmeichelei *f*; **2.** mit Butter bestreichen; **~·cup** ♣ Butterblume *f*; **~·fly** *zo.* Schmetterling *m*; **~·y** [~rɪ] butter(artig), Butter...
but·tocks ['bʌtəks] *pl.* Gesäß *n*, F *or zo.* Hinterteil *n*.
but·ton ['bʌtn] **1.** Knopf *m*; ♣ Knospe *f*; **2.** *mst* ~ *up* zuknöpfen; **~·hole** Knopfloch *n*.
but·tress ['bʌtrɪs] **1.** Strebepfeiler *m*; *fig.* Stütze *f*; **2.** (unter)stützen.
bux·om ['bʌksəm] drall, stramm.
buy [baɪ] **1.** F Kauf *m*; **2.** (*bought*) *v/t.* (an-, ein)kaufen (*of, from* von; *at* bei); ~ *out* *j-n* abfinden, auszahlen; *company*: aufkaufen; ~ *up* aufkaufen; **~·er** ['baɪə] (Ein)Käufer(in); **~·out** ['baɪaʊt] *econ.* Aufkauf *m*, Buyout *m*.
buzz [bʌz] **1.** Summen *n*, Surren *n*; Stimmengewirr *n*; **2.** *v/i.* summen, surren; ~ *about* herumschwirren; ~ *off!* *Brt.* F schwirr ab!, hau ab!
buz·zard *zo.* ['bʌzəd] Bussard *m*.
buzz·er ⚡ ['bʌzə] Summer *m*.
by [baɪ] **1.** *prp. of place*: bei; an, neben; *of direction*: durch, über; *along*: an (*dat.*) entlang *or* vorbei; *of time*: an, bei; spätestens bis, bis zu; *pass.* von, durch; *means, tool, etc.*: durch, mit; *in oaths*: bei; *measure*: um, bei; *according to*: gemäß, bei; ~ *the dozen* dutzendweise; ~ *o.s.* allein; ~ *land* zu Lande; ~ *rail* per Bahn; *day* ~ *day* Tag für Tag; ~ *twos* zu zweien; ~ *the way* übrigens, nebenbei bemerkt; **2.** *adv.* dabei; vorbei; beiseite; ~ *and* ~ bald; nach u. nach; ~ *the* ~ nebenbei bemerkt; ~ *and large* im großen u. ganzen.
by- [baɪ] Neben...; Seiten...
bye *int.* F [baɪ], *a.* **bye-bye** [~'baɪ] Wiedersehen!, Tschüs!
by|-e·lec·tion ['baɪɪlekʃn] Nachwahl *f*; **~·gone 1.** vergangen; **2.** *let* ~*s be* ~*s* laß(t) das Vergangene ruhn; **~·pass 1.** Umgehungsstraße *f*; ♣ Bypass *m*; **2.** umgehen; vermeiden; **~·path** Seitenstraße *f*; **~·prod·uct** Nebenprodukt *n*, Nebenresultat *n*; **~·road** Seitenstraße *f*; **~·stand·er** Zuschauer(in); **~·street** Neben-, Seitenstraße *f*.
byte [baɪt] *computer*: Byte *n*.
by|way ['baɪweɪ] Seitenstraße *f*; **~·word** Sprichwort *n*; Inbegriff *m*; *be a* ~ *for* gleichbedeutend sein mit.

C

cab [kæb] Taxi *n*, Taxe *f*, *old*: Droschke *f*; ⚙ Führerstand *m*; *of lorry*: Fahrerhaus *n*, *of crane*: Führerhaus *n*.

cab-bage ⚘ ['kæbɪdʒ] Kohl *m*.

cab-in ['kæbɪn] Hütte *f*; ⚓ *and of cable car*: Kabine *f*, Kajüte *f*; ✈ Kanzel *f*; **~boy** ⚓ junger Kabinensteward; **~ cruis-er** ⚓ Kabinenkreuzer *m*.

cab-i-net ['kæbɪnɪt] *pol.* Kabinett *n*; Schrank *m*, Vitrine *f*; (Radio)Gehäuse *n*; **~ meeting** *pol.* Kabinettssitzung *f*; **~mak-er** Kunsttischler *m*.

ca-ble ['keɪbl] **1.** Kabel *n*; ⚓ Ankertau *n*; **2.** telegrafieren; *money*: telegrafisch anweisen; **~car** Drahtseilbahn *f*; **~gram** [~græm] (Übersee)Telegramm *n*; **~ tel-e-vi-sion** Kabelfernsehen *n*.

cabi-rank ['kæbræŋk], **~stand** Taxistand *m*.

ca-ca-o ⚘ [kə'kɑːəʊ] (*pl.* -os) Kakaobaum *m*, -bohne *f*.

cack-le ['kækl] **1.** Gegacker *n*, Geschnatter *n*; **2.** gackern, schnattern.

cad [kæd] Schuft *m*, Schurke *m*.

ca-dav-er ✞ [kə'deɪvə] Leichnam *m*.

ca-dence ['keɪdəns] ♪ Kadenz *f*; Tonfall *m*; Rhythmus *m*.

ca-det ✕ [kə'det] Kadett *m*.

cae-sar-e-an ✞ [sɪ'zeərɪən] Kaiserschnitt *m*.

caf-é, caf-e ['kæfeɪ] Café *n*.

caf-e-te-ri-a [kæfɪ'tɪərɪə] Selbstbedienungsrestaurant *n*, Cafeteria *f*.

cage [keɪdʒ] **1.** Käfig *m*; ⚒ Förderkorb *m*; **2.** einsperren.

cag-ey □ F ['keɪdʒɪ] (-gier, -giest) verschlossen; vorsichtig; *Am.* schlau, gerissen.

ca-jole [kə'dʒəʊl] *j-m* schmeicheln; *j-n* beschwatzen.

cake [keɪk] **1.** Kuchen *m*, Torte *f*; *of chocolate*: Tafel *f*, *of soap*: Riegel *m*, Stück *n*; **2.** **~d with mud** schmutzverkrustet.

ca-lam-i|tous □ [kə'læmɪtəs] katastrophal; **~ty** [~tɪ] großes Unglück, Katastrophe *f*.

cal-cu|late ['kælkjʊleɪt] *v/t.* kalkulieren; be-, aus-, errechnen; *Am.* F vermuten; *v/i.* rechnen (**on**, **upon** mit, auf *acc.*); **~la-tion** [kælkjʊ'leɪʃn] Berechnung *f* (*a. fig.*), Ausrechnung *f*; *econ.* Kalkulation *f*; Überlegung *f*; **~la-tor** ['kælkjʊleɪtə] Rechner *m* (*person, machine*).

cal-dron ['kɔːldrən] = **cauldron**.

cal-en-dar ['kælɪndə] **1.** Kalender *m*; Liste *f*; **2.** registrieren.

calf¹ [kɑːf] (*pl.* **calves** [~vz]) Wade *f*.

calf² [~] (*pl.* **calves**) Kalb *n*; **~skin** Kalb(s)fell *n*.

cal-i-bre, *Am.* **-ber** ['kælɪbə] Kaliber *n*.

call [kɔːl] **1.** Ruf *m*; *teleph.* Anruf *m*, Gespräch *n*; *to office, post, etc.*: Ruf *m*, Berufung *f*; Aufruf *m*, Aufforderung *f*; Signal *n*; (kurzer) Besuch; *of money, funds*: Kündigung *f*, Abruf *m*; **on ~** auf Abruf; **make a ~** telefonieren; **give s.o. a ~** j-n anrufen; **2.** *v/t.* (herbei)rufen; (ein)berufen; *teleph.* j-n anrufen; rufen, ernennen (**to** zu); nennen; *attention*: lenken (**to** auf *acc.*); **be ~ed** heißen; **~ s.o. names** j-n beschimpfen, beleidigen; **~ up** *teleph.* anrufen; **3.** *v/i.* rufen; *teleph.* anrufen; e-n (kurzen) Besuch machen (**on s.o.**, **at s.o.'s** [*house*] bei j-m); **thanks for ~ing!** danke für den Anruf!; **~ at a port** e-n Hafen anlaufen; **~ for** rufen nach; *et.* anfordern; *et.* abholen; **to be ~ed for** postlagernd; **~ on s.o.** j-n besuchen; **~ on**, **~ upon** sich an j-n wenden (**for** wegen); appellieren an (*acc.*) (**to do** zu tun); **~box** ['kɔːlbɒks] Fernsprechzelle *f*; **~er** [~ə] *teleph.* Anrufer(in); Besucher(in); **~girl** Callgirl *n*; **~ing** [~ɪŋ] Rufen *n*; Berufung *f*.

cal-lous □ ['kæləs] schwielig; *fig.* dickfellig, herzlos.

cal-low ['kæləʊ] *fig.* unerfahren, unreif.

calm [kɑːm] **1.** □ still, ruhig; **2.** (Wind)Stille *f*, Ruhe *f*; **3.** *often* **~ down** besänftigen, (sich) beruhigen.

cal-o-rie *phys.* ['kælərɪ] Kalorie *f*; **high-/low-~** kalorienreich/-arm; **be rich/low in ~s** kalorienreich/-arm sein; **~con-scious** kalorienbewußt.

ca-lum-ni-ate [kə'lʌmnɪeɪt] verleumden; **cal-um-ny** ['kæləmnɪ] Verleumdung *f*.

calve [kɑːv] kalben.

calves [kɑːvz] *pl. of* **calf¹, ²**.

came [keɪm] *past of* **come**.

cam-el *zo.* ['kæml] Kamel *n*.

cam-e-ra ['kæmərə] Kamera *f*, Fotoapparat *m*; **in ~** ⚖ unter Ausschluß der Öffentlichkeit.

cam-o-mile ⚘ ['kæməmaɪl] Kamille *f*.

cam-ou-flage ✕ ['kæmʊflɑːʒ] **1.** Tarnung *f*; **2.** tarnen.

camp [kæmp] **1.** Lager *n*; ✕ Feldlager *n*; **~bed** Feldbett *n*; **2.** lagern; **~ (out) or go ~ing** zelten (gehen), campen.

cam-paign [kæm'peɪn] **1.** ✕ Feldzug *m*; *fig.* Kampagne *f*, Feldzug *m*, Aktion *f*; *pol.* Wahlkampf *m*; **2.** ✕ an e-m Feldzug teilnehmen; *fig.* kämpfen, zu Felde ziehen; *pol.* sich am Wahlkampf beteiligen, Wahlkampf machen; *Am.* kandidieren (**for** für).

camp|ground ['kæmpgraond], **~site** Lagerplatz m; Zelt-, Campingplatz m.

cam·pus ['kæmpəs] Campus m, Universitätsgelände n.

can' v/aux. [kæn, kən] ich, du etc. kann(st), etc.; dürfen, können.

can² [kæn] 1. Kanne f; (Blech-, Konserven)Dose f, (-)Büchse f; 2. (-nn-) (in Büchsen) einmachen, eindosen.

Ca·na·di·an [kə'neɪdjən] 1. kanadisch; 2. Kanadier(in).

ca·nal [kə'næl] Kanal m (a. anat.); **~ize** ['kænəlaɪz] kanalisieren (a. fig.).

can·apé ['kænəpeɪ] Cocktailhappen m.

ca·nard [kæ'nɑːd] (Zeitungs)Ente f.

ca·nar·y zo. [kə'neərɪ] Kanarienvogel m.

can·cel ['kænsl] (esp. Brt. -ll-, Am. -l-) absagen, rückgängig machen; (durch-, aus)streichen; ticket: entwerten; be **~(l)ed** ausfallen; **~la·tion** [kænsə'leɪʃn] Absage f, Streichung f, Stornierung f; **~ insurance** Reiserücktrittskosten-Versicherung f.

can·cer ast., **♣** ['kænsə] Krebs m; **~ous** [~rəs] krebsartig; krebsbefallen.

can·did □ ['kændɪd] aufrichtig, offen.

can·di·date ['kændɪdət] Kandidat(in) (for für), Anwärter(in), Bewerber(in) (for um).

can·died ['kændɪd] kandiert.

can·dle ['kændl] Kerze f; Licht n; burn the **~** at both ends mit s-r Gesundheit Raubbau treiben; **~stick** Kerzenleuchter m.

can·do(u)r ['kændə] Aufrichtigkeit f, Offenheit f.

can·dy ['kændɪ] 1. Kandis(zucker) m; Am. Süßigkeiten pl.; 2. v/t. kandieren.

cane [keɪn] 1. **♣** Rohr n; (Rohr)Stock m; 2. (mit dem Stock) züchtigen.

ca·nine ['keɪnaɪn] Hunde...

canned Am. [kænd] Dosen..., Büchsen...; ...konserve f.

can·ne·ry Am. ['kænərɪ] Konservenfabrik f.

can·ni·bal ['kænɪbl] Kannibale m.

can·non ['kænən] Kanone f.

can·ny □ ['kænɪ] (-ier, -iest) gerissen, schlau.

ca·noe [kə'nuː] 1. Kanu n, Paddelboot n; 2. Kanu fahren, paddeln.

can·on ['kænən] Kanon m; Regel f, Richtschnur f; **~ize** [~aɪz] heiligsprechen.

can·o·py ['kænəpɪ] Baldachin m; arch. Vordach n.

cant [kænt] Fachsprache f; Gewäsch n; frömmlerisches Gerede.

can·tan·ker·ous F □ [kæn'tæŋkərəs] zänkisch, mürrisch.

can·teen [kæn'tiːn] Kantine f; **✗** Koch-

geschirr n, Feldflasche f; Besteck(kasten m) n.

can·ter ['kæntə] 1. Kanter m, leichter Galopp; 2. leicht galoppieren.

can·vas ['kænvəs] Segeltuch n; Zelt-, Packleinwand f; Segel pl.; paint. Leinwand f; Gemälde n.

can·vass [~] 1. pol. Wahlfeldzug m; econ. Werbefeldzug m; 2. v/t. eingehend untersuchen or erörtern or prüfen; v/i. pol. um Stimmen werben, F auf Stimmenfang gehen; e-n Wahlfeldzug veranstalten.

can·yon ['kænjən] Cañon m.

cap [kæp] 1. Kappe f; Mütze f; Haube f; arch. Aufsatz m; Zündkapsel f; **♣** Pessar n; 2. (-pp-) bedecken; fig. krönen; übertreffen.

ca·pa·bil·i·ty [keɪpə'bɪlətɪ] Fähigkeit f; **~ble** □ ['keɪpəbl] fähig (of zu).

ca·pa·cious □ [kə'peɪʃəs] geräumig; **ca·pac·i·ty** [kə'pæsətɪ] (Raum)Inhalt m; Fassungsvermögen n; Kapazität f; Aufnahmefähigkeit f; ability, power (a. **⊕**): Leistungsfähigkeit f (for ger. zu inf.); in my **~** as in meiner Eigenschaft als.

cape¹ [keɪp] Kap n, Vorgebirge n.

cape² [~] Cape n, Umhang m.

ca·per ['keɪpə] 1. Kapriole f, Luftsprung m; cut **~s** = 2. Freuden- or Luftsprünge machen.

ca·pil·la·ry anat. [kə'pɪlərɪ] Haar-, Kapillargefäß n.

cap·i·tal ['kæpɪtl] 1. □ Kapital...; Tod(es)...; Haupt...; großartig, prima; **~ crime** Kapitalverbrechen n; **~ punishment** Todesstrafe f; 2. Hauptstadt f; Kapital n; mst **~ letter** Großbuchstabe m; **~is·m** [~ɪzəm] Kapitalismus m; **~ist** [~ɪst] Kapitalist m; **~ize** [~əlaɪz] kapitalisieren; groß schreiben.

ca·pit·u·late [kə'pɪtjʊleɪt] kapitulieren (to vor dat.).

ca·price [kə'priːs] Laune f; **ca·pri·cious** □ [~ʃəs] kapriziös, launisch.

Cap·ri·corn ast. ['kæprɪkɔːn] Steinbock m.

cap·size [kæp'saɪz] v/i. kentern; v/t. zum Kentern bringen.

cap·sule ['kæpsjuːl] Kapsel f; (Raum-)Kapsel f.

cap·tain ['kæptɪn] (An)Führer m; Kapitän m; **✗** Hauptmann m.

cap·tion ['kæpʃn] Überschrift f, Titel m; Bildunterschrift f; of film: Untertitel m.

cap·ti·vate fig. ['kæptɪveɪt] gefangennehmen, fesseln; **~tive** ['kæptɪv] 1. gefangen; gefesselt; hold **~** gefangenhalten; take **~** gefangennehmen; 2. Gefangene(r m) f; **~tiv·i·ty** [kæp'tɪvətɪ] Gefangenschaft f.

cap·ture ['kæptʃə] 1. Eroberung f; Gefangennahme f; 2. fangen; erobern; erbeuten; ✦ kapern.

car [kɑ:] Auto n, Wagen m; (Eisenbahn-, Straßenbahn)Wagen m; of balloon, etc.: Gondel f; of lift: Kabine f; by ~ mit dem Auto, im Auto.

car·a·mel ['kærəmel] Karamel m; Karamelle f.

car·a·van ['kærəvæn] Karawane f; Brt. Wohnwagen m, -anhänger m; ~ site Campingplatz m für Wohnwagen.

car·a·way ⚕ ['kærəwei] Kümmel m.

car·bine ✕ ['kɑ:bain] Karabiner m.

car·bo·hy·drate ⚕ [kɑ:bəʊ'haidreit] Kohle(n)hydrat n.

car·bon ['kɑ:bən] ⚕ Kohlenstoff m; a. ~ copy Durchschlag m; a. ~ paper Kohlepapier n.

car·bu·ret·tor, a. **-ret·ter** esp. Brt., Am. **-ret·or**, a. **-ret·er** ⊙ [kɑ:bju'retə] Vergaser m.

car·case, car·cass ['kɑ:kəs] Kadaver m, Aas n; at butcher's: Rumpf m.

card [kɑ:d] Karte f; have a ~ up one's sleeve fig. (noch) e-n Trumpf in der Hand haben; ~board ['kɑ:dbɔ:d] Pappe f; ~ box Pappkarton m.

car·di·ac ⚕ ['kɑ:dæk] Herz...

car·di·gan ['kɑ:digən] Strickjacke f.

car·di·nal ['kɑ:dinl] 1. □ Grund..., Haupt..., Kardinal...; grundlegend; scharlachrot; ~ number Grundzahl f; 2. eccl. Kardinal m.

card-in·dex ['kɑ:dindeks] Kartei f.

card·phone ['kɑ:dfəʊn] Kartentelefon n.

card-sharp·er ['kɑ:dʃɑ:pə] Falschspieler m.

care [keə] 1. Sorge f; Sorgfalt f; Vorsicht f; Obhut f, Pflege f; medical ~ ärztliche Behandlung; ~ of (abbr. c/o) ... bei ..., c/o ...; take ~ of aufpassen auf (acc.); with ~! Vorsicht!; 2. Lust haben (to inf. zu); ~ for sorgen für, sich kümmern um; mögen, sich etwas machen aus; I don't ~! F meinetwegen!; I couldn't ~ less F es ist mir völlig egal; who ~s? was soll's?, na und?; well ~d for gepflegt.

ca·reer [kə'riə] 1. Karriere f, Laufbahn f; 2. Berufs...; Karriere...; 3. rasen.

care-free ['keəfri:] sorgenfrei, sorglos.

care·ful □ ['keəfl] vorsichtig; sorgsam bedacht (of auf acc.); sorgfältig; be ~! gib acht!; ~ness [~nis] Vorsicht f; Sorgfalt f.

care·less □ ['keəlis] sorglos; nachlässig; unachtsam; leichtsinnig; ~ness [~nis] Sorglosigkeit f; Nachlässigkeit f; Fahrlässigkeit f.

ca·ress [kə'res] 1. Liebkosung f; 2. liebkosen, streicheln.

care·tak·er ['keəteikə] Hausmeister m; (Haus- etc.)Verwalter m.

care·worn ['keəwɔ:n] abgehärmt.

car·go ['kɑ:gəʊ] (pl. -goes, Am. a. -gos) Ladung f.

car·i·ca·ture ['kærikətjʊə] 1. Karikatur f; 2. karikieren; ~tur·ist [~rist] Karikaturist m.

car·mine ['kɑ:main] Karmin(rot) n.

car·nal □ ['kɑ:nl] fleischlich; sinnlich.

car·na·tion [kɑ:'neiʃn] ⚘ (Garten)Nelke f; Blaßrot n.

car·ni·val ['kɑ:nivl] Karneval m.

car·niv·o·rous ⚘, zo. [kɑ:'nivərəs] fleischfressend.

car·ol ['kærəl] Weihnachtslied n.

carp zo. [kɑ:p] Karpfen m.

car-park Brt. ['kɑ:pɑ:k] Parkplatz m; Parkhaus n.

car·pen·ter ['kɑ:pintə] Zimmermann m.

car·pet ['kɑ:pit] 1. Teppich m; bring on the ~ aufs Tapet bringen; 2. mit e-m Teppich belegen.

car|pool ['kɑ:pu:l] Fahrgemeinschaft f; of company: Fahrbereitschaft f; ~port überdachter Abstellplatz.

car·riage ['kærid͡ʒ] Beförderung f, Transport m; Fracht(gebühr) f; Kutsche f; Brt. ⚙ Wagen m; ⊙ Fahrgestell n (a. ✈); (Körper)Haltung f; ~way Fahrbahn f.

car·ri·er ['kæriə] Spediteur m; Träger m; Gepäckträger m (of bicycle); ~bag Trag(e)tasche f, -tüte f; ~pi·geon Brieftaube f.

car·ri·on ['kæriən] Aas n; attr. Aas...

car·rot ['kærət] Karotte f, Möhre, Mohrrübe f.

car·ry ['kæri] v/t. from place to place: bringen, führen, tragen (a. v/i.), fahren, befördern; (bei sich) haben or tragen; opinion, point, etc.: durchsetzen; victory, etc: davontragen, (weiter)führen; wall: ziehen; motion, bill, etc.: durchbringen; be carried of motion, bill, etc.: angenommen werden; ~ the day den Sieg davontragen; ~ s.th. too far et. übertreiben, et. zu weit treiben; get carried away fig. die Kontrolle über sich verlieren; ~ forward, ~ over econ. übertragen; ~ on weitermachen, fortsetzen, weiterführen; business, etc.: betreiben; ~ out, ~ through durch-, ausführen; ~all ['kæri:ɔ:l] esp. Am. Einkaufstasche f; ~cot Brt. ['kærikɔt] (Baby)Trag(e)-tasche f.

cart [kɑ:t] 1. Karren m; Wagen m; put the ~ before the horse fig. das Pferd beim Schwanz aufzäumen; 2. karren, fahren.

car·ti·lage anat. ['kɑ:tilid͡ʒ] Knorpel m.

car·ton ['kɑːtən] Karton *m*; **a ~ of ciga·rettes** e-e Stange Zigaretten.

car·toon [kɑː'tuːn] Cartoon *m*, *n*; Karikatur *f*; Zeichentrickfilm *m*; **~·ist** [~ɪst] Karikaturist *m*.

car·tridge ['kɑːtrɪdʒ] Patrone *f*; *phot.* (Film)Patrone *f*, (Film)Kassette *f*; **~ pen** Patronenfüllhalter *m*.

cart·wheel ['kɑːtwiːl] Wagenrad *n*; **turn ~s** radschlagen.

carve [kɑːv] *meat*: vorschneiden, zerlegen; schnitzen; meißeln; **carv·er** ['kɑːvə] (Holz)Schnitzer *m*; Bildhauer *m*; Tranchierer *m*; Tranchiermesser *n*; **carv·ing** [~ɪŋ] Schnitzerei *f*.

car wash ['kɑːwɒʃ] Autowäsche *f*; Waschanlage *f*, -straße *f*.

cas·cade [kæ'skeɪd] Wasserfall *m*.

case¹ [keɪs] **1.** Behälter *m*, Kiste *f*, Kasten *m*; Etui *n*; Gehäuse *n*; Schachtel *f*; (Glas)Schrank *m*, Vitrine *f*; *of pillow*: Bezug *m*; ⊙ Verkleidung *f*; **2.** in ein Gehäuse *or* Etui stecken; ⊙ verkleiden.

case² [~] Fall *m* (*a.* 🐟); *gr.* Kasus *m*, Fall *m*; ✚ (Krankheits)Fall *m*, Patient(in); F komischer Typ; Sache *f*, Angelegenheit *f*.

case·ment ['keɪsmənt] Fensterflügel *m*; *a.* **~ window** Flügelfenster *n*.

cash [kæʃ] **1.** Bargeld *n*; Barzahlung *f*; **~ down** gegen bar; **~ on delivery** Lieferung/gegen bar, (per) Nachnahme *f*; **2.** *cheque*: einlösen; **~·book** Kassenbuch *n*; **~ desk** Kasse *f*; **~ dis·pens·er** Geldautomat *m*, Bankomat *m*; **~·ier** [kæ'ʃɪə] Kassierer(in); **~'s desk** *or* **office** Kasse *f*; **~·less** bargeldlos; **~·point** = **dis·penser**; **~ re·gis·ter** Registrierkasse *f*.

cas·ing ['keɪsɪŋ] (Schutz)Hülle *f*; Verschalung *f*, -kleidung *f*, Gehäuse *n*.

cask [kɑːsk] Faß *n*.

cas·ket ['kɑːskɪt] Kästchen *n*; *Am.* Sarg *m*.

cas·se·role ['kæsərəʊl] Kasserolle *f*.

cas·sette [kə'set] (Film-, Band-, *etc.*) Kassette *f*; **~ deck** Kassettendeck *n*; **~ ra·di·o** Radiorecorder *m*; **~ re·cord·er** Kassettenrecorder *m*.

cas·sock *eccl.* ['kæsək] Soutane *f*.

cast [kɑːst] **1.** Wurf *m*; ⊙ Guß(form *f*) *m*; Abguß *m*, Abdruck *m*; Form *f*, Art *f*; *angling*: Auswerfen *n*; *thea.* Besetzung *f*; **2.** (*cast*) *v/t.* (ab-, aus-, hin-, um-, weg)werfen; *zo. skin*: abwerfen; *teeth, etc.*: verlieren; verwerfen; gestalten; ⊙ gießen; *a.* **~ up** ausrechnen, zusammenzählen; *thea. play*: besetzen; *parts*: verteilen (**to** an *acc.*); **be ~ in a lawsuit** e-n Prozeß verlieren; **~ lots** losen (**for** um); **~ in one's lot with** s.o. j-s Los teilen; **~ one's vote** *pol.* s-e Stimme abgeben; **~ aside** *habit, etc.*: ablegen;

friends, etc.: fallenlassen; **~ away** wegwerfen; **be ~ away** ✿ verschlagen werden; **be ~ down** niedergeschlagen sein; **~ off** *clothes, etc.*: ausrangieren; *friends, etc.*: fallenlassen; **~ about for, ~ around for** suchen (nach), *fig.* sich umsehen nach.

cas·ta·net [kæstə'net] Kastagnette *f*.

cast·a·way ['kɑːstəweɪ] **1.** ausgestoßen; ausrangiert, *clothes*: abgelegt; ✿ schiffbrüchig; **2.** Ausgestoßene(r *m*) *f*; ✿ Schiffbrüchige(r *m*) *f*.

caste [kɑːst] Kaste *f* (*a. fig.*).

cast·er ['kɑːstə] = **castor³**.

cas·ti·gate ['kæstɪgeɪt] züchtigen; *fig.* geißeln.

cast i·ron [kɑːst'aɪən] Gußeisen *n*; **cast-i·ron** gußeisern.

cas·tle ['kɑːsl] Burg *f*, Schloß *n*; *in chess*: Turm *m*.

cast·or¹ ['kɑːstə]: **~ oil** Rizinusöl *n*.

cast·or³ [~] *wheel*: Laufrolle *f*; (Salz-, Zucker-, *etc.*)Streuer *m*.

cas·trate [kæ'streɪt] kastrieren.

cas·u·al ☐ ['kæʒjuəl] zufällig; gelegentlich; flüchtig; lässig; **~ wear** Freizeitkleidung *f*; **~·ty** [~tɪ] Verunglückte(r *m*) *f*, Opfer *n*; ✕ Verwundete(r *m*), Gefallene(r) *m*; **casualties** *pl.* Opfer *pl.*, ✕ *mst* Verluste *pl.*; **~ ward, ~ department** Unfallstation *f*.

cat *zo.* [kæt] Katze *f*.

cat·a·logue, cat·a·log *Am.* ['kætəlɒg] **1.** Katalog *m*; *Am. univ.* Vorlesungsverzeichnis *n*; **2.** katalogisieren.

cat·a·lyst ['kætəlɪst] 🜋 Katalysator *m* (*a. fig.*); **cat·a·lyt·ic** [kætə'lɪtɪk]: **~ con·verter** *mot.* Abgaskatalysator *m*.

cat·a·pult ['kætəpʌlt] *Brt.* Schleuder *f*; Katapult *n*, *m*.

cat·a·ract ['kætərækt] Wasserfall *m*; Stromschnelle *f*; ✚ grauer Star.

ca·tarrh ✚ [kə'tɑː] Katarrh *m*; Schnupfen *m*.

ca·tas·tro·phe [kə'tæstrəfɪ] Katastrophe *f*.

catch [kætʃ] **1.** Fangen *n*; Fang *m*, Beute *f*; *of breath*: Stocken *n*; Halt *m*, Griff *m*; ⊙ Haken *m*; (Tür)Klinke *f*; Verschluß *m*; *snag*: Haken *m*; **2.** (*caught*) *v/t.* (auf-, ein)fangen; packen, fassen, ergreifen; überraschen, ertappen; *look, etc.*: auffangen; *train, etc.*: (noch) kriegen, erwischen; erfassen, verstehen; *atmosphere*: einfangen; *become infected*: sich e-e Krankheit holen; **~ (a) cold** sich erkälten; **~ the eye** ins Auge fallen; **~ s.o.'s eye** j-s Aufmerksamkeit auf sich lenken; **~ s.o. up** j-n einholen; **be caught up in** verwickelt sein in (*acc.*); **3.** *v/i.* sich verfangen, hängenbleiben; fassen, greifen; *wheels*: ineinandergreifen;

klemmen; *lock*: einschnappen; ~ *on* F einschlagen, Anklang finden; F kapieren; ~ *up with* einholen; ~*er* Fänger *m*; ~*ing* packend; # ansteckend; ~*word* Schlagwort *n*; Stichwort *n*; ~*y* □ (*-ier, -iest*) *tune, etc.*: eingängig.

cat·e·chis·m ['kætɪkɪzəm] Katechismus *m*.

ca·te|gor·i·cal □ [kætɪ'gɒrɪkl] kategorisch; ~·go·ry ['kætɪgərɪ] Kategorie *f*.

ca·ter ['keɪtə]: ~ *for* Speisen u. Getränke liefern für; *fig.* sorgen für.

cat·er·pil·lar ['kætəpɪlə] *zo.* Raupe *f*; *TM* Raupenfahrzeug *n*; ~ *tractor TM* Raupenschlepper *m*.

cat·gut ['kætgʌt] Darmsaite *f*.

ca·the·dral [kə'θiːdrəl] Dom *m*, Kathedrale *f*.

Cath·o·lic ['kæθəlɪk] 1. katholisch; 2. Katholik(in).

cat·kin ⁴ ['kætkɪn] Kätzchen *n*.

cat·tle ['kætl] Vieh *n*.

cat·ty F ['kætɪ] (*-ier, iest*) boshaft, gehässig.

caught [kɔːt] *past and p.p. of catch* 2.

caul·dron ['kɔːldrən] großer Kessel.

cau·li·flow·er ['kɒlɪflaʊə] Blumenkohl *m*.

caus·al □ ['kɔːzl] ursächlich.

cause [kɔːz] 1. Ursache *f*; Grund *m*; ⚖ Klagegrund *m*, Fall *m*, Sache *f*; Angelegenheit *f*, Sache *f*; 2. verursachen; veranlassen; ~*less* □ ['kɔːzlɪs] grundlos.

cause·way ['kɔːzweɪ] Damm *m*.

caus·tic ['kɔːstɪk] (~*ally*) ätzend; *fig.* beißend, scharf.

cau·tion ['kɔːʃn] 1. Vorsicht *f*; Warnung *f*; Verwarnung *f*; 2. warnen; verwarnen; ⚖ belehren.

cau·tious □ ['kɔːʃəs] behutsam, vorsichtig; ~*ness* [~nɪs] Behutsamkeit *f*, Vorsicht *f*.

cav·al·ry *esp. hist.* ✕ ['kævlrɪ] Kavallerie *f*.

cave [keɪv] 1. Höhle *f*; 2. *v/i.* ~ *in* einstürzen; klein beigeben.

cav·ern ['kævən] (große) Höhle; ~*ous fig.* [~əs] hohl.

cav·i·ty ['kævətɪ] Höhle *f*; Loch *n*.

caw [kɔː] 1. krächzen; 2. Krächzen *n*.

cease [siːs] *v/i.* aufhören, zu Ende gehen; *v/t.* aufhören (*to do, doing* zu tun); ~*fire* ✕ ['siːsfaɪə] Feuereinstellung *f*; Waffenruhe *f*; ~*less* □ [~lɪs] unaufhörlich.

cede [siːd] abtreten, überlassen.

ceil·ing ['siːlɪŋ] (Zimmer)Decke *f*; *fig.* Höchstgrenze *f*; ~ *price* Höchstpreis *m*.

cel·e|brate ['selɪbreɪt] feiern; ~*brat·ed* gefeiert, berühmt (*for* für, wegen); ~*bra·tion* [selɪ'breɪʃn] Feier *f*.

ce·leb·ri·ty [sɪ'lebrətɪ] Berühmtheit *f*.

ce·ler·i·ty [sɪ'lerətɪ] Geschwindigkeit *f*.

cel·e·ry ⁴ ['selərɪ] Sellerie *m*, *f*.

ce·les·ti·al □ [sɪ'lestjəl] himmlisch.

cel·i·ba·cy ['selɪbəsɪ] Zölibat *m*, *n*, Ehelosigkeit *f*.

cell [sel] Zelle *f*; ⚡ *a.* Element *n*.

cel·lar ['selə] Keller *m*.

cel·list ♪ ['tʃelɪst] Cellist(in); cel·lo ♪ ['tʃeləʊ] (*pl. -los*) (Violon)Cello *n*.

cel·lo·phane *TM* ['seləʊfeɪn] Zellophan *n*.

cel·lu·lar ['seljʊlə] Zell(en)...

Cel·tic ['keltɪk] keltisch.

ce·ment [sɪ'ment] 1. Zement *m*; Kitt *m*; 2. zementieren; (ver)kitten.

cem·e·tery ['semɪtrɪ] Friedhof *m*.

cen·sor ['sensə] 1. Zensor *m*; 2. zensieren; ~*ship* [~ʃɪp] Zensur *f*.

cen·sure ['senʃə] 1. Tadel *m*, Verweis *m*; 2. tadeln.

cen·sus ['sensəs] Volkszählung *f*.

cent [sent] *Am.* Cent *m* (= ¹/₁₀₀ *Dollar*); *per* ~ Prozent *n*.

cen·te·na·ry [sen'tiːnərɪ] Hundertjahrfeier *f*, hundertjähriges Jubiläum.

cen·ten·ni·al [sen'tenjəl] 1. hundertjährig; 2. *Am.* = *centenary*.

cen·ter *Am.* ['sentə] = *centre*.

cen·ti|grade ['sentɪgreɪd]: *10 degrees* ~ 10 Grad Celsius; ~*me·tre, Am.* ~*me·ter* Zentimeter *m*, *n*; ~*pede zo.* [~piːd] Tausendfüß(l)er *m*.

cen·tral □ ['sentrəl] zentral; Haupt..., Zentral...; *Mittel...; ~ heating* Zentralheizung *f*; ~*ize* [~aɪz] zentralisieren.

cen·tre, *Am.* -ter ['sentə] 1. Zentrum *n*, Mittelpunkt *m*; ~ *of gravity phys.* Schwerpunkt *m*; 2. (sich) konzentrieren; zentrieren.

cen·tu·ry ['sentʃʊrɪ] Jahrhundert *n*.

ce·ram·ics [sɪ'ræmɪks] *pl.* Keramik *f*, keramische Erzeugnisse *pl.*

ce·re·al ['sɪərɪəl] 1. Getreide...; 2. Getreide(pflanze *f*) *n*; Getreideflocken(gericht *n*) *pl.*; Frühstückskost *f*.

cer·e·bral *anat.* ['serɪbrəl] Gehirn...

cer·e·mo|ni·al [serɪ'məʊnjəl] 1. □ zeremoniell; 2. Zeremoniell *n*; ~*ni·ous* □ [~jəs] zeremoniell; förmlich; ~*ny* ['serɪmənɪ] Zeremonie *f*; Feier(lichkeit) *f*; Förmlichkeit(en *pl.*) *f*.

cer·tain □ ['sɜːtn] sicher, gewiß; zuverlässig; bestimmt; gewisse(r, -s); ~*ly* [~lɪ] sicher, gewiß; *in answers*: sicherlich, bestimmt, natürlich; ~*ty* [~tɪ] Sicherheit *f*, Bestimmtheit *f*, Gewißheit *f*.

cer·tif·i·cate 1. [sə'tɪfɪkət] Zeugnis *n*; Bescheinigung *f*; ~ *of birth* Geburtsurkunde *f*; *General 2 of Education advanced level* (*A level*) *Brt. school: appr.* Abitur(zeugnis) *n*; *General 2 of Education ordinary level* (*O level*) (*since 1988*:

General 2 of Secondary Education)
Brt. school: appr. mittlere Reife, Ober-
stufenreife f; medical ~ ärztliches Attest; 2. [~keit] bescheinigen; ~ti-fy
['sɜːtɪfaɪ] et. bescheinigen; beglaubigen.

cer-ti-tude ['sɜːtɪtjuːd] Sicherheit f, Bestimmtheit f, Gewißheit f.

ces-sa-tion [se'seɪʃn] Aufhören n.

chafe [tʃeɪf] v/t. (auf)scheuern, wund
scheuern; ärgern; v/i. sich aufscheuern
or wund scheuern; scheuern; sich ärgern.

chaff [tʃɑːf] 1. Spreu f; Häcksel n; F
Neckerei f; 2. F necken.

chaf-finch zo. ['tʃæfɪntʃ] Buchfink m.

chag-rin ['ʃægrɪn] 1. Ärger m; 2. ärgern.

chain [tʃeɪn] 1. Kette f, fig. Fessel f; mot.
a. Schneekette f; ~ reaction Kettenre-
aktion f; ~smoke Kette rauchen; ~
smoker Kettenraucher(in); ~ store
Kettenladen m; 2. (an)ketten; fesseln.

chair [tʃeə] 1. Stuhl m; Lehrstuhl m;
Vorsitz m; be in the ~ = 2. den Vorsitz
führen; ~ lift Sessellift m; ~man (pl.
-men) Vorsitzende(r) m, Präsident m;
~man-ship Vorsitz m; ~per-son
Vorsitzende(r m) f, Präsident(in); ~
wom-an (pl. -women) Vorsitzende f,
Präsidentin f.

chal-ice ['tʃælɪs] Kelch m.

chalk [tʃɔːk] 1. Kreide f; 2. mit Kreide
schreiben or zeichnen; ~ up victory: ver-
buchen.

chal-lenge ['tʃælɪndʒ] 1. Herausforderung f; ✗ Anruf m; esp. ⚾ Ablehnung
f; 2. herausfordern; anrufen; ablehnen;
theory, etc.: anzweifeln.

cham-ber ['tʃeɪmbə] parl., zo., ⚡, ⊙,
Kammer f; ~s pl. Geschäftsräume pl.;
~maid Zimmermädchen n.

cham-ois ['ʃæmwɑː] Gemse f; a. ~ leather [mst. 'ʃæmɪleðə] Wildleder n.

champ F [tʃæmp] = champion (sports).

cham-pagne [ʃæm'peɪn] Champagner
m.

cham-pi-on ['tʃæmpɪən] 1. sports: Sieger
m, Meister m; Verfechter m, Fürspre-
cher m; 2. verfechten, eintreten für, verteidigen; 3. siegreich, Meister...; ~ship
sports: Meisterschaft f.

chance [tʃɑːns] 1. Zufall m; Schicksal n;
Risiko n; Chance f, (günstige) Gelegenheit; Aussicht f (of auf acc.); Möglich-
keit f; by ~ zufällig; take a ~ es darauf
ankommen lassen; take no ~s nichts
riskieren (wollen); 2. zufällig; 3. v/i.
(unerwartet) eintreten or geschehen; I
~d to meet her zufällig traf ich sie; v/t.
riskieren.

chan-cel-lor ['tʃɑːnsələ] Kanzler m.

chan-de-lier [ʃændə'lɪə] Kronleuchter
m.

change [tʃeɪndʒ] 1. Veränderung f,
Wechsel m; Abwechslung f; Wechsel-
geld n; Kleingeld n; for a ~ zur Abwechslung; ~ for the better (worse)
Besserung f (Verschlechterung f); 2. v/t.
(ver)ändern, umändern; (aus)wechseln;
(aus-, ver)tauschen (for gegen); mot. ⊙
schalten; ~over umschalten; umstellen;
~ trains umsteigen; v/i. sich (ver)än-
dern, wechseln; sich umziehen; ~a-ble
□ ['~əbl] veränderlich; ~less □ [~lɪs]
unveränderlich; ~o-ver Umstellung f.

chan-nel ['tʃænl] 1. Kanal m; Flußbett
n; Rinne f; TV, etc.: Kanal m, Programm n; fig. Kanal m, Weg m; 2. (esp.
Brt. -ll-; Am. -l-) furchen; aushöhlen;
fig. lenken.

chant [tʃɑːnt] 1. (Kirchen)Gesang m;
Singsang m; 2. singen; in Sprechchören
rufen; Sprechchöre anstimmen.

cha-os ['keɪɒs] Chaos n.

chap[1] [tʃæp] 1. Riß m, Sprung m; 2.
(-pp-) rissig machen or werden.

chap[2] [~] F Bursche m, Kerl m, Junge m.

chap[3] [~] Kinnbacke(n m) f; Maul n.

chap-el ['tʃæpl] Kapelle f; Gottesdienst
m.

chap-lain ['tʃæplɪn] Kaplan m.

chap-ter ['tʃæptə] Kapitel n.

char [tʃɑː] (-rr-) verkohlen.

char-ac-ter ['kærəktə] Charakter m; Eigenschaft f; Schrift(zeichen n) f; Persönlichkeit f; in novel, etc.: Figur f, Gestalt f; thea. Rolle f; reputation: (esp.
guter) Ruf; testimonial: Zeugnis n;
~is-tic [kærəktə'rɪstɪk] 1. (~ally) cha-
rakteristisch (of für); 2. Kennzeichen n;
~ize ['kærəktəraɪz] charakterisieren.

char-coal ['tʃɑːkəʊl] Holzkohle f.

charge [tʃɑːdʒ] 1. Ladung f, (Spreng-)
Ladung f; esp. fig. Last f; Verantwortung f; Aufsicht f, Leitung f; Obhut f;
Schützling m; ✗ Angriff m; Beschuldigung f, ⚾ a. (Punkt m der) Anklage f;
Preis m, Kosten pl.; Gebühr f; free of ~
kostenlos; be in ~ of verantwortlich sein
für; have ~ of in Obhut or Verwahrung
haben, betreuen; take ~ die Leitung etc.
übernehmen, die Sache in die Hand
nehmen; 2. v/t. laden; beladen, belasten; beauftragen; belehren; ⚾ beschuldigen, anklagen (with gen.); in
Rechnung stellen; berechnen, (als
Preis) fordern; ✗ angreifen; v/i. stürmen; ~ at s.o. auf j-n losgehen.

char-i-ot poet. or hist. ['tʃærɪət] Streit-,
Triumphwagen m.

char-i-ta-ble □ ['tʃærɪtəbl] mild(tätig),
wohltätig.

char-i-ty ['tʃærətɪ] Nächstenliebe f;
Wohltätigkeit f; Güte f; Nachsicht f;
milde Gabe.

char·la·tan ['ʃɑːlətən] Scharlatan *m*; Quacksalber *m*, Kurpfuscher *m*.

charm [tʃɑːm] **1.** Zauber *m*; Charme *m*, Reiz *m*; Talisman *m*, Amulett *n*; **2.** bezaubern, entzücken; **~ing** □ ['tʃɑːmɪŋ] charmant, bezaubernd.

chart [tʃɑːt] **1.** ♣ Seekarte *f*; Tabelle *f*; **~s** *pl.* Charts *pl.*, Hitliste(n *pl.*) *f*; **2.** auf e-r Karte einzeichnen.

char·ter ['tʃɑːtə] **1.** Urkunde *f*, Freibrief *m*; Chartern *n*; **2.** konzessionieren, ♣, ✈ chartern, mieten; **~ flight** Charterflug *m*.

char·wom·an ['tʃɑːwʊmən] (*pl.* -**women**) Putzfrau *f*, Raumpflegerin *f*.

chase [tʃeɪs] **1.** Jagd *f*; Verfolgung *f*; gejagtes Wild; **2.** jagen, hetzen; Jagd machen auf (*acc.*); rasen, rennen.

chas·m ['kæzəm] Kluft *f*, Abgrund *m* (*a. fig.*); Riß *m*, Spalte *f*.

chaste □ [tʃeɪst] rein, keusch, unschuldig; schlicht (*Stil*).

chas·tise [tʃæˈstaɪz] züchtigen.

chas·ti·ty ['tʃæstətɪ] Keuschheit *f*.

chat [tʃæt] **1.** Geplauder *n*, Schwätzchen *n*, Plauderei *f*; **2.** plaudern.

chat·tels ['tʃætlz] *pl. mst* **goods and ~** bewegliches Eigentum.

chat·ter ['tʃætə] **1.** plappern; schnattern; klappern; **2.** Geklapper *n*; Klappern *n*; **~box** F Plappermaul *n*; **~er** [~rə] Schwätzer(in).

chat·ty ['tʃætɪ] (-*ier*, -*iest*) gesprächig.

chauf·feur ['ʃəʊfə] Chauffeur *m*.

chau·vi F ['ʃəʊvɪ] Chauvi *m*; **~vin·ist** [~nɪst] Chauvinist *m*.

cheap □ [tʃiːp] billig; *fig.* schäbig, gemein; **~en** ['tʃiːpən] (sich) verbilligen; *fig.* herabsetzen.

cheat [tʃiːt] **1.** Betrug *m*, Schwindel *m*; Betrüger(in); **2.** betrügen.

check [tʃek] **1.** Schach(stellung *f*) *n*; Hemmnis *n*, Hindernis *n* (**on** für); Einhalt *m*; Kontrolle *f* (**on** gen.); Kontrollabschnitt *m*, -schein *m*; *Am.* Gepäckschein *m*; *Am.* Garderobenmarke *f*; *Am. econ.* = **cheque**; *Am. in restaurant, etc.*: Rechnung *f*; *pattern*: Karo *n*; **2.** *v/i.* an-, innehalten; *Am.* e-n Scheck ausstellen; **~ in** *at hotel*: sich anmelden; einstempeln; ✈ einchecken; **~ out** *of hotel*: abreisen; ausstempeln; **~ up** (**on**) F *et.* nachprüfen, *et. or j-n* überprüfen; *v/t.* hemmen, hindern, aufhalten; zurückhalten; kontrollieren, über-, nachprüfen; *Am. on list*: abhaken; *Am. clothes*: in der Garderobe abgeben; *Am. baggage*: aufgeben; **~ card** *Am. econ.* ['tʃekɑːd] Scheckkarte *f*; **~ed** [~t] kariert; **~ers** *Am.* [~əz] *sg.* Damespiel *n*; **~in** *at a hotel*: Anmeldung *f*; Einstempeln *n*; ✈ Einchecken *n*; **~ counter or**

desk ✈ Abfertigungsschalter *m*; **~ing ac·count** *Am. econ.* Girokonto *n*; **~list** Check-, Kontroll-, Vergleichsliste *f*; **~mate 1.** (Schach)Matt *n*; **2.** (schach)matt setzen; **~out** Abreise *f*; Ausstempeln *n*; *a.* **~ counter** Kasse *f* (*esp. in supermarket*); **~point** Kontrollpunkt *m*; **~room** *Am.* Garderobe *f*; Gepäckaufbewahrung *f*; **~up** Überprüfung *f*, Kontrolle *f*; ✿ Check-up *m*, (umfangreiche) Vorsorgeuntersuchung *f*.

cheek [tʃiːk] Backe *f*, Wange *f*; F Unverschämtheit *f*, Frechheit *f*; **~y** □ F ['tʃiːkɪ] (-*ier*, -*iest*) frech.

cheer [tʃɪə] **1.** Stimmung *f*, Fröhlichkeit *f*; Hoch(ruf *m*) *n*, Beifall(sruf) *m*; **~s!** prost!; **three ~s!** dreimal hoch!; **2.** *v/t.* mit Beifall begrüßen; *a.* **~ on** anspornen; *a.* **~ up** aufheitern; *v/i.* hoch rufen, jubeln; *a.* **~ up** Mut fassen; **~ up!** Kopf hoch!; **~ful** □ ['~fʊl] vergnügt; **~i·o** *int.* F [~rɪˈəʊ] mach's gut!, tschüs!; **~less** □ freudlos; **~y** □ (-*ier*, -*iest*) vergnügt.

cheese [tʃiːz] Käse *m*.

chee·tah *zo.* ['tʃiːtə] Gepard *m*.

chef [ʃef] Küchenchef *m*; Koch *m*.

chem·i·cal ['kemɪkl] **1.** □ chemisch; **2.** Chemikalie *f*.

che·mise [ʃəˈmiːz] (Damen)Hemd *n*.

chem·ist ['kemɪst] Chemiker(in); Apotheker(in); Drogist(in); **~'s shop** Apotheke *f*; Drogerie *f*; **~is·try** [~rɪ] Chemie *f*.

cheque *Brt. econ.* [tʃek] (*Am.* **check**) Scheck *m*; **crossed ~** Verrechnungsscheck *m*; **~ ac·count** *Brt. econ.* Girokonto *n*; **~ card** *Brt. econ.* Scheckkarte *f*.

chequer *Brt.* ['tʃekə] Karomuster *n*.

cher·ish ['tʃerɪʃ] *s.o.'s memory, etc.*: hochhalten; hegen, pflegen.

cher·ry ♣ ['tʃerɪ] Kirsche *f*.

chess [tʃes] Schach(spiel) *n*; **a game of ~** e-e Partie Schach; **~board** Schachbrett *n*; **~man** (*pl.* -**men**), **~ piece** Schachfigur *f*.

chest [tʃest] Kiste *f*, Kasten *m*, Truhe *f*; *anat.* Brustkasten *m*; **get s.th. off one's ~** F sich et. von der Seele reden; **~ of drawers** Kommode *f*.

chest·nut ['tʃesnʌt] **1.** ♣ Kastanie *f*; **2.** kastanienbraun.

chew [tʃuː] kauen; nachsinnen, grübeln (**on**, **over** über *acc.*); **~ing-gum** ['tʃuːɪŋgʌm] Kaugummi *m*.

chick [tʃɪk] Küken *n*, junger Vogel; F *girl*: F Biene *f*, Puppe *f*.

chick·en ['tʃɪkɪn] Huhn *n*; Küken *n*, (Brat)Hähnchen *n*, (~)Hühnchen *n*; **don't count your ~s before they're hatched** man soll den Tag nicht vor dem Abend loben; **~·heart·ed** furchtsam, feige; **~·pox** *♣* Windpocken *pl.*

chic·o·ry *♣* ['tʃɪkərɪ] Chicorée *f, m.*

chief [tʃiːf] **1.** □ oberste(r, -s), Ober..., Haupt...; wichtigste(r, -s); **~ clerk** Bürovorsteher *m;* **2.** Oberhaupt *n,* Chef *m;* Häuptling *m;* ...·in-~ Ober...; **~·ly** ['~lɪ] hauptsächlich; **~·tain** ['~tən] Häuptling *m.*

chil·blain ['tʃɪlblɛɪn] Frostbeule *f.*

child [tʃaɪld] (*pl.* **children**) Kind *n; from a ~* von Kindheit an; *with ~* schwanger; **~ a·buse** *§§* Kindesmißhandlung *f;* **~·ben·e·fit** [~'benəfɪt] Kindergeld *n;* **~·birth** ['tʃaɪldbɜːθ] Geburt *f,* Niederkunft *f;* **~·hood** [~hʊd] Kindheit *f;* **~·ish** □ kindlich; kindisch; **~·like** kindlich; **~·mind·er** *Brt.* Tagesmutter *f;* **children** ['tʃɪldrən] *pl. of* **child;** **~ tax al·low·ance** Kinderfreibetrag *m.*

chill [tʃɪl] **1.** eisig, frostig; **2.** Frost *m,* Kälte *f;* *§§* Fieberschauer *m;* Erkältung *f;* **3.** abkühlen; *j-n* frösteln lassen; **~ed** gekühlt; **~·y** (*-ier, -iest*) kalt, frostig.

chime [tʃaɪm] **1.** Glockenspiel *n;* Geläut *n; fig.* Einklang *m;* **2.** läuten; **~ in** sich (ins Gespräch) einmischen.

chim·ney ['tʃɪmnɪ] Schornstein *m;* Rauchfang *m;* (Lampen)Zylinder *m;* **~·sweep** Schornsteinfeger *m.*

chimp *zo.* [tʃɪmp], **chim·pan·zee** *zo.* [~ən'ziː] Schimpanse *m.*

chin [tʃɪn] **1.** Kinn *n;* (*keep your*) **~ up!** Kopf hoch!, halt die Ohren steif!

chi·na ['tʃaɪnə] Porzellan *n.*

Chi·nese [tʃaɪ'niːz] **1.** chinesisch; **2.** Chinese *m,* -in *f; ling.* Chinesisch *n; the ~ pl.* die Chinesen *pl.*

chink [tʃɪŋk] Ritz *m,* Spalt *m.*

chip [tʃɪp] **1.** Splitter *m,* Span *m;* dünne Scheibe; Spielmarke *f; computer:* Chip *m; have a ~ on one's shoulder* F sich ständig angegriffen fühlen; e-n Komplex haben (*about wegen*); **~s** *pl. Brt.* Pommes frites *pl.; Am.* (Kartoffel)Chips *pl.;* **2.** (*-pp-*) *v/t.* schnitzeln; an-, abschlagen; *v/i.* abbröckeln; **~·munk** *zo.* ['~mʌŋk] Backenhörnchen *n.*

chirp [tʃɜːp] **1.** zirpen, zwitschern, piepsen; **2.** Zirpen *n,* Zwitschern *n,* Piepsen *n.*

chis·el ['tʃɪzl] **1.** Meißel *m;* **2.** (*esp. Brt.* **-ll-,** *Am.* **-l-**) meißeln.

chit-chat ['tʃɪttʃæt] Plauderei *f.*

chiv·al|rous □ ['ʃɪvlrəs] ritterlich; **~·ry** [~ɪ] *hist.* Rittertum *n;* Ritterlichkeit *f.*

chive(s *pl.*) *♣* [tʃaɪv(z)] Schnittlauch *m.*

chlo·ri·nate ['klɔːrɪneɪt] *water, etc.:* chloren; **~·rine** *♣* [~riːn] Chlor *n;* **chlor·o·form** ['klɔrəfɔːm] **1.** *♣, ♣* Chloroform *n;* **2.** chloroformieren.

choc·o·late ['tʃɒkələt] Schokolade *f;* Praline *f;* **~s** *pl.* Pralinen *pl.,* Konfekt *n.*

choice [tʃɔɪs] **1.** Wahl *f;* Auswahl *f;* **2.** □ auserlesen, ausgesucht, vorzüglich.

choir ['kwaɪə] Chor *m.*

choke [tʃəʊk] **1.** *v/t.* (er)würgen, (*a. v/i.*) ersticken; **~ back** anger, *etc.:* unterdrücken, *tears:* zurückhalten; **~ down** hinunterwürgen; *a.* **~ up** verstopfen; **2.** *mot.* Choke *m,* Luftklappe *f.*

choose [tʃuːz] (**chose, chosen**) (aus-) wählen, aussuchen; **~ to do** vorziehen zu tun.

chop [tʃɒp] **1.** Hieb *m,* Schlag *m;* Kotelett *n;* **2.** (*-pp-*) *v/t.* hauen, hacken, zerhacken; **~ down** fällen; *v/i.* hacken; **~·per** ['tʃɒpə] Hackmesser *n,* -beil *n;* F Hubschrauber *m; Am. sl.* Maschinengewehr *n;* **~·py** [~ɪ] (*-ier, -iest*) *of sea:* unruhig; **~·stick** Eßstäbchen *n.*

cho·ral □ ['kɔːrəl] Chor...; **~(e)** *♪* [kɔ'rɑːl] Choral *m.*

chord *♪* [kɔːd] Saite *f;* Akkord *m.*

chore *Am.* [tʃɔː] lästige *or* unangenehme Aufgabe; *mst* **~s** *pl.* Hausarbeit *f.*

cho·rus ['kɔːrəs] Chor *m;* Kehrreim *m,* Refrain *m; group of dancers:* Tanzgruppe *f.*

chose [tʃəʊz] *past of* **choose; cho·sen** ['tʃəʊzn] *p.p. of* **choose.**

Christ [kraɪst] Christus *m.*

chris·ten ['krɪsn] taufen; **~·ing** [~ɪŋ] Taufe *f; attr.* Tauf...

Chris|tian ['krɪstjən] **1.** christlich; **~ name** Vorname *m;* **2.** Christ(in); **~·ti·an·i·ty** [krɪstɪ'ænətɪ] Christentum *n.*

Christ·mas ['krɪsməs] Weihnachten *n and pl.; at ~* zu Weihnachten; **~ Day** der erste Weihnachtsfeiertag; **~ Eve** Heiliger Abend.

chrome [krəʊm] Chrom *n;* **chro·mi·um** *♣* ['krəʊmjəm] Chrom *n;* **~·plated** verchromt.

chron|ic ['krɒnɪk] (**~ally**) chronisch (*mst ♣*); dauernd; **~·i·cle** [~l] **1.** Chronik *f;* **2.** aufzeichnen.

chron·o·log·i·cal □ [krɒnə'lɒdʒɪkl] chronologisch; **chro·nol·o·gy** [krə'nɒlədʒɪ] Zeitrechnung *f;* Zeitfolge *f.*

chub·by F ['tʃʌbɪ] (*-ier, -iest*) rundlich; pausbäckig.

chuck F [tʃʌk] werfen, schmeißen; **~ out** *j-n* rausschmeißen; *et.* wegschmeißen; **~ up** *job, etc.:* hinschmeißen.

chuck·le ['tʃʌkl] **1. ~ (to o.s.)** (stillvergnügt) in sich hineinlachen; **2.** leises Lachen.

chum F [tʃʌm] Kamerad *m,* Kumpel *m;* **~·my** F ['tʃʌmɪ] (*-ier, -iest*) dick befreundet.

chump [tʃʌmp] Holzklotz *m;* F Trottel *m.*

chunk [tʃʌŋk] Klotz *m*, Klumpen *m*.

Chun·nel ['tʃʌnl] *Brt.* F (Ärmel)Kanaltunnel *m*.

church [tʃɜːtʃ] Kirche *f*; *attr.* Kirch(en)...; ~ **service** Gottesdienst *m*; ~**war·den** [tʃɜːtʃ'wɔːdn] Kirchenvorsteher *m*; ~**yard** Kirchhof *m*.

churl·ish □ ['tʃɜːlɪʃ] grob, flegelhaft.

churn [tʃɜːn] 1. Butterfaß *n*, *esp. Brt.* Milchkanne *f*; 2. buttern; aufwühlen.

chute [ʃuːt] Rutsche *f*, Rutschbahn *f*; Stromschnelle *f*; F Fallschirm *m*.

ci·der ['saɪdə] (*Am.* **hard** ~) Apfelwein *m*; (*sweet*) ~ *Am.* Apfelmost *m*, -saft *m*.

ci·gar [sɪ'gɑː] Zigarre *f*.

cig·a·rette, *Am. a.* **cig·a·ret** [sɪgə'ret] Zigarette *f*.

cinch F [sɪntʃ] todsichere Sache, F Kinderspiel *n*, F Klacks *m*.

cin·der ['sɪndə] Schlacke *f*; ~**s** *pl.* Asche *f*; ~**path**, ~**track** *sports*: Aschenbahn *f*.

Cin·de·rel·la [sɪndə'relə] Aschenbrödel *n*, -puttel *n*; *fig.* Stiefkind *n*.

cin·e|cam·e·ra ['sɪnɪkæmərə] (Schmal-) Filmkamera *f*; ~**film** Schmalfilm *m*.

cin·e·ma *Brt.* ['sɪnəmə] Kino *n*; Film *m*.

cin·na·mon ['sɪnəmən] Zimt *m*.

ci·pher ['saɪfə] Ziffer *f*; Null *f* (*a. fig.*); Geheimschrift *f*, Chiffre *f*.

cir·cle ['sɜːkl] 1. Kreis *m*; (~ *of friends*) Bekannten-, Freundeskreis *m*; *fig.* Kreislauf *m*; *thea.* Rang *m*; Ring *m*; 2. (um)kreisen.

cir|cuit ['sɜːkɪt] Kreislauf *m*; ⚡ Stromkreis *m*; Rundreise *f*; *sports*: Zirkus *m*; **short** ~ ⚡ Kurzschluß *m*; ~**cu·i·tous** □ [sə'kjuːɪtəs] weitschweifig; ~ **route** Umweg *m*.

cir·cu·lar ['sɜːkjulə] 1. □ kreisförmig; Kreis...; ~ **letter** Rundschreiben *n*; 2. Rundschreiben *n*, Umlauf *m*.

cir·cu|late ['sɜːkjuleɪt] *v/i.* umlaufen, zirkulieren; *v/t.* in Umlauf setzen; ~**lat·ing** [~ɪŋ]: ~ **library** Leihbücherei *f*; ~**la·tion** [sɜːkju'leɪʃn] Zirkulation *f*, Kreislauf *m*; (Blut)Kreislauf *m*; *fig.* Umlauf *m*; Verbreitung *f*; *of book, newspaper, etc.:* Auflage(nhöhe) *f*.

cir·cum·... ['sɜːkəm] (her)um; ~**fer·ence** [sə'kʌmfərəns] (Kreis)Umfang *m*, Peripherie *f*; ~**nav·i·gate** [sɜːkəm-'nævɪgeɪt] umschiffen; ~**scribe** ['sɜːkəmskraɪb] Å umschreiben; *fig.* begrenzen; ~**spect** [~spekt] um-, vorsichtig; ~**stance** [~stəns] Umstand *m*, Einzelheit *f*; ~**s** *pl. a.* Verhältnisse *pl.*; *in or under no* ~**s** unter keinen Umständen, auf keinen Fall; *in or under the* ~**s** unter diesen Umständen; ~**stan·tial** □ [sɜːkəm'stænʃl] ausführlich, detailliert; ~ **evidence** ⚖ Indizien(beweis *m*) *pl.*; ~**vent** [~'vent] überlisten; vereiteln.

cis·tern ['sɪstən] Wasserbehälter *m*; *of toilet:* Spülkasten *m*.

ci·ta·tion [saɪ'teɪʃn] ⚖ Vorladung *f*; Anführung *f*, Zitat *n*; **cite** [saɪt] ⚖ vorladen; anführen, zitieren.

cit·i·zen ['sɪtɪzn] (Staats)Bürger(in); Städter(in); ~**ship** [~ʃɪp] Bürgerrecht *n*; Staatsbürgerschaft *f*.

cit·y ['sɪtɪ] 1. (Groß)Stadt *f*; *the* 2 die (Londoner) City; 2. städtisch, Stadt...; ~ **centre** *Brt.* Innenstadt *f*, City *f*; ~ **council(l)or** Stadtrat *m*, -rätin *f*, Stadtratsmitglied *n*; ~ **editor** *Am.* Lokalredakteur *m*; *Brt.* Wirtschaftsredakteur *m*; ~ **hall** Rathaus *n*; *esp. Am.* Stadtverwaltung *f*; ~ **railroad** *Am.* S-Bahn *f*.

civ·ic ['sɪvɪk] (staats)bürgerlich; städtisch; ~**s** *sg.* Staatsbürgerkunde *f*.

civ·il ['sɪvl] staatlich, Staats...; (staats-) bürgerlich, Bürger...; zivil...; ⚖ zivilrechtlich; höflich; ~ **rights** *pl.* (Staats)Bürgerrechte *pl.*; ~ **rights activist** Bürgerrechtler(in); ~ **rights movement** Bürgerrechtsbewegung *f*; ~ **servant** Staatsbeamt|e(r) *m*, -in *f*; ~ **service** Staatsdienst *m*, öffentlicher Dienst *m*; Beamtenschaft *f*; ~ **war** Bürgerkrieg *m*.

ci·vil·ian [sɪ'vɪljən] Zivilist *m*; ~**ty** [~ətɪ] Höflichkeit *f*.

civ·i·li|za·tion [sɪvɪlaɪ'zeɪʃn] Zivilisation *f*, Kultur *f*; ~**ze** ['sɪvɪlaɪz] zivilisieren.

clad [klæd] 1. *past and p.p. of clothe*; 2. *adj.* gekleidet.

claim [kleɪm] 1. Anspruch *m*; Anrecht *n* (*to* auf *acc.*); Forderung *f*; *Am.* Stück *n* Staatsland; *Am.* Claim *m*; 2. beanspruchen; fordern; behaupten; **clai·mant** ['kleɪmənt] Anspruchserhebende(r *m*) *f*.

clair·voy·ant [kleə'vɔɪənt] 1. Hellseher(in); 2. hellseherisch.

clam·ber ['klæmbə] klettern.

clam·my □ ['klæmɪ] (*-ier, -iest*) feuchtkalt, klamm.

clam·o(u)r ['klæmə] 1. Geschrei *n*, Lärm *m*; 2. schreien (*for* nach).

clamp ⊙ [klæmp] 1. Klammer *f*; *s. wheel-clamp*; 2. mit Klammer(n) befestigen.

clan [klæn] Clan *m*, Sippe *f* (*a. fig.*).

clan·des·tine □ [klæn'destɪn] heimlich, Geheim...

clang [klæŋ] 1. Klang *m*, Geklirr *n*; 2. schallen; klirren (lassen).

clank [klæŋk] 1. Gerassel *n*, Geklirr *n*; 2. rasseln or klirren (mit).

clap [klæp] 1. Klatschen *n*; Schlag *m*, Klaps *m*; 2. (*-pp-*) schlagen or klatschen (mit).

clar·et ['klærət] roter Bordeaux; Rotwein *m*; Weinrot *n*; *sl.* Blut *n*.

clar·i·fy ['klærɪfaɪ] v/t. (auf)klären, erhellen, klarstellen; v/i. sich (auf)klären, klar werden.

clar·i·net ♪ [klærɪ'net] Klarinette f.

clar·i·ty ['klærətɪ] Klarheit f.

clash [klæʃ] **1.** Geklirr n; Zusammenstoß m; Widerstreit m, Konflikt m; ~ **of interests** Interessenkonflikt m; **2.** klirren (mit); zusammenstoßen; nicht zusammenpassen or harmonieren.

clasp [klɑːsp] **1.** Haken m, Klammer f; Schnalle f, Spange f; fig. Umklammerung f, Umarmung f; **2.** ein-, zuhaken; fig. umklammern, umfassen; ~**knife** ['klɑːspnaɪf] Taschenmesser n.

class [klɑːs] **1.** Klasse f; (Bevölkerungs)Schicht f; (Schul)Klasse f; (Unterrichts)Stunde f; Kurs m; Am. univ. (Studenten)Jahrgang m; ~**mate** Mitschüler(in); ~**room** Klassenzimmer n; **2.** (in Klassen) einteilen, einordnen.

clas·sic ['klæsɪk] **1.** Klassiker m; **2.** adj. (~**ally**) erstklassig; klassisch; ~**si·cal** □ [~kl] klassisch.

clas·si·fi·ca·tion [klæsɪfɪ'keɪ[n] Klassifizierung f, Einteilung f; ~**fy** ['klæsɪfaɪ] klassifizieren, einstufen.

clat·ter ['klætə] **1.** Geklapper n; **2.** klappern (mit).

clause [klɔːz] ⚖ Klausel f, Bestimmung f; gr. Satz(teil n) m.

claw [klɔː] **1.** Klaue f, Kralle f, Pfote f; of crabs, etc.: Schere f; **2.** (zer)kratzen; umkrallen, ergreifen.

clay [kleɪ] Ton m; Erde f.

clean [kliːn] **1.** adj. □ rein; sauber, glatt, eben; sl. clean; **2.** adv. völlig, ganz u. gar; **3.** reinigen, säubern, putzen; ~ **out** reinigen; ~ **up** gründlich reinigen; aufräumen; ~**er** ['kliːnə] Reiniger m; Rein(e)machefrau f; mst ~**s** pl. or ~'**s** (chemische) Reinigung; ~**ing** [~ɪŋ] Reinigung f, Putzen n; do the ~ saubermachen, putzen; ~**li·ness** ['klenlɪnɪs] Reinlichkeit f; ~**ly 1.** adv. ['kliːnlɪ] rein; sauber; **2.** adj. ['klenlɪ] (-ier, -iest) reinlich.

cleanse [klenz] reinigen, säubern; **cleans·er** ['klenzə] Reinigungsmittel n.

clear [klɪə] **1.** □ klar; hell; rein; frei (of von); ganz, voll; econ. rein, netto; **2.** v/t. reinigen (of, from von); wood: lichten, roden; wegräumen (a. ~ **away**); table: abräumen; räumen, leeren; hurdle, fence, etc.: nehmen; econ. verzollen; ⚖ freisprechen; ~ **out** säubern; ausräumen u. wegtun; ~ **up** aufräumen; aufklären; v/i. of weather: aufklaren; ~ **off** F abhauen; ~ **up** aufräumen; sich aufhellen, aufklaren (weather); ~**ance** ['klɪərəns] Räumung f; Rodung f; ⊙ lichter Abstand; econ. Zollabfertigung f; Freiga-

be f; ⚓ Auslaufgenehmigung f; ~ **sale** econ. Räumungs-, Ausverkauf m; ~**ing** [~rɪŋ] Aufklärung f; Lichtung f, Rodung f.

cleave [kliːv] (cleaved or cleft or clove, cleaved or cleft or cloven) spalten.

cleav·er ['kliːvə] Hackmesser n.

clef ♪ [klef] (Noten)Schlüssel m.

cleft [kleft] **1.** Spalt m, Spalte f; **2.** past and p.p. of cleave.

clem·en·cy ['klemənsɪ] Milde f, Gnade f; ~**t** □ [~t] mild.

clench [klentʃ] lips: (fest) zusammenpressen; teeth: zusammenbeißen; fist: ballen.

cler·gy ['klɜːdʒɪ] Geistlichkeit f; ~**man** (pl. -men) Geistliche(r) m.

cler·i·cal □ ['klerɪkl] eccl. geistlich; Schreib(er)...; ~ **work** Büroarbeit f.

clerk [klɑːk] ⚖ Schriftführer(in), Sekretär(in); kaufmännische(r) Angestellte(r), (Büro-, etc.) Angestellte(r) m f, (Bank-, Post)Beamt|e(r) m, -in f; Am. Verkäufer(in).

clev·er □ ['klevə] klug, gescheit; geschickt; smart: F clever.

click [klɪk] **1.** Klicken n, Knacken n; ⊙ Sperrhaken m, -klinke f; **2.** klicken, knacken; zu-, einschnappen; with one's tongue: schnalzen.

cli·ent ['klaɪənt] ⚖ Klient(in), Mandant(in); Kund|e m, -in f.

cliff [klɪf] Klippe f, Felsen m.

cli·mate ['klaɪmɪt] Klima n.

cli·max ['klaɪmæks] **1.** rhet. Steigerung f; Gipfel m, Höhepunkt m, physiol. a. Orgasmus m; **2.** (sich) steigern.

climb [klaɪm] klettern; (er-, be)steigen; ~**er** ['klaɪmə] Kletterer m, Bergsteiger(in); fig. Aufsteiger m; ♣ Kletterpflanze f; ~**ing** [~ɪŋ] Klettern n; attr. Kletter...

clinch [klɪntʃ] **1.** ⊙ Vernietung f; in boxing: Clinch m; F Umarmung f; **2.** v/t. ⊙ vernieten; festmachen; (vollends) entscheiden; v/i. in boxing: clinchen.

cling [klɪŋ] (clung) (to) festhalten (an dat.), sich klammern (an acc.); sich (an)schmiegen (an acc.).

clin·ic ['klɪnɪk] Klinik f; ~**i·cal** □ [~l] klinisch.

clink [klɪŋk] **1.** Klirren n, Klingen n; **2.** klingen or klirren (lassen); klimpern mit.

clip¹ [klɪp] **1.** Schneiden n; Schur f; F (Faust)Schlag m; **2.** (-pp-) (be)schneiden; ab-, ausschneiden; sheep, etc.: scheren.

clip² [~] **1.** Klipp m, Klammer f, Spange f; **2.** (-pp-) a. ~ **on** befestigen, anklammern.

clip·per ['klɪpə]: (a pair of) ~**s** pl. (e-e)

Haarschneide-, Schermaschine f, (Nagel-, etc.)Schere f; ⚓ Klipper m; ✔ Clipper m; **~pings** [₌ŋz] pl. Abfälle pl., Schnitzel pl.; esp. Am. (Zeitungs-, etc.) Ausschnitte pl.

clit-o-ris anat. ['klɪtərɪs] Klitoris f.

cloak [kləʊk] 1. Mantel m; 2. fig. verhüllen; **~room** ['kləʊkrʊm] Garderobe f; Brt. Toilette f.

clock [klɒk] 1. (Wand-, Stand-, Turm-) Uhr f; 2. with a stop-watch: die Zeit stoppen; ~ in, ~ on einstempeln; ~ out, ~ off ausstempeln; **~wise** ['klɒkwaɪz] im Uhrzeigersinn; **~work** Uhrwerk n; like ~ wie am Schnürchen.

clod [klɒd] (Erd)Klumpen m.

clog [klɒg] 1. Klotz m; Holzschuh m, Pantine f; 2. (-gg-) (be)hindern, hemmen; verstopfen; klumpig werden.

clois-ter ['klɔɪstə] Kreuzgang m; Kloster n.

close 1. adj. □ [kləʊs] nahe, dicht; knapp, kurz; geschlossen, only pred.: zu; verborgen; friend, etc.: eng; kurz, bündig; dicht; of translation: genau; of weather: schwül; stingy: geizig, knaus(e)rig; keep a ~ watch on scharf im Auge behalten (acc.); ~ fight Handgemenge n; ~ season hunt. Schonzeit f; 2. adv. eng, nahe, dicht; ~ by, ~ to ganz in der Nähe, nahe or dicht bei; 3. [kləʊz] Schluß m; Ende n; come or draw to a ~ sich dem Ende nähern; [kləʊs] Einfriedung f; Hof m; 4. [kləʊz] v/t. (ab-, ver-, zu-)schließen; street: (ab)sperren; v/i. (sich) schließen; with adverbs: ~ down schließen; stillegen; stillgelegt werden; TV, etc.: das Programm beenden, Sendeschluß haben; ~ in bedrohlich nahekommen; darkness: hereinbrechen; days: kürzer werden; ~ up (ab-, ver-, zu)schließen; blockieren; aufschließen, -rücken; **~d** geschlossen, pred. zu.

clos-et ['klɒzɪt] 1. (Wand)Schrank m; 2. be **~ed** with mit j-m geheime Besprechungen führen.

close-up ['kləʊsʌp] phot., film: Großaufnahme f.

clos-ing-time ['kləʊzɪŋtaɪm] Laden-, Geschäftsschluß m; of restaurant, pub, etc.: Polizeistunde f.

clot [klɒt] 1. Klumpen m, Klümpchen n; Brt. F Trottel m; 2. (-tt-) gerinnen; Klumpen bilden.

cloth [klɒθ] (pl. cloths [₌θs, ₌ðz]) Stoff m, Tuch n; Tischtuch n; the ~ der geistliche Stand; lay the ~ den Tisch decken; **~bound** in Leinen gebunden.

clothe [kləʊð] (clothed or clad) (an-)be)kleiden; einkleiden.

clothes [kləʊðz] pl. Kleider pl., Kleidung f; Wäsche f; **~bas-ket** Wäsche-

korb m; **~hang-er** Kleiderbügel m; **~horse** Wäscheständer m; **~line** Wäscheleine f; **~peg** Brt., Am. **~pin** Wäscheklammer f.

cloth-ing ['kləʊðɪŋ] (Be)Kleidung f.

cloud [klaʊd] 1. Wolke f (a. fig.); Trübung f, Schatten m; 2. (sich) bewölken (a. fig.); (sich) trüben; **~burst** ['klaʊdbɜːst] Wolkenbruch m; **~less** □ [₌lɪs] wolkenlos; **~y** □ [₌ɪ] (-ier, -iest) wolkig, bewölkt; Wolken...; trüb; unklar; it's getting ~ es ziehen Wolken auf.

clout F [klaʊt] Schlag m; esp. Am. Macht f, Einfluß m.

clove¹ [kləʊv] (Gewürz)Nelke f; ~ of garlic Knoblauchzehe f.

clove² [₌] past of cleave¹; **clo-ven** ['kləʊvn] 1. p.p. of cleave¹; 2. ~ hoof zo. Huf m der Paarzeher.

clo-ver ⚓ ['kləʊvə] Klee m.

clown [klaʊn] Clown m, Hanswurst m; fig. Trottel m, Dummkopf m; **~ish** □ ['klaʊnɪʃ] behaviour: albern.

club [klʌb] 1. Keule f; (Gummi)Knüppel m; (Golf)Schläger m; Klub m; **~s** pl. cards: Kreuz n; 2. (-bb-) v/t. einknüppeln auf (acc.), (nieder)knüppeln; v/i.: ~ together sich zusammentun; **~foot** (pl. -feet) [klʌbˈfʊt] Klumpfuß m.

cluck [klʌk] 1. gackern; glucken; 2. Gackern n; Glucken n.

clue [kluː] Anhaltspunkt m, Fingerzeig m, Spur f.

clump [klʌmp] 1. Klumpen m; trees, etc.: Gruppe f; 2. trampeln.

clum-sy □ ['klʌmzɪ] (-ier, -iest) unbeholfen, ungeschickt, plump.

clung [klʌŋ] past and p.p. of cling.

clus-ter ['klʌstə] 1. Traube f; Büschel m; Haufen m; 2. büschelartig wachsen; sich drängen.

clutch [klʌtʃ] 1. Griff m; ⊙ Kupplung f; Klaue f; 2. (er)greifen.

clut-ter ['klʌtə] 1. Wirrwarr m; Unordnung f; 2. a. ~ up zu voll machen or stellen, überladen.

coach [kəʊtʃ] 1. Kutsche f; Brt. 🚌 (Personen)Wagen m; Omnibus m, esp. Reisebus m; Einpauker m; sports: Trainer m; 2. einpauken; sports: trainieren; **~man** ['kəʊtʃmən] (pl. -men) Kutscher m.

co-ag-u-late [kəʊˈægjʊleɪt] gerinnen.

coal [kəʊl] (Stein)Kohle f; carry ~s to Newcastle Eulen nach Athen tragen.

co-a-lesce [kəʊəˈles] verschmelzen, zusammenwachsen; sich vereinigen.

co-a-li-tion [kəʊəˈlɪʃn] 1. pol. Koalition f; Bündnis n, Zusammenschluß m; 2. pol. Koalitions...

coal-mine ['kəʊlmaɪn], **~pit** Kohlengrube f.

coarse □ [kɔːs] grob; ungehobelt.
coast [kəust] **1.** Küste f; Am. Rodelbahn f; **2.** die Küste entlangfahren; with bicycle, car: im Leerlauf fahren; Am. rodeln; **~er** ['kəustə] Am. Rodelschlitten m; ♣ Küstenfahrer m; **~guard** Küstenwache f; Angehörige(r) m der Küstenwache; **~line** Küstenlinie f, -strich m.
coat [kəut] **1.** Mantel m; Jackett n, Jacke f; zo. Pelz m, Fell n, Gefieder n; Überzug m, Anstrich m, Schicht f; **~ of arms** Wappen(schild m, n) n; **2.** überziehen, beschichten; (an)streichen; **~hang-er** ['kəuthæŋə] Kleiderbügel m; **~ing** ['kəutɪŋ] Überzug m, Anstrich m, Schicht f; Mantelstoff m.
coax [kəuks] überreden, beschwatzen.
cob [kɔb] kleines starkes Pferd; Schwan m; Maiskolben m.
cob|bled ['kɔbld]: **~ street** Straße f mit Kopfsteinpflaster; **~bler** [~ə] (Flick-) Schuster m; Stümper m.
cob-web ['kɔbweb] Spinn(en)gewebe n.
co-caine [kəu'keɪn] Kokain n.
cock [kɔk] **1.** zo. Hahn m; (An) Führer m; V penis: V Schwanz m; **2.** aufrichten; **~ up** sl. versauen.
cock-a-too zo. [kɔkə'tuː] Kakadu m.
cock-chaf-er ['kɔktʃeɪfə] Maikäfer m.
cock-eyed F ['kɔkaɪd] schielend; (krumm u.) schief.
cock-ney ['kɔknɪ] mst ⌷ Cockney m, f, waschechte(r) Londoner(in); accent: Cockney m.
cock-pit ['kɔkpɪt] ✈, ♣ Cockpit n (a. of racing car); Hahnenkampfplatz m.
cock-roach zo. ['kɔkrəutʃ] Schabe f.
cock|sure F [kɔk'ʃuə] absolut sicher; anmaßend; **~tail** Cocktail m; **~y** □ F ['kɔkɪ] (-ier, -iest) großspurig, anmaßend.
co-co ♧ ['kəukəu] (pl. -cos) Kokospalme f.
co-coa ['kəukəu] Kakao m.
co-co-nut ['kəukənʌt] Kokosnuß f.
co-coon [kə'kuːn] (Seiden)Kokon m.
cod zo. [kɔd] Kabeljau m, Dorsch m.
cod-dle ['kɔdl] verhätscheln.
code [kəud] **1.** Gesetzbuch n; Kodex m; (Telegramm)Schlüssel m; Code m, Chiffre f; **2.** verschlüsseln, kodieren, chiffrieren.
cod|fish zo. ['kɔdfɪʃ] = cod; **~liv-er oil** Lebertran m.
co-ed F [kəu'ed] Schülerin f or Studentin f e-r gemischten Schule; **~u-ca-tion** [kəuedju:'keɪʃn] Koedukation f.
co-erce [kəu'ɜːs] (er)zwingen.
co-ex-ist [kəuɪg'zɪst] gleichzeitig or nebeneinander bestehen or leben, koexistieren; **~ence** [~əns] Koexistenz f.

cof-fee ['kɔfɪ] Kaffee m; **~ bean** Kaffeebohne f; **~pot** Kaffeekanne f; **~set** Kaffeeservice n; **~ta-ble** Couchtisch m.
cof-fer ['kɔfə] (Geld-, etc.)Kasten m.
cof-fin ['kɔfɪn] Sarg m.
cog ⊚ [kɔg] (Rad)Zahn m.
co-gent □ ['kəudʒənt] zwingend.
cog-i-tate ['kɔdʒɪteɪt] (nach)denken.
cog-wheel ⊚ ['kɔgwiːl] Zahnrad n.
co-her|ence [kəu'hɪərəns] Zusammenhang m; **~ent** □ [~t] zusammenhängend.
co-he|sion [kəu'hiːʒn] Zusammenhalt m; **~sive** [~sɪv] (fest) zusammenhaltend.
coif-fure [kwɑː'fjuə] Frisur f.
coil [kɔɪl] **1.** a. **~ up** aufwickeln; (sich) zusammenrollen; **2.** Rolle f; Spirale f; Wicklung f; Spule f; Windung f; ⊚ (Rohr)Schlange f.
coin [kɔɪn] **1.** Münze f; **2.** prägen (a. fig.); münzen.
co-in|cide [kəuɪn'saɪd] zusammentreffen; übereinstimmen; **~ci-dence** [kəu-'ɪnsɪdəns] Zusammentreffen n; Zufall m; fig. Übereinstimmung f.
coke¹ [kəuk] Koks m (a. sl. = cocaine).
Coke² TM [~] Coke n, Cola n, f, Coca n, f.
cold [kəuld] **1.** □ kalt; I'm (feeling) **~** mir ist kalt, ich friere; **2.** Kälte f, Frost m; Erkältung f; s. catch 2; **~blood-ed** [~'blʌdɪd] kaltblütig; **~heart-ed** [~'hɑːtɪd] kalt-, hartherzig; **~ness** ['kəuldnɪs] Kälte f; **~ war** pol. kalter Krieg.
cole-slaw ['kəulslɔː] Krautsalat m.
col-ic ✚ ['kɔlɪk] Kolik f.
col-lab-o|rate [kə'læbəreɪt] zusammenarbeiten; **~ra-tion** [kəlæbə'reɪʃn] Zusammenarbeit f; in ~ with gemeinsam mit.
col|lapse [kə'læps] **1.** zusammen-, einfallen; zusammenbrechen; **2.** Zusammenbruch m; **~lap-si-ble** [~əbl] zusammenklappbar.
col-lar ['kɔlə] **1.** of shirt, etc.: Kragen m; for dog, etc.: Halsband n; for horse: Kummet n; **2.** beim Kragen packen; j-n festnehmen, F schnappen; **~bone** anat. Schlüsselbein n.
col-league ['kɔliːg] Kolleg|e m, -in f, Mitarbeiter(in).
col|lect 1. eccl. ['kɔlekt] Kollekte f; **2.** v/t. [kə'lekt] (ein)sammeln; thoughts, etc.: sammeln; einkassieren; abholen; v/i. sich (ver)sammeln; **~lect-ed** □ fig. gefaßt; **~lec-tion** [~ʃn] Sammlung f; econ. Eintreibung f; eccl. Kollekte f; **~lec-tive** □ [~tɪv] gesammelt; kollektiv; Sammel...; ~ bargaining econ. Tarifverhandlungen pl.; **~lec-tive-ly** [~lɪ]

insgesamt; zusammen; **~·lec·tor** [~ə] Sammler(in); Steuereinnehmer *m*; 🚗 Fahrkartenabnehmer *m*; ⚡ Stromabnehmer *m*.

col·lege ['kɔlɪdʒ] College *n*; Hochschule *f*; höhere Lehranstalt.

col·lide [kə'laɪd] zusammenstoßen.

col|li·er ['kɔlɪə] Bergmann *m*; ⚓ Kohlenschiff *n*; **~·lie·ry** [~jərɪ] Kohlengrube *f*.

col·li·sion [kə'lɪʒn] Zusammenstoß *m*, -prall *m*, Kollision *f*.

col·lo·qui·al □ [kə'ləʊkwɪəl] umgangssprachlich, familiär.

col·lo·quy ['kɔləkwɪ] Gespräch *n*.

co·lon ['kəʊlən] Doppelpunkt *m*.

colo·nel ✕ ['kɜːnl] Oberst *m*.

co·lo·ni·al □ [kə'ləʊnjəl] Kolonial...; **~·is·m** *pol.* [~lɪzəm] Kolonialismus *m*.

col·o|nize ['kɔlənaɪz] kolonisieren, besiedeln; sich ansiedeln; **~·ny** [~nɪ] Kolonie *f*; Siedlung *f*.

co·los·sal □ [kə'lɔsl] kolossal, riesig.

col·o(u)r ['kʌlə] **1.** Farbe *f*; *fig.* Anschein *m*; Vorwand *m*; **~s** *pl.* Fahne *f*, Flagge *f*; *what ~ is ...?* welche Farbe hat ...?; **2.** *v/t.* färben; an-, bemalen, anstreichen; *fig.* beschönigen; *v/i.* sich (ver)färben; erröten; **~ bar** Rassenschranke *f*; **~·blind** farbenblind; **~ed 1.** bunt; farbig; **~·man** Farbige(r) *m*; **2.** *often contp.* Farbige(r *m*) *f*; **~·fast** farbecht; **~ film** *phot.* Farbfilm *m*; **~·ful** farbenreich, -freudig; lebhaft; **~·ing** Färbemittel *n*; Gesichtsfarbe *f*; **~·less** □ farblos (*a. fig.*); **~ line** Rassenschranke *f*; **~ set** Farbfernseher *m*; **~ tel·e·vi·sion** Farbfernsehen *n*.

colt [kəʊlt] Hengstfüllen *n*, -fohlen *n*.

col·umn ['kɔləm] Säule *f*; *print.* Spalte *f*; ✕ Kolonne *f*; **~·ist** [~nɪst] Kolumnist(in).

comb [kəʊm] **1.** Kamm *m*; **2.** *v/t.* kämmen; *horse, etc.:* striegeln; *wool, etc.:* hecheln.

com|bat ['kɔmbæt] **1.** *mst* ✕ Kampf *m*; *single* ~ Zweikampf *m*; **2.** (-tt-, *Am. a.* -t-) kämpfen gegen, bekämpfen; **~·ba·tant** [~ənt] Kämpfer *m*.

com|bi·na·tion [kɔmbɪ'neɪʃn] Verbindung *f*; Kombination *f*; **~·bine** [kəm'baɪn] (sich) verbinden or vereinigen.

com·bus|ti·ble [kəm'bʌstəbl] **1.** brennbar; **2.** Brennstoff *m*, -material *n*; **~·tion** [~ʃən] Verbrennung *f*.

come [kʌm] (*came, come*) kommen; *to* ~ künftig, kommend; ~ *about* geschehen, passieren; ~ *across* auf *j-n or et.* stoßen; F *speech, etc.:* ankommen; ~ *along* mitkommen; ~ *apart* auseinanderfallen; ~ *at* auf *j-n or et.* losgehen; ~ *back* zurückkommen; ~ *by* zu *et.* kom-

men; ~ *down* herunterkommen (*a. fig.*); einstürzen; *of prices:* sinken; *of tradition:* überliefert werden; ~ *down with* F erkranken an (*dat.*); ~ *for* abholen kommen, kommen wegen; ~ *loose* sich ablösen, abgehen; ~ *off* ab-, losgehen, sich lösen; stattfinden; ~ *on!* los!, vorwärts!, komm!; ~ *over visitor:* vorbeikommen; ~ *round visitor:* vorbeikommen; wiederkehren; F wieder zu sich kommen; ~ *through* durchkommen; *illness, etc.:* überstehen, -leben; ~ *to* sich belaufen auf; wieder zu sich kommen; *what's the world coming to?* wohin ist die Welt geraten?; ~ *to see* besuchen; ~ *up to* entsprechen (*dat.*), heranreichen an (*acc.*); **~·back** ['kʌmbæk] Comeback *n*.

co·me·di·an [kə'miːdjən] Komödienschauspieler(in); Komiker(in); Lustspieldichter *m*; **com·e·dy** ['kɔmədɪ] Komödie *f*, Lustspiel *n*.

come·ly ['kʌmlɪ] (*-ier, -iest*) attraktiv, gutaussehend.

com·fort ['kʌmfət] **1.** Behaglichkeit *f*; Trost *m*; Wohltat *f*, Erquickung *f*; *a.* **~s** *pl.* Komfort *m*; **2.** trösten; **com·for·ta·ble** □ [~əbl] bequem; *house, etc.:* komfortabel, behaglich; *income, etc.:* ausreichend; **~·er** Tröster *m*; Wollschal *m*; *esp. Brt.* Schnuller *m*; *Am.* Steppdecke *f*; **~·less** □ unbequem; trostlos; **~ sta·tion** *Am.* Bedürfnisanstalt *f*.

com·ic ['kɔmɪk] (**~·ally**) komisch; Komödien..., Lustspiel...

com·i·cal □ ['kɔmɪkl] komisch, spaßig.

com·ics ['kɔmɪks] *pl.* Comics *pl.*, Comic-Hefte *pl.*

com·ing ['kʌmɪŋ] **1.** kommend; künftig; **2.** Kommen *n*.

com·ma ['kɔmə] Komma *n*.

com·mand [kə'mɑːnd] **1.** Herrschaft *f*, Beherrschung *f* (*a. fig.*); Befehl *m*; ✕ Kommando *n*; *be* (*have*) *at ~* zur Verfügung stehen (haben); **2.** befehlen; ✕ kommandieren; verfügen über (*acc.*); beherrschen; **~·er** ✕ Kommandant *m*, Befehlshaber *m*; ⚓ Fregattenkapitän *m*; **~·in-chief** ✕ Oberbefehlshaber *m*; **~·ing** kommandierend, befehlshabend; gebieterisch; **~·ment** Gebot *n*; **~ mod·ule** *space travel:* Kommandokapsel *f*.

com·man·do ✕ [kə'mɑːndəʊ] (*pl.* -*dos*, -*does*) Kommando *n*.

com·mem·o|rate [kə'meməreɪt] gedenken (*gen.*), *j-s* Gedächtnis feiern; **~·ra·tion** [kəmemə'reɪʃn]: *in ~ of* zum Gedenken *or* Gedächtnis an (*acc.*); **~·ra·tive** [kə'memərətɪv] Gedenk..., Erinnerungs...

com·mence [kə'mens] anfangen, beginnen; **~·ment** Anfang *m*, Beginn *m*.

com·mend [kə'mend] empfehlen; anvertrauen.

com|ment ['kɒment] **1.** Kommentar *m*; Erläuterung *f*; Bemerkung *f*; Stellungnahme *f*; *no ~l* kein Kommentar!; **2.** (*on, upon*) erläutern (*acc.*); sich (kritisch) äußern (über *acc.*); **~·men·ta·ry** ['kɒməntəri] Kommentar *m*; **~·men·tate** [..eɪt]: *~ on TV, etc.*: kommentieren (*acc.*); **~·men·ta·tor** [..eɪtə] Kommentator(in), *TV, etc.*: *a.* Reporter(in).

com·merce ['kɒmɜːs] Handel *m*; Verkehr *m*.

com·mer·cial ☐ [kə'mɜːʃl] **1.** kaufmännisch, Handels..., Geschäfts...; handelsüblich; ~ *travel(l)er* Handlungsreisende(r *m*) *f*; **2.** *TV, etc.*: Werbespot *m*, -sendung *f*; **~·ize** [..ʃəlaɪz] kommerzialisieren, vermarkten.

com·mis·e·rate [kə'mɪzəreɪt]: *~ with* Mitleid empfinden mit; **~·ra·tion** [kəmɪzə'reɪʃn] Mitleid *n* (for mit).

com·mis·sa·ry ['kɒmɪsəri] Kommissar *m*.

com·mis·sion [kə'mɪʃn] **1.** Auftrag *m*; *duty, power, etc.*: Übertragung *f*; *of crime*: Begehung *f*; Provision *f*; Kommission *f*; ⚔ (Offiziers)Patent *n*; **2.** beauftragen, bevollmächtigen; *et.* in Auftrag geben; *j-n* zum Offizier ernennen; *ship*: in Dienst stellen; **~·er** [..ʃnə] Bevollmächtigte(r *m*) *f*; (Regierungs)Kommissar *m*.

com·mit [kə'mɪt] (*-tt-*) anvertrauen, übergeben; ⚖ *j-n* einweisen; ⚖ *j-n* übergeben; *crime*: begehen; bloßstellen; ~ (*o.s.* sich) verpflichten; **~·ment** [..mənt] Verpflichtung *f*; **~·tal** ⚖ [..l] Einweisung *f*; **~·tee** [..i] Ausschuß *m*, Komitee *n*.

com·mod·i·ty [kə'mɒdəti] Ware *f*, Gebrauchsartikel *m*.

com·mon ['kɒmən] **1.** ☐ allgemein; gewöhnlich; gemein(sam), gemeinschaftlich; öffentlich; gewöhnlich, minderwertig; F ordinär; ⚙ *Council* Gemeinderat *m*; **2.** Gemeindeland *n*; *in ~* gemeinsam; *in ~ with* genau wie; **~·er** [..ə] Bürgerliche(r *m*) *f*; ~ *law* ungeschriebenes englisches Gewohnheitsrecht; ⚙ **Market** *econ. pol.* Gemeinsamer Markt; **~·place 1.** Gemeinplatz *m*; **2.** alltäglich; abgedroschen; **~s** *pl. das* gemeine Volk; *House of* ⚙ *parl.* Unterhaus *n*; **~ sense** gesunder Menschenverstand; **~·wealth** [..welθ] Gemeinwesen *n*, Staat *m*; Republik *f*; *the* ⚙ (*of Nations*) das Commonwealth.

com·mo·tion [kə'məʊʃn] Aufruhr *m*, Erregung *f*.

com·mu·nal ☐ ['kɒmjʊnl] Gemeinde...; Gemeinschafts...

com·mune 1. [kə'mjuːn] sich vertraulich besprechen; **2.** ['kɒmjuːn] Kommune *f*; Gemeinde *f*.

com·mu·ni·cate [kə'mjuːnɪkeɪt] *v/t. news, etc.*: mitteilen, übermitteln; *v/i.* sich besprechen; sich in Verbindung setzen, kommunizieren (*with s.o.* mit j-m); (durch e-e Tür) verbunden sein; **~·ca·tion** [kəmjuːnɪ'keɪʃn] Mitteilung *f*; Verständigung *f*, Kommunikation *f*; Verbindung *f*; **~s** *pl.* Verbindung *f*, Verkehrswege *pl.*; **~s satellite** Nachrichtensatellit *m*; **~·ca·tive** [kə'mjuːnɪkətɪv] mitteilsam, gesprächig.

com·mu·nion [kə'mjuːnjən] Gemeinschaft *f*; Gemeinde *f*; ⚙ *eccl.* Kommunion *f*, Abendmahl *n*.

com·mu·nis|m ['kɒmjʊnɪzəm] Kommunismus *m*; **~t** [..ɪst] **1.** Kommunist(in); **2.** kommunistisch.

com·mu·ni·ty [kə'mjuːnəti] Gemeinschaft *f*; Gemeinde *f*; Staat *m*; *European* ⚙ Europäische Gemeinschaft.

com|mute [kə'mjuːt] ⚖ *punishment*: umwandeln; ✿ *etc.*: pendeln; **~·er** [..ə] Pendler(in); *~ belt* (städtisches) Einzugsgebiet; *~ train* Pendler-, Vorort-, Nahverkehrszug *m*.

com·pact 1. ['kɒmpækt] Vertrag *m*; Puderdose *f*; *Am. mot.* Kompaktauto *n*; **2.** [kəm'pækt] *adj.* dicht, fest; knapp, bündig; *~ disc* Compact Disc *f*, CD *f*; **3.** *v/t.* fest verbinden.

com·pan·ion [kəm'pænjən] Begleiter (-in); Gefährte *m*, -in *f*; Gesellschafter (-in); Handbuch *n*, Leitfaden *m*; **~·ion·a·ble** ☐ [..əbl] gesellig; **~·ion·ship** [..ʃɪp] Gesellschaft *f*.

com·pa·ny ['kʌmpəni] Gesellschaft *f*; Begleitung *f*; ⚔ Kompanie *f*; *econ.* (Handels)Gesellschaft *f*; ⚓ Mannschaft *f*; *thea.* Truppe *f*; *have ~* Gäste haben; *keep ~ with* verkehren mit.

com|pa·ra·ble ☐ ['kɒmpərəbl] vergleichbar; **~·par·a·tive** [kəm'pærətɪv] **1.** ☐ vergleichend; verhältnismäßig; **2.** *a.* ~ *degree gr.* Komparativ *m*; **~·pare** [..'peə] **1.** *beyond ~, without ~, past ~* unvergleichlich; **2.** *v/t.* vergleichen; (*as*) *~d with* im Vergleich zu; *v/i.* sich vergleichen (lassen); **~·pa·ri·son** [..'pærɪsn] Vergleich *m*.

com·part·ment [kəm'pɑːtmənt] Abteilung *f*, Fach *n*; ✿ Abteil *n*.

com|pass ['kʌmpəs] Bereich *m*; ♪ Umfang *m*; Kompaß *m*; *pair of ~es pl. geom.* Zirkel *m*.

com·pas·sion [kəm'pæʃn] Mitleid *n*; **~·ate** [..ət] mitleidig.

com·pat·i·ble ☐ [kəm'pætəbl] vereinbar; ⚕ verträglich; *computer*: kompatibel.

com·pat·ri·ot [kəm'pætrɪət] Landsmann *m*, -männin *f*.

com·pel [kəm'pel] **(-ll-)** (er)zwingen; **~·ling** □ [~ɪŋ] zwingend.

com·pen|sate ['kɒmpenseɪt] entschädigen; *et.* ersetzen; ausgleichen; **~·sa·tion** [kɒmpen'seɪʃn] Ersatz *m*; Ausgleich *m*; (Schaden)Ersatz *m*, Entschädigung *f*; *Am.* Bezahlung *f*, Gehalt *n*.

com·pere *Brt.* ['kɒmpeə] **1.** Conférencier *m*; **2.** Conférencier sein, ansagen.

com·pete [kəm'piːt] sich (mit)bewerben (*for* um); konkurrieren.

com·pe|tence ['kɒmpɪtəns] Können *n*, Fähigkeit *f*; ⚖ Zuständigkeit *f*; **~·tent** □ [~t] hinreichend; (leistungs)fähig, tüchtig; sachkundig.

com·pe·ti·tion [kɒmpɪ'tɪʃn] Wettbewerb *m*; Konkurrenz *f*.

com·pet·i|tive □ [kəm'petətɪv] konkurrierend; *econ.* konkurrenzfähig; **~ sports** Leistungssport *m*; **~·tor** [~ə] Mitbewerber(in); Konkurrent(in); *sports*: (Wettbewerbs)Teilnehmer(in).

com·pile [kəm'paɪl] zusammentragen, zusammenstellen; sammeln.

com·pla|cence, **~·cen·cy** [kəm'pleɪsns, ~sɪ] Selbstzufriedenheit *f*, -gefälligkeit *f*; **~·cent** □ [~nt] selbstzufrieden, -gefällig.

com·plain [kəm'pleɪn] sich beklagen *or* beschweren; klagen (*of* über *acc.*); **~t** [~t] Klage *f*; Beschwerde *f*; ✻ Leiden *n*.

com·plai·sant □ [kəm'pleɪzənt] gefällig, entgegenkommend.

com·ple|ment 1. ['kɒmplɪmənt] Ergänzung *f*; *a. full* ~ volle Anzahl; **2.** [~mənt] ergänzen; **~·men·ta·ry** [kɒmplɪ'mentərɪ] (sich gegenseitig) ergänzend.

com·plete [kəm'pliːt] **1.** □ vollständig, ganz, vollkommen; vollzählig; **2.** vervollständigen; vervollkommnen; abschließen; **~·ple·tion** [~iːʃn] Vervollständigung *f*; Abschluß *m*; Erfüllung *f*.

com·plex ['kɒmpleks] **1.** □ zusammengesetzt; komplex, vielschichtig; kompliziert; **2.** Gesamtheit *f*; Komplex *m* (*a. psych.*); **~·ion** [kəm'plekʃn] Aussehen *n*, Charakter *m*; Gesichtsfarbe *f*, Teint *m*; **~·i·ty** [~ətɪ] Vielschichtigkeit *f*.

com·pli|ance [kəm'plaɪəns] Einwilligung *f*; Einverständnis *n*; *in* ~ *with* gemäß; **~·ant** □ [~t] willfährig, unterwürfig.

com·pli|cate ['kɒmplɪkeɪt] (ver)komplizieren; **~·cat·ed** kompliziert; **~·ca·tion** [~'keɪʃn] Komplikation *f* (*a.* ✻); Kompliziertheit *f*.

com·plic·i·ty [kəm'plɪsətɪ] Mitschuld *f* (*in* an *dat.*).

com·pli|ment 1. ['kɒmplɪmənt] Kompliment *n*; Empfehlung *f*; Gruß *m*; **2.** [~ment] *v/t.* (*on*) beglückwünschen (zu); *j-m* ein Kompliment machen (wegen); **~·men·ta·ry** [kɒmplɪ'mentərɪ] höflich.

com·ply [kəm'plaɪ] sich fügen; nachkommen, entsprechen (*with* dat.).

com·po·nent [kəm'pəʊnənt] Bestandteil *m*; ⊕, ⚡ Bauelement *n*.

com|pose [kəm'pəʊz] zusammensetzen *or* -stellen; ♪ komponieren; verfassen; ordnen; *print.* (ab)setzen; ~ *o.s.* sich beruhigen; **~·posed** □ ruhig, gesetzt; *be* ~ *of* bestehen aus; **~·pos·er** [~ə] Komponist(in); Verfasser(in); **~·pos·ite** ['kɒmpəzɪt] zusammengesetzt, gemischt; **~·po·si·tion** [kɒmpə'zɪʃn] Zusammensetzung *f*; Abfassung *f*; Komposition *f*; Schriftstück *n*, Dichtung *f*; Aufsatz *m*; **~·po·sure** [kəm'pəʊʒə] Fassung *f*, (Gemüts)Ruhe *f*.

com·pound[1] ['kɒmpaʊnd] Lager *n*; Gefängnishof *m*; (Tier)Gehege *n*.

com·pound[2] 1. [~] zusammengesetzt; **~ interest** Zinseszinsen *pl.*; **2.** Zusammensetzung *f*; Verbindung *f*; *gr.* zusammengesetztes Wort; **3.** [kəm'paʊnd] *v/t.* zusammensetzen; steigern, *esp.* verschlimmern.

com·pre·hend [kɒmprɪ'hend] umfassen; begreifen, verstehen.

com·pre·hen·si|ble □ [kɒmprɪ'hensəbl] verständlich; **~·sion** [~ʃn] Begreifen *n*, Verständnis *n*; Fassungskraft *f*, Begriffsvermögen *n*, Verstand *m*, Einsicht *f*; *past* ~ unfaßbar, unfaßlich; **~·sive** [~sɪv] **1.** □ umfassend; **2.** *a.* ~ *school Brt.* Gesamtschule *f*.

com|press [kəm'pres] zusammendrükken; **~ed air** Druckluft *f*; **~·pres·sion** [~ʃn] *phys.* Verdichtung *f*; ⊕ Druck *m*.

com·prise [kəm'praɪz] einschließen, umfassen, enthalten.

com·pro·mise ['kɒmprəmaɪz] **1.** Kompromiß *m*; **2.** *v/t.* (*o.s.* sich) bloßstellen; *v/i.* e-n Kompromiß schließen.

com·pul|sion [kəm'pʌlʃn] Zwang *m*; **~·sive** □ [~sɪv] zwingend, Zwangs...; *psych.* zwanghaft; **~·so·ry** [~sərɪ] obligatorisch; Zwangs...; Pflicht...

com·punc·tion [kəm'pʌŋkʃn] Gewissensbisse *pl.*; Reue *f*; Bedenken *pl.*

com·pute [kəm'pjuːt] (be-, er)rechnen; schätzen.

com·put·er [kəm'pjuːtə] Computer *m*, Rechner *m*; **~-con·trolled** computergesteuert; **~·ize** [~raɪz] mit Computern ausstatten, auf Computer umstellen; *information*: in e-m Computer speichern.

com·rade ['kɒmreɪd] Kamerad(in); (Partei)Genoss|e *m*, -in *f*.

con[1] 1. *abbr.* [kɒn] = *contra*; **2.** F Nein-, Gegenstimme *f*; *s. pro*.

con[2] F [~] **1.** (**-nn-**) reinlegen, betrügen;

2. Schwindel *m*; Schwindler *m*, Gauner *m*.

con-ceal [kən'si:l] verbergen; verheimlichen.

con-cede [kən'si:d] zugestehen, einräumen; *grant*: gewähren; *sports*: hinnehmen (*goal*, *defeat*).

con-ceit [kən'si:t] Einbildung *f*, Dünkel *m*; **~ed** □ eingebildet (*of* auf *acc*.).

con-ceiv-a-ble □ [kən'si:vəbl] denkbar, begreiflich; **~ve** [kən'si:v] *v/i*. schwanger werden; *v/t*. *child*: empfangen; sich denken; planen, ausdenken.

con-cen-trate ['kɒnsəntreɪt] **1.** (sich) zusammenziehen, vereinigen; (sich) konzentrieren; **2.** Konzentrat *n*.

con-cept ['kɒnsept] Begriff *m*; Gedanke *m*, Vorstellung *f*; **con-cep-tion** [kən-'sepʃn] Begreifen *n*; Vorstellung *f*, Begriff *m*, Idee *f*; *biol*. Empfängnis *f*.

con-cern [kən'sɜ:n] **1.** Angelegenheit *f*; Interesse *n*; Sorge *f*; Beziehung *f* (*with* zu); Geschäft *n*, (industrielles) Unternehmen; **2.** betreffen, angehen, interessieren; beunruhigen; interessieren, beschäftigen; **~ed** □ interessiert, beteiligt (*in* an *dat*.); besorgt; **~ing** *prp*. [~ɪŋ] betreffend, über, wegen, hinsichtlich.

con-cert 1. ['kɒnsət] Konzert *n*; **2.** [~sɜ:t] Einverständnis *n*; **~ed** □ [kən'sɜ:tɪd] gemeinsam; *♪* mehrstimmig.

con-ces-sion [kən'seʃn] Zugeständnis *n*; Konzession *f*.

con-cil-i-ate [kən'sɪlɪeɪt] versöhnen; **~a-to-ry** [~ətərɪ] versöhnlich, vermittelnd.

con-cise □ [kən'saɪs] kurz, bündig, knapp; **~ dictionary** Handwörterbuch *n*; **~ness** [~nɪs] Kürze *f*.

con-clude [kən'klu:d] schließen, beschließen, beenden; schließen (*from* aus); folgern, schließen (*from* aus); sich entscheiden; *to be* **~d** Schluß folgt.

con-clu-sion [kən'klu:ʒn] Schluß *m*, Ende *n*; Abschluß *m*; Schluß *m*, (Schluß-)Folgerung *f*; Beschluß *m*; *s. jump*; **~sive** □ [~sɪv] überzeugend; endgültig.

con-coct [kən'kɒkt] zusammenbrauen; *fig*. aushecken, sich ausdenken; **~coc-tion** [~kʃn] Gebräu *n*; *fig*. Erfindung *f*.

con-cord ['kɒŋkɔ:d] Eintracht *f*; Übereinstimmung *f* (*a. gr*.); *♪* Harmonie *f*.

con-course ['kɒŋkɔ:s] Zusammen-, Auflauf *m*; Menge *f*; freier Platz.

con-crete [kən'kri:t] **1.** □ fest; konkret; Beton...; **2.** Beton *m*; **3.** betonieren.

con-cur [kən'kɜ:] (-*rr-*) übereinstimmen; **~rence** [ˈkʌrəns] Zusammentreffen *n*; Übereinstimmung *f*.

con-cus-sion [kən'kʌʃn]: **~ of the brain** *♣* Gehirnerschütterung *f*.

con-demn [kən'dem] verdammen; *st*

and fig. verurteilen (*to death* zum Tode); für unbrauchbar *or* unbewohnbar *etc*. erklären; **~dem-na-tion** [kɒndem'neɪʃn] *st and fig*. Verurteilung *f*; Verdammung *f*, Mißbilligung *f*.

con-den-sa-tion [kɒnden'seɪʃn] Kondensation *f*; *water*: Kondenswasser *n*; **~dense** [kən'dens] (sich) verdichten; *⊕* kondensieren; zusammenfassen, kürzen; **~d report** *etc*. Kurzfassung *f*; **~dens-er** *⊕* [~ə] Kondensator *m*.

con-de-scend [kɒndɪ'send] sich herablassen, geruhen; **~scen-sion** [~ʃn] Herablassung *f*.

con-di-ment ['kɒndɪmənt] Würze *f*.

con-di-tion [kən'dɪʃn] **1.** Zustand *m*; (körperlicher *or* Gesundheits)Zustand *m*; *sports*: Kondition *f*, Form *f*; Bedingung *f*; **~s** *pl*. Verhältnisse *pl*., Umstände *pl*.; **on ~ that** unter der Bedingung, daß; **out of ~** in schlechter Verfassung, in schlechtem Zustand; **in ~** bedingen; in e-n bestimmten Zustand bringen; **~al** [~l] **1.** □ bedingt (*on, upon* durch); Bedingungs...; **2.** *a*. **~ clause** *gr*. Bedingungs-, Konditionalsatz *m*; *a*. **~ mood** *gr*. Konditional *m*.

con-dole [kən'dəʊl] kondolieren (*with* *dat*.); **~do-lence** [~əns] Beileid *n*.

con-dom ['kɒndəm] Kondom *n*, Präservativ *n*.

con-do-min-i-um [kɒndə'mɪnɪəm] *Am*. Wohnblock *m* mit Eigentumswohnungen; Eigentumswohnung *f*.

con-done [kən'dəʊn] verzeihen, vergeben.

con-du-cive [kən'dju:sɪv] dienlich, förderlich (*to dat*.).

con-duct 1. ['kɒndʌkt] Führung *f*; Verhalten *n*, Betragen *n*; **2.** [kən'dʌkt] führen; *♪* dirigieren; **~ed tour** Führung *f* (*of* durch); **~duc-tion** [~kʃn] Leitung *f*; **~duc-tor** [~tə] Führer *m*; Leiter *m*; Schaffner *m*; *Am*. *66* Zugbegleiter *m*; *♪* (Orchester)Dirigent *m*, (Chor)Leiter *m*; *ϟ* Blitzableiter *m*.

cone [kəʊn] Kegel *m*; Eistüte *f*; *⚘* Zapfen *m*.

con-fec-tion [kən'fekʃn] Konfekt *n*; **~er** [~nə] Konditor *m*; **~e-ry** [~ərɪ] Süßigkeiten *pl*., Süß-, Konditoreiwaren *pl*.; Konfekt *n*; Konditorei *f*; Süßwarengeschäft *n*.

con-fed-e-ra-cy [kən'fedərəsɪ] Bündnis *n*; **the** *2 Am*. *hist*. die Konföderation; **~rate 1.** [~rət] verbündet; **2.** [~] Bundesgenosse *m*; **3.** [~reɪt] (sich) verbünden; **~ra-tion** [kənfedə'reɪʃn] Bund *m*, Bündnis *n*; Staatenbund *m*.

con-fer [kən'fɜ:] (-*rr-*) *v/t*. übertragen, verleihen; *v/i*. sich besprechen.

con-fe-rence ['kɒnfərəns] Konferenz *f*,

Tagung *f*; **be in ~** in e-r Besprechung sein.

con|fess [kən'fes] bekennen, gestehen; beichten; **~fes·sion** [~ʃən] Geständnis *n*; Bekenntnis *n*; Beichte *f*; **~fes·sion·al** [~nl] Beichtstuhl *m*; **~fes·sor** [~esə] Bekenner *m*; Beichtvater *m*.

con·fide [kən'faɪd] *v/t.* anvertrauen; *v/i.*: **~ in s.o.** j-m vertrauen; **con·fi·dence** ['kɒnfɪdəns] Vertrauen *n*; Zuversicht *f*; **~ man** (Trick)Betrüger *m*; **~ trick** Trickbetrug *m*; **con·fi·dent** □ ['kɒnfɪdənt] zuversichtlich; **con·fi·den·tial** □ [~'denʃl] vertraulich; **con·fid·ing** □ [kən'faɪdɪŋ] vertrauensvoll.

con·fine [kən'faɪn] begrenzen; beschränken; einsperren; **be ~d of** entbunden werden von; **be ~d to bed** das Bett hüten müssen; **~ment** [~mənt] Haft *f*; Beschränkung *f*; Entbindung *f*.

con|firm [kən'fɜːm] (be)kräftigen; bestätigen; *eccl.* konfirmieren; *eccl.* firmen; **~fir·ma·tion** [kɒnfə'meɪʃn] Bestätigung *f*; *eccl.* Konfirmation *f*, Firmung *f*.

con·fis|cate ['kɒnfɪskeɪt] beschlagnahmen, konfiszieren; **~ca·tion** [~'keɪʃn] Beschlagnahme *f*, Konfiszierung *f*.

con·fla·gra·tion [kɒnflə'greɪʃn] (*esp.* Groß)Brand *m*.

con·flict 1. ['kɒnflɪkt] Konflikt *m*; **2.** [kən'flɪkt] in Konflikt stehen; **~ing** [~ɪŋ] widersprüchlich.

con·form [kən'fɔːm] (sich) anpassen (*to dat.*, an *acc.*).

con·found [kən'faʊnd] *j-n* verwirren, -blüffen; **~ it!** F verdammt!; **~ed** □ F verdammt.

con|front [kən'frʌnt] gegenübertreten, -stehen (*dat.*); sich stellen (*dat.*); konfrontieren; **~fron·ta·tion** [kɒnfrən'teɪʃn] Konfrontation *f*.

con|fuse [kən'fjuːz] verwechseln; verwirren; **~fused** □ verwirrt; verlegen; verworren; **~fu·sion** [~'fjuːʒn] Verwirrung *f*; Verlegenheit *f*; Verwechslung *f*.

con·geal [kən'dʒiːl] erstarren (lassen); gerinnen (lassen).

con|gest·ed [kən'dʒestɪd] überfüllt; verstopft; **~ges·tion** [~tʃən] *a.* **traffic ~** Verkehrsstockung *f*, -stauung *f*.

con·glom·e·ra·tion [kənglɒmə'reɪʃn] Anhäufung *f*, Konglomerat *n*.

con·grat·u|late [kən'grætjuleɪt] beglückwünschen; *j-m* gratulieren; **~la·tion** [kəngrætju'leɪʃn] Glückwunsch *m*; **~s!** ich gratuliere!, herzlichen Glückwunsch!

con·gre|gate ['kɒŋgrɪgeɪt] (sich) (ver)sammeln; **~ga·tion** [kɒŋgrɪ'geɪʃn] Versammlung *f*; *eccl.* Gemeinde *f*.

con·gress ['kɒŋgres] Kongreß *m*; 2 *Am.*

parl. der Kongreß; 2**·man** (*pl.* -men) *Am. parl.* Kongreßabgeordnete(r) *m*; 2**·wom·an** (*pl.* -women) *Am. pl.* Kongreßabgeordnete *f*.

con|ic *bsd.* ⊕ ['kɒnɪk], **~i·cal** □ [~kl] konisch, kegelförmig.

co·ni·fer ♣ ['kɒnɪfə] Nadelbaum *m*.

con·jec·ture [kən'dʒektʃə] **1.** Mutmaßung *f*; **2.** mutmaßen.

con·ju·gal □ ['kɒndʒʊgl] ehelich.

con·ju|gate *gr.* ['kɒndʒʊgeɪt] konjugieren, beugen; **~ga·tion** *gr.* [kɒndʒʊ'geɪʃn] Konjugation *f*, Beugung *f*.

con·junc·tion [kən'dʒʌŋkʃn] Verbindung *f*; *gr.* Konjunktion *f*.

con·junc·ti·vi·tis ♀ [kɒndʒʌŋktɪ'vaɪtɪs] Bindehautentzündung *f*.

con|jure ['kʌndʒə] *devil, etc.*: beschwören; zaubern; **~jur·er** [~rə] Zauber|er *m*, -in *f*, Zauberkünstler(in); **~jur·ing trick** Zauberkunststück *n*; **~jur·or** = **conjurer**.

con|nect [kə'nekt] verbinden; ∮ anschließen, (zu)schalten; ❆, ✔ *etc.*: anschluß haben (**with** an *acc.*); **~nect·ed** □ verbunden; (logisch) zusammenhängend; **be well ~** gute Beziehungen haben; **~nec·tion**, *Brt. a.* **~nex·ion** [~kʃn] Verbindung *f*; ∮ Schaltung *f*; Anschluß *m*; Zusammenhang *m*; Verwandtschaft *f*.

con·quer ['kɒŋkə] erobern; (be)siegen; **~or** [~rə] Eroberer *m*.

con·quest ['kɒŋkwest] Eroberung *f* (*a. fig.*); erobertes Gebiet; Bezwingung *f*.

con·science ['kɒnʃəns] Gewissen *n*.

con·sci·en·tious □ [kɒnʃɪ'enʃəs] gewissenhaft; Gewissens...; **~ objector** Wehr-, Kriegsdienstverweigerer *m*; **~ness** [~nɪs] Gewissenhaftigkeit *f*.

con·scious □ ['kɒnʃəs] bei Bewußtsein; bewußt; **be ~ of** sich bewußt sein (*gen.*); **~ness** [~nɪs] Bewußtsein *n*.

con|script ✕ **1.** [kən'skrɪpt] einziehen, -berufen; **2.** ['kɒnskrɪpt] Wehrpflichtige(r) *m*; **~scrip·tion** ✕ [kən'skrɪpʃn] Einberufung *f*, Einziehung *f*.

con·se|crate ['kɒnsɪkreɪt] weihen, einsegnen; widmen; **~cra·tion** [kɒnsɪ'kreɪʃn] Weihe *f*; Einsegnung *f*.

con·sec·u·tive □ [kən'sekjʊtɪv] aufeinanderfolgend; fortlaufend.

con·sent [kən'sent] **1.** Zustimmung *f*; **2.** einwilligen, zustimmen.

con·se|quence ['kɒnsɪkwəns] Folge *f*, Konsequenz *f*; Einfluß *m*; Bedeutung *f*; **~quent·ly** [~tlɪ] folglich, daher.

con·ser·va|tion [kɒnsə'veɪʃn] Erhaltung *f*; Naturschutz *m*; Umweltschutz *m*; **~tion·ist** [~ʃnɪst] Naturschützer(in), Umweltschützer(in); *for old buildings*: Denkmalpfleger(in); **~tive** □ [kən-

'sɜːvətɪv] **1.** erhaltend; konservativ; vorsichtig; **2.** ♀ *pol.* Konservative(r *m*) *f*; **~to·ry** [kən'sɜːvətrɪ] Treib-, Gewächshaus *n*; ♪ Konservatorium *n*; **con·serve** [~'sɜːrv] erhalten, konservieren.

con·sid|er [kən'sɪdə] *v/t.* betrachten; sich überlegen, erwägen; in Betracht ziehen, berücksichtigen; meinen; *v/i.* nachdenken, überlegen; **~e·ra·ble** □ [~rəbl] ansehnlich, beträchtlich; **~e·ra·bly** [~lɪ] bedeutend, ziemlich, (sehr) viel; **~er·ate** [~rət] rücksichtsvoll; **~e·ra·tion** [kənsɪdə'reɪʃn] Betrachtung *f*, Erwägung *f*, Überlegung *f*; Rücksicht *f*; Gesichtspunkt *m*; *take into* ~ in Erwägung *or* in Betracht ziehen, berücksichtigen; **~er·ing** □ [kən'sɪdərɪŋ] **1.** *prp.* in Anbetracht (*gen.*); **2.** *adv.* F den Umständen entsprechend.

con·sign [kən'saɪn] übergeben; anvertrauen; *econ. goods, etc.*: zusenden; **~ment** *econ.* [~mənt] Über-, Zusendung *f*; (Waren)Sendung *f*.

con·sist [kən'sɪst]: **~ in** bestehen in (*dat.*); **~ of** bestehen *or* sich zusammensetzen aus.

con·sis|tence, ~ten·cy [kən'sɪstəns, ~sɪ] Konsistenz *f*, Beschaffenheit *f*; Übereinstimmung *f*; Konsequenz *f*; **~tent** □ [~ənt] übereinstimmend, vereinbar (*with* mit); konsequent; *sports, etc.*: beständig.

con·so·la·tion [kɒnsə'leɪʃən] Trost *m*; **~sole** [kən'səʊl] trösten.

con·sol·i·date [kən'sɒlɪdeɪt] festigen; *fig.* zusammenschließen, -legen.

con·so·nant ['kɒnsənənt] **1.** □ übereinstimmend; **2.** *gr.* Konsonant *m*, Mitlaut *m*.

con·spic·u·ous □ [kən'spɪkjʊəs] sichtbar; auffallend; hervorragend; *make* **o.s.** ~ sich auffällig benehmen.

con·spir·a·cy [kən'spɪrəsɪ] Verschwörung *f*; **~spi·ra·tor** [~tə] Verschwörer *m*; **~spire** [~'spaɪə] sich verschwören.

con·sta·ble *Brt.* ['kʌnstəbl] Polizist *m*, *rank*: Wachtmeister *m*; **~stab·u·la·ry** [kən'stæbjʊlərɪ] Polizei(truppe) *f*.

con·stan·cy ['kɒnstənsɪ] Standhaftigkeit *f*; Beständigkeit *f*; **~stant** □ [~t] beständig, unveränderlich; treu.

con·stel·la·tion [kɒnstə'leɪʃn] *ast.* Sternbild *n*, *a. fig.* Konstellation *f*.

con·ster·na·tion [kɒnstə'neɪʃn] Bestürzung *f*.

con·sti|pat·ed ✍ ['kɒnstɪpeɪtɪd] verstopft; **~pa·tion** ✍ [kɒnstɪ'peɪʃn] Verstopfung *f*.

con·stit·u|en·cy [kən'stɪtjuənsɪ] Wählerschaft *f*; Wahlkreis *m*; **~ent** [~t] **1.** e-n (Bestand)Teil bildend; *pol.* konstituie-

rend; **2.** (wesentlicher) Bestandteil *m*, *pol.* Wähler(in).

con·sti·tute ['kɒnstɪtjuːt] ein-, errichten; ernennen; bilden, ausmachen.

con·sti·tu·tion [kɒnstɪ'tjuːʃn] *pol.* Verfassung *f*; Konstitution *f*, körperliche Verfassung; Zusammensetzung *f*; **~al** □ [~nl] konstitutionell; *pol.* verfassungsmäßig.

con·strain [kən'streɪn] zwingen; **~ed** gezwungen, unnatürlich; **~t** [~t] Zwang *m*.

con·strict [kən'strɪkt] verengen, zusammenziehen; **~tion** [~kʃn] Verengung *f*, Zusammenziehung *f*.

con·struct [kən'strʌkt] bauen, errichten, konstruieren; *fig.* bilden; **~tion** [~kʃn] Konstruktion *f*; Bau *m*; *fig.* Auslegung *f*; **~ site** Baustelle *f*; **~struc·tive** □ [~tɪv] aufbauend, schöpferisch, konstruktiv, positiv; **~struc·tor** [~ə] Erbauer *m*, Konstrukteur *m*.

con·strue [kən'struː] *gr.* konstruieren; auslegen, auffassen.

con·sul ['kɒnsəl] Konsul *m*; **~gen·er·al** Generalkonsul *m*; **~su·late** [~sjʊlət] Konsulat *n* (*office and building*).

con·sult [kən'sʌlt] *v/t.* konsultieren, um Rat fragen; *a book*: nachschlagen in (*dat.*); *v/i.* sich beraten.

con·sul|tant [kən'sʌltənt] (fachmännische[r]) Berater(in); ✍ *Brt.* (Krankenhaus)Facharzt *m*, Oberarzt *m*; **~ta·tion** [kɒnsl'teɪʃn] Konsultation *f*, Beratung *f*, Rücksprache *f*; **~ hour** Sprechstunde *f*; **~ta·tive** [kən'sʌltətɪv] beratend.

con·sume [kən'sjuːm] *v/t.* essen, trinken, konsumieren; verbrauchen; zerstören, *by fire*: vernichten; *fig. with hatred, love, etc.*: verzehren; **~sum·er** [~ə] *econ.* Verbraucher(in), Konsument(in); **~ durables** langlebige Verbrauchsgüter.

con·sum·mate 1. □ [kən'sʌmɪt] vollendet; **2.** ['kɒnsəmeɪt] vollenden.

con·sump|tion [kən'sʌmpʃn] Verbrauch *m*; *dated* ✍ Schwindsucht *f*; **~tive** □ [~tɪv] verzehrend; *dated* ✍ schwindsüchtig.

con·tact ['kɒntækt] **1.** Berührung *f*; Kontakt *m*; *make* **~s** Verbindungen anknüpfen *or* herstellen; **~s** *pl.* F = **~ lenses** *pl.* Kontaktlinsen *pl.*; **2.** sich in Verbindung setzen mit, Kontakt aufnehmen mit.

con·ta·gious □ ✍ [kən'teɪdʒəs] ansteckend (*a. fig.*).

con·tain [kən'teɪn] enthalten, (um)fassen; **~ o.s.** an sich halten, sich beherrschen; **~er** [~ə] Behälter *m*; *econ.* Container *m*; **~er·ize** *econ.* [~əraɪz] auf Containerbetrieb umstellen; in Containern transportieren.

con·tam·i|nate [kən'tæmɪneɪt] verunreinigen; infizieren, vergiften; (*a.* radioaktiv) verseuchen; **~na·tion** [kəntæmɪ'neɪʃn] Verunreinigung *f;* Vergiftung *f;* (*a.* radioaktive) Verseuchung.

con·tem|plate ['kɒntempleɪt] betrachten; beabsichtigen, vorhaben; **~pla·tion** [kɒntem'pleɪʃn] Betrachtung *f;* Nachdenken *n;* **~pla·tive** □ ['kɒntempleɪtɪv] nachdenklich; [kən'templətɪv] beschaulich.

con·tem·po·ra|ne·ous □ [kəntempə-'reɪnɪəs] gleichzeitig; **~ry** [kən'tempərərɪ] 1. zeitgenössisch; 2. Zeitgenoss|e *m,* -in *f.*

con|tempt [kən'tempt] Verachtung *f;* **~temp·ti·ble** □ [~əbl] verachtenswert; **~temp·tu·ous** □ [~ʃʊəs] geringschätzig, verächtlich.

con·tend [kən'tend] *v/i.* kämpfen, ringen (*for* um); *v/t.* behaupten; **~er** [~ə] *esp. sports:* Wettkämpfer(in).

con·tent [kən'tent] 1. zufrieden; 2. befriedigen; **~ o.s.** sich begnügen; 3. Zufriedenheit *f; to one's heart's* ~ nach Herzenslust; ['kɒntent] Gehalt *m;* **~s** *pl.* Inhalt *m;* **~ed** □ [kən'tentɪd] zufrieden.

con·ten·tion [kən'tenʃn] Streit *m;* Argument *n,* Behauptung *f.*

con·tent·ment [kən'tentmənt] Zufriedenheit *f.*

con|test 1. ['kɒntest] Streit *m;* Wettkampf *m;* 2. [kən'test] sich bewerben um, kandidieren für; (be)streiten; anfechten; um *et.* streiten; **~tes·tant** [~ənt] Wettkämpfer(in), (Wettkampf-) Teilnehmer(in).

con·text ['kɒntekst] Zusammenhang *m,* Kontext *m.*

con·ti|nent ['kɒntɪnənt] 1. □ enthaltsam, mäßig; 2. Kontinent *m,* Erdteil *m; the 2 Brt.* das (europäische) Festland; **~nen·tal** [kɒntɪ'nentl] 1. □ kontinental, Kontinental...; 2. Kontinentaleuropäer(in).

con·tin·gen|cy [kən'tɪndʒənsɪ] Zufälligkeit *f;* Möglichkeit *f,* Eventualität *f;* **~t** [~t] 1. □: *be ~ on or upon* abhängen von; 2. Kontingent *n.*

con·tin|u·al □ [kən'tɪnjʊəl] fortwährend, unaufhörlich; **~u·a·tion** [kəntɪnjʊ'eɪʃn] Fortsetzung *f;* Fortdauer *f;* **~ school** Fortbildungsschule *f;* **~ training** berufliche Fortbildung; **~ue** [kən'tɪnjuː] *v/t.* fortsetzen, -fahren mit; beibehalten; *to be ~d* Fortsetzung folgt; *v/i.* fortdauern; andauern, anhalten; fortfahren, weitermachen; **con·ti·nu·i·ty** [kɒntɪ'njuːətɪ] Kontinuität *f;* **~u·ous** □ [kən'tɪnjʊəs] ununterbrochen; **~ form** *gr.* Verlaufsform *f.*

con|tort [kən'tɔːt] verdrehen; verzerren; **~tor·tion** [~ɔːʃn] Verdrehung *f;* Verzerrung *f.*

con·tour ['kɒntʊə] Umriß *m.*

con·tra ['kɒntrə] wider, gegen.

con·tra·band *econ.* ['kɒntrəbænd] unter Ein- *or* Ausfuhrverbot stehende Ware.

con·tra·cep|tion ♀ [kɒntrə'sepʃn] Empfängnisverhütung *f;* **~tive** ♀ [~tɪv] 1. empfängnisverhütend; 2. Verhütungsmittel *n.*

con|tract 1. [kən'trækt] *v/t.* zusammenziehen; *illness:* sich zuziehen; *debts:* machen; *marriage, etc.:* schließen; *v/i.* sich zusammenziehen, schrumpfen; ♀ e-n Vertrag schließen; sich vertraglich verpflichten; 2. ['kɒntrækt] Kontrakt *m,* Vertrag *m;* **~trac·tion** [kən'trækʃn] Zusammenziehung *f; gr.* Kurzform *f;* **~trac·tor** [~tə] *a. building ~* Bauunternehmer *m.*

con·tra|dict [kɒntrə'dɪkt] widersprechen (*dat.*); **~dic·tion** [~kʃn] Widerspruch *m;* **~dic·to·ry** □ [~tərɪ] (sich) widersprechend.

con·tra·ry ['kɒntrərɪ] 1. □ entgegengesetzt; widrig; **~ to** im Gegensatz zu; **~ to expectations** wider Erwarten; 2. Gegenteil *n; on the ~* im Gegenteil.

con·trast 1. ['kɒntrɑːst] Gegensatz *m;* Kontrast *m;* 2. [kən'trɑːst] *v/t.* gegenüberstellen, vergleichen; *v/i.* sich unterscheiden, abstechen (*with* von).

con|trib·ute [kən'trɪbjuːt] beitragen, -steuern; spenden (*to* für); **~tri·bu·tion** [kɒntrɪ'bjuːʃn] Beitrag *m;* Spende *f;* **~trib·u·tor** [kən'trɪbjʊtə] Beitragende(r *m*) *f; to a newspaper, etc.:* Mitarbeiter(in); **~trib·u·to·ry** [~ərɪ] beitragend.

con|trite □ ['kɒntraɪt] zerknirscht; **~tri·tion** [kən'trɪʃn] Zerknirschung *f.*

con·triv·ance [kən'traɪvəns] Vorrichtung *f;* Plan *m,* List *f;* **~trive** [kən'traɪv] ersinnen, (sich) ausdenken, planen; zustande bringen; es fertigbringen (*to inf.* zu *inf.*); **~trived** *story, etc.:* konstruiert; *behaviour, etc.:* gekünstelt.

con·trol [kən'trəʊl] 1. Kontrolle *f,* Herrschaft *f,* Macht *f,* Gewalt *f,* Beherrschung *f;* Aufsicht *f;* ⊕ Steuerung *f; mst* **~s** *pl.* ⊕ Steuervorrichtung *f; lose ~* die Herrschaft *or* Gewalt *or* Kontrolle verlieren; 2. (*-ll-*) beherrschen, die Kontrolle haben über (*acc.*); (erfolgreich) bekämpfen; kontrollieren, überwachen; *econ.* (staatlich) lenken; *prices:* binden; ♀, ⊕ steuern, regeln, regulieren; **~ desk** ✔ Schalt-, Steuerpult *n;* **~ pan·el** ♀ Schalttafel *f;* **~ tow·er** ✔ Kontrollturm *m,* Tower *m.*

con·tro·ver·sial □ [kɒntrə'vɜːʃl] umstritten; ~sy ['kɒntrəvɜːsɪ] Kontroverse f, Streit m.

con|tuse [kən'tjuːz] quetschen; ~tu·sion ⚹ [kən'tjuːʒn] Quetschung f.

con·ur·ba·tion [kɒnə:'beɪʃən] Ballungsraum m, -gebiet n.

con·va|lesce [kɒnvə'les] gesund werden, genesen; ~les·cence [~ns] Rekonvaleszenz f, Genesung f; ~les·cent [~t] 1. □ genesend; 2. Rekonvaleszent(in), Genesende(r m) f.

con·vene [kən'viːn] (sich) versammeln; of parliament, etc.: zusammentreten; einberufen.

con·ve·ni|ence [kən'viːnɪəns] Bequemlichkeit f; Angemessenheit f; Vorteil m; (public) ~ Brt. (öffentliche) Toilette f; all (modern) ~s pl. aller Komfort; at your earliest ~ möglichst bald; ~ food Fertignahrung f, Schnellgericht n; ~ent [~t] bequem; günstig.

con·vent ['kɒnvənt] (Nonnen)Kloster n.

con·ven·tion [kən'venʃn] Versammlung f; Konvention f, Übereinkommen n, Abkommen n; Sitte f; ~al □ [~nl] herkömmlich, konventionell.

con·verge [kən'vɜːdʒ] konvergieren; zusammenlaufen, -strömen.

con·ver·sant [kən'vɜːsənt] vertraut.

con·ver·sa·tion [kɒnvə'seɪʃn] Gespräch n, Unterhaltung f; Konversation f; ~al □ [~nl] Unterhaltungs...; umgangssprachlich.

con·verse 1. □ ['kɒnvɜːs] umgekehrt; 2. [kən'vɜːs] sich unterhalten.

con·ver·sion [kən'vɜːʃn] Um-, Verwandlung f; econ. ⊕ Umstellung f; ⊕ Umbau m; ⚡ Umformung f; eccl. Konversion f; pol. Übertritt m; econ. Umvertierung f of currency: Umstellung f.

con|vert 1. ['kɒnvɜːt] Bekehrte(r m) f, eccl. a. Konvertit(in); 2. [kən'vɜːt] (sich) um- or verwandeln; econ. ⊕ umstellen (to auf acc.); ⊕ umbauen (into zu); ⚡ umformen; eccl. bekehren; econ. konvertieren, umwandeln; currency, etc.: umstellen; ~vert·er ⚡ [~ə] Umformer m; ~vert·i·ble 1. □ [~əbl] um-, verwandelbar; econ. konvertierbar; 2. mot. Kabrio(lett) n.

con·vey [kən'veɪ] befördern, transportieren, bringen; überbringen, -mitteln; übertragen; mitteilen; ~ance [~əns] Beförderung f, Transport m; Übermittlung f; Verkehrsmittel n; ⚖ Übertragung f; ~er, ~or ⊕ [~ə] = ~er belt Förderband f; Fließband n.

con|vict 1. ['kɒnvɪkt] Strafgefangene(r) m, Sträfling m; 2. ⚖ [kən'vɪkt] j-n überführen; ~vic·tion [~kʃn] ⚖ Verurteilung f; Überzeugung f.

con·vince [kən'vɪns] überzeugen.

con·viv·i·al □ [kən'vɪvɪəl] gesellig.

con·voy ['kɒnvɔɪ] 1. ⚓ Geleitzug m, Konvoi m; (Wagen)Kolonne f; Geleit)Schutz m; 2. Geleitschutz geben (dat.), eskortieren.

con·vul|sion ⚹ [kən'vʌlʃn] Zuckung f, Krampf m; ~sive □ [~sɪv] krampfhaft, -artig, konvulsiv.

cook [kuk] 1. Koch m; Köchin f; 2. kochen; F report, accounts, etc.: frisieren; ~ up F sich ausdenken, erfinden; F ~ s.o.'s goose j-m alles verderben; ~book Am. Kochbuch n; ~er Brt. Ofen m, Herd m; ~e·ry [~ərɪ] Kochen n; Kochkunst f; ~ book Brt. Kochbuch n; ~ie Am. (süßer) Keks, Plätzchen n; ~ing: French ~ französische Küche; ~y Am. = cookie.

cool [kuːl] 1. □ kühl; fig. kaltblütig, gelassen; unverfroren; bsd. Am. F klasse, prima, cool; 2. Kühle f; F (Selbst-) Beherrschung f; 3. (sich) abkühlen; ~ down, ~ off sich beruhigen; cool·ant ['kuːlənt] Kühlwasser n, Kühlflüssigkeit f.

coon zo. F [kuːn] Waschbär m.

coop [kuːp] 1. Hühnerstall m; 2. ~ up, ~ in einsperren, -pferchen.

co-op F ['kəʊɒp] shop: Co-op m, Konsumladen m; society: Genossenschaft f.

co(-)op·e|rate [kəʊ'ɒpəreɪt] mitwirken; zusammenarbeiten; kooperieren; ~ra·tion [kəʊɒpə'reɪʃn] Mitwirkung f; Zusammenarbeit f, Kooperation f; ~ra·tive [kəʊ'ɒpərətɪv] 1. □ kooperativ, hilfsbereit; 2. a. ~ society Genossenschaft f; Co-op m, Konsumverein m; a. ~ store Co-op m, Konsumladen m.

co(-)or·di|nate 1. [kəʊ'ɔːdɪnət] koordiniert, gleichgeordnet; 2. [~neɪt] koordinieren, aufeinander abstimmen; ~na·tion [kəʊɔːdɪ'neɪʃn] Koordination f; harmonisches Zusammenspiel n.

cop F [kɒp] Bulle m (policeman).

cope [kəʊp]: ~ with gewachsen sein (dat.), fertig werden mit.

cop·i·er ['kɒpɪə] Kopiergerät n, Kopierer m.

co-pi·lot ✈ ['kəʊpaɪlət] Kopilot m.

co·pi·ous □ ['kəʊpjəs] reich(lich); weitschweifig.

cop·per¹ ['kɒpə] 1. min. Kupfer n; Kupfermünze f; 2. kupfern, Kupfer...

cop·per² F ['kɒpə] Bulle m (policeman).

cop·pice, copse ['kɒpɪs, kɒps] Unterholz n, Dickicht n.

cop·y ['kɒpɪ] 1. Kopie f; Abschrift f; Nachbildung f; Durchschlag m; Muster n; of book: Exemplar n; of newspaper: Nummer f; druckfertiges Manuskript; fair or clean ~ Reinschrift f; 2. kopieren; abschreiben; computer: (data) übertragen; nachbilden; nachahmen; **~book** Schreibheft *n*; **~ing** [~ɪŋ] Kopier...; **~right** Urheberrecht *n*, Copyright *n*; **protected by ~** urheberrechtlich geschützt; **~wri-ter** Werbetexter(in).

cor-al *zo.* ['korəl] Koralle *f*.

cord [kɔːd] 1. Schnur *f*, Strick *m*; *anat.* Band *n*, Schnur *f*, Strang *m*; (**a pair of**) **~s** *pl.* Kordhose(n *pl.*) *f*; 2. (zu)schnüren, binden.

cor-di-al ['kɔːdjəl] 1. □ herzlich; **♂** stärkend; 2. belebendes Mittel, Stärkungsmittel *n*; Fruchtsaftkonzentrat *n*; Likör *m*; **~i-ty** [kɔːdɪ'ælətɪ] Herzlichkeit *f*.

cor-don ['kɔːdn] 1. Kordon *m*, Postenkette *f*; 2. **~ off** abriegeln, absperren.

cor-du-roy ['kɔːdərɔɪ] Kord(samt) *m*; (**a pair of**) **~s** *pl.* (e-e) Kordhose.

core [kɔː] 1. Kerngehäuse *n*; *fig.* Herz *n*, Mark *n*, Kern *m*; 2. entkernen.

cork [kɔːk] 1. Kork *m*; *stopper:* Korken *m*; 2. **~ up** zu-, verkorken; **~screw** ['kɔːkskruː] Korkenzieher *m*.

corn [kɔːn] 1. (Samen-, Getreide)Korn *n*; Getreide *n*; *a.* **Indian ~** *Am.* Mais *m*; **♂** Hühnerauge *n*; 2. (ein)pökeln.

cor-ner ['kɔːnə] 1. Ecke *f*; Winkel *m*; Kurve *f*; *soccer, etc.*: Eckball *m*, Ecke *f*; *fig.* schwierige Lage, Klemme *f*, Enge *f*; 2. Eck...; **~ kick** *soccer:* Eckstoß *m*; 3. in die Ecke (*fig.* Enge) treiben; *econ.* aufkaufen; **~ed** ...eckig; **~ shop** Tante-Emma-Laden *m*.

cor-net ['kɔːnɪt] **♪** Kornett *n*; *Brt.* Eistüte *f*.

corn-flakes ['kɔːnfleɪks] *pl.* Cornflakes *pl.*

cor-nice ['kɔːnɪs] Gesims *n*, Sims *m*.

cor-o-na-ry *anat.* ['kɔrənərɪ] koronar; **~ artery** *anat.* Koronar-, Kranzarterie *f*.

cor-o-na-tion [kɒrə'neɪʃn] Krönung *f*.

cor-o-ner ♣ ['kɒrənə] *appr.* Untersuchungsrichter(in).

cor-o-net ['kɒrənɪt] Adelskrone *f*.

cor-po-ral ['kɔːpərəl] 1. □ körperlich; **~ punishment** Prügelstrafe *f*; 2. **✕** Unteroffizier *m*.

cor-po-ra-tion [kɔːpə'reɪʃn] Körperschaft *f*; *of town:* Stadtverwaltung *f*; *Am.* Aktiengesellschaft *f*.

corpse [kɔːps] Leichnam *m*, Leiche *f*.

cor-pu|lence, ~len-cy ['kɔːpjʊləns, ~sɪ] Beleibtheit *f*; **~lent** [~t] beleibt.

cor-ral *Am.* [kɔː'rɑːl, *Am.* kə'ræl] 1. Korral *m*, Hürde *f*, Pferch *m*; 2. (**-ll-**) *cattle:* in e-n Pferch treiben.

cor|rect [kə'rekt] 1. *adj.* □ korrekt, richtig; 2. *v/t.* korrigieren; zurechtweisen; strafen; **~rec-tion** [~kʃn] Berichtigung *f*; Korrektur *f*; Verweis *m*; Strafe *f*; **house of ~** (Jugend)Strafanstalt *f*, (-)Gefängnis *n*.

cor-re|spond [kɒrɪ'spɒnd] entsprechen (**with, to** *dat.*), sich decken; korrespondieren; **~spon-dence** [~əns] Übereinstimmung *f*; Korrespondenz *f*, Briefwechsel *m*; **~ course** Fernkurs *m*; **~spon-dent** [~t] 1. □ entsprechend; 2. Briefpartner(in); Korrespondent(in); **~spon-ding** [~ɪŋ] entsprechend.

cor-ri-dor ['kɒrɪdɔː] Korridor *m*, Gang *m*.

cor-rob-o-rate [kə'rɒbəreɪt] bekräftigen, bestätigen.

cor|rode [kə'rəʊd] zerfressen; **⊙** korrodieren; **~ro-sion** [~ʒn] Zerfressen *n*; **⊙** Korrosion *f*; Rost *m*; **~ro-sive** [~sɪv] 1. □ zerfressend, ätzend; 2. Korrosions-, Ätzmittel *n*.

cor-ru-gate ['kɒrʊgeɪt] **⊙** wellen; **~d cardboard** Wellpappe *f*; **~d iron** Wellblech *n*.

cor|rupt [kə'rʌpt] 1. □ verdorben; korrupt, bestechlich, käuflich; 2. *v/t.* verderben; bestechen; *v/i.* verderben; **~rupt-i-ble** □ [~əbl] verderblich; korrupt, bestechlich, käuflich; **~rup-tion** [~pʃn] Verdorbenheit, Verworfenheit *f*; Fäulnis *f*; Korruption *f*, Bestechlichkeit *f*; Verfälschung *f*.

cor-set ['kɔːsɪt] Korsett *n*.

cos|met-ic [kɒz'metɪk] 1. (**~ally**) kosmetisch; **~ surgery** Schönheitschirurgie *f*; 2. kosmetisches Mittel, Schönheitsmittel *n*; **~me-ti-cian** [kɒzmə'tɪʃn] Kosmetiker(in).

cos-mo-naut ['kɒzmənɔːt] Kosmonaut *m*, (sowjetischer) (Welt)Raumfahrer.

cos-mo-pol-i-tan [kɒzmə'pɒlɪtən] 1. kosmopolitisch; 2. Weltbürger(in).

cost [kɒst] 1. Preis *m*; Kosten *pl.*; Schaden *m*; **~ of living** Lebenshaltungskosten *pl.*; **~ price** *econ.* Selbstkostenpreis *m*; 2. (**cost**) kosten; **~ly** ['kɒstlɪ] (**-ier, -iest**) kostspielig; teuer erkauft.

cos-tume ['kɒstjuːm] Kostüm *n*, Kleidung *f*, Tracht *f*; **~ jewellery** Modeschmuck *m*.

co-sy ['kəʊzɪ] 1. □ (**-ier, -iest**) behaglich, gemütlich; 2. = **egg-cosy, tea-cosy**.

cot [kɒt] Feldbett *n*; *Brt.* Kinderbett *n*; **~ death** plötzlicher Kindstod.

cot|tage ['kɒtɪdʒ] Cottage *n*, (kleines) Landhaus *n*; *Am.* Ferienhaus *n*, -häuschen *n*; **~ cheese** Hüttenkäse *m*; **~tag-er** [~ə] Cottagebewohner(in); *Am.* Urlauber(in) in e-m Ferienhaus.

cot-ton ['kɒtn] 1. Baumwolle *f*; Baumwollstoff *m*; (Baumwoll)Garn *m*, (-)Zwirn *m*; 2. baumwollen, Baumwoll...; 3. **~ on to** *F et.* kapieren, verstehen; **~ wool** *Brt.* (Verband)Watte *f*.

couch [kaʊtʃ] **1.** Couch f, Sofa n; Liege f; **2.** (ab)fassen, formulieren.

cou·chette ⚏ [ku:'ʃet] Liegewagenplatz m; a. ~ **coach** Liegewagen m.

cou·gar zo. ['ku:gə] Puma m.

cough [kɒf] **1.** Husten m; **2.** husten.

could [kʊd] past of **can¹.**

coun|cil ['kaʊnsl] Rat(sversammlung f) m; ~ **house** Brt. gemeindeeigenes Wohnhaus, Sozialwohnung f; ~**cil(l)or** [~sələ] Ratsmitglied n, Stadtrat m, Stadträtin f.

coun|sel ['kaʊnsl] **1.** Beratung f; Rat(schlag) m; Brt. ⚖ (Rechts)Anwalt m; ~ **for the defence** (Am. **defense**) Verteidiger m; ~ **for the prosecution** Anklagevertreter m; **2.** (esp. Brt. -ll-, Am. -l-) j-n beraten; j-m raten; ~**se(l)·lor** [~sələ] Berater m; a. ~**at-law** Am. ⚖ (Rechts)Anwalt m.

count¹ [kaʊnt] Graf m.

count² [~] **1.** Rechnung f, Zählung f; ⚖ Anklagepunkt m; **2.** v/i. zählen; aus-, berechnen; fig. halten für; ~ **down** money: hinzählen; (a. v/i.) den Countdown durchführen (for spacecraft, etc.), letzte (Start)Vorbereitungen treffen (für); v/i. zählen; rechnen; (on, upon) zählen, sich verlassen (auf acc.); gelten (for little wenig); ~**down** [~kaʊntdaʊn] space travel: Countdown m (a. fig.), letzte (Start)Vorbereitungen pl.

coun·te·nance ['kaʊntɪnəns] Gesichtsausdruck m; Fassung f.

count·er¹ ['kaʊntə] Zähler m; Zählgerät n; Brt. Spielmarke f.

coun·ter² [~] Ladentisch m; Theke f; (Bank-, Post)Schalter m.

coun·ter³ [~] **1.** (ent)gegen, Gegen...; **2.** entgegentreten (dat.), entgegnen (dat.), bekämpfen; abwehren.

coun·ter·act [kaʊntər'ækt] entgegenwirken (dat.); neutralisieren; bekämpfen.

coun·ter·bal·ance 1. ['kaʊntəbæləns] Gegengewicht n; **2.** [kaʊntə'bæləns] aufwiegen, ausgleichen.

coun·ter·clock·wise Am. [kaʊntə'klɒkwaɪz] = **anticlockwise.**

coun·ter·es·pi·o·nage [kaʊntər'espɪənɑːʒ] Spionageabwehr f.

coun·ter·feit ['kaʊntəfɪt] **1.** □ nachgemacht, falsch, unecht; **2.** Fälschung f; Falschgeld n; **3.** money, signature, etc.: fälschen.

coun·ter·foil ['kaʊntəfɔɪl] Kontrollabschnitt m.

coun·ter·mand [kaʊntə'mɑːnd] order, etc: widerrufen; goods: abbestellen.

coun·ter·pane ['kaʊntəpeɪn] = **bedspread.**

coun·ter·part ['kaʊntəpɑːt] Gegenstück n; genaue Entsprechung f.

coun·ter·sign ['kaʊntəsaɪn] gegenzeichnen, mit unterschreiben.

coun·tess ['kaʊntɪs] Gräfin f.

count·less ['kaʊntlɪs] zahllos.

coun·try ['kʌntrɪ] **1.** Land n; Gegend f; Heimatland n; **2.** Land..., ländlich; ~**man** (pl. -men) Landbewohner m; Bauer m; a. **fellow** ~ Landsmann m; ~ **road** Landstraße f; ~**side** (ländliche) Gegend; Landschaft f; ~**wom·an** (pl. -women) Landbewohnerin f; Bäuerin f; a. **fellow** ~ Landsmännin f.

coun·ty ['kaʊntɪ] Brt. Grafschaft f; Am. (Land)Kreis m; ~ **seat** Am. Kreis(haupt)stadt f; ~ **town** Brt. Grafschaftshauptstadt f.

coup [ku:] Coup m; Putsch m; ~ **de grâce** Gnadenstoß m, -schuß m; ~ **d'état** Staatsstreich m.

cou·ple ['kʌpl] **1.** Paar n; a ~ **of** F ein paar; **2.** (zusammen)koppeln; ⚙ kuppeln; zo. (sich) paaren.

coup·ling ⚙ ['kʌplɪŋ] Kupplung f.

cou·pon ['ku:pɒn] Gutschein m; Kupon m, Bestellzettel m.

cour·age ['kʌrɪdʒ] Mut m; **cou·ra·geous** □ [kə'reɪdʒəs] mutig, beherzt.

cou·ri·er ['kʊrɪə] Kurier m, Eilbote m; Reiseleiter m.

course [kɔːs] **1.** Lauf m, Gang m; Weg m; ⚓, ✈, fig. Kurs m; sports: (Renn)Bahn f, (-)Strecke f, golf: Platz m; of meal: Gang m; Reihe f, Folge f; Kurs m; ⚕ Kur f; **of** ~ natürlich, selbstverständlich; **2.** hetzen, jagen; of tears, etc.: strömen.

court [kɔːt] **1.** Hof m (a. of king, queen, etc.); kleiner Platz; sports: Platz m, (Spiel)Feld n; ⚖ Gericht(shof m) n; Gerichtssaal m; **2.** j-m den Hof machen; werben um.

cour·te|ous □ ['kɜːtjəs] höflich; ~**sy** [~ɪsɪ] Höflichkeit f; Gefälligkeit f.

court|-house ['kɔːthaʊs] Gerichtsgebäude n; ~**ler** [~jə] Höfling m; ~**ly** [~lɪ] höfisch; höflich; ~ **mar·tial** Kriegsgericht n; ~**-mar·tial** [~'mɑːʃl] (esp. Brt. -ll-, Am. -l-) vor ein Kriegsgericht stellen; ~**room** Gerichtssaal m; ~**ship** ['kɔːtʃɪp] Werben n; ~**yard** Hof m.

cous·in ['kʌzn] Cousin m, Vetter m; Cousine f, Kusine f.

cove [kəʊv] kleine Bucht.

cov·er ['kʌvə] **1.** Decke f; Deckel m; (Buch)Deckel m, Einband m; Umschlag m; Hülle f; Schutzhaube f, -platte f; Abdeckhaube f; Briefumschlag m; ✕, etc.:Deckung f; Schutz m, insurance a.: Versicherung f; Dickicht n; Decke f, of tyre: Mantel m; fig. Deckmantel m; **take** ~ in Deckung gehen; **under plain** ~ in neutralem Umschlag; **under sepa-**

rate ~ mit getrennter Post; **2.** (be-, zu)decken; einschlagen, -wickeln; verbergen, -decken; schützen; *distance:* zurücklegen; *econ.* decken; *with gun:* zielen auf (*acc.*); umfassen; *fig.* erfassen; *TV, newspaper, etc.:* berichten über (*acc.*); ~ *up* ab-, zudecken; *fig.* verbergen, -heimlichen; ~ *up for s.o.* j-n decken; ~*age* [~ridʒ] *TV, etc.:* Berichterstattung *f* (*of* über *acc.*); ~ *girl* Covergirl *n*, Titelblattmädchen *n*; ~*ing* Decke *f*; Überzug *m*; *of floor:* Belag *m*; ~ *sto-ry* Titelgeschichte *f*.

cov-ert □ ['kʌvət] heimlich, versteckt.

cov-et ['kʌvɪt] begehren; ~*ous* □ [~əs] (be)gierig; habsüchtig.

cow¹ *zo.* [kaʊ] Kuh *f*.

cow² [~] einschüchtern, ducken.

cow-ard ['kaʊəd] **1.** □ feig(e); **2.** Feigling *m*; ~*ice* [~ɪs] Feigheit *f*; ~*ly* [~lɪ] feig(e).

cow-boy ['kaʊbɔɪ] Cowboy *m*.

cow-er ['kaʊə] kauern; sich ducken.

cow|herd ['kaʊhə:d] Kuhhirt *m*; ~*hide* Rind(s)leder *n*; ~*house* Kuhstall *m*.

cowl [kaʊl] Mönchskutte *f*; Kapuze *f*; *of chimney:* Schornsteinkappe *f*.

cow|shed ['kaʊʃed] Kuhstall *m*; ~*slip* ⚘ Schlüsselblume *f*; *Am.* Sumpfdotterblume *f*.

cox [kɒks] = **coxswain**.

cox-comb ['kɒkskəʊm] Geck *m*.

cox-swain ['kɒkswem, ⚓ *mst* 'kɒksn] Bootsführer *m*; *rowing:* Steuermann *m*.

coy □ [kɔɪ] schüchtern; spröde.

coy-ote *zo.* ['kɔɪəʊt, kɔɪ'əʊtɪ] Kojote *m*, Präriewolf *m*.

co-zy *Am.* □ ['kəʊzɪ] (*-ier, -iest*) = **cosy**.

crab [kræb] Krabbe *f*, Taschenkrebs *m*; F Nörgler(in).

crack [kræk] **1.** Krach *m*, Knall *m*; Spalte *f*, Spalt *m*, Schlitz *m*; F derber Schlag; F Versuch *m*; F Witz *m*; **2.** erstklassig; **3.** *v/t.* knallen mit, knacken lassen; zerbrechen, (zer)sprengen; schlagen, hauen; (auf)knacken; ~ *a joke* e-n Witz reißen; *v/i.* krachen, knallen, knacken; (zer)springen, (-)platzen; *of voice:* überschlagen; *a.* ~ *up fig.* zusammenbrechen; *get* ~*ing* F loslegen; ~*er* ['krækə] Cracker *m*, Kräcker *m*; *fire* ~: Schwärmer *m*, Frosch *m*; ~*le* [~kl] knattern, knistern, krachen.

cra-dle ['kreɪdl] **1.** Wiege *f*; *fig.* Kindheit *f*; **2.** wiegen; betten.

craft¹ [krɑ:ft] ⚓ Boot(e *pl.*) *n*, Schiff(e *pl.*) *n*; ✈ Flugzeug(e *pl.*) *n*; (Welt-)Raumfahrzeug(e *pl.*) *n*.

craft² [~] Handwerk *n*, Gewerbe *n*; Schlauheit *f*, List *f*; ~*s-man* ['krɑ:ftsmən] (*pl. -men*) (Kunst)Handwerker *m*;

~*y* □ [~ɪ] (*-ier, -iest*) gerissen, listig, schlau.

crag [kræg] Klippe *f*, Felsenspitze *f*.

cram [kræm] (*-mm-*) (voll)stopfen, mästen; *for an exam:* (mit *j-m*) pauken; *the train was ~med* der Zug war gerammelt voll.

cramp [kræmp] **1.** ✷ Krampf *m*; ⊕ Klammer *f*; *fig.* Fessel *f*; **2.** einengen, hemmen.

cran-ber-ry ⚘ ['krænbərɪ] Preiselbeere *f*.

crane [kreɪn] **1.** *zo.* Kranich *m*; ⊕ Kran *m*; **2.** den Hals recken; ~ *one's neck* sich den Hals verrenken (*for* nach).

crank [kræŋk] **1.** ⊕ Kurbel *f*; F Spinner *m*, komischer Kauz; **2.** (an)kurbeln; ~*shaft* ⊕ ['kræŋkʃɑ:ft] Kurbelwelle *f*; ~*y* [~ɪ] (*-ier, -iest*) wacklig; verschroben; *Am.* schlechtgelaunt.

cran-ny ['krænɪ] Riß *m*, Ritze *f*.

crap [kræp] V Scheiße *f*; scheißen.

crape [kreɪp] Krepp *m*, Flor *m*.

crash [kræʃ] **1.** Krach(en *n*) *m*; Unfall *m*, Zusammenstoß *m*; ✈, *a. of computer:* Absturz *m*; *esp. econ.* Zusammenbruch *m*, (Börsen)Krach *m*; **2.** *v/t.* zertrümmern; e-n Unfall haben mit; ✈ abstürzen mit; *v/i.* (krachend) zerbersten, -brechen; krachend einstürzen, zusammenkrachen; *esp. econ.* zusammenbrechen; krachen (*against, into* gegen); *mot.* zusammenstoßen, verunglücken; ✈, *a. computer:* abstürzen; **3.** Sofort..., Schnell...; ~ *bar-ri-er* Leitplanke *f*; ~ *course* Schnell-, Intensivkurs *m*; ~ *di-et* radikale Schlankheitskur; ~ *helmet* Sturzhelm *m*; ~ *land* ✈ e-e Bruchlandung machen (mit); ~ *land-ing* ✈ Bruchlandung *f*; ~ *pro-gram(me)* *pol.*, *etc.:* Sofortprogramm *n*.

crate [kreɪt] (Latten)Kiste *f*.

cra-ter ['kreɪtə] Krater *m*; Trichter *m*.

crave [kreɪv] *v/t.* dringend bitten *or* flehen um; *v/i.* sich sehnen (*for* nach); **crav-ing** ['kreɪvɪŋ] heftiges Verlangen.

craw-fish *zo.* ['krɔ:fɪʃ] Flußkrebs *m*.

crawl [krɔ:l] **1.** Kriechen *n*; **2.** kriechen; schleichen; wimmeln; kribbeln; *swimming:* kraulen.

cray-fish *zo.* ['kreɪfɪʃ] Flußkrebs *m*.

cray-on ['kreɪən] Zeichenstift *m*, Pastellstift *m*.

craze [kreɪz] Verrücktheit *f*, F Fimmel *m*; *be the* ~ Mode sein; **cra-zy** □ ['kreɪzɪ] (*-ier, -iest*) verrückt (*about* nach).

creak [kri:k] knarren, quietschen.

cream [kri:m] **1.** Rahm *m*, Sahne *f*; Creme *f*; Auslese *f*, *das Beste*; **2.** *a.* ~ *off* den Rahm abschöpfen von, absahnen (*a. fig.*); ~*e-ry* ['kri:mərɪ] Molkerei *f*; Milchgeschäft *n*; ~*y* [~ɪ] (*-ier, -iest*) sahnig; weich.

crease [kri:s] 1. (Bügel)Falte f; 2. (zer-) knittern.

cre|ate [kri:'eit] (er)schaffen; hervorrufen; verursachen; kreieren; **~a·tion** [~'eiʃn] (Er)Schaffung f; Erzeugung f; Schöpfung f; **~a·tive** □ [~'eitiv] schöpferisch; **~a·tiv·i·ty** [kri:ei'tiviti] Kreativität f; **~a·tor** [~ə] Schöpfer m; (Er-)Schaffer m; **crea·ture** ['kri:tʃə] Geschöpf n; Kreatur f.

crèche [kreiʃ] (Kinder)Krippe f.

cre|dence ['kri:dəns] Glaube m; **~den·tials** [kri'denʃlz] pl. Beglaubigungsschreiben n; Referenzen pl.; Zeugnisse pl.; (Ausweis)Papiere pl.

cred·i|bil·i·ty [kredi'biliti] Glaubwürdigkeit f; **~ble** □ ['kredəbl] glaubwürdig; glaubhaft.

cred|it ['kredit] 1. Glaube(n) m; Ruf m, Ansehen n; Verdienst n; econ. Guthaben n; econ. Kredit m; univ. appr. (Seminar)Schein m; **~ card** econ. Kreditkarte f; 2. j-m glauben; j-m trauen; econ. gutschreiben; **~s.o. with s.th.** j-m et. zutrauen; j-m et. zuschreiben; **~i·ta·ble** □ [~əbl] achtbar, ehrenvoll (**to** für); **~i·tor** [~ə] Gläubiger m; **~u·lous** □ [~jələs] leichtgläubig.

creed [kri:d] Glaubensbekenntnis n.

creek [kri:k] Brt. kleine Bucht; Am. Bach m.

creel [kri:l] Fischkorb m.

creep [kri:p] 1. (**crept**) kriechen; schleichen (a. fig.); **~ in** (sich) hinein- or hereinschleichen; **mistake**, **etc.**: sich einschleichen; **it makes my flesh ~** ich bekomme e-e Gänsehaut davon; 2. sl. Widerling m, fieser Typ; F **the sight gave me the ~s** bei dem Anblick bekam ich e-e Gänsehaut or das kalte Grausen; **~er** ⚓ Kriech-, Kletterpflanze f.

crept [krept] past and p.p. of **creep** 1.

cres·cent ['kresnt] 1. zunehmend; halbmondförmig; 2. Halbmond m.

cress ⚓ [kres] Kresse f.

crest [krest] of hill: Kamm m; of helmet: Federbusch m; **family ~ heraldry:** Familienwappen n; **~fal·len** ['krestfɔ:lən] niedergeschlagen.

cre·vasse [kri'væs] (Gletscher)Spalte f; Am. Deichbruch m.

crev·ice ['krevis] Riß m, Spalte f.

crew¹ [kru:] ⚓, ✈ Besatzung f, ⚓ a. Mannschaft f; (Arbeits)Gruppe f; Belegschaft f.

crew² [~] past of **crow** 2.

crib [krib] 1. Krippe f; Am. Kinderbett n; F school: Spickzettel m; 2. (**-bb-**) F abschreiben, spicken.

crick [krik]: **a ~ in one's back (neck)** ein steifer Rücken (Hals).

crick·et ['krikit] zo. Grille f; sports:

Kricket n; dated: **not ~** F nicht fair.

crime [kraim] ⚖ Verbrechen n; coll. Verbrechen pl.; **~ novel** Kriminalroman m.

crim·i·nal ['kriminl] 1. □ verbrecherisch; Kriminal..., Straf...; 2. Verbrecher(in), Kriminelle(r m) f.

crimp [krimp] kräuseln.

crim·son ['krimzn] karmesin-, puterrot.

cringe [krindʒ] sich ducken.

crin·kle ['krinkl] 1. Falte f, in face: Fältchen n; 2. (sich) kräuseln; knittern.

crip·ple ['kripl] 1. Krüppel m; 2. zum Krüppel machen; fig. lähmen.

cri·sis ['kraisis] (pl. **-ses** [-si:z]) Krise f.

crisp [krisp] 1. □ kraus; knusp(e)rig, biscuits, etc.: mürbe; bracing: frisch; style: klar; 2. (sich) kräuseln; knusp(e)rig machen or werden; 3. **~s** pl., a. **potato ~s** pl. Brt. (Kartoffel-) Chips pl.; **~bread** ['krispbred] Knäckebrot n.

criss-cross ['kriskrɔs] 1. Muster n sich schneidender Linien, Kreuzundquer n; 2. (durch)kreuzen.

cri·te·ri·on [krai'tiəriən] (pl. **-ria** [-riə], **-rions**) Kriterium n.

crit|ic ['kritik] Kritiker(in); **~i·cal** □ [~kl] kritisch; bedenklich; **~i·cis·m** [~isizəm] Kritik f (**of** an dat.); **~i·cize** [~saiz] kritisieren; kritisch beurteilen; tadeln; **cri·tique** [kri'ti:k] kritischer Essay, Kritik f.

croak [krəuk] krächzen; quaken.

cro·chet ['krəuʃei] 1. Häkelei f; Häkelarbeit f; 2. häkeln.

crock·e·ry ['krɔkəri] Geschirr n.

croc·o·dile zo. ['krɔkədail] Krokodil n.

crone F [krəun] altes Weib.

cro·ny F ['krəuni] alter Freund.

crook [kruk] 1. Krümmung f; Haken m; Hirtenstab m; F Gauner m; 2. (sich) krümmen od. (ver)biegen; **~ed** ['krukid] krumm; bucklig; F unehrlich; [krukt] Krück...

croon [kru:n] schmalzig singen; summen; **~er** ['kru:nə] Schnulzensänger(in).

crop [krɔp] 1. zo. Kropf m; Peitschenstiel m; Reitpeitsche f; (Feld)Frucht f, esp. Getreide n; Ernte f; kurzer Haarschnitt; 2. (**-pp-**) abfressen, abweiden; hair: kurz schneiden; **~ up** fig. plötzlich auftauchen.

cross [krɔs] 1. Kreuz n (a. fig.: sorrow, etc.); Kreuzung f; 2. □ quer (liegend, laufend etc.); ärgerlich, böse; entgegengesetzt; Kreuz..., Quer...; 3. v/t. kreuzen; überqueren; fig. durchkreuzen; j-m in die Quere kommen; **~ off**, **~ out** aus-, durchstreichen; **~ o.s.** sich bekreuzigen; **keep one's fingers ~ed** den Daumen halten; v/i. sich kreuzen; ~bar ['~bɑː] soccer: (Tor)Latte f; ~breed biol., ⚥ (Rassen)Kreuzung f; ~coun-try Querfeldein..., Gelände...; ~ skiing Skilanglauf m; ~ex-am-i-na-tion Kreuzverhör n; ~ex-am-ine ins Kreuzverhör nehmen; ~eyed schielend; be ~ schielen; ~ing [~ɪŋ] Kreuzung f; Übergang m; ⚥ Überfahrt f; ~road Querstraße f; ~roads pl. or sg. Straßenkreuzung f; fig. Scheideweg m; ~sec-tion Querschnitt m; ~walk Am. Fußgängerüberweg m; ~wise quer, kreuzweise; ~word (puz-zle) Kreuzworträtsel n.

crotch [krɒtʃ] of trousers, etc.: Schritt m.

crotch-et ['krɒtʃɪt] Haken m; esp. Brt. ♩ Viertelnote f.

crouch [krautʃ] 1. sich ducken; 2. Hockstellung f.

crow [krəu] 1. zo. Krähe f; Krähen n; 2. (crowed or crew, crowed) krähen; (crowed) F prahlen (about mit).

crow-bar ['krəubɑː] Brecheisen n.

crowd [kraud] 1. Masse f, Menge f, Gedränge n; F Bande f; 2. sich drängen; streets, etc.: bevölkern; vollstopfen; ~ed ['kraudɪd] überfüllt, voll.

crown [kraun] 1. Krone f; Kranz m; Gipfel m; Scheitel m; 2. krönen; tooth: überkronen; to ~ it all zu allem Überfluß.

cru-cial □ ['kruːʃl] entscheidend, kritisch.

cru-ci-fix ['kruːsɪfɪks] Kruzifix n; ~fix-ion [kruːsɪˈfɪkʃn] Kreuzigung f; ~fy ['kruːsɪfaɪ] kreuzigen.

crude 1. □ [kruːd] roh; unfertig; unreif; unfein; grob; Roh...; grell; 2. Rohöl n.

cru-el □ [kruːəl] (-ll-) grausam; roh, gefühllos; ~ty ['kruːəltɪ] Grausamkeit f; ~ to animals Tierquälerei f; ~ to children Kindesmißhandlung f.

cru-et ['kruːɪt] Essig-, Ölfläschchen n.

cruise [kruːz] 1. ⚓ Kreuzfahrt f, Seereise f; 2. kreuzen, e-e Kreuzfahrt machen; mit Reisegeschwindigkeit fliegen or fahren; ~ mis-sile ✕ Marschflugkörper m; cruis-er ['kruːzə] ⚓, ✕ Kreuzer m; Jacht f; Kreuzfahrtschiff n.

crumb [krʌm] 1. Krume f; Brocken m; 2. panieren; zerkrümeln; **crum-ble** ['krʌmbl] (zer)bröckeln; fig. zugrunde gehen.

crum-ple ['krʌmpl] v/t. zerknittern; v/i. knittern; zusammengedrückt werden; ~ zone mot. Knautschzone f.

crunch [krʌntʃ] (zer)kauen; zermalmen; knirschen.

cru-sade [kruːˈseɪd] Kreuzzug m (a. fig.); ~sad-er hist. [~ə] Kreuzfahrer m.

crush [krʌʃ] 1. Druck m; Gedränge n; (Frucht)Saft m; F Schwärmerei f; F

have a ~ on s.o. in j-n verliebt or F verknallt sein; 2. v/t. (zer-, aus)quetschen; zermalmen; fig. vernichten; v/i. sich drängen; ~bar-ri-er ['krʌʃbærɪə] Barriere f, Absperrung f.

crust [krʌst] 1. Kruste f; Rinde f; 2. verkrusten; verharschen.

crus-ta-cean zo. [krʌˈsteɪʃn] Krebs-, Krusten-, Schalentier n.

crust-y □ ['krʌstɪ] (-ier, -iest) krustig; fig. mürrisch, barsch.

crutch [krʌtʃ] Krücke f.

cry [kraɪ] 1. Schrei m; Geschrei n; Ruf m; Weinen n; Gebell n; 2. schreien; (aus)rufen; weinen; ~ for verlangen nach; ~ for help um Hilfe schreien.

crypt [krɪpt] Gruft f; **cryp-tic** ['krɪptɪk] (~ally) verborgen, geheim; rätselhaft.

crys-tal ['krɪstl] Kristall m; Am. Uhrglas n; ~line [~təlaɪn] kristallen; ~lize [~aɪz] kristallisieren.

cub [kʌb] of animal: Junge(s) n; ~ reporter Neuling m, Anfänger(in) ♀ Scout Wölfling m; 2. (Junge) werfen.

cube [kjuːb] Würfel m (a. A); phot. Blitzwürfel m; A Kubikzahl f; ~ root A Kubikwurzel f; **cu-bic** ['kjuːbɪk] (~ally), **cu-bi-cal** □ [~kl] würfelförmig, kubisch; Kubik...

cu-bi-cle ['kjuːbɪkl] Kabine f.

cuck-oo zo. ['kuːkuː] Kuckuck m.

cu-cum-ber ['kjuːkʌmbə] Gurke f; as cool as a ~ fig. eiskalt, gelassen.

cud [kʌd] wiedergekäutes Futter; chew the ~ wiederkäuen; fig. überlegen.

cud-dle ['kʌdl] 1. Liebkosung f, (enge) Umarmung; 2. an sich drücken; schmusen (mit); ~ up sich kuscheln (to an acc.); **cud-dly** person: verschmust, schmusig; doll, etc.: knuddelig.

cud-gel ['kʌdʒəl] 1. Knüppel m; 2. (esp. Brt. -ll-, Am. -l-) prügeln.

cue [kjuː] billards: Queue n; thea., etc., a. fig.: Stichwort n; Wink m.

cuff [kʌf] 1. Manschette f; Handschelle f; (Ärmel-, Am. a. Hosen)Aufschlag m; Klaps m; 2. j-m e-n Klaps geben; ~link Manschettenknopf m.

cui-sine [kwiːˈziːn] Küche f; French ~ französische Küche.

cul-de-sac ['kʌldəsæk] Sackgasse f.

cul-mi-nate ['kʌlmɪneɪt] gipfeln (in in dat.).

cu-lottes [kjuːˈlɒts] pl. (a pair of ein) Hosenrock m.

cul-pa-ble □ ['kʌlpəbl] strafbar.

cul-prit ['kʌlprɪt] Angeklagte(r m) f; Schuldige(r m) f, Täter(in).

cult [kʌlt] Kult m (a. fig.).

cul-ti-vate ['kʌltɪveɪt] ✎ kultivieren, bestellen, an-, bebauen; friendship, etc.: pflegen; ~vat-ed ✎ bebaut; fig. gebil-

det, kultiviert; **~va·tion** [kʌltɪ'veɪʃn] ♪
Kultivierung f, (An-, Acker)Bau m; fig.
Pflege f.

cul·tu·ral □ ['kʌltʃərəl] kulturell; Kultur...

cul·ture ['kʌltʃə] Kultur f; Zucht f; **~d**
kultiviert (a. fig.); Zucht...; **~ shock**
Kulturschock m.

cum·ber·some ['kʌmbəsəm] lästig, hinderlich; klobig.

cu·mu·la·tive □ ['kju:mjʊlətɪv] sich
(an-, auf)häufend, anwachsend; Zusatz...

cun·ning ['kʌnɪŋ] 1. □ schlau, listig, gerissen; geschickt; Am. niedlich; 2. List f,
Schlauheit f, Gerissenheit f.

cup [kʌp] 1. Tasse f; Becher m; Schale f;
Kelch m; sports: Cup m, Pokal m; **~
final** Pokalendspiel n; **~tie** Pokalspiel
n; **~ winner** Pokalsieger m; 2. (-pp-)
hands: hohl machen; **she ~ped her chin
in her hand** sie stützte das Kinn in die
Hand; **~board** ['kʌbəd] (Geschirr-,
Speise-, Brt. a. Wäsche-, Kleider-)
Schrank m; **~ bed** Schrankbett n.

cu·pid·i·ty [kju:'pɪdətɪ] Habgier f.

cu·po·la ['kju:pələ] Kuppel m.

cur [kɜ:] Köter m; Schurke m.

cu·ra·ble ['kjʊərəbl] heilbar.

cu·rate ['kjʊərət] Hilfsgeistliche(r) m.

curb [kɜ:b] 1. Kandare f (a. fig.); esp.
Am. = **kerb**(stone); 2. an die Kandare
legen (a. fig.); fig. zügeln.

curd [kɜ:d] 1. Quark m; 2. mst **cur·dle**
['kɜ:dl] gerinnen (lassen); **the sight
made my blood ~** bei dem Anblick er-
starrte mir das Blut in den Adern.

cure [kjʊə] 1. Kur f; Heilmittel n; Heilung f; Seelsorge f; Pfarre f; 2. heilen;
pökeln; räuchern; trocknen; **~all** Allheilmittel n.

cur·few ✗ ['kɜ:fju:] Ausgangsverbot n,
-sperre f.

cu·ri|o ['kjʊərɪəʊ] (pl. -os) Rarität f;
~os·i·ty [kjʊərɪ'ɒsətɪ] Neugier f; Rarität f; **~ous** □ ['kjʊərɪəs] neugierig,
wißbegierig; seltsam, merkwürdig; **I'm
~ to know** ich möchte gerne wissen.

curl [kɜ:l] 1. Locke f; 2. (sich) kräuseln
or locken; **~er** Lockenwickler m; **~y**
(-ier, -iest) gekräuselt; gelockt, lockig.

cur·rant ['kʌrənt] ♣ Johannisbeere f;
Korinthe f.

cur|ren·cy ['kʌrənsɪ] econ. Währung f;
Umlauf m; econ. Laufzeit f; foreign **~**
Devisen pl.; **~ union** econ. Währungs-
union f; **~rent** [~t] 1. □ umlaufend;
econ. gültig (money); allgemein (bekannt); geläufig; year, etc.: laufend;
gegenwärtig, aktuell; 2. Strom m (a.
∮); Strömung f (a. fig.); (Luft)Zug
m; **~rent ac·count** econ. Girokonto n;

~ deficit a. Zahlungsbilanzdefizit n.

cur·ric·u·lum [kə'rɪkjʊləm] (pl. -la [-lə],
-lums) Lehr-, Stundenplan m; **~ vi·tae**
[~'vaɪti:] Lebenslauf m.

cur·ry¹ ['kʌrɪ] Curry m, n.

cur·ry² [~] horse: striegeln.

curse [kɜ:s] 1. Fluch m; 2. (ver)fluchen;
strafen; **curs·ed** □ ['kɜ:sɪd] verflucht.

cur·sor ['kɜ:sə] computer: Cursor m; ⊕
Läufer m; of slide-rule: Schieber m.

cur·so·ry □ ['kɜ:srɪ] flüchtig, oberflächlich.

curt □ [kɜ:t] kurz, knapp; barsch.

cur·tail [kɜ:'teɪl] beschneiden; fig. beschränken; kürzen (of um).

cur·tain ['kɜ:tn] 1. Vorhang m, Gardine
f; **draw the ~s** den Vorhang or die Vor-
hänge zuziehen or aufziehen; 2. **~ off**
mit Vorhängen abteilen.

curt·s(e)y ['kɜ:tsɪ] 1. Knicks m; 2. knicksen (to vor dat.).

cur·va·ture ['kɜ:vətʃə] Krümmung f.

curve [kɜ:v] 1. Kurve f; Krümmung f; 2.
(sich) krümmen or biegen.

cush·ion ['kʊʃn] 1. Kissen n, Polster n;
billards: Bande f; 2. polstern.

cuss F [kʌs] 1. Fluch m; 2. (ver)fluchen.

cus·tard ['kʌstəd] appr. Vanillesoße f.

cus·to·dy ['kʌstədɪ] Haft f; Gewahrsam
m; Obhut f.

cus·tom ['kʌstəm] Gewohnheit f, Sitte f,
Brauch m; econ. Kundschaft f; **~a·ry**
□ [~ərɪ] gewöhnlich, üblich; **~built**
spezialangefertigt; **~er** [~ə] Kunde m,
-in f; F Bursche m; **~house** Zollamt n;
~made maßgefertigt, Maß...

cus·toms ['kʌstəmz] pl. Zoll m; **~
clear·ance** Zollabfertigung f; **~
of·fi·cer**, **~of·fi·cial** Zollbeamte(r) m; **~
u·nion** Zollunion f.

cut [kʌt] 1. Schnitt m, Hieb m, Stich m;
wound: (Schnitt)Wunde f; Einschnitt m,
Graben m; in budget, etc.: Kürzung f,
Einsparung f; of meat, etc.: Schnitte f,
Scheibe f; cards: Abheben n; **short~**
(Weg)Abkürzung f; **cold ~s** pl. Aufschnitt m; 2. (-tt-; cut) schneiden;
schnitzen; gravieren; ab-, an-, auf-,
aus-, be-, durch-, zer-, zuschneiden;
kürzen; gem, etc.: schleifen; cards: abheben; ignore: F j-n schneiden; **~ one's
finger** sich in den Finger schneiden; **~
one's teeth** zahnen, Zähne bekommen;
~ short j-n unterbrechen; **~ across** quer
durch ... gehen; **~ back** plant: beschneiden, stutzen; kürzen; einschränken;
herabsetzen; **~ down** trees: fällen; verringern, einschränken, reduzieren; in
F sich einschalten; **~ in on s.o.** mot. j-n
schneiden; **~ off** abschneiden; teleph.
ausschneiden; Am. cattle: aussondern;

fig. j-n ausstechen; *be ~ out for* das Zeug zu et. haben; *~ it out!* F laß das!; *~ up* zerschneiden; *be ~ up* F tief betrübt sein; **~back** ['kʌtbæk] Kürzung f; Herabsetzung f, Verringerung f.

cute □ F [kjuːt] (*~r*, *~st*) schlau; *Am.* niedlich, süß.

cu·ti·cle ['kjuːtɪkl] Nagelhaut f.

cut·ler·y ['kʌtlərɪ] (Tisch-, Eß)Besteck n.

cut·let ['kʌtlɪt] Schnitzel n; Hacksteak n.

cut-price *econ.* ['kʌtpraɪs], **~rate** ermäßigt, herabgesetzt; Billig...; **~ter** [*~ə*] (Blech-, Holz)Schneider m; Schnitzer m; Zuschneider(in); (Glas-, *etc.*)Schleifer m; *film*, *TV*: Cutter(in); ⚙ Schneidewerkzeug n, -maschine f; ⚓ Kutter m; *Am.* leichter Schlitten; **~throat** Mörder m; Killer m; **~ting** [~ɪŋ] **1.** □ schneidend; scharf; ⚙ Schneid..., Fräs...; **2.** Schneiden n; ⚙, *etc.* Einschnitt m; ⚘ Steckling m; *esp. Brt.* (*of newspaper*)

Ausschnitt m; *~s pl.* Schnipsel *pl.*; ⚙ Späne *pl.*

cy·cle¹ ['saɪkl] Zyklus m; Kreis(lauf) m; Periode f.

cy·cle² [~] **1.** Fahrrad n; **2.** radfahren; **cy·clist** [~lɪst] Radfahrer(in); Motorradfahrer(in).

cy·clone ['saɪkləʊn] Wirbelsturm m.

cyl·in·der ['sɪlɪndə] Zylinder m, Walze f; ⚙ Trommel f.

cym·bal ♩ ['sɪmbl] Becken n.

cyn|ic ['sɪnɪk] Zyniker(in); **~i·cal** □ [~kl] zynisch.

cy·press ⚘ ['saɪprɪs] Zypresse f.

cyst ⚕ [sɪst] Zyste f.

czar *hist.* [zɑː] = *tsar*.

Czech [tʃek] **1.** tschechisch; **2.** Tscheche|m, -in f; *ling.* Tschechisch n.

Czech·o·slo·vak [tʃekəʊ'sləʊvæk] **1.** Tschechoslowak|e m, -in f; **2.** tschechoslowakisch.

D

dab [dæb] **1.** Klaps m; Tupfen m, Klecks m; **2.** (*-bb-*) leicht schlagen *or* klopfen; be-, abtupfen.

dab·ble ['dæbl] bespritzen; betupfen; plätschern; sich oberflächlich *or* (*contp.*) in dilettantischer Weise befassen (*at*, *in* mit).

dachs·hund *zo.* ['dækshʊnd] Dackel m.

dad F [dæd], **~dy** F ['dædɪ] Papa m, Vati m.

dad·dy-long-legs *zo.* ['dædɪ'lɒŋlegz] Schnake f; *Am.* Weberknecht m.

daf·fo·dil ⚘ ['dæfədɪl] gelbe Narzisse.

daft F [dɑːft] blöde, doof.

dag·ger ['dægə] Dolch m; *be at ~s drawn fig.* auf Kriegsfuß stehen.

dai·ly ['deɪlɪ] **1.** täglich; **2.** Tageszeitung f; Putzfrau f.

dain·ty ['deɪntɪ] **1.** □ (*-ier*, *-iest*) lecker; zart; zierlich, niedlich, reizend; wählerisch; **2.** Leckerbissen m.

dair·y ['deərɪ] Molkerei f; Milchwirtschaft f; Milchgeschäft n; **~ cat·tle** Milchvieh n; **~man** (*pl. -men*) Milchmann m; **~ prod·uct** Milchprodukt n.

dai·sy ⚘ ['deɪzɪ] Gänseblümchen n; **~ wheel** Typenrad n.

dal·ly ['dælɪ] (ver)trödeln; schäkern.

dam¹ *zo.* [dæm] Mutter(tier n) f.

dam² [dæm] **1.** Deich m, (Stau)Damm m; **2.** (*-mm-*) *a.* **~ up** stauen, (ab-, ein)dämmen (*a. fig.*).

dam·age ['dæmɪdʒ] **1.** Schaden m,

(Be)Schädigung f; *~s pl.* ⚖ Schadenersatz m; **2.** (be)schädigen.

dam·ask ['dæməsk] Damast m.

dame [deɪm] *Am.* F Weib n; *Brit.* Dame f (*title*).

damn [dæm] **1.** verdammen; verurteilen; *~ (it)!* F verflucht!, verdammt!; **2.** *adj. and adv.* F = **damned**; **3.** *I don't care a ~* F das ist mir völlig gleich(gültig) *or* egal; **dam·na·tion** [dæm'neɪʃn] Verdammung f; Verurteilung f; **~ed** F [dæmd] verdammt; **~ing** ['dæmɪŋ] vernichtend, belastend.

damp [dæmp] **1.** □ feucht, klamm; **2.** Feuchtigkeit f; **3.** *a.* **~en** ['dæmpən] an-, befeuchten; *discourage:* dämpfen; **~ness** [~nɪs] Feuchtigkeit f.

dance [dɑːns] **1.** Tanz m; Tanz(veranstaltung f) m; **2.** tanzen (lassen); **danc·er** ['dɑːnsə] Tänzer(in); **danc·ing** [~ɪŋ] Tanzen n; *attr.* Tanz...

dan·de·li·on ⚘ ['dændɪlaɪən] Löwenzahn m.

dan·dle ['dændl] wiegen, schaukeln.

dan·druff ['dændrʌf] (Kopf)Schuppen *pl.*

Dane [deɪn] Dän|e m, -in f.

dan·ger ['deɪndʒə] **1.** Gefahr f; *be in ~ of doing s.th.* Gefahr laufen, et. zu tun; *be out of ~* ⚕ über den Berg sein; **2.** Gefahren...; **~ area**, **~ zone** Gefahrenzone f, -bereich m; **~ous** □ [~rəs] gefährlich.

dan·gle ['dæŋgl] baumeln (lassen).

Da·nish ['deɪnɪʃ] **1.** dänisch; **2.** *ling.* Dänisch n.

dank [dæŋk] feucht, naß(kalt).
dap·per ['dæpə] adrett; flink.
dap·pled ['dæpld] scheckig.
dare [deə] v/i. es wagen; sich trauen; I ~ say, I ~say ich glaube wohl; allerdings; v/t. et. wagen; j-n herausfordern; trotzen (dat.); **~dev·il** ['deədevl] Draufgänger m, Teufelskerl m; **dar·ing** □ [~rıŋ] 1. kühn; waghalsig; 2. Mut m, Kühnheit f.
dark [dɑ:k] 1. □ dunkel; brünett; geheim(nisvoll); trüb(selig); 2. Dunkel(heit f) n; before (at, after) ~ vor (bei, nach) Einbruch der Dunkelheit; keep s.o. in the ~ about s.th. j-n über et. im ungewissen lassen; ⚹ Ag·es pl. das frühe Mittelalter; **~en** ['dɑ:kən] (sich) verdunkeln or verfinstern; **~ness** [~nıs] Dunkelheit f, Finsternis f.
dar·ling ['dɑ:lıŋ] 1. Liebling m; 2. Lieblings...; geliebt.
darn [dɑ:n] stopfen, ausbessern.
dart [dɑ:t] 1. Wurfspieß m; Wurfpfeil m; Sprung m, Satz m; **~s** sg. Darts n; **~board** Dartsscheibe f; 2. v/t. werfen, schleudern; v/i. schießen, stürzen.
dash [dæʃ] 1. Schlag m; Klatschen n; Schwung m; Ansturm m; fig. Anflug m; Prise f; of rum, etc.: Schuß m; (Feder-) Strich m; Gedankenstrich m; sports: Sprint m; 2. v/t. schlagen, werfen, schleudern, schmettern; hopes, etc.: zunichte machen; v/i. stürzen, stürmen, jagen, rasen; schlagen; **~board** mot. ['dæʃbɔ:d] Armaturenbrett n; **~ing** □ [~ıŋ] schneidig, forsch; flott, F fesch.
da·ta ['deıtə] pl., a. sg. Daten pl., Einzelheiten pl., Angaben pl., Unterlagen pl.; computer: Daten pl.; ~ bank, **~base** Datenbank f; ~ **in·put** Dateneingabe f; ~ **in·ter·change** Datenaustausch m; ~ **out·put** Datenausgabe f; ~ **pro·cess·ing** Datenverarbeitung f; ~ **pro·tec·tion** Datenschutz m; ~ **typ·ist** Datentypist(in).
date¹ ⚹ [deıt] Dattel f.
date² [~] Datum n; Zeit(punkt m) f; Termin m; Verabredung f; Am. F (Verabredungs)Partner(in); out of ~ veraltet, unmodern; up to ~ zeitgemäß, modern, auf dem laufenden; have a ~ verabredet sein; 2. datieren; Am. F sich verabreden mit, (regularly) gehen mit; **dat·ed** ['deıtıd] veraltet, überholt.
da·tive gr. ['deıtıv] a. ~ case Dativ m, dritter Fall.
daub [dɔ:b] (be)schmieren; (be)klecksen.
daugh·ter ['dɔ:tə] Tochter f; **~in·law** [~ərınlɔ:] Schwiegertochter f.
daunt [dɔ:nt] entmutigen; **~less** ['dɔ:ntlıs] furchtlos, unerschrocken.
daw zo. [dɔ:] Dohle f.

daw·dle F ['dɔ:dl] (ver)trödeln.
dawn [dɔ:n] 1. (Morgen)Dämmerung f, Tagesanbruch m; 2. dämmern, tagen; it **~ed (up)on** her fig. es wurde ihr langsam klar.
day [deı] Tag m; often: **~s** pl. (Lebens-) Zeit f; ~ **off** (dienst)freier Tag; carry or win the ~ den Sieg davontragen; any ~ jederzeit; these **~s** heutzutage; the other ~ neulich; this ~ week heute in e-r Woche; heute vor e-r Woche; let's call it a **~!** machen wir Schluß für heute!, Feierabend!; at the end of the ~ fig. letzten Endes; **~break** Tagesanbruch m; **~light** Tageslicht n; in broad ~ am hellichten Tag; ~ **re·turn** (tick·et) Tagesrückfahrkarte f; **~time**: in the ~ am Tag, bei Tage.
daze [deız] 1. blenden; betäuben; 2. in a ~ benommen, betäubt.
dead [ded] 1. tot; unempfindlich (to für); colour, etc.: matt; window, etc.: blind; fire: erloschen; drink: schal; sleep: tief; econ. still, ruhig, flau; econ. tot (capital, etc.); völlig, absolut, total; ~ **loss** F Reinfall m, person: hoffnungsloser Fall; 2. adv. gänzlich, völlig, total; plötzlich, abrupt; genau, (haar)scharf; ~ **tired** todmüde; ~ **against** ganz u. gar gegen; 3. the ~ der, die, das Tote; die Toten pl.; in the ~ of winter im tiefsten Winter; in the ~ of night mitten in der Nacht; ~ **cen·tre**, Am. ~ **cen·ter** genaue Mitte; **~en** abstumpfen; dämpfen; (ab)schwächen; ~ **end** Sackgasse f (a. fig.); ~ **heat** sports: totes Rennen; **~line** Am. Sperrlinie f, in prison, etc.: Todesstreifen m; letzter (Abgabe)Termin, Stichtag m; meet the ~ den Termin einhalten; **~lock** fig. toter Punkt; **~locked** fig. negotiations, etc.: festgefahren; **~ly** (-ier, -iest) tödlich.
deaf [def] 1. □ taub; ~ and dumb taubstumm; 2. the ~ pl. die Tauben pl.; **~en** ['defn] taub machen; betäuben.
deal [di:l] 1. Teil m; Menge f; cards: Geben n; F Geschäft n; Abmachung f; a good ~ ziemlich viel; a great ~ sehr viel; 2. (dealt) v/t. (aus-, ver-, zu)teilen; cards: geben; v/i. econ. handeln (in mit); sl. drugs: dealen; cards: geben; ~ with sich befassen mit, behandeln; econ. Handel treiben mit, in Geschäftsverbindung stehen mit; **~er** econ. Händler(in); cards: Geber(in); sl. of drugs: Dealer m; **~ing** [~ıŋ] Verhalten n, Handlungsweise f; econ. Geschäftsgebaren n; pl. Umgang m, (Geschäfts)Beziehungen pl.; **~t** [delt] past and p.p. of deal 2.
dean [di:n] Dekan m.
dear [dıə] 1. □ teuer; lieb; 2. Liebste(r

m) *f*, Schatz *m*; **my ~ m-e** Liebe, mein Lieber; 3. *int.* (*oh*) *~l*, *~ ~l*, *~ mel* F du liebe Zeit!, ach herrje!; **~ly** ['dɪəlɪ] innig, von ganzem Herzen; *fig.* teuer.

death [deθ] Tod *m*; Todesfall *m*; **~bed** Sterbebett *n*; **~blow** Todesstoß *m* (*a. fig.*); **~less** *fig.* unsterblich; **~ly** (*-ier, -iest*) tödlich; **~ squad** Todesschwadron *f*; **~ war·rant** ⚖ Hinrichtungsbefehl *m*; *fig.* Todesurteil *n*.

de·bar [dɪ'bɑː] (*-rr-*): **~ from doing s.th.** *j-n* hindern, et. zu tun.

de·base [dɪ'beɪs] erniedrigen.

de·ba·ta·ble □ [dɪ'beɪtəbl] strittig; umstritten; **de·bate** [dɪ'beɪt] 1. Debatte *f*; 2. debattieren; erörtern.

de·bil·i·tate [dɪ'bɪlɪteɪt] schwächen.

deb·it *econ.* ['debɪt] 1. Debet *n*, Soll *n*; (Konto)Belastung *f*; **~ and credit** Soll *n* u. Haben *n*; 2. *account, etc*: belasten.

deb·ris ['debriː] Trümmer *pl.*

debt [det] Schuld *f*; **be in ~** verschuldet sein; **be out of ~** schuldenfrei sein; **~or** ['detə] Schuldner(in).

de·bug F [dɪ'bʌg] (*-gg-*) *computer, etc.*: Fehler beseitigen in (*dat.*); *room, etc.*: entwanzen.

de·bunk ['diː'bʌŋk] den Nimbus nehmen (*dat.*).

dé·but *esp. Am.* **de·but** ['deɪbjuː] Debüt *n*.

dec·ade ['dekeɪd] Jahrzehnt *n*.

dec·a·dence ['dekədəns] Dekadenz *f*, Verfall *m*; **~dent** □ [*~t*] dekadent.

de·caf·fein·at·ed [diː'kæfɪneɪtɪd] koffeinfrei, entkoffeiniert.

de·camp [dɪ'kæmp] *esp.* ✕ das Lager abbrechen; F verschwinden.

de·cant [dɪ'kænt] abgießen; umfüllen; **~er** [*~ə*] Karaffe *f*.

de·cath·lete [dɪ'kæθliːt] *sports*: Zehnkämpfer *m*; **~lon** [*~lɒn*] *sports*: Zehnkampf *m*.

de·cay [dɪ'keɪ] 1. Verfall *m*; Zerfall *m*; Fäule *f*; 2. verfallen; (ver)faulen.

de·cease [dɪ'siːs] ⚖ *esp.* ⚖ 1. Tod *m*, Ableben *n*; 2. sterben; **~d** *esp.* ⚖ 1. **the ~** der *or* die Verstorbene; die Verstorbenen *pl.*; 2. ver-, gestorben.

de·ceit [dɪ'siːt] Täuschung *f*; Betrug *m*; **~ful** □ [*~fl*] falsch; betrügerisch.

de·ceive [dɪ'siːv] betrügen; täuschen; **de·ceiv·er** [*~ə*] Betrüger(in).

De·cem·ber [dɪ'sembə] Dezember *m*.

de·cen·cy ['diːsnsɪ] Anstand *m*; **~t** □ [*~t*] anständig; F annehmbar, (ganz) anständig; F nett.

de·cep·tion [dɪ'sepʃn] Täuschung *f*; **~tive** □ [*~tɪv*]: **be ~** täuschen, trügen.

de·cide [dɪ'saɪd] (sich) entscheiden; bestimmen; sich entschließen; **de·cid·ed** □ entschieden; bestimmt; entschlossen.

dec·i·mal ['desɪml] *a.* **~ fraction** Dezimalbruch *m*; *attr.* Dezimal...

de·ci·pher [dɪ'saɪfə] entziffern.

de·ci·sion [dɪ'sɪʒn] Entscheidung *f*; Entschluß *m*; Entschlossenheit *f*; **make a ~** e-e Entscheidung treffen; **reach or come to a ~** zu e-m Entschluß kommen; **~sive** □ [dɪ'saɪsɪv] entscheidend; ausschlaggebend; entschieden.

deck [dek] 1. ⚓ Deck *n* (*a. of bus*); *Am.* Pack *m* Spielkarten; *of record-player*: Laufwerk *n*; *record* **~** Plattenspieler *m*; *tape* **~** Tapedeck *n*; 2. **~ out** schmücken; **~chair** ['dektʃeə] Liegestuhl *m*.

de·claim [dɪ'kleɪm] deklamieren, vortragen.

de·clar·a·ble [dɪ'kleərəbl] zollpflichtig.

dec·la·ra·tion [deklə'reɪʃn] Erklärung *f*; Zollerklärung *f*.

de·clare [dɪ'kleə] (sich) erklären, bekanntgeben; behaupten; deklarieren, verzollen.

de·clen·sion *gr.* [dɪ'klenʃn] Deklination *f*.

dec·li·na·tion [deklɪ'neɪʃn] *of compass needle*: Neigung *f*, Abweichung *f*.

de·cline [dɪ'klaɪn] 1. Abnahme *f*; Niedergang *m*, Verfall *m*; 2. *v/t.* neigen; (höflich) ablehnen; *gr.* deklinieren; *v/i.* sich neigen; abnehmen; verfallen.

de·cliv·i·ty [dɪ'klɪvətɪ] Abhang *m*.

de·clutch *mot.* [diː'klʌtʃ] auskuppeln.

de·com·pose [diːkəm'pəʊz] zerlegen; (sich) zersetzen; *decay*: verwesen.

dec·o·rate ['dekəreɪt] *cake, etc.*: verzieren, *streets, etc.*: schmücken; *room*: tapezieren; (an)streichen; dekorieren; **~ra·tion** [dekə'reɪʃn] Verzierung *f*, Schmuck *m*, Dekoration *f*; Orden *m*; **~ra·tive** □ ['dekərətɪv] dekorativ; Zier...; **~ra·tor** [*~reɪtə*] Dekorateur *m*; Maler *m* u. Tapezierer *m*.

dec·o·rous □ ['dekərəs] anständig; **de·co·rum** [dɪ'kɔːrəm] Anstand *m*.

de·coy 1. ['diːkɔɪ] Lockvogel *m* (*a. fig.*); Köder *m* (*a. fig.*); 2. [dɪ'kɔɪ] ködern; locken (*into* in *acc.*); verleiten (*into* zu).

de·crease 1. ['diːkriːs] Abnahme *f*; 2. [diː'kriːs] (sich) vermindern.

de·cree [dɪ'kriː] 1. Dekret *n*, Verordnung *f*, Erlaß *m*; ⚖ Entscheid *m*; 2. ⚖ entscheiden; verordnen, verfügen.

ded·i·cate ['dedɪkeɪt] widmen; **~cat·ed** engagiert; **~ca·tion** [dedɪ'keɪʃn] Widmung *f*; Hingabe *f*.

de·duce [dɪ'djuːs] ableiten; folgern.

de·duct [dɪ'dʌkt] abziehen; einbehalten; **de·duc·tion** [*~kʃn*] Abzug *m*; *econ. a.* Rabatt *m*; Schluß(folgerung *f*) *m*.

deed [diːd] 1. Tat *f*; Heldentat *f*; ⚖ (Vertrags-, *esp.* Übertragungs)Urkunde f; **2.** *Am.* ⚖ urkundlich übertragen (*to dat.*, auf *acc.*).

deem [di:m] *v/t.* halten für; *v/i.* denken, urteilen (*of* über *acc.*).

deep [di:p] **1.** ☐ tief; gründlich; schlau; vertieft; dunkel (*a. fig.*); verborgen; **2.** Tiefe *f; poet.* Meer *n;* **~en** ['di:pən] (sich) vertiefen; (sich) verstärken; **~freeze 1.** (*-froze, -frozen*) tiefkühlen, einfrieren; **2.** Tiefkühl-, Gefriergerät *n;* **3.** Tiefkühl..., Gefrier...; **~ cabinet** Tiefkühl-, Gefriertruhe *f;* **~fro·zen** tiefgefroren; **~ food** Tiefkühlkost *f;* **~fry** fritieren; **~ness** [~nɪs] Tiefe *f.*

deer *zo.* [dɪə] Rotwild *n;* Hirsch *m.*

de·face [dɪ'feɪs] entstellen; unkenntlich machen; ausstreichen.

de·fa·ma·tion [defə'meɪʃn] Verleumdung *f;* **de·fame** [dɪ'feɪm] verleumden.

de·fault [dɪ'fɔːlt] **1.** Mangel *m;* ⚖ Nichterscheinen *n* vor Gericht; *sports:* Nichtantreten *n; econ.* Verzug *m;* **2.** *econ.* Verbindlichkeiten nicht nachkommen; im Verzug sein; ⚖ nicht (vor Gericht) erscheinen; *sports:* nicht antreten.

de·feat [dɪ'fiːt] **1.** Niederlage *f;* Sieg *m* (*of* über); *of plan, etc.:* Vereitelung *f;* **admit ~** seine Niederlage eingestehen; **2.** besiegen; vereiteln, zunichte machen.

de·fect [dɪ'fekt] Defekt *m,* Fehler *m;* Mangel *m;* **de·fec·tive** ☐ [~ɪv] mangelhaft; schadhaft, defekt.

de·fence, *Am.* **de·fense** [dɪ'fens] Verteidigung *f* (*a. sports*); Schutz *m;* **witness for the ~** ⚖ Entlastungszeuge *m;* **~less** [~lɪs] schutzlos, wehrlos.

de·fend [dɪ'fend] (*from, against*) verteidigen (gegen), schützen (vor *dat.,* gegen); **de·fen·dant** ⚖ [~ənt] Angeklagte(r *m*) *f;* Beklagte(r *m*) *f;* **de·fend·er** [~ə] Verteidiger(in).

de·fen·sive [dɪ'fensɪv] **1.** Defensive *f,* Verteidigung *f,* Abwehr *f;* **2.** ☐ defensiv; Verteidigungs..., Abwehr...

de·fer [dɪ'fɜː] (*-rr-*) auf-, verschieben; *Am.* ⚔ (vom Wehrdienst) zurückstellen; sich fügen, nachgeben.

def·er·ence ['defərəns] Ehrerbietung *f;* Nachgiebigkeit *f;* **~en·tial** ☐ [defə'renʃl] ehrerbietig.

de·fi·ance [dɪ'faɪəns] Herausforderung *f;* Trotz *m;* **~ant** ☐ [~t] herausfordernd; trotzig.

de·fi·cien·cy [dɪ'fɪʃnsɪ] Unzulänglichkeit *f;* Mangel *m;* **= deficit;** **~t** ☐ [~t] mangelhaft, unzureichend.

def·i·cit *econ.* ['defɪsɪt] Fehlbetrag *m.*

de·file 1. ['di:faɪl] Engpaß *m;* **2.** [dɪ'faɪl] beschmutzen.

de·fine [dɪ'faɪn] definieren; erklären, genau bestimmen; **def·i·nite** ☐ ['defɪnɪt] bestimmt; deutlich, genau; **def·i·ni·tion**

[defɪ'nɪʃn] Definition *f,* (Begriffs)Bestimmung *f,* Erklärung *f;* **de·fin·i·tive** ☐ [dɪ'fɪnɪtɪv] endgültig; maßgeblich.

de·flect [dɪ'flekt] ablenken; abweichen.

de·form [dɪ'fɔːm] entstellen, verunstalten; **~ed** deformiert, verunstaltet; verwachsen; **de·for·mi·ty** [~ətɪ] Entstelltheit *f;* Mißbildung *f.*

de·fraud [dɪ'frɔːd] betrügen (*of* um).

de·frost [di:'frɒst] *v/t. windscreen:* entfrosten; *fridge, etc.:* abtauen, *frozen food:* auftauen; *v/i.* ab-, auftauen.

deft ☐ [deft] gewandt, flink.

de·fy [dɪ'faɪ] herausfordern; trotzen (*dat.*), sich widersetzen (*dat.*).

de·gen·e·rate 1. [dɪ'dʒenəreɪt] degenerieren; entarten; **2.** ☐ [~rət] degeneriert; entartet.

deg·ra·da·tion [degrə'deɪʃn] Erniedrigung *f;* **de·grade** [dɪ'greɪd] *v/t.* erniedrigen, demütigen.

de·gree [dɪ'griː] Grad *m* (*a. temperature*); Stufe *f,* Schritt *m;* (Studien)Abschluß *m,* akademischer Grad; Rang *m,* Stand *m; by ~s* allmählich; *take one's ~* e-n akademischen Grad erwerben.

de·hy·drat·ed [di:'haɪdreɪtɪd] Trocken...

de·i·fy ['di:ɪfaɪ] vergöttern; vergöttlichen.

deign [deɪn] sich herablassen.

de·i·ty ['di:ɪtɪ] Gottheit *f.*

de·ject·ed ☐ [dɪ'dʒektɪd] niedergeschlagen, mutlos, deprimiert; **~tion** [~kʃn] Niedergeschlagenheit *f.*

de·lay [dɪ'leɪ] **1.** Aufschub *m;* Verzögerung *f;* **2.** *v/t.* ver-, aufschieben; verzögern; aufhalten; *v/i.* **~ in doing s.th.** es verschieben, et. zu tun.

del·e·gate 1. ['delɪgeɪt] delegieren, übertragen; **2.** [~gət] Delegierte(r *m*) *f;* Vertreter(in); **~ga·tion** [delɪ'geɪʃn] Abordnung *f,* Delegation *f.*

de·lete [dɪ'liːt] tilgen, (aus)streichen, (aus)radieren.

de·lib·e·rate 1. [dɪ'lɪbəreɪt] *v/t.* überlegen, erwägen; *v/i.* nachdenken; beraten; **2.** ☐ [~rət] bedachtsam; wohlüberlegt; vorsätzlich; **~ly** absichtlich, mit Absicht; **~ra·tion** [dɪlɪbə'reɪʃn] Überlegung *f;* Beratung *f;* Bedächtigkeit *f.*

del·i·ca·cy ['delɪkəsɪ] Delikatesse *f,* Leckerbissen *m;* Zartheit *f;* Feingefühl *n;* **~cate** [~kət] schmackhaft, lecker; zart; fein; schwach; heikel; empfindlich; feinfühlig; wählerisch; **~ca·tes·sen** [delɪkə'tesn] Feinkost *f;* Delikatessen-, Feinkostgeschäft *f.*

de·li·cious ☐ [dɪ'lɪʃəs] köstlich.

de·light [dɪ'laɪt] **1.** Lust *f,* Freude *f,* Wonne *f;* **2.** entzücken; (sich) erfreuen; **~ in** (große) Freude haben an (*dat.*); **~ful** ☐ [~fl] entzückend.

de·lin·e·ate [dɪ'lɪnɪeɪt] skizzieren; schildern.

de·lin·quen|cy [dɪ'lɪŋkwənsɪ] Kriminalität *f*; Straftat *f*; **~t** [~t] **1.** straffällig; **2.** Straffällige(r *m*) *f*; *s. juvenile* 1.

de·lir·i|ous □ [dɪ'lɪrɪəs] *#* phantasierend; *ecstatic*: rasend; **~um** [~əm] Delirium *n*.

de·liv·er [dɪ'lɪvə] befreien; über-, aus-, abliefern; *esp. econ.* liefern; *message, etc*: ausrichten; äußern; *speech, etc*: halten; *blow, etc*: austeilen; werfen; *#* entbinden; *be ~ed of a child* entbunden werden, entbinden; **~ance** [~rəns] Befreiung *f*; (Meinungs)Äußerung *f*; **~y** [~rɪ] (Ab-, Aus)Lieferung *f*; *#* Zustellung *f*; Übergabe *f*; *of speech, etc*: Halten *n*; *#* Entbindung *f*; **~y van** Brt. Lieferwagen *m*.

dell [del] kleines Tal.

de·lude [dɪ'luːd] täuschen; verleiten.

del·uge [delju:dʒ] **1.** Überschwemmung *f*; **2.** überschwemmen.

de·lu·sion [dɪ'luːʒn] Täuschung *f*, Verblendung *f*, Wahn *m*; **~ive** □ [~sɪv] trügerisch, täuschend.

de·mand [dɪ'mɑːnd] **1.** Verlangen *n*; Forderung *f*; Anforderung (*on an acc.*), Inanspruchnahme *f* (*on gen.*); *econ.* Nachfrage *f*, Bedarf *m*; *#* Rechtsanspruch *m*; **2.** verlangen, fordern; erfordern; **~ing** □ [~ɪŋ] fordernd; anspruchsvoll; schwierig.

de·mean [dɪ'miːn]: **~ o.s.** sich benehmen; sich erniedrigen; **de·mea·no(u)r** [~ə] Benehmen *n*.

de·ment·ed □ [dɪ'mentɪd] wahnsinnig.

dem·i ['demɪ] Halb...

dem·i·john ['demɪdʒɒn] große Korbflasche, Glasballon *m*.

de·mil·i·ta·rize [diː'mɪlɪtəraɪz] entmilitarisieren.

de·mo·bi·lize [diː'məʊbɪlaɪz] demobilisieren.

de·moc·ra·cy [dɪ'mɒkrəsɪ] Demokratie *f*.

dem·o·crat ['deməkræt] Demokrat(in); **~ic** [demə'krætɪk] (**~ally**) demokratisch.

de·mol·ish [dɪ'mɒlɪʃ] demolieren; ab-, ein-, niederreißen; zerstören; **dem·o·li·tion** [demə'lɪʃn] Demolierung *f*; Niederreißen *n*, Abbruch *m*.

de·mon ['diːmən] Dämon *m*; Teufel *m*.

dem·on|strate ['demənstreɪt] anschaulich darstellen; beweisen; demonstrieren; **~stra·tion** [demən'streɪʃn] Demonstration *f*, Kundgebung *f*; Demonstration *f*, Vorführung *f*; anschauliche Darstellung; Beweis *m*; (Gefühls)Äußerung *f*; **de·mon·stra·tive** □ [dɪ'mɒnstrətɪv] überzeugend; demonstrativ; *be*

~ s-e Gefühle (offen) zeigen; **~stra·tor** ['demənstreɪtə] Demonstrant(in); Vorführer(in).

de·mote [diː'məʊt] degradieren.

de·mur [dɪ'mɜː] (**-rr-**) Einwendungen machen.

den [den] Höhle *f*, Bau *m*; Bude *f*; F Arbeitszimmer *n*.

de·ni·al [dɪ'naɪəl] Leugnen *n*; Verneinung *f*; abschlägige Antwort.

den·ims ['denɪmz] *pl.* Overall *m*, Arbeitsanzug *m*, Jeans *pl.*

de·nom·i·na·tion [dɪnɒmɪ'neɪʃn] *eccl.* Sekte *f*; *eccl.* Konfession *f*; *econ.* Nennwert *m*.

de·note [dɪ'nəʊt] bezeichnen; bedeuten.

de·nounce [dɪ'naʊns] anzeigen; brandmarken; *contract, etc*: kündigen.

dense □ [dens] (**~r, ~st**) dicht, *fog*: dick; beschränkt; **den·si·ty** ['~ətɪ] Dichte *f*.

dent [dent] **1.** Beule *f*, Delle *f*; Kerbe *f*; **2.** ver-, einbeulen.

den|tal ['dentl] Zahn...; **~ plaque** Zahnbelag *m*; **~ plate** Zahnprothese *f*; **~ surgeon = ~tist** [~ɪst] Zahnarzt *m*, -ärztin *f*; **~tures** [~ʃəz] *pl.* (künstliches) Gebiß.

de·nun·ci·a·tion [dɪnʌnsɪ'eɪʃn] Anzeige *f*, Denunziation *f*; **~tor** [dɪ'nʌnsɪeɪtə] Denunziant(in).

de·ny [dɪ'naɪ] ab-, bestreiten, (ab)leugnen; verweigern, abschlagen; *j-n* abweisen.

de·part [dɪ'pɑːt] abreisen; abfahren, abfliegen; abweichen.

de·part·ment [dɪ'pɑːtmənt] Abteilung *f*; Bezirk *m*; *econ.* Branche *f*; *pol.* Ministerium *n*; **2 of Defense** *Am.* Verteidigungsministerium *n*; **2 of the Environment** Brt. Umweltschutzministerium *n*; **2 of the Interior** *Am.* Innenministerium *n*; **2 of State** *Am.*, **State 2** *Am.* Außenministerium *n*; **~ store** Warenhaus *n*.

de·par·ture [dɪ'pɑːtʃə] Abreise *f*, *#* etc. Abfahrt *f*, ✈ Abflug *m*; Abweichung *f*; **~ gate** ✈ Flugsteig *m*; **~ lounge** ✈ Abflughalle *f*.

de·pend [dɪ'pend]: **~ on**, **~ upon** abhängen von; angewiesen sein auf (*acc.*); sich verlassen auf (*acc.*); ankommen auf (*acc.*); *that or it ~s* F es kommt (ganz) darauf an; **~ing on how ...** je nachdem, wie ...

de·pen|da·ble [dɪ'pendəbl] zuverlässig; **~dant** [~ənt] Abhängige(r *m*) *f*, *esp.* (Familien)Angehörige(r *m*) *f*; **~dence** [~əns] Abhängigkeit *f*; Vertrauen *n*; **~den·cy** [~ənsɪ] *pol.* Schutzgebiet *n*, Kolonie *f*; **~dent** [~ənt] **1.** □ (*on*) abhängig (von); angewiesen (auf *acc.*); **2.** *Am.* = **dependant**.

de·pict [dɪ'pɪkt] darstellen; schildern.

de·plor|a·ble □ [dɪ'plɔːrəbl] bedauerlich, beklagenswert; ~e [dɪˈplɔː] beklagen, bedauern.

de·pop·u·late [diːˈpɒpjʊleɪt] (sich) entvölkern.

de·port [dɪˈpɔːt] *foreigners:* abschieben; ~ o.s. (*well*) sich (gut) benehmen; ~ment [~mənt] Benehmen n.

de·pose [dɪˈpəʊz] absetzen; ⚖ unter Eid aussagen.

de·pos·it [dɪˈpɒzɪt] **1.** Ablagerung f; Lager n; *in a bank:* Einlage f; Hinterlegung f, Kaution f, *for bottles:* Pfand n; Anzahlung f; *make a* ~ e-e Anzahlung leisten; ~ account Brt. Termineinlagekonto n; **2.** (nieder-, ab-, hin)legen; *money:* einzahlen; *part of a sum:* anzahlen; hinterlegen; (sich) ablagern; **dep·o·si·tion** [depəˈzɪʃn] *from office:* Absetzung f; ⚖ eidliche Aussage; ~i·tor [dɪˈpɒzɪtə] Hinterleger(in); Einzahler(in); Kontoinhaber(in).

dep·ot [ˈdepəʊ] Depot n; Lagerhaus n; Am. [ˈdiːpəʊ] Bahnhof m.

de·prave [dɪˈpreɪv] moralisch verderben.

de·pre·ci·ate [dɪˈpriːʃieɪt] *value:* mindern.

de·press [dɪˈpres] (nieder)drücken; *business, etc.:* senken, drücken; deprimieren, bedrücken; ~ed deprimiert, niedergeschlagen; **de·pres·sion** [~eʃn] Vertiefung f, Senke f; psych. Depression f, Niedergeschlagenheit f; econ. Depression f, Flaute f, Wirtschaftskrise f; ✳ Schwäche f.

de·prive [dɪˈpraɪv]: ~ s.o. of s.th. j-m et. entziehen *or* nehmen; ~d benachteiligt, unterprivilegiert.

depth [depθ] Tiefe f; *attr.* Tiefen...

dep·u·ta·tion [depjʊˈteɪʃn] Abordnung f; ~tize [ˈdepjʊtaɪz]: ~ *for s.o.* j-n vertreten; ~ty [~i] *parl.* Abgeordnete(r m) f; Stellvertreter(in), Beauftragte(r m) f, Bevollmächtigte(r m) f; a. ~ *sheriff* Am. Hilfssheriff m.

de·rail 🚂 [dɪˈreɪl] *v/i.* entgleisen; *v/t.* zum Entgleisen bringen.

de·range [dɪˈreɪndʒ] in Unordnung bringen; stören; verrückt *or* wahnsinnig machen; ~d geistesgestört.

der·e·lict [ˈderəlɪkt] verlassen; nachlässig.

de·ride [dɪˈraɪd] verlachen, -spotten; **de·ri·sion** [dɪˈrɪʒn] Hohn m, Spott m; **de·ri·sive** [dɪˈraɪsɪv] spöttisch, höhnisch.

de·rive [dɪˈraɪv] herleiten; *word:* abstammen; *et.* gewinnen (*from* aus); *profit, etc.:* ziehen (*from* aus).

de·rog·a·to·ry [dɪˈrɒgətərɪ] abfällig, geringschätzig.

der·rick [ˈderɪk] ⚙ Derrickkran m; ⚓ Ladebaum m; Bohrturm m.

de·scend [dɪˈsend] (her-, hin)absteigen, herunter-, hinuntersteigen, herabkommen; ✓ niedergehen; (ab)stammen; ~ *on, ~ upon* herfallen über (*acc.*); einfallen in (*acc.*); **de·scen·dant** [~ənt] Nachkomme m.

de·scent [dɪˈsent] Herab-, Hinuntersteigen n, Abstieg m; ✓ Niedergehen n; Abhang m, Gefälle n; Abstammung f; *fig.* Niedergang m, Abstieg m.

de·scribe [dɪˈskraɪb] beschreiben.

de·scrip·tion [dɪˈskrɪpʃn] Beschreibung f, Schilderung f; *sort:* Art f; ~tive □ [~tɪv] beschreibend; anschaulich.

des·e·crate [ˈdesɪkreɪt] entweihen.

de·seg·re·gate [diːˈsegrɪgeɪt] die Rassentrennung aufheben in (*dat.*).

des·ert¹ [ˈdezət] **1.** Wüste f; **2.** Wüsten...

de·sert² [dɪˈzɜːt] *v/t.* verlassen; *v/i.* desertieren; ~er ✗ [~ə] Deserteur m, Fahnenflüchtige(r) m; **de·ser·tion** [~ʃn] (⚖ a. böswilliges) Verlassen; ✗ Fahnenflucht f.

de·serve [dɪˈzɜːv] verdienen; **de·serv·ed·ly** [~ɪdlɪ] mit Recht; **de·serv·ing** [~ɪŋ] würdig (*of gen.*); verdienstvoll, verdient.

de·sign [dɪˈzaɪn] **1.** Plan m; Entwurf m, Zeichnung f; Muster n; Vorhaben n, Absicht f; *have* ~s *on or against* et. (Böses) im Schilde führen gegen; **2.** entwerfen, ⊕ konstruieren; gestalten; planen; bestimmen.

des·ig·nate [ˈdezɪgneɪt] bezeichnen; ernennen, bestimmen; ~na·tion [dezɪgˈneɪʃn] Bezeichnung f; Bestimmung f, Ernennung f.

de·sign·er [dɪˈzaɪnə] (Muster)Zeichner(in); Designer(in); ⊕ Konstrukteur m; (Mode)Schöpfer(in).

de·sir·a·ble □ [dɪˈzaɪərəbl] wünschenswert; angenehm; ~e [dɪˈzaɪə] **1.** Wunsch m, Verlangen n; Begierde f; **2.** verlangen, wünschen; begehren; ~ous □ [~rəs] begierig.

de·sist [dɪˈzɪst] ablassen (*from* von).

desk [desk] Pult n; Schreibtisch m.

des·o·late □ [ˈdesələt] einsam; verlassen; öde.

de·spair [dɪˈspeə] **1.** Verzweiflung f; **2.** verzweifeln (*of an dat.*); ~ing □ [~rɪŋ] verzweifelt.

de·spatch [dɪˈspætʃ] = *dispatch*.

des·per·ate □ [ˈdespərət] verzweifelt; hoffnungslos; F schrecklich; ~a·tion [despəˈreɪʃn] Verzweiflung f.

des·pic·a·ble □ [ˈdespɪkəbl] verachtenswert, verabscheuungswürdig.

de·spise [dɪˈspaɪz] verachten.

de·spite [dɪˈspaɪt] **1.** Verachtung f; *in* ~ *of* zum Trotz, trotz; **2.** *prp. a.* ~ *of* trotz.

de·spon·dent □ [dɪ'spɒndənt] mutlos, verzagt.

des·pot ['despɒt] Despot m, Tyrann m; **~·is·m** [~pətɪzəm] Despotismus m.

des·sert [dɪ'zɜːt] Nachtisch m, Dessert n; attr. Dessert...

des|ti·na·tion [destɪ'neɪʃn] Bestimmung(sort m) f; **~·tined** ['destɪnd] bestimmt; **~·ti·ny** [~ɪ] Schicksal n.

des·ti·tute □ ['destɪtjuːt] mittellos, notleidend; ~ of bar (gen.), ohne.

de·stroy [dɪ'strɔɪ] zerstören, vernichten; töten, animal a. einschläfern; **~·er** [~ə] Zerstörer(in); ✥ ✕ Zerstörer m.

de·struc|tion [dɪ'strʌkʃn] Zerstörung f, Vernichtung f; Tötung f, of animal: a. Einschläferung f; **~·tive** □ [~tɪv] zerstörend, vernichtend; zerstörerisch.

des·ul·to·ry □ ['desəltərɪ] unstet; planlos; oberflächlich.

de·tach [dɪ'tætʃ] losmachen, (ab)lösen; absondern; ✕ abkommandieren; **~·ed** einzeln (stehend); unvoreingenommen; distanziert; **~·ment** [~mənt] Loslösung f; (Ab)Trennung f; ✕ (Sonder)Kommando n.

de·tail ['diːteɪl] 1. Detail n, Einzelheit f; eingehende Darstellung; ✕ (Sonder)Kommando n; in ~ ausführlich; 2. genau schildern; ✕ abkommandieren; **~·ed** detailliert, ausführlich.

de·tain [dɪ'teɪn] aufhalten; j-n in (Untersuchungs)Haft (be)halten.

de·tect [dɪ'tekt] entdecken; (auf)finden; **de·tec·tion** [~kʃn] Entdeckung f; **de·tec·tive** [~tɪv] Kriminalbeamte(r) m, Detektiv m; ~ novel, ~ story Kriminalroman m.

de·ten·tion [dɪ'tenʃn] Vorenthaltung f; Aufhaltung f; Haft f.

de·ter [dɪ'tɜː] (-rr-) abschrecken (from von).

de·ter·gent [dɪ'tɜːdʒənt] Reinigungsmittel n; Waschmittel n; Geschirrspülmittel n.

de·te·ri·o·rate [dɪ'tɪərɪəreɪt] (sich) verschlechtern; verderben; entarten.

de·ter|mi·na·tion [dɪtɜːmɪ'neɪʃn] Entschlossenheit f; Entscheidung f, Entschluß m; **~·mine** [dɪ'tɜːmɪn] bestimmen; (sich) entscheiden; sich entschließen; **~·mined** entschlossen.

de·ter|rence [dɪ'terəns] Abschreckung f; **~·rent** [~t] 1. abschreckend; 2. Abschreckungsmittel n.

de·test [dɪ'test] verabscheuen; **~·a·ble** □ [~əbl] abscheulich.

de·throne [dɪ'θrəʊn] entthronen.

de·to·nate ['detəneɪt] explodieren.

de·tour ['diːtʊə] Umweg m; Umleitung f.

de·tract [dɪ'trækt]: ~ from s.th. et. beeinträchtigen, et. schmälern.

de·tri·ment ['detrɪmənt] Schaden m.

deuce [djuːs] on dice and cards: Zwei f; tennis: Einstand m; F Teufel m; how the ~ wie zum Teufel.

de·val·u|a·tion [diːvælju'eɪʃn] Abwertung f; **~·e** [diː'væljuː] abwerten.

dev·a|state ['devəsteɪt] verwüsten; **~·stat·ing** □ [~ɪŋ] verheerend, vernichtend; F umwerfend; **~·sta·tion** [devə'steɪʃn] Verwüstung f.

de·vel·op [dɪ'veləp] (sich) entwickeln; (sich) entfalten; area, land: erschließen; town centres, etc.: sanieren; ausbauen; (sich) zeigen; **~·er** [~ə] phot. Entwickler m; **~·ing** [~ɪŋ] Entwicklungs...; ~ country econ. Entwicklungsland m; **~·ment** [~mənt] Entwicklung f; Entfaltung f; Erschließung f; Ausbau m; ~ aid econ. Entwicklungshilfe f.

de·vi·ate ['diːvɪeɪt] abweichen; **~·a·tion** [diːvɪ'eɪʃn] Abweichung f.

de·vice [dɪ'vaɪs] Vor-, Einrichtung f, Gerät n; Erfindung f; Plan m; Kunstgriff m, Kniff m; Devise f, Motto n; leave s.o. to his/her own ~s j-n sich selbst überlassen.

dev·il ['devl] Teufel m (a. fig.); **~·ish** □ [~ɪʃ] teuflisch.

de·vi·ous □ ['diːvɪəs] abwegig; gewunden; unaufrichtig; take a ~ route e-n Umweg machen.

de·vise □ [dɪ'vaɪz] ausdenken, ersinnen; ⅔⅔ vermachen.

de·void [dɪ'vɔɪd]: ~ of bar (gen.), ohne.

de·vote [dɪ'vəʊt] widmen, et. hingeben, opfern (to dat.); **de·vot·ed** □ ergeben; eifrig, begeistert; zärtlich; **de·vo·tee** [devəʊ'tiː] begeisterter Anhänger; **de·vo·tion** [dɪ'vəʊʃn] Ergebenheit f; Hingabe f; Frömmigkeit f, Andacht f.

de·vour [dɪ'vaʊə] verschlingen.

de·vout □ [dɪ'vaʊt] andächtig; fromm; sehnlichst.

dew [djuː] Tau m; **~·y** ['djuːɪ] (-ier, -iest) (tau)feucht.

dex|ter·i·ty [dek'sterətɪ] Gewandtheit f; **~·ter·ous, ~·trous** □ ['dekstrəs] gewandt.

di·ag·nose ['daɪəgnəʊz] diagnostizieren; **~·no·sis** [daɪəg'nəʊsɪs] (pl. -ses [-siːz]) Diagnose f.

di·a·gram ['daɪəgræm] graphische Darstellung, Schema n, Plan m.

di·al ['daɪəl] 1. Zifferblatt n; teleph. Wählscheibe f; ⊕ Skala f; 2. (esp. Brt. -ll-, Am. -l-) teleph. wählen; ~ direct durchwählen (to nach); direct ~(l)ing Durchwahl f; ~(l)ing code Vorwahl f.

di·a·lect ['daɪəlekt] Dialekt m; Mundart f.

di·a·logue, Am. **-log** ['daɪəlɒg] Dialog m, Gespräch n.

di·am·e·ter [daɪˈæmɪtə] Durchmesser m; **in ~** im Durchmesser.

di·a·mond [ˈdaɪəmənd] Diamant m; Rhombus m; baseball: Spielfeld n; cards: Karo n.

di·a·per Am. [ˈdaɪəpə] Windel f.

di·a·phragm [ˈdaɪəfræm] anat. Zwerchfell n; opt. Blende f; teleph. Membran(e) f; contraceptive: Diaphragma n, Pessar n.

di·ar·rh(o)e·a [daɪəˈrɪə] Durchfall m.

di·a·ry [ˈdaɪərɪ] Tagebuch n; (Termin)Kalender m.

dice [daɪs] 1. pl. of die²; 2. würfeln; **~box** [ˈdaɪsbɒks], **~cup** Würfelbecher m.

dick [dɪk] Am. sl. detective: Schnüffler m; V Schwanz m.

dic|tate [dɪkˈteɪt] diktieren; fig. vorschreiben; **~ta·tion** [~ʃn] Diktat n.

dic·ta·tor [dɪkˈteɪtə] Diktator m; **~ship** [~ʃɪp] Diktatur f.

dic·tion [ˈdɪkʃn] Ausdruck(sweise f) m, Stil m.

dic·tion·a·ry [ˈdɪkʃənərɪ] Wörterbuch n.

did [dɪd] past of do.

die¹ [daɪ] sterben; umkommen; untergehen; absterben; **~ away** of wind, etc.: sich legen; of sound: verklingen; of light, etc.: verlöschen; **~ down** nachlassen; herunterbrennen; schwächer werden; **~ off** wegsterben; **~ out** aussterben (a. fig.).

die² [~] (pl. dice [daɪs]) Würfel m; (pl. dies [daɪz]) Prägestock m, -stempel m.

die-hard [ˈdaɪhɑːd] Reaktionär m; F Betonkopf m.

di·et [ˈdaɪət] 1. Diät f; Nahrung f, Kost f; **be on a ~** diät leben; 2. diät leben.

dif·fer [ˈdɪfə] sich unterscheiden; anderer Meinung sein (with, from als); abweichen.

dif·fe|rence [ˈdɪfrəns] Unterschied m; Differenz f; Meinungsverschiedenheit f; **~rent** [~t] verschieden; andere(r, -s); anders (from als); **~ren·ti·ate** [dɪfəˈrenʃɪeɪt] (sich) unterscheiden.

dif·fi|cult [ˈdɪfɪkəlt] schwierig; **~cul·ty** [~] Schwierigkeit f.

dif·fi|dence [ˈdɪfɪdəns] Schüchternheit f; **~dent** [~t] schüchtern.

dif|fuse 1. fig. [dɪˈfjuːz] verbreiten; 2. □ [~s] speech, etc.: langatmig, weitschweifig; light: diffus; **~fu·sion** [~ʒn] Verbreitung f.

dig [dɪg] 1. (-gg-; dug) graben (in dat.); often **~ up** umgraben; often **~ up, ~ out** ausgraben (a. fig.); 2. F Ausgrabung(sstätte) f; F Puff m, Stoß m; **~s** pl. Brt. F Bude f, (Studenten)Zimmer n.

di·gest 1. [dɪˈdʒest] v/t. verdauen (a. fig.); ordnen; v/i. verdauen; verdaulich

sein; 2. [ˈdaɪdʒest] Abriß m; Auslese f, Auswahl f; **~i·ble** [dɪˈdʒestəbl] verdaulich; **di·ges·tion** [~tʃən] Verdauung f; **di·ges·tive** □ [~tɪv] verdauungsfördernd.

dig·ger [ˈdɪgə] (esp. Gold)Gräber m.

dig·it [ˈdɪdʒɪt] Ziffer f; **three-~ number** dreistellige Zahl; **di·gi·tal** □ [~tl] digital, Digital...; **~ clock**, **~ watch** Digitaluhr f.

dig·ni·fied [ˈdɪgnɪfaɪd] würdevoll, würdig.

dig·ni·ta·ry [ˈdɪgnɪtərɪ] Würdenträger(in).

dig·ni·ty [ˈdɪgnɪtɪ] Würde f.

di·gress [daɪˈgres] abschweifen.

dike¹ [daɪk] 1. Deich m, Damm m; Graben m; 2. eindeichen, -dämmen.

dike² sl. [~] Lesbe f.

di·lap·i·dat·ed [dɪˈlæpɪdeɪtɪd] verfallen, baufällig, klapp(e)rig.

di·late [daɪˈleɪt] (sich) ausdehnen; eyes: weit öffnen; **di·la·to·ry** □ [ˈdɪlətərɪ] verzögernd, hinhaltend; aufschiebend; langsam.

dil·i|gence [ˈdɪlɪdʒəns] Fleiß m; **~gent** □ [~nt] fleißig, emsig.

di·lute [daɪˈljuːt] 1. verdünnen; verwässern; 2. verdünnt.

dim [dɪm] 1. □ (-mm-) trüb(e); dunkel; matt; 2. (-mm-) (sich) verdunkeln; abblenden; (sich) trüben; matt werden.

dime Am. [daɪm] Zehncentstück n.

di·men·sion [daɪˈmenʃn] Dimension f, Abmessung f; **~s** pl. a. Ausmaß n; **~al** [~ʃnl] dimensional; **three-~** dreidimensional.

di·min·ish [dɪˈmɪnɪʃ] (sich) vermindern; abnehmen.

di·min·u·tive □ [dɪˈmɪnjʊtɪv] klein, winzig.

dim·ple [ˈdɪmpl] Grübchen n.

din [dɪn] Getöse n, Lärm m.

dine [daɪn] essen, speisen; bewirten; **~ in** or **out** zu Hause or auswärts essen; **din·er** [ˈdaɪnə] Speisende(r m) f; in restaurant: Gast m; esp. Am. 🚋 Speisewagen m; Am. Speiselokal n.

din·gy □ [ˈdɪndʒɪ] (-ier, -iest) schmutzig.

din·ing| car 🚋 [ˈdaɪnɪŋkɑː] Speisewagen m; **~ room** Eß-, Speisezimmer n.

din·ner [ˈdɪnə] (Mittag-, Abend)Essen n; Festessen n; **~jack·et** Smoking m; **~par·ty** Tischgesellschaft f; **~ser·vice**, **~set** Speiseservice n, Tafelgeschirr n.

di·no·saur zo. [ˈdaɪnəsɔː] Dinosaurier m.

dint [dɪnt] 1. Beule f; **by ~ of** kraft, vermöge (gen.); 2. ver-, einbeulen.

dip [dɪp] 1. (-pp-) v/t. (ein)tauchen; senken; schöpfen; **~ the headlights** esp. Brt. mot. abblenden; v/i. (unter)tauchen; sinken; sich neigen, sich senken; **2.** (Ein-, Unter)Tauchen *n*; F kurzes Bad; Senkung *f*, Neigung *f*, Gefälle *n*; *cooking*: Dip *m*.

diph·ther·i·a ✸ [dɪfˈθɪərɪə] Diphtherie *f*.

di·plo·ma [dɪˈpləʊmə] Diplom *n*.

di·plo·ma·cy [dɪˈpləʊməsɪ] Diplomatie *f*.

dip·lo·mat [ˈdɪpləmæt] Diplomat *m*; ~ic [dɪpləˈmætɪk] (~ally) diplomatisch; ~ relations diplomatische Beziehungen.

di·plo·ma·tist *fig.* [dɪˈpləʊmətɪst] Diplomat(in).

dip·per [ˈdɪpə] Schöpfkelle *f*.

dire [ˈdaɪə] (~r, ~st) gräßlich, schrecklich.

di·rect [dɪˈrekt] **1.** *adj.* □ direkt; gerade; unmittelbar; offen, aufrichtig; ~ *current* ⚡ Gleichstrom *m*; ~ *train* durchgehender Zug; **2.** *adv.* direkt, unmittelbar; **3.** richten; lenken, steuern; leiten; anordnen; *j-n* anweisen; *j-m* den Weg zeigen; *letter*: adressieren; Regie führen bei.

di·rec·tion [dɪˈrekʃn] Richtung *f*; Leitung *f*, Führung *f*; *of letter, etc.*: Adresse *f*; *TV, etc.*: Regie *f*; *mst* ~s *pl.* Anweisung *f*, Anleitung *f*; ~s *for use* Gebrauchsanweisung *f*; ~-find·er [~faɪndə] (Funk)Peiler *m*, Peilempfänger *m*; ~-in·di·ca·tor *mot.* Fahrtrichtungsanzeiger *m*, Blinker *m*; ✔ Kurswerser *m*.

di·rec·tive [dɪˈrektɪv] richtungweisend, leitend.

di·rect·ly [dɪˈrektlɪ] **1.** *adv.* sofort; **2.** *cj.* sobald, sowie.

di·rec·tor [dɪˈrektə] Direktor *m*; *TV, etc.*: Regisseur *m*; ♩ Dirigent *m*; *board of* ~s *econ.* Vorstand *m*; Aufsichtsrat *m*.

di·rec·to·ry [dɪˈrektərɪ] Adreßbuch *n*; *telephone* ~ Telefonbuch *n*.

dirge [dɜːdʒ] Klagelied *n*.

dir·i·gi·ble [ˈdɪrɪdʒəbl] **1.** lenkbar; **2.** lenkbares Luftschiff.

dirt [dɜːt] Schmutz *m* (*a. fig.*); (lockere) Erde; ~cheap F [ˈdɜːtˈtʃiːp] spottbillig; ~y [~ɪ] **1.** □ (-*ier*, -*iest*) schmutzig (*a. fig.*); **2.** beschmutzen; schmutzig werden; *get one's hands* ~ sich die Hände schmutzig machen.

dis·a·bil·i·ty [dɪsəˈbɪlətɪ] Unfähigkeit *f*.

dis·a·ble [dɪsˈeɪbl] (✕ kampf)unfähig machen; ✕ dienstuntauglich machen; ~d **1.** arbeits-, erwerbsunfähig, invalid(e); ✕ dienstuntauglich; ✕ kriegsversehrt; *physically or mentally*: behindert; **2.** *the* ~ *pl.* die Behinderten *pl.*

dis·ad·van·tage [dɪsədˈvɑːntɪdʒ] Nachteil *m*; Schaden *m*; ~-ta·geous □ [dɪsædvɑːnˈteɪdʒəs] nachteilig, ungünstig.

dis·a·gree [dɪsəˈɡriː] nicht übereinstimmen; uneinig sein; nicht bekommen

(*with s.o.* j-m); ~a·ble □ [~əbl] unangenehm; ~ment [~ɪːmənt] Verschiedenheit *f*, Unstimmigkeit *f*; Meinungsverschiedenheit *f*.

dis·ap·pear [dɪsəˈpɪə] verschwinden; ~ance [~rəns] Verschwinden *n*.

dis·ap·point [dɪsəˈpɔɪnt] *j-n* enttäuschen; *hopes, etc.*: zunichte machen; ~ment [~mənt] Enttäuschung *f*.

dis·ap·prov·al [dɪsəˈpruːvl] Mißbilligung *f*; ~e [dɪsəˈpruːv] mißbilligen; dagegen sein.

dis·arm [dɪsˈɑːm] *v/t.* entwaffnen (*a. fig.*); *v/i.* ✕, *pol.* abrüsten; ~ar·ma·ment [~əmənt] Entwaffnung *f*; ✕, *pol.* Abrüstung *f*.

dis·ar·range [dɪsəˈreɪndʒ] in Unordnung bringen.

dis·ar·ray [dɪsəˈreɪ] Unordnung *f*.

di·sas·ter [dɪˈzɑːstə] Unglück(sfall *m*) *n*, Katastrophe *f*, Desaster *n*; ~trous □ [~trəs] katastrophal, verheerend.

dis·band [dɪsˈbænd] (sich) auflösen.

dis·be·lief [dɪsbɪˈliːf] Unglaube *m*; Zweifel *m* (*in an dat.*); ~lieve [~ˈliːv] *et.* bezweifeln, nicht glauben; ~liev·er [~ˈiːvə] Ungläubige(r *m*) *f*.

disc [dɪsk] Scheibe *f* (*a. anat., zo., ⊙*); (Schall)Platte *f*; Parkscheibe *f*; *slipped* ~ ✸ Bandscheibenvorfall *m*; ~ *brake mot.* Scheibenbremse *f*.

dis·card [dɪˈskɑːd] *cards, clothes, etc.*: ablegen; *friends, etc.*: fallenlassen.

dis·cern [dɪˈsɜːn] wahrnehmen, erkennen; ~ing □ [~ɪŋ] kritisch, scharfsichtig; ~ment [~mənt] Einsicht *f*; Scharfblick *m*; Wahrnehmen *n*.

dis·charge [dɪsˈtʃɑːdʒ] **1.** *v/t.* ent-, ausladen; *j-n* befreien, entbinden; *j-n* entlassen; *gun, etc.*: abfeuern; von sich geben, ausströmen, -senden; ✔ absondern; *duty, etc.*: erfüllen; *debt*: bezahlen; *bill*: einlösen; *v/i.* ✔ sich entladen; sich ergießen, *of river*: münden; ✔ eitern; **2.** *of ship*: Entladung *f*; *of gun, etc.*: Abfeuern *n*; Ausströmen *n*; ✔ Absonderung *f*; ✔ Ausfluß *m*; Ausstoßen *n*; ✔ Entladung *f*; Entlassung *f*; Entlastung *f*; *of duty, etc.*: Erfüllung *f*.

di·sci·ple [dɪˈsaɪpl] Schüler *m*; Jünger *m*.

dis·ci·pline [ˈdɪsɪplɪn] **1.** Disziplin *f*; Bestrafung *f*; **2.** disziplinieren; bestrafen; *well* ~d diszipliniert; *badly* ~d disziplinlos, undiszipliniert.

disc jock·ey [ˈdɪskdʒɒkɪ] Disk-, Discjockey *m*.

dis·claim [dɪsˈkleɪm] ab-, bestreiten; *responsibility*: ablehnen; ⚖ verzichten auf (*acc.*).

dis·close [dɪsˈkləʊz] bekanntgeben, -machen; enthüllen, aufdecken; ~clo·sure [~əʊʒə] Enthüllung *f*.

dis·co F ['dıskəʊ] 1. (pl. -cos) Disko f; 2. Disko...; ~ sound Diskosound m.

dis·col·o(u)r [dıs'kʌlə] (sich) verfärben.

dis·com·fort [dıs'kʌmfət] 1. Unbehagen n; Beschwerden pl.; 2. j-m Unbehagen verursachen.

dis·con·cert [dıskən'sɜːt] aus der Fassung bringen.

dis·con·nect [dıskə'nekt] trennen (a. ✍); ⊙ auskuppeln; ✍ switch off: abschalten; gas, electricity, phone: abstellen; teleph. connection: unterbrechen; ~ed □ zusammenhang(s)los.

dis·con·so·late □ [dıs'kɒnsələt] untröstlich, tieftraurig.

dis·con·tent [dıskən'tent] Unzufriedenheit f; ~ed □ unzufrieden.

dis·con·tin·ue [dıskən'tınjuː] aufgeben, aufhören mit, project, etc.: abbrechen; unterbrechen.

dis·cord ['dıskɔːd], ~ance [dıs'kɔːdəns] Uneinigkeit f; ♪ Mißklang m; ~ant [~t] nicht übereinstimmend; ♪ unharmonisch, mißtönend.

dis·co·theque ['dıskətek] Diskothek f.

dis·count ['dıskaʊnt] 1. econ. Diskont m; Abzug m, Rabatt m; 2. econ. diskontieren; abziehen, abrechnen.

dis·cour·age [dıs'kʌrıdʒ] entmutigen; abschrecken; ~ment [~mənt] Entmutigung f; Hindernis n, Schwierigkeit f.

dis·course 1. ['dıskɔːs] Rede f; Abhandlung f; Predigt f, phls. Diskurs m; 2. [dı'skɔːs] e-n Vortrag halten (on, upon über acc.).

dis·cour·te·ous □ [dıs'kɜːtjəs] unhöflich; ~sy [~təsı] Unhöflichkeit f.

dis·cov·er [dıs'kʌvə] entdecken; ausfindig machen; feststellen, bemerken; ~e·ry [~ərı] Entdeckung f.

dis·cred·it [dıs'kredıt] 1. Zweifel m; Mißkredit m, schlechter Ruf; 2. nicht glauben; in Mißkredit bringen.

di·screet □ [dı'skriːt] besonnen, vorsichtig; diskret, verschwiegen.

di·screp·an·cy [dı'skrepənsı] Widerspruch m, Unstimmigkeit f.

di·scre·tion [dı'skreʃn] Besonnenheit f; Ermessen n, Belieben n; Takt m, Diskretion f, Verschwiegenheit f.

di·scrim·i·nate [dı'skrımıneıt] unterscheiden; ~ against diskriminieren, benachteiligen; ~nat·ing □ [~ıŋ] unterscheidend; kritisch, urteilsfähig; ~na·tion [dıskrımı'neıʃn] Unterscheidung f; unterschiedliche (esp. nachteilige) Behandlung, Diskriminierung f; Urteilskraft f.

dis·cus ['dıskəs] sports: Diskus m; ~ throw Diskuswerfen n; ~ thrower Diskuswerfer(in).

dis·cuss [dı'skʌs] diskutieren, erörtern, besprechen; **dis·cus·sion** [~ʃn] Diskussion f, Besprechung f.

dis·dain [dıs'deın] 1. Verachtung f; 2. geringschätzen, verachten; verschmähen.

dis·ease [dı'ziːz] Krankheit f; ~d krank.

dis·em·bark [dısım'baːk] v/t. ausschiffen; v/i. von Bord gehen.

dis·en·chant·ed [dısın'tʃaːntıd]: be ~ with sich keinen Illusionen mehr hingeben über (acc.).

dis·en·gage [dısın'geıdʒ] (sich) freimachen or lösen; ⊙ loskuppeln.

dis·en·tan·gle [dısın'tæŋgl] entwirren; herauslösen (from aus).

dis·fa·vo(u)r [dıs'feıvə] Mißfallen n; Ungnade f.

dis·fig·ure [dıs'fıgə] entstellen.

dis·grace [dıs'greıs] 1. Ungnade f; Schande f; 2. Schande bringen über (acc.), j-m Schande bereiten; be ~d in Ungnade fallen; ~ful □ [~fl] schändlich; skandalös.

dis·guise [dıs'gaız] 1. verkleiden (as als); verstellen; verschleiern, -bergen; 2. Verkleidung f; Verstellung f; Verschleierung f; thea. and fig.: Maske f; in ~ maskiert, verkleidet; fig. verkappt; in the ~ of verkleidet als.

dis·gust [dıs'gʌst] 1. Ekel m, Abscheu m; 2. (an)ekeln; empören, entrüsten; ~ing □ [~ıŋ] ekelhaft.

dish [dıʃ] 1. flache Schüssel; (Servier)Platte f; Gericht n, Speise f; the ~es pl. das Geschirr; do the ~es abspülen, Geschirr spülen; 2. mst ~ up anrichten, auftischen, -tragen; ~ out F austeilen; ~cloth Geschirrspültuch n.

dis·heart·en [dıs'haːtn] entmutigen.

di·shev·el(l)ed [dı'ʃevld] zerzaust.

dis·hon·est □ [dıs'ɒnıst] unehrlich, unredlich; ~y [~ı] Unredlichkeit f.

dis·hon·o(u)r [dıs'ɒnə] 1. Unehre f, Schande f; 2. entehren; schänden; econ. bill: nicht honorieren or einlösen; ~o(u)·ra·ble □ [~rəbl] schändlich, unehrenhaft.

dish| tow·el Geschirrtuch n; ~wash·er Spüler(in); Geschirrspülmaschine f, -spüler m; ~wa·ter Spülwasser n.

dis·il·lu·sion [dısı'luːʒn] 1. Ernüchterung f, Desillusion f; 2. ernüchtern, desillusionieren; be ~ed with sich keinen Illusionen mehr hingeben über (acc.).

dis·in·clined [dısın'klaınd] abgeneigt.

dis·in·fect [dısın'fekt] desinfizieren; ~fec·tant [~ənt] Desinfektionsmittel n.

dis·in·her·it [dısın'herıt] enterben.

dis·in·te·grate [dıs'ıntıgreıt] (sich) auflösen; ver-, zerfallen.

dis·in·terest·ed ☐ [dɪsˈɪntrəstɪd] uneigennützig, selbstlos; objektiv, unvoreingenommen; F desinteressiert.

disk [dɪsk] *esp. Am.* = *Brt. disc*: *computer*: Diskette *f*, F Floppy *f*; **~ drive** Diskettenlaufwerk *n*.

disk·ette [ˈdɪsket, dɪˈsket] *computer*: Diskette *f*.

dis·like [dɪsˈlaɪk] **1.** Abneigung *f*, Widerwille *m* (**of**, *for* gegen); **take a ~ to s.o.** gegen j-n e-e Abneigung fassen; **2.** nicht mögen.

dis·lo·cate [ˈdɪsləkeɪt] ✿ verrenken; verlagern.

dis·lodge [dɪsˈlɒdʒ] vertreiben, verjagen; entfernen; *stone, etc.*: lösen.

dis·loy·al ☐ [dɪsˈlɔɪəl] treulos.

dis·mal ☐ [ˈdɪzməl] trüb(e), trostlos, elend.

dis·man·tle [dɪsˈmæntl] abbrechen, niederreißen; ✿ abtakeln; ✿ abwracken; ⊚ demontieren.

dis·may [dɪsˈmeɪ] **1.** Schrecken *m*, Bestürzung *f*; **in ~, with ~** bestürzt; **to one's ~** zu s-m Entsetzen; **2.** *v/t.* erschrecken, bestürzen.

dis·miss [dɪsˈmɪs] *v/t.* entlassen; wegschicken; ablehnen; *topic, etc.*: fallenlassen; ⚖ abweisen; **~·al** [~l] Entlassung *f*; Aufgabe *f*; ⚖ Abweisung *f*.

dis·mount [dɪsˈmaʊnt] *v/t.* aus dem Sattel heben; *rider*: abwerfen; demontieren; ⊚ auseinandernehmen; *v/i.* absteigen, absitzen (*from* von).

dis·o·be·di·ence [dɪsəˈbiːdjəns] Ungehorsam *m*; **~·ent** ☐ [~t] ungehorsam.

dis·o·bey [dɪsəˈbeɪ] nicht gehorchen, ungehorsam sein (gegen).

dis·or·der [dɪsˈɔːdə] **1.** Unordnung *f*; Aufruhr *m*; ✿ Störung *f*; **2.** in Unordnung bringen; ✿ angreifen; **~·ly** [~lɪ] unordentlich; ordnungswidrig; unruhig; aufrührerisch.

dis·or·gan·ize [dɪsˈɔːɡənaɪz] durcheinanderbringen; desorganisieren.

dis·own [dɪsˈəʊn] nicht anerkennen; *child*: verstoßen; ablehnen.

dis·par·age [dɪˈspærɪdʒ] verächtlich machen, herabsetzen; geringschätzen.

dis·par·i·ty [dɪˈspærətɪ] Ungleichheit *f*; **~ of** *or* **in age** Altersunterschied *m*.

dis·pas·sion·ate ☐ [dɪˈspæʃnət] leidenschaftslos; objektiv.

dis·patch [dɪˈspætʃ] **1.** schnelle Erledigung; (Ab)Sendung *f*; Abfertigung *f*; Eile *f*; (Eil)Botschaft *f*; *of news correspondent*: Bericht *m*; **2.** schnell erledigen; absenden, abschicken, *telegram*: aufgeben, abfertigen.

dis·pel [dɪˈspel] (*-ll-*) *crowd, etc.*: zerstreuen (*a. fig.*), *fog*: lichten.

dis·pen·sa·ble [dɪˈspensəbl] entbehr-

lich; **~·ry** [~rɪ] Werks-, Krankenhaus-, Schul-, ✕ Lazarettapotheke *f*.

dis·pen·sa·tion [dɪspenˈseɪʃn] Austeilung *f*; Befreiung *f* (**with** von); Dispens *m*; (göttliche) Fügung.

di·spense [dɪˈspens] austeilen; *medicine, etc.*: zubereiten u. abgeben; ⚖ *justice* Recht sprechen; **~ with** auskommen ohne; überflüssig machen; **di·spens·er** [~ə] Spender *m*, *for sticky tapes*: a. Abroller *m*, *for stamps, etc.*: Automat *m*; *s.* **cash dispenser**.

di·sperse [dɪˈspɜːs] verstreuen; (sich) zerstreuen.

di·spir·it·ed [dɪˈspɪrɪtɪd] entmutigt.

dis·place [dɪsˈpleɪs] verschieben; ablösen, entlassen; verschleppen; ersetzen; verdrängen.

di·splay [dɪˈspleɪ] **1.** Entfaltung *f*; (Her)Zeigen *n*; (protzige) Zurschaustellung; *computer*: (Sicht)Anzeige *f*, Display *n*; *econ.* Display *n*, Auslage *f*; **be on ~** ausgestellt sein; **2.** entfalten; zur Schau stellen; zeigen.

dis·please [dɪsˈpliːz] j-m mißfallen; **~·pleased** ungehalten; **~·plea·sure** [~ˈpleʒə] Mißfallen *n*.

dis·po·sa·ble [dɪˈspəʊzəbl] Einweg...; Wegwerf...; **~·pos·al** [~zl] *of waste, etc.*: Beseitigung *f*, Entsorgung *f*; Verfügung(srecht *n*) *f*; **be** (*put*) **at s.o.'s ~** j-m zur Verfügung stehen (stellen); **~·pose** [~əʊz] *v/t.* (an)ordnen, einrichten; geneigt machen, veranlassen; *v/i.* **~ of** verfügen über (*acc.*); erledigen; loswerden; beseitigen; **~·posed** geneigt ...gesinnt; **...po·si·tion** [dɪspəˈzɪʃn] Disposition *f*; Anordnung *f*; Neigung *f*; Veranlagung *f*, Art *f*.

dis·pos·sess [dɪspəˈzes] enteignen, vertreiben; berauben (**of** gen.).

dis·pro·por·tion·ate ☐ [dɪsprəˈpɔːʃnət] unverhältnismäßig.

dis·prove [dɪsˈpruːv] widerlegen.

di·spute [dɪˈspjuːt] **1.** Disput *m*, Kontroverse *f*; Streit *m*; Auseinandersetzung *f*; **2.** streiten (über *acc.*); bezweifeln.

dis·qual·i·fy [dɪsˈkwɒlɪfaɪ] unfähig *or* untauglich machen; für untauglich erklären; *sports*: disqualifizieren.

dis·qui·et [dɪsˈkwaɪət] beunruhigen.

dis·re·gard [dɪsrɪˈɡɑːd] **1.** Nichtbeachtung *f*; Mißachtung *f*; **2.** nicht beachten.

dis·rep·u·ta·ble ☐ [dɪsˈrepjutəbl] übel; verrufen; **~·re·pute** [dɪsrɪˈpjuːt] schlechter Ruf.

dis·re·spect [dɪsrɪˈspekt] Respektlosigkeit *f*; Unhöflichkeit *f*; **~·ful** ☐ [~fl] respektlos; unhöflich.

dis·rupt [dɪsˈrʌpt] unterbrechen.

dis·sat·is·fac·tion [dɪssætɪsˈfækʃn] Unzufriedenheit *f*; ~fy [dɪsˈsætɪsfaɪ] nicht befriedigen; *j-m* mißfallen.

dis·sect [dɪˈsekt] zerlegen, -gliedern.

dis·sem·ble [dɪˈsembl] *v/t.* verbergen; *v/i.* sich verstellen, heucheln.

dis·sen·sion [dɪˈsenʃn] Meinungsverschiedenheit(en *pl.*) *f*, Differenz(en *pl.*) *f*; Uneinigkeit *f*; ~t 1. abweichende Meinung *f*; 2. anderer Meinung sein (*from* als); ~t·er Andersdenkende(r *m*) *f*.

dis·si·dent [ˈdɪsɪdənt] 1. andersdenkend; 2. Andersdenkende(r *m*) *f*; *pol.* Dissident(in), Regime-, Systemkritiker(in).

dis·sim·i·lar [dɪˈsɪmɪlə] (*to*) unähnlich (*dat.*); verschieden (von).

dis·sim·u·la·tion [dɪsɪmjuˈleɪʃn] Verstellung *f*.

dis·si·pate [ˈdɪsɪpeɪt] (sich) zerstreuen; verschwenden; ~pat·ed ausschweifend, zügellos.

dis·so·ci·ate [dɪˈsəuʃɪeɪt] trennen; ~ *o.s.* sich distanzieren, abrücken.

dis·so·lute □ [ˈdɪsəluːt] ausschweifend, zügellos; ~lu·tion [dɪsəˈluːʃn] Auflösung *f*; Zerstörung *f*; *ⁿⁿ* Aufhebung *f*, Annullierung *f*.

dis·solve [dɪˈzɒlv] *v/t.* (auf)lösen; *friendship*: abbrechen; schmelzen; *v/i.* sich auflösen.

dis·so·nant □ [ˈdɪsənənt] *♪* dissonant, mißtönend; *fig.* unstimmig.

dis·suade [dɪˈsweɪd] *j-m* abraten (*from* von).

dis·tance [ˈdɪstəns] 1. Abstand *m*; Entfernung *f*; Ferne *f*; Strecke *f*; *fig.* Distanz *f*, Zurückhaltung *f*; **at a ~** von weitem; in einiger Entfernung; **keep s.o. at a ~** j-m gegenüber reserviert sein; **long-** or **middle-~** ... *sports*: Lang- or Mittelstrecken...; 2. hinter sich lassen; ~tant □ [~t] entfernt (*a. fig.*); fern; zurückhaltend; Fern...

dis·taste [dɪsˈteɪst] Widerwille *m*, Abneigung *f*; ~ful □ [~fl]: **be ~ to s.o.** j-m zuwider sein.

dis·tem·per¹ [dɪˈstempə] *of animals*: Krankheit *f*, (Hunde)Staupe *f*.

dis·tem·per² [~] Temperafarbe *f*.

dis·tend [dɪˈstend] (sich) (aus)dehnen; (auf)blähen; sich weiten.

dis·til(l) [dɪˈstɪl] (*-ll-*) herabtropfen (lassen); *ⁿ* destillieren; **dis·til·le·ry** [~ləri] (Branntwein)Brennerei *f*.

dis·tinct □ [dɪˈstɪŋkt] verschieden; getrennt; deutlich, klar, bestimmt; ~tinc·tion [~kʃn] Unterscheidung *f*; Unterschied *m*; Auszeichnung *f*; Rang *m*; ~tinc·tive □ [~tɪv] unterscheidend; kennzeichnend, bezeichnend.

dis·tin·guish [dɪˈstɪŋgwɪʃ] unterscheiden; auszeichnen; ~ *o.s.* sich auszeichnen; ~ed berühmt; ausgezeichnet; vornehm.

dis·tort [dɪˈstɔːt] verdrehen; verzerren.

dis·tract [dɪˈstrækt] ablenken; zerstreuen; beunruhigen; verwirren; verrückt machen; ~ed □ beunruhigt, besorgt; (**by, with**) außer sich (vor *dat.*); *with pain*: wahnsinnig; **dis·trac·tion** [~kʃn] Ablenkung *f*; Zerstreutheit *f*; Verwirrung *f*; Zerstreuung *f*; Raserei *f*.

dis·traught [dɪˈstrɔːt] = **distracted.**

dis·tress [dɪˈstres] 1. Qual *f*; Kummer *m*, Sorge *f*; Elend *n*, Not *f*; 2. in Not bringen; quälen; beunruhigen; betrüben; *j-n* erschöpfen; ~ed beunruhigt, besorgt; betrübt; notleidend; **~ area** *Brt.* Notstandsgebiet *n*.

dis·trib·ute [dɪˈstrɪbjuːt] ver-, aus-, zuteilen; einteilen; verbreiten; ~**tri·bu·tion** [dɪstrɪˈbjuːʃn] Ver-, Austeilung *f*; *of films*: Verleih *m*; Verbreitung *f*; Einteilung *f*.

dis·trict [ˈdɪstrɪkt] Bezirk *m*; Gegend *f*.

dis·trust [dɪsˈtrʌst] 1. Mißtrauen *n*; 2. mißtrauen (*dat.*); ~ful □ [~fl] mißtrauisch.

dis·turb [dɪˈstɜːb] stören; beunruhigen; ~ance [~əns] Störung *f*; Unruhe *f*; ~ **of the peace** *ⁿⁿ* öffentliche Ruhestörung; **cause a ~** für Unruhe sorgen; ruhestörenden Lärm machen; ~ed geistig gestört; verhaltensgestört.

dis·used [dɪsˈjuːzd] *machine, etc.*: nicht mehr benutzt, *mine*: stillgelegt.

ditch [dɪtʃ] 1. (Straßen)Graben *m*; 2. *v/t. sl.* sitzenlassen.

di·van [dɪˈvæn, *Am.* ˈdaɪvæn] Diwan *m*; ~ **bed** Bettcouch *f*.

dive [daɪv] 1. (**dived** or *Am. a.* **dove**, **dived**) (unter)tauchen; *from diving-board*: springen; e-n Hecht- or Kopfsprung machen; hechten (**for** nach); e-n Sturzflug machen; 2. *swimming*: Springen *n*; Kopf-, Hechtsprung *m*; Sturzflug *m*; F Spelunke *f*; **div·er** [ˈdaɪvə] Taucher(in); *sports*: Wasserspringer(in).

di·verge [daɪˈvɜːdʒ] auseinanderlaufen; abweichen; **di·ver·gence** [~əns] Abweichung *f*; **di·ver·gent** □ [~t] abweichend.

di·vers [ˈdaɪvɜːz] mehrere.

di·verse □ [daɪˈvɜːs] verschieden; mannigfaltig; **di·ver·si·fy** [~sɪfaɪ] verschieden(artig) or abwechslungsreich gestalten; **di·ver·sion** [~ʒn] Ablenkung *f*, Zeitvertreib *m*; **di·ver·si·ty** [~ɜːsətɪ] Verschiedenheit *f*; Mannigfaltigkeit *f*.

di·vert [daɪˈvɜːt] ablenken; *j-n* zerstreuen, unterhalten; *traffic*: umleiten.

di·vide [dɪˈvaɪd] 1. *v/t.* teilen; ver-, aus-, aufteilen; trennen; einteilen; A dividieren (**by** durch); v/i. sich teilen; zerfallen; A· sich dividieren lassen; sich trennen or auflösen; **2.** geogr. Wasserscheide f; **di·vid·ed** geteilt; ~ **highway** Am. Schnellstraße f; ~ **skirt** Hosenrock m.

div·i·dend econ. ['dıvıdend] Dividende f.

di·vid·ers [dı'vaıdəz] Trennwand f; pl. (**a pair of** ~ ein) Stechzirkel m.

di·vine [dı'vaın] **1.** □ (~r, ~st) göttlich; ~ **service** Gottesdienst m; **2.** Geistliche(r) m; **3.** weissagen; ahnen.

div·ing ['daıvıŋ] Tauchen n; sports: Wasserspringen n; attr. Tauch(er)..., ✓ Sturzflug...; ~**board** Sprungbrett n; ~**suit** Taucheranzug m.

di·vin·i·ty [dı'vınətı] Gottheit f; Göttlichkeit f; Theologie f.

di·vis·i·ble □ [dı'vızəbl] teilbar; **di·vi·sion** [~ʒn] Teilung f; Trennung f; Abteilung f; ✕, A· Division f.

di·vorce [dı'vɔːs] **1.** (Ehe)Scheidung f; **get a** ~ geschieden werden (**from** von); **2.** marriage: scheiden; of person: sich scheiden lassen von; **they have been divorced** sie haben sich scheiden lassen; **di·vor·cee** [dıvɔ:'siː] Geschiedene(r m) f.

diz·zy □ ['dızı] (-ier, -iest) schwind(e)lig.

do [duː] (**did**, **done**) v/t. tun, machen; room: (zu)bereiten; room: aufräumen; dishes: abwaschen; impersonate: spielen; distance, etc.: zurücklegen, schaffen; ~ **you know him?** - no, **I don't** kennst du ihn? - nein; **what can I** ~ **for you?** was kann ich für Sie tun?, womit kann ich (Ihnen) dienen?; ~ **London** F London besichtigen; **have one's hair done** sich die Haare machen or frisieren lassen; **have done reading** fertig sein mit Lesen; v/i. tun, handeln; sich befinden; genügen; **that will** ~ das genügt; **how** ~ **you** ~? guten Tag!; **be quick** beide dich doch; ~ **you like London?** - **I** ~ gefällt Ihnen London? - ja; ~ **well** s-e Sache gut machen; gute Geschäfte machen; **with** adverbs and prepositions: ~ **away with** beseitigen, weg-, abschaffen; ~ **for:** F **be done for** fix und fertig sein, erledigt sein (a. fig.); ~ **in** sl. kill: erledigen; **I'm done in** F ich bin geschafft; ~ **up** dress, etc.: zumachen; house, etc.: instand setzen; parcel: zurechtmachen; ~ **o.s. up** sich zurechtmachen; **I'm done up** F ich bin geschafft; **I could** ~ **with** ... ich könnte ... brauchen or vertragen; ~ **without** auskommen or sich behelfen ohne; s. **done.**

do·cile □ ['dəusaıl] gelehrig; fügsam.

dock¹ [dɒk] stutzen, kupieren; fig. kürzen.

dock² [~] **1.** ✿ Dock n; Kai m, Pier m; ✿ Anklagebank f; **2.** v/t. ship: (ein)dokken; spacecraft: koppeln; v/i. ✿ anle-

gen; of spacecraft: andocken, ankoppeln; ~**ing** ['dɒkıŋ] Docking n, of spacecraft: Ankopp(e)lung f; ~**yard** ✿ (esp. Brt. Marine)Werft f.

doc·tor ['dɒktə] **1.** Doktor m; Arzt m; **2.** F verarzten; F (ver)fälschen.

doc·trine ['dɒktrın] Doktrin f, Lehre f.

doc·u·ment 1. ['dɒkjumənt] Urkunde f; **2.** [~ment] (urkundlich) belegen.

doc·u·men·ta·ry [dɒkju'mentrı] **1.** urkundlich; TV, etc.: Dokumentar...; **2.** Dokumentarfilm m.

dodge [dɒdʒ] **1.** Sprung m zur Seite; Kniff m, Trick m; **2.** (rasch) zur Seite springen, ausweichen; F sich drücken (vor dat.); ~**r** Gauner m, Schlawiner m; s. **fare dodger.**

doe zo. [dəu] Hirschkuh f; Rehgeiß f, Ricke f; Häsin f.

dog [dɒg] **1.** zo. Hund m; **a** ~'s **life** F ein Hundeleben; **2.** (-gg-) j-n beharrlich verfolgen; ~**eared** ['dɒgıəd] book: mit Eselsohren; ~**ged** □ verbissen, hartnäckig.

dog·ma ['dɒgmə] Dogma n; Glaubenssatz m; ~·**tic** [dɒg'mætık] (~**ally**) dogmatisch.

dog-tired F [dɒg'taıəd] hundemüde.

do·ings ['duːıŋz] pl. Handlungen pl., Taten pl., Tätigkeit f; F Dinger pl., Zeug n.

do-it-your·self [duːıtjɔ:'self] **1.** Heimwerken n, Do-it-yourself n; **2.** Heimwerker..., Do-it-yourself-...

dole [dəul] **1.** milde Gabe; Brt. F Stempelgeld n; **be** or **go on the** ~ Brt. F stempeln gehen; **2.** ~ **out** sparsam ver- or austeilen.

dole·ful □ ['dəulfl] trübselig.

doll [dɒl] **1.** Puppe f (F a. girl), F Mädchen n; **2.** ~ **up** F (sich) herausputzen.

dol·lar ['dɒlə] Dollar m.

dol·phin zo. ['dɒlfın] Delphin m.

do·main [dəu'meın] Domäne f; fig. Gebiet n, Bereich m.

dome [dəum] Kuppel f; ~**d** gewölbt.

do·mes|tic [də'mestık] **1.** (~**ally**) häuslich; inländisch, einheimisch; zahm; ~ **animal** Haustier n; ~ **flight** ✓ Inlandsflug m; ~ **market** Binnen-, Inlandsmarkt m; ~ **trade** Binnenhandel m; **2.** Hausangestellte(r m) f, ~·**i·cate** [~eıt] zähmen.

dom·i·cile ['dɒmısaıl] Wohnsitz m.

dom·i|nant □ ['dɒmınənt] (vor-, be-)herrschend; ~·**nate** [~eıt] (be)herrschen; ~**na·tion** [dɒmı'neıʃn] Herrschaft f; ~·**neer·ing** □ [~ərıŋ] herrisch, tyrannisch; überheblich.

do·min·ion [də'mınjən] Herrschaft f; (Herrschafts)Gebiet n.

dom·i·no ['dɒmınəu] Domino n; ~ **effect** pol. Dominoeffekt m.

don [dɒn] anziehen; *hat, a. fig. smile, etc.*: aufsetzen.

do·nate [dou'neit] schenken, stiften; **do·na·tion** [ˌ‿eiʃn] Schenkung *f.*

done [dʌn] **1.** *p.p. of* do; **2.** *adj.* getan; erledigt; fertig; *cooked:* gar; **~** *in or for* F *tired, etc.*: erledigt.

don·key ['dɒŋki] *zo.* Esel *m; attr.* Hilfs...

do·nor ['dəunə] (⚥ *esp.* Blut-, Organ-) Spender(in).

doom [du:m] **1.** Schicksal *n*, Verhängnis *n*; **2.** verurteilen, -dammen; **~s-day** ['du:mzdei]: *till* ~ F bis zum Jüngsten Tag.

door [dɔ:] Tür *f;* Tor *n; next* ~ nebenan; **~han·dle** Türklinke *f;* **~keep·er** Pförtner *m;* **~man** (*pl.* -men) (livrierter) Portier; **~step** Türstufe *f;* **~way** Türöffnung *f,* (Tür)Eingang *m.*

dope [dəup] **1.** F Stoff *m*, Rauschgift *n;* F Betäubungsmittel *n; sports:* Dopingmittel *n; Am.* F Rauschgiftsüchtige(r *m*) *f; sl.* Trottel *m; sl.* (vertrauliche) Informationen *pl.*, Geheimtip *m;* **2.** ✔ lakieren; F *j-m* Stoff geben; *sports:* dopen; ~ **ad·dict**, ~ **fiend** F Rauschgift-, Drogensüchtige(r *m*) *f;* ~ **test** Dopingkontrolle *f.*

dorm F [dɔ:m] = **dormitory.**

dor·mant *mst fig.* ['dɔ:mənt] schlafend, ruhend; untätig.

dor·mer (win·dow) ['dɔ:mə('windəu)] senkrechtes Dachfenster, Dachgaube *f.*

dor·mi·to·ry ['dɔ:mitri] Schlafsaal *m; esp. Am.* Studentenwohnheim *n.*

dose [dəus] **1.** Dosis *f;* **2.** *j-m* e-e Medizin geben.

dot [dɒt] **1.** Punkt *m;* Fleck *m; on the ~* F auf die Sekunde pünktlich; **2.** (-tt-) punktieren; tüpfeln; *fig.* sprenkeln; **~ted line** punktierte Linie.

dote [dəut]: ~ *on*, ~ *upon* vernarrt sein in (*acc.*), abgöttisch lieben (*acc.*); **dot·ing** □ ['dəutiŋ] vernarrt.

doub·le □ ['dʌbl] **1.** doppelt; zu zweien; gekrümmt; zweideutig; **2.** Doppelte(s) *n;* Doppelgänger(in); *film, TV:* Double *n; mst* **~s** *sg., pl. tennis, etc.:* Doppel *n; men's or women's* **~s** *pl.* Herren- *or* Damendoppel *n;* **3.** (sich) verdoppeln; *film, TV: j-n* doubeln; *a.* ~ *up* falten; *blanket:* zusammenlegen; **~back** kehrtmachen; ~ *up* zusammenkrümmen; sich krümmen (*with* vor *dat.*); **~breast·ed** *jacket:* zweireihig; **~check** genau nachprüfen; **~chin** Doppelkinn *n;* **~cross** ein doppeltes *or* falsches Spiel treiben mit, hereinlegen; **~deal·ing 1.** betrügerisch; **2.** Betrug *m;* **~deck·er** [ˌ‿ə] Doppeldecker *m;* **~edged** zweischneidig; zweideutig; **~en·try** *econ.* doppelte Buchführung; ~

fea·ture *film:* Doppelprogramm *n;* ~ **head·er** *Am.* [ˌ‿ə] Doppelveranstaltung *f;* **~park** *mot.* in zweiter Reihe parken; **~quick** F im Eiltempo, fix.

doubt [daut] **1.** *v/i.* zweifeln; *v/t.* bezweifeln; mißtrauen (*dat.*); **2.** Zweifel *m; be in* ~ *about* Zweifel haben an (*dat.*); *no* ~ ohne Zweifel, gewiß, sicherlich; *there's no* ~ *about it* daran besteht kein Zweifel; **~ful** □ ['dautfl] zweifelhaft; **~less** [ˌ‿lis] ohne Zweifel.

douche [du:ʃ] **1.** Spülung *f* (*a.* ⚕); Spülapparat *m;* **2.** spülen (*a.* ⚕).

dough [dəu] Teig *m;* **~nut** ['dəunʌt] Krapfen *m*, Berliner (Pfannkuchen) *m*, Schmalzkringel *m.*

dove¹ *zo.* [dʌv] Taube *f.*

dove² *Am.* [dəuv] *past of* dive 1.

dow·el ⊕ ['dauəl] Dübel *m.*

down¹ [daun] Daunen *pl.;* Flaum *m;* Düne *f;* **~s** *pl.* Hügelland *n.*

down² [ˌ‿] **1.** *adv.* nach unten, her-, hinunter, her-, hinab, abwärts; unten; **2.** *prp.* her-, hinab, her-, hinunter; ~ *the river* flußabwärts; **3.** *adj.* nach unten gerichtet; deprimiert; niedergeschlagen; **4.** *v/t.* niederschlagen; *aircraft:* abschießen; F *drink:* runterkippen; ~ *tools* die Arbeit niederlegen, in den Streik treten; **~cast** ['ˌ‿ka:st] niedergeschlagen; ~*er sl.* [ˌ‿ə] Beruhigungsmittel *n;* **~fall** Platzregen *m; fig.* Sturz *m;* **~heart·ed** □ niedergeschlagen; **~hill 1.** *adv.* bergab; ⚡ abschüssig; *skiing:* Abfahrts...; **3.** Abhang *m; skiing:* Abfahrt *f;* ~ **pay·ment** *econ.* Anzahlung *f;* **~pour** Regenguß *m*, Platzregen *m;* **~right 1.** *adv.* völlig, ganz u. gar, ausgesprochen; **2.** *adj.* lie, cheat, *etc.*: glatt; ausgesprochen; **~stairs** die Treppe her- *or* hinunter; (nach) unten; **~stream** stromabwärts; **~to-earth** realistisch; **~town** *Am.* **1.** *adv.* im *or* ins Geschäftsviertel; **2.** *adj.* im Geschäftsviertel (gelegen *or* tätig); **3.** Geschäftsviertel *n*, Innenstadt *f*, City *f;* **~ward(s)** ['ˌ‿wəd(z)] abwärts, nach unten.

down·y ['dauni] (-ier, -iest) flaumig.

dow·ry ['dauri] Mitgift *f.*

doze [dəuz] **1.** dösen, ein Nickerchen machen; **2.** Nickerchen *n.*

doz·en ['dʌzn] Dutzend *n.*

drab [dræb] trist; düster; eintönig.

draft [dra:ft] **1.** Entwurf *m; econ.* Tratte *f; of money:* Abhebung *f;* ⚔ (Sonder)Kommando *n; Am.* ⚔ Einberufung *f; esp. Brit.* = **draught; 2.** entwerfen; aufsetzen; ⚔ abkommandieren; *Am.* ⚔ einziehen, -berufen; **~ee** *Am.* ⚔ [dra:f'ti:] Wehrdienstpflichtige(r) *m;* **~s·man** *esp. Am.* (*pl.* -men) *s.*

draughtsman; ~y Am. [~] (-ier, -iest) = draughty.

drag [dræg] **1.** Schleppen n, Zerren n; ♣ Schleppnetz n; Egge f; Schlepp-, Zugseil n; fig. Hemmschuh m; F et. Langweiliges; **2.** (-gg-) (sich) schleppen, zerren, ziehen, schleifen; a. ~ behind zurückbleiben, nachhinken; ~ on weiterschleppen; fig. sich dahinschleppen; fig. sich in die Länge ziehen; ~lift ['dræglɪft] Schlepplift m.

drag-on ['drægən] Drache m; ~fly zo. Libelle f.

drain [dreɪn] **1.** Abfluß(kanal m, -rohr n) m; Entwässerungsgraben m; fig. Belastung f; **2.** v/t. abfließen lassen; entwässern; austrinken, leeren; fig. aufbrauchen, -zehren; v/i. ~ off, ~ away abfließen, ablaufen; ~age ['dreɪnɪdʒ] Abfließen n, Ablaufen n; Entwässerung(sanlage f, -ssystem n) f; Abwasser n; ~pipe Abflußrohr n.

drake zo. [dreɪk] Enterich m, Erpel m.

dram F [dræm] Schluck m.

dra|ma ['drɑːmə] Drama n; ~mat-ic [drə'mætɪk] (~ally) dramatisch; ~m-a-tist ['dræmətɪst] Dramatiker m; ~m-a-tize [~taɪz] dramatisieren.

drank [dræŋk] past of drink 2.

drape [dreɪp] **1.** drapieren; in Falten legen; **2.** mst ~s pl. Am. Gardinen pl.; **drap-er-y** ['dreɪpəri] Textilhandel m; Stoffe pl.; Faltenwurf m.

dras-tic ['dræstɪk] (~ally) drastisch.

draught [drɑːft] (Luft)Zug m; Zug m, Schluck m; Fischzug m; ♣ Tiefgang m; ~s sg. Brt. Damespiel n; ~ beer Faßbier n; ~horse ['drɑːfthɔːs] Zugpferd m; ~s-man [~smən] (pl. -men) Brt. Damestein m; ⊕ (Konstruktions-, Muster-) Zeichner m; ~y [~] (-ier, -iest) zugig.

draw [drɔː] **1.** (drew, drawn) ziehen; an-, auf-, ein-, zuziehen; ✧ blood: abnehmen; econ. money: abheben; tears: hervorlocken; customers: anziehen, anlokken; attention: lenken (to auf acc.); beer: abzapfen; ausfischen; animal: ausnehmen, -weiden; tea: ziehen (lassen); (in Worten) schildern; formulate: ab-, verfassen; fig. entlocken; zeichnen, malen; chimney: ziehen, Zug haben; sich zusammenziehen; sich nähern (to dat.); sports: unentschieden spielen (to breath Luft schöpfen; ~ near sich nähern; ~ on, ~ upon in Anspruch nehmen; ~ out in die Länge ziehen; ~ up plan, paper, etc.: aufsetzen; halten; vorfahren; **2.** in lottery: Ziehung f; sports: Unentschieden n; Attraktion f, (Kassen)Schlager m; ~back ['drɔːbæk] Nachteil m, Hindernis n; ~er **1.** ['drɔːə] Zeichner m; econ. of bill: Aussteller m,

Trassant m; **2.** [drɔː(ə)] Schubfach n, -lade f; dated: (a pair of) ~s pl. (eine) Unterhose; (ein) (Damen)Schlüpfer m; mst chest of ~s Kommode f.

draw-ing ['drɔːɪŋ] Ziehen n; Zeichnen n; Zeichnung f; ~ ac-count econ. Girokonto n; ~board Reißbrett n; ~pin Brt. Reißzwecke f, -nagel m, Heftzwecke f; ~room = living room; Salon m.

drawl [drɔːl] **1.** gedehnt sprechen; **2.** gedehntes Sprechen.

drawn [drɔːn] **1.** p.p. of draw 1; **2.** adj. sports: unentschieden; abgespannt.

dread [dred] **1.** (große) Angst, Furcht f; **2.** (sich) fürchten; ~ful □ ['dredfl] schrecklich, furchtbar.

dream [driːm] **1.** Traum m; **2.** (dreamed or dreamt) träumen; ~er ['driːmə] Träumer(in); ~t [dremt] past and p.p. of dream 2; ~y □ ['driːmi] (-ier, -iest) träumerisch, verträumt.

drear-y □ ['drɪərɪ] (-ier, -iest) trübselig; trüb(e); langweilig.

dredge [dredʒ] **1.** Schleppnetz n; Bagger(maschine f) m; **2.** (aus)baggern.

dregs [dregz] pl. Bodensatz m; fig. Abschaum m.

drench [drentʃ] durchnässen.

dress [dres] **1.** Anzug m; Kleidung f; Kleid n; **2.** (sich) ankleiden or anziehen; schmücken, dekorieren; zurechtmachen; food: anrichten, prepare for cooking: koch-, bratfertig machen, vorbereiten; salad: anmachen; Abendkleidung anziehen; ✧ verbinden; frisieren; ~ down j-m e-e Standpauke halten; ~ up (sich) feinmachen; sich kostümieren or verkleiden; ~ cir-cle thea. [dres'sɜːkl] erster Rang; ~ de-sign-er Modezeichner(in); ~er [~ə] Anrichte f; Toilettentisch m.

dress-ing ['dresɪŋ] An-, Zurichten n; Ankleiden n; ✧ Verband m; Appretur f; of salad: Dressing n; Füllung f; ~down Standpauke f; ~gown Morgenrock m, -mantel m; sports: Bademantel m; ~ta-ble Toilettentisch m.

dress-mak-er ['dresmeɪkə] (Damen-) Schneider(in).

drew [druː] past of draw 1.

drib-ble ['drɪbl] tröpfeln (lassen); sabbern, geifern; soccer: dribbeln.

dried [draɪd] getrocknet, Dörr...

dri-er ['draɪə] = dryer.

drift [drɪft] **1.** Strömung f, (Dahin)Treiben n; (Schnee)Verwehung f; (Schnee-, Sand)Wehe f; fig. Tendenz f; **2.** (dahin)treiben; wehen; aufhäufen.

drill [drɪl] **1.** Bohrer m, Drillbohrer m, Bohrmaschine f; Furche f; ~ Drill-Sämaschine f; ✕ Drill m (a. fig.); ✕

Exerzieren *n*; **2.** bohren; ✕, *fig.* drillen, einexerzieren.

drink [drɪŋk] **1.** Getränk *n*; **2.** (**drank, drunk**) trinken; ~ *to s.o.* j-m zuprosten *or* zutrinken, auf j-n trinken; ~ *to s.th.* auf et. trinken; ~**er** ['drɪŋkə] Trinker(in).

drip [drɪp] **1.** Tröpfeln *n*; ✚ Tropf *m*; **2.** (**-pp-**) tropfen *or* tröpfeln (lassen); triefen; ~**dry** *shirt, etc.*: bügelfrei; ~**ping 1.** Bratenfett *n*, Schmalz *m*; **2.** tropfend; ~ **wet** tropf- *or* F patschnaß.

drive [draɪv] **1.** (Spazier)Fahrt *f*; Auffahrt *f*; Fahrweg *m*; ☉ Antrieb *m*; *mot.* Steuerung *f*; *psych.* Trieb *m*; *fig.* Kampagne *f*; *fig.* Schwung *m*, Elan *m*, Dynamik *f*; **2.** (**drove, driven**) *v/t.* (an-, ein)treiben; *car, etc.*: fahren, lenken, steuern; (im Auto, *etc.*) fahren; ☉ (an-)treiben; zwingen; *a.* ~ **off** vertreiben; *v/i.* treiben; (Auto) fahren; ~ **off** wegfahren; **what are you driving at?** F worauf wollen Sie hinaus?

drive-in ['draɪvɪn] **1.** Auto...; ~ *cinema, Am.* ~ *movie* (**theater**) Autokino *n*; **2.** Autokino *n*; Drive-in-Restaurant *n*; *of bank*: Autoschalter *m*, Drive-in-Schalter *m*.

driv-el ['drɪvl] **1.** (*esp. Brt.* -ll-, *Am.* -l-) faseln; **2.** Geschwätz *n*, Gefasel *n*.

driv-en ['drɪvn] *p.p.* of **drive** 2.

driv-er ['draɪvə] *mot.* Fahrer(in); (Lokomotiv)Führer *m*; ~**'s li-cense** *Am.* Führerschein *m*.

driv-ing ['draɪvɪŋ] (an)treibend; ☉ Antriebs..., Trieb..., Treib...; *mot.* Fahr...; ~ **li-cence** Führerschein *m*.

driz-zle ['drɪzl] **1.** Sprühregen *m*; **2.** sprühen, nieseln.

drone [drəʊn] **1.** *zo.* Drohne *f* (*a. fig.*); **2.** summen; dröhnen.

droop [druːp] (schlaff) herabhängen; den Kopf hängenlassen; schwinden.

drop [drɒp] **1.** Tropfen *m*; Fallen *n*, Fall *m*; *fig.* Fall *m*, Sturz *m*; Bonbon *m*, *n*; *fruit* ~**s** *pl.* Drops *m*, *n or pl.*; **2.** (**-pp-**) *v/t.* tropfen (lassen); fallen lassen; *remark, topic, etc.*: fallenlassen; *letter, postcard*: einwerfen; *voice*: senken; ~ *s.o. at* ... j-n an *or* bei ... absetzen *or* herauslassen; ~ *a few lines* j-m ein paar Zeilen schreiben; *v/i.* tropfen; (herab-, herunter)fallen; umsinken, fallen; ~ *in* (kurz) herein- *or* vorbeischauen; ~ *off* abfallen; zurückgehen, nachlassen; F einnicken; ~ *out* herausfallen; ausscheiden; F *a.* aussteigen (*of* aus); *a.* ~ *out of school* (**university**) die Schule (das Studium) abbrechen; ~**out** *from society*: Aussteiger(in), Drop-out *m*; (Schul-, Studien)Abbrecher(in);

~**pings** *of horses*: Pferdeäpfel *pl.*, *of cattle*: Kuhfladen *pl.*

drought [draʊt] Trockenheit *f*, Dürre *f*.

drove [drəʊv] **1.** *animals*: Herde *f*; *people*: Schar *f*; **2.** *past of* **drive** 2.

drown [draʊn] *v/t.* ertränken; überschwemmen; *fig.* übertönen; *v/i.* ertrinken.

drowse [draʊz] dösen; ~ *off* eindösen; **drow-sy** ['draʊzɪ] (**-ier, -iest**) schläfrig; einschläfernd.

drudge [drʌdʒ] sich (ab)placken, schuften; **drudg-e-ry** ['drʌdʒərɪ] (stumpfsinnige) Plackerei *or* Schinderei.

drug [drʌg] **1.** Arzneimittel *n*, Medikament *n*; Droge *f*, Rauschgift *n*; **be on** (**off**) ~**s** rauschgift- *or* drogensüchtig (clean) sein; **2.** (**-gg-**) j-m Medikamente geben; *j-n* unter Drogen setzen; ein Betäubungsmittel beimischen (*dat.*); betäuben (*a. fig.*); ~ **a-buse** Drogenmißbrauch *m*; Medikamentenmißbrauch *m*; ~ **ad-dict** Drogen-, Rauschgiftsüchtige(r *m*) *f*; ~**gist** *Am.* ['drʌgɪst] Apotheker(in); Inhaber(in) e-s Drugstores; ~**store** *Am.* Apotheke *f*; Drugstore *m*.

drum [drʌm] **1.** ♪ Trommel *f*; *anat.* Trommelfell *n*; ~**s** *pl.* ♪ Schlagzeug *n*; **2.** (**-mm-**) trommeln; ~**mer** ♪ ['drʌmə] Trommler *m*; Schlagzeuger *m*.

drunk [drʌŋk] **1.** *p.p.* of **drink** 2; **2.** *adj.* betrunken; **get** ~ sich betrinken; **3.** Betrunkene(r *m*) *f*; ~ *ard* ['~əd] Trinker(in), Säufer(in); ~ *en adj.* betrunken; ~ *driving* Trunkenheit *f* am Steuer.

dry [draɪ] **1.** □ (**-ier, -iest**) trocken (*a. fig.*); *wine*: trocken, herb; F durstig; ~ **goods** *pl.* Textilien *pl.*; **2.** trocknen; dörren; ~ **up** austrocknen; versiegen; ~**clean** chemisch reinigen; ~**clean-er's** chemische Reinigung; ~**er** [~ə] *a.* **drier** Trockenapparat *m*, Trockner *m*.

du-al □ ['djuːəl] doppelt, Doppel...; ~ **carriageway** *Brt.* Schnellstraße *f*.

dub [dʌb] (**-bb-**) *film*: synchronisieren.

du-bi-ous □ ['djuːbɪəs] zweifelhaft.

duch-ess ['dʌtʃɪs] Herzogin *f*.

duck [dʌk] **1.** *zo.* Ente *f*; *roast* ~ Ente *f*, Entenbraten *m*; **2.** (unter)tauchen; (sich) ducken; ~**ling** *zo.* ['dʌklɪŋ] Entchen *n*.

due [djuː] **1.** zustehend; gebührend; gehörig, angemessen; fällig; *of time*: fällig, erwartet; *in* ~ *time* zur rechten Zeit; ~ *to* wegen (*gen.*); **be** ~ *to* j-m gebühren, zustehen; kommen von, zurückzuführen sein auf (*acc.*); **2.** *adv.* direkt, genau; **3.** Recht *n*, Anspruch *m*; ~**s** *pl.* Gebühr(en *pl.*) *f*; Beitrag *m*.

du-el ['djuːəl] **1.** Duell *n*; **2.** (*esp. Brt.* -ll-, *Am.* -l-) sich duellieren.

dug [dʌg] *past and p.p. of* **dig** 1.
duke [dju:k] Herzog *m.*
dull [dʌl] 1. □ dumm; träge, schwerfällig; stumpf; *eye, etc.*: matt; *hearing*:
schwach; *boring*: langweilig; abge-
stumpft, teilnahmslos; dumpf; trüb(e);
econ. flau; 2. stumpf machen *or* werden; (sich) trüben; mildern, dämpfen;
pain: betäuben; *fig.* abstumpfen.
du·ly *adv.* ['dju:lɪ] ordnungsgemäß; gebührend; rechtzeitig.
dumb □ [dʌm] stumm; sprachlos; *esp.
Am.* F doof, dumm, blöd; **dum(b)-
found·ed** [dʌm'faʊndɪd] verblüfft,
sprachlos.
dum·my ['dʌmɪ] Attrappe *f;* Kleider-,
Schaufensterpuppe *f;* Dummy *m,* Puppe *f (for crash tests);* book: Dummy *m,*
Blindband *m;* F *esp. Am.* Doofmann *m;
Brt.* Schnuller *m; attr.* Schein...
dump [dʌmp] 1. *v/t.* (hin)plumpsen *or*
(hin)fallen lassen; auskippen; *sand,
etc.*: abladen; *waste, etc.*: loswerden;
econ. goods: im Ausland zu Dumping-
preisen verkaufen; 2. Plumps *m;*
(Schutt-, Müll)Abladeplatz *m;* ✕ Depot *n,* Lager(platz *m) n;* **~ing** *econ.*
['dʌmpɪŋ] Dumping *n,* Ausfuhr *f* zu
Schleuderpreisen.
dune [dju:n] Düne *f.*
dung [dʌŋ] 1. Dung *m;* 2. düngen.
dun·ga·rees [dʌŋgə'ri:z] *pl.* (**a pair of ~**
e-e) Arbeitshose.
dun·geon ['dʌndʒən] (Burg)Verlies *n.*
dunk F [dʌŋk] (ein)tunken.
dupe [dju:p] anführen, täuschen.
du·plex ['dju:pleks] doppelt, Doppel...;
~ (apartment) *Am.* Maison(n)ette(wohnung) *f;* **~ (house)** *Am.* Doppel-, Zwei-
familienhaus *n.*
du·pli·cate 1. ['dju:plɪkət] doppelt, zweifach; **~ key** Zweit-, Nachschlüssel *m;* 2.
[.] Duplikat *n;* Zweit-, Nachschlüssel
m; 3. [.keɪt] doppelt ausfertigen; kopieren, vervielfältigen.
du·plic·i·ty [dju:'plɪsətɪ] Doppelzüngig-
keit *f.*

dur·a·ble □ ['djʊərəbl] haltbar; dauerhaft; *s.* **consumer; du·ra·tion** [djʊə-
'reɪʃn] Dauer *f.*
du·ress [djʊə'res] Zwang *m.*
dur·ing *prp.* ['djʊərɪŋ] während.
dusk [dʌsk] (Abend)Dämmerung *f;* **~y**
□ ['dʌskɪ] (**-ier, -iest**) dämmerig, düster (*a. fig.*); schwärzlich.
dust [dʌst] 1. Staub *m;* 2. *v/t.* abstauben;
(be)streuen; *v/i.* Staub wischen, abstauben; **~bin** *Brt.* ['.bɪn] Abfall-, Mülleimer *m;* Abfall-, Mülltonne *f;* **~cart** *Brt.*
Müllwagen *m;* **~er** Staublappen *m,*
-wedel *m; for blackboard*: Tafel-
schwamm *m,* -tuch *n;* **~cov·er,
~jack·et** *of book*: Schutzumschlag *m;*
~man (*pl.* **-men**) *Brt.* Müllmann *m;* **~y**
□ [.ɪ] (**-ier, -iest**) staubig.
Dutch [dʌtʃ] 1. *adj.* holländisch; 2. *adv.*:
go ~ getrennte Kasse machen, getrennt
zahlen; 3. *ling.* Holländisch *n;* **the ~** die
Holländer *pl.*
du·ty ['dju:tɪ] Pflicht *f; econ.* Abgabe *f;*
Zoll *m;* Dienst *m;* **be on ~** Dienst haben; **be off ~** dienstfrei haben; **~free** 1.
zollfrei; 2. *pl.* zollfreie Waren.
dwarf [dwɔ:f] 1. (*pl.* **dwarfs** [.s],
dwarves [dwɔ:vz]) Zwerg(in) *f;* 2. verkleinern, klein erscheinen lassen.
dwell [dwel] (**dwelt** *or* **dwelled**) wohnen;
verweilen (**on, upon** bei); **~ing** ['.ɪŋ]
Wohnung *f.*
dwelt [dwelt] *past and p.p. of* **dwell.**
dwin·dle ['dwɪndl] (dahin)schwinden,
abnehmen.
dye [daɪ] 1. Farbe *f; of the deepest ~ fig.*
von der übelsten Sorte; 2. färben.
dy·ing ['daɪɪŋ] 1. sterbend; Sterbe...; 2.
Sterben *n.*
dyke [daɪk] = **dike.**
dy·nam·ic [daɪ'næmɪk] dynamisch,
kraftgeladen; **~s** *mst sg.* Dynamik *f.*
dy·na·mite ['daɪnəmaɪt] 1. Dynamit *n;* 2.
(mit Dynamit) sprengen.
dys·en·te·ry ✻ ['dɪsntrɪ] Ruhr *f.*
dys·pep·si·a ✻ [dɪs'pepsɪə] Verdau-
ungsstörung *f.*

E

each [i:tʃ] jede(r, -s); **~ other** einander,
sich; je, pro Person, pro Stück.
ea·ger □ ['i:gə] begierig; eifrig; **~ness**
['i:gənɪs] Begierde *f;* Eifer *m.*
ea·gle ['i:gl] *zo.* Adler *m; Am. hist.*
Zehndollarstück *n;* **~eyed** scharfsichtig.
ear [ɪə] Ähre *f; anat.* Ohr *n;* Öhr *n;* Hen-

kel *m;* **keep an ~ to the ground** die
Ohren offenhalten; **be all ~s** F ganz
Ohr sein; **~drum** *anat.* ['ɪədrʌm] Trommelfell *n;* **~ed** mit (...) Ohren, ...ohrig.
earl [ɜ:l] *Brt.* Graf *m.*
ear·lobe ['ɪələʊb] Ohrläppchen *n.*
ear·ly ['ɜ:lɪ] früh; Früh...; Anfangs..., er-
ste(r, -s); bald(ig); **as ~ as May** schon

im Mai; **as ~ as possible** so bald wie möglich; **~ bird** Frühaufsteher(in); **~ warning system** ✕ Frühwarnsystem *n*.

ear-mark ['ɪɔmɑːk] **1.** Kennzeichen *n*; Merkmal *n*; **2.** kennzeichnen; zurücklegen (**for** für).

earn [ɜːn] verdienen; einbringen.

ear-nest ['ɜːnɪst] **1.** ☐ ernst(lich, -haft); ernstgemeint; **2.** Ernst *m*; **in ~** im Ernst; ernsthaft.

earn-ings ['ɜːnɪŋz] *pl.* Einkommen *n*.

ear|phones ['ɪɔfəʊnz] *pl.* Ohrhörer *pl.*; Kopfhörer *pl.*; **~piece** *teleph.* Hörmuschel *f*; **~ring** Ohrring *m*; **~shot: within (out of) ~** in (außer) Hörweite.

earth [ɜːθ] **1.** Erde *f*; Land *n*; **2.** *v/t.* ⚡ erden; **~en** ['ɜːθn] irden; **~en-ware** [~nweə] **1.** Töpferware *f*; Steingut *n*; **2.** irden; **~ly** [~θlɪ] irdisch; F denkbar; **~quake** Erdbeben *n*; **~worm** *zo.* Regenwurm *m*.

ease [iːz] **1.** Bequemlichkeit *f*, Behagen *n*; Ruhe *f*; Ungezwungenheit *f*; Leichtigkeit *f*; **at ~** bequem, behaglich; **III at ~** unruhig; befangen; **2.** *v/t.* erleichtern; lindern; beruhigen; bequem(er) machen; *v/i. mst* **~ off**, **~ up** nachlassen, **of situation:** sich entspannen; (bei der Arbeit) kürzertreten.

ea-sel ['iːzl] Staffelei *f*.

east [iːst] **1.** Ost(en *m*); **the** ⚹ der Osten, die Oststaaten *pl.* (*of USA*); *pol.* der Osten; der Orient; **2.** Ost..., östlich; **3.** ostwärts, nach Osten.

Eas-ter ['iːstə] Ostern *n*; *attr.* Oster...

eas-ter-ly ['iːstəlɪ] östlich, Ost...; nach Osten; **east-ern** ['iːstən] östlich, Ost...; **east-ward(s)** ['iːstwəd(z)] östlich, nach Osten.

eas-y ['iːzɪ] ☐ (*-ier, -iest*) leicht, einfach; bequem; frei von Schmerzen; gemächlich, gemütlich; ruhig; ungezwungen; **in ~ circumstances** wohlhabend; **on ~ street** *Am.* in guten Verhältnissen; **go ~, take it ~** sich Zeit lassen, langsam tun; sich nicht aufregen; **take it ~!** immer mit der Ruhe!; **~ chair** Sessel *m*; **~go-ing** gelassen, locker.

eat [iːt] **1.** (*ate, eaten*) essen; (zer)fressen; **~ out** auswärts essen; **2.** **~s** *pl.* F Fressalien *pl.*; **ea-ta-ble** ['~əbl] **1.** eß-, genießbar; **2.** **~s** *pl.* Eßwaren *pl.*; **~en** ['iːtn] *p.p. of* **eat** 1; **~er** [~ə] Esser(in).

eaves [iːvz] *pl.* Dachvorsprung *m*, Traufe *f*; **~drop** ['iːvzdrɒp] (*-pp-*) (heimlich) lauschen *or* horchen.

ebb [eb] **1.** Ebbe *f*; *fig.* Tiefstand *m*; *fig.* Abnahme *f*; **2.** verebben; *fig.* abnehmen, sinken; **~ tide** [eb'taɪd] Ebbe *f*.

eb-o-ny ['ebənɪ] Ebenholz *n*.

EC [iː'siː] (*abbr. European Community*) EG *f*.

ec-cen-tric [ɪk'sentrɪk] **1.** (*~ally*) exzentrisch; überspannt; **2.** Exzentriker *m*, Sonderling *m*.

ec-cle-si-as|tic [ɪkliːzɪ'æstɪk] (*~ally*), **~ti-cal** ☐ [~kl] geistlich, kirchlich.

ech-o ['ekəʊ] **1.** (*pl. -oes*) Echo *n*; **2.** widerhallen; *fig.* echoen, nachsprechen.

e-clipse [ɪ'klɪps] **1.** *ast.* Finsternis *f*; **2.** verfinstern; **be ~d by** *fig.* verblassen neben (*dat.*).

e-co- ['iːkə] öko..., Öko...; Umwelt...; **~cide** ['iːkəsaɪd] Umweltzerstörung *f*.

e-co-lo-gi-cal ☐ [iːkə'lɒdʒɪkl] ökologisch; **e-col-o-gist** [iː'kɒlədʒɪst] Ökologe *m*; **e-col-o-gy** [~ɪ] Ökologie *f*.

e-co-nom|ic [iːkə'nɒmɪk] (*~ally*) wirtschaftlich, Wirtschafts...; **~ aid** Wirtschaftshilfe *f*; **~ growth** Wirtschaftswachstum *n*; **~ migrant** Wirtschaftsflüchtling *m*; **~i-cal** ☐ [~kl] wirtschaftlich, sparsam; **~ics** *sg.* Volkswirtschaft(slehre) *f*.

e-con-o-mist [ɪ'kɒnəmɪst] Volkswirt *m*; **~mize** [~aɪz] sparsam wirtschaften (mit); **~my** [~ɪ] **1.** Wirtschaft *f*; Wirtschaftlichkeit *f*, Sparsamkeit *f*; Einsparung *f*; **2.** Spar...; **~ class** ✈ Economyklasse *f*.

e-co-sys-tem ['iːkəʊsɪstəm] Ökosystem *n*.

ec-sta|sy ['ekstəsɪ] Ekstase *f*, Verzükkung *f*; **~tic** [ɪk'stætɪk] (*~ally*) verzückt.

ed-dy ['edɪ] **1.** Schneide *f*; Rand *m*; Kante *f*; Schärfe *f*; **be on ~** nervös *or* gereizt sein; **2.** schärfen; (um)säumen; (sich) drängen; **~ways**, **~wise** ['~weɪz, '~waɪz] seitlich, von der Seite.

edg-ing ['edʒɪŋ] Einfassung *f*; Rand *m*.

edg-y ['edʒɪ] ☐ (*-ier, -iest*) scharf(kantig); F nervös; F gereizt.

ed-i-ble ['edɪbl] eßbar.

e-dict ['iːdɪkt] Edikt *n*.

ed-i-fice ['edɪfɪs] Gebäude *n*.

ed-i-fy-ing ☐ ['edɪfaɪɪŋ] erbaulich.

ed-it ['edɪt] *text, book:* herausgeben, redigieren; *newspaper, etc.:* herausgeben, edieren, als Herausgeber leiten; **e-di-tion** [ɪ'dɪʃn] *of book:* Ausgabe *f*; Auflage *f*; **ed-i-tor** ['edɪtə] Herausgeber(in); Redakteur(in), (Verlags)Lektor(in); **ed-i-to-ri-al** [edɪ'tɔːrɪəl] **1.** Leitartikel *m*; **2.** ☐ Redaktions...

ed-u|cate ['edjuːkeɪt] erziehen; unterrichten; **~cat-ed** gebildet; **~ca-tion** [edjuː'keɪʃn] Erziehung *f*; (Aus)Bildung *f*; Bildungs-, Schulwesen *n*; **Ministry of** ⚹ Unterrichtsministerium *n*, Kultusministerium *n*; **~ca-tion-al** ☐ [~nl] erzieherisch, Erziehungs...; Bildungs...; **~ca-tor** ['edjuːkeɪtə] Erzieher(in).

eel *zo.* [iːl] Aal *m*.

ef·fect [ɪ'fekt] **1.** Wirkung f; Erfolg m, Ergebnis n; Auswirkung(en pl.) f; Effekt m, Eindruck m; ⊙ Leistung f; ~s pl. econ. Effekten pl.; persönliche Habe; be of ~ Wirkung haben; take ~ in Kraft treten; in ~ tatsächlich, praktisch; to the ~ des Inhalts; **2.** bewirken; ausführen; **ef·fec·tive** □ [~ɪv] wirksam; eindrucksvoll; tatsächlich, wirklich; ⊙ nutzbar; ~ date Tag m des Inkrafttretens.

ef·fem·i·nate □ [ɪ'femɪnət] verweichlicht; weibisch.

ef·fer|vesce [efə'ves] brausen, sprudeln; ~ves·cent [~nt] sprudelnd, schäumend.

ef·fi·cien|cy [ɪ'fɪʃənsɪ] Leistungsfähigkeit f, Tüchtigkeit f, Effizienz f; ~ engi·neer, ~ expert econ. Rationalisierungsfachmann m; ~t □ [~t] wirksam; leistungsfähig, tüchtig, effizient.

ef·flu·ent ['efluənt] Abwasser n, Abwässer pl.

ef·fort ['efət] Anstrengung f, Bemühung f (at um); Mühe f; make an ~ sich anstrengen or bemühen; without ~ = ~less □ [~lɪs] mühelos, ohne Anstrengung.

ef·fron·te·ry [ɪ'frʌntərɪ] Frechheit f.

ef·fu·sive □ [ɪ'fju:sɪv] überschwenglich.

egg¹ [eg]: ~ on anstacheln.

egg² [~] Ei n; put all one's ~s in one basket alles auf eine Karte setzen; as sure as ~s is ~s F todsicher; ~co·sy Eierwärmer m; ~cup Eierbecher m; ~head F Eierkopf m, Intellektueller m.

e·go·is|m ['egəʊɪzm] Egoismus m, Selbstsucht f; ~t [~ɪst] Egoist(in), selbstsüchtiger Mensch.

e·go·tis|m ['egəʊtɪzəm] Egotismus m, Selbstgefälligkeit f; ~t [~ɪst] Egotist(in), selbstgefälliger or geltungsbedürftiger Mensch.

E·gyp·tian [ɪ'dʒɪpʃn] **1.** ägyptisch; **2.** Ägypter(in).

ei·der·down ['aɪdədaʊn] Eiderdaunen pl.; Daunendecke f.

eight [eɪt] **1.** acht; **2.** Acht f; **eigh·teen** [eɪ'ti:n] **1.** achtzehn; **2.** Achtzehn f; **eigh·teenth** [~θ] achtzehnte(r, -s); ~fold ['eɪtfəʊld] achtfach; ~h [eɪtθ] **1.** achte(r, -s); **2.** Achtel n; ~h·ly ['eɪtθlɪ] achtens; **eigh·ti·eth** ['eɪtɪɪθ] achtzigste(r, -s); **eigh·ty** ['eɪtɪ] **1.** achtzig; **2.** Achtzig f.

ei·ther ['aɪðə; Am. 'i:ðə] jede(r, -s) (of two); eine(r, -s) (von zweien); beides; ~ ... or entweder ... oder; not ~ auch nicht.

e·jac·u·late [ɪ'dʒækjuleɪt] v/t. words, etc.: aus-, hervorstoßen; physiol. sperm: ausstoßen; v/i. physiol. ejakulieren, e-n Samenerguß haben.

e·ject [ɪ'dʒekt] vertreiben; hinauswerfen;

smoke, etc.: ausstoßen; entlassen, -fernen (from office, post, etc. aus).

eke [i:k]: ~ out supply, etc.: strecken; income: aufbessern; ~ out a living sich (mühsam) durchschlagen.

e·lab·o·rate 1. □ [ɪ'læbərət] sorgfältig (aus)gearbeitet; kompliziert; **2.** [~reɪt] sorgfältig ausarbeiten.

e·lapse [ɪ'læps] verfließen, -streichen.

e·las|tic [ɪ'læstɪk] **1.** (~ally) elastisch, dehnbar; ~ band Brt. = **2.** Gummiring m, -band n; ~ti·ci·ty [elæ'stɪsətɪ] Elastizität f.

e·lat·ed [ɪ'leɪtɪd] begeistert, stolz.

el·bow ['elbəʊ] **1.** Ellbogen m; Biegung f; ⊙ Knie n; at one's ~ bei der Hand; out at ~ fig. heruntergekommen; **2.** mit dem Ellbogen (weg)stoßen; ~ one's way through sich (mit den Ellbogen) e-n Weg bahnen durch.

el·der¹ ♀ ['eldə] Holunder m.

el·der² [~] **1.** ältere(r, -s); **2.** der, die Ältere; (Kirchen)Älteste(r) m; ~ly [~lɪ] ältlich, ältere(r, -s).

el·dest ['eldɪst] älteste(r, -s).

e·lect [ɪ'lekt] **1.** gewählt; **2.** (aus-, er-)wählen.

e·lec|tion [ɪ'lekʃn] **1.** Wahl f; **2.** pol. Wahl...; ~tor [~tə] Wähler(in); Am. pol. Wahlmann m; hist. Kurfürst m; ~to·ral [~ərəl] Wahl..., Wähler...; ~ college Am. pol. Wahlmänner pl.; ~to·rate pol. [~ərət] Wähler(schaft f) pl.

e·lec|tric [ɪ'lektrɪk] (~ally) elektrisch, Elektro...; fig. elektrisierend; ~tri·cal □ [~kl] elektrisch; Elektro...; ~ engi·neer Elektroingenieur m, -techniker m; ~tric chair elektrischer Stuhl; ~tri·cian [ɪlek'trɪʃn] Elektriker m; ~tri·ci·ty [ɪlek'trɪsətɪ] Elektrizität f.

e·lec·tri·fy [ɪ'lektrɪfaɪ] elektrifizieren; elektrisieren (a. fig.).

e·lec·tro- [ɪ'lektrəʊ] Elektro...

e·lec·tro·cute [ɪ'lektrəkju:t] auf dem elektrischen Stuhl hinrichten; durch elektrischen Strom töten.

e·lec·tron [ɪ'lektrɒn] Elektron n.

el·ec·tron·ic [ɪlek'trɒnɪk] **1.** (~ally) elektronisch, Elektronen...; ~ data pro·cessing elektronische Datenverarbeitung; **2.** ~s sg. Elektronik f; pl. of appa·ratus: Elektronik f.

el·e|gance ['elɪgəns] Eleganz f; ~gant □ [~t] elegant; geschmackvoll.

el·e|ment ['elɪmənt] Element n; Urstoff m; (Grund)Bestandteil m; ~s pl. Anfangsgründe pl., Grundlage(n pl.) f; Elemente pl., Naturkräfte pl.; ~men·tal [ɪ'mentl] elementar; wesentlich.

el·e·men·ta·ry [elɪ'mentərɪ] elementar; Anfangs...; ~ school Am. Grundschule f.

el·e·phant *zo.* ['elɪfənt] Elefant *m*.

el·e·vate ['elɪveɪt] erhöhen; *fig.* erheben; **~vat·ed** erhöht; *fig.* gehoben, erhaben; **~ (railroad)** *Am.* Hochbahn *f*; **~va·tion** [elɪ'veɪʃn] Erhebung *f*, Erhöhung *f*; Höhe *f*; Erhabenheit *f*; **~va·tor** ☉ ['elɪveɪtə] *Am.* Lift *m*, Fahrstuhl *m*, Aufzug *m*; ✈ Höhenruder *n*.

e·lev·en [ɪ'levn] **1.** elf; **2.** Elf *f*; **~th** [~θ] **1.** elfte(r, -s); **2.** Elftel *n*.

elf [elf] (*pl.* **elves**) Elf(e *f*) *m*; Kobold *m*.

e·li·cit [ɪ'lɪsɪt] *et.* entlocken (*from dat.*); ans (Tages)Licht bringen.

el·i·gi·ble □ ['elɪdʒəbl] geeignet, annehmbar, akzeptabel; berechtigt.

e·lim·i·nate [ɪ'lɪmɪneɪt] entfernen, beseitigen, eliminieren; ausscheiden; **~na·tion** [ɪlɪmɪ'neɪʃn] Entfernung *f*, Beseitigung *f*, Eliminierung *f*; Ausscheidung *f*.

é·lite [eɪ'liːt] Elite *f*; Auslese *f*.

elk *zo.* [elk] Elch *m*.

el·lipse ⅄ [ɪ'lɪps] Ellipse *f*.

elm ♀ [elm] Ulme *f*, Rüster *f*.

el·o·cu·tion [elə'kjuːʃn] Vortrag(skunst *f*, -sweise *f*) *m*; Sprechtechnik *f*.

e·lon·gate ['iːlɒŋgeɪt] verlängern.

e·lope [ɪ'ləʊp] (mit s-m *or* s-r Geliebten) ausreißen *or* durchbrennen.

el·o·quence ['eləkwəns] Beredsamkeit *f*, **~quent** □ [~t] beredt.

else [els] sonst, weiter; andere(r, -s); **anything ~?** sonst noch etwas?; **something ~** noch etwas; **~where** [els'weə] anderswo(hin).

e·lu·ci·date [ɪ'luːsɪdeɪt] erklären.

e·lude [ɪ'luːd] geschickt entgehen, ausweichen, sich entziehen (*dat.*); *fig.* nicht einfallen (*dat.*).

e·lu·sive □ [ɪ'luːsɪv] schwer faßbar.

elves [elvz] *pl. of* **elf**.

e·ma·ci·ated [ɪ'meɪʃɪeɪtɪd] abgezehrt, ausgemergelt.

em·a·nate ['eməneɪt] ausströmen; ausgehen (*from* von); **~na·tion** [emə'neɪʃn] Ausströmen *n*; *fig.* Ausstrahlung *f*.

e·man·ci·pate [ɪ'mænsɪpeɪt] emanzipieren; befreien; **~pa·tion** [ɪmænsɪ'peɪʃn] Emanzipation *f*; Befreiung *f*.

em·balm [ɪm'bɑːm] (ein)balsamieren.

em·bank·ment [ɪm'bæŋkmənt] Eindämmung *f*; (Erd)Damm *m*; (Bahn-, Straßen)Damm *m*; Uferstraße *f*.

em·bar·go [em'bɑːgəʊ] (*pl.* **-goes**) Embargo *n*, (Hafen-, Handels)Sperre *f*.

em·bark [ɪm'bɑːk] ♣, ✈ an Bord nehmen *or* gehen, ♣ *a.* (sich) einschiffen; *cargo:* verladen; **~ on, ~ upon** *et.* anfangen *or* beginnen.

em·bar·rass [ɪm'bærəs] in Verlegenheit bringen, verlegen machen, in e-e peinliche Lage versetzen; **~ing** □ [~ɪŋ] unan-

genehm, peinlich; **~ment** [~mənt] Verlegenheit *f*.

em·bas·sy ['embəsɪ] Botschaft *f*.

em·bed [ɪm'bed] (**-dd-**) (ein)betten, (ein)lagern.

em·bel·lish [ɪm'belɪʃ] verschönern; *fig.* ausschmücken, beschönigen.

em·bers ['embəz] *pl.* Glut *f*.

em·bez·zle [ɪm'bezl] unterschlagen; **~ment** [~mənt] Unterschlagung *f*.

em·bit·ter [ɪm'bɪtə] verbittern.

em·blem ['embləm] Sinnbild *n*; Wahrzeichen *n*.

em·bod·y [ɪm'bɒdɪ] verkörpern; enthalten.

em·bo·lis·m ⚕ ['embəlɪzəm] Embolie *f*.

em·brace [ɪm'breɪs] **1.** (sich) umarmen; einschließen; **2.** Umarmung *f*.

em·broi·der [ɪm'brɔɪdə] (be)sticken; *fig.* ausschmücken; **~y** [~ərɪ] Stickerei *f*; *fig.* Ausschmückung *f*.

em·broil [ɪm'brɔɪl] (in Streit) verwickeln; verwirren.

e·men·da·tion [iːmen'deɪʃn] Verbesserung *f*, Berichtigung *f*.

em·er·ald ['emərəld] **1.** Smaragd *m*; **2.** smaragdgrün.

e·merge [ɪ'mɜːdʒ] auftauchen; hervorgehen; *fig.* sich erheben; sich zeigen.

e·mer·gen·cy [ɪ'mɜːdʒənsɪ] Not(lage) *f*, -fall *m*, -stand *m*; *attr.* Not..; **~ brake** Notbremse *f*; **~ call** Notruf *m*; **~ exit** Notausgang *m*; **~ landing** ✈ Notlandung *f*; **~ number** Notruf(nummer *f*) *m*; **~ ward** ✈ Notaufnahme *f*; **~gent** [~t] auftauchend; *fig. nations:* (jung u.) aufstrebend.

em·i·grant ['emɪgrənt] Auswanderer *m*, *esp. pol.* Emigrant(in); **~grate** [~reɪt] auswandern, *esp. pol.* emigrieren; **~gra·tion** [emɪ'greɪʃn] Auswanderung *f*, *esp. pol.* Emigration *f*.

em·i·nence ['emɪnəns] (An)Höhe *f*; hohe Stellung; Ruhm *m*, Bedeutung *f*; 2 Eminenz *f* (*title*); **~nent** □ [~t] *fig.* ausgezeichnet, hervorragend; **~nent·ly** [~lɪ] ganz besonders, äußerst.

e·mis·sion [ɪ'mɪʃn] Aussendung *f*; *of fumes, etc.*: Emission *f* (*a. econ.*).

e·mit [ɪ'mɪt] (**-tt-**) aussenden, -stoßen, -strahlen, -strömen; von sich geben.

e·mo·tion [ɪ'məʊʃn] (Gemüts)Bewegung *f*, Gefühl(sregung *f*) *n*; Rührung *f*; **~al** □ [~l] emotional; gefühlsmäßig; gefühlsbetont; **~al·ly** [~lɪ] emotional, gefühlsmäßig; **~ disturbed** seelisch gestört; **~ ill** gemütskrank; **~less** [~lɪs] gefühllos; unbewegt.

em·per·or ['empərə] Kaiser *m*.

em·pha·sis ['emfəsɪs] (*pl.* **-ses** [-siːz]) Gewicht *n*; Nachdruck *m*; **~size** [~saɪz] nachdrücklich betonen; **~t·ic** [ɪm'fætɪk]

(**~ally**) nachdrücklich; deutlich; bestimmt.

em-pire ['empaɪə] (Kaiser)Reich n; Herrschaft f; **the British ⁀** das britische Weltreich.

em-pir-i-cal ☐ [em'pɪrɪkl] empirisch, erfahrungsgemäß.

em-ploy [ɪm'plɔɪ] 1. beschäftigen, anstellen; an-, verwenden, gebrauchen; 2. Beschäftigung f; **in the ~ of** angestellt bei; **~ee** [emplɔɪ'iː] Angestellte(r m) f, Arbeitnehmer(in); **~er** [ɪm'plɔɪə] Arbeitgeber(in); **~ment** [~mənt] Beschäftigung f, Arbeit f; **~ agency**, **~ bureau** Stellenvermittlung(sbüro n) f; **~ market** Arbeits-, Stellenmarkt m; **~ service agency** Brt. Arbeitsamt n.

em-pow-er [ɪm'pauə] ermächtigen; befähigen.

em-press ['emprɪs] Kaiserin f.

emp|ti-ness ['emptɪnɪs] Leere f (a. fig.); **~ty** ☐ ['emptɪ] 1. (**-ier, -iest**) leer (a. fig.); **~ of** ohne; 2. (aus-, ent)leeren; sich leeren.

em-u-late ['emjuleɪt] wetteifern mit; nacheifern (dat.); es gleichtun (dat.).

e-mul-sion [ɪ'mʌlʃn] Emulsion f.

en-a-ble [ɪ'neɪbl] befähigen, es j-m ermöglichen; ermächtigen.

en-act [ɪ'nækt] verfügen, -ordnen; law: erlassen; thea. aufführen.

e-nam-el [ɪ'næml] 1. Email(le f) n; anat. (Zahn)Schmelz m; Glasur f, Lack m; Nagellack m; 2. (esp. Brt. -ll-, Am. -l-) emaillieren; glasieren; lackieren.

en-am-o(u)red [ɪ'næməd]: **~ of** verliebt in.

en-camp-ment esp. ✕ [ɪn'kæmpmənt] (Feld)Lager n.

en-cased [ɪn'keɪst]: **~ in** gehüllt in (acc.).

en-chant [ɪn'tʃɑːnt] bezaubern; **~ing** ☐ [~ɪŋ] bezaubernd; **~ment** [~mənt] Bezauberung f; Zauber m.

en-cir-cle [ɪn'sɜːkl] einkreisen, umzingeln; umfassen, umschlingen.

en-close [ɪn'kləuz] einzäunen; einschließen; with letter: beifügen; **en-clo-sure** [~əuʒə] Einzäunung f; eingezäuntes Grundstück; with letter: Anlage f.

en-com-pass [ɪn'kʌmpəs] umgeben.

en-coun-ter [ɪn'kauntə] 1. Begegnung f; Gefecht n; 2. begegnen (dat.); problems, etc.: stoßen auf (acc.); enemy: zusammenstoßen mit.

en-cour-age [ɪn'kʌrɪdʒ] ermutigen; fördern; **~ment** [~mənt] Ermutigung f; Anfeuerung f; Unterstützung f.

en-croach [ɪn'krəutʃ] (**on**, **upon**) eingreifen (in acc.), eindringen (in acc.); übermäßig beanspruchen (acc.); **~ment** [~mənt] Ein-, Übergriff m.

en-cum|ber [ɪn'kʌmbə] belasten;

(be)hindern; **~brance** [~brəns] Last f, Belastung f, Hindernis n, Behinderung f; **without ~** ohne (Familien)Anhang.

en-cy-clo-p(a)e-di-a [ensaɪklə'piːdɪə] Enzyklopädie f.

end [end] 1. Ende n; Ziel n, Zweck m; **no ~ of** unendlich viel(e), unzählige; **in the ~** am Ende, schließlich; **at the ~ of the day** letztendlich, letzten Endes; **on ~** aufrecht; **stand on ~** box, etc.: hochkant stehen, hair: zu Berge stehen; **to no ~** vergebens; **go off the deep ~** fig. in die Luft gehen; **make both ~s meet** gerade auskommen; 2. enden; beend(ig)en.

en-dan-ger [ɪn'deɪndʒə] gefährden.

en-dear [ɪn'dɪə] beliebt machen (**to s.o.** bei j-m); **~ing** ☐ [~ɪŋ] gewinnend; liebenswert; **~ment** [~mənt] Liebkosung f; **term of ~** Kosewort n.

en-deav-o(u)r [ɪn'devə] 1. Bestreben n, Bemühung f; 2. sich bemühen.

end|ing ['endɪŋ] Ende n; Schluß m; gr. Endung f; **~less** ☐ [~lɪs] endlos, unendlich; ⓔ ohne Ende.

en-dive ⁋ [ɪn'diːv] Endivie f.

en-dorse [ɪn'dɔːs] econ. cheque, etc.: indossieren; et. auf der Rückseite (gen.) vermerken; gutheißen; **~ment** [~mənt] Aufschrift f, Vermerk m; econ. Indossament n.

en-dow [ɪn'dau] fig. ausstatten; **~ s.o. with s.th.** j-m et. stiften; **~ment** Stiftung f; mst **~s** pl. Begabung f, Talent n.

en-dur|ance [ɪn'djuərəns] Ausdauer f; Ertragen n; **beyond ~**, **past ~** unerträglich; **~e** [ɪn'djuə] ertragen.

en-e-my ['enəmɪ] 1. Feind m; **the ⁀** der Teufel; 2. feindlich.

en-er|get-ic [enə'dʒetɪk] (**~ally**) energisch; **~gy** ['enədʒɪ] Energie f; **~ crisis** Energiekrise f.

en-fold [ɪn'fəuld] einhüllen; umfassen.

en-force [ɪn'fɔːs] (mit Nachdruck, a. gerichtlich) geltend machen; erzwingen; aufzwingen (**upon** dat.); durchführen; **~ment** [~mənt] Erzwingung f; Geltendmachung f; Durchführung f.

en-fran-chise [ɪn'fræntʃaɪz] j-m das Wahlrecht verleihen; j-m die Bürgerrechte verleihen.

en-gage [ɪn'geɪdʒ] v/t. anstellen; verpflichten; artist, etc.: engagieren; in Anspruch nehmen; ✕ angreifen; **be ~d** verlobt sein (**to** mit); beschäftigt sein (**in** mit); toilet, Brt. telephone: besetzt sein; **~ the clutch** mot. (ein)kuppeln; v/i. sich verpflichten (**to do** zu tun); garantieren (**for** für); sich beschäftigen (**in** mit); ✕ angreifen; ⓔ **of cogwheels**: greifen; **~ment** [~mənt] Verpflichtung f; Verlobung f; Verabredung f; Beschäftigung f; ✕ Gefecht n; ⓔ Ineinandergreifen n.

en-gag-ing ☐ [ɪn'geɪdʒɪŋ] einnehmend; *smile, etc.*: gewinnend.

en-gine ['endʒɪn] Maschine *f*; Motor *m*; 🚂 Lokomotive *f*; **~-driv-er** *Brt.* 🚂 Lokomotivführer *m*.

en-gi-neer [endʒɪ'nɪə] **1.** Ingenieur *m*; Techniker *m*; Mechaniker *m*; *Am.* 🚂 Lokomotivführer *m*; ✕ Pionier *m*; **2.** als Ingenieur tätig sein; bauen; **~ing** [~rɪŋ] **1.** Maschinen- u. Gerätebau *m*; Ingenieurwesen *n*; **2.** technisch; Ingenieur...

En-glish ['ɪŋglɪʃ] **1.** englisch; **2.** *ling.* Englisch *n*; *the ~ pl.* die Engländer *pl.*; *in plain ~ fig.* unverblümt, auf gut Deutsch; **~-man** (*pl. -men*) Engländer *m*; **~-wom-an** (*pl. -women*) Engländerin *f*.

en-grave [ɪn'greɪv] (ein)gravieren, (-)meißeln, (-)schnitzen; *fig.* einprägen; **en-grav-er** [~ə] Graveur *m*; **en-grav-ing** [~ɪŋ] (Kupfer-, Stahl)Stich *m*; Holzschnitt *m*.

en-grossed [ɪn'grəʊst] (*in*) (voll) in Anspruch genommen (von), vertieft, -sunken (in *acc.*).

en-gulf [ɪn'gʌlf] verschlingen (*a. fig.*).

en-hance [ɪn'hɑːns] erhöhen.

e-nig-ma [ɪ'nɪgmə] Rätsel *n*; **en-ig-mat-ic** [enɪg'mætɪk] (**~ally**) rätselhaft.

en-joy [ɪn'dʒɔɪ] sich erfreuen an (*dat.*); genießen; *did you ~ it?* hat es Ihnen gefallen?; **~o.s.** sich amüsieren, sich gut unterhalten; *~ yourself!* viel Spaß!; *I ~ my dinner* es schmeckt mir; **~a-ble** ☐ [~əbl] angenehm, erfreulich; **~ment** [~mənt] Genuß *m*, Freude *f*.

en-large [ɪn'lɑːdʒ] (sich) vergrößern *or* erweitern, ausdehnen; *phot.* vergrößern, sich vergrößern lassen; *on a topic, etc.*: sich verbreiten *or* auslassen (*on, upon* über *acc.*); **~ment** [~mənt] Erweiterung *f*; Vergrößerung *f* (*a. phot.*).

en-light-en [ɪn'laɪtn] *fig.* erleuchten; *j-n* aufklären; **~ment** [~mənt] Aufklärung *f*.

en-list [ɪn'lɪst] *v/t.* ✕ anwerben; *j-n* gewinnen; **~ed men** *pl. Am.* ✕ Unteroffiziere *pl.* und Mannschaften *pl.*; *v/i.* sich freiwillig melden.

en-liv-en [ɪn'laɪvn] beleben.

en-mi-ty ['enmətɪ] Feindschaft *f*.

en-no-ble [ɪ'nəʊbl] adeln; veredeln.

e-nor-mi-ty [ɪ'nɔːmətɪ] Ungeheuerlichkeit *f*; **~mous** ☐ [~əs] ungeheuer.

e-nough [ɪ'nʌf] genug, genügend; *be ~* genügen, reichen; *I've had ~* mir reicht's.

en-quire, en-qui-ry [ɪn'kwaɪə, ~rɪ] = *inquire, inquiry.*

en-rage [ɪn'reɪdʒ] wütend machen; **~d** wütend (*at* über *acc.*).

en-rap-ture [ɪn'ræptʃə] entzücken, hinreißen; **~d** entzückt, hingerissen.

en-rich [ɪn'rɪtʃ] be-, anreichern.

en-rol(l) [ɪn'rəʊl] (**-ll-**) *v/t.* eintragen, *univ. j-n* immatrikulieren; ✕ anwerben; aufnehmen; *v/i.* sich einschreiben (lassen), *univ.* sich immatrikulieren; **~ment** Eintragung *f*, -schreibung *f*, *univ.* Immatrikulation *f*; *esp.* ✕ Anwerbung *f*; Einstellung *f*; Aufnahme *f*; Schüler-, Studenten-, Teilnehmerzahl *f*.

en-sign ['ensaɪn] Fahne *f*; Flagge *f*; Abzeichen *n*; *Am.* ⚓ ['ensn] Leutnant *m* zur See.

en-sue [ɪn'sjuː] (darauf, nach)folgen.

en-sure [ɪn'ʃʊə] sichern, sicherstellen.

en-tail [ɪn'teɪl] ✕ als Erbgut vererben; *fig.* mit sich bringen.

en-tan-gle [ɪn'tæŋgl] verwickeln; **~ment** [~mənt] Verwicklung *f*; ✕ Drahtverhau *m*.

en-ter ['entə] *v/t.* (hinein)gehen, hereinkommen in (*acc.*), (ein)treten in (*acc.*), betreten; einsteigen *or* einfahren *etc.* in (*acc.*); eindringen in (*acc.*); *econ.* eintragen, (ver)buchen; *protest, etc.*: erheben; *name, etc.*: eintragen, -schreiben, *j-n* aufnehmen; *sports*: melden, nennen; *~ s.o. at school j-n* zur Schule anmelden; *v/i.* eintreten, herein-, hineinkommen, -gehen; *into country*: einreisen; *sports*: sich melden (*for* für); *~ into fig.* eingehen auf (*acc.*); *~ on or upon an inheritance* e-e Erbschaft antreten.

en-ter-prise ['entəpraɪz] Unternehmen *n* (*a. econ.*); *econ.* Unternehmertum *n*; Unternehmungsgeist *m*; **~pris-ing** ☐ [~ɪŋ] unternehmungslustig; wagemutig; kühn.

en-ter-tain [entə'teɪn] unterhalten; bewirten; in Erwägung ziehen; *doubt, etc.*: hegen; **~er** [~ə] Entertainer(in), Unterhaltungskünstler(in); **~ment** [~mənt] Unterhaltung *f*; Entertainment *n*; Bewirtung *f*.

en-thral(l) *fig.* [ɪn'θrɔːl] (**-ll-**) fesseln, bezaubern.

en-throne [ɪn'θrəʊn] inthronisieren.

en-thu-si-as-m [ɪn'θjuːzɪæzəm] Begeisterung *f*; **~t** [~st] Enthusiast(in); **~tic** [ɪnθjuːzɪ'æstɪk] (**~ally**) begeistert.

en-tice [ɪn'taɪs] (ver)locken; **~ment** [~mənt] Verlockung *f*, Reiz *m*.

en-tire ☐ [ɪn'taɪə] ganz, vollständig; ungeteilt; **~ly** [~lɪ] völlig; ausschließlich.

en-ti-tle [ɪn'taɪtl] betiteln; berechtigen (*to* zu).

en-ti-ty ['entətɪ] Wesen *n*; Dasein *n*.

en-trails ['entreɪlz] *pl.* Eingeweide *pl.*; *fig. das* Innere.

en-trance ['entrəns] Eintritt *m*; Einfahrt *f*; Eingang *m*; Einlaß *m*.

en·treat [ɪn'triːt] inständig bitten, anflehen; **en·trea·ty** [~ɪ] dringende or inständige Bitte.

en·trench ✕ [ɪn'trentʃ] verschanzen (a. fig.).

en·trust [ɪn'trʌst] anvertrauen (**s.th. to s.o.** j-m et.); betrauen.

en·try ['entrɪ] Einreise f; Einlaß m, Zutritt m; Eingang m; Einfahrt f; Beitritt m (**into** zu); Eintragung f; sports: Meldung f, Nennung f; **~permit** Einreisegenehmigung f; **~ visa** Einreisevisum n; **bookkeeping by double (single) ~** econ. doppelte (einfache) Buchführung; **no ~!** Zutritt verboten!, mot. keine Einfahrt!

en·twine [ɪn'twaɪn] ineinanderschlingen.

e·nu·me·rate [ɪ'njuːməreɪt] aufzählen.

en·vel·op [ɪn'veləp] (ein)hüllen, einwikkeln.

en·ve·lope ['envələʊp] (Brief)Umschlag m.

en·vi·a·ble □ ['envɪəbl] beneidenswert; **~ous** □ [~əs] neidisch.

en·vi·ron|ment [ɪn'vaɪərənmənt] Umgebung f, sociol. a. Milieu n; Umwelt f (a. sociol.); **~conscious** umweltbewußt; **~men·tal** □ [ɪnvaɪərən'mentl] sociol. Milieu...; Umwelt...; **~ law** Umweltschutzgesetz n; **~ pollution** Umweltverschmutzung f; **~ly friendly** umweltfreundlich; **~men·tal·ist** [~əlɪst] Umweltschützer(in); **~s** ['envɪrənz] pl. of a town: Umgebung f.

en·vis·age [ɪn'vɪzɪdʒ] sich et. vorstellen.

en·voy ['envɔɪ] Gesandte(r) m.

en·vy ['envɪ] 1. Neid m; 2. beneiden.

ep·ic ['epɪk] 1. episch; 2. Epos n.

ep·i·dem·ic [epɪ'demɪk] 1. (**~ally**) seuchenartig; **~ disease** = 2. Epidemie f, Seuche f.

ep·i·lep·sy ✝ ['epɪlepsɪ] Epilepsie f.

ep·i·logue, Am. a. **-log** ['epɪlɒg] Nachwort n, Epilog m.

ep·i·sode ['epɪsəʊd] Episode f; TV, etc.: Fortsetzung f, Folge f.

ep·i·taph ['epɪtɑːf] Grabinschrift f; Gedenktafel f.

e·pit·o·me [ɪ'pɪtəmɪ] Verkörperung f, Inbegriff m.

ep·och ['iːpɒk] Epoche f, Zeitalter n.

eq·ua·ble □ ['ekwəbl] ausgeglichen (a. climate).

e·qual ['iːkwəl] 1. □ gleich; gleichmäßig; **~ opportunities** pl. Chancengleichheit f; **~ rights for women** Gleichberechtigung f der Frau; 2. Gleiche(r m) f; 3. (esp. Brt. -ll-, Am. -l-) gleichen (dat.); **~i·ty** [iː'kwɒlɪt] Gleichheit f; **~i·za·tion** [iːkwəlaɪ'zeɪʃn] Gleichstellung f; Ausgleich m; **~ize** ['iːkwəlaɪz]

gleichmachen, -stellen, angleichen; sports: ausgleichen; **~iz·er** [~aɪzə] sports: Ausgleichstreffer m.

eq·ua·nim·i·ty [iːkwə'nɪmətɪ] Gleichmut m; Gelassenheit f.

e·qua·tion [ɪ'kweɪʒn] Ausgleich m; A Gleichung f.

e·qua·tor [ɪ'kweɪtə] Äquator m.

e·qui·lib·ri·um [iːkwɪ'lɪbrɪəm] Gleichgewicht n.

e·quip [ɪ'kwɪp] (**-pp-**) ausrüsten; **~ment** [~mənt] Ausrüstung f; Einrichtung f.

eq·ui·ty ['ekwətɪ] Gerechtigkeit f, Billigkeit f.

e·quiv·a·lent [ɪ'kwɪvələnt] 1. □ gleichwertig; gleichbedeutend (**to** mit); 2. Äquivalent n, Gegenwert m.

e·quiv·o·cal □ [ɪ'kwɪvəkl] zweideutig; zweifelhaft.

e·ra ['ɪərə] Zeitrechnung f; Zeitalter n.

e·rad·i·cate [ɪ'rædɪkeɪt] ausrotten.

e·rase [ɪ'reɪz] ausradieren, -streichen, löschen (a. from magnetic tape); fig. auslöschen; **e·ras·er** Radiergummi m.

e·rect [ɪ'rekt] 1. □ aufrecht; 2. aufrichten; monument, etc.: errichten; aufstellen; **e·rec·tion** [~kʃn] Errichtung f; physiol. Erektion f.

er·mine zo. ['ɜːmɪn] Hermelin n.

e·ro·sion [ɪ'rəʊʒn] Zerfressen n; geol. Erosion f, Auswaschung f.

e·rot|ic [ɪ'rɒtɪk] (**~ally**) erotisch; **~i·cis·m** [~ɪsɪzəm] Erotik f.

err [ɜː] (sich) irren.

er·rand ['erənd] Botengang m, Auftrag m, Besorgung f; **go on** or **run an ~** e-e Besorgung machen; **~boy** Laufbursche m.

er·rat·ic [ɪ'rætɪk] (**~ally**) sprunghaft, unstet, unberechenbar.

er·ro·ne·ous □ [ɪ'rəʊnɪəs] irrig.

er·ror ['erə] Irrtum m, Fehler m; **~s excepted** Irrtümer vorbehalten.

e·rupt [ɪ'rʌpt] volcano, etc.: ausbrechen; teeth: durchbrechen; **e·rup·tion** [~pʃn] (Vulkan)Ausbruch m; ✝ of rash, etc.: Ausbruch m; ✝ Ausschlag m.

es·ca|late ['eskəleɪt] conflict, etc.: eskalieren, sich ausweiten; costs, etc.: steigen, in die Höhe gehen; **~·la·tion** [eskə'leɪʃn] Eskalation f.

es·ca·la·tor ['eskəleɪtə] Rolltreppe f.

es·ca·lope ['eskələʊp] (esp. Wiener) Schnitzel n.

es·cape [ɪ'skeɪp] 1. entgehen; entkommen, -rinnen; entweichen; j-m entfallen; 2. Entrinnen n; Entweichen n; Flucht f; **have a narrow ~** mit knapper Not davonkommen; **~ chute** ✈ Notrutsche f.

es·cort 1. ['eskɔːt] ✕ Eskorte f; Geleit(schutz m) n; 2. [ɪ'skɔːt] ✕ eskortieren; ✔, ⚓ Geleit(schutz) geben; geleiten.

es·pe·cial [ɪ'speʃl] besondere(r, -s); vorzüglich; **~ly** [~lɪ] besonders.

es·pi·o·nage [espɪə'nɑːʒ] Spionage f.

es·pla·nade [esplə'neɪd] (esp. Strand-) Promenade f.

es·pres·so [e'spresəʊ] (pl. -sos) Espresso m.

Es·quire [ɪ'skwaɪə] (abbr. Esq.) on letters: Ian Smith Esq. Herrn Ian Smith.

es·say 1. [e'seɪ] versuchen; probieren; **2.** ['eseɪ] Versuch m; Aufsatz m, kurze Abhandlung, Essay m, n.

es·sence ['esns] nature of s.th.: Wesen n; extract: Essenz f, Extrakt m.

es·sen·tial [ɪ'senʃl] **1.** □ (to für) wesentlich; wichtig; **2.** mst ~s pl. das Wesentliche; **~ly** [~lɪ] im wesentlichen, in der Hauptsache.

es·tab·lish [ɪ'stæblɪʃ] festsetzen; errichten, gründen; einrichten; j-n einsetzen; **~ o.s.** sich niederlassen; **~ed Church** Staatskirche f; **~ment** [~mənt] Er-, Einrichtung f; Gründung f; the ~ das Establishment, die etablierte Macht, die herrschende Schicht.

es·tate [ɪ'steɪt] (großes) Grundstück, Landsitz m, Gut n; ⚖ Besitz m, (Erb)Masse f, Nachlaß m; **housing ~** (Wohn)Siedlung f; **industrial ~** Industriegebiet n; **real ~** Liegenschaften pl., Immobilien pl.; (Am. **real**) **~ a·gent** Grundstücks-, Immobilienmakler m; **~ car** Brt. mot. Kombi(wagen) m.

es·teem [ɪ'stiːm] **1.** Achtung f, Ansehen n (with bei); **2.** achten, (hoch)schätzen; ansehen od betrachten als.

es·thet·ic(s) Am. [es'θetɪk(s)] = aesthetic(s).

es·ti·ma·ble ['estɪməbl] schätzenswert.

es·ti·mate 1. ['estɪmeɪt] (ab-, ein)schätzen; veranschlagen; **2.** [~mɪt] Schätzung f; (Kosten)Voranschlag m; **~ma·tion** [estɪ'meɪʃn] Schätzung f; Meinung f; Achtung f.

es·trange [ɪ'streɪndʒ] entfremden.

es·tu·a·ry ['estjʊərɪ] Flußmündung f.

etch [etʃ] ätzen; radieren; **~ing** ['etʃɪŋ] Radierung f; Kupferstich m.

e·ter|nal □ [ɪ'tɜːnl] immerwährend, ewig; **~ni·ty** [~ətɪ] Ewigkeit f.

e·ther ['iːθə] Äther m; **e·the·re·al** □ [iː'θɪərɪəl] ätherisch (a. fig.).

eth|i·cal □ ['eθɪkl] sittlich, ethisch; **~ics** [~s] sg. Sittenlehre f, Ethik f.

eu·pho·ri·a [juːˈfɔːrɪə] Euphorie f, Hochgefühl n.

Eu·ro... ['jʊərəʊ] europäisch, Euro...; **~elections** pl. Europawahl(en pl.) f.

Eu·ro·pe·an [jʊərə'pɪən] **1.** europäisch; **~ (Economic) Community** Europäische (Wirtschafts)Gemeinschaft; **2.** Europäer(in).

e·vac·u·ate [ɪ'vækjʊeɪt] entleeren; evakuieren; house, etc.: räumen.

e·vade [ɪ'veɪd] (geschickt) ausweichen (dat.); umgehen.

e·val·u·ate [ɪ'væljʊeɪt] schätzen; abschätzen, bewerten, beurteilen.

ev·a·nes·cent [iːvə'nesnt] vergänglich.

e·van·gel·i·cal □ [iːvæn'dʒelɪkl] evangelisch.

e·vap·o|rate [ɪ'væpəreɪt] verdunsten, -dampfen (lassen); **~d milk** Kondensmilch f; **~ra·tion** [ɪvæpə'reɪʃn] Verdunstung f, -dampfung f.

e·va|sion [ɪ'veɪʒn] Entkommen n; Umgehung f, Vermeidung f; Ausflucht f; **~sive** □ [~sɪv] ausweichend; **be ~** ausweichen.

eve [iːv] Vorabend m; Vortag m; **on the ~ of** unmittelbar vor (dat.), am Vorabend (gen.).

e·ven ['iːvn] **1.** adj. □ eben, gleich; gleichmäßig; ausgeglichen; glatt; number: gerade; unparteiisch; **get ~ with s.o.** fig. mit j-m abrechnen; **2.** adv. selbst, sogar, auch; **not ~** nicht einmal; **~ though, ~ if** wenn auch; **3.** ebnen, glätten; **~ out** sich einpendeln.

eve·ning ['iːvnɪŋ] Abend m; **~ classes** pl. Abendkurs m; **~ dress** Gesellschaftsanzug m; Frack m, Smoking m; Abendkleid n.

e·vent [ɪ'vent] Ereignis n, Vorfall m; sportliche Veranstaltung; sports: Disziplin f; sports: Wettbewerb m; **at all ~s** auf alle Fälle; **in the ~ of** im Falle (gen.) or für den Fall, daß or falls; **~ful** [~fl] ereignisreich.

e·ven·tu·al □ [ɪ'ventʃʊəl] schließlich; **~ly** schließlich, endlich; irgendwann.

ev·er ['evə] je, jemals; immer; **~ so noch** so (sehr); **~ after, ~ since** von der Zeit an, seitdem; **~ and again** dann u. wann, hin u. wieder; **for ~** für immer, auf ewig; in letter: **Yours ~, ...** Viele Grüße, Dein(e) or Ihr(e) ...; **~green 1.** immergrün; unverwüstlich, esp. immer wieder gern gehört; **~ song** Evergreen m; **2.** immergrüne Pflanze; **~last·ing** □ ewig; dauerhaft; **~more** [evə'mɔː] immerfort.

ev·ery ['evrɪ] jede(r, -s); alle(r, -s); **~ now and then** dann u. wann; **~ one of them** jeder von ihnen; **~ other day** jeden zweiten Tag, alle zwei Tage; **~body** jeder(mann); **~day** Alltags...; **~one** jeder(mann); **~thing** alles; **~where** überall; überallhin.

e·vict [ɪ'vɪkt] ⚖ zwangsräumen; j-n gewaltsam vertreiben.

ev·i|dence ['evɪdəns] **1.** Beweis(material

n) m, Beweise *pl.*; (Zeugen)Aussage *f*; **give ~** (als Zeuge) aussagen; **in ~** als Beweis; deutlich sichtbar; **2.** be-, nachweisen, zeugen von; **~dent** □ [**~t**] augenscheinlich, offenbar, klar.

e-vil [ˈiːvl] **1.** □ (*esp. Brt. -ll-, Am. -l-*) übel, schlimm, böse; **2.** Übel *n*; *das* Böse; **~mind-ed** [**~**ˈmaɪndɪd] bösartig.

e-vince [ɪˈvɪns] zeigen, bekunden.

e-voke [ɪˈvəʊk] (herauf)beschwören; *memories:* wachrufen.

ev-o-lu-tion [iːvəˈluːʃn] Evolution *f*, Entwicklung *f*.

e-volve [ɪˈvɒlv] (sich) entwickeln.

ewe *zo.* [juː] Mutterschaf *n*.

ex [eks] **1.** *prp. econ.*: **~ factory or ship** ab Fabrik *or* Schiff; **2.** F Verflossene(r *m*) *f*.

ex- [**~**] ehemalig, früher.

ex-act [ɪɡˈzækt] **1.** □ genau, exakt; **2.** *payment:* eintreiben; *obedience:* fordern; **~ing** [**~**ɪŋ] *person:* streng, genau; **~i-tude** [**~**ɪtjuːd] = **exactness**; **~ly** [**~**lɪ] exakt, genau; *answer:* ganz recht, genau; **~ness** [**~**nɪs] Genauigkeit *f*.

ex-ag-ge-rate [ɪɡˈzædʒəreɪt] übertreiben; **~ra-tion** [ɪɡzædʒəˈreɪʃn] Übertreibung *f*.

ex-alt [ɪɡˈzɔːlt] erhöhen, erheben; preisen; **ex-al-ta-tion** [egzɔːlˈteɪʃn] Begeisterung *f*.

ex-am F [ɪɡˈzæm] Examen *n*.

ex-am-i-na-tion [ɪɡzæmɪˈneɪʃn] Examen *n*, Prüfung *f*; Untersuchung *f*; Vernehmung *f*; **~ine** [ɪɡˈzæmɪn] untersuchen, ~hören; *school, etc.*: prüfen (*in* in *dat.*; *on* über *acc.*).

ex-am-ple [ɪɡˈzɑːmpl] Beispiel *n*; Vorbild *n*, Muster *n*; **for ~** zum Beispiel.

ex-as-pe-rate [ɪɡˈzæspəreɪt] wütend machen; **~rat-ing** □ [**~**ɪŋ] ärgerlich.

ex-ca-vate [ˈekskəveɪt] ausgraben, -heben, -schachten.

ex-ceed [ɪkˈsiːd] überschreiten; übertreffen; **~ing** □ [**~**ɪŋ] übermäßig; **~ing-ly** [**~**lɪ] außerordentlich, überaus.

ex-cel [ɪkˈsel] (*-ll-*) *v/t.* übertreffen; *v/i.* sich auszeichnen; **~lence** [ˈeksələns] ausgezeichnete Qualität; hervorragende Leistung; **Ex-cel-len-cy** [**~**ənsɪ] Exzellenz *f*; **~lent** □ [**~**ənt] ausgezeichnet, hervorragend.

ex-cept [ɪkˈsept] **1.** ausnehmen, -schließen; **2.** *prp.* ausgenommen, außer; **~ for** abgesehen von; **~ing** *prp.* [**~**ɪŋ] ausgenommen.

ex-cep-tion [ɪkˈsepʃn] Ausnahme *f*; Einwand *m* (*to* gegen); **by way of ~** ausnahmsweise; **make an ~** e-e Ausnahme machen; **take ~ to** Anstoß nehmen an (*dat.*); **~al** □ [**~**nl] außergewöhnlich; **~al-ly** [**~**ʃnəlɪ] un-, außergewöhnlich.

ex-cerpt [ˈeksɜːpt] Auszug *m*.

ex-cess [ɪkˈses] Übermaß *n*; Überschuß *m*; Ausschweifung *f*; *attr.* Mehr...; **~ fare** (Fahrpreis)Zuschlag *m*; **~ baggage** *esp. Am.*, **~ luggage** *esp. Brt.* Übergepäck *n*; **~ postage** Nachgebühr *f*; **ex-ces-sive** □ [**~**ɪv] übermäßig, übertrieben.

ex-change [ɪksˈtʃeɪndʒ] **1.** (aus-, ein-, um)tauschen (*for* gegen); wechseln; **2.** (Aus-, Um)Tausch *m*; (*esp.* Geld-)Wechsel *m*; *a. bill of* **~** Wechsel *m*; Börse *f*; Wechselstube *f*; (*telephone*) **~** Fernsprechamt *n*; *foreign* **~**(*s pl.*) Devisen *pl.*; *rate of* **~**, **~ rate** Wechselkurs *m*; **~ office** Wechselstube *f*; **~ student** Austauschstudent(in), -schüler(in).

ex-cheq-uer [ɪksˈtʃekə] Staatskasse *f*; *Chancellor of the* ♀ *Brt.* Schatzkanzler *m*, Finanzminister *m*.

ex-cise[1] [ekˈsaɪz] Verbrauchssteuer *f*.

ex-cise[2] ✁ [**~**] herausschneiden.

ex-ci-ta-ble [ɪkˈsaɪtəbl] reizbar, (leicht) erregbar.

ex-cite [ɪkˈsaɪt] er-, anregen; reizen; **ex-cit-ed** □ erregt, aufgeregt; **ex-cite-ment** Auf-, Erregung *f*; Reizung *f*; **ex-cit-ing** □ aufregend, spannend.

ex-claim [ɪkˈskleɪm] (aus)rufen.

ex-cla-ma-tion [ekskləˈmeɪʃn] Ausruf *m*, (Auf)Schrei *m*; **~ mark**, *Am. a.* **~ point** Ausrufe-, Ausrufungszeichen *n*.

ex-clude [ɪkˈskluːd] ausschließen.

ex-clu-sion [ɪkˈskluːʒn] Ausschließung *f*, Ausschluß *m*; **~sive** □ [**~**sɪv] ausschließlich; exklusiv; Exklusiv...; **~ of** abgesehen von, ohne.

ex-com-mu-ni-cate [ekskəˈmjuːnɪkeɪt] exkommunizieren; **~ca-tion** [ˈekskəmjuːnɪˈkeɪʃn] Exkommunikation *f*.

ex-cre-ment [ˈekskrɪmənt] Kot *m*.

ex-crete [ekˈskriːt] ausscheiden.

ex-cru-ci-at-ing □ [ɪkˈskruːʃɪeɪtɪŋ] *of pain:* entsetzlich, scheußlich.

ex-cur-sion [ɪkˈskɜːʃn] Ausflug *m*.

ex-cu-sa-ble □ [ɪkˈskjuːzəbl] entschuldbar; **ex-cuse 1.** [ɪkˈskjuːz] entschuldigen; **~ me** entschuldige(n Sie); **~ s.o.** j-m verzeihen; **2.** [**~**uːs] Entschuldigung *f*; Ausrede *f*.

ex-e-cute [ˈeksɪkjuːt] ausführen; vollziehen; ♩ vortragen; hinrichten; *will:* vollstrecken; **~cu-tion** [eksɪˈkjuːʃn] Ausführung *f*; Vollziehung *f*; *econ.* (Zwangs)Vollstreckung *f*; *punishment:* Hinrichtung *f*; ♩ Vortrag *m*; *put or carry a plan into* **~** e-n Plan ausführen *or* verwirklichen; **~cu-tion-er** [**~**ʃnə] Henker *m*, Scharfrichter *m*; **~cu-tive** [ɪgˈzekjʊtɪv] **1.** □ vollziehend, ausübend, *pol.* Exekutiv...; *econ.* leitend; **~ board** Vorstand *m*; **~ committee** Exekutivausschuß *m*; **2.** *pol.* Exekutive *f*, vollziehende Gewalt; *econ.* leitender Angestellter; **∼c·u·tor** [∼ə] Erbschaftsverwalter *m*, Testamentsvollstrecker *m*.

ex·em·pla·ry □ [ıg'zempları] vorbildlich.

ex·em·pli·fy [ıg'zemplıfaı] veranschaulichen.

ex·empt [ıg'zempt] **1.** befreit, frei; **2.** ausnehmen, befreien.

ex·er·cise ['eksəsaız] **1.** Übung *f*; Ausübung *f*; *school*: Übung(sarbeit) *f*, Schulaufgabe *f*; ✗ Manöver *n*; (körperliche) Bewegung; *do one's ∼s* Gymnastik machen; *get ∼* Bewegung haben; *take ∼* sich Bewegung verschaffen; *Am. ∼s pl.* Feierlichkeiten *pl.*; *∼ book* Schul-, Schreibheft *n*; **2.** üben; ausüben; (sich) bewegen, trainieren; sich Bewegung verschaffen; ✗ exerzieren.

ex·ert [ıg'zɜ:t] *influence, etc.*: ausüben; *∼ o.s.* sich anstrengen or bemühen; **ex·er·tion** [∼ʃn] Ausübung *f*; Anstrengung *f*, Strapaze *f*.

ex·hale [eks'heıl] ausatmen; *gas, smell, etc.*: verströmen; *smoke*: ausstoßen.

ex·haust [ıg'zɔ:st] **1.** erschöpfen; entleeren; auspumpen; **2.** ⊙ Abgas *n*, Auspuffgase *pl.*; Auspuff *m*; *∼ catalytic converter* Abgaskatalysator *m*; *∼ fumes pl.* Abgase *pl.*; *∼ pipe* Auspuffrohr *n*; *∼ed* erschöpft (*a. fig.*); **ex·haus·tion** [∼tʃən] Erschöpfung *f*; **ex·haus·tive** □ [∼tıv] erschöpfend.

ex·hib·it [ıg'zıbıt] **1.** ausstellen; ⁂ vorzeigen, *evidence*: beibringen; *fig.* zeigen; **2.** Ausstellungsstück *n*; Beweisstück *n*; **ex·hi·bi·tion** [eksı'bıʃn] Ausstellung *f*; Zurschaustellung *f*; *Brt.* Stipendium *n*.

ex·hil·a·rate [ıg'zıləreıt] auf-, erheitern.

ex·hort [ıg'zɔ:t] ermahnen.

ex·ile ['eksaıl] **1.** Verbannung *f*; Exil *n*; Verbannte(r *m*) *f*; im Exil Lebende(r *m*) *f*; **2.** in die Verbannung or ins Exil schicken.

ex·ist [ıg'zıst] existieren; vorhanden sein; leben; bestehen; *∼ence* Existenz *f*; Vorhandensein *n*, Vorkommen *n*; Leben *n*, Dasein *n*; *∼ent* vorhanden.

ex·it ['eksıt] **1.** Abgang *m*; Ausgang *m*; (Autobahn)Ausfahrt *f*; Ausreise *f*; **2.** *thea.* (geht) ab.

ex·o·dus ['eksədəs] Auszug *m*; Abwanderung *f*; *general ∼* allgemeiner Aufbruch.

ex·on·e·rate [ıg'zɒnəreıt] entlasten, entbinden, befreien.

ex·or·bi·tant □ [ıg'zɔ:bıtənt] übertrieben, maßlos; *price, etc.*: unverschämt.

ex·or·cize ['eksɔ:saız] *demons, devil*: beschwören, austreiben (*from* aus).

ex·ot·ic [ıg'zɒtık] (*∼ally*) exotisch; fremdländisch; fremd(artig).

ex·pand [ık'spænd] (sich) ausbreiten; (sich) ausdehnen or erweitern; expandieren; *∼ on* sich auslassen über (*acc.*); **ex·panse** [∼ns] Ausdehnung *f*, Weite *f*; **ex·pan·sion** [∼ʃn] Ausbreitung *f*; *phys.* Ausdehnen *n*; *fig.* Erweiterung *f*, Ausweitung *f*; **ex·pan·sive** □ [∼sıv] ausdehnungsfähig; ausgedehnt, weit; *fig.* mitteilsam.

ex·pat·ri·ate [eks'pætrıeıt] *j-n* ausbürgern, *j-m* die Staatsangehörigkeit aberkennen.

ex·pect [ık'spekt] erwarten; F annehmen; *be ∼ing* in anderen Umständen sein; **ex·pec·tant** □ [∼ənt] erwartend (*of acc.*); *∼ mother* werdende Mutter; **ex·pec·ta·tion** [ekspek'teıʃn] Erwartung *f*; Hoffnung *f*, Aussicht *f*.

ex·pe·di·ent [ık'spi:dıənt] **1.** □ zweckmäßig; ratsam; **2.** (Hilfs)Mittel *n*, (Not)Behelf *m*.

ex·pe·di·tion [ekspı'dıʃn] Eile *f*; ✗ Feldzug *m*; (Forschungs)Reise *f*, Expedition *f*; *∼tious* □ [∼əs] schnell.

ex·pel [ık'spel] (*-ll-*) ausstoßen; vertreiben, -jagen; hinauswerfen, ausschließen.

ex·pend [ık'spend] *money*: ausgeben; aufwenden; verbrauchen; **ex·pen·di·ture** [∼dıtʃə] Ausgabe *f*; Aufwand *m*; **ex·pense** [ık'spens] Ausgabe *f*; Kosten *pl.*; *∼s pl.* Unkosten *pl.*, Spesen *pl.*, Auslagen *pl.*; *at the ∼ of* auf Kosten (*gen.*); *at any ∼* um jeden Preis; **ex·pen·sive** □ [∼sıv] kostspielig, teuer.

ex·pe·ri·ence [ık'spıərıəns] **1.** Erfahrung *f*; (Lebens)Praxis *f*; Erlebnis *n*; **2.** erfahren, erleben; *∼d* erfahren.

ex·per·i·ment 1. [ık'sperımənt] Versuch *m*; **2.** [∼ment] experimentieren; *∼men·tal* □ [ekspərı'mentl] Versuchs...

ex·pert ['ekspɜ:t] **1.** □ [*pred.* eks'pɜ:t] erfahren, geschickt; fachmännisch; **2.** Fachmann *m*; Sachverständige(r *m*) *f*; **ex·per·tise** [ekspɜ:'ti:z] Sachkenntnis *f*, Sachverstand *m*.

ex·pi·ra·tion [ekspı'reıʃn] Ausatmung *f*; Ablauf *m*, Ende *n*; **ex·pire** [ık'spaıə] ausatmen; sein Leben or s-n Geist aushauchen; ablaufen, verfallen, erlöschen.

ex·plain [ık'spleın] erklären, erläutern; *reasons*: auseinandersetzen.

ex·pla·na·tion [eksplə'neıʃn] Erklärung *f*; Erläuterung *f*; **ex·plan·a·to·ry** □ [ık'splænətərı] erklärend.

ex·pli·ca·ble □ [eks'plıkəbl] erklärlich.

ex·pli·cit □ [ık'splısıt] deutlich, explizit.

ex·plode [ık'spləʊd] explodieren (lassen); *fig.* ausbrechen (**with** in *acc.*), platzen (**with** vor *dat.*); *fig.* sprunghaft ansteigen.

ex·ploit 1. ['eksplɔɪt] Heldentat *f*; **2.** [ɪk'splɔɪt] ausbeuten; *fig.* ausnutzen; **ex·ploi·ta·tion** [eksplɔɪ'teɪʃn] Ausbeutung *f*, Auswertung *f*, Verwertung *f*, Abbau; *fig.* Ausnutzung *f*.

ex·plo·ra·tion [eksplə'reɪʃn] Erforschung *f*; **ex·plore** [ɪk'splɔː] erforschen; **ex·plor·er** [~rə] Forscher(in).

ex·plo·sion [ɪk'spləʊʒn] Explosion *f*; *fig.* Ausbruch *m*; *fig.* sprunghafter Anstieg; **~sive** [~əʊsɪv] **1.** □ explosiv; *fig.* aufbrausend; *fig.* sprunghaft ansteigend; **2.** Sprengstoff *m*.

ex·po·nent [ek'spəʊnənt] Exponent *m* (*a.* &); Vertreter *m*.

ex·port 1. [ek'spɔːt] exportieren, ausführen; **2.** ['ekspɔːt] Export(artikel) *m*, Ausfuhr(artikel *m*) *f*; **ex·por·ta·tion** [ekspɔː'teɪʃn] Ausfuhr *f*.

ex·pose [ɪk'spəʊz] aussetzen; *phot.* belichten; ausstellen; *fig.* entlarven, bloßstellen, *et.* aufdecken; **ex·po·si·tion** [ekspə'zɪʃn] Ausstellung *f*.

ex·po·sure [ɪk'spəʊʒə] Aussetzen *n*; Ausgesetztsein *n*; *fig.* Bloßstellung *f*; Aufdeckung *f*; Enthüllung *f*, Entlarvung *f*; *phot.* Belichtung *f*; *phot.* Aufnahme *f*; **~ meter** Belichtungsmesser *m*.

ex·pound [ɪk'spaʊnd] *theory:* erklären, darlegen; *law:* auslegen.

ex·press [ɪk'spres] **1.** □ ausdrücklich, deutlich; Expreß..., Eil...; **~ company** *Am.* (Schnell)Transportunternehmen *n*; **~ train** Schnellzug *m*; **~way** *esp. Am.* Schnellstraße *f*; **2.** Eilbote *m*; Schnellzug *m*; **by ~** = **3.** *adv.* durch Eilboten; als Eilgut; **4.** äußern, ausdrücken; auspressen; **ex·pres·sion** [~eʃn] Ausdruck *m*; **ex·pres·sion·less** □ [~lɪs] ausdruckslos; **ex·pres·sive** □ [~sɪv] ausdrückend (*of acc.*); ausdrucksvoll; **ex·press·ly** [~lɪ] ausdrücklich, eigens.

ex·pro·pri·ate [eks'prəʊprɪeɪt] enteignen.

ex·pul·sion [ɪk'spʌlʃn] Vertreibung *f*; Ausweisung *f*.

ex·pur·gate ['ekspɜːgeɪt] reinigen.

ex·qui·site □ ['ekskwɪzɪt] auserlesen, vorzüglich; fein; heftig.

ex·tant [ek'stænt] (noch) vorhanden.

ex·tend [ɪk'stend] *v/t.* ausdehnen; ausstrecken; erweitern; verlängern; *help*, *etc.:* gewähren; ✕ ausschwärmen lassen; *v/i.* sich erstrecken.

ex·ten·sion [ɪk'stenʃn] Ausdehnung *f*; Erweiterung *f*; Verlängerung *f*; Aus-, Anbau *m*; *teleph.* Nebenanschluß *m*, Apparat *m*; **~ cord** ⚡ Verlängerungs-

schnur *f*; **~sive** [~sɪv] ausgedehnt, umfassend.

ex·tent [ɪk'stent] Ausdehnung *f*, Weite *f*, Größe *f*, Umfang *m*; Grad *m*; **to the ~ of** bis zum Betrag von; **to some** *or* **a certain ~** bis zu e-m gewissen Grade, einigermaßen.

ex·ten·u·ate [ek'stenjʊeɪt] abschwächen, mildern; beschönigen; **extenuating circumstances** *pl.* ⚖ mildernde Umstände *pl.*

ex·te·ri·or [ek'stɪərɪə] **1.** äußerlich, äußere(r, -s), Außen...; **2.** *das* Äußere; *TV*, *etc.:* Außenaufnahme *f*.

ex·ter·mi·nate [ek'stɜːmɪneɪt] ausrotten (*a. fig.*), vernichten, *pests, weed:* a. vertilgen.

ex·ter·nal □ [ek'stɜːnl] äußere(r, -s), äußerlich, Außen...

ex·tinct [ɪk'stɪŋkt] erloschen; ausgestorben; **ex·tinc·tion** [~kʃn] Erlöschen *n*; Aussterben *n*, Untergang *m*; (Aus)Löschen *n*; Vernichtung *f*, Zerstörung *f*.

ex·tin·guish [ɪk'stɪŋgwɪʃ] (aus)löschen; vernichten; **~er** [~ə] (Feuer)Löschgerät *n*, Feuerlöscher *m*.

ex·tort [ɪk'stɔːt] erpressen (**from** von); **ex·tor·tion** [~ʃn] Erpressung *f*.

ex·tra ['ekstrə] **1.** *adj.* Extra..., außer..., Außer...; Neben..., Sonder...; **~ pay** Zulage *f*; **~ time** *sports:* (Spiel)Verlängerung *f*; **2.** *adv.* besonders; **3.** *et.* Zusätzliches, Extra *n*; Zuschlag *m*; Extrablatt *n*; *thea.*, *TV*: Statist(in).

ex·tract 1. ['ekstrækt] Auszug *m*; **2.** [ɪk'strækt] herausziehen; herauslocken; ab-, herleiten; **ex·trac·tion** [~kʃn] (Heraus)Ziehen *n*; Herkunft *f*.

ex·tra·dite ['ekstrədaɪt] ausliefern; *j-s* Auslieferung erwirken; **~di·tion** [ekstrə'dɪʃn] Auslieferung *f*.

extra·or·di·na·ry □ [ɪk'strɔːdnrɪ] außerordentlich; ungewöhnlich; außerordentlich, Sonder...

ex·tra·ter·res·tri·al □ ['ekstrətɪ'restrɪəl] außerirdisch.

ex·trav·a·gance [ɪk'strævəgəns] Übertriebenheit *f*; Verschwendung *f*; Extravaganz *f*; **~gant** □ [~t] übertrieben, überspannt; verschwenderisch; extravagant.

ex·treme [ɪk'striːm] **1.** □ äußerste(r, -s), größte(r, -s), höchste(r, -s); außergewöhnlich; **2.** *das* Äußerste; Extrem *n*; höchster Grad; **~ly** [~lɪ] äußerst, höchst.

ex·trem·is·m *esp. pol.* [ɪk'striːmɪzm] Extremismus *m*; **~ist** [~ɪst] Extremist(in).

ex·trem·i·ty [ɪk'stremətɪ] *das* Äußerste; höchste Not; äußerste Maßnahme; **extremities** *pl.* Gliedmaßen *pl.*, Extremitäten *pl.*

ex·tri·cate ['ekstrɪkeɪt] herauswinden, -ziehen, befreien.

ex·tro·vert ['ekstrəʊvɜːt] Extrovertierte(r m) f.

ex·u·be|rance [ɪg'zjuːbərəns] Fülle f; Überschwang m; ~rant □ [~t] reichlich, üppig; überschwenglich; ausgelassen.

ex·ult [ɪg'zʌlt] frohlocken, jubeln.

eye [aɪ] 1. Auge n; Blick m; Öhr n; Öse f; **see ~ to ~ with** s.o. mit j-m völlig übereinstimmen; **be up to the ~s in work** bis über die Ohren in Arbeit stecken; **with an ~ to** s.th. im Hinblick auf et.; **I couldn't believe my ~s** ich traute meinen Augen nicht; **keep an ~ on** aufpassen auf; 2. ansehen; mustern; ~ball Augapfel m; ~brow Augenbraue f; ~catch·ing ins Auge fallend, auffallend; ~d ...äugig; ~lash Augenwimper f; ~lid Augenlid n; ~lin·er Eyeliner m; ~o·pen·er: **that was an ~ to me** das hat mir die Augen geöffnet; ~shad·ow Lidschatten m; ~sight Augen(licht n) pl., Sehkraft f; ~strain Ermüdung f or Überanstrengung f der Augen; ~witness Augenzeug|e m, -in f.

F

fa·ble ['feɪbl] Fabel f; Sage f; Lüge f.

fab|ric ['fæbrɪk] Gewebe n, Stoff m; Bau m; Gebäude n; Struktur f; ~ri·cate [~eɪt] fabrizieren; fig. invent: erdichten, fälschen.

fab·u·lous □ ['fæbjʊləs] sagenhaft, der Sage angehörend; sagen-, fabelhaft.

fa·çade arch. [fə'sɑːd] Fassade f.

face [feɪs] 1. Gesicht n; Gesicht(sausdruck m) n, Miene f; (Ober)Fläche f; Vorderseite f; Zifferblatt n; **~ to ~ with** Auge in Auge mit; fig. **save** or **lose one's ~** das Gesicht wahren or verlieren; **~saving solution, etc.**: zur Wahrung des Gesichts; **on the ~ of it** auf den ersten Blick; **pull a long ~** ein langes Gesicht machen; **have the ~ to do** s.th. die Stirn haben, et. zu tun; 2. v/t. ansehen; gegenüberstehen (dat.); (hinaus)gehen auf (acc.); die Stirn bieten (dat.); arch. bekleiden; **let's ~ it** machen wir uns nichts vor; v/i. ~ **about** sich umdrehen; ~cloth Waschlappen m; ~d in compounds: mit (e-m) ... Gesicht; ~lan·nel Brt. = face-cloth; ~lift·ing Facelifting n, Gesichtsstraffung f; fig. Renovierung f, Verschönerung f.

fa·ce·tious □ [fə'siːʃəs] witzig.

fa·cial ['feɪʃl] 1. □ Gesichts...; 2. cosmetic treatment: Gesichtsbehandlung f.

fac·ile ['fæsaɪl] leicht; oberflächlich; **fa·cil·i·tate** [fə'sɪlɪteɪt] erleichtern; **fa·cil·i·ty** [~ətɪ] Leichtigkeit f; Oberflächlichkeit f; mst facilities pl. Erleichterung(en pl.) f; Einrichtung(en pl.) f, Anlage(n pl.) f.

fac·ing ['feɪsɪŋ] ⊙ Verkleidung f; ~s pl. sewing: Besatz m.

fact [fækt] Tatsache f, Wirklichkeit f, Wahrheit f; Tat f; **in ~** in der Tat, tatsächlich.

fac·tion esp. pol. ['fækʃn] Splittergruppe f; Zwietracht f.

fac·ti·tious □ [fæk'tɪʃəs] künstlich.

fac·tor ['fæktə] fig. Umstand m, Moment n, Faktor m; Agent m; in Scotland: Verwalter m.

fac·to·ry ['fæktrɪ] Fabrik f.

fac·ul·ty ['fækəltɪ] Fähigkeit f; Kraft f; fig. Gabe f; univ. Fakultät f.

fad [fæd] Mode(erscheinung, -torheit) f; (vorübergehende) Laune.

fade [feɪd] (ver)welken (lassen), verblassen; schwinden; of person: immer schwächer werden; film, radio, TV: ~ **in** auf- or eingeblendet werden; auf- or einblenden; ~ **out** aus- or abgeblendet werden; aus- or abblenden.

fag¹ [fæg] F Plackerei f, Schinderei f.

fag² sl. [~] Brt. cigarette: Glimmstengel m, Kippe f; Am. homosexual: Schwule(r) m.

fail [feɪl] 1. v/i. versagen; mißlingen, fehlschlagen; versiegen; nachlassen; Bankrott machen; in test, etc.: durchfallen; v/t. im Stich lassen, verlassen; in test, etc.: j-n durchfallen lassen; **he ~ed to come** er kam nicht; **he cannot ~ to** er muß (einfach); 2. **without ~** mit Sicherheit, ganz bestimmt; ~ing ['feɪlɪŋ] 1. Fehler m, Schwäche f; 2. in Ermang(e)lung (gen.); ~ure [~jə] Fehlen n; Ausbleiben n; Versagen n; Fehlschlag m, Mißerfolg m; Verfall m; Versäumnis n; Bankrott m; Versager m.

faint [feɪnt] 1. □ schwach, matt; 2. ohnmächtig werden, in Ohnmacht fallen (with vor); 3. Ohnmacht f; ~heart·ed □ [feɪnt'hɑːtɪd] verzagt.

fair¹ [feə] 1. adj. ⊙ gerecht, ehrlich, anständig, fair; ordentlich; weather: schön, wind: günstig; hair, skin, etc.:

hell, *hair: a.* blond; freundlich; sauber, in Reinschrift; schön, hübsch, nett; **2.** *adv.* gerecht, ehrlich, anständig, fair; in Reinschrift; direkt.

fair² [~] (Jahr)Markt *m;* Volksfest *n;* Ausstellung *f,* Messe *f.*

fair·ly ['feəlɪ] ziemlich; völlig; **~ness** [~nɪs] Schönheit *f;* Blondheit *f;* Anständigkeit *f, esp. sports:* Fairneß *f;* Ehrlichkeit *f;* Gerechtigkeit *f.*

fai·ry ['feərɪ] Fee *f;* Zauberin *f;* Elf(e *f) m;* **~land** Feen-, Märchenland *n;* **~tale** Märchen *n* (a. *fig.).*

faith [feɪθ] Glaube *m;* Vertrauen *n;* Treue *f;* **~ful** ☐ ['feɪθfl] treu; ehrlich; *in letters:* Yours **~ly** Mit freundlichen Grüßen, *formal:* Hochachtungsvoll; **~less** ☐ [~lɪs] treulos; ungläubig.

fake [feɪk] Schwindel *m;* Fälschung *f;* Schwindler *m;* **2.** fälschen; imitieren, nachmachen; vortäuschen, simulieren; **3.** gefälscht.

fal·con *zo.* ['fɔːlkən] Falke *m.*

fall [fɔːl] **1.** Fall(en *n) m;* Sturz *m;* Verfall *m;* Einsturz *m; Am.* Herbst *m; of prices, etc.:* Sinken *n;* Gefälle *n; mst* **~s** *pl.* Wasserfall *m;* **2.** (*fell, fallen*) fallen, stürzen; ab-, einfallen; sinken; *of wind:* sich legen; *into a state:* verfallen (in *acc.);* **~ ill** *or* **sick** krank werden; **~ in love with** sich verlieben in (*acc.);* **~ short of expectations, etc.:** nicht entsprechen; **~ to pieces** auseinanderfallen; *fig.* zusammenbrechen; **~ back** zurückweichen; **~ back on** *fig.* zurückgreifen auf (*acc.);* **~ for** hereinfallen auf (*j-n, et.);* F sich in *j-n* verknallen; **~ off** *become less:* zurückgehen, nachlassen; **~ on** herfallen über (*acc.);* **~ out** sich streiten (*with* mit); **~ through** durchfallen (a. *fig.);* **~ to eating:** reinhauen, tüchtig zugreifen.

fal·la·cious ☐ [fə'leɪʃəs] trügerisch.

fal·la·cy ['fæləsɪ] Trugschluß *m.*

fall·en ['fɔːlən] *p.p. of* **fall 2.**

fall guy *Am.* F ['fɔːlgaɪ] *der* Lackierte, *der* Dumme.

fal·li·ble ☐ ['fæləbl] fehlbar.

fal·ling star *ast.* ['fɔːlɪŋstɑː] Sternschnuppe *f.*

fall-out ['fɔːlaʊt] Fallout *m,* radioaktiver Niederschlag.

fal·low ['fæləʊ] *zo.* falb; **✓** brach(liegend).

false ☐ [fɔːls] falsch; **~ a·larm** blinder Alarm; **~hood**, **~ness** Falschheit *f;* Unwahrheit *f.*

fal·si·fi·ca·tion [fɔːlsɪfɪ'keɪʃn] (Ver)Fälschung *f;* **~fy** ['fɔːlsɪfaɪ] (ver)fälschen; **~ty** [~tɪ] Falschheit *f,* Unwahrheit *f.*

fal·ter ['fɔːltə] schwanken (*of voice:* stokken; stammeln; *fig.* zaudern.

fame [feɪm] Ruf *m,* Ruhm *m;* **~d** berühmt (*for* wegen).

fa·mil·i·ar [fə'mɪljə] **1.** ☐ vertraut; gewohnt; familiär; **2.** Vertraute(r *m) f;* **~i·ty** [fəmɪlɪ'ærətɪ] Vertrautheit *f;* (plumpe) Vertraulichkeit; **~ize** [fə'mɪljəraɪz] vertraut machen.

fam·i·ly ['fæməlɪ] **1.** Familie *f;* **2.** Familien..., Haus...; *be in the* **~** *way* F in anderen Umständen sein; **~** *allowance* Kindergeld *n;* **~** *planning* Familienplanung *f;* **~** *tree* Stammbaum *m.*

fam·ine ['fæmɪn] Hungersnot *f;* Knappheit *f* (*of an dat.);* **~ished** [~ʃt] F fast verhungert, ausgehungert; *be* **~** F am Verhungern sein.

fa·mous ☐ ['feɪməs] berühmt.

fan¹ [fæn] **1.** Fächer *m;* Ventilator *m;* **~** *belt* ⊕ Keilriemen *m;* **2.** (*-nn-*) (zu)fächeln; an-, *fig.* entfachen.

fan² [~] *sports, etc.:* Fan *m;* **~** *club* Fanklub *m;* **~** *mail* Verehrerpost *f.*

fa·nat·ic [fə'nætɪk] **1.** (**~ally**), *a.* **~i·cal** ☐ [~kl] fanatisch; **2.** Fanatiker(in).

fan·ci·er ['fænsɪə] *of animals, plants:* Liebhaber(in), Züchter(in).

fan·ci·ful ☐ ['fænsɪfl] phantastisch.

fan·cy ['fænsɪ] **1.** Phantasie *f,* Einbildung(skraft) *f; whim:* Laune *f,* Vorliebe *f;* Liebhaberei *f;* **2.** Phantasie...; Mode...; **~** *ball* Kostümfest *n,* Maskenball *m;* **~** *dress* (Masken)Kostüm *n;* **~** *goods pl.* Modeartikel *pl.,* -waren *pl.;* **3.** sich einbilden; Gefallen finden an (*dat.); just* **~!** denken Sie nur!; **~free** frei u. ungebunden; **~work** feine Handarbeit, Stickerei *f.*

fang [fæŋ] Reiß-, Fangzahn *m;* Hauer *m;* Giftzahn *m.*

fan·tas·tic [fæn'tæstɪk] (**~ally**) phantastisch; **~ta·sy** ['fæntəsɪ] Phantasie *f.*

far [fɑː] (*farther, further; farthest, furthest*) **1.** *adj.* fern, entfernt, weit; **2.** *adv.* fern; weit; (sehr) viel; *as* **~** *as* bis; *in so* **~** *as* insofern als; **~a·way** weit entfernt.

fare [feə] **1.** Fahrgeld *n;* Fahrgast *m;* Verpflegung *f,* Kost *f;* **2.** (gut) leben; *he* **~d** *well* es (er)ging ihm gut; **~** *dodg·er* ['feədɒdʒə] Schwarzfahrer(in); **~well** [feə'wel] **1.** *int.* lebe(n Sie) wohl!; **2.** Abschied *m,* Lebewohl *n.*

far-fetched *fig.* [fɑː'fetʃt] weit hergeholt, gesucht.

farm [fɑːm] **1.** Bauernhof *m,* Gut *n,* Gutshof *m,* Farm *f;* Züchterei *f; chick·en* **~** Hühnerfarm *f;* **2.** (ver)pachten; *land:* bebauen, bewirtschaften; *breed poultry, etc.:* züchten; **~er** ['fɑːmə] Bauer *m,* Landwirt *m,* Farmer *m; of poultry, etc.:* Züchter *m;* Pächter *m;* **~hand** Landarbeiter(in); **~house** Bauernhaus *n;* **~ing** [~ɪŋ] **1.** Acker..., landwirtschaftlich; **2.** Landwirtschaft *f*; **stead** Bauernhof *m*, Gehöft *n*; **yard** *of farm*: Wirtschaftshof *m*.

far|off [fɑːˈɒf] entfernt, fern; **sighted** *esp. Am.* weitsichtig; *fig.* weitblickend.

far|ther [ˈfɑːðə] *comp. of* far; **thest** [ˈfɑːðɪst] *sup. of* far.

fas·ci|nate [ˈfæsɪneɪt] faszinieren; **nating** □ [ʌɪŋ] faszinierend; **na·tion** [fæsɪˈneɪʃn] Zauber *m*, Reiz *m*, Faszination *f*.

fas·cis|m *pol.* [ˈfæʃɪzəm] Faschismus *m*; **t** *pol.* [ʌɪst] **1.** Faschist *m*; **2.** faschistisch.

fash·ion [ˈfæʃn] **1.** Mode *f*; Art *f*; feine Lebensart; Form *f*; Schnitt *m*; *in (out of)* ~ (un)modern; ~ *parade*, ~ *show* Mode(n)schau *f*; **2.** gestalten; **a·ble** □ [ʌnəbl] modern, elegant.

fast¹ [fɑːst] **1.** Fasten *n*; **2.** fasten.

fast² [ʌ] schnell; fest; treu; *colour*: echt, beständig; flott; *be* ~ *of clock*, *watch*: vorgehen; **back** *mot.* [ˈfɑːstbæk] (Wagen *m* mit) Fließheck *n*; ~ **breed·er**, **breed·er re·ac·tor** *phys.* schneller Brüter.

fas·ten [ˈfɑːsn] *v/t.* befestigen; anheften; fest zumachen; zubinden; *eyes, etc.*: heften (*on*, *upon* auf *acc.*); *v/i. door*: schließen; ~ *on*, ~ *upon* sich klammern an (*acc.*); *fig.* sich stürzen auf (*acc.*); **er** [ʌə] Verschluß *m*, Halter *m*; **ing** [ʌɪŋ] Verschluß *m*, Halterung *f*.

fast food Schnellgericht(e *pl.*) *n*; **food res·tau·rant** Schnellimbiß *m*, -gaststätte *f*.

fas·tid·i·ous □ [fəˈstɪdiəs] anspruchsvoll, heikel, wählerisch, verwöhnt.

fast lane *mot.* Überholspur *f*.

fat [fæt] **1.** □ (-*tt*-) fett; dick; fettig; **2.** Fett *n*; **3.** (-*tt*-) fett machen *or* werden; mästen.

fa·tal □ [ˈfeɪtl] verhängnisvoll, fatal (*to* für); Schicksals...; tödlich; **i·ty** [fəˈtælətɪ] Verhängnis *n*; Unglücks-, Todesfall *m*; Todesopfer *n*.

fate [feɪt] Schicksal *n*; Verhängnis *n*.

fa·ther [ˈfɑːðə] Vater *m*; ♀ **Christ·mas** *esp. Brt.* der Weihnachtsmann, der Nikolaus; **hood** [ʌhʊd] Vaterschaft *f*; **in·law** [ʌɪnlɔː] *(pl. fathers-in-law)* Schwiegervater *m*; **less** [ʌlɪs] vaterlos; **ly** [ʌlɪ] väterlich.

fath·om [ˈfæðəm] **1.** ♣ Faden *m*; **2.** ♣ loten; *fig.* ergründen; **less** [ʌlɪs] unergründlich.

fa·tigue [fəˈtiːg] **1.** Ermüdung *f*; Strapaze *f*; **2.** ermüden.

fat|ten [ˈfætn] fett machen *or* werden; mästen; *soil*: düngen; **ty** [ʌtɪ] (-*ier*, -*iest*) fett(ig).

fat·u·ous □ [ˈfætjʊəs] albern.

fau·cet *Am.* [ˈfɔːsɪt] (Wasser)Hahn *m*.

fault [fɔːlt] Fehler *m*; Defekt *m*; Schuld *f*; *find* ~ *with* et. auszusetzen haben an (*dat.*); *be at* ~ Schuld haben; **less** □ [ʌlɪs] fehlerfrei, -los; **y** □ [ʌɪ] (-*ier*, -*iest*) fehlerhaft, ♂ *a.* defekt.

fa·vo(u)r [ˈfeɪvə] **1.** Gunst *f*; Gefallen *m*; Begünstigung *f*; *in* ~ *of* zugunsten von *or gen.*; *do s.o. a* ~ j-m e-n Gefallen tun; **2.** begünstigen; bevorzugen, vorziehen; wohlwollend gegenüberstehen; *sports*: favorisieren; beehren; **fa·vo(u)r·a·ble** □ [ʌrəbl] günstig; **fa·vo(u)r·ite** [ʌrɪt] **1.** Liebling *m*; *sports*: Favorit *m*; **2.** Lieblings...

fawn¹ [fɔːn] **1.** *zo.* (Reh)Kitz *n*; Rehbraun *n*; **2.** rehbraun.

fawn² [ʌ] *of dog*: (mit dem Schwanz) wedeln; *fig.* katzbuckeln (*on*, *upon* vor *dat.*).

fax *teleph.* [fæks] **1.** faxen, ein Telefax schicken; **2.** (Tele)Fax *n*.

fear [fɪə] **1.** Furcht *f* (*of* vor *dat.*); Befürchtung *f*; Angst *f*; **2.** (be)fürchten; sich fürchten vor (*dat.*); **ful** □ [ˈfɪəfl] furchtsam; furchtbar; **less** □ [ʌlɪs] furchtlos.

fea·si·ble □ [ˈfiːzəbl] durchführbar.

feast [fiːst] **1.** *eccl.* Fest *n*, Feiertag *m*; Festessen *n*; *fig.* Fest *n*, (Hoch)Genuß *m*; **2.** *v/t.* festlich bewirten; *v/i.* sich gütlich tun (*on* an *dat.*).

feat [fiːt] (Helden)Tat *f*; Kunststück *n*.

fea·ther [ˈfeðə] **1.** Feder *f*; *a.* ~s Gefieder *n*; *birds of a* ~ Leute vom gleichen Schlag; *in high* ~ (bei) bester Laune; *in* Hochform; **2.** mit Federn schmücken; ~ **bed** Unterbett *n*; **bed** (-*dd*-) verwöhnen; **brained**, **head·ed** unbesonnen; albern; **ed** gefiedert; **weight** *sports*: Federgewicht(ler *m*) *n*; *person*: Leichtgewicht *n*; *fig.* unbedeutende Person; *et.* Belangloses; **y** [ʌrɪ] gefiedert; feder(art)ig; *in weight*: federleicht.

fea·ture [ˈfiːtʃə] **1.** (Gesichts-, Grund-, Haupt-, Charakter)Zug *m*; *radio*, *TV*: Feature *n*; *a.* ~ *article*, ~ *story newspaper*: Feature *n*; *a.* ~ *film* Haupt-, Spielfilm *m*; ~s *pl.* Gesicht *n*; **2.** kennzeichnen; sich auszeichnen durch; groß herausbringen *or* -stellen; *film*, *TV*: in der Hauptrolle zeigen.

Feb·ru·a·ry [ˈfebrʊərɪ] Februar *m*.

fed [fed] *past and p.p. of* feed 2.

fed·e|ral □ [ˈfedərəl] föderalistisch; Bundes...; *USA*: Zentral..., Unions..., National...; ♀ *Bureau of Investigation (abbr. FBI)* amer. Bundeskriminalpolizei; ~ *government* Bundesregierung *f*; **rate** [ʌeɪt] (sich) zu e-m (Staaten-)Bund zusammenschließen; **ra·tion**

[fedə'reiʃn] Föderation f (a. econ., pol.); (politischer) Zusammenschluß; econ. (Dach)Verband m; pol. Staatenbund m.

fee [fiː] Gebühr f; Honorar n; (Mitglieds)Beitrag m; Eintrittsgeld n.

fee-ble □ ['fiːbl] (~r, ~st) schwach.

feed [fiːd] 1. Futter n; Nahrung f; Fütterung f; ⊙ Zuführung f, Speisung f; 2. (fed) v/t. füttern; ernähren; ⊙ (ein)speisen, data: eingeben; cattle, etc.: weiden lassen; be fed up with et. or j-n satt haben, F die Nase voll haben von; well fed wohlgenährt; v/i. (fr)essen; sich ernähren; weiden; ~back ['fiːdbæk] ⚡, cybernetics: Feedback n, Rückkoppelung f; radio, TV: Feedback n, Reaktion f (of listeners, etc.); Zurückleitung f (of information) (to an acc.); ~er [~ə] Fütterer m; Am. Viehmäster m; Esser(in); ~er road Zubringer(straße f) m; ~ing-bot-tle [~ŋbɒtl] (Säuglings-, Saug)Flasche f.

feel [fiːl] 1. (felt) (sich) fühlen; befühlen; empfinden; sich anfühlen; I ~ like ... ich möchte am liebsten ...; how do you ~ about ... was hältst du von ...; 2. Gefühl n; Empfindung f; ~er n zo. ['fiːlə] Fühler m; ~ing [~ŋ] Gefühl n.

feet [fiːt] pl. of foot 1.

feign [feɪn] pretend: vortäuschen, illness: a. simulieren.

feint [feɪnt] Finte f; ✗ Täuschungsmanöver n.

fell [fel] 1. past of fall 2; 2. niederschlagen; fällen.

fel-low ['feləʊ] 1. Gefährt|e m, -in f, Kamerad(in); Gleiche(r, -s); Gegenstück n; univ. Fellow m, Mitglied n c-s College; Kerl m, Bursche m, Mensch m; old ~ F alter Junge; 2. Mit...; ~ being Mitmensch m; ~ countryman Landsmann m; ~ student Kommiliton|e m, -nin f; ~ travel(l)er Mitreisende(r) m, Reisegefährte m; ~ship [~ʃɪp] Gemeinschaft f; Kameradschaft f.

fel-o-ny ⚖ ['felənɪ] (schweres) Verbrechen, Kapitalverbrechen n.

felt¹ [felt] past and p.p. of feel 1.

felt² [~] Filz m; ~ up, ~tip(ped) pen Filzschreiber m, -stift m.

fe-male ['fiːmeɪl] 1. weiblich; 2. Weib n; zo. Weibchen n.

fem-i-nine □ ['femɪnɪn] weiblich, Frauen...; gender: fraulich, weibisch; ~nis-m [~ɪzəm] Feminismus m; ~nist [~ɪst] 1. Feminist(in); 2. feministisch.

fen [fen] Fenn n, Moor n; Marsch f.

fence [fens] 1. Zaun m; F Hehler m; 2. v/t. ~ in ein-, umzäunen; einsperren; ~ off abzäunen; v/i. sports: fechten; sl. Hehlerei treiben; **fenc-er** ['fensə] sports: Fechter m; **fenc-ing** [~ŋ] Ein-

friedung f; sports: Fechten n; attr. Fecht...

fend [fend] ~ off abwehren; ~ for o.s. für sich selbst sorgen; ~er Schutzvorrichtung f; Schutzblech n; Am. mot. Kotflügel m; Kamingitter n, -vorsetzer m.

fen-nel ⚘ ['fenl] Fenchel m.

fer|ment 1. ['fɜːment] Ferment n; Gärung f; 2. [fə'ment] gären (lassen); ~men-ta-tion [fɜːmen'teɪʃn] Gärung f.

fern ⚘ [fɜːn] Farn(kraut n) m.

fe-ro|cious □ [fə'rəʊʃəs] wild; grausam; ~ci-ty [fə'rɒsɪtɪ] Wildheit f.

fer-ret ['ferɪt] 1. zo. Frettchen n; fig. Spürhund m; 2. herumstöbern; ~ out aufspüren, -stöbern.

fer-ry ['ferɪ] 1. Fähre f; 2. übersetzen; ~boat Fährboot n, Fähre f; ~man (pl. -men) Fährmann m.

fer|tile □ ['fɜːtaɪl] fruchtbar; reich (of, in an dat.); ~til-i-ty [fə'tɪlətɪ] Fruchtbarkeit f (a. fig.); ~ti-lize ['fɜːtɪlaɪz] fruchtbar machen; befruchten; düngen; ~ti-liz-er [~ə] (esp. Kunst)Dünger m, Düngemittel n.

fer-vent □ ['fɜːvənt] heiß; inbrünstig, glühend; leidenschaftlich.

fer-vo(u)r ['fɜːvə] Glut f; Inbrunst f.

fes-ter ['festə] eitern; verfaulen.

fes-ti-val ['festəvl] Fest n; Feier f; Festspiele pl.; ~tive □ [~tɪv] festlich; ~tiv-i-ty [fe'stɪvətɪ] Festlichkeit f.

fes-toon [fe'stuːn] Girlande f.

fetch [fetʃ] holen; price: erzielen; sigh: ausstoßen; ~ing □ F ['fetʃɪŋ] reizend.

fet-id □ ['fetɪd] stinkend.

fet-ter ['fetə] 1. Fessel f; 2. fesseln.

feud [fjuːd] Fehde f; Lehen n; ~al □ ['fjuːdl] feudal, Lehns...; **feu-dal-is-m** [~əlɪzəm] Feudalismus m, Feudalsystem n.

fe-ver ['fiːvə] Fieber n; ~ish □ [~rɪʃ] fieb(e)rig; fig. fieberhaft.

few [fjuː] wenige; a ~ ein paar, einige; no ~er than nicht weniger als; quite a ~, a good ~ e-e ganze Menge.

fi-an-cé [fɪ'ɑːnseɪ] Verlobte(r) m; ~e [~] Verlobte f.

fib F [fɪb] 1. Flunkerei f, Schwindelei f; 2. (-bb-) schwindeln, flunkern.

fi-bre, Am. **-ber** ['faɪbə] Faser f; Charakter m; **fi-brous** □ ['faɪbrəs] faserig.

fick-le ['fɪkl] wankelmütig; unbeständig; ~ness [~nɪs] Wankelmut m.

fic-tion ['fɪkʃn] Erfindung f; Prosaliteratur f, Belletristik f; Romane pl.; ~al □ [~l] erdichtet; Roman...

fic-ti-tious □ [fɪk'tɪʃəs] erfunden.

fid-dle □ ['fɪdl] 1. Fiedel f, Geige f; play first (second) ~ esp. fig. die erste (zweite) Geige spielen; (as) fit as a ~ kerngesund; 2. ♪ fiedeln; a. ~ about or around (**with**) herumfingern (an *dat.*), spielen (mit); ~ *[~]* Geiger(in); ~**sticks** *int.* dummes Zeug!

fi·del·i·ty [fi'deləti] Treue *f*; Genauigkeit *f*.

fid·get F ['fidʒit] **1.** nervöse Unruhe; **2.** nervös machen *or* sein; ~**y** *[~]* zapp(e)lig, nervös.

field [fi:ld] Feld *n*; (Spiel)Platz *m*; Arbeitsfeld *n*; Gebiet *n*; Bereich *m*; **hold the** ~ das Feld behaupten; ~ **e·vents** *pl. sports:* Sprung- u. Wurfdisziplinen *pl.*; ~**glass·es** *pl.* (**a pair of** ~ ein) Feldstecher *m or* Fernglas *n*; ~ **mar·shal** Feldmarschall *m*; ~ **of·fi·cer** ✕ Stabsoffizier *m*; ~ **sports** *pl.* Sport *m* im Freien (*esp. hunting, angling, etc.*); ~**work** praktische (wissenschaftliche) Arbeit, *archeology, etc.:* a. Arbeit *f* im Gelände; *sociology, etc.:* Feldarbeit *f*.

fiend [fi:nd] Satan *m*, Teufel *m*; *in compounds:* Süchtige(r *m*) *f*, Fanatiker(in); ~**ish** □ ['fi:ndiʃ] teuflisch, boshaft.

fierce □ [fiəs] (~*r*, ~*st*) wild; scharf; heftig; ~**ness** ['fiəsnis] Wildheit *f*, Schärfe *f*; Heftigkeit *f*.

fi·er·y □ ['faiəri] (*-ier, -iest*) feurig; hitzig.

fif·teen [fif'ti:n] **1.** fünfzehn; **2.** Fünfzehn *f*; ~**teenth** [~'ti:nθ] fünfzehnte(r, -s); ~**th** [fifθ] **1.** fünfte(r, -s); **2.** Fünftel *n*; ~**th·ly** ['fifθli] fünftens; ~**ti·eth** ['fiftiiθ] fünfzigste(r, -s); ~**ty** [~ti] **1.** fünfzig; **2.** Fünfzig *f*; ~**ty-fif·ty** F halbe-halbe.

fig ♀ [fig] Feige(nbaum *m*) *f*.

fight [fait] **1.** Kampf *m*; ✕ Gefecht *n*; Schlägerei *f*; *boxing:* Kampf *m*, Fight *m*; Kampfeslust *f*; **2.** (**fought**) *v/t.* bekämpfen; kämpfen gegen *or* mit, *sports:* a. boxen gegen; *v/i.* kämpfen, sich schlagen; *sports:* boxen; ~ **off** *person:* F abwimmeln; *cold, etc.:* bekämpfen; ~**er** ['faitə] Kämpfer *m*; *sports:* Boxer *m*, Fighter *m*; a. ~ **plane** ✕ Jagdflugzeug *n*; ~**ing** [~iŋ] Kampf *m*, ✕ Gefecht; Prügeleien *pl.*, Schlägereien *pl.*

fig·u·ra·tive □ ['figjurətiv] bildlich.

fig·ure ['figə] **1.** Figur *f*; Gestalt *f*; Zahl *f*, Ziffer *f*; Preis *m*; **be good at** ~**s** ein guter Rechner sein; **2.** *v/t.* abbilden, darstellen; *Am.* F meinen, glauben; sich *et.* vorstellen; ~ **out** rauskriegen, *problem:* lösen; verstehen; ~ **up** zusammenzählen; *v/i.* erscheinen, vorkommen; ~ **on** *esp. Am.* rechnen mit; ~ **skat·er** *sports:* Eiskunstläufer(in); ~ **skat·ing** *sports:* Eiskunstlauf *m*.

fil·a·ment ['filəmənt] Faden *m*, Faser *f*; ♀ Staubfaden *m*; ⚡ Glüh-, Heizfaden *m*.

filch F [filtʃ] klauen, stibitzen.

file¹ [fail] **1.** Ordner *m*; Karteikasten *m*; Akte *f*; Akten *pl.*, Ablage *f*; *computer:*

Datei *f*; Reihe *f*; **on** ~ bei den Akten; **2.** *v/t. letters, etc.:* einordnen, ablegen, zu den Akten nehmen; *application, etc.:* einreichen, ⚖ *appeal:* einlegen; *v/i.* hintereinander marschieren.

file² [~] **1.** Feile *f*; **2.** feilen.

fi·li·al □ ['filjəl] kindlich, Kindes...

fil·ing ['failiŋ] Ablegen *n* (*of letters, etc.*); ~ **cabinet** Aktenschrank *m*.

fill [fil] **1.** (sich) füllen; an-, aus-, erfüllen; *order:* ausführen; ~ **in** einsetzen; *Am. a.* ~ **out** *form:* ausfüllen; ~ **up** vollfüllen; sich füllen; ~ **her up!** F volltanken, bitte!; **2.** Füllung *f*; **eat one's** ~ sich satt essen.

fil·let ['filit], *Am. a.* **fil·et** ['filei] Filet *n*.

fill·ing ['filiŋ] Füllung *f*; ♪ (Zahn)Plombe *f*, (-)Füllung *f*; ~ **station** Tankstelle *f*.

fil·ly ['fili] Stutenfohlen *n*; *fig. girl:* Wildfang *m*.

film [film] **1.** Häutchen *n*; Membran(e) *f*; Film *m* (*a. phot. and esp. Brt. movie*); Trübung *f* (*of eye*); Nebelschleier *m*; **take** *or* **shoot a** ~ e-n Film drehen; **2.** (ver)filmen; sich verfilmen lassen.

fil·ter ['filtə] **1.** Filter *m*; **2.** filtern; ~**tip** Filter *m*; Filterzigarette *f*; ~**tipped:** ~ **cigarette** Filterzigarette *f*.

filth [filθ] Schmutz *m*; ~**y** □ ['filθi] (*-ier, -iest*) schmutzig; *fig.* unflätig.

fin *zo.* [fin] Flosse *f*.

fi·nal ['fainl] **1.** □ letzte(r, -s); End..., Schluß...; endgültig; ~ **disposal** Endlagerung *f* (*of nuclear waste, etc.*); **2.** *sports:* Finale *n*, Endkampf *m*, -lauf *m*, -runde *f*, -spiel *n*; *mst* ~**s** *pl.* Schlußexamen *n*, -prüfung *f*; ~**ist** [~nəlist] *sports:* Finalist(in), Endkampfteilnehmer(in); ~**ly** [~li] endlich, schließlich; endgültig.

fi·nance [fai'næns] **1.** Finanzwesen *n*; ~**s** *pl.* Finanzen *pl.*; **2.** *v/t.* finanzieren; *v/i.* Geldgeschäfte machen; **fi·nan·cial** □ [~nʃl] finanziell; **fi·nan·cier** [~nsiə] Finanzier *m*.

finch *zo.* [fintʃ] Fink *m*.

find [faind] **1.** (**found**) finden; (an)treffen; auf-, herausfinden; ⚖ ~ **s.o.** (**not**) **guilty** j-n für (nicht) schuldig erklären; beschaffen; versorgen; **2.** Fund *m*, Entdeckung *f*; ~**ings** ['faindiŋz] *pl.* Befund *m*; ⚖ Feststellung *f*, Spruch *m*.

fine¹ [fain] **1.** *adj.* □ (~*r*, ~*st*) schön; fein; verfeinert; rein; spitz, dünn, scharf; geziert; vornehm; **I'm** ~ mir geht es gut; **2.** *adv.* gut, bestens.

fine² [~] **1.** Geldstrafe *f*, Bußgeld *n*; **2.** zu e-r Geldstrafe verurteilen.

fin·er·y ['fainəri] Glanz *m*; Putz *m*, Staat *m*.

fin·ger ['fiŋgə] **1.** Finger *m*; *s.* **cross** 2; **2.** betasten, (herum)fingern an (*dat.*);

~·nail Fingernagel *m;* **~·print** Fingerabdruck *m;* **~·tip** Fingerspitze *f.*

fin·i·cky ['fınıkı] wählerisch.

fin·ish ['fınıʃ] **1.** *v/t.* beenden, vollenden; fertigstellen; abschließen; vervollkommnen; erledigen; *v/i.* enden, aufhören; **~ with** mit *j-m, et.* Schluß machen; **have ~ed with** *j-n, et.* nicht mehr brauchen; **2.** Vollendung *f,* letzter Schliff; *sports:* Endspurt *m,* Finish *n;* Ziel *n;* **~ing line** [~ɪŋlaɪn] *sports:* Ziellinie *f.*

Finn [fın] Finn|e *m,* -in *f;* **~·ish** ['fınıʃ] **1.** finnisch; **2.** *ling.* Finnisch *n.*

fir 🌲 [fɜː] *a.* **~·tree** Tanne *f;* **~·cone** ['fɜːkəʊn] Tannenzapfen *m.*

fire ['faɪə] **1.** Feuer *n;* **be on ~** in Flammen stehen, brennen; **catch ~** Feuer fangen, in Brand geraten; **set on ~, set ~ to** anzünden; **2.** *v/t.* an-, entzünden; *fig.* anfeuern; abfeuern; *bricks, etc.:* brennen; F *employee:* rausschmeißen; heizen; *v/i.* Feuer fangen (*a. fig.*); feuern; **~·a·larm** [~rəlɑːm] Feuermelder *m;* **~·arms** *pl.* Feuer-, Schußwaffen *pl.;* **~ bri·gade** Feuerwehr *f;* **~·bug** F Feuerteufel *m;* **~·crack·er** Frosch *m,* Knallkörper *m;* **~ de·part·ment** *Am.* Feuerwehr *f;* **~·en·gine** Feuerwehrauto *n;* **~·es·cape** Feuerleiter *f,* -treppe *f;* **~·ex·tin·guish·er** Feuerlöscher *m;* **~·guard** Kamingitter *n;* **~·man** Feuerwehrmann *m;* Heizer *m;* **~·place** (offener) Kamin; **~·plug** *Am.* Hydrant *m;* **~·proof** feuerfest; **~·rais·ing** *Brt.* Brandstiftung *f;* **~·side** Herd *m;* Kamin *m;* **~ sta·tion** Feuerwache *f;* **~·wood** Brennholz *n;* **~·works** *pl.* Feuerwerk *n; fig.* F **there will be ~** da werden die Fetzen fliegen.

fir·ing squad ✕ ['faɪərıŋskwɒd] Exekutionskommando *n.*

firm¹ [fɜːm] fest; derb; standhaft.

firm² [~] Firma *f,* Betrieb *m,* Unternehmen *n.*

first [fɜːst] **1.** *adj.* □ erste(r, -s); beste(r, -s); **2.** *adv.* erstens; zuerst; **~ of all** an erster Stelle; zu allererst; **3.** Erste(r, -s); **at ~** zuerst, anfangs; **from the ~** von Anfang an; **~ aid** Erste Hilfe; **~·aid** Erste-Hilfe-...; **~ kit** Verband(s)kasten *m,* -zeug *n;* **~·born** erstgeborene(r, -s), älteste(r, -s); **~ class** erste Klasse (*on train, ship, aircraft*); **~·class** erstklassig; *ticket, etc.:* erster Klasse; **~·ly** [~lı] erstens; **~·hand** aus erster Hand; **~ name** Vorname *m;* Beiname *m;* **~·rate** erstklassig.

firth [fɜːθ] Förde *f,* Meeresarm *m.*

fish [fıʃ] **1.** Fisch(e *pl.*) *m;* **a queer ~** F ein komischer Kauz; **2.** fischen, angeln; **~ around** kramen (*for* nach); **~·bone** ['fıʃbəʊn] Gräte *f.*

fish|er·man ['fıʃəmən] (*pl.* -men) Fischer *m;* **~·e·ry** [~rı] Fischerei *f;* **~ fin·ger** *esp. Brt.* Fischstäbchen *n.*

fish·ing ['fıʃıŋ] Fischen *n,* Angeln *n;* **~·line** Angelschnur *f;* **~·rod** Angelrute *f;* **~·tack·le** Angelgerät *n.*

fish|mon·ger *esp. Brt.* ['fıʃmʌŋgə] Fischhändler *m;* **~ stick** *esp. Am.* = **fish finger; ~·y** □ ['fıʃı] (**-ier, -iest**) Fisch...; F verdächtig, faul.

fis|sile ⊙ ['fısaıl] spaltbar; **~·sion** ['fıʃn] Spaltung *f;* **~·sure** ['fıʃə] Spalt *m,* Riß *m.*

fist [fıst] Faust *f.*

fit¹ [fıt] **1.** □ (**-tt-**) geeignet, passend; tauglich; *sports:* fit, in (guter) Form; **2.** (**-tt-; fitted,** *Am. a.* **fit**) *v/t.* passen für *or dat.;* anpassen, passend machen; befähigen; geeignet machen (*for, to* für, zu); **~ in** *j-m* e-n Termin geben, *j-n, et.* einschieben; *a.* **~ on** anprobieren; *a.* **~ out** ausrüsten, -statten, einrichten, versehen (**with** mit); *a.* **~ up** ausrüsten, -statten, einrichten; montieren; *v/i.* passen; *of dress, etc.:* sitzen; **3.** *of dress, etc.:* Sitz *m.*

fit² [~] Anfall *m;* ✽ Ausbruch *m;* Anwandlung *f;* **by ~s and starts** ruckweise; **give s.o. a ~** F *j-n* auf die Palme bringen; *j-m* e-n Schock versetzen.

fit|ful □ ['fıtfl] ruckartig; *fig.* unstet; **~·ness** [~nıs] Tauglichkeit *f; esp. sports:* Fitneß *f,* (gute) Form; **~·ted** zugeschnitten, nach Maß (gearbeitet); Einbau...; **~ carpet** Spannteppich *m,* Teppichboden *m;* **~ kitchen** Einbauküche *f;* **~·ter** [~] Monteur *m;* Installateur *m;* **~·ting** [~ıŋ] **1.** passend; **2.** Montage *f;* Anprobe *f;* **~s** *pl.* Einrichtung *f;* Armaturen *pl.*

five [faıv] **1.** fünf; **2.** Fünf *f.*

fix [fıks] **1.** *v/t.* befestigen, anheften; fixieren; *look, etc.:* heften, richten (**on** auf *acc.*); fesseln; aufstellen; bestimmen, festsetzen; reparieren, instand setzen; *esp. Am. et.* zurechtmachen; *meal:* zubereiten; **~ up** in Ordnung bringen, regeln; *j-n* unterbringen; *v/i.* fest werden; **~ on** sich entschließen für or zu; **2.** F Klemme *f; sl.* Schuß *m* (*heroin, etc.*); **~ed** □ fest; bestimmt; starr; **~·ing** ['fıksıŋ] Befestigen *n;* Instandsetzen *n;* Fixieren *n;* Aufstellen *n,* Montieren *n;* Besatz *m,* Versteifung *f; Am.* **~s** *pl.* Zubehör *n,* Ausrüstung *f;* **~·ture** [~tʃə] Ausstattung *f,* feste Anlage; Inventarstück *n; sports:* Spiel *n,* Begegnung *f;* **lighting ~** Beleuchtungskörper *m.*

fizz [fız] **1.** zischen, sprudeln; **2.** Zischen *n;* F Sprudel *m.*

flab·ber·gast F ['flæbəgɑːst] verblüffen; **be ~ed** platt sein.

flab·by □ ['flæbɪ] (*-ier, -iest*) schlaff.

flac·cid □ ['flæksɪd] schlaff, schlapp.

flag [flæg] **1.** Flagge *f*; Fahne *f*; Fliese *f*; ♣ Schwertlilie *f*; **2.** (*-gg-*) beflaggen; durch Flaggen signalisieren; mit Fliesen belegen; ermatten; mutlos werden; **~pole** ['flægpəʊl] = **flagstaff.**

fla·grant □ ['fleɪgrənt] abscheulich; berüchtigt; offenkundig.

flagstaff ['flægstɑːf] Fahnenstange *f*, *-mast m*; **~stone** Fliese *f*.

flair [fleə] Talent *n*; Gespür *n*, (feine) Nase.

flake [fleɪk] **1.** Flocke *f*; Schicht *f*; **2.** (sich) flocken; abblättern; **flak·y** ['fleɪkɪ] (*-ier, -iest*) flockig; blätt(e)rig; **~ pastry** Blätterteig *m*.

flame [fleɪm] **1.** Flamme *f* (*a. fig.*); *be in ~s* in Flammen stehen; **2.** flammen, lodern.

flam·ma·ble *Am. and* ⊛ ['flæməbl] = **inflammable.**

flan [flæn] Obst-, Käsekuchen *m*.

flank [flæŋk] **1.** Flanke *f*; **2.** flankieren.

flan·nel ['flænl] Flanell *m*; Waschlappen *m*; **~s** *pl.* Flanellhose *f*.

flap [flæp] **1.** (Ohr)Läppchen *n*; Rockschoß *m*; (Hut)Krempe *f*; Klappe *f*; Klaps *m*; (Flügel)Schlag *m*; **2.** *v/t.* (*-pp-*) klatschen(d schlagen); *v/i.* lose herabhängen; flattern.

flare [fleə] **1.** flackern; sich nach außen erweitern, sich bauschen; **~ up** aufflammen; *fig.* aufbrausen; **2.** flackerndes Licht; Lichtsignal *n*.

flash [flæʃ] **1.** Aufblitzen *n*, -leuchten *n*, Blitz *m*; *radio, TV, etc.*: Kurzmeldung *f*; *phot.* F Blitz *m*; *esp. Am.* F Taschenlampe *f*; *like a ~* wie der Blitz; *in a ~* im Nu; **~ of lightning** Blitzstrahl *m*; **2.** (auf)blitzen; auflodern (lassen); *look, etc.*: werfen; blitzen; funken; telegrafieren; *it ~ed on me* mir kam plötzlich der Gedanke; **~back** *in film, novel*: Rückblende *f*; **~light** *phot.* Blitzlicht *n*; ♣ Leuchtfeuer; *esp. Am.* F Taschenlampe *f*; **~y** □ (*-ier, -iest*) auffallend, -fällig.

flask [flɑːsk] Taschenflasche *f*; Thermosflasche *f*.

flat [flæt] **1.** □ (*-tt-*) flach, platt; *beer:* schal; *econ.* flau; klar; glatt; *mot.* platt (*tyre*); ♪ erniedrigt (*note*); **~ price** Einheitspreis *m*; **2.** *adv.* glatt; völlig; *fall ~* danebengehen; *sing ~* zu tief singen; **3.** Fläche *f*, Ebene *f*; Flachland *n*; Untiefe *f*; (Miet)Wohnung *f*; ♪ B *n*; F Simpel *m*; *esp. Am. mot.* Reifenpanne *f*, Plattfuß *m*; **~foot** ['flætfʊt] (*pl. -feet*) *sl.* Bulle *m* (*policeman*); **~foot·ed** plattfüßig; **~ten** [~tn] (sich) ab-, verflachen.

flat·ter ['flætə] schmeicheln (*dat.*); **~er**

[~rə] Schmeichler(in); **~y** [~rɪ] Schmeichelei *f*.

fla·vo(u)r ['fleɪvə] **1.** Geschmack *m*; Aroma *n*; *of wine:* Blume *f*, *fig.* Beigeschmack *m*; Würze *f*; **2.** würzen; **~ing** [~rɪŋ] Würze *f*, Aroma *n*; **~less** [~lɪs] geschmacklos, fad.

flaw [flɔː] **1.** Sprung *m*, Riß *m*; Fehler *m*; ♣ Bö *f*; **2.** zerbrechen; beschädigen; **~less** □ ['flɔːlɪs] fehlerlos.

flax ♣ [flæks] Flachs *m*, Lein *m*.

flea *zo.* [fliː] Floh *m*.

fleck [flek] Fleck(en) *m*; Tupfen *m*.

fled [fled] *past and p.p. of* **flee.**

fledged [fledʒd] flügge; **fledg(e)·ling** ['fledʒlɪŋ] Jungvogel *m*; *fig.* Grünschnabel *m*.

flee [fliː] (*fled*) fliehen; meiden.

fleece [fliːs] **1.** Vlies *n*; **2.** scheren; **fleec·y** ['fliːsɪ] (*-ier, -iest*) wollig; flockig.

fleet [fliːt] **1.** □ schnell; **2.** ♣ Flotte *f*.

flesh [fleʃ] Fleisch *n*; **~y** ['fleʃɪ] (*-ier, -iest*) fleischig; dick.

flew [fluː] *past of* **fly** 2.

flex¹ *esp. anat.* [fleks] biegen, dehnen.

flex² *esp. Brit.* ⚡ [~] (Anschluß-, Verlängerungs)Kabel *n*, (-)Schnur *f*.

flex·i·ble □ ['fleksəbl] flexibel, biegsam; *fig.* anpassungsfähig.

flick [flɪk] schnippen; schnellen.

flick·er ['flɪkə] **1.** flackern; flattern; flimmern; **2.** Flackern *n*, Flimmern *n*; Flattern *n*; *Am.* Buntspecht *m*.

fli·er ['flaɪə] = **flyer.**

flight [flaɪt] Flucht *f*; Flug *m* (*a. fig.*); Schwarm *m* (*birds, etc.*; *a.* ✈, ✗); *a. ~ of stairs* Treppe *f*; *put to ~* in die Flucht schlagen; *take (to)* ~ die Flucht ergreifen; **~less** *zo.* [~lɪs] flugunfähig; **~y** ['flaɪtɪ] (*-ier, -iest*) launisch.

flim·sy □ ['flɪmzɪ] (*-ier, -iest*) dünn; zart; *fig.* fadenscheinig.

flinch [flɪntʃ] zurückweichen; zucken.

fling [flɪŋ] **1.** Wurf *m*; Schlag *m*; *have one's or a ~* sich austoben; **2.** (*flung*) *v/i.* eilen; *of horse:* ausschlagen; *fig.* toben; *v/t.* werfen, schleudern; **~ o.s.** sich stürzen; **~ open** aufreißen.

flint [flɪnt] Feuerstein *m*.

flip [flɪp] **1.** Schnipser *m*; *somersault:* Salto *m*; **2.** (*-pp-*) *toss:* schnipsen.

flip·pant □ ['flɪpənt] respektlos, schnodderig.

flip·per ['flɪpə] *zo.* Flosse *f*; *sports:* (Schwimm)Flosse *f*.

flirt [flɜːt] **1.** flirten; *fig. with idea, etc.:* liebäugeln; **2.** *be a ~* gern flirten; **flir·ta·tion** [flɜːˈteɪʃn] Flirt *m*.

flit [flɪt] (*-tt-*) flitzen, huschen.

float [fləʊt] **1.** Schwimmer *m*; Floß *n*; Plattformwagen *m*; **2.** *v/t.* überfluten;

flößen; *water*: tragen; ✧ flott machen; *fig.* in Gang bringen; *econ. company*: gründen; *econ. shares etc.*: ausgeben, auf den Markt bringen; verbreiten; *v/i.* schwimmen, treiben; schweben; umlaufen, in Umlauf sein; **~ing** ['fləʊtɪŋ] **1.** schwimmend, treibend, Schwimm...; *econ. money, etc.*: umlaufend; *rate of exchange*: flexibel; *currency*: frei konvertierbar; **~ voter** *pol.* Wechselwähler *m*; **2.** *econ.* Floating *n*.

flock [flɒk] **1.** Herde *f* (*esp. sheep or goats*) (*a. fig.*); Schar *f*; **2.** sich scharen; zusammenströmen.

floe [fləʊ] (treibende) Eisscholle.

flog [flɒg] (**-gg-**) peitschen; prügeln; **~ging** ['flɒgɪŋ] Tracht *f* Prügel.

flood [flʌd] **1.** *a.* **~tide** Flut *f*; Überschwemmung *f*; **2.** überfluten, überschwemmen; **~gate** Schleusentor *n*; **~light** ✧ Flutlicht *n*.

floor [flɔː] **1.** (Fuß)Boden *m*; Stock(werk *n*) *m*; Tanzfläche *f*; ✧ Tenne *f*; **first ~** *Brt.* erster Stock, *Am.* Erdgeschoß *n*; **second ~** *Brt.* zweiter Stock, *Am.* erster Stock; **~ leader** *Am. parl.* Fraktionsvorsitzende(r *m*) *f*; **~ show** Nachtklubvorstellung *f*; **take the ~** das Wort ergreifen; **2.** *room*: mit e-m Fußboden auslegen; *knock down*: zu Boden schlagen; *puzzle*: verblüffen; **~board** (Fußboden)Diele *f*; **~cloth** Putzlappen *m*; **~ing** Dielung *f*; Fußboden *m*; **~ lamp** Stehlampe *f*; **~walk·er** *Am.* = **shopwalker**.

flop [flɒp] **1.** (**-pp-**) schlagen; flattern; (hin)plumpsen; sich fallen lassen; F durchfallen, danebengehen, ein Reinfall sein; **2.** Plumps *m*; F Flop *m*, Mißerfolg *m*, Reinfall *m*, Pleite *f*; Versager *m*.

flop·py ['flɒpɪ] **1.** weich; schlaff; **2.** F = **~ disc** *or* **disk** Floppy-Disk *f*, Diskette *f*.

flor·id □ ['flɒrɪd] rot, gerötet.

flor·ist ['flɒrɪst] Blumenhändler *m*.

flounce[1] ['flaʊns] Volant *m*.

flounce[2] [~]: **~ off** davonstürzen.

floun·der[1] *zo.* ['flaʊndə] Flunder *f*.

floun·der[2] [~] zappeln; strampeln; *fig.* sich verhaspeln.

flour ['flaʊə] (feines) Mehl.

flour·ish ['flʌrɪʃ] **1.** Schnörkel *m*; schwungvolle Bewegung; ♪ Tusch *m*; **2.** *v/i.* blühen, gedeihen; *v/t.* schwenken.

flout [flaʊt] (ver)spotten.

flow [fləʊ] **1.** Fließen *n*, Strömen *n* (*both a. fig.*), Rinnen *n*; Fluß *m*, Strom *m* (*both a. fig.*); ✧ Flut *f*; **2.** fließen, strömen, rinnen; *of hair*: wallen.

flow·er ['flaʊə] **1.** Blume *f*; Blüte *f* (*a. fig.*); Zierde *f*; **2.** blühen; **~bed** Blumenbeet *n*; **~pot** Blumentopf *m*; **~y**

(**-ier, -iest**) Blumen...; *pattern*: geblümt; *fig. style*: blumig.

flown [fləʊn] *p.p.* of **fly** 2.

flu F [fluː] Grippe *f*.

fluc·tu|ate ['flʌktjʊeɪt] schwanken, fluktuieren; **~a·tion** [flʌktjʊ'eɪʃn] Schwankung *f*, Fluktuation *f*.

flue [fluː] Rauchabzug *m*, Esse *f*; **~ gas** ◎ Rauchgas *n*; **~ desulphurisation** ◎ Rauchgasentschwefelung *f*.

flu·en|cy *fig.* ['fluːənsɪ] Fluß *m*, Flüssigkeit *f*; **~t** □ [~t] fließend; flüssig; *speaker*: gewandt.

fluff [flʌf] **1.** Flaum *m*; Fusseln *pl.*; *fig. mistake*: Schnitzer *m*; **2.** *cushion*: aufschütteln; *feathers*: aufplustern (*of bird*); **~y** (**-ier, -iest**) flaumig; flockig.

flu·id ['fluːɪd] **1.** flüssig; **2.** Flüssigkeit *f*.

flung [flʌŋ] *past and p.p.* of **fling** 2.

flunk *Am. fig.* F [flʌŋk] durchfallen (lassen).

flu·o·res·cent [fluə'resnt] fluoreszierend.

flur·ry ['flʌrɪ] Nervosität *f*; Bö *f*; *Am. a.* (Regen)Schauer *m*; Schneegestöber *n*.

flush[1] [flʌʃ] **1.** Erröten *n*; Erregung *f*; Spülung *f*; *of toilet*: (Wasser)Spülung *f*; **2.** *v/t. a.* **~ out** (aus)spülen; **~ down** hinunterspülen; **~ the toilet** spülen; *v/i.* erröten, rot werden; *of toilet*: spülen.

flush[2] [~] ◎ in gleicher Ebene; bündig; reichlich; (über)voll.

flush[3] [~] *poker*: Flush *m*.

flus·ter ['flʌstə] **1.** Aufregung *f*; **2.** nervös machen, durcheinanderbringen.

flute [fluːt] ♪ Flöte *f*.

flut·ter ['flʌtə] **1.** Geflatter *n*; Erregung *f*; F Spekulation *f*; **2.** *v/t.* aufregen; *v/i.* flattern.

flux *fig.* [flʌks] Fluß *m*.

fly [flaɪ] **1.** *zo.* Fliege *f*; Hosenschlitz *m*; **2.** (**flew, flown**) fliegen (lassen); stürmen, stürzen; flattern, wehen; *time*: verfliegen; *kite*: steigen lassen; ✧ überfliegen; **~ at s.o.** auf j-n losgehen; **~ into a passion or rage** in Wut geraten; **~er** Flieger *m*; *Am.* Flugblatt *n*, Reklamezettel *m*; **~ing** fliegend; Flug...; **~ saucer** fliegende Untertasse; **~ squad** *of police*: Überfallkommando *n*; **~o·ver** *Brt.* (Straßen-, Eisenbahn)Überführung *f*; **~weight** *Boxen*: Fliegengewicht(ler *m*) *n*; **~wheel** ◎ Schwungrad *n*.

foal *zo.* [fəʊl] Fohlen *n*.

foam [fəʊm] **1.** Schaum *m*; **~ rubber** Schaumgummi *m*; **2.** schäumen; **~y** ['fəʊmɪ] (**-ier, -iest**) schaumig.

fo·cus ['fəʊkəs] **1.** (*pl.* **-cuses, -ci** [-saɪ]) *phys., etc.*: Brennpunkt *m* (*a. fig.*); Zentrum *n*; **in or out of ~** *phot. picture*: scharf *or* unscharf *f*; **2.** (**-s-** *or* **-ss-**) (sich) bündeln (*light*); *phot.* einstellen (*a. fig.*); konzentrieren.

fod-der ['fɔdə] (Trocken)Futter *n.*

fog [fɔg] 1. (dichter) Nebel; *fig.* Umnebelung *f*; *phot.* Schleier *m*; 2. (**-gg-**) *mst fig.* umnebeln; *phot.* verschleiern; **~gy** □ (**-ier, -iest**) neb(e)lig; nebelhaft.

foi-ble *fig.* ['fɔibl] (kleine) Schwäche.

foil[1] [fɔil] Folie *f*; *fig.* Hintergrund *m.*

foil[2] [~] *fencing:* Florett *n.*

fold[1] [~] 1. Falte *f*; Falz *m*; 2. ...fach, ...fältig; 3. *v/t.* falten; falzen; *arms:* kreuzen; ~ (**up**) einwickeln; *v/i.* sich falten; *Am. esp. of business:* F eingehen.

fold[2] [fould] 1. Schafhürde *f*; *fig.* Herde *f*; 2. einpferchen.

fold-er ['fouldə] Mappe *f*, Schnellhefter *m*; Faltprospekt *m.*

fold-ing ['fouldiŋ] zusammenlegbar; Klapp...; ~ **bed** Klappbett *n*; **~ bi-cy-cle** Klapprad *n*; ~ **boat** Faltboot *n*; ~ **chair** Klappstuhl *m*; ~ **door(s** *pl.*) Falttür *f.*

fo-li-age ['fouliidʒ] Laub(werk) *n.*

folk [fouk] Leute *pl.*; **~s** *pl.* F *m-e etc.* Leute *pl.* (*relatives*); **~lore** ['~lɔː] Folklore *f*, Volkskunde *f*; Volkssagen *f/pl.*; **~song** Volkslied *n*; Folksong *m.*

fol-low ['fɔlou] folgen auf (*acc.*); (*acc.*); be~, verfolgen; *profession, etc.:* nachgehen (*dat.*); ~ **through** *plan, etc.:* bis zum Ende durchführen; ~ **up** *e-r* Sache nachgehen; *e-e* Sache weiterverfolgen; **~er** Nachfolger(in); Verfolger(in); Anhänger(in); **~ing** 1. Anhänger(schaft *f*) *pl.*; Gefolge *n*; **the** ~ das Folgende; die Folgenden *pl.*; 2. folgende(r, -s); 3. im Anschluß an (*acc.*).

fol-ly ['fɔli] Torheit *f*; Narrheit *f.*

fond □ [fɔnd] zärtlich; vernarrt (**of** in *acc.*); **be** ~ **of** gern haben, lieben; **fon-dle** ['fɔndl] liebkosen; streicheln; (ver)hätscheln; **~ness** [~nis] Liebe *f*, Zuneigung *f*; Vorliebe *f.*

font [fɔnt] Taufstein *m*; *Am.* Quelle *f.*

food [fuːd] Speise *f*, Nahrung *f*; Essen *n*; Futter *n*; Lebensmittel *pl.*; **French** ~ französische Küche; **~ chain** Nahrungskette *f*; **~stuff** Nahrungsmittel *pl.*

fool [fuːl] 1. Narr *m*, Närrin *f*, Dummkopf *m*; **make a** ~ **of s.o.** j-n zum Narren halten; **make a** ~ **of o.s.** sich lächerlich machen; 2. *Am.* F närrisch, dumm; 3. *v/t.* narren; betrügen (**out of** um *et.*); ~ **away** F vertrödeln; *v/i.* herumalbern; (herum)spielen; ~ **about or** (**a**)**round** herumalbern; herumspielen (**with s.o.** mit j-m); herumtrödeln.

fool·e-ry ['fuːləri] Torheit *f*; **~har-dy** [~haːdi] tollkühn; **~ish** □ dumm, tö-

richt; unklug; **~ish-ness** Dummheit *f*; **~proof** kinderleicht; todsicher, F idiotensicher.

foot [fut] 1. (*pl.* **feet**) Fuß *m* (*a. measure* = 0,3048 *m*); Fußende *n*; **on** ~ zu Fuß; im Gange, in Gang; 2. *mst* ~ **up** addieren; ~ **it** zu Fuß gehen; **~ball** *Brt.* Fußball(spiel *n*) *m*; *Am.* Football(spiel *n*) *m*; *Brt.* Fußball *m*; *Am.* Football-Ball *m*; **~board** Trittbrett *n*; **~bridge** Fußgängerbrücke *f*; **~fall** *sound:* Tritt *m*, Schritt *m*; **~gear** Schuhwerk *n*; **~hold** fester Stand; *fig.* Halt *m.*

foot-ing ['futiŋ] Halt *m*, Stand *m*; Grundlage *f*, Basis *f*; Stellung *f*; fester Fuß; Verhältnis *n*; **be on a friendly** ~ **with s.o.** ein gutes Verhältnis zu j-m haben; **lose one's** ~ ausgleiten.

foot|lights *thea.* ['futlaits] *pl.* Rampenlicht(er) *n*); Bühne *f*; **~loose** frei, unbeschwert; ~ **and fancy-free** frei u. ungebunden; **~path** (Fuß)Pfad *m*; **~print** Fußabdruck *m*; ~ *pl. a.* Fußspur(en *pl.*) *f*; **~sore** wund an den Füßen; **~step** Tritt *m*, Schritt *m*; Fußstapfe *f*; **~wear** = **footgear**.

fop [fɔp] Geck *m*, Fatzke *m.*

for [fɔː, fə] 1. *prp. mst* für; *purpose, aim, direction:* zu; nach; *waiting, hoping, etc.:* auf (*acc.*); *yearning, etc.:* nach; *reason, cause:* aus, vor (*dat.*), wegen; *of time:* **three days** drei Tage (lang); seit drei Tagen; *distance:* **I walked ~ a mile** ich ging eine Meile (weit); *in exchange:* (an)statt; *as part of:* als; **I ~ one** ich zum Beispiel; ~ **sure** sicher!, gewiß!; 2. *cj.* denn.

for-age ['fɔridʒ] *a.* ~ **about** (herum)stöbern, (-)wühlen (**in** in *dat.*; **for** nach).

for-ay ['fɔrei] räuberischer Einfall.

for-bear[1] [fɔː'beə] (**-bore, -borne**) *v/t.* unterlassen; *v/i.* sich enthalten (**from** *gen.*); Geduld haben.

for-bear[2] ['fɔːbeə] Vorfahr *m.*

for-bid [fə'bid] (**-dd-; -bade or -bad** [-bæd], **-bidden or -bid**) verbieten; hindern; **~ding** □ [~iŋ] abstoßend.

force [fɔːs] 1. Stärke *f*, Kraft *f*, Gewalt *f*; Nachdruck *m*; Zwang *m*; ✕ Heer *n*; Streitmacht *f*; **in** ~ in großer Zahl or Menge; **the** (**police**) ~ die Polizei; **armed** ~**s** *pl.* (Gesamt)Streitkräfte *pl.*; **come** (**put**) **in**(**to**) ~ in Kraft treten (setzen); 2. zwingen, nötigen; erzwingen; aufzwingen; Gewalt antun (*dat.*); beschleunigen; aufbrechen; ~ **open** aufbrechen.

forced [fɔːst]: ~ **labour** Zwangsarbeit *f*; ~ **landing** Notlandung *f*; ~ **march** *esp.* ✕ Gewaltmarsch *m.*

force-feed ['fɔːsfiːd] (**-fed**) zwangsernähren; **~ful** □ ['fɔːsfl] *person:* energisch, kraftvoll; eindrucksvoll, überzeugend.

for·ceps ✱ ['fɔːseps] Zange f.

for·ci·ble □ ['fɔːsəbl] gewaltsam; Zwangs...; eindringlich; wirksam.

ford [fɔːd] 1. Furt f; 2. durchwaten.

fore [fɔː] 1. adv. vorn; 2. Vorderteil m, n; **come to the** ~ sich hervortun; 3. adj. vorder; Vorder...; ~**arm** Unterarm m; ~**bear** = forbear²; ~**bod·ing** (böses) Vorzeichen; Ahnung f; ~**cast** 1. Vorhersage f; 2. (-cast or -casted) vorherschen; voraussagen; ~**fa·ther** Vorfahr m; ~**fin·ger** Zeigefinger m; ~**foot** (pl. -feet) zo. Vorderfuß m; ~**gone** von vornherein feststehend; ~ **conclusion** ausgemachte Sache, Selbstverständlichkeit f; ~**ground** Vordergrund m; ~**hand** 1. sports: Vorhand(schlag m) f; 2. sports: Vorhand...; ~**head** ['fɔrid] Stirn f.

for·eign ['fɔrən] fremd, ausländisch, -wärtig, Auslands..., Außen...; ~ **affairs** Außenpolitik f; ~ **language** Fremdsprache f; ~ **minister** pol. Außenminister m; ♀ **Office** Brt. pol. Außenministerium n; ~ **policy** Außenpolitik f; ♀ **Secretary** Brt. pol. Außenminister m; ~ **trade** econ. Außenhandel m; ~ **worker** Gastarbeiter m; ~**er** [~ə] Ausländer(in), Fremde(r) m f.

fore|knowl·edge [fɔː'nɒlɪdʒ] Vorherwissen n; ~**leg** zo. Vorderbein n; ~**man** (pl. -men) ✱ Obmann m; Vorarbeiter m, (Werk)Meister m, Polier m, ⚒ Steiger m; ~**most** vorderste(r, -s), erste(r, -s); ~**name** Vorname m; ~**run·ner** Vorläufer(in); ~**see** (-saw, -seen) vorhersehen; ~**shad·ow** ahnen lassen, andeuten; ~**sight** fig. Weitblick m, (weise) Voraussicht.

for·est ['fɔrɪst] 1. Wald m (a. fig.), Forst m; ~ **ranger** Am. Förster m; 2. aufforsten.

fore·stall [fɔː'stɔːl] et. vereiteln; j-m zuvorkommen.

for·est|er ['fɔrɪstə] Förster m; Waldarbeiter m; ~**ry** [~rɪ] Forstwirtschaft f; Waldgebiet n.

fore|taste ['fɔːteɪst] Vorgeschmack m; ~**tell** [fɔː'tel] (-told) vorhersagen; ~**thought** ['fɔːθɔːt] Vorsorge f, -bedacht m.

for·ev·er, for ev·er [fə'revə] für immer.

fore|wom·an (pl. -women) Aufseherin f; Vorarbeiterin f; ~**word** Vorwort n.

for·feit ['fɔːfɪt] 1. Verwirkung f; Strafe f; Pfand n; 2. verwirken; einbüßen.

forge¹ [fɔːdʒ] mst ~ **ahead** sich vor(wärts)arbeiten.

forge² [~] 1. Schmiede f; 2. schmieden (a. fig. plan, etc.); banknote, etc.: fälschen;

forg·er ['fɔːdʒə] Fälscher(in); **for·ge·ry** [~ərɪ] Fälschen n; Fälschung f.

for·get [fə'get] (-got, -gotten) vergessen; ~ **o.s.** sich vergessen, die Kontrolle über sich verlieren; ~**ful** □ [~fl] vergeßlich; ~**me-not** ♣ Vergißmeinnicht n.

for·giv·a·ble [fə'gɪvəbl] mistake, etc.: verzeihlich.

for·give [fə'gɪv] (-gave, -given) vergeben, -zeihen; debt: erlassen; ~**ness** [~nɪs] Verzeihung f; **for·giv·ing** □ [~ɪŋ] versöhnlich; nachsichtig.

for·go [fɔː'gəu] (-went, -gone) verzichten auf (acc.).

fork [fɔːk] 1. (Eß-, Heu-, Mist-, etc.)Gabel f; 2. (sich) gabeln; ~**ed** gegabelt, gespalten; ~**lift**, a. ~ **truck** Gabelstapler m.

for·lorn [fə'lɔːn] verloren, -lassen.

form [fɔːm] 1. Form f; Gestalt f; Formalität f; Formular n; (Schul)Bank f; (Schul)Klasse f; Kondition f; geistige Verfassung f; 2. (sich) formen, (sich) bilden, gestalten; (sich) aufstellen.

form·al □ [~ml] förmlich; formell; äußerlich; **for·mal·i·ty** [fɔː'mælətɪ] Förmlichkeit f; Formalität f.

for·mat ['fɔːmæt] 1. Format n; TV, etc.: (Programm)Struktur f; 2. (-tt-) computer: formatieren.

for·ma|tion [fɔː'meɪʃn] Bildung f; ~**tive** ['fɔːmətɪv] bildend; gestaltend; ~ **years** pl. Entwicklungsjahre pl.

for·mer ['fɔːmə] vorig, früher; ehemalig, vergangen; erstere(r, -s); jene(r, -s); ~**ly** [~lɪ] ehemals, früher.

for·mi·da·ble □ ['fɔːmɪdəbl] furchtbar, schrecklich; ungeheuer.

for·mu·la ['fɔːmjulə] (pl. -las, -lae [-liː]) chem., etc.: Formel f, Rezept(ur f) n (a. fig.); ~**late** [~leɪt] formulieren.

for·sake [fə'seɪk] (-sook, -saken) aufgeben; verlassen; ~**swear** [fɔː'sweə] (-swore, -sworn) abschwören (dat.), entsagen (dat.).

fort ⚔ [fɔːt] Fort n, Festung f.

forth [fɔːθ] vor(wärts), voran; heraus, hinaus, hervor; weiter, fort; ~**com·ing** [fɔːθ'kʌmɪŋ] erscheinend; bereit; bevorstehend; F entgegenkommend; ~**with** [~'wɪθ] sogleich.

for·ti·eth ['fɔːtɪɪθ] vierzigste(r, -s).

for·ti|fi·ca·tion [fɔːtɪfɪ'keɪʃn] Befestigung f; ~**fy** ['fɔːtɪfaɪ] ⚔ befestigen; fig. (ver)stärken; ~**tude** [~tjuːd] Seelenstärke f; Tapferkeit f.

fort·night ['fɔːtnaɪt] vierzehn Tage.

for·tress ['fɔːtrɪs] Festung f.

for·tu·i·tous □ [fɔː'tjuːɪtəs] zufällig.

for·tu·nate ['fɔːtʃnət] glücklich; **be** ~ Glück haben; ~**ly** [~lɪ] glücklicherweise.

for·tune ['fɔːtʃn] Glück n; Schicksal n; Zufall m; Vermögen n; ~teil·er Wahrsager(in).

for·ty ['fɔːtɪ] 1. vierzig; ~ **winks** pl. F Nickerchen n; 2. Vierzig f.

for·ward ['fɔːwəd] 1. adj. vorder; bereit(willig); fortschrittlich; vorwitzig, keck; 2. adv. a. ~s vor(wärts); 3. soccer: Stürmer m; 4. befördern, (ver)senden, schicken; letter, etc.: nachsenden; ~ing a·gent Spediteur m.

fos·ter·child ['fɒstətʃaɪld] (pl. -chil-dren) Pflegekind n; ~par·ents pl. Pflegeeltern pl.

fought [fɔːt] past and p.p. of **fight** 2.

foul [faʊl] 1. □ stinkend, widerlich, schlecht, übel(riechend); weather: schlecht, stürmisch; wind: widrig; sports: regelwidrig, unfair; fig. widerlich, ekelhaft; fig. abscheulich, gemein; 2. sports: Foul n, Regelverstoß m; 3. a. ~ up be-, verschmutzen, verunreinigen; sports: foulen.

found [faʊnd] 1. past and p.p. of **find** 1; 2. (be)gründen; stiften; ⊚ gießen.

foun·da·tion [faʊn'deɪʃn] arch. Grundmauer f, Fundament n; fig. Gründung f, Errichtung f; (gemeinnützige) Stiftung; fig. Grund(lage f) m, Basis f; ~ stone arch. Grundstein m.

found·er¹ ['faʊndə] Gründer(in), Stifter(in).

found·er² [~] ⚓ sinken; fig. scheitern.

found·ling ['faʊndlɪŋ] Findling m.

foun·dry ⊚ ['faʊndrɪ] Gießerei f.

foun·tain ['faʊntɪn] Quelle f; Springbrunnen m; ~ pen Füllfederhalter m.

four [fɔː] 1. vier; 2. Vier f; rowing: Vierer m; on all ~s auf allen vieren; ~square [fɔː'skweə] viereckig; fig. unerschütterlich; ~stroke ['~strəʊk] mot. Viertakt...; ~teen [~'tiːn] 1. vierzehn; 2. Vierzehn f; ~teenth [~'tiːnθ] vierzehnte(r, -s); ~th [~θ] 1. vierte(r, -s); 2. Viertel n; ~th·ly ['~θlɪ] viertens.

fowl [faʊl] Geflügel n; Huhn n; Vogel m; ~ing piece ['~ɪŋpiːs] Vogelflinte f.

fox [fɒks] 1. Fuchs m; 2. überlisten; ~glove ♣ ['~glʌv] Fingerhut m; ~y ['~ɪ] (-ier, -iest) fuchsartig; schlau, gerissen; Am. sl. sexy.

frac·tion ['frækʃn] & Bruch m; Bruchteil m.

frac·ture ['fræktʃə] 1. (esp. Knochen-)Bruch m; 2. brechen.

fra·gile ['frædʒaɪl] zerbrechlich.

frag·ment ['frægmənt] Bruchstück n, of china: a. Scherbe f; mus., etc.: Fragment n; ~ary fragmentarisch, bruchstückhaft.

fra·grance ['freɪɡrəns] Wohlgeruch m, Duft m; ~grant □ [~t] wohlriechend.

frail □ [freɪl] ge-, zerbrechlich; zart, schwach; ~ty ['freɪltɪ] Zartheit f; Zerbrechlichkeit f; Schwäche f.

frame [freɪm] 1. Rahmen m; Gerippe n; Gerüst m; (Brillen)Gestell n; Körper m; (An)Ordnung f; phot. (Einzel)Bild n; ✍ Frühbeetkasten m; ~ of mind Gemütsverfassung f, Stimmung f; 2. bilden, formen, bauen; entwerfen; (ein)rahmen; sich entwickeln; sl. j-m et. anhängen, j-n reinlegen; ~up esp. Am. F [~Λp] abgekartetes Spiel; ~work ⊚ Gerippe n; Rahmen m; fig. Struktur f, System n.

fran·chise ⚻ ['fræntʃaɪz] Wahlrecht n; Bürgerrecht n; esp. Am. Konzession f.

frank [fræŋk] 1. □ frei(mütig), offen; 2. letter: maschinell frankieren.

frank·fur·ter ['fræŋkfɜːtə] Frankfurter Würstchen n.

frank·ness ['fræŋknɪs] Offenheit f.

fran·tic ['fræntɪk] (~ally) wahnsinnig.

fra·ter·nal □ [frə'tɜːnl] brüderlich; ~ni·ty [~nətɪ] Brüderlichkeit f; Bruderschaft f; Am. univ. Verbindung f.

fraud [frɔːd] Betrug m; F Schwindel m; ~u·lent □ ['frɔːdjʊlənt] betrügerisch.

fray [freɪ] (sich) abnutzen; (sich) durchscheuern, (sich) ausfransen.

freak [friːk] 1. Mißbildung f, Mißgeburt f, Monstrosität f; außergewöhnlicher Umstand; Grille f, Laune f; mst in compounds: Süchtige(r m) f; Freak m, Narr m, Fanatiker m; ~ of nature Laune f der Natur; film ~ Kinonarr m, -fan m; 2. ~ out sl. ausflippen.

freck·le ['frekl] Sommersprosse f; ~d sommersprossig.

free [friː] 1. □ (~r, ~st) frei; freigebig (of mit); freiwillig; he is ~ to inf. es steht ihm frei, zu inf.; ~ and easy zwanglos; sorglos; make ~ sich Freiheiten erlauben; set ~ freilassen; 2. (freed) befreien; freilassen; et. freimachen; ~dom ['friːdəm] Freiheit f; freie Benutzung; Offenheit f; Zwanglosigkeit f; (plumpe) Vertraulichkeit; ~ of a city (Ehren)Bürgerrecht n; ~hold·er Grundeigentümer m; ~lance 1. frei(beruflich tätig), freischaffend; 2. a. ~r Freiberufler(in); 2·ma·son Freimaurer m; ~way Am. Schnellstraße f; ~wheel ⊚ [friː'wiːl] 1. Freilauf m; 2. im Freilauf fahren.

freeze [friːz] (froze, frozen) v/i. (ge)frieren; erstarren; v/t. gefrieren lassen; food, etc.: einfrieren, tiefkühlen; econ. prices, etc.: einfrieren; 2. Frost m, Kälte f; econ. pol. Einfrieren n; wage ~, ~ on wages Lohnstopp m; ~dry ['~draɪ] gefriertrocknen; freez·er m. deep ~ Gefriertruhe f, Tiefkühl-, Gefriergerät n; Gefrierfach n; freez·ing □ eisig; ⊚ Gefrier...; ~ compartment Gefrier-, Tiefkühlfach n; ~ point Gefrierpunkt m.

freight [freit] 1. Fracht(geld n) f; attr. Am. Güter...; 2. be-, verfrachten; ~ car Am. ⚞ ['~ka:] Güterwagen m; ~er Frachter m, Frachtschiff n; Fracht-, Transportflugzeug n; ~ train Am. Güterzug m.

French [frentʃ] 1. französisch; take ~ leave sich auf französisch empfehlen; ~ doors pl. Am. = French window(s); ~ fries pl. esp. Am. Pommes frites pl.; ~ kiss Zungenkuß m; ~ letter F Pariser m; ~ window(s pl.) Terrassen-, Balkontür f; 2. ling. Französisch n; the ~ pl. die Franzosen pl.; ~man ['~mən] (pl. -men) Franzose m; ~wo·man ['~wumən] (pl. -women) Französin f.

fren|zied ['frenzid] wahnsinnig; ~zy [~i] wilde Aufregung; Ekstase f; Raserei f.

fre-quen|cy ['fri:kwənsi] Häufigkeit f; ⚡ Frequenz f; ~t 1. ☐ [~t] häufig; 2. ['fri'kwent] (oft) besuchen.

fresh [freʃ] frisch; neu; unerfahren; Am. F frech; ~en ['~n] frischer werden; wind: auffrischen; ~ up house, etc.: F aufmöbeln; ~ (o.s.) up sich frisch machen; ~man ['~mən] (pl. -men) univ. Student(in) im ersten Jahr, appr. Erstsemester n; ~ness Frische f; Neuheit f; Unerfahrenheit f; ~wa·ter Süßwasser n; ~wa·ter Süßwasser...

fret [fret] 1. Aufregung f; Ärger m; ♪ Bund m, Griffleiste f; 2. (-tt-) zerfressen; (sich) ärgern; (sich) grämen; ~ away, ~ out aufreiben.

fret-ful ☐ ['fretfl] ärgerlich.

fret-saw ['fretsɔ:] Laubsäge f.

fret-work ['fretwɜ:k] (geschnitztes) Gitterwerk; Laubsägearbeit f.

fri-ar ['fraiə] Mönch m.

fric-tion ['frikʃn] Reibung f (a. fig.).

Fri-day ['fraidi] Freitag m.

fridge F [fridʒ] Kühlschrank m.

friend [frend] Freund(in); Bekannte(r m) f; make ~s with sich anfreunden mit, Freundschaft schließen mit; ~ly freund(schaft)lich; be ~ with befreundet sein mit; ~ship Freundschaft f.

frig-ate ⚓ ['frigit] Fregatte f.

fright [frait] Schreck(en) m; fig. Vogelscheuche f; ~en ['fraitn] erschrecken; be ~ed of s.th. vor et. Angst haben; ~en-ing [~ŋ] furchterregend; ~ful ☐ [~fl] schrecklich.

frig-id ☐ ['fridʒid] kalt, frostig; psych. frigid(e).

frill [fril] Krause f, Rüsche f.

fringe [frindʒ] 1. Franse f; Rand m; Ponyfrisur f; ~ benefits pl. econ. Gehalts-, Lohnnebenleistungen pl.; ~ event Randveranstaltung f; ~group sociology:

Randgruppe f; 2. mit Fransen besetzen.

frisk [frisk] 1. Luftsprung m; 2. herumtollen; F filzen; j-n, et. durchsuchen; ~y ☐ ['friski] (-ier, -iest) lebhaft, munter.

frit-ter ['fritə] 1. Pfannkuchen m, Krapfen m; 2. ~ away vertun, -trödeln, -geuden.

fri-vol·i-ty [fri'vɒləti] Frivolität f, Leichtfertigkeit f; **friv·o·lous** ☐ ['frivələs] frivol, leichtfertig.

friz-zle ['frizl] cooking: brutzeln.

frizz-y ☐ ['frizi] (-ier, -iest) gekräuselt; hair: kraus.

fro [frəu]: to and ~ hin und her.

frock [frɒk] Kutte f; Kleid n; Kittel m; Gehrock m.

frog zo. [frɒg] Frosch m; ~man ['~mən] (pl. -men) Froschmann m.

frol·ic ['frɒlik] 1. Herumtoben n, -tollen n; Ausgelassenheit f; Streich m, Jux m; 2. (-ck-) herumtoben, -tollen; ~some ☐ [~səm] lustig, fröhlich.

from [frɒm, frəm] von; aus, von ... her; of time: seit, von ... (an); aus, vor, wegen; nach, gemäß; defend ~ schützen vor (dat.); ~ amidst mitten aus.

front [frʌnt] 1. Stirn f; Vorderseite f; ⚔ Front f; Hemdbrust f; Strandpromenade f; Kühnheit f, Frechheit f; at the ~, in ~ vorn; in ~ of of place: vor; 2. Vorder...; ~ door Haustür f; ~ entrance Vordereingang m; 3. a. ~ on, ~ towards die Front haben nach; gegenüberstehen, gegenübertreten (dat.); ~age ['~idʒ] (Vorder)Front f (of house); ~al ☐ [~tl] Stirn...; Front..., Vorder...

fron·tier ['frʌntiə] (Landes)Grenze f; Am. hist. Grenzland n, Grenze f (zum Wilden Westen); attr. Grenz...

front| page ['frʌntpeidʒ] newspaper: Titelseite f; ~wheel drive mot. Vorderradantrieb m.

frost [frɒst] 1. Frost m; a. hoar~, white~ Reif m; 2. (mit Zucker) bestreuen; glasieren, mattieren; ~ed glass Milchglas n; ~bite ['~bait] Erfrierung f; ~bit-ten erfroren; ~y [~i] (-ier, -iest) eisig, frostig (a. fig.).

froth [frɒθ] 1. Schaum m; 2. schäumen; zu Schaum schlagen; ~y ☐ ['~i] (-ier, -iest) schäumend, schaumig; fig. seicht.

frown [fraun] 1. Stirnrunzeln n; finsterer Blick; 2. v/i. die Stirn runzeln; finster blicken; ~ on or upon s.th. et. mißbilligen.

froze [frəuz] past of freeze 1; **fro-zen** ['frəuzn] 1. p.p. of freeze 1; 2. adj. (eis)kalt; (ein-, zu)gefroren; Gefrier...; ~ food Tiefkühlkost f.

fru-gal ☐ ['fru:gl] einfach; sparsam.

fruit [fru:t] 1. Frucht f; Früchte pl.; Obst n; 2. Frucht tragen; ~er·er ['~ərə]

Obsthändler m; ~ful □ [~fl] fruchtbar; ~less □ [~lɪs] unfruchtbar; ~y [~ɪ] (-ier, -iest) frucht-, obstartig; wine: fruchtig; klangvoll, voice: sonor; F joke, remark: schlüpfrig, zweideutig.

frus|trate [frʌ'streɪt] vereiteln; enttäuschen; frustrieren; ~tra·tion [~eɪʃn] Vereitelung f; Enttäuschung f; Frustration f.

fry [fraɪ] 1. Gebratene(s) n; Fischbrut f; 2. braten, backen; fried potatoes Bratkartoffeln pl.; ~ing-pan ['fraɪŋpæn] Bratpfanne f.

fuch·sia ⚘ ['fjuː'ʃə] Fuchsie f.

fuck V [fʌk] 1. V ficken, vögeln; ~ it! Scheiße!; get ~ed! du Trottel soll dich holen!; 2. F int. Scheiße!; ~ing V ['~ɪŋ] F Scheiß..., verflucht, -dammt (adding emphasis); ~ hell! verdammte Scheiße!

fudge [fʌdʒ] 1. F zurechtpfuschen; 2. Unsinn m; cooking: Fondant m.

fu·el [fjʊəl] 1. Brennmaterial n; Betriebs-, mot. Kraftstoff m; 2. (esp. Brt. -ll-, Am. -l-) mot., ✈ (auf)tanken.

fu·gi·tive ['fjuːdʒɪtɪv] 1. flüchtig (a. fig.); 2. Flüchtling m.

ful·fil, Am. a. -fill [fʊl'fɪl] (-ll-) erfüllen; vollziehen; ~ment [~mənt] Erfüllung f.

full [fʊl] 1. □ voll; Voll...; vollständig, völlig; reichlich; ausführlich; of ~ age volljährig; 2. adv. völlig, ganz; genau; 3. das Ganze; Höhepunkt m; in ~ völlig, ausführlich; to the ~ vollständig; ~-blood·ed vollblütig; kräftig; reinrassig; ~ dress Gesellschaftsanzug m; ~-dress formell, Gala...; ~-fledged esp. Am. = fully-fledged; ~-grown ausgewachsen; ~-length in voller Größe; bodenlang; film, etc.: abendfüllend; ~ moon Vollmond m; ~ stop ling. Punkt m; ~ time sports: Spielende n; ~-time ganztägig, Ganztags...; ~ job Ganztagsbeschäftigung f.

ful·ly ['fʊlɪ] voll, völlig, ganz; ~-fledged flügge; fig. richtig; ~-grown Brt. = fullgrown.

fum·ble ['fʌmbl] tasten; fummeln.

fume [fjuːm] 1. rauchen; be angry: aufgebracht sein; 2. ~s pl. Dämpfe pl.

fu·mi·gate ['fjuːmɪgeɪt] ausräuchern, desinfizieren.

fun [fʌn] Scherz m, Spaß m; make ~ of sich lustig machen über (acc.).

func·tion ['fʌŋkʃn] 1. Funktion f; Beruf m; Tätigkeit f; Aufgabe f; Feierlichkeit f; 2. funktionieren; ~a·ry [~ərɪ] Funktionär m.

fund [fʌnd] 1. Fonds m; ~s pl. Staatspapiere pl.; Geld(mittel pl.) n; a ~ of fig. ein Vorrat an (dat.); 2. debt: fundieren; money: anlegen; das Kapital aufbringen für.

fun·da·men·tal □ [fʌndə'mentl] 1. grundlegend; Grund...; 2. ~s pl. Grundlage f, -züge pl., -begriffe pl.

fu·ne|ral ['fjuːnərəl] Beerdigung f; attr. Trauer..., Begräbnis...; ~re·al □ [fjuː'nɪərɪəl] traurig, düster.

fun-fair ['fʌnfeə] Rummelplatz m.

fu·nic·u·lar [fjuː'nɪkjʊlə] a. ~ railway (Draht)Seilbahn f.

fun·nel ['fʌnl] Trichter m; Rauchfang m; ⚓, 🚂 Schornstein m.

fun·nies Am. ['fʌnɪz] pl. Comics pl.

fun·ny □ ['fʌnɪ] (-ier, -iest) lustig, spaßig, komisch.

fur [fɜː] 1. Pelz m; on tongue: Belag m; Kesselstein m; ~s pl. Pelzwaren pl.; 2. mit Pelz besetzen or füttern.

fur·bish ['fɜːbɪʃ] putzen, polieren.

fu·ri·ous □ ['fjʊərɪəs] wütend; wild.

furl [fɜːl] flag, sail: auf-, einrollen; umbrella: zusammenrollen.

fur·lough ✕ ['fɜːləʊ] Urlaub m.

fur·nace ['fɜːnɪs] Schmelz-, Hochofen m; (Heiz)Kessel m.

fur·nish ['fɜːnɪʃ] versehen (with mit); et. liefern; möblieren; ausstatten.

fur·ni·ture ['fɜːnɪtʃə] Möbel pl., Einrichtung f; Ausstattung f; sectional ~ Anbaumöbel pl.

fur·ri·er ['fʌrɪə] Kürschner m.

fur·row ['fʌrəʊ] 1. Furche f; 2. furchen.

fur·ry ['fɜːrɪ] aus Pelz, pelzartig; tongue: belegt.

fur·ther ['fɜːðə] 1. comp. of far; 2. fördern; ~ance [~rəns] Förderung f; ~more ferner, überdies; ~most weiteste(r, -s), entfernteste(r, -s).

fur·thest ['fɜːðɪst] sup. of far.

fur·tive □ ['fɜːtɪv] verstohlen.

fu·ry ['fjʊərɪ] Raserei f, Wut f; Furie f.

fuse [fjuːz] 1. schmelzen; ⚡ durchbrennen; 2. ⚡ Sicherung f; Zünder m; Zündschnur f.

fu·se·lage ✈ ['fjuːzɪlɑːʒ] (Flugzeug-) Rumpf m.

fu·sion ['fjuːʒn] Verschmelzung f, Fusion f; nuclear ~ Kernfusion f.

fuss F [fʌs] 1. Lärm m; Wesen n, Getue n; 2. viel Aufhebens machen (about um, von); (sich) aufregen; ~y □ ['fʌsɪ] (-ier, -iest) aufgeregt, hektisch; kleinlich, pedantisch; heikel, wählerisch.

fus·ty ['fʌstɪ] (-ier, -iest) muffig; fig. verstaubt.

fu·tile □ ['fjuːtaɪl] nutz-, zwecklos.

fu·ture ['fjuːtʃə] 1. (zu)künftig; 2. Zukunft f; gr. Futur n, Zukunft f; in ~ in Zukunft, künftig.

fuzz¹ [fʌz] 1. feiner Flaum; Fusseln pl.; 2. fusseln, (zer)fasern.

fuzz² sl. [~] policeman: Bulle m.

G

gab F [gæb] Geschwätz *n; have the gift of the ~* ein gutes Mundwerk haben.

gab·ar·dine ['gæbədi:n] *cloth:* Gabardine *m.*

gab·ble ['gæbl] 1. Geschnatter *n*, Geschwätz *n*; 2. schnattern, schwatzen.

gab·er·dine ['gæbədi:n] *hist.* Kaftan *m; = gabardine.*

ga·ble *arch.* ['geɪbl] Giebel *m.*

gad F [gæd] *(-dd-): ~ about, ~ around* (viel) unterwegs sein (in *dat.*).

gad·fly *zo.* ['gædflaɪ] Bremse *f.*

gad·get ⊕ ['gædʒɪt] Apparat *m*, Gerät *n*, Vorrichtung *f; often contp.* technische Spielerei.

gag [gæg] 1. Knebel *m (a. fig.*); F Gag *m*; 2. (-gg-) knebeln; *fig.* mundtot machen.

gage *Am.* [geɪdʒ] *= gauge.*

gai·e·ty ['geɪətɪ] Fröhlichkeit *f.*

gai·ly ['geɪlɪ] *adv. of gay* 1.

gain [geɪn] 1. Gewinn *m;* Vorteil *m;* 2. gewinnen; erreichen; bekommen; zunehmen an (*dat.*); *of watch, clock:* vorgehen (um); *~ in* zunehmen an (*dat.*).

gait [geɪt] Gang(art *f*) *m;* Schritt *m.*

gai·ter ['geɪtə] Gamasche *f.*

gal F [gæl] Mädel *n.*

gal·ax·y *ast.* ['gæləksɪ] Milchstraße *f*, Galaxis *f.*

gale [geɪl] Sturm *m.*

gall [gɔːl] 1. Galle *f;* wundgeriebene Stelle; F Frechheit *f;* 2. wund reiben; ärgern.

gal·lant ['gælənt] stattlich; tapfer; galant, höflich; *~·lan·try* [~rɪ] Tapferkeit *f;* Galanterie *f.*

gal·le·ry ['gælərɪ] Galerie *f;* Empore *f.*

gal·ley ['gælɪ] ♣ Galeere *f;* ♣ Kombüse *f; a. ~ proof print.* Fahne(nabzug *m*) *f.*

gal·lon ['gælən] Gallone *f (Brit.* 4,54 *litres, Am.* 3,78 *liters).*

gal·lop ['gæləp] 1. Galopp *m*; 2. galoppieren (lassen).

gal·lows ['gæləʊz] *sg.* Galgen *m.*

ga·lore [gə'lɔ:] in rauhen Mengen.

gam·ble ['gæmbl] 1. (um Geld) spielen; 2. F Glücksspiel *n; ~r* [~ə] Spieler(in).

gam·bol ['gæmbl] 1. Luftsprung *m*; 2. (*esp. Brt. -ll-, Am. -l-*) (herum)tanzen, (-)hüpfen.

game [geɪm] 1. (Karten-, Ball-, *etc.*) Spiel *n;* (einzelnes) Spiel (*a. fig.*); *hunt.* Wild *n;* Wildbret *n; ~s pl.* Spiele *pl.; school:* Sport *m*; 2. mutig; bereit (*for* zu; *to do* zu tun); *~·keep·er* ['~ki:pə] Wildhüter *m.*

gam·mon *esp. Brt.* ['gæmən] schwachgepökelter *or* -geräucherter Schinken.

gan·der *zo.* ['gændə] Gänserich *m.*

gang [gæŋ] 1. (Arbeiter)Trupp *m;* Gang *f*, Bande *f;* Clique *f;* Horde *f;* 2. *~ up* sich zusammentun, *contp.* sich zusammenrotten.

gang·ster ['gæŋstə] Gangster *m.*

gang·way ['gæŋweɪ] (Durch)Gang *m*; ♣ Fallreep *n*; ♣ Laufplanke *f.*

gaol [dʒeɪl], *~·bird* ['dʒeɪlbɜ:d], *~er* [~ə] *s. jail etc.*

gap [gæp] Lücke *f;* Kluft *f;* Spalte *f.*

gape [geɪp] gähnen; klaffen; gaffen.

gar·age ['gærɑ:ʒ] 1. Garage *f;* (Reparatur)Werkstatt *f* (u. Tankstelle *f*); 2. *car:* in e-r Garage ab- *or* unterstellen; *car:* in die Garage fahren.

gar·bage *esp. Am.* ['gɑ:bɪdʒ] Abfall *m*, Müll *m; ~ can* Abfall-, Mülleimer *m;* Abfall-, Mülltonne *f; ~ truck* Müllwagen *m.*

gar·den ['gɑ:dn] 1. Garten *m; ~s pl. a.* Park *m*, Parkanlage *f;* 2. im Garten arbeiten; Gartenbau treiben; *~er* [~ə] Gärtner(in); *~·ing* [~ɪŋ] Gartenarbeit *f.*

gar·gle ['gɑ:gl] 1. gurgeln; 2. Gurgeln *n;* Gurgelwasser *n.*

gar·ish □ ['geərɪʃ] grell, auffallend.

gar·land ['gɑ:lənd] Girlande *f.*

gar·lic ♣ ['gɑ:lɪk] Knoblauch *m.*

gar·ment ['gɑ:mənt] Gewand *n.*

gar·nish ['gɑ:nɪʃ] garnieren; zieren.

gar·ret ['gærət] Dachstube *f.*

gar·ri·son ✕ ['gærɪsn] Garnison *f.*

gar·ru·lous □ ['gærələs] schwatzhaft.

gar·ter ['gɑ:tə] Strumpfband *n; Am.* Socken-, Strumpfhalter *m.*

gas [gæs] 1. Gas *n; Am.* F Benzin *n; step on the ~ mot.* Gas geben; 2. (-ss-) *v/t.* vergasen; *v/i.* F faseln; *a. ~ up Am.* F *mot.* (auf)tanken; *~·e·ous* ['gæsɪəs] gasförmig.

gash [gæʃ] 1. klaffende Wunde; Hieb *m;* Riß *m*; 2. tief (ein)schneiden in (*acc.*).

gas·ket ⊕ ['gæskɪt] Dichtung *f.*

gas·light ['gæslaɪt] Gasbeleuchtung *f; ~ me·ter* Gasuhr *f; ~·o·lene, ~·o·line Am.* [~əli:n] Benzin *n.*

gasp [gɑ:sp] 1. Keuchen *n*, schweres Atmen; 2. keuchen; *~ for breath* nach Luft schnappen, nach Atem ringen.

gas· sta·tion *Am.* ['gæssteɪʃn] Tankstelle *f; ~·stove* Gasofen *m*, -herd *m; ~·works* *sg.* Gaswerk *n.*

gate [geɪt] Tor *n;* Pforte *f;* Schranke *f*, Sperre *f; ✈* Flugsteig *m; sports:* Besucher(zahl *f*) *pl.; ~·crash* ['~kræʃ] uneingeladen kommen *or* (hin)gehen (zu); sich ohne zu bezahlen hinein- *or* hereinschmuggeln; *~·crash·er* ungeladener

Gast; **~post** Tor-, Türpfosten *m*; **~way** Tor(weg *m*) *n*, Einfahrt *f*.

gath·er ['gæðə] **1.** *v/t.* (ein-, ver)sammeln; *information*: zusammentragen; *harvest*: ernten; *flowers, etc.*: pflücken; *deduce*: schließen (*from* aus); zusammenziehen, kräuseln; **~ speed** schneller werden; *v/i.* sich (ver)sammeln; sich vergrößern; *abscess*: reifen; *wound*: eitern; **2.** Falte *f*; **~ing** [~rɪŋ] Versammlung *f*; Zusammenkunft *f*.

gau·dy □ ['gɔːdɪ] (*-ier, -iest*) auffällig, bunt, *colour*: grell; protzig.

gauge [geɪdʒ] **1.** (Normal)Maß *n*; ⊙ *instrument*: Lehre *f*; ⊕ Spurweite *f*; Meßgerät *n*; *fig.* Maßstab *m*; **2.** eichen; (aus)messen; *fig.* abschätzen.

gaunt □ [gɔːnt] hager; ausgemergelt.

gaunt·let ['gɔːntlɪt] Schutzhandschuh *m*; *fig.* Fehdehandschuh *m*; **run the ~** Spießruten laufen.

gauze [gɔːz] Gaze *f*.

gave [geɪv] *past of* **give**.

gav·el ['gævl] Hammer *m* (*of chairperson or auctioneer*).

gaw·ky ['gɔːkɪ] (*-ier, -iest*) unbeholfen, linkisch.

gay [geɪ] **1.** □ lustig, fröhlich; bunt, (farben)prächtig; F schwul (*homosexual*); **2.** F Schwule(r) *m* (*homosexual*).

gaze [geɪz] **1.** (starrer) Blick *m*; starren; **~ at** starren auf (*acc.*), anstarren.

ga·zelle *zo.* [gə'zel] Gazelle *f*.

ga·zette [gə'zet] Amtsblatt *n*; Zeitung *f*.

gear [gɪə] **1.** ⊙ Getriebe *n*; *mot.* Gang *m*; *mst in compounds*: Vorrichtung *f*, Gerät *n*; *in* ~ mit eingelegtem Gang; *out of* ~ im Leerlauf; *change* **~(s)**, *Am.* **shift ~(s)** *mot.* schalten; ⊙ greifen; *landing* ~ ✈ Fahrgestell *n*; *steering* ~ ⯑ Ruderanlage *f*; *mot.* Lenkung *f*; **2.** einschalten; ⊙ greifen; **~·le·ver** ['gɪəliːvə], *Am.* **~·shift** *mot.* Schalthebel *m*.

geese [giːs] *pl. of* **goose**.

geld·ing *zo.* ['geldɪŋ] Wallach *m*.

gem [dʒem] Edelstein *m*; Gemme *f*; *fig.* Glanzstück *n*.

gen·der ['dʒendə] *gr.* Genus *n*, Geschlecht *n*; *coll.* F Geschlecht *n*.

gen·er·al ['dʒenərəl] **1.** □ allgemein; allgemeingültig; ungefähr; Haupt..., General...; ⯑ *Certificate of Education s.* **certificate** 1; **~ education** *or* **knowledge** Allgemeinbildung *f*; **~ election** *Brt. pol.* allgemeine Wahlen *pl.*; **~ practitioner** praktischer Arzt; **2.** ⚔ General *m*; Feldherr *m*; *in* ~ im allgemeinen; **~·i·ty** [dʒenə'rælətɪ] Allgemeinheit *f*; *die* große Masse; **~·ize** [~aɪz] verallgemeinern; **gen·er·al·ly** [~lɪ] im allgemeinen, überhaupt; gewöhnlich.

gen·e|rate ['dʒenəreɪt] erzeugen;

~·ra·tion [dʒenə'reɪʃn] (Er)Zeugung *f*; Generation *f*; Menschenalter *n*; **~·ra·tor** ['dʒenəreɪtə] Erzeuger *m*; ⊙ Generator *m*; *esp. Am. mot.* Lichtmaschine *f*.

gen·e|ros·i·ty [dʒenə'rɒsətɪ] Großmut *f*; Großzügigkeit *f*; **~·rous** □ ['dʒenərəs] großmütig, großzügig.

ge·net·ic [dʒɪ'netɪk] genetisch; **~ code** genetischer Code; **~ engineering** Gentechnologie *f*; **~s** Genetik *f*

ge·ni·al □ ['dʒiːnɪəl] freundlich; angenehm; wohltuend.

gen·i·tive *gr.* ['dʒenɪtɪv] *a.* **~ case** Genitiv *m*, zweiter Fall.

ge·ni·us ['dʒiːnɪəs] Geist *m*; Genie *n*.

gent F [dʒent] Herr *m*; **~s** *sg. Brt.* Herrenklo *n*.

gen·teel □ [dʒen'tiːl] vornehm; elegant.

gen·tile ['dʒentaɪl] **1.** heidnisch, nichtjüdisch; **2.** Heid|e *m*, -in *f*.

gen·tle □ ['dʒentl] (*~r, ~st*) sanft; mild; zahm; leise, sacht; vornehm; **~·man** (*pl. -men*) Herr *m*; Gentleman *m*; **~·man·ly** [~mənlɪ] vornehm, *a.* gentlemanlike; **~·ness** [~nɪs] Sanftheit *f*; Milde *f*, Güte *f*, Sanftmut *f*.

gen·try ['dʒentrɪ] niederer Adel; Oberschicht *f*.

gen·u·ine □ ['dʒenjʊɪn] echt; aufrichtig.

ge·og·ra·phy [dʒɪ'ɒgrəfɪ] Geographie *f*.

ge·ol·o·gy [dʒɪ'ɒlədʒɪ] Geologie *f*.

ge·om·e·try [dʒɪ'ɒmətrɪ] Geometrie *f*.

germ *biol.*, ⯑ [dʒɜːm] Keim *m*.

Ger·man ['dʒɜːmən] **1.** deutsch; **2.** Deutsche(r *m*) *f*; *ling.* Deutsch *n*.

ger·mi·nate ['dʒɜːmɪneɪt] keimen (lassen).

ger·und *gr.* ['dʒerənd] Gerundium *n*.

ges·tic·u·late [dʒe'stɪkjʊleɪt] gestikulieren; **~·la·tion** [dʒestɪkjʊ'leɪʃn] Gebärdenspiel *n*.

ges·ture ['dʒestʃə] Geste *f*, Gebärde *f*.

get [get] (*-tt-; got, got or Am. gotten*) *v/t.* erhalten, bekommen, F kriegen; besorgen; *fetch*: holen; (mit)bringen; *receive*: verdienen, bekommen; *capture*: ergreifen, fassen, fangen; (veran)lassen; *have got* haben; *have got to* müssen; **~ one's hair cut** sich die Haare schneiden lassen; **~ by heart** auswendig lernen; *what can I* ~ *you?* was darf ich Ihr bringen?; *v/i.* gelangen, geraten, kommen; gehen; werden; **~ ready** sich fertig machen; **~ about** auf den Beinen sein; herumkommen; *rumour*: sich verbreiten; **~ ahead** vorankommen; **~ ahead of** übertreffen (*acc.*); **~ along** vorwärtskommen; auskommen (*with* mit); **~ at** herankommen an (*acc.*); sagen wollen; **~ away** loskommen; entkommen; **~ back** zu·rückgehen, -kommen; *v/t.* zurückbekommen; **~ in** einsteigen (in); **~ off** aus·

steigen (aus); ~ *on* einsteigen (in); ~ *out* heraus-, hinausgehen; aussteigen (*of* aus); ~ *over s.th.* über et. hinwegkommen; ~ *through v/i.* durchkommen (*a. teleph.*); *v/t.* durchbekommen; ~ *to* kommen nach; ~ *together* zusammenkommen; ~ *up* aufstehen.

get|a·way ['getəwei] Flucht *f*; ~ *car* Fluchtauto *n*; **~together** F Zusammenkunft *f*, gemütliches Beisammensein; **~up** Aufmachung *f*.

ghast·ly ['gɑːstlɪ] (-*ier*, -*iest*) gräßlich; schrecklich; (toten)bleich; gespenstisch.

gher·kin ['gɜːkɪn] Gewürzgurke *f*.

ghet·to ['getəu] Getto *n*; ~ **blast·er** Ghettoblaster *m*.

ghost [gəust] Geist *m*, Gespenst *n*; *fig.* Spur *f*; **~·ly** ['gəustlɪ] (-*ier*, -*iest*) geisterhaft.

gi·ant ['dʒaɪənt] 1. riesig; 2. Riese *m*.

gib·ber ['dʒɪbə] kauderwelschen; **~ish** [~rɪʃ] Kauderwelsch *n*.

gib·bet ['dʒɪbɪt] Galgen *m*.

gibe [dʒaɪb] 1. spotten (*at* über *acc.*); 2. höhnische Bemerkung.

gib·lets ['dʒɪblɪts] *pl.* Hühner-, Gänseklein *n*.

gid|di·ness ['gɪdɪnɪs] ✍ Schwindel *m*; Unbeständigkeit *f*; Leichtsinn *m*; **~dy** □ ['gɪdɪ] (-*ier*, -*iest*) schwind(e)lig; leichtfertig; unbeständig; albern.

gift [gɪft] Geschenk *n*; Talent *n*; **~ed** ['gɪftɪd] begabt.

gi·gan·tic [dʒaɪˈgæntɪk] (**~ally**) gigantisch, riesenhaft, riesig, gewaltig.

gig·gle ['gɪgl] 1. kichern; 2. Gekicher *n*.

gild [gɪld] (*gilded* or *gilt*) vergolden; verschönen; **~ed youth** Jeunesse *f* dorée.

gill [gɪl] *zo.* Kieme *f*; ♀ Lamelle *f*.

gilt [gɪlt] 1. *p.p. of gild*; 2. Vergoldung *f*.

gim·mick F ['gɪmɪk] Trick *m*; *in advertising:* Gag *m*, Spielerei *f*, *a.* Gimmick *m*.

gin [dʒɪn] Gin *m*.

gin·ger ['dʒɪndʒə] 1. Ingwer *m*; rötliches *or* gelbliches Braun; 2. rötlich- *or* gelblichbraun; **~bread** Pfefferkuchen *m*; **~ly** zimperlich; behutsam, vorsichtig.

gip·sy ['dʒɪpsɪ] Zigeuner(in).

gi·raffe *zo.* [dʒɪˈrɑːf] Giraffe *f*.

gir·der ⊕ ['gɜːdə] Tragbalken *m*.

gir·dle ['gɜːdl] Hüfthalter *m*, -gürtel *m*, Korselett *n*, Miederhose *f*.

girl [gɜːl] Mädchen *n*; *daughter a.:* Tochter *f*; **~friend** Freundin *f*; **~guide** *Brit.* Pfadfinderin *f*; **~hood** Mädchenzeit *f*, Mädchenjahre *pl.*, Jugend(zeit) *f*; **~ish** □ mädchenhaft; Mädchen...; **~ scout** *Am.* Pfadfinderin *f*.

gi·ro *econ.* ['dʒaɪrəu] 1. Giro(system) *n*; *Brit.* Postscheckdienst *m*; 2. Giro...; *Brit.* Postscheck...

girth [gɜːθ] (Sattel)Gurt *m*; (*a.* Körper)Umfang *m*.

gist [dʒɪst] *das* Wesentliche.

give [gɪv] (*gave, given*) geben; ab-, übergeben; her-, hingeben; überlassen; *as a gift:* schenken; *grant:* gewähren; *sell:* verkaufen; *pay:* (be)zahlen; *result, etc.:* ergeben; *joy:* machen, bereiten; *lecture, speech:* halten; ~ *birth to* zur Welt bringen; ~ *away* her-, weggeben, verschenken; *fig.* verraten; ~ *back* zurückgeben; ~ *in petition, etc.:* einreichen, *exam paper:* abgeben; nachgeben; aufgeben; ~ *off smell:* verbreiten; ausströmen; ~ *out* aus-, verteilen; *supplies, strength:* zu Ende gehen; ~ *up* (es) aufgeben; aufhören mit; *j-n* ausliefern; ~ *o.s. up* sich (freiwillig) stellen; **giv·en** ['gɪvn] 1. *p.p. of give*; 2. **be** ~ *to* verfallen sein; neigen zu; ~ *name Am.* Vorname *m*.

gla|cial □ ['gleɪsɪəl] eisig; Eis...; Gletscher...; **~ci·er** ['glæsɪə] Gletscher *m*.

glad □ [glæd] (-*dd*-) froh, erfreut; freudig; **~den** erfreuen; **~ly** gern(e); **~ness** Freude *f*.

glam·o(u)r·ous □ ['glæmərəs] bezaubernd; **~o(u)r** ['glæmə] 1. Zauber *m*, Glanz *m*, Reiz *m*; 2. bezaubern.

glance [glɑːns] 1. (schneller *or* flüchtiger) Blick (*at* auf *acc.*); *at* a ~ mit e-m Blick; 2. (auf)leuchten, (-)blitzen; *mst* ~ *off* abprallen; ~ *at* flüchtig ansehen.

gland *anat.* [glænd] Drüse *f*.

glare [gleə] 1. grelles Licht; wilder, starrer Blick; 2. grell leuchten; wild blicken; (~ *at* an)starren.

glass [glɑːs] 1. Glas *n*; Opern-, Fernglas *n*; Barometer *n*; (*a pair of*) **~es** *pl.* (e-e) Brille *f*; 2. gläsern; Glas...; 3. verglasen; ~ *case* Vitrine *f*; Schaukasten *m*; **~ful** ein Glas(voll); **~house** Treibhaus *n*; ✕ F Bau *m*; **~ware** Glas(waren *pl.*) *n*; **~y** (-*ier*, -*iest*) gläsern; glasig.

glaze [gleɪz] 1. Glasur *f*; 2. *v/t.* verglasen; glasieren; polieren; *v/i. of eyes:* trüb(e) *or* glasig werden; **gla·zi·er** ['gleɪzɪə] Glaser *m*; **~glaz·ing** Verglasen *n*; Verglasung *f*; *double* ~ Doppelverglasung *f*, Doppelfenster *n*.

gleam [gliːm] 1. Schimmer *m*, Schein *m*; 2. schimmern.

glean [gliːn] *v/t. facts, etc.:* sammeln; *v/i.* Ähren lesen.

glee [gliː] Fröhlichkeit *f*; **~ful** □ ['gliːfəl] ausgelassen, fröhlich.

glen [glen] Bergschlucht *f*, enges Tal.

glib □ [glɪb] (-*bb*-) gewandt; schlagfertig.

glide [glaɪd] 1. Gleiten *n*; ✈ Gleitflug *m*; 2. (dahin)gleiten (lassen); e-n Gleitflug machen; **glid·er** Segelflugzeug n; Segel-flieger(in); **glid·ing** Segelfliegen n.

glim·mer ['glɪmə] 1. Schimmer m; min. Glimmer m; 2. schimmern.

glimpse [glɪmps] 1. flüchtiger Blick (**at** auf acc.); Schimmer m; flüchtiger Eindruck; 2. flüchtig (er)blicken.

glint [glɪnt] 1. blitzen, glitzern; 2. Lichtschein m.

glis·ten ['glɪsn] glitzern, glänzen.

glit·ter ['glɪtə] 1. glitzern, funkeln, glänzen; 2. Glitzern n, Funkeln n, Glanz m; **~ati** sl. [ˌ'rɑːtɪ] pl. Schickeria f, F Schickimickis pl.

gloat [gləʊt]: **~ over** sich hämisch or diebisch freuen über (acc.); **~ing** □ ['gləʊtɪŋ] hämisch, schadenfroh.

glo·bal ['gləʊbəl] global, weltweit; **~ warming** globaler Temperaturanstieg, Erwärmung f der Erdatmosphäre.

globe [gləʊb] (Erd)Kugel f; Globus m; **~-trot·ter** F [ˈˌtrɒtə] Globetrotter(in), Weltenbummler(in).

gloom [gluːm] Düsterkeit f; Dunkelheit f; gedrückte Stimmung, Schwermut f; **~y** □ (**-ier, -iest**) dunkel; düster; schwermütig, traurig.

glori·fy ['glɔːrɪfaɪ] verherrlichen, preisen; **~ri·ous** □ [ˌ'ʌəs] herrlich; glorreich; **~ry** [ˌʌɪ] 1. Ruhm m; Herrlichkeit f, Pracht f; Glorienschein m; **~ in** sich freuen über (acc.); success, etc.: sich sonnen in.

gloss [glɒs] 1. Glosse f, Bemerkung f; Glanz m; 2. Glossen machen (zu); Glanz geben (dat.); **~ over** beschönigen.

glos·sa·ry ['glɒsərɪ] Glossar n, Wörterverzeichnis n.

gloss·y □ ['glɒsɪ] (**-ier, -iest**) glänzend.

glove [glʌv] Handschuh m; **~ compart·ment** mot. Handschuhfach n.

glow [gləʊ] 1. Glühen n; Glut f; 2. glühen.

glow·er ['glaʊə] finster blicken.

glow-worm zo. ['gləʊwɜːm] Glühwürmchen n.

glu·cose ['gluːkəʊs] Traubenzucker m.

glue [gluː] 1. Leim m; 2. kleben.

glum □ [glʌm] (**-mm-**) bedrückt, niedergeschlagen.

glut [glʌt] (**-tt-**) übersättigen, -schwemmen; **~ o.s. with** or **on** sich vollstopfen mit.

glut·ton ['glʌtn] Unersättliche(r m) f; Vielfraß m; **~ous** □ [ˌ'ʌəs] gefräßig; **~y** [ˌʌɪ] Gefräßigkeit f.

gnarled [nɑːld] knorrig; hands: knotig.

gnash [næʃ] knirschen (mit).

gnat zo. [næt] (Stech)Mücke f.

gnaw [nɔː] (zer)nagen; (zer)fressen.

gnome [nəʊm] Gnom m; Gartenzwerg m.

go [gəʊ] 1. (**went, gone**) gehen, fahren, fliegen; weggehen, aufbrechen, abfahren, abreisen; bus, etc.: verkehren; time: vergehen; mad, etc.: werden; way, etc.: führen (**to** nach); reach: sich erstrecken, reichen (**to** bis zu); develop: ausgehen, ablaufen, ausfallen; work properly: gehen, arbeiten, funktionieren; **break down** (machine): kaputtgehen; **let ~** loslassen; **~ shares** teilen; **I must be ~ing** ich muß weg or fort; **~ to bed** ins Bett gehen; **~ to school** zur Schule gehen; **~ to see** besuchen; **~ ahead** vorangehen; vorausgehen, -fahren; **~ ahead with** s.th. et. durchführen, et. machen; **~ at** losgehen auf (acc.); **~ between** vermitteln (zwischen); **~ by** sich richten nach; **~ down** hinuntergehen; sun: untergehen; ship: sinken; **~ for** holen; **~ for a walk** e-n Spaziergang machen, spazierengehen; **~ in** hineingehen, eintreten; **~ in for an examination** e-e Prüfung machen; **~ off** fortgehen; **~ on** weitergehen, -fahren; fig. fortfahren, weitermachen (**doing** zu tun); fig. vor sich gehen, vorgehen; **~ out** hinausgehen; ausgehen, regularly: gehen (mit); fire, etc.: ausgehen, verlöschen; **~ through** durchgehen; durchmachen; **~ up** steigen; hinaufgehen, -steigen; **~ without** sich behelfen ohne, auskommen ohne; 2. F Mode f; Schwung m; **on the ~** auf den Beinen; im Gange; **it is no ~** es geht nicht; **in one ~** auf Anhieb; **have a ~ at** es versuchen mit; **it's your ~** du bist dran.

goad [gəʊd] 1. fig. Ansporn m; 2. fig. anstacheln.

go-a·head F ['gəʊəhed] zielstrebig; unternehmungslustig.

goal [gəʊl] Mal n; Ziel n; soccer: Tor n; **~-keep·er** F [ˌ'kiːpə] Torwart m.

goat zo. [gəʊt] Ziege f, Geiß f.

gob·ble ['gɒbl] 1. of turkey: kollern; mst **~ up** verschlingen; 2. Kollern n; **~r** [ˌʌə] Truthahn m; gieriger Esser.

go-be·tween ['gəʊbɪtwiːn] Vermittler (-in), Mittelsmann m.

gob·lin ['gɒblɪn] Kobold m.

god [gɒd] eccl. **2** Gott m; fig. Abgott m; **~-child** (pl. **-children**) Patenkind n; **~-dess** ['gɒdɪs] Göttin f; **~-fa·ther** Pate m (a. fig.), Taufpate m; **~-for·sak·en** contp. gottverlassen; **~-head** Gottheit f; **~-less** gottlos; **~-like** gottähnlich; göttlich; **~-ly** (**-ier, -iest**) gottesfürchtig; fromm; **~-moth·er** (Tauf)Patin f; **~-par·ent** (Tauf)Pate m, (-)Patin f; **~-send** F Geschenk n des Himmels.

go-get·ter F ['gəʊˈgetə] Draufgänger m.

gog·gle ['gɒgl] 1. glotzen; 2. **~s** pl. Schutzbrille f; **~-box** Brt. F Glotze f.

go·ing ['gəʊɪŋ] 1. gehend; im Gange (befindlich); *be ~ to* inf. im Begriff sein zu inf., gleich tun wollen or werden; 2. Gehen n; Vorwärtskommen n; Straßenzustand m; Geschwindigkeit f, Leistung f; **~s-on** F pl. Treiben n, Vorgänge pl.

gold [gəʊld] 1. Gold n; 2. golden; **dig·ger** Am. ['~dɪgə] Goldgräber m; **~en** mst fig. ['~ən] golden, goldgelb; ~ **handshake** Brt. Abfindung f; **~finch** zo. Stieglitz m; **~fish** zo. Goldfisch m; **~smith** Goldschmied m.

golf [gɒlf] 1. Golf(spiel) n; 2. Golf spielen; ~ **club** ['gɒlfklʌb] Golfschläger m; Golfklub m; ~ **course**, ~ **links** pl. or sg. Golfplatz m.

gon·do·la ['gɒndələ] Gondel f.

gone [gɒn] 1. p.p. of go 1; 2. adj. fort; F futsch; vergangen; tot; F hoffnungslos.

good [gʊd] 1. (better, best) gut; artig; gütig; gründlich; ~ **at** geschickt or gut in (dat.); 2. Nutzen m, Wert m, Vorteil m; das Gute, Wohl n; **~s** pl. econ. Waren pl., Güter pl.; **that's no ~** das nützt nichts; **for ~** für immer; **~by(e)** 1. [~'baɪ]: **wish s.o. ~, say ~ to s.o.** j-m auf Wiedersehen sagen; 2. int. [~'baɪ] (auf) Wiedersehen!; ♀ **Fri·day** Karfreitag m; **~hu·mo(u)red** ['~] gutgelaunt; gutmütig; **~look·ing** gutaussehend; **~ly** ['~lɪ] anmutig, hübsch; fig. ansehnlich; **~na·tured** ◇ gutmütig; **~ness** Güte f; das Beste; **thank ~!** Gott sei Dank!; (my) **~!, gracious!** du meine Güte!, du lieber Himmel!; **for ~ sake** um Himmels willen!; **~ knows** weiß der Himmel; **~will** Wohlwollen n; econ. Kundschaft f; econ. Firmenwert m.

good·y F ['gʊdɪ] Bonbon n, n.

goose zo. [guːs] (pl. **geese**) Gans f (a. fig.).

goose·ber·ry ♀ ['gʊzbərɪ] Stachelbeere f.

goose|flesh ['guːsfleʃ], ~ **pim·ples** pl. Gänsehaut f; **~step** Stechschritt m.

go·pher zo. ['gəʊfə] Taschenratte f; Am. Ziesel m.

gore [gɔː] with horns: durchbohren, aufspießen.

gorge [gɔːdʒ] 1. Kehle f, Schlund m; enge (Fels)Schlucht f; 2. (ver)schlingen; (sich) vollstopfen.

gor·geous ◇ ['gɔːdʒəs] prächtig.

go·ril·la zo. [gə'rɪlə] Gorilla m.

gor·y ◇ ['gɔːrɪ] (-ier, -iest) blutig; fig. blutrünstig.

gosh int. F [gɒʃ]: **by ~** Mensch!

gos·ling zo. ['gɒzlɪŋ] junge Gans.

go-slow Brt. econ. [gəʊ'sləʊ] Bummelstreik m.

Gos·pel eccl. ['gɒspəl] Evangelium n.

gos·sa·mer ['gɒsəmə] Spinnfäden pl., a. Altweibersommer m.

gos·sip ['gɒsɪp] 1. Klatsch m, Tratsch m; Klatschbase f; 2. klatschen, tratschen.

got [gɒt] past and p.p. of get.

Goth·ic ['gɒθɪk] gotisch; Schauer...; ~ **novel** Schauerroman m.

got·ten Am. ['gɒtn] p.p. of get.

gouge [gaʊdʒ] 1. ◎ Hohlmeißel m; 2. ~ **out** ◎ ausmeißeln; ~ **out s.o.'s eye** j-m ein Auge ausstechen.

gourd ♀ [gʊəd] Kürbis m.

gout ♂ [gaʊt] Gicht f.

gov·ern ['gʌvn] v/t. regieren, beherrschen; lenken, leiten; v/i. herrschen; **~ess** [~s] Erzieherin f; **~ment** [~mənt] Regierung(sform) f; Herrschaft f (of über acc.); Ministerium n; attr. Staats...; **~men·tal** [~'mentl] Regierungs...; **gov·er·nor** ['~ə] Gouverneur m; Direktor m, Präsident m; F father, boss; F Alte(r) m.

gown [gaʊn] 1. (Frauen)Kleid n; Robe f, Talar m; 2. kleiden.

grab [græb] 1. (-bb-) (hastig or gierig) ergreifen, packen, fassen; 2. (hastiger or gieriger) Griff; ◎ Greifer m.

grace [greɪs] 1. Gnade f; Gunst f; delay: (Gnaden)Frist f; charm: Grazie f, Anmut f; decency: Anstand m; prayer: Tischgebet n; **Your** ♀ Eure Hoheit (duke, duchess); Eure Exzellenz (archbishop); 2. zieren, schmücken; begünstigen, auszeichnen; **~ful** ◇ anmutig; **~less** ◇ ungraziös, linkisch; ungehobelt.

gra·cious ◇ ['greɪʃəs] gnädig.

gra·da·tion [grə'deɪʃn] Abstufung f.

grade [greɪd] 1. Grad m, Rang m; Stufe f; Qualität f; esp. Am. = **gradient**; Am. school: Klasse f; Note f; **make the ~** es schaffen, Erfolg haben; ~ **crossing** esp. Am. schienengleicher Bahnübergang f; 2. abstufen; einstufen; ◎ planieren.

gra·di·ent ◎ ['greɪdɪənt] Steigung f.

grad·u·al ◇ ['grædʒʊəl] stufenweise, allmählich; **~al·ly** [~lɪ] nach u. nach; allmählich; **~ate** 1. [~ʊeɪt] graduieren; (sich) abstufen; die Abschlußprüfung machen, Brt. e-n akademischen Grad erwerben, Am. die Schulausbildung abschließen; **she ~d from ...** sie hat in ... studiert; 2. [~ʊət] univ. Hochschulabsolvent(in), Graduierte(r m) f, Akademiker(in); Am. Schulabgänger(in); **~a·tion** [grædʒʊ'eɪʃn] Gradeinteilung f; univ., Am. a. school: (Ab)Schlußfeier f; univ. Erteilung f or Erlangung f e-s akademischen Grades.

graf·fi·ti [græ'fiːtɪ] Wandmalereien pl., -schmierereien pl., Graffiti pl.

graft [grɑːft] 1. ♂ Pfropfreis n; Am.

Schiebung *f*; *Am*. Schmiergelder *pl*.; **2.** ✓ pfropfen; ✗ verpflanzen.

grain [grein] (Samen)Korn *n*; Getreide *n*; Gefüge *n*; *fig*. Natur *f*; *old weight*: Gran *n*.

gram [græm] Gramm *n*.

gram·mar ['græmə] Grammatik *f*; ~ **school** *Brt. appr*. Gymnasium; *Am. appr*. Realschule *f*.

gram·mat·i·cal □ [grə'mætikl] grammatisch.

gramme [græm] = **gram**.

gra·na·ry ['grænəri] Kornspeicher *m*.

grand □ [grænd] **1.** *fig*. großartig; erhaben; groß; Groß...; Haupt...; ♀ *Old Party Am*. Republikanische Partei; **2.** (*pl. grand*) F Riese *m* (*1000 dollars or pounds*); ~**child** ['grænt∫aild] (*pl. -children*) Enkel(in); ~**dad**, *a*. **gran·dad** F Großpapa *m*, Opa *m*; ~**daugh·ter** Enkelin *f*, Enkeltochter *f*.

gran·deur ['grændʒə] Größe *f*, Hoheit *f*; Erhabenheit *f*.

grand·fa·ther ['grændfɑːðə] Großvater *m*; ~ **clock** Standuhr *f*.

gran·di·ose □ ['grændiəus] großartig.

grand|ma F ['grænmɑː] Großmama *f*, Oma *f*; ~**moth·er** Großmutter *f*; ~**par·ents** *pl*. Großeltern *pl*.; ~**pa** F *s. granddad*; ~**pi·an·o** ♪ (Konzert)Flügel *m*; ~**son** Enkel *m*, Enkelsohn *m*; ~**stand** *sports*: Haupttribüne *f*.

grange [greindʒ] (kleiner) Gutshof.

gran·ny F ['græni] Oma *f*.

grant [grɑːnt] **1.** Gewährung *f*; Unterstützung *f*; Stipendium *n*; **2.** gewähren; bewilligen; verleihen; ✗ übertragen; zugestehen; ~**ed, but** zugeben, aber; *take for* ~**ed** als selbstverständlich annehmen.

gran|u·lat·ed ['grænjuleitid] körnig, granuliert; ~ *sugar* Kristallzucker *m*; ~**ule** [~juːl] Körnchen *n*.

grape [greip] Weinbeere *f*, -traube *f*; ~**fruit** ♀ ['~fruːt] Grapefruit *f*, Pampelmuse *f*; ~**vine** ♀ Weinstock *m*, F *j-s Verbindungen pl.*, Gerücht *n*; *hear s.th. on or through the* ~ et. kommt e-m zu Ohren.

graph [græf] graphische Darstellung; ~**ic** (~*ally*) graphisch; anschaulich; ~**arts** *pl*. Graphik *f*, graphische Kunst.

grap·ple ['græpl] ringen, kämpfen; ~ *with fig*. sich herumschlagen mit et.

grasp [grɑːsp] **1.** Griff *m*; Bereich *m*; Beherrschung *f*; Fassungskraft *f*; **2.** (er)greifen, packen; begreifen.

grass [grɑːs] Gras *n*; Rasen *m*; Weide(land *n*) *f*; *sl. marihuana*: Grass *n*; ~**hop·per** *zo*. ['~hɒpə] Heuschrecke *f*; ~**roots** *pol*. Basis *f*; ~ **wid·ow** Strohwitwe *f*; *Am*. geschiedene Frau; *Am*. getrennt

lebende Frau; ~ **wid·ow·er** Strohwitwer *m*; *Am*. geschiedener Mann; *Am*. getrennt lebender Mann; **grass·y** [~] (*-ier, -iest*) grasbedeckt, Gras...

grate [greit] **1.** (Kamin)Gitter *n*; (Feuer)Rost *m*; **2.** reiben, raspeln; knirschen (mit), ~ *on s.o.'s nerves* an j-s Nerven zerren.

grate·ful □ ['greitfl] dankbar.

grat·er ['greitə] Reibe *f*.

grat·i·fi·ca·tion [grætifi'kei∫n] Befriedigung *f*; Freude *f*; ~**fy** ['grætifai] erfreuen; befriedigen.

grat·ing¹ □ ['greitiŋ] kratzend, knirschend, quietschend; schrill; unangenehm.

grat·ing² [~] Gitter(werk) *n*.

grat·i·tude ['grætitjuːd] Dankbarkeit *f*.

gra·tu·i|tous □ [grə'tjuːitəs] unentgeltlich; freiwillig; ~**ty** [~tjuːəti] Abfindung *f*; Gratifikation *f*; Trinkgeld *n*.

grave¹ □ [greiv] (~*r*, ~*st*) ernst; (ge-) wichtig; gemessen.

grave² [~] Grab *n*; ~**dig·ger** ['~digə] Totengräber *m* (*a. zo.*).

grav·el ['grævl] **1.** Kies *m*; Schotter *m*; ✗ Harngrieß *m*; **2.** mit Kies bestreuen.

grave|stone ['greivstəun] Grabstein *m*; ~**yard** Friedhof *m*.

grav·i·ta·tion [grævi'tei∫n] *phys*. Schwerkraft *f*; *fig*. Hang *m*, Neigung *f*.

grav·i·ty ['grævəti] Schwere *f*, Ernst *m*; *phys*. Schwerkraft *f*.

gra·vy ['greivi] Bratensaft *m*; Bratensoße *f*; ~**boat** Soßenschüssel *f*.

gray *esp. Am*. [grei] grau.

graze¹ [greiz] *cattle*: weiden (lassen); (ab)weiden; (ab)grasen.

graze² [~] **1.** streifen; schrammen; *skin*: (ab-, auf)schürfen, (auf)schrammen; **2.** Abschürfung *f*, Schramme *f*.

grease 1. [griːs] Fett *n*; Schmiere *f*; **2.** [griːz] (be)schmieren.

greas·y □ ['griːzi] (*-ier, -iest*) fett(ig), ölig; schmierig.

great □ [greit] groß, Groß...; F großartig; ~**grand...** *child, parents*: Ur..., Urgroß...; ~**ly** sehr; ~**ness** Größe *f*; Stärke *f*.

greed [griːd] Gier *f*; ~**y** □ (*-ier, -iest*) gierig (*for* auf *acc.*, nach); habgierig; gefräßig.

Greek [griːk] **1.** griechisch; **2.** Griech|e *m*, -in *f*; *ling*. Griechisch *n*.

green [griːn] **1.** □ grün (*a. fig.*); *fish, etc.*: frisch; neu; Grün...; *pol*. ökologisch, grün, Umwelt...; *the* ♀s die Grünen; **2.** Grün *n*; Grünfläche *f*; Rasen *m*; ~**s** *pl*. grünes Gemüse, Blattgemüse *n*; ~**back** F Dollarschein *m*; ~ **belt** *round a town*: Grüngürtel *m*; ~**gro·cer** *esp. Brt*. Obst- u. Gemüsehändler(in);

~gro-cer-y *esp. Brt.* Obst- u. Gemüsehandlung *f;* ~horn Greenhorn *n,* Grünschnabel *m;* ~house Gewächs-, Treibhaus *n;* ~ effect Treibhauseffekt *m;* ~ish grünlich.

greet [gri:t] grüßen; ~ing ['⁓ɪŋ] Begrüßung *f,* Gruß *m;* ~s *pl.* Grüße *pl.*

gre-nade ✗ [grɪ'neɪd] Granate *f.*

grew [gru:] *past of* grow.

grey [greɪ] 1. □ grau; 2. Grau *n;* 3. grau machen *or* werden; ~hound *zo.* ['⁓haʊnd] Windhund *m.*

grid [grɪd] 1. Gitter *n;* ⚡ *etc.* Versorgungsnetz *n;* 2. ⚡ Gitter...; ~i-ron ['⁓aɪən] (Brat)Rost *m; Am. sports:* F Footballfeld *n.*

grief [gri:f] Gram *m,* Kummer *m; come to* ~ zu Schaden kommen.

griev|ance ['gri:vəns] Beschwerde *f;* Mißstand *m;* ~e [gri:v] *v/t.* betrüben, bekümmern, *j-m* Kummer bereiten; *v/i.* bekümmert sein; ~ *for* trauern um; ~ous □ ['gri:vəs] kränkend, schmerzlich; schlimm.

grill [grɪl] 1. grillen; 2. Grill *m;* Bratrost *m;* Gegrillte(s) *n; a.* ~room Grillroom *m.*

grim □ [grɪm] (-mm-) grimmig; schrecklich; erbittert; F schlimm.

gri-mace [grɪ'meɪs] 1. Fratze *f,* Grimasse *f;* 2. Grimassen schneiden.

grime [graɪm] Schmutz *m;* Ruß *m;* grim-y □ ['graɪmɪ] (-ier, -iest) schmutzig; rußig.

grin [grɪn] 1. Grinsen *n;* 2. (-nn-) grinsen.

grind [graɪnd] 1. (ground) (zer)reiben; mahlen; schleifen; *barrel-organ, etc.:* drehen; *fig.* schinden; ~ *one's teeth* mit den Zähnen knirschen; 2. Schinderei *f,* Schufterei *f;* ~er (Messer-, *etc.*)Schleifer *m;* ⊙ Schleifmaschine *f;* ⊙ Mühle *f;* ~stone Schleifstein *m.*

grip [grɪp] 1. (-pp-) packen, fassen (*a. fig.*); 2. Griff *m* (*a. fig.*); *fig.* Gewalt *f,* Herrschaft *f; Am.* Reisetasche *f.*

gripes [graɪps] *pl.* Bauchschmerzen *pl.,* Kolik *f.*

grip-sack *Am.* ['grɪpsæk] Reisetasche *f.*

gris-ly ['grɪzlɪ] (-ier, -iest) gräßlich, schrecklich.

gris-tle ['grɪsl] *in meat:* Knorpel *m.*

grit [grɪt] 1. Kies *m;* Sand(stein) *m; fig.* Mut *m;* 2. (-tt-): ~ *one's teeth* die Zähne zusammenbeißen.

griz-zly (bear) ['grɪzlɪ(beə)] Grizzly(bär) *m,* Graubär *m.*

groan [grəʊn] 1. stöhnen, ächzen; 2. Stöhnen *n,* Ächzen *n.*

gro-cer ['grəʊsə] Lebensmittelhändler *m;* ~ies [⁓rɪz] *pl.* Lebensmittel *pl.;* ~y [⁓ɪ] Lebensmittelgeschäft *n.*

grog-gy F ['grɒgɪ] (-ier, -iest) schwach *or* wackelig (auf den Beinen), F groggy.

groin *anat.* [grɔɪn] Leiste(ngegend) *f.*

groom [grʊm] 1. Pferdepfleger *m,* Stallbursche *m;* = *bridegroom;* 2. pflegen; *j-n* aufbauen, lancieren.

groove [gru:v] Rinne *f,* Furche *f;* Rille *f,* Nut *f;* groov-y *sl.* ['gru:vɪ] (-ier, -iest) klasse, toll.

grope [grəʊp] tasten; *sl. girl:* befummeln.

gross [grəʊs] 1. □ dick, fett; grob, derb; *econ.* Brutto...; 2. Gros *n* (*12 dozen*); *in the* ~ im ganzen.

gro-tesque □ [grəʊ'tesk] grotesk.

ground[1] [graʊnd] 1. *past and p.p. of* grind 1; 2. ~ glass Mattglas *n.*

ground[2] [graʊnd] 1. Grund *m,* Boden *m;* Gebiet *n;* (Spiel-, *etc.*)Platz *m; reason:* (Beweg)Grund *m;* ⚡ Erde *f;* ~s *pl.* Grundstück *n,* Park(s *pl.*) *m,* Gärten *pl.;* (Kaffee)Satz *m; on the* ~(s) *of* auf Grund (*gen.*); *stand or hold or keep one's* ~ sich behaupten; 2. niederlegen; (be)gründen; *j-m* die Anfangsgründe beibringen; ⚡ erden; ~ crew ✈ Bodenpersonal *n;* ~ floor *esp. Brt.* Erdgeschoß *n;* ~ forc-es ✗ Bodentruppen *pl.,* Landstreitkräfte *pl.;* ~hog *zo.* Amer. Waldmurmeltier *n;* ~ing *Am.* ⚡ Erdung *f;* Grundlagen *pl.* -kenntnisse *pl.;* ~less □ grundlos; ~nut *Brt.* ⚕ Erdnuß *f;* ~ staff *Brt.* ✈ Bodenpersonal *n;* ~ sta-tion *space travel:* Bodenstation *f;* ~work Grundlage *f.*

group [gru:p] 1. Gruppe *f;* 2. (sich) gruppieren.

group-ie F ['gru:pɪ] Groupie *n.*

group-ing [⁓ɪŋ] Gruppierung *f.*

grove [grəʊv] Wäldchen *n,* Gehölz *n.*

grov-el ['grɒvl] (esp. Brt. -ll-, Am. -l-) (am Boden) kriechen.

grow [grəʊ] (grew, grown) *v/i.* wachsen; werden; ~ *into* hineinwachsen in; werden zu, sich entwickeln zu; ~ *on j-m* lieb werden or ans Herz wachsen; ~ *out of* herauswachsen aus; entstehen aus; ~ *up* aufwachsen, heranwachsen; sich entwickeln; *v/t.* ⚕ anpflanzen, anbauen, züchten; ~er ['grəʊə] Züchter *m,* Erzeuger *m, in compounds:* ...bauer *m.*

growl [graʊl] knurren, brummen.

grown [grəʊn] 1. *p.p. of* grow; 2. *adj.* erwachsen; bewachsen; ~up ['⁓ʌp] 1. erwachsen; 2. Erwachsene(r *m*) *f;* growth [grəʊθ] Wachstum *n;* (An-)Wachsen *n;* Entwicklung *f;* Erzeugnis *n;* ⚕ Gewächs *n,* Wucherung *f.*

grub [grʌb] 1. *zo.* Raupe *f,* Larve *f,* Made *f;* F *food:* Futter *n;* 2. (-bb-) graben; sich abmühen; ~by ['grʌbɪ] (-ier, -iest) schmutzig.

grudge [grʌdʒ] **1.** Groll *m*; **2.** mißgönnen; ungern geben *or* tun *etc.*

gru·el [gruəl] Haferschleim *m*.

gruff □ [grʌf] grob, schroff, barsch.

grum·ble ['grʌmbl] **1.** murren; **2.** Murren *n*; **~r** *fig.* [~ə] Brummbär *m*.

grunt [grʌnt] **1.** grunzen; brummen; stöhnen; **2.** Grunzen *n*; Stöhnen *n*.

guar·an|tee [gærən'tiː] **1.** Garantie *f*; Bürgschaft *f*; Sicherheit *f*; Zusicherung *f*; **2.** (sich ver)bürgen für; garantieren; **~tor** [~'tɔː] Bürge *m*, Bürgin *f*; **~ty** ['gærəntɪ] Garantie *f*; Bürgschaft *f*; Sicherheit *f*.

guard [gɑːd] **1.** Wacht *f*; ✕ Wache *f*; Wächter *m*, Wärter *m*; ⚙ Schaffner *m*; Schutz(vorrichtung *f*) *m*; ⚙ *pl.* Garde *f*; **be on ~** Wache haben; **be on** (**off**) **one's ~** (nicht) auf der Hut sein; **2.** *v/t.* bewachen, (be)schützen (**from** vor *dat.*); *v/i.* sich hüten (**against** vor *dat.*); **~ed** ['gɑːdɪd] vorsichtig, zurückhaltend; **~i·an** [~ʃən] Hüter *m*, Wächter *m*; ⚖ Vormund *m*; *attr.* Schutz...; **~i·an·ship** ⚖ [~ʃɪp] Vormundschaft *f*.

gue(r)·ril·la ✕ [gə'rɪlə] Guerilla *m*; **~ warfare** Guerillakrieg *m*.

guess [ges] **1.** Vermutung *f*; **2.** vermuten; schätzen; raten; *Am.* glauben, denken; **~ing game** Ratespiel *n*; **~work** ['geswɜːk] (reine) Vermutung(en *pl.*).

guest [gest] **1.** Gast *m*; **2.** Gast...; **~house** ['~haus] (Hotel)Pension *f*, Fremdenheim *n*; **~room** Gast-, Gästefremdenzimmer *n*.

guf·faw [gʌ'fɔː] **1.** schallendes Gelächter; **2.** schallend lachen.

guid·ance ['gaɪdns] Führung *f*; (An)Leitung *f*.

guide [gaɪd] **1.** (Reise-, Fremden)Führer(in) *f*; ⊘ Führung *f*; *a.* **~book** (Reise-, *etc.*)Führer *m*; **a ~ to London** ein London-Führer; *s.* **girl guide 2.** leiten; führen; lenken; **guid·ed mis·sile** ✕ Lenkflugkörper *m*; **guid·ed tour** Führung *f*; **~line** ['gaɪdlaɪn] Richtlinie *f*, -schnur *f* (**on** *gen.*).

guild *hist.* [gɪld] Gilde *f*, Zunft *f*; **~hall** [gɪld'hɔːl] Rathaus *n* (*of London*).

guile [gaɪl] Arglist *f*; **~ful** □ ['gaɪlfl] arglistig; **~less** □ [~lɪs] arglos.

guilt [gɪlt] Schuld *f*; Strafbarkeit *f*; **~less** □ ['gɪltlɪs] schuldlos; unkundig; **~y** □ [~ɪ] (**-ier, -iest**) schuldig (**of** *gen.*).

guin·ea *Brit.* ['gɪnɪ] Guinee *f* (*former monetary unit, = 21 shillings*); **~pig** *zo.* Meerschweinchen *n*.

guise [gaɪz] Erscheinung *f*, Gestalt *f*; *fig.* Maske *f*.

gui·tar ♪ [gɪ'tɑː] Gitarre *f*.

gulch *esp. Am.* [gʌlʃ] tiefe Schlucht.

gulf [gʌlf] Meerbusen *m*, Golf *m*; *fig.* chasm: Kluft *f*, Abgrund *m*.

gull *zo.* [gʌl] Möwe *f*.

gul·let *anat.* ['gʌlɪt] Schlund *m*, Speiseröhre *f*, Gurgel *f*.

gulp [gʌlp] **1.** (großer) Schluck; **2.** *often* **~ down** *drink*: hinunterstürzen, *food*: hinunterschlingen.

gum [gʌm] Gummi *m, n*; Klebstoff *m*; *Am. a.* **~drop** Gummibonbon *m, n*; **~s** *pl. anat.* Zahnfleisch *n*; *Am.* Gummischuhe *pl.*; **2.** (**-mm-**) gummieren; kleben.

gun [gʌn] **1.** Gewehr *n*; Flinte *f*; Geschütz *n*, Kanone *f*; *Am.* Revolver *m*; **big ~** F *fig.* hohes Tier; **2.** (**-nn-**): *mst* **~ down** niederschießen; **~bat·tie** Feuergefecht *n*, Schießerei *f*; **~boat** Kanonenboot *n*; **~fight** *Am.* = **gun battle**; **~fire** Schüsse *pl.*; ✕ Geschützfeuer *n*; **~li·cence** Waffenschein *m*; **~man** Bewaffnete(r) *m*; Revolverheld *m*; **~ner** ✕ [~ə] Kanonier *m*; **~point: at ~** mit vorgehaltener Waffe, mit Waffengewalt; **~pow·der** Schießpulver *n*; **~run·ner** Waffenschmuggler *m*; **~running** Waffenschmuggel *m*; **~shot** Schuß *m*; **within** (**out of**) **~** in (außer) Schußweite; **~smith** Büchsenmacher *m*.

gur·gle ['gɜːgl] **1.** glucksen, gluckern, gurgeln; **2.** Glucksen *n*, Gurgeln *n*.

gush [gʌʃ] **1.** Schwall *m*, Strom *m* (*a. fig.*); **2.** sich ergießen, schießen (**from** aus); *fig.* schwärmen.

gust [gʌst] Windstoß *m*, Bö *f*.

gut [gʌt] *anat.* Darm *m*; ♪ Darmsaite *f*; **~s** *pl.* Eingeweide *pl.*; *das* Innere; *fig.* Schneid *m*, F Mumm *m*.

gut·ter ['gʌtə] Dachrinne *f*, Gosse *f* (*a. fig.*), Rinnstein *m*; **~ press** Sensationspresse *f*.

guy F [gaɪ] Kerl *m*, Typ *m*.

guz·zle ['gʌzl] saufen; fressen.

gym F [dʒɪm] = **gymnasium**; **gymnastics**; **~na·si·um** [dʒɪm'neɪzɪəm] Turn-, Sporthalle *f*; **~nas·tics** [~'næstɪks] *sg.* Turnen *n*, Gymnastik *f*.

gy·n(a)e·col·o·gist [gaɪnɪ'kɒlədʒɪst] Gynäkologe *m*, -in *f*, Frauenarzt *m*, -ärztin *f*; **~gy** [~dʒɪ] Gynäkologie *f*, Frauenheilkunde *f*.

gyp·sy *esp. Am.* ['dʒɪpsɪ] = **gipsy**.

gy·rate [dʒaɪə'reɪt] kreisen, sich (im Kreis) drehen, (herum)wirbeln.

H

hab·er·dash·er ['hæbədæʃə] Brt. Kurz-warenhändler m; Am. Herrenausstatter m; ~y [~ɪɪ] Brt. Kurzwaren(geschäft n) pl.; Am. Herrenbekleidungsartikel pl.; Am. Herrenmodengeschäft n.

hab|it ['hæbɪt] (An)Gewohnheit f; esp. Ordenskleidung f; ~ of mind Geistes-verfassung f; **drink has become a ~ with him** er kommt vom Alkohol nicht mehr los; ~i·ta·ble □ [~əbl] bewohn-bar.

ha·bit·u·al □ [hə'bɪtjʊəl] gewohnt, ge-wöhnlich; Gewohnheits...

hack¹ [hæk] (zer)hacken.

hack² [~] Reitpferd n; Mietpferd n; Klepper m; a. ~ writer Schreiberling m; ~neyed ['hæknɪd] abgedroschen.

had [hæd] past and p.p. of have.

had·dock zo. ['hædək] Schellfisch m.

h(a)e·mor·rhage ⚕ ['hemərɪdʒ] Blutung f.

hag fig. [hæg] häßliches altes Weib, He-xe f.

hag·gard □ ['hægəd] verhärmt.

hag·gle ['hægl] feilschen, schachern.

hail [heɪl] **1.** Hagel m; (Zu)Ruf m; **2.** (nieder)hageln (lassen); rufen; (be)grü-ßen; ~ from stammen aus; ~stone Ha-gelkorn n; ~storm Hagelschauer m.

hair [heə] single Haar; coll. Haar n, Haa-re pl.; ~breadth ['heəbredθ]: by a ~ um Haaresbreite; ~brush Haarbürste f; ~cut Haarschnitt m; ~do (pl. -dos) F Frisur f; ~dress·er Friseur m, Friseuse f; ~dri·er, ~dry·er Trockenhaube f; Haartrockner m; TM Fön m; ~grip Brt. Haarklammer f, -klemme f; ~less ohne Haare, kahl; ~pin Haarnadel f; ~bend Haarnadelkurve f; ~rais·ing haarsträubend; ~'s breadth = hair-breadth; ~slide Brt. Haarspange f; ~split·ting Haarspalterei f; ~ spray Haarspray m, n; ~style Frisur f; ~styl·ist Hair-Stylist m, Haarstilist m, Damenfriseur m; ~y [~ɪɪ] (-ier, -iest) behaart; haarig.

hale [heɪl]: ~ and hearty gesund u. mun-ter.

half [hɑːf] **1.** (pl. halves [~vz]) Hälfte f; by halves nur halb; go halves halbe-halbe machen, teilen; **2.** halb; ~ an hour e-e halbe Stunde; ~ a pound ein halbes Pfund; ~ past ten halb elf (Uhr); ~ way up auf halber Höhe; ~breed [~briːd] Halbblut n; ~broth·er Halbbruder m; ~caste Halbblut n; ~heart·ed □ [~hɑːtɪd] halbherzig, lustlos, lau; ~mast: fly at ~ auf halbmast trauern; ~pen·ny ['heɪpnɪ] (pl. -pennies,

-pence) halber Penny; ~ sis·ter Halb-schwester f; ~term Brt. univ. Kurzfe-rien pl. in der Mitte e-s Trimesters; ~tim·bered arch. Fachwerk...; ~time sports: Halbzeit f; ~way halb; auf halbem Weg, in der Mitte; ~wit·ted schwachsinnig.

hal·i·but zo. ['hælɪbət] Heilbutt m.

hall [hɔːl] Halle f, Saal m; Flur m, Diele f; Herrenhaus n; univ. Speisesaal m; ~ of residence Studentenwohnheim n.

hal·lo Brt. [hə'ləʊ] = hello.

hal·low ['hæləʊ] heiligen, weihen.

Hal·low·e'en [hæləʊ'iːn] Halloween n, Abend m vor Allerheiligen.

hal·lu·ci·na·tion [həluːsɪ'neɪʃn] Halluzi-nation f.

hall·way esp. Am. ['hɔːlweɪ] Halle f, Die-le f; Korridor m.

ha·lo ['heɪləʊ] (pl. -loes, -los) ast. Hof m; Heiligenschein m.

halt [hɔːlt] **1.** Halt(estelle f) m; Stillstand m; **2.** (an)halten.

hal·ter ['hɔːltə] Halfter m, n; Strick m.

halve [hɑːv] halbieren; ~s [hɑːvz] pl. of half 1.

ham [hæm] Schinken m; ~ and eggs Schinken mit (Spiegel)Ei.

ham·burg·er ['hæmbɜːgə] Am. Rinder-hack n; a. ⚖ (steak) Hamburger m, Fri-kadelle f.

ham·let ['hæmlɪt] Weiler m.

ham·mer ['hæmə] **1.** Hammer m; **2.** hämmern; F sports: vernichtend schla-gen, deklassieren.

ham·mock ['hæmək] Hängematte f; a. swinging garden ~ Hollywoodschau-kel f.

ham·per¹ ['hæmpə] (Trag)Korb m (mit Deckel); Geschenk-, F Freßkorb m.

ham·per² [~] (be)hindern; stören.

ham·ster zo. ['hæmstə] Hamster m.

hand [hænd] **1.** Hand f (a. fig.); writing: Handschrift f; measurement: Handbrei-te f; of clock: (Uhr)Zeiger m; worker: Mann m, Arbeiter m; cards: Blatt n; at ~ bei der Hand; nahe bevorstehend; at first ~ aus erster Hand; a good (poor) ~ at (un)geschickt in (dat.); ~ and glove ein Herz und eine Seele; change ~s den Besitzer wechseln; lend a ~ (mit) anfas-sen; off ~ aus dem Handgelenk or Steg-reif; on ~ econ. vorrätig, auf Lager; esp. Am. zur Stelle, bereit; on one's ~s auf dem Hals; on the one ~ einerseits; on the other ~ andererseits; **2.** ein-, aus-händigen, (über)geben, (-)reichen; ~ around herumreichen; ~ down herun-terreichen; vererben; ~ in et. hinein-, hereinreichen; *paper, essay, etc.*: abgeben; *report, forms, etc.*: einreichen; **~on** weiterreichen, -geben; **~ out** aus-, verteilen; **~ over** übergeben; aushändigen; **~ up** hinauf-, heraufreichen; **~bag** Handtasche *f*; **~bill** Handzettel *m*, Flugblatt *n*; **~book** Handbuch *n*; **~brake** ⊙ Handbremse *f*; **~cuff** *j-m* Handschellen anlegen, *j-n* mit Handschellen fesseln; **~cuffs** *pl.* Handschellen *pl.*; **~ful** Handvoll *f*; F Plage *f*.

hand-i-cap ['hændɪkæp] **1.** Handikap *n*; *sports*: Vorgabe *f*; Vorgaberennen *n*, -spiel *n*, -kampf *m*; *fig.* Behinderung *f*, Benachteiligung *f*, Nachteil *m*; *s. mental, physical*; **2.** (-**pp**-) (be)hindern, benachteiligen; *sports*: mit Handikaps belegen; **~ped 1.** gehandikapt, behindert, benachteiligt; *s. mental, physical*; **2.** *the ~ pl.* ⚡ die Behinderten *pl.*

hand-ker-chief ['hæŋkətʃɪf] (*pl.* **-chiefs**) Taschentuch *n*.

han-dle ['hændl] **1.** Griff *m*; Stiel *m*; Henkel *m*; *fig.* Handhabe *f*; *fly off the ~* F wütend werden; **2.** anfassen; handhaben; behandeln; **~bar(s** *pl.*) Lenkstange *f*.

hand| lug-gage ['hændlʌgɪdʒ] Handgepäck *n*; **~made** handgearbeitet; **~rail** Geländer *n*; **~shake** Händedruck *m*; **~some** □ ['hænsəm] (**~r, ~st**) ansehnlich; hübsch; anständig; **~work** Handarbeit *f*; **~writ-ing** Handschrift *f*; **~writ-ten** handgeschrieben; **~y** (-**ier, -iest**) geschickt; handlich; nützlich; zur Hand; *come in ~* sich als nützlich erweisen; sehr gelegen kommen.

hang¹ [hæŋ] **1.** (**hung**) *v/t.* hängen; auf-, einhängen; verhängen; hängenlassen; *wallpaper*: ankleben; *v/i.* hängen; schweben; sich neigen; **~ about, ~ around** herumlungern; **~ back** zögern; **~ on** sich klammern (*to* an *acc.*) (*a. fig.*); F *wait*: warten; **~ up** *teleph.* einhängen, auflegen; *she hung up on me* sie legte einfach auf; **2.** Fall *m*, Sitz *m* (*of dress, etc.*); *get the ~ of s.th.* et. kapieren, den Dreh rauskriegen (bei et.).

hang² [~] (**hanged**) (auf)hängen; **~ o.s.** sich erhängen.

han-gar ['hæŋə] Hangar *m*, Flugzeughalle *f*.

hang-dog ['hæŋdɒg] Armesünder...

hang-er ['hæŋə] Kleiderbügel *m*; **~on** *fig.* [~ər'ɒn] (*pl.* **hangers-on**) Klette *f*.

hang| glid-er ['hæŋglaɪdə] (Flug)Drachen *m*; Drachenflieger(in); **~glid-ing** [~ɪŋ] Drachenfliegen *n*.

hang-ing ['hæŋɪŋ] **1.** hängend; Hänge...; **2.** (Er)Hängen *n*; **~s** Tapete *f*, Wandbehang *m*, Vorhang *m*.

hang-man ['hæŋmən] (*pl.* **-men**) Henker *m*.

hang-nail ⚡ ['hæŋneɪl] Niednagel *m*.

hang-o-ver F ['hæŋəʊvə] Katzenjammer *m*, Kater *m*.

han-ker ['hæŋkə] sich sehnen (*after, for* nach).

hap-haz-ard [hæp'hæzəd] **1.** Zufall *m*; *at ~* aufs Geratewohl; **2.** □ willkürlich, plan-, wahllos.

hap-pen ['hæpən] sich ereignen, geschehen; *these things ~* das kommt vor; *he ~ed to be at home* er war zufällig zu Hause; **~ on, ~ upon** zufällig treffen auf (*acc.*); **~ing** ['hæpnɪŋ] Ereignis *n*, Vorkommnis *n*; Happening *n*.

hap-pi-ly ['hæpɪlɪ] glücklich(erweise); **~ness** [~nɪs] Glück(seligkeit *f*) *n*.

hap-py ['hæpɪ] (-**ier, -iest**) glücklich; beglückt; erfreut; erfreulich; geschickt; treffend; F beschwipst; **~go-luck-y** unbekümmert.

ha-rangue [hə'ræŋ] **1.** Strafpredigt *f*; **2.** *v/t. j-m* e-e Strafpredigt halten.

har-ass ['hærəs] belästigen, quälen.

har-bo(u)r ['hɑːbə] **1.** Hafen *m*; Zufluchtsort *m*; **2.** beherbergen; *thoughts, etc.*: hegen.

hard [hɑːd] **1.** *adj.* □ hart; schwer; mühselig; streng; ausdauernd; fleißig; heftig; *drug*: hart, *drink* a. stark; **~ of hearing** schwerhörig; **2.** *adv.* stark; tüchtig; mit Mühe; *by nahe bei*; **~ up** in Not; **~boiled** ['~bɔɪld] hart(gekocht); *fig.* hart, unsentimental, nüchtern; **~ cash** Bargeld *n*; klingende Münze; **~ core** harter Kern (*of gang, etc.*); **~core** zum harten Kern gehörend; *pornography*: hart; **~cover** *print.* **1.** gebunden; **2.** Hardcover *n*, gebundene Ausgabe; **~en** härten, hart machen *or* werden; (sich) abhärten; *fig.* (sich) verhärten (*to* gegen); *econ.* (*prices*) sich festigen; **~ hat** Schutzhelm *m* (*for construction workers, etc.*); **~head-ed** nüchtern, praktisch; *esp. Am.* starr-, dickköpfig; **~ la-bo(u)r** ⚡ Zwangsarbeit *f*; **~ line** *esp. pol.* harter Kurs; **~line** *esp. pol.* hart, kompromißlos; **~liner** *esp. pol.* Hardliner *m*, F Betonkopf *m*; **~heart-ed** □ hart(herzig); **~ly** kaum; streng; mit Mühe; **~ness** Härte *f*; Schwierigkeit *f*; Not *f*; **~ship** Bedrängnis *f*, Not *f*; Härte *f*; **~shoul-der** *mot.* Standspur *f*, Seitenstreifen *m*; **~ware** Eisenwaren *pl.*; Haushaltswaren *pl.*; *computer*: Hardware *f*; *language pak, etc.*: Hardware *f*, technische Ausrüstung; **har-dy** □ (-**ier, -iest**) kühn; widerstandsfähig, hart; abgehärtet; *plant*: winterfest.

hare *zo.* [heə] Hase *m*; **~bell** ⚘ Glockenblume *f*; **~brained** *crazy*: verrückt;

plan: *a.* F hirnrissig; **~lip** *anat.* Hasenscharte *f.*

hark [ha:k]: **~ back** F zurückgreifen, -kommen, *a. of time*: zurückgehen (**to** *auf acc.*).

harm [ha:m] **1.** Schaden *m*; Unrecht *n*, Böse(s) *n*; **2.** beschädigen, verletzen; schaden, Leid zufügen (*dat.*); **~ful** □ schädlich; **~less** □ harmlos; unschädlich.

har·mo|ni·ous □ [ha:'məʊnɪəs] harmonisch; **~nize** ['ha:mənaɪz] *v/t.* in Einklang bringen; *v/i.* harmonieren; **~ny** [~ɪ] Harmonie *f.*

har·ness ['ha:nɪs] **1.** Harnisch *m*; (Pferde-, *etc.*)Geschirr *n*; **die in ~** *fig.* in den Sielen sterben; **2.** anschirren; *natural forces*: nutzbar machen.

harp [ha:p] **1.** ♪ Harfe *f*; ♪ Harfe spielen; **~ on** *fig.* herumreiten auf (*dat.*).

har·poon [ha:'pu:n] **1.** Harpune *f*; **2.** harpunieren.

har·row ✔ ['hærəʊ] **1.** Egge *f*; **2.** eggen.

har·row·ing □ ['hærəʊɪŋ] quälend, qualvoll, erschütternd.

harsh □ [ha:ʃ] rauh; herb; grell; streng; schroff; barsch.

hart *zo.* [ha:t] Hirsch *m.*

har·vest ['ha:vɪst] **1.** Ernte(zeit) *f*; (Ernte)Ertrag *m*; **2.** ernten; einbringen; **~er** [~ə] *esp.* Mähdrescher *m.*

has [hæz] *3. sg. pres. of* have.

hash¹ [hæʃ] **1.** Haschee *n*; *fig.* Durcheinander *n*; **make a ~ of** verpfuschen; **2.** *meat*: zerhacken, -kleinern.

hash² F [~] Hasch *n* (*hashish*).

hash·ish ['hæʃɪʃ] Haschisch *n.*

hasp [ha:sp] Schließband *n*, (Verschluß)Spange *f.*

haste [heɪst] Eile *f*; Hast *f*; **make ~** sich beeilen; **has·ten** ['heɪsn] *j-n* antreiben; (sich be)eilen; *et.* beschleunigen; **hast·y** □ ['heɪstɪ] (*-ier, -iest*) (vor)eilig; hastig; hitzig, heftig.

hat [hæt] Hut *m.*

hatch¹ [hætʃ] *a.* **~ out** ausbrüten; ausschlüpfen.

hatch² [~] ♣, ✔ Luke *f*; *for food*: Durchreiche *f*; **~back** *mot.* ['hætʃbæk] (Wagen *m* mit) Hecktür *f.*

hatch·et ['hætʃɪt] (Kriegs)Beil *n.*

hatch·way ♣ ['hætʃweɪ] Luke *f.*

hate [heɪt] **1.** Haß *m*; **2.** hassen; **~ful** □ ['heɪtfl] verhaßt; abscheulich; **ha·tred** [~rɪd] Haß *m.*

haugh|ti·ness ['hɔ:tɪnɪs] Stolz *m*; Hochmut *m*; **~ty** □ [~ɪ] stolz; hochmütig.

haul [hɔ:l] **1.** Ziehen *n*; (Fisch)Zug *m*; Transport(weg) *m*; **2.** ziehen; schleppen; transportieren; ✕ fördern; ♣ abdrehen.

haunch [hɔ:ntʃ] Hüfte *f*; *zo.* Keule *f*; *Am.*

a. **~es** *pl.* Gesäß *n*; *zo.* Hinterbacken *pl.*

haunt [hɔ:nt] **1.** Aufenthaltsort *m*; Schlupfwinkel *m*; **2.** oft besuchen; heimsuchen; verfolgen; spuken in (*dat.*); **~ing** □ ['hɔ:ntɪŋ] quälend; unvergeßlich, eindringlich.

have [hæv] (*had*) *v/t.* haben; *obtain*: bekommen; *keep*: behalten; *meal*: einnehmen; **~ to do** tun müssen; *I had my hair cut* ich ließ mir die Haare schneiden; *he will ~ it that ...* er behauptet, daß ...; *I had better go* es wäre besser, wenn ich ginge; *I had rather go* ich möchte lieber gehen; **~ about one** bei or an sich haben; **~ on** anhaben; **~ it out with** sich auseinandersetzen mit; F *and what ~ you* und so weiter; *v/aux.* haben; *with v/i. often*: sein (*mainly with verbs denoting change of state or position*); **~ come** gekommen sein; **~ on** *light, dress, etc.*: anhaben; **~ out** entfernen; *tooth*: ziehen lassen.

ha·ven ['heɪvn] Hafen *m* (*mst fig.*).

hav·oc ['hævək] Verwüstung *f*; **play ~ with** verwüsten, zerstören; verheerend wirken auf (*acc.*), übel mitspielen (*dat.*).

haw ♣ [hɔ:] Mehlbeere *f.*

Ha·wai·i·an ['hɔ:'waɪən] **1.** hawaiisch; **2.** Hawaiianer(in); *ling.* Hawaiisch *n.*

hawk¹ *zo.* [hɔ:k] Habicht *m*, Falke *m.*

hawk² [~] hausieren (gehen) mit; auf der Straße verkaufen.

haw·thorn ♣ ['hɔ:θɔ:n] Weißdorn *m.*

hay [heɪ] **1.** Heu *n*; **2.** Heu machen; **~cock** Heuhaufen *m*; **~fe·ver** Heuschnupfen *m*; **~loft** Heuboden *m.*

haz·ard ['hæzəd] **1.** Zufall *m*; Gefahr *f*, Wagnis *n*; Hasard(spiel) *n*; **2.** wagen; **~ous** □ gewagt.

haze [heɪz] Dunst *m*, feiner Nebel.

ha·zel ['heɪzl] **1.** ♣ Haselnuß *f*, Hasel(nuß)strauch *m*; **2.** (hasel)nußbraun; **~nut** ♣ Haselnuß *f.*

haz·y □ ['heɪzɪ] (*-ier, -iest*) dunstig, diesig; *fig.* unklar.

H-bomb ✕ ['eɪtʃbɒm] H-Bombe *f*, Wasserstoffbombe *f.*

he [hi:] **1.** er; **2.** Er *m*; *zo.* Männchen *n*; **3.** *adj. in compounds, esp. zo.*: männlich, ...männchen *n or* ...männchen ...

head [hed] **1.** Kopf *m* (*a. fig.*); Haupt *n* (*a. fig.*); *after numerals*: Kopf *m*, Person *f*, *cattle, etc.*: Stück *m*; Leiter(in), Chef(in); *of bed, etc.*: Kopfende *n*; *of coin*: Kopfseite *f*; Gipfel *m*; ♣ Bug *m*; Hauptpunkt *m*, Abschnitt *m*; *title*: Überschrift *f*, F **have a ~** F e-n Brummschädel haben; *come to a ~ of abscess*: eitern; *fig.* sich zuspitzen, zur Entscheidung kommen; *get it into one's ~ that ...* es sich in den Kopf setzen, daß; *lose one's ~* den Kopf od. die Nerven verlieren; ~ **over heels** Hals über Kopf, kopfüber; ~ **of state** Staatsoberhaupt n; ~ **of government** Regierungschef(in); **2.** Ober..., Haupt..., Chef..., oberste(r, -s), erste(r, -s); **3.** v/t. (an)führen; an der Spitze von et. stehen; vorausgehen (dat.); mit e-r Überschrift versehen; ~ **off person:** ablenken; conflict: abwenden; v/i. gehen, fahren nach; sich bewegen (for auf acc. ... zu), lossteuern, -gehen (for auf acc.); ⚓ zusteuern (for auf acc.); ~**ache** Kopfweh n; ~**band** Stirnband n; ~**dress** Kopfschmuck m; ~**gear** Kopfbedeckung f; Zaumzeug n; ~**ing** Brief-, Titelkopf m, Rubrik f; Überschrift f, Titel m; soccer: Kopfballspiel n; ~**land** Vorgebirge n, Kap n; ~**light** mot. Scheinwerfer(licht n) m; ~**line** Überschrift f; Schlagzeile f; esp. pl. TV, etc.: das Wichtigste in Schlagzeilen, die Headlines pl.; ~**long 1.** adj. ungestüm; **2.** adv. kopfüber; ~**mas-ter** of school: Direktor m, Rektor m; ~**mis-tress** of school: Direktorin f, Rektorin f; ~**on** frontal; ~ **collision** Frontalzusammenstoß m; ~**phones** pl. Kopfhörer pl.; ~**quar-ters** pl. ✗ Hauptquartier n; Zentrale f; ~**rest**, ~ **re-straint** Kopfstütze f; ~**set** esp. Am. Kopfhörer pl.; ~ **start** sports: Vorgabe f, -sprung (a. fig.); ~**strong** halsstarrig; ~**wa-ters** pl. Quellgebiet n; ~**way** fig. Fortschritt(e pl.) m; make ~ (gut) vorankommen; ~**word** Stichwort n (in a dictionary); ~**y** ☐ (-ier, -iest) ungestüm; voreilig; zu Kopfe steigend.

heal [hi:l] heilen; ~ **over**, ~ **up** (zu)heilen.

health [helθ] Gesundheit f; ~ **club** Fitneßclub m; ~ **food** Reformkost f; ~ **food shop** (esp. Am. **store**) Reformhaus n; ~ **insurance** Krankenversicherung f; ~ **resort** Kurort m; ~ **service** öffentliches or staatliches Gesundheitswesen; ~**ful** ☐ gesund; heilsam; ~**y** ☐ (-ier, -iest) gesund.

heap [hi:p] **1.** Haufe(n) m; **2.** a. ~ **up** aufhäufen, fig. a. anhäufen.

hear [hɪə] (**heard**) hören; erfahren; anhören, j-m zuhören; erhören; witness: vernehmen; poem, vocabulary, etc.: abhören; ~**d** past and p.p. of hear; ~**er** (Zu)Hörer(in); ~**ing** Gehör n; ⚖ Verhandlung f; ⚖ Vernehmung f; esp. pol. Hearing n, Anhörung f; within (out of) ~ in (außer) Hörweite; ~**say** Gerede n; by ~ vom Hörensagen.

hearse [hɜːs] Leichenwagen m.

heart [hɑːt] anat. Herz n (a. fig.); Innere(s) n; Kern m; fig. Liebling m, Schatz m; by ~ auswendig; out of ~ mutlos; cross my ~ Hand aufs Herz; lay to ~ sich zu Herzen nehmen; lose ~ den Mut

verlieren; take ~ sich ein Herz fassen; ~**ache** ['hɑːteɪk] Kummer m; ~ **at-tack** ✚ Herzanfall m; ✚ Herzinfarkt m; ~**beat** Herzschlag m; ~**break** Leid n, großer Kummer; ~**break-ing** ☐ herzzerreißend; ~**brok-en** gebrochen, verzweifelt; ~**burn** ✚ Sodbrennen n; ~**en** ermutigen; ~ **fail-ure** ✚ Herzinsuffizienz f; ✚ Herzversagen n; ~**felt** innig, tiefempfunden.

hearth [hɑːθ] Herd m (a. fig.).

heart|less ☐ ['hɑːtlɪs] herzlos; ~**rend-ing** ☐ herzzerreißend; ~ **trans-plant** ✚ Herzverpflanzung f, -transplantation f; ~**y** ☐ (-ier, -iest) herzlich; aufrichtig; herzhaft.

heat [hiːt] **1.** Hitze f; Wärme f; Eifer m; sports: Vorlauf m; zo. Läufigkeit f; **2.** heizen; (sich) erhitzen (a. fig.); ~**ed** ☐ erhitzt; fig. erregt; ~**er** ⊙ Heizgerät n, Ofen m.

heath [hiːθ] Heide f; ⚘ Heidekraut n.

hea-then ['hiːðn] **1.** Heid|e m, -in f; **2.** heidnisch.

heath-er ⚘ ['heðə] Heidekraut n.

heat|ing ['hiːtɪŋ] Heizung f; attr. Heiz...; ~**proof**, ~**re-sis-tant**, ~**re-sist-ing** hitzebeständig; ~ **shield** space travel: Hitzeschild m; ~**stroke** ✚ Hitzschlag m; ~ **wave** Hitzewelle f.

heave [hiːv] **1.** Heben n; **2.** (**heaved**, esp. ⚓ **hove**) v/t. heben; sigh: ausstoßen; anchor: lichten; v/i. sich heben u. senken, wogen.

heav-en ['hevn] Himmel m; ~**ly** [~lɪ] himmlisch.

heav-i-ness ['hevɪnɪs] Schwere f, Druck m; Schwerfälligkeit f; Schwermut f.

heav-y ☐ ['hevɪ] (-ier, -iest) schwer; schwermütig; schwerfällig; trüb; drückend; rain, etc.: heftig; road, etc.: unwegsam; Schwer...; ~ **current** ⚡ Starkstrom m; ~ **du-ty** ⊙ Hochleistungs...; strapazierfähig; ~**hand-ed** ☐ ungeschickt; ~**heart-ed** niedergeschlagen; ~**weight** boxing, etc.: Schwergewicht(ler m) n.

He-brew ['hiːbruː] **1.** hebräisch; **2.** Hebräer(in), Jude m, Jüdin f; ling. Hebräisch n.

heck-le ['hekl] j-m zusetzen; speaker: durch Zwischenrufe or -fragen aus der Fassung bringen, stören.

hec-tic ['hektɪk] (~**ally**) hektisch.

hedge [hedʒ] **1.** Hecke f; **2.** v/t. mit e-r Hecke einfassen or umgeben; v/i. ausweichen, sich nicht festlegen (wollen); ~**hog** zo. ['hedʒhɒg] Igel m; Am. Stachelschwein n; ~**row** Hecke f.

heed [hiːd] **1.** Beachtung f, Aufmerksamkeit f; take ~ of, give or pay ~ to achtgeben auf (acc.), beachten; **2.** beachten, achten auf (acc.); **~less** □ unachtsam; unbekümmert (of um).

heel [hi:l] **1.** Ferse f; Absatz m; Am. sl. Lump m; **head over ~s** Hals über Kopf; **down at ~ shoe:** mit schiefen Absätzen; fig. person: abgerissen; schlampig; **take to one's ~s** sich aus dem Staub machen; **2.** Absätze machen auf.

hef·ty ['heftɪ] (-ier, -iest) kräftig, stämmig; mächtig (punch, etc.), gewaltig.

he·gem·o·ny [hɪ'gemənɪ] Hegemonie f.

heif·er zo. ['hefə] Färse f, junge Kuh.

height [haɪt] Höhe f; Höhepunkt m; **~en** ['haɪtn] erhöhen; vergrößern.

hei·nous □ ['heɪnəs] abscheulich.

heir [eə] Erbe m; **~ apparent** rechtmäßiger Erbe; **~ess** ['eərɪs] Erbin f; **~loom** ['eəluːm] Erbstück n.

held [held] past and p.p. of hold 2.

hel·i|cop·ter ✈ ['helɪkɒptə] Hubschrauber m, Helikopter m; **~port** ✈ Hubschrauberlandeplatz m.

hell [hel] **1.** Hölle f; attr. Höllen...; **what the ~ ...?** F was zum Teufel ...?; **raise ~** F e-n Mordskrach schlagen; **give s.o.** F j-m die Hölle heiß machen; F as intensifier: **a ~ of a lot** verdammt viel; **2.** int. F verdammt!, verflucht!; **~bent** ganz versessen, wie wild (for, on auf acc.); **~ish** □ höllisch.

hel·lo int. [hə'ləʊ] hallo!

helm ⚓ [helm] Ruder n, Steuer n.

hel·met ['helmɪt] Helm m.

helms·man ⚓ ['helmzmən] (pl. -men) Steuermann m.

help [help] **1.** Hilfe f; (Hilfs)Mittel n; (Dienst)Mädchen n; **2.** helfen; **~ o.s.** sich bedienen, zulangen; **I cannot ~ it** ich kann es nicht ändern; **I could not ~ laughing** ich mußte einfach lachen; **~er** Helfer(in); **~ful** □ hilfreich; nützlich; **~ing** at a meal: Portion f; **~less** □ hilflos; **~less·ness** Hilflosigkeit f.

hel·ter-skel·ter [heltə'skeltə] **1.** adv. holterdiepolter, Hals über Kopf; **2.** adj. hastig, überstürzt; **3.** Brt. Rutschbahn f.

helve [helv] Stiel m, Griff m.

Hel·ve·tian [hel'viːʃən] Helvetier(in); attr. Schweizer...

hem [hem] **1.** Saum m; **2.** (-mm-) säumen; **~ in** einschließen.

hem·i·sphere geogr. ['hemɪsfɪə] Halbkugel f, Hemisphäre f.

hem·line ['hemlaɪn] (Kleider)Saum m.

hem·lock ⚕ ['hemlɒk] Schierling m.

hemp ⚕ [hemp] Hanf m.

hem·stitch ['hemstɪtʃ] Hohlsaum m.

hen [hen] zo. Henne f, Huhn n; Weibchen n (of birds).

hence [hens] hieraus; daher; **a week ~ in**

or nach e-r Woche; **~forth** [hens'fɔːθ], **~for·ward** [~'fɔːwəd] von nun an.

hen|-house ['henhaʊs] Hühnerstall m; **~pecked** unter dem Pantoffel (stehend).

her [hɜː, hə] sie; ihr; ihr(e); sich.

her·ald ['herəld] **1.** hist. Herold m; **2.** ankündigen; **~ in** einführen; **~ry** [~rɪ] Wappenkunde f, Heraldik f.

herb ⚕ [hɜːb] Kraut n; **her·ba·ceous** ⚕ [hɜː'beɪʃəs] krautartig; **~ border** (Stauden)Rabatte f; **herb·age** ['hɜːbɪdʒ] Gras n; Weide f; **her·biv·o·rous** □ zo. [hɜː'bɪvərəs] pflanzenfressend.

herd [hɜːd] **1.** Herde f (a. fig.), of deer, etc.: a. Rudel n; **2.** v/t. cattle: hüten; v/i. a. **~ together** in e-r Herde leben; sich zusammendrängen; **~s·man** (pl. -men) Hirt m.

here [hɪə] hier; hierher; **~ you are** hier(, bitte); **~'s to you!** auf dein Wohl!

here|a·bout(s) ['hɪərəbaʊt(s)] hier herum, in dieser Gegend; **~af·ter** [hɪər'ɑːftə] **1.** künftig; **2.** das Jenseits; **~by** [hɪə'baɪ] hierdurch.

he·red·i·ta·ry [hɪ'redɪtərɪ] erblich; Erb...; **~ty** [~ɪ] Erblichkeit f; ererbte Anlagen pl., Erbmasse f.

here|in [hɪər'ɪn] hierin; **~of** [~'ɒv] hiervon.

her·e|sy ['herəsɪ] Häresie f, Ketzerei f; **~tic** [~tɪk] Häretiker(in), Ketzer(in).

here|up·on [hɪərə'pɒn] hierauf; **~with** hiermit.

her·i·tage ['herɪtɪdʒ] Erbschaft f.

her·mit ['hɜːmɪt] Einsiedler m.

he·ro ['hɪərəʊ] (pl. -roes) Held m; **~ic** [hɪ'rəʊɪk] (~ally) heroisch; heldenhaft; Helden...

her·o·in ['herəʊɪn] Heroin n.

her·o|ine ['herəʊɪn] Heldin f; **~ism** [~ɪzəm] Heldenmut m, -tum n.

her·on zo. ['herən] Reiher m.

her·ring zo. ['herɪŋ] Hering m.

hers [hɜːz] der, die, das ihr(ig)e; ihr.

her·self [hɜː'self] sie selbst; ihr selbst; sich; **by ~** von selbst, allein, ohne Hilfe.

hes·i|tant □ ['hezɪtənt] zögernd, zaudernd, unschlüssig; **~tate** [~eɪt] zögern, zaudern, unschlüssig sein, Bedenken haben; **~ta·tion** [hezɪ'teɪʃn] Zögern n, Zaudern n, Unschlüssigkeit f; **without ~** ohne zu zögern, bedenkenlos.

hew [hjuː] (hewed, hewed or hewn) hauen, hacken; **~ down** fällen, umhauen; **~n** [hjuːn] p.p. of hew.

hex·a·gon ['heksəgən] Sechseck n.

hey int. [heɪ] ei!, holl!, he!

hey·day ['heɪdeɪ] Höhepunkt m, Blüte f.

hi int. [haɪ] hallo!; he!, heda!

hi·ber·nate zo. ['haɪbəneɪt] Winterschlaf halten.

hic|cup, **~cough** ['hɪkʌp] **1.** Schluckauf *m*; F *fig.* Störung *f*; **2.** den Schluckauf haben.

hid [hɪd] *past of hide²*; **~den** ['hɪdn] *p.p. of hide².*

hide¹ [haɪd] Haut *f*, Fell *n*.

hide² [~] (*hid, hidden*) (sich) verbergen, -stecken; **~and-seek** [haɪdn'siːk] Versteckspiel *n*; **~a·way** F ['~əweɪ] Versteck *n*; **~bound** engstirnig.

hid·e·ous □ ['hɪdɪəs] scheußlich.

hide·out ['haɪdaʊt] Versteck *n*.

hid·ing¹ F ['haɪdɪŋ] Tracht *f* Prügel.

hid·ing² [~] Verstecken *n*, -bergen *n*, **~place** Versteck *n*.

hi·er·ar·chy ['haɪərɑːkɪ] Hierarchie *f*.

hi-fi [haɪ'faɪ] **1.** (*pl. hi-fis*) Hi-Fi *n*; Hi-Fi-Anlage *f*; **2.** Hi-Fi-...

high [haɪ] **1.** *adj.* □ hoch; *noble*: vornehm; *character*: gut, edel, stolz; *style*: hochtrabend; extrem; *luxurious*: üppig; *life*: flott; F *drunk*: blau; *caused by drugs or euphoria*: F high; Haupt..., Hoch..., Ober...; **with a ~ hand** arrogant, anmaßend; **in ~ spirits** guter Laune; **be left ~ and dry** F *fig.* auf dem trockenen sitzen; **~ noon** Mittag *m*; **~ society** High-Society *f*, gehobene Gesellschaftsschicht; **2 Tech** = **2 Technology** Hochtechnologie *f*; **~ time** höchste Zeit; **~ words** heftige Worte; **2.** *meteor.* Hoch *n*; **3.** *adv.* hoch; stark, heftig; **~ beam** *mot.* Fernlicht; **~brow** F **1.** Intellektuelle(r *m*) *f*; **2.** betont intellektuell; **~class** erstklassig; **~ court** ⅜ oberstes Gericht, oberster Gerichtshof; **~ fi·del·i·ty** High-Fidelity *f*; **~-fi·del·i·ty** High-Fidelity-...; **~flier** Erfolgsmensch *m*, *contp.* Ehrgeizling *m*; **~flown** *style, etc.*: hochtrabend, geschwollen; *plans, etc.*: hochfliegend, -gesteckt; **~grade** hochwertig; **~hand·ed** □ anmaßend; **~ jump** *sports*: Hochsprung *m*; **~ jump·er** *sports*: Hochspringer(in); **~land** *mst ~s pl.* Hochland *n*; **~lights** *pl. fig.* Höhepunkte *pl.*; **~ly** hoch; sehr; **speak ~ of s.o.** j-n loben; **think ~ of** e-e hohe Meinung haben von; **~mind·ed** hochgesinnt; *ideals*: hoch; **~necked** *dress, etc.*: hochgeschlossen; **~ness** Höhe *f*; *fig.* Hoheit *f*; **~pitched** *sound*: schrill; *roof*: steil; **~pow·ered** ⊙ stark, Hochleistungs..., Groß...; dynamisch; **~pres·sure** *meteor.*, ⊙ Hochdruck...; **~rise 1.** Hoch...; Hochhaus...; **2.** Hochhaus *n*; **~road** Hauptstraße *f*; **~ school** *esp. Am.* High-School *f*; **~ street** Hauptstraße *f*; **~strung** reizbar, nervös; **~ tea** Brt. (frühes) Abendessen; **~ wa·ter** Hochwasser *n*; **~way** *esp. Am. or* ⅜ Highway *m*, Haupt(verkehrs)straße *f*; **2 Code** Brt. Straßenverkehrsordnung *f*; **~way·man** Straßenräuber *m*.

hi·jack ['haɪdʒæk] **1.** *aircraft*: entführen; *rob*: überfallen; **2.** (Flugzeug)Entführung *f*; Überfall *m*; **~er** (Flugzeug)Entführer *m*, Luftpirat *m*; Räuber *m*.

hike F [haɪk] **1.** wandern; **2.** Wanderung *f*; *Am. prices, etc.*: Erhöhung *f*; **hik·er** Wanderer *m*; **hik·ing** Wandern *n*.

hi·lar·i·ous □ [hɪ'leərɪəs] *party, etc.*: ausgelassen; *comedy, etc.*: sehr komisch; **~ty** [hɪ'lærətɪ] Ausgelassenheit *f*.

hill [hɪl] Hügel *m*, Berg *m*; **~bil·ly** *Am.* F ['hɪbɪlɪ] Hinterwäldler *m*; **~ music** Hillbilly-Musik *f*; **~ock** ['hɪlək] kleiner Hügel; **~side** Hang *m*; **~top** Gipfel *m*; **~y** (*-ier, -iest*) hügelig.

him [hɪm] ihn; ihm; sich; **~self** [hɪm'self] sich; sich (selbst); (er, ihm, ihn) selbst; **by ~** von selbst, allein, ohne Hilfe.

hind¹ *zo.* [haɪnd] Hirschkuh *f*.

hind² [~] Hinter...

hind·er¹ ['haɪndə] hintere(r, -s); Hinter...

hin·der² ['hɪndə] hindern (*from an dat.*); hemmen.

hin·drance ['hɪndrəns] Hindernis *n*.

hinge [hɪndʒ] **1.** Türangel *f*; Scharnier *n*; *fig.* Angelpunkt *m*; **2.** **~ on, ~ upon** *fig.* abhängen von.

hint [hɪnt] **1.** Wink *m*; Anspielung *f*; **take a ~** e-n Wink verstehen; **2.** andeuten; anspielen (*at auf acc.*).

hin·ter·land ['hɪntəlænd] Hinterland *n*.

hip¹ *anat.* [hɪp] Hüfte *f*.

hip² ♀ [~] Hagebutte *f*.

hip·pie, **hip·py** ['hɪpɪ] Hippie *m*.

hip·po *zo.* F ['hɪpəʊ] (*pl. -pos*) = **~pot·a·mus** *zo.* [hɪpə'pɒtəməs] (*pl. -muses, -mi* [-maɪ]) Fluß-, Nilpferd *n*.

hire ['haɪə] **1.** Miete *f*; Entgelt *n*, Lohn *m*; **for ~** zu vermieten, *taxi*: frei; **~ car** Leih-, Mietwagen *m*; **~ charge** Leihgebühr *f*; **~ purchase** Brt. *econ.* Ratenkauf *m*, Teilzahlungskauf *m*; **2.** mieten; *j-n* anstellen; **~ out** vermieten.

his [hɪz] sein(e); seine(r, -s).

hiss [hɪs] **1.** zischen; zischeln; *a.* **~ at** auszischen; **2.** Zischen *n*.

his|to·ri·an [hɪ'stɔːrɪən] Historiker *m*; **~tor·ic** [hɪ'stɒrɪk] (**~ally**) historisch, geschichtlich; **~tor·i·cal** □ [~kl] historisch, geschichtlich; Geschichts...; **~to·ry** ['hɪstərɪ] Geschichte *f*; **~ of civilization** Kulturgeschichte *f*; **contemporary ~** Zeitgeschichte *f*.

hit [hɪt] **1.** Schlag *m*, Stoß *m*; *fig.* (Seiten)Hieb *m*; (Glücks)Treffer *m*; *book, record, etc.*: Hit *m*; **2.** (*-tt-*) schlagen, stoßen; treffen; auf *et.* stoßen; **~ it off with** F sich vertragen mit; **~ on, ~ upon** (zufällig) stoßen auf (*acc.*), finden; **~and-run** [hɪtənd'rʌn] **1.** *a.* **~ accident**

Unfall *m* mit Fahrerflucht; **2.** ~ *driver* unfallflüchtiger Fahrer.

hitch [hɪtʃ] **1.** Ruck *m*; ♣ Knoten *m*; Schwierigkeit *f*, Problem *n*, Haken *m*; **2.** (ruckartig) ziehen, rücken; befestigen, festmachen, -haken, anbinden, ankoppeln; **~hike** ['hɪtʃhaɪk] per Anhalter fahren, trampen; **~hik·er** Anhalter(in), Tramper(in).

hith·er ['hɪðə]: ~ *and thither* hierhin u. dorthin; **~to** bisher.

hive [haɪv] Bienenstock *m*; Bienenschwarm *m*.

hoard [hɔːd] **1.** Vorrat *m*, Schatz *m*; **2.** *a.* ~ *up* horten, hamstern.

hoard·ing ['hɔːdɪŋ] Bauzaun *m*; *Brt.* Reklametafel *f*.

hoar-frost [hɔː'frost] (Rauh)Reif *m*.

hoarse □ [hɔːs] (~*r*, ~*st*) heiser, rauh.

hoar·y ['hɔːrɪ] (*-ier*, *-iest*) (alters)grau.

hoax [həʊks] **1.** Falschmeldung *f*; (übler) Scherz; **2.** *j-n* hereinlegen.

hob·ble ['hɒbl] **1.** Hinken *n*, Humpeln *n*; **2.** *v/i.* humpeln, hinken (*a. fig.*); *v/t.* an den Füßen fesseln.

hob·by ['hɒbɪ] *fig.* Steckenpferd *n*, Hobby *n*; **~horse** Steckenpferd *n*; Schaukelpferd *n*.

hob·gob·lin ['hɒbgɒblɪn] Kobold *m*.

ho·bo *Am.* ['həʊbəʊ] (*pl. -boes, -bos*) Wanderarbeiter *m*; Landstreicher *m*.

hock[1] [hɒk] Rheinwein *m*.

hock[2] *zo.* [~] Sprunggelenk *n*.

hock·ey ['hɒkɪ] *sports: Brt., Am. field* ~ Hockey *n*; *Am.* Eishockey *n*.

hoe ✔ [həʊ] **1.** Hacke *f*; **2.** hacken.

hog [hɒg] (Mast)Schwein *n*; *Am.* Schwein *n*; **~gish** □ ['hɒgɪʃ] schweinisch; gefräßig.

hoist [hɔɪst] **1.** (Lasten)Aufzug *m*, Winde *f*; **2.** hochziehen; hissen.

hold [həʊld] **1.** Halten *n*; Halt *m*; Griff *m*; Gewalt *f*, Macht *f*, Einfluß *m*; ♣ Lade-, Frachtraum *m*; *catch* (*or get, lay, take, seize*) ~ *of* erfassen, ergreifen; sich aneignen; *keep* ~ *of* festhalten; **2.** (*held*) halten; (fest)halten; (zurück-, einbe)halten; abhalten (*from* von); an-, aufhalten; *elections, meeting, etc.*: abhalten; *sports (championship, etc.*): austragen; beibehalten; *position:* innehaben, besitzen; *office, etc.*: *a.* bekleiden; *place:* einnehmen; *world record, etc.*: halten; fassen, enthalten; behaupten; *opinion:* vertreten; fesseln, in Spannung halten; stand-, aushalten; (sich) festhalten; sich verhalten; *weather:* anhalten, andauern; ~ *one's ground,* ~ *one's own* sich behaupten; ~ *the line teleph.* am Apparat bleiben; ~ *a. good* (weiterhin) gelten; ~ *still* stillhalten; ~ *against j-m et.* vorhalten *or* vorwerfen; *j-m et.* übel-

nehmen; ~ *back* (sich) zurückhalten; *fig.* zurückhalten mit; ~ *forth* sich auslassen *or* verbreiten (*on* über *acc*); ~ *off* (sich) fernhalten; *et.* aufschieben; ausbleiben; ~ *on* (sich) festhalten (*to* an *dat.*); aus-, durchhalten; andauern; *teleph.* am Apparat bleiben; ~ *on to et.* behalten; ~ *over* vertagen, -schieben; ~ *together* zusammenhalten; ~ *up* hochheben; hochhalten; hinstellen (*as as example, etc.*); aufhalten, verzögern; *person, bank, etc.*: überfallen; **~all** ['həʊldɔːl] Reisetasche *f*; **~er** [~ə] Pächter *m*; *apparatus:* Halter *m*; Inhaber(in) (*esp. econ.*); **~ing** [~ɪŋ] Halten *n*; Halt *m*; Pachtgut *n*; Besitz *m*; ~ *company econ.* Holding-, Dachgesellschaft *f*; **~up** Verzögerung *f*, (*a.* Verkehrs)Stockung *f*; (bewaffneter) (Raub)Überfall.

hole [həʊl] **1.** Loch *n*, Höhle *f*; F *fig.* Klemme *f*; *pick* ~ *s in* F bekritteln, madig machen; **2.** aushöhlen; durchlöchern.

hol·i·day ['hɒlədɪ] Feiertag *m*; freier Tag; *esp. Brt. mst* ~*s pl.* Ferien *pl.*, Urlaub *m*; *need a* ~ urlaubsreif sein; ~ *camp* Feriendorf *n*; **~mak·er** Urlauber(in); **~ re·sort** Urlaubsort *m*.

hol·i·ness ['həʊlɪnɪs] Heiligkeit *f*; *His* ♀ Seine Heiligkeit (*the pope*).

hol·ler *Am.* F ['hɒlə] schreien.

hol·low ['hɒləʊ] **1.** □ hohl; leer; falsch; **2.** Höhle *f*, (Aus)Höhlung *f*; (Land-) Senke *f*; **3.** ~ *out* aushöhlen.

hol·ly ♣ ['hɒlɪ] Stechpalme *f*.

hol·o·caust ['hɒləkɔːst] Massenvernichtung *f*, -sterben *n*, (*esp.* Brand)Katastrophe *f*; *the* ♀ *hist.* der Holocaust.

hol·ster ['həʊlstə] (Pistolen)Halfter *m, n*.

ho·ly ['həʊlɪ] (*-ier*, *-iest*) heilig; ♀ *Thursday* Gründonnerstag *m*; ~ *water* Weihwasser *n*; ♀ *Week* Karwoche *f*.

home [həʊm] **1.** Heim *n*; Haus *n*, Wohnung *f*; Heimat *f*; *Brt. sports:* (*a.* ~ *win*) Heimsieg *m*; *at* ~ zu Hause; *make oneself at* ~ es sich bequem machen; *make yourself at* ~ fühl dich wie zu Hause; *at* ~ *and abroad* im In- u. Ausland; **2.** *adj.* (ein)heimisch, inländisch; *sports:* Heim...; Heimat... **3.** *adv.* heim, nach Hause; zu Hause, daheim; ins Ziel *or* Schwarze; *strike* ~ sitzen, treffen; **com·put·er** Heimcomputer *m*; ~ **e·co·nom·ics** *sg.* Hauswirtschaft(slehre) *f*, **~elt** tief empfunden; **~grown** *vegetables, etc.*: selbstgezogen; ~ **help** Haushaltshilfe *f*; **~less** heimatlos, **~like** anheimelnd, gemütlich; **~ly** (*-ier*, *-iest*) freundlich (*with* zu); vertraut; einfach; *Am.* unscheinbar, reizlos; **~made** selbstgemacht, Hausmacher...; ♀ *Of·fice Brt. pol.* Innenministe

rium *m*; ♀ **Sec·re·ta·ry** *Brt. pol.* Innen-
minister *m*; **~sick: be ~** Heimweh haben; **~sick·ness** Heimweh *n*; **~stead**
Gehöft *m*; ⚏ *in USA*: Heimstätte *f*; **~
team** *sports*: Gastgeber *pl.*; **~ town** Hei-
matstadt *f*; **~ward 1.** *adj.* Heim...,
Rück...; **2.** *adv. Am.* heimwärts, nach
Hause; **~wards** *adv.* = *homeward* 2;
~work Hausaufgabe(n *pl.*) *f*, Schular-
beiten *pl.*

hom·i·cide ⚖ ['hɒmɪsaɪd] Tötung *f*;
Totschlag *m*; Mord *m*; Totschläger(in);
Mörder(in); **~ squad** Mordkommission
f.

ho·mo F ['həʊməʊ] (*pl. -mos*) *homosexual*: Homo *m*.

ho·mo·ge·ne·ous □ [hɒmə'dʒiːnɪəs] ho-
mogen, gleichartig.

ho·mo·sex·u·al [hɒməʊ'seksjʊəl] **1.** □
homosexuell; **2.** Homosexuelle(r *m*) *f*.

hone ⊙ [həʊn] feinschleifen.

hon|est ['ɒnɪst] ehrlich, rechtschaf-
fen; aufrichtig; echt; **~es·ty** [~ɪ] Ehrlichkeit *f*, Rechtschaffenheit *f*; Aufrichtigkeit *f*.

hon·ey ['hʌnɪ] Honig *m*; *fig.* Liebling *m*;
~comb [~kəʊm] (Honig)Wabe *f*; **~ed**
[~d] honigsüß; **~moon 1.** Flitterwo-
chen *pl.*; **2.** s-e Hochzeitsreise machen.

honk *mot.* [hɒŋk] hupen.

hon·ky-tonk *Am. sl.* ['hɒŋkɪtɒŋk] Spelunke *f*.

hon·or·a·ry ['ɒnərərɪ] Ehren...; ehren-
amtlich.

hon·o(u)r ['ɒnə] **1.** Ehre *f*; *fig.* Zierde *f*;
~s *pl.* besondere Auszeichnung(en *pl.*),
Ehren *pl.*; *Your* ♀ *Euer* Ehren; **2.**
(be)ehren; *econ.* honorieren; **~a·ble** □
ehrenvoll; redlich; ehrbar; ehrenwert.

hood [hʊd] Kapuze *f*; *mot.* Verdeck *n*;
Am. (Motor)Haube *f*; ⊙ Kappe *f*.

hood·lum *Am.* F ['huːdləm] Rowdy *m*;
Ganove *m*.

hood·wink ['hʊdwɪŋk] *j-n* reinlegen.

hoof [huːf] (*pl. hoofs* [~fs], *hooves* [~vz])
Huf *m*.

hook [hʊk] **1.** Haken *m*; Angelhaken *m*;
Sichel *f*; *by ~ or by crook* so oder so; **2.**
(sich) (zu-, fest)haken; angeln (*a. fig.*);
~ed krumm, Haken...; F süchtig (*on
nach*) (*a. fig.*); **~ on heroin** (*television*)
heroin- (fernseh)süchtig; **~y: play ~**
Am. F (*esp.* die Schule) schwänzen.

hoo·li·gan ['huːlɪgən] Rowdy *m*; **~is·m**
[~ɪzəm] Rowdytum *n*.

hoop [huːp] **1.** (Faß-, *etc.*)Reif(en) *m*; ⊙
Ring *m*; **2.** *barrels*: binden.

hoot [huːt] **1.** Schrei *m* (*of owl*); *expressing disapproval, etc.*: Schrei *m*; *mot.*
Hupen *m*; **~s** *of laughter* johlendes Gelächter; **2.** *v/i.* heulen; schreien; *mot.* hupen; *v/t.* auspfeifen, auszischen.

Hoo·ver *TM* ['huːvə] **1.** Staubsauger *m*;
2. *mst* ♀ (staub)saugen, *carpet, etc.*: *a.*
absaugen.

hooves [huːvz] *pl. of hoof.*

hop¹ [hɒp] **1.** Sprung *m*; F Tanz *m*; **2.**
(*-pp-*) hüpfen; springen (über *acc.*); *be
~ping mad* F e-e Stinkwut (im Bauch)
haben.

hop² ♀ [~] Hopfen *m*.

hope [həʊp] **1.** Hoffnung *f*; **2.** hoffen (*for
auf acc.*); **~ in** vertrauen auf (*acc.*); **~ful**
□ hoffnungsvoll; **~less** □ hoffnungs-
los; verzweifelt.

horde [hɔːd] Horde *f*.

ho·ri·zon [hə'raɪzn] Horizont *m*.

hor·i·zon·tal □ [hɒrɪ'zɒntl] horizontal,
waag(e)recht.

horn [hɔːn] Horn *n*; Schalltrichter *m*;
mot. Hupe *f*; **~ s** *pl.* Geweih *n*; **~ of plenty** Füllhorn *n*.

hor·net *zo.* ['hɔːnɪt] Hornisse *f*.

horn·y ['hɔːnɪ] (*-ier, -iest*) hornig,
schwielig; V geil.

hor·o·scope ['hɒrəskəʊp] Horoskop *n*.

hor·ren·dous [hɒ'rendəs] schrecklich,
entsetzlich; *prices*: horrend

hor|ri·ble □ ['hɒrəbl] schrecklich,
furchtbar, scheußlich; F gemein; **~rid**
□ ['hɒrɪd] gräßlich, abscheulich;
schrecklich; **~ri·fy** [~faɪ] erschrecken;
entsetzen; **~ror** [~ə] Entsetzen *n*,
Schauder *m*; Schrecken *m*; Greuel
m.

horse [hɔːs] *zo.* Pferd *n*; Bock *m*, Gestell
n; *wild ~s will not drag me there* keine
zehn Pferde bringen mich dort hin;
~back: on ~ zu Pferde, beritten; **~
chest·nut** ♀ Roßkastanie *f*; **~hair**
Roßhaar *n*; **~man** (geübter) Reiter;
~man·ship Reitkunst *f*; **~ op·e·ra** F
Western *m*; **~pow·er** (*abbr. HP*) *phys.*
Pferdestärke *f* (*abbr. PS*); **~rac·ing**
Pferderennen *n* or *pl.*; **~rad·ish** Meer-
rettich *m*; **~shoe** Hufeisen *n*;
~wom·an (geübte) Reiterin.

hor·ti·cul·ture ['hɔːtɪkʌltʃə] Gartenbau
m.

hose¹ [həʊz] Schlauch *m*.

hose² [~] *pl.* Strümpfe *pl.*, Strumpfwaren
pl.

ho·sier·y ['həʊzɪərɪ] Strumpfwaren *pl.*

hos·pi·ta·ble □ ['hɒspɪtəbl] gastfreund-
lich, gastfrei.

hos·pi·tal [~] ['hɒspɪtl] Krankenhaus *n*, Klinik *f*; ⚔ Lazarett *n*; *in* (*Am. in the*) *~ im
Krankenhaus; **~i·ty** [hɒspɪ'tælətɪ]
Gastfreundschaft *f*, Gastlichkeit *f*;
~ize ['hɒspɪtəlaɪz] ins Krankenhaus
einliefern *or* -weisen.

host¹ [həʊst] Gastgeber *m*; (Gast)Wirt
m; *TV, etc.*: Talkmaster *m*; Showmaster *m*; Moderator *m*; *in holiday club*:

Animateur *m*; *your* ~ *was* ... *TV*, *etc*.: durch die Sendung führte Sie ...

host² [~] Menge *f*, Masse *f*.

host³ *eccl.* [~] *often* ♀ Hostie *f*.

hos·tage ['hɒstɪdʒ] Geisel *m*, *f*; *take s.o.* ~ j-n als Geisel nehmen.

hos·tel ['hɒstl] *esp. Brt.* (Studenten-, Arbeiter-, *etc.*) (Wohn)Heim *n*; *mst youth* ~ Jugendherberge *f*.

host·ess ['həʊstɪs] Gastgeberin *f*; (Gast)Wirtin *f*; Hostess *f*; ✈ Stewardeß *f*; *s. a.* **host¹**.

hos·tile ['hɒstaɪl] feindlich (gesinnt); ~ *to foreigners* ausländerfeindlich; **~·til·i·ty** [hɒ'stɪlətɪ] Feindseligkeit *f* (*to* gegen).

hot [hɒt] (-*tt*-) heiß; scharf; beißend; hitzig, heftig; eifrig; *food, a. tracks*: warm; F heiß, gestohlen; radioaktiv; **~·bed** ['hɒtbed] Mistbeet *n*; *fig.* Brutstätte *f*.

hotch·potch ['hɒtʃpɒtʃ] Mischmasch *m*; Gemüsesuppe *f*.

hot dog [hɒt'dɒg] Hot dog *n*, *m*.

ho·tel [həʊ'tel] Hotel *n*.

hot·head ['hɒthed] Hitzkopf *m*; **~·house** Treibhaus *n*; ~ **line** *pol.* heißer Draht; **~·pot** Eintopf *m*; **~ spot** *esp. pol.* Unruhe-, Krisenherd *m*; **~·spur** Hitzkopf *m*; **~·wa·ter** Heißwasser...; ~ *bottle* Wärmflasche *f*.

hound [haʊnd] **1.** Jagdhund *m*; *fig.* Hund *m*; **2.** jagen, hetzen.

hour ['aʊə] Stunde *f*; Zeit *f*, Uhr *f*; **~·ly** [~lɪ] stündlich.

house 1. [haʊs] Haus *n*; *Brit. the* ♀ das Unterhaus; die Börse; **2.** [haʊz] *v/t.* unterbringen; *v/i.* hausen; **~·a·gent** Häusermakler *m*; **~·bound** *fig.* ans Haus gefesselt; **~·hold** Haushalt *m*; *attr.* Haushalts...; Haus...; **~·hold·er** Hausherr *m*; **~·hus·band** Hausmann *m*; **~·keep·er** Haushälterin *f*; **~·keep·ing** Haushaltung *f*, Haushaltsführung *f*; **~·maid** Hausmädchen *n*; **~·man** (*pl. -men*) *Brt.* ⚕ Arzt im Praktikum (*abbr. AIP*); **~·warm·ing (par·ty)** Einzugsparty *f*; **~·wife** (*pl. -wives*) Hausfrau *f*; **~·work** Hausarbeit *f*.

hous·ing ['haʊzɪŋ] Unterbringung *f*, Wohnung *f*; Wohnungsbau *m*; ~ *estate Brt.* Wohnsiedlung *f*; ~ *policy* Wohnungspolitik *f*; ~ *shortage(s)* Wohnungs-, Wohnraumknappheit *f*.

hove [həʊv] *past and p.p. of* **heave** 2.

hov·el ['hɒvl] Schuppen *m*; Hütte *f*.

hov·er ['hɒvə] schweben; lungern; *fig.* schwanken; **~·craft** (*pl. -craft*[*s*]) Hovercraft *n*, Luftkissenfahrzeug *n*.

how [haʊ] wie; ~ *do you do?* guten Tag!; ~ *is she?* wie geht es ihr?; ~ *are you? about health*: wie geht es dir?, when *meeting s.o.*: wie geht's?; ~ *about* ...? wie steht's mit ...?; F *and* ~*!* F und wie!

how·dy *Am. int.* F ['haʊdɪ] Tag!

how·ev·er [haʊ'evə] **1.** *adv.* wie auch (immer), wenn auch noch so ...; **2.** *cj.* (je)doch.

howl [haʊl] **1.** heulen; brüllen; **2.** Heulen *n*, Geheul *n*; **~·er** F ['haʊlə] grober Schnitzer, F Hammer *m*.

hub [hʌb] (Rad)Nabe *f*; *fig.* Mittel-, Angelpunkt *m*.

hub·bub ['hʌbʌb] Tumult *m*.

hub·by F ['hʌbɪ] (Ehe)Mann *m*.

huck·le·ber·ry ⚛ ['hʌklberɪ] amerikanische Heidelbeere.

huck·ster ['hʌkstə] Hausierer(in).

hud·dle ['hʌdl] **1.** *a.* ~ *together* (sich) zusammendrängen, zusammenpressen; ~ (*o.s.*) *up* sich zusammenkauern; **2.** (wirrer) Haufen, Wirrwarr *m*, Durcheinander *n*.

hue¹ [hjuː] Farbe *f*; (Farb)Ton *m*.

hue² [~]: ~ *and cry fig.* großes Geschrei.

huff [hʌf] Verärgerung *f*; Verstimmung *f*; *be in a* ~ verärgert *or* -stimmt sein.

hug [hʌg] **1.** Umarmung *f*; **2.** (-*gg*-) an sich drücken, umarmen; *fig.* festhalten an (*dat.*); sich dicht halten an.

huge □ [hjuːdʒ] ungeheuer, riesig; **~·ness** [hjuːdʒnɪs] ungeheure Größe.

hulk·ing ['hʌlkɪŋ] sperrig, klotzig; ungeschlacht, schwerfällig.

hull [hʌl] **1.** ⚛ Schale *f*, Hülse *f*; ⚓ Rumpf *m*; **2.** enthülsen; schälen.

hul·la·ba·loo [hʌləbə'luː] (*pl. -loos*) Lärm *m*.

hul·lo *int.* [hə'ləʊ] hallo!

hum [hʌm] (-*mm*-) summen; brummen.

hu·man ['hjuːmən] **1.** □ menschlich, Menschen...; **~·ly possible** menschenmöglich; ~ *being* Mensch *m*; ~ *rights pl.* Menschenrechte *pl.*; **2.** Mensch *m*; **~·e** □ [hjuː'meɪn] human, menschenfreundlich; **~·i·tar·i·an** [hjuːmænɪ'teərɪən] **1.** Menschenfreund *m*; **2.** menschenfreundlich; **~·i·ty** [hjuː'mænətɪ] die Menschheit, die Menschen *pl.*; Humanität *f*, Menschlichkeit *f*; *humani·ties pl.* Geisteswissenschaften *pl.*; Altphilologie *f*.

hum·ble ['hʌmbl] **1.** □ (*~r*, *~st*) demütig; bescheiden; **2.** erniedrigen; demütigen.

hum·ble·bee *zo.* ['hʌmblbiː] Hummel *f*.

hum·ble·ness ['hʌmblnɪs] Demut *f*.

hum·bug ['hʌmbʌg] F Unsinn *m*, Humbug *m*; *person*: Gauner *m*; *Brt.* Pfefferminzbonbon *m*, *n*.

hum·drum ['hʌmdrʌm] eintönig.

hu·mid ['hjuːmɪd] feucht, naß; **~·i·ty** [hjuː'mɪdətɪ] Feuchtigkeit *f*.

hu·mil·i·ate [hjuː'mɪlɪeɪt] erniedrigen, demütigen; **~·a·tion** [hjuːmɪlɪ'eɪʃn] Erniedrigung *f*, Demütigung *f*; **~·ty** [hjuː'mɪlətɪ] Demut *f*.

hum·ming·bird *zo.* [ˈhʌmɪŋbɜːd] Kolibri *m.*

hu·mor·ous □ [ˈhjuːmərəs] humoristisch, humorvoll; spaßig.

hu·mo(u)r [ˈhjuːmə] 1. Laune *f*, Stimmung *f*; Humor *m*; *das* Spaßige; *out of* ~ schlecht gelaunt; 2. *j-m* s-n Willen lassen; eingehen auf (*acc.*).

hump [hʌmp] 1. *of camel:* Höcker *m*, Buckel *m*; 2. krümmen; *Brt.* Γ auf den Rücken nehmen, tragen; ~ *o.s. Am. sl.* sich ranhalten; **~·back(ed)** [ˈ~bæk(t)] = **hunchback**(ed).

hunch [hʌntʃ] 1. = **hump** 1; dickes Stück; Ahnung *f*, Gefühl *n*; 2. *a.* ~ *up* krümmen; **~·back** [ˈ~bæk] Buckel *m*; Bucklige(r *m*) *f*; **~·backed** buck(e)lig.

hun·dred [ˈhʌndrəd] 1. hundert; 2. Hundert *n* (*unit*); Hundert *f* (*numeral*); **~th** [~θ] 1. hundertste(r, -s); 2. Hundertstel *n*; **~·weight** *in GB:* appr. Zentner *m* (= 50,8 kg).

hung [hʌŋ] 1. *past and p.p. of* **hang** [1]; 2. *adj.* abgehangen (*meat*); ~ *parliament pol.* parlamentarische Pattsituation.

Hun·gar·i·an [hʌŋˈɡeərɪən] 1. ungarisch; 2. Ungar(in); *ling.* Ungarisch *n.*

hun·ger [ˈhʌŋɡə] 1. Hunger *m* (*a. fig.:* *for* nach); *die of* ~ verhungern; 2. hungern (*for, after* nach); ~ **strike** Hungerstreik *m.*

hun·gry □ [ˈhʌŋɡrɪ] (-ier, -iest) hungrig; *be* ~ Hunger haben.

hunk [hʌŋk] dickes Stück.

hunt [hʌnt] 1. Jagd *f* (*a. fig.:* *for* nach); Jagd(revier *n*) *f*; Jagd(gesellschaft) *f*; 2. jagen; *Revier* bejagen; hetzen; ~ *out*, ~ *up* aufspüren; ~ *after,* ~ *for* Jagd machen auf (*acc.*); **~·er** Jäger *m*; Jagdpferd *n*; **~·ing** Jagen *n*; *attr.* Jagd...; **~·ing-ground** Jagdrevier *n.*

hur·dle [ˈhɜːdl] *sports:* Hürde *f* (*a. fig.*); **~·r** [~ə] *sports:* Hürdenläufer(in); ~ **race** *sports:* Hürdenrennen *n.*

hurl [hɜːl] 1. Schleudern *n*; 2. schleudern; *words:* ausstoßen.

hur·ri·cane [ˈhʌrɪkən] Hurrikan *m*, Wirbelsturm *m*; Orkan *m.*

hur·ried □ [ˈhʌrɪd] eilig; übereilt.

hur·ry [ˈhʌrɪ] 1. (große) Eile, Hast *f*; *be in a* (*no*) ~ es (nicht) eilig haben; *not ... in a* ~ F nicht so bald, nicht so leicht; *there's no* ~ es eilt nicht; 2. *v/t.* (an)treiben; drängen; *et.* beschleunigen; eilig schicken *or* bringen; *v/i.* eilen, hasten; ~ *up* sich beeilen.

hurt [hɜːt] 1. Schmerz *m*; Verletzung *f*, Wunde *f*; Schaden *m*; 2. (*hurt*) verletzen, -wunden (*a. fig.*); schmerzen, weh tun; schaden (*dat.*); **~·ful** □ [ˈhɜːtfl] verletzend.

hus·band [ˈhʌzbənd] 1. (Ehe)Mann *m*;

2. haushalten mit; verwalten; **~·ry** [~rɪ] ♪ Landwirtschaft *f*; *fig.* Haushalten *n*, sparsamer Umgang (*of* mit).

hush [hʌʃ] 1. *int.* still!; 2. Stille *f*; 3. zum Schweigen bringen; besänftigen, beruhigen; ~ *up* vertuschen; ~ **money** [ˈhʌʃmʌnɪ] Schweigegeld *n.*

husk [hʌsk] 1. ♣ Hülse *f*, Schote *f*, Schale *f* (*a. fig.*); 2. enthülsen; **hus·ky** [ˈhʌskɪ] 1. □ (-ier, -iest) hülsig; trocken; heiser; F stramm, stämmig; 2. F stämmiger Kerl.

hus·sy [ˈhʌsɪ] Fratz *m*, Göre *f*; Flittchen *n.*

hus·tle [ˈhʌsl] 1. *v/t.* (an)rempeln; stoßen; drängen; *v/i.* (sich) drängen; hasten, hetzen; sich beeilen; 2. ~ *and bustle* Gedränge *n*; Gehetze *n*; Getriebe *n.*

hut [hʌt] Hütte *f*; ♣ Baracke *f.*

hutch [hʌtʃ] (*esp.* Kaninchen)Stall *m.*

hy·a·cinth ♣ [ˈhaɪəsɪnθ] Hyazinthe *f.*

hy·ae·na *zo.* [haɪˈiːnə] Hyäne *f.*

hy·brid *biol.* [ˈhaɪbrɪd] Bastard *m*, Mischling *m*, Kreuzung *f*; *attr.* Bastard...; Zwitter...; **~·ize** [~aɪz] kreuzen.

hy·drant [ˈhaɪdrənt] Hydrant *m.*

hy·drau·lic [haɪˈdrɔːlɪk] (~*ally*) hydraulisch; **~s** *sg.* Hydraulik *f.*

hy·dro- [ˈhaɪdrəʊ] Wasser...; **~·car·bon** Kohlenwasserstoff *m*; **~·chlor·ic ac·id** Salzsäure *f*; **~·foil** ♣ Tragflächen-, Tragflügelboot *n*; **~·gen** Wasserstoff *m*; **~·gen bomb** Wasserstoffbombe *f*; **~·plane** ✈ Wasserflugzeug *n*; ♣ Gleitboot *n*; **~·pon·ics** Hydrokultur *f.*

hy·e·na *zo.* [haɪˈiːnə] Hyäne *f.*

hy·giene [ˈhaɪdʒiːn] Hygiene *f*; **hy·gien·ic** [haɪˈdʒiːnɪk] (~*ally*) hygienisch.

hymn [hɪm] 1. Hymne *f*; Lobgesang *m*; Kirchenlied *n*; 2. preisen.

hy·per- [ˈhaɪpə] hyper..., Hyper..., über..., höher, größer; **~·mar·ket** Groß-, Verbrauchermarkt *m*; **~·sen·si·tive** [haɪpəˈsensətɪv] überempfindlich (*to* gegen).

hy·phen [ˈhaɪfn] Bindestrich *m*; **~·ate** [~eɪt] mit Bindestrich schreiben.

hyp·no·tize [ˈhɪpnətaɪz] hypnotisieren.

hy·po·chon·dri·ac [haɪpəʊˈkɒndrɪæk] Hypochonder *m.*

hy·poc·ri·sy [hɪˈpɒkrəsɪ] Heuchelei *f*; **hyp·o·crite** [ˈhɪpəkrɪt] Heuchler(in); Scheinheilige(r *m*) *f*; **hyp·o·crit·i·cal** □ [hɪpəˈkrɪtɪkl] heuchlerisch, scheinheilig.

hy·poth·e·sis [haɪˈpɒθɪsɪs] (*pl.* -ses [-siːz]) Hypothese *f.*

hys·te·ri·a ♣ [hɪˈstɪərɪə] Hysterie *f*; **~·ter·i·cal** □ [~ˈsterɪkl] hysterisch; **~·ter·ics** [~ˈksɪ] *pl.* hysterischer Anfall; *go into* ~ hysterisch werden; F e-n Lachkrampf bekommen.

I

I [aɪ] ich; *it is* ~ ich bin es.
Ice [aɪs] **1.** Eis *n*; **2.** gefrieren lassen; *a.* ~
up vereisen; *cake*: mit Zuckerguß über-
ziehen, glasieren; in Eis kühlen; ~ **age**
Eiszeit *f*; **~berg** Eisberg *m* (*a. fig.*);
~bound eingefroren; **~box** Eisfach *n*;
Am. Kühlschrank *m*; ~ **cream** (Speise)Eis *n*; ~ **cube** Eiswürfel *m*; ~ **floe**
Eisscholle *f*; ~ **hockey** Eishockey *n*; ~
lol·ly *Brt.* Eis *n* am Stiel; ~ **rink**
(Kunst)Eisbahn *f*; ~ **show** Eisrevue *f*.
i·ci·cle ['aɪsɪkl] Eiszapfen *m*.
ic·ing ['aɪsɪŋ] Zuckerguß *m*; Vereisung *f*;
ice hockey: unerlaubter Weitschuß, Be-
freiungsschlag *m*, Icing *n* .
I·cy □ ['aɪsɪ] (*-ier, -iest*) eisig (*a. fig.*);
vereist.
I·dea [aɪ'dɪə] Idee *f*; Begriff *m*; Vorstellung *f*; Gedanke *m*; Meinung *f*; Ahnung
f; Plan *m*; ~*l* [~l] **1.** □ ideell; (nur) eingebildet; ideal; **2.** Ideal *n*; **~is·m** [~ɪzəm]
Idealismus *m*; **~ize** [~aɪz] idealisieren.
i·den·ti·cal □ [aɪ'dentɪkl] identisch,
gleich(bedeutend); **~fi·ca·tion** [aɪdentɪ-
fɪ'keɪʃn] Identifizierung *f*; Ausweis *m*;
~fy [aɪ'dentɪfaɪ] identifizieren; auswei-
sen; erkennen; **~ty** [~ətɪ] Identität *f*;
Persönlichkeit *f*, Eigenart *f*; ~ **card**
(Personal)Ausweis *m*, *dated*: Kennkar-
te *f*; ~ **disk**, *Am.* ~ **tag** ✕ Erkennungs-
marke *f*.
i·de·o·log·i·cal □ [aɪdɪə'lɒdʒɪkl] ideolo-
gisch; **~ol·o·gy** [aɪdɪ'ɒlədʒɪ] Ideologie *f*.
id·i·om ['ɪdɪəm] Idiom *n*; Redewendung
f; **~o·mat·ic** [ɪdɪə'mætɪk] (**~ally**) idiomatisch.
id·i·ot ['ɪdɪət] Idiot(in), Schwachsinni-
ge(r *m*) *f*; **~ic** [ɪdɪ'ɒtɪk] blödsinnig.
i·dle ['aɪdl] **1.** □ (*~r, ~st*) müßig, untätig;
träge, faul; *econ.* unproduktiv, tot; ungenutzt; beiläufig; ~ *hours pl.* Mußestunden *pl.*; **2.** *v/t. mst* ~ *away* vertrödeln; *v/i.* faulenzen; ⊕ leer laufen;
~ness Untätigkeit *f*, Müßiggang *m*;
Faul-, Trägheit *f*; Muße *f*; Zwecklosig-
keit *f*.
i·dol ['aɪdl] Idol *n* (*a. fig.*), Götzenbild *n*;
~a·trous □ [aɪ'dɒlətrəs] abgöttisch;
~a·try Götzenanbetung *f*; *fig.* abgötti-
sche Verehrung *f*, Vergötterung *f*; **~ize**
['aɪdəlaɪz] abgöttisch verehren, vergöttern.
i·dyl·lic [aɪ'dɪlɪk] (**~ally**) idyllisch.
if [ɪf] **1.** wenn, falls; ob; **2.** Wenn *n*.
ig·nite [ɪg'naɪt] anzünden, (sich) entzünden; *mot.* zünden; **ig·ni·tion** [ɪg'nɪʃən]
An-, Entzünden *n*; *mot.* Zündung *f*.
ig·no·ble □ [ɪg'nəʊbl] gemein, unehrenhaft.

ig·no·min·i·ous □ [ɪgnə'mɪnɪəs] schändlich, schimpflich.
ig·no·rance ['ɪgnərəns] Unwissenheit *f*;
ig·no·rant [~t] unwissend; ungebildet;
F ungehobelt; **ig·nore** [ɪg'nɔ:] ignorieren, nicht beachten; ⅔ verwerfen.
ill [ɪl] **1.** (*worse, worst*) krank; schlimm,
schlecht, übel; böse; *fall ~, be taken* ~
krank werden; **2.** **~s** *pl.* Übel *n*, Miß-
stand *m*; **~ad·vised** □ [ɪləd'vaɪzd]
schlecht beraten; unbesonnen, unklug;
~bred schlechterzogen; ungezogen; ~
breed·ing schlechtes Benehmen.
il·le·gal □ [ɪ'li:gl] unerlaubt; ⅔ illegal,
ungesetzlich; ~ *parking* Falschparken
n.
il·le·gi·ble □ [ɪ'ledʒəbl] unleserlich.
il·le·git·i·mate □ [ɪlɪ'dʒɪtɪmət] illegitim;
unrechtmäßig; unehelich.
ill|·fat·ed [ɪl'feɪtɪd] unglücklich, Un-
glücks...; **~fa·vo(u)red** häßlich; **~hu-
mo(u)red** schlechtgelaunt.
il·lib·e·ral □ [ɪ'lɪbərəl] engstirnig; intolerant; knaus(e)rig.
il·li·cit □ [ɪ'lɪsɪt] unerlaubt.
il·lit·e·rate [ɪ'lɪtərət] **1.** □ unwissend,
ungebildet; **2.** Analphabet(in).
ill|·judged [ɪl'dʒʌdʒd] unbesonnen, un-
klug; **~man·nered** ungezogen, mit
schlechten Umgangsformen; **~na-
tured** □ boshaft, bösartig.
ill·ness ['ɪlnɪs] Krankheit *f*.
il·lo·gi·cal □ [ɪ'lɒdʒɪkl] unlogisch.
ill|·tem·pered [ɪl'tempəd] schlechtge-
launt, übellaunig; **~timed** ungelegen,
unpassend, zur unrechten Zeit.
il·lu·mi|·nate [ɪ'lju:mɪneɪt] be-, erleuch-
ten (*a. fig.*); *fig.* erläutern, erklären;
~nat·ing [~ɪŋ] Leucht...; *fig.* aufschlußreich; **~na·tion** [~'neɪʃn] Er-, Beleuchtung *f*; *fig.* Erläuterung *f*, Erklärung *f*;
~s *pl.* Illumination *f*, Festbeleuchtung *f*.
ill·use [ɪl'ju:z] mißhandeln.
il·lu|·sion [ɪ'lu:ʒn] Illusion *f*, Täuschung
f; **~sive** [~sɪv], **~so·ry** □ [~ərɪ] illuso-
risch, trügerisch.
il·lus|·trate ['ɪləstreɪt] illustrieren, bebil-
dern; erläutern; **~tra·tion** [ɪlə'streɪʃn]
Erläuterung *f*; Illustration *f*; Bild *n*, Abbildung *f*; **~tra·tive** □ ['ɪləstreɪtɪv] er-
läuternd.
il·lus·tri·ous □ [ɪ'lʌstrɪəs] berühmt.
ill will [ɪl'wɪl] Feindschaft *f*.
im·age ['ɪmɪdʒ] Bild *n*; Statue *f*; Götzenbild *n*; Ebenbild *n*; Image *n*; **im·ag·e·ry**
[~ərɪ] Bilder *pl.*; Bildersprache *f*, Meta-
phorik *f* .
i·ma·gi·na|·ble □ [ɪ'mædʒɪnəbl] denk-
bar; **~ry** [~ərɪ] eingebildet, imaginär;

~tion [ˌɪmædʒɪˈneɪʃn] Einbildung(s-kraft) f; ~tive □ [ɪˈmædʒɪnətɪv] ideen-, einfallsreich.

i-ma-gine [ɪˈmædʒɪn] sich et. einbilden or vorstellen or denken; **can you ~?** stell dir vor!; **as you can ~** wie du dir denken kannst.

im-bal-ance [ɪmˈbæləns] Unausgewogenheit f; pol., etc.: Ungleichgewicht n.

im-be-cile □ [ˈɪmbɪsiːl] 1. schwachsinnig; 2. Schwachsinnige(r m) f; contp. Idiot m, Trottel m.

im-bibe [ɪmˈbaɪb] trinken; fig. sich zu eigen machen.

im-bue fig. [ɪmˈbjuː] durchdringen, erfüllen (**with** mit).

im-i-tate [ˈɪmɪteɪt] nachahmen, imitieren; ~ta-tion [ɪmɪˈteɪʃn] 1. Nachahmung f; Imitation f; 2. nachgemacht, unecht, künstlich, Kunst...

im-mac-u-late □ [ɪˈmækjʊlət] unbefleckt, rein; fehlerlos.

im-ma-te-ri-al □ [ɪməˈtɪərɪəl] unkörperlich; unwesentlich (**to** für).

im-ma-ture □ [ɪməˈtjʊə] unreif.

im-mea-su-ra-ble □ [ɪˈmeʒərəbl] unermeßlich.

im-me-di-ate □ [ɪˈmiːdɪət] unmittelbar; unverzüglich, sofortig; ~ly [~lɪ] 1. adv. sofort; 2. cj. sobald; sofort, als.

im-mense □ [ɪˈmens] riesig; fig. a. enorm, immens; prima, großartig.

im-merse [ɪˈmɜːs] (ein-, unter)tauchen; fig. versenken or vertiefen (**in** in acc.); im-mer-sion [~ʃn] Ein-, Untertauchen n; ~ heater Boiler m, portable: Tauchsieder m.

im-mi|grant [ˈɪmɪɡrənt] Einwander|er m, -in f, Immigrant(in); ~grate [~ɡreɪt] v/i. einwandern; v/t. ansiedeln (**into** in dat.); ~gra-tion [~ˈɡreɪʃn] Einwanderung f, Immigration f.

im-mi-nent □ [ˈɪmɪnənt] nahe bevorstehend; ~ danger drohende Gefahr.

im-mo-bile [ɪˈməʊbaɪl] unbeweglich.

im-mod-e-rate □ [ɪˈmɒdərət] maßlos.

im-mod-est □ [ɪˈmɒdɪst] unbescheiden; unanständig.

im-mor-al □ [ɪˈmɒrəl] unmoralisch.

im-mor-tal [ɪˈmɔːtl] 1. □ unsterblich; 2. Unsterbliche(r m) f; ~i-ty [ɪmɔːˈtælətɪ] Unsterblichkeit f.

im-mo-va-ble [ɪˈmuːvəbl] 1. □ unbeweglich; unerschütterlich; unnachgiebig; 2. ~s pl. Immobilien pl.

im-mune [ɪˈmjuːn] (**against, from, to**) immun (gegen); geschützt (gegen); frei (von); im-mu-ni-ty [~ətɪ] Immunität f; Unempfindlichkeit f.

im-mu-ta-ble □ [ɪˈmjuːtəbl] unveränderlich.

imp [ɪmp] Teufelchen n; child: Racker m.

im-pact [ˈɪmpækt] (Zusammen)Stoß m; Anprall m; Einwirkung f.

im-pair [ɪmˈpeə] beeinträchtigen.

im-part [ɪmˈpaːt] (**to** dat.) geben; mitteilen; vermitteln.

im-par|tial □ [ɪmˈpaːʃl] unparteiisch; ~ti-al-i-ty [ˈɪmpaːʃɪˈælətɪ] Unparteilichkeit f, Objektivität f.

im-pass-a-ble □ [ɪmˈpaːsəbl] unpassierbar; **to cars:** unbefahrbar.

im-passe [æmˈpaːs] fig. Sackgasse f, toter Punkt.

im-pas-sioned [ɪmˈpæʃnd] leidenschaftlich.

im-pas-sive □ [ɪmˈpæsɪv] teilnahmslos; face: unbewegt.

im-pa|tience [ɪmˈpeɪʃns] Ungeduld f; ~tient □ [~t] ungeduldig.

im-peach [ɪmˈpiːtʃ] anklagen (**for, of, with** gen.); anfechten, anzweifeln.

im-pec-ca-ble □ [ɪmˈpekəbl] untadelig, einwandfrei.

im-pede [ɪmˈpiːd] (be)hindern.

im-ped-i-ment [ɪmˈpedɪmənt] Hindernis n; ⚗ Behinderung f, Störung f.

im-pel [ɪmˈpel] (-ll-) (an)treiben.

im-pend-ing [ɪmˈpendɪŋ] nahe bevorstehend; ~ danger drohende Gefahr.

im-pen-e-tra-ble □ [ɪmˈpenɪtrəbl] undurchdringlich; fig. unergründlich; fig. unzugänglich (**to** dat.).

im-per-a-tive [ɪmˈperətɪv] 1. □ notwendig, dringend, unbedingt erforderlich; befehlend; gebieterisch; gr. imperativisch; 2. Befehl m; a. ~ mood gr. Imperativ m, Befehlsform f.

im-per-cep-ti-ble □ [ɪmpəˈseptəbl] unmerklich.

im-per-fect [ɪmˈpɜːfɪkt] 1. □ unvollkommen; unvollendet; 2. a. ~ tense gr. Imperfekt n.

im-pe-ri-al-is|m pol. [ɪmˈpɪərɪəlɪzəm] Imperialismus m; ~t pol. [~ɪst] Imperialist m.

im-per-il [ɪmˈperəl] (esp. Brt. -ll-, Am. -l-) gefährden.

im-pe-ri-ous □ [ɪmˈpɪərɪəs] herrisch, gebieterisch; dringend.

im-per-me-a-ble □ [ɪmˈpɜːmjəbl] undurchlässig.

im-per-son-al □ [ɪmˈpɜːsnl] unpersönlich.

im-per-so-nate [ɪmˈpɜːsəneɪt] thea., etc.: verkörpern, darstellen.

im-per-ti|nence [ɪmˈpɜːtɪnəns] Unverschämtheit f, Ungehörigkeit f, Frechheit f; ~nent □ [~t] unverschämt, ungehörig, frech.

im-per-tur-ba-ble □ [ɪmpəˈtɜːbəbl] unerschütterlich, gelassen.

im-per-vi-ous □ [ɪmˈpɜːvɪəs] unzugänglich (**to** für); undurchlässig.

im·pe·tu·ous ☐ [ɪmˈpetjʊəs] ungestüm, heftig; impulsiv.

im·pe·tus [ˈɪmpɪtəs] Antrieb *m*, Schwung *m*.

im·pi·e·ty [ɪmˈpaɪətɪ] Gottlosigkeit *f*; Respektlosigkeit *f*.

im·pinge [ɪmˈpɪndʒ]: ~ *on*, ~ *upon* sich auswirken auf (*acc.*), beeinflussen (*acc.*).

im·pi·ous ☐ [ˈɪmpɪəs] gottlos; pietätlos; respektlos.

im·plac·a·ble ☐ [ɪmˈplækəbl] unversöhnlich, unnachgiebig.

im·plant [ɪmˈplɑːnt] ✝ einpflanzen; *fig.* einprägen.

im·ple·ment 1. [ˈɪmplɪmənt] Werkzeug *n*; Gerät *n*; 2. [~ment] ausführen.

im·pli·cate [ˈɪmplɪkeɪt] verwickeln; zur Folge haben; **~ca·tion** [ɪmplɪˈkeɪʃn] Verwick(e)lung *f*; Implikation *f*, Einbeziehung *f*; Folgerung *f*.

im·pli·cit ☐ [ɪmˈplɪsɪt] unausgesprochen; bedingungslos, *faith*, *etc.*: blind.

im·plore [ɪmˈplɔː] inständig bitten, anflehen; (er)flehen.

im·ply [ɪmˈplaɪ] implizieren, (mit) einbegreifen; bedeuten; andeuten.

im·po·lite ☐ [ɪmpəˈlaɪt] unhöflich.

im·pol·i·tic ☐ [ɪmˈpɒlɪtɪk] unklug.

im·port 1. [ˈɪmpɔːt] *econ.* Import *m*, Einfuhr *f*; *econ.* Import-, Einfuhrartikel *m*; Bedeutung *f*; Wichtigkeit *f*; **~s** *pl. econ.* (Gesamt)Import *m*, (-)Einfuhr *f*; Importgüter *pl.*; 2. [ɪmˈpɔːt] *econ.* importieren, einführen; bedeuten.

im·por·tance [ɪmˈpɔːtəns] Bedeutung *f*, Wichtigkeit *f*; **~tant** ☐ [~t] bedeutend, wichtig; wichtigtuerisch.

im·por·ta·tion [ɪmpɔːˈteɪʃn] *s.* **import** 1 *econ.*

im·por·tu·nate ☐ [ɪmˈpɔːtjʊnət] lästig, zudringlich; **~tune** [ɪmˈpɔːtjuːn] dringend bitten; belästigen.

im·pose [ɪmˈpəʊz] *v/t.* auferlegen, -bürden, -drängen, -zwingen (*on*, *upon* *dat.*); *v/i.* ~ *on*, ~ *upon* j-*m* imponieren, j-*n* beeindrucken; j-*n* ausnutzen; sich j-*m* aufdrängen; j-*m* zur Last fallen; **im·pos·ing** ☐ [~ɪŋ] imponierend, eindrucksvoll, imposant.

im·pos·si·bil·i·ty [ɪmpɒsəˈbɪlətɪ] Unmöglichkeit *f*; **~ble** [ɪmˈpɒsəbl] unmöglich.

im·pos·tor [ɪmˈpɒstə] Betrüger *m*.

im·po·tence [ˈɪmpətəns] Unfähigkeit *f*; Hilflosigkeit *f*; Schwäche *f*; ✝ Impotenz *f*; **~tent** ☐ [~t] unfähig; hilflos; schwach; ✝ impotent.

im·pov·e·rish [ɪmˈpɒvərɪʃ] arm machen; *soil*: auslaugen.

im·prac·ti·ca·ble ☐ [ɪmˈpræktɪkəbl] undurchführbar, unbrauchbar; *street*: unpassierbar.

im·prac·ti·cal ☐ [ɪmˈpræktɪkl] unpraktisch; theoretisch; unbrauchbar.

im·preg·na·ble ☐ [ɪmˈpregnəbl] uneinnehmbar; **~nate** [ˈɪmpregneɪt] *biol.* schwängern; 🌣 sättigen; ⊙ imprägnieren.

im·press [ɪmˈpres] (auf-, ein)drücken; (deutlich) klarmachen; einschärfen; j-*n* beeindrucken; j-*n mit et.* erfüllen; **im·pres·sion** [~ʃn] Eindruck *m*; *print.* Abdruck *m*; Abzug *m*; Auflage *f*; *be under the ~ that* den Eindruck haben, daß; **im·pres·sive** [~sɪv] eindrucksvoll.

im·print 1. [ɪmˈprɪnt] aufdrücken, -prägen; *fig.* einprägen (*on*, *in dat.*); 2. [ˈɪmprɪnt] Eindruck *m*; Stempel *m* (*a. fig.*); *print.* Impressum *n*.

im·pris·on ☐ ⚖ [ɪmˈprɪzn] inhaftieren; **~ment** ⚖ [~mənt] Freiheitsstrafe *f*, Gefängnis(strafe *f*) *n*, Haft *f*.

im·prob·a·ble ☐ [ɪmˈprɒbəbl] unwahrscheinlich.

im·prop·er ☐ [ɪmˈprɒpə] unrichtig; *not appropriate*: ungeeignet, unpassend; *behaviour*: unanständig, unschicklich.

im·pro·pri·e·ty [ɪmprəˈpraɪətɪ] Unschicklichkeit *f*.

im·prove [ɪmˈpruːv] *v/t.* verbessern; veredeln, -feinern; *v/i.* sich (ver)bessern; ~ *on*, ~ *upon* übertreffen; **~ment** (Ver)Besserung *f*; Fortschritt *m* (*on*, *upon* gegenüber *dat.*).

im·pro·vise [ˈɪmprəvaɪz] improvisieren.

im·pru·dent ☐ [ɪmˈpruːdənt] unklug.

im·pu·dence [ˈɪmpjʊdəns] Unverschämtheit *f*, Frechheit *f*; **~dent** ☐ [~t] unverschämt, frech.

im·pulse [ˈɪmpʌls] Impuls *m*, (An)Stoß *m*; *fig.* (An)Trieb *m*; **im·pul·sive** ☐ [ɪmˈpʌlsɪv] (an)treibend; *fig.* impulsiv.

im·pu·ni·ty [ɪmˈpjuːnɪtɪ] Straflosigkeit *f*; *with* ~ ungestraft.

im·pure ☐ [ɪmˈpjʊə] unrein (*a. eccl.*), schmutzig; verfälscht; *fig.* schlecht, unmoralisch.

im·pute [ɪmˈpjuːt] zuschreiben (*to dat.*); ~ *s.th. to s.o.* j-n e-r Sache bezichtigen; j-m et. unterstellen.

in [ɪn] 1. *prp.* in (*dat.*), innerhalb (*gen.*); an (*dat.*) (~ *the morning* am Morgen, morgens; ~ *number* an der Zahl; ~ *itself* an sich); auf (*dat.*) (~ *the street* auf der Straße; ~ *English* auf Englisch); auf (*acc.*) (~ *this manner* auf diese Art); bei (~ *Shakespeare*; ~ *crossing the road* beim Überqueren der Straße); mit (*engaged* ~ *reading* mit Lesen beschäftigt; ~ *a word* mit einem Wort); nach (~ *my opinion* meiner Meinung nach); über (*acc.*) (*rejoice* ~ *s.th.* über et. jubeln); unter (*dat.*) (~ *the circumstances* unter diesen Umständen; *one* ~ *ten* einer unter zehn); ~ *1992* 1992; ~ *that* ... insofern als, weil; **2.** *adv.* innen, drinnen; herein; hinein; in, in Mode; *be ~ for et.* zu erwarten haben, *examination, etc.:* vor sich haben; *you are ~ for trouble* du kannst dich auf etwas gefaßt machen; *be ~ with* gut mit *j-m* stehen; **3.** *adj.* hereinkommend; Innen...; F *fashionable:* in

in·a·bil·i·ty [ɪnə'bɪlətɪ] Unfähigkeit *f.*

in·ac·ces·si·ble □ [ɪnæk'sesəbl] unzugänglich, unerreichbar (**to** für *or dat.*).

in·ac·cu·rate □ [ɪn'ækjʊrət] ungenau; unrichtig.

in·ac·tive □ [ɪn'æktɪv] untätig; *econ.* lustlos, flau; ⚛ unwirksam; **~·tiv·i·ty** [~'tɪvətɪ] Untätigkeit *f; econ.* Lustlosigkeit *f,* Flauheit *f;* ⚛ Unwirksamkeit *f.*

in·ad·e·quate □ [ɪn'ædɪkwət] unangemessen; unzulänglich, ungenügend.

in·ad·mis·si·ble □ [ɪnəd'mɪsəbl] unzulässig, unerlaubt.

in·ad·ver·tent □ [ɪnəd'vɜːtənt] unachtsam; unbeabsichtigt, versehentlich.

in·a·li·e·na·ble □ [ɪn'eɪljənəbl] *rights:* unveräußerlich.

i·nane □ *fig.* [ɪ'neɪn] leer; albern.

in·an·i·mate □ [ɪn'ænɪmət] leblos; *nature:* unbelebt; geistlos, langweilig.

in·ap·pro·pri·ate □ [ɪnə'prəʊprɪət] unpassend, ungeeignet.

in·apt □ [ɪn'æpt] ungeeignet, unpassend.

in·ar·tic·u·late □ [mɑː'tɪkjʊlət] unartikuliert, undeutlich (ausgesprochen); unverständlich; unfähig (, deutlich) zu sprechen.

in·as·much [ɪnəz'mʌtʃ]: ~ *as* insofern als.

in·at·ten·tive □ [ɪnə'tentɪv] unaufmerksam.

in·au·di·ble □ [ɪn'ɔːdəbl] unhörbar.

in·au·gu·ral [ɪ'nɔːgjʊrəl] Antrittsrede *f; attr.* Antritts...; **~·rate** [~reɪt] (feierlich) einführen; einweihen; einleiten; **~·ra·tion** [ɪnɔːgjʊ'reɪʃn] Amtseinführung *f;* Einweihung *f;* Beginn *m;* ♀ *Day Am.* Tag *m* der Amtseinführung des neugewählten Präsidenten der USA *(January 20th).*

in·born [ɪn'bɔːn] angeboren.

in·built [ɪn'bɪlt] eingebaut, Einbau...

in·cal·cu·la·ble □ [ɪn'kælkjʊləbl] unberechenbar.

in·can·des·cent □ [ɪnkæn'desnt] (weiß)glühend.

in·ca·pa·ble □ [ɪn'keɪpəbl] unfähig, nicht imstande (*of doing* zu tun); hilflos.

in·ca·pa·ci·tate [ɪnkə'pæsɪteɪt] unfähig machen; **~·ty** [~sətɪ] Unfähigkeit *f.*

in·car·nate [ɪn'kɑːnət] *eccl.* fleischge-

worden; *fig.* verkörpert; **~·na·tion** *eccl.* Inkarnation *f,* Fleischwerdung *f; fig.* Inkarnation *f,* Inbegriff *m.*

in·cau·tious □ [ɪn'kɔːʃəs] unvorsichtig.

in·cen·di·a·ry [ɪn'sendɪərɪ] **1.** Brand...; *fig.* aufwiegelnd, -hetzend; **2.** Brandstifter *m;* Aufwiegler *m.*

in·cense¹ [ɪnsens] Weihrauch *m.*

in·cense² [ɪn'sens] in Wut bringen.

in·cen·tive [ɪn'sentɪv] Ansporn *m,* Antrieb *m,* Anreiz *m.*

in·ces·sant □ [ɪn'sesnt] unaufhörlich.

in·cest [ˈɪnsest] Inzest *m,* Blutschande *f.*

inch [ɪntʃ] **1.** Inch *m* (= *2,54 cm*), Zoll *m* (*a. fig.*); *by ~es* allmählich; *every ~* durch u. durch; **2.** (sich) zentimeterweise *or* sehr langsam bewegen.

in·ci·dence [ˈɪnsɪdəns] Vorkommen *n;* **~·dent** [~t] Vorfall *m,* Ereignis *n,* Vorkommnis *n;* **~·den·tal** [ɪnsɪ'dentl] zufällig; gelegentlich; Neben...; beiläufig; **~·ly** nebenbei.

in·cin·e·rate [ɪn'sɪnəreɪt] verbrennen; **~·ra·tor** [~ə] Verbrennungsofen *m;* Verbrennungsanlage *f.*

in·cise [ɪn'saɪz] ein-, aufschneiden; einritzen, -schnitzen; **in·ci·sion** [ɪn'sɪʒn] (Ein)Schnitt *m;* **in·ci·sive** □ [ɪn'saɪsɪv] (ein)schneidend; scharf; **in·ci·sor** [~aɪzə] *anat.* Schneidezahn *m.*

in·cite [ɪn'saɪt] ansporen, anregen; anstiften; **~·ment** Anregung *f;* Ansporn *m;* Anstiftung *f.*

in·clem·ent [ɪn'klemənt] *climate:* rauh.

in·cli·na·tion [ɪnklɪ'neɪʃn] Neigung *f* (*a. fig.*); **in·cline** [ɪn'klaɪn] **1.** *v/i.* sich neigen, (schräg) abfallen; ~ *to fig.* zu *et.* neigen; *v/t.* neigen; geneigt machen; **2.** Gefälle *n;* (Ab)Hang *m;* **in·clined :** *be ~ to* Lust haben zu.

in·close [ɪn'kləʊz], **in·clo·sure** [~əʊʒə] *s.* **enclose, enclosure.**

in·clude [ɪn'kluːd] einschließen; enthalten; **in·clud·ed** eingeschlossen; mit inbegriffen; *tax ~* inklusive Steuer; **in·clud·ing** einschließlich; **in·clu·sion** [~ʒn] Einschluß *m,* Einbeziehung *f;* **in·clu·sive** □ [~sɪv] einschließlich, inklusive (*of et.*); *be ~ of* einschließen (*acc.*); ~ *terms pl.* Pauschalpreis *m.*

in·co·her·ence [ɪnkəʊ'hɪərəns] Zusammenhang(s)losigkeit *f;* **~·ent** □ [~t] (logisch) unzusammenhängend, unklar, unverständlich.

in·come *econ.* [ˈɪnkʌm] Einkommen *n,* Einkünfte *pl.;* ~ *sup·port Brit. since 1988: appr.* Sozialhilfe *f;* ~ *tax econ.* Einkommensteuer *f.*

in·com·ing [ˈɪnkʌmɪŋ] hereinkommend; ankommend; nachfolgend, neu; ~ *orders pl. econ.* Auftragseingänge *pl.;* **~s** *pl.* Einkünfte *pl.,* Einnahmen *pl.*

in·com·mu·ni·ca·tive ☐ [ɪnkə'mju:nɪ-kətɪv] nicht mitteilsam, verschlossen.

in·com·pa·ra·ble ☐ [ɪn'kɒmpərəbl] unvergleichlich.

in·com·pat·i·ble ☐ [ɪnkəm'pætəbl] unvereinbar; unverträglich; *computer:* nicht kompatibel, inkompatibel.

in·com·pe|tence [ɪn'kɒmpɪtəns] Unfähigkeit *f*; Inkompetenz *f*; **~tent** ☐ [~t] unfähig; nicht fach- or sachkundig; unzuständig, inkompetent.

in·com·plete ☐ [ɪnkəm'pli:t] unvollständig; unvollkommen.

in·com·pre·hen|si·ble ☐ [ɪnkɒmprɪ-'hensəbl] unbegreiflich, unfaßbar; **~sion** [~ʃn] Unverständnis *n*.

in·con·ceiv·a·ble ☐ [ɪnkən'si:vəbl] unbegreiflich, unfaßbar; undenkbar.

in·con·clu·sive ☐ [ɪnkən'klu:sɪv] nicht überzeugend; ergebnis-, erfolglos.

in·con·gru·ous ☐ [ɪn'kɒŋgruəs] nicht übereinstimmend; nicht passend.

in·con·se·quen·tial ☐ [ɪnkɒnsɪ'kwenʃl] unbedeutend.

in·con·sid|e·ra·ble ☐ [ɪnkən'sɪdərəbl] unbedeutend; **~er·ate** ☐ [~rət] unüberlegt; rücksichtslos.

in·con·sis·ten·cy [ɪnkən'sɪstənsɪ] Unvereinbarkeit *f*; Inkonsequenz *f*; **~tent** ☐ [~t] unvereinbar; widersprüchlich; unbeständig; inkonsequent.

in·con·so·la·ble ☐ [ɪnkən'səʊləbl] untröstlich.

in·con·spic·u·ous ☐ [ɪnkən'spɪkjuəs] unauffällig.

in·con·stant ☐ [ɪn'kɒnstənt] unbeständig, veränderlich.

in·con·ti·nent ☐ [ɪn'kɒntɪnənt] zügellos; ✞ inkontinent.

in·con·ve·ni|ence [ɪnkən'vi:nɪəns] **1.** Unbequemlichkeit *f*; Unannehmlichkeit *f*; **2.** belästigen, stören; **~ent** ☐ [~t] unbequem; ungelegen, lästig.

in·cor·po|rate [ɪn'kɔ:pəreɪt] (sich) verbinden or vereinigen or zusammenschließen; *include:* aufnehmen, eingliedern, inkorporieren; *econ.,* ✞ als Gesellschaft eintragen (lassen); **~rat·ed** *Am.* (*abbr. Inc.*) *econ.,* ✞ als (Aktien)Gesellschaft eingetragen; **~ra·tion** [ɪnkɔ:pə'reɪʃn] Vereinigung *f*, -bindung *f*, Zusammenschluß *m*; Eingliederung *f*; *Am. econ.,* ✞ Eintragung *f* als (Aktien)Gesellschaft.

in·cor·rect ☐ [ɪnkə'rekt] unrichtig, falsch; inkorrekt.

in·cor·ri·gi·ble ☐ [ɪn'kɒrɪdʒəbl] unverbesserlich.

in·cor·rup·ti·ble ☐ [ɪnkə'rʌptəbl] unbestechlich; unvergänglich.

in·crease 1. [ɪn'kri:s] zunehmen, (an-)wachsen, (an)steigen, (sich) vergrößern or -mehren; *taxes, prices, etc.:* erhöhen; *noise, etc.:* steigern or verstärken; **2.** ['ɪnkri:s] Zunahme *f*, Vergrößerung *f*; (An)Wachsen *n*, Steigen *n*, Steigerung *f*; Zuwachs *m*; **in·creas·ing·ly** [ɪn-'kri:sɪŋlɪ] zunehmend, immer mehr; **~ difficult** immer schwieriger.

in·cred·i·ble ☐ [ɪn'kredəbl] unglaublich, unglaubhaft.

in·cre·du·li·ty [ɪnkrɪ'dju:lətɪ] Ungläubigkeit *f*; **in·cred·u·lous** ☐ [ɪn'kredjuləs] ungläubig, skeptisch.

in·crim·i·nate [ɪn'krɪmɪneɪt] beschuldigen; *j-n* belasten.

in·cu|bate ['ɪnkjubeɪt] ausbrüten (*a. fig.*); **~ba·tor** [~ə] Brutapparat *m*, Brutkasten *m*; ✞ *a.* Inkubator *m*.

in·cum·bent ☐ [ɪn'kʌmbənt] obliegend; *it is ~ on her* es ist ihre Pflicht.

in·cur [ɪn'kɜ:] (*-rr-*) sich *et.* zuziehen, auf sich laden, geraten in (*acc.*); *debts:* machen; *risk, etc.:* eingehen; *loss, etc.:* erleiden.

in·cur·a·ble ☐ [ɪn'kjuərəbl] unheilbar.

in·cu·ri·ous ☐ [ɪn'kjuərɪəs] nicht neugierig; gleichgültig, uninteressiert.

in·cur·sion [ɪn'kɜ:ʃn] (feindlicher) Einfall; plötzlicher Angriff; Eindringen *n*.

in·debt·ed [ɪn'detɪd] *econ.* verschuldet; *fig.* (zu Dank) verpflichtet.

in·de·cent ☐ [ɪn'di:snt] unanständig, anstößig; ✞ unsittlich, unzüchtig; **~as·sault** ✞ Sittlichkeitsverbrechen *n*.

in·de·ci|sion [ɪndɪ'sɪʒn] Unentschlossenheit *f*; **~sive** ☐ [~'saɪsɪv] unbestimmt, ungewiß; unentschlossen, unschlüssig.

in·deed [ɪn'di:d] **1.** *adv.* in der Tat, tatsächlich, wirklich; allerdings; *thank you very much ~!* vielen herzlichen Dank!; **2.** *int.* ach wirklich!

in·de·fat·i·ga·ble ☐ [ɪndɪ'fætɪgəbl] unermüdlich.

in·de·fen·si·ble ☐ [ɪndɪ'fensəbl] *theory, etc.:* unhaltbar; *behaviour, etc.:* unentschuldbar.

in·de·fi·na·ble ☐ [ɪndɪ'faɪnəbl] undefinierbar, unbestimmbar.

in·def·i·nite ☐ [ɪn'defɪnət] unbestimmt; unbegrenzt; unklar.

in·del·i·ble ☐ [ɪn'delɪbl] unauslöschlich, untilgbar; *fig.* unvergeßlich; **~ pencil** Kopier-, Tintenstift *m*.

in·del·i·cate ☐ [ɪn'delɪkət] unfein, derb; taktlos.

in·dem·ni|fy [ɪn'demnɪfaɪ] *j-n* entschädigen (*for* für); versichern; ✞ *a. j-m* Straflosigkeit zusichern; **~ty** [~tɪ] Schadenersatz *m*, Entschädigung *f*, Abfindung *f*; Versicherung *f*; ✞ Straflosigkeit *f*.

in·dent [ɪn'dent] einkerben, auszacken; *print. line:* einrücken; ✞ *contract:* mit

Doppel ausfertigen; **~ on s.o. for s.th.** *esp. Brt.* econ. et. bei j-m bestellen.

in-den-tures econ., ɪ̃ɪ̃ [ɪnˈdentʃəz] *pl.* Ausbildungs-, Lehrvertrag *m.*

in-de-pen|dence [ɪndɪˈpendəns] Unabhängigkeit *f;* Selbständigkeit *f;* Auskommen *n;* **○ Day Am.** Unabhängigkeitstag *m (July 4th);* **~dent** □ [~t] unabhängig; selbständig.

in-de-scri-ba-ble □ [ɪndɪˈskraɪbəbl] unbeschreiblich.

in-de-struc-ti-ble □ [ɪndɪˈstrʌktəbl] unzerstörbar; unverwüstlich.

in-de-ter-mi-nate □ [ɪndɪˈtɜːmɪnət] unbestimmt; unklar, vage.

in-dex [ˈɪndeks] **1.** (*pl.* **-dexes, -dices** [-dɪsiːz]) (Inhalts-, Namens-, Sach-, Stichwort)Verzeichnis *n,* Register *n,* Index *m;* Index-, Meßziffer *f;* **○** Zeiger *m;* Anzeichen *n;* **cost of living ~** Lebenshaltungskosten-Index *m;* **2.** mit e-m Inhaltsverzeichnis versehen; in ein Verzeichnis aufnehmen; **~ card** Karteikarte *f;* **~ fin-ger** Zeigefinger *m.*

in-di-an 1. indisch; indianisch; Indianer...; **2.** Inder(in); *a.* **American ~, Red ~** Indianer(in); **~ corn ○** Mais *m;* **~ file:** *in ~* im Gänsemarsch; **~ pud-ding** Maismehlpudding *m;* **~ sum-mer** Altweiber-, Nachsommer *m.*

in-di-a-rub-ber [ɪndɪ-a-rub-ber ['ɪndɪ-ˈrʌbə] Radiergummi *m; attr.* Gummi...

in-di|cate [ˈɪndɪkeɪt] (an)zeigen; hinweisen *or* -deuten auf (*acc.*); andeuten; *mot.* blinken; **~ca-tion** [ɪndɪˈkeɪʃn] (An)Zeichen *n,* Hinweis *m,* Andeutung *f;* **in-dic-a-tive** [ɪnˈdɪkətɪv] *a. ~ mood gr.* Indikativ *m; mot.* Blinker *m,* Richtungsanzeiger *m.* **~ca-tor** [ˈɪndɪkeɪtə] (An-)Zeiger *m; mot.* Blinker *m,* Richtungsanzeiger *m.*

in-di-ces [ˈɪndɪsiːz] *pl. of* **index.**

in-dict ɪ̃ɪ̃ [ɪnˈdaɪt] anklagen (**for** wegen); **~ment** ɪ̃ɪ̃ [~mənt] Anklage *f.*

in-dif-fer|ence [ɪnˈdɪfrəns] Gleichgültigkeit *f,* Interesselosigkeit *f;* **~ent** □ [~t] gleichgültig (**to** gegen), interesselos (**to** gegenüber); durchschnittlich, mittelmäßig.

in-di-gent [ˈɪndɪdʒənt] arm.

in-di-ges|ti-ble □ [ɪndɪˈdʒestəbl] unverdaulich; **~tion** [~tʃən] Verdauungsstörung *f,* Magenverstimmung *f.*

in-dig|nant □ [ɪnˈdɪgnənt] entrüstet, empört, ungehalten (**at, over, about** über *acc.*); **~na-tion** [ɪndɪgˈneɪʃn] Entrüstung *f,* Empörung *f* (**at, over, about** über *acc.*); **~ni-ty** [ɪnˈdɪgnətɪ] Demütigung *f,* unwürdige Behandlung.

in-di-rect □ [ɪndaɪˈrekt] indirekt (*a. gr.*); **by ~ means** auf Umwegen.

in-dis|creet □ [ɪndɪˈskriːt] unbesonnen; taktlos; indiskret; **~cre-tion** [~ˈreʃn]

Unbesonnenheit *f;* Taktlosigkeit *f;* Indiskretion *f.*

in-dis-crim-i-nate □ [ɪndɪˈskrɪmɪnət] unterschieds-, wahllos; willkürlich.

in-di-spen-sa-ble □ [ɪndɪˈspensəbl] unentbehrlich, unerläßlich.

in-dis|posed [ɪndɪˈspəʊzd] indisponiert; unpäßlich; abgeneigt; **~po-si-tion** [ɪndɪspəˈzɪʃn] Abneigung *f* (**to** gegen); Unpäßlichkeit *f.*

in-dis-pu-ta-ble □ [ɪndɪˈspjuːtəbl] unbestreitbar, unstreitig.

in-dis-tinct □ [ɪndɪˈstɪŋkt] undeutlich; unklar, verschwommen.

in-dis-tin-guish-a-ble □ [ɪndɪˈstɪŋgwɪʃəbl] nicht zu unterscheiden(d).

in-di-vid-u-al [ɪndɪˈvɪdjʊəl] **1.** □ persönlich; individuell; besondere(r, -s); einzeln, Einzel...; **2.** Individuum *n,* Einzelne(r *m*) *f;* **~is-m** [~ɪzəm] Individualismus *m;* **~ist** [~ɪst] Individualist(in); **~i-ty** [ɪndɪvɪdjuˈælətɪ] Individualität *f,* (persönliche) Note; **~ly** [ɪndɪˈvɪdjʊəlɪ] einzeln, jede(r, -s) für sich.

in-di-vis-i-ble □ [ɪndɪˈvɪzəbl] unteilbar.

in-do-lent □ [ˈɪndələnt] träge, faul, arbeitsscheu; **⚕** schmerzlos.

in-dom-i-ta-ble □ [ɪnˈdomɪtəbl] unbezähmbar, nicht unterzukriegen(d).

in-door [ˈɪndɔː] zu *or* im Hause (befindlich), Haus..., Zimmer..., Innen..., *sports:* Hallen...; **~s** [ɪnˈdɔːz] zu *or* im Hause; im *or* ins Haus.

in-dorse [ɪnˈdɔːs] = **endorse** *etc.*

in-duce [ɪnˈdjuːs] veranlassen; hervorrufen, bewirken; **~ment** [~mənt] Anlaß *m;* Anreiz *m,* Ansporn *m.*

in-duct [ɪnˈdʌkt] *into a position:* einführen, -setzen; **in-duc-tion** [~kʃn] (Amts-)Einführung *f,* Einsetzung *f;* **⚡** Induktion *f; of birth:* Einleitung *f.*

in-dulge [ɪnˈdʌldʒ] nachsichtig sein gegen, gewähren lassen, j-m nachgeben; **~ in s.th.** sich et. gönnen *or* leisten; **in-dul-gence** [~əns] Nachsicht *f,* Nachgiebigkeit *f;* Schwäche *f,* Leidenschaft *f;* **in-dul-gent** □ [~nt] nachsichtig, -giebig.

in-dus-tri-al □ [ɪnˈdʌstrɪəl] industriell, Industrie..., Gewerbe..., Betriebs...; **~ action** Arbeitskampf(maßnahmen *pl.*) *m;* **~ area** Industriegebiet *n;* **~ist** econ. [~əlɪst] Industrielle(r *m*) *f;* **~ize** econ. [~əlaɪz] industrialisieren.

in-dus-tri-ous □ [ɪnˈdʌstrɪəs] fleißig.

in-dus-try [ˈɪndəstrɪ] econ. Industrie(zweig *m*) *f;* Gewerbe(zweig *m*) *n;* Fleiß *m.*

in-ed-i-ble □ [ɪnˈedɪbl] ungenießbar, nicht eßbar.

in-ef-fa-ble □ [ɪnˈefəbl] unaussprechlich, unbeschreiblich.

in·ef·fec|tive □ [ɪnɪˈfektɪv], **~tu·al** □ [~tʃʊəl] unwirksam, wirkungslos; untauglich.

in·ef·fi·cient □ [ɪnəˈfɪʃənt] unfähig, untauglich; leistungsschwach, unproduktiv.

in·e·le·gant □ [ɪnˈelɪgənt] unelegant; schwerfällig.

in·e·li·gi·ble □ [ɪnˈelɪdʒəbl] nicht wählbar; ungeeignet; nicht berechtigt; *esp.* ✕ untauglich.

in·ept □ [ɪˈnept] *remark*: unpassend; *behaviour*: ungeschickt; *person*: albern, töricht.

in·e·qual·i·ty [ɪnɪˈkwɒlətɪ] Ungleichheit *f.*

in·ert □ [ɪˈnɜːt] *phys.* träge (*a. fig.*); 🎇 inaktiv; **in·er·tia** [ɪˈnɜːʃə] Trägheit *f (a. fig.)*.

in·es·ca·pa·ble [ɪnɪˈskeɪpəbl] unvermeidlich, unausweichlich.

in·es·sen·tial [ɪnɪˈsenʃl] unwesentlich, unwichtig (*to* für).

in·es·ti·ma·ble □ [ɪnˈestɪməbl] unschätzbar.

in·ev·i·ta·ble □ [ɪnˈevɪtəbl] unvermeidlich; zwangsläufig.

in·ex·act □ [ɪnɪgˈzækt] ungenau.

in·ex·cu·sa·ble □ [ɪnɪˈskjuːzəbl] unverzeihlich, unentschuldbar.

in·ex·haus·ti·ble □ [ɪnɪgˈzɔːstəbl] unerschöpflich; unermüdlich.

in·ex·o·ra·ble □ [ɪnˈeksərəbl] unerbittlich.

in·ex·pe·di·ent □ [ɪnɪkˈspiːdɪənt] unzweckmäßig; nicht ratsam.

in·ex·pen·sive □ [ɪnɪkˈspensɪv] nicht teuer, billig, preiswert.

in·ex·pe·ri·ence [ɪnɪkˈspɪərɪəns] Unerfahrenheit *f;* **~d** unerfahren.

in·ex·pert □ [ɪnˈekspɜːt] unerfahren; ungeschickt.

in·ex·pli·ca·ble □ [ɪnɪkˈsplɪkəbl] unerklärlich.

in·ex·pres·si·ble □ [ɪnɪkˈspresəbl] unaussprechlich, unbeschreiblich; **~ve** [~sɪv] ausdruckslos.

in·ex·tri·ca·ble □ [ɪnˈekstrɪkəbl] unentwirrbar.

in·fal·li·ble □ [ɪnˈfæləbl] unfehlbar.

in·fa|mous □ [ˈɪnfəməs] berüchtigt; schändlich, niederträchtig; **~my** [~ɪ] Schande *f;* Niedertracht *f,* Gemeinheit *f,* Infamie *f.*

in·fan|cy [ˈɪnfənsɪ] frühe Kindheit; ⁂ Minderjährigkeit *f;* **in its ~** *fig.* in den Anfängen *or* Kinderschuhen steckend; **~t** [~t] Säugling *m;* Kleinkind *n;* ⁂ Minderjährige(r *m*) *f.*

in·fan·tile □ [ˈɪnfəntaɪl] kindlich; Kindes..., Kinder...; infantil, kindisch.

in·fan·try ✕ [ˈɪnfəntrɪ] Infanterie *f.*

in·fat·u·at·ed [ɪnˈfætjʊeɪtɪd] vernarrt (**with** in *acc.*).

in·fect [ɪnˈfekt] 🎇 *j-n, et.* infizieren, *j-n* anstecken (*a. fig.*); verseuchen, -unreinigen; **in·fec·tion** [~kʃn] 🎇 Infektion *f,* Ansteckung *f (a. fig.);* **in·fec·tious** □ [~kʃəs] 🎇 infektiös, ansteckend (*a. fig.*).

in·fer [ɪnˈfɜː] (-rr-) folgern, schließen (*from* aus); **~ence** [ˈɪnfərəns] (Schluß-) Folgerung *f.*

in·fe·ri·or [ɪnˈfɪərɪə] **1.** (*to*) untergeordnet (*dat.*), in *position*: tieferstehend, niedriger, geringer (als); minderwertig; **be ~ to s.o.** j-m untergeordnet sein; j-m unterlegen sein; **2.** Untergebene(r *m*) *f;* **~i·ty** [ɪnfɪərɪˈɒrətɪ] Untergeordnet *f;* geringerer Wert *or* Stand, Minderwertigkeit *f;* **~ complex** *psych.* Minderwertigkeitskomplex *m.*

in·fer|nal □ [ɪnˈfɜːnl] höllisch, Höllen...; **~no** [~əʊ] (*pl.* -nos) Inferno *n,* Hölle *f.*

in·fer·tile [ɪnˈfɜːtaɪl] unfruchtbar.

in·fest [ɪnˈfest] heimsuchen; verseuchen, befallen; *fig.* überschwemmen (**with** mit).

in·fi·del·i·ty [ɪnfɪˈdelətɪ] (*esp.* eheliche) Untreue.

in·fil·trate [ˈɪnfɪltreɪt] *v/t.* eindringen in (*acc.*); einsickern in (*acc.*), durchdringen; *pol.* unterwandern; *pol.* einschleusen; *v/i.* eindringen (*into* in *acc.*); *pol.* unterwandern (*into* *acc.*), sich einschleusen (*into* in *acc.*).

in·fi·nite □ [ˈɪnfɪnət] unendlich.

in·fin·i·tive [ɪnˈfɪnətɪv] *a.* **~ mood** *gr.* Infinitiv *m,* Nennform *f.*

in·fin·i·ty [ɪnˈfɪnətɪ] Unendlichkeit *f.*

in·firm □ [ɪnˈfɜːm] schwach; gebrechlich; **in·fir·ma·ry** [~ərɪ] Krankenhaus *n;* Krankenstube *f,* -zimmer *n* (*in school, etc.*); **in·fir·mi·ty** [~ətɪ] Schwäche *f (a. fig.);* Gebrechlichkeit *f.*

in·flame [ɪnˈfleɪm] entflammen (*mst fig.*); 🎇 (sich) entzünden; erregen; erzürnen.

in·flam·ma|ble [ɪnˈflæməbl] leicht entzündlich; feuergefährlich; **~tion** 🎇 [ɪnfləˈmeɪʃn] Entzündung *f;* **~to·ry** [ɪnˈflæmətərɪ] 🎇 entzündlich; *fig.* aufrührerisch, Hetz...

in·flate [ɪnˈfleɪt] aufpumpen, -blasen, -blähen (*a. fig.*); *econ. price, etc.:* in die Höhe treiben; **in·fla·tion** [~ʃn] Aufblähung *f;* *econ.* Inflation *f.*

in·flect *gr.* [ɪnˈflekt] flektieren, beugen; **in·flec·tion** [~kʃn] = **inflexion**.

in·flex·i·ble □ [ɪnˈfleksəbl] unbiegsam, starr (*a. fig.*); *fig.* unbeugsam; **in·flex·ion** *esp. Brt.* [~kʃn] *gr.* Flexion *f,* Beugung *f;* ♪ Modulation *f.*

in·flict [ɪnˈflɪkt] (**on, upon**) *suffering, etc.:* zufügen (*dat.*); *wound, etc.:* beibringen (dat.); blow, etc: versetzen (dat.); punishment, etc.: verhängen (über acc.); aufbürden, -drängen (dat.); **in-flic-tion** [~k∫n] Zufügung f; of punishment: Verhängung f; Plage f.

in-flow ['ɪnfləʊ] Zustrom m, -fluß m.

in-flu|ence ['ɪnfluəns] 1. Einfluß m; 2. beeinflussen; **~en-tial** □ [ɪnflu'en∫l] einflußreich.

in-flu-en-za ✶ [ɪnfluˈenzə] Grippe f.

in-flux ['ɪnflʌks] Einströmen n; econ. (Waren)Zufuhr f; fig. (Zu)Strom m.

in-form [ɪn'fɔːm] benachrichtigen, unterrichten (of von), informieren (of über acc.); **~ against** or **on** or **upon** s.o. j-n anzeigen; j-n denunzieren.

in-for-mal [ɪn'fɔːml] formlos, zwanglos; **~i-ty** [ɪnfɔ'mælətɪ] Formlosigkeit f; Ungezwungenheit f.

in-for-ma|tion [ɪnfə'meɪ∫n] Auskunft f; Nachricht f; Information f; **~ desk** Informationsschalter m; **~ science** Informatik f; **~ storage** computer: Datenspeicherung f; **~tive** [ɪn'fɔːmətɪv] informativ; lehrreich; mitteilsam.

in-form-er [ɪn'fɔːmə] Denunziant(in); Spitzel m.

in-fre-quent □ [ɪn'friːkwənt] selten.

in-fringe [ɪn'frɪndʒ]: **~ on**, **~ upon** rights, contract, etc.: verletzen.

in-fu-ri-ate [ɪn'fjʊərɪeɪt] wütend machen.

in-fuse [ɪn'fjuːz] tea: aufgießen; fig. einflößen; fig. erfüllen (with mit); **In-fu-sion** [~ʒn] Aufguß m, Tee m; Einflößen n; ✶ Infusion f.

in-ge|ni-ous □ [ɪn'dʒiːnɪəs] genial; geist-, sinnreich; erfinderisch; raffiniert; **~nu-i-ty** [ɪndʒɪ'njuːətɪ] Genialität f; Einfallsreichtum m.

in-gen-u-ous □ [ɪn'dʒenjʊəs] offen, aufrichtig; unbefangen; naiv.

in-got ['ɪŋgət] (Gold-, etc.)Barren m.

in-gra-ti-ate [ɪn'greɪ∫ɪeɪt]: **~o.s. with** s.o. sich bei j-m beliebt machen.

in-grat-i-tude [ɪn'grætɪtjuːd] Undankbarkeit f.

in-gre-di-ent [ɪn'griːdɪənt] Bestandteil m; cooking: Zutat f.

in-grow-ing ['ɪngrəʊɪŋ] nach innen wachsend; eingewachsen.

in-hab|it [ɪn'hæbɪt] bewohnen, leben in (dat.); **~it-a-ble** [~əbl] bewohnbar; **~i-tant** [~ənt] Bewohner(in); Einwohner(in).

in-hale [ɪn'heɪl] einatmen, ✶ a. inhalieren.

in-her-ent □ [ɪn'hɪərənt] anhaftend; innewohnend, angeboren, eigen (in dat.).

in-her|it [ɪn'herɪt] erben; **~i-tance** [~əns] Erbe n, Erbschaft f; biol. Vererbung f.

in-hib-it [ɪn'hɪbɪt] hemmen (a. psych.), hindern; **~ed** psych. gehemmt; **in-hi-**

bi-tion psych. [ɪnhɪ'bɪ∫n] Hemmung f.

in-hos-pi-ta-ble □ [ɪn'hɒspɪtəbl] ungastlich; region, etc.: unwirtlich.

in-hu-man □ [ɪn'hjuːmən] unmenschlich; **~e** □ [ɪnhjuː'meɪn] inhuman; menschenunwürdig.

in-im-i-cal □ [ɪ'nɪmɪkl] feindselig (to gegen); nachteilig (to für).

in-im-i-ta-ble □ [ɪ'nɪmɪtəbl] unnachahmlich.

i-ni|tial [ɪ'nɪ∫l] 1. □ anfänglich, Anfangs...; 2. Initiale f, (großer) Anfangsbuchstabe; **~tial-ly** [~∫əlɪ] am or zu Anfang, anfangs; **~ti-ate** 1. [~∫ɪət] Eingeweihte(r m) f; 2. [~∫ɪeɪt] beginnen, in die Wege leiten; einführen, einweihen; aufnehmen; **~ti-a-tion** [ɪnɪ∫ɪ'eɪ∫n] Einführung f; Aufnahme f; **~ fee** esp. Am. Aufnahmegebühr f; **~tia-tive** [ɪ'nɪ∫ɪətɪv] Initiative f; erster Schritt; Entschlußkraft f, Unternehmungsgeist m; **take the ~** die Initiative ergreifen; **on one's own ~** aus eigenem Antrieb.

in-ject ✶ [ɪn'dʒekt] injizieren, einspritzen; **in-jec-tion** ✶ [~k∫n] Injektion f; Spritze f.

in-ju-di-cious □ [ɪndʒuː'dɪ∫əs] unklug, unüberlegt.

in-junc-tion [ɪn'dʒʌŋk∫n] ⚖ gerichtliche Verfügung f; ausdrücklicher Befehl.

in-jure ['ɪndʒə] verletzen, verwunden; (be)schädigen; schaden (dat.); kränken; **in-ju-ri-ous** □ [ɪn'dʒʊərɪəs] schädlich; beleidigend; **be ~ to** schaden (dat.); **~ to health** gesundheitsschädlich; **in-ju-ry** ['ɪndʒərɪ] ✶ Verletzung f; Unrecht n; Schaden m; Kränkung f.

in-jus-tice [ɪn'dʒʌstɪs] Ungerechtigkeit f; Unrecht n; **do s.o. an ~** j-m unrecht tun.

ink [ɪŋk] Tinte f; mst printer's **~** Druckerschwärze f; attr. Tinten...

ink-ling ['ɪŋklɪŋ] Andeutung f; dunkle or leise Ahnung.

ink|pad ['ɪŋkpæd] Stempelkissen n; **~y** [~ɪ] (-ier, -iest) voll Tinte, Tinten...; tinten-, pechschwarz.

in-laid ['ɪnleɪd] eingelegt, Einlege...; **~ work** Einlegearbeit f.

in-land 1. adj. ['ɪnlənd] inländisch, einheimisch; Binnen...; **2.** [~] das Landesinnere; Binnenland n. **3.** adv. [ɪn'lænd] landeinwärts; **~ rev-e-nue** Brt. Steuereinnahmen pl.; **⚹ Rev-e-nue** Brt. Finanzamt n.

in-lay ['ɪnleɪ] Einlegearbeit f; (Zahn)Füllung f, Plombe f.

in-let ['ɪnlet] Meeresarm m; Flußarm m; ⊚ Einlaß m.

in-mate ['ɪnmeɪt] Insass|e m, -in f; Mitbewohner(in).

in-most ['ɪnməʊst] = **innermost**.

inn [ɪn] Gasthaus n, Wirtshaus n.

in·nate □ [ɪ'neɪt] angeboren.

in·ner ['ɪnə] innere(r, -s); Innen...; verborgen; ~ city Innenstadt f, Stadtzentrum n; ~most innerste(r, -s) (a. fig.).

in·nings ['ɪnɪŋz] cricket, baseball: appr. Spielzeit f, Schlagrunde f.

inn·keep·er ['ɪnkiːpə] Gastwirt(in).

in·no·cence ['ɪnəsns] Unschuld f; Harmlosigkeit f; Naivität f; ~cent [~t] 1. □ unschuldig; mistake: unabsichtlich, harmlos; arglos, naiv; 2. Unschuldige(r m) f; Einfältige(r m) f.

in·noc·u·ous □ [ɪ'nɒkjʊəs] harmlos.

in·no·vate ['ɪnəveɪt] technology, etc.: neu einführen; Neuerungen einführen; ~va·tion [ɪnə'veɪʃn] Neuerung f.

in·nu·en·do [ɪnjuː'endəʊ] (pl. -does, -dos) (versteckte) Andeutung.

in·nu·me·ra·ble □ [ɪ'njuːmərəbl] unzählig, zahllos.

in·oc·u·late □ [ɪ'nɒkjʊleɪt] (ein)impfen; ~la·tion □ [ɪnɒkjʊ'leɪʃn] Impfung f.

in·of·fen·sive □ [ɪnə'fensɪv] harmlos.

in·op·e·ra·ble □ [ɪn'ɒpərəbl] ✗ inoperabel, nicht operierbar; plan, etc.: undurchführbar.

in·op·por·tune □ [ɪn'ɒpətjuːn] inopportun, unangebracht, ungelegen.

in·or·di·nate □ [ɪ'nɔːdɪnət] unmäßig.

in·pa·tient ✗ ['ɪnpeɪʃnt] stationärer Patient, stationäre Patientin.

in·put ['ɪnpʊt] Input m; econ. Produktionsmittel pl.; Arbeitsaufwand m; Energiezufuhr f; point of ~: ✗ Eingang m; computer: (Daten- or Programm-) Eingabe f.

in·quest ✗ ['ɪnkwest] gerichtliche Untersuchung.

in·quir|e □ [ɪn'kwaɪə] fragen or sich erkundigen (nach); ~ into untersuchen; in·quir·ing □ [~rɪŋ] forschend; wißbegierig; in·quir·y □ [~rɪ] Erkundigung f; Untersuchung f; Ermittlung f; make inquiries Erkundigungen einziehen.

in·qui·si·tion [ɪnkwɪ'zɪʃn] ✗ Untersuchung f; Verhör n; eccl. hist. Inquisition f; in·quis·i·tive □ [ɪn'kwɪzətɪv] neugierig; wißbegierig.

in·road(s) fig. ['ɪnrəʊd(z)] (into, on) Eingriff m (in acc.); übermäßige Inanspruchnahme (gen.); make ~s into market, etc.: eindringen in (acc.).

in·sane □ [ɪn'seɪn] geisteskrank, wahnsinnig.

in·san·i·ta·ry [ɪn'sænɪtərɪ] unhygienisch.

in·san·i·ty [ɪn'sænətɪ] Geisteskrankheit f, Wahnsinn m.

in·sa·tia·ble □ [ɪn'seɪʃəbl] unersättlich.

in·scribe [ɪn'skraɪb] (ein-, auf)schreiben, einmeißeln, -ritzen; book: mit e-r Widmung versehen.

in·scrip·tion [ɪn'skrɪpʃn] In-, Aufschrift f; Widmung f.

in·scru·ta·ble □ [ɪn'skruːtəbl] unerforschlich, unergründlich.

in·sect zo. ['ɪnsekt] Insekt n, Kerbtier n; in·sec·ti·cide [ɪn'sektɪsaɪd] Insektenvertilgungsmittel n, Insektizid n.

in·se·cure □ [ɪnsɪ'kjʊə] unsicher; nicht sicher or fest.

in·sem·i·nate [ɪn'semɪneɪt] befruchten; cattle: besamen; ~i·na·tion [ɪnsemɪ'neɪʃn] Befruchtung f, Besamung f.

in·sen·si·ble □ [ɪn'sensəbl] unempfindlich (to gegen); bewußtlos; unmerklich; gefühllos, gleichgültig; ~tive [~sətɪv] unempfindlich, gefühllos (to gegen); unempfänglich.

in·sep·a·ra·ble □ [ɪn'sepərəbl] untrennbar; unzertrennlich.

in·sert 1. [ɪn'sɜːt] einfügen, -setzen, -führen, (hinein)stecken; coin: einwerfen; inserieren; 2. ['ɪnsɜːt] Bei-, Einlage f; in·ser·tion [ɪn'sɜːʃn] Einfügen n, -setzen n, -führen n, Hineinstecken n; Einfügung f; Einwurf m (of coin); Anzeige f, Inserat n.

in·shore [ɪn'ʃɔː] an or nahe der Küste; Küsten...

in·side [ɪn'saɪd] 1. Innenseite f; das Innere; turn ~ out umkrempeln; auf den Kopf stellen; 2. adj. innere(r, -s), Innen...; Insider...; 3. adv. im Innern, (dr)innen; ~ of a week F innerhalb e-r Woche; 4. prp. innen in; in ... (hinein); in·sid·er [~ə] Eingeweihte(r m) f, Insider m.

in·sid·i·ous □ [ɪn'sɪdɪəs] heimtückisch.

in·sight ['ɪnsaɪt] Einsicht f, Einblick m; Verständnis n.

in·sig·ni·a [ɪn'sɪgnɪə] pl. Insignien pl.; Abzeichen pl.

in·sig·nif·i·cant [ɪnsɪg'nɪfɪkənt] bedeutungslos; unbedeutend.

in·sin·cere □ [ɪnsɪn'sɪə] unaufrichtig.

in·sin·u·ate [ɪn'sɪnjʊeɪt] andeuten, anspielen auf (acc.); ~a·tion [ɪnsɪnjʊ'eɪʃn] Anspielung f, Andeutung f.

in·sip·id [ɪn'sɪpɪd] geschmacklos, fad.

in·sist [ɪn'sɪst] bestehen, beharren (on, upon auf dat.); in·sis·tence [~əns] Bestehen n, Beharren n; Beharrlichkeit f; in·sis·tent □ [~t] beharrlich, hartnäckig.

in·so·lent □ ['ɪnsələnt] unverschämt.

in·sol·u·ble □ [ɪn'sɒljʊbl] unlöslich; unlösbar (problem, etc.).

in·sol·vent [ɪn'sɒlvənt] zahlungsunfähig, insolvent.

in·som·ni·a [ɪn'sɒmnɪə] Schlaflosigkeit f.

in·spect [ɪn'spekt] untersuchen, prüfen, nachsehen; besichtigen, inspizieren;

in·spec·tion [~kʃn] Prüfung f, Untersuchung f, Kontrolle f; Inspektion f; **in·spec·tor** [~ktə] Aufsichtsbeamte(r) m, Inspektor m; (Polizei)Inspektor m, (-)Kommissar m.

in·spi·ra·tion [ɪnspəˈreɪʃn] Inspiration f, Eingebung f; **in·spire** [ɪnˈspaɪə] inspirieren; hervorrufen; *hope, etc.*: wecken; *respect etc.*: einflößen.

in·stall [ɪnˈstɔːl] ⊕ installieren, einrichten, aufstellen, einbauen, *wires, cables, etc.*: legen; *in an official position, etc.*: einsetzen; **in·stal·la·tion** [ɪnstəˈleɪʃn] ⊕ Installation f, Einrichtung f, -bau m; ⊕ *apparatus, etc.*: Anlage; Einsetzung f, -führung f (*in an official position*).

in·stal·ment, *Am. a.* -**stall-** [ɪnˈstɔːlmənt] *econ.* Rate f; (Teil)Lieferung f (*of book, etc.*); Fortsetzung f (*of novel, etc.*); *radio, TV*: (Sende)Folge f; *monthly* ~ Monatsrate f.

in·stance [ˈɪnstəns] Beispiel n; (besonderer) Fall; ⅛ Instanz f; *for* ~ zum Beispiel; *at s.o.'s* ~ auf j-s Veranlassung (hin).

in·stant □ [ˈɪnstənt] **1.** sofortig; *reaction, etc.* unmittelbar; *econ.* Fertig...; ~ *coffee* löslicher Kaffe, Pulverkaffee m, Instantkaffee m; **2.** Augenblick m; *this (very)* ~ auf der Stelle, sofort; **in·stan·ta·ne·ous** □ [ɪnstənˈteɪnəs] sofortig, augenblicklich; *Moment...*; ~**ly** [ˈɪnstəntlɪ] sofort, unverzüglich.

in·stead [ɪnˈsted] statt dessen, dafür; ~ *of* an Stelle von, (an)statt.

in·step *anat.* [ˈɪnstep] Spann m, Rist m.

in·sti·gate [ˈɪnstɪɡeɪt] anstiften; aufhetzen; veranlassen; ~**ga·tor** [~ə] Anstifter(in); (Auf)Hetzer(in).

in·stil, *Am. a.* -**till** *fig.* [ɪnˈstɪl] (-*ll-*) beibringen, einflößen (*into dat.*).

in·stinct [ˈɪnstɪŋkt] Instinkt m; **in·stinc·tive** □ [ɪnˈstɪŋktɪv] instinktiv.

in·sti·tute [ˈɪnstɪtjuːt] **1.** Institut n; *group of scientists, etc.*: Gesellschaft f; **2.** *organization*: einrichten, gründen; *reforms*: einführen, einleiten; ~**tu·tion** [ɪnstɪˈtjuːʃn] Institut n, Anstalt f; Einführung f; Institution f, Einrichtung f.

in·struct [ɪnˈstrʌkt] unterrichten, belehren; *j-n* anweisen, beauftragen (*to do s.th.* et. zu tun); **in·struc·tion** [~kʃn] Unterricht m; Anweisung f, Instruktion f; *computer*: Befehl m; ~*s for use* Gebrauchsanweisung f; *operating* ~*s* Bedienungsanleitung f; **in·struc·tive** □ [~ktɪv] instruktiv, lehrreich; **in·struc·tor** [~ə] Lehrer m; Ausbilder m; *Am. univ.* Dozent m.

in·stru·ment [ˈɪnstrʊmənt] Instrument n; Werkzeug n (*a. fig.*); ~ *panel* ⊕ Armaturenbrett n; ~**men·tal** □ [ɪnstrʊ-'mentl] behilflich, dienlich; ♪ Instrumental...

in·sub·or·di·nate [ɪnsəˈbɔːdənət] aufsässig; ~**na·tion** [~ˈneɪʃn] Auflehnung f.

in·suf·fe·ra·ble □ [ɪnˈsʌfərəbl] unerträglich, unausstehlich.

in·suf·fi·cient □ [ɪnsəˈfɪʃnt] unzulänglich, ungenügend.

in·su·lar □ [ˈɪnsjʊlə] insular, Insel...; *fig.* engstirnig.

in·su·late [ˈɪnsjʊleɪt] *house, etc.*: isolieren; ~**la·tion** [ɪnsjʊˈleɪʃn] Isolierung f; Isoliermaterial n.

in·sult 1. [ˈɪnsʌlt] Beleidigung f; **2.** [ɪnˈsʌlt] beleidigen.

in·sur·ance [ɪnˈʃʊərəns] Versicherung f; Versicherungssumme f; ~ *company* Versicherungsgesellschaft f; ~ *policy* Versicherungspolice f; ~*e* [ɪnˈʃʊə] versichern (*against* gegen).

in·sur·gent [ɪnˈsɜːdʒənt] **1.** aufständisch; **2.** Aufständische(r m) f.

in·sur·moun·ta·ble □ *fig.* [ɪnsəˈmaʊntəbl] unüberwindlich.

in·sur·rec·tion [ɪnsəˈrekʃn] Aufstand m.

in·tact [ɪnˈtækt] unberührt; unversehrt, intakt.

in·tan·gi·ble □ [ɪnˈtændʒəbl] nicht greifbar; unbestimmt.

in·te·gral [ˈɪntɪɡrəl] ganz, vollständig; wesentlich; ~**grate** [~eɪt] *v/t.* integrieren, zu e-m Ganzen zusammenfassen; einbeziehen, -gliedern; *Am.* die Rassenschranken aufheben zwischen; *v/i.* sich integrieren; ~**grat·ed** einheitlich; ⊕ eingebaut; *ohne Rassentrennung*; ~**gra·tion** [ɪntɪˈɡreɪʃn] Integration f.

in·teg·ri·ty [ɪnˈteɡrətɪ] Integrität f, Rechtschaffenheit f; Vollständigkeit f.

in·tel·lect [ˈɪntəlekt] Intellekt m, Verstand m; ~**lec·tual** [ɪntəˈlektʃʊəl] **1.** □ intellektuell, Verstandes..., geistig; **2.** Intellektuelle(r m) f.

in·tel·li·gence [ɪnˈtelɪdʒəns] Intelligenz f, Verstand m; Informationen pl.; a. ~ *department* Geheimdienst m; ~**gent** □ [~t] intelligent, klug.

in·tel·li·gi·ble □ [ɪnˈtelɪdʒəbl] verständlich (*to* für).

in·tem·per·ate □ [ɪnˈtempərət] unmäßig, maßlos; trunksüchtig.

in·tend [ɪnˈtend] beabsichtigen, vorhaben, planen; ~*ed for* bestimmt für *or* zu.

in·tense □ [ɪnˈtens] intensiv; stark, heftig; angespannt; ernsthaft.

in·ten·si·fy [ɪnˈtensɪfaɪ] intensivieren; (sich) verstärken; ~**si·ty** [~sətɪ] Intensität f; ~**sive** [~sɪv] intensiv; stark, heftig; ~ *care unit ⚕* Intensivstation f.

in·tent [ɪnˈtent] **1.** □ gespannt, aufmerksam; ~ *on* fest entschlossen zu (*dat.*); konzentriert auf (*acc.*); **2.** Absicht f,

Vorhaben *n*; **to all ~s and purposes** in jeder Hinsicht; **in·ten·tion** [~ʃn] Absicht *f*; ⚖ Vorsatz *m*; **in·ten·tion·al** □ [~nl] absichtlich, vorsätzlich.

in·ter [ɪnˈtɜː] (*-rr-*) bestatten.

in·ter- [ˈɪntə] zwischen, Zwischen...; gegenseitig, einander.

in·ter·act [ɪntərˈækt] aufeinander (ein-) wirken, sich gegenseitig beeinflussen.

in·ter·cede [ɪntəˈsiːd] vermitteln, sich einsetzen (**with** bei; **for** für).

in·ter|cept [ɪntəˈsept] abfangen; aufhalten; **~cep·tion** [~pʃn] Abfangen *n*; Aufhalten *n*.

in·ter·ces·sion [ɪntəˈseʃn] Fürbitte *f*, -sprache *f*.

in·ter·change 1. [ɪntəˈtʃeɪndʒ] austauschen; **2.** [ˈɪntətʃeɪndʒ] Austausch *m*; kreuzungsfreier Verkehrsknotenpunkt.

in·ter·course [ˈɪntəkɔːs] (**sexual ~**) (Geschlechts)Verkehr *m*; *communication:* Verkehr *m*, Umgang *m*.

in·ter|dict 1. [ɪntəˈdɪkt] untersagen, verbieten (**s.th. to s.o.** j-m et.; **s.o. from doing** j-m zu tun); **2.** [ˈɪntədɪkt], **~dic·tion** [ɪntəˈdɪkʃn] Verbot *n*.

in·terest [ˈɪntrɪst] **1.** Interesse *n* (**in** an *dat.*, für), (An)Teilnahme *f*; Nutzen *m*; *econ.* Anteil *m*, Beteiligung *f*; *econ.* Zins(en *pl.*) *m*; *mst pl. econ.* Interessenten *pl.*, Interessengruppe(n *pl.*) *f*; **take an ~ in** sich interessieren für; **2.** interessieren (**in** für et.); **be ~ed in** sich interessieren für; **~ing** □ [~ɪŋ] interessant.

in·ter·face [ˈɪntəfeɪs] *computer:* Schnittstelle *f*, Knoten *m*.

in·ter|fere [ɪntəˈfɪə] sich einmischen (**with** in *acc.*); stören; **~fer·ence** [~rəns] Einmischung *f*; Störung *f*.

in·te·ri·or [ɪnˈtɪərɪə] **1.** □ innere(r, -s), Innen...; Binnen...; Inlands...; **~ decorator** Innenarchitekt(in); **2.** *das Innere;* Interieur *n*; *pol.* innere Angelegenheiten *pl.*; **Department of the** ⊆ *Am.* Innenministerium *n*.

in·ter|ject [ɪntəˈdʒekt] *remark:* einwerfen; **~jec·tion** [~kʃn] Einwurf *m*; Ausruf *m*; *ling.* Interjektion *f*.

in·ter·lace [ɪntəˈleɪs] (sich) (ineinander) verflechten.

in·ter·lock [ɪntəˈlɒk] ineinandergreifen; (miteinander) verzahnen.

in·ter·lop·er [ˈɪntələʊpə] Eindringling *m*.

in·ter·lude [ˈɪntəluːd] Zwischenspiel *n*; Pause *f*; **~s of bright weather** zeitweilig schön.

in·ter·me·di·a·ry [ɪntəˈmiːdɪərɪ] Vermittler(in); **~ate** □ [~ət] in der Mitte liegend, Mittel..., Zwischen...; **~range missile** Mittelstreckenrakete *f*; **~ test or exam(ination)** Zwischenprüfung *f*.

in·ter·ment [ɪnˈtɜːmənt] Beerdigung *f*, Bestattung *f*.

in·ter·mi·na·ble □ [ɪnˈtɜːmɪnəbl] endlos.

in·ter·mis·sion [ɪntəˈmɪʃn] Unterbrechung *f*, Aussetzen *n*; *esp. Am. thea., in concert, etc.:* Pause *f*.

in·ter·mit·tent [ɪntəˈmɪtənt] (zeitweilig) aussetzend, periodisch (auftretend); **~ fever** ⚕ Wechselfieber *n*.

in·tern[1] [ɪnˈtɜːn] internieren.

in·tern[2] *Am.* ⚕ [ˈɪntɜːn] Arzt im Praktikum (*abbr.* AIP).

in·ter·nal □ [ɪnˈtɜːnl] innere(r, -s); einheimisch, Inlands...; **~combustion engine** Verbrennungsmotor *m*.

in·ter·na·tion·al [ɪntəˈnæʃənl] **1.** □ international; **~ law** ⚖ Völkerrecht *n*; **2.** *sports:* Internationale *m*, *f*, Nationalspieler(in); internationaler Wettkampf; Länderspiel *n*.

in·ter·po·late [ɪnˈtɜːpəleɪt] einfügen.

in·ter·pose [ɪntəˈpəʊz] *v/t. veto:* einlegen; *word:* einwerfen; *v/i.* eingreifen.

in·ter|pret [ɪnˈtɜːprɪt] auslegen, erklären, deuten, interpretieren; dolmetschen; **~pre·ta·tion** [ɪntɜːprɪˈteɪʃn] Auslegung *f*, Deutung *f*, Interpretation *f*; **~pret·er** [ɪnˈtɜːprɪtə] Dolmetscher(in); Interpret(in).

in·ter·ro|gate [ɪnˈterəgeɪt] (be-, aus-) fragen; verhören; **~ga·tion** [ɪnterəˈgeɪʃn] Befragung *f*; Verhör *m*; Frage *f*; **note or mark or point of ~** ling. Fragezeichen *n*; **~ga·tive** □ [ɪntəˈrɒgətɪv] fragend, Frage...; *gr.* Interrogativ..., Frage...

in·ter|rupt [ɪntəˈrʌpt] unterbrechen; **~rup·tion** [~pʃn] Unterbrechung *f*.

in·ter|sect [ɪntəˈsekt] durchschneiden; sich schneiden *or* kreuzen; **~sec·tion** [~kʃn] Schnittpunkt *m*; (Straßen- *etc.*) Kreuzung *f*.

in·ter·sperse [ɪntəˈspɜːs] einstreuen, hier u. da einfügen.

in·ter·state *Am.* [ɪntəˈsteɪt] zwischen den einzelnen Bundesstaaten.

in·ter·twine [ɪntəˈtwaɪn] (sich ineinander) verschlingen; **inextricably ~d** *of fate, etc.:* untrennbar verbunden.

in·ter·val [ˈɪntəvl] Intervall *n* (*a.* ♪), Abstand *m*; *thea., in concert, etc.:* Pause *f*; **at ~s of** in Abständen von; **at ten minute ~s of bus, etc.:** im Zehnminutentakt.

in·ter|vene [ɪntəˈviːn] *of person:* einschreiten, intervenieren; *of time:* dazwischenliegen; *of event:* (unerwartet) dazwischenkommen; **~ven·tion** [~ˈvenʃn] Eingreifen *n*, -griff *m*, Intervention *f*.

in·ter·view [ˈɪntəvjuː] **1.** *TV, etc.:* Interview *n*; Unterredung *f*; (Vorstellungs)Gespräch n; 2. j-n interviewen, befragen; ein Vorstellungsgespräch führen mit; ~er [~ə] Interviewer(in); Leiter(in) e-s Vorstellungsgesprächs.

in·ter·weave [ıntə'wi:v] (-wove, -woven) (miteinander) verweben, -flechten, -schlingen.

in·tes·tine anat. [ın'testın] Darm m; ~s pl. Eingeweide pl.

in·ti·ma·cy ['ıntıməsı] Intimität f (a. sexual), Vertrautheit f; Vertraulichkeit f.

in·ti·mate¹ ['ıntımət] 1. □ intim (a. sexual), vertraut; vertraulich; 2. Vertraute(r m) f.

in·ti·mate² ['ıntımeıt] andeuten; ~mation [ıntı'meıʃn] Andeutung f.

in·tim·i·date [ın'tımıdeıt] einschüchtern; ~da·tion. [ıntımı'deıʃn] Einschüchterung f.

in·to ['ıntʊ, 'ıntə] in (acc.), in (acc.) ... hinein; gegen (acc.); in (acc.); 4 ~ 20 goes five times 4 geht fünfmal in 20; F be ~ s.th. F (voll) abfahren auf et., auf et. stehen.

in·tol·e·ra·ble □ [ın'tɒlərəbl] unerträglich.

in·tol·e|rance [ın'tɒlərəns] Intoleranz f, Unduldsamkeit (of gegen); ~rant [~t] intolerant, unduldsam (of gegen).

in·to·na·tion [ıntəʊ'neıʃn] gr. Intonation f, Tonfall m; ♪ Intonation f.

in·tox·i|cant [ın'tɒksıkənt] 1. berauschend; 2. esp. berauschendes Getränk; ~cate [~eıt] berauschen (a. fig.), betrunken machen; ~ca·tion [ıntɒksı'keıʃn] Rausch m (a. fig.).

in·trac·ta·ble □ [ın'træktəbl] unlenksam, eigensinnig; schwer zu handhaben(d).

in·tran·si·tive □ gr. [ın'trænsətıv] intransitiv.

in·tra·ve·nous ♣ [ıntrə'vi:nəs] intravenös.

in·trep·id □ [ın'trepıd] unerschrocken.

in·tri·cate □ ['ıntrıkət] verwickelt, kompliziert.

in·trigue [ın'tri:g] 1. Intrige f; Machenschaft f; 2. faszinieren, interessieren; intrigieren.

in·trin·sic [ın'trınsık] (~ally) wirklich, wahr, inner(lich).

in·tro|duce [ıntrə'dju:s] vorstellen (to dat.), j-n bekannt machen (to mit); einführen; einleiten; ~duc·tion [~'dʌkʃn] Vorstellung f; Einführung f; Einleitung f; letter of ~ Empfehlungsschreiben n; ~duc·to·ry [~tərı] einleitend, Einführungs..., Einleitungs...

in·tro·spec|tion [ıntrəʊ'spekʃn] Selbstbeobachtung f; ~tive [~tıv] selbstbeobachtend.

in·tro·vert psych. ['ıntrəʊvɜ:t] introvertierter Mensch; ~ed psych. introvertiert, in sich gekehrt.

in·trude [ın'tru:d] sich einmischen; sich ein- or aufdrängen; stören; am I intruding? störe ich?; in·trud·er [~də] Eindringling m; in·tru·sion [~ʒn] Aufdrängen n; Einmischung f; Auf-, Zudringlichkeit f; Störung f; Verletzung f; in·tru·sive □ [~sıv] aufdringlich.

in·tu·i|tion [ıntju:'ıʃn] Intuition f; Ahnung f; ~tive □ [ın'tju:ıtıv] intuitiv.

in·un·date [ın'ʌndeıt] überschwemmen, -fluten (a. fig.).

in·vade [ın'veıd] eindringen in, einfallen in, ✕ a. einmarschieren in (acc.); fig. überlaufen, -schwemmen; ~r [~ə] Eindringling m.

in·va·lid¹ ['ınvəlıd] 1. dienstunfähig; kränklich, invalide; Kranken...; 2. Invalide m, f.

in·val|id² □ [ın'vælıd] ticket, etc.: ungültig; argument: nicht schlüssig; ~i·date [~eıt] argument, theory, etc.: entkräften; ✍ ungültig machen.

in·val·u·a·ble □ [ın'væljʊəbl] unschätzbar.

in·var·i·a|ble □ [ın'veərıəbl] unveränderlich; ~bly [~lı] ausnahmslos.

in·va·sion [ın'veıʒn] Invasion f, Einfall m; fig. Eingriff m, Verletzung f.

in·vec·tive [ın'vektıv] Schmähung f, Beschimpfung f.

in·vent [ın'vent] erfinden; in·ven·tion [~nʃn] Erfindung(sgabe) f; in·ven·tive □ [~tıv] erfinderisch; in·ven·tor [~ə] Erfinder(in); in·ven·to·ry ['ınvəntrı] Inventar n; Bestandsverzeichnis n; Am. Inventur f.

in·verse [ın'vɜ:s] 1. □ umgekehrt; 2. Umkehrung f, Gegenteil n; in·ver·sion [ın'vɜ:ʃn] Umkehrung f; gr. Inversion f.

in·vert [ın'vɜ:t] umkehren; gr. sentence, etc.: umstellen; ~ed commas pl. Anführungszeichen pl.

in·ver·te·brate zo. [ın'vɜ:tıbrət] 1. wirbellos; 2. wirbelloses Tier.

in·vest [ın'vest] investieren, anlegen.

in·ves·ti|gate [ın'vestıgeıt] untersuchen; überprüfen; Untersuchungen or Ermittlungen anstellen (into über acc.), nachforschen; ~ga·tion [ınvestı'geıʃn] Untersuchung f; Ermittlung f, Nachforschung f; ~ga·tor [ın'vestıgeıtə] Untersuchungs-, Ermittlungsbeamte(r) m; private ~ Privatdetektiv m.

in·vest·ment econ. [ın'vestmənt] Investition f, (Kapital)Anlage f.

in·vet·e·rate □ [ın'vetərət] unverbesserlich; unversöhnlich; hartnäckig.

in·vid·i·ous □ [ın'vıdıəs] verhaßt; gehässig, boshaft, gemein; ungerecht.

in·vig·o·rate [ɪnˈvɪgəreɪt] kräftigen, stärken, beleben.

in·vin·ci·ble □ [ɪnˈvɪnsəbl] unbesiegbar; unüberwindlich.

in·vi·o·la|ble □ [ɪnˈvaɪələbl] unverletzlich, unantastbar; **~te** [~lət] unverletzt; unversehrt.

in·vis·i·ble [ɪnˈvɪzəbl] unsichtbar.

in·vi·ta·tion [ɪnvɪˈteɪʃn] Einladung f; Aufforderung f; **in·vite** [ɪnˈvaɪt] einladen; auffordern; *danger, etc.*: herausfordern; **~ s.o. in** j-n hereinbitten; **in·vit·ing** □ einladend, verlockend.

in·voice *econ.* [ˈɪnvɔɪs] **1.** (Waren-)Rechnung f; Lieferschein m; **2.** in Rechnung stellen, berechnen.

in·voke [ɪnˈvəʊk] anrufen; zu Hilfe rufen (*acc.*); appellieren an (*acc.*); *spirits*: (herauf)beschwören.

in·vol·un·ta·ry □ [ɪnˈvɒləntərɪ] unfreiwillig; unabsichtlich; unwillkürlich.

in·volve [ɪnˈvɒlv] verwickeln, hineinziehen (*in* in *acc.*); umfassen; zur Folge haben, mit sich bringen; betreffen; **~d** kompliziert; *person*: betroffen; **~ment** [~mənt] Verwicklung f; Beteiligung f; Engagement n; (Geld)Verlegenheit f.

in·vul·ne·ra·ble □ [ɪnˈvʌlnərəbl] unverwundbar; *fig.* unanfechtbar.

in·ward [ˈɪnwəd] **1.** *adj.* innere(r, -s), innerlich; **2.** *adv. mst* **~s** einwärts, nach innen.

i·o·dine 🜍 [ˈaɪədiːn] Jod n.

i·on *phys.* [ˈaɪən] Ion n.

IOU F [aɪəʊˈjuː] (= *I owe you*) Schuldschein m.

I·ra·ni·an [ɪˈreɪnɪən] **1.** iranisch, persisch; **2.** Iraner(in), Perser(in); *ling.* Iranisch n, Persisch n.

I·ra·qi [ɪˈrɑːkɪ] **1.** irakisch; **2.** Iraker(in); *ling.* Irakisch n.

i·ras·ci·ble □ [ɪˈræsəbl] jähzornig.

i·rate [aɪˈreɪt] zornig, wütend.

ir·i·des·cent [ɪrɪˈdesnt] schillernd.

i·ris [ˈaɪərɪs] *anat.* Regenbogenhaut f, Iris f; ♀ Schwertlilie f, Iris f.

I·rish [ˈaɪərɪʃ] **1.** irisch; **2.** *ling.* Irisch n; *the* ~ *pl.* die Iren *pl.*; **~man** (*pl.* -men) Ire m; **~wom·an** (*pl.* -women) Irin f.

irk·some [ˈɜːksəm] lästig, ärgerlich.

i·ron [ˈaɪən] **1.** Eisen n; *a. flat-~* Bügeleisen n; **~s** *pl.* Hand- u. Fußschellen *pl.*; **strike while the ~ is hot** *fig.* das Eisen schmieden, solange es heiß ist; **2.** eisern (*a. fig.*), Eisen...; aus Eisen; **3.** bügeln; **~ out** *fig. et.* ausbügeln, *difficulties*: beseitigen; ♀ **Cur·tain** *hist.* Eiserner Vorhang.

i·ron·ic [aɪˈrɒnɪk] (**~ally**), **i·ron·i·cal** □ [~kl] ironisch, spöttisch.

i·ron|ing [ˈaɪənɪŋ] Bügeln n; Bügelwäsche f; **~board** Bügelbrett n; **~ lung** 🜍

eiserne Lunge; **~mon·ger** *Brt.* Eisenwarenhändler m; **~mon·ger·y** *Brt.* Eisenwaren *pl.*; **~works** *sg.* Eisenhütte f.

i·ron·y [ˈaɪərənɪ] Ironie f.

ir·ra·tion·al □ [ɪˈræʃənl] irrational; unvernünftig; vernunftlos (*animal*).

ir·rec·on·ci·la·ble □ [ɪˈrekənsaɪləbl] unversöhnlich; unvereinbar.

ir·re·cov·e·ra·ble □ [ɪrɪˈkʌvərəbl] unersetzlich; unwiederbringlich.

ir·re·fu·ta·ble □ [ɪˈrefjʊtəbl] unwiderlegbar, nicht zu widerlegen(d).

ir·reg·u·lar □ [ɪˈregjʊlə] unregelmäßig; uneben; ungleichmäßig; regelwidrig; ungesetzlich; ungehörig.

ir·rel·e·vant □ [ɪˈreləvənt] irrelevant, nicht zur Sache gehörig, unerheblich, belanglos (*to* für).

ir·rep·a·ra·ble □ [ɪˈrepərəbl] irreparabel, nicht wiedergutzumachen(d).

ir·re·place·a·ble □ [ɪrɪˈpleɪsəbl] unersetzlich.

ir·re·pres·si·ble □ [ɪrɪˈpresəbl] nicht zu unterdrücken(d); unerschütterlich; un(be)zähmbar.

ir·re·proa·cha·ble □ [ɪrɪˈprəʊtʃəbl] einwandfrei, tadellos, untadelig.

ir·re·sis·ti·ble □ [ɪrɪˈzɪstəbl] unwiderstehlich.

ir·res·o·lute □ [ɪˈrezəluːt] unentschlossen.

ir·re·spec·tive □ [ɪrɪˈspektɪv]: **~ of** ungeachtet (*gen.*), ohne Rücksicht auf (*acc.*); unabhängig von.

ir·re·spon·si·ble □ [ɪrɪˈspɒnsəbl] unverantwortlich; verantwortungslos.

ir·re·trie·va·ble □ [ɪrɪˈtriːvəbl] unwiederbringlich, unersetzlich; nicht wiedergutzumachen(d).

ir·rev·e·rent □ [ɪˈrevərənt] respektlos.

ir·rev·o·ca·ble □ [ɪˈrevəkəbl] unwiderruflich, unabänderlich, endgültig.

ir·ri·gate [ˈɪrɪgeɪt] (künstlich) bewässern.

ir·ri·ta|ble □ [ˈɪrɪtəbl] reizbar; **~nt** [~ənt] Reizmittel n; **~te** [~teɪt] reizen; ärgern; **~t·ing** □ [~tɪŋ] aufreizend; *annoying*: ärgerlich; **~tion** [ɪrɪˈteɪʃn] Reizung f; Gereiztheit f, Ärger m.

is [ɪz] *3. sg. pres. of* **be**.

Is·lam [ˈɪzlɑːm] der Islam.

is·land [ˈaɪlənd] Insel f; *a. traffic* ~ Verkehrsinsel f; **~er** [~ə] Inselbewohner(in).

isle *poet.* [aɪl] Insel f.

is·let [ˈaɪlɪt] Inselchen n.

i·so|late [ˈaɪsəleɪt] absondern; isolieren; **~lat·ed** einsam, abgeschieden; einzeln; **~la·tion** [aɪsəˈleɪʃn] Isolierung f; Absonderung f; **live in** ~ zurückgezogen leben; **~ ward** ✦ Isolierstation f.

Is·rae·li [ɪzˈreɪlɪ] **1.** israelisch; **2.** Israeli m, Bewohner(in) des Staates Israel.

Is·sue ['ıʃuː, 'ısjuː] **1.** *subject:* Thema *n*, Frage *f*; *econ.* Ausgabe *f (of banknotes, etc.);* Erteilung *f (of order, etc.); print.* Ausgabe *f*, Exemplar *n (of book, etc.); print.* Ausgabe *f*, Nummer *f (of newspaper, etc.); esp.* ⚖ Streitfrage *f; fig.* Ausgang, Ergebnis *n; at ~* zur Debatte stehend; *contemporary ~s* aktuelle Fragen; *date of ~ stamps, etc.:* Ausgabedatum *n, -tag m; point at ~* strittiger Punkt; **2.** *v/i.* herauskommen; *problems:* herkommen, -rühren *(from* von); *v/t. econ., materials, etc.:* ausgeben; *orders, etc.:* erteilen; *book, newspaper, etc.:* herausgeben, veröffentlichen.

isth·mus ['ısməs] Landenge *f*.

it [ıt] es; er, ihn, sie; *after prp.: by ~* dadurch; *for ~* dafür.

I·tal·i·an [ı'tæljən] **1.** italienisch; **2.** Italiener(in); *ling.* Italienisch *n*.

I·tal·ics *print.* [ı'tælıks] Kursivschrift *f*.

itch [ıtʃ] **1.** 🐜 Krätze *f*; Jucken *n*; Verlangen *n*; **2.** jucken; *I ~ all over* es juckt mich überall; *be ~ing to inf.* darauf brennen, zu *inf.*

i·tem ['aıtəm] Punkt *m*; Gegenstand *m*; Posten *m*, Artikel *m*; *a. news ~* (Zeitungs)Notiz *f*, (kurzer) Artikel; *radio, TV:* (kurze) Meldung; *~·ize* [~aız] einzeln angeben *or* aufführen.

i·tin·e·rant □ [ı'tınərənt] reisend; umherziehend, Reise..., Wander...; *~·ra·ry* [aı'tınərərı] Reiseroute *f*; Reisebeschreibung *f*.

its [ıts] sein(e), ihr(e), dessen, deren.

it·self [ıt'self] sich; (sich) selbst; *by ~* (für sich) allein; von selbst; *in ~* an sich.

i·vo·ry ['aıvərı] Elfenbein *n*.

i·vy 🌿 ['aıvı] Efeu *m*.

J

jab [dʒæb] **1.** (*-bb-*) stechen; (zu)stoßen; **2.** Stich *m*, Stoß *m*; F 💉 Spritze *f*.

jab·ber ['dʒæbə] (daher)plappern.

jack [dʒæk] **1.** ⚙ Hebevorrichtung *f*; ⊕ Wagenheber *m*; 🔧 Klinke *f*; 🔌 Steckdose *f*, Buchse *f*; ⚓ Gösch *f*, kleine Bugflagge; *playing card:* Bube *m*; **2.** *~ up car:* aufbocken.

jack·al *zo.* ['dʒækɔːl] Schakal *m*.

jack·ass ['dʒækæs] Esel *m (a. fig.);* **~·boots** ✕ Reitstiefel *pl.*; hohe Wasserstiefel *pl.*; **~·daw** *zo.* Dohle *f*.

jack·et ['dʒækıt] Jacke *f*, Jackett *n*; ⊕ Mantel *m*; Schutzumschlag *m (of book); Am.* (Schall)Plattenhülle *f*.

jack·knife ['dʒæknaıf] **1.** (*pl. -knives*) Klappmesser *n*; **2.** zusammenklappen, -knicken; *~ of all trades* Alleskönner *m*, Handsampf *m* in allen Gassen; *~·pot* Haupttreffer *m*, -gewinn *m; hit the ~* F den Haupttreffer machen; *fig.* das große Los ziehen.

jade [dʒeıd] Jade *m, f*; Jadegrün *n*.

jag [dʒæg] Zacken *m*; **~·ged** □ ['dʒægıd] gezackt; zackig.

jag·u·ar *zo.* ['dʒægjʊə] Jaguar *m*.

jail [dʒeıl] **1.** Gefängnis *n*; **2.** einsperren; **~·bird** F Knastbruder *m*; **~·er** Gefängnisaufseher *m*; **~·house** *Am.* Gefängnis *n*.

jam¹ [dʒæm] Konfitüre *f*, Marmelade *f*.

jam² [~] **1.** Gedränge *n*, Gewühl *n*; ⊕ Klemmen *n*, Blockierung *f*; Stauung *f*, Stockung *f*; *traffic ~* Verkehrsstau *m*; *be in a ~* F in der Klemme sein; **2.**

(*-mm-*) ⊕ (sich) (ver)klemmen, blockieren; (hinein)zwängen, (-)stopfen; einklemmen; pressen, quetschen; *~ the brakes on, ~ on the brakes* auf die Bremse steigen.

jamb [dʒæm] (Tür-, Fenster)Pfosten *m*.

jam·bo·ree [dʒæmbə'riː] Jamboree *f*, Pfadfindertreffen *n*.

jan·gle ['dʒæŋgl] klimpern *or* klirren (mit); bimmeln (lassen); F tratschen.

jan·i·tor ['dʒænıtə] *Am.* Hausmeister *m*.

Jan·u·a·ry ['dʒænjʊərı] Januar *m*.

Jap·a·nese [dʒæpə'niːz] **1.** japanisch; **2.** Japaner(in); *ling.* Japanisch *n; the ~ pl.* die Japaner *pl.*

jar¹ [dʒɑː] **1.** Krug *m*, Topf *m*; (Marmelade- *etc.*)Glas *n*.

jar² [~] **1.** (*-rr-*) knarren, kreischen, quietschen; sich nicht vertragen; erschüttern *(a. fig.);* **2.** Knarren *n*, Kreischen *n*, Quietschen *n*; Erschütterung *f (a. fig.);* Schock *m*.

jar·gon ['dʒɑːgən] Jargon *m*, Fachsprache *f*.

jaun·dice 💊 ['dʒɔːndıs] Gelbsucht *f*; **~·d** 💊 gelbsüchtig; *fig.* neidisch, eifersüchtig, voreingenommen.

jaunt [dʒɔːnt] **1.** Ausflug *m*, Spritztour *f*; **2.** e-n Ausflug machen; **jaun·ty** □ ['dʒɔːntı] (*-ier, -iest*) munter, unbeschwert; flott.

jav·e·lin ['dʒævlın] *sports:* Speer *m*; *~ (throw[ing]), throwing the ~* Speerwerfen *n; ~ thrower* Speerwerfer(in).

jaw [dʒɔː] *anat.* Kinnbacken *m*, Kiefer

m; ~s *pl.* Rachen *m*; Maul *n*; Schlund *m*; ⊙ Backen *pl.*; ~bone *anat.* Kieferknochen *m*.

jay *zo.* [dʒeɪ] Eichelhäher *m*.

jay-walk ['dʒeɪwɔːk] unachtsam über die Straße gehen; **jay-walk-er** unachtsamer Fußgänger.

jazz ♪ [dʒæz] Jazz *m*.

jeal-ous □ ['dʒeləs] eifersüchtig (*of* auf *acc.*); neidisch; ~y [.sɪ] Eifersucht *f*; Neid *m*.

jeans [dʒiːnz] *pl.* Jeans *pl.*

jeep *TM* [dʒiːp] Jeep *m*.

jeer [dʒɪə] 1. Spott *m*; höhnische Bemerkung; 2. spotten (*at* über *acc.*); verspotten, -höhnen.

jel-lied ['dʒelɪd] eingedickt (*fruit juice*); in Gelee.

jel-ly ['dʒelɪ] 1. Gallert(e *f*) *n*; Gelee *n*; 2. gelieren; ~ ba-by *Brt.* Gummibärchen *n*; ~ bean Gummi-, Geleebonbon *m*, *n*; ~fish *zo.* Qualle *f*.

jeop-ar-dize ['dʒepədaɪz] gefährden; ~dy [.ɪ] Gefahr *f*; *put in* ~ gefährden.

jerk [dʒɜːk] 1. (plötzlicher) Ruck; Sprung *m*, Satz *m*; ⚡ Zuckung *f*, Zucken *n*; F Schwachkopf *m*, Blödmann *m*; 2. (plötzlich) ziehen, zerren, reißen (an *dat.*); schleudern; schnellen, ~y □ (-*ier*, -*iest*) ruckartig; holprig; abgehackt (*way of speaking*).

jer-sey ['dʒɜːzɪ] Pullover *m*; *sports*: Trikot *n*.

jest [dʒest] 1. Spaß *m*; 2. scherzen; ~er *hist.* (Hof)Narr *m*.

jet [dʒet] 1. (Wasser-, Gas-, *etc.*) Strahl *m*; ⊙ Düse *f*; = ~ engine, ~ plane; 2. (-*tt*-) hervorschießen, (her)ausströmen; ✈ jetten; ~ en-gine ⊙ Düsen-, Strahltriebwerk *n*; ~ lag Jetlag *m*; *I'm suffering from* ~ ich habe noch mit dem Zeitunterschied zu kämpfen; ~ plane Düsenflugzeug *n*, Jet *m*; ~pro-pelled mit Düsenantrieb, Düsen...; ~ pro-pul-sion ⊙ Düsen-, Strahlantrieb *m*; ~ set Jet-set *m*; ~ set-ter Angehörige(r *m*) *f* des Jet-set.

jet-ty ⚓ ['dʒetɪ] Mole *f*; Pier *m*.

Jew [dʒuː] Jude *m*, Jüdin *f*; *attr.* Juden...

jew-el ['dʒuːəl] Juwel *m*, *n*, Edelstein *m*; Schmuckstück *n*; ~ler, *Am.* ~er [.ə] Juwelier *m*; ~lery, *Am.* ~ry [.lrɪ] Juwelen *pl.*; Schmuck *m*.

Jew-ess ['dʒuːɪs] Jüdin *f*; ~ish [.ɪʃ] jüdisch.

jib ⚓ [dʒɪb] Klüver *m*.

jif-fy ['dʒɪfɪ]: *in a* ~ im Nu, sofort.

jig-saw ['dʒɪgsɔː] Laubsäge *f*; = ~ puz-zle Puzzle(spiel) *n*.

jilt [dʒɪlt] *girl*: sitzenlassen; *lover*: den Laufpaß geben.

jin-gle ['dʒɪŋgl] 1. Geklingel *n*, Klimpern *n*; Spruch *m*, Vers *m*; *advertising* ~ Werbespruch *m*; 2. klingeln; klimpern (mit); klinge(l)n lassen.

jit-ters F ['dʒɪtəz] *pl.*: *the* ~ Bammel *m*, das große Zittern.

job [dʒɒb] (ein Stück) Arbeit *f*; *econ.* Akkordarbeit *f*; Beruf *m*, Beschäftigung *f*, Stellung *f*, Stelle *f*, Arbeit *f*, Job *m*; Aufgabe *f*, Sache *f*; *by the* ~ im Akkord; *out of* ~ arbeitslos; ~ber *Brt. econ.* Börsenspekulant *m*; ~hop-ping *Am.* häufiger Arbeitsplatzwechsel; ~ hunt-er Arbeit(s)suchende(r *m*) *f*; ~ hunt-ing: *be* ~ auf Arbeitssuche sein; ~less arbeitslos; ~ work Akkordarbeit *f*.

jock-ey ['dʒɒkɪ] Jockei *m*, Rennreiter(in).

joc-u-lar □ ['dʒɒkjʊlə] lustig; spaßig.

jog [dʒɒg] 1. (leichter) Stoß, Schubs *m*; *sports*: Dauerlauf *m*; Trott *m*; 2. (-*gg*-) *v/t.* (an)stoßen, (*fig.* auf)rütteln; *v/i. mst* ~ along, ~ on dahintrotten, -zuckeln; *sports*: Dauerlauf machen, joggen; ~ging ['dʒɒgɪŋ] *sports*: Dauerlauf *m*, Jogging *n*, Joggen *n*.

join [dʒɔɪn] 1. *v/t.* verbinden, zusammenfügen (*to* zu); vereinigen; sich anschließen (*dat. or* an *acc.*), sich gesellen zu; eintreten in (*acc.*), beitreten; ~ hands sich die Hände reichen; *fig.* sich zusammentun; *v/i.* sich verbinden *or* vereinigen; ~ in teilnehmen an (*dat.*), mitmachen bei, sich beteiligen an (*dat.*); ~ up Soldat werden; 2. Verbindungsstelle *f*, Naht *f*.

join-er ['dʒɔɪnə] Tischler, Schreiner *m*; ~y *esp. Brt.* Tischlerhandwerk *n*; Tischlerarbeit *f*.

joint [dʒɔɪnt] 1. Verbindung(sstelle) *f*; Naht(stelle) *f*; *anat.*, ⊙ Gelenk *n*; ⚕ Knoten *m*; *Brt.* Braten *m*; *sl.* Spelunke *f*; *sl.* Joint *m*; *out of* ~ ausgerenkt; *fig.* aus den Fugen; 2. □ gemeinsam; Mit...; ~ heir Miterbe *m*; ~ stock *econ.* Aktienkapital *n*; *s. venture*; 3. verbinden, zusammenfügen; *meat*: zerlegen; ~ed gegliedert; Glieder...; ~stock *econ.* Aktien...; ~company *Brt.* Aktiengesellschaft *f*.

joke [dʒəʊk] 1. Witz *m*; Scherz *m*, Spaß *m*; *practical* ~ Streich *m*; 2. scherzen; Witze machen; **jok-er** Spaßvogel *m*; *playing card*: Joker *m*.

jol-ly ['dʒɒlɪ] 1. *adj.* (-*ier*, -*iest*) lustig, fidel, vergnügt; 2. *adv. Brt.* F mächtig, sehr; ~ *good* prima.

jolt [dʒəʊlt] 1. stoßen, rütteln, holpern; *fig.* aufrütteln; 2. Ruck *m*, Stoß *m*; *fig.* Schock *m*.

jos-tle ['dʒɒsl] 1. (an)rempeln; drängeln;

2. Stoß *m*, Rempelei *f*; Zusammenstoß *m*.

jot [dʒɒt] **1.** *not a ~* keine Spur, kein bißchen; **2.** (-*tt*-): *~ down* schnell hinschreiben *or* notieren.

jour·nal ['dʒɜ:nl] Journal *n*; (Fach-)Zeitschrift *f*; (Tages)Zeitung *f*; Tagebuch *n*; *~·is·m* Journalismus *m*; *~·ist* Journalist(in).

jour·ney ['dʒɜ:nɪ] **1.** Reise *f*; Fahrt *f*; **2.** reisen; *go on a ~* verreisen; *~·man* (*pl.* -*men*) Geselle *m*.

jo·vi·al □ ['dʒəʊvɪəl] heiter, jovial.

joy [dʒɔɪ] Freude *f*; *for ~* vor Freude; *~·ful* □ freudig; erfreut; *~·less* □ freudlos, traurig; *~·stick ✈* Steuerknüppel *m*; F *of computer:* Joystick *m*.

ju·bi·lant ['dʒu:bɪlənt] jubelnd, überglücklich.

ju·bi·lee ['dʒu:bɪli:] Jubiläum *n*.

judge [dʒʌdʒ] **1.** ⚖ Richter *m*; Schieds-, Preisrichter *m*; Kenner(in), Sachverständige(r *m*) *f*; **2.** *v/i.* urteilen; *v/t.* ⚖ *law case:* verhandeln, die Verhandlung führen über (*acc.*); ⚖ ein Urteil fällen über (*acc.*); richten; beurteilen; halten für.

judg(e)·ment ['dʒʌdʒmənt] ⚖ Urteil *n*; Urteilsvermögen *n*; Meinung *f*, Ansicht *f*, Urteil *n*; *eccl.* (Straf)Gericht *n*; *pass ~ on* ⚖ ein Urteil fällen über (*acc.*); **2** *Day, Day of* **2** *eccl.* Tag *m* des Jüngsten Gerichts.

ju·di·cial □ [dʒu:'dɪʃl] ⚖ gerichtlich, Gerichts...; kritisch; unparteiisch.

ju·di·cia·ry ⚖ [dʒu:'dɪʃɪərɪ] Richter(stand *m*)*pl*.

ju·di·cious □ [dʒu:'dɪʃəs] klug, weise.

jug [dʒʌg] Krug *m*, Kanne *f*.

jug·gle ['dʒʌgl] jonglieren (mit); manipulieren, *facts, figures, etc.*: frisieren; *~r* Jongleur *m*; Schwindler(in).

juice [dʒu:s] Saft *m*; *sl. mot.* Sprit *m*; **juic·y** □ (-*ier, -iest*) saftig; F pikant, gepfeffert.

juke·box ['dʒu:kbɒks] Musikbox *f*, Musikautomat *m*.

Ju·ly [dʒu:'laɪ] Juli *m*.

jum·ble ['dʒʌmbl] **1.** Durcheinander *n*; **2.** *a.* *~ together, ~ up* durcheinanderbringen, -werfen; *~ sale Brt.* Wohltätigkeitsbasar *m*.

jum·bo ['dʒʌmbəʊ] *a.* *~sized* riesig.

jump [dʒʌmp] **1.** Sprung *m*; *the ~s pl.* große Nervosität; *high (long) ~ sports:* Hoch-(Weit)sprung *m*; *get the ~ on* F zuvorkommen; **2.** *v/i.* springen; zusammenzucken, -fahren, hochfahren; *~ at*

the chance mit beiden Händen zugreifen; *~ to conclusions* übereilte Schlüsse ziehen; *v/t.* (hinweg)springen über (*acc.*); überspringen; springen lassen; *~ the queue Brt.* sich vordränge(l)n; *~ the lights* bei Rot über die Kreuzung fahren, F bei Rot drüberfahren; *~·er* ['dʒʌmpə] Springer(in); *Brt.* Pullover *m*; *Am.* Trägerkleid *n*; *~·ing jack* Hampelmann *m*; *~·y* (*-ier, -iest*) nervös.

junc|tion ['dʒʌŋkʃn] Verbindung *f*; (Straßen)Kreuzung *f*; 🚄 Knotenpunkt *m*; *~·ture* [_·ktʃə]: *at this ~* an dieser Stelle, in diesem Augenblick.

June [dʒu:n] Juni *m*.

jun·gle ['dʒʌŋgl] Dschungel *m*.

ju·ni·or ['dʒu:nɪə] **1.** jüngere(r, -s); untergeordnet, rangniedriger; *sports:* Junioren..., Jugend...; **2.** Jüngere(r *m*) *f*; F Junior *m*; *Am. univ.* Student(in) im vorletzten Studienjahr.

junk[1] ⚓ [dʒʌŋk] Dschunke *f*.

junk[2] F [_] Plunder *m*, Kram *m*; *sl.* Stoff *m* (*esp. heroin*); *~ food no art.* Junkfood *n*; *~·ie, ~·y sl.* ['dʒʌŋkɪ] Fixer(in), Junkie *m*; *~ mail* F Reklame(zettel *m*) *f*; *~ yard* Schrottplatz *m*.

jur·is·dic·tion [dʒʊərɪs'dɪkʃn] Gerichtsbarkeit *f*; Zuständigkeit(sbereich *m*) *f*.

ju·ris·pru·dence [dʒʊərɪs'pru:dəns] Rechtswissenschaft *f*.

ju·ror ⚖ ['dʒʊərə] Geschworene(r *m*) *f*.

ju·ry ['dʒʊərɪ] ⚖ *die* Geschworenen *pl.*; Jury *f*, Preisrichter *pl.*; *~·man* ⚖ Geschworene(r) *m*; *~·wom·an* ⚖ Geschworene *f*.

just □ [dʒʌst] **1.** *adj.* gerecht; berechtigt; angemessen; **2.** *adv.* gerade, (so)eben; gerade, genau, eben; gerade (noch); ganz knapp; nur, bloß; F einfach, wirklich; F *~ about* F so ziemlich, in etwa; *~ now* gerade (jetzt); (so)eben.

jus·tice ['dʒʌstɪs] Gerechtigkeit *f*; Rechtmäßigkeit *f*; Berechtigung *f*, Recht *n*; Gerichtsbarkeit *f*, Justiz *f*; ⚖ Richter *m*; **2** *of the Peace* Friedensrichter *m*; *court of* ~ Gericht(shof *m*) *n*.

jus·ti|fi·ca·tion [dʒʌstɪfɪ'keɪʃn] Rechtfertigung *f*; *~·fy* ['dʒʌstɪfaɪ] rechtfertigen.

just·ly ['dʒʌstlɪ] mit *or* zu Recht.

jut [dʒʌt] (-*tt*-): *~ out* vorspringen, hervorragen, -stehen.

ju·ve·nile ['dʒu:vənaɪl] **1.** jung, jugendlich; Jugend..., für Jugendliche; *~ court* Jugendgericht *n*; *~ delinquency* Jugendkriminalität *f*; *~ delinquent* jugendlicher Straftäter *m*; **2.** Jugendliche(r *m*) *f*.

K

kan·ga·roo zo. [kæŋgə'ru:] (pl. -roos) Känguruh n.

keel ⚓ [ki:l] 1. Kiel m; 2. ~ over kieloben legen; umschlagen, kentern.

keen □ [ki:n] scharf (a. fig.); schneidend (cold); heftig; stark, groß (appetite, etc.); ~ on F scharf or erpicht auf (acc.); be ~ on hunting ein leidenschaftlicher Jäger sein; ~ness ['ki:nnɪs] Schärfe f; Heftigkeit f; Scharfsinn m.

keep [ki:p] 1. (Lebens)Unterhalt m; for ~s F für immer; 2. (kept) v/t. (auf-, [bei]be-, er-, fest-, zurück)halten; unterhalten, sorgen für; law, etc.: einhalten, befolgen; goods, diary, etc.: führen; secret: für sich behalten; promise: halten, einlösen; (auf)bewahren; abhalten, hindern (from von); animals: halten; bed: hüten; (be)schützen; ~ s.o. company j-m Gesellschaft leisten; ~ company with verkehren mit; ~ one's head die Ruhe bewahren; ~ early hours früh zu Bett gehen; ~ one's temper sich beherrschen; ~ time richtig gehen (clock, watch); Takt, Schritt halten; ~ s.o. waiting j-n warten lassen; ~ away fernhalten; ~ s.th. from s.o. j-m et. vorenthalten or verschweigen or verheimlichen; ~ in pupil: nachsitzen lassen; ~ on clothes: anbehalten, hat: aufbehalten; ~ up aufrechterhalten; courage: bewahren; instand halten; fortfahren mit, weitermachen; nicht schlafen lassen; ~ it up so weitermachen; 3. (kept) v/i. bleiben; sich halten; fortfahren, weitermachen; ~ doing immer wieder tun; ~ going weitergehen; ~ away sich fernhalten; ~ from doing s.th. et. nicht tun; ~ off weg-, fernbleiben; ~ on fortfahren (doing zu tun); ~ on talking weiterreden; ~ to sich halten an (acc.); ~ up stehen bleiben; andauern, anhalten; ~ up with Schritt halten mit; ~ up with the Joneses nicht hinter den Nachbarn zurückstehen (wollen).

keep·er ['ki:pə] Wärter(in), Wächter(in), Aufseher(in); Verwalter(in); Inhaber(in); ~fit centre (Am. center) Fitneßcenter n; ~ing Verwahrung f; Obhut f; be in (out of) ~ with ... (nicht) übereinstimmen mit ...; ~sake Andenken n (present).

keg [keg] Fäßchen n, kleines Faß.

ken·nel ['kenl] Hundehütte f; ~s pl. Hundezwinger m; Hundepension f.

kept [kept] past and p.p. of keep 2 and 3.

kerb [kɜ:b], ~stone ['kɜ:bstəʊn] Bordstein m.

ker·chief ['kɜ:tʃɪf] (Hals-, Kopf)Tuch n.

ker·nel ['kɜ:nl] Kern m (a. fig.).

ketch·up ['ketʃəp] Ketchup m, n.

ket·tle ['ketl] (Koch)Kessel m; ~drum ♪ (Kessel)Pauke f.

key [ki:] 1. Schlüssel m; of typewriter, piano, computer, etc.:Taste f; (Druck-) Taste f; ♪ Tonart f; fig. Ton m; fig. Schlüssel m, Lösung f; attr. Schlüssel...; 2. anpassen (to an acc.); ~ed up nervös, aufgeregt, überdreht; ~board Klaviatur f; Tastatur f; ~hole Schlüsselloch n; ~ man (pl. -men) Schlüsselfigur f; ~ mon·ey Brt. Abstand(ssumme f) m (for a flat); ~note ♪ Grundton m; fig. Grundgedanke m, Tenor m; ~ ring Schlüsselring m; ~stone arch. Schlußstein m; fig. Grundpfeiler m; ~word Schlüssel-, Stichwort n.

kick [kɪk] 1. (Fuß)Tritt m; Stoß m; F Kraft f, Feuer n; F Nervenkitzel m; get a ~ out of s.th. e-n Riesenspaß an et. haben; ~ (for ~s) (nur) zum Spaß; 2. v/t. (mit dem Fuß) stoßen or treten; soccer: schießen, treten, kicken; ~ off von sich schleudern; ~ out hinauswerfen; ~ up hochschleudern; ~ up a fuss or row F Krach schlagen; v/i. (mit dem Fuß) treten or stoßen; (hinten) ausschlagen; strampeln; ~ off soccer: anstoßen, den Anstoß ausführen; ~er Fußballspieler m; ~off soccer: Anstoß m.

kid [kɪd] 1. Zicklein n, Kitz m; Ziegenleder n; F Kind n; ~ brother F kleiner Bruder; 2. (-dd-) v/t. j-n aufziehen; ~ s.o. j-m et. vormachen; v/i. Spaß machen; he is only ~ding er macht ja nur Spaß; no ~ding! im Ernst!; ~ glove Glacéhandschuh m (a. fig.).

kid·nap ['kɪdnæp] (-pp-, Am. a. -p-) entführen, kidnappen; ~per, Am. a. ~er Entführer(in), Kidnapper(in); ~ping, Am. a. ~ing Entführung f, Kidnapping n.

kid·ney ['kɪdnɪ] anat. Niere f (a. as food); ~ bean ♀ Weiße Bohne; ~ machine Dialysegerät n, künstliche Niere.

kill [kɪl] 1. töten (a. fig.); umbringen; vernichten; beseitigen; animals: schlachten; hunt. erlegen, schießen; be ~ed in an accident tödlich verunglücken; ~ time die Zeit totschlagen; 2. Tötung f; hunt. Jagdbeute f; ~er Mörder(in), F Killer m; ~ing □ mörderisch, tödlich.

kiln [kɪln] Brenn-, Darrofen m.

ki·lo F ['ki:ləʊ] (pl. -los) Kilo n.

kil·o·gram(me) ['kɪləgræm] Kilogramm n; ~·me·tre, Am. ~·me·ter Kilometer m.

kilt [kɪlt] Kilt m, Schottenrock m.

kin [kɪn] Verwandtschaft f, Verwandte pl.

kind [kaɪnd] **1.** □ gütig, freundlich, liebenswürdig, nett; **2.** Art f, Sorte f; Art f, Gattung f, Geschlecht n; **pay in ~** in Naturalien zahlen; fig. mit gleicher Münze heimzahlen.

kin·der·gar·ten ['kɪndəgɑːtn] Kindergarten m.

kind-heart·ed [kaɪnd'hɑːtɪd] gütig.

kin·dle ['kɪndl] anzünden; (sich) entzünden (a. fig.).

kin·dling ['kɪndlɪŋ] Material n zum Anzünden, Anmachholz n.

kind|ly ['kaɪndlɪ] adj. u. adv. freundlich, liebenswürdig, nett; gütig; **~ness** Güte f; Freundlichkeit f, Liebenswürdigkeit f; Gefälligkeit f.

kin·dred ['kɪndrɪd] **1.** verwandt; fig. gleichartig; **~ spirits** pl. Gleichgesinnte pl.; **2.** Verwandtschaft f.

king [kɪŋ] König m (a. fig., in chess and card-games); **~dom** ['kɪŋdəm] Königreich n; eccl. Reich n Gottes; **animal** (mineral, vegetable) **~** Tier- (Mineral-, Pflanzen)reich n; **~ly** (-ier, -iest) königlich; **~size(d)** extrem groß.

kink [kɪŋk] Schleife f, Knoten m; fig. Schrulle f, Tick m, Spleen m; **~y** ['kɪŋkɪ] (-ier, -iest) schrullig, spleenig; F (sexually) pervers.

ki·osk ['kiːɒsk] Kiosk m

kip·per ['kɪpə] Räucherhering m.

kiss [kɪs] **1.** Kuß m; **2.** (sich) küssen.

kit [kɪt] Ausrüstung f (a. ✗ and sports); Werkzeug(e pl.) n; Werkzeugtasche f, -kasten m; Bastelsatz m; s. first-aid; **~bag** ['kɪtbæg] Seesack m.

kitch·en ['kɪtʃɪn] Küche f; attr. Küchen...; **~ette** [kɪtʃɪ'net] Kleinküche f, Kochnische f; **~ gar·den** Küchen-, Gemüsegarten m.

kite [kaɪt] (Papier-, Stoff)Drachen m; zo. Milan m.

kit·ten ['kɪtn] Kätzchen n.

knack [næk] Kniff m, Trick m, Dreh m; Geschick n, Talent n.

knave [neɪv] Schurke m, Spitzbube m; playing card: Bube m, Unter m.

knead [niːd] kneten; massieren.

knee [niː] Knie n; ⊙ Kniestück n; **~cap** anat. Kniescheibe f; **~deep** knietief, bis an die Knie (reichend); **~joint** anat. Kniegelenk n (a. ⊙); **~l** [niːl] (knelt, Am. a. kneeled) knien (to vor dat.); **~length** knielang (skirt, etc.).

knell [nel] Totenglocke f.

knelt [nelt] past and p.p. of kneel.

knew [njuː] past of know.

knick·er|bock·ers ['nɪkəbɒkəz] pl. Knickerbocker pl., Kniehosen pl.; **~s**

Brt. F [~z] pl. (Damen)Schlüpfer m.

knick-knack ['nɪknæk] Nippsache f.

knife [naɪf] **1.** (pl. knives [~vz]) Messer n; **2.** schneiden; mit e-m Messer verletzen; erstechen.

knight [naɪt] **1.** Ritter m; in chess: Springer m; **2.** zum Ritter schlagen; **~hood** Ritterwürde f, -stand m; Ritterschaft f.

knit [nɪt] (-tt-; knit or knitted) v/t. stricken; a. **~ together** zusammenfügen, verbinden; **~ one's brows** die Stirn runzeln; v/i. stricken; zusammenwachsen (of bones); **~ting** Stricken n; Strickzeug n; attr. Strick...; **~wear** Strickwaren pl.

knives [naɪvz] pl. of knife 1.

knob [nɒb] Knopf m, Knauf m; Buckel m; Brocken m.

knock [nɒk] **1.** Stoß m; Klopfen (a. mot.), Pochen n; **there is a ~** es klopft; **2.** v/i. schlagen, pochen, klopfen; stoßen (against, into gegen); **~ about**, **~ around** F sich herumtreiben; F herumliegen; **~ at the door** an die Tür klopfen; **~ off** F Feierabend or Schluß machen, aufhören; v/t. stoßen, schlagen; F schlechtmachen, verreißen; **~ about**, **~ around** herumstoßen, übel zurichten; **~ down** niederschlagen, umwerfen; um-, überfahren; at an auction: et. zuschlagen (to s.o. j-m); price: herabsetzen; ⊙ auseinandernehmen, zerlegen; house: abreißen; tree: fällen; be **~ed down** überfahren werden; **~ off** herunterstoßen; abschlagen; F aufhören mit; F hinhauen (do quickly); deduct: abziehen, nachlassen; Brt. F ausrauben; **~ out** (her)ausschlagen, (her)ausklopfen; k.o. schlagen; fig. F umwerfen, schocken; be **~ed out of** ausscheiden aus (from a competition); **~ over** umwerfen, umstoßen; um-, überfahren; be **~ed over** überfahren werden; **~ up** hochschlagen; Brt. F rasch auf die Beine stellen, improvisieren (a meal); sl. woman: schwängern; V anbumsen; **~er** ['nɒkə] Türklopfer m; **~ers** ['nɒkəz] pl. V Titten pl.; **~kneed** [~'niːd] X-beinig; **~out** [~kaʊt] boxing: Knockout m, K.o. m.

knoll [nəʊl] kleiner runder Hügel.

knot [nɒt] **1.** Knoten m; Astknorren m; ♣ Knoten m, Seemeile f; Gruppe f, Knäuel m, n (of people); **2.** (-tt-) (ver)knoten, (-)knüpfen; **~ty** ['nɒtɪ] (-ier, -iest) knotig; knorrig; fig. verzwickt.

know [nəʊ] (knew, known) wissen; kennen; erfahren; (wieder)erkennen, unterscheiden; (es) können or verstehen; **French** Französisch können; **come to ~** erfahren; **get to ~** kennenlernen; **~ one's business**, **~ the ropes**, **~ a thing or two**, **~ what's what** F sich auskennen,

Erfahrung haben; *you* ~ wissen Sie; ~**how** ['nəuhau] Know-how *n*, praktische (Sach-, Spezial)Kenntnis(se *pl.*) *f*; ~**ing** ☐ klug; schlau; verständnisvoll; wissend; ~**ing·ly** wissend; absichtlich, bewußt; ~**l·edge** ['nɒlɪdʒ] Kenntnis(se *pl.*) *f*; Wissen *n*; *to my* ~ meines Wissens; ~**n** [nəun] *p.p. of know*;

bekannt; *make* ~ bekanntmachen.
knuck·le ['nʌkl] **1.** (Finger)Knöchel *m*; **2.** ~ *down to work* sich an die Arbeit machen; ~**duster** Schlagring *m*.
KO F [keɪ'əu] *boxing:* K.o.
kook *sl. Am.* [ku:k] Spinner(in); ~**y** versponnen; idiotisch.
Krem·lin ['kremlɪn]: *the* ~ der Kreml.

L

lab F [læb] Labor *n*.
la·bel ['leɪbl] **1.** Etikett *n*, Aufkleber *m*, Schild(chen) *n*; Aufschrift *f*, Beschriftung *f*; (Schall)Plattenfirma *f*; **2.** (*esp. Brt.* -*ll*-, *Am.* -*l*-) etikettieren, beschriften; *fig.* abstempeln als.
la·bor·a·to·ry [lə'bɒrətəri] Labor(atorium) *n*; ~ *assistant* Laborant(in).
la·bo·ri·ous ☐ [lə'bɔ:rɪəs] mühsam; schwerfällig (*style*).
la·bo·(u)r ['leɪbə] **1.** (schwere) Arbeit; Mühe *f*; ✻ Wehen *pl.*; Arbeiter *pl.*, Arbeitskräfte *pl.*; *Labour pol.* die Labour Party; *hard* ~ ✻✻ Zwangsarbeit *f*; **2.** Arbeiter..., Arbeits...; **3.** *v/i.* (schwer) arbeiten; sich abmühen, sich quälen; ~ *under* leiden unter (*dat.*), zu kämpfen haben mit; *v/t.* ausführlich behandeln; ~**ed** schwerfällig (*style*); mühsam (*breathing, etc.*); ~**er** [~rə] *esp. unskilled*: Arbeiter *m*; **La·bour Exchange** *Brt.* F *or hist.* Arbeitsamt *n*; **La·bour Par·ty** *pol.* Labour Party *f*; **la·bor u·ni·on** *Am. pol.* Gewerkschaft *f*.
lace [leɪs] **1.** Spitze *f*; Borte *f*; Schnürsenkel *m*; **2.** ~ *up* (zu-, zusammen)schnüren; *shoe:* zubinden; ~**d with brandy** mit e-m Schuß Weinbrand.
la·ce·rate ['læsəreɪt] zerfleischen, aufreißen; *feelings:* verletzen.
lack [læk] **1.** (*of*) Fehlen *n* (von), Mangel *m* (an *dat.*); **2.** *v/t.* nicht haben; *he* ~*s money* es fehlt ihm an Geld; *v/i.* *be* ~*ing* fehlen; *he is* ~*ing in courage* ihm fehlt der Mut; ~**lus·tre**, *Am.* ~**lus·ter** ['læklʌstə] glanzlos, matt.
la·con·ic [lə'kɒnɪk] (~*ally*) lakonisch, wortkarg, kurz und prägnant.
lac·quer ['lækə] **1.** Lack *m*; Haarspray *m*, *n*; Nagellack *m*; **2.** lackieren.
lad [læd] Bursche *m*, Junge *m*.
lad·der ['lædə] Leiter *f*; *Brt.* Laufmasche *f*; ~**proof** (lauf)maschenfest (*stockings, tights*).
lad·die, lad·dy F ['lædɪ] *s.* **lad**.
la·den ['leɪdn] (schwer) beladen.

la·ding ['leɪdɪŋ] Ladung *f*, Fracht *f*.
la·dle ['leɪdl] **1.** (Schöpf)Kelle *f*, Schöpflöffel *m*; **2.** ~ *out soup:* austeilen.
la·dy ['leɪdɪ] Dame *f*; Lady *f* (*a. title*); ~ *doctor* Ärztin *f*; **Ladies**('), *Am.* **Ladies' room** Damentoilette *f*; *ladies and gentlemen* m-e Damen und Herren; ~**bird** *zo.* Marienkäfer *m*; ~**like** damenhaft.
lag [læg] **1.** (-*gg*-) ~ *behind* zurückbleiben; sich verzögern; **2.** Verzögerung *f*; Zeitabstand *m*, -differenz *f*.
la·ger ['lɑ:gə] helles Bier; *a pint of* ~, *please!* ein Helles bitte!
la·goon [lə'gu:n] Lagune *f*.
laid [leɪd] *past and p.p. of* **lay**³.
lain [leɪn] *p.p. of* **lie**³ 2.
lair [leə] *of wild animal:* Höhle *f*, Bau *m*; *fig.* Schlupfwinkel *m*.
la·i·ty ['leɪɪtɪ] Laien *pl.*
lake [leɪk] See *m*.
lamb [læm] **1.** Lamm *n*; **2.** lammen.
lame [leɪm] **1.** ☐ lahm (*a. fig.*); **2.** lähmen.
la·ment [lə'ment] **1.** Wehklage *f*; Klagelied *n*; **2.** (be)klagen; (be)trauern; **lam·en·ta·ble** ☐ ['læməntəbl] beklagenswert; kläglich; **lam·en·ta·tion** [læmən'teɪʃn] Wehklage *f*.
lamp [læmp] Lampe *f*; Laterne *f*; ~**post** Laternenpfahl *m*; ~**shade** Lampenschirm *m*.
lam·poon [læm'pu:n] **1.** Schmähschrift *f*; **2.** verspotten, -unglimpfen.
lance [lɑ:ns] Lanze *f*.
land [lænd] **1.** Land *n*; ✒ Land *n*, Boden *m*; Land-, Grundbesitz *m*; *pol.* Land *n*, Staat *m*, Nation *f*; *by* ~ auf dem Landweg; ~*s pl.* Ländereien *pl.*; **2.** landen; *goods:* löschen; F *job, etc.:* bekommen, kriegen; F ~ *s.o. or o.s. into trouble, etc.:* bringen; ~**agent** Gutsverwalter *m*; ~**ed** Land..., Grund...; ~**hold·er** Grundbesitzer(in).
land·ing ['lændɪŋ] Landung *f*; Anlegen *n* (*of ship*); Anlegestelle *f*; Treppenabsatz *m*; Flur *m*, Gang *m* (*on stairs*); ~**field**

⤳ Landebahn *f*; **~gear** ⤳ Fahrgestell *n*; **~stage** Landungsbrücke *f*, -steg *m*.

land|la-dy ['lænleɪdɪ] Vermieterin *f*; Wirtin *f*; **~lord** Vermieter *m*; Wirt *m*; Hauseigentümer *m*; Grundbesitzer *m*; **~lub-ber** ♣ *contp.* Landratte *f*; **~mark** Grenzstein *m*; Orientierungspunkt *m*; Wahrzeichen *n*; *fig.* Markstein *m*; **~own-er** Grundbesitzer(in); **~scape** ['lænskeɪp] Landschaft *f* (*a. paint.*); **~slide** Erdrutsch *m* (*a. pol.*); *a* **~ victo-ry** *pol.* ein überwältigender Wahlsieg; **~slip** (kleiner) Erdrutsch.

lane [leɪn] Feldweg *m*; Gasse *f*, Sträßchen *n*; ♣ (Fahrt)Route *f*; ⤳ Flugschneise *f*; *mot.* Fahrbahn *f*, Spur *f*; *Sport:* (einzelne) Bahn; *get in ~!* bitte einordnen!

lan-guage ['læŋgwɪdʒ] Sprache *f*; **~ course** Sprachkurs *m*; **~ laboratory** Sprachlabor *n*; **~ teaching** Sprachunterricht *m*.

lan-guid □ ['læŋgwɪd] matt; träg(e).

lank □ [læŋk] dünn, dürr; strähnig (*hair*); **~y** □ (*-ier, -iest*) schlaksig.

lan-tern ['læntən] Laterne *f*.

lap¹ [læp] Schoß *m*.

lap² [~] 1. *sports:* Runde *f*; 2. (*-pp-*) *sports* (*pass*): überrunden; *sports:* e-e Runde zurücklegen; *wrap:* wickeln.

lap³ [~] (*-pp-*) *v/t.:* **~ up** auflecken, -schlecken; *v/i.* plätschern (*against* gegen).

la-pel [lə'pel] Revers *n*, *m*.

lapse [læps] 1. *of time:* Verlauf *m*; *small fault:* (kleiner) Fehler *od.* Irrtum; ⅔ Verfall *m*; 2. verfallen; ⅔ verfallen, erlöschen.

lar-ce-ny ⅔ ['lɑːsənɪ] Diebstahl *m*.

larch ♣ [lɑːtʃ] Lärche *f*.

lard [lɑːd] 1. Schweinefett *n*, -schmalz *n*; 2. *meat:* spicken; **lar-der** Speisekammer *f*; Speiseschrank *m*.

large □ [lɑːdʒ] (*~r, ~st*) groß; umfassend, weitgehend, ausgedehnt; *at ~* in Freiheit, auf freiem Fuß; ganz allgemein; in der Gesamtheit; (sehr) ausführlich; **~ly** zum großen Teil; im wesentlichen; **~mind-ed** tolerant; **~ness** Größe *f*.

lar-i-at *esp. Am.* ['lærɪət] Lasso *n*, *m*.

lark¹ *zo.* [lɑːk] Lerche *f*.

lark² F [~] Jux *m*, Spaß *m*.

lark-spur ♣ ['lɑːkspɜː] Rittersporn *m*.

lar-va *zo.* ['lɑːvə] (*pl. -vae* [-viː]) Larve *f*.

lar-ynx *anat.* ['lærɪŋks] Kehlkopf *m*.

las-civ-i-ous □ [lə'sɪvɪəs] lüstern.

la-ser *phys.* ['leɪzə] Laser *m*; **~ beam** Laserstrahl *m*.

lash [læʃ] 1. Peitschenschnur *f*; Peitschenhieb *m*; Wimper *f*; 2. peitschen, schlagen; (fest)binden; **~ out** (wild)

um sich schlagen; *fig.* heftig angreifen.

lass, ~ie [læs, 'læsɪ] Mädchen *n*.

las-si-tude ['læsɪtjuːd] Mattigkeit *f*.

las-so [læ'suː] (*pl. -[e]s*) Lasso *n*, *m*.

last¹ [lɑːst] 1. *adj.* letzte(r, -s), vorige(r, -s); äußerste(r, -s); neueste(r, -s); **~ but one** vorletzte(r, -s); **~ night** gestern abend; 2. *der, die, das Letzte; at ~* endlich; *to the ~* bis zum Schluß; 3. *adv.* zuletzt; **~ but not least** nicht zuletzt.

last² [~] (an-, fort)dauern; *flowers, etc.:* (sich) halten; *food, etc.:* (aus)reichen.

last³ [~] (Schuhmacher)Leisten *m*.

last-ing □ ['lɑːstɪŋ] dauerhaft; beständig.

last-ly ['lɑːstlɪ] schließlich, zum Schluß.

latch [lætʃ] 1. Klinke *f*; Schnappschloß *n*; 2. ein-, zuklinken; **~key** Hausschlüssel *m*.

late □ [leɪt] (*~r, ~st*) spät; jüngste(r, -s), letzte(r, -s); frühere(r, -s), ehemalig; verstorben; *be ~* zu spät kommen, sich verspäten; *at (the) ~st* spätestens; *as ~ as noch, erst; of ~* kürzlich; **~r on** später; **~ly** kürzlich.

la-tent □ ['leɪtənt] verborgen, latent.

lat-e-ral □ ['lætərəl] seitlich, Seiten...

lath [lɑːθ] Latte *f*.

lathe ⊕ [leɪð] Drehbank *f*.

la-ther ['lɑːðə] 1. (Seifen)Schaum *m*; 2. *v/t.* einseifen; *v/i.* schäumen.

Lat-in ['lætɪn] 1. *ling.* lateinisch; romanisch; südländisch; 2. *ling.* Latein *n*; Roman|e *m*, -in *f*, Südländer(in).

lat-i-tude ['lætɪtjuːd] *geogr.* Breite *f*; *fig.* Spielraum *m*.

lat-ter ['lætə] letztere(r, -s) (*of two*); letzte(r, -s), spätere(r, -s); **~ly** in letzter Zeit.

lat-tice ['lætɪs] Gitter *n*.

lau-da-ble □ ['lɔːdəbl] lobenswert.

laugh [lɑːf] 1. Lachen *n*, Gelächter *n*; 2. lachen; **~ at** j-n auslachen, sich lustig machen über j-n; *have the last ~* es (am Ende) j-m zeigen; *have a good ~ about* ... sich köstlich amüsieren über ...; **~a-ble** □ lächerlich; **~ter** Lachen *n*, Gelächter *n*.

launch [lɔːntʃ] 1. *ship:* vom Stapel laufen lassen; *boat:* aussetzen; schleudern; *rocket:* starten, abschießen; *fig.* in Gang setzen; 2. ♣ Barkasse *f*; **~ing** ♣ Stapellauf *m*; Abschuß *m* (*of rocket*); *fig.* Start(en) *n* *m*; **~pad** Abschußrampe *f*; **~ site** Abschußbasis *f*.

laun|de-rette [lɔːndə'ret], *esp. Am.* **~dro-mat** ['~drɒmæt] Waschsalon *m*; Münzwäscherei *f*; **~dry** ['~drɪ] Wäscherei *f*; *clothes, sheets, etc.:* Wäsche *f*.

laur-el ♣ ['lɒrəl] Lorbeer *m* (*a. fig.*).

lav-a-to-ry ['lævətərɪ] Toilette *f*, Klosett *n*; *public ~* Bedürfnisanstalt *f*.

lav·en·der ✿ ['lævəndə] Lavendel *m*.
lav·ish ['lævɪʃ] **1.** □ freigebig, verschwenderisch; **2. ~ s.th. on s.o.** j-n mit et. überhäufen *od*. überschütten.
law [lɔː] Gesetz *n*; Recht *n*; (Spiel)Regel *f*; Rechtswissenschaft *f*, Jura *pl.*; F *die* Polizei; **~ and order** Recht *or* Ruhe u. Ordnung; **~a·bid·ing** gesetzestreu; **~court** Gericht(shof *m*) *n*; **~ful** □ gesetzlich; rechtmäßig, legitim; rechtsgültig; **~less** □ gesetzlos; gesetzwidrig; zügellos.
lawn [lɔːn] Rasen *m*.
law|suit ['lɔːsjuːt] Prozeß *m*; **~yer** ['lɔːjə] (Rechts)Anwalt *m*, (-)Anwältin *f*.
lax [læks] locker, lax; schlaff; lasch; **~a·tive** ⚕ ['læksətɪv] **1.** abführend; **2.** Abführmittel *n*.
lay¹ [leɪ] *past of* **lie²** 2.
lay² [~] *eccl.* weltlich; Laien...
lay³ [~] (**laid**) *v/t.* legen; umlegen; *plan:* schmieden; *table:* decken; *eggs:* legen; beruhigen, besänftigen; auferlegen; *complaint:* vorbringen, *charge:* erheben; *bet:* abschließen, *risk money* wetten; **~ in** einlagern, sich eindecken mit; **~ low** niederstrecken, -werfen; **~ off** *econ.* *workers:* vorübergehend entlassen, *work:* einstellen; **~ open** darlegen; **~ out** ausbreiten; *garden, etc.:* anlegen; entwerfen, planen; *print.:* gestalten; **~ up** *supplies:* anlegen, sammeln; **be laid up** das Bett hüten müssen; *v/i. of hens:* (Eier) legen.
lay-by *Brt. mot.* ['leɪbaɪ] Parkbucht *f*, -streifen *m*; Park-, Rastplatz *m*.
lay·er ['leɪə] Lage *f*, Schicht *f*.
lay·man ['leɪmən] (*pl.* **-men**) Laie *m*.
lay|-off *econ.* ['leɪɒf] vorübergehende Arbeitseinstellung, Feierschicht(en *pl.*) *f*; **~out** Anlage *f*; Plan *m*; *print.* Layout *n*, Gestaltung *f*.
la·zy □ ['leɪzɪ] (**-ier, -iest**) faul; träg(e), langsam; müde *or* faul machend.
lead¹ [led] ♘ Blei *n*; ♫ Lot *n*.
lead² [liːd] **1.** Führung *f*; Leitung *f*; Spitzenposition *f*; Beispiel *n*; *thea.* Hauptrolle *f*; *thea.* Hauptdarsteller(in); *sports and fig.:* Vorhand *f*; ✁ Leitung *f*; (Hunde)Leine *f*; Hinweis *m*, Tip *m*, Anhaltspunkt *m*; **2.** (**led**) *v/t.* führen; leiten; (an)führen; verleiten, bewegen (**to** zu); *card:* ausspielen; **~ on** F j-n anführen, auf den Arm nehmen; *v/i.* führen; vorangehen; *sports and fig.:* in Führung liegen; **~ off** den Anfang machen; **~ up to** führen zu, überleiten zu.
lead·ed ['ledɪd] *petrol, gas:* verbleit, bleihaltig.
lead·en ['ledn] bleiern (*a. fig.*), Blei...
lead·er ['liːdə] (An)Führer(in), Lei-

ter(in); Erste(r *m*) *f*; *Brt.* Leitartikel *m*; **~ship** [~ʃɪp] Führung *f*, Leitung *f*.
lead-free ['ledfriː] bleifrei.
lead·ing ['liːdɪŋ] leitend; führend; Haupt...
leaf [liːf] **1.** (*pl.* **leaves** [~vz]) Blatt *n*; (*of door, etc.*) Flügel *m*; (*of table*) Klappe *f*; **2. ~ through** durchblättern; **~let** ['liːflɪt] Prospekt *m*; Broschüre *f*, Informationsblatt *n*; Merkblatt *n*; **~y** [~ɪ] (**-ier, -iest**) belaubt.
league [liːg] Liga *f* (*a. hist. and sports*); Bund *m*.
leak [liːk] **1.** Leck *n*, undichte Stelle (*a. fig.*); **2.** lecken, leck sein; tropfen; **~ out** auslaufen, -strömen, entweichen; *fig.* durchsickern; **~age** ['~ɪdʒ] Lecken *n*, Auslaufen *n*, -strömen *n*; *fig.* Durchsickern; **~y** (**-ier, -iest**) leck, undicht.
lean¹ [liːn] (*esp. Brt.* **leant** *or esp. Am.* **leaned**) (sich) lehnen; (sich) stützen; (sich) neigen; **~ on, ~ upon** sich verlassen auf (*acc.*).
lean² [~] **1.** mager; **2.** *of cooked meat:* das Magere.
leant *esp. Brt.* [lent] *past and p.p. of* **lean¹**.
leap [liːp] **1.** Sprung *m*, Satz *m*; **2.** (**leapt** *or* **leaped**) (über)springen; **~ at** *fig.* sich stürzen auf; **~t** [lept] *past and p.p. of* **leap** 2; **~ year** ['liːpjɑː] Schaltjahr *n*.
learn [lɜːn] (**learned** *or* **learnt**) (er)lernen; erfahren, hören; **~ed** gelehrt; **~er** Anfänger(in); Lernende(r *m*) *f*; *driver mot.* Fahrschüler(in); **~ing** (Er)Lernen *n*; Gelehrsamkeit *f*; **~t** [lɜːnt] *past and p.p. of* **learn**.
lease [liːs] **1.** Pacht *f*, Miete *f*; Pacht-, Mietvertrag *m*; **2.** (ver)pachten, (ver)mieten.
leash [liːʃ] (Hunde)Leine *f*.
least [liːst] **1.** *adj.* (*sup. of* **little** 1) kleinste(r, -s), geringste(r, -s), mindeste(r, -s); **2.** *adv.* (*sup. of* **little** 2) am wenigsten; **~ of all** am allerwenigsten; **3.** *das* Geringste, *das* Mindeste, *das* Wenigste; **at ~** wenigstens; **to say the ~** gelinde gesagt.
leath·er ['leðə] **1.** Leder *n*; **2.** ledern; Leder...
leave [liːv] **1.** Erlaubnis *f*; *a.* **~ of absence** Urlaub *m*; Abschied *m*; **take (one's) ~** sich verabschieden; **2.** (**left**) *v/t.* (hinter-, übrig-, ver-, zurück)lassen; stehen-, liegenlassen, vergessen; vermachen, -erben; *v/i.* (fort-, weg)gehen, abreisen, abfahren, abfliegen (**for** nach).
leav·en ['levn] Sauerteig *m*; Hefe *f*.
leaves [liːvz] *pl. of* **leaf** 1; Laub *n*.
leav·ings ['liːvɪŋz] *pl.* Überreste *pl.*
lech·er·ous □ ['letʃərəs] lüstern.
lec|ture ['lektʃə] **1.** *univ.* Vorlesung *f*; Vortrag *m*; Strafpredigt *f*; **2.** *v/i. univ.*

e-e Vorlesung halten; e-n Vortrag halten; *v/t.* tadeln, abkanzeln; **~tur·er** [~rə] *univ.* Dozent(in); Redner(in).

led [led] *past and p.p. of lead².*

led·ger *econ.* ['ledʒə] Hauptbuch *n.*

leech [li:tʃ] *zo.* Blutegel *m; fig.* Blutsauger *m,* Schmarotzer *m.*

leek ♀ [li:k] Lauch *m,* Porree *m.*

leer [liə] 1. anzüglicher (Seiten)Blick; 2. anzüglich *od.* lüstern blicken; schielen (*at* nach).

lee|ward ♣ ['li:wəd] leewärts; **~way** ♣ Abtrift *f; fig.* Rückstand *m; fig.* Spielraum *m.*

left¹ [left] *past and p.p. of leave 2;* **~lug·gage (office)** *Brt.* ⚟ Gepäckaufbewahrung *f.*

left² [~] 1. *adj.* linke(r, -s); 2. *adv.* (nach) links; 3. Linke *f* (*a. pol., boxing*), linke Seite; *on or to the* ~ links; **~hand** linke(r, -s); **~ drive** *mot.* Linkssteuerung *f;* **~hand·ed** □ linkshändig; für Linkshänder.

left·o·vers ['leftəuvəz] *pl.* (Speise)Reste *pl.*

left wing [left'wɪŋ] 1. *pol.* linke(r, -s), linksgerichtet; 2. *pol., sports:* linker Flügel, Linksaußen *m.*

lefty ['leftɪ] *esp. Brt.* F Linke(r *m*) *f; esp. Am.* Linkshänder(in).

leg [leg] Bein *n;* Keule *f;* (Stiefel)Schaft *m;* ♀ Schenkel *m; pull s.o.'s ~* F j-n auf den Arm nehmen; *stretch one's* **~s** sich die Beine vertreten.

leg·a·cy ['legəsɪ] Vermächtnis *n.*

le·gal □ ['li:gl] legal, gesetz-, rechtmäßig; gesetzlich, rechtlich; juristisch, Rechts...; **~·ize** [~aɪz] legalisieren, rechtskräftig machen.

le·ga·tion [lɪ'geɪʃn] Gesandtschaft *f.*

le·gend ['ledʒənd] Legende *f,* Sage *f;* Bildunterschrift *f;* **le·gen·da·ry** legendär, sagenhaft.

leg·gings ['legɪnz] *pl.* Gamaschen *pl.; fashion:* Leggings *pl.*

le·gi·ble □ ['ledʒəbl] leserlich.

le·gion *fig.* ['li:dʒən] Legion *f,* Heer *n.*

le·gis·la·tion [ledʒɪs'leɪʃn] Gesetzgebung *f;* **~tive** *pol.* ['ledʒɪslətɪv] 1. □ gesetzgebend, legislativ; 2. Legislative *f,* gesetzgebende Gewalt; **~tor** [~eɪtə] Gesetzgeber *m.*

le·git·i·mate □ [lɪ'dʒɪtɪmət] legitim; gesetz-, rechtmäßig, berechtigt; ehelich.

leg|less ['leglɪs] ohne Beine; *sl.* sternhagelvoll; **~pull** F Jux *m,* Scherz *m;* **~room** *in car:* Beinfreiheit *f.*

lei·sure ['leʒə] Muße *f,* Freizeit *f; at ~* in Ruhe, ohne Hast; **~ly** gemächlich.

lem·on ♀ ['lemən] Zitrone *f;* **~ade** [lemə'neɪd] Zitronenlimonade *f;* **~ squash** Zitronenwasser *n.*

lend [lend] (*lent*) (ver-, aus)leihen, (aus)borgen.

length [leŋθ] Länge *f;* Strecke *f;* (Zeit-) Dauer *f; at ~* endlich, schließlich; ausführlich; *go to any or great or considerable* **~s** sehr weit gehen; **~en** verlängern; länger werden; **~ways,** **~wise** der Länge nach; **~y** □ (*-ier, -iest*) sehr lang.

le·ni·ent □ ['li:mənt] mild(e), nachsichtig.

lens *opt.* [lenz] Linse *f.*

lent¹ [lent] *past and p.p. of lend.*

Lent² [~] Fastenzeit *f.*

len·til ♀ ['lentɪl] Linse *f.*

leop·ard *zo.* ['lepəd] Leopard *m.*

le·o·tard ['li:əʊtɑ:d] Trikot *n;* Turnanzug *m.*

lep·ro·sy ⚕ ['leprəsɪ] Lepra *f.*

les·bi·an ['lezbɪən] 1. lesbisch; 2. Lesbierin *f,* F Lesbe *f.*

less [les] 1. *adj. and adv.* (*comp. of little* 1, 2) kleiner, geringer, weniger; 2. *prp.* weniger, minus, abzüglich.

less·en ['lesn] (sich) vermindern *or* -ringern; abnehmen; herabsetzen.

less·er ['lesə] kleiner, geringer.

les·son ['lesn] Lektion *f;* (Unterrichts-) Stunde *f; fig.* Lektion *f,* Lehre *f;* **~s** *pl.* Unterricht *m.*

let [let] (*let*) lassen; vermieten, -pachten; **~ alone** in Ruhe lassen; geschweige denn; **~ down** herab-, herunterlassen; *clothes:* verlängern; *j-n* im Stich lassen; **~ go** loslassen; **~ o.s. go** sich gehenlassen; **~ in** (her)einlassen; **~ o.s. in for** *s.th.* sich et. aufhalsen *or* einbrocken; **~ s.o. in on s.th.** j-n in et. einweihen; **~ off** abschießen; *j-n* laufenlassen; aussteigen lassen; **~ out** hinauslassen; ausplaudern; vermieten; **~ up** aufhören.

le·thal □ ['li:θl] tödlich; Todes...

leth·ar·gy ['leθədʒɪ] Lethargie *f.*

let·ter ['letə] 1. Buchstabe *m; print.* Type *f;* Brief *m,* Schreiben *n;* **~s** *pl.* Literatur *f; attr.* Brief...; 2. beschriften; **~box** Briefkasten *m;* **~card** Kartenbrief *m;* **~ed** (literarisch) gebildet; **~ing** Beschriftung *f.*

let·tuce ♀ ['letɪs] (*esp.* Kopf)Salat *m.*

leu·k(a)e·mia ⚕ [lju:'ki:mɪə] Leukämie *f.*

lev·el ['levl] 1. waag(e)recht; eben; gleich; ausgeglichen; *my ~ best* F mein möglichstes; *~ crossing Brt.* Bahnübergang; 2. Ebene *f,* ebene Fläche; (gleiche) Höhe, (Wasser)Spiegel *m,* (-)Stand *m;* Wasserwaage *f; fig.* Niveau *n,* Stand *m,* Stufe *f; sea ~* Meeresspiegel *m; on the ~* F ehrlich, aufrichtig; 3. (*esp. Brt. -ll-, Am. -l-*) (ein)ebnen, planieren; niederschlagen, fällen; **~ at weapon:** richten auf (*acc.*); *accusations*: erheben; **~head-ed** vernünftig, nüchtern.

le·ver ['li:və] Hebel *m*; **~age** Hebelkraft *f*, -wirkung *f*; *fig.* Einfluß *m*.

lev·y ['levi] **1.** Steuereinziehung *f*; Steuer *f*; ✕ Aushebung *f*; **2.** *taxes*: einziehen, erheben; ✕ ausheben.

lewd □ [lju:d] unanständig, obszön; schmutzig.

li·a·bil·i·ty [laɪə'bɪlətɪ] ✽ Haftung *f*, Haftpflicht *f*; *pl.* Verbindlichkeiten *pl.*; *econ.* Passiva *pl.*

li·a·ble ['laɪəbl] ✽ haftbar, -pflichtig; *be ~ for* haften für; *be ~ to* neigen zu; anfällig sein für.

li·ar ['laɪə] Lügner(in).

li·bel ✽ ['laɪbl] **1.** schriftliche Verleumdung *or* Beleidigung *f*; **2.** (*esp. Brt. -ll-, Am. -l-*) verleumden *or* beleidigen.

lib·e·ral ['lɪbərəl] **1.** □ liberal (*a. pol.*), aufgeschlossen; großzügig; reichlich; **2.** Liberale(r *m*) *f* (*a. pol.*); **~i·ty** [lɪbə'rælətɪ] Großzügigkeit *f*; Aufgeschlossenheit *f*.

lib·e|rate ['lɪbəreɪt] befreien; **~ra·tion** [~'reɪʃn] Befreiung *f*; *~ theology* Befreiungstheologie *f*; **~ra·tor** Befreier *m*.

lib·er·ty ['lɪbətɪ] Freiheit *f*; *take liberties* sich Freiheiten herausnehmen; *be at ~* frei sein.

li·brar·i·an [laɪ'breərɪən] Bibliothekar(in); **li·bra·ry** ['laɪbrərɪ] Bibliothek *f*; Bücherei *f*.

lice [laɪs] *pl. of louse.*

li·cence, *Am.* **-cense** ['laɪsəns] Lizenz *f*, Konzession *f*; Freiheit *f*; Zügellosigkeit *f*; *license plate Am. mot.* Nummernschild *n*; *driving ~* Führerschein *m*.

li·cense, -cence [~] e-e Lizenz *or* Konzession erteilen; (amtlich) genehmigen *or* zulassen.

li·cen·tious □ [laɪ'senʃəs] ausschweifend, zügellos.

lick [lɪk] **1.** Lecken *n*; Salzlecke *f*; **2.** *v/t.* (ab-, auf-, be)lecken; F verdreschen, -prügeln; F schlagen, besiegen; *v/i.* lekken; *flames*: züngeln.

lic·o·rice ['lɪkərɪs] = *liquorice.*

lid [lɪd] Deckel *m*; (Augen)Lid *n*.

lie¹ [laɪ] **1.** Lüge *f*; *give s.o. the ~* j-n Lügen strafen; **2.** lügen.

lie² [~] **1.** Lage *f*; **2.** (*lay, lain*) liegen; *~ behind fig.* dahinterstecken; *~ down* sich hinlegen; *let sleeping dogs ~ fig.* daran rühren wir lieber nicht; *~down* F Nickerchen *n*; *~in: have a ~ Brt.* F sich gründlich ausschlafen.

lieu [lju:]: *in ~* statt dessen; *in ~ of* an Stelle von (*or gen.*), anstatt (*gen.*).

lieu·ten·ant [lef'tenənt; ♣ le'tenənt; *Am.* lu:'tenənt] Leutnant *m*.

life [laɪf] (*pl. lives* [~vz]) Leben *n*; Men-

schenleben *n*; Lebensbeschreibung *f*, Biographie *f*; *for ~* fürs (ganze) Leben, *job, etc.*: auf Lebenszeit; *esp.* ✽ lebenslänglich; *be imprisoned for ~* lebenslänglich bekommen; *~ imprisonment*, *~ sentence* lebenslängliche Freiheitsstrafe; *~ assurance* Lebensversicherung *f*; **~belt** Rettungsgürtel *m*; **~boat** Rettungsboot *n*; **~ cycle** Lebenszyklus *m*; *~ analysis* Ökobilanz *f*; **~guard** ✕ Leibgarde *f*; Bademeister *m*; Rettungsschwimmer *m*; *~ in·sur·ance* Lebensversicherung *f*; **~jack·et** Schwimmweste *f*; **~less** □ leblos; matt, schwunglustlos; **~like** lebensecht; **~long** lebenslang; *~ pre·serv·er Am.* Rettungsgürtel *m*, Schwimmweste *f*; **~time** Lebenszeit *f*.

lift [lɪft] **1.** (Hoch-, Auf)Heben *n*; *phys.,* ✈ Auftrieb *m*; *esp. Brt.* Lift *m*, Aufzug *m*, Fahrstuhl *m*; *give s.o. a ~* cheer s.o. up: j-n aufmuntern, j-m Auftrieb geben; *hitchhiker*: j-n (im Auto) mitnehmen; **2.** *v/t.* (hoch-, auf)heben; erheben; *ban*: aufheben; *skin*: straffen; F klauen, stehlen; *v/i.* sich heben (*fog*); **~ off** abheben (*rocket, etc.*); **~off** Start *m*, Abheben *n* (*of rocket, etc.*).

lig·a·ture ['lɪgətʃʊə] Binde *f*; ✚ Verband *m*.

light¹ [laɪt] **1.** Licht *n* (*a. fig.*); Lampe *f*; Leuchten *n*, Glanz *m*; Aspekt *m*, Gesichtspunkt *m*; *can you give me a ~, please?* haben Sie Feuer?; *put a ~ to* anzünden; **2.** licht, hell; blond; **3.** (*lit or lighted*) *v/t. ~ (up)* be-, erleuchten; anzünden; *v/i.* sich entzünden, brennen; *~ up* aufleuchten.

light² *adj.* □ *and adv.* [~] leicht (*a. fig.*); *make ~ of et.* leichtnehmen.

light·en¹ ['laɪtn] *v/t.* erhellen; aufhellen; aufheitern; *v/i.* hell(er) werden, sich aufhellen.

light·en² [~] leichter machen *or* werden; erleichtern.

light·er ['laɪtə] Anzünder *m*; Feuerzeug *n*; ♣ Leichter *m*.

light|head·ed ['laɪthedɪd] benommen, benebelt; leichtfertig, töricht; **~heart·ed** □ fröhlich, unbeschwert; **~house** Leuchtturm *m*.

light·ing ['laɪtɪŋ] Beleuchtung *f*; Anzünden *n*.

light|mind·ed ['laɪt'maɪndɪd] leichtfertig; **~ness** Leichtheit *f*; Leichtigkeit *f*.

light·ning ['laɪtnɪŋ] Blitz *m*; *attr.* blitzschnell, Blitz...; *~ con·duc·tor, Am. ~ rod* ✚ Blitzableiter *m*.

light·weight ['laɪtweɪt] *boxing, etc.*: Leichtgewicht(ler *m*) *n*.

like [laɪk] **1.** gleich; ähnlich; (so) wie; F *als ob*; *~ that* so; *feel ~* Lust haben auf *or* zu; *what is he* ~..? wie ist er?; *that is just* ~ *him!* das sieht ihm ähnlich!; *that's more* ~ *it!* F das gefällt mir schon besser!; 2. *der, die, das gleiche, et.* Gleiches; *his* ~ seinesgleichen; *the* ~ dergleichen; *the* ~*s of you* Leute wie du; *my* ~*s and dislikes* was ich mag und was ich nicht mag; 3. *v/t.* gern haben, (gern) mögen; gern tun *etc.*; *how do you* ~ *it?* wie gefällt es dir?, wie findest du es?; *I* ~ *that!* iro. das hab' ich gern!; *I should* ~ *to come* ich würde gern kommen; *v/i.* wollen; *as you* ~ wie du willst; *if you* ~ wenn Sie wollen; ~**li-hood** Wahrscheinlichkeit *f*; ~**ly** 1. *adj.* (*-ier, -iest*) wahrscheinlich; geeignet; 2. *adv.* wahrscheinlich; *not* ~! F bestimmt nicht!

lik-en ['laikən] vergleichen (*to* mit).
like|ness ['laiknıs] Ähnlichkeit *f*; (Ab)Bild *n*; Gestalt *f*; ~**wise** gleich-, ebenfalls; auch.
lik-ing ['laikıŋ] (*for*) Vorliebe *f* (für), Gefallen *n* (an *dat.*).
li-lac ['lailək] 1. lila; 2. ♀ Flieder *m*.
lil-y ♀ ['lılı] Lilie *f*; ~ *of the valley* Maiglöckchen *n*; ~**white** schneeweiß.
limb [lım] *arms, legs*: Glied *n*; Ast *m*.
lim-ber ['lımbə]: ~ *up* sports: Lockerungsübungen machen.
lime[1] [laım] Kalk *m*.
lime[2] *f* [~] Linde *f*; Limone *f*.
lime-light *fig.* ['laimlait] Rampenlicht *n*.
lim-it ['lımıt] 1. *fig.* Grenze *f*; *within* ~*s* in Grenzen; *off* ~*s Am.* Zutritt verboten (*to* für); *that is the* ~*!* F das ist der Gipfel!, das ist (doch) die Höhe!; *go to the* ~ bis zum Äußersten gehen; 2. beschränken (*to* auf *acc.*).
lim-i-ta-tion [lımı'teiʃn] Ein-, Beschränkung *f*; *fig.* Grenze *f*.
lim-it|ed ['lımıtıd] beschränkt, begrenzt; ~ *(liability) company Brt.* Gesellschaft *f* mit beschränkter Haftung; ~**less** ☐ grenzenlos.
limp [lımp] 1. hinken, humpeln; 2. Hinken *n*, Humpeln *n*; 3. schlaff; schwach, müde; weich.
lim-pid ☐ ['lımpıd] klar, durchsichtig.
line [laın] 1. Linie *f* (*a. math.*), Strich *m*; *written*: Zeile *f*; *of poem*: Vers *m*; *on face*: Falte *f*, Runzel *f*, Furche *f*; *row*: Reihe *f*; *queue*: (Menschen)Schlange *f*; *of ancestors*: (Ahnen)Reihe *f*, Linie *f*; *of railway, etc.*: (Bahn-, Verkehrs)Linie *f*, Strecke *f*; (Eisenbahn-, Verkehrs)Gesellschaft *f*; *teleph., etc.*: Leitung *f*; Branche *f*, Fach *n*, Gebiet *n*; *sports*: (Ziel)Linie *f*; Leine *f*, Angelschnur *f*; Äquator *m*; Richtung *f*; *econ. goods*: Posten *m*; *fig.* Grenze *f*; ~*s pl. thea.* Rolle *f*, Text *m*; *be in* ~ *for* gute Aussichten haben auf (*acc.*); *be in* ~ *with*

übereinstimmen mit; *draw the* ~ haltmachen, e-e Grenze ziehen (*at* bei); *hold the* ~ *teleph.* am Apparat bleiben; *stand in* ~ *Am.* Schlange stehen; 2. lin(i)ieren; *face*: zeichnen; *streets, etc.*: säumen; *clothes*: füttern; ⊕ auskleiden; ~ *up* (sich) in e-r Reihe aufstellen.
lin-e-aments ['lınıəmənts] *pl.* Gesichtszüge *pl.*
lin-e-ar ['lınıə] linear, geradlinig; Längen...
lin-en ['lının] 1. Leinen *n*; (Bett-, Tisch)Wäsche *f*; 2. leinen, Leinen...; ~**clos-et**, ~**cup-board** Wäscheschrank *m*.
lin-er ['laınə] Linien-, Passagierschiff *n*; Verkehrsflugzeug *n*; = *eyeliner.*
lin-ger ['lıŋgə] zögern; verweilen, sich aufhalten; dahinsiechen; *a.* ~ *on* sich hinziehen.
lin-ge-rie ['lɛ̃:nʒəri:] Damenunterwäsche *f*.
lin-i-ment *pharm.* ['lınımənt] Liniment *n*, Einreibemittel *n*.
lin-ing ['laınıŋ] Futter(stoff *m*) *n*; *mot.* (Brems)Belag *m*; ⊕ Aus-, Verkleidung *f*.
link [lıŋk] 1. (Ketten)Glied *n*; Manschettenknopf *m*; *fig.* (Binde)Glied *n*, Verbindung *f*; 2. (sich) verbinden; ~ *up* miteinander verbinden; *spacecraft*: (an)koppeln.
links [lıŋks] *pl.* Dünen *pl.*; *a. golf* ~ Golfplatz *m*.
link-up ['lıŋkʌp] Zusammenschluß *m*, Verbindung *f*, Kopplung(smanöver *n*) *f* (*of spacecraft*).
lin-seed ['lınsi:d] ♀ Leinsamen *m*; ~ *oil* Leinöl *n*.
li-on *zo.* ['laıən] Löwe *m*; ~**ess** *zo.* [~nıs] Löwin *f*.
lip [lıp] Lippe *f*; *of cup etc.*: Rand *m*; *sl.* Unverschämtheit *f*; ~**stick** Lippenstift *m*.
li-que-fy ['lıkwıfaı] (sich) verflüssigen.
liq-uid ['lıkwıd] 1. flüssig; *eyes*: feucht (schimmernd); 2. Flüssigkeit *f*.
liq-ui-date ['lıkwıdeıt] liquidieren (*a. econ.*); *debt*: tilgen.
liq-uid|ize ['lıkwıdaız] zerkleinern, pürieren; ~**iz-er** [~ə] Mixgerät *n*, Mixer *m*.
liq-uor ['lıkə] *Brt.* alkoholisches Getränk; *Am.* Schnaps *m*.
liq-uo-rice ['lıkərıs] Lakritze *f*.
lisp [lısp] 1. lispeln; 2. lispeln.
list [lıst] 1. Liste *f*, Verzeichnis *n*; 2. (in e-e Liste) eintragen; verzeichnen, auflisten.
lis-ten ['lısn] (*to*) lauschen, horchen (auf *acc.*); anhören (*acc.*), zuhören (*dat.*); hören (auf *acc.*); ~ *in* (im Radio) hören (*to acc.*); *secretly*: mithören; ~**er** [~ə] Zuhörer(in); (Rundfunk)Hörer(in).

list·less ['lɪstlɪs] teilnahms-, lustlos.
lit [lɪt] *past and p.p. of* **light¹** 3.
lit·e·ral ☐ ['lɪtərəl] (wort)wörtlich; buchstäblich; prosaisch.
lit·e·ra|ry ['lɪtərərɪ] literarisch, Literatur...; **~ture** [~rətʃə] Literatur *f.*
lithe ☐ [laɪð] geschmeidig, gelenkig.
lit·i·ga·tion ⚖ [lɪtɪ'geɪʃn] Prozeß *m.*
li·tre, *Am.* **-ter** ['liːtə] Liter *m, n.*
lit·ter ['lɪtə] 1. *vehicle:* Sänfte *f;* *stretcher:* Tragbahre *f,* Trage *f; straw:* Streu *f; zo.* Wurf *m; waste:* Abfall *m, esp.* herumliegendes Papier; *mess:* Durcheinander *n,* Unordnung *f;* 2. *v/t. zo.* werfen; verstreuen; *be* **~ed with** übersät sein mit; *v/i. zo.* Junge werfen; **~ bas·ket, ~ bin** Abfallkorb *m.*
lit·tle ['lɪtl] 1. *adj.* (*less, least*) klein; gering(fügig), unbedeutend; wenig; **~ one** Kleiner *m,* Kleine *f,* Kleines *n* (*child*); 2. *adv.* (*less, least*) wenig, kaum; überhaupt nicht; 3. Kleinigkeit *f;* **a ~** ein bißchen, etwas; **~ by ~** nach und nach; *not a ~* nicht wenig.
live¹ [lɪv] *v/i.* leben; wohnen; **~ to see** erleben; **~ off s.th.** leben von; **~ off s.o.** auf j-s Kosten leben; **~ on** leben von; **~ through** durchmachen, -stehen; **~ up to** s-m Ruf gerecht werden, s-n Grundsätzen gemäß leben; *promise:* halten; *expectations:* erfüllen; **~ with** mit *j-m* zusammenleben; mit *et.* leben; *you ~ and learn* man lernt nie aus; *v/t.* Leben führen.
live² [laɪv] 1. *adj.* lebend, lebendig; wirklich, richtig; aktuell; glühend; *ammunition:* scharf; ⚡ stromführend, geladen; *TV:* direkt, Direkt..., live, Live..., Original...; 2. *adv. TV:* direkt, live, original.
live·a·ble ['lɪvəbl] *life:* erträglich, lebenswert; *house:* wohnlich.
live|li·hood ['laɪvlɪhʊd] (Lebens)Unterhalt *m;* **~li·ness** [~nɪs] Lebhaftigkeit *f;* **~ly** [~lɪ] (*-ier, -iest*) lebhaft, lebendig; aufregend; schnell; bewegt.
liv·er *anat.* ['lɪvə] Leber *f.*
liv·e·ry ['lɪvərɪ] Livree *f;* (Amts)Tracht *f.*
lives [laɪvz] *pl. of* **life**.
live·stock ['laɪvstɒk] Vieh(bestand *m*) *n.*
liv·id ☐ ['lɪvɪd] bläulich; F fuchsteufelswild.
liv·ing ['lɪvɪŋ] 1. ☐ lebend(ig); *the ~ image of* das genaue Ebenbild *gen.;* 2. *das* Leben; Lebensweise *f;* Lebensunterhalt *m; eccl.* Pfründe *f; the ~* die Lebenden *pl.;* *standard of ~* Lebensstandard *m;* **~ room** Wohnzimmer *n.*
liz·ard *zo.* ['lɪzəd] Eidechse *f.*
load [ləʊd] 1. Last *f (a. fig.);* Ladung *f;* Belastung *f;* 2. (auf-, be)laden; *gun:* laden; *s.o.* überhäufen (*with* mit); **~ a camera** e-n Film einlegen; **~ing**

['ləʊdɪŋ] Laden *n;* Ladung *f,* Fracht *f; attr.* Lade...
loaf¹ [ləʊf] (*pl.* **loaves** [~vz]) Laib *m* (Brot); Brot *n.*
loaf² [~] herumlungern; **~er** ['ləʊfə] Faulenzer(in).
loam [ləʊm] Lehm *m;* **~y** ['ləʊmɪ] (*-ier, -iest*) lehmig.
loan [ləʊn] 1. Anleihe *f;* Darlehen *n;* Leihgabe *f; on ~* leihweise; 2. *esp. Am. to s.o.* ausleihen; **~word** Lehnwort *n.*
loath ☐ [ləʊθ] abgeneigt; *be ~ to do s.th.* et. ungern tun; **~e** [ləʊð] sich ekeln vor (*dat.*); verabscheuen; **~ing** Ekel *m;* Abscheu *m;* **~some** ☐ abscheulich, ekelhaft; verhaßt.
loaves [ləʊvz] *pl. of* **loaf¹**.
lob [lɒb] *in tennis:* 1. Lob *m;* 2. *v/t. j-n* überlobben; den Ball lobben; 3. *v/i.* e-n Lob spielen.
lob·by ['lɒbɪ] 1. Vorhalle *f; of theatre:* Foyer *n; parl.* Wandelhalle *f; pol.* Lobby *f,* Interessengruppe *f;* 2. *pol. members of parliament:* beeinflussen.
lobe *anat.,* ♃ [ləʊb] Lappen *m; a. ear·* Ohrläppchen *n.*
lob·ster *zo.* ['lɒbstə] Hummer *m.*
lo·cal ☐ ['ləʊkl] 1. örtlich, Orts..., lokal, Lokal...; **~ elections** Kommunalwahlen *pl.;* **~ government** Gemeindeverwaltung *f;* 2. Einheimische(r *m*) *f; a.* **~ train** Nahverkehrszug *m; the ~ Brt.* F *esp.* die Stammkneipe; **~i·ty** [ləʊ'kælətɪ] Örtlichkeit *f;* Lage *f;* **~ize** ['ləʊkəlaɪz] lokalisieren.
lo·cate [ləʊ'keɪt] *v/t.* ausfindig machen; orten; *be ~d* liegen, sich befinden; **lo·ca·tion** [~ɪʃn] Lage *f;* Standort *m;* Platz (*for* für); *film:* Drehort *m; on ~* auf Außenaufnahme.
loch *ScotE* [lɒx, lɒk] See *m.*
lock¹ [lɒk] 1. *of door, gun, etc.* Schloß *n;* Schleuse(nkammer) *f;* ⊕ Sperrvorrichtung *f;* 2. (ab-, ver-, zu)schließen, zu-, versperren; umschließen, umfassen; sich schließen lassen; ⊕ blockieren; **~ away** wegschließen; **~ in** einschließen, -sperren; **~ out** aussperren; **~ up** abschließen; wegschließen; einsperren.
lock² [~] (Haar)Locke *f.*
lock|er ['lɒkə] Schrank *m,* Spind *m;* Schließfach *n;* **~ room** Umkleideraum *m;* **~et** [~ɪt] Medaillon *n;* **~out** *econ.* Aussperrung *f;* **~smith** Schlosser *m;* **~up** (Haft)Zelle *f;* F Gefängnis *n.*
lo·co *Am. sl.* ['ləʊkəʊ] bekloppt.
lo·co·mo|tion [ləʊkə'məʊʃn] Fortbewegung(sfähigkeit) *f;* **~tive** ['ləʊkəməʊtɪv] 1. (Fort)Bewegungs...; 2. *a.* **~ en·gine** Lokomotive *f.*
lo·cust *zo.* ['ləʊkəst] Heuschrecke *f.*
lodge [lɒdʒ] 1. Häuschen *n;* Jagd-, Ski-

hütte f etc.; Pförtnerhaus n, -loge f; (masonic ~) (Freimaurer)Loge f; 2. v/i. (esp. vorübergehend or in Untermiete) wohnen; stecken(bleiben) (bullet, etc.), (fest)sitzen; v/t. aufnehmen, beherbergen, unterbringen; bullet: jagen (in in dat.); complaint: einlegen; charge: einreichen; **lodg·er** Untermieter(in); **lodg·ing** Unterkunft f; ~s pl. esp. möbliertes Zimmer.

loft [lɔft] (Dach)Boden m; Heuboden m; Empore f; ~·y □ (-ier, -iest) hoch; erhaben; stolz.

log [lɔg] (Holz)Klotz m, (gefällter) Baumstamm; ✚ Log n; ~·book ✚, ✈ Logbuch n; mot. Fahrtenbuch n; Brt. mot. Kraftfahrzeugbrief m; ~·cab·in Blockhaus n, -hütte f.

log·ger·head ['lɔgəhed]: be at ~s sich in den Haaren liegen.

lo·gic ['lɔdʒɪk] Logik f; ~·al □ logisch.

loin [lɔɪn] anat. Lende f; cooking: Lende(nstück n) f.

loi·ter ['lɔɪtə] trödeln, schlendern, bummeln; herumlungern.

loll [lɔl] (sich) rekeln or lümmeln; ~ about herumlümmeln; ~ out tongue: heraushängen.

lol·li·pop ['lɔlɪpɔp] Lutscher m; Eis n am Stiel; ~ man, ~ woman Brt. F Schülerlotse m; ~·ly ['lɔlɪ] Lutscher m; ice(d) ~ Eis n am Stiel.

lone·li·ness ['ləʊnlɪnɪs] Einsamkeit f; ~·ly (-ier, -iest), ~·some □ einsam.

long¹ [lɔŋ] 1. (e-e) lange Zeit; before ~ bald; for ~ lange; take ~ lange brauchen or dauern; 2. adj. lang; langfristig; in the ~ run schließlich; be ~ lange brauchen; 3. adv. lang(e); as or so ~ as solange; vorausgesetzt, daß; ~ ago vor langer Zeit; no ~er nicht mehr, nicht länger; so ~! F bis dann!, tschüs!

long² [lɔŋ] sich sehnen (for nach).

long·dis·tance [lɔŋ'dɪstəns] Fern...; Langstrecken...; ~ call teleph. Ferngespräch n; ~ runner sports: Langstreckenläufer(in).

lon·gev·i·ty [lɔn'dʒevətɪ] Langlebigkeit f; Lebensdauer f.

long·hand ['lɔŋhænd] Schreibschrift f.

long·ing ['lɔŋɪŋ] 1. □ sehnsüchtig; 2. Sehnsucht f, Verlangen n.

lon·gi·tude geogr. ['lɔndʒɪtjuːd] Länge f.

long jump ['lɔŋdʒʌmp] sports: Weitsprung m; ~·shore·man Hafenarbeiter m; ~·sight·ed [lɔŋ'saɪtɪd] weitsichtig; ~·standing [lɔŋ'stændɪŋ] seit langer Zeit bestehend; alt; ~·term [~'tɜːm] langfristig, auf lange Sicht; ~ wave [~'weɪv] ⚡ Langwelle f; ~·wind·ed [~'wɪndəd] □ langatmig.

loo Brt. F [luː] Klo n.

look [lʊk] 1. Blick m; Miene f, (Gesichts)Ausdruck m; (good) ~s pl. gutes Aussehen; have a ~ at s.th. sich et. ansehen; I don't like the ~ of it es gefällt mir nicht; 2. sehen, blicken, schauen (at, on auf acc., nach); nachsehen; pale, etc.: aussehen; aufpassen, achten; face in a direction: liegen, gehen (window, etc.); ~ here! schau mal (her); hör mal (zu)!; ~ like aussehen wie; it ~s as if es sieht (so) aus, als ob; ~ after aufpassen auf (acc.), sich kümmern um, sorgen für; ~ ahead nach vorne sehen; fig. vorausschauen; ~ around sich umsehen; ~ at ansehen; ~ back sich umsehen; ~ back to fig. zurückblicken auf, zurückdenken an; ~ down herab-, heruntersehen (a. fig. on s.o. auf j-n); ~ for suchen; ~ forward to sich freuen auf (acc.); ~ in F hereinschauen (on bei) (as a visitor); F TV fernsehen; ~ into untersuchen, prüfen; ~ on zusehen, -schauen (dat.); ~ on to liegen zu, (hinaus)gehen auf (acc.) (window, etc.); ~ on, ~ upon betrachten, ansehen (as als); ~ out hinaus-, heraussehen; aufpassen, sich vorsehen; Ausschau halten (for nach); ~ over et. durchsehen; j-n mustern; ~ round sich umsehen; ~ through et. durchsehen; ~ up aufblicken, -sehen; et. nachschlagen; j-n aufsuchen.

look·a·like ['lʊkəlaɪk] F Doppelgänger(in); genaues Gegenstück.

look·out [lʊk'aʊt] Ausguck m; Ausschau f; fig. F Aussicht(en pl.) f; that is my ~ F das ist meine Sache.

loom [luːm] 1. Webstuhl m; 2. a. ~ up undeutlich sichtbar werden or auftauchen.

loony ['luːnɪ] F 1. Verrückte(r m) f; 2. verrückt, bekloppt; ~·bin F Klapsmühle f.

loop [luːp] 1. Schlinge f, Schleife f; Schlaufe f; Öse f; ✈ Looping m, n; computer: Programmschleife f; 2. v/t. in Schleifen legen; schlingen; v/i. e-e Schleife machen; sich schlingen; ~·hole ['luːphəʊl] ✕ Schießscharte f; fig. Hintertürchen n; a ~ in the law e-e Gesetzeslücke.

loose [luːs] 1. □ (~r, ~st) los(e); locker; weit; frei; ungenau; liederlich; let ~ loslassen; freilassen; 2. be on the ~ frei herumlaufen; **loos·en** ['luːsn] (sich) lösen, (sich) lockern; ~ up sports: Lockerungsübungen machen.

loot [luːt] 1. plündern; 2. Beute f.

lop [lɔp] (-pp-) tree: beschneiden, stutzen; ~ off abhauen, abhacken; ~·sid·ed □ [lɔp'saɪdɪd] schief; einseitig.

loq·ua·cious □ [ləʊ'kweɪʃəs] redselig, geschwätzig.

lord [lɔːd] Herr *m*, Gebieter *m*; Lord *m*; *the* ♀ der Herr (*God*); *my* ~ [mɪˈlɔːd] *address*: Mylord, Euer Gnaden, Euer Ehren; ♀ *Mayor Brt.* Oberbürgermeister *m*; *the* ♀'s *Prayer* das Vaterunser; *the* ♀'s *Supper* das Abendmahl; ~ly (-*ier*, -*iest*) vornehm, edel; gebieterisch; hochmütig, arrogant; ~ship: *his or your* ~ seine *or* Euer Lordschaft.

lore [lɔː] Kunde *f*; Überlieferungen *pl*.

lor·ry *Brt.* [ˈlɒrɪ] Last(kraft)wagen *m*, Lastauto *n*, Laster *m*; ⚙ Lore *f*.

lose [luːz] (*lost*) *v/t*. verlieren; verpassen, -säumen; *et.* nicht mitbekommen; nachgehen (*watch, etc.*); *job*: s-e Stellung kosten; ~ *o.s.* sich verirren; sich verlieren; *v/i.* Verluste erleiden; verlieren; nachgehen (*watch, etc.*); **los·er** [ˈluːzə] Verlierer(in).

loss [lɒs] Verlust *m*; Schaden *m*; *at e* ~ *econ.* mit Verlust; *be at a* ~ nicht mehr weiterwissen; *s. a.* **dead.**

lost [lɒst] 1. *past and p.p. of* **lose**; 2. *adj.* verloren; verlorengegangen; verirrt; verschwunden; *time*: verloren, vergeudet; *chance*: versäumt; *be* ~ *in thought* in Gedanken versunken *or* vertieft sein; ~ *property office* Fundbüro *n*.

lot [lɒt] Los *n*; *econ.* Partie *f*, Posten (*of goods*); *esp. Am.* Bauplatz *m*; *esp. Am.* Parkplatz *m*; *esp. Am.* Filmgelände *n*; F Gruppe *f*, Gesellschaft *f*; Los *n*, Schicksal *n*; *the* ~ F alles, das Ganze; *a* ~ *of* F, ~*s of* F viel, e-e Menge; ~*s and* ~*s of* F jede Menge; *a bad* ~ F ein übler Kerl; *cast or draw* ~*s* losen.

loth □ [ləʊθ] = **loath.**

lo·tion [ˈləʊʃn] Lotion *f*.

lot·te·ry [ˈlɒtərɪ] Lotterie *f*.

loud □ [laʊd] laut (*a. adv.*); *fig.* schreiend, grell (*colours, etc.*); ~**speaker** Lautsprecher *m*.

lounge [laʊndʒ] 1. faulenzen; herumlungern; schlendern; 2. Bummel *m*; Wohnzimmer *n*; Aufenthaltsraum *m*, Lounge *f* (*of hotel*); Warteraum *m*, Lounge *f* (*of airport*); ~ *suit* Straßenanzug *m*.

louse *zo.* [laʊs] (*pl. lice* [laɪs]) Laus *f*; **lou·sy** [ˈlaʊzɪ] (-*ier*, -*iest*) verlaust; F miserabel, mies, saumäßig.

lout [laʊt] Flegel *m*, Lümmel *m*.

lov·a·ble □ [ˈlʌvəbl] liebenswert; reizend.

love [lʌv] 1. Liebe *f* (*of, for, to, towards* zu); Liebling *m*, Schatz *m*; *Brt.* (*address*) m-e Liebe, mein Lieber, mein Liebes; *tennis*: null; *be in* ~ *with s.o.* in j-n verliebt sein; *fall in* ~ *with s.o.* sich in j-n verlieben; *make* ~ sich lieben, miteinander schlafen, F Liebe machen; *give my* ~ *to her* grüße sie herzlich von mir; *send one's* ~ *to* j-n grüßen lassen;

~ *from* herzliche Grüße von (*in letter*); 2. lieben; gern mögen; ~ **af·fair** Liebesaffäre *f*; ~**ly** (-*ier*, -*iest*) lieblich, wunderschön, entzückend, reizend; **lov·er** Liebhaber *m*, Geliebte(r) *m*; Geliebte *f*; *of art, music, etc.*: Liebhaber(in), Freund(in).

lov·ing □ [ˈlʌvɪŋ] liebevoll, liebend.

low¹ [ləʊ] 1. *adj.* nieder, niedrig (*a. fig.*); tief; gering(schätzig) *supplies*: knapp; *light*: gedämpft, schwach; *unhappy*: niedergeschlagen; *socially*: untere(r, -s), niedrig; *mean*: gewöhnlich, niedrig, gemein; ♪ *note*: tief; *voice*: leise; 2. *adv.* niedrig; tief (*a. fig.*); leise; 3. *meteor.* Tief(druckgebiet) *n*; Tiefstand *m*, Tiefpunkt *m*.

low² [~] brüllen, muhen (*cow*).

low-brow F [ˈləʊbraʊ] 1. geistig Anspruchslose(r *m*) *f*; 2. geistig anspruchslos.

low·er [ˈləʊə] 1. niedriger, tiefer; geringer; leiser; untere(r, -s), Unter...; 2. *v/t.* herunterlassen; niedriger machen; *eyes, voice, price, etc.*: senken; (ab)schwächen; *standard*: herabsetzen; erniedrigen; ~ *o.s.* sich herablassen; sich demütigen; *v/i.* fallen, sinken; ~ **deck** ⚓ Unterdeck *n*.

low|land [ˈləʊlənd] *mst* ~*s pl.* Tiefland *n*; ~**li·ness** Niedrigkeit *f*; Bescheidenheit *f*; ~**ly** (-*ier*, -*iest*) niedrig; bescheiden; ~**necked** (tief) ausgeschnitten (*of blouse, dress, etc.*); ~**pitched** ♪ tief; ~**pres·sure** *meteor.* Tiefdruck...; ⚙ Niederdruck...; ~**priced** preisgünstig; ~**rise** *esp. Am.* niedrig (gebaut); ~ **sea·son** Nebensaison *f*; ~**spir·it·ed** niedergeschlagen.

loy·al □ [ˈlɔɪəl] loyal, treu; ~**ty** [~tɪ] Loyalität *f*, Treue *f*.

loz·enge [ˈlɒzɪndʒ] Raute *f*; Pastille *f*.

lu·bri|cant [ˈluːbrɪkənt] Schmiermittel *n*; ~**cate** [~keɪt] schmieren, ölen; ~**ca·tion** [luːbrɪˈkeɪʃn] Schmieren *n*, Ölen *n*.

lu·cid □ [ˈluːsɪd] klar; deutlich.

luck [lʌk] Schicksal *n*; Glück *n*; *bad* ~, *hard* ~ Unglück *n*, Pech *n*; *good* ~ Glück *n*; *good* ...! viel Glück!; *be in* (*out of*) ~ (kein) Glück haben; ~**i·ly** [ˈlʌkɪlɪ] glücklicherweise, zum Glück; ~**y** [~ɪ] (-*ier*, -*iest*) glücklich; Glücks...; *be* ~ Glück haben.

lu·cra·tive □ [ˈluːkrətɪv] einträglich, lukrativ.

lu·di·crous □ [ˈluːdɪkrəs] lächerlich.

lug [lʌg] (-*gg-*) zerren, schleppen.

lug·gage *esp. Brt.* [ˈlʌgɪdʒ] (Reise)Gepäck *n*; ~ *locker* (Gepäck)Schließfach *n*; ~ *rack* Gepäcknetz *n*, -ablage *f*; ~ *trolley* Kofferkuli *m*; ~ *van esp. Brt.* Gepäckwagen *m*.

luke·warm ['luːkwɔːm] lau(warm); *fig.* lau, mäßig.

lull [lʌl] **1.** beruhigen; sich legen *or* beruhigen; *mst* ~ *to sleep* einlullen; **2.** Pause *f*; Flaute *f* (*a. econ.*), Windstille *f*.

lul·la·by ['lʌləbaɪ] Wiegenlied *n*.

lum·ba·go ✻ [lʌm'beɪgəʊ] Hexenschuß *m*.

lum·ber ['lʌmbə] **1.** *esp. Am.* Bau-, Nutzholz *n*; *esp. Brt.* Gerümpel *n*; **2.** *v/t.* ~ *s.o. with s.th. Brt.* F j-m et. aufhalsen; *v/i.* rumpeln, poltern (*truck, etc.*); schwerfällig gehen, trampeln; ~**jack**, ~**man** (*pl. -men*) *esp. Am.* Holzfäller *m*, -arbeiter *m*; ~ **mill** Sägewerk *n*; ~**room** Rumpelkammer *f*; ~**yard** Holzplatz *m*, -lager *n*.

lu·mi·na·ry ['luːmɪnərɪ] Himmelskörper *m*; *fig.* Leuchte *f*, Koryphäe *f*; ~**nous** □ [~əs] leuchtend, Leucht...

lump [lʌmp] **1.** Klumpen *m*; Beule *f*; Stück *n* (*sugar, etc.*); *in the* ~ in Bausch und Bogen; ~ *sugar* Würfelzucker *m*; ~ *sum* Pauschalsumme *f*; **2.** *v/t.* zusammentun, -stellen, -legen, -werfen, -fassen; *v/i.* Klumpen bilden; ~**y** □ [~ɪ] (*-ier, -iest*) klumpig.

lu·na·cy ['luːnəsɪ] Wahnsinn *m*.

lu·nar ['luːnə] Mond...; ~ *module space travel*: Mond(lande)fähre *f*.

lu·na·tic ['luːnətɪk] **1.** irr-, wahnsinnig; **2.** Irre(r *m*) *f*, Wahnsinnige(r *m*) *f*, Geisteskranke(r *m*) *f*.

lunch [lʌntʃ], *formal* **lun·cheon** ['lʌntʃən] **1.** Lunch *m*, Mittagessen *n*; **2.** zu Mittag essen; ~ *hour*, ~ *time* Mittagszeit *f*, -pause *f*.

lung *anat.* [lʌŋ] Lunge(nflügel *m*) *f*; *the* ~*s pl.* die Lunge.

lunge [lʌndʒ] **1.** *fencing*: Ausfall *m*; **2.**

v/i. fencing: e-n Ausfall machen (*at gegen*); losstürzen (*at auf acc.*).

lurch [lɜːtʃ] **1.** taumeln, torkeln; **2.** *leave in the* ~ im Stich lassen.

lure [ljʊə] **1.** Köder *m*; *fig.* Lockung *f*; **2.** ködern, (an)locken.

lu·rid □ ['ljʊərɪd] grell, schreiend (*colours, etc.*); schockierend, widerlich.

lurk [lɜːk] lauern; ~ *about*, ~ *around* herumschleichen.

lus·cious □ ['lʌʃəs] köstlich, lecker; üppig; *girl*: knackig.

lush [lʌʃ] saftig, üppig.

lust [lʌst] **1.** sinnliche Begierde, Lust *f*; Gier *f*; **2.** ~ *after*, ~ *for* begehren; gierig sein nach.

lus|tre, *Am.* **-ter** ['lʌstə] Glanz *m*, Schimmer *m*; ~**trous** □ [~rəs] glänzend, schimmernd.

lust·y □ ['lʌstɪ] (*-ier, -iest*) kräftig, stark u. gesund, vital; kraftvoll.

lute [luːt] Laute *f*.

Lu·ther·an ['luːθərən] lutherisch.

lux·ate ✻ ['lʌkseɪt] verrenken.

lux·u|ri·ant □ [lʌɡ'zjʊərɪənt] üppig; ~**ri·ate** [~eɪt] schwelgen (*in* in *dat.*); ~**ri·ous** □ [~əs] luxuriös, üppig, Luxus...; ~**ry** ['lʌkʃərɪ] Luxus *m*; Komfort *m*; Luxusartikel *m*; *attr.* Luxus...

lye [laɪ] Lauge *f*.

ly·ing ['laɪɪŋ] **1.** *p.pr. of lie*[1] 2 *and lie*[2] 2; **2.** *adj.* lügnerisch, verlogen; ~**in** [~'ɪn] Wochenbett *n*.

lymph ✻ [lɪmf] Lymphe *f*.

lynch [lɪntʃ] lynchen; ~ *law* ['lɪntʃlɔː] Lynchjustiz *f*.

lynx *zo.* [lɪŋks] Luchs *m*.

lyr|ic ['lɪrɪk] **1.** lyrisch; **2.** lyrisches Gedicht; ~**s** *pl.* Lyrik *f*; *of song*: (Lied)Text *m*; ~**i·cal** □ [~kl] lyrisch, gefühlvoll; schwärmerisch.

M

ma F [mɑː] Mama *f*, Mutti *f*.

ma'am [mæm] *Brt. addressing the Queen*: Majestät; *Am. addressing a woman politely*: gnä' Frau (*dated or formal*).

mac *Brt.* F [mæk] = *mackintosh*.

ma·ca·bre [mə'kɑːbrə] makaber.

mac·a·ro·ni [mækə'rəʊnɪ] Makkaroni *pl.*

mac·a·roon [mækə'ruːn] Makrone *f*.

mach·i·na·tion [mækɪ'neɪʃn] *mst pl.* Machenschaften *pl.*

ma·chine [mə'ʃiːn] **1.** Maschine *f*; Mechanismus *m*; **2.** maschinell herstellen

or drucken; mit der (Näh)Maschine nähen; ~**made** maschinell hergestellt; ~**readable** *computer*: maschinenlesbar.

ma·chin|e·ry [mə'ʃiːnərɪ] Maschinen *pl.*; Maschinerie *f*; ~**ist** [~ɪst] Maschinenbauer *m*; Maschinist *m*; Maschinennäherin *f*.

mack *Brt.* F [mæk] = *mackintosh*.

mack·e·rel *zo.* ['mækrəl] Makrele *f*.

mack·in·tosh *esp. Brt.* ['mækɪntɒʃ] Regenmantel *m*.

mac·ro- ['mækrəʊ] Makro..., makro...

mad □ [mæd] wahnsinnig, verrückt;

toll(wütig); F wütend; *fig.* wild; *go ~,*
Am. get ~ verrückt *or* wahnsinnig werden; *drive s.o. ~* j-n verrückt *or* wahnsinnig machen; *like ~* wie toll, wie verrückt (*work, etc.*).

mad-am ['mædəm] *addressing a woman*
politely: gnädige Frau, gnädiges Fräulein (*both dated or formal*); *cf. sir.*

mad|cap ['mædkæp] **1.** verrückt; **2.**
rückter Kerl; **~den** verrückt *or* rasend
machen; **~den·ing** □ verrückt *or* rasend machend.

made [meɪd] *past and p.p. of make* 1; *~ of*
gold aus Gold.

mad|house ['mædhaʊs] Irrenhaus *n*;
~ly wie verrückt, wie besessen; F irre,
wahnsinnig; **~man** Wahnsinnige(r) *m*,
Verrückte(r) *m*; **~ness** Wahnsinn *m*;
(Toll)Wut *f*; **~wom·an** Wahnsinnige *f*,
Verrückte *f*.

mag·a·zine [mægə'ziːn] Magazin *n*;
(Munitions)Lager *n*; Zeitschrift *f*.

mag·got *zo.* ['mægət] Made *f*, Larve *f*.

Ma·gi ['meɪdʒaɪ] *pl.: the (three) ~* die
(drei) Weisen aus dem Morgenland, die
Heiligen Drei Könige.

ma·gic ['mædʒɪk] **1.** (*~ally*) *a. ~al* □
magisch, Zauber...; **2.** Zauber(ei *f*) *m*;
fig. Wunder *n*; **ma·gi·cian** [mə'dʒɪʃn]
Zauberer *m*; Zauberkünstler *m*.

ma·gis·trate ['mædʒɪstreɪt] Friedensrichter *m*.

mag|na·nim·i·ty [mægnə'nɪmətɪ] Groß-
mut *m*; **~nan·i·mous** □ [mæg'nænɪ-
məs] großmütig, hochherzig.

mag·net ['mægnɪt] Magnet *m*; **~ school**
Brt. appr. Eliteschule *f*; **~·ic** [mæg-
'netɪk] (*~ally*) magnetisch, Magnet...; **~**
field phys. Magnetfeld *n*; **~ tape** Ma-
gnetband *n*.

mag·nif|i·cence [mæg'nɪfɪsns] Pracht *f*,
Herrlichkeit *f*; **~·i·cent** [~t] prächtig,
herrlich.

mag·ni|fy ['mægnɪfaɪ] vergrößern; **~ing**
glass Vergrößerungsglas *n*, Lupe *f*;
~tude [~tjuːd] Größe *f*; Wichtigkeit *f*.

mag·num ['mægnəm] *champagne:* Magn-
um *f*, Anderthalbliterflasche *f*.

mag·pie *zo.* ['mægpaɪ] Elster *f*.

ma·hog·a·ny [mə'hɒgənɪ] Mahagoni
(-holz) *n*.

maid [meɪd] (Dienst)Mädchen *n*, Haus-
angestellte *f*; *old or lit.:* (junges) Mädchen, (junge) unverheiratete Frau; *old*
~ alte Jungfer; **~ of honour** Ehren-, Hof-
dame *f*; *esp. Am.* (erste) Brautjungfer.

maid·en ['meɪdn] **1.** = *maid*; **2.** jungfräulich; unverheiratet; *fig.* Jungfern...,
Erstlings...; **~ name** *of married woman:*
Mädchenname *m*; **~ly** jungfräulich;
mädchenhaft.

mail¹ [meɪl] *hist.* (Ketten)Panzer *m*.

mail² [~] **1.** Post(dienst *m*) *f*; Post(sendung) *f*; *by ~* mit der Post; **2.** *esp. Am.*
mit der Post schicken, aufgeben;
~·a·ble *Am.* postversandfähig; **~bag**
Postsack *m*; *Am. postman's bag:* Postta-
sche *f*; **~box** *Am.* Briefkasten *m*; **~**
car·ri·er *Am.,* **~man** *Am.* Briefträger
m, Postbote *m*; **~ or·der** *of goods:* po-
stalische Bestellung; Mailorder *f*; **~or-**
der ... Versand..., Versandhaus...

maim [meɪm] verstümmeln, zum Krüppel machen.

main [meɪn] **1.** Haupt..., größte(r, -s),
wichtigste(r, -s); hauptsächlich; *by ~*
force mit äußerster Kraft; **~ road**
Haupt(verkehrs)straße *f*; **~ mst ~s** *pl.*
Haupt(gas-, -wasser-, -strom)leitung *f*;
(Strom)Netz *n*; *in the ~* in der Hauptsache, im wesentlichen; **~frame** *computer:* Großrechner *m*; **~land** Festland *n*;
~ly hauptsächlich; **~spring** Hauptfe-
der *f* (*in a watch*); **@** *and fig.* Triebfeder
f; **~stay** ⚓ Großstag *n*; *fig.* Hauptstüt-
ze *f*; **~stream** Hauptstrom *m*; *fig.*
Hauptrichtung *f*; ♪ Mainstream *m*.

main·tain [meɪn'teɪn] (aufrecht)erhal-
ten, beibehalten; instand halten, **@**,
mot. a. warten; unterstützen; unterhalten; behaupten.

main·te·nance ['meɪntənəns] Erhaltung
f; Unterhalt *m*; Instandhaltung *f*, **@**,
mot. a. Wartung *f*.

maize *esp. Brt.* & [meɪz] Mais *m*.

ma·jes·tic [mə'dʒestɪk] (*~ally*) majestätisch; **~ty** ['mædʒəstɪ] Majestät *f*; Würde *f*, Hoheit *f*.

ma·jor ['meɪdʒə] **1.** größere(r, -s); *fig. a.*
bedeutend, wichtig; ⚖ volljährig; C ~ ♪
C-Dur *n*; **~ key** ♪ Dur(tonart *f*) *n*; **~**
league Am. baseball, *etc.:* oberste
Spielklasse; **~ road** Haupt(verkehrs)-
straße *f*; **2.** ⚔ Major *m*; ⚖ Volljährige(r
m) *f*; *Am. univ.* Hauptfach *n*; ♪ Dur *n*;
~gen·e·ral ⚔ Generalmajor *m*.

ma·jor·i·ty [mə'dʒɒrətɪ] Mehrheit *f*,
Mehrzahl *f*; ⚖ Volljährigkeit *f*; **~**
vot·ing *pol.* Mehrheitswahl(system *n*) *f*.

make [meɪk] **1.** (*made*) *v/t.* machen;
manufacture: anfertigen, herstellen, erzeugen; *meal:* (zu)bereiten; *create:*
(er)schaffen; *result:* (aus)machen,
(er)geben; *appoint:* machen zu, ernennen zu; *compel:* j-n lassen, veranlassen
zu, bringen zu; *force:* zwingen zu;
money: verdienen; *turn out to be:* sich
erweisen als, abgeben; *achieve:* F *et.* erreichen, *et.* schaffen; *mistake:* machen;
peace, etc.: schließen; *speech:* halten; F
distance: zurücklegen; *time:* feststellen;
~ s.th. do, ~ do with s.th. mit et. auskommen, sich mit et. behelfen; *do you ~*
one of us? machen Sie mit?; *what do*

you ~ of it? was halten Sie davon?; ~
friends with sich anfreunden mit; ~
good wiedergutmachen; *promise, etc.*:
halten, erfüllen; ~ *haste* sich beeilen; ~
way Platz machen; vorwärtskommen;
v/i. sich anschicken (*to do* zu tun); sich
begeben; führen, gehen (*way, etc.*); *with
adverbs and prepositions:* ~ *away with*
sich davonmachen mit (*money, etc.*);
beseitigen; ~ *for* zugehen auf (*acc.*); sich
aufmachen nach; ~ *into* verarbeiten zu;
~ *off* sich davonmachen, sich aus dem
Staub machen; ~ *out* ausfindig machen;
erkennen; verstehen; entziffern; *bill,
etc.*: ausstellen; ~ *over property:* über-
schreiben, übertragen; ~ *up* ergänzen,
vervollständigen; zusammenstellen;
bilden, ausmachen; *invent:* sich *et.* ausdenken; *a quarrel:* beilegen; (sich) zurechtmachen *or* schminken; ~ *up one's
mind* sich entschließen; *be made up of*
bestehen aus, sich zusammensetzen
aus; ~ *up (for)* nach-, aufholen; für *et.*
entschädigen; 2. Mach-, Bauart *f;*
(Körper)Bau *m;* Form *f;* Fabrikat *n,*
Erzeugnis *n.*

make|-be·lieve ['meɪkbɪliːv] Schein *m,*
Vorwand *m,* Verstellung *f;* **~r** Hersteller
m; 2 Schöpfer *m* (*God*); **~shift** 1. Notbehelf *m;* 2. behelfsmäßig, Behelfs...;
~up *cosmetics:* Schminke *f,* Make-up
n; theatre: Maske *f; print.* Umbruch *m;*
Aufmachung *f.*

mak·ing ['meɪkɪŋ] Machen *n;* Erzeu-
gung *f,* Herstellung *f; be in the ~*
im Entstehen sein, F in der Mache
sein; *he has the ~s of ...* er hat das Zeug
zu ...

mal·ad·just|ed [mælə'dʒʌstɪd] schlecht
angepaßt *or* angeglichen; **~ment**
[~mənt] schlechte Anpassung *f.*

mal·ad·min·i·stra·tion ['mælədmɪn-
'streɪʃn] schlechte Verwaltung *f; pol.*
Mißwirtschaft *f.*

mal·a·dy ['mælədɪ] Krankheit *f.*

mal·con·tent ['mælkəntent] 1. unzufrieden; 2. Unzufriedene(r *m*) *f.*

male [meɪl] 1. männlich; Männer...; 2.
Mann *m; zo.* Männchen *n.*

mal·e·dic·tion [mælɪ'dɪkʃn] Fluch *m,*
Verwünschung *f.*

mal·e·fac·tor ['mælɪfæktə] Übeltäter *m.*

ma·lev·o|lence [mə'levələns] Bosheit *f;*
~lent □ [~t] feindselig.

mal·for·ma·tion [mælfɔː'meɪʃn] Mißbildung *f.*

mal·ice ['mælɪs] Bosheit *f;* Groll *m.*

ma·li·cious □ [mə'lɪʃəs] boshaft; böswillig; **~ness** Bosheit *f.*

ma·lign [mə'laɪn] 1. □ schädlich; *&* =
malignant; 2. verleumden; **ma·lig-
nant** □ [mə'lɪgnənt] *&* bösartig, mali-

gne; boshaft; **ma·lig·ni·ty** [~ətɪ] Bösar-
tigkeit *f (a. &);* Bosheit *f.*

mall *Am.* [mɔːl, mæl] Einkaufszentrum
n, Einkaufsstraße *f.*

mal·le·a·ble ['mælɪəbl] *metal:* hämmer-
bar; *fig. person:* formbar.

mal·let ['mælɪt] Holzhammer *m;* (Polo-,
Krocket)Schläger *m.*

mal·nu·tri·tion [mælnjuː'trɪʃn] Unterer-
nährung *f,* Fehlernährung *f.*

mal·o·dor·ous □ [mæl'əʊdərəs] übelriechend.

mal·prac·tice *&* [mæl'præktɪs] *&* falsche Behandlung; Amtsvergehen *n;*
Untreue *f (in an official position, etc.).*

malt [mɔːlt] Malz *n.*

mal·treat [mæl'triːt] schlecht behandeln;
mißhandeln.

ma·ma, mam·ma [mə'mɑː] Mama *f,*
Mutti *f.*

mam·mal *zo.* ['mæml] Säugetier *n.*

mam·moth ['mæməθ] 1. *zo.* Mammut *n;*
2. riesig.

mam·my F ['mæmɪ] Mami *f; Am. contp.*
farbiges Kindermädchen.

man [mæn, -mən] 1. (*pl.* **men** [men;
-mən]) Mann *m;* Mensch(en *pl.*) *m;*
Menschheit *f; servant:* Diener *m;* Ange-
stellte(r) *m; worker:* Arbeiter *m;* ✗
Mann *m,* (einfacher) Soldat; F *husband:*
(Ehe)Mann *m;* F *boyfriend:* Freund *m;*
F *lover:* Geliebte(r) *m; chess:* (Schach-)
Figur *f; draughts:* Damestein *m; the ~
in (Am. a. on) the street* der Mann auf
der Straße, der Durchschnittsbürger; 2.
männlich; 3. (*-nn-*) ✗, ♦ bemannen; ~
o.s. sich ermannen.

man·age ['mænɪdʒ] *v/t.* handhaben; verwalten; *company, etc.*: leiten *or* führen;
estate, etc.: bewirtschaften; *artist, actor, etc.*: managen; mit *j-m* fertig werden; *et.* fertigbringen; F *work, meal,
etc.*: bewältigen, schaffen; ~ *to inf.* es
fertigbringen, zu *inf.; v/i.* die Aufsicht
haben, das Geschäft führen; auskommen; F es schaffen; F es einrichten, es
ermöglichen; **~a·ble** □ handlich; lenk-
sam; **~ment** Verwaltung *f; econ.* Management *n,* Unternehmensführung *f;*
econ. (Geschäfts)Leitung *f,* Direktion *f;*
(kluge) Taktik; ~ *studies* Betriebswirt-
schaft *f; labo(u)r and ~* Arbeitnehmer
u. Arbeitgeber.

man·ag·er ['mænɪdʒə] Verwalter *m;*
econ. Manager *m; econ.* Geschäftsfüh-
rer *m,* Leiter *m,* Direktor *m; thea.* Intendant *m; thea.* Regisseur *m;* Manager *m*
(*of artist, actor, etc.*); (Guts)Verwalter
m; sports: Cheftrainer *m; be a good ~*
gut *or* sparsam wirtschaften können;
~ess Verwalterin *f; econ.* Managerin *f;*
econ. Geschäftsführerin *f,* Leiterin *f,*

Direktorin *f*; Managerin *f* (*of artist, actor, etc.*).

man·a·ge·ri·al *econ.* [mænə'dʒiəriəl] geschäftsführend, leitend; **~ position** leitende Stellung; **~ staff** leitende Angestellte *pl.*

man·ag·ing *econ.* ['mænɪdʒɪŋ] geschäftsführend; Betriebs...

man|date ['mændeɪt] Mandat *n*; Auftrag *m*; Vollmacht *f*; **~·da·to·ry** [~ətəri] vorschreibend; obligatorisch.

mane [meɪn] Mähne *f*.

ma·neu·ver [mə'nuːvə] = **menoeuvre**.

man·ful □ ['mænfl] mannhaft, beherzt.

mange *vet.* [meɪndʒ] Räude *f*.

manger ['meɪndʒə] Krippe *f*.

mang·y □ ['meɪndʒɪ] (*-ier, -iest*) *vet.* räudig; *fig.* schäbig.

man·hood ['mænhʊd] Mannesalter *n*; Männlichkeit *f*; die Männer *pl.*

ma·ni·a ['meɪnɪə] Wahn(sinn) *m*; *fig.* (*for*) Sucht *f* (nach), Leidenschaft (für), Manie *f* (für); **~c** ['meɪnɪæk] Wahnsinnige(r *m*) *f*; *fig.* Fanatiker *m*.

man·i·cure ['mænɪkjʊə] 1. Maniküre *f*; 2. maniküren.

man·i|fest ['mænɪfest] 1. □ offenbar, -kundig, deutlich (erkennbar); 2. *v/t.* offenbaren, kundtun, deutlich zeigen; 3. ♣ Ladungsverzeichnis *n*; **~fes·ta·tion** [mænɪfe'steɪʃn] Offenbarung *f*; Kundgebung *f*; **~fes·to** [mænɪ'festəʊ] (*pl. -tos, -toes*) Manifest *n*; *pol.* Grundsatzerklärung *f*, (Wahl)Programm *n* (*of a party*).

man·i·fold ['mænɪfəʊld] 1. □ mannigfaltig; 2. vervielfältigen.

ma·nip·u·late [mə'nɪpjʊleɪt] manipulieren; (geschickt) handhaben; **~la·tion** [mənɪpjʊ'leɪʃn] Manipulation *f*; Handhabung *f*, Behandlung *f*, Verfahren *n*; Kniff *m*.

man| jack [mæn'dʒæk]: **every ~** jeder einzelne; **~kind** [~'kaɪnd] die Menschheit, die Menschen *pl.*; ['~kaɪnd] die Männer *pl.*; **~ly** (*-ier, -iest*) männlich; mannhaft.

man·ner ['mænə] Art *f*, Weise *f*, Art *f* u. Weise *f*; Stil(art *f*) *m*; **in this ~** auf diese Art und Weise; **~s** *pl.* Benehmen *n*, Manieren *pl.*; Sitten *pl.*; **~ed** ...geartet; gekünstelt; **~ly** [~lɪ] manierlich, gesittet, anständig.

ma·noeu·vre, *Am.* **ma·neu·ver** [mə'nuːvə] 1. Manöver *n* (*a. fig.*); 2. manövrieren (*a. fig.*).

man-of-war *old* [mænəv'wɔː] (*pl. men-of-war*) Kriegsschiff *n*.

man·or *Brt.* ['mænə] *hist.* Rittergut *n*; (Land)Gut *n*; *sl.* Polizeibezirk *m*; **lord of the ~** Gutsherr *m*; = **~house** Herrenhaus *n*, -sitz *m*.

man·pow·er ['mænpaʊə] menschliche Arbeitskraft; Menschenpotential *n*; Personal *n*, Arbeitskräfte *pl.*

man·ser·vant ['mænsɜːvənt] (*pl. menservants*) Diener *m*.

man·sion ['mænʃn] (herrschaftliches) Wohnhaus, Villa *f*.

man·slaugh·ter ♣♣ ['mænslɔːtə] Totschlag *m*, fahrlässige Tötung.

man·tel|piece ['mæntlpiːs], **~shelf** (*pl. -shelves*) Kaminsims *m*.

man·tle ['mæntl] 1. ⊙ Glühstrumpf *m*; *fig.* Hülle *f*; **a ~ of snow** e-e Schneedecke; 2. (sich) überziehen; einhüllen.

man·u·al ['mænjʊəl] 1. □ Hand...; mit der Hand (gemacht); 2. Handbuch *n*.

man·u·fac|ture [mænjʊ'fæktʃə] 1. Herstellung *f*, Fabrikation *f*; Fabrikat *n*; 2. (an-, ver)fertigen, erzeugen, herstellen, fabrizieren; verarbeiten; **~tur·er** Hersteller *m*, Erzeuger *m*; Fabrikant *m*; **~tur·ing** Herstellungs...; Fabrik...; Gewerbe...; Industrie...

ma·nure [mə'njʊə] 1. Dünger *m*, Mist *m*, Dung *m*; 2. düngen.

man·u·script ['mænjʊskrɪpt] Manuskript *n*; Handschrift *f*.

man·y ['menɪ] 1. (*more, most*) viel(e); (**a**) manche(r, -s), manch eine(r, -s); **~ times** oft; **as ~** (**as**) ebensoviele (wie); **he's had one too ~** F er hat ein zuviel getrunken; 2. viele; Menge *f*; **a good ~** ziemlich viel(e); **a great ~** sehr viele.

map [mæp] 1. (Land-, Straßen- *etc.*)Karte *f*; **~ of streets, town:** Stadtplan *m*; 2. (*-pp-*) e-e Karte machen von; auf e-r Karte eintragen; **~ out** *fig.* planen; einteilen.

ma·ple ♣ ['meɪpl] Ahorn *m*.

mar [mɑː] (*-rr-*) schädigen; verderben.

ma·raud [mə'rɔːd] plündern.

mar·ble ['mɑːbl] 1. Marmor *m*; Murmel *f*; 2. marmorn, aus Marmor.

March[1] [mɑːtʃ] März *m*.

march[2] [~] 1. Marsch *m*; *fig.* Fortgang *m*; **the ~ of events** der Lauf der Dinge; 2. marschieren (lassen); *fig.* fort-, vorwärtsschreiten.

mar·chio·ness ['mɑːʃənɪs] Marquise *f*.

mare [meə] *zo.* Stute *f*; **~'s nest** *fig.* Schwindel *m*, (Zeitungs)Ente *f*.

mar·ga·rine [mɑːdʒə'riːn], *Brt.* F **marge** [mɑːdʒ] Margarine *f*.

mar·gin ['mɑːdʒɪn] Rand *m* (*a. fig.*); Grenze *f* (*a. fig.*); Spielraum *m*; Verdienst-, Gewinn-, Handelsspanne *f*; **by a narrow ~** *fig.* mit knapper Not; **~al** □ [~l] am Rande (befindlich); Rand...; **~ note** Randbemerkung *f*.

ma·ri·na [mə'riːnə] Bootshafen *m*, Jachthafen *m*.

ma·rine [mə'riːn] Marine *f*; ♣ Marine-

infanterist *m; paint.* Seestück *n; attr.*
See...; Meeres...; Marine...; Schiffs...;
mar·i·ner ['mærinə] Seemann *m.*
mar·i·tal □ ['mæritl] ehelich, Ehe...; ~
status ⚥ Familienstand *m.*
mar·i·time ['mæritaim] an der See liegend *or* lebend; See...; Küsten...; Schiff-
fahrts...
mark¹ [ma:k] (deutsche) Mark.
mark² [~] **1.** Marke *f,* Markierung *f,* Bezeichnung *f; sign:* Zeichen *n (a. fig.);*
indication: Merkmal *n; birth~:* (Körper)Mal *n; target:* Ziel *n (a. fig.); of feet,*
tyres: (Fuß-, Brems-, Reifen)Spur *f (a.*
fig.); trade name: (Fabrik-, Waren)Zei-
chen *n,* (Schutz-, Handels)Marke *f;*
econ. Preisangabe *f; at school:*
(Schul)Note *f,* Zensur *f,* Punkt *m;*
sports: Startlinie *f; fig.* Norm *f; fig.* Bedeutung *f,* Rang *m; a man of ~* e-e
bedeutende Persönlichkeit; *be up to the*
~ (gesundheitlich) auf der Höhe sein; *be*
wide of the ~ fig. sich gewaltig irren;
den Kern der Sache nicht treffen; *hit*
the ~ fig. (ins Schwarze) treffen; *miss*
the ~ danebenschießen; *fig.* sein Ziel
verfehlen; **2.** *v/t.* (be)zeichnen; markieren; kennzeichnen; *be(ob)*achten, achtgeben auf *(acc.);* sich *et.* merken; Zeichen hinterlassen auf *(dat.); at school:*
benoten, zensieren; *note:* notieren, vermerken; *econ. goods:* auszeichnen;
econ. price: festsetzen; *sports:* (s-n Ge-
genspieler) decken; *~ my words* denke
an m-e Worte; *to ~ the occasion* zur
Feier des Tages; *~ down* notieren, vermerken; *econ. price:* herabsetzen; *~ off*
abgrenzen; *esp. on a list:* abhaken; *~ out*
with lines, etc.: markieren, bezeichnen;
~ up econ. price: heraufsetzen; *v/i.* markieren; achtgeben, aufpassen; *sports:*
decken; *~ed* □ auffallend; merklich;
ausgeprägt.
mar·ker ['ma:kə] Markierstift *m;* Lese-
zeichen *n; sports:* Bewacher(in).
mar·ket ['ma:kit] **1.** Markt(platz) *m;*
Am. (Lebensmittel)Geschäft *n,* Laden
m; econ. Absatz *m; econ.* **(for)** Nachfrage *f* (nach), Bedarf *m* (an); *in the ~* auf
dem Markt; *be on the ~* (zum Verkauf)
angeboten werden; *play the ~* (an der
Börse) spekulieren; **2.** *v/t.* auf den
Markt bringen; verkaufen; *v/i. esp. Am.*
go ~ing einkaufen gehen; *~a·ble* □
marktfähig, -gängig; *~ economy econ.*
Marktwirtschaft *f;* **~ forces** *pl. econ.*
Marktkräfte *f;* **~ gar·den** *Brt.* Gemüsegärtnerei *f;* **~ing** *econ.* Marketing *n,*
Absatzpolitik *f;* Marktbesuch *m;* **~ re-**
search *econ.* Marktforschung *f.*
marks·man ['ma:ksmən] Scharfschütze
m; **~ship** Treffsicherheit *f.*

mar·ma·lade ['ma:məleid] *esp.* Oran-
genmarmelade *f.*
mar·mot *zo.* ['ma:mət] Murmeltier *n.*
ma·roon [mə'ru:n] **1.** kastanienbraun; **2.**
on island: aussetzen; **3.** Leuchtrakete *f.*
mar·quee [ma:'ki:] Festzelt *n.*
mar·quis ['ma:kwis] Marquis *m.*
mar·riage ['mærid3] Heirat *f,* Hochzeit
f; Ehe(stand *m*) *f; civil ~* standesamtli-
che Trauung; *~able* heiratsfähig; **~ ar·ti·cles** *pl.* Ehevertrag
m; **~ cer·tif·i·cate,** **~ lines** *pl. esp. Brt.* F
Trauschein *m;* **~ por·tion** Mitgift *f.*
mar·ried ['mærid] verheiratet; ehelich,
Ehe...; **~ couple** Ehepaar *n;* **~ life**
Ehe(leben *n*) *f.*
mar·row ['mærəu] *anat.* (Knochen-)
Mark *n; fig.* Kern *m, das* Wesentlichste;
(vegetable) *~ Brt.* ⚘ Kürbis *m; frozen*
to the ~ bis auf die Knochen durchgefroren.
mar·ry ['mæri] *v/t.* (ver)heiraten; *eccl.*
trauen; *get married to* sich verheiraten
mit; *v/i.* (sich ver)heiraten.
marsh [ma:ʃ] Sumpf *m;* Morast *m.*
mar·shal ['ma:ʃl] **1.** ⚔ Marschall *m;*
hist. Hofmarschall *m,* Zeremonienmei-
ster *m; Am.* Branddirektor *m; Am.* Poli-
zeidirektor *m; Am,* Bezirkspolizeichef
m; US ~ Am. (Bundes)Vollzugsbeam-
te(r) *m;* **2.** *(esp. Brt. -ll-, Am. -l-)* ordnen, aufstellen; führen; ⚙ (Zug) zusammenstellen.
marsh·y ['ma:ʃi] *(-ier, -iest)* sumpfig,
morastig.
mart [ma:t] Markt *m;* Auktionsraum
m.
mar·ten *zo.* ['ma:tin] Marder *m.*
mar·tial □ ['ma:ʃl] kriegerisch; militä-
risch; Kriegs...; **~ law** ⚔ Kriegsrecht *n;*
(state of) *~ law* ⚔ Ausnahmezustand
m.
mar·tyr ['ma:tə] **1.** Märtyrer(in) *(to*
gen.); **2.** (zu Tode) martern.
mar·vel ['ma:vl] **1.** Wunder *n, et.* Wun-
derbares; **2.** *(esp. Brt. -ll-, Am. -l-)* sich
wundern; *~(l)ous* □ ['ma:vələs] wunderbar; erstaunlich.
mar·zi·pan [ma:zi'pæn] Marzipan *n.*
mas·ca·ra [mæ'ska:rə] Wimperntusche
f.
mas·cot ['mæskət] Maskottchen *n.*
mas·cu·line ['mæskjulin] *gr.* maskulin;
appearance, voice: männlich, maskulin;
Männer...
mash [mæʃ] **1.** Gemisch *n; brewing:*
Maische *f; fodder:* Mengfutter *n;* Püree
n; **2.** zerdrücken; (ein)maischen; *~ed*
potatoes pl. Kartoffelbrei *m,* Kartof-
felpüree *n;* **~er** (Kartoffel)Stampfer *m.*
mask [ma:sk] **1.** Maske *f;* **2.** maskieren;
fig. verbergen; tarnen; *~ed* maskiert; **~**

advertising Schleichwerbung *f*; **~ ball** Maskenball *m*.

ma·son ['meɪsn] Steinmetz *m*; *Am.* Maurer *m*; *mst* ♀ Freimaurer *m*; **~ry** [~rɪ] Mauerwerk *n*.

masque *thea. hist.* [maːsk] Maskenspiel *n*.

mas·que·rade [mæskə'reɪd] 1. Maskenball *m*; *fig.* Maske, *f*, Verkleidung *f*; 2. *fig.* sich maskieren.

mass [mæs] 1. *eccl. a.* ♀ Messe *f*; Masse *f*; Menge *f*; *the* **~es** *pl.* die (breite) Masse; **~ media** *pl.* Massenmedien *pl.*; **~ meeting** Massenversammlung *f*; 2. (sich) (an)sammeln.

mas·sa·cre ['mæsəkə] 1. Blutbad *n*; 2. niedermetzeln.

mas·sage ['mæsɑːʒ] 1. Massage *f*; 2. massieren.

mas·sif ['mæsiːf] (Gebirgs)Massiv *n*.

mas·sive ['mæsɪv] massiv; groß u. schwer; *fig.* gewaltig.

mast ♣ [mɑːst] Mast *m*.

mas·ter ['mɑːstə] 1. Meister *m*; Herr *m* (*a. fig.*); Gebieter *m*; *esp. Brt.* Lehrer *m*; ♣ *of merchant ship*: Kapitän *m*; *univ.* Rektor *m*; ♀ *of Arts* (*abbr.* MA) Magister *m* Artium; **~ of ceremonies** *esp. Am.* Conférencier *m*; *be one's own* **~** sein eigener Herr sein; 2. Meister...; Haupt..., hauptsächlich; *fig.* führend; 3. Herr sein *or* herrschen über (*acc.*); *language, etc.*: meistern, beherrschen; **~build·er** Baumeister *m*; **~ful** □ herrisch; meisterhaft; **~key** Hauptschlüssel *m*; **~ly** meisterhaft, virtuos; **~piece** Meisterstück *n*; **~ship** Meisterschaft *f*; Herrschaft *f*; *esp. Brt.* Lehramt *n*; **~y** Herrschaft *f*; Überlegenheit *f*, Oberhand *f*; Meisterschaft *f*; Beherrschung *f*.

mas·ti·cate ['mæstɪkeɪt] (zer)kauen.

mas·tur·bate ['mæstəbeɪt] masturbieren.

mat [mæt] 1. Matte *f*; Deckchen *n*; Unterlage *f*, -setzer *m*; 2. (**-tt-**) (sich) verflechten *or* -filzen; *fig.* bedecken; 3. mattiert, matt.

match¹ ['mætʃ] Zünd-, Streichholz *n*.

match² [~] 1. *sports*: Partie *f*, Wettspiel *n*, -kampf *m*, Treffen *n*, Match *n*; Heirat *f*; *der, die, das gleiche; be a* **~** *for j-m* gewachsen sein; *find or meet one's* **~** s-n Meister finden; 2. *v/t.* passend machen, anpassen; passen zu; ct. Passendes finden *or* geben zu; es aufnehmen mit; passend verheiraten; *be well* **~ed** gut zusammenpassen; *v/i.* zusammenpassen.

match·box ['mætʃbɒks] Zünd-, Streichholzschachtel *f*.

match|less □ ['mætʃlɪs] unvergleich-lich, einzigartig; **~mak·er** Ehestifter(in), Kuppler(in).

mate¹ [meɪt] *s. checkmate*.

mate² [~] 1. Kamerad(in), F Kumpel *m*; *work~*: (Arbeits)Kolle|ge *m*, -gin *f*; *spouse*: Gatt|e *m*, -in *f*; *of animals*: Männchen *n*, Weibchen *n*; *assistant*: Gehilf|e *m*, -in *f*; ♣ Maat *m*; 2. (sich) verheiraten; (sich) paaren.

ma·te·ri·al □ [mə'tɪərɪəl] 1. materiell; körperlich; materialistisch; wesentlich; 2. Material *n*; Stoff *m*; Werkstoff *m*; *writing* **~** *pl.* Schreibmaterial(ien *pl.*) *n*.

ma·ter|nal □ [mə'tɜːnl] mütterlich, Mutter...; mütterlicherseits; **~ni·ty** [~ətɪ] 1. Mutterschaft *f*; 2. Schwangerschafts..., Umstands...; **~ hospital** Entbindungsklinik *f*; **~ ward** Entbindungsstation *f*.

math *Am.* F [mæθ] F Mathe *f*.

math·e|ma·ti·cian [mæθəmə'tɪʃn] Mathematiker *m*; **~mat·ics** [~'mætɪks] *mst sg.* Mathematik *f*.

maths *Brt.* F [mæθs] F Mathe *f*.

mat·i·née *thea.*, ♪ ['mætɪneɪ] Nachmittagsvorstellung *f*, Frühvorstellung *f*.

ma·tric·u·late [mə'trɪkjʊleɪt] (sich) immatrikulieren (lassen).

mat·ri·mo|ni·al □ [mætrɪ'məʊnjəl] ehelich, Ehe...; **~ny** ['mætrɪmənɪ] Ehe(stand *m*) *f*.

ma·trix ⊙, ⚙ ['meɪtrɪks] (*pl.* **-trices** [-trɪsiːz], **-trixes**) Matrize *f*.

ma·tron ['meɪtrən] Matrone *f*; Hausmutter *f*; *Brt.* Oberschwester *f*.

mat·ter ['mætə] 1. Materie *f*, Material *n*, Substanz *f*; Stoff *m*; ♂ Eiter *m*; Gegenstand *m*; Sache *f*; Angelegenheit *f*; Anlaß *m*, Veranlassung *f* (*for* zu); *printed* **~** ⚙ Drucksache *f*; *what's the* **~** (*with you*)? was ist los (mit Ihnen)?; *no* **~** es hat nichts zu sagen; *no* **~** *who* gleichgültig, wer; *a* **~** *of course* e-e Selbstverständlichkeit; *for that* **~**, *for the* **~** *of that* was das betrifft; *a* **~** *of fact* e-e Tatsache; 2. von Bedeutung sein; *it doesn't* **~** es macht nichts; **~of·fact** sachlich.

mat·tress ['mætrɪs] Matratze *f*.

ma·ture [mə'tjʊə] 1. □ (**~r, ~st**) reif (*a. fig.*); *econ.* fällig; *fig.* reiflich erwogen; 2. *v/t.* zur Reife bringen; *v/i.* reifen; *econ.* fällig werden; **ma·tu·ri·ty** [~rətɪ] Reife *f*; *econ.* Fälligkeit *f*.

maud·lin □ ['mɔːdlɪn] rührselig.

maul [mɔːl] übel zurichten, roh umgehen mit; *fig.* verreißen.

Maun·dy Thurs·day *eccl.* ['mɔːndɪ 'θɜːzdɪ] Gründonnerstag *m*.

mauve [məʊv] 1. Malvenfarbe *f*; 2. hell-violett.

maw *zo.* [mɔː] (Tier)Magen *m*, *esp.* Labmagen *m*; Rachen *m*; Kropf *m*.

mawk·ish □ ['mɔ:kɪʃ] rührselig, sentimental.

max·i- ['mæksɪ] Maxi..., riesig, Riesen...

max·im ['mæksɪm] Grundsatz *m.*

max·i·mum ['mæksɪməm] **1.** (*pl. -ma* [-mə], *-mums*) Maximum *n*, Höchstmaß *n*, -stand *m*, -betrag *m*; **2.** höchste(r, -s), maximal, Höchst...

May¹ [meɪ] Mai *m.*

may² v/aux. [ʌ] (*past might*) mögen, können, dürfen.

may·be ['meɪbi:] vielleicht.

may|·bee·tle zo. ['meɪbi:tl], **~bug** zo. Maikäfer *m.*

May·day ['meɪdeɪ] Mayday, -signal *n.*

May Day ['meɪdeɪ] der 1. Mai.

mayor [meə] Bürgermeister *m*; **~ess** [ʌ'res] Bürgermeisterin *f*; Frau *f* des Bürgermeisters.

may·pole ['meɪpəʊl] Maibaum *m.*

maze [meɪz] Irrgarten *m*, Labyrinth *n*; *fig.* Verwirrung *f*; *in a ~ = ~d* [meɪzd] verwirrt.

me [mi:, mɪ] mich; mir; F ich.

mead¹ [mi:d] Met *m.*

mead² *poet.* [ʌ] = *meadow.*

mead·ow ['medəʊ] Wiese *f.*

mea·gre, *Am.* **-ger** □ ['mi:gə] mager (*a. fig.*), dürr; dürftig.

meal [mi:l] Mahl(zeit *f*) *n*; Essen *n*; Mehl *n*; *go out for a ~* essen gehen; *enjoy your ~* guten Appetit!; **~ticket** Essensmarke *f.*

mean¹ □ [mi:n] gemein, niedrig, gering; armselig; knauserig; schäbig; *Am.* boshaft, ekelhaft.

mean² [ʌ] **1.** mittel, mittlere(r, -s); Mittel..., Durchschnitts...; **2.** Mitte *f*; **~s** *pl.* (Geld)Mittel *pl.*; (*a. sg.*) Mittel *n*; *by all ~s* auf alle Fälle, unbedingt; *by no ~s* keineswegs; *by ~s of* mittels (*gen.*).

mean³ [ʌ] (*meant*) meinen; beabsichtigen; bestimmen; bedeuten; *~ well* (*ill*) es gut (schlecht) meinen.

mean·ing ['mi:nɪŋ] **1.** □ bedeutsam; **2.** Sinn *m*, Bedeutung *f*; **~ful** □ bedeutungsvoll; sinnvoll; **~less** bedeutungslos; sinnlos.

meant [ment] *past and p.p. of mean³.*

mean|·time ['mi:ntaɪm] **1.** mittlerweile, inzwischen; **2.** *in the ~* inzwischen; **~while** = *meantime* 1.

mea·sles ✻ ['mi:zlz] *sg.* Masern *pl.*

mea·su·ra·ble □ ['meʒərəbl] meßbar.

mea·sure ['meʒə] **1.** Maß *n*; Maß *n*, Meßgerät *n*; ♩ Takt *m*; Maßnahme *f*; *fig.* Maßstab *m*; *~ of capacity* Hohlmaß *n*; *beyond ~* über alle Maßen; *in a great ~* großenteils; *made to ~* nach Maß gemacht; *take ~s* Maßnahmen treffen *or* ergreifen; **2.** (ab-, aus-, ver)messen; *j-m* Maß nehmen; *~ up to* den Ansprü-

chen (*gen.*) genügen; **~d** gemessen; wohlüberlegt; maßvoll; **~less** □ unermeßlich; **~ment** Messung *f*; Maß *n.*

meat [mi:t] Fleisch *n*; *fig.* Gehalt *m*; *cold ~* kalte Platte; **~y** (*-ier, -iest*) fleischig; *fig.* gehaltvoll.

me·chan|·ic [mɪ'kænɪk] Mechaniker *m*; **~i·cal** □ mechanisch; Maschinen...; *~ engineering* Maschinenbau *m*; **~ics** *phys. mst sg.* Mechanik *f.*

mech·a|·nis·m ['mekənɪzəm] Mechanismus *m*; **~nize** [ʌaɪz] mechanisieren; **~d** ✕ motorisiert, Panzer...

med·al ['medl] Medaille *f*; Orden *m*; **~(l)ist** [ʌɪst] *sports*: Medaillengewinner(in).

med·dle ['medl] sich einmischen (*with, in* in *acc.*); **~some** [ʌsəm] zu-, aufdringlich.

me·di·a ['mi:dɪə] *pl. die* Medien *pl.* (*newspapers, TV, etc.*); F **~ circus** Medienlandschaft *f*, F Medienrummel *m.*

med·i·ae·val □ [medɪ'i:vl] = *medieval.*

me·di·al □ ['mi:dɪəl] Mittel...

me·di·an ['mi:dɪən] die Mitte bildend *or* einnehmend, Mittel...

me·di|·ate ['mi:dɪeɪt] vermitteln; **~a·tion** [mi:dɪ'eɪʃn] Vermittlung *f*; **~a·tor** ['mi:dɪeɪtə] Vermittler *m.*

med·i·cal □ ['medɪkl] **1.** medizinisch, ärztlich; *~ certificate* ärztliches Attest; *~ man* F Doktor *m*; **2.** ärztliche Untersuchung.

med·i·cate ['medɪkeɪt] medizinisch behandeln; mit Arzneistoff(en) versetzen; *~d bath* medizinisches Bad.

me·dic·i·nal □ [me'dɪsɪnl] medizinisch; heilend, Heil...; *fig.* heilsam.

medi·cine ['medsɪn] Medizin *f* (*substance, science*).

med·i·e·val □ [medɪ'i:vl] mittelalterlich.

me·di·o·cre [mi:dɪ'əʊkə] mittelmäßig, zweitklassig.

med·i|·tate ['medɪteɪt] *v/i.* nachdenken, überlegen; meditieren; *v/t.* im Sinn haben, planen, erwägen; **~ta·tion** [medɪ'teɪʃn] Nachdenken *n*; Meditation *f*; **~ta·tive** □ ['medɪtətɪv] nachdenklich, meditativ.

Med·i·ter·ra·ne·an [medɪtə'reɪnɪən] Mittelmeer...

me·di·um ['mi:dɪəm] **1.** (*pl. -dia* [-dɪə], *-diums*) Mitte *f*; Mittel *n*; Vermittlung *f*; Medium *n*; (Lebens)Element *n*; **2.** *steak*: halbdurch, medium; mittlere(r, -s), Mittel..., Durchschnitts...

med·ley ['medlɪ] Gemisch *n*; ♩ Medley *n*, Potpourri *n.*

meek □ [mi:k] sanft-, demütig, bescheiden; **~ness** ['mi:knɪs] Sanft-, Demut *f.*

meer·schaum ['mɪəʃəm] Meerschaum (-pfeife *f*) *m*.

meet [miːt] (*met*) *v/t.* treffen (auf *acc.*); begegnen (*dat.*); abholen; stoßen auf (*opponent*); *need, demand, etc.*: nachkommen; *requirements*: genügen (*dat.*); *deadline*: einhalten; *j-n* kennenlernen; *Am. j-m* vorgestellt werden; *fig. j-m* entgegenkommen; *v/i.* sich treffen; zusammenstoßen; sich versammeln; sich kennenlernen; *sports*: sich begegnen; **~ with** stoßen auf (*acc.*); erleiden; **~ing** Begegnung *f*; (Zusammen)Treffen *n*; Versammlung *f*; Tagung *f*.

mel·an·chol·y ['melənkəlɪ] **1.** Melancholie *f*, Schwermut *f*; **2.** melancholisch, traurig.

mel·low ['meləʊ] **1.** □ mürbe; reif; weich; mild; **2.** reifen (lassen); weich machen *or* werden; (sich) mildern.

me·lo·di·ous □ [mɪ'ləʊdɪəs] melodisch; **~dy** ['melədɪ] Melodie *f*; Lied *n*.

mel·on ♀ ['melən] Melone *f*.

melt [melt] (zer)schmelzen; *fig.* zerfließen, dahinschmelzen; sich erweichen lassen (**at** durch); **~ing-point** *phys.* Schmelzpunkt *m*; **~ing-pot** *fig.* Schmelztiegel *m*.

mem·ber ['membə] Mitglied *n*; Angehörige(r *m*) *f*; **♀ of Parliament** *parl. Brt.* Mitglied *n* des Unterhauses, Abgeordnete(r *m*) *f*; **♀ of Congress** *parl. Am.* Kongreßabgeordnete(r *m*) *f*; **~ship** Mitgliedschaft *f*; Mitgliederzahl *f*; **~ card** Mitgliedsausweis *m*.

mem·brane ['membreɪn] Membran(e) *f*, Häutchen *n*.

me·men·to [mɪ'mentəʊ] (*pl.* -toes, -tos) Mahnzeichen *n*; Andenken *n*.

mem·o ['meməʊ] (*pl.* -os) = **memorandum**.

mem·oir ['memwɑː] Denkschrift *f*; **~s** *pl.* Memoiren *pl.*

mem·o·ra·ble □ ['memərəbl] denkwürdig.

mem·o·ran·dum [memə'rændəm] (*pl.* -da [-də], -dums) Notiz *f*; *pol.* Note *f*; ↗ Schriftsatz *m*.

me·mo·ri·al [mɪ'mɔːrɪəl] Denkmal *n* (**to** für); Gedenkfeier *f*; Denkschrift *f*, Eingabe *f*; *attr.* Gedächtnis..., Gedenk...

mem·o·rize ['meməraɪz] auswendig lernen, memorieren.

mem·o·ry ['memərɪ] Gedächtnis *n*; Erinnerung *f*; Andenken *n*; *computer*: Speicher *m*; **commit to ~** auswendig lernen; **in ~ of** zum Andenken an (*acc.*).

men [men] *pl. of* **man** 1; Mannschaft *f*.

men·ace ['menəs] **1.** (be)drohen; **2.** (Be)Drohung *f*; drohende Gefahr.

mend [mend] **1.** *v/t.* (ver)bessern; ausbessern, flicken, besser machen; **~**

one's ways sich bessern; *v/i.* sich bessern; **2.** ausgebesserte Stelle; **on the ~** auf dem Wege der Besserung.

men·da·cious □ [men'deɪʃəs] lügnerisch, verlogen; unwahr.

men·di·cant ['mendɪkənt] **1.** bettelnd, Bettel...; **2.** Bettler(in); Bettelmönch *m*.

me·ni·al ['miːnɪəl] **1.** □ knechtisch; niedrig; **2.** *contp.* Diener(in), Knecht *m*.

men·in·gi·tis ✚ [menɪn'dʒaɪtɪs] Meningitis *f*, Hirnhautentzündung *f*.

men·stru·ate *physiol.* ['menstrʊeɪt] menstruieren, die Regel *or* Periode haben; **men·stru·ation** Menstruation *f*, Regel *f*.

men·tal □ ['mentl] geistig, Geistes...; *esp. Brt.* F geisteskrank, -gestört; **~ arithmetic** Kopfrechnen *n*; **~ handicap** geistige Behinderung; **~ home**, **~ hospital** Nervenklinik *f*; **~ly handicapped** geistig behindert; **~i·ty** Mentalität *f*.

men·tion ['menʃn] **1.** Erwähnung *f*; **2.** erwähnen; **don't ~ it!** bitte (sehr)!

men·u ['menjuː] Speise(n)karte *f*; Speisenfolge *f*.

mer·can·tile ['mɜːkəntaɪl] kaufmännisch, Handels...

mer·ce·na·ry ['mɜːsɪnərɪ] **1.** gewinnsüchtig; **2.** ✕ Söldner *m*.

mer·chan·dise ['mɜːtʃəndaɪz] Ware(n *pl.*) *f*.

mer·chant ['mɜːtʃənt] **1.** Kaufmann *m*; *esp. Am.* Ladenbesitzer *m*, Einzelhändler *m*; **2.** Handels..., Kaufmanns...; **~ bank** Handelsbank *f*; **~ man** Handelsschiff *n*.

mer·ci·ful □ ['mɜːsɪfl] barmherzig; **~less** □ [~lɪs] unbarmherzig.

mer·cu·ry ['mɜːkjʊrɪ] Quecksilber *n*.

mer·cy ['mɜːsɪ] Barmherzigkeit *f*; Gnade *f*; **be at the ~ of** *s.o.* j-m auf Gedeih u. Verderb ausgeliefert sein.

mere □ [mɪə] (*~r, ~st*) rein; bloß; **~ly** ['mɪəlɪ] bloß, nur, lediglich.

mer·e·tri·cious □ [merɪ'trɪʃəs] protzig; bombastisch (*style*).

merge [mɜːdʒ] verschmelzen (**in** mit); *econ.* fusionieren; **merg·er** ['mɜːdʒə] Verschmelzung *f*; *econ.* Fusion *f*.

me·rid·i·an [mə'rɪdɪən] *geogr.* Meridian *m*; *fig.* Gipfel *m*.

mer·it ['merɪt] **1.** Verdienst *n*; Wert *m*; Vorzug *m*; **2.** verdienen; **~i·to·ri·ous** □ [merɪ'tɔːrɪəs] verdienstvoll.

mer·maid ['mɜːmeɪd] Nixe *f*.

mer·ri·ment ['merɪmənt] Lustigkeit *f*; Belustigung *f*.

mer·ry □ ['merɪ] (*-ier, -iest*) lustig, fröhlich; **make ~** sich amüsieren, lustig sein, feiern; **~-go-round** Karussell *n*; **~mak·ing** Feiern *n*.

mesh [meʃ] **1.** Masche *f*; *fig. often* **~es** *pl.*

Netz *n*; *be in* ~ ⊙ (ineinander)greifen; 2. in e-m Netz fangen.

mess¹ [mes] 1. Unordnung *f*; Schmutz *m*, F Schweinerei *f*; *trouble*: F Patsche *f*; *make a* ~ *of* verpfuschen; 2. *v/t.* in Unordnung bringen; verpfuschen; *v/i.* ~ *about*, ~ *around* F herummurksen; sich herumtreiben.

mess² [~] Kasino *n*, Messe *f*.

mes·sage ['mesɪdʒ] Botschaft *f* (*to* an *acc.*); Mitteilung *f*, Bescheid *m*; *give s.o. a* ~ j-m et. ausrichten.

mes·sen·ger ['mesɪndʒə] Bote *m*.

mess·y □ ['mesɪ] (*-ier*, *-iest*) unordentlich; unsauber, schmutzig.

met [met] *past and p.p. of meet*.

met·al ['metl] Metall *n*; **me·tal·lic** [mɪ'tælɪk] (~*ally*) metallisch, Metall...; ~**lur·gy** [me'tælədʒɪ] Metallurgie *f*.

met·a·mor·phose [metə'mɔːfəʊz] verwandeln, umgestalten.

met·a·phor ['metəfə] Metapher *f*.

me·te·or ['miːtɪə] Meteor *m*.

me·te·o·rol·o·gy [miːtɪə'rɒlədʒɪ] Meteorologie *f*, Wetterkunde *f*.

me·ter ⊙ ['miːtə] Messer *m*, Meßgerät *n*, Zähler.

meth·od ['meθəd] Methode *f*; Art *f* u. Weise *f*; Verfahren *n*; Ordnung *f*, System *n*; **me·thod·ic** [mɪ'θɒdɪk] (~*ally*), **me·thod·i·cal** [~kl] methodisch, planmäßig; überlegt.

me·tic·u·lous □ [mɪ'tɪkjʊləs] peinlich genau, übergenau.

me·tre, *Am.* **-ter** ['miːtə] Meter *m*, *n*; Versmaß *n*.

met·ric ['metrɪk] (~*ally*) metrisch; Maß...; Meter...; ~ *system* metrisches (Maß- u. Gewichts)System.

me·trop·o·lis [mɪ'trɒpəlɪs] Metropole *f*, Hauptstadt *f*; **met·ro·pol·i·tan** [metrə'pɒlɪtən] hauptstädtisch.

met·tle ['metl] Eifer *m*, Mut *m*, Feuer *n*; *be on one's* ~ sein Bestes tun.

Mex·i·can ['meksɪkən] 1. mexikanisch; 2. Mexikaner(in).

mi·aow [miː'aʊ] miauen.

mice [maɪs] *pl. of mouse*.

mickey ['mɪkɪ]: F *take the* ~ *out of s.o.* j-n auf den Arm nehmen, F j-n verarschen.

mi·cro- ['maɪkrəʊ] Mikro..., (sehr) klein.

mi·cro|chip ['maɪkrəʊtʃɪp] *computer*: Microchip *m*; ~**phone** Mikrophon *n*; ~**pro·ces·sor** Mikroprozessor *m*; ~**scope** Mikroskop *n*; ~**wave (oven)** Mikrowellenherd *m*, F Mikrowelle *f*.

mid [mɪd] mittlere(r, -s), Mitt(el)...; *in* ~*air* (mitten) in der Luft; *be in one's* ~*forties* Mitte Vierzig sein; ~**day** ['~deɪ] 1. Mittag *m*; 2. mittägig; Mittag(s)...

mid·dle ['mɪdl] 1. Mitte *f*; F *waist*: Taille *f*; 2. mittlere(r, -s), Mittel...; ~**aged** mittleren Alters; 2 **Ag·es** *pl.* Mittelalter *n*; ~**class** bürgerlich, Mittelstands...; ~ **class(·es** *pl.*) Mittelstand *m*; ~ *name* zweiter Vorname *m*; ~**of-the-road** *ideas, political views*: gemäßigt, moderat; ~**sized** mittelgroß; ~ *weight boxing*: Mittelgewicht(ler *m*) *n*.

mid·dling ['mɪdlɪŋ] mittelmäßig, Mittel...; leidlich, F passabel.

midge *zo.* [mɪdʒ] Stechmücke *f*.

midg·et ['mɪdʒɪt] Zwerg *m*, Knirps *m*.

mid|land ['mɪdlənd] 1. binnenländisch; 2. Binnenland *n*; ~**most** mittelste(r, -s); innerste(r, -s); ~**night** Mitternacht *f*; ~**riff** *anat.* Zwerchfell *n*; ~**ship·man** ↓ Midshipman *m*: *Brt.* Fähnrich *m* zur See; *Am.* Seeoffiziersanwärter *m*; ~**st** [mɪdst] Mitte *f*; *in the* ~ *of* mitten in (*dat.*); ~**sum·mer** *ast.* Sommersonnenwende *f*; Hochsommer *m*; ~**way** 1. *adj.* in der Mitte befindlich, mittlere(r, -s); 2. *adv.* auf halbem Wege; ~**wife** Hebamme *f*; ~**wif·e·ry** Geburtshilfe *f*; ~**win·ter** *ast.* Wintersonnenwende *f*; Mitte *f* des Winters; *in* ~ mitten im Winter.

mien *lit.* [miːn] Miene *f*.

might [maɪt] 1. Macht *f*, Gewalt *f*; Kraft *f*; *with* ~ *and main* mit aller Kraft *or* Gewalt; 2. *past of may²*; ~**y** □ ['maɪtɪ] (*-ier*, *-iest*) mächtig, gewaltig.

mi·grant ['maɪɡrənt] Auswanderer *m*; *worker*: Wanderarbeiter(in); *bird*: Zugvogel *m*; *s. economic*; **mi·grate** [maɪ'ɡreɪt] (aus)wandern, (fort)ziehen (*a. zo.*); **mi·gra·tion** [~ʃn] Wanderung *f*; *zo.* Zug...; **mi·gra·to·ry** ['maɪɡrətərɪ] wandernd; *zo.* Zug...

mike F [maɪk] *microphone*: Mikro *n*.

mil·age ['maɪlɪdʒ] = *mileage*.

mild □ [maɪld] mild; sanft; gelind; leicht; *to put it* ~*ly* gelinde gesagt.

mil·dew ♀ ['mɪldjuː] Mehltau *m*.

mild·ness ['maɪldnɪs] Milde *f*.

mile [maɪl] Meile *f* (*1,609 km*).

mile·age ['maɪlɪdʒ] zurückgelegte Meilenzahl *or* Fahrtstrecke, Meilenstand *m*; *a.* ~ *allowance* Meilen-, *appr.* Kilometergeld *n*.

mile·stone ['maɪlstəʊn] Meilenstein *m* (*a. fig.*).

mil·i|tant □ ['mɪlɪtənt] militant; streitend; streitbar, kriegerisch; ~**ta·ry** [~ərɪ] 1. □ militärisch, Militär...; Heeres..., Kriegs...; 2 *Government* Militärregierung *f*; 2. *das Militär*, Soldaten *pl.*, Truppen *pl.*

mi·li·tia [mɪ'lɪʃə] Miliz *f*, Bürgerwehr *f*.

milk [mɪlk] 1. Milch *f*; *it's no use crying over spilt* ~ geschehen ist geschehen; 2.

v/t. melken; v/i. melken; Milch geben; **~maid** Melkerin f; Milchmädchen n; **~man** Milchmann m; **~ pow·der** Milchpulver n; **~ shake** Milchmixgetränk n; **~sop** Weichling m, Muttersöhnchen n; **~y** (-ier, -iest) milchig; Milch...; ♀ *Way ast.* Milchstraße f.

mill [mil] 1. Mühle f; Fabrik f, Spinnerei f; 2. grain, etc.: mahlen; ⊕ fräsen; coin: rändeln.

mil·le·pede zo. ['milipi:d] Tausendfüß(l)er m.

mill·er ['milə] Müller m.

mil·let ['milit] Hirse f.

mil·li|ner ['milinə] Hutmacher(in), Putzmacher(in), Modist(in); **~ne·ry** Putz-, Modewaren(geschäft n) pl.

mil·lion ['miljən] Million f; **~aire** [miljə'neə] Millionär(in); **~th** ['miljənθ] 1. millionste(r, -s); 2. Millionstel n.

mil·li·pede zo. ['milipi:d] = millepede.

mill|-pond ['milpond] Mühlteich m; **~stone** Mühlstein m.

mim·ic ['mimik] 1. mimisch; Schein...; 2. Imitator m; 3. (-ck-) nachahmen; nachäffen; **~ry** [~ri] Nachahmung f; zo. Mimikry f.

mince [mins] 1. v/t. zerhacken, -stükkeln; *he does not ~ matters* er nimmt kein Blatt vor den Mund; v/i. sich zieren; 2. a. **~d meat** Hackfleisch n; **~meat** (e-e süße) Pastetenfüllung; **~ ple** Pastete f (filled with mincemeat) ; **minc·er** [~ə] Fleischwolf m.

mind [maind] 1. Sinn m, Gemüt n, Herz n; Geist m (a. phls.); Verstand m; Meinung f, Ansicht f; Absicht f; Neigung f, Lust f; Gedächtnis n; *in or to my ~* meiner Ansicht nach; *be out of one's ~* verrückt sein, von Sinnen sein, den Verstand verloren haben; *change one's ~* seine Meinung ändern; *bear or keep s.th. in ~* (immer) an et. denken; *have (half) a ~ to* (beinahe) Lust haben zu; *have s.th. on one's ~* et. auf dem Herzen haben; *make up one's ~* sich entschließen; s. presence; 2. merken or achten auf (acc.); sich kümmern um; etwas (einzuwenden) haben gegen; *~ I* gib acht!; *never ~!* macht nichts!; *~ the step!* Achtung, Stufe!; *I don't ~ (it)* ich habe nichts dagegen; *do you ~ if I smoke?* stört es Sie, wenn ich rauche?; *would you ~ taking off your hat?* würden Sie bitte den Hut abnehmen?; *~ your own business!* kümmern Sie sich um Ihre Angelegenheiten!; **~ful** □ (of) eingedenk (gen.); achtsam (auf acc.); **~less** □ (of) unbekümmert (um), ohne Rücksicht (auf acc.).

mine¹ [main] der, die, das meinige or meine.

mine² [~] 1. Bergwerk n, Mine f, Zeche f, Grube f; ✕ Mine f; fig. Fundgrube f; 2. v/i. graben; minieren; v/t. graben in (dat.); ✕ fördern; ✕ verminen; **min·er** ['mainə] Bergmann m.

min·e·ral ['minərəl] 1. Mineral n; **~s** pl. Brt. Mineralwasser n; 2. mineralisch, Mineral...; **~ water** Mineralwasser n.

min·gle ['mingl] v/t. (ver)mischen; v/i. sich mischen or mengen (with unter).

min·i ['mini] Minikleid n, -rock m; car: TM Mini m.

min·i- ['mini] Mini..., Klein(st)...

min·i·a·ture ['miniətʃə] 1. Miniatur(gemälde n) f; 2. in Miniatur; Miniatur...; Klein...; **~ camera** Kleinbildkamera f.

min·i|mize ['minimaiz] auf ein Mindestmaß herabsetzen; als geringfügig hinstellen, bagatellisieren; **~mum** [~əm] 1. (pl. -ma [-mə], -mums) Minimum n, Mindestmaß n, -betrag m; 2. niedrigste(r, -s), minimal, Mindest...

min·ing ['mainin] Bergbau m; attr. Berg(bau)..., Bergwerks...; Gruben...

min·i·on contp. ['minjən] Lakai m, Kriecher m.

min·i·skirt ['miniskə:t] Minirock m.

min·is·ter ['ministə] 1. eccl. Geistliche(r) m; pol. Minister(in); diplomat: Gesandte(r) m; 2. **~ to** helfen (dat.), unterstützen (acc.).

min·is·try ['ministri] eccl. geistliches Amt; pol. Ministerium n, Regierung f.

mink zo. [mink] Nerz m.

mi·nor ['mainə] 1. kleinere(r, -s), geringere(r, -s); fig. a. unbedeutend, geringfügig; ♫ moll(jährig; A ~♪ a-Moll n; **~ key** ♪ Moll(tonart f) n; **~ league** Am. baseball, etc.: untere Spielklasse; 2. ♫ Minderjährige(r m) f; Am. univ. Nebenfach n; ♪ Moll n; **~i·ty** Minderheit f; ♫ Minderjährigkeit f.

min·ster ['minstə] Münster n.

min·strel ['minstrəl] Minnesänger m; Bänkelsänger m.

mint¹ [mint] 1. Münze f, Münzamt n; *a ~ of money* e-e Menge Geld; 2. münzen, prägen.

mint² ♀ [~] Minze f.

min·u·et ♪ [minju'et] Menuett n.

mi·nus ['mainəs] 1. prp. minus, weniger; F ohne; 2. adj. negativ.

min·ute¹ ['minit] Minute f; Augenblick m; *in a ~* sofort; *just a ~* Moment mal!; *it won't take a ~* es dauert nicht lange; *have you got a ~?* hast du einen Augenblick Zeit?; *at the last ~* in letzter Minute; **~s** pl. Protokoll n.

mi·nute² □ [mai'nju:t] sehr klein, winzig; unbedeutend; sehr genau; **~ness** Kleinheit f; Genauigkeit f.

mir·a·cle ['mirəkl] Wunder n; *as if by (a)*

~ wie durch ein Wunder; **work** (**perform**) **~s** Wunder tun (vollbringen); **mi·rac·u·lous** □ [mɪˈrækjʊləs] wunderbar.

mi·rage ['mɪrɑːʒ] Luftspiegelung *f*; *fig.* Illusion *f*.

mire ['maɪə] **1.** Sumpf *m*; Schlamm *m*; Kot *m*; **2.** mit Schlamm *or* Schmutz bedecken.

mir·ror ['mɪrə] **1.** Spiegel *m*; **2.** (wider-)spiegeln (*a. fig.*).

mirth [mɜːθ] Fröhlichkeit *f*, Heiterkeit *f*; **~ful** □ fröhlich, heiter; **~less** □ freudlos.

mir·y ['maɪərɪ] (**-ier, -iest**) sumpfig, schlammig.

mis- [mɪs] miß..., falsch, schlecht.

mis·ad·ven·ture [mɪsədˈventʃə] Mißgeschick *n*; Unglück(sfall *m*) *n*.

mis·an|thrope ['mɪzənθrəʊp], **~thro·pist** [mɪˈzænθrəpɪst] Menschenfeind *m*.

mis·ap·ply [mɪsəˈplaɪ] falsch anwenden.

mis·ap·pre·hend ['mɪsæprɪ'hend] mißverstehen.

mis·ap·pro·pri·ate [mɪsəˈprəʊprɪeɪt] unterschlagen, veruntreuen.

mis·be·have [mɪsbɪˈheɪv] sich schlecht benehmen.

mis·cal·cu·late [mɪsˈkælkjʊleɪt] falsch berechnen; sich verrechnen.

mis·car|riage [mɪsˈkærɪdʒ] ⚕ Fehlgeburt *f*; Mißlingen *n*; *of letters*: Verlust *m*, Fehlleitung *f*; **~ of justice** Fehlspruch *m*, -urteil *n*; **~ry** [~] mißlingen, scheitern; verlorengehen (*letter*); ⚕ e-e Fehlgeburt haben.

mis·cel·la|ne·ous □ [mɪsɪˈleɪnɪəs] gemischt; verschiedenartig; **~ny** [mɪˈselənɪ] Gemisch *n*; Sammelband *m*.

mis·chief ['mɪstʃɪf] Schaden *m*; Unfug *m*; Mutwille *m*, Übermut *m*; **~mak·er** Unheil-, Unruhestifter(in).

mis·chie·vous □ ['mɪstʃɪvəs] schädlich; boshaft, mutwillig; schelmisch.

mis·con·ceive [mɪskənˈsiːv] falsch auffassen, mißverstehen.

mis·con·duct 1. [mɪsˈkɒndʌkt] schlechtes Benehmen; Verfehlung *f*; schlechte Verwaltung; **2.** [mɪskənˈdʌkt] schlecht verwalten; **~ o.s.** sich schlecht benehmen; e-n Fehltritt begehen.

mis·con·strue [mɪskənˈstruː] falsch auslegen, mißdeuten.

mis·deed ['mɪsdiːd] Missetat *f*, Vergehen *n*; Verbrechen *n*.

mis·de·mea·no(u)r ⚖ [mɪsdɪˈmiːnə] Vergehen *n*.

mis·di·rect [mɪsdɪˈrekt] fehl-, irreleiten; *letter, etc.*: falsch adressieren.

mis·do·ing ['mɪsduːɪŋ] *mst* **~s** *pl.* = **misdeed**.

mise en scène *thea.* ['miːzɑ̃ːnˈseɪn] Inszenierung *f*.

mi·ser ['maɪzə] Geizhals *m*.

mis·e·ra·ble □ ['mɪzərəbl] elend; unglücklich; erbärmlich.

mi·ser·ly ['maɪzəlɪ] geizig, F knick(e)rig; kleinlich.

mis·e·ry ['mɪzərɪ] Elend *n*, Not *f*.

mis·fire [mɪsˈfaɪə] *gun*: versagen; *mot.* fehlzünden, aussetzen.

mis·fit ['mɪsfɪt] Außenseiter *m*, Einzelgänger *m*; schlechtsitzendes Kleidungsstück.

mis·for·tune [mɪsˈfɔːtʃən] Unglück(sfall *m*) *n*; Mißgeschick *n*.

mis·giv·ing [mɪsˈgɪvɪŋ] böse Ahnung, Befürchtung *f*.

mis·guide [mɪsˈgaɪd] fehl-, irreleiten.

mis·hap ['mɪshæp] Unglück *n*; Unfall *m*; Mißgeschick *n*; Panne *f*.

mis·in·form [mɪsɪnˈfɔːm] falsch unterrichten.

mis·in·ter·pret [mɪsɪnˈtɜːprɪt] mißdeuten, falsch auffassen.

mis·lay [mɪsˈleɪ] (**-laid**) *et.* verlegen.

mis·lead [mɪsˈliːd] (**-led**) irreführen; verleiten.

mis·man·age [mɪsˈmænɪdʒ] schlecht verwalten *or* führen *or* handhaben.

mis·place [mɪsˈpleɪs] an e-e falsche Stelle legen *or* setzen; *et.* verlegen; falsch anbringen.

mis·print 1. [mɪsˈprɪnt] verdrucken; **2.** ['mɪsprɪnt] Druckfehler *m*.

mis·read [mɪsˈriːd] (**-read** [-red]) falsch lesen *or* deuten.

mis·rep·re·sent ['mɪsreprɪˈzent] falsch darstellen, verdrehen.

miss¹ [mɪs] (*before the name* ♀) Fräulein *n*; ♀ **Germany 1991** (die) Miss Germany 1991.

miss² [~] **1.** Fehlschlag *m*, -schuß *m*, -stoß *m*, -wurf *m*; Versäumnis *n*, Entrinnen *n*; **2.** *v/t.* (ver)missen; verfehlen, -passen, -säumen; auslassen, übergehen; übersehen; überhören; he **~ed** ... ihm entging ...; *v/i.* nicht treffen; mißglücken.

mis·shap·en [mɪsˈʃeɪpən] mißgebildet.

mis·sile ['mɪsaɪl, *Am.* 'mɪsəl] **1.** (Wurf)Geschoß *n*; ✕ Rakete *f*; **2.** ✕ Raketen...

miss·ing ['mɪsɪŋ] fehlend, weg, nicht da; ✕ vermißt; **be ~ object**: fehlen, weg sein; *person*: vermißt sein *or* werden.

mis·sion ['mɪʃn] *pol.* Auftrag *m*; (innere) Berufung, Sendung *f*, Lebensziel *n*; *pol.* Gesandtschaft *f*; *eccl., pol.* Mission *f*; ✕ Einsatz *m*, (Kampf)Auftrag *m*; **~a·ry** ['mɪʃənrɪ] **1.** Missionar *m*; **2.** Missions...

mis·sive ['mɪsɪv] Sendschreiben *n*.

mis·spell [mɪs'spel] (**-spelt** or **-spelled**) falsch buchstabieren or schreiben.

mis·spend [mɪs'spend] (**-spent**) falsch verwenden; vergeuden.

mist [mɪst] **1.** (feiner or leichter) Nebel; Dunst m; **2.** (um)nebeln; sich trüben; beschlagen.

mis|take [mɪ'steɪk] **1.** (**-took, -taken**) sich irren; verkennen; mißverstehen; verwechseln (**for** mit); **2.** Mißverständnis n; Irrtum m; Versehen n; Fehler m; **~·tak·en** □ [~ən] irrig, falsch (verstanden); **be ~** sich irren.

mis·ter [mɪstə] (before the name 2) Herr m (abbr. **Mr**).

mis·tle·toe ♀ ['mɪsltəʊ] Mistel f.

mis·tress ['mɪstrɪs] Herrin f; of household: Frau f des Hauses; esp. Brt. teacher: Lehrerin f; lover: Geliebte f; expert: Meisterin f, Expertin f.

mis·trust [mɪs'trʌst] **1.** mißtrauen (dat.); **2.** Mißtrauen n; **~·ful** □ mißtrauisch.

mist·y □ ['mɪstɪ] (**-ier, -iest**) neb(e)lig; unklar.

mis·un·der|stand [mɪsʌndə'stænd] (**-stood**) mißverstehen; j-n nicht verstehen; **~stand·ing** [~ɪŋ] Mißverständnis n; **~stood** unverstanden, writer, etc.: verkannt.

mis|us·age [mɪs'juːzɪdʒ] Mißbrauch m; Mißhandlung f; **~·use 1.** [mɪs'juːz] mißbrauchen, -handeln; **2.** [~s] Mißbrauch m.

mite [maɪt] zo. Milbe f; small child or animal: Wurm m, kleines Ding; hist. Heller m; fig. Scherflein n.

mit·i·gate ['mɪtɪgeɪt] mildern, lindern.

mi·tre, Am. **-ter** ['maɪtə] Mitra f, Bischofsmütze f.

mitt [mɪt] baseball: (Fang)Handschuh m; sl. Boxhandschuh m; = **mitten**.

mit·ten ['mɪtn] Fausthandschuh m; Halbhandschuh m (with bare fingers).

mix [mɪks] (sich) (ver)mischen; mixen; verkehren (**with** mit); **~ed** gemischt; fig. zweifelhaft; **~ed doubles** sports: gemischtes Doppel, Mixed n; **~ed school** esp. Brt. Koedukationsschule f; **~ up** durcheinanderbringen; **be ~ed up with** in e-e Sache verwickelt sein; **~ture** ['mɪkstʃə] Mischung f.

moan [məʊn] **1.** Stöhnen n; **2.** stöhnen.

moat [məʊt] Burg-, Stadtgraben m.

mob [mɒb] **1.** Mob m, Pöbel m; **2.** (**-bb-**) (lärmend) bedrängen; gang: herfallen über (acc.), angreifen.

mo·bile ['məʊbaɪl] beweglich; ✕ mobil, motorisiert; face: lebhaft; work-force: mobil; **~ home** esp. Am. Wohnwagen m.

mo·bil·i|za·tion ✕ [məʊbɪlaɪ'zeɪʃn] Mobilmachung f; **~ze** ✕ ['məʊbɪlaɪz] mobil machen.

moc·ca·sin ['mɒkəsɪn] weiches Leder; Mokassin m (shoe).

mock [mɒk] **1.** Spott m; **2.** Schein...; falsch, nachgemacht; **3.** v/t. verspotten; nachmachen; täuschen; spotten (gen.); v/i. spotten (**at** über acc.); **~·e·ry** Spott m, Hohn m, Spötterei f; Gespött n; Nachäfferei f; **~·ing-bird** zo. Spottdrossel f; **~ turtle soup** Mockturtlesuppe f, falsche Schildkrötensuppe.

mode [məʊd] (Art f u.) Weise f; (Erscheinungs)Form f; Mode f, Brauch m.

mod·el ['mɒdl] **1.** Modell n; Muster n; Vorbild n; Mannequin n, (Foto)Modell n; male ~ Dressman m; **2.** Muster...; **3.** v/t. esp. Brt. (**-ll-**, Am. **-l-**) modellieren; (ab)formen; show clothes, etc.: vorführen; fig. formen, bilden; v/i. for an artist: Modell stehen; als Mannequin or (Foto)Modell arbeiten.

mod·e|rate 1. □ ['mɒdərət] (mittel)mäßig; gemäßigt; vernünftig, angemessen; **2.** [~reɪt] (sich) mäßigen; **~·ra·tion** [mɒdə'reɪʃn] Mäßigung f; Mäßigkeit f.

mod·ern ['mɒdən] modern, neu; **~·ize** [~aɪz] modernisieren.

mod|est □ ['mɒdɪst] bescheiden; anständig, sittsam; **~·es·ty** Bescheidenheit f.

mod·i|fi·ca·tion [mɒdɪfɪ'keɪʃn] Ab-, Veränderung f; Einschränkung f; **~·fy** ['mɒdɪfaɪ] (ab)ändern; mildern.

mods Brt. [mɒdz] pl. in the sixties: Halbstarke pl.

mod·u·late ['mɒdjʊleɪt] modulieren.

mod·ule ['mɒdjuːl] Verhältniszahl f; ⊚ Baueinheit f; ⊚, ⚡ Modul n , ⚡ a. Baustein m; of spacecraft: (Kommando etc.)Kapsel f.

moi·e·ty ['mɔɪətɪ] Hälfte f; Teil m.

moist [mɔɪst] feucht; **~en** ['mɔɪsn] v/t. be-, anfeuchten; v/i. feucht werden; **mois·ture** [~stʃə] Feuchtigkeit f.

mo·lar ['məʊlə] Backenzahn m.

mo·las·ses [mə'læsɪz] sg. Melasse f; Am. Sirup m.

mole¹ zo. [məʊl] Maulwurf m.

mole² [~] Muttermal n.

mole³ [~] Mole f, Hafendamm m.

mol·e·cule ['mɒlɪkjuːl] Molekül n.

mole·hill ['məʊlhɪl] Maulwurfshügel m; make a mountain out of a ~ aus e-r Mücke e-n Elefanten machen.

mo·lest [məʊ'lest] belästigen.

mol·li·fy ['mɒlɪfaɪ] besänftigen, beruhigen.

mol·ly·cod·dle ['mɒlɪkɒdl] **1.** Weichling m, Muttersöhnchen n; **2.** verweichlichen, -zärteln.

mol·ten ['məʊltən] geschmolzen.

mom *Am.* F [mɒm] Mami *f*, Mutti *f*.

mo·ment ['məʊmənt] Moment *m*, Augenblick *m*; Bedeutung *f*; = *momentum*; **mo·men·ta·ry** □ [~əri] momentan, augenblicklich; vorübergehend; **mo·men·tous** □ [mə'mentəs] bedeutend, folgenschwer; **mo·men·tum** *phys.* [~əm] (*pl.* -*ta* [-tə], -*tums*) Moment *n*; Triebkraft *f*.

mon|arch ['mɒnək] Monarch(in); **~ar·chy** [~ı] Monarchie *f*.

mon·as·tery ['mɒnəstrı] (Mönchs)Kloster *n*.

Mon·day ['mʌndı] Montag *m*.

mon·e·ta·ry *econ.* ['mʌnıtərı] Währungs...; Geld...

mon·ey ['mʌnı] Geld *n*; *ready* ~ Bargeld *n*; *earn good* ~ gut verdienen; **~·box** Sparbüchse *f*; **~·chang·er** (Geld-)Wechsler *m* (*person*); *Am.* Wechselautomat *m*; ~ *or·der* Postanweisung *f*.

mon·ger ['mʌŋgə] *mst in compounds*: Händler *m*, *dated*: Krämer *m*.

mon·grel ['mʌŋgrəl] Mischling *m*, Bastard *m*; *attr.* Bastard...

mon·i·tor ['mɒnıtə] **1.** ⊚, *TV*: Monitor *m*; *pupil*: (Klassen)Ordner *m*; **2.** kontrollieren; *weather*, *etc.*: beobachten; *listen*: abhören.

monk [mʌŋk] Mönch *m*.

mon·key ['mʌŋkı] **1.** *zo.* Affe *m*; ⊚ Rammbock *m*; *put s.o.'s* ~ *up* F j-n auf die Palme bringen; ~ *business* F fauler Zauber; Blödsinn *m*, Unfug *m*; **2.** ~ *about*, ~ *around* F (herum)albern; ~ (*about or around*) *with* F herummurksen an (*dat.*); **~·wrench** ⊚ *tool*: Engländer *m*.

monk·ish ['mʌŋkıʃ] mönchisch.

mon·o F ['mɒnəʊ] (*pl.* -*os*) *radio*, *etc.*: Mono *n*; Monogerät *n*; *attr.* Mono...

mon·o- [~] ein(fach), einzeln.

mon·o·chrome ['mɒnəkrəʊm] einfarbig, monochrom; *TV*, *etc.*: Schwarzweiß...

mon·o·cle ['mɒnəkl] Monokel *n*.

mo·nog·a·my [mɒ'nɒgəmı] Einehe *f*.

mon·o|logue, *Am. a.* **~·log** ['mɒnəlɒg] Monolog *m*.

mo·nop·o|list [mə'nɒpəlıst] Monopolist *m*; **~·ize** monopolisieren; *fig.* an sich reißen; **~·ly** Monopol *n* (*of auf acc.*).

mon·ot·o|nous □ [mə'nɒtənəs] monoton, eintönig; **~·ny** Monotonie *f*.

mon·soon [mɒn'suːn] Monsun *m*.

mon·ster ['mɒnstə] Ungeheuer *n* (*a. fig.*); Monstrum *n*; *attr.* Riesen...

mon|stros·i·ty [mɒn'strɒsıtı] Ungeheuer(lichkeit *f*) *n*; **~·strous** □ ['mɒnstrəs] ungeheuer(lich), gräßlich.

month [mʌnθ] Monat *m*; *this day* ~ heute in e-m Monat; **~·ly 1.** monatlich; Monats...; **2.** Monatsschrift *f*.

mon·u·ment ['mɒnjʊmənt] Denkmal *n*; **~·al** □ [mɒnjʊ'mentl] monumental; großartig; Gedenk...

moo [muː] muhen.

mood [muːd] Stimmung *f*, Laune *f*; **~·s** *pl.* schlechte Laune; **~·y** □ (-*ier*, -*iest*) launisch; übellaunig; niedergeschlagen.

moon [muːn] **1.** Mond *m*; *once in a blue* ~ F alle Jubeljahre (einmal); **2.** ~ *about*, ~ *around* F herumirren; träumen, dösen; **~·light** Mondlicht *n*, -schein *m*; **~·lit** mondhell; **~·struck** mondsüchtig; ~ *walk* Mondspaziergang *m*.

Moor[1] [mʊə] Maure *m*, Mohr *m*.

moor[2] [~] Moor *n*; Ödland *n*, Heideland *n*.

moor[3] ⚓ [~] vertäuen; **~·ings** ⚓ *pl.* Vertäuung *f*; Liegeplatz *m*.

moose *zo.* [muːs] nordamerikanischer Elch.

mop [mɒp] **1.** Mop *m*; (Haar)Wust *m*; **2.** (-*pp*-) auf-, abwischen.

mope [məʊp] den Kopf hängen lassen.

mo·ped *Brt. mot.* ['məʊped] Moped *n*.

mor·al ['mɒrəl] **1.** □ moralisch; Moral..., Sitten...; **2.** Moral *f*; Lehre *f*; **~·s** *pl.* Sitten *pl.*; **mo·rale** [mɒ'rɑːl] *esp.* ✗, *sports*, *etc.*: Moral *f*, Stimmung *f*, Haltung *f*; **mo·ral·i·ty** [mə'rælətı] Moralität *f*; Sittlichkeit *f*, Moral *f*; **mor·al·ize** ['mɒrəlaız] moralisieren.

mo·rass [mə'ræs] Morast *m*, Sumpf *m*.

mor·bid □ ['mɔːbıd] krankhaft.

more [mɔː] mehr; noch (mehr); *no* ~ nichts mehr; *no* ~ *than* ebensowenig wie; *once* ~ noch einmal, wieder; (*all*) *the* ~ *so* (nur) um so mehr; *so much the* ~ *as* um so mehr als; ~ *and* ~ immer mehr; ~ *and* ~ *difficult* immer schwieriger.

mo·rel ♣ [mɒ'rel] Morchel *f*.

more·o·ver [mɔː'rəʊvə] außerdem, überdies, weiter, ferner.

morgue [mɔːg] *Am.* Leichenschauhaus *n*; F (Zeitungs)Archiv *n*.

morn·ing ['mɔːnıŋ] Morgen *m*; Vormittag *m*; *good* ~! guten Morgen!; *in the* ~ morgens; morgen früh; *tomorrow* ~ morgen früh; ~ *pa·per* Morgenzeitung *f*.

mo·ron ['mɔːrɒn] Schwachsinnige(r *m*) *f*; *contp.* Idiot *m*.

mo·rose □ [mə'rəʊs] mürrisch.

mor|phi·a ['mɔːfıə], **~·phine** ['mɔːfiːn] Morphium *n*.

Morse code ['mɔːskəʊd] Morsealphabet *n*.

mor·sel ['mɔːsl] Bissen *m*; Stückchen *n*, *fig.* das *or* ein bißchen.

mor·tal ['mɔːtl] **1.** □ sterblich; tödlich; Tod(es)...; **2.** Sterbliche(r *m*) *f*; **~·i·ty** [mɔː'tælətı] Sterblichkeit *f*.

mor·tar ['mɔ:tə] Mörser *m*; Mörtel *m*.

mort|gage ['mɔ:gɪdʒ] **1.** Hypothek *f*; **2.** verpfänden; **~gag·ee** [mɔ:gə'dʒi:] Hypothekengläubiger *m*; **~gag·er** ['mɔ:gɪdʒə], **~ga·gor** [mɔ:gə'dʒɔ:] Hypothekenschuldner *m*.

mor·tice ⊙ ['mɔ:tɪs] = *mortise*.

mor·ti·cian *Am.* [mɔ:'tɪʃn] Leichenbestatter *m*.

mor·ti|fi·ca·tion [mɔ:tɪfɪ'keɪʃn] Kränkung *f*; Ärger *m*; **~fy** ['mɔ:tɪfaɪ] kränken; ärgern.

mor·tise ⊙ ['mɔ:tɪs] Zapfenloch *n*.

mor·tu·a·ry ['mɔ:tjuərɪ] Leichenhalle *f*.

mo·sa·ic [məʊ'zeɪk] Mosaik *n*.

mosque [mɒsk] Moschee *f*.

mos·qui·to *zo.* [mə'ski:təʊ] (*pl. -toes*) Moskito *m*; Stechmücke *f*.

moss ♣ [mɒs] Moos *n*; **~y** ♣ (*-ier, -iest*) moosig, bemoost.

most [məʊst] **1.** *adj.* □ meiste(r, -s); die meisten; **~ people** *pl.* die meisten Leute *pl.*; **2.** *adv.* am meisten; *very:* höchst, äußerst; *forming the superlative:* **the ~ important point** der wichtigste Punkt; **~ of all** am allermeisten; **3.** *das meiste, das* Höchste; das meiste; die meisten *pl.*; **at (the) ~** höchstens; **make the ~ of** möglichst ausnutzen; **~ly** hauptsächlich, meistens.

MOT [eməʊ'ti:] F *Brt. appr.* TÜV *m*.

mo·tel [məʊ'tel] Motel *n*.

moth *zo.* [mɒθ] Motte *f*; **~eat·en** ['mɒθi:tn] mottenzerfressen.

moth·er ['mʌðə] **1.** Mutter *f*; **2.** bemuttern; **~ coun·try** Vater-, Heimatland *n*; Mutterland *n*; **~hood** Mutterschaft *f*; **~in-law** Schwiegermutter *f*; **~ly** mütterlich; **~of-pearl** Perlmutter *f*, Perlmutt *n*; **♀'s Day** Muttertag *m*; **~ tongue** Muttersprache *f*.

mo·tif ♪, *art* [məʊ'ti:f] (Leit)Motiv *n*.

mo·tion ['məʊʃn] **1.** Bewegung *f*; Gang *m* (*a.* ⊙); *parl.* Antrag *m*; ♣ Stuhlgang *m, often* **~s** *pl.* Stuhl *m*; **2.** *v/t. j-m* (zu)winken, *j-m* ein Zeichen geben; *v/i.* winken; **~less** bewegungslos; **~ pic·ture** Film *m*.

mo·ti|vate ['məʊtɪveɪt] motivieren, begründen; **~va·tion** [məʊtɪ'veɪʃn] Motivierung *f*, Begründung *f*; Motivation *f*.

mo·tive ['məʊtɪv] **1.** Motiv *n*, Beweggrund *m*; **2.** bewegend, treibend (*a. fig.*); **3.** veranlassen.

mot·ley ['mɒtlɪ] bunt, scheckig.

mo·tor ['məʊtə] **1.** Motor *m*; *fig.* treibende Kraft; *Brt. dated:* Auto *n*; **2.** motorisch; bewegend; Motor...; Kraft...; Auto...; **3.** *Brt. dated:* mit dem Auto fahren; **~ bi·cy·cle** Motorrad *n*; *Am.* Moped *n*; *Am.* Mofa *n*; **~bike** F Motorrad *n*; *Am.* Moped *n*; *Am.* Mofa *n*;

~boat Motorboot *n*; **~ bus** Autobus *m*; **~cade** Autokolonne *f*; **~ car** *Brt. dated* (Kraft)Wagen *m*, Kraftfahrzeug *n*, Auto(mobil) *n*; **~ coach** Reisebus *m*; **~ cy·cle** Motorrad *n*; **~cy·clist** Motorradfahrer(in); **~ing** Autofahren *n*; **school of ~** Fahrschule *f*; **~ist** Kraft-, Autofahrer(in); **~ize** motorisieren; **launch** Motorbarkasse *f*; **~way** *Brt.* Autobahn *f*.

mot·tled ['mɒtld] gefleckt.

mo(u)ld [məʊld] **1.** ✿ Gartenerde *f*, Humus(boden) *m*; Schimmel *m*, Moder *m*; ⊙ (Guß)Form *f* (*a. fig.*); *geol.* Abdruck *m*; *character:* Art *f*; **2.** formen, gießen (*on, upon* nach).

mo(u)l·der ['məʊldə] zerfallen.

mo(u)ld·ing *arch.* ['məʊldɪŋ] Fries *m*.

mo(u)ld·y ['məʊldɪ] (*-ier, -iest*) schimm(e)lig, dumpfig, mod(e)rig.

mo(u)lt [məʊlt] (sich) mausern; *hair:* verlieren.

mound [maʊnd] Erdhügel *m*, -wall *m*.

mount [maʊnt] **1.** Berg *m*; Reitpferd *n*; **2.** *v/i.* (auf-, hoch)steigen; aufsitzen, aufs Pferd steigen; *v/t.* be-, ersteigen; montieren; aufziehen, -kleben; *jewel:* fassen; **~ed** *police* berittene Polizei.

moun·tain ['maʊntɪn] **1.** Berg *m*; **~s** *pl.* Gebirge *n*; **2.** Berg..., Gebirgs...; **~eer** Bergbewohner(in); Bergsteiger(in); **~eer·ing** Bergsteigen *n*; **~ous** bergig, gebirgig.

mourn [mɔ:n] (be)trauern; trauern um; **~er** Trauernde(r *m*) *f*; **~ful** □ traurig; Trauer...; **~ing** Trauer *f*; *attr.* Trauer...

mouse [maʊs] (*pl. mice* [maɪs]) Maus *f* (*a. computer*).

mous·tache [mə'stɑ:ʃ], *Am.* **mus·tache** ['mʌstæʃ] Schnurrbart *m*.

mouth [maʊθ] (*pl. mouths* [maʊðz]) Mund *m*; Maul *n*; Mündung *f*; Öffnung *f*; **~ful** Mundvoll *m*; **~or·gan** Mundharmonika *f*; **~piece** Mundstück *n*; *fig.* Sprachrohr *n*.

mo·va·ble □ ['mu:vəbl] beweglich.

move [mu:v] **1.** *v/t.* (fort)bewegen; in Bewegung setzen; (weg)rücken; (an-)treiben; *chess, etc.:* e-n Zug machen mit; *et.* beantragen; *provoke:* er-, aufregen; *affect:* bewegen, rühren, ergreifen; **~ down** *pupil:* zurückstufen; **~ up** *pupil:* versetzen; **~ house** *Brt.* umziehen; **heaven and earth** Himmel und Hölle in Bewegung setzen; *v/i.* sich (fort)bewegen; sich rühren; *chess:* ziehen; (um)ziehen (**to** nach); ♣ sich entleeren (*of the bowels*); *fig.* voran-, fortschreiten; **~ away** weg-, fortziehen; **~ for s.th.** et. beantragen; **~ in** einziehen; anrücken (*police etc.*); vorgehen (**on** gegen demonstrators, *etc.*); **~ on** weitergehen;

~ out ausziehen; **2.** (Fort)Bewegung *f*, Aufbruch *m*; Umzug *m*; chess, etc.: Zug *m*; *fig.* Schritt *m*; **on the ~** in Bewegung; auf den Beinen; **get a ~ on!** Tempo!, mach(t) schon!, los!; **make a ~** aufbrechen; *fig.* handeln; **~a·ble = moveable**; **~ment** Bewegung *f*; tendency, etc.: Bestrebung *f*, Tendenz *f*, Richtung *f*; ♩ Tempo *n*; ♩ Satz *m*; ⊙ (Geh)Werk *n*; ♪ Stuhl(gang) *m*.

mov·ie esp. *Am.* F ['mu:vi] Film *m*; **~s** *pl.* Kino *n*.

mov·ing □ ['mu:vɪŋ] bewegend (a. *fig.*); sich bewegend, beweglich; **~ staircase** Rolltreppe *f*.

mow [məʊ] (**~ed**, **~n** *or* **~ed**) mähen; **~er** ['məʊə] Mäher(in); Mähmaschine *f*, esp. Rasenmäher *m*; **~ing-ma·chine** Mähmaschine *f*; **~n** *p.p. of* **mow**.

much [mʌtʃ] **1.** *adj.* (**more**, **most**) viel; **2.** *adv.* sehr; *in compounds*: viel...; *before comp.*: viel; *before sup.*: bei weitem; fast; **~ as I would like** so gern ich möchte; **I thought as ~** das dachte ich mir; **~ to my surprise** zu m-r großen Überraschung; *cf.* **so**; **3.** Menge *f*, große Sache, Besondere(s) *n*; **make ~ of** viel Wesens machen von; **I am not ~ of a dancer** F ich bin kein großer Tänzer.

muck [mʌk] Mist *m* (F a. *fig.*); **~rake 1.** Mistgabel *f*; **2.** Skandale aufdecken; *contp.* im Schmutz wühlen.

mu·cus ['mju:kəs] (Nasen)Schleim *m*.

mud [mʌd] Schlamm *m*; Kot *m*, Schmutz *m* (a. *fig.*).

mud·dle ['mʌdl] **1.** *v/t.* verwirren; a. **~ up**, **~ together** durcheinanderbringen; F benebeln; *v/i.* pfuschen, stümpern; **~ through** F sich durchwursteln; **2.** Durcheinander *n*; Verwirrung *f*.

mud|dy □ ['mʌdɪ] (**-ier**, **-iest**) schlammig; trüb; **~guard** Kotflügel *m*; Schutzblech *n*.

muff [mʌf] Muff *m*.

muf·fle ['mʌfl] often **~ up** ein-, umhüllen, umwickeln; *voice*, etc.: dämpfen; **~r** (dicker) Schal; *Am.* mot. Auspufftopf *m*.

mug¹ [mʌg] Krug *m*; Becher *m*.

mug² F [~] (**-gg-**) überfallen u. ausrauben; **~ger** F Straßenräuber *m*; **~ging** F Raubüberfall *m*.

mug·gy ['mʌgɪ] schwül.

mug·wump *Am.* iro. ['mʌgwʌmp] hohes Tier (*person*); *pol.* Unabhängige(r) *m*.

mu·lat·to [mju:'lætəʊ] (*pl.* **-tos**, *Am.* **-toes**) Mulatt|e *m*, -in *f*.

mul·ber·ry ♣ ['mʌlbərɪ] Maulbeerbaum *m*; Maulbeere *f*.

mule [mju:l] zo. Maultier *n*, -esel *m*; *fig.* störrischer Mensch; **mu·le·teer** Maultiertreiber *m*.

mull¹ [mʌl] Mull *m*.

mull² [~]: **~ over** überdenken.

mulled [mʌld]: **~ claret**, **~ wine** Glühwein *m*.

mul·li·gan *Am.* F ['mʌlɪgən] Eintopfgericht *n*.

mul·li·on arch. ['mʌlɪən] Mittelpfosten *m* (*of a window*).

mul·ti- ['mʌltɪ] viel..., mehr..., ...reich, Mehrfach..., Multi...

mul·ti|far·i·ous □ [mʌltɪ'feərɪəs] mannigfaltig; **~chan·nel** [mʌltɪ'tʃænl] *TV*, etc.: Mehrkanal...; **~form** ['mʌltɪfɔ:m] vielförmig, -gestaltig; **~lat·er·al** [mʌltɪ'lætərəl] vielseitig; *pol.* multilateral, mehrseitig; **~lin·gual** [mʌltɪ'lɪŋgwəl] *dictionary*, etc.: mehrsprachig; **~na·tion·al** [mʌltɪ'næʃənəl] **1.** multinationaler Konzern, F Multi *m*; **2.** multinational; **~ple** ['mʌltɪpl] **1.** vielfach; **2.** Å Vielfache(s) *n*; **~pli·ca·tion** [mʌltɪplɪ'keɪʃn] Vervielfachung *f*; Vermehrung *f*; Å Multiplikation *f*; **~ table** Einmaleins *n*; **~pli·ci·ty** [~'plɪsətɪ] Vielfalt *f*; **~ply** ['mʌltɪplaɪ] (sich) vermehren (a. *biol.*); vervielfältigen; Å multiplizieren, malnehmen (**by** mit); **~ 3 by 4** drei mit vier multiplizieren *or* malnehmen.

mul·ti·sto·rey [mʌltɪ'stɔ:rɪ] mehrstöckig; **~ car-park** Park(hoch)haus *n*.

mul·ti|tude ['mʌltɪtju:d] Vielheit *f*; Menge *f*; **~tu·di·nous** [mʌltɪ'tju:dɪnəs] zahlreich.

mum¹ [mʌm] **1.** still; **2.** pst!

mum² *Brt.* F [~] Mami *f*, Mutti *f*.

mum·ble ['mʌmbl] murmeln, nuscheln.

mum·mer·y contp. ['mʌmərɪ] Mummenschanz *m*.

mum·mi·fy ['mʌmɪfaɪ] mumifizieren.

mum·my¹ ['mʌmɪ] Mumie *f*.

mum·my² *Brt.* F [~] Mami *f*, Mutti *f*.

mumps ♣ [mʌmps] *sg.* Ziegenpeter *m*, Mumps *m*.

munch [mʌntʃ] geräuschvoll *or* schmatzend kauen, mampfen.

mun·dane □ [mʌn'deɪn] weltlich.

mu·ni·ci·pal □ [mju:'nɪsɪpl] städtisch, Stadt..., kommunal, Gemeinde...; **~i·ty** [mju:nɪsɪ'pælətɪ] Stadt *f* mit Selbstverwaltung; Stadtverwaltung *f*.

mu·nif·i·cence [mju:'nɪfɪsns] Freigebigkeit *f*; **~cent** [~t] freigebig.

mu·ral ['mjʊərəl] **1.** Wandgemälde *n*; **2.** Mauer..., Wand...

mur·der ['mɜ:də] **1.** Mord *m*; **it was ~ a.** *fig.* es war mörderisch; **she can get away with ~** sie kann sich alles erlauben; **2.** (er)morden; *fig.* F verhunzen; **~er** Mörder *m*; **~ess** Mörderin *f*; **~ous** □ mörderisch; Mord...

murk·y □ ['mɜ:kɪ] (**-ier**, **-iest**) dunkel, finster.

murmur ['mɜ:mə] 1. Murmeln n; Gemurmel n; Murren n; 2. murmeln; murren.

mur-rain ['marɪn] Viehseuche f.

mus|cle ['mʌsl] Muskel m; ~cu-lar ['mʌskjulə] Muskel...; muskulös.

Muse¹ [mju:z] Muse f.

muse² [~] (nach)sinnen, (-)grübeln.

mu-se-um [mju:'zɪəm] Museum n.

mush [mʌʃ] Brei m, Mus n; Am. Maisbrei m.

mush-room ['mʌʃrʊm] 1. ⚕ Pilz m, esp. Champignon m; 2. rasch wachsen; ~ up (wie Pilze) aus dem Boden schießen.

mu-sic ['mju:zɪk] Musik f; Musikstück n; Noten pl.; set to ~ vertonen; fig. that's ~ to my ears das ist Musik in meinen Ohren; ~al 1. Musical n; 2. □ musikalisch; Musik...; wohlklingend; ~ box esp. Brt. Spieldose f; ~ box esp. Am. Spieldose f; ~hall Brt. Varieté(theater) n; mu-si-cian [mju:'zɪʃn] Musiker(in); ~stand Notenständer m; ~stool Klavierstuhl m.

musk [mʌsk] Moschus m, Bisam m; ~deer zo. [mʌsk'dɪə] Moschustier n.

mus-ket ⚔ hist. ['mʌskɪt] Muskete f.

musk-rat ['mʌskræt] zo. Bisamratte f; Bisampelz m.

mus-lin ['mʌzlɪn] Musselin m.

mus-quash ['mʌskwɒʃ] zo. Bisamratte f; Bisampelz m.

muss Am. F [mʌs] Durcheinander n.

mus-sel ['mʌsl] (Mies)Muschel f.

must¹ [mʌst] 1. v/aux. müssen; dürfen; I ~ go to the bank ich muß auf die Bank; you ~ not (F mustn't) du darfst nicht; you ~ be crazy du bist wohl verrückt!; 2. Muß n; this film is a(n absolute) ~ diesen Film muß man (unbedingt) gesehen haben.

must² [~] Schimmel m, Moder m.

must³ [~] Most m.

mus-tache Am. ['mʌstæʃ] = moustache.

mus-ta-chi-o [mə'stɑ:ʃɪəʊ] (pl. -os) mst ~s pl. Schnauzbart m.

mus-tard ['mʌstəd] Senf m.

mus-ter ['mʌstə] 1. ✕ Musterung f; pass ~ fig. Zustimmung finden (with bei); 2. ✕ mustern; a. ~ up Mut etc. aufbieten, zusammennehmen.

must-y ['mʌstɪ] (-ier, -iest) mod(e)rig, muffig.

mu-ta|ble □ ['mju:təbl] veränderlich; fig. wankelmütig; ~tion [mju:'teɪʃn] Veränderung f; biol. Mutation f.

mute [mju:t] 1. □ stumm; 2. Stumme(r m) f; Statist(in); 3. dämpfen.

mu-ti-late ['mju:tɪleɪt] verstümmeln.

mu-ti|neer [mju:tɪ'nɪə] Meuterer m; ~nous □ ['mju:tɪnəs] meuterisch; rebellisch; ~ny 1. Meuterei f; 2. meutern.

mut-ter ['mʌtə] 1. Gemurmel n; Murren n; 2. murmeln; murren.

mut-ton ['mʌtn] Hammel-, Schafffleisch n; leg of ~ Hammelkeule f; ~ chop Hammelkotelett n.

mu-tu-al □ ['mju:tʃʊəl] wechselseitig, gegenseitig; F shared: gemeinsam.

muz-zle ['mʌzl] 1. zo. Maul n, Schnauze f; Mündung f (of gun); Maulkorb m; 2. e-n Maulkorb anlegen (dat.); fig. den Mund stopfen (dat.).

my [maɪ] mein(e).

myrrh ⚕ [mɜ:] Myrrhe f.

myr-tle ⚕ ['mɜ:tl] Myrte f.

my-self [maɪ'self] (ich) selbst; mir; mich; by ~ allein.

mys-te|ri-ous □ [mɪ'stɪərɪəs] geheimnisvoll, mysteriös; ~ry ['mɪstərɪ] Mysterium n; Geheimnis n; Rätsel n.

mys|tic ['mɪstɪk] 1. a. ~ti-cal □ [~kl] mystisch; geheimnisvoll; 2. Mystiker(in); ~ti-fy [~faɪ] täuschen; verwirren; in Dunkel hüllen.

myth [mɪθ] Mythe f, Mythos m, Sage f.

N

nab F [næb] (-bb-) schnappen, erwischen.

na-cre ['neɪkə] Perlmutt(er f) n.

na-dir ['neɪdɪə] ast. Nadir m ; fig. Tiefpunkt m.

nag [næg] 1. F Gaul m, Klepper m; 2. (-gg-) v/i. nörgeln, F meckern; ~ at herumnörgeln an; v/t. herumnörgeln, -meckern (an).

nail [neɪl] 1. (Finger-, Zehen)Nagel m; ⊙ Nagel m; zo. Kralle f, Klaue f; 2. (an-, fest)nageln; eyes, etc.: heften (to auf acc.); ~ar-i-um [neɪ'læriəm] Am. Maniküresalon m, Nagelstudio n; ~ e-nam-el, ~ pol-ish Am. Nagellack m; ~ remover Nagellackentferner m; ~ scis-sors pl. Nagelschere f; ~ var-nish Brt. Nagellack m.

na-ïve □ [nɑː'iːv], na-ive □ [neɪv] naiv; ungekünstelt.

na-ked □ ['neɪkɪd] nackt, bloß; kahl; fig. ungeschminkt; schutz-, wehrlos;

~ness Nacktheit *f*, Blöße *f*; Kahlheit *f*; Schutz-, Wehrlosigkeit *f*; *fig.* Ungeschminktheit *f*.

name [neɪm] **1.** Name *m*; Ruf *m*; *by the ~ of ... namens ...; what's your ~?* wie heißen Sie?; *call s.o. ~s* j-n beschimpfen; **2.** (be)nennen; erwähnen; ernennen zu; **~less** ☐ namenlos; unbekannt; **~ly** nämlich; **~plate** Namens-, Tür-, Firmenschild *n*; **~sake** [~seɪk] Namensvetter *m*.

nan·ny ['nænɪ] Kindermädchen *n*; **~goat** *zo.* Ziege *f*.

nap¹ [næp] (*of cloth*) Noppe *f*.

nap² [~] **1.** Schläfchen *n*; *have or take a ~* = → **2.** (*-pp-*) ein Nickerchen machen.

nape [neɪp] *mst ~ of the neck* Genick *n*, Nacken *m*.

nap·kin ['næpkɪn] Serviette *f*; *Brt.* Windel *f*; **~py** *Brt.* F ['næpɪ] Windel *f*.

nar·co·sis ⚕ [nɑːˈkəʊsɪs] (*pl. -ses* [-siːz]) Narkose *f*.

nar·cot·ic [nɑːˈkɒtɪk] **1.** (*~ally*) narkotisch, betäubend, einschläfernd; Rauschgift...; **~ addiction** Rauschgiftsucht *f*; **~ drug** Rauschgift *n*; **2.** Betäubungsmittel *n*; Rauschgift *n*; **~s squad** Rauschgiftdezernat *n*.

nar|rate [nəˈreɪt] erzählen; **~ra·tion** Erzählung *f*; **~ra·tive 1.** ☐ erzählend; **2.** Erzählung *f*; **~ra·tor** Erzähler(in).

nar·row ['nærəʊ] **1.** eng, schmal; beschränkt; knapp (*majority, escape*); engherzig; **2.** *~s pl.* Engpaß *m*; Meerenge *f*; **3.** (sich) verengen; beschränken; einengen; *Maschen* abnehmen; **~chested** schmalbrüstig; **~mind·ed** ☐ engherzig, -stirnig, beschränkt; **~ness** Enge *f*; Beschränktheit *f* (*a. fig.*); Engherzigkeit *f*.

na·sal ☐ [neɪzl] nasal; Nasen...

nas·ty ☐ ['nɑːstɪ] (*-ier, -iest*) schmutzig; garstig; eklig, widerlich; böse; häßlich; abstoßend, unangenehm.

na·tal ['neɪtl] Geburts...

na·tion ['neɪʃn] Nation *f*, Volk *n*.

na·tion·al ['næʃənl] **1.** ☐ national, National..., Landes..., Volks..., Staats...; **2.** Staatsangehörige(r *m*) *f*; ⚕ **Health (Service)** *Brt.* staatlicher Gesundheitsdienst; **~i·ty** Nationalität *f*, Staatsangehörigkeit *f*; **~ize** *person:* naturalisieren, einbürgern; *property:* verstaatlichen.

na·tion-wide ['neɪʃnwaɪd] die ganze Nation umfassend, landesweit.

na·tive ['neɪtɪv] **1.** angeboren; heimatlich, Heimat...; eingeboren; einheimisch; **~ language** Muttersprache *f*; **2.** Eingeborene(r *m*) *f*; **~ speaker** Muttersprachler(in); **~born** gebürtig.

Na·tiv·i·ty *eccl.* [nəˈtɪvətɪ] Geburt *f* Christi.

nat·u·ral ☐ ['nætʃrəl] natürlich; angeboren; ungezwungen; **~ science** Naturwissenschaft *f*; **~ist** Naturforscher(in), *esp.* Biologe *m*, -in *f*; *phls.* Naturalist(in); **~ize** einbürgern.

nat·u·ral·ly [nætʃrəlɪ] von Natur aus; natürlich (*a. of course*).

nat·u·ral·ness ['nætʃrəlnɪs] Natürlichkeit *f*

na·ture ['neɪtʃə] Natur *f*; **~ reserve** Naturschutzgebiet *n*; **~ trail** Naturlehrpfad *m*.

·na·tured ['neɪtʃəd] *in compounds:* ...artig, ...mütig.

na·tur·ism ['neɪtʃərɪzəm] *s.* nudism; **na·tur·ist** ['neɪtʃərɪst] *s.* nudist.

naugh·ty ☐ ['nɔːtɪ] (*-ier, -iest*) unartig, frech, ungezogen.

nau·se|a ['nɔːsɪə] Übelkeit *f*; Ekel *m*; **~ate** ['nɔːsɪeɪt] *v/t.* s.o. (bei) j-m Übelkeit verursachen; *be ~d* sich ekeln; **~at·ing** ekelerregend; **~ous** ☐ ['nɔːsɪəs] ekelhaft.

nau·ti·cal ['nɔːtɪkl] nautisch, See...

na·val ⚓ ['neɪvl] See...; Marine...; **~ base** Flottenstützpunkt *m*.

nave¹ *arch.* [neɪv] (Kirchen)Schiff *n*.

nave² [~] (Rad)Nabe *f*.

na·vel ['neɪvl] *anat.* Nabel *m*; *fig.* Mittelpunkt *m*.

nav·i|ga·ble ☐ ['nævɪɡəbl] schiffbar; fahrbar; lenkbar; **~gate** [~eɪt] *v/i.* fahren, segeln; steuern; *v/t. sea etc.:* befahren; steuern; **~ga·tion** [nævɪˈɡeɪʃn] Schiffahrt *f*; Navigation *f*; **~ga·tor** ['nævɪɡeɪtə] ⚓ Seefahrer *m*; ⚓ Steuermann *m*; ✈ Navigator *m*.

na·vy ['neɪvɪ] Kriegsmarine *f*.

near [nɪə] **1.** *adj. and adv.* nahe; kurz (*distance*); *related:* nahe verwandt; *of friend:* eng befreundet *or* vertraut; knapp; genau, wörtlich; sparsam, geizig; **~ at hand** dicht dabei; **2.** *prp.* nahe, in der Nähe (von), nahe an (*dat.*) *or* bei; **3.** sich nähern (*dat.*); **~by** ['nɪəbaɪ] in der Nähe (gelegen); nahe; **~ly** nahe; fast, beinahe; annähernd; genau; **~ness** Nähe *f*; **~side** *Brt. mot.* Beifahrerseite *f*; **~ door** Beifahrertür *f*; **~sight·ed** kurzsichtig.

neat ☐ [niːt] ordentlich; sauber; gepflegt; hübsch, adrett; geschickt; rein; *esp. Brt.* pur (*whisky, etc.*); **~ness** Sauberkeit *f*; Gefälligkeit *f*; Gewandtheit *f*; Reinheit *f*.

neb·u·lous ☐ ['nebjʊləs] neb(e)lig.

ne·ces|sa·ry ☐ ['nesəsərɪ] **1.** notwendig; unvermeidlich; **2.** *mst necessaries pl.* Bedürfnisse *pl.*; **~si·tate** [nɪˈsesɪteɪt] *et.* erfordern, verlangen; **~si·ty** [~tɪ] Notwendigkeit *f*; Bedürfnis *n*; Not *f*.

neck [nek] **1.** (*a. of bottle*) Hals *m*;

Nacken *m*, Genick *n*; Ausschnitt *m* (*of dress*); ~ **and** ~ Kopf an Kopf; ~ **or nothing** auf Biegen od. Brechen; F **be a pain in the** ~ *j-m* auf die Nerven (*or* F auf den Geist) gehen; **2.** F (ab)knutschen, knutschen *or* schmusen (mit); ~**band** Halsband *m*; ~**er-chief** ['nekətʃıf] Halstuch *n*; ~**ing** F Geschmuse *n*, Geknutsche *n*; ~**lace** ['neklıs], ~**let** [-lıt] Halskette *f*; ~**line** (*of dress, etc.*)Ausschnitt *m*; ~**tie** *Am.* Krawatte *f*, Schlips *m*.

nec-ro-man-cy ['nekrəumænsı] Totenbeschwörung *f*; Zauberei *f*.

née, *Am. a.* **nee** [neı] *before a woman's original family name*: geborene ....

need [ni:d] **1.** Not *f*; Notwendigkeit *f*; Bedürfnis *n*; Mangel *m*, Bedarf *m*; **be or stand in** ~ **of** dringend brauchen; **if** ~ **be** falls nötig, nötigenfalls; **2.** nötig haben, brauchen, bedürfen (*gen.*); müssen, brauchen; ~**ful** notwendig.

nee-dle ['ni:dl] **1.** Nadel *f*; Zeiger *m*; **2.** nähen; *fig.* F aufziehen, reizen; *fig.* anstacheln.

need-less □ ['ni:dlıs] unnötig.

nee-dle|wom-an ['ni:dlwomən] Näherin *f*; ~**work** Handarbeit *f*.

need-y □ ['ni:dı] (*-ier, -iest*) bedürftig, arm.

ne-far-i-ous □ [nı'feərıəs] schändlich.

ne-gate [nı'geıt] verneinen; **ne-ga-tion** [~ʃn] Verneinung *f*; **neg-a-tive** ['negətıv] **1.** □ negativ; verneinend; **2.** Verneinung *f*; *phot.* Negativ *n*; **answer in the** ~ verneinen; **3.** verneinen; ablehnen.

ne-glect [nı'glekt] **1.** Vernachlässigung *f*; Nachlässigkeit *f*; **2.** vernachlässigen; ~**ful** □ [~fl] nachlässig.

neg-li|gence ['neglıdʒəns] Nachlässigkeit *f*; ~**gent** □ [~t] nachlässig.

neg-li-gi-ble ['neglıdʒəbl] nebensächlich; unbedeutend.

ne-go-ti|ate [nı'gəuʃıeıt] verhandeln (über *acc.*); zustande bringen; *of hill, etc.*: bewältigen; ~**a-tion** [nıgəuʃı'eıʃn] Ver-, Unterhandlung *f*; Bewältigung *f*; ~**a-tor** [nı'gəuʃıeıtə] Unterhändler *m*.

Ne-gress ['ni:grıs] Negerin *f*; **Ne-gro** [~əu] (*pl. -groes*) Neger *m*.

neigh [neı] **1.** Wiehern *n*; **2.** wiehern.

neigh-bo(u)r ['neıbə] Nachbar(in); Nächste(r *m*) *f*; ~**hood** Nachbarschaft *f*, Umgebung *f*, Nähe *f*; ~**ing** benachbart; ~**ly** nachbarlich, freundlich; ~**ship** Nachbarschaft *f*.

nei-ther ['naıðə, *Am.* 'ni:ðə] **1.** keine(r, -s) (von beiden); **2.** noch, auch nicht; ... **nor** ... weder ... noch ...

ne-on ⚛ ['ni:ɒn] Neon *n*; ~ **lamp** Neonlampe *f*; ~ **sign** Leuchtreklame *f*.

neph-ew ['nevju:] Neffe *m*.

nerve [nɜ:v] **1.** Nerv *m*; Sehne *f*; *of leaf*: Rippe *f*; Kraft *f*, Mut *m*; Dreistigkeit *f*; **lose one's** ~ den Mut verlieren; **get on s.o.'s** ~ **s** j-m auf die Nerven gehen, F j-n nerven; **you've got a** ~! F Sie haben Nerven!; **2.** kräftigen; ermutigen; ~**less** □ ['nɜ:vlıs] kraftlos.

ner-vous □ ['nɜ:vəs] Nerven...; nervös; nervig, kräftig; ~**ness** [~nıs] Nervigkeit *f*; Nervosität *f*.

nest [nest] **1.** Nest *n* (*a. fig.*); **2.** nisten.

nes-tle ['nesl] (sich) (an)schmiegen *or* kuscheln (**to**, **against** an *acc.*); **a.** ~ **down** sich behaglich niederlassen.

net¹ [net] **1.** Netz *n*; **2.** (*-tt-*) mit e-m Netz fangen *or* umgeben.

net² [~] **1.** netto; Rein...; ~ **profit** Reingewinn *m*; **2.** (*-tt-*) netto einbringen.

neth-er ['neðə] niedere(r, -s); Unter...

net-tle ['netl] **1.** ⚘ Nessel *f*; **2.** ärgern.

net-work ['netwɜ:k] Netz *n*; *TV, etc.*: Sendernetz *n*, -gruppe *f*; *cooperation*: Netzwerk *n*.

neu-ro-sis ✚ [njuə'rəusıs] (*pl. -ses* [-si:z]) Neurose *f*; **neu-rot-ic** [njuə'rɒtık] **1.** neurotisch; **2.** Neurotiker(in).

neu-ter ['nju:tə] **1.** geschlechtslos; *gr.* sächlich; **2.** kastriertes Tier; *gr.* Neutrum *n*.

neu-tral ['nju:trəl] **1.** neutral; unparteiisch; ~ **gear** *mot.* Leerlauf *m*; **2.** Neutrale(r *m*) *f*; Null(punkt *m*) *f*; *mot.* Leerlauf(stellung *f*) *m*; ~**i-ty** [nju:'trælətı] Neutralität *f*; ~**ize** ['nju:trəlaız] neutralisieren.

neu-tron *phys.* ['nju:tron] Neutron *n*.

nev-er ['nevə] nie(mals); gar nicht; ~**more** [~'mɔ:] nie wieder; ~**the-less** [nevəðə'les] nichtsdestoweniger, dennoch.

new [nju:] neu; frisch; unerfahren; ~**com-er** [~kʌmə] Neuankömmling *m*; Neuling *m*; ~**ly** ['nju:lı] neulich; neu.

news [nju:z] *mst sg.* Neuigkeit(en *pl.*) *f*, Nachricht(en *pl.*) *f*; **be in the** ~ Schlagzeilen machen; ~**a-gent** Zeitungshändler *m*; ~**boy** Zeitungsjunge *m*, -austräger *m*; ~**cast** *TV etc.*: Nachrichtensendung *f*; ~**cast-er** *Am.* Zeitungshändler *m*; ~**mon-ger** Klatschmaul *n*; ~**pa-per** Zeitung *f*; *attr.* Zeitungs...; ~**print** Zeitungspapier *n*; ~**reel** (*dated*) *film*: Wochenschau *f*; ~**room** Nachrichtenredaktion *f*; ~**stand** Zeitungskiosk *m*.

new year Neujahr *n*, *das neue Jahr*; *New Year's Day* Neujahrstag *m*; *New Year's Eve* Silvester *m*, *n*; *Happy New Year!* Gutes neues Jahr!

next [nekst] **1.** *adj.* nächste(r, -s); (*the*) ~

day am nächsten Tag; **~ to** gleich neben or nach; *fig.* fast; **~ but one** übernächste(r, -s); **~door to** *fig.* beinahe, fast; 2. *adv.* als nächste(r, -s), gleich darauf; das nächste Mal; 3. *der, die, das* Nächste; **~door** benachbart, nebenan; **~ of kin** *der, die* nächste Verwandte, *die* nächsten Angehörigen *pl.*

nib-ble ['nɪbl] *v/t.* knabbern an (*dat.*); *v/i.* **~** at nagen or knabbern an (*dat.*); *fig.* (herum)kritteln an (*dat.*).

nice □ [naɪs] (*~r, ~st*) fein; wählerisch; (peinlich) genau; heikel; nett; sympathisch; schön; hübsch; **~ly** (sehr) gut; **ni-ce-ty** [~ətɪ] Feinheit *f*; Genauigkeit *f*; Spitzfindigkeit *f*.

niche [nɪtʃ] Nische *f*.

nick [nɪk] 1. Kerbe *f*; **in the ~ of time** im richtigen Augenblick or letzten Moment; 2. (ein)kerben; *Brt. sl.* j-n schnappen, einlochen; F klauen.

nick-el ['nɪkl] 1. *min.* Nickel *m*; *Am. a.* Fünfcentstück *n*; 2. vernickeln.

nick-nack ['nɪknæk] = **knick-knack.**

nick-name ['nɪkneɪm] 1. Spitzname *m*; 2. j-m den Spitznamen ... geben.

niece [niːs] Nichte *f*.

nif-ty F ['nɪftɪ] (*-ier, -iest*) hübsch, schick, fesch; *clever*: geschickt.

nig-gard ['nɪgəd] Geizhals *m*; **~ly** [~lɪ] geizig, knaus(e)rig; karg.

night [naɪt] Nacht *f*; Abend *m*; **at ~, by ~, in the ~** nachts; **~cap** Nachtmütze *f*; Schlaftrunk *m*; **~club** Nachtklub *m*, -lokal *n*; **~dress** (Damen-, Kinder-) Nachthemd *n*; **~fall** Einbruch *m* der Nacht; **~gown** *esp. Am.,* **~le** F = **nightdress; nigh-tin-gale** *zo.* [~ɪŋgeɪl] Nachtigall *f*; **~ly** nächtlich; jede Nacht or jeden Abend (stattfindend); **~mare** Alptraum *m*; **~nurse** Nachtschwester *f*, *man:* Pfleger *m* im Nachtdienst; **~owl** *zo.* Eule *f*; F *fig.* Nachtschwärmer(in); **~ school** Abendschule *f*; **~shirt** (Herren)Nachthemd *n*; **~y** F = **nightie.**

nil [nɪl] *esp. sports:* Nichts *n*; Null *f*.

nim-ble □ ['nɪmbl] (*~r, ~st*) flink, behend(e).

nine [naɪn] 1. neun; **~ to five** normale Dienststunden; **a ~-to-five job** e-e (An-) Stellung mit geregelter Arbeitszeit *f*; 2. Neun *f*; **~pin** Kegel *m*; **~s** *sg.* Kegeln *n*; **~teen** [naɪn'tiːn] 1. neunzehn; 2. Neunzehn *f*; **~teenth** [~θ] neunzehnte(r, -s); **~tieth** ['~tɪɪθ] neunzigste(r, -s); **~ty** ['~tɪ] 1. neunzig; 2. Neunzig *f*.

nin-ny F ['nɪnɪ] Dummkopf *m*.

ninth [naɪnθ] 1. neunte(r, -s); 2. Neuntel *n*; **~ly** ['naɪnθlɪ] neuntens.

nip [nɪp] 1. Kneifen *n*; ⊙ Knick *m*; scharfer Frost; Schlückchen *n*; 2. (*-pp-*) knei-

fen, klemmen; *cold:* schneiden; *sl.* flitzen; nippen (an *dat.*); **~ in the bud** im Keim ersticken.

nip-per ['nɪpə] *zo. of crab:* Schere *f*; (**a pair of**) **~s** *pl.* (-e-) (Kneif)Zange *f*.

nip-ple ['nɪpl] Brustwarze *f*.

ni-tre, *Am.* **-ter** ᛘ ['naɪtə] Salpeter *m*.

ni-tro-gen ᛘ ['naɪtrədʒən] Stickstoff *m*.

no [nəʊ] 1. *adj.* kein(e); **at ~ time** nie; **in ~ time** im Nu; **~ one** keiner; 2. *adv.* nein; nicht; **I won't say ~** da kann ich nicht nein sagen; 3. (*pl. noes*) Nein *n*.

no-bil-i-ty [nəʊ'bɪlətɪ] Adel *m* (*a. fig.*).

no-ble ['nəʊbl] 1. □ (*~r, ~st*) adlig; edel; vornehm; vortrefflich; 2. Adlige(r *m*) *f*; **~man** Adlige(r) *m*; **~mind-ed** edelmütig.

no-bod-y ['nəʊbədɪ] niemand, keiner.

noc-tur-nal [nɒk'tɜːnl] Nacht...

nod [nɒd] 1. (*-dd-*) nicken (mit); sich neigen; **~ off** einnicken; **~ding acquaintance** oberflächliche Bekanntschaft *f*; 2. Nicken *n*; **give s.o. a ~** j-m zunicken; **the Land of ᛚ** das Land der Träume.

node [nəʊd] Knoten *m* (*a.* ᛚ, ᛘ, *ast.*); ᛚ Überbein *n*, (Gicht)Knoten *m*.

noise [nɔɪz] 1. Lärm *m*; Geräusch *n*; Geschrei *n*; **big ~** *contp. person:* großes Tier; 2. **~ abroad (about, around)** *et.* verbreiten; **~less** □ geräuschlos.

noi-some ['nɔɪsəm] schädlich, unangenehm; *smell:* widerlich.

nois-y □ ['nɔɪzɪ] (*-ier, -iest*) geräuschvoll; laut; lärmend; *colour:* grell, aufdringlich.

nom-i-nal □ ['nɒmɪnl] nominell; (nur) dem Namen nach (vorhanden); namentlich; **~ value** *econ.* Nennwert *m*; **~nate** [~eɪt] ernennen; nominieren, (zur Wahl) vorschlagen; **~na-tion** [nɒmɪ'neɪʃn] Ernennung *f*; *of candidate:* Nominierung *f*, Aufstellung *f*; **~nee** [~niː] Kandidat(in).

nom-i-na-tive *gr.* ['nɒmɪnətɪv] *a.* **~ case** Nominativ *m*, erster Fall.

non- [nɒn] *in compounds:* nicht..., Nicht..., un...

no-nage ['nəʊnɪdʒ] Minderjährigkeit *f*.

non-al-co-hol-ic ['nɒnælkə'hɒlɪk] alkoholfrei.

non-a-ligned *pol.* [nɒnə'laɪnd] blockfrei.

nonce [nɒns]: **for the ~** nur für diesen Fall.

non-com-mis-sioned [nɒnkə'mɪʃnd] nicht bevollmächtigt; **~ officer** ᛢ Unteroffizier *m*.

non-com-mit-tal [nɒnkə'mɪtl] unverbindlich; **be ~ about (whether)** sich nicht festlegen (,ob).

non-con-duc-tor *esp.* ᛜ ['nɒnkəndʌktə] Nichtleiter *m*.

non-con-form-ist [nɒnkən'fɔːmɪst] Nonkonformist(in); 2 *Brt. eccl.* Dissident(in).

non-de-script ['nɒndɪskrɪpt] nichtssagend; schwer zu beschreiben(d); *person*: unscheinbar.

none [nʌn] **1.** keine(r, -s); nichts; **2.** keineswegs, gar nicht; ~ *the less* nichtsdestoweniger.

non-en-ti-ty [nɒ'nentətɪ] Nichtsein *n*; Unding *n*, Nichts *n*; *fig.* Null *f*.

non-e-vent [nɒnɪ'vent] F Reinfall *m*.

non-ex-ist-ence [nɒnɪg'zɪstəns] Nicht-(vorhanden)sein *n*; Fehlen *n*.

non-fic-tion [nɒn'fɪkʃn] Sachbücher *pl.*

non-par-ty [nɒn'pɑːtɪ] parteilos.

non-per-form-ance ⚖ [nɒnpə'fɔːməns] Nichterfüllung *f*.

non-plus [nɒn'plʌs] **1.** Verlegenheit *f*; **2.** (-ss-) *j-n* (völlig) verwirren.

non-pol-lut-ing [nɒnpə'luːtɪŋ] umweltfreundlich, ungiftig.

non-res-i-dent [nɒn'rezɪdənt] nicht im Haus *or* am Ort wohnend.

non|sense ['nɒnsəns] Unsinn *m*; Quatsch *m*, Nonsens *m*; ~**sen-si-cal** □ [nɒn'sensɪkl] unsinnig.

non-skid [nɒn'skɪd] rutschfest.

non-smoker [nɒn'sməʊkə] Nichtraucher(in); 🚃 Nichtraucher(abteil *n*) *m*.

non-stop [nɒn'stɒp] Nonstop..., ohne Halt, durchgehend (*train*), ohne Zwischenlandung (*aircraft*).

non-u-ni-on [nɒn'juːnɪən] nicht (gewerkschaftlich) organisiert.

non-vi-o-lence [nɒn'vaɪələns] (Politik *f* der) Gewaltlosigkeit *f*.

noo-dle ['nuːdl] Nudel *f*.

nook [nʊk] Ecke *f*, Winkel *m*.

noon [nuːn] Mittag *m*; *at (high)* ~ um 12 Uhr mittags; ~**day** ['nuːndeɪ], ~**tide**, ~**time** *Am.* = **noon**.

noose [nuːs] **1.** Schlinge *f*; **2.** mit der Schlinge fangen; schlingen.

nope F [nəʊp] ne(e), nein.

nor [nɔː] noch; auch nicht.

norm [nɔːm] Norm *f*, Regel *f*; Muster *n*; Maßstab *m*; **nor-mal** □ ['nɔːml] normal; **nor-mal-ize** [~əlaɪz] normalisieren; normen.

north [nɔːθ] **1.** Nord(en *m*); **2.** nördlich, Nord..; ~**east** Nordost(en *m*); **2.** *a.* ~**east-ern** nordöstlich; **nor-ther-ly** ['nɔːðəlɪ], **nor-thern** nördlich, Nord...; ~**ward(s)** ['nɔːθwəd(z)] *adv.* nördlich, nordwärts; ~**west** **1.** Nordwest(en *m*); **2.** *a.* ~**west-ern** nordwestlich.

Nor-we-gian [nɔː'wiːdʒən] **1.** norwegisch; **2.** Norweger(in); *ling.* Norwegisch *n*.

nose [nəʊz] **1.** Nase *f*; Spitze *f*; Schnauze *f*; *follow your* ~ immer der Nase nach!; *pay through the* ~ F sich dumm und

dämlich zahlen; **2.** *v/t.* riechen; ~ *one's way* vorsichtig fahren; *v/i.* (~ *about or around*) (herum)schnüffeln; ~**bleed** Nasenbluten *n*; *have a* ~ Nasenbluten haben; ~**cone** Raketenspitze *f*; ~**dive** ✈ Sturzflug *m*; ~**gay** Sträußchen *n*.

nos-ey ['nəʊzɪ] = **nosy**.

nos-tal-gia [nɒ'stældʒɪə] Nostalgie *f*, Sehnsucht *f*.

nos-tril ['nɒstrəl] Nasenloch *n*, *esp.* Nüster *f*.

nos-y F ['nəʊzɪ] (-*ier*, -*iest*) neugierig.

not [nɒt] nicht; ~ *a* kein(e).

no-ta-ble ['nəʊtəbl] **1.** □ bemerkenswert; **2.** angesehene Person.

no-ta-ry ['nəʊtərɪ] *mst* ~ *public* Notar *m*.

no-ta-tion [nəʊ'teɪʃn] Bezeichnung *f*.

notch [nɒtʃ] **1.** Kerbe *f*, Einschnitt *m*; Scharte *f*; *Am. geol.* Engpaß *m*; **2.** (ein)kerben.

note [nəʊt] **1.** Zeichen *n*; Notiz *f*; *print.* Anmerkung *f*; Briefchen *n*, Zettel *m*; *esp. Brt.* Banknote *f*; (*esp.* Schuld-) Schein *m*; *diplomacy*, ♪: Note *f*; ♪ Ton *m* (*a. fig.*); *fig.* Ruf *m*; Beachtung *f*; *take* ~*s* sich Notizen machen; **2.** bemerken; (besonders) beachten *or* achten auf (*acc.*); besonders erwähnen; *a.* ~ *down* niederschreiben, notieren; ~**book** Notizbuch *n*; **not-ed** bekannt, berühmt (*for* wegen); ~**pa-per** Briefpapier *n*; ~**wor-thy** bemerkenswert.

noth-ing ['nʌθɪŋ] **1.** nichts; **2.** Nichts *n*; Null *f*; ~ *but* nichts als, nur; *for* ~ umsonst; *good for* ~ zu nichts zu gebrauchen; *come to* ~ zunichte werden; *to say* ~ *of* ganz zu schweigen von; *there is* ~ *like* es geht nichts über (*acc.*).

no-tice ['nəʊtɪs] **1.** Nachricht *f*, Bekanntmachung *f*; Anzeige *f*; Ankündigung *f*; Kündigung *f*; Be(ob)achtung *f*; *at short* ~ kurzfristig; *give* ~ *that* bekanntgeben, daß; *give (a week's)* ~ (acht Tage vorher) kündigen; *hand in* (*Am. give*) *one's* ~ kündigen; *take* ~ *of* Notiz nehmen von; *without* ~ fristlos; **2.** bemerken; (besonders) beachten *or* achten auf (*acc.*); ~**a-ble** □ [~əbl] wahrnehmbar; bemerkenswert; ~ *board Brt.* Schwarzes Brett.

no-ti-fi-ca-tion [nəʊtɪfɪ'keɪʃn] Anzeige *f*, Meldung *f*; Bekanntmachung *f*; ~**fy** ['nəʊtɪfaɪ] *et.* anzeigen, melden; *j-n* benachrichtigen.

no-tion ['nəʊʃn] Begriff *m*, Vorstellung *f*; Absicht *f*; ~*s pl. Am.* Kurzwaren *pl.*

no-to-ri-ous □ [nəʊ'tɔːrɪəs] notorisch; all-, weltbekannt; berüchtigt.

not-with-stand-ing *prp.* ['nɒtwɪθ-'stændɪŋ] ungeachtet, trotz (*gen.*).

nought [nɔːt] Null *f*; *poet. or dated:* Nichts *n*.

noun gr. [naun] Substantiv n, Hauptwort n.
nour·ish ['nʌrɪʃ] (er)nähren; fig. hegen; **~ing** nahrhaft; **~ment** Ernährung f; Nahrung(smittel n) f.
nov·el ['nɒvl] 1. neu(artig); 2. Roman m; **~ist** Romanschriftsteller(in); **no·vel·la** [nəʊ'velə] (pl. -las, -le) **Novelle** f; **~ty** Neuheit f.
No·vem·ber [nəʊ'vembə] November m.
nov·ice ['nɒvɪs] in a subject: Neuling m, Anfänger(in) (at auf); eccl. Novize m, f.
now [naʊ] 1. nun, jetzt; just ~ gerade eben; ~ and again or then dann und wann; 2. cj. a. ~ that nun da.
now·a·days ['naʊədeɪz] heutzutage.
no·where ['nəʊweə] nirgends, nirgendwo(hin); ~ near nicht annähernd; get ~ nichts erreichen, nicht vorankommen.
nox·ious □ ['nɒkʃəs] schädlich.
noz·zle ⊚ ['nɒzl] Düse f; Tülle f.
nu·ance [nju:'ɑːns] Nuance f.
nub [nʌb] Knötchen n; kleiner Klumpen; the ~ fig. der springende Punkt (of bei).
nu·cle·ar ['nju:klɪə] nuklear, Nuklear..., atomar, Atom..., Kern...; **~free** atomwaffenfrei; **~pow·ered** atomgetrieben; ~ pow·er sta·tion Kernkraftwerk n; ~ re·ac·tor Kernreaktor m; ~ war·head ⚔ Atomsprengkopf m; ~ weap·ons pl. Kernwaffen pl.; ~ waste Atommüll m.
nu·cle·us ['nju:klɪəs] (pl. -clei [-klɪaɪ]) Kern m.
nude [nju:d] 1. nackt; 2. paint. Akt m.
nudge [nʌdʒ] 1. j-n anstoßen, (an-) stupsen; 2. Stups(er) m.
nud·is·m ['nju:dɪzəm] Nudismus m, Freikörperkultur f, FKK n; **nud·ist** ['nju:dɪst] Nudist(in), FKK-Anhänger(in); **nu·di·ty** ['nju:dɪtɪ] Nacktheit f.
nug·get ['nʌgɪt] (esp. Gold)Klumpen m.
nui·sance ['nju:sns] Ärgernis n, Unfug m, Plage f; lästiger Mensch, Nervensäge f; what a ~! wie ärgerlich!; be a ~ to s.o. j-m lästig fallen; make a ~ of o.s. den Leuten auf die Nerven gehen or fallen.
nuke [nju:k] 1. Am. sl. Kernwaffe f; 2. F mit Atomwaffen angreifen; fig. vermin, weed: vernichten, vertilgen.
null [nʌl] 1. nichtssagend; ~ and void null und nichtig; 2. ⊚, ⚛ Null f;

nul·li·fy zunichte machen; aufheben; ungültig machen; **nul·li·ty** Nichtigkeit f, Ungültigkeit f.
numb [nʌm] 1. starr (with vor); fingers, etc.: taub; 2. starr or taub machen; **~ed** erstarrt.
num·ber ['nʌmbə] 1. ⚛ Zahl f; of car, house, etc.: Nummer f; (An)Zahl f; of periodical, etc.: Heft n, Ausgabe f, Nummer f; bus, etc.: Linie f; without ~ zahllos; in ~ an der Zahl; 2. zählen; numerieren; **~less** zahllos; **~plate** esp. Brt. mot. Nummernschild n.
nu·me|ral ['nju:mərəl] 1. Zahl(en)...; 2. ⚛ Ziffer f; ling. Numerale n, Zahlwort n; **~rous** □ [-əs] zahlreich.
nun [nʌn] Nonne f; **~ne·ry** Nonnenkloster n.
nup·tial ['nʌpʃəl] 1. Hochzeits..., Ehe...; 2. ~s pl. Hochzeit f.
nurse [nɜːs] 1. Kindermädchen n; a. dry~ Säuglingsschwester f; a. wet~ Amme f; (Kranken)Pflegerin f, (Kranken)Schwester f; at ~ in Pflege; put out to ~ in Pflege geben; 2. stillen, nähren; großziehen; pflegen; hätscheln; **~ling** Säugling m; Pflegling m; **~maid** Kindermädchen n; **nur·se·ry** Kinderzimmer n; ⚘ Baum-, Pflanzschule f; ~ rhymes pl. Kinderlieder pl., -reime pl.; ~ school Kindergarten m; ~ slope skiing: F Idiotenhügel m.
nurs·ing ['nɜːsɪŋ] Stillen n; (Kranken)Pflege f; ~ bot·tle (Säuglings-, Saug)Flasche f; ~ home Brt. Privatklinik f.
nurs·ling ['nɜːslɪŋ] = nurseling.
nur·ture ['nɜːtʃə] 1. Pflege f; Erziehung f; 2. aufziehen; (er)nähren.
nut [nʌt] ⚘ Nuß f; ⊚ (Schrauben)Mutter f; sl. verrückter Kerl; ~s pl. Am. sl. Eier pl.; be ~s sl. verrückt sein; **~crack·ers** Nußknacker m; **~meg** ⚘ Muskatnuß f.
nu·tri·ment ['nju:trɪmənt] Nahrung f.
nu·tri|tion [nju:'trɪʃn] Ernährung f; Nahrung f; **~tious** □ [-ʃəs], **~tive** □ ['nju:trɪtɪv] nahrhaft.
nut|shell ['nʌtʃel] Nußschale f; in a ~ in aller Kürze; **~ty** ['nʌtɪ] (-ier, -iest) voller Nüsse; nußartig; sl. verrückt.
ny·lon ['naɪlɒn] Nylon n; ~s pl. Nylonstrümpfe pl.
nymph [nɪmf] Nymphe f.

O

o [əʊ] 1. oh!; ach!; 2. *in phone numbers*: Null *f*.

oaf [əʊf] Dummkopf *m*; Tölpel *m*.

oak & [əʊk] Eiche *f*.

oar [ɔː] 1. Ruder *n*; 2. rudern; **~s·man** ['ɔːmən] Ruderer *m*.

o·a·sis [əʊ'eɪsɪs] (*pl.* -ses [-siːz]) Oase *f* (*a. fig.*).

oat [əʊt] *mst* **~s** *pl.* & Hafer *m*; **feel one's ~s** F groß in Form sein; *Am.* sich wichtig vorkommen; **sow one's wild ~s** sich die Hörner abstoßen.

oath [əʊθ] (*pl.* **~s** [əʊðz]) Eid *m*, Schwur *m*; Fluch *m*; **be on ~** unter Eid stehen; **take (make, swear) an ~** e-n Eid leisten, schwören.

oat·meal ['əʊtmiːl] Hafermehl *n*.

ob·du·rate □ ['ɒbdjʊrət] verstockt.

o·be·di|ence [ə'biːdjəns] Gehorsam *m*; **~ent** □ [~t] gehorsam.

o·bei·sance [əʊ'beɪsəns] Ehrerbietung *f*; Verbeugung *f*; **do (make, pay) ~ to s.o.** j-m huldigen.

o·bese [əʊ'biːs] fett(leibig); **o·bes·i·ty** [~ətɪ] Fettleibigkeit *f*.

o·bey [ə'beɪ] gehorchen (*dat.*); *order, etc.* befolgen; Folge leisten (*dat.*).

o·bit·u·a·ry [ə'bɪtjʊərɪ] Todesanzeige *f*; Nachruf *m*; *attr.* Todes..., Toten...

ob·ject 1. ['ɒbdʒɪkt] Gegenstand *m*; Ziel *n*, Zweck *m*, Absicht *f*; Objekt *n* (*a. gr.*); 2. [əb'dʒekt] *v/t.* einwenden (**to** gegen); *v/i.* et. dagegen haben (**to** *ger.* daß).

ob·jec|tion [əb'dʒekʃn] Einwand *m*, -spruch *m*; **~tio·na·ble** □ [~əbl] nicht einwandfrei; unangenehm.

ob·jec·tive [əb'dʒektɪv] 1. □ objektiv, sachlich; 2. Ziel *n*; *opt.* Objektiv *n*.

ob·li·ga·tion [ɒblɪ'geɪʃn] Verpflichtung *f*; *econ.* Schuldverschreibung *f*; **be under an ~ to s.o.** j-m (zu Dank) verpflichtet sein; **be under ~ to** *inf.* die Verpflichtung haben, zu *inf.*; **ob·lig·a·to·ry** □ [ə'blɪɡətərɪ] verpflichtend, (rechts)verbindlich.

o·blige [ə'blaɪdʒ] (zu Dank) verpflichten; nötigen, zwingen; **~ s.o.** j-m e-n Gefallen tun; **much ~d** sehr verbunden, danke bestens; **o·blig·ing** □ [~ɪŋ] verbindlich, zuvor-, entgegenkommend, gefällig.

o·blique □ [ə'bliːk] schief, schräg.

o·blit·er·ate [ə'blɪtəreɪt] auslöschen, tilgen (*a. fig.*); F *opponents*: vernichten (*a. sports*).

o·bliv·i|on [ə'blɪvɪən] Vergessen(heit *f*) *n*; **~ous** □ [~əs]: **be ~ of s.th.** et. vergessen haben; **be ~ to s.th.** blind sein gegen et., et. nicht beachten.

ob·long ['ɒblɒŋ] länglich; rechteckig.

ob·nox·ious □ [əb'nɒkʃəs] anstößig; widerwärtig, verhaßt.

ob·scene □ [əb'siːn] obszön, unanständig; *fig.* **the ~ poverty in the Third World** der Skandal der Armut in der Dritten Welt.

ob·scure [əb'skjʊə] 1. □ dunkel; *fig.* dunkel, unklar; unbekannt; 2. verdunkeln; **ob·scu·ri·ty** [~rətɪ] Dunkelheit *f* (*a. fig.*), Unklarheit *f*; **sink into ~** in Vergessenheit geraten.

ob·se·quies ['ɒbsɪkwɪz] *pl.* Trauerfeier(lichkeiten *pl.*) *f*.

ob·se·qui·ous □ [əb'siːkwɪəs] unterwürfig (**to** gegen).

ob·ser|va·ble □ [əb'zɜːvəbl] bemerkbar; bemerkenswert; **~vance** [~ns] Befolgung *f*; Brauch *m*; **~vant** □ [~t] beachtend; aufmerksam; **~va·tion** [ɒbzə'veɪʃn] Beobachtung *f*; Bemerkung *f*; *attr.* Beobachtungs...; Aussichts...; **~va·to·ry** [əb'zɜːvətrɪ] Observatorium *n*, Stern-, Wetterwarte *f*.

ob·serve [əb'zɜːv] *v/t.* be(ob)achten; sehen; *custom, etc.*: (ein)halten; *law, etc.*: befolgen; bemerken, äußern; *v/i.* sich äußern.

ob·sess [əb'ses] heimsuchen, quälen; **~ed by or with** besessen von; **ob·session** [~ʃn] Besessenheit *f*; **ob·ses·sive** □ *psych.* zwanghaft, Zwangs...

ob·so·lete ['ɒbsəliːt] veraltet.

ob·sta·cle ['ɒbstəkl] Hindernis *n*.

ob·sti|na·cy ['ɒbstɪnəsɪ] Hartnäckigkeit *f*; Eigensinn *m*; **~nate** □ [~t] halsstarrig; eigensinnig; hartnäckig.

ob·struct [əb'strʌkt] verstopfen, -sperren; blockieren; (be)hindern; **ob·struc·tion** [~kʃn] Verstopfung *f*; Blockierung *f*; Behinderung *f*; Hindernis *n*; **ob·struc·tive** □ [~ktɪv] blockierend; hinderlich.

ob·tain [əb'teɪn] erlangen, erhalten, erreichen, bekommen; **ob·tai·na·ble** *econ.* erhältlich.

ob·trude [əb'truːd] (sich) aufdrängen (**on** *dat.*); **ob·tru·sive** □ [~sɪv] aufdringlich.

ob·tuse □ [əb'tjuːs] stumpf; dumpf; begriffsstutzig.

ob·vi·ate ['ɒbvɪeɪt] beseitigen; vorbeugen (*dat.*).

ob·vi·ous □ ['ɒbvɪəs] offensichtlich, augenfällig, klar, einleuchtend.

oc·ca·sion [ə'keɪʒn] 1. Gelegenheit *f*; Anlaß *m*; Veranlassung *f*; (festliches) Ereignis *m*; **on the ~ of** anläßlich (*gen.*); 2. veranlassen; **~al** gelegentlich, Gelegenheits...

Oc·ci|dent ['ɒksɪdənt] Westen *m*; Okzident *m*, Abendland *n*; **♀·den·tal** □ [ɒksɪ'dentl] abendländisch, westlich.
oc·cu|pant ['ɒkjʊpənt] *of flat, etc.*: Bewohner(in); *of car*: Insass|e *m*, -in *f*; ⚖ Besitzer(in); **~·pa·tion** [ɒkjʊ'peɪʃn] Besitz(nahme *f*) *m*; ⚔ Besetzung *f*, Besatzung *f*, Okkupation *f*; *profession*: Beruf *m*; *activity*: Beschäftigung *f*; **~·py** ['ɒkjʊpaɪ] einnehmen; in Besitz nehmen; ⚔ besetzen; besitzen; innehaben; *flat, etc.*: bewohnen; *take up time*: in Anspruch nehmen; beschäftigen.
oc·cur [ə'kɜː] (*-rr-*) vorkommen; sich ereignen; ***it ~red to me*** mir fiel ein; **~·rence** [ə'kʌrəns] Vorkommen *n*; Vorfall *m*, Ereignis *n*.
o·cean ['əʊʃn] Ozean *m*, Meer *n*.
o'clock [ə'klɒk] *telling the time*: Uhr (**at**) ***five ~*** (um) fünf Uhr.
Oc·to·ber [ɒk'təʊbə] Oktober *m*.
oc·u|lar □ ['ɒkjʊlə] Augen...; **~·list** [~ɪst] Augenarzt *m*.
odd □ [ɒd] *number*: ungerade; einzeln; *after numbers*: und einige *or* etwas darüber; überzählig; gelegentlich; sonderbar, merkwürdig; ***five pounds ~*** F fünf Pfund und ein paar Zerquetschte; **~·i·ty** ['ɒdətɪ] Seltsamkeit *f*.
odds [ɒdz] *often sg*. (Gewinn)Chancen *pl*.; Vorteil *m*; Verschiedenheit *f*; Unterschied *m*; Uneinigkeit *f*; ***be at ~ with s.o.*** mit j-m im Streit sein, uneins sein mit j-m; ***the ~ are that*** es ist sehr wahrscheinlich, daß; ***~ and ends*** Reste *pl*.; Krimskrams *m*.
ode [əʊd] *poem*: Ode *f*.
o·di·ous □ ['əʊdɪəs] verhaßt; ekelhaft.
o·do(u)r ['əʊdə] Geruch *m*; Duft *m*.
of *prp*. [ɒv, əv] von; um (***cheat ~*** betrügen um); *with cause*: von, an (*dat*.) (***die ~*** sterben an); aus (***~ charity*** aus Menschenfreundlichkeit); vor (*dat*.) (***be afraid ~*** Angst haben vor); auf (*acc*.) (***proud ~*** stolz auf); über (*acc*.) (***be ashamed ~*** sich schämen über *or* wegen); nach (***smell ~ roses*** nach Rosen riechen); von, über (*acc*.) (***speak ~ s.th.*** von et. sprechen); an (*acc*.) (***think ~ s.o.*** an j-n denken); *origin*: von, aus; *material*: aus, von; ***nimble ~ foot*** leichtfüßig; ***the city ~ London*** die Stadt London; ***the works ~ Dickens*** Dickens' Werke; ***your letter ~ ...*** Ihr Schreiben vom ...; ***five minutes ~ twelve*** *Am*. fünf Minuten vor zwölf.
off [ɒf] **1.** *adv*. fort, weg; ab, herunter(...), los(...); *distance*: entfernt; *time*: bis hin (***3 months ~***); *light, etc.*: aus(-), ab(geschaltet); *tap, etc.*: zu; *button, etc.*: ab(-), los(gegangen); frei (*at work*); ganz, zu Ende; *econ*. flau; verdorben (*meat, etc.*); *fig*. aus, vorbei; ***be ~*** a) fort *or* weg sein, (weg)gehen; b) *cancelled*: abgesagt sein, ausfallen; ***~ and on*** ab u. an; ab u. zu; ***well*** (***badly***) ***~*** gut (schlecht) daran; ***I'm ~*** ich geh' jetzt; ***~ we go!*** auf geht's!; **2.** *prp*. fort von, weg von; von (... ab, weg, herunter); abseits von, entfernt von; frei von (*work*); ⚓ auf der Höhe von; ***be ~ duty*** dienstfrei haben; ***be ~ smoking*** nicht mehr rauchen; **3.** *adj*. (weiter) entfernt; Seiten..., Neben...; (arbeits-, dienst)frei; *econ*. flau, still, tot; *int*. fort!, weg!, raus!
of|fal ['ɒfl] Abfall *m*; **~s** *pl*. *esp*. *Brt*. *of animal*: Innereien *pl*.
of·fence, *Am*. **-fense** [ə'fens] Angriff *m*; Beleidigung *f*, Kränkung *f*, Ärgernis *n*, Vergehen *n*, Verstoß *m*; ⚖ Straftat *f*.
of·fend [ə'fend] beleidigen, verletzen, kränken; verstoßen (***against*** gegen); **~·er** Übel-, Missetäter(in); ⚖ Straffällige(r *m*) *f*; ***first ~*** ⚖ nicht Vorbestrafte(r *m*) *f*, Ersttäter(in).
of·fen·sive [ə'fensɪv] **1.** □ beleidigend; anstößig; ekelhaft; Offensiv..., Angriffs...; **2.** Offensive *f*.
of·fer ['ɒfə] **1.** Angebot *n*; Anerbieten *n*; ***~ of marriage*** Heiratsantrag *m*; **2.** *v/t*. anbieten (*a. econ*.); *price, advice, etc.*: bieten; *prize, award*: aussetzen; *prayers, sacrifice*: darbringen; *be willing*: sich bereit erklären zu; *resistance*: leisten; *v/i*. sich bieten; **~·ing** *eccl*. Opfer(n) *n*; Anerbieten *n*, Angebot *n*.
off·hand [ɒf'hænd] aus dem Stegreif, auf Anhieb; Stegreif..., unvorbereitet; ungezwungen, frei.
of·fice ['ɒfɪs] Büro *n*; Geschäftsstelle *f*; Amt *n*; Pflicht *f*; Dienst *m*, Gefälligkeit *f*; *eccl*. Gottesdienst *m*; ♀ Ministerium *n*; ***~ hours*** *pl*. Dienststunden *pl*., Geschäftszeit *f*; **of·fi·cer** Beamt|e(r) *m*, -in *f*; Polizist *m*, Polizeibeamte(r) *m*; ⚔ Offizier *m*.
of·fi·cial [ə'fɪʃl] **1.** □ offiziell, amtlich; Amts...; **2.** Beamt|e(r) *m*, -in *f*.
of·fi·ci·ate [ə'fɪʃɪeɪt] amtieren.
of·fi·cious □ [ə'fɪʃəs] aufdringlich, übereifrig; offiziös, halbamtlich.
off|-licence *Brt*. ['ɒflaɪsəns] Alkoholkonzession *f*; Spirituosengeschäft *n*; **~·print** Sonderdruck *m*; **~·set 1.** ausgleichen; **2.** *print*. Offset-Druck *m*; **~·shoot** ♀ Sproß *m*, Ableger *m*; **~·side 1.** *sports*: Abseits(stellung *f*, -position *f*) *n*; *mot*. Fahrerseite *f*; ***~ door*** Fahrertür *f*; **2.** *sports*: abseits; **~·spring** Nachkomme(nschaft *f*) *m*; *fig*. Ergebnis *n*.
of·ten ['ɒfn] oft(mals), häufig.
o·gle ['əʊgl]: **~** (**at**) liebäugeln mit, schöne Augen machen (*dat*.).

o·gre ['əʊgə] (menschenfressender) Riese, Ungeheuer *n*.

oh [əʊ] oh!; ach!

oil [ɔil] 1. Öl *n*; 2. ölen; schmieren (*a. fig.*); **~cloth** Wachstuch *n*; ~ **rig** (Öl)Bohrinsel *f*; **~skin** Ölleinwand *f*; **~s** *pl.* Ölzeug *n*; **~slick** Ölteppich *m*; **~y** □ (**-ier, -iest**) ölig (*a. fig.*); fettig; schmierig (*a. fig.*).

oint·ment ['ɔintmənt] Salbe *f*.

O.K., o·kay F [əʊ'kei] 1. richtig, gut, in Ordnung; 2. *int.* einverstanden!; gut!, in Ordnung!; 3. genehmigen, zustimmen (*dat.*).

old [əʊld] 1. (**~er, ~est,** *a.* **elder, eldest**) alt; altbekannt; erfahren; ~ **age** (das) Alter; ~ **people's home** Alters-, Altenheim *n*; **grow** ~ alt werden; F ~ **chap** F alter Junge; 2. **the** ~ **things:** das Alte, Altes *n*; *people:* alte Menschen; **~age** Alters...; **~fashioned** altmodisch; ⌂ **Glory** *USA:* Sternenbanner *n*; **~ish** ältlich.

ol·ive ['ɔliv] ⌘ Olive *f*; Olivgrün *n*.

O·lym·pic Games [ə'limpik'geimz] *pl.* Olympische Spiele *n*.; **Summer (Winter)** ~ *pl.* Olympische Sommer(Winter)spiele *pl.*

om·i·nous □ ['ɔminəs] unheilvoll.

o·mis·sion [əʊ'miʃn] Unterlassung *f*; Auslassung *f*.

o·mit [ə'mit] (**-tt-**) unterlassen; auslassen.

om·nip·o|tence [ɔm'nipətəns] Allmacht *f*; **~tent** □ allmächtig.

om·nis·ci·ent □ [ɔm'nisiənt] allwissend.

on [ɔn] 1. *prp. mst* auf (*dat., acc.*); an (*dat.*) (~ **the wall** an der Wand); *direction, aim:* auf (*acc.*) ... (hin), an (*acc.*), nach (*dat.*) ... (hin); *fig.* auf (*acc.*) ... (hin); *day, date, etc.:* an (*dat.*) (~ **Sunday** am Sonntag; ~ **the 1st of April** am ersten April); (gleich) nach, bei (~ **his arrival** bei s-r Ankunft); *belonging to:* zu, *employed:* bei (**be** ~ **a committee** e-m Ausschuß angehören; **be** ~ **the Daily Mail** bei der Daily Mail arbeiten; *situation:* in (*dat.*), auf (*dat.*), zu (~ **duty** im Dienst); *topic:* über (*acc.*); **be** ~ **the pill** die Pille nehmen; ~ **the street** *Am.* auf der Straße; **get** ~ **a train** *esp. Am.* in e-n Zug einsteigen; ~ **hearing it** als ich *etc.* es hörte; 2. *light, etc.:* an(geschaltet), eingeschaltet; *tap:* laufend, auf; (dar)auf (**put** ~, *etc.*); *clothes:* an (**put** ~) (**have a coat** ~ e-n Mantel anhaben); auf (**keep** ~); weiter (**go** ~, **speak** ~, *etc.*); **and so** ~ und so weiter; ~ **and** ~ immer weiter; ~ **to** ~ auf (hinauf *od.* hinaus); **be** ~ im Gange sein, los sein; *thea.* gespielt werden; laufen (*movie*); **what's on?** was ist los?, was gibt's?

once [wʌns] 1. *adv.* einmal; je(mals);

einst; **at** ~ (so)gleich, sofort; zugleich; **all at** ~ plötzlich; **for** ~ diesmal, ausnahmsweise; ~ **(and) for all** ein für allemal; ~ **again,** ~ **more** noch einmal; ~ **in a while** dann und wann; 2. *cj. a.* ~ **that** sobald.

one [wʌn] ein(e); einzig; eine(r, -s); man; eins; ~**'s** sein(e); ~ **day** eines Tages; ~ **Smith** ein gewisser Smith; ~ **another** einander; ~ **by** ~, ~ **after another,** ~ **after the other** e-r nach dem andern; **be at** ~ **with s.o.** mit j-m einig sein; **I for** ~ ich für meinen Teil; **the little** ~**s** *pl.* die Kleinen *pl.*

o·ner·ous □ ['ɔnərəs] schwer(wiegend).

one|self [wʌn'self] sich (selbst); (sich) selbst; **~sid·ed** □ [wʌn'saidid] einseitig; **~way:** ~ **street** Einbahnstraße *f*; ~ **ticket** *Am.* einfache Fahrkarte; ✈ einfaches Ticket.

on·ion ⌘ ['ʌniən] Zwiebel *f*.

on·look·er ['ɔnlʊkə] Zuschauer(in).

on·ly ['əʊnli] 1. *adj.* einzige(r, -s); 2. *adv.* nur, bloß; erst; ~ **yesterday** erst gestern; 3. *cj.* ~ **(that)** nur daß.

on·rush ['ɔnrʌʃ] Ansturm *m*.

on·set ['ɔnset], **on·slaught** ['ɔnslɔːt] Angriff *m*; Anfang *m*; ✻ Ausbruch *m* (*of fever, etc.*).

on·ward ['ɔnwəd] 1. *adj.* fortschreitend; 2. *a.* ~**s** *adv.* vorwärts, weiter.

ooze [uːz] 1. Schlamm *m*; 2. *v/i.* sickern; ~ **away** *fig.* schwinden; *v/t.* ausströmen, -schwitzen.

o·paque □ [əʊ'peik] (~**r,** ~**st**) undurchsichtig.

o·pen ['əʊpən] 1. □ offen; geöffnet; auf; frei (*fields, etc.*); öffentlich; offen, unentschieden; offen, freimütig; freigebig; *fig.* zugänglich (**to** *dat.*), ausgeschlossen (**to** für); 2. **in the** ~ (**air**) im Freien; **come out into the** ~ *fig.* an die Öffentlichkeit treten; 3. *v/t.* öffnen; eröffnen (*a. fig.*); *v/i.* sich öffnen, aufgehen; *fig.* öffnen, aufmachen; anfangen; ~ **into** führen nach (*door, etc.*); ~ **on to** hinausgehen auf (*acc.*) (*window, etc.*); ~ **out** sich ausbreiten.

open|-air [əʊpən'eə] im Freien (stattfindend), Freilicht..., Freiluft..., *a.* Open-air...; **~er** *for cans, bottles, etc.*: Öffner *m*; **~eyed** staunend; wach; mit offenen Augen; **~hand·ed** freigebig, großzügig; **~heart·ed** offen(herzig); **~ing** (Er)Öffnung *f*; freie Stelle; Gelegenheit *f*; *attr.* Eröffnungs...; **~mind·ed** *fig.* aufgeschlossen; **~plan office** Großraumbüro *n*.

op·e·ra ['ɔpərə] Oper *f*; **~glass(·es** *pl.*) Opernglas *n*.

op·e|rate ['ɔpəreit] *v/t.* bewirken, (mit sich) bringen; ⊙ *machine:* bedienen, *et.*

betätigen; *business*: betreiben; *v/i.* ⚙ arbeiten, funktionieren, laufen; wirksam werden *or* sein; ✗ operieren; ✈ operieren (*on or upon* s.o. j-n); **operating room** *Am.*, **operating-theatre** *Brt.* Operationssaal *m*; **~ra·tion** [ɔpə'reɪʃn] Wirkung *f* (**on** auf *acc.*); ⚙ Betrieb *m*, Tätigkeit *f*; ✈, ✗ Operation *f*; **be in ~** in Betrieb sein; **come into ~** ⚖ in Kraft treten; **~ra·tive** ['ɔprətɪv] **1.** □ wirksam, tätig; praktisch; ✈ operativ; **2.** Arbeiter *m*; **~ra·tor** [~eɪtə] ⚙ Bedienungsperson *f*; Telephonist(in).

o·pin·ion [ə'pɪnjən] Meinung *f*; Ansicht *f*; Stellungnahme *f*; Gutachten *n*; **in my ~** meines Erachtens.

op·po·nent [ə'pəunənt] Gegner *m*.

op·por|tune □ ['ɔpətjuːn] passend; rechtzeitig; günstig; **~tu·ni·ty** [ɔpə'tjuː-nətɪ] (günstige) Gelegenheit.

op·pose [ə'pəuz] entgegen-, gegenüberstellen; sich widersetzen, bekämpfen; **~d** entgegengesetzt; **be ~ to** gegen ... sein; **op·po·site** ['ɔpəzɪt] **1.** □ gegenüberliegend; entgegengesetzt; **2.** *prp. and adv.* gegenüber; **3.** Gegenteil *n*, -satz *m*; **op·po·si·tion** [ɔpə'zɪʃn] Widerstand *m*; Gegensatz *m*; Widerspruch *m*; Opposition *f* (*a. pol.*).

op·press [ə'pres] be-, unterdrücken; **op·pres·sion** Unterdrückung *f*; Druck *m*, Bedrängnis *f*; Bedrücktheit *f*; **op·pres·sive** □ (be)drückend; hart, grausam; schwül (*weather*).

opt [ɔpt] sich entscheiden (*for* für).

op·tic ['ɔptɪk] Augen..., Seh...; = **op·ti·cal** □ optisch; **op·ti·cian** [ɔp'tɪʃn] Optiker *m*.

op·ti|mis·m ['ɔptɪmɪzəm] Optimismus *m*; **~mist** Optimist(in); **~mist·ic** optimistisch.

op·tion ['ɔpʃn] Wahl(freiheit) *f*; Alternative *f*; *econ.* Vorkaufsrecht *n*, Option *f*; **~al** □ freigestellt, wahlfrei.

op·u·lence ['ɔpjuləns] (großer) Reichtum *m*, Überfluß *m*.

o·pus ['əupəs] Opus *n*, Werk *n*.

or [ɔː] oder; **~ else** sonst.

or·a·cle ['ɔrəkl] Orakel *n*.

o·ral □ ['ɔːrəl] **1.** mündlich; Mund...**2.** F *exam*: mündliche Prüfung.

or·ange ['ɔrɪndʒ] **1.** Orange *n* (*colour*); ⚘ Orange *f*, Apfelsine *f*; **2.** orange(farben); **~ade** [~'eɪd] Orangenlimonade *f*.

or·bit ['ɔːbɪt] **1.** Kreis-, Umlaufbahn *f*; **get** *or* **put into ~** in e-e Umlaufbahn gelangen *or* bringen; **2.** *v/t. planet*: umkreisen; *satellite*: auf e-e Umlaufbahn bringen; *v/i.* die Erde *etc.* umkreisen, sich auf e-r Umlaufbahn bewegen.

or·chard ['ɔːtʃəd] Obstgarten *m*.

or·ches·tra ['ɔːkɪstrə] ♪ Orchester *n*; *Am. thea.* Parkett *n*.

or·chid ⚘ ['ɔːkɪd] Orchidee *f*.

or·dain [ɔː'deɪn] anordnen, verfügen; *priest*: weihen.

or·deal *fig.* [ɔː'diːl] schwere Prüfung; Qual *f*, Tortur *f*.

or·der ['ɔːdə] **1.** Ordnung *f*; Anordnung *f*, Reihenfolge *f*; Befehl *m*; **in restaurant**, *etc.*: Bestellung *f*, *econ.* Bestellung *f*, Auftrag *m*; *econ.* Zahlungsauftrag *m*; *parl. etc.* (Geschäfts)Ordnung *f*; Klasse *f*, Rang *m*; Orden *m* (*a. eccl.*); **in ~ to** um zu *inf.*; **in ~ that** damit; **out of ~** nicht in Ordnung; defekt; nicht in Betrieb; **get out of ~** durcheinandergeraten, -kommen; **make to ~** auf Bestellung anfertigen; **2.** (an-, ✈ ver)ordnen; befehlen; *econ.*, **in restaurant**, *etc.*: bestellen; *j-n* schicken; **~ book** *econ.* Auftragsbuch *n*; **~ly 1.** ordentlich; *fig.* ruhig; **2.** ✗ (Offiziers)Bursche *m*; ✗ Sanitätssoldat *m*; Krankenpfleger *m*.

or·di·nal ['ɔːdɪnl] **1.** Ordnungs...; **2.** *a.* **~ number** ⚖ Ordnungszahl *f*.

or·di·nance ['ɔːdɪnəns] Verordnung *f*.

or·di·nary □ ['ɔːdnrɪ] üblich, gewöhnlich, normal.

ore [ɔː] Erz *n*.

or·gan ['ɔːgən] ♪ Orgel *f*; *anat. fig.* Organ *n*; **~grind·er** Leierkastenmann *m*; **~ic** [ɔː'gænɪk] (**~ally**) organisch; **~is·m** Organismus *m*.

or·gan|i·za·tion [ɔːgənar'zeɪʃn] Organisation *f*; **~ize** ['ɔːgənaɪz] organisieren; **~d crime** *das* organisierte Verbrechen; **~iz·er** Organisator(in).

or·gas·m ['ɔːgæzəm] Orgasmus *m*.

or·gy ['ɔːdʒɪ] Orgie *f* (*a. fig.*).

o·ri|ent ['ɔːrɪənt] **1.** ⚙ Osten *m*; Orient *m*, Morgenland *n*; **2.** *esp. Am.* orientieren; **~en·tal 1.** □ orientalisch, östlich; **2.** ⚙ Oriental|e *m*, -in *f*; **~en·tate** orientieren.

or·i·gin ['ɔrɪdʒɪn] Ursprung *m*; Anfang *m*; Herkunft *f*.

o·rig·i·nal [ə'rɪdʒənl] **1.** □ ursprünglich; originell; Original...; **2.** Original *n*; **~i·ty** [ərɪdʒə'nælətɪ] Originalität *f*; **~ly** originell; ursprünglich, zuerst.

o·rig·i·nate [ə'rɪdʒɪneɪt] *v/t.* hervorbringen, schaffen; *v/i.* entstehen; **~na·tor** Urheber(in).

or·na|ment 1. ['ɔːnəmənt] Verzierung *f*; *fig.* Zierde *f*; **2.** [~ment] verzieren, schmücken; **~men·tal** □ [ɔːnə'mentl] schmückend, Zier...

or·nate □ [ɔː'neɪt] reichverziert, reichgeschmückt; überladen.

or·phan ['ɔːfn] **1.** Waise *f*; **2.** *a.* **~ed** verwaist; **~age** Waisenhaus *n*.

or-tho-dox □ ['ɔːθədɒks] orthodox; strenggläubig; üblich, anerkannt.

os-cil-late ['ɒsɪleɪt] schwingen; *fig.* schwanken.

o-si-er ᐩ ['əʊʒə] Korbweide *f.*

os-prey *zo.* ['ɒsprɪ] Fischadler *m.*

os-ten-si-ble □ [ɒ'stensəbl] angeblich.

os-ten-ta|tion [ɒstən'teɪʃn] Zurschaustellung *f;* Protzerei *f;* **~tious** □ [~ʃəs] großtuerisch, prahlerisch.

os-tra-cize ['ɒstrəsaɪz] verbannen; ächten.

os-trich *zo.* ['ɒstrɪtʃ] Strauß *m.*

oth-er ['ʌðə] andere(r, -s); *some ~ time* ein andermal; *one ~ thing* noch etwas, noch eins; *the ~ day* neulich; *the ~ morning* neulich morgens; *every ~ day* jeden zweiten Tag; **~wise** anders; sonst.

ot-ter ['ɒtə] *zo.* Otter *m;* Otterfell *n.*

ought *v/aux.* [ɔːt] sollte(st) *etc.; you ~ to have done it* Sie hätten es tun sollen.

ounce [aʊns] Unze *f (Brt. = 28,35 g; Am. = 29,6 g).*

our ['aʊə] unser; **~s** der, die, das uns(e)re; unser; **~selves** [aʊə'selvz] uns (selbst); *wir selbst.*

oust [aʊst] verdrängen, -treiben, hinauswerfen; *from office:* entheben.

out [aʊt] 1. aus; hinaus *(go,throw, etc.);* heraus *(come, etc.);* außen, draußen; nicht zu Hause; *sports:* aus, draußen; aus der Mode, F out; vorbei; erloschen; aus(gegangen); verbraucht; (bis) zu Ende; *~ and about* (wieder) auf den Beinen; *way ~* Ausgang *m; be ~* nicht da *or* ausgegangen sein; *~ of* aus (... heraus); hinaus; außerhalb; *~ of breath* außer Atem; (hergestellt) aus; *~ of fear* aus Furcht; *in nine cases ~ of ten* in neun von zehn Fällen; *be ~ of s.th.* et. nicht mehr haben; 2. Ausweg *m; the ~s pl. parl.* die Opposition; 3. *int.* hinaus!, raus!

out|bal-ance [aʊt'bæləns] überwiegen, -treffen; **~bid** *(-dd-; -bid)* überbieten; **~board** Außenbord...; **~break** Ausbruch *m;* **~ of war** Kriegsausbruch *m;* **~build-ing** Nebengebäude *n;* **~burst** Ausbruch *m (a. fig.);* **~cast** 1. ausgestoßen; 2. Ausgestoßene(r *m) f;* **~come** Ergebnis *n,* Resultat *n;* **~cry** Aufschrei *m,* Schrei *m* der Entrüstung; **~dat-ed** überholt, veraltet; **~dis-tance** (weit) überholen, hinter sich lassen; **~do** *(-did, -done)* übertreffen.

out-door ['aʊtdɔː] Außen..., außerhalb des Hauses, im Freien, draußen; **~s** draußen, im Freien.

out-er ['aʊtə] äußere(r, -s); Außen...; **~ space** All *n,* Weltraum *m;* **~most** [~məʊst] äußerst.

out-fit ['aʊtfɪt] Ausrüstung *f,* Ausstattung *f;* F Haufen *m,* Trupp *m,* (Arbeits)Gruppe *f; Am.* ✕ Einheit *f;* **~ter** *Brt.* Herrenausstatter *m.*

out|go-ing ['aʊtgəʊɪŋ] 1. weg-, abgehend; *retiring:* scheidend; *friendly:* kontaktfreudig; 2. Ausgehen *n;* **~s** *pl.* (Geld)Ausgaben *pl.;* **~grow** *(-grew, -grown)* herauswachsen aus *(clothes);* größer werden als, hinauswachsen über *(acc.);* **~house** Nebengebäude *n; Am.* Außenabort *m.*

out-ing ['aʊtɪŋ] Ausflug *m.*

out|last [aʊt'lɑːst] überdauern, -leben; **~law** Geächtete(r *m) f;* **~lay** ['aʊtleɪ] (Geld)Auslage(n *pl.) f,* Ausgabe(n *pl.) f;* **~let** ['aʊtlet] Auslaß *m,* Abfluß *m,* Austritt *m,* Abzug *m; econ.* Absatzmarkt *m; Am.* ✁ Anschluß *m,* Steckdose *f; fig.* Ventil *n;* **~line** 1. Umriß *m;* Überblick *m;* Skizze *f;* 2. umreißen; skizzieren; **~live** überleben; **~look** Ausblick *m (a. fig.);* Auffassung *f;* **~ly-ing** entlegen; **~match** weit übertreffen; **~number** zahlenmäßig übertreffen.

out-pa-tient ['aʊtpeɪʃnt] ambulanter Patient, ambulante Patientin; **~s (' department)** Ambulanz *f.*

out-post ['aʊtpəʊst] Vorposten *m;* **~pour-ing** *(esp. Gefühls)*Erguß *m.*

out-put ['aʊtpʊt] Output *m; econ. and* ⊚ Arbeitsertrag *m,* -leistung *f; econ.* Produktion *f,* Ausstoß *m,* Ertrag *m;* ✁ Ausgangsleistung *f;* ✁ Ausgang *m (of amplifier, etc.); computer:* (Daten)Ausgabe *f.*

out-rage ['aʊtreɪdʒ] 1. Ausschreitung *f;* Gewalttat *f;* 2. empören *or* beleidigen; Gewalt antun *(dat.);* **~ra-geous** □ [aʊt'reɪdʒəs] abscheulich; empörend, unerhört.

out-reach [aʊt'riːtʃ] weiter reichen als; **~right** *[adj.* 'aʊtraɪt, *adv.* aʊt'raɪt] gerade heraus; völlig; direkt; **~run** *(-nn-; -ran, -run)* schneller laufen als; *fig.* übertreffen, hinausgehen über *(acc.);* **~set** Anfang *m;* Aufbruch *m;* **~shine** *(-shone)* überstrahlen; *fig. a.* in den Schatten stellen.

out|side [aʊt'saɪd] 1. Außenseite *f; das* Äußere; *sports:* Außenstürmer *m; at the (very) ~* (aller)höchstens; *attr.: ~ left (right) sports:* Linksaußen (Rechtsaußen) *m;* 2. *adj.* äußere(r, -s), Außen...; äußerst, draußen; äußerste(r, -s) *(price);* 3. *adv.* draußen, außerhalb; heraus, hinaus; 4. *prp.* außerhalb; **~sid-er** Außenseiter(in), -stehende(r *m) f.*

out|size ['aʊtsaɪz] Übergröße *f;* **~skirts** *pl.* Außenbezirke *pl.,* (Stadt)Rand *m;* **~smart** F überlisten; **~spo-ken** offen, freimütig; **~spread** ausgestreckt, -breitet; **~stand·ing** hervorragend (a. fig.); ausstehend (debts); ungeklärt (question); unerledigt (work); **~stay** länger bleiben als; ~ one's welcome j-s Gastfreundschaft überbeanspruchen or ausnützen; **~stretched = outspread**; **~strip (-pp-)** überholen (a. fig.); **~vote** pol., a. fig. überstimmen.

out·ward ['aʊtwəd] **1.** äußere(r, -s); äußerlich; nach (dr)außen gerichtet; **2.** adv. mst **~s** (nach) auswärts, nach (dr)außen; **~ly** äußerlich; an der Oberfläche.

out|weigh [aʊt'weɪ] schwerer sein als; fig. überwiegen; **~·wit (-tt-)** überlisten; **~worn** ['aʊtwɔːn] erschöpft; fig. abgegriffen; überholt.

o·val ['əʊvl] **1.** □ oval; **2.** Oval n.

o·va·ry ['əʊvərɪ] anat. Eierstock m.

o·va·tion [əʊ'veɪʃən] begeisterter Beifall, Ovation f; **standing ~** stehende Ovationen pl.

ov·en ['ʌvn] Backofen m; put s.th. in the ~ et. backen; **~able**, **~proof** hitzebeständig, backofenfest; **~ready** backfertig, bratfertig.

o·ver ['əʊvə] **1.** über; hinüber; darüber; herüber; drüben; über (acc.) ...darüber(...); **hand ~** et. übergeben; **boil ~** überkochen; **fall ~** umfallen; **turn ~** herumdrehen; **read ~** (von Anfang bis Ende) durchlesen; ganz, über u. über; **switch ~** umschalten; **think ~** (gründlich) überlegen; nochmals, wieder; übermäßig, über...; darüber, mehr; übrig; zu Ende, vorüber, vorbei aus; **(all) ~ again** noch einmal, (ganz) von vorn; **~ against** gegenüber (dat.); **all ~** ganz vorbei; **~ and ~ again** immer wieder; **2.** prp. über; über (acc.) ...hin(weg); **~and above** neben, zusätzlich zu.

o·ver·act [əʊvər'ækt] theat., etc.: übertrieben spielen; fig. übertreiben.

o·ver·all 1. ['əʊvərɔːl] Brt. (Arbeits)Kittel m; **~s** pl. Arbeitsanzug m, Overall m; **2.** [əʊvər'ɔːl] gesamt, Gesamt...; parl. **~ majority** absolute Mehrheit.

o·ver·awe [əʊvər'ɔː] einschüchtern; **~bal·ance 1.** Übergewicht n; **2.** das Gleichgewicht verlieren; umkippen; aus dem Gleichgewicht bringen; überwiegen (a. fig.); **~bear·ing** □ anmaßend; **~board** ⌘ über Bord; **~cast** bewölkt; **~charge 1.** ⚡, ⚙ überladen; price: zuviel verlangen (for für); **2.** Überpreis m; Aufschlag m; **~coat** Mantel m; **~come (-came, -come)** überwinden, -wältigen; **~crowd** überfüllen; **~do (-did, -done)** zu viel tun; übertreiben; zu sehr kochen or braten; überanstrengen; **~draw (-drew,**

-drawn) econ. bank account: überziehen; fig. übertreiben; **~dress (sich)** übertrieben anziehen; **~due** (über)fällig; **~eat (-ate, -eaten):** a. **~ o.s.** sich überessen.

o·ver·flow 1. [əʊvə'fləʊ] v/t. überfluten, -schwemmen; v/i. überfließen, -laufen; **2.** ['əʊvəfləʊ] Überschwemmung f; Überschuß m; ⊙ Überlauf m.

o·ver|grow [əʊvə'grəʊ] (**-grew, -grown**) v/t. überwuchern; v/i. zu groß werden; **~grown [~n]** überwuchert; übergroß.

o·ver|hang 1. [əʊvə'hæŋ] (**-hung**) v/t. über (dat.) hängen; v/i. überhängen; **2.** ['əʊvəhæŋ] Überhang m; **~haul** car, etc.: überholen.

o·ver·head 1. adv. [əʊvə'hed] (dr)oben; **2.** adj. ['əʊvəhed] Hoch..., Ober...; econ. allgemein (costs); **~ projector** Overheadprojektor m; **3.** mst Brt. **~s** pl. econ. allgemeine Unkosten pl.

o·ver|hear [əʊvə'hɪə] (**-heard**) (zufällig) belauschen, (mit an)hören; **~joyed** überglücklich (at über acc.); **~kill** ✕ Overkill m; fig. Übermaß n, Zuviel n (of an dat.); **~lap (-pp-)** übergreifen auf (acc.); sich überschneiden (mit); **~** überlappen; **~lay** [əʊvə'leɪ] (**-laid**) belegen, überziehen; **~leaf** umseitig; **~load** überladen; **~look** übersehen (a. fig.); **~ing** the sea mit Blick auf das Meer; **~much** zu viel; **~night 1.** über Nacht; **stay ~** übernachten; **2.** Nacht..., Übernachtungs...; **~pass** esp. Am. (Straßen-, Eisenbahn)Überführung f; **~pay (-paid)** zu viel bezahlen; **~peo·pled** übervölkert; **~plus** Überschuß m (of an dat.); **~pow·er** überwältigen; **~rate** überschätzen; **~reach** übervorteilen; **~ o.s.** sich übernehmen; **~ride** fig. (**-rode, -ridden**) sich hinwegsetzen über (acc.); umstoßen; **~rule** ⚖ verdict: aufheben.

o·ver·run [əʊvə'rʌn] (**-nn-; -ran, -run**) land: überfluten; überwuchern; signal: überfahren; time: überziehen; **be ~ with** wimmeln von.

o·ver·sea(s) [əʊvə'siː(z)] **1.** überseeisch, Übersee...; **2.** in or nach Übersee.

o·ver·see [əʊvə'siː] (**-saw, -seen**) beaufsichtigen; **~seer** ['əʊvəsɪə] Aufseher m; Vorarbeiter m.

o·ver|shad·ow [əʊvə'ʃædəʊ] überschatten (a. fig.); fig. in den Schatten stellen; **~sight** Versehen n; **~sleep (-slept)** verschlafen.

o·ver·state [əʊvə'steɪt] übertreiben; **~ment** Übertreibung f.

o·ver·strain 1. [əʊvə'streɪn] überanstrengen; **~ o.s.** sich übernehmen; **2.** ['əʊvəstreɪn] Überanstrengung f.

o·vert □ ['əʊvɜːt] offen(kundig).

o·ver|take [əuvəˈteɪk] (-took, -taken) j-n überraschen; überholen; **~tax** zu hoch besteuern; fig. überschätzen; überfordern.

o·ver·throw 1. [əuvəˈθrəu] (-threw, -thrown) (um)stürzen (a. fig.); besiegen; **2.** [ˈəuvəθrəu] (Um)Sturz m; Niederlage f.

o·ver·time econ. [ˈəuvətaɪm] Überstunden pl.; be on ~, do ~ Überstunden machen.

o·ver·ture [ˈəuvətjuə] ♪ Ouvertüre f; ♪ Vorspiel n; mst ~s pl. Vorschlag m, Antrag m.

o·ver|turn [əuvəˈtɜːn] (um)stürzen (a. fig.); **~weight** Übergewicht n; **~whelm** überschütten (a. fig.); überwältigen (a. fig.); **~work 1.** Überarbeitung f; **2.** sich überarbeiten; überanstrengen; **~wrought** überreizt.

owe [əu] money, etc.: schulden, schuldig sein; verdanken; **~ s.th. to s.o.** j-m et. zu verdanken haben.

ow·ing [ˈəuɪŋ]: be ~ zu zahlen sein; ~ to infolge (gen.); wegen (gen.); dank (dat.).

owl zo. [aul] Eule f.

own [əun] **1.** eigen; selbst; einzig, (innig) geliebt; **2.** my ~ mein Eigentum; a house of one's ~ ein eigenes Haus; hold one' s ~ standhalten; **3.** besitzen; zugeben; anerkennen; sich bekennen (to zu).

own·er [ˈəunə] Eigentümer(in); **~ship** [ˈəunəʃɪp] Eigentum(srecht) n.

ox zo. [ɒks] (pl. oxen [ˈɒksn]) Ochse m; Rind n.

ox·i·da·tion 🜍 [ɒksɪˈdeɪʃn] Oxydation f, Oxydierung f; **ox·ide** 🜍 [ˈɒksaɪd] Oxyd n; **ox·i·dize** 🜍 [ˈɒksɪdaɪz] oxydieren.

ox·y·gen 🜍 [ˈɒksɪdʒən] Sauerstoff m.

oy·ster zo. [ˈɔɪstə] Auster f.

o·zone 🜍 [ˈəuzəun] Ozon n; **~friendly** of aerosols, etc.: FCKW-frei; ~ hole Ozonloch n; **~ lay·er** Ozonschicht f; the hole in the ~ das Ozonloch.

P

pace [peɪs] **1.** Schritt m; Gang m; Tempo n; **2.** v/t. abschreiten; durchschreiten; v/i. (einher)schreiten; ~ up and down auf u. ab gehen.

pa·cif·ic [pəˈsɪfɪk] (~ally) friedlich.

pac·i|fi·ca·tion [pæsɪfɪˈkeɪʃn] Beruhigung f, Besänftigung f; **~fi·er** Am. [ˈpæsɪfaɪə] Schnuller m; **~fy** [~aɪ] beruhigen, besänftigen.

pack [pæk] **1.** Pack(en) m, Paket n, Ballen m, Bündel n; Am. Packung f (cigarettes); Meute f (dogs); Rudel n (wolves); Pack n, Bande f; ✦, cosmetic: Packung f; a. ~ of cards Spiel n Karten; a. ~ of films phot. Filmpack n; a ~ of lies ein Haufen Lügen; **2.** v/t. (voll)packen; bepacken; vollstopfen; zusammenpferchen; econ. eindosen; ⊙ (ab)dichten; Am. F gun, etc.: (bei sich) tragen; often ~ up zusammen-, ver-, ein-, abpacken; mst ~ off (rasch) fortschicken, -jagen; v/i. sich gut etc. verpacken or konservieren lassen; often ~ up (zusammen)packen; send s.o. ~ing j-n fortjagen; ~ into car, etc.: sich hineinquetschen, sich drängen in.

pack|age [ˈpækɪdʒ] Pack m, Ballen m; Paket n; Packung f; Frachtstück n; ~ tour Pauschalreise f; **~er** Packer(in); Am. Konservenhersteller m; **~et** Päckchen n; Packung f (cigarettes); a. **~boat** ✦ Postschiff n; **~ing** Packen n; Verpackung f; **~thread** Bindfaden m.

pact [pækt] Vertrag m, Pakt m.

pad [pæd] **1.** Polster n; sports: Beinschutz m; Schreib-, Zeichenblock m; Abschußrampe f (for rockets); a. ink~ Stempelkissen n; **2.** (-dd-) (aus)polstern, wattieren; **~ding** Polsterung f, Wattierung f.

pad·dle [ˈpædl] **1.** Paddel n; ⚓ (Rad-) Schaufel f; **2.** paddeln; planschen; **~wheel** ⚓ Schaufelrad n.

pad·dock [ˈpædək] (Pferde)Koppel f; horse racing: Sattelplatz m; motor sports: Fahrerlager n.

pad·lock [ˈpædlɒk] Vorhängeschloß n.

pa·gan [ˈpeɪgən] **1.** heidnisch; **2.** Heid|e m, -in f.

page¹ [peɪdʒ] **1.** Seite f (of book, etc.); **2.** paginieren.

page² [~] **1.** (Hotel)Page m; **2.** j-n ausrufen lassen.

pag·eant [ˈpædʒənt] historisches Festspiel; Festzug m.

paid [peɪd] past and p.p. of pay 2.

pail [peɪl] Eimer m.

pain [peɪn] **1.** Schmerz(en pl.) m; Kummer m; **~s** pl. Mühe f; on or under ~ of death bei Todesstrafe; be in (great) ~ (große) Schmerzen haben; take ~s sich Mühe geben; s. arse, neck; **2.** j-n schmerzen, j-m weh tun; **~ful** ☐ schmerzhaft; schmerzlich; peinlich;

mühsam; *memories*: *a.* traurig; **~less** ☐ schmerzlos; **~s·tak·ing** ☐ sorgfältig, gewissenhaft.

paint [peɪnt] **1.** Farbe *f*; Schminke *f*; Anstrich *m*; **2.** (an-, be)malen; (an)streichen; (sich) schminken; **~box** Malkasten *m*; **~brush** (Maler)Pinsel *m*; **~er** Maler(in); **~ing** Malen *n*; Malerei *f*; Gemälde *n*, Bild *n*.

pair [peə] **1.** Paar *n*; *a ~ of* ... ein Paar ..., ein(e) ...; *a ~ of scissors* e-e Schere; **2.** *zo.* sich paaren; zusammenpassen; *~ off* Paare bilden; paarweise weggehen.

pa·ja·ma(s) *Am.* [pə'dʒɑːmə(z)] = *pyjama(s)*.

pal [pæl] Kumpel *m*, Kamerad *m*.

pal·ace ['pælɪs] Palast *m*, Schloß *n*.

pal·a·ta·ble ☐ ['pælətəbl] wohlschmeckend, schmackhaft (*a. fig.*).

pal·ate ['pælɪt] *anat.* Gaumen *m*; *fig.* Geschmack *m*.

pale¹ [peɪl] Pfahl *m*; *fig.* Grenzen *pl.*

pale² [~] **1.** ☐ (*~r, ~st*) blaß, bleich, fahl; *~ ale* helles Bier; **2.** blaß *or* bleich werden; erbleichen lassen; **~ness** Blässe *f*.

pal·ings ['peɪlɪŋz] *pl.* Pfahlzaun *m*.

pal·i·sade [pælɪ'seɪd] Palisade *f*; **~s** *pl. Am.* Steilufer *n*.

pal·let ['pælɪt] Strohsack *m*, -lager *n*.

pal·li|ate ['pælɪeɪt] ✦ lindern; *fig.* bemänteln; **~a·tive** ✦ [~ətɪv] Linderungsmittel *n*.

pal|lid ☐ ['pælɪd] blaß; **~lid·ness** [~nɪs], **~lor** [~ə] Blässe *f*.

palm [pɑːm] **1.** Handfläche *f*; ✤ Palme *f*; **2.** in der Hand verbergen; *~ s.th. off on or upon s.o.* j-m et. andrehen; **~tree** ✤ ['pɑːmtriː] Palme *f*.

pal·pa·ble ☐ ['pælpəbl] fühlbar; *fig.* handgreiflich, klar, eindeutig.

pal·pi|tate ✦ ['pælpɪteɪt] klopfen (*heart*); **~ta·tion** ✦ [pælpɪ'teɪʃn] Herzklopfen *n*.

pal·sy ['pɔːlzɪ] **1.** ✦ Lähmung *f*; *fig.* Ohnmacht *f*; **2.** *fig.* lähmen.

pal·ter ['pɔːltə] sein Spiel treiben (*with s.o.* mit j-m).

pal·try ☐ ['pɔːltrɪ] (*-ier, -iest*) armselig; wertlos.

pam·per ['pæmpə] verzärteln.

pam·phlet ['pæmflɪt] Broschüre *f*; (kurze, kritische) Abhandlung.

pan [pæn] Pfanne *f*; Tiegel *m*.

pan- [~] all..., ganz..., gesamt..., pan..., Pan...

pan·a·ce·a [pænə'sɪə] Allheilmittel *n*.

pan·cake ['pænkeɪk] Pfann-, Eierkuchen *m*; ♀ *Day Brt.* Faschingsdienstag *m*; **~ landing** ✦ F Bauchlandung *f*.

pan·da *zo.* ['pændə] Panda *m*; *~ car Brt.* (Funk)Streifenwagen *m*; *~ cross·ing Brt.* Fußgängerübergang *m* mit Druckampel.

pan·de·mo·ni·um *fig.* [pændɪ'məʊnjəm] Hölle(nlärm *m*) *f*.

pan·der ['pændə] **1.** Vorschub leisten (*to dat.*); *dated* sich als Kuppler betätigen; **2.** *dated* Kuppler *m*.

pane [peɪn] (Fenster)Scheibe *f*.

pan·e·gyr·ic [pænɪ'dʒɪrɪk] Lobrede *f*.

pan·el ['pænl] **1.** *arch.* Fach *n*, *of door*: Füllung *f*, *of wall*: Täfelung *f*; ✤, ☯ Instrumentenbrett *n*, Schalttafel *f*; ☷ Geschworenenliste *f*; ☷ *die* Geschworenen *pl.*; *die* Diskussionsteilnehmer *pl.*; **2.** (*esp. Brt. -ll-, Am. -l-*) täfeln.

pang [pæŋ] plötzlicher Schmerz; *fig.* Angst *f*, Qual *f*; **~s of conscience** Gewissensbisse *pl.*

pan·han·dle ['pænhændl] **1.** Pfannenstiel *m*; *Am. stretch of land:* schmaler Landstreifen; **2.** *Am.* F betteln.

pan·ic ['pænɪk] **1.** panisch; **2.** Panik *f*; **3.** (*-ck-*) in Panik geraten.

pan·sy ⚘ ['pænzɪ] Stiefmütterchen *n*.

pant [pænt] *breathe:* nach Luft schnappen, keuchen, schnaufen.

pan·ther *zo.* ['pænθə] Panther *m*; *Am.* Puma *m*.

pan·ties ['pæntɪz] *pl.* (Damen)Schlüpfer *m*; Kinderhöschen *n*.

pan·ti·hose *esp. Am.* ['pæntɪhəʊz] Strumpfhose *f*.

pan·try ['pæntrɪ] Speisekammer *f*.

pants [pænts] *pl. esp. Am.* Hose *f*; *esp. Brt.* Unterhose; *esp. Brt.* Schlüpfer *m*.

pap [pæp] Brei *m*.

pa·pa [pə'pɑː] Papa *m*.

pa·pal ☐ ['peɪpl] päpstlich.

pa·per ['peɪpə] **1.** Papier *n*; Zeitung *f*; schriftliche Prüfung; Prüfungsarbeit *f*; Vortrag *m*, Aufsatz *m*; **~s** *pl.* (Ausweis)Papiere *pl.*; **2.** tapezieren; **~back** Taschenbuch *n*, Paperback *n*; **~bag** (Papier)Tüte *f*; **~clip** Büroklammer *f*; **~hang·er** Tapezierer *m*; **~mill** Papierfabrik *f*; **~weight** Briefbeschwerer *m*.

pap·py ['pæpɪ] (*-ier, -iest*) breiig.

par [pɑː] *econ.* Nennwert *m*, Pari *n*; *golf:* Par *n*; *at ~* zum Nennwert; *be on a ~ with* gleich *or* ebenbürtig sein (*dat.*).

par·a·ble ['pærəbl] Gleichnis *n*, Parabel *f*.

par·a|chute ['pærəʃuːt] **1.** Fallschirm *m*; **2.** mit dem Fallschirm abspringen; **~chut·ist** Fallschirmspringer(in).

pa·rade [pə'reɪd] **1.** (Um)Zug *m*; ✕ (Truppen)Parade *f*; Zurschaustellung *f*, Vorführung *f*; (Strand)Promenade *f*; *make a ~ of fig.* zur Schau stellen; **2.** ✕ antreten (lassen), ✕ vorbeimarschieren (lassen); zur Schau stellen; **~ground** ✕ Exerzier-, Paradeplatz *m*.

par·a·dise ['pærədaɪs] Paradies *n*.

par·a·gon ['pærəgən] Vorbild *n*, Muster

n; *a ~ of virtue* F ein Ausbund an Tugend(haftigkeit).

par·a·graph ['pærəgrɑ:f] *print.* Absatz *m*, Abschnitt *m*; kurze Zeitungsnotiz.

par·al·lel ['pærəlel] **1.** parallel; **2.** ⋏ Parallele *f* (*a. fig.*); Gegenstück *n*; Vergleich *m*; *without* (*a*) *~* ohnegleichen; **3.** (*-l-, Brt. a. -ll-*) vergleichen; entsprechen; gleichen; parallel (ver)laufen zu.

par·a·lyse, *Am. -lyze* ['pærəlaɪz] ⨂ lähmen (*a. fig.*); *fig.* zunichte machen; **pa·ral·y·sis** ⨂ [pə'rælɪsɪs] (*pl. -ses* [-si:z]) Paralyse *f*, Lähmung *f*.

par·a·mount ['pærəmaʊnt] höher stehend (*to* als), übergeordnet, oberste(r, -s); höchste(r, -s); *fig.* größte(r, -s).

par·a|noi·a [pærə'nɔɪə] ⋏ Paranoia *f*; *a.* Verfolgungswahn *m*, krankhaftes Mißtrauen; *~noid* ['pærənɔɪd] ⋏ paranoid; *fig.* krankhaft.

par·a·pet ['pærəpɪt] Brüstung *f*; Geländer *n*.

par·a·pher·na·li·a [pærəfə'neɪlɪə] *pl.* Ausrüstung *f*; Zubehör *n*, *m*; F *Brt.* Scherereien *pl.*

par·a·site ['pærəsaɪt] Schmarotzer *m*.

par·a·sol ['pærəsɒl] Sonnenschirm *m*.

par·a·troop|er ⋏ ['pærətru:pə] Fallschirmjäger *m*; *~s* ⋏ *pl.* Fallschirmtruppen *pl.*

par·boil ['pɑ:bɔɪl] ankochen.

par·cel ['pɑ:sl] **1.** Paket *n*, Päckchen *n*; Bündel *n*; Parzelle *f*; **2.** (*esp. Brt. -ll-, Am. -l-*) *~ out* aus-, aufteilen.

parch [pɑ:tʃ] rösten, (aus)dörren.

parch·ment ['pɑ:tʃmənt] Pergament *n*.

pard *Am. sl.* [pɑ:d] Partner *m*.

par·don ['pɑ:dn] **1.** Verzeihung *f*; ⅔ Begnadigung *f*; **2.** verzeihen; ⅔ begnadigen; *~?* wie bitte?; *~ me!* Entschuldigung!; *~·a·ble* □ verzeihlich.

pare [peə] (be)schneiden (*a. fig.*); schälen.

par·ent ['peərənt] Elternteil *m*; *fig.* Ursache *f*; *~s pl.* Eltern *pl.*; *~-teacher meeting school*: Elternabend *m*; *~age* Abstammung *f*; **pa·ren·tal** elterlich.

pa·ren·the·sis [pə'renθɪsɪs] (*pl. -ses* [-si:z]) Einschaltung *f*; *print.* (runde) Klammer.

par·ing ['peərɪŋ] Schälen *n*; (Be)schneiden *n*; *~s pl.* Schalen *pl.*; Schnipsel *pl.*

par·ish ['pærɪʃ] **1.** Gemeinde *f*; **2.** Pfarr..., Kirchen...; *pol.* Gemeinde...; *~ church* Pfarrkirche *f*; *~ council* Gemeinderat *m*; **pa·rish·io·ner** [pə'rɪʃənə] Gemeindemitglied *n*.

par·i·ty ['pærətɪ] Gleichheit *f*.

park [pɑ:k] **1.** Park *m*, Anlagen *pl.*; Naturschutzgebiet *n*, Park *m*; *Am.* (Sport)Platz *m*; *the ~ Brt.* F der Fuß-

ballplatz, das Stadion; *mst car ~* Parkplatz *m*; **2.** *mot.* parken.

par·ka ['pɑ:kə] Parka *f*, *m*.

park·ing *mot.* ['pɑ:kɪŋ] Parken *n*; *no ~* Parkverbot, Parken verboten; *~ for 200 cars* 200 Parkplätze; *~ disc* Parkscheibe *f*; *~ fee* Parkgebühr *f*; *~ lot Am.* Parkplatz *m*; *~ me·ter* Parkuhr *f*; *~ or·bit space travel*: Parkbahn *f*; *~ tick·et* Strafzettel *m*.

par·lance ['pɑ:ləns] Ausdrucksweise *f*, Sprache *f*.

par·lia|ment ['pɑ:ləmənt] Parlament *n*; *member of ~* Abgeordnete(r *m*) *f*; *Member of ~ Brt.* Unterhausmitglied *n*; *~·men·tar·i·an* Parlamentarier(in); *~·men·ta·ry* □ parlamentarisch, Parlaments...

par·lo(u)r ['pɑ:lə] *dated* Wohnzimmer *n*; Empfangs-, Sprechzimmer *n*; *beauty ~ Am.* Schönheitssalon *m*; *~ car* ⚏ *Am.* Salonwagen *m*; *~maid Brt.* Stuben-, Hausmädchen *n*.

pa·ro·chi·al □ [pə'rəʊkɪəl] Pfarr..., Kirchen..., Gemeinde...; *fig.* engstirnig, beschränkt.

par·o·dy ['pærədɪ] **1.** Parodie *f*; **2.** parodieren.

pa·role [pə'rəʊl] **1.** ⋏ Parole *f*; ⅔ bedingte Haftentlassung; ⅔ Hafturlaub *m*; *he is out on ~* ⅔ er wurde bedingt entlassen; er hat Hafturlaub; **2.** *~ s.o.* ⅔ j-n bedingt entlassen; j-m Hafturlaub gewähren.

par·quet ['pɑ:keɪ] Parkett(fußboden *m*) *n*; *Am. thea.* Parkett *n*.

par·rot ['pærət] **1.** *zo.* Papagei *m* (*a. fig.*); **2.** nachplappern.

par·ry ['pærɪ] abwehren, parieren.

par·si·mo·ni·ous □ [pɑ:sɪ'məʊnɪəs] sparsam, geizig, knaus(e)rig.

pars·ley ⚏ ['pɑ:slɪ] Petersilie *f*.

par·son ['pɑ:sn] Pfarrer *m*; *~age* [~ɪdʒ] Pfarrei *f*, Pfarrhaus *n*.

part [pɑ:t] **1.** Teil *m*; Anteil *m*; Seite *f*, Partei *f*; *thea.*, *fig.* Rolle *f*; Stimme *f*; Gegend *f*; *Am. of hair*: Scheitel *m*; *a man of (many) ~s* ein fähiger Mensch; *take ~ in s.th.* an e-r Sache teilnehmen; *take s.th. in bad (good) ~* et. (nicht) übelnehmen; *for my ~* ich für mein(en) Teil; *for the most ~* meistens; *in ~* teilweise, zum Teil; *on the ~ of* von seiten, seitens (*gen.*); *on my ~* meinerseits; **2.** *adj.* Teil...; **3.** *adv.* teils; **4.** *v/t.* (ab-, ein-, zer)teilen; trennen; *hair*: scheiteln; *~ company* sich trennen (*with* von); *v/i.* sich trennen (*with* von).

par·take [pɑ:'teɪk] (*-took, -taken*) teilnehmen, -haben; *~ of meal*: einnehmen.

par·tial □ ['pɑ:ʃl] Teil..., teilweise, partiell; parteiisch, eingenommen (*to* für);

~ti·al·i·ty Parteilichkeit *f*; Vorliebe *f* (*for* für).

par·tic·i|pant [pɑːˈtɪsɪpənt] Teilnehmer(in); ~pate [~peɪt] teilnehmen, sich beteiligen (*in* an *dat*.); ~pa·tion [~ˈpeɪʃn] Teilnahme *f*, Beteiligung *f*.

par·ti·ci·ple *gr*. [ˈpɑːtɪsɪpl] Partizip *n*, Mittelwort *n*.

par·ti·cle [ˈpɑːtɪkl] Teilchen *n*.

par·tic·u·lar [pəˈtɪkjʊlə] 1. ☐ besondere(r, -s), einzeln, Sonder...; genau, eigen; wählerisch; 2. Einzelheit *f*; ~s *pl.* nähere Umstände *pl.* or Angaben *pl.*; Personalien *pl.*; *in* ~ insbesondere; ~i·ty [pətɪkjʊˈlærətɪ] Besonderheit *f*; Ausführlichkeit *f*; Eigenheit *f*; ~ly [~lɪ] besonders.

part·ing [ˈpɑːtɪŋ] 1. Trennung *f*, Abschied *m*; *of hair*: Scheitel *m*; ~ *of the ways esp. fig.* Scheideweg *m*; 2. Abschieds...

par·ti·san [pɑːtɪˈzæn] Parteigänger(in); ✕ Partisan *m*; *attr.* Partei...

par·ti·tion [pɑːˈtɪʃn] 1. Teilung *f*; Scheidewand *f*; Verschlag *m*; Fach *n*; 2. ~ *off* abteilen, abtrennen.

part·ly [ˈpɑːtlɪ] teilweise, zum Teil.

part·ner [ˈpɑːtnə] 1. Partner(in); 2. zusammenbringen; sich zusammentun mit (*j-m*); ~ship [~ʃɪp] Teilhaber-, Partnerschaft *f*; *econ.* Handelsgesellschaft *f*.

part-own·er [ˈpɑːtəʊnə] Miteigentümer(in).

par·tridge [ˈpɑːtrɪdʒ] Rebhuhn *n*.

part-time [pɑːtˈtaɪm] 1. *adj.* Teilzeit..., Halbtags...; 2. *adv.* halbtags.

par·ty [ˈpɑːtɪ] Party *f*, Fest *n*; *pol.* Partei *f*; *group*: (Arbeits-, Reise-, *etc.*)Gruppe *f*; *rescue team, etc.*: Mannschaft *f*; Beteiligte(r *m*) *f*; F *person*: Type *f*, Individuum *n*; ~ line *pol.* Parteilinie *f*; ~ pol·i·tics *sg. or pl.* Parteipolitik *f*.

pass [pɑːs] 1. (Dienst)Ausweis *m*; Passier-, Erlaubnisschein *m*; *of exam*: Bestehen *n*; *Brt. univ. appr.*: ausreichend, bestanden; kritische Lage; *sports*: Paß *m*, (Ball)Abgabe *f*, Vorlage *f*, Zuspiel *n*; (Gebirgs)Paß *m*; Durch-, Zugang *m*; *card games*: Passen *n*; Handbewegung *f*, (Zauber)Trick *m*; F Annäherungsversuch *m*; *free* ~ Freikarte *f*; 2. *v/i.* (vorbei)gehen, (-)fahren, (-)kommen, (-)ziehen *etc.*; *move from s.o. to s.o.*: übergehen, übertragen werden (**to** auf *acc.*); *change*: übergehen; herumgereicht werden, von Hand zu Hand gehen; *sports*: (den Ball) abspielen *or* abgeben *or* passen (**to** zu); vergehen, vorübergehen (*time, pain, etc.*); angenommen werden, gelten; durchkommen; *univ., school*: (die Prüfung) bestehen; *parl.* Rechtskraft erlangen; *cards*: passen; ~ **away**

sterben, *formal*: die Augen schließen; ~ **by** vorüber- *or* vorbeigehen an (*dat.*), passieren; ~ **for** *or* **as** gelten für *or* als, gehalten werden für; ~ **off** ablaufen, vonstatten gehen; ~ **out** F ohnmächtig werden; 3. *v/t.* vorbei-, vorübergehen, -fahren, -fließen, -kommen, -ziehen *etc.* an (*dat.*); *et.* passieren; vorbeifahren an (*dat.*), überholen (*a. mot.*); durch-, überschreiten, durchqueren, passieren; vorbeilassen; reichen, geben; streichen (*with hand over s.th.*); (*sports*) *ball*: abspielen, abgeben, passen (**to** zu); *exam*: bestehen; *candidate*: bestehen *or* durchkommen lassen; *et.* durchgehen lassen; *time*: ver-, zubringen; *money*: in Umlauf bringen; *parl.* verabschieden; *suggestion, etc.*: durchbringen, annehmen; *judgement*: abgeben; *opinion*: äußern; *remark*: machen; ~ (hinaus)gehen über (*acc.*), übersteigen.

pass·a·ble ☐ [ˈpɑːsəbl] *river, road*: passierbar; *fig.* gangbar; *knowledge*: passabel, leidlich.

pas·sage [ˈpæsɪdʒ] Durchgang *m*; Durchfahrt *f*; Durchreise *f*; Korridor *m*, Gang *m*; Reise *f*, (Über)Fahrt *f*, Flug *m*; *parl.* Annahme *f* (*of law*); ♪ Passage *f*; (Text)Stelle *f*; *bird of* ~ Zugvogel *m*.

pass·book *econ.* [ˈpɑːsbʊk] Bankbuch *n*; Sparbuch *n*.

pas·sen·ger [ˈpæsɪndʒə] Passagier *m*, Fahr-, Fluggast *m*, Reisende(r *m*) *f*, (*of car, etc.*)Insasse *m*.

pass·er·by [pɑːsəˈbaɪ] Vorbei-, Vorübergehende(r *m*) *f*, Passant(in).

pas·sion [ˈpæʃn] Leidenschaft *f*; (Gefühls)Ausbruch *m*; Wut *f*, Zorn *m*; 2 *eccl.* Passion *f*; 2 **Week** *eccl.* Karwoche *f*; ~ate ☐ [~ət] leidenschaftlich.

pas·sive ☐ [ˈpæsɪv] passiv (*a. gr.*); teilnahmslos; untätig.

pass·port [ˈpɑːspɔːt] (Reise)Paß *m*.

pass·word [ˈpɑːswɜːd] Kennwort *n*.

past [pɑːst] 1. vergangen, *pred.* vorüber; *gr.* Vergangenheits...; frühere(r, -s); *for some time* ~ seit einiger Zeit; ~ **tense** *gr.* Vergangenheit *f*, Präteritum *n*; 2. *adv.* vorbei; 3. *prp. time*: nach, über (*acc.*); über ... (*acc.*) hinaus; an ... (*dat.*) vorbei; *half* ~ *two* halb drei; ~ **endurance** unerträglich; ~ **hope** hoffnungslos; 4. Vergangenheit *f* (*a. gr.*).

paste [peɪst] 1. Teig *m*; Kleister *m*; Paste *f*; 2. (be)kleben; ~**board** [ˈpeɪstbɔːd] Pappe *f*; *attr.* Papp...

pas·tel [ˈpæˈstel] Pastell(zeichnung *f*) *n*.

pas·teur·ize [ˈpæstəraɪz] pasteurisieren, keimfrei machen.

pas·time [ˈpɑːstaɪm] Zeitvertreib *m*, Freizeitbeschäftigung *f*.

pas·tor ['pɑːstə] Pastor *m*, Seelsorger *m*; **~al** □ Hirten...; idyllisch; *eccl.* pastoral.

pas·try ['peɪstrɪ] Kuchen *m*, Torte *f*; Konditorwaren *pl.*, Feingebäck *n*; **~cook** Konditor *m*.

pas·ture ['pɑːstʃə] **1.** Weide(land *n*) *f*; Grasfutter *n*; **2.** (ab)weiden.

pat [pæt] **1.** Klaps *m*; Portion *f* (*butter*); **2.** (*-tt-*) tätscheln; klopfen; **3.** gerade recht; parat, bereit.

patch [pætʃ] **1.** Fleck *m*; Flicken *m*; Stück *n* Land; ✻ Pflaster *n*; **in ~es** stellenweise; **2.** flicken; **~work** Patchwork *n*; *contp.* Flickwerk *n*.

pate F [peɪt]: **bald ~** Platte *f*, Glatze *f*.

pa·tent □ ['peɪtənt, Am. 'pætənt] **1.** offen(kundig); patentiert; Patent...; **~ agent**, Am. **~ attorney** Patentanwalt *m*; **~ letters**, **~** ['pætənt] *pl.* Patenturkunde *f*; **~ leather** Lackleder *n*; **2.** Patent *n*; Privileg *n*, Freibrief *m*; Patenturkunde *f*; **3.** patentieren (lassen); **~ee** [peɪtən'tiː] Patentinhaber(in).

pa·ter|nal □ [pə'tɜːnl] väterlich(erseits); **~ni·ty** Vaterschaft *f*.

path [pɑːθ] (*pl.* **paths** [pɑːðz]) Pfad *m*; Weg *m*.

pa·thet·ic [pə'θetɪk] (**~ally**) bemitleidenswert, mitleiderregend; *attempt*: kläglich, erbärmlich; **it's ~** F es ist zum Heulen.

pa·thos ['peɪθɒs] Mitleid *n*; *das* Mitleiderregende.

pa·tience ['peɪʃns] Geduld *f*; Ausdauer *f*; *Brt.* Patience *f* (*card game*); **pa·tient** [~t] **1.** □ geduldig; **2.** Patient(in).

pat·i·o ['pætɪəʊ] (*pl.* -os) Terrasse *f*; Innenhof *m*, Patio *m*.

pat·ri·mo·ny ['pætrɪmənɪ] väterliches Erbteil.

pat·ri·ot ['pætrɪət] Patriot(in); **~ic** [pætrɪ'ɒtɪk] (**~ally**) patriotisch.

pa·trol [pə'trəʊl] **1.** ✕ Patrouille *f*; (Polizei)Streife *f*; **on ~** auf Patrouille, auf Streife; **2.** (*-ll-*) (ab)patrouillieren, auf Streife sein (in *dat.*), s-e Runde machen (in *dat.*); **~ car** (Funk)Streifenwagen *m*; **~man** (*pl. -men*) *Am.* (Streifen)Polizist *m*; *Brt.* (motorisierter) Pannenhelfer (*of automobile association*).

pa·tron ['peɪtrən] Schirmherr *m*; Gönner *m*; (Stamm)Kunde *m*, Stammgast *m*; **pat·ron·age** ['pætrənɪdʒ] Schirmherrschaft *f*; Gönnerschaft *f*; Kundschaft *f*; Schutz *m*; **pat·ron·ize** [~aɪz] fördern, unterstützen; (Stamm)Kunde *or* Stammgast sein bei; gönnerhaft *or* herablassend behandeln; **~ saint** Schutzheilige(r *m*) *f*.

pat·ter ['pætə] plappern; prasseln (*rain*); trappeln (*feet*).

pat·tern ['pætən] **1.** Muster *n* (*a. fig.*); Modell *n*; **2.** (nach)bilden, formen (*after, on* nach).

paunch ['pɔːnʃ] (dicker) Bauch.

pau·per ['pɔːpə] Arme(r *m*) *f*.

pause [pɔːz] **1.** Pause *f*, Unterbrechung *f*; **2.** e-e Pause machen.

pave [peɪv] pflastern; **~ the way for** *fig.* den Weg ebnen für; **~ment** *Brt.* Gehsteig *m*; Pflaster *n*; *Am.* Fahrbahn *f*; **~ artist** Pflastermaler(in).

paw [pɔː] **1.** Pfote *f*, Tatze *f*; F **keep your ~s off** Pfoten weg!; **2.** F betatschen; F derb *or* ungeschickt anfassen; F (be)fummeln; **~ (the ground)** (mit den Hufen *etc.*) scharren.

paw·ky □ ['pɔːkɪ] *esp. Brt. humour:* trocken.

pawn [pɔːn] **1.** *chess:* Bauer *m*; Pfand *n*; **in** *or* **at ~** verpfändet; **2.** verpfänden; **~bro·ker** Pfandleiher *m*; **~shop** Leihhaus *n*.

pay [peɪ] **1.** (Be)Zahlung *f*; Sold *m*; Lohn *m*; **2.** (*paid*) *v/t.* (be)zahlen; (be)lohnen; sich lohnen für; *attention:* schenken; *visit:* abstatten; *honour:* erweisen; *compliment:* machen; **~ attention** *or* **heed to** achtgeben auf (*acc.*); **~ down**, **~ cash** bar bezahlen; **~ in** einzahlen; **~ into account** einzahlen auf; **~ off** et. ab(be)zahlen; *j-n* bezahlen und entlassen; *j-n* voll auszahlen; *v/i.* zahlen; sich lohnen; **~ for** (*fig.* für) et. bezahlen; **~a·ble** zahlbar, fällig; **~day** Zahltag *m*; **~ee** Zahlungsempfänger(in); **~ en·ve·lope** *Am.* Lohntüte *f*; **~ing** lohnend; **~mas·ter** Zahlmeister *m*; **~ment** (Be-, Ein-, Aus)Zahlung *f*; Lohn *m*, Sold *m*; **~ pack·et** *Brt.* Lohntüte *f*; **~ phone** *Brt.* Münzsprecher *m*; **~roll** Lohnliste *f*; **~ slip** Lohn-, Gehaltsstreifen *m*; **~ sta·tion** *Am.*, **~ tel·e·phone** Münzfernsprecher *m*; **~TV** Abonnementsfernsehen *n*.

pea ⚹ [piː] Erbse *f*.

peace [piːs] Frieden *m*; Ruhe *f*; **at ~** in Frieden; **~a·ble** □ friedliebend, friedlich; **~ful** □ friedlich; **~keep·ing** zur Friedenssicherung; **~ force** Friedenstruppe *f*; **~mak·er** Friedensstifter *m*.

peach ⚹ [piːtʃ] Pfirsich(baum) *m*.

pea|cock *zo.* ['piːkɒk] Pfau(hahn) *m*; **~hen** *zo.* Pfauhenne *f*.

peak [piːk] Spitze *f*, Gipfel *m*; Mützenschirm *m*; *attr.* Spitzen..., Höchst..., Haupt...; **~ hours** *pl.* Hauptverkehrs-, Stoßzeit *f*; **~ed** [~t] spitz.

peal [piːl] **1.** (Glocken)Läuten *n*; Glockenspiel *n*; Dröhnen *n*; **~s of laughter** schallendes Gelächter; **2.** erschallen (lassen); dröhnen.

pea·nut ⚹ ['piːnʌt] Erdnuß *f*.

pear ♀ [peə] Birne *f*; Birnbaum *m*.
pearl [pɜːl] **1.** Perle *f (a. fig.); attr.*
Perl(en)...; **2.** tropfen, perlen; ~y ['pɜːlɪ]
(*-ier, -iest*) perlenartig, Perl(en)...
peas·ant ['peznt] **1.** Kleinbauer *m*; **2.**
kleinbäuerlich, Kleinbauern...; ~ry
[~rɪ] Kleinbauernstand *m; die* Kleinbauern *pl.*
peat [piːt] Torf *m.*
peb·ble ['pebl] Kiesel(stein) *m.*
peck [pek] **1.** *bird:* picken; F *j-m* e-n
flüchtigen Kuß geben; **2.** F flüchtiger
Kuß, Küßchen *n.*
pe·cu·li·ar □ [pɪ'kjuːlɪə] eigen(tümlich);
besondere(r, -s); seltsam; ~i·ty [pɪ-
kjuːlɪ'ærətɪ] Eigenheit *f*, Eigentümlich-
keit *f.*
pe·cu·ni·a·ry [pɪ'kjuːnɪərɪ] Geld...
ped·a·gog·ics [pedə'gɒdʒɪks] *mst sg.*
Pädagogik *f*; ~gogue, *Am. a.* ~gog
['pedəgɒg] Pädagoge *m;* F Pedant *m*,
Schulmeister *m.*
ped·al ['pedl] **1.** Pedal *n; attr.* Fuß...; **2.**
(*esp. Brt. -II-, Am. -I-*) das Pedal treten;
radfahren; mit dem Rad fahren, strampeln.
pe·dan·tic [pɪ'dæntɪk] (~ally) pedantisch.
ped·dle ['pedl] hausieren gehen (mit); ~
drugs mit Drogen handeln; ~r [~lə] *Am.*
= *pedlar* Drogenhändler *m.*
ped·es·tal ['pedɪstl] Sockel *m (a. fig.).*
pe·des·tri·an [pɪ'destrɪən] **1.** zu Fuß; *fig.*
prosaisch, trocken; **2.** Fußgänger(in);
~ *cross·ing* Fußgängerübergang *m;* ~
pre·cinct Fußgängerzone *f.*
ped·i·gree ['pedɪgriː] Stammbaum *m.*
ped·lar ['pedlə] Hausierer *m;* Drogen-,
Rauschgifthändler *m.*
pee [piː] F **1.** *have* (*go for*) *a* ~ pinkeln
gehen; **2.** pinkeln.
peek [piːk] **1.** spähen, gucken, lugen; **2.**
flüchtiger *or* heimlicher Blick.
peel [piːl] **1.** Schale *f*, Rinde *f*, Haut *f*; **2.**
v/t. schälen; *a.* ~ *off* abschälen, *label,*
etc.: clothes: abstreifen; *v/i. a.* ~
off sich (ab)schälen, abblättern.
peep [piːp] **1.** neugieriger *or* verstohle-
ner Blick; Piep(s)en *n;* **2.** gucken, neugierig *or* verstohlen blicken; *a.* ~ *out*
hervorschauen; *fig.* sich zeigen;
piep(s)en; ~*hole* Guckloch *n;* ~*ing*
Tom Spanner *m*, Voyeur *m.*
peer [pɪə] **1.** spähen, lugen; ~ *at* (sich)
genau ansehen, anstarren; **2.** Gleiche(r
m) *f; Brt.* Peer *m;* ~*less* □ unvergleichlich.
peev·ish □ ['piːvɪʃ] verdrießlich, gereizt.
peg [peg] **1.** (Holz)Stift *m*, Zapfen *m*,
Dübel *m*, Pflock *m; for clothes:* Haken
m; Brt. a. clothes ~: (Wäsche)Klammer
f; for tent: (Zelt)Hering *m;* ♪ Wirbel *m;*

fig. Aufhänger *m; take s.o. down a* ~
(*or two*) F j-m e-n Dämpfer aufsetzen;
2. (*-gg-*) festpflocken; *mst* ~ *out* Grenze
abstecken; ~ *away*, ~ *along* F dranblei-
ben (*at* an); ~*top* Kreisel *m.*
pel·i·can *zo.* ['pelɪkən] Pelikan *m.*
pel·let ['pelɪt] Kügelchen *n;* Pille *f;*
Schrotkorn *n.*
pell-mell [pel'mel] durcheinander.
pelt [pelt] **1.** Fell *n,* (rohe) Haut,
(Tier)Pelz *m;* **2.** *v/t.* bewerfen; *v/i. a.* ~
down (nieder)prasseln (*Regen etc.*).
pel·vis *anat.* ['pelvɪs] (*pl.* -vises, -ves
[-viːz]) Becken *n.*
pen [pen] **1.** (Schreib)Feder *f*, Federhal-
ter *m;* Füller *m;* Kugelschreiber *m;*
Pferch *m*, (Schaf)Hürde *f;* **2.** (*-nn-*)
schreiben; ~ *in*, ~ *up* einpferchen, -sper-
ren.
pe·nal □ ['piːnl] Straf...; strafbar; ~
code Strafgesetzbuch *n;* ~ *servitude*
Zwangsarbeit *f;* ~*ize* [~əlaɪz] bestrafen; **pen·al·ty** ['penltɪ] Strafe *f; sports:*
a. Strafpunkt *m; soccer:* Elfmeter *m;* ~
area soccer: Strafraum *m;* ~ *box soccer:*
Strafraum *m; ice hockey:* Strafbank *f;* ~
goal soccer: Elfmetertor *m;* ~ *kick soc-*
cer: Strafstoß *m.*
pen·ance ['penəns] Buße *f.*
pence [pens] *pl. of* penny.
pen·cil ['pensl] **1.** (Blei-, Farb-, Zeichen)Stift *m;* **2.** (*esp. Brt. -II-, Am. -I-*)
zeichnen; (mit Bleistift) aufschreiben *or*
anzeichnen *or* anstreichen; *eyebrows:*
nachziehen; ~*sharp·en·er* Bleistift-
spitzer *m.*
pen|dant, ~dent ['pendənt] (Schmuck-)
Anhänger *m.*
pend·ing ['pendɪŋ] **1.** ⚖ schwebend; **2.**
prp. während; bis *o.*
pen·du·lum ['pendjʊləm] Pendel *n.*
pen·e|tra·ble □ ['penɪtrəbl] durch-
dringbar; ~*trate* [~ert] durchdringen;
fig. ergründen; eindringen (in *acc.*);
vordringen (*to* bis zu); ~*trat·ing* □
durchdringend, scharf (*mind*); scharfsinnig; ~*tra·tion* [penɪ'treɪʃn] Durch-,
Eindringen *n;* Scharfsinn *m;* ~*tra·tive*
□ ['penɪtrətɪv] *s. penetrating.*
pen-friend ['penfrend] Brieffreund(in).
pen·guin *zo.* ['peŋgwɪn] Pinguin *m.*
pen-hold·er ['penhəʊldə] *dated* Feder-
halter *m.*
pe·nin·su·la [pə'nɪnsjʊlə] Halbinsel *f.*
pe·nis *anat.* ['piːnɪs] Penis *m.*
pen·i|tence ['penɪtəns] Buße *f*, Reue *f;*
~*tent* [~t] **1.** □ reuig, bußfertig; **2.** Bü-
ßer(in); ~*ten·tia·ry Am.* [penɪ'tenʃərɪ]
(Staats)Gefängnis *n.*
pen|knife ['pennaɪf] (*pl.* -knives) Ta-
schenmesser *n;* ~*name* Schriftsteller-
name *m*, Pseudonym *n.*

pen·nant ♫ ['penənt] Wimpel *m*.

pen·ni·less ☐ ['penɪlɪs] ohne e-n Pfennig (Geld), mittellos.

pen·ny ['penɪ] (*pl. -nies, coll. pence* [pens]) *a.* new ~ Brt. Penny *m*; Am. Cent(stück *n*) *m*; *fig.* Pfennig *m*.

pen·sion¹ ['penʃn] **1.** Rente *f*, Pension *f*, Ruhegeld *n*; **2.** *oft* ~ *off* pensionieren; ~**er** [~ə] Pensionär(in).

pen·sion² ['pɒnsɪɒn] *boardinghouse*: Pension *f*.

pen·sive ☐ ['pensɪv] nachdenklich.

pen·tath·lete [pen'tæθliːt] *sports*: Fünfkämpfer(in); ~**lon** [~ɒn] *sports*: Fünfkampf *m*.

Pen·te·cost ['pentɪkɒst] Pfingsten *n*.

pent·house ['penthaʊs] Penthouse *n*, -haus *n*, Dachterrassenwohnung *f*; Vor-, Schutzdach *n*.

pent-up ['pent'ʌp] *emotions*: an-, aufgestaut.

pe·nu·ri·ous ☐ [pɪ'njʊərɪəs] arm; geizig; **pen·u·ry** ['penjʊrɪ] Armut *f*, Not *f*; Mangel *m*.

peo·ple ['piːpl] **1.** Volk *n*, Nation *f*; Leute *pl.*; Angehörige *pl.*; *coll.* die Leute *pl.*; man; **2.** besiedeln, bevölkern.

pep F [pep] **1.** Elan *m*, Schwung *m*, Pep *m*; ~**pill** Aufputschpille *f*; **2.** (*-pp-*) *mst* ~ *up j-n or ct.* in Schwung bringen.

pep·per ['pepə] **1.** Pfeffer *m*; **2.** pfeffern; ~**mint** *f* Pfefferminze *f*; Pfefferminzbonbon *m*, *n*; ~**y** pfefferig; *fig.* hitzig.

per [pɜː] per, durch; pro, für, je.

per·am·bu·la·tor *esp.* Brt. ['præmbjuleɪtə] = **pram.**

per·ceive [pə'siːv] (be)merken, wahrnehmen, empfinden; erkennen.

per cent, Am. per·cent [pə'sent] Prozent *n*.

per·cen·tage [pə'sentɪdʒ] Prozentsatz *m*; Prozente *pl.*; (An)Teil *m*.

per·cep·ti·ble ☐ [pə'septəbl] wahrnehmbar, merklich; ~**tion** [~pʃn] Wahrnehmung(svermögen *n*) *f*; Erkenntnis *f*; Auffassung(sgabe) *f*.

perch [pɜːtʃ] **1.** *zo.* Barsch *m*; (Sitz)Stange *f* (*for birds*); **2.** sich setzen *or* niederlassen, sitzen (*birds*).

per·co·late ['pɜːkəleɪt] *coffee, etc.*: filtern, durchsickern lassen; durchsickern (*a. fig.*); gefiltert werden; ~**la·tor** Kaffeemaschine *f*, -automat *m*.

per·cus·sion [pə'kʌʃn] Schlag *m*, Erschütterung *f*; *♪* Abklopfen *n*; *♪* coll. Schlagzeug *n*; ~ *instrument ♪* Schlaginstrument *n*.

per·e·gri·na·tion [perɪgrɪ'neɪʃn] Wanderschaft *f*; Wanderung *f*.

pe·remp·to·ry ☐ [pə'remptərɪ] bestimmt; zwingend; herrisch.

pe·ren·ni·al ☐ [pə'renɪəl] immer wieder-

kehrend, beständig; immerwährend; ♫ perennierend.

per·fect 1. ['pɜːfɪkt] ☐ vollkommen; vollendet; virtuos; gänzlich, völlig; **2.** [~] *a.* ~ *tense gr.* Perfekt *n*; **3.** [pə'fekt] vervollkommnen; vollenden; ~**fec·tion** [~kʃn] Vollendung *f*; Vollkommenheit *f*; *fig.* Gipfel *m*.

per·fid·i·ous ☐ [pə'fɪdɪəs] treulos (*to* gegen), verräterisch; ~**fi·dy** ['pɜːfɪdɪ] Treulosigkeit *f*, Verrat *m*.

per·fo·rate ['pɜːfəreɪt] durchlöchern.

per·force [pə'fɔːs] notgedrungen.

per·form [pə'fɔːm] verrichten, ausführen, tun; *duty, etc.*: erfüllen; *thea., ♪* aufführen, spielen, vortragen (*a. v/i.*); ~**ance** Verrichtung *f*, Ausführung *f*; Leistung *f*; *thea., ♪* Aufführung *f*, Vorstellung *f*, Vortrag *m*; ~**er** Künstler(in).

per·fume 1. ['pɜːfjuːm] Duft *m*, Wohlgeruch *m*; Parfüm *n*; **2.** [pə'fjuːm] mit Duft erfüllen, parfümieren.

per·func·to·ry ☐ [pə'fʌŋktərɪ] mechanisch; oberflächlich.

per·haps [pə'hæps, præps] vielleicht.

per·il ['perɪl] **1.** Gefahr *f*; **2.** gefährden; ~**ous** ☐ [~əs] gefährlich.

pe·rim·e·ter [pə'rɪmɪtə] & Umkreis *m*; Umgrenzungslinie *f*, Grenze *f*.

pe·ri·od [pə'rɪəd] Periode *f*; Zeitraum *m*; *gr. esp.* Am. Punkt *m*; *gr.* Gliedsatz *m*, Satzgefüge *n*; (Unterrichts)Stunde *f*; *physiol.* Periode *f*, Regel *f*, Tage *pl.*; ~**ic** [pɪərɪ'ɒdɪk] periodisch; ~**i·cal** [~ɪkl] **1.** ☐ periodisch; **2.** Zeitschrift *f*.

per·ish ['perɪʃ] umkommen, zugrunde gehen; ~**a·ble** ☐ leicht verderblich; ~**ing** ☐ *esp.* Brt. F sehr kalt; F verdammt, verflixt.

per·jure ['pɜːdʒə]: ~ *o.s.* e-n Meineid leisten; ~**ju·ry** [~rɪ] Meineid *m*; *commit* ~ e-n Meineid leisten.

perk [pɜːk]: ~ *up v/i.* sich wieder erholen, munter werden (*person*); *v/t. head*: heben, *ears*: spitzen; schmücken, verschönern; *person*: aufmöbeln, munter machen.

perk·y ☐ ['pɜːkɪ] (*-ier, -iest*) munter; keck, dreist, flott.

perm F [pɜːm] **1.** Dauerwelle *f*; **2.** *j-m* e-e Dauerwelle machen.

per·ma·nence ['pɜːmənəns] Dauer *f*; ~**nent** ☐ [~t] dauernd, ständig; dauerhaft; Dauer...; ~ *wave* Dauerwelle *f*.

per·me·a·ble ☐ ['pɜːmɪəbl] durchlässig; ~**ate** [~eɪt] durchdringen; dringen (*into* in *acc.*, *through* durch).

per·mis·si·ble ☐ [pə'mɪsəbl] zulässig; ~**sion** [~ʃn] Erlaubnis *f*; *ask* ~ um Erlaubnis bitten; *with your* ~ wenn Sie gestatten; ~**sive** ☐ [~sɪv] zulässig, erlaubt; tolerant; (sexuell) freizügig; **~ so-ciety** tabufreie Gesellschaft.

per·mit 1. [pə'mɪt] (**-tt-**) erlauben, gestatten; **weather ~ting** wenn das Wetter es zuläßt; **2.** ['pɜːmɪt] Erlaubnis *f*, Genehmigung *f*; Passierschein *m*.

per·ni·cious □ [pə'nɪʃəs] verderblich, schädlich; ⚙ bösartig.

per·pen·dic·u·lar □ [pɜːpən'dɪkjulə] senkrecht; aufrecht; steil.

per·pe·trate ['pɜːpɪtreɪt] verüben.

per·pet·u·al □ [pə'petʃuəl] fortwährend, ständig, ewig; **~ate** [~eɪt] bewahren; verewigen.

per·plex [pə'pleks] verwirren; **~i·ty** Verwirrung *f*.

per·se·cute ['pɜːsɪkjuːt] verfolgen; **~cu·tion** [pɜːsɪ'kjuːʃn] Verfolgung *f*; **~cu·tor** ['pɜːsɪkjuːtə] Verfolger(in).

per·se·ver·ance [pɜːsɪ'vɪərəns] Beharrlichkeit *f*, Ausdauer *f*; **~e** [pɜːsɪ'vɪə] beharren; aushalten.

per|sist [pə'sɪst] beharren, bestehen (**in** auf *dat.*); fortdauern, anhalten; **~sis·tence, ~sis·ten·cy** [~əns, ~ənsɪ] Beharrlichkeit *f*; Hartnäckigkeit *f*, Ausdauer *f*; **~sis·tent** □ [~ənt] beharrlich, ausdauernd; anhaltend.

per·son ['pɜːsn] Person *f* (*a. gr.*, 🎭); **~age** (hohe *or* bedeutende) Persönlichkeit; **~al** □ persönlich (*a. gr.*); *attr.* Personal...; Privat...; **~ data** *pl.* Personalien *pl.*; **~al·i·ty** [pɜːsə'nælətɪ] Persönlichkeit *f*; **personalities** *pl.* anzügliche *or* persönliche Bemerkungen *pl.*; **~i·fy** [pɜː'sɒnɪfaɪ] verkörpern; **~nel** [pɜːsə'nel] Personal *n*, Belegschaft *f*; ✕ Mannschaften *pl.*; ⚓, ✈ Besatzung *f*; **~ department** Personalabteilung *f*; **~ manager, ~ officer** Personalchef *m*.

per·spec·tive [pə'spektɪv] Perspektive *f*; Ausblick *m*, Fernsicht *f*.

per·spic·u·ous □ [pə'spɪkjuəs] klar.

per|spi·ra·tion [pɜːspə'reɪʃn] Schwitzen *n*; Schweiß *m*; **~spire** [pə'spaɪə] (aus)schwitzen.

per|suade [pə'sweɪd] überreden; überzeugen; **~sua·sion** [~ʒn] Überredung *f*; Überzeugung *f*, (feste) Meinung; Glaube *m*; **~sua·sive** □ [~sɪv] überredend; überzeugend.

pert □ [pɜːt] keck (*a. hat*), vorlaut, frech, naseweis.

per·tain [pɜː'teɪn] (**to**) gehören (*dat. or* zu); betreffen (*acc.*).

per·ti·na·cious □ [pɜːtɪ'neɪʃəs] hartnäckig, zäh.

per·ti·nent □ ['pɜːtɪnənt] sachdienlich, relevant, zur Sache gehörig.

per·turb [pə'tɜːb] beunruhigen.

pe·rus|al [pə'ruːzl] sorgfältige Durch-

sicht; **~e** [~z] (sorgfältig) durchlesen; prüfen.

per·vade [pə'veɪd] durchdringen.

per|verse □ [pə'vɜːs] *psych.* pervers; eigensinnig, verstockt; **~ver·sion** [~ʃn] Verdrehung *f*; Abkehr *f*; *psych.* Perversion *f*; **~ver·si·ty** [~ətɪ] *psych.* Perversität *f*; Eigensinn *m*, Verstocktheit *f*.

per·vert 1. [pə'vɜːt] verdrehen; verführen; **2.** *psych.* ['pɜːvɜːt] perverser Mensch.

pes·si·mis·m ['pesɪmɪzəm] Pessimismus *m*.

pest [pest] lästiger Mensch, Nervensäge *f*; lästige Sache, Plage *f*; *zo.* Schädling *m*; **pes·ter** ['~ə] belästigen, plagen.

pes·ti|lent □ ['pestɪlənt], **~len·tial** □ [pestɪ'lenʃl] *esp. dated:* schädlich; *mst co.* ekelhaft, abscheulich.

pet¹ [pet] **1.** (zahmes) (Haus)Tier; Liebling *m*; **2.** Lieblings...; Tier...; **~ dog** Schoßhund *m*; **~ name** Kosename *m*; **~ shop** Tierhandlung *f*, Zoogeschäft *n*; **3.** (**-tt-**) (ver)hätscheln; streicheln, liebkosen; F Petting machen.

pet² [~] *dated:* **in a ~** verärgert.

pet·al ⚘ ['petl] Blütenblatt *n*.

pe·ti·tion [pɪ'tɪʃn] **1.** Bittschrift *f*, Eingabe *f*, Gesuch *n*; **2.** bitten, ersuchen; ein Gesuch einreichen (**for** um), e-n Antrag stellen (**for** auf *acc.*).

pet·ri·fy ['petrɪfaɪ] versteinern.

pet·rol ['petrəl] Benzin *n*; **~ pump** Zapfsäule *f*; **~ station** Tankstelle *f*.

pe·tro·le·um 🛢 [pɪ'trəʊlɪəm] Petroleum *n*, Erd-, Mineralöl *n*; **~ refinery** Erdölraffinerie *f*.

pet·ti·coat ['petɪkəʊt] Unterrock *m*.

pet·ting F ['petɪŋ] Petting *n*.

pet·tish □ ['petɪʃ] launisch, reizbar.

pet·ty □ ['petɪ] (**-ier, -iest**) klein, geringfügig, Bagatell...; **~ cash** Portokasse *f*; **~ larceny** 🎭 einfacher Diebstahl.

pet·u·lant □ ['petjʊlənt] gereizt.

pew [pjuː] Kirchenbank *f*.

pew·ter ['pjuːtə] Zinn *n*; Zinngeschirr *n*; Zinnkrug *m*.

phan·tom ['fæntəm] Phantom *n*, Trugbild *n*; Gespenst *n*.

phar·ma·cy ['fɑːməsɪ] Pharmazie *f*; Apotheke *f*.

phase [feɪz] **1.** Phase *f*; **2.** schritt- *or* stufenweise planen *or* durchführen; **~ in** *scheme, etc.:* schrittweise einführen; **~ out** *scheme, etc.:* auslaufen lassen.

pheas|ant *zo.* ['feznt] Fasan *m*.

phe·nom·e·non [fɪ'nɒmɪnən] (*pl.* **-na** [-ə]) Phänomen *n*, Erscheinung *f*.

phi·al ['faɪəl] Phiole *f*, Fläschchen *n*.

phi·lan·thro·pist [fɪ'lænθrəpɪst] Philanthrop *m*, Menschenfreund *m*.

phi·lol·o·gist [fɪ'lɒlədʒɪst] Philolog|e *m*, -in *f*; **~gy** [-ɪ] Philologie *f*.

phi·los·o·pher [fɪ'lɒsəfə] Philosoph *m*; **~phize** [-aɪz] philosophieren; **~phy** [-ɪ] Philosophie *f*.

phlegm [flem] Schleim *m*; Phlegma *n*.

phone F [fəʊn] **1.** Telefon *n*; *pick up (put down) the ~* den Hörer abnehmen (auflegen); **2.** telefonieren; *j-n* anrufen; *~ book or ~ directory* Telefonbuch *n*; *~ booth or ~ box* Telefonzelle *f*; *~ card* Telefonkarte *f*; *a.* Kartentelefon *n*; *s. a. telephone*.

pho·net·ics [fə'netɪks] *sg.* Phonetik *f*, Lautlehre *f*; phonetische Umschrift *or* Angaben.

pho·n(e)y *sl.* ['fəʊnɪ] **1.** Fälschung *f*; Schwindler(in); **2.** (*-ier, -iest*) falsch, unecht.

phos·pho·rus [ˈfɒsfərəs] Phosphor *m*.

pho·to F ['fəʊtəʊ] Foto *n*, Bild *n*.

pho·to- [-] Licht..., Photo..., Foto...; **~cop·i·er** Fotokopiergerät *n*; **~cop·y 1.** Fotokopie *f*; **2.** fotokopieren; **~gen·ic** [-'dʒenɪk] fotogen.

pho|to·graph ['fəʊtəgrɑːf] **1.** Fotografie *f* (*picture*); **2.** fotografieren; **~tog·ra·pher** [fə'tɒgrəfə] Fotograf(in); **~tog·ra·phy** [-ɪ] Fotografie *f* (*art, business*).

phras·al ['freɪzl]: *~ verb* Verb *n* mit Adverb (und Präposition); *phrase* [freɪz] **1.** (Rede)Wendung *f*, Redensart *f*, (idiomatischer) Ausdruck; *~ book* Sprachführer *m*; **2.** ausdrücken.

phys|i·cal □ ['fɪzɪkl] physisch; körperlich; physikalisch; *~ education, ~ training* Leibeserziehung *f*; *~ handicap* Körperbehinderung *f*; *~ly handicapped* körperbehindert; *phy·si·cian* [fɪ'zɪʃn] Arzt *m*; *~i·cist* ['fɪzɪsɪst] Physiker *m*; *~ics* [-ɪks] *sg.* Physik *f*.

phy·sique [fɪ'ziːk] Körper(bau) *m*, Statur *f*.

pi·an·o ['pjænəʊ] (*pl. -os*) Klavier *n*.

pi·az·za [pɪ'ætsə] Piazza *f*, (Markt)Platz *m*; *Am.* (große) Veranda.

pick¹ [pɪk] = *pickaxe*.

pick² [pɪk] **1.** (Aus)Wahl *f*; *take your ~* suchen Sie sich etwas aus; **2.** (auf)hacken; (auf)picken (*bird*); entfernen; pflücken; *bone:* abnagen; bohren *or* stochern in (*dat.*); *lock:* mit e-m Dietrich öffnen, F knacken; *quarrel:* vom Zaun brechen; (sorgfältig) (aus)wählen; *Am. ♪ strings:* zupfen, *banjo:* spielen; *~ one's nose* in der Nase bohren; *~ one's teeth* in den Zähnen (herum)stochern; *~ s.o.'s pocket* j-n bestehlen; *have a bone to ~ with s.o.* mit j-m ein Hühnchen zu rupfen haben; *out et.* auswählen; heraussuchen; *~ up* aufhacken; aufheben, -lesen, -nehmen; auf-

picken (*bird*); *trail:* aufnehmen; *criminal:* aufgreifen; F *et.* aufschnappen; *foreign language:* sich aneignen; *in a car:* mitnehmen *or* abholen; F *j-n* zufällig kennenlernen, auflesen; *a. ~ up speed mot.* schneller werden; *~-a-back* huckepack.

pick|axe, *Am.* **~ax** Spitzhacke *f*.

pick·et ['pɪkɪt] **1.** Pfahl *m*; ✕ Feldwache *f*; Streikposten *m*; *~ line* Streikpostenkette *f*; **2.** mit Streikposten besetzen, Streikposten aufstellen vor (*dat.*); Streikposten stehen.

pick·ings ['pɪkɪŋz] *pl.* Überbleibsel *pl.*, Reste *pl.*; Ausbeute *f*; Profit *m*, (unehrlicher) Gewinn.

pick·le ['pɪkl] **1.** (Salz)Lake *f*; *mst ~s pl.* Eingepökelte(s) *n*, Pickles *pl.*; F mißliche Lage; **2.** einlegen, (-)pökeln; *~d herring* Salzhering *m*.

pick|lock ['pɪklɒk] Einbrecher *m*; Dietrich *m*; *~pock·et* Taschendieb *m*; *~up* Ansteigen *n*; Tonabnehmer *m*; Kleinlieferwagen *m*; F Straßenbekanntschaft *f*.

pic·nic ['pɪknɪk] **1.** Picknick *n*; **2.** (*-ck-*) ein Picknick machen, picknicken.

pic·to·ri·al [pɪk'tɔːrɪəl] **1.** □ malerisch; illustriert; **2.** Illustrierte *f*.

pic·ture ['pɪktʃə] **1.** Bild *n*; Gemälde *n*; bildschöne Sache *or* Person; Film *m*; *attr.* Bilder...; *~s pl. esp. Brt.* Kino *n*; *put s.o. in the ~* j-n ins Bild setzen, j-n informieren; **2.** abbilden; *fig.* schildern, beschreiben; *fig.* sich *et.* vorstellen; *~ post·card* Ansichtskarte *f*; *pic·tur·esque* [pɪktʃə'resk] malerisch; *pic·ture·some* ['pɪktʃəsəm] fotogen.

pie [paɪ] Pastete *f*; Obstkuchen *m*.

pie·bald ['paɪbɔːld] *zo.* (bunt)scheckig.

piece [piːs] **1.** Stück *n*; Teil *m*, *n* (*of machine, etc.*); *chess:* Figur *f*; *board games:* Stein *m*; *by the ~* stückweise; im Akkord; *a ~ of advice* ein Rat; *a ~ of news* e-e Neuigkeit; *of a ~* einheitlich; *give s.o. a ~ of one's mind* j-m gründlich die Meinung sagen; *take to ~s* zerlegen; **2.** *~ together* zusammensetzen, -flicken; *~meal* stückweise; *~work* Akkordarbeit *f*; *do ~* im Akkord arbeiten.

pier [pɪə] Pfeiler *m*; Pier *m*, Hafendamm *m*, Mole *f*, Landungsbrücke *f*.

pierce [pɪəs] durchbohren, -stechen, -stoßen; durchdringen; eindringen (in *acc.*).

pi·e·ty ['paɪətɪ] Frömmigkeit *f*; Pietät *f*.

pig [pɪg] *zo.* Schwein *n* (*a. fig.* F); *esp. Am.* Ferkel *n*; *sl. contp.* Bulle *m* (*policeman*).

pi·geon ['pɪdʒɪn] Taube *f*; *~hole* **1.** Fach *n*; **2.** in Fächer einordnen.

pig|head·ed [pɪg'hedɪd] dickköpfig; **~i·ron** Roheisen n; **~skin** Schweinsleder n; **~sty** Schweinestall m; **~tail** (Haar)Zopf m.

pike [paɪk] zo. Hecht m; Schlagbaum m; Mautstraße f; Maut f; ✕ hist. Pike f, Spieß m.

pile [paɪl] **1.** Haufen m; Stapel m, Stoß m; F Haufen m, Masse f; ⚡ Batterie f; Pfahl m; Flor m (of carpets, etc.); **~s** pl. F ✿ Hämorrhoiden pl.; **(atomic)** ~ Atommeiler m, (Kern)Reaktor m; **2.** often **~ up**, **~ on** (an-, auf)häufen, (auf-)stapeln, aufschichten.

pil·fer ['pɪlfə] stehlen, F stibitzen.

pil·grim ['pɪlgrɪm] Pilger(in); **~age** Pilger-, Wallfahrt f.

pill [pɪl] Pille f (a. fig.); **the ~** die (Antibaby)Pille.

pil·lage ['pɪlɪdʒ] **1.** Plünderung f; **2.** plündern.

pil·lar ['pɪlə] Pfeiler m, Ständer m; Säule f; **~box** Brt. Briefkasten m.

pil·li·on mot. ['pɪlɪən] Soziussitz m.

pil·lo·ry ['pɪlərɪ] **1.** hist. Pranger m; **2.** hist. and fig. an den Pranger stellen; fig. anprangern.

pil·low ['pɪləʊ] (Kopf)Kissen n; **~case**, **~slip** (Kopf)Kissenbezug m.

pi·lot ['paɪlət] **1.** ✈ Pilot m; ⚓ Lotse m; **2.** Versuchs..., Probe..., Pilot...; **~ film** TV Pilotfilm m; **~ scheme** Versuchsprojekt n; **3.** lotsen; steuern.

pimp [pɪmp] **1.** Kuppler m; Zuhälter m; **2.** sich als Kuppler betätigen; Zuhälter sein.

pim·ple ['pɪmpl] Pickel m, Pustel f.

pin [pɪn] **1.** (Steck-, Krawatten-, Hut-, etc.)Nadel f; ⚙ Pflock m, Bolzen m, Stift m, Dorn m; ♪ Wirbel m; **ninepins:** Kegel m; **bowling:** Pin m; **(clothes)** ~ esp. Am. Wäscheklammer f; **(drawing-)** ~ Brt.: Reißzwecke f; **2.** (**-nn-**) (an)heften, anstecken (**to** an acc.), befestigen (**to** an dat.); pressen, drücken (**against**, **to** gegen, an acc.).

pin·a·fore ['pɪnəfɔ:] Schürze f.

pin·cers ['pɪnsəz] pl. (**a pair of ~** e-e) (Kneif)Zange.

pinch [pɪntʃ] **1.** Kneifen n; Prise f (salt, tobacco, etc.); fig. Druck m, Not f; **2.** v/t. kneifen, zwicken, (ein)klemmen; F klauen; F arrest: F schnappen, erwischen; v/i. drücken (shoe, poverty, etc.); a. **~ and scrape** sich einschränken, knausern.

pin·cush·ion ['pɪnkʊʃn] Nadelkissen n.

pine [paɪn] **1.** ✿ Kiefer f, Föhre f; **2.** sich sehnen (**for** nach); (**~ away**) vor Gram vergehen; **~ap·ple** ['paɪnæpl] Ananas f; **~cone** ✿ Kiefernzapfen m.

pin·ion ['pɪnɪən] **1.** zo. Flügelspitze f; zo.

Schwungfeder f; ⚙ Ritzel n; **2.** die Flügel stutzen (dat.); fesseln (**to** an acc.).

pink [pɪŋk] **1.** ✿ Nelke f; Rosa n; **be in the ~** (of condition or health) in Top- or Hochform sein; **2.** rosa(farben).

pin-mon·ey ['pɪnmʌnɪ] (selbstverdientes) Taschengeld (der Hausfrau).

pin·na·cle ['pɪnəkl] arch. Fiale f; (Berg-)Spitze f; fig. Gipfel m, Höhepunkt m.

pint [paɪnt] Pint n (= 0,57 or Am. 0,47 litre); Brt. F Halbe f (beer).

pi·o·neer [paɪə'nɪə] **1.** Pionier m (a. ✕); **2.** den Weg bahnen (für).

pi·ous □ ['paɪəs] fromm, religiös.

pip [pɪp] vet. Pips m; F miese Laune; (Obst)Kern m; Auge n (on dice, etc.); ✕ Brt. F Stern m (indicating rank); sound: Ton m, Piepsen n.

pipe [paɪp] **1.** Rohr n, Röhre f; Pfeife f (a. ♪); ♪ Flöte f; of a bird: Pfeifen n, Lied n; Pipe f (wine cask = 477,3 litre); **2.** (durch Rohre) leiten; pfeifen; flöten; piep(s)en (bird, etc.); **~line** Rohrleitung f; for oil, gas, etc.: Pipeline f; **~r** Pfeifer m.

pip·ing ['paɪpɪŋ] **1.** pfeifend, schrill; **~ hot** siedend heiß; **2.** Rohrleitung f, -netz n; tailoring: Paspel f, Biese f; Pfeifen n, Piep(s)en n.

pi·quant □ ['pi:kənt] pikant.

pique [pi:k] **1.** Groll m; **2.** kränken, reizen; **~ o.s. on** sich brüsten mit.

pi·ra·cy ['paɪərəsɪ] Piraterie f, Seeräuberei f; **pi·rate** [~ət] **1.** Pirat m, Seeräuber m; Piratenschiff n; **~ radio station** Piratensender m; **2.** idea, etc.: stehlen, klauen; of book, record, etc.: e-n Raubdruck or e-e Raubkopie herstellen.

piss V [pɪs] pissen; **~ off!** verpiß dich!, hau ab!; **~ed** V Brt. F besoffen, Am. stocksauer; **be ~ off with** V die Schnauze voll haben von.

pis·tol ['pɪstl] Pistole f.

pis·ton ⚙ ['pɪstən] Kolben m.

pit [pɪt] **1.** Grube f (a. ✕, anat.); ⚡ Miete f; Fallgrube f, Falle f; motor sports: Box f; athletics: Sprunggrube f; thea. Brt. Parterre n; a. **orchestra** ~ Orchestergraben m; Am. (Obst)Stein m, Kern m; **2.** (**-tt-**) ⚡ einmieten; mit Narben bedecken; Am. entsteinen, -kernen.

pitch [pɪtʃ] **1.** min. Pech n; Brt. Stand(platz) m (of street trader, etc.); ♪ Tonhöhe f; Grad m, Stufe f, Höhe f; Gefälle n, Neigung f; Wurf m (a. sports); esp. Brt. sports: Spielfeld n, Platz m; ⚓ Stampfen n (ship); **2.** v/t. werfen, schleudern; tent, etc.: aufschlagen, -stellen; ♪ (an)stimmen; **~ too high** fig. aspirations: zu hoch stecken; v/i. ✕ (sich) lagern; hinschlagen; ⚓ stampfen (ship); **~ into** F herfallen über (acc.);

~black, ~dark pechschwarz; stockdunkel.

pitch-er ['pɪtʃə] Krug *m*; *baseball*: Werfer *m*.

pitch-fork ['pɪtʃfɔːk] Heu-, Mistgabel *f*.

pit-e-ous □ ['pɪtɪəs] kläglich.

pit-fall ['pɪtfɔːl] Fallgrube *f*; *fig*. Falle *f*.

pith [pɪθ] Mark *n*; *fig*. Kern *m*; *fig*. Kraft *f*; **~y** □ ['pɪθɪ] (*-ier, -iest*) markig, kernig.

pit-i·a·ble □ ['pɪtɪəbl] bemitleidenswert; erbärmlich; **~ful** □ bemitleidenswert; erbärmlich, jämmerlich (*a. contp.*); **~less** □ unbarmherzig.

pit-tance ['pɪtəns] Hungerlohn *m*.

pit·y ['pɪtɪ] **1.** Mitleid *n* (on mit); *it is a* ~ es ist schade; **2.** bemitleiden.

piv-ot ['pɪvət] **1.** ⊕ (Dreh)Zapfen *m*; *fig*. Dreh-, Angelpunkt *m*; **2.** sich drehen (**on, upon** um).

piz-za ['piːtsə] Pizza *f*.

pla-ca-ble □ ['plækəbl] versöhnlich.

plac-ard ['plækɑːd] **1.** Plakat *n*; Transparent *n*; **2.** anschlagen; mit e-m Plakat bekleben.

place [pleɪs] **1.** Platz *m*; Ort *m*; Stelle *f*; Stätte *f*; (Arbeits)Stelle *f*, (An)Stellung *f*; Wohnsitz *m*, Haus *n*, Wohnung *f*; Wohnort *m*; (soziale) Stellung; **~ of de·livery** *econ*. Erfüllungsort *m*; *give* ~ *to* j-m Platz machen; *in* ~ *of* an Stelle (*gen*.); *out of* ~ fehl am Platz; **2.** stellen, legen, setzen; *j-n* ein-, anstellen; *order*: erteilen (**with s.o.** j-m); *be* ~*d sports*: sich placieren; *I can't* ~ *him fig*. ich weiß nicht, wo ich ihn hintun soll; **~name** Ortsname *m*.

plac-id □ ['plæsɪd] sanft; ruhig.

pla-gia·rism ['pleɪdʒərɪzəm] Plagiat *n*; **~rize** [~raɪz] plagiieren.

plague [pleɪg] **1.** Seuche *f*; Pest *f*; Plage *f*; **2.** plagen, quälen.

plaice *zo*. [pleɪs] Scholle *f*.

plaid [plæd] Plaid *n*.

plain [pleɪn] **1.** □ klar; deutlich; einfach, schlicht; unscheinbar, wenig anziehend; häßlich (*person*); offen (u. ehrlich); einfarbig; rein (*truth, nonsense, etc*.); **2.** *adv.* klar, deutlich; **3.** Ebene *f*, Flachland *n*; *the Great* ~s *pl. Am.* (*in the USA*) die Prärien *pl*.; ~ **choc·olate** Zartbitter-Schokolade *f*; **~clothes man** (*pl. -men*) Polizist *m* or Kriminalbeamte(r) *m* in Zivil; ~ **deal·ing** Redlichkeit *f*; **~s·man** (*pl. -men*) *Am.* Präriebewohner *m*.

plain|tiff ⚖ ['pleɪntɪf] Kläger(in); **~tive** □ [~v] traurig, klagend.

plait [plæt, *Am*. pleɪt] **1.** (Haar*etc*.)Flechte *f*; Zopf *m*; **2.** flechten.

plan [plæn] **1.** Plan *m*; **2.** (*-nn-*) planen; entwerfen; ausarbeiten.

plane [pleɪn] **1.** flach, eben; **2.** Ebene *f*, (ebene) Fläche; ✈ Tragfläche *f*; *aircraft*: Flugzeug *n*, F Maschine *f*; ⊕ *tool*: Hobel *m*; *fig*. Stufe *f*, Niveau *n*; *by* ~ mit dem Flugzeug, auf dem Luftweg; *go by* ~ fliegen; **3.** (ein)ebnen; ⊕ hobeln; ✈ fliegen.

plan-et *ast.* ['plænɪt] Planet *m*.

plank [plæŋk] **1.** Planke *f*, Bohle *f*, Diele *f*; *pol*. Programmpunkt *m*; **2.** dielen; verschalen; ~ **down** F *et*. hinknallen; *money*: auf den Tisch legen, blechen.

plant [plɑːnt] **1.** ♀ Pflanze *f*; ⊕ Anlage *f*, Fabrik *m*; **2.** (an-, ein)pflanzen (*a. fig*.); bepflanzen; besiedeln; anlegen; (auf-) stellen; *punch*: verpassen; **plan·ta·tion** [plæn'teɪʃn] Pflanzung *f*, Plantage *f*; Besied(e)lung *f*; **~er** Pflanzer *m*; Plantagenbesitzer *m*; ⚙ Pflanzmaschine *f*; Übertopf *m*.

plaque [plɑːk] (Schmuck)Platte *f*; Gedenktafel *f*; ⚙ Zahnbelag *m*.

plash [plæʃ] platschen.

plas-ter ['plɑːstə] **1.** *arch.* (Ver)Putz *m*; (*a. sticking* ~) ⚙ Pflaster *n*; *a.* ~ *of Paris* Gips *m* (*a.* ⚙); **2.** verputzen; *wall*: bekleben; ⚙ *wound*: verpflastern, ein Pflaster aufkleben; ~ **cast** Gipsabdruck *m*, -abguß *m*; ⚙ Gipsverband *m*; **plas·tered** ['plɑːstəd] *sl. drunk*: blau.

plas-tic ['plæstɪk] **1.** (*..ally*) plastisch; Plastik...; **2.** *often* ~s *sg*. Plastik(material) *n*, Kunststoff *m*.

plate [pleɪt] **1.** Platte *f*; Teller *m*; (Bild-) Tafel *f*; Schild *n*; (Kupfer-, Stahl)Stich *m*; (Tafel)Besteck *n*; ⊕ Grobblech *n*; **2.** plattieren; panzern.

plat-form ['plætfɔːm] Plattform *f*; *geol*. Hochebene *f*; ⚙ Bahnsteig *m*; *Brt. of bus*: Plattform *f*; (Redner)Tribüne *f*, Podium *n*; ⊕ Rampe *f*, Bühne *f*; *pol*. Parteiprogramm *n*; *esp. Am. pol.* Aktionsprogramm *n* (*for election campaign*).

plat-i-num *min*. ['plætɪnəm] Platin *n*.

plat-i-tude *fig*. ['plætɪtjuːd] Plattheit *f*.

plat-ter *Am. or dated* ['plætə] (Servier)Platte *f*.

plau-dit ['plɔːdɪt] Beifall *m*.

plau-si-ble □ ['plɔːzəbl] glaubhaft.

play [pleɪ] **1.** Spiel *n*; Schauspiel *n*, (Theater)Stück *n*; ⚙ Spiel *n*; *fig*. Spielraum *m*; ⊕ Spiel(raum) haben; ~ **back** *ball*: zurückspielen (**to** zu); *tape*: abspielen; ~ **off** *fig*. ausspielen (**against** gegen); ~ **on, ~ upon** *fig. one's weakness*: ausnutzen; ~**ed out** *fig*. erledigt, erschöpft; ~**back** Playback *n*, Wiedergabe *f*, Abspielen *n*; ~**bill** Theaterplakat *n*; *Am*. Programm(heft) *n*; ~**boy** Playboy *m*; ~**er** (Schau)Spieler(in); Plattenspieler *m*; ~**fel·low**

Spielgefährt|e *m*, -in *f*; **~ful** □ verspielt; spielerisch, scherzhaft; **~girl** Playgirl *n*; **~go-er** (*esp.* häufige[r]) Theaterbesucher(in); **~ground** Spielplatz *m*; Schulhof *m*; **~house** *thea.* Schauspielhaus *n*; Spielhaus *n* (*for children*); **~mate** = *playfellow*; Gespiel|e *m*, -in *f*; **~thing** Spielzeug *n*; **~wright** Dramatiker *m*.

plea [pliː] 🕸 Einspruch *m*; Ausrede *f*; Gesuch *n*; **on the ~ of** or **that** unter dem Vorwand (*gen.*) *or* daß.

plead [pliːd] (*~ed, esp. ScotE., Am.* **pled**) *v/i.* 🕸 plädieren; **~ for** für *j-n* sprechen; sich einsetzen für; **~ (not) guilty** sich (nicht) schuldig bekennen; *v/t.* sich berufen auf (*acc.*), *et.* vorschützen; *s.o.'s case*: vertreten; 🕸 (als Beweis) anführen; **~ing** □ Plädoyer *n*.

pleas·ant □ ['pleznt] angenehm, erfreulich; freundlich; sympathisch; **~ry** Scherz *m*, Spaß *m*.

please [pliːz] (*j-m*) gefallen, angenehm sein; befriedigen; belieben; bitte; (*yes,*) **~ ja**, bitte; (oh ja,) gerne; **~ come in!** bitte, treten Sie ein!; **~ yourself** (ganz) wie Sie wünschen; **~d** erfreut, zufrieden; **be ~ at** erfreut sein über (*acc.*); **be ~ to do** *et.* gerne tun; **~ to meet you!** angenehm!; **be ~ with** befriedigt sein von; Vergnügen haben an (*dat.*); **pleas·ing** □ ['pliːzɪŋ] angenehm, gefällig.

plea·sure ['pleʒə] Vergnügen *n*, Freude *f*; Belieben *n*; *attr.* Vergnügungs...; **at ~** nach Belieben; **my ~** or **it's a ~** gern geschehen, es war mir ein Vergnügen; **~boat** Vergnügungs-, Ausflugsdampfer *m*; **~ground** (Park)Anlage(n *pl.*) *f*; Vergnügungspark *m*.

pleat [pliːt] 1. (Plissee)Falte *f*; 2. fälteln, plissieren.

pled [pled] *past and p.p.* of *plead*.

pledge [pledʒ] 1. Pfand *f*; Zutrinken *n*, Toast *m*; Versprechen *n*, Gelöbnis *n*; 2. verpfänden; *j-m* zutrinken; **he ~d himself** *et.* gelobte.

ple·na·ry ['pliːnəri] Voll..., Plenar...

plen·i·po·ten·tia·ry [plenɪpə'tenʃəri] (General)Bevollmächtigte(r *m*) *f*.

plen·ti·ful □ ['plentɪfl] reichlich.

plen·ty ['plenti] 1. Fülle *f*, Überfluß *m*; **~ of** reichlich; 2. F reichlich.

pli·a·ble □ ['plaɪəbl] biegsam; *fig.* geschmeidig, nachgiebig.

pli·ers ['plaɪəz] *pl.* (a pair of ~ e-e) (Draht-, Kombi)Zange.

plight [plaɪt] (schlechter) Zustand, schwierige Lage, Notlage *f*.

plim·soll *Brt.* ['plɪmsəl] Turnschuh *m*.

plod [plɒd] (*-dd-*) *a.* **~ along**, **~ on** sich dahinschleppen; **~ away** sich abplagen (*at* mit), schuften.

plop [plɒp] (*-pp-*) plumpsen *or* (*esp. into water*) platschen (lassen).

plot [plɒt] 1. Stück *n* Land, Parzelle *f*, Grundstück *n*; (geheimer) Plan, Komplott *n*, Anschlag *m*, Intrige *f*; Handlung *f* (*of drama, etc.*); 2. (*-tt-*) *v/t.* auf-, einzeichnen; planen, anzetteln; *v/i.* sich verschwören (*against* gegen).

plough, *Am.* **plow** [plaʊ] 1. Pflug *m*; 2. (um)pflügen; **~share** Pflugschar *f*.

pluck [plʌk] 1. Rupfen *n*, Zupfen *n*, Zerren *n*, Reißen *n*; Zug *m*, Ruck *m*; Innereien *pl.*; *fig.* Mut *m*, Schneid *m*; 2. pflücken; *bird*: rupfen (*a. fig.*); zupfen, ziehen, zerren, reißen (*at* an *dat.*); *♪ strings*: zupfen; **~ up courage** Mut fassen; **~y** □ (*-ier, -iest*) mutig.

plug [plʌg] 1. Pflock *m*, Dübel *m*, Stöpsel *m*; ⚡ Stecker *m*; F Steckdose *f*; Hydrant *m*; *mot.* (Zünd)Kerze *f*; in radio, TV: F Schleichwerbung *f*; 2. *v/t.* (*-gg-*) (*a.* **~ up**) zu-, verstopfen, zustöpseln; F in radio, TV, etc.: (ständig) Reklame machen für; **~ in** ⚡ einstecken, einstöpseln, anschließen.

plum [plʌm] 🍒 Pflaume(nbaum *m*) *f*; Rosine *f* (*a. fig.*).

plum·age ['pluːmɪdʒ] Gefieder *n*.

plumb [plʌm] 1. *adj. a. adv.* lot-, senkrecht; *fig.* völlig; F total; 2. (Blei)Lot *n*; 3. *v/t.* loten; sondieren (*a. fig.*); Wasser- or Gasleitungen legen in; *v/i.* als Rohrleger arbeiten; **~ in** connect: anschließen; **~er** Klempner *m*, Installateur *m*; **~ing** Klempnerarbeit *f*; Rohrleitungen *pl.*; sanitäre Installation.

plume [pluːm] 1. Feder *f*; Federbusch *m*; 2. mit Federn schmücken; *plumage*: putzen; **~ o.s.** on sich brüsten mit.

plum·met ['plʌmɪt] Senkblei *n*.

plump [plʌmp] 1. *adj.* drall, prall, mollig; □ F glatt (*refusal, etc.*); 2. *a.* **~ down** (hin)plumpsen (lassen); 3. Plumps *m*; 4. *adv.* F unverblümt, geradeheraus.

plum pud·ding [plʌm'pʊdɪŋ] Plumpudding *m*.

plun·der ['plʌndə] 1. Plünderung *f*; Raub *m*, Beute *f*; 2. plündern.

plunge [plʌndʒ] 1. (Ein-, Unter)Tauchen *n*; (Kopf)Sprung *m*; Sturz *m*; *take the ~ fig.* den entscheidenden Schritt wagen; 2. (ein-, unter)tauchen; (sich) stürzen (*into* in *acc.*); *knife, sword, etc.*: stoßen; ⚓ stampfen (*ship*).

plu·per·fect *gr.* ['pluː'pɜːfɪkt] *a.* **~ tense** Plusquamperfekt *n*.

plu·ral *gr.* ['plʊərəl] Plural *m*, Mehrzahl *f*; **~i·ty** [plʊəˈrælɪti] Mehrheit *f*, Mehrzahl *f*; Vielzahl *f*.

plus [plʌs] 1. *prp.* plus; 2. *adj.* positiv; Plus...; 3. *cj.* F und außerdem, wie auch; 4. Plus *n*; Mehr *n*.

plush [plʌʃ] Plüsch m.

ply [plaɪ] 1. Lage f, Schicht f (of cloth, wood, etc.); Strähne f (thread, etc.); fig. Neigung f; **three-** dreifach (thread, etc.); dreifach gewebt (carpet); 2. v/t. handhaben, umgehen mit; fig. j-m zusetzen, j-n überhäufen (**with** mit); v/i. bus, etc.: regelmäßig fahren (**between** zwischen); **~wood** Sperrholz n.

pneu·mat·ic [nju:ˈmætɪk] (**~ally**) Luft...; pneumatisch; **~ (tyre)** ☉ Luftreifen m.

pneu·mo·ni·a ⚕ [nju:ˈməʊnɪə] Lungenentzündung f.

poach¹ [pəʊtʃ] pochieren, **~ed eggs** pl. verlorene Eier pl.

poach² [~] wildern; **~er** Wilddieb m, Wilderer m.

pock ⚕ [pɒk] Pocke f, Blatter f.

pock·et [ˈpɒkɪt] 1. (Hosen- etc.)Tasche f; billiards: Loch n; **✓ = air pocket**; **with an empty ~** mit leeren Taschen; **it's beyond my ~** es übersteigt meine finanziellen Möglichkeiten; **... to suit every ~** ... für jeden Geldbeutel; 2. einstecken (a. fig.); emotion: unterdrücken; **in billiards**: einlochen; **~ one's pride** s-n Stolz überwinden; 3. adj. im Taschenformat, Taschen...; **~ bil·liards** Pool-, Lochbillard n; **~book** notebook: Notizbuch n; wallet: Brieftasche f; Am. handbag: Handtasche f; Am. paperback: Taschenbuch n; **~ cal·cu·la·tor** Taschenrechner m; **~knife** Taschenmesser n; **~money** Taschengeld n.

pod ♀ [pɒd] Hülse f, Schale f, Schote f.

po·em [ˈpəʊɪm] Gedicht n.

po·et [ˈpəʊɪt] Dichter m; **~ess** Dichterin f; **~ic** [pəʊˈetɪk] (**~ally**), **~i·cal** ☐ dichterisch; **~ics** sg. Poetik f; **~ry** [ˈpəʊɪtrɪ] Dichtkunst f; Dichtung f; coll. Dichtungen pl., Gedichte pl.

poign·an·cy [ˈpɔɪnənsɪ] Schärfe f; **~t** [~t] scharf; fig. bitter; fig. ergreifend.

point [pɔɪnt] 1. Spitze f; geogr. Landspitze f; gr., Å, phys., etc. Punkt m; Å (Dezimal)Punkt m, Komma n; phys. Grad m (on scale); ⚓ Kompaßstrich m; Auge n (on playing cards, etc.); sports: Punkt m; place: Punkt m, Stelle f, Ort m; main idea: springender Punkt; purpose: Zweck m, Ziel n; of joke: Pointe f; fig. hervorstechende Eigenschaft; **~s** pl. Brt. 🚂 Weiche f; **~ of view** Stand-, Gesichtspunkt m; **the ~ is that** ... die Sache ist die, daß ...; **make a ~ of s.th.** auf e-r Sache bestehen; **there is no ~ in doing** es hat keinen Zweck, zu tun; **in ~ of** hinsichtlich (gen.); **to the ~** zur Sache (gehörig); **off or beside the ~** nicht zur Sache (gehörig); **on the ~ of** ger. im Begriff zu inf.; boxing, etc.: **beat s.o. on ~s** j-n nach Punkten schlagen; **win or lose on ~s** nach Punkten gewinnen or verlieren; **winner on ~s** Punktsieger m; **1.5 eins Komma fünf** (1,5); 2. v/t. (zu)spitzen; **~ at** weapon, etc.: richten auf (acc.); **with fingers**: zeigen auf (acc.); **~ out** zeigen; fig. hinweisen auf (acc.); v/i. **~ at** deuten, weisen auf (acc.); **~ to** compass needle: weisen or zeigen nach; hinweisen auf (acc.); **~ed** ☐ spitz; Spitz...; fig. scharf, unmißverständlich; **~er** Zeiger m; Zeigestock m; zo. **~ (dog)** Vorstehhund m; F Tip m, Hinweis m; **~less** sinnlos; zwecklos.

poise [pɔɪz] 1. Gleichgewicht n; (Körper-, Kopf)Haltung f; 2. v/t. im Gleichgewicht halten; head, etc.: tragen, halten; v/i. schweben.

poi·son [ˈpɔɪzn] 1. Gift n; 2. vergiften; **~ gas** Giftgas n; **~ing** Vergiftung f; **~ous** ☐ giftig (a. fig.).

poke [pəʊk] 1. Stoß m; F Faustschlag m; 2. v/t. stoßen, puffen; fire: schüren; hole: bohren; **~ fun at** sich über j-n lustig machen; **~ one's nose into everything** F s-e Nase überall hineinstecken; v/i. stoßen, stochern.

pok·er¹ [ˈpəʊkə] Feuerhaken m.

po·ker² [~] cardgame: Poker n; **play ~** pokern, Poker spielen.

pok·y [ˈpəʊkɪ] (**-ier, -iest**) eng; schäbig.

po·lar [ˈpəʊlə] polar; **~ bear** zo. Eisbär m.

Pole¹ [pəʊl] Pole m, Polin f.

pole² [~] Pol m; Stange f; Mast m; Deichsel f; sports: (Sprung)Stab m.

pole·cat zo. [ˈpəʊlkæt] Iltis m; Am. Skunk m, Stinktier n.

po·lem·ic [pəˈlemɪk], a. **~i·cal** ☐ polemisch.

pole·star [ˈpəʊlstɑː] ast. Polarstern m; fig. Leitstern m.

pole·vault [ˈpəʊlvɔːlt] 1. Stabhochsprung m; 2. stabhochspringen; **~er** Stabhochspringer m; **~ing** Stabhochspringen n, -sprung m.

po·lice [pəˈliːs] 1. Polizei f; 2. überwachen; **~man** Polizist m; **~of·fi·cer** Polizeibeamte(r) m, Polizist m; **~ sta·tion** Polizeiwache f, -revier n; **~wom·an** Polizistin f.

pol·i·cy [ˈpɒlɪsɪ] Vorgehensweise f, Politik f; Taktik f; Klugheit f; (Versicherungs)Police f.

po·li·o ⚕ [ˈpəʊlɪəʊ] Polio f, Kinderlähmung f.

Pol·ish¹ [ˈpəʊlɪʃ] 1. polnisch; 2. ling. Polnisch n.

pol·ish² [ˈpɒlɪʃ] 1. Politur f; Schuhcreme f; fig. Schliff m; 2. polieren; shoes: putzen; fig. verfeinern.

po·lite [pəˈlaɪt] (**~r, ~st**) artig, höflich; **~ness** Höflichkeit f.

pol·i·tic □ ['pɒlɪtɪk] diplomatisch; klug.
po·lit·i·cal □ [pə'lɪtɪkl] politisch; staatlich, Staats...; **po·li·ti·cian** [pɒlɪ'tɪʃn] Politiker(in); **po·li·tics** ['pɒlɪtɪks] *often sg.* Politik *f*; *univ.* Politologie *f*.
pol·ka ['pɒlkə] Polka *f*; **~ dot** Punktmuster *n* (*on dress-material*).
poll [pəʊl] **1.** (Ergebnis *n* e-r) (Meinungs)Umfrage *f*; Wahl *f*, Abstimmung *f*; Stimmenzahl *f*; *heavy etc.* ~ hohe *etc.* Wahlbeteiligung; *go to the* **~s** wählen (gehen), zur Wahl gehen; **2.** *v/t. votes*: erhalten; *v/i.* wählen.
pol·len ♀ ['pɒlən] Pollen *m*, Blütenstaub *m*; **~ count** Pollenzahl *f*, Pollenwerte *pl.*
poll·ing ['pəʊlɪŋ] Wählen *n*, Wahl *f*; **~ booth** Wahlkabine *f*, -zelle *f*; **~ district** Wahlbezirk *m*; **~ place** Am., **~ station** *esp. Brt.* Wahllokal *n*.
poll-tax ['pəʊltæks] Kopfsteuer *f*.
pol·lut·ant [pə'luːtənt] Schadstoff *m*; **~lute** be-, verschmutzen; verunreinigen; *fig.* verderben; **~lu·tion** Verunreinigung *f*; (Luft-, Wasser-, Umwelt)Verschmutzung *f*.
po·lo ['pəʊləʊ] *sports:* Polo *n*; **~neck** Rollkragen(pullover) *m*.
pomp [pɒmp] Pomp *m*, Prunk *m*.
pom·pous □ ['pɒmpəs] pompös, prunkvoll; aufgeblasen; schwülstig.
pond [pɒnd] Teich *m*, Weiher *m*.
pon·der ['pɒndə] *v/t.* erwägen; *v/i.* nachdenken; **~a·ble** wägbar; **~ous** □ schwer(fällig).
pon·tiff ['pɒntɪf] Papst *m*.
pon·toon [pɒn'tuːn] Ponton *m*; **~bridge** Pontonbrücke *f*.
po·ny *zo.* ['pəʊnɪ] Pony *n*, kleines Pferd; *Am.* Mustang *m*, (halb)wildes Pferd.
poo·dle *zo.* ['puːdl] Pudel *m*.
pool [puːl] **1.** Teich *m*; Pfütze *f*, Lache *f*; (Schwimm)Becken *n*; Pool *m*; *card games:* Gesamteinsatz *m*; *econ.* Kartell *n*; *econ.* Fonds *m*, F Topf *m*; *mst* **~s** *pl.* (Fußball- *etc.*)Toto *n*, *m*; *Am.* Poolbillard *n*; **~room** *Am.* Billardspielhalle *f*; Wettannahmestelle *f*; **2.** *money, ideas, etc.:* in e-n Topf werfen, zusammenlegen.
poop ♣ [puːp] Heck *n*; *a.* **~ deck** (erhöhtes) Achterdeck.
poor □ [pʊə] arm(selig); dürftig; schlecht; **~ly 1.** *adj.* kränklich, unpäßlich; **2.** *adv.* arm(selig), dürftig.
pop¹ [pɒp] **1.** Knall *m*; F *lemonade:* Limo *f*; **2.** (**-pp-**) *v/t.* knallen lassen; F *put:* tun, stecken; *v/i.* knallen; *with adv.* huschen; **~ in** hereinplatzen (*visitor*).
pop² [~] **1.** *a.* ~ *music* Schlagermusik *f*; Pop(musik *f*) *m*; **2.** volkstümlich, beliebt; Schlager...; Pop...; **~concert** Pop-

konzert *n*; **~ singer** Schlagersänger(in); **~ song** Schlager *m*.
pop³ *Am.* F [~] Paps *m*, Papa *m*; *elderly man:* Opa *m*.
pop·corn ['pɒpkɔːn] Popcorn *n*, Puffmais *m*.
pope [pəʊp] *mst* ♀ Papst *m*.
pop-eyed F ['pɒpaɪd] glotzäugig.
pop·lar ♀ ['pɒplə] Pappel *f*.
pop·py ♀ ['pɒpɪ] Mohn *m*; **~cock** F Quatsch *m*, dummes Zeug.
pop·u·lace ['pɒpjʊləs] *die* breite Masse, *das* Volk; *contp.* Pöbel *m*; **~lar** □ beliebt, volkstümlich, populär; Volks...; **~lar·i·ty** Popularität *f*, Beliebtheit *f*.
pop·u·late ['pɒpjʊleɪt] bevölkern, bewohnen; **~la·tion** Bevölkerung *f*; **~lous** □ dichtbesiedelt, -bevölkert.
porce·lain ['pɔːslɪn] Porzellan *n*.
porch [pɔːtʃ] Vorhalle *f*, Portal *n*, Vorbau *m*; *Am.* Veranda *f*.
por·cu·pine *zo.* ['pɔːkjupaɪn] Stachelschwein *n*.
pore [pɔː] **1.** Pore *f*; **2.** ~ *over et.* eifrig studieren.
pork [pɔːk] Schweinefleisch *n*; **~y** F fett; dick.
porn F [pɔːn] = *porno.*
por·no F ['pɔːnəʊ] **1.** (*pl.* **-nos**) Porno (-film) *m*; **2.** Porno...; **~nog·ra·phy** [pɔː'nɒgrəfɪ] Pornographie *f*.
po·rous □ ['pɔːrəs] porös.
por·poise *zo.* ['pɔːpəs] Tümmler *m*.
por·ridge ['pɒrɪdʒ] Haferbrei *m*.
port¹ [pɔːt] Hafen(stadt *f*) *m*.
port² [~] ♣ (Lade)Luke *f*; ♣, ✔ *s.* **~hole**.
port³ [~] ♣ Backbord *n*.
port⁴ [~] Portwein *m*.
por·ta·ble ['pɔːtəbl] **1.** tragbar; **2.** *TV, computer:* Portable *m*.
por·tal ['pɔːtl] Portal *n*, Tor *n*.
por·tent ['pɔːtent] (Vor)Zeichen *n*, Omen *n*; Wunder *n*; **~ten·tous** □ [pɔː'tentəs] unheilvoll; wunderbar.
por·ter ['pɔːtə] (Gepäck)Träger *m*; *esp. Brt.* Pförtner *m*, Portier *m*; *Am.* ♣ Schlafwagenschaffner *m*; *beer:* Porter *m*, *n*.
port·hole ♣, ✔ ['pɔːthəʊl] Bullauge *n*.
por·tion ['pɔːʃn] **1.** (An)Teil *m*; Portion *f* (*food*); Erbteil *n*; Aussteuer *f*; *fig.* Los *n*; **2.** ~ *out* aus-, verteilen (*among* unter *acc.*).
port·ly ['pɔːtlɪ] (**-ier, -iest**) korpulent.
por·trait ['pɔːtrɪt] Porträt *n*, Bild *n*.
por·tray [pɔː'treɪ] (ab)malen, porträtieren; schildern; **~al** [~əl] Porträtieren *n*; Schilderung *f*.
pose [pəʊz] **1.** Pose *f*; Haltung *f*; **2.** aufstellen; *question, etc.:* stellen; aufwerfen; posieren; Modell sitzen *or* stehen; **~ as** sich ausgeben als *or* für.

posh F [pɒʃ] schick, piekfein.
po·si·tion [pə'zɪʃn] Position *f*, Lage *f*, Stellung *f* (*a. fig.*); Stand *m*; *fig.* Standpunkt *m*.
pos·i·tive ['pɒzətɪv] **1.** □ bestimmt, ausdrücklich; feststehend, sicher; unbedingt; positiv; bejahend; überzeugt; rechthaberisch; **2.** *phot.* Positiv *n*.
pos|sess [pə'zes] besitzen, haben; beherrschen; *fig.* erfüllen; ~ **o.s. of** et. in Besitz nehmen; ~**sessed** besessen; ~**ses·sion** Besitz *m*; *fig.* Besessenheit *f*; ~**ses·sive** *gr.* **1.** □ possessiv, besitzanzeigend; ~ **case** Genitiv *m*; **2.** Possessivpronomen *n*, besitzanzeigendes Fürwort; Genitiv *m*; ~**ses·sor** Besitzer(in).
pos·si|bil·i·ty [pɒsə'bɪlət] Möglichkeit *f*; ~**ble** [~pɒsəbl] möglich; ~**bly** [~lɪ] möglicherweise, vielleicht; *if I ~ can* wenn ich irgend kann.
post [pəʊst] **1.** Pfosten *m*, Pfahl *m*; *job:* Stelle *f*, Amt *n*; *esp. Brt.* Post *f*; **2.** *notice, etc.:* anschlagen; aufstellen, postieren; eintragen; *esp. Brt. letter, etc.:* einstecken, abschicken, aufgeben; ~ *up j-n* informieren.
post- [pəʊst] nach..., Nach...
post·age ['pəʊstɪdʒ] Porto *n*; ~ **stamp** Briefmarke *f*.
post·al □ ['pəʊstl] **1.** postalisch, Post...; ~ **order** *Brt.* Postanweisung *f*; **2.** *a.* ~ **card** *Am.* Postkarte *f*.
post|-bag *esp. Brt.* ['pəʊstbæg] Postsack *m*, -beutel *m*; ~**box** *esp. Brt.* Briefkasten *m*; ~**card** Postkarte *f*; *a. picture* ~ Ansichtskarte *f*; ~**code** *Brt.* Postleitzahl *f*.
post·er ['pəʊstə] Plakat *n*, Poster *n*, *m*.
poste rest·ante [pəʊst'restɑ:nt] *esp. Brt.* **1.** Schalter *m* für postlagernde Sendungen; **2.** *letter:* postlagernd.
pos·te·ri·or [pɒ'stɪərɪə] **1.** □ später (*to* als); hinter; **2.** *often* ~**s** *pl.* Hinterteil *n*.
pos·ter·i·ty [pɒ'sterət] Nachwelt *f*; Nachkommen(schaft *f*) *pl.*
post-free *esp. Brt.* [pəʊst'fri:] portofrei.
post-grad·u·ate [pəʊst'grædjʊət] **1.** nach dem ersten akademischen Grad; ~ *study* Aufbaustudium *n*; **2.** j-d., der nach dem ersten akademischen Grad weiterstudiert; *in Germany mst:* Doktorand(in).
post·haste [pəʊst'heɪst] schnellstens.
post·hu·mous □ ['pɒstjʊməs] nachgeboren; post(h)um.
post|man *esp. Brt.* ['pəʊstmən] (*pl.* -men) Briefträger *m*; ~**mark 1.** Poststempel *m*; **2.** (ab)stempeln; ~**mas·ter** Postamtsvorsteher *m*; ~**of·fice** Post(amt *n*) *f*; ~**of·fice box** Post(schließ-)fach *n*; ~**paid** portofrei.

post·pone [pəʊst'pəʊn] ver-, aufschieben; ~**ment** Verschiebung *f*, Aufschub *m*.
post·script ['pəʊsskrɪpt] Postskriptum *n*.
pos·ture ['pɒstʃə] **1.** (Körper)Haltung *f*, Stellung *f*; **2.** posieren, sich in Positur werfen.
post-war [pəʊst'wɔ:] Nachkriegs...
po·sy ['pəʊzɪ] Sträußchen *n*.
pot [pɒt] **1.** Topf *m*; Kanne *f*; Tiegel *m*; F *sports:* Pokal *m*; *sl. hashish:* Hasch *n*; *sl. marijuana:* Grass *n*; **2.** (-*tt*-) in e-n Topf geben; *plant:* eintopfen; *billiards:* einlochen.
po·ta·to [pə'teɪtəʊ] (*pl.* -toes) Kartoffel *f*; *s. chip* 1, *crisp* 3.
pot-bel·ly ['pɒtbelɪ] F Schmerbauch *m*, Wampe *f*; *person:* Dickwanst *m*.
po·ten|cy ['pəʊtənsɪ] Macht *f*, Stärke *f*; *physiol.* Potenz *f*; ~**t** [~t] mächtig; stark; *physiol.* potent; ~**tial** [pə'tenʃl] **1.** potentiell; möglich; **2.** Potential *n*; Leistungsfähigkeit *f*.
pot-herb ['pɒthɜ:b] Küchenkraut *n*.
po·tion ['pəʊʃn] (Arznei-, Gift-, Zauber)Trank *m*.
pot·ter¹ ['pɒtə]: ~ *about* herumwerkeln.
pot·ter² [~] Töpfer(in); ~**y** [~rɪ] Töpferei *f*; Töpferware(n *pl.*) *f*.
pot·ty ['pɒtɪ] F verrückt.
pouch [paʊtʃ] Tasche *f*; Beutel *m* (*a. zo.*); *anat.* Tränensack *m*.
poul|ter·er ['pəʊltərə] Geflügelhändler *m*; ~**try** ['pəʊltrɪ] Geflügel *n*.
pounce [paʊns] **1.** Satz *m*, Sprung *m*; **2.** sich stürzen; *eagle, etc.:* herabstoßen (*on, upon* auf *acc.*).
pound¹ [paʊnd] Pfund *n* (*weight*); ~ (*sterling*) Pfund *n* (Sterling) (*abbr.* £ = *100 pence*).
pound² [~] *for animals:* Zwinger *m*, Tierheim *n*; *for cars:* Abstellplatz *m*.
pound³ [~] (zer)stoßen; stampfen; hämmern, trommeln, schlagen.
-pound·er ['paʊndə] ...pfünder *m*.
pour [pɔ:] *v/t.* gießen, schütten; ~ *out drink:* eingießen; *v/i.* strömen, rinnen; *it's* ~*ing down* es gießt in Strömen.
pout [paʊt] **1.** Schmollen *n*; **2.** *v/t. lips:* c-c Schmollmund machen; *v/i.* schmollen.
pov·er·ty ['pɒvətɪ] Armut *f*; Mangel *m*.
pow·der ['paʊdə] **1.** Pulver *n*; Puder *m*; **2.** pulverisieren; (sich) pudern; bestreuen; ~**box** Puderdose *f*; ~**room** Damentoilette *f*.
pow·er ['paʊə] **1.** Kraft *f*, Stärke *f*; Macht *f*; Gewalt *f*; ⊕ Leistung *f*; Vollmacht *f*; ⚛ Potenz *f*; *in* ~ an der Macht, im Amt; **2.** ⊕ antreiben; *rock·et-*~*ed* raketengetrieben; ~**cur·rent** ⚡

Starkstrom *m*; ~ **cut** ⚡ Stromsperre *f*; Strom-, Netzausfall *m*; ~**ful** ☐ mächtig; kräftig; wirksam; ~**less** ☐ macht-, kraftlos; ~**plant** = **power-station**; ~ **pol·i·tics** *often sg.* Machtpolitik *f*; ~**sta·tion** Elektrizitäts-, Kraftwerk *n*.

pow-wow *Am.* F ['pauwau] Versammlung *f*.

prac·ti|ca·ble ☐ ['præktɪkəbl] durchführbar; begeh-, befahrbar (*Weg*); brauchbar; ~**cal** ☐ praktisch; tatsächlich; sachlich; ~*joke* Streich *m*; ~**cal·ly** so gut wie.

prac·tice, *Am. a.* -**tise** ['præktɪs] **1.** Praxis *f*; Übung *f*; Gewohnheit *f*; Brauch *m*; Praktik *f*; *it is common* ~ es ist allgemein üblich; *put into* ~ in die Praxis umsetzen; **2.** *Am.* = **practise**.

prac·tise, *Am. a.* -**tice** [~] *v/t.* in die Praxis umsetzen; ausüben; betreiben; üben; *v/i.* (sich) üben; praktizieren; ~**d** geübt (*in* in *dat.*) (*person*).

prac·ti·tion·er [præk'tɪʃnə] *general* ~ Allgemeinarzt *m*, praktischer Arzt; *legal* ~ Rechtsanwalt *m*.

prai·rie ['preəri] Grasebene *f*; Prärie *f* (*in North America*).

praise [preɪz] **1.** Lob *n*; **2.** loben, preisen; ~**wor·thy** ['preɪzwɜːði] lobenswert.

pram *esp. Brt.* F [præm] Kinderwagen *m*.

prance [prɑːns] sich bäumen, steigen; tänzeln (*horse*); (einher)stolzieren.

prank [præŋk] Streich *m*.

prat F [præt] Schwachkopf *m*, Trottel *m*.

prate [preɪt] **1.** Gefasel *n*, Geschwafel *n*; **2.** faseln, schwafeln.

prat·tle F ['prætl] **1.** Geplapper *n*; **2.** (*et. daher*)plappern.

prawn *zo.* [prɔːn] Garnele *f*.

pray [preɪ] beten; inständig (er)bitten.

prayer [preə] Gebet *n*; *often* ~**s** *pl.* Andacht *f*; *the Lord's* ♀ das Vaterunser; ~**book** Gebetbuch *n*.

pre- [priː; prɪ] *temporal*: vor, vorher, früher als; *of place*: vor, davor.

preach [priːtʃ] predigen; ~**er** Prediger(in).

pre-am·ble [priː'æmbl] Einleitung *f*.

pre-car·i·ous ☐ [prɪ'keəriəs] unsicher, bedenklich; gefährlich.

pre-cau·tion [prɪ'kɔːʃn] Vorkehrung *f*, Vorsicht(smaßregel, -smaßnahme) *f*; ~**a·ry** vorbeugend.

pre|cede [priː'siːd] voraus-, vorangehen (*dat.*); ~**ce·dence**, ~**ce·den·cy** [~əns, ~sɪ] Vorrang *m*; ~**ce·dent** ['presɪdənt] Präzedenzfall *m*.

pre·cept ['priːsept] Grundsatz *m*.

pre·cinct ['priːsɪŋkt] Bezirk *m*; *Am.* Wahlbezirk *m*, -kreis *m*; *Am.* (Polizei-) Revier *n*; ~**s** *pl.* Umgebung *f*; Bereich

m; Grenzen *pl.*; **pedestrian** ~ Fußgängerzone *f*.

pre-cious ['preʃəs] **1.** ☐ kostbar; edel (*gems, etc.*); F schön, nett, fein; **2.** *adv.* F reichlich, herzlich.

pre-ci-pice ['presɪpɪs] Abgrund *m*.

pre-cip-i|tate 1. [prɪ'sɪpɪteɪt] *v/t.* (hinab)stürzen; 🜍 (aus)fällen; *fig.* beschleunigen; *v/i.* 🜍, *meteor.* sich niederschlagen; **2.** ☐ [~ət] überstürzt, hastig; **3.** 🜍 [~] Niederschlag *m*; ~**ta·tion** [prɪsɪpɪ'teɪʃn] Sturz *m*; 🜍 Niederschlagen *n*; *meteor.* Niederschlag *m*; *fig.* Überstürzung *f*, Hast *f*; ~**tous** ☐ [prɪ'sɪpɪtəs] steil (abfallend), jäh.

pré-cis ['preɪsiː] (*pl.* -**cis** [-siːz]) (gedrängte) Übersicht, Zusammenfassung *f*, Inhaltsangabe *f*.

pre|cise ☐ [prɪ'saɪs] genau, präzis; *at one o'clock* ~**ly** genau *or* pünktlich um ein Uhr; *be more* ~! drücke dich deutlicher aus!; ~**ci·sion** [~'sɪʒn] Genauigkeit *f*; Präzision *f*.

pre-clude [prɪ'kluːd] ausschließen; *e-r Sache* vorbeugen; *j-n* hindern.

pre-co-cious ☐ [prɪ'kəuʃəs] frühreif; altklug.

pre-con|ceived [priːkən'siːvd] vorgefaßt (*opinion*); ~**cep·tion** [~'sepʃn] vorgefaßte Meinung.

pre-cur·sor [priː'kɜːsə] Vorläufer(in).

pre-de-ces·sor ['priːdɪsesə] Vorgänger(in).

pre-des|ti·nate [priː'destɪneɪt] vorherbestimmen; ~**tined** auserwählt, vorherbestimmt.

pre-de·ter·mine [priːdɪ'tɜːmɪn] vorher festsetzen; vorherbestimmen.

pre-dic·a·ment [prɪ'dɪkəmənt] mißliche Lage, Zwangslage *f*.

pred·i·cate 1. ['predɪkeɪt] behaupten; gründen, basieren (**on** auf *dat.*); **2.** *gr.* [~kət] Prädikat *n*, Satzaussage *f*.

pre|dict [prɪ'dɪkt] vorhersagen, prophezeien; ~**dic·tion** Prophezeiung *f*.

pre-di·lec·tion [priːdɪ'lekʃn] Vorliebe *f*.

pre-dis|pose [priːdɪ'spəuz] *j-n* (im voraus) geneigt *or* empfänglich machen (**to** für); ~**po·si·tion** [~pə'zɪʃn] ~ **to** Neigung *f* zu; *esp.* 🞖 Anfälligkeit *f* für.

pre-dom·i|nance [prɪ'dɒmɪnəns] Vorherrschaft *f*; Vormacht(stellung) *f*; *fig.* Übergewicht *n*; ~**nant** ☐ [~t] vorherrschend; ~**nate** [~eɪt] die Oberhand haben; vorherrschen.

pre-em·i·nent ☐ [priː'emɪnənt] herausragend.

pre-emp|tion [priː'empʃn] Vorkauf(srecht *n*) *m*; ~**tive** [~tɪv] Vorkaufs...; ✕ Präventiv...

pre-ex·ist [priːɪg'zɪst] vorher dasein.

pre-fab F ['priːfæb] Fertighaus *n*.

pre·fab·ri·cate [pri:'fæbrɪkeɪt] vorfabrizieren; **~d house** Fertighaus n.

pref·ace ['prefɪs] **1.** Vorrede f, Vorwort n, Einleitung f; **2.** einleiten.

pre·fect ['pri:fekt] Präfekt m; school: Brt. Aufsichts-, Vertrauensschüler(in).

pre·fer [prɪ'fɜ:] (-rr-) vorziehen, bevorzugen, lieber haben or mögen or tun; a̅t̅ charges: einreichen; eccl. befördern.

pref·e·ra·ble □ ['prefərəbl] (**to**) vorzuziehen(d) (dat.), besser (als); **~ra·bly** [~lɪ] vorzugsweise, besser; **~rence** [~əns] Vorliebe f; Vorzug m; **~ren·tial** □ [prefə'renʃl] bevorzugt; Vorzugs...

pre·fer·ment [prɪ'fɜ:mənt] esp. eccl. Beförderung f.

pre·fix ['pri:fɪks] Präfix n, Vorsilbe f.

preg·nan·cy ['pregnənsɪ] Schwangerschaft f; Trächtigkeit f (of animal); fig. Bedeutung(sgehalt m) f, Tragweite f; **~t** □ [~t] schwanger; trächtig (animal); fig. bedeutungsvoll.

pre·judge [pri:'dʒʌdʒ] im voraus or vorschnell be- or verurteilen.

prej·u·dice ['predʒʊdɪs] **1.** Voreingenommenheit f, Vorurteil n; Nachteil m, Schaden m; **2.** j-n (günstig or ungünstig) beeinflussen, einnehmen (**in favour of** für; **against** gegen); benachteiligen; chances: beeinträchtigen; **~d** (vor)eingenommen; **~di·cial** □ [predʒʊ'dɪʃl] nachteilig.

pre·lim·i·na·ry [prɪ'lɪmɪnərɪ] **1.** □ vorläufig; einleitend; Vor...; **2.** Einleitung f; Vorbereitung f.

prel·ude ['prelju:d] Vorspiel n.

pre·mar·i·tal [pri:'mærɪtəl] vorehelich.

pre·ma·ture [premə'tjʊə] vorzeitig, verfrüht; fig. vorschnell.

pre·med·i·tate [pri:'medɪteɪt] vorher überlegen; **~d** vorsätzlich; **~ta·tion** [pri:medɪ'teɪʃn] Vorbedacht m.

prem·i·er ['premɪə] **1.** führend; **2.** pol. Premierminister m.

prem·is·es ['premɪsɪz] pl. Grundstück n, Gebäude n or pl., Anwesen n; Lokal n.

pre·mi·um ['pri:mɪəm] Prämie f; econ. Agio n; Versicherungsprämie f; **at a ~** über pari; fig. sehr gefragt.

pre·mo·ni·tion [pri:mə'nɪʃn] (Vor-)Warnung f; (Vor)Ahnung f.

pre·oc·cu·pied [pri:'ɒkjʊpaɪd] gedankenverloren; **~py** [~aɪ] ausschließlich beschäftigen; j-n (völlig) in Anspruch nehmen.

prep F [prep] = **preparation, preparatory school.**

pre·paid [pri:'peɪd] ✟ frankiert; **~ envelope** Freiumschlag m.

prep·a·ra·tion [prepə'reɪʃn] Vorbereitung f; Zubereitung f; **pre·par·a·to·ry** □ [prɪ'pærətərɪ] vorbereitend; **~ (school)** Vor(bereitungs)schule f.

pre·pare [prɪ'peə] v/t. vorbereiten; zurechtmachen; (zu)bereiten; v/i. sich vorbereiten, sich anschicken; **~d** □ bereit; gefaßt.

pre·pay [pri:'peɪ] (-paid) vorausbezahlen; frankieren.

pre·pon·de·rance [prɪ'pɒndərəns] fig. Übergewicht n; **~rant** □ [~t] überwiegend; **~rate** [~reɪt] überwiegen.

prep·o·si·tion gr. [prepə'zɪʃn] Präposition f, Verhältniswort n.

pre·pos·sess [pri:pə'zes] einnehmen; **~ing** □ [~ɪŋ] einnehmend, anziehend.

pre·pos·ter·ous [prɪ'pɒstərəs] absurd; lächerlich, grotesk.

pre·req·ui·site [pri:'rekwɪzɪt] Vorbedingung f, (Grund)Voraussetzung f.

pre·rog·a·tive [prɪ'rɒgətɪv] Vorrecht n.

pres·age ['presɪdʒ] **1.** (böses) Vorzeichen; (Vor)Ahnung f; **2.** (vorher) ankündigen; prophezeien.

pre·scribe [prɪ'skraɪb] vorschreiben; ✚ verschreiben.

pre·scrip·tion [prɪ'skrɪpʃn] Vorschrift f, Verordnung f; ✚ Rezept n.

pres·ence ['prezns] Gegenwart f, Anwesenheit f; **~ of mind** Geistesgegenwart f.

pres·ent¹ ['preznt] **1.** □ gegenwärtig; anwesend, vorhanden; jetzig; laufend (year, etc.); vorliegend (case, etc.); **~ tense** gr. Präsens n, Gegenwart f; **2.** Gegenwart f, gr. a. Präsens n; Geschenk n; **at ~** jetzt; **for the ~** vorläufig.

pre·sent² [prɪ'zent] (dar)bieten; thea., film: bringen, zeigen; radio, TV: bringen, moderieren; vorlegen, (-)zeigen; j-n vorstellen; (über)reichen; (be)schenken.

pre·sen·ta·tion [prezən'teɪʃn] Verleihung f, Überreichung f; gift: Geschenk n; of person: Vorstellung f; Schilderung f; thea., film: Darbietung f; radio, TV: Moderation f; of petition: Einreichung f; of cheque, etc.: Vorlage f.

pres·ent-day [preznt'deɪ] heutig, gegenwärtig, modern.

pre·sen·ti·ment [prɪ'zentɪmənt] Vorgefühl n, (msı böse Vor)Ahnung f.

pres·ent·ly ['prezntlɪ] bald (darauf); Am. zur Zeit, jetzt.

pres·er·va·tion [prezə'veɪʃn] Bewahrung f, Schutz m, Erhaltung f (a. fig.); Konservierung f; Einmachen n, -kochen n; **pre·ser·va·tive** [prɪ'zɜ:vətɪv] **1.** bewahrend; konservierend; **2.** Konservierungsmittel n.

pre·serve [prɪ'zɜ:v] **1.** bewahren, behüten; erhalten; einmachen; game: hegen; **2.** hunt. (Jagd)Revier n, (Jagd-,

Fisch)Gehege *n*; *fig.* Reich *n*; *mst* ~*s pl.*
das Eingemachte.

pre·side [prɪ'zaɪd] den Vorsitz führen
(**at, over** bei).

pres·i|den·cy ['prezɪdənsɪ] Vorsitz *m*;
Präsidentschaft *f*; ~**dent** [~t] Präsident(in); Vorsitzende(r *m*) *f*; *univ.* Rektor *m*; *Am. econ.* Direktor *m.*

press [pres] **1.** Druck *m* (*a. fig.*); (Wein-
etc.)Presse *f*; *printing house:* Druckerei
f; *publishing firm:* Verlag *m*; Druck(en
n) *m*; *a.* **printing-~** Druckerpresse *f*;
newspapers, etc.: die Presse; *crowd:* Andrang *m*, (Menschen)Menge *f*; **2.** *v/t.*
(aus)pressen; (zusammen)drücken;
drücken auf (*acc.*); *clothes:* plätten, bügeln; (be)drängen; bestehen auf (*dat.*);
aufdrängen (**on** *dat.*); **be ~ed for time** es
eilig haben; *v/i.* pressen, drücken; plätten, bügeln; (sich) drängen; **~ for** dringen *or* drängen auf (*acc.*), fordern; **~ on**
(zügig) weitermachen; **~ a·gen·cy**
Nachrichtenbüro *n*, Presseagentur *f*; **~
a·gent** Presseagent *m*; **~but·ton** ⚡
Druckknopf *m*; **~ing** ☐ dringend;
~stud *Brt.* Druckknopf *m*; **pres·sure**
[~ʃə] Druck *m* (*a. fig.*); Bedrängnis *f*,
Belastung *f.*

pres·tige [pre'stiːʒ] Prestige *n.*

pre·su|ma·ble ☐ [prɪ'zjuːməbl] vermutlich; **~me** [~'zjuːm] *v/t.* annehmen, vermuten, voraussetzen; sich *et.* herausnehmen; *v/i.* sich erdreisten; anmaßend
sein; **~ on, ~ upon** ausnutzen *or* mißbrauchen (*acc.*).

pre·sump|tion [prɪ'zʌmpʃn] Vermutung
f; Wahrscheinlichkeit *f*; Anmaßung *f*;
~tive [~tɪv] mutmaßlich; **~tu·ous**
☐ [~tjʊəs] überheblich; vermessen.

pre·sup|pose [priːsə'pəʊz] voraussetzen; **~po·si·tion** [priːsʌpə'zɪʃn] Voraussetzung *f.*

pre·tence, *Am.* **-tense** [prɪ'tens] Vortäuschung *f*; Vorwand *m*; Schein *m*, Verstellung *f.*

pre·tend [prɪ'tend] vorgeben; so tun als
ob, vortäuschen; heucheln; Anspruch
erheben (**to** auf *acc.*); **~ed** ☐ angeblich.

pre·ten·sion [prɪ'tenʃn] Anspruch *m* (**to**
auf *acc.*); Anmaßung *f.*

pre·ter·it(e) *gr.* ['pretərɪt] Präteritum *n*,
erste Vergangenheit.

pre·text ['priːtekst] Vorwand *m.*

pret·ty ['prɪtɪ] **1.** ☐ (*-ier, -iest*) hübsch,
niedlich; nett; F *a* ~*penny* F c-e schöne
Stange Geld; **2.** *adv.* ziemlich.

pre·vail [prɪ'veɪl] die Oberhand haben *or*
gewinnen; (vor)herrschen; maßgebend
or ausschlaggebend sein; **~ on** *or* **upon**
s.o. to do s.th. j-n dazu bewegen, et. zu
tun; **~ing** ☐ [~ɪŋ] (vor)herrschend.

prev·a·lent ☐ ['prevələnt] (vor)herrschend, weitverbreitet.

pre·var·i·cate [prɪ'værɪkeɪt] Ausflüchte
machen.

pre|vent [prɪ'vent] verhindern, -hüten;
vorbeugen (*dat.*); j-n hindern; **~ven·tion** [~ʃn] Verhinderung *f*, Verhütung *f*;
~ven·tive ☐ [~tɪv] *esp.* ✍ vorbeugend,
präventiv.

pre·view ['priːvjuː] Vorschau *f*; Vorbesichtigung *f.*

pre·vi·ous ☐ ['priːvɪəs] vorher-, vorausgehend, Vor...; voreilig; **~ to** bevor, vor
(*dat.*); **~ knowledge** Vorkenntnisse *pl.*;
~ly [~lɪ] vorher, früher.

pre·war ['priːwɔː] Vorkriegs...

prey [preɪ] **1.** Raub *m*, Beute *f*; **beast of ~**
Raubtier *n*; **bird of ~** Raubvogel *m*; **be**
or fall a ~ to die Beute (*gen.*) werden;
fig. geplagt werden von; **2. ~ on, ~ upon**
zo. Jagd machen auf (*acc.*), fressen
(*acc.*); *fig.* berauben (*acc.*), ausplündern (*acc*); *fig.* ausbeuten (*acc.*); *fig.*
nagen *or* zehren an·(*dat.*).

price [praɪs] **1.** Preis *m*; Lohn *m*; **2.**
goods: auszeichnen; den Preis festsetzen für; *fig.* bewerten, schätzen; **~cut**
Preissenkung *f*; **~less** von unschätzbarem Wert, unbezahlbar.

prick [prɪk] **1.** Stich *m*; V Schwanz *m*
(*penis*); **~s of conscience** Gewissensbisse *pl.*; **2.** *v/t.* (durch)stechen; *fig.* peinigen; *a.* **~ out** *pattern:* ausstechen; **~ up**
one's ears die Ohren spitzen; *v/i.* stechen.

prick·le ['prɪkl] Stachel *m*, Dorn *m*; **~ly**
(*-ier, -iest*) stach(e)lig.

pride [praɪd] **1.** Stolz *m*; Hochmut *m*;
take (a) ~ in stolz sein auf (*acc.*); **2. ~**
o.s. **on** *or* **upon** stolz sein auf (*acc.*).

priest [priːst] Priester *m.*

prig [prɪg] Tugendbold *m*, selbstgefälliger Mensch; Pedant *m.*

prim ☐ [prɪm] (*-mm-*) steif; prüde.

pri·ma|cy ['praɪməsɪ] Vorrang *m*; **~ri·ly**
[~rəlɪ] in erster Linie; **~ry** ☐ [~rɪ] **1.**
ursprünglich; hauptsächlich; primär;
elementar; höchst; Erst..., Ur..., Anfangs...; Haupt...; **2.** *a.* **~ election** *Am.*
pol. Vorwahl *f*; **~ry school** *Brt.*
Grundschule *f.*

prime [praɪm] **1.** ☐ erste(r, -s), wichtigste(r, -s), Haupt...; erstklassig, vorzüglich; **~ cost** *econ.* Selbstkosten *pl.*; **~
minister** Premierminister *m*, Ministerpräsident *m*; **~ number** ⚡ Primzahl *f*; **~
time** *TV* Hauptsendezeit *f*, beste Sendezeit; **2.** *fig.* Blüte(zeit) *f*; das Beste,
höchste Vollkommenheit; **3.** *v/t.* vorbereiten; *pump:* anlassen; instruieren;
paint. grundieren.

prim·er ['praɪmə] *dated:* Fibel *f.*

pri·m(a)e·val [praı'miːvl] uranfänglich, Ur...

prim·i·tive □ ['prımıtıv] ursprünglich, Ur...; primitiv (a. contp.); art: naiv.

prim·rose ⚘ ['prımrəuz] Primel f.

prince [prıns] Fürst m; Prinz m; **prin·cess** [prın'ses, attr. 'prınses] Fürstin f; Prinzessin f.

prin·ci·pal ['prınsəpl] 1. □ erste(r, -s), hauptsächlich, Haupt...; 2. Hauptperson f; Vorsteher m; (Schul)Direktor m, Rektor m; Chef(in); ⚖ Haupttäter(in); econ. (Grund)Kapital n; **~·i·ty** [prınsı'pælətı] Fürstentum n.

prin·ci·ple ['prınsəpl] Prinzip n, Grundsatz m; on ~ grundsätzlich, aus Prinzip.

print [prınt] 1. print. Druck m; Druckbuchstaben pl.; (Finger-, etc.)Abdruck m; bedruckter Kattun, Druckstoff m; (Stahl-, Kupfer)Stich m; phot. Abzug m; Drucksache f, esp. Am. Zeitung f; in ~ gedruckt; out of ~ vergriffen; 2. (ab-, auf-, be)drucken; in Druckbuchstaben schreiben; fig. einprägen (on dat.); ~ (off or out) phot. abziehen, kopieren; ~ out computer: ausdrucken; **~·out** computer: Ausdruck m; **~ed matter** ✍ Drucksache f; **~·er** ['prıntə] person, machine: Drucker m.

print·ing ['prıntıŋ] Druck m; Drucken n; phot. Abziehen n, Kopieren n; **~·ink** Druckerschwärze f; **~·of·fice** (Buch-) Druckerei f; **~·press** Druckerpresse f.

pri·or ['praıə] 1. früher, älter (to als); 2. adv. **~ to** vor (dat.); 3. eccl. Prior m; **~·i·ty** [praı'brıtı] Priorität f; Vorrang m; mot. Vorfahrt(srecht n) f; a top ~ e-e Sache von höchster Dringlichkeit.

prise esp. Brt. [praız] = **prize²**.

pris·m ['prızəm] Prisma n.

pris·on ['prızn] Gefängnis n; **~·er** [~ə] Gefangene(r m) f, Häftling m; take s.o. ~ j-n gefangennehmen.

pri·va·cy ['prıvəsı] Zurückgezogenheit f; Privatleben n; Intim-, Privatsphäre f; Geheimhaltung f.

pri·vate ['praıvıt] 1. □ privat, Privat...; persönlich; vertraulich; geheim; F **~ eye** Privatdetektiv m, F Schnüffler m; **~ parts** pl. Geschlechtsteile pl.; **~ sector** econ. Privatwirtschaft f; 2. ✗ Gefreite(r m) f; in ~ privat, im Privatleben; unter vier Augen.

pri·va·tion [praı'veıʃn] Not f, Entbehrung f.

priv·i·lege ['prıvılıdʒ] Privileg n; Vorrecht n; **~d** privilegiert.

priv·y □ ['prıvı] (-ier, -iest): ~ to eingeweiht in (acc.); ♀ **Council** Staatsrat m; ♀ **Councillor** Geheimer Rat (person).

prize¹ [praız] 1. (Sieges)Preis m, Prämie f, Auszeichnung f; (Lotterie)Gewinn m;

2. preisgekrönt; Preis...; **~·winner** Preisträger(in); 3. (hoch)schätzen.

prize², esp. Brt. **prise** [praız] (auf)stemmen; ~ open aufbrechen.

pro¹ [prəu] 1. für; 2. the ~s and cons das Für und Wider, das Pro und Kontra.

pro² F [~] sports: F Profi m; prostitute: F Nutte f.

pro- [prəu] (eintretend) für, pro..., ...freundlich.

prob·a|bil·i·ty [prɒbə'bılətı] Wahrscheinlichkeit f; **~·ble** □ wahrscheinlich.

pro·ba·tion [prə'beıʃn] Probe f, Probezeit f; ⚖ Bewährung(sfrist) f; **~ officer** Bewährungshelfer(in).

probe [prəub] 1. ⚕, ✈ Sonde f; fig. Sondierung f; lunar ~ Mondsonde f; 2. sondieren; untersuchen.

prob·lem ['prɒbləm] Problem n; ⅍ Aufgabe f; **~·at·ic** (~ally), **~·at·i·cal** □ problematisch, zweifelhaft.

pro·ce·dure [prə'siːdʒə] Verfahren n; Handlungsweise f.

pro·ceed [prə'siːd] weitergehen (a. fig.); sich begeben (to nach); fortfahren; vor sich gehen; vorgehen; ~ from kommen or ausgehen or herrühren von; ~ to schreiten or übergehen zu, sich machen an (acc.); **~·ing** Vorgehen n; Handlung f; **~s** pl. ⚖ Verfahren n, (Gerichts)Verhandlung(en pl.) f; (Tätigkeits)Bericht m; **~s** pl. Erlös m, Ertrag m, Gewinn m.

pro·cess ['prəuses] 1. Fortschreiten n, Fortgang m; Vorgang m; Verlauf m (of time); Prozeß m, Verfahren n; be in ~ in Gang sein; in ~ of construction im Bau (befindlich); 2. ⊙ bearbeiten, waste: aufbereiten; phot. entwickeln; ⚖ gerichtlich belangen; **~·ces·sion** Prozession f; **~·ces·sor** Prozessor m.

pro·claim [prə'kleım] proklamieren, erklären, ausrufen.

proc·la·ma·tion [prɒklə'meıʃn] Proklamation f, Bekanntmachung f; Erklärung f.

pro·cliv·i·ty fig. [prə'klıvətı] Neigung f.

pro·cras·ti·nate [prəu'kræstıneıt] zaudern.

pro·cre·ate ['prəukrıeıt] (er)zeugen.

pro·cu·ra·tor ⚖ ['prɒkjuəreıtə] Bevollmächtigte(r) m.

pro·cure [prə'kjuə] v/t. be-, verschaffen; v/i. Kuppelei betreiben.

prod [prɒd] 1. Stich m, Stoß m; fig. Ansporn m; 2. (-dd-) stechen, stoßen; fig. anstacheln, anspornen.

prod·i·gal ['prɒdıgl] 1. □ verschwenderisch; the ~ son der verlorene Sohn; 2. Verschwender(in).

pro·di·gious □ [prə'dıdʒəs] erstaunlich, ungeheuer; **prod·i·gy** ['prɒdıdʒı] Wun-

der n (*object or person*); **child** *or* **infant ~**
Wunderkind n.

prod·uce¹ ['prodju:s] (Natur)Erzeugnis(se *pl.*) n, (Landes)Produkte *pl.*; Ertrag m; ⊙ Leistung f, Ausstoß m.

pro|duce² [prə'dju:s] produzieren; erzeugen, herstellen; hervorbringen; *econ.* interest, *etc.*: (ein)bringen; heraus-, hervorziehen; (vor)zeigen; *proof*, *etc.*: beibringen; *reasons*: vorbringen; ⋏ *line*: verlängern; *film*: produzieren; *fig.* hervorrufen, erzielen; **~duc·er** Erzeuger(in), Hersteller(in); *film*, *TV*: Produzent(in); *thea.*, *etc.*: *Brt.* Regisseur(in).

prod·uct ['prodʌkt] Produkt n, Erzeugnis n.

pro·duc|tion [prə'dʌkʃn] Produktion f; Erzeugung f, Herstellung f; Erzeugnis n; Hervorbringen n; Vorlegung f, Beibringung f; *thea. etc.* Inszenierung f; **~tive** [~ʌtɪv] produktiv; ertragreich; schöpferisch; **~tive·ness** [~nɪs], **~tiv·i·ty** [prodʌk'tɪvətɪ] Produktivität f.

prof F [prof] Professor m, F Prof m.

pro|fa·na·tion [profə'neɪʃn] Entweihung f; **~fane** [prə'feɪn] **1.** □ profan, weltlich; gottlos, lästerlich; **2.** entweihen; **~fan·i·ty** [~'fænətɪ] Gottlosigkeit f; Fluchen n.

pro·fess [prə'fes] erklären, beteuern; *interest*, *etc.*: bekunden; **declare one's faith**: (sich) bekennen (zu); **~ed** □ erklärt; angeblich.

pro·fes·sion [prə'feʃn] Bekenntnis n; Erklärung f; Beruf m; **~al** **1.** □ Berufs...; Amts...; professionell; beruflich; fachmännisch; freiberuflich; **~ man (woman)** Akademiker(in); **2.** Fachmann m; *sports*: Berufsspieler(in), -sportler(in), Profi m; Berufskünstler(in).

pro·fes·sor [prə'fesə] Professor(in); *Am.* Dozent(in).

prof·fer ['profə] **1.** anbieten; **2.** Anerbieten n.

pro·fi·cien|cy [prə'fɪʃənsɪ] Tüchtigkeit f; **~t** [~t] □ tüchtig; bewandert.

pro·file ['prəufaɪl] Profil n.

prof|it ['profɪt] **1.** Gewinn m, Profit m; Vorteil m, Nutzen m; **2.** *v/t.* j-m nützen; *v/i.* **~ from** *or* **by** Nutzen ziehen aus; **~i·ta·ble** □ nützlich, vorteilhaft; gewinnbringend, einträglich; **~i·teer** **1.** Schiebergeschäfte machen; **2.** Profitmacher m, Schieber m; **~it-shar·ing** Gewinnbeteiligung f.

prof·li·gate ['profligət] lasterhaft; verschwenderisch.

pro·found □ [prə'faund] tief; tiefgründig, gründlich, profund.

pro|fuse □ [prə'fju:s] verschwende-

risch; (über)reich; **~fu·sion** *fig.* [~ʒn] Überfluß m, (Über)Fülle f.

pro·gen·i·tor [prəu'dʒenɪtə] Vorfahr m, Ahn m; **prog·e·ny** ['prodʒənɪ] Nachkommen(schaft f) *pl.*; *zo.* Brut f.

prog·no·sis ✻ [prog'nəusɪs] (*pl.* **-ses** [~si:z]) Prognose f.

prog·nos·ti·ca·tion [prəgnostɪ'keɪʃn] Vorhersage f.

pro·gram ['prəugræm] **1.** *computer*: Programm n; *Am.* = *Brt.* **programme** 1; **2.** (**-mm-**) *computer*: programmieren; *Am.* = *Brt.* **programme** 2; **~er** [~ə] = **programmer**.

pro|gramme, *Am.* **-gram** ['prəugræm] **1.** Programm n; *radio*, *TV*: a. Sendung f; **2.** (vor)programmieren; planen; **~gram·mer** *computer*: Programmierer(in).

pro|gress 1. ['prəugres] Fortschritt(e *pl.*) m; Vorrücken n (a. ✕); Fortgang m; **in ~** im Gang; **2.** [prə'gres] fortschreiten; **~gres·sion** Fortschreiten n; Weiterentwicklung f; **~gres·sive 1.** □ fortschreitend; fortschrittlich; **2.** *pol.* Progressive(r m) f.

pro|hib·it [prə'hɪbɪt] verbieten; verhindern; **~hi·bi·tion** [prəuɪ'bɪʃn] Verbot n; Prohibition f; **~hi·bi·tion·ist** Prohibitionist m; **~hib·i·tive** □ verbietend; Schutz...; unerschwinglich (*price*).

pro·ject¹ ['prodʒekt] Projekt n; Vorhaben n, Plan m.

pro|ject² [prə'dʒekt] *v/t.* planen, entwerfen; werfen, schleudern; projizieren; *v/i.* vorspringen, -ragen; **~jec·tile** [~aɪl] Projektil n, Geschoß n; **~jec·tion** [~kʃn] Entwurf m; Vorsprung m, vorspringender Teil; ⋏, *phot.* Projektion f; **~jec·tion·ist** [~kʃənɪst] Filmvorführer(in); **~jec·tor** *opt.* [~tə] Projektor m.

pro·le·tar·i·an [prəulɪ'teərɪən] **1.** proletarisch; **2.** Proletarier(in).

pro·lif·e·rate [prə'lɪfəreɪt] *number*: sich stark erhöhen; *plants*, *etc.*: wuchern, sich stark vermehren; **pro·lif·e·ra·tion** [prəlɪfə'reɪʃn] starke Erhöhung *or* Vermehrung; *of nuclear weapons*: Weitergabe f; **~ of algae** Algenpest f.

pro·lif·ic [prə'lɪfɪk] (**~ally**) fruchtbar.

pro·logue, *Am.* a. **-log** ['prəulog] Prolog m.

pro·long [prə'loŋ] verlängern.

prom·e·nade [promə'nɑ:d] **1.** (Strand-)Promenade f; **2.** promenieren.

prom·i·nent □ ['prominənt] vorstehend, hervorragend (a. *fig.*); *fig.* prominent.

pro·mis·cu·ous □ [prə'mɪskjuəs] unordentlich, verworren; sexuell freizügig.

prom|ise ['promɪs] **1.** Versprechen n; *fig.*

Aussicht *f*; **2.** versprechen; **~is·ing** □ [~ıŋ] vielversprechend.

prom·on·to·ry ['promentrı] Vorgebirge *n*.

pro|mote [prə'məut] *et.* fördern; *j-n* befördern; *Am. school:* versetzen; *parl.* unterstützen; *econ.* gründen; *sales figures:* steigern; *econ.* werben für; *organize:* veranstalten; **~mot·er** Förderer *m*, Befürworter *m*; *sports:* Veranstalter *m*; **~mo·tion** Förderung *f*; Beförderung *f*; *econ.* Gründung *f*; *econ.* Verkaufsförderung *f*, Werbung *f*.

prompt [prompt] **1.** □ umgehend, unverzüglich, sofortig; bereit(willig); pünktlich; **2.** *j-n* veranlassen; *idea:* eingeben; *j-m* vorsagen, soufflieren; **~er** Souffleu|r *m*, -se *f*; **~ness** Schnelligkeit *f*; Bereitschaft *f*.

prom·ul·gate ['proməlgeɪt] verkünden; verbreiten.

prone □ [prəun] mit dem Gesicht nach unten (liegend); hingestreckt; *be ~ to* *fig.* neigen zu.

prong [proŋ] Zinke *f*; Spitze *f*.

pro·noun *gr.* ['prəunaun] Pronomen *n*, Fürwort *n*.

pro·nounce [prə'nauns] aussprechen; verkünden; erklären für.

pron·to F ['prontəu] fix, schnell.

pro·nun·ci·a·tion [prənʌnsɪ'eɪʃn] Aussprache *f*.

proof [pru:f] **1.** Beweis *m*; Probe *f*; *print.* Korrekturfahne *f*, -bogen *m*; *print.*, *phot.* Probeabzug *m*; **2.** fest; *in Zssgn:* ...fest, ...beständig, ...dicht, ...sicher; **~read (-read)** Korrektur lesen; **~read·er** Korrektor *m*.

prop [prop] **1.** Stütze *f* (*a. fig.*); **2.** (*-pp-*) *a. ~ up* stützen; *sich, et.* lehnen (*against* gegen).

prop·a·gan·da [propə'gændə] Propaganda *f*.

prop·a|gate ['propəgeɪt] (sich) fortpflanzen; verbreiten; **~ga·tion** [propə'geɪʃn] Fortpflanzung *f*; Verbreitung *f*.

pro·pel [prə'pel] (*-ll-*) (vorwärts-, an)treiben; **~ler** Propeller *m*, (Schiffs-, Luft)Schraube *f*; **~ling pen·cil** Drehbleistift *m*.

prop·er □ ['propə] eigen(tümlich); passend; richtig; anständig, korrekt; zuständig; *esp. Brt.* F ordentlich, tüchtig, gehörig; Eigen...; **~ name** Eigenname *m*; **~ty** [~tɪ] Eigentum *n*, Besitz *m*; Vermögen *n*; Eigenschaft *f*.

proph·e|cy ['profɪsɪ] Prophezeiung *f*; **~sy** [~saɪ] prophezeien, weissagen.

proph·et ['profɪt] Prophet *m*.

pro·pi|ti·ate [prə'pɪʃɪeɪt] günstig stimmen, versöhnen; **~tious** □ [~ʃəs] gnädig; günstig.

pro·por·tion [prə'pɔ:ʃn] **1.** Verhältnis *n*; Gleichmaß *n*; (An)Teil *m*; **~s** *pl.* (Aus)Maße *pl.*; **2.** in das richtige Verhältnis bringen; **~al** □ proportional; **= ~ate** □ im richtigen Verhältnis (*to* zu), angemessen.

pro·pos|al [prə'pəuzl] Vorschlag *m*, (*a.* Heirats)Antrag *m*; Angebot *n*; **~e** *v/t.* vorschlagen; beabsichtigen, vorhaben; *e-n* Toast ausbringen auf (*acc.*); **~ s.o.'s health** auf *j-s* Gesundheit trinken; *v/i.* *e-n* Heiratsantrag machen (*to dat.*); **prop·o·si·tion** [propə'zɪʃn] Vorschlag *m*, Antrag *m*; *econ.* Angebot *n*; Behauptung *f*.

pro·pound [prə'paund] *question, etc.:* vorlegen; vorschlagen.

pro·pri|e·ta·ry [prə'praɪətərɪ] Eigentümer..., Eigentums...; *econ.* gesetzlich geschützt (*as patent*); **~tor** [~ə] Eigentümer *m*, Geschäftsinhaber *m*; **~ty** [~ɪ] Richtigkeit *f*; Schicklichkeit *f*, Anstand *m*; *the* **proprieties** *pl.* die Anstandsformen *pl.*

pro·pul·sion ⊗ [prə'pʌlʃn] Antrieb *m*.

pro·rate *Am.* [prəu'reɪt] anteilmäßig auf- *or* verteilen.

pro·sa·ic *fig.* [prəu'zeɪk] (*~ally*) prosaisch, nüchtern, trocken.

prose [prəuz] Prosa *f*.

pros·e|cute ['prosɪkju:t] (*a.* strafrechtlich) verfolgen; *studies, etc.:* betreiben; ⅍ anklagen (*for* wegen); **~cu·tion** [prosɪ'kju:ʃn] Durchführung *f* (*of plan, etc.*); ⅍ Strafverfolgung *f*, Anklage *f*; **~cu·tor** ⅍ ['prosɪkju:tə] Ankläger *m*; **public ~** Staatsanwalt *m*.

pros·pect 1. ['prospekt] Aussicht *f* (*a. fig.*); *econ.* Interessent *m*; **2.** [prə'spekt]: **~ for** ⚒ schürfen nach; bohren nach (*oil*).

pro·spec·tive □ [prə'spektɪv] (zu-)künftig, voraussichtlich.

pro·spec·tus [prə'spektəs] (*pl. -tuses*) (Werbe)Prospekt *m*.

pros·per ['prospə] *v/i.* Erfolg haben; gedeihen, blühen; *v/t.* begünstigen; segnen; **~i·ty** [pro'sperətɪ] Gedeihen *n*, Wohlstand *m*, Glück *n*; *econ.* Wohlstand *m*, Konjunktur *f*, Blüte(zeit) *f*; **~ous** □ ['prospərəs] erfolgreich, blühend; wohlhabend; günstig.

pros·ti·tute ['prostɪtju:t] Prostituierte *f*, Dirne *f*; **male ~** Strichjunge *m*.

pros|trate 1. ['prostreɪt] hingestreckt; erschöpft; daniederliegend; demütig; gebrochen; **2.** [pro'streɪt] niederwerfen; erschöpfen; *fig.* niederschmettern; **~tra·tion** Niederwerfen *n*, Fußfall *m*; Erschöpfung *f*.

pros·y *fig.* ['prəuzɪ] (*-ier, -iest*) prosaisch; langweilig.

pro·tag·o·nist [prəʊ'tægənɪst] *thea.* Hauptfigur *f; fig.* Vorkämpfer(in).

pro|tect [prə'tekt] (be)schützen; **~tec·tion** [~kʃn] Schutz *m;* ⚡ (Rechts-) Schutz *m; econ.* Schutzzoll *m;* **~tec·tion·ism** *econ.* Protektionismus *m;* **~tec·tive** (be)schützend; Schutz...; **~ duty** Schutzzoll *m;* **~tec·tor** (Be)Schützer *m;* Schutz-, Schirmherr *m;* **~tec·tor·ate** Protektorat *n.*

pro·test 1. ['prəʊtest] Protest *m;* Einspruch *m;* **2.** [prə'test] *v/i.* protestieren (**against** gegen); *v/t. Am.* protestieren gegen; beteuern.

Prot·es·tant ['prɒtɪstənt] **1.** protestantisch; **2.** Protestant(in).

prot·es·ta·tion [prote'steɪʃn] Beteuerung *f;* Protest *m* (**against** gegen).

pro·to·col ['prəʊtəkɒl] **1.** Protokoll *n;* **2.** (-*ll-*) protokollieren.

pro·to·type ['prəʊtətaɪp] Prototyp *m,* Urbild *n.*

pro·tract [prə'trækt] in die Länge ziehen, hinziehen.

pro|trude [prə'truːd] heraus-, (her)vorstehen, -ragen, -treten; herausstrecken; **~tru·sion** Herausragen *n,* (Her)Vorstehen *n,* Hervortreten *n.*

pro·tu·ber·ance [prə'tjuːbərəns] Auswuchs *m,* Beule *f.*

proud ☐ [praud] stolz (**of** auf *acc.*).

prove [pruːv] (*proved, proved or esp. Am. proven*) *v/t.* be-, er-, nachweisen; prüfen; *v/i.* sich herausstellen *or* erweisen (als); ausfallen; **prov·en** ['pruːvən] **1.** *Am. p.p. of* prove; **2.** be-, erwiesen; bewährt.

prov·e·nance ['prɒvənəns] Herkunft *f.*

prov·erb ['prɒvɜːb] Sprichwort *n.*

pro·vide [prə'vaɪd] *v/t.* besorgen, beschaffen, liefern; bereitstellen; versorgen, ausstatten; ⚡ vorsehen, festsetzen; *v/i.* (vor)sorgen; **~d** (**that**) vorausgesetzt, daß; sofern; **~ for family:** sorgen für, versorgen.

prov·i|dence ['prɒvɪdəns] Vorsehung *f;* Voraussicht *f,* Vorsorge *f;* **~dent** ☐ vorausblickend, vorsorglich; haushälterisch; **~den·tial** ☐ durch die (göttliche) Vorsehung bewirkt; glücklich, günstig.

pro·vid·er [prə'vaɪdə] *of family:* Ernährer *m; econ.* Lieferant *m.*

prov·ince ['prɒvɪns] Provinz *f; fig.* Gebiet *n;* Fig. Fach *n,* Aufgabenbereich *m;* **pro·vin·cial** [prə'vɪnʃl] **1.** ☐ Provinz..., provinziell; kleinstädtisch; **2.** Provinzbewohner(in).

pro·vi·sion [prə'vɪʒn] Beschaffung *f;* Vorsorge *f;* ⚡ Bestimmung *f;* Vorkehrung *f,* Maßnahme *f;* **~s** *pl.* (Lebensmittel)Vorrat *m,* Proviant *m,* Lebensmittel

pl.; **~al** ☐ provisorisch; *driving licence, etc.:* vorläufig.

pro·vi·so [prə'vaɪzəʊ] (*pl. -sos, Am. a. -soes*) Bedingung *f,* Vorbehalt *m.*

prov·o·ca·tion [prɒvə'keɪʃn] Herausforderung *f;* **pro·voc·a·tive** [prə'vɒkətɪv] herausfordernd; aufreizend; **pro·voke** [prə'vəʊk] reizen; herausfordern; provozieren.

prov·ost ['prɒvəst] *Brt. of certain colleges:* Rektor *m; ScotE.* Bürgermeister *m;* ⚔ [prə'vəʊ]: **~ marshal** Kommandeur *m* der Militärpolizei.

prow ⚓ [praʊ] Bug *m.*

prow·ess ['praʊɪs] Tapferkeit *f.*

prowl [praʊl] **1.** *v/i. a.* **~ about, ~ around** herumstreichen; *v/t.* durchstreifen; **2.** Herumstreifen *n;* **~ car** *Am.* (Funk-) Streifenwagen *m.*

prox·im·i·ty [prɒk'sɪmətɪ] Nähe *f.*

prox·y ['prɒksɪ] (Stell)Vertreter(in); (Stell)Vertretung *f,* Vollmacht *f;* **by ~** in Vertretung.

prude [pruːd] prüder Mensch; **be a ~** prüde sein.

pru|dence ['pruːdns] Klugheit *f,* Vernunft *f;* Vorsicht *f;* **~dent** ☐ klug, vernünftig; vorsichtig.

prud|er·y ['pruːdərɪ] Prüderie *f;* **~ish** ☐ prüde, spröde.

prune [pruːn] **1.** Backpflaume *f;* **2.** 🪓 beschneiden (*a. fig.*); *a.* **~ away, ~ off** wegschneiden.

pru·ri·ent ☐ ['prʊərɪənt] geil, lüstern.

pry¹ [praɪ] neugierig gucken *or* sein; **~ about** herumschnüffeln; **~ into** s-e Nase stecken in (*acc.*).

pry² [~] = *prize².*

psalm [sɑːm] Psalm *m.*

pseu·do- ['sjuːdəʊ] Pseudo..., falsch.

pseu·do·nym ['sjuːdənɪm] Pseudonym *n,* Deckname *m.*

psy·chi·a|trist [saɪ'kaɪətrɪst] Psychiater *m;* **~try** Psychiatrie *f.*

psy|chic ['saɪkɪk] (**~ally**), **~chi·cal** ☐ psychisch, seelisch.

psy|cho·log·i·cal ☐ [saɪkə'lɒdʒɪkl] psychologisch; **~chol·o·gist** [saɪ'kɒlədʒɪst] Psychologe *m,* -in *f;* **~chol·o·gy** Psychologie *f.*

pub *Brt.* F [pʌb] Pub *n, m,* Kneipe *f;* **~ crawl** F Kneipentour *f.*

pu·ber·ty ['pjuːbətɪ] Pubertät *f.*

pu·bic *anat.* ['pjuːbɪk] Scham...; **~ bone** Schambein *n;* **~ hair** Schamhaare *pl.*

pub·lic ['pʌblɪk] **1.** ☐ öffentlich; staatlich, Staats...; allgemein bekannt; **~ spirit** Gemein-, Bürgersinn *m;* **go ~** *econ. company:* an die Börse gehen; **2.** Öffentlichkeit *f; die* Öffentlichkeit, *das* Publikum, *die* Leute.

pub·li·can *esp. Brt.* [ˈpʌblɪkən] Gastwirt(in).

pub·li·ca·tion [pʌblɪˈkeɪʃn] Bekanntmachung *f*; Veröffentlichung *f*; Verlagswerk *n*; *monthly* ~ Monatsschrift *f*.

pub·lic| **com·pa·ny** *econ.* Aktiengesellschaft *f*; ~ **con·ve·ni·ence** *Brt.* öffentliche Toiletten *pl.*; ~ **health** *die* öffentliche Gesundheit; ~ **service** *das* öffentliche Gesundheitswesen; ~ **hol·i·day** gesetzlicher Feiertag; ~ **house** *Brt. s. pub*.

pub·lic·i·ty [pʌbˈlɪsətɪ] Öffentlichkeit *f*; Reklame *f*, Werbung *f*.

pub·lic| **li·bra·ry** Leihbücherei *f*; ~ **re·la·tions** *pl.* Public Relations *pl.*, Öffentlichkeitsarbeit *f*; ~ **school** *Brt.* Privatschule *f*, Public School *f*; *Am.* staatliche Schule.

pub·lish [ˈpʌblɪʃ] bekanntmachen; veröffentlichen; *book, etc.*: herausgeben, verlegen; **~ing house** Verlag *m*; **~er** Herausgeber *m*, Verleger *m*; **~s** *pl.* Verlag(sanstalt *f*) *m*.

puck·er [ˈpʌkə] **1.** kleine Falte; **2.** *a.* ~ *up lips*: (sich) verziehen *or* spitzen; *forehead*: (sich) runzeln; Falten bilden in (*dat.*) *or* werfen.

pud·ding [ˈpʊdɪŋ] Pudding *m*; (*solid*) Süßspeise, Nachspeise *f*, -tisch *m*; *with meat, etc.*: Fleischpastete *f*; *black* ~ Blutwurst *f*; *white* ~ Preßsack *m*.

pud·dle [ˈpʌdl] Pfütze *f*.

pu·er·ile [ˈpjʊəraɪl] kindisch.

puff [pʌf] **1.** kurzer Atemzug, Schnaufer *m*; leichter Windstoß, Hauch *m*; *of cigarette*: Zug *m*; (Dampf-, Rauch)Wölkchen *n*; (Puder)Quaste *f*; **2.** (auf)blasen; pusten; paffen; schnauben, schnaufen, keuchen; ~ *out*, ~ *up* sich (auf)blähen; **~ed up** eyes geschwollene Augen; ~ **pas·try** Blätterteiggebäck *n*; **~y** (-*ier*, -*iest*) böig; kurzatmig; geschwollen; aufgedunsen; bauschig.

pug *zo.* [pʌg] *a.* **~dog** Mops *m*.

pug·na·cious [pʌgˈneɪʃəs] kampflustig; streitsüchtig.

pug-nose [ˈpʌgnəʊz] Stupsnase *f*.

puke *sl.* [pjuːk] (aus)kotzen.

pull [pʊl] **1.** Ziehen *n*, Zerren *n*; Zug *m*; *of planet*: Anziehungskraft *f*; *of tide*: Sog *m*; *print.* Fahne *f*, (Probe)Abzug *m*; *rowing*: Ruderpartie *f*; *cigarette, etc.*: Zug *m* (*from* an); *bottle*: Schluck *m* (*at* aus); *fig.* Einfluß *m*, Beziehungen *pl.*; **2.** ziehen; zerren; reißen; zupfen; pflücken; rudern; ~ *about* herumzerren; ~ *ahead of* vorbeiziehen an (*dat.*), überholen (*acc.*) (*car, etc.*); ~ *away* abfahren (*bus, etc.*); sich losreißen (*from* von); ~ *down* niederreißen; ~ *in* einfahren (*train*); anhalten (*car, boat*); ~ *off* F zustande bringen, schaffen; ~ *out* heraus-

fahren (*of* aus), abfahren (*train, etc.*); ausscheren (*car, etc.*); *fig.* sich zurückziehen, aussteigen; ~ *over* (s-n Wagen) an die *or* zur Seite fahren; ~ *round patient*: durchbringen; durchkommen (*patient*); ~ *through j-n* durchbringen; ~ *o.s. together* sich zusammennehmen, sich zusammenreißen; ~ *up car, horse, etc.*: anhalten; (an)halten; ~ *up with*, ~ *up to j-n* einholen.

pul·ley ⊕ [ˈpʊlɪ] Rolle *f*; Flaschenzug *m*.

pull-in *Brt.* [ˈpʊlɪn] Raststätte (*esp. a. for truckers*); **~o·ver** Pullover *m*; **~up** *Brt.* = *pull-in*.

pulp [pʌlp] Brei *m*; Fruchtfleisch *n*; ~ *magazine* Schundblatt *n*.

pul·pit [ˈpʊlpɪt] Kanzel *f*.

pulp·y ☐ [ˈpʌlpɪ] (-*ier*, -*iest*) breiig; fleischig.

pul·sate [pʌlˈseɪt] pulsieren, schlagen; **pulse** [pʌls] Puls(schlag) *m*.

pul·ver·ize [ˈpʌlvəraɪz] *v/t.* pulverisieren; *v/i.* zu Staub werden.

pum·mel [ˈpʌml] (*Brt.* -*ll*-, *Am.* -*l*-) mit den Fäusten bearbeiten, verprügeln.

pump [pʌmp] **1.** Pumpe *f*; *shoe*: Pumps *m*; **2.** pumpen; F *j-n* aushorchen, -fragen; ~ *up tyre, etc.*: aufpumpen; ~ **at·tend·ant** Tankwart *m*.

pump·kin ♀ [ˈpʌmpkɪn] Kürbis *m*.

pun [pʌn] **1.** Wortspiel *n*; **2.** (-*nn*-) ein Wortspiel machen.

Punch¹ [pʌntʃ] Kasper(le *n*) *m*; ~ *and-Judy show* Kasper(le)theater *n*.

punch² [~] **1.** (Faust)Schlag *m*; Punsch *m*; *tool*: Locher *m*, Lochzange *f*; **2.** schlagen (*with fist*), boxen; (ein)hämmern auf (*acc.*); (aus)stanzen, lochen; *esp. Am. time-clock*: stechen; *card*: stempeln; *Am. cattle*: treiben; **~(ed) card/tape** Lochkarte *f*/-streifen *m*.

punc·til·i·ous ☐ [pʌŋkˈtɪlɪəs] peinlich genau; (übertrieben) förmlich.

punc·tu·al ☐ [ˈpʌŋktʃʊəl] pünktlich; **~i·ty** Pünktlichkeit *f*.

punc·tu·late *gr.* [ˈpʌŋktʃʊeɪt] interpunktieren; **~a·tion** *gr.* Interpunktion *f*, Zeichensetzung *f*; ~ *mark* Satzzeichen *n*.

punc·ture [ˈpʌŋktʃə] **1.** (Ein)Stich *m*, Loch *n*; *mot.* Reifenpanne *f*; **2.** durchstechen; ein Loch machen in (*dat. or acc.*); platzen (*balloon*); **be** ~*d mot.* e-n Platten haben, platt sein.

pun·gen·cy [ˈpʌndʒənsɪ] Schärfe *f*; **~t** [~t] stechend, beißend, scharf.

pun·ish [ˈpʌnɪʃ] (be)strafen; *boxing*: übel zurichten; **~a·ble** ☐ strafbar; **~ing** F *blow, pace, etc.*: mörderisch; strenuous: aufreibend; **~ment** Strafe *f*; Bestrafung *f*; *boxing*: Prügel *pl.*; *take* ~ F schwer einstecken müssen.

punk [pʌŋk] *sl.* Punk *m* (*a.* ♪), Pun-

ker(in); Ganove *m*; **~ rock(er)** ♪ Punk-rock(er) *m*.
pu|ny □ ['pjuːnɪ] (*-ler*, *-lest*) winzig; schwächlich.
pup *zo.* [pʌp] Welpe *m*, junger Hund.
pu-pa *zo.* ['pjuːpə] (*pl.* -pae [-piː], -pas) Puppe *f*.
pu-pil ['pjuːpl] *anat.* Pupille *f*; Schü-ler(in); Mündel *m, n*.
pup-pet ['pʌpɪt] Marionette *f* (*a. fig.*); **~show** Puppenspiel *n*.
pup-py ['pʌpɪ] *zo.* Welpe *m*, junger Hund; *fig.* Schnösel *m*.
pur|chase ['pɜːtʃəs] 1. (An-, Ein)Kauf *m*; ⚖ Erwerb(ung *f*) *m*; Anschaffung *f*; ⊙ Hebevorrichtung *f*; Halt *m*; **make ~s** Einkäufe machen; 2. (er)kaufen; ⚖ erwerben; ⊙ hochwinden; **~chas-er** Käufer(in); **~chas-ing power** *econ.* Kaufkraft *f*.
pure □ [pjʊə] (*~r*, *~st*) rein; pur; **~bred** reinrassig.
pu-rée ['pjʊəreɪ] Püree *n*; **tomato ~** To-matenmark *n*.
pur-ga|tive ✍ ['pɜːgətɪv] 1. abführend; 2. Abführmittel *n*; **~to-ry** *eccl.* [.~ərɪ] Fegefeuer *n*.
purge [pɜːdʒ] 1. ✍ Abführmittel *n*; *pol.* Säuberung *f*; 2. *mst fig.* reinigen; *pol.* säubern; ✍ abführen.
pu-ri-fy ['pjʊərɪfaɪ] reinigen; läutern.
pu-ri-tan ['pjʊərɪtən] (*hist.* 2) 1. Purita-ner(in); 2. puritanisch.
pu-ri-ty ['pjʊərɪtɪ] Reinheit *f* (*a. fig.*).
purl [pɜːl] murmeln (*stream*).
pur-lieus ['pɜːljuːz] *pl.* Umgebung *f*.
pur-loin [pɜːˈlɔɪn] entwenden.
pur-ple ['pɜːpl] 1. purpurn, purpurrot; 2. Purpur *m*; 3. (sich) purpurn färben.
pur-port ['pɜːpɔːt] 1. Sinn *m*, Inhalt *m*; 2. behaupten, vorgeben.
pur-pose ['pɜːpəs] 1. Absicht *f*, Vorha-ben *n*; Zweck *m*; Entschlußkraft *f*; **for the ~ of** *ger.* um zu *inf.*; **on ~** absichtlich; **to the ~** zweckdienlich; **to no ~** verge-bens; 2. beabsichtigen, vorhaben; **~ful** □ zweckmäßig; absichtlich; zielbe-wußt; **~less** □ zwecklos; ziellos; **~ly** absichtlich.
purr [pɜː] schnurren (*cat*); summen (*en-gine*).
purse [pɜːs] 1. Geldbeutel *m*, -börse *f*; *Am.* (Damen)Handtasche *f*; Geldge-schenk *n*; Siegprämie *f*; *boxing*: Börse *f*; **~ snatcher** *Am.* Handtaschenräuber *m*; 2. **~ (up) one's lips** e-n Schmollmund machen.
pur-su|ance [pəˈsjuːəns]: **in (the) ~ of** bei der Ausführung *or* Ausübung (*gen.*); **~ant** □: **~ to** gemäß *or* entsprechend (*dat.*).
pur|sue [pəˈsjuː] verfolgen (*a. fig.*); stre-

ben nach; *profession*: nachgehen; *stu-dies*: betreiben, nachgehen (*dat.*); fort-setzen, -fahren in (*dat.*); **~su-er** Verfol-ger(in); **~suit** Verfolgung *f*; *mst* **~s** *pl.* Beschäftigung *f*.
pur-vey [pəˈveɪ] *goods*: liefern; **~or** Lie-ferant *m*.
pus [pʌs] Eiter *m*.
push [pʊʃ] 1. (An-, Vor)Stoß *m*; Schub *m*; Druck *m*; Notfall *m*; Anstrengung *f*, Bemühung *f*; F Schwung *m*, Energie *f*, Tatkraft *f*; 2. stoßen; schieben; drän-gen; *button*: drücken; (an)treiben; *a.* **~ through** durchführen; *claim*, *etc.*: durchsetzen; F verkaufen, *drugs*: pushen; **~ s.th. on s.o.** j-m et. aufdrän-gen; **~ one's way** sich durch- *or* vor-drängen; **~ along**, **~ on**, **~ forward** wei-termachen, -gehen, -fahren *etc.*; **~but-ton** Druckknopf *m*, -taste *f*; **~chair** *Brt.* (Falt)Sportwagen *m* (*for small children*); **~er** F Pusher *m*; **~o-ver** Kinderspiel *n*, Kleinigkeit *f*; **be a ~ for** auf j-n *or* et. hereinfallen.
pu-sil-lan-i-mous □ [pjuːsɪˈlænɪməs] kleinmütig.
puss [pʊs] Mieze *f* (*a. fig.*: *girl*), Kätz-chen *n*, Katze *f*; *Am.* sl. Mieze *f*, Kätzchen *n*; **puss-y-foot** F leisetreten, sich nicht festlegen.
put [pʊt] (*-tt-*; *put*) *v/t.* setzen, legen, stel-len, stecken, tun; bringen (*to bed*); *time*, *work*: verwenden (*into* auf *acc.*); *ques-tion*: stellen, vorlegen; *sports*: Kugel stoßen; werfen; *say*: ausdrücken, sa-gen; **~ to school** zur Schule schicken; **~ s.o. to work** j-n an die Arbeit setzen; **~ about** *rumours*: verbreiten; ♣ *of ship*: den Kurs ändern; **~ across** *idea*, *etc.*: an den Mann bringen, verkaufen; **~ back** zurückstellen (*a. watch*, *clock*), -tun; *fig.* aufhalten; **~ by** *money*: zurückle-gen; **~ down** *v/t.* hin-, niederlegen, -set-zen, -stellen; j-n absetzen, aussteigen lassen; (auf-, nieder-) schreiben; eintra-gen; zuschreiben (*to dat.*); *revolt*: nie-derschlagen; *mismanagement*: unter-drücken; (*a. v/i.*) ✈ landen, aufsetzen; **~ forth** *energy*: aufbieten; *buds*, *leaves*, *etc.*: treiben; **~ forward** *watch*, *clock*: vorstellen; *opinion*, *etc.*: vorbringen; **~ o.s. forward** sich bemerkbar machen; **~ in** *v/t.* herein-, hineinlegen, -setzen, -stellen, -stecken; hineintun; *claim*: er-heben; *petition*: einreichen; *document*: vorlegen; *application*: stellen; *as em-ployee*: einstellen; *remark*: einwerfen; *v/i.* einkehren (*at* in *dat.*); ♣ einlaufen (*at* in *dat.*); **~ off** *v/t. clothes*: ablegen (*a. fig.*); *postpone*: auf-, verschieben; ver-trösten; j-n abbringen; hindern; *passen-gers*: aussteigen lassen; *v/i.* ♣ auslau-

fen; ~ *on clothes*: anziehen; *hat, glasses*: aufsetzen; *watch, clock*: vorstellen; *speed*: beschleunigen; an-, einschalten; vortäuschen, -spielen; ~ *on airs* sich aufspielen; ~ *on weight* zunehmen; ~ *out* v/t. ausmachen, (-)löschen; verrenken; (her)ausstrecken; verwirren; ärgern; *j-m* Ungelegenheiten bereiten; *energy*: aufbieten; *money*: ausleihen; v/i. ♣ auslaufen; ~ *right* in Ordnung bringen; ~ *through teleph.* verbinden (**to** mit); ~ *together* zusammensetzen; zusammenstellen; ~ *up* v/t. hinauflegen, -stellen; hochheben, -schieben, -ziehen; *picture, etc.*: aufhängen; *hair*: hochstecken; *umbrella*: aufspannen; *tent, etc.*: aufstellen; errichten, bauen; *goods*: anbieten; *price*: erhöhen; *resistance*: leisten; *fight*: liefern; *guests*: unterbringen, (bei sich) aufnehmen; *announcement*: anschlagen; v/i. ~ *up at* einkehren *or* absteigen in (*dat.*); ~ *up for* kandidieren für, sich bewerben um; ~ *up with* sich gefallen lassen, sich abfinden mit.

pu-tre-fy ['pjuːtrɪfaɪ] verwesen.
pu-trid ☐ ['pjuːtrɪd] faul, verfault, -west; *sl.* scheußlich, saumäßig; ~**i-ty** [pjuː'trɪdətɪ] Fäulnis f.
put-ty ['pʌtɪ] 1. Kitt m; 2. kitten.
put-you-up *Brt.* F ['pʊtjuːʌp] Schlafcouch f, -sessel m.
puz-zle ['pʌzl] 1. Rätsel n; schwierige Aufgabe; Verwirrung f; Geduld(s)spiel n; 2. v/t. verwirren; *j-m* Kopfzerbrechen machen; ~ *out* austüfteln; v/i. verwirrt sein; sich den Kopf zerbrechen; ~**head-ed** konfus.
pyg-my ['pɪgmɪ] Pygmäe m; Zwerg m; *attr.* zwergenhaft.
py-ja-ma *Brt.* [pə'dʒɑːmə] Schlafanzugs...; Pyjama...; ~**s** *Brt.* [~əz] pl. Schlafanzug m, Pyjama m.
py-lon ['paɪlən] (Leitungs)Mast m.
pyr-a-mid ['pɪrəmɪd] Pyramide f.
pyre ['paɪə] Scheiterhaufen m.
Py-thag-o-re-an [paɪθægə'rɪən] 1. pythagoreisch; 2. Pythagoreer m.
py-thon *zo.* ['paɪθn] Pythonschlange f.
pyx *eccl.* [pɪks] Hostienbehälter m.

Q

quack¹ [kwæk] 1. Quaken n; 2. quaken.
quack² [~] 1. Scharlatan m; a. ~ *doctor* Quacksalber m, Kurpfuscher m; 2. quacksalberisch; 3. quacksalbern (an *dat.*); ~**er-y** ['kwækərɪ] Quacksalberei f.
quad-ran-gle ['kwɒdræŋgl] Viereck n; *court*: viereckiger Innenhof; ~**gu-lar** ☐ [kwɒ'dræŋgjʊlə] viereckig.
quad-ren-ni-al ☐ [kwɒ'drenɪəl] vierjährig; vierjährlich (wiederkehrend).
quad-ru-ped ['kwɒdruped] Vierfüß(l)er m; ~**ple** [~pl] 1. ☐ vierfach; Vierer...; 2. (sich) vervierfachen; ~**plets** [~plɪts] pl. Vierlinge pl.
quag-mire ['kwægmaɪə] Sumpf(land n) m, Moor n; Morast m.
quail¹ *zo.* [kweɪl] Wachtel f.
quail² [~] verzagen; (vor Angst) zittern (*before* vor *dat.*; *at* bei).
quaint ☐ [kweɪnt] anheimelnd, malerisch; wunderlich, drollig.
quake [kweɪk] 1. zittern, beben (*with, for* vor *dat.*); 2. F Erdbeben n.
Quak-er ['kweɪkə] Quäker m.
qual-i-fi-ca-tion [kwɒlɪfɪ'keɪʃn] Qualifikation f, Eignung f; Befähigung f; Einschränkung f; *gr.* nähere Bestimmung; ~**fy** ['kwɒlɪfaɪ] (sich) qualifizieren; befähigen; bezeichnen; *gr.* näher bestim-

men; einschränken; abschwächen, mildern; ~**ta-tive** ☐ ['kwɒlɪtətɪv] qualitativ; ~**ty** [~ətɪ] Eigenschaft f; Beschaffenheit f; *econ.* Qualität f.
qualm [kwɑːm] Übelkeit f; *often* ~**s** pl. Skrupel m, Bedenken n.
quan-da-ry ['kwɒndərɪ] verzwickte Lage, Verlegenheit f.
quan-ti-fy ['kwɒntɪfaɪ] quantifizieren, in Zahlen ausdrücken.
quan-ti-ta-tive ☐ ['kwɒntɪtətɪv] quantitativ, mengenmäßig.
quan-ti-ty ['kwɒntətɪ] Quantität f, Menge f; große Menge.
quan-tum ['kwɒntəm] (pl. -ta [-tə]) Quantum n, Menge f; *phys.* Quant n.
quar-an-tine ['kwɒrəntiːn] 1. Quarantäne f; 2. unter Quarantäne stellen.
quar-rel ['kwɒrəl] 1. Streit m; 2. (*esp. Brt. -ll-, Am. -l-*) (sich) streiten; ~**some** ☐ zänkisch, streitsüchtig.
quar-ry ['kwɒrɪ] 1. Steinbruch m; *hunt.* (Jagd)Beute f; *fig.* Fundgrube f; 2. Steine brechen.
quart [kwɔːt] Quart n (= *1,136 l*).
quar-ter ['kwɔːtə] 1. Viertel n, vierter Teil; Viertel(stunde f) n; Vierteljahr n, Quartal n; Viertelpfund n; Viertelzentner m; *Am.* Vierteldollar m (*25 cents*); *sports*: (Spiel)Viertel n; (*esp. Hin-*

ter)Viertel n (of animal); (Stadt)Viertel n; (Himmels-, Wind)Richtung f; Gegend f, Richtung f; ✗ Gnade f, Pardon m; ~s pl. Quartier n (a. ✗), Unterkunft f; a ~ (of an hour) e-c Viertelstunde; time: a ~ to (Am. of) (ein) Viertel vor, a ~ past (Am. after) (ein) Viertel nach; at close ~s in or aus nächster Nähe; from official ~s von amtlicher Seite; 2. vierteln, in vier Teile teilen; beherbergen; ✗ einquartieren; ~back American Football: Quarterback m; ~day Quartalstag m; ~deck ♣ Achterdeck n; ~fi-nal sports: Viertelfinalspiel n; ~s pl. Viertelfinale n; ~ly 1. vierteljährlich; 2. Vierteljahresschrift f.

quar·tet(te) ♪ [kwɔːˈtet] Quartett n.

quar·to ['kwɔːtəʊ] (pl. -tos) Quart(format) n.

quartz min. [kwɔːts] Quarz m; ~ clock Quarzuhr f; ~ watch Quarzarmbanduhr f.

qua·si ['kweɪzaɪ] gleichsam, sozusagen; Quasi..., Schein...

qua·ver ['kweɪvə] 1. Zittern n; ♪ Triller m; 2. mit zitternder Stimme sprechen or singen; ♪ trillern.

quay [kiː] Kai m.

quea·sy ['kwiːzɪ] (-ier, -iest) empfindlich (stomach, conscience); I feel ~ mir ist übel or schlecht.

queen [kwiːn] Königin f (a. zo.); card games, chess: Dame f; sl. homosexual: Schwule(r) m, Homo m; ~ bee Bienenkönigin f; ~like, ~ly wie e-c Königin, königlich.

queer [kwɪə] sonderbar, seltsam; wunderlich; komisch; F schwul (homosexual).

quench [kwentʃ] flames, fire: (aus)löschen; thirst, etc.: löschen, stillen; hope: zunichte machen.

quer·u·lous □ ['kwerʊləs] quengelig, mürrisch, verdrossen.

que·ry ['kwɪərɪ] 1. Frage(zeichen n) f; Zweifel m; 2. (be)fragen; (be-, an-) zweifeln.

quest [kwest] 1. Suche f; 2. suchen (for nach).

ques·tion ['kwestʃən] 1. Frage f; Problem n, (Streit)Frage f, (Streit)Punkt m; Zweifel m; Sache f, Angelegenheit f; ask ~s Fragen stellen; beyond (all) ~ ohne Frage; in ~ fraglich; call in ~ an-, bezweifeln; that is out of the ~ das kommt nicht in Frage; 2. (be)fragen; ♣'s vernehmen, -hören; et. an-, bezweifeln; ~a·ble □ fraglich; fragwürdig; ~er Fragesteller(in); ~ mark Fragezeichen n; ~master Brt. Quizmaster m; ~naire [kwestʃəˈneə] Fragebogen m.

queue [kjuː] 1. Reihe f (of persons, etc.),

(Warte)Schlange f; 2. mst ~ up Schlange stehen; anstehen; sich anstellen.

quib·ble ['kwɪbl] 1. Spitzfindigkeit f, Haarspalterei f; 2. spitzfindig sein; ~ with s.o. about or over s.th. sich mit j-m über et. herumstreiten.

quick [kwɪk] 1. schnell, rasch; prompt; aufgeweckt, wach (mind); scharf (eye, ear); lebhaft; hitzig, aufbrausend; be ~! mach schnell!; 2. cut s.o. to the ~ fig. j-n tief verletzen; ~en anregen, beleben; (sich) beschleunigen; ~freeze (-froze, -frozen) einfrieren, tiefkühlen; ~ie F auf die Schnelle gemachte Sache; kurze Sache, kurze Frage; F e-r auf die Schnelle (a. sex); ~ly schnell, rasch; ~ness Schnelligkeit f; rasche Auffassungsgabe; Schärfe f (of eye, ear); Lebhaftigkeit f; Hitzigkeit f; ~sand Treibsand m; ~set hedge esp. Brt. lebende Hecke; Weißdornhecke f; ~sil·ver Quecksilber n; ~wit·ted geistesgegenwärtig; schlagfertig.

quid¹ [kwɪd] chewing tobacco: Priem m.

quid² Brt. sl. [~] (pl. ~) Pfund n (Sterling).

qui·es·cence [kwaɪˈesns] Ruhe f, Stille f; ~cent □ [~t] ruhend; fig. ruhig, still.

qui·et ['kwaɪət] 1. □ ruhig, still; be ~! sei still!; 2. Ruhe f; on the ~ heimlich (, still u. leise); 3. esp. Am. = ~en esp. Brt. [~tn] v/t. beruhigen; v/i. mst ~ down sich beruhigen; ~ness, qui·e·tude Ruhe f, Stille f.

quill [kwɪl] a. ~feather zo. (Schwung-, Schwanz)Feder f; a. ~pen Federkiel m; zo. Stachel m (of porcupine).

quilt [kwɪlt] 1. Steppdecke f; 2. steppen; wattieren.

quince ♀ [kwɪns] Quitte f.

quin·ine ♣ [kwɪˈniːn, Am. 'kwaɪnaɪn] Chinin n.

quin·quen·ni·al □ [kwɪŋˈkwenɪəl] fünfjährig; fünfjährlich.

quin·sy ✚ ['kwɪnzɪ] Mandelentzündung f.

quin·tal ['kwɪntl] Doppelzentner m.

quin·tes·sence [kwɪnˈtesns] Quintessenz f; Inbegriff m.

quin·tu·ple ['kwɪntjʊpl] 1. □ fünffach; 2. (sich) verfünffachen; ~plets [~lɪts] pl. Fünflinge pl.

quip [kwɪp] 1. geistreiche Bemerkung; Stichelei f; 2. (-pp-) witzeln, spötteln.

quirk [kwɜːk] Eigenart f, seltsame Angewohnheit f; Laune f (of fate, etc.); arch. Hohlkehle f.

quit [kwɪt] 1. (-tt-; Brt. ~ted or ~, Am. mst ~) v/t. verlassen; job: aufgeben; aufhören mit; v/i. aufhören; weggehen; ausziehen (tenant); give notice to ~ j-m kündigen; 2. pred. adj. frei, los.

quite [kwaɪt] ganz, völlig, vollständig·

ziemlich, recht; ganz, sehr, durchaus; ~ *nice* ganz *or* recht nett; ~ (*so*)*l* ganz recht; ~ *the thing* F ganz große Mode; *she's* ~ *a beauty* sie ist e-e wirkliche Schönheit; *I* ~ *agree* ganz meine Meinung.

quits *pred. adj.* [kwɪts]: *be* ~ *with* s.o. mit j-m quitt sein.

quit·ter F ['kwɪtə] Drückeberger *m*.

quiv·er¹ ['kwɪvə] zittern, beben.

quiv·er² [~] Köcher *m*.

quiz [kwɪz] **1.** (*pl.* **quizzes**) Prüfung *f*, Test *m*; Quiz *n*; **2.** (-**zz**-) ausfragen; j-n prüfen; ~**mas·ter** *esp. Am.* Quizmaster *m*; ~**zi·cal** □ spöttisch; komisch.

quoit [kɔɪt] Wurfring *m*; ~*s sg.* Wurfringspiel *n*.

quo·rum ['kwɔːrəm] beschlußfähige Anzahl *or* Mitgliederzahl, Quorum *n*.

quo·ta ['kwɔʊtə] Quote *f*, Anteil *m*, Kontingent *n*.

quo·ta·tion [kwəʊ'teɪʃn] Anführung *f*, Zitat *n*; Beleg(stelle *f*) *m*; *econ.* (Börsen-, Kurs)Notierung *f*; Preis(angabe *f*) *m*; *estimate:* Kostenvoranschlag *m*; ~ **marks** *pl.* Anführungszeichen *pl.*

quote [kwəʊt] **1.** *from author:* Zitat *n*; ~*s pl.* Anführungszeichen *pl.*, F Gänsefüßchen *pl.*; **2.** *v/t.* anführen, zitieren (*text*); *econ. price:* nennen, berechnen; *stock exchange:* notieren (*at* mit); *v/i.* zitieren (*from* aus); ...; *I* ~ ..., ich zitiere..

quoth *dated* [kwəʊθ]: ~ *I* sagte ich.

quo·tid·i·an [kwɒ'tɪdɪən] täglich.

quo·tient ⅋ ['kwəʊʃnt] Quotient *m*.

R

rab·bi ['ræbaɪ] Rabbiner *m*.

rab·bit ['ræbɪt] Kaninchen *n*.

rab·ble ['ræbl] Pöbel *m*, Mob *m*; ~**rous·er** Aufrührer *m*, Demagoge *m*; ~**rous·ing** □ aufwieglerisch, demagogisch.

rab·id □ ['ræbɪd] tollwütig (*animal*); *fig.* wild, wütend.

ra·bies *vet.* ['reɪbiːz] Tollwut *f*.

rac·coon *zo.* [rə'kuːn] Waschbär *m*.

race¹ [reɪs] Rasse *f*; Geschlecht *n*, Stamm *m*; Volk *n*, Nation *f*; (Menschen)Schlag *m*.

race² [~] **1.** Lauf *m* (*a. fig.*); (Wett)Rennen *n*; Strömung *f*; ~*s pl.* Pferderennen *n*; **2.** rennen; rasen; *um die Wette laufen or fahren* (mit); ⊚ durchdrehen; ~**course** Rennbahn *f*, -strecke *f*; ~**horse** Rennpferd *n*; **rac·er** Läufer(in); Rennpferd *n*; Rennboot *n*; Rennwagen *m*; Rennrad *n*.

ra·cial □ ['reɪʃl] rassisch; Rassen...

rac·ing ['reɪsɪŋ] (Wett)Rennen *n*; (Pferde)Rennsport *m*; *attr.* Renn...

rack [ræk] **1.** Gestell *n*; Kleiderständer *m*; *in train, etc.:* Gepäcknetz *n*; *on car:* Dachgepäckträger *m*; *for fodder:* Raufe *f*, Futtergestell *n*; *for torture:* Folter(bank) *f*; *go to* ~ *and ruin* verfallen (*building, person*); dem Ruin entgegentreiben (*country, economy*); **2.** strecken; foltern, quälen (*a. fig.*); ~ *one's brains* sich den Kopf zerbrechen.

rack·et ['rækɪt] **1.** *tennis, etc.:* Schläger *m*; *loud noise:* Lärm *m*, Trubel *m*; F Schwindel(geschäft *n*) *m*, Gaunerei *f*; F *occupation:* Job *m*; **2.** lärmen; sich amü-

sieren.

rack·e·teer [rækə'tɪə] Gauner *m*, Erpresser *m*; ~**ing** Gaunereien *pl.*, kriminelle Geschäfte.

ra·coon *Brt. zo.* [rə'kuːn] = **raccoon**.

rac·y [□ ['reɪsɪ] (-*ier*, -*iest*) kraftvoll, lebendig; stark; würzig; urwüchsig; *Am. risqué:* gewagt.

ra·dar ['reɪdə] Radar(gerät) *n*.

ra·di|ance ['reɪdɪəns] Strahlen *n*, strahlender Glanz (*a. fig.*); ~**ant** □ strahlend, leuchtend (*a. fig. with* vor *dat.*); ~**heater** Heizstrahler *m*.

ra·di|ate ['reɪdɪeɪt] (aus)strahlen; strahlenförmig ausgehen; ~**a·tion** (Aus-) Strahlung *f*; ~**a·tor** Heizkörper *m*; *mot.* Kühler *m*.

rad·i·cal ['rædɪkl] **1.** □ Ꮣ, ⅋ Wurzel...; Grund...; radikal, drastisch; eingewurzelt; *pol.* radikal; **2.** *pol.* Radikale(r *m*) *f*; Ꮣ Wurzel *f*; ⅋ Radikal *n*.

ra·di·o ['reɪdɪəʊ] (*pl.* -*os*) **1.** Radio(apparat *m*) *n*; Funk(spruch) *m*; Funk...; ~**play** Hörspiel *n*; ~ *set* Radiogerät *n*; *by* ~ über Funk; *on the* ~ im Radio; **2.** funken; ~**ac·tive** radioaktiv; ~ *waste* Atommüll *m*; ~**ac·tiv·i·ty** Radioaktivität *f*; ~**ther·a·py** Strahlen-, Röntgentherapie *f*.

rad·ish Ꮵ ['rædɪʃ] Rettich *m*; (*red*) ~ Radieschen *n*.

ra·di·us ['reɪdɪəs] (*pl.* -**dii** [-dɪaɪ], -*uses*) Radius *m*.

raf·fle ['ræfl] **1.** Tombola *f*, Verlosung *f*; **2.** verlosen.

raft [rɑːft] **1.** Floß *n*; **2.** flößen; ~**er** ⊚ (Dach)Sparren *m*; ~**s·man** Flößer *m*.

rag¹ [ræg] Lumpen *m*; Fetzen *m*; Lappen *m*; **in ~s** zerlumpt; **~and-bone man** *esp. Brt.* Lumpensammler *m*.

rag² *sl.* [~] **1.** Unfug *m*; Radau *m*; Schabernack *m*; **2.** (**-gg-**) *j-n* aufziehen; *j-n* anschnauzen; *j-m* e-n Schabernack spielen; herumtollen, Radau machen.

rag·a·muf·fin ['rægəmʌfin] zerlumpter Kerl; Gassenjunge *m*.

rage [reidʒ] **1.** Wut(anfall *m*) *f*, Zorn *m*, Raserei *f*; Wüten *n*, Toben *n* (*of storm, etc.*); Sucht *f*, Gier *f* (**for** nach); Manie *f*; Ekstase *f*; **it is (all) the ~** es ist jetzt die große Mode; **2.** wüten, rasen, toben.

rag·ged □ ['rægid] rauh; *hair:* zottig; *rocks:* zerklüftet, zackig; *person:* zerlumpt; *clothes:* ausgefranst; *exhausted:* ausgelaugt; F erledigt; F **be run ~** F völlig fertig sein.

raid [reid] **1.** Überfall *m*, (*esp. air* ~: Luft)Angriff *m*; *by police:* Razzia *f*; **2.** einbrechen in (*acc.*); überfallen; plündern; *e-e* Razzia durchführen (in).

rail¹ [reil] schimpfen.

rail² *f* **1.** Geländer *n*; Stange *f*; ♣ Reling *f*; ⚏ Schiene *f*; (Eisen)Bahn *f*; **by ~** mit der Bahn; **off the ~s** *fig.* aus dem Gleis, durcheinander; verrückt; **run off** (**leave, jump**) **the ~s** entgleisen; **2.** *a.* **~ off** durch ein Geländer (ab)trennen.

rail·ing ['reiliŋ], *a.* **~s** *pl.* Geländer *n*.

rail·ler·y ['reiləri] Neckerei *f*, Stichelei *f*.

rail·road *Am.* ['reilrəud] Eisenbahn *f*.

rail·way *esp. Brt.* ['reilwei] Eisenbahn *f*; **~man** Eisenbahner *m*.

rain [rein] **1.** Regen *m*, *a.* **~s** *pl.* Regenfälle *pl.*; **the ~s** *pl.* die Regenzeit (*in tropical countries*); **~ or shine** bei jedem Wetter; **2.** regnen; **it's ~ing buckets** *or* **cats and dogs** es schüttet wie aus Kübeln; **it never ~s but it pours** es kommt immer gleich knüppeldick *or* ein Unglück kommt selten allein; **~bow** Regenbogen *m*; **~coat** Regenmantel *m*; **~fall** Regenmenge *f*; **~ forest** Regenwald *m*; **~proof 1.** regen-, wasserundurchlässig; imprägniert (*material*); **2.** Regenmantel *m*; **~y** □ (**-ier, -iest**) regnerisch; Regen...; *for a ~ day fig.* für schlechte Zeiten *or* Notzeiten.

raise [reiz] **1.** *often* **~ up** (auf-, hoch)heben; (*often fig.*) erheben; errichten; erhöhen (*a. fig.: salary*); *money, etc.*: aufbringen; *loan:* aufnehmen; *family:* gründen; *children:* aufziehen; (auf)erwecken; anstiften; züchten, ziehen; *siege, etc.*: aufheben; **2.** Lohn-, Gehaltserhöhung *f*.

rai·sin ['reizn] Rosine *f*.

rake [reik] **1.** Rechen *m*, Harke *f*; Wüstling *m*; Lebemann *m*; **2.** *v/t.* (glatt)har-

ken, (-)rechen; *fig.* durchstöbern; *v/i.* **~ about** (herum)stöbern; **~off** F (Gewinn)Anteil *m*.

rak·ish □ ['reikiʃ] schnittig; liederlich; ausschweifend; verwegen, keck.

ral·ly ['ræli] **1.** Treffen *n*; (Massen)Versammlung *f*; Kundgebung *f*; Erholung *f*; *mot.* Rallye *f*; **2.** (sich ver)sammeln; sich erholen.

ram [ræm] **1.** *zo.* Widder *m*, Schafbock *m*; ♀ *ast.* Widder *m*; ⊙, ♣ Ramme *f*; **2.** (**-mm-**) (fest)rammen; ♣ rammen; **~ s.th. down s.o.'s head** *fig.* j-m et. eintrichtern.

ram|ble ['ræmbl] **1.** Streifzug *m*; Wanderung *f*; **2.** umherstreifen; abschweifen; **~bler** Wanderer *m*; **~bling** abschweifend; weitschweifig; weitläufig; *plant:* rankend; **~ rose** ♣ Kletterrose *f*.

ram·i·fy ['ræmifai] (sich) verzweigen.

ramp [ræmp] Rampe *f*.

ram·pant □ ['ræmpənt] wuchernd; *fig.* zügellos.

ram·part ['ræmpɑːt] Wall *m*.

ram·shack·le ['ræmʃækl] baufällig; wack(e)lig; klapp(e)rig.

ran [ræn] *past of* **run** 1.

ranch [rɑːntʃ, *Am.* ræntʃ] Ranch *f*, Viehfarm *f*; **~er; ~man** [ˈrɑːntʃə, *Am.* ˈræntʃə] Rancher *m*, Viehzüchter *m*; Farmer *m*.

ran·cid □ ['rænsid] ranzig.

ran·co(u)r ['ræŋkə] Groll *m*, Haß *m*.

ran·dom ['rændəm] **1.** **at ~** aufs Geratewohl, blindlings; **2.** ziel-, wahllos; zufällig; willkürlich.

rang [ræŋ] *past of* **ring¹** 2.

range [reindʒ] **1.** Reihe *f*; *mountains:* (Berg)Kette *f*; *econ.* Kollektion *f*, Sortiment *n*; *stove:* Herd *m*; *scope:* Raum *m*, Umfang *m*, Bereich *m*; *distance:* Reichweite *f*, Schußweite *f*, Entfernung *f*; *area:* (ausgedehnte) Fläche; *shooting* ~: Schießstand *m*; *grazing-ground:* offenes Weidegebiet; **at close ~** aus nächster Nähe; **within ~ of vision** in Sichtweite; **a wide ~ of ...** eine große Auswahl an ...; **2.** *v/t.* (ein)reihen, ordnen; *area, etc.*: durchstreifen; *v/i.* in e-r Reihe *or* Linie stehen; (umher)streifen; sich erstrecken, reichen; zählen, gehören (**among, with** zu); **~ from ... to ...**, **~ between ... and ...** sich zwischen ... und ... bewegen (*prices, etc.*).

rang·er ['reindʒə] Förster *m*; Aufseher *m* e-s Forsts *or* Parks; Angehörige(r) *m* e-r berittenen Schutztruppe.

rank [ræŋk] **1.** *row:* Reihe *f*, Linie *f*; *class:* Klasse *f*; *social* ~: Rang *m*, Stand *m*; *taxi* ~: Taxistand *m*; **the ~ and file** *fig.* die große Masse; *pol., of party:* das Fußvolk, die Basis; ✕ Glied *n*; **~s** *pl.* ✕ die Mannschaften *pl.*; **2.** *v/t.* einreihen, (ein)ordnen; einstufen; *v/i.* gehören (**among, with** zu); e-n Rang *or* e-e Stelle einnehmen (**above** über *dat.*); **~ as** gelten als; **3.** *plants:* üppig; *smell:* ranzig, stinkend; *beginner:* blutig; *injustice, etc.:* kraß.

ran-kle *fig.* ['ræŋkl] nagen, weh tun.

ran-sack ['rænsæk] durchwühlen, -stöbern, -suchen; ausrauben.

ran-som ['rænsəm] **1.** Lösegeld *n*; Auslösung *f*; **2.** loskaufen, auslösen.

rant [rænt] **1.** Schwulst *m*; **2.** Phrasen dreschen; mit Pathos vortragen.

rap¹ [ræp] **1.** Klaps *m*; Klopfen *n*; **2.** (**-pp-**) schlagen; pochen, klopfen.

rap² *fig.* [~] Heller *m*, Deut *m*.

ra-pa|cious □ [rə'peɪʃəs] habgierig; (raub)gierig; **~-ci-ty** [rə'pæsətɪ] Habgier *f*; (Raub)Gier *f*.

rape¹ [reɪp] **1.** Notzucht *f*, Vergewaltigung *f* (*a. fig.*); **2.** vergewaltigen.

rape² ♣ [~] Raps *m*.

rap-id ['ræpɪd] **1.** □ schnell, rasch, rapid(e); steil; **2.** **~s** *pl.* Stromschnelle(n *pl.*) *f*; **ra-pid-i-ty** [rə'pɪdətɪ] Schnelligkeit *f*.

rap-proche-ment *pol.* [ræ'prɒʃmãːŋ] Wiederannäherung *f*.

rapt □ [ræpt] entzückt; versunken; **rap-ture** ['ræptʃə] Entzücken *n*; **go into ~s** in Entzücken geraten.

rare □ [reə] (**~r, ~st**) selten; *phys.* dünn (*air*); halbgar, nicht durchgebraten (*meat*); F ausgezeichnet, köstlich.

rare-bit ['reəbɪt]: *Welsh ~* überbackener Käsetoast.

rar-e-fy ['reərɪfaɪ] (sich) verdünnen.

rar-i-ty ['reərətɪ] Seltenheit *f*; Rarität *f*.

ras-cal ['rɑːskəl] Schuft *m*; *co.* Gauner *m*, Schlingel *m*; **~-ly** schuftig; erbärmlich.

rash¹ □ [ræʃ] hastig, vorschnell; übereilt; unbesonnen; waghalsig.

rash² ♂ [~] (Haut)Ausschlag *m*.

rash-er ['ræʃə] Speckscheibe *f*.

rasp [rɑːsp] **1.** Raspel *f*; **2.** raspeln; kratzen; krächzen.

rasp-ber-ry ♣ ['rɑːzbərɪ] Himbeere *f*.

rat [ræt] *zo.* Ratte *f*; *pol.* Überläufer *m*; **smell a ~** Lunte *or* den Braten riechen; **~s!** *sl.* Quatsch!

rate [reɪt] **1.** (Verhältnis)Ziffer *f*; Rate *f*; Verhältnis *n*; (Aus)Maß *n*; Satz *m*; Preis *m*, Gebühr *f*; Taxe *f*; (Gemeinde)Abgabe *f*, (Kommunal)Steuer *f*; Grad *m*, Rang *m*, Klasse *f*; Geschwindigkeit *f*; Tempo *n*; **at any ~** auf jeden Fall; **~ of exchange** (Umrechnungs-, Wechsel-) Kurs *m*; **~ of interest** Zinssatz *m*, -fuß *m*; **2.** (ein)schätzen; besteuern; **~ among** rechnen, zählen zu (*dat.*); **be ~ed as** gelten als.

ra-ther ['rɑːðə] eher, lieber; vielmehr; besser gesagt; ziemlich, fast; **~!** F und ob!, allerdings!; **I'd ~ not!** lieber nicht!; **I had or would ~ (not) go** ich möchte lieber (nicht) gehen.

rat-i-fy *pol.* ['rætɪfaɪ] ratifizieren.

rat-ing ['reɪtɪŋ] Schätzung *f*; Steuersatz *m*; ♣ Dienstgrad *m*; ♣ (Segel)Klasse *f*; Matrose *m*; *TV* Einschaltquote *f*.

ra-ti-o ♣ ['reɪʃɪəʊ] (*pl.* **-os**) Verhältnis *n*.

ra-tion ['ræʃn] **1.** Ration *f*, Zuteilung *f*; **2.** rationieren.

ra-tion-al □ ['ræʃənl] vernunftgemäß; vernünftig; (*a.* ♣) rational; **~-i-ty** Vernunft *f*; **~-ize** *econ.* rationalisieren.

rat race ['rætreɪs] täglicher Konkurrenzkampf.

rat-tle ['rætl] **1.** Gerassel *n*; Geklapper *n*; Geplapper *n*; Klapper *f*; Röcheln *n*; **2.** rasseln (mit); klappern; rütteln; rattern; plappern; röcheln; **~ off** herunterrasseln; **~-snake** *zo.* Klapperschlange *f*; **~-trap** *fig.* Klapperkasten *m* (*car, etc.*).

rat-tling ['rætlɪŋ] **1.** *adj.* rasselnd; F schnell, flott; **2.** F *adv.* sehr, äußerst; **~ good** prima.

rau-cous □ ['rɔːkəs] heiser, rauh.

rav-age ['rævɪdʒ] **1.** Verwüstung *f*; **2.** verwüsten; plündern.

rave [reɪv] rasen, toben; schwärmen (**about, of** von).

rav-el ['rævl] (*Brt.* **-ll-,** *Am.* **-l-**) *v/t.* verwickeln; **~ (out)** auftrennen; *fig.* entwirren; *v/i. a.* **~ out** ausfasern, aufgehen.

ra-ven *zo.* ['reɪvn] Rabe *m*.

rav-e-nous □ ['rævənəs] gefräßig; heißhungrig; gierig; raubgierig.

ra-vine [rə'viːn] Hohlweg *m*; Schlucht *f*; Klamm *f*.

rav-ings ['reɪvɪŋz] *pl.* irres Gerede; Delirien *pl.*

rav-ish ['rævɪʃ] entzücken; hinreißen; **~-ing** □ hinreißend, entzückend; **~-ment** Entzücken *n*.

raw □ [rɔː] roh; Roh...; wund; rauh (*weather*); ungeübt, unerfahren; **~-boned** knochig, hager; **~-hide** Rohleder *n*.

ray [reɪ] Strahl *m*; *fig.* Schimmer *m*.

ray-on ['reɪɒn] Kunstseide *f*.

raze [reɪz] *house, etc.:* abreißen; *fortress:* schleifen; *fig.* ausmerzen, tilgen; **~ s.th. to the ground** et. dem Erdboden gleichmachen.

ra-zor ['reɪzə] Rasiermesser *n*; Rasierapparat *m*; **~-blade** Rasierklinge *f*; **~-edge** *fig.* kritische Lage; **be on a ~** auf des Messers Schneide stehen.

re- [riː] wieder, noch einmal, neu; zurück, wider.

reach [riːtʃ] **1.** Griff *m*; Reichweite *f*; Fassungskraft *f*; **beyond ~, out of ~**

unerreichbar; *within easy* ~ leicht erreichbar; **2.** *v/i.* reichen; langen, greifen; sich erstrecken; *v/t.* (hin-, her)reichen, (hin-, her)langen; erreichen, erzielen; *a.* ~ *out* ausstrecken.

re·act ['rɪ'ækt] reagieren (*to* auf *acc.*); (ein)wirken (*on, upon* auf *acc.*).

re·ac·tion [rɪ'ækʃn] Reaktion *f* (*a.* ⚛, *pol.*); Rückwirkung *f*; ~*a·ry* **1.** reaktionär; **2.** Reaktionär(in).

re·ac·tor *phys.* [rɪ'æktə] (Kern)Reaktor *m.*

read 1. [ri:d] (*read* [red]) lesen; *interpret:* deuten; (an)zeigen (*thermometer*); *univ.* studieren; *book, essay, etc.:* sich lesen (lassen); *text:* lauten; ~ *to s.o.* j-m vorlesen; ~ *medicine* Medizin studieren; **2.** [red] *past and p.p. of* 1; **rea·da·ble** □ lesbar; leserlich; lesenswert; **read·er** (Vor)Leser(in); *print.:* Korrektor *m*; Lektor *m*; *univ.* Dozent *m*; Lesebuch *n.*

read·i·ly ['redɪlɪ] *adv.* gleich; leicht; bereitwillig, gern; ~**ness** Bereitschaft *f*; Bereitwilligkeit *f.*

read·ing ['ri:dɪŋ] Lesen *n*; Lesung *f* (*a. parl.*); Stand *m* (*of thermometer*); Belesenheit *f*; Lektüre *f*; Lesart *f*; Auslegung *f*; Auffassung *f*; *attr.* Lese-.

re·ad·just [ri:ə'dʒʌst] wieder in Ordnung bringen; wieder anpassen; ⊙ nachstellen; ~**ment** Wiederanpassung *f*; Neuordnung *f*; ⊙ Korrektur.

read·y □ ['redɪ] (*-ier, -iest*) bereit, fertig; bereitwillig; im Begriff (*to do* zu tun); schnell; schlagfertig, gewandt; leicht; *econ.* bar; ~ *for use* gebrauchsfertig; *get* ~ (sich) fertig machen; ~ *cash*, ~ *money* Bargeld *n*; ~**made** fertig, Konfektions...

re·a·gent ⚛ [ri:'eɪdʒənt] Reagens *n.*

real □ [rɪəl] wirklich, tatsächlich, real, wahr, eigentlich; echt; ~ *estate* Grundbesitz *m*, Immobilien *pl.*

re·a·lis·m ['rɪəlɪzəm] Realismus *m*; ~**ist** Realist *m*; ~**tic** [rɪə'lɪstɪk] (~*ally*) realistisch; sachlich; wirklichkeitsnah.

re·al·i·ty [rɪ'ælətɪ] Wirklichkeit *f.*

re·a·li·za·tion [rɪəlaɪ'zeɪʃn] Realisierung *f* (*a. econ.*); Verwirklichung *f*; Erkenntnis *f*; ~**ze** ['rɪəlaɪz] sich klarmachen; erkennen, begreifen, einsehen; verwirklichen; realisieren (*a. econ.*); zu Geld machen.

real·ly ['rɪəlɪ] wirklich, tatsächlich; ~*I* ich muß schon sagen!

realm [relm] Königreich *n*; Reich *n*; Bereich *m.*

real·tor *Am.* ['rɪəltə] Grundstücksmakler *m*; ~**ty** ⚖ [~ɪ] Grundeigentum *n*, -besitz *m.*

reap [ri:p] *grain:* schneiden; *field:* mähen; *fig.* ernten; ~**er** *dated:* Schnitter(in); *harvester:* Mähmaschine *f.*

re·ap·pear [ri:ə'pɪə] wieder erscheinen.

rear [rɪə] **1.** *v/t.* auf-, großziehen; züchten; (er)heben; *v/i. horse:* sich aufbäumen; **2.** Rück-, Hinterseite *f*; Hintergrund *m*; *mot.*, ♣ Heck *n*; ⚔ Nachhut *f*; *at* (*Am. in*) *the* ~ *of* hinter (*dat.*); **3.** Hinter..., Rück...; ~ *wheel drive* Hinterradantrieb *m*; ~*lamp*, ~*light mot.* Rücklicht *n.*

re·arm ⚔ [ri:'ɑːm] (wieder)aufrüsten; **re·ar·ma·ment** ⚔ [~'mæmənt] (Wieder)Aufrüstung *f.*

rear|most ['rɪəməʊst] hinterste(r, -s); ~**view mir·ror** *mot.* Rückspiegel *m*; ~**ward 1.** *adj.* rückwärtig; **2.** *adv. a.* ~**s** rückwärts.

rea·son ['ri:zn] **1.** Vernunft *f*; Verstand *m*; Recht *n*, Billigkeit *f*; Ursache *f*, Grund *m*; *for* ~ *of* ... aus ...gründen; *by* ~ *of* wegen; *for this* ~ aus diesem Grund; *with* ~ aus gutem Grund; *without any* ~ *or for no* ~ ohne jeden Grund, grundlos; *listen to* ~ Vernunft annehmen; *it stands to* ~ *that* es leuchtet ein, daß; **2.** *v/i.* vernünftig *or* logisch denken; argumentieren; *v/t.* folgern, schließen (*from* aus); *a.* ~ *out* (logisch) durchdenken; ~ *away* wegdiskutieren; ~ *s.o. into* (*out of*) *s.th.* j-m et. ein- (aus)reden; **rea·so·na·ble** □ vernünftig; angemessen; berechtigt.

re·as·sure [ri:ə'ʃʊə] (nochmals) versichern; beteuern; beruhigen.

re·bate ['ri:beɪt] *econ.* Rabatt *m*, Abzug *m*; Rückzahlung *f.*

reb·el¹ ['rebl] **1.** Rebell *m*; Aufrührer *m*; Aufständische(r) *m*; **2.** rebellisch, aufrührerisch.

re·bel² [rɪ'bel] rebellieren, sich auflehnen; ~**lion** [~lɪən] Empörung *f*; ~**lious** [~lɪəs] = *rebel* ¹ 2.

re·birth [ri:'bɜːθ] Wiedergeburt *f.*

re·bound [rɪ'baʊnd] **1.** zurückprallen; **2.** [*mst* 'ri:baʊnd] Rückprall *m*; *in ball games:* Abpraller *m*, *esp. basketball:* Rebound *m.*

re·buff [rɪ'bʌf] **1.** schroffe Abweisung, Abfuhr *f*; **2.** abblitzen lassen, abweisen.

re·build [ri:'bɪld] (*-built*) wieder aufbauen; *house a.:* umbauen.

re·buke [rɪ'bjuːk] **1.** Tadel *m*; **2.** tadeln.

re·but [rɪ'bʌt] (*-tt-*) widerlegen, entkräften.

re·call [rɪ'kɔːl] **1.** Zurückrufung *f*; Abberufung *f*; Widerruf *m*; *beyond* ~, *past* ~ unwiderruflich; **2.** zurückrufen; ab(be-)rufen; sich erinnern an (*acc.*); j-n erinnern (*to an acc.*); widerrufen; *econ. capital:* kündigen.

re·ca·pit·u·late [riːkəˈpɪtjʊleɪt] rekapitulieren, kurz wiederholen, zusammenfassen.
re·cap·ture [riːˈkæptʃə] wieder ergreifen; ⚔ zurückerobern; *fig.* wieder einfangen (*past emotions, etc.*).
re·cast [ˈriːˈkɑːst] (**-cast**) ⚙ umgießen; umarbeiten, neu gestalten; *thea. part*: umbesetzen.
re·cede [rɪˈsiːd] zurücktreten; ***receding*** fliehend (*chin, forehead*).
re·ceipt [rɪˈsiːt] **1.** Empfang *m*; *econ.* Eingang *m* (*of goods*); Quittung *f*; **~s** *pl.* Einnahmen *pl.*; **2.** quittieren.
re·cei·va·ble [rɪˈsiːvəbl] annehmbar; *econ.* ausstehend; **re·ceive** [~v] empfangen; erhalten, bekommen; aufnehmen; annehmen; anerkennen; **received** (allgemein) anerkannt; **re·ceiv·er** Empfänger *m*; *teleph.* Hörer *m*; Hehler *m*; *of taxes, etc.*: Einnehmer *m*; ***official*** **~** ⚖ Konkursverwalter *m*.
re·cent □ [ˈriːsnt] neu; frisch; modern; **~ events** *pl. die* jüngsten Ereignisse *pl.*; **~ly** kürzlich, vor kurzem, neulich.
re·cep·ta·cle [rɪˈseptəkl] Behälter *m*.
re·cep·tion [rɪˈsepʃn] Aufnahme *f* (*a. fig.*); Empfang *m* (*a. radio, TV*); Annahme *f*; **~ desk** Rezeption *f* (*in hotel*); **~ist** Empfangsdame *f*, -chef *m*; *of doctor*: Sprechstundenhilfe *f*; **~ room** Empfangszimmer *n*.
re·cep·tive □ [rɪˈseptɪv] empfänglich, aufnahmefähig (**of, to** für).
re·cess [rɪˈses] Unterbrechung *f*, (*Am. a.* Schul)Pause *f*; *esp. parl.* Ferien *pl.*; (entlegener) Winkel; Nische *f*; **~es** *pl. fig. das* Innere, Tiefe(n *pl.*) *f*; **re·ces·sion** Zurückziehen *n*, Zurücktreten *n*; *econ.* Rezession *f*, Konjunkturrückgang *m*.
re·ci·pe [ˈresɪpɪ] (Koch)Rezept *n*.
re·cip·i·ent [rɪˈsɪpɪənt] Empfänger(in).
re·cip·ro|cal [rɪˈsɪprəkl] wechsel-, gegenseitig; **~cate** [~eɪt] *v/i.* sich erkenntlich zeigen; ⚙ sich hin- und herbewegen; *v/t. good wishes, etc.*: erwidern; **~ci·ty** [resɪˈprɒsətɪ] Gegenseitigkeit *f*.
re·cit·al [rɪˈsaɪtl] Bericht *m*; Erzählung *f*; ♪ (Solo)Vortrag *m*, Konzert *n*; **re·ci·ta·tion** [resɪˈteɪʃn] Hersagen *n*; Vortrag *m*; **re·cite** [rɪˈsaɪt] vortragen; aufsagen; berichten.
reck·less □ [ˈreklɪs] unbekümmert; rücksichtslos; leichtsinnig.
reck·on [ˈrekən] *v/t.* (er-, be)rechnen; *a.* **~ *for*, ~ *as*** schätzen als, halten für; **~ *up*** zusammenzählen; *v/i.* rechnen; denken, vermuten; **~ *on*, ~ *upon*** sich verlassen auf (*acc.*); **~ing** Rechnen *n*; (Ab-, Be)Rechnung *f*; ***be out in one's*** **~** sich verrechnet haben.
re·claim [rɪˈkleɪm] zurückfordern; *j-n* bekehren, bessern; zivilisieren; urbar machen; ⚙ (zurück)gewinnen.
re·cline [rɪˈklaɪn] (sich) (zurück)lehnen; liegen, ruhen; **~d** liegend; ***reclining seat*** verstellbarer Sitz, *in car, etc*: Liegesitz *m*.
re·cluse [rɪˈkluːs] Einsiedler(in).
rec·og|ni·tion [rekəgˈnɪʃn] Anerkennung *f*; (Wieder)Erkennen *n*; **~nize** [ˈrekəgnaɪz] anerkennen; (wieder)erkennen; zugeben, einsehen.
re·coil 1. [rɪˈkɔɪl] zurückprallen; zurückschrecken; **2.** [ˈriːkɔɪl] Rückstoß *m*, -lauf *m*.
rec·ol·lect[1] [rekəˈlekt] sich erinnern an (*acc.*).
re-col·lect[2] [riːkəˈlekt] wieder sammeln; **~ o.s.** sich fassen.
rec·ol·lec·tion [rekəˈlekʃn] Erinnerung *f* (**of** an *acc.*); Gedächtnis *n*.
rec·om|mend [rekəˈmend] empfehlen; **~men·da·tion** [rekəmenˈdeɪʃn] Empfehlung *f*; Vorschlag *m*.
rec·om·pense [ˈrekəmpens] **1.** Belohnung *f*, Vergeltung *f*; Entschädigung *f*; Ersatz *m*; **2.** belohnen, vergelten; entschädigen; ersetzen.
rec·on|cile [ˈrekənsaɪl] aus-, versöhnen; in Einklang bringen; *disagreement*: schlichten; **~cil·i·a·tion** [rekənsɪlɪˈeɪʃn] Ver-, Aussöhnung *f*.
re·con·di·tion [ˈriːkənˈdɪʃn] wieder herrichten; ⚙ (general)überholen; ***~ed engine mot.*** Austauschmotor *m*.
re·con|nais·sance [rɪˈkɒnɪsəns] ⚔ Aufklärung *f*, Erkundung *f*; **~noi·tre**, *Am.* **~noi·ter** [rekəˈnɔɪtə] erkunden, auskundschaften.
re·con·sid·er [riːkənˈsɪdə] wieder erwägen; nochmals überlegen.
re·con·sti·tute [riːˈkɒnstɪtjuːt] wiederherstellen.
re·con|struct [riːkənˈstrʌkt] wiederaufbauen; **~struc·tion** [~kʃn] Wiederaufbau *m*, Wiederherstellung *f*.
rec·ord[1] [ˈrekɔːd] Aufzeichnung *f*; ⚖ Protokoll *n*; (Gerichts)Akte *f*; Urkunde *f*; Register *n*, Verzeichnis *n*; (schriftlicher) Bericht; Ruf *m*, Leumund *m*; Schallplatte *f*; *sports*: Rekord *m*; ***place on*** **~** schriftlich niederlegen; **~ *office*** Archiv *n*; ***off the*** **~** inoffiziell.
re·cord[2] [rɪˈkɔːd] aufzeichnen, schriftlich niederlegen; *on disc, tape, etc.*: aufnehmen; **~er** Aufnahmegerät *n*, *esp.* Tonbandgerät *n*, Kassetten-, Videorecorder *m*; ♪ Blockflöte *f*; **~ing** *TV, etc.*: Aufzeichnung *f*, -nahme *f*; **~ play·er** [ˈrekɔːd-] Plattenspieler *m*.
re·count [rɪˈkaʊnt] erzählen.
re·coup [rɪˈkuːp] *j-n* entschädigen (**for** für); *et.* wiedereinbringen.

re·course [rɪˈkɔːs] Zuflucht *f*; *have ~ to* (s-e) Zuflucht nehmen zu.

re·cov·er [rɪˈkʌvə] *v/t.* wiedererlangen, -bekommen, -finden; *losses:* wiedereinbringen, wiedergutmachen; *debts, etc.:* eintreiben; *car, ship, etc.:* bergen; *be ~ed* wiederhergestellt sein; *v/i.* sich erholen; genesen; *~·y* Wiedererlangung *f*; Bergung *f*; Genesung *f*; Erholung *f*; *past ~* unheilbar krank.

re·cre·ate [ˈrekrɪeɪt] *v/t.* erfrischen; *v/i. a. ~ o.s.* ausspannen, sich erholen; *~·a·tion* [rekrɪˈeɪʃn] Erholung *f*; *~ cen·tre* Freizeitzentrum *n*.

re·crim·i·na·tion [rɪkrɪmɪˈneɪʃn] Gegenbeschuldigung *f*.

re·cruit [rɪˈkruːt] **1.** Rekrut *m*; *fig.* Neuling *m*; **2.** ergänzen; *staff, etc.:* rekrutieren; ⚔ Rekruten ausheben.

rec·tan·gle ⟁ [ˈrektæŋɡl] Rechteck *n*.

rec·ti·fy [ˈrektɪfaɪ] berichtigen, verbessern; ⚡ gleichrichten; *~·tude* [~tjuːd] Geradheit *f*, Redlichkeit *f*.

rec·tor [ˈrektə] Pfarrer *m*; Rektor *m*; *~·to·ry* Pfarre(i) *f*; Pfarrhaus *n*.

re·cum·bent ▢ [rɪˈkʌmbənt] liegend.

re·cu·pe·rate [rɪˈkjuːpəreɪt] sich erholen; *health:* wiedererlangen.

re·cur [rɪˈkɜː] (*-rr-*) wiederkehren (**to** zu), sich wiederholen; zurückkommen (*to* auf *acc.*); *~·rence* [rɪˈkʌrəns] Rückkehr *f*, Wiederauftreten *n*; *~·rent* ▢ wiederkehrend.

re·cy·cle [riːˈsaɪkl] *waste:* wiederverwerten, recyceln; *~·cling* [~ɪŋ] Wiederverwertung *f*, Recycling *n*.

red [red] **1.** rot; *~ heat* Rotglut *f*; *~ tape* Bürokratismus *m*; **2.** Rot *n*; *esp. pol.* Rote(r *m*) *f*; *be in the ~* in den roten Zahlen sein.

red|·breast *zo.* [ˈredbrest] *a. robin ~* Rotkehlchen *n*; *~·den* (sich) röten; erröten; *~·dish* rötlich.

re·dec·o·rate [riːˈdekəreɪt] *room:* neu streichen *or* tapezieren.

re·deem [rɪˈdiːm] zurück-, loskaufen; ablösen; *promise:* einlösen; büßen; entschädigen für; erlösen; 2·**er** *eccl.* [~ə] Erlöser *m*, Heiland *m*.

re·demp·tion [rɪˈdempʃn] Rückkauf *m*; Auslösung *f*; Erlösung *f*.

re·de·vel·op [riːdɪˈveləp] *building, part of town:* sanieren.

red|·hand·ed [redˈhændɪd]: *catch s.o. ~* j-n auf frischer Tat ertappen; *~·head* Rotschopf *m*; *~·head·ed* rothaarig; *~·hot* rotglühend; *fig.* hitzig; 2 **In·di·an** Indianer(in); *~·let·ter day* Festtag *m*; *fig.* Freudentag *m*, Glückstag *m*; denkwürdiger Tag; *~ light* Rotlicht *n*, rotes Licht; *~·light dis·trict* Rotlichtbezirk *m*, Bordellviertel; *~·ness* Röte *f*.

re·dou·ble [riːˈdʌbl] (sich) verdoppeln.

re·dress [rɪˈdres] **1.** Abhilfe *f*; Wiedergutmachung *f*; ⚖ Entschädigung *f*; **2.** abhelfen (*dat.*); abschaffen, beseitigen; wiedergutmachen.

red tape [redˈteɪp] Bürokratismus *m*, F Amtsschimmel *m*.

re·duce [rɪˈdjuːs] verringern, -mindern; einschränken; *price:* herabsetzen; zurückführen, bringen (*to auf, ct auf, acc.,* zu); verwandeln (**to in** *acc.*), machen zu; A, 🔥 reduzieren; ⚕ einrenken; *~ to writing* schriftlich niederlegen; **re·duc·tion** [rɪˈdʌkʃn] Herabsetzung *f*, (Preis)Nachlaß *m*, Rabatt *m*; Verminderung *f*; Verkleinerung *f*; Reduktion *f*; Verwandlung *f*; ⚕ Einrenkung *f*.

re·dun·dant ▢ [rɪˈdʌndənt] überflüssig; *style:* weitschweifig; *worker:* arbeitslos; *be made ~ worker:* entlassen werden.

reed [riːd] ♦ Schilfrohr *n*; Rohrflöte *f*.

re·ed·u·ca·tion [riːedjuˈkeɪʃn] Umschulung *f*, Umerziehung *f*.

reef [riːf] (Felsen)Riff *n*; ⚓ Reff *n*.

reek [riːk] **1.** Gestank *m*, unangenehmer Geruch; **2.** stinken, unangenehm riechen (*of* nach).

reel [riːl] **1.** Haspel *f*; (Garn-, Film)Rolle *f*, Spule *f*; **2.** *v/t. ~ (up)* (auf)wickeln, (-)spulen; *v/i.* wirbeln; schwanken; taumeln.

re·e·lect [riːɪˈlekt] wiederwählen.

re·en·ter [riːˈentə] wieder eintreten (in *acc.*).

re·es·tab·lish [riːɪˈstæblɪʃ] wiederherstellen.

ref F [ref] = *referee.*

re·fer [rɪˈfɜː]: *~ to* ver- *or* überweisen an (*acc.*); sich beziehen auf (*acc.*); erwähnen (*acc.*); zuordnen (*dat.*); befragen (*acc.*), nachschlagen in (*dat.*); zurückführen auf (*acc.*), zuschreiben (*dat.*).

ref·er·ee [refəˈriː] **1.** Schiedsrichter *m*; *boxing:* Ringrichter *m*; *wrestling:* Kampfrichter *m*; *arbitrator:* Schlichter *m*; *Brt.* Gutachter(in), Referenz *f* (*person*); **2.** *sports:* als Schiedsrichter fungieren, schiedsrichtern.

ref·er·ence [ˈrefrəns] Referenz *f*, Empfehlung *f*, Zeugnis *n*; *note:* Verweis(ung *f*) *m*, Hinweis *m*; Erwähnung *f*, Anspielung *f*; Bezugnahme *f*; Beziehung *f*; Nachschlagen *n*, Befragen *n*; *in or with ~ to* was ... betrifft, bezüglich (*gen.*); *~ book* Nachschlagewerk *n*; *~ library* Handbibliothek *f*; *~ number* Aktenzeichen *n*; *make ~ to et.* erwähnen.

ref·er·en·dum [refəˈrendəm] Volksentscheid *m*.

re·fill 1. [ˈriːfɪl] Nachfüllung *f*; Ersatzpackung *f*; Ersatzmine *f* (*for pen*); **2.** [riːˈfɪl] (sich) wieder füllen, auffüllen.

re-fine [rɪˈfaɪn] ⊘ raffinieren, veredeln; verfeinern, kultivieren; (sich) läutern; ~ **on**, ~ **upon** et. verfeinern, -bessern; **~d** fein, vornehm; **~ment** Vered(e)lung f; Verfeinerung f; Läuterung f; Feinheit f, Vornehmheit f; **re-fin-e-ry** ⊘ Raffinerie f; metall. (Eisen)Hütte f.

re-fit ⚓ [riːˈfɪt] (-tt-) v/t. ausbessern; neu ausrüsten; v/i. ausgebessert werden; neu ausgerüstet werden.

re-flect [rɪˈflekt] v/t. zurückwerfen, reflektieren; widerspiegeln (a. fig.); zum Ausdruck bringen; v/i. ~ **on**, ~ **upon** nachdenken über (acc.); ein schlechtes Licht werfen auf (acc.); **re-flec-tion** Reflexion f, Zurückstrahlung f, Widerspiegelung f (a. fig.); Reflex m; Spiegelbild n; careful thought: Überlegung f, Reflexion f, Gedanke m; **re-flec-tive** ☐ reflektierend, zurückstrahlend; nachdenklich.

re-flex [ˈriːfleks] 1. Reflex...; 2. Widerschein m, Reflex m (a. physiol.); **~ive** ☐ gr. [rɪˈfleksɪv] reflexiv, rückbezüglich.

re-for-est [riːˈfɒrɪst] aufforsten.

re-form¹ [rɪˈfɔːm] 1. Verbesserung f, Reform f; 2. verbessern, reformieren; (sich) bessern.

re-form² [ˈriːˈfɔːm] (sich) neu bilden; ✕ (sich) neu formieren.

ref-or-ma-tion [refəˈmeɪʃn] Reformierung f; Besserung f; eccl. ♀ Reformation f; **re-for-ma-to-ry** [rɪˈfɔːmətərɪ] 1. Besserungs..., Reform...; 2. Brt. dated, Am. Besserungsanstalt f; **re-form-er** eccl. Reformator m; esp. pol. Reformer m.

re-fract [rɪˈfrækt] light: brechen; **re-frac-tion** (Licht)Brechung f; **re-frac-to-ry** ☐ widerspenstig; ✍ hartnäckig; ⊘ feuerfest.

re-frain [rɪˈfreɪn] 1. sich enthalten (from gen.), unterlassen (from acc.); 2. Kehrreim m, Refrain m.

re-fresh [rɪˈfreʃ] (o.s. sich) erfrischen, stärken; memory, etc.: auffrischen; **~ment** Erfrischung f (a. drink).

re-fri-ge-rate [rɪˈfrɪdʒəreɪt] kühlen; **~ra-tor** Kühlschrank m, -raum m; ~ **van**, Am. ~ **car** ⚓ Kühlwagen m.

re-fu-el [riːˈfjʊəl] (auf)tanken.

ref-uge [ˈrefjuːdʒ] Zuflucht(sstätte) f; Verkehrsinsel f; **women's ~** Frauenhaus n; **~u-gee** [refjʊˈdʒiː] Flüchtling m; ~ **camp** Flüchtlingslager n.

re-fund 1. [riːˈfʌnd] zurückzahlen; ersetzen; 2. [ˈriːfʌnd] Rückzahlung f; Erstattung f.

re-fur-bish [riːˈfɜːbɪʃ] aufpolieren (a. fig.).

re-fus-al [rɪˈfjuːzl] Ablehnung f, (Ver)Weigerung f; econ. Vorkaufsrecht n (of auf acc.).

re-fuse¹ [rɪˈfjuːz] v/t. verweigern; abweisen, ablehnen; ~ **to do s.th.** sich weigern, etwas zu tun; v/i. sich weigern; verweigern (horse).

ref-use² [ˈrefjuːs] Ausschuß m; Abfall m, Müll m.

re-fute [rɪˈfjuːt] widerlegen.

re-gain [rɪˈgeɪn] wiedergewinnen.

re-gal ☐ [ˈriːgl] königlich, Königs...

re-gale [rɪˈgeɪl] erfreuen, ergötzen; fürstlich bewirten; **~ o.s. on** sich gütlich tun an (dat.), schwelgen in (dat.).

re-gard [rɪˈgɑːd] 1. (Hoch)Achtung f; Rücksicht f; Hinblick m, -sicht f; **with ~ to** hinsichtlich (gen.); **~s** pl. Grüße pl. (esp. in letters); **kind ~s** herzliche Grüße; 2. ansehen; betrachten; (be)achten; betreffen; ~ **s.o. as** j-n halten für; **as ~s** was ... betrifft; **~ing** hinsichtlich (gen.); **~less** ☐: ~ **of** ohne Rücksicht auf (acc.), ungeachtet (gen.).

re-gen-e-rate [rɪˈdʒenəreɪt] (sich) erneuern; (sich) regenerieren; (sich) neu bilden.

re-gent [ˈriːdʒənt] Regent(in); **Prince ♀** Prinzregent.

re-gi-ment ✕ [ˈredʒɪmənt] 1. Regiment n; 2. organisieren, reglementieren; **~als** ✕ [redʒɪˈmentlz] pl. Uniform f.

re-gion [ˈriːdʒən] Gegend f, Gebiet n; fig. Bereich m; **~al** ☐ regional; örtlich; Regional..., Orts...

re-gis-ter [ˈredʒɪstə] 1. Register n, Verzeichnis n; ⊘ Schieber m, Ventil n; ♪ Register n; Zählwerk n; **cash ~** Registrierkasse f; 2. registrieren; enter: (sich) eintragen or -schreiben (lassen); enrol: (sich) anmelden; record: (an)zeigen, auf-, verzeichnen; letter: einschreiben (lassen); Brt. luggage: aufgeben; **with police:** sich melden; **~ed letter** Einschreibebrief m.

re-gis-trar [redʒɪˈstrɑː] Standesbeamte(r) m; **~tra-tion** [~eɪʃn] Eintragung f; Anmeldung f; mot. Zulassung f; ~ **fee** Anmeldegebühr f; **~try** [ˈredʒɪstrɪ] Eintragung f; Registratur f; Register n; ~ **office** Standesamt n.

re-gress [ˈriːgres], **re-gres-sion** [rɪˈgreʃn] Rückwärtsbewegung f; rückläufige Entwicklung.

re-gret [rɪˈgret] 1. Bedauern n; Schmerz m; 2. (-tt-) bedauern; loss: beklagen; **~ful** ☐ bedauernd; **~ta-ble** ☐ bedauerlich.

reg-u-lar ☐ [ˈregjʊlə] regelmäßig, regulär, normal, gewohnt; geregelt, geordnet; genau, pünktlich; richtig, recht, ordentlich; F richtig(gehend); ✕ regulär; **~i-ty** [regjʊˈlærətɪ] Regelmäßigkeit f; Richtigkeit f, Ordnung f.

reg-u-late [ˈregjʊleɪt] regeln, ordnen; regulieren; **~la·tion** [regjʊ'leɪʃn] 1. Regulierung f; **~s** pl. Vorschrift f, Bestimmung f; 2. vorschriftsmäßig.

re·hash fig. [ri:'hæʃ] 1. wiederaufwärmen; 2. Aufguß m.

re·hears|al [rɪ'hɜ:sl] thea., ♪ Probe f; Wiederholung f; **~e** [rɪ'hɜ:s] thea. proben; wiederholen; aufsagen.

reign [reɪn] 1. Regierung f; a. fig. Herrschaft f; 2. herrschen, regieren.

re·im·burse [ri:ɪm'bɜ:s] j-n entschädigen; expenses: erstatten.

rein [reɪn] 1. Zügel m; 2. zügeln.

rein·deer zo. ['reɪndɪə] Ren(tier) n.

re·in·force [ri:ɪn'fɔ:s] verstärken; **~ment** Verstärkung f.

re·in·state [ri:ɪn'steɪt] wiedereinsetzen; wieder instand setzen.

re·in·sure [ri:ɪn'ʃʊə] rückversichern.

re·it·e·rate [ri:'ɪtəreɪt] (dauernd) wiederholen.

re·ject [rɪ'dʒekt] ab-, zurückweisen; abschlagen; verwerfen; ablehnen; **re·jec·tion** Verwerfung f; Ablehnung f; Zurückweisung f.

re·joice [rɪ'dʒɔɪs] v/t. erfreuen; v/i. sich freuen (at, over über acc.); **re·joic·ing** 1. □ freudig; 2. Freude f; **~s** pl. Freudenfest n.

re·join [ri:'dʒɔɪn] sich wieder vereinigen; wieder zurückkehren zu; [rɪ'dʒɔɪn] reply: erwidern.

re·ju·ve·nate [rɪ'dʒu:vɪneɪt] verjüngen.

re·kin·dle [ri:'kɪndl] (sich) wieder entzünden; love, etc.: wieder entflammen.

re·lapse [rɪ'læps] 1. Rückfall m; 2. zurückfallen, rückfällig werden; e-n Rückfall haben.

re·late [rɪ'leɪt] v/t. erzählen; in Beziehung bringen; v/i. sich beziehen (to auf acc.); **re·lat·ed** verwandt (to mit).

re·la·tion [rɪ'leɪʃn] Beziehung f, Verhältnis n; Verwandtschaft f; Verwandte(r m) f; account: Bericht m; **~s** pl. Beziehungen pl.; **in ~ to** in bezug auf (acc.); **~ship** Verwandtschaft f; Beziehung f.

rel·a·tive ['relətɪv] 1. □ relativ, verhältnismäßig; bezüglich (to gen.); gr. Relativ..., bezüglich; entsprechend; 2. gr. Relativpronomen n, bezügliches Fürwort; Verwandte(r m) f.

re·lax [rɪ'læks] (sich) lockern; nachlassen (in dat.); (sich) entspannen, ausspannen; **~a·tion** Lockerung f; Nachlassen n; Entspannung f, Erholung f.

re·lay¹ 1. ['ri:leɪ] Ablösung f; ⚡ Relais n; radio: Übertragung f; sports: Staffel f; **~ race** Staffellauf m; 2. [ri:'leɪ] radio: übertragen.

re·lay² [ri:'leɪ] cable, etc.: neu verlegen.

re·lease [rɪ'li:s] 1. Freilassung f; Befreiung f; Freigabe f; ⊙, phot. Auslöser m;

2. freilassen; erlösen; freigeben; right: aufgeben, übertragen; film: herausbringen; ⊙ auslösen.

rel·e·gate ['relɪgeɪt] verbannen; verweisen (to an acc.); **be ~d** sports: absteigen.

re·lent [rɪ'lent] sich erweichen lassen; **~less** □ unbarmherzig.

rel·e·vant □ ['reləvənt] sachdienlich; zutreffend; relevant, erheblich.

re·li·a|bil·i·ty [rɪlaɪə'bɪlətɪ] Zuverlässigkeit f; **~ble** □ [rɪ'laɪəbl] zuverlässig.

re·li·ance [rɪ'laɪəns] Vertrauen n; Verlaß m.

rel·ic ['relɪk] (Über)Rest m; Reliquie f.

re·lief [rɪ'li:f] Erleichterung f; (angenehme) Unterbrechung; Unterstützung f; ⚔ Ablösung f, Entsatz m; Hilfe f; arch., etc.: Relief n.

re·lieve [rɪ'li:v] erleichtern; mildern, lindern; arms, etc.: unterstützen; ⚔ ablösen; ⚔ entsetzen; (ab)helfen (dat.); entlasten, befreien; (angenehm) unterbrechen, beleben; **to ~ o.s.** or **nature** seine Notdurft verrichten, sich erleichtern.

re·li·gion [rɪ'lɪdʒən] Religion f; **~gious** □ Religions...; religiös; gewissenhaft.

re·lin·quish [rɪ'lɪŋkwɪʃ] aufgeben; verzichten auf (acc.); loslassen.

rel·ish ['relɪʃ] 1. (Wohl)Geschmack m; Würze f; Genuß m; fig. Reiz m; **with great ~** mit großem Appetit; fig. mit großem Vergnügen, esp. iro. mit Wonne; 2. genießen; gern essen; Geschmack or Gefallen finden an (dat.).

re·luc|tance [rɪ'lʌktəns] Widerstreben n; esp. phys. Widerstand m; **~tant** □ widerstrebend, widerwillig.

re·ly [rɪ'laɪ]: **~ on, ~ upon** sich verlassen auf (acc.), bauen auf (acc.).

re·main [rɪ'meɪn] 1. (ver)bleiben; übrigbleiben; 2. **~s** pl. Überbleibsel pl., (Über)Reste pl.; a. mortal **~s** die sterblichen Überreste pl.; **~der** Rest m.

re·mand ⚖ [rɪ'mɑːnd] 1. **~ s.o.** (in custody) j-n in Untersuchungshaft halten; 2. a. **~ in custody** Verbleiben n in der Untersuchungshaft; prisoner on **~** Untersuchungsgefangene(r m) f; **~ home centre** Brt. Untersuchungsgefängnis n für Jugendliche.

re·mark [rɪ'mɑːk] 1. Bemerkung f; Äußerung f; 2. v/t. bemerken; äußern; v/i. sich äußern (on, upon über acc., zu); **re·mark·a·ble** □ bemerkenswert; außergewöhnlich.

rem·e·dy ['remədɪ] 1. (Heil-, Hilfs-, Gegen-, Rechts)Mittel n; (Ab)Hilfe f; 2. heilen; abhelfen (dat.).

re·mem|ber [rɪ'membə] sich erinnern an (acc.); denken an (acc.); beherzigen; **I ~ you as a little boy** ich habe dich als kleinen Jungen in Erinnerung; **do you ~**

when ... weißt du noch, als *or* wann ...; ~ *me to her* grüße sie von mir; **~brance** Erinnerung *f*; Gedächtnis *n*; Andenken *n*; **~s** *pl*. Empfehlungen *pl*., Grüße *pl*.

re·mind [rɪ'maɪnd] *j-n* erinnern (*of* an *acc*.); *that* ... *me* ... dabei fällt mir ein ...; **~er** Gedächtnisstütze *f*, -hilfe *f*.

rem·i·nis|cence [remɪ'nɪsns] Erinnerung *f*; **~cent** □ (sich) erinnernd; *be ~ of* sich erinnern an.

re·miss □ [rɪ'mɪs] (nach)lässig; **re·mis·sion** [~ʃn] *of sins*: Vergebung *f* (der Sünden); Erlaß *m* (*of penalty, etc*.); Nachlassen *n*.

re·mit [rɪ'mɪt] (*-tt-*) *sins*: vergeben; *debts, etc*.: erlassen; nachlassen in (*dat*.); *money*: überweisen; **~tance** *econ*. (Geld-) Sendung *f*, Überweisung *f*.

rem·nant ['remnənt] (Über)Rest *m*.

re·mod·el [ri:'mɒdl] umbilden.

re·mon·strance [rɪ'mɒnstrəns] Einspruch *m*; Protest *m*; **rem·on·strate** ['remənstreɪt] Vorhaltungen machen (*about* wegen; *with s.o.* j-m); protestieren.

re·morse [rɪ'mɔːs] Gewissensbisse *pl*.; Reue *f*; *without* ~ unbarmherzig; **~less** □ unbarmherzig.

re·mote □ [rɪ'məʊt] (*~r, ~st*) entfernt, entlegen; ~ *control* ⊛ Fernlenkung *f*, -steuerung *f*; Fernbedienung *f*; **~ness** Entfernung *f*; Abgelegenheit *f*.

re·mov|al [rɪ'muːvl] Entfernen *n*; Beseitigung *f*; *change of house*: Umzug *m*; *dismissal*: Entlassung *f*; ~ *van* Möbelwagen *m*; **~e 1.** *v/t*. entfernen; wegräumen, wegschaffen; beseitigen; entlassen; *v/i*. (aus-, um-, ver)ziehen; **2.** Entfernung *f*; *fig*. Schritt *m*, Stufe *f*; (Verwandtschafts)Grad *m*; **~er** (Möbel-) Spediteur *m*.

re·mu·ne|rate [rɪ'mjuːnəreɪt] entlohnen; belohnen; entschädigen; vergüten; **~ra·tive** □ lohnend.

Re·nais·sance [rə'neɪsəns] *die* Renaissance.

re·nas|cence [rɪ'næsns] Wiedergeburt *f*; Erneuerung *f*; Renaissance *f*; **~cent** [~nt] wiederauflebend, -erwachend.

ron·der ['rendə] machen, wiedergeben; *help, etc*.: leisten; *honour, etc*.: erweisen; *thanks*: abstatten; *translate*: übersetzen; ♪ vortragen; *thea*. gestalten, interpretieren; *reason*: angeben; *econ. account*: vorlegen; übergeben; machen zu; *fat*: auslassen; **~ing** Wiedergabe *f*; Vortrag *m*; Interpretation *f*; Übersetzung *f*, Übertragung *f*; *arch*. Rohbewurf *m*.

ren·di·tion [ren'dɪʃn] Wiedergabe *f*; Interpretation *f*; Vortrag *m*.

ren·e·gade ['renɪgeɪd] Abtrünnige(r *m*) *f*; Renegat(in).

re·new [rɪ'njuː] erneuern; *conversation, etc*.: wiederaufnehmen; *strength, etc*.: wiedererlangen; *passport, etc*.: verlängern; **~al** Erneuerung *f*; *of passport, etc*.: Verlängerung *f*; *s. urban*.

re·nounce [rɪ'naʊns] entsagen (*dat*.); verzichten auf (*acc*.); verleugnen.

ren·o·vate ['renəʊveɪt] renovieren; erneuern.

re·nown [rɪ'naʊn] Ruhm *m*, Ansehen *n*; **re·nowned** berühmt, namhaft.

rent¹ [rent] Riß *m*; Spalte *f*.

rent² [~] **1.** Miete *f*; Pacht *f*; *for* ~ zu vermieten; **2.** (ver)mieten, (-)pachten; *car, etc*.: leihen; **~al** Miete *f*; Pacht *f*; Leihgebühr *f*.

re·nun·ci·a·tion [rɪnʌnsɪ'eɪʃn] Entsagung *f*; Verzicht *m* (*of* auf *acc*.).

re·pair [rɪ'peə] **1.** Ausbesserung *f*, Reparatur *f*; **~s** *pl*. Instandsetzungsarbeiten *pl*.; ~ *shop* Reparaturwerkstatt *f*; *in good* ~ in gutem Zustand, gut erhalten; *out of* ~ baufällig; **2.** reparieren, ausbessern; wiedergutmachen.

rep·a·ra·tion [repə'reɪʃn] Wiedergutmachung *f*; Entschädigung *f*; **~s** *pl*. *pol*. Reparationen *pl*.

rep·ar·tee [repɑː'tiː] schlagfertige Antwort; Schlagfertigkeit *f*.

re·past *lit*. [rɪ'pɑːst] Mahl(zeit *f*) *n*.

re·pay [ri:'peɪ] (*-paid*) *et*. zurückzahlen; *visit*: erwidern; *et*. vergelten; *j-n* entschädigen; **~ment** Rückzahlung *f*.

re·peal [rɪ'piːl] **1.** Aufhebung *f* (*of law*); **2.** aufheben; widerrufen.

re·peat [rɪ'piːt] **1.** (sich) wiederholen; nachsprechen; aufsagen; nachliefern; aufstoßen (*on dat*.) (*food*); **2.** Wiederholung *f*; ♪ Wiederholungszeichen *n*; ~ *order econ*. Nachbestellung *f*.

re·pel [rɪ'pel] (*-ll-*) *enemy*: zurückschlagen; *fig*. zurückweisen; *j-n* abstoßen; **~lent** [~ənt] **1.** abstoßend (*a. fig*.); **2.** (*insect*) ~ Insektenschutzmittel *n*.

re·pent [rɪ'pent] bereuen; **re·pent·ance** Reue *f*; **re·pen·tant** reuig, reumütig.

re·per·cus·sion [ri:pə'kʌʃn] Rückprall *m*; *mst pl* **~s** Auswirkungen *pl*.

rep·er·to·ry ['repətərɪ] *thea*. Repertoire *n*; *fig*. Fundgrube *f*.

rep·e·ti·tion [repɪ'tɪʃn] Wiederholung *f*; Aufsagen *n*; Nachbildung *f*.

re·place [rɪ'pleɪs] wieder hinstellen *or* -legen; an *j-s* Stelle treten; ablösen; **~ment** Ersatz *m*.

re·plant [ri:'plɑːnt] umpflanzen.

re·play *sports* **1.** ['riːpleɪ] Wiederholungsspiel *n*; (*action*) ~ Wiederholung *f*; **2.** [riː'pleɪ] *match*: wiederholen.

re·plen·ish [rɪ'plenɪʃ] (wieder) auffüllen;

ergänzen; ~ment Auffüllung f; Ergänzung f.

re·plete [rɪ'pliːt] reich ausgestattet, voll(gepfropft) (with mit).

rep·li·ca ['replɪkə] of painting, etc.: Originalkopie f; Nachbildung f.

re·ply [rɪ'plaɪ] 1. antworten, erwidern (to auf acc.); 2. Antwort f, Erwiderung f; in ~ to your letter in Beantwortung Ihres Schreibens; ~paid envelope Freiumschlag m.

re·port [rɪ'pɔːt] 1. Bericht m; Meldung f, Nachricht f; rumour: Gerücht n; reputation: Ruf m; of gun: Knall m; (school) ~ (Schul)Zeugnis n; 2. berichten (über acc.); (sich) melden; anzeigen; it is ~ed that es heißt, (daß); ~ed speech gr. indirekte Rede; ~er Reporter(in), Berichterstatter(in).

re·pose [rɪ'pəʊz] 1. Ruhe f; 2. v/t. (o.s. sich) ausruhen; (aus)ruhen lassen; ~ trust, etc. in Vertrauen etc. setzen auf or in (acc.); v/i. (sich) ausruhen; ruhen; beruhen (on auf dat.).

re·pos·i·to·ry [rɪ'pɒzɪtərɪ] (Waren)Lager n; fig. Fundgrube f, Quelle f.

rep·re·hend [reprɪ'hend] tadeln.

rep·re·sent [reprɪ'zent] darstellen; verkörpern; thea. part: darstellen, play: aufführen; (fälschlich) hinstellen, darstellen (as, to be als); act for: vertreten; ~sen·ta·tion [reprɪzen'teɪʃn] Darstellung f; thea. Aufführung f; Vertretung f; ~sen·ta·tive [reprɪ'zentətɪv] 1. darstellend (of acc.); (stell)vertretend; a. parl. repräsentativ; typisch; 2. Vertreter(in); Bevollmächtigte(r m) f; Repräsentant(in); parl. Abgeordnete(r m) f; House of 2s Am. parl. Repräsentantenhaus n.

re·press [rɪ'pres] unterdrücken; psych. verdrängen; re·pres·sion [~ʃn] Unterdrückung f; psych. Verdrängung f.

re·prieve [rɪ'priːv] 1. Begnadigung f; (Straf)Aufschub m; fig. Gnadenfrist f; 2. begnadigen; j-m Strafaufschub or fig. e-e Gnadenfrist gewähren.

rep·ri·mand ['reprɪmɑːnd] 1. Verweis m; 2. j-m e-n Verweis erteilen.

re·print 1. [riː'prɪnt] neu auflegen or drucken, nachdrucken; 2. ['riː'prɪnt] Neuauflage f, Nachdruck m.

re·pri·sal [rɪ'praɪzl] Repressalie f, Vergeltungsmaßnahme f.

re·proach [rɪ'prəʊtʃ] 1. Vorwurf m; Schande f; 2. vorwerfen (s.o. with s.th. j-m et.); Vorwürfe machen; ~ful □ vorwurfsvoll.

rep·ro·bate ['reprəbeɪt] 1. person: verkommen, verderbt; 2. verkommenes Subjekt n; 3. mißbilligen; verdammen.

re·pro·cess [riː'prəʊses] atomic waste:

wiederaufbereiten; ~ing plant Wiederaufbereitungsanlage f.

re·pro·duce [riːprə'djuːs] (wieder)erzeugen; (sich) fortpflanzen; wiedergeben, reproduzieren; ~duc·tion [~'dʌkʃn] Wiedererzeugung f; Fortpflanzung f; Reproduktion f; ~duc·tive [~tɪv] Fortpflanzungs...

re·proof [rɪ'pruːf] Tadel m, Rüge f.

re·prove [rɪ'pruːv] tadeln, rügen.

rep·tile zo. ['reptaɪl] Reptil n.

re·pub·lic [rɪ'pʌblɪk] Republik f; ~li·can 1. republikanisch; 2. Republikaner(in).

re·pu·di·ate [rɪ'pjuːdɪeɪt] nicht anerkennen; ab-, zurückweisen; j-n verstoßen.

re·pug·nance [rɪ'pʌgnəns] Abneigung f, Widerwille m; ~nant □ [~t] abstoßend; widerlich.

re·pulse [rɪ'pʌls] 1. ⚔ Abwehr f; Zurück-, Abweisung f; 2. ⚔ zurückschlagen, abwehren; zurück-, abweisen; re·pul·sion Abscheu m, Widerwille m; phys. Abstoßung f; re·pul·sive □ abstoßend (a. phys.), widerwärtig.

rep·u·ta·ble □ ['repjʊtəbl] angesehen, achtbar; ehrbar, anständig; ~tion [repjʊ'teɪʃn] Ruf m, Ansehen n; re·pute [rɪ'pjuːt] 1. Ruf m; 2. halten für; be ~d (to be) gelten als; re·put·ed vermeintlich; angeblich.

re·quest [rɪ'kwest] 1. Bitte f, Gesuch n; Ersuchen n; econ. Nachfrage f; by ~, on ~ auf Wunsch; in (great) ~ (sehr) gesucht or begehrt; ~ stop Bedarfshaltestelle f; 2. um et. bitten or ersuchen; j-n (höflich) bitten or ersuchen.

re·quire [rɪ'kwaɪə] verlangen, fordern; brauchen, erfordern; if ~d falls notwendig; ~d erforderlich; re·quire·ment (An)Forderung f; Erfordernis n; to get a job: Voraussetzung f; ~s pl. Bedarf m.

req·ui·site ['rekwɪzɪt] 1. erforderlich; 2. Erfordernis n; (Bedarfs-, Gebrauchs-) Artikel m; toilet ~s pl. Toilettenartikel pl.; ~si·tion [rekwɪ'zɪʃn] 1. Anforderung f; ⚔ Requisition f; 2. anfordern; ⚔ requirieren.

re·quite [rɪ'kwaɪt] j-m et. vergelten.

re·sale ['riːseɪl] Wieder-, Weiterverkauf m; ~ price Wiederverkaufspreis m.

re·scind ⚖ [rɪ'sɪnd] judgement, etc.: aufheben; contract: annullieren; re·scis·sion ⚖ [rɪ'sɪʒn] Aufhebung f; Annullierung f.

res·cue ['reskjuː] 1. Rettung f; Hilfe f; Befreiung f; 2. retten; befreien.

re·search [rɪ'sɜːtʃ] 1. Forschung f; Untersuchung f; Nachforschung f; 2. forschen, Forschungen anstellen; et. untersuchen, erforschen; ~er Forscher(in).

re·sem|blance [rɪ'zembləns] Ähnlichkeit *f* (*to* mit); *bear ~ to* Ähnlichkeit haben mit; **~ble** [rɪ'zembl] gleichen, ähnlich sein (*dat.*).

re·sent [rɪ'zent] übelnehmen; sich ärgern über (*acc.*); **~ful** □ ärgerlich; **~ment** Ärger *m*; Groll *m*.

res·er·va·tion [rezə'veɪʃn] *of rooms, etc.*: Reservierung *f*, Vorbestellung *f*; Vorbehalt *m*; Reservat(ion *f*) *n*; *central ~ Brt. of road, motorway*: Mittelstreifen *m*.

re·serve [rɪ'zɜːv] **1.** Reserve *f* (*a.* ✕); Vorrat *m*; *econ.* Rücklage *f*; Zurückhaltung *f*; Vorbehalt *m*; *sports*: Ersatzmann *m*; **2.** aufbewahren, aufsparen; (sich) vorbehalten; sich zurückhalten mit; *ticket, seat, etc.*: reservieren (lassen), belegen, vorbestellen; **~d** □ *fig.* zurückhaltend, reserviert.

res·er·voir ['rezəvwɑː] *for water*: Behälter *m*, Sammel-, Staubecken *n*; *fig.* Reservoir *n*.

re·side [rɪ'zaɪd] wohnen, ansässig sein, s-n Wohnsitz haben; *~ in fig.* innewohnen (*dat.*).

res·i|dence ['rezɪdəns] Wohnsitz *m*, -ort *m*; Aufenthalt *m*; (Amts)Sitz *m*; (herrschaftliches) Wohnhaus; Residenz *f*; ~ *permit* Aufenthaltsgenehmigung *f*; **~dent 1.** wohnhaft; ortsansässig; **2.** Ortsansässige(r *m*) *f*, Einwohner(in); Bewohner(in); Hotelgast *m*; *mot.* Anlieger *m*; **~den·tial** Wohn...; ~ *area* Wohngegend *f*.

re·sid·u·al [rɪ'zɪdjuəl] übrig(geblieben); zurückbleibend; restlich; **res·i·due** ['rezɪdjuː] Rest *m*; Rückstand *m*.

re·sign [rɪ'zaɪn] *v/t.* aufgeben; *office*: niederlegen; überlassen; verzichten auf (*acc.*); *~ o.s. to* sich ergeben in (*acc.*); sich abfinden mit; *v/i.* zurücktreten; **res·ig·na·tion** [rezɪg'neɪʃn] Rücktritt(sgesuch *n*) *m*; Resignation *f*; **~ed** □ [rɪ'zaɪnd] ergeben, resigniert.

re·sil·i|ence [rɪ'zɪlɪəns] Elastizität *f*; *fig.* Unverwüstlichkeit *f*; **~ent** elastisch; *fig.* unverwüstlich.

res·in ['rezɪn] **1.** Harz *n*; **2.** harzen.

re·sist [rɪ'zɪst] widerstehen (*dat.*); Widerstand leisten; sich widersetzen (*dat.*); **~ance** Widerstand *m* (*a.* ✏, *phys.*); *med.* Widerstandsfähigkeit *f*; *line of least ~* Weg *m* des geringsten Widerstands; **re·sis·tant** widerstandsfähig.

res·o|lute □ ['rezəluːt] entschlossen, energisch; **~lu·tion** [rezə'luːʃn] Entschlossenheit *f*; Bestimmtheit *f*; Beschluß *m*; *pol.* Resolution *f*; Lösung *f*.

re·solve [rɪ'zɒlv] **1.** *v/t.* auflösen; *fig.* lösen; *doubts, etc.*: zerstreuen; beschließen, entscheiden; *v/i. a. ~ o.s.* sich auf-

lösen; beschließen; ~ *on*, ~ *upon* sich entschließen zu; **2.** Entschluß *m*; Beschluß *m*; **~d** □ entschlossen.

res·o|nance ['rezənəns] Resonanz *f*; **~nant** □ nach-, widerhallend.

re·sort [rɪ'zɔːt] **1.** Zuflucht *f*; Ausweg *m*; Aufenthalt(sort) *m*; *holiday ~*: Urlaubsort *m*, Erholungsort *m*; *health ~* Kurort *m*; *seaside ~* Seebad *n*; *summer ~* Sommerurlaubsort *m*; **2.** ~ *to* oft besuchen; seine Zuflucht nehmen zu.

re·sound [rɪ'zaʊnd] widerhallen (lassen).

re·source [rɪ'sɔːs] Hilfsquelle *f*, -mittel *n*; Zuflucht *f*; Findigkeit *f*; ~*s pl.* (natürliche) Reichtümer *pl.*, Mittel *pl.*, Bodenschätze *pl.*; **~ful** □ einfallsreich, findig.

re·spect [rɪ'spekt] **1.** Beziehung *f*, Hinsicht *f*; Achtung *f*, Respekt *m*; Rücksicht *f*; *with ~ to* ... was ... (an)betrifft; *in this ~* in dieser Hinsicht; ~*s pl.* Empfehlungen *pl.*, Grüße *pl.*; *give my ~s to* ... grüßen Sie ... von mir; **2.** *v/t.* achten, schätzen; respektieren; betreffen; *as ~s* ... was ... (an)betrifft; **re·spec·ta·ble** □ [~əbl] ehrbar; anständig; angesehen, geachtet (*person*); ansehnlich, beachtlich (*sum*); **~ful** □ ehrerbietig; *yours ~ly* hochachtungsvoll; **~ing** hinsichtlich (*gen.*).

re·spec·tive □ [rɪ'spektɪv] jeweilig; *we went to our ~ places* wir gingen jeder an seinen Platz; **~ly** beziehungsweise.

res·pi·ra·tion [respə'reɪʃn] Atmung *f*; **~tor** ⚕ ['respəreɪtə] Atemgerät *n*.

re·spire [rɪ'spaɪə] atmen.

re·spite ['respaɪt] Frist *f*; Aufschub *m*; Stundung *f*; Ruhepause *f* (*from* von); *without* (*a*) ~ ohne Unterbrechung.

re·splen·dent □ [rɪ'splendənt] glänzend, strahlend.

re·spond [rɪ'spɒnd] antworten, erwidern; ~ *to* reagieren *or* ansprechen auf (*acc.*).

re·sponse [rɪ'spɒns] Antwort *f*, Erwiderung *f*; *fig.* Reaktion *f*; *meet with little ~* wenig Anklang finden.

re·spon·si|bil·i·ty [rɪspɒnsə'bɪlətɪ] Verantwortung *f*; *on one's own ~* auf eigene Verantwortung; *sense of ~* Verantwortungsgefühl *n*; *take* (*accept, assume*) *the ~ for* die Verantwortung übernehmen für; **~ble** □ [rɪ'spɒnsəbl] verantwortlich; verantwortungsvoll.

rest[1] [rest] **1.** Ruhe *f*; Rast *f*; Pause *f*, Unterbrechung *f*; Erholung *f*; ⊚ Stütze *f*; (Telefon)Gabel *f*; *have or take a ~* sich ausruhen; *be at ~* ruhig sein; **2.** *v/i.* ruhen; rasten; schlafen; (sich) lehnen, sich stützen (*on* auf *acc.*); ~ *on*, ~ *upon* ruhen auf (*eyes, load*); *fig.* beruhen auf (dat.); ~ with fig. liegen bei (mistake, responsibility); v/t. (aus)ruhen lassen; stützen (on auf); lehnen (against gegen).

rest² [~]: the ~ der Rest; and all the ~ of it und so weiter und so fort; for the ~ im übrigen.

res·tau·rant ['restərɔ̃:ŋ, ~rɔnt] Restaurant n, Gaststätte f.

rest·ful ['restfl] ruhig, erholsam.

rest·ing-place ['restɪŋpleɪs] Ruheplatz m; (letzte) Ruhestätte.

res·ti·tu·tion [restɪ'tjuːʃn] Wiederherstellung f; Rückerstattung f.

res·tive □ ['restɪv] widerspenstig.

rest·less □ ['restlɪs] ruhelos; rastlos; unruhig; ~ness Ruhelosigkeit f; Rastlosigkeit f; Unruhe f.

res·to·ra·tion [restə'reɪʃn] Wiederherstellung f; Wiedereinsetzung f; Restaurierung f; Rekonstruktion f, Nachbildung f; (Rück)Erstattung f; ~tive [rɪ'stɔrətɪv] 1. stärkend; 2. Stärkungsmittel n.

re·store [rɪ'stɔ:] wiederherstellen; wiedereinsetzen (to in acc.); restaurieren; (rück)erstatten, zurückgeben; zurücklegen; ~ s.o. (to health) j-n wiederherstellen.

re·strain [rɪ'streɪn] zurückhalten (from von); in Schranken halten; bändigen, zügeln; emotions: unterdrücken; ~t Zurückhaltung f; Beschränkung f, Zwang m.

re·strict [rɪ'strɪkt] be-, einschränken; **re·stric·tion** Be-, Einschränkung f; without ~s uneingeschränkt.

rest room Am. ['restrum] Toilette f.

re·sult [rɪ'zʌlt] 1. Ergebnis n, Resultat n; Folge f; 2. folgen, sich ergeben (from aus); ~ in hinauslaufen auf (acc.), zur Folge haben.

re·sume [rɪ'zjuːm] wiederaufnehmen; fortsetzen; seat: wieder einnehmen; **re·sump·tion** [rɪ'zʌmpʃn] Wiederaufnahme f; Fortsetzung f.

re·sur·rec·tion [rezə'rekʃn] Wiederaufleben n; 2 eccl. Auferstehung f.

re·sus·ci·tate [rɪ'sʌsɪteɪt] wiederbeleben; fig. wieder aufleben lassen.

re·tail 1. ['riːteɪl] Einzelhandel m; by ~ or as adv. im Einzelhandel; 2. [~] Einzelhandels...; 3. [riː'teɪl] im Einzelhandel verkaufen; ~er Einzelhändler(in).

re·tain [rɪ'teɪn] behalten; zurück(be)halten; beibehalten; ~ power an der Macht bleiben.

re·tal·i·ate [rɪ'tælɪeɪt] v/t. injury, insult: vergelten, sich revanchieren; v/i. sich rächen; sports: a. kontern; ~a·tion [rɪtælɪ'eɪʃn] Vergeltung f.

re·tard [rɪ'tɑːd] verzögern, aufhalten,

hemmen; (mentally) ~ed psych. (geistig) zurückgeblieben.

retch [retʃ] würgen.

re·tell [riː'tel] (-told) nacherzählen; wiederholen.

re·ten·tion [rɪ'tenʃn] Zurückhalten n; Beibehaltung f; Bewahrung f.

re·think [riː'θɪŋk] (-thought) et. nochmals überdenken.

re·ti·cent ['retɪsənt] verschwiegen; schweigsam; zurückhaltend.

ret·i·nue ['retɪnjuː] Gefolge n.

re·tire [rɪ'taɪə] v/t. zurückziehen; pensionieren; v/i. sich zurückziehen; zurück-, abtreten; sich zur Ruhe setzen; in Pension or Rente gehen, sich pensionieren lassen; ~d zurückgezogen; pensioniert, im Ruhestand (lebend); ~ pay Ruhegeld n; ~ment Ausscheiden n, Aus-, Rücktritt m; Ruhestand m; Zurückgezogenheit f; **re·tir·ing** zurückhaltend; ~ pension Ruhegeld n.

re·tort [rɪ'tɔːt] 1. (scharfe or treffende) Erwiderung f; 2. (scharf or treffend) erwidern.

re·touch [riː'tʌtʃ] et. überarbeiten; phot. retuschieren.

re·trace [rɪ'treɪs] zurückverfolgen; ~ one's steps zurückgehen.

re·tract [rɪ'trækt] v/t. offer: zurückziehen; statement: zurücknehmen; claws, ✈ undercarriage: einziehen; v/i. eingezogen werden (claws, ✈ undercarriage).

re·train [riː'treɪn] umschulen.

re·tread 1. [riː'tred] tyres: runderneuern; 2. ['riː:tred] runderneuerter Reifen.

re·treat [rɪ'triːt] 1. ~ Rückzug m; Zuflucht(sort m) f; Schlupfwinkel m; sound the ~ ✕ zum Rückzug blasen; 2. sich zurückziehen.

ret·ri·bu·tion [retrɪ'bjuːʃn] Vergeltung f.

re·trieve [rɪ'triːv] wiederfinden, -bekommen; wiedergewinnen, -erlangen; wiedergutmachen; hunt. apportieren.

ret·ro· ['retrəʊ] (zu)rück...; ~·ac·tive ✞ [~'æktɪv] rückwirkend; ~·grade ['~greɪd] rückläufig; rückschrittlich; ~·spect [~spekt] Rückblick m; ~·spec·tive [~'spektɪv] (zu)rückblickend; ✞ rückwirkend.

re·try ✞ [riː'traɪ] wiederaufnehmen, neu verhandeln.

re·turn [rɪ'tɜːn] 1. Rück-, Wiederkehr f; Wiederauftreten n; Brt. Rückfahrkarte f, ✈ Rückflugticket n; econ. Rückzahlung f; Rückgabe f; Entgelt n, Gegenleistung f; (amtlicher) Bericht; (Steuer)Erklärung f; parl. Wahl f (of candidate); sports: Rückspiel n; tennis, etc.: Rückschlag m, Return m; Erwiderung f; attr. Rück...; ~s pl. econ. Umsatz m; Ertrag *m*, Gewinn *m*; **many happy ~s of the day** herzliche Glückwünsche zum Geburtstag; **in ~ for** (als Gegenleistung) für; **by ~** (of post), **by ~ mail** *Am.* postwendend; **~ match** *sports*: Rückspiel *n*; **~ ticket** *Brt.* Rückfahrkarte *f*, ✔ Rückflugticket *n*; **2.** *v/i.* zurückkehren, -kommen; wiederkommen; *v/t.* zurückgeben; *money*: zurückzahlen; zurückschicken, -senden; zurückstellen, -bringen, -tun; *profit*: abwerfen; (zur Steuerveranlagung) angeben; *parl. candidate*: wählen; *tennis, etc.: Ball* zurückschlagen, -geben; erwidern; vergelten; **~ a verdict of guilty** ⚖ *j-n* schuldig sprechen.

re·u·ni·fi·ca·tion *pol.* [ˌriːjuːnɪfɪˈkeɪʃn] Wiedervereinigung *f*.

re·u·nion [riːˈjuːnɪən] Wiedervereinigung *f*; Treffen *n*, Zusammenkunft *f*.

re·val·ue *econ.* [riːˈvæljuː] *currency*: aufwerten.

re·veal [rɪˈviːl] enthüllen; offenbaren; **~ing** aufschlußreich.

rev·el [ˈrevl] (*esp. Brt. -ll-, Am. -l-*) ausgelassen sein; **~ in** schwelgen in (*dat.*); sich weiden an (*dat.*).

rev·e·la·tion [revəˈleɪʃn] Enthüllung *f*; Offenbarung *f*.

rev·el·ry [ˈrevlrɪ] lärmende Festlichkeit.

re·venge [rɪˈvendʒ] **1.** Rache *f*; *esp. sports, match*: Revanche *f*; **in ~ for** als Rache für; **2.** rächen; **~ful** ☐ rachsüchtig; **re·veng·er** Rächer(in).

rev·e·nue *econ.* [ˈrevənjuː] Staatseinkünfte *pl.*, -einnahmen *pl.*; *Brt.* **Inland ~** *appr.* Finanzamt *n*.

re·ver·be·rate *phys.* [rɪˈvɜːbəreɪt] zurückwerfen; zurückstrahlen; widerhallen.

re·vere [rɪˈvɪə] (ver)ehren.

rev·er·ence [ˈrevərəns] **1.** Verehrung *f*; Ehrfurcht *f*; **2.** (ver)ehren; **~rend 1.** ehrwürdig; **2.** Geistliche(r) *m*.

rev·er·ent [ˈrevərənt], **~ren·tial** [revəˈrenʃl] ehrerbietig, ehrfurchtsvoll.

rev·er·ie [ˈrevərɪ] (Tag)Träumerei *f*.

re·ver·sal [rɪˈvɜːsl] Umkehrung *f*, Umschwung *m*; **~e 1.** Gegenteil *n*; Rück-, Kehrseite *f*; *mot.* Rückwärtsgang *m*; Rückschlag *m*; **2.** ☐ umgekehrt; Rück(wärts)...; **in ~ order** in umgekehrter Reihenfolge; **~ gear** *mot.* Rückwärtsgang *m*; **~ side of cloth**: linke (Stoff)Seite; **3.** umkehren; *judgement*: umstoßen; **~i·ble** [~əbl] doppelseitig (tragbar).

re·vert [rɪˈvɜːt] (to) zurückkehren (zu *dat.*); zurückkommen (auf *acc.*); wieder zurückfallen (in *acc.*); ⚖ zurückfallen (an *j-n*).

re·view [rɪˈvjuː] **1.** Nachprüfung *f*, (Über)Prüfung *f*, Revision *f*; ⚔ Parade

f; Rückblick *m*; *of book*: (Buch)Besprechung *f*, Kritik *f*, Rezension *f*; **pass s.th. in ~** et. Revue passieren lassen; **2.** (über-, nach)prüfen; ⚔ besichtigen; *book, etc.*: besprechen, rezensieren; *fig.* überblicken, -schauen; **~er** Rezensent(in).

re·vise [rɪˈvaɪz] überarbeiten, durchsehen, revidieren; *Brt.* (den Stoff) wiederholen (*for an exam*); **re·vi·sion** [rɪˈvɪʒn] Revision *f*; Überarbeitung *f*; *Brt.* Wiederholung *f* (des Stoffs) (*for an exam*).

re·viv·al [rɪˈvaɪvl] Wiederbelebung *f*; Wiederaufleben *n*, -blühen *n*; Erneuerung *f*; *fig.* Erweckung *f*; **re·vive** wiederbeleben; wiederaufleben (lassen); wiederherstellen; sich erholen.

re·voke [rɪˈvəʊk] widerrufen, zurücknehmen, rückgängig machen.

re·volt [rɪˈvəʊlt] **1.** Revolte *f*, Aufstand *m*, -ruhr *m*; **2.** *v/i.* sich auflehnen, revoltieren (*against* gegen); *v/t. fig.* abstoßen; **~ing** ☐ abstoßend; ekelhaft; scheußlich.

rev·o·lu·tion [revəˈluːʃn] ⚙ Umdrehung *f*; *fig.* Revolution *f* (*a. pol.*), Umwälzung *f*, Umschwung *m*; **~ar·y 1.** revolutionär; Revolutions...; **2.** *pol. and fig.* Revolutionär(in); **~ize** *fig.* revolutionieren.

re·volve [rɪˈvɒlv] *v/i.* sich drehen (*about, round* um); **~ around** *fig.* sich um *j-n or et.* drehen; *v/t.* drehen; **re·volv·ing** sich drehend, Dreh...

re·vue *thea.* [rɪˈvjuː] Revue *f*; Kabarett *n*.

re·vul·sion *fig.* [rɪˈvʌlʃn] Abscheu *m*.

re·ward [rɪˈwɔːd] **1.** Belohnung *f*; Entgelt *n*; **2.** belohnen; **~ing** ☐ lohnend; *task*: dankbar.

re·write [riːˈraɪt] (*-wrote, -written*) neu (*or* um)schreiben.

rhap·so·dy [ˈræpsədɪ] ♪ Rhapsodie *f*; *fig.* Schwärmerei *f*, Wortschwall *m*.

rhet·o·ric [ˈretərɪk] Rhetorik *f*; *fig. contp.* leere Phrasen *pl.*

rheu·ma·tism ✻ [ˈruːmətɪzəm] Rheumatismus *m*.

rhu·barb ♣ [ˈruːbɑːb] Rhabarber *m*.

rhyme [raɪm] **1.** Reim *m*; Vers *m*; **without ~ or reason** ohne Sinn und Verstand; **2.** (sich) reimen.

rhythm [ˈrɪðəm] Rhythmus *m*; **~mic** (**~ally**), **~mi·cal** ☐ rhythmisch.

rib [rɪb] **1.** *anat.* Rippe *f*; **2.** (*-bb-*) F hänseln, aufziehen.

rib·ald [ˈrɪbəld] lästerlich, zotig.

rib·bon [ˈrɪbən] Band *n*; Ordensband *n*; Farbband *n*; Streifen *m*; **~s** *pl.* Fetzen *pl.*

rib cage *anat.* [ˈrɪbkeɪdʒ] Brustkorb *m*.

rice ♣ [raɪs] Reis *m*.

rich [rɪtʃ] 1. □ reich (*in* an *dat.*); *splendid*: prächtig, kostbar; fruchtbar, fett (*soil*); voll (*sound*); schwer, nahrhaft (*food*); schwer (*wine*, *smell*); satt (*colour*); 2. *the ~ pl.* die Reichen *pl.*; ~**es** *pl.* Reichtum *m*, Reichtümer *pl.*

rick ⚡ (Stroh-, Heu)Schober *m.*

rick-ets ⚡ ['rɪkɪts] *sg. or pl.* Rachitis *f;* **rick-et-y** [~ɪ] ⚡ rachitisch; wack(e)lig (*furniture*).

rid [rɪd] (-*dd*-; *rid*) befreien, frei machen (*of* von); *get ~ of* loswerden.

rid-dance F ['rɪdəns]: *Good ~!* Den (die, das) wären wir (Gott sei Dank) los!

rid-den ['rɪdn] 1. *p.p. of ride* 2; 2. *in compounds:* geplagt von ...; *fever-~* fieberkrank.

rid-dle¹ ['rɪdl] Rätsel *n.*

rid-dle² [~] 1. grobes (Draht)Sieb; 2. durchsieben; durchlöchern.

ride [raɪd] 1. Ritt *m;* Fahrt *f;* Reitweg *m; give s.o. a ~* j-n (im Auto) mitnehmen; 2. (*rode*, *ridden*) *v/i.* reiten; fahren (*on a bicycle* auf e-m Fahrrad; *in*, *Am. on a bus* im Bus); *v/t. horse, etc.:* reiten; *bicycle*, *motorbike:* fahren, fahren auf (*dat.*); **rid-er** Reiter(in), Fahrer(in).

ridge [rɪdʒ] ⚡ (Gebirgs)Kamm *m*, Grat *m; arch.* First *m;* 🌾 Rain *m;* ~ *tent* Hauszelt *n.*

rid-i-cule ['rɪdɪkjuːl] 1. Spott *m;* 2. lächerlich machen, verspotten; **ri-dic-u-lous** □ [rɪ'dɪkjʊləs] lächerlich; *make o.s. (look) ~* sich lächerlich machen.

rid-ing ['raɪdɪŋ] Reiten *n; attr.* Reit...

riff-raff ['rɪfræf] Gesindel *n.*

ri-fle¹ ['raɪfl] Gewehr *n;* Büchse *f.*

ri-fle² [~] (aus)plündern; durchwühlen.

rift [rɪft] Riß *m*, Sprung *m;* Spalte *f.*

rig¹ [rɪg] (-*gg*-) manipulieren.

rig² [~] 1. ⚓ Takelage *f;* ⊙ Bohranlage *f*, -turm *m*, Förderturm *m;* F Aufmachung *f;* 2. (-*gg*-) *ship:* auftakeln; ~ *up* F (behelfsmäßig) herrichten, zusammenbauen; ~**ging** ⚓ Takelage *f.*

right [raɪt] 1. □ recht; rechte(r, -s), Rechts...; *all ~!* in Ordnung!, gut!; *that's all ~!* das macht nichts!, schon gut!, bitte!; *I am perfectly all ~* mir geht es ausgezeichnet; *that's ~!* richtig!, ganz recht!, stimmt!; *be ~* recht haben; *put ~*, *set ~* in Ordnung bringen; berichtigen, korrigieren; ..., ~? ..., nicht wahr?, oder (nicht)?; 2. *adv.* rechts; recht, richtig; gerade(wegs), direkt; ganz (und gar); genau, gerade; ~ *away* sofort; ~ *on* geradeaus; *turn ~* (sich) nach rechts wenden; nach rechts abbiegen; 3. Recht *n;* Rechte *f* (*a. pol.*, *boxing*), rechte Seite *or* Hand; *by ~ of* auf Grund (*gen.*); *on or to the ~* rechts; ~ *of way* Wegerecht *n; mot.* Vorfahrt *f;* 4. aufrichten; *et.* wiedergut-

machen; in Ordnung bringen; ~**down** regelrecht; ~**eous** □ rechtschaffen; selbstgerecht; gerecht(fertigt), berechtigt; ~**ful** □ rechtmäßig; gerecht; ~**hand** rechte(r, -s); ~ *drive* Rechtssteuerung *f;* ~**hand-ed** rechtshändig; ~**ly** richtig; mit Recht; ~ *of way* Durchgangsrecht *n; mot.* Vorfahrt(srecht *n*) *f;* ~**wing** *pol.* rechte(r, -s), rechtsgerichtet.

rig-id □ ['rɪdʒɪd] starr, steif; *fig.* streng, hart; ~**i-ty** [rɪ'dʒɪdɪtɪ] Starrheit *f;* Strenge *f*, Härte *f.*

rig-ma-role ['rɪgmərəʊl] Geschwätz *n.*

rig-or-ous □ ['rɪgərəs] streng, rigoros; (peinlich) genau.

rig-o(u)r ['rɪgə] Strenge *f*, Härte *f.*

rile F [raɪl] ärgern, reizen.

rim [rɪm] Rand *m;* Krempe *f;* Felge *f;* Radkranz *m;* ~**less** randlos (*glasses*); ~**med** mit (e-m) Rand.

rime *lit.* [raɪm] Rauhreif *m.*

rind [raɪnd] Rinde *f*, Schale *f;* (Speck)Schwarte *f.*

ring¹ [rɪŋ] 1. Klang *m;* Geläut(e) *n;* Klingeln *n*, Läuten *n;* (Telefon)Anruf *m; give s.o. a ~* j-n anrufen; *there was a ~ at the door* es hat geklingelt; 2. (*rang*, *rung*) läuten; klingeln; klingen; erschallen; *esp. Brt. teleph.* anrufen; ~ *the bell* läuten, klingeln; F *fig. this tune ~s a bell* diese Melodie kommt mir bekannt vor; *esp. Brt. teleph.:* ~ *back* zurückrufen; ~ *off* (den Hörer) auflegen, Schluß machen; ~ *s.o. up* j-n or bei j-m anrufen.

ring² [~] 1. Ring *m;* Kreis *m;* Manege *f;* (Box)Ring *m;* (Verbrecher-, Spionage-*etc.*)Ring *m;* 2. umringen, beringen; ~ *bind-er* Ringbuch *n;* ~**lead-er** Rädelsführer *m;* ~**let** (Ringel)Locke *f;* ~**master** Zirkusdirektor *m;* ~ *road Brt.* Umgehungsstraße *f;* Ringstraße *f;* ~**side**: *at the ~ boxing:* am Ring; ~ *seat* Ringplatz *m;* Manegenplatz *m.*

rink [rɪŋk] (*esp. Kunst*)Eisbahn *f;* Rollschuhbahn *f.*

rinse [rɪns] 1. Spülung *f;* 2. *often ~ out* (ab-, aus)spülen.

ri-ot ['raɪət] 1. Aufruhr *m;* Tumult *m*, Krawall *m; run ~* randalieren; 2. Krawall machen, randalieren; *an* Aufstand machen; ~**er** Aufrührer(in); Randalierer *m;* ~**ous** □ aufrührerisch; lärmend; ausgelassen, wild.

rip [rɪp] 1. Riß *m;* 2. (-*pp*-) (auf-, zer)reißen, (-)schlitzen; F sausen, rasen.

ripe □ [raɪp] reif; ~ *werden* reifen (lassen), reif werden; ~**ness** Reife *f.*

rip-ple ['rɪpl] 1. kleine Welle; Kräuselung *f;* Rieseln *n;* 2. (sich) kräuseln; rieseln.

rise [raız] **1.** (An-, Auf)Steigen *n*; (Preis-, Gehalts-, Lohn)Erhöhung *f*; Steigung *f*; Anhöhe *f*; *origin*: Ursprung *m*; *fig.* Aufstieg *m*; **give ~ to** verursachen, führen zu; **2.** (*rose, risen*) sich erheben, aufstehen; *end a meeting*: die Sitzung schließen; auf-, hoch-, emporsteigen; (an)steigen; sich erheben, emporragen; aufkommen (*storm, etc.*); *eccl.* auferstehen; aufgehen (*sun, seed*); entspringen (*river*); (an)wachsen; sich steigern; sich erheben, revoltieren; *in one's job*: aufsteigen; **~ to the occasion** sich der Lage gewachsen zeigen; F **~ and shine!** F raus aus den Federn!; **ris-en** *p.p. of rise* 2; **ris-er**: *early* **~** Frühaufsteher(in).

ris-ing [ˈraızıŋ] (An-, Auf)Steigen *n*; *ast.* Aufgehen *n*, -gang *m*; Aufstand *m*.

risk [rısk] **1.** Gefahr *f*, Wagnis *n*, Risiko *n* (*a. econ.*); **be at ~** in Gefahr sein; **run the ~ of doing s.th.** Gefahr laufen, et. zu tun; *run or take a ~* ein Risiko eingehen; **2.** wagen, riskieren; **~y** □ riskant, gefährlich, gewagt.

rite [raıt] Ritus *m*; Zeremonie *f*; **rit-u-al** [ˈrıtjʊəl] **1.** □ rituell; Ritual...; **2.** Ritual *n*.

ri-val [ˈraıvl] **1.** Rival|e *m*, -in *f*, Konkurrent(in); **2.** rivalisierend, Konkurrenz...; **3.** (*esp. Brt. -ll-, Am. -l-*) rivalisieren *or* konkurrieren mit; **~ry** Rivalität *f*; Konkurrenz(kampf *m*) *f*.

riv-er [ˈrıvə] Fluß *m*, Strom *m* (*a. fig.*); **~side 1.** Flußufer *n*; **2.** am Ufer *or* Fluß (gelegen).

riv-et [ˈrıvıt] **1.** ⊕ Niet(e *f*) *m*, *n*; **2.** ⊕ (ver)nieten; *fig. eyes, etc.*: heften; *fig.* fesseln.

riv-u-let [ˈrıvjʊlıt] Flüßchen *n*.

road [rəud] (Auto-, Land)Straße *f*; *fig.* Weg *m*; **on the ~** unterwegs; *thea.* auf Tournee; **across the ~** über die *or* der Straße, gegenüber; *is this the ~ to ...?* geht es hier nach ...?; **the ~ to success** der Weg zum Erfolg; **~ ac-ci-dent** Verkehrsunfall *m*; **~block** Straßensperre *f*; **~hog** Verkehrsrowdy *m*; **~ map** Straßenkarte *f*; **~ safe-ty** Verkehrssicherheit *f*; **~side 1.** Straßen-, Wegrand *m*; **2.** an der Landstraße (gelegen); **~way** Fahrbahn *f*; **~ works** *pl.* Straßenbauarbeiten *pl.*; **~wor-thy** *mot.* verkehrssicher.

roam [rəum] *v/i.* (umher)streifen, (-)wandern; *v/t.* durchstreifen.

roar [rɔː] **1.** brüllen; brausen, tosen, donnern; **2.** Brüllen *n*, Gebrüll *n*; Brausen *n*; Krachen *n*, Getöse *n*; *laughter*: schallendes Gelächter.

roast [rəust] **1.** Braten *m*; **2.** braten; rösten; **3.** gebraten; **~ beef** Rost- *or* Rinderbraten *m*.

rob [rɒb] (*-bb-*) (be)rauben; **~ber** Räuber *m*; **~ber-y** Raub *m*; **~ with violence** ⁊⁊ schwerer Raub.

robe [rəub] (Amts)Robe *f*, Talar *m*; Bade-, Hausmantel *m*, Morgenrock *m*.

rob-in zo. [ˈrɒbın] Rotkehlchen *n*.

ro-bot [ˈrəubɒt] Roboter *m*.

ro-bust □ [rəˈbʌst] robust, kräftig.

rock [rɒk] **1.** Fels(en) *m*; Klippe *f*; Gestein *n*; *Brt. sweet*: Zuckerstange *f*; **on the ~s** a) mit Eiswürfeln (*whisky, etc.*), b) kaputt, in die Brüche gegangen (*marriage*); **~ crystal** Bergkristall *m*; **2.** schaukeln, wiegen; erschüttern (*a. fig.*); **~-bottom** F: **~ prices** Schleuderpreise *pl.*; *our spirits reached* **~** unsere Stimmung sank auf den Nullpunkt.

rock-er [ˈrɒkə] Kufe *f*; *Am.* Schaukelstuhl *m*; *Brt.* Rocker *m*; **off one's ~** *sl.* übergeschnappt.

rock-et [ˈrɒkıt] Rakete *f*; *attr.* Raketen...; **~-pro-pelled** mit Raketenantrieb; **~ry** Raketentechnik *f*.

rock-ing-chair [ˈrɒkıŋtʃeə] Schaukelstuhl *m*; **~-horse** Schaukelpferd *n*.

rock-y [ˈrɒkı] (*-ier, -iest*) felsig, Felsen...

rod [rɒd] Rute *f*; Stab *m*; ⊕ Stange *f*.

rode [rəud] *past of ride* 2.

ro-dent zo. [ˈrəudənt] Nagetier *n*.

ro-de-o [rəuˈdeıəu] (*pl. -os*) Rodeo *m*, *n*.

roe¹ zo. [rəu] Reh *n*.

roe² zo. [~] *a.* **hard ~** Rogen *m*; *a.* **soft ~** Milch *f*.

rogue [rəug] Schurke *m*, Gauner *m*; Schlingel *m*, Spitzbube *m*; **ro-guish** □ [ˈrəugıʃ] schurkisch.

role, *röle* thea. [rəul] Rolle *f* (*a. fig.*).

roll [rəul] **1.** Rolle *f*; Brötchen *n*, Semmel *f*; (*esp. of names*): Namens-, Anwesenheits)Liste *f*; Brausen *n*; *of thunder*: Rollen *n*; *of drums*: Wirbel *m*; ♣ Schlingern *n*; **2.** *v/t.* rollen; wälzen; walzen; *cigarette*: drehen; **~ up sleeve**: hochkrempeln; *mot. window*: hochkurbeln; *v/i.* rollen; fahren; sich wälzen; (g)rollen (*thunder*); dröhnen; brausen; wirbeln (*drums*); ♣ schlingern; **~call** Namensaufruf *m*; ✗ Appell *m*.

roll-er [ˈrəulə] Rolle *f*, Walze *f*; (Locken)Wickler *m*; ♣ Sturzwelle *f*, Brecher *m*; **~ coast-er** Achterbahn *f*; **~ skate** Rollschuh *m*; **~-skate** Rollschuh laufen; **~-skat-ing** Rollschuhlaufen *n*; **~ tow-el** Rollhandtuch *n*.

rol-lick-ing [ˈrɒlıkıŋ] übermütig.

roll-ing [ˈrəulıŋ] rollend *etc.*; Roll..., Walz...; **~ mill** ⊕ Walzwerk *n*; **~ pin** Nudelholz *n*.

roll-neck [ˈrəulnek] **1.** Rollkragen(pullover) *m*; **2.** Rollkragen...; **~ed** Rollkragen...

Ro·man ['rəʊmən] 1. römisch; 2. Römer(in).

ro·mance[1] [rəʊ'mæns] 1. (Ritter-, Vers-) Roman m; Abenteuer-, Liebesroman m; Romanze f (a. fig.); Romantik f, Zauber m.

Ro·mance[2] ling. [~] a. **~ languages** die romanischen Sprachen pl.

Ro·ma·ni·an [ruː'meɪnjən] 1. rumänisch; 2. Rumän|e m, -in f; ling. Rumänisch n.

ro·man|tic [rə'mæntɪk] 1. (**~ally**) romantisch (veranlagt); 2. Romantiker(in); Schwärmer(in); **~·ti·cis·m** Romantik f.

romp [rɒmp] 1. Tollen n, Toben n; 2. a. **~ about**, **~ around** herumtollen, -toben; **~·er-suit**, a. **~·ers** pl. Strampelanzug m, -hose f.

roof [ruːf] 1. Dach n (a. fig.); **~ of the mouth** anat. Gaumen m; 2. mit e-m Dach versehen; **~ in**, **~ over** überdachen; **~·ing** 1. Material n zum Dachdecken; 2. Dach...; **~ felt** Dachpappe f; **~ rack** Dachgepäckträger m.

rook [rʊk] 1. chess: Turm m; zo. Saatkrähe f; 2. betrügen (**of** um).

room [ruːm] 1. Raum m; Platz m; Zimmer n; fig. Spielraum m; **~s** pl. (Miet)Wohnung f; 2. Am. wohnen; **~·er** esp. Am. Untermieter(in); **~·ing-house** Am. Fremdenheim n, Pension f; **~·mate** Zimmergenoss|e m, -in f; **~·y** □ (**-ier**, **-iest**) geräumig.

roost [ruːst] 1. Schlafplatz m (of birds); Hühnerstange f; 2. sich zum Schlaf niederhocken (birds); **~·er** esp. Am. zo. (Haus)Hahn m.

root [ruːt] 1. Wurzel f; 2. v/i. Wurzeln schlagen; wühlen (**for** nach); **~ about**, **~ around** herumwühlen (**among** in dat.); v/t. tief einpflanzen; **~ out** ausrotten; **~ up** ausgraben; **~·ed** eingewurzelt; **deeply ~** fig. tief verwurzelt; **stand ~ to the spot** wie angewurzelt stehen(bleiben).

rope [rəʊp] 1. Tau n; Seil n; Strick m; Schnur f (pearls, etc.); **be at the end of one's ~** mit s-m Latein am Ende sein; **know the ~s** sich auskennen; 2. verschnüren; festbinden; **~ off** (durch ein Seil) absperren or abgrenzen; **~ lad·der** Strickleiter f; **~ tow** Schlepplift m; **~·way** (Seil)Schwebebahn f.

ro·sa·ry eccl. ['rəʊzərɪ] Rosenkranz m.

rose[1] [rəʊz] ♀ Rose f; (Gießkannen-) Brause f; Rosa-, Rosenrot n.

rose[2] [~] past of **rise** 2.

ros·trum ['rɒstrəm] (pl. **-tra** [-trə], **-trums**) Rednertribüne f, -pult n.

ros·y □ ['rəʊzɪ] (**-ier**, **-iest**) rosig.

rot [rɒt] 1. Fäulnis f; Brt. F Quatsch m; 2. (**-tt-**) v/t. (ver)faulen lassen; v/i. (ver-) faulen, (-)modern, verrotten.

ro·ta·ry ['rəʊtərɪ] rotierend, sich drehend; Rotations...; **ro·tate** [rəʊ'teɪt] rotieren (a. pol.) or kreisen (lassen), (sich) drehen; **✔ crops**: wechseln; **ro·ta·tion** Rotation f (a. pol.), (Um)Drehung f, Umlauf m; Wechsel m.

ro·tor esp. **✔** ['rəʊtə] Rotor m.

rot·ten □ ['rɒtn] verfault, faul(ig); morsch; mies; gemein; **feel ~** sl. sich beschissen fühlen.

ro·tund □ [rəʊ'tʌnd] rundlich.

rough [rʌf] 1. adj. □ rauh; roh; grob; barsch; hart; holp(e)rig, uneben; grob, ungefähr (estimate, etc.); unfertig, Roh...; **~ copy** erster Entwurf, Konzept n; **~ draft** Rohfassung f; 2. adv. roh, rauh, hart; 3. Rauhe n, Grobe n; holp(e)riger Boden; golf: Rough n; 4. an-, aufrauhen; **~ it** F primitiv or anspruchslos leben; **~·age** Ballaststoffe pl.; **~·cast** 1. ⊙ Rohputz m; 2. unfertig; 3. (**-cast**) ⊙ roh verputzen; roh entwerfen; **~·en** rauh werden; an-, aufrauhen; **~·neck** Am. F Grobian m; Ölbohrarbeiter m; **~·ness** Rauheit f; rauhe Stelle; Roheit f; Grobheit f; **~·shod: ride ~ over** j-n rücksichtslos behandeln; rücksichtslos über et. hinweggehen.

round [raʊnd] 1. adj. □ rund; voll (voice, etc.); abgerundet (style); unverblümt; **a ~ dozen** ein rundes Dutzend; **in ~ figures** auf- or abgerundet; 2. adv. rund-, rings(her)um; überall, auf or von or nach allen Seiten; **ask s.o. ~** j-n zu sich einladen; **~ about** ungefähr; **all the year ~** das ganze Jahr hindurch; **the other way ~** umgekehrt; 3. prp. (rund)um; um (... herum); in or auf (dat.) ... herum; 4. Rund n, Kreis m; Runde f; (Leiter)Sprosse f; Brt. Scheibe f (bread, etc.); (Dienst)Runde f, Rundgang m; **✔** Visite f (in a hospital); ♪ Kanon m; (applause, etc.)Salve f; **100 ~s** ✗ 100 Schuß (ammunition); 5. rund machen or werden; (herum)gehen or (-)fahren um, biegen um; **~ off** abrunden; fig. krönen, beschließen; **~ up** figure, etc.: aufrunden (**to** auf acc.); cattle: zusammentreiben; people, etc.: zusammentrommeln, aufbieten.

round|a·bout ['raʊndəbaʊt] 1. **~ way** or **route** Umweg m; **in a ~ way** fig. auf Umwegen; 2. Brt. Karussell n; Brt. Kreisverkehr m; **~·ish** rundlich; **~ trip** Rundreise f; Am. Hin- u. Rückfahrt f, **✔** Hin- u. Rückflug m; **~ tri·p·: ~ tick·et** Am. Rückfahrkarte f, **✔** Rückflugticket n; **~·up** Zusammentreiben n (of cattle).

rouse [raʊz] v/t. wecken; game birds: aufjagen; j-n aufrütteln; j-n reizen, erzürnen; *anger*: erregen; **~ o.s.** sich aufraffen; *v/i.* aufwachen.

route [ru:t] (Reise-, Fahrt)Route *f*, (-)Weg *m*; (Bahn-, Bus-, Flug)Strecke *f*; ✕ Marschroute *f*.

rou-tine [ru:'ti:n] **1.** Routine *f*; **2.** üblich, routinemäßig, Routine...

rove [rəuv] umherstreifen, -wandern; durchstreifen, -wandern.

row¹ [rəu] Reihe *f*.

row² F [rau] **1.** Krach *m*, Lärm *m*; (lauter) Streit, Krach *m*; **2.** (sich) streiten.

row³ [rəu] **1.** Rudern *n*; Ruderpartie *f*; **2.** rudern; **~boat** *Am.* Ruderboot *n*; **~er** Ruder|er *m*, -in *f*; **~ing boat** *Brt.* Ruderboot *n*.

roy-al □ ['rɔɪəl] königlich; **~ty** Königtum *n*; Königswürde *f*; *coll.* das Königshaus, die königliche Familie; *econ.* Tantieme *f*.

rub [rʌb] **1. give s.th. a good ~** et. (ab)reiben; et. polieren; **2.** (*-bb-*) *v/t.* reiben; polieren; (wund) scheuern; **~ down** abschmirgeln, abschleifen; trockenreiben, (ab)frottieren; **~ in** einreiben; **~ it in** *fig.* F darauf herumreiten; **~ off** ab-, wegreiben, ab-, wegwischen; **~ out** *Brt.* ausradieren; **~ up** aufpolieren; **~ s.o. up the wrong way** j-n verstimmen; *v/i.* reiben (**against, on** an *dat.*, gegen).

rub-ber ['rʌbə] **1.** Gummi *n*, *m*; (Radier)Gummi *m*; Wischtuch *n*; F *condom*: Gummi *m*, Präser *m*; **~s** *pl. Am.* (Gummi)Überschuhe *pl.*; *Brt.* Turnschuhe *pl.*; **~ band** Gummiband *n*; **~ cheque, ~ check** geplatzter Scheck; **~neck** *Am.* F **1.** Gaffer(in); **2.** gaffen; **~y** gummiartig; zäh, wie Gummi (*meat*).

rub-bish ['rʌbɪʃ] Schutt *m*; Abfall *m*, Müll *m*; *fig.* Schund *m*; Quatsch *m*, Blödsinn *m*; **~ bin** *Brt.* Mülleimer *m*; **~ chute** Müllschlucker *m*.

rub-ble ['rʌbl] Schutt *m*.

ru-by ['ru:bɪ] Rubin(rot *n*) *m*.

ruck-sack ['rʌksæk] Rucksack *m*.

rud-der ['rʌdə] ⌘ (Steuer)Ruder *n*; ✈ Seitenruder *n*.

rud-dy □ ['rʌdɪ] (*-ier, -iest*) rot, rötlich; frisch, gesund.

rude □ [ru:d] (*~r, ~st*) unhöflich, grob; unanständig; heftig, wild; ungebildet; einfach, kunstlos.

ru-di|men-ta-ry [ru:dɪ'mentərɪ] elementar, Anfangs...; **~ments** ['ru:dɪmənts] *pl.* Anfangsgründe *pl.*

rue-ful □ ['ru:fl] reuig.

ruff [rʌf] Halskrause *f*.

ruf-fi-an ['rʌfjən] Rüpel *m*, Grobian *m*; Raufbold *m*, Schläger *m*.

ruf-fle ['rʌfl] **1.** Krause *f*, Rüsche *f*;

Kräuseln *n*; **2.** kräuseln; *hair, feathers*: sträuben; zerknüllen; *fig.* aus der Ruhe bringen; (ver)ärgern.

rug [rʌg] (Reise-, Woll)Decke *f*; Vorleger *m*, Brücke *f*, (kleiner) Teppich.

rug-ged □ ['rʌgɪd] rauh (*a. fig.*); wild, zerklüftet, schroff.

ru-in ['rʊɪn] **1.** Ruin *m*, Verderben *n*, Untergang *m*; *mst* **~s** *pl.* Ruine(n *pl.*) *f*, Trümmer *pl.*; **2.** ruinieren, zugrunde richten, zerstören, zunichte machen, zerrütten; **~ous** □ verfallen; ruinös.

rule [ru:l] **1.** Regel *f*; Spielregel *f*; Vorschrift *f*; Satzung *f*; Herrschaft *f*, Regierung *f*; Lineal *n*; **as a ~** in der Regel; **work to ~** Dienst nach Vorschrift tun; **~s** *pl.* (Geschäfts-, Gerichts- *etc.*)Ordnung *f*; **~(s) of the road** Straßenverkehrsordnung *f*; **stick to the ~** sich an die Spielregeln halten; **~ of thumb** Faustregel *f*; **2.** *v/t.* beherrschen, herrschen über (*acc.*); lenken, leiten; anordnen, verfügen; liniieren; **~ out** ausschließen; *v/i.* herrschen; **rul-er** Herrscher(in); Lineal *n*.

rum [rʌm] Rum *m*; *Am.* Alkohol *m*.

rum-ble ['rʌmbl] rumpeln, poltern, (g)rollen (*thunder*), knurren (*stomach*).

ru-mi|nant *zo.* ['ru:mɪnənt] **1.** wiederkäuend; **2.** Wiederkäuer *m*; **~nate** [~eɪt] *zo.* wiederkäuen; *fig.* grübeln (*about, over* über *acc.*).

rum-mage ['rʌmɪdʒ] **1.** gründliche Durchsuchung; Ramsch *m*; **~ sale** *Am.* Ramschverkauf *m*; Wohltätigkeitsbasar *m*; **2.** *a.* **~ about** herumstöbern, -wühlen (*among, in* in *dat.*).

ru-mo(u)r ['ru:mə] **1.** Gerücht *n*; **2. it is ~ed** man sagt *od.* munkelt, es geht das Gerücht.

rump [rʌmp] Steiß *m*, F *of person*: Hinterteil *n*, *of animal*: Hinterbacken *pl.*

rum-ple ['rʌmpl] zerknittern, -knüllen.

run [rʌn] **1.** (*-nn-*; *ran, run*) *v/i.* laufen, rennen, eilen; fahren; verkehren, fahren, gehen (*train, bus*); fließen, strömen; verlaufen (*road*), führen (*route*); ⚙ laufen; in Betrieb *or* Gang sein; gehen (*watch, clock, etc.*); schmelzen (*butter, etc.*); zer-, auslaufen (*colour*); lauten (*text*); gehen (*tune*); laufen (*play, film*), gegeben werden; ✂ gelten, laufen; *econ.* stehen auf (*dat.*) (*price, etc.*); *esp. Am. pol.* kandidieren (**for** für); **~ across s.o.** j-n zufällig treffen, auf j-n stoßen; **~ after** hinterher-, nachlaufen; **~ along!** F ab mit dir!; **~ away** davonlaufen; **~ away with** durchbrennen mit; durchgehen mit (*temper, enthusiasm, etc.*); **~ down** ablaufen (*clock, watch, etc.*); *fig.* herunterkommen; **~ dry** austrocknen; **~ into** (hinein)laufen *or*

(-)rennen in (*acc.*); fahren gegen; *j-n* zufällig treffen; geraten in (*debts, etc.*); sich belaufen auf (*acc.*); ~ **low** knapp werden; ~ **off with** = ~ **away with**; ~ **out** ablaufen (*time*); ausgehen, knapp werden; ~ **out of petrol** kein Benzin mehr haben; ~ **over** überlaufen, -fließen; überfliegen, durchgehen, -lesen; ~ **short** knapp werden; ~ **short of petrol** kein Benzin mehr haben; ~ **through** überfliegen, durchgehen, -lesen; ~ **up to** sich belaufen auf (*acc.*); *v/t. distance*: durchlaufen, *route*: einschlagen; fahren; laufen lassen; *train, bus*: fahren *or* verkehren lassen; *hand, etc.*: gleiten lassen; *business*: betreiben; *company*: führen, leiten; fließen lassen; *temperature, fever*: haben; ~ **down** an-, überfahren; *fig.* schlechtmachen; herunterwirtschaften; ~ **errands** Besorgungen *or* Botengänge machen; ~ *s.o.* **home** F j-n nach Hause bringen *or* fahren; ~ **in** *car*: einfahren; F *criminal*: einbuchten; ~ **over** überfahren; ~ *s.o.* **through** j-n durchbohren; ~ **up** *price, etc.*: in die Höhe treiben; *bill, debts, etc.*: auflaufen lassen; **2.** Laufen *n*, Rennen *n*, Lauf *m*; Verlauf *m*; Fahrt *f*; Spazierfahrt *f*; Reihe *f*, Folge *f*, Serie *f*; *econ.* Ansturm *m*, Run *m*, stürmische Nachfrage; *Am.* Bach *m*; *Am.* Laufmasche *f*; Gehege *n*; Auslauf *m*, (Hühner)Hof *m*; *sports*: Bob-, Rodelbahn *f*; (Ski)Abfahrt(sstrecke) *f*; freie Benutzung; *thea., film*: Laufzeit *f*; **have a ~ of 20 nights** *thea.* 20mal nacheinander gegeben werden; **in the long ~** auf die Dauer; **in the short ~** fürs nächste; **on the ~** auf der Flucht.

run|a·bout F *mot.* ['rʌnəbaʊt] kleiner leichter Wagen; **~a·way** Ausreißer *m*.

rung¹ [rʌŋ] *p.p. of* **ring¹** 2.

rung² [~] (Leiter)Sprosse *f* (*a. fig.*).

run|let ['rʌnlɪt] Rinnsal *m*; **~nel** [~] Rinnsal *n*; Rinnstein *m*.

run·ner ['rʌnə] Läufer(in); Bote *m*; (Schlitten-, Schlittschuh)Kufe *f*; Schie-

ber *m* (*of umbrella*); Läufer *m*; Tischläufer *m*; *Am.* Laufmasche *f*; ~ **bean** *Brt.* & Stangenbohne; **~-up** (*pl.* **runners-up**) *sports*: Zweite(r *m*) *f*.

run·ning ['rʌnɪŋ] **1.** laufend; fließend; **two days** ~ zwei Tage hintereinander; **2.** Laufen *n*; Rennen *n*; **~-board** Trittbrett *n*.

run·way ✈ ['rʌnweɪ] Start-, Lande-, Rollbahn *f*.

rup·ture ['rʌptʃə] **1.** Bruch *m*, Riß *m*; (Zer)Platzen *n*; **2.** brechen; bersten, (zer)platzen.

ru·ral □ ['rʊərəl] ländlich, Land...

ruse [ruːz] List *f*, Kniff *m*, Trick *m*.

rush¹ & [rʌʃ] Binse *f*.

rush² [~] **1.** Jagen *n*, Hetzen *n*, Stürmen *n*; Eile *f*; (An)Sturm *m*; Andrang *m*; *econ.* stürmische Nachfrage; Hetze *f*, Hochbetrieb *m*; **2.** *v/i.* stürzen, jagen, hetzen, stürmen; ~ **at** sich stürzen auf (*acc.*); ~ **in** hereinstürzen, -stürmen; *v/t.* jagen, hetzen, drängen, (an)treiben; losstürmen auf (*acc.*), angreifen; schnell bringen; ~ **hour** Hauptverkehrszeit *f*, Stoßzeit *f*; **~-hour traf·fic** Stoßverkehr *m*.

Rus·sian ['rʌʃn] **1.** russisch; **2.** Russ|e *m*, -in *f*; *ling.* Russisch *n*.

rust [rʌst] **1.** Rost *m*; Rostbraun *n*; **2.** (ver-, ein)rosten (lassen).

rus·tic ['rʌstɪk] **1.** (**~ally**) ländlich, rustikal; bäurisch; **2.** Bauer *m*.

rus·tle ['rʌsl] **1.** rascheln (mit *or* in *dat.*); rauschen; *Am. cattle*: stehlen; **2.** Rascheln *n*.

rust|less ['rʌstlɪs] rostfrei; **~y** □ (*-ier, -iest*) rostig; *fig.* eingerostet.

rut¹ [rʌt] Wagenspur *f*; *esp.* ausgefahrenes Geleise.

rut² *zo.* [~] Brunst *f*, Brunft *f*.

ruth·less □ ['ruːθlɪs] unbarmherzig; rücksichts-, skrupellos.

rut|ted ['rʌtɪd], **~ty** [~] (*-ier, -iest*) ausgefahren (*path*).

rye & [raɪ] Roggen *m*.

S

sa·ble ['seɪbl] *zo.* Zobel *m*; Zobelpelz *m*.

sab·o·tage ['sæbətɑːʒ] **1.** Sabotage *f*; **2.** sabotieren.

sa·bre, *Am. mst* **-ber** ['seɪbə] Säbel *m*.

sack [sæk] **1.** Plünderung *f*; Sack *m*; *Am.* (Einkaufs)Tüte *f*; Sackkleid *n*; **get the ~** F entlassen werden; F den Laufpaß bekommen; **give** *s.o.* **the ~** F j-n entlassen; F j-m den Laufpaß geben; **2.** plündern;

einsacken; F rausschmeißen, entlassen; F *j-m* den Laufpaß geben; **~cloth**, **~ing** Sackleinen *n*, -leinwand *f*.

sac·ra·ment *eccl.* ['sækrəmənt] Sakrament *n*.

sa·cred □ ['seɪkrɪd] heilig; geistlich.

sac·ri·fice ['sækrɪfaɪs] **1.** Opfer *n*; **at a ~** *econ.* mit Verlust; **2.** opfern; *econ.* mit Verlust verkaufen.

sac·ri·lege ['sækrılıdʒ] Sakrileg n; Entweihung f; Frevel m; **~·le·gious** □ [sækrɪ'lıdʒəs] frevelhaft.

sad □ [sæd] traurig; jämmerlich, elend; schlimm; dunkel, matt.

sad·den ['sædn] traurig machen or werden.

sad·dle ['sædl] 1. Sattel m; 2. satteln; fig. belasten; **~r** Sattler m.

sa·dis·m ['seıdızəm] Sadismus m.

sad·ness ['sædnıs] Traurigkeit f.

safe [seıf] 1. □ (**~r**, **~st**) sicher; unversehrt; zuverlässig; 2. Safe m, n, Geldschrank m; Fliegenschrank m; **con·duct** freies Geleit; Geleitbrief m; **~guard** 1. Schutz m (**against** gegen, vor dat.); 2. sichern, schützen (**against** gegen, vor dat.).

safe·ty ['seıftı] Sicherheit f; Sicherheits...; **~belt** Sicherheitsgurt m; **~ cage** mot. Sicherheits-Fahrgastzelle f; **~ hel·met** Schutzhelm m; **~ is·land** Am. Verkehrsinsel f; **~lock** Sicherheitsschloß n; **~pin** Sicherheitsnadel f; **~ ra·zor** Rasierapparat m.

saf·fron ['sæfrən] Safran(gelb n) m.

sag [sæg] (**-gg-**) durchsacken; ⊕ durchhängen; abfallen, (herab)hängen; sinken, fallen, absacken.

sa·ga·cious □ [sə'geıʃəs] scharfsinnig; **~ci·ty** [sə'gæsıtı] Scharfsinn m.

sage¹ [seıdʒ] 1. □ (**~r**, **~st**) klug, weise; 2. Weise(r) m.

sage² ♀ [~] Salbei m, f.

said [sed] past and p.p. of **say** 1.

sail [seıl] 1. Segel n or pl.; (Segel)Fahrt f; Windmühlenflügel m; (Segel)Schiff(e pl.) n; **set ~** auslaufen (**for** nach); 2. v/i. segeln, fahren; auslaufen (ship); absegeln; fig. schweben; v/t. ♣ befahren; ship: steuern; **sailboat** segeln; **~boat** Am. Segelboot n; **~er** Segler m (ship); **~ing-boat** Brt. Segelboot n; **~ing-ship**, **~ing-ves·sel** Segelschiff n; **~or** Seemann m, Matrose m; **be a good** (**bad**) **~** (nicht) seefest sein; **~plane** Segelflugzeug n.

saint [seınt] 1. Heilige(r m) f; before name: Sankt ...; 2. heiligsprechen; **~ly** ['seıntlı] heilig, fromm.

saith dated or poet. [seθ] 3. sg. pres. of **say** 1.

sake [seık]: **for the ~ of** um ... (gen.) willen; **for my ~** meinetwegen; **for God's ~** um Gottes willen.

sa·la·ble ['seıləbl] = **saleable**.

sal·ad ['sæləd] Salat m.

sal·a·ried ['sælərıd] (fest)angestellt, (-)bezahlt; **~ employee** Angestellte(r m) f, Gehaltsempfänger(in); **~ job** Arbeit(splatz) m mit festem Gehalt.

sal·a·ry ['sælərı] Gehalt n; **~ earn·er**

Angestellte(r m) f, Gehaltsempfänger(in).

sale [seıl] Verkauf m; Ab-, Umsatz m; (Saison)Schlußverkauf m; Auktion f; **for ~** zu verkaufen; **be on ~** verkauft werden, erhältlich sein.

sale·a·ble esp. Brt. ['seıləbl] verkäuflich.

sales·clerk Am. ['seılzklɑːk] (Laden)Verkäufer(in); **~man** Verkäufer m; (Handels)Vertreter m; **~per·son** Verkäufer(in), (Handels)Vertreter(in); **~ slip** Am. Kassenbeleg m, -zettel m; **~wom·an** Verkäuferin f; (Handels-)Vertreterin f.

sa·line ['seılaın] salzig, Salz...

sa·li·va [sə'laıvə] Speichel m.

sal·low ['sæləʊ] blaß, gelblich, fahl.

salm·on zo. ['sæmən] Lachs m, Salm m.

sa·loon [sə'luːn] Salon m; (Gesellschafts)Saal m; erste Klasse (on ships); Am. Kneipe f, Wirtschaft f, Saloon m; **~ (car)** Brt. mot. Limousine f.

salt [sɔːlt] 1. Salz n; fig. Würze f; 2. salzig; gesalzen; gepökelt; Salz...; Pökel...; 3. (ein)salzen; pökeln; **~cel·lar** Salzfäßchen n, -streuer m; **~pe·tre**, Am. **~pe·ter** ⚗ Salpeter m; **~wa·ter** Salzwasser...; **~y** (**-ier**, **-iest**) salzig.

sa·lu·bri·ous □ [sə'luːbrıəs], **sal·u·ta·ry** □ ['sæljʊtərı] heilsam, gesund.

sal·u·ta·tion [sælju'teıʃn] Gruß m, Begrüßung f; Anrede f (in letter).

sa·lute [sə'luːt] 1. Gruß m; ⨯ Salut m; 2. (be)grüßen; ⨯ salutieren.

sal·vage ['sælvıdʒ] 1. Bergung(sgut n) f; Bergegeld n; 2. bergen; retten.

sal·va·tion [sæl'veıʃn] Erlösung f; (Seelen)Heil n; Rettung f; **♀ Army** Heilsarmee f.

salve¹ [sælv] retten, bergen.

salve² [~] 1. Salbe f; fig. Balsam m, Trost m; 2. fig. beschwichtigen, beruhigen.

same [seım]: **the ~** der-, die-, dasselbe; **all the ~** trotzdem; **it is all the ~ to me** es ist mir (ganz) gleich.

sam·ple ['sɑːmpl] 1. Probe f, Muster n; 2. probieren; kosten.

san·a·to·ri·um [sænə'tɔːrıəm] (pl. **-ums**, **-a** [-ə]) Sanatorium n.

sanc·ti·fy ['sæŋktıfaı] eccl. heiligen; weihen; sanktionieren.

sanc·ti·mo·ni·ous □ [sæŋktı'məʊnıəs] scheinheilig.

sanc·tion ['sæŋkʃn] 1. Sanktion f (a. pol.); Billigung f, Zustimmung f; 2. billigen; sanktionieren.

sanc·ti·ty ['sæŋktıtı] Heiligkeit f; **~tu·a·ry** ['sæŋktjʊərı] Heiligtum n; das Allerheiligste; Asyl n; Schutzgebiet n (for animals); **seek ~ with** Zuflucht suchen bei.

sand [sænd] 1. Sand m; **~s** pl. Sand-

(fläche f) m; Sandbank f; **2.** mit Sand bestreuen; schmirgeln.

san-dal ['sændl] Sandale f.

sand|bag 1. Sandsack m; **2.** mit Sandsäcken befestigen; ~ **dune** Sanddüne f; ~**glass** Sanduhr f; ~**hill** Sanddüne f; ~**pip-er** zo. Strandläufer m; **common** ~ Flußuferläufer m.

sand-wich ['sænwɪdʒ] **1.** Sandwich n; **2.** einklemmen, -zwängen; a. ~ **in** fig. ein-, dazwischenschieben.

sand-y ['sændɪ] (-ier, -iest) sandig; hair: rotblond.

sane [seɪn] (~r, ~st) geistig gesund; t^{t_2} zurechnungsfähig; vernünftig.

sang [sæŋ] past of **sing**.

san|gui-na-ry □ ['sæŋgwɪnərɪ] blutdürstig; blutig; ~**guine** □ [~wɪn] leichtblütig; zuversichtlich; rot, frisch, blühend (complexion).

san-i-tar-i-um Am. [sænɪ'teərɪəm] (pl. -ums, -a [-ə]) = **sanatorium**.

san-i-ta-ry □ ['sænɪtərɪ] Gesundheits..., gesundheitlich, sanitär (a. ☺); ~ **napkin** Am., ~ **towel** Damenbinde f.

san-i-ta-tion [sænɪ'teɪʃn] Hygiene f; sanitäre Einrichtungen pl.

san-i-ty ['sænɪtɪ] geistige Gesundheit; t^{t_2} Zurechnungsfähigkeit f.

sank [sæŋk] past of **sink** 1.

San-ta Claus ['sæntə'klɔːz] der Weihnachtsmann, der Nikolaus.

sap [sæp] **1.** Saft m (in plants); fig. Lebenskraft f; **2.** (-pp-) untergraben (a. fig.); ~**less** saft-, kraftlos; ~**ling** junger Baum.

sap-phire ['sæfaɪə] Saphir m.

sap-py ['sæpɪ] (-ier, -iest) saftig; fig. kraftvoll.

sar-cas-m ['sɑːkæzəm] Sarkasmus m.

sar-dine zo. [sɑː'diːn] Sardine f.

sash [sæʃ] Schärpe f; Fensterrahmen m; ~**win-dow** Schiebefenster n.

sat [sæt] past and p.p. of **sit**.

Sa-tan ['seɪtən] Satan m.

satch-el ['sætʃəl] Schulmappe f, -tasche f, -ranzen m.

sate [seɪt] übersättigen.

sa-teen [sæ'tiːn] (Baum)Wollsatin m.

sat-el-lite ['sætəlaɪt] Satellit m; a. ~ **state** Satellit(enstaat) m; ~ **dish** Parabolantenne f.

sa-ti-ate ['seɪʃɪeɪt] übersättigen.

sat-in ['sætɪn] (Seiden)Satin m.

sat|ire ['sætaɪə] Satire f; ~**ir-ist** [~ərɪst] Satiriker(in); ~**ir-ize** [~raɪz] verspotten.

sat-is-fac-tion [sætɪs'fækʃn] Befriedigung f; Genugtuung f; Zufriedenheit f; eccl. Sühne f; Gewißheit f; ~**to-ry** □ [~'fæktərɪ] befriedigend, zufriedenstellend.

sat-is-fy ['sætɪsfaɪ] befriedigen, zufriedenstellen; überzeugen; **be satisfied with** zufrieden sein mit.

sat-u-rate ⚗ and fig. ['sætʃəreɪt] sättigen.

Sat-ur-day ['sætədɪ] Sonnabend m, Samstag m.

sat-ur-nine □ ['sætənaɪn] fig. düster, finster.

sauce [sɔːs] **1.** Soße f, Am. Kompott n; fig. Würze f, Reiz m; F Frechheit f; **none of your** ~! werd bloß nicht frech!; **2.** F frech sein zu j-m; ~**boat** Soßenschüssel f; ~**pan** Kochtopf m; Kasserolle f.

sau-cer ['sɔːsə] Untertasse f.

sauc-y □ ['sɔːsɪ] (-ier, -iest) frech; F flott, keß.

saun-ter ['sɔːntə] **1.** Schlendern n, Bummel m; **2.** schlendern, bummeln.

saus-age ['sɒsɪdʒ] Wurst f; a. **small** ~ Würstchen n.

sav|age ['sævɪdʒ] **1.** □ wild; roh, grausam; **2.** Wilde(r m) f; Rohling m, Barbar(in); ~**ag-e-ry** Wildheit f; Roheit f, Grausamkeit f.

sav-ant ['sævənt] Gelehrte(r m) f.

save [seɪv] **1.** retten; eccl. erlösen; bewahren; (auf-, er)sparen; schonen; **2.** rhet., prp., and cj.: außer (dat.); ~ **for** bis auf (acc.); ~ **that** nur daß.

sav-er ['seɪvə] Retter(in); Sparer(in); **it is a time-**~ es spart Zeit.

sav-ing ['seɪvɪŋ] **1.** □ ...sparend; rettend, befreiend; **2.** Rettung f; ~**s** pl. Ersparnisse pl.; ~**s ac-count** Sparkonto n; ~**s bank** Sparkasse f; ~**s book** Sparbuch n; ~**s de-pos-it** Spareinlage f.

sa-vio(u)r ['seɪvjə] Retter m; **the 2** eccl. der Erlöser, der Heiland.

sa-vo(u)r ['seɪvə] **1.** (Wohl)Geschmack m; fig. Beigeschmack m; fig. Würze f, Reiz m; **2.** fig. genießen; fig. schmecken, riechen (of nach); ~**y** □ schmackhaft; appetitlich; pikant.

saw[1] [sɔː] past of **see**.

saw[2] [~] Sprichwort n.

saw[3] [~] **1.** (~ed, ~n or ~ed) sägen; **2.** Säge f; ~**dust** Sägemehl n, -späne pl.; ~**mill** Sägewerk n; ~**n** p.p. of **saw**[1] 1.

Sax-on ['sæksn] **1.** sächsisch; ling. often germanisch; **2.** Sachse m, Sächsin f.

say [seɪ] **1.** (**said**) sagen; auf-, hersagen; berichten; ~ **grace** das Tischgebet sprechen; **what do you** ~ **to** ...?, **often what** ~ **you to** ...? was hältst du von ...?, wie wäre es mit ...?; **it** ~**s** es lautet (writing, document, etc.); **it** ~ **here** hier heißt es, hier steht; **that is to** ~ das heißt; (**and**) **that's** ~**ing** s.th. (und) das will was heißen; **you don't** ~ (**so**)! was Sie nicht sagen!; **I** ~! sag(en Sie) mal!; ich muß schon sagen!; *you can ~ that again* or F *you said it* F das kannst du laut sagen; *he is said to be ...* er soll ... sein; *no sooner said than done* gesagt, getan; 2. Rede *f*, Wort *n*; Mitspracherecht *n*; *let him have his ~* laß(t) ihn (doch auch mal) reden or s-e Meinung äußern; *have a or some (no) ~ in s.th.* et. (nichts) zu sagen haben bei et.; *have the final ~* das letzte Wort haben; *~ing* Reden *n*; Sprichwort *n*, Redensart *f*; Ausspruch *m*; *it goes without ~* es versteht sich von selbst; *as the ~ goes* wie es so schön heißt.

scab [skæb] ⚔, ⚕ Schorf *m*; *vet.* Räude *f*; *sl.* Streikbrecher *m*.

scab-bard ['skæbəd] (Schwert)Scheide *f*.

scaf-fold ['skæfəld] (Bau)Gerüst *n*; Schafott *n*; *~ing* (Bau)Gerüst *n*.

scald [skɔ:ld] 1. Verbrühung *f*; 2. verbrühen; *milk*: abkochen; *~ing hot* kochendheiß; glühendheiß (*day, etc.*).

scale¹ [skeɪl] 1. Schuppe *f*; Kesselstein *m*; ⚕ Zahnstein *m*; 2. (sich) (ab)schuppen, ablösen; ⚕ *teeth*: vom Zahnstein reinigen.

scale² [~] 1. Waagschale *f*; (*a pair of*) *~s pl.* (e-e) Waage; 2. wiegen.

scale³ [~] 1. Stufenleiter *f*; ♪ Tonleiter *f*; Skala *f*; Maßstab *m*; *fig.* Ausmaß *n*; 2. ersteigen; *~ up (down)* maßstab(s)getreu vergrößern (verkleinern).

scal-lop ['skɔləp] 1. *zo.* Kammuschel *f*; *sewing:* Langette *f*; 2. ausbogen.

scalp [skælp] 1. Kopfhaut *f*; Skalp *m*; 2. skalpieren.

scal-y ['skeɪlɪ] (*-ier, -iest*) schuppig.

scamp [skæmp] 1. Taugenichts *m*; 2. pfuschen bei.

scam-per ['skæmpə] 1. *a. ~ about, ~ around* (herum)tollen, herumhüpfen; hasten; 2. (Herum)Tollen *n*, Herumhüpfen *n*.

scan [skæn] (*-nn-*) genau prüfen; forschend ansehen; *horizon, etc.:* absuchen; *computer, radar, TV:* abtasten; *headlines:* überfliegen.

scan-dal ['skændl] Skandal *m*; Ärgernis *n*; Klatsch *m*; *~ize* [~dəlaɪz]: *be ~d at s.th.* über et. empört or entrüstet sein; *~mon-ger* ⊢ Klatschmaul *n*; *journalist:* Klatschkolumnist(in); *~ous* □ [~əs] skandalös, anstößig.

Scan-di-na-vi-an [skændɪˈneɪvɪən] 1. skandinavisch; 2. Skandinavier(in); *ling.* Skandinavisch *n*.

scant □ [skænt] knapp, gering; *~y* □ (*-ier, -iest*) knapp, spärlich, kärglich, dürftig.

scape-goat ['skeɪpgəʊt] Sündenbock *m*; *~grace* [~greɪs] Taugenichts *m*.

scar [skɑ:] 1. Narbe *f*; *fig.* (Schand-)

Fleck *m*, Makel *m*; Klippe *f*; 2. (*-rr-*) e-e Narbe or Narben hinterlassen (auf *dat.*); *~ over* vernarben.

scarce [skeəs] (*~r, ~st*) knapp; rar, selten; *~ly* kaum; *~ci-ty* [~ətɪ] Mangel *m*, Knappheit *f* (*of an dat.*).

scare [skeə] 1. erschrecken; *~ away, ~ off* verscheuchen; *be ~d* (*of s.th.*) (vor) Angst haben; 2. Schreck(en) *m*, Panik *f*; *~crow* Vogelscheuche *f* (*a. fig.*).

scarf [skɑ:f] (*pl. scarfs* [~fs], *scarves* [~vz]) Schal *m*, Hals-, Kopf-, Schultertuch *n*.

scar-let ['skɑ:lət] 1. Scharlach(rot *n*) *m*; 2. scharlachrot; *~ fever* ⚕ Scharlach *m*; *~ runner* ⚕ Feuerbohne *f*.

scarred [skɑ:d] narbig.

scarves [skɑ:vz] *pl. of* scarf.

scath-ing *fig.* ['skeɪðɪŋ] *look:* vernichtend; *criticism:* beißend.

scat-ter ['skætə] (sich) zerstreuen; ausverstreuen; auseinanderstieben (*birds, etc.*); *~brain* F Schussel *m*; *~brained* zerstreut, F schusselig; *~ed* verstreut; *showers, etc.:* vereinzelt.

sce-na-ri-o [sɪˈnɑːrɪəʊ] (*pl. -os*) *film:* Drehbuch *n*.

scene [si:n] Szene *f*; Schauplatz *m*; *~s pl.* Kulissen *f*; *~ne-ry* ['si:nərɪ] Szenerie *f*; Bühnenbild *n*, Kulissen *pl.*, Dekoration *f*; Landschaft *f*.

scent [sent] 1. (*esp.* Wohl)Geruch *m*, Duft *m*; *esp. Brt.* Parfüm *n*; *hunt.* Witterung *f*; *gute etc.* Nase; Fährte *f* (*a. fig.*); 2. wittern; *esp. Brt.* parfümieren; *~less* geruchlos.

scep|tic, *Am.* **skep-** ['skeptɪk] Skeptiker(in); *~ti-cal*, *Am.* **skep-** □ skeptisch.

scep-tre, *Am.* **-ter** ['septə] Zepter *n*.

sched-ule ['ʃedju:l, *Am.* 'skedʒu:l] 1. Verzeichnis *n*, Tabelle *f*; Plan *m*; *esp. Am.* Fahr-, Flugplan *m*; *be ahead of ~* dem Zeitplan voraus sein; *be behind ~* Verspätung haben; im Rückstand sein; *be on ~* (fahr)planmäßig or pünktlich ankommen; 2. (in e-e Liste *etc.*) eintragen; festlegen, -setzen, planen; ⚙ planmäßig (*departure, etc.*); *~d flight* ✈ Linienflug *m*.

scheme [ski:m] 1. Schema *n*; Plan *m*, Projekt *n*, Programm *n*; Intrige *f*; 2. *v/t.* planen; *v/i.* Pläne machen; intrigieren, Ränke schmieden.

schol-ar ['skɒlə] Gelehrte(r *m*) *f*; Gebildete(r *m*) *f*; *univ.* Stipendiat(in); *dated:* Schüler(in); *~ly adj.* gelehrt; *~ship* Gelehrsamkeit *f*; *univ.* Stipendium *n*.

school [sku:l] 1. *zo.* Schwarm *m*; Schule *f* (*a. fig.*); *univ.* Fakultät *f*; *Am.* Hochschule *f*; *at ~* auf or in der Schule; 2. schulen, ausbilden; *animal:* dressieren;

~boy Schüler *m*; ~chil·dren *pl.* Schulkinder *pl.*, Schüler *pl.*; ~fel·low Mitschüler(in); ~girl Schülerin *f*; ~ing (Schul)Ausbildung *f*; ~mate Mitschüler(in); ~teach·er Lehrer(in).

schoo·ner ['sku:nə] ♣ Schoner *m*; *Am.* großes Bierglas; *Brt.* großes Sherryglas.

sci·ence ['saiəns] Wissenschaft *f*; *a. natural* ~ *die* Naturwissenschaft(en *pl.*); Kunst(fertigkeit) *f*, Technik *f*; ~ fic·tion Science-fiction *f*.

sci·en·tif·ic [saiən'tifik] (~ally) (natur)wissenschaftlich; exakt, systematisch; kunstgerecht.

sci·en·tist ['saiəntist] (Natur)Wissenschaftler(in).

scin·til·late ['sintileit] funkeln.

sci·on ['saiən] Sproß *m*, Sprößling *m*.

scis·sors ['sizəz] *pl.* (*a pair of* ~ e-e) Schere.

scoff [skɒf] 1. Spott *m*; 2. spotten.

scold [skəuld] 1. *dated:* F Hausdrachen *m*; 2. (aus)schelten; schimpfen.

scol·lop ['skɒləp] = scallop.

scone [skɒn] (weiches) Teegebäck.

scoop [sku:p] 1. Schaufel *f*; Schöpfkelle *f*, *for ice cream, etc.*: Portionierer *m*; F Coup *m*, gutes Geschäft; *newspaper:* F Exklusivmeldung *f*, Knüller *m*; 2. schöpfen, schaufeln; ~ *up* (auf)schaufeln; zusammenraffen.

scoot·er ['sku:tə] (Kinder)Roller *m*; (Motor)Roller *m*.

scope [skəup] Bereich *m*; Gesichtskreis *m*, (geistiger) Horizont; Spielraum *m*.

scorch [skɔ:tʃ] *v/t.* versengen, -brennen; *v/i.* F (dahin)rasen.

score [skɔ:] 1. *sports:* (Spiel)Stand *m*, Punkt-, Trefferzahl *f*, (Spiel)Ergebnis *n*; *a* (An)Zahl, Menge *f*; ♪ Partitur *f*; Kerbe *f*; *keep* ~ *sports:* anschreiben; *what's the* ~? wie steht es?; *the* ~ *is* 2-2 es steht zwei zu zwei; ~*s of* viele; *run up a* ~ Schulden machen; *on the* ~ *of* wegen (*gen.*); 2. *sports:* erzielen (*points, goals*), punkten, *goals: a.* schießen; *record the score:* anschreiben; ♪ instrumentieren; *Am.* F scharf kritisieren; einkerben; ~board *sports:* Anzeigetafel *f*; ~keep·er *sports:* Anschreiber(in); scor·er ['skɔ:rə] Anschreiber(in); *soccer:* Torschütze *m*, -schützin *f*.

scorn [skɔ:n] 1. Verachtung *f*; Spott *m*; 2. verachten; verschmähen; ~ful □ verächtlich.

Scot [skɒt] Schott|e *m*, -in *f*.

Scotch [skɒtʃ] 1. schottisch; 2. *ling.* Schottisch *n*; schottischer Whisky; *the* ~ *pl.* die Schotten *pl.*; ~man, ~wom·an = Scotsman, Scotswoman.

scot-free [skɒt'fri:] ungestraft.

Scots [skɒts] = Scotch; *the* ~ *pl.* die

Schotten *pl.*; ~man Schotte *m*; ~wom·an Schottin *f*.

Scot·tish ['skɒtiʃ] schottisch.

scour[1] ['skauə] scheuern; reinigen.

scour[2] [~] durchsuchen, -stöbern.

scourge [skɔ:dʒ] 1. Geißel *f* (*a. fig.*); *fig.* Plage *f*; 2. geißeln.

scout [skaut] 1. *esp.* ✕ Späher *m*, Kundschafter *m*; *sports:* Spion *m*, Beobachter *m*; ♣ Aufklärungskreuzer *m*; ✈ Aufklärer *m*; *Brt. mot.* motorisierter Pannenhelfer; (*boy*) ~ Pfadfinder *m*; (*girl*) ~ *Am.* Pfadfinderin *f*; ~ *talent* ~ Talentsucher *m*; 2. auskundschaften; *esp.* ✕ auf Erkundung sein; ~ *about*, ~ *around* sich umsehen (*for* nach).

scowl [skaul] 1. finsteres Gesicht; 2. finster blicken.

scrab·ble ['skræbl] (be)kritzeln; scharren; krabbeln.

scrag *fig.* [skræg] *thin person:* Gerippe *n*.

scram·ble ['skræmbl] 1. klettern; sich balgen (*for* um); ~*d eggs pl.* Rührei *n*; 2. Kletterei *f*; Balgerei *f*; *fig.* Gerangel *n*.

scrap [skræp] 1. Stückchen *n*, Fetzen *m*; (Zeitungs)Ausschnitt *m*; Altmaterial *n*; Schrott *m*; ~ *a. pl.* Abfall *m*, (*esp.* Speise)Reste *pl.*; 2. (-*pp*-) ausrangieren; verschrotten; ~book Sammelalbum *n*.

scrape [skreip] 1. Kratzen *n*, Scharren *n*; Kratzfuß *m*; Kratzer *m*, Schramme *f*; *fig.* Klemme *f*; 2. schaben; kratzen; scharren; (entlang)streifen; ~ *together* F *money:* zusammenkratzen.

scrap|·heap ['skræphi:p] Abfall-, Schrotthaufen *m*; ~i·ron, ~met·al Alteisen *n*, Schrott *m*; ~pa·per Schmierpapier *n*; Altpapier *n*.

scratch [skrætʃ] 1. Kratzer *m*, Schramme *f*; Kratzen *n*; *sports:* Startlinie *f*; *start from* ~ *fig.* ganz von vorn (*or* von Null) anfangen; *be up to* ~ den Erwartungen entsprechen, F auf Zack sein; *bring s.th. up to* ~ et. auf Vordermann bringen; 2. zusammengewürfelt; improvisiert; *sports:* ohne Vorgabe; 3. (zer)kratzen; (zer)schrammen; (sich) kratzen, *animal:* kraulen; ~ *out*, ~ *through*, ~ *off* aus-, durchstreichen; ~ *pad Am.* Notizblock *m*; ~ *pa·per Am.* Schmierpapier *n*.

scrawl [skrɔ:l] 1. kritzeln; 2. Gekritzel *n*.

scraw·ny ['skrɔ:ni] (-*ier*, -*iest*) dürr.

scream [skri:m] 1. Schrei *m*; Gekreisch *n*; *he is a* ~ F er ist zum Schreien komisch; 2. schreien, kreischen.

screech [skri:tʃ] = scream.

screen [skri:n] 1. Wand-, Ofen-, Schutzschirm *m*; (Film)Leinwand *f*; *der Film, das Kino; radar, TV, computer:* Bildschirm *m*; Fliegengitter *n*; *fig.* Schutz *m*,

Tarnung *f*; **2.** abschirmen (*a. ~ off*) (*from* gegen); (be)schützen (*from* vor *dat.*); *picture*: projizieren; *TV*: senden; *film*: vorführen, zeigen; verfilmen; *fig. j-n* decken; *fig. person*: überprüfen; **~·play** Drehbuch *n*.

screw [skru:] **1.** Schraube *f*; (Flugzeug-, Schiffs)Schraube *f*; Propeller *m*; **2.** schrauben; V bumsen, vögeln; ~ *up* zuschrauben, F *spoil*: vermasseln; ~ *up one's courage* sich ein Herz fassen; **~·ball** *Am. sl.* komischer Kauz, Spinner *m*; **~·driv·er** Schraubenzieher *m*.

scrib·ble ['skrɪbl] **1.** Gekritzel *n*; **2.** (hin)kritzeln.

scrimp [skrɪmp] sparen, knausern (*on* mit).

script [skrɪpt] Schrift *f*; Handschrift *f*; *print*. Schreibschrift *f*; Manuskript *n*; *film, TV*: Drehbuch *n*.

Scrip·ture ['skrɪptʃə]: (*Holy*) **~**, *The* (*Holy*) **~s** *pl.* die Heilige Schrift.

scroll[1] [skrəʊl] Schriftrolle *f*; Schnecke *f* (*of violin*); Schnörkel *m*.

scroll[2] [~] *computer*: rollen, scrollen, blättern.

scro·tum *anat.* ['skrəʊtəm] (*pl. -ta* [-tə], *-tums*) Hodensack *m*.

scrub[1] [skrʌb] Gestrüpp *n*, Buschwerk *n*; Knirps *m*; *contp.* Null *f* (*person*); *Am. sports*: zweite (Spieler)Garnitur.

scrub[2] [~] **1.** Schrubben *n*, Scheuern *n*; **2.** (*-bb-*) schrubben, scheuern.

scru·ple ['skru:pl] **1.** Skrupel *m*, Zweifel *m*, Bedenken *n*; **2.** Bedenken haben; **~·pu·lous** □ [-jʊləs] voller Skrupel; gewissenhaft; ängstlich.

scru·ti|nize ['skru:tɪnaɪz] (genau) prüfen; **~ny** [~ɪ] forschender Blick; genaue (*esp. pol.* Wahl)Prüfung.

scu·ba ['sku:bə] Unterwasser-Atemgerät; ~ *diving* Sporttauchen *n*.

scud [skʌd] **1.** (Dahin)Jagen *n*; (dahintreibende) Wolkenfetzen *pl.*; Bö *f*; **2.** (*-dd-*) eilen, jagen.

scuff [skʌf] schlurfen.

scuf·fle ['skʌfl] **1.** Balgerei *f*, Rauferei *f*; **2.** sich balgen, raufen.

scull [skʌl] **1.** Skull *n* (*oar*); Skullboot *n*; **2.** rudern, skullen.

scul·le·ry ['skʌlərɪ] Spülküche *f*.

sculp|tor ['skʌlptə] Bildhauer *m*; **~·tress** Bildhauerin *f*; **~·ture 1.** Bildhauerei *f*; Skulptur *f*, Plastik *f*; **2.** (heraus)meißeln, formen.

scum [skʌm] (Ab)Schaum *m*; *the ~ of the earth fig.* der Abschaum der Menschheit.

scurf [skɜːf] (Haut-, *esp.* Kopf)Schuppen *pl.*

scur·ri·lous □ ['skʌrɪləs] gemein, unflätig.

scur·ry ['skʌrɪ] hasten, huschen.

scur·vy [ˈskɜːvɪ] Skorbut *m*.

scut·tle ['skʌtl] **1.** Kohleneimer *m*; **2.** = *scurry*; sich hastig zurückziehen.

scythe [saɪð] Sense *f*.

sea [siː] See *f*, Meer *n* (*a. fig.*); hohe Welle; *at* ~ auf See; (*all*) *at* ~ *fig.* (völlig) ratlos; *by* ~ auf dem Seeweg, mit dem Schiff; *by the* ~ am Meer, an der See; **~·board** Küste(ngebiet *n*) *f*; **~·coast** Meeresküste *f*; **~·far·ing** seefahrend; **~·food** Meeresfrüchte *pl.*; **~·front** *appr.* Uferstraße *f*, Uferpromenade *f* (am Meer); **~·go·ing** ✥ (hoch)seetüchtig; (Hoch-)See...; **~·gull** *zo.* Möwe *f*.

seal[1] [siːl] **1.** Siegel *n*, Stempel *m*; ⊚ Dichtung *f*; *fig.* Bestätigung *f*; **2.** versiegeln; *fig.* besiegeln; ~ *off fig.* abriegeln; ~ *up* (fest) verschließen *or* abdichten.

seal[2] *zo.* [~] Robbe *f*, Seehund *m*.

sea-lev·el ['siːlevl] Meeresspiegel *m*, -höhe *f*.

seal·ing-wax ['siːlɪŋwæks] Siegellack *m*.

seam [siːm] **1.** Naht *f*; ✥ Fuge *f*; *geol.* Flöz *n*; Narbe *f*; **2.** ~ *together* zusammennähen; **~ed with face**: zerfurcht von.

sea·man ['siːmən] Seemann *m*, Matrose *m*.

seam·stress ['semstrɪs] Näherin *f*.

sea|plane ['siːpleɪn] Wasserflugzeug *n*; **~·port** Seehafen *m*; Hafenstadt *f*; **~·pow·er** Seemacht *f*.

sear [sɪə] versengen, -brennen; ✤ ausbrennen; verdorren (lassen).

search [sɜːtʃ] **1.** Suche *f*, Suchen *n*, Forschen *n*; ✥✥ Fahndung *f* (*for* nach); Unter-, Durchsuchung *f*; *in* ~ *of* auf der Suche nach; **2.** *v/t.* durch-, untersuchen; ✤ sondieren; *conscience*: erforschen, prüfen; ~ *me!* F keine Ahnung!; *v/i.* suchen, forschen (*for* nach); ~ *into* untersuchen, ergründen; **~·ing** □ forschend, prüfend; eingehend (*examination, inquiry, etc.*); **~·light** (Such-) Scheinwerfer *m*; **~·par·ty** Suchmannschaft *f*; **~·war·rant** ✥✥ Haussuchungs-, Durchsuchungsbefehl *m*.

sea|·shore ['siːʃɔː] See-, Meeresküste *f*; **~·sick** seekrank; **~·sick·ness** Seekrankheit *f*, **~·side**: *at the* ~ am Meer; *go to the* ~ ans Meer fahren; ~ *place*, ~ *resort* Seebad *n*.

sea·son ['siːzn] **1.** Jahreszeit *f*; (rechte) Zeit; Saison *f*; *Brt.* F = *season-ticket*; *cherries are now in* ~ jetzt ist Kirschenzeit; *out of* ~ nicht (auf dem Markt) zu haben; *fig. zur* Unzeit; *with the compliments of the* ~ mit den besten Wünschen zum Fest; **2.** (aus)reifen (lassen); würzen; *wood*: ablagern; abhärten (*to* gegen); **sea·so·na·ble** □

zeitgemäß; rechtzeitig; **~al** □ saison-
bedingt, Saison...; **~ing** Würze *f* (*a.
fig.*); Gewürz *n*; **~tick-et 🎫** Dauer-,
Zeitkarte *f*; *thea.* Abonnement *n*.

seat [si:t] **1.** Sitz *m*; Sessel *m*, Stuhl *m*,
Bank *f*; (Sitz)Platz *m*; Platz *m*, Sitz *m* (*in
theatre, etc.*); (**country**) **~** Landsitz *m*;
buttocks: Gesäß *n*, Hosenboden *m*; *fig.*
Sitz *m* (*membership*), *pol. a.* Mandat *n*;
fig. Stätte *f*, Ort *m*, Schauplatz *m*; *s.
take* 1; **2.** (hin)setzen; fassen, Sitzplätze
haben für; **~ed** sitzend; ...sitzig; *be **~ed***
sitzen; *be **~ed!*** nehmen Sie Platz!; *remain **~ed*** sitzen bleiben; **~belt ✈**, *mot.*
Sicherheitsgurt *m*.

sea-ur-chin *zo.* ['si:ə:tʃin] Seeigel *m*;
~ward 1. *adj.* seewärts gerichtet; **2.**
adv. a. **~s** seewärts; **~weed 🌿** (See-)
Tang *m*; **~wor-thy** seetüchtig.

se-cede [si'si:d] sich trennen, abfallen
(**from** von); **se-ces-sion** [si'seʃn] Abfall
m, Abspaltung *f*, Sezession *f*; **se-ces-
sion-ist** Abtrünnige(r *m*) *f*.

se-clude [si'klu:d] abschließen, absondern; **se-clud-ed** einsam; zurückgezogen; abgelegen; **se-clu-sion** Zurückge-
zogen-, Abgeschiedenheit *f*.

sec-ond¹ ['sekənd] Sekunde *f*; *just a **~!***
Moment, bitte!; *have you got a **~**?* hast
du e-n Moment Zeit?

sec-ond² [**~**] **1.** □ zweite(r, -s); **~ to none**
unübertroffen; *on ... thought* nach reiflicher Überlegung; **2.** als zweite(r, -s), an
zweiter Stelle; **3.** *der, die, das Zweite*;
Sekundant *m*; Beistand *m*; **~s** *pl.* Wa-
re(n *pl.*) *f* zweiter Wahl, zweite Wahl; **4.**
sekundieren (*dat.*); unterstützen.

sec-ond-a-ry □ ['sekəndəri] sekundär,
untergeordnet; Neben...; Hilfs...; Sekundär...; **~ education** höhere Schulbil-
dung; **~ modern** (**school**) *Brt.* (*appr.*)
Kombination *f* aus Real- u. Haupt-
schule; **~ school** höhere Schule.

sec-ond|-hand [sekənd'hænd] aus zwei-
ter Hand; gebraucht; antiquarisch; **~ly**
[**~li**] zweitens; **~rate** zweitklassig.

se-cre|cy ['si:krisi] Heimlichkeit *f*; Ver-
schwiegenheit *f*; **~t** [**~t**] **1.** □ geheim;
Geheim...; verschwiegen; verborgen;
2. Geheimnis *n*; *in ... the ~* heimlich, insge-
heim; *be in the ~* eingeweiht sein; *keep
s.th. a ~ from s.o.* j-m etc. verheimlichen.

sec-re-ta-ry ['sekrətri] Schriftführer *m*;
Sekretär(in) *f*; **2 of State** *Brt.* Staatssekretär *m*; *Brt.* Minister *m*; *Am.* Außenminister *m*.

se-crete [si'kri:t] verbergen; *biol.* absondern; **se-cre-tion** [**~ʃn**] Verbergen *n*;
biol., 🔬 Absonderung *f*; **se-cre-tive**
[**~tiv**] verschlossen, geheimnistuerisch.

se-cret-ly ['si:kritli] heimlich.

sec-tion ['sekʃn] 🎖 Sektion *f*; Schnitt *m*;
Teil *m*; Abschnitt *m*; 🚊 Paragraph *m*;
print. Absatz *m*; Abteilung *f*; Gruppe *f*.

sec-u-lar □ ['sekjʊlə] weltlich.

se-cure [si'kjʊə] **1.** □ sicher; fest; gesi-
chert; **2.** (*sich et.*) sichern; schützen;
garantieren; befestigen; (fest) (ver-)
schließen; **se-cu-ri-ty** Sicherheit *f*; Si-
cherheitsmaßnahmen *pl.*; Sorglosigkeit
f; Garantie *f*; Bürge *m*; Kaution *f*; **se-
curities** *pl.* Wertpapiere *pl.*; **~ check**
Sicherheitskontrolle *f*.

se-dan [si'dæn] *Am. mot.* Limousine *f*;
~(-chair) Sänfte *f*.

se-date □ [si'deit] gesetzt; ruhig.

sed-a-tive *mst* 🔬 ['sedətiv] **1.** beruhi-
gend; **2.** Beruhigungsmittel *n*.

sed-en-ta-ry □ ['sedntri] sitzend; seßhaft.

sed-i-ment ['sedimənt] Sediment *n*; (Boden)Satz *m*; *geol.* Ablagerung *f*.

se-duce [si'dju:s] verführen; **se-duc-er**
Verführer *m*; **se-duc-tion** Verführung
f; **se-duc-tive** □ verführerisch.

sed-u-lous □ ['sedjʊləs] emsig.

see¹ [si:] (**saw, seen**) *v/i.* sehen; *make
sure*: nachsehen; feststellen; *reflect*:
(sich) überlegen; *I **~l** ich verstehe; ach
so!; **~ about** sich kümmern um; *I'll **~**
about it* ich will es mir überlegen; **~ into**
untersuchen, nachgehen; **~ through** j-n
or et. durchschauen; **~ to** sich kümmern
um; *v/t.* sehen; *meet*: besuchen, treffen;
dafür sorgen; (daß), *doctor, etc.*: aufsuchen *or* konsultieren; einsehen; **~ s.o.
home** j-n nach Hause bringen *or* begleiten; **~ you!** F bis dann!, auf bald!, wir
sehen uns!; **~ you later!** bis später!, bis
nachher!; **~ s.o. off** j-n verabschieden
(**at station, etc.** am Bahnhof, *etc.*); **~ s.o.
out** j-n hinausbegleiten; **~ through et.**
durchhalten; *j-m* durchhelfen; *live to* **~**
erleben.

see² [**~**] Bistum *n*; *the Holy* 2 der Heilige
Stuhl.

seed [si:d] **1.** Same(n) *m*, Saat(gut *n*) *f*;
(Obst)Kern *m*; *coll.* Samen *pl.*; *mst* **~s**
pl. fig. Saat *f*, Keim *m*; *go or run to* **~**
schießen (*salad, etc.*); *fig.* herunterkommen; **2.** *v/t.* (be)säen; entkernen; *v/i.* in
Samen schießen; **~less** kernlos (*fruit*);
~ling Sämling *m*; **~y** □ F (**-ier,
-iest**) schäbig; elend.

seek [si:k] (**sought**) suchen; begehren;
trachten nach.

seem [si:m] (er)scheinen; *it **~s** to me that
...* mir scheint, daß ...; **~ing** □ schein-
bar.

seen [si:n] *p.p. of* **see¹**.

seep [si:p] (durch)sickern.

seer ['si:ə] Seher(in), Prophet(in).

see-saw ['si:so:] **1.** Wippen *n*; Wippe *f*,

Wippschaukel *f*; **2.** wippen; *fig.* schwanken.

seethe [si:ð] sieden; schäumen (*a. fig.*); *fig.* kochen.

seg-ment ['segmənt] Abschnitt *m*; Segment *n*.

seg-re-gate ['segrɪgeɪt] absondern, trennen (*a. racial and social groups*); **~ga-tion** Absonderung *f*; Rassentrennung *f*.

seize [si:z] ergreifen, packen, fassen; an sich reißen; ⅔ beschlagnahmen; *j-n* ergreifen, festnehmen; (ein)nehmen, erobern; *fig.* erfassen.

sei-zure ['si:ʒə] Ergreifung *f*; ⅔ Beschlagnahme *f*; *𝔯* Anfall *m*.

sel-dom *adv.* ['seldəm] selten.

se-lect [sɪ'lekt] **1.** auswählen, -suchen; **2.** ausgewählt; erlesen; exklusiv; **se-lection** Auswahl *f*; Auslese *f*.

self [self] **1.** (*pl.* **selves** [selvz]) Selbst *n*, Ich *n*; **2.** *pron.* selbst; *econ. or* F = *myself*, *etc.*; **~as-sured** selbstbewußt, -sicher; **~ca-ter-ing 1.** Selbstversorgung *f*; **2.** mit Selbstversorgung; **~cen-t(e)red** egozentrisch; **~col-o(u)red** einheitlich in der Farbe; *esp.* 𝔮 einfarbig; **~com-mand** Selbstbeherrschung *f*; **~con-fi-dence** Selbstvertrauen *n*, -bewußtsein *n*; **~con-fi-dent** ☐ selbstsicher, -bewußt; **~con-scious** ☐ befangen, gehemmt, unsicher; **~con-tained** (in sich) geschlossen, selbständig; *fig.* verschlossen; **~flat** *Brt.* abgeschlossene *or* separate Wohnung; **~con-trol** Selbstbeherrschung *f*; **~defence**, *Am.* **~de-fense** Selbstverteidigung *f*; **in** ~ in Notwehr; **~de-ni-al** Selbstverleugnung *f*; **~de-ter-mi-na-tion** *esp. pol.* Selbstbestimmung *f*; **~drive** ~ *hire* Autovermietung *f*; ~ *vehicle* Mietwagen *m*; **~em-ployed** *econ.* selbständig; **~ev-i-dent** selbstverständlich; **~gov-ern-ment** *pol.* Selbstverwaltung *f*, Autonomie *f*; **~help** Selbsthilfe *f*; **~in-dul-gent** nachgiebig gegen sich selbst; zügellos; **~in-struc-tion** Selbstunterricht *m*; **~in-terest** Eigennutz *m*, eigenes Interesse; **~ish** ☐ selbstsüchtig; **~made** selbstgemacht; ~ *man* Selfmademan *m*; **~pit-y** Selbstmitleid *n*; **~pos-ses-sion** Selbstbeherrschung *f*; **~re-li-ant** selbstsicher, -bewußt; **~re-spect** Selbstachtung *f*; **~right-eous** ☐ selbstgerecht; **~ser-vice 1.** mit Selbstbedienung, Selbstbedienungs...; **2.** Selbstbedienung *f*; ~ *willed* eigenwillig, -sinnig.

sell [sel] (*sold*) *v/t.* verkaufen (*a. fig.*); *j-m et.* aufschwatzen; *v/i.* sich verkaufen (lassen), gehen (*goods*); verkauft werden (**at**, **for** für); ~ *off*, ~ *out econ.*

ausverkaufen; **~by date** Verfallsdatum *n*; **~er** Verkäufer(in); *good* ~ *econ.* gutgehender Artikel.

selves [selvz] *pl. of self* 1.

sem-blance ['sembləns] Anschein *m*; Gestalt *f*.

se-men *biol.* ['si:men] Samen *m*, Sperma *n*.

sem-i ['semi] **1.** *Brt.* F Doppelhaushälfte *f*; **2.** halb..., Halb...; **~co-lon** Semikolon *n*, Strichpunkt *m*; **~de-tached (house)** Doppelhaushälfte *f*; **~fi-nal** *sports*: Halb-, Semifinalspiel *n*; **~s** *pl.* Halb-, Semifinale *n*, Vorschlußrunde *f*.

sem-i-nar ['semɪnɑ:] Seminar *n*; *Am.* Konferenz *f*; **sem-i-nar-y** ['semɪnərɪ] (Priester)Seminar *n*; *fig.* Schule *f*.

semp-stress ['semstrɪs] = *seamstress*.

sen-ate ['senɪt] Senat *m*; **sen-a-tor** ['senətə] Senator *m*.

send [send] (*sent*) senden, schicken; *𝔯* senden; (*with adj. or p.pr.*) machen; ~ *s.o. mad* j-n wahnsinnig machen; ~ *for* nach *j-m* schicken, *j-n* kommen lassen, *j-n* holen *or* rufen (lassen); ~ *forth* aussenden, -strahlen; hervorbringen; veröffentlichen; ~ *in* einsenden, -schicken, -reichen; ~ *up fig.* price, *etc.*: steigen lassen, in die Höhe treiben; ~ *word to s.o.* j-m Nachricht geben; **~er** Absender(in).

se-nile ['si:naɪl] greisenhaft, senil; **se-nil-i-ty** [sɪ'nɪlətɪ] Senilität *f*.

se-ni-or ['si:nɪə] **1.** senior; älter; rang-, dienstälter; Ober...; ~ *citizens pl.* ältere Mitbürger *pl.*, Senioren *pl.*; 𝔮 *Citizen's Railcard* Seniorenpaß *m*; ~ *partner econ.* Seniorpartner *m*; **2.** Ältere(r *m*) *f*; Rang-, Dienstältere(r *m*) *f*; Senior(in); *he is my* ~ *by a year* er ist ein Jahr älter als ich; **~i-ty** höheres Alter *or* Dienstalter *n*.

sen-sa-tion [sen'seɪ∫n] (Sinnes)Empfindung *f*; Gefühl *n*; Eindruck *m*; Sensation *f*; **~al** ☐ sensationell; aufsehenerregend.

sense [sens] **1.** Sinn *m* (*of* für); Empfindung *f*, Gefühl *n*; Verstand *m*; Bedeutung *f*; Ansicht *f*; *in (out of) one's* ~*s* bei (von) Sinnen; *bring* ~ *to s.o. to his or her* ~*s* j-n zur Vernunft bringen; *make* ~ Sinn haben; *talk* ~ vernünftig reden; **2.** spüren, fühlen.

sense-less ☐ ['senslɪs] bewußtlos; unvernünftig, dumm; sinnlos; **~ness** Bewußtlosigkeit *f*; Unvernunft *f*; Sinnlosigkeit *f*.

sen-si-bil-i-ty [sensɪ'bɪlətɪ] Sensibilität *f*, Empfindungsvermögen *n*; *phys.*, *etc.*: Empfindlichkeit *f*; *sensibilities pl.* Empfindsamkeit *f*, Zartgefühl *n*.

sen-si-ble ☐ ['sensəbl] vernünftig;

spür-, fühlbar; *be ~ of s.th.* sich e-r Sache bewußt sein; et. empfinden.

sen·si|tive □ ['sensɪtɪv] empfindlich (*to* gegen); Empfindungs...; sensibel, empfindsam, feinfühlig; **~tive·ness, ~tiv·i·ty** Sensibilität *f*; Empfindlichkeit *f*.

sen·sor ⊕ ['sensə] Sensor *m*.

sen·su·al □ ['sensjʊəl] sinnlich.

sen·su·ous □ ['sensjʊəs] sinnlich; Sinnes...; sinnenfroh.

sent [sent] *past and p.p. of send.*

sen·tence ['sentəns] 1. ⚖ (Straf)Urteil *n*; *gr.* Satz *m*; *serve one's ~* s-e Strafe absitzen; 2. verurteilen.

sen·ten·tious □ [sen'tenʃəs] aufgeblasen, salbungsvoll.

sen·tient □ ['senʃnt] empfindungsfähig.

sen·ti|ment ['sentɪmənt] (seelische) Empfindung, Gefühl *n*; Meinung *f*; = **sentimentality; ~ment·al** □ empfindsam; sentimental; **~men·tal·i·ty** Sentimentalität *f*.

sen·try ⚔ [~rɪ] Wache *f*, (Wach[t])Posten *m*.

sep·a|ra·ble □ ['sepərəbl] trennbar; **~rate** 1. □ ['seprət] (ab)getrennt, gesondert, separat; einzeln; 2. ['sepəreɪt] (sich) trennen; (sich) absondern; (sich) scheiden; aufteilen (*into* in *acc.*); **~ra·tion** Trennung *f*; Scheidung *f*.

sep·sis ✿ ['sepsɪs] (*pl.* -ses [-siːz]) Sepsis *f*, Blutvergiftung *f*.

Sep·tem·ber [sep'tembə] September *m*.

sep·tic ✿ ['septɪk] (~ally) septisch.

se·pul·chral □ [sɪ'pʌlkrəl] Grab...; *fig.* düster, Grabes...

sep·ul·chre, *Am.* **-cher** ['sepəlkə] Grab (-stätte *f*, -mal *n*) *n*.

se·quel ['siːkwəl] Folge *f*; Nachspiel *n*; (Roman- *etc.*)Fortsetzung *f*; *a* **four-~program(me)** *TV* ein Vierteiler *n*, **~e** vierteilige Serie.

se·quence ['siːkwəns] (Aufeinander-, Reihen)Folge *f*; *film:* Szene *f*; **se·quent** [~t] (aufeinander)folgend.

se·ques·trate ⚖ [sɪ'kwestreɪt] *property:* einziehen; beschlagnahmen.

ser·e·nade ♪ [serə'neɪd] 1. Serenade *f*, Ständchen *n*; 2. *j-m* ein Ständchen bringen.

se·rene □ [sɪ'riːn] klar; heiter; ruhig; **se·ren·i·ty** Heiterkeit *f*; Ruhe *f*.

ser·geant ['sɑːdʒənt] ⚔ Feldwebel *m*; (Polizei)Wachtmeister *m*.

se·ri·al □ ['sɪərɪəl] 1. serienmäßig, Reihen..., Serien..., Fortsetzungs...; 2. Fortsetzungsroman *m*; (Hörspiel-, Fernseh)Folge *f*, Serie *f*.

se·ries ['sɪərɪːz] (*pl.* -ries) Reihe *f*; Serie *f*; Folge *f*.

se·ri·ous □ ['sɪərɪəs] ernst; ernsthaft, ernstlich; *newspaper:* seriös; *be ~* es ernst meinen (*about* mit); **~ness** Ernst(haftigkeit *f*) *m*.

ser·mon ['sɜːmən] *eccl.* Predigt *f*; *iro.* (Moral-, Straf)Predigt *f*.

ser|pent *zo.* ['sɜːpənt] Schlange *f*; **~pen·tine** schlangenförmig; gewunden, *road, etc.:* kurvenreich, Serpentinen...

se·rum ['sɪərəm] (*pl.* -rums, -ra [-rə]) Serum *n*.

ser·vant ['sɜːvənt] *a. domestic ~* Diener(in), Hausangestellte(r *m*) *f*, Dienstbote *m*, -mädchen *n*, Bedienstete(r *m*); *civil ~ s.* civil; *public ~* Staatsbeamt|er, -in; Angestellte(r *m*) *f* im öffentlichen Dienst.

serve [sɜːv] 1. *v/t.* dienen (*dat.*); *period of service* (*a.* ⚔): ableisten; *apprenticeship:* (durch)machen; ⚖ *sentence:* verbüßen; genügen (*dat.*); *customers:* bedienen; *meal:* servieren, auftragen, reichen; *drink:* servieren, einschenken; versorgen (*with* mit); *be useful:* nützen, dienlich sein (*dat.*); *purpose:* erfüllen; (*it*) *~s him right* (das) geschieht ihm ganz recht; *~ out et.* aus-, verteilen; *v/i.* dienen (*a.* ⚔; *as, for* als); *econ.* bedienen; nützen; genügen; *tennis, etc.:* aufschlagen, *volleyball a.:* aufgeben; *XY to ~ tennis, etc.:* Aufschlag XY; *~ at table* (bei Tisch) servieren, bedienen; 2. *tennis, etc.:* Aufschlag *m*, *volleyball a.:* Aufgabe *f*.

ser|vice ['sɜːvɪs] 1. Dienst *m*; *econ., etc.:* Dienstleistung *f*; *in hotel, etc.:* Bedienung *f*; *favour:* Gefälligkeit *f*; *eccl.* Gottesdienst *m*; ⚔ (Wehr-, Militär)Dienst *m*; ⊕ Wartung *f*, *mot. a.* Inspektion *f*; Service *m*, Kundendienst *m*; *trains, etc.:* (Zug- *etc.*)Verkehr *m*; *tennis, etc.:* Service *n*; *tennis, etc.:* Aufschlag *m*, *volleyball a.:* Aufgabe *f*; *be at s.o.'s ~* j-m zur Verfügung stehen; 2. ⊕ warten, pflegen; **~vi·cea·ble** □ brauchbar, nützlich; praktisch; strapazierfähig; **~ ar·e·a** *Brt.* (Autobahn)Raststätte *f*; **~ charge** Bedienungszuschlag *m*; Bearbeitungsgebühr *f*; **~ in·dus·try** *econ.* Dienstleistungsgewerbe *n*; **~ sta·tion** Tankstelle *f*; (Reparatur)Werkstatt *f*.

ser|vile □ ['sɜːvaɪl] sklavisch (*a. fig.*); unterwürfig, kriecherisch; **~vil·i·ty** Unterwürfigkeit *f*, Kriecherei *f*.

serv·ing ['sɜːvɪŋ] *of food:* Portion *f*.

ser·vi·tude ['sɜːvɪtjuːd] Knechtschaft *f*; Sklaverei *f*.

ses·sion ['seʃn] Sitzung(speriode) *f*; *be in ~* ⚖ *parl.* tagen.

set [set] 1. (*-tt-; set*) *v/t.* setzen; stellen; legen; *causing to happen:* (ver)setzen; bringen; veranlassen zu; ein-, herrichten, ordnen; ⊕ (ein)stellen; (*alarm*) *clock*: stellen; *gem*: fassen; besetzen (*with jewels* mit); *liquid*: erstarren lassen; *hair*: legen; *✚ fracture, bone*: einrenken, -richten; *♪ vertonen*; *print*. absetzen; *task*: stellen; *time, price*: festsetzen; *record*: aufstellen; ~ *s.o. laughing* j-n zum Lachen bringen; ~ *an example* ein Beispiel geben; ~ *one's hopes on* s-e Hoffnung setzen auf (*acc.*); ~ *the table* den Tisch decken; ~ *one's teeth* die Zähne zusammenbeißen; ~ *at ease* beruhigen; ~ *s.o.'s mind at rest* j-n beruhigen; ~ *great* (*little*) *store by* großen (geringen) Wert legen auf (*acc.*); ~ *aside* beiseite legen, weglegen; *✝ ✝* aufheben; verwerfen; ~ *forth* darlegen; ~ *off* hervorheben; ~ *up* errichten; aufstellen; einrichten, gründen; *government*: bilden; *j-n* etablieren; *v/i*. untergehen (*sun, etc.*); gerinnen, fest werden; erstarren (*a. face, muscles*); *✚* sich einrenken; *hunt*. vorstehen (*pointer*); ~ *about doing s.th*. sich daranmachen, et. zu tun; ~ *about s.o*. F über j-n herfallen; ~ *forth* aufbrechen; ~ *in* einsetzen (*begin*); ~ *off* aufbrechen; ~ *on* angreifen; ~ *out* aufbrechen; ~ *to* sich daranmachen; ~ *up* sich niederlassen; ~ *up as* sich ausgeben für; 2. fest; starr; festgesetzt, bestimmt; bereit, entschlossen; vorgeschrieben; ~ *fair barometer*: beständig; ~ *phrase* feststehender Ausdruck; ~ *speech* wohlüberlegte Rede; 3. Satz *m*, Garnitur *f*; Service *n*; Set *n, m*; gesammelte Ausgabe (*of author*); (Schriften)Reihe *f*, (Artikel)Serie *f*; *radio, TV*: Gerät *n*, Apparat *m*; *thea*. Bühnenausstattung *f*; *film*: Szenenaufbau *m*; *tennis, etc.*: Satz *m*; *hunt*. Vorstehen *n*; *♪* Setzling *m*; (Personen-) Kreis *m, contp*. Clique *f*; Sitz *m*, Schnitt *m* (*clothes*); *poet*. Untergang *m* (*sun*); *fig*. Richtung *f*, Tendenz *f*; ~ *have a shampoo and* ~ sich die Haare waschen und legen lassen; ~*back fig*. Rückschlag *m*.

set-tee [se'ti:] (kleines) Sofa.

set the-o-ry ⅄ ['set 'θɪərɪ] Mengenlehre *f*.

set-ting ['setɪŋ] Setzen *n*; Einrichten *n*; Fassung *f* (*of jewel*); Gedeck *n*; ☺ Einstellung *f*; *thea*. Bühnenbild *n*; *film*: Ausstattung *f*; *♪* Vertonung *f*; (Sonnenetc.)Untergang *m*; Umgebung *f*; Schauplatz *m*; *fig*. Rahmen *m*.

set-tle ['setl] 1. Sitzbank *f*; 2. *v/t*. vereinbaren, abmachen, festsetzen; erledigen, in Ordnung bringen, regeln; *question, etc.*: klären, entscheiden; *deal*: abschließen; *bill*: begleichen; *econ. account*: ausgleichen; *quarrel, dispute*: beilegen, schlichten; *a.* ~ *down* beruhigen; *child*: versorgen; *property*: vermachen (*on*

dat.); *annuity*: aussetzen (*on dat.*); ansiedeln; *land*: besiedeln; ~ *s.o. in* j-m helfen, sich einzugewöhnen; ~ *o.s*. sich niederlassen; ~ *one's affairs* s-e Angelegenheiten in Ordnung bringen; *that* ~*s it* F damit ist der Fall erledigt; *that's* ~*d then* das ist also klar; *v/i*. sich niederlassen *or* setzen; *a*. ~ *down* sich ansiedeln *or* niederlassen; sich (häuslich) niederlassen; sich senken (*walls, etc.*); beständig werden (*weather*); *a*. ~ *down fig*. sich beruhigen, sich legen; sich setzen (*sediment*); sich klären (*liquid*); sich legen (*dust*); ~ *back* sich (gemütlich) zurücklehnen; ~ *down to* sich widmen (*dat.*); ~ *in* sich einrichten; sich einleben *or* eingewöhnen; ~ *on*, ~ *upon* sich entschließen zu; ~*d fest*; geregelt (*life*); beständig (*weather*); ~*ment* (Be)Siedlung *f*; Klärung *f*, Erledigung *f*; Übereinkunft *f*, Abmachung *f*; Bezahlung *f*; Schlichtung *f*, Beilegung *f*; *✝ ✝* (Eigentums)Übertragung *f*; ~*r* Siedler *m*.

set-up ['setʌp] F Um-, Zustände *pl.*, Arrangement *n*; *trick, etc.*: abgekartete Sache.

sev-en ['sevn] 1. sieben; 2. Sieben *f*; ~*teen* [~'ti:n] 1. siebzehn; 2. Siebzehn *f*; ~*teenth* [~'ti:nθ] siebzehnte(r, -s); ~*th* [~θ] 1. □ sieb(en)te(r, -s); 2. Sieb(en)tel *n*; ~*th-ly* [~lɪ] sieb(en)tens; ~*ti-eth* [~tɪɪθ] siebzigste(r, -s); ~*ty* [~tɪ] 1. siebzig; 2. Siebzig *f*.

sev-er ['sevə] (sich) trennen; zerreißen; *fig*. (auf)lösen.

sev-e-ral □ ['sevrəl] mehrere; verschieden; einige; einzeln; eigen; getrennt; ~*ly* einzeln, gesondert, getrennt.

sev-er-ance ['sevərəns] (Ab)Trennung *f*; *fig*. (Auf)Lösung *f*, Abbruch *m*.

se-vere □ [sɪ'vɪə] (~*r*, ~*st*) streng; scharf; hart; rauh (*weather*); hart (*winter*); ernst, finster (*look, etc.*); heftig (*pain, etc.*); schlimm, schwer (*disease, etc.*); **se-ver-i-ty** [sɪ'verətɪ] Strenge *f*, Härte *f*; Heftigkeit *f*, Stärke *f*; Ernst *m*.

sew [səʊ] (*sewed, sewn or sewed*) nähen; heften.

sew-age ['sju:ɪdʒ] Abwasser *n*.

sew-er¹ ['səʊə] Näherin *f*.

sew-er² [sjʊə] Abwasserkanal *m*; ~*age* ['sjʊərɪdʒ] Kanalisation *f*.

sew-ing ['səʊɪŋ] Nähen *n*; Näharbeit *f*; *attr*. Näh...; ~*n* [səʊn] *p.p. of* sew.

sex [seks] Geschlecht *n*; Sexualität *f*; Sex *m*; ~*is-m* Sexismus *m*; ~*ist* 1. Sexist(in); 2. sexistisch.

sex-ton ['sekstən] Küster *m* (u. Totengräber *m*).

sex|u-al □ ['seksʊəl] geschlechtlich, Geschlechts..., sexuell, Sexual...; ~ *intercourse* Geschlechtsverkehr *m*;

~u·al·i·ty Sexualität *f*; ~y F (*-ier, -iest*) sexy, aufreizend.

shab·by □ ['ʃæbɪ] (*-ier, -iest*) schäbig; gemein.

shack [ʃæk] Hütte *f*, Bude *f*.

shack·le ['ʃækl] **1.** Fessel *f* (*fig. mst pl.*); **2.** fesseln.

shade [ʃeɪd] **1.** Schatten *m* (*a. fig.*); (Lampen- *etc.*)Schirm *m*; Schattierung *f*; *Am.* Rouleau *n*; *fig.* Nuance *f*; *fig.* F Spur *f*; **2.** beschatten; verdunkeln (*a. fig.*); abschirmen; schützen; schattieren; ~ *off* allmählich übergehen (lassen) (*into* in *acc.*).

shad·ow ['ʃædəʊ] **1.** Schatten *m* (*a. fig.*); Phantom *n*; *fig.* Spur *f*; **2.** e-n Schatten werfen auf (*acc.*); *fig. j-n* beschatten, überwachen; ~y (*-ier, -iest*) schattig, dunkel; unbestimmt, vage.

shad·y □ ['ʃeɪdɪ] (*-ier, -iest*) schattenspendend; schattig, dunkel; F zweifelhaft.

shaft [ʃɑːft] Schaft *m*; Stiel *m*; *poet.* Pfeil *m* (*a. fig.*); *poet.* Strahl *m*; ⊕ Welle *f*; Deichsel *f*; ✗ Schacht *m*.

shag·gy ['ʃægɪ] (*-ier, -iest*) zottig.

shake [ʃeɪk] **1.** (*shook, shaken*) *v/t.* schütteln; rütteln an (*dat.*); erschüttern; ~ *down* herunterschütteln; ~ *hands* sich die Hand geben *or* schütteln; ~ *off* abschütteln (*a. fig.*); ~ *up bed:* aufschütteln; *fig.* aufrütteln; *v/i.* zittern (*a. voice*), beben, wackeln, (sch)wanken (*with* vor *dat.*); ♪ trillern; ~ *down* F kampieren; **2.** Schütteln *n*; Erschütterung *f*; Beben *n*; ♪ Triller *m*; (Milch-*etc.*)Shake *m*; ~down **1.** (Behelfs)Lager *n*; *Am.* F Erpressung *f*; *Am.* F Durchsuchung *f*; **2.** *adj.:* ~ *flight* ✈ Testflug *m*; ~ *voyage* ⚓ Testfahrt *f*; **shak·en 1.** *p.p. of* shake 1; **2.** *adj.* erschüttert.

shak·y □ ['ʃeɪkɪ] (*-ier, -iest*) wack(e)lig (*a. fig.*); (sch)wankend; zitternd; zitt(e)rig; *feel* ~ sich etwas schwach (auf den Beinen) fühlen.

shall *v/aux.* [ʃæl] (*past should; negative:* ~ *not, shan't*) ich, du, *etc.* soll(st) *etc.*; *ich werde, wir werden.*

shal·low ['ʃæləʊ] **1.** □ seicht; flach; *fig.* oberflächlich; **2.** seichte Stelle, Untiefe *f*; **3.** (sich) verflachen.

sham [ʃæm] **1.** falsch; Schein...; **2.** (Vor)Täuschung *f*, Heuchelei *f*; Fälschung *f*; Schwindler(in); **3.** (*-mm-*) *v/t.* vortäuschen; *v/i.* sich verstellen; simulieren; ~ *ill(ness)* sich krank stellen.

sham·ble ['ʃæmbl] watscheln; ~*s sg.* Schlachtfeld *n*, wüstes Durcheinander, Chaos *n*.

shame [ʃeɪm] **1.** Scham *f*; Schande *f*; *for* ~*!, on you!* pfui!, schäm dich!; *put to* ~

beschämen; **2.** beschämen; *j-m* Schande machen; ~*faced* □ schüchtern, schamhaft; ~*ful* □ schändlich, beschämend; ~*less* □ schamlos.

sham·poo [ʃæm'puː] **1.** Shampoo *n*, Schampon *n*, Schampun *n*; Kopf-, Haarwäsche *f*; *s. set* 3; **2.** *head, hair:* waschen; *j-m* den Kopf *or* die Haare waschen.

sham·rock ⚘ ['ʃæmrɒk] Kleeblatt *n*.

shank [ʃæŋk] Unterschenkel *m*, Schienbein *n*; ⚘ Stiel *m*; (⚓ Anker)Schaft *m*.

shan·ty ['ʃæntɪ] Hütte *f*, Bude *f*; Seemannslied *n*.

shape [ʃeɪp] **1.** Gestalt *f*, Form *f* (*a. fig.*); *physical or mental:* Verfassung *f*; **2.** *v/t.* gestalten, formen, bilden; anpassen (*to dat.*); *v/i. a.* ~ *up* sich entwickeln; ~*d* ...förmig; ~*less* formlos; ~*ly* (*-ier, -iest*) wohlgeformt.

share [ʃeə] **1.** (An)Teil *m*; Beitrag *m*; *econ.* Aktie *f*; ✔ Pflugschar *f*; *have a* ~ *in* Anteil haben an (*dat.*); *go* ~ teilen; **2.** *v/t.* teilen; *v/i.* teilhaben (*in* an *dat.*); ~*crop·per Am.* Farmpächter *m*; ~*hold·er*, ~*own·er econ.* Aktionär(in), Anteilseigner(in).

shark [ʃɑːk] *zo.* Hai(fisch) *m*; Gauner *m*, Betrüger *m*; Kredit- *or* Miethai *m*.

sharp [ʃɑːp] **1.** □ scharf (*a. fig.*); *needle:* spitz; *slope, etc.:* steil, jäh; *pain:* schneidend, stechend, heftig; *acid, etc.:* beißend, scharf; *sound:* durchdringend, schrill; *mind, etc.:* schnell, pfiffig, schlau, gerissen; ♪ (um e-n Halbton) erhöht; *C* ~ ♪ Cis *n*; **2.** *adv.* scharf; jäh, plötzlich; ♪ zu hoch; pünktlich, genau; *at eight o'clock* ~ Punkt 8 (Uhr); *look* ~! F paß auf!, gib acht!; F mach fix *or* schnell!; **3.** ♪ Kreuz *n*; ♪ durch ein Kreuz erhöhte Note; F Gauner *m*.

sharp·en ['ʃɑːpən] (ver)schärfen; spitzen; verstärken; ~*en·er for knife:* Schärfer *m*; (Bleistift)Spitzer *m*; ~*er* Gauner *m*, Schwindler *m*; Falschspieler *m*; ~*eyed* scharfsichtig; *fig. a.* scharfsinnig; ~*ness* Schärfe *f* (*a. fig.*); ~*shoot·er* Scharfschütze *m*; ~*sight·ed* scharfsichtig; *fig. a.* scharfsinnig; ~*wit·ted* scharfsinnig.

shat·ter ['ʃætə] zerschmettern, -schlagen; *health, nerves:* zerstören, -rütten.

shave [ʃeɪv] **1.** (*shaved, shaved or as adj. shaven*) (sich) rasieren; (ab)schaben; (glatt)hobeln; streifen; *a.* knapp vorbeikommen an (*dat.*); **2.** Rasieren *n*, Rasur *f*; *have* (*or get*) *a* ~ sich rasieren (lassen); *have a close or narrow* ~ mit knapper Not davonkommen *or* entkommen; *that was a close* ~ das ist gerade noch einmal gutgegangen!; **shav·en** *p.p. of* shave 1; **shav·ing 1.**

Rasieren n; ~s pl. (esp. Hobel)Späne pl.; 2. Rasier...

shawl [ʃɔːl] Umhängetuch n; Kopftuch n.

she [ʃiː] 1. sie; 2. Sie f; zo. Weibchen n; 3. adj. in compounds, esp. zo.: weiblich, ...wejbchen n; ~dog Hündin f; ~goat Geiß f.

sheaf [ʃiːf] (pl. **sheaves**) ✔ Garbe f; Bündel n.

shear [ʃɪə] 1. (**sheared, shorn** or **sheared**) scheren; 2. (**a pair of**) ~s pl. (e-e) große Schere.

sheath [ʃiːθ] (pl. **sheaths** [~ðz]) Scheide f; Futteral n, Hülle f; ~e [ʃiːð] in die Scheide or in ein Futteral stecken; esp. ⊙ umhüllen.

sheaves [ʃiːvz] pl. of **sheaf**.

she-bang esp. Am. sl. [ʃəˈbæŋ]: **the whole** ~ der ganze Kram.

shed[1] [ʃed] (-dd-; **shed**) aus-, vergießen; ' verbreiten; leaves, etc.: abwerfen.

shed[2] [~] Schuppen m; Stall m.

sheen [ʃiːn] Glanz m.

sheep [ʃiːp] (pl. **sheep**) zo. Schaf n; Schafleder n; ~**dog** zo. Schäferhund m; ~**fold** Schafhürde f; ~**ish** □ einfältig; verlegen; ~**man** Am., ~**mas-ter** Brt. Schafzüchter m; ~**skin** Schaffell n; Schafleder n; Am. F Diplom n.

sheer [ʃɪə] rein; bloß; glatt; hauchdünn; steil; senkrecht; direkt.

sheet [ʃiːt] Bett-, Leintuch n, Laken n; of glass, etc.: Platte f; ⊙ ...blech n; of paper: Blatt n, Bogen m; weite Fläche (water, etc.); ⚓ Schot(e) f, Segelleine f; **the rain came down in** ~s es regnete in Strömen; ~ **i-ron** ⊙ Eisenblech n; ~ **light-ning** Wetterleuchten n.

shelf [ʃelf] (pl. **shelves**) (Bücher-, Wand- etc.)Brett n, Regal n, Fach n; Riff n; **on the** ~ fig. ausrangiert; ~**life** of food, etc.: Haltbarkeit f, Lagerfähigkeit f.

shell [ʃel] 1. Schale f; ⚘ Hülse f, Schote f; Muschel f; Schneckenhaus n; zo. Panzer m; Gerüst n, Gerippe n, arch. a. Rohbau m; ✗ Granate f; (Geschoß-, Patronen)Hülse f; Am. Patrone f; 2. schälen; enthülsen; ✗ (mit Granaten) beschießen; ~**fire** Granatfeuer n; ~**fish** zo. Schal(en)tier n; ~ pl. Meeresfrüchte pl.; ~**proof** bombensicher.

shel-ter [ʃeltə] 1. Schutzhütte f, -raum m, -dach n; Zufluchtsort m; Obdach n; Schutz m, Zuflucht f; **take** ~ Schutz suchen; bus ~ Wartehäuschen n; 2. v/t. (be)schützen; beschirmen; j-m Schutz or Zuflucht gewähren; v/i. Schutz or Zuflucht suchen.

shelve [ʃelv] v/t. in ein Regal stellen; fig. et. auf die lange Bank schieben; fig. et. zurückstellen; v/i. sanft abfallen (land).

shelves [ʃelvz] pl. of **shelf**.

she-nan-i-gans F [ʃɪˈnænɪɡəns] pl. Blödsinn m, Mumpitz m; übler Trick.

shep-herd [ʃepəd] 1. Schäfer m, Hirt m; 2. hüten; führen, leiten.

sher-iff Am. [ʃerɪf] Sheriff m.

shield [ʃiːld] 1. (Schutz)Schild m; Wappenschild m; fig. Schutz m; 2. (be)schützen (**from** vor dat.); j-n decken.

shift [ʃɪft] 1. Veränderung f, Verschiebung f, Wechsel m; trick: List f, Kniff m, Ausflucht f; (Arbeits)Schicht f; **work in** ~s Schicht arbeiten; **make** ~ es fertigbringen (**to do** zu tun); sich behelfen; sich durchschlagen; 2. v/t. (um-, aus-) wechseln, verändern; a. fig. verlagern, -schieben, -legen; guilt, etc.: (ab)schieben (**onto** auf acc.); ~ **gear(s)** esp. Am. mot. schalten; v/i. wechseln; sich verlagern or -schieben; esp. Am. mot. schalten (**into, to** in acc.); ~ **from one foot to the other** von e-m Fuß auf den anderen treten; ~ **in one's chair** auf s-m Stuhl (ungeduldig etc.) hin u. her rutschen; ~ **for o.s.** sich selbst (weiter)helfen; ~ **key** typewriter: Umschalttaste f; ~**less** □ hilflos; faul; ~**y** □ (-ier, -iest) fig. gerissen; verschlagen; unzuverlässig.

shil-ling [ʃɪlɪŋ] until 1971 British coin: Schilling m.

shin [ʃɪn] 1. a. ~**bone** Schienbein n; 2. (-nn-) ~ **up** hinaufklettern.

shim-mer [ʃɪmə] 1. Schimmer m; 2. schimmern.

shine [ʃaɪn] 1. Schein m; Glanz m; 2. v/i. (**shone**) scheinen; leuchten; fig. glänzen, strahlen; cf. **rise** 2; v/t. (**shined**) polieren, putzen.

shin-gle [ʃɪŋɡl] Schindel f; Am. F (Firmen)Schild n; grober Strandkies; ~s sg. ✱ Gürtelrose f.

shin-y [ʃaɪnɪ] (-ier, -iest) blank, glänzend.

ship [ʃɪp] 1. Schiff n; F Flugzeug n; F Raumschiff n; 2. (-pp-) ⚓ an Bord nehmen or bringen; ⚓ verschiffen; econ. transportieren, versenden; ⚓ (an)heuern; sich anheuern lassen; ~**board** ⚓: **on** ~ an Bord; ~**ment** Verschiffung f; Versand m; Schiffsladung f; ~**own-er** Schiffseigner(in); Reeder m; ~**ping** Verschiffung f; Versand m; coll. Schiffe pl., Flotte f; attr. Schiffs...; Versand...; ~**wreck** Schiffbruch m; ~**wrecked** 1. **be** ~ schiffbrüchig werden or sein; 2. schiffbrüchig, fig. a. gescheitert; ~**yard** (Schiffs)Werft f.

shire [ʃaɪə, in compounds: ...ʃə] Grafschaft f.

shirk [ʃɜːk] sich drücken (vor dat.); ~**er** Drückeberger(in).

shirt [ʃɜːt] (Herren-, Ober)Hemd *n*; *sports*: Trikot *n*; *a.* **~ blouse** Hemdbluse *f*; F **keep your ~ on** F reg dich nicht auf!; **~sleeve 1.** Hemdsärmel *m*; **2.** hemdsärmelig; leger, ungezwungen; **~waist** *Am.* Hemdbluse *f*.

shit V [ʃɪt] **1.** Scheiße *f* (*a. fig.*); Scheißen *n*; *sl. hashish*: Shit *m*, *n*; F *don't give me that ~* F erzähl (mir) nicht so einen Scheiß!; **2.** (*-tt-*; *shit*) scheißen.

shiv-er ['ʃɪvə] **1.** Splitter *m*; Schauer *m*, Zittern *n*, Frösteln *n*; **2.** zersplittern; zittern, (er)schauern, frösteln; **~y** fröstelnd.

shoal [ʃəʊl] **1.** Schwarm *m* (*esp. of fish*); Masse *f*; Untiefe *f*, seichte Stelle; Sandbank *f*; **2.** flach(er) werden.

shock [ʃɒk] **1.** (heftiger) Stoß; (*a. emotional*) Erschütterung *f*, Schock *m*, Schreck *m*, (plötzlicher) Schlag (*to* für); ⚕ (Nerven)Schock *m*; *of hair*: Schopf *m*; **2.** erschüttern; *fig.* schockieren, empören; **~ ab-sorb-er** ⊙ Stoßdämpfer *m*; **~ing** □ schockierend, empörend, anstößig; haarsträubend; F scheußlich.

shod [ʃɒd] *past and p.p. of* **shoe** 2.

shod-dy ['ʃɒdɪ] **1.** Reißwolle *f*; *fig.* Schund *m*; **2.** (*-ier*, *-iest*) falsch; minderwertig, schäbig.

shoe [ʃuː] **1.** Schuh *m*; Hufeisen *n*; **2.** (**shod**) beschuhen; beschlagen; **~black** Schuhputzer *m*; **~horn** Schuhanzieher *m*; **~lace** Schnürsenkel *m*; **~mak-er** Schuhmacher *m*; **~shine** *esp. Am.* Schuhputzen *n*; **~boy** *Am.* Schuhputzer *m*; **~string** Schnürsenkel *m*.

shone [ʃɒn, *Am.* ʃəʊn] *past and p.p. of* **shine** 2.

shook [ʃʊk] *past of* **shake** 1.

shoot [ʃuːt] **1.** Jagd *f*; Jagd(revier *n*) *f*; Jagdgesellschaft *f*; ♣ Schößling *m*, (Seiten)Trieb *m*; **2.** (**shot**) *v/t.* (ab)schießen; erschießen; werfen, stoßen; fotografieren, aufnehmen; *film*: drehen; unter *et.* hindurchschießen, über *et.* hinwegschießen; ♣ treiben; ⚕ (ein)spritzen; **~ up** *sl.* heroin, *etc.*: drücken; *v/i.* schießen; jagen; stechen (*pain*); (dahin-, vorbei- *etc.*)schießen, (-)jagen, (-)rasen; ♣ sprießen, keimen; fotografieren, filmen; **~ ahead of** überholen (*acc.*); **~er** Schütze, -in; F Schießeisen *n* (*gun*).

shoot-ing ['ʃuːtɪŋ] **1.** Schießen *n*; Schießerei *f*; Erschießung *f*; Jagd *f*; *film*: Dreharbeiten *pl.*; **2.** stechend (*pain*); **~gal-le-ry** Schießstand *m*, -bude *f*; **~range** Schießplatz *m*; **~ star** Sternschnuppe *f*.

shop [ʃɒp] **1.** Laden *m*, Geschäft *n*; Werkstatt *f*; Betrieb *m*; *talk* **~** fachsimpeln; **2.** (*-pp-*) *mst go* **~ping** einkaufen gehen; **~as-sis-tant** *Brt.* Verkäufer(in);

~keep-er Ladenbesitzer(in); **~lift-er** Ladendieb(in); **~lift-ing** Ladendiebstahl *m*; **~per** Käufer(in).

shop-ping ['ʃɒpɪŋ] **1.** Einkauf *m*, Einkaufen *n*; Einkäufe *pl.* (*goods*); *do one's* **~** (*s-e*) Einkäufe machen; **2.** Laden..., Einkaufs...; **~ bag** *Am.* Trag(e)tasche *f*; **~ centre** (*Am.* **center**) Einkaufszentrum *n*; **~ street** Geschäfts-, Ladenstraße *f*.

shop-stew-ard [ʃɒp'stjʊəd] gewerkschaftlicher Vertrauensmann; **~walk-er** *Brt.* Aufsicht(sperson) *f* (*in large shop*); **~win-dow** Schaufenster *n*.

shore¹ [ʃɔː] Küste *f*, Ufer *n*, Strand *m*; *on* **~** an Land.

shore² [~] **1.** *support*: Strebebalken *m*, Stütze *f*; **2.** **~ up** abstützen.

shorn [ʃɔːn] *p.p. of* **shear** 1.

short □ [ʃɔːt] **1.** *adj.* kurz; klein; knapp; kurz angebunden, barsch (*with* gegen); mürbe (*pastry*); stark, unverdünnt (*drink*); *in* **~** kurz(um); **~ of** knapp an (*dat.*); *a* **~** *time or while ago* vor kurzem; **2.** *adv.* plötzlich, jäh, abrupt; **~ of** abgesehen von, außer (*dat.*); *come or fall* **~ of** *et.* nicht erreichen; *cut* **~** plötzlich unterbrechen; *stop* **~** plötzlich innehalten, stutzen; *stop* **~ of** zurückschrecken vor (*dat.*); *s.* **run** 1; **~age** Fehlbetrag *m*; Knappheit *f*, Mangel *m* (*of an dat.*); **~com-ing** Unzulänglichkeit *f*; Fehler *m*, Mangel *m*; **~ cut** Abkürzung(sweg *m*) *f*; *take a* **~** (den Weg) abkürzen; **~dat-ed** *econ.* kurzfristig; **~dis-tance** Nah...; **~en** *v/t.* (abver)kürzen; *v/i.* kürzer werden; **~en-ing** Backfett *n*; **~hand** Kurzschrift *f*; **~ typist** Stenotypistin *f*; **~ly** *adv.* kurz; bald; **~ness** [~nɪs] Kürze *f*; Mangel *m*; Schroffheit *f*; **~s** *pl.* (*a pair of* **~s**) Shorts *pl.*; *esp. Am.* (*e-e*) (Herren)Unterhose; **~sight-ed** □ kurzsichtig (*a. fig.*); **~term** *econ.* kurzfristig; **~ wave** ⚡ Kurzwelle *f*; **~wind-ed** □ kurzatmig.

shot [ʃɒt] **1.** *past and p.p. of* **shoot** 2; **2.** Schuß *m*; Abschuß *m*; Geschoß *n*, Kugel *f*; *a. small* **~** Schrot(kugeln *pl.*) *m*, *n*; Schußweite *f*; Schütze *m*, -in *f*; *soccer, etc.*: Schuß *m*, *basketball, etc.*: Wurf *m*, *tennis, golf*: Schlag *m*; *phot.*, *film*: Aufnahme *f*; ⚕ F Spritze *f*, Injektion *f*; F Schuß *m* (*injection of drug, small quantity of alcohol*); *fig.* Versuch *m*; *fig.* Vermutung *f*; *have a* **~** *at et.* versuchen; *not by a long* **~** F noch lange nicht; *big* **~** F großes Tier; *like a* **~** F blitzartig, sofort; **~gun** Schrotflinte *f*; **~ marriage** *or* **wedding** F Mußheirat *f*; **~ put** *sports*: Kugelstoßen *n*; Stoß *m*, Wurf *m* (*throw*); **~put-ter** *sports*: Kugelstoßer(in).

should [ʃʊd, ʃəd] *past of shall*.

shoul-der ['ʃəʊldə] 1. Schulter *f* (*a. of animals; a. fig.*); Achsel *f; Am.* Bankett *n* (*of road*); 2. auf die Schulter *or fig.* auf sich nehmen; ⚔ schultern; drängen; **~blade** *anat.* Schulterblatt *n;* **~strap** Träger *m* (*of dress, etc.*); ⚔ Schulter-, Achselstück *n.*

shout [ʃaʊt] 1. (lauter) Schrei *or* Ruf; Geschrei *n;* 2. (laut) rufen; schreien.

shove [ʃʌv] 1. Schubs *m,* Stoß *m;* 2. schieben, stoßen.

shov-el ['ʃʌvl] 1. Schaufel *f;* 2. (*esp. Brt. -ll-, Am. -l-*) schaufeln.

show [ʃəʊ] 1. (*showed, shown or showed*) *v/t.* zeigen; ausstellen; erweisen; beweisen; **~ in** herein-, hineinführen; **~ off** zur Geltung bringen; **~ out** heraus-, hinausführen, -bringen; **~ round** herumführen; **~ up** herauf-, hinaufführen; *j-n* bloßstellen; *et.* aufdecken; *v/i. a.* **~ up** sichtbar werden *or* sein; sich zeigen; zu sehen sein; **~ off** angeben, prahlen, sich aufspielen; **~ up** F auftauchen, sich blicken lassen; 2. (Her)Zeigen *n;* Zurschaustellung *f;* Ausstellung *f;* Vorführung *f,* -stellung *f,* Schau *f;* F (Theater-, Film)Vorstellung *f, radio, TV:* Sendung *f,* Show *f; outward appearance:* Schein *m;* **on ~** zu besichtigen; *bad ~!* F das ist ein schwaches Bild!; *good ~!* gut gemacht!; **~biz** F, **~ busi-ness** Showbusineß *n,* Showgeschäft *n,* Vergnügungs-, Unterhaltungsbranche *f;* **~case** Schaukasten *m,* Vitrine *f;* **~down** Aufdecken *n* der Karten (*a. fig.*); *fig.* Kraftprobe *f.*

show-er ['ʃaʊə] 1. (Regen- *etc.*)Schauer *m;* Dusche *f; fig.* Fülle *f; have or take a* **~** duschen; 2. *v/t.* überschütten, -häufen; *v/i.* gießen; (sich) brausen *or* duschen; **~ down** niederprasseln; **~y** (-*ier, -iest*) regnerisch.

show|-jump-er ['ʃəʊdʒʌmpə] *sports:* Springreiter(in); **~jump-ing** *sports:* Springreiten *n;* **~n** *p.p. of* **show** 1; **~room** Ausstellungsraum *m;* **~win-dow** Schaufenster *n;* **~y** □ (-*ier, -iest*) prächtig; protzig.

shrank [ʃræŋk] *past of* **shrink.**

shred [ʃred] 1. Stückchen *n;* Fetzen *m* (*a. fig.*); *fig.* Spur *f;* 2. (-*dd-*) zerfetzen; in Streifen schneiden.

shrew [ʃruː] *woman:* F Hausdrachen *m.*

shrewd □ [ʃruːd] scharfsinnig; schlau.

shriek [ʃriːk] 1. schriller Schrei; Gekreisch *n;* 2. kreischen, schreien.

shrill [ʃrɪl] 1. □ schrill, gellend; 2. schrillen, gellen; *et.* kreischen.

shrimp [ʃrɪmp] *zo.* Garnele *f,* Krabbe *f; fig. contp.* Knirps *m.*

shrine [ʃraɪn] Schrein *m.*

shrink [ʃrɪŋk] (*shrank, shrunk*) (ein-, zusammen)schrumpfen (lassen) (ein-, laufen; zurückweichen (*from* vor *dat.*); zurückschrecken (*from,* at vor *dat.*); **~age** Einlaufen *n;* (Ein-, Zusammen)Schrumpfen *n;* Schrumpfung *f; fig.* Verminderung *f.*

shriv-el ['ʃrɪvl] (*esp. Brt. -ll-, Am. -l-*) (ein-, zusammen)schrumpfen (lassen), (ver)welken (lassen).

shroud [ʃraʊd] 1. Leichentuch *n; fig.* Schleier *m;* 2. in ein Leichentuch (ein)hüllen; *fig.* hüllen.

Shrove|tide ['ʃrəʊvtaɪd] Fastnachts-, Faschingszeit *f;* **~ Tues-day** Fastnachts-, Faschingsdienstag *m.*

shrub [ʃrʌb] Strauch *m;* Busch *m;* **~be-ry** ['ʃrʌbərɪ] Gebüsch *n.*

shrug [ʃrʌg] 1. (-*gg-*) (die Achseln) zucken; 2. Achselzucken *n.*

shrunk [ʃrʌŋk] *p.p. of* **shrink;** **~en** ['ʃrʌŋkən] *adj.* (ein-, zusammen)geschrumpft.

shuck *esp. Am.* [ʃʌk] 1. Hülse *f,* Schote *f;* **~s!** F Quatsch!; 2. enthülsen.

shud-der ['ʃʌdə] 1. schaudern; (er)zittern, (er)beben; 2. Schauder *m.*

shuf-fle ['ʃʌfl] 1. *playing cards:* mischen; schlurfen (mit); Ausflüchte machen; **~ off** *clothes:* abstreifen; *fig. work, etc.:* abwälzen (*on, upon* auf *acc.*); 2. (Karten)Mischen *n;* Schlurfen *n;* Umstellung *f; pol.* (Kabinetts)Umbildung *f; fig.* Ausflucht *f,* Schwindel *m.*

shun [ʃʌn] (-*nn-*) (ver)meiden.

shunt [ʃʌnt] 1. 🚂 Rangieren *n;* 🚂 Weiche *f;* ⚡ Nebenschluß *m;* 2. 🚂 rangieren; ⚡ nebenschließen; beiseite schieben; *fig. et.* aufschieben.

shut [ʃʌt] (-*tt-;* **shut**) (sich) schließen, zumachen; **~ down** *company, etc.:* schließen; **~ off** *water, gas, etc.:* abstellen; **~ up** einschließen; *house, etc.:* verschließen; einsperren; **~ up!** F halt die Klappe!; **~ter** Fensterladen *m; phot.* Verschluß *m;* **~ speed** *phot.* Belichtung(szeit) *f.*

shut-tle ['ʃʌtl] 1. ⚙ Schiffchen *n;* Pendelverkehr *m; s.* **space ~;** 2. 🚂 *etc.:* pendeln; **~cock** *sports:* Federball *m;* **~ di-plo-ma-cy** *pol.* Pendeldiplomatie *f;* **~ ser-vice** Pendelverkehr *m.*

shy [ʃaɪ] 1. □ (**~er** *or* **shier, ~est** *or* **shiest**) scheu; schüchtern; 2. scheuen (*at* vor *dat.*); **~ away from** *fig.* zurückschrecken vor (*dat.*); **~ness** Schüchternheit *f;* Scheu *f.*

Si-be-ri-an [saɪˈbɪərɪən] 1. sibirisch; 2. Sibirier(in).

sick [sɪk] krank (*of an dat.; with* vor *dat.*); überdrüssig (*of gen.*); *fig.* krank (*of von dat.; for* nach); *be* **~** sich

übergeben (müssen); *be ~ of s.th.* et.
satt haben; *fall ~* krank werden; *I
feel ~* mir ist schlecht *or* übel; *go ~,
report ~* sich krank melden; *be off ~*
wegen Krankheit fehlen, krank (geschrieben) sein; *skive off ~* krankmachen, krankfeiern; **~ben-e-fit** Brt.
Krankengeld n; **~en** v/i. krank werden;
kränkeln; **~ at** sich ekeln vor (*dat.*); v/t.
krank machen; anekeln; **~en-ing** ekelhaft, widerlich; *fig.* unerträglich, F zum
Kotzen.

sick-le ['sɪkl] Sichel f.

sick|-leave ['sɪkli:v] Fehlen n wegen
Krankheit; *be on ~* wegen Krankheit
fehlen; **~ly** (*-ier, -iest*) kränklich;
schwächlich; bleich, blaß; ungesund
(*climate*); ekelhaft; matt (*smile*);
~ness Krankheit f; Übelkeit f.

side [saɪd] 1. Seite f; *~ by ~* Seite an Seite;
take ~ with Partei ergreifen für; 2. Seiten...; Neben...; 3. Partei ergreifen (*with*
für); **~board** Anrichte f, Sideboard n;
~car mot. Beiwagen m; **sid-ed** ...seitig;
~dish Beilage f (*with main dish*); **~long**
1. adv. seitwärts; 2. adj. seitlich; Seiten...; **~road, ~street** Nebenstraße f;
~stroke sports: Seitenschwimmen n;
~track 🚂 Nebengleis n; 2. 🚂 auf ein
Nebengleis schieben; *fig.* ablenken;
~walk Am. Bürgersteig m; **~ artist** Am.
Pflastermaler(in); **~ward(s), ~ways**
seitlich; seitwärts.

sid-ing 🚂 ['saɪdɪŋ] Nebengleis n.

si-dle ['saɪdl]: *~ up to s.o.* sich an j-n
heranmachen.

siege [si:dʒ] Belagerung f; *lay ~ to* belagern; *fig. j-n* bestürmen.

sieve [sɪv] 1. Sieb n; 2. (durch)sieben.

sift [sɪft] sieben; *fig.* sichten, prüfen.

sigh [saɪ] 1. Seufzer m; 2. seufzen; sich
sehnen (*for* nach).

sight [saɪt] 1. Sehvermögen n, Sehkraft f,
Auge(nlicht) n; Anblick m; Sicht f (*a.
econ.*); Visier n; *fig.* Auge n; **~s** pl. Se-
henswürdigkeiten pl.; *at ~, on ~* sofort;
at ~ vom Blatt (*sing, etc.*); *at the ~ of*
beim Anblick (*gen.*); *at first ~* auf den
ersten Blick; *be out of ~* außer Sicht
sein; *catch ~ of* erblicken; *know by ~*
vom Sehen kennen; *lose ~ of* aus den
Augen verlieren; *(with)in ~* in Sicht
(-weite); 2. sichten, erblicken; (an)visie-
ren; **~ed** ...sichtig; **~ly** (*-ier, -iest*) ansehnlich, stattlich; **~see** (*-saw, -seen*):
go ~ing e-e Besichtigungstour machen;
~see-ing Besichtigung f von Sehens-
würdigkeiten; **~ tour** Besichtigungstour
f, (Stadt)Rundfahrt f; **~se-er** Tou-
rist(in).

sign [saɪn] 1. Zeichen n; Wink m; *notice*:
Schild n; *in ~ of* zum Zeichen (*gen.*); 2.

winken, Zeichen geben; unterzeichnen,
unterschreiben.

sig-nal ['sɪɡnl] 1. Signal n (*a. fig.*); Zeichen n; 2. bemerkenswert; außerordentlich; 3. (*esp. Brt. -ll-, Am. -l-*) (ein)
Zeichen geben; signalisieren; *mot.* blinken; **~ize** [~nəlaɪz] auszeichnen; hervorheben.

sig-na|to-ry ['sɪɡnətərɪ] 1. Unterzeich-
ner(in); 2. unterzeichnend; **~ powers** pl.
pol. Signatarmächte pl.; **~ture** [~tʃə]
Signatur f; Unterschrift f; **~ tune** radio,
TV: Kennmelodie f.

sign|board ['saɪnbɔːd] (Aushänge-, Re-
klame)Schild n; **~er** Unterzeichner(in).

sig-net ['sɪɡnɪt] Siegel n.

sig-nif-i|cance [sɪɡ'nɪfɪkəns] Bedeutung
f; **~cant** [~t] bedeutsam; bezeichnend (*of* für); **~ca-tion** [sɪɡnɪfɪ'keɪʃn]
Bedeutung f, Sinn m.

sig-ni-fy ['sɪɡnɪfaɪ] andeuten; zu verstehen geben; bedeuten.

sign-post ['saɪnpəʊst] Wegweiser m.

si-lence ['saɪləns] 1. (Still)Schweigen n;
Stille f, Ruhe f; **~!** Ruhe!; *put or reduce
to ~* 2. zum Schweigen bringen;
si-lenc-er ⊙ Schalldämpfer m; mot.
Auspufftopf m.

si-lent □ ['saɪlənt] still; schweigend;
schweigsam; stumm; **~ partner** Am.
econ. stiller Teilhaber.

silk [sɪlk] Seide f; attr. Seiden...; **~en**
seiden, Seiden...; **~stock-ing** Am. vornehm; **~worm** zo. Seidenraupe f; **~y**
□ (*-ier, -iest*) seidig, seidenartig.

sill [sɪl] Schwelle f; Fensterbrett n.

sil-ly □ ['sɪlɪ] (*-ier, -iest*) albern, töricht,
dumm, verrückt; **~ fool** F Dummkopf
m; **~ season** press: Sauregurkenzeit f.

silt [sɪlt] 1. Schlamm m; 2. mst **~ up**
verschlammen.

sil-ver ['sɪlvə] 1. Silber n; 2. silbern, Silber...; 3. versilbern; silb(e)rig or silber-
weiß werden; **~ plate**, silb(e)rig or silber-
ber n; **~y** silberglänzend; *fig.* silberhell.

sim-i-lar □ ['sɪmɪlə] ähnlich, gleich;
~i-ty [sɪmɪ'lærɪtɪ] Ähnlichkeit f.

sim-i-le ['sɪmɪlɪ] Gleichnis n.

si-mil-i-tude [sɪ'mɪlɪtjuːd] Gestalt f,
Ebenbild n; Gleichnis n.

sim-mer ['sɪmə] köcheln, leicht kochen
or sieden (lassen); *fig.* kochen (*with* vor
dat.), gären (*emotion, revolt*); **~ down**
sich beruhigen or abregen.

sim-per ['sɪmpə] 1. einfältiges Lächeln;
2. einfältig lächeln.

sim-ple □ ['sɪmpl] (*~r, ~st*) einfach, simpel; *clothes, etc.*: schlicht; *foolish*: einfältig, arglos, naiv; **~heart-ed,
~mind-ed** einfältig, arglos, naiv; **~ton**
Einfaltspinsel m.

sim-plic-i-ty [sɪm'plɪsətɪ] Einfachheit f;

Unkompliziertheit *f*; Schlichtheit *f*; Einfalt *f*; **~-fi-ca-tion** [sɪmplɪfɪ'keɪʃn] Vereinfachung *f*; **~ty** ['sɪmplɪfaɪ] vereinfachen.

sim-ply ['sɪmplɪ] einfach; bloß.

sim-u-late ['sɪmjʊleɪt] vortäuschen; simulieren; ✕, ⊚ *a.* **conditions** (wirklichkeitsgetreu) nachahmen.

sim-ul-ta-ne-ous □ [sɪml'teɪnɪəs] gleichzeitig, simultan.

sin [sɪn] 1. Sünde *f*; 2. **(-nn-)** sündigen.

since [sɪns] 1. *prp.* seit; 2. *adv.* seitdem; 3. *cj.* seit(dem); da (ja).

sin-cere □ [sɪn'sɪə] aufrichtig, ehrlich, offen; **Yours ~ly** *letter*: Mit freundlichen Grüßen; **~-cer-i-ty** [~'serətɪ] Aufrichtigkeit *f*; Offenheit *f*.

sin-ew *anat.* ['sɪnjuː] Sehne *f*; **~y** [~juːɪ] sehnig; *fig.* kraftvoll.

sin-ful □ ['sɪnfl] sündig, sündhaft.

sing [sɪŋ] **(sang, sung)** singen; **~ to s.o.** j-m vorsingen.

singe [sɪndʒ] (ver-, ab)sengen.

sing-er ['sɪŋə] Sänger(in).

sing-ing ['sɪŋɪŋ] Gesang *m*, Singen *n*; **~ bird** Singvogel *m*.

sin-gle ['sɪŋgl] 1. □ einzig; einzeln; Einzel...; einfach; ledig, unverheiratet; **bookkeeping by ~ entry** einfache Buchführung; **in ~ file** im Gänsemarsch; 2. *Brt.* einfache Fahrkarte, ✓ einfaches Ticket; Single *f* (*record*); Single *m*, *f*, Unverheiratete(r *m*) *f*; *Brt.* Einpfund-, *Am.* Eindollarschein *m*; **~s** *sg.*, *pl. tennis*: Einzel *n*; 3. **~ out** auswählen, -suchen; **~-breast-ed** einreihig (*jacket*, *etc.*); **~-en-gined** ✓ einmotorig; **~. (Euro-pe-an) Mar-ket** *pol.* europäischer Binnenmarkt; **~-hand-ed** eigenhändig, allein; **~-heart-ed** □, **~-mind-ed** □ aufrichtig; zielstrebig; **~ par-ent** Alleinerziehende(r *m*) *f*; **~ fam-i-ly** Familie *f* mit nur einem Elternteil.

sin-glet *Brt.* ['sɪŋglɪt] ärmelloses Unterhemd *or* Trikot.

sin-gle-track 🚋 ['sɪŋgltræk] eingleisig; F *fig.* einseitig.

sin-gu-lar ['sɪŋgjʊlə] 1. □ einzigartig; eigenartig; sonderbar; 2. *a.* **~ number** *gr.* Singular *m*, Einzahl *f*; **~-i-ty** [sɪŋgjʊ'lærətɪ] Einzigartigkeit *f*; Eigentümlich-, Seltsamkeit *f*.

sin-is-ter □ ['sɪnɪstə] unheilvoll; böse.

sink [sɪŋk] 1. **(sank, sunk)** *v/i.* sinken; ein-, nieder-, unter-, versinken; sich senken; (ein)dringen, (-)sickern; *v/t.* (ver)senken; *well*: bohren; *money*: fest anlegen; 2. Ausguß *m*, Spülbecken *n*, Spüle *f*; **~-ing** (Ein-, Ver)Sinken *n*; Versenken *n*; ⚓ Schwäche(gefühl *n*) *f*; *econ.* Tilgung *f*; **~-fund** Tilgungsfonds *m*.

sin-less □ ['sɪnlɪs] sünd(en)los, sündenfrei; **sin-ner** Sünder(in).

sin-u-ous □ ['sɪnjʊəs] gewunden.

sip [sɪp] 1. Schlückchen *n*; 2. **(-pp-)** *v/t.* nippen an (*dat.*) *or* von; schlückchenweise trinken; *v/i.* nippen (**at** an *dat.* *or* von).

sir [sɜː] Herr *m* (*form of address*); ♀ [sə] Sir *m* (*title*); **Dear Sir or Madam** Sehr geehrte Damen und Herren.

sire ['saɪə] *mst poet.* Vater *m*; Vorfahr *m*; *zo.* Vater(tier *n*) *m*.

si-ren ['saɪərən] Sirene *f*.

sir-loin ['sɜːlɔɪn] Lendenstück *n*.

sis-sy F ['sɪsɪ] Weichling *m*.

sis-ter ['sɪstə] (*a.* Ordens-, Ober-, Kranken)Schwester *f*; **~-hood** Schwesternschaft *f*; **~-in-law** Schwägerin *f*; **~-ly** schwesterlich.

sit [sɪt] **(-tt-; sat)** *v/i.* sitzen; e-e Sitzung halten, tagen; *fig.* liegen, stehen; **~ down** sich setzen; **~ in** ein Sit-in veranstalten; **~ in for** für j-n einspringen; **~ up** aufrecht sitzen; aufbleiben; *v/t.* setzen; sitzen auf (*dat.*); *exam*: machen.

site [saɪt] Lage *f*; Stelle *f*; Stätte *f*; (Bau)Gelände *n*.

sit-in ['sɪtɪn] Sit-in *n*.

sit-ting ['sɪtɪŋ] Sitzung *f*; **~ room** Wohnzimmer *n*.

sit-u-at-ed ['sɪtjʊeɪtɪd] gelegen; **be ~** liegen, gelegen sein; **~-a-tion** Lage *f*, Situation *f*; *job*: Stellung *f*, Stelle *f*.

six [sɪks] 1. sechs; 2. Sechs *f*; **~-teen** [sɪks'tiːn] 1. sechzehn; 2. Sechzehn *f*; **~-teenth** [~'tiːnθ] sechzehnte(r, -s); **~-th** [sɪksθ] 1. sechste(r, -s); 2. Sechstel *n*; **~-th-ly** ['sɪksθlɪ] sechstens; **~-ti-eth** [~tɪɪθ] sechzigste(r, -s); **~-ty** [~tɪ] 1. sechzig; 2. Sechzig *f*.

size [saɪz] 1. Größe *f*; Format *n*; 2. nach Größe(n) ordnen; **~ up** F abschätzen; **~d** von *or* in ... Größe.

siz(e)-a-ble □ ['saɪzəbl] (ziemlich) groß.

siz-zle ['sɪzl] zischen; knistern; brutzeln; **sizzling (hot)** glühendheiß.

skate [skeɪt] 1. Schlittschuh *m*; Rollschuh *m*; 2. Schlittschuh laufen, eislaufen; Rollschuh laufen; **~-board** 1. Skateboard *n*; 2. Skateboard fahren; **skat-er** Schlittschuhläufer(in); Rollschuhläufer(in); **skat-ing** Schlittschuh-, Eislaufen *n*, Eislauf *m*; Rollschuhlauf(en) *n*.

ske-dad-dle F [skɪ'dædl] abhauen.

skel-e-ton ['skelɪtn] Skelett *n*; Gerippe *n*; Gestell *n*; *attr.* Skelett...; **~ key** Nachschlüssel *m*.

skep-tic ['skeptɪk], **~-ti-cal** [~l] *Am.* = **sceptic(al)**.

sketch [sketʃ] 1. Skizze *f*; Entwurf *m*; *thea.* Sketch *m*; 2. skizzieren; entwerfen.

ski [ski:] 1. (pl. ~[s]) Schi m, Ski m; attr. Schi..., Ski...; 2. Schi or Ski laufen or fahren.

skid [skɪd] 1. Bremsklotz m; ✔ (Gleit)Kufe f; mot. Rutschen n, Schleudern n; ~ mark mot. Bremsspur f; 2. (-dd-) rutschen; schleudern.

skid-doo Am. sl. [skɪ'du:] abhauen.

ski|er ['ski:ə] Schi-, Skiläufer(in); ~ing Schi-, Skilauf(en n) m, -fahren n, -sport m.

ski|ful □ ['skɪlfl] geschickt; geübt.

skill [skɪl] Geschicklichkeit f, Fertigkeit f; ~ed geschickt; ausgebildet, Fach...; ~ worker Facharbeiter m; ~ful Am. □ = skilful.

skim [skɪm] 1. (-mm-) abschöpfen; milk: entrahmen; (hin)gleiten über (acc.); book: überfliegen; ~ through durchblättern; 2. ~ milk Magermilch f.

skimp [skɪmp] j-n knapphalten; sparen an; knausern (on mit); ~y □ (-ier, -iest) knapp; dürftig.

skin [skɪn] 1. Haut f; Fell n; Schale f; 2. (-nn-) v/t. (ent)häuten; animal: abziehen; fruit: schälen; v/i. a. ~ over zuheilen; ~deep (nur) oberflächlich; ~ diving Sporttauchen n; ~flint Knicker m; ~ny (-ier, -iest) mager; ~ny-dip F nackt baden.

skip [skɪp] 1. Sprung m; 2. (-pp-) v/i. hüpfen, springen; seilhüpfen; v/t. überspringen.

skip-per ['skɪpə] ⚓ Schiffer m; ⚓, ✔, sports: Kapitän m.

skir-mish ['skɜ:mɪʃ] 1. ✕ u. fig. Geplänkel n; 2. plänkeln.

skirt [skɜ:t] 1. (Damen)Rock m; (Rock-) Schoß m; often ~s pl. Rand m, Saum m; 2. (um)säumen; (sich) entlangziehen an (dat.).

skit [skɪt] Stichelei f; Satire f; ~tish □ ausgelassen; scheu (horse).

skit-tle ['skɪtl] Kegel m; play (at) ~s kegeln; ~al-ley Kegelbahn f.

skive [skaɪv] blaumachen; a. ~ off (sick) krankmachen, krankfeiern; **skiv-er** Drückeberger(in).

skulk [skʌlk] (herum)schleichen; lauern; sich drücken.

skull [skʌl] Schädel m.

skul(l)-dug-ge-ry F [skʌl'dʌgərɪ] Gaunerei f.

skunk zo. [skʌŋk] Skunk m, Stinktier n.

sky [skaɪ] often skies pl. Himmel m; ~jack F aircraft: entführen; ~jack-er F Flugzeugentführer(in); ~lab Am. Raumlabor n; ~lark 1. zo. Feldlerche f; 2. F Blödsinn treiben; ~light Oberlicht n, Dachfenster n; ~line Horizont m; Silhouette f; ~rock-et F in die Höhe schießen (prices), sprunghaft ansteigen;

~scrap-er Wolkenkratzer m; ~ward(s) himmelwärts.

slab [slæb] Platte f, Fliese f; (dicke) Scheibe (of cheese, etc.).

slack [slæk] 1. □ schlaff; locker; (nach)lässig; flau (a. econ.); 2. ⚓ Lose f; Flaute f (a. econ.); Kohlengrus m; ~en nachlassen; (sich) verringern; (sich) lockern; (sich) entspannen; (sich) verlangsamen; ~s pl. Freizeithose f.

slag [slæg] Schlacke f.

slain [sleɪn] p.p. of slay.

slake [sleɪk] lime: löschen; thirst: löschen, stillen.

slam [slæm] 1. Zuschlagen n; Knall m; 2. (-mm-) door, etc.: zuschlagen, zuknallen; ~ the book on the desk das Buch auf den Tisch knallen.

slan-der ['slɑːndə] 1. Verleumdung f; 2. verleumden; ~ous □ verleumderisch.

slang [slæŋ] 1. Slang m; Berufssprache f; lässige Umgangssprache; 2. j-n wüst beschimpfen.

slant [slɑːnt] 1. schräge Fläche; Abhang m; Neigung f; Standpunkt m, Einstellung f; Tendenz f; 2. schräg legen or liegen; sich neigen; ~ing adj. □, ~wise adv. schief, schräg.

slap [slæp] 1. Klaps m, Schlag m; a ~ in the face ein Schlag ins Gesicht (a. fig.); 2. (-pp-) e-n Klaps geben (dat.); schlagen; klatschen; ~jack Am. appr. Pfannkuchen m; ~stick F Klamotte f; a. ~ comedy thea.: Slapstickkomödie f.

slash [slæʃ] 1. Hieb m; Schnitt(wunde f) m; Schlitz m; 2. (auf)schlitzen; schlagen, hauen; fig. scharf kritisieren.

slate [sleɪt] 1. Schiefer m; Schiefertafel f; esp. Am. pol. Kandidatenliste f; 2. mit Schiefer decken; Brt. F heftig kritisieren; Am. F candidates: aufstellen; ~pen-cil Griffel m.

slat-tern ['slætən] Schlampe f.

slaugh-ter ['slɔːtə] 1. Schlachten n; fig. Blutbad n, Gemetzel n; 2. schlachten; fig. niedermetzeln; ~house Schlachthaus n, -hof m.

Slav [slɑːv] 1. Slaw|e m, -in f; 2. slawisch.

slave [sleɪv] 1. Sklav|e m, -in f (a. fig.); 2. sich (ab)placken, schuften.

slav-er ['slævə] Geifer m, Sabber m; 2. geifern, sabbern.

sla-ve-ry ['sleɪvərɪ] Sklaverei f; Plackerei f; **slav-ish** □ sklavisch.

slay rhet. [sleɪ] (slew, slain) erschlagen; töten.

sled [sled] 1. = sledge[1]; 2. (-dd-) = sledge[1] 2.

sledge[1] [sledʒ] 1. Schlitten m; 2. Schlitten fahren, rodeln.

sledge[2] [~] a. ~hammer Vorschlaghammer m.

sleek [sli:k] 1. □ glatt, glänzend (*hair, fur*); geschmeidig; 2. glätten.
sleep [sli:p] 1. (*slept*) *v/i.* schlafen; ~ (*up*)*on* or *over et.* überschlafen; ~ *with s.o. have sex:* mit j-m schlafen; *v/t.* schlafen; *j-n* für die Nacht unterbringen; ~ *away Zeit* verschlafen; 2. Schlaf *m; get* or *go to* ~ einschlafen; *put to* ~ *animal:* einschläfern.
sleep-er ['sli:pə] Schlafende(r *m*) *f;* 🚂 *on railway track:* Schwelle *f;* 🚂 Schlafwagen *m;* ~**ette** *on train, aircraft, etc.:* Liege-, Ruhesitz *m.*
sleep-ing ['sli:pɪŋ] schlafend; Schlaf...; **Beau-ty** Dornröschen *n;* ~**car(-riage)** 🚂 Schlafwagen *m;* ~ **part-ner** *Brt. econ.* stiller Teilhaber.
sleep|less ['sli:pləs] □ schlaflos; ~**less-ness** Schlaflosigkeit *f;* ~**walk-er** Schlafwandler(in); ~**y** (*-ier, -iest*) schläfrig; müde; verschlafen.
sleet [sli:t] 1. Schneeregen *m;* Graupelschauer *m;* 2. *it was* ~*ing* es gab Schneeregen; es graupelte.
sleeve [sli:v] Ärmel *m;* ⚙ Muffe *f; Brt.* (Schall)Plattenhülle *f;* ~**link** Manschettenknopf *m.*
sleigh [sleɪ] 1. (*esp.* Pferde)Schlitten *m;* 2. (im) Schlitten fahren.
sleight [slaɪt]: ~ *of hand* (Taschenspieler)Trick *m;* Fingerfertigkeit *f.*
slen-der □ ['slendə] schlank; schmächtig; *fig.* schwach; dürftig.
slept [slept] *past and p.p. of sleep* 1.
sleuth [slu:θ] *a.* ~**hound** Spürhund *m (a. fig. detective*).
slew [slu:] *past of slay.*
slice [slaɪs] 1. Schnitte *f,* Scheibe *f,* Stück *n;* (An)Teil *m;* 2. (in) Scheiben schneiden; aufschneiden.
slick [slɪk] 1. □ *adj.* glatt, glitschig; F geschickt, raffiniert; 2. *adv.* direkt; 3. Ölfleck *m,* -teppich *m;* ~**er** *Am.* F Regenmantel *m;* gerissener Kerl.
slid [slɪd] *past and p.p. of slide* 1.
slide [slaɪd] 1. (*slid*) gleiten (lassen); rutschen; schlittern; ausgleiten; ~ *into fig.* in *et.* hineinschlittern; *let things* ~ *fig.* die Dinge laufen lassen; 2. Gleiten *n,* Rutschen *n,* Schlittern *n;* Rutschbahn *f;* Rutsche *f;* ⚙ Schieber *m; phot.* Dia(positiv) *n; Brt.* (Haar)Spange *f; a. land-* Erdrutsch *m;* ~**rule** Rechenschieber *m.*
slid-ing □ ['slaɪdɪŋ] gleitend, rutschend; Schiebe...; ~ *door* Schiebetür *f.*
slight [slaɪt] 1. □ leicht; schmächtig; schwach; gering, unbedeutend; 2. Geringschätzung *f;* 3. geringschätzig behandeln; beleidigen, kränken.
slim (*-mm-*) [slɪm] 1. □ schlank, dünn; *fig.* gering, dürftig; 2. e-e Schlankheitskur machen, abnehmen.

slime [slaɪm] Schlamm *m;* Schleim *m;* **slim-y** (*-ier, -iest*) schlammig; schleimig; *fig.* schmierig; kriecherisch.
sling [slɪŋ] 1. (Stein)Schleuder *f;* (Trag-)Schlinge *f,* Tragriemen *m;* ⚕ Schlinge *f,* Binde *f;* 2. (*slung*) schleudern; auf-, umhängen; *a.* ~ *up* hochziehen.
slink [slɪŋk] (*slunk*) schleichen.
slip [slɪp] 1. (*-pp-*) gleiten (lassen); rutschen; *on ice: a.* schlittern; ausgleiten, -rutschen; (ver)rutschen; loslassen; ~ *away* wegschleichen, sich fortstehlen; ~ *by time:* verstreichen; *In remark:* dazwischenwerfen; ~ *into* hineinstecken *or* hineinschieben in (*acc.*); ~ *off* (*on*) *ring, dress, etc.:* abstreifen (überstreifen); ~ *up* (e-n) Fehler machen; *have* ~*ped s.o.'s memory or mind* j-m entfallen sein; *she let* ~ *that ...* ihr ist herausgerutscht, daß ...; 2. (Aus)Gleiten *n,* (-)Rutschen *n;* Fehltritt *m (a. fig.);* (Flüchtigkeits)Fehler *m;* Fehler *m,* Panne *f;* Streifen *m,* Zettel *m; econ.* (Kontroll)Abschnitt *m;* (Kissen)Bezug *m;* Unterkleid *n,* -rock *m; a* ~ *of a boy* (*girl*) ein schmächtiges Bürschchen (zartes Ding); ~ *of the tongue* Versprecher *m; give s.o. the* ~ j-m entwischen; ~**ped disc** ⚕ Bandscheibenvorfall *m;* ~**per** Pantoffel *m,* Hausschuh *m;* ~**per-y** □ (*-ier, -iest*) glatt, schlüpfrig; *fig. person:* zwielichtig; ~**road** *Brt.* Autobahnauffahrt *f,* -ausfahrt *f;* Zubringer(straße *f) m;* ~**shod** schlampig, nachlässig; ~**stream** *sports* 1. Windschatten *m;* 2. im Windschatten fahren.
slit [slɪt] 1. Schlitz *m,* Spalt *m;* 2. (*-tt-; slit*) (auf-, zer)schlitzen.
slith-er ['slɪðə] gleiten, rutschen.
sliv-er ['slɪvə] Splitter *m.*
slob-ber ['slɒbə] 1. Sabber *m,* Geifer *m;* 2. (be)geifern, (be)sabbern.
slo-gan ['sləʊgən] Slogan *m;* Schlagwort *n;* Werbespruch *m.*
slo-mo F ['sləʊməʊ] *s. slowmo.*
sloop ⚓ [slu:p] Schaluppe *f.*
slop [slɒp] 1. *for sick people:* Süppchen *n;* ~*s pl.* Spül-, Schmutzwasser *n;* 2. (*-pp-*) *v/t.* verschütten; *v/i.* ~ *over* überschwappen.
slope [sləʊp] 1. (Ab)Hang *m;* Neigung *f,* Gefälle *n;* 2. abschrägen; abfallen; schräg verlaufen; (sich) neigen.
slop-py □ ['slɒpɪ] (*-ier, -iest*) naß, schmutzig; schlampig; labb(e)rig (*food*); rührselig.
slot [slɒt] Schlitz *m,* (Münz)Einwurf *m.*
sloth [sləʊθ] Faulheit *f; zo.* Faultier *n.*
slot-ma-chine ['slɒtməʃi:n] (Waren-, Spiel)Automat *m.*
slouch [slaʊtʃ] 1. krumm *or* (nach)lässig dastehen *or* dasitzen; F (herum)lat-

schen; 2. schlaffe, schlechte Haltung; ~
hat Schlapphut *m*.
slough¹ [slaʊ] Sumpf(loch *n*) *m*.
slough² [slʌf] *skin*: abwerfen.
slov-en ['slʌvn] unordentlicher Mensch;
Schlampe *f*; ~ly schlampig.
slow [sləʊ] 1. □ langsam; schwerfällig;
träge; *be* ~ nachgehen (*clock*, *watch*); 2.
adv. langsam; 3. ~ *down*, ~ *up v/t. speed*:
verlangsamen, -ringern; *v/i.* langsamer
werden; ~coach Langweiler *m*;
~down Verlangsamung *f*; *of inflation*,
etc.: Sinken *n*; *a.* ~ (*strike*) *Am. econ.*
Bummelstreik *m*; ~ *lane mot.* Kriech-
spur *f*; ~mo F = ~ *mo-tion phot.* Zeit-
lupe *f*; ~poke *Am.* = *slowcoach*;
~worm *zo.* Blindschleiche *f*.
sludge [slʌdʒ] Schlamm *m*; Matsch *m*.
slug [slʌg] 1. *zo.* Wegschnecke *f*; Stück *n*
Rohmetall; *esp. Am.* (Pistolen)Kugel *f*;
Am. (Faust)Schlag *m*; 2. (-gg-) *Am.* F
j-m e-n harten Schlag versetzen.
slug|gard ['slʌgəd] Faulpelz *m*; ~gish
□ träge; *econ.* schleppend.
sluice ⊚ [slu:s] Schleuse *f*.
slum-ber ['slʌmbə] 1. *mst* ~s *pl.* Schlummer *m*; 2. schlummern.
slump [slʌmp] 1. plumpsen; *econ.* fallen,
stürzen (*prices*); 2. *econ.* (Kurs-, Preis-)
Sturz *m*; (starker) Konjunkturrückgang.
slums [slʌmz] *pl.* Slums *pl.*, Elendsvier-
tel *n* or *pl.*
slung [slʌŋ] *past and p.p. of sling* 2.
slunk [slʌŋk] *past and p.p. of slink*.
slur [slɜ:] 1. (-rr-) verunglimpfen, verleumden; undeutlich (aus)sprechen; ♪
notes: binden; 2. Verunglimpfung *f*,
Verleumdung *f*; undeutliche Aussprache; ♪ Bindebogen *m*.
slush [slʌʃ] Schlamm *m*, Matsch *m*;
Schneematsch *m*; Kitsch *m*.
slut [slʌt] Schlampe *f*; Nutte *f*.
sly □ [slaɪ] (~er, ~est) schlau, listig; hin-
terlistig; *on the* ~ heimlich.
smack [smæk] 1. (Bei)Geschmack *m*;
Schmatz *m* (*kiss*); Schmatzen *n*; klat-
schender Schlag, Klatsch *m*, Klaps *m*;
(Peitschen)Knall *m*; *fig.* Spur *f*, Andeutung *f*; 2. schmecken (*of* nach); klat-
schend schlagen; knallen (mit); *j-m* e-n
Klaps geben; ~ *one's lips* schmatzen.
small [smɔ:l] 1. klein; *effect, etc.*: gering;
not much: wenig; *minor*: unbedeutend,
bescheiden; (sozial) niedrig; *petty*:
kleinlich; *feel* ~ sich schämen; sich ganz
klein und häßlich vorkommen; *look* ~
beschämt *or* schlecht dastehen; *the* ~
hours die frühen Morgenstunden *pl.*; *in
a* ~ *way* bescheiden; *it's a* ~ *world* wie
klein doch die Welt ist; 2. ~ *of the back*
anat. Kreuz *n*; ~s *pl. Brt.* F Unter-

wäsche *f*, Taschentücher *pl. etc.*; *wash
one's* ~s kleine Wäsche waschen; ~
arms pl. Handfeuerwaffen *pl.*; ~
change Kleingeld *n*; ~ish ziemlich
klein; ~pox ⚕ Pocken *pl.*; ~ *talk* oberflächliche Konversation; ~time F unbedeutend.
smart [smɑ:t] 1. □ klug; gewandt, geschickt; gerissen, raffiniert; elegant,
schick, fesch; forsch; flink; hart, scharf;
heftig; schlagfertig; ~ *aleck* F Klugscheißer *m*; 2. stechender Schmerz; 3.
schmerzen; leiden; ~ness Klugheit *f*;
Gewandtheit *f*; Gerissenheit *f*; Eleganz
f; Schärfe *f*.
smash [smæʃ] 1. *v/t.* zerschlagen, -trüm-
mern; (zer)schmettern; *fig.* vernichten;
v/i. zersplittern; krachen; zusammenstoßen; *fig.* zusammenbrechen; 2. heftiger Schlag; Zerschmettern *n*; Krach *m*;
Zusammenbruch *m* (*a. econ.*); *tennis*,
etc.: Schmetterball *m*; *a.* ~ *hit* F toller
Erfolg; ~ing *esp. Brt.* F toll, sagenhaft;
~up Zusammenstoß *m*; Zusammenbruch *m*.
smat-ter-ing ['smætərɪŋ] oberflächliche
Kenntnis; *have a* ~ *of German* ein paar
Brocken Deutsch können.
smear [smɪə] 1. (be-, ein-, ver)schmie-
ren; *fig.* verleumden; 2. Schmiere *f*;
Fleck *m*.
smell [smel] 1. Geruch(ssinn) *m*; Duft
m; Gestank *m*; 2. (*smelt or smelled*)
v/t. riechen (an *dat.*); *v/i.* riechen (at an
dat.); duften; stinken; ~y (-ier, -iest)
übelriechend, stinkend.
smelt¹ [smelt] *past and p.p. of smell* 2.
smelt² *metall.* [~] *ore*: (ein)schmelzen,
verhütten.
smile [smaɪl] 1. Lächeln *n*; 2. lächeln; ~
at j-n anlächeln.
smirch [smɜ:tʃ] besudeln.
smirk [smɜ:k] grinsen.
smith [smɪθ] Schmied *m*.
smith-e-reens [smɪðə'ri:nz] *pl.* Stücke
pl., Splitter *pl.*, Fetzen *pl.*; *smash to* ~ in
tausend Stücke schlagen *or* zerbrechen.
smith-y ['smɪðɪ] Schmiede *f*.
smit-ten ['smɪtn] betroffen, heimgesucht; *fig.* hingerissen (*with* von); *humor.* verliebt, -knallt (*with* in *acc.*).
smock [smɒk] Kittel *m*.
smog [smɒg] Smog *m*.
smoke [sməʊk] 1. Rauch *m*; *have a* ~
(eine) rauchen; 2. rauchen; qualmen;
dampfen; räuchern; ~dried geräu-
chert; smok-er Raucher(in); ~ ⏚ F Rau-
cher(abteil *n*) *m*; ~stack 🚂, ⚓ Schornstein *m*.
smok-ing ['sməʊkɪŋ] Rauchen *n*; *attr.*
Rauch(er)...; ~com-part-ment 🚂 Rau-
cherabteil *n*.

smok·y □ ['sməʊkı] (*-ier*, *-iest*) rauchig; verräuchert.

smooth [smu:ð] **1.** □ glatt; eben; ruhig (☺, *sea*, *journey*); sanft (*voice*); flüssig (*style*, *etc.*); mild (*wine*); (aal)glatt, gewandt (*manner*); **2.** glätten; *fig.* besänftigen; ~ *away fig.* wegräumen; ~ *down* sich glätten; glattstreichen; ~ *out wrinkles*: glattstreichen; **~ness** Glätte *f*.

smoth·er ['smʌðə] ersticken.

smo(u)l·der ['sməʊldə] schwelen.

smudge [smʌdʒ] **1.** (ver-, be)schmieren; schmutzig werden; **2.** Schmutzfleck *m*.

smug [smʌg] (*-gg-*) selbstgefällig.

smug·gle ['smʌgl] schmuggeln; **~r** Schmuggler(in).

smut [smʌt] Ruß(fleck) *m*; Schmutzfleck *m*; *fig.* Zote(n *pl.*) *f*; **~ty** □ (*-ier*, *-iest*) schmutzig.

snack [snæk] Imbiß *m*; *have a ~* e-e Kleinigkeit essen; **~bar** Snackbar *f*, Imbißstube *f*.

snaf·fle ['snæfl] *a.* ~ *bit* Trense *f*.

snag [snæg] (Ast-, Zahn)Stumpf *m*; *esp. Am.* Baumstumpf *m* (*esp. under water*); *fig.* Haken *m*, Schwierigkeit *f*.

snail *zo.* [sneɪl] Schnecke *f*.

snake *zo.* [sneɪk] Schlange *f*.

snap [snæp] **1.** (Zu)Schnappen *n*, Biß *m*; *sound*: Knacken *n*, Krachen *n*; Knacks *m*; *of whip*: Knallen *n*; F *phot.* Schnappschuß *m*; *fig.* F Schwung *m*, Schmiß *m*; *cold* ~ Kälteeinbruch *m*; **2.** (*-pp-*) *v/i.* schnappen (*at nach*); *a.* ~ *shut* zuschnappen (*lock*); *sound*: krachen, knacken, knallen; *break*: (zer)brechen; zerkrachen, -springen, -reißen; ~ *at s.o.* j-n anschnauzen; ~ *to it!*, *Am. a.* ~ *it up! sl.* mach schnell!, Tempo!; ~ *out of it!* hör auf (damit)!, komm, komm!; *v/t.* schnappen *or* beißen nach; schnell greifen nach; knallen mit; (auf- *or* zu-) schnappen *or* zuknallen lassen; *phot.* knipsen; zerbrechen; *j-n* anschnauzen, anfahren; ~ *one's fingers* mit den Fingern schnalzen; ~ *one's fingers at fig. j-n*, *et.* nicht ernst nehmen; ~ *out words*: hervorstoßen; ~ *up* wegschnappen; an sich reißen; **~·fas·ten·er** Druckknopf *m*; **~pish** □ bissig; schnippisch; **~py** (*-ier*, *-iest*) bissig; F flott; F schnell; *make it ~!*, *Brt. a. look ~!* F mach fix!; **~shot** Schnappschuß *m*, Momentaufnahme *f*.

snare [sneə] **1.** Schlinge *f*, Falle *f* (*a. fig.*); **2.** fangen; *fig.* umgarnen.

snarl [snɑ:l] **1.** wütend knurren; **2.** Knurren *n*, Zähnefletschen *n*; Knoten *m*; *fig.* Gewirr *n*.

snatch [snætʃ] **1.** schneller Griff; Ruck *m*; Stückchen *n*; **2.** schnappen; ergrei-

fen; *et.* an sich reißen; nehmen; ~ *at* greifen nach.

sneak [sni:k] **1.** *v/i.* schleichen; *Brt. sl.* petzen; *v/t. sl.* stibitzen; **2.** F Leisetreter *m*, Kriecher *m*; *Brt. sl.* Petze *f*; **~ers** *esp. Am. pl.* Turnschuhe *pl.*; **~y** F gerissen, raffiniert.

sneer [snɪə] **1.** höhnisches Grinsen; höhnische Bemerkung; **2.** höhnisch grinsen; spotten; höhnen.

sneeze [sni:z] **1.** niesen; **2.** Niesen *n*.

snick·er ['snɪkə] *esp. Am.* kichern; *esp. Brt.* wiehern.

sniff [snɪf] schnüffeln, schnuppern; *fig.* die Nase rümpfen.

snig·ger *esp. Brt.* ['snɪgə] kichern.

snip [snɪp] **1.** Schnitt *m*; Schnipsel *m*, *n*; **2.** (*-pp-*) schnippeln, schnipseln.

snipe [snaɪp] **1.** *zo.* Schnepfe *f*; **2.** aus dem Hinterhalt schießen; **snip·er** Heckenschütze *m*.

sniv·el ['snɪvl] (*esp. Brt. -ll-*, *Am. -l-*) schniefen; schluchzen; plärren.

snob [snɒb] Snob *m*; **~bish** □ versnobt.

snoop F [snu:p] **1.** ~ *about*, ~ *around* F *fig.* herumschnüffeln; **2.** Schnüffler(in).

snooze F [snu:z] **1.** Nickerchen *n*; **2.** ein Nickerchen machen; dösen.

snore [snɔ:] **1.** schnarchen; **2.** Schnarchen *n*.

snort [snɔ:t] schnauben; prusten.

snout [snaʊt] Schnauze *f*; Rüssel *m*.

snow [snəʊ] **1.** Schnee *m*; *sl.* Snow *m*, Schnee *m* (*cocaine*, *heroin*); **2.** schneien; ~*ed in or up* eingeschneit; *be* ~*ed under fig.* erdrückt werden; **~bound** eingeschneit; **~capped**, **~clad**, **~cov·ered** schneebedeckt; **~drift** Schneewehe *f*; **~drop** ♀ Schneeglöckchen *n*; **~white** schneeweiß; ♀ White Schneewittchen *n*; **~y** □ (*-ier*, *-iest*) schneeig; schneebedeckt, verschneit; schneeweiß.

snub [snʌb] **1.** (*-bb-*) *j-n* vor den Kopf stoßen, brüskieren; *j-m* über den Mund fahren; *j-n* schneiden; **2.** Brüskierung *f*; **~-nosed** ['snʌbnəʊzd] stupsnasig.

snuff [snʌf] **1.** Schnupftabak *m*; *take* ~ schnupfen; **2.** schnupfen; *candle*: ausdrücken.

snuf·fle ['snʌfl] schnüffeln; näseln.

snug □ [snʌg] (*-gg-*) geborgen; behaglich; enganliegend; **~gle** sich anschmiegen *or* kuscheln (*up to s.o.* an j-n).

so [səʊ] so; also; deshalb; *I hope* ~ ich hoffe es; *I think* ~ ich glaube *or* denke schon; *are you tired? -* ~ *I am* bist du müde? Ja; *you are tired*, ~ *am I* du bist müde, ich auch; *I hope* ~ hoffentlich; ~ *far* bisher; ~ *much for ...* so viel zu ...; ~ *much for that* das hätten wir; *very much* ~ allerdings!, in der Tat!

soak [səuk] v/t. einweichen; durchnässen; (durch)tränken; ~ *in* einsaugen; ~ *up* aufsaugen; v/i. sich vollsaugen; ein-, durchsickern; ~*ing* (**wet**) klatschnaß.

soap [səup] **1.** Seife f; **soft** ~ Schmierseife f; sl. fig. Schmeichelei f; ~ (**opera**) F TV: Seifenoper f; **2.** ab-, einseifen; ~**box** Seifenkiste f; improvisierte Rednerbühne; ~**y** □ (-**ier**, -**iest**) seifig; fig. F schmeichlerisch.

soar [sɔː] (hoch) aufsteigen, sich erheben; in großer Höhe fliegen or schweben; ✔ segeln, gleiten.

sob [sɔb] **1.** Schluchzen n; **2.** (-**bb-**) schluchzen.

so-ber ['səubə] **1.** □ nüchtern; **2.** ernüchtern; ~ *down*, ~ *up* nüchtern machen or werden; **so-bri-e-ty** Nüchternheit f.

so-called [səu'kɔːld] sogenannt.

soc-cer ['sɔkə] Fußball m.

so-cia-ble ['səuʃəbl] **1.** □ gesellig; gemütlich; **2.** geselliges Beisammensein.

so-cial ['səuʃl] **1.** □ gesellig; gesellschaftlich; sozial; Sozial...; Gesellschafts...; **2.** geselliges Beisammensein; ~ *in-sur-ance* Sozialversicherung f.

so-cial-ism ['səuʃəlɪzəm] Sozialismus m; ~*ist* **1.** Sozialist(in); **2.** = ~*is-tic* (~*ally*) sozialistisch; ~*ize* sozialisieren; vergesellschaften; gesellschaftlich verkehren (**with** mit).

so-cial *sci-ence* ['səuʃl'saɪəns] Sozialwissenschaft f; ~ *se-cu-ri-ty* Sozialhilfe f; **be on** ~ Sozialhilfe beziehen; ~ *ser-vic-es* pl. staatliche Sozialleistungen pl.; ~ *work* Sozialarbeit f; ~ *work-er* Sozialarbeiter(in).

so-ci-e-ty [sə'saɪətɪ] Gesellschaft f; Verein m, Vereinigung f.

so-ci-ol-o-gy [səusɪ'ɔlədʒɪ] Soziologie f.

sock [sɔk] Socke f; Einlegesohle f.

sock-et ['sɔkɪt] anat. (Augen-, Zahn-) Höhle f; anat. (Gelenk)Pfanne f; ◎ Muffe f; ⚡ Fassung f; ⚡ Steckdose f; ⚡ (Anschluß)Buchse f.

sod [sɔd] Grasnarbe f; Rasenstück n; sl. person: V Sau f; F blöder Hund.

so-da ['səudə] 🜿 Soda f, n; Soda(wasser) n; ~*foun-tain* Siphon m; Am. Erfrischungshalle f, Eisbar f.

sod-den ['sɔdn] durchweicht; teigig.

soft [sɔft] **1.** □ weich; mild; sanft; sacht, leise; gedämpft (light, etc.); leicht, angenehm (job); weichlich; a. ~ *in the head* F einfältig, doof; alkoholfrei (drink); weich (drugs); **have a ~ job** F e-e ruhige Kugel schieben; **2.** adv. sanft, leise; ~*en* v/t. weich machen; voice, etc.: dämpfen; water: enthärten; j-n erweichen; fig. mildern; v/i. weich(er) or sanft(er) or mild(er) werden; ~*head-ed*

doof; ~*heart-ed* weichherzig; ~ *land-ing* of spacecraft: weiche Landung; ~*ware* computer: Software f; ~*y* F Trottel m; weichlicher Typ; Schwächling m.

sog-gy ['sɔgɪ] (-**ier**, -**iest**) durchnäßt; feucht.

soil [sɔɪl] **1.** Boden m, Erde f; Fleck m; Schmutz m; **2.** (be)schmutzen; schmutzig machen or werden.

so-journ ['sɔdʒɜːn] **1.** Aufenthalt m; **2.** sich (vorübergehend) aufhalten.

sol-ace ['sɔləs] **1.** Trost m; **2.** trösten.

so-lar ['səulə] Sonnen..., Solar...

sold [səuld] past and p.p. of **sell**.

sol-der ◎ ['sɔldə] **1.** Lötzinn n; **2.** löten.

sol-dier ['səuldʒə] Soldat m; ~*like*, ~*ly* soldatisch; ~*y* Militär n, Soldaten pl.

sole[1] □ [səul] alleinig, einzig, Allein...; ~ *agent* Alleinvertreter m.

sole[2] [~] **1.** (Fuß-, Schuh)Sohle f; **2.** besohlen.

sole[3] zo. [~] Seezunge f.

sol-emn □ ['sɔləm] feierlich; ernst; **so-lem-ni-ty** Feierlichkeit f; **sol-em-nize** feiern; marriage: feierlich vollziehen.

so-li-cit [sə'lɪsɪt] (dringend) bitten (um); sich anbieten (prostitute).

so-lic-i-ta-tion [səlɪsɪ'teɪʃn] dringende Bitte; ~*tor* Brt. 🕮 Anwalt; Am. Agent m, Werber m; ~*tous* □ besorgt (about, for um, wegen); ~ of begierig nach; ~ to do bestrebt zu tun; ~*tude* Sorge f, Besorgnis f.

sol-id ['sɔlɪd] **1.** □ fest; derb, kräftig; stabil; massiv; ▲ körperlich, räumlich, Raum...; gewichtig, triftig; solid(e); gründlich; solid(e), zuverlässig (person); einmütig, solidarisch; **a** ~ *hour* e-e volle Stunde; **2.** fester Stoff; geom. Körper m; ~ *s* pl. feste Nahrung; **sol-i-dar-i-ty** [sɔlɪ'dærətɪ] Solidarität f.

so-lid-i-fy [sə'lɪdɪfaɪ] fest werden (lassen); verdichten; ~*ty* Solidität f.

sol-il-o-quy [sə'lɪləkwɪ] Selbstgespräch n; esp. thea. Monolog m.

sol-i-taire [sɔlɪ'teə] gem: Solitär m; Am. card-game: Patience f.

sol-i-ta-ry □ ['sɔlɪtərɪ] einsam; einzeln; einsiedlerisch; ~*tude* Einsamkeit f; Verlassenheit f; Öde f.

so-lo ['səuləu] (pl. -**los**) Solo n; ✔ Alleinflug m; ~*ist* ♩ Solist(in).

sol-u-ble ['sɔljubl] löslich; fig. lösbar; **so-lu-tion** (Auf)Lösung f.

solve [sɔlv] lösen; **sol-vent** **1.** 🜋 (auf)lösend; econ. zahlungsfähig; **2.** 🜋 Lösungsmittel n.

som-bre, Am. **-ber** □ ['sɔmbə] düster, trüb(e); fig. trübsinnig.

some [sʌm, səm] (irgend)ein; before pl.:

einige, ein paar, manche; etwas; etwa; F beachtlich, vielleicht ein (*in exclamations*); ~ **20 miles** etwa 20 Meilen; *to* ~ **extent** einigermaßen; ~**bod·y** (irgend) jemand, irgendeiner; ~**day** eines Tages; ~**how** irgendwie; ~ *or other* irgendwie; ~**one** (irgend) jemand, irgendeiner; ~**place** *Am.* = *somewhere*.

som·er·sault ['sʌməsɔːlt] **1.** Salto *m*; Purzelbaum *m*; *turn a* ~ = **2.** e-n Salto machen; e-n Purzelbaum schlagen.

some|thing ['sʌmθɪŋ] (irgend) etwas; ~**like** so etwas wie, so ungefähr; ~ *or other* irgend etwas; *the book is really* ~ F das Buch ist echt Spitze; ~**time 1.** irgendwann; **2.** ehemalige(r, -s); ~**times** manchmal; ~**what** etwas, ziemlich; irgendwie; ~**where** irgendwo(hin); F *get* ~ weiterkommen, es zu etwas bringen.

son [sʌn] Sohn *m*.

song [sɒŋ] Lied *n*; Gesang *m*; Gedicht *n*; *for a* ~ für ein Butterbrot; ~**bird** Singvogel *m*; ~**ster** Singvogel *m*; Sänger *m*; ~**stress** Sängerin *f*.

son·ic ['sɒnɪk] Schall...; ~ **boom**, *Brt. a.* ~ **bang** Überschallknall *m*.

son-in-law ['sʌnɪnlɔː] (*pl.* **sons-in-law**) Schwiegersohn *m*.

son·net ['sɒnɪt] Sonett *n*.

so·nor·ous □ [sə'nɔːrəs] klangvoll.

soon [suːn] bald; früh; gern; *as or so* ~ *as* sobald als or wie; ~**er** eher; früher; lieber; ~ *or later* früher oder später; *the* ~ *the better* je eher, desto besser; *no* ~ ... *than* kaum ... als; *no* ~ *said than done* gesagt, getan.

soot [sut] **1.** Ruß *m*; **2.** verrußen.

soothe [suːð] beruhigen, besänftigen, beschwichtigen; lindern; mildern; **sooth·ing** □ besänftigend; lindernd; **sooth·say·er** Wahrsager(in).

soot·y □ ['sutɪ] (*-ier, -iest*) rußig.

sop [sɒp] **1.** eingetunkter *or* eingeweichter Bissen; **2.** (*-pp-*) eintunken.

so·phis·ti·cat·ed [sə'fɪstɪkeɪtɪd] anspruchsvoll, kultiviert; intellektuell; blasiert; **○** hochentwickelt; **○** kompliziert; verfälscht; **soph·ist·ry** ['sɒfɪstrɪ] Spitzfindigkeit *f*.

soph·o·more *Am.* ['sɒfəmɔː] College-Student(in) *or* Schüler(in) e-r High-School im zweiten Jahr.

sop·o·rif·ic [sɒpə'rɪfɪk] **1.** (~*ally*) einschläfernd; **2.** Schlafmittel *n*.

sor·cer|er ['sɔːsərə] Zauberer *m*, Hexenmeister *m*; ~**ess** Zauberin *f*, Hexe *f*; ~**y** Zauberei *f*, Hexerei *f*.

sor·did □ ['sɔːdɪd] schmutzig; schäbig, elend, miserabel.

sore [sɔː] **1.** □ (~*r*, ~*st*) schlimm, entzün-

det; wund, weh; gereizt; verärgert, böse; *a* ~ **throat** Halsschmerzen *pl.*, Angina *f*; **2.** Wunde *f*, Entzündung *f*; ~**head** *Am.* F mürrischer Mensch.

sor·rel ['sɒrəl] **1.** rotbraun; **2.** *zo.* Fuchs *m* (*horse*); ⚘ Sauerampfer *m*.

sor·row ['sɒrəʊ] **1.** Kummer *m*, Leid *n*; Schmerz *m*, Jammer *m*; **2.** trauern; sich grämen; ~**ful** □ traurig, betrübt.

sor·ry □ ['sɒrɪ] (*-ier, -iest*) betrübt, bekümmert; traurig, erbärmlich; *be* ~ *about s.th.* et. bereuen *or* bedauern; *I am* (*so*) ~*!* es tut mir (sehr) leid, Verzeihung!; ~*!* Verzeihung!, Entschuldigung!; *I am* ~ *for him* er tut mir leid; *we are* ~ *to say* wir müssen leider sagen.

sort [sɔːt] **1.** Sorte *f*, Art *f*; *what* ~ *of* was für; *of a* ~, *of* ~ F so was wie; ~ *of* F irgendwie, gewissermaßen; *out of* ~*s* F nicht auf der Höhe; **2.** sortieren; ~ *out* (aus)sortieren; *fig.* in Ordnung bringen.

sot [sɒt] Säufer *m*, Trunkenbold *m*.

sough [saʊ] **1.** Rauschen *n*; **2.** rauschen.

sought [sɔːt] *past and p.p. of* **seek**.

soul [səʊl] Seele *f* (*a. fig.*); Inbegriff *m*; ♪ Soul *m*.

sound [saʊnd] **1.** □ gesund; intakt; *econ.* solid(e), stabil, sicher; vernünftig; ⅔ gültig; zuverlässig; kräftig, tüchtig; fest, tief (*sleep*); **2.** Ton *m*, Schall *m*, Laut *m*, Klang *m*; ♪ Sound *m*; ✒ Sonde *f*; Sund *m*, Meerenge *f*; Fischblase *f*; **3.** (er)tönen, (-)klingen; erschallen (lassen); sich anhören; sondieren; ☚ (aus)loten; ✚ abhorchen; ~**bar·ri·er** Schallgrenze *f*, -mauer *f*; ~**film** Tonfilm *m*; ~**ing** ☚ Lotung *f*; ~*s pl.* lotbare Wassertiefe; ~**less** □ lautlos; ~**ness** Gesundheit *f* (*a. fig.*); ~ **pol·lu·tion** Lärmbelästigung *f*; ~**proof** schalldicht; ~**track** *of film*: Tonspur *f*; Filmmusik *f*; ~**wave** Schallwelle *f*.

soup [suːp] **1.** Suppe *f*; (*some*) ~ e-e Suppe; **2.** ~ *up* F *engine*: frisieren.

sour ['saʊə] **1.** □ sauer; *fig.* verbittert; *v/t.* säuern; *fig.* ver-, erbittern; *v/i.* sauer (*fig.* verbittert) werden.

source [sɔːs] **1.** Quelle *f*; Ursprung *m*; **2.** *esp. econ.* erwerben.

sour|ish □ ['saʊərɪʃ] säuerlich; ~**ness** sauer Geschmack; *fig. of person*: Bitterkeit *f*.

souse [saʊs] eintauchen; (mit Wasser) begießen; *fish, etc.*: einlegen, -pökeln.

south [saʊθ] **1.** Süden *m*; **2.** südlich, Süd...; ~**east** Südosten *m*; südöstlich; ~**east·er** Südostwind *m*; ~**east·ern** südöstlich.

south·er|ly ['sʌðəlɪ], ~**n** [~n] südlich, Süd...; ~**n·most** südlichste(r, -s).

south·ward(s) *adv.* ['saʊθwəd(z)] südwärts, nach Süden.

south|-west [sauθ'west] **1.** Südwesten *m*; **2.** südwestlich; **~west-er** Südwestwind *m*; ♣ Südwester *m*; **~west-er-ly**, **~west-ern** südwestlich.

sou-ve-nir [su:və'nɪə] Souvenir *n*, Andenken *n*.

sove-reign ['sɒvrɪn] **1.** □ höchste(r, -s); unübertrefflich; unumschränkt, souverän; **2.** Herrscher(in); Monarch(in); Sovereign *m* (*former British gold coin*); **~ty** [~əntɪ] höchste (Staats)Gewalt; Souveränität *f*, Landeshoheit *f*.

So-vi-et ['sɒʊvɪət] Sowjet *m*; *attr.* sowjetisch, Sowjet...

sow¹ [saʊ] *zo.* Sau *f*, (Mutter)Schwein *n*; ⊙ Sau *f*; ⊙ Massel *f*.

sow² [səʊ] (*sowed*, *sown* *or* *sowed*) (aus)säen, ausstreuen; besäen; **~n** [~n] *p.p. of* **sow²**.

spa [spɑ:] Heilbad *n*; Kurort *m*.

space [speɪs] **1.** (Welt)Raum *m*; Raum *m*, Platz *m*; Abstand *m*, Zwischenraum *m*; Zeitraum *m*; **2.** *mst* **~ out** *print.* sperren; **~ age** Weltraumzeitalter *m*; **~ cap-sule** Raumkapsel *f*; **~craft** Raumfahrzeug *n*; **~flight** (Welt)Raumflug *m*; **~lab** Raumlabor *n*; **~port** Raumfahrtzentrum *n*; **~ probe** (Welt)Raumsonde *f*; **~ re-search** (Welt)Raumforschung *f*; **~sav-ing** platzsparend; **~ship** Raumschiff *n*; **~ shut-tle** Raumfähre *f*; **~ sta-tion** (Welt)Raumstation *f*; **~suit** Raumanzug *m*; **~ walk** Weltraumspaziergang *m*; **~wom-an** (Welt)Raumfahrerin *f*.

spa-cious □ ['speɪʃəs] geräumig; weit; umfassend.

spade [speɪd] Spaten *m*; *playing-card*: Pik *n*, Grün *n*; *king of* **~s** *pl.* Pik-König *m*; *call a* **~ a** **~** das Kind beim (rechten) Namen nennen.

span [spæn] **1.** Spanne *f*; *arch.* Spannweite *f*; **2.** (*-nn-*) um-, überspannen; (aus)messen.

span-gle ['spæŋgl] **1.** Flitter *m*, Paillette *f*; **2.** mit Flitter *or* Pailletten besetzen; *fig.* übersäen.

Span-iard ['spænjəd] Spanier(in).

Span-ish ['spænɪʃ] **1.** spanisch; **2.** *ling.* Spanisch *n*; *the* **~** *pl. coll.* die Spanier *pl.*

spank F [spæŋk] **1.** verhauen; **2.** Klaps *m*, Schlag *m*; **~ing 1.** *adj.* □ schnell, flott; tüchtig, gehörig; **2.** *adv.:* **~ clean** blitzsauber; F **~ new** F funkelnagelneu; **3.** F Haue *f*, Tracht *f* Prügel.

span-ner ⊙ ['spænə] Schraubenschlüssel *m*.

spar [spɑ:] **1.** ♣ Spiere *f*; ⚹ Holm *m*; **2.** (*-rr-*) *boxing:* sparren; *fig.* sich streiten.

spare [speə] **1.** □ sparsam; kärglich, mager; überzählig; überschüssig; Ersatz..., Reserve...; **~ part** Ersatzteil *n*, *a.*

m; **~ room** Gästezimmer *n*; **~ time** *or* *hours* Freizeit *f*, Mußestunden *pl.*; **2.** ⊙ Ersatzteil *n*, *a. m*; **3.** (ver)schonen; erübrigen; entbehren; (übrig)haben (für); ersparen; sparen mit; scheuen.

spar-ing □ ['speərɪŋ] sparsam.

spark [spɑ:k] **1.** Funke(n) *m*; **2.** Funken sprühen; **~ing-plug** *Brt. mot.* Zündkerze *f*.

spar|kle ['spɑ:kl] **1.** Funke(n) *m*; Funkeln *n*; **2.** funkeln; blitzen; perlen (*wine*); **~kling** □ funkelnd, sprühend; *fig.* geistsprühend, -artig; *fig.* sprunghaft; **~ wine** Schaumwein *m*.

spark-plug *Am. mot.* ['spɑ:kplʌg] Zündkerze *f*.

spar-row *zo.* ['spærəʊ] Sperling *m*, Spatz *m*; **~hawk** *zo.* Sperber *m*.

sparse □ [spɑ:s] spärlich, dünn.

spas-m ['spæzəm] ✵ Krampf *m*; Anfall *m*; **spas-mod-ic** [spæz'mɒdɪk] (**~ally**) ✵ krampfhaft, -artig; *fig.* sprunghaft.

spas-tic ✵ ['spæstɪk] **1.** (**~ally**) spastisch; **2.** Spastiker(in).

spat [spæt] *past and p.p. of* **spit²** **2.**

spa-tial □ ['speɪʃl] räumlich.

spat-ter ['spætə] (be)spritzen.

spawn [spɔ:n] **1.** *zo.* Laich *m*; *fig. contp.* Brut *f*; **2.** *zo.* laichen; *fig.* hervorbringen.

speak [spi:k] (*spoke*, *spoken*) *v/i.* sprechen, reden (*to* mit; *about* über *acc.*); **~ out**, **~ up** laut u. deutlich sprechen; offen reden; **~ to** s.o. j-n *or* mit j-m sprechen; *v/t.* (aus)sprechen; sagen; äußern; *language:* sprechen (können); **~er** Sprecher(in), Redner(in); *of radio, etc.:* Lautsprecher *m*; ♣ *parl.* Präsident *m*; *Mr* ♣*!* Herr Vorsitzender!

spear [spɪə] **1.** Speer *m*; Spieß *m*, Lanze *f*; **2.** durchbohren, aufspießen.

spe-cial ['speʃl] **1.** □ besondere(r, -s); speziell; Sonder...; Spezial...; **2.** *newspaper:* Sonderausgabe *f*; ✵ Sonderzug *m*; *radio, TV:* Sondersendung *f*; *constable:* Hilfspolizist(in); *Am.* Tagesgericht *n* (*in restaurant*); *Am. econ.* Sonderangebot *n*; *on* **~** *Am. econ.* im Angebot; **~ist** Spezialist(in), Fachmann *m*, -frau *f*; ✵ Facharzt *m*, -ärztin *f*; **spe-ci-al-i-ty** [speʃɪ'ælətɪ] Besonderheit *f*; Spezialfach *n*; *econ.* Spezialität *f*; **~ize** ['speʃəlaɪz] (sich) spezialisieren; **~ly** ['speʃəlɪ] besonders; extra; **~ty** *esp. Am.* = **speciality**.

spe-cies ['spi:ʃi:z] (*pl. -cies*) Art *f*, Spezies *f*.

spe|cif-ic [spɪ'sɪfɪk] (**~ally**) spezifisch; besondere(r, -s); bestimmt; **~ci-fy** ['spesɪfaɪ] spezifizieren, einzeln angeben; **~ci-men** [~mɪn] Probe *f*, Muster *n*; Exemplar *n*.

spe-cious □ ['spi:ʃəs] blendend, bestechend; trügerisch; Schein...

speck [spek] Fleck(en) m; Stückchen n; **~le** Fleck(en) m, Sprenkel m, Tupfen m; **~led** gefleckt, gesprenkelt, getüpfelt.

spec-ta-cle ['spektəkl] Schauspiel n; Anblick m; **(a pair of) ~s** pl. (e-e) Brille.

spec-tac-u-lar [spek'tækjulə] **1.** □ spektakulär, sensationell, aufsehenerregend; **2.** große (Fernseh)Schau, Galavorstellung f.

spec-ta-tor [spek'teitə] Zuschauer(in).

spec|tral □ ['spektrəl] gespenstisch; **~tre**, Am. **~ter** Gespenst n.

spec-u|late ['spekjuleit] grübeln, nachsinnen; econ. spekulieren; **~la-tion** theoretische Betrachtung; Nachdenken n; Grübeln n; econ. Spekulation f; **~la-tive** □ grüblerisch; theoretisch; econ. spekulativ; **~la-tor** econ. Spekulant m.

sped [sped] past and p.p. of **speed** 2.

speech [spi:tʃ] Sprache f; Reden n, Sprechen n; Rede f, Ansprache f; **make a ~** e-e Rede halten; **~day** Brt. school: (Jahres)Schlußfeier f; **~less** □ sprachlos.

speed [spi:d] **1.** Geschwindigkeit f, Tempo n, Schnelligkeit f, Eile f; ⊙ Drehzahl f; mot. Gang m; phot. Lichtempfindlichkeit f; phot. Belichtungszeit f; sl. Speed n (drug); **full or top ~** Höchstgeschwindigkeit f; **a ten-~ bicycle** ein Zehngang-Fahrrad f; **2. (sped)** v/i. (dahin)eilen, schnell fahren, rasen; **~ up** (past and p.p. **speeded**) die Geschwindigkeit erhöhen; v/t. rasch befördern; **~ up** (past and p.p. **speeded**) beschleunigen; **~boat** Rennboot n; **~ing** mot. zu schnelles Fahren, Geschwindigkeitsüberschreitung f; **~lim-it** Geschwindigkeitsbegrenzung f, Tempolimit n; **~o** F mot. (pl. **-os**) Tacho m; **~om-e-ter** mot. [spr'domitə] Tachometer m, n; **~up** Beschleunigung f, Tempersteigerung f; econ. Produktionserhöhung f; **~way** sports: Speedwayrennen n; Speedwaybahn f; Am. mot. Schnellstraße f; Am. sports: mot. Rennstrecke f; **~y** □ (-ier, -iest) schnell, rasch.

spell [spel] **1.** Weile f, Weilchen n; Anfall m; Zauber(spruch) m; fig. Zauber m; **a ~ of fine weather** e-e Schönwetterperiode; **hot ~** Hitzewelle f; **2. ~ s.o. at s.th.** esp. Am. j-n bei et. ablösen; **(spelt or Am. spelled)** buchstabieren; richtig schreiben; bedeuten; geschrieben werden, sich schreiben; **~bound** (wie) gebannt, fasziniert, gefesselt; **~er** computer: Rechtschreib(korrektur)system n; **be a good or bad ~** in Rechtschrei-

bung gut or schlecht sein; **~ing** Buchstabieren n; Rechtschreibung f; **~ing-book** Fibel f.

spelt [spelt] past and p.p. of **spell** 2.

spend [spend] **1. (spent)** verwenden; money: ausgeben; verbrauchen; verschwenden; energy, etc.: aufwenden; time, holiday: zu-, verbringen; **~ o.s.** sich erschöpfen; **2.** Ausgaben(höhe f) pl.; **~thrift** Verschwender(in).

spent [spent] **1.** past and p.p. of **spend** 1; **2.** adj. erschöpft, matt.

sperm [spɜːm] Sperma n, Samen m.

spew [spjuː] F vomit: brechen, speien; **~ out of** water, etc.: hervorsprudeln.

sphere [sfiə] Kugel f; Erd-, Himmelskugel f; fig. Sphäre f; (Wirkungs)Kreis m, Bereich m, Gebiet n; **spher-i-cal** □ ['sferikl] sphärisch; kugelförmig.

spice [spais] **1.** Gewürz(e pl.) n; fig. Würze f; Anflug m; **2.** würzen.

spick and span [spikən'spæn] blitzsauber; wie aus dem Ei gepellt; funkelnagelneu.

spic-y □ ['spaisi] (-ier, -iest) würzig, gewürzt; fig. pikant.

spi-der zo. ['spaidə] Spinne f.

spig-ot ['spigət] (Faß)Zapfen m; (Zapf-, Am. Leitungs)Hahn m.

spike [spaik] **1.** Stift m; Spitze f; Dorn m; Stachel m; ♦ Ähre f; sports: Spike m; **~s** pl. sports, mot.: Spikes pl., mot. a. Spikereifen pl.; **2.** festnageln; mit (Eisen)Spitzen etc. versehen; **~heel** Pfennigabsatz m.

spill [spil] **1. (spilt or spilled)** v/t. ver-, ausschütten; blood: vergießen; verstreuen; rider: abwerfen; sl. ausplaudern; s. **milk** 1; v/i. überlaufen; sl. auspacken, singen; **2.** Sturz m (from horse, etc.).

spilt [spilt] past and p.p. of **spill** 1.

spin [spin] **1. (-nn-; spun)** v/t. spinnen; schnell drehen, (herum)wirbeln; coin: hochwerfen; fig. sich et. ausdenken, erzählen; **~ s.th. out** et. in die Länge ziehen, et. ausspinnen; v/i. spinnen; sich drehen; ✔ trudeln; mot. durchdrehen (wheels); **~ along** dahinrasen; **2.** schnelle Drehung f; ✔ Trudeln n; **go for a ~** e-e Spritztour machen.

spin-ach ⚕ ['spinidʒ] Spinat m.

spin-al anat. ['spainl] Rückgrat...; **~ column** Wirbelsäule f, Rückgrat n; **~ cord**, **~ marrow** Rückenmark n.

spin-dle ['spindl] Spindel f.

spin|-dri-er ['spindraiə] (Wäsche-) Schleuder f; **~-dry** washing: schleudern; **~-dry-er** = spin-drier.

spine [spain] anat. Wirbelsäule f, Rückgrat n; bot., zo. Stachel m; (Gebirgs-) Grat m; (Buch)Rücken m.

spin-ning|-mill ['spɪnɪŋmɪl] Spinnerei *f*; **~top** Kreisel *m*; **~wheel** Spinnrad *n*.

spin-ster ['spɪnstə] *g'g* ledige Frau; *contp.* alte Jungfer.

spin-y &, *zo.* ['spaɪnɪ] (*-ier, -iest*) stach(e)lig.

spi-ral ['spaɪərəl] **1.** □ spiralig; Spiral...; gewunden; **~ staircase** Wendeltreppe *f*; **2.** Spirale *f*; *price* **~** Preisspirale *f*.

spire ['spaɪə] (Turm-, Berg-, *etc.*)Spitze *f*; Kirchturm(spitze *f*) *n*.

spir-it ['spɪrɪt] **1.** Geist *m*; Schwung *m*; Elan *m*; Mut *m*; Gesinnung *f*; ⚛ Spiritus *m*; **~s** *pl.* alkoholische *or* geistige Getränke *pl.*, Spirituosen *pl.*; *high* (*low*) **~s** *pl.* gehobene (gedrückte) Stimmung; *that's the* **~***l* das lobe ich mir!; **2.** **~ away** *or* **off** wegschaffen, -zaubern; **~ed** □ temperamentvoll, lebhaft; energisch; feurig (*horse, etc.*); geistvoll; **~less** □ geistlos; temperamentlos; mutlos.

spir-i-tu-al ['spɪrɪtjuəl] **1.** □ geistig; geistlich; geistreich; **2.** ♪ (Neger)Spiritual *n*; **~ism** [~ɪzəm] Spiritismus *m*.

spirt [spɜːt] = **spurt²**.

spit¹ [spɪt] **1.** (Brat)Spieß *m*; *geogr.* Landzunge *f*; **2.** (*-tt-*) aufspießen.

spit² [~] **1.** Speichel *m*, Spucke *f*; Fauchen *n*; F Ebenbild *n*; **2.** (*-tt-*; *spat or spit*) speien; fauchen; *rain*: sprühen; *a.* **~ out** (aus)spucken.

spite [spaɪt] **1.** Bosheit *f*; Groll *m*; *in* **~ *of** trotz (*gen.*); **2.** *j-n* ärgern; **~ful** □ boshaft, gehässig.

spit-fire ['spɪtfaɪə] Hitzkopf *m*.

spit-ting im-age [spɪtɪŋ'ɪmɪdʒ] Ebenbild *n*.

spit-tle ['spɪtl] Speichel *m*, Spucke *f*.

spit-toon [spɪ'tuːn] Spucknapf *m*.

splash [splæʃ] **1.** Spritzer *m*, (Spritz-) Fleck *m*; Klatschen *n*, Platschen *n*; **2.** (be)spritzen; platschen; planschen; (hin)klecksen; **~ down** wassern (*spacecraft*); **~down** Wasserung *f*.

splay [spleɪ] **1.** Ausschrägung *f*; **2.** *v/t.* spreizen; ausschrägen; *v/i.* ausgeschrägt sein; **~foot** Spreizfuß *m*.

spleen [spliːn] *anat.* Milz *f*; schlechte Laune.

splen|did □ ['splendɪd] glänzend, prächtig, herrlich; F großartig, hervorragend; **~do(u)r** [~ə] Glanz *m*, Pracht *f*, Herrlichkeit *f*.

splice [splaɪs] spleißen; *film*: zusammenkleben.

splint ⚕ [splɪnt] **1.** Schiene *f*; **2.** schienen.

splin-ter ['splɪntə] **1.** Splitter *m*; **2.** (zer)splittern; **~ off** (*fig.* sich) absplittern.

split [splɪt] **1.** Spalt *m*, Riß *m*, Sprung *m*; *fig.* Spaltung *f*; **2.** (*-tt-*;

---

split *v/t.* (zer)spalten; zerreißen; sich in *et.* teilen; **~ hairs** Haarspalterei treiben; **~ one's sides laughing** *or* **with laughter** sich totlachen; *v/i.* **~** *er mot.* Spoiler *m*; **~sport** Spielverderber(in); **~t** *past and p.p. of* **spoil 2.**

spoke¹ [spəuk] Speiche *f*; (Leiter-) Sprosse *f*.

spoke² [~] *past of* **speak**; **spok-en 1.** *p.p. of* **speak**; **2.** gesprochen (*language*); **~sman** Wortführer *m*, Sprecher *m*; **~per-son** Sprecher(in); **~s-wom-an** Wortführerin *f*, Sprecherin *f*.

sponge [spʌndʒ] **1.** Schwamm *m*; F *fig.* Schmarotzer(in); *Brt.* = **sponge-cake**; **2.** *v/t.* mit e-m Schwamm (ab)wischen; **~ off** weg-, abwischen; **~ up** aufsaugen, -wischen; *v/i.* F *fig.* schmarotzen; **~cake** Biskuitkuchen *m*; **spong-er** F *fig.* Schmarotzer(in); **spong-y** (*-ier, -iest*) schwammig.

spon-sor ['spɒnsə] **1.** Geldgeber(in), Sponsor(in) (*a. sports*); Bürg|e *m*, -in *f*; (Tauf)Pat|e *m*, -in *f*; Förderer *m*, Gönner(in); Schirmherr(in); **2.** *sports, etc.*: sponsern; bürgen für; fördern; die Schirmherrschaft (*gen.*) übernehmen; **~ship** Bürgschaft *f*; Patenschaft *f*; Schirmherrschaft *f*; Unterstützung *f*, Förderung *f*.

spon-ta-ne|i-ty [spɒntə'neɪətɪ] Spontaneität *f*, eigener Antrieb; Ungezwungenheit *f*; **~ous** □ [spɒn'teɪnɪəs] spontan; unvermittelt; ungezwungen, natürlich; von selbst (entstanden); Selbst...

spook [spuːk] Spuk *m*; **~y** (*-ier, -iest*) gespenstisch, Spuk...

spool [spuːl] Spule *f*; Rolle *f*; *a.* **~ of thread** *Am.* Garnrolle *f*.

spoon [spuːn] **1.** Löffel *m*; **2.** löffeln; **~ful** (ein) Löffel(voll) *m*.

spo-rad-ic [spə'rædɪk] (*~ally*) sporadisch, gelegentlich, vereinzelt.

spore ⚕ [spɔː] Spore *f*, Keimkorn *n*.

sport [spɔːt] **1.** Sport(art *f*) *m*; Zeitvertreib *m*; *fun*: Spaß *m*, Scherz *m*; F feiner Kerl; **~s** *pl.* Sport *m*; *Brt. school*: Sportfest *n*; *do* **~** Sport treiben; *be a bad (good)* **~** ein schlechter (guter) Verlierer sein; **2.** *v/i.* herumtollen; spielen; *v/t.* F stolz (zur Schau) tragen, protzen mit; **~ing** sportlich, Sport...; *chance*: fair; **spor-tive** □ verspielt; **~s** Sport...;

~s·man Sportler *m*; **~s·man·ship** (sportliche) Faireß; **~s·wom·an** Sportlerin *f*.

spot [spɒt] **1.** Fleck *m*; Tupfen *m*; Makel *m*; Stelle *f*, Ort *m*; ✵ Leberfleck *m*; ✵ Pickel *m*; *radio, TV*: (Werbe)Spot *m*; *Brt.* F Tropfen *m*, Schluck *m*; *a* ~ *of Brt.* F etwas; *on the* ~ auf der Stelle, sofort; **2.** *econ.* sofort liefer- *or* zahlbar; **3.** (-*tt*-) bespritzen, sprenkeln; entdecken, sehen, erkennen; fleckig werden; **~·less** □ fleckenlos; **~·light** *thea.* Scheinwerfer(licht *n*) *m*; *fig.* **be in the** ~ im Rampenlicht der Öffentlichkeit stehen; **~·ter** Beobachter *m*; ✕ Aufklärer *m*; **~·ty** (-*ier*, -*iest*) fleckig; pickelig.

spouse [spauz] Gatt|e *m*, -in *f*.

spout [spaut] **1.** Ausguß *m*, Schnabel *m* (*of teapot, etc.*); *tube*: Strahlrohr *n*; *water* ~: (Wasser)Strahl *m*; **2.** (heraus-) spritzen; hervorsprudeln.

sprain [spreɪn] **1.** Verstauchung *f*; **2.** sich *et.* verstauchen.

sprang [spræŋ] *past of* **spring** 2.

sprat *zo.* [spræt] Sprotte *f*.

sprawl [sprɔːl] sich rekeln; ausgestreckt daliegen; ⚘ wuchern.

spray [spreɪ] **1.** Sprühregen *m*, Gischt *m*, Schaum *m*; Spray *m*, *n*; = **sprayer**; **2.** zerstäuben; (ver)sprühen; besprühen; *hair*: sprayen; *plants*: spritzen; **~·er** Zerstäuber *m*, Sprüh-, Spraydose *f*.

spread [spred] **1.** (**spread**) *v/t. a.* ~ *out* ausbreiten; ausstrecken; spreizen; ausdehnen; verbreiten; belegen; *butter, etc.*: (auf)streichen; *bread, etc.*: streichen; ~ *the word* es weitersagen; *eccl.* das Wort Gottes verkünden; ~ *the table* den Tisch decken; *v/i.* sich aus- *or* verbreiten; sich ausdehnen; **2.** Aus-, Verbreitung *f*; Ausdehnung *f*; Spannweite *f*; Fläche *f*; (Bett)Decke *f*; (Brot)Aufstrich *m*; F Festessen *n*.

spree F [spriː]: **go (out) on a** ~ e-e Sauftour machen; **go on a buying** (**shopping, spending**) ~ wie verrückt einkaufen.

sprig ⚘ [sprɪg] kleiner Zweig.

spright·ly ['spraɪtlɪ] (-*ier*, -*iest*) lebhaft, munter.

spring [sprɪŋ] **1.** Sprung *m*, Satz *m*; ⊚ (Sprung)Feder *f*; Sprungkraft *f*, Elastizität *f*; Quelle *f*; *fig.* Triebfeder *f*; *fig.* Ursprung *m*; Frühling *m* (*a. fig.*), Frühjahr *n*; **2.** (**sprang** *or Am.* **sprung**, **sprung**) *v/t.* springen lassen; (zer-) sprengen; *game*: aufjagen; ~ *a leak* ⚓ leck werden; ~ *a surprise on s.o.* j-n überraschen; *v/i.* springen; entspringen (*from dat.*), *fig.* herkommen, stammen (*from* von); ⚘ sprießen; ~ *up* aufkommen (*ideas, etc.*); **~·board** Sprungbrett

n; ~ **tide** Springflut *f*; **~·tide** *poet.*, **~·time** Frühling(szeit *f*) *m*, Frühjahr *n*; **~·y** □ (-*ier*, -*iest*) federnd.

sprin|kle ['sprɪŋkl] **1.** streuen; (be-) sprengen; *impers.* sprühen (*rain*); **~·kler** Berieselungsanlage *f*; Sprinkler *m*; Rasensprenger *m*; **~·kling** Sprühregen *m*; *a* ~ *of fig.* ein wenig, ein paar.

sprint [sprɪnt] *sports*: **1.** sprinten; spurten; **2.** Sprint *m*; Spurt *m*; **~·er** *sports*: Sprinter(in), Kurzstreckenläufer(in).

sprite [spraɪt] Kobold *m*.

sprout [spraut] **1.** sprießen; wachsen (lassen); **2.** ⚘ Sproß *m*; (**Brussels**) ~**s** *pl.* ⚘ Rosenkohl *m*.

spruce[1] [spruːs] schmuck, adrett.

spruce[2] ⚘ [~] *a.* ~ **fir** Fichte *f*, Rottanne *f*.

sprung [sprʌŋ] *past and p.p. of* **spring** 2.

spry [spraɪ] munter, flink.

spun [spʌn] *past and p.p. of* **spin** 1.

spur [spɜː] **1.** Sporn *m* (*a. zo.*, ⚘); Vorsprung *m*, Ausläufer *m* (*of mountains*); *fig.* Ansporn *m*; **on the** ~ **of the moment** der Eingebung des Augenblicks folgend, spontan; **2.** (-*rr*-) *horse*: die Sporen geben (*dat.*); *often* ~ **on** *fig.* anspornen.

spu·ri·ous □ ['spjʊərɪəs] unecht, gefälscht.

spurn [spɜːn] verschmähen, verächtlich zurückweisen.

spurt[1] [spɜːt] **1.** plötzlich aktiv werden; *sports*: spurten, sprinten; **2.** plötzliche Aktivität *or* Anspannung; *sports*: Spurt *m*, Sprint *m*.

spurt[2] [~] **1.** (heraus)spritzen; **2.** (Wasser- *etc.*)Strahl *m*.

sput·ter ['spʌtə] = **splutter**.

spy [spaɪ] **1.** Spion(in); Spitzel *m*; **2.** erspähen, entdecken; (aus)spionieren; ~ **on**, ~ **upon** j-m nachspionieren; j-n bespitzeln; **~·glass** Fernglas *n*; **~·hole** Guckloch *n*, Spion *m*.

squab·ble ['skwɒbl] **1.** Zank *m*, Kabbelei *f*; **2.** sich zanken.

squad [skwɒd] Gruppe *f* (*a.* ✕); *police*: (Überfall-, *etc.*)Kommando *n*; Dezernat *n*; *sports*: Mannschaft *f*, Truppe *f*; ~ **car** *Am.* (Funk)Streifenwagen *m*; **~·ron** ✕ ['skwɒdrən] Schwadron *f*; (Panzer)Bataillon *n*; ⚓ Staffel *f*; ✈ Geschwader *n*.

squal·id □ ['skwɒlɪd] schmutzig, verwahrlost, -kommen, armselig.

squall [skwɔːl] **1.** *meteor.* Bö *f*; Schrei *m*; **~s** *pl.* Geschrei *n*; **2.** schreien.

squal·or ['skwɒlə] Schmutz *m*.

squan·der ['skwɒndə] verschwenden, -geuden.

square [skweə] **1.** □ (vier)eckig; quadratisch, Quadrat...; ... im Quadrat; rechtwink(e)lig; stimmend, in Ordnung; *quits*: quitt, gleich; *honest*: anständig, ehrlich, offen; *stocky*: gedrungen; F *old-fashioned*: altmodisch, spießig; **2.** Quadrat *n* (*a.* A); Viereck *n*; Feld *n* (*on game-board*); *in town*: Platz *m*; *sl.* altmodischer Spießer; **3.** quadratisch *or* rechtwink(e)lig machen; *number*: ins Quadrat erheben; *shoulders*: straffen; *sports*: (*match*) unentschieden beenden; *econ.*: (*account*) ausgleichen; *econ.*: (*debt*) begleichen; *fig.* in Einklang bringen *or* stehen (*with* mit); anpassen (**to** an *acc.*); passen (**with** zu); **~built** *person*: gedrungen; **~ dance** *esp. Am.* Square-Dance *m*; **~mile** Quadratmeile *f*; **~toed** *fig.* altmodisch, steif.

squash[1] [skwɔʃ] **1.** Gedränge *n*; Brei *m*, Matsch *m*; *Brt.* (Orangen-, *etc.*)Saft *m*; *sports*: Squash *n*; **2.** (zer-, zusammen-)quetschen; zusammendrücken.

squash[2] & [~] Kürbis *m*.

squat [skwɔt] **1.** (-*tt*-) hocken, kauern; sich (illegal) ansiedeln (auf *dat.*); *empty building*: besetzen; **~ down** sich hinhocken; **2.** in der Hocke; untersetzt, vierschrötig; **~ter** Squatter *m*, illegaler Siedler; Schafzüchter *m* (*in Australia*); Hausbesetzer(in); **~ movement** Hausbesetzerszene *f*.

squawk [skwɔːk] **1.** kreischen, schreien; **2.** Gekreisch *n*, Geschrei *n*.

squeak [skwiːk] quiek(s)en, piepen, piepsen; quietschen.

squeal [skwiːl] schreien, kreischen; quietschen, kreischen (*brakes*, *etc.*); quiek(s)en, piep(s)en.

squeam·ish □ ['skwiːmɪʃ] empfindlich; mäkelig; heikel; penibel.

squeeze [skwiːz] **1.** (aus-, zusammen-)drücken, (-)pressen, (aus)quetschen; sich zwängen *or* quetschen; **2.** Druck *m*; Gedränge *n*; **squeez·er** (Frucht)Presse *f*.

squid *zo.* [skwɪd] Tintenfisch *m*.

squint [skwɪnt] schielen; blinzeln.

squire ['skwaɪə] Großgrundbesitzer *m*, Gutsherr *m*.

squirm F [skwɜːm] sich winden.

squir·rel *zo.* ['skwɪrəl, *Am.* 'skwɜːrəl] Eichhörnchen *n*.

squirt [skwɜːt] **1.** Spritze *f*; Strahl *m*; F Wichtigtuer *m*; **2.** spritzen.

stab [stæb] **1.** Stich *m*, (Dolch- *etc.*)Stoß *m*; **2.** (-*bb*-) *v/t.* niederstechen; *et.* aufspießen; *v/i.* stechen (**at** nach).

sta·bil·i·ty [stə'bɪlətɪ] Stabilität *f*; Standfestigkeit *f*, Beständigkeit *f*; **~ize** ['steɪbəlaɪz] stabilisieren.

sta·ble[1] □ ['steɪbl] stabil, fest.

sta·ble[2] [~] **1.** Stall *m*; **2.** in den Stall bringen; im Stall halten; im Stall stehen (*horse*).

stack [stæk] **1.** ✗ (Heu-, Stroh-, Getreide)Schober *m*; Stapel *m*; F Haufen *m*; Schornstein(reihe *f*) *m*; **~s** *pl.* (Haupt-)Magazin *n* (*in library*); **2.** *a.* **~ up** (auf)stapeln.

sta·di·um ['steɪdɪəm] (*pl.* -*diums*, -*dia* [-djə]) *sports*: Stadion *n*.

staff [staːf] **1.** Stab *m* (*a.* ✗), Stock *m*; Stütze *f*; (*pl.* **staves** [steɪvz]) ♪ Notensystem *n*; (Mitarbeiter)Stab *m*; Personal *n*, Belegschaft *f*; Beamtenstab *m*; Lehrkörper *m*; **2.** (mit Personal, Beamten *or* Lehrern) besetzen; **~ mem·ber** Mitarbeiter(in); **~ room** Lehrerzimmer *n*.

stag *zo.* [stæg] Hirsch *m*.

stage [steɪdʒ] **1.** *thea.* Bühne *f*; *das* Theater; *fig.* Schauplatz *m*; Stufe *f*, Stadium *n*, Phase *f*; Teilstrecke *f*, Fahrzone *f* (*bus*, *etc.*); Etappe *f*; ⊙ Bühne *f*, Gerüst *n*; ⊙ Stufe *f* (*of rocket*); **2.** inszenieren; veranstalten; **~coach** *hist.* Postkutsche *f*; **~craft** dramaturgisches *or* schauspielerisches Können; **~ de·sign** Bühnenbild *n*; **~ de·sign·er** Bühnenbildner(in); **~ di·rec·tion** Regieanweisung *f*; **~ fright** Lampenfieber *n*; **~ man·ag·er** Inspizient *m*; **~ prop·er·ties** *pl.* Requisiten *pl.*

stag·ger ['stægə] **1.** *v/i.* schwanken, taumeln, torkeln; *fig.* wanken(d werden); *v/t.* ins Wanken bringen; *working hours*, *etc.*: staffeln; *fig.* überwältigen, sprachlos machen; **~ about** *or* **around** herumtorkeln; **2.** Schwanken *n*, Taumeln *n*.

stag|nant □ ['stægnənt] stehend (*water*, *air*); stagnierend; stockend; *econ.* still, flau; *fig.* träge; **~nate** [stæg'neɪt] stagnieren, stillstehen, stocken.

staid □ [steɪd] gesetzt; ruhig.

stain [steɪn] **1.** Fleck *m*; Beize *f*; *fig.* Schandfleck *m*; **2.** *v/t.* beschmutzen, beflecken; färben, *wood*: beizen; *glass*: bemalen; *v/i.* schmutzen, Flecken geben; **~ed glass** Buntglas *n*; **~less** rostfrei, nichtrostend; *esp. fig.* fleckenlos.

stair [steə] Stufe *f*; **~s** *pl.* Treppe *f*, Stiege *f*; **~case**, **~way** Treppe(nhaus *n*) *f*.

stake [steɪk] **1.** Pfahl *m*, Pfosten *m*; Marterpfahl *m*; (Wett-, Spiel)Einsatz *m* (*a. fig.*); **~s** *pl.* horse-race: Dotierung *f*; Rennen *n*; **pull up** ~ *esp. Am. fig.* F s-e Zelte abbrechen; **be at** ~ *fig.* auf dem Spiel stehen; **2.** wagen, aufs Spiel setzen; **~ off**, **~ out** abstecken.

stale □ [steɪl] (*~r*, *~st*) *not fresh*: alt; *beer*, *etc.*: schal, abgestanden; *air*: verbraucht; *fig.* fad.

stalk[1] & [stɔːk] Stengel *m*, Stiel *m*, Halm *m*.

stalk[2] [~] *v/i. hunt.* (sich an)pirschen; *often* **~ along** (einher)stolzieren; *v/t.* sich heranpirschen an (acc.); verfolgen, hinter j-m herschleichen.

stall¹ [stɔːl] **1.** Box f (in stable); (Verkaufs)Stand m, (Markt)Bude f; Chorstuhl m; ~s pl. Brt. thea. Parkett n; **2.** v/t. animal: in Boxen unterbringen; mot. engine: abwürgen; v/i. absterben (engine).

stall² [~] ausweichen; a. ~ for time Zeit schinden; sports: auf Zeit spielen.

stal·li·on zo. ['stæljən] (Zucht)Hengst m.

stal·wart □ ['stɔːlwət] stramm, kräftig; esp. pol. treu.

stam·i·na ['stæmɪnə] Ausdauer f, Zähigkeit f; Durchhaltevermögen n, Kondition f.

stam·mer ['stæmə] **1.** stottern, stammeln; **2.** Stottern n.

stamp [stæmp] **1.** (Auf)Stampfen n; Stempel m (a. fig.); (Brief)Marke f; fig. Gepräge n; fig. Art f; **2.** (auf)stampfen; aufstampfen mit; (ab)stempeln (a. fig.); letter: frankieren; (auf)prägen; ~ out (aus)stanzen; ~ **al·bum** Briefmarkenalbum n; ~ **col·lec·tion** Briefmarkensammlung f.

stam·pede [stæm'piːd] **1.** Panik f, wilde, panische Flucht; (Massen)Ansturm m; **2.** v/i. horses, etc.: durchgehen; v/t. in Panik versetzen.

stanch [stɑːntʃ] s. staunch¹, ².

stand [stænd] **1.** (stood) v/i. stehen; sich befinden; bleiben; fig. festbleiben; mst ~ still stillstehen, stehenbleiben; v/t. stellen; endure: aushalten, vertragen, ertragen; exam, test, etc.: sich e-r Sache unterziehen; exam a.: bestehen; dance: haben; F spendieren; ~ **a round** F e-e Runde schmeißen; ~ **about** herumstehen; ~ **aside** beiseite treten; ~ **back** zurücktreten; ~ **by** dabeisein, -stehen; bereitstehen; fig. zu j-m halten or stehen, helfen; ~ **for** kandidieren für; bedeuten; eintreten für; F sich et. gefallen lassen; ~ **in** einspringen (for s.o. für j-n); ~ **in for** film: j-n doubeln; ~ **off** sich entfernt halten; fig. Abstand halten; ~ **on** (fig. be)stehen auf (dat.); ~ **out** hervorstehen, -treten; sich abheben (against gegen); aus-, durchhalten; fig. herausragen; standhalten (dat.); ~ **over** liegenbleiben; (sich) vertagen (to auf acc.); ~ **to** stehen zu; ✕ in Bereitschaft stehen od. versetzen; ~ **up** aufstehen, sich erheben; ~ **up for** eintreten für; ~ **up to** mutig gegenüberstehen (dat.); standhalten (dat.); ~ **upon** = ~ **on**; **2.** Stand m; Stillstand m; (Stand)Platz m, Standort m; Stand(platz) m (for taxis); (Verkaufs-, Messe)Stand m; fig. Standpunkt m; support: Ständer m; in stadium: Tribüne f; esp. Am. Zeugenstand

m; **make a ~ against** sich entgegenstellen (dat.).

stan·dard ['stændəd] **1.** Standarte f, Fahne f, Flagge f; norm: Standard m, Norm f; Maßstab m; level: Niveau n, Stand m, Grad m; of currency: Münzfuß m, (Gold-, etc.)Währung f; of lamp, etc.: Ständer m; **2.** maßgebend; normal; Normal...; ~**ize** norm(ier)en, standardisieren, vereinheitlichen.

stand·|by ['stændbaɪ] **1.** (pl. -bys) Beistand m, Hilfe f; Bereitschaft f; Ersatz m; **2.** Not..., Ersatz..., Reserve...; Bereitschafts...; ~**in** film: Double n; Ersatzmann m, Vertreter(in).

stand·ing ['stændɪŋ] **1.** stehend (a. fig.); (fest)stehend; econ. laufend; ständig; **2.** Stellung f, Rang m; Ruf m, Ansehen n; Dauer f; **of long** ~ alt; ~**or·der** econ. Dauerauftrag m; ~**room** Stehplatz m.

stand·|off·ish [stænd'ɒfɪʃ] reserviert, ablehnend, zurückhaltend; ~**point** Standpunkt m; ~**still** Stillstand m; **be at a** ~ stocken, ruhen, an e-m toten Punkt angelangt sein; stillstehen; ~**up** stehend; im Stehen (eingenommen) (meal); ~ **collar** Stehkragen m.

stank [stæŋk] past of stink 2.

stan·za ['stænzə] Stanze f; Strophe f.

sta·ple¹ ['steɪpl] Haupterzeugnis n; Hauptgegenstand m; attr. Haupt...

sta·ple² [~] **1.** Krampe f; Heftklammer f; **2.** heften; ~**r** Heftmaschine f.

star [stɑː] **1.** thea., film, sports: Star m; **The 2s and Stripes** pl. das Sternenbanner; **2.** (-rr-) mit Sternen schmücken; die or e-e Hauptrolle spielen; in der or e-r Hauptrolle zeigen; **a film ~ring** ... ein Film mit ... in der Hauptrolle.

star·board ⚓ ['stɑːbəd] Steuerbord n.

starch [stɑːtʃ] **1.** (Wäsche)Stärke f; fig. Steifheit f; **2.** clothes, etc.: stärken.

stare [steə] **1.** Starren n; starrer or erstaunter Blick; **2.** (~ at an)starren; erstaunt blicken.

stark [stɑːk] **1.** adj. □ starr; rein, bar, völlig (nonsense); **2.** adv. völlig; ~ **naked** or Brt. ~**ers** splitternackt.

star·light ['stɑːlaɪt] Sternenlicht n.

star·ling zo. ['stɑːlɪŋ] Star m.

star·lit ['stɑːlɪt] stern(en)klar.

star·|ry ['stɑːrɪ] (-ier, -iest) Stern(en)...; ~**ry-eyed** F naiv; romantisch; ~**spangled** sternenbesät; **The 2 Banner** das Sternenbanner.

start [stɑːt] **1.** Start m; Aufbruch m, Abreise f, Abfahrt f, ✈ Abflug m, Start m; Beginn m, Anfang m; sports: Vorgabe f; fig. Vorsprung m; of surprise, etc.: Auffahren n, -schrecken n; Schreck m; **for a** ~ fürs erste, zunächst einmal; **from the** ~

von Anfang an; *get the ~ of* s.o. j-m zuvorkommen; **2.** *v/i. set out:* sich auf den Weg machen, aufbrechen; abfahren (*train*), auslaufen (*ship*), ✈ abfliegen, starten; *sports:* starten; ⊙ anspringen (*engine*), anlaufen (*machine*); *begin:* anfangen, beginnen; *of surprise:* auffahren, hochschrecken, stutzen; *to ~ with* zunächst einmal; *~ from scratch* F ganz von vorne anfangen; *v/t.* in Gang setzen *or* bringen; ⊙ *a.* anlassen; anfangen, beginnen; *sports:* starten (lassen); *~er sports:* Starter *m; mot.* Anlasser *m*, Starter *m; ~s pl.* F Vorspeise *f.*

start|le ['stɑːtl] erschrecken; aufschrecken; **~ling** erschreckend; überraschend, aufsehenerregend.

starv|a·tion [stɑː'veɪʃn] Hungern *n;* Verhungern *n*, Hungertod *m; attr.* Hunger...; *~e* [stɑːv] verhungern (lassen); *fig.* verkümmern (lassen); *I'm starving!* F ich bin am Verhungern!

state [steɪt] **1.** Zustand *m*, Stand *m; often* ♀ *pol.* Staat *m*, *attr.* Staats...; *lie in ~* feierlich aufgebahrt liegen; *the ~ of things* der Stand der Dinge; **2.** angeben; erklären, darlegen; feststellen; festsetzen, -legen; ♀ **De·part·ment** *Am. pol.* Außenministerium *n; ~ly (-ier, -iest)* stattlich; würdevoll; erhaben; **~ment** Angabe *f;* (Zeugen-, *etc.*)Aussage *f;* Darstellung *f;* Erklärung *f,* Verlautbarung *f,* Statement *n;* Aufstellung *f, esp. econ.* (Geschäfts-, Monats-, *etc.*) Bericht *m; ~ of account* Kontoauszug *m; ~-of-the-art* auf dem neuesten Stand der Technik; *~side, ♀side Am.* F **1.** *adj.* USA-..., Heimat...; **2.** *adv.* in den Staaten; nach den *or* in die Staaten (zurück); *~s·man pol.* Staatsmann *m.*

stat·ic ['stætɪk] *(~ally)* statisch.

sta·tion ['steɪʃn] **1.** Platz *m*, Posten *m;* Station *f;* (Polizei-, *etc.*)Wache *f;* (Tank-, *etc.*)Stelle *f;* (Fernseh-, Rundfunk)Sender *m;* 🚂 Bahnhof *m,* ⚓, ✕ Stützpunkt *m;* Stellung *f,* Rang *m;* **2.** aufstellen, postieren; ⚓, ✕ stationieren; *~a·ry* □ (still)stehend; fest(stehend); gleichbleibend.

sta·tion|er ['steɪʃənə] Schreibwarenhändler *m; ~'s (shop)* Schreibwarenhandlung *f; ~·er·y* Schreibwaren *pl.;* Briefpapier *n.*

sta·tion|·mas·ter ['steɪʃənmɑːstə] Stationsvorsteher *m; ~ wag·on Am. mot.* Kombiwagen *m.*

sta·tis·tics [stə'tɪstɪks] *pl. and sg.* Statistik *f.*

stat·ue ['stætjuː] Standbild *n,* Plastik *f,* Statue *f.*

stat·ure ['stætʃə] Statur *f,* Wuchs *m.*

sta·tus ['steɪtəs] Zustand *m;* (Familien-)

Stand *m;* Stellung *f,* Rang *m;* Status *m.*

stat·ute ['stætjuːt] Statut *n,* Satzung *f;* Gesetz *n.*

staunch¹ [stɔːntʃ] *blood:* stillen.

staunch² □ *[~]* treu, zuverlässig.

stave [steɪv] **1.** Faßdaube *f;* Strophe *f;* **2.** *(staved or stove) mst ~ in* eindrücken; ein Loch schlagen in (*acc.*); *~ off* abwehren.

stay [steɪ] **1.** Aufenthalt *m,* Besuch *m;* 🚂 Aufschub *m;* ⊙ Stütze *f; ~s pl.* Korsett *n;* **2.** bleiben (*with s.o.* bei j-m); sich (vorübergehend) aufhalten, wohnen (*at, in* in *dat.; with s.o.* bei j-m); *~ away (from)* fernbleiben (*dat.*), wegbleiben (von); F die Finger lassen (von); *~ up* aufbleiben, wach bleiben.

stead [sted]: *in his ~* an s-r Stelle; *~·fast* □ fest, unerschütterlich; standhaft; unverwandt (*gaze*).

stead·y ['stedɪ] **1.** *adj.* □ *(-ier, -iest)* fest; gleichmäßig, stetig, (be)ständig; zuverlässig; ruhig, sicher; **2.** *adv.: go ~ with* s.o. F (fest) mit j-m gehen; **3.** festigen, fest *or* sicher *or* ruhig machen *or* werden; sich beruhigen; **4.** F feste Freundin, fester Freund.

steak [steɪk] Steak *n.*

steal [stiːl] **1.** *(stole, stolen) v/t.* stehlen *(a. fig.); v/i.* stehlen; *~ away* sich davonstehlen; **2.** *Am. sl.* Diebstahl *m; esp. Am.* F *bargain:* Geschenk *n; it's a ~* das ist ja geschenkt.

stealth [stelθ]: *by ~* heimlich, verstohlen; *~·y* □ *(-ier, -iest)* heimlich, verstohlen.

steam [stiːm] **1.** Dampf *m;* Dunst *m; attr.* Dampf...; **2.** *v/i.* dampfen; *~ up* (sich) beschlagen (*glass*); *v/t. food:* dünsten, dämpfen; *~·er* ♣ Dampfer *m; ~·y* □ *(-ier, -iest)* dampfig, dampfend; dunstig; beschlagen (*glass*).

steel [stiːl] **1.** Stahl *m;* **2.** stählern; Stahl...; **3.** *fig.* stählen, wappnen; *~·work·er* Stahlarbeiter *m; ~·works sg.* Stahlwerk *n.*

steep [stiːp] **1.** □ steil, jäh; F toll; **2.** einweichen; eintauchen; ziehen lassen; *be ~ed in s.th. fig.* von et. durchdrungen sein.

stee·ple ['stiːpl] (spitzer) Kirchturm; *~·chase horse-race:* Hindernisrennen *n; cross-country:* Hindernislauf *m.*

steer¹ *zo.* [stɪə] junger Ochse.

steer² *[~]* steuern, lenken; *~·age* Steuerung *f;* Zwischendeck *n.*

steer·ing ['stɪərɪŋ] *mot.* Lenkung *f;* ♣ Steuerung *f; ~·col·umn mot.* Lenksäule *f; ~ wheel* ♣ Steuerrad *n; mot. a.* Lenkrad *n.*

stem [stem] **1.** (Baum-, Wort)Stamm *m;* Stiel *m;* Stengel *m;* **2.** *(-mm-)* stammen (*from* von); eindämmen; *bleeding*: stillen; ankämpfen gegen.

stench [stentʃ] Gestank *m.*

sten·cil ['stensl] Schablone *f*; *print.* Matrize *f.*

ste·nog·ra·pher [ste'nɔgrəfə] Stenograph(in); **~phy** Stenographie *f.*

step [step] 1. Schritt *m*, Tritt *m*; kurze Strecke; (Treppen)Stufe *f*; Trittbrett *n*; *fig.* Fußstapfe *f*; (**a pair of**) **~s** *pl.* (e-e) Trittleiter; *mind the* **~!** Vorsicht, Stufe!; *take* **~s** *fig.* Schritte unternehmen; 2. (**-pp-**) *v/i.* schreiten, treten; gehen; **~ out** forsch ausschreiten; *v/t.* **off, ~ out** abschreiten; **~ up** ankurbeln, steigern.

step- [~] *in compounds*: Stief...; **~fa·ther** Stiefvater *m*; **~moth·er** Stiefmutter *f.*

steppe [step] Steppe *f.*

step·ping-stone *fig.* ['stepiŋstəʊn] Sprungbrett *m.*

ster·e·o ['steriəʊ] (*pl.* **-os**) *radio, etc.*: Stereo *n*; Stereogerät *n*; *attr.* Stereo...

ster|ile ['sterail] unfruchtbar; steril; **~il·i·ty** Sterilität *f*; **~il·ize** sterilisieren.

ster·ling ['stɜːlɪŋ] 1. lauter, echt, gediegen; 2. *econ.* Sterling *m* (*currency*).

stern [stɜːn] 1. □ ernst; finster, streng, hart; 2. ♣ Heck *n*; **~ness** Ernst *m*; Strenge *f.*

stew [stjuː] 1. schmoren, dämpfen; 2. Eintopf *m*, Schmorgericht *n*; *be in a* **~** in heller Aufregung sein.

stew·ard [stjʊəd] Verwalter *m*; ♣, ✈ Steward *m*; (Fest)Ordner *m*; **~ess** ♣, ✈ Stewardeß *f.*

stick [stik] 1. Stock *m*; Stecken *m*; trockener Zweig; Stengel *m*, Stiel *m*; (Lippen-, *etc.*)Stift *m*; Stab *m*; Stange *f*; (Besen-, *etc.*)Stiel *m*; **~s** *pl.* Kleinholz *n*; 2. (**stuck**) *v/i.* stecken(bleiben); (fest-) kleben (**to** an *dat.*); sich heften (**to** an *acc.*); **~ at nothing** vor nichts zurückschrecken; **~ out** ab-, hervor-, herausstehen; **~ to** bleiben bei; *v/t.* (ab)stechen; stecken, heften (**to** an *acc.*); kleben; F *knife*: stoßen; F *et.*, *j-n* (v)ertragen, ausstehen; **~ out** herausst(r)ecken; **~ it out** F durchhalten; **~er** Aufkleber *m*; **antinuke ~** *sl.* Anti-Kernwaffen-Aufkleber *m*; **~ing plas·ter** Heftpflaster *n.*

stick·y □ ['stiki] (**-ier, -iest**) klebrig; schwierig, heikel.

stiff [stif] 1. □ steif; starr; hart; fest; mühsam; stark (*alcoholic drink*); *be bored* **~** F zu Tode gelangweilt sein; *keep a* **~ upper lip** Haltung bewahren; 2. *sl.* Leiche *f*; **~en** (sich) versteifen; steif werden, erstarren; **~necked** halsstarrig.

sti·fle ['staifl] ersticken; *fig.* unterdrükken.

stile [stail] Zaunübergang *m.*

sti·let·to [sti'letəʊ] (*pl.* **-tos, -toes**) Stilett *n*; **~ heel** Pfennigabsatz *m.*

still [stil] 1. *adj.* □ still; ruhig; unbeweglich; *keep* **~** stillhalten; 2. *adv.* noch (immer); (immer) noch; *nevertheless*: trotzdem, und doch, dennoch; 3. stillen; beruhigen; 4. Destillierapparat *m*; **~born** totgeboren; **~ life** (*pl.* **still lifes or lives**) *paint.* Stilleben *n*; **~ness** Stille *f*, Ruhe *f.*

stilt [stilt] Stelze *f*; **~ed** □ gestelzt (*style*).

stim·u·lant ['stimjʊlənt] 1. ✻ stimulierend; 2. ✻ Reiz-, Aufputschmittel *n*; Genußmittel *n*; Anreiz *m*; **~late** ✻ stimulieren (*a. fig.*), anregen, aufputschen; *fig. a.* anspornen; **~la·tion** ✻ Reiz *m*, Reizung *f*; Anreiz *m*, Antrieb *m*, Anregung *f*; **~lus** (*pl.* **-li**) ✻ Reiz *m*; (An)Reiz *m*, Antrieb *m.*

sting [stiŋ] 1. Stachel *m*; Stich *m*, Biß *m*; 2. (**stung**) stechen; brennen; schmerzen; *fig.* anstacheln, reizen.

stin|gi·ness ['stindʒinis] Geiz *m*; **~gy** □ (**-ier, -iest**) geizig, knaus(e)rig; dürftig.

stink [stiŋk] 1. Gestank *m*; 2. (**stank or stunk, stunk**) stinken.

stint [stint] 1. Einschränkung *f*; Arbeit *f*; 2. knausern mit; einschränken; *j-n* knapphalten.

stip·u·late ['stipjʊleit] *a.* **~ for** ausbedingen, ausmachen, vereinbaren; **~la·tion** Abmachung *f*; Klausel *f*, Bedingung *f.*

stir [stɜː] 1. Rühren *n*; Bewegung *f*; Aufregung *f*, Aufruhr *m*; Aufsehen *n*; 2. (**-rr-**) (sich) rühren; (sich) bewegen; erwachen; (um)rühren; *fig.* erregen; **~ up** aufhetzen; *dispute, etc.*: entfachen.

stir·rup ['stirəp] Steigbügel *m.*

stitch [stitʃ] 1. Stich *m*; Masche *f*; Seitenstechen *n*; 2. nähen; heften.

stock [stɔk] 1. *of tree*: (Baum)Strunk *m*; *handle*: Griff *m*; *of gun*: (Gewehr)Schaft *m*; *origin*: Stamm *m*, Familie *f*, Herkunft *f*, Rohstoff *m*; *cookery*: (Fleisch-, Gemüse)Brühe *f*; *supply*: Vorrat *m*; *econ.* Waren(lager *n*) *pl.*; (Wissens-) Schatz *m*; *a.* **live~** Vieh(bestand *m*) *n*; *econ.* Stammkapital *n*; *econ.* Anleihekapital *n*; **~s** *pl. econ.* Effekten *pl.*; Aktien *pl.*; Staatspapiere *pl.*; *in* (*out of*) **~** *econ.* (nicht) vorrätig or auf Lager; *take* **~** *econ.* Inventur machen; *take* **~ of** *fig.* sich klarwerden über (*acc.*); 2. vorrätig; Serien..., Standard...; *fig.* stehend, stereotyp; 3. ausstatten, versorgen; *econ. goods*: führen, vorrätig haben.

stock·ade [stɔ'keid] Palisade(nzaun *m*) *f.*

stock|breed·er ['stɒkbriːdə] Viehzüchter *m*; **~brok·er** *econ.* Börsenmakler *m*; **~ ex·change** *econ.* Börse *f*; **~ farm·er** Viehzüchter *m*; **~hold·er** *esp. Am. econ.* Aktionär(in).

stock·ing ['stɒkɪŋ] Strumpf *m*.

stock|job·ber *econ.* ['stɒkdʒɔbə] Börsenhändler *m*; *Am.* Börsenspekulant *m*; **~ mar·ket** *econ.* Börse *f*; Börsengeschäft *n*; **~still** stockstill, unbeweglich; **~tak·ing** *econ.* Bestandsaufnahme *f* (*a. fig.*), Inventur *f*; **~y** (**-ier, -iest**) stämmig, untersetzt.

stok·er ['stəʊkə] Heizer *m*.

stole [stəʊl] *past of steal* 1; **sto·len** ['stəʊlən] *p.p. of steal* 1.

stol·id □ ['stɒlɪd] gleichmütig; stur.

stom·ach ['stʌmək] **1.** Magen *m*; Leib *m*, Bauch *m*; *fig.* Lust *f*; **2.** *fig.* (v)ertragen; **~ache** Magenschmerzen *pl.*, Bauchweh *n*; **~ up·set** Magenverstimmung *f*.

stone [stəʊn] **1.** Stein *m*; (Obst)Stein *m*, (-)Kern *m*; (*pl. stone*) *Brt. unit of weight* (= 14 lb. = 6,35 kg); **2.** steinern; Stein...; **3.** steinigen; entsteinen, -kernen; **~blind** stockblind.

stoned *sl.* ['stəʊnd] *of alcohol:* F stockbesoffen; *of drugs: sl.* stoned.

stone|-dead mausetot; **~deaf** stocktaub; **~ma·son** Steinmetz *m*; **~ware** Steinzeug *n*.

ston·y □ ['stəʊnɪ] (**-ier, -iest**) steinig; *fig.* steinern, kalt.

stood [stʊd] *past and p.p. of stand* 1.

stool [stuːl] Hocker *m*, Schemel *m*; ⚕ Stuhl(gang) *m*; **~pi·geon** Lockvogel *m*; Spitzel *m*.

stoop [stuːp] **1.** *v/i.* sich bücken; gebeugt gehen; *fig.* sich erniedrigen *or* herablassen; *v/t.* neigen, beugen; **2.** gebeugte Haltung.

stop [stɒp] **1.** (**-pp-**) *v/t.* aufhören (mit); stoppen; anhalten; hindern; *payment, activity, etc.*: einstellen; *tooth*: plombieren; *bleeding*: stillen; *a.* **~ up** ver-, zustopfen; *v/i.* (an)halten, stehenbleiben, stoppen; aufhören; bleiben; **~ dead** plötzlich stehenbleiben *or* aufhören; **~ off** F kurz haltmachen; **~ over** kurz haltmachen; Zwischenstation machen; **~ short** plötzlich anhalten; **2.** Halt *m*; Stillstand *m*; Ende *n*; Pause *f*; 🚋, *etc.* Aufenthalt *m*; 🚌 Station *f*; (Bus)Haltestelle *f*; ⚓ Anlegestelle *f*; *phot.* Blende *f*; *mst full ~* gr. Punkt *m*; **~gap** Notbehelf *m*; **~light** *mot.* Brems-, Stopplicht *n*; **~o·ver** *esp. Am.* Zwischenlandung *f*; 🚋 Zwischenlandung *f*; **~page** [~ɪdʒ] Unterbrechung *f*, Stopp *m*; (Verkehrs)Stockung *f*, Stau *m*; Verstopfung *f*; (Gehalts-, Lohn)Abzug *m*; Sperrung *f* (*of cheque*); (Arbeits-, Zahlungs- *etc.*)Einstellung *f*; **~per** Stöpsel *m*, Pfropfen *m*; **~ping** 🦷 Plombe *f*; **~ sign** *mot.* Stoppschild *n*; **~watch** Stoppuhr *f*.

stor·age ['stɔːrɪdʒ] Lagerung *f*, Speicherung *f*; *computer:* Speicher *m*; Lagergeld *n*; *attr.* Speicher... (*a. computer*).

store [stɔː] **1.** Vorrat *m*; Lagerhaus *n*; *Brt.* Kauf-, Warenhaus *n*; *esp. Am.* Laden *m*, Geschäft *n*; *fig.* Fülle *f*, Reichtum *m*; *in* ~ vorrätig, auf Lager; **2.** versorgen; *a.* **~ up**, **~ away** (auf)speichern, (ein)lagern; 🔧, *computer:* speichern; **~house** Lagerhaus *n*; *fig.* Fundgrube *f*; **~keep·er** Lagerverwalter *m*; *esp. Am.* Ladenbesitzer(in).

sto·rey, *esp. Am.* **-ry** ['stɔːrɪ] Stock(werk *n*) *m*; **-ed**, *esp. Am.* **-ried** mit ... Stockwerken, ...stöckig.

stork *zo.* [stɔːk] Storch *m*.

storm [stɔːm] **1.** Sturm *m*; Unwetter *n*; Gewitter *n*; **2.** stürmen; toben; **~y** □ (**-ier, -iest**) stürmisch.

sto·ry¹ ['stɔːrɪ] Geschichte *f*; Erzählung *f*; *thea., etc.*: Handlung *f*; F Lüge *f*; Märchen *n*; *short* ~ Kurzgeschichte *f*, Erzählung *f*.

sto·ry² *esp. Am.* [~] = **storey**.

stout □ [staʊt] stark, kräftig; derb; dick; tapfer.

stove¹ [stəʊv] Ofen *m*, Herd *m*.

stove² [~] *past and p.p. of stave* 2.

stow [stəʊ] (ver)stauen, packen; **~ away** wegräumen; **~a·way** ⚓, ✈ blinder Passagier.

strad·dle ['strædl] **1.** die Beine spreizen; rittlings sitzen auf (*dat.*); *jump:* grätschen über (*acc.*); **2.** *sports:* Grätsche *f*; *high jump:* Straddle *m*.

strag|gle ['strægl] verstreut liegen *or* stehen; herumstreifen; (hinterher)bummeln; 🌿, *etc.*: wuchern; **~gly** (**-ier, -iest**) verstreut (liegend); 🌿, *etc.*: wuchernd; unordentlich (*hair*).

straight [streɪt] **1.** *adj.* □ gerade; glatt (*hair*); pur (*whisky, etc.*); aufrichtig, offen, ehrlich; *put* ~ in Ordnung bringen; **2.** *adv.* gerade(aus); gerade(wegs); direkt; klar (*think*); ehrlich, anständig; *a.* **~ out** offen, rundheraus; **~ away** sofort; **~en** *v/t.* gerademachen, (gerade)richten; **~ out** in Ordnung bringen; *v/i.* gerade werden; **~ up** sich aufrichten; **~for·ward** □ ehrlich, redlich, offen; einfach.

strain [streɪn] **1.** *biol.* Rasse *f*, Art *f*; (Erb)Anlage *f*, Hang *m*, Zug *m*; ⚙ Spannung *f*; *mental etc. tension:* (Über)Anstrengung *f*, Anspannung *f*, Belastung *f*, Druck *m*, Streß *m*; 🔧 Zerrung *f*; *fig.* Ton(art *f*) *m*; *mst* **~s** *pl.* 🎵 Weise *f*, Melodie *f*; **2.** *v/t.* (an)spannen;

(über)anstrengen; *#* sich *et.* zerren *or* verstauchen; *fig. et.* strapazieren, überfordern; durchseihen, filtern; *v/i.* sich spannen; sich anstrengen; sich abmühen (*after* um); zerren (*at* an *dat.*); *~ed* gezwungen, unnatürlich; *~er* Sieb *n*, Filter *m*.

strait [streıt] (*in proper names:* **2s** *pl.*) Meerenge *f*, Straße *f*; *~s pl.* Not(lage) *f*; *be in dire ~s* in großen Nöten sein; *~ened: in ~ circumstances* in bescheidenen *or* beschränkten Verhältnissen; *~jack-et* Zwangsjacke *f*.

strand [strænd] **1.** Strang *m*; (Haar-) Strähne *f*; *poet.* Gestade *n*, Ufer *n*; **2.** auf den Strand setzen; *fig.* stranden (lassen).

strange □ [streındʒ] (*~r*, *~st*) fremd; seltsam, merkwürdig, sonderbar; **strang-er** Fremde(r *m*) *f*.

stran-gle ['stræŋgl] erwürgen.

strap [stræp] **1.** Riemen *m*; Gurt *m*; Band *n*; Träger *m* (*of dress*); **2.** (*-pp-*) festschnallen; mit e-m Riemen schlagen; *~hang F in bus, etc.*: stehen; *~hang-er* F Pendler(in).

stra-te-gic [strə'tiːdʒık] (*~ally*) strategisch; **strat-e-gy** ['strætıdʒı] Strategie *f*.

stra-tum ['strɑːtəm] (*pl. -ta*) geol. Schicht *f* (*a. fig.*), Lage *f*.

straw [strɔː] **1.** Stroh(halm *m*) *n*; **2.** Stroh...; *~ber-ry* ♥ Erdbeere *f*.

stray [streı] **1.** (herum)streunen; sich verirren; **2.** verirrt, streunend; vereinzelt; **3.** verirrtes *or* streunendes Tier.

streak [striːk] **1.** Strich *m*, Streifen *m*; *fig.* Spur *f*; *fig.* (Glücks-, *etc.*)Strähne *f*; *~ of lightning* Blitzstrahl *m*; **2.** streifen; rasen, flitzen; *F run naked*: flitzen, blitzen; *~er* F Flitzer(in), Blitzer(in).

stream [striːm] **1.** Bach *m*, Flüßchen *n*; Strom *m*, Strömung *f*; **2.** strömen; tränen (*eyes*); triefen; flattern, wehen; *~er* Wimpel *m*; (flatterndes) Band.

street [striːt] Straße *f*; *attr.* Straßen...; *in* (*Am. on*) *the ~* auf der Straße; *~car Am.* Straßenbahn(wagen *m*) *f*; *~map* Stadtplan *m*; *~wise sl. appr.* F mit allen Wassern gewaschen.

strength [streŋθ] Stärke *f*, Kraft *f*; *on the ~ of* auf ... (*acc.*) hin, auf Grund (*gen.*); *~en v/t.* (ver)stärken; *fig.* bestärken; *v/i.* stark werden.

stren-u-ous □ ['strenjʊəs] anstrengend; eifrig.

stress [stres] **1.** Akzent *m*, Betonung *f*; *fig.* Nachdruck *m*; *fig.* Belastung *f*, Anspannung *f*; *strain*: Streß *m*; **2.** betonen.

stretch [stretʃ] **1.** *v/t.* strecken; (aus)dehnen; recken; *fig.* übertreiben; *fig.* es nicht allzu genau nehmen mit; *~ out*

ausstrecken; *v/i.* sich erstrecken; sich dehnen (lassen); **2.** Dehnen *n*; Übertreibung *f*, Zeit(raum *m*, -spanne) *f*; Strekke *f*, Fläche *f*; *~er* (Kranken)Trage *f*.

strew [struː] (*strewed, strewn or strewed*) (be-, ver)streuen.

strick-en *adj.* ['strıkən] heimgesucht, schwer betroffen; ergriffen.

strict [strıkt] streng; genau; *~ly speaking* genaugenommen; *~ness* Genauigkeit *f*; Strenge *f*.

strid-den ['strıdn] *p.p. of* stride 1.

stride [straıd] **1.** (*strode, stridden*) (*a. ~ out* aus)schreiten; überschreiten; **2.** großer Schritt.

strife [straıf] Streit *m*, Hader *m*.

strike [straık] **1.** *econ.* Streik *m*; (Öl-, Erz)Fund *m*; ✕ (Luft)Angriff *m*; ✕ Atomschlag *m*; *be on ~* streiken; ✕ *go on ~ in* (den) Streik treten; *a lucky ~* ein Glückstreffer; *first ~* ✕ Erstschlag *m*; **2.** (*struck*) *v/t.* schlagen; treffen; stoßen; schlagen *or* stoßen gegen *or* auf (*acc.*); *find suddenly*: stoßen *or* treffen auf (*acc.*); *flag, sail*: streichen; ♪ anschlagen; *match*: anzünden; *light*: machen; *tent*: abbrechen; einschlagen in (*acc.*) (*lightning*); *root*: schlagen; *impress*: j-n beeindrucken; *occur*: j-m aufor einfallen; *be struck by* beeindruckt sein von; *it ~s me as rather strange* es kommt mir recht seltsam vor; *~ off, ~ out* (aus)streichen; *~ up* ♪ anstimmen; *friendship*: schließen; *v/i.* schlagen; ♪ auflaufen (*on* auf *acc.*); *econ.* streiken; *home fig.* ins Schwarze treffen; **strik-er** *econ.* Streikende(r *m*) *f*; *soccer*: Stürmer(in); **strik-ing** □ Schlag...; auffallend; eindrucksvoll; treffend.

string [strıŋ] **1.** Schnur *f*; Bindfaden *m*; Band *n*; Faden *m*, Draht *m*; (Bogen-) Sehne *f*; ♣ Faser *f*; Kette *f*; ♪ Saite *f*; *~s pl.* ♪ Streichinstrumente *pl.*, *die Streicher pl.*; *pull the ~s fig.* der Drahtzieher sein; *no ~s attached* ohne Bedingungen; **2.** (*strung*) spannen; *pearls, etc.*: aufreihen; ♪ besaiten, bespannen; (ver-, zu)schnüren; *beans*: abziehen; *be strung up* angespannt *or* erregt sein; *~ band* ♪ Streichorchester *n*.

strin-gent □ ['strındʒənt] streng, scharf; zwingend; knapp.

string-y ['strıŋı] (*-ier, -iest*) faserig; sehnig; zäh.

strip [strıp] **1.** (*-pp-*) entkleiden (*a. fig.*); *a. ~ off* abziehen, abstreifen, (ab)schälen; (sich) ausziehen; *a. ~ down* ⊙ zerlegen, auseinandernehmen; *fig.* entblößen, berauben; **2.** Streifen *m*.

stripe [straıp] Streifen *m*; ✕ Tresse *f*.

strip-ling ['strıplıŋ] Bürschchen *n*.

strive [straıv] (*strove, striven*) streben;

sich bemühen; ringen (*for* um); **striv·en** ['strɪvn] *p.p. of* strive.

strode [strəud] *past of* stride 1.

stroke [strəuk] **1.** Schlag *m*; Streich *m*, Stoß *m*; Strich *m*; ✒ Schlag(anfall) *m*; ~ *of* (*good*) *luck* Glücksfall *m*; **2.** streichen über (*acc.*); streicheln.

stroll [strəul] **1.** schlendern, (herum-) bummeln; herumziehen; **2.** Bummel *m*, Spaziergang *m*; ~·**er** Bummler(in), Spaziergänger(in); *esp. Am.* (Falt)Sportwagen *m*, Buggy *m*.

strong [strɒŋ] stark, kräftig; energisch; überzeugt; fest; stark, schwer (*drink, etc.*); ~·**box** Geld-, Stahlkassette *f*; ~·**hold** Festung *f*; *fig.* Hochburg *f*; ~·**mind·ed** willensstark; ~·**room** Stahlkammer *f*, Tresor(raum) *m*.

strove [strəuv] *past of* strive.

struck [strʌk] *past and p.p. of* strike 2.

struc·ture ['strʌktʃə] Bau(werk *n*) *m*; Struktur *f*, Gefüge *n*; Gebilde *n*.

strug·gle ['strʌgl] **1.** sich (ab)mühen; kämpfen, ringen; sich winden, zappeln, sich sträuben; **2.** Kampf *m*, Ringen *n*; Anstrengung *f*.

strum [strʌm] (**-mm-**) klimpern (auf *dat.*).

strung [strʌŋ] *past and p.p. of* string 2.

strut [strʌt] **1.** (**-tt-**) *v/i.* stolzieren; *v/t.* ⊕ abstützen; **2.** Stolzieren *n*; ⊕ Strebe(balken *m*) *f*, Stütze *f*.

stub [stʌb] **1.** (Baum)Stumpf *m*; Stummel *m*; Kontrollabschnitt *m*; **2.** (**-bb-**) (aus)roden; *toe*: sich anstoßen; ~ *out cigarette, etc.*: ausdrücken.

stub·ble ['stʌbl] Stoppel(n *pl.*) *f*.

stub·born ['stʌbən] eigensinnig; widerspenstig; stur; hartnäckig.

stuck [stʌk] *past and p.p. of* stick 2; ~·**up** F hochnäsig.

stud¹ [stʌd] **1.** Ziernagel *m*; Knauf *m*; Manschetten-, Kragenknopf *m*; **2.** (**-dd-**) mit Nägeln *etc.* beschlagen; übersäen.

stud² [~] Gestüt *n*; *a.* ~·**horse** (Zucht-) Hengst *m*; ~·**farm** Gestüt *n*; ~·**mare** Zuchtstute *f*.

stu·dent ['stjuːdnt] Student(in); *Am.* Schüler(in).

stud·ied ['stʌdɪd] einstudiert; gesucht, gewollt; wohlüberlegt.

stu·di·o ['stjuːdɪəu] (*pl.* -**os**) Atelier *n*, Studio *n*; *TV, etc.*: Studio *n*, Aufnahme-, Senderaum *m*; ~ *couch* Schlafcouch *f*.

stu·di·ous □ ['stjuːdɪəs] fleißig; eifrig bemüht; sorgfältig, peinlich.

stud·y ['stʌdɪ] **1.** Studium *n*; *room*: Studier-, Arbeitszimmer *n*; *paint., etc.*: Studie *f*; *studies pl.* Studium *n*, Studien *pl.*; *in a brown* ~ in Gedanken versunken;

geistesabwesend; **2.** (ein)studieren; lernen; studieren, erforschen.

stuff [stʌf] **1.** Stoff *m*; Zeug *n*; **2.** *v/t.* (voll-, aus)stopfen; *cookery:* füllen; *get* ~*ed!* F hau ab!, F verpiß dich!; *v/i.* sich vollstopfen; ~·**ing** Füllung *f*; ~·**y** □ (-*ier*, -*iest*) dumpf, muffig, stickig; langweilig, fad; F spießig; F prüde.

stum·ble ['stʌmbl] **1.** Stolpern *n*, Straucheln *n*, Fehltritt *m*; **2.** stolpern, straucheln; ~ *across*, ~ *on*, ~ *upon* zufällig stoßen auf (*acc.*).

stump [stʌmp] **1.** Stumpf *m*, Stummel *m*; **2.** *v/t.* F verblüffen; *v/i.* stampfen, stapfen; ~·**y** □ (-*ier*, -*iest*) gedrungen; plump.

stun [stʌn] (**-nn-**) betäuben (*a. fig.*).

stung [stʌŋ] *past and p.p. of* sting 2.

stunk [stʌŋk] *past and p.p. of* stink 2.

stun·ning □ F ['stʌnɪŋ] toll, phantastisch.

stunt¹ [stʌnt] Kunststück *n*; (Reklame-) Trick *m*; Sensation *f*; ~ *man* film: Stuntman *m*, Double *m*.

stunt² [~] (im Wachstum *etc.*) hemmen; ~·**ed** verkümmert.

stu·pe·fy ['stjuːpɪfaɪ] betäuben; *fig.* verblüffen.

stu·pen·dous □ [stjuːˈpendəs] verblüffend, erstaunlich.

stu·pid □ ['stjuːpɪd] dumm, einfältig; stumpfsinnig, blöd; ~·**i·ty** Dummheit *f*; Stumpfsinn *m*.

stu·por ['stjuːpə] Erstarrung *f*, Betäubung *f*.

stur·dy □ ['stɜːdɪ] (-*ier*, -*iest*) robust, kräftig; *fig.* entschlossen.

stut·ter ['stʌtə] **1.** stottern, stammeln; **2.** Stottern *n*; Stammeln *n*.

sty¹ [staɪ] Schweinestall *m*.

sty², stye ✒ [~] Gerstenkorn *n*.

style [staɪl] **1.** Stil *m*; Mode *f*; (Mach)Art *f*; Titel *m*, Anrede *f*; **2.** nennen; entwerfen; gestalten.

styl·ish □ ['staɪlɪʃ] stilvoll; elegant; ~·**ish·ness** Eleganz *f*; ~·**ist** Stilist(in).

suave □ [swɑːv] verbindlich; mild.

sub- [sʌb] Unter..., unter...; Neben..., untergeordnet; Hilfs...; fast ...

sub·di·vi·sion ['sʌbdɪvɪʒn] Unterteilung *f*; Unterabteilung *f*.

sub·due [səbˈdjuː] unterwerfen; bezwingen; bändigen; dämpfen.

sub·ject 1. ['sʌbdʒɪkt] unterworfen; untergeben; abhängig; untertan; ausgesetzt (*to dat.*); *be* ~ *to* neigen zu; ~ *to* vorbehaltlich (*gen.*); **2.** [~] Untertan (-in); Staatsbürger(in), Staatsangehörige(r *m*) *f*; *gr.* Subjekt *n*, Satzgegenstand *m*; Thema *n*, Gegenstand *m*; (Lehr-, Schul-, Studien)Fach *n*; **3.** [səbˈdʒekt] unterwerfen; *fig.* unterwerfen, -ziehen;

aussetzen (**to** *dat.*); **~jec-tion** Unterwerfung *f*; Abhängigkeit *f*.

sub-ju-gate ['sʌbdʒʊgeɪt] unterjochen, -werfen.

sub-junc-tive *gr.* [səb'dʒʌŋktɪv] *a.* ~ *mood* Konjunktiv *m*.

sub|lease [sʌb'liːs], **~let** (**-tt-**; **-let**) untervermieten.

sub-lime □ [sə'blaɪm] erhaben.

sub-ma-chine gun [sʌbmə'ʃiːn gʌn] Maschinenpistole *f*.

sub-ma-rine ['sʌbməriːn] **1.** unterseeisch, Untersee...; **2.** ⏚, ✗ Unterseeboot *n*.

sub-merge [səb'mɜːdʒ] (unter)tauchen; überschwemmen.

sub-mis|sion [səb'mɪʃn] Unterwerfung *f*; Unterbreitung *f*; **~sive** □ [~sɪv] unterwürfig; ergeben.

sub-mit [səb'mɪt] (**-tt-**) (sich) unterwerfen *or* -ziehen; unterbreiten, vorlegen; sich fügen *or* ergeben (**to** *dat. or in acc.*).

sub-or-di-nate 1. □ [sə'bɔːdɪnət] untergeordnet; nebensächlich; ~ *clause gr.* Nebensatz *m*; **2.** [~] Untergebene(r *m f*); **3.** [~eɪt] unterordnen.

sub|scribe [səb'skraɪb] *v/t.* money: stiften, spenden (**to** für); *specified sum*: zeichnen; *with one's name*: unterzeichnen, unterschreiben mit; *v/i.* ~ **to** *newspaper, etc.*: abonnieren; **~scrib-er** Unterzeichner(in); Spender(in); Abonnent(in); *teleph.* Teilnehmer(in), Anschluß *m*.

sub-scrip-tion [səb'skrɪpʃn] Vorbestellung *f*, Subskription *f, of newspaper, etc.*: Abonnement *n*; *membership fee*: (Mitglieds)Beitrag *m*; Spende *f*.

sub-se-quent ['sʌbsɪkwənt] (nach)folgend; später; **~ly** nachher; später.

sub-ser-vi-ent □ [səb'sɜːvɪənt] dienlich; unterwürfig.

sub|side [səb'saɪd] sinken; sich senken; sich setzen; sich legen (*wind, etc.*); ~ **into** verfallen in (*acc.*); **~sid-i-a-ry 1.** □ Hilfs...; Neben..., untergeordnet; **2.** *econ.* Tochter(gesellschaft) *f*; **~si-dize** subventionieren; **~si-dy** Beihilfe *f*; Subvention *f*.

sub|sist [səb'sɪst] leben, sich ernähren (**on** von); **~sis-tence** Dasein *n*, Existenz *f*; (Lebens)Unterhalt *m*.

sub-stance ['sʌbstəns] Substanz *f; das* Wesentliche, Kern *m*, Gehalt *m*; Vermögen *n*.

sub-stan-dard [sʌb'stændəd] unter der Norm; ~ *film* Schmalfilm *m*.

sub-stan-tial □ [səb'stænʃl] wesentlich; wirklich (vorhanden); beträchtlich; reichlich, kräftig (*a. meal*); stark; solid; vermögend; namhaft (*sum*).

sub-stan-ti-ate [səb'stænʃɪeɪt] beweisen, begründen.

sub-stan-tive *gr.* ['sʌbstəntɪv] Substantiv *n*, Hauptwort *n*.

sub-sti|tute ['sʌbstɪtjuːt] **1.** an die Stelle setzen *or* treten (**for** von); ~ *A* **for** *B* B durch A ersetzen, B gegen A austauschen *or* auswechseln; **2.** Stellvertreter(in), Vertretung *f*; Ersatz *m*; **~tu-tion** Stellvertretung *f*; Ersatz *m*; *sports*: Auswechslung *f*.

sub-ter-fuge ['sʌbtəfjuːdʒ] Vorwand *m*, Ausflucht *f*; List *f*.

sub-ter-ra-ne-an □ [sʌbtə'reɪnɪən] unterirdisch.

sub-ti-tle ['sʌbtaɪtl] Untertitel *m*.

sub-tle □ ['sʌtl] (**~r, ~st**) fein(sinnig); subtil; scharf(sinnig).

sub-tract *A* [səb'trækt] abziehen, subtrahieren.

sub-trop-i-cal [sʌb'trɒpɪkl] subtropisch.

sub|urb ['sʌbɜːb] Vorstadt *f*, -ort *m*; **~ur-ban** vorstädtisch; ~ *railway* Brit. S-Bahn *f*.

sub-ven-tion [səb'venʃn] Subvention *f*.

sub-ver|sion [səb'vɜːʃn] Umsturz *m*; **~sive** □ umstürzlerisch, subversiv; **~t** stürzen.

sub-way ['sʌbweɪ] (Straßen-, Fußgänger)Unterführung *f*, *Am.* Untergrundbahn *f*, U-Bahn *f*.

suc-ceed [sək'siːd] *v/i.* Erfolg haben; glücken, gelingen; ~ **to** folgen (*dat.*) *or* auf (*acc.*), nachfolgen (*dat.*); *v/t.* (nach)folgen (*dat.*), *j-s* Nachfolger werden.

suc-cess [sək'ses] Erfolg *m*; **~ful** □ erfolgreich.

suc-ces|sion [sək'seʃn] (Nach-, Erb-, Reihen)Folge *f*; **in** ~ nacheinander; **~sive** □ aufeinanderfolgend; **~sor** Nachfolger(in).

suc-co(u)r ['sʌkə] **1.** Hilfe *f*; **2.** helfen.

suc-cu-lent □ ['sʌkjʊlənt] saftig.

suc-cumb [sə'kʌm] unter-, erliegen.

such [sʌtʃ] solche(r, -s); derartige(r, -s); so; ~ **a man** ein solcher Mann; ~ **as** diejenigen, welche; wie.

suck [sʌk] **1.** saugen (**an** *dat.*); aussaugen; lutschen (**an** *dat.*); **2.** Saugen *n*; **~er** Saugnapf *m*, -organ *n*; ⚕ Wurzelschößling *m*; F Trottel *m*, Simpel *m*; **~le** säugen, stillen; **~ling** Säugling *m*.

suc-tion ['sʌkʃn] (An)Saugen *n*; Sog *m*; *attr.* (An)Saug...

sud-den □ ['sʌdn] plötzlich; (**all**) **of a** ~ (ganz) plötzlich.

suds [sʌdz] *pl.* Seifenlauge *f*; Seifenschaum *m*; **~y** (**-ier, -iest**) schaumig.

sue [sjuː] *v/t.* verklagen (**for** auf *acc.*, wegen); *a.* ~ **out** erwirken; *v/i.* nachsuchen (**for** um); klagen.

suede, suède [sweid] Wildleder n.
su·et ['sjuːit] Nierenfett n, Talg m.
suf·fer ['sʌfə] v/i. leiden (*from* an, unter *dat.*); büßen; v/t. erleiden, erdulden; (zu)lassen; **~ance** Duldung f; **~er** Leidende(r m) f; Dulder(in); **~ing** Leiden n.
suf·fice [sə'fais] genügen; **~** *it to say* es genügt wohl, wenn ich sage.
suf·fi·cien|cy [sə'fiʃnsi] gcnügcndc Menge; Auskommen n; **~t** genügend, genug, ausreichend; *be* **~** genügen, (aus)reichen.
suf·fix ['sʌfiks] Suffix n, Nachsilbe f.
suf·fo·cate ['sʌfəkeit] ersticken.
suf·frage ['sʌfridʒ] (Wahl)Stimme f; Wahl-, Stimmrecht n.
suf·fuse [sə'fjuːz] übergießen; überziehen.
sug·ar ['ʃugə] 1. Zucker m; 2. zuckern; **~ba·sin,** *esp. Am.* **~ bowl** Zuckerdose f; **~cane** ♣ Zuckerrohr n; **~coat** überzuckern; *fig.* versüßen; **~y** zuckerig; *fig.* zuckersüß.
sug|gest [sə'dʒest, *Am. a.* səg'dʒest] vorschlagen, anregen; nahelegen; hinweisen auf (*acc.*); *idea:* eingeben; andeuten; denken lassen an (*acc.*); **~ges·tion** Anregung f, Vorschlag m; *psych.* Suggestion f; Eingebung f; Andeutung f; **~ges·tive** □ anregend; vielsagend; zweideutig; *be* **~** *of s.th.* auf et. hindeuten; an et. denken lassen; den Eindruck von et. erwecken.
su·i·cide ['sjuisaid] 1. Selbstmord m; Selbstmörder(in); *commit* **~** Selbstmord begehen; 2. *Am.* Selbstmord begehen.
suit [sjuːt] 1. (Herren)Anzug m; (Damen)Kostüm n; Anliegen n; *courting:* Werben n; *cards:* Farbe f; ⚖ Prozeß m; *follow* **~** *fig.* dem Beispiel folgen, dasselbe tun; 2. v/t. j-m passen, zusagen, bekommen; j-n kleiden, j-m stehen, passen zu; **~** *oneself* tun, was e-m beliebt; *~* *yourself* mach, was du willst; **~** *s.th. to* et. anpassen (*dat.*) *or* an (*acc.*); *be* **~ed** geeignet sein (*for*, to für, zu); v/i. passen; **sui·ta·ble** □ passend, geeignet (*for*, to für, zu); **~case** (Hand)Koffer m.
suite [swiːt] Gefolge n; ♪ Suite f; Zimmerflucht f, Suite f; (Möbel-, Sitz)Garnitur f, (Zimmer)Einrichtung f.
sul·tor ['sjuːtə] Freier m; ⚖ Kläger(in).
sul·fur *Am.* ['sʌlfə] *s.* **sulphur.**
sulk [sʌlk] schmollen, eingeschnappt sein; **~i·ness,** *a* **s** *pl.* Schmollen n; **~y** 1. □ (-*ier*, -*iest*) verdrießlich; schmollend; 2. *sports:* Sulky n, Traberwagen m.
sul·len □ ['sʌlən] verdrossen, mürrisch; düster, trübe.
sul·ly *mst fig.* ['sʌli] beflecken.

sul|phur 🜍 ['sʌlfə] Schwefel m; **~phu·ric** 🜍 [sʌl'fjuərik] Schwefel...
sul·tri·ness ['sʌltrinis] Schwüle f.
sul·try □ ['sʌltri] (-*ier*, -*iest*) schwül; *fig.* heftig, hitzig.
sum [sʌm] 1. Summe f; Betrag m; Rechenaufgabe f; *fig.* Inbegriff m; *do* **~s** rechnen; 2. (-*mm*-) **~** *up* zusammenzählen, addieren; j-n kurz einschätzen; *situation:* erfassen; zusammenfassen.
sum|mar·ize ['sʌməraiz] zusammenfassen; **~ma·ry** 1. □ kurz (zusammengefaßt); ⚖ Schnell...; 2. (kurze) Inhaltsangabe, Zusammenfassung f.
sum·mer ['sʌmə] Sommer m; *In early (late)* **~** im Früh-(Spät)sommer; **~** *school* Ferienkurs m; **~ly,** **~y** sommerlich; ♀ *Time* Sommerzeit f.
sum·mit ['sʌmit] Gipfel m (*a. fig.*).
sum·mon ['sʌmən] auffordern; (ein-)be)rufen; ⚖ vorladen; **~** *up courage, etc.:* zusammennehmen, aufbieten; **~s** Aufforderung f; ⚖ Vorladung f.
sump·tu·ous □ ['sʌmptʃuəs] kostspielig; üppig, aufwendig.
sun [sʌn] 1. Sonne f; *attr.* Sonnen...; 2. (-*nn*-) der Sonne aussetzen; **~** (*o.s.*) sich sonnen; **~bath** Sonnenbad n; **~beam** Sonnenstrahl m; **~burn** Sonnenbrand m.
sun·dae ['sʌndei] Eisbecher m mit Früchten.
Sun·day ['sʌndi] Sonntag m; *on* **~** (am) Sonntag; *on* **~s** sonntags.
sun|di·al ['sʌndaiəl] Sonnenuhr f; **~down** = *sunset.*
sun|dries ['sʌndriz] *pl.* Diverse(s) n, Verschiedene(s) n; **~dry** verschiedene.
sung [sʌŋ] *p.p. of* **sing.**
sun·glass·es ['sʌnglɑːsiz] *pl.* (*a pair of* **~** e-e) Sonnenbrille f.
sunk [sʌŋk] *past and p.p. of* **sink** 1.
sunk·en *adj.* ['sʌŋkən] versunken; tiefliegend; *fig.* eingefallen.
sun|·loung·er ['sʌnlaundʒə] Sonnenstuhl m, Sonnenliege f; **~ny** □ (-*ier*, -*iest*) sonnig; **~rise** Sonnenaufgang m; **~set** Sonnenuntergang m; **~shade** Sonnenschirm m; Markise f; **~shine** Sonnenschein m; **~stroke** ♠ Sonnenstich m; **~tan** (Sonnen)Bräune f; **~wor·ship·per** Sonnenanbeter(in).
su·per F ['suːpə] super, toll, prima, Spitze, Klasse.
su·per- ['sjuːpə] Über..., über...; Ober..., ober...; Super..., Groß...; **~a·bun·dant** □ [~rə'bʌndənt] überreichlich; überschwenglich.
su·per·an·nu|ate [sjuːpə'rænjueit] pensionieren; **~d** pensioniert; veraltet; **~a·tion** *pension:* Rente f; *contribution:* Beitrag m zur Rentenversicherung.

su·perb ☐ [sjuːˈpɜːb] prächtig, herrlich, großartig; ausgezeichnet.

su·per|charg·er *mot.* [ˈsjuːpətʃɑːdʒə] Kompressor *m*; **~cil·i·ous** ☐ hochmütig; **~ego** *psych.* Über-Ich *n*; **~fi·cial** ☐ oberflächlich; **~fine** extrafein; **~flu·i·ty** Überfluß *m*; **~flu·ous** ☐ überflüssig; überreichlich; **~heat** ☺ überhitzen; **~hu·man** ☐ übermenschlich; **~im·pose** darauf-, darüberlegen; überlagern; **~in·tend** die (Ober)Aufsicht haben über (*acc.*), überwachen; leiten; **~in·tend·ent** 1. Leiter *m*, Direktor *m*; (Ober)Aufseher *m*, Inspektor *m*; *Brt.* Kommissar(in); *Am.* Polizeichef *m*; *Am.* Hausverwalter *m*; 2. aufsichtführend.

su·pe·ri·or [sjuːˈpɪərɪə] 1. ☐ höhere(r, -s), höherstehend, vorgesetzt; besser, hochwertiger; überlegen (**to** *dat.*); hervorragend; 2. Höherstehende(r *m*) *f*, *esp.* Vorgesetzte(r *m*) *f*; *eccl.* Superior *m*; *mst* **Lady** ♀, **Mother** ♀ *eccl.* Oberin *f*; **~i·ty** [sjuːpɪərɪˈɒrətɪ] Überlegenheit *f*.

su·per·la·tive [sjuːˈpɜːlətɪv] 1. ☐ höchste(r, -s); überragend; 2. *a.* **~ degree** *gr.* Superlativ *m*.

su·per|mar·ket [ˈsjuːpəmɑːkɪt] Supermarkt *m*; **~nat·u·ral** ☐ übernatürlich; **~nu·me·ra·ry** 1. überzählig; zusätzlich; 2. Zusatzperson *f*, -sache *f*, *thea.*, *film*: Statist(in); **~scrip·tion** Über-, Aufschrift *f*; **~sede** ersetzen; verdrängen; absetzen; ablösen; **~son·ic** *phys.* Überschall...; **~sti·tion** Aberglaube *m*; **~sti·tious** ☐ abergläubisch; **~struc·ture** Aufbau *m*; *sociology*: Überbau *m*; **~vene** (noch) hinzukommen; dazwischenkommen; **~vise** beaufsichtigen, überwachen; **~vi·sion** (Ober)Aufsicht *f*; Beaufsichtigung *f*, Überwachung *f*; **~vi·sor** Aufseher(in); Leiter(in); *univ.* Doktorvater *m*.

sup·per [ˈsʌpə] Abendessen *n*; **the** (**Lord's**) ♀ das heilige Abendmahl; **have ~** zu Abend essen.

sup·plant [səˈplɑːnt] verdrängen.

sup·ple [ˈsʌpl] 1. ☐ (**~r**, **~st**) geschmeidig; 2. geschmeidig machen.

sup·ple|ment 1. [ˈsʌplɪmənt] Ergänzung *f*; Nachtrag *m*; (Zeitungs-, *etc.*)Beilage *f*; 2. [~ment] ergänzen; **~men·tal** ☐, **~men·ta·ry** Ergänzungs...; nachträglich; Nachtrags...

sup·pli·ant [ˈsʌplɪənt] 1. ☐ demütig bittend, flehend; 2. Bittsteller(in).

sup·pli|cate [ˈsʌplɪkeɪt] demütig bitten; (an)flehen; **~ca·tion** demütige Bitte.

sup·pli·er [səˈplaɪə] Lieferant(in); *a.* **~s** *pl.* Lieferfirma *f*.

sup·ply [səˈplaɪ] 1. liefern; *deficiency*:

abhelfen (*dat.*); *post*, *etc.*: ausfüllen; beliefern, ausstatten, versorgen; ergänzen; 2. Lieferung *f*; Versorgung *f*; Zufuhr *f*; *econ.* Angebot *n*; (Stell)Vertretung *f*; *mst* **supplies** *pl.* Vorrat *m*; *econ.* Artikel *m*, Bedarf *m*; *parl.* bewilligter Etat; **~ and demand** *econ.* Angebot und Nachfrage.

sup·port [səˈpɔːt] 1. Stütze *f*; Hilfe *f*; ☺ Träger *m*; Unterstützung *f*; (Lebens-) Unterhalt *m*; 2. tragen, (ab)stützen; unterstützen; unterhalten, sorgen für (*family*, *etc.*); ertragen; **~er** Anhänger(in) (*a. sports*), Befürworter(in).

sup·pose [səˈpəʊz] annehmen; voraussetzen; vermuten; **he is ~d to do** er soll tun; **~ we go** gehen wir!; wie wär's, wenn wir gingen?; **what is that ~d to mean?** was soll denn das?; *after question:* **I ~ not** ich glaube kaum!; **I ~ so** ich nehme es an, vermutlich.

sup|posed ☐ [səˈpəʊzd] vermeintlich; **~pos·ed·ly** angeblich.

sup·po·si·tion [sʌpəˈzɪʃn] Voraussetzung *f*; Annahme *f*, Vermutung *f*.

sup|press [səˈpres] unterdrücken; **~pres·sion** Unterdrückung *f*.

sup·pu·rate ✿ [ˈsʌpjʊəreɪt] eitern.

su·prem|a·cy [sjuːˈpreməsɪ] Oberhoheit *f*; Vorherrschaft *f*; Überlegenheit *f*; Vorrang *m*; **~e** ☐ [sjuːˈpriːm] höchste(r, -s); oberste(r, -s); Ober...; größte(r, -s).

sur·charge 1. [sɜːˈtʃɑːdʒ] e-n Zuschlag *or* ein Nachporto erheben auf (*acc.*); 2. [ˈsɜːtʃɑːdʒ] Zuschlag *m*; Nach-, Strafporto *n*; Über-, Aufdruck *m* (**on** *stamps*).

sure [ʃʊə] 1. *adj.* ☐ (**~r**, **~st**): **~ (of)** sicher, gewiß (*gen.*), überzeugt (von); **make ~ that** sich (davon) überzeugen, daß; **for ~!** F auf jeden Fall!; 2. *adv.* *Am.* F wirklich; **it ~ was cold** *Am.* Γ es war vielleicht kalt!; **~!** klar!, aber sicher!; **~ enough** ganz bestimmt; tatsächlich; **~ly** sicher(lich); **sur·e·ty** Kaution *f*; Bürge *m*.

surf [sɜːf] 1. Brandung *f*; 2. *sports*: surfen.

sur·face [ˈsɜːfɪs] 1. (Ober)Fläche *f*; ✈ Tragfläche *f*; 2. ⚓ auftauchen (*submarine*).

surf|board [ˈsɜːfbɔːd] Surfbrett *n*; **~boat** Brandungsboot *n*.

sur·feit [ˈsɜːfɪt] 1. Übersättigung *f*; Überdruß *m*; 2. (sich) übersättigen *or* -füttern.

surf|er [ˈsɜːfə] *sports*: Surfer(in), Wellenreiter(in); **~ing**, **~rid·ing** *sports*: Surfen *n*, Wellenreiten *n*.

surge [sɜːdʒ] 1. Woge *f*; 2. wogen; (vorwärts)drängen; *a.* **~ up** (auf)wallen (*emotions*).

sur|geon ['sɜːdʒən] Chirurg *m*; **~ge·ry** Chirurgie *f*; operativer Eingriff, Operation *f*; *Brt.* Sprechzimmer *n*; **~ hours** *pl. Brt.* Sprechstunde(n *pl.*) *f*.

sur·gi·cal □ ['sɜːdʒɪkl] chirurgisch.

sur·ly □ ['sɜːlɪ] (*-ier*, *-iest*) mürrisch; grob.

sur·mise 1. ['sɜːmaɪz] Vermutung *f*; **2.** [sɜː'maɪz] vermuten.

sur·mount [sɜː'maʊnt] überwinden.

sur·name ['sɜːneɪm] Familien-, Nach-, Zuname *m*.

sur·pass *fig.* [sə'pɑːs] übersteigen, -treffen; **~ing** unvergleichlich.

sur·plus ['sɜːpləs] **1.** Überschuß *m*, Mehr *n*; **2.** überschüssig; Über(schuß)...

sur·prise [sə'praɪz] **1.** Überraschung *f*; Überrump(e)lung *f*; **2.** überraschen; überrumpeln.

sur·ren·der [sə'rendə] **1.** Übergabe *f*; Kapitulation *f*; Aufgabe *f*, Verzicht *m*; Hingabe *f*; **2.** *v/t. et.* übergeben; aufgeben; *v/i.* sich ergeben (**to** *dat.*), kapitulieren; sich hingeben *or* überlassen (**to** *dat.*).

sur·ro·gate ['sʌrəgɪt] Ersatz *m*; **~ mother** Leihmutter *f*.

sur·round [sə'raʊnd] umgeben; ✕ umzingeln, -stellen; **~ing** umliegend; **~ings** *pl.* Umgebung *f*.

sur·tax ['sɜːtæks] Steuerzuschlag *m*.

sur·vey 1. [sə'veɪ] überblicken; sorgfältig prüfen; begutachten; *area:* vermessen; **2.** ['sɜːveɪ] Überblick *m* (*a. fig.*); sorgfältige Prüfung; Inspektion *f*, Besichtigung *f*; Gutachten *n*; (Land)Vermessung *f*; (Lage)Karte *f*, (-)Plan *m*; **~or** Landmesser *m*; (amtlicher) Inspektor.

sur|viv·al [sə'vaɪvl] Überleben *n*; Fortleben *n*; Überbleibsel *n*; **~ kit** Überlebensausrüstung *f*; **~vive** überleben, am Leben bleiben; noch leben; fortleben; bestehen bleiben; **~vi·vor** Überlebende(r *m*) *f*.

sus·cep·ti·ble □ [sə'septəbl] empfänglich (**to** für); empfindlich (**to** gegen); **be ~ of** *et.* zulassen.

sus·pect 1. [sə'spekt] (be)argwöhnen; in Verdacht haben, verdächtigen; vermuten, befürchten; **2.** ['sʌspekt] Verdächtige(r *m*) *f*; **3.** [~] = **~ed** verdächtig.

sus·pend [sə'spend] (auf)hängen; aufschieben; in die Schwebe lassen; *payment:* einstellen; ⁂ *sentence, etc.:* aussetzen; suspendieren; *sports:* *j-n* sperren; **~ed** schwebend; hängend; ⁂ zur Bewährung ausgesetzt; suspendiert; **~er** *Brt.* Strumpf-, Sockenhalter *m*; (*a. a pair of*) **~s** *pl. Am.* Hosenträger *pl.*

sus|pense [sə'spens] Ungewißheit *f*;

Unentschiedenheit *f*; Spannung *f*; **~pen·sion** Aufhängung *f*; Aufschub *m*; (einstweilige) Einstellung; Suspendierung *f*, Amtsenthebung *f*; *sports:* Sperre *f*; **~ bridge** Hängebrücke *f*; **~ railroad**, *esp. Brt.* **~ railway** Schwebebahn *f*.

sus·pi|cion [sə'spɪʃn] Verdacht *m*; Mißtrauen *n*; *fig.* Spur *f*; **~cious** □ verdächtig; mißtrauisch.

sus·tain [sə'steɪn] stützen, tragen; *et.* (aufrecht)erhalten; aushalten (*a. fig.*); erleiden; *family:* ernähren; *j-m* Kraft geben; ⁂ *objection:* stattgeben (*dat.*).

sus·te·nance ['sʌstɪnəns] (Lebens)Unterhalt *m*; Nahrung *f*.

swab [swɒb] **1.** Scheuerlappen *m*, Mop *m*; ⁑ Tupfer *m*; ⁑ Abstrich *m*; **2.** (*-bb-*) **~ up** aufwischen.

swad·dle ['swɒdl] *baby:* wickeln.

swag·ger ['swægə] stolzieren; prahlen, großtun.

swal·low[1] *zo.* ['swɒləʊ] Schwalbe *f*.

swal·low[2] [~] **1.** Schlund *m*; Schluck *m*; **2.** (hinunter-, ver)schlucken; *insult:* einstecken, schlucken; F für bare Münze nehmen; *fig.* **~ the bait** den Köder schlucken.

swam [swæm] *past of* **swim** 1.

swamp [swɒmp] **1.** Sumpf *m*; **2.** überschwemmen (*a. fig.*); *boat:* vollaufen lassen; **~y** (*-ier*, *-iest*) sumpfig.

swan *zo.* [swɒn] Schwan *m*.

swank F [swæŋk] **1.** Angabe *f*, Protzerei *f*; **2.** angeben, protzen; **~y** □ (*-ier*, *-iest*) protzig, angeberisch.

swap F [swɒp] **1.** Tausch *m*; **2.** (*-pp-*) (ein-, aus)tauschen.

swarm [swɔːm] **1.** (Bienen-, *etc.*) Schwarm *m*; Haufen *m*, Schar *f*, Horde *f*; **2.** schwärmen (*bees*); wimmeln (**with** von).

swar·thy □ ['swɔːðɪ] (*-ier*, *-iest*) dunkel(häutig).

swash [swɒʃ] plan(t)schen.

swat [swɒt] (*-tt-*) *fly, etc.:* totschlagen.

sway [sweɪ] **1.** Schwanken *n*; Einfluß *m*; Herrschaft *f*; **2.** schwanken; (sich) wiegen; schwingen; beeinflussen; beherrschen.

swear [sweə] (**swore**, **sworn**) schwören; fluchen; **~ s.o. in** *j-n* vereidigen; **~word** Fluch *m*, Kraftausdruck *m*, Schimpfwort *n*.

sweat [swet] **1.** Schweiß *m*; Schwitzen *n*; **by the ~ of one's brow** im Schweiße seines Angesichts; **in a ~**, F **all of a ~** in Schweiß gebadet (*a. fig.*); **2.** (**sweated**, *Am. mst* **sweat**) *v/i.* schwitzen; *v/t.* (aus)schwitzen; in Schweiß bringen; *econ.* schuften lassen, ausbeuten; **~er** ['swetə] Sweater *m*, Pullover *m*; *econ.*

Ausbeuter *m*; **~shirt** Sweatshirt *n*; **~ suit** *sports:* esp. *Am.* Trainingsanzug *m*; **~y** □ (**-ier**, **-iest**) schweißig; verschwitzt.

Swede [swi:d] Schwed|e *m*, -in *f*.

Swed-ish ['swi:dɪʃ] 1. schwedisch; 2. *ling.* Schwedisch *n*.

sweep [swi:p] 1. (**swept**) fegen (*a. fig.*), kehren; *scan:* absuchen; gleiten *or* schweifen über (*acc.*); (majestätisch) gleiten; *on skis:* (dahin)rauschen; 2. Kehren *n*; Schwung *m*; schwungvolle Bewegung; (*fig.* Dahin)Fegen *n*; Spielraum *m*, Bereich *m*; esp. *Brt.* Schornsteinfeger *m*; **make a clean ~** gründlich aufräumen (*of* mit); *sports:* überlegen siegen; **~er** (Straßen)Kehrer *m*; Kehrmaschine *f*; *soccer:* Ausputzer *m*; **~ing** □ schwungvoll; umfassend; *victory, success:* durchschlagend; **~ings** *pl.* Kehricht *m*, Müll *m*.

sweet [swi:t] 1. □ süß; lieblich; freundlich; frisch; duftend; **have a ~ tooth** gern Süßes essen, gerne naschen; 2. *Brt.* Süßigkeit *f*, Bonbon *m*, *n*; *Brt.* Nachtisch *m*; *form of address:* Süße(r *m*) *f*, Schatz *m*; **~en** (ver)süßen; **~en-er** Süßstoff *m*; **~heart** Schatz *m*, Liebste(r *m*) *f*; **~ish** süßlich; **~meat** Bonbon *m*, *n*; kandierte Frucht; **~ pea** ♀ Gartenwicke *f*; **~shop** *Brt.* Süßwarenladen *m*.

swell [swel] 1. (**swelled**, **swollen** *or* **swelled**) *v/i.* (an)schwellen; sich (auf-) blähen; sich bauschen; *v/t.* aufblähen; (an)schwellen lassen; 2. *Am.* F prima; 3. Anschwellen *n*, Schwellung *f*; ♪ Dünung *f*; **~ing** 1. ♪ Schwellung *f*, Geschwulst *f*; 2. *sail:* gebläht; *sound, etc.:* anschwellend.

swel-ter ['sweltə] vor Hitze umkommen.

swept [swept] *past and p.p. of* **sweep** 1.

swerve [swɜːv] 1. ausbrechen (*car, horse*); *mot.* das Steuer *or* den Wagen herumreißen; *road:* schwenken; 2. *mot.* Schlenker *m*; Ausweichbewegung *f*; Schwenk *m* (*of road*).

swift [swɪft] □ schnell, eilig, flink; **~ness** Schnelligkeit *f*.

swill [swɪl] 1. (Ab)Spülen *n*, Schmutzwasser *n*; 2. (ab)spülen; F saufen.

swim [swɪm] 1. (**-mm-**; **swam**, **swum**) (durch)schwimmen; schweben; **my head ~s** mir ist schwind(e)lig; 2. Schwimmen *n*; **go for a ~** schwimmen gehen; **have** *or* **take a ~** baden, schwimmen; **be in the ~** auf dem laufenden sein; **~mer** Schwimmer(in); **~ming** 1. Schwimmen *n*; 2. Schwimm...; **~bath(s** *pl.*) *Brt.* Schwimmbad *n*, esp. Hallenbad *n*; **~pool** Schwimmbecken *n*,

Swimmingpool *m*; Schwimmbad *n*; (**a pair of**) **~trunks** *pl.* (-e-) Badehose *f*; **~suit** Badeanzug *m*.

swin-dle ['swɪndl] 1. beschwindeln; betrügen; 2. Schwindel *m*, Betrug *m*.

swine [swaɪn] Schwein *n*.

swing [swɪŋ] 1. (**swung**) schwingen; schwenken; schlenkern; baumeln (lassen); (sich) schaukeln; *of door:* sich (in den Angeln) drehen; F baumeln, hängen; 2. Schwingen *n*; Schwung *m*; Schaukel *f*; Spielraum *m*; **~ in opinion** Meinungsumschwung *m*; **in full ~** in vollem Gange; **~door** *Brt.* Pendel-, Drehtür *f*; **~ing** *step, music:* schwungvoll; **~ door** *Am.* = **swing-door**.

swin-ish □ ['swaɪnɪʃ] schweinisch.

swipe [swaɪp] 1. schlagen (**at** nach); F klauen; 2. harter Schlag.

swirl [swɜːl] 1. (herum)wirbeln, strudeln; 2. Wirbel *m*, Strudel *m*.

Swiss [swɪs] 1. schweizerisch, Schweizer...; 2. Schweizer(in); **the ~** *pl.* die Schweizer *pl.*

switch [swɪtʃ] 1. ⚡ Schalter *m*; Gerte *f*; *Am.* 🚂 Weiche *f*; *of hair:* Haarteil *n*; **do** *or* **make a ~** tauschen; 2. ⚡, TV, *etc.*: (um)schalten; *fig.* wechseln, überleiten; peitschen; esp. *Am.* 🚂 rangieren; **~ off** ab-, ausschalten; **~ on** ⚡ an-, einschalten; **~board** ⚡ Schalttafel *f*; *teleph.* Zentrale *f*, Vermittlung *f*.

swiv-el ['swɪvl] 1. ⊙ Drehring *m*; *attr.* Dreh...; 2. (esp. *Brt.* **-ll-**, *Am.* **-l-**) (sich) drehen; schwenken.

swol-len ['swəʊlən] *p.p. of* **swell** 1; **~head-ed** F eingebildet.

swoop [swu:p] 1. **~ down on** *or* **upon** herabstoßen auf (*acc.*) (*bird of prey*); *fig.* herfallen über (*acc.*); 2. Herabstoßen *n*; Razzia *f*.

swop F [swɒp] = **swap**.

sword [sɔːd] Schwert *n*; **~s-man** ['sɔːdzmən] (*pl.* **-men**) Fechter *m*.

swore [swɔː] *past of* **swear**.

sworn [swɔːn] *p.p. of* **swear**.

swum [swʌm] *p.p. of* **swim** 1.

swung [swʌŋ] *past and p.p. of* **swing** 1.

syc-a-more ♀ ['sɪkəmɔː] Bergahorn *m*; *Am.* Platane *f*.

syl-la-ble ['sɪləbl] Silbe *f*.

syl-la-bus ['sɪləbəs] (*pl.* **-buses**, **-bi** [-baɪ]) (esp. Vorlesungs)Verzeichnis *n*; Lehrplan *m*.

sym-bol ['sɪmbl] Symbol *n*, Sinnbild *n*; **~ic** [sɪm'bɒlɪk], **~i-cal** □ sinnbildlich; **~is-m** ['sɪmbəlɪzəm] Symbolik *f*; **~ize** symbolisieren.

sym|met-ric [sɪ'metrɪk], **~met-ri-cal** □ symmetrisch, ebenmäßig; **~me-try** Symmetrie *f*; Ebenmaß *n*.

sym-pa|thet-ic [sɪmpə'θetɪk] (**~ally**) mit-

fühlend; ~ **strike** Sympathiestreik *m*;
~thize sympathisieren, mitfühlen;
~thy Anteilnahme *f*, Mitgefühl *n*.
sym·pho·ny ♪ ['sɪmfənɪ] Sinfonie *f*, Symphonie *f*; ~ **orchestra** Sinfonie-, Symphonieorchester *n*.
symp·tom ['sɪmptəm] Symptom *n*.
syn·chro|nize ['sɪŋkrənaɪz] *v/i.* gleichzeitig sein; synchron gehen (*clock*) *or* laufen (*machine*); *v/t.* clocks, machines, film, TV: synchronisieren; *actions:* aufeinander abstimmen; **~nous** □ gleichzeitig; synchron.
syn·di·cate ['sɪndɪkət] Syndikat *n*.
syn·o·nym ['sɪnənɪm] Synonym *n*;

sy·non·y·mous □ [sɪ'nɒnɪməs] synonym; gleichbedeutend.
sy·nop·sis [sɪ'nɒpsɪs] (*pl.* **-ses** [-si:z]) Übersicht *f*, Zusammenfassung *f*.
syn·tax *gr.* ['sɪntæks] Syntax *f*.
syn|the·sis ['sɪnθəsɪs] (*pl.* **-ses** [-si:z]) Synthese *f*; **~the·siz·er** ♪ Synthesizer *m*; **~thet·ic** [sɪn'θetɪk], **~thet·i·cal** □ synthetisch; ~ **fibre** Kunstfaser *f*.
sy·ringe ['sɪrɪndʒ] **1.** Spritze *f*; **2.** (be-, ein-, aus)spritzen.
syr·up ['sɪrəp] Sirup *m*.
sys|tem ['sɪstəm] System *n*; *physiol.* Organismus *m*, Körper *m*; Plan *m*, Ordnung *f*; **~·te·mat·ic** (**~ally**) systematisch.

T

ta *Brt. int.* F [tɑ:] danke.
tab [tæb] Streifen *m*; Etikett *n*, Schildchen *n*, Anhänger *m*; Schlaufe *f*, (Mantel)Aufhänger *m*; F Rechnung *f*.
ta·ble ['teɪbl] **1.** Tisch *m*; Tafel *f*; Tisch-, Tafelrunde *f*; Tabelle *f*, Verzeichnis *n*; = **tableland**; **at** ~ bei Tisch; **turn the** ~**s** den Spieß umdrehen (**on s.o.** j-m gegenüber); **2.** auf den Tisch legen; tabellarisch anordnen; **~cloth** Tischtuch *n*, -decke *f*; **~land** Tafelland *n*, Plateau *n*, Hochebene *f*; **~lin·en** Tischwäsche *f*; **~mat** Set *n*; ~ **set** *radio, TV:* Tischgerät *n*; **~spoon** Eßlöffel *m*.
tab·let ['tæblɪt] *pill:* Tablette *f*; (Gedenk)Tafel *f*; (Schreib-, *etc.*)Tafel *f*; *piece:* Stück *n*; Tafel *f* (*chocolate*).
table|top ['teɪbltɒp] Tischplatte *f*; **~ware** Geschirr *n* u. Besteck *n*.
ta·boo [tə'bu:] **1.** tabu, unantastbar; verboten; verpönt; **2.** Tabu *n*; **3.** *et.* für tabu erklären.
tab·u|lar □ ['tæbjʊlə] tabellarisch; **~late** tabellarisch (an)ordnen.
ta·cit □ ['tæsɪt] stillschweigend; **ta·ci·turn** □ schweigsam.
tack [tæk] **1.** Stift *m*, Reißnagel *m*, Zwecke *f*; *sewing:* Heftstich *m*; ♣ Halse *f*; ♣ (Auf)Kreuzen *n*; *fig.* Weg *m*; **2.** *v/t.* heften (**to** an *acc.*); *v/i.* ♣ wenden; *fig.* lavieren.
tack·le ['tækl] **1.** Gerät *n*; ♣ Takel-, Tauwerk *n*; ⊕ Flaschenzug *m*; *soccer:* Angreifen *n*; **2.** (an)packen; *soccer:* angreifen; *problem, etc.:* in Angriff nehmen; lösen, fertig werden mit.
tack·y ['tækɪ] (**-ier**, **-iest**) klebrig; *Am.* F schäbig.
tact [tækt] Takt *m*, Feingefühl *n*; **~ful** □ taktvoll.

tac·tics ['tæktɪks] *pl. and sg.* Taktik *f*.
tact·less □ ['tæktlɪs] taktlos.
tad·pole *zo.* ['tædpəʊl] Kaulquappe *f*.
taf·fe·ta ['tæfɪtə] Taft *m*.
taf·fy *Am.* ['tæfɪ] = **toffee**; F Schmus *m*, Schmeichelei *f*.
tag [tæg] **1.** (Schnürsenkel)Stift *m*; Schildchen *n*, Etikett *n*; loses Ende, Fetzen *m*, Lappen *m*; Redensart *f*, Zitat *n*; *a.* **question** ~ *gr.* Frageanhängsel *n*; Fangen *n* (*game*); **2.** (**-gg-**) etikettieren, auszeichnen; anhängen (**to, on to** an *acc.*); ~ **along** F mitkommen; ~ **along behind s.o.** hinter j-m hertrotten *or* -zockeln.
tail [teɪl] **1.** Schwanz *m*; Schweif *m*; hinteres Ende, Schluß *m*; ~**s** *pl.* Rückseite *f* (*of coin*); F Frack *m*; **turn** ~ davonlaufen; ~**s up** in Hochstimmung, fidel; **2.** **after s.o.** j-m hinterherlaufen; ~ **s.o.** F j-n beschatten; ~ **away**, ~ **off** abflauen, sich verlieren; nachlassen; **~back** *mot.* Rückstau *m*; **~coat** Frack *m*; **~light** *mot., etc.* Rück-, Schlußlicht *n*.
tai·lor ['teɪlə] **1.** Schneider *m*; **2.** schneidern; **~made** Schneider..., Maß...
taint [teɪnt] **1.** (Schand)Fleck *m*, Makel *m*; *of illness, etc.:* (verborgene) Anlage; **2.** beflecken; verderben; ✿ anstecken; verderben, schlecht werden (*meat, etc.*).
take [teɪk] **1.** (*took, taken*) *v/t.* nehmen; (an-, ein-, entgegen-, heraus-, hin-, mit-, weg)nehmen; *grasp:* fassen, packen, ergreifen (*a. prisoner*); fangen, ✕ gefangennehmen; *assume possesion:* sich aneignen, Besitz ergreifen von; *carry:* (hin-, weg)bringen; *accept, etc.:* (*et. gut*) aufnehmen; *insult:* hinnehmen; *et.* ertragen, aushalten; halten (**for** für); auffassen; *fig.* fesseln; *phot. et.* aufneh-

men, *picture*: machen; *temperature*: messen; *notes*: machen, niederschreiben; *exam*: machen, ablegen; *holidays, rest, etc.*: machen; *day off, bath*: nehmen; *standard size, etc.*: haben; *illness*: sich holen; *food*: zu sich nehmen; *meal*: einnehmen; *newspaper*: beziehen; *train, bus, etc.*: nehmen; *route*: wählen; *show the way*: j-n wohin führen; *prize*: gewinnen; *opportunity, measures*: ergreifen; *presidency, etc.*: übernehmen; *oath*: ablegen; *time, patience*: erfordern, brauchen; *time*: dauern; *courage*: fassen; *offence*: nehmen; *I ~ it that* ich nehme an, daß; *~ it or leave it* F mach, was du willst; *~n all in all* im großen und ganzen; *be ~n* besetzt sein; *be ~n ill or* F *bad* krank werden; *be ~n with* begeistert *or* entzückt sein von; *~ breath* verschnaufen; *~ comfort* sich trösten; *~ compassion on* Mitleid mit *j-m* haben; sich erbarmen (*gen.*); *~ counsel* beraten; *~ a drive* e-e Fahrt machen; *~ fire* Feuer fangen; *~ in hand* unternehmen; *~ hold of* ergreifen; *~ a look* e-n Blick tun *or* werfen (*at auf acc.*); *can I ~ a message?* kann ich et. ausrichten?; *~ to pieces* auseinandernehmen, zerlegen; *~ pity on* Mitleid haben; *~ place* stattfinden; spielen (*plot*); *~ a risk* ein Risiko eingehen *or* auf sich nehmen; *~ a seat* Platz nehmen; *~ a walk* e-n Spaziergang machen; *~ my word for it* verlaß dich drauf; *~ along* mitnehmen; *~ apart* auseinandernehmen, zerlegen; *~ around* j-n herumführen; *~ away* wegnehmen; ... *to ~ away* Brt. *of food*: ... zum Mitnehmen; *~ down* herunternehmen; *building*: abreißen; notieren; *~ from* j-m wegnehmen; A- abziehen von; *~ in* kürzer *or* enger machen; *newspaper*: halten; aufnehmen (*as a guest, etc.*); *situation*: überschauen; *fig.* einschließen; verstehen; erfassen; F *j-n* reinlegen; *be ~n in* reingefallen sein; *~ in lodgers* (Zimmer) vermieten; *~ off* ab-, wegnehmen; *clothes*: ablegen, ausziehen; *hat, etc.*: abnehmen; *a day off* e-n Tag Urlaub machen, e-n Tag freinehmen; *~ on* an-, übernehmen; *workers, etc.*: einstellen; *passengers*: zusteigen lassen; *~ out* heraus-, entnehmen; *stain*: entfernen; *j-n* ausführen; *insurance*: abschließen; *~ over office, task, idea, etc.*: übernehmen; *~ up* aufheben, -nehmen; sich befassen mit; *case, idea, etc.*: aufgreifen; *space, time*: in Anspruch nehmen; *v/i.* ⚘ wirken, anschlagen (*medicine*); F gefallen, ankommen, ziehen; *~ after resemble*: j-m ähnlich sein; *~ off* abspringen; ✈, *space travel*: starten; *~ on* Anklang finden; *~ over*

die Amtsgewalt (*etc.*) übernehmen; *~ to* sich hingezogen fühlen zu, Gefallen finden an; *~ to doing s.th.* anfangen, et. zu tun; *~ up with* sich anfreunden mit; **2.** *fishing*: Fang *m*; *of money*: (Geld)Einnahme(n *pl.*) *f*; *hunt.* Beute *f*; Anteil *m* (**of** an *dat.*); *film*: Szene(naufnahme) *f*, Take *m*; *~-a-way* **1.** *food, etc.*: zum Mitnehmen; **2.** Restaurant *n* mit Straßenverkauf, Essen *n* zum Mitnehmen; *~-in* F Schwindel *m*; **tak-en** *p.p. of take* 1; *~-off* Absprung *m*; ✈, *space travel*: Start *m*, Abflug *m*; Abheben *n*; F Nachahmung *f*; *~-o-ver* econ. Übernahme *f*.

tak-ing ['teɪkɪŋ] **1.** □ F anziehend, fesselnd, einnehmend; ansteckend; **2.** (An-, Ab-, Auf-, Ein-, Ent-, Hin-, Weg- *etc.*)Nehmen *n*; Inbesitznahme *f*; ⚔ Einnahme *f*; F Aufregung *f*; *~s pl. econ.* Einnahme(n *pl.*) *f*.

tale [teɪl] Erzählung *f*; Geschichte *f*; Märchen *n*, Sage *f*; *tell* ~s klatschen; *tells its own* ~ es spricht für sich selbst; *~-bear-er* Zuträger(in), Klatschmaul *n*.

tal-ent ['tælənt] Talent *n*, Begabung *f*, Anlage *f*; *~ed* talentiert, begabt.

talk [tɔːk] **1.** Gespräch *n*; Unterhaltung *f*; Unterredung *f*; Plauderei *f*; *lecture*: Vortrag *m*; *contp.* Geschwätz *n*; *way of conversation*: Sprache *f*, Art *f* zu reden; **2.** sprechen; reden; plaudern; *~ to s.o.* mit j-m sprechen *od.* reden; *~ at s.o.* auf j-n einreden; *~ over s.th.* et. besprechen; *~-a-tive* □ gesprächig, geschwätzig; *~-er* Schwätzer(in); Sprechende(r *m*) *f*; *~ show TV*: Talk-Show *f*; *~-show host TV*: Talkmaster *m*.

tall [tɔːl] groß; lang; hoch; F übertrieben, unglaublich; *that's a ~ order* F das ist ein bißchen viel verlangt.

tal-low ['tæləʊ] Talg *m*.

tal-ly ['tælɪ] **1.** econ. (Ab-, Gegen)Rechnung *f*; Kontogegenbuch *n*; Etikett *n*, Kennzeichen *n*; *sports*: Punkt(zahl *f*) *m*; **2.** in Übereinstimmung bringen; übereinstimmen.

tal-on ['tælən] Kralle *f*, Klaue *f*.

tame [teɪm] **1.** □ (*~r*, *~st*) zahm; folgsam; harmlos; lahm, fad(e); **2.** zähmen; bändigen.

tam-per ['tæmpə]: *~ with* sich (unbefugt) zu schaffen machen an (*dat.*); j-n zu bestechen suchen; *document*: fälschen.

tam-pon ⚕ ['tæmpɒn] Tampon *m*.

tan [tæn] **1.** (Sonnen)Bräune *f*; **2.** gelbbraun; **3.** (*-nn-*) gerben; bräunen; braun werden.

tang [tæŋ] scharfer Geschmack *or* Geruch; (scharfer) Klang; ⚘ Seetang *m*.

tan-gent ['tændʒənt] A- Tangente *f*; *fly or*

go off at a ~ plötzlich (vom Thema) abschweifen.

tan·ge·rine ✿ [tændʒə'riːn] Mandarine f.

tan·gi·ble □ ['tændʒəbl] fühl-, greifbar; klar.

tan·gle ['tæŋgl] 1. Gewirr n; *fig.* Verwirrung f, Verwicklung f; 2. (sich) verwirren, verwickeln.

tank [tæŋk] 1. *mot.*, ✕, *etc.*: Tank m; (Wasser)Becken n, Zisterne f; 2. ~ *(up)* auf-, volltanken.

tank·ard ['tæŋkəd] Humpen m, *esp.* (Bier)Krug m.

tank·er ['tæŋkə] ⚓ Tanker m; ✈ Tankflugzeug n; *mot.* Tankwagen m.

tan|ner ['tænə] Gerber m; **~·ne·ry** Gerberei f.

tan·ta·lize ['tæntəlaɪz] quälen.

tan·ta·mount ['tæntəmaʊnt] gleichbedeutend *(to* mit).

tan·trum ['tæntrəm] Wutanfall m.

tap [tæp] 1. leichtes Klopfen; (Wasser-, Gas-, Zapf)Hahn m; Zapfen m; **~ room** *Brt.* Schankstube f; *on* ~ vom Faß (*beer*); **~s** *pl. Am.* ✕ Zapfenstreich m; 2. *(-pp-)* leicht pochen, klopfen, tippen *(on, at* auf, an, gegen *acc.);* anzapfen *(a. telephone);* abzapfen; **~·dance** Steptanz m.

tape [teɪp] 1. schmales Band, Streifen m; *sports:* Zielband n; *tel.* Papierstreifen m; (Magnet-, Video-, Ton)Band n; *s.* *red tape;* 2. mit e-m Band befestigen; mit Klebestreifen verkleben; auf (Ton)Band aufnehmen; *TV:* aufzeichnen; **~ cas·sette** Tonbandkassette f; **~ deck** Tapedeck n; **~ li·bra·ry** Bandarchiv n; **~ mea·sure** Bandmaß n.

ta·per ['teɪpə] 1. dünne Wachskerze; 2. *adj.* spitz (zulaufend); 3. *v/i. often* **~ off** spitz zulaufen; *v/t.* zuspitzen.

tape|-re·cord ['teɪprɪkɔːd] auf (Ton-) Band aufnehmen; **~ re·cord·er** (Ton-) Bandgerät n; **~ re·cord·ing** (Ton-) Bandaufnahme f; **~ speed** Bandgeschwindigkeit f.

ta·pes·try ['tæpɪstrɪ] Gobelin m, Wandteppich m.

tape·worm *zo.,* 🐛 ['teɪpwɜːm] Bandwurm m.

tar [tɑː] 1. Teer m; 2. (-rr-) teeren.

tar·dy □ ['tɑːdɪ] (-ier, -iest) langsam; *Am.* spät.

tare *econ.* [teə] Tara f.

tar·get ['tɑːgɪt] (Schieß-, Ziel)Scheibe f; ✕, *radar:* Ziel n; *objective, goal:* (Leistungs-, *etc.*)Ziel n, (-)Soll n; *fig.* Zielscheibe f *(of joke, etc.);* **~ group** *econ.* Zielgruppe f; **~ language** *ling.* Zielsprache f; **~ practice** Scheiben-, Übungsschießen n.

tar·iff ['tærɪf] *(esp. Zoll)*Tarif m.

tar·nish ['tɑːnɪʃ] 1. *v/t.* ◎ matt *or* blind machen; *ideals, reputation:* trüben; *v/i.* matt *or* trüb werden, anlaufen; 2. Trübung f; Belag m.

tar·ry ['tɑːrɪ] (-ier, -iest) teerig.

tart [tɑːt] 1. □ sauer, herb; *fig.* scharf, beißend; 2. *esp. Brt.* Obstkuchen m, (Obst)Torte f; *sl.* Flittchen n.

tar·tan ['tɑːtn] Tartan m: Schottentuch n; Schottenmuster n.

task [tɑːsk] 1. Aufgabe f; Arbeit f; *take to* ~ zur Rede stellen; 2. beschäftigen; in Anspruch nehmen; **~ force** ⚓, ✕ Sonder-, Spezialeinheit f; Sonderdezernat n *(of police).*

tas·sel ['tæsl] Troddel f, Quaste f.

taste [teɪst] 1. Geschmack m; (Kost-) Probe f; Neigung f, Vorliebe f *(for* für, zu); 2. kosten; (ab)schmecken; *food:* probieren, versuchen; schmecken *(of* nach); **~·ful** □ schmackhaft; *fig.* geschmackvoll; **~·less** □ fad(e); *fig.* geschmacklos.

tast·y □ ['teɪstɪ] (-ier, -iest) schmackhaft; *sl. music, woman, etc.:* F super, Spitze.

ta-ta *int.* F [tæ'tɑː] auf Wiedersehen!

tat·ter ['tætə] Fetzen m.

tat·tle ['tætl] 1. klatschen, tratschen; 2. Klatsch m, Tratsch m.

tat·too [tə'tuː] 1. *(pl. -toos)* ✕ Zapfenstreich m; Tätowierung f; 2. *fig.* trommeln; tätowieren.

taught [tɔːt] *past and p.p. of* teach.

taunt [tɔːnt] 1. Stichelei f, Spott m; 2. verhöhnen, verspotten.

taut □ [tɔːt] straff; angespannt.

tav·ern *dated* ['tævn] Wirtshaus n, Schenke f.

taw·dry □ ['tɔːdrɪ] (-ier, -iest) billig, geschmacklos; knallig.

taw·ny ['tɔːnɪ] (-ier, -iest) gelbbraun.

tax [tæks] 1. Steuer f, Abgabe f; *fig.* Inanspruchnahme f *(on, upon gen.);* 2. besteuern; *fig.* stark in Anspruch nehmen; auf e-e harte Probe stellen; j-n zur Rede stellen; ~ *s.o. with s.th.* j-n e-r Sache beschuldigen; **~·a·tion** Besteuerung f; Steuer(n *pl.)* f.

tax·i F ['tæksɪ] 1. *a.* **~·cab** Taxi n, Taxe f; 2. *(-ing, taxying)* mit e-m Taxi fahren; ✈ rollen; **~ driv·er** Taxifahrer(in); **~ rank,** *esp. Am.* **~ stand** Taxistand m.

tax|pay·er ['tækspeɪə] Steuerzahler(in); **~ re·turn** Steuererklärung f.

tea [tiː] Tee m; *s.* **high tea; ~·bag** Tee-, Aufgußbeutel m.

teach [tiːtʃ] *(taught)* lehren, unterrichten, j-m *et.* beibringen; **~·a·ble** gelehrig; lehrbar; **~·er** Lehrer(in); **~·in** Teach-in n.

tea| co·sy ['tiːkəʊzɪ] Teewärmer m;

~cup Teetasse *f*; *storm in a ~ fig.* Sturm *m* im Wasserglas; **~ket-tle** Tee-, Wasserkessel *m*.

team [ti:m] Team *n*, Arbeitsgruppe *f*; Gespann *n*; *sports and fig.*: Mannschaft *f*, Team *n*; **~ster** *Am.* LKW-Fahrer *m*; **~work** Zusammenarbeit *f*, Teamwork *n*; Zusammenspiel *n*.

tea-pot ['ti:pɒt] Teekanne *f*.

tear¹ [teə] 1. (*tore, torn*) zerren; (zer-) reißen; rasen, stürmen; 2. Riß *m*.

tear² [tɪə] Träne *f*; *in ~s* weinend, in Tränen (aufgelöst); **~ful** □ tränenreich; weinend.

tea-room ['ti:rʊm] Teestube *f*.

tease [ti:z] necken, hänseln; ärgern.

teat [ti:t] *zo.* Zitze *f*; *anat.* Brustwarze *f* (*of woman*); (Gummi)Sauger *m*.

tech-ni-cal □ ['teknɪkl] technisch; *fig.* rein formal; Fach...; **~i-ty** technische Besonderheit *or* Einzelheit; Fachausdruck *m*; reine Formsache.

tech-ni-cian [tek'nɪʃn] Techniker(in); Facharbeiter(in).

tech-nique [tek'ni:k] Technik *f*, Verfahren *n*, Methode *f*.

tech-nol-o-gy [tek'nɒlədʒɪ] Technologie *f*, Technik *f*; **~ trans-fer** Technologietransfer *m*.

ted-dy| bear ['tedɪbeə] Teddybär *m*; **2 boy** *esp. Brt.* (*in the 1950's*) Halbstarke(r) *m*.

te-di-ous □ ['ti:dɪəs] langweilig, ermüdend; *style a.:* weitschweifig.

teem [ti:m] wimmeln, strotzen (*with* von).

teen [ti:n] *s. teenage(d), teenager.*

teen|age(d) ['ti:neɪdʒ(d)] im Teenageralter; für Teenager; **~ag-er** Teenager *m*.

teens [ti:nz] *pl.* Teenageralter *n*; Teenager *pl.*; *be in one's ~* ein Teenager sein.

tee-ny¹ ['ti:nɪ] Teeny *m*.

tee-ny² [~], *a.* **~wee-ny** ['ˌ'wi:nɪ] (*-ier, -iest*) klitzeklein, winzig.

tee shirt ['ti:ʃɜ:t] = *T-shirt.*

teeth [ti:θ] *pl. of tooth*; **~e** [ti:ð] zahnen, (die) Zähne bekommen.

tee-to-tal-(l)er [ti:'təʊtlə] Abstinenzler(in).

tel-e|book ['telɪbʊk] *TV to a series:* Begleitbuch *n*; **~cast** 1. Fernsehsendung *f*; 2. (*-cast*) im Fernsehen übertragen *or* bringen; **~com-mu-ni-ca-tions** *pl.* Telekommunikation *f*; **~course** Fernsehlehrgang *m*, -kurs *m*; **~fax** *s. fax*; **~gram** Telegramm *n*.

tel-e-graph ['telɪɡrɑ:f] 1. Telegraf *m*; 2. telegrafieren; **~ese** Telegrammstil *m*; **~ic** (**~ally**) telegrafisch; im Telegrammstil.

te-leg-ra-phy [tɪ'legrəfɪ] Telegrafie *f*.

tel-e-phone ['telɪfəʊn] 1. Telefon *n*, Fernsprecher *m*; 2. telefonieren; anrufen; **~ booth**, **~ box** *Brt.* Telefon-, Fernsprechzelle *f*; **tel-e-phon-ic** (**~ally**) telefonisch; **~ ki-osk** *Brt.* = *telephone booth*; **te-leph-o-ny** Fernsprechwesen *n*.

tel-e-pho-to lens *phot.* [telɪ'fəʊtəʊ 'lenz] Teleobjektiv *n*.

tel-e-print-er ['telɪprɪntə] Fernschreiber *m*.

tel-e-scope ['telɪskəʊp] 1. Fernrohr *n*; 2. (sich) ineinanderschieben.

tel-e-type-writ-er *Am.* [telɪ'taɪpraɪtə] Fernschreiber *m*.

tel-e-vise ['telɪvaɪz] im Fernsehen übertragen *or* bringen.

tel-e-vi-sion ['telɪvɪʒn] Fernsehen *n*; *on ~* im Fernsehen; *watch ~* fernsehen; *a. ~ set* Fernsehapparat *m*, -gerät *n*.

tel-ex ['teleks] 1. Telex *n*, Fernschreiben *n*; 2. *j-m et.* telexen *or* per Fernschreiben mitteilen.

tell [tel] (*told*) *v/t.* sagen, erzählen; *see:* erkennen, nennen; *distinguish:* unterscheiden; *count:* zählen; *~ s.o. to do s.th.* j-m sagen, er solle et. tun; *~ off* abzählen; F abkanzeln; *v/i.* erzählen (*of* von; *about* über *acc.*); sich auswirken (*on* auf *acc.*); sitzen (*punch, etc.*); *~ on s.o.* j-n verpetzen; *you never can ~* man kann nie wissen; **~er** *esp. Am.* (Bank)Kassierer *m*; **~ing** □ wirkungsvoll; aufschlußreich, vielsagend; **~tale** 1. Klatschbase *f*, Petze *f*; 2. *fig.* verräterisch.

tel-ly *Brt.* F ['telɪ] Fernseher *m*.

te-mer-i-ty [tɪ'merətɪ] Verwegenheit *f*; Frechheit *f*.

tem-per ['tempə] 1. mäßigen, mildern; ⊕ tempern; *metal:* härten; 2. ⊕ Härte(grad *m*) *f*; Temperament *n*, Charakter *m*; Laune *f*, Stimmung *f*; Wut *f*; *keep one's ~* sich beherrschen; *lose one's ~* in Wut geraten.

tem-pe|ra-ment ['tempərəmənt] Temperament *n*; **~ra-men-tal** □ von Natur aus; launisch; **~rance** Mäßigkeit *f*; Enthaltsamkeit *f*; **~rate** □ gemäßigt; zurückhaltend; maßvoll; mäßig; **~ra-ture** Temperatur *f*.

tem|pest ['tempɪst] Sturm *m*; Gewitter *n*; **~pes-tu-ous** □ [tem'pestʃʊəs] stürmisch; ungestüm.

tem-ple ['templ] Tempel *m*; *anat.* Schläfe *f*.

tem-po|ral □ ['tempərəl] zeitlich; weltlich; **~ra-ry** □ zeitweilig; vorläufig; vorübergehend; Not..., (Aus)Hilfs..., Behelfs...; **~rize** Zeit zu gewinnen suchen.

tempt [tempt] *j-n* versuchen; verleiten; (ver)locken; **temp·ta·tion** Versuchung *f*; Reiz *m*; ~**ing** ☐ verführerisch.

ten [ten] **1.** zehn; **2.** Zehn *f*.

ten·a·ble ['tenəbl] haltbar (*theory, etc.*); verliehen (*office*).

te·na|cious ☐ [tɪ'neɪʃəs] zäh; gut (*memory*); **be ~ of s.th.** zäh an et. festhalten; ~**ci·ty** Zähigkeit *f*; Festhalten *n*; Verläßlichkeit *f* (*of memory*).

ten·ant ['tenənt] Pächter *m*; Mieter *m*.

tend [tend] *v/i.* sich bewegen, streben (*to* nach, auf ... zu); *fig.* tendieren, neigen (*to* zu); *v/t.* pflegen; hüten; ⊚ bedienen; **ten·den·cy** Tendenz *f*; Richtung *f*; Neigung *f*; Zweck *m*.

ten·der ['tendə] **1.** ☐ zart; weich; empfindlich; heikel (*subject*); sanft, zart, zärtlich; **2.** Angebot *n*; *econ.* Kostenvoranschlag *m*; ⚙, ♣ Tender *m*; *legal*: gesetzliches Zahlungsmittel; **3.** anbieten; *resignation*: einreichen; ~**foot** (*pl. -foots, -feet*) *Am.* F Neuling *m*, Anfänger *m*, Greenhorn *n*; ~**loin** Filet *n*; ~**ness** Zartheit *f*; Zärtlichkeit *f*.

ten·don *anat.* ['tendən] Sehne *f*.

ten·dril ♣ ['tendrɪl] Ranke *f*.

ten·e·ment ['tenɪmənt] Wohnhaus *n*; Mietwohnung *f*; *a.* ~ **house** Mietshaus *n*, *contp.* Mietskaserne *f*.

ten·nis ['tenɪs] Tennis *n*; ~ **court** Tennisplatz *m*.

ten·or ['tenə] Fortgang *m*, Verlauf *m*; Inhalt *m*; ♪ Tenor *m*.

tense [tens] **1.** *gr.* Zeit(form) *f*, Tempus *n*; **2.** ☐ (~*r*, ~*st*) gespannt (*a. fig.*); straff; (über)nervös, verkrampft; **ten·sion** Spannung *f*.

tent [tent] **1.** Zelt *n*; **2.** zelten.

ten·ta·cle *zo.* ['tentəkl] Fühler *m*; Fangarm *m* (*of octopus*).

ten·ta·tive ☐ ['tentətɪv] versuchend; Versuchs...; vorsichtig, zögernd, zaghaft; ~**ly** versuchsweise.

ten·ter·hooks *fig.* ['tentəhʊks]: **be on ~** wie auf (glühenden) Kohlen sitzen.

tenth [tenθ] **1.** zehnte(r, -s); **2.** Zehntel *n*; ~**ly** ['tenθlɪ] zehntens.

tent|-peg ['tentpeg] Hering *m*; ~ **pole** Zeltstange *f*.

ten·u·ous ☐ ['tenjʊəs] dünn; zart, fein; *fig.* dürftig.

ten·ure ['tenjʊə] Besitz(art *f*, -dauer *f*) *m*; ~ **of office** Amtsdauer *f*.

tep·id ☐ ['tepɪd] lau(warm).

term [tɜːm] **1.** (bestimmte) Zeit, Dauer *f*; Frist *f*; Termin *m*; Zahltag *m*; Amtszeit *f*; ⚖ Sitzungsperiode *f*; *univ.* Semester *n*, Quartal *n*, Trimester *n*; *expression*: (Fach)Ausdruck *m*, Wort *n*, Bezeichnung *f*, Begriff *m*; ~**s** *pl.* (Vertrags)Bedingungen *pl.*; Beziehungen *pl.*; **be on**

good (**bad**) ~**s with** gut (schlecht) stehen mit; **they are not on speaking** ~**s** sie sprechen nicht (mehr) miteinander; **come to** ~**s** sich einigen; **2.** (be)nennen; bezeichnen.

ter·mi|nal ['tɜːmɪnl] **1.** ☐ End...; letzte(r, -s); ♪ unheilbar; ~**ly** zum Schluß; **2.** Endstück *n*; ♪ Pol *m*; ⚙, *etc.*: Endstation *f*, Endbahnhof *m*; ✈ Terminal *m*, *n*, Abfertigungsgebaude *n*; *computer*: Terminal *n*; ~**nate** begrenzen; beend(ig)en; *contract*: lösen, kündigen; ~**na·tion** Beendigung *f*; Ende *n*; *gr.* Endung *f*.

ter·mi·nus ['tɜːmɪnəs] (*pl. -ni* [-naɪ], *-nuses*) Endstation *f*.

ter·race ['terəs] Terrasse *f*; *of houses*: Häuserreihe *f*; ~**d** terrassenförmig (angelegt); ~**d house** *Brt.* = ~ **house** *Brt.* Reihenhaus *n*.

ter·res·tri·al ☐ [tɪ'restrɪəl] irdisch; Erd...; *zo.*, ♣ Land...; *TV*: terrestrisch.

ter·ri·ble ☐ ['terəbl] schrecklich.

ter·rif·ic F [tə'rɪfɪk] (~**ally**) toll, phantastisch; irre (*speed, heat, etc.*).

ter·ri·fy ['terɪfaɪ] *j-m* Angst u. Schrecken einjagen.

ter·ri·to|ri·al ☐ [terɪ'tɔːrɪəl] territorial, Land...; ~**ry** Territorium *n*, (Hoheits-, Staats)Gebiet *n*.

ter·ror ['terə] (tödlicher) Schrecken, Entsetzen *n*; Terror *m*; ~**is·m** Terrorismus *m*; ~**ist** Terrorist(in); ~**ize** terrorisieren.

terse ☐ [tɜːs] (~*r*, ~*st*) knapp; kurz u. bündig.

test [test] **1.** Probe *f*; Versuch *m*; Test *m*; Untersuchung *f*; (Eignungs)Prüfung *f*; 🜛 Reagens *n*; **2.** probieren; prüfen; testen; **3.** Probe..., Versuchs..., Test...

tes·ta·ment ['testəmənt] Testament *n*; **last will and** ~ ⚖ Testament *n*.

tes·ti·cle *anat.* ['testɪkl] Hoden *m*.

tes·ti·fy ['testɪfaɪ] bezeugen; (als Zeuge) aussagen.

tes·ti·mo|ni·al [testɪ'məʊnɪəl] (Führungs)Zeugnis *n*; Zeichen *n* der Anerkennung; ~**ny** ⚖ Zeugenaussage *f*; Beweis *m*.

test-tube ['testtjuːb] **1.** 🜛 Reagenzglas *n*; **2.** ♪ Retorten...; ~ **baby** Retortenbaby *n*.

tes·ty ☐ ['testɪ] (-*ier, -iest*) gereizt, reizbar, kribbelig.

teth·er ['teðə] **1.** Haltestrick *m*; *fig.* Spielraum *m*; **at the end of one's** ~ *fig.* am Ende s-r Kräfte; **2.** anbinden.

text [tekst] Text *m*; Bibelstelle *f*; ~**book** Lehrbuch *n*.

tex·tile ['tekstaɪl] **1.** Textil..., Gewebe...; **2.** ~**s** *pl.* Textilwaren *pl.*, Textilien *pl.*

tex·ture ['tekstʃə] Gewebe *n*; Gefüge *n*; Struktur *f*.

than [ðæn, ðən] als.

thank [θæŋk] **1.** danken (*dat.*); **~ you** danke; *no*, **~** *you* nein, danke; (*yes*,) **~** *you* ja, bitte; **2.** **~s** *pl.* Dank *m*; **~s** danke (schön); *no*, **~s** nein, danke; **~s to dank** (*dat. or gen.*); **~ful** □ dankbar; **~less** □ undankbar; **~s·giv·ing** Dankgebet *n*; ♀ (*Day*) *Am.* (Ernte)Dankfest *n*.

that [ðæt, ðət] **1.** *pron. and adj.* (*pl.* **those** [ðəʊz]) jene(r, -s), der, die, das, der-, die-, dasjenige; solche(r, -s) *only sing.*: das; F ... *and all* **~** F ... und so; **~** *is* (*to say*) das heißt; **~'s it!** das wär's!, *showing approval*: richtig so!; **2.** *adv.* F so, dermaßen; **~** *much* so viel; **3.** *relative pron.* (*pl.* **that**) der, die, das, welche(r, -s); **4.** *cj.* daß; damit; weil; da, als.

thatch [θætʃ] **1.** Dachstroh *n*; Strohdach *n*; **2.** mit Stroh decken.

thaw [θɔ:] **1.** Tauwetter *n*; (Auf)Tauen *n*; **2.** (auf)tauen.

the [ði:; *before a vowel*: ði; *before a consonant*: ðə] **1.** *definite art.* der, die, das, *pl.* die; **2.** *adv.* desto, um so; **~ ... ~** je ... desto; *s.* **sooner.**

the·a·tre, *Am.* **-ter** ['θɪətə] Theater *n*; *fig.* (Kriegs)Schauplatz *m*; **the·at·ri·cal** □ [θɪ'ætrɪkl] Theater...; *fig.* theatralisch.

thee *dated or poet.* [ði:] dich; dir.

theft [θeft] Diebstahl *m*.

their [ðeə] *pl.* ihr(e); **~s** [~z] der (die, das) ihrige *or* ihre.

them [ðem, ðəm] sie (*acc. pl.*); ihnen.

theme [θi:m] Thema *n*; *film*, *TV*: Melodie *f*.

them·selves [ðəm'selvz] sie (*acc. pl.*) selbst; sich (selbst).

then [ðen] **1.** *adv.* dann; damals; da; denn; also, folglich; *by* **~** bis dahin; inzwischen; *every now and* **~** ab und zu, gelegentlich; *there and* **~** sofort; *now* **~** also (nun); *but* **~** andererseits aber; **2.** *attr. adj.* damalig.

the·o·lo·gian [θɪə'ləʊdʒjən] Theologe *m*; **the·ol·o·gy** [θɪ'ɒlədʒɪ] Theologie *f*.

the·o|ret·ic [θɪə'retɪk] (**~ally**), **~·ret·i·cal** □ theoretisch; **~·re·ti·cian**, **~·rist** Theoretiker(in); **~·ry** Theorie *f*.

ther·a|peu·tic [θerə'pju:tɪk] **1.** (**~ally**) therapeutisch; **2.** **~s** *mst sg.* Therapeutik *f*; **~·pist** ['θerəpɪst] Therapeut(in); **~·py** ['θerəpɪ] Therapie *f*.

there [ðeə] da, dort; darin; (da-, dort)hin; *int.* da!, na!; **~** *is*, *pl.* **~** *are* es gibt, es ist, es sind; **~** *you are!* when giving s.th. to s.o.: bitte sehr!; *we are getting* **~** wir schaffen es (schon); **~·a·bout(s)** da herum; so ungefähr; **~·af·ter** danach; **~·by** dadurch; **~·fore**

darum, deswegen, deshalb, daher; **~·up·on** darauf(hin); **~·with** damit.

ther·mal ['θɜ:ml] **1.** □ Thermal...; *phys.* thermisch, Wärme..., Hitze...; **2.** Thermik *f*.

ther·mom·e·ter [θə'mɒmɪtə] Thermometer *n*.

Ther·mos *TM* ['θɜ:məs] *a.* **~ flask** Thermosflasche *f* (*TM*).

these [ði:z] *pl. of* **this.**

the·sis ['θi:sɪs] (*pl.* **-ses** [-si:z]) These *f*; Dissertation *f*.

they [ðeɪ] *pl.* sie; man.

thick [θɪk] **1.** □ dick; *hair*, *forest*: *a.* dicht; *liquid*: trüb; *soup*: legiert; *accent*: stark; F dumm; F *very friendly*: F dick befreundet; **~ with** über und über bedeckt von; voll von, voller; *that's a bit* **~** *sl.* das ist ein starkes Stück!; **2.** dickster Teil; *fig.* Brennpunkt *m*; *in the* **~** *of* mitten in (*dat.*); **~·en** (sich) verdicken; (sich) verstärken; legieren; (sich) verdichten; dick(er) werden; **~·et** Dickicht *n*; **~·head·ed** dumm; **~·ness** Dicke *f*, Stärke *f*; Dichte *f*; **~·set** dicht(gepflanzt); untersetzt; **~·skinned** *fig.* dickfellig.

thief [θi:f] (*pl.* **thieves** [θi:vz]) Dieb(in); **thieve** stehlen.

thigh *anat.* [θaɪ] (Ober)Schenkel *m*.

thim·ble ['θɪmbl] Fingerhut *m*.

thin [θɪn] **1.** □ (**-nn-**) dünn; *hair*, *forest*: *a.* licht; *not fat*: mager; *sparse*: spärlich, dürftig, schwach; *excuse*: fadenscheinig; **2.** (**-nn-**) verdünnen; (sich) lichten; abnehmen.

thing [θɪŋ] Ding *n*; Sache *f*; Gegenstand *m*; Geschöpf *n*; **~s** *pl.* Sachen *pl.*; die Dinge *pl.* (*circumstances*); *the* **~** das Richtige.

think [θɪŋk] (**thought**) *v/i.* denken (*of* an *acc.*); überlegen, nachdenken (*about* über *acc.*); **~** *of* sich erinnern an (*acc.*); sich *et.* ausdenken; daran denken, beabsichtigen; *it made me* **~** es machte mich nachdenklich; **~** *again!* denk noch mal nach; *what do you* **~** *of* ...? was hältst du von ...?; *v/t. et.* denken; meinen, glauben; sich vorstellen; halten für; *et.* halten (*of* von); beabsichtigen; **~** *s.th. over* sich et. überlegen, über et. nachdenken.

third [θɜ:d] **1.** □ dritte(r, -s); **2.** Drittel *n*; **~·ly** drittens; **~·rate** drittklassig.

thirst [θɜ:st] Durst *m*; **~** (**-ier**, **-iest**) durstig; dürr (*land*); *be* **~** Durst haben, durstig sein.

thir|teen [θɜ:'ti:n] **1.** dreizehn; **2.** Dreizehn *f*; **~·teenth** [~i:nθ] dreizehnte(r, -s); **~·ti·eth** ['θɜ:tɪɪθ] dreißigste(r, -s); **~·ty** ['θɜ:tɪ] **1.** dreißig; **2.** Dreißig *f*.

this [ðɪs] (*pl.* **these** [ði:z]) diese(r, -s); **~**

morning heute morgen; ~ *is John speaking* *teleph.* hier (spricht) John.
this·tle ♀ ['θɪsl] Distel *f.*
thorn [θɔ:n] Dorn *m;* ~y (-*ier, -iest*) dornig; *fig.* schwierig; heikel.
thor·ough □ ['θʌrə] gründlich, genau; vollkommen; vollständig, völlig; vollendet; ~bred Vollblut(pferd) *n; attr.* Vollblut...; ~fare Durchgangsstraße *f,* Hauptverkehrsstraße *f; no ~! Durchfahrt verboten!; ~go·ing gründlich; kompromißlos; durch und durch.
those [ðəʊz] *pl.* of *that* 1.
thou *dated or poet.* [ðaʊ] du.
though [ðəʊ] obgleich, obwohl, wenn auch; zwar; jedoch, doch; *as* ~ als ob.
thought [θɔ:t] 1. *past and p.p.* of *think;* 2. Gedanke *m,* Einfall *m;* (Nach)Denken *n; on second* ~ *s* nach reiflicher Überlegung; ~ful □ gedankenvoll, nachdenklich; rücksichtsvoll (*of* gegen); ~less □ gedankenlos, unbesonnen; rücksichtslos (*of* gegen).
thou·sand ['θaʊzənd] 1. tausend; 2. (*pl.* ~s) Tausend *n;* ~th [~ntθ] 1. tausendste(r, -s); 2. Tausendstel *n.*
thrash [θræʃ] verdreschen, -prügeln; *sports:* j-m e-e Abfuhr erteilen; ~ *about,* ~ *around in bed:* sich hin und her werfen; um sich schlagen; zappeln (*fish*); ~ *out fig.* gründlich erörtern; ~ing Dresche *f,* Tracht *f* Prügel; *sports:* Abfuhr *f,* Schlappe *f.*
thread [θred] 1. Faden *m* (*a. fig.*); Zwirn *m,* Garn *n;* ⚙ (Schrauben)Gewinde *n;* 2. einfädeln; aufreihen; *fig.* sich durchwinden (*durch*); ~bare fadenscheinig (*a. fig.*); *fig.* abgedroschen.
threat [θret] (Be)Drohung *f;* ~en (be-, an)drohen; ~en·ing drohend; bedrohlich.
three [θri:] 1. drei; 2. Drei *f;* ~fold dreifach.
thresh ✔ [θreʃ] dreschen; ~er Drescher *m;* Dreschmaschine *f;* ~ing Dreschen *n;* ~ing-ma·chine Dreschmaschine *f.*
thresh·old ['θreʃhəʊld] Schwelle *f.*
threw [θru:] *past of* throw 1.
thrift [θrɪft] Sparsamkeit *f;* Wirtschaftlichkeit *f;* ~less □ verschwenderisch; ~y [~ɪ] (-*ier, -iest*) sparsam; *poet.* gedeihend.
thrill [θrɪl] 1. *v/t.* erschauern lassen, erregen, packen; *v/i.* (er)beben, erschauern, zittern; 2. Zittern *n,* Erregung *f;* (Nerven)Kitzel *m,* Sensation *f;* Beben *n;* ~er Reißer *m,* Thriller *m* (*crime film, etc.*); ~ing spannend, aufregend.
thrive [θraɪv] (*thrived or throve, thrived or thriven*) gedeihen; *fig.* blühen; Erfolg haben; thriv·en [θrɪvn] *p.p.* of *thrive.*

throat [θrəʊt] Kehle *f,* Gurgel *f,* Schlund *m;* Hals *m; clear one's* ~ sich räuspern.
throb [θrɒb] 1. (-*bb-*) (heftig) pochen, klopfen, schlagen; pulsieren; 2. Pochen *n;* Schlagen *n;* Pulsschlag *m.*
throm·bo·sis ♣ [θrɒm'bəʊsɪs] (*pl.* -*ses* [-siːz]) Thrombose *f.*
throne [θrəʊn] Thron *m.*
throng [θrɒŋ] 1. Gedränge *n;* (Menschen)Menge *f;* 2. sich drängen (*in dat.*); *be* ~ed *with* wimmeln von.
thros·tle *zo.* ['θrɒsl] Drossel *f.*
throt·tle ['θrɒtl] 1. erdrosseln; ~ *back,* ~ *down mot.,* ⚙ drosseln, Gas wegnehmen; 2. *a.* ~-valve *mot.,* ⚙ Drosselklappe *f.*
through [θru:] 1. *prp.* durch; hindurch; *Am.* (von ...) bis; *Monday* ~ *Friday Am.* von Montag bis Freitag; *live* ~ *s.th. survive:* et. überleben; *experience:* et. erleben; 2. *adj.* Durchgangs...; durchgehend; ~ *car Am.,* ~ *carriage,* ~ *coach Brt.* 🚂 Kurswagen *m;* ~ *flight* ✈ Direktflug *m;* ~ *travel(l)er* Transitreisende(r *m*) *f;* ~out 1. *prp.* überall in (*dat.*); während; 2. *adv.* durch und durch, ganz und gar, durchweg; ~put *econ. computer:* Durchsatz *m,* Leistung *f;* 2. ~ *traf·fic* Durchgangsverkehr *m;* ~way *Am.* Schnellstraße *f.*
throve [θrəʊv] *past of thrive.*
throw [θrəʊ] 1. (*threw, thrown*) (ab)werfen, schleudern; *Am. competition, etc.:* absichtlich verlieren; *dice:* werfen, *number:* würfeln; ⚙ ein-, ausschalten; ~ *away* wegwerfen; *money:* verschwenden; ~ *over fig.* aufgeben (*friend, etc.*); ~ *up* hochwerfen; F *vomit:* erbrechen, sich übergeben; *fig.* et. aufgeben, hinwerfen (*job, etc.*); 2. Wurf *m;* ~-a·way 1. et. zum Wegwerfen; 2. Wegwerf...; Einweg...; ~ *price* Schleuderpreis *m;* ~ *society* Wegwerfgesellschaft *f;* ~n *p.p. of throw* 1.
thru *Am.* [θru:] = through.
thrum [θrʌm] (-*mm-*) klimpern auf (*dat.*).
thrush *zo.* [θrʌʃ] Drossel *f.*
thrust [θrʌst] 1. Stoß *m;* Vorstoß *m;* ⚙ Druck *m,* Schub *m;* 2. (*thrust*) stoßen; stecken, schieben; ~ *o.s. into* sich drängen in (*acc.*); ~ *upon s.o.* j-m aufdrängen.
thud [θʌd] 1. (-*dd-*) dumpf (auf)schlagen, F bumsen; 2. dumpfer (Auf-) Schlag, F Bums *m.*
thug [θʌg] (Gewalt)Verbrecher *m,* Schläger *m.*
thumb [θʌm] 1. Daumen *m;* 2. ~ *a lift or ride* per Anhalter fahren; ~ *through a book* ein Buch durchblättern; *well-*~ed

book, etc.: abgegriffen; **~tack** *Am.* Reißzwecke *f*, Reißnagel *m*.

thump [θʌmp] **1.** dumpfer Schlag; **2.** *v/t.* heftig schlagen *or* hämmern *or* pochen gegen *or* auf (*acc.*); *v/i.* (auf)schlagen; (laut) pochen (*heart*).

thun-der ['θʌndə] **1.** Donner *m*; **2.** donnern; **~bolt** Blitz *m* (und Donner *m*); **~clap** Donnerschlag *m*; **~ous** □ donnernd; **~storm** Gewitter *n*; **~struck** *fig.* wie vom Donner gerührt.

Thurs-day ['θɜːzdɪ] Donnerstag *m*.

thus [ðʌs] so; also, somit.

thwart [θwɔːt] **1.** durchkreuzen, vereiteln; **2.** Ruderbank *f*.

thy *dated or poet.* [ðaɪ] dein(e).

tick¹ *zo.* [tɪk] Zecke *f*.

tick² [~] **1.** Ticken *n*; (Vermerk)Häkchen *n*, Haken *m*; **2.** *v/i.* ticken; *v/t.* anhaken; **~ off** abhaken.

tick³ [~] *of pillow*: Inlett *n*; *of mattress*: Matratzenbezug *m*.

tick-er tape ['tɪkəteɪp] Lochstreifen *m*; **~ parade** *esp. Am.* Konfettiparade *f*.

tick-et ['tɪkɪt] **1.** Fahrkarte *f*, -schein *m*; Flugkarte *f*, Ticket *n*; (Eintritts-, Theater-, *etc.*)Karte *f*; *mot.* Strafzettel *m*, gebührenpflichtige Verwarnung; Etikett *n*, Schildchen *n*, (Preis-, *etc.*)Zettel *m*; *esp. Am. pol.* (Wahl-, Kandidaten-)Liste *f*; **2.** etikettieren, *goods*: auszeichnen; **~can-cel-(l)ing ma-chine** (Fahrschein)Entwerter *m*; **~ col-lec-tor** ⑥ (Bahnsteig)Schaffner(in), Fahrkartenkontrolleur(in); **~ ma-chine** *a.* **auto-matic ~** Fahrkartenautomat *m*; **~ of-fice** ⑥ Fahrkartenschalter *m*; *thea.* Kasse *f*.

tick|le ['tɪkl] kitzeln (*a. fig.*); **~lish** □ kitz(e)lig; *fig.* heikel.

tid-al ['taɪdl]: **~ wave** Flutwelle *f*.

tid-bit *Am.* ['tɪdbɪt] = *titbit*.

tide [taɪd] **1.** Gezeiten *pl.*; Ebbe *f* und Flut *f*; *fig.* Strom *m*, Strömung *f*; *in compounds*: ...zeit *f*; **high ~** Flut *f*; **low ~** Ebbe *f*; **2.** **~ over** *fig.* hinwegkommen *or* *j-m* hinweghelfen über (*acc.*).

ti-dy ['taɪdɪ] **1.** □ (**-ier, -iest**) ordentlich, sauber, reinlich, aufgeräumt; F ganz schön, beträchtlich (*sum*); **2.** Behälter *m*; Abfallkorb *m*; **3.** *a.* **~ up** zurechtmachen; in Ordnung bringen; aufräumen.

tie [taɪ] **1.** (Schnür)Band *n*; Schleife *f*; Krawatte *f*, Schlips *m*; *fig.* Band *n*, Bindung *f*; *fig.* (lästige) Fessel, Last *f*; *sports*: Punktegleichstand *m*, Unentschieden *n*; *parl.* Stimmengleichheit *f*; *sports a.*: (Ausscheidungs)Spiel *n*; *Am.* ⑥ Schwelle *f*; **2.** *v/t.* (an-, fest-, *fig.* ver)binden; *v/i. sports*: punktgleich sein; *with adverbs*: **~ down** *fig.* binden

(*to an acc.*); **~ in with** passen zu; verbinden *or* koppeln mit; **~ up** zu-, an-, verzusammenbinden; **~break(-er)** *tennis*: Tiebreak *m, n*; **~in** *econ.* Kopplungsgeschäft *n*, -verkauf *m*; **a book movie ~** *Am. appr.*: das Buch zum Film.

tier [tɪə] Reihe *f*; Rang *m*.

tie-up ['taɪʌp] (Ver)Bindung *f*; *econ.* Fusion *f*; Stockung *f*; *esp. Am.* Streik *m*.

ti-ger *zo.* ['taɪgə] Tiger *m*.

tight [taɪt] **1.** □ dicht; fest; eng; knapp (sitzend); straff, (an)gespannt; *econ.* knapp; F blau, besoffen; F knick(e)rig, geizig; **be in a ~ corner** *or* **place** *or* F **spot** *fig.* in der Klemme sein; **2.** *adv.* fest; **hold ~** festhalten; **~en** fest-, anziehen; *belt*: enger schnallen; *a.* **~ up** (sich) zusammenziehen; **~fist-ed** knick(e)rig, geizig; **~ness** Festigkeit *f*; Dichte *f*; Straffheit *f*; Knappheit *f*; Enge *f*; Geiz *m*; **~s** *pl.* (Tänzer-, Artisten)Trikot *n*; *esp. Brt.* Strumpfhose *f*.

ti-gress *zo.* ['taɪgrɪs] Tigerin *f*.

tile [taɪl] **1.** (Dach)Ziegel *m*; Kachel *f*; Platte *f*; Fliese *f*; **2.** (mit Ziegeln *etc.*) decken; kacheln; fliesen.

till¹ [tɪl] (Laden)Kasse *f*.

till² [~] **1.** *prp.* bis (zu); **2.** *cj.* bis.

till³ ✔ [~] bestellen, bebauen; **~age** (Land)Bestellung *f*; Ackerbau *m*; Ackerland *n*.

tilt [tɪlt] **1.** (Wagen)Plane *f*; Kippen *n*; Neigung *f*; Stoß *m*; **2.** (um)kippen.

tim-ber ['tɪmbə] **1.** (Bau-, Nutz)Holz *n*; ⚓ Spant *m*; Baumbestand *m*, Bäume *pl.*; **2.** zimmern.

time [taɪm] **1.** Zeit *f*; Uhrzeit *f*; Frist *f*; Mal *n*; ♪ Takt *m*; Tempo *n*; ~ *pl.* mal, ...mal; **~ is up** die Zeit ist um *or* abgelaufen; **for the ~ being** vorläufig; **have a good ~** sich gut unterhalten *or* amüsieren; **what's the ~?**, **what ~ is it?** wieviel Uhr ist es?, wie spät ist es?; **~ and again** immer wieder; **all the ~** ständig, immer; **at a ~** auf einmal, zusammen; **at any ~**, **at all ~s** jederzeit; **at the same ~** gleichzeitig, zur selben Zeit; **in ~** rechtzeitig; **in no ~** im Nu, im Handumdrehen; **on ~** pünktlich; **2.** messen, (ab)stoppen; zeitlich abstimmen; timen (*a. sports*), den richtigen Zeitpunkt wählen *or* bestimmen für; **~ card** Stechkarte *f*; **~ clock** Stechuhr *f*; **~-hon-o(u)red** altehrwürdig; **~ly** (**-ier, -iest**) (recht)zeitig; **~-piece** Uhr *f*; **~ sheet** Stechkarte *f*; **~ sig-nal** *radio*, *TV*: Zeitzeichen *n*; **~ta-ble** Terminkalender *m*; Fahr-, Flug-, Stundenplan *m*.

tim|id ['tɪmɪd], **~or-ous** □ [~ərəs] ängstlich; schüchtern.

tin [tɪn] **1.** Zinn *n*; Weißblech *n*; *esp. Brt.* (Konserven)Dose *f*, (-)Büchse *f*; **2.**

(-**nn**-) verzinnen; *esp. Brt.* (in Büchsen) einmachen, eindosen.

tinc·ture ['tɪŋktʃə] 1. Farbe *f;* Tinktur *f; fig.* Anstrich *m;* 2. färben.

tin·foil [tɪn'fɔɪl] Stanniol(papier) *n.*

tinge [tɪndʒ] 1. Tönung *f; fig.* Anflug *m,* Spur *f;* 2. tönen, färben; *fig.* e-n Anstrich geben (*dat.*).

tin·gle ['tɪŋgl] klingen; prickeln.

tink·er ['tɪŋkə] herumpfuschen, -basteln (**at** an *dat.*).

tin·kle ['tɪŋkl] klingeln (mit).

tin| o·pen·er *esp. Brt.* ['tɪnəʊpnə] Dosenöffner *m;* ~ **plate** Weißblech *n.*

tin·sel ['tɪnsl] Flitter *m;* Lametta *n.*

tint [tɪnt] 1. (zarte) Farbe; (Farb)Ton *m,* Tönung *f,* Schattierung *f;* 2. (leicht) färben; tönen.

ti·ny □ ['taɪnɪ] (-**ier, -iest**) winzig, sehr klein.

tip [tɪp] 1. Spitze *f;* Filter *m* (*of cigarette*); *for waiter, etc.:* Trinkgeld *n; advice:* Tip *m,* Wink *m; Brt. dump:* Schuttabladeplatz *m;* 2. (-**pp**-) mit e-r Spitze versehen; (um)kippen; *j-m* ein Trinkgeld geben; *a.* ~ **off** *j-m* e-n Tip *or* Wink geben.

tip·sy □ ['tɪpsɪ] (-**ier, -iest**) angeheitert.

tip·toe ['tɪptəʊ] 1. auf Zehenspitzen gehen; 2. **on** ~ auf Zehenspitzen.

tire¹ *Am.* ['taɪə] = **tyre**.

tire² [~] ermüden, müde machen *or* werden; ~**d** □ müde; ~**less** □ unermüdlich; ~**some** □ ermüdend; lästig.

tis·sue ['tɪʃuː] Gewebe *n;* Papiertaschentuch *n;* = ~ **pa·per** Seidenpapier *n.*

tit¹ [tɪt] = **teat**.

tit² *zo.* [~] Meise *f.*

tit·bit *esp. Brt.* ['tɪtbɪt] Leckerbissen *m.*

tit·il·late ['tɪtɪleɪt] kitzeln; anregen, *sexually:* erregen.

ti·tle ['taɪtl] (Buch-, Ehren-, *etc.*)Titel *m;* Überschrift *f;* ⁊⁊ Rechtsanspruch *m;* ~**d** ad(e)lig.

tit·mouse *zo.* ['tɪtmaʊs] (*pl. -mice*) Meise *f.*

tit·ter ['tɪtə] 1. kichern; 2. Kichern *n.*

tit·tle ['tɪtl]: **not one** *or* **a** ~ **of it** kein *or* nicht ein Jota (davon); ~-**tat·tle** F Schnickschnack *m.*

to [tuː, tʊ, tə] 1. *prp.* zu; gegen, nach, an, in, auf; bis zu, bis an (*acc.*); um zu; für; **a quarter** ~ **one** (ein) Viertel vor eins; *from* **Monday** ~ **Friday** *Brt.* von Montag bis Freitag; ~ **me,** *etc.* mir, *etc.;* **I weep** ~ **think of it** ich weine, wenn ich daran denke; **here's** ~ **you!** auf Ihr Wohl!, prosit!; 2. *adv.* zu, geschlossen; **pull** ~ zuziehen; **come** ~ (wieder) zu sich kommen; ~ **and fro** hin und her, auf und ab.

toad *zo.* [təʊd] Kröte *f;* ~-**stool** ⁊ (größerer Blätter)Pilz; Giftpilz *m;* ~-**y** 1. Spei-

chellecker(in); 2. *fig.* vor *j-m* kriechen.

toast [təʊst] 1. Toast *m;* Toast *m,* Trinkspruch *m;* 2. toasten; rösten; *fig.* wärmen; trinken auf (*acc.*).

to·bac·co [tə'bækəʊ] (*pl. -cos*) Tabak *m;* ~**nist** Tabakhändler *m.*

to·bog·gan [tə'bɒgən] 1. Rodelschlitten *m;* 2. rodeln.

to·day [tə'deɪ] heute; **a week** ~, ~ **week** heute in einer Woche.

tod·dle ['tɒdl] wackeln, auf wack(e)ligen Beinen gehen (*esp. small child*); F (dahin)zotteln; ~**r** Kleinkind *n.*

tod·dy ['tɒdɪ] *appr.* Grog *m.*

to-do F [tə'duː] Lärm *m;* Getue *n,* Aufheben *n.*

toe [təʊ] 1. *anat.* Zehe *f;* Spitze *f* (*of shoe, etc.*); *s.* **tread** 1; 2.: ~ **the line** sich einordnen; ~ **the party line** linientreu sein; ~**nail** Zehennagel *m.*

tof·fee, *a.* ~**fy** ['tɒfɪ] Sahnebonbon *m, n,* Toffee *n.*

to·geth·er [tə'geðə] zusammen; zugleich; **days,** *etc.:* nacheinander.

toil [tɔɪl] 1. mühselige Arbeit, Mühe *f,* Plackerei *f;* 2. sich plagen.

toi·let ['tɔɪlɪt] Toilette *f;* **go to the** ~ auf die Toilette gehen; ~-**pa·per** Toilettenpapier *n.*

toils *fig.* [tɔɪlz] *pl.* Schlingen *pl.,* Netz *n.*

to·ken [tə'təʊkən] 1. Zeichen *n;* Andenken *n,* Geschenk *n; voucher:* Gutschein *m;* **as a** ~ **of, in** ~ **of** als *or* zum Zeichen (*gen.*); 2. symbolisch; Schein..., Alibi....; ~ **strike** Warnstreik *m.*

told [təʊld] *past and p.p. of* **tell**.

tol·er|a·ble □ ['tɒlərəbl] erträglich; ~**ance** Toleranz *f;* Nachsicht *f;* ~**ant** □ tolerant (**of** gegen); ~**rate** dulden; ertragen; ~**ra·tion** Duldung *f.*

toll [təʊl] 1. Straßenbenutzungsgebühr *f,* Maut *f; fig.* Tribut *m,* (Zahl *f* der) Todesopfer *pl.;* **the** ~ **of the road** die Verkehrsopfer *pl.;* 2. läuten; ~**bar,** ~**gate** Schlagbaum *m.*

to·ma·to ⁊ [tə'mɑːtəʊ, *Am.* tə'meɪtəʊ] (*pl. -toes*) Tomate *f.*

tomb [tuːm] Grab(mal) *n.*

tom·boy ['tɒmbɔɪ] Wildfang *m.*

tomb·stone ['tuːmstəʊn] Grabstein *m.*

tom·cat *zo.* ['tɒmkæt] Kater *m.*

tom·fool·e·ry [tɒm'fuːlərɪ] Unsinn *m.*

to·mor·row [tə'mɒrəʊ] morgen; ~'**s** *pa·per, etc.:* morgig, von morgen.

ton [tʌn] *unit of weight:* Tonne *f.*

tone [təʊn] 1. Ton *m,* Klang *m,* Laut *m;* (Farb)Ton *m;* 2. (ab)tönen; ~ **down** (sich) abschwächen *or* mildern.

tongs [tɒŋz] *pl.* (**a pair of**) ~ e-e) Zange.

tongue [tʌŋ] *anat.* Zunge *f;* Sprache *f; of shoe:* Zunge *f,* Lasche *f;* **hold one's** ~ den Mund halten; *s.* **slip** 2; ~**tied** *fig.*

stumm, sprachlos; ~ **twist·er** Zungenbrecher m.

ton·ic ['tɒnɪk] **1.** (~*ally*) stärkend, belebend; **2.** ♪ Grundton m; Stärkungsmittel n, Tonikum n.

to·night [tə'naɪt] heute abend or nacht.

ton·nage ⚓ ['tʌnɪdʒ] Tonnage f.

ton·sil anat. ['tɒnsl] Mandel f; ~**li·tis** ♣ [tɒnsɪ'laɪtɪs] Mandelentzündung f.

too [tuː] zu, allzu; auch, ebenfalls.

took [tʊk] past of **take** 1.

tool [tuːl] Werkzeug n, Gerät n; ~**bag** Werkzeugtasche f; ~**box** Werkzeugkasten m; ~**kit** Werkzeugtasche f.

toot [tuːt] **1.** blasen, tuten; hupen; **2.** Tuten n.

tooth [tuːθ] (pl. **teeth** [tiːθ]) Zahn m; ~**ache** Zahnschmerzen pl.; ~**brush** Zahnbürste f; ~**less** ♣ zahnlos; ~**paste** Zahnpasta f, -creme f; ~**pick** Zahnstocher m.

top¹ [tɒp] **1.** ober(st)es Ende; Oberteil n; Spitze f (a. fig.); Gipfel m (a. fig.); of tree: Wipfel m; Kopf(ende n) m; (Topf-, etc.)Deckel m; mot. Verdeck n; **at the ~ of one's voice** aus vollem Halse; **on ~** oben(auf); obendrein; **on ~ of** (oben) auf (dat.); **2.** oberste(r, -s), höchste(r, -s), Höchst..., Spitzen...; **3.** (-pp-) oben bedecken; überragen (a. fig.); list, etc.: an der Spitze (gen.) stehen; ~ **up** tank, etc.: auf-, nachfüllen; **s.o. up** j-m nachschenken.

top² [~] Kreisel m.

top|·flight erstklassig, Spitzen...; ~ **hat** Zylinder(hut) m.

top·ic ['tɒpɪk] Gegenstand m, Thema n; ~**al** □ lokal; aktuell.

top|·less ['tɒpləs] oben ohne, Oben-ohne-...; ~**·lev·el** Spitzen...; ~**·most** höchste(r, -s), oberste(r, -s).

top·ple ['tɒpl]: (~ **down**, ~ **over** um)kippen.

top·sy·tur·vy □ [tɒpsɪ'tɜːvɪ] auf den Kopf (gestellt), das Oberste zuunterst; drunter und drüber.

torch [tɔːtʃ] Fackel f; a. **electric** ~ esp. Brt. Taschenlampe f; ~**·light** Fackelschein m; ~ **procession** Fackelzug m.

tore [tɔː] past of **tear¹** 1.

tor·ment 1. ['tɔːment] Qual f, Marter f; **2.** [tɔː'ment] quälen, peinigen, plagen.

torn [tɔːn] p.p. of **tear¹** 1.

tor·na·do [tɔː'neɪdəʊ] (pl. **-does, -dos**) Wirbelsturm m, Tornado m.

tor·pe·do [tɔː'piːdəʊ] **1.** (pl. **-does**) Torpedo m; **2.** ♣ torpedieren (a. fig.).

tor·pid □ ['tɔːpɪd] starr; apathisch; träge; ~**i·ty**, ~**ness**, **tor·por** [~ə] Apathie f, Stumpfheit f; Erstarrung f, Betäubung f.

tor|·rent ['tɒrənt] Sturz-, Wildbach m;

reißender Strom; fig. Strom m, Schwall m; ~**·ren·tial**: ~ **rain(s)** sintflutartige Regenfälle.

tor·toise zo. ['tɔːtəs] Schildkröte f.

tor·tu·ous □ ['tɔːtjuəs] gewunden.

tor·ture ['tɔːtʃə] **1.** Folter(ung) f; Tortur f; **2.** foltern.

toss [tɒs] **1.** (Hoch)Werfen n, Wurf m; Zurückwerfen n (of head); **2.** werfen, schleudern; a. ~ **about** (sich) hin- und herwerfen; schütteln; ~ **off** drink: hinunterstürzen; work: hinhauen; V masturbate: (sich) e-n runterholen; a. ~ **up** hochwerfen; of a coin: losen, knobeln (for um).

tot F [tɒt] small child: Knirps m.

to·tal ['təʊtl] **1.** □ ganz, gänzlich, völlig; total; gesamt; **2.** Gesamtbetrag m, -menge f; **3.** (esp. Brt. -ll-, Am. -l-) sich belaufen auf (acc.); ~**i·tar·i·an** totalitär; ~**i·ty** Gesamtheit f.

tot·ter ['tɒtə] torkeln, (sch)wanken, wackeln.

touch [tʌtʃ] **1.** (sich) berühren; anrühren; anfassen; grenzen or stoßen an (acc.); fig. rühren; erreichen; ♪ anschlagen; ~ **glasses** anstoßen; **a bit ~ed** fig. ein bißchen verrückt; ~ **at** ♣ anlegen in (dat.); ~ **down** ✈ aufsetzen; ~ **up** auffrischen; retuschieren; **2.** Berührung f; Tastsinn m, -gefühl n; Verbindung f, Kontakt m; ♪ Anschlag m; paint. (Pinsel)Strich m; **a ~ of vinegar** etc. e-e Spur Essig etc.; **he has a ~ of style** er hat irgendwie Stil; **be in ~** Kontakt haben; **keep in ~!** laß von dir hören!, melde dich mal wieder!; ~**and·go** ewige Sache; **it is ~** es steht auf des Messers Schneide; ~**ing** □ rührend; ~**stone** Prüfstein m; ~**y** □ (-ier, -iest) empfindlich; heikel.

tough □ [tʌf] zäh (a. fig.); robust, stark; hart, grob, brutal, übel; ~**en** zäh machen or werden; ~**ness** Zähigkeit f.

tour [tʊə] **1.** (Rund)Reise f, Tour f; Rundgang m, -fahrt f; thea. Tournee f (a. sports); ~ **operator** Reiseveranstalter m; s. **conduct** 2; **2.** (be)reisen; ~**is·m** Tourismus m, Fremdenverkehr m; ~**·ist** Tourist(in); ~ **agency** Reisebüro n; ~ **information (centre)**, ~ **office** Verkehrsverein m, Fremdenverkehrsbüro n, Touristeninformation f; ~ **season** Reisesaison f, -zeit f; ~ **trap** bar, etc.: appr. Nepplokal n; resort: appr. überteuerter Touristenort.

tour·na·ment ['tʊənəmənt] Turnier n.

tou·sle ['taʊzl] (zer)zausen.

tow [təʊ] **1.** Schleppen n; **take in ~** ins Schlepptau nehmen; **2.** (ab)schleppen; ziehen.

to·ward(s) [tə'wɔːd(z)] in direction of:

gegen; nach ... zu, auf (*acc.*) ... zu; *in relation to*: gegenüber, zu.

tow·el ['tauəl] **1.** Handtuch *n*; **2.** (*esp. Brt. -ll-, Am. -l-*) (ab)trocknen; (ab)reiben.

tow·er ['tauə] **1.** Turm *m*; *fig.* Stütze *f*, Bollwerk *n*; *a.* ~ **block** (Büro-, Wohn-)Hochhaus *n*; **2.** (hoch)ragen, sich erheben; ~**ing** □ (turm)hoch; rasend (*rage*).

town [tauŋ] **1.** Stadt *f*; **2.** Stadt...; städtisch; ~ **cen·tre**, *Am.* ~ **cen·ter** Innenstadt *f*, City *f*; ~ **clerk** *Brt.* städtischer Verwaltungsbeamter; ~ **coun·cil** *Brt.* Stadtrat *m*; ~ **coun·ci(l)·lor** *Brt.* Stadtrat *m*, -rätin *f*; ~ **hall** Rathaus *n*; ~**s·folk** *pl.* Städter *pl.*; ~**ship** Stadtgemeinde *f*; Stadtgebiet *n*; ~**s·man** Städter *m*; (Mit)Bürger *m*; ~**s·peo·ple** *pl.* = **townsfolk**; ~**s·wom·an** Städterin *f*; (Mit)Bürgerin *f*.

tox|ic ['toksɪk] (~*ally*) giftig; Gift...; ~ **waste** Giftmüll *m*; ~**in** Giftstoff *m*.

toy [tɔɪ] **1.** Spielzeug *n*; ~*s pl.* Spielsachen *pl.*, -waren *pl.*; **2.** Spielzeug...; Miniatur...; Zwerg...; **3.** spielen.

trace [treɪs] **1.** Spur *f* (*a. fig.*); **2.** nachspüren (*dat.*), *j-s* Spur folgen; verfolgen; herausfinden; (auf)zeichnen; (durch)pausen.

trac·ing ['treɪsɪŋ] Pauszeichnung *f*.

track [træk] **1.** Spur *f*, Fährte *f*; ▓ Gleis *n*, Geleise *n and pl.*; Pfad *m* (*a. comput·er*); *of tape*: Spur *f*; (Raupen)Kette (*f*); *sports*: (Renn-, Aschen)Bahn *f*; ~**and-field** *sports*: Leichtathletik...; ~ **events** *pl. sports*: Laufdisziplinen *pl.*; ~ **suit** Trainingsanzug *m*; **2.** nachgehen, -spüren (*dat.*), verfolgen; ~ **down**, ~ **out** aufspüren; ~**ing station** *space travel*: Bodenstation *f*.

tract [trækt] Fläche *f*, Strecke *f*, Gegend *f*; *text*: Traktat *n*, Abhandlung *f*.

trac·ta·ble □ ['træktəbl] lenk-, fügsam.

trac|tion ['trækʃn] Ziehen *n*, Zug *m*; ~ **engine** Zugmaschine *f*; ~**tor** ✿ Trecker *m*, Traktor *m*.

trade [treɪd] **1.** Handel *m*; Gewerbe *n*, Beruf *m*, Handwerk *n*; **2.** Handel treiben, handeln; ~ **on** ausnutzen; ~ **def·i·cit** Handelsbilanzdefizit *n*; ~ **mark** Warenzeichen *n*; ~ **price** Großhandelspreis *m*; **trad·er** Händler *m*; ~**s·man** (Einzel)Händler *m*; ~(**s**) **un·ion** Gewerkschaft *f*; ~(**s**) **u·nion·ist** Gewerkschaftler(in); ~ **wind** Passat(wind) *m*.

tra·di·tion [trə'dɪʃn] Tradition *f*; Überlieferung *f*; ~**al** □ traditionell.

traf·fic ['træfik] **1.** Verkehr *m*; Handel *m*; **2.** (*-ck-*) (*a. illegal*) handeln (*in* mit); ~ **cir·cle** *Am.* Kreisverkehr *m*; ~ **jam** (Verkehrs)Stau *m*, Verkehrsstockung *f*;

~ **light(s** *pl.*) Verkehrsampel *f*; ~ **sign** Verkehrszeichen *n*, -schild *n*; ~ **sig·nal** = **traffic light(s)**; ~ **war·den** *Brt.* Politesse *f*.

tra·ge·dy ['trædʒɪdɪ] Tragödie *f*; **tra·gic** (~*ally*), **trag·i·cal** □ tragisch.

trail [treɪl] **1.** Schleppe *f*; Spur *f*; Pfad *m*, Weg *m*; *fig.* Schweif *m*; **2.** *v/t.* hinter sich herziehen; verfolgen, *j-n* beschatten; *v/i.* schleifen; sich schleppen; ♀ kriechen, sich ranken; ~**er** ♀ Kriechpflanze *f*; *mot.* Anhänger *m*; *Am. mot.* Wohnwagen *m*, Wohnanhänger *m*, Caravan *m*; *film, TV*: (Programm)Vorschau *f*.

train [treɪn] **1.** ▓ (Eisenbahn)Zug *m*; *line of people, etc.*: Zug *m*; Gefolge *n*; Reihe *f*, Folge *f*, Kette *f*; Schleppe *f* (*of dress*); **2.** erziehen; schulen; *dog*: abrichten; ausbilden; *sports*: trainieren; ~**ee** in der Ausbildung Stehende(r *m*) *f*; Auszubildende(r *m*) *f*, F Azubi *m*, *f*; ~**er** Ausbilder *m*; *sports*: Trainer *m*; ~**ing** Ausbildung *f*; Üben *n*; *esp. sports*: Training *n*.

trait [treɪ] (Charakter)Zug *m*.

trai·tor ['treɪtə] Verräter *m*.

tram(-car *Brt.* ['træm(kɑ:)] Straßenbahn(wagen *m*) *f*.

tramp [træmp] **1.** Getrampel *n*; Wanderung *f*; Tramp *m*, Landstreicher(in), *in city*: Stadtstreicher(in); **2.** trampeln, treten; (durch)wandern.

tram·ple ['træmpl] (herum-, zer)trampeln.

trance [trɑ:ns] Trance *f*.

tran·quil □ ['træŋkwɪl] ruhig; gelassen; ~**(l)i·ty** Ruhe *f*; Gelassenheit *f*; ~**(l)ize** beruhigen; ~**(l)iz·er** Beruhigungsmittel *n*.

trans- [trænz] jenseits; durch; über.

trans|act [træn'zækt] abwickeln, abmachen; ~**ac·tion** Erledigung *f*; Geschäft *n*, Transaktion *f*.

trans-al·pine [trænz'ælpaɪn] transalpin(isch).

trans-at·lan·tic [trænzət'læntɪk] transatlantisch, Übersee...

tran|scend [træn'send] überschreiten, hinausgehen über (*acc.*); übertreffen; ~**scen·dence**, ~**scen·den·cy** Überlegenheit *f*; *phls.* Transzendenz *f*.

tran·scribe [træn'skraɪb] abschreiben; *from shorthand*: übertragen.

tran|script ['trænskrɪpt], ~**scrip·tion** [træn'skrɪpʃn] Abschrift *f*; Umschrift *f*.

trans·fer 1. [træns'fз:] (*-rr-*) *v/t.* übertragen; versetzen, -legen; *money*: überweisen; *sports*: (*player*) transferieren (**to** zu), abgeben (**to** an *acc.*); übertreten; *sports*: wechseln (*player*); ▓, *etc.*: umsteigen; **2.** ['trænsfз:] Übertragung *f*;

Versetzung f, -legung f; econ. (Geld-) Überweisung f; sports: Transfer m, Wechsel m; Am. 🚋, etc.: Umsteigefahrschein m; **~a·ble** übertragbar; **~ fee** sports: Ablösesumme f.

trans·fig·ure [træns'fɪgə] umgestalten; verklären.

trans·fix [træns'fɪks] durchstechen; **~ed** fig. versteinert, starr (**with** vor dat.).

trans·form [træns'fɔːm] umformen; um-, verwandeln; **~for·ma·tion** Umformung f; Um-, Verwandlung f.

trans·fuse ✱ [træns'fjuːz] blood: übertragen; **~fu·sion** ✱ (Blut)Übertragung f, (-)Transfusion f.

trans·gress [træns'gres] v/t. überschreiten; law, etc.: übertreten, verletzen; v/i. sich vergehen; **~gres·sion** Überschreitung f; Übertretung f; Vergehen n; **~gres·sor** Übeltäter(in); Rechtsbrecher(in).

tran·sient ['trænzɪənt] 1. □ = transitory; 2. Am. Durchreisende(r m) f.

tran·sis·tor [træn'sɪstə] Transistor m.

tran·sit [træn'sɪt] Durchgang m; Transit-, Durchgangsverkehr m; econ. Transport m (of goods); **~ camp** Durchgangslager n; **~ visa** Transit-, Durchreisevisum n.

tran·si·tion [træn'sɪʒn] Übergang m.

tran·si·tive □ gr. ['trænsɪtɪv] transitiv.

tran·si·to·ry □ ['trænsɪtərɪ] vorübergehend; vergänglich, flüchtig.

trans·late [træns'leɪt] übersetzen, -tragen; fig. umsetzen; **~la·tion** Übersetzung f, -tragung f; **~la·tor** Übersetzer(in).

trans·lu·cent □ [trænz'luːsnt] lichtdurchlässig.

trans·mi·gra·tion [trænzmaɪ'greɪʃn] Seelenwanderung f.

trans·mis·sion [trænz'mɪʃn] Übermittlung f; Übertragung f; biol. Vererbung f; phys. Fortpflanzung f; mot. Getriebe n; radio, TV: Sendung f.

trans·mit [trænz'mɪt] (-tt-) übermitteln, -senden; übertragen; radio, TV: senden; biol. vererben; phys. (weiter)leiten; **~ter** Übermittler(in); radio, tel., etc.: Sender m.

trans·mute [trænz'mjuːt] um-, verwandeln.

trans·par·ent □ [træns'pærənt] durchsichtig (a. fig.).

tran·spire [træn'spaɪə] ausdünsten, -schwitzen; fig. durchsickern.

trans·plant [træns'plɑːnt] 1. ✿ Verpflanzung f, Transplantation f; organ: Transplantat n; 2. umpflanzen; verpflanzen (a. ✿), transplantieren; **~plan·ta·tion** Verpflanzung f (a. ✿), Transplantation f.

trans·port 1. [træns'pɔːt] transportieren, befördern, fortschaffen; fig. j-n hinreißen; **2.** ['trænspɔːt] Transport m, Beförderung f; Versand m; Verkehr m; Beförderungsmittel n; ✕ Transportschiff n, -flugzeug n; public ~ öffentliche Verkehrsmittel pl.; in a ~ of rage außer sich vor Wut; be in ~s of außer sich sein vor (dat.); **~por·ta·tion** Transport m, Beförderung f.

trans·pose [træns'pəʊz] versetzen, umstellen; ♪ transponieren.

trans·verse □ ['trænzvɜːs] querlaufend; Quer...

trap [træp] 1. Falle f (a. fig.); ⚙ Klappe f; sl. mouth: Schnauze f; keep one's ~ shut sl. die Schnauze halten; set a ~ for s.o. j-m e-e Falle stellen; 2. (-pp-) (in e-r Falle) fangen; fig. in e-e Falle locken; **~door** Falltür f; thea. Versenkung f.

tra·peze [trə'piːz] Trapez n.

trap·per ['træpə] Trapper m, Fallensteller m, Pelztierjäger m.

trap·pings fig. ['træpɪŋz] pl. Schmuck m, Putz m, Drum u. Dran n.

trash [træʃ] esp. Am. Abfall m, Abfälle pl., Müll m; Unsinn m, F Blech n; contp. people: Gesindel n; film, etc.: Kitsch m; **~ can** Am. Abfall-, Mülleimer m; Am. Abfall-, Mülltonne f; **~y** □ (-ier, -iest) wertlos, kitschig.

trav·el ['trævl] 1. (esp. Brt. -ll-, Am. -l-) v/i. reisen; sich bewegen; esp. fig. schweifen, wandern; econ. Vertreter sein; v/t. bereisen; 2. Reisen n; ✿ (Kolben)Hub m; **~s** pl. Reisen pl.; **~ a·gen·cy, ~ bu·reau** Reisebüro n; **~(l)er** Reisende(r m) f; econ. Vertreter m; **~'s cheque** (Am. check) Reisescheck m.

tra·verse ['trævəs] durch-, überqueren; durchziehen; führen über (acc.).

trav·es·ty ['trævɪstɪ] 1. Travestie f; Karikatur f, Zerrbild n; 2. travestieren; ins Lächerliche ziehen.

trawl ⚓ [trɔːl] 1. (Grund)Schleppnetz n; 2. mit dem Schleppnetz fischen; **~er** ⚓ Trawler m.

tray [treɪ] (Servier)Brett n, Tablett n; Ablagekorb m.

treach·er·ous □ ['tretʃərəs] verräterisch, treulos; (heim)tückisch; trügerisch; **~y** (to) Verrat m (an dat.), Treulosigkeit f (gegen).

trea·cle ['triːkl] Sirup m.

tread [tred] 1. (trod, trodden or trod) treten; (be)schreiten; trampeln; ~ on s.o.'s toes fig. j-m auf die Füße or Zehen treten or F steigen; 2. Tritt m, Schritt m; ⚙ Lauffläche f; mot. Profil n; **trea·dle** Pedal n; Tritt m; **~mill** Tretmühle f (a. fig.).

trea|son ['tri:zn] Verrat *m*; ~**so‑na‑ble** ☐ verräterisch.

treas|ure ['treʒə] 1. Schatz *m*, Reichtum *m*; ~ **trove** Schatzfund *m*; 2. sehr schätzen; ~ **up** sammeln, anhäufen; ~**ur‑er** Schatzmeister *m*; Kassenwart *m*.

treas‑ur‑y ['treʒərɪ] Schatzkammer *f*; ♀ Finanzministerium *n*; ♀ **Bench** *Brt. parl.* Regierungsbank *f*; ♀ **De‑part‑ment** *Am.* Finanzministerium *n*.

treat [tri:t] 1. *v/t.* behandeln, umgehen mit; betrachten; ~ *s.o.* **to** *s.th.* j‑m et. spendieren; *v/i.* ~ **of** handeln von; ~ **with** verhandeln mit; 2. Vergnügen *n*; **school** ~ Schulausflug *m*, ‑fest *n*; **it is my** ~ es geht auf meine Rechnung.

trea‑tise ['tri:tɪz] Abhandlung *f*.

treat‑ment ['tri:tmənt] Behandlung *f*.

treat‑y ['tri:tɪ] Vertrag *m*.

tre‑ble ['trebl] 1. ☐ dreifach; 2. ♪ Diskant *m*, Sopran *m*; *radio:* Höhen *pl.*; 3. (sich) verdreifachen.

tree [tri:] Baum *m*.

tre‑foil ♣ ['trefɔɪl] Klee *m*.

trel‑lis ['trelɪs] 1. ♪ Spalier *n*; 2. vergittern; ♪ am Spalier ziehen.

trem‑ble ['trembl] zittern.

tre‑men‑dous ☐ [trɪ'mendəs] schrecklich, ungeheuer, gewaltig; F enorm.

trem‑or ['tremə] Zittern *n*; Beben *n*.

trem‑u‑lous ☐ ['tremjʊləs] zitternd, bebend.

trench [trentʃ] 1. (⚔ Schützen)Graben *m*; Furche *f*; 2. *v/t.* mit Gräben durchziehen; *v/i.* (⚔ Schützen)Graben ausheben.

tren‑chant ☐ ['trentʃənt] scharf.

trend [trend] 1. Richtung *f*; *fig.* (Ver)Lauf *m*; *fig.* Trend *m*, Entwicklung *f*, Tendenz *f*; 2. tendieren, neigen; ~**y** *esp. Brt.* F (‑*ier*, ‑*iest*) modern; **be** ~ Mode sein, F in Form sein.

trep‑i‑da‑tion [trepɪ'deɪʃn] Zittern *n*; Angst *f*, Beklommenheit *f*.

tres‑pass ['trespəs] 1. ⚖ unbefugtes Betreten; Vergehen *n*; 2. ~ (**up**)**on** ⚖ widerrechtlich betreten; über Gebühr in Anspruch nehmen; **no** ~**ing** Betreten verboten; ~**er** ⚖ Rechtsverletzer *m*; Unbefugte(r *m*) *f*.

tres‑tle ['tresl] Gestell *n*, Bock *m*.

tri‑al ['traɪəl] 1. Versuch *m*, Probe *f*, Prüfung *f* (*a. fig.*); ⚖ Prozeß *m*, Verhandlung *f*; *fig.* Plage *f*; **by** ~ **and error** durch Ausprobieren; **on** ~ auf or zur Probe; **give** *s.th.* **or** *s.o.* **a** ~ e‑n Versuch mit et. or j‑m machen; **be on** ~ ⚖ angeklagt sein; **put** *s.o.* **on** ~ ⚖ j‑n vor Gericht bringen; 2. Versuchs‑..., Probe...

tri‑an|gle ['traɪæŋgl] Dreieck *n*; ~**gu‑lar** ☐ dreieckig.

tri‑ath‑lon [traɪ'æθlɒn] Triathlon *m*.

tribe [traɪb] (Volks)Stamm *m*; *contp.* Sippe *f*; ♣, *zo.* Klasse *f*.

tri‑bu‑nal ⚖ [traɪ'bju:nl] Gericht(shof *m*) *n*; *fig.* Tribunal *n*; **trib‑une** *hist.* Tribun *m*; *platform:* Tribüne *f*.

trib|u‑ta‑ry ['trɪbjʊtərɪ] 1. ☐ zinspflichtig; *fig.* helfend; *geogr.* Neben...; 2. Nebenfluß *m*; ~**ute** Tribut *m* (*a. fig.*), Zins *m*; Anerkennung *f*.

trice [traɪs]: **in a** ~ im Nu.

trick [trɪk] 1. Kniff *m*, List *f*, Trick *m*; Kunststück *n*; Streich *m*; (schlechte) Angewohnheit; **play a** ~ **on** *s.o.* j‑m e‑n Streich spielen; 2. überlisten, F hereinlegen; ~**e‑ry** Betrügerei *f*.

trick‑le ['trɪkl] tröpfeln, rieseln.

trick|ster ['trɪkstə] Gauner(in); ~**y** ☐ (‑*ier*, ‑*iest*) verschlagen; F heikel; verzwickt, verwickelt, schwierig.

tri‑cy‑cle ['traɪsɪkl] Dreirad *n*.

tri‑dent ['traɪdənt] Dreizack *m*.

tri|fle ['traɪfl] 1. Kleinigkeit *f*; Lappalie *f*; **a** ~ ein bißchen, ein wenig, etwas; 2. *v/i.* spielen; spaßen; *v/t.* ~ **away** verschwenden; ~**fling** ☐ geringfügig; unbedeutend.

trig‑ger ['trɪgə] Abzug *m* (*of gun*); *phot.* Auslöser *m*.

trill [trɪl] 1. Triller *m*; gerolltes r; 2. trillern; *esp.* das r rollen.

tril‑lion ['trɪljən] *Brt.* Trillion *f* = 10^{18}, *Am.* Billion *f* = 10^{12}.

trim [trɪm] 1. ☐ (‑*mm*‑) ordentlich; schmuck; gepflegt; 2. (guter) Zustand; Ordnung *f*; **in good** ~ in Form; 3. (‑*mm*‑) zurechtmachen, in Ordnung bringen; (**a.** ~ **up** heraus)putzen, schmücken; *dress, etc.*: besetzen; stutzen, trimmen, (be)schneiden; *budget:* kürzen; ✂, ♣ trimmen; ~**ming** ☐ ~**s** *pl.* Besatz *m*; Zutaten *pl.*, Beilagen *pl.* (*of dish*).

Trin‑i‑ty *eccl.* ['trɪnɪtɪ] Dreieinigkeit *f*.

trin‑ket ['trɪŋkɪt] wertloses Schmuckstück.

trip [trɪp] 1. (kurze) Reise, Fahrt *f*; Ausflug *m*, Spritztour *f*; *fall:* Stolpern *n*, Fallen *n*, Fehltritt *m* (*a. fig.*); *fig.* Versehen *n*, Fehler *m*; *sl.* Trip *m* (*on drugs*); **we make a** ~ **to** ... wir fahren nach ...; 2. (‑*pp*‑) *v/i.* trippeln; stolpern (**over** über *acc.*); *fig.* (e‑n) Fehler machen; *v/t.* **a.** ~ **up** j‑m ein Bein stellen (*a. fig.*).

tri‑par‑tite [traɪ'pɑːtaɪt] dreiteilig.

tripe [traɪp] Kaldaunen *pl.*, Kutteln *pl.*; F Quatsch *m*.

trip|le ['trɪpl] dreifach; ~ **jump** *sports:* Dreisprung *m*; ~**lets** *pl.* Drillinge *pl.*

trip‑li‑cate 1. ['trɪplɪkət] dreifach; 2. [‑keɪt] verdreifachen.

tri‑pod ['traɪpɒd] Dreifuß *m*; *phot.* Stativ *n*.

trip·per *esp. Brt.* ['trɪpə] Ausflügler(in).
trite □ [traɪt] abgedroschen, banal.
tri|umph ['traɪəmf] **1.** Triumph *m*, Sieg *m*; **2.** triumphieren; **~um·phal** Sieges..., Triumph...; **~um·phant** □ triumphierend.
triv·i·al □ ['trɪvɪəl] bedeutungslos; unbedeutend; trivial; alltäglich.
trod [trɒd] *past and p.p. of* tread 1; **~den** *p.p. of* tread 1.
trol·l(e)y ['trɒlɪ] *Brt.* Handwagen *m*; *for suitcases, etc.*: Gepäckwagen *m*, Kofferkuli *m*; *in shops, etc.*: Einkaufswagen *m*, *golf*: Caddie *m*; *Brt.* 🚋 Draisine *f*; *Brt.* Tee-, Servierwagen *m*; ⚡ *of tram*: Kontaktrolle *f*; *Am.* Straßenbahn(wagen *m*) *f*; **~bus** Oberleitungsbus *m*, O-Bus *m*.
trom·bone ♪ [trɒm'bəʊn] Posaune *f*.
troop [truːp] **1.** Trupp *m*, Haufe(n) *m*; **~s** *pl.* 🎖 Truppen *pl.*; **2.** sich scharen; (herein-, *etc.*)strömen, marschieren; **~ away, ~ off** F abziehen; **~ the colours** *Brt.* 🎖 e-e Fahnenparade abhalten; **~er** 🎖 Kavallerist *m*; *Am.* Polizist(in).
tro·phy ['trəʊfɪ] Trophäe *f*.
trop|ic ['trɒpɪk] **1.** Wendekreis *m*; **~s** *pl.* Tropen *pl.*; **2.** *adj.* (**~ally**) = **~i·cal** □ tropisch; **~ rain forest** tropischer Regenwald.
trot [trɒt] **1.** Trott *m*, Trab *m*; **2.** (*tt*) trotten; traben (lassen).
trou·ble ['trʌbl] **1.** Mühe *f*, Plage *f*, Last *f*, Belästigung *f*, Störung *f*; Ärger *m*, Unannehmlichkeiten *pl.*, Schwierigkeiten *pl.*, Scherereien *pl.*; **ask or look for ~** unbedingt Ärger haben wollen; **take (the) ~** sich (die) Mühe machen; **don't go to a lot of ~** mach dir keine (allzu) großen Umstände; **what's the ~?** was ist los?; **2.** stören, beunruhigen, belästigen; quälen, plagen; *j-m* Mühe machen; (sich) bemühen; bitten (*for* um); **don't ~ yourself** bemühen Sie sich nicht; **~mak·er** Unruhestifter(in); **~some** □ beschwerlich; lästig.
trough [trɒf] Trog *m*; Rinne *f*; Wellental *n*.
trounce [traʊns] verprügeln; *sports*: vernichtend schlagen.
troupe *thea.* [truːp] Truppe *f*.
trou·ser ['traʊzə]: (**a pair of**) **~s** *pl.* (e-e) (lange) Hose; Hosen *pl.*; *attr.* Hosen...; **~ suit** Hosenanzug *m*.
trous·seau ['truːsəʊ] Aussteuer *f*.
trout *zo.* [traʊt] Forelle(n *pl.*) *f*.
trow·el ['traʊəl] Maurerkelle *f*.
tru·ant ['truːənt] Schulschwänzer(in); **play ~** (die Schule) schwänzen.
truce 🎖 [truːs] Waffenstillstand *m*.
truck [trʌk] **1.** 🚋 offener Güterwagen; *esp. Am.* Last(kraft)wagen *m*, Lkw *m*; Transportkarren *m*; Tausch(handel) *m*;

Am. Gemüse *n*; **2.** (ver)tauschen; **~er** *Am.* Lastwagen-, Fernfahrer *m*; **~ farm** *Am.* Gemüsegärtnerei *f*.
truc·u·lent □ ['trʌkjʊlənt] wild, roh, grausam; gehässig.
trudge [trʌdʒ] sich (mühsam dahin-) schleppen, (mühsam) stapfen.
true □ [truː] (**~r, ~st**) wahr; echt, wirklich; treu; genau; richtig; (*it is*) **~** gewiß, freilich, zwar; **come ~** in Erfüllung gehen; wahr werden; **~ to nature** naturgetreu.
tru·ly ['truːlɪ] wirklich; wahrhaft; aufrichtig; genau; treu; **Yours ~** *ending a letter*: Hochachtungsvoll.
trump [trʌmp] **1.** Trumpf(karte *f*) *m*; **2.** (über)trumpfen; **~ up** erfinden.
trum·pet ['trʌmpɪt] **1.** ♪ Trompete *f*; **2.** trompeten; *fig.* ausposaunen.
trun·cheon ['trʌntʃən] (Gummi)Knüppel *m*, Schlagstock *m*.
trun·dle ['trʌndl] rollen.
trunk [trʌŋk] (Baum)Stamm *m*; Rumpf *m*; Rüssel *m*; (Schrank)Koffer *m*, Truhe *f*; *Am. mot.* Kofferraum *m*; **~call** *Brt. dated teleph.* Ferngespräch *n*; **~line** 🚋 Hauptlinie *f*; *dated teleph.* Fernleitung *f*; **~s** *pl.* Turnhose *f*; Badehose *f*; *sports*: Shorts *pl.*; *esp. Brt.* (Herren)Unterhose *f*.
truss [trʌs] **1.** Bündel *n*, Bund *n*; ✚ Bruchband *n*; *arch.* Träger *m*, Fachwerk *n*; **2.** (zusammen)binden; *arch.* stützen.
trust [trʌst] **1.** Vertrauen *n*; Glaube *m*; Kredit *m*; Pfand *n*; Verwahrung *f*; ⚖ Treuhand *f*; ⚖ Treuhandvermögen *n*; *econ.* Trust *m*; *econ.* Kartell *n*; **~ company** Treuhandgesellschaft *f*; **in ~** zu treuen Händen; **2.** *v/t.* (ver)trauen (*dat.*); anvertrauen, übergeben (**s.o. with s.th.**, **s.th. to s.o.** j-m et.); zuversichtlich hoffen; *v/i.* vertrauen (**in, to** auf *acc.*); **~ee** ⚖ Sach-, Verwalter *m*; Treuhänder *m*; **~ful** □, **~ing** □ vertrauensvoll; **~wor·thy** □ vertrauenswürdig, zuverlässig.
truth [truːθ] (*pl.* **~s** [truːðz, truːθs]) Wahrheit *f*; Wirklichkeit *f*; Genauigkeit *f*; **~ful** □ wahr(heitsliebend).
try [traɪ] **1.** versuchen; probieren; prüfen; ⚖ verhandeln über et. *or* gegen j-n; vor Gericht stellen; *eyes, etc.*: anstrengen; sich bemühen *or* bewerben (**for** um); **~ on** *dress, etc.*: anprobieren; **~ out** ausprobieren; **2.** Versuch *m*; **~ing** □ anstrengend; kritisch.
tsar *hist.* [zɑː] Zar *m*.
T-shirt ['tiːʃɜːt] T-Shirt *n*.
tub [tʌb] **1.** Faß *n*; Zuber *m*, Kübel *m*; *Brt.* F (Bade)Wanne *f*; *Brt.* F (Wannen)Bad *n*.

tube [tjuːb] Rohr n; ⚕ Röhre f; Tube f; (**inner ~** Luft)Schlauch m; Tunnel m; die Londoner U-Bahn; **the ~** Am. F die Röhre, die Glotze (*TV*); **~less** schlauchlos.

tu·ber ⚘ ['tjuːbə] Knolle f.

tu·ber·cu·lo·sis ⚘ [tjuːbɜːkjʊ'ləʊsɪs] Tuberkulose f.

tu·bu·lar □ ['tjuːbjʊlə] röhrenförmig.

tuck [tʌk] **1.** Biese f; Saum m, Abnäher m; **2.** stecken; **~ away** weg-, verstecken; **~ in**, **~ up** (warm) zudecken; **~ s.o. up in bed** j-n ins Bett packen; **~ up skirt:** schürzen; *sleeve:* hochkrempeln.

Tues·day ['tjuːzdɪ] Dienstag m.

tuft [tʌft] Büschel n; (Haar)Schopf m.

tug [tʌg] **1.** Zerren n, heftiger Ruck; a. **~boat** ⚓ Schlepper m; *fig.* Anstrengung f; **2.** (**-gg-**) ziehen, zerren; ⚓ schleppen; sich mühen; **~ of war** Tauziehen n.

tu·i·tion [tjuː'ɪʃn] Unterricht m; Schulgeld n.

tu·lip ⚘ ['tjuːlɪp] Tulpe f.

tum·ble ['tʌmbl] **1.** fallen; stürzen; purzeln; taumeln; sich wälzen; **2.** Sturz m; Wirrwarr m; **~down** baufällig; **~dri·er** Wäschetrockner m.

tum·bler ['tʌmblə] Becher m; *zo.* Tümmler m; *s.* tumble-drier.

tu·mid □ ['tjuːmɪd] geschwollen.

tum·my F ['tʌmɪ] Bauch m, Bäuchlein n.

tu·mo(u)r ⚕ ['tjuːmə] Tumor m.

tu·mult ['tjuːmʌlt] Tumult m; **tu·mul·tu·ous** □ [tjuː'mʌltʊəs] lärmend; stürmisch.

tun [tʌn] Faß n.

tu·na *zo.* ['tuːnə] Thunfisch m.

tune [tjuːn] **1.** Melodie f; ♪ (Ein)Stimmung f; *fig.* Harmonie f; **in ~** (gut)gestimmt; **out of ~** verstimmt; **2.** ♪ stimmen; **~ in** *v/i.* (das Radio, *etc.*) einschalten; *v/t. radio, etc.:* einstellen (**to** auf *acc.*); **~ up** die Instrumente stimmen; *mot. engine:* tunen; **~ful** □ melodisch; **~less** □ unmelodisch.

tun·er ['tjuːnə] *radio, TV:* Tuner m.

tun·nel ['tʌnl] **1.** Tunnel m; ⚒ Stollen m; **wind ~** Windkanal m; **2.** (*esp.* Brt. **-ll-**, Am. **-l-**) e-n Tunnel bohren (durch).

tun·ny *zo.* ['tʌnɪ] Thunfisch m.

tur·bid □ ['tɜːbɪd] trüb; dick(flüssig); *fig.* verworren, wirr.

tur·bine ⚙ ['tɜːbaɪn] Turbine f.

tur·bot *zo.* ['tɜːbət] Steinbutt m.

tur·bu·lent □ ['tɜːbjʊlənt] unruhig; ungestüm; stürmisch, turbulent.

tu·reen [tə'riːn] Terrine f.

turf [tɜːf] **1.** (*pl.* **~s, turves**) Rasen m; Torf m; **the ~** die (Pferde)Rennbahn; der Pferderennsport m; **2.** mit Rasen bedecken.

tur·gid □ ['tɜːdʒɪd] geschwollen.

Turk [tɜːk] Türk|e m, -in f.

tur·key ['tɜːkɪ] *zo.* Truthahn m, -henne f, Pute(r m) f; **talk ~** *esp.* Am. F offen or sachlich reden.

Turk·ish ['tɜːkɪʃ] **1.** türkisch; **2.** *ling.* Türkisch n.

tur·moil ['tɜːmɔɪl] Aufruhr m, Unruhe f; Durcheinander n.

turn [tɜːn] **1.** *v/t.* (um-, herum)drehen; (um)wenden; *page:* umdrehen, -blättern; lenken, richten; verwandeln; j-n abbringen (**from** von); abwenden; *text:* übertragen, -setzen; bilden, formen; ⚙ drechseln; *leaves:* verfärben; **~ a corner** um eine Ecke biegen; **~ loose** los-, freilassen; **~ s.o. sick** j-n krank machen; **~ sour milk:** sauer werden lassen; *s.* somersault; **~ s.o. against** j-n aufhetzen gegen; **~ aside** abwenden; **~ away** abwenden; abweisen; **~ down** umbiegen; *collar:* umschlagen; *bed:* aufdecken; *blanket:* zurückschlagen; *gas, etc.:* klein(er) stellen; *radio, etc.:* leiser stellen; j-n, *et.* ablehnen, F j-m e-n Korb geben; **~ in** *esp.* Am. einreichen, -senden; **~ off** *gas, water, etc.:* abdrehen; *light, radio, etc.:* ausschalten, -machen; **~ on** *gas, water, etc.:* aufdrehen; *radio, etc.:* anstellen; *light, radio, etc.:* anmachen, einschalten; F antörnen; F anmachen (*a. sexually*); **~ out** *econ.* goods: produzieren; hinauswerfen; **= ~ off**; **~ over** *econ.* goods: umsetzen; umdrehen; *page:* umblättern; umwerfen; übergeben (**to** *dat.*); überlegen; **~ up** nach oben drehen *or* biegen; *collar:* hochschlagen; *sleeve:* hochkrempeln; *trousers, etc.:* auf-, umschlagen; *gas, etc.:* aufdrehen; *radio, etc.:* lauter stellen; *v/i.* sich drehen (lassen); sich (um-, herum)drehen; *mot.* wenden; sich (ab-, hin-, zu)wenden; (ab-, ein)biegen; e-e Biegung machen (*road, etc.*); sich (ver)wandeln; umschlagen (*weather, etc.*); become: werden; **~ (sour)** sauer werden (*milk*); **~ upside down car:** sich überschlagen; **~ about** sich umdrehen; ✗ kehrtmachen; **~ aside, ~ away** sich abwenden; **~ back** zurückkehren; **~ in** F ins Bett gehen; **~ off** abbiegen; **~ out** develop: ausfallen, -gehen; sich herausstellen (als); **~ over** sich umdrehen; **~ to** nach ... abbiegen; sich zuwenden (*dat.*); sich an *j*-n wenden; werden zu; **~ up** *fig.* auftauchen; **2.** (Um)Drehung f; *bend:* Biegung f, Kurve f, Kehre f; (einzelne) Windung (**of** *cable, etc.*); *change of direction:* Wendung f, Wendepunkt m (*a. fig.*), Wende f, Wechsel m; *trip:* (kurze) Fahrt; *service:* Dienst m, Gefallen m, Zweck m; *inclination:* Neigung f, Talent n; F Schrecken m; **~ (of mind)** Denkart f,

-weise f; at every ~ auf Schritt und Tritt; by ~s abwechselnd; in ~ der Reihe nach; it is my ~ ich bin an der Reihe; take ~s (mit)einander or sich (gegenseitig) abwechseln (at in dat., bei); does it serve your ~? ist Ihnen damit gedient?; ~coat Abtrünnige(r) m, Überläufer(in); ~er Drechsler m; Dreher m.

turn-ing ['tɜ:nɪŋ] Biegung f; Straßenecke f; (Weg)Abzweigung f; Querstraße f; ⊚ Drehen n, Drechseln n; ~point fig. Wendepunkt m.

tur-nip ♞ ['tɜ:nɪp] (esp. Weiße) Rübe.

turn|out ['tɜ:naʊt] Aufmachung f, esp. Kleidung f; Teilnahme f, Besucher(zahl f) pl., Beteiligung f; econ. Gesamtproduktion f; ~o-ver econ. Umsatz m; Personalwechsel m, Fluktuation f; ~pike f, ~road Am. gebührenpflichtige Schnellstraße f; ~stile Drehkreuz n; ~ta-ble ⚙ Drehscheibe f; Plattenteller m; ~up Brt. Hosenaufschlag m.

tur-pen-tine ♞ ['tɜ:pəntaɪn] Terpentin n.

tur-pi-tude ['tɜ:pɪtju:d] Verworfenheit f.

tur-ret ['tʌrɪt] Türmchen n; ✕, ♃ Geschützturm m.

tur-tle zo. ['tɜ:tl] (See)Schildkröte f; ~dove zo. Turteltaube f; ~neck Rollkragen m; a. ~ sweater Rollkragenpullover m.

tusk [tʌsk] Fangzahn m; Stoßzahn m; Hauer m.

tus-sle ['tʌsl] 1. Rauferei f, Balgerei f; 2. raufen, sich balgen.

tus-sock ['tʌsɔk] (Gras)Büschel n.

tut int. [tʌt] ach was!; Unsinn!

tu-te-lage ['tju:tɪlɪdʒ] ⚌ Vormundschaft f; (An)Leitung f.

tu-tor ['tju:tə] 1. Privat-, Hauslehrer m; Brt. univ. Tutor m; Am. univ. Assistent m; 2. unterrichten; schulen, erziehen; tu-to-ri-al [tju:'tɔ:rɪəl] 1. Brt. univ. Tutorenkurs m; 2. Tutor(en)...

tux-e-do Am. ['tʌk'si:dəʊ] (pl. -dos, -does) Smoking m.

TV F ['ti:vi:] 1. TV n, Fernsehen n; Fernseher m, Fernsehapparat m; on ~ im Fernsehen; 2. Fernseh...

twang [twæŋ] 1. Schwirren n; mst nasal ~ näselige Aussprache; 2. schwirren (lassen); näseln; klimpern or kratzen auf (dat.), zupfen.

tweak [twi:k] zwicken, kneifen.

tweet [twi:t] zwitschern.

tweez-ers ['twi:zəz] pl. (a pair of ~ e-e) Pinzette.

twelfth [twelfθ] 1. zwölfte(r, -s); 2. Zwölftel n; ♀-night Dreikönigsabend m.

twelve [twelv] 1. zwölf; 2. Zwölf f.

twen|ti-eth ['twentɪɪθ] zwanzigste(r, -s); ~ty [~ɪ] 1. zwanzig; 2. Zwanzig f.

twice [twaɪs] zweimal.

twid-dle ['twɪdl] herumdrehen (an dat.); (a. ~ with) (herum)spielen mit.

twig [twɪg] dünner Zweig, Ästchen n.

twi-light ['twaɪlaɪt] Zwielicht n; (esp. Abend)Dämmerung f; fig. Verfall m.

twin [twɪn] 1. Zwillings...; doppelt; 2. Zwilling m; ~s pl. Zwillinge pl.; attr. Zwillings...; ~bedded room Zweibettzimmer n; ~ brother Zwillingsbruder m; ~engined ⚙ zweimotorig; ~jet ⚙ zwei-, doppelstrahlig; ~lens reflex camera phot. Spiegelreflexkamera f; ~ sister Zwillingsschwester f; ~ town Partnerstadt f; ~ track Doppelspur f (e-s Tonbands); 3. towns: e-e (Städte-)Partnerschaft eingehen.

twine [twaɪn] 1. Bindfaden m, Schnur f; Zwirn m; 2. zusammendrehen; verflechten; (sich) schlingen or winden; umschlingen, -ranken.

twinge [twɪndʒ] stechender Schmerz, Zwicken n, Stich m.

twin-kle ['twɪŋkl] 1. funkeln, blitzen; huschen; zwinkern; 2. Funkeln n, Blitzen n; (Augen)Zwinkern n, Blinzeln n.

twirl [twɜ:l] 1. Wirbel m; 2. wirbeln.

twist [twɪst] 1. Drehung f; Windung f; Biegung f; thread: Twist m, Garn n; Kringel m, Zopf m (bread, cakes, etc.), ♪ Twist m; fig. Entstellung f; fig. (ausgeprägte) Neigung or Veranlagung; 2. (sich) drehen or winden; zusammendrehen; verdrehen; (sich) verziehen or -zerren; ♪ twisten, Twist tanzen.

twit fig. [twɪt] (-tt-) j-n aufziehen.

twitch [twɪtʃ] 1. zupfen (an dat.); zucken mit; zucken (with vor dat.); 2. Zuckung f.

twit-ter ['twɪtə] 1. zwitschern; 2. Gezwitscher n; in a ~, all of a ~ aufgeregt.

two [tu:] 1. zwei; in ~s zu zweit, zu zweien; in ~ entzwei; put ~ and ~ together fig. zwei und zwei zusammenzählen, sich einen Vers darauf machen; 2. Zwei f; the ~ die beiden; the ~ of us wir zwei, wir beide(n); that makes ~ of us F mir geht's ebenso; ~bit Am. F 25-Cent-...; fig. unbedeutend, klein; ~cy-cle Am. ⊚ Zweitakt...; ~edged zweischneidig; ~fold zweifach; ~pence Brt. ['tʌpəns] zwei Pence f; ~pen-ny Brt. ['tʌpnɪ] zwei Pence wert; ~piece 1. zweiteilig; 2. a. ~ dress Jackenkleid; a. ~ swimming-costume Zweiteiler m; ~seat-er mot., ⚙ Zweisitzer m; ~stroke esp. Brt. ⊚ Zweitakt...; ~way Doppel...; ~ adapter ⚡ Doppelstecker m; ~ traffic Gegenverkehr m.

ty-coon Am. F [taɪ'ku:n] Industriemagnat m; oil ~ Ölmagnat m.

type [taɪp] 1. Typ m; Urbild n; Vorbild n;

Muster *n*; Art *f*, Sorte *f*; *print*. Type *f*, Buchstabe *m*; *true to* ~ artgemäß, typisch; *set in* ~ *print*. setzen; **2.** *v/t. et.* mit der Maschine (ab)schreiben, (ab-) tippen; *v/i.* maschineschreiben, tippen; **~writ-er** Schreibmaschine *f*; ~ *ribbon* Farbband *n*.

ty-phoid ✽ ['taɪfɔɪd] **1.** typhös; ~ *fever* = **2.** (Unterleibs)Typhus *m*.

ty-phoon [taɪ'fuːn] Taifun *m*.

ty-phus ✽ ['taɪfəs] Flecktyphus *m*, -fieber *n*.

typ-i·cal □ ['tɪpɪkl] typisch; bezeich-

nend, kennzeichnend (*of* für); **~ly** typisch sein für; versinnbildlichen.

typ-ist ['taɪpɪst] Maschinenschreiber(in); Schreibkraft *f*.

ty-ran|nic, (~ally), ~ni-cal □ tyrannisch.

tyr-an|nize ['tɪrənaɪz] tyrannisieren; **~ny** Tyrannei *f*.

ty-rant ['taɪərənt] Tyrann(in).

Tyr-o-lese [tɪrə'liːz] **1.** Tiroler(in); **2.** tirolisch, Tiroler...

tzar *hist.* [zɑː] Zar *m*.

U

u·biq-ui-tous □ [juː'bɪkwɪtəs] allgegenwärtig, überall zu finden(d).

ud-der ['ʌdə] Euter *n*.

ug-ly □ ['ʌglɪ] (*-ier*, *-iest*) häßlich; schlimm; gemein; widerwärtig, übel.

ul-cer ✽ ['ʌlsə] Geschwür *n*; **~ate** ✽ eitern (lassen); **~ous** ✽ eiternd.

ul-te-ri-or □ [ʌl'tɪərɪə] jenseitig; weiter; tiefer(liegend), versteckt.

ul-ti-mate □ ['ʌltɪmət] äußerste(r, -s), letzte(r, -s); End...; **~ly** letztlich; schließlich.

ul-ti-ma-tum [ʌltɪ'meɪtəm] (*pl. -tums, -ta* [-tə]) Ultimatum *n*.

ul-tra ['ʌltrə] übermäßig; extrem; super...; Ultra..., ultra...; **~fash-ion-a-ble** hypermodern; **~mod-ern** hypermodern.

um-bil-i-cal cord *anat.* [ʌm'bɪlɪkl kɔːd] Nabelschnur *f*.

um-brel-la [ʌm'brelə] Regenschirm *m*; ✕, ✈ Abschirmung *f*; *fig.* Schutz *m*.

um-pire ['ʌmpaɪə] **1.** Schiedsrichter *m*; **2.** als Schiedsrichter fungieren (bei); schlichten; *sports:* a. Spiel leiten.

un- [ʌn] ...un..., Un...; ...nicht...

un-a-bashed [ʌnə'bæʃt] unverfroren; unerschrocken.

un-a-bat-ed [ʌnə'beɪtɪd] unvermindert.

un-a-ble [ʌn'eɪbl] unfähig, außerstande, nicht in der Lage.

un-ac-com-mo-dat-ing [ʌnə'kɒmədeɪtɪŋ] unnachgiebig; ungefällig.

un-ac-coun-ta-ble □ [ʌnə'kaʊntəbl] unerklärlich, seltsam.

un-ac-cus-tomed [ʌnə'kʌstəmd] ungewohnt; ungewöhnlich.

un-ac-quaint-ed [ʌnə'kweɪntɪd]: *be* ~ *with s.th.* et. nicht kennen, mit e-r Sache nicht vertraut sein.

un-ad-vised □ [ʌnəd'vaɪzd] unbesonnen, unüberlegt; unberaten.

un-af-fect-ed □ [ʌnə'fektɪd] unberührt; ungerührt; ungekünstelt.

un-aid-ed [ʌn'eɪdɪd] ohne Unterstützung, (ganz) allein; *eye:* bloß.

un-al-ter-a-ble □ [ʌn'ɔːltərəbl] unveränderlich; **un-al-tered** unverändert.

u-na-nim-i-ty [juːnə'nɪmətɪ] Einmütigkeit *f*; **u-nan-i-mous** □ [juː'nænɪməs] einmütig, -stimmig; ~ *voting pol.* Einstimmigkeitsprinzip *n*.

un-an-swe-ra-ble □ [ʌn'ɑːnsərəbl] unwiderleglich; **un-an-swered** [ʌn'ɑːnsəd] unbeantwortet.

un-ap-proa-cha-ble □ [ʌnə'prəʊtʃəbl] unzugänglich, unnahbar.

un-apt □ [ʌn'æpt] ungeeignet.

un-a-shamed □ [ʌnə'ʃeɪmd] schamlos.

un-asked [ʌn'ɑːskt] ungefragt; ungebeten; uneingeladen.

un-as-sist-ed □ [ʌnə'sɪstɪd] ohne Hilfe *or* Unterstützung.

un-as-sum-ing □ [ʌnə'sjuːmɪŋ] anspruchslos, bescheiden.

un-at-tached [ʌnə'tætʃt] nicht gebunden; ungebunden, ledig, frei.

un-at-trac-tive □ [ʌnə'træktɪv] wenig anziehend, reizlos, unattraktiv.

un-au-thor-ized [ʌn'ɔːθəraɪzd] unberechtigt; unbefugt.

un-a-vai-la-ble □ [ʌnə'veɪləbl] nicht verfügbar; **un-a-vail-ing** vergeblich.

un-a-void-a-ble □ [ʌnə'vɔɪdəbl] unvermeidlich.

un-a-ware [ʌnə'weə]: *be* ~ *of* et. nicht bemerken; **~s** unversehens, unvermutet; versehentlich.

un-bal-ance [ʌn'bæləns] aus dem Gleichgewicht bringen; **~d** unausgeglichen; *of* ~ *mind* geistesgestört.

un-bear-a-ble □ [ʌn'beərəbl] unerträglich.

un·beat·a·ble [ʌn'biːtəbl] *team*, *price*, *etc.*: unschlagbar, unbesiegbar.

un·beat·en [ʌn'biːtn] ungeschlagen, unbesiegt; unübertroffen.

un·be·com·ing □ [ʌnbɪ'kʌmɪŋ] unkleidsam; unpassend, unschicklich.

un·be·known(st) [ʌnbɪ'nəʊn(st)] *(to)* ohne (*j*-*s*) Wissen; unbekannt (*to dat.*).

un·be·lief *eccl.* [ʌnbɪ'liːf] Unglaube *m*.

un·be·lie·va·ble □ [ʌnbɪ'liːvəbl] unglaublich; **un·be·liev·ing** □ ungläubig.

un·bend [ʌn'bend] (*-bent*) (sich) entspannen; aus sich herausgehen, auftauen; **~ing** □ unbiegsam; *fig.* unbeugsam.

un·bi·as(s)ed □ [ʌn'baɪəst] unvoreingenommen; *a* unbefangen.

un·bid·den [ʌn'bɪdn] unaufgefordert; ungebeten; ungeladen.

un·bind [ʌn'baɪnd] (*-bound*) losbinden, befreien; lösen; den Verband abnehmen von.

un·blush·ing □ [ʌn'blʌʃɪŋ] schamlos.

un·born [ʌn'bɔːn] (noch) ungeboren; (zu)künftig, kommend.

un·bos·om [ʌn'bʊzəm] offenbaren.

un·bound·ed □ [ʌn'baʊndɪd] unbegrenzt; *fig.* grenzen-, schrankenlos.

un·bri·dled *fig.* [ʌn'braɪdld] ungezügelt; **~ tongue** lose Zunge.

un·bro·ken □ [ʌn'brəʊkən] ungebrochen; unversehrt; ununterbrochen; nicht zugeritten (*horse*).

un·bur·den [ʌn'bɜːdn]: **~ o.s.** (*to s.o.*) (j-m) sein Herz ausschütten.

un·but·ton [ʌn'bʌtn] aufknöpfen.

un·called-for [ʌn'kɔːldfɔː] unerwünscht; unverlangt; unpassend.

un·can·ny □ [ʌn'kænɪ] (*-ier*, *-iest*) unheimlich.

un·cared-for [ʌn'keədfɔː] unbeachtet; vernachlässigt; ungepflegt.

un·ceas·ing □ [ʌn'siːsɪŋ] unaufhörlich.

un·ce·re·mo·ni·ous □ [ʌnserɪ'məʊnɪəs] ungezwungen; grob; unhöflich.

un·cer·tain □ [ʌn'sɜːtn] unsicher; ungewiß; unbestimmt; unzuverlässig; **~ty** Unsicherheit *f*.

un·chal·lenged [ʌn'tʃælndʒd] unangefochten.

un·change·a·ble □ [ʌn'tʃeɪndʒəbl] unveränderlich, unwandelbar; **un·changed** unverändert; **un·chang·ing** □ unveränderlich.

un·char·i·ta·ble □ [ʌn'tʃærɪtəbl] lieblos; unbarmherzig; unfreundlich.

un·chart·ed [ʌn'tʃɑːtɪd] auf keiner Landkarte verzeichnet, unerforscht (*a. fig.*).

un·checked [ʌn'tʃekt] ungehindert; unkontrolliert.

un·chris·tian [ʌn'krɪstʃən] unchristlich.

un·civ·il □ [ʌn'sɪvl] unhöflich; **un·civ·i·lized** [~vəlaɪzd] unzivilisiert.

un·claimed [ʌn'kleɪmd] *right*, *claim*: nicht beansprucht.

un·clasp [ʌn'klɑːsp] auf-, loshaken, auf-, losschnallen; aufmachen.

un·cle ['ʌŋkl] Onkel *m*.

un·clean □ [ʌn'kliːn] unrein, unsauber, schmutzig.

un·close [ʌn'kləʊz] (sich) öffnen.

un·col·oured [ʌn'kʌləd] farblos; *fig.* unparteiisch.

un·com·for·ta·ble □ [ʌn'kʌmfətəbl] unbehaglich, ungemütlich; unangenehm; **be ~** sich unbehaglich fühlen.

un·com·mon □ [ʌn'kɒmən] ungewöhnlich.

un·com·mu·ni·ca·tive □ [ʌnkə'mjuːnɪkətɪv] wortkarg, verschlossen.

un·com·plain·ing □ [ʌnkəm'pleɪnɪŋ] klaglos, ohne Murren, geduldig.

un·com·pli·cat·ed [ʌn'kɒmplɪkeɪtɪd] unkompliziert.

un·com·pro·mis·ing □ [ʌn'kɒmprəmaɪzɪŋ] kompromißlos.

un·con·cern [ʌnkən'sɜːn] Unbekümmertheit *f*; Gleichgültigkeit *f*; **~ed** □ unbekümmert; unbeteiligt; gleichgültig; uninteressiert (*with* an *dat.*).

un·con·di·tion·al □ [ʌnkən'dɪʃənl] bedingungslos (*surrender*); vorbehaltlos (*promise*).

un·con·firmed [ʌnkən'fɜːmd] unbestätigt; *eccl.* nicht konfirmiert.

un·con·nect·ed □ [ʌnkə'nektɪd] unverbunden; unzusammenhängend.

un·con·quer·a·ble □ [ʌn'kɒŋkərəbl] unüberwindlich, unbesiegbar; **un·conquered** unbesiegt.

un·con·scio·na·ble □ [ʌn'kɒnʃnəbl] gewissen-, skrupellos; F unverschämt, unmäßig, übermäßig.

un·con·scious □ [ʌn'kɒnʃəs] 1. unbewußt; *#* bewußtlos; **be ~ of s.th.** sich e-r Sache nicht bewußt sein; 2. *psych. das* Unbewußte; **~ness** *#* Bewußtlosigkeit *f*.

un·con·sti·tu·tion·al □ [ʌnkɒnstɪ'tjuːʃənl] verfassungswidrig.

un·con·trol·la·ble □ [ʌnkən'trəʊləbl] unkontrollierbar; unbeherrscht; **un·con·trolled** □ unbeaufsichtigt; unbeherrscht.

un·con·ven·tion·al □ [ʌnkən'venʃənl] unkonventionell; unüblich; ungezwungen.

un·con·vinced [ʌnkən'vɪnst] nicht überzeugt (*of* von); **un·con·vinc·ing** nicht überzeugend.

un·cooked [ʌn'kʊkt] roh.

un·cork [ʌn'kɔːk] entkorken.

un-count|a-ble [ʌn'kaʊntəbl] unzählbar; **~ed** ungezählt.

un-coup-le [ʌn'kʌpl] ab-, aus-, loskoppeln.

un-couth □ [ʌn'ku:θ] ungehobelt.

un-cov-er [ʌn'kʌvə] aufdecken, freilegen; entblößen.

unc|tion ['ʌŋkʃn] Salbung f (a. fig.); Salbe f; **~tu-ous** □ fettig, ölig; fig. salbungsvoll.

un-cul-ti-vat-ed [ʌn'kʌltɪveɪtɪd], **un-cul-tured** [~tʃəd] unkultiviert.

un-dam-aged [ʌn'dæmɪdʒd] unbeschädigt, unversehrt, heil.

un-daunt-ed □ [ʌn'dɔːntɪd] unerschrocken, furchtlos.

un-de-ceive [ʌndɪ'siːv] j-m die Augen öffnen; j-n aufklären.

un-de-cid-ed □ [ʌndɪ'saɪdɪd] unentschieden, offen; unentschlossen.

un-de-fined □ [ʌndɪ'faɪnd] unbestimmt; unbegrenzt.

un-de-mon-stra-tive □ [ʌndɪ'mɒnstrətɪv] zurückhaltend, reserviert.

un-de-ni-a-ble □ [ʌndɪ'naɪəbl] unleugbar; unbestreitbar.

un-der ['ʌndə] **1.** *adv.* unten; darunter; **2.** *prp.* unter; **3.** *adj.* untere(r, -s) *in compounds:* unter..., Unter...; ungenügend, zu gering; **~bid** (-*dd*-; -*bid*) unterbieten; **~brush** Unterholz *n*; **~car-riage** ✈ Fahrwerk *n*, -gestell *n*; *mot.* Fahrgestell *n*; **~clothes** *pl.*, **~cloth-ing** Unterkleidung f, -wäsche f; **~cov-er** getarnt; verdeckt; *spy, etc.:* geheim, Geheim...; **~cut** (-*tt*-; -*cut*) *price:* unterbieten; **~dog** Verlierer *m*, Unterlegene(r *m*) f; *der* sozial Schwächere *or* Benachteiligte; **~done** nicht gar, nicht durchgebraten; **~es-ti-mate** unterschätzen; **~fed** unterernährt; **~go** (-*went*, -*gone*) durchmachen; erdulden; sich unterziehen (*dat.*); **~grad-u-ate** Student(in); **~ground 1.** unterirdisch; Untergrund...; **2.** *esp. Brt.* Untergrundbahn f, U-Bahn f; **~growth** Unterholz *n*; **~hand** unter der Hand; heimlich; **~lie** (-*lay*, -*lain*) zugrunde liegen (*dat.*); **~line** unterstreichen; **~ling** *contp.* Untergebene(r *m*) f; **~mine** unterminieren; *fig.* untergraben; schwächen; **~most** untere(r, -s); **~neath 1.** *prp.* unter(halb); **2.** *adv.* unten; darunter; **~pass** Unterführung f; **~pin** (-*nn*-) untermauern (*a. fig.*); **~plot** Nebenhandlung f; **~priv-i-leged** benachteiligt, unterprivilegiert; **~rate** unterschätzen; **~sec-re-ta-ry** *pol.* Staatssekretär *m*; **~sell** *econ.* (-*sold*) j-n unterbieten; *goods:* verschleudern; **~shirt** *Am.* Unterhemd *n*; **~signed:** *the* **~** der, die Unterzeichnete; **~size(d)** zu klein;

~skirt Unterrock *m*; **~staffed** (personell) unterbesetzt.

un-der-stand [ʌndə'stænd] (-*stood*) verstehen; sich verstehen auf (*acc.*); (als sicher) annehmen; erfahren, hören; (sinngemäß) ergänzen; *make o.s.* **understood** sich verständlich machen; *an* **understood thing** e-e abgemachte Sache; **~a-ble** verständlich; **~ing** Verstand *m*; Einvernehmen *n*; Verständigung f, Abmachung f, Einigung f; Voraussetzung f.

un-der-state [ʌndə'steɪt] zu gering angeben; abschwächen; **~ment** Understatement *n*, Untertreibung f.

un-der|take [ʌndə'teɪk] (-*took*, -*taken*) unternehmen; übernehmen; sich verpflichten; **~tak-er** Leichenbestatter *m*; Beerdigungs-, Bestattungsinstitut *n*; **~tak-ing** [ʌndə'teɪkɪŋ] Unternehmen *n*; Zusicherung f; ['ʌndəteɪkɪŋ] Leichenbestattung f.

un-der|tone ['ʌndətəʊn] leiser Ton; *fig.* Unterton *m*; **~val-ue** unterschätzen; **~wear** Unterkleidung f, -wäsche f; **~wood** Unterholz *n*; **~world** Unterwelt f; **~writ-er** *insurance:* Versicherer *m*.

un-de-served □ [ʌndɪ'zɜːvd] unverdient; **un-de-serv-ing** □ unwürdig.

un-de-signed □ [ʌndɪ'zaɪnd] unbeabsichtigt, unabsichtlich.

un-de-si-ra-ble □ [ʌndɪ'zaɪərəbl] **1.** □ unerwünscht; **2.** unerwünschte Person.

un-de-vel-oped [ʌndɪ'veləpt] unerschlossen (*site*); unentwickelt.

un-de-vi-at-ing □ [ʌn'diːvɪeɪtɪŋ] unentwegt, unbeirrbar.

un-dies F [ʌndɪz] *pl.* (Damen)Unterwäsche f.

un-dig-ni-fied □ [ʌn'dɪɡnɪfaɪd] unwürdig, würdelos.

un-dis-ci-plined [ʌn'dɪsɪplɪnd] undiszipliniert; ungeschult.

un-dis-guised □ [ʌndɪs'ɡaɪzd] nicht verkleidet; *fig.* unverhohlen.

un-dis-put-ed □ [ʌndɪ'spjuːtɪd] unbestritten.

un-do [ʌn'duː] (-*did*, -*done*) aufmachen; (auf)lösen; ungeschehen machen, aufheben; vernichten; **~ing** Aufmachen *n*; Ungeschehenmachen *n*; Vernichtung f; Verderben *n*; **un-done** zugrunde gerichtet, ruiniert, erledigt.

un-doubt-ed □ [ʌn'daʊtɪd] unzweifelhaft, zweifellos.

un-dreamed [ʌn'driːmd], **un-dreamt** [ʌn'dremt]: *~of* ungeahnt.

un-dress [ʌn'dres] (sich) entkleiden *or* ausziehen; **~ed** unbekleidet.

un-due □ [ʌn'djuː] unpassend; übermäßig; *econ.* noch nicht fällig.

un-du|late ['ʌndjʊleɪt] wogen; wallen; wellenförmig verlaufen; **~la·tion** [ʌndjʊ'leɪʃn] wellenförmige Bewegung.

un-du·ly [ʌn'djuːlɪ] übertrieben, unmäßig; unangemessen.

un-du·ti·ful □ [ʌn'djuːtɪfl] ungehorsam; pflichtvergessen.

un-earth [ʌn'ɜːθ] ausgraben; *fig.* aufstöbern; **~ly** überirdisch; unheimlich; *at an ~ hour* F zu e-r unchristlichen Zeit.

un-eas|i-ness [ʌn'iːzɪnɪs] Unruhe *f*; Unbehagen *n*; **~y** □ (*-ier, -iest*) unbehaglich; unruhig; unsicher.

un-ed-u-cat-ed [ʌn'edjʊkeɪtɪd] ungebildet.

un-e-mo-tion-al □ [ʌnɪ'məʊʃənl] leidenschaftslos; passiv; nüchtern.

un-em|ployed [ʌnɪm'plɔɪd] **1.** arbeitslos; ungenützt; **2.** *the ~ pl.* die Arbeitslosen *pl.*; **~ploy·ment** Arbeitslosigkeit *f*; ~ *benefit Brt.*, ~ *compensation Am.* Arbeitslosenunterstützung *f*.

un-end-ing □ [ʌn'endɪŋ] endlos.

un-en-dur-a-ble □ [ʌnɪn'djʊərəbl] unerträglich.

un-e-qual □ [ʌn'iːkwəl] ungleich; nicht gewachsen (*to dat.*); **~(l)ed** unerreicht, unübertroffen.

un-er-ring □ [ʌn'ɜːrɪŋ] unfehlbar.

un-es-sen-tial [ʌnɪ'senʃl] unwesentlich, unwichtig.

un-e-ven □ [ʌn'iːvn] uneben; ungleich(mäßig); *temper*: unausgeglichen; *number*: ungerade.

un-e-vent-ful □ [ʌnɪ'ventfl] ereignislos; ohne Zwischenfälle.

un-ex-am-pled [ʌnɪg'zɑːmpld] beispiellos.

un-ex-cep-tio-na-ble □ [ʌnɪk'sepʃnəbl] untadelig; einwandfrei.

un-ex-pec-ted □ [ʌnɪk'spektɪd] unerwartet.

un-ex-plained [ʌnɪk'spleɪnd] unerklärt.

un-fad-ing □ [ʌn'feɪdɪŋ] *fig.* unvergänglich.

un-fail-ing □ [ʌn'feɪlɪŋ] unfehlbar, nie versagend; unerschöpflich; *fig.* treu.

un-fair □ [ʌn'feə] unfair; ungerecht; unehrlich.

un-faith-ful □ [ʌn'feɪθfl] un(ge)treu, treulos; nicht wortgetreu.

un-fa-mil·i-ar [ʌnfə'mɪlɪə] ungewohnt; unbekannt; nicht vertraut (*with* mit).

un-fash-ion-a-ble [ʌn'fæʃənəbl] unmodern.

un-fas-ten [ʌn'fɑːsn] öffnen, aufmachen; lösen; **~ed** unbefestigt, lose.

un-fath-o-ma-ble □ [ʌn'fæðəməbl] unergründlich.

un-fa-vo(u)r-a-ble □ [ʌn'feɪvərəbl] ungünstig; unvorteilhaft.

un-feel-ing □ [ʌn'fiːlɪŋ] gefühllos.

un-fin-ished [ʌn'fɪnɪʃt] unvollendet; unfertig; unerledigt.

un-fit [ʌn'fɪt] **1.** □ ungeeignet, untauglich; *sports*: nicht fit, nicht in (guter) Form; **2.** (*-tt-*) ungeeignet *or* untauglich machen.

un-fix [ʌn'fɪks] losmachen, lösen.

un-fledged ['ʌnfledʒd] *bird*: ungefiedert, (noch) nicht flügge; *fig.* unreif.

un-flinch-ing □ [ʌn'flɪntʃɪŋ] entschlossen, unnachgiebig; unerschrocken.

un-fold [ʌn'fəʊld] (sich) entfalten *or* öffnen; darlegen, enthüllen.

un-forced [ʌn'fɔːst] ungezwungen.

un-fore-seen [ʌnfɔː'siːn] unvorhergesehen, unerwartet.

un-for-get-ta-ble □ [ʌnfə'getəbl] unvergeßlich.

un-for-giv-ing [ʌnfə'gɪvɪŋ] unversöhnlich, nachtragend.

un-for-got-ten [ʌnfə'gɒtn] unvergessen.

un-for-tu-nate [ʌn'fɔːtʃnət] **1.** □ unglücklich; **2.** Unglückliche(r *m*) *f*; **~ly** unglücklicherweise, leider.

un-found-ed [ʌn'faʊndɪd] unbegründet, grundlos.

un-friend-ly [ʌn'frendlɪ] (*-ier, -iest*) unfreundlich; ungünstig.

un-furl [ʌn'fɜːl] entfalten, aufrollen.

un-fur-nished [ʌn'fɜːnɪʃt] unmöbliert.

un-gain-ly [ʌn'geɪnlɪ] unbeholfen, plump, linkisch.

un-gen-er-ous □ [ʌn'dʒenərəs] nicht freigebig; kleinlich; unfair.

un-god-ly □ [ʌn'gɒdlɪ] gottlos; F scheußlich; *at an ~ hour* F zu e-r unchristlichen Zeit.

un-gov-er-na-ble □ [ʌn'gʌvənəbl] *country*: unregierbar; *passion*: zügellos, wild.

un-grace-ful □ [ʌn'greɪsfl] ungraziös, ohne Anmut; unbeholfen.

un-gra-cious □ [ʌn'greɪʃəs] ungnädig; unfreundlich.

un-grate-ful □ [ʌn'greɪtfl] undankbar.

un-guard-ed □ [ʌn'gɑːdɪd] unbewacht; ungeschützt; unvorsichtig.

un-guent *pharm.* ['ʌŋgwənt] Salbe *f*.

un-ham-pered [ʌn'hæmpəd] ungehindert.

un-hand-some □ [ʌn'hænsəm] unschön.

un-han-dy □ [ʌn'hændɪ] (*-ier, -iest*) unhandlich; ungeschickt; unbeholfen.

un-hap-py □ [ʌn'hæpɪ] (*-ier, -iest*) unglücklich.

un-harmed [ʌn'hɑːmd] unversehrt.

un-health-y □ [ʌn'helθɪ] (*-ier, -iest*) ungesund.

un-heard-of [ʌn'hɜːdɒv] unerhört; beispiellos.

un-heed|ed □ [ʌn'hiːdɪd] unbeachtet; **~ing** sorglos.

un·hes·i·tat·ing □ [ʌn'hezɪteɪtɪŋ] ohne Zögern; anstandslos.

un·ho·ly [ʌn'həʊlɪ] (-ier, -iest) unheilig; gottlos; F s. ungodly.

un·hook [ʌn'hʊk] auf-, loshaken.

un·hoped-for [ʌn'həʊptfɔ:] unverhofft, unerwartet.

un·hurt [ʌn'hɜ:t] unverletzt.

u·ni- ['ju:nɪ] uni..., ein..., einzig.

u·ni·corn ['ju:nɪkɔ:n] Einhorn n.

u·ni·fi·ca·tion [ju:nɪfɪ'keɪʃn] Vereinigung f; Vereinheitlichung f.

u·ni·form ['ju:nɪfɔ:m] 1. □ gleichförmig, -mäßig, gleich; einheitlich; 2. Uniform f, Dienstkleidung f; 3. uniformieren; ~i·ty Gleichförmigkeit f; Einheitlichkeit f, Übereinstimmung f.

u·ni·fy ['ju:nɪfaɪ] verein(ig)en; vereinheitlichen.

u·ni·lat·e·ral □ ['ju:nɪ'lætərəl] einseitig.

un·i·ma·gi·na·ble □ [ʌnɪ'mædʒɪnəbl] unvorstellbar; ~tive □ phantasie-, einfallslos.

un·im·por·tant □ [ʌnɪm'pɔ:tənt] unwichtig, unbedeutend.

un·im·proved [ʌnɪm'pru:vd] nicht kultiviert, unbebaut (land); unverbessert.

un·in·formed [ʌnɪn'fɔ:md] nicht unterrichtet or eingeweiht.

un·in·hab·i·ta·ble [ʌnɪn'hæbɪtəbl] unbewohnbar; ~it·ed unbewohnt.

un·in·jured [ʌn'ɪndʒəd] unbeschädigt, unverletzt.

un·in·tel·li·gi·ble □ [ʌnɪn'telɪdʒəbl] unverständlich.

un·in·ten·tion·al □ [ʌnɪn'tenʃənl] unabsichtlich, unbeabsichtigt.

un·in·te·rest·ing □ [ʌn'ɪntrɪstɪŋ] uninteressant.

un·in·ter·rupt·ed □ [ʌnɪntə'rʌptɪd] ununterbrochen.

u·nion ['ju:nɪən] Vereinigung f; Verbindung f; Union f; Verband m, Verein m, Bund m; pol. Vereinigung f, Zusammenschluß m; Gewerkschaft f; ~ist Gewerkschaftler(in); ♀ Jack Union Jack m; ~ suit Am. Hemdhose f (mit langem Bein).

u·nique □ [ju:'ni:k] einzigartig, einmalig.

u·ni·son ♪ u. fig. ['ju:nɪzn] Einklang m.

u·nit ['ju:nɪt] Einheit f; ⊕ (Bau)Einheit f; ⚙ Einer m; kitchen ~ Küchenelement n.

u·nite [ju:'naɪt] (sich) vereinigen, (sich) verbinden; (sich) zusammenschließen; u·nit·ed vereinigt, vereint; u·ni·ty Einheit f; Einigkeit f, Eintracht f.

u·ni·ver·sal □ [ju:nɪ'vɜ:sl] allgemein; allumfassend; Universal...; Welt...; ~i·ty Allgemeinheit f; umfassende Bildung; Vielseitigkeit f.

u·ni·verse ['ju:nɪvɜ:s] Weltall n, Universum n.

u·ni·ver·si·ty [ju:nɪ'vɜ:sətɪ] Universität f; ~ graduate Hochschulabsolvent(in), Akademiker(in).

un·just □ [ʌn'dʒʌst] ungerecht; ~ly zu Unrecht.

un·jus·ti·fi·a·ble □ [ʌn'dʒʌstɪfaɪəbl] nicht zu rechtfertigen(d), unentschuldbar.

un·kempt [ʌn'kempt] ungekämmt, zerzaust; ungepflegt.

un·kind □ [ʌn'kaɪnd] unfreundlich.

un·know·ing □ [ʌn'nəʊɪŋ] unwissend; unbewußt; un·known 1. unbekannt; ~ to me ohne mein Wissen; 2. der, die, das Unbekannte.

un·lace [ʌn'leɪs] aufschnüren.

un·latch [ʌn'lætʃ] door: aufklinken.

un·law·ful □ [ʌn'lɔ:fl] ungesetzlich, widerrechtlich, illegal.

un·lead·ed ['ʌnledɪd] bleifrei.

un·learn [ʌn'lɜ:n] (-ed or -learnt) verlernen.

un·less [ən'les] wenn ... nicht, außer wenn ..., es sei denn, daß ...

un·like [ʌn'laɪk] 1. adj. □ ungleich; 2. prp. unähnlich (s.o. j-m); anders als; im Gegensatz zu; ~ly unwahrscheinlich.

un·lim·it·ed [ʌn'lɪmɪtɪd] unbegrenzt.

un·load [ʌn'ləʊd] ent-, ab-, ausladen; ⚓ cargo: löschen.

un·lock [ʌn'lɒk] aufschließen; ~ed unverschlossen.

un·looked-for [ʌn'lʊktfɔ:] unerwartet, überraschend.

un·loose [ʌn'lu:s], un·loos·en [ʌn'lu:sn] lösen; lockern; losmachen.

un·love·ly [ʌn'lʌvlɪ] reizlos, unschön; un·lov·ing □ lieblos.

un·luck·y □ [ʌn'lʌkɪ] (-ier, -iest) unglücklich; unheilvoll; be ~ Pech haben.

un·make [ʌn'meɪk] (-made) aufheben, widerrufen, rückgängig machen; umbilden; j-n absetzen.

un·man [ʌn'mæn] (-nn-) entmannen; entmutigen; ~ned space travel: unbemannt.

un·man·age·a·ble □ [ʌn'mænɪdʒəbl] unkontrollierbar.

un·mar·ried [ʌn'mærɪd] unverheiratet, ledig.

un·mask [ʌn'mɑ:sk] (sich) demaskieren; fig. entlarven.

un·matched [ʌn'mætʃt] unerreicht, unübertroffen, unvergleichlich.

un·mean·ing □ [ʌn'mi:nɪŋ] nichtssagend.

un·mea·sured [ʌn'meʒəd] ungemessen; unermeßlich.

un·mer·it·ed [ʌn'merɪtɪd] unverdient.

un·mind·ful □ [ʌn'maɪndfl]: be ~ of nicht achten auf (acc.); nicht denken an (acc.).

un·mis·ta·ka·ble □ [ʌnmɪ'steɪkəbl] unverkennbar; unmißverständlich.

un·mit·i·gat·ed [ʌn'mɪtɪgeɪtɪd] ungemildert; **an ~ scoundrel** ein Erzhalunke.

un·mo·lest·ed [ʌnmə'lestɪd] unbelästigt.

un·mount·ed [ʌn'maʊntɪd] unberitten; ungefaßt (gem); nicht aufgezogen (picture).

un·moved [ʌn'muːvd] unbewegt, ungerührt.

un·mu·sic·al [ʌn'mjuːzɪkl] tune: unmelodiös; person: unmusikalisch.

un·named [ʌn'neɪmd] ungenannt; without name: namenlos.

un·nat·u·ral □ [ʌn'nætʃrəl] unnatürlich.

un·ne·ces·sa·ry □ [ʌn'nesəsərɪ] unnötig; überflüssig.

un·neigh·bo(u)r·ly [ʌn'neɪbəlɪ] nicht gutnachbarlich; unfreundlich.

un·nerve [ʌn'nɜːv] entnerven.

un·no·ticed [ʌn'nəʊtɪst] unbemerkt.

un·ob·jec·tio·na·ble □ [ʌnəb'dʒekʃnəbl] einwandfrei.

un·ob·serv·ant □ [ʌnəb'zɜːvənt] unachtsam; **un·ob·served** □ unbemerkt.

un·ob·tai·na·ble [ʌnəb'teɪnəbl] unerreichbar.

un·ob·tru·sive □ [ʌnəb'truːsɪv] unaufdringlich, bescheiden.

un·oc·cu·pied [ʌn'ɒkjʊpaɪd] unbesetzt; unbewohnt; unbeschäftigt.

un·of·fend·ing [ʌnə'fendɪŋ] harmlos.

un·of·fi·cial □ [ʌnə'fɪʃl] nichtamtlich, inoffiziell.

un·op·posed [ʌnə'pəʊzd] ungehindert.

un·os·ten·ta·tious □ [ʌnɒstən'teɪʃəs] anspruchslos; unauffällig; schlicht.

un·owned [ʌn'əʊnd] herrenlos.

un·pack [ʌn'pæk] auspacken.

un·paid [ʌn'peɪd] unbezahlt.

un·par·al·leled [ʌn'pærəleld] einmalig, beispiellos, ohnegleichen.

un·par·don·a·ble □ [ʌn'pɑːdnəbl] unverzeihlich.

un·per·ceived □ [ʌnpə'siːvd] unbemerkt.

un·per·turbed [ʌnpə'tɜːbd] ruhig, gelassen.

un·pick [ʌn'pɪk] stitches, etc.: auftrennen.

un·placed [ʌn'pleɪst]: **be ~** sports: sich nicht placieren können.

un·pleas·ant □ [ʌn'pleznt] unangenehm, unerfreulich; unfreundlich; **~ness** Unannehmlichkeit f; Unstimmigkeit f.

un·pol·ished [ʌn'pɒlɪʃt] unpoliert; fig. ungehobelt, ungebildet.

un·pol·lut·ed [ʌnpə'luːtɪd] unverschmutzt, unverseucht, sauber (environment).

un·pop·u·lar □ [ʌn'pɒpjʊlə] unpopulär, unbeliebt; **~i·ty** Unbeliebtheit f.

un·prac·ti·cal □ [ʌn'præktɪkl] unpraktisch; **~tised**, Am. **~ticed** ungeübt.

un·pre·ce·dent·ed □ [ʌn'presɪdəntɪd] beispiellos; noch nie dagewesen.

un·prej·u·diced □ [ʌn'predʒʊdɪst] unbefangen, unvoreingenommen.

un·pre·med·i·tat·ed □ [ʌnprɪ'medɪteɪtɪd] unüberlegt; nicht vorsätzlich.

un·pre·pared □ [ʌnprɪ'peəd] unvorbereitet.

un·pre·ten·tious □ [ʌnprɪ'tenʃəs] bescheiden, schlicht.

un·prin·ci·pled [ʌn'prɪnsəpld] ohne Grundsätze; gewissenlos.

un·prof·i·ta·ble □ [ʌn'prɒfɪtəbl] unrentabel.

un·proved [ʌn'pruːvd], **un·prov·en** [ʌn'pruːvn] unbewiesen.

un·pro·vid·ed [ʌnprə'vaɪdɪd]: **~ with** nicht versehen mit, ohne; **~ for** unversorgt, mittellos.

un·pro·voked □ [ʌnprə'vəʊkt] ohne Anlaß, grundlos.

un·qual·i·fied [ʌn'kwɒlɪfaɪd] unqualifiziert, ungeeignet; uneingeschränkt.

un·ques·tio·na·ble □ [ʌn'kwestʃənbl] unzweifelhaft, fraglos; **~tion·ing** □ bedingungslos, blind.

un·quote [ʌn'kwəʊt]: **~!** Ende des Zitats!

un·rav·el [ʌn'rævl] (esp. Brt. -ll-, Am. -l-) auftrennen; (sich) entwirren.

un·read [ʌn'red] book: ungelesen; person: wenig belesen; **~a·ble** [ʌn'riːdəbl] writing: unleserlich; book: schwer lesbar.

un·real □ [ʌn'rɪəl] unwirklich, irreal; **un·re·a·lis·tic** (**~ally**) wirklichkeitsfremd, unrealistisch.

un·rea·so·na·ble □ [ʌn'riːznəbl] unvernünftig; unsinnig; unmäßig.

un·rec·og·niz·a·ble □ [ʌn'rekəgnaɪzəbl] nicht wiederzuerkennen(d).

un·re·deemed □ [ʌnrɪ'diːmd] eccl. unerlöst; nicht eingelöst (bill, pawn); ungetilgt (debt).

un·re·fined [ʌnrɪ'faɪnd] nicht raffiniert, roh, Roh...; fig. unkultiviert.

un·re·flect·ing □ [ʌnrɪ'flektɪŋ] gedankenlos, unüberlegt.

un·re·gard·ed [ʌnrɪ'gɑːdɪd] unbeachtet; unberücksichtigt.

un·re·lat·ed [ʌnrɪ'leɪtɪd] unzusammenhängend, ohne Beziehung (**to** zu).

un·re·lent·ing □ [ʌnrɪ'lentɪŋ] erbarmungslos (fight, etc.); unvermindert.

un·re·li·a·ble □ [ʌnrɪ'laɪəbl] unzuverlässig.

un·re·lieved □ [ʌnrɪ'liːvd] ungemildert; ungemindert.

un·re·mit·ting □ [ʌnrɪ'mɪtɪŋ] unablässig, unaufhörlich; unermüdlich.

un·re·quit·ed □ [ʌnrɪ'kwaɪtɪd]: ~ *love* unerwiderte Liebe.

un·re·served □ [ʌnrɪ'zɜːvd] rückhaltlos; frei, offen; nicht reserviert.

un·re·sist·ing □ [ʌnrɪ'zɪstɪŋ] widerstandslos.

un·re·spon·sive □ [ʌnrɪ'spɒnsɪv] unempfänglich (*to* für); teilnahmslos.

un·rest [ʌn'rest] Unruhe *f*, *pol. a.* Unruhen *pl*.

un·re·strained □ [ʌnrɪ'streɪnd] ungehemmt; uneingeschränkt.

un·re·strict·ed □ [ʌnrɪ'strɪktɪd] uneingeschränkt.

un·right·eous □ [ʌn'raɪtʃəs] ungerecht; unredlich.

un·ripe [ʌn'raɪp] unreif.

un·ri·val(l)ed □ [ʌn'raɪvld] unvergleichlich, unerreicht, einzigartig.

un·roll [ʌn'rəʊl] ent-, aufrollen; sich entfalten.

un·ruf·fled [ʌn'rʌfld] glatt; *fig.* gelassen, ruhig.

un·ru·ly [ʌn'ruːlɪ] (**-ier**, **-iest**) ungebärdig, widerspenstig.

un·safe □ [ʌn'seɪf] unsicher.

un·said [ʌn'sed] unausgesprochen.

un·sal(e)·a·ble [ʌn'seɪləbl] unverkäuflich.

un·san·i·tar·y [ʌn'sænɪtərɪ] unhygienisch.

un·sat·is|fac·to·ry □ [ʌnsætɪs'fæktərɪ] unbefriedigend, unzulänglich; **~fied** [ʌn'sætɪsfaɪd] unbefriedigt; **~fy·ing** □ = *unsatisfactory*.

un·sa·vo(u)r·y □ [ʌn'seɪvərɪ] unappetitlich (*a. fig.*), widerwärtig.

un·say [ʌn'seɪ] (**-said**) zurücknehmen, widerrufen.

un·scathed [ʌn'skeɪðd] unversehrt, unverletzt.

un·schooled [ʌn'skuːld] ungeschult, nicht ausgebildet.

un·screw [ʌn'skruː] *v/t.* ab-, los-, aufschrauben; *v/i.* sich abschrauben lassen.

un·scru·pu·lous □ [ʌn'skruːpjʊləs] bedenken-, gewissen-, skrupellos.

un·sea·soned [ʌn'siːznd] nicht abgelagert (*timber*); ungewürzt; *fig.* nicht abgehärtet.

un·seat [ʌn'siːt] *rider*: abwerfen; *from office*: *j-n* s-s Postens entheben; *pol. j-m* s-n Sitz (im Parlament) nehmen.

un·see·ing □ [ʌn'siːɪŋ] *fig.* blind; **with ~ eyes** mit leerem Blick.

un·seem·ly [ʌn'siːmlɪ] ungehörig.

un·self·ish □ [ʌn'selfɪʃ] selbstlos, uneigennützig; **~ness** Selbstlosigkeit *f*.

un·set·tle [ʌn'setl] durcheinanderbringen; beunruhigen; aufregen; erschüttern; **~d** unbeständig, veränderlich (*weather*).

un·shak·en [ʌn'ʃeɪkən] unerschüttert; unerschütterlich.

un·shaved [ʌn'ʃeɪvd], **un·shav·en** [ʌn'ʃeɪvn] unrasiert.

un·ship [ʌn'ʃɪp] ausschiffen.

un·shrink|a·ble [ʌn'ʃrɪŋkəbl] nicht einlaufend (*fabric*); **~ing** □ unverzagt, furchtlos.

un·sight·ly [ʌn'saɪtlɪ] häßlich.

un·skil(l)·ful □ [ʌn'skɪlfl] ungeschickt; **un·skilled** *worker*: ungelernt.

un·so·cia·ble □ [ʌn'səʊʃəbl] ungesellig; **un·so·cial** [~ʃl] unsozial; asozial; *work* ~ **hours** *Brt.* außerhalb der normalen Arbeitszeit arbeiten.

un·so·lic·it·ed □ [ʌnsə'lɪsɪtɪd] unaufgefordert; ~ **goods** *econ.* unbestellte Ware(n).

un·solv·a·ble □ [ʌn'sɒlvəbl] 🎇 unlöslich; *fig.* unlösbar; **un·solved** ungelöst.

un·so·phis·ti·cat·ed [ʌnsə'fɪstɪkeɪtɪd] ungekünstelt, natürlich, naiv.

un·sound □ [ʌn'saʊnd] ungesund; verdorben; wurmstichig, morsch; nicht stichhaltig (*argument*); verkehrt; *of* ~ **mind** 🞐 unzurechnungsfähig.

un·spar·ing □ [ʌn'speərɪŋ] freigebig; schonungslos, unbarmherzig.

un·spea·ka·ble □ [ʌn'spiːkəbl] unsagbar, unbeschreiblich, entsetzlich.

un·spoiled, **un·spoilt** [ʌn'spɔɪld, ~t] unverdorben; nicht verzogen (*child*).

un·spo·ken [ʌn'spəʊkən] ungesagt; **~of** unerwähnt.

un·stead·y □ [ʌn'stedɪ] (**-ier**, **-iest**) unsicher; schwankend, unbeständig; unregelmäßig; *fig.* unsolide.

un·strained [ʌn'streɪnd] unfiltriert; *fig.* ungezwungen.

un·strap [ʌn'stræp] (**-pp-**) ab-, auf-, losschnallen.

un·stressed *ling.* [ʌn'strest] unbetont.

un·strung [ʌn'strʌŋ] ♪ saitenlos; ♪ entspannt (*string*); *fig.* zerrüttet, entnervt (*person*).

un·stuck [ʌn'stʌk]: **come** ~ sich lösen, abgehen; *fig.* scheitern (*person, plan*).

un·stud·ied [ʌn'stʌdɪd] ungekünstelt, natürlich.

un·suc·cess·ful □ [ʌnsək'sesfl] erfolglos, ohne Erfolg.

un·suit·a·ble □ [ʌn'sjuːtəbl] unpassend; unangemessen.

un·sure [ʌn'ʃɔː] (**~r**, **~st**) unsicher.

un·sur·passed [ʌnsə'pɑːst] unübertroffen.

un·sus·pect|ed □ [ʌnsə'spektɪd] unverdächtig; unvermutet; **~ing** □ nichts ahnend; arglos.

un·sus·pi·cious □ [ʌnsə'spɪʃəs] nicht argwöhnisch, arglos; unverdächtig.

un·swerv·ing □ [ʌn'swɜːvɪŋ] unbeirrbar.

un·tan·gle [ʌn'tæŋgl] entwirren.

un·tapped [ʌn'tæpt] ungenutzt (*resources, energy*).

un·teach·a·ble [ʌn'tiːtʃəbl] unbelehrbar (*person*); nicht lehrbar (*subject*).

un·ten·a·ble [ʌn'tenəbl] unhaltbar (*theory, position, etc.*).

un·ten·ant·ed [ʌn'tenəntɪd] *house*: unbewohnt.

un·thank·ful □ [ʌn'θæŋkfl] undankbar.

un·think|a·ble [ʌn'θɪŋkəbl] undenkbar; **~ing** □ gedankenlos.

un·thought [ʌn'θɔːt] unüberlegt; **~of** unvorstellbar; unerwartet.

un·ti·dy □ [ʌn'taɪdɪ] (*-ier, -iest*) unordentlich.

un·tie [ʌn'taɪ] aufknoten, *knot, etc.*: lösen; losbinden.

un·til [ən'tɪl] **1.** *prp.* bis; **2.** *cj.* bis (daß); *not* ~ erst als *or* wenn.

un·time·ly [ʌn'taɪmlɪ] vorzeitig; ungelegen.

un·tir·ing □ [ʌn'taɪərɪŋ] unermüdlich.

un·to ['ʌntʊ] = *to.*

un·told [ʌn'təʊld] unerzählt; ungesagt; unermeßlich; unsäglich.

un·touched [ʌn'tʌtʃt] unberührt (*meal, etc.*); *fig.* ungerührt.

un·trou·bled [ʌn'trʌbld] ungestört; ruhig.

un·true □ [ʌn'truː] unwahr, falsch.

un·trust·wor·thy [ʌn'trʌstwɜːðɪ] unzuverlässig, nicht vertrauenswürdig.

un·truth·ful □ [ʌn'truːθfl] unwahr; unaufrichtig; falsch.

un·used¹ [ʌn'juːzd] unbenutzt, ungebraucht.

un·used² [ʌn'juːst] nicht gewöhnt (*to an acc.*); nicht gewöhnt (*to doing* zu tun).

un·u·su·al □ [ʌn'juːʒʊəl] ungewöhnlich.

un·ut·ter·a·ble □ [ʌn'ʌtərəbl] unaussprechlich.

un·var·nished *fig.* [ʌn'vɑːnɪʃt] ungeschminkt.

un·var·y·ing □ [ʌn'veərɪŋ] unveränderlich.

un·veil [ʌn'veɪl] entschleiern; *monument, etc.*: enthüllen.

un·versed [ʌn'vɜːst] unbewandert, unerfahren (*in* in *dat.*).

un·want·ed [ʌn'wɒntɪd] unerwünscht.

un·war·rant·ed [ʌn'wɒrəntɪd] ungerechtfertigt, unberechtigt.

un·wel·come [ʌn'welkəm] unwillkommen.

un·well [ʌn'wel]: *she is or feels* ~ sie fühlt sich unwohl *or* unpäßlich, sie ist unpäßlich.

un·whole·some [ʌn'həʊlsəm] ungesund (*a. fig.*).

un·wieldy □ [ʌn'wiːldɪ] unhandlich, sperrig; unbeholfen.

un·will·ing □ [ʌn'wɪlɪŋ] widerwillig; ungern; *be* ~ *to do et.* nicht wollen.

un·wind [ʌn'waɪnd] (*-wound*) auf-, loswickeln; (sich) abwickeln; F sich entspannen, abschalten.

un·wise □ [ʌn'waɪz] unklug.

un·wit·ting □ [ʌn'wɪtɪŋ] unwissentlich, unabsichtlich.

un·wor·thy □ [ʌn'wɜːðɪ] unwürdig; *he is* ~ *of it* er verdient es nicht, er ist es nicht wert.

un·wrap [ʌn'ræp] auswickeln, auspakken, aufwickeln.

un·writ·ten ['ʌnrɪtn]: ~ *law* ungeschriebenes Gesetz.

un·yield·ing □ [ʌn'jiːldɪŋ] starr, fest; *fig.* unnachgiebig.

un·zip [ʌn'zɪp] (*-pp-*) den Reißverschluß öffnen (*gen.*).

up [ʌp] **1.** *adv.* nach oben, hoch, (her-, hin)auf, in die Höhe, empor, aufwärts; oben; von ... an; flußaufwärts; *Brt. esp. to capital*: in der *or* in die (Haupt)Stadt; *Brt. esp. in or* nach London; ~*right*: aufrecht, gerade; *baseball*: am Schlag; ~ *to* hinauf nach *or* zu; bis (zu); ~ *North* im Norden; ~ *there* dort oben, dort hinauf; ~ *here* hier oben, hier herauf; ~ *and away* auf und davon; *walk* ~ *and down* auf und ab gehen, hin und her gehen; *rents have gone* ~ die Mieten sind gestiegen; *it is* ~ *to him* es liegt an ihm; es hängt von ihm ab; *what are you* ~ *to?* was hast du vor?, was machst du (*there* da)?; **2.** *adj.* aufwärts..., nach oben; oben; hoch; aufgegangen (*sun*); gestiegen (*prices*); abgelaufen, um (*time*); auf(gestanden); ~ *and about* wieder auf den Beinen; *what's* ~*?* was ist los?; ~ *train* Zug *m* nach der Stadt; **3.** *prp.* hinauf; ~ *(the) country* landeinwärts; F ~ *yours!* F du kannst mich mal!; **4.** (*-pp-*) *v/i.* aufstehen, sich erheben; *v/t. prices, etc.*: erhöhen; **5.** *the* ~*s and downs* das Auf u. Ab, die Höhen u. Tiefen (*of life* des Lebens).

up-and-com·ing [ʌpən'kʌmɪŋ] aufstrebend, vielversprechend.

up·bring·ing ['ʌpbrɪŋɪŋ] Erziehung *f.*

up·com·ing *Am.* ['ʌpkʌmɪŋ] bevorstehend.

up·coun·try [ʌp'kʌntrɪ] landeinwärts; im Inneren des Landes (gelegen).

up·date [ʌp'deɪt] auf den neuesten Stand bringen.

up·end [ʌp'end] hochkant stellen; *receptacle*: umstülpen.

up·front F [ʌp'frʌnt] vorne; *of payment*: Voraus...; *person*: aufgeschlossen, offen.

up·grade [ʌp'greɪd] *j-n* (im Rang) befördern.

up·heav·al *fig.* [ʌp'hiːvl] Umwälzung *f.*

up·hill [ʌp'hɪl] bergauf; *fig.* mühsam.

up-hold [ʌp'həʊld] (-*held*) aufrechterhalten, unterstützen; ⁀⁀ bestätigen.

up|hol-ster [ʌp'həʊlstə] *chair, etc.*: polstern; **~hol-ster-er** Polsterer *m*; **~hol-ster-y** Polsterung *f*; (Möbel)Bezugsstoff *m*; Polstern *n*; Polsterei *f*.

up-keep ['ʌpki:p] Instandhaltung(skosten *pl.*) *f*; Unterhalt(ungskosten *pl.*) *m*.

up-land ['ʌplənd] *mst* **~s** *pl.* Hochland *n*.

up-lift *fig.* [ʌp'lɪft] aufrichten, erbauen.

up-mar-ket ['ʌpmɑːkɪt] *goods, etc.*: exklusiv, Luxus...

up-on [ə'pɒn] = *on*; *once* **~** *a time there was* es war einmal.

up-per ['ʌpə] obere(r, -s), höhere(r, -s), Ober...; **~** *middle class* obere Mittelschicht; **~** *class* Oberschicht *f*; **~-most 1.** *adj.* oberste(r, -s), höchste(r, -s); **2.** *adv.* obenan, ganz oben.

up-raise [ʌp'reɪz] er-, hochheben.

up-right ['ʌpraɪt] **1.** □ aufrecht; *fig.* rechtschaffen; **2.** (senkrechte) Stütze, Träger *m*.

up-ris-ing ['ʌpraɪzɪŋ] Erhebung *f*, Aufstand *m*.

up-roar ['ʌprɔː] Aufruhr *m*; **~i-ous** □ lärmend, laut, tosend (*applause*), schallend (*laughter*).

up-root [ʌp'ruːt] entwurzeln; (her)ausreißen.

up-set [ʌp'set] (-*set*) umwerfen, (um)stürzen, umkippen, umstoßen, durcheinanderbringen (*a. fig.*); *stomach*: verderben; *fig. j-n* aus der Fassung bringen; *be* **~** aufgeregt sein, aus der Fassung sein, durcheinander sein.

up-shot ['ʌpʃɒt] Ergebnis *n*.

up-side down [ʌpsaɪd'daʊn] das Oberste zuunterst; verkehrt (herum).

up-stairs [ʌp'steəz] die Treppe hinauf, (nach) oben.

up-start ['ʌpstɑːt] Emporkömmling *m*.

up-state *Am.* ['ʌpsteɪt] im Norden (des Bundesstaates).

up-stream [ʌp'striːm] fluß-, stromaufwärts.

up-tight F ['ʌptaɪt] nervös.

up-to-date [ʌptə'deɪt] modern; auf dem neuesten Stand.

up-town *Am.* [ʌp'taʊn] im *or* in das Wohn- *or* Villenviertel.

up-turn ['ʌptɜːn] Aufschwung *m*.

up-ward(s) ['ʌpwəd(z)] aufwärts (gerichtet).

u-ra-ni-um 🜍 [jʊə'reɪnɪəm] Uran *n*.

ur-ban ['ɜːbən] städtisch, Stadt...; **~** *renewal* Stadtsanierung *f*; **~e** □ [ɜː'beɪn] gewandt, weltmännisch; gebildet.

ur-chin ['ɜːtʃɪn] Bengel *m*.

urge [ɜːdʒ] **1.** *j-n* (be)drängen (*to do* zu tun); dringen auf *et.*; *claim*: geltend machen; *often* **~** *on j-n* drängen, (an)treiben; **2.** Verlangen *n*, Drang *m*; **ur-gen-cy** Dringlichkeit *f*; Drängen *n*; **ur-gent** □ dringend; dringlich; eilig.

u-ri-nal ['jʊərɪnl] Harnglas *n*; Pissoir *n*; **~nate** urinieren; **u-rine** Urin *m*, Harn *m*.

urn [ɜːn] Urne *f*; *in cafeteria, etc.*: Tee-, Kaffeemaschine *f*.

us [ʌs, əs] uns; *all of* **~** wir alle; *both of* **~** wir beide.

us-age ['juːzɪdʒ] Brauch *m*, Gepflogenheit *f*; Sprachgebrauch *m*; Behandlung *f*; Verwendung *f*, Gebrauch *m*.

use 1. [juːs] Gebrauch *m*, Benutzung *f*, Verwendung *f*; *custom*: Gewohnheit *f*, Brauch *m*; **~***fulness*: Nutzen *m*; (*of*) no **~** nutz-, zwecklos; *have no* **~** *for* keine Verwendung haben für; *Am.* F nicht mögen; **2.** [juːz] gebrauchen, benutzen, ver-, anwenden; handhaben; **~** *up* ver-, aufbrauchen; *I* **~d** *to do* ich pflegte zu tun, früher tat ich; **~d** [juːzd] ge-, verbraucht; [juːst] gewöhnt (*to an acc.*), gewohnt (*to zu or acc.*); **~ful** □ brauchbar, nützlich; Nutz...; **~less** □ nutz-, zwecklos, unnütz.

us-er ['juːzə] Benutzer(in); *of drugs*: Konsument(in); **~friend-ly** benutzerfreundlich.

ush-er ['ʌʃə] **1.** Türhüter *m*, Pförtner *m*; Gerichtsdiener *m*; Platzanweiser *m*; **2.** *mst* **~** *in* herein-, hineinführen; **~ette** Platzanweiserin *f*.

u-su-al □ ['juːʒʊəl] gewöhnlich, üblich, gebräuchlich.

u-sur-er ['juːʒərə] Wucherer *m*.

u-surp [juː'zɜːp] sich widerrechtlich aneignen, usurpieren; **~er** Usurpator *m*.

u-su-ry ['juːʒʊrɪ] Wucher(zinsen *pl.*) *m*.

u-ten-sil [juː'tensl] Gerät *n*.

u-te-rus *anat.* ['juːtərəs] (*pl.* -*ri*) Gebärmutter *f*.

u-til-i-ty [juː'tɪlətɪ] **1.** Nützlichkeit *f*, Nutzen *m*; *utilities pl.* Leistungen *pl.* der öffentlichen Versorgungsbetriebe; **2.** Gebrauchs...

u-tili-za-tion [juːtɪlaɪˈzeɪʃn] (Aus)Nutzung *f*, Verwertung *f*, Verwendung *f*; **~lize** (aus)nutzen, verwerten, verwenden.

ut-most ['ʌtməʊst] äußerste(r, -s).

u-to-pi-an [juː'təʊpɪən] **1.** utopisch; **2.** Utopist(in).

ut-ter ['ʌtə] **1.** □ *fig.* äußerste(r, -s), völlig; **2.** äußern; *sigh, etc.*: ausstoßen, von sich geben; *forged money, etc.*: in Umlauf setzen; **~ance** Äußerung *f*; Aussprache *f*; **~most** äußerste(r, -s).

U-turn ['juːtɜːn] *mot.* Wende *f*; *fig.* Kehrtwendung *f*.

u-vu-la *anat.* ['juːvjʊlə] (*pl.* -*lae*, -*las*) (Gaumen)Zäpfchen *n*.

V

va|can-cy ['veɪkənsɪ] Leere *f*; freies Zimmer (*hotel*); offene *or* freie Stelle; *fig.* geistige Leere; **~cant** □ leer (*a. fig.*); frei (*room, seat*); leer(stehend), unbewohnt (*house*); offen, frei (*job*); unbesetzt, vakant (*office*); *fig.* geistesabwesend.

va-cate [və'keɪt, *Am.* 'veɪ-] räumen, *job*: aufgeben, *post*: scheiden aus, *office*: niederlegen; **va-ca-tion** [və'keɪʃn, *Am.* veɪ-] **1.** *esp. Am.* Schulferien *pl.*; *univ.* Semesterferien *pl.*; ~ Gerichtsferien *pl.*; *esp. Am.* Urlaub *m*, Ferien *pl.*; **be on** ~ *esp. Am.* im Urlaub sein, Urlaub machen; **take a** ~ *esp. Am.* sich Urlaub nehmen, Urlaub machen; **2.** *esp. Am.* Urlaub machen; **va-ca-tion-ist** *esp. Am.* Urlauber(in).

vac|cin-ate ['væksɪneɪt] impfen; **~cin-a-tion** (Schutz)Impfung *f*; **~cine** ⚕ Impfstoff *m*.

vac-il-late *mst fig.* ['væsɪleɪt] schwanken.

vac-u-ous □ *fig.* ['vækjʊəs] leer, geistlos.

vac-u-um ['vækjʊəm] **1.** (*pl.* -uums, -ua) *phys.* Vakuum *n*; ~ **bottle** Thermosflasche *f* (*TM*); ~ **cleaner** Staubsauger *m*; ~ **flask** Thermosflasche *f* (*TM*); ~-**packed** vakuumverpackt; **2.** *v/t. carpet*: saugen; *v/i.* (staub)saugen.

vag-a-bond ['vægəbɒnd] Landstreicher(in).

va-ga-ry ['veɪgərɪ] Laune *f*; *strange idea*: verrückter Einfall.

va-gi|na *anat.* [və'dʒaɪnə] Vagina *f*, Scheide *f*; **~nal** *anat.* vaginal, Vaginal..., Scheiden...

va-grant ['veɪgrənt] **1.** □ wandernd, vagabundierend; *fig.* unstet; **2.** Landstreicher(in).

vague □ [veɪg] (~*r*, ~*st*) vage, verschwommen; unbestimmt; unklar.

vain □ [veɪn] eitel, eingebildet; nutzlos, vergeblich; **in** ~ vergebens, vergeblich, umsonst.

vale [veɪl] *poet. or in proper names*: Tal *n*.

val-e-dic-tion [vælɪ'dɪkʃn] Abschied(sworte *pl.*) *m*.

val-en-tine ['væləntaɪn] Valentinsgruß *m* (*sent on St Valentine's Day, 14 February*); Empfänger(in) e-s Valentinsgrußes.

va-le-ri-an ⚘ [və'lɪərɪən] Baldrian *m*.

val-et ['vælɪt] (Kammer)Diener *m*; Hoteldiener *m*.

val-e-tu-di-nar-i-an [vælɪtjuːdɪ'neərɪən] **1.** kränklich; hypochondrisch; **2.** kränklicher Mensch; Hypochonder *m*.

val-i-ant □ ['vælɪənt] tapfer, mutig.

val|id □ ['vælɪd] gültig; *argument*: trif-

tig, stichhaltig; *claim*: berechtigt; **be** ~ gelten; **become** ~ Rechtskraft erlangen; **~i-date** ✍ für gültig erklären, bestätigen; **~id-i-ty** (✍ Rechts)Gültigkeit *f*; Stichhaltigkeit *f*; Richtigkeit *f*.

val-ley ['vælɪ] Tal *n*.

val-o(u)r ['vælə] Mut *m*, Tapferkeit *f*.

val-u-a-ble ['væljʊəbl] **1.** □ wertvoll; **2.** ~**s** *pl.* Wertsachen *pl.*

val-u-a-tion [vælju'eɪʃn] Bewertung *f*, Schätzung *f*; Schätz-, Taxwert *m*.

val-ue ['væljuː] **1.** Wert *m*; *econ.* Währung *f*; *mst* ~**s** *pl. fig.* (*cultural or ethical*) Werte *pl.*; **at** ~ *econ.* zum Tageskurs; **give (get) good** ~ **for money** *econ.* reell bedienen (bedient werden); **2.** (ab)schätzen, veranschlagen; *fig.* schätzen, bewerten; **~ad-ded tax** *econ.* (*abbr.* **VAT**) Mehrwertsteuer *f* (*abbr. MWSt*); **~d** veranschlagt; geschätzt; **~less** wertlos.

valve [vælv] ☉ Ventil *n*; *anat.* (Herz-, *etc.*) Klappe *f*; *Brt.* ✒ (Radio-, Fernseh)Röhre *f*.

vam-pire ['væmpaɪə] Vampir *m*.

van¹ [væn] Lieferwagen *m*; *esp. Brt.* ✿ Güter-, Gepäckwagen *m*; F Wohnwagen *m*.

van² ✗ [~] = **vanguard**.

van-dal-ize ['vændəlaɪz] wie die Vandalen hausen in (*dat.*), mutwillig zerstören, verwüsten.

vane [veɪn] Wetterfahne *f*; (Propeller)Flügel *m*; ☉ Schaufel *f*.

van-guard ✗ ['vænɡɑːd] Vorhut *f*.

va-nil-la [və'nɪlə] Vanille *f*.

van-ish ['vænɪʃ] verschwinden.

van-i-ty ['vænətɪ] Eitelkeit *f*; Nichtigkeit *f*; ~ **bag** Kosmetiktäschchen *n*; ~ **case** Kosmetikkoffer *m*.

van-quish ['væŋkwɪʃ] besiegen.

van-tage ['vɑːntɪdʒ] *tennis*: Vorteil *m*; **~ground** günstige Stellung.

vap-id □ ['væpɪd] schal; fad(e).

va-por-ize ['veɪpəraɪz] verdampfen, verdunsten (lassen).

va-po(u)r ['veɪpə] Dampf *m*, Dunst *m*; ~ **trail** ✈ Kondensstreifen *m*.

var-i|a-ble ['veərɪəbl] **1.** □ veränderlich, wechselnd, unbeständig; ☉ ver-, einstellbar; **2.** veränderliche Größe; **~ance: be at** ~ (**with**) uneinig sein (mit *j-m*), anderer Meinung sein (als *j-d*); im Widerspruch stehen (zu); **~ant 1.** abweichend, verschieden; **2.** Variante *f*; **~a-tion** Schwankung *f*, Abweichung *f*; Variation *f*.

var-i-cose veins ✘ ['værɪkəʊs veɪnz] *pl.* Krampfadern *pl.*

var·ied □ ['veərɪd] verschieden, unterschiedlich; *life, etc.*: abwechslungsreich.

va·ri·e·ty [və'raɪətɪ] Mannigfaltigkeit *f*, Vielzahl *f*, Abwechslung *f*; *econ.* Auswahl *f*; Sorte *f*, Art *f*; Spielart *f*, Variante *f*; *for the sake of* ~ zur Abwechslung; *for a ~ of reasons* aus den verschiedensten Gründen; ~ *show* Varietévorstellung *f*; ~ *theatre* Varieté(theater) *n*.

var·i·ous □ ['veərɪəs] verschiedene, mehrere; verschiedenartig.

var·mint F ['vɑːmɪnt] *zo.* Schädling *m*; Halunke *m*.

var·nish ['vɑːnɪʃ] **1.** Firnis *m*; Lack *m*; Politur *f*; *fig.* Tünche *f*; **2.** firnissen; lackieren; *furniture*: (auf)polieren; *fig.* beschönigen.

var·si·ty ['vɑːsətɪ] *Brt. dated* F Uni *f*; *a.* ~ *team Am.* Universitäts-, College-, Schulmannschaft *f*.

var·y ['veərɪ] (sich) (ver)ändern; variieren; wechseln (mit *et.*); abweichen *or* verschieden sein (*from* von); ~**ing** □ unterschiedlich.

vase [vɑːz, *Am.* veɪs, veɪz] Vase *f*.

vast □ [vɑːst] ungeheuer, gewaltig, riesig, umfassend, weit; *majority*: überwältigend.

vat [væt] Faß *n*, Bottich *m*.

vau·de·ville *Am.* ['vəʊdəvɪl] Varieté *n*.

vault[1] [vɔːlt] **1.** (Keller)Gewölbe *n*; Wölbung *f*; Stahlkammer *f*, Tresorraum *m*; Gruft *f*; **2.** (über)wölben.

vault[2] [~] **1.** *esp. sports*: Sprung *m*; **2.** *v/i.* springen (*over* über *acc.*); *v/t.* überspringen, springen über (*acc.*); ~**ing-horse** *gymnastics*: Pferd *n*; ~**ing-pole** *athletics*: Sprungstab *m*.

veal [viːl] Kalbfleisch *n*; ~ *chop* Kalbskotelett *n*; ~ *cutlet* Kalbsschnitzel *n*; *roast* ~ Kalbsbraten *m*.

veer [vɪə] (sich) drehen; *car*: *a.* plötzlich die Richtung ändern, ausscheren.

vege·ta·ble ['vedʒtəbl] **1.** Gemüse...; pflanzlich; **2.** Pflanze *f*; *mst* ~s *pl.* Gemüse *n*.

veg·e·tar·i·an [vedʒɪ'teərɪən] **1.** Vegetarier(in); *be a* ~ vegetarisch leben, Vegetarier sein; **2.** vegetarisch; ~**tate** *fig.* (dahin)vegetieren; ~**ta·tive** □ vegetativ; wachstumsfördernd.

ve·he|mence ['viːməns] Heftigkeit *f*; Gewalt *f*; ~**ment** □ heftig; ungestüm.

ve·hi·cle ['viːɪkl] Fahrzeug *n*; *fig.* Vermittler *m*, Träger *m*; *fig.* Ausdrucksmittel *n*.

veil [veɪl] **1.** Schleier *m*; **2.** (sich) verschleiern; *fig.* verbergen.

vein [veɪn] *anat.* Vene *f*; Ader *f* (*a. fig.*); *fig.* Veranlagung *f*, Neigung *f*; *fig.* Stimmung *f*.

ve·loc·i·pede *Am.* [vɪ'lɒsɪpiːd] (Kinder)Dreirad *n*.

ve·loc·i·ty [vɪ'lɒsətɪ] Geschwindigkeit *f*.

vel·vet ['velvɪt] **1.** Samt *m*; **2.** aus Samt, Samt...; ~**y** samtig.

ve·nal ['viːnl] käuflich; bestechlich, korrupt.

vend [vend] verkaufen; ~**ing-ma·chine** (Verkaufs)Automat *m*; ~**or** *esp.* ⚖ Verkäufer(in); (Verkaufs)Automat *m*.

ve·neer [və'nɪə] **1.** Furnier *n*; *fig.* äußerer Anstrich, Tünche *f*; **2.** furnieren.

ven·e|ra·ble □ ['venərəbl] ehrwürdig; ~**rate** (ver)ehren; ~**ra·tion** Verehrung *f*.

ve·ne·re·al [vɪ'nɪərɪəl] Geschlechts...; ~ *disease* ⚕ Geschlechtskrankheit *f*.

Ve·ne·tian [vɪ'niːʃn] **1.** venezianisch; 2 *blind* Jalousie *f*; **2.** Venezianer(in).

ven·geance ['vendʒəns] Rache *f*; *with a* ~ F wie verrückt, ganz gehörig.

ve·ni·al □ ['viːnɪəl] verzeihlich; *eccl.* läßlich (*sin*).

ven·i·son ['venɪzn] Wildbret *n*.

ven·om ['venəm] (*esp.* Schlangen)Gift *n*; *fig.* Gift *n*, Gehässigkeit *f*; ~**ous** □ giftig (*a. fig.*).

ve·nous ['viːnəs] Venen...; venös.

vent [vent] **1.** (Abzugs)Öffnung *f*; Luft-, Spundloch *n*; Schlitz *m*; *give* ~ *to* = **2.** *v/t. fig. anger, etc.*: Luft machen (*dat.*), auslassen, abreagieren (*on an dat.*).

ven·ti|late ['ventɪleɪt] ventilieren, (be-, ent-, durch)lüften; *fig.* erörtern; ~**la·tion** Ventilation *f*, Lüftung *f*; *fig.* Erörterung *f*; ~**la·tor** Ventilator *m*; ⚕ *a.* ~ *machine* Beatmungsgerät *n*.

ven·tril·o·quist [ven'trɪləkwɪst] Bauchredner *m*.

ven·ture ['ventʃə] **1.** Wagnis *n*, Risiko *n*; Abenteuer *n*; *econ.* Unternehmen *n*; *econ.* Spekulation *f*; *at a* ~ auf gut Glück; *joint* ~ *econ.* Gemeinschaftsunternehmen *n*, Joint-venture *n*; **2.** (sich) wagen; riskieren.

ve·ra·cious □ [və'reɪʃəs] wahrhaftig; wahrheitsgemäß.

verb *gr.* [vɜːb] Verb *n*, Zeitwort *n*; ~**al** □ wörtlich; mündlich; **ver·bi·age** Wortschwall *m*; **ver·bose** □ wortreich, langatmig.

ver·dant □ ['vɜːdənt] grün; *fig.* unreif.

ver·dict ['vɜːdɪkt] ⚖ (Urteils)Spruch *m* (*of jury*); *fig.* Urteil *n*; *bring in or return a* ~ *of guilty* auf schuldig erkennen.

ver·di·gris ['vɜːdɪgrɪs] Grünspan *m*.

ver·dure ['vɜːdʒə] (frisches) Grün.

verge [vɜːdʒ] **1.** Rand *m*, Grenze *f*; *of road*: Bankett *n*; *on the* ~ *of* am Rande (*gen.*), dicht vor (*dat.*); *on the* ~ *of despair* der Verzweiflung nahe; **2.** ~ (*up*)*on* grenzen an (*acc.*) (*a. fig.*).

ver·i|fi·able ['verıfaıəbl] nachprüfbar; **~fi·ca·tion** Überprüfung *f*; Nachweis *m*; Bestätigung *f*; **~fy** (nach)prüfen; beweisen; bestätigen.

ver·i·si·mil·i·tude [verısı'mılıtju:d] Wahrscheinlichkeit *f*.

ver·i·ta·ble □ ['verıtəbl] wahr, wirklich.

ver·mi·cel·li [və:mı'seli] Fadennudeln *pl.*, Vermicelli *pl.*

ver·mic·u·lar [və:'mıkjələ] wurmartig.

ver·mi·form ap·pen·dix *anat.* ['və:mıfə:m ə'pendıks] Wurmfortsatz *m*.

ver·mil·i·on [və'mıljən] **1.** Zinnoberrot *n*; **2.** zinnoberrot.

ver·min ['və:mın] Ungeziefer *n*; Schädling(e *pl.*) *m*; *fig.* Gesindel *n*, Pack *n*; **~ous** voller Ungeziefer.

ver·nac·u·lar [və'nækjolə] **1.** □ einheimisch; Volks...; **2.** Landes-, Volkssprache *f*; Jargon *m*.

ver·sa·tile □ ['və:sətaıl] vielseitig; flexibel.

verse [və:s] Vers(e *pl.*) *m*; Strophe *f*; Dichtung *f*; **~d** bewandert; **be (well) ~ in** sich (gut) auskennen in (*dat.*).

ver·si·fy ['və:sıfaı] *v/t.* in Verse bringen; *v/i.* Verse machen.

ver·sion ['və:ʃn] Fassung *f*, Darstellung *f*; Version *f*, Lesart *f*; *translation:* Übersetzung *f*; ⊕ Ausführung *f*, Modell *n* (*of car, etc.*).

ver·sus ['və:səs] *ᵗᵗᵃ, sports:* gegen.

ver·te|bra *anat.* ['və:tıbrə] (*pl. -brae*) Wirbel *m*; **~brate** *zo.* Wirbeltier *n*.

ver·ti·cal □ ['və:tıkl] vertikal, senkrecht.

ver·tig·i·nous □ [və:'tıdʒınəs] schwindelerregend, schwindelnd (*height*).

ver·ti·go ['və:tıgəu] (*pl. -gos*) Schwindel(anfall) *m*.

verve [və:v] Schwung *m*, Begeisterung *f*.

ver·y ['verı] **1.** *adv.* sehr; *with sup.:* aller...; *the ~ best* das allerbeste; *~ little* sehr wenig; *thank you ~ much* danke sehr; *the ~ same car* genau das gleiche Auto; **2.** *adj.* gerade, genau; bloß; rein; der-, die-, dasselbe; *the ~ same* ebenderselbe; *in the ~ act* auf frischer Tat; gerade dabei; *the ~ opposite* genau das Gegenteil; *the ~ thing* genau das (richtige); *the ~ thought* der bloße Gedanke (*of* an *acc.*).

ves·i·cle ['vesıkl] Bläschen *n*.

ves·sel ['vesl] Gefäß *n* (*a. anat.*, ⚕, *fig.*); ⚓ Fahrzeug *n*, Schiff *n*.

vest [vest] *Brt.* Unterhemd *n*; *Am.* Weste *f*.

ves·ti·bule ['vestıbju:l] *anat.* Vorhof *m*; *of house:* (Vor)Halle *f*; *Am.* ⚏ (Harmonika)Verbindungsgang *m*; **~ train** *Am.* ⚏ Zug *m* mit (Harmonika)Verbindungsgängen.

ves·tige *fig.* ['vestıdʒ] Spur *f*.

vest·ment ['vestmənt] Amtstracht *f*, Robe *f*.

ves·try *eccl.* ['vestrı] Sakristei *f*.

vet F [vet] **1.** Tierarzt *m*; *Am.* ✕ Veteran *m*; **2.** (*-tt-*) *co.* verarzten; gründlich prüfen.

vet·e·ran ['vetərən] **1.** altgedient; erfahren; **2.** Veteran *m*.

vet·e·ri·nar·i·an *Am.* [vetərı'neərıən] Tierarzt *m*.

vet·e·ri·na·ry ['vetərınərı] **1.** tierärztlich; **2.** *a. ~ surgeon Brt.* Tierarzt *m*.

ve·to ['vi:təu] **1.** (*pl. -toes*) Veto *n*; **2.** sein Veto einlegen gegen.

vex [veks] ärgern; schikanieren; **~a·tion** Verdruß *m*; Ärger(nis *n*) *m*; **~a·tious** ärgerlich.

vi·a ['vaıə] über (*acc.*), via.

vi·a·duct ['vaıədʌkt] Viadukt *m, n*.

vi·al ['vaıəl] Phiole *f*, Fläschchen *n*.

vi·brate [vaı'breıt] vibrieren; zittern; **vi·bra·tion** Schwingung *f*; Zittern *n*, Vibrieren *n*.

vic·ar *eccl.* ['vıkə] Vikar *m*; **~age** Pfarrhaus *n*.

vice¹ [vaıs] Laster *n*; Untugend *f*; Fehler *m*; **~ squad** Sittenpolizei *f*, -dezernat *n*.

vice² *Brt.* ⊗ [~] Schraubstock *m*.

vi·ce³ *prp.* ['vaısı] an Stelle von.

vice⁴ F [vaıs] Vize *m*; *attr.* stellvertretend, Vize...; **~roy** Vizekönig *m*.

vi·ce ver·sa ['vaısı'və:sə] umgekehrt.

vi·cin·i·ty [vı'sınətı] Nachbarschaft *f*; Nähe *f*.

vi·cious □ ['vıʃəs] lasterhaft; bösartig; boshaft; fehlerhaft; **~ circle** Teufelskreis *m*.

vi·cis·si·tude [vı'sısıtju:d] Wandel *m*, Wechsel *m*; **~s** *pl.* Wechselfälle *pl.*, *das* Auf und Ab.

vic·tim ['vıktım] Opfer *n*; **~ize** (auf)opfern; schikanieren; (ungerechterweise) bestrafen.

vic|tor ['vıktə] Sieger(in); **≥·to·ri·an** *hist.* Viktorianisch; **~to·ri·ous** □ siegreich; Sieges...; **~to·ry** Sieg *m*.

vict·ual ['vıtl] **1.** (*esp. Brt. -ll-, Am. -l-*) (sich) verpflegen *or* verproviantieren; **2.** *dated, mst ~s pl.* Lebensmittel *pl.*, Proviant *m*; **~(l)er** Lebensmittellieferant *m*.

vid·e·o ['vıdıəu] **1.** (*pl. -os*) Video(gerät *n*, -recorder *m*) *n*; **2.** Video...; **3.** auf Video(band *or* -kassette) aufnehmen; **~ cas·sette** Videokassette *f*; **~ (cas·sette) re·cord·er** Videorecorder *m*; **~ disc** Bildplatte *f*; **~ game** Videospiel *n*; **~ nas·ty** F Gewalt-, Horror- *or* Pornovideo(film *m*) *n*; **~phone** Bildtelefon *n*; **~tape 1.** Videoband *n*; **2.** auf Videoband aufnehmen.

vie [vaɪ] wetteifern (**with** mit; **for** um).

Vi·en·nese [vɪəˈniːz] 1. Wiener(in); 2. wienerisch, Wiener...

view [vjuː] 1. Sicht *f*, Blick *m*; Besichtigung *f*; Aussicht *f* (**of** auf *acc.*); Anblick *m*; Ansicht *f* (*a. fig.*); Absicht *f*; **in ~** sichtbar, zu sehen; **in ~** of im Hinblick auf (*acc.*); angesichts (*gen.*); **on ~** zu besichtigen; **with a ~ to** *inf.* or of *ger.* in der Absicht zu *inf.*; **have (keep) in ~** im Auge haben (behalten); 2. *v/t.* ansehen, besichtigen; *fig.* betrachten; *v/i.* fernsehen; **~da·ta** *pl.* Bildschirmtext *m*; **~er** Fernsehzuschauer(in), Fernseher(in); ⊚ Diabetrachter *m*; **~find·er** *phot.* (Bild)Sucher *m*; **~less** ohne eigene Meinung; *poet.* unsichtbar; **~point** Gesichts-, Standpunkt *m*.

vig·il [ˈvɪdʒɪl] Nachtwache *f*; **~i·lance** Wachsamkeit *f*; **~i·lant** ☐ wachsam; **~i·lan·te:** **~ group** Bürgerwehr *f*.

vig·or·ous [ˈvɪɡərəs] kräftig; energisch; nachdrücklich; **~o(u)r** Kraft *f*; Vitalität *f*; Energie *f*; Nachdruck *m*; **with ~** kräftig, schwungvoll.

Vi·king [ˈvaɪkɪŋ] 1. Wiking(er) *m*; 2. wikingisch, Wikinger...

vile ☐ [vaɪl] gemein; abscheulich.

vil·la [ˈvɪlə] *for holidays*: Ferienhaus *n*; *country house*: Landhaus *n*, Villa *f*.

vil·lage [ˈvɪlɪdʒ] Dorf *n*; **~ green** Dorfanger *m*, -wiese *f*; **~ id·i·ot** F Dorftrottel *m*; **vil·lag·er** Dorfbewohner(in).

vil·lain [ˈvɪlən] Schurke *m*, Schuft *m*, Bösewicht *m*; **~ous** ☐ schurkisch; F scheußlich; **~y** Schurkerei *f*.

vim F [vɪm] Schwung *m*, Schmiß *m*.

vin·di·cate [ˈvɪndɪkeɪt] rechtfertigen; rehabilitieren; **~ca·tion** Rechtfertigung *f*.

vin·dic·tive ☐ [vɪnˈdɪktɪv] rachsüchtig, nachtragend.

vine ♀ [vaɪn] Wein(stock) *m*, (Wein-)Rebe *f*.

vin·e·gar [ˈvɪnɪɡə] (Wein)Essig *m*.

vine·grow·ing [ˈvaɪnɡrəʊɪŋ] Weinbau *m*; **~yard** [ˈvɪnjəd] Weinberg *m*.

vin·tage [ˈvɪntɪdʒ] 1. Weinlese *f*; (Wein)Jahrgang *m*; 2. klassisch; erlesen; altmodisch; **~ car** *mot.* Oldtimer *m*; **~tag·er** Weinleser(in).

vi·o·la ♪ [vɪˈəʊlə] Bratsche *f*.

vi·o·late [ˈvaɪəleɪt] verletzen; *oath, etc.*: brechen; vergewaltigen; **~la·tion** Verletzung *f*; (Eid-, *etc.*)Bruch *m*; Vergewaltigung *f*.

vi·o·lence [ˈvaɪələns] Gewalt(tätigkeit) *f*; Heftigkeit *f*; **~lent** ☐ gewaltsam, gewalttätig; heftig.

vi·o·let ♀ [ˈvaɪələt] Veilchen *n*.

vi·o·lin ♪ [vaɪəˈlɪn] Violine *f*, Geige *f*.

VIP F [ˈviːaɪˈpiː] prominente Persönlichkeit.

vi·per *zo.* [ˈvaɪpə] Viper *f*, Natter *f*.

vir·gin [ˈvɜːdʒɪn] 1. Jungfrau *f*; 2. *a.* **~al** ☐ jungfräulich; Jungfern...; **~i·ty** Jungfräulichkeit *f*.

vir·ile [ˈvɪraɪl] männlich; Mannes...; **vi·ril·i·ty** [vɪˈrɪlətɪ] Männlichkeit *f*; *physiol.* Mannes-, Zeugungskraft *f*.

vir·tu·al ☐ [ˈvɜːtʃʊəl] eigentlich; **~ly** praktisch.

vir|tue [ˈvɜːtʃuː] Tugend *f*; Vorzug *m*; **in** or **by ~of** kraft, vermöge (*gen.*); **make a ~ of necessity** aus der Not e-e Tugend machen; **~tu·os·i·ty** Virtuosität *f*; **~tu·ous** ☐ tugendhaft; rechtschaffen.

vir·u·lent ☐ [ˈvɪrʊlənt] ✿ (sehr) giftig, bösartig (*a. fig.*).

vi·rus ✿ [ˈvaɪərəs] Virus *n*, *m*; *fig.* Gift *n*.

vi·sa [ˈviːzə] Visum *n*, Sichtvermerk *m*; **~ed**, **~'d** mit e-m Sichtvermerk or Visum (versehen).

vis·cose [ˈvɪskəʊs] Viskose *f*; **~ silk** Zellstoffseide *f*.

vis·count [ˈvaɪkaʊnt] Vicomte *m*; **~ess** Vicomtesse *f*.

vis·cous ☐ [ˈvɪskəs] zähflüssig.

vise *Am.* ⊚ [vaɪs] Schraubstock *m*.

vis·i|bil·i·ty [vɪzɪˈbɪlɪtɪ] Sichtbarkeit *f*; Sichtweite *f*; **~ble** ☐ sichtbar; *fig.* (er)sichtlich; *pred.* zu sehen (*object*).

vi·sion [ˈvɪʒn] Sehvermögen *n*, -kraft *f*; *fig.* Seherblick *m*; Vision *f*; **~a·ry** 1. phantastisch; 2. Hellseher(in); Phantast(in).

vis|it [ˈvɪzɪt] 1. *v/t.* besuchen; aufsuchen; besichtigen; *dated fig.* heimsuchen; **~ s.th. on s.o.** *eccl.* j-n für et. (be)strafen; *v/i.* e-n Besuch or Besuche machen; *Am.* plaudern (**with** mit); 2. Besuch *m*; **pay** or **make a ~ to s.o.** j-m e-n Besuch abstatten; **~i·ta·tion** Besuch *m*; Besichtigung *f*; *fig.* Heimsuchung *f*; **~it·ing** Besuche *pl.*; **~ hours in hospital**, *etc.*: Besuchszeit *f*; **~ team** *sports*: Gastmannschaft *f*, *die* Gäste; **~it·or** Besucher(in), Gast *m*; *pl. sports*: **die** Gäste.

vi·sor [ˈvaɪzə] Visier *n*; (Mützen)Schirm *m*; *mot.* Sonnenblende *f*.

vis·ta [ˈvɪstə] (Aus-, Durch)Blick *m*.

vis·u·al ☐ [ˈvɪzjʊəl] Seh..., Gesichts...; visuell; **~ aids** *pl. school*: Anschauungsmaterial *n*; **~ display unit** *computer*: Bildschirm *m*, Datensichtgerät *n*; **~ instruction** *school*: Anschauungsunterricht *m*; **~ize** sich vorstellen, sich ein Bild machen von.

vi·tal ☐ [ˈvaɪtl] 1. Lebens...; lebenswichtig; wesentlich; (hoch)wichtig; vital; **~ parts** *pl.* = **~s** *pl.* lebenswichtige Organe *pl.*, edle Teile *pl.*; **~i·ty** Lebenskraft *f*, Vitalität *f*; **~ize** beleben.

vit·a·min [ˈvɪtəmɪn] Vitamin *n*; **~ deficiency** Vitaminmangel *m*.

vi·ti·ate ['vɪʃɪeɪt] verderben; beeinträchtigen.

vit·re·ous □ ['vɪtrɪəs] Glas..., gläsern.

vi·va·cious □ [vɪ'veɪʃəs] lebhaft; **vi·vac·i·ty** [vɪ'væsətɪ] Lebhaftigkeit *f*.

viv·id □ ['vɪvɪd] lebhaft, lebendig.

vix·en ['vɪksn] Füchsin *f*; zänkisches Weib, Drachen *m*.

V-neck ['vi:nek] V-Ausschnitt *m*; **V-necked** mit V-Ausschnitt.

vo·cab·u·la·ry [və'kæbjʊlərɪ] Wörterverzeichnis *n*; Wortschatz *m*.

vo·cal □ ['vəʊkl] stimmlich, Stimm...; laut; *♪* Vokal..., Gesang...; klingend; *ling.* stimmhaft; **∼ist** Sänger(in); **∼ize** (*ling.* stimmhaft) aussprechen.

vo·ca·tion [vəʊ'keɪʃn] Berufung *f*, Beruf *m*; **∼al** □ beruflich, Berufs...; **∼ advis·er** Berufsberater *m*; **∼ education** Berufsausbildung *f*; **∼ guidance** Berufsberatung *f*; **∼ school** *Am. appr.* Berufsschule *f*; **∼ training** Berufsausbildung *f*.

vo·cif·er·ate [və'sɪfəreɪt] schreien; **∼ous** □ schreiend; lautstark.

vogue [vəʊg] Mode *f*; **be in ∼** (in) Mode sein.

voice [vɔɪs] **1.** Stimme *f*; **active** (**passive**) **∼** *gr.* Aktiv *n* (Passiv *n*); **give ∼ to** Ausdruck geben *or* verleihen (*dat.*); **2.** äußern, ausdrücken; *ling.* (stimmhaft) (aus)sprechen.

void [vɔɪd] **1.** leer; *♂♀* (rechts)unwirksam, ungültig; **∼ of** frei von, arm an (*dat.*), ohne; **2.** Leere *f*; *fig.* Lücke *f*.

vol·a·tile ['vɔlətaɪl] *♠* flüchtig (*a. fig.*); flatterhaft.

vol·ca·no [vɔl'keɪnəʊ] (*pl. -noes, -nos*) Vulkan *m*.

vo·li·tion [və'lɪʃn] Wollen *n*, Wille(nskraft *f*) *m*; **of one's own ∼** aus eigenem Entschluß.

vol·ley ['vɔlɪ] **1.** Salve *f*; (Geschoß-, *etc.*)Hagel *m*; *fig.* Schwall *m*; *tennis:* Volley *m*, Flugball *m*; **2.** *tennis:* e-n Volley spielen *or* schlagen; e-e Salve *or* Salven abgeben; *fig.* hageln; dröhnen; **∼ball** *sports:* Volleyball(spiel *n*) *m*.

volt *♂* [vəʊlt] Volt *n*; **∼age** *♂* Spannung *f*; **∼me·ter** *♂* Volt-, Spannungsmesser *m*.

vol·u·bil·i·ty [vɔljʊ'bɪlətɪ] Redegewandtheit *f*; **∼ble** □ (rede)gewandt.

vol·ume ['vɔljuːm] Band *m* (*book*); Volumen *n*; *fig.* Masse *f*, große Menge; (*esp.* Stimm)Umfang *m*; *♂* Lautstärke

f; **vo·lu·mi·nous** □ [və'ljuːmɪnəs] vielbändig; umfangreich, voluminös.

vol·un|ta·ry □ ['vɔləntərɪ] freiwillig; **∼teer** [vɔlən'tɪə] **1.** Freiwillige(r *m*) *f*; **2.** *v/i.* freiwillig dienen; sich freiwillig melden; sich erbieten; *v/t. help, etc.:* freiwillig anbieten; *remark, etc.:* sich erlauben.

vo·lup·tu·a·ry [və'lʌptjʊərɪ] Lüstling *m*; **∼ous** □ wollüstig; üppig; sinnlich.

vom·it ['vɔmɪt] **1.** *v/t.* (er)brechen; *v/i.* (sich er)brechen; **2.** Erbrochene(s) *n*; Erbrechen *n*.

vo·ra·cious □ [və'reɪʃəs] gefräßig, gierig, unersättlich; **vo·rac·i·ty** [vɔ'ræsətɪ] Gefräßigkeit *f*, Gier *f*.

vor·tex ['vɔːteks] (*pl. -texes, -tices*) Wirbel *m*, Strudel *m* (*mst fig.*).

vote [vəʊt] **1.** (Wahl)Stimme *f*; Abstimmung *f*; Stimm-, Wahlrecht *n*; Beschluß *m*, Votum *n*; **∼ of no confidence** Mißtrauensvotum *n*; **take a ∼ on s.th.** über et. abstimmen; **2.** *v/t.* wählen; bewilligen; *v/i.* abstimmen; wählen; **∼ for** stimmen für; F für et. sein; **vot·er** Wähler(in).

vot·ing ['vəʊtɪŋ] Abstimmung *f*, Stimmabgabe *f*; *attr.* Wahl...; **∼pa·per** Stimmzettel *m*; **∼ right** Wahl-, Stimmrecht *n*; **∼ sys·tem** Wahlsystem *n*.

vouch [vaʊtʃ]: **∼ for** (sich ver)bürgen für; **∼er** Beleg *m*, Unterlage *f*; Gutschein *m*; **∼safe** gewähren, geruhen (**to do** zu tun).

vow [vaʊ] **1.** Gelübde *n*; (Treue)Schwur *m*; **take a ∼**, **make a ∼** ein Gelübde ablegen; geloben.

vow·el *ling.* ['vaʊəl] Vokal *m*, Selbstlaut *m*.

voy|age ['vɔɪdʒ] **1.** (längere) (See-, Flug)Reise; **2.** *lit.* reisen; **∼ag·er** (See)Reisende(r *m*) *f*.

vul·gar □ ['vʌlgə] gewöhnlich, unfein, ordinär; vulgär; pöbelhaft; geschmacklos; **∼ tongue** die Sprache des Volkes; **∼i·ty** Vulgarität *f*; ungehobeltes Wesen; Ungezogenheit *f*; Geschmacklosigkeit *f*.

vul·ne·ra·ble □ ['vʌlnərəbl] verwundbar (*a. fig.*); *✗, sports:* ungeschützt, offen; *fig.* angreifbar.

vul·pine ['vʌlpaɪn] Fuchs..., fuchsartig; schlau, listig.

vul·ture *zo.* ['vʌltʃə] Geier *m*.

vy·ing ['vaɪɪŋ] wetteifernd.

W

wad [wɒd] **1.** (Watte)Bausch *m*; Pfropf(en) *m*; Banknotenbündel *n*; **2.** (**-dd-**) wattieren, auspolstern; zu e-m Bausch zusammenpressen; **~ding** *for packing:* Einlage *f*, Füllmaterial *n*; Wattierung *f*; Watte *f*.

wad-dle ['wɒdl] **1.** watscheln; **2.** watschelnder Gang, Watscheln *n*.

wade [weɪd] *v/i.* waten; **~ through** *fig.* F sich (hin)durcharbeiten; *v/t.* durchwaten.

wa-fer ['weɪfə] Waffel *f*; Oblate *f*; *eccl.* Hostie *f*.

waf-fle¹ ['wɒfl] Waffel *f*.

waf-fle² *Brt.* F [~] **1.** schwafeln; **2.** Geschwafel *n*.

waft [wɑːft] **1.** wehen; **2.** Hauch *m*.

wag [wæg] **1.** (**-gg-**) wackeln, wedeln (mit); **2.** Schütteln *n*; Wedeln *n*; Spaßvogel *m*.

wage¹ [weɪdʒ] *war:* führen, *campaign:* unternehmen (**on**, **against** gegen).

wage² [~] *mst* **~s** *pl.* (Arbeits)Lohn *m*; **~-earn-er** *econ.* Lohnempfänger(in); **~ freeze** *econ.* Lohnstopp *m*; **~ pack-et** *econ.* Lohntüte *f*.

wa-ger ['weɪdʒə] **1.** Wette *f*; **2.** wetten.

wag-gish □ ['wægɪʃ] schelmisch.

wag-gle ['wægl] wackeln (mit).

wag-(g)on ['wægən] (Last-, Roll)Wagen *m*; *Brt.* **&** (offener) Güterwagen; **~er** Fuhrmann *m*.

wag-tail *zo.* ['wægteɪl] Bachstelze *f*.

waif *lit.* [weɪf] verlassenes *or* verwahrlostes Kind.

wail [weɪl] **1.** (Weh)Klagen *n*; **2.** (weh-) klagen; schreien, wimmern, heulen (*a. wind*).

wain-scot ['weɪnskət] (Wand)Täfelung *f*.

waist [weɪst] Taille *f*; schmalste Stelle; **♪** Mitteldeck *n*; **~coat** Weste *f*; **~line** Taille *f*.

wait [weɪt] **1.** *v/i.* warten (**for** auf *acc.*); *a.* **~ at** (*Am.* **on**) **table** bedienen, servieren; **~ on**, **~ upon** *j-n* bedienen; *v/t.* abwarten; **2.** Warten *n*; **lie in ~ for** *s.o.* j-m auflauern; **~er** Kellner *m*; **~, the bill** (*Am.* **check**), **please!** (Herr) Ober, bitte zahlen!

wait-ing ['weɪtɪŋ] Warten *n*; Dienst *m*; **in ~** dienstuend; **~room** Wartezimmer *n*; **&**, *etc.*: Wartesaal *m*.

wait-ress ['weɪtrɪs] Kellnerin *f*, Bedienung *f*; **~, the bill** (*Am.* **check**), **please!** Bedienung, bitte zahlen!

waive [weɪv] verzichten auf (*acc.*).

wake [weɪk] **1.** **♪** Kielwasser *n* (*a. fig.*); **in the ~ of** im Kielwasser (*gen.*); *fig.* im Gefolge (*gen.*); **2.** (**woke** *or* **waked**, **woken** *or* **waked**) *v/i. a.* **~ up** aufwachen; *v/t. a.* **~ up** (auf)wecken; *fig.* wachrufen; **~ful** □ wachsam; schlaflos; **wak-en = wake** 2.

wale [weɪl] Strieme(n *m*) *f*.

walk [wɔːk] **1.** *v/i.* gehen (*a. sports*), **≥** Fuß gehen, laufen; spazierengehen; wandern; im Schritt gehen; **~ out** *econ.* streiken; **~ out on** F im Stich lassen *boy-*, *girlfriend:* verlassen; *v/t.* (zu Fuß) gehen; führen, *dog:* ausführen; *horse:* im Schritt gehen lassen; begleiten; durchwandern; auf und ab gehen in *o.* auf (*dat.*); **2.** (Spazier)Gang *m*; *hike:* Wanderung *f*; Spazierweg *m*; **a 5 minutes' ~** fünf Minuten zu Fuß; **~ of life** (soziale) Schicht; Beruf *m*; **~-a-bout** *o.* *politician,* *dog:* Bad *n* in der Menge; **~er** Spaziergänger(in); *sports:* Geher *m*; **be a good ~** gut zu Fuß sein.

walk-ie-talk-ie ['wɔːkɪ'tɔːkɪ] Walkietalkie *n*, tragbares Funksprechgerät.

walk-ing ['wɔːkɪŋ] (Zufuß)Gehen *n*; Spaziergehen *n*, Wandern *n*; *attr.* Spazier...; Wander...; **~-pa-pers** *pl. Am.* F Laufpaß *m* (*dismissal*); **~stick** Spazierstock *m*; **~tour** Wanderung *f*.

walk|-out *econ.* ['wɔːkaʊt] Ausstand *m*, Streik *m*; **~o-ver** F *fig.* Spaziergang *m*, leichter Sieg; **~up** *Am.* (Miets)Haus *n* ohne Fahrstuhl; Wohnung *f* in e-m Haus ohne Fahrstuhl.

wall [wɔːl] **1.** Wand *f*; Mauer *f*; **2.** *a.* **~ in** mit e-r Mauer umgeben; **~ up** zumauern.

wal-let ['wɒlɪt] Brieftasche *f*.

wall-flow-er *fig.* ['wɔːlflaʊə] Mauerblümchen *n*.

wal-lop F ['wɒləp] *j-n* verdreschen.

wal-low ['wɒləʊ] sich wälzen.

wall|-pa-per ['wɔːlpeɪpə] **1.** Tapete *f*; **2.** tapezieren; **~sock-et** *o.* (Wand)Steckdose *f*; **~-to-...**: **~ carpet** Spannteppich *m*; **~ carpeting** Teppichboden *m*.

wal-nut F ['wɔːlnʌt] Walnuß(baum *m*) *f*.

wal-rus *zo.* ['wɔːlrəs] Walroß *n*.

waltz [wɔːls] **1.** Walzer *m*; **2.** Walzer tanzen.

wan □ [wɒn] (**-nn-**) blaß, bleich, fahl.

wand [wɒnd] Zauberstab *m*.

wan-der ['wɒndə] herumwandern, -laufen, umherstreifen; *fig.* abschweifen; irregehen; phantasieren.

wane [weɪn] **1.** abnehmen (*moon*); *fig.* schwinden; **2.** Abnehmen *n*.

wan-gle F ['wæŋgl] *v/t.* deichseln, hinkriegen; *v/i.* mogeln.

want [wɒnt] **1.** Mangel *m* (**of** an *dat.*);

Bedürfnis n; Not f; 2. v/i. ermangeln (for gen.); he ~s for nothing es fehlt ihm an nichts; v/t. wünschen, (haben) wollen; need: bedürfen (gen.), brauchen; nicht (genug) haben; you ~ to ... du solltest ...; it ~s s.th. es fehlt an et. (dat.); he ~s energy es fehlt ihm an Energie; ~ed gesucht; ~ad F Stellenangebot n, -gesuch n; Am. Kaufgesuch n; ~ing: be ~ es fehlen lassen (in an dat.); unzulänglich sein.

wan·ton ['wɒntən] 1. □ mutwillig; ausgelassen; 2. herumtollen.

war [wɔː] 1. Krieg m; attr. Kriegs...; make or wage ~ Krieg führen (on, against gegen); 2. (-rr-) streiten, kämpfen.

war·ble ['wɔːbl] trillern; trällern.

ward [wɔːd] 1. (Krankenhaus)Station f, Abteilung f; Krankenzimmer n; (Gefängnis)Trakt m; Zelle f; (Stadt-, Wahl)Bezirk m; Mündel n; in ~ ẞ unter Vormundschaft (stehend); 2. ~ off abwehren; war·den Aufseher m; univ. Rektor m; Am. (Gefängnis)Direktor m; ~er Brt. Aufsichtsbeamte(r) m (in prison).

war·drobe ['wɔːdrəʊb] Garderobe f; Kleiderschrank m; ~ trunk Schrankkoffer m.

ware [weə] in compounds: Ware(n pl.) f, Artikel m od. pl.; ~house 1. (Waren)Lager n; Lagerhaus n, Speicher m; 2. auf Lager bringen, (ein)lagern.

war·fare ['wɔːfeə] Krieg(führung f) m; ~head ✗ Spreng-, Gefechtskopf m (of missile, etc.).

war·i·ness ['weərɪnɪs] Vorsicht f.

war·like ['wɔːlaɪk] kriegerisch.

warm [wɔːm] 1. □ warm (a. fig.); heiß; fig. hitzig; applause: begeistert; smile: herzlich; 2. et. Warmes; (Auf-, An-)Wärmen n; 3. v/t. a. ~ up (auf-, an-, er)wärmen; v/i. a. ~ up warm werden, sich erwärmen; warmlaufen (engine, etc.); sports: sich warmmachen, sich aufwärmen; ~heart·ed herzlich; person: warmherzig; ~th Wärme f.

warn [wɔːn] warnen (of, against vor dat.); verwarnen; ermahnen; verständigen; ~ing (Ver)Warnung f; Mahnung f; Kündigung f; attr. warnend, Warn...

warp [wɔːp] v/i. sich verziehen (wood); v/t. fig. verdrehen, verzerren; beeinflussen; j-n abbringen (from von).

war·rant ['wɒrənt] 1. Vollmacht f; Rechtfertigung f; Berechtigung f; ẞ Durchsuchungs-, Haftbefehl m; Berechtigungsschein m; ~ of arrest ẞ Haftbefehl m; 2. bevollmächtigen; rechtfertigen; verbürgen, garantieren;

~ran·ty econ.: it's still under ~ darauf ist noch Garantie.

war·ri·or ['wɒrɪə] Krieger m.

wart [wɔːt] Warze f; Auswuchs m.

war·y □ ['weərɪ] (-ier, -iest) wachsam, vorsichtig.

was [wɒz, wəz] 1. and 3. sg. past of be: war; past pass. of be: wurde.

wash [wɒʃ] 1. v/t. waschen; (ab)spülen; ~ up abwaschen, abspülen; v/i. sich waschen (lassen); by the sea, river: gespült or geschwemmt werden; ~ up Brt. Geschirr spülen; 2. Waschen n; Wäsche f; Wellenschlag m; Spülwasser n; mouth: Mundwasser n; 3. Wasch...; ~a·ble waschbar; ~and-wear bügelfrei; pflegeleicht; ~ba·sin Waschbecken n; ~cloth Am. Waschlappen m; ~er Wäscherin f; Waschmaschine f; = dishwasher; ⊙ Unterlegscheibe f; ~er·wom·an Waschfrau f; ~ing 1. Waschen n; Wäsche f; ẞ pl. Spülwasser n; 2. Wasch...; ~ing ma·chine Waschmaschine f; ~ing pow·der Waschpulver n, -mittel n; ~ing-up Brt. Abwasch m; ~rag Am. Waschlappen m; ~y (-ier, -iest) wässerig, wäßrig.

wasp zo. [wɒsp] Wespe f.

wast·age ['weɪstɪdʒ] Verlust m; Vergeudung f.

waste [weɪst] 1. land: öde, unbebaut; superfluous: überflüssig; Abfall...; lay ~ verwüsten; 2. wrong use: Verschwendung f, -geudung f; refuse: Abfall m; land: Ödland n, Wüste f; 3. v/t. verwüsten; verschwenden; verzehren; v/i. verschwendet werden; ~ a·void·ance Müllvermeidung f; ~ dis·po·sal Müllbeseitigung f; ~ unit Müllschlucker m; ~ful □ verschwenderisch; ~ pa·per Abfallpapier n; Altpapier n; ~ (-pa·per) bas·ket Papierkorb m; ~ pipe Abflußrohr n; ~ prod·uct Abfallprodukt n; ~ re·duc·tion Müllverringerung f, Reduzierung f der Abfallmenge; ~ wa·ter Abwasser n; ~ treat·ment Abwasseraufbereitung f.

watch [wɒtʃ] 1. Wache f; (Taschen-, Armband)Uhr f; 2. v/i. zusehen, zuschauen; wachen; ~ for warten auf (acc.); ~ out (for) aufpassen, achtgeben (auf acc.); sich hüten (vor dat.); ~ out! Achtung!, Vorsicht!; v/t. bewachen; beobachten; achtgeben auf (acc.); chance: abwarten; ~dog Wachhund m; fig. Überwacher(in); ~ful □ wachsam; ~mak·er Uhrmacher m; ~man (Nacht)Wächter m; ~word Kennwort n, Parole f.

wa·ter ['wɔːtə] 1. Wasser n; Gewässer n; the ~s pl. Heilquelle f; drink or take the ~s e-e (Trink)Kur machen; 2. v/t. bewässern; (be)sprengen; (be)gießen; mit Wasser versorgen; tränken; verwässern (a. fig.); v/i. wässern (mouth); tränen (eyes); ~**can·non** Wasserwerfer m; ~**clos·et** (Wasser)Klosett n; ~**col·o(u)r** Wasser-, Aquarellfarbe f; Aquarell(malerei f) n; ~**course** Wasserlauf m; Flußbett n; Kanal m; ~**cress** ♀ Brunnenkresse f; ~**fall** Wasserfall m; ~**front** Hafengebiet n, -viertel n, ~**ga(u)ge** Wasserstands(an)zeiger m; Pegel m; ~**hole** Wasserloch n.

wa·ter·ing [~norn] Bewässern n; (Be)Gießen n; Tränken (of animals); ~**can** Gießkanne f; ~**place** Wasserstelle f; Tränke f; Bad(eort m) n; Seebad n; ~**pot** Gießkanne f.

wa·ter| lev·el ['wɔːtəlevl] Wasserspiegel m; Wasserstand(slinie f) m; ⊕ Wasserwaage f; ~**logged** ⚓ voll Wasser (boat); vollgesogen (ground); ~ **main** ⊕ Hauptwasserrohr n; ~**mark** Wasserzeichen n; ~**mel·on** ♀ Wassermelone f; ~ **pol·lu·tion** Wasserverschmutzung f; ~ **po·lo** sports: Wasserball(spiel n) m; ~**proof** 1. wasserdicht; 2. Regenmantel m; 3. imprägnieren; ~**shed** geogr. Wasserscheide f; fig. Wendepunkt m; ~**side** Fluß-, Seeufer n; ~ **ski·ing** sports: Wasserski(laufen) n; ~**tight** wasserdicht; fig. unanfechtbar; stichhaltig (argument); ~**way** Wasserstraße f; ~**works** often sg. Wasserwerk n; turn on the ~ fig. F losheulen; ~**y** wässerig, wäßrig.

watt ⚡ [wɔt] Watt n.

wave [weɪv] 1. Welle f (a. phys.); Woge f; Winken n; 2. v/t. wellen; schwingen; schwenken; s.o. **aside** j-n beiseite winken; v/i. wogen; wehen, flattern; ~ **at** or **to s.o.** j-m (zu)winken, j-m ein Zeichen geben; ~**length** phys. Wellenlänge f (a. fig.).

wa·ver ['weɪvə] hesitate: (sch)wanken; light: flackern.

wav·y □ ['weɪvɪ] (-ier, -iest) wellig; wogend.

wax¹ [wæks] 1. Wachs n; Siegellack m; Ohrenschmalz n; 2. wachsen; bohnern.

wax² [~] zunehmen (moon).

wax|en fig. ['wæksən] wächsern; ~**works** sg. Wachsfigurenkabinett n; ~**y** □ (-ier, -iest) wachsartig; weich.

way [weɪ] 1. Weg m; Straße f; Art f und Weise f; (Eigen)Art f; Strecke f; Richtung f; fig. Hinsicht f; ~ **in** Eingang m; ~ **out** Ausgang m; fig. Ausweg m; right of ~ ⚓ Wegerecht n; esp. mot. Vorfahrt(srecht n) f; this ~ hierher, hier entlang; by the ~ übrigens; by ~ of durch; on the ~, on one's ~ unterwegs; out of the ~ ungewöhnlich; under ~ in

Fahrt; give ~ zurückweichen; mot. die Vorfahrt lassen (to dat.); nachgeben; abgelöst werden (to von); sich hingeben (to dat.); have one's ~ s-n Willen haben; lead the ~ vorangehen; 2. adv. weit; ~ off weit weg; ~ back vor or seit langer Zeit; ~**far·er** dated or lit. Wanderer m; ~**lay** (-laid) j-m auflauern; j-n abfangen, abpassen; ~**out** F äußerst ungewöhnlich; toll, super; ~**side** 1. Wegrand m; 2. am Wege; ~**sta·tion** Am. Zwischenstation f; ~**train** Am. Bummelzug m; ~**ward** □ launisch; eigensinnig.

we [wiː, wɪ] wir.

weak □ [wiːk] schwach; schwächlich; dünn (drink); ~**en** v/t. schwächen; v/i. schwach werden; ~**ling** Schwächling m; ~**ly** (-ier, -iest) schwächlich; ~**mind·ed** schwachsinnig; ~**ness** Schwäche f.

weal [wiːl] Strieme(n m) f.

wealth [welθ] Reichtum m; econ. Besitz m, Vermögen n; fig. Fülle f; ~**y** □ (-ier, -iest) reich; wohlhabend.

wean [wiːn] entwöhnen; ~ **s.o. from s.th.** j-m et. abgewöhnen.

weap·on ['wepən] Waffe f.

wear [weə] 1. (wore, worn) v/t. clothing, etc.: tragen; zur Schau tragen; a. ~ away, ~ down, ~ off, ~ out clothes, etc.: abnutzen, abtragen, verschleißen; tyres: abfahren; a. ~ out ermüden; patience: erschöpfen; a. ~ away, ~ down zermürben; entkräften; v/i. shoes, etc.: sich tragen; last: sich halten; a. ~ away, ~ down, ~ off, ~ out sich abnutzen or abtragen, verschleißen; sich abfahren (tyres); ~ off fig. sich verlieren; ~ on sich dahinschleppen (time, etc.); ~ out fig. sich erschöpfen; 2. Tragen n; (Be)Kleidung f; Abnutzung f; for hard ~ strapazierfähig; the worse for ~ abgetragen; ~ and tear Verschleiß m; ~**er** Träger(in).

wear|i·ness ['wɪərɪnɪs] Müdigkeit f; Überdruß m; ~**i·some** □ ermüdend; langweilig; ~**y** ['wɪərɪ] 1. □ (-ier, -iest) müde; überdrüssig; ermüdend; anstrengend; 2. ermüden; überdrüssig werden (of gen.).

wea·sel zo. ['wiːzl] Wiesel n.

weath·er ['weðə] 1. Wetter n, Witterung f; 2. v/t. dem Wetter aussetzen; ⚓ storm: abwettern; fig. überstehen; v/i. verwittern; ~**beat·en** vom Wetter mitgenommen; ~ **bu·reau** Wetteramt n; ~**chart** Wetterkarte f; ~ **fore·cast** Wetterbericht m, -vorhersage f; ~**worn** verwittert.

weave [wiːv] (wove, woven) weben; flechten; fig. ersinnen, erfinden; **weav·er** Weber m.

web [web] Gewebe *n*, Netz *n*; *zo.* Schwimm-, Flughaut *f*.

wed [wed] (*-dd-*; *wedded or rare*: *wed*) heiraten; *fig.* verbinden (*to* mit); **~ding 1.** Hochzeit *f*, *ceremony:* Trauung *f*; **2.** Hochzeits..., Braut..., Trau...; **~ ring** Ehe-, Trauring *m*.

wedge [wedʒ] **1.** Keil *m*; **2.** (ver)keilen; (ein)keilen, (ein)zwängen (*in* in *acc.*).

wed·lock *dated* ['wedlɒk]: *born in* (*out of*) **~** ehelich (unehelich) geboren.

Wednes·day ['wenzdɪ] Mittwoch *m*.

wee [wiː] klein, winzig; F *a* **~** *bit* ein klein wenig.

weed [wiːd] **1.** Unkraut *n*; **2.** jäten; säubern (*of* von); **~ out** F*ig.* aussondern, -sieben; **~·kill·er** Unkrautvertilgungsmittel *n*; **~s** [wiːdz] *pl. mst* **wid·ow's ~** Witwenkleidung *f*; **~y** (*-ier*, *-iest*) voller Unkraut, unkrautbewachsen; F schmächtig.

week [wiːk] Woche *f*; *today* **~**, *this day* **~** heute in *or* vor e-r Woche; *a* **~** *on Monday, Monday* **~** Montag in einer Woche; **~·day** Wochentag *m*; *on* **~s** werktags; **~·end** Wochenende *n*; *a long* **~** ein verlängertes Wochenende; **~·end·er** Wochenendausflügler(in); **~·ly 1.** wöchentlich; Wochen...; **2.** *a.* **~ *sea·son-tick·et*** Wochenkarte *f*; **2.** *a.* **~ *pa·per*** Wochenblatt *n*, Wochen(zeit)schrift *f*.

weep [wiːp] (*wept*) weinen; tropfen; **~·ing: ~ *wil·low*** ♀ Trauerweide *f*; **~·y** F (*-ier*, *-iest*) weinerlich; rührselig, sentimental.

weigh [weɪ] *v/t.* (ab)wiegen; *fig.* ab-, erwägen; **~ *anchor* ♣** den Anker lichten; **~ed down** niedergedrückt; *v/i.* wiegen (*a. fig.*); ausschlaggebend sein; **~ on, ~ upon** lasten auf (*dat.*).

weight [weɪt] **1.** Gewicht *n* (*a. fig.*); Last *f*; *fig.* Bedeutung *f*; *fig.* Last *f*, Bürde *f*; *put on* **~, *gain* ~** zunehmen; *lose* **~** abnehmen; **2.** beschweren; belasten; **~·less** schwerelos; **~·less·ness** Schwerelosigkeit *f* (*a. space travel*); **~ *lift·ing sports:*** Gewichtheben *n*; **~·y** □ (*-ier*, *-iest*) (ge)wichtig; wuchtig.

weir [wɪə] Wehr *n*; Fischreuse *f*.

weird □ [wɪəd] unheimlich; F sonderbar, seltsam.

wel·come ['welkəm] **1.** willkommen; *you are* **~** *to inf.* es steht Ihnen frei, zu *inf.*; (*you are*) **~!** nichts zu danken!, bitte sehr!; **2.** Willkomm(en *n*) *m*; **3.** willkommen heißen; *fig.* begrüßen.

weld ⊕ [weld] (ver-, zusammen)schweißen.

wel·fare ['welfeə] Wohl(ergehen) *n*; Sozialhilfe *f*; Wohlfahrt *f*; **~ *state* *pol.*** Wohlfahrtsstaat *m*; **~ *work* *Sozial-** arbeit *f*; **~ *work·er* Sozialarbeiter(in).

well¹ [wel] **1.** Brunnen *m*; Quelle *f*; ⊕ Bohrloch *n*; Fahrstuhl-, Licht-, Luftschacht *m*; **2.** quellen.

well² [~] **1.** (*better*, *best*) wohl; gut; ordentlich, gründlich; gesund; *be* **~**, *feel* **~** sich wohl fühlen; *be* **~** *off* in guten Verhältnissen leben, wohlhabend sein; **2.** *int.* nun!, na!; ausgewogen (*diet*); (innerlich) ausgeglichen (*person*); **~·be·ing** Wohl(befinden) *n*; **~·born** aus guter Familie; **~·bred** wohlerzogen; **~·de·fined** deutlich; klar umrissen; **~·done** gutgemacht; (gut) durchgebraten (*meat*); **~·in·ten·tioned** wohlmeinend; gutgemeint; **~·kept** gepflegt, in gutem Zustand; **~·known** bekannt; **~·man·nered** mit guten Manieren; **~·nigh** *dated* beinahe; **~·off** wohlhabend; **~·read** belesen; **~·timed** (zeitlich) günstig, im richtigen Augenblick; *sports:* gutgetimed (*pass, etc.*); **~·to-do** wohlhabend; **~·worn** abgetragen; *fig.* abgedroschen.

Welsh [welʃ] **1.** walisisch; **2.** *ling.* Walisisch *n*; *the* **~** *pl.* die Waliser *pl.*; **~ *rab·bit*, ~ *rare·bit*** überbackener Käsetoast.

welt [welt] Strieme(n *m*) *f*.

wel·ter ['weltə] Wirrwarr *m*, Durcheinander *n*.

wench *dated* [wentʃ] (*esp.* Bauern)Mädchen *n*.

went [went] *past of go* 1.

wept [wept] *past and p.p. of weep.*

were [wɜː, wə] **1.** *past of be; German forms:* du warst, Sie waren, wir, sie waren, ihr wart; **2.** *past pass. of be:* wurde(n); **3.** *subj. past of be:* wäre(n).

west [west] **1.** West(en *m*); *a.* Westen *m*, westlicher Landesteil; *the* ♀ der Westen, die Weststaaten *pl.* (*of the US*); *pol.* der Westen; **2.** West..., westlich; **3.** westwärts, nach Westen; **~·er·ly** westlich; **1.** westlich; **2.** Western *m*, Wildwestfilm *m*; **~·ward(s)** westwärts.

wet [wet] **1.** naß, feucht; F *weak:* schlapp(schwänzig); **2.** Nässe *f*, Feuchtigkeit *f*; F *Brt.* (*a. pol.*) F Waschlappen *m*, Schlappschwanz *m*; **3.** (*-tt-*; *wet or wet·ted*) naß machen, anfeuchten.

weth·er *zo.* ['weðə] Hammel *m*.

wet·lands ['wetlændz] Feuchtgebiete *pl.*; **~ *nurse*** Amme *f*.

whack [wæk] **1.** (knallender) Schlag; F (An)Teil *m*; **2.** F schlagen; **~ed** F *exhausted:* fertig, erledigt; **~·ing 1.** F Mords...; **2.** (Tracht *f*) Prügel *pl.*

whale *zo.* [weɪl] Wal *m*; **~·bone** Fischbein *n*; **~ *oil*** Tran *m*.

whal·er ['weɪlə] Walfänger *m* (*a. ship*); **~·ing** Walfang *m*.

wharf [wɔːf] (pl. **wharfs, wharves** [~vz])
Kai m.

what [wɒt] **1.** was; wie; was für ein(e),
welche(r, -s), with pl.: was für; (das,)
was; **know ~'s** Bescheid wissen; ~
about ...? wie steht's mit ...?; ~ **for?**
wozu?; ~ **of it?**, so ~? na und?; ~ **next?**
was sonst noch?; iro. sonst noch was?,
das fehlte noch!; **and ~'s more** und
außerdem; ~ **luck!** was für ein Glück!;
2. int. was!, wie!; interrogative: was?,
wie?; **~(so-)ev-er** was auch (immer);
alles, was; **no** ~ ~ überhaupt kein(e).

wheat & [wiːt] Weizen m.

whee-dle ['wiːdl] beschwatzen; ~ **s.th.**
out of s.o. j-m et. abschwatzen.

wheel [wiːl] **1.** Rad n; mot. Steuer(rad) n,
Lenkrad n; a. potter's ~: Töpferscheibe
f; movement: Drehung f; ⚔ Schwen-
kung f; **2.** rollen, fahren, schieben; sich
drehen; ⚔ schwenken; **~bar-row**
Schubkarre(n m) f; **~chair** Rollstuhl
m; ~ **clamp** mot. Parkkralle f; **~ed** mit
Rädern; fahrbar; in compounds:
...räd(e)rig.

-wheel-er ['wiːlə] in compounds: Wagen
m or Fahrzeug n mit ... Rädern.

wheeze [wiːz] schnaufen, keuchen.

whelp [welp] **1.** zo. Welpe m; Junge(s) n;
dated F naughty child: Lauser m; **2.**
(Junge) werfen.

when [wen] **1.** wann; **2.** wenn; als; während, obwohl, wo ... (doch).

when-ev-er [wen'evə] (immer) wenn, sooft (als); wann auch immer; interrogative: wann denn, wann ... nur.

where [weə] wo; wohin; ~ ... **from?** woher ...?; ~ ... **to?** wohin ...?; **~a-bouts 1.**
[weərə'baʊts] wo etwa?; woher, wohin;
2. ['weərəbaʊts] Aufenthalt(sort) m,
Verbleib m; **~as** wohingegen, während
(doch); **~at** woran, wobei, worauf;
~by wodurch; **~fore** weshalb; **~in**
worin; **~of** wovon; **~up-on** wor-
auf(hin); **wher-ev-er** wo(hin) (auch)
immer; **~with-al** F die (nötigen) Mittel
pl., das nötige (Klein)Geld.

whet [wet] (-**tt**-) wetzen, schärfen; fig.
anstacheln.

wheth-er ['weðə] ob; ~ **or no** so oder
so.

whet-stone ['wetstəʊn] Schleifstein m.

whey [weɪ] Molke f.

which [wɪtʃ] **1.** welche(r, -s); **2.** der, die,
das; was; **~ev-er** welche(r, -s) (auch)
immer.

whiff [wɪf] **1.** Hauch m; Duftwolke f,
Geruch m; F Zigarillo m, n; puff: Zug
m; **have a few ~s** ein paar Züge machen; **2.** paffen; smell: F duften.

while [waɪl] **1.** Weile f, Zeit f; **for a ~** e-e
Zeitlang; **2.** mst ~ **away** sich die Zeit

vertreiben; verbringen; **3.** a. **whilst**
[waɪlst] während.

whim [wɪm] Laune f, Grille f.

whim-per ['wɪmpə] **1.** wimmern, winseln; **2.** Wimmern n, Winseln n.

whim|si-cal □ ['wɪmzɪkl] wunderlich;
launisch (a. weather, etc.); **~sy** Grille f,
Laune f.

whine [waɪn] winseln; wimmern.

whin-ny ['wɪnɪ] wiehern.

whip [wɪp] **1.** (-**pp**-) v/t. peitschen; geißeln (a. fig.); j-n verprügeln; schlagen;
a. eggs, cream: schlagen; **~ped cream**
Schlagsahne f, -rahm m; **~ped eggs** pl.
Eischnee m; v/i. sausen, flitzen; **2.** Peitsche f; (Reit)Gerte f.

whip-ping ['wɪpɪŋ] (Tracht f) Prügel pl.;
~ **boy** Prügelknabe m; **~top** Kreisel m.

whip-poor-will zo. ['wɪppʊəwɪl] Ziegen-
melker m.

whirl [wɜːl] **1.** wirbeln; (sich) drehen; **2.**
Wirbel m, Strudel m; **~pool** Strudel m;
~wind Wirbelwind m, -sturm m.

whir(r) [wɜː] (-**rr**-) schwirren.

whisk [wɪsk] **1.** schnelle or heftige Bewegung; Wisch m; Staubwedel m; cook-
ing: Schneebesen m; **2.** v/t. (ab-, weg-)
wischen, (ab-, weg)fegen; ~ **its tail**
horse: mit dem Schwanz schlagen; eggs:
schlagen; ~ **away** schnell verschwinden
lassen, wegnehmen; v/i. huschen, flitzen; **whis-ker** Barthaar n; ~**s** pl. Bak-
kenbart m.

whis-per ['wɪspə] **1.** flüstern; **2.** Flüstern
n, Geflüster n; **in a ~, in ~s** flüsternd, im
Flüsterton.

whis-tle ['wɪsl] **1.** pfeifen; **2.** Pfeife f;
Pfiff m; F Kehle f; ~ **stop** Am. 🚉 Bedarfshaltestelle f; Kleinstadt f; pol. of
candidate: Stippvisite f, kurzes Auftreten.

Whit [wɪt] in compounds: Pfingst...

white [waɪt] **1.** (~**r**, ~**st**) weiß; rein; fig.
anständig; Weiß...; **2.** Weiße(e) n; Wei-
ße(r m) f; **~col-lar** Büro...; ~ **worker**
(Büro)Angestellte(r m) f; ~ **crime**
Wirtschaftskriminalität f; Wirtschaftsver-
brechen n; ~ **el-e-phant** F nutzloses
Zeug; (costly: teure) Fehlinvestition; ~
heat Weißglut f; ~ **hope** F Hoffnungs-
träger(in); ~ **horse** Schimmel m; ♀
House pol. das Weiße Haus; ~ **knight**
fig. Retter m in der Not; ~ **lie** Notlüge f,
fromme Lüge; **whit-en** weiß machen or
werden; bleichen; **~ness** Weiße f;
Blässe f; **~wash 1.** Tünche f; fig.
Schönfärberei f; **2.** weißen, tünchen;
fig. reinwaschen; sports: zu Null schlagen.

whit-ish ['waɪtɪʃ] weißlich.

Whit-sun ['wɪtsn] Pfingst...; **~tide** Pfingsten n or pl.

whit·tle ['wɪtl] schnitze(l)n; ~ *away fig.* schwächen, beschneiden, herabsetzen, kürzen.

whiz(z) [wɪz] (-zz-) zischen, sausen; ~ **kid** F Senkrechtstarter(in).

who [huː, hʊ] wer; welche(r, -s), der, die, das.

who·dun(n)·it F [huːˈdʌnɪt] Krimi *m.*

who·ev·er [huːˈevə] wer (auch) immer.

whole [həʊl] **1.** □ ganz; voll(ständig); heil, unversehrt; **2.** Ganze(s) *n; the ~ of London* ganz London; *on the ~* im großen und ganzen; im allgemeinen; **~·heart·ed** □ aufrichtig; **~·meal** Vollkorn...; ~ *bread* Vollkornbrot *n;* **~·sale 1.** *econ.* Großhandel *m;* **2.** *econ.* Großhandels...; *fig.* Massen...; ~ *dealer* = **~·sal·er** *econ.* Großhändler *m;* **~·some** □ gesund; ~ *wheat esp. Am.* = *wholemeal.*

whol·ly *adv.* ['həʊllɪ] ganz, gänzlich.

whom [wuːm, hʊm] *interrogative* wen, wem; *rel.* welche(n, -s), welche(m, -r); den (die, das); dem (der).

whoop [huːp] **1.** *(esp.* Freuden)Schrei *m;* ♪ Keuchen *n (in* whooping cough); **2.** schreien, *a. ~ with joy* jauchzen; ~ *it up* F auf den Putz hauen; **~·ee** F: *make ~* F auf den Putz hauen; **~·ing cough** ♪ Keuchhusten *m;* **~·s** *int.* hoppla.

whore [hɔː] Hure *f.*

whose [huːz] *interrogative:* wessen; *rel.* dessen, deren.

why [waɪ] **1.** warum, weshalb; ~ *so?* wieso?; **2.** *int.* nun (gut); ja doch.

wick [wɪk] Docht *m.*

wick·ed □ ['wɪkɪd] böse, schlecht, schlimm; **~·ness** Bosheit *f.*

wick·er ['wɪkə] aus Weiden geflochten, Weiden..., Korb...; ~ *basket* Weidenkorb *m;* ~ *bottle* Korbflasche *f;* ~ *chair* Korbstuhl *m;* **~·work** Korbwaren *pl.;* Flechtwerk *n.*

wick·et ['wɪkɪt] *cricket:* Dreistab *m,* Tor *n,* Wicket *n.*

wide [waɪd] *adj.* □ *and adv.* weit; ausgedehnt; großzügig; breit; weitab; *sports:* daneben *(of ball, etc.);* **six meters ~** sechs Meter breit; ~ *awake* völlig (or hell)wach; aufgeweckt, wach; **wid·en** (sich) verbreitern; (sich) erweitern *(knowledge, etc.);* **~·o·pen** weitgeöffnet; *Am. laws: appr.* äußerst großzügig; **~·spread** weitverbreitet; ausgedehnt.

wid·ow ['wɪdəʊ] Witwe *f; attr.* Witwen...; **~·ed** verwitwet; **~·er** Witwer *m.*

width [wɪdθ] Breite *f,* Weite *f.*

wield [wiːld] *influence, etc.:* ausüben.

wife [waɪf] *(pl.* wives) (Ehe)Frau *f,* Gattin *f.*

wig [wɪg] Perücke *f.*

wild [waɪld] **1.** *adj.* □ wild; toll; rasend;

wütend; ausgelassen; planlos; ~ *about* (ganz) verrückt nach; **2.** *adv.: run ~* verwildern *(garden, etc.; a. fig. children, etc.); talk* ~ (wild) drauflosreden; dummes Zeug reden; **3.** *a.* ~*s pl.* Wildnis *f;* **~·cat 1.** *zo.* Wildkatze *f; econ. Am.* Schwindelunternehmen *n;* **2.** *wild (strike); econ. Am.* Schwindel...; **wil·der·ness** ['wɪldənɪs] Wildnis *f,* Wüste *f;* **~·fire: like ~** wie ein Lauffeuer; **~·life** *coll.* Tier- und Pflanzenwelt *f.*

wile [waɪl] List *f;* ~*s pl. a.* Schliche *pl.*

will [wɪl] **1.** Wille *m;* Wunsch *m;* Testament *n; of one's own free ~* aus freien Stücken; **2.** *v/aux. (past* would; *negative:* ~ *not,* won't) *ich, du etc.* will(st) *etc.; ich werde, wir werden; wollen; werden;* **3.** wollen; durch Willenskraft zwingen; entscheiden; ♪ vermachen.

wil(l)·ful □ ['wɪlfl] eigensinnig; absichtlich, *esp.* ♪♪ vorsätzlich.

will·ing □ ['wɪlɪŋ] *pred.* gewillt, willens, bereit; (bereit)willig; **~·ness** Bereitschaft *f;* Bereitwilligkeit *f.*

will-o'-the-wisp ['wɪləðə'wɪsp] Irrlicht *n.*

wil·low ♀ ['wɪləʊ] Weide *f;* **~·y** *fig.* geschmeidig; gertenschlank.

will·pow·er ['wɪlpaʊə] Willenskraft *f.*

wil·ly-nil·ly [wɪlɪ'nɪlɪ] wohl oder übel.

wilt [wɪlt] (ver)welken.

wi·ly □ ['waɪlɪ] (-*ier,* -*iest*) listig, gerissen.

win [wɪn] **1.** (-*nn-;* won) *v/t.* gewinnen; erringen; erlangen; erreichen; *j-n* dazu bringen (**to do** zu tun); ~ *s.o.* over or round *j-n* für sich gewinnen; *v/i.* gewinnen, siegen; **2.** *sports:* Sieg *m.*

wince [wɪns] (zusammen)zucken.

winch [wɪntʃ] Winde *f;* Kurbel *f.*

wind¹ [wɪnd] **1.** Wind *m;* Atem *m,* Luft *f;* ♪ Blähung(en *pl.) f; the ~* sg. or pl. ♪ die Bläser; *a load of ~* F leeres Geschwätz; **2.** *hunt.* wittern; verschnaufen lassen; *make breathless:* außer Atem bringen.

wind² [waɪnd] (wound) *v/t.* winden, wikkeln, schlingen; kurbeln; *(winded or wound) horn:* blasen; ~ *up clock, etc.:* aufziehen; *speech, etc.:* beschließen; *v/i.* sich winden; sich schlängeln; ~ *up (esp.* s-e Rede) schließen (**by saying** mit den Worten); F enden, landen.

wind|bag F ['wɪnd] Schwätzer(in); **~·fall** *fruit:* Fallobst *n; fig.* Glücksfall *m,* F warmer Regen.

wind·ing ['waɪndɪŋ] **1.** Windung *f;* **2.** sich windend; **~·stairs** *pl.* Wendeltreppe *f;* ~ *sheet* Leichentuch *n.*

wind-in·stru·ment ♪ ['wɪndɪnstrʊmənt] Blasinstrument *n.*

wind·lass ⊚ ['wɪndləs] Winde *f.*

wind·mill ['wɪnmɪl] Windmühle *f.*

win·dow ['wɪndəʊ] Fenster *n;* Schaufen-

ster *n*; *of bank, etc.*: Schalter *m*;
~**dress·ing** Schaufensterdekoration *f*;
fig. Aufmachung *f*, Mache *f*; ~ **shade**
Am. Rouleau *n*; ~**shop·ping** Schaufen-
sterbummel *m*; **go** ~ e-n Schaufenster-
bummel machen.

wind|pipe *anat.* ['wɪndpaɪp] Luftröhre *f*;
~**screen**, *Am.* ~**shield** *mot.* Wind-
schutzscheibe *f*; ~ **wiper** Scheibenwischer *m*; ~**surf·ing** *sports*: Windsurfing
n, -surfen *n*.

wind·y □ ['wɪndɪ] (*-ier, -iest*) windig (*a.
fig.*); *person*: geschwätzig.

wine [waɪn] Wein *m*; ~**press** (Wein-)
Kelter *f*.

wing [wɪŋ] **1.** Flügel *m* (*a. ✕ and arch.,
sports, pol.*); *of bird*: a. Schwinge *f*; *Brt.
mot.* Kotflügel *m*; ✔ Tragfläche *f*; ✔,
✕ Geschwader *n*; ~**s** *pl. thea.* Seiten-
kulisse *f*; **take** ~ weg-, auffliegen; **on
the** ~ im Flug; **2.** fliegen; *fig.* beflü-
geln.

wink [wɪŋk] **1.** Blinzeln *n*, Zwinkern *n*;
not get a ~ **of sleep** kein Auge zutun; *s.
forty*; **2.** blinzeln *od.* zwinkern (mit);
blinken (*Licht*); ~ **at** *j-m* zublinzeln; *fig.*
ein Auge zudrücken bei *et.*

win|ner ['wɪnə] Gewinner(in); Sie-
ger(in); ~**ning 1.** □ einnehmend, gewinnend; **2.** ~**s** *pl.* Gewinn *m*.

win|ter ['wɪntə] **1.** Winter *m*; **2.** überwin-
tern; den Winter verbringen; ~**ter**
sports *pl.* Wintersport *m*; ~**try** winter-
lich; *fig.* frostig.

wipe [waɪp] (ab-, auf)wischen; reinigen;
(ab)trocknen; ~ **out** auswischen; wegwischen, (aus)löschen; *fig.* vernichten; ~
up aufwischen; *dated* (*dishes*) abtrock-
nen; **wip·er** *mot.* Scheibenwischer *m*.

wire [waɪə] **1.** Draht *m*; ⚡ Leitung *f*; F
Telegramm *n*; **pull the** ~**s** der Drahtzieher sein; s-e Beziehungen spielen lassen; **2.** (ver)drahten; telegrafieren;
~**less 1.** □ drahtlos, Funk...; **2.** *Brt.
dated* Radio(apparat *m*) *n*; **on the** ~ im
Radio *or* Rundfunk; **3.** funken; ~
net·ting Maschendraht *m*; ~**tap** (*-pp-*)
Telefongespräche abhören, die Tele-
fonleitung anzapfen.

wir·y □ ['waɪərɪ] (*-ier, -iest*) drahtig,
sehnig.

wis·dom ['wɪzdəm] Weisheit *f*, Klugheit
f; ~ **tooth** Weisheitszahn *m*.

wise¹ □ [waɪz] (*~r, ~st*) weise, klug; ver-
ständig; erfahren; ~ **guy** F Klugscheißer
m.

wise² *dated* [~] Weise *f*, Art *f*.

wise-crack F ['waɪzkræk] **1.** witzige Bemerkung; **2.** witzeln.

wish [wɪʃ] **1.** wünschen; wollen; ~ **for**
(sich) *et.* wünschen; ~ **s.o. well** (**ill**) *j-m*
Gutes (Böses) wünschen; **2.** Wunsch *m*;

~**ful** □ sehnsüchtig; ~ **thinking**
Wunschdenken *n*.

wish·y-wash·y ['wɪʃɪwɒʃɪ] wäßrig,
dünn; *fig.* seicht, saft- u. kraftlos, F
wischiwaschi.

wisp [wɪsp] Bündel *n*; Strähne *f*.

wist·ful □ ['wɪstfl] sehnsüchtig.

wit¹ [wɪt] Geist *m*, Intelligenz *f*, Witz *m*;
a. ~**s** *pl.* Verstand *m*; geistreicher
Mensch; **be at one's** ~**s** *or* ~**s' end**
mit s-r Weisheit am Ende sein; **keep
one's** ~**s about one** e-n klaren Kopf
behalten.

wit² [~]: **to** ~ *esp.* ⅔ nämlich, das heißt.

witch [wɪtʃ] Hexe *f*, Zauberin *f*; ~**craft**,
~**e·ry** Hexerei *f*; ~**hunt** *pol.* Hexenjagd
f (**for, against** auf *acc.*).

with [wɪð] mit; nebst; bei; von; durch;
vor (*dat.*); ~ **it** F up to date, modern.

with·draw [wɪð'drɔː] (*-drew, -drawn*)
v/t. ab-, ent-, zurückziehen; zurücknehmen; *money*: abheben; *v/i.* sich zurückziehen; zurücktreten; *sports*: auf den
Start verzichten; ~**al** Zurückziehung *f*,
-nahme *f*; Rücktritt *m*; *esp.* ✕ Ab-,
Rückzug *m*; *econ.* Abheben *n* (*of
money*); *sports*: Startverzicht *m*; ⚕ Ent-
ziehung *f*; ~ **cure** ⚕ Entziehungskur *f*; ~
symptoms *pl.* ⚕ Entzugserscheinungen
pl.

with·er ['wɪðə] *v/i.* (ver)welken, verdorren, austrocknen; *v/t.* welken lassen.

with·hold [wɪð'həʊld] (*-held*) zurückhalten; ~ **s.th. from s.o.** *j-m* et. vorenthalten; ~**ing tax** *econ.* Quellensteuer *f*.

with|in [wɪ'ðɪn] **1.** *adv.* im Innern,
drin(nen); zu Hause; **2.** *prp.* in(ner-
halb); ~ **doors** im Hause; **~ call** in Ruf-
weite; ~**out 1.** *adv.* (dr)außen; äußerlich; **2.** *prp.* ohne.

with·stand [wɪð'stænd] (*-stood*) widerstehen (*dat.*).

wit·ness ['wɪtnɪs] **1.** Zeuge *m*, -in *f*; **bear**
~ **to** Zeugnis ablegen von, *et.* bestäti-
gen; **2.** bezeugen; Zeuge sein von *et.*;
beglaubigen; ~ **box**, *Am.* ~ **stand** Zeugenstand *m*.

wit|ti·cis·m ['wɪtɪsɪzəm] witzige Bemer-
kung; ~**ty** □ (*-ier, -iest*) witzig; geistreich.

wives [waɪvz] *pl. of* **wife**.

wiz·ard ['wɪzəd] Zauberer *m*; Genie *n*,
Leuchte *f*.

wiz·en(ed) ['wɪzn(d)] schrump(e)lig.

wob·ble ['wɒbl] schwanken, wackeln.

woe [wəʊ] Weh *n*, Leid *n*; ~ **is me!** wehe
mir!; ~**be·gone** ['~bɪgɒn] jammervoll;
~**ful** □ jammervoll, traurig, elend.

woke [wəʊk] *past and p.p. of* **wake** 2;
wok·en ['wəʊkən] *p.p. of* **wake** 2.

wold [wəʊld] hügeliges Land.

wolf [wʊlf] **1.** (*pl.* **wolves** [~vz]) *zo.* Wolf

m; 2. *a.* ~**down** (gierig) ver- *or* hinunterschlingen; ~**ish** □ wölfisch, Wolfs...

wom·an ['wʊmən] 1. (*pl.* **women** ['wɪmɪn]) Frau *f*; F (Ehe)Frau *f*; F Freundin *f*; F Geliebte *f*; 2. weiblich; ~ **doctor** Ärztin *f*; ~ **student** Studentin *f*; ~**hood** die Frauen *pl.*; Weiblichkeit *f*; ~**ish** □ weibisch; ~**ize** Frauen nachstellen; ~**iz·er** Schürzenjäger *m*, F Weiberheld *m*; ~**kind** die Frauen(welt *f*) *pl.*; ~**like** fraulich; ~**ly** weiblich, fraulich.

womb [wu:m] Gebärmutter *f*; Mutterleib *m*; *fig.* Schoß *m*.

wom·en ['wɪmɪn] *pl. of* **woman**; 2's **Liberation** (*Movement*), F 2's **Lib** [lɪb] Frauen(emanzipations)bewegung *f*; ~**folk**, ~**kind** die Frauen *pl.*; F Weibervolk *n*; ~**'s rights** *pl.* die Rechte *pl.* der Frau.

won [wʌn] *past and p.p. of* **win** 1.

won·der ['wʌndə] 1. Wunder *n*; Verwunderung *f*, Erstaunen *n*; **work** ~**s** Wunder wirken; 2. sich wundern; gern wissen mögen, sich fragen; *I* ~ *if you could help me* vielleicht können Sie mir helfen; ~**ful** □ wunderbar, -voll; ~**ing** □ staunend, verwundert.

wont [wəʊnt] 1. gewohnt; *be* ~ *to do* gewohnt sein zu tun, zu tun pflegen; 2. Gewohnheit *f*; *as was his* ~ wie es s-e Gewohnheit war.

won't [~] = *will not*.

wont·ed ['wəʊntɪd] gewohnt.

woo [wu:] werben um; locken.

wood [wʊd] Holz *n*; *often* ~**s** *pl.* Wald *m*, Gehölz *n*; Holzfaß *n*; = **woodwind**; *touch* ~*!* unberufen!, toi, toi, toi!; *he cannot see the* ~ *for the trees* er sieht den Wald vor lauter Bäumen nicht; ~**cut** Holzschnitt *m*; ~**cut·ter** Holzfäller *m*; *arts:* Holzschnitzer *m*; ~**ed** bewaldet; ~**en** □ hölzern, aus Holz, Holz...; *fig.* ausdruckslos; ~**man** [~mən] Förster *m*; Holzfäller *m*; ~**peck·er** *zo.* Specht *m*; ~**s·man** Waldbewohner *m*; ~**wind** ♪ Holzblasinstrument *n*; *the* ~ *sg. or pl.* die Holzbläser *pl.*; ~**work** Holzwerk *n*; ~**y** (-*ier*, -*iest*) waldig; holzig.

wool [wʊl] Wolle *f*; ~**gath·er·ing** Verträumtheit *f*; ~**(l)en** 1. wollen, Woll...; 2. ~**s** *pl.* Wollsachen *pl.*; ~**ly** 1. (-*ier*, -*iest*) wollig; Woll...; verschwommen (*ideas*); 2. **woollies** *pl.* F Wollsachen *pl.*

word [wɜ:d] 1. Wort *n*, Vokabel *f*; *message:* Nachricht *f*; ✗ Losung(swort *n*) *f*; *promise:* Wort *n*, Versprechen *n*; *order:* Befehl *m*; *saying:* Spruch *m*; ~**s** *pl.* Wörter *pl.*; Worte *pl.*; *fig.* Wortwechsel *m*, Streit *m*; Text *m* (*of a song*); *have a* ~ *with* mit *j-m* sprechen; *in a* or *one* ~ mit

e-m Wort; *in other* ~**s** mit anderen Worten; *keep one's* ~ sein Wort halten; 2. (in Worten) ausdrücken, (ab-) fassen; ~**ing** Wortlaut *m*, Fassung *f*; ~ **or·der** *gr.* Wort-, Satzstellung *f*; ~ **pro·cess·ing** *computer:* Textverarbeitung *f*; ~ **pro·ces·sor** *computer:* Textverarbeitungsanlage *f*, -system *n*; ~**split·ting** Wortklauberei *f*.

word·y □ ['wɜ:dɪ] (-*ier*, -*iest*) wortreich; Wort...

wore [wɔ:] *past of* **wear** 1.

work [wɜ:k] 1. Arbeit *f*, Werk *n*; *attr.* Arbeits...; ~**s** *pl.* ⊙ (Uhr-, Feder)Werk *n*; ✗ Befestigungen *pl.*; ~**s** *sg.* Werk *n*, Fabrik *f*; ~ *of art* Kunstwerk *n*; *at* ~ bei der Arbeit; *be in* ~ Arbeit haben; *be out of* ~ arbeitslos sein; *set to* ~, *set or go about one's* ~ an die Arbeit gehen; ~**s council** Betriebsrat *m*; 2. *v/i.* arbeiten (*at, on* an *dat.*); ⊙ funktionieren, gehen; wirken; *fig.* gelingen, F klappen; ~ *to rule econ.* Dienst nach Vorschrift tun; *v/t.* ver-, bearbeiten; *machine, etc.:* bedienen; betreiben; *fig.* bewirken; ~ *one's way* sich durcharbeiten; ~ *off* abaufarbeiten; *feelings:* abreagieren; *econ. goods:* abstoßen; ~ *out v/t.* planausarbeiten; *problem:* lösen; ausrechnen; *v/i. sports:* trainieren, sich fit halten; ~ *up* bearbeiten (*into* zu); *interest:* wecken; ~ *o.s. up* sich aufregen.

work·a·ble □ ['wɜ:kəbl] bearbeitungs-, betriebsfähig; ausführbar.

work·a·day ['wɜ:kədeɪ] Alltags...; ~**a·hol·ic** [wɜ:kə'hɒlɪk] Arbeitssüchtige *m*, *f*; ~**bench** ⊙ Werkbank *f*; ~**book** *school:* Arbeitsheft *n*; ~**day** Werktag *m*; *on* ~**s** werktags; ~**er** Arbeiter(in).

work·ing ['wɜ:kɪŋ] 1. ~**s** *pl.* Arbeitsweise *f*, Funktionieren *n*; 2. arbeitend; Arbeits...; Betriebs...; ~**class** Arbeiter...; ~ **day** Werk-, Arbeitstag *m*; ~ **hours** *pl.* Arbeitszeit *f*.

work·man ['wɜ:kmən] Arbeiter *m*; Handwerker *m*; ~**like** kunstgerecht, fachmännisch; ~**ship** Kunstfertigkeit *f*.

work·out ['wɜ:kaʊt], F *sports:* (Konditions)Training *n*; ~**shop** Werkstatt *f*; Werkraum *m*; ~**shy** arbeitsscheu, faul; ~**to-rule** *econ.* Dienst *m* nach Vorschrift; ~**wom·an** Arbeiterin *f*.

world [wɜ:ld] Welt *f*; *a* ~ *of* e-e Unmenge (von); *bring* (*come*) *into the* ~ zur Welt bringen (kommen); *think the* ~ *of* große Stücke halten auf (*acc.*); 2 **Bank** *econ.* Weltbank *f*; ~**cham·pi·on** Weltmeister(in); ~**class** (von) Weltklasse, von internationalem Format (*athlete, etc.*); 2 **Cup** Fußballweltmeisterschaft *f*; *skiing, etc.:* Weltcup *m*.

world·ly ['wɜːldlɪ] (-ier, -iest) weltlich; Welt...; **~wise** weltklug.

world| pow·er pol. ['wɜːldpaʊə] Weltmacht f; **~ rec·ord** sports, etc.: Weltrekord m; **~ holder** Weltrekordhalter(in); **~wide** weltweit, weltumspannend; Welt...

worm [wɜːm] **1.** zo. Wurm m (a. fig.); **2.** secret, etc.: entlocken (out of dat.); **~ o.s.** sich schlängeln, fig. sich einschleichen (into in acc.); **~eat·en** wurmstichig; fig. veraltet, altmodisch.

worn [wɔːn] p.p. of wear 1; **~out** abgenutzt; abgetragen; verbraucht (a. fig.); müde, erschöpft; abgezehrt; verhärmt.

wor·ried □ ['wʌrɪd] besorgt, beunruhigt.

wor·ry ['wʌrɪ] **1.** (sich) beunruhigen, (sich) ängstigen, sich sorgen, sich aufregen; ärgern; zerren an (dat.), (ab)würgen; plagen, quälen; **don't ~!** keine Angst or Sorge!; **2.** Unruhe f; Sorge f; Ärger m.

worse [wɜːs] (comp. of bad) schlechter, schlimmer, ärger; **~ luck!** leider!; um so schlimmer!; **wors·en** (sich) verschlechtern.

wor·ship ['wɜːʃɪp] **1.** Verehrung f; Gottesdienst m; Kult m; **2.** (esp. Brt. -pp-, Am. -p-) v/t. verehren; anbeten; v/i. den Gottesdienst besuchen; **~(p)er** Verehrer(in); Kirchgänger(in).

worst [wɜːst] **1.** adj. (sup. of bad) schlechteste(r, -s), schlimmste(r, -s), ärgste(r, -s); **2.** adv. (sup. of badly) am schlechtesten, am schlimmsten, am ärgsten; **3.** der, die, das Schlechteste or Schlimmste or Ärgste; **at (the) ~** schlimmstenfalls.

wor·sted ['wʊstɪd] Kammgarn n.

worth [wɜːθ] **1.** wert; **~ reading** lesenswert; **2.** Wert m; **~less** □ wertlos; unwürdig; **~while** der Mühe wert; **~y** □ (-ier, -iest) würdig; wert.

would [wʊd] past of will 2; **I ~ like** ich hätte gern; **~be** Möchtegern...; angehend, zukünftig.

wound¹ [wuːnd] **1.** Wunde f, Verletzung f (a. fig.), Verwundung f; fig. Kränkung f; **2.** verwunden, verletzen (a. fig.).

wound² [waʊnd] past and p.p. of wind².

wove [wəʊv] past of weave; **wov·en** ['wəʊvn] p.p. of weave.

wow int. F [waʊ] Mensch!, toll!

wran·gle ['ræŋgl] **1.** sich streiten or zanken; **2.** Streit m, Zank m.

wrap [ræp] **1.** (-pp-) v/t. often **~ up** (ein)wickeln; fig. (ein)hüllen; **be ~ped up in** gehüllt sein in (acc.); ganz aufgehen in (dat.); v/i. **~ up** sich einhüllen or -packen; **2.** Hülle f; Decke f; Schal m; Mantel m; **~per** Hülle f, Umschlag m;

a. postal **~** Streifband n; **~ping** Verpackung f; **~paper** Einwickel-, Pack-, Geschenkpapier n.

wrath lit. [rɔːθ] Zorn m, Wut f.

wreak lit. [riːk] vengeance: üben; anger, etc.: auslassen (on, upon an j-m).

wreath [riːθ] Kranz m; Ring m, Kreis m; **~e** v/t. (um)winden; v/i. sich ringeln or kräuseln.

wreck [rek] **1.** Wrack n; Trümmer pl.; Schiffbruch m; fig. Untergang m; **2.** zertrümmern, -stören; zugrunde richten, ruinieren; **be ~ed ♣** scheitern, Schiffbruch erleiden; in Trümmer gehen; ♠ entgleisen; **~age** Trümmer pl.; Wrackteile pl.; **~ed** schiffbrüchig; ruiniert; **~er** ♣ Bergungsschiff n, -arbeiter m; esp. hist. Strandräuber m; Abbrucharbeiter m; Am. mot. Abschleppwagen m; **~ing** esp. hist. Strandraub m; **~ company** Am. Abbruchfirma f; **~ service** Am. mot. Abschleppdienst m.

wren zo. [ren] Zaunkönig m.

wrench [rentʃ] **1.** reißen, zerren, ziehen; entwinden (from s.o. j-m); ♠ verrenken, -stauchen; **~ open** aufreißen; **2.** Ruck m; ♠ Verrenkung f, -stauchung f; fig. Schmerz m; ⊙ Schraubenschlüssel m; **be a ~** weh tun.

wrest [rest] reißen; **~ s.th. from s.o.** j-m et. entreißen.

wres|tle ['resl] ringen (mit); **~tler** esp. sports: Ringer m; **~tling** esp. sports: Ringen n.

wretch [retʃ] a. poor **~** armer Teufel; co. Wicht m.

wretch·ed □ ['retʃɪd] elend.

wrig·gle ['rɪgl] sich winden or schlängeln; **~ out of s.th.** sich aus e-r Sache herauswinden.

-wright [raɪt] in compounds: ...macher m, ...bauer m.

wring [rɪŋ] (wrung) hands: ringen; (aus)wringen; pressen; throat: umdrehen; abringen (from s.o. j-m); **~ s.o.'s heart** j-m zu Herzen gehen.

wrin·kle ['rɪŋkl] **1.** Runzel f, Falte f; **2.** (sich) runzeln.

wrist [rɪst] Handgelenk n; **~watch** Armbanduhr f; **~band** Bündchen n; Armband n; sports: Schweißband n.

writ [rɪt] Erlaß m; gerichtlicher Befehl; **Holy 2** die Heilige Schrift.

write [raɪt] (wrote, written) schreiben; **~ down** auf-, niederschreiben; **writ·er** Schreiber(in); Verfasser(in); Schriftsteller(in).

writhe [raɪð] sich krümmen.

writ·ing ['raɪtɪŋ] Schreiben n (act); Aufsatz m; Werk n; (Hand)Schrift f; Schriftstück n; Urkunde f; Stil m; attr. Schreib...; **in ~** schriftlich; **~case**

Schreibmappe *f*; ~ **desk** Schreibtisch *m*; ~ **pad** Schreibblock *m*; ~ **pa·per** Schreibpapier *n*.

writ·ten ['rɪtn] **1.** *p.p. of* **write**; **2.** *adj.* schriftlich.

wrong [rɒŋ] **1.** □ unrecht; verkehrt, falsch; **be** ~ unrecht haben; nicht in Ordnung sein; falsch gehen (*clock, watch*); **go** ~ schiefgehen; **be on the** ~ **side of sixty** über 60 (Jahre alt) sein; **2.** Unrecht *n*; Beleidigung *f*; Irrtum *m*, Unrecht *n*; **be in the** ~ unrecht haben; **3.**

unrecht tun (*dat.*); ungerecht behandeln; ~**do·er** Übeltäter(in); ~**foot** *sports*: j-n auf dem falschen Fuß erwischen (*a. fig.*); *fig.* überraschen, unvorbereitet treffen; ~**ful** □ ungerecht; unrechtmäßig.

wrote [rəʊt] *past of* **write**.

wrought| i·ron [rɔːt'aɪən] Schmiedeeisen *n*; ~**i·ron** schmiedeeisern.

wrung [rʌŋ] *past and p.p. of* **wring**.

wry □ [raɪ] (**-ier, -iest**) schief, krumm, verzerrt.

X, Y

X-mas F ['krɪsməs] = *Christmas*.

X-ray [eks'reɪ] **1.** ~**s** *pl.* Röntgenstrahlen *pl.*; **2.** Röntgen...; **3.** durchleuchten, röntgen.

xy·lo·phone ♪ ['zaɪləfəʊn] Xylophon *n*.

yacht ⚓ [jɒt] **1.** (Segel-, Motor)Jacht *f*; (Renn)Segler *m*; **2.** auf e-r Jacht fahren; segeln; ~**club** Segel-, Jachtklub *m*; ~**ing** Segelsport *m*; *attr.* Segel...

Yan·kee F ['jæŋkɪ] Yankee *m*.

yap [jæp] (**-pp-**) kläffen; F quasseln; F meckern.

yard [jɑːd] Yard *n* (= *0,914 m*); ⚓ Rah(e) *f*; Hof *m*; (Bau-, Stapel)Platz *m*; *Am.* Garten *m*; ~ **mea·sure**, ~**stick** Yardstock *m*, -maß *n*.

yarn [jɑːn] Garn *n*; F Seemannsgarn *n*, abenteuerliche Geschichte.

yawl ⚓ [jɔːl] Jolle *f*.

yawn [jɔːn] **1.** gähnen; **2.** Gähnen *n*.

yea F *dated* [jeɪ] ja.

year [jɪə, jɜː] Jahr *n*; *wine, students, etc.*: Jahrgang *m*; *from his or her earliest* ~**s** von frühester Kindheit an; ~**book** Jahrbuch *n*; ~**ly** jährlich.

yearn [jɜːn] sich sehnen (*for* nach); ~**ing** **1.** Sehnen *n*, Sehnsucht *f*; **2.** □ sehnsüchtig.

yeast [jiːst] Hefe *f*; Schaum *m*.

yell [jel] **1.** (gellend) schreien; aufschreien; **2.** (gellender) Schrei; Anfeuerungs-, Schlachtruf *m*.

yel·low ['jeləʊ] **1.** gelb; F *cowardly*: hasenfüßig, feig; Sensations...; **2.** Gelb *n*; **3.** (sich) gelb färben; ~ **card** *sports*: die gelbe Karte; ~**ed** vergilbt; ~ **fe·ver** ♦ Gelbfieber *n*; ~**ish** gelblich; ~ **pag·es** *pl. teleph.* die gelben Seiten, Branchenverzeichnis *n*; ~ **press** Sensations-, Boulevardpresse *f*.

yelp [jelp] **1.** (auf)jaulen (*dog, etc.*); aufschreien; **2.** (Auf)Jaulen *n*; Aufschrei *m*.

yeo·man *esp. hist.* ['jəʊmən] (*pl.* -**men**) freier Bauer.

yep F [jep] ja.

yes [jes] **1.** ja; doch; **2.** Ja *n*.

yes·ter·day ['jestədɪ] gestern.

yet [jet] **1.** *adv.* noch; schon (*in questions*); sogar; **as** ~ bis jetzt; **not** ~ noch nicht; **2.** *cj.* aber (dennoch), doch.

yew ♣ [juː] Eibe *f*.

yield [jiːld] **1.** *v/t.* (ein-, hervor)bringen; *profit*: abwerfen; *v/i.* ♂ tragen; sich fügen, nachgeben; **2.** Ertrag *m*; ~**ing** □ nachgebend; *fig.* nachgiebig.

yip·pee *int.* F ['jɪ'piː] hurra!

yo·del ['jəʊdl] **1.** Jodler *m*; **2.** (*esp. Brt.* -**ll**-, *Am.* -**l**-) jodeln.

yog·hurt ['jɒɡət] Joghurt *m, n.*

yoke [jəʊk] **1.** Joch *n* (*a. fig.*); *oxen*: Paar *n*, Gespann *n*; Schultertrage *f*; **2.** anschließen, zusammenspannen; *fig.* paaren (**to** mit).

yolk [jəʊk] (Ei)Dotter *m, n*, Eigelb *n.*

yon *dated or lit.* [jɒn], ~**der** *dated or lit.* da *or* dort drüben.

yore [jɔː]: **of** ~ ehemals, ehedem.

you [juː, jʊ] du, ihr, Sie; man.

young [jʌŋ] **1.** □ jung; jung, klein; **2.** (Tier)Junge *pl.*; **the** ~ die jungen Leute, die Jugend; **with** ~ trächtig; ~**ster** Jugendliche(r *m*) *f*, Junge *m.*

your [jɔː] dein(e), euer(e), Ihr(e); ~**s** deine(r, -s), euer, euere(s), Ihre(r, -s), ⚓, *Bill in letters*: Dein Bill; ~**self** (*pl.* ~**selves**) du, ihr, Sie selbst; dir, dich, euch, sich; **by** ~ allein.

youth [juːθ] (*pl.* ~**s** [~ðz]) Jugend *f*; junger Mann, Jüngling *m*; ~ **hostel** Jugendherberge *f*; ~**ful** □ jugendlich.

yuck *int.* [jʌk] igitt.

Yu·go·slav [juːɡəʊ'slɑːv] **1.** jugoslawisch; **2.** Jugoslawe *m*, -in *f.*

yule·tide *esp. poet.* ['juːltaɪd] Weihnachten *n*, Weihnachtszeit *f.*

Z

zeal [zi:l] Eifer m; ~ot ['zelət] Eiferer m; ~ous □ ['zeləs] eifrig; eifrig bedacht (for auf acc.); innig, heiß.

zeb·ra zo. ['zi:brə] Zebra n; ~ cross·ing Zebrastreifen m.

zen·ith ['zeniθ] Zenit m; fig. Höhepunkt m.

ze·ro ['zɪərəu] 1. (pl. -ros, -roes) Null f; Nullpunkt m; 2. Null...; ~ (economic) growth Nullwachstum n; ~ option pol. Nullösung f; have ~ interest in s.th. F null Bock auf et. haben.

zest [zest] 1. Würze f (a. fig.); Lust f, Freude f; Genuß m; 2. würzen.

zig·zag ['zɪgzæg] 1. Zickzack m; Zickzacklinie f, -kurs m, -weg m; 2. im Zickzack laufen or fahren etc.

zinc [zɪŋk] 1. min. Zink n; 2. verzinken.

zip [zɪp] 1. Schwirren n; F Schwung m; = zip-fastener; 2. (-pp-): ~ s.th. open den Reißverschluß von et. öffnen; ~ s.o. up j-m den Reißverschluß zumachen; ~ code Am. Postleitzahl f; ~·fas·ten·er esp. Brt., ~·per Am. Reißverschluß m.

zo·di·ac ast. ['zəudiæk] Tierkreis m.

zone [zəun] Zone f; fig. Gebiet n.

zoo [zu:] (pl. ~s) Zoo m.

zo·o·log·i·cal □ [zəuə'lɒdʒɪkl] zoologisch; ~ garden(s) zoologischer Garten.

zo·ol·o·gy [zəu'ɒlədʒɪ] Zoologie f.

zoom [zu:m] 1. surren; ✈ steil hochziehen; F sausen; phot., film: zoomen; ~ in on s.th. phot., film: et. heranholen; ~ past F vorbeisausen; 2. Surren n; ✈ Steilflug m; ~ lens phot. Zoomobjektiv n, Gummilinse f.

APPENDIX

Proper Names

Aachen ['aːxən] n Aachen, Aix-la-Chapelle
Adler ['aːdlər] Austrian psychologist
Adria ['aːdria] f the Adriatic (Sea)
Afrika ['aːfrika] n Africa
Ägäis [ɛˈgɛːɪs] f the Aegean (Sea)
Ägypten [ɛˈgʏptən] n Egypt
Albanien [alˈbaːniən] n Albania
Algerien [alˈgeːriən] n Algeria
Algier ['alʒiːr] n Algiers
Allgäu ['algɔy] n the Al(l)gäu (region of Bavaria, Germany)
Alpen ['alpən] pl. the Alps
Amerika [aˈmeːrika] n America
Anden ['andən] pl. the Andes
Antillen [anˈtɪlən] pl. the Antilles
Antwerpen [antˈvɛrpən] n Antwerp
Apenninen [apeˈniːnən] pl. the Apennines
Argentinien [argɛnˈtiːniən] n Argentina, the Argentine
Ärmelkanal ['ɛrmɛlkanaːl] m the English Channel, the Channel
Asien ['aːziən] n Asia
Athen [aˈteːn] n Athens
Äthiopien [ɛˈtioːpiən] n Ethiopia
Atlantik [atˈlantɪk] m the Atlantic (Ocean)
Australien [aʊsˈtraːliən] n Australia

Bach [bax] German composer
Barlach ['barlax] German sculptor
Basel ['baːzəl] n Basel, Basle
Bayern ['baiərn] n Bavaria
Beethoven ['beːthoːfən] German composer
Belgien ['bɛlgiən] n Belgium
Belgrad ['bɛlgraːt] n Belgrade
Berlin [bɛrˈliːn] n German city
Bern [bɛrn] n Bern(e)
Bloch [blɔx] German philosopher
Böcklin ['bœkliːn] German painter
Bodensee ['boːdənzeː] m Lake Constance
Böhm [bøːm] Austrian conductor
Böhmen hist. ['bøːmən] n Bohemia
Böll [bœl] German author
Bonn [bɔn] n German city
Brahms [braːms] German composer
Brasilien [braˈziːliən] n Brazil
Braunschweig ['braunʃvaik] n Braunschweig, Brunswick
Brecht [brɛçt] German dramatist
Bremen ['breːmən] n German city
Bruckner ['brʊknər] Austrian composer

Brüssel ['brʏsəl] n Brussels
Budapest ['buːdapɛst] n Hungarian city
Bukarest ['buːkarɛst] n Bucharest
Bulgarien [bʊlˈgaːriən] n Bulgaria

Calais [kaˈlɛː] n: die Straße von ~ the Straits of Dover
Calvin [kalˈviːn] Swiss religious reformer
Chile ['tʃiːle] n Chile
China ['çiːna] n China

Daimler ['daimlər] German inventor
Dänemark ['dɛːnəmark] n Denmark
Deutschland ['dɔytʃlant] n Germany
Diesel ['diːzəl] German inventor
Döblin ['døːbliːn] German author
Dolomiten [doloˈmiːtən] pl. the Dolomites
Donau ['doːnau] f the Danube
Dortmund ['dɔrtmʊnt] n German city
Dresden ['dreːsdən] n German city
Dünkirchen ['dyːnkɪrçən] n Dunkirk
Dürer ['dyːrər] German painter
Dürrenmatt ['dʏrənmat] Swiss dramatist
Düsseldorf ['dʏsəldɔrf] n German city

Egk [ɛk] German composer
Eichendorff ['aiçəndɔrf] German poet
Eiger ['aigər] m Swiss mountain
Einstein ['ainʃtain] German physicist
Elbe ['ɛlbə] f German river
Elsaß ['ɛlzas] n Alsace
England ['ɛnlant] n England
Essen ['ɛsən] n German city
Europa [ɔyˈroːpa] n Europe

Finnland ['fɪnlant] n Finland
Florenz [floˈrɛnts] n Florence
Fontane [fɔnˈtaːnə] German author
Franken ['fraŋkən] n Franconia
Frankfurt am Main ['fraŋkfurt am 'main] n Frankfurt on the Main
Frankfurt an der Oder ['fraŋkfurt an deːr 'oːdər] n Frankfurt on the Oder
Frankreich ['fraŋkraiç] n France
Freud [frɔyt] Austrian psychologist
Frisch [frɪʃ] Swiss author

Garmisch ['garmɪʃ] n health resort in Bavaria, Germany
Genf [gɛnf] n Geneva; ~er See Lake Geneva
Genua ['geːnua] n Genoa

Goethe ['gøːtə] *German poet*
Grass [gras] *German author*
Griechenland ['griːçənlant] *n* Greece
Grillparzer ['grɪlpartsər] *Austrian dramatist*
Grönland ['grøːnlant] *n* Greenland
Gropius ['groːpiʊs] *German architect*
Großbritannien [groːsbri'taniən] *n* (Great) Britain
Großglockner ['groːsglɔknər] *m Austrian mountain*
Grünewald ['gryːnəvalt] *German painter*

Haag [haːk]: Den ~ The Hague
Hahn [haːn] *German chemist*
Hamburg ['hamburk] *n German city*
Händel ['hɛndəl] Handel (*German composer*)
Hannover [ha'noːfər] *n* Hanover
Harz [haːrts] *m the Harz (Mountains)*
Hauptmann ['hauptman] *German dramatist*
Haydn ['haɪdən] *Austrian composer*
Hegel ['heːgəl] *German philosopher*
Heidegger ['haɪdəgər] *German philosopher*
Heidelberg ['haɪdəlberk] *n German city*
Heine ['haɪnə] *German poet*
Heisenberg ['haɪzənberk] *German physicist*
Heißenbüttel ['haɪsənbytəl] *German poet*
Helgoland ['helgolant] *n* Hel(i)goland
Helsinki ['helzɪŋki] *n Finnish city*
Hesse ['hesə] *German poet*
Hindemith ['hɪndəmɪt] *German composer*
Hölderlin ['hœldərliːn] *German poet*
Holland ['hɔlant] *n* Holland

Indien ['ɪndiən] *n* India
Inn [ɪn] *m affluent of the Danube*
Innsbruck ['ɪnsbruk] *n Austrian city*
Irak [i'raːk] *m* Iraq
Iran [i'raːn] *m* Iran
Irland ['ɪrlant] *n* Ireland
Island ['iːslant] *n* Iceland
Israel ['ɪsraɛl] *n* Israel
Italien [i'taːliən] *n* Italy

Japan ['jaːpan] *n* Japan
Jaspers ['jaspərs] *German philosopher*
Jordanien [jɔr'daːniən] *n* Jordan
Jugoslawien *hist.* [jugo'slaːviən] *n* Yugoslavia
Jung [juŋ] *Swiss psychologist*
Jungfrau ['juŋfrau] *f Swiss mountain*

Kafka ['kafka] *Czech author*
Kanada ['kanada] *n* Canada
Kant [kant] *German philosopher*

Karlsruhe ['karlsruːə] *n German city*
Kärnten ['kɛrntən] *n* Carinthia
Kästner ['kɛstnər] *German author*
Kiel [kiːl] *n German city*
Klee [kleː] *Swiss-born painter*
Kleist [klaɪst] *German poet*
Koblenz ['koːblɛnts] *n* Koblenz, Coblenz
Kokoschka [ko'kɔʃka] *Austrian painter*
Köln [kœln] *n* Cologne
Kolumbien [ko'lumbiən] *n* Colombia
Kolumbus [ko'lumbus] *m* Columbus
Konstanz ['kɔnstants] *n* Constance
Kopenhagen [koːpən'haːgən] *n* Copenhagen
Kordilleren [kɔrdɪl'jeːrən] *pl. the* Cordilleras
Kreml ['kreːməl] *m the* Kremlin

Leibniz ['laɪbnɪts] *German philosopher*
Leipzig ['laɪptsɪç] *n* Leipsic
Lessing ['lesɪŋ] *German poet*
Libanon ['liːbanon] *m* Lebanon
Liebig ['liːbɪç] *German chemist*
Lissabon ['lɪsabon] *n* Lisbon
London ['lɔndon] *n* London
Lothringen ['loːtrɪŋən] *n* Lorraine
Lübeck ['lyːbɛk] *n German city*
Luther ['luːtər] *German religious reformer*
Luxemburg ['luksəmburk] *n* Luxemb(o)urg
Luzern [lu'tsɛrn] *n* Lucerne

Maas [maːs] *f the* Meuse, *the* Maas
Madrid [ma'drɪt] *n* Madrid
Mahler ['maːlər] *Austrian composer*
Mailand ['maɪlant] *n* Milan
Main [maɪn] *m German river*
Mainz [maɪnts] *n German city*
Mann [man] *name of three German authors*
Marokko [ma'rɔko] *n* Morocco
Matterhorn ['matərhɔrn] *n Swiss mountain*
Meißen ['maɪsən] *n* Meissen
Memel ['meːməl] *f frontier river in East Prussia*
Menzel ['mɛntsəl] *German painter*
Mexiko ['mɛksiko] *n* Mexico
Mies van der Rohe ['miːs fan der 'roːə] *German architect*
Mittelmeer ['mɪtəlmeːr] *n the* Mediterranean (Sea)
Moldau ['mɔldau] *f the* Vltava; *hist. the* Moldau (*Bohemian river*)
Mörike ['møːrɪkə] *German poet*
Mosel ['moːzəl] *f the* Moselle
Mössbauer ['mœsbauər] *German physicist*
Moskau ['mɔskau] *n* Moscow
Mozart ['moːtsart] *Austrian composer*
München ['mynçən] *n* Munich

Neapel [ne'a:pəl] n Naples
Neiße ['naɪsə] f German river
Neufundland [nɔy'fʊntlant] n Newfoundland
Neuseeland [nɔy'ze:lant] n New Zealand
Niederlande ['ni:dərlandə] pl. the Netherlands
Nietzsche ['ni:tʃə] German philosopher
Nil [ni:l] m the Nile
Nordamerika ['nɔrtʔa'me:rika] n North America
Nordsee ['nɔrtze:] f the North Sea
Normandie [nɔrman'di:] f Normandy
Norwegen ['nɔrve:gən] n Norway
Nürnberg ['nʏrnbɛrk] n Nuremberg

Oder ['o:dər] f German river
Orff [ɔrf] German composer
Oslo ['ɔslo] n Oslo
Ostende [ɔst'ʔɛndə] n Ostend
Österreich ['ø:stəraɪç] n Austria
Ostsee ['ɔstze:] f the Baltic (Sea)

Palästina [palɛs'ti:na] n Palestine
Paris [pa'ri:s] n Paris
Persien hist. ['pɛrzɪən] n Persia
Pfalz [pfalts] f the Palatinate
Philippinen [fɪlɪ'pi:nən] pl. the Philippines
Planck [plaŋk] German physicist
Polen ['po:lən] n Poland
Pommern ['pɔmərn] n Pomorze; hist. Pomerania
Porsche ['pɔrʃə] German inventor
Portugal ['pɔrtugal] n Portugal
Prag [pra:k] n Prague
Preußen hist. ['prɔysən] n Prussia
Pyrenäen [pyre'nɛ:ən] pl. the Pyrenees

Rhein [raɪn] m the Rhine
Rilke ['rɪlkə] Austrian poet
Rom [ro:m] n Rome
Röntgen ['rœntgən] German physicist
Ruhr [ru:r] f German river; **Ruhrgebiet** ['ru:rgəbi:t] n industrial center of Germany
Rumänien [ru'mɛ:nɪən] n Rumania, Ro(u)mania
Rußland ['rʊslant] n Russia

Saale ['za:lə] f German river
Saar [za:r] f affluent of the Moselle
Salzburg ['zaltsbʊrk] Austrian city
Schiller ['ʃɪlər] German poet
Schlesien hist. ['ʃle:zɪən] n Silesia
Schönberg ['ʃø:nbɛrk] Austrian composer
Schottland ['ʃɔtlant] n Scotland

Schubert ['ʃu:bərt] Austrian composer
Schumann ['ʃu:man] German composer
Schwaben ['ʃva:bən] n Swabia
Schwarzwald ['ʃvartsvalt] m the Black Forest
Schweden ['ʃve:dən] n Sweden
Schweiz [ʃvaɪts]: **die** ~ Switzerland
Sibirien [zi'bi:rɪən] n Siberia
Siemens ['zi:məns] German inventor
Sizilien [zi'tsi:lɪən] n Sicily
Skandinavien [skandi'na:vɪən] n Scandinavia
Sofia ['zofia] n Sofia
Spanien ['ʃpa:nɪən] n Spain
Spitzweg ['ʃpɪtsve:k] German painter
Spranger ['ʃpraŋər] German philosopher
Stifter ['ʃtɪftər] Austrian author
Stockholm ['ʃtɔkhɔlm] n Stockholm
Storm [ʃtɔrm] German poet
Straßburg ['ʃtra:sbʊrk] n Strasbourg
Strauß [ʃtraʊs] Austrian composer
Strauss [ʃtraʊs] German composer
Stuttgart ['ʃtʊtgart] n German city
Südamerika ['zy:tʔa'me:rika] n South America
Syrien ['zy:rɪən] n Syria

Themse ['tɛmzə] f the Thames
Tirol [ti'ro:l] n (the) Tyrol
Tschechoslowakei hist. [tʃɛçoslova'kaɪ]: **die** ~ Czechoslovakia
Türkei [tʏr'kaɪ] f: **die** ~ Turkey

Ungarn ['ʊŋgarn] n Hungary
Ural [u'ra:l] m the Urals

Vatikan [vati'ka:n] m the Vatican
Venedig [ve'ne:dɪç] n Venice
Vereinigte Staaten (von Amerika) [fɛr'ʔaɪnɪçtə 'ʃta:tən (fɔn a'me:rika)] pl. the United States (of America)
Vierwaldstätter See [fi:r'valtʃtɛtər 'ze:] m Lake Lucerne

Wagner ['va:gnər] German composer
Wankel ['vaŋkəl] German inventor
Warschau ['varʃaʊ] n Warsaw
Weichsel ['vaɪksəl] f the Vistula
Weiß [vaɪs] German dramatist
Werfel ['vɛrfəl] Austrian author
Weser ['ve:zər] f German river
Wien [vi:n] n Vienna
Wiesbaden ['vi:sba:dən] n German city

Zuckmayer ['tsʊkmaɪər] German dramatist
Zweig [tsvaɪk] Austrian author
Zürich ['tsy:rɪç] n Zurich
Zypern ['tsy:pərn] n Cyprus

States of the
Federal Republic of Germany

Baden-Württemberg ['baːdən'vʏrtəmberk] Baden-Württemberg
Bayern ['baɪərn] Bavaria
Berlin [bɛr'liːn] Berlin
Brandenburg ['brandənbʊrk] Brandenburg
Bremen ['breːmən] Bremen
Hamburg ['hambʊrk] Hamburg
Hessen ['hɛsən] Hesse
Mecklenburg-Vorpommern ['meːklənbʊrk'foːrpʊmərn] Mecklenburg-Western Pomerania
Niedersachsen ['niːdərzaksən] Lower

Saxony
Nordrhein-Westfalen ['nɔrtraɪnvɛst'faːlən] North Rhine-Westphalia
Rheinland-Pfalz ['raɪnlant'pfalts] Rhineland-Palatinate
Saarland ['zaːrlant]: das ~ the Saarland
Sachsen ['zaksən] Saxony
Sachsen-Anhalt ['zaksən'anhalt] Saxony-Anhalt
Schleswig-Holstein ['ʃleːsvɪç'hɔlʃtaɪn] Schleswig-Holstein
Thüringen ['tyːrɪŋən] Thuringia

States of the Republic of Austria

Burgenland ['bʊrgənlant]: das ~ the Burgenland
Kärnten ['kɛrntən] Carinthia
Niederösterreich ['niːdərˀøːstəraɪç] Lower Austria
Oberösterreich ['oːbərˀøːstəraɪç] Up-

per Austria
Salzburg ['zaltsbʊrk] Salzburg
Steiermark ['ʃtaɪərmark]: die ~ Styria
Tirol [ti'roːl] Tyrol
Vorarlberg ['foːrˀarlbɛrk] Vorarlberg
Wien [viːn] Vienna

Cantons of the Swiss Confederation

Aargau ['aːrgaʊ]: der ~ the Aargau
Appenzell [apən'tsɛl] Appenzell
Basel ['baːzəl] Basel, Basle
Bern [bɛrn] Bern(e)
Freiburg ['fraɪbʊrk], French Fribourg [fri'buːr] Fribourg
Genf [gɛnf], French Genève [ʒə'nɛːv] Geneva
Glarus ['glaːrʊs] Glarus
Graubünden [graʊ'byndən] Graubünden, Grisons
Jura ['juːra]: der ~ the Jura
Luzern [lu'tsɛrn] Lucerne
Neuenburg ['nɔyənbʊrk], French Neuchâtel [nøʃa'tɛl] Neuchâtel
St. Gallen [zaŋkt 'galən] St Gallen,

St Gall
Schaffhausen [ʃaf'haʊzən] Schaffhausen
Schwyz [ʃviːts] Schwyz
Solothurn ['zoːlotʊrn] Solothurn
Tessin [tɛ'siːn]: der ~ the Ticino, Italian Ticino [ti'tʃiːno]: das ~ the Ticino
Thurgau ['tuːrgaʊ]: der ~ the Thurgau
Unterwalden ['ʊntərvaldən] Unterwalden
Uri ['uːri] Uri
Waadt [vaːˀt], French Vaud [vo] Vaud
Wallis ['valɪs], French Valais [va'lɛ]: das ~ the Valais, Wallis
Zug [tsuːk] Zug
Zürich ['tsyːrɪç] Zurich

German Abbreviations

a. a. O. *am angeführten Ort* in the place cited, *abbr.* loc. cit., l. c.

Abb. *Abbildung* illustration

Abf. *Abfahrt* departure, *abbr.* dep.

Abg. *Abgeordnete* Member of Parliament, *etc.*

Abk. *Abkürzung* abbreviation

Abs. *Absatz* paragraph; *Absender* sender

Abschn. *Abschnitt* paragraph, chapter

Abt. *Abteilung* department, *abbr.* dept.

a. D. *außer Dienst* retired

ADAC *Allgemeiner Deutscher Automobil-Club* General German Automobile Association

Adr. *Adresse* address

AG *Aktiengesellschaft* (stock) corporation, joint-stock company

allg. *allgemein* general

a. M. *am Main* on the Main

Ank. *Ankunft* arrival

Anm. *Anmerkung* note

a. O. *an der Oder* on the Oder

a. Rh. *am Rhein* on the Rhine

Art. *Artikel* article

ASU *Abgassonderuntersuchung* exhaust-emission test

atü *Atmosphärenüberdruck* atmospheric excess pressure

Aufl. *Auflage* edition

b. *bei* at; with; *with place names:* near, *abbr.* nr; care of, *abbr.* c/o

Bd. *Band* volume, *abbr.* vol.; **Bde.** *Bände* volumes, *abbr.* vols.

beil. *beiliegend* enclosed

Bem. *Bemerkung* note, comment, observation

bes. *besonders* especially

betr. *betreffend, betrifft, betreffs* concerning, respecting, regarding

Betr. *Betreff, betrifft letter:* subject, re

bez. *bezahlt* paid; *bezüglich* with reference to

Bez. *Bezirk* district

Bhf. *Bahnhof* station

BRD *Bundesrepublik Deutschland* Federal Republic of Germany

BRT *Bruttoregistertonnen* gross register tons

b. w. *bitte wenden* please turn over, *abbr.* PTO

bzw. *beziehungsweise* respectively

C *Celsius* Celsius, *abbr.* C

ca. *circa, ungefähr, etwa* about, approximately, *abbr.* c

cbm *Kubikmeter* cubic met|er, *Brt.* -re

ccm *Kubikzentimeter* cubic centimet|er, *Brt.* -re

CDU *Christlich-Demokratische Union* Christian Democratic Union

cm *Zentimeter* centimet|er, *Brt.* -re

Co. *Kompagnon* partner; *Kompanie* Company

CSU *Christlich-Soziale Union* Christian Social Union

d. Ä. *der Ältere* senior, *abbr.* sen.

DB *Deutsche Bundesbahn* German Federal Railway

DDR *hist. Deutsche Demokratische Republik* German Democratic Republic

DGB *Deutscher Gewerkschaftsbund* Federation of German Trade Unions

dgl. *dergleichen, desgleichen* the like

d. h. *das heißt* that is, *abbr.* i. e.

d. i. *das ist* that is, *abbr.* i. e.

DIN *Deutsche Industrie-Norm(en)* German Industrial Standards

Dipl. *Diplom* diploma

d. J. *dieses Jahres* of this year; *der Jüngere* junior, *abbr.* jr, jun.

DM *Deutsche Mark* German Mark(s)

d. M. *dieses Monats* instant, *abbr.* inst.

do. *dito* ditto, *abbr.* do.

d. O. *der (die, das) Obige* the above-mentioned

dpa *Deutsche Presse-Agentur* German Press Agency

Dr. *Doktor* Doctor, *abbr.* Dr.; ~ *jur. Doktor der Rechte* Doctor of Laws (LLD); ~ *med. Doktor der Medizin* Doctor of Medicine (MD); ~ *phil. Doktor der Philosophie* Doctor of Philosophy (PhD, DPhil); ~ *theol. Doktor der Theologie* Doctor of Divinity (DD)

DRK *Deutsches Rotes Kreuz* German Red Cross

dt(sch). *deutsch* German

Dtz., Dtzd. *Dutzend* dozen

ebd. *ebenda* in the same place

ECU, Ecu *European Currency unit(s), europäische Währungseinheit(en pl.), abbr.* ECU

ed. *edidit, hat herausgegeben* edited by

EDV *Elektronische Datenverarbeitung*

electronic data processing, *abbr.* EDP

EG *Europäische Gemeinschaft* European Community, *abbr.* EC

elg., elgtl. *eigentlich* properly

einschl. *einschließlich* including, inclusive, *abbr.* incl.

EM *Europameisterschaft* European championship(s)

entspr. *entsprechend* corresponding

Erl. *Erläuterung* explanation, (explanatory) note

ev. *evangelisch* Protestant

e.V. *eingetragener Verein* registered association, incorporated, *abbr.* inc.

evtl. *eventuell* perhaps, possibly

exkl. *exklusive* except(ed), not included

Expl. *Exemplar* copy

Fa. *Firma* firm; *letter*: Messrs.

FDP *Freie Demokratische Partei* Liberal Democratic Party

ff. *sehr fein* extra fine; *folgende Seiten* following pages

Forts. *Fortsetzung* continuation

Fr. *Frau* Mrs

frdl. *freundlich* kind

Frl. *Fräulein* Miss

g *Gramm* gram(me)

geb. *geboren* born; *geborene ...* née; *gebunden* bound

Gebr. *Gebrüder* Brothers

gegr. *gegründet* founded

gek. *gekürzt* abbreviated

Ges. *Gesellschaft* association, company; society

ges. gesch. *gesetzlich geschützt* registered

gest. *gestorben* deceased

gez. *gezeichnet* signed, *abbr.* sgd

GmbH *Gesellschaft mit beschränkter Haftung* private limited liability company

GUS *Gemeinschaft unabhängiger Staaten* Community of Independent States, *abbr.* CIS

ha *Hektar* hectare

Hbf. *Hauptbahnhof* central *or* main station

h.c. *honoris causa* = ehrenhalber; *academic title*: honorary

HIV *human immune deficiency virus*

Hr., Hrn. *Herr(n)* Mr

hrsg. *herausgegeben* edited, *abbr.* ed.

Hrsg. *Herausgeber* editor, *abbr.* ed.

i. *im, in* in

i.A. *im Auftrage* for, by order, under instruction

i. allg. *im allgemeinen* in general, generally speaking

Ing. *Ingenieur* engineer

Inh. *Inhaber* proprietor

inkl. *inklusive, einschließlich* inclusive

'Interpol *Internationale Kriminalpolizeiliche Organisation* International Criminal Police Commission

IOK *Internationales Olympisches Komitee* International Olympic Committee, *abbr.* IOC

ISBN *Internationale Standardbuchnummer* international standard book number, *abbr.* ISBN

I.V. *in Vertretung* by proxy, as a substitute

J *Joule* joule(s *pl.*)

Jb. *Jahrbuch* annual

jr., jun. *junior, der Jüngere* junior *abbr.* jr, jun.

Kap. *Kapitel* chapter

Kat *Katalysator* catalytic converter, catalyst, *abbr.* cat.

kath. *katholisch* Catholic

Kfm. *Kaufmann* merchant

kfm. *kaufmännisch* commercial

Kfz. *Kraftfahrzeug* motor vehicle

kg *Kilogramm* kilogram(me)

KG *Kommanditgesellschaft* limited partnership

Kl. *Klasse* class; *school*: form

km *Kilometer* kilomet|er, *Brt.* -re

'Kripo *Kriminalpolizei* Criminal Investigation Department, *abbr.* CID

KSZE *Konferenz über Sicherheit und Zusammenarbeit in Europa* Conference on Security and Cooperation in Europe, *abbr.* CSCE

Kto. *Konto* account, a/c

kW *Kilowatt* kilowatt, *abbr.* kw

kWh *Kilowattstunde* kilowatt hour

l *Liter* lit|er, *Brt.* -re

lfd. *laufend* current, running

lfde. Nr. *laufende Nummer* consecutive number

Lfg., Lfrg. *Lieferung* delivery; instal(l)ment, part

Lit. *Literatur* literature

Lkw, LKW *Lastkraftwagen* truck, lorry

LP *Langspielplatte* long-playing record, *abbr.* LP

lt. *laut* according to

m *Meter* met|er, *Brt.* -re

M.A. *Magister Artium* Master of Arts, *abbr.* MA

m.A.n. *meiner Ansicht nach* in my opinion

MdB *Mitglied des Bundestages* Member of the Bundestag

m.E. *meines Erachtens* in my opinion

MEZ *mitteleuropäische Zeit* Central European Time

mg *Milligramm* milligram(me), *abbr.* mg

Mill. *Million(en)* million(s)

mm *Millimeter* millimet|er, *Brt.* -re

MS, Ms. *Manuskript* manuscript, *abbr.* MS, ms.

mtl. *monatlich* monthly

m. W. *meines Wissens* as far as I know

N *Nord(en)* north

nachm. *nachmittags* in the afternoon, *abbr.* p. m.

n. Chr. *nach Christus* after Christ, *abbr.* AD

No., Nr. *Numero, Nummer* number, *abbr.* N⁰

NS *Nachschrift* postscript, *abbr.* PS

O *Ost(en)* east

o. B. *ohne Befund* ⚕ without findings

od. *oder* or

OEZ *osteuropäische Zeit* Eastern European Time, *abbr.* EET

p. Adr. *per Adresse* care of, *abbr.* c/o

PC *Personalcomputer* personal computer, *abbr.* PC, pc

PDS *Partei des Demokratischen Sozialismus* Party of Democratic Socialism

Pf *Pfennig German coin*: pfennig

Pfd. *Pfund German weight*: pound

PKW, Pkw *Personenkraftwagen* (motor)car

PLZ *Postleitzahl* zip code, *Brt.* postcode

Prof. *Professor* professor

PS *Pferdestärke(n)* horse-power, *abbr.* HP, h.p.; *postscriptum, Nachschrift* postscript, *abbr.* PS

qkm *Quadratkilometer* square kilomet|er, *Brt.* -re

qm *Quadratmeter* square met|er, *Brt.* -re

RAF *in Germany*: *Rote-Armee-Fraktion* Red Army Faction

Reg. Bez. *Regierungsbezirk* administrative district

Rel. *Religion* religion

Reps(e) *Republikaner pl.* (members of the) Republican Party (*in Germany*)

S *Süd(en)* south

S. *Seite* page

s. *siehe* see, *abbr.* v., vid. (= vide)

s. a. *siehe auch* see also

Sa. *Summa, Summe* sum, total

sen. *senior, der Ältere* senior

sm *Seemeile* nautical mile

s. o. *siehe oben* see above

sog. *sogenannt* so-called

SPD *Sozialdemokratische Partei Deutschlands* Social Democratic Party of Germany

St. *Stück* piece; *Sankt* Saint

Std. *Stunde* hour, *abbr.* h

Str. *Straße* street, *abbr.* St.

StVO *Straßenverkehrsordnung* (road) traffic regulations, *in GB*: Highway Code

s. u. *siehe unten* see below

t *Tonne* ton

tägl. *täglich* daily, per day

Tel. *Telephon* telephone; *Telegramm* wire, cable

TH *Technische Hochschule* college *or* institute of technology

TU *Technische Universität* technical university; college *or* institute of technology

TÜV *Technischer Überwachungs-Verein* safety standards authority

u. *und* and

u. a. *und andere(s)* and others; *unter anderem or anderen* among other things, inter alia

u. ä. *und ähnliche(s)* and the like

U. A. w. g. *Um Antwort wird gebeten* an answer is requested, *répondez s'il vous plaît, abbr.* R.S.V.P.

u. dgl. (m.) *und dergleichen (mehr)* and the like

u. d. M. *unter dem Meeresspiegel* below sea level; **ü. d. M.** *über dem Meeresspiegel* above sea level

UdSSR *hist. Union der Sozialistischen Sowjetrepubliken* Union of Soviet Socialist Republics, *abbr.* USSR

u. E. *unseres Erachtens* in our opinion

u. f., u. ff. *und folgende* and the following

UKW *Ultrakurzwelle* ultra-short wave, very high frequency, *abbr.* VHF

U/min *Umdrehungen in der Minute* revolutions per minute, *abbr.* r.p.m.

urspr. *ursprünglich* original(ly)

US(A) *Vereinigte Staaten (von Amerika)* United States (of America)

usw. *und so weiter* and so on, *abbr.* etc.

u. U. *unter Umständen* circumstances permitting

v. *von, vom* of; from; by

V *Volt* volt; *Volumen* volume

V. *Vers* line, verse

v. Chr. *vor Christus* before Christ, *abbr.* BC

Verf., Vf. *Verfasser* author

Verl. *Verlag* publishing firm; *Verleger* publisher

vgl. *vergleiche* confer, *abbr.* cf.

v. H. *vom Hundert* per cent

vorm. *vormittags* in the morning, *abbr.* a.m.; *vormals* formerly

Vors. *Vorsitzende* chairman

v. T. *vom Tausend* per thousand

VW *Volkswagen* Volkswagen, People's Car

W *West(en)* west; *Watt* watt(s)

WAA *Wiederaufbereitungsanlage* re-processing plant

WE *Wärmeeinheit* thermal unit

WEU *Westeuropäische Union* Western European Union, *abbr.* WEU

WEZ *westeuropäische Zeit* Greenwich Mean Time, *abbr.* GMT

WG *Wohngemeinschaft* flat share, flat sharing (community)

WM *Weltmeisterschaft* world championship(s); *soccer:* World Cup

Z. *Zahl* number; *Zeile* line

z. *zu, zum, zur* at; to

z. B. *zum Beispiel* for instance, *abbr.* e. g.

z. H(d). *zu Händen* attention of, to be delivered to, care of, *abbr.* c/o

z. S. *zur See* of the navy

z. T. *zum Teil* partly

Ztg. *Zeitung* newspaper

Ztr. *Zentner* center

Ztschr. *Zeitschrift* periodical

zus. *zusammen* together

zw. *zwischen* between; among

z. Z(t). *zur Zeit* at the time, at present, for the time being

Examples of German Declension and Conjugation

A. Declension

Order of cases: *nom.*, *gen.*, *dat.*, *acc.*, *sg.* and *pl.* – Compound nouns and adjectives (e.g. *Eisbär, Ausgang, abfällig* etc.) inflect like their last elements (*Bär, Gang, fällig*). *imp.* = imperative, *ind.* = indicative, *perf.* = perfect, *p.pr.* = present participle, *prs.* = present, *su.* = substantive.

I. Nouns

1 Bild ~(e)s[1] ~(e) ~
Bilder[2] ~ ~n ~

[1] **es** *only*: Geist, Geistes.
[2] **a, o, u > ä, ö, ü**: Rand, Ränder; Haupt, Häupter; Dorf; Dörfer; Wurm, Würmer.

---

2 Reis* ~es ['~zəs] ~(e) ~
Reiser[1] ['~zər] ~ ~n ~

[1] **a, o > ä, ö**: Glas, Gläser ['glɛːzər]; Haus, Häuser ['hɔyzər]; Faß, Fässer; Schloß, Schlösser.

* **ß > ss**: Faß, Fasse(s).

---

3 Arm ~(e)s[1,2] ~(e)[1] ~
Arme[3] ~ ~n ~

[1] **without e**: Billard, Billard(s).
[2] **es** *only*: Maß, Maßes.
[3] **a, o, u > ä, ö, ü**: Gang, Gänge; Saal, Säle; Gebrauch, Gebräuche [gə-'brɔyçə]; Sohn, Söhne; Hut, Hüte.

---

4 Greis[1]* ~es ['~zəs] ~(e) ~
Greise[2] ['~zə] ~ ~n ~

[1] **s > ss**: Kürbis, Kürbisse(s).
[2] **a, o, u > ä, ö, ü**: Hals, Hälse; Baß, Bässe; Schoß, Schöße; Fuchs, Füchse; Schuß, Schüsse.

* **ß > ss**: Roß, Rosse(s).

---

5 Strahl ~(e)s[1,2] ~(e)[2] ~
Strahlen[3] ~ ~ ~

[1] **es** *only*: Schmerz, Schmerzes.
[2] **without e**: Juwel, Juwel(s).
[3] Sporn, Sporen.

6 Lappen ~s ~ ~*
Lappen[1] ~ ~ ~

[1] **a, o > ä, ö**: Graben, Gräben; Boden, Böden.

* *Infinitives used as nouns have no pl.*: Geschehen, Befinden etc.

---

7 Maler ~s ~ ~
Maler[1] ~ ~n ~

[1] **a, o, u > ä, ö, ü**: Vater, Väter; Kloster, Klöster; Bruder, Brüder.

---

8 Untertan ~s ~ ~
Untertanen[1,2] ~ ~ ~

[1] *with change of accent*: Pro'fessor, Profes'soren [~'soːrən]; 'Dämon ['dɛːmɔn], Dä'monen [dɛ'moːnən].
[2] *pl.* **ien** [~iən]: Kolleg, Kollegien [~'leːgiən]; Mineral, Mineralien.

---

9 Studium ~s ~ ~
Studien[1,2] ['~diən] ~ ~ ~

[1] **a and o(n) > en**: Drama, Dramen; Stadion, Stadien.
[2] **on and um > a**: Lexikon, Lexika; Neutrum, Neutra.

---

10 Auge ~s ~ ~
Augen ~ ~ ~

---

11 Genie ~s[1]* ~ ~
Genies[2]* ~ ~ ~

[1] *without inflexion*: Bouillon etc.

[2] *pl.* **s** *or* **ta**: Komma, Kommas *or* Kommata; *but:* 'Klima, Klimate [kli'maːtə] (3).

* **s** *is pronounced*: [ʒe'niːs].

12 Bär[1]* ~en[2] ~en[2] ~en[2]
Bären ~ ~ ~

[1] ß > **ss**: Genoß, Genossen.
[2] Herr, *sg. mst* Herrn; Herz, *gen.* Herzens, *acc.* Herz.
* ...'log *as well as* ...'loge (13), e.g. Biolog(e).

13 Knabe ~n[1] ~n ~n
Knaben ~ ~ ~

[1] **ns**: Name, Namens.

14 Trübsal ~ ~ ~
Trübsale[1,2,3] ~ ~n ~

[1] **a, o, u** > **ä, ö, ü**: Hand, Hände; Braut, Bräute; Not, Nöte; Luft, Lüfte; *without* **e**: Tochter, Töchter; Mutter, Mütter; ß > **ss**: Nuß, Nüsse.

[2] **s** > **ss**: Kenntnis, Kenntnisse; Nimbus, Nimbusse.
[3] **is** *or* **us** > **e**: Kultus, Kulte; *with change of accent*: Di'akonus, Dia'kone [~'koːnə].

15 Blume ~ ~ ~
Blumen ~ ~ ~

...**ee**: eː, *pl.* eːən, *e.g.* I'dee, I'deen.

...**ie** { *stressed syllable*: iː, *pl.* iːən, *e.g.* Batte'rie(n).
{ *unstressed syllable*: iə, *pl.* iən, *e.g.* Ar'terie(n).

16 Frau ~ ~ ~
Frauen[1,2,3] ~ ~ ~

[1] **in** > **innen**: Freundin, Freundinnen.
[2] **a, is, os** *and* **us** > **en**: Firma, Firmen; Krisis, Krisen; Epos, Epen; Genius, Genien; *with change of accent*: 'Heros, He'roen [he'roːən]; Di'akonus, Dia'konen [~'koːnən].
[3] **s** *and* **ß** > **ss**: Kirmes, Kirmessen.

II. Proper nouns

17 *In general proper nouns have no pl.*

The following form the gen. sg. with s:

1. *Proper nouns without a definite article*: Friedrichs, Paulas, (Friedrich von) Schillers, Deutschlands, Berlins;

2. *Proper nouns, masculine and neuter (except the names of countries) with a definite article and an adjective*: des braven Friedrichs Bruder, des jungen Deutschlands (Söhne).

After s, sch, ß, tz, x, and z the gen. sg. ends in -ens or ' (instead of ' it is more advisable to use the definite article or von), e.g. die Werke des [*or* von] Sokrates, Voß *or* Sokrates', Voß' [*not* Sokratessens, *seldom* Vossens]

Werke; *but:* die Umgebung von Mainz. *Feminine names ending in a consonant or the vowel e form the gen. sg. with* (en)s *or* (n)s; *in the dat. and acc. sg. such names may end in* (e)n *(pl. = a).*

If a proper noun is followed by a title, only the following forms are inflected:

1. *the title when used* with a definite article:

der Kaiser Karl (der Große)
des ~s ~ (des ~n)
etc.

2. *the (last) name when used* without an article:

Kaiser Karl (der Große)
~ ~s (des ~n) etc.
(*but*: Herrn Lehmanns Brief).

III. Adjectives and participles
(also used as nouns*), pronouns, etc.

18

	m	f	n	pl.	
a) gut	er[1,2]	~e	~es	~e°	*without article, after prepositions, perso-*
	en**	~er	~en**	~er	*nal pronouns, and invariables*
	em	~er	~em	~en	
	en	~e	~es	~e	

	m	f	n	pl.	
b) gut	e[1,2]	~e	~e	~en	*with definite article* (22) *or with pronoun*
	en	~en	~en	~en	(21)
	en	~en	~en	~en	
	en	~e	~e	~en	

	m	f	n	pl.	
c) gut	er[1,2]	~e	~es	~en	*with indefinite article or with pronoun* (20)
	en	~e	~e	~en	
	en	~en	~en	~en	
	en	~e	~es	~en	

[1] ß = ss: kraß, krasse(r, ~s, ~st etc.).

[2] a, o, u > ä, ö, ü *when forming the comp. and sup.:* alt, älter(e, ~es etc.), ältest (der ~e, am ~en); grob, gröber(e, ~es etc.), gröbst (der ~e, am ~en); kurz, kürzer(e, ~es etc.), kürzest (der ~e, am ~en).

* e.g. Böse(r) *su.:* der (die, eine) Böse, ein Böser; Böse(s) *n:* das Böse, without article Böses; *in the same way* Abgesandte(r) *su.,* Angestellte(r) *su.* etc.; *in some cases the use varies.*

** *Sometimes the gen. sg. ends in* ~es *instead of* ~en: gutes (*or* guten) Mutes sein.

° *In* böse, böse(r, ~s, ~st etc.) *one e is dropped.*

The Grades of Comparison

The endings of the comparative and superlative are:

	reich	schön
comp.	reicher	schöner
sup.	reichst	schönst

inflected according to (18[2]).

After vowels (except e [18°]) *and after* d, s, sch, ß, st, t, tz, x, y, z *the sup. ends in* ~est, *but in unstressed syllables after* d, sch *and* t *generally in* ~st: blau, 'blauest; rund, 'rundest; rasch, 'raschest etc.; *but:* 'dringend, 'dringendst; 'närrisch, 'närrischst; ge'eignet, ge'eignetst.

Note. — *The adjectives ending in* ~el, ~en (*except* ~nen) *and* ~er (e.g. dunkel, eben, heiter), *and also the possessive adjectives* unser *and* euer *generally drop e (in this case* ss *changes to* ß: angemessen, angemeßner).

Inflexion:	~e	~em	~en	~er	~es, and
~el >	~le	~lem*	~len*	~ler	~les
~en >	~(e)ne	~(e)nem	~(e)nen	~(e)ner°	~(e)nes
~er >	~(e)re	~rem*	~ren*	~(e)rer°	~(e)res

* *or* ~elm, ~eln, ~erm, ~ern; e.g. dunk|el: ~le, ~lem (*or* ~elm), ~len (*or* ~eln), ~ler, ~les; eb|en: ~(e)ne, ~(e)nem etc.; heit|er: ~(e)re, ~rem (*or* ~erm) etc.

° *The inflected comp. ends in* ~ner *and* ~er *only:* eben, ebnere(r, ~s etc.); heiter, heitrere(r, ~s etc.); *but sup.* ebenst, heiterst.

19

	1st pers.	2nd pers.	3rd pers.		
	m, f, n	*m, f, n*	*m*	*f*	*n*
sg.	ich	du	er	sie	es
	meiner*	deiner*	seiner*	ihrer	seiner*
	mir	dir	ihm	ihr	ihm°
	mich	dich	ihn	sie	es°
pl.	wir	ihr	sie		(Sie)
	unser	euer	ihrer		(Ihrer)
	uns	euch	ihnen		(Ihnen)°
	uns	euch	sie		(Sie)°

* *In poetry sometimes without inflexion:* gedenke mein!; *also* es *instead of* seiner *n*
(= *e-r S.*): ich bin es überdrüssig.
° *Reflexive form:* sich.

20

	m	*f*	*n*	*pl.*
mein		~e	~	~e*
dein	es	~er	~es	~er
sein	em	~er	~em	~en
(k)ein	en	~e	~	~e

* *The indefinite article* ein *has no
pl. — In poetry* mein, dein *and* sein *may
stand behind the* su. *without inflexion:*
die Mutter (Kinder) mein, *or as predicate:* der Hut [die Tasche, das Buch] ist
mein; *without* su.: meiner *m*, meine
f, mein(e)s *n*, meine *pl.* etc.: wem gehört
der Hut [die Tasche, das Buch]? es ist
meiner (meine, mein[e]s), *or with definite article:* der (die, das) meine, *pl.* die
meinen (18b). *Regarding* unser *and* euer
see note (18).

21

	m	*f*	*n*	*pl.*
dies	er	~e	~es*	~e**
jen	es	~er	~es	~er[1]
manch	em	~er	~em	~en[1]
welch	en	~e	~es*	~e

[1] welche(r, s) *as rel. pron.: gen. sg.*
dessen, deren, *gen. pl.* deren, *dat. pl.* de-
nen (23).

* *Used as* su., dies *is preferable to*
dieses.

** manch, solch, welch *frequently
are uninflected:*

manch		guter (ein guter) Mann
solch	}	~en (~es ~en) ~es
welch		~em (~em ~en) ~e
		etc. (18)

Similarly all:

all der (dieser, mein) Schmerz
~ des (~es, ~es) ~es

22

	m	*f*	*n*	*pl.*	
	der	die	das	die[1]	
	des	der	des	der	} definite
	dem	der	dem	den	article
	den	die	das	die	

[1] derjenige, derselbe — desjenigen,
demjenigen, desselben, demselben etc.
(18b).

---

23 Relative pronoun

	m	*f*	*n*	*pl.*
	der	die	das	die
	dessen*	deren	dessen*	deren[1]
	dem	der	dem	denen
	den	die	das	die

[1] *also* derer, *when used as* dem.
pron.

* *also* des.

24

wer	was	jemand, niemand
wessen*	wessen	~(e)s
wem	—	(~em°)
wen	was	~(en°)

* *also* wes.

° *preferably without inflexion.*

B. Conjugation

In the conjugation tables (25–30) only the simple verbs may be found; in the alphabetical list of the German irregular verbs compound verbs are only included when no simple verb exists (e.g. **beginnen;** *ginnen* does not exist). In order to find the conjugation of any compound verb (with separable or inseparable prefix, regular or irregular) look up the respective simple verb.

Verbs with separable and stressed prefixes such as **'ab-, 'an-, 'auf-, 'aus-, 'bei-, be'vor-, 'dar-, 'ein-, em'por-, ent'gegen-, 'fort-, 'her-,** he'rab- etc. and also *'klar-[legen], 'los-[schießen], 'sitzen-[bleiben], über'hand-[nehmen]* etc. (but not the verbs derived from compound nouns as *be'antragen* or *be'ratschlagen* from *Antrag* and *Ratschlag* etc.) take the preposition **zu** (in the *inf.* and the *p.pr.*) and the syllable **ge** (in the *p.p.* and in the passive voice) between the stressed prefix and their root.

Verbs with inseparable and unstressed prefixes such as **be-, emp-, ent-, er-, ge-, ver-, zer-** and generally **miß-** (in spite of its being stressed) take the preposition **zu** before the prefix and drop the syllable **ge** in the *p.p.* and in the passive voice. The prefixes **durch-, hinter-, über-, um-, unter-, voll-,** wi(e)der- are separable when stressed and inseparable when unstressed, e.g.

geben: *zu geben, zu gebend; gegeben; ich gebe, du gibst* etc.;

'abgeben: *'abzugeben, 'abzugebend; 'abgegeben; ich gebe (du gibst* etc.*) ab;*

ver'geben: *zu ver'geben, zu ver'gebend; ver'geben; ich ver'gebe, du ver'gibst* etc.;

'umgehen: *'umzugehen, 'umzugehend; 'umgegangen; ich gehe (du gehst* etc.*) um;*

um'gehen: *zu um'gehen, zu um'gehend; um'gangen; ich um'gehe, du um'gehst* etc.

The same rules apply to verbs with two prefixes, e.g.

zu'rückbehalten [see *halten*]: *zu'rückzubehalten, zu'rückzubehaltend; zu'rückbehalten; ich behalte (du behältst* etc.*) zurück;*

wieder'aufheben [see *heben*]: *wieder'aufzuheben, wieder'aufzuhebend; wieder'aufgehoben; ich hebe (du hebst* etc.*) wieder auf.*

The forms in parentheses ( ) follow the same rules.

a) 'Weak' Conjugation

25   loben

prs. ind.
lobe	lobst	lobt
loben	lobt	loben

prs. subj.
lobe	lobest	lobe
loben	lobet	loben

pret. ind. and *subj.*
lobte	lobtest	lobte
lobten	lobtet	lobten

imp.sg. lob(e), *pl.* lob(e)t, loben Sie; *inf.prs.* loben; *inf.perf.* gelobt haben; *p.pr.* lobend; *p.p.* gelobt (18; 29**).

26   reden

prs. ind.
rede	redest	redet
reden	redet	reden

prs. subj.
rede	redest	rede
reden	redet	reden

pret. ind. and *subj.*
redete	redetest	redete
redeten	redetet	redeten

imp.sg. rede, *pl.* redet, reden Sie; *inf.prs.* reden; *inf.perf.* geredet haben; *p.pr.* redend; *p.p.* geredet (18; 29**).

27   reisen

prs. ind.
reise	rei(sc)st*	reist
reisen	reist	reisen

prs. subj.
reise	reisest	reise
reisen	reiset	reisen

pret. ind. and *subj.*
reiste	reistest	reisten
reisten	reistet	reisten

imp.sg. reise, *pl.* reist, reisen Sie; *inf.prs.* reisen; *inf.perf.* gereist sein *or now rare* haben; *p.pr.* reisend; *p.p.* gereist (18; 29**).

  * **sch:** naschen, nasch(e)st; **ß:** spaßen, spaßt (spaßest); **tz:** ritzen, ritzt (ritzest); **x:** hexen, hext (hexest); **z:** reizen, reizt (reizest); faulenzen, faulenzt (faulenzest).

28 fassen

| *prs. ind.* | fasse | faßt (fassest) | faßt |
| | fassen | faßt | fassen |

| *prs. subj.* | fasse | fassest | fasse |
| | fassen | fasset | fassen |

| *pret. ind.* | faßte | faßtest | faßte |
| *and subj.* | faßten | faßtet | faßten |

imp.sg. fasse (faß), *pl.* faßt, fassen Sie; *inf.prs.* fassen; *inf.perf.* gefaßt haben; *p.pr.* fassend; *p.p.* gefaßt (18; 29**).

29 handeln

prs. ind.

| handle* | handelst | handelt |
| handeln | handelt | handeln |

prs. subj.

| handle* | handelst | handle* |
| handeln | handelt | handeln |

pret. ind. and *subj.*

| handelte | handeltest | handelte |
| handelten | handeltet | handelten |

imp.sg. handle, *pl.* handelt, handeln Sie; *inf.prs.* handeln; *inf.perf.* gehandelt haben; *p.pr.* handelnd; *p.p.* gehandelt (18).

  * *Also* handele; wandern, wand(e)re; bessern, bessere (beßre); donnern, donnere.

  ** *Without* ge, *when the first syllable is unstressed,* e.g. be'grüßen, be'grüßt; ent'stehen, ent'standen; stu'dieren, stu'diert (*not* gestudiert); trom'peten, trom'petet (*also when preceded by a stressed prefix:* 'austrompeten, 'austrompetet, *not* 'ausgetrompetet). *In some weak verbs the p.p. ends in* en *instead of* t, e.g. mahlen — gemahlen. *With the verbs* brauchen, dürfen, heißen, helfen, hören, können, lassen, lehren, lernen, machen, mögen, müssen, sehen, sollen, wollen *the p.p. is replaced by* inf. *(without* ge), *when used in connection with another* inf., e.g. ich habe ihn singen hören, du hättest es tun können, er hat gehen müssen, ich hätte ihn laufen lassen sollen.

b) 'Strong' Conjugation

30 fahren

| *prs. ind.* | fahre | fährst | fährt |
| | fahren | fahrt | fahren |

| *prs. subj.* | fahre | fahrest | fahre |
| | fahren | fahret | fahren |

| *pret. ind.* | fuhr | fuhr(e)st | fuhr |
| | fuhren | fuhrt | fuhren |

| *pret. subj.* | führe | führest | führe |
| | führen | führet | führen |

imp.sg. fahr(e), *pl.* fahr(e)t, fahren Sie; *inf.prs.* fahren; *inf.perf.* gefahren haben *or* sein; *p.pr.* fahrend; *p.p.* gefahren (18; 29**).

Alphabetical List of the German
Irregular Verbs

Infinitive – Past Tense – Past Participle

backen – backte – gebacken
bedingen – bedang (bedingte) – bedungen (*conditional*: bedingt)
befehlen – befahl – befohlen
beginnen – begann – begonnen
beißen – biß – gebissen
bergen – barg – geborgen
bersten – barst – geborsten
bewegen – bewog – bewogen
biegen – bog – gebogen
bieten – bot – geboten
binden – band – gebunden
bitten – bat – gebeten
blasen – blies – geblasen
bleiben – blieb – geblieben
bleichen – blich – geblichen
braten – briet – gebraten
brauchen – brauchte – gebraucht (*v/aux.* brauchen)
brechen – brach – gebrochen
brennen – brannte – gebrannt
bringen – brachte – gebracht
denken – dachte – gedacht
dreschen – drosch – gedroschen
dringen – drang – gedrungen
dürfen – durfte – gedurft (*v/aux.* dürfen)
empfehlen – empfahl – empfohlen
erlöschen – erlosch – erloschen
erschrecken – erschrak – erschrocken
essen – aß – gegessen
fahren – fuhr – gefahren
fallen – fiel – gefallen
fangen – fing – gefangen
fechten – focht – gefochten
finden – fand – gefunden
flechten – flocht – geflochten
fliegen – flog – geflogen
fliehen – floh – geflohen
fließen – floß – geflossen
fressen – fraß – gefressen
frieren – fror – gefroren
gären – gor (*esp. fig.* gärte) – gegoren (*esp. fig.* gegärt)
gebären – gebar – geboren
geben – gab – gegeben
gedeihen – gedieh – gediehen
gehen – ging – gegangen
gelingen – gelang – gelungen
gelten – galt – gegolten
genesen – genas – genesen
genießen – genoß – genossen
geschehen – geschah – geschehen
gewinnen – gewann – gewonnen
gießen – goß – gegossen
gleichen – glich – geglichen

gleiten – glitt – geglitten
glimmen – glomm – geglommen
graben – grub – gegraben
greifen – griff – gegriffen
haben – hatte – gehabt
halten – hielt – gehalten
hängen – hing – gehangen
hauen – haute (hieb) – gehauen
heben – hob – gehoben
heißen – hieß – geheißen
helfen – half – geholfen
kennen – kannte – gekannt
klingen – klang – geklungen
kneifen – kniff – gekniffen
kommen – kam – gekommen
können – konnte – gekonnt (*v/aux.* können)
kriechen – kroch – gekrochen
laden – lud – geladen
lassen – ließ – gelassen (*v/aux.* lassen)
laufen – lief – gelaufen
leiden – litt – gelitten
leihen – lieh – geliehen
lesen – las – gelesen
liegen – lag – gelegen
lügen – log – gelogen
mahlen – mahlte – gemahlen
meiden – mied – gemieden
melken – melkte (molk) – gemolken (gemelkt)
messen – maß – gemessen
mißlingen – mißlang – mißlungen
mögen – mochte – gemocht (*v/aux.* mögen)
müssen – mußte – gemußt (*v/aux.* müssen)
nehmen – nahm – genommen
nennen – nannte – genannt
pfeifen – pfiff – gepfiffen
preisen – pries – gepriesen
quellen – quoll – gequollen
raten – riet – geraten
reiben – rieb – gerieben
reißen – riß – gerissen
reiten – ritt – geritten
rennen – rannte – gerannt
riechen – roch – gerochen
ringen – rang – gerungen
rinnen – rann – geronnen
rufen – rief – gerufen
salzen – salzte – gesalzen (gesalzt)
saufen – soff – gesoffen
saugen – sog – gesogen
schaffen – schuf – geschaffen

schallen – schallte (scholl) – geschallt
(*for* **erschallen** *a.* erschollen)
scheiden – schied – geschieden
scheinen – schien – geschienen
scheißen – schiß – geschissen
schelten – schalt – gescholten
scheren – schor – geschoren
schieben – schob – geschoben
schießen – schoß – geschossen
schinden – schund – geschunden
schlafen – schlief – geschlafen
schlagen – schlug – geschlagen
schleichen – schlich – geschlichen
schleifen – schliff – geschliffen
schließen – schloß – geschlossen
schlingen – schlang – geschlungen
schmeißen – schmiß – geschmissen
schmelzen – schmolz – geschmolzen
schneiden – schnitt – geschnitten
schrecken – schrak – *rare* geschrocken
schreiben – schrieb – geschrieben
schreien – schrie – geschrie(e)n
schreiten – schritt – geschritten
schweigen – schwieg – geschwiegen
schwellen – schwoll – geschwollen
schwimmen – schwamm – geschwommen
schwinden – schwand – geschwunden
schwingen – schwang – geschwungen
schwören – schwor – geschworen
sehen – sah – gesehen
sein – war – gewesen
senden – sandte – gesandt
sieden – sott – gesotten
singen – sang – gesungen
sinken – sank – gesunken
sinnen – sann – gesonnen
sitzen – saß – gesessen
sollen – sollte – gesollt (*v/aux.* sollen)
spalten – spaltete – gespalten (gespaltet)
speien – spie – gespie(e)n
spinnen – spann – gesponnen
sprechen – sprach – gesprochen
sprießen – sproß – gesprossen

springen – sprang – gesprungen
stechen – stach – gestochen
stecken – steckte (stak) – gesteckt
stehen – stand – gestanden
stehlen – stahl – gestohlen
steigen – stieg – gestiegen
sterben – starb – gestorben
stieben – stob – gestoben
stinken – stank – gestunken
stoßen – stieß – gestoßen
streichen – strich – gestrichen
streiten – stritt – gestritten
tragen – trug – getragen
treffen – traf – getroffen
treiben – trieb – getrieben
treten – trat – getreten
triefen – triefte (troff) – getrieft
trinken – trank – getrunken
trügen – trog – getrogen
tun – tat – getan
verderben – verdarb – verdorben
verdrießen – verdroß – verdrossen
vergessen – vergaß – vergessen
verlieren – verlor – verloren
verschließen – verschliß – verschlissen
verzeihen – verzieh – verziehen
wachsen – wuchs – gewachsen
wägen – wog (*rare* wägte) – gewogen
(*rare* gewägt)
waschen – wusch – gewaschen
weben – wob – gewoben
weichen – wich – gewichen
weisen – wies – gewiesen
wenden – wandte – gewandt
werben – warb – geworben
werden – wurde – geworden (worden*)
werfen – warf – geworfen
wiegen – wog – gewogen
winden – wand – gewunden
wissen – wußte – gewußt
wollen – wollte – gewollt (*v/aux.* wollen)
wringen – wrang – gewrungen
ziehen – zog – gezogen
zwingen – zwang – gezwungen

* only in connexion with the past participles of other verbs, *e.g.* **er ist gesehen worden** he has been seen.

Alphabetical List of the English Irregular Verbs

Infinitive – Past Tense – Past Participle

arise (*sich erheben*) – arose – arisen
awake (*erwachen*) – awoke – awoke*
be (*sein*) – was – been
bear (*tragen; gebären*) – bore – *getragen:* borne – *geboren:* born
beat (*schlagen*) – beat – beat(en)
become (*werden*) – became – become
beget (*zeugen*) – begot – begotten
begin (*anfangen*) – began – begun
bend (*beugen*) – bent – bent
bereave (*berauben*) – bereft* – bereft*
beseech (*dringend bitten*) – besought – besought
bet (*wetten*) – bet* – bet*
bid ([*ge*]*bieten*) bade, bid – bid(den)
bide (*abwarten*) – bode* – bided
bind (*binden*) – bound – bound
bite (*beißen*) – bit – bitten
bleed (*bluten*) – bled – bled
bless (*segnen; preisen*) – blest* – blest*
blow (*blasen*) – blew – blown
break (*brechen*) – broke – broken
breed (*aufziehen*) – bred – bred
bring (*bringen*) – brought – brought
build (*bauen*) – built – built
burn (*brennen*) – burnt* – burnt*
burst (*bersten*) – burst – burst
buy (*kaufen*) – bought – bought
cast (*werfen*) – cast – cast
catch (*fangen*) – caught – caught
choose (*wählen*) – chose – chosen
cleave ([*sich*] *spalten*) – cleft, clove* – cleft, cloven*
cling (*sich [an]klammern*) – clung – clung
clothe ([*an-, be*]*kleiden*) – clad* – clad*
come (*kommen*) – came – come
cost (*kosten*) – cost – cost
creep (*kriechen*) – crept – crept
crow (*krähen*) – crew* – crowed
cut (*schneiden*) – cut – cut
deal (*handeln*) – dealt – dealt
dig (*graben*) – dug – dug
dive ([*unter*]*tauchen*) – dived, *Am. a.* dove – dived
do (*tun*) – did – done
draw (*ziehen*) – drew – drawn
dream (*träumen*) – dreamt* – dreamt*
drink (*trinken*) – drank – drunk
drive (*treiben; fahren*) – drove – driven
dwell (*wohnen*) – dwelt* – dwelt*
eat (*essen*) – ate – eaten
fall (*fallen*) – fell – fallen
feed (*füttern*) – fed – fed

feel (*fühlen*) – felt – felt
fight (*kämpfen*) – fought – fought
find (*finden*) – found – found
fit ([*an*]*passen*) – fitted, *Am. a.* fit – fitted, *Am. a.* fit
flee (*fliehen*) – fled – fled
fling (*schleudern*) – flung – flung
fly (*fliegen*) – flew – flown
forbid (*verbieten*) – forbade – forbidden
forget (*vergessen*) – forgot – forgotten
forsake (*aufgeben; verlassen*) – forsook – forsaken
freeze ([*ge*]*frieren*) – froze – frozen
get (*bekommen*) – got – got, *Am.* gotten
gild (*vergolden*) – gilt* – gilt*
give (*geben*) – gave – given
go (*gehen*) – went – gone
grind (*mahlen*) – ground – ground
grow (*wachsen*) – grew – grown
hang (*hängen*) – hung – hung
have (*haben*) – had – had
hear (*hören*) – heard – heard
heave (*heben*) – hove* – hove*
hew (*hauen, hacken*) – hewed – hewn*
hide (*verbergen*) – hid – hidden
hit (*treffen*) – hit – hit
hold (*halten*) – held – held
hurt (*verletzen*) – hurt – hurt
keep (*halten*) – kept – kept
kneel (*knien*) – knelt* – knelt*
knit (*stricken*) – knit* – knit*
know (*wissen*) – knew – known
lay (*legen*) – laid – laid
lead (*führen*) – led – led
lean ([*sich*] [*an*]*lehnen*) – leant* – leant*
leap (*über*]*springen*) – leapt* – leapt*
learn (*lernen*) – learnt* – learnt*
leave (*verlassen*) – left – left
lend (*leihen*) – lent – lent
let (*lassen*) – let – let
lie (*liegen*) – lay – lain
light (*anzünden*) – lit* – lit*
lose (*verlieren*) – lost – lost
make (*machen*) – made – made
mean (*meinen*) – meant – meant
meet (*begegnen*) – met – met
mow (*mähen*) – mowed – mown*
pay (*zahlen*) – paid – paid
plead (*plädieren*) – pleaded, *bsd. schott., Am.* pled – pleaded, *bsd. schott., Am.* pled
put (*setzen, stellen*) – put – put
read (*lesen*) – read – read
rid (*befreien*) – rid – rid
ride (*reiten*) – rode – ridden

ring (*läuten*) – rang – rung
rise (*aufstehen*) – rose – risen
run (*laufen*) – ran – run
saw (*sägen*) – sawed – sawn*
say (*sagen*) – said – said
see (*sehen*) – saw – seen
seek (*suchen*) – sought – sought
sell (*verkaufen*) – sold – sold
send (*senden*) – sent – sent
set (*setzen*) – set – set
sew (*nähen*) – sewed – sewn*
shake (*schütteln*) – shook – shaken
shave ([*sich*] *rasieren*) – shaved – shaven*
shear (*scheren*) – sheared – shorn
shed (*ausgießen*) – shed – shed
shine (*scheinen*) – shone – shone
shit (*scheißen*) – shit – shit
shoe (*beschuhen*) – shod – shod
shoot (*schießen*) – shot – shot
show (*zeigen*) – showed – shown*
shrink ([*ein*]*schrumpfen*) – shrank – shrunk
shut (*schließen*) – shut – shut
sing (*singen*) – sang – sung
sink (*sinken*) – sank – sunk
sit (*sitzen*) – sat – sat
slay (*erschlagen*) – slew – slain
sleep (*schlafen*) – slept – slept
slide (*gleiten*) – slid – slid
sling (*schleudern*) – slung – slung
slink (*schleichen*) – slunk – slunk
slit (*schlitzen*) – slit – slit
smell (*riechen*) – smelt* – smelt*
sow ([*aus*]*säen*) – sowed – sown*
speak (*sprechen*) – spoke – spoken
speed (*eilen*) – sped* – sped*
spell (*buchstabieren*) – spelt* – spelt*
spend (*ausgeben*) – spent – spent
spill (*verschütten*) – spilt* – spilt*
spin (*spinnen*) – spun – spun
spit ([*aus*]*spucken*) – spat – spat
split (*spalten*) – split – split

spoil (*verderben*) – spoilt* – spoilt*
spread (*verbreiten*) – spread – spread
spring (*springen*) – sprang, *Am.* sprung – sprung
stand (*stehen*) – stood – stood
stave (*den Boden einschlagen*) – stove* – stove*
steal (*stehlen*) – stole – stolen
stick (*stecken*) – stuck – stuck
sting (*stechen*) – stung – stung
stink (*stinken*) – stank, stunk – stunk
strew ([*be*]*streuen*) – strewed – strewn*
stride (*über-, durchschreiten*) – strode – stridden
strike (*schlagen*) – struck – struck
string (*spannen*) – strung – strung
strive (*streben*) – strove – striven
swear (*schwören*) – swore – sworn
sweat (*schwitzen*) – sweat* – sweat*
sweep (*fegen*) – swept – swept
swell ([*an*]*schwellen*) – swelled – swollen
swim (*schwimmen*) – swam – swum
swing (*schwingen*) – swung – swung
take (*nehmen*) – took – taken
teach (*lehren*) – taught – taught
tear (*ziehen*) – tore – torn
tell (*sagen*) – told – told
think (*denken*) – thought – thought
thrive (*gedeihen*) – throve* – thriven*
throw (*werfen*) – threw – thrown
thrust (*stoßen*) – thrust – thrust
tread (*treten*) – trod – trodden, trod
wake (*wachen*) – woke* – woke(n)*
wear ([*Kleider*] *tragen*) – wore – worn
weave (*weben*) – wove – woven
wed (*heiraten*) – wedded, *selten* wed – wedded, *selten* wed
weep (*weinen*) – wept – wept
wet (*nässen*) – wet* – wet*
win (*gewinnen*) – won – won
wind (*winden*) – wound – wound
wring ([*aus*]*wringen*) – wrung – wrung
write (*schreiben*) – wrote – written

Irregular forms marked with asterisks (*)
can be exchanged for the regular forms.

Numerals

Cardinal Numbers

0	null *nought, zero, cipher*	41	einundvierzig *forty-one*
1	eins *one*	50	fünfzig *fifty*
2	zwei *two*	51	einundfünfzig *fifty-one*
3	drei *three*	60	sechzig *sixty*
4	vier *four*	61	einundsechzig *sixty-one*
5	fünf *five*	70	siebzig *seventy*
6	sechs *six*	71	einundsiebzig *seventy-one*
7	sieben *seven*	80	achtzig *eighty*
8	acht *eight*	81	einundachtzig *eighty-one*
9	neun *nine*	90	neunzig *ninety*
10	zehn *ten*	91	einundneunzig *ninety-one*
11	elf *eleven*	100	hundert *a or one hundred*
12	zwölf *twelve*	101	hunderteins *a hundred and one*
13	dreizehn *thirteen*	200	zweihundert *two hundred*
14	vierzehn *fourteen*	300	dreihundert *three hundred*
15	fünfzehn *fifteen*	572	fünfhundertzweiundsiebzig *five hundred and seventy-two*
16	sechzehn *sixteen*		
17	siebzehn *seventeen*	1000	tausend *a or one thousand*
18	achtzehn *eighteen*	1972	neunzehnhundertzweiundsiebzig *nineteen hundred and seventy-two*
19	neunzehn *nineteen*		
20	zwanzig *twenty*		
21	einundzwanzig *twenty-one*	500 000	fünfhunderttausend *five hundred thousand*
22	zweiundzwanzig *twenty-two*		
23	dreiundzwanzig *twenty-three*	1 000 000	eine Million *a or one million*
30	dreißig *thirty*	2 000 000	zwei Millionen *two million*
31	einunddreißig *thirty-one*	1 000 000 000	eine Milliarde *a or one billion*
40	vierzig *forty*		

Ordinal Numbers

1.	erste *first (1st)*	40.	vierzigste *fortieth*
2.	zweite *second (2nd)*	41.	einundvierzigste *forty-first*
3.	dritte *third (3rd)*	50.	fünfzigste *fiftieth*
4.	vierte *fourth (4th)*	51.	einundfünfzigste *fifty-first*
5.	fünfte *fifth (5th), etc.*	60.	sechzigste *sixtieth*
6.	sechste *sixth*	61.	einundsechzigste *sixty-first*
7.	siebente *seventh*	70.	siebzigste *seventieth*
8.	achte *eighth*	71.	einundsiebzigste *seventy-first*
9.	neunte *ninth*	80.	achtzigste *eightieth*
10.	zehnte *tenth*	81.	einundachtzigste *eighty-first*
11.	elfte *eleventh*	90.	neunzigste *ninetieth*
12.	zwölfte *twelfth*	100.	hundertste *(one) hundredth*
13.	dreizehnte *thirteenth*	101.	hundert(und)erste *(one) hundred and first*
14.	vierzehnte *fourteenth*		
15.	fünfzehnte *fifteenth*	200.	zweihundertste *two hundredth*
16.	sechzehnte *sixteenth*	300.	dreihundertste *three hundredth*
17.	siebzehnte *seventeenth*	572.	fünfhundert(und)zweiundsiebzigste *five hundred and seventy-second*
18.	achtzehnte *eighteenth*		
19.	neunzehnte *nineteenth*		
20.	zwanzigste *twentieth*	1000.	tausendste *(one) thousandth*
21.	einundzwanzigste *twenty-first*	1970.	neunzehnhundert(und)siebzigste *nineteen hundred and seventieth*
22.	zweiundzwanzigste *twenty-second*		
23.	dreiundzwanzigste *twenty-third*	500 000.	fünfhunderttausendste *five hundred thousandth*
30.	dreißigste *thirtieth*	1 000 000.	millionste *(one) millionth*
31.	einunddreißigste *thirty-first*	2 000 000.	zweimillionste *two millionth*

Fractional Numbers and other Numerical Values

½   halb *one* or *a half*
½   eine halbe Meile *half a mile*
1½   anderthalb *or* eineinhalb *one and a half*
2½   zweieinhalb *two and a half*
⅓   ein Drittel *one* or *a third*
⅔   zwei Drittel *two thirds*
¼   ein Viertel *one fourth, one* or *a quarter*
¾   drei Viertel *three fourths, three quarters*
1¼   ein und eine viertel Stunde *one hour and a quarter*
⅕   ein Fünftel *one* or *a fifth*
3⅘   drei vier Fünftel *three and four fifths*
0,4   null Komma vier *point four (.4)*
2,5   zwei Komma fünf *two point five (2.5)*

einfach *single*
    zweifach *double, twofold*
    dreifach *threefold, treble, triple*
    vierfach *fourfold, quadruple*
    fünffach *fivefold, quintuple*

einmal *once*
    zweimal *twice*
    drei-, vier-, fünfmal *three* or *four* or *five times*
    zweimal soviel (so viele) *twice as much (many)*

erstens, zweitens, drittens *first(ly), secondly, thirdly; in the first* or *second* or *third place*

$2 \times 3 = 6$ zwei mal drei ist sechs, zwei multipliziert mit drei ist sechs *two threes are six, two multiplied by three is six*

$7 + 8 = 15$ sieben plus acht ist fünfzehn *seven plus eight is fifteen*

$10 - 3 = 7$ zehn minus drei ist sieben *ten minus three is seven*

$20 : 5 = 4$ zwanzig (dividiert) durch fünf ist vier *twenty divided by five is four*

German Weights and Measures

I Linear Measure

1 mm   *Millimeter* millimet|er, *Brt.* -re
   = ¹⁄₁₀₀₀ met|er, *Brt.* -re
   = 0.001 yards
   = 0.003 feet
   = 0.039 inches

1 cm   *Zentimeter* centimet|er, *Brt.* -re
   = ¹⁄₁₀₀ met|er, *Brt.* -re
   = 0.39 inches

1 dm   *Dezimeter* decimet|er, *Brt.* -re
   = ¹⁄₁₀ met|er, *Brt.* -re
   = 3.94 inches

1 m   *Meter* met|er, *Brt.* -re
   = 1.094 yards
   = 3.28 feet
   = 39.37 inches

1 km   *Kilometer* kilomet|er, *Brt.* -re
   = 1,000 met|ers, *Brt.* -res
   = 1,093.637 yards
   = 0.621 British or Statute Miles

1 sm   *Seemeile* nautical mile
   = 1,852 met|ers, *Brt.* -res

II Square Measure

1 mm²   *Quadratmillimeter* square millimet|er, *Brt.* -re
   = ¹⁄₁ ₀₀₀ ₀₀₀ square met|er, *Brt.* -re
   = 0.0015 square inches

1 cm²   *Quadratzentimeter* square centimet|er, *Brt.* -re
   = ¹⁄₁₀ ₀₀₀ square met|er, *Brt.* -re
   = 0.155 square inches

1 m²   *Quadratmeter* square met|er, *Brt.* -re
   = 1.195 square yards
   = 10.76 square feet

1 a   *Ar* are
   = 100 square met|ers, *Brt.* -res
   = 119.59 square yards
   = 1,076.41 square feet

1 ha   *Hektar* hectare
   = 100 ares
   = 10,000 square met|ers, *Brt.* -res
   = 11,959.90 square yards
   = 2.47 acres

1 km² *Quadratkilometer* square kilo-
met|er, *Brt.* -re
= 100 hectares
= 1,000,000 square met|ers, *Brt.*
-res
= 247.11 acres
= 0.386 square miles

III Cubic Measure

1 cm³ *Kubikzentimeter* cubic centi-
met|er, *Brt.* -re
= 1,000 cubic millimet|ers, *Brt.*
-res
= 0.061 cubic inches

1 dm³ *Kubikdezimeter* cubic deci-
met|er, *Brt.* -re
= 1,000 cubic centimet|ers, *Brt.*
-res
= 61.025 cubic inches

1 m³ *Kubikmeter*

1 rm *Raummeter* } cubic met|er,
Brt. -re

1 fm *Festmeter*
= 1,000 cubic decimet|ers, *Brt.*
-res
= 1.307 cubic yards
= 35.31 cubic feet

1 RT *Registertonne* register ton
= 2.832 m³
= 100 cubic feet

IV Measure of Capacity

1 l *Liter* lit|er, *Brt.* -re
= 10 decilit|ers, *Brt.* -res
= 2.11 pints (*Am.*)
= 8.45 gills (*Am.*)
= 1.06 quarts (*Am.*)
= 0.26 gallons (*Am.*)

= 1.76 pints (*Brt.*)
= 7.04 gills (*Brt.*)
= 0.88 quarts (*Brt.*)
= 0.22 gallons (*Brt.*)

1 hl *Hektoliter* hectolit|er, *Brt.* -re
= 100 lit|ers, *Brt.* -res
= 26.42 gallons (*Am.*)
= 2.84 bushels (*Am.*)
= 22.009 gallons (*Brt.*)
= 2.75 bushels (*Brt.*)

V Weight

1 mg *Milligramm* milligram(me)
= $\frac{1}{1000}$ gram(me)
= 0.015 grains

1 g *Gramm* gram(me)
= $\frac{1}{1000}$ kilogram(me)
= 15.43 grains

1 Pfd *Pfund* pound (German)
= $\frac{1}{2}$ kilogram(me)
= 500 gram(me)s
= 1.102 pounds (avdp.)
= 1.34 pounds (troy)

1 kg *Kilogramm, Kilo* kilogram(me)
= 1,000 gram(me)s
= 2.204 pounds (avdp.)
= 2.68 pounds (troy)

1 Ztr. *Zentner* centner
= 100 pounds (German)
= 50 kilogram(me)s
= 110.23 pounds (avdp.)
= 1.102 U.S. hundredweights
= 0.98 British hundredweights

1 t *Tonne* ton
= 1,000 kilogram(me)s
= 1.102 U.S. tons
= 0.984 British tons

Conversion Tables for Temperatures

°C (Celsius)	°F (Fahrenheit)
100	212
95	203
90	194
85	185
80	176
75	167
70	158
65	149
60	140
55	131
50	122
45	113
40	104
35	95
30	86
25	77
20	68
15	59
10	50
5	41
0	32
− 5	23
−10	14
−15	5
−17.8	0
−20	− 4
−25	−13
−30	−22
−35	−31
−40	−40
−45	−49
−50	−58

Clinical Thermometer

°C (Celsius)	°F (Fahrenheit)
42.0	107.6
41.8	107.2
41.6	106.9
41.4	106.5
41.2	106.2
41.0	105.8
40.8	105.4
40.6	105.1
40.4	104.7
40.2	104.4
40.0	104.0
39.8	103.6
39.6	103.3
39.4	102.9
39.2	102.6
39.0	102.2
38.8	101.8
38.6	101.5
38.4	101.1
38.2	100.8
38.0	100.4
37.8	100.0
37.6	99.7
37.4	99.3
37.2	99.0
37.0	98.6
36.8	98.2
36.6	97.9

Rules for Conversion

$$°F = \frac{9}{5} °C + 32$$

$$°C = (°F - 32)\frac{5}{9}$$

Phonetic Alphabets

	German	British English	American English	International	Civil Aviation (ICAO)
A	Anton	Andrew	Abel	Amsterdam	Alfa
Ä	Ärger	—	—	—	—
B	Berta	Benjamin	Baker	Baltimore	Bravo
C	Cäsar	Charlie	Charlie	Casablanca	Charlie
CH	Charlotte	—	—	—	—
D	Dora	David	Dog	Danemark	Delta
E	Emil	Edward	Easy	Edison	Echo
F	Friedrich	Frederick	Fox	Florida	Foxtrot
G	Gustav	George	George	Gallipoli	Golf
H	Heinrich	Harry	How	Havana	Hotel
I	Ida	Isaac	Item	Italia	India
J	Julius	Jack	Jig	Jerusalem	Juliett
K	Kaufmann	King	King	Kilogramme	Kilo
L	Ludwig	Lucy	Love	Liverpool	Lima
M	Martha	Mary	Mike	Madagaskar	Mike
N	Nordpol	Nellie	Nan	New York	November
O	Otto	Oliver	Oboe	Oslo	Oscar
Ö	Ökonom	—	—	—	—
P	Paula	Peter	Peter	Paris	Papa
Q	Quelle	Queenie	Queen	Québec	Quebec
R	Richard	Robert	Roger	Roma	Romeo
S	Samuel	Sugar	Sugar	Santiago	Sierra
Sch	Schule	—	—	—	—
T	Theodor	Tommy	Tare	Tripoli	Tango
U	Ulrich	Uncle	Uncle	Upsala	Uniform
Ü	Übermut	—	—	—	—
V	Viktor	Victor	Victor	Valencia	Victor
W	Wilhelm	William	William	Washington	Whiskey
X	Xanthippe	Xmas	X	Xanthippe	X-Ray
Y	Ypsilon	Yellow	Yoke	Yokohama	Yankee
Z	Zacharias	Zebra	Zebra	Zürich	Zulu